www.ingramcontent.com/pod-product-compliance
Lightning Source LLC
Chambersburg PA
CBHW050641150426
42813CB00054B/1146
9781951948047

ספר
חזרה ברורה

על משנה ברורה חלק א - ב
סימנים א - רמ"א

חזרה מקיפה כולל דברי
שו"ע ומשנה ברורה
משולב עם תמצית דברי
הביאור הלכה ושער הציון
רובו ככולו בלשונם
מסודר באופן המועיל לזכרון

ונלוה אליו "לוח הלכתא דיומא"
מחזור שנה ושנתיים

כשנוגע למעשה צריך לעיין וללמוד במקור הדין

ספר הלכתא ברורה על מסכת סוכה
וכן ספרי חזרה ברורה: ג' כרכים על כל ו' חלקי משנה ברורה
ניתן להשיג ע"י:
"עם הספר" י. לעוויץ 0047 -377-718
יעקב בלוי 05-266-6245

ספרי חזרה ברורה: ג' כרכים על כל ו' חלקי משנה ברורה
ספר הלכתא ברורה על מסכת ברכות
ספר הלכתא ברורה על מסכת שבת
ספר הלכתא ברורה על מסכת פסחים
ספר הלכתא ברורה על מסכת תענית מגילה וחנוכה
ספר הלכתא ברורה על מסכת ר"ה ויומא
ספר הלכתא ברורה על מסכת סוכה
ספר הלכתא ברורה על מסכת ביצה ומועד קטן
ספרי חזרה ברורה על יורה דעה: ב' כרכים
ספר חזרה ברורה על דיני חושן משפט ע"פ הסדר של הקשו"ע
ניתן להשיג ע"י: www.chazarahmp3.com

כל הזכויות שמורות
אהרן זליקוביץ
תשע"ג/תשפ"ו

1139 East 12th St.
Brooklyn, NY 11230
718 - 646 - 1243
info@chazarahmp3.com

ביד"צ שע"י העדה החרדית שליט"א

בית דין צדק
לכל מקהלות האשכנזים
שע"י "העדה החרדית"
פעיה"ק ירושלם תובב"א
רח' שטראוס 26/א

BETH DIN TZEDEK
OF THE ORTHODOX
JEWISH COMMUNITY
26\A STRAUSS ST.
JERUSALEM

ת.ד. 5006 P.O.B   TEL 02-6236550.טל   FAX 02-6221317 פאקס

ב"ה

הסכמת הביד"צ שליט"א

נודע בשערים המצוינים בהלכה גודל ענין החזרה והשינון לדעת את הדרך ילכון בה ואת המעשה אשר יעשון בפרט בהלכתא רברבתא כהלכות שבת וכדו' אשר לפעמים נצרך להם ואין פנאי לחפש מקורו בספר, וע"כ באו ונחזיק טובה להאי גברא יקירא הרה"ג ר' אהרן זליקוביץ שליט"א מעיר נ"י, אשר ערך ספר "חזרה ברורה" לפי סדר המשנה ברורה לחזור ולשנן הלכות שבת תחומין ועירובין שבמשנ"ב חלק ג' וד'.

והנה עבר על הספר ידידנו הגאון רבי חיים יוסף בלויא שליט"א מו"צ פעיה"ק רב שכו' פאג"י ומרבני ועד השחיטה דעדתינו, ומעיד כי הספר בנוי לתלפיות לתועלת ללומדים לשינון וחזרה, ע"כ אף ידינו תכון עמו לחלקו ביעקב ולהפיצו בישראל, והרוצים לידע את המעשה אשר יעשון עליהם לעיין בפנים הספר משנה ברורה ובהלכה, וכידוע מפי הפוסקים שאין לסמוך על ספרי הקיצורים ללא לימוד מקור הדברים בעיון כדת של תורה.

מי יתן וחפץ ה' בידיו של המחבר יצליח להגדיל תורה ולהאדירה מתוך שמחה ונחת וברכת ה' מלא, עדי נזכה לביאת גוא"צ אשר אליו מייחלים עינינו בקרוב הימים בב"א.

וע"ז באעה"ח ביום ז"ך לחודש תמוז - בין המצרים יהיה לששון ולשמחה - תשע"ה לפ"ק הביד"צ דפעיה"ק ת"ו

נאם **יצחק טוביה ווייס – גאב"ד**

נאם **משה שטרנבוך – ראב"ד**

נאם **אברהם יצחק אולמאן**

נאם **נפתלי ה' פרנקל**

הרה"ג רב עזריאל אוירבאך שליט"א

בס"ד

Rabbi Azriel Auerbach
Rabbi of "Chaniche Hayeshivot"
53 Hapisga St., Bayit Vegan, Jerusalem

הרב עזריאל אוירבאך
רב בית הכנסת "חניכי הישיבות", בית וגן
רח' הפסגה 53, בית וגן, ירושלים

בס"ד

ראיתי את הספר "חזרה ברורה" הנועד לאלו אשר כבר
עסקו בעיון בשו"ע ובס' משנה ברורה - לקיים ושננתם
ובפרט בדבר הלכה בעניני או"ח אשר יום יום ידרושון
לדעת את הדרך ילכו בה. והנה המחבר עשה עבודה
יפה ומתוקנת ערוך ומסודר במעשה אומן לשם שינון הלכה
בבחינת נר לרגלי דבריך ואור לנתיבתי.
וברכה להמשך זיכוי הרבים להחדרת ההלכה היום
יומית מתוך הרחבת הדעת.

עזריאל אויערבאך

בס"ד

ראיתי את הספר "חזרה ברורה" הנועד לאלו אשר כבר עסקו בעיון בשו"ע ובס' משנה ברורה - לקיים ושננתם ובפרט בדבר הלכה בעניני או"ח אשר יום יום ידרושון לדעת את הדרך ילכו בה, והנה המחבר עשה עבודה יפה ומתוקנת ערוך ומסודר במעשה אומן לשם שינון הלכה בבחינת נר לרגלי דבריך ואור לנתיבתי.

וברכה להמשך זיכוי הרבים להחדרת ההלכה היום יומית מתוך הרחבת הדעת.

עזריאל אוירבאך

הרה"ג רב ישראל גנס שליט"א

הרב ישראל גנס
רח' פנים מאירות 2
קרית מטרסדורף, ירושלים 94423

בס"ד א' אלול תשע"ב

ראיתי את הספר "חזרה ברורה" אשר הפליא לעשות
האברך היקר הרב אהרן זליקוביץ שליט"א.
בספר הזה יש עמל רב, יגיעה רבה, סדר נפלא, ובעיקר תועלת
גדולה ללימוד המשנה ברורה שיוכלו לזכור את דבריו, הן המ"ב
הן הבה"ל והן השעה"צ.
ולא נצרכה אלא לברכה שיוסיף המחבר תת תנובה לזכות הרבים
בעוד ספרים מועילים.

הכו"ח לכבוד התורה ועמליה פה עיה"ק ירושלים תובב"א

ישראל גנס

בס"ד א' אלול תשע"ב

ראיתי את הספר "חזרה ברורה" אשר הפליא לעשות האברך היקר הרב אהרן זליקוביץ שליט"א. בספר הזה יש עמל רב, יגיעה רבה, סדר נפלא, ובעיקר תועלת גדולה ללימוד המשנה ברורה שיוכלו לזכור את דבריו, הן המ"ב הן הבה"ל והן השעה"צ. ולא נצרכה אלא לברכה שיוסיף המחבר תת תנובה לזכות הרבים בעוד ספרים מועילים.

הכו"ח לכבוד התורה ועמליה פה עיה"ק ירושלים תובב"א
ישראל גנס

הרה"ג רב שמואל פירסט שליט"א

Rabbi Shmuel Fuerst
6100 North Drake Avenue
Chicago, Illinois 60659
(773) 539-4241
Fax (773) 539-1208

בס"ד

הרב שמואל פירסט
דיין ומו"ץ אגודת ישראל
שיקאגא, אילינאי

ה' מנחם אב תשע"ב

ראיתי הספר "חזרה ברורה" שחיברו הר"ר אהרן זליקוביץ שליט"א
שכתוב בתוכו כל דברי המחבר והרמ"א וכמעט כל דברי המ"ב ושע"צ
וב"ה והכל ערוך בסדר נאה. והתועלת מהספר יהי' להלומדי המ"ב
שיוכלו לחזור על ספר מ"ב באופן קל להבין אותו על בוריו.
ובודאי ספר הנ"ל יהי' תועלת גדולה להרבה לומדי משנה ברורה שיהא להם
קל לחזור על דבריו כדי שיהיו בקיאין בדבריו ועי"ז יזכו לשמור ולעשות
ולקיים את דבר הלכה.
יהי רצון שיזכה המחבר שיתקבל הספר "חזרה ברורה" לפני כל הלומדים
הלכות אלו ויזכה לסיים כל שאר חלקים של המ"ב, ויזכה לשבת באהלה של
תורה כל ימי חייו.

הכו"ח לכבוד התורה,
בידידות,
שמואל פירסט

ה' מנחם אב תשע"ב

ראיתי הספר "חזרה ברורה" שחיברו הר"ר אהרן זליקוביץ שליט"א שכתוב בתוכו כל דברי המחבר והרמ"א וכמעט כל דברי המ"ב ושע"צ וב"ה, והכל ערוך בסדר נאה. והתועלת מהספר יהיה להלומדי המ"ב שיוכלו לחזור על ספר מ"ב באופן קל להבין אותה על בוריה.

ובודאי ספר הנ"ל יהיה תועלת גדולה להרבה לומדי משנה ברורה שיהא להם קל לחזור על דבריו כדי שיהיו בקיאין בדבריו ועי"ז יזכו לשמור ולעשות ולקיים את דבר הלכה.

יהי רצון שיזכה המחבר שיתקבל הספר "חזרה ברורה" לפני כל הלומדים הלכות אלו ויזכה לסיים כל שאר חלקים של המ"ב, ויזכה לשבת באהלה של תורה כל ימי חייו.

הכו"ח לכבוד התורה,
בידידות, שמואל פירסט

הרה"ג רב שמואל פעלדער שליט"א

RABBI SHMUEL FELDER
BETH MEDRASH GOVOAH
LAKEWOOD N.J.08701

שמואל יצחק פעלדער
דיין ומו"ץ בית מדרש גבוה
לייקוואד נוי זשערזי

בעזהי"ת יום א' כ"א אייר תשע"ב לפ"ק

הן הובא לפני קונטרוס שחיברו ר' אהרן זליקוביץ שליט"א על משנה ברורה אשר בשם "חזרה ברורה" יקבנו המכיל בתוכו כל דברי המחבר והרמ"א ומ"ב. וגם תמצית דברי הביאור הלכה ושער הציון, הכל עורך בצורה מסודרת ומאירת עינים, באופן ששייך לחזור על ספר משנה ברורה עם תמצית בה"ל ושעה"צ באופן קל ובהיר בלא בלבול ועירבוביא.

ובודאי שיש בחיבור זה תועלת גדולה ללומדי משנה ברורה לחזור ולשנן הדברים בצורה מועילה ביותר למען תהיה תורתם בלבם ערוכה ושמורה להיות בקיאין בדבר הלכה ללמוד וללמד לשמור ולעשות ולקיים.

ועל כן אברך הרב המחבר שיזכה שיתקבלו הדברים באהבה ובשמחה לפני הלומדים ויזכה לחבר עוד חיבורים כזה ואחרים בתורה הקדושה ולשבת באהלה של תורה כל ימי חייו מתוך מנוחת הנפש והרחבת הדעת.

הכו"ח לכבוד התורה
שמואל יצחק פעלדער

בעזהי"ת יום א' כ"א אייר תשע"ב לפ"ק

הן הובא לפני קונטרוס שחיברו ר' אהרן זליקוביץ שליט"א על משנה ברורה אשר בשם "חזרה ברורה" יקבנו המכיל בתוכו כל דברי המחבר והרמ"א ומ"ב, וגם תמצית דברי הביאור הלכה ושער הציון, הכל עורך בצורה מסודרת ומאירת עינים, באופן ששייך לחזור על ספר משנה ברורה עם תמצית בה"ל ושעה"צ באופן קל ובהיר בלא בלבול ועירבוביא.

ובודאי שיש בחיבור זה תועלת גדולה ללומדי משנה ברורה לחזור ולשנן הדברים בצורה מועילה ביותר למען תהיה תורתם בלבם ערוכה ושמורה להיות בקיאין בדבר הלכה ללמוד וללמד לשמור ולעשות ולקיים.

ועל כן אברך הרב המחבר שיזכה שיתקבלו הדברים באהבה ובשמחה לפני הלומדים ויזכה לחבר עוד חיבורים כזה ואחרים בתורה הקדושה ולשבת באהלה של תורה כל ימי חייו מתוך מנוחת הנפש והרחבת הדעת.

הכו"ח לכבוד התורה
שמואל יצחק פעלדער

הרה"ג רב יחזקאל רוטה שליט"א

RABBI Y. ROTH
1556-53RD STREET
BROOKLYN, N. Y. 11219
TEL:(718) 435-1502

יחזקאל רוטה
אבדק"ק קארלסבורג
בארא פארק ברוקלין, נ.י. יע"א

להי"ו

תפארת שבנצח למב"י לסדר כללותיה ופרטותיה ודיקדוקיה מסיני תשע"ד לפ"ק

בימי הספירה שמסוגלים מאד ללמוד הלכה ברורה, כמבואר בתשו' המפורסמת לכ"ק זקיני זי"ע בשו"ת מראה יחזקאל סי' ק"ד בשם רבו הרה"ק מרימנאב זי"ע, שכל ההלכות שנשתכחו בימי אבלו של משה והחזירן עתניאל בן קנז כדאיתא בתמורה ט"ז, היתה בימי העומר, וע"כ מסוגל מאד בימים הקדושים הללו לעשות חזרה על הלימוד שלא ישתכח, וע"ז רומז לשון והחזירן מלשון חזרה, וע"כ מאד מתאים כעת לחזק את ידי הרב המופלג צמ"ס כמוהר"ר **אהרן זליקוביץ** שליט"א שאיתמחי מכבר לערוך חיבור **חזרה ברורה** על המ"ב או"ח, ונתעטר בהמלצות והסכמות מגדולי הרבנים שיחי', ועל של עכשיו באתי מה שהוציא עתה חדש מן הישן על הלכות או"ה שביו"ד, ובוודאי יועיל להלומדים לחזור על לימודם, ודבר גדול עשה בזה שיהי' מוכן ומזומן לפני הלומד הלכות שירוץ בהם בלי גימגום וחיפוש, ובזה יתרבה יודעי דת ודין לזכור הלכה המביא לידי מעשה, והמחבר יהי' נמנה בין מזכי הרבים להגדיל תורה ולהאדירה, ויזכה להמשיך בעבוה"ק על מי מנוחות מתוך הרחבה וכט"ס עדי שיתרומם קה"ת וישראל ב"ב אמן.

הכו"ח לחיזוק תוה"ק ולומדיה

הק' יחזקאל רוטה

הקדמה

בעזה"י. "תנא דבי אליהו, כל השונה הלכות בכל יום מובטח לו שהוא בן עולם הבא, שנ' 'הליכות עולם לו', אל תקרי הליכות אלא הלכות". הנה כתב המ"ב בהקדמתו וז"ל: "נראה בעליל דחלק או"ח הוא היותר מוקדם ללימוד לכל, אף שכל ד' חלקי שו"ע נצרכים למעשה, מ"מ חלק זה הוא מוקדם לכל, כי ידיעתו הוא הכרחי בכל יום מימי חייו לקיום התורה, ובלעדו לא ירים איש הישראלי את ידו ואת רגלו" עכ"ל. וכתב החזו"א זצ"ל: "ההוראה המקובלת מפי רבותינו אשר מפיהם אנו חיים, כמו מרן ב"י ומג"א והמ"ב, היא הוראה מקוימת כמו מפי סנהדרין בלשכת הגזית".

והנה כדי לקבל את התועלת האמיתית מהלימוד בספר משנה ברורה, הרי הוא ככל שאר גופי תורה שקנוי רק ע"י הרבה חזרה. וכדאיתא בגמר' עירובין דף נ"ד: "מאי דכתיב 'לוחות האבן', אם אדם משים עצמו את לחייו כאבן זו שאינה נמחית, תלמודו מתקיים בידו ואם לאו אין תלמודו מתקיים בידו". ופרש"י: "שלחייו אינן נלאין מלחזר על למודו וללמד לאחרים". ובפרט כשזה נוגע לידיעת ההלכה למעשה שיש בו הרבה פרטים ופרטי פרטים, דשייך רק אם משים עצמו את לחייו כאבן. **ועוד** מבואר מגמר' עירובין דף נ"ג מעלת הלימוד בבהירות בלא בילבול וערבוביא, וז"ל: "בני יהודה דגמרי מחד רבה נתקיימה תורתן בידם, בני גליל דלא גמרי מחד רבה לא נתקיימה תורתן בידם". ופירש"י: "דהיו שומעין מזה בלשון זה ומזה בלשון אחר, אע"פ ששניהם אחד, שינוי לשון מבלבלן ומשכחן", עכ"ל. מבואר מזה דבלבול קשור הוא עם השכחה, וככל שמתמעט הבלבול מתמעטת השכחה.

ואני לא באתי ח"ו להרהר אחר אופן הסידור של הח"ח זצ"ל, ולא להוסיף על דבריו ולא לגרוע מהם, ורק להקל על החוזר בספר משנה ברורה באתי, שיהא שייך לחזור על תוכן הענינים עם כל הפרטים והסברות שבהם, באופן בהיר בלא שום בלבול וערבוביא, כל דבר ודבר על אופנו. ובזה הלכתי בדרך השונה הלכות ועוד ספרים ספרי חזרה על המשנה ברורה שקדמוני. ועיין בהקדמה להשונה הלכות, וכתב וז"ל: "ושמענו שאחד מתלמידי הח"ח זצ"ל סידר ג"כ קיצור מהמשנה ברורה על חלק ראשון, וגם היה לו הסכמה מהח"ח זצ"ל, אך לא נדפסה מפאת המלחמה".

ויש ג' תועליות שאפשר להפיק מהספר הזה: א'. מה שמסודר באופן שאין צריך להסתכל תוך השו"ע וחוץ לשו"ע בכל אות ואות, כדי לראות מה שהמ"ב אומר, שדבר זה מצד עצמו מפריע מאד על ריכוז, וגם גורם לאיבוד זמן. ובספר זה דברי המשנה ברורה הם מסודרים ומשולבים מיד ובתוך דברי השו"ע, באופן ששייך לקרוא את כל הענין בהמשך אחד.

ב'. אופן סדר המשנה ברורה הוא, שלפעמים אי אפשר להבינו אלא א"כ תראה את המשך דברי השו"ע, וגם לפעמים הוא מביא ציור הדומה לענין בעוד שלא נגמר עדיין הנדון לפניו לגמרי, וזה גורם בלבול לחוזר. ע"כ שיניתי את סדר המ"ב במקומות האלו, ולפעמים לקחתי קצת דבריו מה שנוגע להבנת דברי המחבר, ושמתי אותם מיד אחר המחבר, ושאר דבריו נתתי בסוף הענין. וכל זה רק בכדי שיקל על החוזר ולא יתבלבל מפני סדר הדברים. **וגם** חלקתי כל סעיף קטן ארוך הכולל כמה ענינים לקטעים קצרים, ובכל קטע חלקתי אותו לפרטים ע"י השחרת ראש הענין, כדי שלא יוטרד החוזר מחמת רבוי הדברים.

ג'. מה שבהרבה מקומות דברי הביאור הלכה ושער הציון הם נחוצים מאד, או מפני חידוש הלכה שיש בהם, או מפני מה שמוסיפים הסבר בנדון לפנינו, ואין שייך למי שחוזר שילמוד כולם. וגם אם היו מסודרים תוך דברי המשנה ברורה מיד אחר הענין שהם שייכים אליו, זה מאפשר לזכור אותם. ולכן לקטתי דברי הביה"ל והשעה"צ העיקריים, ונתתי אותם לתוך דברי השו"ע והמ"ב כדי להקל על החוזר.

וזאת למודעי שדברי השו"ע והרמ"א וסידורם לא שונו על ידי בשום אופן. גם דברי המשנ"ב הובאו בדרך כלל כלשונם ממש ללא שום שינוי, מלבד במקומות מועטים בלבד, שבהם נאלצתי לשנות מעט למען הסדר הטוב. גם את לשונות הביאור הלכה והשער הציון שהוצבו בתוך דברי השו"ע והמשנ"ב השתדלתי כמיטב יכולתי שלא לשנות, מלבד במקומות שהיה הכרחי לעשות זאת, הן מחמת צורך ההבנה והן מחמת סידור הדברים.

הקדמה

כדי שלא יצטרך ללומד, לבדוק בכל הלכה האם הוא מדברי השו"ע, הרמ"א, או המשנ"ב, הבאתי את דבריהם בצורת "פונטים" שונים: דברי השו"ע המחבר הובאו באותיות גדולות ברורות ב"פונט" זה: **מחבר**. ודברי הרמ"א הובאו באותיות כתב רש"י גדולות וברורות ב"פונט" זה: **רמ"א**. הציטוטים מהמשנ"ב נעשו באותיות רגילות ב"פונט" זה: משנה ברורה. את הליקוט מדברי הביאור הלכה הכנסתי לסוגריים עגולים ב"פונט" זה: (ביאור הלכה). ואת תמצית השער הציון הצגתי בסוגריים מרובעים וב"פונט" שונה: [שער הציון]. במעט המקומות בהן היה צורך בהוספה כלשהי, הודפסו הדברים באופן זה: ‹באופן זה›.

ויה"ר שהספר הזה יהיה לתועלת הרבים, להיות בקיאין בדבר הלכה להגדיל תורה ולהאדירה, ללמוד וללמד לשמור ולעשות ולקיים, ושלא אכשל בדבר הלכה, ולהיות ממזכי הרבים, ולראות בבנין בית המקדש בב"א.

לוח ראשי תיבות

א"ז – אליהו זוטא
או"ז – אור זרוע
א"ח או"ח – אורחות חיים
אס"ז – אסיפת זקנים
ארה"ח – ארצות החיים
א"ע – אבן עוזר
א"ר – אליהו רבא
א"ש – אמונת שמואל
ב"י – בית יוסף, בית יעקב
בה"כ – בית הכסא
בהכ"נ – בית הכנסת
ברכ"י – ברכי יוסף
בפ"ע – בפני עצמו
במ"א – במגן אברהם, במקום אחר
בא"א – באשל אברהם
במ"ז, במשב"ז – במשבצות זהב
ב"ח – בית חדש
בה"ט – באר היטב
ב"ש – ברוך שאמר
בה"ל – ביאור הלכה
ד"מ – דרכי משה
דו"פ – דרישה ופרישה
דה"ח – דרך החיים
דגמ"ר – דגול מרבבה
ד"ז – דבר זה
דאה"נ – דאין הכי נמי
דמש"א – דמשק אליעזר
הגר"ז – הגאון ר' זלמן מלאדי
הק"נ – הקרבן נתנאל
וכי"ב, וכיו"ב – וכיוצא בזה
ח"א – חיי אדם
חו"י – חוות יאיר

חכמ"א, חכ"א – חכמת אדם
חי' – חידושי
י"א – יש אומרים, יד אהרן, יד אפרים
יה"ק – יד הקטנה
ישו"י – ישועות יעקב
יש"ש – ים של שלמה
כנה"ג – כנסת הגדולה
שכנה"ג – שיורי כנסת הגדולה
כמ"ש – כמו שכתוב
כמ"פ – כמה פעמים
כ"מ – כסף משנה, כן מוכח
ל"ח – לחם חמודות
לבש"ר, לב"ש – לבושי שרד
מ"מ – מכל מקום, מעדני מלך, מקדש מלך, מאמר מרדכי
מאמ"ר – מאמר מרדכי
מחה"ש – מחצית השקל
מ"ב – משנה ברורה
מ"ג, מג"ג – מגן גבורים
מנ"ב – מנחת ברוך
משו"ה – משום הכי
מ"א, מג"א – מגן אברהם
מהרי"א – מה"ר יהודה אסאד
מהר"י ב"ח – מה"ר יעקב בן חביב
מה"ת – מן התורה
מ"ל – מאיר לארץ
מ"ר – מי רגלים
מעיו"ט – מעדני יו"ט
משפ"צ – משפטי צדק
נ"א – נשמת אדם
נו"ב – נודע ביהודה
נ"פ – נראה פשוט

נל"פ – נראה לי פשוט
נה"ש – נהר שלום
נ"ש – נחלת שבעה
ס"ח – ספר חסידים
עו"ש – עולת שבת
עט"ז – עטרת זקנים, עיין ט"ז
עאכ"ו – על אחת כמה וכמה
עה"י – עבודת היום
ע"ת – עולת תמיד
פ"מ, פמ"ג – פרי מגדים
פמ"א – פנים מאירות
פ"ת – פתחי תשובה
פ"ח, פר"ח – פרי חדש
קש"ע – קיצור שו"ע
ראב"ח – ר' אליהו בן חיים
רח"ו – ר' חיים ויטאל
רמ"מ – ר' משה מינץ
רמ"ך – רבינו משה כהן
רע"א – רבי עקיבא איגר
רי"ו – רבינו ירוחם
ר"י – רבינו יונה
שע"ת – שערי תשובה
ש"א – שאגת אריה, שארי אחרונים, שערי אפרים
שבו"י – שבות יעקב
שנו"א – שנות אליהו
ש"ש – שולחן שלמה
ת"י – תוספות ישנים, תוספות ירושלים
תבו"ש – תבואת שור
תו"ש – תוספות שבת
תר"י – תלמידי רבינו יונה

מפתח הלכות חלק א׳

הלכות הנהגת אדם בבקר

סימן א – דין השכמת הבוקר ..... א
סימן ב – דין לבישת בגדים ..... ה
סימן ג – הנהגת בית הכסא ..... ז

הלכות נטילת ידים שחרית

סימן ד – דיני נטילת ידים ..... י
סימן ה – כוונת הברכות ..... טז
סימן ו – דין ברכת אשר יצר ואלהי נשמה ופירושיו ..... טז
סימן ז – דין לברך ברכת אשר יצר כל היום אחר הטלת מים ..... יח

הלכות ציצית

סימן ח – הלכות ציצית ועטיפתו ..... יט
סימן ט – איזה בגדים חייבים בציצית ואיזה פטורים מציצית ..... כה
סימן י – דיני כנפות הטלית ..... כז
סימן יא – דיני חוטי הציצית ..... לא
סימן יב – דברים הפוסלים בציצית ..... לט
סימן יג – דיני ציצית בשבת ..... מא
סימן יד – דיני ציצית שעשאן א״י, ונשים, וטלית שאולה ..... מג
סימן טו – אם להתיר ציצית מבגד לבגד, ודין נקרע הטלית ..... מז
סימן טז – שיעור טלית ..... נ
סימן יז – מי הם החייבים בציצית ..... נא
סימן יח – זמן ציצית ..... נב
סימן יט – זמן ברכת ציצית ..... נג
סימן כ – דיני לקיחת ומכירת טלית ..... נד
סימן כא – כדת מה לעשות בציצית שנפסקו ובטליתות ישנים ..... נה
סימן כב – דין שהחיינו על עשיית ציצית ..... נו
סימן כג – דיני ציצית בבית הקברות ..... נו
סימן כד – הנהגת לבישת הציצית ושכרה ועונשה ..... נז

הלכות תפילין

סימן כה – דיני תפילין בפרטות ..... נח
סימן כו – דין מי שאין לו אלא תפלה אחת ..... סה
סימן כז – מקום הנחתן ואופן הנחתן ..... סו
סימן כח – דיני חליצת התפילין ..... עב
סימן כט – דין שאין לברך בחליצת תפילין ..... עב
סימן ל – זמן הנחתן ..... עג
סימן לא – דין תפילין בשבת ויו״ט ..... עה
סימן לב – סדר כתיבת תפילין ..... עה
סימן לג – דין תיקוני תפילין ודין הרצועות ..... קח
סימן לד – סדר הנחות הפרשיות בתפילין, והמהדרים אשר להם ב׳ זוגות תפילין ..... קיב
סימן לה – דין מנין השיטין ..... קיד
סימן לו – דקדוק כתיבתן ..... קטו
משנת סופרים ..... קטז
סימן לז – זמן הנחת תפילין ..... קכח
סימן לח – דין מי הם החייבים בתפילין והפטורים ..... קכט
סימן לט – מי הם הכשרים לכתוב תפילין ולקנות מהם ..... קלב
סימן מ – דין איך לנהוג בקדושת תפילין ..... קלו
סימן מא – דין הנושא משאוי איך ינהג בתפילין ..... קלח
סימן מב – אם מותר לשנות תפילין של יד לשל ראש ..... קלט
סימן מג – דין איך להתנהג בתפילין בהכנסו לבהכ״ס ..... קמב
סימן מד – איסור שינה בתפילין ..... קמה
סימן מה – דין תפילין בבית הקברות ובבית המרחץ ..... קמה

הלכות ברכות השחר

סימן מו – דיני ברכת השחר ..... קמו

הלכות ברכות

סימן מז – דיני ברכת התורה ..... קנ
סימן מח – אומרים פרשת התמיד ופסוקי קרבן שבת אומרים אצל פרשת התמיד ..... קנד
סימן מט – שיכול לומר ק״ש בעל פה ..... קנד
סימן נ – טעם למה אומרים משנת איזהו מקומן ..... קנה
סימן נא – דיני תפלה מן ברוך שאמר עד ישתבח ..... קנה
סימן נב – דין מי ששהה לבוא לבהכ״נ עד ישתבח ..... קנח
סימן נג – דין מי הראוי לירד לפני התיבה ..... קס
סימן נד – דינים השייכים לישתבח ..... קסט
סימן נה – דיני קדיש ..... קעא
סימן נו – דין עניית הקדיש על ידי הקהל ..... קעט
סימן נז – דין ברכו ועונייתו ..... קפא

הלכות קריאת שמע

סימן נח – זמן ק״ש וברכותיה ..... קפב
סימן נט – דין ברכה ראשונה ביוצר ..... קפה
סימן ס – דין ברכות לקריאת שמע ואם צריכים כוונה ..... קפח
סימן סא – דין כמה צריך לדקדק ולכוין בק״ש ..... קצ
סימן סב – מי שלא דקדק בק״ש או לא השמיע לאזנו ..... קצד
סימן סג – לישב בשעת ק״ש ולא יישן ..... קצו
סימן סד – דין הטועה בק״ש ..... קצח
סימן סה – הנכנס לבהכ״נ ומצא ציבור קוראין ק״ש או שהפסיק בשעת הקריאה ..... קצט

מפתח הלכות חלק א'

סימן סו – באיזה מקום יכול להפסיק, ובאיזה מקום לא יפסיק ___ רא
סימן סז – דין ספק אם קרא ק"ש ___ רו
סימן סח – שלא להפסיק בפיוטים ___ רח
סימן סט – דין פורס על שמע ___ רט
סימן ע – מי הם הפטורים מק"ש ___ ריב
סימן עא – אבל והעוסקים במת פטורים מק"ש ___ ריד
סימן עב – דין נושאי המטה והמנחמים והמלוים ___ רטז
סימן עג – הישן עם אשתו ובניו איך יתנהג ___ ריח
סימן עד – שלא לברך כשאבריו רואים את הערוה ___ ריט
סימן עה – להזהר מגלוי שער וקול אשה בשעת ק"ש, וכן שלא לקרותה כנגד הערוה ___ רכב
סימן עו – להזהר מצואה בשעת ק"ש ___ רכו
סימן עז – שלא לקרות כנגד מי רגלים ___ רכט
סימן עח – מי שנצרך להטיל מים בשעת קריאה ___ רל
סימן עט – מי שנזדמן לו צואה בשעת קריאה ___ רל
סימן פ – מי שאינו יכול להשמר מהפיח ___ רלו
סימן פא – דין צואת קטן ___ רלז
סימן פב – דין צואה יבשה ___ רלח
סימן פג – דיני בית הכסא בק"ש ___ רלט
סימן פד – אם מותר לקרות במרחץ ___ רמב
סימן פה – באיזה מקומות אסור לקרות ק"ש ___ רמג
סימן פו – שצריך להרחיק מן מים סרוחים ___ רמד
סימן פז – כמה צריך להרחיק בשעת ק"ש מן גרף של רעי ___ רמה
סימן פח – בעל קרי מותר בק"ש ___ רמז

הלכות תפלה

סימן פט – הלכות תפלה וזמנה ___ רמח
סימן צ – מקום הראוי להתפלל, ולהתפלל עם הצבור, ודין ההולך בדרך ___ רנג
סימן צא – שיאזור מתניו ויכסה ראשו בשעת תפלה ___ רסא
סימן צב – הנצרך לנקביו ודין רחיצה לתפלה ושאר הכנות לתפלה ___ רסב
סימן צג – קודם שיתפלל צריך לשהות ___ רסו
סימן צד – צריך לכוין נגד א"י, ודין הרוכב או יושב בספינה ___ רסו
סימן צה – כיוון איבריו בשעת תפלה ___ רסט
סימן צו – שימנע כל הטרדות כדי שיכוין ___ ער
סימן צז – שלא יגהק ושלא יפהק בשעת התפלה ___ רעא
סימן צח – צריך שיהיה לו כוונה בתפלתו ___ ערב
סימן צט – דין שתוי ושכור לתפלה ___ רעד
סימן ק – תפלת המועד צריך לסדר ___ ערה
סימן קא – שצריך לכוין בכל הברכות, ושיכול להתפלל בכל לשון ___ ערה
סימן קב – שלא להפסיק כנגד המתפלל ___ רעח
סימן קג – מי שנזדמן לו רוח או עטוש בתפלתו ___ רעט
סימן קג – מי שנזדמן לו רוח בתפלתו או עטוש ___ רעט
סימן קד – שלא להפסיק בתפלה ___ רפ
סימן קה – דין המתפלל ב' תפלות ___ רפג
סימן קו – מי הם הפטורים מתפלה ___ רפג
סימן קז – המסופק אם התפלל ודין תפלת נדבה ___ רפה
סימן קח – מי שלא התפלל לסבת טעות או אונס או במזיד ___ רפו
סימן קט – דין איך יתנהג יחיד לכוין בתפלתו עם הצבור ___ רצב
סימן קי – היוצא לדרך, ופועלים מה יתפללו, וסדר תפלת הדרך ובית המדרש ___ רצה
סימן קיא – דין סמיכת גאולה לתפלה ___ רצח
סימן קיב – שלא להפסיק לא בשלש ראשונות ולא בשלש אחרונות ___ רצט
סימן קיג – דיני הכריעות בשמונה עשרה ברכות ___ ש
סימן קיד – דין הזכרת הרוח וגשם וטל ___ שא
סימן קטו – טעם ברכת אתה חונן ___ שז
סימן קטז – פרוש ברכת רפאנו ___ שז
סימן קיז – דיני ברכת השנים ___ שז
סימן קיח – חתימת ברכת השיבה ___ שי
סימן קיט – דין הרוצה להוסיף בברכות ___ שי
סימן קכ – שראוי לומר רצה בכל תפלה ___ שיב
סימן קכא – דיני מודים ___ שיג
סימן קכב – דינים השיכים בין שמונה עשרה ליהיו לרצון ___ שיג
סימן קכג – דיני הכריעות בסיום י"ח ברכות ___ שיד
סימן קכד – דין הנהגת ש"ץ בי"ח ברכות, ודין ענית אמן ___ שטז
סימן קכה – דיני קדושה ___ שכב
סימן קכו – דין שליח צבור שטעה ___ שכד
סימן קכז – דין מודים דרבנן ___ שכו

מפתח הלכות חלק ב'

הלכות נשיאת כפים

סימן קכח – דיני נ"כ ואיזה דברים הפוסלים בכהן ____ שכט
סימן קכט – באיזה תפלות נושאים כפים ____ שמז
סימן קל – רבש"ע שאומרים בשעת נשיאת כפים ____ שמח

הלכות נפילת אפים

סימן קלא – דיני נפילת אפים ____ שמט

הלכות תפלה

סימן קלב – דיני קדושת ובא לציון ____ שנז
קונטרס מאמר קדישין ____ שנח
סימן קלג – דין ברכו בשבת ____ שסא
סימן קלד – סדר והוא רחום והגבהת התורה ____ שסא

הלכות קריאת ספר תורה

סימן קלה – סדר קריאת התורה ביום ב' וה' ____ שנח
סימן קלו – מי הם הנקראים לס"ת בשבת ____ שסד
סימן קלז – כמה פסוקים צריכים לקרא לכל אחד ____ שסה
סימן קלח – שלא לשייר בפרשה פחות מג' פסוקים. שסח
סימן קלט – סדר קריאת התורה וברכותיה ____ שסט
סימן קמ – דיני הפסק בברכת התורה ____ שעב
סימן קמא – דיני הקורא והמקרא ____ שעד
סימן קמב – דין מי שקרא וטעה ובמקום
שאין שם מי שיודע לקרות בדיוק ____ שעו
סימן קמג – דין אם נמצאת ס"ת מוטעה
ויתר דיני הספר ____ שעח
סימן קמד – שלא לדלג בתורה מענין לענין
ודיני ההפטורה ____ שפג
סימן קמה – דיני המתרגמין ____ שפד
סימן קמו – שלא לדבר בשעת הקריאה ____ שפה
סימן קמז – דיני גלילת ספר תורה ____ שפז
סימן קמח – שלא יפשיט ש"צ התיבה ____ שצ
סימן קמט – שהציבור לא יצאו מבהכ"נ עד
שיצניעו ס"ת ____ שצ

הלכות בית הכנסת

סימן קנ – בנין בהכ"נ ושיהיה גבוה ____ שצא
סימן קנא – דיני קדושת בהכ"נ ____ שצג
סימן קנב – שלא לסתור שום בהכ"נ ____ שצח
סימן קנג – דין בנין בהכ"נ ____ ת
סימן קנד – דיני תשמיש קדושה ונרות בהכ"נ ____ תיג
סימן קנה – לילך מבהכ"נ לבית המדרש ____ תיט
סימן קנו – סדר משא ומתן ____ תכא

הלכות נטילת ידים

סימן קנז – דיני זמן קביעת סעודה ____ תכג
סימן קנח – דיני נטילת ידים לסעודה ____ תכג
סימן קנט – באיזה כלי נוטלין הידים וכיצד
יבואו המים לידיו ____ תכח
סימן קס – איזו מים כשרים ואיזו פסולים לנטילה ____ תלז
סימן קסא – דיני חציצה בנטילה ____ תמג
סימן קסב – הגבהה ושפשוף הידים בנטילה ____ תמו
סימן קסג – דין מי שאין לו מים והמאכיל אחרים ____ תנג
סימן קסד – דין שיכול להתנות על הנטילה ____ תנד
סימן קסה – דין העושה צרכיו ורוצה לאכול ____ תנו

הלכות בציעת הפת

סימן קסו – דין הפסקה בין בציעה לנטילה ____ תנז
סימן קסז – מקום וזמן הבציעה ומי הוא הבוצע ____ תנח
סימן קסח – על איזה מין פת מברכין ____ תסו

הלכות דברים הנוהגים בסעודה

סימן קסט – דין שמש הסעודה ____ תעז
סימן קע – דברי מוסר שינהג אדם בסעודה ____ תעח
סימן קעא – שלא לנהוג בזיון באוכלין ____ תפג
סימן קעב – מי שהכניס אוכלין ומשקין לפיו
בלא ברכה ____ תפד
סימן קעג – דין מים אמצעיים ____ תפה
סימן קעד – דין ברכת היין בסעודה ____ תפה
סימן קעה – דיני ברכת הטוב והמטיב על היין ____ תצא
סימן קעו – שהפת פוטר את הפרפרת ____ תצג
סימן קעז – דברים הבאים בתוך הסעודה
ואחר הסעודה מה דינם ____ תצד
סימן קעח – איזה דברים קרוים הפסק בסעודה ____ תצז
סימן קעט – איזה דברים קרויים היסח הדעת
בסעודה שצריך לחזור ולברך ____ תקג
סימן קפ – דיני פירורי הפת ____ תקה

הלכות מים אחרונים

סימן קפא – דין מים אחרונים ____ תקו

הלכות ברכת המזון

סימן קפב – דין כוס ברכת המזון ושלא יהא פגום ____ תקט
סימן קפג – המברך איך יתנהג בכוס של בהמ"ז ____ תקיא
סימן קפד – לקבוע ברכה במקום סעודה, ועד כמה
יכול לברך, ומי ששכח ולא בירך ____ תקיד
סימן קפה – לברך בהמ"ז בקול רם ויתר
פרטים בברכת המזון ____ תקטז
סימן קפו – אם נשים וקטנים חייבים בבהמ"ז ____ תקיח
סימן קפז – דיוקים בנוסח ברכת המזון ____ תקיח
סימן קפח – נוסח ברכה ג', ודיני בהמ"ז בשבת,
והטועה בבהמ"ז ____ תקכ

מפתח הלכות חלק ב'

סימן קפט – נוסח ברכה רביעית ודיניה .... תקכה
סימן קצ – שתיית היין אחר הברכה ודיניה .... תקכה
סימן קצא – אם הפועלים מחויבים לברך .... תקכז
סימן קצב – ברכת זימון בג' או בעשרה .... תקכח
סימן קצג – אם מצטרפין לזימון אם לאו .... תקכט
סימן קצד – שלשה שאכלו כאחד ונפרדו לענין הזימון מה דינם .... תקלג
סימן קצה – חבורות שאוכלים בהרבה מקומות מה דינם .... תקלה
סימן קצו – מי שאכל דבר איסור אם מצטרף לזימון .... תקלו
סימן קצז – דין צירוף לזימון ג' או עשרה .... תקלז
סימן קצח – אחד נכנס אצל שלשה שאכלו .... תקמ
סימן קצט – על מי מזמנים ועל מי אין מזמנים .... תקמ
סימן ר – דין המפסיק כדי לברך .... תקמג
סימן רא – מי הוא המברך .... תקמה

הלכות ברכת הפירות

סימן רב – דיני ברכת פירות האילן .... תקמז
סימן רג – דיני ברכת פירות הארץ .... תקנו
סימן רד – דיני הברכות ליתר מאכלים .... תקנח
סימן רה – דיני ברכת ירקות .... תקסג
סימן רו – דיני הפסק וטעות בברכת הפירות .... תקסה
סימן רז – דין ברכה אחרונה על הפירות .... תקסח
סימן רח – דין ברכה מעין שלש אחר חמשת מיני פירות וחמשת מיני דגן .... תקסט
סימן רט – דין טעות וספק בברכת היין .... תקעז
סימן רי – האוכל פחות מכזית מה דינו .... תקעט
סימן ריא – דיני קדימה בברכת הפירות .... תקפא
סימן ריב – שהעיקר פוטר הטפל .... תקפו
סימן ריג – מי שיצא אם מוציא אחרים .... תקפח
סימן ריד – בכל ברכה צריך להיות שם ומלכות .... תקצ
סימן רטו – עניית אמן אחר הברכות .... תקצא

הלכות ברכות הריח

סימן רטז – דיני ברכת הריח .... תקצג
סימן ריז – ברכת הבשמים והמוגמר .... תקצט

הלכות ברכת נסים והודאות

סימן ריח – ברכות הנעשים על הנסים .... תרב
סימן ריט – ברכת הודאות היחיד .... תרו
סימן רכ – הטבת חלום ותעניתו .... תריא
סימן רכא – ברכת הודאת הגשמים .... תריא
סימן רכב – ברכת הודאת הטוב והרע .... תריב

הלכות ברכות

סימן רכג – מי שילדה אשתו, ומת מורישו, ובנה בית חדש וקנה כלים חדשים, מה מברך .... תריג
סימן רכד – דיני ברכות פרטיות .... תרטז
סימן רכה – דיני ברכת שהחיינו .... תריח
סימן רכו – הרואה פרחי אילן מה מברך .... תרכב
סימן רכז – ברכת הזיקים .... תכב
סימן רכח – ברכת ימים ונהרות הרים וגבעות .... תרכד
סימן רכט – ברכת הקשת וחמה בתקופתה .... תרכד
סימן רל – דין קצת ברכות פרטיות .... תרכה
סימן רלא – שכל כונותיו יהיו לשם שמים .... תרכז

הלכות תפלת המנחה

סימן רלב – דברים האסורים לעשות בשעת המנחה .... תרכח
סימן רלג – זמן תפלת המנחה .... תרלב
סימן רלד – הרוצה להתפלל מנחה גדולה ומנחה קטנה .... תרלה

הלכות ק"ש ותפלה של ערבית

סימן רלה – זמן ק"ש של ערבית .... תרלו
סימן רלו – ברכות קריאת שמע של ערבית .... תרלט
סימן רלז – סדר תפלת ערבית .... תרמא
סימן רלח – לקבע עתים לתורה בלילה .... תרמא
סימן רלט – דין קריאת שמע על מטתו .... תרמב

הלכות צניעות

סימן רמ – איך יתנהג האדם בתשמיש מטתו .... תרמד
סימן רמא – שלא להשתין ערום לפני מטתו .... תרמט

סימן א - דין השכמת הבוקר
א

§ סימן א - דין השכמת הבוקר §

סעיף א - יתגבר כארי לעמוד בבוקר לעבודת בוראו - כי לכך נברא האדם, כמו שאמר הכתוב: כל הנקרא בשמי ולכבודי בראתיו וגו', **שיהא הוא מעורר השחר** - ואף אם ישיאנו יצרו בחורף לומר: איך תעמוד בבוקר כי הקור גדול, או ישיאנו בקיץ לומר: איך תעמוד ממטתך ועדיין לא שבעת משנתך, יתגבר עליו ואל ישמע לו, ויחשוב בנפשו אלו היה נצרך לעמוד לשרת לפני מלך בשר ודם, כמה היה זהיר וזריז לעמוד בהשכמה להכין עצמו לעבודתו, כ"ש וק"ו בן בנו של ק"ו לפני מלך מלכי המלכים הקב"ה.

ומיד כשיתעורר משנתו ואינו רוצה לישן, יטול ידיו אף שנשאר מושכב, ומכ"ש שלא ילך ד"א בלי נטילת ידים, וצריך מאד ליזהר בזה, ובזוה"ק מפליג עבור זה בענשו למאד, כי הוא משהה על עצמו רוח הטומאה.

ומ"מ חלילה לעבור שום איסור עבור חסרון נט"י, כגון לעצור עצמו מלהשתין עי"ז, או ליקח מים שהכין חבירו עבור עצמו, אם לא שברור לו שיתן תיכף תמורתם אחרים, ויש שנכשלין בזה.

אם אירע כשמשכים בלילה, שאין לו מים ליטול ידיו ג"פ כראוי להעביר רוח הטומאה, אעפ"כ חלילה לו לבטל מד"ת משום זה עד שיאיר היום, אלא יטול מעט, או ינקה ידיו בכל מידי דמנקי, ויברך וילמוד כדין התלמוד והפוסקים.

אם אירע שהמים רחוקים, ואין לו מי שיקרבם אליו, נהגו קצת מבעלי הנפש שהולכים פחות מד"א, **וכתב** השערי תשובה ע"ז דלא נהירא, דעדיף יותר שילכו במרוצה, שלא להשהות רוח רעה על ידיו.

י"א דלענין זה אמרינן, כולא ביתא כד' אמות דמי, **אבל** אין לסמוך ע"ז כי אם בשעת הדחק.

(נכון מאד ליזהר לומר קודם כל ג' תפלות, הודאת ה"יהי רצון" המבואר בירושלמי, דהיינו בשחרית: מודה אני לפניך ד' או"א שהוצאתני מאפלה לאורה, ובמנחה: מודה אני וכו', שכשם שזיכיתני לראות כשהחמה במזרח כך זכיתי לראותה במערב, בערבית: יה"ר כו' כשם שהייתי באפילה והוצאתני לאורה, כן תוציאני מאפילה לאורה).

(**ושום** אחד מהפוסקים לא הביאו זה - ערוה"ש).

בשל"ה כתב סוד: לחבר יום ולילה בתורה או בתפלה, הן בבוקר הן בערב.

הגה: ועכ"פ לא יאחר זמן התפלה שהצבור מתפללין - היינו אעפ"י שלא יעבור זמן תפלה, מ"מ מצוה עם הצבור.

הגה: שויתי ה' לנגדי תמיד, הוא כלל גדול בתורה ובמעלות הצדיקים אשר הולכים לפני האלהים; כי אין ישיבת האדם ותנועותיו ועסקיו והוא לבדו בביתו, כישיבתו ותנועותיו ועסקיו והוא לפני מלך גדול; ולא דבורו והרחבת פיו כרצונו והוא עם אנשי ביתו וקרוביו, כדבורו במושב המלך; כל שכן כשישים האדם אל לבו שהמלך הגדול הקב"ה, אשר מלא כל הארץ כבודו, עומד עליו ורואה במעשיו, כמו שנאמר: אם יסתר איש במסתרים ואני לא אראנו נאם ה', מיד יגיע אליו היראה וההכנעה בפחד השי"ת ובושתו ממנו תמיד.

דהיינו שיצייר בנפשו תמיד איך שהוא עומד לפני השי"ת, כי הקב"ה מלא כל הארץ כבודו. **וכתבו** בשם האר"י ז"ל, שיצייר שם הוי"ה תמיד נגד עיניו בניקוד "יִרְאָה", וזהו סוד "שויתי ה' לנגדי תמיד", וזה תועלת גדול לענין היראה.

ויש שהיו רגילין מחמת זה לעשות מנורות של קלף מצויירים להניח בסידורים, וכותבים בהם "שויתי ה'" וגו' בן ד' אותיות, ושארי שמות, ומנורה כזה היתה נקראת בשם "שויתי", והטעם הוא בכדי שיהיה נזכר שלא לשיח שיחה בטלה בתוך התפלה מאימת השם, **וכתב** בשע"ת שראוי לאזור חיל לבטל המנהג, כי ע"פ הרוב אינם משמרים את הקלף כראוי, ותשתפכנה בראש כל חוצות, וגם כמה פעמים בא לידי מחיקת השם, **ונראה** דבמנורות הגדולות המצויירות על קלף שקובעים בבהכ"נ לפני העמוד תחת טבלא של זכוכית, שאין שייך בזה טעם הנ"ל, לית לן בה, עכ"ל, **והקובעין** בעמוד בלא

טבלא יש למחות בידם, כי ע"י הנרות שקובעין בעמוד, בא ברוב העתים לידי מחיקת השם ח"ו.

(הרוצה לקיים "שויתי" כראוי, יזדרז לקיים מה שנכתוב בשם ספר החינוך, וז"ל: שש מצות חיובן תמידי, לא יפסקו מעל האדם אפילו רגע אחד כל ימיו, וכל זמן וכל רגע שיחשוב בהן קיים מצות עשה, ואין קץ למתן שכר המצות, ואלו הם):

(**א.** להאמין שיש אלוה אחד בעולם שהמציא כל הנמצאות, ומחפצו ורצונו הוא כל מה שהוא עכשיו, ושהיה ושיהיה לעדי עד, ושהוא הוציאנו ממצרים ונתן לנו התורה, וזהו מצות עשה, דכתיב: אנכי ה' אלהיך אשר הוצאתיך וגו', ופירושו: תדעו ותאמינו שיש לעולם אלוה המשגיח, שהרי הוצאתיך מארץ מצרים).

(**ב.** שלא נאמין בשום אלהים זולתו, שנאמר: לא יהיה לך אלהים אחרים על פני, ואפילו מודה שהקב"ה שולט על הכל, רק שידמה בדעתו שמסר הנהגת העולם למלאך או לכוכב, ה"ז מודה בע"ז, ועובר על: לא יהיה לך אלהים אחרים על פני, אלא יאמין שהקב"ה בעצמו ובכבודו משגיח בכל העולמות, ואין לשום נברא כח לעשות דבר בלתי רצונו, ולכן נקרא הקב"ה "אלהי האלהים").

(**ג.** לייחדו, שנאמר: שמע ישראל ה' אלהינו ה' אחד, ופירושו: שמע ישראל ודע, כי ה' שהווה את הכל ברצונו, והוא אלהינו המשגיח בכל העולמות, הוא ה' אחד בלי שום שיתוף).

(**ד.** לאהוב המקום ב"ה, שנאמר: ואהבת את ה' אלהיך וגו', וכיצד יגיע האדם לאהבה, הוא ע"י התורה, וכדאיתא בספרי: לפי שנאמר "ואהבת", איני יודע כיצד לאהוב את המקום, ת"ל: והיו הדברים האלה אשר אנכי מצוך היום על לבבך, שמתוך כך אתה מכיר את מי שאמר והיה העולם, כלומר שע"י ההתבוננות בתורה יכיר את גדולתו של הקב"ה, שאין לו ערך ולא קץ, ותתיישב האהבה בלבו בהכרח, **וענין** המצוה, שיראה האדם להשים כל מגמתו וכל מחשבתו אחר אהבת הש"י, ויעריך בלבו, כי כל מה שיש בעולם מעושר ובנים וכבוד, הכל הוא כאין נגד אהבתו ית', וייגע תמיד בבקשת חכמת התורה, למען ישיג ידיעה בה', **והקובע** את מחשבתו בעניינים הגשמיים ובהבלי העולם שלא לשם שמים, רק להתענג ולהשיג כבוד, ביטל עשה זו ועונשו גדול).

(**ה.** להיות יראת הש"י על פניו תמיד לבלתי יחטא, וע"ז נאמר: את ה' אלהיך תירא, **ומי** שבא דבר עבירה לידו, חייב להעיר רוחו ולתת אל לבו באותו הפרק, שהקב"ה משגיח בכל מעשי בני אדם, אף אם יהיו במחשך מעשיהם, וישיב להם נקם לפי רוע המעשה, וכדכתיב: אם יסתר איש במסתרים ואני לא אראנו נאום ה' וגו').

(**ו.** שלא נתור אחר מחשבת הלב וראיית העינים, שנאמר: ולא תתורו אחרי לבבכם וגו', ואמרו חכמים: "אחרי לבבכם" זו אפיקורסות, "ואחרי עיניכם" זו זנות, **ובכלל** אפיקורסות הוא כל מחשבות זרות שהם היפך דעת התורה, **ובכלל** זנות הוא מי שהוא רודף אחר תאות העולם, מבלי שיכוין בהם כלל לכוונה טובה, כלומר שלא יעשה אותם כדי שיעמוד בריא ויוכל להשתדל בעבודת בוראו, רק כוונתו תמיד להרבות תענוגים גדולים לנפשו. כ"ז לקטתי מלשונו הנחמד בקצרה, וקילורין הם לעינים, ואשרי המקיימם כראוי).

ולא יתבייש מפני בני אדם המלעיגים עליו בעבודת השי"ת - ועכ"פ לא יתקוטט עמהם, מפני שמדת העזות מגונה מאד, ואין ראוי להשתמש ממנה כלל אפילו בעבודת הש"י, כי יקנה קנין בנפשו להיות עז אפילו שלא במקום עבודתו ית'.

(**אבל** אם הוא עומד במקום שיש אפיקורסים המתקוממים על התורה, ורוצים לעשות איזה תקנות בעניני העיר, ועי"ז יעבירו את העם מרצון ה', ופתח בשלום ולא נשמעו דבריו, מצוה לשנאתם ולהתקוטט עמהם, ולהפר עצתם בכל מה שיוכל).

וכן אם הוא אדם בינוני עומד במקום גדולים, לא יתבייש מהם ללמוד ולעשות המצוה, **אך** אם אפשר לו לעשות המצוה שלא בפניהם טוב יותר, **ומיהו** בפני בינונים שילמדו ממנו, י"ל טוב יותר לעשות בפניהם, שילמדו ממנו לעשות כמעשהו, **אך** יכוין לבו לשם שמים ולא להתפאר חלילה.

גם בהלכו לבת - ר"ל אף בשעה שהוא בביתו בהצנע, ג"כ יהיה לכתו עם ה' אלהיו, וכמו שמסיים והולך, **ובשכבו על משכבו, ידע לפני מי הוא שוכב, ומיד שיעור משנתו יקום בזריזות לעבודת בוראו יתברך**

ג
הלכות הנהגת אדם בבקר
סימן א – דין השכמת הבוקר

ויתעלם - לאו דוקא, אלא ישהה מעט, ולא יעמוד פתאום, כי זה מזיק לגוף.

טוב לומר תיכף בקומו: מודה אני לפניך מלך חי וקיים, שהחזרת בי נשמתי בחמלה, רבה אמונתך, **ותיבת** "בחמלה" יהיה באתנחתא, "ורבה אמונתך" בלי הפסק, והוא מן הכתוב: חדשים לבקרים וגו', שהקב"ה מקיים אמונתו להחזיר נשמות המופקדים בבוקר, **וא"צ** לזה נט"י, ואף אם ידיו מטונפות, כי אין מזכיר בזה הנוסח לא שם ולא כינוי, **ומ"מ** ללמוד נראה דאסור קודם שנטל ידיו, ובלא"ה אסור קודם ברכת התורה.

סעיף ב - המשכים להתחנן לפני בוראו, יכוין לשעות שמשתנות המשמרות, שהן בשליש הלילה ולסוף שני שלישי הלילה ולסוף הלילה, שהתפלה שיתפלל באותן השעות על החורבן ועל הגלות, רצויה.

סעיף ג - ראוי לכל ירא שמים שיהא מיצר ודואג על חורבן בית המקדש - אבל התורה והתפלה יהיה בשמחה.

והמקובלים האריכו מאוד בגודל מעלת קימת חצות כי רבה היא, וכבר נדפס בסידורים סדר ההנהגה על פי כתבי האר"י ז"ל, **והעת** להתאונן על החורבן נכון יותר שיהיה קודם חצות מעט, ומחצות ואילך יעסוק בתורה, ובסוף הלילה יבקש צרכיו, וי"א אז "שומרים לבוקר", **ואם** הוא קרוב להנה"ח, יאמר המזמורים לבד וידלג הקינות, ואח"כ יאמר "שומרים לבוקר".

ואחר התיקון שיעור משניות קודם לכל דבר, ואם זכה לחכמת האמת, עת ההיא מסוגלת מאוד.

וזמן חצות הוא תמיד באמצעות הלילה ממש בכל מקום, ואפילו בלילות הארוכות או הקצרות, והיא י"ב שעות אחר חצי היום.

האחרונים קבלו מ"שכבי" עד "קומי", היינו משבועות שאומרים "שכבי", עד ט"ב שאומרים "קומי", א"צ לקום בלילה, **וי"א** מט"ו באב עד ט"ו באייר יקום, **והנוהגים** על פי קבלה סוברים שצריך לקום תמיד.

חבורה שנתחברו יחד לומר תיקון חצות בצבור, אין למנעם, ואדרבה "ברוב עם הדרת מלך".

וטוב יותר שיאמרו את התיקון בבהכ"נ משיאמרוהו בחדר הסמוך לו, דבהכ"נ קדיש טפי, וגם שיהיו מעשרה הראשונים.

וצריך ביחוד להזהר מאוד מאוד משיחת חולין בניעורים בלילה.

ומי שאינו יכול להשכים קודם אור הבוקר, מחמת שהוא חלש בטבעו, או שהוא יודע בעצמו שאם יקום באשמורת יישן בעת התפלה, מוטב לישן כל הצורך, **ומ"מ** יהיה זהיר מאוד לקום שעה, ולפחות חצי שעה, קודם קריאת השמש לבהכ"נ, כדי שיהיה יוכל להכין עצמו להתפלל בצבור ובנקיות.

כתב של"ה, שבכל סעודה יאמר "על נהרות בבל", ובשבת וכן בימים שאין אומרים בהם תחנון, יאמר "שיר המעלות בשוב ד'" וגו', **והעיקר** שידע מה קאמר, ואחר כונת הלב הן הדברים.

סעיף ד - טוב מעט תחנונים בכוונה, מהרבות בלא כוונה - אבל אם המרבה כיון ג"כ, המרבה טוב יותר, **ואם** הממעט יש לו אונס ואינו יכול להאריך, או שהוא משער בעצמו שאם יאריך לא יהיה יוכל לכוין, וממעט בתחנונים ואומרם בכונה, נחשב לפני הש"י כמו אותו שיש לו פנאי ומאריך בתחנונים בכוונה, **וכן** לענין ת"ת הענין כן, כי הכל תלוי לפני הש"י אם עושה כל אשר בכוחו לעשות.

ומי שהוא בעל תורה ויש לו לב להבין וללמוד, יכול למנוע מלומר הרבה תחנות ובקשות הנדפסות בסידורים, וטוב יותר שילמוד במקומם.

וצריך האדם לקבוע לו עת ללמוד ספרי מוסר בכל יום ויום, אם מעט ואם הרבה, כי הגדול מחבירו יצרו גדול הימנו, ותבלין היצה"ר הוא תוכחת מאמרי חז"ל, [**והוא** יותר חיוב מלימוד משניות].

סעיף ה - טוב לומר פרשת העקדה - קודם פרשת הקרבנות, כדי לזכור זכות אבות בכל יום, וגם כדי להכניע יצרו, כמו שמסר יצחק נפשו.

ופרשת המן - כדי שיאמין שכל מזונותיו באין בהשגחה פרטית, וכדכתיב: המרבה לא העדיף והממעיט לא החסיר, להורות שאין ריבוי ההשתדלות

מחבר רמ"א משנה ברורה

מועיל מאומה. **ואיתא** בירושלמי ברכות: כל האומר פרשת המן, מובטח לו שלא יתמעטו מזונותיו.

ואין די באמירה, אלא שיתבונן מה שהוא אומר, ויכיר נפלאות ד', **וכן** מה שאמרו בגמרא: כל האומר "תהלה לדוד" ג' פעמים בכל יום, מובטח לו שהוא בן עוה"ב, ג"כ באופן זה.

ויכול לומר פרשת העקידה ופרשת המן אפילו בשבת.

ועשרת הדברות - כדי שיזכור בכל יום מעמד הר סיני, ויתחזק אמונתו בה'.

ופרשת עולה ומנחה ושלמים וחטאת ואשם - וה"ה פרשת תודה, דגם היא בכלל שלמים, **ואחר** עולה ושלמים ותודה, יאמר פרשת נסכים, כי אין זבח בלא נסכים, אבל חטאת ואשם אין טעון נסכים, (**ועיין** בפמ"ג דמסתפק, אם צריך לומר פרשת נסכים ג"פ, לעולה ותודה ושלמים, דחייב על כל אחד בנסכים, **או** דלענין קריאה די בפעם אחד, וכן מצדד הארה"ח).

(**פרשת** עולה: מתחלת "ויקרא" עד "ואם מן הצאן", **ופרשת** מנחה: מן "ונפש" עד "תקריב", ואם יש לו פנאי, יקרא גם בפרשת צו, מן "וזאת תורת המנחה" עד "יקדש", וכהן יוסיף פסוק "וכל מנחת כהן כליל תהיה", **ופרשת** שלמים: מן "ואם זבח שלמים" עד "ואם מן הצאן", ובפרשת צו, מן "וזאת תורת השלמים" עד "במדבר סיני", והוא ג"כ פרשת תודה, **ואח"כ** פרשת נסכים בפרשת שלח, מן "וידבר" ד"כי תבואו" עד "אתכם").

(**ופ' חטאת**: בויקרא, מן "ונפש אחת תחטא" עד "ונסלח לו", ואם יש לו פנאי, יקרא גם בפ' צו, "וזאת תורת החטאת" עד "באש תשרף", **ופ' אשם**: בפ' צו, מן "וזאת תורת האשם" עד "אשם הוא", ואם יש לו פנאי, יקרא גם בויקרא, **ופ'** עולה ויורד ג"כ, דהיא באה על שבועת ביטוי, מן "ונפש כי תחטא" עד "והיתה לכהן כמנחה").

דאמרינן במנחות: זאת תורת החטאת, כל העוסק בתורת חטאת כאלו הקריב חטאת וכו', (**ומה** טוב למי שנוהג בזה, שילמוד מתחלה את ענינים האלו מן הגמ', או מספרי הרמב"ם, כדי שיבין אח"כ מה שהוא אומר, ובזה תחשב לו כאילו הקריב ממש קרבן, **וכן** מה שאנו אומרין בכל יום: אביי הוה מסדר וכו', **ועניני** עשיית הקטורת, מצוה לראות להבין מה שהוא אומר).

עיין במ"א שכתב, דאם יודע שנתחייב חטאת, יאמר פרשת חטאת קודם, **ומדברי** שארי הפוסקים לא משמע כן.

(**וטוב** לומר כל אלו הפרשיות קודם התפלה, ובבהכ"נ, **אך** שלא יאחר עי"ז זמן ק"ש, **או** אפילו תפלה בצבור).

(**וצריך** להתודות קודם קריאת פרשת הקרבנות, והוידוי יהיה במעומד).

הגה: ודוקא ביחיד מותר לומר עשרת הדברות בכל יום, אבל אסור לאומרם בצבור - מפני הכופרים, שיאמרו אין תורה אלא זו, ובפרט בזמנינו, **ולכך** אין כותבין אותו ג"כ על קונטרס המיוחד לצבור.

יש שכתבו דלא אסור לאומרו בצבור, אלא לקובעו בין הברכות כמו ק"ש, אבל קודם "ברוך שאמר" מותר אף בצבור, **ואנן** נקטינן לאסור בצבור כלל וכלל, **וביחיד** דוקא שלא בתוך התפלה, אבל לקבוע בתוך הברכות, גם ליחיד אסור.

סעיף ו - פרשיות הקרבנות לא יאמר אלא ביום - דאין הקרבנות קרבין אלא ביום, **אבל** פרשת הכיור ופרשת תרומת הדשן יכול לאמר קודם היום, **ואם** אין לו פנאי, יכול לאמר גם פרשת הקרבנות בלילה. **ואם** צריך עמידה, עיין בסימן מ"ח במ"ב בס"א. **(וע"ל סי' מ"ז סעיף י"ג).**

כתב בשל"ה, דבשבת ויו"ט לא יאמר יה"ר, דאין קרבן נדבה בא בהם, אבל הפרשיות אין הפסד לאומרן כקורא בתורה, **ומ"מ** אם הוא בן תורה, מוטב יותר שיעסוק בפרשה דיומא.

מי שהוא אבל, לא יאמר פרשת הקרבנות.

סעיף ז - כשיסיים פרשת העולה יאמר: יהי רצון מלפניך שיהיה זה חשוב ומקובל כאילו הקרבתי עולה, וכך יאמר אחר פרשת המנחה והשלמים, מפני שהם באים נדבה - אבל אחר פרשת החטאת לא יאמר כן, לפי שאינה באה נדבה, אא"כ עבר עבירה שחייבים עליה חטאת, וכן אשם ואשם תלוי קי"ל דאינה באה בנדבה, **והאחרונים** כתבו בשם רש"ל, דיש לומר אף לאחר חטאת ואשם יה"ר, רק

שיאמר בלשון ספק, דהיינו: יר"מ אם עברתי עבירה שחייבים עליה חטאת, שיהיה זה נחשב כאלו הקרבתי חטאת, ואם לאו יהיה כקורא בתורה, וכה"ג יאמר ג"כ אחר פרשת אשם, **אך** המ"א הקשה עוד, איך יאמר "אם נתחייבתי חטאת", הא קי"ל לענין חטאת דבעי ידיעה בתחלה שחטא, **ע"כ** העלה המ"א, דלענין חטאת לא יאמר כלל היה"ר, רק לענין אשם ודאי ואשם תלוי יוכל לאמר יה"ר זה דעל תנאי, **אך** אם לבו נוקפו שמא עבר על חטא, והיה לו ידיעה שחטא ושכח, יוכל לאמר ג"כ היה"ר אחר חטאת בדרך תנאי.

סעיף ח - יאמר עם הקרבנות פסוק: ושחט אותו על ירך המזבח צפונה לפני ה' - דאיתא במדרש: דכל מי שאומר פסוק זה, הקב"ה זוכר עקידת יצחק, **וכהיום** נוהגין לאמרו אחר פרשת התמיד.

סעיף ט - יש נוהגין לומר פרשת הכיור, ואח"כ פרשת תרומת הדשן, ואח"כ פרשת התמיד, ואח"כ פרשת מזבח מקטר קטורת, ופרשת סמני הקטורת ועשייתו.

§ סימן ב - דין לבישת בגדים §

סעיף א - לא ילבש חלוקו מיושב - דאז בהכרח יתגלה גופו, **אלא יקח חלוקו ויכניס בו [ראשו] וזרועותיו בעודנו שוכב, ונמצא כשיקום שהוא מכוסה** - ר"ל כשיקום ויצא מתחת כסוי סדינו, שהיה מונח שם ערום כשפשט חלוקו, יהיה עתה תיכף מכוסה, כי יפול חלוקו על כל גופו מעצמו.

שהאדם צריך להתנהג בצניעות ובושה לפני הקב"ה, ואפילו כשהוא לילה ובחדרי חדרים, הלא מלא כל הארץ כבודו, וכחשיכה וכאורה לפניו יתברך.

(ובפמ"ג נסתפק בישן בכילה שאין גבוה עשרה, אי נוהג דין זה, דהוי כמכוסה, ובספר ארצות החיים מסיק לאיסור).

וכן צריך ליזהר תמיד מחמת טעם זה, שלא במקום הכרח, מלגלות מבשרו ואפילו מעט, כל מה שדרכו להיות מכוסה בבגדים לעולם, **אבל** רשאי לגלות ידו עד קוב"דו, וצוארו עד החזה.

ע"כ האנפלאות יראה ללבשם או לפשטם ג"כ תחת הסדין, שלא לגלות רגליו, שדרכן להיות מכוסות לעולם במדינות אלו, שאין הולכין יחף אפילו בקיץ, וכן כל כיוצא בזה, **אם** לא שאי אפשר בענין אחר.

וכן בבית המרחץ שדרכן של בני אדם לילך שם ערומים, וא"א בענין אחר, אין בזה משום פריצות, **וכן** כשרוחץ בנהר הדין כן, רק יזהר לפשוט וללבוש סמוך לנהר כל מה שאפשר, בכדי שלא ילך בגילוי הגוף שלא לצורך, **ואפילו** ערותו א"צ לכסות בירידתו לנהר, ולא עוד אלא שהמכסה נראה כאלו בוש בדבר, וכאלו כופר בבריתו של אברהם אבינו, **אך** בעלייתו מן הנהר שפניו כלפי העם, ישחה או ישים ידו כנגד ערותו לכסותה, ובלבד שלא יגע בה.

איתא בש"ס: חלוק של ת"ח, כל שאין בשרו נראית מתחתיו, והאידנא אין נזהרין בזה, משום שהולכין הכל בבתי שוקיים, ואין הבשר נראית.

המניח מלבושיו מראשותיו, משכח לימודו, ואפשר אם מניח דבר אחר המפסיק בין ראשו לבגדיו אין קפידא, **וכן** יזהר מללבוש ב' מלבושים יחד בפעם אחד, כי קשה לשכחה.

הקורא כתב שעל גבי הקבר, או המסתכל בפני המת, משכח לימודו, ועיין עוד בפמ"ג מדברים המחזירים הלימוד.

סעיף ב - אל יאמר: הנני בחדרי חדרים מי רואני, כי הקב"ה מלא כל הארץ כבודו.

סעיף ג - ידקדק בחלוקו ללובשו כדרכו שלא יהפוך הפנימי לחוץ - ויראו תפירות המגוונות ואמרי החלוק, ויתגנה בעיני הבריות, ואע"פ שחלוקו תחת כל המלבושים, וכ"ש בשאר בגדים, **ואם** לא נזהר והפך, אם ת"ח הוא צריך לפושטו ולחזור ללבשו כדרכו, שלא יהיה בכלל "משניאי" ח"ו, **ושאר** כל אדם אין צריך, **ולתפלה** אפילו כל אדם צריך לפשטו וללבשו כדרכו, שראוי אז להדר בגדיו, כמבואר בסי' צ"א.

טוב שישים שני צדי המלבוש ביד ימינו, וילבש הימין ואח"כ השמאל, ויכוין: כי הכל נכלל בימין, ומן הימין בא לשמאל.

ו
הלכות הנהגת אדם בבקר
סימן ב – דין לבישת בגדים

כתב הרמב"ם: מלבוש ת"ח יהיה מלבוש נאה ונקי, ואסור לו שימצא בבגדו כתם או שמנונית וכיוצא בהם, **ולא** ילבש לא מלבוש שרים שהכל מסתכלים בהם, ולא מלבוש עניים שהוא מבזה את לובשיו, אלא בגדים בינונים נאים.

סעיף ד - ינעול מנעל ימין תחלה - שכן מצינו בתורה שהימין חשוב תמיד, לענין בוהן יד ורגל, ולכל הדברים שמקדימים הימין להשמאל.

וגם אם נזדמן לו של שמאל, ימתין עד שיביאו לו של ימין.

ולא יקשרנו, ואח"כ ינעול של שמאל ויקשרנו, ויחזור ויקשור של ימין - דלענין קשירה מצינו שהתורה נתנה חשיבות אל השמאל, שקושר עליה תפילה של יד.

ובאנפלאות של לבד, א"צ להקדים שמאל לקשירה.

ואיטר יד שמניח תפילין בימין של כל אדם, (וכן איטר רגל – שע"ת), יקדים ימין גם להקשירה.

כשהוא רוחץ וסך, ימין תחלה, ואם סך כל גופו, ראש תחלה, מפני שהוא מלך על כל האיברים.

הגה: ובמנעלים שלנו שאין להם קשירה, ינעול של ימין תחלה.

סעיף ה - כשחולץ מנעליו, חולץ של שמאל תחלה - שזהו כבודה של ימין.

סעיף ו - אסור לילך בקומה זקופה - שדוחק רגלי השכינה כביכול, ע"כ כתבו האחרונים, דאסור אפילו פחות מד"א, **ופשוט** דאפילו עומד במקומו ואינו הולך כלל.

ולא ילך ד' אמות בגילוי הראש (מפני כבוד השכינה) - אפילו בבית שיש בו תקרה, וכ"ש תחת אויר השמים דיש ליזהר לכו"ע, **ומידת** חסידות אפילו פחות מד"א, ואפילו בעת השינה בלילה.

ויש שמצדדין לומר, דאפילו ד"א אינו אסור מדינא, רק להצנועין במעשיהן, **אבל** כבר כתב הט"ז, דבזמנינו איסור גמור מדינא להיות בגילוי הראש, ואפילו יושב בביתו, ע"ש הטעם. (**כיון** שחוק הוא עכשיו בין העכו"ם שעושין כן תמיד, תיכף שיושבין פורקין מעליהם הכובע, וא"כ זה נכלל בכלל ובחוקותיהם לא תלכו, כ"ש בחוק זה שיש טעם, דכיסוי הראש מורה על יראת שמים – ט"ז).

וכתב המ"א, דאפילו קטנים נכון להרגילם בכיסוי הראש, כי היכי דליהוי להו אימתא דשמיא.

ולענין גילוי הראש, די בכיסוי היד על הראש, **ולילך** ד"א תחת אויר השמים, לא מהני בזה כיסוי הראש ביד.

וכ"ש דאסור לברך וה"ה ללמוד בגילוי הראש, ולא מהני בזה כיסוי היד, דיד וראש חד גופא אינון, ואין הגוף יכול לכסות את עצמו.

ויש מקילין בזה בשעת הדחק, כגון בלילה שרוצה לשתות ואין לו כובע בראשו, דדי במה שמכסה ראשו בידו, **אבל** יותר טוב לנהוג כמו שהעולם נוהגין, שממשיך הבית יד של הבגד על היד ומכסה בו ראשו, דאז הוי שפיר כיסוי לכו"ע.

ויש ליזהר בשעת הנחת תפילין של ראש, שלא יברך הברכה בראש מגולה.

ופרו"ק משערות, אף אותן שתפורין בבגד מתחתיו, יש לאסור מפני מראית העין, שיאמרו ששערות הן, **ויש** מקילין.

אם מפלה ראשו, שרי בגילוי הראש.

ויבדוק נקביו - כדי שיהיה אח"כ גופו נקי בשעת קבלת מלכות שמים בק"ש ותפלה, **ואין** צריך רק בדיקה לבד, ואם בדק את עצמו ואינו רוצה עתה לנקביו, זה נקרא מן הדין גוף נקי, וחלילה לאחר שוב עבור זה זמן ק"ש, או אפילו רק תפלה בצבור.

הגה: ויכסה כל גופו, ולא ילך יחף - אחז"ל: שימכור אדם כל מה שיש לו ויקח מנעלים לרגליו, **ובמקומות** הערב שדרכן לילך יחף, שרי, **עוד** כתב בשם של"ה, דאם עושה משום תשובה על עונותיו, מותר, וכן עשה דוד המלך ע"ה, "הולך יחף".

וירגיל עצמו לפנות בוקר וערב, שהוא זריזות ונקיות.

סימן ג - הנהגת בית הכסא

§ סימן ג - הנהגת בית הכסא §

סעיף א - כשיכנס לבית הכסא יאמר: התכבדו מכובדים וכו', ועכשיו לא נהגו לאומרו - כי אין אנו מוחזקין ליראי שמים שמלאכים מלוין אותנו, שנבקשם שימתינו עלינו עד שנצא.

סעיף ב - יהא צנוע בבית הכסא, ולא יגלה עצמו עד שישב - והוא הדין שלא יקום כשהוא מגולה.

(ומפליג הגמרא במידת הצניעות, ובסמ"ק מונה צניעות למצוה דאורייתא).

הגה: ולא ילכו שני אנשים ביחד - ואם מפחד, יכול אחד להניח ידו על ראשו דרך החלון, ובלבד שלא יראה פירועו, **וליכנס** שם להדיא אסור אפילו עם אשתו, **אך** עם קטן שאין בו דעת מותר ליכנס.

גם לא ידבר שם - ואם הוא לצורך גדול, אפשר דמותר לדבר כל זמן שאין נפנה עדיין, **אבל** בעת שנפנה אף לצורך גדול אסור.

ויסגור הדלת בעדו משום צניעות - ואם א"א לסגור הדלת, ואיש אחר רוצה לכנוס, ינחרו זה לזה, ולא ידברו.

רק הנשים כשהולכות לבהכ"ס הקבוע לרבים, כמו בהכ"ס שבשדה בימיהם, או בחצר בהכ"נ במדינות אלו, התקינו חכמים שיהיו מספרות זו עם זו, כדי שישמע קולן מבחוץ, ולא יכנוס איש לשם ויתיחד עמהן, [סנהדרין י"ט], **ומשמע** קצת שם, דנכנסות ג"כ בשתים בבהכ"ס.

(**וראיתי** באיזה מקומות שמתעצלין בבניית בהכ"ס לרבים, ויש עי"ז כמה מכשולות, שמלבד שחסר עי"ז מדת הצניעות, עוד באין עי"ז לכמה קלקולים: **א'**, כמה מאות ברכות ושמות הקדושים נזכרים בכל עת לבטלה עי"ז, דהלא ידוע מה שנפסק לקמן, דאם אינו יכול לעמוד על עצמו שיעור שעה וחומש, תפלתו תועבה, וכשיש בהכ"ס סמוך לו, והוא צריך לנקביו קודם תפלת י"ח, לא יתעצל לילך לפנות, משא"כ כשאין בהכ"ס, והוא צריך לחלוץ תפיליו לילך לביתו, בוודאי יתעצל בזה, ויעצור עצמו עד אחר התפלה, אם הוא איש המוני, **ואפי'** אם הוא בן תורה שלא יתעצל עצמו לילך ולחפש איזה מקום, או לילך לביתו עבור זה, עכ"פ יש עי"ז ביטול תפלה בצבור, **גם** ביטול תורה מצוי עי"ז מאוד, **גם יש** עי"ז הלבנת פנים, כי יפגעו אחד בחבירו, **גם** חשש סכנת נפשות, כי עמוד החוזר מביא לידי הדרוקן, ועוד כמה וכמה קלקולים, **ע"כ** מצוה רבה לסייע בזה, כדי להסיר המכשולות האלו מישראל, ויזכירו את שמו ית' בקדושה).

סעיף ג - אם רוצה למשמש בפי הטבעת בצרור או בקיסם לפתוח נקביו, ימשמש קודם שישב, ולא ימשמש אחר שישב, מפני שקשה לכשפים.

אם אינו יכול לפנות, ילך ד"א וישב ויעמוד וישב עד שיפנה, או יסיח דעתו מדברים אחרים. **ולא** יפנה בעמידה.

סעיף ד - (העושה צרכיו לגדולים), **לא יגלה עצמו כי אם לאחריו טפח** - ולא יותר משום צניעות.

ומלפניו טפחיים - דמתוך שהוא דוחק את עצמו לגדולים, הוא בא לידי קטנים, וצריך טפחיים משום קלוח מי רגלים הנתזין למרחוק.

והב"ח כתב, דנכון להחמיר שיהיה גם מלפניו רק טפח, ולא הסכימו עמו הרבה מהאחרונים.

[**והמטיל קטנים**, יגלה לפניו טפחיים, ופשוט דאם הולך במכנסים ומשתין מעומד, גם טפחיים לא יגלה, כי אם מה שצריך].

ואשה מאחריה טפח ומלפניה ולא כלום.

ויזהר שלא ילכלך שם בגדיו וגופו ומנעליו.

סעיף ה - אם נפנה במקום מגולה שאין בו מחיצות, יכוין שיהיו פניו לדרום ואחוריו לצפון, או איפכא - וי"א דאיפכא לא, וטוב ליזהר בזה.

אבל בין מזרח למערב, אסור - משום דהשכינה שורה במערב, ואפילו אם מחזיר פניו למערב אסור, דמזרח שהוא נגד מערב יש לו ג"כ קדושה.

אבל בחצר בכל ענין שרי, כ"כ הב"י והמ"א, **אבל** הט"ז הסכים עם מהר"י אבוהב, דבחצר ג"כ אסור באמצע החצר בין מזרח למערב, דהלא מגולה הוא באותו מקום, **אם** לא שמקרב עצמו לצד אחד מהכתלים.

ואם יש בו מחיצות, ואפילו רק מחיצה אחת לצד מערב, ישב בצד המחיצה בסמוך לה, דהיינו עכ"פ בתוך ד' אמות, ואחוריו למערב כלפי המחיצה, ונפנה שם, **וכן** אם הכותל במזרח, יושב בסמוך לה ואחוריו למזרח, **ויש** מחמירין בזה, מפני שפירועו שלפניו הוא לצד מערב, והשכינה במערב, ובמקום שאפשר טוב להחמיר.

כתב הפמ"ג, דאין שיעור לגובה המחיצה, רק כל שאין פירועו מגולה עי"ז, שרי.

(ולהטיל מים בכל ענין שרי) – (ודעת הגר"א, דלצד מערב אסור גם בזה, מפני שהשכינה במערב, והוא פורע עצמו בעת הטלת מי רגלים, אלא יטה עצמו לצד מזרח או לשאר הצדדים, או במקום שיש מחיצה סמוך לה, והמנהג להקל כהשו"ע, **ומסתברא** דבמקומותינו שהולכים במכנסים, ואין דרך לפרוע את עצמו, גם להגר"א יש להקל).

סעיף ו - וכן אסור לישן בין מזרח למערב, אם אשתו עמו - רק יכוין שיהא ראשה של המטה לצפון ומרגלותיה לדרום.

ובתשובת מנחם עזריה פסק כמו שכתב הזוהר, שיהא ראשה ומרגלותיה של המטה זה למזרח וזה למערב, ושיהא הראש למערב, **ומ"מ** טוב יותר לכתחילה לנהוג כהשו"ע, כי י"א שגם כוונת הזוהר הוא כהגמרא.

ונכון להזהר אפילו כשאין אשתו עמו - בזה אין להחמיר רק בשוכב ערום, ובאין קלעים סביב המטה.

סעיף ז - המטיל מים מן הצופים ולפנים, (פי' מקום שיכולים לראות משם הר הבית, ומשם ולהלן אין יכולים לראות, רש"י), לא ישב ופניו כלפי הקודש, (אלא לצפון או לדרום), או יסלק הקודש לצדדין - וה"ה אם אחוריו כלפי הקודש, שרי בהטלת מי רגלים.

ועיין בביאור הגר"א שהסכים, דאפי' מן הצופים ולחוץ, אם פניו כלפי הקודש, אסור בהטלת מי רגלים.

אסור לעמוד לפנות להדיא נגד בהכ"נ או בהמ"ד, דלא יהא מכלל מי שנאמר עליהם: ואחוריהם אל היכל ד', **וכן** לא יעשה בהכ"ס מכוון כנגד בהכ"נ או בהמ"ד, שלא יהא הפי הטבעת מגולה נגדם, **ואם** בונה כותל באמצע, להפסיק בין מחיצת בהכ"ס לבית הכנסת, לכאורה אין להחמיר.

סעיף ח - כשנפנה בשדה, אם הוא אחורי הגדר, יפנה מיד - דהא אין חבירו רואה את פירועו, וכן בחצר אחורי כותל הבית, **ואע"פ** שחבירו שומע קול עיטושו שלמטה, אין בכך כלום, שבהשמעת קול עיטוש שלמטה אין בו איסור משום צניעות, אלא שהיא חרפה ובושה לבני אדם, ומי שאינו מקפיד אינו מקפיד.

ובבקעה, יתרחק עד מקום שלא יוכל חבירו לראות פירועו - ר"ל גילויו, מה שמגלה מבשרו מלפניו או מלאחריו, ואע"פ שרואה את גופו, ושומע קול עיטוש שלו, שרי.

סעיף ט - לא ישב במהרה ובחוזק, ולא יאנוס לדחוק עצמו יותר מדאי, שלא ינתק שיני הכרכשתא.

סעיף י - לא יקנח ביד ימין - מפני שקושר בה תפילין על זרוע השמאלי, ועוד טעמים אחרים, עיין בגמרא.

וטוב ליזהר מלקנח באצבע האמצעי, שכורך עליו הרצועה.

איטר יד שכל עניניו עושה בשמאל, מקנח בשמאל דידיה שהוא ימין כל אדם.

(**בספר** בכור שור משמע, דאם ידו השמאלי רגיל בכתיבת דברי קדושה, נחשבת אצלו ימין, ולא יקנח בה, אלא יקנח בשמאל שלו שהוא ימין כל אדם, **ואם** כותב בדברי קדושה בימין ורגיל בזה, ושאר מעשיו עושה בשמאל, הרי הוא ככל אדם ומקנח בשמאל דעלמא, **והפמ"ג** ולבושי שרד מצדדים, דאיטר שכותב בשמאל, ושאר מעשיו עושה בימין, דיקנח בשמאל דעלמא, ולא אזלינן בתר כתיבה דידיה, אף דהוא קושר בה תפילין,

ואם כותב בימין, ושאר מעשיו עושה בשמאל, יש לעיין לפי טעמיהם, ולארה"ח הרי הוא ככל אדם).

סעיף יא - לא יקנח בחרס, משום כשפים - ואפילו היא חלקה ואינה מקרע הבשר, דאם אינה חלקה ויש בה חדודים קטנים, יש בזה ג"כ מפני הסכנה, שלא ינתק שיני הכרכשתא.

ולא בעשבים יבשים, שהמקנח בדבר שהאור שולט בו, שיניו התחתונות נושרות; ולא בצרור שקנח בו חבירו, מפני שמביא את האדם לידי תחתוניות - אבל אם קנח הוא עצמו בו, או שיבש, או שקנח מצד אחר, לית לן בה.

הגה: ועכשיו שבתי כסאות שלנו אינן בשדה, נהגו לקנח (בחרס) - דלא שכיחי כשפים, ודוקא אם הוא חלק.

(וכן נהגו לקנח) בדבר שהאור שולט בו, ואינו מזיק, ופוק חזי מאי עמא דבר.

אפשר דוקא לענין שאר דברים, אבל לענין עשבים יבישים, גם להגה"ה יש להחמיר, דהם מחתכים את הבשר.

כתב רע"א בשם הס"ח: כשיוצא מבהכ"ס, יראה המקום שישב עליו שלא יהיה טינופות, שמא יבוא חבירו פתאום או בלילה וישב עליו.

סעיף יב - יפנה בצניעות, בלילה כמו ביום - שלא יגלה עצמו יותר מביום, ולא יגלה עצמו עד שישב, וכה"ג, כי לפניו ית' חשיכה כאורה, אבל א"צ להתרחק, ואם אין שם אדם מפנה ברחוב, **ורק** שיזהר שלא יהיה במקום הילוך בני אדם, כדי שלא יטנפו בני אדם על ידו, **אבל** אם יש שם אדם אפילו נכרי, אסור לפנות בפניו.

וכ"ז לפנות, אבל להשתין מותר אפילו ביום בפני רבים, אם צריך לכך שאין לו מקום, ואפילו בפני אשה, משום דאיכא סכנתא אם יעמיד עצמו.

ואשה לא תעמוד להשתין אפילו נגד פניו של תינוק, משום דאיכא חציפותא, אבל לצדדין שאינה משתנת ממש נגד פניו, לית לן בה.

סעיף יג - לא ישתין מעומד, מפני ניצוצות הניתזין על רגליו - ויאמרו שהוא כרות שפכה, שאין מימי רגליו מקלחין אלא שותתין, וכרות שפכה אינו מוליד, ויאמרו על בניו שאינם שלו.

אם לא שיעמוד במקום גבוה, או שישתין לתוך עפר תחוח, (פי' קרקע שאינה בתולה אלא כגון של ארץ חרושה).

ואם אין לו עצות אלו, וגם שם א"א בישיבה, יוכל לעשות עצה אחרת שלא יבוא לידי נצוצות, שיסייע בביצים להגביה הגיד קצת, או ע"י מטלית עבה.

ואם איתרמי שנפלו ניצוצות על רגליו, מצוה לשפשפם.

סעיף יד - יזהר שלא יאחוז באמה וישתין, אם לא מעטרה ולמטה - ואפילו אם האבר בקישוי, מותר מעטרה ולמטה, **מפני שמוציא שכבת זרע לבטלה** - ר"ל שע"י נגיעתו בגיד בא לידי חמום והרהור, ויבא לזה, וחומר עון הזה עיין באה"ע.

(ואפילו אם אין לו עפר תיחוח ומקום מדרון, וא"א לו להשתין בישיבה, ויכול לבוא עי"ז ללעז על בניו ע"י הניצוצות כשלא יאחוז באמה, אפ"ה אסור).

אא"כ הוא נשוי - דיש לו פת בסלו ואין יצרו תוקפו כ"כ, ואם היא נדה או שהוא בדרך, אסור.

ואפילו נשוי אינו מותר להושיט ידו לאמה כלל אלא בשעה שהוא צריך לנקביו.

ומדת חסידות ליזהר אפילו הנשוי.

ואם עומד במקום שיש לו פחד שלא יפול, אין להחמיר בנשוי כלל.

סעיף טו - אפילו מי שאינו נשוי, מותר לסייע בביצים - שאינו מתחמם ע"י כך.

ולפעמים מותר לאחוז באמה להשתין, כגון ע"י מטלית עבה שאינו מחמם, אבל ע"י החלוק אסור, **ויש** מפקפקין גם ע"י מטלית עבה, משום דלא ידעינן שיעורו.

מחבר רמ"א משנה ברורה

סעיף טז - לא הותר לנשוי לאחוז באמה אלא להשתין, אבל להתחכך לא - לפי שהחיכוך מביא לידי חמום, ובקל יבוא לידי ש"ז, **ועיין** בח"א שמתיר ע"י בגד עב.

וכן מה שהותר למי שאינו נשוי למטה מעטרה, ג"כ לא הותר רק להשתין.

ומותר לסרוק זקן התחתון, אך שלא יגע אז באמה בידו.

סעיף יז - המשהה נקביו, עובר משום בל תשקצו - ואם משהא עצמו לקטנים, עובר משום "בל תשקצו", ומשום ש"לא יהיה עקר".

המשהא מלהפיח, אינו עובר על "בל תשקצו".

האיסור "בל תשקצו" נדחה מפני כבוד הבריות, כגון המשהא נקביו עד שימצא מקום צנוע, וכה"ג.

יזהר מאוד לקנח היטיב, כי צואה במקומה במשהו, וטוב לרחוץ פי הטבעת במים או ברוק.

§ סימן ד – דיני נטילת ידים §

סעיף א- ירחץ ידיו - יש ע"ז שני טעמים: הרא"ש כתב, לפי שידים של אדם עסקניות הן, וא"א שלא יגע בבשר המטונף בלילה, לזה תקנו חז"ל ברכה על הנטילה לק"ש ולתפלה.

והרשב"א כתב, לפי שבשחר אחר השינה אנו נעשים כבריה חדשה, דכתיב: חדשים לבקרים רבה אמונתך, צריכין אנו להודות לו יתברך, שבראנו לכבודו לשרתו ולברך שמו, ועל דבר זה תקנו בשחר כל אותן הברכות שאנו מברכין בכל בוקר, לכן גם דבר זה תקנו בשחר, להתקדש בקדושתו וליטול ידינו מן הכלי, ככהן שמקדש ידיו מן הכיור קודם עבודתו.

ולהלכה אנו תופסים כשני הטעמים לחומרא לענין נטילה, וכדלקמן בזה הסימן. **ואם** לא בירך ענט"י קודם התפלה, שוב לא יברך אחר התפלה לכו"ע.

כתב בסדר היום, שלא יגע במלבושיו עד שיטול, ובגמרא לא משמע כן.

איתא בברכות: אל תטול חלוקך שחרית מיד השמש ותלבש, משום סכנת מזיקין, אלא יטלהו בעצמו ממקום שהוא שם, ואפילו אותו השמש כבר נטל ידיו.

אמרינן בגמרא: רוחץ אדם פניו ידיו ורגליו בכל יום משום כבוד קונו, ובמדינותינו שאין אנו הולכים יחפים, א"צ לרחוץ רגליו שחרית.

ויברך: על נטילת ידים - ומיד אחר הנטילה יברך, וא"צ להמתין על הניגוב, וגם הניגוב אין מעכב, **ויש** מחמירין שלא יברך עד אחר שינגב ידיו, דס"ל דאין רוח רעה סר מהידים עד אחר הניגוב, וס"ל דאסור לברך בידים שר"ר שורה עליהם, **אבל** דעת הפוסקים אין כן.

(הגה: וי"א גם "אשר יצר", ואפילו לא עשה צרכיו, וכן נהגו) - הטעם, משום דבבוקר נעשה כבריה חדשה, וצריכין אנו להודות לו, וניתקן ברכת "אלקי נשמה" על ירידת הנשמה, ו"אשר יצר" על יצירת הגוף, ויש עוד טעמים אחרים. **וכתב** הפמ"ג, דלפי הטעם דבריה חדשה, אם היה ניעור כל הלילה, דאז לא נעשה בריה חדשה בבוקר, אין יכול לברך "אשר יצר" אם לא עשה צרכיו.

והרוצה להסתלק מן הספק, יזהר לעשות צרכיו תיכף אחר שעירה מים על ידיו ג"פ, וכשיצא מבהכ"ס יטול ידיו פעם שניה, ויברך "אשר יצר" ויצא ידי חובה לכו"ע, **וטוב** יותר שלא יברך אפילו ברכת נט"י עד לאחר נטילה שניה שנוטל אחר יציאתו מבהכ"ס, ובפרט אם היה צריך לנקביו בעת נטילה ראשונה, שאז בודאי אינו רשאי לברך.

והח"א כתב, דנכון להמתין מלברך ענט"י עד לאחר שמנקה עצמו ורוצה להתפלל, (דאז יצא לכו"ע, **אבל** כשבירך מקודם ואח"כ יפנה, להרא"ש צריך לחזור ולברך, **ואף** דלא קי"ל הכי, מ"מ נכון ליזהר בזה), **אח"כ** מצאתי בספר מעשה רב, שכן היה נוהג הגר"א ז"ל.

(ומשמע מן הח"א, דמי שהוא קם זמן הרבה קודם התפלה, אפילו אם הטיל מי רגלים, דזה כבר נקרא בשם עשיית צרכים, מ"מ כיון דמסתמא כשיגיע בבוקר זמן תפלה, ילך בבית הכסא לנקות עצמו, ימתין עתה מברכת ענט"י עד הבוקר כשינקה עצמו קודם התפלה, כדי לצאת דעת הרא"ש דס"ל דעיקרה ניתקן בשביל התפלה).

(ביאור הלכה) [שער הציון] ‹הוספה›

הלכות נטילת ידים שחרית יא

סימן ד – דיני נטילת ידים

(**ולכאורה** קשה על עצתו, איך יצא עתה בברכתו אליבא דהרשב"א, הלא במה שנטל ידיו תיכף כשקם יצא ידי חובת נטילה, ואיך יאמר עתה על הנטילה השנייה "וצונו על נט"י", **ולומר** דהברכה זו קאי על נטילה ראשונה, הלא יש הפסק גדול, ולכתחילה יש ליזהר בזה מאוד, **אמנם באמת** אפשר ליישב, דהרי כתב הב"י, דלטעם הרשב"א דמשום בריה חדשה, נוכל לאחרה ולסדרה עם שאר הברכות, אף דהוא הפסק גדול, **אך** א"כ יהיה צריך לברך אחר זה תיכף גם שאר ברכות השחר).

(**וטוב** לעשות כהח"א, דזה אליבא דהרא"ש בוודאי יוצא, ואפשר גם להרשב"א לפי מה שכתב הב"י, משא"כ אם לא יעשה כוותיה, להרא"ש בוודאי אינו יוצא).

י"א דאם השתין בלילה, יוכל לסמוך לענין ברכת "אשר יצר" על "אשר יצר" דשחרית, וצ"ע לדינא, **גם** פעמים רבות יקרה שבבוקר משתוקק עוד הפעם להטלת מי רגלים, ולא יוכל לחול עוד הברכת "אשר יצר" דבבוקר ע"ז הטלה דלילה, **ויר"א** שמים יחמיר על עצמו, ויטול ידיו וילבוש מכנסים, או יחגור בשאר דבר להפסיק בין לבו לערוה, ויברך "אשר יצר", **אך** יראה בעת הברכה להרחיק מהעביט של המי רגלים ד' אמות, אם הוא עומד בחדרו, **ואם** לא היה העביט מיוחד לזה, די בהטלת רביעית מים לתוך המי רגלים בכל פעם ופעם שמשתין.

מים הפסולים לנטילת ידים לסעודה, (לקמן סימן ק"ס), כשרים לנטילת ידים לתפלה - דהיינו מים שנשתנו מראיהן, או נעשו בהם מלאכה, או מלוחים, או סרוחים שאין הכלב יכול לשתות מהם, **ומשו"ה** ראוים לתפלה, דכאן לא צריך רק משום נקיות בעלמא.

(**משמע** דכוונת הרמ"א לומר, דדוקא בזה אנו חוששין לדעת היש מי שאומר דבסמוך, דלא מברך עלייהו, **אבל** כלי וכח גברא, או אם אין לו רביעית מים, בוודאי יוכל לברוכי ענט"י, **ומביאור** הגר"א משמע, דלדעת הי"א לא יברך אם אין כלי וכח גברא, **ואין** נ"מ לדינא, דבלא"ה הכריעו האחרונים, דאפילו על מים הפסולים לגמרי יוכל לברך ענט"י).

מיהו יש מי שאומר דלא מברך עלייהו - ר"ל "על נטילת ידים", רק "על נקיות ידים", [לבוש והגר"א], **והאחרונים** הכריעו דיוכל לברך "על נטילת ידים".

(**עיין** בשע"ת שכתב, שמי שנוהג כהשו"ע ונטל בלי ברכה, (וכסתימות לשון המחבר, דמשמע דר"ל שלא יברך כלל - מאמ"ר), **ואח"כ** נזדמנו לו מים כשרים, יחזור ויטול בלי ברכה, **ומהפמ"ג** משמע, דכשנזדמנו לו אחר שעה ושתים מים כשרים, יוכל לברך ענט"י, **ולפי** מש"כ לעיל בשם הח"א, יוכל ליתן עצה שלא יפסיד הברכה, דהיינו שקודם התפלה יטיל מים וישפשף, או יעשה צרכיו, ואח"כ יטול ידיו במים הכשרים, ויוכל לברך).

סעיף ב- ידקדק לערות עליהן מים ג' פעמים, להעביר רוח רעה ששורה עליהן - כי חוץ מהטעמים הנזכרים בס"א שצריך ליטול ידיו לתפלה, צריך ליטול גם משום רוח רעה השורה על הידים, **אך** היכא דהנטילה הוא משום רוח רעה לבד, לא היו מתקנים ע"ז ברכה, לכן אנו צריכים גם לטעמים הנ"ל.

ואפי' שופך הרבה בפעם אחד אינו מועיל, כי אין הרוח הולך אלא בג' פעמים, דהיינו פעם אחת על יד ימין, ואח"כ על יד שמאל, עד ג' פעמים בסירוגין.

ובספר מעשה רב כתב, ד' פעמים, ג"פ להעביר רוח רעה, והד' להעביר המים שנטמאו.

צריך להזהיר לנשים, שיזהרו בנט"י ג"פ בסירוגין כמו האנשים, וגם כי הם מתקנות המאכלים, שלא יטמאום בידיהם, **גם** יש ליזהר שהקטנים יטלו ידיהם בשחרית, כי נוגעים במאכל.

ובנגיעת עכו"ם במאכלים בלא נט"י, אין לחוש, דלא מקבלי טומאה.

(**ובדיעבד אפילו לא נטל רק ידו אחת לבד, סר רוח רעה מאותו היד**).

ויטלם לכתחילה עד פרק הזרוע, ואם אין לו מים, די עד קשרי אצבעותיו.

וצריך לפשוט הכפות, כמי שרוצה לקבל דבר, ויגביהם כנגד הראש.

גם טוב להדיח פיו, ובתענית צבור לא ידיח.

סעיף ג- לא יגע בידו קודם נטילה לפה, ולא לחוטם ולא לאזנים ולא לעינים - ויש ליזהר אפילו ע"ג עיניו מבחוץ, אם אפשר לו.

מפני שהרוח רעה השורה על הידים, יוכל להזיק לאלו האיברים.

מחבר רמ"א משנה ברורה

סעיף ד - אפילו מי שנטל ידיו לא ימשמש בפי הטבעת תמיד, מפני שמביאתו לידי תחתוניות; לא יגע במקום הקזה, שמשמוש היד מזיק לחבורה.

וקודם נטילה, יש אוסרין מליגע בפי הטבעת אפילו במקרה, וכן לאמה במקום הנקב, אפילו אם הוא נשוי, וכן כה"ג במקום נקב הקזה, כי אז יוכל הרוח רעה להזיק לכל נקב שבגוף.

סעיף ה - לא יגע בגיגית שכר, שמשמוש היד מפסיד השכר – (ר"ל אחר נטילה ומשום קלקול השכר, אבל בקודם נטילה לא איירי מאומה, **אמנם** בב"ח וט"ז וביאור הגר"א הסכימו, דקודם נטילה אסור ליגע בגיגית של שכר, מפני שעי"ז יוכל להכניס רוח רעה לתוך השכר, ומזיק אח"כ להשותים, **ולדבריהם פשוט** דאפילו בדיעבד יש ליזהר מאוד מלשתות השכר הזה, **אמנם** בספר ארה"ח מסיק להקל בדיעבד, וצ"ע למעשה).

ואם נגע במאכל קודם שנטל ידיו, אין לאסור המאכל עי"ז, אבל לכתחילה מאוד יש ליזהר שלא ליגע אז בשום מאכל, **ואם** נגע באוכל, ידיחנו ג"פ, **וכן** אין לשתות עשן טבא"ק קודם נט"י.

סעיף ו - אין צריך רביעית לנטילת ידים לתפלה - ר"ל דיעבד אין מעכב הברכה, ומברך "על נטילת ידים", אבל לכתחילה טוב להקפיד שיהיה לו ג"כ רביעית, וכמו שכתב בסעיף שאחר זה.

סעיף ז - טוב להקפיד בנטילת ידים שחרית בכל הדברים המעכבים בנטילת ידים לסעודה. הגה: מיהו אינו מעכב, לא כלי ולא כח גברא, ושאר הדברים הפוסלים בנטילת הסעודה - ר"ל דיעבד לענין הברכה, ויוכל לברך ענט"י, או אפילו לכתחלה היכא דאי אפשר בענין אחר, אבל היכא דאפשר טוב להקפיד.

ומהני אף להעביר רוח רעה, ולכן אם אין לו כלי שלם, מותר ליטול מכלי נקוב, וכן מפלו"מף אף שאין כאן כח גברא.

(**נראה דדברים שאין בנט"י רק זהירות לכתחילה, אין צריך כאן ליזהר בזה**).

סעיף ח - נטילת ידים שחרית, אין נוטלין על גבי קרקע, אלא לתוך כלי - ואפילו ע"ג קיסמים אסור, מפני שרוח רעה שורה עליהם, **וטוב** שיניח שני כלים מראשותיו, אחד מלא ואחד ריקן.

סעיף ט - מים של נטילת ידים שחרית, אסור ליהנות מהם - ע"כ לא יתנם לפני בהמתו, **ולא ישפכם בבית, ולא במקום שעוברים שם בני אדם** - כי יוכלו להנזק ע"י הרוח רעה, וישפכם במקום מדרון או בעפר תיחוח.

סעיף י - נוטל כלי של מים ביד ימינו, ונותנו ליד שמאלו - כדי שיתגבר ימין שהוא חסד על שמאל שהוא דין, וגם באיטר אזלינן בתר ימין דעלמא, **כדי שיריק מים על ימינו תחילה**.

סעיף יא - לא יטול ממי שלא נטל ידיו שחרית - ר"ל לשפוך לו על ידיו, אבל להביא לו מים מותר, **ובנטילה** לאכילה, רשאי ליטול ממי שלא נטל ידיו.

סעיף יב - אם שכשך ידיו לתוך כלי של מים, עלתה לו נטילה לק"ש ולתפלה - ויוכל לברך "על נטילת ידים", דאמרינן בכיור "ורחצו ממנו", ולא בתוכו, הא בעלמא אפילו בתוכו.

אבל לא לרוח רעה שעליהן - דלהעביר הרוח רעה בעי עירוי ג"פ דוקא, ושכשוך בכלי אפילו ק' פעמים לא חשיב אלא אחד, שמיד נטמאו המים והויין כמו שופכין, **ע"כ** יראה ליטול פעם שנית מן כלי, אפילו אחר התפלה.

אם שכשך ידיו בשלש מימות מחולפים, יש להסתפק אם עלתה לו להעביר רוח רעה שעליהן - דאפשר דלאו דוקא עירוי בעינן להעביר רוח רעה, ואפילו רחיצה סגי, או דבעינן דוקא עירוי מכלי על ידיו.

וכתב הפמ"ג, דלפי"ז אם תחב ידו בנהר ג"פ, או בשלג המונח על הארץ בשלשה מקומות מחולפים, אפ"ה לא מהני רק לתפלה, ויוכל לברך ענט"י, אבל ספק אם מהני להעביר רוח רעה, דאולי בעינן לזה עירוי מכלי,

והארה"ח ולבושי שרד פסקו, דבנהר וכן בשלג ובמי מקוה, מהני אף להעביר רוח רעה, ואפילו אין בהם ארבעים סאה.

סעיף יג - אם היה נעור כל הלילה, יש להסתפק אם צריך ליטול ידיו שחרית להתפלל - דיש ספק אם הטעם של נט"י שחרית כהרשב"א, וא"כ אע"ג דהשתא לא נעשה בריה חדשה, לא פלוג רבנן וצריך נטילה, (**ועוד** דעל חידוש העולם צריך לברך אף שלא נהנה), **או** שמא עיקר הטעם כהרא"ש, ובניעור ולא נגע במקום מטונף א"צ נטילה.

(**וכן אם ישן בלילה בבתי ידים, שבוודאי לא נגע במקום מטונף, אין צריך להרא"ש ליטול ידיו בבוקר, רק משום רוח רעה ובלי ברכה**).

ואם ישן במקצתה, לכו"ע צריך ליטול ידיו בבוקר כדין, והוא שישן שינת קבע על מיטתו, ומשום דסתם ידים עסקניות הן, ובודאי נגע במקום מטונף, **אבל** אם ישן שינת ארעי, להרא"ש דינו בזה כאלו לא ישן כלל.

(**ואם היה ישן בתחלת הלילה, וקם ונטל ידיו כדי להעביר הר"ר, נ"ל דלהרשב"א צריך עוד הפעם בבוקר ליטול ידיו לתפלה ובברכה, דלא שייך לומר דכבר נעשה בריה חדשה כשקם בתחילת הלילה, דכתיב: חדשים לבקרים וגו', ורק כדי לצאת דעת הרא"ש, דלדידיה אין צריך שוב לברך בבוקר, גם בזה יעשה צרכיו קודם התפלה, ויתחייב ליטול ולברך לכו"ע**).

ולהעביר רוח רעה מידיו - יש ג"כ ספק, אם בעלמא השינה גורם הרוח רעה, וא"כ אפי' ישן ביום, שורה ר"ר וצריך ליטול ידיו, וניעור בלילה א"צ ליטול ידיו, **או** הלילה גורם הרוח רעה, וא"כ יהיה הדין בהיפוך.

הגה: ויטלם - ר"ל ג"פ מחמת ספק, וכן בשני הסעיפים שאחר זה, **בלא ברכה.**

יש מהאחרונים שחולקין על הכרעת הרמ"א בזה, וסוברים דצריך לברך, ויש שמסכימים עמו.

וכ"ז בלא עשה צרכיו, אבל אם עשה צרכיו קודם התפלה, הסכמת אחרונים דבזה צריך ליטול ידיו ולברך, **וכן** נכון לעשות לכתחילה במי שניעור כל הלילה, כגון בליל שבועות, יעשה צרכיו או יטיל מים וישפשף, שאז לכו"ע יתחייב לברך, ויברך ענט"י ו"אשר יצר".

סעיף יד - השכים קודם עמוד השחר ונטל ידיו, יש להסתפק אם צריך ליטול ידיו פעם אחרת כשיאור היום, להעביר רוח רעה השורה על הידים - כי י"א דבעמוד השחר חוזר הר"ר לשרות פעם שנית, **הכא** לא נקט "להתפלל" כמש"כ סעיף י"ג, דודאי משום תפלה אין צריך בזה עוד הפעם ליטול ידים.

(הגה: ויטלם בלא ברכה) - (ומה שכתוב: ויטלם בלא ברכה, וכן בסט"ו, לא דמי למה שכתב בסי"ג, דהתם הוא רק מחמת ספק, והכא לכו"ע לא צריך לברך).

ואפילו אם חזר וישן פעם שנית קודם עמוד השחר, דבזה בודאי צריך משום רוח רעה עוד הפעם ליטול ידים, ואפילו אם השינה היתה שינת קבע, מ"מ אין יכול לברך ענט"י, **דאנו** חוששין לשיטת הרשב"א, דס"ל דטעם הנטילה משום דבבוקר נעשה בריה חדשה, ופעם אחת נעשה האדם בריה חדשה ולא שתי פעמים, (מוכח מזה, דאף בשינה שלפני עלות השחר, ג"כ הוי בכלל חדשים לבקרים, ודלא כדלעיל בבה"ל בתחילת הלילה), ומשום רוח רעה בלבד לא תקנו ברכה.

ויטלם בלא ברכה - ונראה דאפילו אם בפעם הראשון כשנטל ידיו לא בירך ענט"י, מ"מ לא יברך עתה, דאיך יאמר "וציונו ענט"י", הלא כבר יצא ידי חובת הנטילה לתפלה לדעת הרא"ש, **ומ"מ** הנכון שיביא עצמו לידי חיוב ברכה, דהיינו שיעשה צרכיו קודם התפלה, ויתחייב לברך ענט"י, (**וכיון דאיירינן שלא בירך בפעם ראשונה, בזה י"ל גם לדעת הרשב"א דנוכל לברך עתה, וקאי הברכה על הנטילה הראשונה**).

סעיף טו - ישן ביום, יש להסתפק אם צריך לערות מים עליהם שלש פעמים - אי לילה גורם לרוח הטומאה, או שינה גורם, **(ויטלם בלא ברכה).**

ודוקא הישן שיתין נשמי, אבל פחות מזה, אין רו"ר שורה ואפי' בלילה.

סעיף טז - דוד היה נזהר שלא לישן שיתין נשמין, (פי' ששים נשימות), כדי שלא

יטעום טעם מיתה - ר"ל שיתין נשמין רצופין, אלא היה מתנמנם כמה פעמים פחות משיתין נשמי עד חצות לילה, ומחצות ואילך היה מתגבר כארי.

(רבו בו הדעות בשיעור זה: י"א דהוא ג' שעות, וראיה מהא דהאר"י ז"ל היה ישן בשבת ב' וג' שעות, **ויש** דוחין, דשאני ת"ח בשבת דמצוה לענג השבת, **ועוד** אינו מוכרח כלל, דשמא היה ניעור כמה פעמים בתוך שינתו, ולא היה ישן ס' נשמין בפעם אחת, **וי"א** דהוא יותר מחצי שעה, **וי"א** דהוא שיעור מעט יותר משלשה מינוט, **ע"כ** בעל נפש יחמיר לפי כחו).

הגה: ובגמרא פרק הישן משמע, דדוקא ביום היה נזהר - השיגו עליו האחרונים, דלא נמצא שם כן בגמרא רק על האמוראים, אבל דוד בעצמו גם בלילה היה נזהר, **ונ"מ** כ"ז לדידן, שבעל נפש יחמיר עכ"פ ביום, **ואין** שבת בכלל זה, **ואם** א"א לו ללמוד בלא שינת הצהרים, מותר לישן מעט אבל לא יאריך בה, **וגם** זה לא תהיה כונתו להנאת עצמו רק לעבודתו יתברך, **וענין** השינה ביום תלוי לפי מה שהוא אדם, וכפי הצורך לעבודתו ית'.

סעיף יז - יש נוהגין לרחוץ פיהם שחרית, מפני הרירים שבתוך הפה - כי צריך להזכיר את השם הגדול בקדושה ובטהרה, **ואם** הוא איסטניס ואינו רוצה להכניס המים לפיו, מפני שאינם זכים וצחים, אין מעכב מלברך.

סעיף יח - אלו דברים צריכים נטילה במים: הקם מהמטה - להסיר רוח רעה השורה עי"ז, ע"כ ימהר ליטול תיכף, והנטילה תהיה עד הפרק, ועכ"פ עד סוף קשרי אצבעותיו.

והיוצא מבה"כ - ואפילו לא עשה צרכיו, **ומבית המרחץ** - ואפילו לא רחץ שם, ומשום רו"ר ששורה באלו המקומות.

ואף דלתפלה וכ"ש לתורה די אחר כל אלו בנקיון בעלמא, מ"מ להסתלק רוח רעה צריך דוקא מים.

אבל אם ליכלך ידו בטיט וברפש, דאין בו משום רוח רעה, א"צ רק לקנח מקום המלוכלך בלבד, ודי.

והנוטל צפרניו.

והחולץ מנעליו - משום שנוגע בידיו בעת החליצה, אבל בלא נגע בהם אין צריך נטילה, **והנוגע ברגליו; והחופף ראשו.**

והחולץ מנעליו ונוגע ברגליו וחופף ראשו, אינו משום רוח רעה רק משום נקיות, ע"כ א"צ למהר ליטול ידיו תיכף, משא"כ באינך.

וי"א אף ההולך בין המתים - בבית הקברות, **וכתב** מהרי"ל שיש ליטול קודם שיתפלל על הקברות, ורוחצין שנית בשובו לחצר בית הקברות, שרוחות רעות מלוין החוזרין, **ויש** נוהגין אז לרחוץ גם הפנים.

ומי שנגע במת - ואפילו מי שנכנס אצל מת אחד, או שהלך ללותו, נוהגין בנטילה.

ונהגו להקפיד אם יכנס אדם לבית אחר קודם שירחץ, ומנהג אבותינו תורה היא.

ומי שמפליא כליו - אפילו לא נגע בכנה, שלא מצא.

והמשמש מטתו; והנוגע בכנה - ובפרעוש אפשר דדי בנקיון בעלמא.

והנוגע בגופו בידו - במקומות המטונפות שיש בהם מלמולי זיעה.

ואין צריך ג' פעמים כי אם בקם מן המטה, **ויש** מחמירין בהולך בין המתים, ומשמש מיטתו, דבעינן ג"כ ג"פ, **ובספר** היכל הקודש מחמיר ביוצא מבהכ"ס ג"פ, **ובמ"א** סתר דבריו.

ומי שעשה אחת מכל אלו ולא נטל, אם תלמיד חכם הוא, תלמודו משתכח; ואם אינו תלמיד חכם, יוצא מדעתו - ר"ל דנתלבש בו רוח שטות, ועי"ז יוכל לבוא אח"כ לעבירה, וכמאמרם: דאין אדם עובר עבירה אא"כ נכנס בו רוח שטות.

סעיף יט - המקיז דם מהכתפים ולא נטל ידיו, מפחד ז' ימים - ואפשר עלוקה שקורין פייוקע"ס או ביינקע"ס, ג"כ צריך ליטול, וטוב להחמיר.

המגלח ולא נטל ידיו, מפחד ג' ימים; הנוטל צפרניו ולא נטל ידיו, מפחד יום אחד, ואינו יודע ממה מפחד.

סעיף כ - הרוחץ פניו ולא נגבם יפה, פניו מתבקעות או עולה בהן שחין; ורפואתו לרחוץ הרבה במי סילקא.

סעיף כא - צריך ליזהר בתפלה או באכילה - וה"ה בשעה שהוא עוסק בתורה, **שלא ליגע בשוק וירך ובמקומות המכוסים באדם, לפי שיש שם מלמולי זיעה (מלמולי זיעה פירוש: זוהמא כעין שעורים קטנים), וכן שלא לחכך בראשו** - עיין ביו"ד דצריך ליזהר מזיעה, דכל זיעה סם המות, חוץ מזיעת הפנים, וסימן לדבר: בזיעת אפיך תאכל לחם.

(ועיין לקמן סי' צ"ב סעי' ו') - דנתבאר שם, שאם עומד בתפלה ונזכר שנגע במקום מטונף, די בנקיון עפר, או שמחכך ידיו בכותל, דמה יעשה באמצע תפלה, **ומיהו** אם עומד עדיין בק"ש או בפסוקי דזמרה, צריך לילך וליטול ידיו.

(וסי' קס"ד) - דשם נתבאר, שאם עבר ונגע בתוך הסעודה, צריך ליטול ידיו שנית כדין, **אך** לענין ברכת ענט"י, הסכמת רוב האחרונים שלא לחזור ולברך.

אבל מקומות המגולים בראשו ובפניו, ובמקום המגולה שבזרועותיו - עד הפרק הנקרא איילי"ן בויגי"ן, **אין להקפיד.**

וכן אם הולך יחף ברגליו, אפשר דהוי בכלל המקומות המגולין.

וכן בצוארו עד החזה, וכתב במחצית השקל דזה תלוי לפי מנהג המקומות, אם הדרך להיות מגולה שם.

סעיף כב - אם אין לו מים, יקנח ידיו בצרור או בעפר או בכל מידי דמנקי - או שישפשף בטלית יבש, ועיין לקמן בסי' צ"ב, כמה צריך לחזור אחר מים.

ואפילו היו מלוכלכים בודאי, כגון שעשה צרכיו וקינח, ג"כ מהני.

ודע, דנקיון, כיון שהוא עומד במקום מים, צריך לנקות כל היד, בין גבו ובין תוכו עד הפרק, **ובדיעבד** די עד סוף קשרי אצבעותיו, **אבל** לא כמו שנוהגין איזה אנשים, שמנקין רק ראשי אצבעותיהן.

ויברך: על נקיות ידים - י"א דגם בזה מברכין ענט"י, ומ"מ כל האחרונים לא זזו מפסק השו"ע.

ויועיל לתפלה, אבל לא להעביר רוח רעה שעליהן.

ואם יש לו מים, צריך ליטול אפילו לתפלת מנחה וערבית, אפי' אם אינו יודע להן שום לכלוך, והנטילה יהיה בלא ברכה, כי לא תקנו ברכה כי אם בשחרית.

ואם אין לו מים לתפילת מנחה ומעריב, י"א דדינו כהכא, דינקה בכל מידי דמנקי, פן מודבק בהם איזה דבר מאוס או זוהמא.

סעיף כג - לא תיקנו נטילת ידים אלא לק"ש ולתפלה, אבל ברכות דשחרית יכול לברך קודם נטילה - דסתם ידים, דהיינו שאינו יודע אם הם מלוכלכים, אינן פסולות לברכה, וכ"ש לד"ת, דהרי מברכין על הפירות וא"צ נט"י.

אא"כ הוא ישן על מטתו ערום - שאז מסתמא ידיו מטונפות בנגיעת בית הסתרים. **ומלבושים** שלנו שבית הצואר פתוח, אפילו אם ישן במלבושים, מסתמא ידיו מטונפות, כי דרכו לחכך בגופו במקום זיעה, **שאז אסור להזכיר את השם עד שינקה אותם** - בצרורות ובכל מידי דמנקי, וה"ה לתורה אסור בלא נקיון.

ואפילו אם יש לו מים, מ"מ די לברכות ולתורה בניקיון בעלמא, ורק משום כדי להעביר רוח רעה בעינן מים, **ובשע"ת** בשם הזוהר כתב, דלא יברך בלי נט"י, וראוי להחמיר ביש לו מים.

ודוקא אם ישן שינת קבע, אבל בשינת עראי אין חזקתו שנגע, ודינן כסתם ידים דכשרים לת"ת ולברכה, רק לא לתפלה.

סימן ה – כוונת הברכות

§ סימן ה – כוונת הברכות §

סעיף א- יכוין בברכות פירוש המלות - כמו שאחז"ל, שלא יזרוק הברכה מפיו, אלא יכוין בעת האמירה, ויברך בנחת, **וז"ל** ספר חסידים: כשהוא נוטל ידיו או שמברך על הפירות או על המצות השגורות בפי כל אדם, יכוין לבו לשם בוראו אשר הפליא חסדו עמו, ונתן לו הפירות או הלחם להנות מהם, וציוהו על המצות, ולא יעשה כאדם העושה דבר במנהג, ומוציא דברים מפיו בלא הגיון הלב, **ועל** דבר זה חרה אף ה' בעמו, ושלח לנו ביד ישעיה ואמר: יען כי ניגש העם הזה בפיו ובשפתיו כבדוני ולבו רחק ממני, ועי"ש עוד מה שהאריך בגודל העונש עבור זה.

כשיזכיר השם, יכוין פירוש קריאתו באדנות שהוא אדון הכל - כי השם הנכבד והנורא אסור לקרותו ככתבו, כמשאחז"ל: ההוגה את השם באותיותיו אין לו חלק לעוה"ב, אלא צריך לקרותו כאילו היה כתוב שם "אדני", וגם בנקודת "אֲדֹנָי", דהיינו האלף בחטף פתח, אבל לא בפתח לבד או בשב"א לבד, ‹וחט"ף פת"ח עיקרו שו"א, אך יש להקפיד לבטא הפת"ח ולא כשו"א גרידא – פסקי תשובות›, והד' בחולם, והנון בקמץ, וידגיש היו"ד שתהא ניכרת יפה, רק בכונה יכוין לשם הוייה. **וטעם** הנגינה הוא מלרע.

ויכוין בכתיבתו ביו"ד ה"א שהיה והוה ויהיה - ובביאור הגר"א כתב, דלפי עומק הדין א"צ לכוין אלא פי' קריאתו, דבכל מקום הולכין אחר הקריאה, אף שיש בהכתיבה סודות גדולות, **לבד** בקריאת שמע, שם צריך לכוין ג"כ שהיה וכו', עי"ש, **ובמקום** שנכתב בא"ד, לכו"ע אין צריך לכוין אלא שהוא אדון הכל.

אם אחד מספר חסדי ה' שעשה לו, ומתחלה מזכיר השם, ורוצה לגמור דבריו מה שעשה לו ה', אסור להפסיקו בדברים, שמא מתוך כך לא יגמור דבריו, ונמצא שהזכיר ש"ש בחנם, **אבל** אם רוצה לקלל שום אדם, והתחיל בשם, מצוה להפסיקו שלא יגמור דבריו ולא יחטא.

ובהזכירו אלהים, יכוין: שהוא תקיף בעל היכולת ובעל הכחות כלם.

§ סימן ו – דין ברכת אשר יצר ואלהי נשמה ופירושיו §

סעיף א- כשיצא מבה"כ יברך: "אשר יצר את האדם בחכמה", שבריאת האדם היא בחכמה נפלאה; וי"מ על שם שהגוף דומה לנוד מלא רוח, והוא מלא נקבים, כדלקמן בסמוך; וי"מ "בחכמה", שהתקין מזונותיו של אדם הראשון ואח"כ בראו. "וברא בו נקבים נקבים, חלולים חלולים" - ולא יאמר "חללים", דבחלל לא שייך בריאה, **פירוש: נקבים רבים, כגון פה וחוטם ופי טבעת, וגם ברא בו אברים רבים חלולים, כמו לב וכרס ומעיים. "שאם יסתם אחד מהם", כלומר, שבנקבים יש נקב אחד שהוא הפה, שכשהוא במעי אמו הוא סתום, וכשיוצא לאויר העולם הוא נפתח, ואם כשיוצא לאויר העולם היה נשאר סתום, לא היה אפשר להתקיים אפילו שעה אחת** - משום דגירסתו היה "א"א להתקיים אפילו שעה אחת", וקשה לו, דאדם סותם פיו הרבה שעות, ולזה קאמר כלומר וכו', **אבל** מנהגינו שלא לומר "אפילו שעה אחת".

שאם יסתם א' מהם וכו' - כן היא גירסת הרמב"ם, אבל גירסא שלנו ורש"י ורי"ף והרא"ש, "אם יפתח" קודם.

והאברים החלולים, אם היה נפתח אחד מהם, לא היה אפשר להתקיים אפי' שעה אחת. ועוד יש לפרש, שגבול יש לאדם שיכולין נקביו ליסתם ולא ימות, וכיון שעבר אותו הגבול "אי אפשר להתקיים אפילו שעה אחת" - "אֵי" בצירי תחת האלף, כי המלה נגזרת מן "אין", **ובשע"ת** מיישב הגירסא בחירק, שג"כ כונתו כמו "אין", כמו דכתיב "אִי כבוד", שפירש"י שם שכונתו כמו "אין כבוד".

וכיון שבכלל הנקבים הם פי הטבעת ופי האמה, ובכלל האברים החלולים שאם יפתח אחד מהם אי אפשר להתקיים, הם כרס

(ביאור הלכה) [שער הציון] ‹הוספה›

הלכות נטילת ידים שחרית יז
סימן ו – דין ברכת אשר יצר ואלהי נשמה ופירושיו

ומעיים, שפיר הוי שבח זה מענין עשיית צרכיו. ואפשר עוד, שמאחר שאם יוצא לנקביו ביותר, עד שאם עבר הגבול, ימות, בכלל "שאם יפתח אחד מהם" הוא, והוי "שאם יפתח אחד מהם" נמי מענין עשיית צרכיו ממש.

"רופא [חולי] כל בשר", על שם שהנקבים שברא בו להוציא פסולת מאכלו, כי אם יתעפש בבטן ימות, והוצאתו היא רפואה.

ב"ח ושל"ה ומטה משה כתבו, שאין לומר "חולי", רק "רופא כל בשר", **וט"ז** כתב דשני הגירסאות הן נכונות, וחלילה למחוק אחת מהן.

"ומפליא לעשות", מפני שהאדם דומה לנוד מלא רוח, ואם יעשה אדם בנוד נקב כחודה של מחט, הרוח יוצא, והאדם מלא נקבים ורוחו משתמרת בתוכו, הרי זה פלא. ועוד יש לפרש, על שם שבורר טוב המאכל ודוחה הפסולת.

הגה: ועוד יש לפרש, שמפליא לעשות במה שמשמר רוח האדם בקרבו, וקושר דבר רוחני בדבר גשמי, והכל הוא ע"י שהוא רופא כל בשר, כי אז האדם בקו הבריאות ונשמתו משתמרת בקרבו - ובכוונות כתב, דהנשמה נהנית מרוחניות המאכל, והגוף נהנה מגשמיות המאכל, ומכח זה קשורים זה בזה ע"י המאכל.

סעיף ב - יש נוהגין להמתין לברך על נט"י עד בואם לבית הכנסת, ומסדרים אותו עם שאר הברכות - ודוקא אם הולך מיד לבהכ"נ, אבל אם לומד אחר הנטילה, וכ"ש כשמפסיק בשיחה בטלה, ואחר זה הולך לבהכ"נ ומברך שם ענט"י, לכו"ע לא עביד שפיר, דיש הפסק גדול בין נטילה לברכה, וכדלקמיה, **ע"כ** אותם שאומרים תהלים קודם ענט"י, לא יפה הם עושים, דהוי הפסק גדול.

כתב הלבוש, אותם שאומרים תהלים, טוב יותר שיאמרו קודם התפלה, ע"ש הטעם.

קבלה מר"י חסיד: היוצא מביתו לבהכ"נ קודם שיתפלל, יאמר פסוק שמע ישראל, אבל יכוין שלא לצאת בזה המ"ע דק"ש, אא"כ ירא שיעבור זמן ק"ש.

ובני ספרד לא נהגו כן - והסכמת האחרונים לנהוג כאנשי ספרד, שלא להפסיק לכתחלה בין ברכת ענט"י והנטילה, אלא מיד שנוטל ידיו צריך לברך ענט"י, **אך** אם בעת שנוטל ידיו הוא צריך לנקביו, שאפילו בד"ת אסור, ואפי' יכול להעמיד עצמו עד פרסה, אין לו לברך ענט"י עד שיעשה צרכיו, ויברך ענט"י ו"אשר יצר" - שע"ת.

ועיין לעיל בסימן ד' שכתבנו שם בשם הח"א, שלכתחלה יותר טוב להמתין מלברך ענט"י עד לאחר שמנקה עצמו ורוצה להתפלל, דאז יוצא לכו"ע, **וטוב** שאז יסדר אחר ברכת ענט"י ו"אשר יצר", גם שאר ברכות השחר, ובאופן זה מיירי הח"א שכתב דיוצא לכו"ע, **ומ"מ** העושה כהשע"ת יש לו ג"כ על מה לסמוך.

ועכ"פ לא יברך ב' פעמים, ומי שמברכס בביתו לא יברך בבהכ"נ, וכן מי שמברכס בבהכ"נ לא יברך בביתו - ואפילו ש"ץ שבירך בביתו, שוב לא יברך בבהכ"נ, דבימינו הכל בקיאים, וכל אחד מברך לעצמו ואין רוצה לצאת בברכת הש"ץ, **ע"כ** במקום שהמנהג שהש"ץ אומר כל הברכות בצבור, כמו במקומותינו שהמנהג כן בימים נוראים, שמברך בצבור גם ענט"י ו"אשר יצר" וברכת התורה, יזהר מתחלה שלא יברך אותם בביתו, **ואם** אירע שכבר בירך אותם בביתו, יראה לבקש לאחד מהשומעים שעדיין לא בירך שיכוין לצאת בברכתו, **אך** אז יהיה זהיר הש"ץ מאוד להשמיע כל לשון הברכה, ולא כמו שנוהגין באיזה מקום, שהש"ץ משמיע רק לשון תחלת הברכה וסופה, דכיון שכונתו אז בהברכה להוציא, צריך להשמיע כל לשון הברכה.

ומי שלומד קודם שיכנס לבהכ"נ, או מתפלל קודם, יברכס בביתו ולא יברך בבהכ"נ; ואפילו בכהאי גוונא, יש נוהגין לסדרם עם שאר ברכות בבהכ"נ ואין מברכין בביתם - היינו מה שנוהגין רוב המון העם להתפלל סליחות קודם אור הבוקר בימי הסליחות, ושם מזכירין כמה פסוקים, ואח"כ מברכין ענט"י וברכת התורה, **ולענין** ברכת התורה יש ליישב קצת, דאותן הפסוקים אין אומרים אותן אלא

יח הלכות נטילת ידים שחרית
סימן ו – דין ברכת אשר יצר ואלהי נשמה ופירושיו

דרך תפלה, ולא נתחייבו בהם בבה"ת לפי דעת איזו פוסקים, **אך** לענין נט"י שמפסיקין בהפסקה כזאת, צ"ע ליישב, **והסכימו** האחרונים שלא לעשות כן, אלא יש לברך בביתו מיד בקומו, ושוב אין לברך ענט"י בבהכ"נ, **או** שבעת קומו לא יברך ענט"י, אלא אחר גמר הסליחות יבדוק עצמו לנקביו, או יטיל מים וישפשף, ואז יברך ענט"י ו"אשר יצר" ויתפלל, וכמש"כ לעיל בשם הח"א.

סעיף ג - ברכת "אלהי נשמה" אינה פותחת בברוך, מפני שהיא ברכת ההודאה, וברכת ההודאות אין פותחות בברוך, כמו שמצינו בברכת הגשמים.

ואינה ברכה הסמוכה לחברתה, ולכן רשאי לומר בבוקר בקומו עד "אלהי נשמה", ובבהכ"נ יתחיל "אלהי נשמה" - טור, **ומ"מ** יש לעשות על צד היותר טוב, להסמיך "אלהי נשמה" לברכת "אשר יצר", ודעת הגר"א ג"כ שהיא סמוכה לברכת "אשר יצר", **ע"כ** נכון ליזהר בזה לכתחלה.

אם לא בירך ברכת "אלהי נשמה" עד אחר שהתפלל י"ח, אינו מברך עוד לאחר התפלה, שכיון שכבר אמר "מחיה המתים", הוא דומה ל"מחזיר נשמות", **ובשע"ת** מפקפק מאוד בדין זה, ומסיק דעכ"פ אם בעת שאמר ברכת "מחיה מתים", היה בדעתו לברך "אלהי נשמה" אחר התפלה, רשאי אח"כ לברך, עי"ש הטעם.

בנוסח הברכה לא יאמר "אתה יצרתה בי", רק "אתה יצרת, אתה נפחתה בי".

סעיף ד - יש נוהגין שאחר שבירך אחד ברכת השחר וענו אחריו אמן, חוזר אחד מהעונים אמן ומברך ועונין אחריו אמן, וכסדר הזה עושין כל אותם שענו אמן תחלה - וכוונתם הוא שישלים כל אחד עד צ' אמנים ליום.

ואין לערער עליהם ולומר שכבר יצאו באמן שענו תחלה, מפני שהמברך אינו מכוין להוציא אחרים, ואפילו אם היה המברך מכוין להוציא אחרים, הם מכונים שלא לצאת בברכתו - ועיין בשע"ת שיש שמפקפקין בזה, **ובתשובה** מאהבה העלה, דלדידן שנוהגין שלא לצאת בברכת הש"ץ, לכו"ע מותר לעשות כן, **ובפמ"ג** כתב דראוי עתה שלא לומר בקול רם כי אם הש"ץ, **ע"כ** כל מקום ומקום יעשה כפי מנהגו, שכל אחד יש לו על מי לסמוך.

בלבוש משמע, שאין יכול להוציא ברכת השחר בפחות מעשרה, **ועיין** בפמ"ג דמצדד לומר, דדוקא בבקי אין מוציא בפחות מעשרה, אבל בשאין בקי א"צ עשרה אף להלבוש.

§ סימן ז – דין לברך ברכת אשר יצר כל היום אחר הטלת מים §

סעיף א - כל היום כשעושה צרכיו, בין קטנים בין גדולים, מברך: אשר יצר - ואפי' אם נמשך זמן גדול אחר עשיית הצרכים, אפ"ה חייב לברך.

ואם לא בירך "אשר יצר" עד שרוצה להטיל מים שנית, דעת הפמ"ג, דמקודם שיטיל יברך "אשר יצר" על ההטלה הראשונה, **אבל** בש"ת הסכים בשם כמה אחרוני', דאם נזכר לאחר שהתחיל לו תאוה, שוב לא יברך.

כתב רש"ל בתשו', מי שאכל דבר שחייב ברכה אחרונה, ושכח והטיל מים, ונזכר קודם שבא לברך "אשר יצר", איזה מהם קודם, **והשיב** ד"אשר יצר" קודם דתדיר.

מי ששותה סם המשלשל, דיש בדעתו מתחלה לפנות הבני מעיים עד שתכלה הזוהמא מהם, ע"כ י"א דלא יברך כי אם אחר גמר ההוצאה, **וי"א** דיברך בכל פעם, והמנהג כסברא אחרונה, **אך** בשלשול חזק, שמרגיש שמיד יצטרך לפנות שנית, אסור לברך, שאפי' בד"ת אסור.

ולא ענט"י, אף אם רוצה ללמוד או להתפלל מיד - אף דקיי"ל דלתפלת מנחה וכן לערבית, אפי' אינו יודע להן שום לכלוך, צריך ליטול ידיו, וכ"ש כשעשה צרכיו, מ"מ אינו מברך ענט"י אלא בשחרית.

ועיין בספר ארצות החיים שכתב, דדעת רוב הפוסקים, דאם עשה צרכיו לגדולים ואח"כ רוצה להתפלל, מברך ענט"י, **ומ"מ** לכתחלה אין לזוז מפסק השו"ע.

(**עיין בפמ"ג שנסתפק, אם יזדמן על צד הקרי עוד ספק אחד, על דרך משל, שרוצה לטעום קודם תפלה דבר**

הלכות נטילת ידים שחרית יט
סימן ז – דין לברך ברכת אשר יצר כל היום אחר הטלת מים

שטיבולו במשקה, דהוי תרי ספיקי, דשמא הלכה כמ"ד דעל טיבולו במשקה צריך לברך ענט"י, ועוד דשמא הלכה כמ"ד דכל היום צריך לברך לתפלה, **ובארה"ח** דעתו דמטעם ס"ס שלא לברך, רק משום דבלא"ה דעת רוב הפוסקים דלתפלה יוכל לברך).

הגה: היו ידיו מלוכלכות, משפשף בכותל - הניצוצות של מי רגלים, וה"ה בגדולים שעשה צרכיו וקנח, **אפ"ה אינו מברך על נטילת ידים.**

סעיף ב - הטיל מים ולא שפשף, אע"פ שצריך לברך: אשר יצר, אין צריך ליטול ידיו אלא משום נקיות או משום הכון - ואם אין לו במה ליטול, אעפ"כ צריך לברך "אשר יצר".

(**ואם שפשף**, צריך מדינא ליטול, **ואם שפשף ביד אחת**, אין צריך מדינא רק אותו היד, והשנייה רק משום "הכון"), **ואפילו** אם שפשף, מהני לברכות אם מנקה ידיו בכל מידי דמנקי.

(**סעיף** זה לא איירי לתפלה, דשם צריך ליטול אף בלא הטיל מים כלל).

סעיף ג - הטיל מים, והסיח דעתו מלהטיל מים, ואח"כ נמלך והטיל מים פעם אחרת, צריך לברך ב' פעמים אשר יצר - כדמצינו לענין תפלה, שאם טעה ולא התפלל שחרית, מתפלל מנחה שתים.

אבל הרבה מהאחרונים חולקין על פסק זה, וסוברין דשאני תפלה שהיא במקום קרבן ושייך בו תשלומין, משא"כ ב"אשר יצר" שהיא ברכת הודאה, יוצא בהודאה אחת על הרבה פעמים, כמי שאכל שתי פעמים והסיח דעתו בינתים, שמברך בהמ"ז אחת על שתיהן, **ויש** להקל בספק ברכות, ולכתחילה נכון ליזהר לברך תיכף "אשר יצר" אחר הטלת מים, דשמא יצטרך עוד אח"כ להטיל מים, וה"ה בגדולים.

סעיף ד - אין שיעור להשתין מים, כי אפילו לטפה אחת חייב לברך, שאם יסתם הנקב מלהוציא הטפה ההיא היה קשה לו, וחייב להודות.

§ סימן ח – הלכות ציצית ועטיפתו §

סעיף א - יתעטף בציצית ויברך מעומד - ר"ל העטיפה והברכה שתיהן בעמידה, העטיפה משום דכתיב "לכם", וילפינן ג"ש מעומר דכתיב ג"כ "לכם", ובעומר כתיב: מהחל חרמש בקמה, ודרשינן "בקומה", **והברכה**, משום דכל ברכת המצות צריך להיות בעמידה, **והוא** רק לכתחלה, דבדיעבד יצא בשתיהן בכל גווני.

והסכימו רוב האחרונים, דלכתחילה צריך להיות הברכה קודם העטיפה, דהיינו בשעה שהוא אוחזו בידו ורוצה להתעטף בו, דזהו עובר לעשייתן ממש, **ולא** יקדים בשעה שעדיין הטלית מקופלת, דזהו עובר דעובר. **ויתעטף** בציצית מיד אחר נט"י, כדי שלא ילך ד"א בלא ציצית.

סעיף ב - סדר עטיפתו, כדרך בני אדם שמתכסים בכסותם ועוסקים במלאכתם, פעמים בכיסוי הראש פעמים בגילוי הראש - דאע"ג דמברכינן "להתעטף", כיסוי הגוף לחודיה הוי עיטוף, והוא עיקר העיטוף.

ועוברי דרכים שמניחין הטלית כשהוא מקופל, ומשלשלים סביב צוארם על כתפיהן, אין יוצאין ידי חובת ציצית בזה, דבכה"ג לכו"ע לאו עיטוף הוא.

ונכון שיכסה ראשו בטלית - שכיסוי זה מכניע לב האדם, ומביאו לידי יראת שמים.

ועיין בט"ז שדעתו, דנכון שלא יסיר הכובע הקטן שעל ראשו בעת התפילה, אף שהוא מכסה ראשו בהטלית ג"כ.

וכתב הב"ח, דצריך שיהא הטלית על ראשו מתחלת התפלה עד סופה, ועכ"פ יעמוד כך מעוטף לפחות כדי הילוך ד"א.

כתוב בכוונות, האר"י ז"ל היה מכסה הטלית על התפילין של ראש, ועכ"פ לא יכסה לגמרי.

בשעת עטיפה מכסה ראשו בהטלית עד שיגיע עד פיו, ומשליך כל הארבע ציציות לצד שמאל כדי הילוך ד"א, ואח"כ יסיר העטיפה עד שהש"ר יהיה נראה קצת, ויעמיד כל אחד מהציצית על מקומה, וזהו העטיפה

כ
הלכות ציצית
סימן ח – הלכות ציצית ועטיפתו

שיוצאין בה לכו"ע, **ולא** כמו שנוהגין איזה אנשים, שמושכין הטלית על עצמן עד שמגיע הראש לחצי אורך הטלית ומתעטפין בו, דזהו אינו נקרא עטיפה.

משמע בגמרא, שבחור לא היה מכסה ראשו בטלית, אפילו הוא ת"ח.

סעיף ג - טליתות קטנים שלנו שאנו נוהגים ללבוש, אע"פ שאין בהם עיטוף, יוצאין בהם ידי חובת ציצית - דהאידנא כל כסות שלנו דרך כיסוי הם, ועיטוף לא רמיזא באורייתא.

והוא שיש בהם שיעור שהקטן בן ט' שנים יתכסה בו ראשו ורובו, וגדול בן י"ג שנים עכ"פ לא יתבייש לצאת בו באקראי ברחוב, וכדלקמן בסי' ט"ז, ע"ש במ"ב.

וטוב להניח אותו על ראשו רחבו לקומתו ולהתעטף בו, ויעמוד כך מעוטף לפחות כדי הילוך ד' אמות - כדי לצאת נמי דעת הסוברים דבעינן דוקא עיטוף, **ואח"כ ימשכנו מעל ראשו וילבישנו** - דעיקר הקפידא בעת לבישה.

ונראה דהנוהגין שלא לברך כלל על הט"ק, רק פוטרין אותו בברכת הט"ג, אין צריך כלל להתעטף בו.

סעיף ד - מחזיר שתי ציציות לפניו, ושתים לאחריו, כדי שיהא מסובב במצות.

נהגו לעשות עטרה מחתיכת משי, לסימן שאותן ציצית שלפניו יהיו לעולם לפניו, כמ"ש חז"ל: קרש שזכה בצפון היה לעולם בצפון, **ולא** היה האר"י ז"ל מקפיד ע"ז.

סעיף ה - מברך: להתעטף בציצית - בשו"א תחת הבי"ת. ‹**רבים** מהאחרונים סוברים לומר בפת"ח תחת הבי"ת, וכן כתבו ונהגו הרבה גדולי ישראל אשר הוראתם מקובלת ונהוגה בקרב תפוצות ישראל – פסקי תשובות›.

אם שנים או שלשה מתעטפים בטלית - וה"ה בתפילין וכל ברכת המצות, **כאחת (פירוש בפעם אחת)** - פי' כל אחד מתעטף בטלית מיוחד, אלא שבפ"א נעשו כל העטיפות, **כולם מברכים; ואם רצו, אחד מברך והאחרים יענו אמן** - ‹ודוקא אם מתעטפים בתוך כדי דיבור לברכתו›, לאפוקי לאחר כדי דיבור לברכתו דהוי הפסק, וצריך כל אחד לברך לעצמו.

אחד מברך והאחרים וכו' - ואפילו הם בקיאים, ובלבד שיתכוין השומע לצאת והמשמיע להוציא, **ויותר** מזה, דאפילו אם המברך כבר יצא לעצמו, או שאינו מתעטף כלל, יכול להוציא אחרים בברכתו, דכל ישראל ערבים זה בזה, **אך** בזה י"א, דאינו מוציא אלא דוקא מי שאינו בקי, [**עיין** בארה"ח, דמדינא יכול להוציאו, אך לכתחילה המצוה שיברך לעצמו].

מלשון "ואם רצו" משמע, דיותר טוב שכולם יברכו, ובאמת אדרבה, לכתחילה יותר טוב שאחד יברך ויוציא את האחרים, משום "ברוב עם הדרת מלך", **אך** לא נהגו עכשיו כן, ואפשר משום שאין הכל בקיאין להתכוון לצאת ולהוציא.

והאחרים יענו אמן - ואף דבלא"ה צריך לענות אמן אחר כל ברכה, מ"מ בזו שרוצה לצאת בה, החיוב יותר, שמורה בזה בפועל שהוא מתכוין לצאת בה, **מיהו** בדיעבד אפילו לא ענה אמן יצא.

כתב הפמ"ג, אם כמה אנשים קנו טליתים חדשים ועשו בהם ציצית, ולא ברכו "שהחיינו", דמברכין בעיטוף ראשון, נהי דאחד יכול לברך "להתעטף" בשביל כולם, אבל ברכת "שהחיינו" כל אחד בעצמו יברך.

סעיף ו - על טלית קטן יכול לברך: להתעטף, אע"פ שאינו מתעטף אלא לובשו - כי נוסח הברכה כך הוא, כמו "לישב בסוכה".

הגה: וי"א שמברכין עליו: על מצות ציצית, וכן נוהגין ואין לשנות - היינו בט"ק שלנו שאין מתעטפין בו, **אבל** בט"ק שמתעטף בו כמבואר בס"ג, יכול לכתחלה לברך "להתעטף". **ובדיעבד** אם בירך בכל ט"ק "להתעטף", או שבירך על ט"ג "על מצות ציצית", יצא.

ודע, דאין לברך על ט"ק עד שיהיה עכ"פ ארכו ג' רבעי אמה לכל צד, ונקב בית הצואר אין עולה מן המנין, וגם שיהיה פתוח רובו, **ואנשי** מעשה נוהגין אמה מלפניהם ואמה מלאחריהם.

סעיף ז - צריך להפריד חוטי הציצית זה מזה - כל חוט בפני עצמו, שלא יהיו מסובכין אחד בחבירו, **כ'** האר"י, ציצת ר"ת: צדיק יפריד ציציותיו תמיד.

ואם נשתהא לבוא לבהכ"נ, ועי"ז יתבטל מלהתפלל בציבור, כתב המ"א דאין צריך לדקדק בזה, ‹**וטעם**

(ביאור הלכה) [שער הציון] ‹הוספה›

הוא, דהיום אין זה רק זכר לזמן התכלת, שהיה צריך אז מדינא להפריד התכלת מן הלבן, ועיין ביאור הגר"א שמשיג ע"ז, ודעתו דגם היום צריך מן הדין להפריד כל חוט זה מזה, ואע"כ לדבריו אפשר דאם חוטי הציצית מסובכין אחד בחבירו, אין לברך עליהן, או אפשר דלא גרע מגרדומי ציצית, וצ"ע, עכ"פ לכתחילה בודאי החיוב להפרידן אם הם מסובכין קודם שיברך עליהן).

סעיף ח - יכוין בהתעטפו: שצונו הקב"ה להתעטף בו כדי שנזכור כל מצותיו לעשותם - וזהו מלבד הכוונה שצריך לכוין בלבישה: לקיים מצות ציצית, **ומ"מ** נראה דכ"ז לכתחלה כדי לקיים המצוה בשלמותה, אבל בדיעבד אף אם לא כיון רק לקיים המצות עשה, יצא.

וכתב הב"ח, שכן הדין בתפילין וסוכה, אף דבשאר מצות יוצא אף שלא מכוין בה דבר, כי אם שעושה המצוה לשם ד' שצוה לעשותה, הנך שאני, דבציצית כתיב: למען תזכרו, ובתפילין: למען תהיה תורת ה' בפיך, ובסוכה: למען ידעו דורותיכם.

סעיף ט - קודם שיברך, יעיין בחוטי הציצית אם הם כשרים, כדי שלא יברך לבטלה - (פשוט הוא, דבין טלית שלו ובין טלית שאולה, כיון ששאלו להתפלל בו, וא"כ צריך לברך עליו, דהוא כשלו, ממילא דצריך לבדקו, **אם** לא כשנוטל מיד המשאיל אחר תפלתו).

ואע"ג דבלא"ה יש חשש איסור, שילבש בגד של ד' כנפות בלי ציצית, מ"מ מוקמי ליה אחזקתיה שהיה כשר, רק משום חומר ד"לא תשא" שיש על ברכה לבטלה החמירו לבדקו, **ולפי"ז** מי שלובש כמה בגדים של ציצית, אין צריך לבדוק אלא אחד מהם, כיון דברכה אחת לכולם, **אבל** האחרונים כתבו דצריך לבדוק כולם, אחד, דלא סמכינן אחזקה במקום דיכולין לבררו, וגם דחזקה גרועה היא, דעשויין החוטין ליפסק, **ולכן** צריך לבדוק בכל יום בבוקר כשלובשן, ואז אף שהסירן והסיח דעתו מהם, אף דצריך ברכה כשחוזר ולובש, אפ"ה אין צריך לחזור ולבדוק, דבזמן מועט כזה אינו רגיל ליפסק, וסמכינן אחזקה.

גם צריך לבדקן למעלה במקום נקב הטלית עד הקשירה, דשם פסול אפילו בנפסק חוט אחד, (ונ"ל דאפשר דיש להקל אם הוא לובש כמה בגדים של ציצית, שלא יצטרך לבדוק גם במקום נקב הקשירה אלא זה שהוא מברך עליו בלבד, והשאר דיו בבדיקת חוטין בלבד, **וא"כ** אין צריך לבדוק הט"ק אלא החוטין, כיון שהברכה מברך על ט"ג, **ומ"מ** נכון לעיין קצת לפרקים, כי רגיל להתקלקל שם ג"כ, ובפרט אותן האנשים שישנים בהטלית קטן).

ואפילו בבוקר, אם ע"י הבדיקה יתבטל מתפלה בצבור, או שקראוהו לעלות לתורה, יכול ללבוש טליתו בלי בדיקה, והוא שיודע שהיו החוטין שלמים אתמול, **ומ"מ** נכון לעיין קצת מאי דאפשר.

ואם שאל טלית מאחר לעלות לתורה, דמנהגינו שלא לברך עליו, אין צריך לבדקו כלל.

(**אך** מי שלקח טלית של קהל לעלות לתורה, או לדרוש בו קודם בין השמשות, לכאורה פשוט דצריך לבדקו, דהלא פסקו הפוסקים דהוא כמו טלית של שותפין, **ואפילו** לדעת הט"ז, דרוצה להקל לסמוך אחזקה משום טורח ציבור, אפשר דהיינו בטלית שלו, שיש לו חזקה מעלייתא שבדקו בעצמו, **משא"כ** בטלית של קהל שמצוי מאוד להיות ציציותיו פסולין, והכנפות נעקרין ממקומן ואין משגיח עליו, אין ראוי לברך עליו בלי בדיקה, **ואפילו** אם ירצה ללבוש אותו בלי ברכה, ג"כ אין נכון, דהוא כמו טלית של שותפין, וגם מחשש ביטול עשה של ציצית, **ע"כ** צריך לבדוק עכ"פ את חוטי הציצית במקצת כל מה דאפשר).

ואם בדק הטלית כשהסיר אותו מעליו והניחו בכיסו שלו, אין צריך לחזור ולבדקו למחר כשמתעטף בו.

משמע מדברי הב"ח וא"ר, דגם בשבת יש לבדוק הטלית.

סעיף י - אם לובש טלית קטן בעוד שאין ידיו נקיות, ילבשנו בלא ברכה, וכשיטול ידיו ימשמש בציצית ויברך עליו - דבזה יחשב קצת כאילו לובשו אז, **ואע"ג** דקי"ל בכל המצות דצריך לברך עובר לעשייתן ממש, הכא שאני משום דאכתי גברא לא חזי.

או כשילבש טלית אחר, יברך עליו, ויכוין לפטור גם את זה, ואין צריך למשמש בציציות של ראשון - והכי נהוג בזמנינו, לברך על

ט"ג ולכוין לפטור בזה הטלית קטן, **והכי** עדיף טפי ממה שנוהגין איזה אנשים, שמברכין על הט"ק ותיכף מברכין על הט"ג, שגורמין ברכה שאינה צריכה, **ועוד** אפילו אם יפסיק זמן מרובה בין הט"ק לגדול, כמה פעמים אין ראוי לברך עליו, דאין פתוח רובו, או דהוא קטן מהשיעור, או דהוא ישן בו בלילה.

סעיף יא - עיקר מצות טלית קטן, ללובשו על בגדיו, כדי שתמיד יראהו ויזכור המצות - כמה דכתיב: וראיתם אותו וזכרתם וגו'.

ובכתבים איתא: דט"ק תחת בגדיו, **וכתב** המ"א, דעכ"פ צריך שיהיו הציצית מבחוץ, ולא כאינך שתוחבין אותן בהכנפות, **אך** האנשים שהולכים בין העכו"ם יוצאין בזה, ומכל מקום בשעת הברכה יהיו מגולין כדי הילוך ד' אמות.

ואותן האנשים המשימין הציצית בהמכנסים שלהם, לא די שמעלימין עיניהם ממאי דכתיב: וראיתם אותו וזכרתם וגו', עוד מבזין הן את מצות הש"י, ועתידין הן ליתן את הדין ע"ז, ומה שאומרין שהולכים בין הנכרים, לזה היה די שישימו הציצית בתוך הכנף, **ואילו** היה להם איזה דורון ממלך בשר ודם שחקוק עליו שם המלך, כמה היו מתקשטין בו לפני האנשים תמיד, וק"ו בציצית שמרמז על שם מלך מלכי המלכים הקב"ה, כמה מתכבד האדם הנושא שמו עליו.

ואמרו חז"ל: הזהיר במצות ציצית זוכה ורואה פני השכינה, **ומשמע** מן הכתובים, דהיהודים שישארו לעת קץ יהיו מצויינים במצוה זו, **ואמרו** חז"ל: כל הזהיר במצות ציצית, זוכה ומשמשין לו שני אלפים ושמונה מאות עבדים וכו'.

סעיף יב - אם יש לו כמה בגדים של ארבע כנפות, כולם חייבים בציצית - אם לובשם כולם, אבל אם מונחים בתיבתו פטורין, דקי"ל ציצית חובת גברא ולא חובת מנא.

ואם לבשם כולם בלא הפסק, והיה דעתו מתחלה על כולם, לא יברך אלא ברכה א'; ואם מפסיק ביניהם, צריך לברך על כל אחת ואחת - היינו בהפסק גדול שהוא בכלל היסח הדעת, אבל בשהיית זמן מה, פסק מ"א ושארי אחרונים, דשתיקה לא חשיבא הפסקה בדיעבד, ואפילו אם שהה הרבה יותר מכדי דיבור.

ואם שח ביניהם, אם היה הדיבור לצורך לבישה, כגון שאמר: תנו לי בגד ללבוש וכה"ג, פשיטא דאין צריך לחזור ולברך, **אבל** אם לא היה לצורך לבישה, יש דיעות בין הפוסקים, **ודעת** המחבר לקמן בסעיף י"ג ומ"א והרבה מן האחרונים, כהפוסקים דאפילו שיחה בעלמא ג"כ הוי בכלל הפסק לענין זה, **אבל** יש מן האחרונים שפוסקין, דכיון דיש שסוברין בזה דאין צריך לחזור ולברך, דהוי כמו שסח באמצע סעודה, מוטב שלא להכניס בספק ברכה, וכן הסכים הפמ"ג.

לכן יזהר כל אדם שלא לשוח, ואם דיבר אין חוזר ומברך, וכ"ש שיזהר שלא להפסיק הפסק גדול, דאסור לגרום ברכה שאינה צריכה.

וה"ה אם לא היה בדעתו מתחלה על כולם, הוי כמפסיק ביניהם - ר"ל שלא היה בדעתו בפירוש רק שבירך סתמא, **ומדסתם** משמע דמיירי אפילו היו מונחים לפניו כל הבגדים של הארבע כנפות בשעת הברכה, ואפ"ה צריך לחזור ולברך, דמיירי שהוא רגיל רק ללבוש אחת, ועי"כ בסתמא אין עולה הברכה לכולם, דהוי כנמלך, אא"כ היה דעתו עליהם בפירוש.

(**ואם דרכו ללבוש תמיד שנים או שלשה בגדים של ד' כנפות זו על זו, ועתה לבש את הבגד סתמא, אם היו כולם לפניו בשעת ברכה, אין צריך לחזור ולברך, ואם לא היו כולן לפניו, רק בשעה שהיו מביאין לפניו הבגד האחרון, יש עדיין לפניו מן הבגדים שהיו לפניו בשעת הברכה, או שהביאו לפניו מלבוש השני תיכף אחר ברכת הראשון וקודם שלבשו, בזה יש דיעות בין הפוסקים, ופסקו האחרונים דמספק לא יחזור ויברך, ואם אין נחוץ לו עתה זה הבגד האחרון, מוטב שלא ללבשו עד שיסיח דעתו מברכה ראשונה, כדי שיתחייב לברך עליו בבירור**).

וה"ה אם בירך על ט"ק "על מצות" כמנהגנו, ולקח מיד הט"ג, אם היה דעתו בפירוש לפטור ב"על מצות", אין צריך לחזור ולברך, **ובסתמא** חוזר ומברך, דבסתמא אין דעתו ב"על מצות" כי אם על ט"ק, **אך** מ"מ לכתחלה בודאי יש לזהר שלא לברך על ט"ק אם דעתו ללבוש תיכף הט"ג, משום גרם ברכה שאינה צריכה.

אם לבש טלית בלא בדיקה ומצא אותו פסול, או שנפסלו ציציותיו אח"כ, ולובש טלית אחר, צריך לברך פעם אחרת, **אם** לא שהיה בדעתו בפירוש בשעת ברכה על כל מה שילבש אח"כ.

הגה: וכן אם פשט הראשון קודם שלבש השני, צריך לחזור ולברך - האחרונים חולקין ע"ז, וס"ל דהפשיטה לא הוי הפסק לכו"ע, **ואינו** דומה למש"כ המחבר בסעיף י"ד, דהפשיטה הוי הפסק, דהתם לא היה דעתו בשעת ברכה שיפשיטנו ויחזור וילבש, אבל הכא היה דעתו בשעת ברכה על לבישת הבגד השני.

סעיף יג - הלובש טלית קטן ומברך עליו, וכשהולך לבית הכנסת מתעטף בטלית גדול, צריך לברך עליו - אפילו אם תיכף הלך לבהכ"נ, ולא הסיח דעתו בינתיים כלל, **דהליכה מביתו לבית הכנסת חשיבה הפסק.**

והאחרונים הסכימו, דעצם הליכה לא חשיב הפסק, ואעפ"כ כתבו, דצריך לברך על הט"ג, משום שינוי מקום, **ולפי"ז** ה"ה אם כשיצא מביתו, חזר מיד לביתו ולבש שם הט"ג, ג"כ צריך לברך עליו, אף דהיה דעתו גם על הט"ג בשעת ברכה, דהוי כדברים שאין טעונין ברכה לאחריהם, דשינוי מקום הוי הפסק.

והח"א חשש לדעת הסוברים, דשינוי מקום לא הוי הפסק בזה, ע"כ החמיר שלא לברך, **אם** לא שהיה הבהכנ"ס רחוק מביתו, או שלא היה דעתו בשעת ברכה גם עליו, או שהסיח דעתו ביניהם.

ואם מתפלל בתוך ביתו, אם היה דעתו מתחלה גם על טלית גדול, ולא הפסיק בינתים בשיחה או בדברים אחרים, אינו צריך לחזור ולברך - ואפילו אם הט"ק לבש בחדר זה והט"ג בחדר אחר, דשינוי מקום לא הוי מחדר לחדר, כיון דהיה דעתו לזה.

(**לכאורה אפי'** לא היה דעתו לזה בפירוש רק בסתמא, כיון דרגיל ללבוש אותו בכל יום, הוי כאילו היה דעתו לזה, **ובשלמא** לדעת הרמ"א שפסק לעיל, דעל ט"ק יברך "על מצות ציצית", אתי שפיר, דבסתמא אין מכוין בברכה זו גם על ט"ג, **אבל** לדעת המחבר שפסק לעיל בס"ו, דיכול לברך "להתעטף", א"כ ממילא קאי הברכה גם על הט"ג, **וע"כ** אנו מוכרחין לומר, דמיירי כאן שלא היה הט"ג לפניו בשעת ברכה, ולפלא על מפרשי השו"ע שלא ביארו כל זה).

ומש"כ בשיחה, הוא אפילו תיבה אחת, ועיין לעיל בסעיף י"ב, במה שכתבנו בשם האחרונים לדינא.

סעיף יד - אם פשט טליתו, אפילו היה דעתו לחזור ולהתעטף בו מיד, צריך לברך כשיחזור ויתעטף בו - אפילו נשאר עליו ט"ק, ואפילו אם תיכף נתעטף בו ולא שינה מקומו כלל בינתים, דהפשיטה גופא הפסק הוא בזה.

(מוכח מהמ"א, דאם בשעת הברכה היה דעתו שיפשטנו ויחזור וילבשנו, לכו"ע א"צ לחזור ולברך, וזהו לענ"ד העצה היעוצה שיוכל לצאת בזה כל הדיעות, שיכוין בשעת ברכה שאם יצטרך לפשטו שיחזור וילבשנו).

הגה: וי"א שאין מברכין אם היה דעתו לחזור ולהתעטף בו - אפילו אם בעת הפשיטה לא נשאר עליו ט"ק, וכן פסקו האחרונים.

וטעם הי"א הוא, דכיון דבעת הפשיטה היה דעתו תיכף ללבשו, וכן עשה, לא הוי הפשיטה הפסק, **ואפילו** אם שינה מקומו בינתים, כגון שפשט אותו ליכנס לביהכ"ס וכל כיוצא בזה, לא הוי השינוי מקום בזה הפסק, כיון שחזר ולבש אותו טלית עצמו.

ואינו דומה למה דהסכימו הפוסקים בסימן כ"ה, דאם פשט תפילין אדעתא ליכנס לבהכ"ס, הוי הפסק ע"י זה, **דשאני** התם כיון דבהכ"ס אסור בתפילין, הוי הפסק גמור, משא"כ בטלית דמדינא אינו אסור, רק דאינו נכון לעשות כן, ע"כ לא הוי הפסק עי"ז.

ודע, דאם בעת הפשיטה לא היה דעתו ללבוש מיד רק אחר איזה זמן, אף שאח"כ חזר ונתעטף בו מיד, לכו"ע צריך לחזור ולברך, ואפילו אם נשאר עליו ט"ק, דתיכף שפשטו אזדא לה המצוה, **וה"ה** להיפך, אם בעת הפשיטה היה דעתו ללבוש מיד, ואח"כ נשתהא איזה זמן והסיח דעתו, גם בזה לכו"ע צריך לחזור ולברך, אפילו אם נשאר עליו ט"ק.

(**ולפי"ז** היוצא מבית המרחץ, צריך ברכה שנית על הט"ק, דאיכא הפסק גדול, והעולם אין נוהגין ליזהר בזה,

מחבר רמ"א משנה ברורה

ואפשר שטעמם דלא שייך בזה היסח הדעת, שמוכרח הוא לחזור וללבוש את בגדיו, **ולכאורה** נראה דלא מהני בזה אפילו אם יכוין בבקר בעת הברכה שיפשטנו ויחזור וילבשנו, כיון דמטעם הפסק אתינן עלה, **ואפשר** לומר, דכשמכוין לזה בעת ברכה בבקר, לא שייך בזה הפסק בין הפשיטה והלבישה, דהברכה קאי על לבישה השנית, **תדע**, דמשמע מהמ"א דעצה זו מהני אפילו להב"י, דס"ל דתיכף שפשט אזדא לה המצוה, ולא מהני מה שהיה דעתו לחזור וללבשו, וע"כ משום דהברכה קאי על לבישה השנית, **ואפשר** לדחות, דס"ל דע"י הכוונה שמכוין לזה בשעת ברכה, מהני אח"כ סמיכת הפשיטה להלבישה, וצ"ע, **ואולי** יש לחלק בין אם שהה הרבה אם לא, **ויותר טוב שיכוין בבקר בעת הברכה, שלא תפטור בברכה זו להט"ק רק עד שיפשטנו בבית המרחץ, ואז יוכל לברך אח"כ לכו"ע).**

וי"א דוקא כשנשאר עליו טלית קטן, והכי נוהגין. (ע"ל סימן כ"ה סי' י"ב) - האחרונים פסקו כהי"א הזה, **אך** דמסקי דהי"א הזה לא איירי רק כשפשט הטלית היה בסתמא, לכן אמרינן דאם נשאר עליו ט"ק, עדיין לא הסיח דעתו מן המצוה, ובאם לאו, מסתמא הסיח דעתו, **אבל** אם היה דעתו בפירוש לחזור וללבשו מיד, אין צריך לחזור ולברך כשלובשו מיד, אפילו אם לא נשאר עליו ט"ק, **וכן** להיפך לא מהני הט"ק.

ונראה דאם פשט אותו בתוך התפלה, אפילו בסתמא הוי כמו שפשט אותו על דעת לחזור, **וכן** אם קיפלו והניחו בתוך כיסו, הוי כמו שפשט אותו בפירוש על דעת שלא לחזור.

(**ע"כ** סנדקי שתופס הילד למולו ומתעטף בציצית, **אם** הטלית שאולה, לא יברך עליו, **ואם** הטלית הוא שלו, אם אחר התפלה בעת הפשיטה היה דעתו ללבשו, ולא שהה הרבה בינתיים, אין צריך לחזור ולברך, **אפילו** היה שינוי מקום, כגון שהמילה היה בבית, **ואם** לא היה דעתו ללבשו, לא מהני אפילו המילה היה במקום התפלה, **ואם** הסירו סתמא, תלוי באם נשאר עליו ט"ק, אין צריך לחזור ולברך על הט"ג, ואם לאו חוזר ומברך בכל גווני, **ואם** קפלו והניחו בתוך כיסו, הוי כמו שפשט אותו בפירוש על דעת שלא לחזור וללבשו, וצריך אח"כ לחזור ולברך בכל גווני).

סעיף טו - אם נפלה טליתו שלא במתכוון, וחוזר ומתעטף, צריך לברך - אפי' אם לובשו מיד, ואפילו נשאר עליו ט"ק לא מהני, **ואפי'** למה דפסקינן, דבהסיר טליתו על דעת להחזירו א"צ לברך, בזה גרע יותר, דהא נפלה בלא דעת, ואזדא לה מצותה.

ואם נפל ממנו באמצע תפלת י"ח, והחזירוהו אחרים עליו, כשיסיים תפלת י"ח, ימשמש בציצית ויברך.

והוא שנפלה כולה, אבל אם לא נפלה כולה, אע"פ שנפלה רובה, אינו צריך לברך - הט"ז וא"ר חולקין על זה, וגם הגר"א מצדד לדברי הט"ז. **ולכו"ע** אם נפל מעל כל הגוף, אע"פ שנשארת בידו, צריך לברך, דאזדא לה מצותה, שעיקר מצות עיטוף הוא בגוף.

אם בירך על הטלית, ונפל מידו קודם שנתעטף בו, והגביהו ולבשו, א"צ לברך שנית, ואפילו נפסלו אז ציציותיו, והיה לו ציצית מזומנים ותקנם מיד, א"צ לברך שנית, דכיון שעדיין לא עשה מצותו לא הסיח דעתו.

ומי שלקח טלית להתעטף בו, והתחיל לברך עליו, וקודם שסיים הברכה לקחוהו ממנו, ותפילין לפניו, יכול לסיים הברכה "אקב"ו להניח תפילין", ויוצא בזה.

סעיף טז - הלן בטליתו בלילה, צריך לברך עליו בבוקר, אף אם לא פשטו - דקי"ל לילה לאו זמן ציצית הוא, והוי הפסק, **וטוב למשמש בו בשעת ברכה** - «כדי שיהא הוראה על איזה לבוש הוא מברך – ב"ח».

ויש חולקין בזה, כיון דכסות יום חייב אף בלילה לדעת מקצת הפוסקים, וספק ברכות להקל, **ומ"מ** נכון לכוון לפטור אותה בט"ג.

וכל זה כל זמן שלא פשטו, אבל אם פשטו על דעת שלא ללובשו תיכף, צריך לברך אח"כ כשלובשו לכו"ע, **ומ"מ** לכתחלה אין נכון לעשות עצה זו כדי שיתחייב בברכה לכו"ע, משום ברכה שאין צריכה לדעת הפוטרים.

הישן ביום שינת הצהרים ומסיר מעליו הט"ק, יש דעות בין הפוסקים אם זה בכלל היסח הדעת, **ע"כ** מהנכון שעכ"פ יכסה בו בשעת חשינה, וכשלובשו אח"כ אין צריך ברכה לכו"ע.

וכן יעשה מי שלובש טליתו קודם שיאיר היום - עיין בט"ז שכתב, דהאי "וכן" אינו מדוקדק, דבזה «שלבשן היום ולא בירך בשעת לבישה, צריך מדינא למשמש

בבקר כשהוא מברך על הטלית, יכי היכי דלא ליתחזו כמאן דמברך על שעת לבישה שהיתה כבר, וכבר הפסיק בנתיים, **משא"כ** לעיל שלא לבש היום, ע"כ עיקר הברכה על קיום המצוה מכאן והלאה, אלא דמ"מ טוב למשמש גם בזה – ט"ז.

סעיף יז - נתכסה בבגד שהוא חייב בציצית, ולא הטיל בו ציצית, ביטל מצות ציצית - דציצית חובת גברא לענין זה, שאם נתכסה בטלית אז חל עליו החיוב.

§ סימן ט – איזה בגדים חייבים בציצית ואיזה פטורים מציצית §

סעיף א- אין חייב בציצית מן התורה, אלא בגד פשתים או של צמר רחלים - או אילים זכרים, כדתני דבי ר' ישמעאל, דילפינן מנגעים דפרט ביה הכתוב צמר ופשתים, אף כל מקום דכתיב ביה "בגד", הכונה מצמר ופשתים.

וצמר רחל בת עז, כתב ב"י דצמרה ג"כ לא חשיב צמר, ולא הוי אלא כשאר מינים, וה"ה דאם עשה מהן ציצית, דאינו פוטר אלא במינו, (**אמנם המעיין** בדברי הרמב"ם, משמע מיניה דמה שאמר פסול לציצית, היינו לתכלת, ובאמת כך משמע לשון הגמרא, דשם צמר עכ"פ לא אבד מיניה, **אך** באמת נוכל ליישב דברי הב"י, דלכך אינו פוטר צמר זה את שאר מינים, דגם ע"ז נוכל לאמר היקשא דגמרא: מה פשתן שלא נשתנה אף צמר שלא נשתנה, **אך** לפי"ז יהיה יכול לפטור את בגד של צמר רחל בת רחל, כיון דגם זה שם צמר עליו, וצ"ע).

(**ובפמ"ג** ראיתי בענינינו דבר פלא, שכתב בפשיטות, דאפילו צמר רחל בת רחל אך שאביה היה תיש, ג"כ מיקרי צמר הנשתנה ולא חשוב צמר, אפילו למאן דאית ליה אין חוששין לזרע האב, ולא אדע מנין לו זה, **ולדבריו** יהיה ג"כ קולא גדולה לענין כלאים, **ולענ"ד** נראה ברור בהפכו, ואולי איזה ט"ס יש בדבריו, ואין לסמוך ע"ז כלל לענין כלאים).

אבל בגדי שאר מינים אין חייבים בציצית אלא מדרבנן - כגון צמר גמלים, ונוצה של עזים, והשירים, וצמר ארנבים, וכן קנבוס וכל כה"ג, אינן בכלל צמר ופשתים, **וממילא** ה"ה דבכל אלו אם עשה מהן ציצית, כל אחד מהן אינו פוטר אלא במינו.

אף דצריך לברך על מצוה שהיא מדרבנן ג"כ, מ"מ נ"מ לענין כמה דברים: **א'**, דיותר ראוי לעשות בגד שהוא יוצא בו מן התורה, **ב'**, אם נתערב לו ציצית טוויין לשמן בשלא לשמן ואין לו ציצית אחרים, או שיש לו ספק על הבגד אם הוא חייב בציצית, דאם הוא מדרבנן, ספיקא דרבנן לקולא, **ג'**, אם הוא יושב בצבור ונפסק אחד מציציותיו בחול, דאם הוא מדרבנן, י"ל כבוד הבריות דוחה דרבנן, ואינו מחוייב תיכף לפשוט טליתו, ועוד נ"מ הרבה עיין בפמ"ג.

צמר רחלים או פשתן שטרפן בשאר מינין, אזלינן בתר רובא, אם הרוב הוא מצמר ופשתים, חייב מן התורה (אף להמחבר), ואם לאו, מדרבנן, (**ואעפ"כ** נראה דטליתים הארוגים מצמר ומשאר מינים בערבוב חוטין, טוב יותר לעשות בו ציצית של צמר, **ואם** הוא מעורב מפשתן ומשאר מינים, נשאר שם בארה"ח ובא"ר בצ"ע, איזה ציצית עושין בו), **ודוקא** אם טרפן וטוון ועשה מהן בגד, אבל אם השתי מצמר או מפשתים והערב משאר מינין, או איפכא, אין חייב לדעה זו רק מדרבנן, אפי' אם רובו מצמר ופשתים, דשתי או ערב לחוד לא חשיב בגד.

(**ואם** לקח טלית צמר שאין בו שיעור חיוב, ותפר לו חתיכה משאר מינין להשלים שיעורו, פטור מן התורה להמחבר, דדבר הניכר לא שייך ביה ביטול ברוב, אבל אם יש בו כשיעור, חייב מן התורה, **ואם** יש בו שיעור חיוב מן התורה, ורוב הטלית משאר מינים, לכאורה אף להמחבר חייב מן התורה, דדבר הניכר לא שייך ביה ביטול ברוב, **אבל** מדברי המ"א משמע דבתר עיקר הבגד אזלינן).

(וי"א דכולהו חייבין מדאורייתא, והכי הלכתא) - פוסקים כרבא, דרבא רמי: כתיב "על ציצית הכנף", משמע מין כנף, פי' אפילו אינו של צמר ופשתים מ"מ יהיו הציצית ממין הבגד, וכתיב: "לא תלבש שעטנז צמר ופשתים יחדיו, גדילים תעשה לך" מהם, **הא** כיצד, צמר ופשתים פוטרין בין במינן ובין שלא במינן, שאר מינין במינן פוטרין שלא במינן אין פוטרין, **ומכריע** רמ"א כדעה זו, שכן סבירא להו לרוב האחרונים כרבא לדרוש מין כנף, וש"מ דכל מיני בגד חייב מן התורה בציצית, ויהיה ממין הבגד.

סימן ט – איזה בגדים חייבים בציצית ואיזה פטורים מציצית

וי"ש יחמיר על עצמו לחוש לדעה הראשונה, ויעשה טלית של צמר, כדי שיתחייב בציצית מן התורה לכו"ע, **ונכון** שיעשה בין הט"ג ובין הט"ק של צמר.

סעיף ב - ציצית של פשתים או של צמר רחלים, פוטרים בכל מיני בגדים.

והב"ח כתב, כיון דיש פוסקים המחמירין בזה, שלא לעשות אפילו ציצית של צמר לשאר מינין, כיון שאינו מינו, כמבואר בב"י, ע"כ לא יברך רק על טלית צמר וציצית צמר, **והעולם** נוהגין לעשות ציצית של צמר לשאר מינין, ובספר א"ר ג"כ כתב שיש להקל בזה, וכן משמע בספר מעשה רב.

חוץ משל פשתים לצמר, או של צמר לפשתים, בזמן הזה דליכא תכלת, מפני שהם כלאים - דבזמן שהיה תכלת, שהיה צריך להטיל ד' חוטין, שני חוטי לבן ושני חוטי תכלת, והיה מתקיים עי"ז המצות ציצית כראוי, התירה לנו התורה להטיל השנים של לבן, בין מצמר או מפשתים, בין בבגד צמר או בבגד פשתים, **ולהי"א** שזכר רמ"א בס"א, דכל מיני בגדים חייבין מדאורייתא, אפילו בהם היה אז מותר לנו מן התורה ציצית של צמר ופשתים יחדיו, **אבל** עכשיו דאין לנו תכלת, נמצא דאין אנו מקיימין המצוה בשלמותה, לא שרי לן כלאים.

הגה: וי"א שלא לעשות ציצית של פשתים כלל, אפילו בשאר מינים, והכי נהוג - הטעם, דיש צמר שנראה כעין משי, ויבואו להטיל בו ציצית של פשתן, שיסברו שהוא משי, ויהיה כלאים, ולפי"ז בשאר מינים שאינן משי יש להתיר, **ויש** עוד טעמים אחרים עיין בב"י וב"ח וט"ז, ולדבריהם יש להחמיר גם בשאר מינים, **ובשעת** הדחק יש לסמוך על המקילין, כן כתב בא"ר, **ועיין** בספר מעשה רב, שהגר"א היה ג"כ מן המקילין בזה.

סעיף ג - ציצית של שאר מינים, אין פוטרים אלא במינם - דין זה קאי בין למ"ד שאר מינין דאורייתא או דרבנן.

כגון משי לבגד משי, וצמר גפן לצמר גפן - ואפילו אם תחתיו היה תפור בצמר או פשתים או מין אחר, אזלינן בתר עליון דהוא עיקר הבגד.

וכ"ז דוקא אם המשי היה טווי ושזור לשם ציצית, דבלא"ה לא.

אבל שלא במינם אין פוטרין - ואם היה השתי ממין זה והערב ממין אחר, פשוט דאין לטלית זו תקנה אלא בציצית של צמר, דהוא פוטר בכל הבגדים, או בציצית של פשתים במקום הדחק וכנ"ל.

וטלית שהשתי הוא ממינו והערב הוא מצמר, או להיפך, יטיל בו ציצית של צמר דוקא, ולא משאר מינים, אפילו אם רובו היה משאר מינים, דשתי או ערב לחוד לא חשיב בגד, **ואפילו** אם לא מינכר חוטי הצמר בפני עצמו, כגון שעירב מחוטי הצמר מעט בשתי ובערב, ולא ניכר מקומו איה, אפ"ה נראה דטוב יותר לעשות ציצית מחוטי צמר, כי י"א דחוטין חשיבי ולא בטלי.

וטלית שהוא מעורב בצמר גפן ופשתים, אין לטלית זו תקנה, אם לא בשעת הדחק, יעשה בו ציצית של פשתים, **וטוב** יותר שיעשה הטלית כולו של צמר, בלי תערובות כלל של שאר מינים, ובזה יתנאה למעלה.

סעיף ד - אם הטיל בטלית של שאר מינים קצת ציציות ממינו וקצת מצמר או פשתים, יש להסתפק בו - כי אין כאן "מין כנף", וגם "גדילים תעשה לך מהם" אינם לגמרי, **ועיין** בארצות החיים שכתב, דאם עושה שני חוטים ממינו, ושני חוטים מצמר, שפיר דמי, עי"ש מילתא בטעמא.

סעיף ה - י"א שצריך לעשות הציצית מצבע הטלית, והמדקדקים נוהגים כן - משום "זה אלי ואנוהו", ויש מפרשים משום דבעינן בזה ממין הכנף.

הגה: והאשכנזים אין נוהגין לעשות הציצית רק לבנים, אף בבגדים צבועים, ואין לשנות - מ"מ ראוי למדקדק לעשות דוקא ד' כנפות או ט"ק לבן, כדי שיהיה יצא ידי הכל כשיעשה הציצית לבנים, גם משום דכתיב: ולבושיה כתלג חיור, **ומה** ששפת הבגד כעין תכלת בטליתות שלנו, בתר עיקר הבגד אזלינן.

הלכות ציצית כז
סימן ט – איזה בגדים חייבים בציצית ואיזה פטורים מציצית

סעיף ו - י"א שאין לעשות טלית של פשתן - דגזרו חז"ל, משום דאז יהיה מוכרח לעשות בו ציצית של פשתן, ויש לחוש שמא יעשה בו ג"כ תכלת, והוי איסור כלאים כשיתכסה בו בלילה, שאז אין זמן קיום המצוה, **ואף** דבזמנינו אין לנו תכלת, ס"ל דמ"מ אין הגזירה בטילה, **והרבה** פוסקים התירו בזה, דס"ל דעיקר הגזירה לא היה רק שלא יטילו בו תכלת, כדי שלא לבוא לידי כלאים, אבל לא על חוטי הפשתים, **וגם** דבזמנינו דליכא תכלת לא שייך כלל הך גזירה, **ומש"ה** כתב רמ"א בהג"ה, דאם אי אפשר בענין אחר יש לסמוך עליהם.

אע"פ שאין הלכה כן, ירא שמים יצא את כולם, ועושה טלית של צמר רחלים שהוא חייב בציצית מן התורה בלי פקפוק.

הגה: ומיהו אם א"א רק בטלית של פשתן, מוטב שיעשה טלית של פשתן וציצית של פשתן משיתבטל ממצות ציצית - וכ"ש דמותר לעשות טלית של שאר מינים וציצית של פשתן, כשאין לו ציצית אחרים, כדי שלא יתבטל המצוה. **ויוכל** לסמוך על המתירים גם לענין ברכה, ופשוט דאם יש לו טלית גדול של צמר, יברך עליו ויכוין לפטור את זה, **ובמ"א** כתב, ונ"ל דיעשה בו כנפות של עור, ויטיל בו ציצית צמר, **והאחרונים** מפקפקים בזה.

[**ובבאור** הגר"א כתב דהעיקר כר"ת, דאסור לעשות גם ציצית של פשתן, **וצ"ע** דהח"א כתב, דנתפשט טלית וציצית של פשתן ע"פ הגר"א].

§ סימן י – דיני כנפות הטלית §

סעיף א- טלית שאין לה ד' כנפות - בין בתחילת עשייתו, ובין שחתך אח"כ כנף אחד ועשהו עגול, **פטורה.**

מבואר בקרא, דכתיב: על ארבע כנפות כסותך, ודרשינן בספרי: ארבע ולא שלש, **ויותר** מארבע מרבינן מ"אשר תכסה", **ואיפכא** לא נוכל לומר, שבכלל ה' ארבע, ואין בכלל ג' ארבע, **ולאו** דוקא בעלת ה', הוא הדין בעלת ו' וז'.

יש לה יותר מד', חייבת - ויש פוטרין, לכן אין לעשות בת ה' לכתחילה, **וכתב** הפמ"ג, דלדעת הפוטרין, אותן טליתות קטנים שלנו שיש בית הצואר, מ"מ רוב סתום, **ומיהו** אם אירע שרוב פתוח, יעשה בקאלנע"ר שעושים החייטים קצת עגול.

ועושה לה ארבע ציציות בארבע כנפיה המרוחקות זו מזו יותר - דמסתבר שיש לעשות באותם שהם ניכרים ביותר מן השאר, **וי"א** דהוא מדאורייתא, ויש להחמיר אם אפשר, **אבל** אם כבר נעשה בכנף הקרוב וא"א לתקן, כגון שהגיע זמן תפלה, יכול לסמוך על המקילין ולברך.

ואם עשה ה', עובר משום בל תוסיף, ואם חתך אחת מהם, כשרה, אך שישארו הד' כנפות המרוחקות בציצית.

סעיף ב- יש לה ארבע, וחתך א' באלכסון ועשאוהו שנים, הרי נעשית בעלת ה' וחייבת - ה"ה אם חתך ב' כנפות באלכסון נעשית בעלת ו', (וה"ה אם חתך באחד מן הקרנות חתיכה כעין ד', ונראה עי"ז כשני קרנים).

וכן אם היה לה תחלה ג', וחתך כנף אחת לשנים, נעשית בעלת ד' וחייבת בציצית, וצריך שתהיה החתיכה גדולה וניכרת, (**ולכאורה** נראה שצריך שיהיה עכ"פ הפסק בין שתי הקרנות ג' אצבעות).

ועיין בפמ"ג, דדוקא אם חתך מקצת מהבגד, עד שעי"ז נראה אותו המקום כשני קרנים, אבל אם לא חתך כלום, רק פגימה בסכין קרע בהקרן עד שנחלק אותו המקום לשנים, לא נעשית עי"ז בת ד', עד שיהא רוב פתוח.

סעיף ג- כפל קרנות טליתו וקשרם או תפרם, ודומה כאילו קיצען ואין לה כנפות, אעפ"כ לא נפטרה - דאי לא מיבעי ליה הכנפים, לפסוק ולישדייה, אלא ודאי דסופו להתיר את התפירה, הלכך נחשב כאלו כבר התיר התפירות, וחייבת בציצית.

ומטעם זה יוכל להטיל עתה הציצית בכפל אף למטה מקשר אגודל, אם כשיתפשט יהיה למעלה מקשר אגודל.

הלכות ציצית
סימן י – דיני כנפות הטלית

וכ"ז בשכפלו ותפרו בעיגול, אבל אם כפל ותפר בריבוע, כיון שגם עתה יש כנף, דעת הלבוש והמ"א, דרשאי להטיל שם הציצית בכפל, אע"פ שהוא יותר מג' אצבעות משפת הקרן, כיון דתפרה שרי, וכמו בס"ו בכפל הטלית דמהני התפירה, **ורבים** חולקין ע"ז, וס"ל דגם בזה לא מהני התפירה, **ושאני** ההיא דס"ו, דמיירי שכפלה כולה וכן דרך מלבוש, משא"כ בזה שלא כפל רק מקצת הבגד.

(עיין בארה"ח שמסתפק, באם היה הבגד עגול, וכפל מקצת משפתו עליו ותפרו עד שנעשה מרובע, אם אמרינן דלא מהניא התפירה גם להקל, ומסיק דתליא דבר זה בפלוגתא, ע"כ יטיל בו ציצית ולא יברך).

(ואם הכניס שפת הבגד לפנים ותפרו עד שאינו ניכר כלל הכפל למעלה, כדרך שהחייטים עושים, נראה דלכו"ע מהני תפירה זו, ‹יכול לשים את הציצית בכנף השפה הכפולה, אף שרחוק יותר מג' אצבעות מקרן הפשוט›, **ולא שייך בזה הטעם דאי לא מיבעי וכו', כי כן דרך האומנים, וא"כ גם בההיא דארה"ח שכתבנו, אם עשה באופן זה, צריך להטיל בו ציצית ולברך, ואפשר עוד דאפילו להקל כההיא דהשו"ע,** ‹היכא דעיגל הכנף›, **מהני תפירה כזו).**

סעיף ד - טלית של בגד וכנפיה של עור, חייבת - דכתיב: אשר תכסה בה, ואין אדם מתכסה אלא בעיקר הבגד, הלכך אזלינן בתריה.

ואפילו אם מקום הבגד כולו עגול ואין שם כנף, רק שמחוברין אליו כנפות של עור, חייב, דבתר עיקר הבגד אזלינן.

וה"ה אם היה רוב הטלית בגד והשאר עור, חייבת.

היא של עור וכנפיה של בגד, פטורה - וה"ה אם רק רוב הטלית של עור, אע"ג שגם במיעוט הבגד יש בו שיעור טלית, פטור מציצית, דכיון שעיקר המלבוש אינו של בגד, לא קרינן ביה "על כנפי בגדיהם". **ועור** פטור אפילו מדרבנן, דאינו כלל בכלל בגד.

וכן הדין בטלית שתחתיו תפור בעור, חייבת, ואם העליון של עור, פטורה, כי התחתון הוא הטפל להעליון שהוא עיקר חבגד.

סעיף ה - היו לה ג' כנפות ועשה בהם ג' ציציות, ושוב עשה לה כנף ד' ועשה גם בו ציצית, פסולה - לאו דוקא שעשה ג' ציצית, שנעשו הרוב בפסול, דהיינו קודם שנעשית בת ד', אלא אפילו לא קשר אלא קשר אחד עם חוליתו, ואח"כ השלים הד' כנפות, נמי פסול אותו הקשר, וצריך להתירו ולחזור ולקושרו.

ואפילו אם מתחלה היו לה ד' כנפות עם ציצית, ואח"כ נחתך כנף אחד ונעשה עגול, אף שאותו הכנף תיקן אח"כ, מ"מ אלו הג' ציצית ממילא נתבטלו, וצריך להתירם ולחזור ולקשרם.

משום תעשה, ולא מן העשוי - דכתיב: גדילים תעשה לך על ארבע כנפות, משמע שיהיו הכנפות עשויות ארבע קודם שנעשו הציצית, לא שנעשו הציצית קודם הכנפות.

ע"כ צריך להתירם ולחזור ולקשרם, ודוקא הג' ציצית ראשונים שעשייתן היה בפסול, אבל הציצית שעשה בכנף הד' א"צ להתיר, כיון שנעשה בהכשר, ואין פסול הראשונים פוסלין אותה.

סעיף ו - אין כופלין את הטלית ומטילים ציצית על כנפיה כמו שהיא כפולה - שאם תפשט, נמצאו הציצית באמצעיתה, ואנן ציצית על הכנף בעינן, **(הגה: אבל צריך להטיל בד' כנפיה הפשוטים).**

ואם כפלו מחמת שהבגד ארוך מאוד, פי שנים בקומתו, שאין יכול ללבשו אא"כ כפלו, **יש** פוסקין דפוטרין אותו לגמרי מן הציצית, דאין שם בגד עליו, **ומסיק** הט"ז והפמ"ג, דיטיל בו ציצית בכנפות הפשוטין, ולא יברך.

אא"כ תפרה כולה ואפילו מרוח אחת – (הוא לשון הרמב"ם, ובב"י משמע, דהוא מפרש מרוח אחת כפשטיה, **והאגור כתב בשם הרמב"ם, דמצריך תפירה לכל ג' רוחותיו, דס"ל דבעינן שיתפור כולה דוקא, והא דקאמר: ואפילו מרוח אחת, היינו דלא בעינן שיהיה תפירה מעלייתא, שהיא מב' הצדדין).**

(הגה: וי"א דחייבין אפילו בלא תפירה) - להטיל בכנפי הכפולות, דכל זמן שהיא מכופלת ולא נתפשטה, שם טלית עליה כמו שהיא כפולה.

(וטוב לעשות לה ציצית אבל לא לברך עליה) - תמהו כל האחרונים, מה תיקן במה שלא יברך,

הא עדיין שמא כהמחבר וצריך להטיל בפשוטים, ואיך ילבש בגד זה, הא יותר מד' ציצית אסור להוסיף לכו"ע, **ומסקי** לדינא, דיזהר לכתחלה שלא לעשות טלית כפולה כלל, אא"כ תפרה ואפילו בתפירות רחבות, דכיון שתפרה שוב אין עשויה להיפשט, ואז בין בטלית מרובעת, ובין בטלית שהיתה מתחלה ארוכה יותר מדאי, יטיל ציצית בכפולים ויברך.

[**וכ"ז** רק לכתחילה, אבל לעיקרא דדינא מסקי האחרונים, דהלכה כהמחבר, דצריך להטיל ד' ציצית בהפשוטים, ויוכל לברך ג"כ].

הטיל ציצית על ציצית, אם נתכוין לבטל הראשונה, חותך הראשונה וכשרה - אפשר דדוקא נקט, אבל אם חתך השניות פסול, כיון דכבר ביטל הראשונות.

ואם נתכוין להוסיף, אע"פ שחתך אחת משתיהן, פסולה. (הגה: ויש מכשירים בכל ענין, וכן עיקר) - וכן פסקו האחרונים, ו"בכל ענין", היינו בין שנתכוין לבטל או נתכוין להוסיף, ובין שחתך הראשונות או השניות.

וקודם שחתך הראשונות פסול בכל ענין - נקט הראשונות, דקאי על מה שכתב השו"ע מתחלה, אבל באמת להרא"ש דפסקינן כוותיה, כ"ש דאם חתך השניות כשר.

סעיף ז - מלבושים שהם פתוחים מן הצדדין למטה, ויש להם ד' כנפות לצד מטה, ולמעלה הם סתומים, אם רובו סתום, פטור - אפילו אם יש בהמיעוט הפתוח שיעור טלית.

ואם עשה בו ציצית ואח"כ פתח רובו, פסולים משום תעשה ולא מן העשוי, וצריך להתירם ולחזור ולקשרם.

(**פשוט דאפילו אם בעת עשיית הבגד היה רובו פתוח, ואח"כ נעשה מעצמו רובו סתום, דינא הכי, וא"כ אם היו לו קרסים בט"ק שלו למטה מחציו, אך שלא היו כפופין רק מעט, דדינו כפתוח, ואח"כ נכפפו מאוד עד שהיה צריך לזה מעשה להתירן, ממילא נפטר הבגד מציצית, וצריך אחר שיתיר הקרסים להתיר הציצית ולחזור ולקשרן**).

ואם רובו פתוח, חייב - היינו דוקא רוב מכל הבגד, ולא כמו שעושין החייטין ט"ק, שתופרין אותו מן הצדדין, ומניחין בו נקב שמכניסין בו הידים, ותופרין למטה מהנקב, ומניחין רוב פתוח, ומודדין רק מתחת הידים, **וזה** טעות גמור, כי אז לא נקרא בת ד' כנפות, וקרוב הדבר שהמברך מברך לבטלה, ועכ"פ לא עדיף מן בגד שחציו פתוח, דחייב בציצית, ואסור לברך עליו, ואסור לצאת בו בשבת, **אלא** צריך למדוד אף מה שלמעלה מן הידים, **והנקב** חשוב ג"כ כאלו הוא סתום.

ואם חציו סתום וחציו פתוח, מטילין אותו לחומרא וחייב בציצית - אבל אין מברכין עליו, **ואין יוצאין בו בשבת** - דשמא פטור, והציצית הוי כמשוי.

ועיין במ"א שכתב, דאף לכרמלית אסור, דאין עושין ספק דרבנן לכתחלה, **ורבים** מן האחרונים מסכימים עם העולת תמיד דמיקל בזה.

(**אם היה ב' שלישיות פתוח, ושליש ועוד מזה היה בגד, ועוד פחות שליש היה עור, דבלאו העור היה רובו סתום, לכאורה יש לדמות זה להא דקי"ל, דאפילו אם הבגד בעצמותו היה עגול בלי כנף כלל, וכנפותיו היה של עור, אפ"ה חייב בציצית**).

סעיף ח - קאפ"ה שהיא פתוחה, בענין שיש לה ד' כנפות, אם יקבעו בה אשטרינג"ה - הוא דבר המחבר צדדי הבגד אחת אל אחת, **לעשותה כסתומה כדי לפוטרה מציצית, אינו מועיל תיקון זה אם לא תהיה קבועה מחצי ארכה ולמטה לכל הפחות** - ולכן אין לעשות בט"ק קרסים למטה מחציו, דהוי כסתום, והוא שנכפפין מאוד ראשי הקרסים לצד השני, שאינו יכול להתירן אלא ע"י מעשה, דבזה חשיבי חיבור גמור, הן לענין כלאים, והן לענין ציצית, אבל בלא"ה לא חשיב חיבור עי"ז.

(**כתב בארה"ח, בגדים שיש להם ד' כנפות, ולובשם דרך מלבוש, וחוגר עליהם בחגורתו מחצי ארכה ולמטה, אפי' אם חוגר בחוזק, לא נפטר ע"י כן מחיוב ציצית, אבל אם קובע בהם לולאות בב' הצדדים, וקושרם בקשר של קיימא, יש להסתפק אם נפטרים עי"כ מחיוב**

ציצית, דאפשר דיש לדמותו לכלאים, דע״י קשירה נעשה חיבור, וא״כ בענינינו מבטלו מתורת ד׳ כנפות, או לא).

וגם שתהיה קבועה למטה מהחגור, למען יהיה הרוב הסתום רוב הנראה לעינים, דאל״כ יאסר משום מראית העין - ואם הוא תמיד תחת בגדיו, ואף כשהוא הולך ברה״ר הוא בהצנע, י״ל דלא שייך בזה מראית עין.

(וה״ה הבגדים שרובן פתוח, צריך שיהיה רוב הנראה לעינים ולא מצומצם, כדי שלא יחשבו עליו שהוא מברך לבטלה).

סעיף ט - הכנפים, צריך שיהיו מרובעות ולא שיהיו עגולות - דאין עיגול נקרא כנף,

(צ״ע עד כמה נקרא בשם עגולות, דאין סברא לומר, דע״י משהו שיעגל חודו של הכנף, תפטר שוב הבגד מציצית).

סעיף י - מצנפת פטורה, אפילו של ארצות המערב שב׳ ראשיה מושלכים על כתפיהם וגופם, ואע״פ שמתכסה בה ראשו ורובו, פטור, כיון שעיקרה - הכין לו מתחלה רק בשביל **לכסות הראש, דכסותך אמר רחמנא, ולא כסות הראש** – (ובארה״ח החליט, דאם מתכסה בה ראשו ורובו חייב בציצית, מפני כמה קושיות שהקשה על הב״י והשו״ע, **ובאמת** אין בהם כדאי לדחות דברי השו״ע, והרוצה להחמיר, יעשה קרן א׳ עגול).

ומה שעושין עטרה לטלית, לא מפני שעיקרה נעשה לכיסוי הראש, אלא משום היכר שציצית העליונים לא יתחלפו למטה, **וע״ל** סי׳ ח׳ ס״ד כתבתי, שהאר״י ז״ל לא היה מקפיד ע״ז, וכן מכריע הא״ר להקל, אם נקרע למעלה וכיוצא בזה.

סעיף יא - סודר שנותנין על הצואר במלכות א״י, שנקרא בערבי שי״ד, וכן בוק״א שהיו נותנין בספרד על כתפיהם, פטורים - אף שהיה מחזיק אותה החתיכה כאמה או אמתים, ויש כדי לכסות ראשו ורובו של קטן, אפ״ה פטורים.

(**והטעם** לזה כתוב בב״י, שעיקר הבאת הסודרים ההם מתחלה, הוא כדי להתעטף בהם סביבות הראש מפני הקור, ולעשות צל על הראש בזמן החום, וגם לכסות בה הראש בהחתיכות הבגד בעת שהוא עולה לקרוא בתורה, ולכן אף שרוב היום הוא מביאה על הגוף, שוב הו״ל כסות ראש ופטור, **ועוד** י״ל, שעיקר הבאת הסודרים ההם, הוא להשתמש בהם לכמה דברים, לחגור בהם כשעושים שום עבודת משא, לקנח בהם את הידים, ולצרור בהם מעות, ולהביא בהם פירות, ולקנח הזיעה וכו׳, אעפ״י שנהנין בהם בחמה מפני החמה ובגשמים מפני הגשמים, כיון שהבאתם אינה לכך, לא חשיבה ולא קרינן: אשר תכסה בה).

(ולפי זה נראה, במקומינו שנתפשט מחדש ג״כ, להעלות כמין חתיכה גדולה של אמה ויותר על הכתפים, ואין בזה שום טעם מאלה הטעמים כפי שידוע לנו, שחייב בציצית, **אך** לטעמים אחרים שהביא בב״י, דאפשר דדוקא דרך לבישה ולא העלאה, או משום דאינו רק לכבוד ולא מפני הקור והחום, אפשר דיש להקל, **אך** הרבה חולקים על אלו הטעמים כמבואר בב״י ובד״מ, ע״כ ירא שמים יעשה קרן א׳ עגולה).

סעיף יב - מלבושים שבמצרים הנקראים גוחא״ש, וכן מינטינ״י ודואלמני״ש וקפטאני״ש ופידיני״ש שבתוגרמה, אע״פ שיש להם ד׳ כנפים, פטורים - הטעם עיין בב״י.

(הגה: וה״ה מלבושים של גלילות בני אשכנז וספרד, הואיל ואין כנפיהם עשוין שיהיו שנים לפניהם ושנים לאחריהם מכוונים זו כנגד זו, פטורים).

הב״י כתב: יש לדקדק במלבושים שלנו, שיש להם ב׳ כנפות סמוך לצואר, וב׳ כנפות סמוך לארץ, למה אין מטילין בהם ציצית, **ותירץ** ע״ז כמה תירוצים, ודחה אותם הד״מ, **ואמר** הוא טעם להמנהג: דמאחר דמצות ציצית הוא לכתחלה שיחזיר ב׳ לפניו וב׳ לאחריו, ומלבושים שלנו הם כל הד׳ כנפות לפניו, וא״א להלבישן בענין אחר, אין חייבין בציצית, (וזהו מה שכתב: הואיל ואין כנפיהם עשויין וכו׳), **ומלבוש** שקורין רא״ק, שמחובר למעלה חתיכת בגד מרובעת, ומונח על כתפיו מאחוריו, שקורין קאלנע״ר, פשוט הוא דפטור, שהרי לצד מעלה אין לו כנפות רק כנפות הקאלנע״ר המונחין

לו קצת מאחוריו, ואין זה קרנות, הואיל ואין השני קרנות שמאחוריו מכוונות נגד הכנפות שלפניו, עכ"ל הד"מ.

(**וכתב הפמ"ג**: א"כ בסערדא"ק, שעושין חתוך לפניו לגמרי, ומצד שמאל חתוך ג"כ, לדעת הד"מ אין זה חייב בציצית, **ולפטור** לגמרי משום זה אין נכון, דמה שאנו צריכין שיהיו שתי הציצית לפניהם ושתים לאחריהם, איננו מעיקר הלכה רק למצוה בעלמא, לכן כדי שיתחייב בציצית, יראה לעשות ב' כנפות מימין ושתים משמאל, ורובו יהיה פתוח רוב הנראה לעינים, דאל"כ יש מראית עין בברכה וציצית).

וכ' המ"א: יען שהלכה זו רופפת בידי הגאונים, ולא מצאו טעם נכון, כי גם על טעם ד"מ יש לפקפק הרבה, ע"כ י"ש יעשה קרן א' עגולה, וכן דעת הפמ"ג ושארי אחרונים.

ובפרט בימינו, באותן הבגדים שנהגו מחדש לעשותן פתוח מאחריהם, והוא הבגד הנקרא קאפאט"ע, ומצוי הוא כמה פעמים שרובו פתוח, ולפי דברי הד"מ חייב הוא בציצית, שהרי ב' שלאחריו מכוונות כנגד ב' כנפות שלפניו, **ע"כ** הרוצה לפטור עצמו, מחוייב לעשות שם עכ"פ קרן אחת מאותן ד' כנפות עגולה, ותפטר מן הציצית, **ויותר** טוב שיעגל עוד שתי קרנות, כדי שתשאר רק בת שלש, כי עתה היא בת ששה.

מלשון "ושנים לאחוריהם", נמשך שגגה לאיזה אנשים, שמקפלין חלק אחד מהטלית מאוד, עד שנעשה דק ואין מכסה כלל רק הצואר, וכונתם שיהיה ב' ציצית לאחריהם ממש על כתפיהם, **ואין** זה מן המובחר, דא"כ אין כאן כיסוי גוף אלא כיסוי ראש, **ויותר** טוב כמנהג התוגרמים, שהיד מפסקת בחצי הטלית, באופן שמשני הצדדין יהיה אחת מהציצית לפניו וחלק לאחריו, דצדדין דלפניו ולאחריו נמי מיקרי לפניו ולאחריו, ולכן די בהפסק היד.

§ סימן יא – דיני חוטי הציצית §

סעיף א - החוטין צריך שיהיו טווין לשמן - והוא דבר תורה, דכתיב: גדילים תעשה לך, לשם חובך.

(הגה: וים מחמירין אפי' לנפצן לשמן, והמנהג להקל בנפוץ) - דמה דכתיב: תעשה לך, היינו מטוייה ואילך, שאז היא עיקר עשיית הגדילים, **ומהר"ל** מפראג מסכים, דלכתחילה יש להחמיר לנפץ לשמה.

שיאמר בתחלת הטווי שהוא עושה כן לשם ציצית - בפירוש, לא במחשבה בעלמא, ואפילו בדיעבד צ"ע אי מהני מחשבה.

ודי בזה אפילו ליומא אוחרא, דסתמא תו לשמה קאי, דכל העושה על דעת ראשונה עושה, (**וכ"ש אם יאמר**, שכל הטוייה שיטוה יהיה לשם ציצית, בודאי דמהני, ולא צריכין תו להטעם דכל העושה וכו'), **אם** לא כשאמר אח"כ בפירוש, שהוא עושה שלא לשמה.

ואם טוה מעט ואח"כ אמר, לא מהני למה שנטווה כבר, דספוקי מספקא לן אי אמרינן הוכיח סופו על תחילתו, **ואם** בתחלה ג"כ חשב שיהיה לשמה, אך שלא אמר בפירוש, נ"ל דיש לצדד להקל בזה, דס"ס הוא.

או שיאמר לאשה: טווי לי ציצית לטלית - ר"ל בתחלת הטוייה לבד, (**וצריך** ג"כ שתהא מחשבה להאשה לשמה, **דאל"כ** מאי מהני אמירת האחרים, **שעי"ז** לא נקרא לשמה, אם באמת אין מחשבתה לשמה).

וה"ה אם האשה בעצמה אומרת שהיא טווה לשם ציצית דמהני, וגם נאמנת על כך שאמרה, **משא"כ** בעו"ג וחש"ו, שאינם נאמנים.

מומר לתיאבון, שאין מטריח לעשות ציצית בבגדו, מותר לטוות, ומהימן כשאמר שטווה לשמה, **וכ"ש** אם הוא עובר רק על שאר עבירות לתיאבון, **אבל** מומר להכעיס, אפיקורס הוא לכל התורה כולה, ובודאי אדעתא דנפשיה עביד לכו"ע.

ואם לא היו טווין לשמן, פסולים.

לשון הרמב"ם: המוצא חוטי ציצית בשוק, אפי' פסוקים ושזורים, פסולים, דטרח איניש לעשות חוטין כעין ציצית, וא"כ שמא לא נעשה לשם ציצית, **והמ"מ** חולק, וגם בכ"מ כתב דהרמב"ם בתשובה חזר בו אח"כ, **והגר"א** כתב, דהדין הוא עם הרמב"ם כמו שכתב בראשונה.

סעיף ב - טוואן נכרי, וישראל עומד על גבו ואומר שיעשה לשמם, להרמב"ם

פסול - ס"ל דעו"ג אדעתא דנפשיה עביד, ולא ציית למה שהישראל מצווהו שיעשה לשמה.

להרא"ש כשר - ובשעת הדחק כשאין לו ישראל שיטווהו לשמה, יש לסמוך ע"ז, אבל בלא"ה לא, כי הגר"א כתב, שדעת התוס' והמרדכי ג"כ כהרמב"ם.

ודוקא אם הטויה אינה נמשכת כ"כ, אבל אם הטויה נמשכת זמן הרבה, אז נראה דאפילו להרא"ש לא מהני, במה שלימד לעו"ג בתחלת הטוייה שיעשה לשמה, **וכ"ש** אם הפסיק בהטוייה, ואח"כ לזמן אחר התחיל לחזור ולטוות, בודאי כו"ע מודים דאדעתא דנפשיה עביד, ופסול, (**ואין לומר דיאמר לא"י עוד הפעם שיעשה לשמה ועוד הפעם, דלא ציית ליה באופן זה**).

[**ומשמע** מפמ"ג, שאפי' אמר בפירוש שעושה לשמה, לא מהני כל זמן שאין אחר עומד על גבו, דדלמא אין פיו ולבו שוין, וצ"ע].

(ו"**עומד ע"ג**" אינו נקרא באומר לו פעם אחת קודם העשייה, רק צריך להזהירו בכל שעה שלא יסיח דעתו כלל, אבל כל שאינו עומד על גבו ומזהירו תמיד, לכו"ע אין לו כוונה כלל, **ומכל זה נמצינו למידין, שאותן הנוהגין ליתן לנערות קטנות לטוות ציצית, וסומכין ע"ז שאומרים להם לטוות לשמה, לא הועילו כלום, והציצית פסולות מן התורה לד"ה**).

הגה: ונוהגין שיסייע הישראל מעט, וכדאיתא לקמן סימן ל"ב סעיף ט', וביו"ד סי' רע"א, גבי תפלין וספר תורה - וכ"ז להרא"ש, אבל להרמב"ם לא מהני כ"ז, **ועיין** באחרונים דמסקי, דמנהג זה הוא על צד היותר טוב, אבל בדיעבד כשר אפילו בלא סיוע כלל להרא"ש, כיון שהישראל עומד ע"ג ומלמדהו לעשות לשמה, **ואם** אין הישראל עומד ע"ג לצוותו, לא מהני הסיוע לכו"ע, דקי"ל מסייע אין בו ממש.

(**ולענין** טויית חש"ו, יש פלוגתא בזה בין הפוסקים, **ועולה לדינא לפי הסכמת האחרונים, דאם א"א בענין אחר, מותר בעומד ע"ג אפי' ע"י עכו"ם, וכ"ש ע"י חש"ו, אבל לכתחלה יש להחמיר שלא לעשות ע"י עכו"ם וחש"ו אפילו עומד ע"ג, ובלא עומד על גבו פסול בכל הני אפילו בדיעבד. חרש מיקרי שאינו שומע ואינו מדבר, ושוטה עיין יו"ד, וקטן הוא עד שנעשה בר מצוה, וקטנה היא עד בת י"ב**).

(**ודע עוד**, דבטוויה לשמה כיון שהיא דבר תורה, מוכח לדברי הפמ"ג, דאין ליתן לטוות אפילו לנער בן י"ג, וכן לנערה בת י"ב, כל זמן שלא ידעינן שהביאו שתי שערות, **אך** בדיעבד נ"ל שאפשר דאין להחמיר, דסמכינן אחזקה דרבא, **ובשגדול** עומד עליהם ומלמדם לעשות לשמה, נראה דיש להקל בזה לכתחלה).

וצריכין שזירה - אחוטי ציצית דעלמא קאי, ולא אטוואן עכו"ם, דשם לא מהני להפוסלין אפילו אם שזרן אח"כ ישראל לשמן.

וטעם להשזירה, דתנא בספרי: "ועשו להם ציצית", שומע אני יעשה ציצית כמות שהוא, ת"ל "ונתנו על ציצית הכנף פתיל תכלת", בטווי ושזור, {**פי'** כעין משכן דהוי שזור, א"נ דסתם פתילה היא שזורה}, **אין** לי אלא תכלת, לבן מנין, אמרה תורה תן תכלת תן לבן, מה תכלת טווי ושזור, אף לבן טווי ושזור.

והיינו שיכפלם אחר הטווייה לשנים וישזרם, ואם כפל כל חוט לשמונה ושזרו, ג"כ לית לן בה, (**ועיין בארה"ח שהביא, די"א דלמצוה מן המובחר, טוב שיהיה כל חוט כפול לשמונה, ואולם באמת תמה אני על המהדרין לקנות דוקא כפול לשמונה, שהוא עכ"פ רק למצוה מן המובחר לכו"ע, הלא יותר ראוי להם לכתחילה להדר על הציצית, לידע אם הם טוויים ושזורים לשמה כדין ע"י ישראל, כי יש מקומות שסומכין לטוות ציצית ע"י גוי בציווי ישראל, וכי האי גונא קולות**).

ושיהיו שזורין לשמן - דמטוויה ואילך הוא הכל בכלל עשייה, דקי"ל דצריך לשמה, **וכתב** המ"א, דאף בדיעבד מעכב אם לא היו שזורין לשמן, **ויש** מקילין בדיעבד אף בלתי שזירה, ואין לסמוך ע"ז, (**ומ"מ אם היו שזורין, אך שלא היו לשמן, יש לעיין, דאפשר דיש לסמוך** בזה בשעת הדחק על המקילין הנ"ל לענין לשמה).

אך אם השזירה היה סתמא, יש להקל בדיעבד, כיון דהטוייה היה לשמה, וכל העושה על דעת הראשונה הוא עושה, (**אם מי שטווה בעצמו שזרן, דהיכא דהשוזר לא היה בעצמו הטווה, לא שייך בזה כל העושה על דעת ראשונה הוא עושה**).

(**נסתפקתי, אם היו שזורים לשנים שלא לשמה, ואח"כ שזרם לשמנה לשמה, או להיפך, מי אזלינן בתר שזירה בתרא או קמא, וצ"ע**).

סעיף ג - אם נתפרקו משזירתן - פי' כל השמונה חוטין, **ונעשו ט"ז, כשרים, והוא שישתייר בשזור כדי עניבה** - לרבותא דרישא נקט ט"ז, אבל ה"ה אם נתפרק ב' חוטין ונעשו ארבעה, ג"כ בעינן שישתייר כדי עניבה, דאל"ה פסול, דהוי כמו שנחסרו לו ב' חוטין בציציותיו, דפסול אם לא דקדק בשעת עשייה שיהיה לעולם ד' ראשים מצד אחד.

ואע"ג דיש פוסלין אם נפסקו כולן, אפילו נשתייר כדי עניבה, כמ"ש סימן י"ב, מ"מ בשזירה סמכינן אדיעה ראשונה, דהלכתא כוותה.

(**ונראה** דבלא נשתייר כ"ע דפסול, אפילו אם ירצה אח"כ לשזרם לא מהני, משום תעשה ולא מן העשוי).

(**ואם** נתפרק לו חוט אחד לשנים, ולא נשאר כדי עניבה, בודאי כשר, **אך** כדי שלא יעבור על בל תוסיף, יאמר בפירוש דלא ניחא ליה בתוספות, **או** שיחתוך להמותר וישאר רק שמנה חוטין).

(**אם** נפסק השזירה בחוט במקום הנקב, אפשר דכשר, דהא באמת לא נפסק החוט באותו מקום, רק דנחסר לו שם שזירה).

והשו"ע מיירי דוקא בשזור כל חוט לשנים, אבל אם כפול ושזור לארבעה או לשמנה, כמו שמצוי בזמנינו, ונתפרקו לי"ו, אפילו אם לא נשתייר כדי עניבה כשר, דהא עכ"פ נשארו החוטין שזור לשנים.

(הגה: ולכתחלה טוב לקשור החוטין למטה, כדלקמן בסעיף י"ד בסימן זה) - וי"א דאדרבה יותר טוב שלא לקשור, ונכון להחמיר אם הם שזורים יפה, דלא שכיח שיתפרקו.

סעיף ד - אורך החוטים השמונה, אין פחות מד' גודלים - ומדידת הגודל בכל מקום הוא של אדם בינוני, **ומודדין** אותו בפרק העליון במקום הרחב באמצעו, **ועיין** במ"א ובש"ך שהביאו בשם הרמב"ם, דשיעור גודל הוא כרוחב ז' שעורות זו בצד זו בדוחק, והן באורך ב' שעורות בריוח.

(עיין בלבוש שכתב, דמן התורה אין שיעור לאורך הציצית, רק שיהיה בו גדיל וענף, רק שחז"ל נתנו לנו שיעור משום נוי ציצית, למר בארבע, ולמר בי"ב, ועיין בח"א שמצדד לומר, דעל כל פנים כדי עניבה הוא מן התורה).

וי"א י"ב גודלים, וכן נוהגין - וכן פסק הלבוש, ואע"כ לא יפה עושין המוכרין, שמצמצמין במדת אורכן, וקרוב הדבר להיות ברכה לבטלה, כי אף דמן התורה די בכל שהוא, מדרבנן בעינן שיהיה י"ב גודלין אחר הקשירה, מלבד מה שמונח על קרן הבגד, ויש להזהירם על כך - פמ"ג.

(מוכח מזה שהפמ"ג סובר, דהשיעור י"ב גודלין לדעה זו הוא לעיכובא, **ובביאור** הגאון מהר"מ בנעט על המרדכי מסתפק בזה, **ובחינוך** משמע ג"כ קצת להקל בזה בדיעבד, וצ"ע לדינא).

ולמעלה אין להם שיעור, (הגה: ואם עשאו ארוך יותר מדאי, יכול לקצרו, ואין בזה משום תעשה ולא מן העשוי) - (אפילו אם הענף היה קודם הקציצה הרבה יותר משני שלישים מן הגדיל, אעפ"כ לא מיקרי זה "מן העשוי בפסול", כיון דאין זה לעיכובא בדיעבד).

ור"י היה נוהג לעשותו ארוך יותר, כדי שאם יפסק קצת ג"כ ישאר בו כשיעור.

א' מהחוטים יהיה יותר ארוך, כדי שיכרוך בו הגדיל - קראו גדיל על שם העתיד, שנעשה גדיל אחר שנכרך עליו, וזהו שכתב רמ"א אח"כ: **(הגדיל היינו החלק מהציצית שאינו ארוג)** - ר"ל שמתחלה הוא חלק בלא גדיל ואריגה, ועי"ז החוט נעשה גדיל.

ואם אחד אינו ארוך כ"כ לכרוך בו הכל, יכרוך בו קצת כריכות מחוט א', וקצת כריכות מחוט השני, כי בזמן התכלת היו עושין קצת כריכות מהתכלת וקצת מלבן.

(הגה: ושיעור הנזכר יהיה בציצית לאחר שנקשר, מלבד מה שמונח על קרן הבגד) - ואפילו זה החוט הארוך, אחר שיכרך ישאר י"ב גודלין.

ומשום הקשירה שעושין בגדיל מתקצר, ובעי אצבע יתירה דהיינו י"ג גודלין, מלבד מה שמונח על הבגד, ואפילו בדיעבד מעכב, והעולם מקילין בזה, וראוי למחות בידם - פמ"ג.

(**ובדיעבד** לכאורה אין להחמיר בזה, אם לאחר כריכת החוליא ראשונה וקשירתו היה בו כשיעור, דלא גרע זה משהיה נקטם אז לגמרי זה החוט, דכשר לכו"ע דהוא גרדומי הציצית, **ולפי"ז** מה שכתב הרמ"א: דשיעור זה צריך להיות אחר שנקשר, ור"ל כל הקשרים כדמשמע בב"י, הוא רק לכתחילה, **ומשמע** מסתימת דברי פמ"ג היפוך דברי, **ואפשר** דסברתו, דכל זמן שהוא עוסק עדיין במצוה לעשות שליש גדיל, אף דהוא רק לכתחילה, מיקרי עדיין שלא נגמרה המצוה, ולא נוכל להקרא עתה על הציצית שם גרדומין, וגרע זה משאם היה עושה רק חוליא אחת ואח"כ נקטע חוט אחד, **וצ"ע** למעשה).

(**ואם** הוא בדרך, ואין לו ציצית אחרות כי אם קצרות מי"ב גודלין, יוכל לסמוך על דעת המחבר דמיקל בארבע גודלין, להטילם בבגד וללבשו, **ובפרט** לפי מש"כ הלבוש, דמן התורה אין שיעור לאורך הציצית, ממילא אין עובר על מצות עשה דציצית בכל גווני, **וכ"ש** להפוסקים דבמקום שאין נמצאים ציצית, אין עובר על עשה דציצית, **אך** לענין ברכה יש להחמיר, לפי מה דנוהגין כדעה שניה דצריך י"ב גודלין).

סעיף ה - אין עושין הציציות מהצמר הנאחז בקוצים כשהצאן רובצים ביניהם, ולא מהנימין הנתלשים מהבהמה, ולא משיורי שתי שהאורג משייר בסוף הבגד, והטעם משום ביזוי מצוה - ואפילו בדיעבד פסול.

אין להקשות, דבלא"ה יש פסול, דלא נטוו החוטין לשם ציצית, **יש** לומר דמיירי אפילו היכי דמתחילה טוו החוטין לשם ציצית, ואח"כ ארג מהם בגד, ואפ"ה פסול משום ביזוי מצוה.

ובס' המאור כתב הטעם, משום דבעינן "הכנף" מין כנף, ואין מינים הללו ראוים לעשות מהם בגד, שהם פסולת הצמר, ואין בגד נעשה מכמותן, עכ"ל, **וא"כ** כל מיני צמר שהם גרועין, שאין בגד נעשה מהם, פסולים לציצית.

סעיף ו - אם עשאם מצמר גזול, פסולים, דכתיב: ועשו להם, משלהם.

(**עיין** פמ"ג שכתב, דה"ה אם גזל טלית והטיל בו ציצית משלו, נמי לא קיים מצות ציצית ע"י לבישתו זו, וממילא ברכתו הוא לבטלה, ד"כסותך" כתיב בקרא).

נראה פשוט, דה"ה אם לקח הציצית בהקפה, והמוכר עייל ונפיק אזוזי, וזה אינו רוצה לשלם לו, דמדינא אינם שלו, כדאיתא בחושן משפט, וכל כי האי גונא, א"כ לא יצא מן הדין בהציצית, (וה"ה לענין טלית).

(**ועיין** בשע"ת מה שכתב בשם הספר מחנה אפרים, שהמדקדק במעשיו, יראה לשלם עבור הציצית קודם שיטילם בבגד, כדי דלהוי קנין דאורייתא תחת ידיו, ולא יסמוך על המשיכה לחוד).

(**נסתפקתי** במי שגזל חוטי ציצית מחבירו, ואחר שהטילם בבגדו שילם לו עבורם, או נתנם לו במתנה, אם מחויב לחזור ולהתירם, מי נימא כיון דכתיב: ועשו להם, בעינן שבעת העשייה יהיה שלו, או תגלי מילתא למפרע, וצע"ג).

הגה: ודוקא שגזל החוטין - ואז אפילו נתיאשו הבעלים פסול, דיאוש לא קנה, **ואפילו** אם לא היו החוטין שזורין, והוא שזרן, מכל מקום לא חשיב עי"ז שינוי, דלא נשתנה שמם עי"כ. (**וקשה** דהא יש לזה ג"כ שינוי השם, דמעיקרא חוטין והשתא אחר שהטילם בבגד, הכריכות שלמטה לא נוכל לקרוא אותו המקום בשם חוטין, רק בשם גדיל, **וא"כ** אף דהשינוי חוזר לברייתו כשיתירם, בצירוף יאוש יקנה, **ואולי** י"ל ד"גדיל החוטין" מיקרי, **או** אולי כיון דכתיב "ועשו להם" משלהם, בעינן שיהיו משלהם בעת תחלת העשייה, דהוא התליה בבגד).

ואם גזל חוטין ומכרן לאחר לפני יאוש, לא יצא השני בהציצית, דשינוי רשות בלא יאוש לא קנה, ולא קרינא ביה "ועשו להם", **ואם** אחר שבא ליד השני נתיאשו הבעלים, עיין בחו"מ, דיש דעות בזה.

ואם נתיאשו ואח"כ מכרן, קנה השני את הציצית, **ואף** לענין ברכה, משמע מהמ"א דיוכל לברך בזה, ואין בו משום מצוה הבאה בעבירה, כיון שהוא לא גזל, וכן פסק המחצית השקל, **אכן** הפמ"ג שם בשם הלבוש מחמיר בזה, וגם הט"ז והגר"א שם מחמירין בזה.

אבל אם גזל צמר ועשאן חוטין, כשרים - עיין במ"א, ולדבריו הג"ה זו חולק על המחבר דס"ל דהקרא מיעט אפילו אם עשה החוטין מצמר הגזול.

הט"ז מבאר, דאיירי הרמ"א היכי דהוי יאוש ג"כ, וקניא ביאוש ושנוי השם, דמעיקרא צמר והשתא חוטין, **אבל** המ"א כתב, דמדסתם הרמ"א, משמע דס"ל דאפילו

קודם יאוש כשר, דקניא בשינוי מעשה, **וכן** משמע מהגר"א, דהטעם משום שינוי מעשה, (מחמת הטוייה).

מיהו לכתחלה אסור לעשותן - ר"ל להטיל הציצית אלו בבגדו, משום מצוה הבאה בעבירה, (**ואף** דכבר קנה אותם תחלה ע"י יאוש ושינוי, ואין העבירה באה מן המצוה גופא, מ"מ כיון דכאן בא ע"י הטוייה, והטויה מן המצוה, דהא בעינן טוייה לשמה, ממילא בא הקנין ע"י המצוה, **ובביאור** הגר"א משמע שאין מחלק בזה, ומ"מ לדינא הסכים ג"כ דאסור לכתחלה להטיל הציצית בבגד, אך מטעם אחר, דהרי לא יוכל אח"כ לברך, דלענין ברכה דאית ביה אזכרה חמיר טפי, **ולא** עדיף משומע ואין מדבר, דאינו רשאי לתרום בשביל הברכה).

(ולענין ברכה ע"ל ריש סי' תרמ"ט) - דפסק שם דאין יכול לברך עליו, (**ועיין** בשע"ת שכתב, דלפי דברי המג"א, אם היה יאוש עם שינוי השם, מותר לברך, וה"ה יאוש ושינוי מעשה, או יאוש ושינוי רשות, **אכן** מדברי הח"י ומדברי הגר"א מוכח, דאפי' לאחר יאוש ושינוי השם או שינוי מעשה ושינוי רשות, אסור לברך).

סעיף ז - חוטין שאולין, הלואה היא דלא הדרי בעינייהו, וכדידיה דמי - פי' כל לשון "שאלה" משמע שיחזיר לו אותו דבר בעין, אבל לשון "הלואה" להוצאה נתנה, **ואילו** חוטין שאולין, מסתמא הוי הלואה, וקרינא ביה "משלהם".

אבל אם שאלם לו אדעתא שיחזירם לו בעין, לא יברך עליהו, די"ל שהשאילם לו למלאכה אחרת, **אבל** אם השאיל לו ציצית מתוקנים כעין שלנו, שהם שזורים ופסוקים, מותר לתלותם בטליתו ולברך עלייהו, דבודאי נתנם לו במתנה ע"מ להחזיר.

(**ואם** נטל חוטין של שותפין והטילם בבגדו, בכעין זה אפשר דאינו יוצא ג"כ, דאולי חבירו לא הרשהו לזה, וצ"ע. **ובעיקר** הענין אם מקרי "להם" בציצית של שותפין, עיין לקמן בסי' י"ד ס"ה לענין טלית של שותפים, «דחייבת ציצית», ויש לחלק, וצ"ע).

סעיף ח - המשתחוה לבהמה, צמרה פסול לציצית - אף דדבר הנעבד «בבע"ח» אינו אסור אלא לקרבן, אבל להדיוט שרי, **מ"מ** אסור למצות ציצית, הואיל וצרכי גבוה הוא, מאיס כלפי גבוה, הואיל דלא אישתני כ"כ, דעדיין חזותיה עליו ונראה שהוא צמר.

עיין במ"א דמסיק, דלפי דעת המחבר, האי "פסול" אינו רק לכתחלה משום דמאיס, אבל בדיעבד יצא, וכן כתב הגר"א, דלענין דיעבד במחלוקת שנויה.

כתב ע"ת, דצמר שהיה עליה בעת השתחויה נאסרת, וכ"ש מה שגדל אח"כ, **ובספר** בני חייא כתב להיפך, דמה שגדל אחר שנעבד מותר.

(וה"ה בהמה הנרבעת נמי, צמרה אסור לציצית).

(**כתב** הפמ"ג, מודר הנאה מצמר, אסור בציצית מצמר, דבעינן "תעשה לך" משלך, **אבל** מודר הנאה מחבירו, אפשר שיכול ליקח טליתו, דמצות לאו ליהנות נתנו, **ולא** נהירא, דהלא הוא מתהנה מהבגד עצמו, ואל"כ יהיה מותר כלאים בהטלית עצמו, **ואולי** כוונתו ליטול ציצית מהמודר, ומה שכתב "טליתו" לא דק בלישנא). «**וצ"ע** דמאי שנא שלו משל חבירו, והא כיון דאסור בהנאה, אינו שלו, וכדמבואר בסי' תרמ"ט ס"ב, **וי"ל** דכיון שהוא מודר מחבירו ולא מהצמר עצמו, שפיר מקרי שלו – ידות המשנה».

המשתחוה לפשתן נטוע, כשר לציצית, שהרי נשתנה - דפשתן נטוע הוי כעץ, וכיון שעשאו חוטין, מראהו הראשון חלף והלך לו.

אבל המשתחוה לפשתן שהוא נעקר, אז נאסר אפילו להדיוט, כדין ע"ז ותקרובתה, ואינו מועיל לו שינוי, שכל שאתה מהייה ממנה הרי היא כמוה.

(**ודוקא** אם הפשתן התלוש הוא שלו, **דאם** הוא של חבירו, אפילו אם אין בו שינוי כלל לא נאסר, דאין אדם אוסר דבר שאינו שלו, **ואפילו** לגבוה, ס"ל לרוב הפוסקים דאין יכול לאסור).

סעיף ט - יעשה נקב באורך הטלית, לא למעלה מג' אצבעות - ועיין בב"י שכתב, דג' אצבעות בצמצום מותר להרחיק, ולעשות אח"כ הנקב שם, **והרבה** פוסקים חולקים ע"ז, וס"ל דמכיון דהוי ג' אצבעות, תו "בגד" מיקרי, ולא "כנף", **וע"כ** יש לזהר לעשות שיתחיל הנקב תוך ג' אצבעות.

(היינו גודלין) – (עיין בט"ז שכתב, במקום רוחב הגודל, ומ"מ כיון דיש ליזהר לעשות הנקב דוקא תוך אצבע הג', קודם השלמתו, ע"כ אם ירצה יכול למדוד הג' אצבעות באמה קמיצה וזרת הסמוכין זה לזה, כמ"ש בשם האר"י ז"ל, ולעשות אח"כ הנקב, ואידי ואידי חד שיעורא הוא, **וכעין** זה כתב ג"כ בשע"ת, אלא דהוא

כתב דטעם האר"י ז"ל, אפשר משום דס"ל דמדידת הגודל הוא במקום הקצר, **ולצאת** ידי כל החששות, יותר טוב שיעשה הנקב תוך ג' אצבעות אלו, **וכן מצאתי אח"כ** בארה"ח) דמסיק, דלכתחלה יותר טוב למדוד הג' אצבעות, באמה קמיצה וזרת הסמוכין זה לזה, (**אמנם** אם שאל טלית מאחר לצאת בו ידי ציצית, ונקב הציצית הוא בתוך ג' גודלין, נראה דיכול לברך עליו, דלדינא קי"ל, דהמדידה הוא במקום הרחב).

מפני שאינו נקרא כנף - ומעכב אפילו דיעבד, דלא מיקרי "כנף הבגד", אלא "בגד", והתורה כתבה: על כנפי בגדיהם.

ואפילו אם לאחר שעשה בו ציצית, ואפילו רק חוליא אחת, חתך בנקב שיתלו הציצית למטה, אפ"ה פסול משום תעשה ולא מן העשוי.

טלית של צמר שהיתה מצוייצת כהלכתה, ונמצא בגדיל של משי שעושין בשפת הטלית חוטין של פשתן, והוצרכו לשלוף הגדיל מן הטלית, ראוי להחמיר להתיר הציצית ולחזור ולקשרם ‹דהוי תעשה ולא מן העשוי - בה"ט›.

כתב המ"א, אם עשה הנקב למעלה מג', אע"פ שכשקשר הציצית עשה החוטין שעל הבגד קצרים, ונתקפלו הכנפות והוא למטה מג', פסול, דהרי עכ"פ יש בהכנף שיעור בגד.

כתב ב"י: אף די"א דיעשה ב' נקבים כמו ציר"י, ויטיל הציצית בתוכם ויוציא אותן לצד אחד, אין לחוש לזה, והבא להחמיר על עצמו בכיוצא בזה אינו מן המחמירין אלא מן המתמיהין, דמיחזי כיוהרא, **וב"ח** כתב, דבט"ק יעשה שתי נקבים, דבזה לא מיחזי כיוהרא, כיון שאין נראה לכל, **וכן** כתב בכונות, שהאר"י ז"ל נהג כן, {**אמנם** בברכי יוסף כתב, שהעיד מהר"ש, שמהרח"ו אביו לא נחג כן}, **וכן** נתפשט המנהג במדינת פולין, אמנם במדינת הגר ובאשכנז אין נוהגין כן, ונהרא נהרא ופשטיה.

(**וז"ל הפמ"ג: אין עושין רק נקב אחד, והעושה ב' נקבים, יעשה במישור לא באלכסון, ומודדין ג' אצבעות מנקב ראשון בבגד, לא מהשני של צד ימין וצד שמאל, גם ב' הנקבים יהיו באופן שהציצית יהיו תלויין לצדדי הבגד, א' לימין וא' לשמאל, לפניו ולאחריו, לא תלויין לצד הארץ**).

ולא למטה מכשיעור שיש מקשר גודל עד הציפורן - ‹היינו סוף ציפורן - פמ"ג›, מקום השוה לבשר, [פמ"ג], ופשוט דזה השיעור גם כן משערינן באדם בינוני.

משום שנאמר: על הכנף, ואם היו למטה ממלא קשר גודל, היה תחת הכנף - ומעכב אף בדיעבד, **ונ"ל** שמקום הנקב יהיה ג"כ למעלה משיעור זה, (**אך** מלשון הרוקח משמע לכאורה, שהוא סובר דאם הציצית היו בהשלמת קשר אגודל בצימצום, אף שאינם למעלה ממנו, כשר, דנקב הציצית יכול להיות בתוך השיעור, אך שלא יהיה למטה מהשיעור, **אך** לכתחלה בודאי יש ליזהר בזה, שיהיו מונחין החוטין למעלה מהשיעור, דשיעור קשר אגודל הוא דאורייתא ולעיכובא, **אך** לענין דיעבד צ"ע בזה), דאולי זה ג"כ מעכב אף בדיעבד.

ואם עשה הנקב למעלה מקשר אגודל, וע"י הקשירה נתקפל הבגד עד שהוא פחות מקשר אגודל, כשר, כיון שיש עכ"פ השיעור בהכנף.

ואם כשתלאן היה תוך קשר אגודל, וחתך למעלה בבגד, והעלה הציצית למעלה מקשר אגודל, ותפר למטה, או תלה מטלית על הכנף, הוי תעשה ולא מן העשוי.

הגה: ומודדין זה ביושר, ולא באלכסון מן הקרן - שע"י האלכסון מתמעט המדידה לערך ב' חומשין, אלא משפת הבגד מודדים ביושר הג' אצבעות, וכן השיעור דקשר גודל, בין באורך ובין ברוחב.

סעיף י - אם היו רחוק מהכנף מלא קשר גודל, ונתקו מחוטי הערב עד שלא נשאר בו כשיעור, כשר - (עיין ברמב"ם שמבואר, דאפילו לא נשאר רק כל שהוא כשר).

וה"ה אם נקרע בהנקב, עד שעי"ז לא נשאר בו כשיעור, ואפילו נעשה זה תיכף אחר חוליא הראשונה עם הקשר, **וה"ה** אם נתמעט הבגד ברחבו.

כיון שהיה בו כשיעור בשעה שהטיל בו ציצית זה - וקרא כתיב: ועשו להם ציצית על כנפי בגדיהם, לא הקפידה תורה אלא שבשעת עשיה יהיו על הכנף, ולא אח"כ, **והיינו** דוקא אותן הציצית שנתלו

בהכשר, אבל אם רוצה להטיל בו ציצית אחרות, דהוי עשייה חדשה, פסול עד שיתפור מתחלה.

הגה: ונוהגין לעשות אימרא סביב הנקב, שלא ינתק שם ויהיה פחות מכשיעור, וכן עושין אימרא בשפת הבגד למטה, מהאי טעמא - אף דבדיעבד כשר, מ"מ טוב לעשות כן, כדי שלא יבואו הרואים לומר שהוא פסול, דכו"ע לאו דינא גמירי.

יש אומרים שבתוך רוחב הבגד אין לו שיעור - היינו למטה, דיכול לעשות אפילו פחות מקשר אגודל, אבל למעלה מג' אצבעות פסול, **וטעמם**, דס"ל דעיקר שם כנף שייך על שפה התחתון של אורך הבגד, לא על רוחב הבגד.

רוחב הבגד קרוי, מה שמלובש בו האדם קומתו מראשו לרגליו, ואורך הבגד קרוי, מה שמתעטף בו, דדרך העיטוף הוא בהאורך.

וי"א שדין רוחב הבגד כדין האורך, ונראין דבריהם.

סעיף יא - אם הגדיל, שקורין אורילייזא - היינו מה שמניחין קצת חוטי שתי בלא ערב, ובסוף אורגים, ויש שכתבו שזהו מה שאנו קורין אותו בלשונינו קרייקע"ס, **הוא רחב** - שהוא יותר ממלא קשר גודל, דאל"כ בלא"ה פסול.

ואין חילוק בין אם הגדיל הוא באורך הבגד, או ברחבו.

לא יטיל בו הציצית, ואם הטיל בו, פסול, ד"על כנפי בגדיהם" כתיב, וזה אינו נחשב מהבגד; אבל עולה הוא לשיעור מלא קשר גודל ולהרחקת שלשה אצבעות, כיון שהנקב בתוך הבגד - והיינו שלא ירחיק הנקב משפת הגדיל והלאה יותר מג' אצבעות.

(וטליתים שיש בשפת הבגד ארוג כעין תכלת, וחוטים כפולים, אין זה שפה אלא בגד ממש הוא).

הגה: וטוב שימדוד שיעור קשר גודל בלא הגדיל, ויהיה תוך ג' אצבעות עם הגדיל - ואם הגדיל רוחב ב' אצבעות או ג', יחתוך מקצתו, **וה"ה** אם חוטי השתי בולטין בלא ערב, או ערב בלא שתי, יש ספק אם עולין למנין, וע"כ יחתוך אותם במקום הכנפות, **וע"כ** שפת הטלית שלנו שקורין שלא"ק, שאין בו חוטין ארוגין משתי וערב, יחתוך אותם קודם הטלת הציצית במקום הכנפות.

(כתב בארה"ח בשם הברכ"י ושארי אחרונים, דטליתים שלנו שיש להם גוון מאב"י בשפה, מודדין מן הכנף ג' אצבעות, ובכלל זה הגוון מאב"י).

סעיף יב- מנין חוטי הציציות בכל כנף, ארבעה כפולים שהם שמונה - דאמרינן בגמרא: גדיל שנים, גדילים ד', פי' אי הוה כתיב "גדיל", הוה משמע שתים, דאין גדיל בפחות משתים, השתא דכתיב "גדילים", ד' משמע, **ובזמן** שהיה תכלת, היו עושין ב' מתכלת וב' מלבן, והאידנא הוי לבן במקום תכלת, ועושין ד' ארוכים משל לבן, **ואחר** שיכניסם בבגד ויכפלם, הם שמנה, מדכתיב "פתיל", כעין פתילה שהוא כפול.

ואם הוסיף, פסול - משום דקעבר בבל תוסיף, **והגר"א** הסכים להלכה לשיטת העיטור, שסובר דאין בזה משום בל תוסיף, **וכי** פסלינן בגמרא בזה, דוקא בשהוסיף מין אחר להחוטים, כגון חוטי קנבוס או צמר גפן, אבל באותו המין מכשרינן אפילו לכתחלה להוסיף כמה שרוצה, **ועיין** בארה"ח שהביא עוד כמה גדולי הראשונים שסוברין כן, ולכן מסיק, דאם עשאם כבר וא"א לתקנם, יכול לילך בהם, אבל מיד שיוכל לתקנם צריך לתקנם, **ובגורע** מהחוטין, לכו"ע פסול, כדאיתא בב"י.

(עיין בפמ"ג שמסתפק, אם קצץ היתירות רק עד הגדיל, ובגדיל נשארו, מהו, דאם היה מוציא היתירות גם מן הגדיל, פשיטא דכשר).

יחתוך ראשי החוטין הארבעה ויתחבם בכנף ויכפלם, ואז יהיו ח' - ר"ל לכתחלה יחתוך קודם שיתחבם בכנף. **ויש** לחתכם בשיניו ולא בסכין.

סעיף יג- יזהר לחתוך ראשי החוטין לעשותם ח', קודם שיכרוך - ר"ל שאם עבר ולא חתכן קודם התחיבה, עכ"פ יזהר עתה קודם הכריכה.

שאם כרך אפילו חוליא אחד (פי' החלק מהלולית שבין קשר לקשר) - אפילו של ג'

כריכות, **וקשר אפילו קשר אחד** - ר"ל מהה' קשרים שרגילין לעשות, אבל הוא היה ב' פעמים זה על גב זה, דבלא"ה לא מיקרי קשר, שאינו מתקיים, **ואח"כ חתכן, פסול משום תעשה ולא מן העשוי, שהרי בפיסול עשאם** - ור"ל אם עשה חוליא וגם קשר אחר החוליא, אפילו רק קשר אחד, יצא ידי חובתו מדאורייתא, אפילו לא עשה כלל הקשר שסמוך לכנף, וא"כ הוי תעשה ולא מן העשוי, **אבל** אם לא עשה הקשר שאחר החוליא, אף שעשה הקשר ראשון שקודם החוליא, לא נגמר עדיין עשיית הציצית, דבלא הקשר החוליא אינו מתקיים כלל, ואין כאן גדיל, וע"כ יכול לחתוך החוטין, **ויש** מחמירין, ולכתחלה נכון לחוש לדבריהם.

סעיף יד - יקח ד' חוטים מצד זה וד' מצד זה, ויקשור שני פעמים זה על גב זה, ואח"כ יכרוך חוט הארוך סביב השבעה קצת כריכות, וקושר שני פעמים זה על גב זה, וחוזר וכורך; וכן יעשה עד שישלים לחמש קשרים כפולים, וארבעה אוירים ביניהם מלאים כריכות.

אין שיעור לכריכות, רק שיהיו כל הכרוך והקשרים רוחב ארבעה גודלים, והענף שמונה גודלים - ר"ל דאין שיעור למנין הכריכות, וגם מנין החוליות והקשרים אין מעכב מדינא, רק הוא למצוה מן המובחר, כי הה' קשרים רמז שעי"ז יזכור הה' חומשי תורה, וכפילת הקשרים החמשה שעולה י', רמז לעשרה ספירותיו של הקב"ה, וטעם החוליות עיין בב"י.

ומה דאיתא בסי"ג, "שאם כרך אפי' חוליא אחד", אבאר את שורש הדבר, כי קבלו חז"ל דבעינן בציצית גדיל, והיינו שיהיה מוכרך, כמש"כ: גדילים תעשה לך, וגם יהיה בו חוטין נפרדים, כדכתיב: ציצית, כמו "בציצת ראשי", **אך** מן התורה אין שיעור לאורך הגדיל, אלא אפי' אם לא כרך רק ג' כריכות, ועשה ע"ג קשר למעלה, דגם זה הוא הלכה למשה מסיני, מתקיים בזה שם גדיל, ובזה כבר נגמר המצוה מדאורייתא, וזהו טעם דברי השו"ע שם, **וע"ז** יש לסמוך בע"ש עם חשיכה, כשאין לו פנאי לעשות כתיקונו, ומותר לצאת בו בשבת ולברך, ויותר טוב שיעשה אז גם הקשר הראשון שקודם החוליא, כמו שאנו נוהגין, כדי לצאת גם דעת מקצת הפוסקים שסוברים, דע"ז הקשר כיוונו חז"ל דהוא דאורייתא, **וכל** זה מדאורייתא, אבל מדרבנן צריך לעשות שליש גדיל, וב' שלישים פתיל, וכיון שאורך החוטין הוא י"ב גודלין, יעשה ד' גודלין גדיל, שהם הכריכות, וישאיר ח' גודלין חוטין נפרדים, שכך הוא נוי הציצית, **וע"כ** אם עשה חוליא אחת בע"ש עם חשיכה, צריך להשלים תיכף אחר השבת, דאל"ה הוא עובר על דברי חכמים, ויש שנכשלין בזה, **וד'** גודלים היינו עם הקשרים, **וברעיא** מהימנא כתב, שיהיה בין קשר לקשר כמלא אגודל.

ובדיעבד אפילו אם כרך רובו כשר, דעכ"פ יש כאן ג"כ פתיל, אבל אם כרך כולה, פסול.

הגה: ואם האריך הגדיל, יראה ששלישיתו יהיה גדיל ושני חלקים ענף - ולכולי עלמא אינו מעכב בדיעבד.

ונוהגים לכרוך באויר ראשון ז' כריכות, ובשני ט', ובשלישי י"א, וברביעי י"ג, שעולים כולם מ', כמנין: ה' אחד, שעולים ל"ט, ועם השם הם מ' - ובכוונות כתוב: בשני ח', וכן הסכימו האחרונים, דז' וח' הוא שם של י"ה, ואח"כ י"א, ובצירוף הוא שם של הוי"ה, ואח"כ י"ג, גימטריא "אחד", וזהו "ה' אחד", **ובציצית** של ר' שלמה מלכו, היה באויר ראשון יו"ד כריכות, ואח"כ ה' וכו', כשם הוי"ה.

כתב הרא"ש, שיהיו כל החוליות בשוה, שזהו נוי ציצית, וא"כ באויר הראשון יעשה הכריכות רחוקים זה מזה, ואח"כ בכל אויר יותר מקורב.

ונהגו לעשות בסוף כל חוט קשר, כדי שיעמוד בשזירתו - ע"ל בס"ג מה שכתבתי שם. **טוב** לעשות החוטין בינונים, לא עבים ולא דקים, משום "זה אלי ואנוהו".

סעיף טו - י"א שצריך לדקדק שיתלה הציציות לאורך הטלית - היינו בין בשעת התליה, או אח"כ, אם נשמטו לצד מטה יחזירם, (עיין במ"א שמפרש, דאורך הטלית נקרא מה שמתעטף בו האדם, ורוחב היינו קומתו מראשו לרגליו).

דבעינן שתהא נוטפת על הקרן, (פי' תלוי על הקרן), ואם היה ברחבו לא היה נוטף, שהרי כלפי קרקע היה תלוי.

(והקשו האחרונים ע"ז, הלא בציצית העליונים אם יעשה אותם לאורך הטלית, לא יהיו נוטפות על הקרן, שיהיו תלויים כלפי קרקע, ותירצו ע"ז, ומ"מ למעשה הסכימו, שיותר טוב שב' העליונים יעשו ברוחב הטלית ולא בארכו). (וז"ל החזו"א: ואינו כן אצלנו, שהטליתות ארוכות ומתקפלות באופן שנוטפות על הקרן כשתלוין באורך).

וכ"ז לכתחילה, אבל בדיעבד אין קפידא בזה, **אך** עכ"פ יזהר מאוד שלא יהיו הציצית תלויים באלכסון על קרן זויות, מפני שהוא מנהג הקראי"ם שעושין כן, **ואם** תלויים, מצוה להחזירם למקומן.

י"א שאין לתת שום בגד בנקבי הטלית שמכניסים בה הציציות – (מה שכתוב בשו"ע: בנקבי הטלית, אין הכונה דוקא בתוך הנקב, אלא טלאי המונחת תחת הכנף סביב ג"כ בכלל זה).

דבעינן שיהיו הציצית מונח על הכנף, ולא על דבר שהוא מונח על הכנף.

(עיין בא"ח שמפרש הטעם, משום דבעינן "מין כנף", וכן העתיק הגר"א הטעם, **נראה** שאין רוצה לאמר הטעם משום "על דמעל", כדי שלא נקשה, דהטלאי גופא כיון שתפור הוא גופיה הוי כנף, ע"כ אומר הלא בעינן שהציצית יהיו ממין הכנף, **א"כ** לפי"ז אם זה הוא ממין הכנף, **או** שהציצית הוא מצמר ופשתים דפוטרין בכל גווני, מותר).

ויש מתירין, וכן נהגו - כי אין עושין כן אלא לחזק הבגד שלא יקרע, ובטל הוא לגבי בגד, ואפילו של עור מותר, וכן הסכימו הפוסקים.

§ סימן יב – דברים הפוסלים בציצית §

סעיף א- אם נפסקו כל חוטי הכנף, ונשתייר בהם כדי עניבת כל החוטים הפסוקים ביחד, כשר - פי' בכל אחד מן החוט נשאר לעשות עניבה שקורין שלייף, לכל החוטין הפסוקים ביחד, **ואם** לא נפסקו כולן, די אם נשאר לעשות עניבה על הפסוקים בלבד, ולא על כל החוטין.

(**והח"א** הפריז על המדה, שכתב דכדי עניבה הוא לערך ד' גודלין, **דע"כ** אפי' לדעת רש"י שמחמיר דבעינן כדי עניבה בענף, כדי עניבה הוא עכ"פ לא יותר מב' גודלין, **ובפרט** לדעת הרמב"ם דסובר, דשיעור הציצית הגדיל והענף הוא בס"ה ד' גודלין, בודאי כ"ע הוא פחות משני גודלין, **ע"כ** נראה דעכ"פ די בשני גודלין לרש"י, ולא מצינו לשאר פוסקים שיפלגו עליו בענין כ"ע, **ובפרט** לפי מש"כ הב"י והביאו הא"ר, דלהלכה נקטינן כרי"ף ורמב"ם, דדי בכדי לענוב על חוט אחד בפ"ע, וזהו קטן משיעור המבואר בשו"ע, ובדלא אפשר סמכינן עלייהו, **א"כ** לכאורה בודאי אין להחמיר יותר משני גודלין בכל גווני).

ואם התיר את הציצית, אסור ליתנם בטלית אחר, דהוי כלכתחלה, ואפילו לא נפסק רק חוט אחד ואין בארכו י"ב גודלין.

ואם לא נשאר כדי עניבה, (פי' "ויירכסו את החשן", תרגום: ויענבון), אפי' בחוט אחד שנפסק כולו, פסול - ר"ל שבשני ראשיו לא נשתייר כדי עניבה, פסול, אף ששאר החוטין היו שלמים, (**וה"ה** אם נפסק הציצית במקום הגדיל בין הקשרים, אם חוט אחד כשר, ואם ב' חוטין פסול).

ואם נשתייר בשני ראשיו כדי עניבה ע"י צירוף, יש להסתפק אם מהני, ומשמע מא"ר וכן מדה"ח דיש להחמיר בדבר, **ואפילו** אם יש ספק אם השני ראשין הם משני חוטין או מאחד, וא"כ יש כאן ס"ס, שמא הם משני חוטין, ושמא מצטרפין, אפ"ה יש להחמיר, משום דציצית מצויין הן, **והארה"ח** מיקל בכגון זה, **ונראה** דאם יש באחד מהראשין כדי לענוב חוט אחד, בודאי יש לסמוך עליו, (כי בלא"ה מעיקרא דדינא יש לסמוך ע"ז בלחוד, ובפרט אם ע"י צירוף יש שיעור גדול).

ולכו"ע אם נפסק חוט אחד מעיקרו, דהיינו במקום חיבורו בכנף, דפסול, **וכתב** הט"ז, ע"כ ראוי לכל י"ש, שיעיין בשעת בדיקה גם בתחלת מוצאם של הציצית, דהיינו במקום חיבורו בכנף, אם יש שם קרע.

מ
הלכות ציצית
סימן יב – דברים הפוסלים בציצית

הלכך, כיון שכל א' כפול לשנים, אם נפסקו שני ראשים - ולא נשתייר בשום אחד מהן כדי עניבה, **פסול, שמא נפסק חוט אחד** - ואף אם שני הנפסקים מצד אחד, מ"מ פן שניהם הם מחוט אחד, כיון שלא דקדק בעת עשייה.

ולפי מה שאנו נוהגים לדקדק בעת עשיית הציצית לתת סימן בד' ראשים, בענין שלעולם הד' ראשים הם מצד אחד של הקשר, והד' ראשים מצד האחר, אם נפסקו שני ראשים מצד אחד, כשר, דודאי שני חוטים הם, והרי נשתייר מכל אחד הראש השני שהוא יותר מכדי עניבה - "יותר מכדי עניבה" לאו דוקא הוא.

וה"ה אפילו כל הראשים נפסקו מצד אחד, ומהארבעה ראשים שמצד השני לא נשתייר בכל אחד רק כדי עניבה, ג"כ כשר, דלא נפסל לדעה זו רק אם חסר חוט אחד בשני ראשיו.

שאלה: חוטי הציצית שנפסקו וחזר וקשרן, אם מועיל מה שנעשו שלמים ע"י קשירה, **ומסקי** האחרונים דדינא הכי: אם מתחלה קודם שעשה הציצית מהחוטין, נפסקו החוטין וקשרן בקשר קיימא, ואח"כ עשה מהן ציצית, כשר, דקשירה הוי חיבור גמור, **וכן** לאחר שנעשה בהכשר, דהיינו אם נפסק ראש אחד לאחר הטלת הציצית בהבגד, אף אם לא נשתייר בו כדי עניבה, מהני לקשרו עתה, ואף אם יפסק אח"כ ראש השני מאותו החוט, יהיה כשר, כיון שבעת הקשירה היה הציצית כשר, **אבל** אם נתקצרו החוטין באופן שנפסלו הציצית עי"ז, כגון שנפסקו שני ראשין ולא נשתיירו כדי עניבה, או שנפסק החוט במקום הנקב, לא מהני מה שחזר אח"כ וקשר, דזהו בכלל תעשה ולא מן העשוי בפסול, **וכ"ש** אם היה החוט קצר משיעורו בתחלתו בשעת עשייה, בודאי לא מהני מה שחזר אח"כ וקשרו לאחר הכריכה והקשירה של חוליא ראשונה, דזהו ממש תעשה ולא מן העשוי, וכדלעיל בסי' י"א סי"ג, לענין חתך ראשי החוטין.

(**לכאורה נראה, דאפילו אם נפסק זה הראש לאחר גמר חוליא ראשונה, דהיינו הכריכה והקשירה שע"ג, מהני קשירת החוט, כיון דקי"ל דאפילו כרך חוליא אחת כשר, ממילא מקרי כבר נעשה בהכשר, והוא בכלל גרדומין, אמנם לפי מש"כ לעיל בסימן י"א ס"ד בבה"ל, דכל זמן שהוא עוסק במצות עשיית הציצית, ודעתו לגמרה, אפשר שלא נוכל להקרא עליה בשעת עשייתה בשם גרדומין, א"כ אפשר דהכי נמי כה"ג, וצ"ע למעשה**).

ולרבינו תם לא מכשירים אלא בנשתיירו ב' חוטין שלימים, דהיינו ארבעה ראשים, שכל אחד מהראשים ארוך י"ב גודלים, אז מכשירים כשנפסקו השני חוטין אחרים אם נשתייר בהם כדי עניבה; אבל אם נפסקו ג' חוטין, אע"פ שנשתייר בהם כדי עניבה, פסולים - טעמו, דשני חוטין שהן ד' אנו נותנין במקום תכלת, ושני חוטין שהן ד' אנו נותנין במקום לבן, צריך עכ"פ שיהיה מין א' שלם.

(**הגם דלעיל סימן י"א ס"ד, סתם המחבר שם כדעה הראשונה, דדי בד' גודלים, אך משום דקאיירי הכא לר"ת, ואיהו הא סבר לעיל י"ב גודלין, וגם דלכתחלה בודאי גם המחבר שם מודה דטוב לחוש לסברתו, והכא מביאו ג"כ המחבר רק לענין לחוש לכתחלה, לכך מביא ג"כ דעת הר"ת לענין זה**).

ומפני כך כשנחתכו שלשה ראשים, אם לא דקדק בעת עשיית הציצית שיהיו ניכרים הד' ראשים שמצד אחד של הקשר, חיישינן שמא כל ראש הוא מחוט אחר, ונמצא שאין כאן אלא חוט אחד שלם, הילכך מספיקא פסול - קשה, דהא כ"ש הוא אם דקדק, כמ"ש בהג"ה אח"כ, **וי"ל** דנקט "לא דקדק" משום סיפא, דמסיים: אבל אם לא נחתכו אלא ב' ראשים, דמכשרינן בכדי עניבה, דזהו דוקא בלא דקדק, **אבל** אם דקדק, אם נחתכו ב' ראשים מצד אחד, כשר אפי' לא נשתייר כדי עניבה, דהא נשתייר מכל אחד ראש השני, **אבל** אם נפסקו ב' משני צדדין ולא נשתייר בכדי עניבה, פסולין, דשמא חוט אחד הן.

הגה: וכל שכן אם דקדק שיהיו ניכרין הד' ראשים שבצד א', ונפסקו ג' ראשים בצד אחד,

דפסול, דאז ודאי נפסקו ג' חוטין; ואם נפסקו בב' לדדין נמי פסול, שמא ג' חוטין הם.

אבל אם לא נחתכו אלא שני ראשים, מכשרינן בכדי עניבה - ר"ל אפילו אם היה השיור כדי עניבה רק באחד מהן.

והלכה כסברא ראשונה - ופשוט דמותר לברך עליהן. **מיהו היכא דאפשר, טוב לחוש לסברת רבינו תם** - פי' היכא דאפשר למצא בקל ציצית אחרים, אבל א"צ לחזור אחריהם אם אין מזומנים לפניו, או שיתבטל עי"ז מתפלה בצבור - (מובא מסעיף ג').

הגה: ונוהגין כר"ת – (דע דלדעת ר"ת, הוא אפילו לא נפסקו השלשה חוטין, רק נתקצרו באופן שאין בארכן י"ב גודלין, ג"כ פסול בכל האופנים). (אף ר"ת לא פסל אא"כ לא נשאר בג' החוטין שנפסקו ד' גודלין – חזו"א).

סעיף ב - היכא דצריך כדי עניבה, ומתוך שהחוטים עבים אינו יכול לענבם, ואלו היו דקים היה בהם כדי עניבה, כשר - דהא ארוכין הן בכדי עניבה, רק מפני עובי אינו יכול לענוב. **הגה: ומשערין בחוטין בינונים.**

סעיף ג - כדי עניבה: לרש"י מן הענף; ולר"י אפי' נחתך כל הענף, ולא נשאר כדי עניבה אלא מן הגדיל, כשר. ומנהג העולם כרש"י – (והפמ"ג כתב: ודע, אם נפסקו כל החוטין עד הגדיל דפסול, אם הוא בדרך ואין לו ציצית אחרים, יתיר הגדיל שהוא ד' גודלין ויותר, ויעשה קצת גדיל וקצת ענף, ולהמחבר יוצא לכתחלה ויברך, ואף לדידן דסבירא לן י"ב גודלין, מ"מ ילבש, ולברך יש ספק, דמה"ת די בכל שהוא, ואין עובר על מ"ע דציצית, ומיהו צריך להתיר כל הגדיל, דאל"כ הוי תולמ"ה, דנפסלו מן התורה, דבעינן גדיל וענף, עכ"ל, **ועצתו** זאת הוא כדי לצאת אף לדעת רש"י, **ודלא** כבעל הלק"ט שהובא בבה"ט, שמיקל בזה, דא"צ להתיר כל הגדיל אף לדעת רש"י).

(**ולדעת** רש"י, אם נפסקו חוטי הציצית במקום הגדיל בין הקשרים, אם שני חוטין פסול, דלא עדיפי מאם נפסקו שני חוטין בתחלת ענף דפסול לרש"י, **ואם** נפסק חוט אחד, נראה דכשר, דהא לא פליג רש"י על ר"י, רק מטעם דבעינן גם פתיל, והכא הלא יש בזה גם פתיל בראש השני של אותו החוט גופא).

(**אך** נראה, דדוקא אם נפסק החוט למעלה מחוליא ראשונה, דאל"ה מיפסל מטעם דהא קי"ל קשר עליון דאורייתא, הוא הקשר השני מהחמשה קשרים שאנו עושין, ובזה דמינתק חוט אחד, חשיב כאלו מיפסק הקשר, **ויותר** מזה נוכל להוכיח לכאורה מהסוגיא, דצריך ג"כ שישאר מהחוט מעט יותר למעלה מהחוליא ראשונה, דהיינו לערך כדי עניבה, עכ"פ על חוט אחד לדעת הרי"ף והרמב"ם, דאל"ה אמרינן שבודאי לבסוף ינתק הקשר, ואפשר שיש לחלק קצת, וצ"ע).

והיכא דלא אפשר, יש לסמוך על ר"י - והיינו במקום שאין נמצאין ציצית כלל, יש לסמוך על ר"י, ומותר ללבוש הבגד, **ומ"מ** לא יברך עליו, וגם אסור לצאת בו בשבת לר"ה, **ובכזה** יש להכשיר בשעת הדחק, גם בנפסק קצת מהגדיל ממש.

ודע, דכ"ז אינו ענין לנפסק החוט במקום הנקב, דשם אפילו לר"י פסול מן התורה. **ופשוט** דכשנפסלים הציצית, צריך לפשטו, ולא מהני לעמוד על עמדו שלא ילך ד' אמות, דאין דין ד"א אלא להולך בלי ציצית, **גם** לא יתקן הציצית בעוד הטלית עליו, אלא פושטו ומתקנו.

§ סימן יג – דיני ציצית בשבת §

סעיף א - ארבע ציציות מעכבין זה את זה - שכולם הם מצוה א', ואם נחסר אפי' ציצית א', הוי כלא הטיל בה כלל, וביטל לגמרי העשה דציצית. **שכל זמן שאין בה כל הד' אינה מצוייצת כהלכתה, והיוצא בה לרה"ר בשבת חייב חטאת, (וע"ל סי' ש"א סל"ח)** - ולכרמלית אסור מדרבנן.

דהוי משוי מחמת הציצית הנותרים, ואינם בטלים לגבי בגד, דחוטי ציצית חשיבי הם ולא בטילי, **ואפילו** אם אותם הציצית ג"כ פסולים הם, מ"מ כל שנמצא בהם איזו חוטין כשרים, דעתו עליהם, וחשיבי ולא בטילי, **אם** לא שנפסקו כל חוטי הארבע ציצית, ולא נשאר בהם כדי עניבה, דאז בטלים הם להבגד, **ע"כ** אם נודע לו דבר זה בשבת כשהוא הולך בר"ה, א"צ לפשוט טליתו.

הלכות ציצית
סימן יג - דיני ציצית בשבת

וה"ה לכל שאר פסולים, כגון שהיה הבגד סתום רובו, או שהיו הציצית עשויין שלא במקומן, למעלה מג' אצבעות או למטה מקשר אגודל, וכל כה"ג, או שהיה ארבע כנפות קטן משעור הכתוב בסימן ט"ז, בכל אלו אסור לצאת בהן אפי' לכרמלית מדרבנן, **ובגד** שפתוח חציו בצימצום, עיין לעיל בסימן י' ס"ז.

סעיף ב - אם היא מצוייצת כהלכתה, מותר לצאת בה לרשות הרבים, בין טלית קטן בין טלית גדול - אפילו בלילה דלאו זמן ציצית הוא, משום דנוי הוא לבגד, **ואפילו** בטליתות של שאר מינים, אפילו להפוסקים לעיל בסימן ט' ס"א, דחיובן רק מדרבנן, מ"מ נוי בגד הוא, כיון דעכ"פ מחוייב בהן בתורת ודאי, **ואינו** דומה לבגד שחציו פתוח וחציו סתום, דפסק בשו"ע לעיל בסימן יו"ד סעיף ז', דאין יוצאין בו בשבת, דהתם חיובו הוא רק מצד ספק.

אפילו בזמן הזה שאין לנו תכלת - דהא קי"ל התכלת והלבן אין מעכבין זה את זה, דכתיב: וראיתם אותו, אכל חדא וחדא משמע.

(רק שלא יהא מונח לו על כתיפיו) - דלא הוי תכשיט אלא משוי, דאין זה דרך לבישתו בחול, מיהו אם מתכסה רוב גופו סגי.

(ומוקמינן לטלית אחזקתיה שהוא מצויץ כהלכתו, ואין צריך לבדקו קודם שילא בו) - כיון שבדקו בבוקר בעת שהיה מברך על הלבישה, ונמצאו שלמים, תו אין רגיל ליפסק בזמן מועט כזה, אפילו הסירו בינתיים - מ"א.

ומוכח מזה, דבשבת ג"כ צריך לבדוק הציצית, והעולם אין נזהרין בזה, (**ואולי** טעם המנהג הוא, משום דלמה יועיל הבדיקה, **דאפילו** לא ימצאם כראוי, יהיה מותר ללבוש בשבת בבהכ"נ, כפסק הרמ"א בסעיף ג', **אך** זה לא יתורץ אלא למ"א, דטעם בדיקה הוא שלא ילך בבגד בלא ציצית, **אבל** לפי מש"כ הט"ז, דטעם הבדיקה הוא משום חומר "לא תשא" בברכה לבטלה, א"כ יבדוק, ואם ימצא שהם פסולים ילבש ולא יברך, **ואפילו** להמ"א, שייך הטעם דוקא בבהכ"נ, אבל אם לובש הטלית בביתו, כגון במקום שאין תיקון עירוב בעיר, והמנהג שלובש הטלית בביתו, ושם בודאי צריך בדיקה משני טעמים, א', שלא ילך בבגד בלי ציצית, **ועוד** שהוא רוצה לילך בו לכרמלית או לר"ה, **והנכון** שביום עש"ק יבדוק הטלית בעת הנחתו בהתיק שלו, ואז לא יצטרך לבדוק בשבת).

סעיף ג - אם נודע לו בשבת כשהוא בכרמלית, שהטלית שעליו פסול - ר"ל בין שנפסק לו גם קרן הטלית ונעשית בת שלש, ובין שנפסק לו אחת מציצותיו לבד, **ואפילו** היה כבר פסול בשעה שיצא מביתו, כיון דבשעה שלבשו לא נודע לו, לא קנסינן ליה, **ואם** ידע מאתמול ושכח להטיל בו ציצית, נראה ג"כ דלא קנסינן ליה.

לא יסירנו מעליו עד שיגיע לביתו, דגדול כבוד הבריות - דכרמלית הוא מקום שאין האיסור טלטול רק מדרבנן, ולכך א"צ להסיר, דכבוד הבריות דוחה איסור דרבנן, **ואע"ג** דציצית מצות עשה דאוריתא, ודאורייתא לא דחינן מפני כבוד הבריות, **מ"מ** שרי, דלא אמרה תורה: לא תלבש בגד בלא ציצית, רק מ"ע להטיל בו ציצית, וכיון שאין יכול להטיל בו ציצית בשבת, אין עובר מ"ע, ואין עליו רק איסור דרבנן, ולכך הותר מפני כבוד הבריות, וא"צ לפשוט הטלית.

ואפילו בט"ג שלנו, שאין אנו נוהגין ללבוש אותו כל היום, אלא בעת התפלה לשם מצוה, וליכא ביזוי בהסרתו, ג"כ אין צריך להסירו, דלא פלוג רבנן בין טלית לטלית, **והגרע"א** בחידושיו מפקפק בזה.

הגה: ואפי' ט"ק שתחת בגדיו א"ל לפשוט - הגם דלא מנכרא מלתא אח"כ אם הוא הולך בלי טלית.

אבל בר"ה שהוא מן התורה, צריך לפשטו בין בט"ג ובין בטלית קטן, [**ולא** דמי למה שמתירין לקמן בט"ק דהוא גנאי גדול, דהכא הלא הוא איסור דאורייתא של קום ועשה, משום משא דציצית], **ואפילו** אם ישאר עומד ערום עי"ז, שאין כבוד הבריות דוחה איסור דאורייתא כזה בכל גווני, **ולקמן** בהלכות שבת יתבאר, דיש מחלוקת אם בזה"ז יש לנו דין ר"ה או לא, **ונראה** דאם הגדיל הוא שלם, והפסול הוא רק בענף, נוכל לצרף לזה דעת הר"י לעיל דמכשיר, וא"צ לפושטו תיכף, רק ימהר לילך לביתו.

וכ"ה אם נפסק א' מן הלילות ומתבייש ליטב בלא טלית, דיוכל ללובשו בלא ברכה, מכח כבוד הבריות - פי' בין שבא לבהכ"נ ורוצה ללבוש טליתו,

וקודם לבישתו מצא הציצית פסולים, ומתבייש לישב ברבים בלי טלית, דמותר ללובשו בלי ברכה, **ובין** אם רואה באמצע לבישתו שנפסקו לו הציצית, ג"כ אין צריך להסירו, **ודוקא** שאין יכול להשיג בבהכ"נ טלית שאולה.

ודוקא אם נודע לו היום, אבל אם ידע מע"ש שהציצית פסולין, אסור ללובשו בשבת, דהו"ל לתקוני מאתמול, **אך** אם שכח יש להקל.

ועיין באחרונים שהסכימו, דהכל תלוי ברצון האיש הלובש, אם הוא מתבייש יוכל ללבוש בלי ברכה, אבל אם אין מתבייש, אין כאן ההיתר דכבוד הבריות.

ודוקא בשבת, דאסור לעשות ציצית, אבל בחול

כהאי גוונא, אסור - פי' לפי שבשבת ליתא רק איסור דרבנן, (כיון שסופו לבטל מצות עשה – גר"ז), אבל בחול שהוא עובר על איסור תורה בכל שעה דקום ועשה בו ציצית, ואיסור תורה אפילו רק איסור דשב ואל תעשה כזה, שהוא מונע את עצמו ממצוה, אין נדחה מפני כבוד הבריות, אם לא בגנאי גדול, **ולכן** אסור ללבוש הטלית גדול כשרואה שאין בו ציצית, דלישב בלי טלית, ס"ל לרמ"א דהוא רק בכלל גנאי קטן, **וכן** אם נודע לו בר"ה (בחול) כשהוא הולך בטלית גדול, שנפסק לו אחת מציציותיו, צריך ג"כ לפשטו תיכף, דבזמנינו פשיטת הט"ג בשוק, הוא ג"כ רק גנאי קטן.

אמנם אם בבהכ"נ נודע לו אחר שהוא כבר לבוש בהטלית, שאחת מציציותיו פסולים, הרבה מן האחרונים מקילין, דא"צ לפושטו תיכף, דס"ל דכיון שהוא ברבים בבהכ"נ, הפשיטה הוא גנאי ביותר, רק ימהר לילך לביתו או לבית שלפני בהכ"נ, ויפשיטנו שם, **והח"א** מחמיר בזה, וס"ל דהפשיטת ט"ג הוא רק גנאי קטן, דבלא"ה דרך בני אדם לפשוט תמיד הטלית ברבים בבהכ"נ, אח"כ מצאתי להפמ"ג שסובר ג"כ כהחיי אדם, **ע"כ** מהנכון לעשות את העצה שכתב בספר ארח"ח, שיפקירנו, דאז פטור מלעשות בו ציצית, וכשיגיע לביתו יחזור לזכות בו.

(**ונראה דאם הם פסולים רק מטעם ספק, כגון שלא חסר לו מכל הח' חוטין רק שנים,** (והספק הוא אם שני הראשים הם מחוט אחד – שונה הלכות), **וכה"ג, בודאי יש להקל, דא"צ לפושטו בביהכ"נ אפילו בחול, והפמ"ג נסתפק, אם נפסק לו רק שני חוטין, ושני חוטין נשארו שלמים, אם צריך לפשטו תיכף, דשמא מפני כבוד הבריות סמכינן אהשיטה שסובר, דלא בעינן רק החוטין שבשביל הלבן).**

עיין במ"א שמסיק, דמה שמחמיר הרמ"א בחול, לא קאי על מש"כ בתחלה, "ואפילו בטלית קטן", דבט"ק אם נודע לו שהציצית פסולין, דיש לו גנאי גדול לפושטו מתחת בגדיו, בין בבהכ"נ ובין ברבים, אין צריך לפושטו, דבגנאי גדול דוחה כבוד הבריות אפי' איסור דאורייתא בשב ואל תעשה, **אך** צריך למהר לילך לביתו או לבית שלפני בהכ"נ, ויפשיטנו שם, אף שהוא עוסק בבהכ"נ בדבר מצוה, מפני שהוא איסור תורה, **אבל** בשבת א"צ למהר לצאת מבהכ"נ כל עוד שהוא עוסק במצוה.

והרואה בחבירו שנפסקו לו הציצית (במקום שיצטרך לפשטו מעליו), לא יאמר לו עד שיבא לביתו, (דמשום כבוד הבריות לא יפרישנו מאיסור שוגג), דהיינו שיקראנו לבוא לביתו, ושם יאמר לו שיפשיטנו, (וה"ה אם הוא במקום שאין צריך לפשטו מעליו, רק בענין שצריך למהר ולילך לביתו לפשטו מעליו, צריך הרואה לומר לו שילך לביתו במהרה, ושם יפשיטנו מעליו – גר"ז).

אם אין ציצית בעיר, דינו בחול כמו שבת, וה"ה טלית דמחוייב רק מדרבנן, כגון שאולה לאחר שלשים יום, דינו בחול כמו בשבת.

(**בחול בגוונא שיש לו ציצית בביתו, אם נפסק הענף מן הטלית בביהכ"נ ונשאר הגדיל, בודאי צריך עכ"פ למהר לילך לביתו, דהלא הוא ספיקא דאורייתא, דשמא הלכה כרש"י, אבל היכא דאין נמצאים לו ציצית כלל, דשם הוא רק איסור דרבנן, דהוי כמו בשבת, יש לסמוך על ר"י, שמכשיר בנשאר כדי עניבה אף מן הגדיל, ותיכף כשיבא לביתו יפשוט מעליו ויטיל בו ציצית).**

§ סימן יד – דיני ציצית שעשאן א"י, ונשים, וטלית שאולה §

סעיף א - ציצית שעשאן א"י - פי' שהטילן בבגד, **פסול, דכתיב: דבר אל בני ישראל, לאפוקי א"י** - ופסול אפילו בישראל עומד על גבו ומלמדהו לעשות לשמה, **דאילו** אם טוואן א"י או שזרן, באופן זה כשר להרא"ש. **ודוקא** אם תחבו בכנף, או עשה החוליא או הקשר ראשון, אבל אם החוליא והקשר ראשון עשה ישראל, והא"י גמר שאר החוליות והקשרים, דאינן רק למצוה בעלמא, כשר.

הלכות ציצית
סימן יד – דיני ציצית שעשאן א"י, ונשים, וטלית שאולה

והאשה כשרה לעשותן. הגה: ויש מחמירים להצריך אנשים שיעשו אותן - ואפילו עומד על גבן לא מהני, משום דהא דכתיב: בני ישראל ועשו, משמע גם למעט בנות ישראל, **ודוקא** התליה בהבגד, אבל הטויה והשזירה מותר ע"י נשים.

וטוב לעשות כן לכתחלה - אבל בדיעבד מותר, ואפילו בלא עומד ע"ג נאמנת לומר שהטילה לשם ציצית.

וכן ראוי ונכון שלא לעשות לכתחלה הטלת הציצית בבגד של גדול, ע"י קטן פחות מי"ג שנים, (משום דר"ת, דכל שאינו בלבישה אינו בעשייה, ונ"מ גם ליתר המצות לולב וסוכה), **אבל** אם הוא בן י"ג שנים ויום אחד, אף שלא הביא ב' שערות, אפילו לכתחלה אין להחמיר, **והארה"ח** מיקל אפילו לכתחלה ע"י קטן, **וכ"ז** דוקא בגדול עומד על גבו המלמדהו לעשות לשמה, אבל בלא"ה, אפילו אם כבר הטילם הקטן בבגד, צריך להתירם ולחזור וליתנם, (**ותמיה לי על ארה"ח, הלא אפילו אם לא נחוש כלל להא דר"ת, הלא מחמת לשמה יש להחמיר לכתחלה אם אפשר, דהלא נפסק בס"ב, דהתלייה צריך להיות בכוונה לשמה, ולקמן בסימן ת"ס נפסק, דלישת המצה של מצוה הצריך לשמה, אין לשין לכתחלה ע"י חש"ו, אפילו בעומד ע"ג**).

(**ופשוט דהקטן לעצמו מותר להטיל ציצית לכו"ע, אם רק הגיע לחינוך שהוא מחוייב מדרבנן במצות ציצית, ומיקרי בר לבישה להוציא את עצמו בציציותיו, ויותר נ"ל, דאפי' אם כבר נעשה גדול בן י"ג שנה, א"צ להתיר ציציותיו, דהרי כדיעבד דמיא, ובדיעבד אין לחוש להא דר"ת, וכ"ז אם יודע בעצמו שהטילם אז לשמה**).

סעיף ב - הטיל ישראל ציציות בבגד בלא כוונה - ר"ל שעשה הקשר העליון שהוא מדאורייתא בלי כונה, **אבל** אם קשר קשר העליון וחוליא אחת בכונה, אע"פ שעשה שאר הקשרים והחוליות אח"כ שלא לשמה, גם בדאיכא ציצית אחרים יש להכשיר.

אם אין ציציות אחרים (מצויים) להכשירו, יש לסמוך על הרמב"ם שמכשיר - אפילו אם עשה התליה וגם כל הקשרים והחוליות שלא בכונה, **דס"ל** אע"ג דבעי טויה לשמה, מ"מ התליה לא בעי לשמה, ויליף לה מדכתיב "בני ישראל" לאפוקי עו"ג, ש"מ דישראל בלי כונה כשר.

(**מדברי הב"י מוכח, דאפילו אם הטיל בפירוש שלא לשמה, כשר להרמב"ם, וכן להיפוך לדעת רש"י והרא"ש, אפילו סתמא פסול, אח"כ מצאתי בתשובת משכנות יעקב שדעתו, שגם הרמב"ם לא הקיל רק בסתמא, משום דלשמה קאי**).

ואין להקשות, יתירם מהבגד ויחזור ויתנם בכונה לשם מצוה, **י"ל** דמיירי שהוא סמוך לשבת, ואין שהות להתירם ולקשרם, **א"נ** שנפסק אחד מראשיו, ואם יתירם יהא אסור לחזור וליתנם בבגד.

אבל לא יברך עליו - אפילו אם לא עשה רק התחיבה בכנף שלא לשמה, וכ"ש אם עשה הקשר עליון שלא לשמה, **דרש"י** והרא"ש והתוס' ס"ל, דבעינן מדאורייתא ג"כ תליה לשמה, וקרא דמיעט עו"ג צריך אפילו ישראל עומד ע"ג ומלמדהו לשמה.

ע"כ צריך ליזהר לכתחלה קודם התליה בבגד, שיוציא בשפתיו בפירוש: שתולה כל אלו הציצית לשם ציצית, וכמו שכתבנו לעיל בסי' י"א, לענין טויה ושזירה.

(**ואם חשב במחשבתו לשמה, נ"ל דיוכל לברך עליו, אף דבטוייה נשארנו לעיל בסימן י"א בצ"ע אם מהני מחשבה, הכא מותר, אחד, דספק ספיקא הוא, דשמא הלכה דסגי במחשבה, ושמא הלכה כהרמב"ם, ועוד טעמא אחרינא, דטויית חוטין סתמא לאו לשם ציצית, משא"כ תליית החוטין סתמא לשמה קאי, ובצירוף כל אלו הטעמים נ"ל דיוכל לברך עליו, אך לכתחלה יותר טוב שיוציא כן בפיו בפירוש**).

(**אך מ"מ אפשר, דאם שכח לכוין לשמה בעת התחיבה, ובעת הקשר כוון לשמה, דיוכל לברך, דנאמר הוכיח סופו על תחלתו, ואף דזה גופא ספיקא הוא, כמ"ש הגר"א לעיל בסי' י"א ס"א, הא יש עוד בזה ספיקא, דאולי הלכה כהרמב"ם דלא בעינן לשמה, וגם דאולי בזה סתמא לשמה קאי, וכיש דפסקו כן, אך יש לדחות קצת, דיש פוסקים דס"ל, דלא אמרינן כלל הוכיח סופו על תחלתו, וצ"ע**).

(**ואפי' אם הכוונה לשמה לא היה רק בתליית ציצית ראשונה, והשאר הטיל בסתמא, מ"מ יוכל לברך, דאמרינן כל העושה על דעת ראשונה הוא עושה, אף דלכאורה הם שתי פעולות נפרדות, אך אם יאמר בפירוש קודם התחלת התליה, דכל הציצית שיתלה אח"כ יהיה הכל לשם ציצית, תו לא צריך לכל זה**).

הלכות ציצית מה
סימן יד – דיני ציצית שעשאן א"י, ונשים, וטלית שאולה

(ולולי דמסתפינא הייתי אומר מלתא חדתא בעניננו,

דעיקר פלוגתת הרא"ש על הרמב"ם הוא, באם ישראל הטיל הציצית בבגד ישראל אחר, שביקש אותו להטיל בתוכו אלו החוטין, דלהרמב"ם כשר אף בזה, דהא קא מדייק מדפוסל דוקא בהטיל נכרי ציצית בבגד, דמיירי דהטיל בבגד ישראל, ונוכל לאמר בזה, דסברת הרא"ש הוא, דזה הישראל השני לא כיון בהטלתו לשם ציצית, רק סתם לקיים בקשתו של ראשון, שביקש ממנו להטיל אלו החוטין בתוכו, {**ואה"נ**, דאם היה מבקש ממנו בפירוש שיטיל אלו החוטין בתוכו לשם ציצית, דכשר לכו"ע, וכדלעיל סי' י"א: טוי לי ציצית לטלית, **ולכאורה** אפילו אם היה אומר לו סתם: הטיל לי ציצית אלו לטלית, דכשר, וכמו שם בטוי לי ציצית לטלית, ובדוחק יש לחלק ביניהם}, **אבל** אם הוא בעצמו הטיל בסתם חוטי הציצית בבגדו, אפשר דגם להרא"ש בזה סתמא לשמה קאי, דלמה הטיל אלו החוטין בבגדו אם לא לשם ציצית, **ובפרט** באלו הטליתים שלנו, שהם מיוחדין בעת קנייתן רק לקיים בהם מצות ציצית, בודאי אח"כ כשהטיל בהן חוטי הציצית, לשם ציצית הטיל בהן, **וכ"ז** כתבתי רק להצדיק המנהג, שלא נהגו ליזהר בזה, אבל כל ירא שמים יחמיר על עצמו, להיות זהיר להוציא בשפתיו בפירוש, שהוא תולה אותן לשם ציצית).

סעיף ג- השואל מחבירו טלית שאינה מצויצת, פטור מלהטיל בה ציצית כל ל' יום, דכתיב: כסותך, ולא של אחרים.

והמטיל בה ציצית ומברך לא הפסיד, כמו נשים שיכולות לברך על מ"ע שהזמן גרמא אף שפטורות, **וממילא** יכול לצאת בו בשבת לר"ה, דנוי הוא לבגד.

אבל אחר ל' יום, חייב מדרבנן, מפני שנראית כשלו - ויברך עליה, **ושוכר** דינו כשואל, **ובעיטור** מצאתי שכתב: ושכירות מספקא לן, {דדלמא עדיף משאולה וחייב מדאורייתא}.

הגה: ואם החזירו תוך ל' וחזר ולקחו, אינו מצטרף, רק בעינן ל' יום רצופים.

שאלה כשהיא מצויצת, מברך עליה מיד - והטעם הוא, דהא אדעתא דהכי השאילה לו שיברך עליה, וכיון שא"א לו לברך אא"כ תהיה שלו, הוי כאילו נתנה לו במתנה ע"מ להחזיר, **ויש** מחמירין וסוברין שלא לברך, אא"כ נתן לו בפירוש במתנה ע"מ להחזיר, **אך** רוב האחרונים מסכימים לפסק השו"ע.

ולכתחלה בודאי יותר טוב לבקש מהמשאיל שיתן לו במתנה ע"מ להחזיר, ולא לעיכובא.

ואחר שיצא בו, צריך לחזור ולתנו לבעליו במתנה, כדי שיהיה של בעלים, שהרי נעשה שלו, **וצריך** להחזירו להנותן בזמנו, היינו אם היום יצא בו בעליו, ישיב לו עכ"פ למחר קודם התפלה, כדי שיהיה לו בעצמו ג"כ במה לצאת, **ואם** לא החזיר לו, והנותן אין לו טלית אחר, נראה דנעקר המתנה למפרע, ולא קרינא ביה "כסותך", ואף שיש לו ט"ק, מ"מ מסתברא דאדעתא דהכי לא נתן לו.

נ"ל פשוט, דאם נתקלקל הטלית או אחת מציציותיה אצל השואל, אף שהיה ע"י אונס, ולא החזיר לו כמו שלקחה, אינו יוצא בהמצוה.

ודוקא אם שאל ממנו טלית המיוחד למצוה, אבל אם הוא בגד העומד ללבישה, ורק כיון שפתוח רובו עושין בו ציצית, ולא נעשה בשביל מצות ציצית, **וכן** אם שאל טלית לעלות לתורה, או לעבור לפני התיבה או לדוכן, שאינו אלא משום הכבוד, **אין** מברכין עליו, דאולי היה רצונו להשאילו רק למלבוש לחוד, ולא להקנות לו, **ויש** חולקין בזה, וס"ל דבכל גווני מברכין, **ע"כ** כתב בדרך החיים, דיותר טוב שיכוין בכל אלו שלא לקנות, כדי שלא יצטרך לברך לכו"ע, לבד מהטלית ששאל בעת התפלה לצאת בו.

וכ"ז בטליתות של איש פרטי, אבל בטליתות של קהל, כעין שלנו המצויות בבתי כנסיות, צריך לברך עליו לכו"ע, אפילו כשלובשו רק לעבור לפני התיבה או לעלות לתורה, משום דטלית של קהל אדעתא דהכי קנוהו מתחלה, שכל מי שלובש אותו שיהיה שלו, כמו באתרוג, (**ותמיהני** למה צריך לזה, הלא הא"ר כתב, דהוי כטלית של שותפין דחייבת, **ואולי הטעם**, דפעמים העיר גדולה מאד, ולא ימטי שוה פרוטה לכל חד).

(**ובספר** שערי אפרים כתב, דיותר טוב ליקח טלית שאולה בעת עליתו לתורה, **מליקח** טלית הקהל, שבטלית הקהל נכנס לכלל ספק שמא מחוייב לברך, **ואם** לקח טלית הקהל ורוצה לברך, יכוין אז שרוצה ללבשו לשם מלבוש של ציצית, ויעטוף בו ראשו כמו בשחרית, וא"צ אז לעמוד

מחבר רמ"א משנה ברורה

הלכות ציצית
סימן יד – דיני ציצית שעשאן א"י, ונשים, וטלית שאולה

מעוטף שיעור הילוך ד' אמות וכו', **ואם** אינו רוצה לברך עליו, לא יעטוף ראשו כלל, רק עטיפת הגוף לבד, אף שיש דעת קצת פוסקים החולקים ע"ז, וס"ל דעיטוף הגוף סגי, מ"מ אין כונתו להתעטף כלל, רק לבישה לשעתו משום כבוד בעלמא, לא קרינן "אשר תכסה בה" בעיטוף ארעי כזה, **ואף** בטלית שלו, אם זמנו בהול שאינו יכול להתעטף בו ממש, ונותנו על הכתפיים לבד לשעה קלה בשעת הקריאה, ודעתו להסירו מיד, צ"ע בכה"ג, עכ"ל, **ודבריו** חלושים במקצת, דהלא הסכמת השו"ע לעיל בסי' ח', דהעיטוף אינו לעיכובא, **וגם** טעם השני שלו, מרש"ל ומ"א וא"ר ושארי אחרונים משמע, דבבגד שלו בודאי חייב לברך, ולא חילקו כלל בין אם מעטף ראשו או לא, משמע מדבריהם דבכל גווני חייב ע"י לבישה זו בציצית, מ"מ מש"כ דיכוין אז בלבישתו לשם מלבוש של ציצית ולא לכבוד בעלמא, דבריו נכונים מאד מדינא מטעם אחר, דהלא קי"ל דמצות צריכות כונה, ולעיכובא הוא, **אח"כ** מצאתי חבר להש"א, והוא מש"כ בבה"ט, דהמתעטף מפני כבוד הציבור אין מברך, ומסתמא טעמו כמש"כ הש"א, דאפשר דזה אינו נקרא לבישה המחייבת בציצית, וצ"ע). ‹וכן נהוג עלמא למעשה, דבכה"ג אין מברכין – פסקי תשובות›.

סעיף ד - מותר ליטול טלית חבירו ולברך עליה - פי' שלא מדעתו, דניחא ליה לאינש דליעבד מצוה בממוניה, **ודוקא** באקראי, אבל בקביעות אסור, **ואפילו** באקראי דוקא באותו מקום, אבל להוציאו מביתו לבהכ"נ או איפכא, אסור, דאפשר שמקפיד עליו והוי גזל, **ועיין** בפמ"ג שכתב, דבכל גווני ראוי ליזהר כשבעליו עמו, שישאלנו, ואין סומכין על החזקה במקום שיכולין לבררו בקל, וכ"ש אם יודע בו שהוא מקפיד.

עיין במ"א, ‹וז"ל: וצ"ע, בשלמא ליטלו שרי, דניחא ליה לאינש למיעבד מצוה בממוניה, אבל למה יברך עליו, {שהרי כאן לא שייך לומר דהוה כאלו נתן לו במתנה על מנת להחזיר, כיון שאין בעל הטלית יודע מאומה - הגר"ז}, וכ"כ לקמן סי' תרמ"ט ס"ה בהג"ה, וא"כ למה שרי כאן, **וצ"ל** כמש"ל, דאע"ג דפטור מציצית, רשאי לברך כמו הנשים›, **ועיין** בדרך החיים שכתב, דיותר טוב שיכוין שלא לקנות ולא יברך.

ובלבד שיקפל אותה אם מצאה מקופלת - כקיפולה הראשון, ובשבת יקפל אותה ולא כקיפולה הראשון, **והמ"א** מיקל בשבת שלא לקפל כלל.

(**שאלה:** אם מחוייב אדם להשאיל טלית שלו למי שדר בכפר, כדי שהוא יצטרך לשאול טלית מאחרים בעירו, **פסק** בתשובת בית יעקב, דאין מחויב להשאיל טליתו לאחר, והוא יברך על טלית שאולה).

הגה: וה"ה בתפילין; אבל אסור ללמוד מספרים של חבירו בלא דעתו, דחיישינן שמא יקרע אותם בלמודו - אפילו באקראי בעלמא, דחיישינן שמא יקרא בהן הרבה עד שיתקרעו מרוב המשמוש, **והעולם** נוהגין כשמוצאין סידור תפלה או מחזור בבהכ"נ, שלוקחין אותו כדי להתפלל בו, ואיני יודע היתר לזה, דמ"ש סידור מספרים. ‹**אמנם** למעשה נראה שאין קפידת השו"ע אלא בזמניהם שלא היה הדפוס מצוי, משא"כ בזמננו שסידור חומש ומחזור ושאר ספרים נקנים בעד סכום מועט, לית מאן דקפיד ע"ז, אך דוקא לעיין באקראי ולא בלימוד קבוע – פסקי תשובות›.

סעיף ה - טלית של שותפין חייבת בציצית, דכתיב: על כנפי בגדיהם - ואיירי שחבירו מרוצה שילך חבירו בו, והוא בלי ציצית, חייב לעשות בו ציצית.

אבל שותפין ויש בו ציצית, ואחד מקפיד על חבירו שלא ילך בו, אפילו יש בו כדי חלוקה, ובכל חלק שיעור טלית, אפ"ה אם לובשו בגזילה ומברך עליו, עובר ב"לא תשא", כי חלק האחד שבו ב' ציצית אינן שלו, וכ"ש אם אין בו עדיין ציצית - פמ"ג, **ולפי"ז** בטלית שנשאר להיורש מאביו, ושארי אחיו מקפידין עליו, יש ליזהר שלא לברך עליו עד שיתפשרו ביניהם.

(**ולכאורה** יש להתיישב הרבה, דמאי גריעא זו מסתם טלית של שותפין, דגם שם הלא חצי השני של הבגד אינו שלו בעצם, רק שאול לו, ושאול פטר התורה מציצית, וא"כ נשאר רק חצי הבגד בשני הציצית, ואפ"ה גילתה לנו התורה דלא בעינן רק שיהיה לו חלק בעצם הבגד, וה"נ בענינינו, **ומ"מ** דבריו אמת מטעם אחר, דהא קי"ל דאפילו במקום דלא בעינן "לכם", כגון בתפילין, אפ"ה פסול גזל משום מצוה הבאה בעבירה, וא"כ ה"נ בענינינו, כיון שנתערב בלבישתו איסור גזל, תו הוי מצות ציצית שלו בא בעבירה, ואינו יוצא בה ידי המצוה).

וטלית של שותפות נכרי וישראל, או איש ואשה, חייבת בציצית ולא יברך עליה.

סימן טו – אם להתיר ציצית מבגד לבגד, ודין נקרע הטלית

§ סימן טו – אם להתיר ציצית מבגד לבגד, ודין נקרע הטלית §

סעיף א- מותר להתיר ציציות מטלית זה וליתנם בטלית אחר - אפילו מטלית חדש לטלית חדש, וכ"ש מטלית ישן שמותר להתיר וליתנם בטלית חדש שרוצה ללבשו ולקיים בו המצוה.

גם אפי' מטלית גדול לטלית קטן, שטלית גדול וטלית קטן שוים, **אבל** אין להתיר ציצית מטלית של גדול וליתנם בטלית של קטן, דחיובו רק מדרבנן.

ובפמ"ג נסתפק, אם מותר להתיר ציצית מטלית של צמר, ליתנם בטלית של שאר מינים, להפוסקים דשאר מינים הוא רק מדרבנן, **והארצה"ח** מיקל בזה.

עיין בפמ"ג שכתב, דאם מצויים לו ציצית אחרים להשיג, נכון להחמיר שלא להתיר ציציותיו, (מאחר די"א חובת טלית, ואף דלא קיי"ל כן), אם לא באופן המבואר בסמוך.

אבל שלא להניחם בבגד אחר, לא - כי יש איסור שמבזה טלית של מצוה בחנם, **אם** לא שנתבלה הטלית, אז מותר להתיר ציציותיו בכל גווני, **או** שרוצה למכרו לנכרי, או לעשות מהטלית בגד שלא יהיה ד' כנפות, מותר ליטלן.

אבל אם רוצה למכור הטלית לישראל, אסור ליקח ציציותיו, אף שישראל השני יוכל להטיל ציצית בעצמו, אפ"ה אסור.

ומותר להסיר הציצית ולתת תחתיהם יותר נאים, משום הידור מצוה, או כשהם ישנים ומסירם כדי לחדשם, או כשנפסק חוט א' ולא נשאר בו אלא כדי עניבה, אע"פ שעדיין הציצית כשר, אעפ"כ מותר להסיר ולתת תחתיה שלמה.

ובמקום שהציצית הם שלמים, וראויים להנתן לבגד אחר, {לאפוקי אם הם רק כדי עניבה}, יש מן האחרונים שכתבו, דיזהר להתיר הקשרים והכריכות שלהם, ולא להפסיקן ולקרוע אותן, כדי שלא יכלה אותן, וכבר אחז"ל: לא ישפוך אדם מי בורו ואחרים צריכין להם, **והחיי** אדם כתב, במקום שקשה בעיניו הטרחה להתיר, מותר לנתקם, ואין בזה משום בל תשחית, כיון שאין עושה דרך השחתה.

הגה: ודוקא בטלית של בר חיובא - אפילו אינו חייב רק מדרבנן, **אבל מותר להתיר הציצית מטלית של מתים.**

סעיף ב- אינו יכול ליקח הכנף כמו שהוא עם הציציות ולתופרו בבגד אחר, משום ד"על כנפי בגדיהם" בעינן, וכנף זה לא היה מבגד זה בשעת עשייה.

אבל בלא הציצית מותר לחברו, אם הוא מחזיק עכ"פ ג' אצבעות על ג', ואח"כ יטיל בו ציצית, ומכל שאר הבגד א"צ להתיר כלל, **ודוקא** אם קודם שנתחבר לה הכנף היה ג"כ בת חיובא, כגון שלא נקרע ממנה הכנף בעיגול, **אבל** אם נקרע ממנה בעיגול, ונעשית בת ג' ונפטרה מציצית, צריך להתיר כל הציצית ולהטילם מחדש אחר שנעשית בת ד', דאל"ה הוי "תעשה ולא מן העשוי".

עיין במ"א ומוכח מדבריו, דדוקא כנף שאין בו שיעור להתעטף, ואף דאסרו בגמרא אפילו אם הוא מחזיק אמה על אמה, גם זה עדיין אין בו שיעור עיטוף לדידיה, **אבל** אם היה בהחתיכה שיעור שיהיה בו כדי להתעטף, מותר לצרף אותו לבגד אחר, אפילו עם ציציותיו, (היינו שיש ציצית בב' החתיכות, אבל אם מחברו לבגד שאין בו ציצית, מותר לכו"ע, כמ"ש המ"ב בס"ג), **אבל** הט"ז פליג ע"ז ואוסר, וכן משמע בלבוש ודה"ח.

ואם ירצה לחבר הכנף להבגד שנקרע ממנו, אפילו אם נקרע לגמרי ולא נשתייר כל שהוא בחבור, א"צ להתיר ממנו הציצית, ולא מפסלא משום "תעשה ולא מן העשוי", כיון דתחלת עשייתו בבגד זה היה בכשרות, **וכ"ז** אם לא נעשית הבגד בת ג' בעת הקריעה, וגם דוקא אם הכנף מחזיק עכ"פ ג' על ג', וכבסמוך ס"ד, **כ"ז** הוא לדעת השו"ע (בס"ד, ע"ש בשעה"צ), והמ"א, **אבל** הט"ז פוסק שאין נ"מ, בין אם הצירוף לבגד אחר או זה גופא, הכל הוא בכלל "תעשה ולא מן העשוי", **ויש** להחמיר, וכן פסק בדה"ח.

סעיף ג- טלית מצויצת כהלכתה שחלקוה לשתים, ובכל חלק יש בו שיעור להתעטף, ונשאר לכל אחת מהם ציצית אחת או שתים, אין בו משום תעשה ולא מן העשוי -

מח הלכות ציצית
סימן טו – אם להתיר ציצית מבגד לבגד, ודין נקרע הטלית

דהציצית שנשארו אין שם פסול עליהם, כיון דיש בהן כדי שיעור עיטוף, ע"כ אם ירצה יכול לצרף לאותו החצי חתיכה מבגד אחר, ולעשות ציצית חדשים על הכנפות החדשים, **וכ"ש** שיכול לעשות מן החצי טלית שלם, דהיינו שיעשה ב' ציצית על הכנפות המחודשים.

ואם ירצה לחבר החלקים שנתחלקו אחד לחבירו, י"א דצריך מתחלה להתיר הציצית מן חלק אחד, ואח"כ יתפרנו, ואחר שיתפרנו יטיל בו ציצית, דאם לא יתיר הוי בכלל תעשה ולא מן העשוי, [ט"ז ודה"ח], **אבל** רוב האחרונים מקילין, וסוברים דזה לא הוי בכלל תולמ"ה, [מ"א], **ומ"מ** טוב להחמיר לכתחלה.

אבל אם אין בכל חלק כדי להתעטף, כמו שהוא שכיח בט"ק שלנו, שכשנתחלק לשתים אין בהם שיעור עיטוף, נתבטל מהם תיכף המצות ציצית, **ואם** ירצה אח"כ לחזור ולחבר חלק אחד לחבירו, או לשאר חתיכה, צריך להתיר מתחלה כל הציציות.

ואם חלק אחד יש בו שיעור עיטוף, ואחד אין בו, אין צריך להתיר רק מהחלק שאין בו, ואח"כ יטיל בו מחדש, אחר שיתחברו החלקים יחדיו, [דה"ח, **וס"ל** כהט"ז המובא לעיל בס"ב, אבל להמג"א שם, א"צ להתיר כלל], ‹אם מחברו להבגד שנקרע ממנו›.

(**ואם** היתה מתחלה גדולה מאד, עד שא"א ללבוש כך, אפשר דמיפסל הציצית אף לאחר שחלק הבגד לשתים, משום תעשה ולא מן העשוי, לדעת הפוטרים אותה מתחלה קודם שנתחלקה, ע"ל בסימן יו"ד ס"ו).

סעיף ד - נקרע הטלית תוך שלשה אצבעות סמוך לשפת הכנף, אינו רשאי לתופרו. ופירש"י דחיישינן שישתייר מחוט התפירה ויניחנו, ויוסיף עליו שבעה חוטין לשם ציצית - אבל למעלה מג' אצבעות יכול לתפרו לכו"ע, דהלא שם אין מקום ציצית, כנ"ל סימן י"א, ואין לחוש שיקחנו לציצית.

ואפי' אם הכנף ההוא נקרע לגמרי מן הבגד עם ציציותיו ‹למעלה מג' אצבעות›, אפ"ה מותר לחבר הכנף והציצית כשר, [מוכח כן משו"ע גופא, ‹דאם נקרע הטלית חוץ לג', יתפור›, וכ"כ המ"א], **והט"ז** פליג, ופוסק דצריך להתיר הציצית מן הכנף הזה, ולהטילו מחדש אחר התפירה, **ויש** להחמיר.

ולטעם זה, אפילו נקרע כל שהוא, לא יתפור – (ודוקא אם נקרע למעלה ממלא קשר אגודל, וכמו שמבואר בסעיף ו'). **ולפי זה, טלית של צמר שנקרע תוך שלשה, מותר לתפור האידנא, דאין דרך לתפור בחוטי צמר** - אלא בשאר מינים, והכל יודעים ששאר מינים אין פוטרין בצמר, א"כ לא יבוא לצרף אותו החוט, **וה"ה** דיש להקל גם בשאר מינים, אם תופרו במין אחר.

(**וטלית** של פשתן, שעשה לו כנף מעור או קנבוס, דמטילין בו ציצית צמר, ונקרע הכנף בתוך ג', מותר לתקנו בקנבוס, דהכל יודעין דאין פוטר זה להטלית של פשתן).

ורב עמרם פי', דטעמא משום דנקרע תוך שלשה לית ביה תורת בגד, וכמאן דליתיה דמי, ואע"ג דתפרה, כמאן דפסוק חשוב, ואי עבד ביה ציצית, לא פטרה לטלית - ר"ל אפילו עשה ציצית חדשים בחתיכת הכנף ההוא אחר שתפרו להטלית, אפ"ה לא פטר להטלית, דתפירה לא חשיב חיבור בזה, וכמאן דפסיק עדיין חשיב, אם מתחילה נקרע הכנף לגמרי מן הבגד.

וה"ה אם לכתחילה בעת עשיית הבגד, תפר חתיכת בגד פחות משלש לשפת הבגד, הן באורך הן ברוחב, והטיל בה ציצית בחתיכה זו, פסולה לדידיה, דהוי כמאן דפסיק, אף שתפרו להבגד, **ואם** יטיל ציצית למעלה מאותה חתיכה התפורה, יהיו הציצית רחוקים מקצה הבגד יותר מג' אצבעות, ופסול, **ע"כ** יראה אז לתפור תחת הכנף, חתיכת בגד של שלש על שלש, דלמעלה מג' אצבעות יכול לתפרו לכו"ע, דלפירוש רב עמרם גאון אית ביה תורת בגד.

ולפירוש זה אם נקרע ונשתייר כל שהוא, כשר - ר"ל אפילו הציצית שהיו בו בעת שנקרע, **ויש** מחמירין בזה, וס"ל דמיפסלו הישנים, וצריך להטילם מחדש אחר התפירה, (**הוא** דעת הט"ז שמחמיר כשיטת התוספות, ודע דלדידהו, אם נפסקה רצועה מן הבגד, כל שלא נשתייר ג' אצבעות בקצהו באורך הבגד, הוי כאלו נפסק לגמרי, ומיפסלו הציצית הישנים, וצריך להטילן מחדש אחר התפירה).

(ביאור הלכה) [שער הציון] ‹הוספה›

הלכות ציצית
סימן טו – אם להתיר ציצית מבגד לבגד, ודין נקרע הטלית

וי"א דלרב עמרם לא נפסל אלא ציצית שהיו בו בעת שתפרו, אבל אם אחר שתפרו הטיל בו ציצית, כשר - ס"ל דתפירה חשיב חבור, ולא מיפסל אלא ציצית שהיו בו בעת שתפרו, משום תעשה ולא מן העשוי.

ועיין בט"ז דחולק על השו"ע, וכתב דכו"ע מודים דאם לאחר שתפרו הטיל בו ציצית דכשר, וכ"כ הב"ח ושיורי כנה"ג והגר"א, וכן הסכים בארה"ח, **אבל** מ"מ לצאת ידי דעה הראשונה, יתפור תחת הכנף מטלית שיש בו ג' על ג'.

וירא שמים יצא את כולם, היכא דאפשר - ע"כ נוהגין לתפור בכל כנף מהטלית, חתיכה של בגד שלמה משלש על שלש, משום דבכמה בגדים מצוי שאפילו הם חדשים יש בהם תפירה תוך ג', ויש פסול לדעת רב עמרם לפי דעה הראשונה.

והיכא דלא אפשר, נקטינן דסברת רב עמרם עיקר, וגם דתפירה חשיב חבור.

סעיף ה - אם נקרע מנקב שהציצית תלוי בו ולמטה, אם קדם הטלת ציצית לקרע, שאותו ציצית היה שם בשעת הקרע, כשר - מיירי בשלא תפרו, וקמ"ל אע"ג דלא נשתייר מלא קשר אגודל, דלא בעינן שיעור זה אלא בשעת עשייה.

ואם ירצה לתפור הקרע, אז אם הבגד של צמר, יתפרנו בחוטי שאר מינים, וא"צ להתיר את הציצית מהכנף ולחזור לתלותה שנית אחר שתפר, כיון דלא נפסל הכנף, **ואם** הבגד הוא של שאר מינים, אסור לתפרו בחוטין של מין הבגד לדעת רש"י, דשמא ישייר בחוטין לשם ציצית, ואף דיש שם ציצית, לא פלוג בזה, אלא יקח חוטי מין אחר, **ויותר** טוב שלא יתפרנו בחוט לבן, רק בחוט צבוע, שאין נוהגין עתה לעשות הציצית רק לבנים, וע"כ אין לגזור שמא ישייר מחוט התפירה לשם ציצית.

ואם נקרע ונשתייר ממנו כל שהוא ותפרו, ואחר כך הטיל בו ציצית – (ר"ל אם הקרע היה קודם ההטלה, וא"כ מוכרח הוא לתופרו מקודם, כדי שיהיה שיעור קשר אגודל בשעת הטלת הציצית, ונצטרך לידע דיני התפירה, וע"ז מסיים: אם הוא של צמר וכו', משא"כ בשקדם הטלת ציצית לקרע, אינו מצייר דיני התפירה, דשם אינו מוכרח לתפור, והאי לשון "ותפרו" הוא לאו דוקא, דהא עסיק עתה בדיני התפירה איך לעשות, כדמסיים אח"כ: לא יתפור לדעת רש"י, **ואפשר** דה"ק, אם הוא של צמר לא עבר שום איסור אפילו לדעת רש"י, ואם הוא של שאר מינים, עבר איסור לדעת רש"י).

אם הוא של צמר, כשר לכו"ע - דלרש"י, כיון שהבגד הוא של צמר, אין לחוש שישייר בחוטי שאר מינים לשם ציצית, **ולר'** עמרם, כיון דנשתייר כל שהוא, לא נתבטל מתורת בגד, **וכ"ש** דלי"א שבסעיף הקודם כשר הכא, כיון דהטלת הציצית היה אחר התפירה.

ואם הוא של שאר מינים, שדרך לתפור בחוטין של אותו המין, לא יתפור לדעת רש"י - ר"ל באותו המין, אבל במין אחר יש להקל, ויותר טוב בחוט צבוע.

(**ולא** רצה לומר שהוא פסול, משום דלא פסיקא ליה בזה, כדמסיים אח"כ "איכא לספוקי", וכמש"כ הגר"א, **ולא** ר"ל בזה ג"כ איכא לספוקי, משום דבאמת סובר לעיקר הדין כשיטת ר"ע, לכך לא מסיים עיקר ספיקו רק על הדין שכתב אח"כ, דשם הספק הוא גם כן לשיטת רב עמרם).

ואם נקרע ותפרו ואח"כ הטיל בו ציצית, איכא לספוקי - ר"ל שנקרע כולה מנקב עד סוף השפה, לכן איכא לספוקי, דאף אם הבגד הוא של צמר, ויתפרנו בחוטי שאר מינים, דלרש"י בודאי מותר, **אפ"ה** אפשר דלרב עמרם פסול, דכיון דלא נשתייר כל שהוא, הלא מבואר בסעיף הקודם, דלדעה הראשונה כמאן דפסיק דמי, ולא יועיל תפירה, אף אם ירצה להטיל ציצית אח"כ, **ואפשר** דהכא עדיף, דהלא הכנף הוא שלם משני צדדיו, ורק באמצע נפסק, וזהו הספק של השו"ע.

(**ועיין** בהגר"א שכתב, דכונת המחבר, דאף לדעת רש"י נמי איכא לספוקי, אף אם תפרו בחוטין של אותו המין, דשמא לא אסור לרש"י אלא לכתחלה, ולא לפסול דיעבד).

ועיין בט"ז שחולק, ופוסק דאין כאן ספק, דלכו"ע אם הטיל בו ציצית לאחר התפירה דכשר, **ומ"מ** יותר טוב שיראה קודם התפירה, לתת תחת הכנף חתיכת בגד של שלש על שלש, ויצא ידי הכל, **ואם** א"א לו, יש להקל

נ
הלכות ציצית
סימן טו – אם להתיר ציצית מבגד לבגד, ודין נקרע הטלית

כהט"ז, דבלא"ה הלא כתבנו, דדעת האחרונים, דתפירה מחשיב חבור, ומועיל אף בנקרע הכנף לגמרי ממקומו.

סעיף ו - התופר חתיכת בגד בכנפי הטלית, וכן מה שנוהגים לתפור סביב הנקב שהציצית בו, אם הטלית של משי ותופרו בחוט משי לבן - וה"ה אם הטלית של שאר מינים, (והחוט מאותו המין), **יש לחוש בדבר לדעת רש"י, שלא תהא שום תפירה למטה מג' ולמעלה מקשר גודל** - דשם הוא מקום הציצית, אבל כשהתפירה למעלה מג', ולמטה מקשר אגודל, אין לחוש שיקחנו לציצית. **ודוקא** אם החוט הוא מאותו המין גופא, אבל אם החוט ממין אחר יש להקל, דבודאי לא יוכל ליקח אותו החוט לציצית, דהרי אינו פוטר אלא במינו.

ואם הטלית הוא של צמר, כבר נתבאר דאין לחוש כלל, ומותר להמצא תפירה אף תוך ג', **ואם** הוא צבוע, ג"כ אין לחוש כלל שמא יקחנו לציצית, דאין אנו נוהגין לעשות ציצית צבועים, כמש"כ סימן ט' ס"ה.

וסביב הנקב אסור לתפור בחוט לבן, ובטליתות שלנו שהם של צמר אין להקפיד כלל.

הגה: וכ"ה בכל מקום - ר"ל אם נקרע ונשתייר ממנו כל שהוא, וכה"ג המבואר לעיל בס"ה, **שתופר בחוט שהוא מין הכנפות, דחיישינן שמא יקח אותו חוט לחוט הכנפות.**

§ סימן טז – שיעור טלית §

סעיף א- שיעור טלית שחייב בציצית, שיתכסה בה באורך וברוחב ראשו ורובו של קטן המתהלך לבדו בשוק, ואינו צריך אחר לשומרו - והיינו בן ט' שנים.

בתשובות ר"מ מינץ מפלפל, היאך יוצאין בד' כנפות הקטנים מזה השיעור, ותורף דבריו, דמוטב לילך בהם, מלילך כל היום בלי ציצית, **ובד"מ** כתב, ללמד העם שיברכו בבוקר על טלית גדול, ויפטרו את הקטן, וילכו בו כל היום, **ומ"מ** אם אפשר לאדם שיעשה גדול שהוא כשיעור, מה טוב ומה נעים, עכ"ל.

ויעשה הכתפים של הטלית קטן רחבים, כדי שיהיו ניכרים, ויהיה עליהם תורת בגד, ולא שם רצועות.

הגה: ואז חייב בציצית - גדול הלובשה, לאפוקי אם אין בו זה השיעור של ראשו ורובו, אז לכו"ע פטור אפי' אם הגדול יוצא בה באקראי לשוק, (**ואם** הוא הולך בה בקבע, בטלה דעתו), **אך** אם דרך אנשי המקום שהגדולים ילכו בו בקבע לשוק, ואינן מתביישין, משמע מדברי הב"ח דחייב בציצית.

(ולענין ארבע כנפות של קטן שהגיע לחינוך, שחייב אביו להטיל בו ציצית, משערין בראשו ורובו של קטן כמות שהוא, ואם בר שית הוא, משערין בראשו ורובו שלו, וחייב אביו מדרבנן להטיל בו ציצית).

ודוקא כשהגדול לובשו פעמים עראי ויוצא בו לשוק - או לפתח ביתו ברחוב, אבל אם הגדול, דהיינו בן י"ג שנה, מתבייש לצאת בו אפילו באקראי לשוק, לא חשיב כסות, אפילו אם לובשו בביתו, **ויש** חולקין בזה, וס"ל דלא בעינן רק אם יש בו כדי לכסות ראשו ורובו של קטן, **והסכימו** האחרונים להחמיר, שלא לברך על ט"ק אף שיש בו כדי ראשו ורובו של קטן, אם הגדול מתבייש לצאת בו באקראי לשוק, דאף שהוא יוצא, בטלה דעתו אצל כל אדם, **(ונראה דאפילו אם הוא הולך בה בקבע, בטלה דעתו, ואם יש בהבגד כדי לכסות ראשו ורובו, אלא שהוא לבוש בזוי, ואין יוצא בו לשוק עראי, וסתם בני אדם יוצאין בו, בודאי לא נתנה התורה שיעורין בכל אחד לפי דעתו).**

(לכאורה צ"ע לפי"ז בזמנינו, איך אנו מברכין על ט"ק שלנו, אפי' אם יהיה בו שיעור ארוך, הלא אין דרך שום גדול לילך בו בשוק, אבל באמת זה אינו, דגדול נקרא בענינינו נער בן י"ג שנה, ולשוק שכתב בשו"ע לאו דוקא, דה"ה על פתח ביתו ברחוב, ובודאי לא יתבייש נער בן י"ג שנה, לילך בו בימות החמה לחוץ על פתח ביתו).

(עוד נ"ל פשוט בלא"ה, דעי"ז לא בטל ממנו שם בגד, ולא אמרו רק אם הוא מתבייש לילך בו מפני קיצורו, דאל"כ אפילו אם יהיה בהטלית קטן כדי ראשו ורובו של גדול, ואפילו אם יגיע עד קרסוליו, ה"נ דיפטר מציצית, וכ"ת ה"נ, א"כ במקומות שהגדול מתבייש לצאת בו

בט"ג בשוק, ה"נ דט"ג יפטר מציצית, **אלא** ודאי דכונת הגמרא הוא, דוקא אם אנשי המדינה מתביישין לילך בו באקראי לשוק מפני קיצורו, משא"כ בענינינו, שהביוש הוא מפני שדרך אותו הבגד ללבשו תחת בגדיו ולא על בגדיו, לא בטל עי"ז מיניה שם בגד).

ובענין שיעור ראשו ורובו, כתב בספר פרי הארץ בשם ספר דרך חכמה, ששיעורו ג' ריבעי אמה באורך, וחצי אמה ברוחב, **וכתב** ע"ז המחצית השקל והארה"ת, שאין סמך לזה מן הש"ס, ובפרט במה שכתב חצי אמה ברוחב, **ומנהג** אנשי מעשה לדקדק, שיהיה בו אמה מלפניו ואמה מלאחריו, ונקב בית הצואר אין עולה למנין, ובט"ק כזה יצא מן הספיקות ויכול לברך עליו, **ועכ"פ** לא יפחות מג' ריבעי אמה באורך לכל צד, דאל"ה יש בו חשש ברכה לבטלה, כי כתבו האחרונים שמדדו, ונמצא ששיעור ראשו ורובו של קטן הוא אמה וחצי. (ולא הזכיר שיעור הרחב, אמנם אם הרחב הוא אמה, שפיר יש להקל באורך ג' רבעי אמה לכל צד – חזו"א.

(**ונראה** לכאורה דשיעור זה מהני, דוקא אם הטלית נארג או נתפר כעין מרובע, ובאמצע יש בית הצואר, **אבל** אם נעשה צד אחד של הט"ק מלפניו ואחד מלאחריו, ובאמצע הוא מחובר בצד אחד במקצתו, ובצד השני מחברו לפי שעה בעת שלובשו ע"י קרסים, יש לעיין אם די בשיעור הזה, **ואולי** דמצרפינן צד אחד להשני גם לענין שיעור, כמו דמצרפינן לענין שיהיה נקרא שמו בת ד' כנפות, **אבל** א"כ נהיה מוכרחין לומר, דמצרפינן אורך ורוחב של הבגד להדדי לחיוב של הט"ק בציצית, **ובאמת** אין דין זה ברור, דיש אומרים דבעינן כדי ראשו ורובו בין באורך ובין ברוחב. (**נראה** כוונתו, דבעינן שיכסה גופו בין אם יתן אורך הבגד לאורך קומתו, ובין אם יתן רוחב הבגד לאורך קומתו, והלשון אינו מכוון, וגם אינו מובן מה ענין זה לשליבת הקרסים – חזו"א). **ומ"מ** נראה לי, דאם הט"ק מחזיק בכל צד כשיעור אמה על אמה, בודאי נוכל לסמוך ולברך עליו, דאף את"ל דלא מצרפינן צד אחד להשני לענין זה, הלא כמה אחרונים סוברין דשיעור אמה על אמה לבד, הוא שיעור בגד החייב בציצית, ושיעור אמה הוא ששה טפחים, ולא בעינן אמה שלנו).

ומה שנוהגין האשכנזים, שלוקחין חתיכת בגד קטן אחד מלפניו, ואחד מלאחריו, ותופרין בהם רצועות, ועושין בהם ציצית, אין יוצאין בזה כלל חובת ציצית, ומלבד שמבטלין מצות ציצית, מברכין ברכה לבטלה בכל יום, ועוברים על "לא תשא", גם אסור לצאת בו בשבת, **ועכ"פ** העושין כן לא יברכו עליהן, אלא יברכו בבוקר על ט"ג, ובזה ילכו כל היום, כיון שמכונים עכ"פ בזה שלא לבטל מצות ציצית כל היום, **אבל** כל ירא שמים לא יסמוך ע"ז כלל, אלא יעשה בגד ממש, כל מדינה לפי מנהגו.

ובאיזה מקומות נוהגין, שהבגד הנקרא קאמיזע"ל או וועס"ט, הוא פתוח מלאחריו, ועושין בו ציצית בד' כנפותיו, ואשרי להם, **רק** שצריך ליזהר שיהיה רובו פתוח, וכן בט"ק שעושין במדינתינו יזהרו בזה.

אם לבש הטלית ונתקפל קצת, כדרך לובשי בגדים, ואחר שנתקפל אין בו כשיעור כדי לכסות ראשו ורובו, **כתב** בתשובת בית יעקב, דכיון שעומד להתפשט, כפשוט דמי, אף שלא נתפשט עדיין, והרי יש בו כשיעור.

ט"ק שיש בו כדי לכסות ראשו ורובו, וע"י התפירה אין בו כשיעור, פטור מציצית.

כתב האר"י, טלית קטן יותר טוב שלא יהיה בו בתי זרועות.

§ סימן יז – מי הם החייבים בציצית §

סעיף א - אע"ג דכתיב: וראיתם אותו, סומא חייב בציצית, מפני שנתרבה מ"אשר תכסה בה" - ופשוט דיכול לברך ג"כ עליהן, אך שיבדוק אותן מתחלה במשמוש ידיו, או יבקש לאחר לבדקם.

וקרא ד"וראיתם אותו" איצטריך למעט כסות לילה, (ע"ל סי' י"ח) - והסברא נותנת לרבות כסות סומא ולמעט כסות לילה, משום דכסות סומא ישנו עכ"פ בראיה אצל אחרים, אבל כסות לילה אינו בראיה אצל אחרים.

סעיף ב - נשים ועבדים פטורים, מפני שהיא מצות עשה שהזמן גרמא - דהא בלילה לאו זמן ציצית הוא, וכל מ"ע שהזמן גרמא נשים פטורות מהם, אפילו מדרבנן, דהוקשה כל התורה לתפילין, דכתיב בהו: למען תהיה תורת ה' בפיך, וכמו דפטורות מתפילין, דאיתקיש לת"ת, דכתיב בה: ושננתם לבניך,

נב הלכות ציצית
סימן יז – מי הם החייבים בציצית

ולא לבנותיך, כן פטורות מכל מ"ע שהזמן גרמא, **ועבדים** ילפינן בג"ש, "לה לה" מאשה, דכל מצוה שהאשה פטורה גם העבד פטור.

הגה: ומ"מ אם רוצים לעטפו ולברך עליו הרשות בידם, כמו בשאר מצות עשה שהזמן גרמא - דאף מי שאינו מצווה ועושה יש לו שכר, ושייך לומר "וציונו", כיון שהאנשים נצטוו, גם הם יש להם שכר.

אך מחזי כיוהרא, ולכן אין להן ללבוש ציצית, הואיל ואינו חובת גברא, פי' אינו חייב לקנות לו טלית כדי שיתחייב בציצית; ולקמן בסימן י"ט אמר כשיש לו טלית מארבע כנפות ולובשו - בזה מתרץ למה מברכות הנשים על לולב, דהוא ג"כ מ"ע שהזמ"ג, **דשאני** הכא שאינו חובת גברא, שאפי' איש אין עליו חיוב דאורייתא לקנות טלית בת ד' כנפות, אלא אם מתעטף חייב לעשות בו ציצית, **משא"כ** לולב, דגבי איש הוא חובת גברא, שהוא חובת הגוף.

ודע דאנן פסקינן גבי ציצית, חובת גברא ולאו חובת גברא, ותרוייהו לקולא, **חובת** גברא לקולא, למעוטי חובת מנא, שכל זמן שאינו לובש הטלית, אע"פ שיש לו ד' כנפות, פטורה מציצית, **ולאו** חובת גברא, שאינו חייב לקנות לו טלית כדי שיתחייב בציצית, רק אם יש לו טלית מד' כנפות ולובשו, אז חייב בציצית.

טומטום ואנדרוגינוס חייבין מספק, (פי' טומטוס, לא נודע אם הוא זכר או נקבה, ואנדרוגינוס יש לו זכרות ונקבות) - והוא ג"כ ספק זכר או נקבה, **ועיין** בארצות החיים שהביא ראיה מכמה מקומות דפסקינן כן להלכה, דהוא בגדר ספק, ולא כמ"ד דהוא בריה בפני עצמו.

חייבין מספק - דספק תורה לחומרא, כן כתב ב"י, **ומשמע** מזה, דדבר שחיובו רק מדרבנן, כגון טלית שאולה אחר ל' יום, או בגד שחיובו רק מטעם ספק, כגון בגד שחציו פתוח וחציו סתום, רשאין לילך בו בלא ציצית, ועיין בפמ"ג שכתב עוד כעין זה, **ואולי** דיש להחמיר בכל זה מפני מראית העין.

ויתעטפו בלא ברכה - כיון דעיקר החיוב הוא רק משום ספיקא, לענין ברכה שהוא מדרבנן אזלינן בה לקולא. **(הגה: ולפי מה שנהגו נשים לברך במצות עשה שהזמן גרמא, גם הם יברכו).**

סעיף ג - קטן היודע להתעטף, אביו צריך ליקח לו ציצית לחנכו - פי' ליקח לו בגד של ד' כנפות, ולהטיל בו ציצית כדי לחנכו במצות.

ושיעור טליתו, כתב בפמ"ג ובדרך החיים, שהוא כדי להתעטף בו ראשו ורובו שלו, ומשערינן בקטן עצמו שמתעטף בו, לפי גדלו ולפי קטנו, ואם יש בו זה השיעור, אז צריך אביו להטיל בו ציצית ולברך עמו, ואם אין בו זה השיעור, אין מברכין עליו.

כ"ז דוקא כשלא הגיע עדיין לי"ג, אבל מי"ג ואילך חייב בציצית כגדול, **ומ"ש** מהרי"ל, שנוהגין שגם נערים גדולים אין מתעטפים בציצית, עד שנושאין להם נשים, וסמכו להן אקרא, דכתיב: גדילים תעשה לך, וסמיך ליה: כי יקח איש אשה, **הוא** דבר תמוה, דעד שלא ישא אשה יהיה יושב ובטל ממצות ציצית.

הגה: ודוקא כשיודע לעטוף שני ציציות לפניו ושנים לאחריו, ויודע לאחוז הציצית בידו בשעת ק"ש.

§ סימן יח – זמן ציצית §

סעיף א - לילה לאו זמן ציצית הוא, דאמעיט מ"וראיתם אותו". להרמב"ם כל מה שלובש בלילה פטור, אפילו הוא מיוחד ליום; ומה שלובש ביום חייב, אפילו מיוחד ללילה.

ומ"מ מותר לצאת לר"ה בליל שבת בטלית עם הציצית, ולא הוי משוי, שהם נוי הבגד ותכשיטיה.

ולהרא"ש כסות המיוחד ללילה, פטור אפילו לובשו ביום; וכסות המיוחד ליום או ליום ולילה, חייב אפילו לובשו בלילה. הגה: וספק ברכות להקל, ע"כ אין לברך עליו אלא כשלובש ביום, והוא מיוחד ג"כ ליום - פי' גם ליום, ואפילו גם מיוחד ללילה, וכ"ש ליום לבד.

והיינו דוקא לענין ברכה, אבל אסור ללבוש כסות של לילה ביום בלא ציצית, וכן כסות של יום בלילה, משום ספק, [ב"ח]. **ומ"מ** הש"ץ לפני העמוד, אם אין הולך במלבוש העליון, שאין כבוד הצבור בכך, פשיטא דלא יסיר הטלית מעליו, [פמ"ג]. (**דמש"כ** הב"ח, הוא ליחיד לא לש"ץ המתפלל אפילו מעריב בזמנו בלילה י"ל שיתעטף טלית מפני כבוד הציבור, וכמו קדיש יתום אפי' בלילה – שם).

ואחר תפלת ערבית, אע"פ שעדיין יום הוא, אין לברך עליו - ובתענית צבור כשלובשין טלית במנחה, יסיר את הטלית כשיגיע ל"ברכו", מאחר דעכשיו אין לובשין הטלית אלא למצות ציצית, אם יהיה עליו יראה כאילו סובר דלילה זמן ציצית הוא, **ומ"מ** הש"ץ לפני העמוד, אם אין הולך במלבוש העליון, שאין כבוד הצבור בכך, פשיטא דלא יסיר הטלית מעליו.

ובליל יום כפורים יתעטף בעוד יום ויברך עליו - להדמות למלאכים שמעוטפים לבנים, ולכך לא יסירו בלילה, עד אחר תפילת ערבית של מוצאי יוה"כ.

ואם איחר להתעטף עד לילה, שוב לא יברך, דשמא הלכה כהרמב"ם, **ומשמע** מדברי המ"א, דאפילו בין השמשות מותר לברך עד צה"כ, וטעמו, דהלא בציצית לא כתיב "יום", רק "וראיתם אותו", משמע כל זמן שנוכל לראות, וכן פסק בעל דרך החיים, **ובספר** מטה אפרים ראיתי שמחמיר בזה.

אך אם זה גופא הוא מסתפק אם כבר הגיע בין השמשות, נראה דבודאי יוכל לברך, דבלא"ה דעת התוספות והרא"ש, דכסות יום חייב בלילה, והגר"א בביאוריו מצדד ג"כ לשיטה זו.

וכל העובר לפני התיבה צריך להתעטף, **ובל"ח** כתב, דאף האומר קדיש יתום לפני התיבה, יתעטף מפני כבוד הצבור, ואין מברך עליו.

סעיף ב - סדינים, אע"פ שאדם ישן בהם בבוקר, אין מטילין בהם ציצית - מפני שעיקר תשמישן בלילה, וכסות לילה מיקרי, **אך** לפי"ז לא היה פטור רק להרא"ש, אבל להרמב"ם דכסות לילה חייב ביום, חייב, **וי"א** עוד טעם לפטור, משום דלא חייבה התורה רק דרך מלבוש או דרך עיטוף, לא דרך העלאה בעלמא, **ויש** חולקין, וס"ל דאפי' אם יציע תחתיו בגד של ד' כנפות, חייב בציצית, וכ"ש דרך העלאה, **ע"כ** הכריע המ"א, דיעשה קרן אחת עגולה, ויצא אליבא דכו"ע, **אכן** משמע מדבריו, דאין להחמיר בזה רק בסדין של צמר, אבל לא בשל פשתן או שאר מינים, ועיין הטעם בפמ"ג, (די"א דאין עושין לפשתן כלל ציצית, ושאר מינין כמה פוסקים סוברים דהם מדרבנן, איכא ס"ס).

סעיף ג - מאימתי מברך על הציצית בשחר, משיכיר בין תכלת שבה ללבן שבה - והוא הזמן דמשיראה את חבירו הרגיל עמו קצת ברחוק ד' אמות ויכירנו, המוזכר לקמן בסימן נ"ח לגבי ק"ש.

ואם לבשו מעלות השחר ואילך, י"א דמברך עליו, וכן נוהגין - עיין בביאור הגר"א שפסק כדעת השו"ע (ר"ל המחבר, שלא לברך עד "משיכיר"), **ובפמ"ג** כתב, אם השעה דחוקה, המיקל להניח מעמוד השחר ואילך (ולברך – שונה הלכות), אין גוערין בו, **ועכ"פ** לכתחלה בודאי נכון מאד להמתין מלברך עד שיכיר בין תכלת ללבן, וכן נראה דעת הא"ר, **ובדיעבד** נראה, דאפי' אם בירך קודם עמוד השחר, לא יחזור ויברך, דשמא הלכה כהרא"ש, דכסות יום בלילה חייב.

ואם לבשו קודם לכן, כגון בסליחות, לא יברך עליו, וכשיאיר היום ימשמש בו - ר"ל בציציותיו, **ויברך**.

§ סימן יט – זמן ברכת ציצית §

סעיף א - ציצית חובת גברא הוא, ולא חובת מנא, שכל זמן שאינו לובש הטלית פטור מציצית - אע"ג דכתיב: ועשו להם ציצית על כנפי בגדיהם, מ"מ מדכתיב קרא אחרינא: גדילים תעשה לך על ארבע כנפות כסותך אשר תכסה בה, משמע דוקא כשמתכסה בה. **ולפיכך אינו מברך על עשיית הציצית** - ר"ל בעת הטלתן בהבגד, אלא אח"כ כשמתעטף בו מברך "להתעטף", **שאין מצוה אלא בלבישתו.**

וה"ה במזוזה, דקי"ל חובת הדר היא, אין לברך על המזוזה רק כשהוא נכנס לדור בהבית תיכף ומיד, דאז הוא ממש דומיא דעטיפה, או כשכבר דר בה.

ואם נפסקו אחר שלובשו, צריך לפשטו ולעשות בו ציצית, ולברך כשחוזר ולובשו, אף שלובשו תיכף.

סעיף ב- עשה טלית לצורך תכריכין, אף על פי שלובשו לפעמים בחייו, פטור - האחרונים מסקי, דדוקא לדעת הרא"ש, דפוטר כסות המיוחד ללילה אפילו ביום, והא נמי לכסות לילה דמי, שהרי מת פטור ממצות, **אבל** לדעת הרמב"ם, דמחייב כסות לילה ביום, גם בזה חייב, **לפיכך** לדידן יעשה בו ציצית ולא יברך.

מוכרי הבגדים שלובשין ומכוונין להראות להקונים מדתן, פטורין, **ואם** לובש אותן להעביר בזה את המכס, אפשר דחייב בציצית, כמו גבי כלאים.

§ סימן כ – דיני לקיחת ומכירת טלית §

סעיף א- הלוקח טלית מצוייצת מישראל, ‹כשר› - אפי' אין מכיר שהוא כשר ונאמן, אפ"ה תלינן דסתם ישראל בחזקת כשר הוא, ובודאי טוואן ושזרן ותלאן לשמן, אם לא שהוא חשוד.

או מתגר א"י, (והומר שלקחן מישראל נאמן), כשר - עיין בלבוש דמוכח מיניה, שא"צ התגר לומר שקנה מנאמן, דאפילו מסתם ישראל, כשר, כמו בישראל שקנה מישראל, **ואפשר** דגם הרמ"א סובר כן, ותיבת "נאמן" קאי על התגר, שהוא נאמן בדיבורו, **והוסיף** הרמ"א זה להורות לנו הסברא, דדוקא על דיבורו סמכינן ומאמינין לו, דלא מרע נפשיה לומר שקר, משא"כ בסתמא, לא מרע נפשיה עי"ז.

דכיון דתגר הוא, חזקה שלקחה מישראל, דלא מרע נפשיה - אפי' אינו מוחזק לקנות טליתות, רק מוחזק לקנות שאר סחורות, אפ"ה נאמן, דאם ימצא בדאי בדבר אחד, שוב לא יאמינוהו בדבר אחר.

עיין במ"א שכתב, דוקא גבי טלית בציציותיה סמכינן על סברא זו ומאמינין לו, משום דאין דרך לנכרי לתלות ציצית בבגדו, **אבל** לקנות ציצית, אסור אף מתגר, שמא לא היה הטויה והשזירה לשמה, וכן פסק הט"ז ודה"ח, **ויש** מקילין בזה, **ועיין** בארה"ח ובישועות יעקב שהסכימו, דהיכא דעסק התגר הוא לקנות ציצית מישראל ולמכור, מותר מתגר.

אבל אם לקח מא"י שאינו תגר, פסולה - שמא הוא בעצמו עשה הציצית בהבגד, וכ"ש דאסור לקנות ממנו ציצית, דשמא לא נטוה לשמה, וא"כ פשוט דאפילו אם ירצה להתירם מהבגד ולקשרם מחדש, אסור - מ"א ושארי אחרונים, דלא כט"ז.

ואסור לשלוח ציצית אפילו פסוקין ושזורין, ע"י עו"ג, אם לא בשני חותמות.

מצא טלית מצוייצת בשוק, כשר.

סעיף ב- אין מוכרין טלית מצוייצת לעובד כוכבים, שמא יתלווה עם ישראל בדרך, ויהרגנו - ואפי' אם הוא תגר, דגם הוא חשוד על שפיכת דמים וגלוי עריות, **והא** דאמרינן בס"א: חזקה שלקחה מישראל וכו', היינו שישראל עבר ומכרה לו.

אבל אם הסיר הציצית, אע"פ שנשארו הנקבים, מותר אפילו למכור הטלית לנכרי.

ועוד איכא טעם בגמרא: משום זונה, ופירש"י שיתננה לזונה באתננה, ותאמר שישראל נתן לה, **וא"כ** כ"ש דאסור למכור לנכרית מטעם זה.

ועיין בח"א שכתב, דלטעם שמא יתלווה ליכא למיחש השתא, דאינן חשודים על שפיכת דמים, אבל לטעם דזונה יש לחוש.

אפילו למשכן ולהפקיד טלית מצוייצת לעובד כוכבים, אסור, אא"כ הוא לפי שעה, דליכא למיחש להא.

(**ועיין** בביאור הגר"א שכתב, דלהכי אסור אפילו למשכן אצל הנכרי, משום דנקטינן לחומרא כהאי טעמא דשמא יתלווה וכו', דלאידך טעמא דזונה, היה מותר, ור"ל דאיך ימסור לזונה כיון שהטלית אינו שלו, {**ולפי"ז** לפי מה שכתב הח"א, דלדידן השתא לא חיישינן לטעם דשמא יתלווה, ממילא מותר למשכן, ונעלם זה מהח"א שמחמיר בזה}, **ועיין** בנ"י דמשמע בהיפך, ואולי כונתו, דלנכרית אסור למסור להפקיד מטעם זה).

סימן כא - כדת מה לעשות בציצית שנפסקו ובטליתות ישנים

§ סימן כא - כדת מה לעשות בציצית שנפסקו ובטליתות ישנים §

סעיף א - חוטי ציצית שנפסקו - או שהתירן מהטלית, **יכול לזרקן לאשפה, מפני שהיא מצוה שאין בגופה קדושה** - וה"ה לכל תשמישי מצוה, כגון סוכה ולולב ושופר, וכל כה"ג, לאחר שנתבטלו ואינם עומדין עוד למצותן. **אבל** אסור לעשות בהם תשמיש מגונה, דלא גרע ציצית מטלית לקמן בס"ב. **וה"ה** דיכול לזרוק ציצית מקודם שעשאן בבגד, דהזמנה לאו מילתא היא.

אבל כל זמן שהם קבועים בטלית, אסור להשתמש בהם, כגון לקשור בהם שום דבר וכיוצא בזה, משום בזוי מצוה - אפילו אם אין לבוש עתה בהטלית, ואפילו בלילה, כיון שהוא עומד ללבישה ולצאת בהציצית ידי מצות ציצית.

וכן שופר נמי אפילו לאחר ר"ה, וכן לולב ישן, אם עומדין עדיין למצוה לשנה הבאה, אסור להשתמש בהן, משום ביזוי מצוה. (עיין בפמ"ג שכתב, דאף בכל מצוה דרבנן שייך בה האיסור דביזוי מצוה).

ובציצית לא מהני תנאי, באומר: איני בודל מהן, כמו בתרל"ח ס"ב, משום דביזוי מצוה הוא, דציצית ע"כ בהכרח לשם מצוה עושה, דמברך עליהן "להתעטף".

(וי"א דאף לאחר שנפסקו, אין לנהוג בהן מנהג בזיון לזורקן במקום מגונה, אלא שאינן צריכין גניזה) - ר"ל בידים אסור לזורקן לאשפה, אך אם מתוך שלא גנזן נזרקו ממילא, אין לחוש לזה.

וכן בסכך הסוכה ולולב ושופר, לאחר שנתבטלו ממצותן אין לזורקן לאשפה, וכל כה"ג דבר שאינו כבוד למצוה שעברה, **וכתב** הפמ"ג, דנכון שלא לעשות תשמיש מגונה אפילו בדפנות הסוכה.

(ויש מדקדקין לגונזן, והמחמיר ומדקדק במצות תע"ב). (וע"ל סימן תרס"ד סעיף ח' ט').

כתב מהרי"ל, דיניח הציצית בתוך הספר לסימן, או לעשות בהן שום מצוה, דהואיל ואיתעביד בהו מצוה חדא, יתעביד בהו אחריתא.

סעיף ב - טליתות של מצוה שבלו, אדם בודל עצמו מהם, ואינו מותר לקנח עצמו בהם - ר"ל אפילו לקנח הטיט מעל רגלו.

ולא לייחד אותם לתשמיש המגונה - אבל לשאינו מגונה שרי, **עיין** בפמ"ג שכתב, דטלית של מצוה שנפסקו ציציותיו, לא יעשה ממנו מכנסים, דהוא בכלל תשמיש מגונה, ואפילו מטלית קטן אסור.

אלא זורקן - ר"ל לאשפה, **והם כלים** - ואפילו הי"א הנ"ל דאוסר בציצית גופא, משמע דמודה בזה.

ובעוד הציצית עליו, אם רשאי להשתמש בהטלית תשמיש שאינו מגונה, **דעת** הע"ת דשרי, דדוקא בציצית אוסר המחבר בס"א, **ולהט"ז** אסור, וכן הסכים הפמ"ג, וכתב דטלית של תפלה המיוחד לכך, חמיר הטלית כמו הציצית, **אבל** ט"ק, פשיטא דשרי לכל תשמיש שאינו מגונה, אפילו בעוד הציצית עליו, דהא לבוש הדיוט הוא, ורשאי לשכב בו בלילה וכבסמוך.

סעיף ג - מותר ליכנס בציצית לבית הכסא - ודוקא בד' כנפות הקטן שלובשו כל היום, אבל אלו טליתות של מצוה שמיוחדין רק להתפלל בהן, אין נכון שיכנס בהן לבהכ"ס, **אך** להשתין בהן מותר, **גם** ההולכים ביוה"כ לפנות, ומלובשים בקיט"ל, צריך שיפשוט הקיט"ל, כיון שבגד זה מיוחד רק להתפלל.

הגה: וכ"ש לשכב בהן, דשרי. ויש שכתבו שנהגו שלא לשכב בטלית שיש בו ציצית - ובכתבי האר"י ז"ל כתוב על פי הסוד, שיש לשכב בלילה בט"ק.

גם שלא ליתנו לכובס א"י לכבס - הטלית עם הציצית, אלא מתיר הציצית ואח"כ כובסן, **והכל שלא יהיו מצות בזויות עליו.**

אך נוהגים להקל לשכב בהם - וכן ליתן לכובס א"י, **מיהו** יש מחמירין בזה שיעשה כנ"ל.

סעיף ד - יש ליזהר כשאדם לובש טלית שלא יגרור ציציותיו - יש מפרשים הטעם משום ביזוי מצוה, ועוד כי קרוב שיפסלו, **ולכן** יגבהם ויתחבם בחגורו.

מחבר   רמ"א   משנה ברורה

ע
הלכות ציצית
סימן כב – דין שהחיינו על עשיית ציצית

§ סימן כב §

סעיף א - קנה טלית ועשה בו ציצית, מברך: שהחיינו, דלא גרע מכלים חדשים.

אבל אין מברך "שהחיינו" על המצוה, כיון דאינו בא מזמן לזמן, **לפי"ז** אם עשה ציצית בבגד שהיה לו מכבר, אף שלא היה בו ציצית מעולם, אין צריך לברך "שהחיינו", **וה"ה** אם עשה תפילין לעצמו, אינו מברך "שהחיינו".

אין להקשות, דהא על כלים חדשים צריך לברך בשעת קנין, ולמה כתב: ועשה בו ציצית, **די"ל** דוקא כשקונה בגד שהוא ראוי ללבוש כמות שהוא, אז מברך מיד, אבל אם קנה בגד לעשות ממנו מלבושים, אז לא יברך אפילו לאחר שנגמר, רק בשעת לבישה דוקא, דבעינן שעה מיוחדת, או קנין או לבישה, והכא הלא אינו ראוי ללבשו תיכף, דהלא צריך להטיל בו ציצית, ע"כ אינו יכול לברך עליו בשעת קנין, **וכדי** לצאת ג"כ דעת הסוברים דצריך לברך "שהחיינו" על עשיית המצוה בפעם ראשונה, ע"כ יברך בשעת עשיית הציצית, ולא ימתין עד הלבישה. (**ודע**, דאף דלכתחלה בודאי יש לנהוג כן, אחרי דדעת השו"ע ועוד כמה וכמה מהאחרונים דפסקו כן כהעיטור, מ"מ לאו מילתא דפסיקתא הוא, דהע"ת והט"ז פסקו כהרמב"ם, והביאם הא"ר, והגר"א בביאוריו פוסק ג"כ כהרמב"ם, דצריך לברך "שהחיינו" גם על תפילין מחדש, וכ"ז אם עשה אותם בעצמו, אבל אם קנה התפילין מהסופר, וכן לענין הציצית אם הטילם אחר בבגדו, אף לדעת הרמב"ם אין צריך לברך "שהחיינו", אם לא שקנה עתה הטלית מחדש, דצריך לברך מחמת כלים חדשים, **ע"כ** מהנכון שיכניס עצמו להתחייב "שהחיינו" מצד אחר, ויכוין לפטור גם את זה, **בפרט** אם הוא לובש עתה התפילין פעם ראשונה בימי חייו, בודאי יראה לעשות עצה זו, דיש פוסקים שסוברים דעל כל מצוה שאדם עושה פעם ראשונה בימי חייו יברך "שהחיינו").

הגה: ואם לא בירך בשעת עשייה, מברך בשעת עטוף ראשון - בתחלה ברכת "להתעטף" ואח"כ "שהחיינו". (**ואם** לא בירך בשעת עטוף ראשונה, לכאורה יש לסמוך בדיעבד לברך אפילו אח"כ).

§ סימן כג – דיני ציצית בבית הקברות §

סעיף א - מותר ליכנס בבית הקברות והוא לבוש ציצית, והוא שלא יהא נגרר על הקברות; אבל אם הוא נגרר על הקברות, אסור משום לועג לרש - שנראה כמחרף, שאינם יכולים לקיים את המצות.

בד"א, בימיהם, שהיו מטילים ציצית במלבוש שלובשים לצורך עצמם - שהיה אז מנהג בגדיהם עשויים בני ד' כנפות.

אבל אנו שאין מכוונים בהם אלא לשם מצוה, אסור אפי' אינם נגררים; והנ"מ כשהציציות מגולים, אבל אם הם מכוסים, מותר - כגון שמחביא את הציצית של הט"ג תחת כנפי כסותו, ומה"ט גם בט"ק שלובשו תחת למדיו, אין בו משום לועג לרש, כיון שהוא מכוסה, אם לא שהולך בלי לבוש העליון, גם בהם אסור עד שיתחבם בהכנפות, **ומפמ"ג** משמע דיש להחמיר בט"ג אף מכוסה, כיון שהוא מיוחד לתפלה, **אכן** בב"י לא משמע כן, וגם בדה"ח סתם וכתב דמכוסה מותר.

סעיף ב - יש נוהגים לקשור שני ציציות שבשני כנפים זה עם זה כשנכנסים לבית הקברות, ולא הועילו כלום בתקנתן - דאע"פ שקושרים זה עם זה, לא נתבטל מצות ציצית עי"ז, דהא לאו קשר של קיימא הוא, דדעתו להתיר את הקשר מיד בצאתו מבה"ק, וכעין שכתב בסימן י' ס"ג, **ועוד** לפי דעתם שסוברים שנתבטלו הציצית בקשירתן, א"כ לובשין בגד בלי ציצית.

סעיף ג - הנכנס תוך ד' אמות של מת או של קבר, דינו כנכנס לבית הקברות - ואפילו בקבר של קטן יש להחמיר משום לועג לרש, דשמא נשמת אדם גדול הוא, **אבל** בקבר אשה, דבחייה ג"כ פטורה, ליכא משום לועג לרש.

הלכות ציצית נ
סימן כג - דיני ציצית בבית הקברות

במקום שנוהגים להסיר ציצית מטלית המת בבית, אם הכתפים לובשים ציצית, איכא למיחש בהו משום לועג לרש - היינו אם הציצית מגולין כדלעיל. **והאחרונים** הסכימו, דאפילו במקום שאין נוהגים להסיר, ג"כ איכא משום לועג לרש, הואיל שהמתים פטורים מן המצות.

§ סימן כד – הנהגת לבישת הציצית ושכרה ועונשה §

סעיף א - אם אין אדם לובש טלית בת ארבע כנפות, אינו חייב בציצית. וטוב ונכון להיות כל אדם זהיר ללבוש טלית קטן כל היום, כדי שיזכור המצות בכל רגע - דוגמא לדבר: כאדם המזהיר לחבירו על ענין א', שקושר קשר באיזורו כדי שיזכרנו.

וע"כ יש בו ה' קשרים, כנגד ה' חומשי תורה, וארבע כנפים, שבכל צד שיפנה יזכור. ונכון ללובשו על המלבושים - עיין לעיל בסי' ח' במ"ב מה שכתבנו שם.

לפחות יזהר שיהיה לבוש ציצית בשעת התפלה - וק"ש, ואיתא בזוהר פ' שלח לך, דהקורא ק"ש בלי ציצית, מעיד עדות שקר בעצמו, שקורא פרשת ציצית ואינו מקיים הקרא.

כתב הח"א, לא טוב עושים המון העם, שמתפללין בדרך בלא טלית גדול, וע"פ רוב הט"ק אינו עשוי כדין בכל פרטיו שיהיה ראוי לברך עליו, וגם הוא ישן בו בלילה.

סעיף ב - מצוה לאחוז הציצית ביד שמאלית כנגד לבו בשעת קריאת שמע, רמז לדבר: והיו הדברים האלה וגו' על לבבך - והלב הוא בשמאל. **ומצוה** זו מציל האדם מן החטא, דכתיב: ולא תתורו וגו', למען תזכרו וגו', והייתם קדושים, **ואף** דכל שאר המצות אין בהם זאת הסגולה להצילו מיצה"ר, ציצית עדיף, וכדאיתא בעובדא דמנחות: מעשה באדם אחד וכו'.

כתוב בכתבי האר"י ז"ל, שיאחזם בין קמיצה לזרת, וכשיגיע לפרשת ציצית יקחם גם ביד ימין ויביט בהם, ויהיו בידו עד שמגיע ל"נאמנים ונחמדים לעד", ואז ינשק הציצית ויסירם מידו.

סעיף ג - טוב להסתכל בציצית בשעת עטיפה כשמברך - שנאמר: וראיתם אותו וזכרתם, ראיה מביאה לידי זכירה, וזכירה מביאה לידי מעשה.

סעיף ד - יש נוהגין להסתכל בציצית כשמגיעים ל"וראיתם אותו", וליתן אותם על העינים, ומנהג יפה הוא וחבובי מצוה - נמצא בשם הקדמונים, שכל המעביר ציצית על עיניו כשקורא פרשת ציצית, יהא מובטח שלא יבא לידי סמוי עינים.

הסומא יש לו לאחוז הציצית בידו בשעת ק"ש, אע"פ שנאמר: וראיתם אותו, כיון שישנו בראיה אצל אחרים, **אבל** להעביר הציצית על עיניו לא, דמחזי כחוכא ואיטלולא.

הגה: גם נוהגים קלת, לנשק הלילית בשעה שרואה בם, והכל הוא חיבוב מלוה.

סעיף ה - כשמסתכל בציצית, מסתכל בשני ציציות שלפניו, שיש בהם עשרה קשרים, רמז להויות - פי' לספירות שהם קשורים ואחודים זה בזה.

וגם יש בהם ט"ז חוטים ועשרה קשרים, עולה כ"ו כשם הוי"ה.

סעיף ו - גדול עונש המבטל מצות ציצית, ועליו נאמר: לאחוז בכנפות הארץ וגו'. הזהיר במצות ציצית, זוכה ורואה פני שכינה.

מצוה לעשות טלית נאה וציצית נאה, וה"ה כל המצות צריך לעשותן בהידור בכל מה דאפשר, שנאמר: זה אלי ואנוהו, התנאה לפניו במצות, **אבל** אסור לרקום פסוקים של תורה בטלית, ומ"מ אם כבר נרקם, מותר לברך עליו, **ואף** על מפות אין מורין היתר לכתחלה לרקום דברי תורה עליו.

הלכות תפילין
סימן כה - דיני תפילין בפרטות

§ סימן כה - דיני תפילין בפרטות §

סעיף א - אחר שלבש טלית מצוייץ, יניח תפלין, שמעלין בקודש - (על האדם קאי, שצריך לילך מדרגא לדרגא ולהתעלות בקדושה, כי מתחלה הוא רק מכסה את עצמו בכיסוי של מצוה, וע״י התפילין הוא מקשר את עצמו בקשר היחוד והקדושה).

ואפילו אם הטלית אינו חייב אלא מדרבנן, כגון שאולה אחר ל' יום, וכל כה״ג, ג״כ יש להקדימו לתפילין.

ומי שאין ידו משגת לקנות ציצית ותפילין, הכריעו האחרונים דתפילין קודמין, כי ציצית הוא רק מצוה אם יש לו טלית של ד' כנפות, ותפילין הוא חובה, ומי שאינו מניחן הוא בכלל פושעי ישראל בגופן, **וכ״ש** לענין לקנות תפילין מהודרין וטלית נאה, דתפילין קודמין לכו״ע, והעולם נכשלין בזה.

מי שאין ידו משגת לקנות ציצית ותפילין, אין מחוייב לחזור על הפתחים כדי לקנותן, **אבל** מי שידו משגת, אך סומך על מה ששואל מאחרים אחר שיצאו בהן, כתב הב״ח דעונשו גדול, ‹דיגיע הרבה פעמים דבשעה שמגיע לק״ש ותפילה אין תפילין בידו להניחן›, [**גם** מצוי שעי״ז אינו מקיים מצות תפלין כדין, וגם מברך לבטלה ועובר על ״לא תשא״, כי לפעמים הקשר קטן או גדול לפי מדת ראשו, והוא מתעצל לתקנו, או שחבירו מקפיד ע״ז, וכבר כתב הפמ״ג, דתפילין שמונחין שלא במקומן, הם כמונחין בכיסן].

והמניחין כיס התפלין והטלית לתוך כיס אחת, צריכין ליזהר שלא יניחו כיס התפילין למעלה, כדי שלא יפגע בהם תחלה ויצטרך להניחם קודם הטלית כדי שלא יעבור על המצוה - אפילו לא יאחוז בהם בידו, רק לפי הושטת ידו הם מונחין לפניו תחלה, אין מעבירין עליהם וצריך להקדימן.

(**עיין במג״א** שכתב, דנ״ל דאין קפידא בזה, כיון דהתפילין עדיין מונחין בתוך כיסן, **ומהלבוש והב״ח** והט״ז משמע דאין לחלק בזה, וקשה מאוד להקל כהמ״א, אחרי דרבים חולקין עליו, **ואפילו** אם אירע לו כן כשהוא יושב בבהכ״נ ברבים ומתבייש עי״ז, מסתפיקנא אם יש להקל בזה, אחרי דמסיק בנ״א וכן משמע מהפמ״ג, דדינא דאין מעבירין על המצות הוא ד״ת, **וכבר** פסק בשו״ע, דד״ת אין נדחה מפני כבוד הבריות בכל גווני, אם לא בגנאי גדול, ולישב בלי טלית אפילו זמן ארוך, ס״ל להרמ״א דהוא רק גנאי קטן, וכ״ש כאן שהוא על רגעים אחדים עד שיניח הט״ג, **ואפ״כ** צ״ע).

ואם עבר והניחם מידו ונטל הטלית, שוב אסור לעזבו וליטול התפילין.

ונ״ל פשוט דאם מתפלל בביתו, ורוצה להניח טלית ותפילין, ובתוך חדר שלפניו מונח התפילין, ובתוך חדר אחר מונח הטלית, **צריך** להניח תפילין ברישא כדי שלא יעבור על המצות, אחרי דהתפלין מזומנין לפניו תחלה, ואף שלא נטל עדיין התפלין בידו.

(**לכאורה יש לעיין, אם פשט הטלית ותפלין רק לפי שעה, ודעתו להחזירם תיכף, דפסקינן לקמן דאין צריך לחזור ולברך, ואח״כ בעת לבישה נזדמן לו התפלין מקודם, אם מחוייב להניחן תחלה, דאולי כיון דלא הסיח דעתו, אפשר כאלו הוא עוסק עדיין בהמצוה, ופשיטנא בעזה״י דאין לחלק בזה**).

וכל זה דוקא אם רוצה להניח עתה התפילין, אבל אם עדיין אין רוצה להניחם רק לאחר זמן, לא שייך בזה אין מעבירין על המצות.

הגה: מיהו אם תפילין מזומנים בידו ואין לו ציצית - אפילו הוא הולך בלי ד' כנפות, וכ״ש לפי מנהגנו דכל אחד זהיר בט״ק, **א״צ להמתין על הציצית, אלא מניח תפילין, וכשמביאים טלית מעטפו** - מפני שאין משהין את המצוה, אע״פ שי״ל שיעשה אח״כ יותר מן המובחר, מצוה בשעתא חביבא, **וכן** בתדיר ושאינו תדיר, דקי״ל דתדיר קודם, אם אין התדיר לפנינו א״צ להמתין.

סעיף ב - מי שהוא זהיר בטלית קטן, ילבשנו ויניח תפלין בביתו - כדי שיצא מפתח ביתו בציצית ותפילין, וכמו שהביא הב״י והד״מ בשם הזוהר, שהוא ענין גדול, (ור״ל דאם הוא זהיר בט״ק, יוכל לצאת כ״ז ע״י הטלית קטן), **וילך לבוש בציצית ומוכתר בתפילין לבית הכנסת, ושם יתעטף בטלית גדול** - (וכ״ש אם ירצה להתעטף גם בט״ג

בביתו. **ואם** איננו זהיר בט"ק, מוכרח ע"י זה ללבוש בביתו הט"ג קודם התפילין).

ואע"פ שבא הט"ג לידו קודם שהניח התפילין, א"צ להתעטף בו בביתו, כיון שאין דעתו ללבשו כאן.

ואם יודע שילך דרך מבואות המטונפות, או שמצויין נכרים ברחוב, יניחם בחצר בהכ"נ, **ואם** אי אפשר, יניחם בביתו, ויכסם בכובעו או בידו.

ועיין באחרונים שכתבו, במשכים קודם אור הבוקר ובא לבהכ"נ, לא שייך אזהרת הזוהר, דעדיין לא מטי זמן חיובא, **ומ"מ** כשיאור היום, יותר טוב שיצא לחצר בהכ"נ וילבשם שם, ויכנס אח"כ לבהכ"נ.

הגה: והעולם נהגו להתעטף אף בטלית גדול קודם, ולברך עליו, ואח"כ מניח התפילין והולך לבהכ"נ - ויכוין לפטור בברכת "להתעטף" גם הט"ק, **ובמקום** שמצויין נכרים ברחוב, יתעטף בחצר בית הכנסת אם אפשר לו.

סעיף ג - הרא"ש היה מסדר הברכות עד "עוטר ישראל בתפארה", ואז היה מניח תפילין ומברך: עוטר ישראל בתפארה - כדי ליתן שבח והודאה בברכה זו גם על התפילין שנקראין "פאר", שנאמר: פארך חבוש עליך, וקאי על תפלין שהן פאר לישראל, כמו שנאמר: וראו כל עמי הארץ וגו' ויראו ממך, ודרשינן: אלו תפילין שבראש.

ובארה"ח כתב: לא ראיתי שנוהגין כן, רק מניחין תפלין קודם ברכת השחר או אח"כ, כל אחד לפי מנהגו, **רק** ראיתי מדקדקים למשמש בתש"י וש"ר בשעה שמברך ברכה זו.

סעיף ד - צריך שיהיו תפילין עליו בשעת ק"ש ותפלה - ר"ל לכל הפחות בשעת ק"ש ותפלה, ואמרינן בגמרא: כל הקורא ק"ש בלי תפלין, הרי הוא כאלו מעיד עדות שקר בעצמו ח"ו, ופירשו בתוספות: לפי שאומר "וקשרתם לאות" וגו', ואין קושר, **ואף** שבדיעבד יצא ידי ק"ש, מ"מ יש לו עבירה מצד אחר, שמראה על עצמו שאין רוצה לקיים רצון הש"י, וזהו עדות שקר שמעיד על עצמו.

ודע, דלא אמרו כן אלא כשעושה כן במזיד, שמתעצל להניח תפלין קודם ק"ש, אבל מי שאין לו תפלין, או כשהוא בדרך, ומחמת קור וצינה אינו יכול להניח תפלין, וכל כה"ג, בודאי אין לו לאחר ק"ש בזמנה מחמת זה.

וכתב בספר חרדים, דמזה נלמוד כשאומר: ואהבת את ד' וגו', יראה להכניס אהבת הש"י בלבו, שלא יהיה כדובר שקר ח"ו.

סעיף ה - יכוין בהנחתם: שצונו הקב"ה להניח ארבע פרשיות אלו, שיש בהם יחוד שמו ויציאת מצרים, על הזרוע כנגד הלב, ועל הראש כנגד המוח, כדי שנזכור נסים ונפלאות שעשה עמנו, שהם מורים על יחודו, ואשר לו הכח והממשלה בעליונים ובתחתונים לעשות בהם כרצונו; וישעבד להקב"ה הנשמה שהיא במוח, וגם הלב שהוא עיקר התאוות והמחשבות, ובזה יזכור הבורא וימעיט הנאותיו - כתב הב"ח טעם לזה, מדכתיב: והיה לך לאות על ידך וגו' למען תהיה תורת ד' בפיך כי ביד חזקה הוציאך וגו', יורה כי עיקר המצוה וקיומה תלויה בכונה, שיכוין בשעת קיום המצוה, **וכתב** הפמ"ג דמ"מ בדיעבד אפילו אם לא כיון רק לשם מצוה בלבד יצא.

להניח ארבע פרשיות אלו - ויש נוהגים מחמת זה, לקרות הארבע פרשיות לאחר הנחת תפלין, היינו "קדש" "והיה כי יביאך", **ד"שמע"** "והיה אם שמוע" בלא"ה קורין כל ישראל בשעת ק"ש, **ובתפלין** דר"ת יאמר כל הד' פרשיות, **ומנהג** יפה הוא.

ויניח של יד תחלה - דכתיב: וקשרתם וגו', והדר: והיו לטוטפות וגו, **ויברך** - קודם ההידוק, **"להניח תפילין"** - והלמ"ד של "תפילין" בדגש.

ואח"כ יניח של ראש, ולא יברך כי אם ברכה אחת לשתיהם.

הגה: וי"א לברך על של ראש: "על מצות תפילין" - בפת"ח תחת הוא"ו, שהוא לשון יחיד, ולא יאמר בחול"ם שהוא לשון רבים, שהרי לא ניתקנה ברכה זו כי אם לתש"ר בלבד, **אפילו לא הפסיק בינתים, וכן פשט המנהג בבני אשכנז שמברכין שתי ברכות; וטוב לומר תמיד אחר הברכה השניה "ברוך שם**

כבוד מלכותו לעולם ועד" - משום חשש ספק ברכה לבטלה, ולא שהוא ספק גמור, דא"כ איך יברך מספק ברכה לבטלה ויסמוך על שיאמר "בשכמל"ו", אלא דאנן בני אשכנז סבירא לן להלכה כדעת ר"ת, רק לרווחא דמילתא להוציא עצמינו מידי כל פקפוק, נוהגין לומר "בשכמל"ו".

ויזהר מאוד שלא לומר "ברוך שם" רק אחר שיהדק הש"ר על ראשו כראוי, דאל"כ יהיה הפסק בין הברכה להנחה, ויהיה ברכה זו לבטלה בודאי, וצריך לחזור ולברך, והעולם נכשלין בזה.

(ובחידושי רע"א כתב עצה, שיכוין בעת ברכת "להניח", אם הלכה כשיטת רש"י, אני מכוין שלא לצאת בברכת "להניח" על השל ראש, והוי זה כסת, ויוכל לברך על של ראש, ואין זה בכלל גורם ברכה שאינה צריכה, דהא מוכרח לעשות כן מפני ספיקא דדינא, אך בפמ"ג ראיתי שמסיים ע"ז: ואין לנהוג כן, ואולי טעמו, כדי שלא ירגיל האדם את עצמו לפקפק אחר מנהגן של ישראל, שנתייסד על פי שיטות הרבה מהראשונים).

סעיף ו - אם פגע בשל ראש תחלה, צריך להעביר על אותה המצוה, ויניח של יד תחלה ואח"כ של ראש - כיון דכתיב בקרא מפורש דיד קודם, דמתחלה "וקשרתם" והדר "ולטוטפות", לפיכך אין משגיחין על העברת המצוה, משא"כ לעיל בס"א גבי ציצית ותפלין.

דוקא פגע, אבל אם הניח ש"ר תחלה, או שמצא הש"י שנשמט ממקומו, אין להסיר הש"ר, דמאי דהוה הוה, וימהר להניח ש"י על מקומו, (כן פסק הט"ז), **ויש** חולקין, (האבודרהם, **ובארה"ח** ראיתי שמצדד לפסוק כאבודרהם, משום דלכתחלה עשה עבירה, ועבר על מה שאמרו: דכל זמן שבין עיניך יהיו שתים, ע"כ צריך עתה לתקן ולהניח כדין, **ולא** נהירא, דהלא באמת קי"ל דהש"י אינו מעכב של ראש, הרי דבעצם קיים בזה הש"ר מצותו, רק דלא קיים המצוה כתיקונה, **ואין** לומר דיסלק הש"ר ויחזור ויניחו ויקיים עתה כתיקונו, זה אינו, דהלא בכל רגע ורגע שהוא נושא התפילין עליו הוא מקיים בזה מצות השי"ת, ובודאי אין לנו לומר שיסלק עתה המצוה ממנו, כדי שאח"כ יקיים יותר מן המובחר, **וגם** ידוע הוא דהגר"א בעצמו הנהיג למהר בקידוש הלבנה ולא להמתין, וכמו שכתב במעשה רב, ע"כ נראה פשוט דהדין עם רבינו הט"ז, וימהר להניח הש"י כדי שיקויים: כל זמן שבין עיניך יהיו שתים, ודי בזה).

סעיף ז - יברך "להניח" בקמץ תחת הה"א - שהוא לשון הנחה, כמו שכתוב: להניח ברכה אל ביתך, **ולא בפתח ובדגש** - שהוא לשון עזיבה, כמו שכתוב: אחיכם אחד הניחו אתי.

סעיף ח - כל המצות מברך עליהם עובר לעשייתן, (פי' קודם, 'ויעבר את הכושי', פירוש: רץ והקדים לפניו), לפיכך צריך לברך על התפלה של יד אחר הנחה על הקיבורת, קודם קשירתם, שקשירתם זו היא עשייתן - דקודם הנחה על הקיבורת, לכתחילה אין ראוי לברך, דהוי קודם דקודם, וצריך לקרב הברכה לעשיית המצוה בכל מה דאפשר.

ובדיעבד יברך אפילו אחר קשירתם, דמצוה שיש לה משך זמן הוא בכולי יומא.

הגה: וכן בשל ראש, קודם שמהדקו בראשו - כי ההידוק הוא מצות הקשירה, וצריך גם כן ליזהר שיהיה הברכה אחר שמונחים על הראש, לא כאותן שמברכין בעודם בידם, דא"כ הו"ל קודם דקודם, **גם** בשעת ברכה של תש"ר יראה שיהיה מכוסה ראשו בטלית, ולא יברך בגילוי הראש.

סעיף ט - אסור להפסיק בדיבור בין תפלה של יד לתפלה של ראש - אפילו בלשון הקודש, ואפילו בדיבור של מצוה, כגון להשיב שלום לרבו, וכל כה"ג, כי גורם ברכה שאינה צריכה.

ולכתחילה אסור אפי' להפסיק בשתיקה, אם שוהא הרבה שלא לצורך, אפילו לא הסיח דעתו.

ואפי' לרמז בעיניו ולקרוץ באצבעותיו בין התש"י ובין התש"ר, ג"כ יש ליזהר לכתחילה.

ואפילו לאותן המניחין תפילין בחוה"מ בלי ברכה, או המניחין תפלין דר"ת אחר שחלץ תפלין דרש"י, או שחלץ תפלין ע"מ להחזירן, דהרמ"א בסי"ב פסק, דא"צ לחזור ולברך כשמניחן אח"כ, אפ"ה עבירה היא להסיח ביניהן, דלכתחילה בעינן שיהיו סמוכין ותכופין

זה לזה, דכתיב: והיה לך לאות על ידך ולזכרון בין עיניך, שיהא הוייה אחת לשתיהן.

אם הניח תפלין של יד בבית זה, ותש"ר בבית אחר, והיה דעתו לזה, עיין לעיל בסימן ח' סי"ג ומ"ב שם, לענין טלית, וה"ה לענינינו.

ואם הפסיק - אפילו בשוגג, **מברך על של ראש: "על מצות תפילין"** – (**פשוט דבין אם ההפסק היה ע"י דבור, או ע"י היסח הדעת בלבד, ושיעור ההפסק דע"י דיבור, הוא אפילו ע"י תיבה אחת, ממה שכתב הרא"ש, דאם ענה אמן בינתיים על איזו ברכה ששמע, שצריך לחזור ולברך**).

(**כתב** הבאר היטב, אם הניח תפילין של יד, וכשבא להניח של ראש, קודם שהגיע הקציצה בבשר, **אחר** שהגיע לאויר הראש, הפסיק בדיבור, אי אמרינן קלוטה כמי שהונחה דמיא לענין זה, עיין בהלק"ט, ועיין בארצות החיים שהשיג עליו בראיה ברורה, דכל שלא הידק לא נגמר המצוה).

(**עוד** כתב בבה"ט בשם הלק"ט, מי שהניח תפילין של יד, וכרך ג' כריכות העליונות ולא בירך, וסח בינתיים, מברך שתים, כיון דברכות אינן מעכבות, מיקרי שפיר סח בין תפלה לתפלה, ומברך שתים, **והשיג** ע"ז ג"כ הארה"ח, דהא אם לבש ט"ק ולא בירך, ואח"כ לבש הט"ג, יכול לברך ברכה אחת על שניהם, וה"ה בזה, חוזר ברכת "להניח" גם אש"י הקודמת, וא"צ לברך רק ברכה אחת להמחבר).

הגה: ולדידן דנוהגין לברך שתי ברכות אף אם לא הפסיק, צריך לחזור ולברך על של ראש "להניח" וגם "על מצות" - כי הטעם שאנו מברכין שתי ברכות על תפילין, ולא די בברכת "להניח" לבד, הוא שאנו סוברין דעיקר תיקון הברכות אלו כך היתה, בתחלת הנחתם תקנו לברך "להניח", וקאי נמי על ש"ר, וכשמניח הש"ר ומהדקו מברך נמי "על מצות", שזו היא גמר המצוה, הילכך ממילא אם סח והסיח דעתו, צריך לחזור ולברך גם "להניח" על הש"ר.

ונכון שימשמש אז בשל יד להזיזו ממקומו ויחזק הקשר, ובזה תחזור ברכת "להניח" גם על הש"י, ודומה כאלו הניח עתה הש"י והש"ר תכופים זה לזה, ואם בירך בלא משמוש, ימשמש אחר הברכה.

(**ודע** דהגרע"א מסיק בחידושיו, דבסח יברך תחלה על ש"ר "על מצות", ואח"כ יְמַשמש בש"י ויחזק הקשר, ויברך "להניח", ובזה יצא ידי שיטת רש"י ור"ת).

סעיף י - אם סח לצורך תפילין, אינו חוזר ומברך - ואפילו אם סח בין ברכת "להניח" ובין הנחת התש"י, ג"כ דינא הכי.

אבל לכתחילה אסור להסיח בין ברכת "להניח" עד אחר הנחה של ראש, אפילו בדברים שהן לצורך תפילין, אם לא היכי שאי אפשר בענין אחר, **אך** בחוה"מ שאין מברכין, אפשר דיש להקל לכתחילה בדברים שהם לצורך תפילין.

אם שמע קדיש או קדושה בין תפלה של יד לתפלה של ראש, לא יפסיק לענות עמהם, אלא שותק ושומע ומכוין למה שאומרים - דהשתיקה כעניה לענין לצאת י"ח, אבל לא שיחשב כהפסקה.

ואפילו לענות אמן על ברכה זו גופא, כגון לענות אמן על ברכת תפילין שמברך אחר, אסור, **אם** לא שחבירו מכוין להוציאו בברכה זו.

ואם פסק וענה איש"ר או קדושה או ברכו, או שענה אמן על איזה ברכה ששמע, חוזר ומברך.

(**ועיין בח"א שכ' בפשיטות, דלדידן צריך לברך שתים על הש"ר, ולהמחבר לא יברך כי אם "על מצות", ובארה"ח הכריע, דבזה אפילו לדידן דנוהגין כר"ת, לא יברך כי אם ברכה אחת, והוא "על מצות", עי"ש מילתא בטעמא**).

(**כתב** הבה"ט: נ"ל אם חבירו מכוין להוציאו בברכת תפילין, וגם הוא מכוין לצאת, דרשאי לענות קדיש או קדושה, **ואינו** נראה, דהלא יוצא בברכת חבירו אינו עדיף מאם מברך לעצמו, ובברכת עצמו אם פסק אפילו לאיש"ר חוזר ומברך, ואינו יוצא בברכה ראשונה, וא"כ הוא גורם ברכה שאינה צריכה, **ואפילו** בדיעבד יש להחמיר בזה ולחזור ולברך, **ואפילו** אם חבירו הניח כבר התפילין שלו בשעה שהוא מפסיק, **ועכ"פ** לכתחלה בודאי אסור להפסיק בזה, כיון שחבירו מוציאו בברכתו).

ובחוה"מ או המניח תפילין דר"ת וכיוצא, שמניח בלי ברכה, יש להקל ולהפסיק לעניית איש"ר וקדושה וברכו ואמן, **אך** אח"כ יזיז הש"י ממקומו קודם שיניח הש"ר, כדי שיהיה הויה אחת לשניהן.

סעיף יא - אחר שקשר של יד על הזרוע, יניח של ראש קודם שיכרוך הרצועה סביב הזרוע - הטעם, כיון שברכת "להניח" חוזרת גם על של ראש, וכ"ש להמחבר דס"ל דאינו מברך אלא אחת, ע"כ ימעט ההפסק בכל מה שיוכל, והכריכה סביב הזרוע אינה מעיקר הדין, ע"כ טוב לאחר אותה עד שיניח של ראש.

ובספר כוונות האר"י ז"ל כתוב, שהיה נוהג לכרוך השבעה כריכות סביב זרועו תחלה, אבל לא הג' כריכות שעל האצבע, מפני שהוא סובר, כיון דלכתחלה גם הכריכות הוא מצוה, לפיכך אין זה הפסק, וכן המנהג בכל מקום, **ועיין** בתשובת משכנות יעקב, דעתו ג"כ כמנהגנו, לכרוך קודם על הזרוע לחיזוק, דבלא"ה לא מתקיים ואינו נקרא קשירה.

כתב בספר מאמר מרדכי, אם שמע קדיש וקדושה אחר שבירך על של יד, ואם יכרוך לא יהיה לו פנאי להניח ש"ר ולענות, יניח ש"ר קודם הכריכות, אם יכול להדק במקצת שלא ימיש התש"י ממקומו.

ויש מי שאומר שאסור להוציא תפלה של ראש מהתיק עד שתהא תפלה של יד מונחת - ר"ל שתהיה מהודקת יפה על הזרוע, ואז מותר, אפי' קודם שעשה השבעה כריכות.

והיינו אפילו אם ירצה להוציא הש"ר והש"י שניהן בשוה מן התיק, דבזה אין מעביר על המצות, אפ"ה יש ליזהר, כי יש בזה טעם על פי הקבלה, **וכ"ש** להניח הש"י מידו ולהתעסק בהוצאת הש"ר, מדינא אסור.

ואם אחר יכול להוציא ולתקן ש"ר, בעוד שחבירו מניח של יד, הפמ"ג מחמיר, וארה"ח מיקל.

הגה: ואף אם שניהם לפניו חוץ לתיק, לא יתקן לפתוח התפלה של ראש עד אחר הנחה של יד - ר"ל אפילו אם בעת תיקון הש"ר לא יניח הש"י ג"כ מידו, אפ"ה כשמניח אח"כ הש"ר להניח הש"י, הוי כמעביר על המצות.

יש מי שכתב להניח של יד מיושב, ושל ראש מעומד, (ובמדינות אלו לא נהגו כן, אלא שתיהן מעומד) - עיין במ"א שרוצה להכריע, דהנחה של יד תהיה מיושב, והברכה תהיה בעמידה, **אבל** בא"ר בשם רש"ל כתב, דמי לנו גדול מר"ש מקינון, אחר שלמד קבלה היה מתפלל כתינוק בין יומו, דמי שלא יכול להשיג סודה על נכון, יבוא לקצץ בנטיעות, ע"כ יהיה הברכה והנחה בעמידה, **ובביאור** הגר"א הוכיח, דגם לפי הזוהר מותר להניח התפילין של יד בעמידה, ע"כ אין לזוז מהמנהג.

כתב הכנה"ג בכללי הפוסקים: כל דבר שבעלי הקבלה והזוהר חולקין עם הגמ' והפוסקים, הלך אחר הגמ' והפוסקים, **מיהו** אם בעלי קבלה מחמירין, יש להחמיר ג"כ, ‹**אבל** אין אנו יכולים לכוף את הצבור להחמיר - גר"ז›, **ודין** שאין מוזכר בהיפוך בש"ס ופוסקים, יש לילך אחר דברי קבלה, אבל אין אנו יכולין לכוף לנהוג כך, ‹תוקן ע"פ השונה הלכות›, **וגם** במקום שיש פלוגתא בין הפוסקים, דברי קבלה יכריע.

סעיף יב - אם מניח תפילין כמה פעמים ביום, צריך לברך עליהם בכל פעם - אפילו אם כשסילקן היה דעתו להחזירם תיכף, ואפילו אם לא שינה מקומו כלל בינתים, והרמ"א בסמוך פליג ע"ז.

ואם בשעת ברכה היה דעתו, שאח"כ יסלקם ויחזור ויניחם, מוכח מדברי המג"א, דלכו"ע אין צריך לחזור ולברך.

נשמטו ממקומם וממשמש בהם להחזירם למקומן, צריך לברך - דוקא שנשמטו כולן או רובן, אבל מקצתן, אף דצריך להחזירן על מקומן, אין צריך לחזור ולברך.

הגה: ואם מחזיר אחת מהם, יברך כמו שמניח תפלה אחת, כדלקמן סי' כ"ו.

כתב של"ה, הא דלא נהיגי האידנא לברך כשנשמטו ממקומם, משום דבשעת תפלה מסתמא אינו מסיח דעתו מהם, והוי כחולצן ע"מ להחזירן, דפסק ההג"ה בסמוך, דאין לחזור ולברך, **וא"כ** אותן שהולכין לפעמים עד חצות בתפילין, אם נשמטו, ראוי לברך, **והח"א** כתב,

דאף בשעת התפלה אם נשמטו, המברך לא הפסיד, **ומ"מ** נראה, דלמעט בברכות עדיף.

הזיזם ממקומם אדעתא להחזירם מיד, צריך לברך - דכיון שהזיזן ממקומן, הוי כמו שהסירן לגמרי.

הגה: וי"א שלא לברך, (והכי נהוג, וכבר נתבאר לעיל סימן ח' סעיף י"ד) - כיון דהזיזן על דעת לחזור, **וה"ה** אם הסירם לגמרי אדעתא להחזירם מיד, פליג נמי הי"א, ואפילו אם שינה מקומו בינתים, ופסקו האחרונים כן, **משא"כ** בנשמטו מעצמן, אמרינן דתיכף שנשמט אזדא ליה המצוה, ולהכי שתיק ליה הרב להמחבר שם.

ואם לא היה בדעתו להחזירו מיד רק לאחר זמן, אפילו אם אח"כ לבשן תיכף, **או** שהיה בדעתו להחזירן תיכף, ואח"כ נשתהא הדבר והסיח דעתו בינתים, לכו"ע צריך לחזור ולברך.

(**כתב** בארה"ח, דאם חלץ התפילין בסתם, **אם** חלץ השל יד והשל ראש, צריך לחזור ולברך, ואם נשאר עליו התש"י או הש"ר, אין צריך לברך, דעדיין לא אסח דעתיה מן המצוה, **אבל** אם היה בדעתו שלא להחזירו מיד רק לאחר זמן, אף שנשאר עליו תפלה אחת, צריך לחזור ולברך, **ונראה** פשוט דהחולצן בתוך התפלה, אפילו בסתמא דינו כחולצן ע"מ להחזירן, וא"כ אם חלצן לילך בחוץ להשתין מים, אין צריך אח"כ לחזור ולברך).

וכן אם חלצן לכנוס לבהכ"ס, אפילו היה דעתו ללבשן תיכף, צריך לברך לכו"ע, דהא אין רשאי לילך בהם לבית הכסא, ואדחי ליה, (**אף** דהמ"א ספוקי מספקא ליה לענין בהכ"ס שלנו שאינם רחוקין, **כבר** כתב הח"א, דלא שבקינן פשיטותא דכל הני גדולי, הב"ח והע"ת וט"ז וא"ר, משום ספיקא דמ"א, וגם עיקר סברתו דחו אותה, **ולכן** אף שהפמ"ג והדה"ח העתיקו את דברי המג"א, המברך בודאי לא הפסיד). **וכתב** הח"א, דה"ה כשחולץ שצריך להפיח, כיון דאסור להפיח בהן, צריך לחזור ולברך.

מי שמניח תפילין של יד ובירך, ובתחלת ההדוק נפסק הקשר של יד והוצרך לעשות קשר אחר, אמנם לא הסיח דעתו - ואפילו אם סח בינתיים לצורך ענין, אינו הפסק בדיעבד, **אינו צריך לחזור ולברך** - דכיון דלא נעשה עדיין מצות הנחה, נמצא דלא חלה עדיין הברכה על שום מצוה, ועשיית הקשר אינו מפסיק, כיון שהוא מענין המצוה, ע"כ חייל הברכה על הנחה שניה, **וה"ה** בתפילין של ראש דינא הכי, **ומזה** יש ללמוד, במי שיש בידו תפילין בלי קשר, ובירך ועשה קשר והניח, דבדיעבד שפיר עולה לו הברכה שעשה, דעשיית הקשר אינו הפסק.

(**נ"ל דאין שום חילוק, בין אם הקשר מאותה הרצועה, או שהוצרך ליקח רצועה חדשה, דעיקר הברכה היא על התפילין בעצמם**).

ומשמע מדברי השו"ע, דאם לאחר שהידק התפילין על הזרוע נפסק הקשר, צריך לחזור ולברך, דכבר נגמר מעשה המצוה, והו"ל כנשמטו ממקומם דצריך לברך כשמחזירם, **והאחרונים** חלקו ע"ז, וכתבו דכיון דברכת "להניח" שבירך קודם הנחת של יד, קאי גם על תפילין של ראש, כדאיתא לעיל, וא"כ כל זמן שלא הניח תש"ר, עדיין עסוק במצוה השייך לאותה ברכה, ולא נגמר עדיין המצוה שבירך עליו עד שהניח גם הש"ר, **ע"כ** כמו בהותר הקשר של יד קודם הנחת של ראש, פסק השו"ע דאינו צריך לחזור ולברך, ה"ה נמי אם נפסק הקשר, ג"כ אינו צריך לחזור ולברך.

ואם נפסק הקשר של ראש או של יד לאחר שכבר הניח הש"ר והדקו, צריך לחזור ולברך, (**אף** דהמג"א כתב, דלפי מה שפסק השל"ה בנשמט שלא לברך, א"כ ה"ה בנפסק, **חדא** דדינא דשל"ה הוא דהוי כחולצן ע"מ להחזירן, ובחולצן גופא יש ויש הרבה מהראשונים והאחרונים, והב"י והגר"א בתוכם, דס"ל דצריך לברך, **ואפילו** לדעת רמ"א דס"ל, דבחולצן ע"מ להחזיר א"צ לברך, הא הרבה פליגי על של"ה, עיין בא"ר ובח"א, **ובפרט** בענינינו דהרבה חולקין יש בזה על המ"א, דיש לחלק בין זה לההיא דהשל"ה, דהתם רגיל להשמט בתוך התפלה, ע"כ בודאי היה דעתו בשעת ברכה, שכשישמט שיתקננו, משא"כ בנפסק דלא מצוי, **ע"כ** נ"ל פשוט דהמברך לא הפסיד בזה).

ואם אין שם מי שיודע לתקן הקשר, והוצרך לקחת תפילין אחרים, בכל גווני צריך לחזור ולברך.

(**ואם** נפסק הרצועה של הש"ר או הש"י לאחר שכבר נגמר מצות הנחתם, וחלץ את התפילין ותיקנם, נראה לכאורה דאם נשאר בם השיעור המבואר לקמן בסי' כ"ז, דמדינא כשר בלי שום תיקון, תו לא הוי כנשמט ממילא, רק כהזיזן מדעתו ע"מ להחזירן, דקי"ל דא"צ לחזור ולברך, **ובאופן** שפסולים לגמרי, צריך לחזור ולברך, דהו"ל כנשמט, **ואולי** כיון דבעת הפסיקה נשאר מהודק על הראש והזרוע, מקרי אח"כ בכל גווני כחולצן ע"מ להחזירן).

אם הותר של יד - וה"ה אם נשמטו ממקומם, **קודם הנחת של ראש, מהדקן וא"צ לחזור ולברך.**

אבל אם הניח של ראש - ר"ל שהדקו, דהוא עיקר מצות הנחה, **ואח"כ הותר של יד, מהדק ומברך** – (לאו דוקא, דהברכה צריך להיות קודם ההידוק).

דהו"ל כנשמטו ממקומם, וכן אם הותר הש"ר לאחר הידוקו, צריך לחזור ולברך כשמהדקו על ראשו.

(**ומשמע** מדברי האחרונים, דדוקא אם הותר מעצמו, שנתרפה הקשר ממילא, אבל אם התירו בידים וחזר ותיקנו, לדעת הרמ"א א"צ לחזור ולברך בכל גווני), **ולפי** מה שכתבנו לעיל בשם השל"ה, אין לברך אם הותר התפילין בזמן התפלה בכל גווני.

(**נסתפקתי**, אם פתח התפילין כדי לבדוק הפרשיות, ונמצאו כשרים והניחן בתוכו ותפרן כדין, דאפשר דצריך לחזור ולברך כשמניחן לכו"ע, **אף** דהיה דעתו בשעת חליצתן לחזור ולהניחן כשימצאו כשרים, משום דבאמצע נתבטל מינייהו שם תפילין, רק פרשיות ובתים, ואינו דומה להותר הקשר או נפסק, דתפילין בלי רצועות ג"כ שם תפילין עלייהו, משא"כ בזה, **וכעין** זה יש להסתפק לענין ציצית, דזה פשוט אם מצא בטליתו כשהוא לבוש, שאחת מציציותיו פסולין מן הדין ותקנו, צריך לחזור ולברך כשלובשו, דדמי ממש להא דנפסק הקשר אחר גמר קיום המצוה, **אך** אם מן הדין הם כשרים, אלא שרוצה לפשוט הטלית כדי להטיל בו ציצית אחרים מהודרים, ולחזור וללבשו מיד, לכאורה נראה דזה נקרא חלצו מדעתו ע"מ להחזירו, וא"צ לברך שנית, **אך** יש לדחות, דשם נשאר הטלית עם הציצית בשלמותו, ולא נתבטל מיניה מצותו, משא"כ בזה דנתבטל בינתיים מן הבגד מצות ציצית, אפשר דצריך לחזור ולברך שנית לכו"ע, **ואינו** דומה למה דמבואר בארה"ח, דאם נפסקו הציצית אחר הברכה קודם הלבישה, ומטיל בו ציצית אחרים, דא"צ לחזור ולברך, דשם הלא היה קודם קיום המצוה, משא"כ בזה, **וצ"ע** בכ"ז).

מותר לברך על תפילין שאולין - ואפי' בשואל שלא מדעת מותר, דניחא ליה לאיניש למיעבד מצוה בממוניה, רק שיקפלם כבראשונה, ולא יוציאם ממקומו הראשון.

ולא על גזולין - דהו"ל מצוה הבאה בעבירה, ואפילו אחר יאוש, ואפילו בדיעבד לא קיים מצות תפילין, **אך** אם מכר התפילין לאחר יאוש לאחר, דעת המ"א והמחה"ש, דיוכל השני לברך, דלדידיה הוי יאוש ושינוי רשות, **אכן** הט"ז והגר"א כתבו בהדיא, דבכל גווני אסור לברך, **אף** דלענין לצאת בהם, משמע מדברי הגר"א דיוצא בהם, אך לענין הברכה אסור מכל מקום משום "בוצע ברך", דעל ידי לקיחתו יצא הגזילה מרשות הבעלים, **אך** מי שלקח מהשני הזה, נראה דיוכל לברך.

סעיף יג- נהגו העולם שלא לחלוץ תפילין עד אחר קדושת "ובא לציון".

ויש מי שכתב על פי הקבלה שלא לחלוץ עד שאמר בהם ג' קדושות וד' קדישים, דהיינו לאחר קדיש יתום, והכי נוהגים המדקדקים - ט"ס הוא, ובאמת צ"ל: "ג' קדישים וד' קדושות", כי "ברכו את ד'" נחשב חדא, שהיא דבר שבקדושה, וקדושת "שפה ברורה" שניה, וקדושת העמידה, וקדושת "ובא לציון", **וג'** קדישים, הוא ח"ק שקודם ברכו, וחצי קדיש שאחר תפילת י"ח, וקדיש שלם שאחר "ובא לציון". ‹א"א לומר כן, שהרי סיימו רמ"א, דהיינו לאחר קדיש יתום – מאמ"ר. **וי"א** דר"ל, שלפני הרמ"א היה ט"ס›.

ובשם האר"י ז"ל כתבו, שלא היה חולץ עד אחר "על כן נקוה לך". **וביום** שיש בו מילה, ראוי שלא לחלוץ עד אחר המילה, כי מילה היא אות ותפילין הם אות.

ומ"מ משמע מפמ"ג ושארי אחרונים, דבמקומות שנוהגים לומר קדיש יתום ברל יום אחר "עלינו", טוב שלא לחלוץ עד אחר קדיש יתום.

ויש שאין משהין עליהם יותר מן החיוב, דצריכין גוף נקי, והכל לפי מה שהוא אדם, אם אין לו גוף נקי

ומתיירא שמא יפיח, יסלק מיד, דמשו"ה אין רוב העולם נוהגים להניחם כל היום.

ואנשים שנוהגין לקפל הטלית ותפילין ולהניחן בתיקן בעת אמירת קדיש, לא יפה הן עושין, דמאוד יש לכוון בעניית איש"ר, ואיש"ר הוא עוד במדרגה גבוה יותר מקדושה, ובודאי לא גרע משאר ברכות דרבנן, דאסור לעשות אפי' תשמיש קל בשעה שהוא מברך.

וביום שיש בו ס"ת, נוהגים שלא לחלצם עד שיחזירו ס"ת ויניחוהו בהיכל - רמז לדבר: "ויעבור מלכם לפניהם", היינו הס"ת, "וד' בראשם", תפילין, **והחולצן** קודם, עכ"פ יזהר שלא יחלוץ הש"ר בפני הס"ת, כדי שלא יגלה ראשו בפניה, אלא יסתלק לצדדין, **ובש"י** דליכא גילוי, או בתפילין ש"ר תחת הט"ג, שרי.

הגה: והיינו במקום שמכניסין התורה לאחר "ובא לציון גואל", אבל לפי מנהג מדינות אלו שמכניסים התורה מיד לאחר הקריאה, אין לחלצם רק כמו בשאר ימים.

ביום ראש חודש, חולצים אותם קודם תפלת מוסף - אחר שהחזירו הספר תורה בהיכל, ובמקומותינו שמכניסים תיכף אחר הקריאה, יחלצם אחר הקדיש שקודם תפילת מוסף, **ובא"ר** כתב, דבר"ח יחלוץ אחר קדושת "ובא לציון", קודם שאומר: יהי רצון מלפניך וכו' שנשמור חוקיך, כי במערבא היו מברכין "לשמור חקיו" בתר דמסלקי תפילין, בסי' כ"ט – א"ר, ולא ימתין מלחלצם עד אחר קדיש, כדי שלא להפסיק בין קדיש להתפלה.

הגה: וכ"ה בחול המועד - והאחרונים כתבו, כיון די"א שלא להניח כלל בחוה"מ, כדלקמן בסימן ל"א, ימהר לחלצן קודם הלל, והש"ץ אחר הלל, **ובחוה"מ** של סוכות, שיש פנאי בעוד שממתינין על האתרוג, אף הש"ץ יחלוץ קודם הלל.

הנוהגין ללבוש כל היום, יחזור וילבוש בר"ח אחר תפלת מוסף, וא"צ לחזור ולברך אם היה דעתו לזה בשעת חליצתן, לפי מה שפסק הרמ"א לעיל בסי"ב, **ובחוה"מ** לא יניחם שוב לגמרי עד הערב.

והאנשים המניחין תפילין דר"ת, בחוה"מ לא יניחום כלל, **ובר"ח** יוכלו להניחם אחר שיסיים הש"ץ תפלת מוסף, או שיסירו התפילין של רש"י קודם "ובא לציון", ושל ר"ת ילבשו בעת אמירת "ובא לציון".

ודוקא במקום שאומרים במוסף קדושת "כתר" - פי' במקום שאנו אומרים "נקדש" במוסף, אומרים בקצת מקומות "כתר יתנו לך", לכן אין נכון להיות אז כתר של תפילין עליו, ואפילו בעת תפלת הלחש, **ופשוט** דאם שכח והתחיל להתפלל בהם, לא יחלצם באמצע, דאינו רק מנהגא.

מיהו נוהגים לסלקם קודם מוסף בכל מקום - והט"ז כתב, דהנוהג שאינו חולץ במוסף, אין עליו תלונה, מאחר שאין אנו אומרים קדושת "כתר יתנו לך", **ושמעתי** על גדול הדור אחד, שלא היה חולצם במוסף, **אך** המתפלל בצבור, בודאי לא ישנה מנהגא דצבורא.

§ סימן כו – דין מי שאין לו אלא תפלה אחת §

סעיף א - אם אין לו אלא תפלה אחת, מניח אותה שיש לו ומברך עליה, שכל אחת מצוה בפני עצמה - (אפילו אם היא רק של ראש לבד, ולא יחוש למה שאמרו: כל זמן שבין עיניך יהיו שתים, וגם אפילו בעת ק"ש ותפלה מותר לו ללבוש אחת, ולא יחוש למה שאומר אח"כ בעצמו בק"ש "וקשרתם" וגו', והוא אינו מקיים, דכל זה דוקא אם יש לו שיכול להניחם, משא"כ בזה. **ואם** הוא מצפה שיביאו לו קודם שיעבור הזמן ק"ש, אם הוא איש שדרכו ללבוש תפילין רק בזמן הק"ש ותפלה, והוא רוצה עתה ללבשם ולהתפלל בהם, בודאי יש לו להמתין עד שיביאו לו השניה, ולא יקרא ק"ש ויתפלל בתפלה אחת, כיון שעדיין לא עבר הזמן ק"ש, **אבל** אם דרכו ללבוש תפילין אפילו שלא בזמן ק"ש, והוא רוצה עתה ללבוש כדי שלא לבטל מצות תפילין מעליו, פשוט דיכול ללבשם תיכף ולברך עליהם, **אך** לענין לקרות בהם ק"ש, נראה דיש לו להמתין עד שיביאו לו השניה).

והוא הדין אם יש לו שתיהם, ויש לו שום אונס שאינו יכול להניח אלא אחת - כגון שיש לו מכה בראשו או בזרועו, או שהוא צריך לצאת לדרך, ואין השיירא ממתנת עליו עד שיניח שתיהם, **מניח אותה שיכול.**

סו הלכות תפילין
סימן כו – דין מי שאין לו אלא תפלה אחת

והי מינייהו עדיפא לענין הנחה, י"א דיותר טוב שיניח ש"ר לבד, דקדושתו חמורה, וי"א שיניח לעת עתה הש"י, כדי שלא ישנה הסדר שבתורה, **בד"א** כשיהיה יכול אח"כ להניח בדרך התפלה השניה, אבל אם אח"כ לא יכול להניח התפלה השניה, יניח הש"י והש"ר קודם הליכתו מביתו, דמשום איחור דרכו לא התירו לו לבטל ממצות תפילין.

(**המחבר** איירי לענין שיהא מותר להניח תפלה אחת לכתחילה, אבל בדיעבד אפילו אם הזיד ולא הניח רק אחת, יצא ידי אותה שהניח).

סעיף ב - אם אינו מניח אלא של ראש לבד, מברך עליה "על מצות תפילין" לבד.

הגה: ולדידן דנוהגים לברך בכל יום שתי ברכות, מברך על של ראש לבד שתי ברכות, ואם מניח של יד לבד מברך "להניח" לבד.

עיין בפמ"ג שהביא עוד פוסקים דס"ל, דאף על של יד לבד נמי מברך שתי ברכות, **ולהלכה** הסכימו האחרונים, דאינו מברך על ש"י אלא "להניח" לבד, דבלא"ה הרבה ראשונים ס"ל, דאפילו על שתיהן נמי אינו מברך אלא אחת.

אם הניח שתיהן ולא בירך, דהדין הוא דיברך כל זמן שהן עליו עדיין, אם הקדים ברכת ש"ר תחלה ואח"כ ש"י, אינו חוזר ומברך, **אבל** לכתחלה אפילו הניח ש"י ולא בירך, יברך עליו קודם הנחת של ראש.

§ סימן כז – מקום הנחתן ואופן הנחתן §

סעיף א - מקום הנחתן של יד, בזרוע שמאל - מדכתיב "ידכה" בה"א, פירוש: יד כהה, דהיינו השמאל שהיא תשה וכהה, **ועוד** דרשו, מדכתיב: וקשרתם וכתבתם, מה כתיבה בימין שכן דרך בני אדם, אף קשירה בימין, וכיון דקשירה בימין ממילא הנחה בשמאל, **ואם** הניחו בימין, אף בדיעבד לא יצא.

בבשר התפוח שבעצם - והוא המקום הנקרא קיבורת בלשון חז"ל, **שבין הקובד"ו** - הנקרא עלינבויגי"ן, **ובית השחי** - והוא לעיכובא כדילפינן לזה בגמ' מקרא.

(**וצריך** ליזהר שלא יהיה קצה התפילין למטה מבשר התפוח, כמו בשל ראש שצריך ליזהר שלא יהיה קצהו על המצח, דהא ילפינן במנחות גז"ש גובה שביד מגובה שבראש).

ויטה התפלה מעט לצד הגוף, בענין שכשיכוף זרועו למטה יהיו כנגד לבו, ונמצא מקיים: והיו הדברים האלה על לבבך.

הגה: וצריך להניח בראש העצם הסמוך לקובד"ו, אבל לא בחצי העצם הסמוך לשחי - אין ר"ל ראש העצם ממש, דהתם עדיין נמוך הבשר, ועד שיתחיל להיות גבוה אין מקום תפילין, דאין ע"ז שם קיבורת, אלא ר"ל בגובה הבשר שבעצם, **ולא** בא הרמ"א בזה לחדש שום דבר רק במה שסיים: אבל לא בחצי העצם שסמוך לשחי, ור"ל אף שיש גם שם עדיין מקצת בשר תפוח, **וגם** דעת המחבר הוא כן, דדוקא מחצי העצם ולמטה, כדמוכח בסעיף ז', ומה שכתב המחבר מתחלה: בבשר התפוח שבעצם, ע"כ ג"כ דכונתו מחצי העצם ולמטה, (**אף** שנראה קצת שיש גם מחצי ולמעלה בשר תפוח, **אעפ"כ** עיקר שם קיבורת אינו כי אם על מקום שמחצי עצם ולמטה).

והגר"א בביאורו הסכים לדינא, דכל מקום הקיבורת כשר להניח בו תפילין, (דדעתו דהקיבורת נמשך יותר מחצי העצם), **ועכ"פ** למטה ממקום הקיבורת פסול לכו"ע.

ע"כ נכון למנוע מלהניח תפילין גדולים, כי ע"פ הרוב מצוי בתפילין גדולים, שסוף הקציצה מונחת למטה ממקום הקיבורת, אם לא שיקשרם לכתחלה בחצי העצם העליון, **וגם** זה לא נכון להקל לכתחילה בזה, אחרי דדעת המחבר ורמ"א להחמיר בזה.

אך אם אין לו כי אם תפילין גדולים, טוב יותר שיקשרם בחצי העצם העליון, במקום שנמצא עדיין בשר התפוח, ויצא בזה עכ"פ דעת הגר"א ושאר פוסקים, ממה שיהיו מונחים למטה ממקום הקיבורת, ולא יצא בזה אליבא דכו"ע, וגם הברכה יהיה לבטלה.

(גידם שאין לו יד רק זרוע) - ר"ל שניטל פיסת יד שמאלו עם כל הקנה עד הקובד"ו, שנקרא

הלכות תפילין סז
סימן כז – מקום הנחתן ואופן הנחתן

עלינבויגי"ן, **(יניח** – (ביד שמאלו), **בלא ברכה), (תוספות פרק הקומץ כתבו דגידם חייב, ובא"ז כתב דפטור).**

(**ואפילו** לא נשאר לו רק מחצי עצם שבין הקובד"ו ובית השחי ולמעלה, פשוט דיכול לסמוך בזה על שיטת הגר"א, דכל שיש עדיין מקצת מן הקיבורת כשר לתפילין, ולא יברך).

(**ומהב"ח** ונ"צ וא"ר והגר"א משמע, דצריך לברך ג"כ, אחרי דיש לו קיבורת, ודה"ח ג"כ מסכים בעיקר הדין לחיוב כמותם, אך מ"מ לענין ברכה מצדד להקל, ויותר טוב שיברך ב' על השל ראש, היינו לפי מנהגנו כהרמ"א, ולהב"י אחת, ויכוין להוציא בזה גם השל יד).

אבל אם נשאר קצת מהקנה, גם הא"ז מודה להתוספות דחייב בתפילין, ויברך ג"כ.

ואם אין לו יד שמאל כלל, או אפילו קצה הזרוע שלמעלה ממקום הקיבורת נשאר, ומקום הקיבורת אין לו כלל, פטור מלהניח הש"י אף בימין, **ויש** מחמירין בזה, [ועכ"פ בלי ברכה].

וכ"ז שנעשה גידם בשמאל דהוא מקום הנחת התפילין, אבל אם נעשה גידם בימין, אפילו נקטע לו כל היד, חייב בתפילין, ויבקש לאחרים שיניחוהו עליו, (וזהו בנקטע כל ידו וגם הקיבורת, דאמרינן דמלבד שחסר לו יד, גם נשאר לו רק יד שמאל שהיא יד כהה, **אבל** אם נקטע רק מקצת ידו, אפי' נשאר לו רק הקיבורת, הואיל ויש לו עכ"פ שתי ידים, מניח באותו יד הרצוצה משום דנעשה איטר, וכדלקמן בס"ו במ"ב ובה"ל – מנחת שלמה).

סעיף ב - המנהג הנכון שיהא היו"ד של קשר תפלה של יד לצד הלב, והתפלה עליו לצד חוץ - אין ר"ל שתהיה התפלה מונחת על היו"ד, דודאי בעינן שתהא היו"ד אצל התפלה בשוה, ולא מתחתיה, **רק** ר"ל, דלפי שהוא מטה התפילין לצד הגוף, כמו שכתב ס"א, לכן נקרא יו"ד של צד הגוף למטה, והתפלה עליו לצד מעלה.

עיין בביאור הגר"א שכתב, דדינא דגמרא הוא לפירוש הגאונים.

(**עיין** בב"י בשם מהר"י ב"ח דמשמע מדבריו, דרק עשיית הקשר והיו"ד אשר בו, צריך שיהיה דוקא למטה מהתפלה לצד הלב, אבל כניסת הרצועה תוך כפל הקשר תבא למעלה מהתפלה, והוא הנכון, **אבל** בד"מ משמע, שיותר טוב כהמנהג שנוהגין, שגם תחיבת הרצועה בתוך הקשר והכפל יהיה לימינו, שהוא לצד הלב, וכן משמע לשון הרא"ש), **ונכון** ליזהר, שלא ירחיב הרבה את כפל קשר העניבה שהרצועה עוברת בה, כדי שתהיה גם מקום הידוק הרצועה סמוך להתפילין לצד הלב.

(**ואע"פ** שהעדפנו את המנהג של הד"מ, מ"מ הנוהג כמהריב"ח אין למחות בידו, כי יש לו על מי לסמוך, **גם** ע"י מנהגו טוב, שלא יזיז היו"ד לעולם מהבית, משא"כ לפי מה שאנו נוהגין כהד"מ, צריך בכל עת שמירה לזה, **אולם** באמת יש לזה עצה אחרת, (לקושרו בחוט, ועיין במש"כ במ"ב), (דראוי לבטלו).

יש ליזהר שלא תזוז יו"ד של הקשר מהתפלה - ויחתוך בתיתורא מלמעלה, ויהדק היו"ד עם הבית, (עיין בביאור הגר"א, דדין זה יש לו ג"כ מקור מהגמרא).

ובזוהר פ' פנחס מחמיר מאוד בענין זה, **ויש** מחמירין דגם כשהן בתוך כיסן צריכין ליזהר בזה, שלא תזוז כלל היו"ד, **ומטעם** זה יש נוהגין לקשור היו"ד עם חוט של גיד עם התפלה, **וראוי** לבטל זה, דע"י הקשירה יהיה חוט של גיד סביב התיתורא חוצץ בין הזרוע להתפילין, **ובלבושי** שרד כתב, דראוי לבטל ג"כ המנהג, שכורכין הרצועה במקום הקיבורת תחת התיתורא, דהוי ג"כ חציצה.

סעיף ג - המנהג הנכון לתקן שהמעברתא שבה הרצועה עוברת, תהא מונחת לצד הכתף, והקציצה לצד היד.

ואיטר המניח תפילין ממי שאינו איטר או להיפוך, ואינו יכול להוציא הרצועה ולקבעה כדין, (יוכל להפך להניח הקציצה לצד הכתף, והמעברתא לצד היד, כ"כ בתשו' שבו"י ובארה"ח, כי זה בודאי טוב יותר ממה שיניח כך, ויהיה התפילין סמוך ללב, ויהיה קשר היו"ד חוצה לה, **וכמו** שכתב הגר"א, שהסעיף ב' אף שכתב בשו"ע בשם מנהג, דינא דגמרא הוא לפי' הגאונים, **ועיין** בח"א דלא הזכיר שם עצה זו דשבו"י, והוא כתב שם, דטוב אם יכול להוציא הרצועה ולהכניסה מצד אחר, כדי שתהיה היו"ד סמוך ללב, אע"פ שאינו יכול להפוך הקשר של היו"ד שתהיה פניה לצד הבית, **ועכ"פ** לא

יתבטל ממצות תפילין עבור זה ויניחם כך, ע"ש, ור"ל אף דיהיה קשר היו"ד לצד חוץ והתפילין לצד הלב, ולענ"ד בודאי טוב יותר לעשות כהשבו"י, דזה דינא דגמרא הוא לכמה ראשונים, וזה מנהג וכמו שכתב הגר"א, **ואפילו** אם יכול להוציא הרצועה, ג"כ יש לעיין, דאולי מה שהיו"ד לא יהיה פניו כלפי הבית, לא נחשב יו"ד, **ועכ"פ** באינו יכול להוציא יעשה כהשבו"י).

סעיף ד - לא יהא דבר חוצץ בין תפילין לבשרו, לא שנא של יד - דכתיב: על ידך, **לא שנא של ראש** - דכתיב: בין עיניך, ואפילו חציצה כל דהוא, **ונכון** ליזהר לכתחילה אפי' בכנה חיה, שלא יהא מפסיק בין התפילין לבשר, ועכ"פ בכנה מתה ועפר יש ליזהר, **וע"כ** יש נוהגין לרחוץ מקום הנחת התפילין.

כתב בספר רביד הזהב, נראה דמה שרצועה חוצצת לפעמים בין תפילין לבשרו, לא מיקרי חציצה, דמין במינו אינו חוצץ, **ומלבושי** שרד משמע דנכון לכתחילה להחמיר בזה.

כתב בספר מחצית השקל: ורע עלי המעשה של אותן האנשים שמגדלין בלורותיהן, מלבד כי הוא דרך שחץ וגאוה, עיין מה שכתוב ביו"ד סי' קע"ח, יש בו איסור בהנחת תפילין, דכיון דגדולין הרבה ליכא למימר בהו היינו רביתייהו, וחוצצים, עי"ש, **ובלאו** חציצה נמי, בשביל הני שערות המרובים, א"א לצמצם שיהיו מהודקין ומונחין על מקומן כדין.

הגה: ודוקא בתפילין, אבל ברצועות אין להקפיד - והאחרונים כתבו, דאין להקל רק במקום הכריכות, אבל מה ששייך להקשירה, יש להחמיר אף ברצועות, בין בשל יד ובין בשל ראש, **וכתבו** תוכחת מגולה, על המניחים התפילין ע"ג פאה נכרית הנקרא פארוק"ה, ואפי' אם רק הרצועה מונח על הפאה נכרית.

ומ"מ משמע מדברי המ"א והח"א, דאם יש לו מכה בראשו, ורק במקום שהרצועות מונחים ולא במקום הקציצה, מותר לו להניח הרצועות ע"ג סמרטוטין שעל המכה, או ע"ג כובע דק, ולברך, **אע"ג** שיש חציצה בין הרצועות, כיון דבמקום הקציצה אין חציצה, **וכן** בשל יד, אם יש לו מכה אפילו במקום היקף הקשר שסביב ידו, מותר לו להניח היקף הקשר ע"ג סמרטוטין ולברך, **אך** בזה יזהר לכסות מלמעלה, כדי שיתקיים: לך לאות ולא לאחרים לאות.

סעיף ה - אדם שהוא עלול לנזילות - פי' שיש לו מכאוב או מיחוש בראשו, ואם יגלה ראשו יזיק לו הקרירות, **ואם יצטרך להניח תפלה של ראש על בשרו לא יניחם כלל, יש להתיר לו להניח תפלה של ראש על הכובע דק הסמוך לראש** - דכיון שהוא אנוס יכול לסמוך על הרשב"א, דס"ל דאין חשש בחציצה, ולא נאמר "בין עיניך" אלא לסיים להם מקום.

ויכסם מפני הרואים - ומשום "לך לאות ולא לאחרים לאות" ליכא בתש"ר, דבהו כתיב: וראו כל עמי הארץ כי שם ד' נקרא עליך, **ומ"מ** צריך לכסות מפני הרואים שאינם יודעים שהוא אנוס.

אבל על כובע עבה אסור להניחם, דלא יוכל לכוין ולצמצם מקום שהמוח של תינוק רופס.

הגה: והמניחים בדרך זה לא יברך על של ראש, רק יברך על של יד "להניח" - ויכוין להוציא הש"ר, דבלא"ה דעת הרבה פוסקים שאין מברך על שניהם אלא אחת.

ואם יש לו מכה ביד במקום הנחת הקציצה, והמכה מתפשטת בכל הקיבורת, מותר לו להניח על הרטיה, אם לא סגי בלא"ה, **ולא** יברך, דהא דעת רוב הפוסקים דחציצה פוסלת, ויברך שתים על הש"ר, כדלעיל בסימן כ"ו בהג"ה, **אך** ילבוש על התש"י מלמעלה בגד אחר כדי לכסותם, דהא כתיב בהו: והיה לך לאות, ודרשינן: לך לאות ולא לאחרים לאות, **ודוקא** על רטיה, אבל להניח תפילין על חלוקו, י"א דאסור אפילו ביש לו מכה, ואפילו אם ילבוש עליו בגד אחר.

ועיין בב"ח וע"ת דמשמע מדבריהם, דנכון ליזהר שעכ"פ בשעת ק"ש ותפלה יהיה בלי חציצה כלל.

סעיף ו - ואטר יד ימינו, אם עושה כל מלאכתו בשמאלו - ה"ה אפילו רק רוב מלאכתו, **מניח בשמאלו שהוא ימין של כל אדם** - ואם הניחו בימינו שהוא שמאל כל אדם, אף בדיעבד לא יצא.

(ביאור הלכה) [שער הציון] «הוספה»

ואפילו נעשה איטר על ידי שהרגיל עצמו אח"כ, ולא נולד כך, יניח בימין, **וכ"ש** אם מן השמים הרגילוהו, דהיינו שנולד לו חולי בימינו וניטל הכח ממנו, או שנקטע לו כף ידו הימנית, וצריך לעשות כל מלאכתו בשמאל, בודאי דינו כאיטר גמור, ויניח על היד הרצוצה, **ואם** חזר לבריאותו, ונעשה שולט בשתי ידיו בשוה, הרי הוא ככל אדם.

(**ודע**, דלפי מה שכתבנו למעלה, בנקטע שמאלו ולא נשאר לו כי אם הקיבורת, דמעיקר הדין חייב להניח עליה תפילין, ה"ה בנקטע יד ימינו ולא נשאר לו כי אם הקיבורת, חייב להניח עתה עליה תפילין, דעתה אחר שהרגיל עצמו לעשות בשמאל, הימין נעשה שמאל).

ואם שולט בשתי ידיו - ר"ל שעושה כל המלאכות בשניהם שוה בשוה, **מניח בשמאל כל אדם** - אבל אם נקל לו לעשות בשמאל, אף שיכול לעשות אותם גם בימין, זה לא מיקרי שולט בשתי ידיו.

ואם כותב בימינו, ושאר כל מעשיו עושה בשמאלו, או כותב בשמאל ושאר כל מעשיו עושה בימין, י"א שיניח תפילין ביד שתש כח, דבעינן יד כהה - ר"ל דכתיבה אין לה שום מעלה משאר מלאכה יחידית, ואזלינן בתר רוב המעשים, והיא הנקראת שמאל.

וי"א שהיד שכותב בה היא חשובה ימין לענין זה, ומניח תפילין ביד שכנגדה. (הגה: והכי נהוג) - דכתיב: וקשרתם וכתבתם, משמע דבאותו יד שכותב בה, צריך לקשור את התפילין על היד שכנגדו, **מיהו** כשלא נולד כן, רק אח"כ הרגיל עצמו לכתוב בשמאל, ושאר מעשיו עושה בימין, יניח בשמאל כל אדם.

ואדם שאין יכול לכתוב, לכו"ע אזלינן בתר שאר מלאכות, באיזה יד שעושה אותם נקרא ימין.

(**מסתימת** השו"ע והפוסקים משמע, דכל כתיבה מהני לזה, ולא בעינן שיהיה יכול לכתוב ספרים תפילין ומזוזה גופא, כדמשמע לכאורה פשטיה דקרא "וכתבתם", **אך** אם אינו יכול לכתוב כתב גמור, רק רשימות ותמונות בעלמא לזכרון, כמו שאנו קורין בל"א ציפער, איני יודע אם הוא בכלל כתב לענין זה, **ובאמת** בכגון זה בודאי יותר טוב לסמוך על שיטת הגר"א והרוב מהראשונים, דס"ל כדיעה הראשונה).

(**עיין** במ"א שכתב, דלדעה זו אפילו אם הוא שולט בשתי ידיו בכתיבה, מניח בשמאל כל אדם, אף ששאר כל מעשיו עושה בשמאלו. **ועיין** עוד שם שהביא דעת הב"ח שחולק וסובר, דדוקא אם כותב בימינו ושאר כל מעשיו עושה בשמאלו, שבזה נחשב כשולט בשתי ידיו, אבל אם כותב בשמאלו ושאר מלאכתו עושה בימינו, יניח בשמאל של כל אדם, **אך** המ"א מסיים עליו, שאנו אין לנו אלא פסק השו"ע, וכן סתמו כהמ"א הרבה מאחרונים שאחריו, **אך** הארה"ח החזיק בדעת הב"ח להלכה, והגר"א בביאורו החזיק לגמרי כדעה הראשונה, דלא אזלינן כלל בתר כתיבה, וא"כ אם כותב בימין ושאר מעשיו עושה בשמאל, יניח בימין, **אך** מ"מ נלענ"ד דנוכל להמליץ על העולם, דנוהגין כהלכה אליבא דכו"ע, ומנהגן של ישראל תורה היא, דנ"ל דאפילו לדעה הראשונה, ה"מ דביד שכותב בה אין יכול לעשות פעולות האחרות, אבל אם באותו יד יכול ג"כ לעשות פעולות האחרות, רק שנקל לו לעשות בהיד השני, מקרי שולט בשתי ידיו לכו"ע, כיון דבהיד השני אינו יכול לכתוב כלל, וכל יד יש לה מעלה בפני עצמה).

סעיף ז - אעפ"י שיש לאדם מכה במקום הנחת תפילין, יניח תפילין, כי מקום יש בזרוע להניח שתי תפילין, כי העצם הסמוך לבית השחי מחציו עד הקובד"ו הוא מקום הנחת תפילין - ר"ל בבשר התפוח אשר לצד הקובד"ו, ולא עד הקובד"ו ממש, **ואם** נתפשט המכה בכל בשר התפוח אשר לצד הקובד"ו, יוכל לסמוך על דעת המקילין, להניח בבשר התפוח אשר בחצי העליון של עצם, **ואם** המכה גדולה ומצטער בהנחת התפילין, פטור מלהניח התפילין ש"י אפי' נשאר לו מקום, ויניח ש"ר לבד.

סעיף ח - אורך רצועה של יד, כדי שתקיף את הזרוע ויקשור ממנה הקשר, ותמתח על אצבע אמצעית, ויכרוך ממנה על אצבעו שלשה כריכות ויקשור - שנים בפרק התחתון ואחד

בפרק האמצעי, **וי"א** דתחלה א' בפרק אמצעי, ואח"כ ב' בפרק התחתון, **ואותן** הכריכות יעשה אחר הנחת הש"ר.

ונוהגין העולם לכרוך על הזרוע ששה או שבעה כריכות - ואנן נהגינן שבעה, **ועיין** בשע"ת שמסיק, דאין לעשות אלו הז' כריכות רק על הזרוע, **דלא** כקצת שנוהגים לעשות ג' כריכות על הקיבורת, וד' על הזרוע.

הגה: ואין לכרוך הרצועה על התיתורא כדי לחזקה על היד - שכבר נתקיים "וקשרתם" ברצועה שעל המעברתא, וכמו בתפילין של ראש שתלוי ברצועה שבתוך המעברתא, **וכיון** שאין מצוה כלל בכריכה, לכן אין להניחה על התיתורא, שיש בה קדושה יותר מן הרצועה.

והנוהגים להניח הש"ר קודם שכורכים על הזרוע, י"א דיכול לכרוך הרצועה על הקציצה, שלא תמוש תש"י ממקומה עד שיניח הש"ר, ואח"כ יסירנה ויכרוך השבעה כריכות.

ומי שבתי ידיו צרות, והתפילין נדים ממקומם עי"ז, יכול לכרוך סביב התיתורא כדי לחזקם.

סעיף ט - מקום הנחת תפלה של ראש, מהתחלת עיקרי השער ממצחו - ד"בין עיניך" לאו ממש הוא, דגמרינן גזירה שוה מ"לא תשימו קרחה בין עיניכם" האמור אצל מת, מה להלן מקום שעושה קרחה והוא בראש, אף כאן מתחיל מקום תפילין ממקום שיש שייכות קרחה, דהיינו ממקום התחלת צמיחת השערות שבראש.

ורבים נכשלים באיסור זה, וטועים לומר שהקצה העליון מתחיל ממקום השיער, ועיקר התפילין מונח על המצח, ועוברים על איסור דאורייתא, דכל התפילין צריכין להיות מונחין במקום שיש קרחה, דהיינו שיהיה אפילו קצה התחתון של התיתורא מונח על מקום התחלת עיקרי השער, **אבל** אין להשגיח למי שיש לו שערות ארוכות ששוכבים עד חצי המצח, להניח שם התפילין, כי התחלת מקום התפילין צריך להיות מהתחלת עיקרי השער שבפדחת ולמעלה.

ויותר טוב להניח קצת למעלה משיעור זה, דהא מקום יש בראש להניח שתי תפילין, כדי שלא ישמט למטה על המצח, **וכל** המניחן על המצח הוא מנהג קראים, ולא עשה המצוה, וכל בעל נפש יזהיר לחביריו וילמדם שלא יכשלו בזה, כדי שלא יהיו ח"ו בכלל פושעי ישראל בגופן, דזהו קרקפתא דלא מנח תפילין, וגם הברכה הוי לבטלה, דתפילין שמונחין שלא במקומן הוי כמונחין בכיסן, **ואם** נשמטו ממקומן צריך להחזירן תיכף, ולענין ברכה עיין לעיל בסימן כ"ה סי"ב.

עד סוף המקום שמוחו של תינוק רופס - ר"ל שקצה המעברתא של התפילין, לא יהיה מונח למעלה ממקום שמוחו של תינוק רך.

(**עיין בטור ורבינו ירוחם, משמע מינייהו דכל גובה הראש הוא בכלל הזה, וברמב"ם משמע מפשטא דלישניה דלא ס"ל כן, וכן בסמ"ק ובכל בו כתבו בפירוש, דשיעור הנחת תפילין נמשך בסך הכל עד חצי שפוע הראש, ולכן** מהנכון מאד ליזהר עכ"פ לכתחלה, שלא יהיו התפילין גדולים ביותר, כי עי"ז נמשך למעלה על כל גובה הראש, ומ"מ בדרך כלל טוב יותר שימשיך התפילין בגובה למעלה, משישפילם לצד המצח, כי בגובה יוצא עכ"פ לדעת כמה מהראשונים, מה שאין כן לצד המצח, **ודע עוד**, דאפילו לדעת סה"ת דמכשיר כל גובה הראש לתפילין, עכ"פ אין לעשותן יותר גדולים מארבע אצבעות, והיינו עם התיתורא והמעברתא, וזהו שיעור מקום שני תפילין שבזמן הגמרא, ולכתחלה בודאי נכון ליזהר בזה).

סעיף י - צריך שיהיה הקשר מאחורי הראש למעלה בעורף - שהוא סוף הגלגולת, והוא נגד הפנים, ולא כ"כ למטה כנגד הגרון, **וטוב** שיהיה מונח עיקר הקשר למעלה מן הגומא, (**וראיתי במעשה רב שכתב, שהקשר צ"ל תחת שפוע הקדקוד**), **ועכ"פ** יש ליזהר שלא יהיה אפילו מקצת הקשר, מונח במקום פנוי משער, דשם הוא מפרקת הצואר ולא עורף.

ולכן יש ליזהר שתהיה הרצועה המקפת הראש מצומצמת ומהודקת סביב ראשו, ולא יהיה הקף הרצועה גדול מהקף הראש, דאז איכא תרתי לריעותא: **חדא**, דצריכים הידוק ממש, דבעינן "וקשרתם לאות" וגו', וההידוק היא הקשירה, **שנית**, דאם הם רפוים סביב היקף ראשו, יפול הקציצה לפניו על מצחו, או יפול הקשר לאחריו למטה בצוארו, ולא יהיו במקומן הראוי להן.

צריך לכוין הקציצה שתהא באמצע - רוחב הראש, ולא יטה אותם לצד אחד, **כדי שתהא כנגד בין העינים** - כדי שיתקיימו: והיו לטוטפות בין עיניך, **והרבה** מהאחרונים כתבו, דאם שינה בזה לא קיים מצות תפילין, וצריך ליזהר בזה.

וגם הקשר יהיה באמצע העורף, ולא יטה לכאן או לכאן - גם נכון ליזהר לכתחילה שלא יהיו התפילין גדולין ביותר, דאז אי אפשר כמעט שיהיו מהודקין על הראש, וגם שיהיו מונחין על מקומן, דאם הם מונחין בגובה הראש כדין, אינם מהודקין, וגם הקשר לא יבא על מקומו כדין.

וצריך שיהא המקום שבקשר שנראה כעין דל"ת לצד חוץ - כי שתי רצועות יוצאות מתוך הקשר למטה, אותה היוצאת מצד שמאל המניח, נמשכת לרחבו כמו גג הדלי"ת, ואותה היוצאת לצד ימין, נמשכת באורך למטה כמו רגל הדלי"ת, **ויראה** שלא יתהפך הקשר בעשייתו ובלבישתו.

הגה: וכ"ה בקשר של יד צריך ליזהר שלא יתהפך.

סעיף יא- צריך שיהיה השחור שברצועות לצד חוץ ולא יתהפכו, בין של יד בין של ראש - ואם נתהפכו, מדת חסידות הוא להתענות או לפדות בצדקה, **ואין** להקפיד שלא יתהפכו אלא מה שמקיף את הראש ואת הקיבורת פעם אחת, אבל מה שכורך אח"כ, וכן מה שמשתלשל לפניו מהרצועה של תש"ר, אין צריך להקפיד כלל שלא יתהפך, לפי שאינו מעיקר המצוה, **ומ"מ** משום נוי המצוה ראוי להפוך, שיהיה השחור לצד חוץ אפילו בהמותר.

הנה בשל יד, שהוא רואה כשהוא מניח, יכול לראות שלא יתהפך לא הקשר ולא הרצועה, **ובשל** ראש, דאינו רואה כשהוא מניח סביב ראשו, ימשמש היטיב בידו ממקום הקציצה בכל צד, וירגיש אם מונחין כראוי.

ישלשל הרצועות שיהיו תלוים לפניו, ויגיעו עד הטבור או למעלה ממנו מעט - ואם הוסיף ע"ז לית לן בה, **ועיין** בחידושי רע"א וכן בארה"ח דמסקי, דשל ימין עד הטבור, ושל שמאל עד החזה, **ובטור** כתב עוד: וי"א דשל ימין עד המילה, ושל שמאל עד הטבור.

רוחב הרצועות של יד ושל ראש, כאורך שעורה לפחות - היינו בקליפתה, אבל בלא העוקץ שלה, דיש בה עוקצין ארוכים מאד, **וי"א** דדי ברוחב ‹יותר› מאורך חטה ופחות מכשעורה, ובמקום הדחק יש לסמוך ע"ז. ‹ע"פ השונה הלכות›

וכתבו האחרונים, דצריך ליזהר מאוד במקום כפל ההידוק, שרגיל שהרצועה נתקמטה שם או שנפסקת עד שלא נשאר בה כשיעור.

אם פיחת משיעור אורך הרצועות ורחבן, אם אינו מוצא אחרות, מניחן כמות שהן עד שימצא אחרות כשיעור - מפני שיש מכשירין, ויש פוסלין אף בדיעבד, ע"כ הכריע כן.

והאחרונים מסקי, דאם פיחת משיעור האורך בשל יד הנזכר לעיל בסעיף ח', יניח בלי ברכה, ואם יש כדי לפשוט עד אצבע צרידה, הכריכות ‹שעל האצבע – שונה הלכות› אין מעכבין, **ובאורך** רצועות הש"ר כתב בארה"ח, דדוקא אם יש חוץ ממה שמקיף הראש, עכ"פ כשיעור שני טפחים, הא לא"ה יניחן בלא ברכה, **ולענין** רוחב הרצועות השל יד והשל ראש, החמיר ג"כ, דאם לא היה רק כדי אורך החטה, יניחן בלי ברכה.

תפילין של ראש טוב להיותם גלוים ונראים - דכתיב: וראו כל עמי הארץ וגו', **וטוב** שגם הקשר יהיה מגולה, אבל אין נוהגין כן, **ובדיעבד** אף אם היו מכוסים לגמרי יצא.

אבל תלמיד בפני רבו אין דרך ארץ לגלות תפילין בפניו - שהתפילין הם דרך כבוד, כדכתיב: וראו כל עמי הארץ, ואין דרך ארץ להשוות עצמו לרבו, ע"כ יכסה אותם בטליתו או בכובע. **הגה: ובשל יד אין להקפיד אם הם גלוים** - פי' שאם נקרעו בגדיו לית לן, בה אבל אסור להניחן על הבגד, **או מכוסים** - ומ"מ לכתחילה טוב יותר לכסותם.

ונראה לי דעכשיו שאין מניחים אלא בזמן ק"ש ותפלה, אפילו תלמיד לפני רבו יכול לגלות אף בשל ראש, וכן המנהג שלא ליזהר.

סימן כח - דיני חליצת התפילין

§ סימן כח - דיני חליצת התפילין §

סעיף א - חייב אדם למשמש בתפילין בכל שעה, שלא יסיח דעתו מהם - פי' בכל שעה שנזכר בהם חייב למשמש, דעל ידי כן נזכר עליהן תדיר, ולא יבא לידי היסח הדעת, **ועוד** כדי לתקנם שלא יזוזו ממקומן, **ובעת** התפלה א"צ למשמש בהם.

וימשמש בשל יד תחלה - דהשל יד סמוכה לו למשמשו, ואין מעבירין על המצות, ואחר כך בשל ראש.

ואם בעת משמוש הש"ר מצאהו שנשמט ממקומו, ונודע לו אז שהש"י ג"כ נשמט ממקומו, צריך להחזיר הש"י תחלה על מקומו, מקרא: וקשרתם לאות על ידך, והדר: ולטוטפות בין עיניך.

וכשיאמר: וקשרתם לאות על ידך, ימשמש בשל יד, וכשיאמר: והיו לטוטפות בין עיניך, ימשמש בשל ראש.

סעיף ב - תפילין של ראש חולץ תחלה, משום דכתיב: והיו לטוטפות בין עיניך, כל זמן שבין עיניך יהיו שתים - וחולץ הש"ר אחר שמסיר ג' כריכות מהאצבע.

צריך לחלוץ תפילין של ראש מעומד - ה"ה הסרת הכריכות של האצבע, **ולמנהגינו** שמניחין של יד ג"כ מעומד, צריך ג"כ לחולצן מעומד, דכהנחתן כך חליצתן.

ויש מהחכמים שהיו נוהגין לחלוץ התש"ר ביד שמאל שהיא ביד כהה, להראות שקשה עליו חליצתן, **ואם** הוא איטר יד שכל מלאכתו בשמאלו, חולצן בימינו כדי שלא לעשות החליצה במהירות.

ויניח בתיק של ראש, ועליו של יד, כדי שכשיבא להניחם יפגע בשל יד תחלה - ולא יצטרך להעביר על המצוה, **כתב** הב"ח וכן הט"ז, דהיינו שיעשה תיק ארוך וצר, שיהיו מונחים זה על גבי זה, **והמ"א** כתב, דיותר טוב ליתן התפילין זה בצד זה, וכן נוהגין, ומה שכתב המחבר: ועליו של יד, פירושו, שיתנו קצת לצד מעלה, כדי לפגוע בהם תחלה, **ובספר** שולחן שלמה כתב, דטוב שיהיו התש"י בצד ימין של התיק ג"כ מטעם זה, **ויש** נוהגין לעשות שני כיסין אחד לשל יד ואחד לש"ר, אך גם בשני כיסין, יותר טוב שיזהר ליתן הכיס של יד קצת לצד מעלה, כדי שיפגע בהם תחלה ולא יעביר על המצות, דדעת הט"ז דגם ע"י כיס שייך מעביר על המצוה.

אותן בני אדם הנוהגין לעשות תיקון להתפילין, יש להם לסמן איזה שייך לש"ר ואיזו לשל יד, כדי שיזהר בהם, ולא יוציא הש"ר תחלה מהתיק, **גם** דכיון דש"ר קדושתו חמורה, יזהר ע"ז שלא לשנות אח"כ התיק ליתן בו של יד, אלא א"כ התנה מתחלה.

ונכון ליזהר, שלא יחלוץ של יד עד שיניח של ראש בתוך התיק, כדי שלא ישכח ויניח של יד תחלה בתוך התיק.

סעיף ג - מנהג החכמים לנשק התפילין בשעת הנחתן ובשעת חליצתן.

כשמקפל התפילין, לא יכרוך הרצועות על הבתים, אלא בצדדי הבתים על התיתורא, **ויש** נוהגין לכורכן ככנפים על שם "כנפי יונה".

וכשכורכן על צדדי התפילין, צריך לאחוז התפילין בידו ולגלול הרצועה עליהן, ולא לאחוז הרצועה בידו ולגלול התפילין לתוכה, **גם** כשנוטל התפילין מכיסן לא ינערם, אלא נוטלן בידו מתוך הכיס.

תיק תפילין אסור בשל שעטנז, כמו מטפחת ספרים.

§ סימן כט §

סעיף א - אין לברך שום ברכה כשחולץ תפילין - פי' לאפוקי ממאי דאמרינן, דבני מערבא היו מברכין: אשר קדשנו במצותיו וצונו לשמור חוקיו, בתר דמסלקי תפילין בלילה, **שהם** היו סוברים דלילה לאו זמן תפילין הוא, ונפקא להו זה מקרא ד"ושמרת את החוקה הזאת למועדה מימים ימימה", ימים ולא לילות, **אבל**

הלכות תפילין
סימן כט – דין שאין לברך בחליצת תפילין

לדידן דס"ל דהאי קרא אתי לענין אחר, כדאיתא בגמ', ולילה קי"ל דזמן תפילין הוא, אך אין להניחם לכתחילה, דגזרו שמא יישן בהם ויפיח, הילכך אין לברך, **אפילו כשחולצם ע"ש ביה"ש** - פי' אף דקי"ל שבת ויו"ט לאו זמן תפילין, וכשירצה להניחן אז לשם מצוה עובר על בל תוסיף, **מ"מ** כיון שאם מניחן עליו בלי כונה לשם מצוה, אין בזה איסור מה"ת, אלא מדברי סופרים משום גזירה שמא יצא בהן לר"ה, **ויש** חולקין גם ע"ז, כמו שיבואר לקמן בסי' ל"א, **לפיכך** לא שייך ברכה ע"ז, כיון שבחליצת התפלה מצד עצמה אין בה מצוה, (רק שלא יהיה נראה כמזלזל בהאות), ואינו חולצן אלא משום גזירה, (**משא"כ** בני מערבא שהיו מקיימין מצות "ושמרת" בסילוק זה – יד אפרים).

§ סימן ל' – זמן הנחתן §

סעיף א- זמן הנחתן בבוקר, משיראה את חבירו הרגיל עמו קצת ברחוק ד' אמות ויכירנו - דאילו רגיל עמו הרבה, יכירנו אפילו מרחוק, ואינו רגיל כלל, לא יכיר אפילו בקרוב מאוד.

ר"ל תחלת זמן הנחתן משיראה, ומצותן כל היום, **והטעם**, דעד זמן הזה חיישינן שמא יישן בהם, ובכלל לילה הוא לענין תפילין.

סעיף ב- אסור להניח תפילין בלילה, שמא ישכחם ויישן בהם - וחיישינן שמא יפיח בשינתו, אבל מדאורייתא מותר להניחם בלילה, דקי"ל לילה זמן תפילין.

ובין השמשות, מדברי המג"א משמע דמותר לכתחלה להניח, **אבל** בפמ"ג מסתפק בזה, אם לא שלא קיים עדיין מצות תפילין באותו יום, דאז יניחם בין השמשות.

אם הניחם קודם שתשקע החמה וחשכה עליו, אפילו הם עליו כל הלילה, מותר - פי' כל זמן שאין חולצן, דאילו חולצן פעם אחת, שוב אסור להניחן.

ר"ל דלא אסרו רבנן רק להניחם לכתחלה בלילה, אבל מכיון שכבר מונחין עליו מבעוד יום, לא הצריכום לחלצן עד זמן שרוצה לישן, דאז בהכרח מסירן, שאסור לישן שינת קבע בהן, **ואפשר** דבלילה דזמן שינה הוא, אפילו שינת עראי אסור מדינא.

ואין מורין כן - הלכה למעשה לאחרים, שמא יבואו להניחן לכתחלה, וע"כ לא יעשה כן אלא בינו לבין עצמו, אבל לא ברבים, דהוא ג"כ כהוראה, **וע"כ** אין להתפלל בהם תפילת ערבית בתענית צבור ברבים.

אם לא חלץ תפילין משקעה חמה – (ר"ל גמר שקיעה דהוא צה"כ, דאז הוא זמן חליצת תפילין מדינא), **מפני שלא היה לו מקום לשמרן, ונמצאו עליו כדי לשמרן, מותר ומורין כן** – (דאלו ביה"ש, אפילו אם היה לו מקום לשמרן אין צריך לחלצן).

(עיין במ"א שכתב, דצריך שיאמר להם כן שעושה כדי לשמרן, וכן מוכח בגמ', ונלאו כל המפרשים, דבגמ' משמע להיפך, במעשה דרב אשי, ע"ש, ולענ"ד נראה פשוט, דהוא בא להוסיף על דברי המחבר, דאפילו אם באמת אין כונתו בשביל השמירה, רק שהוא אומר להם כן שעושה בשביל השמירה, כדי שלא יבואו להתיר להניח לכתחילה בלילה, ג"כ די בכך).

ודוקא נמצאו עליו מקילינן, ומורין שבשביל השמירה אין צריך לחלוץ, אפי' כל הלילה כל זמן שלא ישן, **אבל** להניחם לכתחלה אסור בשביל השמירה, **ויש** מקילין בזה, (ונ"ל פשוט, דלדידהו אף דמותר לכוין אז במחשבתו שלובשן לשם מצוה, אעפ"כ לא יברך אז על התפילין).

סעיף ג- היה רוצה לצאת לדרך בהשכמה - אפילו קודם עמוד השחר, וקשה לו להניחן אח"כ מפני הקור וכל כה"ג, **מניחם** - קודם יציאתו, ויכול לכוין שלובשם לשם מצוה, כיון דקי"ל לילה זמן תפילין הוא, **ואפילו** היה לו מקום לשמרן ג"כ מותר ללובשן, דליכא למיחש כו'.

וכשיגיע זמנן ימשמש בהם ויברך - דאף דהתירו חז"ל להקדים ההנחה בלילה, במקום דליכא למיחש לשינה, אפ"ה לענין ברכה לא רצו לתקן לומר "וציונו" קודם הזמן, **ומ"מ** אם קידם ובירך בלילה כשהניחם, א"צ לברך שנית בבקר.

(מחידושי רע"א משמע, דבלא השכים ויצא לדרך, צריך לחזור ולברך, אם בירך על התפילין בלילה, ומדברי הברכי יוסף משמע, דבדיעבד בכל גווני אין צריך לחזור ולברך, וצ"ע למעשה, ומכל זה תבין, דמה דנוהגין

איזה אנשים בימות החורף, להניח תפילין ולברך עליהם תיכף משעלה עה"ש, לא שפיר עבדי).

דליכא למיחש שמא יישן בהם, כיון שהשכים ויצא לדרך - ודוקא הולך ברגליו או רוכב, אבל יושב בעגלה אסור להניח, שמא יישן בהם, (**ועיין** בעט"ז ובפמ"ג שמצדדים לומר, דאף בעגלה נראה להתיר, **ובארה"ח** מסכים להמחמירין, **ונ"ל** דאם הוא מתיירא שמא יאבדם, ועושה כדי לשמרם, בודאי אין להחמיר אף בישב בעגלה, אחרי דבלא"ה דעת הע"ת והגר"א להקל במניחן בשביל השמירה).

סעיף ד - היה בא בדרך ותפילין בראשו ושקעה עליו חמה, ‹יניח ידו עליהן עד שיגיע לבית› - רישא זו מיירי בחול, ולחולצן ולנושאן בידו הוא מתיירא, שמא יפלו ממנו בדרך, והתירו לו להניח ידו עליהם ולכסותם, **ואע"ג** דבס"ב אמרינן, דמכיון שהם מכבר עליו א"צ לחולצן, **שאני** הכא, דמי שיפגע בו פן יטעה לומר, שמותר להניח אז תפילין, אבל בסמוך מיירי שיושב בביתו.

והאי "ושקעה חמה" פירוש סוף שקיעה, דהוא צאת הכוכבים, דבבין השמשות א"צ לחולצן, ומורין כן למעשה, **וכ"ז** מדינא, ובשם האר"י ז"ל כתוב, שהיה נזהר לחולצן אחר שקיעת החמה.

או שהיה יושב בבית המדרש ותפילין בראשו וקדש עליו היום - ר"ל דנעשה בין השמשות, וא"א לו לישא אותם בידו לביתו מפני קדושת שבת, ולהשאיר אותם שם אי אפשר, דבתי מדרשות שלהם היו בשדה, מקום שאין משומר מפני הגנבים.

יניח ידו עליהם עד שיגיע לבית - התירו לו חכמים לנושאם עליו דרך מלבוש עד ביתו, **אך** צריך לכסותם, שלא יראוהו שהוא נושא תפילין עליו בשבת, **ואם יש בית קרוב לחומה שמשתמרים שם, חולצם ומניחם שם.**

(**וה"ה** דהוי מצי למינקט בחד גוונא: היה בא בדרך וקידש עליו היום ג"כ לענין שבת, **אשמועינן** רבותא, דאף שהוא עומד בתוך קהל ועדה, **אפ"ה** מועיל מה שהוא מניח ידו עליהם, ולא חיישינן פן ירגישו בו שהוא נושא עליו תפילין, וגם יוצא בם מבית המדרש לחוץ בשבת).

(**והא** דלא נקט האי בבא ג"כ לענין חול, תירץ הט"ז, דבחול אם יושב בבית המדרש א"צ להניח ידו עליהם, כל זמן שהוא בבית המדרש, דהכל יודעין שם שלבשן מבעוד יום וליכא איסור, **והמג"א** לא ס"ל האי חילוק, **ונ"ל** לתרץ לדידיה בפשיטות, דאשמועינן רבותא, דאף בבא בדרך צריך להניח ידו עליהם, פן יפגעו בו אנשים ויחשדוהו שהניח תפילין בלילה).

(**ואינו** דומה להא דס"ג, בהיה רוצה לצאת לדרך דמניחם, ולא זכרו הפוסקים כלל דצריך להניח ידו עליהם, דשאני התם שהוא קרוב לעלות השחר, והוא קרוב מאוד להזמן דכדי שיכיר, **אך** א"כ יולד מזה דין חדש, דאם השכים כמה שעות קודם אור הבקר ומניחם, דצריך להניח ידו עליהם, **וצ"ע** למעשה, **והקרוב** אלי, דלהכי השמיט הרמב"ם האי ברייתא דהשכים לצאת לדרך, שתמהו הפוסקים ע"ז, משום האי ברייתא דביצה דקאמרה: דצריך להניח ידו עליהם, ומשמע ליה דפליגי אהדדי בזה, ופסק כהאי ברייתא דביצה, משום דאביי דהוא בתרא סבר כוותה).

סעיף ה - ויש מי שאומר שאם התפלל תפלת ערבית מבע"י עד שלא הניח תפילין, אין לו להניחם אח"כ - ואפי' עוד היום גדול קודם שקיעה, לפי שכבר עשאו לזמן הזה לילה וזמן שכיבה בק"ש ותפלה של ערבית, ואם יניח בו תפילין יחזור ויעשהו יום, והרי הן שתי קולות שסותרות זו את זו, (**ולפי"ז** לאותן האנשים הזהירין לקרות עוד הפעם ק"ש בזמנה, ואינן קוראין אז אלא כדי לעמוד בתפלה מתוך ד"ת, אפשר שישתנה זה הדין), **אך** האחרונים הסכימו, דמחוייב להניחן ובלי ברכה כל זמן שהוא קודם צה"כ.

ואם הוא לא התפלל עדיין, אע"פ שהצבור התפללו, אין בכך כלום, ויניחם בברכה אם הוא עדיין יום, כיון שהוא אינו עושה שתי קולות הסותרות זו את זו, (**דאם** הוא ביה"ש, נ"ל דלא יברך אז, דבלא"ה הפמ"ג מפקפק על דברי המ"א, דזמן הנחת תפילין הוא עד צה"כ, הגם דבודאי מחוייב להניחן כיון שלא קיים עדיין מצות תפילין, דבד"ת ספיקא לחומרא, ושמא הוא עדיין יום, עכ"פ הברכות אינן מעכבות), **ודוקא** אם לא הניחן באותו יום כלל, **אבל** אם כבר הניח, רק שרוצה להניח גם עתה, אין ראוי להניחם אם הצבור כבר התפללו ערבית.

סימן לא – דין תפילין בשבת ויו"ט

§ סימן לא – דין תפילין בשבת ויו"ט §

סעיף א- בשבת ויו"ט אסור להניח תפילין - ויו"ט שני נמי בכלל, לדידן בני חו"ל, **מפני שהם עצמם אות** - בין הקב"ה ובין ישראל, שנאמר: כי אות היא ביני וגו', ויו"ט ג"כ מיקרי אות, דבפסח מצרים כתיב "אות", והוקשו כל מועדי ה' בפ' אמור, **ואם מניחים בהם אות אחר** - דהיינו תפילין דכתיב בהו: והיה לך לאות על ידך, **היה זלזול לאות שלהם.**

וגם עובר משום לאו דבל תוסיף, והוא שהניחן לשם מצוה, אבל במניחן שלא לשם מצוה, אין בו משום בל תוסיף, וגם משום זלזול אין בו, (**ואין איסור בהנחתן** אפילו מדרבנן – ב"ח וגר"א), **אם** לא שמניחן בפרהסיא, דאז אסור מדרבנן, **ויש** מחמירין בכל גווני, אם לא שמונחים בבזיון, כגון המוצא תפילין בשבת בשדה, מותר ללובשם ולהכניסם לעיר דרך מלבוש.

ואפילו בטלטול י"א ג"כ דאסור, אם לא לצורך גופם או מקומם, כשאר כלי שמלאכתו לאיסור, **וי"א** דכדי שלא יפלו או שלא יגנבום, נמי מותר לטלטלם ממקום למקום, (ותלוי אם אסור הנחת תפילין בשבת ויו"ט שלא לשם מצוה), **ובמקום** הדחק יש להקל.

סעיף ב- בחוה"מ גם כן אסור להניח תפילין מהטעם הזה בעצמו, שימי חול המועד גם הם אות - בפסח אכילת מצה, ובסוכה ישיבת הסוכה.

הגה: וי"א שבחוה"מ חייב בתפילין, וכן נוהגין בכל גלילות אלו להניחם במועד ולברך עליהם - ס"ל כיון שמותרין בעשיית מלאכה מן התורה, ליכא אות.

אלא שאין מברכים עליהם בקול רם בבהכ"נ כמו שאר ימות השנה - משום דיש מניחים ויש שאינם מניחים או אין מברכים, יש לברך בחשאי כדי שלא לבוא לידי מחלוקת, **וכן** לא ילך בהם בר"ה לבהכ"נ.

והאחרונים הסכימו לדעת הט"ז, דיותר טוב להניחן בלי ברכה, כי הברכות אינן מעכבות, וספק ברכות להקל, **ובפרט** שהגר"א ז"ל כתב, שאין לדעת הי"א עיקר בש"ס, ועכ"פ לענין ברכה בודאי יש להחמיר, **גם** קודם ההנחה יחשוב בדעתו: אם אני מחוייב אני מניחן לשם מצוה, ואם לאו אין אני מניחן לשם מצוה, ובזה יצא ידי כו"ע, דאף להסוברים דחוה"מ אינו זמן תפילין, אינו עובר על בל תוסיף, כיון שאינו מכוין בהנחתם לשם מצוה ודאי, **וכ"ש** שאין לחוש בזה לאיסור זלזול של אות חוה"מ, דזה ג"כ אינו אלא במתכוין לשם מצוה כנ"ל. **ותפילין** דר"ת אין להניחם בחוה"מ.

עוד כתבו האחרונים, דאין נכון שבהכ"נ אחת קצתם יניחו תפילין וקצתם לא יניחו, משום "לא תתגודדו", **ומי** שאין מניח תפילין בחוה"מ, שמתפלל בבהמ"ד שמניחין תפילין, יש לו ג"כ להניחן ובלי ברכה, **וצבור** שנהגו להניח תפילין, אין להם לשנות מנהגם.

וחליצת התפילין צ"ל בחוה"מ קודם הלל, ועכשיו נהגו איזה אנשים לסלקן אחר קדושה של תפילת י"ח, **ומ"מ** צריכין ליזהר לכוין לשמוע חזרת התפלה.

§ סימן לב – סדר כתיבת תפילין §

סעיף א- מצות תפילין שיכתוב ארבע פרשיות שהן: "קדש לי כל בכור" עד "למועדה מימים ימימה"; "והיה כי יבאך" עד "כי בחוזק יד הוציאנו ה' ממצרים"; ופרשת "שמע" עד "ובשעריך"; ופרשת "והיה אם שמוע" עד "על הארץ" - וצריך לכתוב ד' ד"אחד" כל כך גדולה, כמו ד' דלתי"ן קטנים, **ואפשר** שאין משערין באותו כתב, רק כל שיש בו ד' דלתי"ן קטנים מאד סגי, **ומשום** הכי נוהגין לכתוב רק גדולה משאר דלתי"ן שבאותו כתב.

הגה: וצריך לכתבם בסדר הזה, לכתוב תחלה הקודמת בתורה - כל הפרשיות בין מהש"י ובין מהש"ר, דכתיב: והיו הדברים וגו', בהוייתן יהו, **וכ"ש** שצריך ליזהר מטעם זה, שיהיה כל פרשה ופרשה גופא נכתבת כסדרה, שלא יחסר בה אפילו אות אחת, כי לא יהיה לו תקנה אח"כ להשלימה.

הלכות תפילין
סימן לב – סדר כתיבת תפילין

ואם שינה - (שכתב הפרשה המאוחרת בתחלה), **פסול** – (ואפילו אם כתיבתה היה במקומה, כגון שהניח חלק הדף אחד, וכתב בהדף השני פרשה "והיה כי יביאך", ואח"כ כתב הפרשה "קדש" בהדף ראשון, פסול).

היינו דפסול התפילין שנעשו מאותן הפרשיות, אבל הפרשיות עצמן לא נפסלו, כגון אם התחיל לכתוב מפרשת "והיה כי יביאך", יוכל לצרף לזה פרשת "קדש" מתפילין אחרים, אם יודע בודאי שנכתב קודם אלו, דאל"ה ספק תורה לחומרא.

וה"ה אם בעת הכתיבה היה כסדרן, רק אח"כ נפסל פרשה אחת המוקדמת, נתבטל ממילא כל הפרשיות שאחריה, ולענין צירוף מפרשיות אחרים, ג"כ הדין כנ"ל.

ולכתחלה יכתוב של יד קודם של ראש - משום דמוקדם בפסוק, **וי"א** להיפך, מפני שש"ר קדושתו חמורה משל יד, **ואנו** נוהגין כמ"ש הרב בהגה, ובדיעבד לכו"ע אין קפידא.

כתוב בספר הכוונות, שלכתחלה יזהר לכתוב כל הפרשיות ש"ר ושל יד רצופים, ולא יפסיק ביניהם בשום דיבור כלל.

סעיף ב - של ראש יכתוב כל אחת בקלף לבדה, ושל יד כותבן כולם בקלף אחד -

מדכתיב: והיה לאות על ידך, דמשמע אות אחד, כלומר בית אחד, וכשם שהוא אות אחד מבחוץ, כך יש להיות לכתחלה אות א' מבפנים, שתהיה על קלף אחד, **אבל** בש"ר שיש בו ד' בתים, צריך שיהיו הפרשיות כתובות בד' קלפים, **וכ"ז** רק לכתחלה, וכמו שיתבאר הכל לקמן. **ודע**, דתש"י צריך להיות ג"כ כתוב דוקא בד' עמודים, כל פרשה בעמוד אחר.

סעיף ג - יכתבם בדיו שחור, בין שיש בו מי עפצים בין שלא במי עפצים.

(עיין לקמן בסי' תרצ"א, וביו"ד סימן רע"א, שכתב השו"ע, דאם כתב במי עפצים וקנקנתום כשר, **כתב** הפמ"ג, מדלא הזכיר גומא, משמע דאף אם לא הטיל בהן גומא כשר, **ועיין** עוד בדבריו שמסתפק לדינא, אם דוקא ע"י שניהן ביחד, כיון דאין בהן גומא, או אפילו בכל אחד יכול לעשות דיו, כיון שהוא שחור, **והגר"א** בביאורו פוסק, דממי עפצים בלבד, או מקנקנתום בלבד, פסול אפילו דיעבד, דלא מיקרי דיו כי אם משני מינים ביחד, מי עפצים וגומא, או מי עפצים וקנקנתום, **ומגומא** וקנקנתום יחד, בלי תערובת מי עפצים או עשן עצים ושמנים, לא ברירא לי דעת הגר"א בזה, **והגאון** מהר"מ בנעט מחמיר בזה לכתחלה, **ובקנקנתום** לבד או בגומא לבד, מחמיר אפילו בדיעבד כדעת הגר"א, **ובתשובת** משכנות יעקב מחמיר, אפילו במי עפצים וקנקנתום יחד בלי תערובת גומא, **והגם** דבדיעבד בודאי אין להחמיר ולפסול במי עפצים וקנקנתום יחד נגד פסק השו"ע, עכ"פ לכתחלה בודאי יש ליזהר כדבריו, שאם הוא עושה דיו ממי עפצים, אפילו אם הוא מערבו עם קנקנתום, לא יעשהו בלתי תערובת גומא, וה"ה דממי עפצים וגומא בלחוד נמי שפיר דמי, **גם** כתב שם בתשובה, דלכתחלה יש לדקדק לעשותו ע"י בישול, הואיל דאפשר).

בדיו שחור - (ועיין ברמב"ם שכתב, דההלמ"מ דנאמר שיהיו כותבין בדיו, לא נאמר רק למעט שאר מיני צבעונין, כגון האדום והירוק וכיוצא בהן, משמע דבכל דבר שיעשה ממנו מראה שחור כדיו, כשר, ורק שיהיה מתקיים, ‹וא"צ דיו ממש כמשמעות המחבר›, **ואם** היה המראה דומה למראה הכחול, שקורין בל"א 'בלאה', נלענ"ד שיש להחמיר בזה, דאף דמהרמב"ם משמע, דהלכה לא נאמר רק שיהיה מראה שחור, ובירנו לקמן, דהרצועות שיש עליה גם כן הלמ"מ דצריכה להיות שחור, די בשחרות שהיא ככחול, שאני הכא, שכיון שהיתה ההלכה שיכתוב בדיו, אף דדיו לאו דוקא להרמב"ם, וה"ה כל מראה שחור, אבל עכ"פ שיהיה מראיתה שחור כמו דיו, **וכ"ש** לפירוש הרא"ש וש"פ, דסוברים שדיו ממש בעינן, מראה כחול בודאי איננו בכלל דיו, **אך** צל"ע קצת, דא"כ אם היה מראית הדיו דומה למראית העורב, ג"כ איננו בכלל דיו, וכדמוכח בנדה, דמראית הדיו שחור יותר ממראית העורב, **ואפי'** אם טבעו להיות נשחר לגמרי אחר הכתיבה, יש לעיין בזה טובא אי כשר בדיעבד, דהלא ההלכה נאמר שיהיו כותבין בדיו, ולא נאמר שיהיה כתוב הסת"מ בדיו, ולשון השו"ע ג"כ משמע, דבעת הכתיבה יהיה הדיו שחור, **ויש** לפרש עוד דכוונת השו"ע, כל שהוא שחור, אפילו ממי עפצים וקנקנתום, ודלא כר"ת וכמו שביאר בב"י, ‹וא"כ אינו חולק על הרמב"ם›, **וצ"ע**).

הלכות תפילין
סימן לב - סדר כתיבת תפילין

הגה: ולכתחלה יחמיר לכתוב בדיו העשוי מעשן עצים או שמנים שרויים במי עפצים, וכמו שיתבאר ביו"ד סי' רע"א - פי' ולא יטיל לתוכו קומא, או קנקנתום, שקורין בל"א קופער וואסער, כי לכתחלה בעינן כתב שיוכל להמחק, וע"י קומא או קנקנתום הכתב עומד ואין נמחק, (א"נ י"ל דבא הרמ"א להוסיף, דלכתחלה יחמיר כדברי רבינו תם, דדוקא בא מן העץ).

וזהו הכל למצוה מן המובחר בלבד, אבל לדינא גם הרמ"א מודה, דמותר לעשות ממי עפצים וקומא וקנקנתום, **וכן** נוהגין לעשות כהיום, ע"י תערובות שלשתן וע"י בישול, דהכי עדיף טפי, **ועיין** במ"א שכתב, דבימיו לא ראה ג"כ לאחד מן הגדולים, שנהג לעשות בדיו העשוי מעשן עצים ושמנים, **אך** אפשר דהיו עושין מדיו של קוצים, כמו שסיים בשם מהרי"ל, **וכן** פסק בס' גט מקושר ובס' ברכי יוסף לעשות כמנהגינו עכשיו, דהדיו העשוי מעשן עצים ושמנים מתקלקל ונמחק בנקל, ע"כ אין נוהגין בו עכשיו.

ודיו העשוי ממי עפצים בלבד בלא קומא, שקורין בל"א גומא, או מקנקנתום בלבד, פסול אפילו דיעבד, כן כתב הגר"א בביאורו.

דיו אין צריך לעשות לשמה. **מותר** לכתוב תו"מ בדיו הנעשה מסתם יינם.

כתב אפי' אות אחת - לאו דוקא, דה"ה מקצת האות, כגון קוצו של יוד, **בשאר מיני צבעונים** - שאינם שחור, כגון האדום והירוק וכיוצא בהם, **או בזהב, הרי אלו פסולין.**

(**ואם** הוא אות ראשון, או שכתבו כולו כך, ורוצה אח"כ בתו"מ להעביר קולמוס כסדרן עליהן בדיו, צ"ע אם מהני – פמ"ג, **והחתם** סופר פסק דמספק פסול, דהוא בכלל דיו ע"ג סיקרא, והדין עם הא"ר ‹דפסול›, דלא כהפמ"ג שמפקפק בזה).

אם זרק עפרות זהב על האותיות, מעביר הזהב וישאר כתב התחתון וכשר - ואע"ג דכל זמן שאין מעביר פסול, דכתב העליון מבטל כתב התחתון, לא מיקרי ע"י ההעברה כתיבה שלא כסדרן, כיון שאין כותב כי אם מעביר, ונשאר כתב התחתון ממילא.

(הפרישה כתב בשם ריב"ש, דיש לחוש משום כתב מנומר, אם יש הרבה אותיות כן בכמה דפין, וכ"כ הל"ח, **והא"ר** השיג עליהם, דהריב"ש לא קאי כלל כשזרק זהב על הדיו, דבזה לא שייך ענין מנומר, כיון דכתב דלמטה קיים, אלא הריב"ש קאי על עיקר הדין, אם כתב בזהב או בצבעונים עצמן, וגררן וכתבן בדיו, דבזה שייך ענין מנומר).

(**והיכא** דלא שייך תקנתא דמעביר, כגון אם זרק שאר מיני צבעונין על הדיו, אף אם ירצה אח"כ להעביר בדיו על הצבעונין והזהב, פסק הע"ת והא"ר דלא מהני).

אבל אם זרק הזהב על אות מאזכרות, אין לו תקנה, לפי שאסור להעביר הזהב, משום דהוי כמוחק את השם – (אבל מוחק ממש לא הוי, דנשאר כתב התחתון, **ומשמע** מכאן אפילו זרק זהב שלא בקדושת השם, אסור למחוק, דלא כמו שכתב הש"ך).

(**אין** לו תקנה משמע, אפילו רוצה לחפות בדיו מלמעלה פסול, כן מביאין א"ר וע"ת דלעיל ראיה, והפמ"ג דוחה, **ובאמת** לענ"ד יש לעיין בזה, אם יש בזה אפילו ספק פסול, כמו דיש בדיו ע"ג צבע, אחרי דכתב התחתון וגם העליון הוא כתב דיו).

סעיף ד - צריך שלא תדבק שום אות בחברתה, אלא כל אות תהיה מוקפת גויל - ואפילו האות האחרון מהשיטה, צריכה להיות מוקפת גויל מד' רוחותיה, ולעיכובא הוא אפילו בדיעבד, **ואפי'** אם יחסר הקפת גויל להקוץ של היוד, ג"כ פסול הוא.

(**גויל** דנקט לאו דוקא, דאין כותבין עליו תפילין, רק דנקט לישנא דשייך אצל ס"ת, ולאו דוקא – ע"ת).

ואם האות גדול, ונדבק בסופו, באופן שאם נגרר מה שדבק מ"מ ישאר צורת אות, יש מכשירין ויש פוסלין, **והסכימו** האחרונים להחמיר, ע"כ צריך לגרור מקום הדבק, **ואף** בתפילין ומזוזות מהני תיקון, כיון דלא נשתנה צורת האות מקודם.

(**ואם** התג אחד דבוקה בחברתה, בזה יש נ"מ, דאם התגין של האות גופא דבק אחד בחבירו, דעת הרמ"ע לפסול, **אך** אם גופי האותיות ניכרות כל אחד בפני עצמו, רק התג של אות אחד נוגע בתג שבאות שאצלה, או

מתיבה לתיבה, המאירי מיקל בזה, **והמ"א** והפר"ח מחמירין ג"כ בזה, **אך** הא"ר כתב, דיש להחמיר בזה רק בדאפשר, ומ"מ לכתחלה בודאי יש להחמיר ולגרור, כדעת הרלב"ח שהביאו המ"א, דתיקון מהני אפילו לדידיה, **ואפילו** תגין שנוגעין אחד לחבירו באות גופא, נראה דמהני תיקון, ואפילו בתו"מ, ולא מיקרי שלא כסדרן, כיון דחזינן שלא נשתנה צורת אות מקודם עי"ז).

הגה: ויכתוב כתיבה תמה - דהיינו שלא יכתוב ביתי"ן כפי"ן, כפי"ן ביתי"ן, זייני"ן נוני"ן, נוני"ן זייני"ן, וכל כיוצא בזה.

שלא יחסר אפילו קוצו של יו"ד - היינו עוקץ שמאל של יוד, וכ"ש אם חסר רגל ימין דפסול.

ויהא מתוייג כהלכתו - באותיות שעטנ"ז ג"ץ, וזה הוא רק לכתחלה, דבדיעבד כשר לרוב הפוסקים אם לא תייג.

ולכתחלה יכתוב כתיבה גסה קצת, שלא יהיו נמחקים מהרה. וכן מצוה ליפותן מבחוץ ומבפנים.

סעיף ה - צריך שיכתוב בימינו - דאין דרך כתיבה בשמאל, וה"ה לעשות איזה תיקון בשמאל בענין הכתיבה דפסול, **אפילו אם הוא שולט בשתי ידיו** - אבל להפריד נגיעות שבאותיות, נראה דכשר אפילו בשמאל, דומיא דמכשרינן באנשים הפסולין לזה עכ"פ בדיעבד.

ואם כתב בשמאל, פסולים, אם אפשר למצוא אחרים כתובים בימין - היינו בשולט בימין לבד, אבל אם שולט בשתי ידיו, אפילו כתב בשמאלו כשר, **ואפילו** אם שולט בימינו לבד, אם אי אפשר למצוא אחרים יניחם, אך לא יברך עליהם.

ואיטר יד, שמאל דידיה הוי ימין - ע"כ אם כתב בימינו פסול, כמו בשמאל דעלמא, אם אפשר למצוא אחרים.

וסופר שכותב בימין וכל מלאכתו בשמאל, או להיפך, כתב הפמ"ג שנכון לכתחלה שלא לקבלו לסופר, **ובדיעבד** אין לאסור, עי"ש הטעם, ‹כמו שולט בשתי ידיו›.

וכתב הרמ"ע: מעשה היה במצרים, שתפס אחד הקולמוס בשפתיו וכתב בו, ופסלו, דאין דרך כתיבה בפה לכו"ע, **וכתב** המ"א דפסול אפילו אם א"א למצוא אחרים, **ועיין** בספר משנת אברהם בשם הגט מקושר ועוד פוסקים, דמשוין זה, או הכותב ברגלו, להכותב ביד שמאל.

סעיף ו - אין (צריך) לשרטט כי אם שטה עליונה - משום דתפילין אין עליה הלמ"מ לשרטט כמו מזוזה, רק משום דאסור לכתוב ג' תיבות מפסוק בלי שרטוט, ע"כ כשמשרטט שיטה עליונה די, כי סתם בני אדם יודעים לאמן ידם לכתוב כל השיטות ישרות אחר שכתבו שיטה עליונה, **וקאמר** "אין צריך", משום דאם ירצה לשרטט כל השיטין כדי לכתוב יותר ביושר ליפות השיטות, הרשות בידו.

ואם אינו יודע ליישר השטה בלא שרטוט, ישרטט כל השורות - פי' לכתחלה משום "זה אלי ואנוהו", אבל בדיעבד אפילו אם לא שירטט, וכתב השיטות עקומות, אין לפסול התפילין.

ולא ישרטט בעופרת, מפני שהמקום השרטוט נשאר צבוע - וכן בדיו ובסיקרא וכל כיוצא בזה, ואפילו בין השיטין אסור לשרטט בו, **וכל** זה לכתחלה, אבל בדיעבד אין להחמיר, כן כתב הל"ח והא"ר, **ובתשובת** דבר שמואל מפקפק בזה מאוד, אם משורטט בשום צבע שחור, מחמת נגיעת אות באות ע"י השירטוט השחור, אם לא דכתב מתחת השירטוט.

הגה: וי"א שצריך לשרטט תמיד למעלה ולמטה ומן הצדדים, אעפ"י שיודע לכתוב בלא שרטוט, וכן נוהגין – (וכהיום נהגו הכל לשרטט בכל השיטין).

(יש לעיין קצת, אם שירטט כל השורות, אם צריך ג"כ לשרטט מן הצדדים, או לא, **וספק** זה יש להסתפק בס"ת ומזוזה, דשם השירטוט כולו הוא לעיכובא, **ונראה** דבדיעבד אין להחמיר בזה אפילו במזוזה, כי לא נזכר בכל מקום רק שירטוט בין השיטין, **וכ"ש** לפי מה שנראה מרדב"ז, דטעם השירטוט אפילו במזוזה הוא כדי ליישר השיטין, בודאי אין להחמיר בזה).

(ועיין בספר ב"ש שכתב, שנ"ל שטוב לשרטט להשיטין לצד השיער, ולמעלה ולמטה ולהצדדים ישרטט לצד הבשר).

(ודע, דשירטוט של תפילין, לכו"ע א"צ להיות לשמה).

(ובדיעבד אם לא שירטט אפילו שיטה עליונה, לדעת המחבר, או מכל צד לדעת הרמ"א, תלוי בין שיטת ר"ת ושארי פוסקים, דלר"ת שכתב דס"ת אין צריכה שירטוט, רק בשיטה עליונה לדעת המחבר, או מכל צד לדעת הרמ"א, ובדיעבד נפסל בזה, א"כ ה"ה בתפילין, דחד דינא אית להו לשיטתו, אבל לפי מה דפסקינן ביו"ד, דס"ת צריכה להיות שירטוט בכולה כמו מזוזה, א"כ אין לנו ראיה לפסול התפילין בדיעבד אף אם לא שירטט כלל, כן איתא בביאור הגר"א בקצרה, ובדבריו ניחא שלא כתב המחבר לפסול בדיעבד, כמו שכתב להדיא ביו"ד, בס"ת ומזוזה).

סעיף ז - הלכה למשה מסיני, תפילין על הקלף, ולא על הדוכסוסטוס ולא על הגויל – (גויל הוא העור שלא נחלק, ולא הוסר ממנו רק השער ותקנו שם, ומצד הבשר לא הוסר כלום).

כותבין על הקלף במקום בשר, ואם שינה, פסול – (קאי אכולם, ואפילו אם כתב קוצו של יו"ד שלא על הקלף במקום בשר, כגון שבמקום אחד לא העביר מהדוכסוסטוס, פסול).

(ויזהר מאוד שלא יטעה לכתוב לצד השיער, דמעכב בדיעבד, וסימנו להכיר אחר העיבוד איזה צד הוא סמוך לבשר, רואים לאיזה צד שהקלף מתכויץ כשמלחלחין אותו, הוא מקום הסמוך לבשר, ומ"מ אין לפסול תפילין ישנים מחמת סימן זה, דאע"פ שאחר הבחינה נראה שנכתבו לצד השער, אנו מעמידים להסופר שכתבם על חזקתו חזקת בקי ומומחה, ובודאי כדין כתבם, גם סמכינן על המרדכי דמכשיר אם נכתבו לצד השער).

מהו קלף ומהו דוכסוסטוס, העור בשעת עיבודו חולקין אותו לשנים, וחלק החיצון שהוא לצד השער נקרא קלף, והפנימי הדבוק לבשר נקרא דוכסוסטוס, ולפי"ז כי אמרינן כותבין על הקלף במקום בשר, היינו במקום היותר קרוב לבשר, דהיינו במקום חבורו כשהוא דבוק לדוכסוסטוס.

וקלפים שלנו שאין חולקים אותם, יש להם דין קלף וכותבים עליהם לצד בשר, שמה שמגררים קליפתו העליונה שבמקום שער, אינו אלא כדי מה שצריך לתקנו ולהחליקו, ואפילו אם היו חולקים העור לשנים היה צריך לגרר ממנו כך – (ואם גרד יותר מזה, עיין בנשמת אדם, דעתו דלא מיקרי תו קלף, ובחתם סופר משמע שמקיל בזה).

ומצד הבשר גוררים הרבה עד שאין נשאר אלא הקלף בלבד – (וסימנו לידע שנגרר כל הדוכסוסטוס, מקובל בפי הסופרים: כל מקום שהוא נמצא בקלף הוא ניכר לכל כי הוא חלק, ושאר קלף אינו חלק כ"כ, ואותו מקום החלק יכול לקלוף ולהפריש בסכין או במחט).

(ובדיעבד אם לא גרד כל כך, עיין במחה"ש שדעתו להחמיר, וכן בתשובת משכנות יעקב, ובנשמת אדם כתב, דאין לפסול התפילין מטעם זה בדיעבד, כיון דעכ"פ נגרר מן העור הקליפה הדקה הסמוך לבשר, דעליה בודאי חל שם דוכסוסטוס, ואף דאין למחות ביד המקיל בדיעבד, דיש לו על מי לסמוך, מה מאד ראוי להזהיר להסופרים, שיזהרו בזה עכ"פ לכתחלה, שלא ישאירו על הקלף קודם שיכתבו עליו שום קרום וקליפה דקה במקום הכתיבה, ואפילו קליפה דקה כחוט השערה, דזה הוי הכל חשש דוכסוסטוס).

סעיף ח - צריך הקלף להיות מעובד בעפצים או בסיד - (והעיבוד הוא הל"מ), ולעיכובא הוא, (דבלא זה אין עליו רק שם עור, ולא גויל וקלף ודוכסוסטוס), דלא מיקרי קלף בלא זה רק דיפתרא, (וכל אלו הסעיפין הנאמרין פה לענין עיבוד, הוא רק לענין הפרשיות של התפילין, וכן לענין כתיבת ספרים ומזוזות, ולענין עור הבתים יתבאר לקמן בסעיף ל"ז).

ויניח העור בסיד עד שיפול השער מאליו, ולא ע"י גרירה, ואם הוציאו קודם לכן לא יכתוב עליו,

דהוי דיפתרא עדיין ופסול, **ויש** מי שחולק וכתב, דסופר שהוציא העורות לאחר ד' ימים, ועדיין לא עבר שערות מעליהן, נראה דבדיעבד אין קפידא, דלא תליא בשער כלל, דכיון דכבר הונח בסיד וניתקן כהוגן, לא מיקרי דיפתרא.

וצריך שיהיה מעובד לשמו – (ובלא זה פסולין, ואם הוא במקום שלא יוכל להשיג תפלין אחרים, כי אם אלו שנכתבו על עור המעובד שלא לשמה, **אף** דבס"ת כה"ג נראה דיוכל לברך עליה בצבור, אבל בתפילין יניחם כך בלא ברכה).

(**ודע עוד**, דהפמ"ג החליט בפשיטות, דעיבוד לשמה הוא מדרבנן, ונ"מ היכא שספק לו אם נתחלף לו עור בעד עור שלא לשמה, י"ל ספיקא דרבנן לקולא, **אך** מתשובת רע"א משמע, דהוא סובר שהוא דאורייתא, ומ"מ נראה דבשעת הדחק יש להקל בספיקן, דבלא"ה יש הרבה מהראשונים דס"ל, דא"צ עיבוד לשמן).

(**ודע עוד**, דעיבוד סתמא הוי כשלא לשמה, **ובספר** בית אהרן יצא לידון בדבר החדש, דהאידנא דאין כותבין ברוב על קלף שאר ספרים, רק ס"ת, הוי סתמא כלשמה, ויש לעיין).

טוב להוציא בשפתיו בתחלת העיבוד, שהוא מעבדו לשם תפילין - ובדיעבד דיו במחשבה.

ויותר אין צריך לא להוציא בשפתיו ולא לחשוב שמתעבדים לשמה, אלא בתחלתו בלבד, ואפילו נמשך העיבוד כמה ימים, דכל העושה על דעת ראשונה הוא עושה, **ותחילת** העיבוד מיקרי, כשמשים העורות לתוך הסיד, ולא בעת שמשימם לתוך המים קודם, מפני דזה לא מיקרי עדיין עיבוד.

(**ואם** היה רק סוף העיבוד לשמה, הט"ז ביו"ד ס"ל דמהני, **והפמ"א** חולק ע"ז, וס"ל דלדינא יש ספק אם נאמר הוכיח סופו על תחילתו, וגם בביאור הגר"א כ"כ, **ונראה** דאעפ"כ אין להחמיר בדיעבד, אחרי שיש הרבה מקילים, כי גם דעת הגאון מהר"מ בנעט להקל בזה, **ואולי** גם דעת הגר"א כן, כמו לענין ספק אם צריך להוציא בפה דוקא, דגם שם מביא הגר"א דספק הוא, ואעפ"כ לא החמירו רק לכתחלה, וכדמוכח מהטוש"ע שכתב: טוב להוציא בשפתיו, כן נאמר בזה, **ומכ"ש** לפי דעת הפמ"ג שעיבוד לשמה הוא דרבנן, **היוצא** מדברינו, דאם שכח ליתן העורות לתוך הסיד לשמה, ונזכר בתוך עיבודו, בעוד שיש עליה עדיין שם דיפתרא, שיטלם מן הסיד ויחזור ויתנם לתוך הסיד לשמה, כנ"ל ברור בעזה"י).

(**וכ"ז** אם הוא מחשב לשמה במעשה העיבוד גופא, אבל אם מחשב לשמה בעת תיקון הקלף אח"כ, כגון מה שממחים אותו באבן הפימ"ס וכדומה, או בעת השירטוט של הסת"מ, או ברצועות בעת השחרתן לבד הוא מחשב לשמן, זה בודאי לא מהני, **ודע עוד**, דבהם קי"ל דא"צ כלל שיהא לשמה, ואפילו במזוזה דעצם השירטוט הוא הלמ"מ, אפ"ה אינה צריכה להיות לשמה, **אך** יש מן האחרונים שמחמירין בדבר לענין שירטוט אפילו דיעבד, להב"ח במזוזה, ולהבני יונה אף בס"ת, ונכון לחוש לדבריהם עכ"פ לכתחלה, **ועיין** בפמ"ג שכתב עוד, דלפי דברי הב"ח לא יועיל שירטוט אפילו דס"ת למזוזה, **אבל** לפי מאי דאנן פסקינן דס"ת ומזוזה שוין, מהני, **וע"ש** עוד, דשירטוט דתפילין למזוזה בודאי לא מהני להב"ח, ואף אם שרטטו לשמה, כמאן דליתא דמיא, **אך** כבר הכרענו דאין להחמיר בדיעבד, **וע"ש** בפמ"ג שכתב, דכ"ז בסתמא, אבל במחשב בהדיא בהשרטוט שלא לשמה, אפשר דגרע לד"ה).

או לשם ספר תורה - דקדושתה חמורה מתפילין, ובכלל מאתים מנה, ואעפ"כ מותר לשנות לתו"מ אף דקדושתם קלה ממנה, **אבל** לדבר חול אסור לשנותו, לבד אם התנה בפירוש בתחלת עיבודן, שיהא מותר לשנותו אף לדבר חול, אז מותר לשנותו, **והנכון** שינהגו כן הסופרים לכתחלה, בעת שמשימים העורות לתוך הסיד, שיאמרו: אני נותן עורות אלו לתוך הסיד לשם קדושת ס"ת, ואני מתנה לכשארצה שאוכל לשנותו לכל דבר, **ולא** כמו שנהגו הסופרים, שאומרים: לשם ס"ת או תפילין או מזוזות או שאר דבר רשות, דאז מסתפקים האחרונים אם מהני, (**דבדאורייתא** קי"ל אין ברירה, ולפי מה שכתב הפמ"ג, דעיבוד לשמה הוא דרבנן, יש להקל בדיעבד, וצ"ע למעשה).

אבל אם עיבדו לשם מזוזה, פסול - ולא מהני רק למזוזה בלבד, דקדושתה קלה מתפילין, **ואם** עיבד לתפילין, מהני אף למזוזה ולא לס"ת, **ואם** עיבד העור לשם רצועות, לא מהני לכתוב פרשיות עליו אם עשה אח"כ קלף מהן, דקדושתן חמורה, **ואפי'** לעשות מהן עור בתים, יש לומר נמי דפסול, דקדושתן חמורה מרצועה.

סעיף ט - אם עיבדו א"י, להרמב"ם פסול אפי' אמר לו ישראל לעבד לשמו - דס"ל להרמב"ם, דעכו"ם עושה אדעתא דנפשיה, ואף על פי שהעכו"ם אומר ששומע לישראל, אין פיו ולבו שוין בזה.

ולהרא"ש כשר אם ישראל עומד ע"ג וסייעו. (הגה: קלת בעיבודה) - אפי' אם לא סייעו רק בסוף העיבוד, ואפילו גם זה הסיוע לא היה רק בשותפות עם העכו"ם, כשר.

וכ"ז למצוה בעלמא, אבל בדיעבד להרא"ש כשר אפילו לא סייעו כלל, דעכו"ם אדעתא דישראל המצווהו לעשות לשמה עביד, דכיון שהוא עומד ע"ג בתחלה בעת שמשים העורות לתוך הסיד, ואומר לו שיתנם אז לתוך הסיד לשמה, ולא בעינן הכונה של העכו"ם לזה רק בעת רגע נתינתם לסיד, ציית ליה אשעה מועטת כזה ונותנם אדעתא דהכי, [**ואעפ"כ** במקום שעבדנין ישראל מצויים, יתן להישראל].

אבל אם הישראל העומד ע"ג חישב בלבו לבד לשמה, לא מהני, **ואפילו** אומר לו בפירוש, כל שעומד מרחוק ואינו מלמדו, לא מהני אפילו להרא"ש.

וכן נוהגין, ועיין לעיל סי' י"א סעיף ב' - והמנהג לפי דברי אחרונים לכתחלה צריך להיות כך, שישים הישראל בעצמו העורות לתוך הסיד לשמה, ויאמר לעכו"ם שכל שאר מלאכת העיבוד שיעשה הוא, יעשה ג"כ לשמה, ויכול העכו"ם אח"כ להוציאו בעצמו ולתקנו, וא"צ עוד לעמוד ע"ג ולסייעו עוד.

ואם נתן הישראל העורות בעצמו לתוך הסיד לשמה, ולא אמר כלום להעכו"ם, כ' הפמ"ג דצ"ע בזה, **אכן** לפי דברי הנו"ב והגאון מהר"מ בנעט, יש להקל בדיעבד.

ואם סייעו הישראל להעכו"ם קצת בסוף, ובזה גמר מלאכת העיבוד, ולא אמר לעכו"ם כלל שיעשה לשמה, זה בודאי לא מהני, דמסייע אין בו ממש, **וה"מ** שזה גמר העיבוד לא עשה בעצמו, רק בסיוע עם העכו"ם, **אבל** אם גמרו הישראל בעצמו בלא סיוע העכו"ם, כגון שהוציא הישראל העורות מן הסיד קודם שנגמר עיבודן, וחזר והניחם בתוך הסיד לשמה, **הט"ז** והגאון מהר"מ מקילין בזה, ואין למחות ביד הנוהג להקל כדבריהן.

סעיף י - כשמסמנין הנקבים במרצע כעין אותיות - (כדי שלא יחליפם העכו"ם בעורות אחרים, ודוקא כעין אותיות, אבל נקבים כך לסימן לא מהני).

אע"פ שנקל לא"י לזייף - (שמניח העור ע"ג עור אחר, ועושה ג"כ במרצע כעין אותן האותיות).

אין חוששין, משום דמרתת הא"י פן יכיר ישראל בטביעות עין - שנתן בסימנין, או שאלו הנקבים נעשו יותר מחדש משלו, (**הלא"ה** לא שייך בזה ספק דרבנן לקולא, {כי לשיטת פמ"ג לשמה הוא דרבנן}, דכל שנהנה בו העכו"ם, רגיל וקרוב לודאי הוא, **ובמקום** דלא נהנה בו העכו"ם ע"י החליפין, קי"ל דלא חיישינן לאחלופי, פמ"ג).

וי"א שיכתוב בראש בפנים, במקום שאין דרך לעבד הראש, וישאר הכתב עד אחר העיבוד, ולא יסמן במרצע מחמת חשש זיוף, **ובדיעבד** יש להקל כהשו"ע.

(**כתב** המה"ש, דצריך זהירות מרובה, כשמעבד ע"י עכו"ם אומן, הוא מניח מטליתין על הנקבים הנמצאין בהקלף, ואותן טלאים קרוב לודאי שלא נתעבדו לשמה, שהן מחתיכות עורות שמקצע ונוטל מכל אשר יבא לידו להטיל טלאי, ובקושי ניכרים אחר העיבוד כי אם נגד השמש).

סעיף יא - עור שעיבדו שלא לשמו, אם יש תיקון לחזור לעבדו לשמו, יתבאר בטור יו"ד סימן רע"א.

סעיף יב - יהיה הקלף מעור בהמה וחיה ועוף הטהורים - (עוף משובח, ואחריו חיה, ואחריו בהמה, ושליל יותר טוב, שעדיין לא יצא לאויר העולם).

(**וטהורה** שנולדה מטמאה, עיין בתשובת יד אליהו שהאריך והעלה להחמיר, **אבל** טמאה שנולדה מטהורה, מתיר לכתוב עליה סת"מ. ועור של איסור הנאה עיין בפמ"ג).

אפילו מנבילה וטריפה שלהם - (ואפילו נתנבלה ע"י אחרים, כגון נחורות ועקורות).

אבל לא מעור בהמה וחיה ועוף הטמאים, דכתיב: למען תהיה תורת ה' בפיך, ממין המותר לפיך – (ואפילו שאר ספרים שאינם תנ"ך, שיש בהם שמות שאינם נמחקים, אסור לכתוב על עור בהמה טמאה, **ואם** הם כתובים רק ברמז לסימן השם, י"ל דשרי לכתוב, וה"ה ספרי הש"ס ופוסקים כה"ג שרי).

ולא מעור דג אפילו הוא טהור, משום דנפיש זוהמיה.

סעיף יג - יהיה הקלף שלם, שלא יהא בו נקבים שאין הדיו עובר עליו - (אלא) קטן כל כך, עד שכשמעביר עליו בקולמוס נסתם הנקב בדיו, ואין הנקב נרגש בקולמוס, כותבין עליו, אע"פ שנפל מעט דיו במקום ההוא, ונראה נקב דק כנגד השמש, כשר, **דהיינו שלא תהא האות נראית בו חלוקה לשתים** - שאם ניקב כ"כ שאין הדיו עובר עליו, פסול, שהאות נראית חלוקה לשתים על ידו, **ואפילו** אם הנקב באמצע עובי האות, בגגו או בירכו, ודיו מקיפה מכל צד, פסול, **ואפי'** אם עד מקום הנקב יש צורת אות.

וכ"ז קודם כתיבה, אבל אם לאחר כתיבה נחלק האות לשתים ע"י נקב, רואין אם יש בו צורת האות עד מקום הנקב, כשר, (**ואם** הנקב שנעשה לאחר הכתיבה, הוא רק באמצע עובי האות, אפשר דיש לצדד להקל כהט"ז, אפילו אם אין בו שיור אות עד המקום ההוא, כיון דלא נשתנה צורת האות עי"ז, ומחדושי רע"א שנשאר בצ"ע על הט"ז, נראה שמפקפק בזה להחמיר, **ולפי** ביאור הלבו"ש בהט"ז נוכל לומר בפשיטות, דגם הט"ז יודה בזה להחמיר, ולא מיירי הט"ז רק אם יש בו שיור אות עד המקום ההוא, **לכן** דין זה צ"ע).

סעיף יד - הסופרים הזריזים עושים שלשה מיני קלפים, העב יותר לכתוב בו פרשת "שמע" שהיא קטנה, והדק ממנו לפרשת "והיה אם שמוע" שהיא יותר גדולה, ולפרשת "קדש" ולפרשת "והיה כי יביאך", שהם ארוכות, עושים קלף דק מאד - ט"ס, וצ"ל: "והדק ממנו לפרשת 'והיה כי יביאך' שהיא יותר גדולה, ולפרשת 'קדש' ולפרשת 'והיה אם שמוע' שהם ארוכות" וכו'.

ובזה יתמלאו הבתים בשוה, וזהו נוי לתפילין - ורמ"י כתב, שהסופרים שלהם עושים תיקון אחר, שכל הקלפים הם שוים באורך א' ובעובי א', אלא שמניחין גליונין מפרשיות הקצרות.

סעיף טו - נקדים ב' הקדמות ואח"כ נבאר בעזה"י: **א'**. כל אות צריך שיהא עליו צורתו הראוי לאותו אות, ואם לאו פסול, ובזה אין חילוק אם לא נכתב כהלכתו, או אם אח"כ נתקלקל, **ב'**. כל אות שאין גויל מוקף לה מארבע רוחותיה פסולה, ובדין זה יש שני פרטים: **א'**. דוקא אם לא היה מוקף גויל קודם כתיבה, אבל אם לאחר כתיבה נעשה נקב או קרע סמוך לאות מבחוץ, ועי"ז אינו מוקף גויל, כשר, **ב'**. דעת רוב הפוסקים, דאין צריך להיות מוקף גויל רק מבחוץ להאותיות, ולא בתוכן, חוץ מהירושלמי שמחמיר בזה.

אם לאחר שנכתב ניקב בתוך הה"א או המ"ם - וה"ה שאר אותיות שיש להן ג' דפנות ויש חלל בתוכו, אבל ד' פשוטה, וכ"ש וי"ו וכדומה, לאו תוך מיקרי, **כשר** - הטעם, דבפנים אין צריך להקפת גויל, ולפי"ז אפי' אם הנקב קודם כתיבה כשר, **והאי** דנקט "אם לאחר", משום דלכתחלה אין לכתוב אפי' אם הנקב באמצע חללו ואין ממלא את תוכו, **אבל** באמת אם עבר וכתב, אפי' אם היה הנקב קודם שנכתב, כשר וא"צ שום תקון.

אפילו ניקב כל תוכו, שהנקב ממלא כל החלל - ואפילו נגע הנקיבה באות גופא, כל שנשאר שריטה דקה מבחוץ כשר, דאין שיעור לעובי האותיות.

אבל בירושלמי משמע שגם בפנים צריך שיהא מוקף קלף - וא"כ דינו כמבחוץ, אם היה הנקב בתוכו קודם כתיבה, פסול, **ודע**, דלהירושלמי צריך הקפת גויל בכל הצדדים מבפנים כמו מבחוץ, ע"כ אם ניקב בתוכו קודם הכתיבה אצל האות, ועי"ז איננו מוקף גויל, יש לגרור מעט מבפנים מעובי הקו של האות, ויהיה מוקף גויל.

ועיין בט"ז ובפמ"ג בשם הלבוש, שיש להחמיר כהירושלמי, (ומ"מ לדינא במקום הדחק, שלא נזדמן

לו סופר שיוכל לקלוף בטוב מעט סמוך להנקב כדי שיהיה מוקף גויל, נ"ל שיוכל לסמוך על הפוסקים שמכשירין אפילו ניקב כל תוכו).

ניקב רגל פנימי של ה"א, אפילו לא נשאר ממנו אלא כל שהוא, כשר להרא"ש - וה"ה אם נמחק קצת מהדיו ולא ניקב, **ודוקא** בה"א פליג הרא"ש, ומכשיר אם נשאר כל שהוא, בין למעלה מהנקב ובין למטה, דסבר דאין שיעור להנקודה התלויה בה, **ואפילו** אם כתב מתחלה רגל קצר כזה כשר להרא"ש, **אבל** בשאר אותיות כמו חי"ת וכדומה, גם הרא"ש מודה דהרגל השמאלי דינו כמו רגל ימיני.

ומיירי שאין בו חסרון משום הקפת גויל, כגון שניקב לאחר הכתיבה, דאל"ה פסול אפי' אם נשתייר יותר מכמלא אות קטנה, גם להרא"ש.

הגה: אבל שאר פוסקים מצריכין כמלא אות קטנה, והכי הלכתא - מדבריו אלו משמע, דלא להחמיר בלבד פסק כדעת שאר פוסקים, אלא דפשיטא ליה דהלכה כוותיהו, וא"כ צריך להזהיר מאד להסופרים שנכשלין בזה.

ובתפילין ומזוזות דבעינן כסדרן, לכאורה לא מהני שום תיקון, אפילו התינוק קוראו לאות, כיון שאנו רואין שאין לו צורת אות, דבלא זה לא מיקרי ה', לפי דעת אלו הפוסקים, **ומ"מ** נראה דיש להקל ע"י תיקון, ודומיא שהקיל הפמ"ג בכף פשוטה שעשאו מרובע ע"י תיקון.

ניקב רגל הימיני - של ה"א, **וה"ה** אם נפסק האות בלא נקב, או נמחק קצה האות, **אם נשתייר ממנו מלא אות קטנה, כשר** - היינו יו"ד ובקוץ התחתון שלו, לפי מה דפסק לקמן, דלא מיקרי יו"ד בלא קוץ התחתון, והיינו מהנקב לצד מעלה, או מההפסק ולמעלה אם נפסק האות באמצע, **וה"ה** אם כתב לכתחלה רגל קטנה קצרה כזה, דכשר.

כתב הפמ"ג נראה לי, דה"ה לשאר אותיות כגון ד', ל', פ' פשוטה, צ' פשוטה, קו"ף, רי"ש, או תי"ו, או חי"ת, אם נשאר מהירך הימיני כיו"ד, די בכך, עכ"ל, **ולכאורה** בחי"ת, בין רגלה הימיני או השמאלי.

(**ואם** זה הכתב הוא מכתב בינוני, לכאורה דאין מועיל אם כמלא אות קטנה הוא מכתב קטן, דאל"כ אין שיעור לדבר, **אבל** אם זה הכתב הוא כתב גדול, נראה דבודאי מהני אם כמלא אות קטנה הוא מכתב בינוני).

ומיירי השו"ע בארכו, **וה"ה** אם נפסק קצת מעביו, בין ע"י נקיבה או ע"י מחיקה, אם נשאר שריטה דקה שחור כמו וי"ו או יו"ד דקה, כשר, דאין שיעור לעובי האותיות, (ומ"מ צ"ע), **אלא** דבניקב, בין בעביו בין בארכו, בעינן שניקב לאחר הכתיבה.

ואין צריך להראותו לתינוק, (**והטעם** בזה נראה פשוט, דקים להו לחז"ל באות ה' וכדומה, דזה שיעורן בעצם, ולכן אין צריך להביא ראיה מהתינוק, דהתינוק אין מורגל בזה התמונה, דכל אחד כותב לכתחלה אות ארוך, **ומ"מ** בדיעבד אם הראוהו להתינוק דלא חכים ולא טיפש, ולא יכול לקרותו, יש להחמיר בזה, **כי** ראיתי להשיורי כנה"ג שמצדד לומר, דאפי' במקומות דלא משגחינן על תינוק להקל על ידו, משגחינן עליו להחמיר, **ואף** דבחי"ת של חטוטרות מבואר, דקריאתו של תינוק לא מגרע בזה, היינו משום דשם אין מורגל כלל בחי"ת של חטוטרות, דאפילו אם היה נכתב כתיקונו היה קורא בב' זייני"ן, משא"כ בענינינו).

ואם לאו, פסול - ולא מצרפינן ליה מה שלמטה מהנקב, אפי' אם תינוק דלא חכים ולא טיפש קראה לאות, כיון דאנו רואין שלא נשאר צורת האות כתיקונו.

סעיף טז - נפסק אחת מהאותיות - י"ל בשני אופנים, או מחמת נקב, וזה אין כשר כי אם בניקב אח"כ, **או** ע"י שנחסר הדיו באותו מקום, ובאופן זה היה קאי הדין דשו"ע אפילו אם בתחלת הכתיבה נעשה כך.

הגה: הפשוטות, כגון וי"ו זיי"ן, או שנפסק רגל הנו"ן - פשוטה, **וכיוצא בה** - כגון כ"ף פשוטה שרגלה קצרה, ודומה קצת לדל"ת או לרי"ש, (וה"ה אם הספק הוא בד' שגגו קצר, ונסתפק לנו אם הוא כשיעורו).

(וה"ה אם מתחילה כתב הסופר איזה אות פשוט, ונסתפק לו אם הוא ארוך כשיעור שראוי להיות, וא"א לו להגיה דהוה שלא כסדרן).

ולפיכך אין מועיל בה אם נשתייר כמלא יו"ד, דאדרבה נראית כיו"ד ופסול. (עיין בפמ"ג וא"ר, דאם יש כמלא אות קטנה דידהו, כגון וי"ו או נו"ן פשוטה קטנה, וניכר יפה שהיא וי"ו או נו"ן, כשר וא"צ להראות להתינוק).

(עיין בפמ"ג שמסתפק לומר, דבזיין שנפסק, די כמלא אות קטנה, דבמה שגגו עובר מב' הצדדים מוכח שאינו יו"ד, והובא בחידושי רע"א, ועיין בדה"ח ובשערי אפרים, שהשוו שם זיי"ן לוי"ו לדינא, ועכ"פ אם התינוק קראו ליו"ד, ודאי פסול).

אם תינוק שאינו לא חכם ולא טפש יודע לקרותו, כשר - היינו שאינו חכם כ"כ שמבין הענין, ומתוך זה הוא אומר האות הנפסק ויהיה מתפרש שפיר, **אבל** אין נקרא חכם אם הוא חכם בהכרת האותיות היטיב, ואין מבין מה שכתוב לפניו, דזהו ודאי ג"כ כשר.

טיפש היינו שאינו יודע לקרות האותיות, וכל שיודע לקרות האותיות, אע"ג דאינו בקי כ"כ בצורת האותיות, כל שאומר דאין בו צורת אות, פסול הוא.

(**ואם התינוק יודע לקרותו, אז אפי' הוא נקב גדול או הפסק גדול, שפרידתו ניכר להדיא, כשר וא"צ שום תיקון, דלא יהא עדיף מאלו כתב לכתחילה אות קצר כזה דכשר**).

עיין בט"ז שכתב, דהך נפסק מיירי שנפסק קצת מאורך האות ולמטה לגמרי, ולא נשאר ממנו רק החלק שקודם ההפסק, אז תלוי בקריאת התינוק, אם ספק לנו אם נשאר כשיעור של האות ההוא, **אבל** אם נשתייר גם למטה מן ההפסק, דהיינו שנעשה ההפסק ברחבו של רגל האות, ואחר ההפסק נשאר עוד למטה חלק מן הרגל, בזה לא מועיל תינוק, דהתינוק יצרף מה שלמטה ממנו לחלק העליון, ובאמת אין לו צירוף, וזה דומה לנפסק רגל הא', (**ואפילו אם היה ההפסק קטן כ"כ, שלא היה פרידתו ניכר להדיא, והראה להתינוק גם החלק שלמטה מההפסק, וקראו לאות, אפ"ה פסול**), **אלא** צריך לכסות את חלק הנשאר אחר ההפסק, **ואין** זה דומה למש"כ השו"ע כאן, דאין צריך לכסות שאר האותיות, דבזה ודאי מודה דצריך לכסות, וכן הסכמת האחרונים, **דלא** כמש"כ בספר ישועות יעקב להקל.

(**וכ"ז לענין שישאר כך בלא תיקון, אבל לענין תיקון, אם התינוק יודע לקרות האות ע"י צירוף מה שלמטה,** מהני אפי' בתפילין ומזוזות דבעינן כסדרן דוקא, דלא נתבטל ממנו לגמרי שם אות, כיון שהתינוק יודע לקרות ע"י צירוף, ואפילו נעשה זה ההפסק בעת הכתיבה, **וכתב** הפמ"ג דכל זה בשלא ניכר להדיא פרידתן, אבל אם ניכר להדיא פרידתן, אין מועיל לו שום תיקון, אפילו נעשה לאחר הכתיבה). ‹עיין לקמן סוף סעיף כ"ה›.

ואם לאו, פסול - (אפילו נעשה ההפסק לאח"כ, כגון שקפץ הדיו מהקלף, ונשאר רק רושם אדמומית מהחלודה של הדיו).

וא"צ לכסות לו שאר אותיות כמו שנוהגים - וכן כתב הלבוש, **אבל** המ"א בשם מהרי"ט כתב, דצריך לכסות מה שלפניו, שאם יתחיל מתחלת המקרא, סרכיה נקיט ואזיל, **ואפי'** תינוק שלא למד באותה פרשה, אפ"ה צריך לכסות לו מה שלפניו עד תיבה זו, **אבל** תיבה זו וגם מה שלאחריה, א"צ לכסותו כלל בכל גווני.

הגה: מיהו אם אנו רואים שלא נשאר צורת האות כתקונו, פסול אע"פ שהתינוק קורא אותו כהלכתו - כגון אלפי"ן שאין היו"ד שלהן נוגעת אל עצמן, וכן נקודת הפ"א שאין נוגעת לגגה, וכן לכל אותיות שאינן פשוטות שיש הפסק באמצען, שהוא פסול, בין אם נעשה זה בעת הכתיבה או לאחר הכתיבה, **שלא** מהני קריאת התינוק אלא היכא שנפסק האות ובציר לה משיעורא, ומחמת זה דומה האות במקצת לאות אחר, כגון וי"ו קטיעה שאנו מסופקין אם הגיע לאורך וי"ו או כשיעור יו"ד, ולכך תועיל קריאת התינוק, דגילוי מילתא בעלמא הוא, דאורך וי"ו יש לה מדלא קראה יו"ד, **וה"ה** לאות נו"ן פשוטה וכ"ף פשוטה, שיש ספק אם יש להם שיעור ארכן, או כ' כפופה שדומה במקצת לבי"ת וכה"ג, שיש להסתפק אם תמונתה דומה לאות אחרת, **אבל** היכא שאנו רואין שאין האות נשאר בצורתה, מה מועיל בראיית התינוק, ועינינו רואין שאין האות בצורתה, **ולכן** אין להכשיר האל"ף שרגל שמאלו אין נוגע לקו האמצעי, בשביל שהתינוק יקראנה אל"ף, דמפני הפירוד לא יטעה לומר שהיא עיין הפוכה, **וה"ה** בפשוטות אם אנו רואים ודאי שאין בו צורת אות, לא מהני מה דתינוק קורא אותו כך, רק בספק לנו אם יש בו שיעור כראוי מהני.

(**וכ"ז מיירי ג"כ בלא תיקון, אבל לענין תיקון מהני עכ"פ קריאת התינוק, ואין חילוק בזה בין פשוטות לכפופות**).

(ביאור הלכה) [שער הציון] ‹הוספה›

הא דמכשרינן כשנפסק אות, דוקא כשנכתב בכשרות ואח"כ נפסק - וה"ה מה דמכשיר לעיל בסט"ו, אם ניקב רגל הה"א, והטעם, דלא בעינן מוקף גויל רק בעת הכתיבה.

ולפי"ז אפי' אם מגיע הנקב מאות לאות שסמוך לו, ג"כ כשר, **אכן** הדה"ח מחמיר בזה, (והטעם להלן), (**וצ"ע למעשה אחרי שהדה"ח והנו"ב מחמירין בדבר, ועכ"פ בהצטרף עוד איזה קולא, כגון שהאות גדול יותר משיעור, ונקב נעשה בסופו, באופן שאפי' אם ינכה מקום הנקב ושיעור דהקפת גויל, ג"כ ישאר שיעור הראוי לאותו אות, יש לצדד להקל ולצרף לזה דעת הרד"ך, כי אפי' לדעת הדה"ח והנו"ב הנ"ל, איננו רק ספיקא דדינא**), לחוש לתירוץ ראשון שבב"י, (דהקשה, למה אם הפסיק אות בנקב כשר, הא צריך שיהא מוקף גויל), דאין מחלק בנגיעה בין אם לא הוקף בעת הכתיבה או אח"כ, (אלא דדוקא דיבוק אות לאות פסול, ולא נקב, דהא דקיי"ל דכל אות שאינו מוקף גויל פסול, וצריך שיהא גויל מקיף אות, הוא אפילו אינו סמוך לו, שהנקב אצל האות, דאינו מבטל הקפת גויל כיון שיש היקף גויל מעבר להנקב, ולאו דוקא נגיעה אות לאות, דה"ה נקב בין אות לאות אם לא נשאר גויל - לשון הדה"ח), (**ויותר טוב, אם יכול לגרור מעט מעובי הקו של האות, ויהיה מוקף גויל, דזה מהני בכל גווני, ואפי' בתו"מ דבעינן כסדרן**).

אבל בניקב חללו דמכשיר המחבר, הוא אפילו ניקב קודם הכתיבה, ולא נקט שם "אם לאחר שנכתב" וכו', אלא משום סיפא דניקב רגל.

ובענין נגיעת האותיות, אפילו אם יודע בבירור שנעשה לאחר הכתיבה, ג"כ פסול, (**כדמשמע בסעיף י"ח**, (דדין מוקף גויל הוא משום שצורת האות ניכרת ע"י הדיו והגויל, ומ"מ אין לפסול בנקב שנעשה לאחר הכתיבה, כיון שעדיין ניכרת קצת צורת האות, **משא"כ** בנגיעת אות לאות שאין צורת האות ניכרת כלל, פסול אפי' לאחר הכתיבה - חזו"א), **ומ"מ אין ראיה להחמיר יותר בזה ממה שסובר בעל דה"ח, דהוא ספיקא דדינא, ונ"מ לענין להוציא אחרת, ומסי"ח אין ראיה כלל, דשם מיירי בעת הכתיבה גופא, אחר שנגמר צורת האות נגע אות בחבירו, משא"כ בזה שכבר סילק ידו**).

אבל אם מתחלה כשנכתב היה שם נקב ונפסק בו, או אם רגל הכ"ף הפשוטה או כיוצא בה מגיע לסוף הקלף בלי הקף קלף מתחלתו, פסול - וכ"ש גגי האותיות ואמצען שאין להם היקף גויל בעת הכתיבה, **ונקט** רגל לרבותא, אף דבעת כתיבת סוף הרגל כבר נגמר צורת האות כראוי, אפ"ה כל זמן שלא סלק ידו מן האות, מיקרי דבר זה בעת הכתיבה, ובעינן לכל האות הקפת גויל.

ואפי' אם היא ארוכה כראוי, דהיינו שיש בה שיעור שאפי' אם נגררה קצת למטה ישאר צורת אות, מ"מ פסול.

ודוקא נקב או קרע, אף שאין ניכר כלל ההפסק, ומשום דלא היה מוקף גויל בעת הכתיבה, אבל הפסק בעלמא כשר וא"צ שום תיקון, כיון שיש שיעור אות עד מקום ההוא.

ואם נחתך הקלף אח"כ, ועי"ז אין מוקף גויל, כשר, **ובספק** מתי נעשה הנקב, תולין דאחר הכתיבה נעשה, דמסתמא אם היה בעת הכתיבה היה הסופר רואהו, **אם** לא שהנקב קטן מאד.

ואם רוצה לתקן, יגרר קצת כדי שיהיה מוקף גויל, אבל דיבוק מטלית לא מהני להקפת גויל, דבעינן הקפת האות מגוף הסת"מ.

סעיף יז - אם נפלה טפת דיו לתוך האות ואינה ניכרת האות - בין שנגע הטיפה בגוף האות או לא, **וה"ה** אם נפלה הטפה על קווי האות ממש, ונתפשט הטפה גם מבחוץ להאות, עד שאינו ניכר האות בתמונתו עי"ז.

בין שעי"ז נשתנה תמונתה לאות אחרת, כגון שנפלה טפה תוך חלל ב' ונראית כפ"א, **או** שאבדה תמונתה ואין שמה עליה, וה"ה בשאר אותיות, **ואפי'** אם ע"י הטיפה נחסר רק קוצה של יו"ד בין בימין או שמאל, פסול.

ואם מסתפק בהאות אם צורתו עליו או לא, מראה לתינוק דלא חכים ולא טיפש.

וה"ה צבע אחר, אם עי"ז נשתנה צורת האות, **אבל** נטף שעוה על האות, אף שמכסה להאות ואינה ניכרת, אעפ"כ מותר לסלק, דשעוה אין מבטל הכתב.

(**נטף שעוה על אות, בחול יסירנה, ואם הנטיפה היא על אותיות משמות שאין נמחקין, אף בחול אסור, שהרי יש לחוש שיתקלף קצת מהאות עמו, כיצד יעשה, יראה לחמם היטב הגויל מבחוץ נגד מקום הנטיפה, ועי"ז יוסר השעוה בנקל, ולא יודבק בו מהכתב כלל, ואם בשבת, דאסור מטעם אחר לא משום מחיקה, אם נראה**

האות מתוכה ויכול לקרות כך, כשר, **אך** אם הוא מכוסה שאינו נראה מתוך השעוה, אם נמצא זה בין גברא לגברא, כיון שאין לקרות בע"פ מה שמכוסה בשעוה, ואין קורין בחומשים מפני כבוד הציבור, וליכא פגמא של ספר, דתרי גברא בתרי ספרא לאו פגמא הוא, יש להוציא אחרת, **ואם** נמצא באמצע הקריאה, יש לקרות המכוסה בע"פ, ואחר כך יסיים בה מנין הקרואים, כיון דכבר קרא מה שמכוסה בשעוה, מותר לקרות להלן בס"ת הזה, דאין פסול בזה מה שמכוסה בשעוה).

(**אומן** ישראל המתקן סידור הבלוי, ומוכרח לו להניח נייר ולדבקו עם פא"פ על מקום היפה, ופוגע בשמות הקדושים שאינם נמחקים, דיש בזה חשש איסור מחיקה, כיון דא"א לקלפו שיהיה כל האותיות קיימים, וגרע יותר משעוה, **יעשה** האומן כך, יניח נייר על כל שם ושם, נייר בלי דבק, או ידבק מעט בשעוה דלא הוי מחיקה, ואח"כ ידבק הנייר בפא"פ, דיהיה הנייר הב׳ מדובק על הנייר ראשון שמונח על השם, וזה לא הוי מחיקה, דאם יקלפו הנייר השני יהיה השם שלם).

אין תקנה לגרור הדיו וע"י כך יהיה ניכר האות, דהוי חק תוכות ופסול - פי׳ שחוקק התוך של האות וסביבו, וממילא נשאר מה שאינו מוחק בצורת אות, **משום דבעינן "וכתב" ולא "וחקק"** - וזה ג"כ חקיקה מיקרי, כיון שאינו עושה מעשה בגוף האות, **אלא** יגרור ג"כ קצת מהאות עד שלא ישאר צורתו עליו, ואח"כ יתקננו, **אם** לא כתב עדיין אחר אות זו, דאל"ה פסול בתו"מ דבעינן כסדרן.

ואפילו אם הטפה לח עדיין, והאות כבר נתייבש, לא אמרינן שהיא ככסוי בעלמא על האות, כיון שעכ"פ נפסל צורת האות קודם התיקון. **ואפילו** מעביר קולמוס על האות לאחר שחק תוכו, אינו מועיל.

והשו"ע מיירי אפי׳ נפלה הטיפה אחר שנגמר האות, (**עיין** בספר בית מאיר דמחזיק בזה לשיטת הרשב"א, דס"ל דאין בזה משום חק תוכות, הואיל דמתחילה נעשה אות ע"י כתיבה, וכן בטעה וכתב ד׳ במקום רי"ש, ואין בזה רק משום לתא דחק תוכות מדרבנן, **אבל** הגרע"א בחידושיו פה חולק ע"ז, דהוא מדאורייתא).

וכ"ש אם נפלה קודם שנגמר האות כדין, וגמר מתחלה האות ואין ניכר עדיין, דבזה כו"ע סוברים דאין תקנה בגרירת הטפה, דהרי לא היה עליו מעולם שם אות, רק עתה ע"י גרירה, והוי חק תוכות ממש.

אך אם גרר מתחלה הטפה, ורוצה עתה לגמור האות, בזה יש דיעות בין הפוסקים, **דהרד"ך** סובר דלא מהני, דס"ל דכיון שנפלה הטפה על מקצת האות, נתבטל ממנו שם כתיבה והוי כחקיקה בעלמא, ומה מהני אף אם יגמר האות ע"י כתיבה, **וכ"ש** אם נפלה על הקלף טפת דיו ממש, ונעשה כמין חצי אות, דלא שרי להשלים האות ע"י כתיבה, **והב"י** והרמ"א מקילין אפילו בזה הדין האחרון, וסוברין דלא מיקרי חק תוכות אלא כשגומר האות ע"י חקיקה, **אך** האחרונים מצדדין להחמיר בזה הדין האחרון, אם לא שמושך הטפת דיו הלחה, ומזיזה ממקום למקום עד שעושה ממנה אות שלם, דזה הוי כתיבה.

וכ"ז הדין דשו"ע הוא מחמת שהאות אינו ניכר, ונתבטל ע"ז כתיבה הראשונה, **אבל** אם לא נשתנה צורת האות, יכול למחוק טיפת הדיו, **ואין** חילוק בין שנפל הדיו לתוך חלל האות בלבד, או גם על האות גופא ונתעבה גג האות או גם הירך ע"ז, אפ"ה יוכל לתקן ולא מיקרי חק תוכות, מאחר שהאות ניכר עדיין.

(**אף** דהפמ"ג מצדד להחמיר בזה, מטעם כתב על כתב, אם לאו שבעת נפילת הטיפה כבר נתייבש האות, **אין** להחמיר בזה, אחרי שרוב הפוסקים מקילין אפי׳ בכתב ע"ג כתב ממש, וכ"ש בזה הטפת דיו שנפלה מעצמה, שאין שייך שם כתב עליו, **ועוד** נ"ל בזה עצה אחרת אפי׳ בכתב ע"ג כתב ממש, והשני היה שלא לשמה, דיעביר עוד קולמוס עליו לשמה, וממ"נ מהני, ולא מיקרי שלא כסדרן לכאורה, מאחר דמעת כתיבה הראשונה צורתו עליו).

ומדינא אפילו תיקון לא בעי בזה, רק יותר טוב שיתקן, ע"כ יכול לעשות תיקון זה אפילו בתו"מ דבעינן כסדרן, (**ואם** נפלה הטפה **מבחוץ** להאות סמוך להאות בעת הכתיבה, אפילו אם האות ניכרת עדיין, ולא נגע עי"ז לאות אחרת, מדינא צריך לגרור את הטיפה במקום הנגיעה באות, דאל"ה לא מיתחשיב האות מוקף גויל).

וה"ה אם טעה וכתב דלי"ת במקום רי"ש, או בי"ת במקום כ"ף, אין תקנה למחוק התג לתקן האות, משום דהוי כחק תוכות - פי׳ ע"י המחיקה אין תקנה, ואפילו אם אח"כ ימשוך ג"כ גגו

ותחתיתו של הכ', לא מהני, דבלא"ה צורתה עליה, **אבל** מותר להוסיף דיו ולעשותו עגול, **וכן** אם טעה וכתב רי"ש במקום ד', וכ' במקום ב', והוו אותיות עבין, אין תקנה שיגררן ויעמידן בתמונת ד' וב', אבל מותר להוסיף עליהן דיו ולעשותן בתמונת ד' וב', **וכן** אם טעה וכתב במקום זיי"ן נו"ן פשוטה, אין תקנה שיגררו ויעמידו על זיי"ן, דזה הוי חק תוכות ממש, אלא צריך למוחקו לגמרי, **וכן** אם טעה וכתב ה"א במקום ד', אין תקנה לגרור הרגל של הה"א וישאר ד', דדומה לסמ"ך וב' שנפל טפת דיו שם, ונתקלקל תמונתו עי"ז, דלא מהני גרירת הטפה, משום דאין עושה מעשה בגוף האות, וה"נ כה"ג, **אלא** צריך לגרור ג"כ קצת הגג עד שישאר כמו וי"ו, או לגרור הירך [כולו], עד שלא ישאר צורת ד' עליו, [ובלא כולו, עדיין שם ד' עליו], ואח"כ יתקננו, **כללא** דמילתא: גורר לא מהני להיות כתיבה בכך ומיקרי חק תוכות, אבל כותב מהני, שמעבה האות מדלי"ת רי"ש, או מרי"ש ד' שכותב התג.

ולענין שלא כסדרן נהפוך הוא, גורר כשר, כגון בדיבוק אות לאות וכדלקמן, דזה לא מיקרי מעשה בגוף האות, וכותב פסול, **ומה** שהתרנו להוסיף דיו ולהעמידן על תמונתן, היינו כשלא כתב האותיות שאחר זה.

(**דע**, דבכל דבר שכתוב בשו"ע דלא מהני גרירה בלבד מחמת פסול דחק תוכות, מוכח מסתימת הפוסקים, דאין נ"מ בין אם נעשה בעת הכתיבה או לאחר הכתיבה, וה"ה אם נעשה ד' אחר שנגמר כתיבת הרי"ש, ג"כ אין להכשיר בחקיקה).

סעיף יח - מ"ס פתוחה שנדבק פתיחתה ונסתמה - והוי כמ"ס סתום, שמקומו רק בסוף תיבה ולא באמצעיתה, וכן כל אותיות מנצפ"ך הכפולין בא"ב, כותב את הראשונות בתחלת התיבה ובאמצעיתה, והאחרונות בסוף, ואם שינה פסול.

ואם פוסל בזה נגיעה דקה כחוט השערה, עיין מה שכתבנו לקמן לענין ה"א, (**ויותר** נלענ"ד לומר, דאפי' המקילין בדין ה' מודים בזה, דהרי עכ"פ מ"ם סתום הוא, ומה לי אם הסתימה דקה או עבה, **ושם** ראייתם הוא מדאמר הגמרא: חזינא לספרי דוקני דתלו לכרעיה דה"א, משמע דהוא רק למצוה בעלמא, אבל עצם תמונת ה"א אין צריך לתלות הכרעא, ואעפ"כ לא דמי לחי"ת, כמש"כ הגר"א או כמש"כ הרשב"א, **משא"כ** במ"ם, דאין לנו שום ראיה לקראו מ"ם פתוח ע"י שהסתימה היא דקה).

אין מועיל לגרור הדבק ולפתחה, משום דהוי כחק תוכות - דבגוף האות אין עושה שום מעשה אלא גורר הסתימה.

(**עיין** בט"ז שכתב, ודוקא שנסתם המ"ם אחר שנגמר, אבל אם סתם המ"ם קודם הגמר, בזה יכול לגרור הסיתום, כיון שעדיין צריך להוסיף ברצועה המשופעת כמין יו"ד, ע"כ יגרור תחלה הדבוק ואח"כ יגמור, **ונראה** דלפי דעת הרד"ך שכתבנו, גם בזה יש להחמיר).

ומה תקנתה, שיגרור כל החרטום ותשאר כצורת נו"ן כפופה, ואח"כ יכתוב מה שגרר - כי כתיבת המ' פתוחה הוא בב' כתיבות, דהיינו בתחלה כותבין כמו נו"ן כפופה, ואח"כ תולין בצדה כמו וי"ו, וא"כ כל שנעשה הפסול בו, דהיינו הו', צריך לגוררו כולו, אבל הנו"ן שנכתב בהכשר, אין צריך לגוררו, **וה"ה** בכל אות שנכתב בב' כתיבות, כגון ג' וכיו"ב, ונעשה פסול בכתיבה א', א"צ לגרור רק אותה, **לאפוקי** ברי"ש שעשאה כמין ד', דבפעם א' נכתב הכל בפסול, צריך הכל לגרור.

(**נראה** לי פשוט, דדוקא שנדבק בעת כתיבת החרטום, דהחרטום נעשה בפסול, אבל אם נדבק לאחר הכתיבה, אין צריך לזה דוקא גרירת החרטום, דה"ה דיכול לגרור מהנו"ן עד שיבטלנו מצורת אות. **וצ"ע** אם מהני בזה שנכתב בכשרות ג"כ גרירת חצי חרטום, וזה תלוי אם בעלמא כל החרטום הוא לעיכובא במ"ם, או אפשר דהוא רק לכתחילה, וצריך עיון).

וה"ה אם טעה וכתב ח' במקום ב' זייני"ן, אין מועיל לגרור הגג לבד, מהך טעמא, אלא צריך לגררם עד שיבטלם מתמונתם, ‹**אינו** מכוון, שאם זיי"ן נעשה בכתיבה אחת, צריך למחוק הכל, ואם הגג נעשה בכח אחד והרגל בכח שני, אכתי צריך למחוק כל הגג או כל הרגל - חזו"א›, **וכן** אם טעה ועשה ד' פשוטה למעלה כעין דל"ת, שלפי דעת הרבה מן הפוסקים היא פסולה, ג"כ אין מועיל לגרור התג ולעשותה עגולה, דהוי חק תוכות, אלא יוסיף עליה דיו ויעשה עגולה, **ונראה** דלא מעכב שלא כסדרן בתיקון זה, דבלא"ה צורתה עליה.

וה"ה שאר אותיות שנתקלקל תמונתם בעת הכתיבה או אח"כ, וע"י הגרירה יעמדו על תמונתם, כגון ד'

שהמשיך רגלו ודומה לך' פשוטה, וכל כה"ג, אין מועיל להן גרירה, כיון שאינו עושה מעשה בגוף האות הנשאר, אלא ימחוק רגלו ואח"כ יתקננו, **וה"ה** דמהני בזה, אם המשיך גגו של האות לרחבה עד שנראה לכל שהוא ד', **אבל** לעיל בכתב ה"א במקום ד', דכתבנו שם דצריך ג"כ למחוק רגל הד' או גגו מלבד רגל הה"א, לא מהני עצה זו דהמשכת גג הד', דהרי בלא"ה צורתו עליו, לכך לא מיקרי זה שום תיקון.

כל שכתוב בסעיף זה שיש תקנה, היינו קודם שכתב אות שאחריו, דאל"ה פסול בתו"מ דבעינן בהן כסדרן דוקא, לבד מהיכא שנבאר בהדיא דלא מעכב בזה כסדרן.

ורי"ש שעשאה כמין דלי"ת, יש להחמיר ולומר דלא סגי כשיגרור הירך לבד או הגג לבד ויחזור ויכתבנו כמין רי"ש, משום דבין הגג ובין הירך נעשו בפיסול, הילכך צריך לגרור שניהם - והוא הדין וי"ו שעשאו כמין רי"ש, וכל כה"ג שנעשה בכתיבה אחת. (כי בפעם אחת נכתב הכל כדרך הכותבין, ולפי"ז אם מתחלה כתב רי"ש, ואח"כ טעה ועשה בו תג כעין דלי"ת, סגי ליה כשיגרור הגג או הירך עם התג, ויחזור ויכתבנו כמין רי"ש).

וה"ה בגגו של כ' פשוטה שעשאו רחב, עד שנראה כד' או רי"ש, והסופרים נכשלין בזה בעו"ה. (**ואם** עשה גג רחב לך' פשוטה, עד שנראה כמו רי"ש, כתב המ"א דימשוך הרגל עד שיהיה כפלים כמו הגג, **ואם** אין לו מקום למשוך, כתב המ"א בשם הרי"ל, וכן סתם הפמ"ג, דתקונו הוא שימחוק כל הגג, דגרירת היתר בודאי לא מהני בזה, דהוי חק תוכות ממש, ואפילו במלת "אלהיך" יכול למוחקו, **אך** יזהר שלא ימחק הרגל, **וצ"ע**, הלא דמי לרי"ש שעשאו כמין ד', דפסק השו"ע דצריך לגרור כולו משום דנכתב בפ"א, וה"נ דכוותיה, **ועיין** ביד אפרים שמחלק קצת בזה, ‹דבשעת כתיבה היה בידו למשוך רגל הכ"ף, רק עתה א"א מחמת שכתב תחתיו שורות אחרות, עכ"פ בשעת מעשה נכתב בכשרות›, **ודוחק, אח"כ מצאתי בחי' רע"א שכתב בפשיטות, דדמי לרי"ש שעשאו כמין ד', אך אי אתרמי כן בך' של "אלהיך", שעשאו רחב כמין ד' או רי"ש**, נראה דיש לסמוך להקל דדי במחיקת הגג, אם אין לו מקום למשוך הרגל, **אחרי שגם ברי"ש שעשאו כמין ד' מיקל הפר"ח, דדי שיבטלנו מצורת אות**, ‹דלפי מש"כ המחבר להכשיר כשנפלה טפת דיו וגמר האות ע"י כתיבה דכשר, וכמש"כ לעיל, א"כ לאו דוקא מה שכתב: שצריך לגרור שניהן, אלא די בגורר מקצת הגג ומקצת הירך, וגומר אח"ז האות ע"י כתיבה – מחה"ש›.

ואם נדבקה אות לאות, בין קודם שתגמר, בין אחר שנגמרה - האות בארכו כראוי, כגון שכתב תיבת "לו", ונדבק הוי"ו בקצהו להלמ"ד, וכל כיוצא בזה, **פסול** - ואפילו בנגיעה כל דהו שלא נשתנית עי"ז האות מצורתה, אפ"ה פסול, דבעינן שיהא האות מוקף גויל.

(ואין זה תליא בב' התירוצים שבב"י ‹עיין בסט"ז›, דכאן מיירי בעת הכתיבה גופא, **אחר** שנגמר צורת האות נגע אות בחבירו, **משא"כ שם שכבר סילק ידו – סט"ז**).

ואם נתפשטו האותיות מכח לחות הדיו שקורין גיפלאסין, עד שנראין כדבוקין, ומ"מ נראה שאין האותיות נוגעין, כשר, **ואם** האותיות נוגעין, אף שנעשה זה לאחר הכתיבה, אפ"ה פסול.

ואם גרר והפרידה, כשר ולא מקרי חק תוכות, מאחר שהאות עצמה היתה כתובה כתקנה –

(אף אם נעשה הדביקות קודם שנגמר האות, **ועיין** בביאור הגר"א ובס' שערי אפרים, **דדין זה דשו"ע יש לפקפק בו, ומוכח שם מדעת ש"א, דאין להקל בו אלא בתפילין ומזוזות, דכדיעבד דמי, דאם היה צריך מחיקה, היה נפסל משום שלא כסדרן, אבל בס"ת**, וכן בתו"מ אם לא כתב עדיין התיבות שאח"ז, **לא מהני גרירת הדביקות לבד, אם נדבק קודם שנגמר האות, וגמר האות בפסול**).

וה"ה אם רגלי האותיות או גגן ואמצען מגיע לסוף בלי היקף קלף, רשאי לגרר קצת, דלא גרע מנדבק אות לאות דמהני גרירה, **ודע** דבזה אין מעכב שלא כסדרן, מאחר דאין מוסיף בגוף האות, **ואפילו** באותיות השם שנגמרו ודיבוקן למטה, רשאי לגרור, [וכ"ש למעלה].

ומיירי שלא נשתנה האות מצורתה ע"י הדביקות, אבל אם נשתנית האות מצורתה, ואין התינוק יכול לקרותה, **וכ"ש** אם נשתנית לצורת אות אחרת, כגון וי"ו שנדבק בסופו לנו"ן כפופה דיבוק עב, שנראית כצורת טי"ת, עד שתינוק דלא חכים ולא טיפש יקרא אותו לטי"ת, לא מהני גרירת הדיבוק בזה, דהוי כמ"ם שנסתמה ומקרי חק תוכות, **וע"כ** צריך לגרור גם הנו"ן, שגם הוא נשתנה מצורתו ונפסל ע"י הדיבוק, וכן כל כיוצא בזה.

ובנפלה טפת דיו בסי"ז, אף דנכתבה מתחלה כתקונה, נתקלקלה ע"י הטפה ואינה ניכרת, **משא"כ** בזה

דאפילו קודם הגרירה ניכר היטב כל אות בפני עצמה, **ולפי"ז** אם כל אורך האות דבוקה לחברתה, לא מהני גרירה, **והפר"ח** מיקל בזה, (שסובר שעדיין נכרת צורתה).

אם נגעו רגלי הה"א והקו"ף בגג, יגרור הרגל - כולו, בין בה"א בין בקו"ף, כיון שנעשה בפיסול, **ויחזור ויכתבנו** - ולא מהני הפרדה בעלמא, משום דהוי כחק תוכות. **ואין צריך לגרור כל האות, כי הגג כדין נכתב.**

(וה"מ (דצריך לגרור כולו), שנעשה הנגיעה בעת הכתיבה, **אבל** אם נעשה לאחר הכתיבה, אין דין הה"א והקו"ף שוה, **דבה"א** צריך למחוק כל הרגל, דאם ישתייר כ"ש, עדיין שם ה"א הראשונה עליו להרא"ש, **משא"כ** בהקו"ף, די שיבטלנו מצורת אות, **ודע** עוד, דמ"ש הפמ"ג עוד עצה אחרת, דהיינו שיגרור קצת מהגג, עד שהרגל יהיה חוץ לגג, ועי"ז יתבטל צורתו, ואח"כ ימשוך גג הקו"ף למעלה מהרגל, דהיינו שיעשה מעט הפרש, ושפיר דמי כל שאין בזה משום שלא כסדרן, **הוא** מיירי בנעשה הנגיעה אח"כ, דאל"ה נעשה הרגל בפסול וצריך לגוררו).

ואף אם נדבק רק כחוט השערה, באופן שהתינוק יודע שהוא ה"א, אפ"ה צריך לגרור כל הרגל, דכל שאין צורת אות עליו כמו שנמסרה למשה מסיני, אין שם אות עליו, וכן בקו"ף לא מהני קריאת התינוק, (**ואמנם** אם נמצא כן בס"ת, שרגל הה"א והקו"ף נגע למעלה, ותינוק דלא חכים ולא טיפש קוראה כתיקונה, נ"ל דאין להוציא אחרת עבור זה, דבאמת בדין זה יש פלוגתא דרבוותא, והראיה מדמכשירין לזה במקום עיגון, **א"כ** לענין להוציא אחרת יש לצרף לזה דעת הרמב"ם, דמכשיר לקרות בס"ת פסולה, והוי ס"ס, **אבל** בתפילין לא יהא אלא ספיקא, וספיקא דאורייתא לחומרא, **ודע** עוד, דהגר"א בביאורו מסכים לשיטת המרדכי, דתלית הה"א {וכ"ש של הקו"ף} אינו רק למצוה, במקום דמנהג הסופרים לעשות החי"ת בחטוטרות, וא"כ יש היכר יפה בין חי"ת לה"א, ונ"ל פשוט, דמש"כ להקל, הוא רק דוקא אם נוגעת רק כחוט השערה, ומרחוק תמונת ה"א עליה, מדתינוק קוראה ג"כ לה"א, דבאמת באופן זה תמונת ה"א ולא חי"ת עליה, ורק משום שלא יראה כחי"ת, דהוי בכלל "חיתי"ן ההי"ן" דתני בברייתא ע"ז דיגנז, לכן אם עושין החי"ת בחטוטרות שוב יש היכר ג"כ, לכך אין לפסול בדיעבד, **אבל** אם נדבק רגל ה"א להגג דיבוק עב, עד שנראית חי"ת ממש, בודאי לא נשתנית שם ח' לה"א ע"י הסופרים, ומ"מ צ"ע אם יש לסמוך על דעת המרדכי להקל בזה אפי' ע"י הפרדה, אחרי שהשו"ע מחמיר בזה, ובמקום הדחק ואין תקנה במחיקת האות, כגון שכ' שם הקודש אח"ז, ובידוע שנעשה נגיעה דקה זה אחר שנגמר האות בהכשר, אפשר דיש לצרף לזה דעת הסמ"ק, דסובר להקל בזה ע"י גרירה, וצ"ע).

אבל אם יש הפסק דק, אפילו רק כחוט השערה, כשר.

אם נגע רגל האל"ף בגג האל"ף, או פני האל"ף בפנים בגג שתחתיה - פני האל"ף היינו היו"ד העליון, דאין להיו"ד העליון והתחתון ליגע בהגג אלא בדקות שבהם.

פסול, ואין תקנה בגרירה להפרידה - פי' להפריד את הנגיעה לבדה, וישאר האות ממילא כראוי, **דהוי כחק תוכות.**

והיינו דוקא שנדבקה כולה, שנפסדה צורתה, אבל אם נתפשט מעט, ואינו דק כראוי ליופי הכתיבה, אם נשאר הפרש אין בכך כלום, ואין צריך שום תיקון.

(עיין במ"א, דדוקא אם נדבק עצם היו"ד להאל"ף, משא"כ אם רק נגע עוקצה השמאלית של היו"ד להאל"ף, כשר, דהא אפילו בלא הקוצה מיקרי יו"ד, **פי'** דאף דע"י הנגיעה נחשב כאלו אין לו קוץ להיו"ד, הא אין מעכב בזה לענין תיקון, **וכתב** ע"ז הפמ"ג, ועכ"פ גרירה בעי, ודי, וא"צ למחוק כל היו"ד).

אלא יגרור כל מה שנעשה בפיסול, ויחזור ויכתבנו - היינו שיגרור הרגל כולו, ולא סגי שיפריד הרגל מעל האל"ף עד שיבטלנו מצורת אות לבד, כיון שנכתב כל הרגל בפסול.

(**דע**, דאין חילוק בין אם נגע בעת הכתיבה או לאח"כ, דומיא דנפלה טיפת דיו בסי"ז, רק דאם נגע בעת הכתיבה צריך למחוק הרגל כולו, ואם נגע אחר שהשלים האות כראוי, אין צריך למחוק כל הרגל, רק שיבטלנו מצורת אות).

וכן בנדבק יו"ד שעל האל"ף בגג שתחתיו, צריך לגרור כל היו"ד ולכותבו מחדש, **ויש** שמחמירין בנדבק היו"ד העליון בעת הכתיבה, לגרור כל האל"ף עבור זה, כי ממילא נכתב אח"כ שאר האות בפסול עי"ז, (**ע"כ** בודאי

לכתחילה צריך להחמיר, ולגרור כל מה שנעשה בפסול אחר שעשה הנגיעה, דהיינו אפילו רגל התחתון של האל"ף, וכה"ג בשאר האותיות דקחשיב פה בהג"ה, **ובדיעבד** אם לא גרר רגל התחתון נראה דאין להחמיר, **ולענין** קו העקום יש לעיין, דלכאורה מסתימת לשון הב"י והד"מ והלבוש, משמע דהיו"ד צריך למחוק ולא הקו, וצ"ע למעשה), **אם** לא היכא דכתב מתחלה את הקו העקום, דהיינו מה שקורא בשו"ע גג האל"ף, ורגל התחתון, ואח"כ השלים ליו"ד שע"ג ונתדבק בו, דאז לכו"ע א"צ לגרור רק היו"ד, דהרי הקו נכתב בכשרות.

הגה: וכן הדין ביוד"י השי"ן והלדי"ק והעי"ן והפ"א, אם נגעו בגוף האות יותר ממקום דבוקם - דהיינו שהיו"ד נעשה קו ישר ולית ליה צורת יו"ד, אבל אין מזיק אם נתעבה הקו מעט.

וה"ה אם רגל השמאלי של התי"ו נעשה ישר, ולא יוצא למטה לחוץ.

ועיין בלבושי שרד שנשאר בצ"ע, למה צריך כלל גרירה, ימשיך אח"כ ויעבה מעט את יו"ד השי"ן עד שיהיה כהוגן, וכן כה"ג ברגל התי"ו, וכן משמע בפמ"ג, דמהני עצה זו אפילו באל"ף, **וכ"ז** כשלא כתב התיבות שאח"ז, דאל"ה בודאי לא מהני תיקון להתי"ו וכה"ג, משום שלא כסדרן, כיון שאין בו עתה צורת תי"ו.

סעיף יט - בתחלת הכתיבה יאמר בפיו: אני כותב לשם קדושת תפילין - דאם יהיה אף אות אחת שלא נכתב לשם תפילין, פסול, ולא מהני העברת קולמוס לשמה, **ולא** סגי במחשבה אף בדיעבד.

ו"תחלת", ר"ל תחלת כל הפרשיות, יאמר: אני כותב פרשיות אלו לשם וכו', ומהני זה מדינא אפילו אם הפסיק בין הפרשיות, **אך** מ"מ טוב יותר שיאמר תחלת כל פרשה וכו'.

יש שכתבו דנכון שיאמר אז ג"כ: וכל אזכרות שבו לשם קדושת השם, דשמא ישכח אח"כ לקדש השם במקומו, (כ"כ הט"ז, הביאו הפמ"ג, **וכתב** דלכתחלה גם הט"ז מודה, דצריך בכל פעם לקדש אזכרה, **אף** דקידש בתחלת הכתיבה, ולא מועיל זה אלא לענין דיעבד, **ולפלא** שלא הביא דהל"ח פליג, וסובר דאפי' דיעבד לא מהני, ועיין בברכ"י שמחמיר בזה, **ועכ"פ** נ"ל, דאם יש לו ספק באיזה שם אי קידש או לא, ויודע שבתחלת הכתיבה אמר: וכל אזכרות שבו, דיש להקל, **עיין** בפמ"ג שמסתפק על הקידוש אי היא דאורייתא או דרבנן, ואפי' לדעת הדבר שמואל, דס"ל דמה שצריך לקדש האזכרות לשמן הוא דאורייתא, עכ"פ יש לצרף דעת הט"ז לזה ולהקל בזה, כן נלענ"ד).

ואם אחר כותב, צריך גם הוא לומר כן, אף באמצע כשהוא מתחיל.

נראה דה"ה בתיקון האותיות הנפרדות, דצריך לשמן, הואיל דבלא"ה התפילין הם פסולים, דאין עליהם צורת אותיות כראוי.

מלבד זה, בכל פעם שכותב אזכרה, צריך לומר שכותב לשם קדושת השם - ואם כותב ב' אזכרות בלי הפסק, די בקידוש אחד.

הגה: וי"א דסגי כשמחשב שכותב האזכרות לשמן, הואיל והוציא בתחלת הכתיבה בפיו - שהוא כותב לשם קדושת תפילין, **סגי בהכי, ויש להקל בדיעבד** - ואף דלא הזכיר בתחלה קדושת האזכרות, סגי, דמ"מ הרי הזכיר לשם קדושה.

אבל אם גם בתחלה לא הזכיר בפירוש, רק במחשבה בעלמא, או שעתה לא קידש את האזכרות אפי' במחשבה, אפילו בדיעבד לא יצא.

אבל לכתחלה צריך לומר בפירוש בכל פעם שכותב האזכרה: "לשם קדושת השם", אפילו אם אמר בתחלת הכתיבה "וכל האזכרות שבו".

וכשבא לנמנס לא יכתוב, דאינו כותב אז בכונה.

סעיף כ - צריך לדקדק בחסרות ויתרות, שאם חסר או יתר אות אחת, פסולים - אפילו אם התיבה לא נשתנה לקריאתה בזה, כגון במלא וחסר, ואפילו אם קוצו של יו"ד חסר, מעכב.

(**ואם** אות היתר לא היה מחובר לשום תיבה, רק שעמד בין תיבה לתיבה או בין השיטין, אם נפסל התפילין משום זה, עיין בנו"ב שמקיל בזה, **והשער** אפרים חולק עליו, ומסכים עם רש"ל שמחמיר בזה).

ונמצאו המניחים אותם מברכים בכל יום ברכה לבטלה, וגם שרוי בכל יום בלא

הלכות תפילין
סימן לב - סדר כתיבת תפילין

מצות תפילין, ונמצא עונש הסופר מרובה - מלבד עון גזל החמור.

לכן צריך להיות מאוד ירא שמים וחרד לדבר השם, המתעסק בכתיבת תפילין ותיקונן.

ראיתי להעתיק פה לשון הלבוש הצריך מאד לענינינו, דז"ל: ולא כמו שעושין עכשיו כמה סופרים, שמניחין נערים המתלמדין לכתוב תפילין, כדי שירגילום בכתב, ואח"כ רואה הסופר אם נכתבו כהלכתן בחסירותן ויתירותן, וסגי ליה בהכי, ואח"כ מניחין אותן בבתים ומוכרין אותם, ומחשבין להם הסופרים אותן המעות בשכר הלימוד להנער, ומראים להם פני היתר לומר: הרי אנו בזה כגומלי חסדים עם הנערים העניים, ללמוד להם מלאכת הכתיבה בחנם, והיא מלאכת ה', **אבל** אני אומר יצא שכרם בהפסדם, ואדרבה לא טוב המה עושים בעמם, כי הנער נער ואין יודע בין ימינו לשמאלו, ואין לו שום כונה בעולם, רק הם כמתעסקים בכתיבה ליפות הכתב, ולא לשום קדושה ושום כונת מצוה בעולם, והרי עונש הסופר מרובה מאד, שמכשיל את הבריות שמניחין אותן התפילין הפסולין, **ולא** עוד כדי להשביח את מקחו יאמר הסופר לכל: אני כתבתים ובכוונה כתבתים וכו', וכל העושין כן בודאי עתידין ליתן את הדין ולקבל עונשין הרבה מאוד, ועליהם נאמר: ארור עושה מלאכת ה' רמיה, **ע"כ** יזהר כל סופר ויתרחק מזה וטוב לו, דלשמן האמור אצל תפילין אין הכונה לשם בעל התפילין, כמו גבי גט דצריך לשם האיש והאשה, רק לשם קדושת תפילין.

וסיים ע"ז: ומן הראוי למי שיש כח בידו, למנות כותבי תפילין מהוגנים אנשי אמת שונאי בצע בעלי תורה יראי אלקים וחרדים על דברו, בכל עיר, כמו שממנים שוחטים ובודקים, שלא יאמינו לכל הסופרים, שאין כוונתם אלא להרויח ממון ע"י כתיבה ותיקון יפה בעשיית התפילין, ואף כי גם כוונה זו טובה היתה לייפות המצוה בנוייה, זה דוקא אם היה להם כוונה קדושה ג"כ, אבל בזה אינם נזהרים, ודי בזה, עכ"ל הטהור.

וכתב בספר ב"ש: יכתוב אותיות טובים ותמימות ולא שבורות, ובמתון ובכוונה גדולה, ולא ימהר אדם בכתיבתה כדי להרויח ממון הרבה, כי אותו ריוח ילך לאיבוד ולדיראון, ויפסיד נשמתו, כי הוא מחטיא את הרבים, **וכל** מי שכותב תפילין טובים וכשרים כפי יכולתו, שכרו כפול ומכופל וניצול מדינה של גיהנם, **וכתב** בספר חסידים: "וצדקתו עומדת לעד", זה המזכה רבים, כגון המלמד ליראי השם תיקון תפילין לתקן לאחרים.

סעיף כא - כל פרשה אחר שיכתבנה, יקראנה היטב בכונה ודקדוק פעמים ושלש - שאם ימצא איזה אות חסר באיזה פרשה, לא היא לבדה נפסלה, אלא גם כל מה שאחריה, משום שיהיו שלא כסדרן.

ויחזור ויקראנה קודם שיתננה בתוך ביתה, כדי שלא תתחלף פרשה בפרשה.

סעיף כב - טוב לנסות הקולמוס קודם שיתחיל לכתוב הפרשה, שלא יהא עליו דיו יותר מדאי ויפסיד - אינו ר"ל בתחלת הפרשה דוקא, אלא קודם שיתחיל לכתוב בהפרשה.

וכן יזהר קודם שיכתוב כל שם, לקרות כל מה שכתב - באותה פרשה, ולא השלפניה, **כדי שלא יבואו לידי גניזה על ידו.**

וכשטובל הקולמוס לכתוב בו את השם, לא יתחיל לכתוב אותו מיד, שלא יפסידנו ברבוי דיו, או אולי יש עליו שער ולא יצא הכתב מיושר, וגם משום שצריך לקדש הדיו שעל הקולמוס טרם שיכתוב השם, לכן יכוין להניח אות אחת מלכתוב קודם השם, ובאותו אות יתחיל לכתוב, **ואם** לא עשה כן, יחפש אחר אות או תג שצריכה דיו, וימלאנה וכותב את השם, **ואם** צריך דיו קודם שיגמור השם, אז יטבול באותיות שלפני השם שהם לחים עדיין, ויגמור השם, אבל לא יטבול באותיות השם עצמן, **ויש** מקילין לטבול באותיות השם עצמן, דביזוי ליכא כיון שהוא כדי להשלים בו את השם, **ואם** האותיות שלפניו אינם לחין, אזי יטבול מחדש, ויחפש אחר אות או תג שצריכין דיו וכנ"ל, **וכ"ז** הוא למצוה ולא לעיכובא בדיעבד.

סעיף כג - אם מצא שחסר אות אחת, אין לו תקנה - בהשלמה, ומיירי שמכאן עד סוף הפרשה יש שמות שאינם נמחקין, דאל"ה יגרוד עד סופה, (ר"ל דמתחלה יגרוד ואח"כ יכתוב מה שחסר ממנו

ולהלן, דאל"ה צ"ע, כיון דבעת הכתיבה לא נכתב כסדרן. **שוב** ראיתי שזה אינו, וראיה מק"ש, לקמן סי' ס"ד ס"א – הגהה).

שאם כן היו כתובין שלא כסדרן, ופסולין משום דכתיב: והיו, בהוייתן יהו - פי' כסדר שנכתבות בתורה יהיו כתובין.

ואם יתר אות אחת, יש לו תקנה על ידי שיגרור אותה, אם היא בסוף תיבה או בתחלתה - ולא מיפסל הפרשה משום חק תוכות, כיון שאינו עושה מעשה בגוף התיבות והאותיות.

אבל אם היא באמצע תיבה לא, משום דכשיגרור יהיה נראה כשתי תיבות.

ופעמים שתיקון מועיל, ע"י שיגררנה וימשיך האות שלפניה שתמלא מקומה, כגון "לאבותיך" שכתב מלא וי"ו אחר הב', יגררנה וימשוך הב' שלפניה שתמלא מקומה, וכן אם התיקון תלוי בכ"ף או דל"ת או רי"ש, שאפשר להמשיכן מעט למלא מקום אות היתרה שנגררה, **אבל** אם האותיות שאפשר להמשיכן הן אחר האות היתרה, שא"א להמשיכן לאחוריהן עד שיגרר מהם תחלה, כגון "שאר" שכתוב בתורה, שכתבה מלא וי"ו אחר האל"ף, שא"א למשוך הרי"ש לאחריה עד שיגרר רגלה תחלה, ונמצא שביטל צורתה, וכשמתקנה אח"כ נמצא כותב שלא כסדרן, **ואין** תקנה אא"כ יכול למלאות מקומו ע"י שיעבה קצת האות שלפניה ושלאחריה, שאין בזה משום שינוי האות, **משא"כ** כשהאותיות שאפשר להמשיכן הן לפני האות היתרה, אזי אפשר להמשיכן הרבה מבלי שיגרע מהם כלום.

אך יש להסתפק, "במצות" הראשון שדינו להיות חסר, וכתבו מלא, ומחק אח"כ הוי"ו, אם מועיל אריכת הצדי"ק למטה אח"כ, או דילמא כל עוד שאינו מאריך האות למעלה, נחשב כשני תיבות אע"פ שסמכה מלמטה, **וכן** "נתן", שמשפטו להיות חסר, וכן "הוצאך", אם כתבו מלא ביו"ד בין צדי"ק לאל"ף, בכל אלו יש להסתפק אם יש להם תיקון בהאריך האות שלפניו למטה, **ומ"מ** כל שנראה כב' תיבות פסולה.

אבל אם בתחלת הכתיבה ממשיך רגל התחתון של הנו"ן והצד"י, וכותב האות הסמוכה לתוכה, כגון "פני" או "ארצי", כשר, כיון דבתיבה אחת נכתבו, **ומכל** מקום לכתחלה אין נכון לעשות כן, להבליע אות בתוך אות, כי יש מחמירין בזה.

ואם כתב תיבה יתירה, יגררנה, ויוכל להניח המקום חלק, אם אין לו אותיות מהתיבות שלפניה שיהיה יוכל להמשיכן במקום ההוא, ואין החלק פוסל, כל שאין במקומו כשיעור הריוח שבין פרשה לפרשה, שהוא כדי ט' אותיות, **ולפעמים** יש תקנה אפילו בזה, כגון שיכול להמשיך האות מן התיבה שלפניה, כדי למעט הריוח של ט' אותיות, **ויותר** מזה, דבאופן זה שיפסל התפילין מחמת הריוח, אז אפילו אם בסיום התיבה שלפניה יש שם ה"א או קו"ף, יוכל להמשיך גגן כדי למעט הריוח, ואע"פ שע"י ההמשכה לא יהיה הרגל של הה"א והקו"ף בסופה, אין קפידא בדיעבד.

וכתב הפמ"ג, דבתיבה כפולה, טוב יותר למחוק השניה, דתיבה הראשונה כדין נכתב, **ואם** קודם הראשונה יש אות שיכול למושכו, טוב יותר שימחוק תיבה הראשונה, כדי לחוש אף לדעת ר"ת, דשיעור פרשה הוא ג' אותיות.

(**ועי"ש עוד שכתב: מעשה בסופר אחד שכתב "השמרו השמרו" ב' פעמים, ומחק וא"ו ראשונה ו"השמר" שני, ומשך הרי"ש עד וא"ו שניה, והכשיר זה, ולדעת הפמ"ג הנ"ל, גם לכתחלה צריך לעשות כך, וכתב שם עוד, דאפילו היה תיבה ב' תיבה אחרת שאינה מענין תפילין כלל, ובה וא"ו לבסוף, וגרר כנ"ל, נמי כשר, דמה בכך, ואף דנפסל תחלה שוא"ו מרוחק הרבה, "לאבותיך" <דלעיל> נמי כל זמן שלא תיקן ומשך הב' נראה כב' תיבות, ולי צ"ע בזה, דהלא בעינן שיכתוב לשמן, דהיינו לשם קדושת תפילין, ולעיכובא הוא אף בדיעבד, ואף את"ל דכיוון בזה התיבה לשמן, מי יאמר דמהני בזה, אחרי דאין התיבה הזו מענין תפילין כלל, וצ"ע**).

סעיף כד - מותר לכתוב על מקום הגרר ועל מקום המחק, אפי' אזכרה - "הגרר" מיקרי כשגררו משנתיבש, ו"המחק" מיקרי כשמחקו בעודו לח.

ולא ימחוק בעודו לח, אלא ייבשנו יפה, כי אז יגרר בקל ולא ישאר לו שום רושם - עצה טובה קמ"ל, **ועיין** בפמ"ג שכתב, דאם ישאר שום רושם

דיו, אפי' בדיעבד יש חשש בזה, ואפילו תיבה בעלמא דלא אזכרה, אסור לכתוב על מקום זה.

סעיף כה - סעיף זה יבואר בו דין שלא כסדרן, ועניניו ארוכין ואכלול בקצרה, בדין זה יש בו ג' פרטים: **[א]** אם יש קלקול באיזה אות, בין שנעשה זה בעת הכתיבה, או שנעשה לאחר הכתיבה, אם נראה לעין כל שאין צורתו עליו, כגון יו"ד שחסר לו רגלו הימני, או שי"ן שחסר לו יו"ד אחד, וכל כי האי גונא, שחסר באות איזה דבר עד שעי"ז אין תמונתו עליו, אפילו אין נדמה משום זה לאות אחר, וכתב לפניו, לא מהני ליה שום תיקון, **ואפילו** אם אירע שהתינוק קראו לאות, אפ"ה פסול משום שלא כסדרן, **וכ"ש** אם ע"י קלקולו וחסרונו נדמה לאות אחר, כגון דלי"ת דומה לרי"ש, או ב' דומה לכ', או חי"ת שברגל שמאלו יש הפסק בין הרגל להגג, ונראה כה"א, או צדי"ק שיש בו הפסק במקום נגיעת היו"ד לעצמותו, ונראה לעין כל כיו"ד ונו"ן, וכל כה"ג, שאין משגיחין על התינוק, ולא מהני ליה תיקון.

[ב] אם ע"י קלקולו וחסרונו לא נפסד מצורתו לגמרי, כגון שיש הפסק דק באיזה אות באמצעו, ועדיין עיקר צורתו עליו, או כגון שלא היו היודי"ן שעל האלפי"ן והשיני"ן, ורגלי התוי"ן, נוגעים בגוף האות, **אם** תינוק דלא חכים ולא טיפש מכירם, אף דלא מתכשר האות על ידי זה, משום דאין צורתו עליו בשלימות, עכ"פ מהני זה דנשאר עליו עיקר צורתו, לענין שיהא מותר לתקנו, ולא יקרא שלא כסדרן.

[ג] ויש עוד אופן שלישי, שאע"פ שעיקר צורתו יש עליו, ותינוק קוראו לאות, אפ"ה לא מהני ליה שום תיקון, כגון אות שנפסל באיזה דבר, שתיקונו הוא לגרור מקצתו ולכותבו מחדש, כגון רגל הה"א והקו"ף שנגעו למעלה, אפילו נגיעה דקה כחוט השערה, שתיקונו הוא לגרור כל הרגל ולכותבו מחדש, דלא מהני ליה הפרדה בעלמא משום חק תוכות, וכן נגע רגל האל"ף בגג האל"ף, וכה"ג, ואירע שקודם תיקונו כתב לפניו, בזה לא יצוייר שום תיקון, דהא צריך לגרור כל מה שנכתב בפסול, וא"כ מה שמתקנה אח"כ הוי שלא כסדרן. **ועתה** נתחיל לבאר בעזה"י את הסעיף.

כל אות שהיא כתובה שלא כתקנה - וה"ה אם נתקלקה אח"כ, **ואין צורתה עליה** - פי' שנראה לעין כל שאין צורתה עליה כלל.

כגון נגע רגל האל"ף בגג האל"ף, או פני האל"ף בפנים בגג שתחתיה, או שהיה רגל הה"א או רגל הקו"ף נוגעים - אפילו נגיעה דקה כחוט השערה, וה"ה כל הני דכתב רמ"א בהג"ה סוף סי"ח.

ואף דבנגעה רגל האל"ף בגג האל"ף, או פני האל"ף בגגו, או רגל ה"א וקו"ף הנוגעין למעלה, ניכר עליו עדיין עיקר צורת האות, ותינוק יקראהו לאות, **אפ"ה** כיון שפסול זה אין תיקונו כי אם ע"י גרירת כל מה שנעשה בפסול, ממילא נתבטל צורתו לגמרי, ואם יתקנם אח"כ הוי שלא כסדרן.

או שהיתה אות אחת חלוקה לשתי אותיות, כגון צד"י שכתב יו"ד נו"ן - פי' שחלק היו"ד מהנו"ן כ"כ עד שנראה כשני אותיות, וכן בכל אינך, **לכן** אפילו אם אירע דתינוק קראו כהלכתו, אין יכול לתקנן אח"כ, שכיון שעינינו רואות שיש להן צורת אותיות אחרות, א"כ כשמתקנם אח"כ הרי זה כתיבה מחדש ושלא כסדרן, **וה"ה** אפילו אם אין להם צורת אותיות אחרות, רק שנראה לעין הכל שאין לה עיקר צורתה, כגון יו"ד שלא עשה לה רגל הימיני, או אל"ף שחסר לה היו"ד העליון, וכל כה"ג, אין יכול לתקנם אח"כ, **אבל** אם לא עשה להיו"ד רגל שמאלי, אף דאם ישאר כך פסול, דאיננו יו"ד כראוי לפי דעת רוב הפוסקים, מ"מ כיון דיש לה עיקר צורתה, דאפילו בלא עוקץ שם יו"ד עליה, לכן יכול לתקנה, ואין בזה משום שלא כסדרן.

או שי"ן שכתבה עי"ן יו"ד, או חי"ת שני זייני"ן - אפילו אם עשה חוטרא על גביהן, רק שאין נוגעים זה לזה למעלה, וניכר להדיא פרידתן, הרי זה הפסידה עיקר צורתה, שנראה כשני זייני"ן.

וה"ה מ"ם פתוחה שכתבו כ' ו', בלי משיכת התג שביניהם.

ואחר שכתב לפניו חזר ותקנם, הוי שלא כסדרן ופסולין.

(**ואם** ההפסק היה דק, שלא היתה ניכר פרידתו להדיא עד שמסתכל בה היטיב, והתינוק קוראם יפה, אפילו אם אירע כה"ג בצד"י בין היו"ד שאחוריו להנו"ן שלו, וכל כה"ג, מותר לתקן, דלא מיקרי זה אות שחלוק לב' אותיות, **ואפשר** דאין צריך ג"כ להראות להתינוק באופן זה, דבודאי יקרא יפה, ודומיא דחי"ת שכתב השו"ע דלא

מעכב בו ראית התינוק, **אך** לכתחלה בודאי נכון להראות להתינוק, **ע"כ** נ"ל דבמקום הדחק יש לסמוך על כל זה להקל, שיהא מותר לתקן, ודלא כהפמ"ג).

(**ואם** ההפסק דק מאד, עד שאין נראה רק כנגד השמש, כשר אפי' להפמ"ג, וא"צ שום תיקון, דבודאי לא גרע מאם היה נקב כזה באותו מקום, ולענין נקב הלא קי"ל דנקב שהדיו עובר עליו אינו נקב, ואפי' נראה כנגד השמש, ובודאי אפי' אם איתרע זה בצד"י בין היו"ד לנו"ן, וכה"ג, ג"כ לא חשיב נקב, והרוצה להחמיר בהפסק דק כזה, די שיחמיר להצריכו תיקון, אבל חלילה לפסול התפילין משום זה).

אבל להפריד האותיות הדבוקות אחר שכתב לפניהם שפיר דמי, דכיון שהאות צורתה עליה, כשמפרידה מחבירתה לא הוי ככותב.

והוא הדין שאם לא היו מקצת יודי"ן שעל האלפי"ן והשיני"ן והעייני"ן ורגלי התוי"ן נוגעים בגוף האות - וה"ה אם היה הפסק באיזה אות באמצעו, **ותינוק דלא חכים ולא טיפש מכירם, שאע"פ שכתב לפניהם, יכול לחזור ולתקנם, דכיון דצורת האות היתה ניכרת, ליכא משום כתבן שלא כסדרן** - פי' לכן אפילו אם פרידתן ניכר להדיא, דהיינו תכף ומיד כשראה אותן, יכול לתקנם, דהרי לא הפסיד עדיין האות עיקר צורתה, מדקראה התינוק לאות, כן כתב הגרע"א, ודלא כפמ"ג שהחמיר בזה, (**ועכ"פ** נראה לסמוך ע"ז בשעת הדחק להקל, דמהני תינוק, וכמש"כ הגרע"א דהורה כן למעשה בשעת הדחק).

(**אך** מ"מ נ"ל בפשיטות, דאף הגרע"א מודה היכא שהפסקו גדול כ"כ, עד שניכר ונראה לעין כל מרחוק, דבזה הרי אנו רואין שאבד צורתו לגמרי, ולא עדיף מצד"י שכתבו יו"ד נו"ן, ולא מהני לזה תינוק, וכעין זה ראיתי באחרונים שהביאו בשם תשובת פמ"א, שכתב: אם ברחוק מכירים שהוא ריוח ואינו מגיע לגוף האות, לדעת הב"י ברחוק ד"א, ולדעת הב"ח ברחוק אמה, בזה ודאי אין לסמוך על תינוק, **אבל** אם נרחק לכל מר כדאית ליה, אנו רואין שהוא אל"ף ושי"ן, רק כשמקרבין עינינו רואין ריוח, ותינוק קורא אל"ף או שי"ן, שפיר נוכל לסמוך עליו, עכ"ל).

אבל אם אין פרידתן ניכר להדיא עד שמסתכל בה, אין צריך להראות להתינוק, **ומ"מ** אם אירע שהראה להתינוק ולא קרא לו אות, הולכין אחריו להחמיר ואין יכול לתקן.

ויש מי שאומר דהוא הדין אם חוטרא דחי"ת למעלה אין נוגעין זה לזה, אך אין ניכר להדיא פרידתן - דאם היה ניכר להדיא, הרי זה הפסידה עיקר צורתה, **אע"פ שהתינוק קורא שני זייני"ן, מותר להדביקם** - דאין התינוק מורגל בחי"ת כזה, דאפילו המוכשר כתיקונו יקראהו ב' זייני"ן.

ואין כאן מחלוקת רק חידוש דין.

סעיף כו - אם אותיות של שם דבוקות, יכול להפרידם - בין למעלה ובין למטה, ואין בו משום איסור מחיקה, כיון שמתקן בזה.

וה"מ שנדבקו בעת הכתיבה, אבל אם נדבקו לאחר גמר הכתיבה, אסור להפרידם, (דשמא הלכה כתירוץ שני של הב"י, דלא בעי מוקף גויל רק בעת הכתיבה, **ונראה לי** פשוט, דאם מסתפק אימת נעשה הדיבוק, יכול להפרידו מטעם ספק ספיקא, דשמא נעשה בעת הכתיבה, ואת"ל דנעשה אח"כ, שמא הלכה כתירוץ א' של הב"י, דבנגיעה אין חילוק, **ואפילו** להמחמירין בס"ס באיסור מחיקה, יש להקל בזה, לפי מה שכתב שם הנוב"י, דבמוחק מקצת אות ועדיין נשאר צורתו עליו, אין חייב בזה משום מוחק, ורק מדרבנן).

וכל שכן אם היו דבוקות לאותיות אחרות, דמותר להפריד האותיות האחרות מהם בכל גווני, ובלבד שיזהר שלא יגע הסכין באותה נקודה אחרונה המדובקת עם השם.

סעיף כז - אותיות ותיבות שנמחקו קצת - פי' שהלך מעל האותיות קצת מראה הדיו שלהן, **אם רישומן ניכר כל כך שתינוק דלא חכים ולא טיפש יכול לקרותם, מותר להעביר קולמוס עליה להטיב הכתב ולחדשו, ולא הוי שלא כסדרן.**

ואם בתחלת הכתיבה לא היה הדיו שחור, אלא דומה ללבן שהוכהה מראיתו, או לאדום, וצריך להעביר

(ביאור הלכה) [שער הציון] «הוספה»

עליהם קולמוס, הוי שלא כסדרן, **אבל** בהאי לא מיקרי שלא כסדרן, כיון שגם עכשיו הכתב הוא כשר, ומה שמוסיף עליו אינו אלא משמרו שלא יתמחק יותר.

בד"א כשמקצת צבע הדיו קיים, אבל אם קפץ כל הדיו מהקלף, ולא נשאר רק רושם אדמומית מהחלודה של הדיו, כשמעביר קולמוס עליהן הרי זה כותב שלא כסדרן, **ולפיכך** אם נקלף ממקצת אורך הוי"ו קצת דיו, ונשאר רק רושם החלודה באותו מקום, וצריכין להראותו להתינוק אם יש בחלק העליון שיעור וי"ו, צריך לכסות להחלק התחתון, שלא יצרפהו התינוק.

ודע עוד, דדעת הפמ"ג הוא, דאפילו נשאר ממשות דיו, רק שנקלף שחרות העליון ונשאר אדום, הוה שלא כסדרן, דאודם אין כשר לתפילין, **אבל** החתם סופר פליג עליו, וסובר דאם השינוי לאדמומית הוא מחמת יושן, הרי הוא כשר, שהרי הוא נכתב בדיו, ולהכי נאמרה ההלכה לכתוב בדיו, להורות דצריכה היא רק להכתב בדיו, וכך דרכו של רוב דיו לכשיזקין יכהה מראיתו ויתהפך קצת לאדמדם, ונעשית כעין מראה שקורין בל"א בראו"ן, **מ"מ** טוב להעבירו בקולמוס, ואפילו בשמות הקדושים קרוב לודאי דמותר, כדיו ע"ג דיו דאין כאן מחיקה, **ואם** נשתנה לאודם ממש, שאין כן דרכן של סתם דיו, **או** אפילו רק לאדמומית, רק שנשתנה מיד מהר לאחר הכתיבה, אין תקנה לאותה ס"ת, שנראה שאינו מחמת יושן, ועל כרחך יש חסרון בעיקר הדיו, שנעשית מסממנים אחרים, וע"כ פסול מעיקרא כי לא נכתב בדיו, ובשמות אסור להעביר עליו דיו וכו'.

סעיף כח - יש ליזהר שלא יכנס - אפי' כל שהוא, ראש הלמ"ד - בשורה שלמעלה הימנה, באויר הה"א או החי"ת - וה"ה באויר אל"ף או תי"ו וכדומה, וה"ה אם נכנס ראש למ"ד לתוך אויר של כ' פשוטה, **וכ"ש** שיזהר שלא יכנס באויר ד' או רי"ש, שלא יראה כה"א.

וה"ה בך' פשוטה וכדומה, שלא יכנס בשורה שלמטה באות ט' וע' וכדומה.

אפילו בלא נגיעה - דבנגיעה בלא"ה פסול משום חסרון הקפת גויל.

ומשמע מלשון השו"ע דכתב שיש ליזהר, דדוקא לכתחלה אבל לא לעיכובא בדיעבד, **וה"מ** שלא נכנס בענין שיפסד צורת האות ע"ז, כגון שנכנס רק מעט, אבל אם נכנס כ"כ בענין שנשתנה צורת האות, שתינוק דלא חכים ולא טיפש, אם נכסה לו שיטה התחתונה שלא יהא נראה רק ראש הלמ"ד ולא גוף הלמ"ד, לא יכיר האות מה הוא, הוי שינוי צורת האות ופסול, וגם לא יצוייר בו תיקון משום שלא כסדרן, **וכ"ש** אם נכנס ראש הלמ"ד בתוך חלל ד' או רי"ש, ונראית כה"א, דפסול ואינו מועיל בזה קריאת התינוק כהוגן, שהרי עינינו רואות שנשתנה ע"ז לאות אחר.

סעיף כט - אם אין הפרשיות שגורות בפיו -

והיינו בעת שהוא מתחיל לכתוב, דמסתמא עדיין אין בקי בקריאתן בע"פ כראוי, ובפרט במלא וחסר, **צריך שיכתוב מתוך הכתב** - או מפי מקריא, כדי שלא יטעה.

ואם מקצת הפרשה שגורה בפיו, מותר לכתוב אותו מקצת בע"פ. **ועיין** בב"ח שכתב, דמ"מ מצוה מן המובחר לכתוב בכל גווני מתוך הכתב.

סעיף ל - אינו רשאי לכתוב אא"כ יודע לקרות

- דאל"ה בקל יכול לטעות ואינו מרגיש.

סעיף לא - אם אינו כותב מתוך הכתב, לא יכתוב על פה שמקרא אותו אחר -

וכ"ש אם הוא כותב ע"פ בלי מקריא, **אלא אם כן יחזור הוא ויקרא בפיו** - כל תיבה ותיבה קודם שיכתבנה, כדי שלא יטעה, ואפי' הוא שגור בפיו ג"כ, [והראיה ממשה רבינו ע"ה].

משמע דכשכותב מתוך הכתב, א"צ להוציא בפה, **ומיירי** דוקא כששגורות לו ג"כ, ואז לא חיישינן שמא יטעה - מ"א וא"ר, **אבל** הרבה מאחרונים חלקו ע"ז, ופסקו דבכל גווני צריך להוציא התיבה מפיו קודם שיכתבנה, **והטעם** כתב הב"ח, דכך היא מצות כתיבת סת"מ, כדי שתהא קדושת הבל קריאת כל תיבה ותיבה היוצא מפי הקורא, נמשכת על האותיות כשכותב אותן בקלף, **וכ"ז** לכתחלה, אבל בדיעבד אין נפסל בכל גווני אם לא טעה.

סעיף לב - צריך להניח חלק למעלה - מהשיטות, כדי גגה של למ"ד, הגה: שיהיו גס כס מוקפים גויל - ונ"ל דהיינו מכתב בינוני, אפילו הוא

כותב רק כתב קטן, דהלא אמרו במנחות: כמלא אטבא דספרי, ופירשו הראשונים שהוא כדי לכתוב גגה של וכו' הנ"ל, ואם איתא דיש חילוק בזה, איה שיעורם, **ואפשר** לדחות בדוחק, דהגמ' לא איירי רק בכותב כתב בינוני.

ולמטה כשיעור כ"ף ונו"ן פשוטה - **ועוד** משהו להקפת גוילם, וטעם לכל זה, כדי שכשיזדמן לו לכתבם, שיהיה לו מקום לזה.

וי"א דצריך להניח עוד למעלה מגגה של למ"ד, ולמטה מך' ונו"ן פשוטה, כדי חצי ציפורן, וזה רק לכתחלה.

ובתחלתן וסופן אין צריך להניח כלל - רק משהו להקפת גוילם.

הגה: מיהו נהגו הסופרים להניח קלת בתחלה וסוף - היינו קצת יותר מהקפת גויל, **ויש** מחמירין, דלכתחלה צריך בתחלה קלף כדי לגלול כל הפרשה, כמו מזוזה.

וצריך להניח בין כל תיבה ותיבה כמלא אות - קטנה שהוא יו"ד, **ובדיעבד** אין לפסול, אא"כ נראית כתיבה אחת לתינוק דלא חכים ולא טיפש.

וכן בין השיטים כמלא שיטה - וי"א דאין צריך להניח אלא בס"ת, וכן נהגו הסופרים שאין מדקדקין בזה.

ובין כל אות כמלא חוט השערה, כמו בס"ת, וכמו שיתבאר בטור יו"ד - היינו רק לכתחלה, אבל בדיעבד אין לפסול אא"כ נראית התיבה חלוקה לשתים, וכמו שנתבאר כל זה ביו"ד לענין ס"ת.

גם צריך להניח מעט חלק בין פסוק לפסוק - אבל המ"א בשם כמה אחרונים והגר"א בביאורו הכריעו, דא"צ להניח חלק יותר מבין תיבה לתיבה באמצע פסוק.

סעיף לג - יעשה השורות שוות, שלא תהא אחת נכנסת ואחת יוצאת - ואפילו אות אחת, משום "זה אלי ואנוהו".

ולפחות יזהר שלא יכתוב ג' אותיות חוץ לשיטה - מדלא חילק משמע, דאפילו אם אלו הג' אותיות הם מיעוט התיבה אסור, **וביו"ד** פסק כהרמב"ם, דלא קפדינן אלא שלא יכתוב רוב התיבה חוץ לשיטה, ואם התיבה בת ח' אותיות, מותר לכתוב החציה חוץ לשיטה, **ועיין** בש"ך שם שכתב, שיש להחמיר כהך דהכא, **ועיין** בא"ר, שדעתו דעכ"פ בתפילין שהגליונות קצרים יש להחמיר.

ואם כתבם לא פסל - בין שהיה הבליטה בתחלת השיטה או בסופה, ואפילו אם כתב תיבה שלמה חוץ לשיטה, כל שניכר שהיא נקרית עם אותה השיטה, ולא עם העמוד האחר שבצדה.

סעיף לד - שתי אותיות שהם תיבה אחת, לא יכתוב חוץ לשיטה – (אבל לכתוב אות אחת ממנה חוץ לשיטה מותר).

ואם התיבה היא בת שלש, מותר לכתוב ממנה שתי אותיות חוץ לשיטה, אף שהם רוב התיבה, (**עיין** במ"א שכתב, דאף הרמב"ם מודה בזה להקל, והגר"א כתב, שלדעת הרמב"ם אסור בזה).

סעיף לה - אותיות השם צריך שיהיו כולם בתוך הדף, ולא יצא מהם כלל חוץ לדף - אפי' שאר שמות שאינם נמחקין, **ואפי'** אות אחת, ואפשר דאף רובו ככולו, **אבל** מקצת האות לית לן בה.

המ"א בשם הגאון מהר"ר יצחק מפוזנא אסיק, דדוקא לכתחלה, אבל בדיעבד אין להחמיר, **ומ"מ** אם אירע כן בס"ת, הורה למחוק כל השורות העליונות, אם אין בהם שום שם משמות שאינם נמחקין, ולמשוך אותם שיהיו שוות עם השם, דמאחר דאפשר לתקוני לא מיקרי דיעבד, **אבל** אם היה שָׁם למעלה איזה שם, או בתפילין ומזוזות דא"א למחוק משום שלא כסדרן, כשר כך בלי תיקון, **ויש** מחמירין אפילו בדיעבד, והסכים עמהם הגרע"א והדה"ח.

אך אם בשורות העליונות, אות האחרון ב' ד' ר' וכדומה, שיכול למושכן, כולהו מודו, דבין בס"ת ובין בתו"מ ימשוך אותן, כדי שיהיו שוות עם האות מהשם שיצא חוץ לשיטה, ואין בזה משום שלא כסדרן.

וכן אם לא כתב עוד רק שורה אחת, ובשורה שניה משך השם חוץ לשיטה, יעשה שרטוטים אחרים וימשכם שיהיו ארוכים עד סוף השם, ובשביל שורה הראשונה אין קפידא.

ובאותיות הנטפלות להשם, הסכמת אחרונים, דאין להחמיר בדיעבד ביוצא חוץ לשיטה.

ואם יצא השם כולו חוץ לגליון העמוד, כשר בדיעבד, ואינו דומה ליוצא אות אחד חוץ לשיטה, דמה שיוצא לחוץ הוא חשוב כתליה, וקי"ל ביו"ד, דמקצת השם אין תולין, משא"כ בזה, כ"כ הבני יונה, **והגרע"א** מחמיר גם בזה, **אבל** הגר"א מוכח בהדיא כהבני יונה להקל.

סעיף לו - (הקדמה בענין פתוחה וסתומה. לשון הט"ז או"ח: יש מחלוקות בצורת פתוחה וסתומה, **דלהרא"ש** מבואר ביו"ד, דכל שיש חלק בשיטה, ומתחיל לכתוב באמצע השיטה, וכן בכותב ומניח בסוף השיטה חלק, ומתחיל הפ' שאחריה בראש שיטה השניה, זהו פתוחה, ושיעור החלק, כדי שיוכל לכתוב ט' אותיות, **וסתומה** הוי, כל שמניח חלק באמצע שיטה כשיעור הנ"ל, ויתחיל לכתוב בסוף השיטה ההיא עצמה, **וה"ה** אם סיים הפ' בסוף השיטה, יניח שיטה א' חלק, ויתחיל בשיטה השני'.

והרמב"ם כתב וז"ל: פרשה פתוחה יש לה ב' צורות: אם גמר באמצע השיטה, מניח שאר השיטה פנוי כשיעור הנ"ל, ומתחיל הפרשה שהיא פתוחה מתחלת השיטה השנייה, {זהו כמו הרא"ש}. **ואם** לא נשאר כשיעור פנוי, או גמר בסוף שיטה, מניח שיטה שאחריה פנוי, ומתחיל הפרשה הפתוחה מתחלת שיטה הג', {וזהו לרא"ש סתומה}. **פרשה** סתומה יש לה ג' צורות: אם גמר באמצע השיטה, מניח ריוח כשיעור, ומתחיל לכתוב בסוף השיטה תיבה אחת, {וזה כמו הרא"ש}. **ואם** לא נשאר כשיעור ט' אותיות ולכתוב תיבה א' בסוף, יניח הכל פנוי, ויניח מעט ריוח מראש שיטה שנייה, ויתחיל לכתוב הפרשה הסתומה מאמצע השיטה השנייה, {ואפשר שגם להרא"ש כן}. **ואם** גמר בסוף השיטה, מניח מתחלת שיטה שנייה כשיעור הריוח, ומתחיל לכתוב מאמצע השיטה פ' הסתומה, {וזהו להרא"ש פתוחה}. **נמצאת** אומר שפ' פתוחה תחלתה בתחלת השיטה לעולם, ופ' סתומה תחלתה מאמצע השיטה לעולם, עכ"ל.

לשון הט"ז יו"ד סי' ער"ה: שני פלוגתות יש בין רמב"ם לרא"ש: חדא, דאם עושה מקום פנוי בתחילת השיטה כדי ט' אותיות, ומתחיל הפרשה באמצע השיטה, זהו הוראה שפרשה ההיא סתומה להרמב"ם, אבל להרא"ש הוה פתוחה, **שני'**, אם מסיים בסוף השיטה, או שיש מקום פנוי אלא שאין בה כשיעור ט' אותיות, ואח"כ מניח שורה אחת כולה פנויה, ומתחיל הפרשה בשורה שאחריה בתחילתה, זהו להרמב"ם פתוחה, אבל להרא"ש סתומה)

יעשה כל פרשיותיה פתוחות, חוץ מפרשה אחרונה הכתובה בתורה, שהיא: והיה אם שמוע, שיעשנה סתומה - מפני שג' ראשונות, שהם "קדש" "והיה כי יביאך" "שמע", הם פתוחות בתורה, ופרשת "והיה אם שמוע" סתומה, לפיכך צריך לכתוב בתפילין ג"כ ככה, **דהיינו** שיניח מקום חלק כדי ט' אותיות בסוף שיטה אחרונה שבפ' "קדש", כדי שבפרשת "והיה כי יביאך" שיתחיל בראש השיטה הא' שבדף הב' תהיה הפרשה פתוחה, כמו שהיא בתורה, **וכן** אחר פרשת "והיה כי יביאך", כדי שפרשת "שמע" תהיה פתוחה, **אבל** פ' "והיה אם שמוע" יעשה סתומה, ואופן סתימתה יבואר לקמיה, **ופרשת** "קדש", אף דבתורה היא פתוחה, מחמת שהוא מפסיק בריוח ט' אותיות בשורה הקודמת לה, וכאן אין שייך זה דהיא פרשה ראשונה, **מ"מ** כיון שהוא מתחילה בראש שיטה, ואין כתוב לפניה כלום, היא נקראת פתוחה, דאין כתב אחר סותמה.

ור"ל מהתפילין של יד, הואיל והן נכתבות בקלף אחד ושייך בהן פתוחה וסתומה, דהיינו שכשמניח מקום חלק בסוף שיטה אחרונה של פרשה ראשונה כדי ט' אותיות, ומתחיל פרשה שלאחריה בראש השיטה בדף הב', הרי פרשה שלאחריה נקרא פתוחה, כמו שבס"ת נקראת פרשה המתחלת בראש השיטה פרשה פתוחה לכו"ע, כשיש ריוח כדי ט' אותיות לפניה בשיטה הקודמת לה, או בסוף שיטה אחרונה שבדף הקודם.

אבל בתש"ר שהפרשיות נכתבין על ד' קלפים, אין להקפיד בהן בפתוחות וסתומות, כ"כ האחרונים, (**וא"כ** לפי דבריהם, אפילו אם התחיל ראש כל פרשה באמצע שיטה, כשר, אף דבעלמא היא סתומה להרמב"ם, **אבל** לפי דברי הפמ"ג אפשר דיש להחמיר בזה אפילו בדיעבד, דהלא עי"ז באותו קלף גופא ניכר שהיא סתומה, ומה לנו לקלף פרשה הקודמת לה, **אך** אם לא הניח חלק ט' אותיות בסוף כל פרשה בתש"ר, נראה לי פשוט דיש להקל בזה כסתימת שארי אחרונים, ומטעם דכיון דכל פרשה הוא בקלף בפני עצמה, נחשבת כפרשת קדש בתש"י, דנחשבת פתוחה מצד שאין כתוב לפניה כלום בתפילין, **אף** דגם בזה מפקפק הפמ"ג שם), **אך** נהגו לכתחלה להקפיד בתש"ר, בפתוחות וסתומות.

ואם שינה, פסול - בין שעשאה מסתומה פתוחה או מפתוחה סתומה.

ויש מכשירים בכולם פתוחות - ר"ל בדיעבד, וטעמם, שאף שבתורה פרשת "והיה אם שמוע" היא סתומה, מ"מ כיון שבתורה אינה סמוכה כלל לפרשת "שמע", אין

זה נחשב שינוי מה שהריוח שבינה לפרשת "שמע" הוא פתוח ולא סתום, כמו שסתום הריוח שלפניה בתורה, כיון שגם בתורה יש בינה לפרשת "שמע" שבתורה ריוח הרבה פתוח, וכן הסכימו האחרונים.

ולהיפך, אם עשה איזו פרשה מהשלש פרשיות סתומה, לכו"ע פסול, כ"כ האחרונים.

עוד כתבו, דדוקא אם עשה לפרשת "והיה אם שמוע" פרשה פתוחה כשר לדעה זו, אבל אם אין לפניה ריוח כלל בינה לפרשת "שמע", לא בדף שלה ולא בדף של פרשת "שמע", דהיינו שהתחיל אותה בראש שיטה העליונה שבדף, ולא הניח ריוח כלל לפניה באותה שיטה, ולא בסוף שיטה של פרשת "שמע", או שהניח ריוח ואין בו כשיעור ריוח שבין פרשה לפרשה, דהיינו כדי לכתוב ט' אותיות, הרי זה נחשב שינוי גמור ממה שהיא כתובה בתורה, ופסול לכו"ע אפילו בפרשה זו.

ובסוף פרשת "והיה אם שמוע" אין צריך להניח שום ריוח, וכן נוהגין לסיים "על הארץ" בסוף שיטה התחתונה.

ובמדינות אלו נוהגים אף פרשת "והיה אם שמוע" בראש השיטה, כשאר הפרשיות - ואף דלכתחלה מצוה לעשות אותה סתומה גם להיש מכשירים, וא"כ המנהג הזה הוא שלא כהוגן, **מ"מ** העתיקו הרמ"א, דכיון שהעיקר הוא שבדיעבד כשר בכל ענין, וא"א לעשותה סתומה לד"ה, יש להחזיק בהמנהג הזה, כדי שלא להוציא לעז על הראשונים, וכ"כ המ"א בשם הל"ח, **אבל** מדברי הלבוש והגר"א משמע, שיותר טוב לעשות כמה שכתוב בשו"ע.

נוהגים אף וכו' - וכן בתפילין של ר"ת יעשה ג"כ כולם פתוחות, ואף שכותב "והיה אם שמוע" אחר "שמע", יניח כשיעור ט' אותיות אחר "על הארץ", וכשכותב פרשת "שמע" מתחיל בתחלת העמוד בראש השיטה.

ולכן נהגו שפרשת "קדש לי" "והיה כי יביאך" ופרשה "שמע", מתחילין בראש שיטה - דזה עושה אותה לפתוחה לכו"ע, כשהשאיר חלק כדי ט' אותיות בסוף שיטה התחתונה בעמוד הקודם.

ואם לא התחיל בראש השיטה, אלא הניח מעט ריוח, אפילו פחות מט' אותיות, הרי פרשה זו נקראת סתומה להרמב"ם, ופסולה אפילו דיעבד, **ובפמ"ג** כתב, דאפי' אם לא המשיך לפנים בראש "קדש" או "והיה כי יביאך" או "שמע", רק אות אחת או שתים, ג"כ י"ל דפסול, וצ"ע בזה, **ובספר** מאמר מרדכי משמע דאין להחמיר בזה בדיעבד, **ועכ"פ** לכתחלה יש ליזהר בזה מאוד, **ואם** השאיר כשיעור תיבת "אשר", נ"ל דיש להחמיר אפילו בדיעבד, דהרי בשיעור זה בוודאי יש כששה אותיות קטנות ויותר, והרי לדעת הט"ז מצטרף מדינא לכו"ע להקרא סתומה, אפילו לא היה הריוח שלמעלה ולמטה רק כשיעור ט' אותיות קטנות ע"י צירוף, הרי דמה שכתב הרמב"ם ויניח מעט ריוח וכו', הוא שיעור קטן מאוד, **ע"כ** אם רואה שהתחיל הפרשה אפילו אות אחת לפנים, שלא במקום ששירטט מתחילה, יראה לעשות גם שאר השורות באופן זה.

ובסוף "קדש לי" ובסוף "והיה כי יביאך", מניחים חלק כדי לכתוב ט' אותיות - כתבו האחרונים, דלכתחילה צריך להניח כדי ג' תיבות "אשר", ע"כ צריך להניח ג"כ ריוח מלא ב' אותיות קטנות מלבד הט' אותיות, דהא בין תיבה לתיבה צריך להניח מלא אות קטנה, **ובדיעבד** יש להקל כשמניח רק כמלא ט' אותיות קטנות, דהיינו יודי"ן, וכמשמעות השו"ע כאן, **וכתב** הפמ"ג, דמשערין הריוח של הט' אותיות כפי אותו הכתב, וכל השיעור הזה הוא בין לפתוחה או לסתומה.

(**ואם** שכח להניח כמלא ט' אותיות בסוף פרשת "קדש", ופרשת "והיה כי יביאך", מבואר בלבוש דפסול, **וכתב הא"ר דמיירי הכא בשעבר והתחיל שיטה ראשונה בראש הדף, לכן הוא פסול דתו אין כאן פתוחה, אבל** לכתחלה עצתו כשנזדמן לו כן, שיתחיל לכתוב בתחלת שיטה שניה, שהיא נמי פתוחה לדעת הרמב"ם, **ואף** דלא ישתייר מנין השורות הנזכרים בסימן ל"ה, הא קי"ל שם דאם שינה לא פסל, **אכן** לפי מה שראיתי עתה בספר משנת אברהם שכתב, דהיכא דמשייר ריוח שני שיטין בין פרשה לפרשה, אף לדעת הרא"ש ז"ל היא פתוחה, נ"ל בזה שישייר ריוח בתחלת הפרשה שני שיטין, דאם ישייר רק שיטה א', הלא לדעת הרא"ש תפילין שלו הם פסולין, דהיא פרשה סתומה, והשלשה פרשיות בעינן שיהא פתוחות לעיכובא לד"ה, כמו שכתבו האחרונים, **ואף** דבדיעבד אם לא שייר רק ריוח שיטה א', אין לפסול התפילין, דבעיקר הדין קי"ל כהרמב"ם בזה, מ"מ לכתחלה בודאי ירא שמים יצא ידי הכל).

(כתב הפמ"ג, יש לשאול: אם הניח חלק ט' אותיות, ואכלוה עכברים או תולעת מקום החלק, ואין שם קלף חלק כלל, אם כשר כה"ג או לאו, ע"ש דמסתפק בזה גם בתש"ר, ולפי מה שכתבנו לעיל בתחלת הסעיף בשם האחרונים, בש"ר בודאי יש להקל).

ובסוף "שמע" אין מניחים חלק, ואם מניחים הוא פחות מכדי לכתוב ט' אותיות – (לאו לעיכובא קאמר, אלא דלכתחלה ס"ל דלא נכון לעשות כן, דזה מורה קצת על פרשה שלאחריה שתהיה פתוחה, אבל בדיעבד אפי' אם הניח בה חלק כדי ג' פעמים "אשר", אפ"ה לא נתבטל שם סתומה מפרשת "והיה אם שמוע", כיון שלא התחילה בראש שיטה, **דכלל** הדבר להרמב"ם דנקטינן כוותיה העיקר להלכה, דסתומה היא כל שמתחלת מאמצע שיטה, **ודע**, דבזה דאיירינן השתא ששייר בסוף "שמע" כדי ט' אותיות, דעת רוב האחרונים וכמעט כולם, שאפי' אם לא הניח ריוח בתחלת "והיה אם שמוע" כדי ט' אותיות, אפ"ה מקרי סתומה לדעת הרמב"ם).

ופרשת "והיה אם שמוע" מתחילים באמצע שיטה עליונה, ומניח לפניה חלק כדי לכתוב ט' אותיות; ונמצא ששלשה פרשיות הם פתוחות בין להרמב"ם בין להרא"ש; ופרשה אחרונה היא סתומה לדעת הרמב"ם - ואף דלדעת הרא"ש היא פתוחה, מ"מ אנו עושין כך, כי א"א לעשות בתפילין צורת סתומה שיצא בה אליבא דכו"ע, כי סתומה שאנו נוהגין לעשות בס"ת, דהיינו שמסיים הפרשה שלפניה באמצע שיטה, ומפסיק כדי ט' אותיות, ואח"כ מתחיל הפרשה שאחריה ג"כ באותה השיטה, והיא נקראת סתומה אליבא דכו"ע, דסתומה מלפניה ומלאחריה, וא"א לעשותה פה בתפילין, דכל פרשה הוא בעמוד אחר, **וכן** אם ירצה להניח שיטה אחת חלק בתחלת פרשת "והיה אם שמוע", ולהתחילה בראש שיטה שנייה, זה ג"כ איננה סתומה לכו"ע, דהיא רק להרא"ש ולא להרמב"ם, דלדידיה היא פתוחה, **וכיון** שא"א לעשותה סתומה לד"ה, נהגו כהרמב"ם, לפי שכן עיקר אף בס"ת אם א"א לעשות לד"ה.

ובט"ז המציא עצה לעשותה סתומה שיצא אליבא דכו"ע, דהיינו שבפרשה ראשונה ושניה יעשה הכל כמו שכתוב בשו"ע, רק שבפרשת "שמע" בסופה, יניח ריוח פחות מכדי ט' אותיות קטנות, וכן יניח ריוח פחות מט' אותיות קטנות בתחלת פרשת "והיה אם שמוע", דעי"ז שאין לה ט' אותיות במקום אחד כי אם ע"י צירוף, היא נקראת סתומה לכו"ע, **וכ"כ** בתשו' הרמ"ע מפאנו ובביאור הגר"א, וכן משמע מפמ"ג שגם הוא נהג לעשות כן.

(והגר"ז כתב, דלכתחלה יש למנוע מלעשות כעצת הט"ז, וכתב הטעם, דמהרבה פוסקים מוכח, דלא ס"ל כלל הסברא דצירוף, וא"כ אין כאן פתוחה ולא סתומה ופסולה, ומוטב לעשות כעצת השו"ע, שיהיה עכ"פ כשר בדיעבד בודאי, **ומ"מ** בודאי אין למנוע הנוהג כהט"ז, כי יש ראיה לדינו מהרא"ש והטור כמו שכתב הגר"א).

ודע, דבדיעבד אפילו אם שייר ריוח כט' אותיות גדולות מכל צד, ג"כ כשר, דלהרמב"ם היא סתומה, ולהרא"ש היא פתוחה, וכתבנו לעיל בשם האחרונים, דהסכימו דהלכה כהיש מכשירין הנ"ל, **ויש** מהגדולים שנהגו לעשות כן לכתחילה, ונהרא נהרא ופשטיה.

(והנה כ"ז שכתב בהשו"ע הוא לענין תפילין דרש"י, ולענין תפילין של ר"ת בענין פתוחות וסתומות, דלדידיה פרשה ד' הוא קודם לפרשה ג', ג"כ יתנהג באחד מאלו הג' אופנים, דהיינו או שיעשה כולן פתוחות, וכמו שאנו נוהגין במדינתינו לענין תפילין דרש"י, וכמ"ש בהג"ה, **והנוהג** כהמחבר יעשה כך, פרשת "קדש" "והיה כי יביאך" מתחיל בראש שיטה, ובסוף "קדש לי" מניחים חלק ט' אותיות, ובסוף "והיה כי יביאך" אין מניחים חלק, ואם מניחים הוא פחות מט' אותיות, ואח"כ מתחיל פרשת "שמע" בקצה הקלף דהוא בעמוד הרביעי, דהא בעינן כסדרן, וכשכותבה הוא מתחילה בראש שיטה, ואח"כ חוזר לעמוד ג' לכתוב פרשת "והיה אם שמוע", ומתחילה באמצע שיטה עליונה, שמניח לפניה חלק ט' אותיות, ובסופה משייר חלק כדי ט' אותיות, כדי שפרשת "שמע" שאחריה תהיה פתוחה עי"ז, נמצא שפרשת "קדש לי" ופרשת "והיה כי יביאך" ופרשת "שמע" הם פתוחות בין להרמב"ם ובין להרא"ש, ופרשת "והיה אם שמוע" היא סתומה לדעת הרמב"ם, **ולהרב** ט"ז ג"כ הכל כנ"ל, רק דלדידיה ישייר בסוף "והיה כי יביאך" פחות מכדי ט' אותיות קטנות, וכן בריש פרשת "והיה אם שמוע" יניח ריוח פחות מכדי ט' אותיות קטנות, שעי"ז תקרא פרשת "והיה אם שמוע" סתומה לכו"ע).

מחבר רמ"א משנה ברורה

סעיף לז - עור הבתים צריך להיות מעור בהמה חיה ועוף טהורים, אפילו מנבלה או טרפה שלהם - דכתיב: למען תהיה תורת ה' בפיך, מן המותר בפיך, וכיון דאות שי"ן שהוא מרמז על שם שדי נקמט בעור התפילין, הוא בכלל תורת ה', (על כן אם נתהוה לו איזה ספק בעור הבתים אם הוא טהור, יש להחמיר דספיקא דאורייתא הוא, ואפילו ברצועות יש להחמיר).

ואין חילוק בין הש"ר או הש"י, (ומה שכתב הפמ"ג, דעור הבית ש"י דאין בו שי"ן, שצריך להיות מעור טהורה, הוא מדרבנן בעלמא, גם זה אינו לענ"ד, **אלא** נראה פשוט דס"ל להגמרא, דכיון דהל"מ הוא אפילו על התפירות, שיהיו נתפרין הבתים דוקא בגידין טהורין, כ"ש על הבתים גופייהו שיהיו מעור טהור).

וה"ה עור התיתורא והמעברתא, כיון שמחובר ותפור בהבתים, (ע"כ הסופרים שמניחים בין הבית להתיתורא עורות ישנים אשר מאשפות ירימו, וממנעלים קרועים, ידעו כי עבירה היא בידם, אחרי שהוא מחובר להבית, צריך להיות דוקא מעור כשר כמוהו ממש, כ"כ בספר לשכת הסופר, ולכתחלה בודאי הדין עמו, אך לענין דיעבד יש לעיין, לפי מה דכתב הפמ"ג לקמן בסעיף מ"ז, דמה דהצריך רמ"א לדבק כשר, הוא למצוה ולא לעיכובא, כיון דהדיבוק אינו מעכב, ממילא אין קפידא במה מדבק, וא"כ לכאורה ה"נ בענינינו, לא דמי לעור התיתורא והמעברתא דחיובן הוא מצד הדין, ע"כ בעינן שיהיו טהורים, משא"כ בזה, וצ"ע).

ורשאי לעשות מקלף - ואע"פ שהוא דק, שפיר מיקרי עור, **או מעור שליל** - דגם עורו נקרא עור, ואע"ג דהוא נקרא בשר לענין טומאה, מ"מ לא גרע מעור עוף.

(**ועיין** בד"מ שכתב, דאין עושין מעור הדג, משום דאיבעיא דלא איפשטא, ו**לכאורה** יש לעיין, דהלא הרמב"ם כתב הטעם שאין כותבין על עור הדג, מפני שאין הזוהמא פוסקת בעיבודה, משמע מזה דשאר עור פוסק הזוהמא על ידי העיבוד, וא"כ הרמב"ם שפוסק דעור הבית מותר על עור שאינו מעובד, יהיה מותר אפילו על עור הדג, ויש לדחות).

הגה: וכן הרצועות יכול לעשותן מקלף ועור שליל - רק שישחירם, דרצועות שחורות הלמ"מ.

צריך שיהיה מעובד לשמו היכא דאפשר - כי הרמב"ם ס"ל דלא בעי כלל עיבוד עור הבתים, דאדרבה יותר חזק הוא כשלא נתעבד, משום הכי כשר אפילו עור שאינו מעובד כלל, וכ"ש דלא בעי עיבוד לשמה, **ורוב** הפוסקים חולקים עליו, ומצרכי עיבוד וגם לשמה, **ופסק** השו"ע דהיכא דאפשר בעי לשמה, אבל היכא דלא אפשר למצוא חיפוי הבתים מעור המעובד לשמה, מותר לסמוך על דברי הרמב"ם, מלהתבטל ממצות תפילין, וכשימצא אח"כ מעור המעובד לשמה, יגנוז הבתים אלו, ויעשה מעור המעובד לשמה.

ונחלקו האחרונים: אם לעת עתה יניחם בברכה או בלא ברכה, והברכי יוסף הסכים להמ"א דיוכל לברך, (מ"מ לענ"ד צ"ע אעיקרא דדינא, אם יש לסמוך על המ"א שמיקל לענין ברכה, אף שהברכי יוסף הסכים עמו, דהלא הגר"א כתב, דדברי הרמב"ם שמיקל בזה לענין לשמה, לכאורה צ"ע, א"כ למה נקיל הכא דיהא מותר לברך בעור שאינו מעובד לשמה, וצ"ע למעשה).

(**ואם** יזדמן איזה ספק בהעיבוד דעור הבתים, יש להקל, דהוי כעין ס"ס).

(**ועיבוד** זה לכולי עלמא לאו מהלכה למשה מסיני הוא, ומה דצריך עיבוד הוא משום לשמה, דכל דבר קדושה בעינן לשמה).

ואם העיבוד היה רק לרצועות, לא מהני להבתים דקדושתן חמורה.

סעיף לח - יעשה ד' בתים מעור אחד לשל ראש.

וחתיכות עור תפורים יחד, מצדד המ"א דחשובים כעור אחד, וכ"כ בתשובת חת"ס שיש להקל בתפורות, **ואם** היו רק דבוקות בדבק, מחמיר שם, **אבל** בח"א משמע, דה"ה אם הם דבוקות בדבק, וכן משמע באו"ז, **וכן** נתפשט עתה המנהג במדינותינו, **ומכל** מקום לכתחילה ראוי ונכון לעשותו מעור אחד ממש, כי יש מחמירין וסוברין, דלא מהני בחתיכות תפורות יחד, או מדובקות בדבק.

(**כתב** במחה"ש, דה"ה הנעשים מעור אחד אלא שחותכים ממנו רצועות, ומ"מ באמצע נשארו מחוברים, ואח"כ שוב מחברים הרצועות יחד, ובזה נעשו הבתים, לדעת הב"ח פסולים, כיון דעכ"פ קרועים בכל צדדי הבית, ולדידיה התפירה וה"ה הדבק אינו עושה חיבור, עכ"ל, **אמנם** בפמ"ג כתב, וראוי לעשות הכל מעור אחד ממש, ודיעבד הסופרים חותכין למעלה, ולמטה מחובר, עכ"ל, **ונ"ל** דבזה לכו"ע מהני תפירה או דבק, **ומצאתי** בפתחי תשובה, שגם הוא מצדד כן, **ולפי"ז** פשוט, **דאפילו** אם נעשה נקב קטן בהעור במקום הריבוע כמו שרגיל, אפ"ה לא אבד ממנו שם עור אחד ע"ז, ואפילו אם נתקלקל הריבוע ע"ז, מהני תיקון אח"כ).

ועיין בח"א, דעכ"פ צריכין שיהיו הד' בתים פרודות זה מזה, ולא יהיו מדובקין, ולא כמו שעושין הסופרים שמדבקין ע"י דבק, רק שלמעלה עושין סימנים כמו חריץ בעלמא, דצ"ע אם להכשיר אפילו בדיעבד, **דממ"נ** אם אנו חושבין ע"י דיבוק עור אחד, א"כ אין לנו אלא בית אחת ובתוכו ד' מחיצות, דפסול, ואם אין הדבק עושה עור אחד, ויש כאן ד' בתים עם ד' חריצים, דהדיבוק כנפרד דמי, א"כ התפילין גופייהו נעשו משתי עורות ופסולים, **ובאמת** טוב הוא שאפילו העושין מעור אחד ממש, יהיו תפיליהן פרודות, דשמא הדיבוק חבור, וכן התפילין של הגר"א היו פרודות, ועיין מש"כ בסמוך בסעיף מ׳.

ובית אחד לשל יד – (ר"ל מעור אחד).

סעיף לט - תפילין בין של ראש בין של יד, הלכה למשה מסיני שיהיו מרובעות בתפרן, ובאלכסונן, דהיינו שיהיו ריבוען מכוון ארכו כרחבו, כדי שיהיה להם אותו אלכסון שאחז"ל: כל אמתא בריבועא אמתא ותרי חומשי באלכסונא - פי' בריבוע גמור שארכו כרחבו ממש, שיערו חכמים כל השיעור שיש לו, יש לו באלכסון ב' חומשים נוסף על אותו השיעור, וגם כאן צריך שיהיה מרובע ממש, אבל אם לא יהיה מרובע ממש, לא יהיה באלכסון שלו כשיעור ב' חומשים תוספות, אלא שיעור אחר, **וע"כ** ימדדנו בד' קוים וידע אם הוא מרובע, דהיינו תחלה ימדוד קו אחד באורך וקו אחד ברוחב שיהיה שוה, אך שמא באמצעו שוה ובצדדיו מתמעט, לכן ימדדנו עוד בשני קוים באלכסונו, שיהיו שוים ב' קוי האלכסון ג"כ.

ואם לא עשה מרובעות, מעכב בדיעבד, ומ"מ אם אין לו תפילין אחרים, יניחם לעת עתה בלא ברכה, וכשיזדמן לו תפילין אחרים יניחם.

וגם יש להשגיח בענין התפירה, כי מחמת שהסופרים עושין נקבים גדולים קצת, נמשך החוט לצדדין, ועי"ז אין התפירות שוות בריבוע, זה נכנס וזה יוצא.

ונ"ל פשוט, דצריך להיות התפירות מרובע בין למעלה ובין למטה, ואף דלא ברירא לי לענין דיעבד, מ"מ לכתחילה בודאי יש ליזהר בזה.

וצריך לרבע מקום מושבן - והוא התיתורא, דהיינו שיחתוך המעברתא מב' צדדיו, כדי שיהא ניכר ריבוע התיתורא, וצריך להשגיח מאד ע"ז, כי כל זה מעכב אפילו בדיעבד, **והתיתורא** צריכה להיות מרובע בין מלמעלה ובין מלמטה, [וצ"ע אם מעכב בדיעבד].

וגם זה הוא מהלמ"מ לדעת רוב הפוסקים, וגם זה הוא ריבוע גמור כמו בהתפירה, ואף דמרובע ממש במלאכת הבתים, דהיינו שיהיה בתכלית הצמצום, הוא כמעט מן הנמנע, מ"מ כל מה דאפשר לו לאדם לעשות בענין זה, בודאי חייב הוא לעשות.

ועכשיו בעו"ה הרבה שאין משגיחין על תפיליהן שיהיו מרובעין כדין, אפילו המדקדקין במצות יש שאין משגיחין כי אם על ראש הבתים שיהיו מרובעין, ואין משגיחין על התיתורא ועל התפירות שהוא ג"כ מעיקר הדין, והוא דבר הנקל לתקן.

וגם הבתים - דלא כמו שנוהגין קצת, לעשות של יד עגולה בראשו, רק שמרבע התיתורא מלמטה, אלא בין הש"י ובין הש"ר יהיו מרובעים, **והכוונה** בהש"ר, כשהארבעה בתים יחד יהיו מרובעים, ולא כל אחד בפני עצמו, **וריבוע** הבתים צ"ל בכל משך גובהן, **וגם** הריבוע יהיה ע"י הבתים עצמן, ולא ע"י דבר אחר שמטיח עליהם.

(**דע**, דגדר קלקול ריבוע הבתים, **פשיטא לי דלא בעינן שיתקלקלו ברוב משך גובהן, ואפילו במיעוטן סגי, ואפילו אם עשאם גדולים מאוד, ולא אמרינן דל מהכא היתרון, וישאר שיעור תפילין בלי זה, דומיא דיש מקילין בענין הקפת גויל, אם יש שיעור אות בלא זה, ואמינא** לה

מהא דקי"ל דריבוע המזבח מעכב, וקיי"ל ג"כ דאפילו פגימת המזבח פוסל, והוא מטעם ריבוע, ולא בעינן דוקא שיפגם רוב המזבח, אלא אפילו בכזית או בכטפח, לכל מר כדאית ליה).

(גם פשיטא לי, דלאו דוקא אם נתקלקל במקום חודו של הזוית למעלה, דה"ה אם נתקלקל ונפגם במקום אחר מדפני הבית מבחוץ, עד שאבד ריבועו עי"ז, וג"כ מהא דמזבח הנ"ל, דפשוט דפסול פגימת המזבח הוא בכל מקום מדפנותיו, ולאו דוקא במקום חודו, ולפי"ז אם מחמת רוב יושנן של התפילין, ניכר לכל שאחד מדפנותיו נכנס לפנים, ואינו עומד במקום הראוי לו, נראה דצריך לתקנם).

(גם פשיטא לי, דע"י פגימה קטנה שנתהוה בהבתים כשיעור חגירת ציפורן, ואפשר אפילו מעט יותר מזה, לא אזל מניה עי"ז שם ריבוע, ואפילו אם נאמר דבעת עשייה, יש להסופר ליזהר אפילו בחסרון משהו באיזה מקום, דעכ"פ אינו מרובע בשלימות, מ"מ בדיעבד שנתקלקל לא אזל שם ריבוע ע"י חסרון משהו, ואפילו אם הפגימה קטנה שנתהוה בהתפילין היה במקום חודו של הזוית למעלה, כי מיבעיא לי עצם שיעור קלקול הריבוע, עד כמה נקרא בענינינו, דזה ברור דלא נוכל לומר לענין תפילין דוקא אם חסרון הריבוע היה בטפח, כמו שפסק הרמב"ם שם לענין מזבח, דכל התפילין אינם מחזיקין כך, ואולי אם נתמעט הריבוע של התפילין מעט יותר מחגירת ציפורן, נקרא בענינינו ג"כ קלקול הריבוע, וצ"ע).

הגה: אבל גובה הבתים אין להקפיד אם הוא יותר מרחבן וארכן – (דריבוע לא נאמר אלא על אורך ורוחב).

עשאם מרובעות ואחר זמן נתקלקל רבוען - כגון שנתעקמו הבתים, זה פונה למזרח וזה למערב, או שנתקלקל חודי הבתים לגמרי עד שנעשה עגול, או שנתקלקל התיתורא או התפירה עד שאבדו ריבוען, **יש מי שאומר שצריך לרבען** - דכיון דריבוען הוא הלמ"מ, בכל שעתא בעינן שיהיו מרובעין, **ואין** חולק בזה, ודרך המחבר כן בהרבה מקומות.

ומ"מ אין צריך למודדן בכל יום אם ריבועם קיים, שמעמידים אותם על חזקתם, אם לא שרואה שנתקלקל, **ואם** נתעקם התיתורא, אף שבעצם הוא מרובע, רק מחמת התעקמות התיתורא נראית כמו שאינו מרובע, יחזור ויתקן.

הגה: ויעשה כל הד' בתים בשוה, שלא יהא אחד גדול מחבירו - ובדיעבד אפילו אחד רחב מחבירו כשר.

סעיף מ - עור הבתים מצוה לעשותו שחור - משמע דבדיעבד אינו לעיכובא, **ויש** פוסקים דס"ל דהוא הלמ"מ כמו הרצועות, ולעיכובא הוא אפילו בדיעבד, ובביאור הגר"א משמע שהוא מצדד כן להלכה, **וכן** משמע בא"ר ובשכנה"ג דיש להחמיר, אם לא במקום דלא אפשר, יש לסמוך אדברי המקילין, כדי שלא להתבטל ממצות תפילין.

וכ"ש שידקדק שהשי"ן יהיה שחור, ולפעמים מחמת רוב יושנו נקלף ממנו השחרות.

והשחרות טוב יותר שיהיה בצבע שחור שאין בו ממש כלל, והתפילין יהיו שחורים רק בחזותא בעלמא, **ומ"מ** המשחירין במין גלאנ"ץ שא"א לקלפו, אע"פ שיכולין להסיר מן הקלף ע"י פירורין דקין, אין להחמיר בדיעבד, **אכן** מה שחדשו סופרי זמנינו, שמשחירין בטיחה שיכולין לקלוף בשלימות מכל צד מן התפילין, וצורתו כמו נייר שחור, זהו פסול.

(ועי"ל סימן ל"ג) - בס"ד בהג"ה, ועי"ש במ"ב, דהרמ"א קאזיל לשיטת המחבר הכא, דהוא רק מצוה בעלמא, ולפי מה שכתבתי לעיל יש לעיין בזה.

חריץ שבין בית לבית צריך שיגיע עד התפר, ואם לא הגיע, כשרה, והוא שיהיה ניכר החריץ כדי שיהיו ד' ראשיה נראין לכל - אבל אם אינו ניכר מבחוץ, אף שמבפנים יש ד' בתים, וכל פרשה ופרשה מונחת בבית בפני עצמו, לא מהני.

אבל שריטה או רשימה בעלמא לא מהני כלל, כי עכ"פ צריך הבדל מעט בין הבתים שיהיו החריצין ניכרים ממש, **וכן** הח"א מיאן במעשה הסופרים, שמדבקין הבתים וטחין את כל הבית בטיח או בגלאנ"ץ, רק שעושין רושם בהגלאנ"ץ, ומה גם דלכתחלה בעינן שיהיה החריץ מגיע עד למטה, **וכ"ש** הסופרים שתולין עור על הד' בתים, ורושמין בו חריצין בסכין שתהיה נראה כארבעה בתים, דפסול, דעי"ז נעשה תפילה של יד.

(עיין בח"א דמשמע מיניה, דאפילו הנוהגין לעשות התפילין ע"י דיבוק הד' עורות, אפ"ה מהני בדיעבד אם מדבק לבסוף הד' בתים ביחד, ומשייר מלמעלה רק מעט שיהיו החריצין ניכרין, **אך** דמצריך הח"א ליזהר, שיהיו החריצין עכ"פ בעצם הבדלת הבתים, ולא בהגלאנץ לבד, **ובתשובת** חת"ס משמע, דהנוהגין לעשות תפיליהן ע"י דיבוק, לא מהני אפילו החריצין ניכרות, אלא יהיו מובדלות לגמרי, ואז יזהר שיהיה ריבוען קיים, כי מצוי שע"י ההבדל נאבד הריבוע, **ומנהג** העולם במדינתינו כהח"א, ומ"מ כל י"ש יזהר לכתחלה לעשות הבתים נפרדים, וכמו שכתב הח"א גופא, דלכתחילה פשיטא דנכון לעשות כן), (ועיין מש"כ לעיל בסעי' ל"ח).

(והנה אם לא יהיו מדובקים כלל, מצוי לפעמים שנתקלקל הריבוע בהמשך הזמן עי"ז, ע"כ אפשר שטוב יותר שידבק מעט בשיפולי הבית אצל תיתורא בין בית לבית, **והנה** יש עוד אופן, שידבק מעט העורות שבין בית לבית, ואם העורות לא יגיעו זה לזה, יתן לתוכם חתיכת קלף דק עם דבק שיחברם יחדיו, וצדי הבתים וכן בראשי הבתים לא יהיה מדובק כלל, ובזה יהיה עדיין כל החריצים מינכר היטב, וגם ריבוען יהיה קיים, **אך** באופן זה צריך ליזהר מאוד תמיד, שלא לנתק בחוזק בית אחד מחבירו, כדי שלא יקרע עי"ז העור שבין בית לבית).

סעיף מא - אורך ורוחב הבתים וגובהן אין לו שיעור

- ומ"מ נכון לחוש לדברי הגאונים שסוברין, שלכתחילה לא יעשה אותן קטנים מאצבעיים על אצבעיים, והיינו עם התיתורא, **ועיין** בע"ת שכתב, דאם אין מחזיק עם התיתורא רק כאצבע על אצבע, אפי' בדיעבד פסול, **ועיין** בספר א"ר שלמד עליהם זכות, ומ"מ סיים דכל בעל נפש יזהר לעשות התיתורא רחב ב' אצבעיים, **ולבד** כל אלו מצוי מאוד באלו התפילין הקטנים, שפרשיותיהן גרועות עד מאד מצד דחק המקום, כאשר בעיני ראיתי הרבה מהם, ע"כ השומר נפשו ישמור מהם.

(ונלענ"ד דאפילו לפי דעת השו"ע, דסתם להלכה דאין להם שיעור, מ"מ לפי מה דמוכח שם בגמרא, דבראש וכן ביד אין מקום רק להניח שני תפילין ולא שלשה, יש ליזהר עכ"פ שלא ללבוש תפילין פעם קטנים מאוד, ופעם שיהיו גדולים שלשה פעמים כמו הראשונים, כגון שבפעם הראשון היו כשיעור אצבע וחצי על אצבע וחצי, ובפעם שני היו ד' אצבעות וחצי על ד' אצבעות וחצי, וכה"ג, דממ"נ או דתפילין הראשונים היו קטנים מכשיעור, או דתפילין השניים מונחים שלא במקום תפילין, ואין לעשות תרתי דסתרי אפילו שלא ביום אחד, **והנכון** לאדם, שיהיו תפיליו תמיד ממוצעים, דהיינו לא פחות משיעור אצבעיים על אצבעיים, ולא יותר מד' על ד' אצבעות, והיינו עם התיתורא ומעברתא, דבזה יצא עכ"פ מדינא ידי הכל).

(ועיין בספר שולחן שלמה שכתב, דמ"מ לא יעשה התפילין גדולים עד מאוד, שעי"ז לא יהיה באפשר להניחן על מקום צמיחת השערות, וכן בשל יד, שלא יבוא להניחן קצת על החצי עצם שסמוך לבית השחי, או במקום שאינו בשר התפוח).

סעיף מב - שי"ן של תפילין הלכה למשה מסיני

- ואם נתקלקל השי"ן ואינו ניכר, צריך לתקנו מחדש, דומיא דאם נתקלקל ריבוע המבואר בסמוך.

שיעשה בעור הבתים של ראש כמין שי"ן בולטת מקמטי העור - דהיינו שמקמט העור במלקט ע"י כפילה, שכופל מהעור עד שנעשו סעיפי השי"ן. **ולעשותן** ע"י דפוס, דהיינו שעל הדפוס חקוק שי"ן בולטת, ודוחק הדפוס בעור הבית ונעשה תואר שי"ן, עיין בט"ז ומ"א, דמשמע דלכתחילה טוב למנוע מזה, (**אע"ג** דהוי חק ירכות, מ"מ כל כמה דאפשר לעשות בלא שום חקיקה עדיף - מחה"ש), **ובכנה"ג** בשם תשובת הרמ"ע כתב, דזהו יותר הידור, **וכן** המנהג פשוט כהיום לעשותן בדפוס, מפני שעי"ז יש לה תואר שי"ן בחוליותיה וזיונה, יותר משי"ן המקומטת מהעור.

ומשמע באחרונים, דתמונת שי"ן שלנו שאנו עושין בתפילין די, דלא בעינן דוקא כתב סת"מ ממש, אלא דוגמא, (הוא מהב"ח), **ומנהג** סופרים כהיום באיזה מקומות, להדר ולעשותן בכתב אשורית ממש.

ואם עשה השי"ן בקלף אחר, והדביק בדבק על הבית, פסול.

אחד מימינו ואחד משמאלו; של ימין המניח, של ג' ראשים, ושל שמאל המניח, של ארבע ראשים - ואין חילוק בזה בין איטר לאחר, דבתר ימין ושמאל דעלמא אזלינן.

הלכות תפילין

סימן לב – סדר כתיבת תפילין

הגה: מיהו אם היפך, אינו נפסל - אבל אם עשה בשני הצדדים רק שי"ן של שלשה ראשים או ארבע, פסול, וכ"ש אם חיסר לגמרי שי"ן אחד.

סעיף מג - חריץ של שי"ן, דהיינו חודה למטה, יגיע עד מקום התפר - דהיינו עד התיתורא ממש, והיינו בין שי"ן דימין ובין דשמאל, **ובדיעבד** כשר אפילו לא הגיע, כל שיש צורת השי"ן עליו.

הגה: וכן היו"ד שבשי"ן צריך ליגע למטה בשולי השי"ן - דבלא"ה אין שם שי"ן עליו, ולעיכובא הוא אפילו בדיעבד, (דצריך ליכתב כמו בס"ת, אחרי דהוא הלמ"מ), **ועוד** כתב הפמ"ג, דיראה שיהיה על השינ"ן צורת יודי"ן, לא קוין פשוטין בעלמא.

(**ולפי"ז** נראה, דהוא הדין אם אינו נוגע יו"ד בהקו שלו, ג"כ אפשר דעיכובא הוא, וכ"ש אם לא היה יו"ד כלל רק קו פשוט, **ואפילו** אם שאר הקווין נעשין כהלכה ביודי"ן על ראשיהן, רק קו א' לא היה כדין, וכ"ש כולם).

(**ויש לעיין** בזה, דלכאורה להב"ח המובא לעיל, **אפשר** דרק לכתחלה צריך ליזהר שיגיע למטה בשולו התחתון, ולא לעיכובא, וצ"ע).

יש מהגדולים שמחלקין בין שי"ן הימיני להשמאלי, שבשמאלי אדרבה ידקדק שלא יגעו היודי"ן בשולי השי"ן למטה, (**דאותה** של ד' ראשין היא כמו שי"ן של לוחות דהויא מן החקיקה – ב"ח, נמצא ד' קמטים הם דפנות שי"ן שהיו בלוחות, ושלש אוירים שבין ד' קמטים הם צורת שי"ן מאויר שהיה בלוחות – פמ"ג), **אבל** המ"א פסק דאין לחלק בין הימיני להשמאלי, ובהשמאלי בעינן ששני היודי"ן יהיו נוגעין למטה בשוליה, וכ"כ הפמ"ג דכן ראוי לעשות.

(**ונ"ל** דאף דאנו מכריעין דלכתחילה יותר טוב שיגעו גם היודי"ן שבשי"ן השמאלי לשולו התחתון, מ"מ בדיעבד אין להחמיר בהם לפסול, אחרי דלדעת הרבה גדולים גם לכתחילה לא יגעו), **אם** לא היכא דיו"ד אחד נוגע ואחד אינו נוגע, דאז ממ"נ פסול.

(**ולפי** דברי הגדולים שסוברים דשי"ן שמאלי לא יגעו היודי"ן שלו בשולו, ה"ה דגם היודי"ן שלו גופייהו לא יהיה להם תמונת יו"ד כמו בהשי"ן של ג' ראשים, אלא יהיו כמין קוין פשוטים, **אכן** לפי המ"א שאין לחלק בין הימין להשמאל, גם בזה אין לחלק, **ואם** היו הקוין פשוטין בלא ראשין, אין להחמיר בדיעבד, דיש לסמוך על הגדולים המקילין. **ואם** עשה בשי"ן השמאלי קוין פשוטין, והן מגיעין עד שוליהן, הוא תרתי דסתרי ופסול).

ולא ימשוך השי"ן הרבה, אלא שגם שולי השי"ן - ר"ל חודיהן של השינ"ן, **יהא נראה על התפר** - והטעם, דצריך שיהא כל השי"ן נראה, ולקיים מה דכתיב: וראו כל עמי הארץ כי שם ה' נקרא עליך, וא"ר אלעזר אלו תפילין שבראש, "שם ה' נקרא": ר"ת שי"ן, **ובדיעבד** אם נכנס מעט לתוך התיתורא, עד שאין לו עי"ז תמונת שי"ן כראוי, צ"ע, (**ובדיעבד** אין להחמיר אם לא אבד תמונתו עי"ז, ורק מקצת חודו נכנס לתוכו).

סעיף מד - תיתורא דתפילין הלכה למשה מסיני, והיינו שישים עור למטה לכסות פי הבתים, ונראה כעין דף של גשר הנקרא תיתורא.

ואפילו לדעת הסוברים דהבתים צריכים להיות כולם מעור אחד ממש, מ"מ לא בעינן שיהא התיתורא והמעברתא עם הבתים מעור אחד, אלא אפילו אם הוא עור בפני עצמו כשר, וזהו שכתב המחבר: שישים וכו', **ומ"מ** אם באפשר, טוב להדר גם בזה, לצאת דעת המחמירין בזה, (היינו דעת רש"י, **ואף** דהגאונים פליגי ע"ז, וגם הר"י ורא"ש ומרדכי וטור סבירי כמותם, וגם מנהג העולם כוותייהו, מ"מ טוב להדר לצאת גם דעתם, **ואף** דברא"ש ומרדכי משמע, שיותר טוב שלא לעשות מעור אחד עם הבתים, עיין הטעם בדבריהם, ‹לפי שעור הבתים דק, ועור התיתורא צריך שיהיה עב וחזק, מפני שהרצועה שם תמיד›, ותראה שזה הקלקול לא שייך בזמנינו, למי שיודע אומנות הבתים).

מעברתא דתפילין הלכה למשה מסיני, והיינו שעור התיתורא יהא ארוך מצד אחד ויעשה בו המעברתא - ואם נפסקה, מותר לתופרה.

כיצד, יחתכנו בשני צדדים שלא תהא רחבה כמו רוחב התיתורא, כדי שיהא ניכר ריבוע התיתורא, ובאותה מעברתא עוברת הרצועה, ועל שם כך נקראת מעברתא; גם בתפילין של יד יעשה תיתורא ומעברתא.

יגלגל כל פרשה מסופה לתחלתה - בעת שנותנה לביתה, כמו מזוזה שנגללת מ"אחד" כלפי "שמע", ולא להיפך, מטעם שנתבאר ביו"ד, (שאם יבא לקרות מתוכו לא יצטרך לפותחה כולה קודם שיתחיל לקרות, וזה נוי להם – עטרת צבי), (**הוא למצוה ולא לעיכובא**).

וכורכם בקלף קטן - וה"ה בחתיכת בגד אם אין לו קלף. **ור"ל** לכתחלה, אבל אם לא כרכם כשר בדיעבד, אם אין לו אחרים, (**והטעם**, **דהרא"ש והטור ושאר פוסקים ס"ל דלאו הלמ"מ הוא, ושנוהגין בצרפת ואשכנז שלא לכרוך עליו דבר לבד השער, אלא דלכתחילה חש השו"ע לדברי הרמב"ם, שכתב שהוא הלמ"מ**, (לשון הרמב"ם: הלכה למשה מסיני שיכרוך הפרשיות במטלית), **ועיין בא"ר, דמשמע מיניה דמותר ג"כ לברך אם אין לו אחרים, ושלא כמחה"ש שנסתפק בזה**).

ויש מקפידין מלכורכן אלא בקלף כשר - ר"ל אבל לא מבהמה וחיה טמאה, אבל במטלית גם לדעה זו שפיר דמי, **ועיין** בב"י שכתב בטעם הדבר, דכיון שהוא מביא קלף, צריך להיות דוקא "מן המותר לפיך", כמו לבתים ולרצועות, **ובביאור** הגר"א מפקפק בדין זה.

והלכה למשה מסיני שיכרוך עליה שער בהמה או חיה הטהורים - לכן אם לא כרך השיער עליה פסול, אף שכרך עליה קלף.

הגה: ונוהגין לכרוך שער על הפרשה, ואחר כך כורכין עליו קלף כשר, וחוזרים וכורכים עליו שער - כי י"א שיכרוך השער על גוף הפרשה, ואח"כ יכרוך הקלף למעלה, וי"א להיפך, לכך נוהגין לקיים דברי שניהם, **ועיין** בביאור הגר"א שכתב, דמדינא אין קפידא איזו קודם.

ונהגו שיהיה שער זה של עגל - כדי שיזכור מעשה עגל ולא יחטא, וגם כדי לכפר על עון זה, **וכתב** הא"ר, דמזה הטעם טוב לעשות כל תיקון תפילין מעור עגל, ולאפוקי מאותן שעושין הרצועות מעור תייש.

ואם לא מצא של עגל, כורך בשל פרה או של שור, ורוחץ השער היטב בתחלה עד שיהא נקי. קצת שער זה צריך שיראה חוץ לבתים - י"א שיהיה אצל הבית שמונח בו פרשת "קדש", וי"א אצל "והיה אם שמוע", **וטוב** שיצא מפרשת "והיה אם שמוע" בצד הפונה לפרשת "קדש".

עיין במ"א ועיין בחידושי רע"א שהסכים, ששער היוצא יהיה פחות מאורך שעורה.

סעיף מה - יתן כל פרשה בבית שלה שתהא זקופה מעומד בביתה - כדרך קריאתה, וכדרך שמעמידין ס"ת בהיכל, **ובדיעבד** אם נתנה שם מושכבת אין לפסול התפילין בשביל זה, כ"כ הב"י בשם הר"י בן חביב וכ"כ הב"ח, **ונראה** דמ"מ על להבא צריך לתקן, דהיינו שיוציאם ויניחם כהלכה.

סעיף מו - יהיה הגליון עליון תחלה, שזהו שורה עליונה, וגליון תחתון לצד פה הבתים - דאל"ה יעמדו האותיות הפוכות נגד הקורא, (**ואם היפך, יש מאחרונים שפוסלין אף דיעבד**).

הגה: וראש הפרשה יהיה מונח לצד ימין הקורא, שאם בא לפתחן ולקורא יהיו מונחים לפניו כהלכתן - שהרי מצינו שסדר הנחתן בבתים, ג"כ הם מסודרים לפני ימין הקורא, אשר הוא עומד נגד המניח, שיהיה קורא כסדר, מתחלה פרשת "קדש" של ימינו, ואח"כ פרשת "והיה כי יביאך" ושאר הפרשיות, כמש"כ בסי' ל"ד, ע"כ צריך להיות סוף הגלילה, שהוא ראש הפרשה, ג"כ מצד ימין נגדו.

סעיף מז - אם כתב כל הארבעה פרשיות בקלף אחד, כשרים, אפי' אין ריוח ביניהם - וכ"ש כשיש ריוח בין הפרשיות, שיוכל לחתכם וישתייר כדי היקף גויל לכל אחת, דשפיר דמי, אף דבעת הכתיבה כתבן בקלף אחד.

וכתבו האחרונים, אע"ג דכשאין ריוח ביניהם יהיה מוכרח להניח כל פרשה בביתה שלא בזקיפה, אפ"ה כשר, כי הזקיפה אינה אלא למצוה.

ובלבד שיהא חוט או משיחה בין כל בית ובית - דכיון שכתב הפרשיות בעור אחד, צריך להפסיק בחוט או משיחה, או בגיד כמו שאנו נוהגין, בין בית לבית, כדי לתת היכר שהבתים מובדלים, **אבל** בכתב הפרשיות על ד' עורות, א"צ לתת כלום בין בית לבית, **ויש** פוסקים, דבכל גווני צריך לתת הבדל בין

הבתים, וכן יש לנהוג, כמו שכתב המחבר לקמן בסעיף נ"א ויעביר חוט וכו', **ומ"מ** לענין דיעבד כתב הט"ז דאינו מעכב, שהעיקר כסברא הראשונה.

של יד, כותב הד' פרשיות בקלף אחד, וגולל אותן מסופן לתחלתן, וכורך קלף עליהם ושער עגל, ומכניסן בביתם כמו של ראש. אם כתבם על ארבעה קלפים והניחם בארבעה בתים, יצא - וכ"ש אם הניחם בבית אחד דטפי עדיף.

והוא שיטלה (פי' יכסה) עור על ארבעה בתים שיהיו נראים כבית אחד – (עיין בפמ"ג, דיכסה בהעור גם על מקום השי"ן שלא יראה החוצה, דאל"ה יש בו חשש בל תוסיף בהש"י דאין צריך לשי"ן).

הגה: והמנהג לדבקם בדבק שיהא הכל כקלף אחד - ר"ל אם הניחם בבית אחד, אף דבודאי יצא, מ"מ לכתחלה מצוה לדבקם.

כתבו האחרונים, דאף שלכתחלה מצוה לכתוב הד' פרשיות של יד בקלף אחד, מ"מ אם כבר כתב בד' קלפים, חשוב כדיעבד, ומותר להניחם לכתחלה אם מדביקם מקודם, **ואם** נמצא טעות בפרשה רביעית, מותר לכותבה בקלף לבד אפילו לכתחלה, ולהדביקה, דזה הוי כדיעבד.

ויזהרו ליטול דבק כשר - ר"ל מבהמה טהורה, **וכתב** בפמ"ג דזה רק למצוה אבל לא לעיכובא, כיון דהדיבוק אינו מעכב, ממילא אין קפידא במה מדבק.

סעיף מח - אם צפה הבתים בזהב או בעור בהמה טמאה, פסולים - פי' שעשה עור מתחלה מבהמה טהורה, ואח"כ ציפה על אותו עור מבהמה טמאה, אפ"ה פסולים, ואפי' חתך במקום השיני"ן שהשי"ן נראה.

(**הא** עור כשר ע"ג עור כשר ושי"ן נראה, כשר, **אע"פ** שאין בית רואה אויר, כיון שהשי"ן נראה, **ולפי"ז** כ"ש אותן שעושין צבע עב שמצהיב תפילין, דאין לחוש, וגם השי"ן נראה היטב).

סעיף מט - הלכה למשה מסיני שיהיו תפילין נתפרים בגידי בהמה וחיה טהורים - אפילו מנבילות וטריפות שלהם, **ולוקחין** מהעקב שהם לבנים, **ואם** הם קשים מרככים באבנים עד שיעשו כפשתן, וטווין אותם ושוזרין אותם, **ודעת** המ"א דבעינן בזה הטוייה לשמה, **והא"ר** ופמ"ג מפקפקין בזה.

וטוב לתפור בגידי שור - ואם אין לו, יקח מגידי בהמה דקה, אבל מטמאה אפילו בדיעבד פסול, **וצ"ע** אם מותר לתפור בגיד הנשה.

סעיף נ - אין לקנות גידים מא"י, משום דחיישינן שמא של בהמה טמאה הם - ודוקא כשהוא הולך לבתי הנכרים לקנות מהם גידין, וגם ידוע לו שמקצת מן הנכרים הנוטלין הגידין מבהמה טמאה, לכן אע"פ שהרוב נוטלין מטהורה, כיון שהוא הולך אצל נכרי בשעה שהם קבועין בבתיהם, אין הולכין אחר הרוב, שכל קבוע כמחצה על מחצה דמי, **אבל** אם הער"ג הביא לשוק, מותר לקנות ממנו, שכיון שפירש מקביעותו, אמרינן כל דפריש מרובא פריש, **אם** לא שמוכרין שם בשוק בחנויות, אז חוזרין לקביעותן, **וכן** אם אין ידוע שמקצתן נוטלין אותן מבהמה טמאה, ג"כ מותר לקנות מהם בכל ענין, שרוב גידין הם מבהמות טהורות.

אך כ"ז בגידין שאינן טויין, אבל בגידין טויין, דעת המ"א דאסור לקנות מהם, אפילו הוא יודע שהם מבהמה טהורה, שכיון שהוא הלמ"מ, צריך שתהיה עשייתן לשמה, וטויית הגידין זו היא עשייתן, ונכרים לאו בני לשמה נינהו, **וכבר** כתבנו דהא"ר ופמ"ג מפקפקים אי בעי כלל בזה טוייה לשמה.

מקום שאין גידין מצוים, תופרים בטאליאדור"ש שעושים מן הקלף - הם חוטין הנעשים מן הקלף, **עד שיזדמנו להם גידים** - במקום חדחק סבירא ליה, כיון דמינו הוא, הם כגידין עצמן וכשרים לתפור בהם סת"ם, כדי שלא להתבטל ממצות תפילין, וכשיזדמן לו גידים, יתירם ויתפור בגידים, (**דאם** לא יתירם, נראה לכאורה דלא מהני, כיון שכבר תפור ועומד).

ויש מאחרונים שחוששין שלא לצאת בהם אפילו בשעת הדחק, שהרי הלמ"מ הוא גידין, והטאליאדור"ש עור הוא שהוא הקלף, ועור לתפירה לא שמענו, **ולפי"ז** אם אין לו גידים אחרים, עכ"פ לא יברך עליהם.

וכן בני מעיים דקים ויבשים כמין חוטים של גידים, אין לתפור בהם, דהלמ"מ הוא דוקא גידים.

עוד כתבו, שאין לתפור בגידי עוף טהור, כי מי יכריע איזה מהם קרוי גידין, ואיזה מהם חוטין, ואיזה מהם ורידין, ואנן גידין בעינן.

סעיף נא - יתפור שלשה תפירות בכל צד - טעם לי"ב תפירות, נגד י"ב שבטי ישראל.

ולא בעינן תפירה תוך הבית רק סמוך להבית, **ואין** תופרין כתופר בגדים בשפת הבגד בלי שיור, אלא משייר מן התיתורא חוץ להתפירה, **וצריך** שעור הבתים מלמטה לפיו, יהיו יוצאים מכל ארבע רוחותיהם, עד שיהיו מגיעים תחת נקבי התפירה, כדי שיתפור עור הבתים מכל צד עם התיתורא, **ולא** כהסופרים המקצרין עור של הבתים, שאינו עובר הלאה תחת נקבי התפירה, ואינה נתפרת כלל עם התיתורא, רק שמהדקין הבית בתוך הארובה של התיתורא, **והברוך** שאמר כתב, שפסל כמה תפילין מחמת זה, אלא צריך לתפור יחד העור של הבתים עם התיתורא.

וחוט התפירה יהיה סובב משתי רוחות - ר"ל שכל התפירה יהא מסובבת משני צדדין, פנים ואחור, נמצא תופר בב' מחטין, אחת יוצאת לאחור ואחת נכנסת לצד פנים.

ויעביר חוט התפירה בין כל בית ובית.

הגה: מיהו אם לא עשה רק י' תפירות או פחות מזה, אינו נפסל - וכן אם לא העביר חוט התפירה, אינו מעכב בדיעבד.

ויש מי שאומר שי"ב תפירות אלו יהיו בחוט אחד - ואם נפסק, י"א דיכול לקושרו, **וי"א** דיטלנו כולו משם ויחזור ויתפור מחדש בחוט אחר, שכיון שנפסק בשעת התפירה, ניכר שהחוט קלוש ועומד ליפסק ואינו כלום, **אבל** כשהחוט קצר מתחלתו ואינו נפסק, לכו"ע יכול לקשור לו חוט אחר לגמור התפירה, **וכתב** הפמ"ג, דאם אין לו גידין אחרים, יש לסמוך על סברא הראשונה ולקשור חוט שנפסק, **וכ"ז** אם נפסק באמצע התפירה, אבל אם נפסק אחר התפירה, עיין לקמן סימן ל"ג ס"ב.

(**שמעתי** בשם אחד הגדולים, שהזהיר שלא לדבק התיתורא בדבק קודם התפירה, דדבק חשיב חיבור כתפירה, וכמו שכתוב בסעיף מ"ז בהג"ה, וא"כ אפשר דתפירה שאח"כ לא חשיבא כלום, וההלכה למשה מסיני נאמר רק על התפירה ולא על דיבוק, וצ"ע בזה).

סעיף נב - יכניס הרצועה תוך המעברתא, ויעשה קשר כמין דלי"ת בשל ראש -

ויש שעושין קשר כמ"ם סתומה, שנראה כשני דלתי"ן משני צדדין, רגלו של זה בצד ראשו של זה, **ועיין** בספר תפארת אריה, דאלו העושים קשר של דלי"ת, מכוון יותר לדינא.

וקשר של תפילין הוא הלכה למשה מסיני, ונראה שצריך לעשותו לשמה, ולא יעשהו קטן.

גם לא יעשה קשר העשוי להשמט אנה ואנה, (**עיין** בפת"ש שהביא בשם בעל העיטור, דמצוה שיהיה קשר ולא עניבה, עי"ש, וחדשים מקרוב באו, שעושין קשר שיוכל להשמט אותו אנה ואנה, כדי למעט טרחה אם ירצו להקטינו או להגדילו, ולא שפיר עבדי, דקשר כזה לא עדיף מעניבה, כנ"ל פשוט).

וכמין יו"ד בשל יד, להשלים אותיות שד"י עם השי"ן שבשל ראש.

כתב א"ר, מעשה באחד שראה אחר חליצת התפילין, שהותר הקשר ש"י, והוריתי לחזור ולהניחן ולקרות ק"ש בלי ברכה, דהא מצות תפלין כל היום, עכ"ל, **וטעמו**, דלשיטת רש"י דס"ל דהיו"ד הוא הלמ"מ, לא יצא עדיין ידי המצוה.

הגה: ונוהגים להעביר עור על הבית של יד לרוחב הזרוע, ויהיה רחבו כרוחב הבית - הטעם, לפי שהתפילין של יד משימין אותם תחת הבגדים, ומתנדנדים ונפסדים ומתקלקלין, לכך נהגו להעביר רצועה זו עליהן לחזקן, **ועכשיו** באלו הארצות לא נהגו בזה.

ולא יעשה הקשרים אלא לאחר שעשה השי"ן מתפילין, ואח"כ יעשה הדלי"ת, ואח"כ היו"ד כסדר אותיות השם - ר"ל כן נכון לכתחלה, ואי איתרמי שהותר הקשר ש"ר, א"צ רק לתקנו, ולא להתיר הש"י.

סימן לג – דין תיקוני תפילין ודין הרצועות

§ סימן לג – דין תיקוני תפילין ודין הרצועות §

סעיף א - אם נתקלקל עור של שני בתים מבתי הראש זה אצל זה - פי' שנפסק ונעשה קרע, ור"ל דהבתים הם סמוכים זה לזה, אפי' אם אין הקרעים סמוכים, כגון שקרע א' בהבית השני בדופנו הימיני, וקרע השני בהבית הג', ל"ש בדופנו הימיני או השמאלי, ואפי' אם קרע זה למעלה וזה למטה, וכ"ש אם שניהם באויר א' זה כנגד זה, **אם התפילין ישנים, פסולים** - דכבר נתקלקלו מחמת יושנן, **ואם הם חדשים, כשרים** - ואפי' הקרע בשני הבתים בשני דפנותיהם, **כל זמן שעור מושב הבתים קיים** - היינו התיתורא.

אבל בב"י פי' דבעי שיהיו שלימין מכל הצדדין, דמכשרינן רק מה שנקרע מבפנים בין בית לבית, וזהו ג"כ דעת רמ"א שהעתיקו להלכה.

הגה: גם הבתים צריכין להיות קיימים, אלא שנקרעו קלת - פי' שנקרעו בין בית לבית, אבל הצדדים צריכים להיות שלמים, ואפילו קרע בבית אחד אם נעשה מבחוץ לבד, ג"כ יש להחמיר.

וי"א להיפך, דישנים כשרים ובחדשים פסולים - ס"ל להיפך, דבחדשים איגלאי מילתא דעור מקולקל הוא, כיון דבזמן מועט נקרעו.

ונ"ל דיש להחמיר לפסול בשניהם - ואפי' היכא דלא שייכי אלו הטעמים, כגון שנעשה הקרע ע"י סכין וכיו"ב, יש להחמיר, **ע"כ** יש לפסול, מה שרגילין הסופרים כשעושין הד' בתים ונותנין אותו בדפוס, חותכין מן העור בין בית לבית כדי שלא יהא נכווץ ובולטת, ומחפין מקום החתך מבפנים כדי שיהיה נראה מבחוץ שלם, **ומ"מ** צידד בספר פת"ש, דדיבוק מהני אם אנו יודעין שאין העור מקולקל, אף לאלו דנוהגין לעשות תפילין מעור א'.

ואלו הם חדשים, כל זמן שאם היו מושכים אותם ברצועות, הבית מתפשט ונפתח, נקרא חדש - זהו לאותן שעושין המעברתא מהעור שעשו ממנו הבתים, אבל לדידן שהמעברתא עור בפני עצמו, אין שייך לומר כן, **אם אינו נפתח, נקרא ישן.**

ואם נתקלקלו שנים זה שלא כנגד זה, ראשון ושלישי, כשרים אפילו הם ישנים - ר"ל דבזה מיקרי זה שלא כנגד זה, ואפילו אם נעשה הקרע בהבית השלישי בשני דפנותיו כשר, כיון שיש בית שלם מפסיק ביניהן, **אבל** אם נעשה הקרע בבית ב' וג', אף דקרע אחד בבית אחד מימינו, וקרע השני בבית השני משמאלו, אעפ"כ מיקרי זה כנגד זה, כיון דשני הבתים הם סמוכים להדדי.

ואם נתקלקלו ג' בתים - אפי' בכל בית רק דופן א', **בכל ענין פסולים** - בא לרבות אפילו חדשים, דהכשרנו לעיל בב' אפילו בזה אצל זה, מ"מ בג' פסול.

וכל הסעיף מיירי בשל ראש, אבל אם נעשה קרע בהבית של יד, פסול לכו"ע בכל ענין, אף שהתיתורא קיימת, ולא דמי לשל ראש דנשתייר בו עוד על כל פנים איזה בתים שלימים.

סעיף ב - אם נפסקו תפירות התפילין, להרמב"ם אם היו שתי התפירות זו בצד זו, או שנפסקו ג' תפירות אפילו זו שלא כנגד זו - אפי' כל אחד בצד אחר, **הרי אלו פסולים.**

בד"א, בישנים; אבל בחדשים, כל זמן שעור מושב הבתים קיים - היינו התיתורא וכנ"ל, **כשרים** - וגם בזה דעת רמ"א כמו בהג"ה לעיל, דגם הבתים צריכים להיות קיימים, אלא שסמך אלמעלה.

ואלו הם חדשים, כל שאוחזין מקצת העור שנקרע תפרו, ותולין בו התפילין והוא חזק ואינו נפסק; ואם אין ראוי לתלות בו אלא הוא נפסק, הרי אלו ישנות.

הגה: וי"א דבחדשים פסולים, ובישנים כשרים.

וטוב לחוש לשתי הסברות כן נ"ל - ר"ל להחמיר מחמות זה לכתחלה בשתיהם.

זהו דעת הרמב"ם (והי"א), אבל שארי פוסקים פליגי עליה, ומקילים בכל גווני בשתי תפירות, **ובשלשה** תפירות שנפסקו מחמירים, דאפי' תיקון במקום ההפסק

לא מהני, דגנאי הוא כשניכר התיקון בשלשה מקומות, בין בחדשים ובין בישנים, וצריך לחזור ולתפור מחדש.

(ובאמת לפעמים הרמב"ם מיקל יותר מהם, כגון בנפסק ג' תפירות בחדשים, דהרמב"ם מיקל אפילו בלי תיקון כלל, ולדידהו צריך תפירה מחדש בזה בין בחדשים ובין בישנים, ופשוט דכל זה כלל הב"י שם במה שכתב, דיש לסמוך במקום דלא אפשר על המיקל).

אך במקום שא"א למצוא תפילין אחרים, ולא לחזור ולתפור תפילין אלו, יש לסמוך על המקילין בפסיקת התפירות, בין בחדשות ובין בישנות, בין בב' תפירות ‹וכשארי הפוסקים›, ובין בשלש ‹דהרמב"ם מקיל בחדשים, והי"א מקילין בישנים›, **אך** בשלש יזהר שלא יברך עליהם.

(איירי הכא דוקא בשלא היו הג' תפירות בצד אחד, וס"ל דזה מיקרי עדיין מרובעות בתפרן, **אבל** אם נתקלקל ריבוע התפירות ע"י פסיקת הגידין, כגון שנפסק זוית התפירה, אימא לך דאפילו ע"י פחות משלשה מיפסל, דאם עשאן מרובעין ואחר זמן נתקלקל ריבוען, צריך לתקנן, ופסולין כל זמן שלא תקנן, וצ"ע בכל זה).

סעיף ג - עור הרצועות צריך שיהיה מעור בהמה חיה ועוף הטהורים - דלא הוכשרה למלאכת שמים אלא טהורה בלבד, (וכתב הפמ"ג, איני יודע אם מה"ת או מדרבנן, ונ"מ להקל בספיקן אם אינו יודע אם טהורה או טמאה).

וצריך שיהיה מעובד לשמו - כל האי "צריך", לעיכובא הוא אפילו בדיעבד, ואפי' הרמב"ם דמיקל בבתים, מודה הכא, (ואם יש ספק אם היה עיבוד לשמה, נראה להקל, דהוה דרבנן וספיקו לקולא).

וההשחרה צריך ג"כ שיהיה לשמה, **ואם** לא עיבדן לשמן, אינו מועיל אפילו אם ישחירן אח"כ לשמן.

רצועות בין מעור בין מקלף, כשרות – (וקלף המעובד לסת"ם, צריך עיון אי מותר לעשות רצועה מזה).

הלכה למשה מסיני שיהיו הרצועות שחורות מבחוץ - לצד השער שהוא מקום החלק, ואם השחירם מבפנים לא מהני, וצריך לחזור ולהשחירם מבחוץ, (דמה שתירץ הגמ' "כאן מבחוץ", היינו לצד שער, ולעיכובא הוא אפי' בדיעבד, בין הש"ר או הש"י).

(**וראיתי** בפמ"ג שכ', אם השחיר עכו"ם הרצועה, ואין לו רצועה אחרת, יוכל להשחיר מצד השני, דנהי דגמירי שחורות, אבל לא דוקא מצד השער, ד"מבחוץ" תלוי רק בהמקום שלובש לצד חוץ, וכונתו אם יהפך הרצועה וילבש השחור לצד חוץ, **ולפי"ז** מה שאמרו שם בגמרא "ונוייהן לבר שחור וחלק", הוא למצוה מן המובחר בלבד, ומ"מ לכתחילה בודאי גם הוא מודה, כמו שכתב בעצמו, **ודע** דלדברי הפמ"ג, יצמח לפעמים חומרא גדולה, אם יהיה מונח הרצועה במקום היקף הקשר בצד השחור למטה, לא יצא בזה ידי המצוה והוי ברכה לבטלה).

עיין בברוך שאמר דמשמע מדבריו, דמצוה להשחירן עד שיהיו שחורות כעורב, (שכתב שישחירו פעם אחת, ואח"כ כשיתייבש קצת אז ישחירו פעם שנית, וכן פעם שלישית, עד שיהיה העור שחור לכל הצורך ממש כעורב, ונ"ל דזהו רק למצוה בעלמא, אבל מדינא כל שחל עליו שם שחור סגי ליה, **ולפי"ז** אפי' אם היה מראיתו דומה למראה הכחול, שקורין "בלא"ה", ג"כ כשר, ומ"מ לכתחילה בודאי מצוה להשחירו שיהיה שחור ממש).

ואם נתישנו ונתמעד מהן השחרות, צריך להשחירן מחדש, ובמקום הידוק הקשר מצוי מאד להתמעד השחרות, ויש ליזהר בזה מאד.

(**ומסתפקנא** אם מה"ת די בכל אחד עד כדי שיעורו, והשאר הוא למצוה ולנוי בעלמא, או דילמא כיון דהיא מחוברת כולה כחדא, צריכה להיות כולה שחור, וצ"ע).

(**גם** איני יודע אם ההל"מ קאי ג"כ על חתיכת הרצועה שנכנסת בהמעברתא, ולכתחילה לא מסתפקנא דחייב להשחיר, דילמא מתהפך הבית מזה המקום, אך בדיעבד אולי דמי למה שבפנים).

אבל מצד פנים יעשה מאיזה צבע שירצה - ר"ל אם ירצה לצבוע אותן, אבל אין מחוייב לצבען בשום צבע, **דאף** דלהרמב"ם צריך להשחירן גם מבפנים כמו שהבתים הם שחורין, אין אנו נוהגין כהרמב"ם בזה, **חוץ מאדום, שמא יאמרו שמדם חטטיו נצבעו והאדימו.**

מחבר רמ"א משנה ברורה

סעיף ד - טוב שישחירם ישראל לשמן, ולא א"י - אבל בדיעבד כשר לדידיה אפילו ע"י א"י, דס"ל דאפי' ברצועות לא בעינן השחרות כלל לשמן.

הגה: ומיהו בדיעבד כשר אם השחיר עור הבתים - חולק על המחבר, וס"ל דברצועות דהשחרות הוא הל"מ, צריך השחרות לשמן, וממילא בא"י דאינו עושה לשמה, או אפילו ישראל אך שלא לשמן, פסול, ודינו כדלעיל בסימן ל"ב לענין קלף, **אבל** בעור הבתים, דלרוב פוסקים שחרותו הוא למצוה בעלמא ולא לעיכובא, ולכך לא בעינן ביה ג"כ השחרות לשמן בדיעבד, **והוה** ליה להרמ"א לכתוב הגהתו בלשון י"א, אך שמצינו כמה פעמים כיוצא בזה.

(**בפמ"ג** הביא בשם הב"ח, דיש להחמיר בהשחרת הבתים לשמה אם יש לו תפילין אחרים, **ונ"ל** פשוט, דבבתים בודאי יש לסמוך ולהקל אם יחזור הישראל וישחירם לשמן, וכמ"ש המ"א, דבלא"ה יש הרבה ספיקות בזה).

אבל הרצועות אפי' בדיעבד, פסול - (הטעם כתב ספר התרומות, כיון דעצם השחרות הוא הל"מ, לשמה ג"כ בעינן, כמו דבעינן לשמה בשעת טוייה בציצית וצביעה בתכלת, **ולפי"ז** נראה לכאורה, דה"ה עצם עשיית הרצועה, דהיינו חתיכתה מהעור, ג"כ בעינן לשמה).

וכ"ש בכל דבר שצריך בתפילין גופא לעיכובא, כמו עשיית הבית, והשי"ן שלו בכל פרטיו שיהיה כדין, או תפירתו או עשיית הקשר שלו, דכל אלו הוא הלמ"מ, אם עשאן ישראל שלא לשמן, פסול.

(**ואפי'** בדיעבד לא מהני בסתמא, ואולי דמה שאינן נזהרין הסופרים בכל זה לחשוב לשמה, כיון דבעל התרומות (מקור השו"ע) בעצמו לא ברירא ליה דין זה, (ולכן כתב הב"י והמחמיר תע"ב, ובהג"ה הכריעו וזאף בדיעבד פסול), די אם נחמיר בזה בדיעבד לענין **אם עשאן עכו"ם**, וכן ישראל שחישב שלא לשמן, אבל לא בסתמא, וצ"ע).

וכתב הפמ"ג, דיש למנוע מלעשות כ"ז ע"י קטן, אפי' אם גדול יעמוד ע"ג ויאויהו לעשות לשמה, וכן שלא לעשותם ע"י אשה, וכל הפסולין המבואר לקמן בסי' ל"ט.

והשחרת הרצועות, דזה אינו בגוף התפילין, מותר ע"י אשה, דהיא יודעת לעשות לשמה כמו איש, אבל ע"י א"י וקטן אינו מותר, עד שיעמוד אחר על גבם, וכדלעיל לענין קלף בסי' ל"ב, (ומש"כ דע"י עכו"ם כשאחר עומד על גביו מותר, אף דיש לפקפק בזה, עיין לעיל בסי' י"א במה שתמה הדגמ"ר על השו"ע דמתיר בטוייה להרא"ש ע"י עכו"ם, וא"כ ה"נ, מ"מ נלענ"ד דאין להחמיר בזה בדיעבד, אחרי שבעה"ת גופא לא פסיקא ליה דינו כ"כ).

כתב המ"א, דאם חזר ישראל והשחירן לשמן, כשר, **והפמ"ג** ושארי אחרונים נשארו בדין זה בצ"ע, **ונתן** הפמ"ג לזה עצה אחרת, שישחיר בצד השני של הרצועות לשמן, דאף שהושחרו משני צדדים כשר כמבואר בס"ג, ויהפך הצד שהושחר לשמן למעלה, **וכ"ז** הוא אם אין לו רצועות אחרות.

(**ואפ"כ** נ"ל, דאם ישראל השחיר הרצועות בפעם ראשון, ולא חישב בהן לשמן רק בסתמא, בזה אפשר דנוכל לסמוך על המ"א, שישחירו שנית בפירוש לשמן ודיו, דהוא כעין ס"ס, **ולכאורה** היה נ"ל עצה אחרת דהיה מועיל לכו"ע, אף אם השחירו עכו"ם בפעם ראשונה, דכל עיקר קושיתם על המ"א הוא, דהו"ל דיו ע"ג דיו, עתה יצבענו מתחלה על המראה השחור במראה סיקרא או ירוק ולבן וכה"ג, ואתי מראה זו ומבטל להשחור, ואח"כ יצבע מלמעלה במראה שחור לשמן, ודיו ע"ג סיקרא לכו"ע חייב, **ואע"ג** דאמרינן שם וכי מפני שאנו מדמין וכו', שאני הכא דתו הוי כעין ס"ס, דלבעה"ת עצמו לא פסיק ליה וכנ"ל, **אך** עכ"ז צ"ע, דילמא דוקא כתב דיו ע"ג כתב סיקרא מבטל העליון להתחתון, דכתב דיו עדיף לכו"ע, משא"כ בצבע שחור ע"ג צבע סיקרא וכדומה, דילמא הצבע התחתון עדיף, והעושה כן בשבת אינו חייב משום צובע, ובדידן נמי הצבע העליון השחור אינו חשוב לבטל בשלימות הצבע שהיה תחתיו מתחילה, שישאר רק שם שחור עליו, וכמו דאמרינן שם בסיקרא ע"ג דיו, וצ"ע).

סעיף ה - אם נפסקה הרצועה, יש מתירים לתפור מצד פנים - כדי שלא יהיה מינכר מבחוץ כלל, וכ"ש אם מקום התפירה כנוס לתוך המעברתא, דשרי לדעה זו.

ואפי' בתוך השיעור שמקיף הראש והקיבורת מותר לחפור, **ודוקא** תפירה, אבל קשירה בתוך שיעור הנ"ל, לכו"ע פסול מן התורה, דכתיב "וקשרתם", ודרשו חז"ל "קשר תם", דהיינו הרצועה שקושר בה התפילין תהא תמה ושלימה ולא קשורה, **גם** התפירה הוא דוקא בגידין ולא בחוטין.

(ודע, דמה שאיזה אנשים מחברין הרצועה מניה וביה בלא תפירה, זה לא עדיף מקשר, ואפשר דגריעא ממנה).

כתב בתשובת דבר שמואל, אם נפסקה המעברתא, מותר לתופרה.

וי"א מה שמקיף ממנה הראש, ובשל יד כדי שתקיף הזרוע לקשור התפלה עם הזרוע, וכדי שתמתח עד אצבע אמצעית - בלא כריכות, **ויכרוך ממנה על אותו אצבע ג' כריכות ויקשור, אין להם תקנה לא בקשירה ולא בתפירה** - דזהו שיעור אורך הרצועה של יד, (ולעיל בסי' כ"ז סי"א פסק, דאם יש כדי לפשוט עד אצבע צרידה, הכריכות אינן מעכבין, ע"ש, **והטעם** דהקיל בשל ראש, עיין בד"מ, (דדוקא בשל יד אסור לתפור בכל השיעור, משום דכולו צורך הקשירה הוא, משום דבלא"ה אינו עומד על הזרוע אם אינו כורך סביב האצבע או הזרוע, **אבל** בשל ראש שמהודקין היטב בלא רצועות התלויות, נראה דאין לפסול שם התפירה רק סביב הראש, עכ"ל.

וכל יתרון האורך שהוא בשביל שכורך הרצועה כמה פעמים סביב הזרוע, ובשל ראש מה שתלוי ממנה, אין התפירה והקשירה פוסלים בה – (כתב המחה"ש, דצריך אחר התפירה מתחלה למתוח ביושר הרצועה השלימה עד האצבע, ואח"כ יחזור עם הרצועה הנקשר למטה ויכרוך הזרוע כמנהג, דעד האצבע צריך להיות בלא קשירה, **ובספר** שנות חיים להגאון מהר"ש קלוגר כתב, דאין העולם נוהגין כדבריו והדין עמהם, דעיקר קפידא על השיעור, שתשאר כ"כ כדי למתוח ולכרוך, ואף דלאחר הכריכה סביב הזרוע נשאר הקשירה למעלה מהאצבע, לא חיישינן, **אך** זאת נסתפק, דלא יהיה הקשירה על האצבע גופא, כיון שגם שם שייך קשירה, עי"ש באריכות, ומ"מ לענ"ד, לכתחילה טוב שיתפור אותו המקום בגידין, ומצד פנים שלא יהיה מינכר, כי אפילו אם נחוש לחומרת המחה"ש, דזה מיקרי תוך השיעור, מ"מ נראה פשוט שבודאי נוכל לסמוך בזה על ר"ת ושארי ראשונים דמקילין בתפירה).

(ומ"מ יש נ"מ בין השל יד לשל ראש, דבשל ראש אם ישאר כך ולא יחברנה לה הרצועה שנפסקה, לא בקשירה ולא בתפירה, בודאי אסור לו לברך על התפילין, ולא נוכל להכשיר במה שנשאר גרדומין, דהיינו הרצועה השנייה, דהרי מסקינן דברצועות פסול גרדומין, **ובשל יד** אפילו אם לא יחבר כלל, מותר לברך על התפילין, ולפי"ז בודאי מהני תפירה אפילו בחוטים ומצד חוץ או קשר, **אך** כ"ז אם לא היה עושה הז' כריכות, ולדידן דמנהגינו לעשות כריכות, כבר כתבנו שטוב שיתפרנו בגידין ומצד פנים, כדי לצאת בזה חשש של המחה"ש).

(ומ"מ מחויב להניח התפילין של ראש, אם נאבד הרצועה ואין לו שום עצה, דשמא הלכה כהשיטות שסוברים, דהאי "וכמה שיעורייהו" אשל יד קאי, **אך** באמת בזה יש לו עצה אחרת, דיכול להתיר הקשר ולמשוך הרצועה לשני הצדדים, ויוכל בשעת הדחק לצאת בזה אם ישאר שני טפחים לכאן ולכאן, אא"כ אם נפסקו שני הרצועות משני הצדדים, ולא נשאר כי אם מה שמקיף הראש).

ובשעת הדחק יש לסמוך על המתירים, כדי שלא יתבטל ממצות תפילין - היינו דמותר אפילו לתפור בגידים בתוך השיעור שמקיף הראש והקיבורת, וחוץ לשיעור הזה מותר אפילו לקשור, וכ"ש לתפור בחוטים, **אבל** בכל זה אין יכול לברך עליהם, כי מעיקר הדין צריך להחמיר כהי"א, דספק תורה לחומרא, אך כדי שלא יבטל לגמרי את המצוה, יניחם עד שימצא אחרים.

ועיין בט"ז שפוסק, דגם ברצועה של ראש אין יכול לברך עליה, עד שיהיה הרצועה של ימין עד הטבור, ושמאל עד החזה, שלימה בלי קשירה ותפירה, **אבל** בספר א"ר הכריע להלכה, דבין בש"ר ובין בש"י, לבד מה שיש בתוך השיעור שמקיף הראש והקיבורת, יכול לתופרו אף שלא בשעת הדחק ולברך עליהם, **אך** שיזהר לתפור מצד פנים, שלא יהיה מינכר התפירות מבחוץ, דאם הוא מינכר לא עדיף מקשר, וגם שיהיה בגידין, אבל בחוטין או קשירה אסור אפילו בש"ר, וכן פסק בספר ישועות יעקב ובדרך החיים. **ומ"מ** אם יכול להשיג רצועה שלמה, בודאי נכון להחמיר לכתחלה כהט"ז, כי כמה מאחרוני זמנינו העתיקו דבריו להלכה, **אך** במקום הדחק בודאי יכול לסמוך על כל הגאונים הנ"ל ולברך, **ובפרט** אם נשאר בהש"ר שני טפחים תלוים, לבד מה שמקיף הראש, בודאי יש לסמוך להקל דמהני תפירה.

אם נפסקה הרצועה ברחבה, ולא נשאר כשיעור שעורה, הניח הפמ"ג בצ"ע אי רשאי לתפור, ועיין לעיל בסימן כ"ז ס"ק מ"ב.

מחבר רמ"א משנה ברורה

קיב הלכות תפילין
סימן לד – סדר הנחות הפרשיות בתפילין, והמהדרים אשר להם ב' זוגות תפילין

§ סי' לד – סדר הנחות הפרשיות בתפילין, והמהדרים אשר להם ב' זוגות תפילין §

סעיף א - סדר הנחתן בבתים: לרש"י והרמב"ם, "קדש" משמאל המניח בבית החיצון; ואחריו "כי יביאך" בבית שני; ו"שמע" בבית השלישי; "והיה אם שמוע" בבית הרביעי, שהוא בית החיצון לימינו - ואפילו אם המניח הוא איטר, אזלינן בתר ימין ושמאל דעלמא.

(ופשוט דאפילו בשל יד, כגון היכא שאין לו תש"י ויש לו ב' תש"ר, דמבואר לעיל דטולה עור על אחד מהם, דוקא אם מונחין שם כסדר, דהאי דינא דאם החליף פרשיותיהם פסולין, קאי נמי אשל יד, ולכאורה ה"ה דאם כתבן על ד' קלפים ונתנן בבית אחד, דיוצא בזה אפילו אם לא דבקו, שצריך לזהר נמי שיהיו מונחין דוקא כסדר, "קדש" משמאל וכו', או אפשר דהכא לא מינכר כ"כ חילופן כמו בקלף אחד בש"י, שכותב "והיה" אחר "שמע", וצ"ע).

ולר"ת בבית השלישי "והיה אם שמוע", ובבית הרביעי שהוא החיצון "שמע", ומנהג העולם כרש"י והרמב"ם - וכתב בב"י ושאר אחרונים דכן עיקר, וכן הסכים הגר"א בביאורו.

כתבו הפוסקים, דגם ר"ת מודה דבעינן כתיבתן כסדר שהם כתובין בתורה, שהוא "קדש" "והיה כי יביאך" "שמע" "והיה אם שמוע", אלא דפליג ארש"י לענין הנחתן בבתים, **וע"כ** הרוצה לכתוב תפילין לדעת ר"ת, יכתוב בשל יד שהם בקלף אחד, "קדש" "והיה כי יביאך", ויניח חלק "והיה אם שמוע", ויכתוב "שמע", ואח"כ יכתוב "והיה אם שמוע", **ובש"ר** יכתבם בארבע קלפים כסדר ממש, ויסדרם בבתים, "קדש" "והיה כי" "והיה אם" "שמע", **ולענין** דיני פתוחות וסתומות בהתפילין, איך להתנהג לדעתו, כבר ביארנו בסימן ל"ב.

דע, דלכו"ע אם החליף איזה פרשה, שנתנה שלא בביתה המיוחד לה, פסולין, אף דיש ד' פרשיות בד' בתים, וכ"ש אם נתן ב' פרשיות בבית א'.

סעיף ב - ירא שמים יצא ידי שניהם, ויעשה שתי זוגות תפילין ויניח שניהם - יחד על היד, ויברך ויהדקם בבת אחת, וה"ה בשל ראש, כדי שתהיה הנחת שתיהם סמוך להברכה.

והנוהג כן להניח ב' זוגות תפילין, כתב האר"י ז"ל, שיכניס תחלה של רש"י ויעמידם לצד הכתף, ואחריהם של ר"ת לצד היד, ושניהם על הקיבורת, ויניח בראשו של רש"י למטה, ושל ר"ת יותר למעלה, ושניהם במקום הראוי לתפילין, **והרצועות** דר"ת יהיה מכוסה תחת רצועות דרש"י, שלא יתגלו רק רצועות דרש"י, **ותפילין** דר"ת יהיו קטנים מתפילין דרש"י.

מי שמניח תפילין של יד של דעת ר"ת, ותש"ר כדעת רש"י והרמב"ם, אם יוצא ידי חובתו, **פסק** שבות יעקב דאינו יוצא אליבא דכו"ע, **אבל** בשעת הדחק מותר להניחם כך, דהא בשעת הדחק יוצא אם מניח אחת לבד, **ומ"מ** לא יברך רק על אותו שנכתבה ע"פ מנהגינו כדעת רש"י והרמב"ם, **ואם** של ראש נכתבה ע"פ דעת רש"י, יש להניח של ראש תחילה, וכשחולץ חולץ של יד תחלה.

ויכוין בהנחתם: באותם שהם אליבא דהלכתא אני יוצא ידי חובתי, והשאר הם רצועות בעלמא – (דמצות צריכות כונה, וא"כ איך יעשה בהכונה הצריכה להמצוה, אם לא יכוין כלל, בודאי לא יצא ידי המצוה, ואם ירצה לברור לזוג אחד ויאמר שבאלו רוצה לקיים, ובאלו אינו רוצה, אינו יודע איזה הכשרים שיברר לקיים בהם המצוה), **ולא** יוכל לכוין בשתיהם בעת ההידוק שמהדקן יחד לשם תפילין, דהרי אחד מהם אינו תפילין, שהרי ממ"נ אחד מהם פסול, (והרי זה דומה למקדש שתי נשים כאחת, והיתה אחת שפחה או נכרית שאינה ראויה לקידושין, דהרמב"ם ובעל הלכות סוברין דאף הראויה אינה מקודשת), **וי"א** עוד דיש בזה משום בל תוסיף עכ"פ מדרבנן, [**בב"ח** משמע דהוא בבל תוסיף מדאורייתא], (לכך קאמר שיכוין סתם באותם שהם עשויים כתיקונם).

ודוקא בזה אינו עובר על בל תוסיף, שיש בזה שתים למעליותא, א'. שאחד מהם הוא פסול, ב'. שכל אחד עומד בפני עצמו, **אבל** אם הניח ב' זוגות תפילין כשרים, או שהתפילין של ראש עשה של ה' בתים, בין שעשהו מתחלה של ה', או שעשהו של ד' וחיבר לו אח"כ

הלכות תפילין קיג
סימן לד – סדר הנחות הפרשיות בתפילין, והמהדרים אשר להם ב' זוגות תפילין

עוד בית א', עבר בזה על הלאו דבל תוסיף, **ועיין** בביאור הגר"א שמשמע מדבריו, דאפי' אם הבית החמישי לא חיבר אותו לגמרי עם הד' בתים, רק בקשירה בעלמא, אפ"ה פסל להתפילין עי"ז, וממילא עבר הלאו דבל תוסיף.

(**ואפילו** אם לא קבע בהבית החמישי ההוא שום פרשה, אפ"ה פסול, מטעם דאמר שם בגמרא, דהבית החיצון אינו רואה את האויר, **וי"א** שעובר על בל תוסיף, **וכן** אם מניח בבית אחד ב' פרשיות, כגון "שמע" "והיה אם שמוע" בבית ג', וכן בבית ד', לצאת ב' הדעות, עובר משום בל תוסיף, **ולא** מהני אפי' אם יתנה שהשאר יהיו כקלף בעלמא).

כי מקום יש בראש להניח שתי תפילין, וכן בזרוע.

ואם אינו יודע לכוין המקום ולהניח שניהם יחד - פי' כשיהדק שניהם בבת אחת, לא יוכל לכוין המקום שיהיה כל אחד מונח על מקומו כדין, **ע"כ** צריך לקשרם עכ"פ תיכף זה אחר זה בלי הפסק, ויהיה מועיל הברכה שבירך מתחלה גם על תפילין השניים, וזהו מש"כ המחבר בסמוך, **יניח כדברי האחד** - המחבר סתם דבריו, ולפי הכרעת האחרונים טוב יותר שיסמוך הברכה להתפילין דרש"י, **של יד ושל ראש** - להמחבר בברכה א', ולפי מנהגינו בב' ברכות, (**ויסלקם מיד**) - לא גרסינן, **ויניח האחרים** - אצל הזוג הראשון, **על סמך ברכה הראשונה** - ואע"פ שמפסיק ביניהם בהנחת הש"ר של הזוג הראשון, וגם בהברכה שמברך עליה לפי מנהגינו, אפ"ה שפיר דמי, דהשני ברכות על תרוייהו קאי, **אבל** לא יוכל להניח מתחלה השתים של יד משתי הזוגות, ואח"כ השתים ש"ר, דנמצא מפסיק בין הש"י להש"ר בהנחת השניים.

(**וי"א שאם**) - (לא גרסינן וי"א, וצ"ל: **ואם לא יוכל להניח בבת אחת** - פי' אפילו בזה אחר זה לא יוכל להניח בבת אחת, כגון שיש לו מכה ואין לו מקום לשתיהן, או שמתבייש מפני הבריות המלעיגין עליו, **יניח של רש"י ויברך עליהם, ויהיו עליו בשעת ק"ש ותפלה** - דהם העיקר לדינא, **ואחר התפלה יניח של ר"ת בלא ברכה** - כדי לצאת לד"ה.

אחר התפילה - היינו כדין המבואר לעיל בסימן כ"ה סי"ג, **ולא** כאלו החולצין תפילין דרש"י ומניחין דר"ת תיכף לאחר קדושה של י"ח, **ובאמת** מלבד שעושין שלא כדין המבואר לעיל בסימן כ"ה סי"ג, גם צריך לכוין בתפלת י"ח להש"ץ, ולא לעסוק בדבר אחר.

ויקרא בהם "שמע" "והיה אם שמוע" - אבל א"צ לומר פרשת ציצית, כי חששא דשמא העיד עדות שקר, כבר תיקן בב' פרשיות.

ועיין בפמ"ג דמשמע מיניה, דכן יש לנהוג המניח תפילין דר"ת, שיניחנו רק לאחר שסילק דרש"י.

ואם נזדמן שהוציא כיס של ר"ת תחלה, יעבירם, כי לדידן רש"י עיקר, ולא הוי בזה אין מעבירין על המצות, **ואעפ"כ** לכתחלה יזהר שלא יבוא לכך.

ופשוט דמי שלובש כל היום תפילין, שנכון יותר שילבוש תפילין דרש"י. **בחוה"מ** אין להניח של ר"ת, (כי הזוהר מפליג בעונש, ודי בתפילין דרש"י, וס"ס נמי הוה, שמא הלכה חוה"מ פטור, ושמא הלכה כרש"י – פמ"ג, **ובט"ב** למנחה יניחם הרוצה. (**אבל** בסי' תקנ"ה משמע דלא תלוי באם רוצה).

ועיין בבה"ל שהוכחנו, דמאוד צריך להזהר שלא יכוין בהנחה של ר"ת רק משום ספקא, (דבזה לכו"ע לא עבר על בל תוסיף ובל תגרע), ולא בסתמא לשם מצוה, (**דאם** יכוין סתם בזה לקיים מ"ע דתפילין, הגם דאין בזה משום בל תוסיף, דהאי לחודיה קאי וכו', עכ"פ שמא באמת הדין כרש"י, ותפילין אלו פסולים דהחליף פרשיותיה, ונמצא דעובר בזה על בל תגרע, דהלא מבואר, דהעושה ג' טוטפות בתפילין עובר על בל תגרע, וה"נ דכוותיה, דהלא אין לו רק ב' פרשיות שקבועין במקומן, **אם** לא שנאמר כמ"ש העט"ז בשם המקובלים, דאלו ואלו כשרים הם, **אבל** אנו רואין שהטוש"ע וכל הפוסקים לא קיבלו דבר זה להלכה, וידוע דכל היכא שהפוסקים חולקים עם המקובלים, הדין כהפוסקים, **ועוד** שירא שמים המניח תפילין דר"ת הוא רוצה לצאת ידי כל הדיעות, ולא שעי"ז יפול בחשש ספקא דאוריתא, **ע"כ** הנכון לעשות כמו שכתבנו, שיכוין בפירוש שאינו מניחן רק משום ספיקא, **ואפילו** סתמא לא מהני בזה, דהא קי"ל לעבור בזמנו לא בעי כונה, ואף דשם איירי הענין לענין בל תוסיף, פשוט דה"ה לענין בל תגרע, ועצם זמנן הוא כל היום, והוא מברך עליהן בכל פעם שמניחן, ובפרט

סימן לד – סדר הנחות הפרשיות בתפילין, והמהדרים אשר להם ב׳ זוגות תפילין

דיש דיעות בפוסקים דסברי, דחיוב תפילין מן התורה הוא להיותן עליו כל היום).

(מי שנתרשל לפעמים ממצות עשה, בדבר שהוא רק לכתחילה, לא די שחסר מצוה, אלא שג״כ עובר משום בל תגרע).

סעיף ג - לא יעשה כן אלא מי שמוחזק ומפורסם בחסידות - שכיון שהעולם נוהגין כרש״י, נראה כיוהרא מי שחושש להחמיר על עצמו בזה, אם אינו מוחזק שמחמיר על עצמו ג״כ בשאר דברים.

היינו אפילו אם ירצה להניחם רק אחר התפלה, **וכתב** הבה״ט באיש אחד, שהיה נוהג להניח תפילין דר״ת לאחר התפלה בפרהסיא בפני הקהל, אי מחזי כיוהרא, **פסק** בתשו׳ מהר״ש הלוי, דמחזי כיוהרא וצריך שיבטל מנהגו, **וכ״כ** בתשו׳ שבות יעקב, שאפילו אם מקצת עושין יש בו משום יוהרא, **ואם** מניחן בפני אדם גדול שאין נוהג להניחן כי אם בקרב ביתו, ודאי מחזי כיוהרא.

סעיף ד - לא יניח שני הזוגות בכיס אחד, שהאחד מהם הוא חול, ואסור להניחו בכיס תפילין, אלא יעשה שני כיסין וסימן לכל כיס, שלא יתן של זה בזה - אבל בתיק הטלית מותר להניח שניהם, אפילו הם בלא תיק, דהרי התיק מיוחד גם לדבר חול, דהוא הטלית.

ומיירי שהוזמן הכיס תחלה רק לדעת אחד מהם, אבל אם נעשה מתחלה להניח בו שניהם, שרי.

(**ונראה דאפילו אם עשיית הכיס היה על דעת אחד, אם קודם שהניח בפעם האחד עקר בפירוש הזמנתו הראשונה, דמהני, ואין זה בכלל לא אתי דיבור ומבטל מעשה, דהעשייה זו לא נחשב רק הזמנה בעלמא**).

(ומיירי שחזוג שנתייחד לו הכיס מתחלה הוא בלי תיק, ואפילו אם הוא בתיק, ופעמים בדרך עראי הם מונחין בו בלי תיק, נתקדש עי״ז, **אבל** אם הוא בתיק תמיד, הרי הכיס אין נעשה על ידו כי אם תשמיש דתשמיש ולית בו קדושה, **ולכאורה** יראה דדוקא אם התיק מכסה גם המעברתא והתיתורא, דגם הם מכלל גוף הקדושה, דלא חשיב תשמישי קדושה בתפילין רק התיק והרצועה).

שאחד מהם הוא חול - וממילא דאסור להחליף הכיסים, וכ״ש הבתים והרצועות והפרשיות, משל רש״י לר״ת או איפכא.

ואם לא הניחם אדם מעולם עליו לשם מצות תפילין, יוכל להחליפם, (**וצע״ק** לדינא, דהלא אין מותר רק להוריד מחמורה לקלה, אבל לא לחול, דהזמנה לגוף הקדושה מילתא הוא, והכא הלא המחבר הזה בעצמו ס״ל דזה הוא בכלל הורדה לחול).

ואם הניחן אדם עליו אפי׳ פעם אחת לשם מצות תפילין, והיו מסודרין ע״פ דעת א׳ מהם, ר״ת או רש״י, אסור להחליפן שוב אח״כ, **ואפילו** אם התנה עליהן מעיקרא להחליפן כשירצה, לא מהני, דמקודש לחול לא מהני תנאי, (**עיין** בשע״ת דמסיק, דברצועות מהני תנאי, והוא פשוט דהם רק תשמישי קדושה, ומהני תנאי בזה להורידן לחול, **ואפי׳** בבתים ופרשיות לענ״ד יש לעיין בזה, דהלא בקלף שנתעבד לשם פרשיות, דהוא הזמנה לגוף הקדושה, ואסור להורידו לחול, יכול לכתוב עליו שאר ד״ת, משום דיש בזה עי״ז עכ״פ קצת קדושה, וה״נ בענינינו, הלא גם עתה אף דאין על הפרשיות קדושת תפילין, עכ״פ קדושה יש בהן, וה״נ הבתים הם תשמישים לקדושה, וא״כ ליהני תנאי, **ואפשר** דיש להקל ע״י תנאי בשל ראש דר״ת לרש״י, אם אין לו פרשיות אחרים, וצ״ע).

כתב הפמ״ג, דאם מצא רצועות ואינו יודע אם הם של רש״י או של ר״ת, יוכל להניחם לפרשיות של רש״י, דרובא מניחין של רש״י, **ואנן** סבירא לן ג״כ דרש״י עיקר, ומעלין בקודש. (**ובאמת** צע״ג בזה בזמנינו, ברצועה הנמצאת, דשמא רק נשחרה לשמה ולא נעבדה לשמה, דהרבה יש שמקילין בזה, ושלא כדין הוא).

ויש מן האחרונים שמקילין יותר, דלדידן דסוברין דרש״י עיקר וכנ״ל, יוכל להחליף וליטול רצועה משל ר״ת לרש״י כשאין לו אחרת, **אבל** משל רש״י לר״ת אסור ליטול בכל גווני.

§ סימן לה – דין מנין השיטין §

סעיף א - נהגו במנין השיטין, לכתוב בשל יד שבעה שיטין בכל פרשה, ובשל ראש ארבעה שיטין - ע״פ הקבלה ביד סופרים איש מפי איש, **ואם שינה, לא פסל** - בין בשל יד ובין בש״ר,

(ביאור הלכה) [שער הציון] ‹הוספה›

הלכות תפילין קטו
סימן לה – דין מנין השיטין

ואם אין לו לש"י רק קלף קצר וארוך, שאין יכול לכתוב עליו שבע שיטין, אם לא שיכתוב כתיבה דקה מאד, נראה דטוב יותר לשנות מנין השיטין, עיין במרדכי, דבכלל "זה אלי ואנוהו" לכתוב כתיבה גסה במקצת, שלא יהיו נמחקין מהרה, **ובאמת** אנו רואין בחוש, דבכתיבות הדקות שרגילין איזה סופרים כהיום בעו"ה, מצוי כמה וכמה קלקולים גם בתחילת כתיבתן, שלא נכתבו כדינן מחמת דקותן, וברובם חסר כמה וכמה תגין דשעטנ"ז ג"ץ דהוא מדינא דגמרא, ויש מהראשונים שמחמירין בזה אפי' בדיעבד, **ושומר** נפשו לא יקנה פרשיות כאלה בתוך תפיליו, אם לא שיבדוק אותם מתחילה היטב היטב, וידע מי כתב הפרשיות, דפרשיות כאלו מצוי מאד, דכותביהן הם עדיין נערים שלא ידעו כלל דיני כתיבת סת"ם.

וכן יש קבלה בידם בענין התחלת ראשי השורות בשל יד ובשל ראש, כמבואר בטור ובב"י, **וסופרים** כהיום אין מדקדקין בתחלת ראשי השורות, ומשנים כאשר יזדמן להם, **והרוצה** לדקדק, לא ימשוך אותיות או יקצר הרבה כדי לכוין ראשי השיטות, כי אין נוי לתפילין, אבל מעט רשאי.

§ סימן לו – דקדוק כתיבתן §

סעיף א - צריך לדקדק בכתיבת האותיות, שלא תשתנה צורת שום אחת מהן - אפי' אם שינוי הצורה היה רק במקצת האות, כגון שחסר הראש של האל"ף, או קוץ היו"ד, או שנגעו יוד"י האל"ף בגג האל"ף וכדומה, **ואפילו** אם התינוק יקראהו לאות לא מהני, כיון שאנו יודעין שאין צורתה עליה כראוי.

וה"ה אם נשתנה האות מצורתה אחר הכתיבה, ע"י נקב או קרע או טשטוש, דפסול.

ולא תדמה לאחרת - ראיתי בספר מעשה רקח שהביא לדינא בשם תשובת מהרא"ח שכתב, דאפילו אם רק מקצת האות נדמה לאות אחר, פסול, **ומדברי** הגר"א לא משמע כן, וכן כתב הפר"ח.

הגה: ולכתחלה יכתוב בכתיבה תמה - ר"ל כתיבה תמה ושלימה בתמונת האותיות, **כמבואר בטור ובשאר פוסקים, והוא ידוע אצל הסופרים** - כפי מה שלמדוהו מהתלמוד וקבלת הראשונים, וע"פ הסוד, וכמבואר בב"י בסימן זה.

מיהו אם שינה בצורת הכתב, אינו פסול - היינו שלא כתב תמונת האותיות המוזכרים בספרים, אבל תמונת האות מיהו צריך, כמש"כ המחבר שלא תשתנה וכו', **וכ"ש** שלא ישנהו לאות אחר, כגון מדלי"ת לרי"ש או מבי"ת לכ"ף וכדומה, **והכוונה** כמש"כ הנוב"י, דדבר שאין לו שורש בגמרא, אין לפסול האות עבור זה.

וכדי שידע הקורא איך לכתוב לכתחילה, וגם איזה פרט יש לו שורש והוא מעיקר תמונת האותיות שיהיה זה לעיכובא אפילו בדיעבד, לכן התחזקתי בעזה"י ועשיתי ע"ז קונטרס מיוחד בסוף סימן זה, והעתקתיו מהב"י ופמ"ג ושארי אחרונים, תמונת כל האותיות למעשה, וקראתיו בשם "משנת סופרים", וכללתי בו גם קיצור כללי דיני הקפת גויל, וחק תוכות ושלא כסדרן, מבעל פמ"ג ושארי אחרונים.

סעיף ב - כל אות צריכה להיות גולם אחד, לכך צריך להיות בנקודה שעל האל"ף שהיא כמין יו"ד, ובנקודה שתחתיה, וביוד"י השי"ן והעי"ן ואחורי צד"י, שיהיו נוגעות באות, ובאחת שאינה נוגעת, פסולין - פי' אפילו ביו"ד אחד מן השי"ן, וה"ה אם יש הפסק באמצע האות, אפילו אם הפירוד הוא דק שאין פרידתו ניכר להדיא, **וכן בשאר אותיות** - כגון הנקודה שלמטה שבג', או הנקודה שבפ"א, או הרגל שבתוך התי"ו, אם לא נגעו בהאות, או שיש הפסק באמצע איזה אות.

ולא מהני כאן קריאת התינוק, כיון שידוע הוא האות ואין לטעות באחר, דדוקא אם גריעותו מחמת שיש ספק לדמותו לאות אחר, אז מועיל קריאת התינוק, **וכ"ז** בלא תיקון, אבל ע"י תיקון מהני דלא ליהוי שלא כסדרן, אם התינוק קראו לאות, **ובכ"ז** אין חילוק בין אם נעשה בעת הכתיבה או לאחר הכתיבה.

חוץ מה"א וקו"ף שאין ליגע הרגל בגג - וה"ה הקו"ף בירכו שבצידו, **ואם נגע פסול** - וכ"ז אפילו אם נעשה הנגיעה אחר הכתיבה, ואפילו אם הנגיעה דקה כחוט השערה, וכמו שנתבאר לעיל בסימן

קטז הלכות תפילין
סימן לו – דקדוק כתיבתו

ל"ב סי"ח במ"ב שם, **ועי"ש** בענין תיקון האות אם לא כתב אחר זה, דאל"ה הוי שלא כסדרן.

ולכתחילה יהיה הפסק בכדי שאדם בינוני יכירנו היטיב, מעל ס"ת שע"ג בימה כשהוא קורא בו, **גם** לא ירחיקו יותר מעובי הגג.

סעיף ג- צריך לתייג שעטנ"ז ג"ץ - אפילו בס"ת וכ"ש בתו"מ, **והתגין** האלו הם שלשה תגין קטנים ודקים כחוט השערה, זקופות על אלו האותיות אחד מימין ‹בקצה הימיני נוטה לצד ימין›, ואחד משמאל ‹בקצה השמאלי נוטה לצד שמאל›, ואחד מלמעלה ‹באמצע האות כלפי מעלה – מ"ב המבואר›, **וי"א** דשלשתן מלמעלה ‹בלא נטייה›, וכן נוהגין, **וכעין** קו דק הוא כל תג ותג, כך נוהגין באלו הארצות, **וטוב** יותר לעשות כל אחד כעין תמונת זיין, אך שיהיו קטנים ודקים מאוד.

וה"ה צד"י כפופה ונו"ן פשוטה, **ואם** הוסיף הסופר לעשות תגין חוץ מאותיות שעטנ"ז ג"ץ, וחוץ מאלו המוזכרים בטור ובלבוש שנהגו בהם הסופרים, לא עכב, אך בתנאי שיהיו מחוברים להאות, **אבל** אם אינו מחובר יש למוחקו, ואפילו באותיות שבשם הקודש, **ולכתחילה** אין נכון להוסיף תגין מעצמו, כל שלא מוזכר בספרים.

ותיוג של שעטנ"ז ג"ץ, הוא בשין על ראש השלישי של האות, ובעי"ן וטי"ת וצד"י על ראש השמאלי, וידביקן באמצעיתו לא בסופו.

כתבו האחרונים בשם תשובת הרמ"ע, שיזהר שיהיו התגין נפרדין כל אחד מחבירו, כדי שלא יראו רק כתמונת זיונין ולא כעיי"ן ושי"ן, ולעיכובא הוא.

גם צריך שיהיו התגין נוגעין בגוף האות, ואל"ה פסולין, דאף דאין עיכוב בעשיית התגין כמו שפסק המחבר, מ"מ זה גרע, דהוי כיתרון אות קטנה בין השיטין, **ועיין** ביד אפרים שכתב, דלא מהני אף אם ימשיכם אח"כ אל האות, רק צריך לגוררם ולכותבם מחדש, **רק** אם ידעינן שכתבן מומחה, תלינן שנפרד אחר שנכתב, ומכשירין בהמשכה אל האות, **והלבושי** שרד כתב, דהרמ"ע ס"ל דלא גרע דבר זה מחסרון הקפת גויל, דאינו מעכב רק בתחלה, וע"כ אם נפרד אחר שנכתב, כשר בלא תיקון כלל, **וממילא** לדבריו אם לא היו נוגעין מתחלת הכתיבה, מהני עכ"פ תיקון, דומיא דמש"כ המ"א לענין הקפת גויל, וכן משמע לענ"ד מפשטא דלישניה דהרמ"ע, **ומ"מ** לכתחלה נכון להחמיר כיד אפרים.

והסופרים נהגו לתייג - בתפילין, **אותיות אחרות** - מלבד אלו, והם מוזכרים בטור בשם השמושא רבא ובשם הרמב"ם, **והתגין** האלו הם תגינים גדולים, אך שיהיו דקים שלא יתקלקל האות עי"ז, **ומאוד** צריך ליזהר ביותר בתגין שעל הוי"ו או שעל היו"ד, כי בקל ישתנה האות עי"ז.

ואם לא תייג אפילו שעטנ"ז ג"ץ, לא פסל - והב"ח פוסל בזה, וגם הגר"א מביא הרבה פוסקים דמחמירין בזה, **ע"כ** מהנכון מאוד לחוש לזה ולתקנם אח"כ, ותיקון מהני אפילו בתו"מ ולא הוי בזה שלא כסדרן, דבלא התגין נמי צורתה עליה.

והמחבר מיירי שעשה ראש האות למעלה כתיקונו, אך שחיסר התגין שעליו, **אבל** אם עשה למעלה ראשו עגול ג"כ, משמע מהב"י דאין להקל אפי' בדיעבד לפי פירוש הרא"ש, **וצ"ע** למעשה, כי לכאורה להרמב"ם יש להקל בכל גווני.

כתב בספר איגרת הטיול: שעטנ"ז הוא אותיות שט"ן ע"ז, והם ב' מקטרגים גדולים, וזהו ג"כ סוד של שעטנ"ז ג"ץ, כי ג"ץ ג"כ שם מקטרג אחד, והתגין שעליהם הם כמו חרב וחנית להנצל מהם.

§ משנת סופרים §

קיצור כללי שלא כסדרן מפמ"ג ושאר אחרונים - תו"מ צריכין שיהיו כתובין כסדרן מן התורה, דכתיב: והיו הדברים, כסדרן, בין הקדים פרשה לפרשה, ובין תיבה לתיבה, או אות לאות, פסול, **אבל** בזה האות גופא לא שייך שלא כסדרן, כגון צד"י שמורכב מיו"ד נו"ן, וכתב הנו"ן ואח"כ היו"ד, לא הוי שלא כסדרן, וכל כה"ג.

וכן אם כתב מקצת אות, ואחר כך כתב האות שמקודם, משלים האות ולא הוי שלא כסדרן, דכל שאין כותב אות שלם מקרי "והיו הדברים" כסדרן, דדבר שלם בעינן לא חצי דבר.

אבל אם כתב יו"ד בלא קוצו השמאלי, או אל"ף ועיי"ן ושי"ן וכדומה שאין נוגע היו"ד בהאות, ואח"כ כתב מקודם, יש בו משום שלא כסדרן, דהשתא לקולא

הלכות תפילין
משנת סופרים

אמרינן דיכול לתקן אח"כ, משום דעיקר הדברים כסדר נכתבו, דשם אות עליה אפי' בלא התיקון, וכמו שנכתוב אח"כ, כ"ש לחומרא דשם אות עליה, והוי שלא כסדרן.

וכ"ש אם לא נחסר בהאות רק תגין, או שאר דברים שאינם מעכבים, ואח"כ כתב מקודם, דיש בו משום שלא כסדרן.

ויש סופרים שנכשלין בענין שלא כסדרן בפסולי דאורייתא, והוא רק מחמת חסרון ידיעה, שטועין לחשוב ששלא כסדרן נקרא רק אם הוא מתקן איזה דבר אחר גמר הפרשיות, וע"כ מתקנים בעת הכתיבה כמה אותיות שכבר חלף ועבר מהן, **ובאמת** לא כן הוא, אלא תיכף כשכתב האות שאחריו, אסור לתקן האות שלפניו, אם לא בדבר שמדינא אפילו בלא התיקון יש עליו שם אותו האות, ולאו כו"ע דינא גמירי, לידע איזה דבר יש עליו שם אותו האות בלי התיקון, ומותר לתקנו אפילו אח"כ, ובאיזה דבר אין עליו שם האות בלי התיקון, וממילא אסור לתקנו אחר שכתב האות שאחריו, **ע"כ** מהנכון להסופר שיזהר בתו"מ, שלא להניף ידו על שום אות לתקנו באיזה תיקון אחר שכתב האות שאחריו, אם לא דבר שנמצא כתוב בפירוש בספרי הפוסקים שזה מותר לתקן אפי' אח"כ, ולא ידמה בעצמו מילתא למילתא.

וכ"ז הוא אפי' תיקון שע"י כתיבה, וכ"ש תיקון שע"י מחיקה, שיש בו חשש דחק תוכות, אפי' לא כתב עדיין שום אות אחר זה, שצריך מאד לידע כל פרטי הדינים שיש בזה, כי עניניו ארוכים, **ועיין** בח"א שכתב, דהוא היה מתנה עם הסופר שלו, שלא להניף עליהם ברזל מחמת זה, **ובאמת** עצתו היא טובה מאד, אבל איננה מועלת רק לענין להנצל עי"ז מחשש דחק תוכות, אבל לא משלא כסדרן, אם לא שיזהר הסופר להתנהג במלאכתו מלאכת שמים לאט לאט, שלא להעתיק ידו מן האות עד שיעמידנו על תמונתו כדין.

וכבר ראיתי אנשים יראי אלוקים מפזרין ממון רב על תיקון תפיליהן, ולוקחין מסופר אומן שיכול לעשות בתים נאים ומהודרים כדין בכל פרטיהם, ואשרי חלקם, **אבל** ביותר מזה צריך ליזהר על ענין התפילין מבפנים, והם הפרשיות, שיעשה הסופר כל אותיותיהם כדין בכל פרטיהם והדוריהם, ולזה צריך שיהיה הסופר בקי בדיני כתיבת האותיות, וגם שיעשה מלאכתו במתינות, כי אפילו אם אות אחד לא נעשה כדין בכל פרטיו, הוא מעכב לכל התפילין.

אם חסר בהכתב התגין או הקוצו של יו"ד, מבואר דיש לתקן אפילו אחר שנכתבו, דכל שהאות צורתו עליה, אע"ג דבלא קוצו של יו"ד השמאלי פסול לר"ת, וגם תגין י"א דפסול אם לא תייגן, מ"מ "והיו הדברים", גוף הדברים כסדר נכתבו.

וכן להפריד נגיעות בין אות לאות שרי אח"כ, ופשוט דדוקא אם לא נשתנה צורתו ע"י הנגיעה.

וכן יוד"י האל"ף והשי"ן והעי"ן, ורגל התי"ו, שאין נוגעין, ותינוק דלא חכים ולא טיפש קורא אותן בצורתן, או בי"ת ודלי"ת וכדומה, שאין הגג מחובר לירך למעלה, ותינוק קורא אותן בצורתן, רשאי לתקן אח"כ.

ויראה דכ"ז דוקא אם אין ניכר פרידתו להדיא, הא אם ניכר להדיא, אע"ג דהתינוק קורא כן, כיון שאין צורתה עליה, הוי כותב שלא כסדרן, **והגרע"א** בחידושיו פליג ע"ז, (עיין סי' ל"ב סוף סכ"ה).

בד"א באלו וכדומה להן, שעל ידי שחסר להם איזה דבר לא נדמה על ידי זה תמונתם לאות אחרת, **אבל** יו"ד של צד"י שאין נוגעת להנו"ן שלו, ונראה עי"ז כיו"ד נו"ן, או חי"ת שברגל שמאלו יש הפרש דק בין הרגל להגג, ונראה כה"א, **אז** אפילו אם אירע שהתינוק קראה להאות כצורתה הראויה לה, אין מועיל תיקון משום שלא כסדרן.

ודע דדעת הפמ"ג בזה, דאפילו אם אין ניכר פרידתן להדיא, והתינוק קראה ג"כ לאות, לא מהני תיקון, **ועיין** בסימן ל"ב שבירנו שם, דעכ"פ בשעת הדחק יש להקל בזה דמהני תיקון.

כתב עוד הפמ"ג, כללא דמלתא: כל שאין כותב רק מוחק או מושך, לא הוי שלא כסדרן, **המשל**: "לאבותיך" מלא וא"ו, צריך למחוק הוא"ו, ואף דעי"ז יהיה התיבה כשני תיבות, ימשוך הבי"ת, ואע"פ שכותב, משיכה לאו כלום עביד, דתחלה נמי צורת בי"ת עליה.

אבל ודאי אם עשה בי"ת מתחלה כצורת נו"ן כפופה, ואח"כ משכו לבי"ת, הוה שלא כסדרן.

וכן אפילו אם נכתב האות מתחלה כסדר, ואחר כך נתקלקל מחמת איזה דבר שהוא, כיון שנתבטל צורת האות, כשחוזר אח"כ ומתקן הוה שלא כסדרן, דבכל

שעה בעינן כסדרן, **ולא** דמי למוקף גויל, דלא קפיד קרא רק אשעת כתיבה.

ולפעמים אפילו ע"י כתיבת נקודה אחת יש בזה משום שלא כסדרן, כגון שכתב רי"ש במקום דלי"ת, וצריך לרבע בדיו, תו מיפסיל משום שלא כסדרן, **הכלל**: כל שאין צורתה עליה, וכותב נקודה ועי"ז נתכשר האות, יש בזה משום שלא כסדרן.

עוד דברים אחדים מענין חק תוכות - כל מקום שנאמר "וכתב", כגון בתפילין ומזוזות ס"ת גט, פסול בו חק תוכות, ואפי' אם רק קוצו של יו"ד נגמר ע"י חק תוכות, מעכב, כיון דבלא הקוץ לא היה מתכשר האות עדיין.

והנה ענין חק תוכות צריך הסופר ליזהר בו מאד, ועניניו ארוכין, אך נקוט האי כללא בידך: כי הפוך הוא משלא כסדרן, ששם גורר ומוחק ומושך לא הוי שלא כסדרן - גורר הוא ביבש ומוחק בלח - **ובחק** תוכות נהפוך הוא, גורר ומוחק ומושך, כל שאינו עושה מעשה בגוף האות ומשלימה, עדיין הוי חק תוכות.

הדמיון: בי"ת שנעשית כצורתה, או סמ"ך וכ"ף וכדומה, שנפל טיפת דיו לתוך החלל אחר שנגמרה בהכשר, ונפסד צורתה עי"ז, **ואפשר** אפי' התינוק קורא אותה, כל שאנו רואין שאין צורתה עליה, לא מהני לגרור הטיפה ההיא, דכל שנפסלה בטלה כתיבה קמייתא, ועתה הוי חק תוכות, דהא לא עביד מעשה בגופה כי אם ע"י חקיקה בעלמא, שחקק תוך האות, **ואפילו** מושך אח"כ הבי"ת גגה ושוליה, ג"כ לא מהני, דהרי בלא"ה צורתה עליה, ופסולה.

וגדולה מזו: חי"ת במקום ב' זייני"ן, לא מהני שיגרור החרטום וישארו ב' זייני"ן, דמה מעשה עשה בגוף האות.

אבל אם צריך להשלימה אח"כ, כשר ולא מיקרי חק תוכות, כן מבואר באה"ע סימן קכ"ה, ומ"א, **אבל** הט"ז פקפק ע"ז.

קצת כללי מוקף גויל מבעל פמ"ג - תחלת הכתיבה צריך מוקף גויל בכל צדדין של האותיות, ואפילו בקוצו של יו"ד השמאלי, מן התורה, דכתיב: וכתבתם, כתיבה תמה.

ומבפנים נמי בעינן מוקף גויל, **ויש** להחמיר דאפי' מצד א' בפנים אם אינו מוקף גויל פוסל כמבחוץ, ודלא כט"ז דמיקל בזה.

וכל זה בתחלת הכתיבה, אבל אם לאחר שנכתב ניקב או אכלו עכברים ותולעת, כשר אפילו מבחוץ.

ומיהו ודאי דיעבד דוקא כשר, הא כל מה שיש לתקן הוה כלכתחלה וצריך תיקון, **הלכך** אם ניקב בצד אות ועב הוא, מגרר קצת עוביו ויש לו היקף גויל, דאין שיעור לעוביו.

ודע עוד, דתיקון מועיל אפילו אם נכתב לכתחלה בלא היקף גויל, כגון ד' פשוטה בלי היקף, וה"ה שאר אותיות בין בארכן או בעוביין, אם תשאר צורת האות עליה, מוחק וגורר, ולא הוי שלא כסדרן בזה.

§ צורת האותיות §

(וידע המעיין בקונטרס הזה, דבכמה מקומות לא ביארתי בפנים וגם בשער הציון, אם הדין הוא רק לכתחילה או דיעבד, והיא אחת משלשה סיבות: או דהוא פשוט דהוא לכתחילה או דיעבד, או דיש בזה פרטים המתחלפים, דיש בזה לפעמים לכתחילה ולפעמים דיעבד, כגון מה שכתוב דצריך האות לעשות כה וכה כדי שיהיה יוכל להסמיך אות אצלו, דפשוט דאם לא עשה כן, ועי"ז נעשה הפסק בתיבה שנראה כשני תיבות, דפסול, ואם זה האות הוא בסוף תיבה, כשר בדיעבד, ועוד הרבה כיוצא בזה, ולא רציתי להאריך ע"כ סתמתי הדבר, או דהיה אצלי ג"כ ספק, והנחתי הדבר כמות שהוא, ע"כ אל ימהר האדם להקל בדבר או להחמיר ולהפסיד לאחרים, אם לא שימצא ראיה ברורה).

צורת אות אל"ף - תהיה נקודה העליונה כעין יו"ד, ועוקץ קטן עליה, ויהיה פניה עם העוקץ הפוך קצת כלפי מעלה, [כ"ל זה לכתחילה].

ויהיה ירך היו"ד דבוק אל גג הגוף באמצע הגג, [גם זה לכתחילה, אבל עיקר הדביקה היא לעיכובא].

ויהיה סוף הגג של צד ימין לכתחלה עקום למעלה מאחוריו קצת.

והנקודה שלמטה תהיה רחוקה מן ראש של הגוף כשיעור עובי קולמוס וחצי, [לכתחילה], **עובי** קולמוס נקרא: רוחב הקו היוצא מן הקולמוס כשהוא כותב.

ולנקודה התחתונה יהיה לכתחילה עוקץ קטן למטה לצד ימין, מפני שתמונתה כמו יו"ד שתלוי בתג שלה בגוף האל"ף.

ויהיה עוקץ שמאל של נקודה עליונה, היינו התג שעל גבי היו"ד, מכוון כנגד עוקץ ימין של נקודה תחתונה, [לכתחילה], עכ"ל ב"י.

ומשמע מריהטא דלישניה, דא"צ עוקץ שמאל ליו"ד העליון שעל האל"ף, **אך** מפמ"ג משמע, דלכתחלה צריך להיות גם עוקץ שמאל כמו לשאר יו"ד.

אם נגעו יוד"י האל"ף העליון או התחתון בגג האל"ף יותר ממקום דיבוקו, דהיינו שאין ניכר הראש אלא קו משוך בשוה, **וכן** יוד"י השי"ן והעי"ן והפ"א והצד"י, או ראש השמאלי שבעיי"ן וצד"י, שצריך להיות כעין זיי"ן, אם נגעו בגוף האות יותר ממקום דיבוקם, פסול.

רק אם לא כתב עדיין יותר בתו"מ, מותר להעבות ולהרחיב הראשים כדי שיהיה ניכר הראש, ואופן התקנה ע"י גרירה, עיין בשו"ע סי' ל"ב סוף סי"ח.

אם לא היה הנקודה העליונה או שלמטה דבוק אל הגג, פסול.

צורת אות בי"ת

- אות בי"ת צריך מאד ליזהר בריבועה, שלא תהא נראית ככ"ף, ואם נראית ככ"ף, פסולה, **ואם** ספק אזי מראין לתינוק.

וצריכה להיות מרובעת בימין בין למעלה בין למטה, **ואם** למעלה עגולה ולמטה מרובעת, צ"ע בזה, ואין להקל, (**כ"כ הפמ"ג, אמנם מדברי רי"ו מוכח, דהעיקר תלוי בלמטה, וע"כ נראה דאם התינוק קוראה כהלכה, אפשר דיש עכ"פ להקל להוסיף דיו לתקנה בתו"מ, ואין בזה משום שלא כסדרן**).

וצריך לכתחלה שיהא לה בראשה מצד שמאל על פניה תג קטן תמונתו כמו מקל, ועוקץ קטן למעלה בצד ימין נוטה לצד האל"ף, **כדאמרינן** בירושלמי דחגיגה: מפני מה יש לב' שני עוקצים, אחד למעלה ואחד לאחוריו, אומרים לבי"ת מי בראך, מראה להם בעוקצו שלמעלה, ומה שמו, מראה להם בעוקצו שמאחוריה לצד האל"ף, ר"ל אחד שמו.

גם יהיה לה עקב עב למטה, [והיינו לכתחילה], כי תמונתה כמו דלי"ת תוך גרון של וא"ו, **ע"כ** צריך להיות לה זוית למעלה, שיהיה כדלי"ת, ועקב טוב למטה, שיהיה במקום ראשה של וא"ו.

וטוב שאורך ורוחב הבי"ת יהיה כג' קולמוסים, ורוחב חללה כעובי קולמוס.

ואם קיצר הבי"ת, עד שנראה כנו"ן כפופה לתינוק דלא חכים ולא טיפש, נראה דיש להחמיר בזה, **אח"כ** מצאתי כן בהדיא בפמ"ג שכתב, דבתו"מ לא מהני בזה תיקון להמשיכו כמו בי"ת, משום שלא כסדרן.

צורת אות גימ"ל

- אות גימ"ל תהיה גופה כמו זיי"ן לכתחילה, וכן כל ראשי שמאל שבאותיות שעטנ"ז ג"ץ דומה לזיי"ן, [ואם לא היה ראש כזיי"ן, כשר].

ויהיה ראשה עב, ורגל ימין דק, (**מדברי הגר"ז משמע דהוא רק לכתחילה, ולפי מה שכתב בב"י הטעם לזה, לכאורה הוא לעיכובא**).

וירך ימין יורד מעט למטה יותר מירך שמאל, (**ובדיעבד צ"ע, ועכ"פ תיקון מהני בזה אפילו בתו"מ**).

ולא יעשה ירך זה השמאל בשפוע הרבה אלא מעט, וגם לא יהיה עקום, אלא ימשוך בשוה, (**ובדיעבד אם היה עקום, צ"ע בזה, ועכ"פ תיקון מהני בזה אפילו בתו"מ**), **ויגביהנו** קצת כנגד הדלי"ת.

והירך שמאל יהיה משוך קצת עב אל הזיי"ן שבצדה, ולא בדקות, כי תמונתה שתהיה נראית כמין נו"ן כפופה.

והירך יהיה נמוך (שלא יהיה בולט הרבה) כדי להסמיך (אות) אצל ראשו. (ע"פ השונה הלכות).

וג' תגין על ראשה.

אם נדבק הירך בהרגל, יגרור הירך ודי בכך.

צורת אות דלי"ת

- אות דלי"ת צריך שיהא גגה (ארוך), ורגלה קצרה, שאם תהא רגלה ארוכה מגגה, תדמה לכ"ף פשוטה, ותפסל כשלא יקראנה התינוק ד'.

ולכתחלה צריך שתהא הרגל פשוטה בשיפוע קצת לצד ימין, (**ונראה לי דזה רק לכתחילה, ואין להחמיר בדיעבד**).

ושיהא לה תג קטן בראש גגה מצד שמאל.

מחבר רמ"א משנה ברורה

הלכות תפילין
משנת סופרים

וצריך מאד ליזהר בריבועה, שלא תהא נראית כרי"ש, ותפסל ע"י קריאת התינוק.

ולכתחלה אין די בזה לבד שיהא לה זוית חדה מלאחוריה, אלא גם יהא לה שם עקב טוב, כי תמונתה הוא כמו ב' ווי"ן סגורים, והעקב הוא כנגד ראש הוי"ו האחד, והעוקץ שעל פניה הוא כנגד ראש וי"ו השנייה.

אם רגל הדלי"ת אין בו רק כמלא יו"ד, כשר.

אם כתב ה"א במקום דלי"ת, אין תקנה לגרור הרגל ולהניח הדלי"ת, מאחר שנפסל ודומה לצורת ה"א, לא עביד מידי והוי חק תוכות, **וגם** למשוך הגג נמי לא מהני, דכל שלא נפסל צורת האות הוי חק תוכות, **רק** צריך לגרור הגג עד שיהא כצורת וי"ו ומשלימה, או שיגרור גם הרגל ימין כולו, ולא ישאיר בו אפילו כמלא יו"ד, ואח"כ ישלימנו.

צורת אות ה"א

- אות ה"א צריך לעשות לה לכתחלה תג קטן למעלה מצד שמאל.

ובאחוריה יזהר לכתחלה שתהיה מרובעת כדלי"ת, ולא עגולה כרי"ש, **וא"צ** לעשות לה עקב כמו בד', רק שתהיה אות חדה.

והנקודה שבתוכה לא תהיה סמוכה לגגה, אלא יהא ביניהם חלק כ"כ, בכדי שאדם בינוני יכירנו היטיב מעל ס"ת שע"ג הבימה כשקורא בו, **ולא** ירחיקה מגגה יותר מעובי הגג.

ואם נגע בגגה אפילו נגיעה דקה כחוט השערה, פסולה, אע"פ שהתינוק יודע שהוא ה"א.

ולא תהיה הנקודה נגד אמצע הגג, אלא נגד סופה בצד שמאל, ואם עשה באמצע פסולה וצריך לתקנה, דהיינו לגררה ולהעמידה בסופה, **ואם** כתב התיבות שאח"ז, ואין יכול לתקן משום שלא כסדרן, יגרור הגג שיהא שוה לרגל, **ובמקום** שגם תיקון זה אינו יכול לעשות, כגון שהה"א באמצע התיבה, ואם יגרור הגג יהיה כשתי תיבות, אזי יש להכשיר בלא תיקון, כי יש הרבה מהראשונים שסוברים שתמונת ה"א כך.

ועתה נבאר איכות הנקודה: הנקודה תהיה לכתחלה דקה למעלה, ועבה קצת למטה כעין יו"ד.

ותהיה לכתחלה עקומה קצת למטה, ולצד ימין ולא לצד שמאל, פן תדמה לתי"ו.

ואורך הנקודה לא יפחות ג"כ מאורך יו"ד עם עוקץ התחתון שלה, ולעיכובא הוא אפי' בדיעבד, וצריך להזהיר הסופרים שנכשלין בזה מאד, **ונ"ל** דעכ"פ תיקון מהני בזה אפילו בתו"מ, אם התינוק קוראו לה"א, ואין בזה משום שלא כסדרן.

הפמ"ג מסתפק, אם צריך להיות הנקודה בסופה שוה דוקא לירך ימין, או אפילו אם נשלמה באמצע הירך שפיר דמי, רק שיהיה בה שיעורה דהיינו כמלא יו"ד, **ועכ"פ** נראה דיש להקל ע"י קריאת התינוק.

צורת אות וא"ו

- אות וא"ו צריך להיות ראשה קצר, לא יותר מעובי קולמוס, כדי שלא תדמה לרי"ש.

ורגלה ארוך כעובי ב' קולמוסים, כדי שלא תדמה ליו"ד, ולא יעשנה ארוך יותר מדאי, פן תדמה לתינוק לנו"ן פשוטה.

ומטעם זה ג"כ טוב שתהיה ראשה עגולה לצד ימין, שלא תדמה לזיי"ן, **ואע"פ** שראש הזיי"ן עובר מב' צדדין, מ"מ יש לחוש שמא תינוק דלא חכים ולא טיפש יקראנה זיי"ן ותפסל.

ופניה יהיה שוה ולא באלכסון.

ורגלה תהיה פשוט תחתיה בשוה לא שבור באמצע, **גם** טוב שעוביה תתמעט והולך מעט מעט עד שתהיה חדה למטה.

אם רגל הוא"ו קצר, אם אין בו רק כמלא יו"ד פסול, ואם מעט יותר צריך להראות לתינוק, **וה"ה** אם ראש הוא"ו רחב ונדמה קצת לרי"ש.

אם כתב דלי"ת במקום וא"ו, צריך לגרור כל הגג, ואפשר דבעי נמי לגרור כל הירך, דדומה לדלי"ת שכתבו במקום רי"ש, שצריך למחוק כולו.

צורת אות זיי"ן

- אות זיי"ן צריך ליזהר שלא תהיה רגלה ארוכה, שלא ידמה לנו"ן פשוטה, ותפסל ע"י קריאת התינוק, ע"כ לא יהיה רגלה ארוך יותר מב' קולמוסים.

וראשה צריך להיות עובר מב' צדדין, שלא תדמה לוא"ו, [**ולא** יטה לצד א' יותר מלצד חבירו, ואם מטה הרבה עד שנראה כדלי"ת, פסול].

ויהיה מרובע, [מכל זויותיה מפני הסוד, **אבל** שלא יהא הראש עגול, יש לזה מקור מן התלמוד], **וג'** תגין על ראשה.

ורגלה תהיה פשוט תחתיה לא שבורה, ויש שעושין הקו התחתון דק ביציאה, והולך ומתעבה עד חציה, ומחציה חוזר ומתמעט עד שתהיה חדה למטה.

ואם נתקצרה הרגל מזיי"ן, דינו כמו שכתבנו באות וא"ו, וכ"ש אם הראו לתינוק ולא קראו לזיי"ן, בודאי אין להקל בזה, **ונראה** דאפילו תיקון לא מהני בזה בתו"מ משום שלא כסדרן.

צורת אות חי"ת- אות חי"ת תהיה שתי רגליה כתמונת שני זייני"ן, **והזיי"ן** שבצד ימין, נכון לעשות קרן ראשו עגול בצד ימין, **ויהיו** הזייני"ן רחוקים זה מזה לכל היותר כעובי קולמוס, **ויהיו** מחוברים בחטוטרת יחדיו, הוא כמין גג גבוה.

ומקל, הוא כמין תג גדול, יעשה לה בראש רגל השמאל, ולא באמצע.

וצריך ליזהר שלא יאריך בגג החי"ת, ואם האריך פסול, ואין לו תיקון בתפילין ומזוזות, משום שלא כסדרן, **בד"א** שעשה ב' זייני"ן וגג רחב, דזה לא הוי כמין חטוטרת שהוא משופע, **אבל** אם עשה החי"ת כדעת רש"י, דהיינו חי"ת פשוטה בלא חטוטרת שעל גגה, אפילו אם האריך הרבה כשר בדיעבד, אע"פ שאינה מרובעת.

אם עשה החי"ת כתמונת שני ווי"ן, או כדלי"ת וא"ו, או כדלי"ת זיי"ן, וחטוטרת ע"ג, כשר בדיעבד, שהרי לא נשתנה לצורת אות אחר עי"ז.

ומ"מ אם אפשר לתקן לגרור יתרון האות, והחטוטרת ישאר במקומו, כגון בחי"ת שתמונתו היה כדלי"ת זיי"ן, והחטוטרת שלו נעשית באמצע הד' ולא בסופה, יגרור מן הד' מקצתו עד שתעשה כמו זיי"ן, **אבל** אם עומד בסופה, יחלק האות כשיגרור מן הדלי"ת, ולא יהיה לו תיקון אח"כ בתפילין ומזוזות, שמעכב בהן שלא כסדרן, ע"כ יש להכשיר בלא תיקון, **אבל** בס"ת, אם נמצא חי"ת שתמונתו היה כדלי"ת וזיי"ן, או שני ווי"ן, אף שאין להוציא אחרת משום זה, מ"מ בחול בכל גווני צריך לתקן האות, עד שיעמידו על תמונתו הראויה, **וצריך** להזהיר הסופרים ע"ז, כי תמונת החי"ת שכתבנו למעלה יש לו עיקר בתלמוד, ועמדו עליו גדולי הראשונים ז"ל.

ודע עוד, דבדיעבד אם עשה להחי"ת מקל לבד או חטוטרת לבד, כשר, **והגרע"א** מסיק בחידושיו, דאפילו נחסר להחי"ת החטוטרת וגם המקל, שהיה חי"ת פשוטה כחיתי"ן שלנו, כשר בדיעבד, **רק** אם אפשר לתקן בקל לעשות לה מקל, יעשה, דהוי כלכתחלה.

אם נפסק ירך החי"ת, ולא נשאר בו רק כמלא יו"ד, די בכך, בין ירך הימיני או השמאלי.

אם החטוטרת שעל החי"ת לא היה דבוק להחי"ת, אך לא היה ניכר להדיא ההפרדה, מותר לתקנה אפילו בתו"מ, ואין בזה משום שלא כסדרן, **אבל** אם היה ניכר להדיא, נתבטל ממנו שם האות, **ואם** נפרד החטוטרת מהחי"ת רק מצד אחד, אפשר דיש להקל לתקן, אפילו ניכר להדיא.

צורת אות טי"ת- אות טי"ת, הראש הימיני תהיה כפוף מעט לתוכה, **ול"נ** דאם לא היה כפוף כלל לתוכה, צריך להראות לתינוק, ובכל גווני (אף שיקראנה לאות) צריך לתקנה אח"כ, ולא מיקרי בזה שלא כסדרן, דבלא"ה תמונתה עליה, **ואם** התינוק לא קראה לאות, צ"ע אם יש לה תקנה בתפילין, משום שלא כסדרן, **ועיין** בסימן ל"ב בסעיף כ"ה לענין ח' דחטוטרות, ואפשר דה"ה בזה, דאין מורגל בטי"ת בלי כפיפה, ולא מקרי בזה נשתנית צורתה, וצ"ע.

ולא יהיה כפוף הרבה, (אף אם אין נוגע בקרקע הטי"ת), **ובדיעבד** צ"ע לדינא, (ותלוי במחלוקת, דלדעת התרומה והיראים והגה"מ פסול אף בדיעבד, ולדעת הרא"ש והטור והרי"ו מותר, וכיון דהוא מילתא דאורייתא צריך להחמיר, **אמנם** קשה מאוד להחמיר בדבר בדיעבד נגד הב"ש והאגור, דמשמע מהם דמותר בלא נגיעה, אבל לכתחלה נ"ל דצריך לתקן במקום דאפשר, וס"ת אם נמצא כן בעת הקריאה, אין להוציא אחרת עבור זה, ויסמוך על המכשירים, אבל אח"כ ימחוק הט' עד שיבטלנו מצורת אות, ויתקננו, דאל"ה מיפסל משום חק תוכות, ובתו"מ דשלא כסדרן פסול, יסמוך בזה על המכשירים הנ"ל).

(ואם נגעה הכפיפה בקרקע הטי"ת, אף בתו"מ פסול, ואפשר דגם הרא"ש בזה מודה דפסול, מטעם

דנשתנית צורתה בזה, **ואפילו אם הראוה לתינוק וקראה טי"ת, הלא אינו מוקף גויל באותו מקום, אלא דמשום זה לחוד היה מהני גרירא לחודא באותו מקום, משא"כ להתרומה והגמ"מ דזהו בכלל טתי"ן פאי"ן, בכל גווני צריך לבטל האות מצורתו, וזה לא יצוייר בתו"מ).**

והראש השמאלי תהיה כזיי"ן, וג' תגין על ראשה, **ואם** הראש השמאלי לא היה תמונתה כזיי"ן, שראשה היתה עגולה, אך שהיתה תגין עליה, צ"ע בדיעבד, לפי מה שהביא הב"י בשם הגה"מ בשם הרא"ם, דמה שאמרו בגמר' דשעטנ"ז ג"ץ צריכה ג' זויני"ן, היינו לא בתגין, אלא שלא יעשה ראשיהם עגול, אלא משוך שיהא לכל ראש ג' פינים, ולעיכובא הוא, **וצ"ע** להרא"ם אם ע"י התגין מתכשרת או לא, וגם אולי אין הלכה כהרא"ם בזה, **ופמ"ג** שכתב, דבדיעבד כשר אם לא היה כזיי"ן, אפשר שלא היה עובר מב' צדדים כזיי"ן, אבל לא עגולה.

אבל הראש הימיני יהיה עגול כוא"ו, וגם למטה מצד הימיני תהיה עגולה, כי תמונתה כמו כ"ף וזיי"ן, **וכ"ז** אינו מעכב בדיעבד.

ויזהר שלא יגעו הראשים זה בזה, ובדיעבד אם יש להם תקנה ע"י גרירה, עיין לקמן בסוף אות שי"ן מה שכתבנו שם.

צורת אות יו"ד - אות יו"ד, שיעור גופה מלא קולמוס אחד ולא יותר, שלא תדמה לרי"ש.

ויכתוב אותה ישרה, דהיינו שתהיה ראשה ופניה שוים, ולא פניה כלפי מעלה, **גם** תהיה למעלה עגולה לצד ימין לכתחלה.

ויעשה לה רגל מצד ימין, ויעקם הרגל לצד שמאל, ויהיה הרגל קצר ולא ארוך, שלא תדמה לוא"ו, ותפסל ע"י קריאת התינוק.

גם צריך להיות להיו"ד תג קטן מלמעלה על פניה, וכנגדה עוקץ קטן יורד מלמטה.

(**ואם לא עשה תג קטן מלמעלה, בדיעבד צ"ע, ולכתחלה בודאי צריך לתקן, אף אם מצא כן בפרשיות ישנים, וכל שכן בעוקץ שמאלי דחייב לתקן, ולא לחזור ולהניחן כן בבתים**).

והעוקץ יהיה קצר מן התג, וגם יהיה קצר יותר מרגלה שמצד ימיני, פן תדמה לחי"ת, **ואם** האריך העוקץ עד ששוה למטה לרגל ימיני, ונראית כחי"ת קטנה, פסולה, ולא מהני גרירת העוקץ עד שיהיה קצר כהלכתו, דהו"ל חק תוכות, **אלא** יגרור כל העוקץ ויחזור ויכתבנו כהלכתו, בס"ת, ולא בתו"מ דהוי שלא כסדרן, ולא מהני קריאת התינוק בזה, **ויש** מי שכתב דלדעת ר"י אכסנדרני דקי"ל כוותיה, צריך לגרור גם רגל ימיני ואח"כ יתקן, **ועיין** בביאור הלכה שביארנו דיש להחמיר כדעה זו, (**דהלא כיון דנראית כחי"ת נשתנית צורתה ונפסלה, וא"כ אכתי הו"ל חק תוכות**).

וס"ת שנמצאו בה יודי"ן כצורת למ"ד קטנה, פסולה, וצריך לגרור כל האות ולחזור ולכתוב יו"ד מחדש, דבלא"ה הוי חק תוכות, **וביודי"ן** של שם צריך לסלק כל היריעה, אך אם היו"ד נראה ממש כלמ"ד לעין כל, אזי יכול לגרור אפילו בשם, באופן שלא ישאר רק גוף הנקודה, ואח"כ יוסיף עליו מלמעלה ולמטה.

ע"כ יש ליזהר מאד במ"ש הברוך שאמר, דיעשה הקוצות קטנים ודקים שלא יקלקל היו"ד, כי אם יהיה תג גדול למעלה, יהיה נראה כלמ"ד קטן, ואם יאריך העוקץ שלמטה, יהיה נראה כחי"ת, ובעו"ה יש מהסופרים שאינם נזהרין בזה כלל, או מוסיפין כנ"ל, או גורעין, שאינן עושין כלל עוקץ לצד שמאלי, **ובאמת** רוב הפוסקים פסקו כר"ת, דעוקץ שמאלי מעכב כמו רגל ימיני, **אך** דיש חילוק ביניהם בדיעבד לענין תיקון, דבשמאלו מועיל תיקון אפילו בתו"מ, ולא הוי שלא כסדרן, אבל לא בימינו, וכבר צווח בפמ"ג בזמנו על זה, ע"כ יש ליזהר מאד שלא לחסרם, וגם שלא להוסיף עליהם, כי העוקץ השמאלי לא יהיה רק כמין נקודה או מעט יותר יוצא מגוף היו"ד.

צורת אות כ"ף - אות כ"ף כפופה, יכתבנה עגולה מאחריה, שלא תדמה לבי"ת, ותהיה עגולה מאחוריה מב' הצדדים.

וחללה שבפנים יהיה לכל הפחות כעובי קולמוס, **ופניה** יהיה למעלה ולמטה שוין.

גם צריך ליזהר שלא לקצרנה ברחבה, כדי שלא תראה כנו"ן כפופה, לתינוק דלא חכים ולא טיפש.

ואם עשה לה זוית מאחוריה למעלה או למטה, פסולה, **ויש** מקילין ביש לה זוית מלמעלה, כיון שהיא עגולה למטה, **וכיון** שהוא מלתא דאורייתא צריך להחמיר כדעה הראשונה דפסולה, ולא יועיל לה תיקון

ע"י גרירה, דהוי חק תוכות, אלא יוסיף עליה דיו לעשותה עגול, אם לא כתב עדיין יותר, כדי דלא ליהוי שלא כסדרן, **ואפשר** דבזה שיש לה זוית מלמעלה ועגולה מלמטה, אם התינוק קוראה כהלכתה, צורתה עליה מיקרי, ויכול לתקנה בתיקון הנ"ל אף שכתב יותר, ואין בזה משום שלא כסדרן, **(ונלענ"ד להקל בשעת הדחק)**.

צורת אות כ"ף פשוטה - אות כ"ף פשוטה, רגלה ארוך וגגה קצר, שלא תדמה לרי"ש, **ואעפ"כ** לא יקצר גגה יותר מדאי, שלא תראה כוי"ו ארוך או כנו"ן פשוטה לתינוק ותפסל.

ולכן לא ימשוך אותה בסוף השיטה לעשותה ארוכה כלל, ואע"ג דכל אותיות אין למשכן, זה למצוה, אבל בדיעבד לא פסול, אבל בכ"ף פשוטה, אם האריך גגה עד שנראה כרי"ש, פסול, **ואם** ספק, מראין לתינוק דלא חכים ולא טיפש.

ומאד צריך הסופר ליזהר עכ"פ לכתחלה, שיהיה הירך כפלים מן גג, כדי שאם כופפין אותה תוכל להיות כ"ף כפופה, שאין חילוק בין פשוטה לכפופה, רק שזה פשוטה וזה כפופה, **כי** יש מחמירין ופוסלין בזה אפילו דיעבד, וכן כל הפשוטות צריכות להיות לכתחלה כפלים מן הגג מטעם זה.

ובדיעבד אם נמצא בס"ת שהמשיך הגג של ד' עד שנראה כרי"ש, אם באפשרו להאריך הרגל למטה, יאריך, **ואם** לאו, ימחוק הכל ויכתבנו מחדש, **ויש** מקילין דדי בגרירת הרגל או הגג, אבל לגרור קצת מן הגג עד שיעמידנו על תמונת כ"ף, לא מהני, דהו"ל חק תוכות.

גם צריך הסופר ליזהר, שלא יעשה לכ"ף פשוטה זוית למעלה, אלא תהיה עגולה כמו רי"ש, שאם כופפין אותה תיעשה כ"ף כפופה, **ואם** עשה לה זוית למעלה כמו ד', פסולה, ודינה שצריך לגרור כולה ולכותבה מחדש, או שיוסיף עליה דיו לעשותה עגולה.

ועצה זו דהוספת דיו, מהני אפילו בתו"מ, דלא מיקרי שלא כסדרן, דקודם התיקון נמי צורת כ"ף פשוטה עליה.

אך אם נמצא כן בס"ת בעת הקריאה, אין להוציא אחרת, כי יש מכשירין בזה, והיכא דאיכא מחלוקת בין הפוסקים, אין להוציא אחרת.

כל אותיות הכפולין בא"ב, כותב את הראשונים בתחילת התיבה ובאמצעה, והאחרונים בסוף, ואם שינה פסול.

צורת אות למ"ד - אות למ"ד צריך להיות צוארה ארוך כוא"ו, וראשה של הצואר יהיה עגול לצד ימין למעלה, **ולצד** שמאל זוית לראשה, כמו שהוא ראש הוא"ו, כי תמונת הלמ"ד היא כמו כ"ף כפופה ועליה וא"ו.

ומהאי טעמא תהיה יריכה עגולה מאחריה לצד ימין, וכפופה היטיב לפניה, כצורת כ"ף כפופה.

אך אם צריך להמשיך הקו התחתון של הכ"ף שיהיה שוה עם הקו העליון, יש דיעות בזה בין הפוסקים, די"א דצריך, **וי"א** דאדרבה דלא ימשיכו רק מעט, וכן הוא בשם הגר"א, ונהגו הסופרים כדעה זו, **(שאפילו אם לא המשיכו מלמטה רק כיו"ד, די)**.

ולצד שמאל מקום חיבור כ"ף עם וא"ו, יהיה בזוית ולא בעיגול, **ויהא** חיבור הוא"ו אל הכ"ף בדקות, כי תמונתו כתמונת וא"ו, שעוביו מתמעט והולך בסופו, וכנ"ל בוא"ו.

ויכתוב הראש והצואר כפוף מעט על פניה, **ועל** ראש הצואר צריך להיות ב' תגין, מימין גדול ומשמאל קטן.

וכ"ז לכתחלה, לבד אם עשה צואר הלמ"ד כעין יו"ד, יש פוסקים שפוסלין בזה אפילו דיעבד, על כן צריך הסופר ליזהר בזה מאד, **וז"ל** הברוך שאמר: לאפוקי מכל הסופרים בורים, שמקצרים הצואר של הלמ"ד ועושים על הלמ"ד כמין יו"ד, מחמת שאינם עושים ריוח בין שיטה לשיטה כמלא שיטה וכו', **כי** הרוקח כתב בהדיא שיש לכתוב על הלמ"ד כמו וא"ו, ולא כמו יו"ד.

עוד ראיתי סופרים בורים, שכשטועין וכותבין קו"ף במקום למ"ד, עושין צואר תחלה על ראשו שיהיה למ"ד, ואח"כ כשנתייבש הדיו גוררין הרגל, **וה"ה** כשטועין וכותבין למ"ד במקום קו"ף, גומרין רגל הקו"ף, ואח"כ גוררין הצואר, **וזה** פסול גמור, כמו ה' במקום ד', שנתבאר לעיל בצורת ד'.

למ"ד שנמצא ע"ג רק כעין קו פשוט כזה, "**ל**", ולא וא"ו, יש להכשיר בשעת הדחק, דהיינו אם נמצא כן בשבת א"צ להוציא אחרת, ובחול יתקן, **ובתפילין** אם אין לו אחרים יניחם בלא ברכה.

צורת אות מ"ם פתוחה - אות מ"ם פתוחה, תמונתה קצת כמו כ"ף וא"ו, **ע"כ** תהיה למעלה לצד ימין עגולה, אבל למטה יהיה לה זוית, ובלא עקב.

וגגה יהיה למעלה שוה ולא עגול, רק לצד ימין יהיה עגול, **גם** יהיה גגה ארוך עד כנגד מושבה התחתון, **וכ"ז** לכתחלה, [מלבד אם עשה למטה עגולה, אין ברור כ"כ להכשיר, **מיהו** תיקון מהני אף בתו"מ].

והחרטום שבצד שמאל, יזהר לדבוק אותו לגגו, ויהיה לכתחלה כמעט משוך בשוה עם הגג, רק שיהיה ביניהם לצד מעלה כמו פגם קטן.

ותמונת החרטום תהיה כמו וא"ו עומדת מוטה קצת באלכסון ולא הרבה, ויגיע עד כנגד מושב התחתון, ועד בכלל, (**ובדיעבד אם לא הגיע עד למטה, ותינוק קראו למ"ם, צ"ע, דאפשר דזהו אינו מעיקר צורת האות רק לכתחלה**).

ומאד יזהר שלא יגע בו, ומ"מ לא יהיה ביניהם הפסק גדול לכתחלה, כדי שלא יהיה עי"ז הוא"ו הרבה באלכסון.

ואם לא הדביק החרטום למעלה לגגו, ונראה ככ"ף וא"ו, פסול, ואין מועיל לו תיקון בתו"מ אם כתב אחריו, דהוי שלא כסדרן.

וה"ה אם הדביק החרטום למטה במקום פתיחתו להמ"ם, דפסול, ומבואר דינו לעיל בסי' ל"ב סי"ח לענין תיקון, אם לא כתב עדיין אחריו בתו"מ.

צורת אות מ"ם סתומה - אות מ"ם סתומה תהיה לכתחלה עגולה למעלה לצד ימין, **ולמטה** יהיה לה זוית לימין ולשמאל, שלא תהא נראית כטמ"ך, **ואם** לא עשה כן והתינוק קראה כסמ"ך, פסולה, **והפמ"ג** כתב, שטוב יותר שתהיה מרובעת מכל צד, כי בקל יוכל לבא לידי טעות בסמ"ך.

ומ"ם זו תהיה סתומה מכל צד, וגגה יהיה עובר לכתחלה מחוץ לסתימה מעט, כראש הוא"ו, ולא ימשוך הגג לצד שמאלה הרבה, **ובדיעבד** יגרור המותר, ואין בזה משום חק תוכות ושלא כסדרן, **ואם** נמצא כן בשם הקודש, אין לתקנו, וישאר כך וכשר, **וגם** בשבת אין להוציא אחרת עבור זה, (**ומ"מ אם המשיכה כ"כ, עד** שהתינוק לא הכיר להאות על ידי זה, לענ"ד צ"ע אם מהני גרירה).

צורת אות נו"ן כפופה - אות נו"ן כפופה, יעשה ראשה כמו ראש הזיי"ן, וג' תגין עליה, **ולא** יותר רחב מראש הזיי"ן, דלא תהוי דומה לבי"ת אם יהיה רחב מעט יותר, **ומטעם** זה יעשה ג"כ מושבה למטה משוך לצד שמאל היטיב יותר מן הראש, כדי שלא יתדמה לבי"ת או לכ"ף, [ואפשר דהוא לעיכובא, **ואם** המשיכה כ"כ עד שעי"ז נראה התיבה כב' תיבות, פסול].

וצוארו הנמשך מאמצע ראשו, יהיה לכתחלה קצת עב, וארוך קצת, ומוטה לצד ימין, כדי להסמיך אות אצל ראשו.

ותהיה הנו"ן לכתחלה עגולה למטה לצד ימין.

אם עשה הנו"ן כפופה למעלה צורת וא"ו, דהיינו שמשך הצואר מקצה ראשו, הניח הפמ"ג בצ"ע, **ומנחלת** דוד משמע דכשר בדיעבד.

ועכ"פ נראה פשוט, דאף לדעת הפמ"ג מהני תיקון, ואפילו בתו"מ, (**ולא שייך בזה שלא כסדרן, דצורתן עליה מיקרי, דהכל מורגלין בנו"ן כזה**), **ולא** מועיל בהוספת דיו מצד ימין לבד, דא"כ יהיה ראשו רחב מראש הזיי"ן, ואין לעשות כן, **אלא** שיגרור תחלה קצת מראשו לצד שמאל, ולא הרבה, כדי שישאר עדיין תמונת נו"ן עליו, (**דאם יגרור הרבה יאבד תמונתו, וכשיתקן אח"כ יהיה בזה שלא כסדרן, ולא שייך בזה חק תוכות, כיון דאין מתכשר ע"י גרירה לחוד**), **ואח"כ** יוסיף עליו דיו לצד ימין, לעשותו כמו ראש הזיי"ן, (**דאם יעשה בהיפך, ויהיה רחב הרבה, אפשר דעי"ז יקרא אבד עיקר תמונתו, דאין הכל מורגלין בכזה, ולא יועיל אח"כ מה שיגרור מצד שמאל**).

צורת אות נו"ן פשוטה - אות נו"ן פשוטה, תואר צורתה כמו זיי"ן, וג' תגין על ראשה, **אך** שהיא ארוכה כשיעור שתהא ראויה להעשות נו"ן כפופה אם תכפפנה, דהיינו לא פחות מד' קולמוסין עם גגה, **ואם** עשאה קצרה, מראין לתינוק דלא חכים ולא טיפש, ואם קראה זיין פסולה.

ואם משך הקו הארוך מקצה ראשו, ועשאו כצורת וא"ו ארוכה, הפמ"ג הניח בצ"ע, **אך** שאר האחרונים הסכימו בזה לפסול.

צורת אות סמ"ך - אות סמ"ך תהיה למעלה ארוכה, דהיינו שתהא גגה שוה לכתחלה, [כי תמונתה כמו כ"ף וא"ו], ולמטה מושבה קצר, כי צריכה להיות עגולה מג' זויותיה, דהיינו למעלה מצד ימין, ולמטה משני הצדדים.

ויסתום אותה לגמרי, וגגה למעלה יהיה לכתחלה עובר חוץ לצד שמאל, כשיעור גג הוא"ו.

צורת אות עיי"ן - אות עיי"ן, אות ראשון כעין יו"ד, [דאם הקו שוה, פסול אפי' בדיעבד], **ופניה** קצת כלפי מעלה לכתחלה.

וגופה משוך תחתיה בעמידה קצת, דאם ממשיכה הרבה באלכסון, לא יהיה יכול להסמיך אות אחר אצל עיי"ן אם יזדמן, [**ואם** לגמרי בעמידה אינה תמונת עיי"ן כראוי, וצ"ע אפי' לענין דיעבד].

ובה תהיה זיי"ן עומדת בשווה [לכתחילה], נוגעת בירכה למטה מחציה [לכתחילה], ויעשה על ראש הזיי"ן ג' תגין, [**ונ"ל** שעיקר תמונת ראשה, שהיא כזיי"ן עובר למעלה משני הצדדים, אינו מעכב בדיעבד, דבעינן רק שיהא ניכר הראש, ולא יהיה קו שוה].

ועיין לעיל בסוף אות א', לענין אם נגעו הראשין יותר ממקום דיבוקם.

ומאוד יזהר שלא יגעו הראשים זה בזה, **ובדיעבד** אם נגעו זה בזה כחוט השערה, אם מהני גרירה, עיין לקמן בסוף אות שי"ן.

צורת אות פ"א כפופה - אות פ"א כפופה, צריך להיות לה לכתחלה למעלה בצד ימין זוית מבפנים, וגם מבחוץ יהיה כזוית קטן.

ותהיה משוכה קצת לאחוריה, שתהיה עגולה מבחוץ, [גם זה רק לכתחילה], **וכן** למטה תהיה עגולה מבחוץ, וכמו כל הכפופות שצריך להיות עגולה למטה לכתחלה.

אבל מבפנים יהיה לה זוית כדי שיהיה בלובן שבפנים צורת בי"ת, [גם זה אינו מעכב בדיעבד].

ותהיה רחבה קולמוס וחצי, כדי לתלות בה הנקודה שבפנים, שלא תגע בהאות גופה.

ולא כמה שנהגו איזה סופרים, לעשות עקב מבחוץ בצדה, ואומרים שזה להטיב הבי"ת לבן מבפנים, כי הוא ממש אות שבור, ובאמת צריך להיות עגול מבחוץ כמו שכתבנו, ורק בפנים צריך להיות בי"ת לבן, **ומה** שנהגו כך, מפני שאינם יודעים ההרגל לעשות, לתפוס הקולמוס באלכסון, ולהמשיכה מעט לאחוריה הקולמוס בפנים, שעי"ז נעשה לה זוית בפנים, ע"כ יצא להם הטעות לעשות עקב מבחוץ, **ובאמת** מי שאינו יודע לעשות כמש"כ, יותר טוב לעשות בי"ת מבפנים בלא עקב, רק בזוית לבד, ממה שיעשה פ"א שבור מבחוץ, **כי** אפילו בתמונת הבי"ת גופא, העקב לא לעיכובא הוא כלל, וכ"ש בזה שלא נזכר עקב כלל, בודאי לא נכון הוא לעשות עי"ז הפ"א שבור.

ויהיה לה עוקץ על פניה לצד שמאל, [גם זה לכתחילה], ויורד למטה אל הנקודה שבתוכה, ותהיה הנקודה תלויה בה, **כי** הנקודה ומשך עוקצה יהיה בתמונת וא"ו כשיהפוך הפ"א, ומה"ט תהיה הנקודה למטה לצד שמאל עגולה, כתמונת ראש הוא"ו.

ומה שנהגו לכתוב משוכה מסוף גגה מעט, והנקודה עושים בזוית ולא עגולה, הם מקלקלים הוא"ו לגמרי, **ואם** לא תלה הנקודה בהעוקץ שעל פני הפ"א, והרחיקה מקצה הגג לבפנים, **יש** להסתפק בו, ודינו כמו בה' שתלה רגל שמאלו באמצע הגג, וכנ"ל באות ה"א.

ולא תגע הנקודה בשום מקום מבפנים, ואם נגעה פסולה.

גם יזהר בהנקודה שלא תהיה הפוכה לצד חוץ, דאל"ה צ"ע אפילו דיעבד.

ואם לא נגעה הנקודה בגגה, ותינוק קראה פ"א, יש לתקן, ותיקון מועיל אפילו בתו"מ.

ואם לא עשה הנקודה רק קו שוה, עיין לעיל סוף אות אל"ף.

צורת אות פ"א פשוטה - אות פ"א פשוטה צריך לעשותה לכתחלה בזוית למעלה, כמו שהכפופה היא למעלה.

גם צריכה להיות ארוכה לכתחלה, כשיעור שתהא ראויה לעשות פ"א כפופה אם תכפפנה, **ובדיעבד** אם יש ברגל ימיני, מכנגד מקום הנקודה ולמטה, כמלא יו"ד, די בכך, **ומ"מ** אם נמצא כן בס"ת ואפילו בתפילין, לכתחלה

מחבר רמ"א משנה ברורה

בודאי חייב לתקן האות ולהשלימו כדין, ואין בזה משום שלא כסדרן, כיון דבלא התיקון הוא כשר.

עשיית נקודת הפ"א ועוקצה, הוא הכל כמו בכפופה.

גם יזהר שלא תהיה הנקודה הפוכה לצד חוץ, כדי שלא תדמה לתי"ו.

אם לא נגעה הנקודה בגג, או שהרחיק הנקודה מקצה הגג לבפנים, הכל דינו כנ"ל בכפופה.

צורת אות צד"י כפופה - אות צד"י כפופה, תמונתו כמו נו"ן כפופה, ויו"ד ע"ג.

הראש הראשון שמימין שהוא כעין יו"ד, יהיה פניה נוטה קצת כלפי מעלה [לכתחילה].

וידבק רגל היו"ד דיבוק טוב בצואר הצד"י, ומאוד יזהר להדביק באמצע הצואר, ולא למטה, שלא תדמה לעיי"ן.

וראשה השני יהיה כמין זיי"ן נוטה לכאן ולכאן, כי אין להמשיך הצואר מקצה הראש, כי אם מאמצעו כמו בנו"ן לעיל, [ומ"מ אינו מעכב בדיעבד]. וג' תגין על ראשה.

והצואר יהיה קצת עב, וארוך קצת, ומוטה לצד ימין, כדי להסמיך אות אצל ראשה.

ומושבה התחתון יהיה משוך לכתחלה לצד שמאלה היטיב יותר מן שני הראשים, **ותהיה** לכתחלה עגולה למטה בצד ימין, כמו כל הכפופות.

ואם לא נגע היו"ד בהנו"ן, עיין בסימן ל"ב סכ"ה.

ואם הראשים נוגעים יותר ממקום דיבוקם, דהיינו שאין ניכר הראש אלא קו שוה, עיין לעיל בסוף אות א'.

ויזהר מאד שלא יגעו הראשים זה בזה, ובדיעבד עיין בסוף אות שי"ן.

צורת אות צד"י פשוטה - אות צד"י פשוטה יהיו ראשיה כמו בשל כפופה, והיא מורכבת ג"כ מיו"ד ונו"ן, ואך מנו"ן פשוטה, ע"כ גופה פשוט כמו אות נו"ן פשוטה.

ושיעור אורכה, שתרד למטה מדיבוק הראשים, לכתחלה, בכדי שיהא ראוי לעשות צד"י כפופה, **ובדיעבד** פסק הפמ"ג, שאם הוציא ממקום דיבוק היו"ד לנו"ן רק כמלא יו"ד, כשר, **אבל** אם לא נשאר כמלא יו"ד, צ"ע.

אם נגעו הראשים יותר ממקום דיבוקם, או שנגעו זה בזה, או שנפסק בין היו"ד להנו"ן, דינו כמו בכפופה.

צורת אות קו"ף - אות קו"ף יהיה גגה שוה [לכתחילה], **ותג** קטן צ"ל על גגה בצד שמאל על פניה לכתחלה, **ויעשה** הקוץ דק, כדי שלא יקלקל בזה תמונת הקו"ף, דהיינו שלא יראה עי"ז כלמ"ד מצד אחד, **ובספר** מעשה רקח כתב, דמטעם זה יעתיק התג מקצה הגג.

וירכה הימנית צ"ל למטה כפוף היטיב לצד רגל שמאל, כמו צורת כ"ף כפופה, **אך** שתהיה קצרה הרבה מן הגג, (**ובדיעבד נראה אפילו כפוף מעט די**).

ורגל השמאלית תלויה בה, והיא כצורת נו"ן פשוטה, אך שקצרה מעט, **וע"כ** תהיה ראשה עב, ומתמעט והולך כמו בנו"ן.

ויש לכתחלה למשוך רגל שמאל התלויה באלכסון קצת לצד ימין, **ולא** ירחיקנו לכתחלה מן הגג יותר מעובי הגג, **ומאד** יזהר שלא יגע הרגל להגג או לירכו שבצדו, ואף לא יהיה סמוך להגג לכתחלה, אלא יהא בינו לבין הגג חלק כ"כ, בכדי שאדם בינוני יכירנו היטב מעל ס"ת שע"ג בימה כשהוא קורא בו.

ולא יהיה הרגל נגד אמצע הגג, אלא בסופו בצד שמאל, **ואם** נגע הרגל בגגו וה"ה בירכו שבצדו, או שעשה הרגל באמצע הגג, הכל דינו כמו באות ה'.

ואם אורך הרגל השמאלי הוא רק כמו יו"ד מכנגד מקום הכפיפה ולמטה, כשר בדיעבד.

צורת אות רי"ש - אות רי"ש גגה שוה לכתחלה, **ומאוד** יזהר שתהיה עגולה ממש מאחוריה, כדי שלא תדמה לדלי"ת, ואם נראית כדלי"ת פסולה, **ואם** ספק מראין לתינוק.

וירכה יהיה קצר, כדי שלא תדמה לכ"ף פשוטה, **וגגה** ארוך כאורך ב', כדי שלא תדמה לוא"ו, **ובדיעבד** אם יש ספק מראין לתינוק.

ואם עשה רגל הרי"ש קצר כמו יו"ד, די בזה בדיעבד.

צורת אות שי"ן - אות שי"ן יש לה שלשה ראשים, ראשה הראשון עם ירך הנמשך ממנו, הוא כעין וא"ו, ופניה כלפי מעלה קצת.

והראש השני יהיה כעין יו"ד, ופניה כלפי מעלה, ועוקץ קטן עליה לכתחלה, **והראש** השלישי צריך

לעשותו בתמונת זיי"ן, וג' תגין עליו, **וכן** כל אותיות "ש"ע"ט"נ"ז "ג"ץ, ראשם השמאלי הוא כזיי"ן.

הראש השמאלי הזה יהיה לכתחילה ירכו ממש בעמידה, וימשיך אליו הירך מן הראש הראשון, בשפוע למטה עד מקום חודו, **וירך** הראש השני ג"כ ימשיך בשפוע לצד שמאל למטה, עד שיהיו השלשה ראשים מחוברים למטה במקום אחד.

ואם היו"ד האמצעי לא נגעה בשוליה, או אם יש הפסק באיזה מהראשים, מבואר דינו לעיל בסי' ל"ב סכ"ה.

ויזהר שלא יגעו הראשים זו בזו, ואם נגעו אפילו כחוט השערה, פסול, **ולענין** תיקון, עיין בספר משנת אברהם שכתב, דרוב הפוסקים סוברים דמהני בזה גרירה, דלא מיקרי נשתנית צורתה עי"ז, ורק החסרון הוא משום דאינו מוקף גויל באותו מקום עי"ז, ולכך מהני גרירה אח"כ, **ולי** נראה אחרי דיש ג"כ הרבה מהפוסקים שמחמירין בזה, אין להקל רק בתו"מ אם כתב אחריו, דלא מהני בהו שלא כסדרן, **משא"כ** בס"ת, צריך לבטלו מצורת אות ולהשלימו.

ולא יהיה מושב השי"ן רחב ולא עגול, אלא חד, ואז יהיו כל הג' ראשים עומדים למטה על רגל אחד, כקו"ף ורי"ש, **ובדיעבד** אם עשה מושב השי"ן רחב, נשאר הפמ"ג בצ"ע.

אם כתב שי"ן של ד' ראשים, פסולה, **ולא** די בגרירת ראש אחת, דהוי חק תוכות, אלא צריך לבטל האות ולהשלימה, **ובתו"מ** אם כתב לאחריה אין מועיל תיקון, דהוי שלא כסדרן.

אם נגעו איזה מהראשין יותר ממקום דיבוקם, דהיינו שאין ניכר הראש אלא קו שוה, פסול, ואין תינוק מועיל בזה.

צורת אות תי"ו - אות תי"ו יהיה גגה עם רגל ימין כמו דלי"ת, **ורגל** שמאלו, יש שעושין בתוך התי"ו כעין וא"ו הפוכה, ויש שעושין כעין דלי"ת קטנה הפוכה, **וכל** מקום שהלכה רופפת בידך הלוך אחר המנהג, **וכ"ז** לכתחלה.

ורגל שמאל יגיע למעלה, כי כל האותיות שלימות גוף אחד, **וימשיך** להרגל בתוך התי"ו, כדי שיהיה סוף רגלה השמאלי כנגד סוף גגה, ולא בולט סוף הרגל לחוץ, כדי שיהיה יוכל להסמיך אליה אות אחרת מלמעלה למטה, **גם** לא יהיה הגג בולט להלאה מרגלה, **ובדיעבד** אם גגה עוברת להלאה מרגלה, והרגל באמצע, דינה כמו שנתבאר לעיל באות ה"א.

אם עשה רגל התי"ו קו שוה, ולא בולט סופו לחוץ, עיין לעיל בסימן ל"ב בסוף סי"ח ובמ"ב.

אם עשה רגל השמאלי קצר כיו"ד קטנה הפוכה בתוך התי"ו, י"ל שנשתנה כפ"א פשוטה ופסולה, **ואפילו** אם הגג רחב כפלים כירך, דפ"א פשוטה אין שיעור לרגלה, רק לכ"ף פשוטה יש שיעור לרגלה, כפלים כגג, שלא תדמה לרי"ש או לדלי"ת.

ורגל ימין יהיה קצר, שאם יהיה ארוך, שמא תדמה לתינוק דלא חכים ולא טיפש לפ"א פשוטה.

ואם רגל הימיני של התי"ו נפסק, ואין בו רק כמלא יו"ד, כשר, **ולפי"ז** ה"ה אם לכתחלה לא עשה רק כמלא יו"ד, כשר, כמו לענין ה"א, **ואם** הראינו לתינוק, והתינוק לא קראה לאות, צ"ע בזה.

כל אות שיש בה ספק, שמא אין בה כשיעור הראוי בענין שהיא פסולה, או שמא אין צורתה עליה בענין שהיא פסולה, מראין לתינוק שאינו לא חכים ולא טיפש, ואם יודע לקרותה כהלכתה כשרה, וא"צ תיקון.

אבל אם ידוע לנו שאין האות כהלכתה, אפילו אם הקלקול הזה נעשה לאחר הכתיבה, אין קריאת התינוק מועלת, כמו שנתבאר בסי' ל"ב סט"ז, וע"ש בסכ"ה, באיזה דבר מועיל תיקון.

אם יש הפסק באותיות הפשוטות, כגון וא"ו ונו"ן פשוטה וכדומה, שיש הפסק באורך האות, וצריך להראות להתינוק, צריך לכסות לו מה שלמטה, **וכל** שכן אם נשאר רושם החלודה למטה, דכו"ע מודים דצריך לכסות, שהתינוק יטעה לצרף זה להאות.

הלכות תפילין
סימן לז – זמן הנחת תפילין

§ סימן לז – זמן הנחת תפילין §

סעיף א - גדול שכר מצות תפילין - שכל המניחן מאריך ימים בעוה"ז, שנאמר: ד' עליהם יחיו, כלומר אותם שנושאים שם ה' עליהם בתפילין יחיו, **ומובטח** שהוא בן עוה"ב, ואין אש של גיהנם שולט בו, וכל עונותיו נמחלין לו - טור בשם השמושא רבא.

וכל מי שאינו מניחם הוא בכלל פושעי ישראל בגופן - פי' אפילו מניעתו הוא רק לפרקים, וכ"ש אם מבטל תמיד ממצוה זו, **והפמ"ג** הביא בשם נ"צ, דאפילו מי שביטל מתפילין יום אחד, הוא ג"כ בכלל פושעי ישראל.

ודינו פסוק בש"ס ר"ה י"ז, דאפילו הוא איש בינוני, דדרכו של הקב"ה להטות הכף כלפי חסד, מכיון שנמצא בתוך עונותיו עון זה, כף חובה מכרעת, והוא מוכרח לירד לגיהנם, **ואם** ח"ו ג"כ עונותיו מרובין מזכיותיו, נידון בגיהנם י"ב חודש, ואח"כ גופן כלה ונשמתן נשרפת, ורוח מפזרת אפרן תחת כפות רגלי הצדיקים, **וע"ש** בתוס', דכ"ז בשלא עשה תשובה.

ודוקא שאינו מניחן בשביל שהמצוה בזויה בעיניו, אבל הירא להניחם משום דבעי גוף נקי, ושמא לא יזהר בקדושה כראוי, אע"ג דעבירה היא, דבקל יכול אדם ליזהר בשעת ק"ש ותפלה, מ"מ לא הוי בכלל פושעי ישראל, **וכ"ש** אם המצוה תמיד חביבה עליו, ונזהר שיהיה גוף נקי, אך עתה אית ליה אונס חולי שאין גופו נקי, לכו"ע אין עליו דין פושעי ישראל כלל, **ודע** דכתב הב"ח, דאפילו אם אין המצוה בזויה בעיניו, אך ממנע מלהניחם מפני ביטול מלאכה, או שאר הפסד ממון, או מחמת עצלות, ג"כ הוא בכלל פושעי ישראל בגופן, אך דיש חילוק בניחם לענין עונש, עי"ש.

ודבר זה הוא תוכחת מגולה לאותן אנשים, שמפני עצלותן מצוי שיהיו תפיליהן מונחין על מצחן ולא על הקרקפתא, וגם השי"ן אין מונח על מקומו כדין, **דהלא** זה הוא כמי שלא הניח כלל, וכבר זירז ע"ז ג"כ אותנו הפמ"ג, שכתב דתפילין שמונחין שלא במקומן, הרי הם כמונחין בכיסן.

ויען כי גדול כח המצוה כ"כ, ולהיפך העונש ר"ל, לכן יזהר כל אדם לקנות תפילין מסופר מומחה וי"ש ובעל תורה, וכן רצועות יקנה מאיש נאמן, כדי שיהא בטוח שנעבדו לשמן מעורות טהורות, **כי** מי שהוא מניח תפילין פסולים, לא לבד שאינו מקיים המצוה, אלא שמברך כמה וכמה ברכות לבטלה, שהוא עון גדול, **ובעו"ה** רבה המכשלה במה שקונים תפילין ורצועות ממאן דהוא לפי שמוכרים בזול, ורובן אינם מרובעין, ועוד יותר קלקולים שמצוי בהם בעת כתיבתן, **וכל** ירא שמים יתן אל לבו, אם על מלבושיו וכליו הוא מהדר שיהיו כתיקונם, מכ"ש בחפצי שמים שלא יצמצם ויחוס על הכסף, אלא יהדר לקנות אותן שהם בודאי כשרים אף שמחירם רב.

וכתב הד"מ בשם המרדכי, יש לאדם להדר אחר תפילין נאים, שנ': זה אלי ואנוהו, דהיינו שכתבן לבלר אומן, בכתב נאה, ובדיו נאה, ובקולמוס נאה, וקלפים נאים.

סעיף ב - מצותן להיותם עליו כל היום, אבל מפני שצריכים גוף נקי שלא יפיח בהם, ושלא יסיח דעתו מהם, ואין כל אדם יכול ליזהר בהם, נהגו שלא להניחם כל היום; ומ"מ צריך כל אדם ליזהר בהם להיותם עליו בשעת ק"ש ותפלה - דבזמן קצר כזה בקל יכול ליזהר מהפחה ומהיסח הדעת, והקורא ק"ש בלא תפילין כאלו מעיד עדות שקר בעצמו, **ואם** לא נזדמן לו אז, או שהיה חולה מעיים בשעת מעשה, כל היום זמנו, ומחויב להניחן עכ"פ כדי שלא יבטל יום אחד ממצות תפילין.

וזהו לכל אדם, אבל אנשי מעשה נוהגין ללמוד אחר התפלה בתפילין, **אך** יש ליזהר שלא לדבר בהם דברים בטלים, דמלבד איסור דברים בטלים, הוא בא עי"ז לידי היסח הדעת.

(**עיין** בפמ"ג שמסתפק אם מן התורה חייב כל היום, או מן התורה די ברגע אחד שמניח, **ומדרבנן** כל היום, ובטלוה עכשיו שאין לנו גוף נקי, **ומסיק** דעיקרן של דברים, **דאם** לא הניח יום א' כלל לתפילין, ביטל מ"ע, ובהניח רגע עליו קיים המצוה, אבל מצוה מן המובחר מן התורה להיותן עליו כל היום וכו', **ובספר** ישועות יעקב פסק, דמן התורה מצותן כל היום).

(ועיין בספר א"ר שמוכח מדבריו, דמי שיודע שיש לו גוף נקי, אין לו לפטור את עצמו ממצות תפילין כל היום, **ופשוט** דכונתו אם יודע שיוכל ליזהר את עצמו ג"כ מהיסח הדעת, דהיינו עכ"פ משחוק וקלות ראש, **ועיין** בספר מעשה רב שכתב, דאם חושש ליוהרא בפני הבריות, מותר בשל יד לבד, ומ"מ טוב לעשות של ראש קטן, והרצועות יהיה ג"כ מכוסות, מלילך בשל יד לבד, עכ"ד, **ואשרי** המקיים כדינו, כמשאחז"ל במגילה כ"ח: שאלו תלמידיו את ר"א במה הארכת ימים, א"ל וכו' ולא הלכתי ד"א בלא תורה ובלא תפילין).

(**ומנחם** עזריה כתב בתשובה, שתיקן להניחם שנית במנחה, ובערב שבת לא יניחם, של"ה).

סעיף ג - קטן היודע לשמור תפילין בטהרה שלא יישן ושלא יפיח בהם, הגה: ושלא ליכנס בהן לבית הכסא, חייב אביו לקנות לו תפילין לחנכו - במצות הנחתן, וכן ללמדו הדינים הנצרכים לזה, דקודם לכן אין רשאי להניח תפילין, ולאו חינוך הוא.

(**נראה** פשוט דלדעת המחבר, אם מאיזה טעם לא קנה אביו עבורו תפילין, כגון שלא היה יכול לשמרם בטהרה וכה"ג, ונעשה בנו בן י"ג שנים ויום אחד, שוב אין על אביו מצות חינוך, דאיש הוא וחייב מעצמו בכל המצות, **ואם** איש עני הוא, כל ישראל חייבים בזה).

(**ויש** לעיין אם יש לו ב' בנים, אם חייב לקנות תפילין עבור כל אחד, או שיוצא במה שיחנך מתחלה לבנו האחד, ואחר תפלתו יתנם לבנו השני, וכן ביש לו בן אחד, והוא משיג לשאול עבורו תפילין, או שיתן לו את תפליו לק"ש ותפלה בכל עת החינוך, דהיינו עד שיעשה לאיש, אם יוצא בזה, **דאפשר** מה דנקט הברייתא אביו קונה לו תפילין, היינו דוקא בזמנם, שהיו מניחין תפילין כל היום, ואין מצוי שישאיל אחד לחבירו תפיליו, משא"כ בזמנינו, תדע, דלא נקט כן בלולב, וצ"ע).

הגה: וי"א דהאי קטן דוקא שהוא בן י"ג שנים ויום אחד - היינו אפילו אם לא הביא ב' שערות, (פי' ואז תליא באם יודע לשמור תפיליו), **וכן נהגו, ואין לשנות** - וקודם לכן אין מניחו ללבוש תפילין אפילו אם ירצה, דבודאי אין יודע לשמור תפילין.

(ומה דאין נוהגין כהיום לדקדק בזה, (דבבן י"ג יהיה תלוי באם יודע לשמור תפיליו), אפשר דהרמ"א לא פסק לנהוג כוותיה רק לענין שלא יניח קודם בר מצוה, ולא לזה, **א"נ** דכ"ז דוקא בזמנם שהיו מניחין תפילין כל היום, וקשה ליזהר בשמירתן, אבל כהיום שאין מניחין רק בזמן ק"ש ותפילה, תלינן מסתמא בשנעשה י"ג שידע לשמור תפיליו, אם לא כשנדע שאין יודע לשמור תפיליו).

ועכשיו נהגו להניח ב' או ג' חדשים קודם הזמן, (**ועיין** בפמ"ג שמצדד לפסוק כמש"כ הב"ח, דעכ"פ קטן בן י"ב שנה הלומד תלמוד ומבין, יכול להניח תפילין, דעליו בודאי נוכל לסמוך, אם יודע לשמור את עצמו מהדברים הנזכרים בסמוך).

חרש המדבר ואינו שומע, או שומע ואינו מדבר, חייב להניח תפילין, **אבל** אין שומע ואין מדבר, אין מוחין בידו מלהניחם אם רוצה.

§ סימן לח – דין מי הם החייבים בתפילין והפטורים §

סעיף א - חולה מעיים פטור מתפילין - משום דתפילין בעי גוף נקי, **והוא** הדין מי ששתה משקה המשלשל. **הגה: אפילו אין לו צער** - אפילו אם הולך בשווקים וברחובות, **ואסור** לו להחמיר על עצמו בזה אלא בשעת קריאת שמע ותפלה, אם יודע שיוכל להעמיד את עצמו בגוף נקי.

אבל שאר חולה, אם מצטער בחליו ואין דעתו מיושב עליו, פטור - שמא מתוך הצער יסיח דעתו מהם, ואם רוצה להחמיר על עצמו רשאי, **ואם לאו חייב.**

מי שביטל מצות תפילין מחמת חולי, ועברו עליו ל' יום שלא הניחם, כשחוזר ומניחם א"צ לברך "שהחיינו".

מי שלבו ערום, דהיינו שהולך במכנסים לבד, ולמעלה הוא ערום, {ואין בכלל זה מה שבית הצואר פתוח}, לא יניח תפילין, **דאף** דלברך רשאי כיון שערותו מכוסה, אפ"ה אין נכון שיהא מגולה לבו ויניח תפילין.

סעיף ב - מי שברי לו שאינו יכול להתפלל בלא הפחה, מוטב שיעבור זמן התפלה ממה שיתפלל בלא גוף נקי (ועיין לקמן

קל הלכות תפילין
סימן לח – דין מי הם החייבים בתפילין והפטורים

סימן פ') - לאפוקי אם אינו יודע בבירור, בודאי אין לבטל אפילו תפלה בצבור משום זה.

ודוקא תפלה, משום דהוא כעומד לפני המלך, וגנאי הוא לעמוד להתפלל על דעת שיפסוק באמצע עד שיכלה הריח, **אבל** ק"ש וברכותיה מותר, אך בלי תפילין.

ואם יראה לו שיוכל להעמיד עצמו בגוף נקי בשעת ק"ש, יניח תפילין בין אהבה לק"ש, ויברך - ויקרא בהן "שמע" ואח"כ יחלצן, **ואם** יודע שאין יכול לעצור עצמו מלהפיח אלא בכדי שיוכל לחלוץ השל ראש, אפ"ה מותר להניח לכתחלה את שניהם, מ"א, **אבל** הפמ"ג מפקפק בזה.

סעיף ג - נשים ועבדים פטורים מתפילין, מפני שהוא מצות עשה שהזמן גרמא - דהא שבת ויו"ט לאו זמן תפילין.

וטומטום ואנדרוגינוס חייבין בתפילין מספק ככל המצות.

הגה: ואם הנשים רוצין להחמיר על עצמן, מוחין בידם - מפני שצריכין גוף נקי, ונשים אין זריזות להזהר.

עיין בפמ"ג שה"ה לענין עבדים, **ועיין** בספר תוספות שבת שכתב בהדיא להיפך.

סעיף ד - המניח תפילין צריך ליזהר מהרהור תאוות אשה - דבעינן גוף נקי גם ממחשבה רעה. **הגה: ואם אי אפשר לו בלא הרהורים, מוטב שלא להניחם** - ומ"מ יראה בכל היכולת לכוף את עצמו ולמשוך הלב ליראת שמים, כדי להסיח הדעת מדברי הבאי המזיקים לגוף ולנפש, ולפנות הלב לקבל עליו עול מלכות שמים בקדושה.

סעיף ה - אבל ביום ראשון אסור להניח תפילין - דתפילין נקראין "פאר" בפסוק, ואבל מעולל באפר, ואין נאה לתת פאר תחת אפר.

ואפילו ביום שנקבר שאינו יום המיתה, כיון שהוא יום ראשון לאבילות ולמנחמים, **וע"כ** אפילו אם נקבר בלילה, לא יניח תפילין ביום.

אבל אם מת או נקבר בחוה"מ, מניח תפילין בין בחוה"מ, ובין לאחר המועד, אף שהוא יום ראשון לאבילות, מ"מ כבר נחמוהו מנחמים במועד, **והפמ"ג** מפקפק בהנחה בחוה"מ, דמ"מ יום מר הוא לו היום הראשון, **ועכ"פ** צריך ליזהר שלא לברך עליהן, ובלא"ה המנהג שלא לברך על תפילין בחוה"מ.

וכן כשנקבר ביו"ט שני, יניח תפילין באסרו חג, דיו"ט שני עולה למנין שבעה, ויום שאחר המועד יחשב לשני.

וכן אם שמע שמועה קרובה, דהיינו בתוך שלשים אפילו ביום ל' עצמו, ג"כ דינו כיום הקבורה, **ולכן** אפילו אם שמע בלילה, לא יניח תפילין ביום, **ואפילו** בא לו שמועה קרובה כשכבר הניח תפילין והתחיל להתפלל, חולצן.

ואם שמע שמועה רחוקה, דהיינו לאחר שלשים, שאין האבילות רק שעה אחת, מותר להניח תפילין, וכ"ש שא"צ לחלצן, **וע"כ** אם בא לו השמועה באמצע פסוקי דזמרה וכה"ג, לא יחלוץ התפילין, רק יחלוץ מנעליו משום אבילות, **ואם** ע"י השמועה בא לידי בכי, צריך לחלצן.

מכאן ואילך חייב - דכתיב: ואחריתה כיום מר, ש"מ דעיקר מרירות הוא יום ראשון.

משמע דחייב מיד, ויש פוסקים דביום ב' אין להניח קודם הנץ, ע"כ מהנכון להמתין מלהניח עד אחר הנץ.

אפי' באו פנים חדשות - לנחם אותו, ומשמע דמניח לכתחלה, **אבל** האחרונים מסקי דאין להניח בפניהם תפילין עד שילכו להם, **אלא** דאין חולץ אם הניח קודם שבאו פנים חדשות.

סעיף ו - בט' באב חייבין בתפילין - דלא חמיר ת"ב משאר ימי אבילות, **(וע"ל סי' תקנ"ה)**.

סעיף ז - חתן ושושביניו (פי' ריעיו השמחים עמו), וכל בני חופה, פטורים, משום דשכיח שכרות וקלות ראש - ודוקא במקום החופה, דשם שכיח שכרות וקלות ראש.

בתשובת רמ"א כתב, דהאידנא שאף החתן חייב בק"ש ותפלה, כמו שכתב בסימן ע', ממילא חייבין החתן וכל בני החופה גם בתפילין, **ועיין** במ"א שמפקפק בדינו, ומצדד לפסוק כהשו"ע דפטורין מתפילין בעת המשתה, **וגם** לענין תפלה המיקל כדעת רש"י לפטור

בעת המשתה לא הפסיד, אם החתן מיסב אצלם, דאז הוי מצוה לדעת רש"י, **אבל** מדברי הגר"א בביאורו משמע, שאין להקל לענין תפלה, **ועיין** בעולת תמיד ובברכי יוסף שכתבו, דנתפשט המנהג כהרמ"א, שהחתן וכל סייעתו קורין ומניחין תפילין ומתפללין מיום הראשון עד יום השביעי.

סעיף ח - כותבי תפילין ומזוזות - (צ"ל: "כותבי ספרים תפילין ומזוזות" וכו'), **הם ותגריהם, ותגרי תגריהם** - הם הקונים מן הקונים למכור על יד על יד, **וכל העוסקים במלאכת שמים, פטורים מהנחת תפילין כל היום, זולת בשעת ק"ש ותפלה.**

אף שמרויחין מזה, ודוקא אם עיקר כוונתם כדי להמציאן למכור למי שצריך להם, אבל אם עיקר כוונתם רק להשתכר, לא מיקרי עוסק במצוה, (ומ"מ נ"ל, דאם כונתו לשניהם בשוה, מיקרי עוסק במצוה).

(ודע עוד, דלענין כתיבת סת"ם גופא, כמו שמצוי שהכותב כונתו להשתכר, מסתפיקנא לומר דאפ"ה מיקרי בכלל עוסק במצוה, דהוא תמיד בכלל עוסק במצוה, ואפילו אם אנו יודעין שעיקר התחלתו לכתוב היה רק בשביל שכר, ולולי זה לא היה מתחיל, מ"מ אמרינן דהשתא שכותב אין מכוין כלל רק שכותב סתם לשם מצות תפילין כדין, **משא"כ** בתגר, דאפילו אם נאמר דמה שהוא מוכר לאיזה אדם הצריך תפילין הוא בכלל עוסק במצוה, עכ"פ בשעה שהוא קונה התפילין מהסופר כדי לסחור בהם, אין שם לעת עתה עצם פעולת המצוה כלל בהמעשה גופא, **לכן** פירש"י הלוקחין כדי להמציאן למכור למי שצריך להם, ור"ל דאז ע"י מחשבתו שהוא לשם מצוה, מחשיב פעולתו לעוסק במצוה).

הגה: ואם היו צריכים לעשות מלאכתן בשעת ק"ש ותפלה, אז פטורין מק"ש ותפלה ותפילין - כגון שנזדמן לו קונה שרוצה לקנות סת"ם, והקונה רוצה לפרוש בים או בשיירא עכשיו, ואי אפשר לו להמתין עד שהסופר או התגר יקיים מצוה אחת שבאה לידו, כגון הנחת תפילין או ק"ש, וה"ה שאר כל המצות, ע"כ מותר לכתוב ולמכור לזה, אע"פ שעי"ז יעבור זמן המצוה - לבוש, **ומיירי** שכבר התחיל לכתוב קודם שהגיע זמן ק"ש, אבל משהגיע הזמן אסור להתחיל לכתוב, **אכן** לפי מה שציירנו מתחלה דא"א לו להמתין עד שהסופר יקיים ק"ש ותפלה, פשוט דאם הוא משער שישאר לו זמן לקרות, לכו"ע מותר הסופר לעשות לו מלאכתו, **ואם** יוכל לקרוא פרשה אחת מקודם יקרא.

(**ובדיעבד** אפילו אם התחיל באיסור, אעפ"כ אין צריך להפסיק, דמ"מ הרי עוסק במצוה).

(ולולי דברי הלבוש, היה אפשר לומר דכונת הרמ"א במה שכתב "שהיו צריכין", ר"ל דהסופר משער שיבוא היום לידו קונים הרבה, ע"כ הוא מקדים ומזרז עצמו לזה, **דאל"ה** מסתמא לא יעשה הסופר כן לכתוב תמיד יום ולילה, שלא ישאר לו מעט פנאי לשום מצוה, ואף לקבלת מלכות שמים ולתפילין).

(**ודעת** הרמ"א לפסוק כתלמודא דידן ולא כהירושלמי, ע"כ פטרו אף מק"ש ותפילה גופא, **ולא** כהמחבר, דלדידיה בכל גווני חייב בק"ש ותפילה, **ומשמע** מע"ת ומ"א דהלכה כהרמ"א).

דכל העוסק במצוה פטור ממצוה אחרת, אם צריך לטרוח אחר האחרת - ואפילו אם עי"ז לא יתבטל המצוה הראשונה, ואפילו אם המצוה השניה יותר גדולה, כיון שכבר התחיל לעסוק בראשונה, (דפטור אפילו ביכול לקיים שתיהן, **וטעם** הדבר כתב הר"ן, לפי שכל שעוסק במלאכתו של מקום, לא חייבתו תורה לטרוח ולקיים מצות אחרות, אע"פ שיכול אז לקיים כמה מצות, **וכן** החופר קבר למת פטור מכולם, **אע"פ** שנח מעט, שגם בשעת נוחו נקרא עדיין עוסק במצוה, שעי"ז יתחזק כוחו לחזור ולחפור, ולכן הוא פטור אז, אע"פ שיכול אז לתת פרוטה לעני העומד אצלו).

ודוקא עוסק במצוה, כגון בשעה שהוא לובש התפילין, או עוסק בתיקוני האבידה, כגון לשוטחה לצורכה או להשיבה לבעליה, וכל כה"ג, **אבל** בשעה שהוא מקיים מצוה, כגון שהוא כבר לבוש תפילין, או שומר אבידה שהיא מונחת כבר בתיבתו, וכל כה"ג, אע"פ שהוא מקיים מצוה, איננו עוסק במצוה, ולא מיפטר ממצוה אחרת עי"ז.

(**ההולך** להקביל פני רבו, או לפדות שבויים, הוא ג"כ בכלל עוסק במצוה, ופטור מכל המצות).

אבל אם יכול לעשות שתיהן כאחת בלא טורח, יעשה שתיהן – (ר"ל שאינו מוסיף טרחה כלל בשביל מצוה השניה, אלא טורח אחד לשתיהן, וכדרכו במצוה הראשונה יכול לצאת ידי שתיהן, אז בודאי יראה לצאת ידי שתיהן, ד"מהיות טוב אל יקרא רע").

סעיף ט - מצטער ומי שאין דעתו מיושבת עליו ונכונה, פטור, מפני שאסור להסיח דעתו מהם - ואפילו מצטער מפני הצינה, **ומיירי** בשא"א לו ליישב דעתו, אבל אם אפשר לו, חייב ליישב דעתו ולהניחן.

סעיף י - הקורא בתורה, פטור מהנחת תפילין כל היום, זולת בשעת ק"ש ותפלה - ר"ל שא"צ לפסוק מלימודו כדי להניחם, **אבל** קודם לזה חייב, (**והעולם** נוהגין להקל בזה, **ואפשר שטעמם**, שסומכין על הא דסימן ל"ז ס"ב), **גם** באמצע אם רוצה לפסוק ולהניח ג"כ רשאי, ויכול לברך עליהן, **שאע"פ** שפטור מלהפסיק בשבילן, מ"מ כיון שרוצה להפסיק מלימודו, הרי חייב בתפילין מיד שמפסיק.

אפשר דדוקא בתורה שבכתב, אבל לא בעוסק בגמרא, דתורה י"ל שהיא עצמה אות, שנזכר בה יציאת מצרים, [כ"כ המג"א, **והעולם** לא נהגו לחלק בזה, גם בביאור הגר"א משמע דלא ס"ל חילוק זה].

ואע"ג שמחוייב להפסיק מת"ת כדי לקיים כל המצות שחיובן עליו, שאני מצות תפילין, שעיקר תועלתה הוא לתורה, כדכתיב: ולזכרון בין עיניך למען תהיה תורת ה' בפיך, ע"כ מכיון שכבר עוסק בתורה מקודם, אין צריך לבטל תורה בשביל זה, **זולת** בשעת ק"ש ותפלה כדי לקבל עליו עול מלכות שמים, וגם שאז עדיין אינו עוסק בתורה ומחוייב להיות עליו תפילין.

והגר"א פסק, דדוקא מי שתורתו אומנתו, כגון רשב"י וחבריו, אבל כגון אנו צריכין להפסיק אף לתפילין.

(**ועיין** בביאור הגר"א שמשמע מדבריו, שאפילו לדעת חשו"ע דלא מחלק לענין תורתו אומנתו, לא מקילינן רק לענין שא"צ לפסוק מלימודו כדי להניחה, **אבל** אם הם כבר עליו שלבשן לק"ש ותפלה, או קודם שהתחיל ללמוד, אז צריך שיהיו עליו אף בעת הלימוד, ולא יסלקם באמצע, דומיא דמאי דפסק בהג"ה בסעיף הקודם, דהיכא דבלי טורח יוכל לעשות שתיהן, דצריך לעשות שתיהן).

סעיף יא - לא יחלוץ תפילין בפני רבו - היינו רבו מובהק דרוב חכמתו הימנו, **אלא יפנה לצד אחר מפני אימתו, ויחלוץ שלא בפניו** - דזלזול הוא שמגלה ראשו בפניו, **ולפי"ז** אפילו אם כבר חלץ רבו תחלה אסור, **ואם** מטה עצמו קצת לצד אחר, וזהיר מלגלות ראשו בפניו, נראה דיש להקל בכל גווני, כ"כ הפמ"ג, **וז"ל**: עיין מש"כ בט"ז הטעם, דהוה כמורה הוראה בפני רבו, דהם היו מניחין תפילין כל היום, וכי חולץ התלמיד תחילה מחזי כמורה הוראה, שהגיע העת לחלוץ תפילין, **דעכשיו** שחולצין תפילין אחר ובא לציון, לא שייך מורה הלכה, ודוקא כשחולצין סמוך לשקיעת החמה איכא טעמא מורה הלכה, וא"כ כל שחולץ לצד אחר ולא מגלה ראשו, שרי היום שאין חולצין התפילין סמוך לביה"ש – פמ"ג.

ועי"ש עוד דמשמע מיניה, דאם חולצן סמוך לחשיכה, יש להחמיר בכל גווני מלחלוץ אותם קודם שחלץ רבו, ‹אפי' מטה עצמו לצד אחר – שונה הלכות›, דנראה שמורה הלכה בפני רבו שהגיע זמנו לחלוץ.

סעיף יב - היה צריך לתפילין ומזוזה ואין ידו משגת לקנות שניהם, תפילין קודמים - דהיא מצוה שבגופו, ועוד דקדושת תפילין למעלה מקדושת מזוזה, **מיהו** לדידן שאין מניחין רק בשעת קריאת שמע ותפלה, אם אפשר בשאלה, מזוזה קודמת, דא"א בשאלה.

סעיף יג - מנודה ומצורע אסורים להניח תפילין - עיין בל"ח ובש"ך ובשארי אחרונים דפוסקים להיפך, **וכתב** הפמ"ג דיניחו בלי ברכה, **אבל** מביאור הגר"א משמע לכאורה, דצריכין לברך ג"כ.

§ סימן לט – מי הם הכשרים לכתוב תפילין ולקנות מהם §

סעיף א - תפילין שכתבן עבד או אשה - וה"ה טומטום ואנדרוגינוס דהם בכלל ספק אשה. **או קטן אפי' הגיע לחנוך** - וכיון דילפינן מקרא, בעינן שיהא דוקא גדול ממש, דהיינו שהביא ב'

הלכות תפילין קלג
סימן לט – מי הם הכשרים לכתוב תפילין ולקנות מהם

שערות אחר שהוא בן י"ג שנה, **אבל** אם ספק לנו אם הביא ב' שערות, פסול לכתוב, אם לא שנתמלא זקנו, דהיינו שיש ריבוי שער בזקנו אף שהם קטנים מאד, או שעברו רוב שנותיו, או שנולדו בו סימני סריס.

(**הא פשיטא לי**, **דע"י סיכי דיקני, שיש לו במקומות מיוחדות שער בזקנו, בודאי לא קרוי נתמלא זקנו, כי מיבעי לי לענין זקן מעט, דהיינו שיהיו נמצאים שערות גדולות משני צידי הפנים ומצד הסנטר, אפשר דזהו בכלל נתמלא זקנו בכל מקום, אפילו לענין דאורייתא, ומ"מ אפשר שיש להקל בזה, לפי שע"פ רוב רגיל לבוא סימן התחתון קודם שבא סימן זה העליון, לכן תלינן דמסתמא כבר בא התחתון, א"כ לפי"ז נתמלא זקנו הוא לאו דוקא, ולפי"ז אפשר לומר שגם סיכי דיקנא מהני להשוותו גדול לכל דבר, דמסתמא כבר הביא ב"ש, וצ"ע, היוצא מדברינו, עכ"פ קודם שיש לו קצת זקן בודאי אין להניחו לכתוב תפילין כ"ז שלא ידעינן שהביא ב"ש, אפי' אם הוא כבר בן י"ח שנה ויותר, ואף שהמ"א התיר, כבר השיגו עליו כל האחרונים, אך בדיעבד אם כתבן נער בר מצוה, ואין לפנינו לבדקו, צ"ע למעשה, אך בבן י"ח שכתבן, בדיעבד נראה דאין להחמיר, אחרי שיש מקילין אפילו לכתחילה**).

אך לענין גדול, אם אח"כ בדקנוהו ומצאנו שיש לו ב' שערות, תלינן שהיה לו ג"כ בעת הכתיבה, משא"כ בקטן, דאינו מועיל אז שערות, **ויש** לגעור בסופרים שמניחין לנערים לכתוב תפילין, ואין מדקדקין אם הביאו סימני גדלות או לא.

(**ואם כתבן חרש או שוטה, הניח הפמ"ג בפתיחה בצ"ע, דאפשר דעדיפי מקטן, ומהני אם אחרים עומדין ע"ג, ומרמזין לחרש ושוטה שיכתוב לשמן**).

או כותי - כצ"ל, דעו"ג בלא"ה פסול שאין כותב לשמה.

או מומר לעבודת גלולים - דבזה הוא כמומר לכל התורה, (**ומיירי שאינו אדוק בה, דאל"ה הו"ל אפיקורס וצריך שריפה**), **וה"ה** אם הוא מומר לחלל שבת בפרהסיא, **וכתב** הפמ"ג, דאפילו הוא מומר לחלל שבת בפרהסיא באיסור דרבנן, כגון מוקצה והוצאה לכרמלית, יש להחמיר עכ"פ לכתחלה שלא להניחו לכתוב סת"ם, **ואפילו** בדיעבד צ"ע.

אבל אם הוא מומר לשאר עבירות, קי"ל דמומר לדבר אחד לא הוי מומר לכל התורה כולה, **לבד** אם הוא עושה להכעיס, דבזה אפילו לדבר אחד דינו ככותי, **ויש** מחמירין יותר, דצריך גניזה (אולי צ"ל שריפה, שונה הלכות).

(**ולהכעיס מקרי היכא דהתירא ואיסורא קמיה, ושביק התירא ואכיל איסורא, דזה הוא בכלל להכעיס, אבל אם אינו מקפיד לברור ההיתר, והוא לוקח מן הבא בידו או היתר או איסור, עדיין אינו בכלל מומר להכעיס**).

וכ"ז אם הוא מומר לשאר עבירות, אבל אם הוא מומר לתפילין, שאינו מניח תפילין, אפילו אם אינו עושה זה להכעיס, פסול, דתו איננו בר קשירה, **לבד** אם היה לזה רק מומר לתיאבון, כגון שהלך אחר עסקיו, עדיין הוא בכלל בר קשירה.

וכ"ז הוא לענין דיעבד, אבל לכתחלה יש להחמיר שלא להניח לאיש כזה לכתוב סת"ם, כי יש מחמירין אפילו במומר לתיאבון, ואפילו באחרים עומדין ע"ג ואומרין לו שיכתוב לשמה, (**ובפרט אם הוא מומר לתפילין לתיאבון, נ"ל דבאיש כזה עכ"פ צריך שידעו בו שיודע הלכות כתיבות סת"מ, לענין חק תוכות וכדומה, דבאיש כזה לא אמרינן ביה רוב מצויין מומחין הן**).

(**ודע עוד, דנראה פשוט, דאם הוא מומר לתפלה אחת, ש"ר או ש"י, ג"כ תו לא הוי בכלל בר קשירה, דהרי כתיב בקרא אחד "וקשרתם" וגו' "והיו לטוטפות" וגו', ואיתקש ל"וכתבתם", ואעפ"כ אם הסופר רגיל לישא תמיד ש"ר על המצח, והתרו בו ואינו שומע לדבריהם, אף דעבירה גדולה עושה בזה, אפשר דאין למנוע מלכתוב סת"מ, דאולי רגע אחד היו על מקומן כדין, וא"כ תו הוי בכלל בר קשירה**).

(**ודע, דכל אלו פסולים דחשבינן, להכעיס או לעבודת גלולים או חילול שבת בפרהסיא, אפילו בפעם אחת פסול אם לא עשה תשובה**).

או מוסר לאנסין - עיין בה"ט, דאפי' בלתיאבון לבד, (כך סתמו הרבה מהאחרונים, אך הפמ"ג מפקפק בזה), **ואפילו** פעם אחת, (ועיין בפת"ש דכתב בשם חומות ירושלים היפך זה, וצ"ע).

פסולים, משום דכתיב: וקשרתם וכתבתם, כל שאינו בקשירה או אינו מאמין בה, אינו בכתיבה - ועבד ואשה וכותי אין מוזהר על הקשירה, (**וכותים אפילו אם נימא דגירי אמת הן**,

מחבר רמ"א משנה ברורה

הלכות תפילין

סימן לט – מי הם הכשרים לכתוב תפילין ולקנות מהם

ומוזהרין על הקשירה, מ"מ כבר פרקו מעליהן העול, ואינן מאמינין במצות, ומיקרי שאינו בקשירה, והוא הטעם בשארי דברים דקחשיב), **וקטן** אף שהגיע לחינוך, מדרבנן בעלמא הוא, **ובכל** אלו לא מהני אפי' גדול עומד על גבו ורואהו שיהיו לשמן.

וה"ה דפסולים ‹כל הני› לס"ת ומזוזה.

סעיף ב - כל שפסול לכותבן, פסול בכל תיקון

עשייתן - ודוקא שעושה מעשה בגוף התפילין, כגון חיפוי הבתים ותפירתן, וכ"ש עשיית השי"ן בעור הבתים, או להגיה איזה אות, דעתה הוא פסול וע"י הגהתו יוכשר, דזה הוא כתיבה ממש, (**ונ"ל פשוט דה"ה** כריכת שער על הפרשיות, דזה מעכב אפילו בדיעבד, וכ"ש צימצום הבתים והתיתורא שיהיו מרובעין, וכל כה"ג, דכ"ז הוא בכלל תיקון עשייתן, ומ"מ נ"ל, דקטן בן י"ג שנה שלא ידעינן אם הביא ב"ש, אין להחמיר בו בדיעבד לענין חיפוי ותפירה, אם עשיית השי"ן היה ע"י גדול, דבלא"ה הנו"ב מקיל בדיעבד אפי' בכתיבה).

אבל עיבוד הקלף איננו בכלל זה, וכשר ע"י עו"ג, וכ"ש ע"י אשה, **רק** דבעו"ג בעינן שיהיה ישראל עומד על גביו ויראה שיהיה לשמה, וכדלעיל סי' ל"ב ס"ט, וה"ה בקטן.

והשחרת הבתים והרצועות, עיין לעיל בסימן ל"ג, שבירנו שם דינם בעזה"י.

וגרירת דבק שבין אות לאות, לכתחלה יש ליזהר שלא לעשות על ידם, ובדיעבד אין להחמיר, דגרירה לא מיקרי כתיבה, ועיין היטב לעיל בסימן ל"ב סי"ח סק"פ, **וכ"ז** בתפילין דבעינן כסדרן, אבל בס"ת אם אפשר לגרור צדדי האותיות במקום שנגעו, ולחזור ולכותבן, יעשה, דזה מיקרי לכתחלה.

(וה"ה כגון שהיה הפסק גדול בתיבה, עד שהיה נראה כשני תיבות, והמשיך האות לפניה, כגון בתיבת "לאבותיך" המשיך הבי"ת, וכל כה"ג, כדי שיהיה נראה כְּתֵיבָה אחת, דזה מותר מדינא אפילו בתפילין דבעינן כסדרן, דזה איננו בכלל כתיבה, לכן מותר זה אפילו ע"י פסולין, **וכן** עשיית חתגין שעל שעטנ"ז ג"ץ, דגם בלא זה כשר בדיעבד, אין להחמיר בדיעבד גם בזה, וה"ה העברת קולמוס על איזו אות, דגם עתה יש שם אות עליו שרישומו ניכר, אלא ששומרו שלא יתמחק יותר ויפסל, דכ"ז אינו בכלל כתיבה),

(**ולכאורה** יש להסתפק, ביוד"י האלף והשין והעין שאין נוגעין, ותינוק דלא חכים ולא טיפש מכירם, וכן אם חסר קוץ השמאלי ביו"ד, אם מהני תיקון ע"י אלו הפסולין בדיעבד, מי נימא כמו דלענין שלא כסדרן מקילינן, ואמרינן דאין זה כתיבה חדשה, כיון דעיקר צורתו עליו, ה"נ לענין זה, ולא קרינן ביה: כל שאינו בקשירה אינו בכתיבה, **או** דילמא כיון דעכ"פ עתה האות פסול, וע"י תיקונן של אלו הפסולין יוכשר האות, פסול אפילו בדיעבד, **ולא** דמי לגרירה, דשם אינו עושה מעשה בגוף צורת האות כלל, וכן מסתבר).

(**כתב** הפמ"ג, דקשר של דלי"ת, ואף של יו"ד שבתפילין ש"י, יראה דאין לעשותם כי אם לשמה, ושלא לעשותם ע"י אשה וקטן, דבכלל כתיבה הוה כמו השי"ן שבשל ראש, ע"ש, **ונ"ל** דאין להחמיר בזה בקטן שהוא בן י"ג שנה, אם גדול עומד ע"ג ומצויהו לעשות לשמה, אף שלא ידעינן שהביא ב"ש, דבלא"ה יש הרבה מקילין בזה, **וכ"ש** דא"צ להחמיר הקטן הזה לעצמו בזה, דאם לא הביא ב"ש ואינו חייב במצות רק מדרבנן, הלא גם בתפילין אין חייב רק מדרבנן, **אך** הקשר שעשה הקטן הזה לעצמו קודם שנעשה בן י"ג, נ"ל דצריך להתירו לאחר שנעשה בן י"ג ולחזור לעשותו, דהרי יש הרבה פוסקים שסוברים דעתה מן התורה הוא בכלל איש, וחייב במצות מחמת חזקה דרבא, דכיון שהגיע לכלל שנים מסתמא הביא סימנים, וגם הלא עכ"פ כשיבדק אח"כ וימצא שיש לו ב"ש, הלא צריך לתלות שהביאם תיכף בזמנו, ונעשה גדול למפרע).

(**ודע** עוד, דלענין תפירת ס"ת ע"י נשים, וה"ה כל אלו הפסולין, יש הרבה מפקפקין בזה, ע"כ יש להזהיר מאד ע"ז, דלא כמו שנהגו איזה סופרים, להקל בתפירת ס"ת ע"י נשים בעת סיום הספר, **ובדיעבד** אם אפשר בקלות להתיר התפירות שתפרן האשה, ולחזור ולתופרן בהכשר, יחזור ויתקנם, דכיון דיודע המקומות, ואפשר לו לתקנם, הוי כלכתחלה גמור, **אבל** בלא"ה אין להחמיר בדיעבד, כן פסק המהר"ם לובלין, **ובעל** מגן האלף חולק עליו, ומצריך להתיר התפירות אפילו בדיעבד, **ובמקום** שהמנהג שנותנין לנשים לתפור הס"ת, וא"א לשנות המנהג, צריך להזהיר וליזהר שהתפירה ראשונה ואחרונה וגם באמצע, יעשה הסופר מקודם, ואח"כ יתן לנשים לתפור).

סימן לט - מי הם הכשרים לכתוב תפילין ולקנות מהם

ומי שנקטעה ידו השמאלית, אע"פ שאינו בקשירה, יכול לכתוב תפילין, דגברא בר חיובא הוא, אלא פומא הוא דכאיב ליה.

סעיף ג - גר שחזר לדתו מחמת יראה - שלא יהרגוהו, **כשר לכתוב תפילין** - ואף דבאמת היה לו למסור נפשו על אמונת ה', מ"מ לא יצא מכלל ישראל עי"ז, כיון דהיה באונס, **ועיין** במ"א שהעלה דאין להקל בזה, אפי' אם בצינעא הוא שומר את התורה, רק שבהנחת תפילין הוא מתעצל, דהלא עכ"פ אינו בקשירה, וכ"ש אם הוא מומר לכל התורה כולה, **אם** לא שמחמת פחד שלא יהרגוהו הוא ירא לקיים את התורה אפילו בצינעא.

עוד כתב המ"א בשם הד"מ, דאף דבס"ת, ממזר וגר תושב, והיינו שקיבל עליו ז' מצות בני נח, פסולים לכתוב, **אפ"ה** בתפילין ומזוזות אין לחוש, **וכל** האחרונים הסכימו, דגר תושב פסול לכתיבת סת"ם, דהא אינו בקשירה.

סעיף ד - תפילין שכתבם אפיקורוס, ישרפו - עם אזכרותיהן, דסתמו כשכותב לשם עבודת גלולים הוא כותב.

(**אפיקורס הוא האדוק לעכו"ם, לאפוקי יהודי שאינו מאמין לדברי רז"ל, שהגם שלענינים אחרים גם זה הוא בכלל אפיקורס, אבל לא לענין זה דישרף, ולענין דינא, סופר כזה נ"ל פשוט דצריך לגנוז פרשיותיו, דשמא לא עיבד הקלף לשמה, ושמא לא כתב הפרשיות והאזכרות לשמה, ושמא לא היה זהיר בדין חק תוכות, כיון דאינו מאמין בדברי חז"ל, וגם חשוד הוא להכשיל לאחרים, מיהו אי איתרמי שעמדו אחרים ע"ג וראו שנעשה הכל כהלכה, כגון שהוא לא כתב אלא איזו אותיות בהפרשיות אלו בפניהם, או בהיריעות של הס"ת, אפ"ה יש לעיין אם איש כזה הוא בכלל בר קשירה, אבל הלא ידוע דאם שביק התירא ואכיל איסורא אף בדבר אחד, תו הוי בכלל אפיקורס, ואנשים כאלו בזמנינו ידוע שאינם חוששין כלל למצות, ומצוי אצלם חילול שבת בפרהסיא ג"כ, וא"כ דינם כמו שמסיק הש"ך שם לענין קראים, ע"כ יותר טוב שימחקם ויכתוב אחרים תחתיהם, אך אם אינו יכול למחקם מחמת כסדרן, או באותיות השם, צ"ע למעשה**).

וי"א: יגנזו - דאין דרך אפיקורס להניח תפילין, ובודאי כתבו למכור לישראל, ואפשר שלא כתבו לשם עבודת גלולים, **ודעת** המחבר לפסוק כדעה א', לכן כתבו בסתמא, וכן דעת הט"ז והפרישה והגר"א בביאורו.

סעיף ה - נמצאו ביד אפיקורוס ואין ידוע מי כתבן, יגנזו - מספק, שמא הוא כתבן, אבל אין לשרוף מספק, דהלא כתיב: לא תעשון כן לה' אלהיכם.

סעיף ו - נמצאו ביד א"י ואין ידוע מי כתבם, כשרים - דסתם עו"ג אין בקיאין לכתוב, ובודאי ישראל כתבו, **ובפרט** במקומותינו שידוע שאין א"י יודעין לכתוב, אפילו בס"ת שנמצא בידן, מסיק הש"ך דלכו"ע כשרה, דתלינן דהא"י בזזו אותה.

סעיף ז - אין לוקחין תפילין ומזוזות וספרים מן הכותים, יותר מכדי דמיהן הרבה, כדי שלא להרגיל לגנבן ולגזלן - אבל במעט יותר משווין, דהיינו עד כדי חצי דינר בתפילין, ולפי ערך זה בס"ת, חייבין לקנות מהן, **ואף** דס"ת שנמצא ביד א"י י"א דיגנז {ביו"ד סימן רפ"א}, אעפ"כ חייבין לקנות מהם, ואפילו במעט יותר, וכדי לגונזן, בכדי שלא יבואו העו"ג לזלזל בהם, **ופשוט** דה"ה אם הם פסולין מחמת עצמם, ג"כ חייבין לקנות מהעו"ג כדי לגונזן, **אבל** בכתבן אפיקורס דטעונין שריפה, א"צ ליקח מהם.

ואף שאומר הרבה, אעפ"כ לא יסלק עצמו הישראל תיכף ממנו, ומחויב לעסוק אתו פן ישוה עמו, אך כשהעו"ג עומד על דבריו, מניחן בידו. **ומבואר** בש"ס, דאסור לומר לעו"ג שיתנם בזול יותר מדאי, דלמא ירגז העו"ג וינהג בהם מנהג בזיון.

(**ולענין כדי דמיהן, לכאורה דצריך לחשוב כמו אם היו התפילין כשרין, דהלא אם כתבו עו"ג ג"כ אין כדי דמיו שוה כלום, וע"כ מה דאיתא בש"ס "כדי דמיו ליגנז", היינו כמו אם היה ס"ת כשר, ומחמת זה לא יתרגל העו"ג, דהוא אין יודע שהס"ת זו אין שוה אצלנו כלום, א"כ פשוט דה"ה נמי בענינינו, וצע"ק**).

סעיף ח - אין נקחין אלא מן המומחה, שבקי בחסירות ויתרות - ופשוט דמי שהוא סופר קבוע לרבים הוא בכלל מומחה, **אבל** לא ממי שאינו מומחה, אע"פ שהלוקח רוצה לבדקן, לפי שיש לחוש שמא יתעצל בבדיקתן, מפני שטורח הוא לו להסיר התפירה ולחזור ולתופרן.

סימן לט – מי הם הכשרים לכתוב תפילין ולקנות מהם

ומזוזה וה"ה פרשיות של תפילין ניקחות אפילו שלא מן המומחה, ובתנאי שיבדקנה אח"כ.

סעיף ט - לקח ממי שאינו מומחה - בדיעבד, או שאין שם מומחה בעיר, **צריך לבדקן** - בחסירות ויתירות, וה"ה בתמונת האותיות אם הם כהלכה, **ואין** לחוש שמא עיבדן שלא לשמן, דהכל בקיאין בזה.

לקח ממנו מאה קציצות, בודק מהם שלשה קציצות, שתים של ראש ואחת של יד, או שתים של יד ואחת של ראש, אם מצאן כשרים, הוחזק זה האיש והרי כולם כשרים, ואין השאר צריך בדיקה - והוא שאומר שכתבן בעצמו, או שאומר שלקחן מאדם אחד, ותלינן שאותו האדם כתבן הכל בעצמו, כיון שהם בצבת א'.

ואם לקחן צבתים צבתים, חזקתם מאנשים הרבה הם לקוחים; לפיכך בודק מכל צבת ב' של ראש ואחד של יד, או ב' של יד וא' ש"ר.

המוכר תפילין ואמר שהיו של אדם גדול - ונראה דה"ה אם אמר שלקחן ממומחה, **נאמן** - דעד א' נאמן באיסורין, **ואינם צריכים בדיקה** - שחזקה על חבר שאינו מוציא מתחת ידו דבר שאינו מתוקן.

וכתב המ"א דעכ"פ בעינן שמכירין אותו שהוא מוחזק בכשרות, **ואם** ראינוהו שלבשן בעצמו, נאמן בכל גווני, דלעבור בעצמו בודאי אינו חשוד.

סעיף י - תפילין שהוחזקו בכשרות, אינם צריכים בדיקה לעולם - שכל זמן שחיפויין שלם הרי הן בחזקתן מן הדין, ואין חוששין שמא נמחקה אות מתוכן או ניקבה, **ומ"מ** נכון לבדקן, מפני שמתקלקלין מפני הזיעה. ‹**בתפילין** שבזמנינו העשויים בהידור אין לחוש לזה, ואדרבה ע"פ הרוב מצויים תקלות רק לאחר שנפתחו ותיקונם מחדש – הליכות שלמה.›

ואם אינו מניחן אלא לפרקים, צריכים בדיקה פעמים בשבוע - דחיישינן שמא נתעפשו.

הגה: ואם אין לו מי שיוכל לבדוק ולחזור ולתופרן, יניחם כך בלא בדיקה - ולענין ברכה, משמע מח"א דצריך לברך, **והטעם** נראה, משום דלא ראינו עליהן ריעותא ברורה, משא"כ בנשרו במים או שנתקלקל העור וכדלקמן, **ולמעשה** צ"ע.

ואם נקרע חיפוי הבתים, או שנשרו במים, צריכין בדיקה תיכף, שמא נמחק הכתב או נתקלקל, **וכתב** הח"א, דה"ה אם מונחים במקום לח, והכל לפי הענין.

וכל שצריך בדיקה מן הדין, ואין לו מי שיבדוק ויתפור אותם, מניחם בלא ברכה, דלא שייך אוקמיה אחזקה כה"ג.

המוצא תפילין מושלכין בגניזה בלא רצועות ופתוחים, יש לחוש שיש להם פסול נסתר, **אבל** אם מצאן דרך הינוח בכיסן, ליכא למיחש.

§ סימן מ – דין איך לנהוג בקדושת התפילין §

סעיף א - אסור לתלות תפילין - על היתד, מפני שהוא דרך בזיון.

בין בבתים בין ברצועות - בין שהבתים תלויות למטה, ובין שהרצועות תלויות למטה.

ומ"מ באקראי בעלמא, שאוחז התפילין בידו והרצועות תלויות למטה, אין להקפיד, **אבל** אם התפילין תלויין, אסור בכל גווני, **ואין** בכלל זה מה שהתש"ר תלוי באויר, ומחזיקן ביד ברצועות ומשימם על הראש, כי זהו צורך הנחתן, **ויש** מניחין הש"ר על הדף וכדומה בשעה שלובשין.

אבל מותר לתלותן בכיסן - וספרים, כגון ספרי תלמוד וכדומה, דומה לתפילין, **ומ"מ** ספרים או סידורי תפלות הקבועים בלוחות שבהם שלשלת של כסף, אסור לתלותן בם, שהלוחות אין דומות לכיס, לפי שהן מחוברות לסידור והרי הן כסידור עצמו.

וס"ת אסור לתלותה בכל גווני, אפי' כשהיא באה"ק ותולה האה"ק, **ועיין** בח"א שכתב, דאפי' כשאה"ק מחובר ביתידות לכותל, אסור כל שאין תחתיו עומד דבר מה.

נוהגים העולם להתענות כשנופל תפילין מידו על הארץ בלא נרתיקן, **וה"ה** כשנופל ס"ת אפי' בנרתיקן, **ועיין** בא"ר שכתב, דאפי' תפילין בנרתיקן, יתן פרוטה לצדקה.

(ביאור הלכה) [שער הציון] ‹הוספה›

הלכות תפילין קלז
סימן מ – דין איך לנהוג בקדושת התפילין

מותר לכתוב פסוקים בנייר ולתלותן בפתח ביהכ"נ.

סעיף ב - בית שיש בו תפילין, אסור לשמש בו מטתו - או לעשות צרכיו, (והוא מהדה"ח, וצ"ע מנין לו זה).

וה"ה חומשים או סדורי תפילות או שאר ספרים, בין בכתיבה או בדפוס, הכל יש בהם קדושה, ובעינן כלי תוך כלי, **ואפילו** אם הן כתב משיט"א, היינו שאינה כתיבת סת"ם, והוא רק כתב אשורי (אבל אינו מרובע, עיין בב"י אבה"ע סי' קכ"ו), **וכריכת** הספר אינה נחשבת לכיסוי, דהיא מגוף הספר, ובעינן עוד שני כיסויין.

כל המיקל בקדושת ספרים הנדפסין עתיד ליתן את הדין, דדפוס הוי כמו כתיבה - ט"ז, **אך** בתשובת חו"י נוטה להקל בזה בשעת הדחק, כשאין לו במה לכסות.

עד שיוציאם - בחדר אחר, או שמפסיק בפניהם במחיצה גבוה יו"ד טפחים.

או שיניחם בכלי תוך כלי - לאו דוקא כלים, דה"ה שני כיסויין, **ואם** פירש טלית או שאר כיסוי על הכיס של תפילין, אע"פ שהכיסוי אין מכסה רק למעלה ומן הצדדין, ולא למטה, אפ"ה שרי, (**אך אם שני הכיסויים** היה כזה, שלא היה מכוסה רק למעלה ולא למטה, צע"ק, והפוסקים לא הזכירו חילוק בזה), **והוא שאין השני מיוחד להם, שאם הוא מיוחד אפי' מאה חשובים כאחד** - לאו דוקא, וה"ה אם הפנימי אינו מיוחד והחיצון מיוחד, או ששניהם אינם מיוחדים, וכמ"ש בהג"ה, **ואינו** אסור כלי בתוך כלי רק אם שניהם מיוחדים.

הגה: ואם שניהם אינן מיוחדים להם, או שהפנימי אינו מיוחד להם והחיצון מיוחד להם, מותר (ועי"ל סי' ר"מ סעיף ו') - ההג"ה לא בא רק לפרש דברי המחבר, דלא נטעה בלישניה.

וכלי אחד אפילו אינו מיוחד לא מהני ואסור.

ואותן המניחין כיס התפילין והטלית לתוך כיס א' גדול, הרי גם הכיס הגדול נקרא כליין המיוחד להן, וצריך עוד כסוי על גבן, **אם** לא שמכסה בטלית על התפילין בתוך הכיס, דאז שרי, דהטלית אינו כליין, **וה"ה** אם כיס התפילין מחובר למעלה על הכיס הגדול, הרי צד השני של כיס הגדול אין נקרא כליין, ומועיל להן אם הפכן.

כתב המ"א, דה"ה במזוזה הקבועה לפנים בחדר, צריך כלי בתוך כלי, דהיינו שיכסה אותה בב' כסויין, ואחד מהם יהיה עכ"פ אינו מיוחד לה, **ואם** על המזוזה יש כסוי זכוכית, אף שהמזוזה נראית מתוכה, אפ"ה נחשבת כסוי אחד, ודי בפריסת סודר על המזוזה, דהא עתה לא מיתחזיא, וכ"כ הדה"ח, **אבל** לכו"ע לא מהני אם יכסנה עוד בזכוכית מלמעלה, אע"ג שמכוסה בשני כסויין, דהא המזוזה נראית מתוכן.

כתב בחכמת אדם: נ"ל דבין במזוזה או שאר ספרים, אם עשה מתחלה ב' כלים שיחשב אחד לכלי בתוך כלי, כגון שכרך המזוזה בנייר ואח"כ הניחה בתיק שלה, מותר, כיון שבתחלה כיון לכך.

סעיף ג - אפי' להניח בכלי תוך כלי, אסור להניחם תחת מרגלותיו; וכן אסור להניחם תחת מראשותיו כנגד ראשו, אפילו בכלי תוך כלי, ואפי' אין אשתו עמו - שהוא ג"כ דרך בזיון, (**ואפי'** אם היו כלי בתוך כלי קודם שנתנם תחת הכר, וכ"ש אם ע"י צירוף הכר נעשה כלי בתוך כלי).

אבל שלא כנגד ראשו, אם אין אשתו עמו, מותר - אפילו שלא בכלי כלל, רק שמניחן בענין שלא יתגלגלו משם לצדדין, כגון שמניחן בין כר התחתון לכר שתחת ראשו, שלא כנגד ראשו.

ואם אשתו עמו, צריך כלי בתוך כלי - דהיינו שמניחן בתוך כלי או כיס המיוחד להן תחת הכר, דהכר מיקרי כלי שני, **או** שיניחן בלי כלי כלל תחת שני כרין.

ולא התירו חכמים להניח תפילין תחת מראשותיו כשאשתו עמו, אפי' בכלי תוך כלי, אלא כדי שישתמרו מן הגנבים והעכברים, **ולפיכך** אם יש לו מקום אחר שמשתמרים שם, לא יניחם כלל במטה. **ומיהו** אם יש למעלה מראשותיו מקום יוצא מן המטה שהוא גבוה ג"ט, או נמוך ג"ט למטה מראשותיו, מותר להניחן עליו.

סעיף ד - אשתו עמו במטה ואינו רוצה לשמש, מקרי אין אשתו עמו - וט"ז אוסר להיות אשתו עמו במטה, עד שיניח התפילין כלי בתוך כלי, שמא ישכח וישמש, וכן משמע בביאור הגר"א, (**וראיתי** בס' מטה יהודא שכתב, דאפי' לדעת השו"ע, היינו אם

הוסכם אצלו שלא לשמש, ס"ל דלא חיישינן שמא ימלך, **אבל** בסתמא לכו"ע מיקרי אשתו עמו).

סעיף ה - להניחם במטה כנגד צדו, דינן כתחת מרגלותיו - שפעמים מתהפך במטה וישכב עליהן.

ספסלים שבבהכ"נ, שתחת הספסלים יש תיבה להצניע שם טלית ותפילין, י"א דאסור לישב על הספסלין, ויש מתירין, **אבל** כשיש חלל טפח בהתיבה פנוי, מותר ודאי לישב על הספסלין, **ובעל** נפש ראוי לו להחמיר שלא במקום הדחק גם בזה, כי תפילין יש להזהר בקדושתן מאד, **ואם** קבעו במסמרים לכותל, מותר לישב על הספסל.

סעיף ו - שכח ושמש מטתו בתפילין, לא יאחוז לא בבתים ולא ברצועות, עד שיטול ידיו, מפני שהידים עסקניות הן ושמא נגעו במקום הטנופת - ואח"כ יחלצם עד שיקנח הקרי, וכמש"כ ס"ז.

סעיף ז - ישן בהם וראה קרי, לא יאחוז בבתים, אלא יאחוז ברצועה ומסיר אותם - דבזה לא חיישינן כ"כ שמא נגעו במקום הטינופת, ולכך הקילו לאחוז ברצועה ולהסירה, כדי שלא להשהות התפילין על עצמו בעוד שהוא מטונף בהקרי.

הגה: עד שיקנח הקרי מעליו ויטול ידיו - אבל אח"כ מותר להניחן אע"פ שהוא טמא.

סעיף ח - הנכנס לסעודת קבע, חולצן - דיש לחוש שמא ישתכר בסעודה ויתגנה בתפילין, **ומניחן על השלחן עד זמן ברכה** - כדי שיהיו מזומנים לו לחזור ולהניחן בשעת ברכה.

וחוזר ומניחן – (ברמב"ם איתא דלובשן אחר שנטל ידיו מים אחרונים, ומסתמא טעמו כדי שלא ילבשם בידים מזוהמות, **ולא** הביאו האחרונים את דבריו, **ואפשר** שטעמם, דלפי מה דאנן פסקינן, דאפילו דיבור בעלמא אסור להפסיק בין מים אחרונים לבהמ"ז, כ"ש בזה).

(**והנה** לדינא, להמחבר לעיל בסימן כ"ה סי"ב, בודאי צריך לחזור ולברך, **ואפילו** לדעת הרמ"א דדעתו שם, דכשמסירן על דעת להחזיר מיד אין צריך לברך, והכא נמי הרי הסירו והניחו אצלו על השולחן על דעת לחזור ולהניחו בשעת בהמ"ז, מ"מ הרי כתבו שם, דכשמסירן על דעת ליכנס בהם לבה"כ, צריך לחזור ולברך לכו"ע, דמפני שאין רשאי לילך בהם לבה"כ, אידחי ליה שעה זו ממצוה, **וא"כ** ה"נ, כיון דגזרו חז"ל שלא ילך בעת הסעודה בתפילין, א"כ אידחי ממצוה, וצ"ע).

אבל לאכילת עראי אין צריך לחלצן - נראה דשיעור אכילת עראי הוא כביצה, וכדין סוכה בסימן תרל"ט.

בספר שולחן שלמה מסתפק, דאפשר דזהו דוקא מי שמניחן כל היום, אבל לא מי שדרכו להניח בשעת ק"ש ותפלה.

§ סימן מא – דין הנושא משאוי איך ינהג בתפילין §

סעיף א - הנושא משאוי על ראשו - זה מיירי בכל היום, לא בשעת ק"ש ותפלה, **חולץ תפילין של ראש עד שיסיר המשאוי, ואפי' מטפחתו אסור להניח על הראש שיש בו תפילין.**

ואם יכול לסלק המשאוי לצדדין שלא במקום התפילין, משמע מפמ"ג דמותר, **מ"מ** אם יש בהם משא ד' קבין, נראה שיש להחמיר אף בכה"ג.

ולהוציא זבל על ראשו, אפי' מעט ואפילו לצדדין אסור, דבכל גווני הוי בזה בזיון לתפילין שעל ראשו, **אם** לא כשמסלק אז התש"ר מעליו, שרי אף דנושא הש"י.

ואם הוא נושא משאוי על ידו במקום תפילין, דמסתמא מכוסין הן וליכא גנאי, א"צ לחלוץ, **כי** אם בשיש בהמשא ד' קבין, דאז מסתמא התפילין רוצצות עי"ז, **ואם** ירצה להוציא זבל על חיד, אפשר דאפי' אם התפילין הם מכוסים בבגדיו, איכא בזה בזיון להתפילין שעליו.

אבל דבר שדרכו ליתן בראשו, כגון כובע או מצנפת, מותר - אף דהוא מונח על התפילין אין בזה בזיון לתפילין, כיון שהוא דרך מלבוש, **אך** אם הכובע גדולה, יזהר שכובד הכובע לא יסיר את התפילין ממקום הראוי להן.

הלכות תפילין
סימן מא – דין הנושא משאוי איך ינהג בתפילין

הגה: ואפילו הכי אם הוא משאוי כבד ד' קבין והתפילין נדחקות, צריך להסירן - אין פירושו שהתפילין זזין ממקומן לגמרי, ואין מונחין כדין, דבזה פשיטא שאסור, ואפילו אם משאן קל, **אלא** ר"ל שמונחין במקומן בדוחק מחמת המשוי שמונח עליהם, ומקצר את מקומם, **והב"ח** מיקל בענין זה במצנפת וכובע.

ד' קבין - הם כ"ה לטראות ששוקלין בו הכסף בפראג.

§ סימן מב – אם מותר לשנות תפילין של יד לשל ראש §

סעיף א- אסור לשנות תפילין ש"ר לעשותן של יד - אפי' אין לו ש"י ויש לו שנים ש"ר.

אפילו ליקח רצועה מהם וליתן בש"י אסור - ופשוט דה"ה נרתק המיוחד לשל ראש, דגם הוא בכלל תשמיש קדושה כמו רצועה.

(וכ"ש ליקח מהש"ר איזה פרשה ליתן בש"י דאסור, **ואם** נמצא איזה פסול בפרשה אחת, **אם** מותר ליקח מהפרשה שלפניה לתנם בש"י, תלוי בזה, **אם** הפסול הוא מחמת שלא היה כתוב מתחלה איזה אות כדין, **או** שאר פסול אחר שהוא פסול מעיקרא, א"כ הפרשיות האחרות והרצועות עדיין הם בכלל חדשים, **ואם** הפסול נעשה מחמת יושנן, או שאר קלקול שנתהוה אח"כ, כבר חלה עליהם קדושה החמורה, ואסור לשנותם).

מפני שאין מורידין מקדושה חמורה לקדושה קלה, ושל ראש קדושתו חמורה, שרובו של שדי בשל ראש - דשם הוא השין והדלית, משא"כ בש"י דאין בו רק הקשר של יוד.

(בפמ"ג מסתפק, אם דינא דאין מורידין הוא מדאורייתא או מדרבנן, **ולבסוף** צידד לומר דהוא דאורייתא).

כתב המ"א, דאם נפסקה רצועה של יד סמוך לקשר, אסור להפוך ראש האחר למעלה, במקום שהוא חזק, ולעשות בו הקשר ש"י, והחתיכה שהיה בו הקשר, יקשור עתה לזו למטה, (יחברנה עתה ע"י קשירה לרצועה זו למטה – שונה הלכות), דמורידו מקדושתו, כיון שהיה בו הקשר והיוד, ועתה יעשה בו כריכות האצבעות, **אלא** אותה החתיכה צריכה גניזה, ואם אין הרצועה ארוכה כ"כ, אזי לא יעשה כריכות כ"כ סביב היד, **וכן** בשל ראש, אם נפסק מה שמקיף הראש, אסור להפוך מה שבתוך הקשר שיהיה חוץ לקשר (ויקשרנה שם – שונה הלכות), מטעם הנ"ל.

אמנם אם נפסקה הרצועה של ראש מבחוץ להקשר, ורוצה למשכה ולהורידה למטה, כדי שיהיה הרצועה שלימה בהשיעור המבואר למעלה בסימן ל"ג, י"א דיכול להורידה, אע"פ שמוריד קצת מקדושתה, שהרי מקום הקשר יהיה תלוי למטה, אין זה הורדה, דעכ"פ באותה חתיכה יהיה הקשר, **וי"א** דגם זה אינו נכון, דעכ"פ איכא קצת הורדת קדושה, **ולפי** דבריהם ה"ה בש"י, אם נפסקה הרצועה של יד סמוך להקשר, אפי' אם לא ירצה לקשור למטה החתיכה שנפסקה, אעפ"כ לא יהפוך תחתית הרצועה למעלה לעשות בו הקשר, דבזה מוריד העליונית של הרצועה קצת מקדושתה, שהיתה מתחלה קרובה אל הקשר, **ע"כ** יש להחמיר שלא להפוך כי אם בשעת הדחק, שאין לו רצועה אחרת, ובמקום שנפסק הוא רך וחלוש, שאינו ראוי לעשות ממנו הקשירה בזרוע, שיהא קרוב ליפסק, אז יש להפוך, (וכן בש"ר יש להקל בכה"ג כדעה ראשונה – שונה הלכות).

(**והח"א** מיקל עוד יותר בעני, ומכ"ש במקום ביטול מצוה, דהותר לחבר בשל יד למטה החתיכה העליונה שנפסקה, (והיינו שמקיל אפי' במה שהחמיר המ"א), **ואין** למחות במקום ביטול מצוה להמיקל, **ולפי האמת** טוב יותר שלא לעשות כריכות כ"כ, ולא יתבטל המצוה, **אך** נ"מ מדבריו לענין אם נפסק הרצועה ש"ר בתוך השיעור שמקיף הראש, שיהא מותר למשוך למטה את מקום שנפסק שיהיה עתה תחת הקשר, (ויקשרנה שם, והיינו הורדה שאינה באותה חתיכה, דבזה החמיר המ"א), **במקום שהוא עני או** שאין לו רצועה אחרת, **אך** לענ"ד הנכון יותר, שיחתוך מן רצועה אחת במקום שנפסקת חתיכה קטנה, דהיינו מה שהיה מקיף ממנה את הראש ומקום הקשר, **ויגנז, ושאר** הרצועה יחברנה בגידין אח"כ, **ויעשה הקשר במקום** השלם, **אך** יצמצם שלא יצא חוץ לקשר ממה שהיה בתחלה בתוך הקשר, ויהיה יוצא בזה אף לדעת המ"א).

אבל משל יד לש"ר, מותר לשנות - היינו שיעשה לה ד' בתים, ויכניס כל פרשה בבית שלה, **וה"ה** דמותר ליקח הפרשיות ורצועות מש"י לש"ר, (אף דש"י רגיל לכתוב בקלף א', מ"מ יצוייר דיכניסה בד' בתים).

קמ הלכות תפילין
סימן מב – אם מותר לשנות תפילין של יד לשל ראש

ואם היו חדשים שעדיין לא הניחם - על ראשו, אע"פ שזימנם והכינם לצורך הראש, הזמנה לאו מלתא היא, **מותר לשנות אפילו משל ראש לשל יד, שטולה עליהם מכסה עור אחד ונראים כבית אחד** - ואף שהם כתובים על ד' קלפים, ונתונים בד' בתים מבפנים, אין בכך כלום בדיעבד, (**ופשוט** דכ"ז דוקא מדוחק, באין לו ש"י ויש לו ב' של ראש, דאל"ה הלא לכתחלה צריך לכתוב ד' פרשיות של יד בקלף א').

(מזה דייק הפמ"ג, דאם כתב על קלף לס"ת, ונפסל ע"י שם וכדומה, דמותר לכתוב על הנותר תו"מ, דכתיבה ג"כ לא הוי כי אם הזמנה מעלייתא, ולא הוי כצר ביה ואזמניה, **ודלא** כא"ר שמחמיר בזה, **אח"כ** מצאתי בנו"ב שנשא ונתן בזה, והעלה דהמורה להקל, לכתוב אח"כ עליה תפילין, לא נשתבש, אבל במזוזה אין להקל).

משל ראש לשל יד – (היינו הפרשיות והבתים, דלדבר חול אסור לשנותם, כגון לכתוב על הגליונות דברי חולין וכל כה"ג, ואפי' תנאה לא מהני בזה וכדבסמוך, **ואפי'** לדיעות החולקים על הג"ה, וסוברים דהזמנה אפילו לגוף הקדושה לאו מילתא היא, זה עדיף, וכמו שפסק המ"א, דאם התחיל לכתוב על קלף או נייר, אסור לכתוב עליו דברי חולין, והטעם, דעדיף מהזמנה אחרת, אף דזה לא הוי ג"כ כי אם הזמנה, דאל"ה היה אסור להוריד אפילו לקדושה קלה, עם כ"ז עדיפא, דהוא בגוף הקדושה עצמה, **אבל** הרצועות דהוא רק תשמישי קדושה, מותר לשנותם אפילו לדבר חול, כיון שהם חדשים, וכמו עור המעובד לרצועות, מותר לשנותו אפי' לדבר חול, אפי' בדלא התנה, משום דלא הוי הזמנה רק לתשמישי קדושה, ולאו מילתא היא, **ולפי** דברי הרז"ה, הזמנה ברצועות מילתא היא, שלא לשנותה עכ"פ לדבר חול, **ואף** דרוב פוסקים חולקים עליו, ואין מחלקין בין רצועות לשאר תשמישי קדושה, מ"מ שלא במקום הדחק יש להחמיר).

(**ורצועה** חדשה שנתנה בתוך תפילין ישנים, לכאורה לא הוי זה ג"כ כי אם הזמנה עדיין, ושרי לשנותה, דלא נקראה בשם תשמיש קדושה כי אם כשהניחה פעם אחת על הראש, **והנרתק** שאני, דהתם נקראת תשמיש קדושה משום דהיא משמשת להקדושה שנכנסת בה, ע"כ משהכניס בתוכה התפילין כבר שימש להקדושה, **משא"כ** ברצועות, דנקראת תשמיש קדושה פשוט משום דהם משמשין להקדושה, שע"י האדם מניח לתפילין על ראשו ועל ידו, כל זמן שלא הניחן עליו עדיין לא נקראו בשם תשמישי קדושה, ולא הוי כי אם הזמנה, **ולמעשה** צ"ע).

סעיף ב- אם התנה עליהם מתחלה - בעת עשיית הש"ר, אפילו אם לא התנה רק אם יצטרך לעשות ממנו של יד שיעשה, מהני התנאי, **וכ"ש** אם הוא אומר שאינו עושה ש"ר אלא לפי שעה, דמהני.

אפי' לבשן אדם, יכול לשנותם, אפי' משל ראש לשל יד – (הפרשיות וכ"ש הרצועות, אלא דיש חילוק ביניהם, דהפרשיות וה"ה הבתים, דהוא גוף הקדושה, לא מהני ביה תנאי כי אם להורידו לקדושה קלה, אבל לחול, כגון אם ירצה לכתוב על הגליונות דבר חול וכה"ג, לא מהני ביה תנאה, אפילו אם הם חדשים, **אבל** הרצועות דהוא רק תשמישי קדושה, מהני ביה תנאה אפילו להורידן לחול, ואפי' אם כבר נשתמש בהן, **וכ"ז** להשו"ע, אבל לכתחלה יש לחוש למש"כ הב"ח בשיטת רש"י, דמקום הקשר והיו"ד הוא קדושה עצמה, ודינן כפרשיות, אם כבר נשתמש בהן, דבעשיית הקשר בעלמא מסתברא דלא ירד עליהם הקדושה עדיין).

סעיף ג- סודר דאזמניה למיצר ביה תפילין לעולם - אפי' בדבור בלבד, (וצ"ע למעשה אם לא נטלו), **וכ"ש** אם נטלו ואמר: זה יהיה לתפילין, דמהני, (אבל במחשבה בעלמא בודאי לא מהני).

(**ודע**, דמה שכתבנו דאין די ההזמנה במחשבה, דוקא אם לא צר ביה תיכף בעת ההזמנה, רק לאחר זמן ולא חשב אז כלל, רק הניח בו בסתמא ופנייה אח"כ, **אבל** אם המחשבה הזו היה בעת שצר ביה, הרי צר ביה אדעתא דקביעותא, ואסור אפילו אם פנייה אח"כ, דמחשיב כמו צר ביה ואזמניה).

לעולם - י"א דוקא בפירוש, אבל בסתמא לא אמרינן דהזמנתו הוא על עולם, כיון דסתם סודר אין מיוחד לתפילין, **אבל** מדברי הגר"א בביאורו משמע, דסתמא הוי כלעולם, ולא מיעט המחבר בזה אלא היכא דהתנה שלא יהיה רק לפי שעה ולא לעולם, **ואם** עשה כיס להניח תפילין, או שאמר לאומן עשה לי כיס של תפילין, לכו"ע הוי סתמא כלעולם.

הלכות תפילין קמא
סימן מב – אם מותר לשנות תפילין של יד לשל ראש

וצר ביה תפילין חד זימנא, אסור למיצר ביה

זוזי - וכן שאר דבר, אפילו דבר שיש בה קדושה, כל שהוא למטה מתפילין כגון מזוזה, ולא נקט זוזי רק משום סיפא, **ולפי"ז** אין לתת סידור בכיס שהיה מיוחד מתחלה לתפילין לבד, **ואעפ"כ** אין למחות בזה, דכיון דרגילין בזה הו"ל כאלו התנו מתחלה, **ואעפ"כ** לכתחלה אין נכון לעשות כן.

ואסור לעולם, אפילו לאחר שנתקלקל ואין ראוי עוד לתפילין, וצריך גניזה.

(**ואפילו בעידנא דצר עתה פעם ראשון אחר הזמנה, צרר אותם עם מעות ג"כ, אעפ"כ חלה הקדושה, מאחר שהזמינו בתחלה לתפילין לבד, וממילא דאסור לעשות כן, אם לא שיחזור בפירוש מההזמנה הראשונה, ואתי דבור ומבטל דבור, ואפשר עוד לומר, דאם עשה כיס לשם תפילין, ואח"כ צרר ביה מעות, ואח"כ צרר ביה תפילין, דאסור למיצר ביה זוזי אח"כ, כיון דבשעה שצר ביה המעות לא בטליה בפירוש מההזמנה, ואולי דזהו חשיב כביטול בפירוש, וצ"ע).**

ואף שצר רק לפי שעה דהוא דרך עראי, כיון שהיה בסתמא, מצרפינן המעשה להזמנה, **אבל** אם פירש בעת הנחה דהוא ע"מ לפנותו, שרי להשתמש בו חול אח"כ.

ואם עשה הכיס לשם תפילין, וצר ביה תפילין חדא זימנא, אפילו ע"מ לפנותן אח"כ, אסור למיצר ביה זוזי, **וה"ה** אם היה כיס עשוי, והוסיף בו איזה דבר לצורך תפילין לנאותו, הוי כמי שעשה הכיס לשם תפילין, עד שיטול מה שחידש.

ובעשה כיס מחדש לצורך תפילין, ג"כ אין אסור להשתמש ביה חול עד דצר ביה, דהזמנה לאו מילתא היא, וה"ה בכל תשמישי קדושה, אפי' תיק לס"ת.

כ"ז בסודר או כיס שלו, אבל אין אדם אוסר דבר שאינו שלו, **אא"כ** גנב בגד וחתכו ועשה ממנו כיס, דאז קניה בשינוי מעשה ואסרו.

(**נ"ל דדוקא אם בעת ההזמנה היה לו כבר תפילין, אז חל ההזמנה, אבל אם עשה כיס לתפילין שיקנם אח"כ, לא חל בזה ההזמנה, והוי אח"כ כצר ביה ולא אזמניה, דמותר אם הוא רק לפי שעה).**

וקטן שצר ביה תפילין בהכיס שהזמינו לכך, ג"כ נאסר, **אבל** דבר הנאסר בהזמנה לחוד, לא מיתסר בהזמנת קטן, דקטן יש לו מעשה ואין לו מחשבה, אפילו גילו מחשבתם בדיבורים.

(**עיין בתשובת שער אפרים שהעלה, דכל מה שהוא עודף על מקום הנצרך לתפילין, לא מיקרי צורך תפילין, לכן התיר שם בכיס התפילין שיש לו ב' כיסין זה תחת זה, דמותר להניח התפילין למטה ומעות בכיס שהוא למעלה ממנו).**

(**ותיק** של תפילין של יד, עיין בפמ"ג שמצדד לומר, דאין עליו שם תשמישי קדושה, כי הבית עצמו אין עליו רק שם תשמישי קדושה, דאין עליו השין, **ובמקום אחר ביארתי בכמה ראיות דאינו כן).**

ותיק של טלית לא מיקרי תשמיש קדושה, רק תשמיש מצוה, ולכן מותר להניח בו שאר דברים של חול, דאף דמונח בו ג"כ תיק של תפילין, לא הוי התיק של טלית כי אם תשמיש דתשמיש, ותשמיש דתשמיש אין בו קדושה כלל, **ואפי'** אם ניתן בתוכו הסידור שלו דיש בו קדושה, או התפילין בלא תיק, מ"מ בעת הצורך מותר ליתן בתוכו דברים של חול, דהלא הוא עשוי מתחלה גם לטלית דהוא דבר של חול, והוי כאלו התנה.

הגה: ואם התנה עליו מתחלה, בכל ענין שרי - אפילו עשה הכיס לשם תפילין, וגם צר ביה בקביעות, שרי, כיון דהתנה בעת עשייה שיהיה יוכל לשנות כשירצה, **ותנאי** מהני להשתמש בהן אפילו בעודן בקדושתן, אך לתשמיש מגונה לא מהני תנאי, **וה"ה** אם ירצה לכרוך איזה דבר ברצועה הקבוע בתפילין שעליו, דלא מהני משום ביזוי מצוה.

(**אם לא עשה הכיס לשם תפילין, איירי אפילו אם לא היה התנאי רק בעת שצר ביה, ואם מיירי דעשה הכיס לשם תפילין, יהיה ג"כ מיירי דהיה התנאי בעת העשיה).**

וקלף המעובד לשם תפילין - היינו הפרשיות של תפילין, וה"ה עור המעובד להבתים ש"ר, או של יד, ואף דאין חקוק עליו השין, מ"מ גוף קדושה מיקרי, **וכ"ש** עור המעובד לס"ת או מזוזה.

אסור לכתוב עליו דברי חול - אבל להורידו מקדושתו, כגון לכתוב עליו מזוזה שקדושתה

סימן מב – אם מותר לשנות תפילין של יד לשל ראש

קלה מתפילין, או שאר ד"ת, מותר, אפילו על עור שנתעבד לס"ת.

וגט הוי דבר של חול, ואסור לכתבו על קלף המעובד לס"ת, אם לא שהתנה וכדלקמן.

דהזמנה כי האי גוונא - שהוא ע"י מעשה גמור, לאפוקי אם היה רק הזמנה בדבור בעלמא, או שהיה רק תיקון הקלף ושרטוטו לשמה, **לגוף הקדושה, מילתא היא.**

(ועיין בתשובת משכנות יעקב, דדיו שנעשה לכתיבת סת"מ, הוי ג"כ הזמנה לגוף הקדושה, ועדיף מיניה, ואסור להשתמש ממנו לחול, אם לא התנה מעיקרא, וראיתי בספר משנת אברהם שהשיג עליו, וצ"ע, ע"כ יותר טוב להתנות מתחלה בעת עשיית הדיו).

ולאפוקי הזמנה לתשמישי קדושה, כגון עשיית כיס לתפילין, או עיבוד עור לרצועות, שהוא רק תשמישי קדושה, דמותר לשנותו אפי' לחול, **ועיין** בבה"ל שביארנו, דשלא במקום הדחק יש להחמיר בעיבוד עור לרצועות.

וכן הזמנה לגוף המצוה, כגון ציצית שופר לולב סוכה נר חנוכה, אפילו עשאן לכך, לא מיתסרי, דהזמנה לאו מילתא היא, ומותר להשתמש בהו חול אף בלי תנאי.

ואף דבסעיף א' קי"ל, דמותר לשנות הש"ר ולהורידו מקדושתו, מטעם דהזמנה לאו מילתא היא, אף דשם הוא גוף הקדושה, **שאני** התם דעכ"פ עושה בהם קדושה קצת, אבל הכא הלא רוצה לעשות בהם דבר חול, ולזה מהני הזמנה בגוף הקדושה.

ועיין במג"א שהביא דיעות החולקין ע"ז, וס"ל דאף בגוף הקדושה הזמנה אינה כלום, **ואעפ"כ** לענין מעשה יש להחמיר כסברא הא', **ועכ"פ** מהני תנאי בזה.

מיהו אם התחיל לכתוב על הקלף סת"ם, או שאר כתבי הקדש, אפילו על הנייר, אסור לכתוב אח"כ עליו דברי חול לכו"ע, שזה עשה מעשה של גוף הקדושה, **ואפי'** תנאי לא מהני בזה.

אזמניה ולא צר ביה, או צר ביה ולא אזמניה, שרי למיצר ביה זוזי - פי' צר ביה לפי שעה, וגם בסתמא, אפי' אם עשה כן פעמים הרבה, אך שבכל פעם היה לפי שעה דרך עראי, ולא אזמניה מעולם לשם תפילין, לא נתקדש עי"ז.

י"א דהיינו דהסודר לא נתקדש, ע"י שצר ביה פעם אחת בלי הזמנה, אבל כל זמן שהתפילין שם, אין מדרך הכבוד להניח יחד שם גם מעות, (אבל לא איסור ממש, וצ"ע), אלא יקשרם בקשר בפני עצמו, (והגר"ז העתיק, דשרי למיצר זוזי עם תפילין יחד).

(עיין בספר נהר שלום שכתב, דה"ה דמותר להשתמש בו תשמיש מגונה, ודוקא לאחר שניטלו התפילין משם).

אבל אם צר ביה בקביעות, או שצר ביה אפילו פעם אחת, אך שצר ביה אדעתא דקביעותא, דהיינו שהיה אז בדעתו למיצר ביה תמיד, אפילו לא אזמניה מעיקרא, ג"כ אסור, דהוי כאזמניה וצר ביה, **ואם** פירש ע"מ לפנותו, אפילו צר ביה כמה פעמים וגם אזמניה מעיקרא, מותר, כל שלא עשה כיס לשם תפילין.

§ סימן מג – דין איך להתנהג בתפילין בהכנסו לבהכ"ס §

סעיף א - אסור ליכנס לבית הכסא קבוע להשתין בתפילין שבראשו, גזירה שמא יעשה בהם צרכיו - ה"ה דבזרוע נמי אסור מה"ט, והא דנקט בראשו, בא למעוטי אם אוחזן בידו.

המג"א כתב, דמה שכתב המחבר להשתין, לרבותא נקט, דאפילו להשתין אע"פ שהוא חייו של אדם, אסור לכנס, וכ"ש שלא לצורך.

ואם אוחזן בידו - ר"ל בבגדו וביד ימינו כנגד לבו, כמש"כ בס"ה, **מותר להשתין בהם בבית הכסא קבוע.**

הגה: והיינו דוקא כשמשתין מיושב דליכא למיחש לניצוצות, אבל משתין מעומד פשיטא דאסור - שמא יקנח חניצוצות, **דלא עדיף מבית הכסא עראי.**

וה"ה כשהם בראשו דאסור, ‹כשהוא מעומד בבה"כ קבוע›, דחיישינן שמא ישב ויעשה בהם צרכיו.

וה"ה אם משתין מיושב או בעפר תחוח - או במקום מדרון, **דליכא ניצוצות, בבה"כ עראי נמי שרי.**

ואין חילוק בין קבע לעראי לענין זה, אלא דבה"כ קבוע מסתמא עושה צרכיו מיושב, ובה"כ

(ביאור הלכה) [שער הציון] ‹הוספה›

הלכות תפילין קמג
סימן מג - דין איך להתנהג בתפילין בהכנסו לבהכ"ס

עראי מסתמא עושה מעומד, הואיל ואינן נפנה לגדולים - ומ"מ יש חילוק קצת, דבקבע דיש חשש שמא יעשה צרכיו, צריך שיהיה בבגדו ובידו, ובעראי אפילו בידו לבד נמי מותר, בזה דליכא חשש ניצוצות.

ובבית הכסא עראי מותר להשתין בהם כשהם בראשו - דלא גזרינן ביה שמא יפנה בהם, ורק שיזהר שלא יפיח בהם.

(**ופשוט** דה"ה לענין תפילין של זרועו, ונראה שיסיר הכריכות מעל כף ידו, שלא יבוא לשפשף בם).

אבל אם אוחזן בידו אסור להשתין בהם מעומד אפילו אם תופס אותם בבגדו, מפני שצריך לשפשף בידו ניצוצות שברגליו - וחיישינן שמא ישפשף ביד שאוחז בה התפילין, **ומיירי** בין בעראי ובין בקבוע, וכמו שכתב בהג"ה - מג"א.

אלא חולצן ברחוק ד' אמות ונותנם לחבירו - ומיירי בקבוע, דאי בבה"כ עראי, חולץ ומשתין לאלתר - מג"א, וכ"כ הט"ז.

ומדברי הרמב"ם נראה שאסור להשתין כשהם בראשו, בין בבית הכסא קבוע בין בבית הכסא עראי - וה"ה בזרועו, [מסתימת לשון הרמב"ם, וכן משמע בשו"ע של הגר"ז, **אכן** מצאתי בפמ"ג דמצדד להיתר בשם הא"ר]. **דס"ל** דגזרינן שמא יפיח בהם, **אבל** כשהן בכיסן ואוחז הכיס בידו, מותר להשתין בהן לד"ה, שכשהן בכיסן אין איסור בהפחה.

ויש לחוש לדבריו - ולעת הצורך כגון שיתבטל עי"ז מתפלה בצבור, יכול לסמוך אדיעה ראשונה, אך שיזהר הרבה שלא יבוא לידי הפחה, כ"כ הח"א, **ומ"מ** נוהגין לחלוץ הש"ר, וגם הש"י נכון להסיר הרצועות מכף היד, שלא יבוא לשפשף הניצוצות בהם.

סעיף ב - בית הכסא קבוע, היינו שיש בו צואה - (נראה לכאורה דאפילו אם עתה אין בו צואה כלל, כיון דהוא מקום שרגילין לפנות שם, גזרינן שמא יעשה צרכיו, **ולא** נקט המחבר לשון זה רק להורות לנו, דאם יש צואה במקום הזה, תו חיישינן שמא הוא יעשה צרכיו ג"כ במקום הזה, ואפי' אם עד עתה לא היה זה המקום מיוחד לפנות, ובזה ניחא מה דסיים המחבר "בלי חפירה", להורות דאם הוא בחפירה חשוב כמאן דליתא, ומותר אם אותו המקום אינו מיוחד לפנות עד עתה, ועיין במ"א מה שתמה על המחבר, ולפי"ז ניחא הכל).

והוא על פני השדה בלא חפירה - ר"ל אז צריך לחלצן ברחוק ד"א, **אבל** אם הוא בחפירה, הרי החפירה הוא רשות לעצמו, ובה"כ שלמעלה רשות לעצמו, ואין לו דין בה"כ כלל, ומותר ליכנס בתוכו בתפילין שעליו, **ומ"מ** קודם שישתין צריך לחלצן לד"ה, כמו בשאר בה"כ קבוע, כן מסיק המ"א.

בד"א להשתין, אבל לעשות צרכיו, משמע מדברי הב"י דיש להחמיר לחלוץ ברחוק ד"א ממקום שרוצה לעשות צרכיו, **אפילו** נפנה במקום שאינו בה"כ כלל, אלא בחצירו או על פני השדה.

סעיף ג - בית הכסא עראי, היינו כגון להשתין מים, שאין אדם הולך בשבילם לבית הכסא - פי' הא דאמרינן לעיל דמותר להשתין בו בתפילין שבראשו, היינו במקום שאין בו צואה, וגם הוא מקום שאין רגילין לפנות שם, ולכך לא גזרינן שמא יפנה בהתפילין, ואפילו אם הוא מקום צנוע.

והפעם הזאת נעשה המקום הזה ביה"כ תחלה - עיין בפמ"ג דס"ל, דהאי לישנא לאו דוקא, דאפילו מיוחד מכמה זמנים להשתין, מ"מ עראי יחשב.

(**ואם הוא מקום המסריח מפני מי רגלים המצוי תמיד שם,** לכאורה המקום הזה דין בה"כ קבוע יש לו, דלא גרע מעביט של מי רגלים המסריח, דדינו כצואה מדאורייתא, ולא גרע ממים סרוחים או מי משרה וכו', דדינו כצואה, **ואפשר** דלענין זה לא מחלקינן בזה, ובכל גווני מותר להשתין בו בתפילין שעליו, ולא חיישינן בו שמא יפנה בו, כיון דאינו מיוחד רק להשתין, **ואין** לאסור מטעם המי רגלים גופא, כיון דהוא מיוחד שם דינו כצואה, דזה אינו, דא"כ הא מי רגלים נגד העמוד ג"כ דינו כצואה, ואפ"ה בבה"כ עראי מותר להשתין בתפילין שבראשו, ואפי' בקבוע היה מותר אי לאו דחיישינן שמא יפנה בהם, וא"כ אפשר דבזה לא חיישינן שמא יפנה ומותר).

סעיף ד - אם הם בחיקו וחגור חגורה, או בבגדו בידו, מותר בין להשתין בין לפנות -

מחבר רמ"א משנה ברורה

הלכות תפילין
סימן מג – דין איך להתנהג בתפילין בהכנסו לבהכ"ס

דתו ליכא למיחש משום ניצוצות, וגם משום שמא יפלו ממנו, ומותר בין בבה"כ קבוע ובין בעראי.

צ"ע דבס"א כתב, אפי' תופס אותם בבגדו אסור ‹להשתין›, ועיין בט"ז ומ"א שנדחקו בזה מאד, **ובביאור** הגר"א כתב דסעיף זה שהוא מבעל התרומות, הוא שיטה אחרת החולק על הא דס"א, **וס"ל** דבבגדו וידו תו לא חיישינן לשפשוף הניצוצות, **ובקשורין** בבגדו לכו"ע מותר.

סעיף ה - אם רוצה ליכנס לבית הכסא קבוע לעשות צרכיו, חולצן ברחוק ד"א -

נקט "קבוע" משום סיפא, לאשמעינן דאפילו בקבוע מכניס התפילין עמו משום שמירה, **אבל** אה"נ דאפילו באינו קבוע כלל, צריך לחלוץ ברחוק ד"א ממקום שרוצה לפנות, וכדלעיל.

וכן מה דנקט "לעשות צרכיו", ג"כ משום רבותא דסיפא, **אבל** באמת ה"ה להשתין צריך לחלוץ ברחוק ד"א ‹מבה"כ קבוע›, וכדלעיל בס"א.

הגה: ויש אומרים אפילו בלא צרכיו, וטוב להחמיר - המ"א מסיק, דמדינא אסור לכנס לבהכ"ס בתפילין, דלא גרע ממרחץ, **ועיין** בפמ"ג ובמאמ"ר שכתבו, דמדברי הרא"ש לא משמע הכי.

כתב הרמ"ע, דמותר לכנס בתפילין למבואות המטונפות, אפי' יש שם מקום מטונף להדיא, וטוב לכסותו בכובע, ואם רוצה לחלצן ולחזור ולהניחן שפיר דמי, **והמג"א** מצדד לומר, דכשיודע שיכנס דרך מבואות המטונפות, לא יניחם בביתו אלא בבהכ"נ, או שיניחם בביתו ויכסם במבואות המטונפות, **ונסתפק** המחה"ש דאפשר דצריך לכסות ג"כ הרצועות, וכ"ש ג' כריכות שעל האצבע, **ובתשובות** רדב"ז משמע ג"כ, שסובר דמדינא צריך לכסות התפילין במקומות המטונפות, וכל שאי אפשר לו לכסותם מוטב שיניחם בבהכ"נ, **ומשמע** שם דהדלי"ת והיו"ד שברצועות אין צריך לכסות, שהם דרך קשירה לא דרך כתיבה.

(**ובספר** אור זרוע משמע כהרמ"ע, דכתב דמותר לעבור בבית הכסא לפי דרכו, שלא לצורך נקביו, ותפילין בראשו, **ומשמע** מלשונו שהוא מחלק בין אם הוא עובר או שהוא קובע עצמו להיות שם, **ובזה** יש ליישב קצת קושית המג"א ממרחץ דחולץ, **ואע"ג** דלענין ד"ת לא מחלקינן בין מהלך או עומד, לענין זה מחלקינן).

וגוללן ברצועות שלהן, ואוחזן בימינו ובבגדו כנגד לבו - אבל לא בשמאלו, מפני שצריך לקנח בה כמש"כ בסימן ג', **והכא** ליכא למיחש לניצוצות, שיבוא לשפשף ביד שאוחז בה התפילין, **דכיון** שמיירי בבה"כ קבוע, מסתמא עושה צרכיו מיושב.

ויזהר שלא תהא רצועה יוצאה מתחת ידו טפח, וכשיוצא, מרחיק ד' אמות ומניחן.

סעיף ו - היה לבוש בתפילין והוצרך לבית הכסא בלילה, או סמוך לחשיכה, שאין שהות להניחם עוד אחר שיצא, לא יכנס בהם גלולין בבגדו, ואפילו להשתין מים

– (ר"ל במיושב או בעפר תיחוח, דליכא משום ניצוצות), **בבית הכסא קבוע** – (וה"ה לענין בה"כ עראי ותפילין שבראשו).

דמה שהותר בסעיף הקודם לאוחזן בימינו בבגדו, דוקא כשיש לו שהות להניחם עוד אח"כ, לא הטריחוהו להניחם בכלי.

אלא כיצד יעשה, חולצן ומניחן בכלי אם היה בו טפח - אבל כשאין בו טפח, בטל לגבי התפילין כיון שהוא כליין, ואסור להכניסם לבית הכסא, **או בכלי שאינו כליין אע"פ שאין בו טפח, ואוחז הכלי בידו ונכנס** - שלא יטלו אותם עוברי דרכים.

(**והמ"א** הביא עוד בשם רש"י, דאם הכלי היה טפח, חשיב הכלי אוהל להפסיק בינם לקרקע, ומותר להניחם בביתו על גבי קרקע, **ובכלי** שאינו כליין אפי' פחות מטפח).

סעיף ז - בד"א, בבית הכסא שבשדה; אבל בבית הכסא שבבית, לא יכניסם כלל, כיון שיכול להניחם במקום המשתמר

- משמע דאפילו בכיס לא יכניסם, **ועיין** במחצית השקל שכתב, דאם הם בכיסן, ונותנן בכיס התפור במלבושו, דאותו כיס אינו כליין, והוי כלי תוך כלי ומותר.

ושאר ספרים וכתבים שיש בהן שמות, אם הם בכיס שרי להכניסן, [ועיין בפמ"ג, דאפי' בבהכ"ס שבבית, והגר"ז מחמיר, וברדב"ז משמע להקל], **וי"א** דבעינן דוקא תיק בתוך תיק אם צריך ליכנס לבה"כ, וכדלעיל לענין תפילין,

סימן מג – דין איך להתנהג בתפילין בהכנסו לבהכ"ס

[א"ר], ‹**לכאורה** מדברי הלבוש שעליו קאי, מבואר דעוסק אפי' בבה"כ שבשדות, ועוד דאל"ה היינו שיטת הגר"ז בשעה"צ, **ומש"כ** וכדלעיל לענין תפילין, היינו תפילין בבית›. **וס"ת** אסור בכל גווני, **וכתב** בש"ת, דאותן המלבישין התינוקות בקמיע שכתוב שמות בקלף, צריך ליזהר שיהיה כלי בתוך כלי, כיון שהתינוקות נפנים בהם בעודם עליהם.

סעיף ח - אם שכח תפילין בראשו ועשה בהם צרכיו, מניח ידו עליהן עד שיגמור

עמוד הראשון - דעמוד החוזר מביא האדם לידי הדרוקן, וסילון החוזר מביא האדם לידי ירקון, **ויוצא וחולצן וחוזר ונכנס.**

סעיף ט - מותר לרופא ליקח עביט של מי רגלים בידו - לבדוק בו החולה, **ותפילין בראשו** - וא"צ לחלוץ אז התפילין, ועובדא הוי ברופא וה"ה בכל אדם, **ובעל נפש יחמיר לעצמו.**

§ סימן מד – איסור שינה בתפילין §

סעיף א - כל זמן שהתפילין בראשו או בזרועו, אסור לישן בהם אפילו שינת עראי - דגזרינן שמא יבוא להפיח בהם, (**דלא** כהרא"ש ור"י שמתירין שינת עראי, והגר"א משמע שדעתו לפסוק כמותם להקל, **אך** לדעתו לא מיקרי שינת עראי כי אם כדי הילוך ק' אמה, **ואף** בזה דוקא אם הניח ראשו בין ברכיו).

אלא אם הניח עליהם סודר - דעי"ז יזכור שיש תפילין עליו, ולא יבוא להפיח, **ולא היתה עמו אשה, ישן בהם שינת עראי** - ואין שיעור לזה, [מ"א], **וי"א** כדי הילוך ק' אמה, והוא חלק ס"ז משעה בקירוב, וכן פסק הגר"א.

אבל אם אשתו עמו אסור, גזירה שמא ישמש בהן.

וכיצד הוא עושה, מניח ראשו בין ברכיו, והוא יושב וישן - דאל"ה חיישינן שמא יבוא להשתקע בשינת קבע.

ולא חשיב היסח הדעת אלא כשהוא עומד בשחוק וקלות ראש, אבל כשהוא עוסק במלאכתו ואומנתו, ואין דעתו עליהן ממש, אין זה נקרא היסח הדעת, ‹**אם** לא שמטריד דעתו כ"כ לצרכי הגוף, עד שלבבו פונה מי"ש מחמת טרדתו›, **וכן** כשהוא ישן שוכח הבלי העולם.

ומ"מ מצוה מן המובחר שיהא דעתו תמיד על התפילין, ושלא יסיח דעתו מהן למשוך ולהרהר במחשבות רעות, שמטעם זה חייב למשמש כל שעה שלא יסיח דעתו מהן, **זולת** בשעת התפלה והלימוד א"צ ליתן דעתו בהן.

היו תפילין כרוכין בידו, מותר לישן בהם אפי' שינת קבע - דלא חיישינן להפחה כיון שאינם עליו.

ואם אוחזן בידו ואינם כרוכים בידו, אסור לישן בהם אפי' שינת עראי - דחיישינן שמא יפלו מידו. **הגה: ודוקא כשאוחזן בלא נרתקן, אבל בנרתקן בכל ענין שרי** - דאפי' אם יפלו על הקרקע אין חשש כ"כ, **ועיין** בביאור הגר"א שכתב, דדוקא אם הנרתק מחזיק טפח, אז חשיב חציצה להפסיק בינו לקרקע.

§ סימן מה – דין תפילין בבית הקברות ובבית המרחץ §

סעיף א - אסור לכנס בבית הקברות או בתוך ד' אמות של מת, ותפילין בראשו, משום לועג לרש - ואפילו תוך ד"א של מקום התחלת הקברים ג"כ אסור, אי ליכא מחיצה מפסקת ביניהם, **והא** דלא עירב ביחד ויאמר: אסור לילך תוך ד"א של קבר או של מת, דעת המ"א, דבא לרמז דממקום בה"ק ולפנים אסור אפי' רחוק ד"א מן הקבר, **ויש** מקילין בזה, **ועיין** בבה"ל, דבאמצע בה"ק שיש קברים סביב, נראה דיש להחמיר אפילו רחוק ד"א מן הקבר, **משא"כ** בסוף בה"ק דאין שם קברים, רק דהוקצה הקרקע לקברים, אין להחמיר מדינא ברחוק ד"א מן הקבר, **ואעפ"כ** נכון שלא יכנוס כלל בתפילין שבראשו כל שהוא לפנים ממחיצת בה"ק, שמא יתקרב בתוך ד"א של איזה קבר בלי דעת.

וכתב העט"ז, דכל אותו חדר שהמת מונח בו, חשוב כד"א של מת, **ומג"א** חולק עליו, וכתב דאינו תופס רק ד"א.

ואפילו קבר של קטן שעדיין לא הגיע לכלל מצות, אפ"ה אין לכנוס שם בתפילין בראשו, משום לועג לרש.

קמו הלכות תפילין
סימן מה – דין תפילין בבית הקברות ובבית המרחץ

ואם הם מכוסים, מותר - וצריך שגם הרצועות תהיינה מכוסות, **לפיכך** אע"פ שמותר לכנוס בתש"י לבדה הואיל והוא מכוסה, צריך ליזהר ברצועה שעל אצבעו שתהיה ג"כ מכוסה.

סעיף ב- בבית המרחץ, בית החיצון שכל העומדים בו הם לבושים, יכולין להניח שם תפילין לכתחלה - שדרכם היה, לאחר שלבשו החלוק בבית האמצעי, לילך לבית החיצון ולגמור הלבישה.

ובבית האמצעי, שמקצת בני אדם עומדים שם לבושים ומקצתן ערומים, אינו יכול להניחם לכתחלה; ואם היו בראשו אינו צריך לחלצן - י"א דאם עתה אין שם אדם ערום, מותר להניח בו תפילין ולברך, **ויש** אוסרין, כיון דהמקום מיוחד לזה, דין מרחץ עליו במקצתו.

ובבית הפנימי שכל העומדים שם ערומים, אפי' היו בראשו, צריך לחלצן - בזה לכו"ע אפילו אין שם אדם ערום, דנפישא זוהמיה, וכבית הכסא דמיא.

ובית הטבילה משמע בט"ז, דדין בית אמצעי יש לו לכל דבר, ורק ברכת הטבילה מותר לברך בה, **ומהמ"א** משמע, דבאין בה אדם ערום, מותר להניח בה תפילין ולברך, דדוקא במרחץ החמירו אע"פ שאין שם אדם, משום שזוהמתו רבה מהבל החמין שמשתמשין בה, משא"כ במקוה, **ואם** שופכין בה ג"כ חמין, יש לעיין, **אבל** אם יש שם אדם ערום, אסור לכנס בה בתפילין וכתבי הקודש, דאסור לעמוד לפני השם ערום, «**לכאורה** היינו דוקא כשהוא עומד כנגדו, דאל"ה הא מותר בבית האמצעי כשהם בראשו אע"פ שיש שם ערומים, וכ"כ בפסקי תשובות, **ומשמע** דאי לא היה כנגד הערום, היה מותר לכנס בתפילין, דזה היה נכלל ב"אם היו בראשו א"צ לחלצן"».

§ סימן מו – דיני ברכת השחר §

סעיף א- קודם בואו לבהכ"נ, בעוד שהוא עדיין בהחצר בהכ"נ, יאמר: בבית אלהים נהלך ברגש, **ויִרגיש** ויִרתע עצמו בהכנסו לבהכ"נ מרוב פחדו, **וימתין** וישהא מעט, ויאמר: ואני ברוב חסדך אבא ביתך, אשתחוה אל היכל קדשך ביראתך, ואח"כ יכנס.

כל הברכות האלו, הוא משום דאסור לו לאדם ליהנות מן העוה"ז בלי ברכה, וכל הנהנה מן העוה"ז בלי ברכה כאילו מעל, **דרמו** קראי אהדדי, כתיב: לה' הארץ ומלואה, וכתיב: והארץ נתן לבני אדם, **ותירצו**: לא קשיא, כאן קודם ברכה כאן לאחר ברכה, ר"ל קודם ברכה היא לד', ואסורים לך כהקדש שהוא לה', ואחר הברכה הותר הכל לבני אדם, **וא"כ** כיון שקודם הברכה היא לד', הרי הכל קודש לד' ויש בה מעילה אם נהנה ממנו, כמו בתרומה שהיא קודש, **לפיכך** תקנו חכמינו ז"ל ברכה על כל דבר ודבר מהנהגת העולם שהאדם נהנה ממנו.

כשיעור משנתו - ר"ל דוקא סוף שנתו, ולא כל זמן שיקיץ באיזה שעה שתהיה, **יאמר: אלהי נשמה** - צריך להפסיק מעט בין "אלהי" ל"נשמה", כדי שלא יהיה נשמע שהנשמה היא אלהיו ח"ו.

ודיני ברכת "אלהי נשמה" עיין לעיל בסי' ו' ס"ג במ"ב.

כששמע קול התרנגול, יברך: הנותן לשכוי בינה - הלב נקרא "שכוי" בלשון המקרא, דכתיב: או מי נתן לשכוי בינה, והלב הוא המבין, וע"י הבינה אדם מבחין בין יום ובין לילה, **ומפני** שהתרנגול מבין ג"כ זה, וגם יש בשמיעתו לאדם הנאה, שיודע שהוא קרוב ליום, ובערבי קורין לתרנגול "שכוי", להכי תקנו ברכה זו בשמיעת קול התרנגול.

כשלובש, יברך: מלביש ערומים - לאו דוקא שישן ערום, אלא כיון שאדם לובש מלבוש העליון שעליו, מברך ברכה זו.

כשיניח ידיו על עיניו - פי' ע"י החלוק, דאסור להניח ידיו על עיניו קודם הנטילה, כמ"ש סימן ד', **יברך: פוקח עורים.**

כשישב, יברך: מתיר אסורים; כשזוקף, יברך: זוקף כפופים; כשיניח רגליו בארץ, יברך: רוקע הארץ על המים; כשנועל מנעליו, יברך: שעשה לי כל צרכי; כשהולך, יברך: המכין מצעדי גבר - ובאגודה כתוב: אשר הכין.

(ביאור הלכה) [שער הציון] «הוספה»

הלכות ברכות השחר
סימן מו – דיני ברכת השחר

כשחוגר חגורו, יברך: אוזר ישראל בגבורה, הגה: או לובש האבנט המפסיק בין לבו לערוה - אבנט דהכא הוא מכנסים, דאע"ג דבלשון תורה פי' אבנט הוא החגורה, כדכתיב: ובאבנט בד יחגור, מ"מ בלשון חכמים לפעמים קוראין המכנסים אבנט, ולכך נקט לשון "לובש" ולא "חוגר".

כשמשים כובע או מצנפת בראשו, יברך: עוטר ישראל בתפארה - הזכיר "ישראל" בברכה זו, וכן ב"אוזר ישראל", משא"כ באחרות, הטעם, שהשאר הוא להנאת העולם, שהכל שוין בהן, **משא"כ** באלו שנים, הם בישראל לחוד משום צניעות, דחגורה הוא משום שלא יהא לבו רואה את הערוה, **וכובע** היא משום צניעות, כדאיתא בשבת ד' קנ"ד: כסי ראשך מפני אימתא דמרך.

כשיטול ידיו, יברך: ענט"י; כשירחץ פניו, יברך: "המעביר שינה מעיני" וכו' "ויה"ר" וכו' עד "בא"י גומל חסדים טובים לעמו ישראל". אין לענות אמן אחר "המעביר שינה מעיני", עד שיחתום "גומל חסדים טובים לעמו ישראל", שהכל ברכה אחת היא.

"**שתרגילנו** בתורתך", לשון רבים.

סעיף ב - עכשיו מפני שאין הידים נקיות, וגם מפני עמי הארצות שאינם יודעים אותם, נהגו לסדרם בבהכ"נ - ואם מותר גם להמתין בברכת נט"י לסדרה בבהכ"נ, ע"ל בסימן וא"ו.

ועונין אמן אחריהם, ויוצאים ידי חובתן - ובדיעבד אפילו לא ענו אמן יוצאין ידי הברכה, כיון שכיוונו לצאת.

ואפילו לבקי מוציא אם מכוין בברכתו, **ועיין** במ"א שהביא בשם הלבוש, להחמיר בברכת השחר, שאינו מוציא בפחות מעשרה.

ובזמננו המנהג שכל אחד מברך בפני עצמו, ואין הש"ץ מוציא שום אדם.

סעיף ג - חייב אדם לברך בכל יום מאה ברכות לפחות - הטעם, לפי שהיו מתים בכל יום מאה נפשות מישראל, תיקן דוד ע"ז לברך מאה ברכות בכל יום.

והנה בכל יום אנו מברכין עוד יותר ממאה ברכות, כיצד: בלילה כשהולך לישן, מברך "המפיל", ובשחר מברך ענט"י, ו"אשר יצר", ועוד ט"ז ברכות בברכת השחר, וג' ברכות על התורה, **הרי כ"ב**, וברכת ציצית ותפילין, הרי עוד שלש, לפי מנהגינו שמברכין שתים על התפילין, **הרי כ"ה**, ו"ברוך שאמר" ו"ישתבח", הרי עוד שתים, וברכת ק"ש שחרית וערבית עם ברכת "יראו עינינו", שמנה, **הרי ל"ה**, ונ"ז ברכות דג' תפלות, **הרי צ"ב**, ובשתי סעודות שסועד אחת ערבית ואחת שחרית, יש ט"ז ברכות, כי בכל סעודה יש ח' ברכות, על נט"י ו"המוציא", וד' ברכות שבבהמ"ז, וכשהוא שותה כוס בבהמ"ז, מברך לפניו ולאחריו, **הרי בסך הכל ק"ח ברכות**, וא"כ אף ביום התענית שחסר לו סעודה אחת, ג"כ מקיים ק' ברכות.

וביום השבת חסר לו י"ג ברכות מהמאה, ע"כ יראה להשלימם במיני פירות ומגדים, ואם אין לו, יוצא ע"פ הדחק במה שיכוין לשמוע ברכת התורה והמפטיר ויענה אמן, **וכתב** המ"א, דלא יכניס עצמו בחשש ברכה שאינה צריכה משום מצות ק' ברכות, **וביוהכ"פ** ג"כ יוצא בשמיעת הברכות כמו בשבת, אך ביוה"כ אחר כל החשבונות חסר לו עוד שלש ברכות, וכתב המ"א, דישלים זה בברכת הריח על הבשמים, **אך** כל זמן שלא הסיח דעתו מלהריח, אסור לחזור ולברך משום ברכה שאינה צריכה, **וכן** יוכל להשלימם בברכת "אשר יצר", אם נזדמן לו, **ואפשר** דיוצא ע"פ הדחק במה שמכוין לשמוע חזרת הש"ץ.

סעיף ד - צריך לברך בכל יום: "שלא עשני עובד כוכבים"; "שלא עשני עבד"; "שלא עשני אשה" - ויזהר שלא יברך "שעשני ישראל", כמו שיש באיזה סדורים ע"י שיבוש הדפוס, כי י"א שבזה לא יוכל לברך שוב "שלא עשני עבד" ו"אשה".

ואם בירך מתחלה "שלא עשני אשה", י"א דשוב לא יוכל לברך "שלא עשני עכו"ם" ו"שלא עשני עבד", כי אשה עדיפה משתיהן, וממילא נכלל ההודאה, כי בכלל מאתים מנה, **וכן** אם בירך "שלא עשני עבד", לא יוכל לברך "שלא עשני גוי", כי עבד עדיף מגוי, דחייב בקצת מצות, **אבל** הרבה אחרונים חולקין בכל זה, וכן הסכים הא"ר ודה"ח דיוכל לברך.

ועבד שנולד עבד, י"א דלא יוכל לברך ג"כ ברכת "שלא עשני אשה", כי עבד זיל טפי מאשה, **ויש** חולקין, עיין בפמ"ג, ‹דעבד חשוב לענין קצת דברים, שאשה מסתכנא בלידה, גם עבד יש לו מצות מילה, וחייב במצות זקן - פמ"ג›.

הגה: ואפי' גר היה יכול לברך כך, אבל לא יאמר: שלא עשני עכו"ם, שהרי היה עכו"ם מתחלה - פי' שיאמר "שעשני גר", דמיקרי עשייה, כדכתיב: ואת הנפש אשר עשו בחרן, **ויש** חולקין בזה, וטעמם, דלא שייך לומר "שעשני", דהגיור לא היתה כי אם מצד בחירתו הטובה, שבחר בדת האמת, **ולכו"ע** יכול לברך "שלא עשני עבד", ו"שלא עשני אשה", ואע"ג דעכו"ם זיל טפי מעבד, אפ"ה אם היה נולד עבד, פן לא היה משחררו רבו, והיה נשאר עבד, משא"כ עתה שהיה הגיור תלוי ברצון עצמו.

ממזר יוכל לברך כל אלו הברכות, דישראל גמור הוא, **וכן** סומא, דקי"ל דהוא חייב בכל המצות, **וטומטום** ואנדרוגינוס דחייבין מספק בכל המצות, לא יאמרו "שלא עשני אשה", דספק הם.

והנשים מברכות: שעשני כרצונו.

סעיף ה - אם קדם וברך: זוקף כפופים קודם שברך: מתיר אסורים, לא יברכנה - שכיון שנתן הודאה שנזקף לגמרי, זה בכלל, דמתיר אסורים נתחייב מיד כשיושב, **ויש** חולקים בזה, ומסקי האחרונים להקל בזה, **וכתב** הפמ"ג, דטוב שיראה שישמע אח"כ מאחר הברכה, ויכוין לצאת, ויוצא ממ"נ.

אם בשעה שאמר "בא"י", היתה כוונתו לברך "זוקף כפופים", יסיים "זוקף כפופים", אע"ג דאז לא יוכל לברך "מתיר אסורים", **ומכ"ש** בשאר ברכות, שלא יקפיד על הסדר, אלא יסיים כמו שחשב בשעה שהזכיר השם.

אם בשעה שהגיע לברכת "פוקח עורים", ורצה לסיים "פוקח עורים", נכשל בלשונו וסיים "מלביש ערומים", ובתוך כדי דיבור נזכר וסיים "פוקח עורים", י"א דיצא בזה ידי ברכת "פוקח עורים", כי בזה עקר סיומו הראשון, **ויש** מסתפקין בזה, ‹כיון דבאחת חיובא רמי עליו לומר מלביש ערומים, אין לחשוב מה שאמר מלביש ערומים כמאן דליתא - שע"ת›, **אבל** אם בשעה שאמר "בא"י אמ"ה", חשב ג"כ לסיים "מלביש ערומים", ואחר שסיים "מלביש ערומים" נזכר בתוך כדי דיבור ואמר "פוקח עורים", לכו"ע יצא ידי ברכת "מלביש ערומים", וחוזר ומברך "פוקח עורים", כי אין הסדר מעכב, וכן ה"ה בכל ברכת השחר, **לבד** מברכת "מתיר אסורים" ו"זוקף כפופים", אם הקדים ברכת "זוקף כפופים", ובתוך כדי דיבור סיים "מתיר אסורים", דאף דלא יצא בזה רק ברכה אחת, והיא ברכה ראשונה של "זוקף כפופים", אפ"ה לא יברך שוב "מתיר אסורים".

סעיף ו - יש נוהגין לברך: הנותן ליעף כח, ואין דבריהם נראין. הגה: אך המנהג פשוט בבני האשכנזים לאומרה - וכן הסכימו האחרונים, ור"ל בהזכרת שם ומלכות, **ואפילו** אם היה ניעור כל הלילה, ג"כ יש לברך אותה, לפי מה שאנו נוהגין היום כהג"ה שבסעיף ח'.

סעיף ז - יש נוהגים לברך ברכות אחרות נוספות על אלו, וטעות הוא בידם - והאומר ברכת "סומך נופלים" גוערין בו, **ולענין** ברכת "מגביה שפלים", עיין במ"א, **ועיין** בפמ"ג שכתב, דכהיום יש לגעור במי שנוהג לאומרה.

סעיף ח - כל הברכות האלו אם לא נתחייב באחת מהן, כגון שלא שמע קול תרנגול או שלא הלך או לא לבש או לא חגר, אומר אותה ברכה בלא הזכרת השם. הגה: וי"א דאפילו לא נתחייב בהן מברך אותן, דאין הברכה דוקא על עצמו, אלא מברכין שהקב"ה ברא צרכי העולם; וכן המנהג, ואין לשנות - ואפילו במדבר שאינו שומע קול תרנגול, מברך.

סומא מברך ברכת "פוקח עורים", **וכן** חרש אף שאינו יכול לשמוע קול תרנגול, יוכל לברך ברכת "הנותן לשכוי בינה", דה"ח, **ובחיי** אדם כתב, דחרש ימתין מלברך ברכה זו עד שיאור היום.

עיין בא"ר שכתב, דברכת "אלהי נשמה", וברכת "המעביר שינה", אין לברך אם היה ניעור כל הלילה, **ובפמ"ג** ובשערי תשובה השאירו דבריו בצ"ע, **ומסיק** בשע"ת, דיראה לשמוע אלו השתי הברכות מאחר, ויכוין לצאת, **ואם** ישן בלילה ששים נישמין, לכו"ע יש לו לברך אותם.

סעיף ט - לא יקרא פסוקים קודם ברכת התורה, אעפ"י שהוא אומרם דרך תחנונים; ויש אומרים שאין לחוש, כיון שאינו אומרם אלא דרך תחנונים; ונכון לחוש לסברא ראשונה. הגה: אבל המנהג כסברה אחרונה, שהרי בימי הסליחות מתפללים הסליחות ואח"כ מברכין על התורה עם סדר אחר הברכות, וכן בכל יום כשנכנסין לבהכ"נ אומרים כמה פסוקים ותחנונים ואח"כ מברכין על התורה - שכל זה הוא מעיקר הדין, וכמו שהביא זה בב"י בשם מהרי"ל, שכן המנהג באשכנז.

ונהגו לסדר ברכת התורה מיד אחר ברכת "אשר יצר", ואין לשנות - ר"ל שכהיום נהגו העולם להחמיר כדברי הטור, שלא לומר שום פסוקים קודם ברכת התורה, **וא"כ** יש לנהוג ג"כ בימי הסליחות, לומר בה"ת קודם הסליחות, ולדלגה אח"כ.

ויש אומרים דברכת "אלהי נשמה" סמוכה לברכת "אשר יצר", וע"כ יברך בה"ת אחר "אלהי נשמה", **וכתב** ע"ז הפמ"ג, דנהרא נהרא ופשטיה.

וטוב לומר בשחרית אחר "שמע ישראל" וגו', בשכמל"ו, כי לפעמים שוהין - הצבור **עם קריאת שמע לקרותה שלא בזמנה, ויוצא בזה** - לכן יאמרו בכל פעם בשכמל"ו, דבלא ברוך שכמל"ו לא נראה הק"ש רק כסיפור דברים, **ואפי'** המשכימים בבוקר השכם, ואומרים ק"ש קודם עמוה"ש, דשם בודאי אינו יוצא בזה ידי ק"ש, אעפ"כ נוהגין לסיים אחריו "ברוך שם" וכו', **אבל** מה שאומרים קודם "ישתבח" "ובתורתך כתוב לאמר שמע ישראל" וגו', אין לומר אחריו בשכמל"ו.

כשלא יעברו הצבור זמן ק"ש, יכוין שלא לצאת, דמוטב לצאת ידי ק"ש עם הצבור, שבצבור יקרא כל השלשה פרשיות ובברכותיה, כמו שתקנו חז"ל לכתחלה.

ובמקום שירא שהצבור יעברו זמן ק"ש, יכוין לבו כדין ק"ש, ויכוין לצאת בזה המצות עשה דק"ש, דבמצוה דאורייתא קי"ל דמצות צריכות כונה, **וי"א** שיקרא כל הפרשה ראשונה, **ויותר** טוב שאז יקרא כל השלשה פרשיות, כמו שכתב הפר"ח, כדי להזכיר יציאת מצרים בזמן ק"ש, וח"א הסכים להפר"ח.

כי לפעמים שוהין כו' - היינו אחר ג' שעות, שעבר זמן ק"ש, ועדיין לא עבר זמן ברכת ק"ש עד אחר שעה ד', **אבל** אם הוא ירא שהצבור יעברו גם זמן ברכות ק"ש, אין לו להמתין עליהם כלל, כי יפסיד על ידם הברכות, וגם הזמן תפלה שהוא ג"כ לכתחלה רק עד ארבע שעות, אלא יקרא בזמנה בברכותיה, ויתפלל ביחידי.

(ונ"ל, דאפי' אם הוא משער שהצבור לא יעברו זמן ק"ש דהנץ, אך הוא ירא שיעברו זמן ק"ש לפי החשבון שמחשבין מעמוד השחר, {כידוע שיש דיעות בפוסקים אם מחשבין הזמן ק"ש, דהוא עד ג' שעות, מעת עה"ש, או מנץ החמה ואילך}, **יכוין לצאת עתה ידי ק"ש, דלא מיבעי לדעת הפוסקים דחושבין מעה"ש, דשפיר עביד, ואפילו לדעת הפוסקים דחושבין מהנץ, ג"כ יש לסמוך על דעת הב"י והרמ"א והא"ר מסכים עמהם, דאפי' אם הצבור לא יעברו זמן ק"ש, אעפ"כ מותר לכוין לצאת בזה).** ‹**ובהג'** רעק"א כתב: לענ"ד בירא שהציבור יעברו זמן ק"ש, יכוין בדרך תנאי, אם יעברו יהא יוצא בזה, ואם לא יעברו לא יצא בזה. **ומביאים** בשם החזו"א, שתנאי שהוא בין אדם לקונו אין צריך משפטי התנאים, **ויתכן** שגם מועיל שעושה תנאי זה פעם אחת לכל ימי חייו – פסקי תשובות›.

(**ודעת הגר"א הוא לומר: "ואומרים פעמים בכל יום ד' אלקינו ד' אחד", בלא "שמע ישראל", שכתב:** ולי נראה שאין נכון בזה לצאת בלא ברכות, וגם לא יסמוך גאולה לתפלה, **אבל** אם הוא רואה שהצבור יעברו זמן ק"ש, אפשר דהוא מודה דיותר טוב שיכוין לצאת, כדי שלא ישאר בלא ק"ש, **או** אפשר שסובר הגר"א, דאפילו בזה יותר טוב שיקרא ק"ש בזמנה בברכותיה, ויסמוך גאולה לתפלה, ויתפלל ביחידי, ממה שיקרא בלא ברכות, ולהתפלל אח"כ עם הצבור, וצ"ע).

עיין בדגו"מ וכן בחידושי רע"א שכתבו, דבחול לא יכוין לצאת אא"כ הניח תפילין מקודם, דכל הקורא ק"ש בלי תפילין, כאלו מעיד עדות שקר בעצמו, **ופשוט** דאם א"א לו להניח תפילין עתה מאיזה ענין, אל ימנע מחמת זה המ"ע דק"ש, כי תפילין וק"ש שתי מצות הם, ואין מעכבין זה את זה, **ואפילו** איסורא ליכא, דלא אמרו: כל הקורא ק"ש וכו', רק במזיד, ולא כשיש לו איזה אונס, כמו שכתב הלבוש.

יאמר: "אתה הוא עד שלא נברא העולם", ולא "עד שלא בראת".

סימן מז – דיני ברכת התורה

§ סימן מז – דיני ברכת התורה §

סעיף א - ברכת התורה, צריך ליזהר בה מאד - שלא ללמוד עד שיברך, **ויברך** אותה בשמחה גדולה, דמצינו שאחז"ל: על מה אבדה הארץ, ויאמר ה' על עזבם תורתי, ואחז"ל שדבר זה נשאל לנביאים על מה אבדה הארץ, שישראל היו עוסקים בתורה, ומצינו שכל זמן שהיו עוסקים בתורה ויתר הקב"ה על עונותיהם, ולכן לא ידעו על מה אבדה, והקב"ה הבוחן לבבות ידע, כי אע"פ שהיו עוסקין בתורה, לא היו עוסקין לשם לימוד התורה, אלא כמו שלומדין שאר חכמות, ולכן לא ברכו בה"ת, שלא היתה התורה חשובה בעיניהם, ולכן לא הגינה, **ולכן** צריך ליזהר מאד, וליתן הודאה על שבחר בנו ונתן לנו כלי חמדתו, **גם** אחז"ל, שאינו זוכה ח"ו להיות לו בן ת"ח, עבור זה שאינו נזהר בבה"ת.

עיין בשאגת אריה דמסיק, שברכת התורה הוא מן התורה, ולכן אם נסתפק לו אם בירך ברכת התורה, חוזר ומברך, **ומ"מ** כיון שהוא לו ספק, לא יברך אלא ברכת "אשר בחר בנו", שהיא המעולה שבברכות כדאיתא בגמ', **ועיין** בשע"ת שהביא בשם קצת אחרונים, דסוברין דמספק לא יחזור ויברך, **ובאמת** קשה מאד לסמוך עליהם, אחר דהרבה ראשונים סוברים דבה"ת הוא מן התורה, וידוע שעונש מי שאינו מברך על התורה גדול מאד, **אך** אם נזכר זה לאחר התפלה, שכבר בירך ברכת "אהבה רבה", אפשר דיש להקל בזה, אפילו אם לא למד תיכף לאחר התפלה, **ואם** יכול לבקש מאחר שיוציאנו בבה"ת, או שיכוין לכתחלה בברכת "אהבה רבה" לפטור, וללמוד תיכף לאחר התפלה, מה טוב, **ובפרט** לפי מה שמצאתי אח"כ בספר מאמר מרדכי, שמביא בשם הלבוש וע"ת, ג"כ דהוא מדרבנן, בודאי צריך ליזהר לכתחלה לעשות כן.

וברכת התורה בצבור לכו"ע דרבנן, משום כבוד הצבור, שהרי כבר בירך בשחרית.

סעיף ב - צריך לברך בין למקרא בין למשנה בין לגמרא. הגה: בין למדרש - והמחבר ג"כ מודה בזה, אלא דס"ל דהוא בכלל מקרא.

סעיף ג - הכותב בדברי תורה, אע"פ שאינו קורא, צריך לברך - ס"ל דכתיבה עדיף מהרהור, **והטעם**, י"א משום דעביד מעשה, **וי"א** דדרך הכותב להוציא תיבות מפיו בשעת הכתיבה.

וכל זה בכותב ספרים לעצמו דרך לימודו, ומבין מה שהוא כותב, **אבל** סופר המעתיק ואינו מבקש להבין, א"צ לברך, דאין זה לימוד, **וכ"ש** אם כותב איזה פסוק באיגרת הרשות לדבר צחות, א"צ לברך, כיון שאינו מתכוין ללמוד.

ולענין מעשה הסכימו האחרונים, שלא לסמוך על דעת המחבר לברך על הכתיבה לבדה בכל גווני, שהרי מ"מ אינו רק מהרהר בדברי תורה, **אלא** ראוי לכל כותב בד"ת, שיוציא מפיו קצת תיבות, להנצל מברכה לבטלה, אם אינו אומר פסוקי ברכת כהנים או ברייתא ד"אלו דברים" אחר הברכה כמו שנוהגין.

‹ואם הוא כותב ומעתיק, וכוונתו רק כדי להרויח ממון, אפשר דאפילו בקורא התיבות ג"כ אין צריך לברך, דאין זה בכלל לימוד, ולפי"ז אפילו אם הוא שכיר לכתוב סת"ם, דדינא הוא דצריך לקרות בפיו הדברים שכותב, אפשר דאין לו לברך ע"ז בה"ת, ועיין בט"ז שכתב, דאפילו לדעת המחבר דכתיבה הוא כדיבור, אם פעולתו הוא רק כדי להרויח ממון, אין זה בכלל לימוד, ויש לדחות, דשם כיון שכונתו הוא רק כדי להרויח, אין נחשב הכתיבה לדיבור, משא"כ בדיבור ממש, אפשר דלא נפקא מכלל ד"ת בכל גווני, וצ"ע, ולענין מעשה יש להחמיר אם השכים בבוקר לכתוב סת"מ, לברך ברכת התורה מתחלה, ולאמור אח"כ הפסוקין שנוהגין›.

סעיף ד - המהרהר בדברי תורה, אינו צריך לברך - דהרהור לאו כדיבור דמי, **ולפי"ז** יש ליזהר לאותן הלומדים בעיון מתוך הספר, שיזהרו להוציא קצת ד"ת בפה אחר הברכה, אם אינו אומר פסוקי ברכת כהנים או שאר דברי תורה אחר הברכה כמו שנוהגין.

והגר"א בביאורו מחמיר אפי' בהרהור לבד, שלא להרהר כל זמן שלא בירך בה"ת, **‹גם הגר"א מודה דאפי' בתורה הרהור לאו כדיבור, אלא דס"ל דגם ההרהור הוא מצוה, כדכתיב והגית בו יומם ולילה›.**

ולכו"ע מותר לעשות איזה פעולת מצוה קודם בה"ת, אע"ג דבשעת מעשה בודאי הוא מהרהר בדין הזה, אפ"ה מותר, דכל שאינו מתכוין ללימוד א"צ ברכה.

הגה: וה"ה דיכול לפסוק דין בלא נתינת טעם לדבריו, (ר"ן פ"ק דשבת ופ' כל הכלים כתב דהוי כהרהור) - שהטעם שהוא עיקר הדין אינו אלא מהרהר בלבו, **והגר"א** בביאורו חולק ע"ז, וס"ל דלא גרע זה מהקורא מקרא בלבד, דצריך לברך.

ונראה דוקא לפסוק דין בין בעלי דינין, דאינו דרך לימוד, אבל ללמוד דין בספר בלי טעם, מברך, דלא גרע מכותב.

סעיף ה - ברכות התורה: אקב"ו על דברי תורה - ומנהג מדינותינו לומר: לעסוק בד"ת.

והערב נא וכו' - ויש מדקדקין להוסיף "וצאצאי צאצאינו", כי כל מי שהוא ת"ח, ובנו ובן בנו ת"ח, שוב אין התורה פוסקת מזרעו, שנאמר: לא ימושו מפיך וגו', **וא"צ** לכך, כי בכלל "וצאצאינו" הוא ג"כ בני בנים.

ואשר בחר בנו - גר יכול לומר ברכת "אשר בחר בנו".

ותמיד תהיה תפלת האב והאם שגורה בפיהם, להתפלל על בניהם שיהיו לומדי תורה וצדיקים ובעלי מדות טובות, **ויכוין** מאוד בברכת "אהבה רבה", ובברכת התורה בשעה שאומרים "ונהיה אנחנו וצאצאינו", וכן כשאומר ב"ובא לציון" "למען לא ניגע לריק ולא נלד לבהלה".

סעיף ו - אומר: והערב עם וי"ו - דברכה אחת היא, דאילו היתה ברכה בפני עצמה היתה פותחת ב"ברוך", **ואע"ג** דסמוכה לחבירתה היא, מ"מ כיון דברכות קצרות הן הו"ל לפתוח ב"ברוך", מידי דהוי אברכות הבדלה, שפותחות ב"ברוך" אע"פ שהן סמוכות, כיון שהן קצרות.

הגה: וי"א בלא וי"ו, וכן נהגו - ס"ל, דשאני ברכות הבדלה שאינן סמוכות, שאם רצה אומר על כל אחד בפני עצמו, על הנר ועל הבשמים.

אבל יותר טוב לומר בוי"ו - כי בזה יצאנו ידי כל הדיעות, **אבל** אם תאמר בלא וי"ו, הוי "הערב נא" ברכה בפני עצמה, והוי הפסק לאותה דעה שס"ל ברכה אחת היא, **וכן** נוהגים כהיום לומר "והערב" בוי"ו.

ולענין עניית אמן אחר "לעסוק בד"ת", יש דיעות בין האחרונים, ורוב האחרונים מצדדים שלא לענות אמן, **ונכון** שיברך ברכה זו בלחש.

סעיף ז - ברכת "אהבת עולם" פוטרת ברכת התורה - שיש בה מעין ברכת התורה, "ותן בלבנו ללמוד וללמד לשמור ולעשות ולקיים" וכו'.

נקט "אהבת עולם", לפי מה שפסק לקמן בסימן ס' ס"א, **אבל** להרמ"א שם, אומרים "אהבה רבה" בשחרית.

ולכאורה מדסתם משמע, דאפילו לא כיון בעת הברכה לפטור בזה בה"ת, סגי, **(ומדברי תר"י משמע לכאורה, דאם יודע בודאי שלא כיון, או כגון שלא נזכר שלא אמר בה"ת עד אחר שאמר "אהבה רבה", אין "אהבה רבה" פוטרת, אבל מדברי הרא"ש לכאורה אין לחלק בזה, אך ראה זה מצאתי אח"כ בפמ"ג, דאם רוצה יוכל לכוין בפירוש בברכת "אהבה רבה" שלא לפטור לבה"ת, דבזה לכו"ע אינו יוצא, אפילו למ"ד מצות אינן צריכות כונה).** (ועיין מש"כ עליו בבה"ל סי' נ"ב ס"א).

ופשוט דה"ה בברכת "אהבת עולם" בערבית ג"כ שפוטרת, דזיל בתר טעמא, **ונ"מ** לענין אם עבר וישן שינת קבע על מטתו קודם, לדעת המחבר לקמן בסעיף י"א, דשינת קבע הוי הפסק, ואפילו לפי המנהג שנהגינן כדעת הי"א שם להקל, מ"מ טוב יותר שיכוין בברכת "אהבת עולם" לפטור, לצאת ידי דעת רוב הפוסקים המחמירין בזה, **(ועוד נ"מ, למי שאינו רגיל ללמוד שרוצה ללמוד תיכף אחר ערבית, דאינו צריך לברך, אפילו לדעת המחבר לקמן בס"י לפי מה שכתב המ"א שם, דמחמיר בהפסק במי שאינו רגיל לחזור על לימודו).**

אם למד מיד בלי הפסק - דברכת "אהבה רבה" כיון דניתקן העיקר לק"ש, לא מיתחזי לשם בה"ת אלא בשונה מיד, אפי' מעט לשם מצות לימוד, ואז שוב לא יצטרך לברך כל אותו היום, אפילו הפסיק ועמד וחזר ללימודו, על דרך שיתבאר לקמיה בברכת התורה.

וכתב הלבוש, שאף אם התפלל וסיים התפלה, אינו נקרא בזה הפסק, כיון שאח"כ למד מיד, **(אח"כ מצאתי ביותר מזה בספר אור זרוע הגדול, דדוקא אם הפליג בעסקיו בין ברכת "אהבה רבה" ללימוד, מיהו כל**

עניני תפלה, וגם שהולכים אחר ספריהם להביאם לבהמ"ד, אין זה הפסק, עכ"ל, **ונראה** דדוקא אם לא הפסיק בדבור, אבל אם הפסיק בדבור שלא מענינו, גם להאור זרוע יחזור ויברך).

סעיף ח - ויש להסתפק אי סגי בקורא ק"ש סמוך לה מיד בלי הפסק - די"ל דק"ש הוי רק כדברי תפלה, כיון שאינו אומר זה לשם לימוד, **ועיין** בביאור הגר"א שהוכיח בפשיטות, דאין ק"ש מועיל לזה, **אח"כ** מצאתי ג"כ בספר אליהו רבא, שהביא כן מהרבה פוסקים, ופסק כן להלכה.

(**ואם נצטרף לזה עוד, שישן ביום שינת קבע, לכו"ע יש** לסמוך ע"ז ולברך, כי בלא"ה כמעט כל הפוסקים מצריכין בכל אחד לחזור ולברך, **אח"כ** מצאתי בחידושי רע"א יותר מזה, דאפילו המחבר דקאמר יש להסתפק, היינו רק זהירות בעלמא לכתחלה, אבל בדיעבד ג"כ מודה, דאם לא למד תיכף צריך לברך בה"ת).

ונראה דאם קרא ק"ש לאחר זמן ק"ש, דהוי כקורא בתורה, אפשר דלכו"ע אין צריך לחזור ולברך, אפילו אם לא למד אח"כ מיד.

ולכן יש ליזהר לברך ברכת התורה קודם אהבת עולם - דשמא ישכח ללמוד תיכף לאחר התפלה, [גם אפשר דכוונת השו"ע, אם אין דעתו ללמוד מיד].

סעיף ט - י"א שאם הפסיק בין ברכת התורה ללימודו, אין בכך כלום - טעמם, דדוקא ב"אהבה רבה", דלא הוי עיקר ברכה לברכת התורה, אז אינו פוטר אלא א"כ למד מיד בלי הפסק, **אבל** ברכת התורה פוטרת כל היום, אפילו לא למד אחר תפלת שחרית עד חצי היום, **ולא** דמי לכל הברכות, שאסור להפסיק בין הברכה להמצוה, דשאני הכא דמצוה להגות יום ולילה, וא"כ לעולם ליכא היסח הדעת.

אבל רוב האחרונים חולקין על המחבר דמסכים לדעת הי"א הזה, דלא כתב המחבר רק "והנכון" וכו', **וסבירא** להו, דדין ברכת התורה כמו בכל ברכת המצות או הנהנין, דצריך לחזור ולברך אם הפסיק תיכף אחר הברכה, אף אם יודע בבירור שלא הסיח דעתו, דכיון שלא התחיל עדיין בהמצוה, אין לה אח"כ על מה לחול, **וכן** הסכים הפר"ח והגר"א, וכן העתיק הח"א להלכה.

ומ"מ נ"ל, דכיון שיש פוסקים שסוברין דאין צריך לחזור ולברך, יותר טוב אם אירע לו שהפסיק אחר ברכת התורה, שיכוין אח"כ בברכת "אהבה רבה" לצאת בזה ידי ברכת התורה, וילמוד מעט תיכף אחר שסיים תפלתו.

והנכון שלא להפסיק ביניהם, וכן נהגו לומר פרשת ברכת כהנים סמוך לברכת התורה - הטעם בג' פסוקים, שרצו לסדר כדרך הקורא בתורה, ונקטו אלו משום שיש בהן ברכה.

ומותר לומר אפי' קודם אור הבוקר, דלא כיש מחמירין לאסור אז לומר אלו הפסוקים, מטעם שאין נשיאת כפים בלילה, **דזה** אינו, דמטעם לימוד אנו אומרים אותו, ולא מטעם נשיאת כפים.

ונהגו לומר ג"כ "אלו דברים שאין להם שיעור", שהיא משנה, ומימרא ד"אלו דברים שאדם" וכו', כדי לקיים מקרא ומשנה וגמרא.

סעיף י - אם הפסיק מללמוד ונתעסק בעסקיו, כיון שדעתו לחזור וללמוד, לא הוי הפסק - משמע דמי שאין דרכו ללמוד, ונמלך ללמוד, צריך לחזור ולברך, כ"כ המ"א, **והט"ז** כתב להיפך, דמדלא כתב השו"ע "אם דעתו לחזור", משמע דס"ל דמסתמא אמרינן דהוי דעתיה, אם יזדמן שיוכל ללמוד, אפי' בשעה שאין רגיל ללמוד, שילמוד, **ויש** להקל בספק ברכות.

וה"ה לשינה - ר"ל שינת עראי, דהיינו שהתנמנם במיושב על אצילי ידיו, ואפילו בלילה.

ומרחץ ובית הכסא, דלא הוי הפסק - לפי שגם שם אינו מסיח דעתו עדיין מללמוד אח"כ, **ועוד** שגם שם צריך ליזהר בדיניהם, כמו בגילוי טפח וטפחיים בבה"כ, וכיוצא בזה במרחץ לענין שאילת שלום, ע"כ לא הסיח דעתו עדיין מהתורה.

סעיף יא- שינת קבע ביום על מטתו, הוי הפסק. וי"א דלא הוי הפסק; וכן נהגו - ובל"ח כתב: ולי נראה שהמברך תע"ב, וכן נהג מורי מהר"י לברך, **וכן** הסכים הפר"ח וא"ר בשם הרבה ראשונים ואחרונים, וכ"כ הגר"א, וכן העתיק הח"א להלכה, **ואף** דבפמ"ג משמע דנוכל לסמוך על המנהג הזה שלא לברך, עכ"פ נראה פשוט, דהסומך על כל הפוסקים שהזכרנו ומברך, לא הפסיד.

סעיף יב - אף אם למד בלילה, הלילה הולך אחר היום שעבר, ואינו צריך לחזור ולברך - ואפי' לא למד ביום כלל, **שכל** זמן שהוא ניעור, מוטל עליו ללמוד כל זמן שיש לו פנאי, ואין ההפסק וההיסח הדעת חשיב הפסק לענין ברכת התורה.

כל זמן שלא ישן - ר"ל שינת קבע, אבל אם ישן שינת קבע על מטתו, אפילו בתחלת הלילה, חשיב הפסק, **ואפילו** הי"א שבסעיף י"א מודו בזה.

ואם היה ניעור כל הלילה, י"א דא"צ לברך בבוקר, **וי"א** דצריך לברך, כי קבעו חכמים ברכה זו בכל יום, דומיא דשאר ברכות השחר, **וספק** ברכות להקל, (ויש שמתמיהין, דבריש הסימן כתב לחשוש לשיטות דברכה"ת דאורייתא עכ"פ לענין ברכה השלישית – פסקי תשובות), **אך** אם אפשר לו, יראה לשמוע בה"ת מאחר, ויאמר לו שיכוין להוציאו בהברכות, והוא יכוין לצאת, ויענה אמן, ויאמר אח"כ איזה פסוקים, כדי שיהא נחשב לו במקום לימוד, **או** יכוין לצאת בברכת "אהבה רבה", וילמוד תיכף מעט אחר שיסיים תפלתו.

ואם היה ישן ביום שינת קבע על מטתו, ובלילה שלאחריו היה ניעור כל הלילה, פסק הגאון רע"א, דבזה לכו"ע צריך לברך בבוקר בה"ת, **ואין** ברכת "אהבת עולם" של ערבית פוטרת, אם לא למד מיד אחר התפלה.

סעיף יג - המשכים קודם אור היום ללמוד, מברך ברכת התורה, ואינו צריך לחזור ולברך כשילך לבית הכנסת - ואף אם חזר וישן אח"כ שינת קבע קודם אור היום, או ביום, א"צ לחזור ולברך, כי מסתמא דעתו של אדם לפטור בברכה זו עד שינת הלילה שאחריו, **וכ"ז** לפי הי"א שבסעיף י"א, אבל לפי מה שכתבנו שם, דאף בשינת קבע ביום המברך לא הפסיד, כ"ש בזה שהיה ישן שינת קבע קודם אור היום, דהמברך לא הפסיד.

המשכים קודם אור היום, מברך כל סדר הברכות - ואפילו במשכים אחר חצות לילה לאיזה ענין, ודעתו לחזור ולישן עוד אח"כ שינת קבע, אפ"ה יוכל לברך כל אלו הברכות, ושוב לא יצטרך לברך אותם כשיקום בבוקר, **לבד** ברכת "אלקי נשמה" יאמר בלי חתימה, ו"המעביר שינה" יאמר בלי הזכרת השם, ואח"כ כשיקום בבוקר יאמר אותן בהזכרת שם ומלכות כראוי.

(**ובדיעבד אם** בירך גם ברכת "אלהי נשמה" ו"המעביר שינה" כראוי בפעם הראשון, **דעת הפר"ח, דחוזר ומברך אלו השתי ברכות כשקם בפעם שנית ממטתו, והסכים עמו הח"א לענין ברכת "המעביר שינה", ומשע"ת משמע דלא יחזור ויברך, וכן משמע מדה"ח, וספק ברכות להקל, ואם** תקפה עליו שינה, לכו"ע אין לו לחזור ולברך אותם).

חוץ מברכת "הנותן לשכוי בינה" - והאחרונים הסכימו, שגם ברכה זו יכול לברך אפילו קודם שיאיר היום, **אך** יש אומרים שלכתחלה יש ליזהר, שלא לברך אותה קודם שיאיר היום אם לא ששמע קול תרנגול, **ובדיעבד** יצא אפי' לא שמע קול תרנגול, **ודוקא** שיברך אותה מחצות לילה ואילך, אבל קודם חצות אפי' בדיעבד יחזור ויברך, ואפילו אם שמע קול תרנגול.

ופרשת התמיד - וכל משניות הקרבנות שאחריה, **(עיין לעיל סימן א' סעיף ו'), שימתין מלאומרה עד שיאור היום** - כי הם במקום הקרבתן, ואין הקרבתן אלא ביום.

הגה: ולכתחילה יטול ידיו קודם שיברך ללמוד; ואם לא היה לו מים, יכול ללמוד ולברך בלא נטילה, כמו בשאר ברכות שמברך קודם נטילה, כדלעיל סי' מ"ו - ויקנח ידיו בכל מידי דמנקי.

סעיף יד - נשים מברכות ברכת התורה – (הטעם, דהא חייבות ללמוד הדינים שלהם, ועוד דחייבת לומר פרשת הקרבנות כמו שחייבת בתפלה, א"כ קאי הברכה ע"ז – ב"י מ"א, **ולפי"ז** הטעם, יכולה להוציא בבה"ת את האיש, וכן כתב הפמ"ג בהדיא, **והגר"א** חולק ע"ז הטעם, אלא הטעם דמברכות הוא, דאף דפטירי מתורה, מ"מ יכולות לברך ולומר "וצונו", דלא גריעא מכל מ"ע שהזמן גרמא, דקי"ל דיכולות לברך עליהן, **ולפי"ז** אין יכולות להוציא את האיש).

(וקטן שהגיע לחינוך, בודאי אינו יכול להוציא את הגדול בבה"ת, **לפי** מה שסוברים הרבה פוסקים, דבה"ת הוי מן התורה, וכ"כ הפמ"ג).

סימן מח – פרשת התמיד, ופסוקי קרבן שבת

§ סימן מח – פרשת התמיד, ופסוקי קרבן שבת §

הגה: ואומרים פרשת התמיד - והיא במקום הקרבת קרבן התמיד, שכן קבלו חז"ל, שבזמן שאין בהמ"ק קיים ואין יכולין להקריב קרבנות, מי שעוסק בהן ובפרשיותיהן מעלה עליו הכתוב כאלו הקריבום.

וי"א סדר המערכה, ו"רבון העולמים אתה צויתנו" וכו' - מטעם הנ"ל, והוא מה שנתפשט המנהג בימינו לומר בכל יום "אביי הוי מסדר" וכו'.

ונראה לי פשוט, דמי שיודע ספר, מצוה ללמוד בגמ' פירוש המימרא הזו, וכן מה שאנו אומרין בכל יום עניני עשיית הקטורת, כדי שיבין מה שהוא אומר, ובזה תחשב לו האמירה במקום ההקטרה, **וכן** כתבו הספרים, דמה שאמר הגמרא "כל העוסק בפרשת עולה" וכו', הכוונה שהוא מתעסק להבין עניניה, לא אמירת התיבות לבד.

כתב המ"א, פרשת הקרבנות יאמר בעמידה, דוגמת הקרבנות שהיה בעמידה, **ועיין** בשע"ת בשם כמה אחרונים שחולקין ע"ז, **ובפרי** מגדים כתב, דמ"מ בפרשת התמיד ראוי לעמוד, שקורין בצבור בקול רם.

גם מה שכתב בבה"ט בשם דרך חכמה, שיזהר לומר פ' התמיד בצבור עם הש"ץ, **עיין** בשע"ת שהשיג ע"ז.

כתב הפמ"ג, מש"כ בסידורים בנוסח היה"ר "כאלו הקרבנו קרבן התמיד", ויש גורסין "הקרבתי", **אינו** נכון, כי "הקרבתי" בפרשת חטאת אבעלים קאי, משא"כ בתמיד, אין יחיד מיקרי בעלים, **ובטור** הגירסא "כאלו קרב התמיד במועדו וכו'", וזה נכון, **ובשע"ת** מיישב גם הגירסא שלנו.

ואם אי אפשר לאומרו בצבור - שדרכם באותו מקום לומר רק פרשת התמיד לבד בצבור, **יכול לאומרו בביתו, ולחזור פרשת התמיד לבד עם הצבור** - שמנהגם היה מקדם לומר הכל ביחד בקול רם, וא"כ לא יכול לשתוק בעת שיאמרו בצבור, דיהיה מנכר מלתא.

ויכוין בפעם השניה כקורא בתורה - עיין בטור, שהוא רק לרווחא דמלתא, שלא יהיה נראה כאלו מקריב שני תמידים.

ונהגו המדקדקים להתנועע בשעה שקורין בתורה, דוגמת התורה שנתנה ברתת; וכן בשעה שמתפללים, על שם "כל עצמותי תאמרנה ה' מי כמוך" - ויש פוסקים שחולקין ע"ז, ואומרים דבתפלה אין להתנענע, ורק בפסוקי דזמרה וברכת ק"ש, ולימוד התורה אפילו שבע"פ המנהג להתנענע, **וכתב** המ"א, ודעביד כמר עביד ודעביד כמר עביד, והכל לפי מה שהוא אדם, אם מכוין היטב ע"י תנועה, יתנענע, ואם לאו, יעמוד כך, ובלבד שיכוין לבו. **וקצת** מתנענעים תנועה משובשת, שהגוף עומד על עמדו, רק בראש הופך פעם לימין ופעם לשמאל דרך גאוה, אין לעשות כן.

סעיף א - בשבת אומרים אצל פרשת התמיד פסוקי מוסף דשבת, אבל לא בר"ח ויום טוב, מפני שקורין בתורה בפסוקי מוסף.

הגה: ויש אומרים שמזכירין גם מוסף ראש חודש, וכן נוהגין, כדי לפרסם שהוא ראש חודש, וכן הוא לקמן סימן תכ"ג - אבל יום טוב אין צריכין לפרסם, שכבר הוא מפורסם מאתמול, **אבל** שבת אע"פ שהוא מפורסם, אומרים אותה בשחרית, שהרי אין יכולין לקרותה בתורה, מפני שאין בה אלא שני פסוקים.

‹**אבל** אנן בארץ הצבי לא נהגינן אף בשבת לומר פרשת וביום השבת, שלא כמ"ש מרן, ונראה הטעם, דתפלת שחרית היא במקום תמיד, ולכן לא אמרינן בזמירות פסוקי מוסף, כסברת המנהיג שהביא הטור, והסכים רבינו האר"י ז"ל על ידו, ובתריה גרירי בדוכתי טובא, הפך מרן, דקים להוא לרבנן דאי מרן שמיע ליה דברי האר"י, הוי הדר ביה – ברכי יוסף סי' תכ"א.›

§ סימן מט – שיכול לומר ק"ש בעל פה §

סעיף א - אע"ג דקיימא לן: דברים שבכתב אי אתה רשאי לאומרם ע"פ, כל דבר שרגיל ושגור בפי הכל, כגון ק"ש וברכת כהנים ופרשת התמיד וכיוצא בהן, מותר - אבל אם אינו שגור בפי הכל, אע"ג ששגור בפיו, אסור. **כתב** המ"א, המעיין בבית יוסף יראה, שיש דיעות שונות בטעם חיתר אמירת אלו הדברים בעל פה, לכן יש ליזהר שלא לומר שום דבר בעל פה, כי אם מה שנזכר פה בשו"ע.

הלכות ברכות קנה
סימן מט – שיכול לומר ק"ש בעל פה

ובמוציא אחרים באמירתו את הכתובים, מצדד המ"א להחמיר, שלא לומר בע"פ בכל גווני, וכן משמע מדברי הגר"א בביאורו.

ובתשובת חו"י מתיר לומר כל ספר תהלים בע"פ, דכיון שהוא לעורר רחמי ד', הו"ל כתפלה, **ונ"ל** שיש לסמוך עליו, דבלא"ה דעת העט"ז והגר"א כהפוסקים, דדוקא להוציא רבים ידי חובתן אסור.

(ולענין אמירת הלל, משמע בתוס' ישנים דיומא, ג"כ שיש להקל, **אבל** כ"ז אם רגיל בפיו היטב, שלא יבוא לטעות בו, כי בקל יבוא לטעות באמירת 'לא לנו' לקאפטיל קל"ה, ולא יצא ידי הלל, וגם ברכתו יהיה לבטלה).

ומי שדורש ברבים בהרבה פסוקים שבתורה, וקשה לו לחפש בכל שעה בחומש מפני כבוד הצבור, אפשר שיש להקל.

כתב הרדב"ז, לקרות הפרשה בע"פ בשעה שש"ץ קורא, אני נזהר, אבל איני מוחה לאחרים, משום דיש פוסקים הרבה שסוברים, דהאיסור הוא דוקא אם מוציא בזה לאחרים ידי חובתן, וכ"כ בעט"ז וביאור הגר"א.

סומא מותר לקרות בע"פ, משום "עת לעשות לד' הפרו תורתך", **וה"ה** אם הוא בבית האסורים, ואין יכול להשיג שם חומש.

§ סימן נ – טעם למה אומרים משנת איזהו מקומן §

סעיף א- קבעו לשנות אחר פרשת התמיד, פרק "איזהו מקומן" ובריית דר' ישמעאל, כדי שיזכה כל אדם ללמוד בכל יום מקרא משנה וגמרא, דברייתא דר' ישמעאל הוי במקום גמרא, שהמדרש כגמרא - ובחרו בברייתא זו, מפני שהיא תחלת תורת כהנים, שהוא ראש לכל פרשת הקרבנות, קבעוה אצל הקרבנות, **וכן** בחרו במשנת "איזהו מקומן" וקבעוה אחר התמיד, משום שנאמר: ובכל מקום מוקטר ומוגש לשמי, וכי בכל מקום מקטירין ומגישין, אלא אלו ת"ח שעוסקין בהלכות עבודה בכל יום בכל מקום שהם, מעלה אני עליהם כאלו מקטירין ומגישין לשמי, **ועוד** מפני שבפרק זה אין בו מחלוקת, והוא משנה ברורה למשה מסיני.

ואין קריאת פרק זה ובריית זו עולה ללימוד משנה ותלמוד, אלא למי שמבין, אבל למי שאינו מבין, צריך ללמוד ולהבין, שאל"כ אינו נחשב ללימוד, **דדוקא** בתפלה, אף שאינו מבין, הקב"ה יודע כוונתו, אבל אם אומר המשנה והברייתא ואינו מבין, אינו נקרא לימוד, **ובפרט** עמי הארץ, צריך שיבינו הפירוש, כדי שיצאו בזה ידי לימוד מקרא ומשנה וגמ', שצריך האדם ללמוד בכל יום.

כתב של"ה, כשאומר "איזהו מקומן", או "במה מדליקין", או "פטום הקטורת", יעשה קול ניגון דמשניות.

יש מקומות שאין אומרין "איזהו מקומן" בבית האבל, מפני שאסור בת"ת, **ואין** זה נכון, שכל שהוא סדר היום, אין בו משום ת"ת לאבל.

§ סימן נא – דיני תפלה מן ברוך שאמר עד ישתבח §

סעיף א- אומרים "ברוך שאמר" קודם פסוקי דזמרה, ו"ישתבח" לאחריהם.

ברוך שאמר - שבח זה תקנוהו אנשי כנה"ג, ע"י פתקא דנפל מן שמיא ומצאוהו כתוב בו, ויש בו פ"ז תיבות, וסימנו: ראשו כתם פז, ר"ל ראש התפלה הוא ברכה של פ"ז תיבות, **ע"כ** אין לגרוע ולא להוסיף על פ"ז תיבות, **ונכון** לאומרו מעומד, ואפילו ביחידי, ואוחז ב' ציצית שלפניו בשעת אמירת ב"ש, ולאחר גמר ב"ש ינשקם. "**בפֶה** עמו" בסגול, "בתִשבחות" בחירק.

סעיף ב- אם סיים "ברוך שאמר" קודם שסיים החזן, עונה אחריו: אמן - ולא הוי הפסק בין הברכה להדבר, דפסוקי דזמרה שבח הוא, ו"אמן" שבח הוא, וכעין זמרה, ולא הוי הפסק, (ו"חזן" אורחא דמילתא נקט, וה"ה אם שמע עוד מאיזה אנשים אחרים, צריך לענות "אמן" על כל אחד ואחד).

(ועיין בב"י דמסיק, דאינו מחוייב למהר כדי לסיים ולענות, אלא אם נזדמן לו שסיים, יענה "אמן").

הלכות ברכות
סימן נא - דיני תפלה מן ברוך שאמר עד ישתבח

אבל אם לא סיים, לא יענה "אמן", **ופשוט** דדוקא משעה שהתחיל "ברוך אתה ד' ‹האל האב הרחמן›" וכו', דמתחלה שבחא בעלמא הוא, (וה"ה בברכת ישתבח, **אם עומד באמצע הברכה, אין לו לענות אמן על ברכה זו אחר סיום החזן, והברכה** מתחלת מהתחלת ברכת ישתבח, כדמוכח בסימן נ"ד ס"א), ‹דאי לאו משום דהיא ברכה הסמוכה לחברתה, היה מתחיל שם ב"ברוך"›.

וכ"ז דוקא לענין אמן של ב"ש או של ישתבח, אבל שאר אמנים, מסיק המג"א, דמותר לענות אפילו באמצע ברכת ב"ש או ישתבח, כיון שלא הוזכרה ברכה זו בגמרא, **אך** אם הוא עומד אחר תיבת "ברוך אתה ד'", קודם שסיים "מלך מהולל בתשבחות", כתב הח"א דאסור לו לענות, דבזה מקלקל לגמרי את הברכה.

אבל אם סיים עם החזן בבת אחת, לא יענה אמן, דנראה כעונה אמן אחר ברכותיו, דקי"ל דהרי זה מגונה, **וה"ה** בכל הברכות הדין כן, לבד ב"ישתבח", או "יהללוך" אחר הלל, או אחר "שומר עמו ישראל לעד", אם סיים בשוה עם הש"ץ, או אם אדם אחר, עונה אמן, **דהא** הרבה פוסקים ס"ל, דבזה עונה אפילו אחר ברכת עצמו, ואף דאנן לא נהיגין הכי, מ"מ בכה"ג ודאי יש לסמוך על זה, **ואם** סיים הוא ברכה אחת, איזה ברכה שתהיה, והש"ץ ברכה אחרת, מותר לענות אמן.

ואם שח דברים בטלים בין ב"ש ל"הודו", אפשר דצריך לחזור ולברך משום הפסק, ואפילו מלה אחת הוי הפסק - פמ"ג, **ונ"ל** שלפי"ז, אפילו בשתיקה טוב לזהר לכתחלה, שלא לשהות הרבה בינתים.

סעיף ג - אחר "ישתבח" יכול לענות אמן אחר ברכת עצמו, (ועי"ל סי' רט"ו) - דשם נתבאר בהג"ה, דמנהגנו שלא לענות אמן.

סעיף ד - צריך ליזהר מלהפסיק בדבור משיתחיל "ברוך שאמר" עד סוף י"ח - ד"ברוך שאמר" הוי ברכה שלפני פסוקי דזמרה, ו"ישתבח" הוי ברכה שלאחריה, ובין "ישתבח" ל"יוצר" הלא אסור להפסיק, ומ"יוצר" והלאה הוי ברכות ק"ש, **וכשיש** נפילת אפים, לא ידבר עד אחר נפילת אפים.

ואפילו "ברוך הוא וב"ש" אסור לומר, כיון שלא הוזכרה בגמרא, **אבל** אמן מותר לענות על כל ברכה ששומע, אפי' באמצע פסוק של פסוקי דזמרה, אם הוא במקום דסליק ענינא, (**ואף דדין זה, דמותר דוקא במקום דסליק ענינא, לא ברירא אף לענין ברכת ק"ש, מ"מ נכון לפסוק כן, דגם דין זה דמותר לענות אמן באמצע פסוקי דזמרה לא ברירא כולי האי, דבאמת אף דלא נזכרה ברכת ב"ש בתלמוד, מ"מ תקנה קדומה היא מימי כנה"ג, ומוזכרת בזוהר הקדוש, וברכת ישתבח מוזכרת בירושלמי, כמו שאמרו השח בין ישתבח ליוצר, וכמו שכתבו כל זה האחרונים**).

וכן כל ברכת הודאה מותר לברך, כמו "אשר יצר" לאחר עשיית צרכיו, וכיוצא בזה, (**ולא יברך אחר התפלה, פן יצטרך אז עוד הפעם לצאת לנקביו, ויתבטל הברכה, וטוב שיניחה מלברך עד בין הפרקים**), **וכן** לענות מודים דרבנן, **וכן** לענות ק"ש עם הצבור, שצריך שיקרא עמהם פסוק ראשון, קורא, **ומכ"ש** דמותר להפסיק לקדיש ולקדושה ולברכו, (**ונראה לי פשוט, דלענין קדיש וקדושה וברכו ומודים, ואמן דהאל הקדוש, ואמן דשומע תפלה, דבפסוקי דזמרה יפסיק לכל זה אף במקום דלא סליק ענינא**).

בכל מקום שאסור להפסיק, אפילו בלה"ק אסור לדבר.

וכשצריך להפסיק מפני איזה אונס, או בכי האי גוונא דסעיף ה', צריך לומר קודם שידבר אלו הפסוקים: ברוך ד' לעולם אמן ואמן וכו' עד ויברך דויד, **וכשחוזר** להתחיל ממקום שפסק, יאמר ג"כ אלו הפסוקים, דהוי כמו ברכה לפניהם ולאחריהם.

כתב בתשובת מקור ברוך, שראוי לבטל המנהג שקצת נוהגין להפסיק כדי להביא החתן לבהכ"נ, בין ב"ש ליוצר, ואין כח מנהג זה יפה לילך אחריו.

ואפי' לצורך מצוה אין לדבר בין "ברוך שאמר" ל"ישתבח", (ועי"ל סי' נ"ג נ"ד) - אבל בין ישתבח ליוצר לדבר מצוה, יבואר ס"ס נ"ד, דיש מתירין.

פשוט דאם מתיירא שיעבור זמן ק"ש קודם שיגיע לקרותה בסדר התפלה, ושכח לאמרה קודם "ברוך שאמר", מותר לו להפסיק ולקרותה, **וכן** אם שכח לברך ברכת התורה קודם התפלה, מותר לו לברך באמצע פסוקי דזמרה, ולומר אח"כ פסוקים הנוהגין, די"א דאסור לומר אפילו פסוקי דזמרה קודם בה"ת.

אין לקרות לס"ת לכתחלה מי שעומד באמצע פסוקי דזמרה, רק לכהן אם אין שם כהן אחר, וכן ללוי אם אין שם אלא הוא, ורשאי לקרות בלחש עם הקורא, **אך**

הלכות ברכות קנו
סימן נא – דיני תפלה מן ברוך שאמר עד ישתבח

לא יפסיק לומר לחזן לעשות "מי שברך", ואם החזן התחיל מעצמו ושכח שמו ושואלו, מותר להשיבו מפני הכבוד, **ואם** הוא עומד סמוך לפרק, שיכול לגמור עד הפרק בלי שהות קודם שיעלה, יעשה כן, אבל אם צריך לזה שהות, לא ישהא מפני טורח הצבור.

אסור לומר פסוק: מי ימלל גבורות ד' וגו', אחר ב"ש קודם "הודו", **ואחר** כלות המזמורים יש נוהגין לאומרו. **יש** נוהגין לומר קדיש קודם ב"ש, ויש נוהגין לאומרו קודם "הודו".

סעיף ה - בין המזמורים האלו, שואל מפני הכבוד - בשלום אדם נכבד שראוי להקדים לו שלום, **ומשיב שלום לכל אדם.**

ובאמצע המזמור - ר"ל באמצע הפרק, **שואל מפני היראה, ומשיב מפני הכבוד** - ואלו הן באמצע הפרקים: מ"הודו" עד "אמן והלל לה'"; מן "תנו עוז וכו'" עד "ברוך אלהים"; מן "אל נקמות" עד "על גאים"; מן "נפשנו חכתה לד'" עד "יחלנו לך"; מן "יהי שם" עד "על השמים כבודו"; ובין הללויה להללויה; ומן "ברוך ד' לעולם" עד "אמן ואמן"; ומן "ויברך דויד" עד "לשם תפארתך"; ומן "אתה הוא ד' לבדך" עד "במים עזים"; ומן "ויושע" עד "ד' ימלוך לעולם ועד".

כתב בדרך החיים, כשצריך להפסיק והוא עומד סמוך לפרק, יש לו ליזהר ולמהר לסיים עד הפרק, כי טוב יותר להפסיק בין הפרקים מבאמצע הפרק.

בפסוק: ד' מלך ד' מלך ד' ימלוך לעולם ועד, לא יפסיק באמצע, כמו בין "ד' אלהיכם" ל"אמת".

ועיין במ"א, שכהיום שאין אנו רגילין לשאול בשלום בבהכ"נ בעת התפלה, חלילה לשאול או להשיב, לא בין הפרקים דק"ש ולא בפסוקי דזמרה.

סעיף ו - צריך להפסיק בין "אלילים" ובין "וה' שמים עשה" - מעט, וכן יש להפסיק בין "כי" ל"כל", דיש פסיק בין "כי כל", לכן הכף דגושה; **ובין** "העמים ל"אלילים"; ובין "שמים" ל"עשה", צריך ג"כ להפסיק, שלא תבלע המ"ם.

סעיף ז - צריך לכוין בפסוק "פותח את ידך", ואם לא כוון, צריך לחזור ולאומרו פעם אחרת - שעיקר מה שקבעו לומר "תהלה לדוד" בכל יום, הוא בשביל אותו פסוק, שמזכיר בו שבחו של הקב"ה, שהוא משגיח על בריותיו ומפרנסן.

עיין בח"א שהביא בשם הלבוש, שצריך לומר מפסוק "פותח" עד סוף המזמור כסדר, **ואם** לא נזכר עד שכבר אמר מזמורים אחרים, ואין לו שהות לחזור, מ"מ יאמר אחר התפלה, מפסוק "פותח" עד סוף המזמור. ‹**האג"מ** הבין בדברי המשנ"ב, שלעולם אין לומר במקום שנזכר, אלא או יחזור ויאמר מ'פותח' על הסדר, או יאמר אחר התפילה, דהסדר מעכב, **וכבר** נתקשו עליו בזה, שכוונת המשנ"ב 'אין לו שהות לחזור', היינו מ'פותח את ידך' עד סוף 'אשרי'. **ורבים** המה הפוסקים הסוברים שדי בזה שאומר שוב רק הפסוק 'פותח את ידך' היכן שנזכר, ואין צריך לומר שוב עד סוף 'אשרי' – פסקי תשובות›.

הגה: ואומרים פסוק: ואנחנו נברך יה, אחר תהלה לדוד; וכופלין פסוק: כל הנשמה תהלל יה, לפי שהוא סוף פסוקי דזמרה; וכן פסוק: ה' ימלוך לעולם ועד - ובשם האר"י כתבו, שיש לומר ג"כ תרגום פסוק זה, דהיינו שנים יאמר מקרא ואחד תרגום, **ושיש** לומר פסוק "כי בא סוס פרעה", שגם פסוק זו מעיקר שירה, **ובשם** הגר"א כתבו, שלא לומר "כי בא" וגו'.

"**מי** כמוכה" תנינא, הכף דגושה, **אבל** "מי כמוכה" קמא, וכן "כל עצמותי תאמרנה ד' מי כמוך", הכף רפויה.

"**עם** זו גאלת", הגימל דגושה. "**ידמו** כאבן", הכף דגושה.

יש להפסיק בין "במים" ובין "אדירים", שה"אדירים" קאי על מצרים.

ויאמר שירת הים בשמחה, וידמה בדעתו כאילו באותו היום עבר בים, והאומר בשמחה מוחלין לו עונותיו.

כשמגיע ל"ועתה ה' אלהינו מודים אנחנו לך", או לפסוק "וכל קומה לפניך תשתחוה", אין לשחות ולהשתחות שם, כדלקמן סי' קי"ג. ונהגו לעמוד כשאומרים: ברוך שאמר, ויברך דויד - עד שיאמר: אתה הוא ד' האלהים, **וישתבח.**

האר"י ז"ל כשאמר "ואתה מושל בכל" נתן צדקה מעומד.

משמע בב"י, דבשבת נכון ג"כ לעמוד כשאומרים הפסוק: ד' מלך ד' מלך וגו', וכ"כ המ"א בשם בעל עמק הברכה, **וכתב** עוד בשם האר"י, דכשהצבור היו אומרים: ד' מלך וגו', היה עומד עמהן, אף שהוא לא הגיע לשם.

הלכות ברכות
סימן נא – דיני תפלה מן ברוך שאמר עד ישתבח

סעיף ח - אין אומרים הזמירות במרוצה, כי אם בנחת - שלא ידלג שום תיבה ולא יבליעם, אלא יוציא מפיו כאילו מונה מעות.

וכתב ר"י חסיד, מי שאינו מלובש היטב, יתפלל בביתו בחורף בנחת, **וצ"ע** מלקמן סימן נ"ב, ואפשר דר"ל, שמחמת הקור אינו יכול לכוין גם בתפלת י"ח כראוי.

סעיף ט - "מזמור לתודה" יש לאומרה בנגינה, שכל השירות עתידות ליבטל חוץ מ"מזמור לתודה".

הגה: ולא "מזמור לתודה" בשבת ויו"ט - שאין תודה קריבה אז, **לא בימי פסח, שאין תודה קריבה בהם משום חמץ** - כי עם התודה היו צריכין להביא עשרה לחמי חמץ, **ולא בערב פסח** - שמא לא יוכלו לאכלו עד זמן איסור חמץ, ויצטרכו לשרפו, ואסור לגרום לקדשים שיבואו לידי שריפה, **ועי"ל סי' תכ"ט.**

ולא בערב יו"כ - מפני שממעט זמן אכילתם, ומביאם לידי פסול. **ועי"ל סי' תר"ד, וכן נהגו במדינות אלו.**

ומטעם זה ג"כ הנוהג לומר בכל יום פרשת קרבנות השייכים ליחיד, לא יאמר בעיוה"כ, דאין מביאין אותם בעיוה"כ כמו תודה, **זולת** פרשת עולה יכול לומר.

יש מקומות שאומרים "מזמור לתודה" בר"ה ויוה"כ, משום דכתיב בו: הריעו לד' כל הארץ, **ובמדינותינו** אין המנהג לאומרו. **ואומרים** "מזמור לתודה" גם בעט"ב ובט"ב.

אין לדלג ביו"ט הפסוק "מזמור שיר ליום השבת", דגם יו"ט נקרא שבת.

§ סימן נב – דין מי ששהה לבוא לבהכ"נ עד ישתבח §

סעיף א - לכתחלה ראוי לבוא לבהכ"נ בהשכמה, כדי שלא יצטרך לדלג, כי כתבו הספרים, שהמגיד הזהיר לבית יוסף לבוא לבהכ"נ בהשכמה, כדי שיוכל להתפלל כסדר ולא בדילוג, כי העושה כן מהפך הצינורות, **והרבה** אנשי מעשה נוהגים להתפלל כסדר מטעם זה, אפילו אם אחרו לבוא לבהכ"נ, **אבל** בתשובת חכם צבי כתב, שמה שכתב בספר הזהר שיש להתפלל על הסדר, היינו כשאינו מתפלל עם הצבור, אבל אם איחר לבוא לבהכ"נ, ובא כשהצבור מתפללין, כו"ע מודו דידלג כדי להתפלל בצבור, וכן פסק הפר"ח.

ועיין בח"א שכתב, דאם נתאחר לבוא, יראה עכ"פ לומר קודם שיתחיל להתפלל: ברכת ענט"י, ו"אלהי נשמה", וברכת התורה, **דאל"ה** דעת הפר"ח ב"אלהי נשמה" שלא יאמר אחר התפלה, כי יצא בברכת "מחיה המתים", **ובבה"ת** יש דיעות בזה בטימן מ"ז ס"ח, אם לא למד מיד אחר התפלה, **ונטילת** ידים לא ניתקן רק קודם התפלה.

אם בא לבהכ"נ ומצא צבור בסוף פסוקי דזמרה - ר"ל אחר שיניח התפילין על ראשו, יהיו עומדים הצבור בסוף פסוקי דזמרה, **אומר: "ברוך שאמר" עד "מהולל בתשבחות", ואח"כ "תהלה לדוד" עד "מעתה ועד עולם הללויה", ואח"כ "הללו את י"י מן השמים" עד "לבני ישראל עם קרובו הללויה", ואח"כ "הללו אל בקדשו" עד "כל הנשמה תהלל יה".**

הגה: ואם יש לו שהות יותר - ר"ל שיש לו שהות יותר מכדי שיעור האמירה מ"תהלה לדוד" וכל הללויות עד "כל הנשמה תהלל יה", **דהם** קודמים מדינא לאמירת "הודו", שהם הם עיקר פסד"ז, **וכתב** המ"א עוד, דאמירת "ויברך דויד" עד "לשם תפארתך", ג"כ קודם ל"הודו", אבל לא קודם "הללויה", **יאמר: "הודו לה' קראו" עד "והוא רחום", וידלג עד "והוא רחום" שקודם "אשרי", כי בנתיים אינו רק פסוקים מלוקטים.**

ואח"כ "ישתבח", ואח"כ "יוצר", וק"ש וברכותיה, ויתפלל עם הצבור.

ואם אין שהות כ"כ, ידלג גם מזמור "הללו את י"י מן השמים", הגה: אם עוד אין שהות, לא יאמר רק "ברוך שאמר" ו"תהלה לדוד" ו"ישתבח".

ואפילו מי שאינו רגיל להתפלל עם הצבור בתמידות, שאינו משכים כ"כ, מ"מ אם אירע לו איזה פעם שבא לבהכ"נ, ומצא להצבור בסוף פסוקי דזמרה, יעשה כמו שכתב בשו"ע, דעכ"פ יש לו לזכות בפעם זה להתפלל עם הצבור, **ועיין** בשע"ת, דדוקא אם יוכל לומר עכ"פ "ברוך שאמר" ו"אשרי" ו"ישתבח".

(ביאור הלכה) [שער הציון] ‹הוספה›

הלכות ברכות
סימן נב – דין מי ששהה לבוא לבהכ"נ עד ישתבח

כתב הח"א, בשבת ידלג המזמורים שמוסיפין בשבת, מן "למנצח" עד "יהי כבוד", ויאמר כמו בחול, כי הם תדירים, **ואם** יש שהות יותר, יאמר "למנצח" ו"לדוד בשנותו" ו"תפלה למשה", והם קודמים לשאר מזמורים, כדאיתא בזוהר, **עוד** כתב, דבשבת מחוייב לומר "נשמת", והיא נקראת "ברכת השיר", ומוטב שידלג מזמורים, **ואם** אין לו שהות כלל, יאמר "ברוך שאמר" ו"תהלה לדוד" ו"נשמת" ו"ישתבח".

ואם כבר התחילו הצבור "יוצר", ואין שהות לומר פסוקי דזמרה אפי' בדילוג, יקרא ק"ש וברכותיה עם הציבור ויתפלל עמהם, ואחר כך יקרא כל פסוקי דזמרה בלא ברכה שלפניהם ולא של אחריהם - דהיינו ב"ש ו"ישתבח", כי לא נתקנו לרוב הפוסקים כי אם קודם התפלה.

אבל אם לא יגיע לתפלת צבור שמ"ע אפילו אם יתחיל ב"יוצר אור", לא יתחיל כלל לכו"ע, רק יתפלל כסדר בלא הצבור, **ולא** יתפלל השמ"ע לבד עם הצבור, דסמיכת גאולה לתפלה בשחרית עדיף מתפלה בצבור.

ובתש' משכנות יעקב הוכיח, דברכת ב"ש ו"ישתבח" תקנה קדומה היא מימי התנאים, וע"כ מוטב להתפלל ביחידי, משידלג לגמרי ברכת ב"ש ו"ישתבח", **אך** אם לא יצטרך לדלג לגמרי, שיוכל לאמר "ב"ש" ו"אשרי" ו"ישתבח", בעת שהחזן מאריך המלות מ"יוצר" והלאה, לכו"ע יעשה כן, דעיקר קפידא הוא שיתפלל תפילת י"ח עם הצבור בלחש, כי התפלה עם הצבור רצויה ומקובלת לפני הקב"ה, **אך** פשוט דכ"ז הוא בתנאי, דעי"ז לא יחסר מצות קריאת שמע כדין המבואר לקמן בסי' ס"א, דלא דחינן מלקיים המצוה כתקונה בשביל תפלה בצבור.

הגה: ומכל מקום יאמר כל הברכות שמחויב לברך בבקר - ר"ל שמחוייב לאמרם אחר התפלה, אם לא אמרן קודם התפלה, **ועיין** בפר"ח שכ', דברכת "אלהי נשמה" לא יאמר אחר התפלה, שכבר יצא בברכת "מחיה המתים", **ועיין** בפמ"ג שכתב, דמדברי הרמ"א לא משמע כן, (**ואני אומר, דמי שירצה לסמוך בדיעבד על הפר"ח, אין למחות בידו, מאחר דהח"א והדה"ח העתיקו דבריו, אבל מי שירצה לברך ולסמוך על כל הני רבוותא שכתבנו, ג"כ לא הפסיד, והרוצה לצאת ידי שמים, נ"ל שיניח מעט לישן ביום, ואז כשיתעורר משנתו יברך "אלקי נשמה", דהא הב"י כתב, דהאגור בשם ר' יהודה משפירא כתב, דהניעור משנתו של שינת היום, צריך לברך "אלקי נשמה", רק שהב"י סיים שם ע"ז, ולא נהגו כן, א"כ בכאן יש לעשות כן לכו"ע)**, **ומ"מ** יותר טוב לכתחלה לצאת אליבא דכו"ע, דהיינו שאם התחיל כבר להתפלל, ושכח מקודם ברכת "אלוקי נשמה", יכוין בפירוש בברכת "ונאמן אתה" שאינו רוצה לפטור בזה ברכת "אלוקי נשמה", ואז לכו"ע יברכנה אחר התפלה, **דנהי** דברכות א"צ כונה לצאת, מ"מ היכא דמכוין בפירוש שלא לצאת שפיר דמי.

ועיין לעיל בסימן מ"ז ס"ח לענין ברכת התורה, (דאם לא בירך ברה"ת, כדי לצאת באהבה רבה, צריך ללמוד מיד לאחר סיום התפלה), ובמ"ב שם מה שכתבנו בשם א"ר, (שפסק דק"ש אינה מועילה להיחשב כלימוד), (**ודע עוד, דהפמ"ג נתן עצה זו המוזכרת במ"ב (ל"אלוקי נשמה") לענין ברכת התורה, אם שכח והתחיל בברכת ק"ש, ולא אמר עדיין בה"ת, יכוין בפירוש ב"אהבה רבה" שלא לצאת בזה ידי המצוה של בה"ת, ואז לא נפטר בה"ת לכו"ע, ולענ"ד צע"ג בזה, לפי מה שכתב המאמר מרדכי, דלכן אמרו בגמ' שכבר נפטר ב"אהבה רבה", לפי ש"אהבה רבה" גופא היא בה"ת, כי ק"ש נמי תורה היא, א"כ איך יוכל לחלק הכונה לשניהם, דהיינו לענין ק"ש יכוין שהברכה זו תהיה לשם ברכה עליה, כי הגם דאין הברכות מעכבות, מ"מ לכתחלה בשבילה ניתקן, ולענין שאר דברי תורה יכוין, שהברכה זו קוראה ע"מ שלא לצאת בה ברכת התורה, וצ"ע למעשה**), **ועיין** בבה"ל שכתבנו, דאם שכח ברכת התורה, והתחיל ברכת ק"ש, יכוין בפירוש בברכת "אהבה רבה" לפטור ברכת התורה, ויראה ללמוד תיכף לאחר התפלה, ויצא בזה אליבא דכו"ע, (**ובעצה זו יצא ג"כ נקי לגמרי מחשש ברכה שאינה צריכה**).

ועיין בס' מאמ"ר ובס' נהר שלום, דזמן כל הברכות הוא כל היום בדיעבד, וכ"כ בס' מעשה רב להגר"א ז"ל, **והוסיף** שם עוד יותר, דאפילו בלילה עד שעת השינה הוא חיובן, אם שכח לאומרן קודם, **ונ"ל** דאם חוטפתו שינה, לכו"ע לא יכול תו לברך ברכת "המעביר שינה", **ומ"מ** לכתחלה צריך ליזהר, שלא לאחר הברכות יותר מד' שעות על היום, **אך** בדיעבד עכ"פ יכול לברך אותם עד חצות, כי כן מוכח מהרבה אחרונים, שלא הפסיד הברכות אחר ד' שעות, **והמקיל** לסמוך בדיעבד על הגדולים הנ"ל, ולברך אותם אחר חצות אין למחות בידו.

§ סימן נג - דין מי הראוי לירד לפני התיבה §

סעיף א - אומר ש"ץ "ישתבח" מעומד - כדי שיסמוך לו הקדיש מיד, ולא יצטרך להפסיק ביניהן בהעמידה לפני התיבה, **אבל** בסימן נ"א ס"ז בהג"ה משמע, דאפילו מי שמתפלל ביחידי, צריך ג"כ לעמוד באמירת "ישתבח", **ועיין** בא"ר שתירץ, דהתם ממנהגא והכא מדינא, וכן כתב הגר"א, וכן כתב בעט"ז.

כל הט"ו שבחים שבישתבח, מן "שיר ושבחה" עד "מעתה", יזהר מאד שלא להפסיק ביניהן, והמפסיק עונשו גדול, **אבל** א"צ שיהיה בנשימה אחת.

סעיף ב - אין לומר "ישתבח", אא"כ אמר "ברוך שאמר" וקצת פסוקי דזמרה - בין ש"ץ ובין אדם אחר, ד"ישתבח" היא הברכה אחרונה שניתקנה לומר לאחר פסד"ז, ומתחלת בלא "ברוך" כי היא סמוכה לברכת "ברוך שאמר", ע"כ אין לומר אותה בלא "ברוך שאמר", **ולא** כטועין, שכשהם בדרך או שאר שעת הדחק, מתחילין מ"ישתבח", שמברכין עי"ז ברכה לבטלה.

ע"כ אבל או יארצייט שהתאחרו לבוא לבהכ"נ עד קרוב ל"ברכו", ומוכרחים לעמוד עכ"פ לומר "ישתבח" לפני התיבה, כי אסור להפסיק בין "ישתבח" לקדיש, **יראו** עכ"פ לומר מתחלה לעצמם "ברוך שאמר" ו"אשרי", **וכן** החזן בשבת שהתאחר לבוא עד קרוב ל"ברכו", יראה עכ"פ לומר מתחלה לעצמו "ב"ש" ו"אשרי" ו"נשמת".

(**ובדיעבד מי שדילג ברכת ב"ש, ונזכר אחר שכבר אמר פסוקי דזמרה, ולא יוכל עוד לברך ב"ש, כי היא ניתקנה קודם פסוקי דזמרה דוקא, וכבר יצא ידי חובתו באמירתן, מ"מ יאמר "ישתבח", דאטו מי שלא בירך קודם האכילה לא יברך אח"כ - מפמ"ג, ופשוט דה"ה בברכות שלפניה ושלאחריה ד"הלל"**).

(מי שמוכרח לצאת לנקביו קודם "ישתבח", נכון אח"כ לחזור עוד הפעם עכ"פ "תהלה לדוד" קודם "ישתבח", כדי שיהיה להברכה על מה לחול).

סעיף ג - אין לברך על עטיפת ציצית בין פסוקי דזמרה ל"ישתבח" - אפי' אם לא היה לו טלית עד עתה, ואף שהוא בין הפרקים, **מ"מ** כיון שהברכה קאי על פסוקי דזמרה, אין ראוי שיהא הפסק בינם לבין ברכה אחרונה דידהו, דהברכה ראויה להיות סמוך להמצוה, **וה"ה** לענין תפילין.

אבל מקודם לזה בפסוקי דזמרה, עכ"פ בין הפרקים, יניח הטלית ויברך, **ומכ"ש** לענין תפילין דמותר לברך עליהן בין הפרקים, **ובפרט** אם הוא ברבים ומתבייש לישב בלי טלית ותפילין.

(**א"כ** לפי"ז פשוט דכ"ש ברכת "אשר יצר", דמותר לברך בין הפרקים עכ"פ, **ועיין בח"א שמסתפק בזה, ע"כ מי שהוצרך לנקביו באמצע הפרק של פסוקי דזמרה, והלך ועשה צרכיו, נוטל ידיו, ויגמור הפרק של פסד"ז, ויברך "אשר יצר", ויניח הטלית ולא יברך עליו, ויניח התפילין ויברך עליהן, דכיון שאינו רשאי לילך בבהכ"ס בתפילין, אידחיא ליה הברכה ראשונה**).

אלא בין "ישתבח" "ליוצר", (ועי"ל סי' נ"ד ס"ג) - וכ"ז הוא דוקא אם לא היה לו מקודם, דאל"ה גם זה אסור, וזהו שציין רמ"א ועיין לקמן וכו'.

הגה: מיהו הש"ץ, אם לא היה לו טלית תחלה, יתעטף בציצית קודם שיתחיל "ישתבח", כדי שיאמר הקדיש מיד אחר "ישתבח", ולא יפסיק - דגנאי הוא לציבור להמתין עליו בין "ישתבח" לקדיש, וגם הקדיש קאי על "ישתבח", ע"כ יתעטף תיכף בטלית, וה"ה בתפילין, ויברך, **אך** אם לא הביאו לו הטלית עד לאחר שגמר "ישתבח" קודם שאמר הקדיש, יכול להניח שם ולברך, והקהל ימתינו, הואיל וא"א בלא"ה.

וכן אם אין מנין בבהכ"נ, ימתין הש"ץ עם "ישתבח" - כדי שיהיה יוכל להסמיך לו אח"כ הקדיש מיד, **וישתוק עד שיבא מנין** - פי' שלא יפסיק בדיבור, ויוכל להמתין חצי שעה עם "ישתבח", **ואפילו** שהא מחמת אונס כדי לגמור כולה, א"צ לחזור לראש, **ויאמר "ישתבח" וקדיש.**

ובדיעבד אם גמר ג"כ ברכת "ישתבח" ואח"כ באו מנין, יאמרו עכ"פ שלשה פסוקים מפסוקי דזמרה, ויוכל הש"ץ לומר קדיש, **כי** בלא"ה אין לומר קדיש, כיון שלא היו בעת אמירת קצת פסד"ז או "ישתבח" עכ"פ.

אבל היחיד יאמר "ישתבח" מיד, וכן בשבת אם גמר פסד"ז קודם הש"ץ, יאמר "ישתבח" מיד.

סעיף ד - ש"ץ צריך שיהיה הגון - דכתיב: נתנה עלי בקולה ע"כ שנאתיה, ואמרו חז"ל: זה ש"ץ שאינו הגון, **והספרים** האריכו מאד בגודל גנות הממנים ש"ץ שאינו הגון, כי מונעים עי"ז טוב מישראל.

וראוי שיהיו בגדי ש"ץ ארוכים, שלא יראו רגליו, **ויכנס** לבהכ"נ ראשון ויצא אחרון, **ולא** יהיה טפש וסכל, אלא שיהיה יוכל לדבר בעסקי הקהל כפי מה שצריך.

טוב להדר אחר ש"ץ צדיק בן צדיק, כי אינו דומה תפלת צדיק בן צדיק לתפלת צדיק בן רשע, **ומש"כ** הרא"ש שאין מעלת הש"ץ תלוי ביחוס משפחה, דאפי' אם הוא ממשפחה בזויה וצדיק, טוב לקרב מזרע רחוקים, **ר"ל** ג"כ רק שאינו מיוחס, אבל מ"מ אין אביו רשע.

אין מומין פוסלין אלא בכהנים ולא בש"ץ, ואדרבה "לב נשבר ונדכה אלקים לא תבזה", **ויש** מחמירין בזה לכתחלה היכא דאיכא ראוי והגון כיוצא בו, [**ועב"פ** לענין ימים נוראים, **ופשוט** כי פסול זה אינו מצד הדין, דגם הלוים לדוכן כשרים בעלי מומין].

ואיזהו הגון, שיהא ריקן מעבירות - העובר על השבועה, אין ביתו ריקם, **ואע"פ** שעדיין לא העידו עליו, מ"מ יש לחוש לקול להושיב ב"ד על ככה, **ואפילו** אם לא עבר רק על שבועת ביטוי דלהבא, מ"מ אין ראוי למנותו לש"ץ - א"ר.

וכתב שם עוד בשם משפט צדק, דמי שהוא פסול מחמת עבירה, פסול להיות ש"ץ אפילו באקראי, **וכתב** הפמ"ג, דהיינו דוקא בשלא עשה תשובה.

ושלא יצא עליו שם רע אפילו בילדותו - אפילו נתברר לנו שעשה אז תשובה ע"ז הענין, אפ"ה אין למנותו לכתחלה לש"ץ.

דוקא למנותו לכתחלה, אבל להעבירו ולסלקו אחר שהוחזק ש"ץ, אין לנו, כיון שלא נשמע עליו עתה מאומה, **מיהו** כשיצא עליו עתה ש"ר, והוא קלא דלא פסק, אפי' יחיד מוחה עליו להעבירו, (עיין לקמן סכ"ה), **ואפילו** אם נתברר בעדים שחטא, אם עשה תשובה אין מעבירין אותו לכו"ע.

ושיהיה עניו ומרוצה לעם - כתב בתשו' מהר"מ מינ"ץ, יזהר החזן אם יש ריב וקטטה בין שני בע"ב, שיהא בשב ואל תעשה, הן בדיבור הן במעשה, הן בגלוי הן בסתר, **וכ"ש** אם יש עסק ריב עם אדם אחר שאינו מהעיר עם בע"ב, שיהא בשב ואל תעשה, **ואפילו** אם אותו האדם הוא מחותנו או קרוב שלו.

ואם יש לו שום קטט ואיבה עם אחד מהקהל, אז צריך להעמיד את הדבר לפני הרב או הקהל, לפשר ולעשות ככל אשר נראה להם נכון, **ואם** יש חסרון ומניעה מצד שכנגדו, אז הוא נקי, ומה יש לו לעשות.

ויש לו נעימה; וקולו ערב; ורגיל לקרות תורה נביאים וכתובים - כדי שיהיו הפסוקים המעורבים בתוך התפלה סדורים בפיו, **גם** אם אינו רגיל לקרות, הוא בכלל "מסיר אזנו משמוע תורה גם תפלתו תועבה".

כתב בפמ"ג: בסימן תקפ"א ס"א איתא, דבר"ה ויוה"כ בעינן שיהא נשוי ובן שלשים, ומשמע בשאר ימות השנה אפילו אינו נשוי, **מ"מ** נ"ל דנשוי קודם לבחור, ואפילו אם נתמלא זקנו, [**ונ"ל** דוקא אם הנשוי הוא ג"כ נתמלא זקנו, דזהו דינא דגמ', ולדעת הרבה פוסקים ראשונים, אפי' באקראי אינו יכול לירד].

סעיף ה - אם אין מוצאין מי שיהיה בו כל המדות האלו, יבחרו הטוב שבצבור בחכמה ובמעשים טובים.

הגה: ואם היה כאן ע"ה זקן וקולו נעים והעם חפלים בו, ובן י"ג שנה המבין מה שאומר ואין קולו נעים, הקטן הוא קודם - אפילו להיות ש"ץ קבוע, כל שהוא י"ג שנה והביא שתי שערות.

מי שעבר עבירה בשוגג, כגון שהרג הנפש בשגגה וחזר בתשובה, מותר להיות ש"ץ - דלא מיקרי אין פרקו נאה, אלא דוקא שהיה מועד לעשות דברים שאינן מהוגנים, אבל מי שבא לידו שגגת מעשה ומתחרט, הרי זה צדיק גמור לכל דבריו, ומותר למנותו לכתחלה לש"ץ.

אבל אם עשה במזיד, לא, דמ"מ יצא עליו שם רע קודם התשובה - לאו דוקא הרג, דה"ה שאר עבירות, וכדלעיל בסעיף ד', דבעינן שלא יצא עליו שם רע אפילו מילדותו, וכ"כ בכל בו בפירוש.

מחבר רמ"א משנה ברורה

עיין במ"א שהביא בשם הרבה פוסקים, דאפילו במזיד, כל ששב שרי להיות ש"ץ קבוע, דדוקא לענין ת"צ מחמרינן, שלא יצא עליו ש"ר אפילו מילדותו, אבל להיות ש"ץ קבוע לשאר ימות השנה, מותר למנותו אפילו לכתחלה כל ששב בתשובה, **וכתב** בא"ר, דבימים נוראים עכ"פ יש להחמיר לדון כדין תעניות, דבאמת אפילו בשאר ימות השנה יש בזה הרבה דיעות בין הפוסקים, **וכ"ז** היינו שלא למנותו לכתחלה, אבל אין מסלקין אותו לכו"ע אם שב בתשובה.

ש"ץ שהוציא פעמים רבות טריפות מתחת ידו, מסלקין אותו מש"ץ, דשוב דיינינן ליה כמזיד, **ועיין** בפמ"ג דמסתפק, דאפילו בפעם אחת ידינוהו כמזיד, **ומ"מ** אם שב בתשובה אין מסלקין אותו מש"ץ, אפילו אם הוציא פעמים רבות.

סעיף ו - אין ממנין אלא מי שנתמלא זקנו, מפני כבוד הציבור - ואין הצבור יכולים למחול על כבודם בזה.

אבל באקראי, משהביא שתי שערות יוכל לירד לפני התיבה - ר"ל אחר שהגיע לי"ג שנה, דקודם לא מהני השערות, **ועיין** במ"א שכתב, דמסתמא אין צריך לבדוק אחר השערות בזה, דבדבר דרבנן אזלינן בתר רובא שמביאין ב' שערות באותו הזמן, **ועיין** בפמ"ג שכתב, דלהרמב"ם דסובר תפלה דאורייתא, יהיה אסור להש"ץ הזה להוציא ידי אחרים בתפלה, עד שנדע בודאי שהביא ב' שערות.

(**עיין** בר"ן שכתב, דמותר באקראי דוקא בשאין שם אלא הוא, **ושארי** ראשונים לא הזכירו דבר מזה).

כ"ז בשאר ימות השנה, אבל בתעניות ובר"ה ויוה"כ, אפילו באקראי אין מורידין למי שלא נתמלא זקנו, **וגם** בזה אין להקל אפילו ע"י מחילת הצבור.

ובלבד שלא יתמנה מפי הצבור, או מפי ש"ץ הממנה אותו להקל מעליו, להתפלל בעדו לעתים ידועים - דזה הוי קביעות לאותם העתים, **ואין** בכלל זה, אם מינוהו הקהל שיהיה הוא מוכן להתפלל, אם לפעמים לא יהיה החזן בבהכ"נ, שיעמוד זה להתפלל, אין בזה איסור כלל, דאין זה מיקרי קבוע, כיון שאפשר שלא יבוא לידי כך, ולא אסרו בקבוע אלא לעתים ידועים, שבאותו העת הוא קבוע בודאי - ט"ז, **וב"ח** וא"ר חולקין, דגם זה מיקרי קבוע, ולא מקרי אקראי אלא כשלא נתמנה כל עיקר.

(**כתב** בפמ"ג, דאפילו אם הוא אבל, לא ירד לפני התיבה בקבע אם לא נתמלא זקנו, **ונ"ל** דלענין תפלת ערבית יש להקל אפילו בקבע, דהא אין מחזירין התפלה, רק שאומר קדיש וברכו, **וידוע** דעת הרמב"ם, שמחלק בין פריסת שמע לירידה לפני התיבה, דלדעתו אין לחלק בין קבע לארעי, רק כמו שכתבנו, **וגם** מסתמא מוחלין הצבור להאבל, **ויש** לצרף בזה ג"כ דעת הב"י והש"ג שמקילין בזה).

סעיף ז - אם אין שם מי שיודע להיות ש"ץ, כי אם בן י"ג ויום א', מוטב שיהא הוא ש"ץ משיבטלו מלשמוע קדושה וקדיש - (היינו אפי' למנותו בקבע, **אבל** אין מכאן ראיה דלא כר"ן דלעיל, דבאין שם אלא הוא מותר רק באקראי, והלא באופן זה מותר לו ג"כ להיות שם ש"ץ בקבע, **דאפשר** דהכא מיירי כשאנו יודעין לפי ענין המקום, שבכל השנה לא יזדמן להם ש"ץ קבוע שנתמלא זקנו, לכן מותר למנות לבן י"ג אפילו לקבע, **משא"כ** בסתמא אין למנותו לקבע, כי פן יזדמן להם מחר ש"ץ שנתמלא זקנו).

סעיף ח - מי שאינו בעל זקן, כל שניכר בו שהגיע לכלל שנים שראוי להתמלאות זקנו, נתמלא זקנו קרינן ביה; הילכך בן כ' שנה, אע"פ שאין לו זקן, ממנין אותו - ולפי גירסת הגר"א במסכת סופרים פי"ד, יהיה תלוי דין זה בדין מינוי הסריס, המבואר בס"ט.

הגה: וכן אם היה לו זקן, אפילו מעט, קרינן ביה נתמלא זקנו אם הוא מבן י"ח ולמעלה.

סעיף ט - סריס - והיינו שנראו בו סימני סריס, דאל"ה, כיון שלא הביא שתי שערות אמרינן עדיין הוא קטן, **י"א שמותר למנותו אם הוא בן עשרים** - דקודם, אפילו נראו בו סימני סריס, בלא"ה לא יוכל להיות ש"ץ אפילו באקראי, דעדיין הוא קטן.

ומהרש"ל כתב, שאין למנות סריס, דגנאי הוא לצבור.

סעיף י - יש ללמוד זכות על מקומות שנוהגים שהקטנים יורדין לפני התיבה להתפלל תפלת ערבית במוצאי שבתות - לפי שאין מוציאין את הרבים ידי חובתן, שהרי אינן מחזירין את התפלה, רק שאומרים ברכו וקדיש, **ועוד** טעמים אחרים עיין בב"י.

וה"ה ערבית דחול, אלא שהמנהג שנהגו באותן המקומות היה במוצאי שבתות.

וכ"ז נדחק רק לקיים המנהג, אבל הוא בעצמו סובר דאין נכון לכתחלה לעשות כן.

הגה: ובמקומות שלא נהגו כן, אין לקטן לעבור לפני התיבה אפי' בתפלת ערבית - משום ברכו שבה, **וה"ה** שלא יפרוס על שמע למי שלא שמע ברכו בשחרית, דבאמת ברכו נמי מצוה על כל הצבור לשמען שחרית וערבית, וקטן שאין חייב אינו מוציאם בזה.

אפילו הגיע לכלל י"ג שנים ביום השבת, אין להתפלל ערבית של שבת, דהרי עדיין אין לו י"ג שנה - ר"ל במקומות שנוהגין להתפלל של שבת בע"ש מבעוד יום משום תוספת שבת, מ"מ הרי עדיין לא נשלמו לו י"ג שנה עד ליל שבת, שתוספת שבת אינו מועיל לענין שנות ימי הנער, **אבל** אם מתפלל בלילה ערבית אחר צאת הכוכבים, מותר לירד לפני התיבה, **ומה** שאמר בכל מקום י"ג שנה ויום אחד, לא שצריך יום אחד יותר, אלא ר"ל שצריך י"ג שנים שלימות מיום אל יום, לאפוקי חסרון מקצת שעות, הלכך מיד בתחלת לילה נתמלאו שנותיו והוי גדול, **ואפילו** נולד ביום ר"ה קודם בין השמשות, נעשה בר מצוה בתחלת ליל ר"ה של שנת י"ד.

סעיף יא - ש"צ שמאריך בתפלתו כדי שישמעו קולו ערב: אם הוא מחמת ששמח בלבו על שנותן הודאה להש"י בנעימה, תבא עליו ברכה, והוא שיתפלל בכובד ראש ועומד באימה וביראה; אבל אם מכוין להשמיע קולו, ושמח בקולו, הרי זה מגונה.

איתא בספר חסידים: בשעה שרשב"ג יצא לדין ליהרג, אמר לר' ישמעאל כה"ג, אחי מפני מה אני יוצא ליהרג, א"ל שמא היית דורש ברבים ושמח לבך ונהנית מד"ת, א"ל אחי נחמתני.

מי שיש לו קול נעים, ירנן להקב"ה ולא שאר רננות. **ואם** רקק, יקנח פיו ואח"כ יתפלל.

ומ"מ כל שמאריך בתפלתו לא טוב עושה, מפני טורח הצבור - כתב בים של שלמה, אסור לו להאריך שלא ברצון הקהל אפילו בשבת ויו"ט, **ואף** ברצון הקהל, יותר מדאי מגונה, כי אין זה לא מחציו לד' ולא מחציו לכם.

כתב שכנה"ג בשם תשובת ר"י ברונא, ש"ץ שנפסל קולו, אם נשמע כאילו הוא מרתת ושבור, פסול.

עוד כתב, אם שני חזנים שוים, כהן קודם ללוי, לוי לישראל, ות"ח קודם לע"ה, אפילו הוא כהן וכ"ש לוי.

סעיף יב - אין ממנין מי שקורא לאלפי"ן עייני"ן ולעייני"ן אלפי"ן - פי' הברת העין הוא בחוזק ועמוקה יותר מהברת האלף, **וה"ה** למי שקורא חתי"ן ההי"ן, או שקורא ל"שיבולת" "סיבולת".

ואם כולם מדברים כך, מותר להיות ש"ץ, (**ועיין בט"ז דמיקל בזה בזמנינו**, (לענין קורא לאלפין עיינין), **שאין רוב העם מבחינים בזה**).

ודע עוד, דה"ה לכל מי שאינו יכול להוציא האותיות כתיקונן, כגון שהוא כבד פה וכבד לשון, ג"כ אין מורידין אותו לפני התיבה.

(**לכאורה ה"ה באקראי אינו יכול לירד לפני התיבה להיות ש"ץ, עכ"פ בדאיכא אחר, כיון שהטעם הוא דאינו מוציא את התיבות מפיו כתיקונן**).

עיין בפר"ח שהעלה, דבזמן דליכא אחר ראוי כמותו, מותר להורידו לתיבה, אפילו בחתי"ן ההי"ן, **אבל** בעל פני משה חולק עליו, וסובר דאפילו בדליכא אחר לא שרי, כי אם היכא דכשהוא מכוין לקרות אותו לחי"ת על ידי טורח, יכול לקרות אותו שפיר, **ונראה** עוד, דאפי' לפר"ח אין מותר למנותו לש"ץ בקבע, פן יזדמן מחר אחר טוב ממנו, רק לפעם זה מותר להורידו בדליכא ראוי כמותו, כההיא מעשה דר"ח שם בגמרא.

סעיף יג - פוחח, והוא מי שבגדו קרוע וזרועותיו מגולים - וגם כתפיו, **לא ירד**

לפני התיבה - להעשות ש"ץ להתפלל, **אבל** פורס הוא על שמע לבד, **וגם** אינו קורא בתורה, שגנאי הוא.

סעיף יד - סומא יורד לפני התיבה - אפילו סומא בשתי עיניו, וחייב בכל המצות מן התורה, דקי"ל כרבנן דר' יהודא, **ובתשובת** חות יאיר העלה, שאעפ"כ לא יתפלל סומא בימים נוראים, אפי' באחד מעיניו, היכא דאיכא אחר ראוי והגון כיוצא בו, ע"ש טעמו, **ובספר** אליהו רבא חולק עליו, **ונ"ל** דאף לדברי החו"י היינו רק שלא למנותו לכתחלה, אבל לא לסלקו מש"ץ אם נעשה סומא.

ובלבד שלא יקרא בתורה, משום: דברים שבכתב אי אתה רשאי לאומרם על פה.

ש"ץ שיש לו כבידות אזנים שאינו שומע כלל, מסיק בחידושי רע"א דלא יהיה ש"ץ, [אפי' בשאר ימי השנה], **דאף** דאם לא השמיע לאזנו יצא, מ"מ כיון דלכתחלה צריך להשמיע לאזנו, אינו מוציא אחרים לכתחלה, [**ונראה** דכשאין ש"ץ אחר, גם למהרע"א מותר].

סעיף טו - ש"צ קבוע יורד לפני התיבה מעצמו ולא ימתין שיאמרו לו - שהרי כבר מינוהו לזה, (**ובביאור** הגר"א סותר לזה מערכין י"א ע"ב, ומהטור ג"כ אינו מוכח, רק דאינו צריך לסרב, אבל לא דאין צריך להמתין כלל, **ומ"מ** בדוחק יש ליישב דעת השו"ע, דמיירי הגמרא בש"ץ שאינו קבוע לענין התפלה, רק דהוא ממונה לשארי דברים, דיש ש"ץ שהוא ממונה לתקיעת שופר ולנדות ושארי דברים, ואע"ג דבודאי מתרצים הצבור שיהיה הוא שלוחם ג"כ לתפלה, מ"מ עביד דמימלך, **משא"כ** בש"ץ שהתמנותו היה העיקר שהוא יהיה הש"ץ לתפלה, א"צ למימלך כלל).

סעיף טז - מי שאינו ש"צ קבוע, צריך לסרב מעט קודם שירד לפני התיבה, ולא יותר מדאי, אלא פעם ראשונה מסרב, וכשיאמרו לו פעם שניה, מכין עצמו כמו שרוצה לעמוד, ובפעם שלישית יעמוד; ואם האומר לו שירד הוא אדם גדול, אינו מסרב לו כלל - דאין מסרבין לגדול, **וכתב** התוס' בפסחים, דבדבר גסות ושררה, אפי' האומר לו הוא אדם גדול, יסרב.

‹וענין הסירוב כדי להראות שאינו ראוי לאותה שררה ואיצטלא, ולכן בזמננו שאין עיקר תקנת הש"ץ אלא לאמירת קדישים וחזרת הש"ץ, אין שום ענין לסרב – פסקי תשובות›.

שליח ציבור שלא רצה להיות עוד ש"ץ, וקבלו אחר במקומו, א"צ רשות, כיון שבידו עוד להיות ש"ץ, **ודוקא** מהקהל א"צ רשות, אבל מהש"ץ השני צריך ליטול רשות, כן כתב בתשובת יד אליהו, **ולפי** מה שביארנו בבה"ל, גם ש"ץ כזה צריך ליטול רשות מתחלה.

סעיף יז - אם טעה ש"צ וצריכין להעמיד אחר תחתיו, אותו שמעמידין תחתיו לא יסרב – (שלא להפסיק בתפלה).

סעיף יח - האומר: איני יורד לפני התיבה מפני שבגדי צבועין, או מפני שברגלי סנדל, לא ירד באותה תפלה כלל, מפני שדרך האפיקורסין להקפיד בכך, וחיישינן שמא אפיקורסות נזרקה בו - ואפילו אם הוא מתחרט אח"כ, ואומר: הריני עובר בצבועים, לא שבקינן ליה.

וכיון שלא שמענו ממנו בהדיא דברי אפיקורסות, די לחוש עי"ז לאותה תפלה לבד.

(הגה: ואפי' אם נותן אמתלא לדבריו, לא מהני) - כגון שאמר שדיבורו היה לכבוד המקום וללבוש לבנים, מ"מ כיון שהצבור בקשו ממנו להתפלל להם כך, לא היה לו להיות סרבן, כיון דמדינא מותר.

כתב הפר"ח, דוקא אם אח"כ אמר האמתלא, אבל אם מיד כשאמר שאיני עובר בצבועים, אמר תיכף הטעם, שאין דרך כבוד לד' כי אם בלבנים, ירד.

סעיף יט - יש מונעים גר מלהיות ש"צ - לפי שלא יוכל לאמר "אלהי אבותינו".

ונדחו דבריהם - דהוא יכול לומר ג"כ "אלהי אבותינו", דאברהם נקרא "אב המון גוים", כדכתיב: כי אב המון וגו', מפני שלמד לכל העולם אמונת ד'. **אבל** כשהוא מתפלל בינו לבין עצמו, יאמר "אלהי אבות ישראל".

ש"ץ ממזר, תלוי במחלוקת אם ממזר כשר לכתוב תפילין, ולפי זה להמ"א שכתב בשם הד"מ, דמותר לכתוב תפילין, מותר להיות ש"ץ, **אמנם** בספר ברכי יוסף מסיק, דש"ץ לא יהיה, ותפילין שכתב כשרים.

הלכות ברכות קסה
סימן נג - דין מי הראוי לירד לפני התיבה

אפי' יחיד יכול לעכב - בעת ההתמנות, **ולומר: איני רוצה שפלוני יהיה חזן** - והטעם, שהרי התפלות במקום התמידים תקנום, וכל ישראל יש להם חלק בתמידים, ומי יוכל להקריב קרבנו שלא מדעתו.

ודוקא שיש ש"ץ אחר שיוכלו הקהל להשכירו בדמיו, אבל אם אינו בנמצא, או שהוא בנמצא אלא שבא להוסיף בדמים, יכולין הקהל לומר לו: אין בידינו להוסיף, אלא הוא יוסיף משלו, **ואף** אם יברר טענתו, שזה השני הוא מעולה מן הראשון כנגד תוספות הדמים, אפ"ה יכולין הקהל לומר: אין יכולת כ"כ בידינו להוסיף בדמים.

וה"ה בכל המינוים יכול למחות, אפילו בחכם מרביץ תורה תופס ישיבה, **ודוקא** כשרוצה לקבל אחר, אבל אם מוחה שאינו רוצה שיהיה מרביץ תורה בקהל, פשיטא שאין במחאתו כלום, ואפי' המיעוט יכולין לכוף לרוב, **ואפילו** ברוצה למנות אחר, אם אותו שרוב הקהל מסכימים עליו הוא עדיף מזה, ג"כ אינו יכול למחות, **ואפשר** דאפילו מיעוט יכולין לכוף לרוב לשכור מעולה.

אם לא שכבר הסכים עליו מתחלה - ואז אין יחיד, וגם חצי הקהל, יכולין להעבירו, אפי' רוצים ליתן לו שכרו משלם, כיון שלא עשה שלא כהוגן, **אבל** רוב הקהל יכולין להעבירו, אם נותנין לו שכרו משלם.

ואם המוחים הם המנהיגים, הוי כאילו מוחים כל הקהל, אם לא במקום שיש בוררים, ויש תקנה שלא לשנות גזרתם, אז אין מועיל מחאת הפרנסים - (הובא מס"ד).

ועכשיו הרשות להעבירו רק ביד ז' טובי העיר, או הנבררים, כל מקום ומקום לפי התקנה, וכדבסמוך.

ש"ץ שכבר העבירוהו, ועמד כך ימים ושנים בהסכמת הקהל, ורוצים עכשיו למנותו, הוי כתחלת קבלה, ואפי' מיעוט יכולים למחות - (הובא מסעיף ד').

ואם קבלוהו לזמן ונשלם הזמן, לא מקרי הסכים עליו מתחלה, דעכשיו הוי קבלה חדשה, וכאילו לא היה שם עדיין - ט"ז.

ראובן שהיה ש"ץ שכיר שנה, והשלים שנתו והתחיל להתפלל ימים מספר מהשנה החדשה, ומקצת אנשים מיחו בו, באמרם שכבר נשלם השנה שהשכירוהו, ושאינם רוצים אותו עוד, **והש"ץ** טען, שמאחר שכבר התחיל להתפלל בהימים נוראים, שהם מהשנה החדשה, ולא מיאנו בו, שלהיותו שכיר שנה מקצתה ככולה, ושיפרעו לו משלם, **פסק** בתשובת מ"ץ, דהדין עם הש"ץ.

הגה: ודוקא שיהיה לאותו יחיד טעם הגון על פי טובי העיר - ר"ל שהציע לפניהם איזה ענין שבשביל זה אינו מתרצה בו, כגון שמידותיו אינם ישרים בעיניו, וכה"ג, **ולא** טענת פסול, דבזה לכו"ע אין יחיד יכול למחות כל זמן שלא בירר, כי יש לחוש לפגמו. **אבל בלאו הכי אין היחיד יכול למחות בש"ץ.**

ואם הוא שונאו, יכול למחות בו קודם שהסכים עליו - ר"ל שידוע באמת מכבר שהם שונאים זה לזה, לכך יכול למחות בו, דאינו נעשה שלוחו לתפלה בע"כ, [**וכהיום** שהולכים אחר ז' טובי העיר, או אחר הנבררים, לא שייך כלל זה], **אבל** אם אומר שהוא שונאו, לאו כל כמיניה.

אבל אם נעשה שונא לש"ץ לאחר שהסכים עליו, תו אין היחיד יכול למחות, אלא הש"ץ מחוייב לומר בפירוש, שיסיר הקנאה מלבו ויוציאנו בתפלתו, **גם** אם מכוין שלא להוציא השונא, גם אוהבים לא יצאו, ע"כ צריכין החזנים ליזהר בזה - פמ"ג.

כתב בד"מ בשם א"ז, אין ש"ץ צריך להחניף לצבור במילי דשמיא, וצריך להוכיחן, **אך** בעניני עצמו, יראה להעביר על מדותיו, ויהיה אהוב להקהל.

כתבו האחרונים, שזה הדין דשו"ע (דיחיד יכול למחות), הוא דוקא בימיהם, אבל היום שידוע שבעו"ה הרבה מחזיקין במחלוקת בלי טעם וריח, וכונתם שלא לש"ש, אם היו צריכין לשאול לכל יחיד ויחיד בענין המינויים, בין לענין מינוי הש"ץ או מרביץ תורה ואב"ד בעיר וכל כה"ג, לא היו מסכימים לעולם, ע"כ הולכין אחר רוב פורעי המס, ואפי' פסולי קורבי ביניהם - מ"א, **ועכשיו** המנהג שהולכין אחר ז' טובי העיר, או אחר הנבררים מן הקהל ע"ז, כל מקום ומקום לפי מנהגו - פמ"ג, והכל שלא ירבו המחלוקת, ואין משגיחין על יחיד, **והמ"א** כתב עוד טעם, דלא שייך היום דין דעיכוב יחיד לענין ש"ץ, דדוקא בזמניהם שהיה הש"ץ מוציא רבים י"ח בתפילתו, אז היה יחיד יכול לעכב דאין נעשה שלוחו בע"כ, משא"כ עתה שכולם בקיאים, רק הש"ץ הוא לפיוטים, אע"פ שאומר קדיש וברכו, אין כל כך קפידא.

מחבר רמ"א משנה ברורה

ומי שהוא שונא לש"צ, לא יעלה לספר תורה כשקורא התוכחה - ר"ל כיון שהוא שונא לש"צ, מסתמא הש"ץ ג"כ אינו אוהבו, כי כמים הפנים לפנים וגו', ואולי יכוין ש"ץ הקורא בהתוכחה נגד פניו, וחשש סכנה היא לו, ע"כ פסק, דמפני זה אפילו קראהו לא יעלה, **וכנה"ג** כתב, דיותר טוב שיעלה, משיכנס לעונש בשביל שהוא מבזה כבוד התורה, וכן הסכים הגר"א, **וכן** כתב בספר שערי אפרים, וז"ל: צריך שיהיה אהוב להצבור והוא אוהבם, ואם אירע שהקורא יש לו שנאה על אחד מהצבור, מוטל על הסגן שלא יצוה לקרות לזה לפרשת התוכחה, מפני שסכנה היא, **ואם** יודע שהקורא שונאו, ומתיירא שמא יקראוהו, יצא בין גברא לגברא מבהכ"נ, עד שיקראו אחר ויכנס אח"כ, **ואם** לא יצא וקראוהו, יעלה, כיון שהוא מתכוין משום כבוד התורה, "שומר מצוה לא ידע דבר רע", **ואסור** להקורא לחשוב בשעת קריאתו ענין קללה לנוכח שום אדם, **וכתב** בפתחי שערים, דאף להמג"א (שכתב דדוקא היוצא מבהכ"נ בשעת קריאת התורה עליו נאמר: ועוזבי ה' יכלו, אבל בין גברא לגברא מותר לצאת), יעלה בדיעבד אם קראהו, (דכשקוראים אותו ואינו עולה, מקצר ימיו - מ"א).

סעיף כ - אם אחד רוצה לומר תפלה בשביל אביו - פי' שמת אביו, ורוצה להתפלל כדרך האבלים, כי תפלה היא יותר מצוה מאמירת הקדיש, **ואחד רוצה לומר בשביל אחר, מי שירצה הקהל שיאמר התפלה, הוא יאמר** - הטעם, דדוקא קדיש יכול לומר בשביל אביו, ואין רשות ביד הקהל לדחותו, אבל לא יכול להיות שליח הקהל להתפלל על כרחם, **ולענין** זה הוא ג"כ כמו בש"ץ, שאין יחיד מוחה כדי שלא ירבה המחלוקת, אלא הולכין אחר רוב, או הנבררים לזה, וכמש"כ לעיל בשם האחרונים.

יש מקומות שיש להם תקנה בבהכ"נ, שאין מניחין לאבל להתפלל כל השבוע לפני התיבה, כי אם להש"ץ הקבוע שלהם, **אין** לדחות התקנה, ונעשית מפני ע"ה, שאינם יודעים ומבינים הברכות והתפילות, ואומרים טעות, ואיכא זילותא, לכך תקנו אפילו על היודעים שלא יתפללו, משום דלא ליתי לאנצויי.

אכן במקום דליכא תקנה ומנהג קבוע, מצוה לקהל להניח לאבל להתפלל, שהוא נחת רוח למת, ומצילו מדינו של גהינם, **ומיהו** ודאי כשאין יכול לחתוך האותיות וכדומה, אין לו להתפלל לפני העמוד.

ובתפלת מעריב שהיא אינו כנגד תמידים, רק כנגד איברים ופדרים, אפשר דא"צ דעת בעלים, ואין הקהל יכולין לעכב לאבל להתפלל מעריב, דמצוה שיתפלל מי שמת לו אביו ואמו, **ומ"מ** ודאי אין להתקוטט בשביל שום מצוה עם הצבור.

כתב המ"א, אם יש אבל ומוהל, נדחה האבל מן התפלה מחמת המוהל, **ויום** שמת בו אביו ואמו שקורין יארצייט, דוחה למוהל ולאבל, **וכ"ז** שאין הקהל מקפידין ע"ז, אבל יש רשות ביד הקהל לבחור עליהם מי שירצו.

סעיף כא - אין למנות ש"צ ע"פ השר עובד גלולים, אע"פ שרוב הצבור חפצים בו - והשר ביקש מהמיעוט הממאנים שיסכימו עליו, כי חלילה לקבל עבודת בוראנו ע"י העובדי כוכבים ומזלות.

סעיף כב - שליח צבור בשכר עדיף טפי מבנדבה - שבזה אין אחר שאינו הגון רשאי לפשוט רגלו להתפלל, ואם היה בנדבה, הרשות נתונה לכל, וכפרוץ הדבר יעלה מי שאינו הגון, **ועוד** הש"ץ יהיה בעצמו יותר נזהר בתפלתו ובתיקונו הואיל ושכיר הוא, **ואף** שיש בחנם, צריכין העניים ג"כ ליתן שכירות הש"ץ, שש"ץ בשכר עדיף.

הגה: ואין לאדם להתפלל - או לתקוע, **בלא רצון הקהל** - ואין לאדם להתקוטט בעבור שום מצוה, כגון גלילות ס"ת וכיוצא בו, שהרי שנינו: הצנועים מושכים את ידיהם מלחם הפנים, והגרגרנים חוטפים, ואכילת לחם הפנים הוא מצוה, **ופשוט** דדוקא אם המצוה תתקיים ע"י אחר, אבל אם המצוה תתבטל לגמרי, כגון הכנסת אורחים או החזקת ת"ת, ויש בידו למחות, בודאי מחוייב למחות כדי להחזיק המצוה, שהרי מדינא כופין על ענינים כאלו.

וכל מי שמתפלל בחזקה ודרך אלמות, אין עונין אמן אחר ברכותיו - שאין זה מברך אלא מנאץ, שנאמר: בוצע ברך נאץ ד'.

סעיף כג - שכר ש"צ פורעים מקופת הקהל - שניגבית לפי הממון, **אע"פ שהש"צ**

(ביאור הלכה) [שער הציון] (הוספה)

מוציא הדל כעשיר, מכל מקום אין יד העני משגת כעשיר - ובסימן נ"ה סכ"א, שפוסק דחציו לפי ממון וחציו לפי נפש, עיין בספר אליהו רבא שמחלק, דבחזן שאני, **ובביאור** הגר"א משמע, שהמחבר חזר בו, ופסק שם כהג"ה שבכאן.

הגה: וי"א שנותנין חצי לפי ממון וחצי לפי הנפשות - כי יש סברא לומר שהעני צריך להחזן כמו העשיר, **ויש** לפעמים שהעשירים נותנים יותר ממון להחזן שקולו ערב יותר, **גם** שהעני יכול לילך למקום אחר, ע"כ עשו פשרה זאת.

וכן הוא מנהג הקהלות - בד"מ כתב, דמנהג מדינותינו דל ועשיר נותנין בשוה, וזהו החציו שלפי נפשות, **וגם** מכל נשואין מגיע לו כפי נדן, והוא החציו שלפי ממון, **ולבוש** כתב, דבמקום שאין מנהג יגבו לפי ממון.

ועיין בדרכי משה דמשמע מיניה, דאפי' לדעת הפוסקים דפוסקים לפי ממון, איננו רק בשכירות הש"ץ ששוכרין אותו לימים נוראים, **דבזה** ס"ל לפי ממון, כי העשירים מחמת עשרם לא יוכלו לצאת מבתיהם ולהניח ריקם, והעניים יכולים לילך על עתים הללו לעיר אחרת, **משא"כ** בש"ץ ששוכרין על כל השנה, אין מחשבין לפי ממון לבד.

סעיף כד - צבור שצריכין לשכור רב ושליח ציבור, ואין בידם כדי שכר שניהם, אם הוא רב מובהק וגדול בתורה ובקי בהוראה, הוא קודם - אע"ג דיחסר להם עי"ז מצות תפלה, שלא יהיה להם מי שיוציאם ידי חובתם, זה שיהיה רב ומ"ץ שיודיעם תורת ד' ומשפטיה, עדיף מן התפלה.

וכתב בתשו' חת"ס, דכל אנשי העיר מחוייבים ליתן לזה, ואין אחד יכול לאמר: אין אני צריך לרב ומ"ץ, דמ"מ צריך לישא בעול עם הצבור, דומיא דכל אנשי העיר מחוייבין ליתן על המקוה.

ואם לאו, ש"צ קודם - ר"ל כיון דבלא"ה לא יוכל להורות לעם האיך שיתנהגו על פי התורה, ש"ץ קודם, שיוציאם עכ"פ ידי חובתם בתפלה.

(ומזה יראה האדם גודל החיוב על כל עיר לשכור להם רב, שיורה להם במצות התורה ומשפטיה איך להתנהג, ולא יהיו כעורים המגששים באפילה, דאפילו אם עי"ז נדחית לגמרי מצות תפלה אצלם, ג"כ החיוב הזה הוא קודם, ובפרט אם אנשי העיר יכולין ג"כ להתפלל לעצמן, בודאי זה קודם, ומזה ימלאו רתת ופחד איזה מהעיירות הנמצאים מחוץ למדינה, שאין להם רב ומורה צדק בעירם, ועון גדול הוא כמו שביארנו, הגם שלוקחין להם שוחט ובודק, עכ"ז הלא צריכין לאיש מו"צ, שיורה להם דיני שבת ויו"ט והלכות פסח החמורה, ודיני טבילת מקוה, וכל פרטי הלכות נדה, ושאר דיני תורתנו הקדושה אשר יעשה אותם האדם וחי בהם, **אם** לא שהשו"ב שלהם הוא למדן גדול ובקי בחדרי התורה, ויש לו סמיכה על הוראות מהגדולים המפורסמים דמדינה, **וכ"ש** שיש ששוכרין להם ש"ץ מפורסם למנגן גדול בעד כמה מאות רו"כ לשנה, שינגן להם בקול נעים, ובשיעור כזה היו יכולין ליקח להם רב ומ"ץ, וגם ש"ץ שיהיה יוכל לעבור לפני התיבה בשבת ויו"ט ור"ה ויוהכ"פ כאשר במדינתינו, **ובודאי** היה מתקבל עבור זה תפלתם למרום, משא"כ עתה שהתמנות הש"ץ הוא שלא לש"ש, ע"ז נאמר: נתנה עלי בקולה ע"כ שנאתיה, **וסוף** דבר הוא שעי"ז הולכת העיר מדחי לדחי, שאין להם מורה ומנהיג בדרכי ד', ובאים עי"ז לידי חילול שבת ויו"ט, ואכילת חשש חמץ ח"ו, ומי יודע עוד כמה איסורים מחייבי כריתות ח"ו, השם ישמרנו מאנשים כאלו).

סעיף כה - אין מסלקין חזן מאומנותו - וה"ה לכל התמנות, במקום שלא נהגו למנות לזמן ידוע, והטעם, שלא יחשדום שנמצא בהם פסול, **אלא אם כן נמצא בו פסול** - בעדים, ואז אין מקבלין אותו עד שישוב בתשובה שלמה בלי ערמה ומרמה, **אבל** בשבועה בעלמא שלא ילך בדרכים אלו לא מהני, דבלא"ה מושבע ועומד מהר סיני הוא.

הגה: ואין מסלקין אותו משום רנון בעלמא, כגון שיצא עליו שם שנתפס עם הכותית, או שמסר אדם - ומ"מ יש לחוש לקול להושיב ב"ד על ככה.

אבל למנותו לכתחלה, אפילו בשביל רינון בעלמא יש למנוע, ואפילו אם הרינון היה עליו רק בילדותו, וכדלעיל בסעיף ד'.

אבל אם באו עליו עדים בזה, וכיוצא בזה, מעבירין אותו - ומדברי המ"א משמע, דאפילו בקלא דלא פסיק, יחיד מוחה עליו להעבירו, וכן משמע ביש"ש.

(ועיין בביאור הגר"א, ומשמע לכאורה דאפילו קלא דלא פסיק אין חוששין לה, ובכל בו משמע לכאורה, דקלא דלא פסיק לבדו בודאי לא מהני. **ובתשובות חת"ס** הביא דברי הכל בו, ומסיק דאפילו קלא דלא פסיק, אם הוא מרוצה לכל הקהל להחזיקו לחזן, אין צריך למחות בידם, **אמנם** אם ימצא אחד מהם שמוחה, ואומר: אני מאמין לקלא דלא פסיק הזה, יכול למחות בו להעבירו).

(**עוד כתב שם**, דלפעמים מורידין אותו ע"י קלא דלא פסיק, אפילו באין מוחה, כגון שיצא הקול שנעשה הכיעור בפני עדים, והלכו להם למדינת הים, אע"ג דליכא עדים בפנינו, כיון דאיכא קלא דעדים בצד אסתן, והקול יצא מעיקרא ע"י עדים כשרים, מורידים אותו מהתמנותו, **אבל** רננה שלא בעדים, אלא הקול יצא מעיקרא ע"י עבד ושפחה ונשים, בהא לא מורידין אותו, אם לא דנמצא איזה יחידים דמוחים בו, וכנ"ל).

(**וקלא דלא פסיק נקרא**, אם יום ומחצה לעזה עליו כל העיר, ואין לו אויבים בעיר, שנוכל לאמר עליהם שהם הוציאו הקול, **ובתשובת** מהרי"ק משמע, דלא נקרא קלא דלא פסיק, כי אם בקול שהרבים מסכימים עליו ואינו פוסק, דמסתמא י"ל שלא על חנם יצא הקול הזה, **אבל** אם ידוע לנו שרק אחד הוציא את הקול מתחלה, ועל ידו נשתרבב הקול בעיר, אין מונח עליו שם קלא דלא פסיק, ואפשר דה"נ בענינינו כן).

(**אמנם** לכאורה יקשה מאוד, דהאיך מועיל שום קלא דלא פסיק להורדת חזן, והלא ממילא יש לו הפסד ממון ג"כ, ולענין הפסד ממון בעלמא פשוט וברור, דלא מהני שום קלא, ואפילו אומדנא דמוכח לא מהני להוצאת ממון, וכ"ש קלא בעלמא, **ואפשר** דהיינו טעמא, דאיתא בגיטין פ"ט ע"א, דלהכי יצא לה שם מזנה אין חוששין לה, משום דאפשר דפריצות בעלמא חזו לה, ועי"ז בא לקול הזה, **ולענין** חזן אפשר דמסתמא לא ניחא להו לאינשי לכתחלה, למנות איש שיש לו כ"כ פריצות, שיבוא לידי קלא דלא פסיק על זנות כזה, והיה לו לשמור את עצמו שלא יבוא לזה, **ולענין** אם רואים בו כמה סימני פריצות, פשוט דצריך להתרות בו, כמ"ש רמ"א לענין ש"ץ המנבל פיו).

ואם עשה תשובה, מהני שלא לסלקו אף אם עבר במזיד, **אבל** למנותו, מבואר בס"ה בהג"ה, דבמזיד לא מהני תשובה, דאין פרקו נאה.

ואם עשה בילדותו עבירה ועדיין לא שב, אף אם מינוהו מעבירין אותו, דפסול בעבירה לעדות.

ש"ץ שבתו זינתה תחת בעלה, אין למנותו לכתחלה, **אך** אם נעשה זה אחר שכבר נתמנה, נראה דאין להורידו בשביל זה.

ש"ץ המאיים על חבירו למוסרו לעכו"ם ולא מסר, אע"פ שמכוער הדבר אפי' לאדם שאינו ש"ץ, אינו נפסל על כך, אלא גוערין בו ומתרין בו שאם יוסיף לומר כדברים הללו שיעבירוהו ממעלתו, **ואם** הוסיף במרדו, ראוי להעבירו.

וש"ץ שהוא שוחט ובודק, לא יתפלל בבגדים הצואין ומסריחין, ואם אינו רוצה להחליף בגדיו בשעת התפלה ולהתפלל, מעבירין אותו - וטוב שיחליף בגדיו המלוכלכים כל היום כשהולך בין הבריות, שלא יהא בכלל המשניאים, דכשם שת"ח אסור לצאת בשוק בבגדיו המלוכלכים, כך ש"ץ אע"פ שאינו ת"ח.

ש"ץ שמתוך חליו לאנסו א"א לנקות להיותו טהור מקרה לילה, ואין מטהר עצמו כלל, אפשר בימים נוראים יש לגעור בו שיטבול, ועכ"פ שיוציא הבגדים הצואים מעליו, **ואם** לא ישמע לדברי חכמים לרחוץ יפה, ולהסיר הבגדים הצואים מעליו, ראוי להעבירו.

וש"ץ המנבל פיו או שמרנן בשירי הנכרים - ר"ל בניגון שהנכרים מנגנים בו לעו"ג שלהם, ובו"ח כתב, דוקא בניגון שמיוחד לזה, **ממחין בידו שלא לעשות כן, ואם אינו שומע מעבירין אותו.**

ההולך בערכאות של עו"ג, פסול להיות ש"ץ בר"ה ויוה"כ, אלא א"כ עשה תשובה, **ונ"ל** דמיירי שלא נשאר עי"ז ממון חבירו בידו, כגון שהיה בזה דיניהם כדיננו, אפ"ה פסול עכ"פ בר"ה ויוה"כ, דהוא עון גדול מצד עצמו, כדאיתא בחו"מ, **דאל"ה** הלא הפסול מחמת עבירה, אפילו בשאר ימות השנה אין לו להיות ש"ץ,

ואולי בזמנינו בעו"ה דנשתכח האיסור מכמה אנשים, ואפשר דהוא שוגג בדבר, אין לפוסלו, **ועכ"פ** לענין ש"ץ בר"ה ויוה"כ בודאי יש להחמיר.

ש"ץ שהיה שוחט, ונמצא שמכר טרפה בחזקת כשרה בשוגג, או שהיה מנקר, ונמצא אחריו חלב, אע"פ שאין מסלקין אותו מש"ץ, מ"מ אין למנותו לכתחלה, **ואם** עשה תשובה מותר אפי' למנותו, כדלעיל בס"ה בהג"ה.

קהל שחלקו תפלת ר"ה ויוהכ"פ כנהוג, אם חלה אחד מהם ולא יכול להתפלל, אינו רשאי להעמיד איש אחר במקומו, וביד הקהל דוקא להעמידו.

שליח ציבור שהזקין ורוצה למנות בנו לסייעו לפרקים, אע"פ שאין קול בנו ערב כקולו, אם ממלא מקומו בשאר דברים, בנו קודם לכל אדם ואין הצבור יכולין למחות בידו - ובלבד שלא יהא קולו משונה.

וה"ה בכל המינויים ג"כ בנו קודם, (**אפילו** אם תש כוחו, ואין יכול לעשות כלל, ומוכרחים ליקח אחר, **אם** בנו ראוי הוא קודם לכל אדם), **ואפילו** יש אחרים גדולים ממנו, כיון שהוא ממלא מקום אבותיו.

י"א דבחכם הממונה להרביץ תורה או לדון, לא אמרינן שבניהן קודמין, **ויש** חולקין.

כתב הרשב"א, ה"ה דבכל עניני המינויים, אם רוצה המנוי שאחד יסייענו באותו מינוי לפרקים, הרשות בידו, (וה"ה אפילו אם נשכר לב' וג' שנים, וצריך לפעמים לעזר, הרשות בידו, וא"צ שקבלוהו לש"ץ כל ימי חייו).

וכתב הכנה"ג, דוקא אם הוא ראוי לכך, הן בענין המלאכה, הן ביראת שמים.

אין להעביר ש"ץ בשביל אחר שקולו ערב, **ואם** הרוב חפצים באחר, ישמשו שניהם כאחד.

סעיף כו - קהל שנהגו למנות אנשים על צרכי הצבור לזמן, ובהגיע הזמן יצאו אלו ויכנסו אחרים תחתיהם, בין לחזן בין לקופה של צדקה בין לשאר מנויים הצריכין לצבור, בין שנוטלין עליהם שכר בין שאינם נוטלים, אפי' לא קבעו להם זמן, סתמם כפירושן מאחר שנהגו כך.

עיין בתשובת חמדת שלמה, בשכרו חזן לזמן ג' שנים, דמסיק אהך דינא דהכא, דהוא דוקא במקום שהמנהג שלאחר הזמן יצאו אלו, **אבל** בזמננו דאין דרך לסלק בלא חשדא, ודאי אין לסלקו בחנם, משום שלא לעשות עליו חשדא, **ועיין** בתשו' ח"ס ג"כ כעין זה, אם לא כשהתנו בפירוש, שלאחר הזמן שגבלו יהיה כלה זמנו, ושני הצדדים יהיו יכולין לחזור, וצריך קבלה ומנין חדש.

הגה: יש מי שכתב דשליח צבור יתפלל מתוך ספר המיוחד לצבור, דודאי נכתב לשמו - פי' נכתב לשם שמים ולא לשם התפארות, **ואפילו** אם הסידור של היחיד הוא בכתב נאה יותר מהצבור, **ובספרים** הנדפסים אין חילוק בין של צבור ליחיד.

כתב הפמ"ג, נכון אף ליחיד להתפלל מתוך הסידור, כ"ש ש"ץ שאימת צבור עליו, שיתפלל בפנים. **וקורין** ש"ץ "חזן", שצריך לראות האיך יקרא, ותרגום "וירא": וחזי.

§ סימן נד – דינים השייכים לישתבח §

סעיף א - "ישתבח" אינה פותחת ב"ברוך", לפי שהיא סמוכה ל"ברוך שאמר", ששתיהן נתקנו על פסוקי דזמרה, זו לפניהם וזו לאחריהם - ואע"ג דפסוקים מפסיקים ביניהם, לא הוי הפסק, כמו ברכה אחרונה שבק"ש או שבהלל, שג"כ אינה מתחלת ב"ברוך" מהאי טעמא.

סעיף ב - אין לענות אמן אחר "מלך מהולל בתשבחות" - זו היה נוסחתו, אבל נוסחתנו: "אל מלך גדול בתשבחות", **אלא אחר "חי העולמים", ששם הוא סיום הברכה** - ור"ל שאחר שסיים הש"ץ בישתבח "בא"י אל מלך גדול בתשבחות", לא יענה שום אדם ע"ז אמן, דאכתי לא הוי סיום הברכה, עד שאמר ג"כ "אל ההודאות וכו'", עד "חי העולמים".

צ"ע אי מותר אז להפסיק ולענות איש"ר וקדושה, כי מאמר אחד הוא עד סוף, **ועיין** בח"א, דבכל ברכה קצרה אסור להפסיק באמצע אפי' לאיש"ר וקדושה, **ויש** לחלק וצ"ע.

מחבר רמ"א משנה ברורה

הלכות ברכות
סימן נד – דינים השייכים לישתבח

בנוסח "חי העולמים", יש גורסין בציר"י, **ויש** גורסין בפת"ח, ואפי' לדעה זו, מ"מ יאמר "העולמים" בה"א, כי פירושו: חי בשני העולמים, ושליט בעוה"ז ובעוה"ב.

סעיף ג - המספר בין "ישתבח" ל"יוצר", עבירה היא בידו, וחוזר עליה מעורכי המלחמה - ר"ל דכתיב בקרא: מי האיש הירא ורך הלבב ילך וישוב לביתו, ואחז"ל: הירא מעבירות שבידו, וזו ג"כ בכלל עבירה היא, **והא"ר** כתב בשם מטה משה, שהקליפות מבטלים לעלות התפלה, וע"י פסוקי דזמרה מכריתים אותם, וכששח, חוזרין עליה בשביל העבירה הזאת, אותם הגדודים שהם מעריכים מלחמה בינינו בעו"ה, ע"כ ראוי שלא לספר.

ובכתבים כתב לומר בעשי"ת, מזמור "ממעמקים קראתיך ד'" בין "ישתבח" ל"יוצר", וצ"ע.

ויש מי שאומר שלצרכי צבור או לפסוק צדקה למי שבא להתפרנס מן הצדקה, מותר להפסיק - וה"ה לכל דבר מצוה, **ודוקא** בין "ישתבח" ל"יוצר" ‹לפני הקדיש›, שהוא ענין אחר, אבל בין קדיש וברכו, או בין הפרקים של ק"ש וברכותיה, או של פסוקי דזמרה, אסור להפסיק אפילו בצרכי רבים ולדבר מצוה.

הגה: ומזה נתפשט מה שנהגו בהרבה מקומות לברך חולה או לקבול בבהכ"נ שיעשה לו דין, בין "ישתבח" ל"יוצר", דכל זה מיקרי לצורך מצוה, ולאחר כך כשחוזרין להתפלל יאמר הש"צ מקצת פסוקי דזמרה ויאמר קדיש עליהם - משמע דאפילו אם לא אמר רק ש"ץ לבד הפסוקים, יכול לומר קדיש, **ואם** לא אמר פסוקים לא יאמר קדיש, רק יתחיל "ברכו" בלא קדיש, **כי לעולם אין אומרים קדיש בלא תהלה שלפניו** - או אחר תפלה, כמו הש"ץ אחר חזרת התפלה או בלחש בערבית, שהקדיש קאי על התפלה, **ולכן מתחילין ערבית בלא קדיש.**

וכתב המ"א, שלכן נהגו לומר פריסת שמע {"ברכו" נקראת פריסת שמע כדלקמן בסי' ס"ט} אחר גמר תפלת י"ח בלחש, כדי שיאמר הקדיש על תפלת י"ח, אבל אח"כ לא שייך לומר קדיש, אם לא אמר תחלה מקצת פסוקים, **ועתה** חדשים מקרוב באו, שפורסין שמע אחר קדיש בתרא, ואומרים שנית קדיש, **ואינו** נכון, דמה ענין לומר שני קדישים סמוכין זה לזה, **ועכ"פ** יש ללמדם שיאמרו מקצת פסוקים בין שני קדישים.

וכן אחר שלמד איזה ענין מתורה שבע"פ, יוכל לומר קדיש דרבנן, **ועיין** במ"א שמסיק, דדוקא אם אמר אח"ז עכ"פ מקצת דבר אגדה, ואז יוכל לומר הקדיש דרבנן, כי עיקר הקדיש זה נתקן על דבר אגדה, **וע"כ** מנהג כל ישראל לומר אחר פרקי אבות, ואחר "במה מדליקין", המאמר ד"ר' חנניא בן עקשיא", או "אר"א א"ר חנינא ת"ח מרבים שלום" וכו', **ולפי"ז** יש ליזהר כשלומדים משניות, יאמרו בסוף הלימוד המאמר ד"ר' חנניא בן עקשיא" וכדומה, כדי שיהיו יכולים לומר עי"ז אח"כ הקדיש דרבנן.

ואחר תנ"ך אומרים קדיש שלם, אפילו רק אחר ג' פסוקים.

ואין לומר קדיש אא"כ היו עשרה אנשים בבהכ"נ בשעת אמירת הפסוקים והלימוד, **ואפילו** אם רק ב' וג' לומדים, אומרים קדיש כשיש שם עשרה, **ואפילו** מי שלא למד יכול ג"כ לומר הקדיש, כמו בפריסת שמע לקמן בסימן ס"ט.

וכן מי שלא היה לו ציצית או תפילין, והביאו לו בין ישתבח לקדיש, יכול להניחם ולברך עליהם - דכ"ז הוא צורך מצוה, ע"כ מותר להפסיק לאחר שגמר ברכת "ישתבח", בין ליחיד ובין לש"ץ, **ואע"פ** דגנאי הוא לצבור להמתין, מ"מ הואיל דא"א בלא"ה שרי, **ובזה** אין צריך הש"ץ לחזור ולומר פסוקים, דשהייה מועטת היא.

ונראה, דביחיד מיירי באופן שיהיה יכול לגמור הנחת טלית ותפילין קודם שיגיע הש"ץ לאיש"ר וברכו, או שכבר שמע קדיש וברכו, **דאל"ה** הלא קי"ל בסימן כ"ה, דאסור להפסיק בין השל יד להשל ראש אפילו לענות איש"ר וברכו, אלא שותק ושומע ומכוין למה שאומרים, **וזה** אין נכון לעשות כן לכתחלה לצאת בזה, אפילו למאי דקי"ל שומע כעונה, **ובאופן** זה טוב יותר שימתין מלהניח התפילין עד שיסיים הש"ץ "ברכו", ואז יניחם, ולענין הברכות עיין בסמוך.

אבל בין קדיש ל"ברכו" לא יפסיק בשום דבר - ר"ל משעה שהתחיל קדיש, דהקדיש ל"ברכו" ג"כ שייך.

ועיין באחרונים שכתבו, דבין קדיש לברכו דינו לכל מילי כבין הפרקים, **ע"כ** בין יחיד ובין ש"ץ, אם לא נזדמן לו טלית עד שהתחיל קדיש, יכול להתעטף בו תיכף, אבל לא יברך עד לאחר התפלה, ואז ימשמש בו ויברך, **ותפילין** אם נזדמן לו קודם ברכו, יכול לברך עליהן, לפי מש"כ בסי' ס"ו, דיוכל לברך על התפילין בין הפרקים.

(וקשה לי, דא"כ אמאי קאמר רמ"א דלא יפסיק בשום דבר, הא לענין תפילין דאיירי לעיל מיניה יוכל להפסיק, **ואפשר** דהרמ"א קאמר בזה לפי דעת הי"א סי' ס"ו ס"ב בהג"ה, ולא לדעת עצמו, **שוב** ראיתי בביאור הגר"א דמשמע מיניה, דמהתחלת קדיש והלאה הוא כאמצע הפרק, א"כ ניחא הכל אם נסבור דבאמצע הפרק אסור לברך על תפילין, **אמנם** בביאור הגר"א מוכח מיניה, דסובר דלהרמ"א דמיקל לענין תפילין, מותר אפי' באמצע הפרק, א"כ צ"ע אמאי החמיר הרמ"א פה לענין תפילין, **וע"כ** כתירוצנו הראשון, דהרמ"א אזיל פה לפי דעת הי"א).

וכ"ש שלא יפסיק לאחר שאמר הש"ץ "ברכו" קודם שמתחילין ברכת "יוצר" - דתיכף אחר "ברכו", אף שלא התחיל עדיין ברכת "יוצר", הוי כאמצע הפרק, דמשם ואילך הוא כהתחלת "יוצר", כי עיקר כונת הש"ץ מה שאומר "ברכו את ד'", היינו שיברכוהו אח"כ בברכת "יוצר", **ואם** לא נזדמן לו תפילין עד שהתחיל "ברכו", שוב לא יוכל לברך עליהן, אלא יניחן בלי ברכה, וכשיגיע קודם "אהבה רבה", ימשמש בהן ויברך עליהן.

מלשון זה מוכח, דאפי' יחיד לא יפסיק, **ונראה** דכ"ז דוקא באופן שמיירי בפנים, דהיינו שכבר גמר ברכת "ישתבח", ועומד להתחיל ברכת "יוצר אור", **אבל** אם הוא עוסק עדיין בפסוקי דזמרה, וכ"ש אם בא עתה להתפלל, ורוצה להתפלל כסדר ולא לדלג הפסד"ז ולפתוח מברכת "יוצר", ושמע קדיש וברכו, אין דינו בזה כאמצע הפרק, ולכו"ע יכול להניח טלית ותפילין ולברך עליהן.

§ סימן נה – דיני קדיש §

סעיף א- אומרים קדיש - פי' אחר פסוקי דזמרה.

אין פוחתין משבעה קדישים בכל יום, כנגד "שבע ביום הללתיך", דהיינו **א'**. אחר פסוקי דזמרה שהוא אחר "ישתבח", **וב'**. חצי קדיש אחר תפלת י"ח ברכות, **וג'**. אחר סדר קדושה, ובו אומרים ג"כ "תתקבל צלותהון", שהוא שייך ג"כ לתפלת י"ח, **וד'**. אחר "עלינו", שיש בו אמירת פסוקים, **וה'**. אחר "אשרי" במנחה, **וששי**. אחר תפלת מנחה, **ז'**. אחר ק"ש של ערבית קודם תפלת י"ח, **וקדיש** שאחר תפלת ערבית, אף דהוא ג"כ מצוה, לא קחשבינן בכלל אלו השבעה, עי"ש בלבוש הטעם.

כאשר טוב למעט בברכות, כך טוב למעט בקדישים, **ועיין** באחרונים שקראו תגר ע"ז שנאספים עשרה בני אדם, ואומרים כמה קדישים על פסוקי תורה או משנה או גמרא.

כתב בהלכות קטנות, כששנים או ג' אומרים קדיש יחד, ואחד מקדים, אם באים כל אחד תוך כדי דיבור, יענה עם הראשון או עם האחרון "אמן", ויעלה לכולם, **ואם** יש הפסק, יענה על כל אחד ואחד.

עשרה יהודים לועזים, שאין מי שיודע בלשון הקודש להוציא אותם י"ח, יוכל אחד מהם להיות ש"ץ, ולומר קדיש וקדושה בלשון לע"ז.

ואין אומרים אותו בפחות מי' זכרים בני חורין, גדולים שהביאו ב' שערות - לאפוקי נשים ועבדים וקטנים, **וה"ה** טומטום ואנדרוגינוס, וחצי עבד וחצי בן חורין, אינו מצטרף.

עיין פר"ח, שקרא ערער על המקומות שנוהגין, שהקטן אומר קדיש וברכו, והקהל עונים אחריו, דשלא כדין הם עושים, **ואפילו** אם יש עשרה אנשים גדולים חוץ ממנו, **ועיין** בפמ"ג שמצדד ג"כ להחמיר בזה לכתחלה.

אדם הנוצר ע"י ספר יצירה, אם מצטרף ליו"ד ולכל דבר שבקדושה, עיין בתשובת חכם צבי, ובספר עיקרי דינים, מה שכתב בענין זה.

וה"ה לקדושה וברכו שאין נאמרין בפחות מעשרה - שכל דבר שבקדושה, כגון קדיש, אפי' קדיש דרבנן שאחר הלימוד, וקדושה וברכו וקריאת התורה ונשיאת כפים, וה"ה לכל חזרת הש"ץ מפני הקדושה שיש בה, אין אומרים אותו בפחות מעשרה, **שנאמר**: ונקדשתי בתוך בני ישראל, וילפינן בגז"ש ד"תוך"

תוך" ממרגלים, דכתיב: עד מתי לעדה הרעה הזאת, יצאו יהושע וכלב, נשאר עשרה וקוראין "עדה".

כתב הט"ז, דבעת אמירת פסוקי דזמרה א"צ עשרה, דאפילו אם אמרוהו ביחידות, כל שיש עשרה בשעת אמירת הקדיש, די בכך, **וכן** אם התחילו להתפלל ערבית ביחידות, ובאו עשרה לעת אמירת הקדיש, יכול לומר הקדיש, **וכן** בכל לימוד שאדם לומד פסוקים או אגדה, או באמירת "עלינו", או באמירת "אשרי" שקודם מנחה, או באמירת תהלים בבקר, אם היה בלי מנין ונזדמן תיכף מנין, שיש לומר קדיש, **ומ"א** לא כ"כ, וכן מהגר"א מוכח כהמ"א, **ע"כ** הסכימו האחרונים, דהנכון שיאמרו אח"כ מזמור או ג' פסוקים ויאמרו קדיש, **ועיין** בפמ"ג דמוכח מיניה, דלענין פסוקי דזמרה, ולענין תפלת ערבית, גם המ"א מודה להט"ז. (**עיין** לעיל סי' נג ס"ג במ"ב שכתב שאם גמר הש"ץ ברכת ישתבח ואח"כ באו מנין, יאמרו עכ"פ שלשה פסוקים, והוא שלא כדברי הפמ"ג כאן).

סעיף ב - אם התחיל לומר קדיש או קדושה בעשרה

- קדושה לאו דוקא, דה"ה אפילו רק ב"אבות", וכדלקמיה בס"ג, **ואפשר** דנקט לרבותא דסיפא, דאפילו בזה דוקא אם נשתיירו רובן, **ויצאו מקצתן, גומרים אותו הקדיש** - וה"ה בכל דבר שצריך עשרה, כגון נשיאת כפים וקריאת התורה והפטרה בנביא, גומרין כל מה ששייך לענין זה, כיון שכבר התחילו בו בעשרה, **אבל** לא מתחילין מה שהוא ענין אחר.

ואם היה הקדיש שקודם "ברכו", כתב הדה"ח בשם א"ר, דיוכל לומר ג"כ ה"ברכו", דכולא חדא ענינא הוא, **ובספר** מאמר מרדכי חולק ע"ז.

ואם התחיל לומר "ישתבח" בעשרה ויצאו מקצתן, וכן אם התחיל לומר "אשרי" שקודם מנחה בעשרה ויצאו מקצתן, מסתפק הפמ"ג דאולי יוכל לומר הקדיש שאחר זה, כי הקדיש שייך ל"ישתבח" ו"אשרי", **אמנם** בס' מאמ"ר ובדה"ח ובח"א, כולם פסקו דלא יוכל לומר הקדיש בזה.

או אותה הקדושה שהתחיל - וה"ה כל תפלת י"ח, **ולפי** מה שמבואר בהג"ה שבסעיף ג', גומר גם החצי קדיש וקדיש שלם שלאחריה.

וכתבו האחרונים, דיאמר ג"כ ברכה ד"אלהינו ברכנו בברכה המשולשת" וכו', דכל שהתחיל בתפלת י"ח גומרה, **אע"ג** דתנן אין נושאין כפים בפחות מעשרה, ואפילו אם התחיל התפלה בעשרה, וכדאיתא בר"ן וב"י, **היינו** דוקא נשיאת כפים ממש, ומשום שהוא ענין אחר, אבל תפלת "אלקינו" יאמר, מאחר שהתחיל בתפלת י"ח וגם זה שייך לתפלת י"ח.

והוא שנשתיירו רובן - היינו ששה, ולא בעינן רובא דמינכר.

הגה: ומ"מ עבירה היא לצאת, ועליהם נאמר: ועוזבי ה' יכלו - נ"ל שר"ל אם אינו ממתין עד שיגמרו אותו הענין, אבל אם ממתין עד שיגמרו הענין, די בזה, **כגון** אם אחד הצטרף עם ט' ל"ברכו", אינו מחוייב להמתין על צירוף של חזרת הש"ץ, שהוא ענין אחר, **ואם** היה עמהם בצירופם בעת שהתחיל הש"ץ בקול רם, צריך להמתין עד שיגמרו כל סדר הקדושה וקדיש שלם שלאחריה, וכן כל כי האי גוונא.

אבל אם נשארו י', מותר לצאת – (והרמ"א אינו קאי על קדושה, דבאמצע יהא מותר לצאת, אלא על עיקר הדין דאם התחיל גומר, דהוא קאי על כל התפלה).

והוא שכבר שמעו קדושה והקדישים עד "עלינו".

(**אם** העשירי עבר והלך, אם מותר התשיעי ג"כ לילך, כיון דבלא"ה ליכא עשרה להשראת השכינה, וגם בלא"ה מותר לגמור, צ"ע).

סעיף ג - אם התחיל באבות ויצאו מקצתן, גומר אפילו קדושה

- וה"ה דגומר הש"ץ כל תפלת י"ח, ולא נקט קדושה אלא משום דלא נימא דהוא ענין אחר.

הגה: ואם יצאו מקצתן לאחר שהתחילו להתפלל יוצר, לא יתחיל הש"ץ להתפלל התפלה בקול רם, דכבר נשלם תפלת יוצר - נקט האי לישנא לאפוקי ממהר"ש שהובא בד"מ, שרוצה להקל בזה, **אבל** באמת לפי הסכמת הפוסקים, הוא אפילו אם התפלה בלחש היה ג"כ בעשרה, דינא הוא שלא יתחיל הש"ץ בקול רם בפחות מעשרה.

עיין באחרונים שהסכימו, דאפילו לא אמרו רק קדיש וברכו בעשרה, ויצאו מקצתן קודם שהתחילו כלל ברכת יוצר, מקרי כמו שהתחילו כבר בעשרה, ויכולין להוציא אחרים עד שמ"ע, אפילו בפחות מעשרה,

(ויכולים הנשארים לומר קדושה שביוצר, אפילו להפוסקים דס"ל דאין נאמרת בפחות מעשרה).

ואם יצאו לאחר שהתחיל בקול רם וקדושה - לאו דוקא, דאפילו עדיין לא אמרו קדושה, כיון שהתחילו להתפלל בקול רם, ואפילו רק ב"אבות" לבד, גומרים אף הקדיש שלם, **יכולים להשלים כל סדר קדושה ולומר הקדיש שלם שלאחריה דשייך לתפלה, שהרי אומר: תתקבל צלותהון וכו'** - וכ"ש החצי קדיש שאחר תפלת י"ח, **אבל** הקדיש שאחר "עלינו" לא יאמר בזה, ואפילו אם התחיל לומר "עלינו" בעשרה ויצאו מקצתן, ג"כ לא יאמר הקדיש, דאינו אלא מנהג, **ומכ"ש** לשיר היחוד, או לקדיש שאומרים למזמור או אחר הלימוד, דצריך דוקא מנין בשעת קדיש.

אבל אין קורין בתורה, דזהו ענין אחר.

ותפלת ערבית וקדיש שלאחריו לא שייך לקריאת שמע וברכותיה - ומשו"ה אם התחילו ברכת ערבית בעשרה, או אפילו רק "ברכו" לחוד, ואח"כ יצאו מקצתן, אין לו רק לגמור הקדיש שקודם התפלה, לפי שהקדיש שייך לברכת ק"ש, **אבל** לא יאמר הקדיש שאחר תפלת י"ח, לפי שהתפלה אינה חבור לברכות של ק"ש, **וכ"ש** סדר קדושה וקדיש במוצאי שבת.

אבל אם היו עשרה בשעה שהתחילו להתפלל תפלת ח"י בלחש, ואח"כ יצאו מקצתן, י"ל הקדיש שלם שלאחר התפלה, דהקדיש שייך לתפלה, **ובמו"ש** יכול לומר הח"ק שאחר התפלה, וגם הסדר קדושה וקדיש שלם שאח"כ, לפי שכל זה שייך לתפלה כמו בשחרית.

(עיין בנ"ב שכתב, דבשחרית אם התפללו בלחש בעשרה, ואח"כ יצאו מקצתן, דמלבד שלא יכול הש"ץ לחזור תפלתו, גם לא יכול לומר שום קדיש אחר זה, ולא דמי לערבית, עי"ש מילתא בטעמא).

סעיף ד - יש מתירין לומר דבר שבקדושה בתשעה, וצירוף קטן שהוא יותר מבן שש ויודע למי מתפללין, ולא נראין דבריהם לגדולי הפוסקים – (ואע"ג דלקמן בסימן קצ"ט ס"י, לענין זימון, סתם המחבר כדעת המקילין בזה, דבר שבקדושה חמיר טפי).

וה"ה דעבד ואשה אין מצטרפין – (הלשון קצת תימה, דהם אינם מצטרפין אפילו לדעת היש מתירין הנ"ל).

הגה: ואפילו על ידי חומש שבידו אין לצרפו - דלא מחשבינן הקטן לאיש ע"י שאוחז חומש בידו.

מיהו יש נוהגין להקל בשעת הדחק - ר"ל אפילו בלי חומש, וכדעת היש מתירין הנ"ל, ודוקא אחד ולא שנים, **ובלבוש** כתב, שלא ראה נוהגין לצרפו אפילו בשעת הדחק, **ובזמנינו** נוהגים לצרף קטן ע"י חומש שבידו, ומיהו דוקא לשמוע "ברכו" וקדיש שהוא חיוב, אבל קדיש שאחר "עלינו" לא יאמרו - מ"א, **והרבה** אחרונים מחמירין, שלא לצרף שום קטן אפילו בשעת הדחק, עד שיושלם לו הי"ג שנים.

אונן אינו מצטרף למנין, והיינו כל אונן שחייב להתאבל עליו, אפילו אינו מוטל עליו לקברו, כגון שאינו יורש שלו, אם הוא בעיר שהמת שם אינו מצטרף, **ואפילו** אם יש לו מי שיתעסק עמו בקבורתו, אם לא שמסרו להכתפים, **אבל** אם המת בעיר אחרת, ונודע לו קודם הקבורה, ויש שם מי שישתדל עבורו, שדינו שאם רצה לקרות רשאי ואין מוחין בידו, הוא מצטרף למנין, **ומיהו** כ"ז לענין אונן, אבל באבל ודאי מצטרף לברהמ"ז ולתפלה.

סעיף ה - אם לא הביא שתי שערות - בשאר מקומות הגוף, אפילו הביא ב' שערות בזקן, ב"ש באה"ע סי' קע"ב סק"ה, **ולהלן** בס"ט ציין לאבה"ע סי' קנ"ה, ושם מבואר דבעינן שערות דוקא במקום ערוה, וצ"ע.

אפי' הוא גדול בשנים, דינו כקטן - ואם הביא שתי שערות, נעשה גדול מיום שהביא, לא למפרע.

עד שיצאו רוב שנותיו - ולא בעינן רק יום אחד יותר על ל"ה שנה, **שאז יתברר שהוא סריס** - ר"ל ואז נעשה גדול למפרע משנת י"ג ויום אחד.

ואם נראו לו סימני סריס קודם לכן, דינו כגדול - סימני סריס מבואר באה"ע, ואפילו אחד מן הסימנים הנזכרים שם מהני להשוותו לסריס, אם לא הביא שתי שערות גם בזקן.

ודוקא כשהגיע לשנת עשרים, היינו ל' יום בשנת עשרים, ולא הביא שתי שערות, דאז מהני הסימנים

הלכות ברכות
סימן נה - דיני קדיש

לשויה לסריס למפרע, בין שנולדו לו הסימנים בשנת כ' או קודם לזה, **אבל** קודם שהגיע לשנת עשרים, אע"פ שיש לו כל הסימני סריסות, אמרינן עדיין הוא קטן, **ועיין** בפמ"ג שמצדד לומר, דלענין תפלה שהוא מדרבנן, אפשר דיש להקל לצרפו אפילו קודם עשרים, אם נראה בו סימני סריס.

הגה: ומיהו אין מדקדקין בשערות, אלא כל שהגיע לכלל שנותיו מחזיקין אותו כגדול, ואומרים לענין זה מסתמא הביא שתי שערות - ר"ל לענין תפלה שהיא מדרבנן, **ואפילו** לדעת הפוסקים דתפלה היא דאורייתא, עכ"פ צירוף עשרה לאו דאורייתא הוא, ע"כ סמכינן ע"ז, ואמרינן כיון שבא לכלל שנותיו מסתמא הביא שתי שערות, דרוב אנשים מכיון שהגיעו לכלל שנים מסתמא מביאין ב' שערות, **אבל** לענין שאר חיובא דאורייתא אינו מועיל, **ועיין** בפמ"ג שמסיק, דמשום דהוא מיעוט המצוי, ע"כ החמירו מדרבנן לענין דאורייתא, כמו לענין בדיקת הריאה.

סעיף ו - ואם התחיל אחד מהעשרה להתפלל לבדו ואינו יכול לענות עמהם, או שהוא ישן, אפילו הכי מצטרף עמהם - דבכל עשרה שהם גדולים שכינה שריא ביניהם, ד"ונקדשתי בתוך בני ישראל" קרינן בהו, **ולא** דמי לקטן דלאו בר קדושה הוא.

וה"ה יותר מאחד, ובלבד שישארו רובם שאין מתפללים שמ"ע, ויכולין לענות עמהם, **ויש** מחמירין ביותר מאחד, **ובישן** בודאי אין לצרף אפילו במקום הדחק ביותר מאחד, כי בלא"ה יש הרבה פוסקים המחמירים בישן וכדלקמיה.

או שהוא ישן - ועיין בט"ז שחולק לענין ישן, וס"ל דאין מצטרף, והסכים עמו הפר"ח, דישן חשיב כשוטה, **ע"כ** לכתחילה בודאי צריך להקיצו, ועכ"פ לעוררו שיהיה מתנמנם.

(**ואם** אי אפשר ג"כ בזה, צ"ע למעשה, כי אף דבפמ"ג כתב: דאם א"א, הסומך על שו"ע לא הפסיד, וכן משמע מהח"א, **הלא** הברכי יוסף וכן הדה"ח הסכימו עם הט"ז והפר"ח, **ואפשר** דבמקום שמתפללין קדיש וקדושה בקול רם, והשאר בלחש, יש להקל במקום הדחק בישן, דלית בזה חשש ברכה לבטלה, וכן משמע מפמ"ג דזה קיל יותר).

עיין בפמ"ג שכתב, דה"ה לענין זימון עשרה ג"כ ישן מצטרף לדעת השו"ע, כמו לענין תפלה, **ולענין** קריאת התורה ונשיאת כפים צ"ע, **אך** לענין קריאת המגילה, בודאי אין הישן מצטרף לעשרה לכו"ע, דבמגילה בעי עשרה לפרסומי ניסא, ובישן ליכא פרסום.

סעיף ז - כשאחד מתפלל לבדו, נכון שהאחרים ימתינו מלומר קדיש עד שיגמור, כדי שיזכה גם הוא - ואפילו אם יש מנין בלעדו, ודוקא אם ישאר שהות ביום להתפלל.

וה"ה בישן צריך להקיצו, ואם לא רצה לעמוד, א"צ להמתין לדעת השו"ע ומצטרף, **אבל** יש חולקין בזה, וכמו שכתבתי לעיל.

סעיף ח - חרש המדבר ואינו שומע, או שומע ואינו מדבר, הן כפקחין ומצטרפים.

ודעת הט"ז, שאין מצרפין למנין מי שאינו שומע אע"ג שהוא מדבר, שלא ידע לענות אמן על הברכות שמברך הש"ץ, **אכן** הרבה מסכימין עם פסק השו"ע, וסוברין שאין זה מעכב לענין צירוף, **ואם** הוא מכוין הברכות, וכשרואה שעונין עונה עמהם, דומיא דהנפת הסודרין בבהכ"נ של אלכסנדריא, שמבין בשעה שמסיים הש"ץ סוף הברכה ועונה אמן, מצטרף לכו"ע.

(**עיין בפמ"ג שמסתפק, בחרש המדבר ואינו שומע המכוין לצאת בברכת חבירו, והוא יודע אז הברכה שהוא מברך להוציאו, אם יצא בזה אפילו אם ענה אמן).**

(**וע"ש עוד דמשמע מדבריו, דמי שהוא מדבר ואינו שומע, אין ראוי להיות ש"ץ לדעת הט"ז, הנה משמע מזה דלפי מה שפסקו האחרונים דלא כט"ז, אין ראוי להורידו מש"ץ בשביל זה, אמנם בחידושי רע"א משמע, דלכו"ע אין נכון שיהיה ש"ץ כזה, דהלא לכתחלה לכו"ע צריך להשמיע לאזנו).**

אבל מי שאינו שומע ואינו מדבר, הרי הוא כשוטה וקטן - (**וה"ה אם היה פיקח בתולדה, אלא שאח"כ נעשה חרש שאינו שומע ואינו מדבר, ג"כ בכלל שוטה יחשב).**

(ולפי מה דקי"ל, דקטן המוטל בעריסה אינו מצטרף לזימון, חרש ושוטה לא עדיפי מקטן המוטל בעריסה, וא"כ פשוט דה"ה לתפלה אינם יכולים לצרפם אפילו בשעת הדחק, אף אם הוא מכוין ומבין).

(ומי שהוא עתים חלים ועתים שוטה, בעת שהוא חלים הרי הוא כפקח לכל דבריו).

סעיף ט - לעולם הוא קטן עד שיביא ב' שערות - ומקומן ושיעור גדלותן מבואר באה"ע בסי' קנ"ה סי"ז וי"ח, **אחר שיהיה בן י"ג ויום אחד** - שכן קבלו חז"ל הלמ"מ, שלא יקרא הזכר איש עד שישלמו לו י"ג שנה, ויביא ג"כ שתי שערות, והוא מכלל כל השיעורין שקבלו חז"ל הלכה למשה מסיני, **ואמנם** קי"ל, כיון שהגיעו לכלל שנים, חזקה שהביאו ב' שערות, **ולכן** אפילו אם אנו רואין שאין להם ב' שערות, חיישינן שמא היה להם אלא שנשרו, שכן דרך שערות הללו לנשור, פעמים מחמת כחישות, ופעמים מחמת שמנונית, **ומ"מ** לא סמכינן על חזקה זו לגמרי, אלא דדיינינן ליה כספק, ולכן אזלינן תמיד לחומרא בכל דבר שהוא מדאורייתא, ובדרבנן לקולא.

ויום אחד לאו דוקא, אלא כיון שנכנס תחלת היום משנת י"ד, ואפילו שעה אחת ואפילו רגע אחת, סגי, **ואפילו** נולד בסוף יום ר"ה, כיון שעדיין הוא ודאי יום, נעשה בן י"ג שנה בתחלת ליל ר"ה של שנת י"ד, **ואם** היה בין השמשות בעת הלידה, דיינינן ליה לספק, ואזלינן לחומרא בכל דבר שהוא מדאורייתא.

ואביו מהימן ע"ז ולא איש אחר, ואם מת אביו ואינו יודע אימתי נעשה בן י"ג שנה, לכאורה דינא הוא, דמכיון שהביא ב' שערות חייב ליזהר במצות התורה, כדין שאר גדול, דספיקא דאורייתא הוא, ועיין.

ושנת העיבור בת י"ג חדש.

סעיף י - אם נער אחד נולד בכ"ט לאדר ראשון משנה מעוברת, ונער אחד נולד באדר שני באחד בו, ושנת י"ג אינה מעוברת, אותו שנולד בכ"ט לאדר הראשון, צריך להמתין עד כ"ט לאדר בשנת י"ג להיות בן י"ג שנה - דמהו דתימא, שיחשב האדר הראשון שנולד בו במקום שבט, וכיון שיגיע כ"ט בשבט בשנת י"ג יהיה נעשה בר מצוה, קמ"ל דלא אמרינן כן.

ואותו שנולד אחריו באחד באדר השני, יהיה בן י"ג שנה כיון שהגיע אחד באדר של שנת י"ג - אבל אם בשנת י"ג היה ג"כ עיבור, אז בודאי היינו אומרים הנולד בראשון יהיה בר מצוה באדר ראשון, והשני באדר שני.

הגה: ומי שנולד באדר ונעשה בר מצוה בשנת העיבור, אינו נעשה בר מצוה עד אדר השני - אע"ג דכבר כתב המחבר סעיף ט', דחודש העיבור בכלל, מ"מ הו"א דוקא בנולד בחודש אחר, כגון בר"ח ניסן, ושנת י"ג מעוברת, אין נעשה בר מצוה עד ר"ח ניסן, **אבל** נולד בר"ח אדר, הו"א דנעשה בר מצוה בר"ח אדר ראשון, קמ"ל דאדר ראשון לא נקרא אדר, אלא חודש העיבור מיקרי, שהרי אין קורין את המגילה באדר ראשון, ואנן בעינן י"ג שנים שלימים.

מי שנולד ביום ראשון בר"ח כסליו, והיו אז ב' ימים ר"ח, ובשנת י"ג היה חשון חסר, ור"ח כסליו אינו אלא יום אחד, אעפ"כ אינו נעשה בר מצוה עד ר"ח כסליו.

ומי שנולד בר"ח כסליו, ולא היה רק יום אחד ר"ח, ובשנת י"ג היו שני ימים ר"ח, נעשה בר מצוה ביום א' דר"ח.

סעיף יא - עבריין שעבר על גזירת הצבור או שעבר עבירה - אפי' עבירה שחייב עליה מיתה, **אם לא נידוהו נמנה למנין עשרה** - והטעם, דכתיב בעכן "חטא ישראל", אע"פ שחטא ישראל הוא, ובקדושתיה קאי, [ובעכן היה חילול שבת שחייב סקילה].

ודוקא עבירה שעבר לתיאבון, אבל להכעיס, אפילו בדבר אחד, או שהוא מומר לעבודת גלולים, או לחלל שבת בפרהסיא, דינו כעכו"ם ואינו מצטרף.

וכת הנקרא קראים, אינם מצטרפין לי', שאינם מודים בתורה שבע"פ, וכל מי שהוא כופר בתורה שבע"פ, אין מצטרף לכל דבר שבקדושה.

סעיף יב - מנודה, אין מצרפין אותו לכל דבר שצריך עשרה – (עיין בט"ז, דדוקא אם פירשו אז שלא יצטרף, אבל מלשון הפוסקים לא משמע כן).

(**כתב** הפמ"ג, דלמגילה אפשר דהוא מצטרף, עי"ש טעמו).

(ואם היה שלא מחמת שעבר על גזירת הצבור או עבירה, רק בשביל ממון, מותר להצטרף עמו לכל דבר שבקדושה).

אבל מותר להתפלל בבהכ"נ שהוא שם, אלא אם כן פירשו להחמיר עליו בכך.

סעיף יג - צריך שיהיו כל העשרה במקום אחד ושליח צבור עמהם - ואפילו אם אינן רואין אלו את אלו, כיון שהם בבית אחד, **אבל** אם מקצתם בחדר זה ומקצתם בחדר אחר, אינם מצטרפין, אע"פ שהפתח פתוח ביניהם, משום דאין שם פרצה, והפתח גופא כמחיצה חשובה, והו"ל שני בתים, ואפילו כשאין דלת ביניהם, כל שהם בשני רשויות ואין רואין זה את זה, אין מצטרפין, **ויש** מחמירין אפילו ברואין.

כשיש ט' במקום אחד, ואחד אחר הוילון שפורסין לצניעות, מצטרפין, **ודוקא** אם פירשו לצניעות בעלמא, אבל אי איכא תפילין או ס"ת, ופירשו סדין כי היכי דליהוי מחיצה לשמש מטתו, הוי נמי מחיצה לצירוף י', ולא מצטרפו, פר"ח, **ופמ"ג** מצדד דבכל גווני מצטרפי.

היו ט' בבית ואחד בסוכה, י"א דמצטרף, ויש חולקין.

והעומד בתוך הפתח, מן האגף ולחוץ, דהיינו כשסוגר הדלת ממקום (שפה) פנימית של עובי הדלת ולחוץ, כלחוץ - ר"ל דמקום סגירת הדלת הוי כלחוץ, אף שעכשיו היה הפתח פתוח, **ועיין** במ"א שכתב שיש שחולקין ע"ז, ומכריע כמותם, דמקום זה הוי כלפנים, **ועיין** בספר אבן העוזר שפסק ג"כ בפשיטות, דהיכא דהמיעוט עומדים תוך המקום הזה, מצטרפים לעשרה, **דלא** גרע מחצר קטנה שנפרצה לגדולה המבואר בסט"ז, וכן משמע מביאור הגר"א.

עיין ביד אפרים שכתב, דבחלל הפתח לבד ממקום הדלת, כגון היכא שהדלת קבוע לחוץ, וממקום הדלת ולפנים יש עוד חלל בתוך עובי הפתח, לכו"ע הוי כלפנים, ויש לסמוך ע"ז.

(**והיכא** שהדלת קבוע לצד פנים, והדלת נכנס רק לתוך מקצתו של חלל הפתח, והפתח פתוח, הנה לדעת רבינו ירוחם ולהשו"ע דפוסק כוותיה, נראה דלא מצטרפי, בין אם הוא עומד בתוך מקום עובי הדלת, ובין אם הוא עומד בתוך חלל הפתח, **אכן** לדעת התניא דפוסק המ"א כוותיה צ"ע, **אכן** לפי מה שכתב הגר"א לענין מקום האגף, דאפילו אם נאמר דהוי כלחוץ, עכ"פ לא גרע מחצר קטנה שנפרצה לגדולה, יש להקל גם בזה).

(**ואם** רואין אלו את אלו, יוכלו להצטרף אפילו עומדים לגמרי לחוץ, דומיא דמה שהקיל המחבר לקמן בסעיף י"ד, **ולכתחלה** יותר טוב להחמיר בזה שיכנסו לפנים, דקולא זו דמהני רואין אלו את אלו לענין צירוף, נובע מתשו' הרשב"א, והוא לא כתב זה רק בדרך אפשר).

סעיף יד - מי שעומד אחורי בהכ"נ וביניהם חלון, אפילו גבוה כמה קומות, אפילו אינו רחב ארבע, ומראה להם פניו משם, מצטרף עמהם לעשרה - דאף דיש הפסק מחיצה ביניהם, כיון דמראה להם פניו, דומה למה שמבואר לקמן בסי' קצ"ה לענין זימון, דאם מקצתן רואין אלו את אלו דמצטרפין, **וא"כ** לפי"ז פשוט, העומדים בעזרת נשים ובמחיצה המפסקת יש חלון, ומראה להם פניו משם, מצטרף עמהם לעשרה, **וכ"ש** דאם יש בלעדו עשרה, נחשב תפלה בצבור עי"ז, **ואעפ"כ** יותר טוב אם בנקל הוא לו לירד לבהכ"נ, שירד, דיש מהאחרונים שחולקין על עיקר הדין, וסוברין דענינינו אינו דומה כלל לזימון.

הגה: גגין ועליות אינן בכלל בית, והעומד עליהם אינו מצטרף - בכה"ג שאין רואין אלו את אלו, רבותא היה לו לומר: אפי' חלונות רחבות ונמוכות, כל שאינן שוות לקרקע בהכ"נ, ואף אם הוא עומד בתוכם אינו מצטרף.

סעיף טו - אם מקצתן בפנים ומקצתן בחוץ, ושליח צבור תוך הפתח, הוא מצרפן - דכיון שהוא ש"ץ, כל אחד נותן דעתו עליו והוא מחברן יחד, **וכ"ש** אם תשעה מבפנים והוא תוך הפתח, דהוא מצטרף להם, **וההיא** דסעיף י"ז שאני, דכיון שהוא בחצר הגדולה, הרי הוא מופלג מהצבור.

ובאדם אחר שאינו ש"ץ, אפילו הוא לבדו על מפתן הבית, אינו מצטרף עמהם, כדלעיל בסי"ג, **וכ"ז** דוקא בשאינן רואין אלו לאלו, אבל אם מקצתן רואין אלו את אלו, בכל גווני מצטרפי להדדי, **ויש** מחמירין אפילו ברואין, ובמקום הדחק אפשר שיש להקל.

סעיף טז - חצר קטנה שנפרצה במילואה לגדולה, דהיינו שנפרצה קטנה במקום חיבורה לגדולה, ונפל כל אותו כותל שהיה מפסיק ביניהם, ובגדולה נשארו משארית כותל זה שנפל, פסים (פי' מעט כותל יפה וסוף) מכאן ומכאן; הגדולה כמופלגת מן הקטנה, ואין הקטנה מופלגת מן הגדולה, אלא הרי היא כקרן זוית שלה; לפיכך, אם תשעה בגדולה ואחד בקטנה, מצטרפין, שהקטנה נגררת אחר הגדולה, והרי היא כאילו היא בתוך הגדולה, כיון שהרוב בגדולה; אבל אם היו תשעה בקטנה ואחד בגדולה, או חמשה בזו וחמשה בזו, אין מצטרפין - הכלל: דהגדולה א"א לה לימשך אחר הקטנה, לפי שהיא כמופלגת, וגם הצבור דחשיבי א"א להם לימשך אחר היחיד, ואפי' חמשה אחר חמשה אי אפשר להם לימשך, רק היחיד נמשך אחר הצבור, משו"ה א"א שיצטרפו אא"כ היחיד בקטנה והצבור בגדולה.

סעיף יז - היה שליח צבור בקטנה וצבור בגדולה, מוציאן ידי חובתן, שהוא נגרר אחריהם; אבל אם היה ש"צ בגדולה וצבור בקטנה, אינו מוציאן ידי חובתן, שאין הרוב נגרר אחר היחיד - ואפילו אם היה עשרה בקטנה, אין הוא מוציאן ידי חובתן, **ואפילו** האידנא דכולן בקיאין, מ"מ אין לו לומר קדיש וקדושה שם, כיון שבמקום שהוא עומד אין שם מנין, **אבל** כשיש מנין במקום הש"ץ, ודאי מוציא אפי' אותם שהם אחורי בהכ"נ ושומעין ומכוונין, וגם הוא מכוין שיוציא כל השומעים.

סעיף יח - אם קצת העשרה בבהכ"נ וקצתם בעזרה, אינם מצטרפים - משום דאין שם פרצה, והפתח גופא אפילו אין שם דלת כמחיצה חשובה, והו"ל שני בתים, **וה"ה** אפי' אם תשעה בבהכ"נ ויחיד בעזרה.

וכתב הח"א, לפי"ז כשיש בית ולפנים הימנו חדר, והחדר ההוא אינו פרוץ במילואו, המתפלל שם כאלו מתפלל ביחידי, ורק קדיש וקדושה יכול לענות כדלקמן בסעיף כ', **ובתשובת** הרדב"ז כתב, דזה דוקא לענין צירוף, אבל שיהיה כמתפלל עם הצבור, אם אין לחדר פתח אחר רק דוקא דרך הבית הגדול, חשיב כמתפלל עם הצבור.

כתב הפמ"ג, דההיא דסעיף י"ז וי"ח וי"ט, מיירי בשאינן רואין זה את זה, דברואין זה את זה אפי' בשני בתים ממש מצטרפין, דומיא דזימון לקמן בסי' קצ"ה, **ויש** מחמירין אפי' ברואין, ובמקום הדחק אפשר שיש להקל.

סעיף יט - ש"צ בתיבה ותשעה בבהכ"נ, מצטרפין, אע"פ שהיא גבוהה י' ורחבה ד' ויש לה מחיצות גבוהות י', מפני שהיא בטלה לגבי בהכ"נ - ה"ה אחר דמצטרף, ונקט ש"ץ, דלא נימא דכיון שהוא צריך להוציאן ידי חובתן מגרע גרע.

(הגר"א כתב, דיש לדחות כל הראיות לזה, ומ"מ נ"ל שאפילו לפי דעת הגר"א, אין להחמיר לכתחילה רק לענין צירוף, אבל לענין תפלה בצבור לענין השמש שעומד שם, יש להקל, דבלא"ה דעת הרדב"ז להקל לענין זה, אפילו בחדר שלפנים מן הבית, וכדלעיל).

ויש מי שכתב דהני מילי כשאין המחיצות מגיעות לתקרת הגג – (דס"ל דכשמגיעות אינו בטל לגבי בהכ"נ, ע"כ הוי כשני בתים בפני עצמן, כי זו גריעא מש"ץ בקטנה וצבור בגדולה, המבואר בסי"ז דמצטרפין, דהתם הקטנה פרוץ במילואה, משא"כ בזה, ולפי דעתם, ה"ה אם אחר שאינו ש"ץ הוא בתוך התיבה, ג"כ דינו הכי, כיון שבלתו אין עשרה, **אך** אם הש"ץ הוא בתוך התיבה הוא גריעא יותר, דאפילו אם יש עשרה בלתו למטה, ג"כ לא יוכל להוציאן ידי חובתן בקדיש וקדושה, כיון שאין מנין במקום שהוא עומד שם).

סעיף כ - היו עשרה במקום א' ואומרים קדיש וקדושה, אפילו מי שאינו עמהם יכול לענות - אמן ואיש"ר וקדושה וברכו, וכן יכול להוציאו ידי חובתו בתפלה אם אינו בקי.

ור"ל אפי' הוא בבית אחר רחוק לגמרי, שכיון שעשרה הם במקום אחד, שכינה שרויה ביניהם, ואז אפילו

מחיצה של ברזל אינה מפסקת בין כל מי שרוצה לצרף עצמו עם אביו שבשמים השוכן בתוך אלו העשרה.

וי"א שצריך שלא יהא מפסיק טינוף או עכו"ם - ר"ל עבודת כוכבים או עובד כוכבים.

וטינוף ר"ל אפילו הוא מרוחק ממנו יותר מארבע אמות, דבעלמא מותר ע"י החזרת פניו, אם אינו מגיע לו הריח רע, **והכא** אינו מועיל, כיון שהוא מפסיק בין העשרה ובין זה שרוצה להצטרף עמהם, הוא מפסיק בין השכינה וגורם לשכינה שאינה שורה בכאן.

ואפילו אמן אינו יכול לענות לדעה זו אם הוא מפסיק.

(ונ"ל דמי רגלים לכו"ע אינו מפסיק בזה, ורק צריך להרחיק ממנו כדין הרחקה).

מדכתב השו"ע דין זה בלשון וי"א, משמע דדין זה לא פסיקא ליה, **וכן** משמע מהרמ"א בסימן ע"ט ס"א בהג"ה, דלא ס"ל כן, וכמש"כ המ"א שם, **ועיין** בח"א שכתב, דנ"ל דאיש"ר וקדושה יענה, דהוי רק פסוקים, אבל ברכו לא יענה, ועיין בלבושי שרד.

סעיף כא - עיר שאין בה אלא י', ואחד מהם רוצה לצאת בימים הנוראים, מחייבין אותו לישאר או להשכיר אחר במקומו - שכיון שמנהג בכל תפוצות ישראל, אפילו אותם שאין להם מנין שלם כל השנה, שוכרין להם אחד או שנים בימים נוראים, או הולכים למקום מנין, הרי זה דומה לס"ת ובהכ"נ, שבני העיר כופין זה את זה.

(נ"ל אם הורגלו מקדמת דנא לילך לעיר הסמוכה, שיש שם קיבוץ גדול והתפלה היא ברוב עם, ועכשיו רוצים תשעה לשכור ש"ץ שלא יצטרכו לילך להעיר, והעשירי ממאן בזה, אין יכולין לכופו לדעתם).

ואם הם י"א ורוצים לצאת שנים, ישכירו שניהם אחד בשותפות במקומם, ושניהם יפרעו בשוה - וה"ה י"ב ורוצים ג' לצאת, או י"ג ורוצים ד' לצאת, צריכים כולם לשכור אחד בשותפות.

ואם אחד עני ואחד עשיר, פורעין חציו לפי ממון וחציו לפי נפשות - האחרונים כתבו דט"ס הוא, דבזה פורעין שניהם בשוה, שכל אחד מחויב להעמיד איש במקומו, שמתחלה היה מנין שלם ואין רשאי לבטל המנין, **והא** דנותנין חציו לפי ממון, היינו כשאין דרים בישוב אלא שמונה, דצריכין לשכור שנים, דאז תליא גם לפי ממון, כי העניים יכולים ללכת לעיר הסמוכה, והעשירים אין יכולים להניח ביתם ורכושם.

ושכר החזן על היוצאים כעל הנשארים - (לכאורה קאי זה דוקא על מה שלמעלה, שהיו י"א, וכ"כ בספר עבודת היום, דאיירי שיצאו באופן שצריך לשכור אחר במקום זה, שנשאר פחות מעשרה, **אבל** אם השאיר מנין אחריו, א"צ לתת שכר הש"ץ, דכיון שהוא מותר להיות שלא בביתו בזמן הזה, והש"ץ הוא רק על ימים נוראים, למה יתן, **אבל** אם כן יקשה מאוד, למה כתב המחבר על היוצאים כעל הנשארים, לא יהיו צריכים ליתן אלו השנים שאינם בביתם רק כפי חשבון אחד, דאף שאם היו שניהם בביתם היה מתחלק שכר החזן על י"א אנשים, מ"מ עתה שאיננו בביתו ואיננו נהנה מהחזן כלל, רק מפני שנשתעבד להמנין, אינו צריך להשלים יותר מכפי חשבון שהיה מוטל על מנין, **אם** לא שנאמר דלאו דוקא קאמר השו"ע על היוצאים כעל הנשארים, ולא בא רק לומר שאף שאיננו בביתו, אינו יכול לפטור עצמו, ואולי דלא כספר עבודת היום, אלא שיסבור המחבר דאפילו אם השאיר מנין בביתו, מחוייב ג"כ ליתן שכר החזן, דהו מכלל צרכי העיר, דומיא דבית חתנות או מקוה, המבואר בחו"מ סי' קס"ג סוף ס"ג בהג"ה, **אח"כ** מצאתי בתשובת מהרי"ל, דמשמע כעבודת היום, **וצ"ע**).

הגה: ואין חילוק בין אם רוצה לילך זמן ארוך קודם יו"ט או לא, כל שלא יחזור ביו"ט.

מי שאינו יכול לחזור לביתו מחמת אונס, שאינו רשאי לבוא במדינה, פטור, אפילו הגיע זמן הרגל, **ודוקא** אם הוא אנוס ממש, אבל אם מחמת חוב ממון או פשיעה לא יוכל לבוא, לא יפסידו חביריו חלקם.

וכ"ז לענין השלמת המנין ושכירות החזן, אבל אתרוג לא דמי לכל הני, ע"ל סי' תרנ"ח ס"ט ומש"כ שם.

ישובים הצריכים לשכור מנין וחזן, ויש סביבות שרגילין לבוא שם ג"כ עם בני ביתם, א"צ ליתן כלום להישוב, דאי בעו ילכו לעיר אחרת שיש שם מנין בלעדם, ולא היו צריכין ליתן כלום אפילו לשכירות הש"ץ, כיון שגם בלעדם הם צריכין לשכור להם ש"ץ.

סעיף כב - אין כופין להשכיר להשלים מנין כי אם בימים הנוראים, וכגון שאין חסרים כי אם אחד או שנים - ר"ל אם יש ח' או ט' אנשים, יכולים לכוף אחד לחבירו שלא להשאר פה להתפלל ביחידות, **אבל** אם מי מהן רוצה לילך למקום אחר שיש בה מנין, אין יכולין לכופו כלל.

אלא אם כן מנהג קבוע ומפורסם בעיר לכוף להשכיר אפילו בחסרון ג' או ד'.

אם יש מנין מיושבי העיר, כופין לשכור חזן - כדי שיוציאם ידי חובתם בברכו וקדושה וכה"ג, ואפילו כל השנה כופין לזה.

ואפילו אין דר בעיר רק ג' או ד' בע"ב, אם יש להם משרתים ומלמדים למלאות המנין.

הגה: וכן במקום שאין מנין תמיד בבהכ"נ, כופין זה את זה בקנסות שיבואו תמיד מנין לבהכ"נ, שלא יתבטל התמיד - כי כיון שיש מנין בעירם, חל עליהם חובת המצוה, **ובקהלות** קטנות יש לכוף הבחורים והלומדים שילכו לבהכ"נ במקום שאין מנין תדיר, כי זמן תורה לחוד, **ודוקא** קהלות גדולות, אז יש ללומדים להתפלל במקום לימודם, שיש בלא"ה בבהכ"נ צבור, משא"כ בקיבוץ קטן כזה. **וע"ל ריש סי' ק"ן אם כופין זה את זה לבנות ביה"כ.**

אמרו חז"ל, שר' אליעזר בא לבית הכנסת ולא מצא שם עשרה, ושחרר עבדו והשלימו לעשרה, כדי להוציא רבים ידי חובתם בקדושה, **מזה** נלמוד דכ"ש שלא יתעצל האדם בטרחא בעלמא לקבץ מנין לתפלה, וכמה גדולה היא מצות האיש שדירתו במקום קיבוץ קטן, כשרואה לקבץ תמיד המנין כדי שלא יתבטל התמיד, **כי** אפילו מי שהוא רק מעשרה הראשונים, אמרו חז"ל שנוטל שכר נגד כל הבאים אחריהם, ק'ו בזה שהוא עמל לקבצם ג"כ, **ואמרו** חז"ל: כל המזכה את הרבים אין חטא בא על ידו.

§ סימן נו – דין עניית הקדיש על ידי הקהל §

סעיף א - יש לכוין בעניית הקדיש - כי אמרו חז"ל: כל העונה "איש"ר מברך" בכל כחו, קורעין לו גזר דינו, **ופי'** הראשונים, דר"ל בכל כונתו ובכל איבריו, דהיינו שיאמרנה בלב ונפש, ולא רק כמוציא שפתיו ולבו בל עמו, **גם** יכוין לשמוע הקדיש מפי הש"ץ, כדי שידע על מה הוא עונה איש"ר, ו"אמן" שאחר "דאמירן בעלמא".

וכ"ש שצריך ליזהר מאד ומאד שלא להשיח באמצע קדיש או קדושה, **וכדאיתא** במסכת דרך ארץ, דר' חמא אשכחיה לאליהו בכמה אלפי גמלים טעונים אף וחימה, לשלם לאלו, **וכל** המדבר באלו המקומות, עליו הכתוב אומר "ולא אותי קראת יעקב".

וכתוב בספר חסידים, מעשה בחסיד אחד, שראה לחסיד אחר במותו, ופניו מוריקות, א"ל למה פניך מוריקות, א"ל מפני שהייתי מדבר בשעה שהש"ץ היה אומר "ויכולו", וברכת "מגן אבות", וב"יתגדל".

ובספר מטה משה הביא בשם מדרש, שחכם אחד נתראה לתלמידו בחלום, וראה התלמיד שהיה לו כתם במצחו, וא"ל מפני מה אירע לך כך, א"ל מפני שלא הייתי נזהר מלדבר כשהחזן היה אומר קדיש, **ואפי'** להרהר בד"ת אסור בשעה שהחזן אומר קדיש, מפני שצריך לכוין הרבה בעניית הקדיש, **ואין** חילוק בין קדיש על תנ"ך, או אגדה, או משניות.

נוסח הקדיש "יתגדל ויתקדש", שהוסד ע"פ המקרא "והתגדלתי והתקדשתי" האמור לענין מלחמת גוג ומגוג, שאז יתגדל שמו של הקב"ה, דכתיב: ביום ההוא יהיה ד' אחד ושמו אחד.

ויאמר הדלית ד"יִתְגַּדֵל ויתקדֵש" בצירי, כי הוא עברי ולא תרגום, ‹**אמנם** בסידור יעב"ץ וסידור הרב, הניקוד בפת"ח – פסקי תשובות›, **ולא** בשני שוואין כאלו התיו והגימל בשווא, אלא הגימל בפתח.

וידגיש הגימל ד"יתגדל", דלא לישתמע "יתקדל" לשון עורף, תרגום "עורף": קדל, **ולא** ידגיש ביותר הב' ד"יתברך", **ויחתוך** היטב הה' ד"ויתהלל". "**די** ברא" ב' תיבות הן. **אחר** תיבות "כרעותיה" יפסיק קצת, דתיבות אלו קאי אלמעלה על "יתגדל".

"**בזמן** קריב ואמרו אמן", נכון שיאמר הש"ץ בבת אחת, ולא יפסיק ביניהם, כי נוהגים שאין הקהל עונים "אמן" עד שיאמר הש"ץ "אמן", **אם** הש"ץ מאריך הרבה בנגון של "ואמרו אמן", לא ימתינו עליו בעניית ה"אמן".

הלכות ברכות
סימן נו – דין עניית הקדיש על ידי הקהל

כשאומר העונה "איש"ר", יפסיק קצת בין "אמן" ל"יהא שמיה רבא", וכה"ג בין "אמן" ל"מודים", כי תיבת "אמן" קאי עניה על הש"ץ, ו"יהא שמיה רבא" הוא מאמר בפני עצמו.

"**יהא** שמיה רבא וכו'", הוא תרגום של "יהא שמו הגדול מבורך לעולם ולעולמי עולמים".

"**שמה**" בלי יוד, גם בלי מפיק ה"א, **ומדברי** הפמ"ג משמע, שטוב יותר לומר במפיק ה"א. "**מְבָרַךְ**" בקמץ תחת הבית, ופתח תחת הריש, "**לְעָלַם**" בקמץ תחת העין, "**ולעלמי**" בוי"ו.

וצריך הש"ץ ג"כ לומר בלחש "יהא שמיה רבא" וכו', ולא יאמר עוד הפעם "אמן", רק יתחיל "יהא שמיה" וכו', אח"כ יתחיל "יתברך" וכו' בקול רם, **ויש** בו ח' לשונות של שבח, כנגד ז' רקיעים והרקיע שעל גבי ראשי החיות, **ובתחלה** אומר "יתגדל ויתקדש" שהם ב' לשונות של שבח, שהם בסך הכל י' לשונות של שבח, כנגד עשרת הדברות.

"**מן** כל ברכתא" ג' תיבות, ובימים שכופלים הקדישים "לעילא ולעילא", אין לומר רק "מכל ברכתא", כדי שלא יהא בסך הכל רק כ"ח תיבות.

הגה: ולא יפסיק בין "יהא שמיה רבא" ל"מברך" - עיין בפמ"ג ומחצית השקל, דהיינו שלא יפסיק בשתיקה ביניהם, אבל אין צריך לומר בנשימה אחת, **עיין** במ"א, ולפי דבריו גם בין "יהא שמיה" ל"רבא" אין להפסיק. **(הגהות אשר"י בשם א"ז כתב, דלפי ראשון לא יפסיק בין "שמיה" ל"רבא", ולפי ר"י אין להפסיק בין "רבא" ל"מברך").**

ולענות אותו בקול רם - שעי"ז מתעורר הכוונה, ועי"י קול זה מתבטלין גזירות קשות, **ומ"מ** לא יתן קולות גדולות שיתלוצצו עליו בני אדם, ויגרום להם חטא. **ולהשתדל לרוץ כדי לשמוע קדיש** - שעניית איש"ר הוא מצוה גדולה מאד.

איש"ר עדיף טפי מקדושה ומודים, לכן בקהלות גדולות בעזרה שיש כמה מניים, כששומע שתיהם כא' יענה איש"ר, **ומ"מ** אם יש לפניו שתי בתי כנסיות, בא' מגיעים לקדיש שאחר שמ"ע, ובא' מגיעים לקדושה, ילך ויענה קדושה, כי שם ישמע ג"כ הקדיש שלאחר שמ"ע. **אסור** להפסיק באמצע איש"ר כששומע קדושה, **ולהיפך** צ"ע.

הגה: ויש לעמוד כשעונין קדיש וכל דבר שבקדושה - עד אחר שיסיים איש"ר, **וי"א** שיש לעמוד עד "אמן" שלאחר "יתברך וכו' ואמרו אמן".

וי"א שא"צ לעמוד, אלא שכל קדיש שתופסו מעומד, כגון לאחר הלל, לא ישב עד שיענה אמן יש"ר, **ויש** לחוש לדברי המחמירים, ויש ללמוד ק"ו מעגלון מלך מואב, שהיה נכרי וקם מעצמו מעל כסאו לדבר ד', כ"ש אנחנו עמו. **ובכוונות** איתא, שהאריז"ל היה נוהג בכל הקדישים שלאחר עמידה דשחרית מנחה ערבית, היה נשאר עומד, **ובשל** "תתקבל" ושל חזרת ס"ת, היה עונה ואח"כ היה יושב. ‹צ"ע בכוונת הדברים, וז"ל שער הכוונות: "וכן בקדיש תתקבל של אחר חזרת הס"ת להיכל, אז היה נשאר מעומד וגומר עניית הקדיש ואח"כ היה יושב" - פסקי תשובות›. **ובקדיש** ערבית של שבת, להנוהגין לומר קדיש קודם "ברכו", ג"כ י"א שיש לעמוד.

ומי שבא לבהכ"נ ושומע הקהל עונין קדיש, עונה עמהם, אע"פ שלא שמע ש"ץ שאמר: יתגדל וכו' - אפי' אם בא בעת גמר עניית אמן יש"ר, דהיינו שאומרים "מברך" וכדומה, אפ"ה יאמר "יהא שמיה רבא" וכו', **ולא** יאמר "אמן", ד"אמן" קאי על "יתגדל" דש"ץ, אבל "יש"ר" שבח באפי נפשיה הוא, **וכן** לענין קדושה, אם בא קודם שהשלימו, מותר לומר עמהם, **ואם** בא בעת שרוב הצבור אומרים "איש"ר", יאמר ג"כ עמהם "איש"ר", אם יכול אז לכוין דעתו בעניית ה"אמן", שיתבונן על מה הוא עונה.

וגם השליח ציבור צריך לומר "יהא שמיה רבא". וכשמתחיל "יתגדל", יש לומר: ועתה יגדל כח וגו' זכור רחמיך וגו' - כלומר קודם שהתחיל, דבשעה שאומר החזן "יתגדל" צריך לשמוע ולשתוק, כמבואר בריש סימן קכ"ה, דצריך להאזין ולהבין מה שאומר הש"ץ, וגם שידע אח"כ על מה עונה אמן.

והאר"י ז"ל לא היה רוצה שיאמרו, וכמעט היה מגמגם ואומר שאינו מהתיקונים, **ולכן** אין לאומרו בין "ישתבח" ל"יוצר", או בקדיש דערבית שהוא בין גאולה לתפלה, ובכל מקום שאסור להפסיק.

סעיף ב - כששליח צבור אומר "יתברך", כל העם עונים: אמן; וכן כשאומר "בריך הוא"; וכן כשאומר "ואמרו אמן". ולא נהגו לומר

"אמן" אחר "יתברך" - אבל אחר "יתגדל ויתקדש שמיה רבא", המנהג לענות אמן, **ופלא** על השו"ע שלא העתיק ה"אמן" הזה, אשר הוא ברמב"ם והעתיקו ב"י.

ולא אחר "בריך הוא" - יש שטועים, שבשעה שהש"ץ אומר "בריך הוא", עונים גם הם תיבות אלו: "בריך הוא לעילא", **וזה** ודאי חירוף הוא, דמשמע דמתברך רק לעילא ולא לתתאה ח"ו, **אלא** יש להם לומר גם "מן כל ברכתא", או שיאמרו רק "בריך הוא", כמנהגנו.

ולא יפסיק בין "בריך הוא" "לעילא מן כל ברכתא" וכו' - עיין בשע"ת שהביא, דמספר הכונות מוכח להיפך, דתיבת "בריך הוא" מחובר אל תיבת "דקודשא", ואח"כ יש הפסק קצת כמו אתנחתא, ושוב מתחיל "לעילא" וכו', כלומר: שיתברך וישתבח שמו של הקב"ה לעילא וכו', וכן הסכים בביאור הגר"א.

סעיף ג - העונים עד "לעלמי עלמיא" בלבד, טועים הם, כי אסור להפריד בין "עלמיא" ל"יתברך" - משמע בב"י, דצ"ל כל הנוסח של "יתברך" עד "דאמירן בעלמא", כ"ח תיבות, **ועיין** במ"א, דמנהג קדמונים עיקר, שלא לומר רק עד "יתברך", ומשם והלאה ישתוק ויכוין למה שאומר הש"ץ, ושומע כעונה.

ובביאור הגר"א כתב, שלא לומר רק עד תיבת "עלמיא" בלבד, כי כאן הוא סיום השבח של "אמן יהא שמיה רבא", ומ"יתברך" ולהלן מתחיל פרק אחר, ואין לערבם בבת אחת, **ונראה** שאם יאמרם בשתי נשימות, גם להגר"א שרי, **ובעיקר** הענין יש מקומות חלוקין במנהגן בזה, **ועכ"פ** אם הוא עומד במקום שאין רשאי להפסיק, יזהר בזה שלא יאמר רק עד "עלמיא".

סעיף ד - כשאומר החזן "יתגדל", כורע; וכן ב"יהא שמיה רבא", וכן ב"יתברך", וכן ב"בריך הוא", וכן ב"אמן".

סעיף ה - לאחר שסיים הקדיש, פוסע ג' פסיעות ואח"כ אומר: עושה שלום וכו'.

§ סימן נז – דין ברכו ועונייתו §

סעיף א - אומר שליח צבור: ברכו את ה' המבורך - בקול רם, כדי שישמעו כל העם ויענו: ברוך ד' הל"ו, **ועונים אחריו: ברוך ה' המבורך לעולם ועד** - ואם לא שמע אחד מהש"ץ כשאמר "ברכו", רק שמע מהקהל שאמרו "ברוך ד' הל"ו", עונה עמהם ג"כ "ביהל"ו", **אבל** אם שמע מהש"ץ לבד כשעונה ביהל"ו, לא יענה עמו, רק יענה "אמן" על דבריו.

(**אך אם הש"ץ אמר בלחש, ולא שמעו ממנו ט' אנשים, רק איזה אנשים יחידים, וענו "ברכו", ועל ידיהם נשמע הקול לאחרים, וענו גם הם "ברכו", בודאי יחיד השומע להקהל שמברכים אסור לו לענות עמהם "ברכו", שגם הם ענו שלא כדין, כיון שלא שמעו עכ"פ ט' מהמברך עצמו, ובדבר זה נכשלין בעו"ה הרבה אנשים, שמברכין על התורה בלחש, שאין שומעין ממנו רק אנשים הסמוכין לו העומדים על הבימה, ועי"ז נשמע למרחוק לקהל, ועונין ביהל"ו, ומחטיאין בעצלותן את הרבים**).

וחוזר ש"צ ואומר: ברוך ה' המבורך לעולם ועד - כדי שיכלול את עצמו ג"כ בכלל המברכים, **ואם** אין שם עשרה בלא הוא, אם לא ענה עמהם לא יצא ידי חובתו - מ"א בשם אגודה. **קשה** לי, אפי' יש עשרה בלתו, ג"כ לא יצא ידי חובת עצמו, כיון שלא ענה עמהם, **ולענין** השאר, לכאורה דיוצאים בכל גווני, דלא גרע מאם היה אחד מתפלל או ישן, דקי"ל לעיל סי' נ"ה ס"ו דמצטרף.

כתב בספר שערי אפרים: קצת שלוחי צבור, כשהצבור אומרים: ביהל"ו, עונה אחריהם אמן, וחוזר ואומר: ברוך ד' וכו', וטעות הוא בידם, שכיון שאומרים מיד "ברוך ד'" וכו', א"צ לומר אמן, **אבל** הצבור יאמרו אמן אחר הש"ץ, אף שאמרו מתחלה "ברוך ד' המבורך" וכו', **אבל** הח"א כתב, שאין צריכין לומר אמן, וכ"כ הפמ"ג, דכיון דכבר אמרו "ביהל"ו", למה יאמרו פעם שניה אמן ומאמין, הרי כבר אמרו כן, **ומ"מ** הכריע לבסוף, דרשות הוא ביד הצבור, אם ירצו עונין ע"ז אמן, **ועכ"פ** מי שהוא עומד במקום שאסור להפסיק, לא יענה אמן זה.

ונהגו שהש"ץ מאריך ב"ברכו", והקהל אומרים: יתברך וישתבח וכו' בעוד שהוא מאריך ב"ברכו" - דוקא בשעת הניגון, אבל בשעה שאומר התיבות לא יאמר כלום, **ואם** אין החזן מאריך ב"ברכו",

הלכות ברכות
סימן נז - דין ברכו ועניתו

מוטב שישתוק ויכוון מה שאומר הש"ץ, כדי שיענה "ברוך ה' המבורך לעולם ועד".

הנוהגין לומר "את ד' אלהיך תירא" כשיגיע הש"ץ ל"את", כתב רש"ל שאינו מקבלה, ואינו מיסוד החכמה.

סעיף ב - מקום שנהגו לצעוק על חבריהם בין קדיש ו"ברכו" ל"יוצר אור", או לדבר בצרכי רבים, טועים הם - דהרי הוא כאלו כבר התחיל ביוצר אור. **(וע"ל סוף סי' נ"ד).**

§ סימן נח - זמן ק"ש וברכותיה §

סעיף א - זמן קריאת שמע של שחרית, משיראה את חבירו הרגיל עמו קצת - כאכסנאי דאתי לפרקים, **ברחוק ד' אמות, ויכירנו** - דאי רגיל עמו הרבה, אפילו רחוק ממנו מכירו, ואי אינו רגיל כלל, אפילו קריב לגביה אינו מכירו.

ונקבע זה הזמן לק"ש, אף דמקצת אנשים קמים ממטתם משעלה עה"ש, וקרינן ביה "ובקומך" מן התורה, דלכן בדיעבד יצא, וכדלקמן בסעיף ד', **מ"מ** כיון דרובא דאינשי לא קיימי עד שיכיר א' את חבירו, **ועוד** מפני שקבעו פ' ציצית בק"ש, דכתיב בה: וראיתם אותו, לפיכך קבעו חכמים זמנה משיכיר בין תכלת ללבן, והוא הזמן דמשיכיר את חבירו ברחוק ד"א.

(**ולענין סמיכת גאולה לתפילה, משמע מדברי הר"י והובא בב"י, שאינו יכול לסמוך, כי אינו עדיין זמן תפילה לכתחילה, שהוא הנץ החמה, אך יש לדחות, ולפי דברי רי"ו משמע דיכול לסמוך, ואולם באמת דין זה תלוי, אי מותר מצד הדין להתפלל קודם הנץ החמה, ועיין בח"א ובדה"ח, משמע שמדינא אין להתפלל לכתחילה קודם הנץ, וכ"ז שלא בשעת הדחק, אבל בשעת הדחק ודאי מותר, כמ"ש המ"א**).

וברכות ק"ש לפניה ג"כ אין לומר קודם הזמן הזה, (**ואף** ד"אהבה רבה" אפשר דהיו יכולין לומר, כדמוכח קצת מרש"י ברכות, **עכ"פ** "יוצר אור" בודאי אין לומר קודם הזמן הזה, **אפילו** לדעת השו"ע שמקיל בזה לקמן בסעיף ג', היינו בשעת הדחק, **וכ"ש** לפי מה שפסק המג"א והפמ"ג שם, דאפילו בשעת הדחק אין לומר, **אבל** עד "ברכו" מותר לומר קודם זה הזמן, **אך** אין נ"מ כ"כ מדין זה, דהא לכתחילה בודאי אין להשהות התפילין מלהניחם עד בין "ישתבח" ל"יוצר", וא"כ ממילא יאמר "ברוך שאמר" ופסוקי דזמרה אחר הזמן דכדי שיראה, דהא זמן תפילין בבוקר הוא בכדי שיראה ולא קודם, **ובשבת** שאין מניחין רק טלית, תלוי דבר זה במה שיש פלוגתא בין השו"ע והרמ"א בסימן י"ח ס"ג, אי רשאי לברך עליו מעה"ש ואילך, **אך** מי שהשעה דחוקה לו, יכול לעת עתה לומר "ברוך שאמר" ופסוקי דזמרה בלא תפילין עד "יוצר אור", וכשיגיע הזמן דכדי שיראה, יניח תפילין ויברך עליהם ויאמר מ"יוצר אור" והלאה).

ונמשך זמנה עד סוף ג' שעות, שהוא רביע היום - שכן דרך בני מלכים לעמוד אז, ולהכי קרינן ביה עדיין "ובקומך", **ומונין** אלו הג' שעות מזמן עמוד השחר, כן כתב המ"א, **ודעת** הגר"א משעת הנץ החמה, **ולענין** לכתחילה אין נ"מ בזה, דבלא"ה אסור לאחר עד אותו הזמן.

ואין חילוק בין ימות הקיץ שהיום ארוך, ובין ימות החורף שהיום קצר, חשבינן היום לי"ב שעות, ולעולם חלק רביע מהיום הוא זמן ק"ש, **לכך** יש ליזהר בימי החורף למהר לקרוא ק"ש, מאחר שהיום קצר, ורביע היום קצר - ט"ז. **ובאמת** בימי הקיץ צריך ליזהר טפי, דדרך בני אדם לעמוד בזמן אחד כמו בימות החורף, ואז כבר חלף ועבר ק"ש, דכל שהיום גדול יותר, זמן ק"ש ממהר לבוא, וצריך לגומרה כולה בזמנה.

והמאחרים קריאת שמע בשביל ציצית או תפילין, טועים, אלא יקרא ק"ש בברכותיה בזמנה בלא ציצית ותפילין, וכשיהיה לו יניחם ויקרא בהם ק"ש, או פרשה אחרת, או מזמור תהלים, **ואפילו** אם ספק לו שמא יעבור זמן ק"ש, ג"כ אין להמתין על טלית ותפילין, דאינו מעכב זה את זה, **אבל** בלא"ה ימתין, דכל הקורא ק"ש בלא תפילין כאלו מעיד עדות שקר בעצמו.

ויש אנשים שמאחרים זמן ק"ש בשביל תפילה בצבור, וג"ז שלא כדין הוא, ועכ"פ יזהרו לקרות שמע בזמנה קודם התפלה, ולכוין לצאת בזה, **ואין** לאחר הקריאה לבהכ"נ בשביל הזקנים המאחרים לבוא ויצטרכו להתפלל ביחידי, כיון שעי"ז יעבור זמן ק"ש, ואין אומרים

הלכות קריאת שמע
סימן נח – זמן ק"ש וברכותיה

לו לאדם חטא בשביל שיזכה חבירך, **ובשבת** ויו"ט מצוי מאד לעבור זמן ק"ש מפני כמה דברים, ע"כ החכם עיניו בראשו, לקבץ מנין ולהתפלל קודם, או עכ"פ לקרות שמע בזמנו קודם שיעמוד להתפלל עם הצבור.

ומצוה מן המובחר לקרותה כוותיקין, (פי' תלמידים, ורש"י פי' אנשים ענוים ומחבבים המצות), שהיו מכוונים לקרותה מעט קודם הנץ החמה, (פי' יציאת החמה, כמו "הנצו הרמונים"), כדי שיסיים קריאת שמע וברכותיה עם הנץ החמה, ויסמוך התפלה מיד בהנץ החמה; ומי שיוכל לכוין לעשות כן שכרו מרובה מאד - ומובטח לו שהוא בן עוה"ב, ולא יוזק כל אותו היום.

כי עיקר מצות תפילה לכתחילה הוא מעת התחלת הנץ, היא השעה שהחמה מתחלת לזרוח בראשי ההרים, מדכתיב: יראוך עם שמש, **ואם** היו מתחילין לקרותה משיכיר את חבירו, היה הרבה בין זה השיעור ובין הנץ, והיה להם להתאחר אחר ק"ש ולהמתין עד שתנץ החמה, ולא היו סומכין גאולה לתפלה, **לכן** היו מכוונין לקרותה סמוך להנץ החמה ולגומרה עם הנץ.

(**דע**, דהזהירים לקרות כוותיקין, מותר לקרות ולהתפלל ביחידי אם אין להם מנין, וגדולה מזה מוכח במשנה ברכות דף כ"ב, ירד לטבול וכו', דאפילו אם אין לו תפילין בעת ההיא, ג"כ אפ"ה יזהר לקרותה בזמנה סמוך להנץ, ומשנה זו איירי בוותיקין, כדמסקינן בגמ' שם).

הגה: שיעור הנץ החמה הוא כמו שיעור שעה אחת קודם שיעלה כל גוף השמש על הארץ - ויש גורסין עישור שעה, **ועיין** בביאור הגר"א שכתב, שצ"ל שליש עישור שעה.

סעיף ב - אם לא קרא אותה קודם הנץ החמה, יש לו להקדים לקרותה במהרה כל מה שיוכל - דזריזין מקדימין למצות, **ומ"מ** אין צריך להתפלל עבור זה ביחידי, או לקרות בלא תפילין.

מכאן תוכחת מגולה לבני אשכנז, שמאחרים מאד ק"ש, ואמרו חז"ל: אלמלא לא נברא העולם אלא בשביל קבלת מלכות שמים, די. **ועיין** לקמן בסימן פ"ט במ"ב, דנכון למנוע מלשתות הטיי וקאפע בבוקר קודם התפילה באסיפת חברים.

סעיף ג - ומי שהוא אנוס, כגון שהיה משכים לצאת לדרך - פי' שאין לו פנאי להמתין ולהתעכב עד הזמן משיראה, כגון שצריך לצאת לדרך, וה"ה שאר ענינים כיוצא בזה שאין לו פנאי, **במקום גדודי חיה ולסטים, שלא יוכל לעמוד ולא לכוין, אפילו פרשה ראשונה, ואפי' עד [על] לבבך"** – (וע"ל סי' פ"ט ס"ח בהג"ה, ובלבוש נזכר ג"כ "פסוק אחד", וצ"ע).

או שבני השיירא (קרוואנה בלע"ז) הולכים מהרה ולא ימתינו לו כלל - אם ירצה לקרות באמצע הדרך, **ומיירי** דזמן הליכתו עם השיירא, או בכל כיוצא בזה, ימשך עד סוף זמן ק"ש.

יכול לקרותה עם ברכותיה משעלה עמוד השחר, דכיון שעלה עמוד השחר שפיר קרינן ביה "ובקומך" - ויניח תפילין, ולא יברך עליהם קודם שיגיע הזמן דמשיראה את חבירו ברחוק ד"א ויכירנו, (וימשמש כשיגיע הזמן ויברך), **וגם** יש לו להתפלל בביתו אחר ק"ש וברכותיה.

וה"ה כשיש קבורת מת בעיר, או מילה, או יום ערבה דמפשי ברחמים, וצריך להקדים את עצמו, יכול לקרותה משעלה עה"ש, (ועם ברכותיה, דומיא דאינך, וצל"ע לענין תפלין איך יניחם אז קודם זמן הנחתם, ואינו דומה למה שהעתקנו על השכים לצאת לדרך, דשם הקילו חז"ל להניחן קודם הזמן, ולמשמשן כשיגיע הזמן ולברך עליהם, וכדלעיל בסי' ל' ס"ג, משא"כ הכא, ויותר טוב לומר "ברוך שאמר" ופסוקי דזמרה בלא תפילין עד "יוצר אור", וכשיגיע הזמן דכדי שיראה, יניח תפילין ויברך עליהם ויאמר מ"יוצר אור" והלאה).

וגם שפיר מקרי "יוצר אור" - והמ"א ופמ"ג פסקו דאין לומר "יוצר אור" כ"כ בהשכמה, עד שיכיר בין תכלת ללבן, והוא הזמן דעד שיראה חבירו ברחוק ד"א הנ"ל, גם בביאור הגר"א מצדד כהמ"א, **ובלא"ה** צריך לכתחילה להמתין אם יוכל מחמת מצות תפילין וכנ"ל.

אבל אם אינו במקום גדודי חיה וליסטים, וגם אין בני השיירא נחפזים כ"כ, אפילו יוצא לדרך אחר שעלה עמוד השחר, אינו קורא עד שיגיע זמנה.

סעיף ד - אם קראה משעלה עמוד השחר אעפ"י שלא היה אנוס, יצא בדיעבד - דמקצת אנשים קמים באותו הזמן, וקרינן ביה "ובקומך", ובדיעבד העמידוהו על דין תורה, **ודוקא** באקראי בעלמא, דהיינו פעם אחת בחודש, הוא דיוצא בדיעבד, **אבל** אם הוא רגיל לעשות כן, אמרו חכמים שאפי' בדיעבד לא יצא, וצריך לחזור ולקרותה, **מיהו** אם שעת הדחק הוא, אפילו רגיל טובא שרי, דמאי הו"ל למיעבד.

י"א דעמוה"ש הוא מעט קודם שהאיר פני המזרח, (ומעה"ש עד הנץ החמה הוא שעה וחומש), **וי"א** דעמוה"ש נקרא משהאיר פני המזרח, (**ולפי"ז יצא לנו ג"כ קולא לענין בדיעבד לק"ש של ערבית אם לא היה אנוס**), (דיוצא עד שהאיר פני מזרח), **וזה** הזמן הוא קודם הזמן דמשיראה את חבירו הנ"ל בס"א.

ואם קראה בלא ברכות, יחזור לקרותה בזמנה עם הברכות, ועיין לקמן סימן ס' – (משמע מדבריו, דאם קראה בברכות, אף בהם יצא, **ולכאורה** לפי מה שכתב המג"א יש להסתפק אם יצא בדיעבד בברכת "יוצר אור", **ומ"מ** נראה דא"צ לחזור ולברך, דאנו צריכין רק לחשוש לדעת ר"ה גאון לענין לכתחלה, כמש"כ הפמ"ג).

סעיף ה - אם נאנס ולא קרא ק"ש ערבית עד שעלה עמוד השחר, כיון שעדיין לא הנץ החמה, קורא קריאת שמע ויוצא בה ידי חובת קריאת שמע ערבית - דכיון דמקצת אנשים ישנים באותו הזמן, לכן בשעת הדחק קרינן ביה ג"כ "ובשכבך", **אבל** בלא"ה אפילו בדיעבד לא יצא.

ואם היה אנוס באותה שעה לצאת לדרך מקום גדודי חיה ולסטים, לא יקרא אז ק"ש פעם שנית לצאת בה ידי חובת ק"ש של יום, שמאחר שעשה לאותה שעה לילה, אי אפשר לחזור ולעשותה יום - אפילו אחר שיגיע הזמן דשיכיר את חבירו ברחוק ד"א, אלא ימתין אולי יזדמן לו לקרותה בזמנה כהלכתה.

לא יקרא וכו' - ויש חולקין בזה, עיין א"ר ובביאור הגר"א.

סעיף ו - אע"פ שזמנה נמשך עד סוף השעה הג', אם עברה שעה ג' ולא קראה - ואפי' בפשיעה, **קורא אותה בברכותיה כל שעה ד' שהוא שליש היום** - דברכות אינם שייכים לק"ש, דאע"פ שנתקנו קודם ק"ש, מ"מ לאו ברכת ק"ש היא, שהרי אינו מברך "אקב"ו לקרות שמע", והרי הם כמו תפילה, ולפיכך דינם כמו תפילת השחר שהוא רק עד שליש היום, **ואין לו שכר כקורא בזמנה.**

ונראה פשוט דמה שכתב "ולא קראה", לאו דוקא, דה"ה אפילו קרא אותה כולה מקודם בזמנה בלא ברכותיה, אלא לרבותא נקטיה, דלא נימא כיון דלא קראה כלל עד עתה גרוע יותר, **ובתשובת** משכנות יעקב מפקפק בזה, היכא דמתחלה קרא את כולה, עי"ש.

ואם עברה שעה ד' ולא קראה, קוראה בלא ברכותיה כל היום - אפילו נאנס, אפ"ה מכאן ואילך הפסיד הברכות, ואם בירך הוי ברכה לבטלה, (**ועיין בתשובת משכנות יעקב, שדעתו נוטה להכריע בדיעבד עד חצות, כמו גבי תפלה, דקי"ל לקמן שאם עבר הזמן תפלה, אעפ"כ מתפלל עד חצות, עיי"ש, ואפשר שיש לסמוך ע"ז לענין אם היה לו אונס שלא היה יכול לקרות הברכות עד ד' שעות, כי מצאתי בספר מהרי"ל הלכות תפילה, שכתב בשם מהר"ש, שהמנהג להקל בנאנס שלא להפסיד הברכות**).

עיין בלבוש שכתב: יכול לקרותה וכו', והכוונה הוא, שטוב שיקראנה כדי שיקבל עליו עול מלכות שמים, **אבל** אינו מחוייב, שאינו מקיים בזה המ"ע דק"ש, וכמו שהסכימו כל האחרונים, שאין נמשך זמן ק"ש מן התורה רק עד ג' שעות, וכנ"ל.

ודע, דמ"מ פרשת ציצית או שארי פסוקים שהם מזכירת יציאת מצרים, מחוייב מן התורה כל היום, דהא מן התורה לא נקבע זמן לזכירתה, וכמו שכתב השאגת אריה, דעד הערב הוא זמן לזכירת יציאת מצרים.

סעיף ז - אם לא קראה ביום, י"א שיש לה תשלומין בערבית; וכן אם לא קרא ק"ש בערבית, יש לה תשלומין ביום - אין הכונה שיצא בזה ידי ק"ש, מאחר שכבר עבר זמנה, ואינו אלא כקורא בתורה, רק שלכתחילה צריך להשלימה כמו תפילה. **ע"כ** מיבעי ליה לאקדומי חובת שעתא ברישא, ותיכף אחר מעריב יקרא עוד "שמע" בשביל זה הפעם שחיסר, אם בשוגג חיסרה. **ויש חולקים** - הגר"א והברכי יוסף הכריעו כדעה זו.

§ סימן נט – דין ברכה ראשונה ביוצר §

סעיף א - "בא"י אלהינו מלך העולם יוצר אור ובורא חושך", תקנו להזכיר מדת לילה ביום, להוציא מלב האפיקורסים שאומרים שמי שברא אור לא ברא חושך - צריך להפסיק בין "יוצר" ובין "אור", כי היכי דלא לישתמע "יוצרור".

סעיף ב - אם טעה ואמר: "אשר בדברו מעריב ערבים", ונזכר מיד ואמר: "יוצר אור", וגם סיים: "יוצר המאורות", יצא - דוקא מיד, דהיינו בתוך כדי דיבור, אבל לאחר כדי דיבור לא יצא, דלא קאי הברכה שפתח "בא"י אמ"ה", על מה שחזר ואמר "יוצר אור", כיון שלא אמרו מיד, **ומה** שכתב אח"כ "ולא אמר יוצר אור", ה"ה אם אמרו ולא מיד, כן כתב הפרי מגדים בשם הב"ח והפרישה.

אבל בדרך החיים פוסק, דאפילו אם לא נזכר עד קרוב לסוף הברכה, מ"מ כיון שלא גמר אותה, א"צ להתחיל מראש ברכת "יוצר אור" מחדש, רק יאמר: יוצר אור ובורא חושך וכו', עד סוף ברכת "יוצר המאורות", ויוצא בזה, (ומה שנקט השו"ע "ונזכר מיד", הוא משום אורחא דמלתא), **וכן** יש לנהוג למעשה, (ובפרט דיש כמה דעות מהראשונים, דאפילו לא אמר כלל "יוצר אור", רק שסיים "יוצר המאורות", יצא, **עכ"פ** בודאי יש לצרף דעתם להקל, לענין אם לא אמר "יוצר אור" מיד).

אבל אם אמר: "בדברו מעריב ערבים", ולא אמר "יוצר אור" - פי' אע"פ שסיים: בא"י יוצר המאורות, כיון שתחילתו ואמצעו שלא כדין, לא יצא, **או לא סיים "יוצר המאורות", לא יצא** - וצריך לחזור לראש "בא"י אמ"ה" כסדר, עד אחר "יוצר המאורות".

ואם אמר: "יוצר אור ובורא חשך אשר בדברו מעריב ערבים", וגם סיים "מעריב ערבים", **לא יצא. הגה: וה"ה אם לא אמר תחלה רק "יוצר אור", אם סיים "מעריב ערבים", לא יצא** - פי' שאמר "יוצר אור" וכל נוסח של הברכה, לבד שטעה בהחתימה, אעפ"כ לא יצא, דהא לא בירך בהחתימה על האור המתחיל להאיר ביום זה.

כו"ע סוברים כן כמבואר בב"י, דהחתימה בודאי צריכה להיות כדין, **ומה** דנקט השו"ע מתחלה "או לא סיים יוצר המאורות", אין כונתו דוקא באופן שטעה ואמר מתחלה "אשר בדברו מעריב ערבים", רק נקטיה לסיומא מילתא דרישא, **וגם** מה דנקט "ואם אמר יוצר אור ובורא חושך אשר בדברו מעריב ערבים" וכו', הוא משום דרצה לסיים בסיפא: דאם סיים "יוצר המאורות" יצא, אע"פ שהפסיק ב"מעריב ערבים".

ואם תוך כדי דיבור נזכר ואמר "יוצר המאורות", יצא, **אבל** אם שהה אחר שאמר "המעריב ערבים" כדי דיבור, לא יצא, אף שאמר "יוצר המאורות" לאחר כדי דיבור, **ויאמר** עוד הפעם מברכת "יוצר אור" מתחילתה.

ואם טעה ולא נזכר עד שהתחיל "אהבה רבה", לא יפסיק בינתים, רק יסיים כסדר ברכת "אהבה רבה", ואח"כ יאמר "יוצר אור" קודם ק"ש.

אבל אם סיים "יוצר המאורות", כיון שפתח "יוצר אור", יצא, אף על פי שהפסיק ב"מעריב ערבים" - תוך כדי דיבור של פתיחת "יוצר אור", ואמר כל הנוסח דערבית לבד החתימה, אעפ"כ לא אמרינן שנעקר ע"ז התיבות הראשונות של "יוצר אור".

תמצית זה הסעיף הוא: דשני דברים יש בברכת "יוצר אור" דשחרית לעיכובא: א'. פתיחת הברכה או אמצעיתה צריכה להיות כדין, ב'. חתימת הברכה. **ודע**, דה"ה בברכת "מעריב ערבים" דערבית, כמבואר בברכות י"ב ע"א.

מחבר רמ"א משנה ברורה

הלכות קריאת שמע
סימן נט – דין ברכה ראשונה ביוצר

(והנה כ"ז לדעת השו"ע וכל הפוסקים האחרונים, דתרווייהו בעינן שיהיו כדין, א' פתיחת ברכה או אמצעיתה, ב' חתימת הברכה, והגר"א בביאורו השיג על פסק השו"ע בכמה ראיות, ופסק לעיקר כדעת הרשב"א המובא בב"י, דתלוי רק בחתימת הברכה לבד, שאם חתם כדין יצא).

סעיף ג - י"א שהקדושה שב"יוצר", יחיד אומרה, לפי שאינה אלא סיפור דברים. וי"א שיחיד מדלגה, ואינה נאמרת אלא בציבור - רק יאמר: ואומרים ביראה קדוש, והאופנים וכו', ואומרים ברוך.

כתב בפר"ח, אפילו אם היה יחיד מתפלל לבדו בשביל שאיחר לבוא, כיון דאיכא צבור, אומרם אפילו בלחש לכו"ע.

ויש לחוש לדבריהם וליזהר שיחיד יאמרנה בניגון וטעמים כקורא בתורה. הגה: וכבר פשט המנהג כסברא ראשונה, ויחיד אומר אותה - ובביאור הגר"א הסכים להלכה לדעה האחרונה, **ולפי** שאין לזוז מהמנהג, נכון להדר אם אומר ביחיד, לאמר בניגון וטעמים כקורא פסוקים, וכ"כ הפמ"ג בשם הלבוש, שטוב להדר בזה.

וכשעונין קדושה זאת, אומרים אותה בקול רם - דוקא בצבור, אבל ביחיד אומר בלחש, כ"כ בא"ר, **אבל** בשע"ת כתב, שאין קפידא אף ביחיד אם יאמרה בקול רם.

וקדושה זו אם אפשר טוב לומר מיושב.

סעיף ד - ברכת "יוצר" <וכן בשארי ברכות דשחרית. ערוה"ש> **ו"ערבית" אומר עם הש"צ בנחת** - וה"ה לכל הברכות דק"ש, **דאף** דמדינא יכול לכוין לצאת בברכת הש"ץ, אפילו הבקי, **דדוקא** בתפילה אין הש"ץ מוציא את הבקי, משום דרחמי נינהו, וצריך כל אחד לבקש רחמים על עצמו, **מ"מ** יהא רגיל לומר עם הש"ץ בנחת, שכיון שהם ברכות ארוכות, אין אדם יכול לכוין תדיר עם הש"ץ בשתיקה.

והיום אין נוהגין ליזהר לומר דוקא בנחת, (**דלא אמר** הרא"ש דבר זה, כי אם בזמנו שהיו נוהגין עדיין העולם לצאת בברכת הש"ץ, ע"כ הוא שהחמיר על עצמו לאמר בפיו עם הש"ץ, הוצרך לאמר בנחת שלא להגביה קולו, כדי שלא לקלקל בזה לשארי אנשים השומעין ומכוונים לצאת בברכת הש"ץ, וגם אפשר דמטעם זה היה ממהר לסיים הברכה ולענות אמן אחר הש"ץ, כדי שלא לפרוש עצמו מן הצבור, שצריכין כולן לכתחלה לענות אמן אחר הש"ץ, ואפשר אף לעיכובא, וכמש"כ הרבינו יונה והובא בסימן זה במג"א, דבלא"ה לא יצאו בברכתו, <ובשאר ברכות עניית אמן אינו מעכב, והטעם כהגר"ז להלן>, משא"כ כהיום, שנהוג שכל אחד מברך לעצמו ברכת ק"ש).

הגה: וימהר לסיים קודם שיסיים הש"צ, ויענה "אמן" אחר ש"צ - דבאמצע אסור לענות אמן, **אבל** "ברוך הוא וברוך שמו" לא יאמר, דאפילו בפסוקי דזמרה לא יפסיק לזה.

ויענה אמן - וה"ה אם שמע סוף ברכה מאדם אחר, בין ברכה זו ובין ברכה אחרת. <ע"ל סי' ס"ו ס"ג שמביא מחלוקות בענין ברכה אחרת>.

ומיהו אם לא אמרה, רק שמעה מש"צ, יצא, דברכות אלו - של ק"ש, **הש"צ מוציא היחיד אע"פ שהוא בקי** - וה"ה לכל הברכות, לבד מברכות של תפילה, דאין הש"ץ מוציא את הבקי, **ודוקא** אם כיון לצאת, והש"ץ התכוין להוציאו.

ואפילו אם יצא כבר, מוציא, וה"ה בכל הברכות, **לבד** מברכת הנהנין, דמי שיצא אין יכול להוציא את האחר שהוא מחוייב עדיין בברכה, ואפי' למי שאינו בקי.

מיהו אין הש"צ מוציא היחיד בפחות מי' - אפי' אם אינו בקי, **וזהו** דוקא לענין ברכת ק"ש, <שהן ברכות שבח והודאה, ונתקנו לאמרם בפיו, או שישמע אותן ברוב עם שהיא הדרת מלך, כשט' שומעין מא' ועונין אחריו אמן – גר"ז>, **וגם** בברכת השחר הלבוש מחמיר כברכת ק"ש, (**והמג"א** פליג עליו, דכתב דלכו"ע בשאר ברכות שאינו בקי לא בעי יו"ד, **והפמ"ג** כתב דאפשר דהלבוש מיירי דוקא בבקי, ואפי' בבקי תמה עליו הפמ"ג, מנין ליה לחלק זה מברכת המצות, דקי"ל דמי שיצא מוציא, ולא בעי י', **ועיין** בח"א דסתם כדברי הלבוש, ומשמע מניה דהלבוש מחמיר בכל גווני, ובאמת כן משמע בלבוש).

אבל שאר ברכות כגון ברכת המצות וברכת הנהנין, אפילו יחיד מוציא את היחיד, אפילו לבקי, **אך**

בברכת הנהנין יש כמה חילוקים, דבברכה ראשונה של הלחם והיין, לכו"ע הדין כמו שכתבנו, אך צריך שיקבעו את עצמם לזה, דהיינו שישבו יחד, **ולענין** בהמ"ז, אם רק שנים אכלו, מצוה ליחלק ולברך כל אחד לעצמו, אם לא שאחד אינו בקי, ואז יוציא אותו הבקי, **ובשארי** דברים חוץ מפת ויין, בין בברכה ראשונה ובין בברכה אחרונה, יש דיעות בין הפוסקים אם אחד יכול להוציא חבירו, וכדלקמן בסי' רי"ג ע"ש.

(**ועיין** בטור וב"י שכתבו בשם תשובת הרא"ש, דאם היה מכוין לדברי ש"ץ בשתיקה, ובאמצע הברכה היה פונה לבו לדברים אחרים, הפסיד הכונה, שהפסיק באמצעיתה, שכל שהוא סומך על הש"ץ צריך לכוין לבו לכל מה שהוא אומר, ולא יפנה לבו לדברים אחרים, שאל"כ לא יצא, **אבל** כשהוא קורא בפיו, אף אם קרא מקצתה בלא כונה, יצא, **וצע"ג**, לפי מה דקי"ל שומע כעונה, והוי כאלו אמר ממש בפיו, א"כ אפילו אם נחשוב מה שבאמצע פנה לבו לד"א כאלו דילג באמצע, מאי הוי, והא כתב הרשב"א, דאם שינה ודילג הרבה באמצע ברכות הארוכות, דיצא ידי חובתו, **ולא** אמר שהמשנה ממטבע שטבעו חכמים לא יצא, אלא כשמשנה בפתיחתן או בחתימתן, אבל שאר הנוסח אינו מעכב, **אלא** התיבות שפרטו חכמים בהן, כגון מה שאמרו ברית ותורה ומלכות בבהמ"ז, וכגון הזכרת יציאת מצרים ומלכות וקריעת ים סוף ומכת בכורות ב"אמת ויציב", וכל כיו"ב, **ואין** לומר דחשבינן מה שבאמצע פנה לבו לד"א, כאלו הפסיק ממש בפיו, כמו דחשבינן כל הברכה כאלו אמר בפיו, זה אינו, חדא דאפי' הפסיק ממש באמצע ברכה ארוכה, אין הדין ברור דצריך לחזור ולברך, **ועוד** דבשלמא תחלת הברכה וסופה ששמע מאחר, שהוציא בפיו והתכוין להוציאו, בזה ניחא מה דחשבינן ליה ג"כ כאלו הוציאו בפיו, אבל מה שבאמצע פנה לבו לד"א, איננו כי אם הרהור בעלמא, **ואפילו** מאן דאית ליה הרהור כדבור דמי, הוא רק במחשב במחשבתו איזה תיבות של ק"ש או תפלה וכיו"ב, אבל לא הרהור בעלמא באיזה דבר, **ואולי** דכוונת הרא"ש לומר, דלא יצא ידי מצוה מן המובחר).

ולא יענה אמן אחר סיום: הבוחר בעמו ישראל באהבה, משום דהוי הפסק - בין ק"ש להברכה, כמו שאסור להפסיק בין כל דבר מצוה או הנאה שמברכין עליו, להברכה שלפניו, **אבל** בברכת "יוצר אור" גם הוא מודה לדינא להרמ"א בזה, דאם סיים קודם הש"ץ יש לענות אמן אחריו.

(ועיין לקמן סי' ס"א) - בס"ג בהג"ה, דשם נתבאר, דגם בברכת "הבוחר" המנהג לסיים קודם הש"ץ, ולענות אמן אחר הש"ץ, **והטעם**, דברכות ק"ש אינן דומות לשאר ברכות המצות, שהרי אין מברכין "אקב"ו לקרות שמע", אלא ברכות בפני עצמן הן, ותיקנו לברך אותם קודם ק"ש, לכן אין חשש במה שמפסיק בינם לק"ש.

ועיין באחרונים שהעתיקו כולם את דברי הרמ"א לדינא, דאם סיים ברכת "הבוחר" קודם הש"ץ, יש לענות אמן אחר הש"ץ, **אך** לכתחלה יותר טוב שיסיים בשוה עם הש"ץ, ולא יצטרך לענות אמן אחריו.

ועיין בדה"ח שכתב, דאין לענות אמן אחר ברכה אחרת, בין "אהבה רבה" ל"שמע".

סעיף ה - אם טעה בברכות "יוצר" בענין שצריך לעמוד אחר תחתיו - דהיינו שאינו יודע לחזור למקומו, **אם טעה מקדושה ואילך** - דהיינו ב"האופנים" או ב"לאל ברוך נעימות", **אין השני צריך להתחיל אלא ממקום שפסק. הגה: דהיינו שמתחיל מקדושה ואילך** - אם ב"אופנים" טעה, צריך להתחיל מ"והאופנים", **ואם** ב"לאל ברוך נעימות", צריך לחזור לתחילת "לאל ברוך נעימות", **ואף** דקי"ל, דהשני צריך להתחיל מתחילת הברכה שטעה הראשון, **שאני** הכא, דמכיון שענו "קדוש קדוש", משם ואילך כתחילת ברכה דמי.

(**ואפי'** אם לא יצא זה השני עדיין במחצית הראשונה של הברכה, וא"כ יצטרך אח"כ לחזור ולברך בעצמו תחלת הברכה וחתימתה, אעפ"כ מותר, כיון שבזה מוציא רבים ידי חובתן, **ונראה** דזה דוקא בזמן שהמנהג להוציא בברכות, אבל כהיום אסור לו להתחיל מאמצע הברכה, אם עדיין לא אמר בעצמו).

ואם טעה קודם קדושה צריך להתחיל בראש - שאין חולקין ברכה אחת לשתים, **וזה** דוקא בזמן שהיו נוהגין להוציא בברכת ק"ש, אבל כהיום שהמנהג שכל אחד מברך לעצמו, ואין שום אחד יוצא בברכת ש"ץ, אם נשתתק הש"ץ בברכת "יוצר אור", וכה"ג בכל הברכות, לבד מתפלה, אסור השני העומד תחתיו לחזור ולהתחיל ממקום שכבר אמר מתחלה בעצמו.

קפח הלכות קריאת שמע
סימן ס – דין ברכות לקריאת שמע ואם צריכים כוונה

§ סימן ס – דין ברכות לקריאת שמע ואם צריכים כוונה §

סעיף א- ברכה שנייה "אהבת עולם" - פי' תחלת הברכה מתחלת "אהבת עולם", אבל כל נוסח הברכה וחתימתה, היא כמו שאנו אומרין בברכת "אהבה רבה", אף לדעה זו.

(הגה: וי"א "אהבה רבה", וכן נוהגין בכל אשכנז) - היינו בבקר, אבל בערב נוהגין לומר "אהבת עולם", **והטעם** שנהגו לומר בבוקר "אהבה רבה", משום דכתיב: חדשים לבקרים רבה אמונתך.

וכ"ז לכתחלה, אבל בדיעבד אף אם אמר כל הנוסח של "אהבת עולם" בבוקר, יצא ידי חובתו.

ואינה פותחת ב"ברוך", מפני שהיא סמוכה לברכת "יוצר אור". ואם היא פוטרת ברכת התורה, ע"ל סי' מ"ז.

סעיף ב- קרא ק"ש בלא ברכה, יצא י"ח ק"ש, וחוזר וקורא הברכות בלא ק"ש - ר"ל אע"ג דאינן מעכבות לק"ש, ויוצא ידי חובת ק"ש אף אם לא בירך כלל, מ"מ ידי חובת ברכות לא יצא, ויכול לברך בלא ק"ש, כי לא ניתקנו דוקא על ק"ש, שאין מברך "אק"ב וצונו".

ונ"ל שטוב לחזור ולקרות ק"ש עם הברכות - כדי לעמוד בתפילה מתוך ד"ת, וק"ש זו נחשבת כקורא בתורה.

(**ולפי"ז** אפילו אם קרא ק"ש בתוך ג' שעות, והברכות הוא מברך אחר ג' שעות, אפ"ה צריך לקרות עוד הפעם קריאת שמע).

סעיף ג- סדר הברכות אינו מעכב, שאם הקדים שנייה לראשונה, יצא ידי חובת ברכות - בדיעבד, **וה"ה** אם אמר ברכת "אמת ויציב" קודם ק"ש, או שאלו הברכות אמר אחר ק"ש, או אפילו אחר התפילה.

ואם בירך ברכה אחת, ושנייה לא בירך כלל, יוצא מיהא ידי חובתו בההיא שבירך.

סעיף ד - דע, דלפי המתבאר מן הפוסקים, שני כונות יש למצוה: א', כונת הלב למצוה עצמה, וב', כונה לצאת בה, דהיינו שיכוון לקיים בזה כאשר צוה ד', **וכונת** המצוה שנזכר בזה הסעיף, אין תלוי כלל בכונת הלב למצוה עצמה, שיכוון בלבו למה שהוא מוציא מפיו, ואל יהרהר בלבו לד"א, כגון בק"ש ותפילה ובהמ"ז וקידוש וכדומה, **דזה** לכו"ע לכתחילה מצוה שיכוון בלבו, ובדיעבד אם לא כיון יצא, לבד מפסוק ראשון של ק"ש, וברכת "אבות" של תפילה, **רק** שמחולקים בענין אם חייב לכוין קודם שמתחיל המצוה לצאת בעשיית אותה המצוה, **ולמצוה** מן המובחר כו"ע מודים דצריך כונה, כדאיתא בנדרים: ראב"צ אומר, עשה דברים לשם פועלם, ונאמר: ותהי יראתם אותי מצות אנשים מלומדה.

י"א שאין מצות צריכות כוונה – (וה"מ שמכוין לפעולה זו שהוא עושה, רק שאין מכוין לצאת בזה ידי המצוה, כגון בענין תקיעות, שתוקע לשיר או להתלמד, וכדומה בשאר המצות, **אבל** אם הוא מתעסק בעלמא וממילא עלה המצוה בידו, כגון שנופח בשופר ועלה תקיעה בידו, וכה"ג בשאר המצות, לכו"ע לא יצא).

(**ודע עוד**, דדוקא אם הוא יודע שהוא חייב עדיין במצוה זו שהוא עושה, אבל אם הוא סבור שהוא פטור ממנה, כגון שנטל לולב ביום א' דסוכות, וקסבר שהוא ערב סוכות, או שקסבר שלולב זה פסול הוא, לכו"ע לא יצא, **ובמתכוין** בפירוש שלא לצאת, לכו"ע לא יצא).

(**וי"א** דבדבר שאין בו אלא אמירה, לכו"ע צריכה כונה).

וי"א שצריכות כוונה לצאת בעשיית אותה מצוה - ואם לא כיון לצאת ידי חובתו בעשיית המצוה, לא יצא מן התורה, וצריך לחזור ולעשותה.

(**בין** אם הוא עושה בעצמו ואין מתכוין לצאת בה ידי חובה, **ובין** אם שמע מאחר, כגון מגילה ושופר, **ולא** התכוין בהשמיעה לצאת בה ידי חובת המצוה, **וה"ה** בכל מצות התלויות באמירה, כגון ק"ש ובהמ"ז).

ואפילו אם ספק לו אם כיון, אם הוא מצוה דאורייתא, ספיקא לחומרא, כ"כ הפמ"ג, **ונ"ל** דלא יברך אז על המצוה, דבלא"ה יש כמה דיעות בענין הברכה, אפילו אם ודאי לא כיון בראשונה.

לפיכך התוקע להתלמד, או המברך בהמ"ז עם קטנים לחנכם במצות, והוא היה ג"כ חייב בבהמ"ז, ושכח

הלכות קריאת שמע קפט
סימן ס – דין ברכות לקריאת שמע ואם צריכים כוונה

אז להתכוין לצאת בה ג"כ עבור עצמו, וכן כה"ג בכל המצות שעשאם לשום איזה ענין, לא יצא ידי חובתו.

ועיין בט"ז, דהמברך עם קטנים הנ"ל, לא יצא אפילו למ"ד מצות אין צריכות כוונה, דהוי כמכוין בפירוש שלא לצאת, **ואם** כונתו בעשיית המצוה לשום איזה ענין וגם לצאת בה ידי המצוה, יצא.

(**ואפ"כ** נ"ל, דאם לא אכל כדי שביעה, דאז חיוב בהמ"ז שלו הוא מדרבנן, אפשר דיש לסמוך בדיעבד על דעת הרדב"ז (מובא לקמן בסמוך), שכמה מהאחרונים הסכימו לדבריו, דבמצוה דרבנן אין צריך כונה לצאת, ואין צריך לחזור ולברך, **ואף** דהט"ז כתב דזה הוי כמכוין שלא לצאת, ראייתו צע"ג, **ולכתחלה** מי שיש עליו חיוב בהמ"ז, ורוצה לברך עם קטנים לחנכם, יתנהג בא' משתים, או שיכוין לצאת בזה ג"כ עבור עצמו, ויוצא בזה, **או** שיכוין בפירוש שלא לצאת, ויברך אח"כ עבור עצמו).

(**ודע**, דכ"ז הוא בשארי המצות, אבל מצוה התלוי באכילה, כגון כזית מצה בפסח, וה"ה אכילת כזית בסוכה בלילה הראשונה, דעת השו"ע לקמן בסימן תע"ה ס"ד, דיצא בדיעבד אפילו אם לא כיון, והב"ח מחמיר שם גם בזה).

(**ועיין** בב"ח ובפמ"ג, דמשמע מדבריהם דמצות ציצית וסוכה הכונה בהם לעיכובא כמו בשאר המצות, **ולפי"ז** אם קראוהו לתורה, ולוקח טליתו או טלית הקהל לעלות לבימה, שאז זמנו בהול ומסתמא אינו מכוין אז בלבישתו לקיים המ"ע של ציצית, ממילא עובר בזה על המ"ע, אם לא כשמכוין לשם מצוה, ואז יוכל לברך ג"כ, **והעולם** אינם נזהרין בזה, ואולי שטעמם, דכיון שאין רוצה ללבוש אז את הטלית, ואינו לובשו אלא מפני כבוד התורה לשעה קלה, אין זה לבישה המחייבתו בציצית, דומיא דמי שלובש להראות לקונה מידתו, שפטור אז מציצית, **ועצה** היעוצה לעשות כמו שכתב השערי אפרים, הבאתי את דבריו לעיל בסימן י"ד ס"ג בבה"ל).

וכן הלכה - (ועיין בפמ"ג דמספקא ליה, אם הא דפוסק השו"ע להלכה דצריכות כונה, הוא מטעם ודאי, או משום דספיקא דאורייתא לחומרא, ונ"מ לענין דרבנן, וכתב נ"מ ג"כ לענין ברכה, **ואליהו** רבה ס"ל דלא מספקא ליה להשו"ע כלל, גם בביאור הגר"א מוכח בהדיא דס"ל כהא"ר).

כתב המ"א בשם הרדב"ז, דזה דוקא במצוה דאורייתא, אבל במצוה דרבנן א"צ כונה, ולפי"ז כל הברכות, שהם ג"כ דרבנן, לבד מבהמ"ז, אם לא כיון בהם לצאת, יצא בדיעבד, **אך** מכמה מקומות בשו"ע משמע שהוא חולק ע"ז, וכן מביאור הגר"א משמע ג"כ שאין לחלק בין מצוה דאורייתא למצוה דרבנן.

ודע, דכתב המ"א, דאף דהשו"ע פסק להלכה דמצות צריכות כונה, וא"כ היכא שלא כיון בפעם ראשונה צריך לחזור ולעשות המצוה, **אעפ"כ** לא יברך עוד עליה, שלענין ברכה צריך לחוש לדעת הי"א שאין צריך כונה.

ודע עוד, דכתב הח"א, דמה דמצרכינן ליה לחזור ולעשות המצוה, היינו במקום שיש לתלות שעשייה הראשונה לא היתה לשם מצוה, כגון בתקיעה שהיתה להתלמד, או בק"ש שהיתה דרך לימודו, וכדומה, **אבל** אם קורא ק"ש כדרך שאנו קורין בסדר תפילה, וכן שאכל מצה או תקע ונטל לולב, אע"פ שלא כיון לצאת, יצא, שהרי משום זה עושה כדי לצאת, אע"פ שאינו מכוין, עכ"ל, (**ובשאר** מצות ע"י הברכות, או ע"י ההכנה להמצוה, כגון מה שאמרו בירושלמי גבי מצה, דבין שכיון ובין שלא כיון, מכיון שהיסב חזקה דכיון, **ובירושלמי** גבי היה עובר אחורי ב"ה ושמע קול שופר או קול מגילה וכו', הדא דתימא בשעובר, אבל בעמד, חזקה כיון, **ופירושו**, דדוקא אם עומד אחורי בהכ"נ סתמא לאו למצוה קאי, אבל בעומד בתוך בהכ"נ ושומע קול שופר, מסתמא עומד לשם כונה, וכל כה"ג נוכל למצוא בכל המצות), **ור"ל** היכא שמוכח לפי הענין שעשייתו הוא כדי לצאת, אע"פ שלא כיון בפירוש, יצא, אבל בסתמא בודאי לא יצא, **וכ"ז** לענין בדיעבד, אבל לכתחילה ודאי צריך ליזהר לכוין קודם כל מצוה לצאת ידי חובת המצוה, וכן העתיקו כל האחרונים בספריהם.

(**ודע עוד**, דאף לפי דברי הח"א, בק"ש של ליל שבת, לפי מנהגינו שאנו קורין אותה בבהכ"נ בברכותיה קודם זמנה, וסומכין על מה שיקרא אותה עוד הפעם בזמנה, **אז** אף אם אירע שקרא אותה בבהכ"נ בזמנה, אך שלא כיון לצאת, נראה דצריך לחזור ולקרותה מדינא, **דהכא** לא מוכח מדקראה בסדר התפלה שכדי לצאת קראה, דהרי

מחבר רמ"א משנה ברורה

הלכות קריאת שמע
סימן ס – דין ברכות לקריאת שמע ואם צריכים כוונה

קוראה תמיד בסדר התפלה אף שלא בזמנה כדי לסמוך גאולה לתפלה).

סעיף ה - הקורא את שמע ולא כוון לבו בפסוק ראשון שהוא "שמע ישראל", לא יצא ידי חובתו - כונה זו האמורה כאן, איננו הכונה האמורה בס"ד, דשם הוא הכונה לצאת ידי חובת מצוה, זה בעינן לכל הפרשיות, **משא"כ** כונה זו, הוא להתבונן ולשום על לבו מה שהוא אומר, ולכך הוא לעיכובא רק בפסוק ראשון, שיש בו עיקר קבלת עול מלכות שמים ואחדותו ית', **וי"א** שאפילו כונה לצאת הוא לעיכובא רק בפסוק ראשון.

והשאר, אם לא כוון לבו, אפילו היה קורא בתורה, או מגיה הפרשיות האלו בעונת קריאת שמע, יצא - והוא שקורא כהלכתה, **והוא שכוון לבו בפסוק ראשון.**

§ סימן סא – דין כמה צריך לדקדק ולכוין בק"ש §

סעיף א - יקרא קריאת שמע בכוונה - היינו כל קריאת שמע, דמה שנתבאר בסוף סימן הקודם, הוא רק לענין דיעבד.

אליהו רבא הביא בשם הכלבו, והוא בירושלמי, דבק"ש מרומז עשרת הדברות: ב"**ד**' אלהינו" מרומז: אנכי ד' אלהיך, "**ד**' אחד", דיבור: לא יהיה לך, **ובפסוק** "ואהבת", מרומז דיבור: לא תשא, דמאן דרחים למלכא לא מישתבע בשמיה לשיקרא, **ובפסוק** "וכתבתם", דיבור: לא תחמוד, דכתיב: ביתך, ולא בית חבירך, **ובפסוק** "ואספת דגנך", דיבור: לא תגנוב, דדגנך, ולא תאסוף דגן חבירך, **ובפסוק** "ואבדתם מהרה", דיבור: לא תרצח, דמאן דקטל יתקטל, **ובפסוק** "למען ירבו ימיכם", דיבור: כבד את אביך, **ובפסוק** "ולא תתורו וגו' ואחרי עיניכם", דיבור: לא תנאף, **ובפסוק** "למען תזכרו וגו'", דיבור: זכור את יום השבת, שהוא שקול ככל התורה, **ובפסוק** "אני ד' אלהיכם", דיבור: לא תענה ברעך עד שקר, **ע"כ** צריך האדם להתבונן בהם בעת אמירת ק"ש, כדי שלא יבוא לעבור על אחת מהן.

באימה ביראה ברתת וזיע - ונראה דאימה ויראה זו היא באופן זה, שיכוין בשעה שהוא קורא את שמע לקבל עליו עול מ"ש, להיות נהרג על קידוש השם המיוחד, דזהו "בכל נפשך": אפילו נוטל את נפשך, ועל זה אמר הכתוב: כי עליך הורגנו כל היום, כי אז בכונה זו יקראנה באימה ויראה ורתת וזיע.

כתב הטור בשם רב עמרם: לישוייה איניש לק"ש בכל זמן דקרי לה כפרוטגמא חדשה, {הוא כתב צווי המלך על בני מדינתו}, ויחשוב בלבו אילו מלך ב"ו שולח פרוטגמא חדשה, בודאי היו כל בני המדינה קוראין אותה באימה ויראה ברתת וזיע, ק"ו לק"ש שהוא פרוטגמא של מלך ממ"ה הקב"ה, שחייב כל אחד לקרותה באימה ויראה ברתת וזיע, **וכתב** הפרישה, דלהכי המשילו לפרוטגמא כתב וצווי המלך, לומר לך שלא תקרא ק"ש בחטיפה ובמרוצה ובעירבוב הדברים, אלא במתון מלה במלה, ובהפסק בין דבר לדבר, כאדם הקורא צווי המלך, שקורא במתון גדול כל צווי בפני עצמו להבינו על תכונתו, כך יקרא ק"ש כל צווי וצווי עונש ועונש הנזכר בו ישים אל לבו להבינו, כי הוא צווי המלך הגדול ב"ה.

סעיף ב - "אשר אנכי מצוך היום", היינו לומר: בכל יום יהיו בעיניך כחדשים, ולא כמי שכבר שמע אותו הרבה פעמים שאינו חביב אצלו - וכתב הפמ"ג, שעאכ"ו צריך שיראה להבין בכל פעם מה שאומר, ולא לקרותה במרוצה כפי ההרגל, ורק לצאת ידי קריאה.

סעיף ג - בקריאת שמע יש רמ"ה תיבות, וכדי להשלים רמ"ח כנגד איבריו של אדם, מסיים שליח צבור "ה' אלהיכם אמת", וחוזר ואומר בקול רם "ה' אלהיכם אמת" - כדאיתא במדרש הנעלם: פתח ר' יהודה ואמר, "רפאות תהי לשריך ושיקוי לעצמותיך", התורה היא רפואה לגוף ולעצמות בעוה"ז ובעוה"ב, דאמר ר' נהוראי אמר ר' נחמיה: בק"ש רמ"ח תיבות כמנין איבריו של אדם, והקורא ק"ש כתיקונו, כל אבר ואבר נוטל תיבה אחת ומתרפא בו, ודא "רפאות תהי לשריך" וכו', **והלא** בק"ש אין שם אלא רמ"ה תיבות וכו', מאי תקנתיה, תיקנו שיהא ש"ץ חוזר ג' תיבות, ומאן נינהו, "ד' אלהיכם אמת", כדי להשלים רמ"ח תיבות על

הלכות קריאת שמע
סימן סא – דין כמה צריך לדקדק ולכוין בק"ש

הקהל וכו', **וכל** האומר ק"ש שלא עם הצבור אינו משלים איבריו, מפני שחסרו ג' תיבות שש"ץ חוזר, מאי תקנתיה, יכוין בט"ו וי"ן דב"אמת ויציב", **ועם** כל דא, היה קורא עליו אבא: מעוות לא יוכל לתקון וחסרון לא יוכל להמנות, אותם ג' תיבות דק"ש שש"ץ חוזר, לא יוכל להמנות אותם לתשלום רמ"ח כשאר הצבור, עכ"ל בקיצור.

ובמקום שלא נהגו לחזור, אין מוחין בידן. **ולא** יחזור ג"כ תיבת "אני".

ובספר עשרה מאמרות כתב, שהש"ץ לא יסיים בלחש בתיבת "אמת", כי אם כשחוזר ואומר בקול רם, ובזה ימצא החשבון רמ"ח, דאל"ה יהיה רמ"ט, **אך** המנהג כהשו"ע, שיש לומר גם בפעם הראשון "אמת", שלא להפריד ביניהם, "ואמת" השני אינו מן המנין, אלא ברכת "אמת ויציב" היא, כ"כ הפמ"ג, **והגר"א** כתב שהעיקר כהעשרה מאמרות.

והיחיד בלחש מסיים ג"כ בתיבת "אמת", אבל אח"כ אינו חוזר לומר "אמת", כי אם שמתחיל "ויציב ונכון" וכו'.

הגה: ובזה כל אדם יוצא הואיל ושומעין מפיו של ש"צ ג' תיבות אלו. ואם היחיד רוצה ג"כ לאמרם עם השליח צבור, אין איסור בדבר - אבל אינו אומר "אמת" לחודיה עם הש"ץ, דהוי כ"שמע שמע", **ואעפ"כ** אין משתקין אותו אם שהה בינתיים.

ואם הוא קורא ביחיד, יכוין בט"ו וי"ן שב"אמת ויציב" שעולים צ', והם כנגד ג' שמות ההויה, שכל שם עולה כ"ו, וד' אותיותיו הם ל' - ובערבית יכוין ש"אמת" עולה במקום ג' שמות הנ"ל.

הגה: ויש עוד טעם אחר בדבר, דט"ו וי"ן עולין נ', והקריאה נחשבת א', הרי נ"א - כמנין "אמן", וכמנין וכו' - ד"מ, **כמנין השם בקריאתו ובכתיבתו, והוי כאילו אמר: ה' אדנ"י אמת.**

ויש שכתבו דכל הקורא קריאת שמע ביחיד יאמר: אל מלך נאמן שמע וגו', כי ג' תיבות אלו משלימין המנין של רמ"ח, והוא במקום "אמן" שיש לענות אחר "ברוך הבוחר בעמו ישראל באהבה", וכן נוהגין - עיין מ"א וב"ח, דמנהג קדום הוא.

ונראה לי מכל מקום כשקורא עם הצבור לא יאמר "אל מלך נאמן", רק יאמר "אמן" אחר הש"צ כשמסיים הברכה, וכן נוהגין ונכון הוא - ומ"מ אין ללמוד מזה לענין אם בירך על הפרי, או שסיים ברכת "המוציא" ולא אכל עדיין, ובתוך כך סיים חבירו אותה הברכה, שיענה אחריו אמן, **שטעם** הג"ה בזה, משום שהברכות לא נתקנו דוקא על ק"ש.

ועיין במה שכתבנו לעיל, דלכתחילה יותר טוב שיסיים בשוה עם הש"ץ, ולא יצטרך לענות אמן אחריו.

סעיף ד - נוהגין לקרות פסוק ראשון בקול רם, כדי לעורר הכוונה.

סעיף ה - נוהגין ליתן ידיהם - ר"ל יד ימין, **על פניהם בקריאת פסוק ראשון, כדי שלא יסתכל בדבר אחר שמונעו מלכוין.**

סעיף ו - צריך להאריך בחי"ת של "אחד", כדי שימליך הקב"ה בשמים ובארץ, שלזה רומז החטוטרות שבאמצע הגג החי"ת - כתב המ"א בשם המ"ע, שיאריך בחי"ת כשיעור שליש, ובד' כשיעור ב' שלישים, **וי"א** שלא יאריך בחי"ת כלל, רק יכוין הכל בדלי"ת, וכ"כ הגר"א בביאורו.

ויאריך בדלי"ת של "אחד" שיעור שיחשוב שהקב"ה יחיד בעולמו ומושל בד' רוחות העולם; ולא יאריך יותר מכשיעור זה. ויש נוהגים להטות הראש כפי המחשבה: מעלה ומטה ולד' רוחות - אע"ג דאמרינן: הקורא את שמע לא יקרוץ בעיניו וכו', **דהתם** הקריצה והרמיזה לצורך דבר אחר ומבטלין הכונה, אבל הכא הרמיזה היא לצורך הכונה, **והטייה** צריכה להיות מזרח צפון מערב דרום, ולא יטה הראש מזרח מערב צפון דרום, דהוי ח"ו שתי וערב.

סעיף ז - ידגיש בדלי"ת שלא תהא כרי"ש - ולא ידגיש יותר מדאי, שנראה כאלו הד' נקודה בשו"א או בציר"י, אלא הכונה שיטעימנה בפה יפה.

סעיף ח - לא יחטוף בחי"ת ולא יאריך באל"ף.

הלכות קריאת שמע
סימן סא – דין כמה צריך לדקדק ולכוין בק"ש

סעיף ט - אסור לומר "שמע" ב' פעמים - משום דנראה כאלו מקבל עליו שתי רשויות ח"ו, **בין שכופל התיבות שאומר: שמע שמע, בין שכופל הפסוק ראשון.**

ובדיעבד בכפילת הפסוק יצא, (דלא מיבעי לפיר"ח, דכפילת הפסוק רק מגונה הוי, בודאי לא מיעקר עי"ז הקריאה ראשונה, **אלא** אפילו לפירש"י דמשתקין אותו, ג"כ מסתברא דיצא, דהלא על אמירה ראשונה לא היה איסור, ואמירה שניה לא הוי הפסק בק"ש, דהרי לא שהה בזה כדי לגמור את כולה).

ובכפילת התיבות צ"ע, (כי לפירוש רש"י דפירש בגמרא, דלהכי לא הוי בזה רק מגונה ואין משתקין אותו, משום דקריאתו לא נחשב רק כמתלוצץ, **אפשר** דלפי"ז דלא יצא, **אבל** לפיר"ח דפירש דבזה משתקין אותו, משמע דלית ליה האי סברא דרש"י, נראה דיצא בזה).

ואם לא כיון מעיקרא, יחזור ויקרא בלחש, **ואם** ליכא שומעין, אפילו בקול רם מותר, **אבל** אם כיון מעיקרא, אפילו בלחש אסור.

ובסליחות מותר לומר "שמע" בכל פעם שאומר "ויעבור", דכיון שמפסיק הרבה בינתים, לא מיחזי כשתי רשויות, **ועיין** בט"ז שכתב ג"כ, דאם ממתין איזה זמן בין הקריאה ראשונה לשנייה, שרי, דאין משתקין אותו אא"כ קורא ב' פעמים רצופים, ואפילו מגונה נמי לא הוי.

איתא בב"י, דמפסוק ראשון והלאה אין חשש ‹לכפול›, **ומלשון** הרי"ף לכאורה לא משמע כן, ועיין במגן גבורים, שגם המאירי מחמיר בזה, **אך** על מטתו בודאי אין להחמיר בזה.

סעיף י - כשקורא קריאת שמע על מטתו, מותר לקרות כל הפרשה ולחזור ולקרותה - משמע דוקא על מטתו, כדי להשתקע בשינה מתוך ק"ש משום שמירה, **אבל** במקום אחר אסור לקרות אפילו פרשה כולה ב' פעמים - גר"א, **ונ"ל** דכ"ז דוקא אם קורא פרשת "שמע" לבדה, אבל אם קורא ג"כ שאר הפרשיות, אין חשש בדבר.

ועל מטתו ג"כ אין מותר אא"כ קורא הפרשה, ולא פסוק ראשון בלבד - הגר"א.

ויש מי שאומר שגם בזה יש ליזהר מלומר פסוק ראשון (הגה: ב' פעמים) - ‹ולכן יתחיל בפעם השני מן "ואהבת" - ערוה"ש›.

סעיף יא - האומרים באשמורת בסליחות, וביו"כ בתפלת נעילה, ב' פעמים פסוק "שמע ישראל", יש ללמדם שלא יאמרו - והב"ח כתב דאין לבטל המנהג במקום שנהגו כן, וכ"כ א"ר, **אבל** הלבוש והל"ח והמ"א אוסרין, ומדברי הגר"א משמע ג"כ שאוסר.

סעיף יב - "ה' הוא האלהים" שאומרים אותו ביום כפור בתפלת נעילה ז' פעמים, מנהג כשר הוא - שמשבחין לבורא יתברך שדר למעלה משבעה רקיעים, גם מצינו בקרא ב' פעמים "ד' הוא האלקים" גבי אליהו.

ומה שאומרים ג' פעמים "בשכמל"ו" ביוה"כ, ג"כ מותר, דלא חשיב לשתי רשויות אלא בפסוק "שמע", שהוא עיקר קבלת עומ"ש, וכיון שקבל עליו עומ"ש פעם אחת, אין חשש באמירת "בשכמל"ו" יותר מפעם אחד, דהא קאי על פסוק "שמע ישראל", וליכא מאן דאתי למיטעי.

הגה: י"א שיש ליזהר שלא לענות על סוף ברכה ב' פעמים אמן - דגם זה מחזי כשתי רשויות, **ועיין** במ"א שמיקל בדבר, אבל האחרונים הסכימו לאסור, **ואם** הוא אומר "אמן ואמן" שרי, כדכתיב: ברוך ד' לעולם אמן ואמן.

ועיין בפמ"ג שכתב דבר חדש בזה, והוא דיש תרי גווני אמן, אחד, שאני מאמין ומחזק שכן הוא האמת, **והשני**, שהוא פי' של בקשה, ר"ל שיאמנו הדברים וימלא משאלותינו, **וא"כ** בברכה שיש בה שני ענינים, על דרך משל: רפאנו ד' ונרפא, רופא חולי וכו', שפיר י"ל ב"פ אמן.

ואם נזדמן לו לענות על ב' דברים, אפשר דאמן אחד יעלה לכאן ולכאן, **ואם** יאמר "אמן ואמן" עדיף טפי.

סעיף יג - אחר פסוק ראשון צריך לומר "בשכמל"ו" בחשאי - שכשקרא יעקב אבינו ע"ה לבניו, בקש לגלות להם את הקץ, כדכתיב: ואגידה לכם את אשר יקרא אתכם באחרית הימים, ונסתלקה ממנו שכינה ולא הניחתו לגלותו, אמר לבניו:

הלכות קריאת שמע קצג
סימן סא – דין כמה צריך לדקדק ולכוין בק"ש

שמא יש בכם מי שאינו הגון, פתחו כולם ואמרו: שמע ישראל ד' אלהינו ד' אחד, פתח הזקן ואמר: בשכמל"ו, **ואמרו** רבנן היכי נעביד, נימריה, לא אמר משה, לא נימריה, הא אמר יעקב, תקנו לאמר אותו בחשאי, והוא היכר שאינו מן הפרשה הכתובה בתורה, רק יעקב אמרו.

ואם לא אמר, יש דיעות בין הפוסקים אם מחזירין אותו, (המ"א הביא בשם השו"ג והב"ח, שאין מחזירין אותו, והלבוש פוסק דמחזירין אותו, והנה אף שמדברי המ"א משמע, דמסכים עם הלבוש שמחזירין אותו, והכונה, להחזירו לראש או עכ"פ לבשכמל"ו, מ"מ לענ"ד נראה שהדין עם השו"ג וב"ח דבכל גווני יצא, ומה שהביא המג"א ראיה מסימן ס"ו ס"ו, דשם פוסק דאין להפסיק באמירת בשכמל"ו, אם לא שירא שמא יהרגנו, אלמא דהוא בכלל קבלת מ"ש כמו פסוק ראשון של שמע, אין ראיה לזה, דגם אנו מודין דעצם אמירת בשכמל"ו הוא ענין גדול, אבל אין ראיה מזה שאם דילג שיצטרך לחזור לראש, דגם אם דילג מגופא של הפרשה, אם לא שגילתה לנו התורה "והיו" שלא יקרא למפרע, לא היה צריך עי"ז לחזור לראש, ומנין לנו להחמיר ג"כ באמירת בשכמל"ו, דתקנו והוסיפו רבנן, ולולי דמסתפינא הו"א, דגם הלבוש מודה בזה, דלא אמר רק שצריך לחזור, ולא הוי כשאר פסוק שבק"ש שאין צריך לחזור עבור הכונה אפילו אם לא התחיל עדיין הפסוק שאחריו, ונ"מ אם הוא עומד קודם "ואהבת", **אבל** אם כבר קרא ק"ש אך שדילג בשכמל"ו, אין צריך לחזור עבור זה, רק יאמר אותו במקום שנזכר, ואפשר דגם זה אין צריך מצד הדין).

סעיף יד - צריך להפסיק מעט בין "לעולם ועד" ל"ואהבת", כדי להפסיק בין קבלת מלכות שמים לשאר מצות - ד"בשכמל"ו" ג"כ בכלל קבלת מלכות שמים הוא, ע"כ צריך להמתין אחריו מעט.

הגה: ויש להפסיק בפסוק ראשון בין "ישראל" ל"ה'", ובין "אלהינו" ל"ה'" השני, כדי שיהא נשמע: שמע ישראל, כי ה' שהוא אלהינו, הוא ה' אחד. ויש להפסיק מעט בין "אחד" ל"ברוך", כי עיקר קבול מלכות שמים הוא פסוק ראשון.

סעיף טו - צריך להפסיק בין "היום" "על לבבך", ובין "היום" "לאהבה", שלא יהא נראה היום ולא למחר.

סעיף טז - צריך להפסיק בין "נשבע" ל"ה'", כדי להטעים יפה העי"ן, שלא תהא נראית כה"א.

סעיף יז - צריך להתיז זיי"ן של "תזכרו", דלא לשתמע "תשקרו", או "תשכרו", והוי כעבדים המשמשים על מנת לקבל פרס; וכן צריך להתיז זיי"ן של "וזכרתם".

סעיף יח - ידגיש יו"ד של "שמע ישראל", שלא תבלע ושלא תראה אל"ף; וכן יו"ד ד"והיו", דלא לשתמע "והאו" - השו"ע נקט בהני פסוקי, וה"ה בכל ק"ש יראה שלא להבליע האותיות, ולא להחליפם באותיות אחרות, **כגון** פסוק "ואהבת" וגו', לא יראה כמי שקורא "ואהפת", "לבפך", "נבשך", "מודיך", וכה"ג בכל ק"ש יזהר לקרות במתון כל תיבה ותיבה בפני עצמו, ולהוציא את התיבה מפיו כהלכתה, ויושלמו לו כל רמ"ח איבריו עי"ז.

סעיף יט - צריך ליתן ריוח בין "וחרה" ל"אף", דלא לשתמע "וחרף".

סעיף כ - צריך ליתן ריוח בין תיבה שתחילתה כסוף תיבה שלפניה, כגון: בכל לבבך; על לבבכם; בכל לבבכם - אין הכוונה שיפסיק ביניהם, רק שיקרא בענין שישתמע שהם שני למדי"ן, **אבל** מ"מ צריך מקף בינתים, כי בלא מקף צריך לקרות "בכל" בחול"ם, ובמקף בקמ"ץ, **עשב בשדך; ואבדתם מהרה; הכנף פתיל; אתכם מארץ.**

סעיף כא - צריך בכל אל"ף שאחר מ"ם להפסיק ביניהם, כגון: ולמדתם אותם; וקשרתם אותם; ושמתם את; וראיתם אותו; (וזכרתם את; ועשיתם את), שלא יהא נראה כקורא: "מותם" "מת" - א"ר הביא בשם

הלכות קריאת שמע
סימן סא – דין כמה צריך לדקדק ולכוין בק"ש

של"ה, דה"ה בכל אלף שאחר מ"ם צריך להפסיק, כגון: ועבדתם אלהים אחרים; עיניכם אשר; זונים אחריהם; אלהיכם אשר; לאלהיכם אני; אלהיכם אמת.

גם כל תיבה שתחלתה אלף ואפשר שלא ירגישנה במבטא, צריך הפסק כגון: אשר אנכי; מטר ארצכם; ועצר את; אשר ד'; דברי אלה; ויאמר ד' אל; דבר אל; מצות ד'; אשר אתם; וכל כה"ג.

גם כל תיבה שתחלתה יו"ד, צריך להדגיש במבטא, שלא יראה כאילו נמשכת אחר התיבה שלפניה, כגון: פן יפתה, לא יראה כאלו קורא "פניפתה", או "פן איפתה", וכן בתיבת "ירבו", וכל כה"ג.

סעיף כב - אף בפסוקי דזמרה ובתפלה צריך לדקדק בכך. הגה: וה"ה הקורא בתורה בנביאים ובכתובים יש ליזהר - ולא הזהירו על ק"ש אלא משום שמסורה לכל, ויש בה יחוד שמים.

‹**מבואר** להדיא, דבכל עת שאדם קורא בתורה יש תורת קריאה עלה, ונאמר בזה דין שצריך לדקדק באותיותיה. מהגר"מ סאלאווייציק, והסכים עמו בזה אביו הגרי"ז זצ"ל.

סעיף כג - צריך לדקדק שלא ירפה החזק ולא יחזק הרפה, ולא יניח הנד ולא יניד הנח - שו"א הנחטפת נקראת נח, כגון בסוף תיבה, או באמצע תיבה הבאה אחר תנועה קטנה, **ושו"א** נד נקרא המתנועעת, כגון בראש תיבה, או באמצע תיבה הבאה אחר תנועה גדולה, **וסימן** תנועה גדולה "פִּיתּוּחֵי חוֹתָם", רק החיריק כשיש יו"ד אצלה נקראת תנועה גדולה, וכשאין יו"ד אצלה נקראת תנועה קטנה.

סעיף כד - צריך לקרות קריאת שמע בטעמים כמו שהם בתורה. הגה: אבל לא נהגו כן במדינות אלו - אך שצריך ליזהר לפסוק במקום הראוי להפסיק לפי הענין, כדי שיהיה טעם והבנה לדבריו, **ע"כ** יראה לקרותה בנחת, דאל"ה ישתנה לפעמים הבנת דבריו עי"ז.

ומ"מ המדקדקים מחמירים בכך - ובלבד שיכוין, כי הנגינה למי שלא הורגל בה מפסיד הכונה.

סעיף כה - כשיאמר: וקשרתם לאות על ידך, ימשמש בתפילין של יד, וכשיאמר: והיו לטוטפות בין עיניך, ימשמש בש"ר - וכן בפרשה שניה כשמזכיר ענין תפילין צריך למשמש, **וכשיאמר: וראיתם אותו, ימשמש בב' ציציות שלפניו. (וע"ל סי' כ"ד סעיף ד').**

סעיף כו - יש נוהגים לקרות ק"ש בקול רם, ויש נוהגים לקרותו בלחש. הגה: ומ"מ יאמרו פסוק ראשון בקול רם, וכן נוהגין.

לענין אם יוצא בק"ש ע"י אחר שיכוין להוציאו, עיין במ"א ופמ"ג, **ורוב** האחרונים סוברים דיוצא בזה, ועדיף זה מהרהור, דהרהור לאו כדיבור דמי, משא"כ בזה דשומע כעונה, **וכ'** ע"ת: ונראה דדוקא במבין הלשון, ואפי' בלה"ק בעינן דוקא שיבין השומע, עיין בסי' קצ"ג ס"א, **ובשכנה"ג** הביא בשם ברכת אברהם, דדוקא ביחיד המוציא את היחיד, אבל יחיד המוציא את הרבים, או יחיד המוציא את השנים בבהמ"ז, אפילו אינם מבינים בלה"ק, יוצאים.

§ סימן סב – מי שלא דקדק בק"ש או לא השמיע לאזנו §

סעיף א - אעפ"י שמצוה לדקדק באותיותיה, קראה ולא דקדק בהן, יצא - אין הענין שלא הזכיר התיבות והאותיות, שבודאי לא יצא, **אבל** ענין לא דקדק, הוא שלא נתן ריוח בין הדבקים, או שלא התיז הז' של "תזכרו" וכדומה, וכנ"ל בסימן ס"א.

מ"מ יזהר מאד לכתחילה בזה, ואיתא בש"ס: המדקדק בהן שכרו שמצננין לו גיהנם, שהוא מדה כנגד מדה, שמאחר שהוא מעורר עצמו בזה, ומניע את חומו הטבעי לדקדק באותיות, ובשכר זה החום הטבעי שהוא מעורר, מצננין לו כנגדו חום אחר, שהוא בגיהנם.

סעיף ב - יכול לקרותה בכל לשון, ויזהר מדברי שיבוש שבאותו לשון, וידקדק בו כמו בלשון הקודש - ודוקא שמבין באותו הלשון, וה"ה בתפלה ובהמ"ז ובקידוש וברכת המצות והפירות והלל.

‹ונ"ל בפשיטות, דאותן דברים הנאמרין בכל לשון, הוא דוקא אם אנשי אותו המדינה מדברין כך, אבל אם

הלכות קריאת שמע קצה
סימן סב – מי שלא דקדק בק"ש או לא השמיע לאזנו

אנשי המדינה אינם יכולין לדבר זה הלשון, ורק הוא ועוד איזה אנשים יחידים יודעים זה הלשון, זה לא נחשב לשון כלל למדינה זו שאינה מכרת בזו הלשון, **דבשלמא** לשה"ק הוא לשון מצד העצם, משא"כ שאר לשון איננו כי אם מצד הסכם המדינה, וכיון שאין אנשי המדינה זו מכירין בלשון זה, לא נקרא לשון כלל, **וצ"ע** למעשה בזה, **ולפי"ז** תדע לנכון, דמה שכתבנו במ"ב דצריך ג"כ שיבין בזה הלשון, היינו דאינו מועיל מה שאנשי המדינה מדברים בזה הלשון).

וכ"ז מצד הדין, אבל למצוה מן המובחר הוא דוקא בלשה"ק, כ"כ הב"ח, **ועיין** בספרי האחרונים, דבימינו אף מצד הדין יש ליזהר שלא לקרותה בלשון אחר כי אם בלשון הקודש, כי יש כמה וכמה תיבות שאין אנו יודעים איך להעתיקם היטב, כגון תיבת "ושננתם", יש בו כמה ביאורים, אחד לשון לימוד, ואחד לשון חידוד, כמו שאמרו חז"ל: שיהו ד"ת מחודדין בפיך, שאם ישאלך אדם דבר אל תגמגם ותאמר לו, **וכן** כמה וכמה תיבות שבק"ש שאין אנו יודעין היטב ביאורו על לשון אחר, כגון תיבת "את", ותיבת "לטוטפות" וכדומה, **אבל** כשאנו קוראין שמע בלשה"ק, וכן בתפלה וברכת המזון וקידוש ושארי ברכות, אפילו אם אינו מבין הלשון יצא, דזה אינו מצוי שבן ישראל לא ידע ביאור הפסוק ראשון שבק"ש, שהכונה בו לעיכובא, (**דבלא"ה בודאי לא יצא בק"ש, כי אף אם נאמר**, דמה שאמרינן בכל לשון שאתה שומע **לא קאי על לשה"ק**, דבו אפילו אינו שומע אותו כלל לא נתבטל ממנו שם לשון עי"ז, **עכ"פ מי עדיף מאם קרא ולא כיון דלא יצא**).

סעיף ג - צריך להשמיע לאזנו מה שמוציא בפיו - בק"ש וה"ה בברכותיה, מדרבנן, **ודעת** הראב"ד הובא בחי' הרשב"א, דהוא מדאורייתא לכתחלה. **ואם לא השמיע לאזנו יצא** – (אפילו בק"ש, וכ"ש בשארי מצות), **ובלבד שיוציא בשפתיו** - אבל אם הרהר בלבו לא יצא, דקי"ל הרהור לאו כדיבור דמי.

סעיף ד - אם מחמת חולי או אונס אחר קרא ק"ש בלבו, יצא - האי "יצא" לא לגמרי קאמר, דהא קי"ל הרהור לאו כדיבור דמי, **אלא** ר"ל דעכ"פ בשעה שאינו יכול לדבר יהרהר ק"ש בלבו, והקב"ה יקבע לו שכר עבור זה, **אבל** בעצם אינו יוצא בזה, על כן כשיסתלק האונס, אם עדיין לא עבר זמן ק"ש, מחוייב לחזור ולקרותה, (**ובח"א** ראיתי שכתב, דמי שהרהר הברכה בלבו צ"ע, ‹לחשוש לשיטת הרמב"ם והסמ"ג, דהרהור כדיבור דמי בדיעבד›, **ולענ"ד**, בבהמ"ז בודאי יחזור ויברך, ואפילו בשארי ברכות, הסומך על כל הראשונים {דהרהור לאו כדיבור דמי} ומברך, בודאי לא הפסיד).

הגה: ואף לכתחלה יעשה כן אם הוא במקום שאינו נקי לגמרי, ואינו יכול לנקותו משום אונס, יהרהר בלבו – (האי דינא לאו דוקא לענין ק"ש, דה"ה לענין תפלה ושאר ברכות, **ולאו** דוקא אם המקום אינו נקי, דה"ה אם הוא בעצמו אינו נקי לגמרי, כגון שנגע בידיו במקומות המכוסים, **דאם** היו ידיו או שאר מקומות מגופו מטונפות ממש, בודאי אפי' ההרהור אסור).

ובלבד שלא יהא מקום מטונף לגמרי, דאסור להרהר בדברי תורה במקום הטנופת - ואם המקום ההוא מטונף לגמרי, לא יהרהר נוסח קריאת שמע או הברכה, רק יחשוב בלבו שמחוייב ואינו יכול לקיים, ויצטער על זה, וד' יראה ללבב ליתן לו שכר המחשבה כיון שהוא אנוס.

(ונ"ל דכ"ז אם יודע בודאי שמטונפות, אבל בספק אפשר דיש לסמוך ולהקל בזה בענין הרהור בכל הברכות לבד מק"ש ותפלה, לפי מה דמבואר לקמן בסי' קפ"ה ס"ה, **אך** יש לדחות דשם רק לענין דיעבד, **ומ"מ** אם הוא מכוסה ג"כ, יש להקל, דיש בזה ג"כ דיעות בין הראשונים).

כתב הט"ז: מזה יש ללמוד במי שצמא בלילה במטתו, שא"א לו ליטול ידיו ולברך, יהרהר הברכה בלבו וישתה, **ובספר** מטה יהודא חולק עליו וכתב, דהרי אפשר לו לעמוד וליטול ידיו, ואין דומה לחולה ולאנוס, דאין דנין אפשר משא"א, **ואפילו** אם אין לו מים על הנטילה והשתייה, או שקשה לו לעמוד מפני הקור, הרי יוכל לקנח ידיו בכותל, או בכל מידי דמנקי, וזה מהני אפילו כשיודע בודאי שנגע בידיו במקומות המכוסים.

ונראה פשוט דהשותין בבית המרחץ, שלא כדין עושין, דהרי שם אסור אפי' ההרהור, ואינו אנוס לשתייה זו, (**ובאמת** לענ"ד דבר זה פשוט מאוד, דאין להתיר משום שהוא אנוס על הברכה שאינו יכול לברך, ‹וגם להרהר אסור›, דזה היה שייך לומר רק אם היו אומרים חז"ל דהוא מצוה לברך, ובאמת הלא אחז"ל ברכות ל"ו: דאסור להנות בלי ברכה, **ולבד** זה, הלא יכול לצאת מהמרחץ

קצו הלכות קריאת שמע
סימן סב – מי שלא דקדק בק"ש או לא השמיע לאזנו

ולברך ולשתות, או עכ"פ לכנוס בבית אמצעי של המרחץ, ויהרהר שם הברכה).

סעיף ה - צריך שליח צבור להשמיע קולו ב"שמע ישראל", כדי שישמעו הקהל וימליכו שם שמים יחד - (ואפי' מי שאינו מתפלל עתה, צריך לאמר ג"כ עמהם, וטוב שיכוין אז שלא לצאת בזה ידי קריאת שמע, כדי שיקיים אח"כ ברכות עם קריאת שמע דבר תורה).

§ סימן סג – לישב בשעת ק"ש ולא יישן §

סעיף א - קורא אותה מהלך או עומד או שוכב או רוכב ע"ג בהמה או יושב, אבל לא פרקדן, דהיינו שפניו טוחות בקרקע או מושלך על גבו ופניו למעלה - (ובדיעבד יצא – פמ"ג), **ואפילו** מוטה מעט על צידו ג"כ אסור, מפני שנראה כמקבל עליו עול מלכות שמים דרך שררה וגאוה, **אבל קורא והוא שוכב על צדו. הגה: (מאחר שכבר שוכב ואיכא טרחא לעמוד)** - ר"ל ופשט כל מה שעליו, ואיכא טורח לעמוד ולחזור וללבשם, **אבל** אם שוכב בחלוקו, צריך לעמוד.

(והנה כ"ז הוא רק לפי דעת הג"ה, דסתם כשיטת רבינו יונה, **אבל** בב"י פסק כהפוסקים שחולקין על הר"י, וס"ל דאפילו לכתחלה מותר לשכב על צדו ולקרוא, דעל צדו ממש אינו נקרא דרך גאוה, **והנה** להלכה משמע מדברי הע"ת וט"ז ומ"א, דיש לתפוס כהב"י, וכן פסק המגן גיבורים, **אמנם** בספר א"ז פוסק כהרמ"א, וכן במ"ז מצדד דהדין עם הרמ"א, וכן בחידושי רע"א מצדד לומר, דלהחמיר יש לפסוק כדעת הרבינו יונה, **ע"כ** בודאי יש להחמיר לכתחילה).

ואם היה בעל בשר הרבה ואינו יכול להתהפך על צדו, או שהיה חולה, נוטה מעט לצדו וקורא - אבל אם יכול על צידו, אפילו רק בפסוק ראשון לבד, מחוייב לעשות כן, וכ"ש אם יכול לקרותה בישיבה.

(**ואם** קשה עליהם הישיבה והעמידה, יכולים אפילו לכתחילה לילך ולשכב מעט על צדו ולקרוא, אם אינם יכולים על צדו ממש).

סעיף ב - מי שרוצה להחמיר לעמוד כשהוא יושב ולקרותה מעומד, נקרא עבריין - דהלכה כב"ה, דס"ל דהא דכתיב "ובקומך", אין הכונה בעמידה כדעת ב"ש, אלא בזמן שדרך בני אדם לקום ממטתם, ואסור לו להחמיר לעשות כב"ש, **ואפילו** אם אין הכונה בעמידתו לעשות כב"ש, אלא לעורר הכוונה וכדומה, אפ"ה אסור, ובין ביום ‹דנראה שעושה כדברי ב"ש›, ובין בלילה ‹דאף כדברי ב"ש לא עשה› [ב"י], **ונקרא** עבריין, כדאמרינן בפרק כירה, דמאן דעבר אדרבנן שרי למיקרי ליה עבריינא, **ואעפ"כ** אין צריך בזה לחזור ולקרות בדיעבד.

דוקא בזה הוא דאסור, משום שנראה לכל דמשום חומרא קעביד, **אבל** אם עומד יכול לישב, דאז אינו נראה דמשום חומרא קעביד, רק משום דצריך לישב, **ודוקא** בשחרית, אבל בערבית אין לו להטות ולישב כשעומד, דנראה דעושה כב"ש.

כתב א"ר בשם מהרש"ל, דביוה"כ כו"ע מודים דשרי לעמוד, דאינו עושה משום יוהרא אלא מצותו בכך, ר"ל להדמות אז למלאכים שנקראים עומדים, **והפמ"ג** אוסר גם בזה.

כתב ביש"ש, מי שמחמיר בפני רבים בדבר שמותר, ואיכא למיחש ליוהרא, מנדין אותו, **והיינו** אם אותו הדבר פשט היתרו בכל ישראל, **ואם** ידוע שעושה לש"ש, אין מנדין אותו, **ואם** מחמיר בפני רבו, ורבו מיקל, מנדין אותו אפילו עביד לש"ש, **ואפילו** אם אינו פשוט כ"כ להתיר, לא יחמיר נגד דברי רבו, אם לא שיש לו ראיה לסתור דבריו, עכ"ל.

סעיף ג - היה מהלך בדרך ורצה לקרות קריאת שמע, צריך לעמוד - להתעכב במקום אחד, **בפסוק ראשון** - ו"ברוך שם כמל"ו" בכלל פסוק ראשון, **ויש** מחמירין עד "על לבבך", **ומשם** והלאה מותר לקרותה בהליכה או בעמידה.

ואע"ג דלעיל ס"א משמע, דמן הדין מותר לקרות כשהוא מהלך, מ"מ מצוה מן המובחר לעמוד בשעת פסוק ראשון, דהוא עיקר ק"ש, לפי שאינו מיושב כ"כ, ואינו

הלכות קריאת שמע
סימן סג - לישב בשעת ק"ש ולא יישן

יכול לכוין כשהוא מהלך כאשר היה יושב, **ובדיעבד** אם קרא כשהוא מהלך, אינו צריך לחזור ולקרות.

ומותר לקרותה בין בעמידה ובין בישיבה, ואפילו לק"ש של ערבית, **דדוקא** אם משנה מעמידה לישיבה אסור לק"ש של ערבית, משום דנראה שעושה כב"ש, **משא"כ** מהליכה לישיבה.

ויושב בקרון או בספינה אינו צריך לעמוד, דיוכל לכוין היטב, **וברוכב** על הבהמה יש דיעות בין האחרונים, ונכון להחמיר.

סעיף ד - עיקר הכוונה הוא בפסוק ראשון, הלכך אם קרא ולא כוון לבו בפסוק ראשון, לא יצא י"ח וחוזר וקורא – (פמ"ג מסתפק אם הוא מדאורייתא או מדרבנן), **וה"ה** "בשכמל"ו", דאם לא כיון בו, ג"כ צריך לחזור ולקרות בכונה. (ועיין לעיל סימן ס"א סי"ג בבה"ל וצ"ע).

ואפילו אם קודם שהתחיל לקרות נתכוין לקיים בהקריאה המ"ע דק"ש, **מ"מ** כל שבאמצע פנה לבו לדברים אחרים, הרי לא קבל עליו מלכות שמים בהסכמת הלב.

וחוזר וקורא בלחש, שלא יהיה נראה כמקבל שתי רשויות ח"ו.

ואפילו אם כבר קרא כל פרשת "שמע" "והיה אם שמוע", ואח"כ נזכר שלא קרא פסוק ראשון בכונה, צריך לחזור ולקרות כל הפרשה "שמע", דאם לא יקרא רק הפסוק ראשון, הוי כקורא למפרע דאינו יוצא, **ואם** נזכר באמצע פרשת "והיה אם שמוע", יגמור עד "ויאמר", ויתחיל ויקרא "שמע" עד "והיה אם שמוע", ויחזור לפרשת "ויאמר".

ואפי' למ"ד מצות אינן צריכות כוונה, מודה הכא - דאע"פ שאין מתכוין לצאת בזה ידי המצוה, עכ"פ צריך כוונת הלב בכל פסוק ראשון, כדי שיקבל עליו עול מלכות שמים.

סעיף ה - אם היה ישן, מצערים אותו ומעירים אותו עד שיקרא פסוק ראשון והוא ער ממש; מכאן ואילך אין מצערים אותו כדי שיקרא והוא ער ממש, שאף על פי שהוא קורא מתנמנם, יצא - וה"ה אונס אחר המבטל כונתו יצא, דהרי עכ"פ קרא כולה, **אבל** אם נשתקע בשינה ולא קרא, לא יצא, דהרי עכ"פ צריך לקרותה כולה.

ודע דיש ג' דיעות בין הפוסקים: י"א דרק פסוק ראשון בלבד הוא מן התורה, **וי"א** דכל הפרשה ראשונה הוא מן התורה, **וי"א** דגם השניה הוא מן התורה, **ופרשה** ציצית לכו"ע הוא מן התורה, כדי להזכיר יציאת מצרים, ותקנו להזכיר בזמן ק"ש.

הגה: ודין שתוי ושכור עיין לקמן סי' צ"ט ס"ח.

סעיף ו - הקורא ק"ש: לא ירמוז בעיניו, ולא יקרוץ בשפתיו, ולא יראה באצבעותיו, בפרשה ראשונה שהוא עיקר קבלת עול מלכות שמים, מפני שנראה כקורא עראי, וכתיב: ודברת בם, ודרשינן: עשה אותם קבע - ואפילו לדבר מצוה אסור לרמוז, וכ"ש שאסור לשאוף טאבאק בק"ש. **ויש** מחמירין גם בפרשה שניה, **אך** לדבר מצוה לכו"ע מותר לרמוז בפרשה שניה, אבל להפסיק להדיא לא, עיין לקמן בסימן ס"ו.

(ומ"מ נ"ל דיש להקל בפרשה שנייה, למי שרגיל הרבה בשאיפת טבאק, וא"א לו לכוין מחמת זה).

סעיף ז - היה עוסק במלאכה ורצה לקרות ק"ש, יתבטל ממלאכתו עד שיקרא פרשה ראשונה, כדי שלא יהא כקורא עראי - משמע דמכאן והלאה מותר, אפי' בברכות ק"ש, וכן מבואר בהדיא בסי' ס"ו בב"י, **ועיין** לקמן בסי' קצ"א בט"ז, וצע"ג.

סעיף ח - האומנין וכן בעל הבית, שהיו עושים מלאכה בראש האילן או בראש שורות הבנין, קורין קריאת שמע במקומם, ואינם צריכים לירד.

סעיף ט - הכתף, אע"פ שמשאו על כתיפו, קורא קריאת שמע - ואפילו אם המשא הוא של ד' קבין, דלגבי תפלה אסור, לגבי ק"ש מותר.

אבל לא יתחיל בשעה שטוען, ולא בשעה שפורק, מפני שאין לבו מיושב.

סימן סד – דין הטועה בק"ש

§ סימן סד – דין הטועה בק"ש §

סעיף א- קראה למפרע, לא יצא; במה דברים אמורים בסדר הפסוקים - וכ"ש אם סירס את התיבות, שנאמר: והיו הדברים האלה וגו', בהוויתן יהו, **ואף** פרשת "ויאמר", כשתקנו רבנן לאומרה משום מצות זכירת יציאת מצרים, ג"כ כעין זה תקנוה.

(**אם** קרא פסוק "והיו הדברים" וגו' קודם "ואהבת", יחזור ויקרא רק פסוק "והיו הדברים", ולא "ואהבת", אף דבעת הקריאה קראה אחר "והיו הדברים", מ"מ עכשיו הוא כסדרן, **ולפי"ז** אם נאמר דפסוק ראשון בלבד הוא מדאורייתא, לא יצטייר המיעוט ד"והיו", רק אם שינה התיבות של "שמע" למפרע, דאם יקרא הפסוק "שמע" לבסוף, בודאי יצא).

אבל אם הקדים פרשה לחברתה, אע"פ שאינו רשאי, יצא, לפי שאינה סמוכה לה בתורה - ר"ל שאינו אלא תקנת חכמים, שהם סדרום כך, כמו שאמרו: למה קדמה "שמע" ל"והיה אם שמוע", כדי שיקבל עליו עול מלכות שמים תחלה, ואח"כ יקבל עליו עול מצות וכו'. (**עיין** בביאור הגר"א שכתב, דלכאורה מוכח מהתוספתא, דמדרבנן לא יצא בכל גווני, וכן בהפמ"ג מפקפק בזה, דאימא דמדרבנן לא יצא).

(**ודע**, דהפמ"ג הניח בצ"ע בעיקר הדין, למה בכתיבת הפרשיות פסק השו"ע דפסול שלא כסדרן, אף דשם גם כן אין הפרשיות סמוכות זה אחר זה, והכא יצא, **והטעם** נ"ל פשוט, דשם כיון דארבע פרשיות שבתפילין, וב' פרשיות שבמזוזה, מעכבות זו את זו, אם כן אם חיסר פסוק אחד או פרשה אחת, הרי הוא כאלו לא כתב כלל, ולכן אמרינן דמה שגילתה לנו התורה דבעינן כסדרן, הכונה הוא על כל הד' פרשיות ביחד, שכולה נחשבת רק כפרשה אחת, ומחולקת רק בפסוקים, **משא"כ** בעניננו, אם לא קרא רק פרשה ראשונה, בודאי יש לו עכ"פ מצוה דקבלת עול מ"ש, אף אם לא קרא השניה של קבלת עול המצות, **אף** אם נאמר דשתיהן דאורייתא, אין מעכבין זו את זו, שהרי בכל אחת כתוב צווי בפני עצמה, וכל פרשה ופרשה מורה על ענין מיוחד בפני עצמו, לכן אמרינן דכונת הכתוב "והיו", הוא רק על הפסוקים שבכל פרשה, **וכ"ז** אפילו אם שתיהן דאורייתא, וכ"ש אם נאמר דפרשה אחת מן התורה, בודאי לא קאי "והיו" רק על הפסוקים שבפרשה זו, ומ"מ מדרבנן בודאי לא יצא, אפילו אם שינה הפסוקים בפרשה ב' וג').

סעיף ב- קרא פרשה וטעה בה, אם יודע היכן טעה, כגון שקרא כולה אלא שדילג פסוק אחד באמצע, חוזר לראש אותו הפסוק וגומר הפרשה - דאם יאמר רק אותו הפסוק, הו"ל קריאה למפרע, **ואפילו** אם לא נזכר שדילג הפסוק מפרשה ראשונה, רק עד אחר שאמר גם פרשה שאחריה, אפ"ה די במה שיאמר מן הדילוג עד סוף הפרשה ראשונה, דסדר הפרשיות אין מעכב.

ואם דילג תיבה אחת, י"א שבזה די שיחזור לאותו התיבה ויגמור, אם הוא במקום שמתחיל ענין בפני עצמו, כגון שדילג מפסוק "ושננתם" תיבת "ודברת", **אבל** בספר אליהו רבא הכריע מכמה ראשונים, דצריך לחזור לעולם לראש אותו הפסוק.

כתב הפר"ח, דוקא טעה, אבל בהזיד ובמתכוין, חוזר לראש, כמו לענין תפלה, **והמ"א** מסתפק בזה.

ואם אינו יודע היכן טעה, חוזר לראש הפרשה - מחמת ספק, אפילו היה זה בפרשה שניה, ואפילו למ"ד פרשה שניה דרבנן, דכיון דעסוק בק"ש צריך לתקן הכל, **ואם** היה זה בפרשה ראשונה, תלוי בזה, אם זוכר שאמר "שמע" בכונה, וגם "בשכמל"ו", חוזר ל"ואהבת", **ואם** אינו זוכר שאמר "שמע" בכוונה, בלא"ה חוזר לראש, כי כיון שלא קראה בכונה, הוי כלא קרא כלל את הפסוק "שמע", וממילא צריך לקרות כל זו הפרשה, שלא יהיה הקריאה למפרע, **ויקראנה** בלחש, או ימתין מעט, שלא יראה כקורא "שמע שמע".

סעיף ג- טעה בין פרשה לפרשה, שהוא יודע שסיים פרשה ואינו יודע אם ראשונה אם שנייה, חוזר לפרשה ראשונה ויתחיל: והיה אם שמוע - ומיירי שאינו זוכר כלל שום תיבה שאמר מפרשה שנייה, **וגם** מיירי שעדיין לא התחיל תיבת "ויאמר", דאם אחר שהתחיל "ויאמר" עלה לו הספק על לבו, תלינן דמסתמא אמר גם פרשה שניה כפי הרגלו.

סעיף ד - היה עומד ב"וכתבתם", ואינו יודע אם ב"וכתבתם" שבפרשה ראשונה אם ב"וכתבתם" שבפרשה שנייה, חוזר ל"וכתבתם" שבראשונה - והא דלא קאמר ב"וקשרתם", משום דיש הפרש, ד"וקשרתם" הראשון הוא בקמץ, שהוא לשון יחיד, והשני הוא בסגול, שהוא לשון רבים, **וט"ז** כתב עוד טעם, שאין דרך לטעות באמצעה, דיוכל להרגיש לפי הזמן שהתחיל לקרות, אבל כשהוא עומד בסוף, שיש כאן קצת זמן ארוך, שפיר יוכל לפעמים לטעות, דשמא סיים הפרשה שניה.

והני מילי שלא התחיל "למען ירבו ימיכם", אבל אם התחיל "למען ירבו ימיכם" - ר"ל ונסתפק לו אח"כ, פן אמר ה"למען ירבו" אחר "וכתבתם" שבפרשה ראשונה, **א"צ לחזור, דסירכיה נקט ואתא** - דמסתמא אמר כפי ההרגל, לומר "למען ירבו" אחר "וכתבתם" שבשניה, **ומכ"ש** אם מצא עצמו בתיבה אחרת באמצע הפרשה, חזקה שאמר כל מה שלמעלה מזה, ולא דילג פסוק או תיבה.

וכ"ז כשקורא ביחיד, אבל אם הוא קורא עם הצבור, ורואה שהש"ץ עומד ב"וכתבתם" שבפרשה ראשונה או סמוך לו, יחזור ל"וכתבתם" שבראשונה, דמוכחא מלתא שטעה ולא נקט סירכיה ואזיל. **וכן** לאידך גיסא, אם עומד ב"וכתבתם", דפסק בשו"ע דחוזר ל"וכתבתם" הראשון, אם רואה שהש"ץ והצבור עומדים ב"וכתבתם" שבשניה, או סמוך לו מלפניו או מלאחריו, יאמר ג"כ אח"כ הפסוק "למען ירבו", דהא מסתמא הוא קרא ג"כ השניה כמותם, ורגלים לדבר איכא.

§ סי' סה – הנכנס לבהכ"נ ומצא ציבור קורין ק"ש או שהפסיק בשעת הקריאה §

סעיף א – (דע דדעת המחבר, דכל שאר הברכות לבד מתפלה, אם שהה באמצע כדי לגמור כולה, אינו חוזר לראש, אפילו היה ההפסק מחמת אונס, ובתפלה אם שהה כדי לגמור את כולה, אפילו היה ההפסק שלא מחמת אונס, חוזר לראש, **ודעת הי"א**, (הוא הדעה שמביא הרמ"א), דאין לחלק בין תפלה לשאר ענינים, אלא בכל דבר אם שהה מחמה אונס חוזר לראש, **והכרעת הד"מ**, דלדבר שהוא מדרבנן לבד מתפלה, יש להקל ולפסוק שלא לחזור לראש, אפילו בשהה מחמת אונס, **אך** הלבוש והב"ח והא"ר פליגי עליו).

קראה סירוגין, דהיינו שהתחיל לקרות והפסיק בין בשתיקה בין בדיבור, וחזר וגמרה, אפילו שהה כדי לגמור את כולה, יצא, אפילו היה ההפסק מחמת אונס - אפילו אם שח במזיד, אף דעשה איסור בזה, אעפ"כ א"צ לחזור רק למקום שפסק, ואפילו כשפסק באמצע ברכה, **וה"ה** כששח באמצע הלל ומגילה ובהמ"ז, או שאר ברכה ארוכה, **ודוקא** כשהוא אומרן בעצמו, דאם שומע מאחר שמוציאו והוא שח בנתיים, ממילא אינו שומע ואיך יצא בזה, **ועיין** בבה"ל שכתבנו, דבק"ש נכון שיחזור הפרשיות עוד הפעם כשסח במזיד, כי יש אומרים דצריך לחזור לראש, (**אבל בבהמ"ז וכ"ש בשאר ברכות, לא יחזור בדיעבד**).

הגה: וים אומרים דאם היה אנוס, והפסיק כדי לגמור את כולה - היינו מראש ועד סוף, אפילו עומד בסוף, **חוזר לראש** - טעמם, דבשלמא אם לא היה אנוס, שאם היה רוצה היה יכול לקרות, לא הוי השתיקה ואפילו הדבור הפסק, אבל באנוס חשיבא השהייה הפסק, כיון שלא היה אז יכול לקרות, **ועיין** במ"א שמסיק, דדוקא אם האונס הוא מחמת שהאיש אינו ראוי, כגון שהוצרך לנקביו, או שהמקום אינו ראוי, כגון שמצא שם צואה או מי רגלים, והוצרך לשהות עד שיוציאום, **אבל** אונס אחר, כגון מחמת ליסטים וכה"ג, הוי כמו ששתק ברצון, דלא חשיב הפסק לדעה זו, **ודוקא** בק"ש וברכותיה וכה"ג, אבל בתפלה חוזר לראש אפילו באונס אחר.

והכי נהוג - וכן פסקו האחרונים, וה"ה בתפלה והלל ומגילה וברכת כהנים.

והיינו אם הפסיק בק"ש, אפי' אם ההפסק היה רק כדי לגמור הק"ש, חוזר לראש ק"ש, **ובברכת** ק"ש לא יחזור לראש הברכה שפסק בתוכה, אא"כ שהה כדי לגמור מתחלת ברכת "יוצר אור" עד "גאל ישראל", (**דהירושלמי בעי, הא דאמרינן אם הפסיק ושהה כדי לגמור**

ר הלכות קריאת שמע
סימן סה – הנכנס לבהכ"נ ומצא ציבור קורין ק"ש או שהפסיק בשעת הקריאה

את כולה לא יצא, וצריך שיהא חוזר לראש, מאי כולה דקאמר, כגון ק"ש עם ברכותיה, או היא ולא ברכותיה, או אפילו כדי לגמור ברכותיה ולא היא, והא בהא תליא, דאם נאמר דצריך לשהות עד כדי ק"ש וברכותיה דוקא, כי מישך שייכי להדדי, ה"ה כשחוזר לראש יחזור ג"כ עם ברכותיה, ואם נאמר דכדי לגמור כולה היינו ק"ש עצמה, ה"ה כשחוזר אין צריך לחזור רק הק"ש, ונ"ל דאף דמוכח מירושלמי הזה, דדין שהה כדי לגמור כולה הוא רק מדרבנן, מדאיבעי ליה אי עם הברכות או לא, מ"מ לענין ק"ש בעצמה נכון להחמיר כי היא מדאורייתא, ואין בה חשש ברכה לבטלה, משא"כ לענין הברכות, ע"כ אם שהה בק"ש אפילו רק כדי לגמור הפרשיות, צריך לחזור, ורק הק"ש לבדה, אבל הברכות, אפילו אם שהה בק"ש כדי לגמור הפרשיות וגם הברכות, א"צ לחזור, כי יש לנו לילך לקולא ולומר דהברכות לא שייך לק"ש, ואם שהה בברכת ק"ש לא יצטרך לחזור לראש, אא"כ שהה כדי לגמור מתחלת "יוצר אור" עד "גאל ישראל", דיש לנו לילך לקולא, דלא אמרינן ברכותיה ולא היא, אלא הברכות עם ק"ש הוא אחד לזה, וכ"כ הח"א).

ועיין בבה"ל דביארנו, דאם הפסיק בברכת ק"ש בין ברכה לברכה, בכל גווני אין צריך לחזור ולברך בדיעבד, (**דדילמא** קי"ל דברכותיה ולא היא, וממילא ה"ה דברכות ג"כ אין להם התקשרות זה עם זה, כדקי"ל בעלמא דאין מעכבות זו את זו, **ואם** הפסיק באמצע הברכה, לא יצטרך לחזור רק לתחלת הברכה זו גופא, **רק אם** פסק באמצע "אמת ויציב", נראה דיחזור לק"ש מטעם הנ"ל), (כי היא מדאורייתא ואין בה חשש ברכה לבטלה). **אבל** בק"ש אם הפסיק בין פרשה לפרשה מחמת אונס, ושהה בה כדי לגמור כל הפרשיות, חוזר לראש.

(**ועיין** במ"א דמצריך לחזור ולקרות הלל בלי ברכה מחמת חששת הד"מ, וא"כ ה"ה במגילה יחזור לקרותה בלי ברכה, **ובפמ"ג** מסתפק שם לענין הברכה, משמע דלא פשיטא ליה למעשה כהמ"א. **וא"כ** לפי"ז בכל דבר שהוא מילתא דרבנן, אי נוגע לחשש ברכה לבטלה, יש לעיין, אם שהה בה כדי לגמור כולה אפילו באונס גמור, אם יחזור לראש, **וכן** יש לעיין לענין ברכת ק"ש שלפניה או שלאחריה שהיא ג"כ מדרבנן, כיון שכבר הזכיר יציאת מצרים בפ' ציצית, ואח"כ מצאתי בנ"א שמסתפק לענין כל הברכות, וא"כ לפי"ז ה"ה בברכת ק"ש, **אך** מדברי הדה"ח משמע, דבברכת ק"ש ג"כ הדין כמו בק"ש, אע"ג דהוא בעצמו פסק בהלכות הלל כהמ"א דיחזור לקרותה בלי ברכה, ואולי ס"ל דברכת ק"ש השוו רבנן לק"ש).

(**ועיין** במ"א שמסתפק לענין בהמ"ז, אם שהה בה כדי לגמור כולה מחמת אונס, אם חוזר לראש, **אולם** לפי דברי הדה"ח הנ"ל, דאפילו בברכת ק"ש שהיא דרבנן חוזר לראש, א"כ כ"ש בבהמ"ז שהיא דאורייתא, וכן פסק בנ"א, דכשהאדם או המקום אינו ראוי יחזור לראש).

(**ודע עוד**, דבבהמ"ז דמחמירין לחזור לראש, הוא אפילו בשהה בין ברכה לברכה, שכן באופן זה מיירי המ"א שם, **ואף** דלענין ברכת ק"ש מקילין בזה במ"ב, שם שאני, דהברכות אין מעכבות זו את זו, משא"כ בבהמ"ז, כל הג' ברכות הם חשובות כא'). (ובסי' קפג ס"ו מסופק בזה).

(**ונ"ל** פשוט דה"ה בנשיאת כפים, שייך בו כל זה הדין דשהה כדי לגמור כולה, ואם היה השהיה מחמת אונס, חוזר לראש הברכת כהנים, **ושיעור** דלגמור כולה, היינו עצם הברכות השלשה מראש לסוף, בלי אמירת הרבש"ע ויהי"ר שאומרים הקהל, **ואפשר** דבמקומות שמנגנין הכהנים בעת האמירת הקהל, גם זה יש לחשוב בתוך השיעור, וצ"ע).

וכ"ז לענין דיעבד, אבל לכתחילה לא יפסיק לשהות כדי לגמור כולה, אפילו שלא מחמת אונס, ואפילו בשתיקה בעלמא, ואפילו בדבר שהוא מדרבנן, כגון ברכת ק"ש והלל ומגילה וכה"ג, וכ"ש דבתפלה יש ליזהר מאד בזה, כי יש שמחמירין בתפלה אפילו דיעבד.

ומשמע מדברי המ"א, דלכתחילה נכון ליזהר שלא ינגן הש"ץ הרבה בברכת ק"ש, שיהיה בהפסק אחד כדי לגמור כולה, שאז יצטרכו הקהל להפסיק הרבה בשתיקה על ידו.

ונ"ל דכ"ש דיש ליזהר בברכת כהנים שהוא מדאורייתא, שלא יאריכו אז הקהל באמירת התחנונים בעת הברכת כהנים, שעי"ז שותקין הכהנים זמן הרבה באמצע הברכה, **ומחמת** זה טוב לעשות כמו שראיתי כתוב בשם הגר"א, וכן משמע בסימן קכ"ח סעיף מ"ה בהג"ה, שיאמרו גם בפעם שלישית הרבש"ע, ולא יה"ר הארוך, כי בהרבה פעמים מצוי שאין הכהנים מנגנין כלל, ורק עומדין וממתינין עד שיסיימו הקהל אמירתם, ועי"ז יש לפעמים זמן כדי לגמור כולה.

סימן סה – הנכנס לבהכ"נ ומצא ציבור קוראין ק"ש או שהפסיק בשעת הקריאה

ולענות קדיש או קדושה, מותר לשהות אפילו כדי לגמור את כולה, **ומשמע** בספר שלחן שלמה, דדוקא אם הוא עומד בסוף ברכת "אמת ויציב", דהיינו אצל "שירה חדשה", אבל אם עדיין לא הגיע ל"שירה חדשה", טוב יותר שישהה בסירוגין באמצע ברכה, כמה פעמים פחות מכדי לגמור כולה.

ומשערין ענין השהייה לפי הקורא, ולא לפי רוב בני אדם - בין להקל בין להחמיר, **וכן הוא לקמן סימן ק"ד.**

סעיף ב - קרא קריאת שמע, ונכנס לבהכ"נ ומצא צבור שקורין ק"ש, צריך לקרות עמהם פסוק ראשון - וגם בשכמל"ו, **שלא יראה כאילו אינו רוצה לקבל עול מלכות שמים עם חביריו** - ודעת הגר"א בביאורו, שצריך לקרות עמהם כל ק"ש, **אמנם** בפסוקי דזמרה נראה דאין להחמיר יותר מפסוק ראשון, דבלא"ה דעת המחבר להחמיר בפסוקי דזמרה, וכדלקמיה.

וכ"ש אם לא קרא עדיין, דצריך לקרוא את הפסוק הראשון, **אבל** לא יכוין לצאת בזה המ"ע דק"ש, כיון שאין לו תפילין בראשו, וגם יהיה בלא ברכות.

וה"ה שאר דבר שהצבור אומרים, כגון "תהלה לדוד" או "עלינו", קורא עמהם, שכן דרך ארץ. **ואנו** אין נוהגין כן רק ב"שמע ישראל", וב"עלינו" כשאומרים: "ואנחנו כורעים" צריך לכרוע עמהם כמו במודים, משום דלא ליתחזי שכל העם כורעים והוא אינו כורע, **ויש** נוהגים לומר גם "עלינו" עם הציבור - ערוה"ש.

וה"ה אם הוא בבהכ"נ ואומר דברי תחנונים או פסוקים, במקום שרשאי לפסוק - ונ"ל דאפילו אם הוא אצלו קודם בה"ת, כיון שאינו אומר הפסוק לשם לימוד, **רק** שבזה יזהר שלא יאמר יותר מפסוק ראשון, [דבזה לא הוי רק כקורא בתורה, ואסור].

אבל אם הוא עסוק במקום שאינו רשאי לפסוק, כגון מ"ברוך שאמר" ואילך, לא יפסיק, אלא יאמר התיבות שהוא אומר בשעה שהציבור אומרים פסוק ראשון, בניגון הצבור, שיהיה נראה כאילו קורא עמהם - והאחרונים כתבו, דבברכת ב"ש ו"ישתבח" ובפסוקי דזמרה, יש להפסיק כדי לקבל עול מ"ש עם הצבור, **אבל** בברכות של ק"ש, וכן בין הפרקים, לא יפסיק כלל, אלא יאמר אותן התיבות בניגון כמו שהצבור אומרים ק"ש.

סעיף ג - קרא ק"ש ונכנס לבהכ"נ, ומצא צבור שקורין ק"ש, טוב שיקרא עמהם כל ק"ש, ויקבל שכר כקורא בתורה. הגה: אבל אינו חייב רק בפסוק ראשון, כמו שנתבאר.

§ סימן סו – באיזה מקום יכול להפסיק, ובאיזה מקום לא יפסיק §

סעיף א - בין הפרקים, שואל בשלום - ואפילו בלשון לע"ז, **אדם נכבד** - שראוי להקדים לו שלום, כגון שהוא זקן, (**ואם אינו זקן, רק שהוא גדול ממנו בשנים, אינו בכלל מפני הכבוד**), **או** ת"ח, וכן אם הוא עשיר שראוי לכבד לו מחמת עשרו.

ודוקא בשפגעו זה את זה ממילא, **אבל** במשכים לפתחו, או לילך בבהכ"נ ממקום הקבוע לו למקום חבירו ליתן לו שלום, ואפילו לאביו ורבו, אסור, **ואפילו** קודם שהתחיל "ברוך שאמר", כיון שהוא קודם התפלה.

ודוקא בפנים חדשות שואל ומשיב, שאם לא ישאל יבא לידי שנאה, **ובספר** החינוך ג"כ כתב, דמי שלא ראינו שיקפיד על חבירו כלל, לא יפסיק אפילו בין הפרקים, **ע"כ** לפי מנהגנו כהיום, שאין אנו נוהגין לשאול בשלום בבהכ"נ בעת התפלה, חלילה לשאול או להשיב אפילו דברי תורה, לא בין הפרקים ולא בפסוקי דזמרה.

וכל מה שאסור לדבר, אפילו בלשון הקודש אסור לדבר, **ואפי'** תיבה אחת אסור.

אם עבר והפסיק בק"ש אפילו במקום שאין רשאי להפסיק, ולא שהה כדי לגמור את כולה, לכו"ע אינו חוזר רק לאותו הפסוק, **וי"א** לאותו התיבה שפסק ממנה, אם הוא במקום דסליק עניינא.

ומשיב שלום לכל אדם - שהקדים לו שלום, **ומשמע** בחידושי הרשב"א, דמותר לכתחלה לשאול בשלום הקורא, אע"פ שיודע שיצטרך להשיבו, (**ומחצית**

הלכות קריאת שמע

סימן סו – באיזה מקום יכול להפסיק, ובאיזה מקום לא יפסיק

השקל כתב, דאפשר דדוקא בין הפרקים מותר לשאלו, אבל לא באמצע הפרק).

(לעכו"ם בודאי מותר להשיב, **ואם** הוא גברא אלימא, הוא בכלל מפני היראה).

ובאמצע, שואל בשלום מי שהוא ירא ממנו, כגון: אביו או רבו - ר"ל רבו מובהק שעיקר תורתו הימנו, **אע"פ** שהוא גדול בתורה עתה יותר מרבו, **ושייך** בהו מורא, מדכתיב: איש אמו ואביו תיראו, ותנן: ומורא רבך כמורא שמים.

או מי שהוא גדול ממנו בחכמה - ואם הם שוים, הוי בכלל מפני הכבוד, **ואם** הקורא גדול ממנו, אינו מפסיק כלל אפי' לת"ח.

או מי שהוא גדול ממנו בחכמה - והאחרונים פסקו, דאפי' אם הוא גדול ממנו הוי רק מפני הכבוד, **אם** לא שהוא ת"ח מופלג בדורו, אז הוי בכלל מורא.

וכ"ש מלך - ואפי' מלך ישראל הוי בכלל מפני היראה, דכתיב: שום תשים עליך מלך, שתהא אימתו עליך,

או אנס - או מלשין, (**ראיתי** בספר שלמי שמחה שהביא בשם מהרש"ק, דאפי' בשביל הפסד ממון מותר להפסיק).

ומשיב שלום לאדם נכבד – (עיין באר היטב בשם הר"י חסיד, דדוקא תיבה אחת, **ובמגן** גיבורים כתב, דמלשון תר"י משמע, כדי שאלת שלום ממש).

ואפילו באמצע הפסוק - י"א דבאמצע הפסוק לא יפסיק, אם לא במקום דסליק ענינא, ואם פסק, חוזר אח"כ לתחלת הפסוק, **ולענין** מעשה, כשמפסיק לענות קדיש או קדושה, אם א"א לו למהר לסיים הענין, יכול לפסוק אפילו באמצע הענין, ולסמוך על בעלי סברא הראשונה שלא חלקו בכך, לצורך מצוה רבה כזו, ולענות עם הצבור, ואח"כ יחזור לתחלת הפסוק.

חוץ מפסוק "שמע ישראל" - שאין דבר גדול כקבלת מלכות שמים, **ו"בשכמל"ו"** - שגם הוא מכלל היחוד, **שלא יפסיק בהם כלל** - ומטעם זה לא יפסיק ג"כ בין "שמע ישראל" ל"בשכמל"ו".

ומשמע דאפילו קדיש וקדושה וברכו לא יענה (באמצע בשכמל"ו, או בין שמע לבשכמל"ו, (**ולענ"ד** אף דפשטא דמילתא משמע דלא יענה, וכן איתא בח"א, לענ"ד צע"ג בזה, לפי מה דבירנו לעיל בסי' ס"א, דהדין עם הב"ח ושה"ג, דבדיעבד אם לא אמר בשכמל"ו אין צריך לחזור, מנין לנו להשוותו לענין שיהא אסור להפסיק בו לאיש"ר וקדושה וברכו, **והראיה** שהביא הגר"א לדין הב"י, מיעקב אבינו ע"ה שלא הפסיק ליוסף בעת שקרא שמע, אין ראיה לבשכמל"ו, כי לא אמרו יעקב אז כלל, רק קודם פטירתו אמרו, כדאיתא פסחים נ"ז ע"א, **ואף** אם נניח שבאמצע בשכמל"ו לא יפסיק בכל גווני, איך הדין אם נזדמן לו לענות איש"ר בין שמע לבשכמל"ו, ומדלא חלקו הפוסקים, משמע דלא יענה, וצע"ג למעשה).

ואפשר דאם הקריאה היה לאחר ג' שעות, דהוא רק כקורא בתורה, צריך להפסיק.

אם לא מפני מי שירא שמא יהרגנו - ודינו הוא כמו בתפלה לקמן בסימן ק"ד.

סעיף ב - אם שכח להניח ציצית ותפילין - או שהיה אנוס, שלא היה לו ציצית ותפילין מתחלה, **יכול להפסיק בין הפרקים להניחם, ויברך עליהם.**

ואם נזדמן לו באמצע הפרק, ישהה מלהניחם עד בין הפרקים, כדי שיהיה יוכל לברך עליהם, **וה"מ** אם נזדמן לו באמצע ברכת "יוצר אור" או "אהבה רבה", אבל אם נזדמן לו תפילין באמצע ק"ש, יניח תיכף, כי כל תיבה ותיבה של ק"ש מצוה שיהיה עליו תפילין, וההנחה תהיה בברכה, (**הטעם**, כי אנו פוסקין כהרמ"א בס"ח בהג"ה, דגם באמצע הפרק של "אמת ויציב" מותר לברך, **ואעפ"כ** באמצע הפרק של "יוצר אור" או "אהבה רבה", גם הרמ"א מודה לדעת המחבר, דטוב יותר להמתין עד בין הפרקים, כדי שיהיה יוכל לברך אליבא דכו"ע).

הגה: וי"א שלא יברך עליהם עד אחר התפלה, והכי נהוג לענין טלית - דבציצית אינו חובת גברא, שאם אין לו טלית פטור מציצית, ויוכל לקרות ק"ש בלי ציצית, ע"כ מקרי הפסקה ע"י הברכה, **אבל** תפילין דהוא חובת הגוף, וגם בלתי התפילין הוא כמעיד עדות שקר בעצמו ח"ו, שאומר "וקשרתם" ואיננו קושר, ע"כ נקטינן כדעה הראשונה, דלא חשיבה הפסק, **וכ"ז** לענין הברכה, אבל הלבישה לבדה מותר, ולאחר התפלה ימשמש בציצית ויברך, **ומשמע** בב"י, דאפילו באמצע הפרק מותר הלבישה, לבד מפרק א' של ק"ש, **וכתב** הפמ"ג, דהכי נקטינן כהכרעת הרמ"א.

הלכות קריאת שמע
סימן סו – באיזה מקום יכול להפסיק, ובאיזה מקום לא יפסיק

והיכא שהוא יושב בבהכ"נ ומתבייש לישב בלי טלית, לכו"ע יכול לברך עליו בין הפרקים. ‹**דברים** אלו הם מדברי אבן העוזר, דס"ל דאף הלבישה הוא הפסק, וכשמפסיק כבר ללבישה ה"ה דיכול לברך, **אבל** לדעת המ"ב הלבישה אינו הפסק, ויכול ללבוש באמצע הפרק אפי' אם אינו מתבייש, ומברך אחר התפלה אפי' הוא מתבייש – שבט הלוי›.

סעיף ג - לקדיש ולקדושה ולברכו, מפסיק אפי' באמצע הפסוק - דאם פוסק לשאול מפני כבוד בשר ודם, ק"ו מפני כבוד הקב"ה, **ומה"ט** נראה, דאם שמע קול רעמים יפסיק ויברך, דהוי מצוה עוברת, **ויש** חולקין, דכיון שהוא עוסק בשבחו של מקום, אין לו לפסוק בשביל שבח אחר, ולא דמי לכל הני דהוי דבר שבקדושה, **גם** מח"א משמע, דאם שמען באמצע אין לו לברך עליהן, כי אם כששמע אותן בין הפרקים.

קדיש - היינו לאיש"ר עד "עלמיא", ולא יאמר "יתברך", **ויענה** אמן אחר "דאמירן בעלמא", **אבל** על "תתקבל" "יהא שלמא" "עושה שלום", לא יענה אמן, כי אינו אלא מנהג.

קדושה - יאמר רק "קדוש" ו"ברוך", שזהו עיקר קדושה, **ולא** "ימלוך", **וכ"ש** שלא יאמר "נקדש", ושאר דברים שמוסיפין בשבת, **וכל** זה אפילו בין הפרקים לא יאמר.

ברכו - שעונה: "ברוך ד' המבורך לעולם ועד", **ובברכת** התורה יענה: "ביהל"ו", וגם אמן על סוף הברכה, **ויש** מפקפקין באמן זה, ובין הפרקים יש להקל, [דבלא"ה הפמ"ג מקיל על כל אמן].

וכן ל"מודים", אבל לא יאמר אלא תיבת "מודים" בלבד - פי' "מודים אנחנו לך", ולא כל המודים דרבנן, דהו"ל הפסקה גדולה, **ונראה** דה"ה בבין הפרקים, [מדמדמהו רמ"א ל"יתברך וישתבח"].

הגה: וכן בברכו לא יאמר "יתברך וישתבח" כו'. וי"א דאמן שעונין אחר ברכת "האל הקדוש" ואחר "שומע תפלה" יש לו דין קדושה, ויוכל לענות אותה בק"ש, וכן עיקר - "האל הקדוש", משום דהוא סיום ג' ברכות ראשונות, ו"**שומע** תפלה" הוי סיום אמצעיות, **אבל** האמן אחר סיום "שים שלום", אף דהוא סיום כל הי"ח, הסכימו הרבה אחרונים דלא יענה באמצע ק"ש, עיין במ"א הטעם.

ולכל הני מילי פוסקים מכל שכן באומר תחנונים - לכאורה "הני מילי" לאו דוקא, דה"ה לכל אמן צריך לפסוק כשאומר תחנונים, **אבל** באמת דברי הרמ"א נכונים מאד, דהוא מיירי בתחנונים הרגיל לומר בסוף סיום י"ח, ע"כ אלו אמנים דוקא.

וכ"ש דפוסקים לכל הני מילי בפסוקי דזמרה.

ולענין אם מותר לענות אמן בין הפרקים של ק"ש וברכותיה, הח"א כתב, דאינו מותר לענות רק האמן מן הברכה עצמה שסיימה מתחלה, **אבל** הפמ"ג וכן בחי' רע"א הסכימו, דכל אמן מותר לענות בין הפרקים.

הטיל מים, לא יברך "אשר יצר", רק יטול ידיו, ולאחר התפלה יברך.

‹**עיין** בכ"מ, דבברכות קצרות אסור להפסיק באמצע, אפילו לאיש"ר וקדושה, **והטעם**, דע"י ההפסק לא יוכל להתחבר הסוף ברכה להשם ומלכות שאמר, והביאו להלכה בספר מגן גיבורים, **ופשוט** דלפי"ז אפי' בברכה ארוכה דאמרינן שמפסיק, אם אירע לו זה אחר שאמר סוף הברכה "ברוך אתה ד'", יזהר מלהפסיק לשום דבר, ובח"א נשאר בצ"ע לענין דיעבד, אם צריך לחזור לראש›.

סעיף ד - כהן שהיה קורא ק"ש - או שהיה עוסק בברכותיה, **וקראוהו לקרות בתורה** - ובין שהוא עומד באמצע הפרק, או בין הפרקים, (הוא מדברי הפמ"ג, **ונ"ל** דדברי הפמ"ג לא יתכנו רק לפי מה שפסק הרמ"א בס"ב, דאין לברך על טלית אפילו בין הפרקים, משום דאין הטלית שייך לק"ש, **משא"כ** לפי מה שפסק המחבר לעיל, דבבין הפרקים מותר לברך אפילו על טלית, בודאי גם הרשב"א מודה לענין ברכת התורה דמותר לברך עכ"פ בבין הפרקים).

יש מי שאומר שמפסיק - דהא מפני כבוד הבריות ויראתם מפסיק, וכ"ש מפני כבוד התורה, **ולפי"ז** אפילו קראו לישראל לעלות לתורה ג"כ מפסיק, אפילו באמצע ק"ש, **ולא** נקט השו"ע כהן רק משום רבותא דהי"א השני, שס"ל דאינו מפסיק אפילו בכהן.

ויש מי שאומר שאינו מפסיק, והלכה כדבריו - וטעמם, דאין זה בזיון לתורה, כיון שאינו מפסיק משום שעוסק במצות ק"ש וברכותיה, **וגם** אע"פ שהוא כהן, אין לחוש לפגמו אם לא יעלה, שיוציאו עליו לעז

הלכות קריאת שמע
סימן סו – באיזה מקום יכול להפסיק, ובאיזה מקום לא יפסיק

שהוא פסול, כיון דמה שאינו עולה הוא משום שעומד במקום שאינו רשאי להפסיק, אין בזה פגם, וידעו הכל דמהאי טעמא הוא, **ועולה** אפילו ישראל במקומו אם אין כאן כהן אחר.

והאחרונים כתבו, דכהיום נוהגין העולם כהי"א קמא, ואפילו בקראו ישראל והוא עומד באמצע ק"ש, אף דנוכל להשיג ישראל אחר, אעפ"כ נוהגין שמפסיקין מפני כבוד התורה, **לבד** אם הוא עומד בפסוק "שמע ישראל" ו"בשכמל"ו", לא יפסיק באמצען, אלא יגמרם ואח"כ יעלה, ואין לשנות המנהג מפני המחלוקת, **אך** אם יוכל למהר ולסיים עד הפרק, ימהר, **ואם** אינו יכול לסיים עד הפרק, יסיים עכ"פ להיכא דסליק ענינא, אך לעכב בשביל זה לא יעכב, **אמנם** לא יקרא עם החזן, רק שיראה להטות אזנו ולשמוע ממנו, **ומכ"ש** שלא יפסיק לאמר להש"ץ לעשות "מי שבירך", **ונראה** דאם באמצע "מי שבירך" שכח החזן שמו ושואלו, לכו"ע מותר להשיבו מפני הכבוד, **וכשחוזר** אח"כ לק"ש, אין צריך לחזור רק למקום שפסק, אפילו היה פרשה ארוכה, ושהה עי"ז כדי לגמור כולה.

וכתב הא"ר ודה"ח, דבין גאולה לתפלה לא יעלה, אפילו אם קראוהו, ואצ"ל באמצע שמ"ע.

וכ"ז בדיעבד שכבר קראו אותו, אבל לכתחלה אפילו עומד בברכת ק"ש, וכ"ש בק"ש עצמה, לא יקראו אותו, אפי' אין שם כהן אלא הוא, דליכא למיחש בזה לפגמא, כיון שהוא עוסק בק"ש, רק יקראו לישראל במקומו, ומותר לקרותו בשמו, ויאמר "במקום כהן", **ויש** חולקין ואומרין, דגם בזה שייך פגמא להכהן, דאין הכל יודעין שהוא עוסק בק"ש, **ונראה** דיש לסמוך ולהקל לקרותו אם הוא עומד בבין הפרקים, **ויותר** טוב אם אין שם כהן אלא הוא, שילך מבהכ"נ קודם שיקראו להראשון, וכן הדין בלוי.

ונראה פשוט, דאם הס"ת מונח על השולחן, ואין להם מי שיוכל לקרות בה, כי אם זה שהוא עומד בק"ש וברכותיה, לכו"ע יכול להפסיק מפני כבוד התורה, **אך** אם בנקל הוא לסיים לו מתחלה עד הפרק, יסיים, **גם** ימנע אז את עצמו מלהיות הוא הקורא בשם הקרואים שיעלו להתורה, מטעם הפסק.

סעיף ה - ואלו הן בין הפרקים: בין ברכה ראשונה לשניה; בין שניה ל"שמע"; בין "שמע" ל"והיה אם שמוע"; בין "והיה אם שמוע" ל"ויאמר".

אבל בין "ויאמר" ל"אמת ויציב" לא יפסיק, שלא להפסיק בין "ה' אלהיכם" ל"אמת" - אפילו בשהייה בעלמא, **הטעם**, משום דכתיב: וד' אלהים אמת, לפיכך אין להפסיק בו, **והוא** חמור אפי' מאמצע הפרק.

אלא יאמר: אני ה' אלהיכם אמת, ואז יפסיק כדין באמצע הפרק - משמע שא"צ לומר יותר, **ויש** שסוברין דכיון ד"ויציב" הוא ג"כ לשון אמת, אין להפסיק בין "אמת" ל"ויציב", **ובביאור** הגר"א מסכים להשו"ע, **וטוב** ליזהר לכתחלה.

ובין הפרקים דערבית ג"כ דינן כמו בשחרית, (ואלו הן: בין ברכה ראשונה לשניה, ובין שניה ל"שמע", ובין "שמע" ל"והיה", ובין "והיה" ל"ויאמר", ובין "ויאמר" ל"אמת ואמונה", {ולאחר העיון נ"ל דדינו כמו בין "ויאמר" ל"אמת ויציב"}, וגם בין "גאל ישראל" ל"השכיבנו", **אך** צל"ע לענין פרשת "ויאמר" בלילה, אם באמצעה נחשב לאמצע הפרק או לא, כיון ד"ויאמר" אינו נוהג אלא ביום, וצ"ע, **ואחר** ברכת "שומר עמו ישראל לעד", נראה דנחשב תו בין הפרקים, אף לדידן דאמרינן "ברוך ה' לעולם אמן ואמן").

(**כתב** בחידושי רע"א, מי שמניח תפילין דר"ת וקורא ק"ש בלי ברכות, לא יפסיק בחנם, **אבל** שואלים מפני הכבוד אפילו באמצע הפרק, **ומיירי** דוקא בק"ש שקרא פעם שניה, כמו שנוהגין לקרות בתפילין דר"ת, דאינו יוצא בה מ"ע של ק"ש, ורק קורא אותה כדי לקרות שמע בתפילין, **אבל** אם אחד קורא ק"ש אפילו בלי ברכות לצאת בה ידי קריאה, כי ירא שיעבור הזמן, אסור להפסיק באמצע הפרק מדינא, כמו בשאר בק"ש, **אך** לענין בין הפרקים יש לעיין בזה, דאפשר דהברכה קושרת אותם יחדיו, ובלתה מותר בכל גווני, ומדברי הרשב"א משמע לכאורה, דגם בזה שייך דין בין הפרקים).

סעיף ו - אם פסק מפני היראה או הכבוד אחר שאמר "אמת", או שסיים קודם החזן וסמך "ה' אלהיכם" עם "אמת", וממתין שיתחיל החזן ושיאמר עמו, אינו צריך לחזור ולומר

הלכות קריאת שמע רה
סימן סו – באיזה מקום יכול להפסיק, ובאיזה מקום לא יפסיק

פעם אחרת "אמת" - פי' דאילו אם לא שהה, משתקינן ליה כשחוזר ואומר "אמת", כמו ב"שמע שמע", ו"מודים מודים", **אבל** בשהה, אף דלא משתיקין ליה, מ"מ אינו צריך לחזור, דלמה לו לכופלו פעם שניה, **וכן** בכל מקום שהוא פוסק באיזה ברכה מברכות ק"ש, כשחוזר אח"כ, אינו צריך לחזור אלא לתיבה שפסק ממנה, **ובתפלה** עיין לקמן בסימן ק"ד ס"ה.

סעיף ז - אינו אומר אמן אחר "גאל ישראל", משום דהוי הפסק - בין אחר עצמו ובין אחר הש"ץ.

הגה: וי"א דעונין אמן - ס"ל, דאפילו על ברכת עצמו עונה, כיון שהוא סיום של סדר ברכות של ק"ש, ולא חשבי ליה להפסק בין גאולה לתפלה.

וכן נוהגין לענות אחר הש"ץ, אבל אם התפלל לבד אין עונין אמן, כדלקמן סימן רט"ו - מצד אחד מנהגנו הוא גם כן כהיש אומרים הזה, דלא חשבינן ליה להפסק בין גאולה לתפלה, וע"כ נוהגין לענות אחר הש"ץ אמן, **אבל** אם מתפלל לבדו, אין מנהגנו לענות אמן.

ודוקא אם אירע שהוא גמר קודם הש"ץ ולא התחיל עדיין השמ"ע, ובנתיים גמר הש"ץ, אבל אין צריך להמתין ע"ז לכו"ע, **ודוקא** אם לא התחיל עדיין הפסוק של "אדני שפתי תפתח", דמשם ואילך הוי כתפלה.

יש מדקדקים שרוצים לצאת לכו"ע, וממתינים ב"צור ישראל" או ב"שירה חדשה" כדי לענות אמן אחר הש"ץ, **וכתבו** כל האחרונים שלא יפה הם עושים, שהרי הוא באמצע הפרק של "אמת ויציב", ואין לענות שום אמן, לבד משתי אמנים הנ"ל בס"ג בהג"ה, **גם** לכתחלה ראוי להתחיל תפלת י"ח עם הש"ץ והקהל בשוה, **אלא** עצה אחרת יש, ונכון לעשותה כדי לצאת לכו"ע, שיכוין לסיים עם הש"ץ בשוה, ואז אינו מחויב לענות אמן, **או** שיתחיל שמ"ע מעט קודם הש"ץ, דהיינו הפסוק "ד' שפתי" וגו', דבזה המעט ודאי ליכא קפידא, דאין ניכר כלל הקדמתו.

"**גאל** ישראל" לשון עבר, משום דהוא קאי על גאולת מצרים, **אבל** בתפלת י"ח אומר "גואל ישראל", משום דרחמי נינהו, ומתפלל על העתיד, **ובמערבית** שנוהגין לומר: "בא"י מלך צור ישראל וגואלו", נדחק הט"ז מאד לתרצו, **ובדגול** מרבבה יישב קושיתו, **ומ"מ** מפני קושיא זו, נהגו אנשי מעשה לומר גם במערבית "גאל ישראל".

סעיף ח - צריך לסמוך גאולה לתפלה, ולא יפסיק לאחר שאמר "גאל ישראל" - אפילו בשהייה בעלמא ביניהם, **והוא** חמור מאמצע הפרק, דאין להפסיק בו אפילו מפני היראה כמו בתפלה, אם לא במקום שיש חשש סכנה.

רק אם אירעו אונס שלא הניח תפילין, ונזדמנו לו בין גאולה לתפלה - ולא היה יכול להמתין בק"ש עד שיזדמן תפילין, משום שהיה מתיירא שיעבור זמן ק"ש, **מניח אז, ולא יברך עליהם עד אחר שיתפלל** - שממשמש בהם ומברך עליהם.

והפר"ח חולק, וס"ל דכיון דשרי להניח תפילין בין גאולה לתפלה, יכול לברך ג"כ, ולא מיקרי הפסק, וכן פסק בספר אבן העוזר, **אמנם** הדה"ח והח"א ושאר הרבה פוסקים, העתיקו כולם דברי השו"ע להלכה.

אבל טלית לא יניח אז - דע"כ אם ירצה להתעטף בטלית, יהיה מוכרח לעמוד בשתיקה בלי להתחיל י"ח, והוי השתיקה הפסק, **ולא** הותר כי אם לתפילין, דתפילין יש להם שייכות לק"ש ותפלה טפי מציצית.

ואם עד שלא אמר "גאל ישראל" נזדמנו לו טלית ותפילין, מניחם, ולא יברך עליהם עד אחר תפלה - שאין הנחת התפילין ולבישת הטלית הפסק, שהרי אפילו יכול לקרות ולעסוק במלאכתו בעוד שהוא קורא.

הגה: וי"א שקודם "גאל ישראל" יברך על התפילין, - ר"ל קודם שאמר "ברוך אתה ד'", דלאחר מכן בודאי אסור להפסיק בשום דבר, אלא יסיים "גאל ישראל", ויניח התפילין בלי ברכה.

והכי נהוג - ומוכח מדברי האחרונים דהכי קי"ל.

נראה פשוט, דכאן אסור לומר: "ברוך שם כבוד" וכו', שנוהגין לומר אחר ברכת "על מצות", **גם** נכון שלא יברך בזה כי אם ברכה אחת "להניח", דבלא"ה הרבה פוסקים סוברין כן, ועיין בסמוך מש"כ בשם מאמ"ר.

ואם מתיירא שיעבור זמן תפלה, מתפלל בלי תפילין, ותיכף כשיבואו אח"כ לידו באמצע היום או במנחה,

רו הלכות קריאת שמע
סימן סו – באיזה מקום יכול להפסיק, ובאיזה מקום לא יפסיק

יניחם ויאמר איזה מזמור, [**כי** אסור לעשות שום מלאכה קודם שיקיים המצוה המוטלת עליו].

צ"ע, מי שאין לו תפילין בעת שהצבור מתפללין, אם טוב יותר שיתפלל עם הצבור אף שהוא בלי תפילין, ואח"כ כשיגיעו התפילין לידו יקיים מצות תפילין לבד, **או** מוטב שיתעכב אחר תפלת הצבור, כדי לשאול תפילין מחבירו, כדי שיקרא ק"ש ויתפלל בתפילין, **פסק** המ"א, דמוטב שיתעכב אחר תפלת הצבור וישאול תפילין, כדי שיקרא ק"ש ויתפלל בתפילין.

סעיף ט - אין לענות קדיש וקדושה בין גאולה לתפלה - וכן ברכו ומודים, **ויראה** לצמצם שיכרע בתחלת התפלה, בעת שהצבור שוחין עצמן במודים.

יש מאחרונים שכתבו, דבשבת מותר לענות קדיש וקדושה, וכל הני שדומים להם הנזכרים לעיל בס"ג, בין גאולה לתפלה.

וכיצד עושה, ממתין ב"שירה חדשה" כדי לענות - ר"ל אם עדיין לא שמע קדושה או ברכו, ממתין ב"שירה חדשה", לאחר שאמר "עושה פלא", **וכ"ז** לכתחלה, אבל בדיעבד כל שלא אמר "ברוך אתה ד'", יכול לענות, **ולאחר** כן צריך להתחיל מראש "שירה חדשה", או עכ"פ מ"צור ישראל", דהוא התחלת הענין, וגם הלא צריך לאמר מעין החתימה סמוך לחתימה לכתחלה.

סעיף י - כל מי שלא אמר "אמת ויציב" שחרית, ו"אמת ואמונה" ערבית, לא יצא י"ח המצוה כתקנה - אבל לא שלא יצא כלל ידי ק"ש, דהא קי"ל דברכות אין מעכבות לק"ש, אלא שעי"ז הק"ש שלו ג"כ איננו כראוי, **ויחזור** עכ"פ לאמרה אחר התפלה אם לא אמרה קודם התפלה, **וטוב** שיאמר עוד הפעם ק"ש.

כתב הטור בשם הירושלמי, צריך להזכיר ב"אמת ויציב": יציאת מצרים; ומלכות; וקריעת ים סוף; ומכות בכורות, **ומשמע** ברשב"א דלעכובא הוא אפילו דיעבד, **וצ"ע** מברכות י"ד ע"ב בגמרא: "והא בעי לאדכורי" וכו' "ושרנו לך", ר"ל "מי כמוכה" עד סוף הברכה, דלפי"ז חסר מכות בכורות, ודוחק לחלק בין שחרית לערבית, **ואולי** נוסח אחר היה להם בסוף, שהיה בתוכו ג"כ ספור מכות בכורות, **וגם** מירושלמי ברכות משמע קצת דהוא רק לכתחלה, וצ"ע למעשה.

אם החליף ברכה של שחרית לערבית, או להיפך, אם עדיין לא אמר השם של סוף הברכה, יחזור לתחלת הברכה, **ואם** אמר השם, יסיים, ואין צריך לחזור.

הגה: מי שהוא אנוס ודחוק ואין לו פנאי להתפלל מיד אחר ק"ש, יקרא ק"ש עד "אמת", וימתין לומר אחר הברכה עד שיתפלל, שאז יאמר: "ויציב ונכון" וכו' ויתפלל, כדי שיסמוך גאולה לתפלה - צ"ע, וכי מי התיר לו לפסוק מפני שאין לו פנאי, אלא מי שאין לו פנאי יקרא ק"ש לבדה בלא ברכות, ואח"כ כשיהיה לו פנאי יקרא ק"ש וברכותיה ויתפלל - מ"א, **ובספר** נהר שלום כתב, דמ"מ דין הרמ"א הוא אמת ונכון הוא, היכא שקרא ק"ש כי היה סבור שיוכל לגמור כל התפלה, ושוב אחר שקרא ק"ש מוכרח הוא מחמת איזה אונס להפסיק, **ובהא** קאמר דעדיף הוא טפי שיפסיק אחר "ד' אלהיכם אמת", ואח"כ כשיבא להתפלל יתחיל "ויציב" וכו', **אבל** היכא שידע מעיקרא שלא יהיה לו פנאי לקרות ק"ש ולהתפלל, וירא שמא יעבור זמן ק"ש עד שיהיה לו פנאי, גם הוא מודה להמ"א, שיקרא ק"ש לבדו.

§ סימן סז – דין ספק אם קרא ק"ש §

סעיף א - ספק אם קרא ק"ש, חוזר וקורא - הטעם, דקי"ל ק"ש דאורייתא, כלומר דהא דכתיב: ודברת בם בשכבך ובקומך וגו', קאי אפרשה זו גופא, שחייב לדבר בו בשעת שכיבה ועמידה, **ולפיכך** אם נסתפק אם קרא או לאו, חייב לחזור ולקרות ככל ספיקא דאורייתא. **ומברך לפניה ולאחריה** - אע"ג דהרבה פוסקים סוברין דפרשה ראשונה הוא מדאורייתא, והשניה הוא מדרבנן, ויש מן הפוסקים שסוברין דרק פסוק ראשון הוא מדאורייתא, וכ"ש הברכות דלכו"ע הוא מדרבנן, וספק דרבנן אינו חוזר, **יש** לומר כך היתה התקנה, שכל זמן שקורין חייב לקרות כעיקר התקנה ובברכותיה, אם לא במקום שהתירו בפירוש, כגון ההיא דלקמן סימן ק"ו ס"ב בהג"ה, (**ונראה פשוט**, דהיינו דוקא

הלכות קריאת שמע
סימן סז - דין ספק אם קרא ק"ש

במקום שמסתפק לו גם בהברכות, אבל אם ידע שבירך הברכות, והספק לו על ק"ש גופא אם כיון בפסוק ראשון וכה"ג, **אף** דצריך לחזור ולקרותה, מ"מ כבר יצא ידי חובת הברכות, דאינן שייכין לק"ש, **ואפי'** אם נודע לו בודאי שלא כיון לבו בפסוק ראשון, **אין** צריך רק לחזור ולקרות כל פרשת שמע, כדי שלא יקראנה למפרע).

ולכאורה אם יודע שאמר פסוק ראשון או פרשה ראשונה, לכל אחד מן הדעות, וספק לו אם קרא השאר, א"צ לחזור ולקרות, **מיהו** בסימן ס"ד סעיף ג' וד' משמע שצריך לחזור, וצ"ל דמעיקרא כן תקנו שיחזור, (**ונ"ל** דבזה יותר טוב שיקראנה בלי הברכות, כי בלא"ה פקפקו הגר"א והפמ"ג על עיקר הדין דהשו"ע, מאי שנא בזה מבשאר מצוה שמחוייב לעשות אותה מספק, דאין מברך עליה, **והגם** שכבר יישבה הכ"מ בשם הרשב"א, מ"מ הבו דלא לוסיף עלה, **דאפשר** דלא תקנו הברכות רק אם בעת שנולד הספק היה לו ספיקא דאורייתא על המצוה גופא).

ולכאורה כ"ז דוקא בשלא עבר זמן ק"ש, אבל בעבר זמן של ג' שעות, שוב אינו מברך לא לפניה ולא לאחריה מחמת ספק, דתו הו"ל ספיקא דרבנן, **אבל** זה אינו, דזמן זכירת יצ"מ נמשך אח"כ ג"כ, וכמו שכתב המ"א, א"כ הוא חייב עדיין עכ"פ בברכת "אמת ויציב" עד שעה ד', וכדלעיל בסימן נ"ח, **ומכאן** והלאה לא תיקנו ע"ז ברכה, אבל יאמר מחמת ספק איזה פסוק של יצ"מ.

והיכא שהוא מסופק לו אם אמר פרשת ציצית וגם "אמת ויציב", צריך לחזור לכו"ע, דיציאת מצרים חייבין להזכיר מדאורייתא, **אך** יש דיעות בזה, די"א דיאמר פרשת ציצית וגם "אמת ויציב", דכולה חדא מילתא היא, **וי"א** דיאמר רק פ' ציצית, ויקיים בזה המצוה דאורייתא של זכירת יצ"מ, "ואמת ויציב" א"צ לומר, וכן הסכים השאגת אריה, (**והחילוק** בין דין זה לדין הקודם, הוא כדלהלן בדברי השאגת אריה), (**ואף דהב"ח והט"ז ס"ל דחוזר ואומר שניהם, מ"מ צדדתי להכריע כמותו, משום דעיקר הדין, אפי' היכא דמסתפק לו על כל הק"ש, אם צריך לברך ג"כ, אינו מבורר כ"כ, וכנ"ל בשם הגר"א והפמ"ג**).

וכתב עוד, דאם נעשה לו ספק זה בערב, שאינו יודע אם אמר פרשת ציצית וברכת "אמת ואמונה", **חוזר** ואומר "אמת ואמונה", וא"צ לחזור ולקרות פרשת ציצית מספק, (**וטעמא** דמילתא, כיון דמעיקרא דתקנתין א"צ לומר פ' ציצית בלילה, לדידן דקי"ל כר"ש דאין מצות ציצית בלילה, "ואמת ואמונה" תקנת חכמים היא לאומרה בלילה, הילכך מספיקא חוזר ואומר "אמת ואמונה", דאית בה תרתי, יצ"מ ומברכת ק"ש הוא, אבל פ' ציצית בלילה אין בה אלא חדא, יצ"מ גרידא, הילכך "אמת ואמונה" עדיפא - שאגת אריה). (**וזהו** ג"כ הטעם, אמאי בשעברה ג' שעות אומר "אמת ויציב" וכדלעיל, דזמן דנתקן לפ' ציצית כבר עברה - בירורי הלכה).

ואם ברי לו שקרא כל השלשה פרשיות, ואינו מסופק לו אלא ב"אמת ויציב" שחרית, או "אמת ואמונה" ערבית, **תרוייהו** חד דינא, שא"צ לחזור ולומר מספק, דכיון שאמר פרשת ציצית, לכו"ע הברכות הוא מדרבנן, שכבר נזכר יציאת מצרים בפרשת ציצית.

אבל אם יודע שקראה, אלא שמסופק אם ברך לפניה ולאחריה, אינו חוזר ומברך - דתו הו"ל דרבנן, אפילו ברכת "אמת ויציב", וספיקא לקולא.

ואם יודע שאמר "אמת ויציב", ואינו זוכר אם קרא קריאת שמע, דעת הא"ר דאינו חוזר, וגם ראיה מלעיל סימן ס"ד, (דמסתמא אמר כפי ההרגל).

איתא בש"ס דף י"ג ע"ב, שאם אמר הלכה שמוזכר בה יציאת מצרים, יצא ידי המ"ע של הזכירה, **וכתב** המ"א, ונ"ל דכ"ש אם אמר שירת הים דיצא, **והחתם** סופר פליג ע"ז, דבקרא כתיב: למען תזכור את יום צאתך וגו', ולא די במה שיזכור שעבר הים, והסכים עמו רעק"א.

ואם יוצא ידי הזכירה בהרהור, עיין בבה"ט בשם הבית יעקב, ובפמ"ג מסתפק בזה, **ובשאגת** אריה האריך להוכיח מש"ס, ומסיק דאינו יוצא ידי חובה בהרהור.

ופשוט בגמ', דגם בלילה צריך להזכיר יצ"מ, **ועיין** בפמ"ג דמסתפק, אם הוא דאורייתא או דרבנן, ונ"מ לענין ספיקא, **ובשאגת** אריה כתב בהדיא דהוא דאורייתא, וכן משמע מרמב"ם דהוא דאורייתא, **וחייב** להזכיר בזמן שהוא לילה ודאי ולא קודם, וע"כ אם הזכיר בין השמשות, כגון שהתפלל קודם צה"כ, לא יצא ידי חובתו, דביה"ש ספיקא הוא, וספיקא דאורייתא לחומרא.

ובשאר מצות דאורייתא, היכא שמחוייב לעשות אותה מספיקא, פסק לענין טומטום אף דחייב בציצית, ולענין מילה באנדרוגינוס, וכן כל כי האי גווני, דלא יברך על המצוה, כי הברכות הם דרבנן, וספיקא לקולא, **אך** יש פוסקים שמחלקין בין היכא שהספק הוא אם מחוייב כלל בהמצוה, כגון ההיא שכתבנו, ובין היכא שמחוייב אלא שאינו יודע אם עשה המצוה, דאז צריך

לברך עליה ג"כ, **ולפי"ז** לולב או שופר ביום א', היכא דמספקא ליה אם כבר עשה המצוה, וכה"ג, צריך לעשותה בברכה, **וכתב** הפמ"ג, דמכ"מ בשם הרשב"א, וכן ממ"א בשם הריב"ש, מוכח דלא ס"ל לחילוק זה, אלא תמיד בלי ברכה, וגם מהגר"א מוכח דלא ס"ל לחילוק זה, **ואם** הביאו לו שופר או לולב ביום א' בין השמשות, לכו"ע נוטל ובלי ברכה, כי בזה הספק הוא אם חייב עתה כלל בהמצוה.

§ סימן סח – שלא להפסיק בפיוטים §

סעיף א - יש מקומות שמפסיקים בברכות ק"ש לומר פיוטים, ונכון למנוע מלאמרם משום דהוי הפסק. הגה: ויש אומרים דאין איסור בדבר, וכן נוהגין בכל המקומות לאמרם - שזה שאמרו: מקום שאמרו להאריך אינו רשאי לקצר, לקצר אינו רשאי להאריך, **וכתב** הרמב"ם: כללו של דבר, כל המשנה ממטבע שטבעו חכמים בברכות, הרי זה טועה וחוזר ומברך כמטבע, **כתב** הכ"מ: דוקא אם פתח בברכה במקום שלא תקנו לפתוח, או חתם במקום שאמרו שלא לחתום, או שחיסר מברכות הארוכות התחלת הברכה שמתחלת בשם ומלכות, או שלא סיים בשם, **אבל** אם שינה בנוסח הברכה, ולא אמר אותו לשון ממש, אלא שאמר בנוסח אחר בענין הברכה, אפילו חיסר כמה תיבות, יצא בדיעבד, הואיל והיה בה אזכרה ומלכות וענין הברכה, **דשאר** נוסח הברכה לא נתנו בו חכמים שיעור, שיאמר כך וכך מלות דוקא, דא"כ היה להם לתקן נוסח כל ברכה במלות מנויות, ולהשמיענו כל ברכה וברכה בנוסחתה, וזה לא מצינו, **לבד** התיבות שפרטו חכמים שהם מעכבות, כגון שלא הזכיר ברית ותורה בבהמ"ז, ו"משיב הרוח" וכל כיו"ב. **ובביאור** הגר"א כתב, דהרמב"ם חזר בו מזה, וסובר דאפי' בברכה ארוכה, אם לא גמר סוף הברכה כדינה, מ"מ בדיעבד יצא, וכדיעה הראשונה המובא בסי' קפ"ז ס"א.

והמיקל ואינו אומרם לא הפסיד, ומ"מ לא יעסוק בשום דבר, אפי' בד"ת אסור להפסיק ולעסוק כל זמן שהצבור אומר פיוטים, וכ"ש שאסור לדבר שום שיחה בטילה - ה"ה אפילו אם כבר גמר הוא והצבור הפיוטים והברכה, והוא עומד בין פרק לפרק, ג"כ אסור להפסיק.

ומ"מ מי שלומד ע"י הרהור, שרואה בספר ומהרהר, לית ביה איסורא, דהרהור לאו כדיבור דמי, אלא שמתוך כך יבואו לדבר ויבואו לידי הפסק - ר"ל כשיראו ההמון שהוא מסתכל בספר, יבואו ג"כ לדבר, אבל הרהור בעלמא בד"ת אפשר דיש להקל, **אמנם** בשעה שהחזן אומר קדיש אסור להרהר, שצריך הרבה לכוין בעניית הקדיש.

וע"כ אין לאדם לפרוש עצמו מהציבור במקום שנהגו לאמרם, ויאמר אותם עמהם, וע"ל סימן ל' סעיף י' - ומהרח"ו כתב בשם האר"י, שלא היה אומר פיוטים ופזמונים אלא מה שסדרו הראשונים, כגון הקלירי שנתקנו על דרך האמת, וכן לא היה אומר "יגדל", **ומ"מ** העיד בנו של מהרח"ו על אביו, שכשהיה ש"ץ בקהל בימים נוראים, היה אומר כל הווידוים וכל הפיוטים, וישמע חכם וממנו יקח חכמה ומוסר השכל, שלא לשנות המנהגים, **ובשל"ה** האריך בשם גאונים, שמצוה לומר פיוטים, וכשפייט ר"א: וחיות אשר הנה מרובעות לכסא וכו', להטה אש סביבותיו.

אמנם המנהגים שנהגו בשרשי התפלה, לכו"ע אין לשנות כל אחד ממנהג מקומו, כגון מנוסח אשכנז לספרד או להיפך, וכל כה"ג, כי י"ב שערים בשמים נגד י"ב שבטים, וכל שבט יש לו שער ומנהג לבד, **ולענין** דינא, האשכנזים המתפללים עם הספרדים או להיפך, יצאו י"ח תפלה, **וכ"ז** רק במנהגים שנהגו בשרשי תפלה, אבל מה שנזכר בגמרא, או בדברי הפוסקים שלמדו מהגמרא, הוא שוה לכל, ואין רשות לשום אדם לנהוג במנהגו.

עיין במ"א, דבפסח שהחזנים מאריכים הרבה בניגונים, טוב יותר לומר הפיוט קודם שמתחיל בברכת "יוצר אור", דברוב הוי הפיוט שלא מעין הברכה, ויהיה חשוב הפסק כשישהה כדי לגמור כולה, **ולכתחלה** ראוי לחוש לזה.

ואם שכח לומר הפיוט עד שגמר הברכה, אסור לאומרו, דלא עדיף מ"על הניסים" בחנוכה ופורים, **ואם** מתפלל ביחיד, לא יאמר שום פיוט באמצע ברכה.

הלכות קריאת שמע רט
סימן סח – שלא להפסיק בפיוטים

דרך אגב ראיתי להזכיר כאן, מה שהרבה מההמונים טועים בראש השנה ויום כפור, בשעה שמנגן החזן בתחלת ברכת "יוצר אור" הפיוט של "אורות מאופל אמר ויהי", אח"כ מתחילין ההמון מיד "מלך" או "סלח נא", ואינם מתחילים הברכה מראש, וראוי להזהירם על זה.

§ סימן סט – דין פורס על שמע §

סעיף א - פריסת שמע נקרא אמירת ה"ברכו" שאנו אומרין, וענין פריסת שמע מקומות מקומות יש, **יש** מקומות שנוהגין שפורסין על שמע בשביל המתאחרין לבוא לבהכ"נ, אחר גמר סיום תפלת י"ח בלחש, **ויש** מקומות שנוהגין שפורס הש"ץ על שמע בשביל המתאחרין, אחר קדיש בתרא, **ועיין** במ"א שמצריך לאלו הנוהגין אחר קדיש בתרא, לומר מתחלה קצת פסוקים אם רוצים לומר קדיש ו"ברכו".

ועיין בב"י דמוכח, דמנהגם הוא דאף אם אירע שלא בא אדם לבה"כ אחר "ברכו", אעפ"כ אין מדקדקין בכך, לבד משבתות ויו"ט כדאיתא שם, **ומ"מ** אין לבטל מנהגם בבה"כ מפני המחלוקת, **אבל** במקום שאין לחוש למחלוקת, יש לנהוג שלא יאמר הש"ץ "ברכו" אא"כ בא אחד אחר "ברכו", ולא שמע כלל באותו יום, **ואף** שכבר אמר "יוצר אור", מותר ג"כ לומר בשבילו, אע"פ שלא יסמוך אליה "יוצר אור".

וכן מי שכבר שמע "ברכו" קודם התפלה, ועתה מתפלל ביחידות, והגיע ל"ברכו" ונזדמן לו עשרה אנשים שכבר שמעו "ברכו", אעפ"כ מותר לפרוס על שמע ולומר "ברכו", הוא, או אחר בשבילו, כיון דיאמר מיד אח"כ ברכת "יוצר אור", **אבל** אם תרתי לגריעותא, דהיינו שכבר שמע "ברכו", או ששמע מהעולים בתורה שאמרו "ברכו", **וגם** הוא עתה אינו עומד קודם "יוצר אור", אינו יכול עוד לפרוס על שמע ולומר "ברכו", הוא, או אחר בשבילו.

אם יש בני אדם שהתפללו כל אחד בפני עצמו ביחיד, ולא שמעו לא קדיש ולא קדושה, עומד אחד מהם ואומר קדיש ו"ברכו" וברכה ראשונה "יוצר אור" ולא יותר, וזה נקרא פורס על שמע, לשון חתיכה פרוסה, שאין אומרים אלא קצת ממנה - עיין לעיל בסימן נ"ד בהג"ה, דצריך לומר מתחלה קצת פסוקים.

אף דבזמנינו כולם בקיאין, וא"צ לברכת המברך שיוציאן בהברכה, וכ"ש לפי מה דאיירי המחבר, שכבר בירכו כולם כל אחד בפני עצמו, **מ"מ** ס"ל להמחבר דאומר "יוצר אור", משום שלא יהיו נראין ככופרין ח"ו, שהוא אומר להם שיברכו, ואין אחד מהם שיברך, לכך אומר "יוצר אור" ובקול רם, והאחרים שומעים והשומע כעונה.

שהתפללו כל אחד - והרדב"ז פליג ע"ז וז"ל: אם התפללו עשרה כל אחד ביחידי, פרח מינייהו קדיש וקדושה, כדאמרינן גבי בהמ"ז, וכיון דפרח מינייהו, אע"ג שאח"כ נתחברו עשרה, אינם יכולים לחזור ולהתפלל בקדיש וקדושה, ואם חזרו והתפללו הוי ברכה לבטלה, והובא דבריו בקיצור במ"א ובספר מגן גיבורים, ובח"א הביאו דבריו להלכה, **ובתשו'** הרמ"ע ובדה"ח משמע, דפוסק כהשו"ע, **אכן** בתשו' חת"ס כתב, דכן עמא דבר כהרדב"ז.

אכן גם להרדב"ז, אם יש אחד מהם שלא התפלל עדיין, יכול לפרוס על שמע וגם לירד לפני התיבה, **אך** לא יתפלל מתחלה התפלה בלחש, רק יתפלל תיכף התפלה בקול רם, דבכה"ג לא שייך פרח חובת תפלה מינייהו, דהרי בשביל עצמו אומר, **וה"ה** דאחד מאותם שכבר יצאו, יכול לפרוס על שמע ולירד לפני התיבה בשבילו, וכדלקמיה בשו"ע, דכיון דיש עכ"פ אחד שלא יצא עדיין ידי תפלה, כל ישראל ערבים זה בזה.

הגה: ועכשיו לא נהגו לומר כל ברכת "יוצר אור", אלא אומרים קדיש ו"ברכו" והם עונים אחריו "ברוך ה'" וכו' - סבירא לן, דכיון שעונים "ברוך ד' המבורך לעולם ועד", תו לא מחזי ככופר, מידי דהוי אברכת התורה, **ועיין** בא"ר ובמג"ג שהסכימו ג"כ לזה.

י"א שפורסין בק"ש של ערבית כמו בשחרית - ר"ל אף אם כולם כבר התפללו כל אחד בפני עצמו.

ולא נהגו כן, משום דליכא קדיש קודם "ברכו" של ערבית - ומשום "ברכו" לחודיה לא קפדינן כ"כ, **ואע"ג** דבקצת מקומות אומרים ג' פסוקים וקדיש קודם "ברכו" בערבית, זהו רק מנהג בעלמא ולא קפדינן בהאי קדיש, **משא"כ** קדיש שאחר "ישתבח" שחרית, שהוא מנהג קדמונים, קפדינן טפי.

רי
הלכות קריאת שמע
סימן סט – דין פורס על שמע

כתב הפמ"ג: נראה ודאי, אם יש אחד שלא התפלל עדיין מעריב, יכול לעמוד בפני העמוד עם ט' שהתפללו, ויאמר "ברכו" בקול רם, וגם יאמר הברכה ראשונה בקול רם, ויוצא אף להמחבר, **ואפשר** דיוכל לומר ג"כ הקדיש שקודם שמ"ע, עכ"ל.

לאחר שסיימו ברכת "יוצר אור", אומר "אבות" ו"גבורות" ו"קדושה" ו"אתה קדוש", וזה נקרא עובר לפני התיבה - ואין זה מצוי כהיום, משום דרגילין לפרוס על שמע בשביל המתאחרין לבוא אחר גמר סיום שמנה עשרה בלחש, קודם שמתחיל הש"ץ התפלה בקול רם, ויוצאין על ידו ענין הקדושה, **אבל** אם אירע שנתאחר לבוא להתפלל אחר התפלה, יוכל לפרוס על שמע ולירד לפני התיבה.

וצריכין ליזהר בעת שמתקבצין אז בפתח בהכ"נ לפרוס על שמע, שלא יעברו נגד המתפללין.

עיין בהג"ה בסמוך, שמסיים כל התפלה ג"כ, **ועיין** לעיל דדעת הרדב"ז, דאין לנהוג דין עובר לפני התיבה, אא"כ יש בהם עכ"פ אחד שלא התפלל עדיין, **וכתב** המ"א: מיהו נ"ל דאם אין שם ששה שלא התפללו, לא יתפלל הש"ץ בלחש, רק יתחיל מיד בקול רם, דהא עיקר הכונה בהחזרה בזה הוא רק משום קדושה, ויאמר הג' ראשונות בקול רם והשאר בלחש, **אבל** כשיש רוב מנין, הם כמו צבור גמור.

(**ובדיעבד** אם לא היה רוב מנין, והתפללו הי"ח בלחש, אם יכול אח"כ הש"ץ לעבור לפני התיבה, צ"ע, דלפי דעת השו"ע דפוסק בריש הסעיף, דאפילו אם התפללו מתחלה כל אחד ביחידי, יכול אח"כ אחד לעבור לפני התיבה, פשוט דכ"ש בזה, כי מיבעי לי לפי דעת הרדב"ז דנהגינן כוותיה, אם פליג ג"כ בזה, דזה יחשב רק תפלת יחיד, או דילמא דבזה עדיף, כיון דבעת התפלה היה מנין בבהכ"נ, וגם מכיון שנתקבצו לעשרה, היה עליהם חיוב קדושה קודם שהתחילו להתפלל, דעל הכל היה החיוב, ותדע, דלהרדב"ז דס"ל דפרח מינייהו חיובא דקדושה לאחר שהתפללו, הא דאנו עושין תמיד חזרת הש"ץ, אף דאנו בקיאין, ולפי דברי התוס' במגילה, הטעם הוא משום קדושה, ע"כ היינו משום דבעת שנתקבצו העשרה ביחד היה עליהם חיוב קדושה, וא"כ ה"נ בענינינו).

ואין עושין דברים אלו בפחות מי', משום דהוי דברים שבקדושה.

וצריך לחזור אחר ו' שלא שמעו, דהיינו רוב העשרה; ואם אינם נמצאים, אפי' בשביל אחד שלא שמע אומרים - ואם שמע מהעולים בתורה, די, ואין חוזרין בשבילו, אם לא שהוא עומד עתה קודם ברכת "יוצר אור", אז מותר לפרוס בשבילו.

ואפי' מי ששמע יכול לפרוס על שמע ולעבור לפני התיבה בשביל אותו שלא שמע; ומ"מ אם אותו שלא שמע בקי לפרוס על שמע ולעבור לפני התיבה, מוטב שיפרוס ויעבור לפני התיבה הוא, משיפרוס ויעבור לפני התיבה אחר שכבר שמע - ועכשיו נהגו שלעולם האבלים פורסים שמע, ואפילו שמעו ויש אחר שלא שמע, ואיננו נכון, כ"כ המ"א, **אבל** הפמ"ג יישב המנהג, משום דאין פנאי לבקש איש יודע בין תפלת ח"י בלחש, **אבל** ודאי אם יש פנאי, ויש מי שיודע ולא התפלל, ראוי שהוא יפרוס.

הגה: ומי שעובר לפני התיבה ואמר ג' הברכות הראשונות, ישלים כל התפלה – (ר"ל בלחש) **ולא יפסיק, אע"פ שכבר התפלל; אבל האחרים יכולין להפסיק אח"כ** - וללכת לדרכם, שהעיקר היה רק בשביל הקדושה.

וכל שכן שאם לא התפלל הפורס והעובר לפני התיבה תחלה, שישלים תפלתו - ר"ל דכ"ש דלא יפסיק בזה, מכיון שהתפלה צריכה לו בשביל עצמו לצאת בזה ידי תפלה, **אע"פ שיצטרך לקרות אח"כ ק"ש ולא יסמוך גאולה לתפלה.**

ולפי"ז אדם שנתאחר לבוא לבהכ"נ, ולא שמע "ברכו" וקדושה, וחושש שמא לא יהיה אח"כ מנין בבהכ"נ כשיגיע לתפלה, מותר לפרוס ולעבור לפני התיבה להתפלל כל הי"ח ברכות, כדי שיהיה יוכל לומר קדושה, ואח"כ יקרא ק"ש וברכותיה ולא יתפלל, **אבל** המ"א כתב, דלכתחלה אין נכון לעשות כן, לבטל מצות סמיכת

(ביאור הלכה) [שער הציון] <הוספה>

גאולה לתפלה משום קדושה, **אלא** יתפלל כסדר ויסמוך גאולה לתפלה, ואם יהיה אז עשרה בבהכ"נ יאמר קדושה.

(ופשוט דבשביל פריסת שמע, אם אינם רוצים שארי האנשים להמתין עליו, יכול לדלוג מפסוקי דזמרה, ויאמר רק ב"ש ואשרי וישתבח, ויפרוס על שמע, **אך** אם אינם רוצים להמתין עליו כלל, יאמר קצת פסוקים ואח"כ קדיש וברכו, **אך** צ"ע קצת מה יעשה אח"כ, אם טוב יותר לדלג לגמרי, ויתחיל תיכף אחר הברכו מ"יוצר אור", דזהו פריסת שמע המעולה כשאומר תיכף "יוצר אור" אחריו כידוע, **או** דיתחיל אח"כ מב"ש, ועיין לעיל בסימן נ"ד מה שכתבנו בשם האחרונים, דב"ש וישתבח היא תקנה קדומה מאוד, ע"כ לכאורה טוב יותר שיתחיל אח"כ מ"ברוך שאמר").

ואסור להפסיק בדברים אלו בין גאולה לתפלה או בק"ש וברכותיה, ולכן אסור לש"ץ להפסיק בין ק"ש לתפלה או בק"ש וברכותיה, כדי לפרוס על שמע לאותן הבאים לבהכ"נ לאחר שהתפללו הקהל קדיש ו"ברכו" והתחיל בברכת "יוצר אור" - אבל אם לא התחיל, חוזר ואומר "ברכו" לאותם שבאו לבהכ"נ.

אבל בברכת ערבית שהיא רשות, יכול להפסיק להוציא אחרים י"ח - ר"ל בין גאולה לתפלה, דהיינו אחר סיום ברכת "השכיבנו", ובלא"ה מפסיקין ג"כ בפסוקים, **אבל** באמצע הברכות לא יפסיק.

(ואע"ג דלעיל כתב דלא נהגו בערבית לפרוס על שמע, מ"מ נ"מ למקום שנהגו).

ומ"מ איש אחר יכול לפרוס על שמע או להתפלל ביו"ד כל התפלה – (ר"ל אע"ג דמנענו לש"ץ מלהפסיק להוציאם י"ח, אבל איש אחר וכו').

(ומה דאצל פריסת שמע לא נקט ביו"ד, ואצל להתפלל נקט ביו"ד, עיין בד"מ דאין מסכים בזה עם מהר"י מינץ לדינא, (דהוא מקור דין זה), דס"ל דלתפלה בעינן דוקא עשרה שלא התפללו, **אלא** תפלה שוה עם פריסת שמע, וכ"כ המ"א).

אפי' באותו בהכ"נ שכבר התפללו, להוציא אחרים י"ח, רק שלא יעמוד החזן השני במקום שעמד הראשון, דזהו נראה גנאי לראשונים, דהוי כאילו לא יצאו בראשונה י"ח. ונ"ל דוקא שעדיין הראשונים בבהכ"נ אלא שהשלימו סדרס, אבל אם יצאו הראשונים, יוכל לעמוד החזן אף במקום שעמד הראשון - וה"ה אם הוא קביעות, שיתפללו בזה בהכ"נ כמה פעמים זה אחר זה, אין קפידא.

ולא עוד אלא אם אין חזן לאחרונים, יכול אפילו החזן הראשון להתפלל שנית להוציא גם האחרונים, **ופשוט** דבזה אין צריך החזן לעמוד לפני התיבה כל עת התפלה, אלא כשיגיעו ל"ברכו" הוא יאמר לפניהם קדיש ו"ברכו", ואח"כ יאמרו בעצמן מ"יוצר אור" והלאה, עד גמר י"ח בלחש, **כי** במקומינו כולן בקיאין, ואין נוהגין לצאת בזה ע"י ש"ץ, **ואח"כ** יעמוד לפני התיבה לחזור התפלה כנהוג, עם כל הקדישים שאחר התפלה.

כתב במשפטי שמואל, שאם הראשונים הוציאו ס"ת וקראו בה, אין לשניים להוציא ס"ת פעם אחרת ולקרות בה, **ונתן** לזה טעם, שהוא משום פגמו של ס"ת, שמא יאמרו שמצאו פסול בס"ת ראשונה, ומפני כך הוציאו שנייה, **ואף** אם היא ס"ת זו עצמו, מ"מ שמא יאמרו הראשונים שאחרת היא שהוציאו משום פסול שמצאו בראשונה, **וגם** שיש פגם לראשונים, שיאמרו שלא יצאו ידי קריאה, **ומה"ט** אם הלכו הראשונים לביתם כמו הוותיקים, או שהוא מקום קביעות שיתפללו פעמים זה אחר זה, אין קפידא.

וכ"ז מכח מנהגא, אבל מן הדין אין שום איסור בכל גווני, שאין לחוש לפגם ראשונה, אלא כשהיה עולה לקרות בשנייה מי שעלה כבר בראשונה, **וגם** דוקא אם עולה וקורא מיד זה אחר זה בלי הפסק איש בינתים, כמו שיתבאר בסימן קמ"ד, (ע"ש שמביא מחלוקת בזה), **אבל** כאן שמפסיקים הרבה, וגם הוא צבור אחר, אין לחוש בזה לכלום.

סעיף ב - סומא, אע"פ שלא ראה מאורות מימיו, פורס על שמע ומברך "יוצר המאורות", שהוא נהנה במאורות שרואין אחרים שיורוהו הדרך אשר ילך בה - וגם עובר לפני התיבה לתפלה.

יש למנוע לקטן שלא יפרוס על שמע, **ומיהו** כל שהגיע לי"ג שנים, אין מדקדקין אם הביא שתי שערות, דברכות ק"ש רבנן.

סימן ע – מי הם הפטורים מק"ש

§ סימן ע – מי הם הפטורים מק"ש §

סעיף א - נשים ועבדים פטורים מק"ש - אפילו מדרבנן, **מפני שהיא מצות עשה שהזמן גרמא** - דתלה הכתוב בזמן שכיבה וזמן קימה.

ופטורות ג"כ מברכות ק"ש, דיש להם ג"כ זמן קבוע, כדלעיל בסי' נ"ח ס"ו, **אבל** ברכת "אמת ויציב" דניתקן על ענין זכירת יציאת מצרים, וכן הברכות שלאחריה דערבית, מחוייבות לאמרם, דמצות זכירת יציאת מצרים נוהגת ביום ובלילה, [וגם 'השכיבנו' דכגאולה אריכתא היא], **וא"כ** ממילא צריכים לסמוך גאולה לתפלה, דבתפלה חייבות כדלקמן סימן ק"ו ס"א, כן כתב המ"א, **ועיין** בפמ"ג שכתב, דלמאן דסובר זכירת י"מ בלילה הוא רק מדרבנן, ואסמכתא אקרא, א"כ ממילא הוא מ"ע שהזמן גרמא, ופטורות מן התורה, רק מדרבנן ‹דחייבו אף בלילה, א"כ חיובו כל הזמן, ולכן מדרבנן הנשים› **חייבות**, וכ"כ בספר ישועות יעקב, **ואפי'** אם נימא דהוא מצוה מה"ת ביום ובלילה, מצדד בספר שאגת אריה דהנשים פטורות, מטעם דהזכרה דיום היא מצוה בפני עצמה, ואם לא הזכיר ביום, א"צ להזכיר הזכרה זו בלילה, ומה שמזכיר בלילה היא מצוה בפני עצמה. ‹ע"פ מ"ב המבואר›.

ופסוקי דזמרה, עיין בחידושי רע"א דמוכח מדבריו, דהעיקר ניתקנו בשביל התפלה, א"כ ממילא חייבות, [**והגר"ז** כתב להיפך, וצ"ע].

ולענין ברכת השחר, לכאורה תלוי זה אם נימא דהברכות האלו יש להם זמן, עיין לעיל בסוף סימן נ"ב במשנה ברורה ובבה"ל, וצ"ע, **ומסתימת** לשון הטוש"ע בסימן מ"ו ס"ד, ובפרט מהלבוש שם, משמע דמברכות ברכות השחר כמו אנשים.

ואולם כ"ז כתבנו לענין חיוב, אבל פשיטא דיכולות להמשיך חיוב על עצמן, ולברך אפי' ברכות ק"ש.

ונכון הוא ללמדם שיקבלו עליהן עול מלכות שמים. הגה: ויקראו לפחות פסוק ראשון - בספר נחלת צבי פי', דכונת המחבר כל פרשה א', והרב הוסיף עליו דעכ"פ כל פסוק ראשון, **אבל** בלבוש משמע, דגם כונת המחבר הוא רק פסוק אחד, וזהו שביאר הרב.

משמע מצד הדין פטורין, **והב"ח** פסק, דחייבין מדינא לקבל מלכות שמים בפסוק א', **אבל** הרבה אחרונים חולקין ע"ז.

סעיף ב - קטנים פטורים, לר"ת כשלא הגיעו לחינוך - ומ"מ פסוק ראשון שבק"ש, מצוה על אביו ללמדו משיודע לדבר, ולאו דוקא בזמן ק"ש.

אבל הגיע לחינוך שהוא כבר שית כבר שבע, חייב אביו לחנכו וכמו בשאר כל המצות, **וגם** שיקראנה בזמן ק"ש, עם הברכות לפניה ולאחריה.

ולרש"י אפילו הגיעו לחינוך, מפני שאינו מצוי אצלו בזמן ק"ש בערב, ויישן הוא בבוקר - ר"ל לכך לא הטילו על אביו לחנכו. **ועיין** בב"ח שכתב, דאם הוא בן י"ב שנה, לכו"ע הוטל על אביו לחנכו בזה.

‹**הנה הגר"ז כתב, דלרש"י פטורים גם מברכות ק"ש, ולכאורה יש לעיין, דאפשר דדוקא זמן ק"ש שאינו נמשך רק עד ג' שעות, אינו מצוי אצלו, משא"כ אח"כ, אך מדברי רש"י שכתב, דתפלה רחמי הוא וכו', דגם היא נמשכת אח"כ, ואפ"ה הוצרך לטעם זה, וגם אינו מסתברא להחמיר יותר בברכות ק"ש מק"ש עצמה, ונשים בברכת "אמת ויציב" להמ"א שאני**›.

וראוי לנהוג כר"ת - ר"ל אע"ג דמדינא מסתברא כרש"י, וכן כתב הגר"א ז"ל, אעפ"כ נכון לנהוג כר"ת, **אך** בתפלה לכו"ע חייב אם הגיע לחינוך.

סעיף ג - הכונס את הבתולה, פטור מק"ש - וברכותיה, וה"ה מתפלה, **ג' ימים אם לא עשה מעשה** - וד' לילות, כגון אם נשא ביום הרביעי בצהרים, פטור עד מוצאי שבת ועד בכלל, **ולפעמים** יצוייר ד' ימים, כגון אם נכנס לחופה ביום ד' עד שלא קרא ק"ש של שחרית, פטור ד' ימים.

מפני שהוא טרוד טרדת מצוה - שמחשב על עסק בתולים, משא"כ באלמנה לא טריד.

אבל לאחר מעשה שאינו טרוד עוד, חייב, **וכן** מזה הזמן ואילך חייב אף אם לא בעל, דכיון שכבר עבר ג' ימים ולא עשה מעשה, מתייאש אח"כ מן הדבר, ואינו טרוד כלל.

והני מילי בזמן הראשונים, אבל עכשיו שגם שאר בני אדם אינם מכוונים כראוי, גם הכונס את הבתולה קורא - ר"ל חייב לקרות, ועם ברכותיה כדין, וגם מתפלל, דכיון שחייב בק"ש חייב בתפלה, **ואם** אינו קורא מיחזי כיוהרא, שמראה שמכוין בכל שעה, **ולענין** תפילין, עיין לעיל בסי' ל"ח ס"ז במ"ב.

הגה: וע"ל סי' ל"ט אם שכור יקרא ק"ש - שם נתבאר דבשכרות מעט קורא ומתפלל, דבזמנינו בלא"ה אין אנו מכוונין כ"כ, **הא** אם אין יכול לדבר לפני המלך, אין לקרות ולהתפלל עד שיסיר יינו מעליו.

סעיף ד - היה עוסק בצרכי רבים והגיע זמן קריאת שמע, לא יפסיק - מיירי שאין שם מי שישתדל אלא הוא, ולכך אינו פוסק, דעוסק במצוה הוא, **ואפי'** אם הוא עוסק רק בהצלת ממונם.

(**ואם עיקר כונתו רק להשתכר, לא מיקרי עוסק במצוה, ומ"מ כיון שאין שם מי שישתדל אלא הוא, צ"ע, ואם כונתו בשביל שניהם, מקרי עוסק במצוה).**

ואם יכול להפסיק לק"ש, ואח"כ לחזור ולגמור צרכי צבור בלא טורח, יפסיק.

ומשמע מזה, דאם התחיל באיסור אחר שהגיע הזמן, צריך להפסיק, **ועיין** בפמ"ג שמצדד, דבכל גווני אינו צריך להפסיק.

כתב הפמ"ג, דאע"ג דהעוסק בצרכי רבים פטור מק"ש, מ"מ אם פסק וקרא, שפיר יצא ידי חובה, דלא פטור ממש מק"ש, אלא שהוא אז עוסק במצוה אחרת.

אלא יגמור עסקיהם - ומ"מ יעשה מה שיכול, ויקרא לפחות פסוק ראשון עם בשכמל"ו בזמנה, כי זה דבר קצר, ואפשר לו אפילו בשעה שעוסק בצרכי צבור.

ויקרא אם נשאר עת לקרות - ואם לא נשאר, מה יעשה, הרי עסק במצוה, **ומ"מ** חייב להזכיר יצ"מ אפילו לאחר שעבר זמן ק"ש, שזו היא מצוה בפני עצמה, ומצותה כל היום, **ע"כ** יאמר איזה פרשה שיש בה יצ"מ, אם כבר עבר הזמן שלא יוכל לאמר ברכת "אמת ויציב".

ודע, דאם נמשך זמן עסקו בצרכי צבור עד לאחר חצות, שאז פטור לכו"ע אף מן התפלה, מ"מ אסור לכו"ע לאכול קודם שמקיים מצות תפילין, דזמנו כל היום, **וגם** לפי מה שכתב הפמ"ג, אסור לו אז לאכול קודם שמתפלל תפלת המנחה, **ע"כ** כשיגיע חצי שעה שאחר חצות, יתפלל תפלת המנחה, ואח"כ יאכל.

סעיף ה - היה עוסק באכילה או שהיה במרחץ, או שהיה עוסק בתספורת, או שהיה מהפך בעורות, או שהיו עוסקים בדין - ומה נקרא התחלה, עיין לקמן בסימן רל"ב סעיף ב', **להרמב"ם גומר ואח"כ קורא ק"ש** - היינו כשהוא משער שישאר לו זמן לקרות.

ואם היה מתירא שמא יעבור זמן קריאה - ר"ל שמתירא שמא אין השערתו מכוונת היטב, **ופסק וקרא, הרי זה משובח.**

ולהראב"ד, מפסיק וקורא אע"פ שיש שהות לקרות - גזירה שמא ימשך בהם ויעבור זמן ק"ש, **ואינו** דומה לתפלת המנחה, דקי"ל בסימן רל"ב, שאם התחיל בכל אלו קודם שהתפלל, אינו צריך לפסוק, **לפי** שק"ש היא מן התורה, החמירו בה יותר.

(**עיין במ"א שכתב, דמיירי שהתחיל אחר שהגיע החצי שעה שקודם עמוד השחר, דאז אסור לעשות כל אלה להראב"ד, והתחיל הדבר באיסור, ולכך מפסיק בכל אלו, דבמילתא דאורייתא היכא שהתחיל באיסור, אפילו אם התחיל פוסק, וטעם הרמב"ם, דס"ל שלא גזרו על כל אלו אלא סמוך למנחה, שהוא דבר המצוי, וא"כ התחיל הדבר בהיתר, ולכך אינו פוסק, וכ"כ בביאור הגר"א שזהו טעם הרמב"ם, ועיין במחה"ש ובחידושי רע"א שמוכח מדבריהם, דאם התחיל בכל אלו אחר שהגיע עמוד השחר, לכו"ע פוסק, דהרי התחיל באיסור, וכן לפי"ז אם התחיל בכל אלו בערב סמוך לזמן ק"ש של ערבית, צריך לפסוק אף להרמב"ם, ויש אחרונים שכתבו, דלהרמב"ם בכל גווני אינו צריך לפסוק בדיעבד, אחר שכבר התחיל, אם אחר שיגמר ישאר לו שהות, ולהלכה אין לנו נ"מ בזה, לפי הסכמת רוב האחרונים דבסמוך).**

והסכמת רוב האחרונים וכמעט כולם, דהעיקר תלוי במילתא דאורייתא בהתחיל בהיתר או באיסור, **וא"כ** לפי"ז, במלאכה או בכל אלו העניינים לבד מאכילה, אם התחיל קודם עה"ש, א"צ לפסוק אם ישאר

לו שהות אחר שיגמור לקרות ק"ש ולהתפלל, דהרי קי"ל דלא גזרו סמוך לשחרית, וא"כ התחיל בהיתר, **אבל** אם התחיל לאחר שעלה עה"ש, דהתחיל באיסור, פוסק לק"ש דהוא דאורייתא, אבל לא לברכות ולא לתפלה, ואח"כ כשגומר המלאכה קורא הק"ש עם הברכות ומתפלל, **ודוקא** שעדיין ישאר לו שהות, אבל אם רואה שהזמן עובר, צריך להפסיק מיד, **וכל** מקום שאינו פוסק, אפילו יעבור זמן תפלה בצבור אינו חייב להפסיק.

(וראיתי בסידור הגאון מליסא, דמשמע מדבריו, דסתם מלאכה חוץ ממרחץ ולהסתפר ובורסקי, דומה לאכילה, דאסור חצי שעה קודם עמוד השחר, ומהרמב"ם ושארי האחרונים הנ"ל לכאורה לא משמע כן, ולדינא צ"ע בזה).

ולענין אכילה, משמע מן המחבר בסימן פ"ט ס"ה, דס"ל לעיקר הדין, דמאכילה צריך לפסוק תיכף משעלה עמוד השחר, ואפילו אם התחיל בהיתר, ולא מהני שום עצה כל זמן שלא התפלל.

מפסיק וקורא - משמע דלאחר שיקרא ק"ש, אף שלא התפלל עדיין, מותר לגמור כל אלו הענינים שהתחיל, **והאי** לישנא לאו דוקא לענין אם היה עוסק באכילה, דבאכילה צריך ג"כ להתפלל מקודם, ונקטיה משום שאר דברים, **א"נ** משום ק"ש של ערבית נקטיה, דבהו שייך ג"כ כל אלו הדינים, ובשל ערבית ודאי אם התחיל בכל אלו החמשה דברים בתוך החצי שעה שקודם צאת הכוכבים, מפסיק מיד, וכשיצאו הכוכבים יקרא ק"ש בלא ברכותיה, ואח"כ גומר אכילתו או שאר דבר, ואח"כ קורא ק"ש וברכותיה ומתפלל.

(וע"ל סי' רל"ה) - ר"ל דשם מבואר חילוק בין התחיל בהיתר להתחיל באיסור.

§ סימן עא - אבל והעוסקים במת פטורים מק"ש §

סעיף א - מי שמת לו מת שהוא חייב להתאבל עליו - שהם שבעה קרובים, אב ואם, בן ובת, אח ואחות, ואשתו.

אפילו אינו מוטל עליו לקברו - כגון שמתה אחותו הנשואה לבעל, דהבעל חייב לטפל בקבורתה.

פטור מק"ש ומתפלה - וכן מכל הברכות אפי' ברכת הנהנין, ומכל מצות האמורות בתורה, **(ודוקא מ"ע, אבל מצות ל"ת חייבין, ואפילו בדבר שהוא מדרבנן בעלמא)**, **ואם** רוצה לאכול פת, אף דאינו צריך לברך "המוציא", מ"מ צריך ליטול ידיו, ולא יברך על הנטילה.

(כתב הדה"ח, אם נקבר המת לאחר שאכל, ועדיין לא עבר הזמן שיתעכל המזון, חייב לברך בהמ"ז, וכן ב"אשר יצר", אם עשה צרכיו בעודו אונן, חייב לברך "אשר יצר" אחר שנקבר המת, אפילו כל היום, ע"ש טעמו, אם לא שמבקש עוד לעשות צרכיו, א"צ עתה לברך כי אם ברכה אחת על שתיהם).

ואם קרא ק"ש, אינו יוצא, וצריך לחזור ולקרות אחר הקבורה.

ואם יש חבורה בעיר שנוהגין שכתפים מיוחדים להוציא המת, ולאחר שנתעסקו הקרובים בצרכי המת ימסרוהו להם והם יקברוהו, משמסרהו להם מיד חייב בכל המצות, ואפילו קודם שהוציאוהו מהבית, ששוב אינו מוטל עליהם, **ולפי"ז** לא יפה עושים האוננים, שממתינים להתפלל עד אחר קבורה, דתיכף כשנתפשרו עם החברא קדישא בעד מקום קבורה, ונתנו להם כל הוצאות ותכריכים, חייבים להתפלל, **ואמנם** לפעמים שעדיין אינן שוין באיזה מקום יקברוהו, והוא כבודו של מת, או כל זמן שמספידין אותו, אזי פטור, ותיכף אחר זה מותר להתפלל, וחייב, **אבל** במקום שאין חבורה המיוחדת לזה, אף שיש לו מי שיתעסק בקבורה עבורו, נמשך האנינות עד שיקברוהו וישליכו העפר עליו, ומיד שמתחילין להשליך העפר עליו, ילך האבל לבית של הקברות, ויקרא ויתפלל שם.

ואם נמשך אנינות עד סמוך לסוף זמן ק"ש, שהוא עד רביע היום כפי ערך השעות של יום, ואם יתפלל כסדר יעבור הזמן של ק"ש, יקרא ק"ש בלא ברכות, ואח"כ יתפלל כסדר ויקרא עוד הפעם ק"ש עם הברכות, **ואם** נמשך האנינות עד לאחר ארבעה שעות, דעת המ"א, דברכות שחר דהיינו מה שקודם ב"ש, לא יאמרם אף שיש לו פנאי, כיון שבשעת עיקר חיובו שהוא בבוקר היה אז פטור, **ויש** חולקין עליו, **וספק** ברכות להקל, **זולת** ברכת התורה, וברכת "שלא עשני גוי" ו"שלא עשני עבד"

(ביאור הלכה)   [שער הציון]   ‹הוספה›

הלכות קריאת שמע רטו
סימן עא – אבל והעוסקים במת פטורים מק"ש

ר"שלא עשני אשה", אותן הברכות אף להמ"א יוכל לברך, **ולא** יניח תפילין, ויתפלל הי"ח ברכות לבד, אבל ברכת ק"ש, משמע בשו"ע לעיל בסי' נ"ח ס"ו דכבר עבר זמנם, **ולפי** מה שכתבתי לעיל בסוף סי' נ"ח במ"ב, מותר לו לומר אף ברכת ק"ש, כיון דבאונס עבר הזמן, **ולכו"ע** אפשר דיכול לומר פסוקי דזמרה.

ואם עדיין לא כלו הד' שעות שהוא שליש היום, רק שהוא סמוך לזמן ההוא, ואם יתפלל כסדר יעבור זמן התפלה, ויצטרך להתפלל שמ"ע אחר שליש היום, ידלג פסוקי דזמרה, וכאופן שנתבאר לעיל בסי' נ"ב, בדין איחר לבוא לבית הכנסת, **אבל** לא ידלג מק"ש וברכותיה כלל, אף שעי"ז יהיה מוכרח להתפלל שמ"ע אחר שליש היום.

עוד כתב בדה"ח, דאלו הברכות: שלא עשני גוי ועבד ואשה וברכת התורה, זמנן כל היום, ואפי' אחר חצות אם נקבר יאמרם, **אבל** תפלת י"ח לא יתפלל רק עד חצות ולא יותר, גם א"צ להשלים אותה תפלה בתפלה הסמוכה, כגון אם לא התפלל שחרית, לא ישלים במנחה, **דלא** דמי לשכח או נאנס ולא התפלל שחרית, דמשלימה במנחה, דהתם באמת היה מחויב, רק שע"י סיבה לא התפלל, משא"כ כאן דהוי פטור מדין, **וכן** הדין במנחה ומעריב.

וה"מ אם היה מתו מוטל לפניו מעת התחלת חיוב התפלה עד השלמת זמנה, כגון שהיה מתו מוטל לפניו מעלות השחר והאיר פני כל המזרח עד אחר חצות, **אבל** אם מת לאחר שכבר התחיל החיוב עליו, כגון לאחר שהאיר כל פני המזרח, אע"פ שלא קברוהו עד אחר חצות, משלים בזמן מנחה, **דהואיל** וחל עליו החיוב מתחלת עת שבא זמן התפלה, אע"פ שלא היה שהות לגמור התפלה, מ"מ כיון שחל עליו החיוב חייב להשלים אח"כ התפלה בזמן מנחה, **ואפשר** דבזה חייב ג"כ לברך ברכת השחר אם לא בירכן בבוקר כשקם ממטתו, דהא בשעת חיובן היה חייב.

ואפילו אם רוצה להחמיר על עצמו ולקרות, אינו רשאי - פי' ומיירי בשאין לו מי שיעסוק בצרכי המת, **א"נ** דמיירי בכל גווני, שאסרוהו מפני כבודו של מת, שלא יאמרו מת זה קל הוא בעינו של אונן, ואין חרד על מיתתו, **וזהו** דעת המחבר עצמו מעיקר הדין, **ומה** שכתב אח"כ "אין מוחין", ר"ל דמ"מ אין אנו יכולין למחות במי שנוהג היפך זה, דיש לו על מי לסמוך, היכא שיש לו מי שישתדל בשבילו בצרכי קבורה.

ואם יש לו מי שישתדל בשבילו בצרכי קבורה, ורצה להחמיר על עצמו ולקרות, אין מוחין בידו - פי' דאפילו אם מוטל עליו לקברו, רק שיש לו בני אדם אחרים שיתעסקו בשבילו, ורוצה להחמיר על עצמו, אין מוחין בידו, זהו דעת ראבי"ה, **וכתב** רש"ל, שעכשיו לא נהגו כראבי"ה.

(עיין ביו"ד סי' שמ"א) - דשם פסק, דאינו רשאי להחמיר בכל גווני, וכן עיקר, **ומ"מ** בן שהוא אונן על אביו, ויש מתעסקין בלעדו, מותר לו לילך לבהכ"נ לומר קדיש עליו, כי זהו כבודו של אביו, ומותר לכו"ע, ומכ"ש בשבת ויו"ט, **ודוקא** כשאין אבלים אחרים, אבל כשיש אבלים אחרים לא, (דכל זמן שלא נקבר המת אין דין גיהנם, נמצא דגוזל שאר אבלים – פמ"ג).

(מקום שמוליכין המת מעיר לעיר, אם מקום קרוב הוא, הוי אונן ופטור מן ק"ש ותפלה, **אבל** אם המקום רחוק, כגון מהלך ב' ימים, לא הוי אונן עד שיבואו לעיר קבורתו).

סעיף ב - בד"א בחול, אבל בשבת חייב כל היום - בכל הברכות ובכל המצות, זולת דברים שבצינעא, ומותר לילך לבהכ"נ.

עד הערב, אם מחשיך על התחום להתעסק בצרכי קבורה - וה"ה במקום שצריך להושיב גבאים לאחר מנחה, להשוות בעד מקום קבורה, או לעסוק בשאר צרכי המת.

אבל אם אינו מחשיך על התחום, חייב גם לעת ערב - כתב הט"ז, כיון שיש עליו חיוב בעת ההיא, יש לו לקרות ק"ש של ערבית בעוד יום, אע"פ שאין הקהל קורין ק"ש אלא בלילה, מ"מ זה שיהיה פטור בלילה לא יבטל ממנו עול מלכות שמים, **אבל** ממ"א משמע וכ"כ א"ר, דלא יקרא ק"ש וברכות מבעוד יום, וכ"ש שלא יתפלל תפלת י"ח, (דכיון שרוצה להתפלל ערבית תפלת חול, א"כ חול הוא אצלו וחל עליו אנינות, ואונן פטור להתפלל – באה"ט), **ונראה** דיקרא ק"ש בלא ברכות, ובמו"ש יאכל בלא הבדלה, ולא יתפלל, ולאחר שיקבר המת יבדיל, אפי' עד סוף יום ג'.

ויו"ט שני דינו כחול - ואפילו אינו רוצה לקברו, מ"מ חל עליו כל דיני אנינות, **ודוקא** כשיכול לקברו

הלכות קריאת שמע
סימן עא – אבל והעוסקים במת פטורים מק"ש

אלא שהוא אינו רוצה, אבל אם א"א לקברו מחמת איד עו"ג, או אונס אחר, לא חל עליו אנינות. **(ועיין סי' תקמ"ח סעיף כ').**

וכתב בחכמת אדם, דאם מת לו מת ביו"ט בשחרית בשעת תפלה, במקום שהמנהג להושיב גבאים, ולא יכול לקבצם עד אחר התפלה, לא חל עליו אז אנינות, וחייב להתפלל, דהוי כמו אונס, **וכן** בליל יו"ט, אפי' של יו"ט שני, הסכימו רוב האחרונים דיקדש ויתפלל הכל, ואין בו דין אונן, מטעם שאין דרך לקבור בלילה, ומותר בכל חוץ מלימוד תורה, מפני שהוא משמח.

וכ"ז לענין יו"ט, אבל לענין חול בין בלילה בין ביום, אפילו אם יש איזה מניעה מן הגבאים שאין מתקבצין, אפ"ה חל אנינות.

מי שהתחיל להתפלל או לקרות שמע, ונעשה אונן פתאום, אם יגמור או יפסיק, יש דיעות בזה.

ויו"ט ראשון, אם רוצה לקוברו בו ביום ע"י עובדי כוכבים, דינו כחול; ואם אינו רוצה לקוברו בו ביום, דינו כשבת.

סעיף ג - המשמר את המת, אפילו אינו מתו, פטור - מק"ש ותפלה וכל המצות, מפני שהוא עוסק במצוה, ששומרו מן העכברים, ואפילו בספינה חיישינן לעכברים, **ואינו** רשאי אז להחמיר על עצמו, ואפילו הוא יושב חוץ לד"א.

סעיף ד - היו שנים משמרים, זה משמר וזה קורא, ואח"כ משמר זה וקורא זה.

סעיף ה - החופר קבר למת, פטור - אפילו בשעת נוחו מעט, שגם אז נקרא עדיין עוסק במצוה, שעי"ז יתחזק כוחו לחזור ולחפור.

סעיף ו - היו ב' או יותר חופרים, כל הצריכים לצרכי החפירה בבת אחת, פטורין; ואם יש נוספים, נשמטים וקורין, וחוזרים אלו ומתעסקים והאחרים נשמטין וקורין - ר"ל ונמצא שקראו כולם, ולא נתבטל שום דבר מעסק הקבר כלל, אפילו רגע.

(עיין ביו"ד סימן שס"ה).

סעיף ז - אסור לקרות ק"ש תוך ארבע אמות של מת, או בבית הקברות - וה"ה לומר קדיש ושאר דברי קדושה, והטעם משום "לועג לרש".

עיין לעיל בסי' מ"ה במ"ב, מה שכתבתי שם לענין לכנוס בתוכו בתפילין, וה"ה לענין זה.

ואם קרא, לא יצא - קנסוהו חכמים הואיל ועבר על דבריהם, אפילו היה שוגג, **והראב"ד** חולק, וסבירא ליה דאין צריך לחזור ולקרות, כיון דהמקום ההוא היה ראוי לקרות בו, ורק משום "לועג לרש", יצא בדיעבד, **ולדינא**, לענין ק"ש הסכימו האחרונים, לחוש לדברי הרמב"ם לחזור ולקרות, **אבל** אם בירך או התפלל, אינו חוזר, **ולענין** ברכות ק"ש מסתפק הפמ"ג, עי"ש טעמו, ‹דדלמא כל שקורא, חוזר וקורא בברכות, דהכי תקנו – שם›.

§ סימן עב – דין נושאי המטה והמנחמים והמלוים §

סעיף א - נושאי המטה וחילופיהן וחילופי חילופיהן, בין אותם שהם לפני המטה, בין אותם שהם לאחריה, מאחר שלמטה צורך בהם, פטורים - כגון בעיר שיש בה חבורה המזומנת לכך, וכל בני החבורה מחליפין לשאת, לפי שכולם חפצים לזכות בו, כולם פטורים מק"ש, לפי שהם טרודים טרדת מצוה, **ואפילו** הרחוקים מהמטה, ואע"פ שיש שהות לאחרונים לקרוא בעוד שנושאים הראשונים, אפ"ה פטורין, מפני דלפעמים נמלכין ונותנין להם לשאת, ולפיכך אין להם להתחיל.

ובמקום שאין חבורה המזומנת לכך, הסמוכין למטה פטורין, לפי שדרך לזכותם בהמצוה כשיכבד על הנושאים, אבל הרחוקים מהמטה חייבין.

ושאר המלוין את המת, שאין למטה צורך בהם, חייבים - בק"ש, ואע"פ שהלוית המת הוא בכלל גמילת חסדים, וגמ"ח הוא מן התורה, מ"מ הם

הלכות קריאת שמע ריז
סימן עב – דין נושאי המטה והמנחמים והמלוים

אינם טרודים כלל, ויכולין לקרות פסוק ראשון בכונה ובעמידה, והשאר כשהם מהלכין, **אבל** פטורין מתפלה.

סעיף ב - אין מוציאין את המת סמוך לק"ש, שאין שהות להוציאו ולקברו קודם שיגיע זמן ק"ש – (ר"ל דהאי "סמוך" דקאמרינן הכא, אין פי' כמו "סמוך למנחה" דבסימן רל"ב, שהוא חצי שעה, אלא פי' כדי שהות להוציאו ולקברו קודם שיגיע זמן התחלת ק"ש, שהוא משיכיר את חבירו ברחוק ד"א).

ואם כבר הגיע זמן ק"ש, יש להם להתאחר זמן שיוכלו לשער שכבר התפללו רוב הקהל, וגם שנושאי המטה כבר קראו והתפללו.

ואפילו הוא אדם חשוב, דלענין זה ליכא בזמננו אדם חשוב להקל עי"ז.

מסתימת לשונו משמע, דכן הדין בק"ש של ערבית, **ולדינא** הסכימו האחרונים, להקל בשל ערבית, לפי שאם לא יקברנו היום, יעבור על "לא תלין", **ואף** שיוכל לקברו בלילה אחר שיקרא ק"ש ויתפלל, עכ"פ יעבור על מ"ע "כי קבור תקברנו ביום ההוא" אם לא יקברנו קודם שקיעת החמה, **ואם** נזדמן שנשתהה הוצאת הקבורה עד שחשיכה, ימתינו מלהוציאו עד שיתפללו הקהל מעריב.

ואם התחילו להוציאו - אפי' אחר שהגיע זמן ק"ש, **אין מפסיקין כדי לקרות** - פי' העם הצריכין לשאת המטה, אפי' אם יעבור עי"ז זמן ק"ש, דקבורת מתים דבר תורה, **אבל** אלו שאין למטה צורך בהם, חייבים לקרות תיכף, אע"פ שיש עדיין עוד שהות.

סעיף ג - העם העוסקים בהספד, בזמן שהמת מוטל לפניהם, נשמטים אחד אחד וקורין ומתפללין - שא"א שיקראו כאן אצל המת, משום "לועג לרש".

(**ולכאורה משמע**, דאפילו אם עי"ז יעבור בתוך כך זמן ק"ש, ג"כ אין לחוש, דהרי כבר התחילו לעסוק במצוה ופטורין מן המצוה, אף שהמצוה השניה חמורה ממנה הרבה).

ומתפללין - והרבה פוסקים חולקין, וס"ל דהקילו לענין תפלה במת מוטל לפניהם, כיון שהתפלה הוא דרבנן, **ונראה** דלענין חזן הספדן בודאי יש לסמוך להקל בזה, שלא יצטרך להפסיק לתפלה, **דאפילו** לענין ק"ש י"א דהוא פטור בזה, עיין בטור וב"י.

אין המת מוטל לפניהם, הם קורין ומתפללין, והאונן יושב ודומם - ואין עונה אחריהם כלום, מטעם שנתבאר בסי' ע"א.

סעיף ד - קברו את המת וחזרו האבלים לקבל תנחומין, וכל העם הולכין אחריהם ממקום הקבר למקום שעומדים שם האבלים לעשות שורה לקבל תנחומין, אם יכולים העם להתחיל ולגמור אפילו פסוק אחד קודם שיגיעו לשורה, יתחילו - ויקראו כל מה שיוכלו.

(**אע"ג** דבס"ב איתא, דאין מוציאין מת אא"כ יש שהות לקברו קודם, איירי שחשבו מתחלה שיהיה שהות, ואח"כ אין שהות).

(**יש לדקדק**, שהרי פסוק ראשון לכו"ע אסור לקרותו מהלך, וא"כ היכי משכחת לה שיהא שהות לקרותו עד שלא יגיעו לשורה, דהרי אע"פ שהוא רחוק קצת, מ"מ הרי אסור לקרות בהליכה, **אח"כ** מצאתי קושיא זו בספר מאמר מרדכי, וכתב על זה: ושמא י"ל, דר"ל אם הוא בריחוק קצת, שטרם שיגיע האבל לשם, יכולים לעמוד בפסוק ראשון, ולהיות עם האבל לשורה ביחד, וכגון שמשערים בהליכת האבלים, שיגיעום טרם שיגיעו הם לשורה).

ואם לאו, לא יתחילו. הגה: אם יש שהות ביום לקרות אח"כ - אבל אם יעבור זמן קריאת שמע, יקראו ק"ש תחלה, כיון שעדיין לא התחילו במצות תנחומין, (כ"כ מ"א, ועיין בפמ"ג שכתב, דמשמע מזה דהעוסק במצוה אפילו במצוה דרבנן, שוב אין לו לפסוק אפילו למצוה דאורייתא, וצ"ע מנין לו זה, עכ"ל).

(**בספר מאמר מרדכי** מפקפק על הג"ה זו, וכתב דמדברי הרבינו יונה לא משמע הכי, שכתב: לא יתחילו, טעמא דמילתא, דתנחומי אבלים מדאורייתא, דבכלל ג"ח הוי, ולפיכך אמרו דכיון שעוסק במצוה פטור מן המצוה, ואע"פ שכבר נקבר המת, לא יתחיל, עכ"ל, ודין עוסק

מחבר רמ"א משנה ברורה

במצוה הוא אפילו בדליכא שהות, וסיים ע"ז שם: דדין זה צ"ע למעשה, וברמב"ם פסק, דניחום אבילות הוא מ"ע מד"ס, ולפי"ז הדין עם ההג"ה).

סעיף ה - העומדים בשורה לנחמו, הפנימים שרואים פני האבל, פטורים; והחיצונים שאינם רואים פני האבל, חייבים.

§ סימן עג - הישן עם אשתו ובניו איך יתנהג §

סעיף א - שנים שהיו ישנים בטלית א', ובשר שניהם נוגעים זה בזה, לא יקרא ק"ש - שמא יבא לידי הרהור, **ונקט** נוגעים, משום דאז אסור לקרות בלא הפסקת טלית, אפילו אם ירצו להחזיר פניהם מזה לזה, **ואם** הם שוכבים פנים להדי פנים, אסור לקרות בלא הפסקת טלית, אפילו אם אינם נוגעים, כל ששוכבים בקירוב אחד לחבירו, (**והמאמר** מרדכי מסתפק בזה).

אלא אם כן היתה טלית מפסקת ביניהם ממתניהם ולמטה - ואז אפילו פניהם זה לזה מותר, דשוב לא יבוא לידי הרהור.

אבל ממתניהם ולמעלה אפי' בשרם נוגע זה בזה, לא אתי לידי הרהור.

(נסתפקתי אם בעינן שיהא חוצץ עד סוף גופם, ולא סגי רק כיסוי ערוה לחוד, דאפשר דהכא חמירא טפי, ומשום הרהורא, רק דממעלה למתניו ס"ל דלא שייך הרהורא, **או** אולי אפילו הטלית קצר, ולמטה ברגליהם נוגעין זה בזה, שרי, וצ"ע).

ובכ"ז צריך ג"כ שיוציא ראשו לחוץ, שלא יהא עיניו יוכל לראות את הערוה, וצריך ג"כ לחוץ על לבו, שלא יהא לבו רואה את הערוה.

כתב הפר"ח, דנראה לו, דאם בדיעבד קרא בלא החזרת פנים ובלא הפסקת טלית, דיצא ידי חובתו, **והפמ"ג** מפקפק בזה.

(כתב בספר עבודת היום, בד"א כל זה הסימן, כשקורא ק"ש או מתפלל או מדבר ד"ת בפיו, אבל להרהר בד"ת, הלא קי"ל דמותר אפילו כשערותו מגולה, **ועי"ש** שכתב עוד, ומטעם זה מותר להרהר בדברים שבקדושה בשעת תשמיש, שהרהור אינו כדיבור לענין זה, אע"פ שהוא כדיבור לענין להרהר במבואות המטונפות).

סעיף ב - אם היה ישן עם אשתו, קורא בחזרת פנים לצד אחר, ואפילו בלא הפסקת טלית, משום דחשיבא כגופו - משום דאשתו כגופו ורגיל בה וליכא הרהורא, ומ"מ צריך חזרת פנים, דפנים להדי פנים א"א דליכא הרהורא, **ואם** האיש מחזיר פניו לבד, והאשה נשארת כמות שהיא, אף שפניה נגד אחוריו מ"מ הוא מותר לקרות, דשוב ליכא הרהור, ובלבד שלא יהא בשרו נוגע בערותה, **אבל** אם תרווייהו רצונם לקרות, אז גם היא צריכה להחזיר פניה, ואפילו בשרם נוגעים זה בזה, מותרים לקרות.

ויש מי שאוסר - ר"ל בלא הפסקת טלית, **ונכון לחוש לדבריו** - ולפי דבריהם צריך מאוד ליזהר בזה, בק"ש שעל המטה ובברכת "המפיל", שיהיה ביניהם הפסקת טלית, ואז אפילו פנים להדי פנים מותר.

סעיף ג - אם היה ישן עם בניו בעודם קטנים, מותר לקרות בחזרת פנים בלא הפסקת טלית - דלדידהו לכו"ע אמרינן, כיון דגס בהן חשובין כגופו וליכא הרהורא, ומ"מ פנים להדי פנים אסור, והיינו שיהא אחוריהם זה לזה, **ואם** פני בניו נגד אחוריו, צריך עכ"פ ליזהר שלא יהא בשרו נוגע בערותן, כן נראה לי, **וראיה** מלקמן סימן ע"ד ס"ה, דמוכח דאם בשרו נוגע בערות חבירו ג"כ אסור.

ובפר"ח מיקל בפנים להדי פנים, והביא ראיה, **ובספר** מאמר מרדכי וברכי יוסף דחו ראיתו, **ומשמע** עוד מדברי המאמ"ר, דאפי' אם נימא דאין צריך להחזיר פנים, עכ"פ בנוגע ערותו בבשרם או להיפך אסור.

ואם הם גדולים, צריך להפסקת טלית - וה"ה קטנים אחרים שאינם בניו, **אך** לפי מה שמבואר לקמן בסימן ע"ה ס"ד בהג"ה, דקטן כל זמן שאין ראוי לביאה, היינו בזכר עד ט' שנים ויום אחד, ובנקיבה עד בת ג' ויום אחד, אין ערותו ערוה, לכאורה גם לענינו יש להקל אם עדיין לא הגיע הזמן.

הלכות קריאת שמע
סימן עג - הישן עם אשתו ובניו איך יתנהג

סעיף ד - עד כמה הם חשובים קטנים, התינוק עד שיהיו לו י"ב שנים, והתינוקת עד שיהיו לה י"א שנים, ואפי' הביאו ב' שערות, מותר. ובשנת י"ג לתינוק וי"ב לתינוקת - ר"ל משהתחיל יום ראשון בשנה זו, **אם הביאו ב' שערות אסור בלא הפסק; ואם לא הביאו ב' שערות, מותר** - עיין במ"א שכתב, דלפי מה שפסק הטור באבן העזר סימן כ"א, אסור משהגיע הזמן הזה אפילו לא הביאו ב' שערות, **וגם** אפי' בלא ק"ש, אסורים לישן ביחד ערומים בקירוב בשר משהגיע הזמן הזה.

ומשנת י"ג ואילך לתינוק, וי"ב לתינוקת, אפילו לא הביאו ב' שערות, אסור - ר"ל ג"כ תיכף משהושלם השנת שלשה עשר, וא"צ י"ג שנה ויום אחד, רק שלימות, ויום הלידה ג"כ בכלל, **כגון** אפילו אם נולד באחד בתשרי בסוף היום, כשבא לתחלת ליל שנת י"ד שנולד בו, היינו אחד בתשרי, נשלם לו הי"ג שנים ונעשה גדול, **וכן** הדין לענין בר מצוה, אך דשם בעינן ג"כ שתי שערות.

§ סימן עד - שלא לברך כשאבריו רואים את הערוה §

סעיף א - (נעתיק פה ההקדמה מפמ"ג לסימן ע"ד וע"ה כי הוא נצרך מאוד. דע, כי הדין איסור ערוה המבואר בסימן זה ובסימן ע"ה, נחלק לחמשה חלקים כאשר יתבאר בעזה"י. **[א]** עינו רואה ערותו. **[ב]** לבו רואה ערותו, כגון שהוא הולך בחלוק בלי מכנסים ובלי אזור, או כגון שהיה מושכב ערום תחת המכסה והוציא ראשו לחוץ, ולבו עם הערוה תחת המכסה. **[ג]** גילוי ערוה, כגון שהולך בביתו ערום, אף שהוציא ראשו לחוץ לבית, וגם לבו מכוסה בבגד, דליכא כאן משום עינו ולבו רואה את הערוה, עכ"ז יש כאן איסור משום גילוי הערוה. **[ד]** עיניו רואה ערות חבירו, ואין חילוק בין ערות ישראל או עכו"ם, ואפי' קטן בן ט' וקטנה בת ג', ופשיטא מאשה בין א"א בין פנויה. **[ה]** לבו רואה ערות חבירו).

(**והנה** בעיניו רואה ערותו דאות א', או דאות ד' ברואה ערות חבירו, אסור מה"ת, דכתיב: ולא יראה בך ערות דבר, לקרות ק"ש או לעסוק בד"ת ודבר קדושה, וא"כ הקורא ק"ש ורואה ערוה, עובר בלאו מן התורה, וה"ה כל דבר שבקדושה, **אבל** הרהור מותר בערוה, אלא שומע כעונה אסור בערוה, דהוי כדיבור, **ועי"ש** בפמ"ג שמצדד עוד, דאף דאין לוקין על לאו זה, דאין בו מעשה, מ"מ חייב מכות מרדות מדבריהם, ופסול עבור זה לעדות מדרבנן, **ובספק** אם ראה ערוה, צריך לחזור ולקרות, דספיקא דאורייתא לחומרא, לכן יחזור ויקרא מספק, ולענין אם צריך לחזור ולקרות עם ברכותיה, י"ל דתליא בזה, אם נאמר דהלכה כרבא בתמורה, דכל מילתא דאמר רחמנא לא תעביד אי עביד לא מהני, הוי ספק תורה בק"ש, לכן יקרא עם ברכותיה, **משא"כ** אם נאמר דמדרבנן חוזר וקורא, י"ל ספיקא דרבנן לקולא).

(**וגילוי** ערוה, אע"פ שלבו מכוסה ועיניו אינן רואות, כגון שעוצמם, או הוציא ראשו חוץ לחלון, אפ"ה אסור לקרות ולעסוק בתורה, והוא איסור מן התורה, **ולא** מיבעי אם אחר עומד לנגדו, דאסור מה"ת, רק אפילו אין אחר עומד לנגדו, אסור, כמש"כ רש"י בחומש, ד"ולא יראה בך" קאי על הקב"ה, **ואם** קרא וערותו מגולה, צריך לחזור ולקרות).

(**והפרש** יש בין רואה ערותו לערות חבירו, דברואה ערותו, יש דיעות בסימן ע"ה דעוצם עיניו לא מהני, ולא יצוייר החזרת פנים, כי צריך להחזיר גם גופו, ואלו בערות חבירו, לכו"ע מהני החזרת פנים עם גופו, **גם** הפרש בין עיניו רואה ערוה או גילוי ערוה, אף דתרוייהו מדאורייתא הם, מ"מ יש חילוק ביניהם, דבעיניו רואה, לא מהני כיסוי המים כמו ערוה בעששית, ואלו לגילוי ערוה, מהני כיסוי המים).

(**ואיסור** לבו רואה ערוה הוא רק מדרבנן, לכן בלבו חוץ למים, או ערוה בעששית ולבו רואה אותה, מותר לקרות ק"ש ולעסוק בד"ת, משא"כ בעיניו רואה דהוא מן התורה, אסור בכה"ג, **והפרש** יש בין לבו רואה ערוה שלו או של חבירו, דאלו לערותו, מהני הפסקה בזרועותיו, ומכ"ש באבנט, ולשל חבירו לא מהני הפסקה, דסוף סוף לבו רואה ערות חבירו, וצריך דוקא כיסוי בבגד על לבו, וכיסוי ביד על לבו לא מהני אף לערות חבירו, דאין גוף מכסה גוף, **ואם** הולך בכתונת לבד, וא"כ האיסור הוא

רכ הלכות קריאת שמע
סימן עד – שלא לברך כשאבריו רואים את הערוה

מטעם דלבו רואה הערוה, וכגון שאינו הולך באזור, בכה"ג יש תקנה בחיבוק זרועותיו, **או** אף בידו מהני, כגון שיכסה בכתונת על הלב, **ואם** הכתונת דק מאוד ונראית הערוה משם, דינו כדין המים המבואר בסימן זה, ולעיניו לא מהני כמו ערוה בעששית).

היה ישן ערום בטליתו - המחבר תפס לשון הגמרא, דשם שייך האי לישנא, **אבל** בענינינו ה"ה כשהיה ישן בחלוקו בלא מכנסים, ג"כ דינא הכי.

צריך לחוץ בטלית על לבו, ואז יקרא – (ר"ל אפילו אם הוציא ראשו חוץ לטליתו, שלא יהיה עם ערותו תחת מכסה אחד, מ"מ אסור, דלבו רואה ערוה, עד שיחוץ על לבו להפסיק, ואז אפילו אינו מוציא ראשו חוץ להטלית שרי ע"י זה).

פי' דידביק הטלית על לבו, כדי שיהא הפסק בין לבו לערוה, אבל בלא"ה אסור, דנהי דלבו מכוסה בטלית שעל כל גופו, הרי עדיין לבו וערוה בהדדי הן, ואין דבר ביניהן, (**וכתב** הל"ח והא"ר, דאם מכסה לבו בבגד בפני עצמו, סגי אף אם אינו מדביקו על לבו).

וה"ה אם חוצץ בטליתו מתחת ללבו, כדי שיהא הפסק בין לבו לערוה, ואפילו אם לבו מגולה לגמרי.

משום דלבו רואה את הערוה אסור - דערוה בראיה תלי רחמנא, כדכתיב: לא יראה בך ערות דבר וגו', ומצינו לשון ראיה בלב, כדכתיב: ולבי ראה הרבה חכמה, לפיכך החמירו חכמים בזה.

ודע, דאפילו אם לבו מכוסה בבגד להפסיק בינו לערוה, צריך שתהא ערותו ג"כ מכוסה, ואם הוא מגולה, הסכימו הרבה אחרונים דאסור לקרות מן התורה, אפילו אם מכוסה בהטלית גם על ראשו ועיניו, שלא יוכל לראות את הערוה, **שהרי** לא נאמר "לא תראה ערות דבר", אלא "לא יראה בך", כלומר שתהא מכוסה בענין שלא יוכל להראות אפילו לאחר.

לפיכך העומד בבית ערום, והוציא ראשו חוץ לחלון שלא יראה ערותו, אע"פ שחצץ בבגד על לבו, הרי זה לא יקרא, כיון שערותו מגולה ונראית בבית, **אבל** הישן ערום בכילה שאינה גבוה י' טפחים, והוציא ראשו חוצה לה, וגם חצץ באיזה דבר להפסיק בין לבו לערוה, אע"פ שערותו מגולה בכילה, הרי זה כמכוסה בטלית, שכיון שאין הכילה גבוה י"ט, שם כיסוי עליה כמו מלבוש, **ואינו** דומה לבית, שהוא חלוק רשות לעצמו ולא נוכל לכנות עליה שם כיסוי, ע"כ אסור, (**ואם** הוציא ראשו ולבו חוץ לכילה, אסור, דהוי כאילו הוא כולו לחוץ).

(**ואם** הוא עומד ערום במגדל של עצים, ומוציא ראשו לחוץ, מסתפק הירושלמי אם דינו כבית ואוהל ואסור, או דינו ככלי והוי כמו מלבוש, **והרבינו** ירוחם פוסק בזה לקולא, אך שלא יהא לבו רואה את הערוה, **ולפי"ז** משמע בפשיטות, דאם אחד עומד ערום בתוך כלי, נחשב הכלי כמו מלבוש, ומהני כשמסתכל בעיניו כלפי חוץ, וכ"כ הדרישה, **והט"ז** מחמיר בזה שם, ותמה הפמ"ג עליו, ומ"מ צריך להפסיק בין לבו לערוה, דלא עדיף מכתונת).

וכן אם צואה בבית בתוך ד"א, והוציא ראשו חוץ לחלון, אסור לקרות ק"ש, דשדינן ראשו בתר רובו, ואפילו לדעת המתירין לקמן בסימן ע"ו ס"ד, **ואם** הכניס ראשו לחדר שיש שם צואה, אסור ג"כ לכו"ע לקרות, דעכ"פ הצואה נגד עיניו, **ולדעת** הרשב"א המובא בסימן ע"ט ס"ב, אסור אפילו הוא עומד מבחוץ נגד הפתח, כיון שהצואה כנגדו.

עיין בדה"ח, דאפילו בדיעבד אם קרא ק"ש והתפלל בראיית לבו לערוה, חוזר, והק"ש חוזר עם ברכותיה אם קראם בראיית לבו לערוה, דהכי תקנו חכמים, **אבל** בשאר ברכות יש להסתפק בדיעבד אם יחזור, וספק ברכות להקל, **ובח"א** ובנשמת אדם משמע, דיש להקל בדיעבד גם לענין תפלה, בדבר דהאיסור הוא רק מדרבנן, **ואפשר** דיש לתפוס כוותיה לענין זה, ונצרף דעת רש"י ור"ש תלמידו המובא בתוס', (דלבו רואה את הערוה מותר).

הגה: וכ"כ אם לבו רואה ערות חבירו, אסור - דהיינו שאין הפסק בין לבו לערות חבירו, כגון ששניהם שוכבים ערומים ומתכסים בטלית אחד, והם רחוקים זה מזה, דהיינו שאין בשרם נוגע, אלא שפניהם זה כנגד זה, והוא עצמו יש לו הפסק בין לבו לערוה, אעפ"כ אסור משום דלבו רואה ערות חבירו, **או** כגון ששניהם עומדים במים, ולבו אינו רואה ערות עצמו, לפי שמכוסה בבגד ממטה ללבו, אלא שרואה ערות חבירו שאינו מכוסה, אסור אף שעיניו חוץ למים, דמכל מקום לבו רואה.

סעיף ב - הרוחץ ערום במים צלולים ורוצה לשתות, יכסה בבגד ממטה ללבו,

הלכות קריאת שמע
סימן עד – שלא לברך כשאבריו רואים את הערוה

כדי שלא יהא לבו רואה את הערוה כשיברך - פי' דהמים אע"פ שהם צלולים, מ"מ מהני כיסויין לענין שלא יהא אסור מחמת גילוי ערוה, ובתנאי שיוציא ראשו חוץ למים ולא יסתכל בערוה, כיון דהמים צלולים ונראית בהם ערותו, **אלא** שעדיין יש איסור משום לבו רואה את הערוה, כיון שהלב עם הערוה במים, ע"כ צריך לכסות בבגד ממטה ללבו, כדי שיהיה הפסק בין לבו לערוה, **וה"ה** אם חוצץ בבגד על לבו ג"כ מהני, וכנ"ל בס"א.

וה"ה שיכסה ראשו שלא יברך בגילוי הראש.

ודוקא בבגד, אבל בידים לא הוי כיסוי - בין אם מכסה על לבו או בין לבו לערוה, **אם** לא שמחבק בזרועותיו כדלקמן, **והטעם**, דאין גוף מכסה גוף, **ודוקא** בידים דידיה, אבל אם אחרים מכסים לבו בידיהם שרי.

הגה: וכ"ה אם מכסה ראשו בידיו לא מיקרי כסוי הראש - ר"ל לענין שיהא מותר לברך, או להוציא מפיו שאר דברי קדושה, **וע"ל סי' צ"א.**

ואם היו המים עכורים, שאין איבריו נראין בהם, מותר לקרות והוא בתוכן – (ועדיף זה יותר משאם היה לבוש חלוק בלי מכנסים, אף דשם ג"כ אין אבריו נראין בהם מלמעלה, משום דהם דבוקים לגופו, ודמו כארעא סמיכתא, ומקרי עי"ז שאין לבו רואה לערוה).

ואם הם צלולין, עוכרן ברגליו, **ודוקא** בקרקע שייך זה, אבל לא בכלי, שאין בו עפר וטיט, כ"כ המ"א, **אבל** באור זרוע כתב, דאפי' ברוחץ את עצמו בגיגית שייך זה.

והוא שלא יהא ריחן רע.

(ואם אין לבו בתוך המים רק למעלה מן המים, אף בצלולים שרי) - דהמים מקרי הפסק בין לבו לערוה, **ויזהר** ג"כ שעיניו יהיו חוץ למים ולא יסתכל בערוה, דלא עדיף מערוה בעששית.

סעיף ג - אם האדם מחבק גופו בזרועותיו, דיינינן ליה כהפסקה - פי' אם עומד במים צלולים, ולבו ג"כ תוך המים, וצריך להפסיק בין לבו לערותו, די בזה להפסיק, אע"ג דכיסוי בעלמא בידיו מבואר בס"ב דלא מהני, זה עדיף טפי, **והטעם**, כיון שאין דרכן של בני אדם לחבק עצמן כך, והוא עושה כן, מקרי הפסקה אף דהוא חד גוף, **וכן** הסכימו האחרונים, דלא כמהר"ם טיטולו ופר"ח שמחמירין בזה, **וכשהוא** הולך בחלוק בלא מכנסים, והוא מדביק בידיו על חלוקו על הלב או מתחת לבו, כדי להפסיק בין לבו לערוה, גם לדידיהו שרי.

סעיף ד - יש מי שאומר שהנשים יכולות לברך ולהתפלל כשהן לבושות החלוק, אע"פ שאינן מפסיקות למטה מהלב - הטעם, דערותן למטה מאוד, ואין הלב שלה יכול לראותה.

והב"ח חולק וס"ל, דגם באשה בעינן הפסקה בין לב לערוה, אפילו כשיש לה מלבוש, **אבל** שאר האחרונים הסכימו לפסק השו"ע.

ועיין ביו"ד סי' ר', דמסקי הט"ז והש"ך שם, דלפי מה שפסק השו"ע פה, דאין שייך באשה לבה רואה את הערוה, מותרת לברך ברכת הטבילה כשהיא עומדת בתוך המים, אף שהיא עדיין ערומה, דמשום גילוי ערוה אין בזה, דהמים נחשבין כמו כיסוי, **ויותר** טוב שיהיה לבה למעלה מן המים, דזה שרי אף באיש, וכמו שכתב רמ"א בהג"ה בס"ב, **או** שתחבק זרועותיה להפסיק בין לבה לערוה, וכן פסק החכמ"א, **וה"ה** אם עוכרת ברגליה, שלא יהא איבריה נראין בהם, זה לכו"ע מהני, **ואם** יש עוד נשים ערומות עומדות בבית הטבילה, פשוט דצריכה בעת הברכה להחזיר פניה וגופה מהן, **ואף** אם נימא דמקום המקוה הוא רשות בפני עצמו, לא מהני, כדמוכח בסי' ע"ט.

הגה: ואם הן ערומות, צריך שתהא ערוה שלהן טוחות בקרקע או שיושבות על שאר דבר - דמ"מ אם הן עומדות ערומות, יש בהן איסור אחר, דהיינו איסור גילוי ערוה, לא מצד הלב, אלא מצד שנאמר: ולא יראה בך ערות דבר, ואסורה לברך, **אלא** צריכה שתהא ערוה שלה טוחות בקרקע, ר"ל דבוקות ומכוסות בהקרקע.

דאז אין לבן רואה ערוה שלהן - לאו דוקא לבן, דלבן בלא"ה אינו רואה ערותן, אלא על שלא תהא בגילוי ערוה לגמרי קאמר, **וטעות** סופר הוא, וצ"ל "ואז אינו נראה ערוה שלהן".

הלכות קריאת שמע
סימן עד – שלא לברך כשאבריו רואים את הערוה

ועיין במ"א, דדעתו, דאף אם העגבות נראין, אין להקפיד, דעגבות אין בהן משום ערוה, וכן משמע קצת מביאור הגר"א, **ובא"ר** פסק, דעגבות יש בהן משום ערוה.

מה שאין כן בלב - דלא שייך זה, כי הביצים והגיד בולטין.

סעיף ה - שאר אבריו רואים את הערוה, מותר - ר"ל ולא בעינן שיהא מכסה להערוה בפני עצמו באיזה דבר, כדי שלא יראוה האיברים.

אבל אם איזה מאבריו נוגע בין בערותו בין בערות חבירו, אסור לקרות ק"ש או להתפלל - דגזרינן נגיעת שאר איבריו משום נגיעת ידיו, ונגיעת ידיו שלא יבוא לידי הרהור.

ויריכותיו שהערוה שוכבת עליהן, צריך להפסיקן בבגד, או להרחיקן בענין שלא יגע הגיד בהם - אבל בנגיעה דכיס אין להקפיד, דאין לחוש בו משום הרהור, **והמדקדקין** מדקדקין גם בזה, כי יש חולקין, **ובדיעבד** יצא אפילו אם נגע הגיד בהירכים.

סעיף ו - היתה טליתו חגורה על מתניו לכסותו ממתניו ולמטה - ר"ל אפילו רק עד למטה מערותו, **אע"פ שממתניו ולמעלה הוא ערום, מותר לקרות ק"ש** - כיון שערותו מכוסה, וגם הטלית מפסקת בין לבו לערוה, **ובמקום** הדחק, דאל"ה אין נכון לכתחלה לעשות כן אפי' באיזה ברכה וכ"ש בק"ש.

אבל להתפלל אסור, עד שיכסה לבו - ה"ה כל גופו, ונקט לבו איידי דרישא, דבק"ש א"צ לכסות לבו, **וטעם** דתפלה חמורה, לפי שבתפלה צריך לראות את עצמו כעומד לפני המלך ומדבר עמו, שצריך לעמוד באימה, **אבל** בק"ש אינו מדבר לפני המלך.

§ סי' עה – להזהר מגלוי שער וקול אשה בשעת ק"ש, וכן שלא לקרותה כנגד הערוה §

סעיף א - טפח מגולה באשה, במקום שדרכה לכסותו, אפי' היא אשתו, אסור לקרות ק"ש כנגדה - מפני שזה מביא לאדם לידי הרהור כשמסתכל בו, בכלל ערוה היא, ואסור לקרות או להזכיר שום דבר שבקדושה נגד זה, כמו נגד ערוה ממש, **ולפי** מה שביארנו לקמן סעיף ו' בשם האחרונים, דנגד ערוה ממש אסור אפילו בעוצם עיניו, עד שיחזיר פניו, ה"ה בזה, **ויש** מתירין בזה אם הוא נזהר מלראות כלל, וכשא"א בענין אחר נראה דיש לסמוך ע"ז.

אבל פניה וידיה כפי המנהג שדרך להיות מגולה באותו מקום, בפרסות רגל עד השוק, והוא עד המקום שנקרא קניא בל"א, במקום שדרכן לילך יחף, מותר לקרות כנגדו, שכיון שרגיל בהן אינו בא לידי הרהור, **ובמקום** שדרכן לכסות, שיעורן טפח, כמו שאר גוף האשה, **אבל** זרועותיה ושוקה, אפילו רגילין לילך מגולה כדרך הפרוצות, אסור.

וצריך ליזהר בשעה שאשתו מינקת, ומגלה דדיה, שלא לדבר אז שום דברי קדושה.

(עיין בספר שולחן שלמה שכתב, דשיעור זה שייך אפי' בקטנה מבת ג' ואילך, שהיא ראויה לביאה, **ואם** היא בתו, הוא מי"א שנה ואילך).

עיין בפמ"ג שהביא דיעות לענין דיעבד בזה, אם צריך לחזור ולקרות כמו לענין ערוה גמורה, **ובדה"ח** משמע, דאפילו בדיעבד צריך לחזור ולקרות, **ומ"מ** נ"ל, דכשלא נתכוין להסתכל, אין להחמיר בדיעבד לחזור ולקרות, אף באשה אחרת.

הגה: וי"א דוקא באשתו, אבל באשה אחרת - בין פנויה בין א"א, **אפילו פחות מטפח הוי ערוה, (הגהות מיימוני).**

עיין בנשמת אדם שכתב, דלכו"ע זה לא הוי אלא מדרבנן, ומהני בזה עצימת עינים, וכן בשער אשה המבואר בס"ב.

ואם השוק מגולה, י"א דאפילו באשתו ופחות מטפח אסור לקרות נגדה, שהוא מקום הרהור יותר משאר איברים.

וכ"ז לא איירי אלא לענין איסור ק"ש, דהאיסור הוא להרבה פוסקים לקרות נגד המגולה אפילו בלא

סימן עה – להזהר מגלוי שער וקול אשה בשעת ק"ש, וכן שלא לקרותה כנגד הערוה

מכוין לאיסתכולי, **אבל** לענין איסור הסתכלות, לכו"ע המסתכל באשה אפילו באצבע קטנה, כיון שמסתכל בה להנות, עובר בלאו ד"לא תתורו אחרי עיניכם", **ואמרו**, שאפי' יש בידו תורה ומע"ט, לא ינקה מדינה של גיהנם.

וראיה בעלמא לפי תומו בלא נהנה, שרי, אם לא מצד המוסר, **ובספר** מנחת שמואל הוכיח, דאדם חשוב יש לו ליזהר בכל גווני, **וכתב** הפמ"ג, דבמקומות שדרך להיות מכוסה, כגון זרועותיה וכה"ג שאר מקומות הגוף, אף ראיה בעלמא אסור.

וכתבו הפוסקים, דבתולות דידן בכלל נידות הם משיגיעו לזמן וסת, ובכלל עריות הם.

ונראה מדברי הרא"ש, דטפח באשה ערוה אפי' לאשה אחרת, רק שבעצמה יכולה לקרות אע"פ שהיא ערומה, כדלעיל סי' ע"ד - אבל הרשב"א חולק ע"ז, וטעמו, דס"ל דכי היכי דבעצמה יכולה לקרות כשהיא ערומה, אלמא דאין בגילוי כל גופה משום: ולא יראה בך ערות דבר, אלא לאנשים ומשום הרהור, כן אף אשה אחרת מותרת לקרות ולהתפלל נגדה כשהיא ערומה, **והאחרונים** מסכימים עם הרשב"א, ודעתם דגם הרא"ש מודה לזה.

ודע עוד, דלכו"ע אין מותר לקרות נגדה כשהיא ערומה, רק כשהיא יושבת, כדי שלא יהא פניה שלמטה נראית, אבל כשהיא עומדת, דינה כמו נגד ערות איש, ואפילו ברשות אחרת אסור.

סעיף ב - שער של אשה שדרכה לכסותו, אסור לקרות כנגדו. הגה: אפי' אשתו - ואפילו אם אין דרכה לכסותו רק בשוק, ולא בבית ובחצר, מ"מ בכלל ערוה היא לכו"ע אפילו בבית, ואסור שם לקרות נגדה אם נתגלה קצת מהן, **ודע** עוד, דאפילו אם דרך אשה זו וחברותיה באותו מקום לילך בגילוי הראש בשוק כדרך הפרוצות, אסור, וכמו לענין גילוי שוקה דאסור בכל גווני, כיון שצריכות לכסות השערות מצד הדין, {**ויש** בזה איסור תורה, מדכתיב: ופרע את ראש האשה, מכלל שהיא מכוסה}, **וגם** כל בנות ישראל המחזיקות בדת משה, נזהרות מזה מימות אבותינו מעולם ועד עתה, בכלל ערוה היא, ואסור לקרות כנגדן.

ולא בא למעט {במש"כ השו"ע "שדרכה לכסותו"}, רק בתולות, שמותרות לילך בראש פרוע, **או** כגון שער היוצא מחוץ לצמתן, שזה תלוי במנהג המקומות, שאם מנהג בנות ישראל בזה המקום ליזהר שלא לצאת אפילו מעט מן המעט חוץ לקישוריה, ממילא בכלל ערוה היא ואסור לקרות כנגדן, ואם לאו מותר, דכיון שרגילין בהן ליכא הרהורא.

ושער של איש, אפילו של ערוה היוצא דרך נקב שבבגדו, מותר לקרות כנגדו, **אבל** אם הכיס נראה, הוי ערוה.

אבל בתולות שדרכן לילך פרועות הראש, מותר - עיין במ"א שכתב, דלא ילכו בגילוי הראש רק אם שערותיהן קלועות ולא סתורות, **אבל** המחצית השקל והמגן גבורים מקילין בזה.

ובתולות ארוסות, אסורות לילך בגילוי הראש, וה"ה בתולות שנבעלו, צריכין לכסות הראש, **ומ"מ** אם זינתה ואינה רוצה לצאת בצעיף על ראשה כדרך הנשים, אין יכולין לכופה.

כתב הח"א, נכריות שאינן מוזהרות לכסות שערן, צ"ע אם דינן בזה כבתולות.

הגה: וה"ה השערות של נשים שרגילין לצאת מחוץ לצמתן - ר"ל שמלבד כובע שעל ראשה יש לה צמת, והוא בגד המצמצם השער שלא יצאו לחוץ, ואותו מעט שא"א לצמצם ויוצא מהצמת, ע"ז מקיל הרשב"א, **ומותר** לקרות בזה אפילו נגד אשה אחרת, דכיון דרגילין בהן ליכא הרהורא, **אבל** לכוין להסתכל באשה אחרת, אפילו בשערות שמחוץ לצמתן אסור.

(**ואותן נשים הבאות מארצות שאין דרכן לגלותן מחוץ לצמתן, למקום שדרכן לגלותן, מותרין לגלותן, אם אין דעתן לחזור, ולענין לקרות ק"ש כנגדו, כתב בספר שולחן שלמה, דנראה שמותר אפילו דעתן לחזור, טעמו, דליכא הרהורא, ואם באו ממקום שדרכן לגלות, למקום שאין דרכן לגלות, לא יגלו, אפילו אם דעתן לחזור, טעמו, משום הרהור דאנשים, ואסור לקרות ק"ש כנגדן, אפילו אם דעתן לחזור, ואם איש אחד בא ממקום שדרכן לגלות, למקום שאין דרכן לגלות, אסור לקרות ק"ש כנגדן בכל גווני, ואם בא ממקום שאין דרכו לגלות, למקום שדרכו לגלות, מותר אם אין דעתו לחזור**).

רכד הלכות קריאת שמע
סימן עה – להזהר מגלוי שער וקול אשה בשעת ק"ש, וכן שלא לקרותה כנגד הערוה

(ולענין עיקר איסור גילוי שער דאשה, כתב המ"א בשם התוס' דכתובות, דדוקא בשוק אסור, אבל בחצר שאין אנשים מצויים שם, מותרים לילך בגילוי הראש).

(ודע, דענין זה לא שייך כלל להדין דשער באשה ערוה האמור בסעיף זה, ואפילו בביתה ובחדרה אסור לכו"ע לקרות כנגדה, הואיל דדרכן לכסות בשוק, אית ביה משום הרהורא והוי ערוה, **אולם** אפילו עיקר הדין לענין גילוי שער שהביא בשם התוספות לא ברירא, דהנה הסמ"ג כתב בשם הירושלמי לאיסור, וכן דעת הטור שם, והב"ח כתב שם שכן דעת הרמב"ם, ומפרש גם הש"ס שלנו כן, שבגלוי ממש אפילו בחדרה אסור).

ובזוהר פרשה נשא החמיר מאוד, שלא יתראה שום שער מאשה, דגרמא מסכנותא לביתא, וגרמא לבנהא דלא יתחשבון בדרא, וסטרא אחרא לשרות בביתא, וכ"ש אם הולכות בשוקא כך, ע"כ בעאי איתתא דאפילו קורות ביתה לא יחמון שערה חדא מרישאה, **ואי** עבדית כן מה כתיב: בניך כשתילי זיתים, מה זית וכו', בנהא יסתלקון בחשובין על שאר בני עלמא, ולא עוד אלא דבעלה מתברך בכל ברכאן דלעילא וברכאן דלתתא, בעותרא בבנין ובני בנין, עכ"ל בקיצור, **וכתב** המ"א דראוי לנהוג כהזוהר, **וביומא** איתא במעשה דקמחית, בזכות הצניעות היתירה שהיתה בה, שלא ראו קורות ביתה אמרי חלוקה, יצאו ממנה כהנים גדולים.

(ובעל הבית שמואל כתב, דלפי מנהגינו הוי דת יהודית בגלוי ממש אפילו בחצרה וחדרה, ואפילו אי תימא שלא תצא עבור זה בלי כתובה, עכ"פ איסורא איכא, **וכ"כ** בתשובת חת"ס, דכיון דכבר קבלו עלייהו אבות אבותינו בכל מקום ששמענו שנפוצים ישראל לאסור בזה, א"כ הו"ל דין גמור שקיבלו עלייהו, כהך דיעה האוסרת, **וכתב** לבסוף, דבארצותינו שנתפשט המנהג ע"פ הזוהר, **איסור** גמור הוא, ויש לחוש לרביצת האלה האמור בזוהר, **ומי** שחפץ בברכה ירחיק ממנו, עכ"ל).

(**וכ"ז** לענין חצרה וחדרה, אבל לילך בשוק וחצר של רבים, לכו"ע אף אם תלך במטפחת לבד לכסות שערה, מיקרי עוברת על דת יהודית, **עד** שתלך ברדיד מלמעלה ככל הנשים).

(**ודע** עוד, דהנשים שהורגלו לילך בשערות ראשן, מה מאוד צריכה האשה העומדת על הטבילה להשגיח היטיב, שלא יצאו משערותיה לחוץ, ואפילו משהו משער אחד, דאל"ה תשאר נדה גמורה וחייב עליה כרת, **ואם** היא טובלת בליל ש"ק, שא"א לה לטלטל את הנר ולהשגיח היטיב בזה, תכרוך על ראשה בדבר דק, שקורין טול, שהוא מלא חללים כדי שיכנס המים בהם ולא יהיה חציצה, **ואף** שהוא דבר פשוט מאד לכל מי שיודע דת ודין, מ"מ מפני חומר הענין שהוא נוגע לאיסור כרת, לא מנעתי את עצמי מלהודיע זה פה).

וכ"ש שער נכרית, אפי' דרכה לכסות - קרי נכרית להשער שנחתך ואינו דבוק לבשרה, וס"ל דע"ז לא אחז"ל שער באשה ערוה, וגם מותר לגלותה ואין בה משום פריעת הראש, **ויש** חולקין ואומרים, דאף בפיאה נכרית שייך שער באשה ערוה, ואיסור פריעת ראש, **וכתב** הפמ"ג, דבמדינות שיוצאין הנשים בפיאה נכרית מגולה, יש להם לסמוך על השו"ע.

ומשמע מיניה שם, דאפילו שער של עצמה שנחתך ואח"כ חברה לראשה, ג"כ יש להקל, **ובספר** מגן גבורים החמיר בזה, **וכתב** עוד שם, דאם אין מנהג המקום שילכו הנשים בפאה נכרית, בודאי הדין עם המחמירין בזה, משום מראית העין.

סעיף ג - יש ליזהר משמיעת קול זמר אשה - אפי' פנויה, **בשעת ק"ש. הגה: ואפי' באשתו** - ובדיעבד אם קרא, חוזר וקורא בלא הברכות.

אבל שלא בשעת ק"ש, שרי לשמוע לקול זמר פנויה, אך שלא יכוין להנות מזה, כדי שלא יבוא לידי הרהור, **וזמר** אשת איש, וכן כל העריות, לעולם אסור לשמוע, וכן פנויה שהיא נדה מכלל עריות היא, **ובתולות** דידן כולם בחזקת נדות הן, משיגיע להן זמן וסת.

וקול זמר פנויה נכרית, היא ג"כ בכלל ערוה, ואסור לשמוע בין כהן ובין ישראל, **ומ"מ** אם הוא בדרך בין העכו"ם, או בעיר, והוא אנוס שא"א לו למחות, כיון דלא מצינו דמקרי ערוה מדאורייתא, מותר לקרות ולברך, דאל"כ כיון שאנו שרויין בין העכו"ם נתבטל מתורה ותפלה, וע"ז נאמר: עת לעשות לד' הפרו תורתך, **אך** יתאמץ לבו לכוין להקדושה שהוא עוסק, ולא יתן לבו לקול הזמר.

סימן עה – להזהר מגלוי שער וקול אשה בשעת ק"ש, וכן שלא לקרותה כנגד הערוה

אבל קול הרגיל בו אינו ערוה - ר"ל כיון שרגיל בו לא יבוא לידי הרהור, ואפילו מא"א, **ואפ"ה** אסור לכוין להנות מדיבורה, שהרי אפילו בבגדיה אסור להסתכל להנות.

סעיף ד - אסור לקרות כנגד ערוה - דכתיב: כי ד' אלהיך מתהלך בקרב מחניך והיה מחניך קדוש, ולא יראה בך ערות דבר וגו', מכאן למדו חכמים, שבכל מקום שד' אלקינו מתהלך עמנו, דהיינו כשאנו עוסקים בקריאת שמע ותפלה או בד"ת, צריך ליזהר שלא יראה ד' בנו ערות דבר, דהיינו שלא יהיה דבר ערוה כנגד פניו של אדם הקורא או המתפלל כמלא עיניו, **וכן** שלא יהיה אז ערום, שעי"ז מתראה ערוה שלו, כלול ג"כ במקרא הזה.

אפילו של עו"ג - אע"פ שנאמר בהם: בשר חמורים בשרם, אימא כבהמה בעלמא דמי, קמ"ל.

וכן כנגד ערות קטן, אסור - עיין בב"י דלא חשש לדעת המחמירין רק לכתחלה, אבל בדיעבד אם קרא אין חוזר וקורא.

ויש מתירין נגד ערות קטן, כל זמן שאינו ראוי לביאה, וכן עיקר - היינו בקטן עד בן ט' שנים, ובקטנה עד בת ג' שנים.

וקטן בעצמו יוכל לקרות כשהוא ערום עד בן ט' שנים, **ונגד** ערות איש הוא מותר רק עד שיגיע לחינוך.

כתב המ"א, ומ"מ לא יאחוז המוהל הערוה בידו בשעת הברכה, **והא"ר** ומחצית השקל מקילין, **והפמ"ג** כתב, דעכשיו שאין בקיאין כ"כ, יש לחוש לסכנה, ויש לתפוס בידו, וגם הגר"א פסק דאסור לעשות כהמג"א.

סעיף ה - ערוה בעששית, ורואה אותה דרך דפנותיה, אסור לקרות כנגדה, דכתיב: ולא יראה בך ערות דבר, והא מתחזיא - עששית היא של זכוכית, או בגד דק המנהיר עד שנראית הערוה, או טפח מבשר האשה במקום שדרכה להיות מכוסה, שגם זה הוא נקרא ערוה, **ואפילו** היא בבית אחר ורואה אותה דרך עששית שבחלון, לפי שבראיה תלה הכתוב, **ואפילו** בדיעבד צריך לחזור ולקרות.

ועצימת עינים שרי בכל זה לכו"ע, כיון שהערוה עכ"פ מכוסה.

סעיף ו - היתה ערוה כנגדו, והחזיר פניו ממנה - ר"ל אפילו החזרת פנים לבד בלא גופו, דלא גרע מעצימת עינים דשרי לדידיה, **או שעצם עיניו, או שהוא בלילה, או שהוא סומא, מותר לקרות, דבראייה תלה רחמנא, והא לא חזי לה** - ר"ל אע"פ שהוא בסמוך לו תוך ד' אמותיו, דבצואה קי"ל בסי' ע"ט, דאסור אפילו אם הוא מלאחריו, בזה גילה הכתוב דתלוי רק בראיה.

והאחרונים הסכימו, דכל אלו העצות לבד מהחזרת פנים, לא מהני, דלא כתיב "ולא תראה", אלא "ולא יראה", ר"ל לא יראה הרואה, **ואפילו** החזרת פנים שהותר, הוא רק דוקא אם החזיר כל גופו, ועומד בצד אחר, דנעשית הערוה מצידו, אבל אם החזיר פניו לבד לא מהני, **וא"כ** בהוא עצמו ערום, לא יצוייר שום עצה שיהא מותר לדבר ד"ת.

עיין בפמ"ג ושארי אחרונים, דבהוא עצמו ערום, אפשר דגם לדעת השו"ע לא מהני כל אלו העצות.

ונ"מ בכל זה אף לדידן דמחמירין בעצימת עינים וכנ"ל, מ"מ אם החזיר פניו וגופו מן הערוה, מהני לכו"ע, אפילו בסמוך לו.

וכתב במשבצות זהב, דאם הוא ברשות אחד ואדם ערום הוא ברשות אחר כנגדו, והוא עוצם עיניו מלראותו, י"ל דשרי בזה לכו"ע, וכן משמע קצת בדרך החיים, **ובאשל** אברהם משמע דחזר מזה, וכן בח"א לא משמע כן, **אכן** אם חלון של זכוכית מפסיק בינו לערוה, ועוצם עיניו מלראותו, מהני לכו"ע, כיון דיש עכ"פ איזה חציצה המכסה נגד הערוה.

מותר להרהר בד"ת כשהוא ערום, וא"צ לומר כנגד ערוה אחרת, שנאמר "ערות דבר", דיבור אסור הרהור מותר, **ומ"מ** אין לו לשמוע אז ברכה מחבירו לצאת ידי חובה, כי אי אפשר לומר שומע כעונה, כיון שא"א לו לענות.

סימן עו – להזהר מצואה בשעת ק"ש

§ סימן עו – להזהר מצואה בשעת ק"ש §

סעיף א - צואה בעששית - הוא של זכוכית, או דבר אחר המנהיר, **מותר לקרות כנגדה, אע"פ שרואה אותה דרך דפנותיה, משום דבכסוי תלה רחמנא, דכתיב: וכסית את צאתך, והא מתכסיא.**

ואם מגיע לו ריח רע אסור, ואפילו למ"ד בסימן ע"ט ס"ב, דהפסקה מועלת לר"ר, דוקא מחיצה שהוא רשות בפני עצמו, אבל כפיית כלי לא, **ומ"מ** א"צ בזה ד"א ממקום שכלה הריח, אלא כל זמן שאין מגיע אליו סגי, כ"כ הפמ"ג בסימן זה, **אבל** בסימן ע"ט נשאר בצ"ע.

דע, דבכל ההלכות אלו עד סי' פ"ח, וכן לענין איסור ערוה הנ"ל, כל מקום שנזכר הדין לענין ק"ש, בין לענין היתר בין לענין איסור, הוא לאו דוקא ק"ש, דה"ה תורה ותפלה וכל עניני הקדושה, ובין שאומרם בלשון קודש ובין בלשון חול.

סעיף ב - צואה בגומא, מניח סנדלו עליה וקורא, דחשיבא כמכוסה, וכיון שאין ריח רע מגיע לו, מותר - לאו דוקא סנדל, ה"ה באיזה דבר שמכסה מהני, ונקט סנדל, דלא תימא דבטיל לגבי גופו, והוי כמו שמכסה אותה ברגלו יחיפה, דבודאי אין גופו חשוב כיסוי, קמ"ל.

והוא שלא יהא סנדלו נוגע בה - ר"ל אפילו אם אין הצואה מתפשט על צדדי הסנדל מבחוץ, ואינו נראה, **ואע"ג** דבעששית אפילו נוגע ודבוקה בה שרי, מפני שאינו נראה מבחוץ, סנדלו גרע טפי, מפני שעתה הוא מלבוש שלו, **ע"כ** אם חלצו וכיסה בו שרי.

עיין בע"ת ופמ"ג שמצדדים לומר, דאם אחר שקרא ק"ש וברכותיה מצא צואה דבוקה בסנדלו מתחתיתו, חוזר וקורא ק"ש בלא ברכותיה, עי"ש הטעם, ‹דדין זה איבעיא ולא איפשטא, ורק מספק אנו מחמירין - מ"ב המבואר›, **ואם** נתפשט הצואה גם בצדדי הסנדל מבחוץ, עיין לקמן סעיף ח' מה שנכתוב שם, ‹שחוזר וקורא בברכותיה אם היה מקום שצריך להסתפק - שונה הלכות›.

סעיף ג - העבירו צואה לפניו, אסור לקרות כנגדה - וה"ה אם היתה שטה ע"פ המים.

עיין בב"י דסובר, דאין לחלק בין צואה קבועה לעוברת, ע"כ גם בזה בעינן הרחקה מלפניו כמלא עיניו, ומלאחריו ד"א ממקום שכלה הריח, וכן העלה הט"ז והפר"ח, **והב"ח** והא"ר פסקו, דכיון דצואה עוברת היא ואינה עומדת במקום אחד, סגי בהרחקת ד' אמות ממקום שכלה הריח אפילו מלפניו, **ויש** להחמיר לכתחילה, **ולענין** דיעבד אם כבר קרא והתפלל, והיתה הצואה עוברת לפניו חוץ לד"א, עיין בפמ"ג שכתב וזה לשונו: וכבר כתבנו כל היכא דאיכא פלוגתא, חוזר וקורא ק"ש בלא ברכותיה, ובתפלה אינו חוזר ומתפלל.

אך אם העבירו צואה מלפניו ע"פ רחבו, אז די בד' אמות, דהיינו קודם שמגיע לד' אמותיו, או אחר שנתרחקה ממנו ד' אמות, שרי, כיון שהוא אז מצדו, ואמרינן בסימן ע"ט, דמצדו הוי כמו לאחריו, דסגי בד"א ממקום שכלה הריח, דעד מקום שכלה הריח הוא כמו צואה ממש, כיון דריח רע שיש לו עיקר הוא, (**ואף** דלפי מה דכתב המ"א, דצדדין שלפניו הוא כלפניו, היה נכון להחמיר גם בזה, וכן כתב הלבש"ר, מ"מ לא רציתי לסתום כך, משום דבצדדין שלפניו ג"כ הא"ר מיקל, **ובפרט** בענין זה שהרבה אחרונים פוסקין כהב"ח, אפילו בלפניו ממש, ע"כ נראה דאין להחמיר בצדדין שלפניו בזה).

ופי חזיר כצואה עוברת דמי, אפילו עולה מן הנהר אין הרחיצה מועלת לו, דהוי כגרף של רעי - ואם החלון פתוח וחזיר עובר, אם מותר לקרות, עיין בסימן ע"ט ס"ב בבאור הלכה ובמשנה ברורה מה שנכתוב שם.

סעיף ד - היתה צואה על בשרו ומכוסה בבגדיו - (עיין בפמ"ג שכתב, דלא נתבאר שיעור הבגד המכסה, אי בעינן ג' טפחים, או די בג' אצבעות, ולא אבין כונתו, דהלא איתא בס"ו, דצואה כל שהוא יכול לבטלה ברוק, אלמא לא בעינן שיעור להכיסוי, ומקרא מלא הוא: וחפרת בה ושבת וכסית וגו', ולומר דהכא גרע משום דבשרו מטונף מצואה, זה אינו, דא"כ מאי מהני אם הוא כיסוי גדול).

או שהכניס ידיו בבית הכסא דרך חור - ר"ל מחיצה יש בינו לבין בה"כ, ופשט ידו לפנים מן

המחיצה, **דאלת"ה** הלא י"א בסימן פ"ג, דאסור לקרות כנגד מחיצת בה"כ, דכצואה דמיא.

ואינו מריח ריח רע, יש מתירים לקרות - דכתיב: כל הנשמה תהלל יה, דהיינו הפה והחוטם בכלל ההילול, אבל לא שאר איברים, דאפילו אינם נקיים שרי.

ויש אוסרים - טעמם, דכתיב: כל עצמותי תאמרנה ה' מי כמוך, בעינן שיהיו כולם נקיים, **ופשוט** דלפי"ז ה"ה אם אחד מאיבריו הוא בתוך ד' אמות של הצואה, ג"כ אסור מטעם זה.

ואם הצואה היא על בגדיו ומכוסה מלמעלה ג"כ, לכו"ע שרי, **ומ"מ** יזהר כל אדם שיהיו תמיד בגדיו נקיים, ובפרט בעת התפלה.

ומי שידיו מטונפות מקינוח ביהכ"ס, אם אין בהם ממשות צואה, אלא לכלוך בעלמא, והלך ריחה, והיא על ידו דומיא דמלמולי זיעה, שרי לקרות כנגדה אפי' בלי כיסוי, **ודוקא** אחר, משום דלאו כצואה דמיא, אבל הוא גופא, כל שידיו מלוכלכות מלמולי זיעה וחיכוך הראש, אסור לקרות ק"ש ותפלה עד שיטול ידיו, או עכ"פ אם אין לו מים ינקה ידיו, וכדלעיל בסימן ד'.

וי"א שלא התיר המתיר בצואה על בשרו, אלא במקום שהיא נכסה מאליה בלא מלבוש, כגון אצילי ידיו - ר"ל אז מהני כיסוי בגד.

ונכון לעשות כדברי המחמיר - ובעת הדחק יש לסמוך אדברי המתירין, שדוקא הפה והחוטם הוא בכלל ההילול, אבל לא שאר איברים.

הגה: ושכבת זרע על בשרו דינו כצואה - ר"ל ע"כ יש להחמיר בה כשהיא על בשרו אף שהיא מכוסה, כמו בצואה וכנ"ל, **אבל** כשהיא על בגדיו ומכוסה, שרי לכו"ע וכנ"ל בצואה. **וי"א** דאינו כצואה. **מיהו** בספר חסידים מוכח, דאפילו על בגדיו ומכוסה יש לרחצו או לפשטו, שלא יהיה דבוק בו הטומאה, ומכ"ש כשנכשל ח"ו ע"י קרי, שלא יהיה לו למזכרת איסור.

סעיף ה - צואה בפי טבעת, אפי' היא מכוסה, אסור לקרות לדברי הכל - ר"ל אפילו לדברי המתיר בס"ד בצואה על בשרו ומכוסה, שאני הכא דבמקומה נפיש זוהמא טפי, **ע"כ** יש לו לאדם להתעורר ולראות תמיד שיהא נקי פי הטבעת שלו, ולרחצו במים או ברוק, כדי שלא ישאר שמה אפי' משהו מצואה.

ובדיעבד אם קרא ק"ש, חוזר וקורא, **אך** לענין תפלה צ"ע אם יחזור ויתפלל, כ"כ הח"א, **אבל** הרבה אחרונים כתבו, שצריך לחזור ולהתפלל.

אפילו אינה נראית כשהוא עומד, ונראית כשהוא יושב - אבל אם אינה נראית אפילו כשהוא יושב, מותר, שלא ניתנה תורה למלאכי השרת.

מי שיש לו חולי הטחורים, וזב ממנו דם תמיד, ואגב הדם יוצא ממנו ליחה סרוחה מעופשת, ויש לו ריח רע, אסור בכל דבר שבקדושה כל זמן שליחה סרוחה שותת ממנו, **ואם** אין שם ריח רע, אם הדם או הליחה יוצא דרך דחיה בסירוגין, הוי מן המעים, ויש לו תקנה ברחיצת מקום הזוהמא, **ואם** שותת ויורד תדיר מעצמה, אז הוי מפי הטבעת, וא"צ תקנה.

סעיף ו - היה לפניו מעט צואה - אפילו כל שהוא, כי אין שיעור לאיסור צואה, **יכול לבטלה ברוק שירוק בה, ויקרא כנגדה, והוא שיהא הרוק עבה** - אז חשיב כיסוי, ודוקא כשאין מגיע לו ר"ר.

ואין הבטול מועיל אלא לפי שעה, אבל אם לא יקרא מיד, והרוק נימוח ונבלע בה, לא בטלה.

ואם נותן מים ע"ג הצואה, לא מהני, אא"כ המים עכורים שאין הצואה נראית מתוכם, **ולא** דמי לצואה בעששית, דהתם כסוי מעליא הוא, משא"כ בזה, **ולכן** יש ליזהר מלקרות נגד עביט מלא מים, אשר השליכו בתוכו בגדי קטנים שיש בהם צואה.

כתב בחידושי רע"א בשם הנזירות שמשון, דא"צ להרחיק ממה שהאדם מקיא, אף שהוא מאוס.

סעיף ז - ספק אם צואה בבית, מותר לקרות, דחזקת בית שאין בה צואה - ואם מצוי שם קטנים, צריך לבדוק.

ספק אם צואה באשפה, אסור, משום דחזקת אשפה שיש בה צואה - לאו חזקה גמורה, דא"כ אפילו במי רגלים היה אסור, אלא ר"ל שדרך להמצא שם צואה, ע"כ אסור עד שיבדוק.

מחבר רמ"א משנה ברורה

והיכא דמצא צואה, ואינו יודע אם הוא צואת כלבים ושאר בהמה וחיה, או צואת אדם, **דעת** המ"א דאזלינן בזה בתר המצוי, דאם מצויין תינוקות יותר מכלבים, אפילו בבית אסור, **וה"ה** איפכא באשפה, אם מצויין כלבים יותר, תלינן דהוא מכלבים להקל, **ודוקא** אם בדק האשפה ולא נמצא בו שאר צואה בלתי זה, דאל"ה הלא אמרינן דסתם אשפה חזקה שיש בו צואה, דרגילין להפנות שם, וכן פסקו האחרונים כהמג"א.

אבל ספק מי רגלים - (ר"ל שמסופק לו אם יש שם מי רגלים), **אפילו באשפה, מותר** - ור"ל לאחר שבדקוה שלא נמצא בה צואה, וגם שאין מגיע ממנה ריח רע, דאל"ה תיפוק ליה משום אשפה גופא.

משום דלא אסרה תורה לקרות כנגד מי רגלים, אלא כנגד עמוד של קלוח - כתב המ"א בשם הרא"ש, דשותת לא חשיב נגד העמוד, ושרי מדאורייתא, **ובהגהות** הגר"ח צאנזאר מפקפק בזה, **ואחר שנפל לא מיתסר אלא מדרבנן, ובספיקן לא גזרו** - (ונלפענ"ד דה"ה אם מצא בבית ששפוך על הארץ, ואינו יודע אם הוא מים או מי רגלים, יש להקל אפילו במקום שמצוי שם קטנים, דכך מצוי מים שנשפך כמו מי רגלים, **ומה** שכתב הח"א דאזלינן בתר המצוי, שאם קטנים בבית מסתמא הטינוף מהם, אפילו במי רגלים, **שם** איירי שאנו יודעין שהוא מי רגלים, והספק הוא אם הוא מי רגלי אדם או בהמה, לכך אזלינן בתר המצוי, דאם קטנים מצויים יותר תלינן בהם, משא"כ בענינינו, **ועל** דינו דח"א גופא לכאורה יש לעיין, דהלא במי רגלים קי"ל להקל, אפילו באשפה שמצוי להמצא שם מי רגלים, אלמא דלא אזלינן בתר המצוי לענין מי רגלים, **ויש** לחלק בין אם הספק הוא על עצם הדבר, או שהדבר בודאי נמצא, ואנו צריכין לתלותו באיזה דבר, תלינן במצוי אפילו במילתא דרבנן, וצ"ע).

ואם הוא יודע שהיה כאן מי רגלים, ונסתפק אם הטיל לתוכו רביעית מים, וכיוצא בו, כתב הח"א, דכיון דאיתחזק איסורא, אזלינן לחומרא אפילו במילתא דרבנן, **ומ"מ** בשעת הדחק, שיתבטל עי"ז מק"ש ותפלה, יוכל לסמוך על הפוסקים, דאפילו בזה אזלינן לקולא במילתא דרבנן.

ואם אירע לו כזה בצואה, דהיינו שהוא יודע שהיה כאן צואה בבית, ונסתפק אם פינוהו, **נראה** דאסור לקרות ולהתפלל עד שיתברר לו, דהלא הוא מילתא דאורייתא.

סעיף ח - קרא במקום שראוי להסתפק בצואה

- דהיינו במקום שמצוי שם קטנים וכיו"ב, **ומצאה אח"כ** - בתוך ד' אמותיו, **צריך לחזור ולקרות** - עם הברכות, וגם ה"ה לענין תפלה, ד"זבח רשעים תועבה", דהו"ל לבדוק המקום, **ואם** בירך בהמ"ז ושאר ברכות, עיין סוף סימן קפ"ה.

ואם נמצאת חוץ לד"א בתוך שיעור כמלא עיניו, עיין לקמן סימן פ"א ס"ב.

ופשוט דה"ה אם לאחר התפלה מצא שהיו בגדיו או מנעליו מטונפין, ויודע שנטנפו ע"י שהיה קודם התפלה במקום מטונף, כגון בה"כ, וכה"ג במקום האשפתות, ולא שמר את עצמו להיות נקי בצאתו משם, דצריך לחזור, דפשע.

ואם כשהשלים תפלתו ומצא צואה, עבר זמן תפלה, אין משלימה בתפלה אחרת, דפושע הוה, ואין תשלומין אלא בנאנס.

צריך לחזור ולקרות - (עיין בפמ"ג שכתב, דוקא אם מצא אח"כ, אבל אם התפלל במקום שראוי להסתפק, והלך לו ולא בדק, וא"א לו לחזור להמקום ולבדוק, צ"ע אם יחזור ויתפלל, **ובספר** ישועות יעקב מסיק להלכה, דאם קרא במקום שיש אשפה, והלך למקומו, צריך לחזור ולקרות ולהתפלל, דחזקת אשפה שיש בו צואה, וא"כ הוא ספק קרוב לודאי, ואזלינן לחומרא אף בדרבנן, **אבל** במקום שראוי להסתפק, דהיינו שאינו בחזקת היתר לקרות, ולא בחזקת שיש בו צואה, בזה מספק אינו מחוייב לחזור ולקרות, רק במצאה אח"כ דוקא).

(**עיין** בפמ"ג ובנשמת אדם שמסתפקים, אם מה דצריך לחזור ולקרות הוא מדאורייתא או דרבנן, ולבסוף דבריהם מצדדים שהוא רק מדרבנן, דמדאורייתא בדיעבד יצא בזה, **ואעפ"כ** לכו"ע אם הוא במקום המטונף, אף שאי אפשר לו לצאת משם, כגון שהוא חבוש בבית האסורין וכיוצא בזה, לכתחילה מוטב לו שלא יתפלל כלל, דעובר בזה על איסור דאורייתא).

אבל אם אין המקום ראוי להסתפק בו, אין צריך לחזור ולקרות - דאנוס הוי, דמאי הו"ל למעבד. **ואם** ישב בלילה במקום שהיה שם צואת חתול וכיוצא, ונדבק בבגדו והתפלל בבהכ"נ, ובשובו לביתו מצא שהטינוף דבוק בבגד, **א"צ** לחזור ולקרות ולהתפלל, דדמי לאין המקום ראוי להסתפק.

ומי רגלים, אפילו מצאן במקום שראוי להסתפק, אין צריך לחזור ולקרות - דאפילו לכתחילה היה מותר לקרות כל זמן שלא ידע, וכנ"ל בס"ז, **אבל** אם נודע לו מזה שיש כאן מי רגלים, ועבר וקרא או התפלל, צריך לחזור ולקרות ולהתפלל, דעבר על ודאי דרבנן, כ"כ הפמ"ג.

§ סימן עז - שלא לקרות כנגד מי רגלים §

סעיף א - אסור לקרות כנגד מי רגלים - וצריך לזה כל דיני הרחקה, כמו לקמן בסימן ע"ט ס"א לענין צואה, **עד שיטיל לתוכן רביעית מים ואז מותר** - לפי שמן התורה אין אסור לקרות רק כנגד עמוד של קלוח בלבד, ואחר שנפל על הארץ אין איסורו רק מדברי סופרים, **לכן** הקילו חז"ל שיכול לבטלם ע"י רביעית מים, ואפילו היו המי רגלים מרובין, **ולפ"ז** אינו מועיל הרביעית מים אלא דוקא כשאין מסריחין, אבל אם ידוע שהם מסריחין, דאז אסור מד"ת לקרות נגדם, אין מועיל רביעית, אלא צריך שירבה עליהן מים לבטל הסרחון.

וי"א דבעינן דוקא בבת אחת, דאל"ה קמא קמא בטיל, [**ושארי** הפוסקים לא הביאו, וגם הרשב"א מיקל בזה, לכן צ"ע למעשה בדיעבד].

ולא שנא על גבי קרקע - ויראה שילכו המים על כל מקומות שהמי רגלים נשפכים שם, שהם טופח ע"מ להטפיח, (ספר שלחן שלמה, **ומדמצריך שילכו המים עליהם, משמע דס"ל דטופח ע"מ להטפיח לחוד לא חשיב חבור, דנסתפקתי אם המי רגלים בשני מקומות, וביניהם יש מקום שהוא רק טופח כדי להטפיח, והטיל הרביעית מים רק במקום אחד, אי מהני, דאולי לא נחשב חיבור ע"י טופח כדי להטפיח, כי אם כשיש באותו מקום מים עכ"פ כקליפת השום, כמו דפסקינן לענין חיבור מקואות, או** אפשר בענינינו שהוא מדרבנן שאני, וצ"ע).

לא שנא בכלי, ובלבד שלא יהא עביט המיוחד להם - שאז אפי' אין בו מי רגלים כלל, אסור לקרות נגדו, ואינו מועיל בנתינת המים להכשיר הכלי עצמו, כמו שיתבאר בסימן פ"ז. **(ודין עביט ע"ל סימן פ"ז).**

לא שנא היו הם בכלי תחלה ונותן עליהן מים, לא שנא היו המים בכלי תחלה - וכן אם היו מים כרביעית תחלה ע"ג קרקע, והשתין אח"כ ע"ג המים, מותר לקרות ק"ש, ואפילו אם עתה מחמת מי רגלים נתפשט יותר.

סעיף ב - רביעית שאמרו, למי רגלים של פעם אחת - ואפי' אם השתין הרבה, די ברביעית, **וכן** אם השתין רק מעט, י"א דצריך ג"כ רביעית, **אבל** בתשובת חכם צבי פסק, דאם המי רגלים הם פחותים מרביעית, דסגי ברוב מים לבטלן, וא"צ רביעית, דלא אמרו רביעית אלא להקל, שאף אם המי רגלים של פעם אחת הם מרובים מרביעית, סגי ברביעית לבטלן, אבל לא להחמיר, **ואפילו** אם המי רגלים הם משתי פעמים, סגי ברוב מים לבטלן, וכן הסכימו האחרונים, (**ואפילו** **לדעה הראשונה י"ל, דדוקא כשהשתין במקום אחד, אז צריך רביעית לבטל השעור, משא"כ כשהטיל מקצת במקום אחד ומקצת במקום אחר, די שיהיה רק כנגדם מים**), (**משמע** דאף רוב א"צ באופן זה - מ"ב המבואר).

ולשל שני פעמים, שתי רביעיות; ולשל שלש, שלשה. (הגה: וכן לעולם) - פסק כדעת הרמב"ם ושארי פוסקים, ולא כדעת הרשב"א שמיקל בזה, כמו שמבואר בב"י, **ובמגן** גבורים מצדד לומר, דאין ביניהם מחלוקת, ואף הרמב"ם לא קאמר דבעי ב' רביעית לב' פעמים, רק בשבאו זה אחר זה, כגון שהשתין ונתן לתוכו רביעית מים, כשחוזר ומשתין, צריך עוד הפעם לתת לתוכו מים, וכן לעולם, ולא מהני לזה מה שהטיל הרביעית בפעם ראשונה, **אבל** אם השתין כמה פעמים ורוצה לקרות כנגדן, די בהטלת רביעית לבד, **ובביאור** הגר"א מסכים ג"כ להלכה, דדי בהטלת רביעית לבד בזה, עי"ש כי קצרתי.

סימן עח – מי שנצרך להטיל מים בשעת קריאה

§ סימן עח – מי שנצרך להטיל מים בשעת קריאה §

סעיף א - היה קורא והתחילו מי רגליו שותתין על ברכיו, פוסק עד שיכלו המים, וחוזר לקרות - ואף דלמטה ברכיו לחות עדיין ממי רגליו, מותר.

ה"ה לד"ת ולתפלה, פוסק עד שיכלו המים לשתות, ואפי' אם יצטרך עי"ז לשהות הרבה באמצע תפלה, שיהיה כדי לגמור כולה, ויצטרך עי"ז אח"כ לחזור לראש, אפ"ה ממתין, (והוא מהפמ"ג, **וכתב עוד, דאפשר דאפילו יעבור** עי"ז זמן תפלה, **אפ"ה ממתין, וכ"ש** לפי מה שכתבנו לעיל, דאפשר דבעת השתיתה הוא מדאורייתא, יש להחמיר).

אפילו אם נפלו על בגדיו ויש בהם טופח על מנת להטפיח, כיון שהם מכוסים בבגדו - ר"ל שהבגד העליון לא נתלכלך, **ואם** גם הוא נתלכלך, בק"ש ושאר דברי קדושה צריך לילך ולהסיר בגדיו, או עכ"פ לכסות המקום המלוכלך בבגד אחר, **אך** לענין תפלה שא"א לו להפסיק ולעסוק בזה, מתפלל כדרכו אחר השתיתה, כיון דאיסור מי רגלים אינו אלא מדרבנן, וכבר הוא עומד בתפלה, לא גזרו.

ואם נפלו מי רגלים בארץ, מרחיק מהם ד"א - עיין בבה"ל, דלענין תפלה ג"כ נכון להחמיר להרחיק בנפלו לו על הארץ, כמו לק"ש, (**דהב"י** פוסק כדעת הרשב"א, דכיון שכבר הוא עומד בתפלה א"צ להרחיק כלל במי רגלים שהוא מדרבנן, **אבל** לקמן בסימן צ' סכ"ז, בהשתין תינוק בבהכ"נ, משמע דפוסק כאידך פוסקים, דצריך להרחיק גם בתפלה ד"א, **או** שישתוק עד שיביאו לו מים להטיל בתוכם, **ולא** דמי להפשטת בגדים דהקילו רבנן בתפלה, אף דהם טופח ע"מ להטפיח, וכמו שכתבנו במ"ב, משום דהוא הפסק גדול לילך ולפשטם וללבוש אחרים תחתם, משא"כ הליכה לא מיקרי הפסק כ"כ, וכן שתיקה, **ובלבוש** מתרץ, דהכא שבלא"ה בגדיו ג"כ מלוכלכין ממי רגלים, וא"א לו לפושטם באמצע תפלתו, ע"כ הקילו בו ג"כ שלא ירחיק ג"כ ממי רגלים שנטפו מהם על הארץ, ונכון להחמיר, **ועכ"פ** לענין השתנת תינוק, משמע מהפמ"ג ושע"ת, דאין לזוז מפסק השו"ע דשם).

הגה: או כשיעור שיתבאר לקמן סי' פ"ב, או ממתין עד שיבלעו בקרקע - "או ממתין עד שיבלע בקרקע כשיעור, ויתבאר לקמן סימן פ"ב" - כצ"ל.

וכתב המ"א, דאף דאפשר דע"י ההמתנה על הבליעה יצטרך לשהות כדי לגמור כולה, ויצטרך לחזור לראש, אפ"ה אין לחוש לזה בק"ש, דהוי כקורא בתורה, **אבל** אם נזדמן לו כן בברכת ק"ש, טוב יותר שירחיק מהם, ולא ימתין על הבליעה בקרקע, **ובדיעבד** אם שהה בברכת ק"ש כדי לגמור כולה, אינו חוזר לראש, ‹ואא"כ שהה כדי לגמור מתחילת "יוצר אור" עד "גאל ישראל", ואז יחזור מתחילת הברכה שפסק – שונה הלכות›, וכדלעיל בסימן ס"ה במ"ב.

ואפילו שהה כדי לגמור את כולה, אינו צריך לחזור אלא למקום שפסק. הגה: וי"א דאם שהה כדי לגמור את כולה חוזר לראש, וכן עיקר, וכמו שכתבתי לעיל סי' ס"ה - ר"ל דתלוי העיקר אם הוא אנוס בעת ההפסק חוזר לראש, וה"נ הא אנוס הוא, **ומשערין לפי הקורא.**

ולענין תפלה אם נזדמן כן באמצע, והמתין על הבאת מים או על הבליעה בקרקע, בכדי לגמור כל התפלה, נ"ל דאפשר דא"צ לחזור לראש, כי בדיעבד יש לסמוך על דעת הרשב"א והתוס', דס"ל דא"צ להרחיק כלל כיון שכבר הוא עומד בתפלה, וא"כ לא היה אז אנוס, אם לא שבפסיקה עד שיכלו המים לבד היה השיעור כדי לגמור כולה, (**ואפשר** דמ"מ יש לחזור, מטעם דבלא"ה דעת הרי"ף והרמב"ם, דבתפלה חוזר אף בלא אונס).

§ סימן עט – מי שנזדמן לו צואה בשעת קריאה §

סעיף א - (אעתיק בכאן הקדמה לסימן זה. דע דהדין צואה נחלק לעשרה דינים: (**א**) צואה מלאחריו ומצדדים: (**ב**) לפניו: (**ג**) במקום גבוה יו"ד או נמוך יו"ד: (**ד**) צואה בחדר אחר ופתח פתוח: (**ה**) צואה בעששית: (**ו**) צואה במים: (**ז**) ריח רע שיש לו עיקר: (**ח**) צואה עוברת: (**ט**) דין מי רגלים ועביט וגרף של רעי: (**י**) אשפה וצואת בהמה).

(**א. צואה מאחריו או מן הצדדים תוך ד"א**, אסור מן התורה לקרות ק"ש ולהתפלל ולדבר ד"ת, או לברך שום ברכה, משום שנאמר: והיה מחניך קדוש, וכל תוך

הלכות קריאת שמע
סימן עט – מי שנזדמן לו צואה בשעת קריאה

ד"א חניה של אדם הוא, **ואם** קרא במקום שראוי להסתפק, ואח"כ מצא, חוזר וקורא).

(ב. צואה מלפניו מרחיק מלא עיניו, ופליגי בזה הרא"ש והרשב"א, הרשב"א סובר דלאו ד"ולא יראה לך ערות דבר" קאי נמי אצואה, **ולפי"ז** יש חומרא, דאפי' בחדר אחר, כל שרואה אותה אסור מן התורה, כמו בערוה, **וקולא** אליבא דהרשב"א, דחוץ לד"א אף שהוא בתוך כמלוא עיניו, הרהור מותר כמו בערוה, **והרא"ש** ס"ל, דלאו ד"ולא יראה" קאי רק אערוה ולא אצואה, ובצואה ליכא רק איסור משום "מחניך קדוש", **א"כ** קולא להרא"ש, דבחדר אחר אע"פ שרואה אותה מותר, מטעם דגלי קרא דברשות אחרת לאו מחניך הוא, ומה דאסור בחדר אחד לפניו כמלא עיניו, הוא או מטעם איסור דרבנן, או גם מה"ת, דכל שרואה אותה לפניו כמלא עיניו בכלל חניה הוא ואסור, **ולפי"ז** איכא חומרא להרא"ש, דכמלא עיניו אסור אף בהרהור מדרבנן או מדאורייתא, דמלוא עיניו מקום חנייה הוא, **ולפי** מה שכתוב בפר"ח, לא יהיה בזה חומרא להרא"ש).

(ג. צואה במקום גבוה יו"ד או נמוך יו"ד, דהוי רשות אחרת, להרא"ש אפי' רואה שרי, דלאו "דלא יראה" לא קאי עלה, **ולהרשב"א** אסור כנ"ל, **ולכו"ע** מהני בזה עצימת עינים, כיון שהוא ברשות אחר, כ"כ המ"ז וסתם פה כהמ"א, ושם חזר מזה ומשמע דדעתו להחמיר, **ובמקום** הדחק יש להקל, **ואם** צריך שיהיה רוחב ד', יתבאר אי"ה).

(ד. צואה בחדר אחר ופתח פתוח, או צואה לפני הפתח, אע"פ שרואה אותה, להרא"ש שרי, ואף בדליכא דלת, דלאו ד"לא יראה" לא קאי בכה"ג, ולא גרע ממה שכתבנו באות ג', **ולהרשב"א** אסור, ואפשר דביש דלת גם להרשב"א מותר, מטעם דפתח פתוח כנעול דמי, **אך** מדברי השו"ע לא משמע הכי, כמו שכתב המ"ז בעצמו, וכן כל האחרונים סתמו בזה ולא חילקו).

(ה. צואה בעששית מותר, דבכסוי תליא רחמנא, ומשמע מפרש"י והרמב"ם, דאפי' אם אין הצואה מכוסה כלל, רק מחיצת זכוכית מפסקת ביניהם, זו היא הכסוי, ולאו דוקא שיכסה הצואה מכל צדדיו, **ואפי'** להב"ח, דמקום גבוה בעינן י"ט על רוחב ד' טפחים על ד' טפחים, במחיצה לא בעינן זה, וכל שיש הפסק בינו לצואה שרי, וזהו הכסוי, **והנה** שיעור רוחב המחיצה לא זכר הפמ"ג מאומה, ועיין במ"א, דאם המחיצה בבית, בעינן שתהא חוצצת מכותל לכותל, ואם בשדה לא זכר שיעורה, **ועיין** בנ"א שהאריך בזה, ודעתו דכל שהיא רוחב ד"ט חשיבא מחיצה להתיר כנגדה, אבל לא כנגד האויר, **עוד** כתב הפמ"ג, אם צואה בחוץ ורואה תוך החלון זכוכית, שרי לכו"ע, שהרי מחיצת זכוכית מפסקת ביניהם, ואפילו הרשב"א בסעיף ב' דאוסר ברשות אחרת כשרואה אותה, מ"מ כשיש מחיצת זכוכית שרי).

(ו. צואה במים, לאו כסוי הוי, אע"ג דלגבי ערוה הוי כסוי, בצואה לא, דכתיב: וכסית, והאי לאו כסוי מיקרי, משא"כ לגבי ערוה).

(ז. ריח רע שיש לו עיקר, הוי כצואה מן התורה, ע"כ צריך להתרחק מלאחריו ד"א ממקום שכלה הריח, ואם קרא חוזר וקורא, **אך** לענין זה קיל מצואה, דאם הוא בחדר אחר, אף דלא מהני הפסק לריח רע, מ"מ הרחקה ד"א ממקום שכלה הריח א"צ, רק כל שאין מגיע לו הר"ר מותר, **ואף** אם בחדר שהוא שם הגיע הר"ר, מ"מ כיון שלו לא הגיע, מותר, **ואם** מגיע לו הר"ר, אסור בזה רק מדרבנן, דהוא חשוב רק כר"ר שאין לו עיקר, דאיסורו רק מדרבנן, כא"ר ופרישה, ולא כלבוש, וכן העתיק הדה"ח להלכה, **אמנם** מדברי הגר"א בביאורו משמע דסובר כלבוש, דאף בהפסק רשות בעינן ד"א ממקום שכלה הריח, וכן העתיק הח"א, אח"כ מצאתי בפמ"ג שמצדד לומר, דמכוסה והפסקת רשות, אעפ"כ בעינן ד"א ממקום שכלה הריח, ולבסוף נשאר בצ"ע).

(ח. צואה עוברת ואין עומד במקומו, ג"כ הוא ד"ת, דלפניו כמלא עיניו, ולאחריו ד"א, ומהרמב"ם משמע, והב"ח פסק כן, דאף מלפניו די בד"א).

(ט. מי רגלים, מן התורה אסור רק נגד העמוד, הא שותת וכ"ש בארעא, מדרבנן, מ"מ צריך להרחיק ממי רגלים כמלא עיניו לפניו, ולאחריו ד"א, **וכ"ז** כשאין מסריחין, הא כשמסריחין מד"ת אסור).

(י. אשפה שריחה רע, ונבילה שמסרחת, וכל דבר כיוצא בזה, דינו כצואה ומן התורה אסור, וה"ה עביט של מי רגלים וגרף של רעי, נמי מן התורה אסור. **ולענין** צואת בהמה וחיה, יבואר בסוף הסימן. וריח רע שאין לו עיקר, אסור רק מדרבנן).

הלכות קריאת שמע
סימן עט – מי שנזדמן לו צואה בשעת קריאה

היתה צואת אדם מאחריו - אפילו אין מגיע ממנה ריח רע, **צריך להרחיק ד' אמות ממקום שכלה הריח** - דכתיב: והיה מחניך קדוש, וקבלו חז"ל, שמחנה של אדם הוא ד"א, ואם יגיע ריח רע מהצואה בתוך ד' אמותיו, הרי אין כל מקום חנייתו בקדושה, (**עיין** בנ"א שכתב, ‹דהרחקת ד' אמות› ממקום שכלה הריח הוא רק מדרבנן, ע"כ בדיעבד אין חוזר ומתפלל, **ומלבוש** ופמ"ג משמע שהוא דאורייתא). ‹ע"פ מ"ב המבואר›.

אפילו אם יש לו חולי שאינו מריח, צריך להרחיק ד' אמות ממקום שיכלה הריח למי שמריח.

ומלפניו, צריך להרחיק מלא עיניו – (ובזה א"צ ממקום שכלה הריח, אלא כיון שאינו יכול לראותה, הרי מחנהו קדוש).

(**עיין בח"א שכתב, דלהרשב"א הוא מדאורייתא, ד"ולא** יראה בך ערות דבר" קאי נמי אצואה לדידיה, ותלי הכתוב בראיה, אבל להרא"ש לא הוי רק מדרבנן, **ובפמ"ג** מסתפק בזה להרא"ש, **ומהמ"א** וכן מהפר"ח **ושארי** אחרונים משמע, דאף להרא"ש הוא מדאורייתא).

(ומ"מ אף אי נימא דהוא מדאורייתא, אין מחוייב להתרחק בכמלא עיניו רק אי ידע שיש שם צואה, אע"פ שאין רואה אותה בעיניו, משא"כ בספק, ויש מחמירין אם הוא מקום שראוי להסתפק).

עיין בפמ"ג שכתב, דלהרשב"א דוקא דיבור אסור בתוך כמלא עיניו, אבל להרהר בד"ת מותר, אם הוא חוץ לד"א ממקום שכלה הריח, **ולהרא"ש** יש לעיין בזה, דאפשר דאסור מה"ת או מדרבנן.

אפילו בלילה, או שהוא סומא, שאינו רואה אותה, צריך להרחיק עד מקום שאינו יכול לראות ביום - ע"כ אסור לאמר אפילו בלילה, ק"ש או שאר כל דבר שבקדושה, לפני הבתים, כי דרך להיות שם צואה, וכ"ש בחצר.

(**פשוט דסומא צריך לשער בכמלא עיניו דאדם בינוני, ושאר** אנשים בלילה שאינו רואה, לכאורה צריך כל אחד לשער לפי ראייתו של יום, אם יש לו ראייה גדולה או קטנה).

(ודע עוד, דלענין צואה לכו"ע לא מהני החזרת פנים לחוד בלא גופו, שיהא זה נחשב כמו צואה לאחריו, **לא** מיבעי לדעת הט"ז ושאר אחרונים לעיל בס"ס ע"ה, דגם בערוה לא מהני זה, וכ"ש בצואה, **ואפילו** לדעת הב"י, דלדידיה מהני שם החזרת פנים לחוד, שאני התם דעצימת עין ג"כ מהני לדידיה, משא"כ בענינינו דעצימת עין וסומא אסור, גם זה אסור, דלהב"י שקולין הם עצימת עין והחזרת פנים).

ואם הוא מצדו, דינו כמלאחריו - ומ"מ לכתחלה יזהר לילך כדי שיהיה הצואה מלאחריה, ואז סגי בד"א, **ואם** א"א רק בטירחא יתירא, סגי גם לצדדין בד' אמות כמו מלאחריו, **וה"מ** צדדין ממש, אבל צדדין שלפניו, כגון רין שטאקין סרוחים הנמשכים לאורך הרחוב וכה"ג, כתב המ"א דדינו כלפניו, **וא"ר** כתב דדינו כמן הצדדין, וסגי בד"א, **וכתב** הח"א, דמה שרואה בלא הטיית ראשו לצדדין, לכו"ע דינו כלפניו.

עוד כתב, דצריך ליזהר מאוד בשעת קידוש לבנה ברחובות, שרין שטאקין סרוחין נמשכין לאורך הרחוב מצדדין, שאפילו הם ברחוק ד"א, הרי נמשכין גם מלפניו, ואסור כמלא עיניו, וכ"ש שצריך להרחיק ד"א ממקום שכלה הריח, ומוטב שלא לקדש כלל, **והנזהר** מלהזכיר דברי קדושה במקום שאינו נקי, עליו הכתוב אומר: ובדבר הזה תאריכו ימים.

הגה: ע"ן המתפלל וצואה בבהכ"נ, או בבית שמתפללין שם, אפילו הוא לאחריו בכל הבית, צריך לשתוק עד שיוציאנה - ואם עי"ז שהה הש"ץ כדי לגמור כולה, ולא היה בתוך ד' אמותיו, לא יחזור לראש, **מאחר שמוליא רבים ידי חובתן, ואי אפשר שלא יהא מן הקהל בתוך ד' אמות של הצואה** - ר"ל ממקום שכלה הריח, דהוי כאילו מתפלל כל אחד עתה לעצמו, **ואף** דאנן נוהגין שכל יחיד ויחיד מתפלל לעצמו, מ"מ הלא צריך כל יחיד ויחיד לענות אמן על ברכת הש"ץ, ואסור להיות צואה לפניו.

ואם אירע ששום אדם אינו יושב בתוך ד"א של הצואה, מותר להתפלל, ואע"פ שהצואה מפסקת ביניהם ובין הש"ץ, יכולין להחזיר פניהם כדי שלא יהא לפניהם,

הלכות קריאת שמע
סימן עט – מי שנזדמן לו צואה בשעת קריאה

דאסור כמלא עיניו, **מיהו** בסי' נ"ה ס"כ כתב: י"א דלא יענה אמן כשיש צואה מפסקת ביניהם, ועי"ש מש"כ.

ואם הש"ץ עוסק עתה בפסוקי דזמרה, דאינו מוציא ידי חובה ואין שם עניית אמן, מותר לו לאמר כדרכו, אם הוא חוץ לד' אמותיו ממקום שכלה הריח, (**ולכאורה** ה"ה אם הש"ץ עוסק בק"ש וברכותיה, אין להשתיקו, דהרי אין אנו נוהגין עתה להוציא בזה ידי חובה, **ואף** אם נזדמן שהוא לאחד בתוך ד' אמותיו, ומחמת זה לא יוכל לגמור הברכות קודם החזן, ולענות אמן על ברכת החזן, מה איכפת להחזן בזה, הלא צריך לאמר הברכות והק"ש בשביל עצמו, **ואינו** דומה לחזרת הש"ץ בזמנינו, שעיקרה ניתקן בשביל הצבור, וצ"ע).

ואם בפס"ד הוא בתוך ד' אמותיו, צריך לשתוק, ואפילו אם שהה כדי לגמור כולה, אינו חוזר רק למקום שפסק, וכן בברכת ק"ש, (אא"כ שהה כדי לגמור מתחילת "יוצר אור" עד "גאל ישראל", ואז יחזור מתחילת הברכה שפסק – שונה הלכות), **אבל** בק"ש ובתפלה בלחש, השוהה כדי לגמור כולה, דהיינו מראש התפלה עד סופה, והיה הצואה בתוך ד' אמותיו, חוזר לראש, ומשערין לפי הקורא, (ובמי רגלים, אי צריך לחזור לראש בשביל זה, עיין לעיל בסי' ע"ח בבה"ל).

ואם תינוק השתין מים בבהכ"נ, ג"כ ישתוק הש"ץ וימתין, עד שיטילו בהן מים, או יכסוהו או ירחיקו כל הקהל מהן ד"א, **ועיין** מה שכתבנו בבה"ל, דאם המי רגלים היו חוץ לד"א של הש"ץ, אפשר דיש לסמוך על סברת המקילים, שאין צריך להודיעו, (דבספר מור וקציעה כתב, דאם תינוק השתין מים בעוד שהש"ץ מתפלל בקול רם, ואין הש"ץ יודע, אין להשתיקו, ועיקר טעמו הוא, כיון דאיסור מי רגלים אינו אלא מדרבנן, מפני כבוד הצבור ראוי להעמיד על דין תורה, ובאמת קשה לדחות בזה כל האחרונים שלא הזכירו סברא זו, משמע דלא ס"ל, **אם** לא שהמי רגלים הוא מאיזה חולה המטפטף לאונסו, שבודאי יש ליזהר שלא לגלות שלא לביישו, ומ"מ אם הוא חוץ לד' אמותיו של הש"ץ, לפי מה שאין אנו נוהגין היום לצאת בתפלת הש"ץ, אפשר דיש לסמוך להקל במי רגלים שלא להודיע להש"ץ להשתיקו, **ואם** נזדמן בעת ק"ש וברכותיה חוץ לד' אמותיו של הש"ץ, בודאי יש להקל שלא להודיעו), **ומ"מ** יראו הקהל להתרחק או לכסות או להטיל מים, דאל"ה לא יוכלו לענות אמן, [**ונ"ל** דאף אם מפסיקים בין הקהל והש"ץ, אין לחוש בזה להחמיר כהי"א בסי' נ"ה ס"כ, והקרוב אלי דגם הי"א הנ"ל מודים].

ועיין לקמן סוף סי' צ', (ועיין לקמן סי' פ"ז בדין צואה בבית).

סעיף ב - היתה במקום גבוה עשרה טפחים או נמוך עשרה - וה"ה להיפך, אם הוא היה עומד על המקום הגבוה, והצואה מונח למטה בארץ.

גבוה עשרה - וגם שהוא רוחב ד' על ד' טפחים, דהוי מקום חשוב, **ובדיעבד** אם לא היה רוחב ד' על ד', ג"כ אינו צריך לחזור ולהתפלל רק בתורת נדבה, כי יש פלוגתת האחרונים בזה.

או שהיתה בבית אחד והוא בבית אחר - פי' בחדר אחר, **אפי' הפתח פתוח ויושב בצדה** - פי' אצל מקום הפתח, **ורואה אותה** - ואין חילוק בין יש שם דלת או לא, **אם אין לה ריח, יכול לקרות, דכיון שהיא ברשות אחרת, קרינן ביה שפיר: והיה מחניך קדוש, להרא"ש.**

ואם הכניס ראשו למקום שיש שם הצואה, לכו"ע אסור, ואפי' בעוצם עיניו, **וכן** להיפך, אם הצואה והאדם בבית, והוציא ראשו חוץ לבית או חוץ לחלון, ג"כ אסור לקרות, דשדינן ראשו בתר רובו.

אבל להרשב"א דוקא כשאינו רואה אותה - טעמו, דס"ל דקרא ד"ולא יראה" קאי ג"כ אאיסור צואה האמור בתחלת המקרא, (והרהור מותר בכל גווני, דכיון דנפקא לן רק מ"ולא יראה", לא חמיר מנגד ערוה, דקי"ל דהרהור מותר).

ואם הוא רואה אותה דרך חלון של זכוכית, לכו"ע שרי, **ואם** מעצים עיניו או בלילה, י"א דשרי בזה לכו"ע, כיון שהוא ברשות אחר, (ואינו רואה להדיא, אין כאן משום "מחניך קדוש", ולא משום "ולא יראה בך ערות דבר"), **ויש** אוסרין, (לפי מה שכתבנו לעיל בסוף סימן ע"ה, מסקנת האחרונים לענין איסור ערוה, דאפילו בעוצם עיניו אית ביה ג"כ משום "ולא יראה בך" וגו', ה"ה דאפילו בעניננו יש להחמיר בזה, **אמנם** לפי מה שמצדד הפמ"ג בסי' ע"ה, דאפילו בערוה גופא אם הוא ברשות

הלכות קריאת שמע
סימן עט – מי שנזדמן לו צואה בשעת קריאה

אחרת מותר לכו"ע בעוצם עיניו, אין כאן שום קושיא).

ובשעת הדחק שאינו יכול להחזיר פניו, יש לסמוך על דעת המקילין, (ובלא"ה הלא הרבה תופסין כהרא"ש, והוי ס"ס), **אולם** בשאינו יכול לראות הצואה מחמת גובהו או עומקו, לכו"ע שרי בזה.

(והנה כשהוא מתפלל וחזיר עובר לפני החלון הפתוח, נ"ל דבזה לכו"ע יש להקל כשעוצם עיניו, דיש לצרף לזה עוד דעת הב"ח לעיל בסימן ע"ו, דס"ל דבצואה עוברת די בד"א אף לפניו, וכ"ש כשהוא ברשות אחר, **ובלא** עצימת עין נכון להחמיר, וכן המנהג).

ולכן אסור לדבר דברי קדושה והוא מסתכל דרך חלון פתוח, אם רואה האשפתות ורין שטאקין שברחובות, או שחזיר עומד לפני חלונו, אע"פ שאין מגיע לו ר"ר, **וצריך** לזהר בזה בשעת קידוש לבנה דרך חלון פתוח, או על גאנקעס, אלא צריך שעכ"פ יעצים עיניו, ואז אם אין ריח רע מגיע לו מותר, ‹מפני שהוא שעת הדחק שצריך לקדש הלבנה, סומך על המקילין - מ"ב המבואר›, **ובמקום** שמסופק בזה אם הוא אשפה, מותר דהוי ס"ס, שמא הלכה כהרא"ש, **ומ"מ** לכתחילה נכון יותר שיעצים עיניו, "מהיות טוב" וגו'.

(**בב"י** משמע דלעיקר הלכה תפסינן כהרא"ש, וכ"כ הע"ת, **ומדברי** השו"ע משמע שמצדד יותר להרשב"א, כ"כ הפמ"ג בשם הנ"צ, וכ"כ א"ר, **ובח"א** משמע דהוא ספיקא דדינא, וכן נכון).

ואם יש לה ריח, לא מהני הפסקה ולא שינוי רשות – ("הפסקה" ר"ל מה שהזכיר בתחלה בשהיתה על מקום גבוה י"ט, **והנה** לט"ז בודאי ניחא, דס"ל דאין אנו צריכין שיהיה רחב ד', ואעפ"כ חשיב הפסק, **אבל** להב"ח דס"ל שיהיה ג"כ רחב דע"ד, **א"כ** למה מיקרי זה בשם הפסקה, והלא גם זה הוא רשות בפני עצמו, וצע"ק).

וכדעה זו פסקו האחרונים, ‹דלא כהי"א דלקמן›, ר"ל ובעינן ד"א ממקום שכלה הריח, (לבוש), **ויש** מקילין דבזה די עד מקום שיכלה הריח לבד, (והפמ"ג נשאר בצ"ע, וכן במכוסה והריח נודף, ג"כ יש דיעות בין הפוסקים).

ע"כ מי שמתפלל בבית והריח ר"ר ממקום אחר, יפסיק וישהא עד שיעבור הריח, **ומי** שיש לו חולי שאינו מריח, אפשר שיש להקל בזה במקום הדחק, [**כי** הא"ר מדמה ללילה, ושם הדה"ח מתיר בשעת הדחק, **ואפשר** דשם משום דמצרפינן לזה דעת הרא"ש, וצ"ע].

אם העבירו צואה בבית, ונשאר עדיין ר"ר בבית, יש להחמיר, **מיהו** נ"ל דמי שאינו מריח מותר לקרות בזה, ‹דהוי ר"ר שאין לו עיקר, ואיסורו רק מדרבנן - מ"ב המבואר›.

ויש אומרים דכי היכי דהפסקה מועלת לצואה עצמה, ה"נ מועלת לריח רע שלה.

סעיף ג- חצר קטנה שנפרצה במלואה לגדולה, והגדולה עודפת עליה מן הצדדים, קטנה לא חשיבא כבית בפני עצמה, כיון שנפרצה במלואה לגדולה; אבל הגדולה כיון שכתליה עודפים על של קטנה מצד זה ומצד זה, חשיבא כבית בפני עצמה.

הלכך אם צואה בגדולה, אסור לקרות בקטנה עד שירחיק כשיעור - היינו ד"א ממקום שכלה הריח, כן מוכח בב"י, (**ולפלא** על השליט הגדול הב"י, איך פשיטא ליה זה כ"כ, ולא זכר אשר לפי דברי רש"י בעירובין, שפירש דכל הקטנה נחשבת למקום הפתח של הגדולה, ממילא יהיה הדין ג"כ לענין צואה, דאם הצואה בגדולה, ואין רחוק ד"א מן הפתח, ממילא אסור בכל הקטנה, וכ"כ הריטב"א שם בהדיא, והתוספות שם לבסוף הכריחו דפרש"י עיקר, **א"כ** יש לנו ג' עמודים לדין זה, ולא זכר כלל את שיטתם, וצ"ע, אח"כ מצאתי בספר יבשר טוב שהקשה ג"כ קושיא זו).

ואם צואה בקטנה, מותר לקרות בגדולה בלא הרחקה, אם אין מגיע לו ריח רע - סתם כדעה קמייתא שבסעיף הקודם.

(**ועיין** בפמ"ג שפירש דברי המחבר, דהכונה שאין מגיע ר"ר כלל בהגדולה, דאם היה מגיע היה אסור, אפילו אם לא הגיע הריח עד לו, לפי מה שפסק הלבוש למעלה, דגם בזה בעינן דוקא ד"א ממקום שכלה הריח).

סעיף ד - צואת כלב וחזיר, אם נתן בהם עורות, מרחיקים מהם כמו מצואת אדם – (מלשון זה משמע, דאפי' אם ניטל אח"כ העורות מהן ונתייבש וניטל הריח רע, ג"כ שם צואה עליהן, ומלשון תר"י לא משמע לכאורה כן).

ואם לאו, דינם כדין צואת שאר בהמה חיה ועוף, שאין צריך להרחיק מהם אם אין בהם

הלכות קריאת שמע רלה
סימן עט – מי שנזדמן לו צואה בשעת קריאה

ריח רע; ואם יש בהם ריח רע - היינו כל שדרך בני אדם להצטער מאותו הריח, **דינם כצואת אדם** - ור"ל אם ידעינן שיש בהם ר"ר, אבל מסתמא א"צ לבדוק בזה, דמסתמא אין בהם ר"ר.

(לא קאי על צואת כלב וחזיר, כי אם אשאר בהמה חיה ועוף, דבכלב וחזיר קים להו לחז"ל שאין ריחם רע, כל זמן שלא ניתן בתוכם עורות).

ובעינן הרחקה ד"א ממקום שכלה הריח מלאחריו, ומלפניו כמלא עיניו, **ואפשר** אפילו אם פסק הריח אח"כ, מ"מ כבר חלה עלייהו שם צואה, ואסור כמו בצואת אדם, (וצ"ע למעשה, ולפי"ז, כ"ש בצואת חתול וכל אלו הדברים המוזכרים מס"ה והלאה, אסור אפילו נפסק הריח אח"כ).

והמ"א חולק על כל זה, ופסק דסתם צואת בהמה חיה ועוף, לבד מאלו הידועים שריחן רע מאוד וכדלקמן, אפילו אם יש בהם ר"ר בעת היציאה, אין הר"ר חזק כ"כ, ודרכו לפסוק, ע"כ אין דינם כצואה, וא"צ להרחיק אלא עד מקום שיכלה הריח, וכן פסק בספר מגן גבורים, **ובדה"ח** סובר דהוא ספיקא דדינא, ע"כ בק"ש אם קרא בתוך ד"א, חוזר וקורא, ובתפלה יחזור ויתפלל, ויתנה אם יצא שתהא לנדבה, עי"ש, **ולי** נראה דאין להחמיר כלל לענין תפלה, דהרבה אחרונים סוברים כהמ"א.

כתב הח"א, דבר שטבעו ריח רע, כגון עטרן וכדומה, מותר, ולא נקרא צואה אלא מה שנסרח מחמת עיפוש, וכ"כ בספר מנחת שמואל.

סעיף ה - צואת חמור הרכה לאחר שבא מהדרך, וצואת חתול ונמיה, ונבלה מסרחת, דינם כצואת אדם - והני מסתמא ריחן רע, ולכן אפי' אם יזדמן פעם אחת שאין מריחין, אסור, דהו"ל כצואת אדם, כ"כ המ"א, (**אמנם** לעיקרא דדינא יש לפקפק בזה, די"ל דכל עיקר שחל עלייהו שם צואה, אינו רק כי אם כשיצאו מן הבהמה היו מסריחין, משא"כ כשמתחלה לא היה בהן ר"ר, אין חל עלייהו שם צואה כלל, ואינו דומה לצואת אדם דאסור שם בכל גווני, וצ"ע).

וההולך בדרך, אע"פ שרואה צואת בהמה כנגדו, אם אין הריח בא לו, אינו חושש למיעוט לתלותה בשל חמור; ובסמוך לעיר, יש אומרים שיש לחוש, לפי שרוב הבהמות המצויות שם הם חמורים. הגה: במקום דשכיחי חמורים.

סעיף ו - בירושלמי אוסר לקרות כנגד מי רגלי חמור הבא מן הדרך, וכנגד צואת תרנגולים אדומה - מלשונו משמע שר"ל, שלפי שהצואה אדומה, היא מסרחת מאוד, **והאחרונים** כתבו, שהתרנגולים אדומים הוא מה שקורין ענגלי"ש האן, אינדיק (או וואלעכשי הענער), כי צואתן מסרחת מאוד, **ומהנכון** שלא להחזיק אותם בבית שלומדים ומברכים שם, ובפרט בבית ת"ח, כי אי אפשר לו בלא הרהור תורה.

סעיף ז - צואת תרנגולים ההולכים בבית, דינה כצואת בהמה חיה ועוף - ואפילו אם עיקר חיותן מה' מיני דגן, ג"כ יש להקל, כל זמן שלא ידעינן שצואתם מסרחת.

והעופות היושבים על ביצתם, ידוע שאז צואתם מסרחת מאוד, ע"כ פשוט דדינם אז כצואת אדם.

אבל הלול שלהם - הוא בנין קטן העשוי לאווזין ותרנגולין, **יש בו סרחון, ודינו כצואת אדם** - מפני שרבה בו צואה יש בו סירחון והוא מאוס, ע"כ דינו כצואת אדם.

(ובדה"ח משמע, באינדיק או וואלעכשי הענער, וכן בלול של תרנגולין, דאם עבר וקרא נגדן, יחזור ויקרא, ולענין תפלה יתנה, ונ"ל שטעמו משום דמתר"י והרא"ש משמע, דלא פסיקא להו דין זה אף בלול כ"כ דדינו כצואת אדם, לכן דעתו דלענין תפלה צריך להתנות, ולכתחלה בודאי צריך האדם להחמיר, דהוא ספיקא דאורייתא, לכן כתב המחבר דדינו כצואת אדם).

וכתב הח"א, דה"ה דיר של בהמה ג"כ אסור מטעם זה, (**ובספר** קיצור שו"ע כתב דלא נהירין ליה דבריו, וגם הפוסקים לא הזכירוהו, ומלול של תרנגולין יש לחלק, ור"ל משום דמלבד הסרחון הוא מאוס ג"כ, ומי יאמר דגם בדיר של בהמה שייך סברא זו, **אך** מ"מ נ"ל ברור להלכה דהדין עם הח"א ולא מטעמיה, דרפת בקר הוא בכלל אשפה, וכבר אמרו דסתם אשפה אפילו אין

הלכות קריאת שמע
סימן עט – מי שנזדמן לו צואה בשעת קריאה

ריחה רע אסורה, מחמת חזקת אשפה שיש בה צואה עד שיבדוק, וגם הקיצור שו"ע יודה לזה, **וכשהרפת** מסריח שדרך להצטער ממנה בני אדם, אין אנו צריכין לכל זה, דהיא בכלל אשפה שריחה רע, **ואם** פינו הרפת מהדיר ונסתלק הר"ר מהדיר, נראה דמותר אח"כ לקרות שם, אך בתנאי שיהיה בדוק לו גם הכתלים מצואה, כי ע"פ הרוב מצוי טנופת על הכתלים, ע"כ שומר נפשו ירחק מזה, ואחז"ל בברכות, שמי שנזהר לזכור דבר ה' בקדושה, זוכה לאריכות ימים).

סעיף ח - אסור לקרות כנגד אשפה שריחה רע - ודינה לכל דבר כצואת אדם, וע"כ צריך להרחיק מלפניה כמלא עיניו, **ואפילו** אם ידוע לו שאין בה צואה ומי רגלים, (דאל"ה, אפילו אם אין ריחה רע, הלא קי"ל ספק צואה באשפה אסורה), **והוא** מן התורה.

זה הכלל, כל ר"ר הבא מדבר המסריח, כיוצא באלו שנתפרשו, שיש לו עיקר, מרחיקין ממנה כדין צואת אדם, דבכלל "והיה מחניך קדוש הם", כלומר שאם מגיע אליו הר"ר אין מחנהו קדוש, ואסור לקרות.

(ונ"ל דאם ברוב הימים נסתלק ממנה הר"ר, מותר אם היא בדוקה מצואה, **ואף** דבצואה קי"ל סימן פ"ב, דאסורה עד שתהא נפרכת, דאז חשיבה כעפרא בעלמא, שאני הכא, דאשפה הלא היא עפר מעיקרה, ורק אסורה וחשיבה כצואה מטעם הריח, וממילא כשנסתלק הריח חוזרת להיות עפר, כנלענ"ד).

סעיף ט - יצא ממנו ריח מלמטה, אסור בדברי תורה עד שיכלה הריח; ואם יצא מחבירו, מותר בד"ת, משום דא"א, שהתלמידים קצתם גורסים וקצתם ישנים, ומפיחים בתוך השינה - משום דר"ר שאין לו עיקר הוא אסור רק מדרבנן, לכך לא גזרו בזה מפני ביטול תורה.

אבל לקרות קריאת שמע - או לברך שום ברכה, **אסור עד שיכלה הריח** - דאפשר לצאת לחוץ ולקרות, **וכתב** הא"ר, דאם הוא רוצה יכול להרחיק למקום שלא נשמע שם הריח, ודי, וא"צ ד"א.

§ סימן פ – מי שאינו יכול להשמר מהפיח §

סעיף א - מי שברי לו שאינו יכול לעמוד על עצמו מלהפיח עד שיגמור ק"ש ותפלה - ר"ל אפילו אם לא יאמר רק ק"ש ותפלה לבד, ג"כ לא יוכל להעציר עצמו מלהפיח באמצע, דאל"ה יותר טוב לעשות כך, מלבטל לגמרי תפלת י"ח.

לאפוקי אם אינו ברי לו, והוא משהא עצמו מחששא דשמא יבוא להפיח באמצע, שלא כדין הוא עושה, (דבודאי אין נכון לבטל בשביל זה אפילו תפלה בצבור, ויש להאדם לכתחילה רק לבדוק את עצמו, ויותר אין עליו חיוב כלל).

מוטב שיעבור זמן ק"ש ותפלה ולא יתפלל, ממה שיתפלל בלא גוף נקי - האחרונים הסכימו, דאין לו לעבור זמן ק"ש שהוא דאורייתא משום זה, וגם בתשובת הרא"ש שממנו מקור הדין, לא נזכר שם ק"ש, **ובמגן** גבורים כתב, דהוא רק שיגרא דלישנא, וראיה, דבסימן ל"ח ס"ב איתא ג"כ זה הדין, ולא נזכר שם רק תפלה לבדה, וגם כאן סיים רק בתפלה לבדה, **וכונת** השו"ע רק לומר, דעי"ז ישנה הנהגתו שמתפלל תמיד ק"ש ותפלה בזמנה, אלא יקרא ק"ש לבדה עם ברכותיה ולא יתפלל, כי בתפלה הוא עומד לפני המלך, וגנאי גדול הוא להפיח אז, אבל ק"ש אינו כמדבר עם המלך, אלא שמקיים בזה רצון השי"ת, **ואף** שיקרא ק"ש בלי תפילין, שהתפילין צריכין גוף נקי, לא ימתין ויעבור זמן ק"ש כדי לקרותה בתפילין, אלא מתי שיוכל להניח תפילין ביום יניחם.

(**ובביאור** הגר"א משמע, דטעם השו"ע עיקר הוא דק"ש ותפלה צריכין להיות בתפילין, וכאן א"א בתפילין, **ולפי"ז** בתפלת המנחה שבלא"ה אין אנו מניחין תפילין, וכן בק"ש של ערבית ותפלתה, אף שאין יכול לשמור עצמו מלהפיח, אעפ"כ יקרא ק"ש ויתפלל בזמנה, וכשיצטרך להפיח יפסוק עד שיכלה הריח, **אך** לדברי כולם יקשה טעם השו"ע, דלדברי האחרונים קשה, וכי מפני חששא דהפחה יבטל לגמרי את המצוה, הלא אנוס הוא בזה, יתפלל וכשיזדמן לו האונס יפסיק באמצע עד שיכלה הריח, וכמו שהקשה באמת המגן גבורים, **וכן** לטעם הגר"א ג"כ קשה, וכי מפני שלא יכול לקיים ק"ש ותפלה עם תפילין, יבטל עי"ז לגמרי הק"ש ותפלה, והלא

הלכות קריאת שמע רלז
סימן פ - מי שאינו יכול להשמר מהפיח

הלבוש הרחיב לנו הדבור בזה, ופשוט לו כביעתא בכותחא, דבמקום שהאדם אנוס ולא יכול לקיים מצות תפילין, לא יבטל בשביל זה ק"ש ותפלה בזמנה, **ופשוט** לי דמשום זה כתב הגר"א בסימן זה, אינו נראה כן להלכה [כהשו"ע אף לענין תפילה].

ואם עבר זמן תפלה, אנוס הוא ומתפלל מנחה שתים. ואם יראה לו שיכול לעמוד על עצמו בשעת ק"ש, יניח תפילין בין "אהבה" לק"ש. הגה: ומברך עליהם - ותיכף אחר ק"ש יחלצן, **אבל** הטלית יכול ללבשו ולברך עליו קודם שיתחיל הברכות, וגם יוכל ללבשו כל היום, שא"צ גוף נקי לציצית, **ומיהו** אם לא הניח הטלית מקודם, ובא לו בין "אהבה" לק"ש, יכול להניח בלא ברכה, דלבישה לא הוי הפסק.

וכ"ז כשאירע לו מקרה זה בשביל שום מאכל שהזיק לו וכיוצא, באופן שלערב בודאי יכול להתפלל בגוף נקי, **אבל** מי שרגיל בכך, שיש לו חולי שמחמתו מוכרח להפיח בכל שעה, ואי לא יתפלל נפטר מן התפלה לעולם, מותר לו להתפלל בלא גוף נקי, **דלא** אתי איסור הפחה, שהוא ריח רע שאין לו עיקר, דהוא רק איסור דרבנן, ודחי לק"ש דאורייתא, או לתפלה שהוא מצוה דרבים, לכן יקרא ק"ש ויתפלל, **והפר"ח** כתב ג"כ ככה, אלא דהוסיף, דכשיגיע לו הפחה, יפסיק עד שיכלה הריח, כמו בר"ר שאין לו עיקר דפוסק, ויחזור ויתפלל.

והפמ"ג נסתפק עוד, דאפשר דשרי לו בכה"ג להניח תפילין ג"כ, דהאיך יעקור לעולם מ"ע דאורייתא דתפילין, **ונ"ל** דכונת הפמ"ג רק ההנחה על איזו רגעים, ורק כדי לקיים המ"ע, דיותר מזה בודאי אסור, **ואם** אין יכול להעציר עצמו מלהפיח עד כדי שיניח השל יד והשל ראש, יניחם אחד אחד, [כי אין מעכבין זה את זה]. **ולענין** ברכה, נ"ל דאל יברך עליהם, [כי פשטיות הגמ' משמע, דפטור איש כזה מתפילין].

כתב רמ"א בתשו', מי שיש לו חולי שמטפטף תמיד מ"ר לאונסו, וא"כ לא יוכל להתפלל לעולם, יש להתיר לעשות לו בגד סביב אברו, והבגדים העליונים יהיו נקיים, ויכנס לבהכ"נ ויתפלל, ובשעת הטפת מי רגלים יפסיק, ואח"כ יתפלל, **ודוקא** שלא הוצרך לטפטף בשעה שמתחיל להתפלל, ואע"פ שיודע שבתוך תפלתו יצטרך לטפטף.

§ סימן פא - דין צואת קטן §

סעיף א - קטן שהגיע לכלל שאחר כיוצא בו יכול לאכול כזית דגן, בכדי שיוכל גדול לאכול אכילת פרס, מרחיקין מצואתו או ממימי רגליו - שכל שהגיע לכלל זה, צואתו מסרחת, **ונראה** דכיון שהגיע לשיעור זה, גם נגד עמוד שלו הוא אסור מן התורה, כמו של שאר אדם גדול.

"**בכדי** שיוכל גדול", ר"ל אדם בינוני, כי יש שבטבעו מאריך באכילתו, ויש שהוא מקצר. **ושיעור** פרס, י"א ג' ביצים, וי"א ד' ביצים.

וכל ה' מינים קרויים דגן, וצואתם מסרחת, **ובמאכל** מבושל שעושין לתינוק, משערינן כפי מה שיכול גדול לאכול מאותו מין אכילת פרס.

ואם צריך הקטן לשהות באכילתו כזית יותר מזה השיעור, הרי הוא כמי שאוכל היום חצי זית ולמחר חצי זית, שכן הוא הלמ"מ בעלמא, שאין אכילה מצטרפת לשהייה ארוכה כזו.

"**שאחר** כיוצא בו", ר"ל אע"פ שלא ראינו לזה שאכל, כיון שאחר כיוצא בו יכול לאכול, מסתמא גם הוא יכול לאכול, **ואפילו** אם אין יכול לאכול אלא ע"י בישול, מיקרי אכילה, **אבל** אם הקטן הוא חלוש, וידוע לנו שאינו יכול לאכול כזית בכדי אכילת פרס, א"צ להרחיק מצואתו ומימי רגליו, אפילו הוא בן ג' וד' שנים.

(**וטעמא, דבתר דידיה אזלינן, ונ"ל דכ"ש דאזלינן בתר דידיה להחמיר, ע"כ אם אנו רואין שהקטן הזה יכול לאכול כזית דגן בכדי אכילת פרס, ואחרים בזמנו עדיין לא הגיעו לזה השיעור, אפ"ה צריך מדינא להרחיק מצואתו ומימי רגליו**).

והוא שמימיו לא היה יכול לאכול כזית בכדי אכילת פרס, **אבל** אם היה יכול לאכול פעם אחד, ואח"כ נחלש ואינו יכול, ואפילו לא אכל דגן זה ימים רבים, שבודאי צואה זו אינה באה מדגן, מ"מ דינו כגדול, שצריך תמיד להרחיק מצואתו ומימי רגליו (של גדול), אפילו אינו יכול לאכול כלל דגן מעולם, **ויותר** מזה, אפי' אם בעצם לא אכל הקטן מעולם עדיין מין דגן, מ"מ אם בטבעו היה

הלכות קריאת שמע
סימן פא - דין צואת קטן

יכול לאכול הכזית דגן בכדי אכילת פרס, (ואח"כ נחלש), הבני מעיים מסריחים כל מיני מאכל שיאכל דומיא דגדול.

ויש מקילין בקטן אם ידוע שלא אכל דגן זה ימים רבים, וכ"ש אם לא אכל מעולם, (ואפי' הוא בן כמה שנים, דידעינן דצואה זו אינה באה מאכילת דגן - ב"ח), **אך** כתחלה בודאי יש להחמיר ולהרחיק אף מצואת קטן כזה, דספק איסור תורה הוא, [ואפשר דלענין מי רגלים יש להקל כוותייהו], **ובדיעבד** אם התפלל נגדם א"צ לחזור, דיש לסמוך על דעת המקילין, (**ולענ"ד**, לענין קריאה יש להחמיר, לחזור ולקרות הפרשה של ק"ש עוד הפעם, אחרי שאין בזה חשש ברכה לבטלה, וגם הוא דאורייתא), **אא"כ** ראינו הקטן הזה שבעצמו אכל ג"כ, (כזית בכדי אכילת פרס, בזמן לא רחוק, ויתכן שהצואה היא מהדגן), שאז לכו"ע דינו כגדול, ואף בדיעבד יחזור ויתפלל.

ודוקא קטן, אבל גדול, אפילו אינו יכול לאכול כלל דגן, מרחיקין מצואתו ומ"ר, **וגדול** מיקרי לענין זה, מי שהוא כבר שית כבר שבע.

וכ"ז מצד הדין, אבל טוב וישר הוא להרחיק מצואת קטן אפילו בן ח' ימים.

כתב המ"א בשם הרש"ל, דאין נכון לקרות ק"ש נגד תינוקות, דסתמן מטפחין באשפה מקום צואה, ובגדיהן ומנעליהן מטונפין.

סעיף ב - היה קורא - וה"ה אם היה מתפלל, **וראה צואה כנגדו** - ומיירי שהוא יותר מד"א ממקום שכלה הריח, **ילך כדי שיזרקנה מאחריו ארבע אמות** - ממקום שכלה הריח, וה"ה שיכול להחזיר פניו לצד מערב, כיון שאינו עומד בתפלת י"ח.

ואם אי אפשר, כגון שיש לפניו נהר או דבר אחר המעכב, ילך כדי שיניחנה לצדדין ד"א - ומיירי שאינו יכול להחזיר פניו למערב מפני איזה סיבה, דאל"ה יחזיר פניו.

וא"צ לחזור אלא למקום שפסק - ס"ל כיון דלא היה בתוך ד' אמות שלו, לא אמרינן דהיה לו לבדוק, דלא הטריחתו תורה לבדוק בכמלא עיניו, **ואי** היה בתוך ד', לכו"ע היה צריך לחזור לראש, דפשע דהיה לו לבדוק מתחלה.

וה"ה בכל זה לענין מי רגלים, **אך** לענין לחזור אח"כ, לכו"ע במי רגלים אינו חוזר אלא למקום שפסק.

ולהר"ר יונה, אם היה במקום שהיה לו לתת אל לבו שיש שם צואה, צריך לחזור לראש - ס"ל כיון דהיה מקום שראוי להסתפק, פשע, דלא הו"ל לקרות ולהתפלל עד שיתברר לו.

ועיין בא"ר שכתב, דגם הרא"ש והרוקח ס"ל כהרר"י, **ומ"מ** לדינא נראה דאין להחמיר בדיעבד, דהדה"ח והשולחן שלמה ועוד שארי אחרוני זמנינו, כולם העתיקו רק דעה הראשונה לדינא, (וכ"ש לענין שאר ברכות בודאי אין להחמיר). **(וע"ל סי' ע"ו ס"ח).**

§ סימן פב - דין צואה יבשה §

סעיף א - צואה יבשה כ"כ שאם יזרקנה תתפרך, הרי היא כעפר ומותר לקרות כנגדה, והוא שלא יהיה בה ריח רע - ודוקא שאם יזרקנה תתפרך לפירורין דקין, אבל לשנים ושלשה לא מהני.

הגה: וי"א דלא הוי כעפר רק אם נפרכת על ידי גלילה בלא זריקה - (בגמרא פליגי תרי לישני בזה, ודעה הראשונה ג"כ דעתה להחמיר, אך ס"ל דיותר נקל הוא להתפרך ע"י גלילה מע"י זריקה).

וכן עיקר - (משמע מזה דס"ל דאם ראינו שנפרכה ע"י גלילה, די בזה, וא"צ לחוש דלמא לא היתה נפרכת ע"י זריקה, **אבל** בא"ר כתב בשם האחרונים, דצריך להחמיר ג"כ כדעת המחבר).

(ועיין בחי' הרשב"א בשם הראב"ד, דמשמע מיניה דאי חזא דמפלאי אפלויי, אז הגיע לשיעור שתהא נפרכת ע"י גלילה, ויפה זה מצואה כחרס דקי"ל דאסורה, **אכן** לפי מה שהחמיר בא"ר לחוש לדעת המחבר, אין להקל בזה, **שוב** מצאתי בערוך ובאור זרוע, דסוברים דשיעור זה עדיין לא הגיע אף לצואה כחרס, ואסור, וכן משמע מכל הפוסקים שלא הביאו כלל להא דהרשב"א הנ"ל).

ובימי הקור שהצואה נקרשת הרבה כאבן, וגם אין מגיע אז ממנה שום סרחון, נסתפק המ"א אי שרי

לקרות כנגדה, אי בתר השתא אזלינן, או עדיין שם צואה עליה, כיון שיכולה לחזור לקדמותה בזמן החום, **והאחרונים** הסכימו כולם בזה לאיסור, ואף בדיעבד אם קרא, צריך לחזור ולקרות ק"ש, ולהתפלל בתורת נדבה.

כתב בס' שולחן שלמה, דה"ה נגד מי רגלים קרושים, ג"כ יש להחמיר שלא לקרות נגדן, **וצ"ע** בזה, (כיון שאין איסורם מה"ת, אפשר שא"צ להרחיק מהם - א"א בוטשאטש).

ואם הצואה תחת מים קרושים, אפשר דהוי כיסוי, אע"ג דמים לא מהני, מ"מ גלד וכפור י"ל דהוי בכלל "וכסית", וכעששית דמי, ובתר השתא אזלינן, **וצואה** שנתכסה בשלג, חשוב כיסוי כל כמה שלא נמחה השלג.

סעיף ב - מי רגלים שנבלעו בקרקע - או בבגד, **אם היו מרטיבין היד, אסור לקרות כנגדם. וי"א דאינו אסור רק בטופח ע"מ להטפיח** - פי' שאם מניח ידו עליהם, מעלה לחות בה, שאם יניחנה על דבר אחר מקבל ממנה לחות, ואם אינן לחים כ"כ, מותר. **ויש לסמוך ע"ז** - וכן הסכמת כל האחרונים, דדוקא טופח ע"מ להטפיח, ואז בעי הרחקה מהן ד"א כמו מצואה, **ומ"מ** כיון שאינם בעין, רק שבלועין בקרקע או בבגד, א"צ לשפוך עליהן רביעית לכו"ע, אלא די שיביא עליהן רק מעט מן המעט מים, שאין בהן ג"כ רק טופח ע"מ להטפיח, ושרי.

§ סימן פג - דיני בית הכסא בק"ש §

סעיף א - אסור לקרות כנגד בית הכסא ישן - ר"ל לפניו כמלא עיניו, ולאחריו ד"א, **ואם** יש שם ריח רע, צריך ד"א ממקום שכלה הריח, **אפילו פינו ממנו הצואה.**

ופשוט דאפילו אם לא הזמינו מתחלה לאותו המקום לבה"כ, כיון שהדרך לפנות שם נקרא בה"כ ישן, **וראיה** מלעיל סימן מ"ב, שכתבו שם הפוסקים, דאם דרכו תמיד לצור תפילין בהסודר, אסור להשתמש בו תשמיש אחר כאילו אזמניה.

ואיסורו מן התורה, כיון שזה המקום מכבר דרכו להיות בו צואה, אין זה "מחניך קדוש", **ע"כ** אם נסתפק לו אם הוא בה"כ ישן או חדש, אזלינן לחומרא כדין כל ספק צואה.

ויראה לי דהיינו כשאין לו מחיצות - כמו אחורי הגדר או אחורי הבתים.

(**ולפי"ז נראה, שבעיירות הקטנות שאין לכל אחד בה"כ קבוע, אחורי הבתים במקום שרגילין לפנות, דין בה"כ יש לו כמו אחורי הגדר, ומה שנוהגין איזה אנשים, שבהגיע זמן סוכות מפנין המקום שיהיה נקי, ועושין שם סוכה, הרי יש לו דין בה"כ ישן, ומה יועיל הפינוי, אפשר** משום הבנין שבונה שם, **אף דהוא רק על איזה ימים ואח"כ יוחזר להיות בה"כ כמקדם, נעקר שם בה"כ ממנו, ומשמע בפנים מאירות, דעקירת השם מהני לזה, אך אפי'** אם נימא דזה מקרי עקירת השם, צריך מדינא עכ"פ מתחלה לבדוק בזה הכתלים של הבית ולנקותם, דאל"ה יהיה אסור לו לברך ולקדש שם, **דאולי הם מטונפות מכל השנה, כי הלא הוא מקום הראוי לו להסתפק, ובעיני ראיתי בסוכות שנמצא מכשולות מענינים כאלו וכיוצא בהם הרבה, שלוקחין איזה דלת או דף לסוכה, והיא היתה מונחת מתחלה במקום מאוס, ושומר נפשו ירחק מלעשות סוכה במקומות אלו, אלא ירחיקנה מאחורי הבתים במקום שהוא נקי**, ואם יצטרך לעשות עי"ז עירוב, יטלטל ע"י עירוב).

אבל אם יש לו מחיצות, אע"פ שיש בו צואה, קורא כנגדו בסמוך ואינו חושש - נראה דאיירי במגיעות לארץ, או עכ"פ עד פחות מג' טפחים סמוך לארץ, דאמרינן לבוד, **דאל"ה** אסור לדעת רב האי גאון המובא בב"י.

(**נסתפק הפמ"ג, אם בעינן דוקא ארבעה מחיצות, או אפילו ג' מחיצות**).

אם אין מגיע לו ריח רע - ואם מגיע ר"ר, אסור עד שירחיק ד"א ממקום שכלה הריח, (**דסתם** בזה כדעה הראשונה לעיל בסי' ע"ט סוף ס"ב, **וי"א** דמחיצת בה"כ לכו"ע אין מועלת להפסיק לר"ר, ולכן סתמתי ג"כ במ"ב להחמיר דבעינן ד"א ממקום שכלה הריח, (כהלבוש שם, ולא די שירחיק רק עד מקום שכלתה הריח), דבלא"ה סוברין שם הרבה אחרונים כן), **ובזה** די אפי' לפניו לדעת המחבר.

ודע דדעת המחבר להתיר אפילו במחיצות שאין גבוהות יו"ד, כדאיתא בב"י, **ובזה** חולקים עליו כל האחרונים.

הלכות קריאת שמע
סימן פג - דיני בית הכסא בק"ש

ובגבוהות יו"ד, יש מן האחרונים שסוברין כוותיה, והרבה מן האחרונים שחולקין גם בזה, **וטעמם**, דס"ל דכיון דהמחיצות מיוחדות לקבל צואה, כמו צואה דיינינן להו, וכגרף של רעי לקמן בסימן פ"ז, דאסור אפילו אין בו ריח רע, **וכן** מדברי הגר"א בביאורו, משמע ג"כ שדעתו להחמיר בזה, וכן בפמ"ג ובדה"ח ושאר הרבה אחרוני זמנינו, כולם מחמירין בזה, וס"ל דצריך להרחיק מהמחיצות ד"א, ולפניו כמלא עיניו, אפילו פינו ממנו הצואה ואין בו ריח רע.

ולכן צריך ליזהר שלא לקרות ולהתפלל ולדבר בד"ת בחצר כנגד בית הכסא כמלא עיניו, אע"פ שהוא סגור ואי אפשר לראות הצואה שבו, **ולכן** נכון ליזהר כשעושה סוכה בחצר, שיעשה בענין שלא יהיה מכוון מחיצות בה"כ נגד פתח הסוכה כשהיא פתוח, דאז יהיה צריך ליזהר בזה בעת שהוא מדבר ד"ת ושאר דברי קדושה, **וכן** אם יש נגד חלון ביתו בית הכסא והחלון פתוח, והוא עומד בביתו ופניו כלפי בית הכסא, נכון ליזהר מלדבר אז דברי תורה, **ומ"מ** לעת הדחק יש לסמוך להקל אם אין מגיע לו ריח רע, דאיכא ס"ס, היינו הב"י והב"ח בסימן זה, דמתירין במחיצות גבוהות עשרה, והרא"ש בסימן ע"ט ס"ב, דמתיר אפילו בצואה כשהוא ברשות אחרת, אף דרואה אותה, **ובעוצם** עיניו, לכו"ע מהני בכה"ג.

עוד כתבו האחרונים, דמה דאנו מחמירין במחיצות בה"כ לדונם מבחוץ כצואה, דוקא במחיצות שאינם נעשים אלא בשביל בית הכסא, כגון שעשה בחצר חדר מיוחד לזה, **אבל** אם בנה במחיצה של בית שהסמיכה לאותה מחיצה, אע"פ שאותה מחיצה הוא מחיצה של בה"כ ממש, אין על אותה מחיצה דין בה"כ לענין זה, ומותר לקרות אפילו בסמוך, כיון שאין המחיצה מיוחדת לבה"כ לבד.

סעיף ב - הזמינו לבה"כ ועדיין לא נשתמש בו, מותר לקרות כנגדו - דקי"ל הזמנה לאו מילתא היא, **ואפילו** בתוך ד' אמותיו, **ויש** מחמירין בזה.

(**ואין חילוק בזה בין הזמנה ע"י דיבור, להזמנה ע"י מעשה, ואם היה בו הזמנה ומעשה, הוא בה"כ גמור לכל דיניו, וממילא דאיסורו מן התורה, ובודאי אם לא הזמינו רק לפי שעה, לא הוי איסורו מן התורה**).

אבל לא בתוכו - מדרבנן, דהו"ל בזיון גדול לק"ש או לתפלה, **ואפילו** בדיעבד אם קרא והתפלל בתוכו לא יצא.

דהיינו אם אותו המקום הוא בלא מחיצות, אין אסור רק אותו המקום שהזמין, **ואם** מקום המושב שהזמין הוא מוקף במחיצות, אסור ע"י ההזמנה כל שטח ההיקף שבתוך המחיצות, **אבל** מבחוץ מותר בסמוך לו, ‹אפי' בתוך ד"א, והיינו אפי' לדעת המחמירים לעיל, משום שהמחיצות מפסיקות, ואף דקי"ל שמחיצות בה"כ אינם מפסיקות, זה דוקא בבה"כ ישן, אבל בחדש ודאי שהם מפסיקות – מ"ב המבואר›.

אבל אם נשתמש בו אפי' רק פעם אחת, תו יש עליו שם בה"כ ישן לכל דיניו, כיון דהיה שם הזמנה ומעשה, **ואם** לא היה שם הזמנה, ורק במקרה נפנה שם, ואח"כ פינו ממנו הצואה, וגם אין בו ריח רע, נ"ל דאין עליו שם בה"כ כלל, ומותר אפי' בתוכו, וכן מצאתי בס' יבשר טוב.

כתב הבה"ט, דלהרהר בד"ת מותר בתוך בה"כ החדש, כשעדיין לא נשתמש בו, **ופשוט** דהבונים שבונים בה"כ, אסורים לברך שם שום ברכה מבפנים במקום המחיצות, **ואפי'** בעוד שלא בנו המחיצות, דכיון שהורשם להם המקום, הרי נתייחד זה המקום לבה"כ, ואסור.

סעיף ג - אמר בית זה יהא לבית הכסא, ואמר על בית אחר: וגם זה, דינם שוה.

ואם אמר על השני: ובית זה, ולא אמר: וגם זה, הרי השני ספק אם הזמינו לכך אם לאו - דשמא רצונו היה לסיים דבית זה יהיה לתשמישא בעלמא, אלא שפסק או נמלך ולא סיים דבריו, **לפיכך אין קורין בו לכתחלה, ואם קרא בו, יצא.**

סעיף ד - בה"כ שהוא בחפירה ופיו ברחוק ד"א מן הגומא, והוא עשוי במדרון בענין שהרעי מתגלגל ונופל מיד למרחוק, וכן המי רגלים יורדין מיד לגומא, כסתום דמי - פי' דהו"ל כאילו אין המקום הזה בה"כ כלל, ובין שיש לו מחיצות מלמעלה על הגומא או לא, **ומותר לקרות בו, אם אין בו ריח רע, וגם אין משתינין בו חוץ לגומא.**

הגה: אבל אם משתינין בזה לפעמים, אסור להרהר בזה בדברי תורה, כ"ש לקרות ק"ש - ר"ל ואפילו בשעה שאין שם מי רגלים ואין בהם ריח

(ביאור הלכה) [שער הציון] ‹הוספה›

רע, לפי שיש שם בה"כ על מקום זה שמחוץ לגומא, שמשתינים שם.

וכתב הט"ז, דמ"מ למחיצות בה"כ הזה אין להם דין מחיצות בה"כ, להרחיק מהן מכנגדן וכנ"ל, **דהא** במי רגלים אין איסור מן התורה אלא כנגד הקילוח לבד, ואחר שנפל על הארץ איסורו רק מדרבנן, ואין מחיצות אלו נקראים בשביל זה מחיצות בה"כ.

ונראה דאותן המקומות שנוהגין לעשות מקום מיוחד להשתנה לכל, וידוע שאותן המקומות מסריחין מאוד, גם על מחיצותיהן יש שם בה"כ לכל דיניו, **דומיא** דעביט של מי רגלים, שמבואר בהרבה פוסקים דאיסורו מן התורה, ואע"ג דמי רגלים עצמן אינן אלא מדרבנן, מ"מ כיון שהוא מיוחד לזה הוא מסריח ביותר, וחמיר טפי, וה"נ דכוותיה, **ועיין** בפמ"ג דדעתו, דמי רגלים המסריח איסורו מן התורה.

סעיף ה - בני אדם שיש להם ספסל נקוב ונפנין עליו, מותר לקרות ק"ש כנגדו, כיון שאין הצואה על הנקב, וגם אין הגרף תחת הנקב, ועוד שהנקב תמיד מכוסה בדף - ס"ל דאין לו דין בה"כ ישן, דקי"ל דאסור לפניו במלא עיניו אפילו פינו ממנו הצואה, אלא רק דין בית שהזמינו לבה"כ המבואר בס"ב, כיון שאין עליו צואה מעולם, והגרף אין עומד תחתיו כי אם בעת הצורך.

אבל הרבה אחרונים חולקין עליו, וס"ל דיש לו דין בה"כ ישן, כיון שנפנין עליו, **וע"כ** צריך ליזהר כשרוצה לקרות ק"ש ולהתפלל, או לדבר איזה דברי קדושה, שיוציא הכסא מהבית, או שיעמידהו מלאחריו ד"א, או שיכסה כל הכסא בבגד או בדבר אחר, **ואפי'** הוא נקי ואין בו ריח רע, ואין הגרף עומד תחתיו, ומכוסה למעלה הנקב בדף.

וכן יש ליזהר, באותן בתים שיש בתוכם כסאות קטנים נקובים לצורך הילדים שבבית, שיהיו מכוסים בבגד בשעת ק"ש וד"ת, אע"פ שאין בהם צואה, או שיוציאם מהחדר שמדבר שם דברי קדושה, **ובפרט** כי הקטן רגיל ללכלך הכסא בעת שהוא נפנה, ולכו"ע יש עליו שם בה"כ אף בעת שהוא נקי, [ט"ז].

(**ואם** הקטן שנעשה בשבילו הכסא הזה שקורין שטוייעלקע, לא הגיע עדיין לשיעור שצואתו יהיה אסורה מן הדין, ושארי קטנים לא עמדו בו, לכאורה יש להקל בו שלא להצטרך להרחיק ממנו, אם אין ריח רע מגיע ממנו).

(**ובלא"ה** יש לעיין בדין הכסא הזה של קטנים, דהלא עיקר מלאכתו נעשה לעמידת התינוק, רק שבדרך אגב עושה ג"כ צרכיו שם, וא"כ לכאורה דומה זה לדינו של דה"ח דבסמוך, דיש להקל בו אם הוא נקי מצואה ואינו מגיע ממנו ר"ר, **וסבור** הייתי לומר, דכונת הט"ז מה שכתב כסא קטן הנקוב, אינו על מה שאנו קורין שטוייעלקע, אלא ממש על כסא שנעשה כמו ספסל נקוב, וכדי שיעשה בו הקטן צרכיו, **אבל** מדברי שולחן שלמה לא משמע כן, וצ"ע).

(**ובלא"ה** נכון להחמיר ולכסות השטוייעלקע בעת ד"ת, שאינו מצוי שיהיה נקי לגמרי כדין מצואה, ולפעמים יש עליו צואה יבישה).

כתב בדה"ח לענין ספסל נקוב, דאם הספסל מיוחד לישיבה, כמו כסא שמיחדין לישיבה ומכוסה בכר, וכשצריך להדבר מסיר הכר שעליו, ונפנין על הכלי הנצבת שם, **שיש** להתיר לקרות ולהתפלל בעת שהוא מכוסה בכר, אף אם אין מכוסה בדבר אחר כלל, דאין עליו שם בה"כ, עי"ש טעמו.

(**ואם** הגרף תחת הנקב, וכ"ש כשהצואה מונח על הקרקע תחת הספסל, לכו"ע דינו כבה"כ, ואסור לפניו כמלא עיניו, ולאחריו ד"א ממקום שכלה הר"ר, **אך** יש לעיין, דאולי עי"ז כל החדר דינו כבה"כ, ואסור אף מלאחריו בכל החדר אף אם הוא גדול, וכן משמע בח"א וכ"כ הא"ר, וכן משמע לכאורה מהמ"א, דאפילו בחדש אסר כל השטח שבתוך המחיצות, וכ"ש בישן, **ואפשר** דאם החדר ההוא מיוחד גם לשאר דברים, לכו"ע אין דין כל החדר כבה"כ, וכל דברינו הוא לאחר ד"א ממקום שכלה הריח, ובתוך שיעור זה לכו"ע דינו כבה"כ מן התורה).

(**ורע** המעשה שראיתי בבית קלי הדעת, שהיה לו חדר מיוחד לפנות שם, והגרף תחת הספסל, והר"ר היה מגיע בכל החדר, ובאותו החדר היו קבועים הספרים שלו, וקריתי עליו המקרא הזה: כי דבר ד' בזה, ושקליה למטרפסיה, שהיה לו בן יוצא לתרבות רעה ר"ל, ונתחלל גם גופו על הבריות בשביל זה, וכמאמר התנא באבות: כל המחלל את התורה גופו מחולל על הבריות).

(וכל מי שקורא במקום שאין קורין, חוזר וקורא) – (בחידושי רע"א כתב, דלענין מי רגלים כיון שהוא מדרבנן, בדיעבד אינו חוזר, **ובספר** שולחן שלמה ובדברי הגר"ז לא משמע כן).

§ סימן פד – אם מותר לקרות במרחץ §

סעיף א- מרחץ חדש שלא רחצו בו - פי' אפילו פעם אחד, דאי רחצו, תו הו"ל כמרחץ ישן לכל דיניו, מאחר דהיה בו הזמנה ומעשה, **מותר לקרות בו** - ואע"ג דבבה"כ קי"ל לעיל בסימן פ"ג ס"ב, דאסור ע"י הזמנה בעלמא, שאני בה"כ דמאיס טפי.

ובישן, בבית החיצון שכל העומדין שם לבושים, מותר; ובאמצעי, שקצת העומדין שם לבושים וקצת ערומים – (כי דרכם היה, שאחר שלבש חלוקו בבית האמצעי, היה יוצא לבית החצון לגמור שם הלבישה), **יש שם שאילת שלום, אבל לא ק"ש ותפלה** - וכן כל הברכות וד"ת אסור שם, **הגה: ומותר להרהר שם בד"ת** - ואפילו נגד אנשים ערומים, דהרהור נגד ערוה אין איסור.

ומשמע מדברי הט"ז, דבדיעבד אם בירך שם אינו חוזר ומברך, **וכן** בק"ש אין חוזר וקורא, אף אם היה נמצא שם אז אדם ערום בבית האמצעי, **אך** באופן שלא עמד נגדו בעת הקריאה, או כגון שהחזיר פניו וגופו ממנו, **דאל"ה** חוזר וקורא מטעם שקרא נגד ערוה.

ובפנימי, שכולם עומדים שם ערומים – (בירושלמי איתא, שרובם עומדים שם ערומים), **אפילו שאלת שלום אסור** - כי "שלום" הוא שמו של הקב"ה, שנ': ויקרא לו ד' שלום, **וה"ה** שאסור ליתן שלום לחבירו במבואות המטונפות, דכל דינו כבית הפנימי.

ואדם ששמו "שלום", יש אוסרין בבית המרחץ לקרותו בשמו, אלא בלשון לע"ז, **ויש** מתירין, כיון שאינו מתכוין על ענין השלום, אלא להזכרת שמו של אותו אדם, **ובדברי** סופרים הלך אחר המיקל, וכן נוהגין, **וירא** שמים יש לו להחמיר, יען כי הרבה מאחרונים אוסרין, ויבלע המ"ם, ויאמר רק "שלו" בלא מ"ם, או "שלון" בנו"ן, **וגם** באגרת הרשות נכון שלא לכתוב שלום עם וא"ו, רק "שלם", שמצוי לזרוק באשפות.

(ואסור לענות אמן בבית המרחץ) - על אחד שאמר בחוץ או באיזה בית שום ברכה, **ונראה** דהיינו דוקא בבית הפנימי, דהוא כבה"כ, אבל בבית אמצעי שרי לענות, **גם** אם שאל לו אדם דבר הלכה בבית הפנימי, אסור לומר לו: אין משיבין במרחץ, **וה"ה** כשנתן לו אדם אחד שלום במרחץ, אסור לומר: אין משיבין במרחץ, **אבל** רשאי לומר בכל זה "מרחץ הוא", דזה לא הוי אפילו הרהור, **אבל** בבית אמצעי מותר לומר לו: אין משיבין במרחץ, **ויש** מחמירין גם בבית אמצעי בזה, רק אם יש בו משום דרכי שלום, מותר לומר בלשון זה.

י"א ‹דבית אמצעי› אפי' אם עכשיו כולם לבושים, או שאין שם אדם כלל, מ"מ כיון דהבית מיוחד להיות בו ערומים ולבושים, קצת דין מרחץ עליו, **ויש** מקילים בזה, ולדבריהם בחדר שדר שם הבלן, ובני אדם עומדים שם ג"כ ערומים, שרי לומר ד"ת וקידוש ותפלה באין שם אדם.

וכ"ז לענין בית אמצעי, אבל בית הפנימי שכולם עומדים שם ערומים ורוחצין שם, הוא מאוס טפי, ולכו"ע דינו כבית הכסא, ואסור אפילו אין שם אדם, **ואפילו** היתה דרכו של אותו המרחץ לרחוץ בו רק בימות החמה, ובימי החורף הוא סגור, מ"מ גם אז כל דיני מרחץ עליו, דלא נעקר עדיין שמו ממנו, (**ופשוט** דמיירי שלא נבנה הבנין מתחלה לשם מרחץ, **דאל"ה אפילו היו רוחצין בו רק פעם אחת, ג"כ דינו כבה"כ ישן**).

אך אם עשו שינוי מעשה בגופו, כגון שעקרו שם תנורו וכיוצא בו, ועשוהו בית דירה, מותר לו להניח בפתחו מזוזה ולברך עליה, ולקרות ולהתפלל שם, וכן הדין לענין בה"כ.

ולענין בית הטבילה מסיק הט"ז, דכל דינו כבית אמצעי של מרחץ, ואין לברך שם שום ברכה, רק ברכת הטבילה שהיא הכרחית שם, כדיעבד היא חשובה, **וכל** זה אם המברך איננו ערום, וגם שלא יעמוד נגד ערומים בעת הברכה, דאז אסור מטעם ערוה, אם לא שהחזיר פניו וגופו מהן, **וה"ה** בכל זה באשה המברכת בבית הטבילה, **ובפמ"ג** כתב, דיותר טוב שתברך במים,

הלכות קריאת שמע
סימן פד – אם מותר לקרות במרחץ

והטעם, דשם במקום המים יותר מסתבר דאינו נחשב כבית אמצעי של מרחץ, **ופשוט** דגם שם צריכה בעת הברכה להחזיר פניה וגופה מנשים הערומות העומדות שם בבית הטבילה.

והנה לפי דעת הט"ז, אף כשאין שם אדם ערום, אין לברך שם ברכה אחרת לדעת המחמירין לעיל בבית אמצעי, **אבל** מהמ"א משמע להקל בזה, דאין בה זוהמא, וכן כתב בברכי יוסף, **והנה** במקוה ששופכין בה מים חמין, יש לומר דיש בה הבלא, **ומכל** מקום אפשר לומר, דאין בה זוהמא והבלא כל כך כמו במרחץ.

והני מקוואות העומדים במרחץ גופייהו, במרחץ ודאי אסור לברך שם ברכת הטבילה, **ואפילו** במים צ"ע, די"ל הבלא דמרחץ נפיש, ובמים נמי אסור.

אין לשתות בבית המרחץ, כי הלא אסור לברך שם, ובלי ברכה אין לשתות, **ומי** שרוצה לשתות, מסיק בפמ"ג שיברך בבית החצון, או בחדר הבלן בשעה שאין שם בני אדם ערומים, או שיכנס בבית הטבילה במים עד למעלה מערותו, וגם יכסה ראשו, ויברך וישתה שם מעט ע"מ לשתות במרחץ, והוא שיהיה שם החדרים בבית אחד תוך בית המרחץ, **הא** לברך חוץ למרחץ כלל, אסור, **ופשיטא** דלברך ולא לשתות כלל רק במרחץ, בודאי אסור להפסיק בין ברכה לשתיה.

מזוזה במרחץ, בבית הפנימי ובאמצעי פטור, וה"ה מרחץ שיש לפניה חצר, ובחצר עומדים שם מקצתן ערומים, פטור ג"כ, **ודירת** הבלן חייבת במזוזה, דהוא חדר גמור, אך מפני שמצוי שם בני אדם ערומים, צריך לכסות המזוזה.

מלץ הויז, שעושין ממנו לפעמים מרחץ פעם א' או ב' בשנה, או לייטער הויז, חייב במזוזה, **ויש** אומרים דיש לכסות המזוזה, **וכן** מותר להתפלל בתוכו.

בית שעומדין בו אמבטאות לרחיצה, משמע מהאחרונים דדינו כבית הפנימי, דנפיש שם הבלא וזוהמא.

§ סימן פה – באיזה מקומות אסור לקרות ק"ש §

סעיף א - לא ילך אדם במבואות המטונפות ויניח ידו על פיו ויקרא ק"ש - כלומר שקורא כ"כ בלחש, עד שאינו ניכר כלל שמרחש בשפתיו, ג"כ אסור, [פרישה], (והגם דאין זה מבואר בלשון הגמ' והשו"ע – אור החמה), **ואפילו אם היה קורא ובא, צריך להפסיק כשיגיע למבוי המטונף** - ר"ל בתוך ד"א, ואם הוא לפניו, אסור כמלא עיניו.

וכשיצא משם, אפילו שהה כדי לגמור את כולה, אינו צריך לחזור אלא למקום שפסק. הגה: וי"א שחוזר לראש, וכן עיקר, (וע"ל סימן ס"ה).

סעיף ב - אפי' להרהר בד"ת, אסור בבית הכסא ובבית המרחץ ובמקום הטנופת, והוא המקום שיש בו צואה ומי רגלים - ואפילו בתוך הד' אמות של הבה"כ ממקום שכלה הריח, ג"כ אסור להרהר.

ובבית המרחץ - כי נפיש זוהמא בתוכו ומאוס, והו"ל כצואה ובה"כ, ואפילו בזמן שאין שם אדם.

וטעם איסור ההרהור בכל אלו המקומות, משום דבעינן "והיה מחניך קדוש" וליכא.

וכן אסור לעיין בבה"כ במשקלי השמות והפעלים של לשון הקודש, שאין דרך להגיע לידיעה רק ע"פ הכתובים, ויבוא להרהר במקרא, **ויחשוב** שם חשבונות ביתו והוצאותיו, כדי שלא יבא לידי הרהור, ובשבת יחשוב בבנינים וציורים נאים, **ופשוט** דמותר אדם להתבונן בבה"כ בגודל שפלותו, ושבסופו יחזור כולו להיות עפר רימה ותולעה, ואין נאה לו הגאוה.

כתב בספר תוספות ירושלים בשם הירושלמי, דבבורסקי אסור להתפלל וכן להזכיר כל דבר שבקדושה, והוא שהותחל העיבוד שיש ריח רע, אבל אם עדיין לא התחיל מותר, **ופשוט** דבזמן שאסור, הוא אפילו להאומן עצמו שמורגל בהריח רע ואינו מרגיש, כל שבני אדם מצטערים מזה הר"ר.

כתב ב"י: מי שתלמודו שגור בפיו, והרהר בבה"כ ובבית המרחץ לאונסו, מותר. **יש** אומרים דכיון דאנוס הוא בהרהורו, יכול אפילו לבטא בשפתיו, וכן משמע מזבחים ק"ב ע"ב, **אבל** בספר ברכי יוסף מסיק, דהדבור אסור בכל גווני, והראיה מהגמרא יש לדחות, כמש"כ שם הרב ברכת הזבח וצאן קדשים, **ומה** שכתב: דאם

מחבר   רמ"א   משנה ברורה

הלכות קריאת שמע
סימן פה – באיזה מקומות אסור לקרות ק"ש

הרהר לאונסו מותר, היינו ר"ל דאם הרהר לא עבד איסורא מאחר שהיה לאונסו, **ברם** לכתחילה חובת גברא לדחות ההרהור, וכ"ש דהדבור אסור, **וכ"כ** בספר ישועות יעקב דהדבור אסור.

הגה: ואפי' הלכות המרחץ אסור ללמוד במרחץ.

דברים של חול, מותר לאמרם שם בלשון הקדש - ומדת חסידות הוא להחמיר.

וכן הכנויים, כגון "רחום" "נאמן" וכיוצא בהם, מותר לאמרם שם - דגם בני אדם מכונים בהם לפעמים, כמו שנאמר: חנון ורחום וצדיק, **ודוקא** באומר כך, אבל באומר: הרחום ירחם עליך, י"ל דאסור כמו שאלת שלום. **אבל השמות שאינם נמחקין, אסור להזכירם שם** - לאו דוקא, דהא איכא "שלום" דאסור להזכיר שם.

הראב"ד אוסר ב"רחום", וכתב הב"ח ויש להחמיר, וכן פסק הפר"ח, **מיהו** בלע"ז לכו"ע שרי, הואיל וזה אינו מיוחד דוקא להקב"ה, **משא"כ** שאר ד"ת, וכ"ש השמות שאינם נמחקין, אסור לאמור שם אפילו בלשון לע"ז, כגון "גא"ט" בלשון אשכנז, או "בוגא" בלשון פולין ורוסיא וכה"ג, **שאף** ששם זה אין בו קדושה באותיות כתיבתו, ומותר למוחקו, מ"מ יש בו משום בזיון בהזכרתו במקום טינופת, **כמו** בהזכרת ה"שלום", שמותר ג"כ למוחקו, ואעפ"כ כיון שהקב"ה נקרא בו, אע"פ שאינו מיוחד לו, אסור להזכירו כשמתכוין על ענין השלום, **וכ"ש** בזה שלכמה דברים דינם כשמות שבלשה"ק, כגון לענין שבועה, ולענין הזכרת ש"ש לבטלה, ולענין קללת חבירו בשם.

ואם נזדמן לו שם להפריש מדבר האסור, מפריש, ואפי' בלשון הקודש ובענייני קודש - דהיינו לומר לו אפי' בלשון הוראה שאסור לעשות כן, וא"צ לדקדק ולומר: אל תעשה כך, בלי לשון הוראה, [מ"א]. **ויש** מחמירין וסוברין, דאסור לומר בלשון הוראה, דזה הוא תורה, כגון אם רואה בע"פ שמגלחין אחר חצות, יאמר: אין מגלחין, דלשון זה אינו לשון הוראה, אע"ג דממילא נשמע דאסור, אבל לא יאמר: אסור לגלח, [ח"א]. **(ומקרוב נדפס חידושי הר"ן על שבת, איתא שם בהדיא דלא כהח"א, וראיותיו יש לדחות, וכ"כ הגר"ז כהמ"א). ונ"ל** דאם אין דבריו נשמעין בקיצור, יוכל להעריך לפניהם גודל האיסור בכל חלקיו, כדי להפרישן.

וה"ה אם נכנס בלבו הרהור עבירה, מותר להרהר שם בד"ת, מפני שזהו כמו להפרישו מאיסור, שהתורה מצלת מהרהורים רעים.

כתב המ"א בשם הר"ן, אפילו בלא אפרושי מאיסורא, שרי לומר לחבירו: עשה לי כך וכך, אפילו אם ממילא הוי הוראה, שבזה מורה לו שהוא מותר לעשות כן, כיון שאינו אומרם בלשון הוראה.

הגה: ובמקום שמותר להרהר בד"ת - כגון בבית אמצעי של מרחץ וכנ"ל, או כגון שהוא בעצמו אינו נקי לגמרי, כגון שנגע בידיו במקומות המכוסים, **דאם** ידיו או שאר מקומות מגופו מטונפות ממש, אפילו ההרהור אסור, **מותר לפסוק דין, ובלבד שלא יאמר טעמו של דבר** - דפסק דין הוי כמו הרהור, שמחשב הטעם בלבו.

§ סימן פו – שצריך להרחיק מן מים סרוחים §

סעיף א - מים סרוחים, או מי משרה ששורין בהן פשתן או קנבוס - שמסריח, וכ"ש משרה של כובסין, שמכבסין בהם בגדי קטנים שיש בהם צואה, **צריך להרחיק מהם כמו מן הצואה** - ר"ל לפניו כמלא עיניו, ולאחריו ד"א ממקום שכלה הריח, **וכתב** הפמ"ג דאיסורו הוא מה"ת כמו צואה.

ע"כ אותן מקואות שמימיהן סרוחין בימות הקיץ, לא מיבעי דאסור לברך בתוכן, אלא אפילו הרחקה כצואה בעינן, **ודוקא** אם מסריח עד שדרך בני אדם להצטער מאותו הר"ר.

גינה שממשיכין לה מים סרוחים ורעים, והיא סמוכה לבהכ"נ, אף אם קדמה, בעל הגינה צריך להרחיק, דהוי מילתא דאיסורא.

כתב הא"ר והובא בפמ"ג, במרתפות היין שיש ריח רע מעופש, וקץ ביה, אסור לקרות ק"ש, וה"ה כל כה"ג, **וברמב"ם** משמע דמותר, ורק גדולי החכמים היו נזהרין מזה בעת התפלה, עיי"ש, **ולפלא** שלא העירו בזה.

(ביאור הלכה) [שער הציון] ‹הוספה›

סימן פז – כמה צריך להרחיק בשעת ק"ש מן גרף של רעי

§ סימן פז – כמה צריך להרחיק בשעת ק"ש מן גרף של רעי §

סעיף א - גרף של רעי ועביט של מי רגלים, של חרס או של עץ, צריך להרחיק מהם כמו מצואה - לפניו כמלא עיניו, ולאחריו ד"א ממקום שכלה הריח, **אפילו הטיל בהם מים** - ואפי' אם עתה אין בהם כלום, ואפי' אם הם רחוצים יפה מבפנים ומבחוץ, ונקיים לגמרי שאין בם אפילו ריח רע.

ומשמע מדברי הרבה אחרונים דמסכימים לדברי הרבינו יונה, דמן התורה אסור גרף ועביט, אע"ג דמ"ר עצמן אינו אלא מדרבנן, העביט חמיר טפי, דכיון דמיוחד לזה הו"ל כבית הכסא, (**או משום דהוא מסריח יותר, דיינינן ליה כמו צואה**), ולכן לא מהני בהן ג"כ הטלת מים, ואפי' מילאן עד שוליהן, **ואם** קרא או התפלל במקום עביט, שהיה בתוך ד' אמותיו, חוזר, אם מצאו במקום שהיה ראוי לו להסתפק בו תחילה עליו, **ולענין** שאר ברכות, עיין לקמן סימן קפ"ה ס"ה ובמ"ב שם, ותדין לכאן, **ואם** מצא הגרף והעביט בתוך שיעור כמלא עיניו, אינו חוזר בדיעבד.

ואם הכלי מיוחד ג"כ לתשמיש אחר, כגון לשפוך לתוכו שופכין, אם אין בו צואה ולא ריח רע, מותר, **וכן** אם בכל פעם שמשתין נותן לתוכו רביעית מים, מותר אם אין מגיע ממנו ריח רע, (**ולכאורה קשה מאוד, הלא לדעת ר"י עביט אסור מן התורה, וא"כ מה מהני לזה מה שמטיל תמיד רביעית מים, הלא מה דמהני רביעית מים למ"ר אף שהוא מרובה, הוא משום דמ"ר אינו אלא מדרבנן, הא אם היה איסורו מן התורה, לא היה מהני כלל, וממילא מה מהני זה להעביט דאיסורו מן התורה מטעם זוהמא הנבלע בתוכו, וכי משום מעט מים ששופך בתוכו לא יכנסו בתוכו זוהמת המ"ר, ואולי י"ל דכיון דחזינן דאין בו ר"ר, ממילא מוכח דלא נבלע בתוכו זוהמא כ"כ, ואין איסורו רק משום דהוא יחדו למ"ר וחשבו כבה"כ, ועל כן כיון ששופך תמיד מים בתוכו תיכף אחר הטלת המ"ר, לא הניחו להתייחד לבית הכסא, ולפי"ז**) נ"ל, דבזה אם מגיע ריח רע מן הכלי, דינו כעביט ממש, וצריך להרחיק ד"א ממקום שכלה הריח.

אבל אם הן של מתכת, או של זכוכית - הט"ז מפקפק בזכוכית, אבל רוב האחרונים וכמעט כולם מסכימים להקל, **או של חרס מצופה** - י"א דהיינו מה שאנו קורין גלייזירט, **וי"א** דדוקא אם הוא מצופה באבר, לא גלייזירט, **מותר** - והטעם, דבכל אלו ס"ל דאין בולעין, ואפילו אם בולעין אין בליעתן מרובה, ע"כ אין דין בה"כ עליהם.

אם הם רחוצים יפה - מבפנים ומבחוץ, **וגם** שלא יהיה ממנה ריח רע, **ואם** מגיע ממנה ר"ר, דינה כריח רע שאין לו עיקר, אחרי דהכלי אין עליה שם גרף ועביט, ונקיה היא, וא"צ להרחיק רק עד מקום שיכלה הריח, **ואם** הכלי אין רחוצה, צריך להרחיק ממנה ד"א, אולי יש עליה ממשות של זוהמא.

חרס מצופה - י"א דבעינן שיהא מצופה מבפנים ומבחוץ, **ויש** מקילין דדי בשמצופה רק מבפנים, **והנה** למעשה יש להחמיר דבעינן שיהא מצופה גם מבחוץ, **אך** כשכפאו על פיו, יש לסמוך להקל על דעת המתירין, כ"כ א"ר.

והכלים שאנו קורין פארצליין, לענין שארי איסורים דינם ככלי חרס דלא מהני הגעלה, ונראה דיש להחמיר גם לענין זה, (**וצ"ע, דהרי בכלי חרס גלייזירט, דעת הפוסקים הנ"ל דאינו בכלל גרף של רעי, וזו בודאי חשוב כמו כלי חרס לענין בליעת איסור, וכן כלי חרס המצופין אבר, כתב הח"י דדעת רוב הפוסקים דהרי הוא ככלי חרס, ובזה לכו"ע מהני, אלא ודאי דלענין גרף של רעי כיון דיכול להדיחו והוא שוע, אין בזה חשש גרף, וא"כ ה"ה בענינינו נמי אפשר דכיון דהם שועין ואינם בולעין כ"כ כמו כלי חרס, אפשר דאין דינם ככלי חרס, ומ"מ נראה דלמעשה נכון להחמיר, דאפילו בכלי זכוכית גופא הפר"ח מחמיר, ונהי דשם נקטינן כדעת האחרונים להקל, מ"מ בזה יש להחמיר**).

סעיף ב - גרף ועביט של חרס או של עץ שכפאו על פיו, יש מתירין - דהוי כמו כיסוי.

ויש אוסרין, והלכה כדברי האוסרים - דכיון שהזוהמא בלוע בתוכו, הכלי גופא הוא כמו צואה, ואסור עד שיכסהו, **אבל** של מתכות, אפילו אינו רחוץ מבפנים, מהני כפיה, דאין איסורו אלא מתוכו, וכפיה חשוב כיסוי.

מחבר **רמ"א** משנה ברורה

רמו הלכות קריאת שמע
סימן פז – כמה צריך להרחיק בשעת ק"ש מן גרף של רעי

ואם כיסה על הגרף והעביט ור"ר נודף מהם, בין שהוא של חרס ורחוץ או של מתכת ואינו רחוץ, כתב הדה"ח דצריך להרחיק ד"א ממקום שכלה הריח, דזה מיקרי ר"ר שיש לו עיקר, ועיין במ"ש בבה"ל בסי' ע"ט בהקדמה אות ז', **ואם** הוא של מתכת ורחוץ, די שירחיק עד מקום שיכלה הר"ר, דזהו ר"ר שאין לו עיקר.

כתב של"ה, שירגיל האדם שיהא לו עביט של מתכות או זכוכית, ויהיה רחוץ ונקי, ויטיל לתוכו רביעית מים כשמשתין בו, ואז מותר לו לברך "אשר יצר" וללמוד תורה אצלו, **ונ"ל** אם הוא נקי ואינו יוצא שום ר"ר ממנו, אזי די שירחצוהו מע"ש לע"ש, עכ"ל.

סעיף ג- מותר לקרות ק"ש בבית שיש בו צואה ומי רגלים או גרף ועביט, כיון שהרחיק מהם כשיעור שנתבאר בסימן ע"ט.

ואם היה בבית מטה גבוה יו"ד, והמחיצות מגיעות לארץ מכל הצדדים, או עכ"פ שרגליה קצרות ואינן גבוהות ג"ט, דהוי כלבוד, וצואה או גרף ועביט עומד אחורי מטה, מקרי המטה מחיצה, ושרי לקרות לפני המטה, וא"צ להרחיק, **ובלבד** שלא יראה את הגרף, וגם שלא יגיע לו ריח רע, (**ופשוט** דה"ה כששוכב על המטה, אך יש לו ליזהר בזה שלא יוציא אבר אחד חוץ למטה למקום הגרף).

וכתב המ"א, דדוקא כשהמטה חוצצת מכותל לכותל, אבל בלא"ה לא חשיבה מחיצה, **והרבה** מפקפקין בדין זה, גם בספר נשמת אדם תמה עליו, **ע"כ** מסיק בח"א, (דלצואה יש להחמיר כדעת המ"א), ובמי רגלים שהיו על הארץ או בכלי שאינו גרף, דאינן אלא מדרבנן, יש להקל לקרות ולברך נגד המחיצה, אפילו אינה חוצצת, **אבל** לא כנגד האויר, (דמחיצה הרחב ד"ט, חשיב מחיצה להתיר כנגדו, **ואם** המחיצה הוא יותר מן האויר, דהוי עומד מרובה על הפרוץ, **נ"ל** דאפילו בצואה יש להתיר בשעת הדחק נגד המחיצה, ובלבד שלא יראה הצואה, **וכן** חריץ המפסיק עמוק י"ט במשך ד"ט, ורחבו משפתו לשפתו ג"כ רוחב ד"ט, הרי זה כשתי רשויות).

דפים הקבועים בכותל, שקורין פאליצא או באנק, אע"פ שגבוהים י"ט, ואפשר אפילו רוחב ד' טפחים, לא הוי רשות לעצמו, כיון שאין לו מחיצות המגיעות לארץ, **וכן** שולחנות שלנו, שעומדים על רגלים שאין ברחבן ד"ט, אע"פ שהן גבוהין י"ט, לא הוי מחיצה להפסיק - ח"א, (**דדוקא** כשהמחיצה הוא גבוה י"ט ברוחב ד"ט מן הקרקע עד סוף גובה י"ט, **או** אע"פ שפחות מג"ט סמוך לקרקע אין בו רוחב ד', כגון שעומד על רגלים דקים, דאמרינן לבוד).

עוד כתב שם, גרף או אפילו מי רגלים העומד בין תנור לכותל, נ"ל דאסור לעמוד בצד התנור ולקרות, אע"פ שהתנור מפסיק, דכיון דהוא מתשמישי הבית, בטל לגבי הבית, וכן כל כיוצא בזה, **אבל** שאר כלי הבית שאינו מיוחד לבית, נ"ל דמפסיקים, וע"פ האופנים המבוארים לעיל גבי מטה.

אם הניח להגרף והעביט תחת המטה, ומחיצות המטה מגיעין עד פחות מג' סמוך לארץ, אפילו אם המטה בעצמה אינה גבוה יו"ד, שרי לקרות לפני המטה ועל גבה, דאמרינן לבוד והוי כמכוסה, **וכ"ז** כשאין מגיע ר"ר, אבל כשמגיע, לא מהני כיסוי ולא הפסק מחיצה, **ומטות** שלנו שרגליהן גבוהות ג"ט, צריך הרחקה מהגרף כדין.

וכן אם כפה עליהם כלי, אע"פ שהם עמו בבית, הרי אלו כקבורים ומותר לקרות כנגדו -

אפילו יש קצת אויר בין הכלי לקרקע, כגון שבולט קצת מצד א', כל שהוא פחות מג"ט אמרינן לבוד, והוי כמכוסה, **אבל** אם הכלי פתוח למעלה, אפילו פחות מג' אסור.

(**כתב** הלבוש, אם העמיד להגרף והעביט בתוך כלי שמחיצותיה גבוהין יותר מן הגרף והעביט, עד שאינן נראין, הוי כמכוסין ומותר, **אם אין ריח רע, אבל** הנ"צ והל"ח חולקין, וסוברין דלא מהני, **אם לא** כשמחיצותיה גבוהין יותר עשרה טפחים, כ"כ א"ר).

(**כתב** הפמ"ג, גג רחב שבולט על הבית, שקורין פיר ליבין, לא נחשב זה לרשות בפני עצמו לגבי ר"ה, **ע"כ** אם יש צואה חוצה לו, אסור לומר תחתיו ד"ת, **ואפילו** באין רואהו, **ואפילו** אם הוא רק מקום הראוי להסתפק, צריך ליזהר בזה).

סימן פח - בעל קרי מותר בק"ש

§ סימן פח - בעל קרי מותר בק"ש §

סעיף א - כל הטמאים קורין בתורה וקורין ק"ש ומתפללין, חוץ מבעלי קרי שהוציאו עזרא מכל הטמאים, ואסרו בין בד"ת בין בק"ש ותפלה עד שיטבול, כדי שלא יהיו ת"ח מצויין אצל נשותיהן כתרנגולין - וגם כי הקרי בא מקלות ראש, וד"ת צריך להיות באימה ויראה ברתת וזיע, כמו בעת נתינתה.

ואח"כ בטלו אותה תקנה, והעמידו הדבר על הדין, שאף בעל קרי מותר בד"ת ובקריאת שמע ובתפלה, בלא טבילה ובלא רחיצה דתשעה קבין - שהיתה גזירה שאין רוב הצבור יכולין לעמוד בה, ובטלוה משום ביטול תורה, ומשום ביטול פריה ורביה.

ומ"מ מי שירצה לנהוג ולטבול, תע"ב, **ודוקא** אם עי"ז לא יעבור זמן ק"ש ותפלה, **ואפשר** דאפילו אם עי"ז יתבטל מתפלה בצבור, ג"כ אין נכון להחמיר בזה, [דכיון דבטלוה, אין להחמיר במידי דאתי לידי קולא].

וכן פשט המנהג - ומ"מ יש אנשי מעשה שנוהגין בתקנה זו, וטובלין את עצמן לקריין, ואם קשה עליהם הטבילה, רוחצין את עצמן בט' קבין.

כתבו האחרונים, שארבעים סאה מים שאובים כשרים לטבילה זו, וכן הט' קבין הוא ג"כ במים שאובים, **ואפילו** משלשה כלים, ובאופן שלא יפסיק משפיכת כלי אחד עד שיתחיל השני, **אבל** יותר מג' כלים אין מצטרפין לשיעור ט' קבין.

והנך ט' קבין צריך שישפוך עליו, אבל לא לטבול בתוכם, בין אם הם בכלי או בקרקע, דכל שהוא דרך טבילה בעינן דוקא ארבעים סאה, ובקרקע, כשאר טבילות, **ומ"מ** אם נכנס חציו למקוה, ולא הרכין ראשו לטבול חצי גופו אשר בחוץ, רק שפכו עליו מלמעלה ט' קבין, מועיל לטהר.

כתב בספר מטה אפרים, דבעת שפיכת הט' קבין על האדם, יש לו לעמוד זקוף, ושתי ידיו מונחים נגד לבו, ולא ידחק אותם בחיבוק הרבה, רק בריווח קצת כדי שיבואו המים גם שם, **ויזהיר** לשופכים עליו שישפכו כנגד גופו ממש.

ושיעור ט' קבין, עיין בבה"ט שהוא שיעור ט"ו קווארט פוליש, **עיין** בס' מטה אפרים הנ"ל שכתב, דבקווארט שלנו צריך כ"ד קווארט לשפיכת ט' קבין, **ובשעת** הדחק שאין הכלים מחזיקין כ"כ, יש להקל בי"ח קווארט.

וכן יש ליזהר בכל זה, אותם שנוהגים להטהר בער"ה ועיו"כ ע"י ט' קבין.

כתב במ"א, דאף הנוהג טבילה לקרי, דוקא בריא, או חולה ששמש מטתו, אבל חולה שראה קרי לאונסו, פטור מכלום, (קצת נראה, דחולה נקרא לענין זה, מי שהוא חלוש), ואין לו רק לרחוץ אותו מקום שלא יהיה מלוכלך מש"ז, **וכן** בריא שראה מים חלוקים, פטור מכלום, דלא גזר עזרא ע"ז לענין ד"ת ותפלה, ורק לענין תרומה טמא משום מים חלוקים.

(**ודע עוד**, דמה שמסתפק בשע"ת לענין חציצה בטבילת בעל קרי, מצאתי בספר האשכול שכתב בהדיא, דאין פוסל חציצה בזה, **אך** ביש חציצה ברוב גופו, משמע שם דפוסל גם בזה).

הגה: יש שכתבו שאין לאשה נדה בימי ראייתה ליכנס לבית הכנסת, או להתפלל, או להזכיר השם, או ליגע בספר - ובבנימין זאב כתב, שלא נהגו רק שלא לכנוס לבהכ"נ, ולא לראות ס"ת, וגם כשמתפללת אינה עומדת בפני חברותיה, ומשום מנהג וכבוד עושין כן, ולא משום איסור, עכ"ל, **וכן** הסכימו האחרונים, דצריכה להתפלל בביתה, ולברך כל הברכות, ובפרט ברהמ"ז וקידוש שהוא מן התורה.

כתב רי"ו: יש טועים לומר, שהנשים יולדות לא יכנסו לבהכ"נ עד שעברו מ' יום לזכר ופ' לנקיבה, ומנהג טעות הוא, וצריך למחות בידם.

וי"א שמותרת בכל, וכן עיקר; אבל המנהג במדינות אלו כסברא ראשונה - ובמדינותינו נוהגין היתר לעולם, ומברכות ומתפללות, **ומ"מ** לא יסתכלו בס"ת בשעה שמגביהים אותה להראות לעם - ח"א, **עוד** כתב, שלא יכנסו לבית הקברות עד שיטבלו.

ובימי לבון נהגו היתר. ואפילו במקום שנהגו להחמיר, בימים נוראים וכה"ג, שרבים מתאספים לילך לבית הכנסת, מותרין לילך לבהכ"נ כשאר נשים, כי הוא להן עצבון גדול

שהכל מתאספים וכן יעמדו חוץ - ומיום ראשון של סליחות ואילך מיקרי ימים נוראים לכל כה"ג. **וה"ה** אם משיאה בנה או בתה, או שהיא בעצמה יולדת, שהולכין לבהכ"נ אחר ד' שבועות, שרי אע"פ שהיא נדה, **וכיון** שמותרים לילך לבהכ"נ, שרי ג"כ להתפלל בכל זה לכו"ע.

§ סימן פט - הלכות תפלה וזמנה §

סעיף א - זמן תפלת השחר, מצוותה שיתחיל עם הנץ החמה, כדכתיב: ייראוך עם שמש - היא השעה שהחמה מתחלת לזרוח בראשי ההרים, **וראוי** ונכון ליזהר בזה לכתחלה אף בימי הסליחות, וכן בחורף כשמשכימים ובאים לבהכ"נ בבוקר השכם, ימתינו מלהתפלל עד הנץ, **אך** כשמשכים לצאת לדרך, וכה"ג שאר דחק ואונס, דמותר להקדים כדלקמן בס"ח, עכ"פ ימתינו מלברך על התפילין, עד שיכיר את חבירו הרגיל עמו קצת ברחוק ד' אמות, דמקודם אסור לברך עליהן.

כתב בפמ"ג, דבחג השבועות שניעורין כל הלילה, מותר להתפלל קודם הנץ, דכשילכו לביתם בהשכמה, טורח הוא להתקבץ שנית, **ומ"מ** יש ליזהר שלא לקרות ק"ש כ"כ בהשכמה, דהיינו קודם שיראה את חבירו ברחוק ד' אמות ויכירנו, דזה אסור לכתחלה, וכדלעיל בסימן נ"ח.

ואם התפלל משעלה עמוד השחר והאיר פני המזרח, יצא - בדיעבד, ואפילו שלא בשעת הדחק, **ובשעת** הדחק כגון במשכים לצאת לדרך, וכה"ג שאר דחק ואונס, אפילו לכתחילה, וכדלקמן בס"ח.

עה"ש - הוא מה שמתחיל השחר להבריק במקצתו מעט מעט, (והוא מה שמתחיל האור להתנוצץ בפאת המזרח, קודם הנץ החמה כשיעור שעה וחומש שעה, **ולא** כמו שטועין איזה אנשים, שעמוד השחר הוא כוכבא דצפרא, דהוא זמן הרבה קודם).

האיר פני מזרח - ובעינן שיאיר פני כל המזרח, ולא סגי במה שהבריק השחר כנקודה בלבד, ‹והוא בערך שש דקות אחר עלות - תבואות שמש›, **וכתב** בחידושי רע"א, דאף שהכוכבים נראין עדיין ברקיע, מ"מ יום הוא.

ומשמע מדברי המחבר, דקודם האיר פני מזרח, אף דעלה עמוד השחר, (דהוא כשיעור שעה וחומש שעה קודם הנץ החמה) אפי' בדיעבד לא יצא, וכן הסכימו הרבה אחרונים, **דלא** כמ"א, (דדעתו, דמשעלה עה"ש יצא בדיעבד, דיום הוא, **ובפמ"ג** מפקפק בזה, **אף** דבעצם הדין משמע דס"ל כדבריו, דמן התורה יום הוא אף קודם שהאיר פני המזרח לכל דבר, כיון שעלה השחר, ומפני זה בשעת הדחק מותר לכתחלה תיכף משעלה עה"ש, **עכ"פ** שלא בשעת הדחק מצדד להוכיח מדברי הרמב"ם לענין תפלה, דאף בדיעבד לא יצא משעלה עה"ש, **ולדינא** בודאי יש לחוש לכל הני רבוותא בכל דבר שמצותו ביום, אם עשהו קודם שהאיר המזרח לחזור ולעשותו לאחר שהאיר, **אמנם** בתפלה אפשר דיש לחלק בזה, והוא דשלא בשעת הדחק לכאורה יש להחמיר בזה אף בדיעבד, וכהפמ"ג הנ"ל, דלא סגי כשהבריק השחר כנקודה, אלא עד שיאיר כל המזרח, **אבל** בשעת הדחק, אם התפלל קודם שהאיר המזרח, אפשר דיש לסמוך בזה בדיעבד על המ"א והפר"ח והפמ"ג הנ"ל, שלא לחזור ולהתפלל משום חשש ברכה לבטלה, וצ"ע, **ולכתחלה** בודאי יש ליזהר בזה מאד, אפילו בשעת הדחק).

ודע, דדברי השו"ע אינם אמורים רק לענין חובת מצות תפלה בלבד, דיצא בה אחר שהאיר המזרח, דבזה כבר הגיע זמנה, דניתקנה כנגד התמיד, ושחיטת התמיד היה תיכף משהאיר המזרח, **אבל** לענין ק"ש שקודם התפלה לא איירי המחבר בסימן זה, ועיין לעיל בסימן נ"ח במ"ב, דלא יצא בזה ידי חובת ק"ש אף דיעבד, אם רגיל לעשות כן, עד שיכיר את חבירו הרגיל עמו קצת ברחוק ד"א, וזה מאוחר מזמן דהאיר המזרח, **ובפרט** כשרוצה אז להניח תפילין ולברך עליהן, דבודאי אין לברך עד שיגיע הזמן דמשיכיר הנ"ל, (**ואם מניחן מקודם, יניח בלא ברכה, וכשיגיע הזמן ימשמש ויברך**).

(**והפר"ח** חולק על השו"ע, וס"ל דמשהאיר הוא זמנה לכתחלה, רק לוותיקין הוא קודם הנץ, **ואין** נ"מ בכ"ז לדינא לדידן, שכל אחד מישראל נוהג וזהיר לכתחלה

הלכות תפלה
סימן פט – הלכות תפלה וזמנה

לסמוך גאולה לתפלה, איך יכול לכתחלה להתפלל תיכף משיאיר היום, הא צריך לקרות ק"ש וברכותיה, ובדידהו בעינן דוקא עד שיכיר את חבירו ברחוק ד"א, **אך** לאחר הזמן הזה, אפשר דאין למחות ביד הנוהגין להקל, **אך** למצוה מן המובחר, לכו"ע אין להתפלל י"ח קודם הנץ).

ונמשך זמנה עד סוף ד' שעות שהוא שליש היום - ואם היום ארוך י"ח שעות, הוי ו' שעות על היום, וכשהיום ארוך ט' שעות, הוי ג' שעות, דלעולם משערין שעות אלו לפי ענין היום, והם נקראין שעות זמניות, שהיום מתחלק לי"ב חלקים, **וענין** השליש הוא, שתפלת השחר הוא נגד קרבן תמיד, ולעולם לא איחרו אותו מלהקריב לאחר שליש היום, **וצריך** לגמור התפלת י"ח בתוך השליש היום.

ואם טעה, או עבר - ר"ל שבמזיד שהה את התפלה עד שעבר זמנה, **והתפלל אחר ד' שעות עד חצות, אע"פ שאין לו שכר כתפלה בזמנה, שכר תפלה מיהא איכא** - וה"ה שלכתחילה אם לא התפלל מקודם, צריך להתפלל אחר ד' שעות עד חצות, רק שאין לו שכר כתפלה בזמנה.

וטוב שיתפלל אז בתורת נדבה, כי יש פוסקים שסוברים, דבהזיד עד ד' שעות שוב לא מצי להתפלל כלל, ע"כ יתפלל ויתנה, שאם מצד הדין הוא פטור, הוא בתורת נדבה.

הגה: ואחר חצות אסור להתפלל תפלת שחרית, וע"ל ריש סי' ק"ח - משמע מלשון הרב, דאפי' תיכף אחר חצות אסור להתפלל שחרית, ואדלעיל קאי, בין עבר במזיד או טעה בשוגג, **ויש** מקילין בהחצי שעה שאחר חצות, **ולדינא** משמע מפמ"ג ודה"ח, שאין לזוז מפסק הרב, וכן משמע מביאור הגר"א, דבאמת כבר הגיע זמן מנחה, שמתחלת מתחילת שבע, אלא מטעם שאין אנו בקיאים ושמא יבוא לטעות, וע"כ אסרו חז"ל, (**ואחר חצי שעה זו**, לכו"ע שוב לא יתפלל תפלת שחרית, אפילו אם מה שלא התפלל עד עתה היה באונס, וכ"ש במזיד, והמתפלל, ברכותיו לבטלה לכמה פוסקים).

ע"כ כששגג או נאנס ולא התפלל קודם חצות, ימתין אחר חצות חצי שעה, דהיינו כדי שיגיע זמן תפלת מנחה, ויתפלל מנחה, ואח"כ שחרית בתורת השלמה, ולא להיפך, **וגם** דוקא בשגג או נאנס, אבל במזיד אין לו תקנה, כמו שיתבאר כל זה בסימן ק"ח, **אמנם** בדיעבד אם התפלל שחרית בחצי שעה זו שאחר חצות, יצא וא"צ להתפלל שנית.

סעיף ב - כיון שהגיע זמן תפלה - היינו מעמוד השחר, **אסור לאדם להקדים לפתח חבירו ליתן לו שלום** - וה"ה אם הולך בבהכנ"ס ממקום הקבוע לו למקום חבירו ליתן לו שלום.

וה"ה אם היה אביו או רבו, **ואם** יש לחוש לאיבת גברא אלמא, אם יכול ליתן ידו בלא אמירת שלום, שפיר דמי, **וכשפגעו** בדרך, יש להקל בגברא אלמא גם באמירת שלום, דבלא"ה מדינא מותר, וכדלקמן, כן נ"ל.

משום דשמו של הקב"ה שלום - ואין ראוי להזכיר שמו על האדם ולכבדו קודם שמכבד להקב"ה, **ובלשון** לע"ז יש לעיין, **ומסתברא** דאם אומר: הרחום ירחמך, או החנון יחננך וכדומה, שרי, דמברכו בשמו של הקב"ה.

אבל מותר לומר לו: צפרא דמרי טב; ואפילו זה אינו מותר אלא כשהוצרך ללכת לראות איזה עסק - ר"ל שהוצרך ללכת דרך חצירו של חבירו בראיית איזה עסק, ואגב זה הולך לפתחו לומר לו: צפרא דמרי טב, אבל ליתן לו שלום, אף בכה"ג אסור, (**ומשמע** דדוקא בזה, כיון שעכ"פ הוא משכים לפתחו לזה, אבל אם הוא משכים לפתח חבירו לראות שם איזה עסק, **ואגב** זה נותן לו ג"כ שלום, מותר, כ"כ הפמ"ג, **אבל** מדברי הב"ח והגר"א משמע, דאסור אף בכה"ג).

ודע, דמה שכתב השו"ע לראות איזה עסק, דוקא לראות, אבל להתעסק ממש אסור קודם התפלה, וכדלקמן בסעיף ג'.

אבל אם אינו הולך אלא להקביל פניו קודם תפלה, אפי' זה הלשון אסור.

וכן אסור לכרוע לו כשמשכים לפתחו, וי"א דכריעה אסורה אפי' בלא משכים לפתחו - וכן יש להורות.

מחבר רמ"א משנה ברורה

ואם התחיל לברך הברכות, (אח"כ) אין לחוש כל כך - פי' דאז מותר לכרוע כשאין משכים לפתחו, **אבל** במשכים לפתחו, בין לכרוע או נתינת שלום, אפילו התחיל בברכות אסור.

ואם אינו משכים לפתחו, אלא שפגע בו בדרך, מותר ליתן לו שלום.

וי"א שאפילו במוצא חבירו בשוק, לא יאמר לו אלא "צפרא דמרי טב" - ולא יתן שלום, אע"פ דרגיל ליתן לו שלום, **כדי שיתן לב שהוא אסור להתעכב בדברים אחרים כלל עד שיתפלל** - ר"ל דאף דמדינא מותר, מ"מ נהגו קדמונינו להחמיר בזה מזה הטעם, **ואם** התחיל הברכות, אין לחוש כ"כ ומותר ליתן שלום.

וכ"ז לפתוח לומר לחבירו שלום, אבל כשחבירו שואל בשלומו, מותר להשיב בכל ענין, **וכ"ש** דמי שכבר התפלל, מותר להשכים לפתחו של חבירו שלא התפלל ליתן לו שלום, אע"פ שיצטרך להשיבו.

סעיף ג- אסור לו להתעסק בצרכיו, או לילך לדרך, עד שיתפלל תפלת י"ח - ואפילו קודם מנחה ומעריב אם הגיע זמנם, דינם כמו קודם שחרית.

ואפילו אם במקום שיבוא יהיה יכול ג"כ להתפלל עם הצבור בזמנו, אעפ"כ אסור, דהליכה בדרך הוי כעוסק בצרכיו, **אך** כ"ז שלא בשעת הדחק, אבל בשעת הדחק שאין השיירא ממתנת לו, יכול לילך מקודם לדרך ויתפלל בדרך, **ומשמע** מהרבה פוסקים, דאפילו כבר הנץ החמה, ג"כ מותר בזה.

(וים מקילין לאחר שאמרו מקצת ברכות, קודם שאמרו "ברוך שאמר", וטוב להחמיר בזה).

וקודם אור הבוקר שרי לעשות מלאכה, **וכתב** הא"ר, דמ"מ אין לעשות שום ענין עד שיברך סדר הברכות, **ופשוט** דכוונתו בחצי שעה שסמוך לאור הבוקר.

ומי שיש לו עבדים עברים או משרתים שצריך שישמשוהו, יזהירם מבערב שבקומם ממטתם ירחצו ידיהם ויברכו הברכות, ויקראו פרשה א' של "שמע", ואח"כ יכול לעשות צרכיו, **וכ"ז** הוא ממדת חסידות, אבל מדינא אין קפידא.

ולא לאכול ולא לשתות - והעובר ע"ז, אמרו חז"ל שעליו אמר הכתוב: ואותי השלכת אחר גוך, אמר הקב"ה: לאחר שאכל ושתה ונתגאה קבל עליו מלכות שמים, **וגם** הסמיכו דבריהם על הפסוק: לא תאכלו על הדם, לא תאכלו קודם שתתפללו על דמכם, ואפילו טעימה בעלמא אסור, (ונ"מ בזה הטעם השני, לאסור אפילו אחר שקבל עליו מלכות שמים בק"ש, כל זמן שלא התפלל תפלת י"ח, **ע"כ** נ"ל דאפילו מי שמוכרח לאכול לרפואה קודם התפלה, יקרא עכ"פ ק"ש קודם).

אבל מים מותר לשתות קודם תפלה - דלא שייך בהו גאוה, **בין בחול ובין בשבת ויו"ט** - כלומר דלא תימא דבשבת אסור בלא"ה, משום דאסור לטעום קודם קידוש, **קמ"ל** דאינו אסור רק דוקא בשהגיע זמן קידוש, והכא כיון שלא התפלל, לא הגיע עדיין זמן קידוש, **ואחר** תפלת מוסף אסור משום קידוש, **וקודם** מוסף, עיין סימן רפ"ו ס"ג.

ודוקא בלא צוקער, אבל עם צוקער אסור, וכ"ש משקה שכר שקורין ביער, ודאי אסור, **וטיי"א** וקאפ"ע מותר לשתותו קודם תפלה, כדי שיוכל לכוין דעתו ולהתפלל, ובפרט בהמקומות שרגילין בהם, ואין מתיישב הדעת בלתם, **וכ"ז** בלא צוקער ובלא חלב, **והעולם** נוהגין להקל לשתות עם צוקער, **ואפשר** דכוונת האחרונים וכן הרדב"ז שכתב, דעם צוקער אין לך גאוה גדולה מזו קודם התפלה, רק אם נותן הצוקער בתוך הטיי"א למתקו, דזהו אסור קודם התפלה, **אבל** אם לוקח מעט צוק"ר בפיו בעת השתייה, ובלתי זה אין יכול לשתות הטיי"א, אין זה בכלל גאוה, **היוצא** מדברינו, דבנתינת הצוקע"ר בתוך הטיי"א, או לאכול מעט מיני תרגימא בעת השתייה, כדי שלא לשתות הטיי"א וקאפ"ע אליבא ריקנא, אין שום צד להקל בזה קודם התפלה, **אם** לא מי שיש לו חלישת הלב, והוא צריך זה לרפואה, **ומ"מ** טוב שיאמר מתחילה עכ"פ פרשת "שמע ישראל".

‹**ואיני** יודע הטעם לאסור לשתות עם צוקע"ר, דאטו שם אכילה יש בזה, והרי אינה אלא להטעים את החמין קצת, **והעולם** נוהגים היתר גם בחלב, לפי שאינו בא אלא להטעים המים – ערוה"ש›.

כתב בספר פת"ש החדש, דיש למנוע מלשתות הטיי"א בבוקר קודם התפלה באסיפת חבירים, עי"ש טעמו, ‹וז"ל: ודלא כמו שיש שמבשלים סאמעווא"ר ושותין באסיפה...

שהוא דרך שמחה, ועוד גורם זה, שמשכימים לפתחו ואומרים לו צפרא דמרי טב, כדלעיל – שם), **ומלבד** זה, רגיל להסתעף מזה איסור אחר, דהלא כתב הרשב"א והובא בב"י, דלכך אסור לו לאדם לעסוק בחפציו קודם שיתפלל, כדי שלא יפנה לבו לשום דבר עד שיתפלל, וכ"כ בשו"ע סוף ס"ב, שהוא אסור להתעכב בדברים אחרים כלל עד שיתפלל, **והרגילין** באסיפת חברים בעת שתית הטיי"א, רגיל לפעמים ע"י ריבוי השיחה, לעבור עי"ז גם זמן ק"ש ותפלה.

וכן אוכלים ומשקין לרפואה, מותר - אפילו אוכלין ומשקין טובים דשייך בהו גאוה, כיון שאינו עושה משום גאוה אלא לרפואה, אע"פ שאינו חולה גמור שרי, **וכ"ש** שמותר לשתות קודם התפלה הרקות ושיקויים לרפואה.

(**עיין** בפר"ח ופמ"ג, דאפי' אם יכול לאכלם לאחר התפלה, גם כן מותר, כיון שהוא מכוין לרפואה. **כתב** הח"א: נ"ל דאפשר הצריך לאכול מפני חולשת הלב, מותר).

(**כתבו** האחרונים, דאיש חלש שאינו יכול להעמיד על נפשו עד עת שגומרים הצבור תפלתם בבהכ"נ, טוב יותר להתיר לו שיתפלל לעצמו בביתו בבוקר, ויאכל מעט, ואח"כ ילך לבהכ"נ לשמוע קדיש וברכו ושאר דברי קדושה, משיאכל קודם התפלה וילך לבהכ"נ להתפלל עם הצבור).

סעיף ד - הצמא והרעב - הרבה, **הרי הם בכלל החולים, אם יש בו יכולת לכוין דעתו, יתפלל; ואם לאו, אם רצה אל יתפלל עד שיאכל וישתה** - משמע שאינו מחויב, מדקאמר "אם רוצה", **והטעם**, משום דעכשיו בזמן הזה בלא"ה אין מכוונים כ"כ, ומ"מ אם רוצה לאכול ולשתות קודם כדי שיכוין, מותר.

הצמא – (אף דמים מותר בלא"ה לשתות, נ"מ למי שאינו יכול לשתות אליבא ריקנא, ומוכרח לאכול מעט קודם איזה דבר).

סעיף ה - ואם התחיל לאכול קודם עלות השחר - ואפי' היה בהיתר, דהיינו שהיה יותר מחצי שעה עד עה"ש, **דבתוך** החצי שעה אסור להתחיל לאכול, וכמ"ש הרמ"א לגבי לולב, וה"ה לגבי ק"ש דאורייתא, **ודוקא** אם אוכל יותר מכביצה דהוי דרך קבע, או לשתות בכשיעור זה, אבל בפחות מזה מותר עד עה"ש.

צריך להפסיק - כשעולה עה"ש, (כ"כ הרא"ש, **ועיין** לקמן בסימן רל"ה, **דאם התחיל לאכול בתוך החצי שעה שקודם צה"כ, משמע שם מהפמ"ג, דצריך** לפסוק תיכף, **ואם כן לכאורה ה"ה הכא, ואפשר** דהכא, משום דאפילו לאחר שיגיע עה"ש, ג"כ אין לצאת בזה ידי ק"ש לכתחלה, לכן לא החמירו כ"כ, **א"נ** אפשר דהרא"ש נקט הכי, משום דזה הדין כולל אפילו בהתחיל בהיתר).

ואע"ג דבתפלת המנחה א"צ להפסיק, **הכא** שאני, כיון דאסמכוה אקרא ד"לא תאכלו על הדם", לא תאכלו קודם שתתפללו על דמכם, צריך להפסיק.

ובשם הזוהר כתבו האחרונים, שאפילו קם בחצות הלילה, אסור לטעום קודם שמתפלל, **וכתב** הפמ"ג דדוקא כשהיה ישן, ואפשר דשתייה שרי, **ומדינא** אפילו ישן מותר לאכול ולשתות, **ומ"מ** נכון לכתחלה ליזהר בזה אם אינו מוכרח, **ועיין** במחצית השקל שכתב, דבתשו' שב יעקב כתב בשם סידור האר"י ז"ל, שהרח"ו עצמו כשהיה חלש לבו, אכל או שתה איזה דבר לחזק גופו, ולא אסר כי אם לאכול למלאות תאותו, **ובח"א** כתב ג"כ, דהקם קודם אור היום ולבו חלש, ועי"ז מתבטל מלימודו, מותר לאכול.

וי"א שא"צ להפסיק - ר"ל לתפלה, אפילו התחיל באיסור, **אלא** לק"ש בלבד שהיא מן התורה, צריך להפסיק אם התחיל באיסור, וקורא ק"ש בלא ברכותיה, שברכותיה הם מד"ס, ולאחר שיגמור יקרא הק"ש עם ברכותיה ויתפלל, (**וב"ל** דמחוייב ג"כ להניח תפילין מקודם שיאכל, דהרי הוא ג"כ דאורייתא, וזמנם ג"כ מתחיל בעת התחלת זמן ק"ש).

וכתבו האחרונים, שהעיקר כסברא הראשונה, **ואם** בירך בהמ"ז ועוסק בשתייה, צריך להפסיק לד"ה.

סעיף ו - אפי' ללמוד, אסור משיגיע זמן תפלה - היינו משעלה עמוד השחר, **אבל** קודם לזה מותר אפילו להתחיל, וכשהתחיל ממילא שוב אינו פוסק, אם לא שירא שיעבור הזמן, **ויש** מקילין לכתחילה אפילו אחר שעלה עה"ש, כל זמן שלא הגיע זמן סמוך להנץ, שראוי להתפלל בו לכתחילה.

ואסור רק להתחיל ללמוד, אבל אם כבר התחיל, אפילו אחר שהגיע הזמן, שוב אינו פוסק, אם ישאר לו שהות אח"כ להתפלל בזמן תפלה, **אך** ק"ש י"א דצריך

להפסיק ולקרותה, כיון שהתחיל אחר שכבר הגיע זמנה, **ויש** מקילין גם בזה, אם לא שירא שיעבור הזמן.

והיינו מי שרגיל להתפלל בבית מדרשו - ר"ל שרגיל להתפלל שם ביחידות, **ואינו רגיל לילך לבהכ"נ, דאיכא למיחש דלמא מטריד בגירסיה ויעבור זמן קריאת שמע ותפלה** - ואם רגילין צבור להתאסף אליו שם, גם בזה מותר, דוודאי יזכרוהו כשיבואו.

עיין בח"א שכתב, דאפילו יש לו שיעור קבוע מה שלומד, דליכא למיחש כ"כ שמא ימשך בלימוד, אפ"ה אסור, **ולכן** מי שהוא בדרך או דר בישוב, אפילו בקיץ, אע"ג שמצוה להתפלל בשעה שהצבור מתפללין, מ"מ כיון שאסור ללמוד קודם שמתפלל, מוטב שיתפלל תיכף, כדי שלא יתבטל מלימודו, **ובזה"ז** דעוברי דרכים ע"פ רוב אינם לומדים תורה בדרך, והיה מהראוי שימתינו על זמן שהצבור מתפללין, **מ"מ** כיון שנמשך מזה שעוברים זמן ק"ש, ולפעמים גם זמן תפלה, לכן יזהרו שתיכף בקומם, קודם שיעסקו בשום דבר, יתפללו, **ומכ"ש** דבקהלות גדולות מתפללין תיכף כשהאיר היום, וא"כ לעולם הוא בשעה שהצבור מתפללין, עכ"ל, **ויראה** לצמצם בעת שמברך על התפילין, שיהיה יכול להכיר את חבירו ברחוק ד"א.

ואם אמר לחבירו שאינו לומד, שאם יטרד בגירסא יזכרנו שלא יעביר הזמן, מותר ללמוד.

אבל מי שרגיל לילך לבהכ"נ, מותר. ואם הוא מלמד לאחרים, אפילו אם אינו רגיל לילך לבית הכנסת, מותר, כיון שהשעה עוברת, דזכות הרבים דבר גדול הוא, ואם לא ילמדו עכשיו יתבטלו ולא יוכלו ללמוד - ודוקא אם לא יעבור זמן ק"ש עי"ז, דאם ירא שיעבור הזמן, מחוייב לקרותה מקודם, כיון שכבר הגיע הזמן, **(ע"ל סי' ק"ו)**.

סעיף ז - מותר להסתפר וליכנס למרחץ סמוך לשחרית - דוקא סמוך לשחרית, דהיינו קודם שעלה עמוד השחר, **אבל** משעלה עמוד השחר גם זה אסור - א"ר.

שלא גזרו אלא סמוך למנחה שהוא דבר המצוי - שרוב העם נכנסין שם ביום, אבל בשחר דבר שאינו מצוי הוא, ולא גזרו בו, **ואותן** המלאכות שדרך בני אדם להשכים להם קודם עה"ש, יש שמחמירים וסוברים, דבחצי שעה שקודם עה"ש אסור, כמו סמוך למנחה, **ע"כ** טוב שיאמר ברכות מקודם.

וכתב הפמ"ג, דדין ובורסקי וסעודה, אסור סמוך לשחרית כמו סמוך למנחה, **ולקנות** צרכי סעודה בע"ש קודם תפלה שרי, דחפצי שמים המה, **הא** בחול אסור.

סעיף ח - בשעת הדחק, כגון שצריך להשכים לדרך - ואין השיירא ממתנת לו, או שאר דחק ואונס, **יכול להתפלל משעלה עמוד השחר** - פי' דבסתם דרך אינו יכול לכוין בתפלה, בין כשהוא מהלך ברגליו, או יושב בעגלה או בספינה, **ולפיכך** אמרו חכמים, שטוב יותר שיתפלל משעלה עה"ש, אף שאינו עדיין עיקר זמן תפלה, וגם לא יוכל לסמוך גאולה לתפלה, כי לא יוכל לקרוא אז ק"ש, דעדיין לא הגיע זמנה עד שיכיר את חבירו ברחוק ד"א.

וימתין מלקרות ק"ש עד שיגיע זמנה. (אם אפשר לו לקרות ק"ש על הדרך, דהיינו שיתכוין בפסוק ראשון, וכמו שנתבאר לעיל סי' ס"ח) - ר"ל דאם יודע שגם ק"ש פסוק ראשון לא יוכל לכוין בדרך, כגון שהוא במקום גדודי חיה וליסטים, מותר לקרוא ק"ש בביתו ג"כ תיכף משעלה עה"ש, אע"פ שעדיין לא הגיע עיקר הזמן.

ואע"פ שאינו סומך גאולה לתפלה, הכי עדיף טפי שיתפלל בביתו מעומד, ממה שיתפלל בזמנה והוא מהלך ויסמוך גאולה לתפלה - עיין בביאור הלכה בס"א שכתבנו בשם הרבה פוסקים, דס"ל דדוקא ‹כשיתפלל› אחר שהאיר מזרח, וקודם לזה לא הגיע עדיין זמן תפלה, **ובפרט** כשרוצה אז לברך על התפילין, דזה אפילו לדעת המקילין אסור אפילו אחר שהאיר מזרח, עד זמן שיכיר את חבירו ברחוק ד"א, **ואם** הגיע הזמן הזה, לכו"ע יקרא ק"ש ויתפלל בביתו כתקונה, אף שעדיין לא הנץ החמה, כיון שהוא שעת הדחק.

ואם הוא בדרך במלון, והשיירא שלו עומדים להתפלל קודם זה הזמן, ומשער דעד "ברכו" יגיע הזמן, יוכל הוא להתחיל ברכת "ברוך שאמר" ג"כ עמהם לעת עתה בלא תפילין, או שילבש תפילין בלי ברכה, ואחר שיגיע בין "ישתבח" ל"יוצר", יראה אם הגיע הזמן ימשמש בהן ויברך.

עדיף טפי שיתפלל בביתו וכו' - ורוב העולם אין נזהרין בזה, ואפשר דנוהגים כאידך פוסקים, דס"ל דמסמך גאולה לתפלה עדיף, ע"כ מתפללין בדרך עם סמיכת גאולה לתפלה - מ"א.

עוד כתב, אם הוא בדרך ומתיירא שיעבור זמן ק"ש, יקרא ק"ש בלי ברכות, וכשיבוא למלון יקרא עוד הפעם ק"ש עם ברכותיה, ויסמוך גאולה לתפלה, **ואם** הוא רואה שיעבור גם זמן תפלה, שהיא רק עד ד' שעות, ודאי יתפלל י"ח ג"כ בדרך, מהלך או מיושב - פמ"ג.

(**ואם** רוצה ליסע מביתו אחר שהגיע זמנה, ואין השיירא ממתנת לו רק זמן מועט, ואין בזה כדי שיקרא ק"ש ויתפלל, **לכאורה** בזה מוטב שיתפלל בביתו בעמידה, ויקרא ק"ש על הדרך עם ברכותיה כתיקונה, **אך** יש לדחות, דהרי קודם שמקיים ק"ש של שחרית יש איסור ליסע בדרך, וא"כ כשמוכרח לעבור וליסע קודם שמקיים המצות ק"ש ותפלה, מפני שאין השיירא ממתנת לו, מוטב לכו"ע שיהיה דחוי אז תפלה שהיא דרבנן, ולא ק"ש שהיא דאורייתא, **וההיא** דשו"ע שאני, שלא הגיע אז זמן ק"ש, **ואף** שבאמת אין המצוה נדחית בזה רק מתאחרת לפי שעה, גם בזה יש מעליותא במה שהיא דאורייתא, וצ"ע, **ואפשר** שגם בזה יקרא ק"ש לבדה בלא ברכות, ובדרך יתפלל הכל כסדר, וצ"ע, **ואולם** לפי מה דאנו נוהגין כהיום, כהפוסקים דס"ל דמסמך גאולה לתפלה עדיף, **בודאי אין להקדים תפלה לק"ש**).

וכשנוסע בלילה, ויכול לבוא במלון להתפלל שם מעריב, נכון להתאחר להתפלל עד בואו שם, ולא יתפלל בעודו בדרך, **אם** לא שהוא ישן על העגלה, ויש לחוש שמא בתוך כך יעלה עמוד השחר, **או** שהוא ירא שמא לא יהיה לו שם מקום מנוחה להתפלל, שיבלבלוהו שם בני הבית.

§ סימן צ – מקום הראוי להתפלל, ולהתפלל עם הצבור, ודין ההולך בדרך §

סעיף א - המתפלל, לא יעמוד על גבי מטה ולא על גבי כסא ולא על גבי ספסל, (ואפי' אינן גבוהין ג') - מפני שכשהוא עומד עליהם, הוא טרוד וירא שמא יפול, ולא יוכל לכוין בתפלתו.

והב"ח והט"ז מתירין כשאינן גבוהין ג', **אבל** הא"ר פוסק כהשו"ע.

ולא על גבי מקום גבוה - לפי שאין גבהות לפני המקום, שנאמר: ממעמקים קראתיך ה'.

אלא א"כ היה זקן או חולה - שקשה לו לירד מעל המטה, **ואף** דאין בו משום גבהות, מ"מ יאסר לעמוד מחמת ביעתותא, **צ"ל** הטעם, דלא הטריחוהו חכמים, והתירוהו להתפלל עליהם במה שייטב לו, בישיבה או בעמידה, **או** י"ל דמיירי שם בגווני דליכא ביעתותא.

או שהיה כוונתו להשמיע לצבור - דמותר לו לעמוד ע"ג מקום גבוה, ואפילו ע"ג כסא או ספסל, ואין בזה משום גבהות, **ויש** מן האחרונים שכתבו, דהיכא דיש בו משום ביעתותא, אפילו להשמיע לצבור אסור.

כתב המ"א, שעכשיו נהגו שהמקום שהש"ץ עומד עליו הוא עמוק משאר בהכ"נ, משום "ממעמקים קראתיך ה'", **ולכן** נקרא הש"ץ בכל מקום "יורד לפני התיבה".

סעיף ב - שיעור מקום גבוה שאמרו, ג' טפחים - פי' אפי' הוא ארעא סמיכתא וגובה ג"ט, אסור לעמוד עליו להתפלל, **אבל** פחות מזה אין גבהו ניכר.

היה גבוה ג', ויש בו ד' אמות על ד' אמות, הרי הוא כעלייה ומותר להתפלל בו; וכן אם היה מוקף מחיצות, אע"פ שאין בו ד' על ד', מותר להתפלל בו, שאין גובהו ניכר, כיון שחלק רשות - ובימה חדשה שבבהכ"נ שעדיין לא הוקפה מחיצות, פשוט דאסור להתפלל עליה, **ומיהו** לענין שמש שמקומו לעמוד שם בקביעות לצרכי בהכ"נ, נראה דמותר, כמו לענין אומנין בס"ג.

סעיף ג - האומנין שעושין מלאכה לבעל הבית, יכולין להתפלל בראש הזית ובראש התאנה, ואין בזה משום לא יעמוד על גבי

הלכות תפלה
סימן צ – מקום הראוי להתפלל, ולהתפלל עם הצבור, ודין ההולך בדרך

מקום גבוה ויתפלל, דכיון שעלו לעשות מלאכתם הוי כמו שעלה לעלייה; ובשאר אילנות, צריכים לירד. והטעם שנשתנה הזית והתאנה משאר אילנות, מפני שיש להם ענפים הרבה יותר משאר אילנות, ויש טורח גדול בעלייתם ובירידתם, ויתבטלו ממלאכתם, ולפיכך אמרו שיתפללו שם; אבל שאר אילנות דליכא ביטול, ירדו.

ובעל הבית, אפילו מראש הזית והתאנה צריך לירד להתפלל, דהא אינו משועבד למלאכה, שהוא ברשות עצמו, ואם הקילו אצל פועלים מפני ביטול מלאכה, לא הקילו אצל בעל הבית.

סעיף ד - צריך לפתוח פתחים או חלונות כנגד ירושלים, כדי להתפלל כנגדן - ואפילו בבית הכנסת כשמתפלל עם הצבור נכון ליזהר בזה, **וכ"ש** כשמתפלל בבית ביחידי דצריך ליזהר בזה לכתחילה, **וכדאיתא** בגמרא, דלא יתפלל אדם אלא בבית שיש בו חלונות.

ואע"ג דצריך שיתן עיניו למטה, ומה נפקא מינה בהחלונות, מ"מ כשנתבטלה כוונתו ישא עיניו לשמים לעורר הכוונה.

וטוב שיהיו בבהכ"נ שנים עשר חלונות - לאיזה צד שירצה, ובתנאי שיהיה גם בצד שמתפלל לקבל ירושלים.

סעיף ה - לא יתפלל במקום פרוץ, כמו בשדה, מפני שכשהוא במקום צניעות חלה עליו אימת מלך ולבו נשבר - ובגמרא איתא, דחצוף הוא מי שעובר על זה, **וכתב** הפמ"ג, דע"כ אם נזדמן לו בית שאין בו חלונות ובקעה, טוב יותר להתפלל בבית שאין בו חלונות.

ובמקום שהוא מוקף מחיצות, אע"פ שאינו מקורה, שפיר דמי.

והנה לחד תירוצא דתוס', ‹דהקשה והכתיב ויצא יצחק לשוח בשדה... א"נ הטעם שלא יפסיקוהו עוברי דרכים, ויצחק התפלל בבקעה במקום דלא שכיחי עוברי דרכים›, אם הוא עומד בצד הדרך במקום שאין מתיירא שיפסיקוהו עוברי דרכים, שרי, **אך** בב"י ממאן בדבריהם, ‹משום דאמרינן בגמ', חציף עלי מאן דמצלי בבקתא, ולתוס' אין הטעם משום חציפות›, **והנה** אף שהמ"א ושארי אחרונים מיישבים לדברי התוס', ‹דה"ק כשהוא מתפלל בבקעה הוא חצוף, שמראה בעצמו שאפי' יעברו עליו כל עוברי דרך לא יתבטל מכוונתו – מ"א›, **מ"מ** כתבו, שבזוהר משמע שיש להתפלל דוקא בבית.

ועוברי דרכים לכו"ע מותרים להתפלל בשדה, **ומ"מ** כשיש שם אילנות, טוב יותר שיעמוד שם ביניהם ויתפלל, אם אין קשה עליו איחור דרכו, דמקום צנוע הוא קצת עי"ז, **וכשהוא** בביתו אין לסמוך ע"ז.

סעיף ו - ולא בחורבה, מפני חשד - היינו שיחשדוהו שיש לו זונה מוכנת שם, **ומפני המפולת ומפני המזיקים** - ואם החורבה עומדת בשדה, אין לחוש בה לחשד, שאין זונה מצויה בשדה, וה"ה אם אשתו עמו ג"כ ליכא למיחש לחשד, **ואם** היא חורבה בריאה וחזקה, ליכא למיחש בה למפולת, **ואם** שנים נכנסין בה, אין לחוש למזיקין, שלאחד נראה ומזיק, ולשנים נראה ואינו מזיק, ולג' אין נראה כלל, אם לא במקום שידוע שרגילין שם מזיקין, **ואבוקה** כשנים, וירח כשלשה, **לפיכך** אם הם שנים מותר ליכנס בה, אם היא בריאה וחזקה, ועומדת בשדה.

מוכח בגמרא, דמוטב להתפלל בדרך מבחורבה, ואפילו היכא דליכא בה כי אם טעם אחד, **ואם** הוא מתיירא שיפסיקוהו עוברי דרכים, יתפלל תפלה קצרה.

סעיף ז - ולא אחורי בהכ"נ, אם אינו מחזיר פניו לבהכ"נ - בתשובת יד אליהו כתב, דנ"ל מה שאמרו גבי המתפלל אחורי בהכ"נ, לא שייך אלא דוקא כשהצבור מתפללים תפילת י"ח, והוא ג"כ מתפלל י"ח, **ובספר** מאמר מרדכי חולק עליו.

ואחורי בהכ"נ הוא הצד שהפתח פתוח בו, והוא הפך הצד שפונים אליו הקהל כשמתפללים - כלומר דמיירי במתפלל באותו צד שהפתח פתוח שם, דהיינו בצד מערב, לפיכך אם מחזיר פניו כלפי בהכ"נ, נמצא שמתפלל לאותו צד שהצבור

סימן צ – מקום הראוי להתפלל, ולהתפלל עם הצבור, ודין ההולך בדרך

מתפללין, וע"כ לא נקרא רשע, **אבל** אם מחזיר פניו מבהכ"נ, נמצא מתפלל היפך מהצבור, שהם מתפללין למזרח והוא למערב, וע"כ נקרא רשע, שנראה כשתי רשויות ח"ו, **ולפי** פירוש זה, אם עומד אחורי בהכ"נ בצד מזרח, והופך מבהכ"נ ומתפלל לצד מזרח כמו שהצבור מתפללין, ג"כ אינו נקרא רשע.

וי"מ בהפך - הוא דעת ר"י הובא בתוס' שם, דמפרש אחורי בהכ"נ, היינו אחורי כותל מזרחי שאין שם פתחים, וכשעומד אחורי אותו כותל, ואחוריו כלפי הכותל, אע"פ שפניו כלפי רוח מזרח, ונמצא מתפלל לרוח שכל הצבור מתפללין, אפ"ה נקרא רשע, כי הוא מכלל אותם שנאמר עליהם: ואחוריהם אל היכל ד', **אבל** אם מהדר אפיה לבי כנישתא, אע"פ שנמצא שהוא מתפלל כלפי רוח מערב, וכל הקהל כנגד רוח מזרח, לית לן בה, כיון שכל הקהל מתפללין כלפי כותל מזרחי ששם ההיכל, והוא פניו ג"כ כלפי אותו הכותל, אין לחוש.

וראוי לחוש לדברי שניהם - שלא יתפלל אלא במערב, ויחזיר פניו לבהכ"נ, **ואף** דזה מותר לכו"ע, מ"מ לא שרי אלא מדוחק, הלא"ה מצוה להתפלל בבהכ"נ.

וגם כשמתפלל בשאר צדדים חוץ לבהכ"נ - דהיינו בצפון או בדרום, **יש להחמיר שיחזיר פניו לבהכ"נ** - כדי שלא יהיה אחוריו נגד בהכ"נ, **ואף** שאכתי אינו מתפלל לרוח שהצבור מתפללין, מ"מ כיון שאינו מתפלל בהיפך לית לן בה, **וכ"ז** כשעומד בצפון בהכ"נ או בדרומו, אבל כשעומד במזרחו או במערבו, אסור אף אם רוצה להטות עצמו לצפונו או לדרומו.

ומיירי בשאי אפשר לו להפוך פניו למזרח, כגון שיש צואה לפניו כמלא עיניו, הא לאו הכי עדיף טפי שיהפוך פניו למזרח, **ומ"מ** גם בכל זה לא שרי אלא מדוחק, כמש"כ לעיל.

וכל זה כשניכר שמחזיר אחוריו לבהכ"נ, אבל אם הוא מתפלל בבית הסמוך לבהכ"נ, ופניו כנגד ארץ ישראל כראוי, ואחוריו לכותל ביתו שהוא כותל בהכ"נ, מותר, שאינו ניכר שמחזיר פניו מבהכ"נ - וה"ה בעזרות הבנויות בכותל מזרחי, שרי להתפלל שם, דחדר הוא ואין נראה כאחוריו לבית הכנסת, **וכ"כ** השכנה"ג, שראה קהלות רבות שעזרותיהם לצד מזרח, ומתפללין ופניהם כלפי מזרח ואחוריהם כלפי כותל מזרחי שבבהכ"נ, **ומ"מ** יותר טוב בעת שבונים העזרות, לעשותו בצד אחר לא בצד מזרח, כי יש מפקפקים בזה.

סעיף ח - אסור לעבור חוץ לבהכ"נ בצד שהפתח פתוח בו, בשעה שהציבור מתפללים, מפני שנראה ככופר, כיון שאינו נכנס להתפלל - עיין בפמ"ג, שיש להחמיר אפילו בעת ק"ש ופסוקי דזמרה.

ואם נושא משאוי, או שלבוש תפילין - דנראה שעול מלכותו עליו, ולא יבואו לחשדו.

או שיש בהכ"נ אחר בעיר, או שיש לבהכ"נ זה פתח אחר - נ"ל דה"ה אם רגילין בבהכ"נ הזה לעשות כמה מנינים, ג"כ שרי, דלא יבואו לחשדו.

(או רוכב על הבהמה) - שניכר שמפני שהוא טרוד בשמירת הבהמה אינו נכנס, **מותר.**

סעיף ט - ישתדל אדם להתפלל בבהכ"נ - ואפילו אם יש לו עשרה בביתו, ישתדל בבהכ"נ, **עם הציבור** - מפני שאין הקב"ה מואס בתפלת הצבור, ואפילו היה בהם חוטאים, לא ימנע מלהתפלל עמהם.

אם יש לו שתי בתי כנסיות, ואחד יש בו ברוב עם, מצוה להתפלל בו יותר, **כתבו** האחרונים, דאם יש בבהכ"נ של רוב עם רוב בלבול, ואין אדם שומע לא תפלה ולא קה"ת, מוטב להתפלל בביתו בעשרה.

ובהכ"נ ביחיד ובביתו בעשרה, תפלת צבור עדיף, **ואפילו** יכול לשמוע קדיש וברכו, אפ"ה תפלת צבור עדיף.

ועיקר תפלה בצבור הוא תפלת י"ח, דהיינו שיתפללו עשרה אנשים שהם גדולים ביחד, **ולא** כמו שחושבין ההמון, שעיקר להתפלל בעשרה הוא רק לשמוע קדיש וקדושה וברכו, ולכן אינם מקפידין רק שיהיו י' בבהכ"נ, וזהו טעות, **ולכן** חוב על האדם למהר לבוא לבהכ"נ, כדי שיגיע להתפלל י"ח בצבור.

מי שהולך בשבת ויו"ט בהשכמה להתפלל במנין עשרה, כי רוב צבור מאחרים תפלתם, ובאותו מנין מתפללים גם תפלת מוסף תיכף אחר תפלת שחרית, ויש זמן אח"כ

הלכות תפלה
סימן צ – מקום הראוי להתפלל, ולהתפלל עם הצבור, ודין ההולך בדרך

לילך לבהכ"נ, **יותר** טוב לילך להתפלל מוסף עם הצבור בבהכ"נ, דברוב עם הדרת מלך, כ"כ בתשובת יד אליהו, **ודוקא** אם מקום מיוחד לתפלתו הוא בבהכ"נ, אבל אם אין מקומו מיוחד להתפלל בבהכ"נ, טוב יותר שיתפלל כל התפלה במקום אחד.

כתב בתשובת רדב"ז: תפוס, שהשר נתן לו רשות יום אחד להתפלל עם הצבור במנין, איזה יום שירצה, **יתפלל** אותו יום תיכף, ולא יחמיץ המצוה להמתין על יום כיפור או פורים.

ואם הוא אנוס שאינו יכול לבוא לבהכ"נ - היינו שתש כחו אף שאינו חולה, **יכוין להתפלל בשעה שהציבור מתפללים** - ודוקא אם טריחא ליה מילתא לאסוף עשרה.

משמע בע"ז דף ד' ע"ב, דאם מתפלל מוסף בשעה שהצבור מתפללין שחרית, לא מיקרי בשעה שהצבור מתפללין, **ואם** מתפלל עמהם בבהכנ"ס, מיקרי תפלת הצבור.

ואם הוא אונס ממון, שמחמת השתדלותו להתפלל עם הצבור יבוא לידי הפסד, יכול להתפלל בביתו ביחיד, או בבהכ"נ בלא צבור, **אבל** משום מניעת ריוח לא ימנע מלהתפלל עם הצבור, דחילוק יש בין מניעת ריוח לבין הפסד מכיסו, וכ"כ בשב יעקב, **והעיד** על הגאון מו"ה זלמן מירל"ש, אב"ד דק"ק האמבורג, שפעם אחת הלך לבהכ"נ מעוטף בטלית ותפילין כדרכו, ופגע בו אדם אחד שהיה לו למכור אבנים טובות, ורצה שילך עמו לביתו, והגאון השיב לו שימתין עד שיבוא מבהכנ"ס, ובתוך כך מכרן לאחר, והאחר הרויח בהם כמה אלפים ר"ט, ושמח הגאון שמחה גדולה, שהשליך מנגד ממון רב עבור תפלת צבור.

וכ"כ בספר אליהו רבא בשם תשובת ב"י, דיש לקנוס האנשים שמונעים לילך לבהכ"נ משום שעוסקין בתורה, או משום שמשתכרין ממון, ולעשירים יש לקנוס יותר, **ובעל** תורה אף שעוסק בלימוד, מ"מ איכא חשדא וחילול השם.

(וכן הדין בני אדם הדרים בישובים ואין להם מנין, מ"מ יתפללו שחרית וערבית בזמן שהציבור מתפללים) - פי' בשעת שקהלות ישראל מתפללים, **ובאשכנז** שנהגו להקדים ערבית, כמש"כ סימן רל"ה, יחיד הדר בכפר או בדרך, צריך להמתין עד צאת הכוכבים.

ובימות הקיץ שהצבור מאחרים תפלת שחרית, והדר בישוב אסור אפילו ללמוד, שמא ימשוך בלימודו ויעבור זמן תפלה, וא"כ יתבטלו זמן ארוך, לכן מוטב שיתפלל תיכף בהנץ החמה, **ומכ"ש** כהיום, דבקהלות גדולות מתפללין תיכף משהאיר הבוקר, וא"כ לעולם הוא בשעה שהצבור מתפללין.

וכן אם נאנס ולא התפלל בשעה שהתפללו הציבור והוא מתפלל ביחיד, אעפ"כ יתפלל בבהכ"נ - מפני שהוא מקום קבוע לקדושה, ותפלתו מתקבלת שם יותר, **ופשוט** דאם הוא ת"ח, ויש חשש חילול הד' כשיבוא אחר התפלה בבהכ"נ, דיתפלל בביתו.

סעיף י - כשעומד עם הצבור, אסור לו להקדים תפלתו לתפלת ציבור - אע"ג דבסעיף הקודם כתב, דאפילו הוא בביתו יכוין לשעה שהצבור מתפללין, **היינו** כדי שתהא תפלתו נשמעת, אבל איסורא ליכא אי מקדים לתפילת צבור, אבל כשעומד עם הצבור ומקדים, איסורא נמי איכא, **ועיין** באורחות חיים שכתב הטעם, מפני שהוא כמבזה את הצבור, **ומשמע** בגמרא, דאפילו אם הוא רוצה לעשות זה בשביל לימוד התורה, כגון שיש לו שיעור קבוע ללמוד תורה אצל אחד.

ואפילו רוצה לצאת חוץ לבהכ"נ, כ"כ המ"א בשם הריב"ש, **אבל** בספר מאמר מרדכי כתב, דאין מדברי הריב"ש ראיה, ומסיק דאין בו איסור דמקדים תפלתו, אלא דלאו שפיר עביד, דמפסיד מיהא תפלת הצבור.

כתב הב"ח, דאם צריך הוא למהר תפלתו, כגון שיוצא לדרך, **יצא מבהכ"נ** ויתפלל בביתו, **ואפשר** דבשביל לימוד התורה ג"כ מותר לעשות כן, וכן משמע בספר מאמר מרדכי, **אך** שם איירי לענין תפילת מוסף, ואפשר דה"ה לענין שחרית.

איתא בגמרא, דאם חלש לבו, יכול להתפלל בביתו קודם הצבור, ובבהכ"נ אף זה אסור, **ועיין** סימן קי"ד ס"ב, דאם הוא חולה או אנוס, אף בבהכ"נ שרי, כ"כ הב"ח והפרישה שם.

הלכות תפלה רנז
סימן צ – מקום הראוי להתפלל, ולהתפלל עם הצבור, ודין ההולך בדרך

אלא אם כן השעה עוברת, ואין הציבור מתפללין לפי שמאריכים בפיוטים או לסבה אחרת - משמע דאז אפילו בבהכ"נ שרי, וכן מוכח לשון תר"י, **והב"ח** פסק, דוקא שהזמן קצר כ"כ, שבעוד שילך לביתו יעבור זמן תפלה, **אבל** אם יש זמן, ילך לביתו ויתפלל ביחיד.

(אבל בלא שעה עוברת, יתפלל הפיוטים והתחינות עם הציבור, ולא יפרוש מן הציבור אפי' לעסוק בד"ת, וע"ל סי' ס"ח).

סעיף יא - מי שיש לו בהכ"נ בעירו ואינו נכנס בו להתפלל, נקרא שכן רע - דכן דרך שכנים הרעים, שאין נכנסין לבית חביריהם.

וגורם גלות לו ולבניו - דכתיב: כה אמר ה' על כל שכיני הרעים וגו', הנני נותשם מעל אדמתם.

ועיין באחרונים שכתבו, שאפילו אין שם מנין עשרה, דהא סתמא קתני, **ובפמ"ג** מסתפק בזה.

ואם מתפלל בביתו בעשרה, בכל גווני אינו נקרא שכן רע, דכל בי עשרה שכינתא שריא, **ומיהו** עכ"פ מידי חובת בהכ"נ לא נפיק, אא"כ אותו המקום שמתפללין בו קבוע לקדושה.

ואם יש שתי בתי כנסיות בעיר, טוב לילך להרחוקה, כי שכר פסיעות יש.

וכל המשכים ומעריב לבהכ"נ, זוכה לאריכת ימים, שנאמר: אשרי אדם שומע לי לשקוד על דלתותי יום יום, וכתיב אחריו: כי מוצאי מצא חיים וגו'.

סעיף יב - מצוה לרוץ כשהולך לבית הכנסת - עד פתח בהכ"נ, ובבהכ"נ עצמה אסור לרוץ, אלא ילך באימה.

וכן לכל דבר מצוה - שנאמר: ונדעה נרדפה לדעת את ה' וגו', **ומזה** נלמוד דכ"ש שיש ליזהר אז, שלא לעמוד באמצע הדרך להסיח עם חבירו באיזה חפצי עצמו, כי עי"ז מצוי שבא אחר ברכו וקדושה.

ועיין בפרישה שכתב, דעיקר הריצה יהיה כשבא סמוך לבהכ"נ, דשם מינכר הוא שעושה לשם מצות בהכ"נ, **וכתב** הפמ"ג, דבשחרית שהולך עם טלית ותפילין בידו, תמיד מינכר הוא, **ומ"מ** ברחוב עכו"ם לא ירוץ.

אפילו בשבת שאסור לפסוע פסיעה גסה - ואף בחול נוטל אחד מת"ק ממאור עיניו של אדם.

אבל כשיוצא מבית הכנסת אסור לרוץ - ולא לפסוע פסיעה גסה, לפי שמראה עצמו שעיכוב בהכ"נ דומה עליו כמשאוי, **בד"א** כשהולך לעסקיו, אבל אם יוצא ע"מ לחזור, מצוה לרוץ כדי לחזור מהר, **וכן** אם יוצא מבהכ"נ לבית המדרש כדי ללמוד תורה.

סעיף יג - מותר לרוק בבהכ"נ - פי' שלא בשעת תפילת י"ח, אלא כגון ק"ש וברכותיה, **אבל** בתפלת י"ח אסור לרוק, כדלקמן סימן צ"ז ס"ב.

ודורסו ברגליו - שלא יהיה מגולה מפני הכבוד, **או מכסהו בגמי** - ר"ל שאם יש תבן או גמי בבהכ"נ, רוקק עליו וא"צ לשפשף, שהרקיקה מכוסה בגמי.

והרוצה שלא ירוק תדיר בבהכ"נ, ילעוס קודם כניסתו שורש מתוק שקורין לאקריץ, **ואף** בבוקר שרי, דלא שייך בזה גאוה, וגם אין מכניס לגופו, **אבל** בערב יוה"כ ובערב ט"ב אסור, שישאר המתיקות בפיו, וכשבולע הרוק בולע המתיקות.

סעיף יד - ישכים אדם לבהכ"נ, כדי שימנה עם היו"ד הראשונים - ודוקא שיתפלל שם עמהם. **ובזוהר** איתא, שיתאספו י' ביחד ויבואו לבהכ"נ.

והאר"י לא היה מן הראשונים, כי הוצרך לפנות שהיה לו חולי, וגם כדי שילך מעוטף בטלית ותפילין לבהכ"נ, וזה אי אפשר קודם היום.

סעיף טו - אם נשאר אדם יחידי מתפלל בבהכ"נ שבשדות, או אפי' בבית הכנסת שבעיר אם היא תפלת ערבית (שמתפללים בלילה), חייב חבירו להמתין לו עד שיסיים תפלתו, כדי שלא יתבלבל בתפלתו - דוקא אם נכנסו בשוה, אבל אם נכנס יחידי בשעה שלא יוכל לסיים עמהם תפלתו, אין חייב להמתין לו, דכיון שרואה שלא יוכל לסיים עמהם, ונכנס, איגלאי מילתא שאינו מפחד אם נשאר יחידי, **מיהו** מדת חסידות הוא להמתין אף בכה"ג.

רנה הלכות תפלה
סימן צ - מקום הראוי להתפלל, ולהתפלל עם הצבור, ודין ההולך בדרך

(ויש מחמירין אפילו ביום ובבהכ"נ שלנו שהם בעיר). ואם מאריך בבקשות ותחנונים, אינו חייב להמתין לו.

סעיף טז - ההולך בדרך והגיע לעיר ורוצה ללון בה, אם לפניו עד ד' מילין מקום שמתפללים בי', צריך לילך שם - ודוקא בדרך ההולכת לפניו, שבלא"ה יצטרך לבסוף לילך שם, **אבל** בצדדין דינו כמלאחריו.

וה"ה בבוקר, אם בדרך ההולכת לפניו בד' מילין יש מקום שמתפללין בעשרה, ימתין עד שיגיע שם, **והוא** שעי"ז לא יעבור זמן ק"ש ותפלה, [דאי יעבור זמן ק"ש בודאי יקרא, וממילא יחוייב אח"כ לסמוך תיכף גאולה].

ולאחריו, צריך לחזור עד מיל, כדי להתפלל בי' - וכ"ז דוקא באופן שלא יצטרך לילך יחידי עי"ז, וגם מיירי שעוד היום גדול, שאפילו אם ילך עד שם, יוכל להגיע שם בעוד השמש על הארץ, דאל"ה אינו מחוייב, דלעולם יכנס אדם ב"כי טוב".

והיושב בביתו דינו כמלאחריו, ע"כ הדר בישוב תוך מיל למקום שמתפללין בעשרה, צריך לילך בכל יום בבוקר להתפלל בעשרה, אבל לא בערב, כי א"צ לילך בלילה בדרך בשביל מנין, **וזה** הסעיף הוא תוכחת מגולה לאותן האנשים שהם בעיר, ומתעצלים לילך לבהכ"נ להתפלל מנחה ומעריב.

וכתב הפמ"ג, דבדרך, אם נזדמן לו י' להתפלל מנחה אחר חצי שעה שאחר חצות, רשאי, אע"ג דבלא"ה אין כדאי לכתחילה, כדאיתא בסי' רל"ג, כאן מותר.

סעיף יז - יש מי שאומר שמכ"ש שלא ישכים אדם לילך מעיר שמתפללים בה בי' - מיירי בהולך לדבר רשות, **ועיין** בפמ"ג שהקשה, דכאן משמע דוקא אם עי"ז יתבטל אצלו תפלה בצבור, ובלא זה שרי, הא בלא"ה אסור לצאת לדרך קודם תפלת ח"י, כדלעיל בסי' פ"ט ס"ג, **אך** לפי מה שכתב הרמ"א שם בהג"ה ניחא, דמיירי שאמר הברכות שקודם התפלה, ואפ"ה אסר כאן משום ביטול תפלה בצבור.

אם יכול לבוא למחוז חפצו בעוד היום גדול, ושלא יהא צריך ללכת יחידי אחר התפלה - הא אם יש לו עתה שיירא, ואינו רוצה להמתין עליו, מותר.

סעיף יח - בית המדרש קבוע קדוש יותר מבהכ"נ, ומצוה להתפלל בו יותר מבהכ"נ, והוא שיתפלל בי' - ואפילו אם בבהכ"נ איכא רוב עם הדרת מלך, מ"מ בהמ"ד עדיף, **וה"מ** למי שלומד בו, וכדי שלא יבטל מלימודו לילך לבהכ"נ, הא בלא"ה רוב עם עדיף, כ"כ הפמ"ג, **ונראה** פשוט, דזה דוקא בבהמ"ד שקבוע ליחיד ללימוד, דלא קבוע קדושתו כ"כ, וכדמשמע ממ"א, דבזה איירינן הכא, **אבל** בהמ"ד שקבוע לרבים ללימוד התורה, בוודאי קדושתו חמורה יותר מבהכ"נ, ומוטב להתפלל בו בעשרה יותר מבהכ"נ שיש בו רוב עם, אפילו מי שאינו לומד בו כלל, **וכדאיתא** בגמרא, דאוהב ה' שערים המצויינים בהלכה יותר מבתי כנסיות וכו', וכן משמע מכמה אחרונים.

הגה: וי"א דאפי' בלא י' עדיף להתפלל בבהמ"ד הקבוע לו; ודוקא מי שתורתו אומנתו ואינו מתבטל בלאו הכי - ר"ל כי אם לדברים הכרחים לצרכי גופו ולימודו, ע"כ אין לו ללכת לבהכ"נ אפילו אם אין שם עשרה, מפני שמבטל מלימודו בשעת הליכתו, **ועיין** בביאור הגר"א שכתב, דבאופן זה שתורתו אומנתו, אפילו לדעה הראשונה לא בעינן עשרה, **וכ"ש** בלומד תורה ברבים עם תלמידים, שאין לו לבטל מלימודו לילך לבי כנישתא.

ואפילו הכי לא ירגיל עצמו לעשות כן, שלא ילמדו עמי הארץ ממנו ויתבטלו מבהכ"נ - כי לא ידינוהו לכף זכות לתלות בתורתו, שבשביל לימודו הוא מתפלל ביחיד, רק יאמרו שאינו חושש בתפלה, וידונו ק"ו על עצמם, ולא יחושו כלל לתפלה.

וכ"ש שלא יעסוק בתורה בבהכ"נ בזמן שהציבור אומרים סליחות ותחינות - וכן בשעת קה"ת, **כתב** בספר מאמר מרדכי, דאם הוא כבר התפלל, ואינו עומד שם אלא לענות הקדישים והקדושות מאותם שפורסים על שמע או שחוזרים כל התפלה, עוסק בתורה ואינו חושש, וכן מוכח מלשון הג"ה, דמיירי דוקא בענין שפורש מן הצבור וכו'.

הלכות תפלה רנט
סימן צ – מקום הראוי להתפלל, ולהתפלל עם הצבור, ודין ההולך בדרך

סעיף יט - יקבע מקום לתפלתו, שלא ישנהו אם לא לצורך - שכן מצינו באברהם אבינו שקבע מקום לתפילתו, כדכתיב: וישכם אברהם בבוקר אל המקום אשר עמד שם את פני ד' וגו'.

ואין די במה שיקבע לו בהכ"נ להתפלל, אלא גם בבהכ"נ שקבוע בה צריך שיהיה לו מקום קבוע - ותוך ד"א חשוב מקום א', דא"א לצמצם.

וגם כשמתפלל בביתו יקבע מקום, שלא יבלבלוהו בני הבית.

סעיף כ - יכנס שיעור שני פתחים ואח"כ יתפלל. י"מ שיעור שני פתחים דהיינו ח' טפחים יכנס לפנים, שלא ישב אצל הפתח, שנראה כמשאוי ישיבת בהכ"נ, ולפי"ז אם יש לו מקום מיוחד אצל הפתח, אין בכך כלום.

וי"מ שהטעם מפני שמביט לחוץ ואינו יכול לכוין, ולפי זה אם אינו פתוח לרשות הרבים אין בכך כלום.

וי"מ שלא ימהר להתפלל מיד כשנכנס, אלא ישהא שיעור שני פתחים - כדי שתתיישב דעתו עליו ויתפלל בכונה, כי כשיתפלל תיכף בכניסתו פתאום, אין דעתו מיושבת עליו.

ונכון לחוש לכל הפירושים - עיין בב"ח שכתב, שצריך לעשות עזרה לפני בהכ"נ, דוגמת האולם שהיה לפני ההיכל, והאריך לפרש בזה המאמר דשיעור שני פתחים, וכ"כ המ"א, וכן נהגו כהיום בכל מקום, **וע"כ** טוב להדר לכתחילה שלא להתפלל בעזרה כי אם בבהכ"נ.

מכבדין בפתח בהכ"נ, שיכנס הגדול תחלה, הואיל וראוי למזוזה.

סעיף כא - צריך שלא יהא דבר חוצץ בינו ובין הקיר - שנאמר: ויסב חזקיהו פניו אל הקיר ויתפלל, **ואפילו** אם הוא רחוק מן הקיר, שעומד באמצע בהכ"נ, ג"כ יש ליזהר שלא יחוץ בינו לקיר, **והפמ"ג** מצדד לומר, דאם החציצה הוא חוץ לד"א ממנו, רשות אחרת היא ושרי, וכן פסק המגן גבורים.

ומ"מ אין זה אלא למצוה מן המובחר, ולית ביה איסורא כשצריך לכך מצד דוחק המקום, **ע"כ** אם א"א בקלות להתפלל בענין אחר, כגון לפעמים שמתפללין בעשרה באיזה חדר, וא"א לכל אדם לעמוד בלי חציצה לכותל, אל יעכב התפילה בשביל זה לילך לחדר אחר להתפלל, **ומ"מ** יעצים עיניו או יתפלל מתוך הסידור, ולא יביט לחוץ, כדי שלא יבוא לידי ביטול כונה ע"י דבר החוצץ שלפניו.

ודבר קבוע כגון ארון ותיבה אינם חוצצים - ומטות שלנו העשויות לשכיבה, ואין דרך לטלטלן ממקום למקום, נקראות דבר קבוע ואינם חוצצות, **ויש** חולקין, וטוב להחמיר בדאפשר.

(ולא חשיב מחיצה רק בדבר גדול שגבהו י' ורחבו ד') - אפי' אם אינו רחב ד' רק למעלה ולא למטה, **(אבל דבר קטן לא חשיב הפסק)** - והפר"ח חולק, וכן בספר מאמר מרדכי כתב, דמדברי תשובת הרמב"ם שהובא בב"י לא משמע הכי, **ומ"מ** ספסלים שבבה"כ לכו"ע לא חשיב הפסק, דקבועים הם.

עיין בט"ז, דכל דבר שהוא צורך תפלה, אפילו הוא גדול הרבה אינו חשוב הפסק, כגון השולחן שבבית שמניחין עליו הסידור, **ולכן** נהגו בבה"כ שיש לפני כל אחד שולחן קטן, שקורין שטענדער, שמניחין עליו הסידורים, אע"פ שגבוה י' ורוחב ד', וכ"כ שארי אחרונים.

וכן בעלי חיים אינם חוצצים, אפילו אדם אינו חוצץ. הגה: ול"נ דבעלי חיים חוצצים, ואדם אינו חוצץ, וכן נראה סברת הפוסקים, ואפשר דנפל טעות בספרים.

סעיף כב - ויש מי שאומר שיש ליזהר מלהתפלל אחורי שום אדם, וטוב לחוש לדבריו - כתב בספר מאמר מרדכי, לכאורה יש לדקדק בזה, דא"א ליזהר בזה, דאיך אפשר שיהיו כל העם העומדים בבהכ"נ נגד הכותל בלא הפסקת אדם, **לכן** נראה דאף להי"א לא הוי הפסק גמור שיהא אסור לכל אדם, אלא זהירות בעלמא שיש ליזהר בדאפשר, ובבהכ"נ וכיוצא בו דא"א בענין אחר, פשיטא דמותר לכתחלה להתפלל אחורי אדם, **אלא** שהמדקדק במעשיו יראה שיהיה לו מקום קבוע נגד הכותל, עכ"ל.

רס הלכות תפלה
סימן צ – מקום הראוי להתפלל, ולהתפלל עם הצבור, ודין ההולך בדרך

סעיף כג - הבגדים המצויירים, אע"פ שאינם בולטות, אין נכון להתפלל כנגדם - שלא יהא מביט בציורים ולא יכוין בתפילתו, **אבל** משום חציצה לית בבגדים, ולכן אם אין מצוירים ותלוים על הכותל, שרי להתפלל נגדם.

ואם יקרה לו להתפלל כנגד בגד או כותל מצויר, יעלים עיניו.

הגה: ולכן אסור ג"כ לצייר ציורים בספרים שמתפללין בהם, שלא תתבטל הכוונה - וכן יש ליזהר מטעם זה, שלא לצייר בכותל בהכ"נ ציורים נגד פניו של אדם, אלא למעלה מקומת איש.

אסור להתפלל כנגד המראה, דמיחזי כמשתחוה לבבואה שלו, **והיינו** אף בעינים סתומות, דבפתוחות בלא"ה אסור משום ביטול כונה.

אבל בגדים שמצוייר עליהם דברי תפלות, אפי' ליושב עליהם בבהכ"נ אסור - שנאמר: ולא תביא תועבה אל ביתך, ואפילו בביתו אסור.

סעיף כד - לא יתפלל בצד רבו - כי הוא יוהרא, שמראה שהוא שוה לרבו, **ורבו** היינו שרוב חכמתו הימנו, או גדול הדור, **כתב** הח"א, נ"ל דה"ה אביו.

ולא אחורי רבו - דמיחזי נמי כיוהרא, **וי"א** שנראה כמשתחוה לרבו בתפילתו, **וי"א** מפני שהוא מצער לרבו, דשמא יצטרך לפסוע ג' פסיעות לאחריו בעוד שהוא יתפלל, ויצטרך להמתין עליו.

ולא לפניו - בק"ו, דזה ודאי הוא בזיון לרבו, שעומד באחוריו נגדו.

(יש אומרים דכל זה לא איירי אלא להתפלל ביחיד, אבל בצבור אם כך הוא סדר ישיבתו, אין לחוש אם מתפלל לפניו או אחריו) - שהכל יודעין שמקום זה מיוחד לרב וזה לתלמיד, ולית ביה משום יוהרא, או כמשתחוה לו.

(ומע"פ שטוב להחמיר) - היינו לחוש לטעם השלישי הנ"ל, מפני שנראה כמצער לרבו, דלפי"ז יש להחמיר גם בצבור לאחריו.

(המנהג לסקל) - עיין בביאור הלכה, דמ"מ טוב לכתחילה כשקובע לו מקום מאחורי רבו, שירחיק כשיעור ד"א וג' פסיעות, כדי שלא יצער לרבו, (ומלבוש משמע, שאפילו בלפניו טוב להחמיר, ואפשר שהטעם הוא, משום דהוי בזיון לרבו כשעומד באחוריו נגדו, אפילו בענין זה).

אם הרחיק ד' אמות, מותר - דרשות אחרת היא, **ועיין** בפמ"ג שכתב בשם הפר"ח, דלפניו סגי בד"א מצומצמות, אבל לאחורי רבו בעינן ד"א וג' פסיעות, כדי שיהיה יוכל רבו לפסוע ג' פסיעות לאחריו, ולא יצטרך להמתין עליו, ובתוך ד' אמותיו הלא אסור לפסוע, כדלקמן בסימן ק"ב.

עוד כתב, דבתוך האלמעמרע מותר אפילו בסמוך, דרשותא אחריתא הוא.

(ועיין ביורה דעה סי' רמ"ב סעיף ט"ז) - ר"ל דשם נתבאר, דרחוק ד"א מועיל אפילו אם רבו לאחוריו, וכן כתבו האחרונים.

סעיף כה - תלמיד חבר מותר להתפלל אחורי רבו - וה"ה בצד רבו, אבל לפני רבו אסור.

סעיף כו - כל מקום שאין קורין בו ק"ש, אין מתפללים בו. וכשם שמרחיקים מצואה ומי רגלים וריח רע ומן המת ומראיית הערוה לק"ש, כך מרחיקים לתפלה - וה"ה לת"ת וכל דברי קדושה.

סעיף כז - היה עומד בתפלה והשתין תינוק בבהכ"נ - וה"ה בק"ש ושאר דברי קדושה, וכמו שכתבנו למעלה, ונקט תפלה לרבותא, דבזה ג"כ צריך לילך לפניו ד"א, ולא אמרינן כיון שהוא עומד כבר בתפלה א"צ להרחיק.

ישתוק עד שיביאו מים להטיל על המי רגלים, או יהלך לפניו ד' אמות או לצדדיו, או יצא מבהכ"נ ויגמור תפלתו - דכ"ז לא מיקרי הפסק, **אבל** אסור להפסיק בדבור להביא לו מים, כיון דאיסור מי רגלים אינו אלא מדרבנן, וגם י"א דא"צ להרחיק בזה כלל, **ע"כ** אפילו אם גם אחרים עומדים

הלכות תפלה רסא
סימן צ – מקום הראוי להתפלל, ולהתפלל עם הצבור, ודין ההולך בדרך

בתוך הד"א של המי רגלים ומתפללים, אין לו להפסיק בדבור בשבילם להודיעם.

הגה: ויותר טוב לילך למקום אחר ולא לשתוק, שמא ישהה כדי לגמור את כולה ויצטרך לחזור לראש - עיין לעיל בסי' ע"ח במ"ב, דבברכת ק"ש אם נזדמן כן, וכן בכל הברכות, אין צריך לחזור לראש, (אא"כ בברכת ק"ש שהה כדי לגמור מתחילת "יוצר אור" עד "גאל ישראל", ואז יחזור מתחילת הברכה שפסק, **ובשאר** ברכות דרבנן, י"א שלא יחזור – שונה הלכות).

כתב הח"א, אם מתירא שמא ישהא כדי לגמור את כולו, ואי אפשר לו להרחיק ד' אמות, כגון שא"א לו לעבור נגד המתפלל, **יסמוך** על הרשב"א, דס"ל דמותר להתפלל כיון שכבר הוא עומד בתפלה, ואיסור מי רגלים דרבנן.

ואם תינוק טינף צואה בבהכ"נ באמצע תפלה, ואחרים עומדים שם ומתפללים ואינם יודעים מזה, אם א"א בענין אחר להודיעם אלא בדבור, מותר להפסיק בדבור להצילם מאיסור דאורייתא, **דמוטב** שיעשה הוא איסור קל, דהיינו איסור דרבנן להפסיק בתפלה, משיעשו אחרים איסור דאורייתא להתפלל במקום מטונף, **וכבר** נתבאר לעיל בסי' ע"ט במ"ב ובה"ל, האופנים שהם מדאורייתא בזה, **ודוקא** אם אין לו במה לכסות, אבל אם יש לו במה לכסות, בין בצואה ובין במי רגלים אסור להפסיק, ואפילו לזוז ממקומו, אם אין מגיע לו הריח רע.

§ סימן צא – שיאזור מתניו ויכסה ראשו בשעת תפלה §

סעיף א - היתה טלית חגורה על מתניו לכסותו ממתניו ולמטה, אסור להתפלל עד שיכסה לבו - והוא הדין כל גופו, דצריך הוא לראות את עצמו כאילו עומד לפני המלך ומדבר באימה.

ואם לא כסה את לבו, או שנאנס ואין לו במה יתכסה, הואיל וכסה ערותו והתפלל, יצא - ר"ל אפי' היה ממתניו ולמעלה ערום, יצא.

(**ונראה** דקאי על מה דמיירי בריש הסעיף, שהיתה הטלית חגורה על מתניו, דאין לבו רואה את הערוה ג"כ, **אבל** אם לבו רואה את הערוה, כגון שהיה לבוש חלוק בלא מכנסים, אף דהוא רק מדרבנן, כמו שכתב הפמ"ג, מ"מ צריך לחזור ולהתפלל, **וצ"ע** למעשה).

(**עיין** בהרמב"ם דמסיים: ולכתחלה לא יעשה, **ונדחקו** בביאורו, **ונ"ל** דהשמיענו למי שנאנס ואין לו במה לכסות, דלכתחלה מוטב שלא יתפלל כלל, אח"כ מצאתי זה במ"מ).

(**ונראה** דרק במי שנאנס מתירין בק"ש ממתניו ולמעלה ערום בסוף סימן ע"ד, אבל בלא"ה לא).

סעיף ב - צריך לאזור אזור בשעת התפלה, אפילו יש לו אבנט שאין לבו רואה את הערוה - ר"ל אבנט של מכנסים המפסיק בין לבו לערוה, **משום "הכון לקראת" וגו'** - בדיעבד אם התפלל בלא אזור, יצא, **וי"א** עוד, דדוקא מי שרגיל כל היום בחגורה, אבל מי שהולך כל היום בלא חגורה, גם בשעת תפלה א"צ לחגור, **ומיהו** מדת חסידות אף בכה"ג.

אבל שאר ברכות מותר לברך בלא חגורה, מאחר שיש לו מכנסים. הגה: ואין לבו רואה את הערוה - וה"ה אם בגדיו מונחים דבוקים ממש על הבטן, ומפסיקים בין לבו לערוה.

וה"ה ק"ש, דלא שייך "הכון לקראת אלקיך" כי אם כשעומד לפני המלך.

איתא בזוהר ואתחנן: מאן דקאים בצלותא, בעי לכסויי רישיה ועינוי, בגין דלא יסתכל בשכינתא, והיינו בטלית של מצוה, מאן דפקח עינוי בשעת צלותיה, מקדים עליה מלאך המות וכו', **וכן** נוהגין כהיום לכסות ראש עד עינים בטלית מצוה בשעת תפלת י"ח - פמ"ג. (ובכה"ח כותב בשם חסד לאלפים, שלא ינהג אדם כן בפני רבים, וכנראה כוונתו משום דמיחזי כיוהרא – פסקי תשובות).

סעיף ג - יש אומרים שאסור להוציא אזכרה מפיו בראש מגולה, וי"א שיש למחות שלא ליכנס בבהכ"נ בגלוי הראש – (ומה שכתוב לעיל סימן ב', דאפילו בלי אזכרה ושלא בבהכ"נ אסור לילך, עיין בבה"ט, והפמ"ג תירץ, דלעיל דוקא ד"א, וכאן אסור אפילו פחות מד"א, ועי"ל שכתבנו שם בשם הט"ז, דבזמנינו אסור בכל מקום מדינא אפי' פחות מד"א).

הלכות תפלה
סימן צא – שיאזור מתניו ויכסה ראשו בשעת תפלה

סעיף ד - כובעים (קפיל"ס בלעז) הקלועים מקש, חשיבא כסוי, אבל הנחת יד על הראש לא חשיבא כסוי - דהראש והיד חד גוף אינון, ואין הגוף יכול לכסות עצמו, **וכתב** הב"ח, מיהו נוהגין להמשיך הבית יד של הבגד על היד ומכסה בו ראשו, ושפיר חשיב כיסוי.

ואם אחר מניח ידו על ראשו של זה, משמע דחשיבא כסוי.

סעיף ה - לא יעמוד באפונדתו (טאסק"ס בלעז) - הוא איזור חלול שמשימין בו מעות, ואיננו דרך כבוד לעמוד כן לפני הש"י.

וכן אין נכון להתפלל בקאפטין ובגד התחתון, או בשלאף ראק.

ולא בראש מגולה - ובזמנינו צריך להשים בעת התפלה כובע בראשו, כדרך שהולך ברחוב, ולא בכובע הקטן שתחת הכובע, כי אין דרך לעמוד כן לפני אנשים חשובים, וכ"ש שלאף מיץ.

ולא ברגלים מגולים, אם דרך אנשי המקום שלא יעמדו לפני הגדולים אלא בבתי רגלים - מיהו אם הבגד ארוך שחופה את הרגלים, או בארצות החמין מאוד, שעומדים שם ג"כ בפני גדולים יחף, אין לחוש אפילו הבגדים קצרים ונראין הרגלים.

אין להתפלל בבתי שוקיים של פשתן לבד, דגנאי הוא לעמוד כן לפני גדולים, ומכ"ש כשלובשין סנדל והעקב מגולה, **ומהח"א** משמע, דאפי' בבתי שוקיים של צמר לבד ג"כ אין נכון, **והכל** תלוי לפי מנהג המקומות.

הרמ"מ תיקן שלא לכנס לבהכ"נ במנעלים ארוכים, והיינו שטיוויל, **ואם** דרך אותו המקום לעמוד כך בפני גדולים, מותר.

גם אין ללבוש בעת התפלה בתי ידים, שקורין הענטשו"ך, כדרך עוברי דרכים, וקורא אני עליהם: אל תבואני רגל גאוה ויד רשעים אל תנידני - ב"ח.

סעיף ו - דרך החכמים ותלמידיהם שלא יתפללו אלא כשהם עטופים. הגה: ובעת זעם יש לחבק הידים בשעת התפלה כעבדא קמיה מאריה, ובעת שלום יש להתקשט בבגדים נאים להתפלל.

§ סימן צב – הנצרך לנקביו ודין רחיצה לתפלה ושאר הכנות לתפלה §

סעיף א - היה צריך לנקביו, אל יתפלל - דכתיב: הכון לקראת אלקיך ישראל, וכתיב: שמור רגליך כאשר תלך אל בית האלהים, ואחז"ל: אמר הקב"ה שמור נקביך בשעה שאתה עומד בתפלה לפני.

ואם התפלל תפלתו תועבה, וצריך לחזור ולהתפלל - י"א דדוקא לגדולים, אבל לקטנים בדיעבד אין צריך לחזור ולהתפלל, (**ולדעתם אפילו אם לא יכול לגמור תפלתו, דבאמצע התחילו מי רגליו להיות שותתין על ברכיו, אפ"ה אח"כ כשפוסקין המי רגלים וצריך לחזור לתפלתו, אין צריך לחזור רק למקום שפסק, אפילו אם היה יודע מתחלה שצריך לנקביו**), **ויש** חולקין, (**ואין כח בידינו להכריע ביניהם**).

וה"מ שאינו יכול לעמוד עצמו שיעור הילוך פרסה - הוא ד' מילין, שהוא שיעור שעה וחומש, (והא דלא נקט בהדיא שיעור שעה וחומש, כתב בחידושי רע"א בשם הגינת ורדים, דבא להורות, דאף אם ע"י שיושב במקום אחד יכול להעמיד עצמו מעט יותר, מ"מ משערינן כאלו הוא מהלך, שאין יכול להעמיד עצמו ולילך עד פרסה).

אבל אם יכול להעמיד עצמו שיעור פרסה - ר"ל מעת התחלת התפלה היה בו כח לשהות שיעור זה, **יצא בדיעבד** - ומשמע אפילו אם אחר כך תיכף אחר התפלה הלך ועשה צרכיו, והיה בתוך שיעור הזה, יצא בדיעבד.

אבל לכתחלה לא יתפלל עד שיבדוק עצמו תחלה יפה - ר"ל אפילו יכול לעצור בעצמו יותר מפרסה, כיון שהוא מרגיש בעצמו קצת שצריך לנקביו, **ואפילו** אם עי"ז שינקה את עצמו לא יהיה יוכל להתפלל עם הצבור, אפ"ה טוב יותר להתפלל ביחידי בגוף נקי,

הלכות תפלה רסג
סימן צב – הצריך לנקביו ודין רחיצה לתפלה ושאר הכנות לתפלה

אמנם אם רואה שעי"ז שיבדוק יעבור זמן תפלה לגמרי, הסכים המ"א ושארי האחרונים, שמותר להתפלל, אם הוא משער בעצמו שיוכל לעצור שיעור שעה וחומש.

הגה: וכל הצריך לנקביו אסור אפילו בדברי תורה, כל זמן שגופו משוקץ מן הנקבים -

וכ"ש בק"ש ושאר ברכות, ואפילו אם אינו מתאוה כ"כ שיהא בו משום בל תשקצו, כיון שאינו יכול לעמוד עצמו עד פרסה.

ובדיעבד משמע מדברי הפמ"ג, דאין צריך לחזור ולקרות ק"ש, וכ"כ הרמב"ן במלחמות, (וממילא דכ"ש לשאר ברכות ואפילו לבהמ"ז).

ובפרסה מותר אפילו בק"ש, **והשע"ת** מחמיר בזה.

ואם הוא מלמד תורה לרבים או דורש, ובאמצע נצטרך לנקביו אפילו גדולים, מותר לו לשהות עצמו, דבל תשקצו הוא רק איסורא דרבנן, ומפני כבוד הבריות נדחה.

(**וש"ץ** שהוא צריך לנקביו קודם חזרת הש"ץ, אם יכול להעמיד עצמו עד פרסה, כיון דבדיעבד תפלתו תפלה, ויש בזה משום כבוד הבריות, פשוט דמותר לסמוך בזה על שיטת הרי"ף, המיקל לכתחילה בשיעור פרסה, ונראה דאף המחמירין מודין כאן מפני כבוד הבריות, **אבל** אם אין יכול להעמיד עצמו בשיעור פרסה, דלכו"ע תפלתו תועבה, מהו, דכיון דגזרו חז"ל ע"ז ואמרו דתפלתו תועבה, וא"כ כל ברכותיו לבטלה ויש בהן משום "לא תשא", **אפשר** דאין להקל משום כבוד הבריות, **ואולי** סלקו חז"ל איסורם מזה, וממילא אין הברכה לבטלה, וצע"ג).

(**ואם** נזדמן לו כן להקורא בס"ת כשעלה לבימה, פשוט דמותר לו לקרוא, דשם בדיעבד קריאתו קריאה, וכדלעיל, **וכ"ש** אם כבר התחיל לקרוא ונתעורר לו תאוה, דמותר לו לגמור את כל הקריאה, וכדלקמן בס"ב).

סעיף ב - אם באמצע תפלתו נתעורר לו תאוה, יעמיד עצמו עד שיגמור, ולא יפסיק -

ר"ל שקודם התפלה בדק עצמו, או שלא היה צריך לנקביו כלל, לכך אע"פ שאח"כ נתעורר אפילו לגדולים, אינו רשאי להפסיק באמצע.

ופשוט דלאחר שסיים שמ"ע, אסור לו להעמיד עצמו עוד ולאמור קדושה, כי זהו ענין אחר.

ואם בשעת ק"ש וברכותיה נתעורר, בין לקטנים בין לגדולים, קורא כדרכו - ר"ל אף דבק"ש וברכותיה הוא יכול לילך ממקום זה למקום אחר לפנות שם או להטיל מים, וכמו שמסיים בסוף הסעיף, **אפ"ה** אם הוא רוצה הוא יכול לקרות כדרכו, ואין צריך להפסיק, כיון דמקודם בדק את עצמו.

ועיין בביאור הלכה דביארנו, דאין מותר רק עד שמ"ע, אבל שמ"ע דהוא ענין אחר אסור לו לאמור, כיון דהוא צריך לנקביו, **ע"כ** יראה להפסיק עכ"פ בברכת "אמת ויציב" ולצאת לנקביו, כדי שיהיה יוכל אח"כ לסמוך גאולה לתפלה, **ויותר** טוב אם יכול לצאת בין הפרקים.

וכן אם נתעורר לו תאוה קודם שהתחיל הברכות ק"ש, נראה דאסור לו לאמר שוב הברכות ק"ש קודם שיבדוק את עצמו, **וא"כ** לפי מה שמבואר לעיל בסוף סימן נ"ד, ד"ברכו" שייך לברכת ק"ש, ואחר "ברכו" נחשב כאמצע פרק של "יוצר אור", אם נתעורר לו תאוה בסוף פסד"ז, אסור לו לאמר "ברכו", דהוא ענין אחר, **אם** לא שיכול להעמיד עצמו עד פרסה, יש לסמוך להקל וכנ"ל.

(**ופשוט** דה"ה אם התחיל לשמוע קריאת התורה, וקודם לזה לא היה צריך לנקביו, ובאמצע נתעורר לו תאוה קצת, באופן שאין בו משום בל תשקצו, מותר לו לשמוע כל קה"ת, ולענות "ברוך ד' הלע"ו", עד מפטיר שנקרא ענין אחר, כיון שהתחיל בהיתר, **וכן** ה"ה באמצע הלל ומגילה וברהמ"ז, וכל כי האי גוונא, מותר לו לגמור את הענין כדרכו, כיון שאינו מתאוה כל כך שיהא בו משום בל תשקצו).

(**ונראה** דה"ה בדברי תורה, אם הוא לומד לעצמו, וקודם הלימוד לא היה צריך לנקביו, ובאמצע ענינא נתעורר לו תאוה קצת, אף שהוא משער בעצמו שאין יכול לעצור את עצמו עד שיעור פרסה, אפ"ה מותר לו לגמור את הענין, **ועכ"פ** נ"ל, דאם עי"ז שיפסיק עתה יוגרם לו אח"כ ביטול תורה, בודאי יגמור את הענין, **ובפרט** אם הוא רק התעוררות בעלמא, ויכול לעצור עצמו עד פרסה, דאין לו להחמיר בזה).

סימן צב – הצריך לנקביו ודין רחיצה לתפלה ושאר הכנות לתפלה

הגה: ודוקא שאינו מתאוה כל כך דאית ביה משום בל תשקצו - ר"ל שאינו נדחק להוצאת הנקבים, אלא בהתעוררות בעלמא.

אבל בלאו הכי, יותר טוב להפסיק - ר"ל אף שיוכל להעמיד עצמו עד שיגמור, מ"מ יותר טוב שיפסיק בין לגדולים ובין לקטנים, משום איסור בל תשקצו, **וקאי** ארישא גם אתפלה, **(תשובת הרשב"א סימן קל"א פסק דמותר** - «להמשיך», **ותרומת הדשן סי' ט"ז פסק דאסור** - «להמשיך», **וצריך לחלק כך).**

ועיין במ"א שמאריך בדין זה ומסיק, דבצבור אף תרומת הדשן מודה להרשב"א דאין להפסיק באמצע התפלה, מפני כבוד הבריות, **ואפילו** ביחיד יש לסמוך ג"כ אהרשב"א דלא יפסיק, וכ"כ בח"א דאסור להפסיק, **ובדרך** החיים כתב, דאם יש בו משום בל תשקצו יכול להפסיק, ועכ"פ גם לדידיה אין עליו חיוב להפסיק, כיון שיכול לעצור עצמו עד שיגמור התפלה, **ואם** א"א לו לעמוד עד שיגמור שמ"ע, מותר לו לצאת ולפנות באמצע, רק שלא יפסיק בדבור - ח"א.

ומשמע מזה דאח"כ לא יצטרך לחזור לראש, כיון שקודם התפלה לא היה צריך לנקביו, והוא שלא ישהה ע"י היציאה כדי לגמור כל התפלה, **(ואם שהה עי"ז כדי לגמור כולה, בתפלה לכו"ע חוזר לראש, וכן בק"ש לפי מה דפסק הרמ"א לעיל בסי' ס"ה).**

(ולענין ק"ש גם המ"א מודה, דאם מתאוה כ"כ דאית ביה משום בל תשקצו, מחוייב להפסיק ולבדוק את עצמו, כיון דיכול להפסיק באמצע).

ואם רצה להרחיק ולהטיל מים, עושה - אק"ש דלעיל מיניה קאי, דתלוי ברצונו, דאילו בתפלה אין רשאי לזוז ממקומו עד שיגמור.

סעיף ג - צריך קודם תפלה להסיר כיחו וניעו וכל דבר הטורדו.

סעיף ד - צריך לרחוץ ידיו במים, אם יש לו - הטעם ע"ז עיין לעיל בריש סי' ד' במ"ב, **וגם** לתפלת מנחה וערבית צריך נטילה, וכדלקמן ברל"ג ס"ב.

ודעת הרמב"ם, דהיכא דצריך ליטול ידיו ולא נטל, וגם לא נקה אותן בצרור, אפי' בדיעבד אין תפלתו תפלה, וצ"ע לדינא - פמ"ג, **ועיין** בביאור הלכה שביארנו, דאין חוזר ומתפלל.

ואין הנגוב מעכב בזה, כמו שמעכב בנטילה לאכילה.

ואם אין לו, צריך לחזור אחריהם עד פרסה - ודוקא כשיודע שהם מלוכלכות, אבל בסתם ידים מיקל בסמוך ס"ה.

ואם יצטרך עי"ז לילך אח"כ יחידי, או שלא יוכל עי"ז להגיע למחוז חפצו בעוד יום, א"צ לחזור כלל.

והני מילי כשהוא הולך בדרך והמים נמצאים לפניו - ורוכב דינו בכל זה כמהלך ברגליו, גם אין חילוק בין דרך רע לטוב, **וכ"ז** דוקא כשיודע בודאי שימצא שם מים, אבל בספק לא.

אבל אם צריך לחזור לאחוריו למקום מים, עד מיל חוזר; יותר ממיל אינו חוזר - והרבה פוסקים סוברין דמיל עצמו דינו כיותר ממיל.

וכ"ש כשהוא יושב בביתו, דבודאי חייב לחזור לכתחלה אחר מים, אם יודע שידיו מלוכלכות.

ואם מתירא שיעבור זמן התפלה - לגמרי, **ינקה ידיו בצרור או בעפר או בכל מידי דמנקי** - ר"ל דאין לו לחזור אז אחר מים, שמא יעבור הזמן.

ואם הוא במקום שיש שם עשרה שמתפללים, ואם יחזור אחר מים יעבור זמן תפלת הצבור, כתב הב"ח, דאף שיש לו שהות, א"צ לחזור וינקה במידי דמנקי, **(ואין העולם נוהגין להחמיר, להפסיק באמצע פסוקי דזמרה ולחזור אחר מים המזומנים בעיר, דע"פ רוב יבטל עי"ז מתפלה בצבור).**

וכ"ש לענין ק"ש דבודאי אסור לו להמתין על מים, אם יש חששא שמא יעבור הזמן, אלא ינקה ויקרא, **ויש** הרבה פוסקים שסוברין, דבק"ש תיכף משהגיע התחלת זמנה, אם אין לו מים, מנקה ויקרא, ולא ימתין על מים.

(ועיין לקמן סי' רל"ג) - דשם מבואר זמן המנחה.

סעיף ה - רחץ ידיו שחרית והסיח דעתו - ר"ל שהפליג הרבה בין הנטילה להתפלה עד

הלכות תפלה רסה
סימן צב – הנצרך לנקביו ודין רחיצה לתפלה ושאר הכנות לתפלה

שהסיח דעתו, **וכ"ש** ששייך היסח הדעת בין הנטילה של שחרית לתפלת המנחה.

צריכים נטילה לתפלה, אם יש לו מים, אע"פ שאינו יודע להם שום לכלוך - דכיון שהסיח דעתו משמירתן, ידים עסקניות הן, ושמא נגעו במקום הטינופת.

אבל לתורה ולברכות ולק"ש, סתם ידים כשרות הן, **אבל** בסימן ד' כתב הפמ"ג, דלק"ש פסולות סתם ידים.

ולא יברך; ואם אין לו מים מזומנים, א"צ לחזור וליטול - ואעפ"כ צריך לנקות אותן במידי דמנקי, דדילמא מודבק בו מעט צואה או זיעה, ע"י הנגיעה במקומות המכוסין, ויתקנח ע"י הנקיון, **ודוקא** בסתם ידים מיקל המחבר, אבל אם נגע במקום מטונף, וכ"ש כשעשה צרכיו, אף בתפלת המנחה צריך לחזור אחר מים.

הגה: ואפי' היו ידיו מלוכלכות ונוטלן לתפלה, אינו מברך, וכדלעיל סי' ז'.

סעיף ו - העומד בתפלה ונזכר שנגע במקום מטונף - נקט הכי, משום דלכתחילה אסור ליגע בתפלה גופא, וכדלקמן, אבל ה"ה אם נגע בתפילה גופא, **די בנקיון עפר או צרורות או מחכך ידיו בכותל** - אבל אם עומד בק"ש או בפסוקי דזמרה, צריך לילך וליטול ידיו.

סעיף ז - מקום מטונף, היינו מקומות המכוסין באדם, לפי שיש בהם מלמולי זיעה, וכן אם חיכך הראש.

הגה: ולכן אסור ליגע במקומות אלו בשעה שעומדים בתפלה או עוסק בתורה - ובדיעבד די בנקיון בעלמא לתורה ולברכות אע"פ שיש לו מים.

(**ואם נגע מותר בהרהור**).

ואם נגע בטיט ורפש, אפשר דאפילו לכתחילה שרי כך, **אבל** לעיל בסוף סימן ד' כתב הפמ"ג, דצריך לנקות מתחלה אף לד"ת, וכן נראה להחמיר לכתחלה ברפש, (**ולדעת** האבי העזרי שהובא בטור משמע, דצריך ליטול ידיו במים אם יש לו, **אבל** לדעת הרא"ש דפוסק, דאפילו אם נגע במקום המטונף, די בניקיון אם אין לו מים, אפשר דלא איירי הגמרא בלכלך בטיט, דשם די תמיד בנקיון, והפמ"ג לעיל בסי' ד' מחמיר ביש לו מים, ולענ"ד יש לעיין לדעת הרא"ש).

וכן בגומא האוזן והחוטם, כי אם ע"י בגד - והגר"א מיקל בזה, וכ"כ בשע"ת בשם מור וקציעה.

סעיף ח - המשתין - ר"ל בכלי וניטל הכלי, וכל כה"ג שאין אסור להתפלל מחמת המי רגלים גופא, **לא יתפלל עד שישהא כדי הלוך ד"א, משום ניצוצות** - ואחר ד"א שיערו חכמים שהניצוצות שבאמתו כלים בכסותו.

והמתפלל לא ישתין עד שישהא כדי הילוך ד"א, שכל ד"א תפלתו שגורה בפיו ורחושי מרחשין שפוותיה - ר"ל ישהה הזמן של הילוך ד"א, אבל לאחר ששהא שיעור זה, מותר להשתין אף במקום שהתפלל, **ומ"מ** מדת חסידות שלא להשתין בתוך ד"א של תפלה.

כתב בספר חסידים, שאין להשתין או לרוק במקום שכיסה דם חיה ועוף בברכה, בעוד הדם מכוסה.

סעיף ט - הרוקק לא יתפלל עד שישהא ד"א; המתפלל לא ירוק עד שישהא ד"א.

ודוקא לרצונו - פי' מי שרוקק מחמת טיול, **אבל אם נזדמן לו רוק, מותר** – (ולא נזכר הקולא דנזדמן, רק ארוקק אחר התפלה, ולא קאי ארישא), **(וע"ל סי' צ"ז)** - ר"ל דלפעמים מותר אף בתוך התפלה.

סעיף י - טוב ליתן צדקה קודם תפלה - דכתיב: ואני בצדק אחזה פניך, **ובאיזה** קהלות קדושות ניתקן המנהג, ליתן צדקה כשמגיע להפסוק "והעושר וכו' ואתה מושל בכל", **ויש** מקומות שנוהגין לקבץ צדקה בעת קה"ת, והוא שלא כהוגן, דמבטלין עי"ז מלשמוע קה"ת, ועניית "ברכו את ד'" וכו'.

סימן צג – קודם שיתפלל צריך לשהות

§ סימן צג – קודם שיתפלל צריך לשהות §

סעיף א - ישהה שעה אחת קודם שיקום להתפלל, כדי שיכוין לבו למקום; ושעה אחת אחר התפלה, שלא תהא נראית עליו כמשאוי שממהר לצאת ממנה - תלמידי רבנו יונה הוכיחו מגמ', דאע"ג דבכל מקום דאמרינן שעה, פי' שעה מועטת, הכא פי' שעה אחת מי"ב שעות ביום, **ומיהו** זה לחסידים, ולשאר עם די בשעה מועטת שישהא קודם שיתחיל, שהוא כדי הילוך ח' טפחים, כמש"כ בסימן צ' סוף ס"כ.

כתב בסדר היום, אם יכול להתעכב עד שלא ישאר עשרה בבהכ"נ, טוב לו, עי"ש טעמו, ובכדי שהוא לא יהיה בהגורמים סילוק השכינה, דשכינה אינה שורה בפחות מי' - ערוה"ש, גם כי הישיבה בבה"כ הוא מצוה בפני עצמה.

האר"י ז"ל היה מתפלל מתוך הסידור, כדי שיכוין מאוד, גם שלא להבליע נקודה, **והכל** לפי מה שמרגיש האדם בנפשו.

סעיף ב - לא יעמוד להתפלל אלא באימה והכנעה - שנאמר: עבדו את ד' ביראה, היינו התפלה שהיא לנו במקום עבודה, עשו אותה ביראה.

לא מתוך שחוק וקלות ראש ודברים בטלים, ולא מתוך כעס, אלא מתוך שמחה, כגון דברי תנחומין של תורה, סמוך לגאולת מצרים, או סמוך ל"תהלה לדוד" שכתוב בו "רצון יראיו יעשה", "שומר ה' את כל אוהביו" - ר"ל דמצוה מן המובחר שאין עומדים אלא מתוך אימה והכנעה, אלא כיון דאין כל אחד יכול ליזהר להכניס בלבו הכנעה ואימה, עכ"פ לא יתפלל מתוך שחוק, אלא מתוך שמחה של מצוה.

סעיף ג - אין עומדים להתפלל מתוך דין, ולא מתוך הלכה, שלא יהא לבו טרוד בה, אלא מתוך הלכה פסוקה - שאין בה עיון ולא מחלוקת, כדי שלא יטרד עי"ז בתפלה, **הגה: והיינו נמי כמו מתוך שמחה, כי "פקודי ה' ישרים משמחי לב".**

ומ"מ אם עסק בפלפול הלכה והתחילו הצבור להתפלל, יתפלל עמהם, **ובפרט** עכשיו שאין מכוונים כ"כ בתפלה, ולא הזהירו אלא לכתחלה שלא יעסוק בפלפול קודם התפלה.

סעיף ד - העוסק בצרכי צבור כעוסק בתורה דמי, פי': לענין לעמוד מתוכו להתפלל, שגם זו שמחה היא לו שעוסק בצרכי צבור - ובלבד שיהא דומה להלכה פסוקה, שלא יהא בה דבר של טרדה, **ומ"מ** אין לבטל תפלת הצבור משום זה, **וכ"ש** אם מתיירא שיעבור הזמן, דרשאי להתפלל.

וי"מ דהיינו לענין דאינו צריך לפסוק להתפלל - וכן פסקו האחרונים, ואפילו אם יעבור זמן התפלה, אם אין שם מי שישתדל אלא הוא, **וא"צ** להתפלל מנחה שתים בשביל תשלומי שחרית, שכיון שבשעת חובתו היה פטור ממנה מן הדין, אין צריך לתשלומין כלל.

§ סימן צד – צריך לכוין נגד א"י, ודין הרוכב או יושב בספינה §

סעיף א - בקומו להתפלל, אם היה עומד בחו"ל, יחזיר פניו כנגד ארץ ישראל - שנאמר: והתפללו אליך דרך ארצם, פי' כשעומד בחו"ל למזרחה של א"י, יכוין פניו למערב שהוא כנגד א"י, וכשעומד מצד מערב כמו במדינותינו, יהפוך פניו למזרח, וכן בכל הרוחות, **וכן** הביאור במש"כ לקמיה: היה עומד בא"י יחזיר פניו וכו', היה עומד בירושלים יחזיר פניו וכו'.

ויכוין גם לירושלים ולמקדש ולבית קדשי הקדשים - ר"ל יכוין לבו, אע"פ שא"א לו להחזיר פניו נגדם, **ור"ל** שיחשוב בלבו ורעיונו כאילו הוא עומד במקדש אשר בירושלים, במקום קודש הקדשים.

היה עומד בא"י, יחזיר פניו כנגד ירושלים - שנאמר: והתפללו אל ד' דרך העיר אשר בחרת, **ויכוין גם למקדש ולבית קדשי הקדשים.**

(ביאור הלכה) [שער הציון] ‹הוספה›

הלכות תפלה רסז
סימן צד – צריך לכוין נגד א"י, ודין הרוכב או יושב בספינה

היה עומד בירושלים, יחזיר פניו למקדש - שנאמר: והתפללו אל הבית הזה, **ויכוין ג"כ לבית קדשי הקדשים.**

היה עומד אחורי הכפורת - פי' במערבו של בהמ"ק, **מחזיר פניו לכפורת** - שנאמר: והתפללו אל המקום הזה, ויראה את עצמו כאילו הוא עומד לפני הכפורת.

(**ואף** דזה לכאורה נכלל במה שאמר מתחלה "היה עומד בירושלים יחזיר פניו למקדש", דכולל מסתמא בדבריו לכל רוחותיו, **י"ל דהו"א, כיון די"א בגמרא דשכינה במערב, אין ראוי לעמוד באחוריו למערב ולהשתחות נגד מזרח, והאי "יחזיר פניו" קאי רק אם עומד במזרח צפון ודרום, קמ"ל דלא קי"ל הכי**).

סעיף ב - אם מתפלל לרוח משאר רוחות - כגון שרוצה להחכים או להעשיר, ואמרו חז"ל: הרוצה להחכים ידרים, להעשיר יצפין, **או** כגון שרוכב על החמור, ואי אפשר לו להחזיר את עצמו לצד א"י.

יצדד פניו לצד א"י אם הוא בחו"ל - לקיים מה שנאמר: והתפללו אליך דרך ארצם; **ולירושלים אם הוא בא"י; ולמקדש אם הוא בירושלים.**

הגה: ואנו שמחזירין פנינו למזרח, מפני שאנו יושבים במערבה של א"י, ונמצא פנינו לא"י.

ואם עמד לצפון או לדרום, והזכירו לו, אסור לעקור רגליו להפוך למזרח, אלא יעקם פניו למזרח, ודי בזה אפי' אם מתפלל עם אחרים שפניהם למזרח, **ואם** א"א, או שעומד פניו למערב, יכוין לבו לק"ק, ולא יעקור רגליו, **אך** אם מתפלל בבהכ"נ דאושא מילתא, מצדד בפמ"ג לומר דיהפוך את עצמו לצד הקהל, וכן פסק בספר שולחן שלמה.

ולפי שצריך להתפלל לצד מזרח, נהגו לקבוע ההיכל שס"ת בתוכו בכותל מזרחי, **ואם** א"א לו לקבוע במזרח, יקבע בדרום, ועכ"פ לא למערב, שיהיה אחורי העם להיכל, **ומיהו** אפילו קבעו ההיכל בכותל אחר, צריך המתפלל להחזיר פניו למזרח.

בהכ"נ שהעמידו בו את ארון הקודש לצד דרום העולם, וכולם מתפללים נגד ארון הקודש שהוא לצד דרום, **אף** שהוא שלא כהוגן, וכנ"ל, מ"מ הבא להתפלל שם יתפלל לצד שהצבור מתפללין, **אך** יצדד פניו למזרח.

אין עושין מקום הארון ולא התפלה נגד זריחת השמש ממש, כי זהו דרך המינים, רק מכוונים נגד אמצע היום - האי לישנא לאו דוקא, אלא ר"ל בערך חצי שעה או שעה אחר (הזריחה), שאז השמש כבר נדה הרבה ממקומה, **ומשערים** כ"ז בעת שיחול תקופת ניסן או תשרי, או שבוע אחת קודם לזה.

ועיין באחרונים שהסכימו כולם לדברי הלבוש, דבמדינותינו שאין אנו יושבין במערבה של א"י מכוון, רק נוטה ג"כ לצפונו, שיעמידו כותל בהכ"נ נוטה קצת לצד מזרחית דרומית של העולם, שאז תעמוד מכוון כנגד א"י ובהמ"ק וקדשי קדשים, (**המשך** לשון הלבוש): (וגם עי"ז **לא נחזיק ידי המינים, שיאמרו אנו מתפללין נגד השמש כמותם, ובאיזה אופן נעמידנה באלו הארצות, נ"ל שנעמידנה באופן שביום תקופת ניסן או תקופת תשרי, או סמוך להן בו' או בז' ימים, כשתזרח השמש בבוקר, תהיה נכנסת בחלון שבאמצע כותל המזרח מן הבית הכנסת, ויכה הניצוץ כנגדה על הכותל המערבי, נוטה הניצוץ מן האמצע כותל המערבי לצד דרום, רחוק מן האמצע באופן שכמו חצי שעה או שעה אחר הזריחה תגיע אל אמצע הכותל ממש מול חלון המזרחי, ובהכ"נ כזו ודאי היא עומדת ממש באלו הארצות נגד ירושלים ובית המקדש, אבל אם נעמידנה באופן שכשחוזרת החמה בימים הנ"ל בחלון המזרחי, יכה ניצוץ השמש בכותל המערבי ממש נגד החלון באמצעו מיד בעת הזריחה, זהו ממש כנגד מזרח, וזהו חוקם לעשות כן, וגם לא נשתחוה נגד ירושלים ובהמ"ק רק בצדם, לפיכך לא נעמוד בהכ"נ באופן זה, עכ"ל**).

וכן כל מדינה לפי תחנותה יעמידו הבהכ"נ לפי דרכם, **ובספר** לחם חמודות יישב מנהג העולם, (להתפלל נגד מזרח ממש), ומ"מ משמע מיניה ג"כ, שטוב יותר לעשות כדברי הלבוש, **ואם** מזדמן למקום שהכותל הוא כנגד המזרח, הוא מצדד פניו נגד מזרחית דרומית, **אך** אם מזדמן לו שעומד ומתפלל בצד דרום אה"ק, לא יעשה כן, שאז יהיה נראה כהופך עורף ולא פנים כלפי אה"ק.

וכתב בפמ"ג, דבמקומות שעושין הכותל ממש נגד המזרח, טוב לעשות מקום הרב לצפון אה"ק, כדי

רסח הלכות תפלה
סימן צד – צריך לכוין נגד א"י, ודין הרוכב או יושב בספינה

שיוכל להדרים ויחכים, דבדרום א"א להדרים וכנ"ל, **ובמקומות** שעושין כלבוש, ראוי להושיב הרב לימין הארון, אם לא להסיר מחלוקות אל יקפיד.

ומי שרוצה לקיים אמרם: הרוצה להעשיר יצפין או להחכים ידרים, מכל מקום יצדד פניו למזרח - ורש"י פירש איפכא, שיעמוד למזרח ויצדד פניו לדרום או לצפון, וכן מנהגנו, ונכון הוא, כדי שלא יהא חלוק בעמידתו מן הצבור.

כתב הפמ"ג, דבמקומות שעושין כלבוש, הכותל לצד מזרחית דרומית, א"צ להדרים, דבלא"ה כן הוא, **גם** א"א להצפין, דנראה כהופך פניו מא"י.

סעיף ג - מי שאינו יכול לכוין הרוחות, יכוין לבו לאביו שבשמים – (ונראה דטוב שיצדד פניו לצד אחד מצדדיו, וא"כ אם הוא עומד נגד מזרח, ממילא הצידוד הוא לצפון או לדרום, ואם הוא עומד נגד צפון, אם מצדד לימינו למזרח פשיטא דטוב, ואם לשמאלו שהוא מערב, עכ"פ לא הפסיד, וכן בדרום להיפך).

סעיף ד - היה רוכב על החמור, אין צריך לירד ולהתפלל, אפילו אם יש לו מי שתופס חמורו, אלא מתפלל דרך הילוכו - מפני שקשה עליו עיכוב הדרך, ואין דעתו מיושבת עליו ע"ז.

וכן אם היה בספינה או ע"ג קרון, אם יכול לעמוד, עומד - ר"ל שאינו יושב אלא עומד על רגליו, אבל מ"מ מהלך בתנועות הספינה והקרון שהולכין כדרכן. **ואם לאו, יושב במקומו ומתפלל** - ובכ"ז יחזיר פניו לא"י אם אפשר לו, (הוצאתי דברי ממ"א, שכתב ברוכב על החמור דצריך לצדד פניו לא"י, ופשוט דה"ה ביושב בספינה, וכ"ש הוא, דהא בזה מחמיר השו"ע לכתחילה אם יכול לעמוד לא יתפלל בישיבה, וכן פסק הגר"ז בשניהם דיחזיר פניו. והתוי"ט י"ל דס"ל, דבמה שמקילינן בישיבה אין להחמיר בחזרת פנים, ודלא כמ"א, וצ"ע).

או אם היה הולך ברגליו, מתפלל דרך הילוכו אף אם אין פניו כנגד ירושלים, אפילו שלא במקום סכנה, כי אם יעמוד ויתפלל יקשה בעיניו איחור דרכו ויטרד לבו ולא יוכל לכוין, והכל לפי הדרך ולפי המקום ולפי יראתו ויישוב דעתו - ואם קדם הוא להשיירא וממתין עליהם, ויש לו מי שיאחוז את בהמתו, ירד למטה ויתפלל, **וכ"ש** כשמהלך ברגליו שצריך הוא לעמוד ולהתפלל, שבעמידה זו לא יטרד לבו, כיון דבלא"ה צריך הוא להמתין על השיירא.

ויש מחמירין לעמוד ב"אבות", וראוי לחוש לדבריהם אם הוא שלא במקום סכנה - דבברכת "אבות" הכונה לעכובא, ומהלך אינו יכול לכוין כ"כ, **וכן** ברוכב על הבהמה, יעמידה עד גמר ברכת "אבות", אבל א"צ לירד ממנה.

סעיף ה - היה יושב בספינה או בעגלה, אם יכול לעמוד במקום הכריעות, עומד כדי שיהיה כורע מעומד, ופוסע ג' פסיעות. הגה: אע"פ שיושב בכל התפלה - מפני ביעתותא, וא"כ הו"א דגם במקום הכריעות עדיף לישב, קמ"ל דמ"מ אם אפשר כו', **מ"מ אם אפשר לו לעמוד, יעמוד, כדי לקיים הכריעות והפסיעות כדרכן** - וה"ה כשמהלך ברגליו, יראה לעמוד קצת בשעת הכריעות, ויפסע לאחוריו ג' פסיעות.

ואם א"א לו, כגון שרוכב על הבהמה, יחזיר הבהמה ג' פסיעות לאחריה, ועולה לו כאילו פוסע בעצמו - או יחזיר עצמו לאחוריו ע"ג בהמתו, כדרך שהיה נוהג אם היה בא להפטר מלפני המלך.

סעיף ו - חולה, מתפלל אפי' שוכב על צידו, והוא שיכול לכוין דעתו. (ואם א"א לו להתפלל, מ"מ יהרהר בלבו, שנאמר: אמרו בלבבכם על משכבכם) - ואפשר דיוצא בזה בדיעבד, וא"צ לחזור ולהתפלל אפי' אם הבריא בזמן תפלה, מאחר שאנוס הוא עתה, וע"ל בסי' ס"ב ס"ד במ"ב ובה"ל, ‹דהרוצה לחזור ולהתפלל לא הפסיד – שונה הלכות›, **ואם** אינו יכול לכוין דעתו, קורא ק"ש לבדה אם אפשר לו, לפי שכונת ק"ש אינה אלא פסוק ראשון, ובקל יוכל לכוין.

וזקן שאינו יכול לעמוד, ישב במקומו ויתפלל, **ואם** יכול לעמוד במקום הכריעות כדי שיהיה כורע מעומד, יעמוד שם.

(ביאור הלכה) [שער הציון] ‹הוספה›

הלכות תפלה רסט
סימן צד – צריך לכוין נגד א"י, ודין הרוכב או יושב בספינה

סעיף ז - מי שהיו לו אנסים מכאן ומכאן, ומתירא שמא יפסיקוהו תפלתו או יפסידו מקחו, ישב במקומו ויתפלל, לפי שאין דעתו מיושבת עליו; ואע"פ שצריך לעשות ג' פסיעות בסוף התפלה - (בכאן פטור, כיון דא"א כמובן). **יושב ומתפלל וכורע** - (מיושב - ערוה"ש).

סעיף ח - יש ליזהר שלא לסמוך עצמו לעמוד או לחבירו בשעת תפלה - הטעם, דתפלה צריכה עמידה, ועמידה שע"י סמיכה לא חשיבה עמידה, **ולפי** זה סמיכה קצת, דהיינו שסומך במקצת שאם ינטל אותו דבר לא יפול, שרי, **וי"א** הטעם, דצריכה להיות באימה, ולפי"ז בכל גווני אסור, **ובמקום** הדחק יש להקל כטעם הראשון.

ולכן יזהר שלא יסמוך עצמו ע"ג שטענדער, **וכן** בכל מקום שצריך עמידה, כגון בשעה שרואה ס"ת נגדו, וכל כיוצא בזה. **וחולה** שברי לו שיוכל לכוין בעמידה ע"י סמיכה, יעשה כן, ואם לאו יתפלל מיושב.

סעיף ט - מי שהוכרח להתפלל מיושב - וה"ה במהלך בדרך, **כשיוכל** - דהיינו שלא עבר זמנה, **צריך לחזור ולהתפלל מעומד, ואינו צריך להוסיף בה דבר** - ר"ל דזה לא הוי כמתפלל בתורת נדבה, דקי"ל לקמן בסימן ק"ז, דצריך לחדש בה.

ולדינא הסכימו האחרונים, שא"צ לחזור ולהתפלל שנית, וכן המנהג, שאין עוברי דרכים שהתפללו בדרך במיושב, חוזרין ומתפללין שנית, **ומ"מ** אם הוא רוצה יכול להתפלל שנית בתורת נדבה, אם הוא בטוח שיכוין לבו בתפילתו, וא"צ לחדש בה דבר, דזה שמתפלל עתה בעמידה הוא כחידוש, כ"כ בספר מגן גבורים, **ומדברי** פמ"ג משמע, שאין כדאי להתפלל היום נדבה.

הגה: ומי שבא בדרך והוא סמוך למלון, אם יכול להסתלק מן הדרך - לילך לצדדיו ולהתפלל שם בעמידה, **במקום שלא יפסיקוהו עוברי דרכים, יסתלק שם, ולא יתפלל במלון של עובדי כוכבים** - שבודאי יש בו גילולים ותועבות, ואין להכניס לשם דבר שבקדושה, שהרי משה רבנו ע"ה אמר: כצאתי את העיר וגו', ולא רצה להתפלל במצרים, לפי שהיתה מלאה גילולים.

שלא יבלבלוהו בני הבית, אבל אם א"א לו להסתלק מן הדרך במקום שלא יפסיקוהו, יתפלל במלון באיזה קרן זוית - "שלא יבלבלוהו בני הבית" צ"ל בסוף אחר תיבת "קרן זוית", ור"ל שלא יחוש רק למצוא קרן זוית שלא יבלבלוהו, אבל לא יחוש לגילולים, שהרי כל תפלתינו בעיירות מלאות גילולים, **ואם** בכותל מזרחי שם תלוים גילולים, אל יתפלל לאותו צד, אלא לצד אחר אע"פ שאינו מזרח.

ואם א"א להסתלק מן הדרך, וצריך להתפלל מהלך או מיושב, וגם במלון יודע הוא שלא ימצא קרן זוית שלא יבלבלוהו, **מוטב** להתפלל בדרך מיושב או מהלך, כיון שאז יכול לכוין יותר, **ומ"מ** אם יכול להתפלל במלון בבקעה או בחצר או בגינה, מוטב, ויצא ידי שניהם ויתפלל במעומד ובכונה.

§ סימן צה – כיון איבריו בשעת תפלה §

סעיף א - יכוין רגליו זה אצל זה בכיון, כאילו אינם אלא א', להדמות למלאכים דכתיב בהן: ורגליהם רגל ישרה, כלו': רגליהם נראים כרגל אחד - שכיון שמדבר עם השכינה, צריך לסלק כל מחשבות הגוף מלבו, ולדמות כאילו הוא מלאך, **ובדיעבד** אפילו אם לא כיון רגליו כלל יצא.

ואפילו אם הוא יושב בעגלה, מ"מ יכוין רגליו. **עוד** כתבו, שאל יסמוך אז לאחריו, ולא יהא מוטה לצדדיו, ואל יפשוט רגליו, ואל ירכיבם זה על זה, מפני שכל זה הוא דרך גאוה, אלא יושב וראשו כפוף.

(וי"א כשעומד להתפלל ילך לפניו ג' פסיעות, דרך קירוב והגשה לדבר שצריך לעשות) - ואין צריך לחזור לאחוריו כדי לילך לפניו, כ"כ הא"ר, **אבל** מנהג העולם לילך לאחוריו.

כתב בד"מ, מהרי"ל היה נוהג לעמוד בשחרית לתפילת י"ח, מתי שהתחיל הש"ץ "תהלות לאל עליון",

הלכות תפלה
סימן צה – כיוון איבריו בשעת תפלה

ובמנחה כשירד הש"ץ לפני התיבה, **ובערבית** כשהתחיל הש"ץ קדיש, **וגם** יסיר אז כיחו וניעו, וכל דבר המבלבל מחשבתו.

סעיף ב - צריך שיכוף ראשו מעט, שיהיו עיניו למטה לארץ - והב"ח כתב, דקודם שיתחיל להתפלל, יסתכל בחלונות כלפי שמים, כדי שיהא לבו נכנע.

ואותן המגביהים ראשיהם ועיניהם למעלה כמביטים על הגג, המלאכים מלעיגים עליהם.

וכתב הפמ"ג, שאין לעשות תנועה משונה, וביחיד רשות, ולא בצבור, ובפרט להרים קול וכדומה.

כתבו האחרונים, שכל מי שאינו עוצם עיניו בשעת תפילת י"ח, אינו זוכה לראות פני שכינה בצאת נפשו, **אך** אם מתפלל בסידור ועיניו פקוחות כדי לראות בו, לית לן בה, (הוא משכנה"ג המובא בבה"ט, **ועיין** בספר מאמר מרדכי שכתב, דמדין התלמוד אין איסור בעיניו פתוחות, רק שיהיו עיניו למטה כלפי ארץ, **אך** לפי מש"כ האחרונים בשם הזוהר, **דצריך** להעצים עיניו בשעת תפילה, נראה שהזוהר הקדוש חולק בזה על תלמודא דידן, **ובח"א** משמע, דעיקר האיסור אף לפי הזוהר, הוא דוקא כשמסתכל בעיניו הפתוחות אז בשאר דברים, אבל אם עיניו למטה כלפי ארץ, ואין מכוין אז להסתכל בד"א, לכו"ע שרי, ולא פליגי כלל, ומ"מ לכתחילה נכון להחמיר לעצום עיניו, כדי שלא יסתכל בדבר אחר).

ויחשוב כאילו עומד בבית המקדש, ובלבו יכוין למעלה לשמים.

סעיף ג - מניח ידיו על לבו כפותין, (פירוש כקשורין), הימנית על השמאלית - במקום שנוהגין לעמוד כן לפני המלך כשמדברים עמו ושואלים מאתו צרכיהם, והכל כמנהג המקום, **ובס'** עשרה מאמרות כתב בשם האר"י, שיניחו זרועותם על לבם ימנית על שמאלית, **ובשם** הרמ"ק, שיכוף האגודל בתוך פיסת היד, **ועומד כעבד לפני רבו, באימה ביראה ובפחד; ולא יניח ידיו על חלציו, מפני שהוא דרך יוהרא. (ועי"ל ריש סי' נ"ז)** - ויש להתנועע בשעת תפלה, משום: כל עצמותי תאמרנה וכו'.

סעיף ד - טוב לכוין רגליו גם בשעה שאומר קדושה עם ש"צ - שהרי אומרים: כשם שמקדישים אותו בשמי מרום וכו'.

§ סימן צו – שימנע כל הטרדות כדי שיכוין §

סעיף א - כשהוא מתפלל - בפמ"ג כתב, דה"ה בשעת ק"ש ופסוקי דזמרה, **לא יאחוז בידו תפילין, ולא ספר מכתבי הקודש** - וה"ה כל ספרים שלנו.

ולא קערה מלאה - שלבו עליה שלא ישפך ממנה,

ולא סכין - שלא יפול לארץ ויזיקו ברגלו,

ומעות - שלא יתפזרו, ואף אם הם צרורין טריד שמא יאבדו, אם לא שאוחזן באופן דליכא למיחש שמא יאבדו, **וככר, מפני שלבו עליהם שלא יפלו, ויטרד ותתבטל כוונתו** - וכתב בברכ"י, דה"ה דאסור להושיב תינוק לפניו בשעת תפלה.

ודוקא הני שאם יפלו יש בהם הפסד או יזיקו לו, אבל שארי דברים מותר לאחוז, **וי"א** דהני לאו דוקא, אלא אורחא דמילתא נקט, וה"ה שאין ליטול שום דבר בידו בשעת התפלה, וכן הסכים הט"ז.

ובדיעבד א"צ לחזור ולהתפלל, אם לא שיודע שעי"ז לא כיון ב"אבות", [**ונ"ל** דבזה יחזור אף בזמנינו, שאם לא יאחזם יכוין].

ולולב בזמנו, מותר לאחוז בידו, כיון שהאחיזה בידו היא מצוה, אינו נטרד בשבילו.

ומותר הש"ץ להחזיק הס"ת בידו בשבת כשאומר "יקום פורקן", דכיון שכונתו אז להתפלל על לומדי תורה, ע"כ מחזיק הס"ת בידו ולא לשם שמירה, והוי כמו לולב בזמנו, **וכן** מותר להחזיק בשעה שמברכים החודש.

צ"ע אם מותר ליקח תפילין וס"ת בידו היכא דמתיירא מפני גנבים, דאפשר דהתירו לו.

(ביאור הלכה) [שער הציון] <הוספה>

הלכות תפלה
סימן צו – שימנע כל הטרדות כדי שיכוין

נפל ספר על הארץ ואינו יכול לכוין, מותר להגביהו כשיסיים הברכה שהוא עומד בה, ואי לא"ה לא יפסיק, **וכ"ש** שאין לקרוץ באצבע וכיוצא בשעת תפילה.

אם התחיל להתפלל שמ"ע ונתבלבל, מותר לילך למקום הידוע לו ליקח משם סידור.

סעיף ב- מותר לאחוז מחזור תפלות בידו בשעה שמתפלל, הואיל ותופס לצורך תפלה עצמה, לא טריד, דומיא דלולב דמשום דלקיחתו מצוה לא טריד.

הגה: ומ"מ אם לא היה בידו קודם שהתחיל, לא יחזור אחריו בתפלה ליטלו - מפני שמטריד, **אלא אם כן היה במקום מיוחד שהוא מוכן, אז מותר ליטלו אפילו בתוך התפלה, כדי להתפלל מתוכו** - וכתב ט"ז, דה"ה דיש ליזהר למי שמתפלל מתוך הסידור, שירשום תחילה כל המקומות שצריך להתפלל באותו תפילה, ולא יחפש אחריהם בשעה שמתפלל, כי יפסיק ע"ז ולא יכוין יפה, **וכ"כ** הברכ"י שכן נוהגין רבים מאנשי מעשה, כשרוצין לומר תפילה מחודשת, כגון "עננו", או כגון "ותודיענו" כשחל יו"ט במו"ש.

ונמצא באחרונים, שאף בחזרת הש"ץ נכון הוא שיהיה הסידור פתוח לפניו, להיות אזניו פקוחות על מה שאומר הש"ץ.

§ סימן צז – שלא יגהק ושלא יפהק בשעת התפלה §

סעיף א- לא יגהק, (מוליא מגופו לפיו נפיחה מתוך שובעו, רייטי"ר בלע"ז), ולא יפהק, (פותח פיו להוליא רוח הפה); ואם צריך לפהק מתוך אונס, יניח ידו על פיו, שלא תראה פתיחתו - ה"ה דבגיהוק מתוך אונס ליכא איסורא, ומה דלא נקטו, אפשר משום דבו ליכא חיובא להניח ידו, שאין פתיחת פיו רב כ"כ, וגם הוא לזמן מועט מאוד, משא"כ בפיהוק.

(ויזהר שלא יניח ידו על סנטרו - היינו לחי התחתון, **בשעת התפלה, דהוי דרך גסות הרוח)** - וחזנים העושים כן בשעת הזמר מותר, לפי שאינם מתכוונים לגסות אלא להנעים את הקול, **אבל** שלא בשעת הזמר אסור.

סעיף ב- אסור לו לרוק - וכל שאסור בתוך התפילה, אסור אפילו בתחנונים שלאחר התפילה, דכל זמן שלא פסע הו"ל כעומד לפני המלך.

ואם א"א לו שלא לרוק - כגון שיצטער בזה ויהא טרוד בתפילתו, **מבליעו בכסותו בענין שלא יהא נראה** - כגון בבגד תחתון, **אבל** בבגד עליון כיון שהרוק נראה, אסור, **ובמדינתינו** שלובשין פאצילעס, אף שהרוק נראה אפשר דמותר, דכיון שעשוי לכך אין בו משום מיאוס, כן כתב המ"א, **אבל** שארי אחרונים כתבו, שגם בזה צריך לכרוך מקום הרוק שלא יהא נראה. **ואחר** הרקיקה ימתין כדי הילוך ד"א, וכדלעיל בסימן צ"ב ס"ט.

ואם הוא אסטניס, (פי' שאינו יכול לראות דבר מאוס), ואינו יכול להבליעו בכסותו - פי' שמאוס לו להבליעו בכסותו, או שאינו יכול לשהותו בפיו עד שיבליענו, או שהוא כסות נאה, ואם נצריכנו שיבליענו בו, יטרידנו ג"כ.

זורקו לאחוריו - היינו שהופך פניו לאחוריו, או שזורקו בידו לאחוריו, **אבל** לא כלפי מעלה, שנראה ככופר.

ואם א"א לזורקו לאחוריו, זורקו לשמאלו, אבל לא לימינו; וכל שכן לפניו דאסור - מפני שהמתפלל שכינה לפניו, **ומ"מ** אם א"א לו לרוק אלא לפניו או לימינו, והוא מצטער בתפילה ע"י שאינו יכול לרוק, מותר לו לרוק לימינו, ואפילו לפניו.

והא דלקמן ריש סי' קכ"ג, שהופך פניו לצד שמאל תחלה, שהוא ימין של הקב"ה, י"ל דהטעם, כיון שמעולם לא ירדה השכינה למטה מי', א"כ אין השכינה כנגד המתפלל, ולפיכך

הלכות תפלה
סימן צז – שלא יגהק ושלא יפהק בשעת התפלה

חלקו כבוד לימין דידיה ברקיקה שהיא בשעת תפלה; אבל כשפוסע שלשה פסיעות, האדם מרחיק עצמו ממקום תפלתו והוא כנגד השכינה, ולפיכך נותן שלום לשמאלו שאז הוא כנגד ימינו של הקב"ה - ר"ל שע"כ כונתו אז בעת השתחויה להשתחות נגד השכינה שהיא למעלה מעשרה, כי הלא לא ירדה למטה, **(ב"י בשם אביו)**.

והאחרונים תרצו בפשיטות, דהכא בשעת רקיקתו מסלק ממנו כבוד השכינה, וכמש"כ בסימן ג' לענין התכבדו מכובדים וכו', ע"כ אזלינן בתר ימין ושמאל של האדם, **משא"כ** בסימן קכ"ג דאיירי בהשתחואה, שמשתחוה בסוף תפילתו להשכינה, ע"כ אזלינן בתר ימין דשכינה.

סעיף ג - אם כינה עוקצתו, ימשמש בבגדיו להסירה שלא תתבטל כוונתו, אבל לא יסירנה בידו - ואם עבר ונטלה, ישפשף ידו בכותל או בד"א, וכדלעיל בסימן צ"ב ס"ו.

הגה: ודוקא בשעת התפלה, אבל שלא בשעת התפלה, יכול ליטול כינה ולזורקה בבהכ"נ, (וע"ל סי' ד' סעיף י"ח) - דמבואר שם דהנוגע בכינה צריך ליטול ידיו במים, מפני רוח רעה השורה על הידים, **וכ"ש** אם הוא קודם התפילה, דצריך ליטול ידיו במים מפני התפילה.

סעיף ד - אם נשמט טליתו ממקומו, יכול למשמש בו ולהחזירו - אפילו נפל רובו, **אבל אם נפל כולו, אינו יכול לחזור ולהתעטף בו, דהוי הפסק** - ואפילו אם נשאר עדיין בידו, העטיפה הוי הפסק.

ואם עבר והתעטף בו, א"צ להתחיל מתחילת הברכה, אלא גומר התפלה והולך, וכשיגמור תפילתו ימשמש בו ויברך.

ואם הוא טרוד עי"ז, ואינו יכול לכוין, ילבשנו כשיסיים הברכה.

זקן שמשים בתי עינים שקורין ברי"ל, אם הם רפויין בחוטמו, שקרוב ליפול ע"י כריעות והשתחויות, נכון להחמיר שיקשרם מתחלה בחוט.

סעיף ה - הנושא משאוי על כתפיו והגיע זמן תפלה, פחות מד' קבין מפשילו לאחוריו ומתפלל; ד' קבין, מניחם על גבי קרקע ומתפלל - דמשוי של ד' קבין אם הם עליו מבטלים כונתו.

§ סימן צח – צריך שיהיה לו כוונה בתפלתו §

סעיף א - המתפלל צריך שיכוין בלבו פירוש המלות שמוציא בשפתיו - ואל יכוין האדם בשמות ויחודים, רק יתפלל כפשוטו להבין הדברים בכונת הלב, **אם** לא מי שהוא בא בסוד ד', ויודע לכוין ביה בלבא ורעותא ודחילו, דאל"ה ח"ו מקלקל בזה הרבה, **ובתשו'** רש"ל כתב והעיד על הר"ש, שאמר אחרי שלמד סתרי הקבלה, שהוא מתפלל כתינוק בן יומו.

ויחשוב כאילו שכינה כנגדו; ויסיר כל המחשבות הטורדות אותו עד שתשאר מחשבתו וכוונתו זכה בתפלתו; ויחשוב כי אילו היה מדבר לפני מלך בשר ודם היה מסדר דבריו ומכוין בהם יפה לבל יכשל, ק"ו לפני מלך מלכי המלכים הקב"ה שהוא חוקר כל המחשבות; וכך היו עושים חסידים ואנשי מעשה, שהיו מתבודדים ומכוונין בתפלתם עד שהיו מגיעים להתפשטות הגשמיות ולהתגברות כח השכלי, עד שהיו מגיעים קרוב למעלת הנבואה; ואם תבא לו מחשבה אחרת בתוך התפלה, ישתוק עד שתתבטל המחשבה - ובספר הגן כתב: לבטל מחשבה רעה בשעת התפילה, יאמר ג"פ "פי פי פי", הוא ר"ת: פלטי יוסף, דהם התגברו על יצר לבם, וכדאיתא בסנהדרין, **ואח"כ** ירוק ג"פ, ולא ירוק לגמרי רק בדרך נחת, והלשון תהא בין שפתים בשעת הרקיקה, ובודאי

הלכות תפלה
סימן צח – צריך שיהיה לו כוונה בתפלתו

תלך המחשבה, **וכתב** המ"א ע"ז, ואין נ"ל לעשות זה בתוך תפילת י"ח, דהוי הפסק, ומי יודע אם רפואה בדוקה היא.

א"ר הביא בשם קיצור של"ה וז"ל: סגולה להעביר מחשבת חוץ, שקודם תפילה יעביר ג"פ יד ימינו על מצחו, ויאמר בכל פעם: לב טהור ברא לי אלהים ורוח וכו', **וכן** אם בא לו מחשבת חוץ בתוך התפילה, ישתוק מעט, ויעביר ימינו על מצחו, ויהרהר פסוק הנ"ל, ע"כ.

וצריך שיחשוב בדברים המכניעים הלב ומכוונים אותו לאביו שבשמים, ולא יחשוב בדברים שיש בהם קלות ראש. הגה: ויחשוב קודם התפלה מרוממות האל יתעלה ובשפלות האדם, ויסיר כל תענוגי האדם מלבו.

ועיין בפני יהושע שכתב, דאלו הכונות המבוארים כאן בשו"ע, א"א לכוין בשעת התפלה, רק קודם, ובתפלה צריך לכוין פירוש המלות.

ואסור לאדם לנשק בניו הקטנים בבהכ"נ, כדי לקבוע בלבו שאין אהבה כאהבת המקום - בשל"ה קורא תגר על המביאים ילדים לבהכ"נ, והיינו קטנים שעדיין לא הגיעו לחינוך, מטעם כי הילדים משחקים ומרקדים בבהכ"נ, ומחללים קדושת בהכ"נ, **וגם** מבלבלים דעת המתפללים, **ועוד** גם כי יזקינו לא יסורו ממנהגם הרע אשר נתחנכו בילדותם, להשתגע ולבזות קדושת בהכ"נ, **אבל** כשהגיעו לחינוך, אדרבה יביאנו אתו לבהכ"נ, וילמדהו אורחות חיים לישב באימה וביראה, ולא יניחנו לזוז ממקומו, ויזרזהו לענות אמן וקדיש וקדושה, **ועיין** בתנא דבי אליהו, גודל העונש שיש להאב שמניח את בנו לענות דברים של הבל ותפלות בבהכ"נ.

סעיף ב - לא יתפלל במקום שיש דבר שמבטל כוונתו - כגון שכר חדש שמריח וכה"ג, **ולא בשעה המבטלת כוונתו** - כגון שאין דעתו מיושבת עליו מאיזה צער, או כעס, או מטורח הדרך.

ועכשיו אין אנו נזהרין בכל זה, מפני שאין אנו מכוונים כ"כ בתפלה - ופשוט דמ"מ כשרוצה לעמוד להתפלל מתוך כעס וכדומה, יראה להסיר מתחילה המחשבות המטרידות אותו, וכדלעיל בס"א.

ובפמ"ג כתב בשם הלבוש, אע"ג שאין אנו מכוונין, מ"מ מה דאפשר לעשות עושין, ע"כ אין להתפלל בבית שיש שם שכר חדש, או מי דבש, וכ"ש ריח רע מעופש קצת.

סעיף ג - יתפלל דרך תחנונים, כרש המבקש בפתח, ובנחת - הוא ענין אחד, ור"ל שיאמרה בנחת בלשון תחנונים, (דפירוש בלשון תחנונים, היינו כרש המבקש בפתח שמדבר בנחת - ב"ח), כמי שמבקש רחמים על עצמו, **וישים** אל לבו, שאין ביד שום נברא מלאך או מזל או כוכב למלאות שאלתו, כי אם ברצונו יתברך.

ושלא תראה עליו כמשא ומבקש ליפטר ממנה - פי' אע"פ שאומרה בלשון תחנונים, אם אינו מחשב כמו שצריך דבר, ובא לבקש מלפני המלך, אלא שמתפלל מפני החיוב לצאת ידי חובתו, אינו נכון, ומאוד צריך ליזהר בזה.

ומ"מ בדיעבד אפילו אם לא אמרה בלשון תחנונים, לא יחזור ויתפלל, (ומה מאוד צריך האדם ליזהר בזה, כי יש כמה פוסקים המצריכין לחזור ולהתפלל מחמת זה, ועכ"פ לכתחילה מאוד יזהר בזה, **עוד** נ"ל פשוט, דאפילו לדעת המחמירין, אין לעיכובא רק ב"אבות" לבד, ובשאר ברכות רק לכתחילה, דהלא לדידהו עיקר הטעם משום כונה, וא"כ בשאר ברכות לא הוי לעיכובא דיעבד).

סעיף ד - התפלה היא במקום הקרבן, ולכך צריך ליזהר שתהא דוגמת הקרבן: בכוונה, ולא יערב בה מחשבה אחרת, כמו מחשבה שפוסלת בקדשים; ומעומד, דומיא דעבודה; קביעות מקום כמו הקרבנות, שכל אחד קבוע מקומו לשחיטתו ומתן דמו; ושלא יחוץ דבר בינו לקיר, דומיא דקרבן שהחציצה פוסלת בינו לכלי - בטור כתוב עוד: ובינו לקרקע, **וכתב** ט"ז דוקא ג' טפחים, אבל בפחות מג"ט אפילו מצוה ליכא, **ויש** אוסרין אפי' פחות מג', **ומ"מ** לכו"ע מותר לשטוח ביוה"כ על הקרקע עשבים יבשים, ולעמוד עליהם להתפלל, דבטל הוא לגבי קרקע.

וראוי שיהיו לו מלבושים נאים מיוחדים לתפלה, כמו בגדי כהונה, אלא שאין כל

מחבר רמ"א משנה ברורה

אדם יכול לבזבז על זה; ומ"מ טוב הוא שיהיו לו מכנסים מיוחדים לתפלה, משום נקיות.

אסור להתפלל בבריכה.

סעיף ה - אל יחשוב: ראוי הוא שיעשה הקדוש ברוך הוא בקשתי כיון שכוונתי בתפלתי, כי אדרבה זה מזכיר עונותיו של אדם, (שעל ידי כך מפשפשין במעשיו לומר בטוח הוא בזכיותיו); אלא יחשוב שיעשה הקב"ה בחסדו, ויאמר בלבו: מי אני, דל ונבזה, בא לבקש מאת מלך מלכי המלכים הקדוש ברוך הוא, אם לא מרוב חסדיו שהוא מתנהג בהם עם בריותיו.

§ סימן צט – דין שתוי ושכור לתפלה §

סעיף א - שתה יין כדי רביעית, אל יתפלל עד שיסיר יינו - ואף אם רגיל לשתות הרבה, ואינו שיכור כלל ברביעית, אפ"ה לא יתפלל לכתחלה אם שתה רביעית יין.

ואפילו אם עי"ז יעבור זמן תפלה - פר"ח, **ועיין** בשם הים של שלמה, דעכשיו שבלא"ה אין מכונין כ"כ בתפלה, אין לחוש כ"כ להחמיר, אם ע"י המתנתו יעבור זמן תפלה.

ודוקא אם שתאו בבת אחת, אבל בשני פעמים, או שמזגו במעט מים, מותר, **ואם** שתה יותר מרביעית, בכל גווני אסור עד שיסיר יינו מעליו, **וכ"ז** כשיכול לדבר לפני המלך, דאל"ה אין שייך לעניננו דאיירי בתפלה שום חילוק בזה.

כתב המ"א בשם הסמ"ק, יין שבתוך הסעודה אינו משכר, **וכתב** הפמ"ג, דכ"ז הכל לפי מה שמבין בדעתו.

ונראה דה"ה שאר משקין המשכרים, וכפי מה שכתב הט"ז לענין נשיאת כפים, **ואפילו** לדעת המ"א שם דמיקל בנשיאת כפים, מסתברא דתפילה חמירא ואסור כמו ביין, כ"כ בספר מגן גיבורים, **ולפי** דעת הט"ז הנ"ל, לא בעינן בשאר משקין שיעור רביעית, **ולי** נראה דמ"מ בעינן שיהא בו כדי לשכר כרביעית יין.

ואם שתה יותר, אם הוא יכול לדבר לפני המלך, אם התפלל תפלתו תפלה.

ואם אינו יכול לדבר לפני המלך, אם התפלל תפלתו תועבה - והוי כאילו עובד עכו"ם, **וצריך לחזור ולהתפלל כשיסיר יינו מעליו** - ואם אינו מתפלל בשעת שכרות, ניצל מכל צרה.

ואפילו אם עבר זמן התפלה, משלים אותה בתפלה שאחריה, כדין שוגג - ואפילו התחיל לשתות אחר שהגיע זמנה, שהיה סבור שיהיה לו שהות להתפלל לאחר שיפוג מן היין המועט שהתחיל לשתות בדיעה מיושבת, ואח"כ נמשך לב להמשתה ושכח על התפלה, ונשתכר כ"כ עד שלא נשאר לו שהות להפיג את יינו טרם עבור זמן התפלה, ג"כ שוגג מיקרי, **ומיהו** ודאי אם הוא סמוך למנחה, ויעבור הזמן ודאי אם ישתכר, שלא יוכל להפיג את יינו בזמן קצר כזה, מזיד הוי לכו"ע, ואין לו תשלומין.

הגה: ודין ק"ש כדין תפלה - היינו דאף שתוי אסור לכתחלה בק"ש, וברכות ק"ש ג"כ דינם כק"ש, **והלבוש** כתב, דיש מקילין בק"ש אף אם הוא שכור, דשאני תפלה שהוא בקשת צרכיו, **אכן** לפי הביאור הגר"א, מסקנת הירושלמי לאסור שכור בק"ש, ע"כ יש ליזהר לכתחילה שלא לבוא לידי כך, **ובדיעבד** אם נשתכר אין לפטור את עצמו מק"ש משום זה, **ואם** יפוג יינו עד שלא עבר זמן ק"ש, יחזור ויקרא הפרשיות.

אבל שאר ברכות יכול לברך אע"פ שהוא שכור - כלל בזה אף בהמ"ז שהיא דאורייתא, **אבל** אין מצרפין אותו למנין עשרה, **ולענין** ג' לזימון אפשר דשרי.

עיין בביאור הגר"א, ולפי דבריו יש להחמיר לכתחילה בשיכור שאינו יכול לדבר לפני המלך, אף בשאר ברכות, וכ"כ הפמ"ג.

וכ"ז כשלא הגיע לשכרותו של לוט, דאל"ה כשוטה יחשב לגמרי לכו"ע, ופטור אז מכל המצות, **ע"כ** אפילו בדיעבד אם קרא אז ובירך, לא מיפטר בכך, שהרי פטור

הלכות תפלה ערה
סימן צט – דין שתוי ושכור לתפלה

היה באותה שעה, וחייב אח"כ לחזור ולקרות ולברך - פר"ח ופמ"ג.

סעיף ב- דרך מיל - בין במהלך ובין ברוכב, וי"א דברוכב בעינן דוקא שלשה מילין, **ושינה כל שהוא, מפיגין את היין.**

וה"מ כששתה רביעית, אבל אם שתה יותר, כל שכן ששינה משכרתו ודרך טורדתו - דוקא שינה מעט, אבל שינה הרבה מפיגתו.

וה"מ במהלך ברגליו, אבל רוכב, ודאי דרך מפיגה היין - שאין לו טורח כ"כ, והוא שרכוב ג' מילין, **ומ"מ** הכל לפי רוב היין, שאם הרבה לשתות מאוד, אין דרך ג' מילין מפיגתו.

סעיף ג- כל אחד שהוא שתוי, סגי ליה לפי מה שמרגיש בנפשו שיפיג יינו. הגה: ולכן אין נזהרין ביינות שלנו, שאין חזקין, שמתפללין אע"פ ששתה רביעית ויותר - זה קאי אשתוי שאין בו איסור אלא לכתחילה, **אבל** בשיכור שתפילתו תועבה, ודאי יש ליזהר אפילו לדידן, וצריך לחזור ולהתפלל. **וכל שכן אם מתפללים מתוך סידור שבידו, שאין חוששין לשכרות מעט, כן נראה לי** - היינו ליישב המנהג, אבל מ"מ אין נכון - פמ"ג.

כתב ביש"ש, וביו"ט יכול להתפלל מנחה אע"פ ששותה קצת, דא"א להמתין עד שיפוג יינו, **וכ"ש** האידנא דבלא"ה אין מכוונין כ"כ, שאין להקפיד בשתוי.

§ סימן ק – תפלת המועד צריך לסדר §

סעיף א- תפלות של מועדות, ושל ר"ח - ר"ל תפלת מוסף, **צריך להסדיר תפלתו קודם שיתפלל, כדי שתהא שגורה בפיו** - והטעם, מפני שאין מתפלל אותן תדיר אלא לפרקים, אין רגיל בהן כ"כ. **(הגה: וי"א דוקא כשמתפללים על פה, אבל כשמתפללין מתוך הסידור, מותר, דהא רואה מה שמתפלל, וכן נוהגין).**

ובפמ"ג בשם הב"ח ופר"ח כתב, דה"ה "יעלה ויבא" דשחרית, או "בימי" וכו' דחנוכה ופורים, ג"כ צריך להסדיר מתחלה, או שיתפלל מתוך הסידור.

ובשיורי כנה"ג תמה על מנהג האנשים שמקילין בכל זה להתפלל בע"פ, ואינם מסדרים מתחלה, שאינו יודע על מה סמכו, **ועיין** בשע"ת, וז"ל: תשו' הרשב"ש ששמע מאביו, שקיבל שלא נהגו להסדיר תפלת מועדים, לפי שאין להסדיר רק כשהיא כולה תפלה מחודשת, **ונראה** דלכך מכ"ש שלא חששו בחנוכה ופורים, כיון דמלתא זוטרתי היא שגורה היא בפומי דרובא דאינשי, ואף שעבר עליו שנה זוכרים אותה היטב וא"צ סידור, **ולכתחלה** בודאי נכון ליזהר להתפלל בחנוכה ופורים ומועדים ור"ח, עכ"פ תפלה ראשונה מתוך הסידור, ודי.

כתב מחצית השקל, שלא כדין נוהגין העולם, שאומרים ברכת קידוש לבנה בע"פ, ואינם מסדרים אותה מתחלה, ועיין בשע"ת (הנ"ל).

ותפילות ופיוטים שחמור פירושם, צריך להסדיר תחלה, ולא מהני ספר בזה.

§ סימן קא – שצריך לכוין בכל הברכות, ושיכול להתפלל בכל לשון §

סעיף א- המתפלל צריך שיכוין בכל הברכות - היינו פירוש המילות, (וזה איתא אפילו למ"ד דמצות אין צריכות כונה, דשם היינו לצאת ידי המצוה, משא"כ בזה דענינו הוא שלא יכוין בדברים אחרים בעת התפלה), **ע"כ** מה נכון מאוד להמונים שילמדו פירוש המילות של כל התפלה, **ועכ"פ** של ברכת "אבות" ו"מודים", בודאי יש חיוב עליו לידע ביאורו.

וירגיל אדם עצמו לכוין עכ"פ בחתימה של כל ברכה.

ואם אינו יכול לכוין בכולם, לפחות יכוין ב"אבות" - כי "אבות" הוא סידור שבחו של מקום, ע"כ אינו בדין שיהא אז פונה לבבו לדברים אחרים.

(ומשמע מלשון הרשב"א, דיש ליזהר ב"אבות" שלא יהא לבו פונה באמצע הברכה לדברים אחרים, ואפי' אם בעת שיאמר אח"כ התיבות של הברכה יחזור ויכוין, **ויש** לעיין לענין דיעבד, **ועכ"פ** לכתחלה יש ליזהר בזה מאוד).

ויש פוסקים דגם "מודים" חשוב כ"אבות" לכתחלה.

מחבר רמ"א משנה ברורה

הלכות תפלה
סימן קא - שצריך לכוין בכל הברכות, ושיכול להתפלל בכל לשון

(**משמע מלשון זה, דאפי' לכתחילה מותר לעמוד ולהתפלל, כיון שהוא אנוס שאינו יכול ליישב דעתו, ועכ"פ נראה פשוט, דאם יכול להמתין וליישב דעתו מטרדותיו, ולא יעבור זמן ק"ש ותפלה עי"ז, דצריך ליישב דעתו**).

ואם הוא משער שאפי' ב"אבות" לא יכוין, לא יתפלל כלל עד שתתיישב דעתו, שיהיה יוכל עכ"פ לכוין ב"אבות".

אם לא כיון ב"אבות", אע"פ שכיון בכל השאר, יחזור ויתפלל.

הגה: והאידנא אין חוזרין בשביל חסרון כוונה, שאף בחזרה קרוב הוא שלא יכוין, אם כן למה יחזיר (טור) - כתב הח"א, נ"ל כיון דמצד הדין צריך לחזור ולהתפלל, עכ"פ אם נזכר קודם שאמר "בא"י" בסוף ברכה, יחזור לומר מ"אלקי אברהם" וכו'. ‹**אם** החסיר מלכוין רק בחלק מהברכה, די שחוזר לשם. **ואם** כיון בעיקר הברכה, {אלקינו ואלקי האבות וקונה הכל - פסקי תשובות}, א"צ לחזור אם הוא כבר בסוף הברכה - הליכות שלמה›.

(**לכאורה כונת הרמ"א, אם סיים השמ"ע ולא כיון ב"אבות", אבל אם עומד אצל "אתה גבור", ונזכר שלא כיון ב"אבות", כיון דמצד הדין לא יצא בזה, האיך נאמר לו שיברך עוד ברכות שלא יצא בהם, אחרי דחסר לו ברכת "אבות", וכי מפני שקרוב שלא יכוין, נאמר לו שיברך עוד ברכות שבודאי לא יצא בהם, כן היה נראה לי,** ‹**וי"א** דגם בלא כוונה איכא ענין תפלה באמירה בעלמא, ואין זה כברכה לבטלה, דקעביד נמי מצוה אלא דחסר כונה - קהלות יעקב›, **אבל מדברי הח"א משמע, דאינו חוזר אפילו עומד אצל "אתה גבור", ויותר נ"ל עצה אחרת באופן זה, שלא יאמר עוד עתה כלל, וימתין על הש"ץ שיאמר ברכת "אבות", ויכוין לצאת, וכשיגיע הש"ץ לברכת "אתה גבור", יתחיל בעצמו, דהלא בתפלה קי"ל דאינו מוציא אלא דוקא מי שאינו בקי, משא"כ ב"אבות", כיון שאינו יכול לברך אותה בעצמו**). ‹**אמנם** למעשה לא נהגו לעשות כעצה זו, {דהא שהה כדי לגמור את כולה, ועוד דאם הש"ץ לא יכוין בברכת אבות, גם השומע ממנו לא יצא ידי חובתו - פסקי תשובות}, **ומ"מ** כיון שמדינא חוזר, ראוי לנהוג כמו שאומרים בשם החזו"א, להרהר בלבו מברכת אבות ואילך בכוונה עד מקום שעומד, **דכל** תפלת שמו"ע דינה לכמה דברים כברכה אחת, ולכן י"ל דמהני, ולא חשיב כתפלה בלבו, דמחשבתו עתה מצטרפת לדבוריו הקודמים, **וגם** ישתדל לכוין היטב במודים, כי כל מה שאפשר לתקן ראוי לעשות, דלכמה ראשונים אף אם לא כיון באבות, אם יכוין במודים יצא ידי חובתו - הליכות שלמה›.

סעיף ב - לא יתפלל בלבו לבד, אלא מחתך הדברים בשפתיו, ומשמיע לאזניו בלחש - ויש שכתבו דצריך לחוש לדברי הזוהר, שאף לכתחילה לא ישמיע לאזניו, **אבל** המ"א כתב, שאין ראיה מהזוהר, וכ"כ הגר"א, דאף דעת הזוהר הוא כהשו"ע, וכ"כ שארי אחרונים, שטוב יותר לכתחילה שישמיע לאזניו, **ובדיעבד** לכו"ע, אם אמר בלחש כ"כ שאפילו לאזניו לא השמיע, יצא, כיון שמ"מ הוציא בשפתיו.

(**ובדיעבד אם התפלל בלבו, מצדד המ"א דלא יצא, וכן** כתב בספר נפש החיים פרק ה').

ולא ישמיע קולו - דכתיב בתפילת חנה: רק שפתיה נעות וקולה לא ישמע, **וכל** המשמיע קולו בתפלתו, הרי זה מקטני אמנה, כאילו אין מאמין שהקב"ה שומע תפלת לחש, **וכל** המגביה קולו בתפילתו, הרי זה מנביאי השקר, שהיה דרכן לצעוק בקול לעבודה זרה שלהן.

ועיין בברכי יוסף ובח"א, דלכתחילה צריך להתפלל בלחש כ"כ, שאף חבירו העומד בסמוך לו לא יהיה יוכל לשמוע, **ומ"מ** אם א"א לו לכוין בענין זה, יש לו לעשות בענין שיכול לכוין, **אך** שיזהר שלא יטריד לאחרים וכדלקמיה.

ואפילו בפסוקי דזמרה טוב שלא להרים קול, כי הקב"ה שומע בלחש, לא כאותם המגביהים קולם יותר מדאי, **ומיהו** בשבת שנוהגים שאחד אומר פסוקי דזמרה בקול רם, שפיר דמי.

ואם אינו יכול לכוין בלחש, מותר להגביה קולו - ואיירי דאפילו אם ישמיע קולו במקצת ג"כ לא יוכל לכוין, דאל"ה אסור.

הט"ז כתב, דאף אם יכול לכוין בלחש, אבל לא כ"כ כמו בקול, מיקרי אינו יכול לכוין, ויכול להתפלל ביחיד בקול, **ועיין** בבה"ל שכתבנו דאין להקל בזה, (**לפי מה דאיתא בזוהר, שאם מגביה קולו בתפילה כ"כ עד שחבירו יכול לשמוע, אין תפילתו נשמעת למעלה, ובפרט לפי מה דמשמע בביאור הגר"א, דלדעת הרשב"א והטור, לא נמצא בהגמ' דיהא מותר להגביה הקול במקום שאינו יכול לכוין,** ‹דבגמ' לא אמרו אלא אמשמיע קולו - שם›, **עכ"פ בדינו של הט"ז בודאי יש להחמיר בזה**).

הלכות תפלה
סימן קא – שצריך לכוין בכל הברכות, ושיכול להתפלל בכל לשון

והני מילי בינו לבין עצמו, אבל בצבור אסור, דאתי למטרד צבורא - אפילו להשמיע קולו במקצת, וכ"ש להגביה קולו.

(**אלא** אם אינו יכול לכוין בלחש, ילך ויתפלל בביתו בקול, **ומ"מ** האידנא אין לנו להורות היתר זה, להתפלל ביחיד ולעורר הכונה, שילמדו ממנו אחרים, **אם** לא גדול הדור ומפורסם שכל מעשיו לשם שמים).

הגה: ואם משמיע קולו בביתו כשמתפלל כדי שילמדו ממנו בני ביתו, מותר.

סעיף ג - י"א שבראש השנה ויו"כ מותר להשמיע קולם בתפלה, אפילו בצבור - לעורר הכונה, ולמיטרד ציבורא לא חיישינן, כיון שסידורים ומחזורים בידם.

הגה: וכן נוהגין, ומ"מ יזהרו שלא להגביה קולם יותר מדאי - דהרי זה מנביאי הבעל, שנאמר בהם "ויקראו בקול גדול", **א"נ** דעל ידי זה בודאי יבלבל אחד מהן את חבירו.

ועיין במג"א דמסיק, דיותר טוב להתפלל בלחש אם יכול לכוין, וכ"כ הרבה אחרונים.

ומ"מ נראה דהחזנים שמגביהים קולם כדי לעורר הכונה, ולהשמיע שפיר הדברים, שפיר עבדי, דעיקר תפלת ש"ץ נתקנה דוקא בקול רם, **אכן** אותם שעושין כן כדי להראות קולם, ודאי עושים שלא כהוגן.

סעיף ד - יכול להתפלל בכל לשון שירצה - והוא שיבין אותו הלשון על בוריו, **אבל** בלשון הקודש יוצא אפילו אינו מבין הלשון.

ומצוה מן המובחר הוא דוקא בלשון הקודש, ועיין בסימן ס"ב ס"ב ובמשנה ברורה שם מה שכתבנו בשם האחרונים בזה, **ועיין** בתשובת חת"ס שהאריך בכמה ראיות, דמה שהתירו להתפלל בכל לשון, היינו דוקא באקראי, אבל לקבוע בקביעה תמידית ולהעמיד ש"ץ, ולהשכיח לה"ק לגמרי, זה א"א בשום אופן, עי"ש, **ועוד** מחמת כמה וכמה טעמים נכוחים, האריכו כל גאוני הזמן בספר דברי הברית, והסכימו שאיסור גמור הוא לעשות כן, **ולאפוקי** מכתות חדשות שנתפרצו מחוץ למדינה בזה, והעתיקו את כל נוסח התפלה ללשון העמים, ועבירה גוררת עבירה, שדלגו הברכה של קבוץ גליות, וברכת "ולירושלים עירך", וכשם שרוצים להשכיח זכרון ירושלים, כן רוצים להשכיח לשה"ק מישראל, פן יגאלו בזכות שלא שינו את לשונם, הקב"ה ישמרנו מדיעות אפיקורסות כאלו.

(**וכתב** במ"א בשם הס"ח, דמוטב להתפלל בלשון שמבין, אם אינו מבין בלשה"ק, **ומוכח** בס"ח, דהיינו דוקא אם הוא ירא שמים, ורצונו בזה הוא רק כדי שיתפלל בכונה, **אבל** אם אינו בכה"ג, יתפלל בלה"ק, **והטעם** כי לה"ק יש לו סגולות רבות מכל לשונות, והוא הלשון שהקב"ה מדבר בו עם נביאיו, וחז"ל אמרו: בלה"ק נברא העולם, כדכתיב: לזאת יקרא אשה כי מאיש לוקחה זאת, **וגם** כשתקנו כנה"ג את נוסח התפלה, היו ק"ך זקנים, ומהם כמה נביאים, והמה נימנו על כל ברכה בתיבותיה ובצירופי אותיותיה בכמה סודות נעלמות ונשגבות, **וכשאנו** אומרין דברים אלו כלשונם של כנה"ג, **אף** שאין אנו יודעין לכוין, מ"מ עלתה לנו תפלתינו כהוגן, כי התיבות בעצמן פועלין קדושתן למעלה, משא"כ כשמתפללין בלע"ז).

וה"מ בצבור, אבל ביחיד לא יתפלל אלא בלשון הקודש - לפי שאין מלאכי השרת נזקקין ללשון ארמית, וה"ה שאר לשונות חוץ מלשה"ק, אבל צבור א"צ מליץ, שהקב"ה בעצמו מקבל תפלתם.

וי"א דהני מילי כששואל צרכיו, כגון שהתפלל על חולה - ר"ל שלא בפניו, אבל בפניו של חולה מותר בכל לשון, דהקב"ה מצוי שם, **או על שום צער שיש לו בביתו; אבל תפלה הקבועה לצבור, אפילו יחיד יכול לאומרה בכל לשון** - דכיון שהתפילה קבועה לצבור, הקב"ה בעצמו פונה אליה, אפילו שלא בזמן שהצבור מתפללין.

וי"א דאף יחיד כששואל צרכיו, יכול לשאול בכל לשון שירצה, חוץ מלשון ארמי - דס"ל דהמלאכים מכירין בכל לשון, רק שאין נזקקין לארמית, שמגונה בעיניהם, ומשו"ה מותרות הנשים להתפלל בשאר לשונות.

ובצבור מותר אף לשון ארמי, ובזה אתי שפיר מה דאומרים "יקום פורקן" ו"בריך שמיה" בצבור וכדומה, **ולפי"ז** אם מתפלל בביתו, אין יכול לאמר שום "יקום פורקן".

סימן קב – שלא להפסיק כנגד המתפלל

§ סימן קב – שלא להפסיק כנגד המתפלל §

סעיף א - אסור לישב בתוך ד' אמות של מתפלל - ואפילו אם המתפלל עומד בתחנונים שלאחר התפלה, כל זמן שלא פסע, **וה"ה** לענין שלא לעבור נגד המתפלל.

וגם סמיכה אסור, **אך** סמיכה במקצת, שאם ינטל יוכל לעמוד, יש להקל במקום הדחק.

ואפילו כשהוא יושב באלכסון, די בד"א, ולא בעינן הד"א עם האלכסון - מ"א.

כתב הח"א, אם המתפלל עומד בצד אחד מדבר שהוא קבוע גבוה י' ורחב ד', מותר לישב בצד השני, דהא מפסיק רשות, **אבל** לעבור מצד השני, אפשר אם אינו גבוה כ"כ שלא יוכל להסתכל בצד השני, אסור, וכן פסק בהלק"ט, **וכן** מצדד הפמ"ג, שיש להחמיר לעבור באלמעמרע נגד המתפלל, אף שהוא רשות בפני עצמו, ולישב מתיר ברשות אחרת, אפילו בתוך ד"א.

בין מלפניו בין מן הצדדין (בין מלאחריו), צריך להרחיק ד' אמות - וכן הסכימו האחרונים, ‹דגם מלאחריו צריך להרחיק›.

ואם עוסק בדברים שהם מתקוני התפלות, ואפילו בפרק איזהו מקומן, אינו צריך להרחיק - וה"ה אם עוסק בפרקים במנחה בשבת, ג"כ מותר לישב בצד המתפלל.

ויש מתיר בעוסק בתורה, אע"פ שאינו מתקוני התפלות - דס"ל דלא אסרו חכמים לישב בצד המתפלל, אלא כשיושב ודומם, דנראה כאילו אינו רוצה לקבל עליו עול מלכות שמים, אבל כשהוא יושב ועוסק בתורה, הרי הוא כמקבל עליו עול מלכות שמים.

ודוקא אם מוציא ד"ת בשפתיו, אבל מהרהר בלבו אינו מועיל, ואפי' בעניני תיקוני התפילות, דאתו למיחשדיה שאינו מקבל עליו עול מלכות שמים.

ועיין באחרונים, דטוב להחמיר לעמוד כדעה הראשונה, אם לא במקום הדחק, **ובלאחריו** נ"ל שאין להחמיר בזה, [דבלא"ה יש מקילין בלאחריו].

ויש מי שאומר דהני מילי מן הצד, אבל כנגדו אפילו כמלא עיניו אסור, אפילו - היושב נגד המתפלל **עוסק בק"ש** - מפני שנראה כמשתחוה לו, **ולפי"ז** דוקא לישב אסור, אבל לעמוד מותר, ואפילו בתוך ד"א, **ואולי** אף לעמוד ס"ל דאסור, דעי"ז מתבטל כונתו.

ועיין בפר"ח שפסק כדעה קמייתא, דאין חילוק בין מלפניו ובין מן הצדדין, **ושארי** אחרונים כתבו, שטוב להחמיר כהיש מי שאומר, **ונ"ל** שבעמידה חוץ לד"א בודאי אין להחמיר, ואולי אף בתוך ד"א וכנ"ל, [ובפרט אם היה עוסק בתורה].

סעיף ב - יש מי שאומר שאם היושב בצד המתפלל חלוש, מותר - ר"ל שידוע שהוא חלוש וא"א לו לעמוד, ולכך מותר לו לישב, דחולשתו מוכחת עליו שמפני כך ישב. **ויש** לסמוך על דבריו, אם א"א לו בקל להרחיק ד"א ולישב שם.

ודוקא לישב בצד המתפלל, הא לפניו יש מחמירין אף בחלוש, [א"ר, **והפמ"ג** כתב, דמסתימת הפוסקים לא משמע כן].

סעיף ג - אם היושב ישב כבר, ועמד זה בצדו, אינו צריך לקום, שהרי זה בא בגבולו - אלא המתפלל צריך להרחיק ד"א ממנו כשרוצה לעמוד ולהתפלל.

(ומ"מ מדת חסידות הוא לקום אפי' בכהאי גוונא) - כדי להרים מכשול מחבירו שעשה שלא כשורה, שעמד להתפלל בתוך ד"א של היושב כבר בהיתר, וישיבתו היא גנאי למקום קדוש של התפילה.

ודוקא בביתו, אבל במנין קבוע, וכ"ש בבהכ"נ, צריך לקום, דהוא מקום מיוחד לכל בני אדם, **ואפי'** אם המקומות קבועים לכל אחד שקנאום בדמים, נמי יש להחמיר.

אך בעוסק בתורה לא יחמיר בזה, ‹בכה"ג דהוא קדים לישב, אפי' בבהכ"נ – ערוה"ש›, וכ"ש רב שיושב עם תלמידים ולומדים, ובאו עשרה המתפללים, א"צ לעמוד, ואפי' מדת חסידות ליכא.

סעיף ד - אסור לעבור כנגד המתפללים בתוך ד' אמות – (כתב בספר מאמ"ר, הטעם), מפני שמבטל כונתו עי"ז, ולכן אסור אפילו עוסק אז ‹העובר› בק"ש, ‹ע"פ השונה הלכות›. **והח"א** כתב הטעם,

מפני שמפסיק בין המתפלל להשכינה. (ולפי המאמ"ר נראה דאם המתפלל משלשל הטלית על פניו, כמו שנוהגים הרבה, דמותר לעבור על פניו, ומ"מ ראוי לחוש ולהחמיר, ובפרט לפי מה שכתב הח"א, דטעם האיסור מפני שמפסיק בין המתפלל להשכינה, בודאי אין להקל בזה).

(ועיין בא"ר בשם של"ה, דה"ה דיש ליזהר שלא לעבור בעת שקורין "שמע ישראל").

ודווקא לפניהם - וצדדים שלפניהם, להמ"א כלפניהם דמי, ולהאליהו רבא שרי.

אבל בצדיהם מותר לעבור ולעמוד - ר"ל שיעבור (בצדו) ויעמוד שם ולא ילך להלאה (ממקום עמידתו בתפלה), כדי שלא יהיה כנגד פניהם, שכל שיוכל לראותו אף שהוא צדדין שלפניו, כלפניו דמי ואסור, מפני שמבטל כונתו עי"ז, (ע"פ הערוה"ש), **ולפי"ז** כ"ש דאסור לילך ולעמוד נגד פניו בתוך ד"א, כן הוא לדעת המ"א, **והא"ר** סובר דלא אסרו רק לעבור בתוך ד"א נגד פניו, אבל (צדדין שלפניו מותר, וכן) לילך בתוך ד"א ולעמוד, מותר אפי' לפניו, (ע"פ השונה הלכות), **ואפשר** דיש להקל במקום הדחק. (**אך** הערוה"ש כתב, דזהו אם כבר עמד שם, אבל לבא לעמוד שם, הרי בע"כ עובר קצת לפניו ומבלבל כונתו).

והזוהר פ' חיי שרה, אוסר אפילו בצידיהם תוך ד"א.

סעיף ה - אם השלים תפלתו והיה אדם אחר מתפלל אחריו, אסור לפסוע ג' פסיעות עד שיגמור מי שאחריו את תפלתו, שאם יעשה זה הרי הוא כעובר כנגד המתפלל - ומיירי שהוא בתוך ד"א, או שיבוא לתוך ד"א ע"י ג' פסיעות שיפסע לאחוריו.

ואם אינו אחריו ממש, רק מרוחק לצדדין, נראה דשרי להא"ר הנ"ל.

וצריך לדקדק בזה, אפי' אם האחרון התחיל להתפלל אחריו, מאחר שכבר התחיל - ולא נקרא בא בגבולו, ואפילו אם האחרון מאריך בתפילתו, דאדרבה זה שפוסע הוא בא עכשיו בגבולו.

§ סימן קג – מי שנזדמן לו רוח בתפלתו או עטוש §

סעיף א - היה עומד בתפלה ויצא ממנו רוח מלמטה, ממתין עד שיכלה הריח - דמעיקרא אסור אפילו בד"ת, **וחוזר** - היינו למקום שפסק, **ומתפלל** - אפילו שהה אחר שפסק הריח, וע"י הצירוף היה כדי לגמור כולה, **דהא** אם היה רוצה היה מתפלל מיד שפסק, וא"כ לא היה כל ההפסק מחמת אונס, ואינו חוזר לראש, לפי מה שפסק הרמ"א לעיל בסימן ס"ה.

כתבו האחרונים, דבזה אין צריך לומר ה"רבון" הכתוב בס"ב, דכשאין מרחיק אין ניכר בושתו וכלימתו.

סעיף ב - בקש לצאת ממנו רוח מלמטה, ונצטער הרבה ואינו יכול להעמיד עצמו - דבלא"ה אין לו להוציא רוח בשום פנים בתפלה, **ולא** חיישינן לבל תשקצו, אלא כשמשהא עצמו לקטנים או לגדולים, אבל להפחה לא.

הולך אחוריו ד' אמות ומוציא הרוח - דבעינן שיהא פניו נגד המקום שהתחיל להתפלל, להראות שרוצה עדיין לחזור לתפלתו, ואפילו לצדדין או לפניו אסור.

ונראה לי דעכ"פ יראה להזיז התפילין ולנתקן, שלא יהיו מונחין על מקומן, כי אסור להפיח בתפילין.

וממתין עד שיכלה הריח, ואומר: רבון העולמים, יצרתנו נקבים נקבים חלולים חלולים, גלוי וידוע לפניך חרפתנו וכלימתנו, חרפה וכלימה בחיינו, רמה ותולעה במותנו, וחוזר למקומו - ובח"א הסכים לדעת הסוברים, דיחזור למקומו קודם ה"רבון".

ואומר רבון וכו' - בתוך התפלה, דהא מופסקת ועומדת כבר ע"י הרוח, לפיכך יכול להפסיק נמי ולומר דבר זה באמצע.

וחוזר למקום שפסק - לכאורה הכוונה לתחלת הברכה שפסק בה, וכדלקמן בסימן ק"ד ס"ה, ועיין לקמן מה שכתבנו שם להלכה בשם האחרונים, {דבדיעבד אם לא חזר לתחלת הברכה, כיון שהשלים הברכה אינו רשאי לחזור}.

הלכות תפלה
סימן קג – מי שנזדמן לו רוח בתפלתו או עטוש

הגה: וע"ל סי' פ"ה - ר"ל דנתבאר שם, דאם שהה כדי לגמור את כולה, חוזר לראש, **וכתב** הב"ח, דדוקא אם השהייה היה ע"י העיטושים וריח הנודף לבד, **ולא** מצרפינן לזה מה שצריך לילך לאחריו ד"א, והחזרה, ואמירת ה"רבון", וכ"כ הפמ"ג.

(**ולכאורה** לפי"ז אם שהה בק"ש כדי לגמור כולה, והשהייה היה ע"י אונס, כגון שהלך לבה"כ לעשות צרכיו, דקי"ל לעיל בסימן ס"ה דחוזר לראש, **לא** נצרף בתוך השיעור רק מה שהלך לבה"כ, דבעת הזה לא היה גברא חזי, וגם הזמן שהיה בבה"כ, אבל מה שהלך אח"כ מבה"כ לביתו, אפשר דלא נוכל לצרף, דאז לא היה אנוס באמת, דאי בעי היה מקנח ידיו בעפר ובצרור, והיה גומר את ק"ש, לפי מה דקי"ל דלא ניתקנה נט"י אלא בשחרית, דנעשה בריה חדשה, וצ"ע).

י"א דכ"ז מיירי כשמתפלל בביתו, אבל כשמתפלל בצבור דהוי ליה ביוש גדול, א"צ להרחיק כלל לאחוריו, וגם לא יאמר ה"רבון", רק ממתין עד שיכלה ממנו הריח, וכן נוהגין - וטוב שיהרהר בלבו.

סעיף ג- המתעטש בתפלתו, מלמטה סימן רע לו - י"א דדוקא כשמפיח בקול, **והמ"א** חולק, דה"ה בלי קול, **וגם** בזה צריך להרחיק כנ"ל, **מלמעלה סימן יפה לו.**

§ סימן קד – שלא להפסיק בתפלה §

סעיף א- לא יפסיק בתפלתו - ואפילו במקום הפסד ממון אין לו להפסיק, **ואפילו** רמיזה בעלמא אסור, אם לא לתינוק הבוכה, מותר לו לרמוז לו בידיו כדי שישתוק, ולא יטרידו מתפלתו, ואם אינו מועיל, ירחיק את עצמו ממנו, ולא ידבר עמו, **וכן** אדם נכבד שעומד בתפלה, והש"ץ ממתין עליו באמירת קדיש או קדושה, והוא אינו מרוצה בכך שימתינו עליו, וזה מטרידתו בתפלה, מותר לו לרמוז לש"ץ שיתפלל כדרכו.

כתב הח"א, העומד בתפלה ונסתפק באיזה דין איך יתפלל, כגון ששכח איזה דבר בתפלה, מותר לילך ממקומו למקום מיוחד ולעיין שם בספר, **ואם** מותר לשאול הדין, צ"ע, ונ"ל דמותר.

ואפילו מלך ישראל שואל בשלומו, לא ישיבנו; אבל מלך עו"ג - וה"ה אנס דעלמא, ומתיירא שמא יהרגנו, **אם אפשר לו לקצר, דהיינו שיאמר תחלת הברכה וסופה קודם שיגיע אליו, יקצר; או אם אפשר לו שיטה מן הדרך, יטה ולא יפסיק בדיבור** - וטוב יותר לקצר בדאפשר, משיטה מן הדרך - ב"ח וא"ר, **אבל** הפמ"ג כתב, יש להתיישב בזה, דמשמע דהליכה לצורך התפלה לא הוי הפסק.

ואם אי אפשר לו, יפסיק - ר"ל שמותר אפילו לשאול לו בשלומו, כשמשער שבלתי זה אפשר שיהיה בסכנה, וכ"ש שמותר להשיב לו.

סעיף ב- היה מתפלל בדרך ובאה בהמה או קרון כנגדו, יטה מן הדרך ולא יפסיק - ר"ל אף דהוא סכנתא שלא יבוא הבהמה והקרון עליו, מ"מ כיון דאפשר לו להנצל מזה ע"י שיטה מן הדרך, אסור להפסיק בדבור, לומר לאיש אחר שיכה במקל להבהמה, ולגעור בבעל הקרון שלא יבוא כנגדו.

אבל בענין אחר, אין לצאת ממקומו עד שיגמור תפלתו - וסימן צ' סכ"ז שאני, שהוא צורך תפלה. **ויש** לגעור בחזנים, שעוקרין ממקומן ביוה"כ כשמגיעין אל "ואנחנו כורעים", ובסדר עבודה, **אלא** מעמידין לו שטענדער כנהוג בינו לתיבה, ובעבודה מסלקין השטענדער, וא"צ לעקור רגליו.

(**ובדיעבד** אם יצא ממקומו ולא שהה לגמור את כולה, כל זמן שלא הפסיק בדבור, אין לו להתחיל אח"כ לכו"ע רק מאותה תיבה, ולא לתחלת הברכה).

אא"כ הוא בתחנונים שלאחר התפלה - דאז מותר אם העקירה לצורך מצוה קצת, כגון מה שאנו נוהגין בש"ץ, שתיכף אחר חזרת התפלה עוקר רגליו ויושב לתחנון, במקומות שנוהגין לומר תחנון בישיבה, **וכן** עולה לבימה לקריאת התורה, אף שלא הגיע עדיין להקדיש שעם "תתקבל", שפוסע בו הג' פסיעות, **או** כגון מה דאמרינן בגמרא בר"ע, שהיה אדם מניחו בזוית זו, ומוצאו בזוית אחרת, מרוב כריעות

והשתחויות, והיינו בתחנונים שלאחר התפלה, **אבל** שלא לצורך, אסור להאדם לזוז ממקומו עד שיפסע הג' פסיעות - מ"א.

כתב הע"ת, לאחר שסיים התפלה קודם שאמר "עושה שלום", אין איסור אם עקר רגליו למצוה קצת, כגון שכיבדו אותו לפתיחת ארון הקודש בעת שאומרים "אבינו מלכנו", שהעולם חושבים זה קצת למצוה, **ומ"מ** נראה, דיש לומר קודם לכן "יהיו לרצון" וגו'.

סעיף ג - ואפילו נחש כרוך על עקבו, לא יפסיק - ר"ל ע"י דיבור, כגון לומר לאחר שיסירנה, (**הטעם**, משום דרוב פעמים אינו נושך, ובמקום שיש חשש שממית, הוי נחש כמו עקרב).

(אבל יכול לילך למקום אחר כדי שיפול הנחש מרגלו) - וכן כל הסעיף זה ושאחר זה שמזכיר הפסק, מיירי הכל ע"י דיבור, אבל ע"י הליכה מותר, שהליכה לא נקרא הפסק, **ודוקא** הכא דהוא לצורך להסיר הנחש, אף דתלינן דמן הסתם לא יהיה סכנה, אבל שלא לצורך, מקרי הליכה ג"כ קצת הפסק, וכמו שפסק המחבר בס"ב, (זה לפי מה דמשמע מפשטיה דהג"ה שכתב: דיכול לילך וכו').

(**והגר"א** דרך דרך אחרת בזה, דהטוש"ע אינם סוברים כהג"ה, אלא דהליכה בעצמה ג"כ מיקרי הפסק, וכמש"כ בס"ב, דבענין אחר אין לו לצאת ממקומו, ובמקום שאסור, אפילו הליכה לבדה ג"כ אסור, ומה שכתב כאן דאפילו נחש וכו' לא יפסיק, היינו אפילו כדי ללכת ממקום זה למקום אחר, כיון דאין סכנה בדבר, **ולמעשה** לא הכריע הגר"א כאיזה שיטה, ונראה דיש לנהוג כמו שהעתקתי במ"ב, דבמקום שיש צורך גדול יש לסמוך על המקילים, דהליכה לא חשיב הפסק, כי כן הסכימו כמה אחרונים).

אבל עקרב, פוסק, לפי שהוא מועד יותר להזיק; ונחש נמי, אם ראה שהוא כעוס ומוכן להזיק, פוסק - אפילו באינו כרוך על עקיבו, אלא שרואה שבא נגדו, פוסק, **ואם** הוא יכול להשתמט ע"י שיטה מן הדרך קודם שיבוא אליו, יטה ולא יפסיק בדבור, וכנ"ל בס"א.

סעיף ד - אם ראה שור בא כנגדו, פוסק, שמרחיקין משור תם, (פי' תם שאינו רגיל להזיק), נ' אמות, וממועד, (פי' שרגיל להזיק), מלא עיניו; ואם שוורים שבמקום ההוא מוחזקים שאינם מזיקים, אינו פוסק.

ושור המסורס, אפי' אם אינו יודע אינו פוסק, **ודוקא** שלא הזיק מעולם, אבל אם הזיק אפי' פעם אחת, פוסק אפילו במקומות שאין רגילין שאר השוורים להזיק.

סעיף ה - בכל מקום שפוסק, אם שהה כדי לגמור את כולה - אפילו עומד בסוף התפלה, משערינן מתחלת התפלה עד סופה, **ואפילו** רק שתיקה בעלמא בלי דיבור, **ואפילו** רק בין ברכה לברכה, **חוזר לראש.**

הנה לפי מה דאנו נוהגין כהכרעת הרמ"א לעיל בסימן ס"ה גבי ק"ש, כדעת הפוסקים דאינו חוזר לראש כי אם בשהשהייה היה מחמת אונס, ה"ה בתפלה נמי הדין כן, **אך** י"א דענינינו דאיירינן גבי עקרב או שור שבא כנגדו, או שפסק מחמת ליסטים וכה"ג, מקרי נמי הפסק מחמת אונס, דבעת הזה לא היה יכול להתפלל, ומקרי הפסק וחוזר לראש עי"ז, **וי"א** דזה לא מיקרי אונס, כי אם בשהיה ההפסק מחמת שהוא בעצמו לא היה ראוי לתפלה, או שהמקום היה אינו ראוי, משא"כ באונס אחר, **והכריע** המ"א ועוד הרבה אחרונים, דבתפלה אונס אחר נמי מיקרי אונס, מאחר דיש מהראשונים שסוברים, דבתפלה אם שהה לגמור את כולה אפילו בלי אונס כלל חוזר לראש, **אבל** בק"ש וכל שאר ענינים, לא מיקרי אונס כי אם בשהאיש או המקום אינו ראוי.

ואם לא חזר לראש אלא למקום שפסק וגמרה, צריך לחזור לראש ולהתפלל כל התפלה, **וה"מ** שהיה אונס גמור, אבל אונס ליסטים וכה"ג שנזכר לעיל, בדיעבד יצא, דאולי הלכה כהי"א המקילים הנ"ל, דזה לא מיקרי אונס.

ואם לאו, חוזר לתחלת הברכה שפסק בה - ר"ל שלא שהה בשתיקה כדי לגמור כולה, **אבל** מ"מ שהה הרבה, דאי לא שהה רק כדי לגמור אותה ברכה, לכו"ע אינו חוזר רק לאותו המקום בלבד.

דס"ל דחמירה תפלה לענין זה מק"ש, ולפיכך בקריאת שמע או בברכותיה, סגי בשהפסיק שיחזור למקום שפסק, אבל בכאן בעינן לתחלת ברכה, כי ע"י שהייה רבה נתקלקל הברכה, **ודוקא** אם השהייה היתה באמצע ברכה, אבל בין ברכה לברכה, בדיעבד לית לן בה, כל שלא שהה לגמור כולה.

(**עיין בדה"ח שכתב, דזה דוקא אם ההפסק היה ע"י דיבור, משא"כ ע"י שהייה בעלמא, אפילו אם היה ההפסק מחמת אונס, אמנם בפמ"ג משמע, דאף על שתיקה בעלמא צריך לחזור לראש הברכה, וצ"ע, ומחידושי רע"א משמע, שנשאר ג"כ בספק בענין זה**).

(**עוד נ"ל, דלא אמרינן חוזר לתחלת ברכה בשהייה, כי אם בשהשהייה היה ע"י אונס, שלא היה האיש או המקום ראוי, כההיא דמים שותתין על ברכיו, או שאר אונס, אז אמרינן כיון דאם היה שוהה כדי גמר כולה חוזר לראש, ע"כ בשוהה קצת חוזר לתחלת ברכה, משא"כ בשוהה ברצון, אם לא ששהה לגמור כולה ובלי אונס, דאז הוא ג"כ רק מדרגה אחת למטה**).

עיין בח"א שכתב, דבדיעבד אם לא חזר לתחלת הברכה, כיון שהשלים הברכה אינו רשאי לחזור.

ובמגן גבורים חולק לגמרי על דין השו"ע, וכתב דמעיקר הדין אם לא שהה לגמור את כולה לא חשיב הפסק, ואינו חוזר רק למקום שפסק, **והא** דכתבו התוספות חוזר לתחלת ברכה, מיירי בשהה לגמור כולה, וס"ל להתוספות דאונס זה לא חשיב אונס גם בתפלה, **ובביאור** הגר"א מסכים לשיטת הרשב"א המובא בב"י, ומשמע מיניה דבכל גווני אינו חוזר רק לאותו המקום שפסק בלבד, אם לא ששהה לגמור כולה ומחמת אונס, דאז חוזר לראש התפלה.

ואם פסק בג' ראשונות, חוזר לראש; ואם באחרונות, חוזר ל"רצה" - דכל אלו כברכה א' חשיבי, לכך אפי' לא שהה, חוזר לראש התפלה או ל"רצה".

ולפי מה שכתבתי בשם הגר"א והמג"ג, ה"ה הכא אין צריך לחזור רק לאותו מקום שפסק.

כתב הח"א, היינו דוקא כשסיים כבר הברכה, (שאם הפסיק לאחר שסיים כבר ברכה ב' , או ברכת "מחיה מתים" או עבודה, אזי חוזר לראש), אבל אם הפסיק באמצע ברכה, אינו חוזר אלא לתחלת אותה הברכה, (כגון שהפסיק ב"אתה גבור", חוזר ל"אתה גבור", וכיו"ב), דכל באמצע לא נקרא חזרה אלא תיקון הלשון, (וכדלקמן בסי' קי"ד ס"ד בשו"ע, ע"ש ובבה"ל ס"ו. **ובחזו"א** כתב שאין חילוק בזה - שונה הלכות, דאינו דומה הפסק דכאן, למוריד הגשם דהתם).

סעיף ו - הא דאמרינן אם שהה כדי לגמור את כולה, בקורא משערינן - נקט "קורא" משום דדין זה נובע מק"ש, דשם ג"כ דינא הכי.

אם שח בתפלה - וה"ה אם הזכיר מאורע של שאר ימים בתפלה, כגון של שבת ויו"ט בחול וכה"ג, ג"כ דינו כאילו שח, **דינו לענין חזרה כדין ההפסקות האמורות בסימן זה** - ר"ל דאם שח באמצע ברכה שיחה מועטת, (ר"ל אפילו בלי אונס), ואפילו אם לא שהה עי"ז כדי לגמור אותה ברכה, חוזר לראש הברכה, **ואם** שהה ע"י השיחה כדי לגמור כל התפלה מראשו לסופו, חוזר לראש התפלה.

ולפי מה שביארנו לעיל, לא יהיה דין זה רק בששח ע"י אונס, כגון ע"י אנס וליסטים וכה"ג וכנ"ל, **אבל** אם שח שלא באונס, כי אם בשגגה ע"י איזה טעות, או שסבר שהוא מותר, **אפילו** שהה כדי לגמור כולה, אינו חוזר לראש כי אם לתחלת הברכה.

(**ובכל מקום שאמרנו בענינים אלו חוזר לראש הברכה, בדיעבד אם לא חזר, אין לו לחזור לראש עבור זה, כי בדיעבד סמכינן על הרשב"א, דס"ל דבכל ענינים אלו אין לו לחזור לראש הברכה, רק למקום שפסק**).

ואם שח בין ברכה לברכה, אע"ג דעשה איסור בזה, מ"מ לא שייך בזה שום תיקון לכו"ע, אלא מיד אחר השיחה גומר תפלתו.

ואם שח במזיד, צע"ג בדין זה, י"א דחוזר תיכף לראש התפלה, אפילו בשיחה מועטת, **וי"א** דלא שנא בין שוגג למזיד, (**והגר"א בשם הרשב"א ג"כ בשיטה זו, אך דהוא מיקל יותר, דאפילו בשח במזיד אינו חוזר לראש הברכה, רק למקום שפסק, כי הוא הולך לשיטתו דס"ל כן בשח בשוגג**). (**ונראה דמי שמצריך לחזור לראש התפלה בשח במזיד, הוא אפילו בשח בין ברכה לברכה, ובשולחן שלמה לא כתב כן, וצ"ע בטעמו**).

סעיף ז - אינו פוסק לא לקדיש - ר"ל לאיש"ר, **ולא לקדושה** - וה"ה לברכו, **אלא ישתוק ויכוין למה שאומר ש"צ** - עד "יתברך".

ויהא כעונה - לענין שיצא בזה ידי חיוב קדיש וקדושה, ומ"מ לא חשיב הפסק.

(ויש לעיין, למנהגינו דס"ל דאע"ג דשומע כעונה, אינו כדבור ממש, **אם א'** היה צריך לנקביו בשעה שחבירו הוציאו בתפלתו, אם יצא, **ואף** דלענין בעל קרי אסור כשחבירו מוציאו בתפלתו, אפשר דבעל קרי חמיר טפי).

(היה עומד בתפלה וקראוהו לספר תורה, אינו פוסק) - ואם פסק בזה, וכן לקדיש ולקדושה, דינו כשח במזיד, ולדעת הפוסקים דשם חוזר לראש, גם בזה חוזר לראש, **אך** אם סבר שמותר להפסיק, הוי כשוגג ואינו חוזר לראש, וכנ"ל.

ואם קראוהו לס"ת והוא עומד אחר תפלת י"ח, אפילו לא התחיל עדיין "אלקי נצור", פוסק ועולה, **אך** יזהר לומר "יהיו לרצון" קודם.

סעיף ח - אחר שסיים י"ח ברכות - היינו שאמר גם "יהיו לרצון", **קודם "אלהי נצור", יכול לענות קדושה וקדיש וברכו, (ועיין לקמן סימן קכ"ב)** - דאם לא אמר "יהיו לרצון", אסור להפסיק, ולזה רמז הרמ"א במה שכתב: וע"ל סי' קכ"ב.

§ סימן קה – דין המתפלל ב' תפלות §

סעיף א - המתפלל שתי תפלות, זו אחר זו - כגון שחרית ומוסף, או ששכח ולא התפלל, וצריך להשלימה בזמן תפלה שלאחריה, ומתפלל שתים, **וכתב** בספר שולחן שלמה, וכן אם סיים שמונה עשרה, אף שעדיין לא עקר רגליו, ונזכר שטעה, וצריך לחזור ולהתפלל, ימתין כזה.

צריך להמתין בין זו לזו כדי הילוך ד' אמות, כדי שתהא דעתו מיושבת להתפלל בלשון תחינה - ושיעור זה צריך להיות אחר שעקר רגליו ואמר "עושה שלום" וגו'.

ואפילו אינו רוצה לחזור למקומו, אלא מתפלל שנית במקום שעומד שם כשפסע אחר תפלה הראשונה, **אבל** לחזור למקומו, אפי' אינו רוצה להתפלל שנית, צריך להמתין, כמש"כ בסימן קכ"ג.

והנה לפי מה שיבואר בסימן ק"ח במשנה ברורה, דבין ששכח ערבית ומתפלל שחרית שתים להשלמה, ובין ששכח שחרית ומתפלל מנחה שתים להשלמה, צריך לומר "אשרי" בין תפלה לתפלה, **לא** יצוייר דין זה רק בשכח תפלת המנחה שמתפלל ערבית שתים להשלמה, דשם לא יאמר "אשרי", כמו שמבואר שם במ"ב.

§ סימן קו – מי הם הפטורים מתפלה §

סעיף א - כל הפטורים מק"ש - כגון מפני שהם עוסקים במצוה, או שטרודים טרדת מצוה, וכמבואר בסימן ע' ס"ג, **פטורים מתפלה.**

וכל שחייב בק"ש חייב בתפלה; חוץ מהמלוין את המת, שאין למטה צורך בהם - ר"ל שאינם מוכנים כלל לעזור בנשיאת המטה, דאל"ה פטורין גם מק"ש, **שאע"פ שהם חייבים בק"ש, פטורים מתפלה** - הואיל והיא מדברי סופרים, ועוד שהיא בעמידה ואין יכולין לשהות כ"כ, **אבל** ק"ש עיקר כונתה ועמידתה אינה אלא בפסוק ראשון, ובקל יוכל לעמוד ולכוין.

ואם עבר זמן תפלה עי"ז, אין צריך להשלים בתפלה הסמוכה, כיון דבשעת חובתו היה פטור מן הדין.

ונשים ועבדים, שאע"פ שפטורים מק"ש חייבים בתפלה, מפני שהיא מ"ע שלא הזמן גרמא - כ"ז לדעת הרמב"ם, שרק זמני התפלה הם מדברי סופרים, אבל עיקר מצות תפלה היא מן התורה, שנאמר: ולעבדו בכל לבבכם, איזו עבודה שהיא בלב, הוי אומר זו תפלה, אלא שאין לה נוסח ידוע מן התורה, ויכול להתפלל בכל נוסח שירצה, ובכל עת שירצה, ומשהתפלל פעם אחת ביום או בלילה, יצא י"ח מן התורה, **וכתב** המ"א, שע"פ סברא זו נהגו רוב הנשים, שאין מתפללין י"ח בתמידות שחר וערב, לפי שאומרות

הלכות תפלה
סימן קו – מי הם הפטורים מתפלה

מיד בבוקר סמוך לנטילה איזה בקשה, ומן התורה יוצאות בזה, ואפשר שאף חכמים לא חייבו יותר.

אבל דעת הרמב"ן, שעיקר מצות תפלה מד"ס, שהם אנשי כה"ג, שתיקנו י"ח ברכות על הסדר, להתפלל אותן שחרית ומנחה חובה, וערבית רשות, **ואע"פ** שהוא מ"ע מד"ס שהזמן גרמא, והנשים פטורות מכל מ"ע שהזמן גרמא אפילו מד"ס, כגון קידוש הלבנה, **אעפ"כ** חייבו אותן בתפילת שחרית ומנחה כמו אנשים, הואיל ותפלה היא בקשת רחמים, **וכן** עיקר, כי כן דעת רוב הפוסקים, וכן הכריע בספר שאגת אריה.

ע"כ יש להזהיר לנשים שיתפללו י"ח, ונכון ג"כ שיקבלו עליהן עול מלכות שמים, דהיינו שיאמרו עכ"פ "שמע ישראל", כדאיתא בסי' ע', ויאמרו ג"כ ברכת "אמת ויציב" כדי לסמוך גאולה לתפלה, **וכ"ז** לענין שחרית ומנחה, אבל תפלת ערבית שהוא רשות, אע"פ שעכשיו כבר קבלוהו עליהם כל ישראל לחובה, מ"מ הנשים לא קבלו עליהם, ורובן אין מתפללין ערבית.

ותפלת מוספין, בצל"ח כתב דפטורות, **אבל** בספר מגן גבורים פסק דחייבות.

וקטנים שהגיעו לחינוך, חייבים לחנכם - להתפלל י"ח ערב ובוקר, **ומ"מ** רשאי ליתן להם לאכול קודם תפלת שחרית, ואסור לענותם, כמש"כ בסי' רס"ט ושמ"ג, לענין להאכילם קודם קידוש.

סעיף ב - מי שתורתו אומנתו, כגון רשב"י וחביריו - דהם לא היו עוסקים כלל במלאכתם, ואין מבטלין מלימודם אפילו רגע, **מפסיק לק"ש** - מפני שהיא דאורייתא, **ולא לתפלה** - דהיא דרבנן, **ואף** אם נסבור דהיא ד"ת, מ"מ מה"ת אין לה זמן קבוע, ודי בפעם אחת ביום וכנ"ל, **וכשקורא** ק"ש יקראנה עם ברכותיה, ואח"כ יחזור ללימודו ולא יתפלל.

ואף שצריך לבטל ולהפסיק לימודו לעשיית כל המצות אפילו של ד"ס, דהלומד ואינו מקיים נוח לו שלא נברא, **מ"מ** תפלה הואיל ואינה אלא בקשת רחמים, קילא משאר מצות לגבי אנשים כאלו, שאינם מבטלים מלימודם אפילו רגע.

אבל אנו, מפסיקים בין לק"ש בין לתפלה - שאנו שמפסיקין מדברי תורה למלאכתינו, כ"ש שנפסיק לתפלה.

הגה: ואם לומד לאחרים, אינו פוסק, כמו שנתבאר לעיל סי' פ"ט - ואפילו אם עי"ז יעבור הזמן, **ודוקא** באופן שאם לא ילמדו עכשיו יתבטלו, ולא יוכלו להתקבץ ללמוד אח"כ, הלא"ה פוסק אם יעבור זמן ק"ש או תפלה, (**ואולי דכאן מיירי שהתחיל קודם שהגיע הזמן ק"ש, ע"כ מקילינן שלא להפסיק אפילו אם יעבור הזמן**).

ומהח"א משמע דבכל גווני פוסק אם יעבור זמן התפלה, **והמבטל** תפלה משום לימוד, אפילו לומד עם אחרים כל היום, כאילו לא למד, ובא"ר ג"כ כתב בשם פסקי תוס' להחמיר בזה, **ועיין** בבה"ל שביארנו, דלכו"ע לכתחילה אסור לו להתחיל ללמוד אפילו עם אחרים אחר שכבר הגיע זמן ק"ש, אם הוא משער שע"י לימודו יעבור הזמן, אלא חייב לקרות ק"ש מקודם.

ומ"מ פוסק וקורא פסוק ראשון של ק"ש - כדי לקבל מלכות שמים בזמן ק"ש, **ויחזור** אחר הלכה שיש בה יציאת מצרים, כדי להזכיר יצ"מ בזמן ק"ש, **ואחר** לימודו טוב שיגמור כל ק"ש, אף שעבר זמנה.

ואם אין השעה עוברת, ויש לו שהות עדיין להתפלל ולקרוא ק"ש, אינו פוסק כלל - ר"ל אפילו לפסוק ראשון, ואפי' לומד ביחידי, [לבוש], **וכתבו** האחרונים, דאפילו התחיל ללמוד באיסור, דהיינו לאחר שכבר הגיע זמן קריאת שמע ותפלה, שאסור לו להתחיל ללמוד עד שיתפלל תחלה, אם הוא לומד בביתו ואינו רגיל לילך לבית הכנסת להתפלל, **מכל** מקום אם כבר התחיל אין צריך להפסיק, ורשאי ללמוד כל זמן שיש שהות עדיין.

ובאליהו רבא פסק, דלענין קריאת שמע שהוא דאורייתא, אף שישאר לו זמן אחר כך לקרותה, מכל מקום צריך להפסיק תיכף ולקרותה כולה, אם הוא לומר ביחידי, (**והפר"ח כתב דהעיקר** {**כהלבוש**}, **דביש שהות אין צריך לפסוק מתורה אף לק"ש, ומדברי הגר"א משמע ג"כ, דמסכים אף בק"ש להרמ"א, ואפילו אם לומד ביחידי, ע"כ נלע"ד, דלא מיבעי אם התחיל ללמוד קודם**

שהגיע זמן ק"ש, בודאי אין צריך להפסיק, אם יודע שלא יעבור הזמן עי"ז, **ואפילו** אם התחיל ללמוד בביתו ביחידות אחר שהגיע זמן ק"ש, מ"מ באם כשלא ילמוד עתה יתבטל מלימודו ולא ילמוד כלל, אפשר דיש להקל, ולסמוך על דעת הלבוש והפר"ח הנ"ל, **ואפשר** שיותר טוב בזה שיפסיק ויקרא ק"ש, ויחזור ללימודו, כדי לצאת בזה דעת המחמירין, אף שהוא בלי תפילין, וצ"ע).

וכ"ז אם הוא לומד בביתו, אבל אם הוא לומד בבהמ"ד, (א"צ להחמיר כלל בזה, ואפי' לכתחילה מותר להתחיל וללמוד אף ביחידות קודם התפלה, כשלא יעבור עי"ז זמן ק"ש, דבבהמ"ד של רבים לא שייך דילמא מיטריד בגירסיה), **או** אפי' בביתו, אך שהתחיל ללמוד בהיתר, דהיינו קודם שהגיע זמן ק"ש, **בודאי** יש לסמוך על דעת הרמ"א שלא להפסיק אפי' אח"כ, כל עוד שיש שהות.

§ סימן קז – המסופק אם התפלל ודין תפלת נדבה §

סעיף א - אם הוא מסופק אם התפלל, חוזר ומתפלל - ומתנה ואומר: אם לא התפללתי תהא לחובתי, ואם התפללתי תהא לנדבה, **ואע"פ** שכל ספק מד"ס להקל, מ"מ הכא חוזר ומתפלל, מפני שהלואי שיתפלל אדם כל היום בתורת נדבה, וע"י חידוש וכדלקמיה.

ואינו צריך לחדש שום דבר - הכא, דאין לך חידוש גדול מזה שיצא ידי ספיקו, (**בין** אם מתפלל עתה ביחיד או בצבור, **גם** אין נ"מ בזה בין אם פעם ראשון היה ביחיד או בצבור).

(**עיין** בפמ"ג שכתב דלדעת הרשב"א בתשו', חוב עליו לחזור ולהתפלל ולהתנות, **ולדעת** חידושיו אין חיוב עליו, רק דנכון לחזור, דהלואי שיתפלל אדם כל היום, **ובספר** מאמר מרדכי הוכיח מדברי התשובה גופא, דאין חוב עליו, רק שכתב הרשב"א, דכיון דחז"ל הרשוהו לחזור ולהתפלל, ואין בו משום ש"ש לבטלה, אם אינו חוזר, הרי הוא כמראה בעצמו שאינו חושש לתפלה, ולכן צריך לחזור ולהתנדב).

כתב בדה"ח, דערבית בספק א"צ לחזור ולהתפלל תפלת י"ח, דקבעוה חובה בודאי לא בספק, **אבל** מדברי הפמ"ג משמע רק דאין חוב עליו לכו"ע, אבל לכתחילה נכון הוא שיחזור ויתפלל גם בערבית, כי באמת גם בערבית אפילו למ"ד רשות, מ"מ לכתחילה מצוה היא, וממילא מה שיצא ידי ספיקו נחשב כחידוש גם בערבית, וכן משמע לענ"ד מלשון הרמב"ם, **ועל** צד היותר טוב יראה לחדש דבר בהחזרה.

(**עיין** בח"א שכתב, דהיום אין נוהג דין זה, לפי מה דמבואר לקמן בסעיף ד', דצריך שיהא מכיר את עצמו ואמיד בדעתו שיוכל לכוין, וידוע שבזמה"ז אפילו אחד מאלף לא ימצא, וא"כ אין יכול להתנות, **ולא** נהירא לענ"ד, אחד דדברי הרשב"א אינם מוסכמים לכו"ע, כי דעת הראב"ד דחוב עליו לחזור ולהתפלל, **ואפילו** לדעת הרשב"א ג"כ יש לחלק מהא דס"ד, דשם איירי במתפלל סתם בתורת נדבה, שם יפה קרינן בה: למה לי רוב זבחיכם, דדי בקרבנות התמידים וכן בג' תפלות הקבועות, **אבל** בזה שרוצה להתפלל כדי לצאת ידי ספיקו, דינו הוא כמו שאר תפילות, דצריך לכתחילה להשתדל לכוין, ובדיעבד די אם לא כיון רק ב"אבות", **וכן** משמע לשון השו"ע, וכן בכל הפוסקים ראשונים ואחרונים שראיתי, לא נמצא שום רמז שהיום ישתנה זה הדין, **וגם** הדה"ח והגר"ז והשלחן שלמה, העתיקו השו"ע להלכה).

אבל אם ברי לו שהתפלל, אינו חוזר ומתפלל בלא חידוש - דתפילות כנגד תמידים תקנום, והוי כמקריב שני תמידין לשם חובה, שאסור משום בל תוסיף, **ואפילו** התפלל מתחלה ביחיד, ועכשיו רוצה להתפלל בצבור, אפ"ה אסור.

ועל ידי חידוש, חוזר ומתפלל בנדבה כל הפעמים שירצה - פי' דוקא בנדבה, אבל לשם חובה אפילו בחידוש אסור, **והא** דבעינן חידוש בנדבה, דע"י החידוש מינכר מתוכה שתפילתו היא לשם תחנונים ולא לשם חובה, ובלא חידוש מיחזי כמי שעושה אותה לשם חובה, (**ואין** חילוק בין אם מתפלל תפלה זו עם הצבור או ביחידי).

ועיין בב"י שביאר דעת הטור, דה"ה אם מתפלל תפילה שלא בתורת חובה, וגם לא התכוין בה לשום נדבה, והוא מחדש בה, דשפיר דמי, דע"י החידוש מינכר שהיא לשם תחנונים, (ועיין ברמב"ם דמוכח, דלא מהני אלא במכוין לשם נדבה, ולא במתפלל סתם).

רפו הלכות תפלה
סימן קז – המסופק אם התפלל ודין תפלת נדבה

חוץ מתפלת מוסף שאין מתפללים אותה בנדבה - ר"ל אפילו דשל ר"ח וחוה"מ, כיון שאומר: ומוספים כהלכתם, והמוספין אינן קרבין אלא משל צבור, ואין היחיד יכול לנדב אותם.

ובשבת ויו"ט, אינו מתפלל תפלת נדבה כלל - לפי שאין נדרים ונדבות קרבין בהם.

ועיין באחרונים שכתבו, דלפי"ז בתפלת מוסף, וה"ה בשבת ויו"ט בכל התפילות, אם נסתפק אם התפלל אותם, אינו יכול לחזור ולהתפלל אותם, דהרי צריך להתנות וכנ"ל, ובזה אינו יכול להתנות.

ואם התחיל להתפלל על דעת שלא התפלל, ונזכר שכבר התפלל, פוסק אפי' באמצע ברכה, אפילו יכול לחדש בה דבר - דתחלת תפילתו היה מסתמא בודאי לשם חובה, שהרי היה סבור שלא התפלל עדיין, ולא מהני בה חידוש, ולכך אפילו אם ירצה עתה לגומרה לשם נדבה לא מהני, כיון שכבר התחיל בה לשם חובה, דא"א להביא קרבן שחציו חובה וחציו נדבה. (**ואפילו** בתפילת ערבית דקי"ל שהיא רשות, פוסק, מאחר דהשתא שוינן עלן כחובה, מסתמא התחיל בה אדעתא דחובה).

וכ"ז כשהתחיל על דעת שלא התפלל, אבל אם היה לו ספק אם התפלל, והתחיל בתנאי וכנ"ל, ונזכר באמצע שהתפלל, י"ל דא"צ חידוש וגומר כך לשם נדבה, דכיון שהתחיל מתחלה כהוגן אדעתא דספיקא, וספק הוי כחידוש, תו אין צריך חידוש, **ובלבוש** משמע שגומרה ע"י חידוש, ואפשר דהוא על צד היותר טוב, (כ"כ הא"ר, **ובספר מאמר מרדכי** כתב, דהלבוש מדינא קאמר, מטעם דמה דאמרינן אין לך חידוש גדול מזה, הוא מחמת דמה שמתפלל מכח ספק זהו חידושו, וכל שנזכר באמצע שכבר התפלל, איגלאי מילתא למפרע דתפילתו תפילת נדבה, וצריך חידוש ככל נדבה, וכנ"ל).

סעיף ב - חידוש זה שאמרנו, הוא שיחדש דבר בכל ברכה מהאמצעיות מעין הברכה - אבל לא בג' ראשונות ובג' אחרונות, וכדלקמן בסי' קי"ב.

ואם חידש אפי' בברכה אחת, דיו, כדי להודיע שהיא נדבה ולא חובה – (מלשון זה משמע, דאפילו בברכת "שומע תפלה", ולא כהי"א שהובא בטור עי"ש, ומ"מ נראה דאפילו לדעת השו"ע, בעינן שהבקשה הזו לא יהיה מורגל בה בכל יום בעת התפלת חובה, דהלא הטעם שע"י החידוש יודע שהיא נדבה ולא חובה).

הגה: וי"א דלא מיקרי חידוש, אלא אם נתחדש אצלו דבר שלא היה צריך אליו קודם לכן.

סעיף ג - אין צבור מתפללין תפלת נדבה כלל - דאין צבור מקריבין קרבן נדבה, אלא לקיץ המזבח כשהמזבח בטל, וזהו דבר שאינו מצוי, לכן אין להתפלל י"ח כנגד זה, **אבל** יחיד יכול להתפלל נדבה ע"י חידוש אפילו בצבור.

סעיף ד - הרוצה להתפלל תפלת נדבה - ר"ל אפילו הוא ע"י חידוש, **צריך שיהא מכיר את עצמו זריז וזהיר ואמוד בדעתו, שיוכל לכוין בתפלתו מראש ועד סוף; אבל אם אינו יכול לכוין יפה, קרינן ביה: למה לי רוב זבחיכם; והלואי שיוכל לכוין בג' תפלות הקבועות ליום.**

§ סימן קח – מי שלא התפלל לסבת טעות או אונס או במזיד §

סעיף א - טעה - (היינו שסבר שהתפלל, ואח"כ נזכר שלא התפלל, **או** ששכח להתפלל), וכונתו לאפוקי המזיד וכדלקמן בס"ז, **או נאנס** - כגון שהיה חולה או שכור וכדלקמן בס"ח, **ולא התפלל שחרית, מתפלל מנחה שתים.**

ולענין אונן שעבר עליו זמן תפלה עד שקבר מתו, ע"ל בסי' ע"א ס"א ובמ"ב שם, ‹דא"צ להשלים, אם היה מתו מוטל לפניו מעת התחלת חיוב התפלה עד השלמת זמנה›.

ומי שבזמן תפילה לא היה לו מים לרחוץ ידיו, ועי"ז עבר זמן תפילה, גם זה הוא בכלל אונס, וצריך אח"כ להתפלל שתים, **ולכתחילה** אין נכון לבטל התפילה משום מים, וכדלעיל בסימן צ"ב ס"ד.

ואם עסק בצרכי צבור, עיין לעיל בסוף סימן צ"ג במ"ב, {שכיון שבשעת חובתו היה פטור ממנה מן הדין, אין צריך לתשלומין כלל}, **ועיין** בפמ"ג בסימן זה שכתב, דנכון שגם בזה יתפלל אח"כ להשלים התפילה שחסרה לו, **אך** בזה יתפלל אותה בתורת נדבה, ויחדש בה דבר.

(ביאור הלכה) [שער הציון] ‹הוספה›

הלכות תפלה רפז
סימן קח – מי שלא התפלל לסבת טעות או אונס או במזיד

ומי שלא התפלל מחמת שלא היתה דעתו נכונה עליו כראוי, אף דשלא כדין עשה בזה, וכדלעיל בסימן ק"א ס"א וצ"ח ס"ב, **מכל** מקום אין זה בכלל מזיד, ומהני ליה השלמה.

הראשונה מנחה, והשניה לתשלומין - כי צריך להקדים תפילה שהיא חובת שעה, לתפילת התשלומין.

ואין די שיכוין לשמוע מש"ץ ולצאת בה בשביל עצמו לתשלומין, בין עבור ערבית או שחרית, דלא תקנו שיצא בחזרת הש"ץ אלא דוקא מי שאינו בקי, **ומ"מ** בדיעבד יצא אם היה זה בשביל השלמת תפילת ערבית, **ואע"ג** דבסימן קכ"ד קי"ל, דאפילו בדיעבד אין בקי יוצא בחזרת הש"ץ, מ"מ בזה שהיא לתשלומין בשביל תפילת ערבית שהיא רשות, קילא.

וכשהוא ש"ץ, יוצא ידי השלמה במה שמחזיר התפילה בקול רם, ויכוין בה בשביל עצמו לתשלומין, וגם להוציא בה מי שאינו בקי.

ואם היפך - פי' שהיתה בדעתו שתהא הראשונה לתשלומין, **לא יצא ידי תפלה שהיא תשלומין, וצריך לחזור ולהתפלל אותה** - בין שהיפך במזיד או בשוגג, דלא תקנו רבנן השלמה אלא בזמן התעסקות בתפילה חיובית, ולא קודם לכן, **ויש** מפקפקים לומר שא"צ לחזור ולהתפלל, אא"כ גילה דעתו בפירוש בתפילתו שהשניה היא לשם חובה והראשונה לתשלומין, וכגון שהוא מוצאי שבת והבדיל בשניה ולא הבדיל בראשונה, כמו שיתבאר, **ולענין** דינא כתב הפר"ח והפמ"ג, שאין לנו אלא דברי המחבר, וכן העתיק הדה"ח להלכה, **ומ"מ** טוב יותר שבעת שחוזר ומתפלל, יתנה ויאמר: אם איני מחוייב להתפלל פעם שנית, אני מתפלל אותה בתורת נדבה.

(**ודע דפשוט, דדוקא אם נתכוין בהדיא לשם תשלומין, אבל אם התפלל שניהם בסתמא, לכו"ע יצא**).

(**ונסתפקתי, אם התחיל להתפלל אותה בתורת תשלומין, ונזכר באמצע והשלימה כראוי, דהיינו לשם חובה, וספיקתי היא, דכיון דקי"ל דכל ברכות התפילה על הסדר נאמרו, כדלקמן בסי' קי"ט, אפשר דיחשב עי"ז כחד ענינא, ולא מהני עקירת המחשבה, או אולי לענין תשלומין הקילו רבנן, וצ"ע**).

אך אם התפלל השניה לתשלומין והראשונה לשם חובה, וטעה בשל חובה ולא אמר בה "טל ומטר", באופן דצריך לחזור, ולא נזכר זה עד אחר תפילה שניה, **אפ"ה** השניה עלתה לתשלומין, ויתפלל אח"כ לשם חובה, ואף שהתפילה החיובית בטעות היתה, לא אמרינן כמאן דלא התפלל כלל דמיא לענין זה, משום דמ"מ בעת שהתפלל השניה לתשלומין היה זמן תפילה, **וכן** כל כיוצא בזה, שהתפלל תפלה הראשונה לחיובא וטעה בה, ששכח או הוסיף באופן שצריך לחזור ולהתפלל אותה, **וכתב** המגן גבורים, דכל זה אם כיון בפירוש בשניה לתשלומין, אבל אם לא כיון, טוב יותר שתעלה לו השניה לשם חובה, ויתפלל אח"כ לתשלומין, דבזה יוצא לכל הדיעות.

וכן הדין בכל מקום שצריך להתפלל תפלה לתשלומין.

(**כתב הפמ"ג נסתפקתי, ספק התפלל שחרית או לא, ועבר זמן שחרית, אם משלימה במנחה או לא, דשמא לא תקנו דמשלימה בעבר זמנה אלא בודאי לא התפלל, ולא בספק**).

ולענין ק"ש אם יש לה תשלומין, עיין לעיל סוף סימן נ"ח, ובמה שכתבנו שם במ"ב. **ועי"ש** עוד דברכת ק"ש אין לה תשלומין לכו"ע, דהיינו אפילו אם ירצה לברך אותם בעת שקורא ק"ש פעם אחרת עם ברכותיה, **דלא** תקנו חז"ל תשלומין אלא לתפלה שהיא בקשת הרחמים.

סעיף ב - טעה ולא התפלל מנחה, מתפלל ערבית שתים, הראשונה ערבית, והשניה לתשלומין; טעה ולא התפלל ערבית, מתפלל שחרית שתים, הראשונה שחרית, והב' לתשלומין - ואסור לאכול קודם שיתפלל השניה, דהא כבר הגיע זמנה, **ואם** התחיל אינו מפסיק, כ"כ המ"א, **ואמנם** הא כתוב בס"ג דאינו משלים אלא בזמן התפלה, ע"ש בפרישה, ואולי ס"ל למ"א דכ"ז אינו אלא לכתחלה – מחה"ש, **אבל** בספר מחצית השקל ובספר מגן גבורים הכריעו, דאפילו בדיעבד מפסיק, משום דצריך להסמיך התפילה השניה להראשונה בכל מה דאפשר.

לאחר שאומר "יוצר" וי"ח ברכות - ר"ל עם התחנון שאומר אחר זה, דאין להפסיק בין הי"ח לתחנון, **יאמר "אשרי", ואח"כ יתפלל י"ח לתשלומי**

הלכות תפלה
סימן קח – מי שלא התפלל לסבת טעות או אונס או במזיד

ערבית - כדי לעמוד גם בתפילת תשלומין מתוך דברי תנחומין של תורה, וכנ"ל בסימן צ"ג, **וגם** דהא בלא"ה יהיה צ"ל "אשרי" קודם "למנצח" "ובא לציון", יאמרנה עכשיו ולא יאמר אח"כ, **ועיין** באחרונים שהסכימו, דה"ה אם מתפלל מנחה שתים בשביל השלמה, יאמר ג"כ עוד הפעם "אשרי" קודם תפילה השניה, **וכל** זה הוא רק לכתחילה, אבל מדינא אין צריך הפסקה בין תפילה לתפילה רק כדי הילוך ד' אמות.

ולא יפסיק לכתחילה ביניהם בשום דבר, ואפילו בלימוד אסור, כי תפילת השלמה צריכה להיות בעוד שעוסק בתפילה החיובית, **ומ"מ** נ"ל דחזרת ש"ץ של תפילה החיובית מותר לשמוע קודם, דזה מיקרי עדיין עוסק בתפילה.

(וכן כשמתפלל ערבית שתים, משום שלא התפלל מנחה, יאמר "אשרי" בין תפלה לתפלה) - כדי להשלים בזה גם ה"אשרי" שהיה צריך לומר קודם המנחה, **ויש** מאחרונים שכתבו בשם המקובלים, שלא לומר "אשרי" בערבית, ואף שהוא בשביל תפילת המנחה, ג"כ יש להחמיר בזה, **וכתב** בדרך החיים, דאיך שהאדם ינהוג בזה יש לו על מי לסמוך, **אך** כל זמן שהוא יום לא ימנע מלומר "אשרי", אף שהוא אחר תפילת המנחה, **ע"כ** אם נתאחר ובא לבהכ"נ בשעה שהצבור התחילו תפילת המנחה, יתפלל עמהם, ויאמר "אשרי" אח"כ, **ועיין** במ"א שכתב, דמדברי הזוהר משמע, דאפילו באופן זה לא יאמרנו אדעתא דחובה, רק כקורא בתורה, [ואז מותר אפי' בערבית].

סעיף ג - הא דמשלים התפלה שהפסיד, דוקא בזמן תפלה, אבל בשעה שאין זמן תפלה, לא - יש מאחרונים שכתבו, שר"ל דלא תקנו חז"ל תפלת השלמה רק בעודנו עוסק בתפילתו העיקרית, אחר ששהא כדי הלוך ד"א או "אשרי" בינתים, ‹פרישה›.

אבל הרבה אחרונים הסכימו, דאף דלכתחילה בודאי צריך לזהר בזה, להתפלל תפלת השלמה תיכף אחר תפילה החיובית, אבל בדיעבד אינו מעכב, **רק** אם עבר זמן תפלה, דהיינו אם לא התפלל ערבית, יתפלל שחרית שתים רק עד ד' שעות על היום, שהוא זמן תפילה לשחרית, דהא נוטל עבור זה שכר תפלה בזמנה, **משא"כ** אחר ד' שעות, דנוטל רק שכר תפלת רחמי, כ"כ הפמ"ג ומג"ג ודה"ח.

אלא שבדה"ח הוסיף דבר חדש שלא נזכרו בשארי אחרונים, והוא דאם גם תפלת שחרית גופא לא התפלל עד אחר ד' שעות, דצריך להתפלל אז שתים, כיון שעוסק בתפלה.

ואם שכח להתפלל מנחה, י"א דמתפלל מעריב שתים רק עד חצות לילה, שהוא זמן הראוי לערבית לכתחלה, **אמנם** הפמ"ג כתב, דזמן השלמת תפילת המנחה הוא כל הלילה עד עמוד השחר.

ואם שכח ולא התפלל שחרית, יש לה השלמה רק מעת שמתחלת זמן מנחה, והוא החצי שעה שאחר חצות, וגם שיתפלל מנחה מקודם, **ונמשך** זמן ההשלמה בדיעבד עד בין השמשות, ואפילו היה יום שיש בו מוסף, והתפלל מוסף באמצע.

כ"ז העתקתי מן האחרונים לדינא, **אמנם** לכתחילה יותר נכון בכל זה, שאם לא התפלל תיכף תפלת השלמה אחר התפילה החיובית, יתפלל אותה בתורת נדבה, **דהיינו** שיתנה ויאמר: אם אני חייב הרי זו לחובתי, ואם לאו הרי היא נדבה, וכן הסכים הפמ"ג.

סעיף ד - אין תשלומין אלא לתפלה הסמוכה בלבד, שאם טעה ולא התפלל שחרית ולא מנחה, מתפלל ערבית שתים, אחרונה לתשלומי מנחה, אבל שחרית אין לה תשלומין, וכן בשאר תפלות - ה"ה אפילו אם התפלל מנחה, ג"כ לא יכול להשלים בערב עבור שחרית, דהכלל, דלא תקנו השלמה רק בזמן תפילה הסמוכה לה.

כתבו האחרונים, שאין תפילת מוסף מועיל להשלמה, דהיינו שאם חסר שחרית ביום שיש בו מוסף, לא יכול לחשלים להתפלל מוסף שתים.

אם שכח שחרית והתפלל מוסף, ועדיין לא עבר זמן שחרית, אפ"ה יתפלל שחרית.

מי ששכח ולא התפלל שחרית ומוסף, ונזכר במנחה, יתפלל מנחה ואחריו מוסף, ואחריו שחריה, **ואם** התפלל מוסף קודם מנחה, יצא.

סעיף ה - אע"פ שאין תשלומין אלא לתפלה הסמוכה לאותה תפלה, ותפלות

הלכות תפלה רפט
סימן קח – מי שלא התפלל לסבת טעות או אונס או במזיד

(אחרות) שהפסיד אין להם תשלומין, אם רצה להתפלל אותה נדבה ושיחדש בה שום דבר, הרשות בידו; ונכון לעשות כן - ולכן מי שהיה חולה או תפוס בתפיסה, ולא היה המקום נקי, כשיצא יתפלל כל התפילות שהפסיד, **ויתפלל** מעריב ואח"כ מנחה ואח"כ שחרית, **ואם** יצא מתפיסה בר"ח, מזכיר בכולם "יעלה ויבא", **אבל** אם יצא בשבת ויו"ט, ימתין עד הערב ויתפלל, דקי"ל בסימן ק"ז, שאין מתפללין נדבה בשבת ויו"ט. (**ובזה"ז** אין להתפלל נדבה – כף החיים).

עיין בפמ"ג שהסכים, דטוב שיתנה ויאמר: אם אני חייב להתפלל הרי זה לחובתי, ואם לאו הרי זו לנדבה, ובזה יצא ידי כל הדיעות, **שיש** כמה דיעות שסוברים, דיש תשלומין לתפילה אפילו לכמה תפילות שעברו.

סעיף ו - עבר כל היום ולא התפלל מוסף, אין לה תשלומין - דהאיך יקרא הקרבנות וכבר עבר זמן מוסף.

סעיף ז - הזיד ולא התפלל תפלה אחת, אין לה תשלומין אפי' בתפלה הסמוכה לה; ואם רצה יתפלל אותה נדבה, ואינו צריך חידוש אם מתפלל אותה בתפלה הסמוכה לה - והב"ח והגר"א פסקו דצריך חידוש.

ומי שבא לבהכ"נ סמוך לערבית, והתפלל ערבית מבע"י, ועדיין לא התפלל מנחה, אף שלכתחילה שלא כהוגן עשה, שהיה לו להתפלל תפילת י"ח לשם מנחה בעוד שהקהל מתפללין ערבית, **מ"מ** אין לדמותו להזיד ולא התפלל, כיון שעדיין לא עבר זמן המנחה, **ואף** את"ל שא"א לו להתפלל תפילת המנחה באותה שעה, כיון שכבר עשאו לילה בתפילת ערבית, מ"מ לא יהא אלא ערבית שתים והשניה לתשלומי מנחה, **ואם** הוא ר"ח, יזכיר "יעלה ויבא" גם בשניה, כיון שכבר קיבל עליו ר"ח במה שהזכיר בו "יעלה ויבא", **וה"ה** אם אירע כן בשבת, יתפלל השניה ג"כ של שבת, **וכתבו** האחרונים, דאם לא הזכיר בראשונה "יעלה ויבא", גם בשניה לא יזכיר, כיון שהוא עדיין יום.

מי שהתפלל במקום שהיה ראוי להסתפק בצואה, ומצא אח"כ צואה, שצריך לחזור ולהתפלל, לפי שפשע שהיה לו לבדוק, ה"ה דפושע ומזיד מקרי לענין זה, דאם בעת כשמצא כבר עבר זמן תפילה, תו אין לו תשלומין אחר כך.

סעיף ח - מי שלא התפלל בעוד שיש לו זמן להתפלל, מפני שסבור שעדיין ישאר לו זמן אחר שיגמור אותו עסק שהוא מתעסק בו, ובין כך ובין כך עברה לו השעה, (חשיב אונס) - ואפילו אם העסק הוא מהדברים הנזכרים בסימן רל"ב לאיסור משהגיע זמן תפלה, והוא התחיל בעסק זה באיסור, **כיון** שלא ביטל התפלה בשאט נפש, אלא היה סבור להתפלל אחר שיגמור העסק ושכח אח"כ.

וכן מי שהיה טרוד בצורך ממונו שלא יבא לידי הפסד, ועל ידי כך הפסיד מלהתפלל – (ואם אין ברור הזיקא, עולת תמיד כתב דהוי פושע, וא"ר כתב דהוא שוגג, **וא"כ** הוי ספק, ונראה דיתפלל ויתנה: **אם אני חייב הרי זה לחובתי, ואם לאו הרי הוא נדבה).**

וכן אם היה טרוד לקנות ולמכור סחורתו, וע"י כך עבר זמן התפילה.

וכן מי שהוא שכור ולא התפלל, כולם חשובים אנוסים, ויש להם תשלומין. הגה: מיהו לכתחלה לא יעבור זמן תפלה משום הפסד ממון – (ואפשר דביותר מחומש נכסיו אינו מחוייב).

סעיף ט - טעה ולא התפלל מנחה בערב שבת, מתפלל ערבית שתים של שבת: הראשונה לערבית, והשניה לתשלומין - אע"ג שבאה לתשלומין של חול, מ"מ כיון שעכשיו הוא שבת, מתפלל אותה ג"כ של שבת, **ואם** טעה והתפלל השניה של חול, פטור מלהתפלל, **ואם** הקדים בזה השל חול לשל שבת, לא יצא לכו"ע, שהרי ניכר שהקדים התשלומין, **אך** אם עדיין היום גדול, אלא שקיבל שבת ב"מזמור שיר" וגו' או ב"ברכו", ולא התפלל עדיין מנחה, דמבואר לקמן בסימן רס"ג סט"ו, דיתפלל ערבית שתים, **לכתחילה** צריך להתפלל שתים של שבת, והראשונה לשם ערבית והשניה לשם תשלומי מנחה, **ובדיעבד** אם התפלל ראשונה לשם מנחה, ואפילו אם התפלל אותה של חול, אפשר דיצא הואיל ועדיין יום הוא.

הלכות תפלה
סימן קח – מי שלא התפלל לסבת טעות או אונס או במזיד

הגה: וכ"ה אם לא התפלל מנחה בער"ח, מתפלל של ר"ח שתים - וכן פסקו המ"א והדה"ח והח"א ושארי אחרונים, **דלא** כהלבוש וסייעתו שסוברים, דאין צריך להזכיר בשניה של ר"ח. ‹דאין קדושת ר"ח חמורה כ"כ, ועוד שהרי בלא"ה מתפללין כל נוסח של תפלת חול בר"ח, ואין זלזול לר"ח כשלא יאמר יעלה ויבא בשניה, דשב ואל תעשה הוא, משא"כ בשבת - לבוש›.

ואם לא הזכיר "יעלה ויבא" בראשונה והזכיר בשניה, צריך לחזור ולהתפלל - דבזה שלא הזכיר בראשונה, גלי דעתו דנתכוין בה לשם תשלומין של ער"ח דהוי חול, וכבר מבואר בתחלת הסימן, דאם הקדים התשלומין לשל חוב דלא יצא, וכמו בהבדלה בסעיף שאחר זה, ע"כ יחזור ויתפלל אותה התפילה, **והיינו** דוקא כשהתשלומין בא מחמת תפלה שאינו של ר"ח, דכיון שלא הזכיר "יעלה ויבא" בראשונה, גלי אדעתיה דצלי בראשונה אדעתא דתשלומין של יום חול, **אבל** אם היה ר"ח ב' ימים, ולא התפלל מנחה ביום ראשון של ר"ח, שצריך להתפלל ערבית שתים, ולא הזכיר בראשונה "יעלה ויבא", א"צ לחזור ולהתפלל, דליכא ראיה דבשביל תשלומין התפלל אותה.

עוד כתבו האחרונים, דמה שכתב הרמ"א, דאם לא הזכיר בראשונה והזכיר בשניה צריך לחזור, הני מילי בסתמא, **אבל** אם כיון בפירוש הראשונה לשם חובה והשניה להשלמה, יצא.

(ועיין בדה"ח שכתב, דה"ה למי שנתחייב להתפלל שתים ביום ראשון שמתחילין לומר "טל ומטר", היינו ששכח להתפלל מנחה בהיום שלפניו, וצריך להתפלל בערב שתים, ולהזכיר בשניהם "טל ומטר", ולא הזכיר בראשונה והזכיר בשניה, כל דינו הוא כמו שכתוב כאן).

אבל אם לא הזכיר בשתיהן, או הזכיר בראשונה ולא בשנייה, אין צריך לחזור – (הטעם דאין מקדשין החודש בלילה).

מי שלא התפלל ערבית בר"ח, והתפלל שחרית שתים, ולא הזכיר בשניה "יעלה ויבא", אין צריך לחזור ולהתפלל, כיון דאפילו אם היה מתפלל בערבית גופא ושכח א"צ לחזור, א"כ לא יהיה חמיר התשלומין מאילו התפלל בזמנה.

וכן אם טעה ולא התפלל מנחה בר"ח, ור"ח הוא שני ימים, ומתפלל ערבית שתים, והשניה הוא לתשלומין של מנחה, אפילו לא הזכיר בה ר"ח א"צ לחזור, כיון דאפי' בעיקר התפלה דערבית א"צ לחזור בשביל "יעלה ויבא", ק"ו מה שהוא עכשיו לתשלומין.

(כל בו, חוץ ממה שכתב של ר"ח שתים) – (ר"ל כל מה שכתב בהג"ה זו, כתוב בכל בו, חוץ ממה שכתב בהג"ה, דמתפלל שתים של ר"ח, זו היא דלא כהכל בו, דהכל בו סובר דלכתחלה אינו מזכיר של ר"ח בשניה, ולדינא אין נ"מ בכ"ז, דהלכה כהרמ"א בזה).

סעיף י - טעה ולא התפלל מנחה בשבת, מתפלל במו"ש (שתים של חול), מבדיל בראשונה ואינו מבדיל בשניה - משום דהבדלה די בפעם אחד, **משא"כ** בשבת ור"ח, דצריך להזכירה בכל התפילות, ע"כ פסק בסעיף הקודם, דמתפלל של שבת ושל ר"ח שתים.

ואם לא הבדיל בראשונה, והבדיל בשניה, שניה עלתה לו, ראשונה לא עלתה לו - דמיבעי ליה לאקדומי חובת שעתיה ברישא, והוא גילה דעתו שהתפלל הראשונה לתשלומין, לכן צריך לחזור ולהתפלל אחת לתשלומין בלא הבדלה, **אך** אם כיון במחשבתו שהראשונה לחיובא והשניה לתשלומין, ומה שהיפך ההבדלה היה בטעות, ושגג ולא נתכוין כלל, א"צ לחזור.

ואם הבדיל בשתיהן, או לא הבדיל בשתיהן, יצא - שאין חוזרין בשביל הזכרת הבדלה בתפילה, הואיל ויכול לאומרה על הכוס, כמש"כ בסימן רצ"ד, **ואם** אח"כ טעם קודם שהבדיל על הכוס, דקיימא לן צריך לחזור ולהתפלל, מכל מקום עלתה לו תפלת התשלומין, כיון דבשעה שהתפלל התשלומין שפיר היה פטור מחובת שעתא, שהרי היה כוס לפניו, רק שעל ידי שטעם נתחייב.

יצא - כ"ז בסתמא, אבל אם היה בדעתו בפירוש הראשונה להשלמה, נראה דלא יצא. ‹דין זה נאמר לפי שיטת השו"ע ס"א, שאף בהיפך בדעתו בלי גילוי דעת לא יצא, **אבל** לפי דעת האחרונים [הובאו במשנ"ב שם], רק בגילה דעתו לא יצא – כף החיים›.

הלכות תפלה רצא
סימן קח – מי שלא התפלל לסבת טעות או אונס או במזיד

סעיף יא - טעה במנחה של שבת והתפלל י"ח ולא הזכיר של שבת, מתפלל במוצאי שבת שתים, ואינו מבדיל בשניה, ויתפלל אותה בתורת נדבה - היינו שיתנה ויאמר: אם חייב אני הרי זה לחובתו, ואם לאו הרי זה לנדבה, **ואינו צריך לחדש בה דבר.**

דיש בזה מחלוקת, התוספות בשם ר"י ס"ל, דא"צ לחזור בשביל זה, דהא כבר התפלל י"ח, רק ששכח של שבת, וכשישלים ויתפלל י"ח ולא יזכיר של שבת, מה ירויח בזה התשלומין, **וחכמי** פרובינצ"ה ס"ל, דמה שהתפלל י"ח בלא שבת, הוי כאילו לא התפלל כלל כיון שלא עשה כדין, **וע"כ** הכריעו הפוסקים שיחזור להתפלל בתורת נדבה, וא"צ לחדש, כיון שיש סברא שצריך לחזור ולהתפלל מצד הדין, אין חידוש גדול מזה.

ועיין בפמ"ג, דה"ה כל ספק פלוגתא דרבוותא יתפלל בנדבה, ובתנאי שיהא ספק פלוגתא ממש, לא יחיד נגד רבים, ולא קטן נגד גדול, ואז דינו כמו בספק אם התפלל, לעיל בסימן ק"ז סעיף א', **ובשבת** ויו"ט אין מתפלל תפילת ספק, דאיך יתנה, דאין מביאין נדבה בשבת, כדלעיל בסימן ק"ז.

אם נאנס ולא התפלל במו"ש, מתפלל ביום שתי תפלות, אחת לחובה ואחת לתשלומין, ולא יאמר "אתה חוננתנו" אע"פ שלא הבדיל, כ"כ כה"ג בשם הרדב"ז, **וכתב** המ"א שלא ידע את טעמו, ובספר מגן גבורים העתיק את טעמו ממנו, וז"ל, אפי' עדיין לא הבדיל, א"צ לומר "אתה חוננתנו" כיון שחייב להבדיל, שלא תקנו תשלומין לדבר שיש לו תקנה, וכיון ש"אתה חוננתנו" יש לו תקנה בהבדלה, אין לו תשלומין.

וה"ה אם לא הזכיר "יעלה ויבא" במנחה של ר"ח - ר"ל שנכון ג"כ להתפלל בערבית תפלה שניה להשלמה ובתורת נדבה, **והיינו** ג"כ מטעם הנ"ל, מפני שאינו מרויח כלום בתפילה זו, שהרי "יעלה ויבא" לא יאמר עכשיו, שכבר עבר ר"ח, ותפילת שמנה עשרה כבר התפלל, **אבל** אם בלילה ג"כ ר"ח, לכו"ע יתפלל, דהא ירויח שיאמר "יעלה ויבא", כ"כ המ"א והסכימו עמו האחרונים, **ובדיוקא** נקט "יעלה ויבא", דאם שכח "טל ומטר" או "משיב הרוח" בשבת ור"ח במנחה, או ששכח שאר דבר המצריכו לחזור ולהתפלל, לכו"ע יתפלל בערב שתים, דהא ירויח זה בתפילת התשלומין.

עוד כתב המ"א, דה"ה בליל יו"ט שני, ור"ל אם התפלל של חול במנחה של יו"ט ראשון, צריך להתפלל בלילה להשלמה לכו"ע, דהא ירויח שיתפלל של יו"ט, **ובספר** צל"ח חלק ע"ז הדין השני, והביאו בחי' רע"א, (דכיון דהוי רק מספק, א"כ ממ"נ, אם יום ב' יו"ט, התפלל כדינו, ואם יום א' יו"ט, אין מהראוי להזכיר עכשיו, **משא"כ** בב' ימים ר"ח היכי דבאו עדים מן המנחה ולמעלה כיומא אריכתא דמיא).

אם חל ר"ח בע"ש, והיה ר"ח רק יום אחד, ושכח במנחה להזכיר של ר"ח, ונזכר אחר שחשכה, אין להשלים כלל בליל שבת, כיון דאינו מועיל כלום, ורק שיכול להתפלל בנדבה, ואין מתפללין תפלת נדבה בשבת.

אם לא התפלל שחרית ביום ראשון של פסח וביום שמיני עצרת, כשמשלים במנחה יתפלל תפלות שוות, ואם טעה בתשלומין והתפלל כמו שהיתה ראויה להתפלל בשחרית, אינו חוזר, **וכן** אם לא התפלל מנחה ביום שלפני יום שמתחילין לומר "טל ומטר", ומתפלל ערבית שתים, ישאל מטר בשניהם, ובדיעבד אם לא שאל בשל תשלומין, יצא, (**וכתב בדה"ח, דאם לא הזכיר בשניה, יחזור ויתפלל בתורת נדבה, ויתנה: אם חייב אני להתפלל, תהא לחובתי, ואם לאו תהא לנדבתי, וכ"כ בשע"ת בשם המ"מ,** (משום דעת המג"א, דגם לעיל בס"ט יש לו צ"ע לענין אם משלים בשחרית דר"ח תפלת ערבית שלפניו), **ובמ"ב** העתקתי לפטור, מפני שראיתי כמה וכמה אחרונים שסוברים כהפר"ח, **ודעביד כמר עביד ודעביד כמר עביד**).

סעיף יב - הטועה ומזכיר מאורע שאר ימים בתפלה שלא בזמנה - כגון שהזכיר "יעלה ויבא" שלא בר"ח וחוש"מ, או שהוסיף של שבת ויו"ט בחול וכה"ג, ונזכר לאחר שגמר הברכה או כל התפילה, **לא הוי הפסקה** - שיהיה צריך עי"ז לחזור לראש, או לתחלת הברכה שהפסיק בה. **הגה: מיהו אם נזכר שטעה, פוסק אפי' באמצע הברכה.**

לא הוי הפסקה - ורוב האחרונים חולקים על פסק זה, וס"ל (שאם עשה כן במזיד), דלא עדיף זה מאם הפסיק בשיחה באמצע התפילה, דפסק השו"ע לעיל בסימן ק"ד ס"ו, שצריך לחזור לתחלת ברכה, ובג' ראשונות ואחרונות

רצב הלכות תפלה
סימן קח – מי שלא התפלל לסבת טעות או אונס או במזיד

חוזר לתחלת הג', ועיין לעיל שם שביארנו כל פרטי דיני השיחה, **גם** בדה"ח ובח"א סתמו לדינא כמותם.

(ומ"מ לענין תפילת התשלומין, כגון מי שלא התפלל מנחה בר"ח או בשבת או בשאר מועדים, שמתפלל ערבית שתים, והזכיר בתפילה של תשלום ר"ח או שבת או מאורע שאר מועדים, **כיון דתפילה זו בא לתשלום היום שעבר, הסכימו הרבה אחרונים דלא הוי הפסק**).

ועיין בדה"ח שהוסיף עוד וכתב, דהני מילי אם הזכיר דבר שאין שייך לאותו היום, כגון שאומר "זכרנו וכו' וכתבנו" וכו', דאין זמן כתיבה היום, או שאמר "יעלה ויבא" עד לאחר "יום ר"ח הזה", שהוא שקר מוחלט, שהיום אינו ר"ח, ע"כ דינו כשח באמצע תפילה וכנ"ל,

אבל אם לא אמר שקר, כגון שאמר "זכרנו לחיים" ולא אמר "וכתבנו", **או** הבדלה ב"חונן הדעת", שמזכיר מה שחנן לו השי"ת לב להבין ולהבדיל, וזה שייך בכל השנה, לתת תודה להש"י שחלק לו לב להבין ומדע לידע, **או** שאמר "יעלה ויבא" עד "ביום ר"ח הזה", דלא הוי שקר רק כמוסיף בתפילתו, **ואף** שאסור להוסיף בג' ראשונות ואחרונות, מ"מ כשח לא הוי, עכ"ל.

ועיין בח"א שכתב, בין לענין שיחה בשוגג בתפלה, ובין לענין שהזכיר דבר שלא בזמנו (בשוגג), בדיעבד אם לא חזר לתחלת הברכה, כיון שסיים הברכה, אף שהוסיף בה דבר שלא כענינו, אינו רשאי לחזור, וכ"ש אם כבר השלים תפלתו, עי"ש טעמו בנשמת אדם. (ע"פ השונה הלכות).

§ סימן קט – דין איך יתנהג יחיד לכוין בתפלתו עם הצבור §

סעיף א - הנכנס לבהכ"נ ומצא צבור מתפללין

- זה הסעיף מיירי בתפילת המנחה, וה"ה בשחרית אם היה עומד בק"ש וברכותיה בשעה שהצבור התחילו שמ"ע.

אם יכול להתחיל ולגמור - עד "אלהי נצור", **קודם שיגיע ש"צ לקדושה או לקדיש, יתפלל** - דקדושה אסור לומר ביחיד, וכן קדיש.

לכאורה כיון דצריך לגמור תפילתו קודם קדושה, כ"ש שישמע הקדיש שאחר שמ"ע, **י"ל** דמיירי במעריב דליכא קדושה, **א"נ** מיירי שכבר שמע קדושה, דמשום קדושה לא היה צריך להמתין, דמ"מ צריך לגמור קודם קדיש שאחר שמ"ע.

והיינו שיגמור עכ"פ קודם שיגיע ש"ץ ל"יהא שמיה רבא", ולא יענה אמן אז, רק "יש"ר" בלבד, מטעם דכיון דלא מתכוין אז על מה לומר האמן, מקרי אמן יתומה, **ואם** נותן לבו ויודע אז על מה עונה האמן, רשאי.

וה"ה אמן ד"האל הקדוש" ו"שומע תפלה", דינן כקדיש וקדושה - לכאורה בשלמא אמן ד"שומע תפילה", יש נ"מ, דיהיה צריך להמתין מלהתפלל אפילו אחר קדושה, עד שידע שיגמור קודם ברכת ש"ת, **אבל** אמן ד"האל הקדוש" למאי נ"מ, כיון דצריך לגמור להתפלל קודם קדושה, ממילא יענה אמן אחר "האל הקדוש", **וי"ל** דנ"מ אפילו אם שמע קדושה, דמ"מ צריך להמתין משום אמן ד"האל הקדוש" שלא שמע עדיין,

וגם לענין שלא יעמוד להתפלל תיכף אחר קדושה, כי אם אחר שיענה האמן על הברכה, דגם זה הוא שייך לקדושה.

וה"ה אם יודע שהצבור יאמרו ברכו והוא לא שמע עדיין, אם יוכל לגמור תפילתו טרם שיאמרו הקהל ברכו, מתפלל כדרכו, **ואם** יודע שלא יוכל לגמור תפילתו קודם ברכו, צריך להמתין ב"שירה חדשה" עד שישמע ברכו.

ואם כבר שמע קדושה או ברכו, או יודע שישמע אח"כ, א"צ להמתין, **מיהו** לקדיש צריך להמתין, דהא אין לו קצבה, **ואפשר** דהקדישים מ"עלינו" ואילך אינם בכלל זה, כ"כ המ"א וש"א, **והדה"ח** והח"א כתבו, דכל הקדישים אם שמע (אותם) כבר וענה "איש"ר", א"צ תו להמתין.

ואם לאו, אל יתפלל אם אין השעה עוברת - רק ימתין ב"שירה חדשה", **ואם** רוצה לצאת להתפלל בעזרה חוץ לבהכ"נ, מתפלל וא"צ להמתין, (כתב באג"מ דע"כ מיירי דיש לו צורך גדול).

ואם נכנס אחר קדושה, אם יכול להתחיל ולגמור קודם שיגיע ש"צ ל"מודים", יתפלל, ואם לאו אל יתפלל - דצריך לשחות עם הקהל, שלא יהא נראה ככופר במי שהצבור משתחוים לו, **ואפילו** שמע כמה פעמים "מודים" בצבור, צריך להמתין, דהא הטעם שלא יהא נראה ככופר אם אינו משתחוה.

ולאו דוקא כשנכנס אחר קדושה, דה"ה אם נכנס קודם קדושה, והמתין מלהתפלל עד אחר קדושה, צריך ג"כ לשער בעצמו אם יוכל לגמור עד שיגיע ש"ץ למודים.

הלכות תפלה
סימן קט – דין איך יתנהג יחיד לכוין בתפלתו עם הצבור

ולרמ"א הנ"ל בהג"ה, צריך לגמור קודם אמן של "שומע תפילה", או שישער בעצמו שיוכל להגיע בתפילתו בברכת ש"ת עם הש"ץ בשוה, ואם לאו לא יתחיל עד "מודים", וכן העתיקו האחרונים לדינא.

וה"ה אם יכול להגיע ל"מודים", או לאחת מהברכות ששוחים בהם, כשיגיע ש"ץ ל"מודים", יתפלל - ואע"פ שלא יכול לומר "מודים דרבנן" שהצבור אומרים, אין בכך כלום כיון ששוחה עמהם, **וזה** מותר אפילו לכתחילה, אך יצמצם שברכת "שומע תפילה" יאמר עם הש"ץ בשוה, וכדלקמיה בס"ב.

ודע דאיש"ר עדיף מקדושה, ע"כ אם בא סמוך לקדושה, ואם ימתין עד אחר קדושה לא יגמור תפילתו עד אחר קדיש, ולהמתין עד אחר קדיש אינו יכול מפני שזמן תפילה עובר, **טוב** שיתחיל להתפלל קודם קדושה, ויהיה יכול לענות איש"ר.

וקדושה עדיף ממודים, ע"כ אם בא סמוך לקדושה, ואם יתחיל מיד לא יוכל לאמר קדושה, **ואם** ימתין עד אחר קדושה לא יהיה יוכל לאמר מודים עם הצבור, **ולהמתין** עד אחר מודים אינו יכול, מפני חשש שיעבור זמן תפילה, **מוטב** שיתחיל להתפלל אחר קדושה, כ"כ המ"א, **ולפי** מה שביארנו לקמן בשם המג"ג, טוב שיתחיל בזה להתפלל עם הש"ץ בשוה, ויהיה לו קדושה ומודים.

וכ"ש דאיש"ר עדיף ממודים, ע"כ מי שבא לבהכ"נ תיכף אחר קדושה, ואם ימתין עד אחר מודים לא יוכל לענות איש"ר אחר הקדיש שאחר י"ח, **ואם** ימתין עד אחר הקדיש יעבור זמן התפילה, **יתחיל** מיד, דמוטב לבטל מודים מלבטל איש"ר, ועוד דמודים אפשר לשחות באמצעיתן.

וכן עדיף איש"ר מתפילה בצבור, ע"כ אם בא סמוך לקדיש, ואם יתפלל תיכף יבטל איש"ר, ואם ימתין עד אחר קדיש, לא יוכל להתפלל ערבית עם הצבור, **איש"ר** עדיף, ותיכף אחר זה יתחיל להתפלל שמ"ע לשם מנחה, ואין לו לחוש למה שהצבור מתחילין ערבית, כיון שהוא עדיין יום.

(**עיין** בפמ"ג דקחשיב סדר המדרגות, איזה עדיף מחבירו, ונ"מ לענין אם שומע שתיהן כאחת בשתי מניינים, איזה מהם קודם, או אם אינו יכול לקיים את כולם, וכתב שם את סדרם כך: איש"ר דקדיש עדיף מקדושה, וקדושה עדיף ממודים, ומודים וגם ברכו עדיף משתי אמנים, היינו ד"האל הקדוש" ו"שומע תפלה", ואלו האמנים עדיפי מאחרים, **אך** שהוא מסתפק שם לענין מודים וברכו איזה עדיף, ומצדד שם דמודים עדיף, ודה"ח כתב, דלפעמים ברכו עדיף ממודים, דהא לענין מודים יכול לכוין להגיע באמצע ברכה ולשחות, עוד כתב שם, דעניית שתי אמנים אלו עדיף מתפלה בצבור, דהרי דחינן אותו מלהתפלל בצבור בשביל עניית האמנים אלו, **אך** שכתב שם, דצבור זה גרע במקצת מאחריני, משום דבא באמצע, **ומסמך** גאולה לתפילה בשחרית עדיף אפילו מאיש"ר, ותדע שהרי אין לענות קדיש וקדושה בין גאולה לתפילה, **ואם** נזדמן לו לענות מודים אחר שאמר גאל ישראל, ישחה ולא יאמר כלום, **ובלילה** עדיף אפילו תפילה בצבור מסמיכת גאולה לתפלה).

(**נסתפקתי**, אם מדרך טבעו להאריך בתפלה, ואינו יכול לסיים עד קדושה, אם מותר להתחיל, **ומכאן** אין ראיה לאיסור, **דאפשר** דזה לאו תפלת צבור גמורה מקרי, מאחר שלא התחיל עמהן בשוה, אבל אם מתחיל בשוה, **אפשר** כיון דעתה חל עליו החיוב להתפלל בצבור, וחיוב עניית הקדושה לעת עתה אין עליו, אין לו לחוש כלל למה שאח"כ לא יהיה יכול לקיים מצוה דעדיפא מזה, וגם דאז יהיה אנוס ופטור מלענות, **ומ"מ** אין להביא ראיה להקל, ממה דנקט הגמרא "ומצא צבור מתפללין", ולא נקט יותר רבותא את הענין שציירנו, **דאפשר** דהגמ' מילתא דשכיחא נקט, **וצריך** לעיין בדין כללי אין מעבירין על המצות).
‹**והכרעת** האחרונים, שאין למנוע עצמו מלהתחיל שמו"ע יחד עם הציבור, ולהתפלל במתינות ובכונה – פסקי תשובות›.

ואם צריך להתחיל כדי לסמוך גאולה לתפלה - פי' שטעה ואמר עד "גאל ישראל", שממילא מחויב להסמיך לה התפילה מיד, **וה"ה** אם מצד שהשעה עוברת מחוייב לעמוד תיכף להתפלל, דאל"ה צריך לכתחילה להמתין משום קדושה ב"שירה חדשה".

ונזדמן לו שמגיע ש"צ ל"מודים" כשהוא באחת הברכות (באמצעה), ישחה עמו - ואינו אומר אז "מודים", והשחיה הוא כדי שלא יהא נראה ככופר במי שהצבור משתחוים לו.

ומ"מ אם אינו מוכרח לו להתחיל מיד, לא הותר לו להתחיל התפילה על דעת שישחה באמצע הברכות, אף דמותר לשחות באמצע כל הברכות, **משום**

הלכות תפלה
סימן קט – דין איך יתנהג יחיד לכוין בתפלתו עם הצבור

דשמא ישכח מלשחות, כיון שאינו מחוייב שם לשחות בלא"ה, **ואם** יתן לבו לזה, יטרד ולא יכוין בתפילתו.

אבל אם הוא בתחלתה או בסופה, לא ישחה, שאין שוחין בתחלת ברכה או בסופה, אלא באבות ובהודאה.

סעיף ב - אם מתחיל להתפלל עם ש"צ, כשיגיע עם ש"צ ל"נקדישך", יאמר עמו מלה במלה כל הקדושה, כמו שהוא אומר - פי' שיאמר עמו "נקדש", "לדור ודור" וכו', עד "האל הקדוש", ואח"כ יתפלל בפני עצמו, אם יוכל לסיים קודם שיגיע ש"ץ לסיום "שומע תפלה".

ובת"צ לא יאמר עם הש"ץ "עננו" ברכה בפני עצמה, ואפילו במנחה, אלא ב"שומע תפלה" כיחיד.

וכן יאמר עמו מלה במלה ברכת "האל הקדוש" וברכת "שומע תפלה" - פי' יכוין בשתי הברכות אלו לסיים עם הש"ץ ביחד, ואז א"צ תו לעניית אלו האמנים, כמו הש"ץ בעצמו.

וגם יכוין כשיגיע ש"צ ל"מודים", יגיע גם הוא ל"מודים", או ל"הטוב שמך ולך נאה להודות", כדי שישחה עם הש"צ במודים - ובספר מג"ג כתב, דטוב יותר להתפלל מלה במלה, לקיים שחיה ואמנים, משימהר להתפלל עד שלא יגיע ש"ץ למודים.

הגה: אבל לכתחלה לא יתחיל עד אחר שאמר קדושה ו"האל הקדוש", אלא שאם הוצרך להתחיל מכח שהשעה עוברת, או כדי לסמוך גאולה לתפלה, דינא הכי – (עיין במ"א הטעם, דצריך לשתוק ולשמוע, ר"ל ואיך יאמר בעצמו "נקדש", ולפי"ז לדידן דנהגינן בלא"ה כהט"ז לאמר "נקדש", א"כ תו לא שייך להחמיר בזה, **אך** באמת עיקר הדין דלא כט"ז).

ובספר א"ר האריך מכמה פוסקים, דאפילו לכתחילה מותר להתחיל עם הש"ץ בשוה, **ועיין** ח"א שמשמע מיניה, דעכ"פ בשחרית בודאי יש להקל בזה, כדי שלא יצטרך להמתין כ"כ ב"שירה חדשה", ע"ש, **ואפילו** במנחה יש להקל בזה ע"י צורך קצת, כ"כ בספר מאמ"ר, **וכעין** זה כתב בספר מגן גבורים, וז"ל: מי שאינו יוכל לשער שיבוא עם הש"ץ ל"מודים" אם יתחיל אחר קדושה, ושמא יתבלבל עי"ז, יכול להתחיל עם הש"ץ, ויאמר עמו הקדושה וכל התפילה מלה במלה, עכ"ל.

(**אך אם** עמד להתפלל מקודם הש"ץ, ומתוך כונתו המרובה או מאיזה סיבה, הגיע לקדושה עם הש"ץ, או להיפך, שהתחיל אחר שהתחיל הש"ץ, ומחמת שהאריך הש"ץ הגיע לקדושה, משמע מא"ר דזה גם לדידיה אינו מותר רק דיעבד, ונ"ל דה"ה כשאין לו עצה אחרת לשמיעת הקדושה).

סעיף ג - יחיד העומד בתפלה, וכשיגיע למקום קדושה היו הציבור אומרים קדושה דסידרא - היינו ב"ובא לציון", וה"ה קדושת יוצר, **אינו אומר קדוש עמהם, שאין הקדושות שוות** – (משמע דבלא זה היה אומר עמהם "קדוש קדוש", אע"פ שעד עתה לא התפלל התפלה שלו עם הש"ץ בשוה, **ומכאן** אתה למד למה שכתבתי למעלה בס"ב).

ונראה דה"ה אם היו הצבור אומרים "כתר" - היינו לבני ספרד, ולמנהג אשכנז הוא "נעריצך", **שאינו אומר עמהם "קדוש", אלא ישתוק ויכוין למה שאומרים, דשומע כעונה** - וטעם המחבר הוא, משום דאינו עומד עמהם בענין אחד, שהם עומדים במוסף, והוא עומד בשחרית, לא עדיף דבר זה מאם הם היו עומדים אז בקדושה דסידרא, **ואע"ג** דהגאונים כתבו בהדיא דמצטרף עמהם, ס"ל להמחבר, דהרשב"א דכתב יחיד העומד בתפילה וכו', פליג עליהם.

הגה: וי"א דקדושת "כתר", דהיינו קדושת מוסף, והיחיד מתפלל שחרית, יוכל לומר עמהם, דשניהם קדושת י"ח וקדושתן שוה, וכן נ"ל עיקר. (ולא פליג רשב"א אהגאונים שהביא ב"י) - ס"ל, דהרשב"א לא אמר אלא בקדושה דסידרא, שהוא רק סיפור איך מלאכים מקדישין, אבל בשתי קדושות מענין אחד, כגון של שחרית ושל מוסף, אפשר דמודה לדברי הגאונים, לכך אין לדחות דבריהם, **וכן** פסק הפמ"ג שאין לזוז מזה.

ויאמר כל הנוסח של ה"כתר" או "נעריצך" שאומר הש"ץ במוסף, וזה מקרי ענין אחד, כי העיקר בקדושה הוא "קדוש קדוש קדוש", והן שוין לעולם.

הלכות תפלה רצה
סימן קי – היוצא לדרך, ופועלים מה יתפללו, וסדר תפלת הדרך ובית המדרש

§ סי' קי – היוצא לדרך, ופועלים מה יתפללו, וסדר תפלת הדרך ובית המדרש §

סעיף א- בשעת הדחק, כגון שהוא בדרך, או שהיה עומד במקום שהוא טרוד,

ויירא שיפסיקוהו - קאי ג"כ אדלעיל כשהוא בדרך, ויירא שיפסיקוהו עוברי דרכים, דאל"ה אפילו בדרך טוב יותר שיתפלל כל הי"ח ברכות בהליכה או בישיבה, וכדלעיל בסימן צ"ד, מלהתפלל "הביננו" בעמידה.

או שלא יוכל להתפלל בכוונה תפלה ארוכה – (ר"ל מפני רוב טרדותיו או שהוא חולה).

מתפלל אחר ג' ראשונות: הביננו, ואומר אחריה ג' אחרונות - ו"הביננו" כוללת כל הברכות האמצעיות, ועיין בטור וב"י את נוסחה ופירושה.

אבל שלא בשעת הדחק, אמרינן בגמרא דאביי לייט אמאן דמתפלל "הביננו", **ומ"מ** בדיעבד יצא ואין צריך לחזור ולהתפלל, **והא"ר** מחמיר אפילו בדיעבד.

וכתבו האחרונים, דאם רואה שהזמן תפלה עוברת אם יתפלל ארוכה, מותר לכתחלה להתפלל "הביננו", **והיינו** בימות החמה.

(**וכהיום** אין נוהגין להתפלל "הביננו" מחמת הטרדה, **ונ"ל** הטעם לזה, דלכאורה קשה על הדין דשו"ע, מלעיל סימן ק"א ס"א, דאיתא שם דאם אינו יכול לכוין את לבו בכולם, יכוין את לבו עכ"פ ב"אבות", ומשמע דעי"ז ממילא מותר להתפלל כל התפילה, כיון שהוא אנוס שאינו יכול לכוין, **אך** די"ל דכאן דמיירי דשבעה ברכות יכול לכוין, לכך התירו לו להתפלל "הביננו" ולא יותר, כדי שיכלול כל השמ"ע בקצרה ובכונה, אבל שם מיירי דלא יכול לכוין אפילו אלו הז' ברכות, לכך לא התירו לו לקצר, **ע"כ** ניחא דלא נהגו היום ב"הביננו", שאנו חוששין שאפילו הז' לא יכוין, **א"נ** מפני שאם באנו לקצר כהיום מחמת טרדה, לא נתפלל לעולם תפילה שלמה מפני רוב הטרדה בעו"ה).

וצריך לאמרה מעומד - שהיא במקום תפלת ח"י בשעת הדחק, כיון שהיא כוללת כולן, **והעדיפו** כח תפלה זו לענין זה יותר משמ"ע שמותר להתפלל במהלך בדרך, משום דאם יצטרך לעמוד יהיה טרוד ולא יוכל לכוין, **משא"כ** בזה דקצרה היא לא יטרד ע"י עמידתו.

ואם עבר והתפלל במיושב, נשאר הפמ"ג בספק, דאפשר דצריך לחזור ולהתפלל במעומד כשבא לביתו.

וכשיגיע לביתו אין צריך לחזור ולהתפלל.

ואינו מתפלל "הביננו" בימות הגשמים, ולא במו"ש ויו"ט - אלא מתפלל י"ח, ואם הפסיקוהו, עיין לעיל בסימן ק"ד ס"ה ובמ"ב.

בימות הגשמים מפני שצ"ל "ותן טל ומטר" בברכת השנים, ובמוצ"ש ויו"ט צ"ל הבדלה, **ואפילו** אם ירצה לכללם בברכת "הביננו", ג"כ אינו רשאי, והטעם עיין בב"י ובמ"א, **ועיין** בפמ"ג שמסתפק לומר, דאפילו בדיעבד אם התפלל "הביננו" באלו הימים וכלל בתוכן, אפשר דלא יצא, דעבר על תקנת חז"ל.

עיין בח"א שכתב, דדוקא "הביננו" אסור, אבל לקצר כל ברכה וברכה ולכלול בתוכם שאלה והבדלה, מותר אם הוא חולה, או שעת הדחק גדול, והנוסח עיין שם.

(**עיין בחידושי רע"א שמסתפק לענין מו"ש ויו"ט, אם** השעה עוברת, י"ל דבזה במו"ש ויו"ט מוטב שיתפלל "הביננו" ולא יזכיר הבדלה, דעכ"פ בדיעבד יצא בעלמא בלא הבדלה, ממה שלא יתפלל כלל).

סעיף ב- הפועלים שעושין מלאכה אצל בעה"ב, אם אינו נותן להם שכר חוץ מסעודתן, מתפללין י"ח - ג' פעמים בכל יום כשאר כל אדם, שאין הבעה"ב מקפיד בעיכובן, כיון שאינו נותן להם שכר. **אבל אין יורדין לפני התיבה, ואין נושאין כפיהם** - שזהו עיכוב גדול ומקפיד.

ואם נותן להם שכר, מתפללין "הביננו" - כי אז מקפיד הבעה"ב אם יתעכבו להתפלל כל הי"ח, והוו להו לפועלים כשעת הדחק וכנ"ל, **והיינו** דוקא בימות החמה, וכנ"ל בסעיף א'.

והאידנא אין דרך להקפיד בכך, ומסתמא אדעתא דהכי משכירין אותם שיתפללו י"ח - וה"ה כל נוסח התפילה כשאר כל אדם, (**ופשיטא** דיזהרו להתפלל התפילות בזמן התפלה,

רצו הלכות תפלה
סימן קי – היוצא לדרך, ופועלים מה יתפללו, וסדר תפלת הדרך ובית המדרש

ובעוה"ה יש פועלים שנכשלין בזה, שמאחרין זמן תפלה עד בין השמשות ממש).

וכתב הל"ח, דה"ה שמותרים לילך לבהכ"נ להתפלל בעשרה, **ועיין** במ"א, דזה דוקא במקום שאין דרך בעה"ב להקפיד בכך, **ומ"מ** אין יורדין לפני התיבה, כ"כ הפמ"ג, **ובפר"ח** איתא, דהאידנא יורדין ג"כ לפני התיבה, **ונ"ל** דאין להחמיר אם עי"ז לא יתאחר הזמן יותר.

סעיף ג - ההולך במקום גדודי חיה ולסטים, מתפלל: צרכי עמך מרובים וכו', ואינו צריך לא לג' ראשונות ולא לג' אחרונות - לפי שאז אינו מיושב דעתו כלל, ולכך פטרוהו אז מלהתפלל אפי' תפילת "הבינגו".

(**ואפשר** דה"ה אם הוא מוכרח לצאת לדרך של גדודי חיה ולסטים אחר שכבר התפלל, אין צריך להתפלל ג"כ רק תפילה קצרה זו, ולא תפילת הדרך, **ואם יצא** לדרך והתפלל תפילת הדרך, ובאמצע הדרך נודע לו שהוא מקום גדודי חיה ולסטים, נ"ל דאין צריך עוד להתפלל תפילה קצרה זו, דנכלל במה שאמר מתחלה: והצילנו מכל אויב ואורב בדרך ומכל מיני פגעים רעים וכו').

ומתפלל אותה בדרך כשהוא מהלך, ואם יכול לעמוד עומד, וכשיגיע לישוב ותתקרר דעתו, חוזר ומתפלל תפלת י"ח ברכות - היינו אם לא עבר עדיין זמנה.

(ואם לא חזר להתפלל, הוי כאילו שכח להתפלל לגמרי, ונתבאר לעיל סי' ק"ח) - ר"ל אף דהתפלל התפילה קצרה, כמאן דליתא דמיא לענין עצם מצות תפילה, וחייב להשלימה בתפילה הסמוכה.

והיינו דוקא אם מה שלא חזר והתפלל היה בשגגה, שלא היה יודע שחייב לחזור ולהתפלל, או מחמת שכחה, או שכלה הזמן בדרך ולא היה יכול להתפלל בבואו לביתו, **אבל** אם במזיד לא התפלל, הרי הוא מעוות שאינו יכול לתקן.

ואם עבר זמן שני תפילות בדרך, והוצרך להתפלל תפילה קצרה, אין תשלומין לתפלה ראשונה.

סעיף ד - היוצא לדרך, יתפלל: יר"מ ה' אלהינו ואלהי אבותינו שתוליכנו לשלום וכו' - סעיף זה מיירי אפי' אחר שכבר התפלל שמו"ע.

וצריך לאמרה בלשון רבים - פי' כל הנוסח של תפלת הדרך, שמתוך כך תפילתו נשמעת יותר, **ובשם** ספר הקנה כתבו, דמילת "ותתנני לחן", יאמר בלשון יחיד, **ובדיעבד** יצא אפי' אם אמר כל הנוסח בלשון יחיד.

ודוקא בתפילה הקבועה לרבים, אבל כשאדם רוצה לבקש איזה בקשה בעד עצמו, אין צריך להתפלל בלשון רבים.

הנפטר מחבירו אל יאמר לו: לך בשלום, אלא: לך לשלום, **וכשנפטר** מן המת יאמר: בשלום, ולא לשלום.

ויעסוק בתורה בדרך, וכבר אמרו: המהלך בדרך ומפנה לבו לבטלה, מתחייב בנפשו, **אבל** לא יעיין בהלכה, דילמא אתי לאיטרודי, **וכתב** המ"א, ואפשר דביושב בעגלה ואיש אחר מנהיג הסוסים, שרי אפילו עיון.

עוד משמע בגמרא, דהמהלך בדרך צריך להרעיב עצמו מעט, כי השביעה קשה אז למעיים, מפני טורח הדרך.

ויזהר כל אדם שיהיה לו פת, אפילו הולך במקום קרוב, ובמקום דשכיח פת, כי כמה פעמים שיקרה מקרות ר"ל בדרך.

ונכון לכל י"ש בעת יציאתו לדרך, שיקח עמו הטלית ותפילין שלו, אפילו הוא נוסע למקום קרוב ודעתו לחזור היום, פן יקרה איזה מקרה ויתבטל ממצוה, **ובעו"ה** יש עוברי דרכים שאין לוקחין עמן אפי' תפילין, וסומכין עצמן שבדרך ישאלו מאחרים, ועונם גדול, כי הרבה פעמים מצוי שעי"ז עוברים זמן ק"ש ותפלה כשממתינים עד שיזדמן להם, **ועוד** שלוקחין תפילין ממה שבא בידם, ואין מקפידים אם הקשר של ראש הוא לפי מידתו או לא. ‹**ובזמננו** אין מקפידים בכך בנסיעות קצרות שחוזר בו ביום, בהסתמך כי מקרים כאלו שישארו על אם הדרך בלי טלית ותפילין אין מצוי כלל, וגם קיים חשש שכחה ושמא יאבדו, או לא ישמרו כהוגן בדרך מגשם או שמש, **אמנם** גדולי ישראל היו מקיימים גם הלכה זו כפשוטה, וגם מובא בשם המהר"ל מפראג דיש ענין סגולי להצלחת הדרך – פסקי תשובות›.

ואם אפשר - כגון שהחברותא ממתנת, **יעמוד מלילך כשיאמרנה** - אך אם עיכוב עמידתו יטרידו, מותר לומר במהלך או במיושב.

ואם היה רוכב אין צריך לירד - שירידתו ועלייתו טורדתו, **אלא** יעמיד הבהמה מלילך אם אפשר לו,

רצז הלכות תפלה
סימן קי – היוצא לדרך, ופועלים מה יתפללו, וסדר תפלת הדרך ובית המדרש

שאם ירכוב הרי הוא כמהלך, **וה"ה** ליושב בעגלה שא"צ לירד, אלא להעמיד הסוסים אם אפשר לו.

סעיף ה - אין לומר אותה אלא פעם אחת ביום - פי' בכל יום ויום, כל זמן שהוא בדרך מחויב לומר אותה, **אפי' אם ינוח בעיר באמצע היום** - ר"ל שמתעכב שם איזה שעות כדי לנוח, ואח"כ חוזר והולך לדרכו, כיון שכשנח בעיר דעתו היה לחזור ולילך, א"צ לחזור ולברך.

אבל אם דעתו ללון בעיר, ואחר כך נמלך ויצא ממנה לעבור חוצה לה או לשוב לביתו, צריך לחזור ולהתפלל אותה פעם אחרת - דהוי היסח הדעת, **וכ"ש** אם לן בדרך באושפיזא בלילה, דצריך לברך בבוקר.

(**ונראה** דאם לן באושפיזא, והשכים קודם הבוקר לנסוע לדרכו, דצריך לברך תפלת הדרך אף שלא האיר עדיין היום, דזה הוי היסח הדעת גמור, וכן משמע קצת בביאור הגר"א, **אך** לישנא דפמ"ג שכתב: דבכל בוקר יאמר אותה, משמע קצת שלא כדברינו, **ואולי** נקט לשון זה משום דלכתחילה נכון לצאת בכי טוב, **ואפילו** את"ל דטוב יותר להמתין מלומר תפלת הדרך עד אור היום, עכ"פ אם יזדמן לו שאז לא יוכל לומר, כגון שיהיה אז סמוך לפרסה לביתו, מוטב שיאמרנה קודם שהאיר היום, כנלענ"ד לכאורה).

אך אם הוא נוסע כל הלילה, דהיינו שאינו לן בקביעות באושפיזא, רק ינוח איזה מעט זמן באושפיזא, ואח"כ חוזר לנסוע, יש לברך תפלת הדרך בבוקר בלי חתימה.

סעיף ו - הר"מ מרוטנבורג, כשהיה יוצא לדרך בבקר - פי' כשהיה נחוץ לפעמים לילך לדרך בבוקר קודם התפלה, והיה אומר הברכות בדרך, **היה אומרה אחר "יהי רצון", כדי להסמיכה לברכת "הגומל חסדים", ותהיה ברכה הסמוכה לחברתה** - שאינה פותחת ב"ברוך", **אבל** כשהוא מהלך אחר התפילה, אין יכול לומר תה"ד קודם התפלה, דהלא עכ"פ אסור לאומרה עד שהחזיק בדרך, וכמ"ש בס"ז.

ואם הולך באמצע היום, יסמיכה לברכה אחרת, כגון שיאכל או ישתה איזה דבר ויברך ברכה אחרונה, או יטיל מים ויאמר "אשר יצר", **ובמקום** שאין יכול לעשות כ"ז, כגון שאין לו על מה לברך, וגם הוא יושב בעגלה בין אנשים, ואינם רוצים להמתין עליו עד שירד ויעלה, **אעפ"כ** מותר לומר תפלת הדרך, דכמה ראשונים סוברים דתה"ד אין צריכה שתהיה סמוכה לחברתה.

עיין בטור וב"י, נוהגין ליטול רשות מהגדולים ומתברכים כשהולכים בדרך, **ויש** סמך ממ"ש חז"ל: נמלכין בסנהדרין, ופרש"י: נטלו רשות כדי שיתפללו עליהם.

ויכנס בכי טוב ויצא בכי טוב, והיינו בשחרית בנץ החמה, ובערבית תחילת השקיעה, דשמא יפול באחת הפחתים, **וע"כ** כשהוא סמוך לעירו שהוא יודע להזהר שם מהפחתים, יכול לילך שם בלילה, **אם** אינו הולך יחידי שאין לחוש למזיקים.

סעיף ז - אומר אותה אחר שהחזיק בדרך - ר"ל שלא יאמרנה כשעדיין הוא בתוך העיר שדר בה, אף שמכין עצמו לצאת לדרך, **ועיבורה** של עיר, דהיינו שבעים אמה ומעט יותר סמוך לעיר לאחר שכבר כלו כל הבתים, הרי הוא כתוך העיר, **והט"ז** מתיר אפילו בתוך העיר, משעה שגמר בלבו והכין עצמו לצאת, **אבל** הא"ר והפמ"ג ושארי אחרונים חולקין ע"ז, והסכימו דלכתחילה יש ליזהר שלא לעשות כך, **אך** בדיעבד יש לסמוך על דבריו.

וכ"ז בתחלת יציאתו מביתו, אבל כשהוא לן בדרך, יוכל לומר תפלת הדרך בבוקר כשמכין עצמו לצאת, אפילו כשהוא עדיין בעיר, דכבר החזיק בדרך.

אין לאומרה, אלא אם כן יש לו לילך פרסה, אבל פחות מפרסה לא יחתום ב"ברוך" - שפחות מפרסה בקרוב לעיר אינו מקום סכנה מן הסתם, **אם** לא שמוחזק לן באותו מקום שהוא מקום סכנה, אז יש לברך תפלת הדרך בכל גווני.

ומפני זה כשאחד בא מן הדרך בתוך פרסה, מנהג העולם שלא ליתן לו שלום, דאין זה מקרי בא מן הדרך, דהא אין אומר תפילת הדרך.

(**ולכאורה** לפי"ז אפילו אם יש לו ליסע פרסה ביחד, **אך** שהוא נוסע הפרסה דרך איזה עיר, **או** שיודע שאיזה עיר קרובה בצד דרך נסיעתו בתוך פרסה, ג"כ לא יאמר תפלת הדרך בחתימה, **דהא** ליכא מקום סכנתא, **ואפשר** דלא פטרו רק אם כל דרך נסיעתו היה פחות

הלכות תפלה
סימן קי – היוצא לדרך, ופועלים מה יתפללו, וסדר תפלת הדרך ובית המדרש

מפרסה, ומה שאמר אח"כ "ובלבד שלא הגיע" וכו', שאני התם דמה שהלך כבר ליכא לאיצטרופי לחייבו עי"ז, ומה שיסע למחר נסיעה אחריתא היא, משא"כ בענייננו, וצ"ע).

פרסה הוא ח' אלפים אמה, דמיל הוא אלפים אמה, ופרסה הוא ד' מילין.

ואין חילוק בין הולך בספינה להולך ביבשה, א"ר, **ולפי"ז** גם הנוסע על מסילת הברזל יש לו לברך תפלת הדרך, אפילו אם נוסע רק פרסה.

(ולכתחלה יאמר אותה בפרסה ראשונה) - ולפי"ז הנוסע על מסילת הברזל יש לזהר לכתחילה, תיכף כשמתחיל לנסוע לברך ברכת תפלת הדרך, שיהיה תוך פרסה ראשונה, **ובדיעבד** יברך עד לבסוף, כל זמן שיש לו עדיין פרסה אחת ליסע על המסילה.

ואם שכח מלאומרה, יאמר אותה כל זמן שהוא בדרך, ובלבד שלא הגיע תוך פרסה הסמוכה לעיר שרוצה ללון בה, ומשם ואילך יאמר אותה בלא ברכה - ואפילו אם בדעתו ליסע עוד אח"כ כמה פרסאות מעיר זו, הוא נסיעה בפני עצמה, והשתא הוא עכ"פ פחות מפרסה וליכא סכנה.

סעיף ח - הנכנס לבית המדרש יתפלל: יר"מ ה' אלהינו ואלהי אבותינו שלא אכשל בדבר הלכה וכו' - ואין בה חתימה. **האר"י** ז"ל היה אומרה בכל בוקר, והיה אומר אח"כ: כי ד' יתן חכמה מפיו דעת ותבונה, גל עיני ואביטה נפלאות מתורתך.

כתב ט"ז, דה"ה מי שיושב ללמוד ביחידות, ובפרט אם הגיע להוראה, צריך להתפלל שלא יטעה בלימוד ובהוראה, לומר על טמא טהור ועל אסור מותר, **וטוב** לומר נוסח אחד קצר כולל הרבה, וזהו: יר"מ ה' או"א שתאיר עיני במאור תורתך, ותצילני מכל מכשול וטעות, הן בדיני איסור והיתר, הן בדיני ממונות, הן בהוראה הן בלימוד, גל עיני ואביטה נפלאות מתורתך, ומה ששגיתי כבר העמידני על האמת, ואל תצל מפי דבר אמת עד מאוד, כי ד' יתן חכמה מפיו דעת ותבונה, **וכשהוא** לומד בחבורה, צריך לבקש ג"כ שלא ישמח בתקלתם, ולא ישמחו בתקלתו, וכדאיתא בגמרא.

וביציאתו יאמר: מודה אני לפניך ה' אלהי, ששמת חלקי מיושבי בית המדרש - וה"ה העוסק בתורה ביחידות כל היום, צריך לומר כן בכל ערב אחר גמר לימודו.

כתב הרמב"ם: ואלה שתי תפלות חובה, ויש לו להתפלל יושב או עומד כמו שיזדמן לו, ולא יחזור פניו למזרח ולא למערב, ולא יעשה השתחויה וכו', עי"ש, והביאו הא"ר ושארי אחרונים.

§ סימן קיא – דין סמיכת גאולה לתפלה §

סעיף א - צריך לסמוך גאולה לתפלה, ולא יפסיק ביניהם - ואפילו בשהייה בעלמא יותר מכדי דיבור יש לזהר לכתחלה, **וכדי** דבור הוא כדי שאילת תלמיד לרב.

אפי' ב"אמן" אחר "גאל ישראל" - וה"ה דקדיש וקדושה אין לענות, **ונקט** "אמן" משום דשם סליק ענינא של הברכות ק"ש, והו"א דיכול לענות אמן אפילו אחר עצמו, **קמ"ל** דאסור משום הפסק, ואפילו אחר הש"ץ לא יענה.

ולא בשום פסוק, חוץ מ"ה' שפתי תפתח" - ואפילו בערבית קודם תפילת י"ח ג"כ יש לזהר בזה, **אבל** במוסף ומנחה מותר לומר פסוקים קודם "ד' שפתי תפתח", **אבל** לא אח"כ, דפסוק זה מכלל תפלה הוא, דהא מהאי טעמא נוכל לומר אותו בין גאולה לתפילה, מפני דכיון דקבעוהו רבנן בתפלה יש לו דין תפלה, א"כ אין להפסיק בינו לתפלת י"ח.

הגה: וי"א שמותר לענות אמן על "גאל ישראל", וכן נוהגין - היינו אחר החזן ולא אחר עצמו, **אבל** לאיש"ר וקדושה אינו מפסיק, ד"אמן" שייך לברכה ולא הוי הפסק, משא"כ באלו.

וי"א הא דצריך לסמוך גאולה לתפלה, היינו דוקא בחול או ביו"ט, אבל בשבת א"צ, (פי' דטעמא דבעינן למסמך גאולה לתפלה, משום דכתיב: יענך ה' ביום צרה, וסמיך ליה: יהיו לרצון אמרי פי וגו' וגאלי, ושבת לאו זמן צרה) - ויו"ט כיון

הלכות תפלה
סימן קיא – דין סמיכת גאולה לתפלה

דיום זה הוי בשאר ימים יום צרה, שייך ביה ג"כ הפסוק ד"יענך ה'" וגו' אחר הפסוק "יהיו לרצון" דמיירי בגאולה.

(ולענ"ד נראה דמשא"כ ביו"ט, הוא משום שהם ימי הדין, כדתנן במשנה ב' פ"ק דר"ה: בפסח, על התבואה וכו').

והב"י חולק ע"ז, וס"ל דההוא קרא סמך בעלמא, ועיקר סמיכת גאולה לתפלה הוא מדברי חכמים, שדימו י"ח ברכות אחר ברכת גאולה, לאוהבו של מלך שבא ודפק על פתח המלך, ויצא המלך לקראתו, ואם רואהו המלך שהפליג והלך לו, אף הוא מפליג ושוב אינו מתקרב אליו כשחוזר ודופק, כך הוא במפסיק בין גאולה לתפלה, **וע"כ** כתב רמ"א וטוב להחמיר.

וטוב להחמיר אם לא במקום שצריך לכך - היינו דמותר לענות איש"ר וקדושה וברכו, בין גאולה לתפלה דשבת אף בשחרית, כ"כ הא"ר ופמ"ג ושלמי צבור, **(ואף דהשע"ת כתב, דלפי מה דמסיק השאגת אריה להלכה כדעת הב"י, דאין לחלק לענין סמיכת גאולה לתפלה בין שבת לחול, א"כ תו אין להקל בזה, מ"מ נלענ"ד דאין להחמיר בזה, אחרי דאפילו בחול יש מקילין בעניית אלו בין גאולה לתפלה, יש לסמוך עכ"פ ע"ז לענין שבת, וכן פסק בדרך החיים).**

(ועיין בחידושי רע"א שמסתפק לענין שבת, אם מצא צבור שקראו ק"ש ועומדין להתפלל, אם מותר להתחיל להתפלל עמהם, **ולפלא** קצת שלא הביא שהל"ח והא"ר כתבו בפירוש להקל בזה ג"כ לדברי הרמ"א, ומשמע מניה דהוא ס"ל, דאפילו לדברי הרמ"א, אפשר דסמיכת גאולה לתפילה דשבת שחרית חמירא מערבית דחול, **ולפי** מאי דמסיק השאגת אריה דהלכה כדעת הב"י, בודאי אין להקל בדין זה, ודברי השע"ת אמת ויציב לענין זה, וגם אין המנהג להקל בזה).

סעיף ב - החזן, כשמתחיל י"ח בקול רם, חוזר ואומר: ה' שפתי תפתח ופי יגיד וכו' - דפסוק זה הוא שייך לתפלה וכנ"ל, **וטוב** שיאמרנו בלחש, **אבל** שאר פסוקים א"צ לומר, ואם רצה לומר רשאי.

(ויש לעיין, אם האדם שכח לומר "ד' שפתי תפתח", אם זה מיקרי חסרון בעצם התפלה, כיון דקבעוהו רבנן בתפלה, או לא, **ואין** להביא ראיה מכאן, דכתבו האחרונים שיאמר החזן בלחש, א"כ השומעים חסר להם זה הפסוק, ואפ"ה יוצאין ידי התפלה, שאני הכא דלא שייך גבייהו כלל זה הפסוק ד"אדני שפתי תפתח" וגו', כיון שאינם מתפללים בעצמן, משא"כ בעלמא, ויותר מסתברא דלא אמרו כתפלה אריכתא דמיא, רק לענין שלא יהא הפסק בין גאולה לתפלה, אבל לא כתפלה ממש עד שיצטרך לחזור בשביל זה, **תדע** דהא אמרינן נמי לענין "השכיבנו" כגאולה אריכתא דמיא, ואפ"ה קי"ל דברכות אין מעכבות זו את זו, ואם החסיר "השכיבנו", יוצא בברכת "אמת ואמונה", וא"כ ע"כ דלא נאמר רק לענין דלא הוי הפסק בין גאולה לתפלה, וה"נ לעניננו).

הש"ץ אינו רשאי להפסיק לאחר שהתפלל בלחש רק לדבר מצוה, כגון לענות איש"ר וכדומה, אבל לדבר הרשות נראה דלא - בפמ"ג.

סעיף ג - אם עד שלא קרא ק"ש מצא ציבור מתפללין, לא יתפלל עמהם, אלא קורא ק"ש - ר"ל עם ברכותיה, **ואח"כ יתפלל, דמסמך גאולה לתפלה עדיף.**

וכ"ז בשחרית, אבל בערבית יתפלל עמהם ואח"כ קורא ק"ש, כמש"כ בסימן רל"ו ס"ג.

§ סימן קיב – שלא להפסיק לא בשלש ראשונות ולא בשלש אחרונות §

סעיף א - אל ישאל אדם צרכיו בג' ראשונות, ולא בג' אחרונות - דג' ראשונות למה הן דומין, לעבד שמסדר שבח לפני רבו, והאמצעיות לעבד שמבקש פרס מרבו, אחרונות לעבד שקבל פרס מרבו, שמשבחו והולך לו, **ולפי** שהראשונות הן מסדר השבח, וע"כ אין ראוי לשאול בהן צרכיו, וה"ה אחרונים.

ודוקא צרכי יחיד, אבל צרכי צבור שרי - שזה הוא ג"כ מעין השבח וכבוד לרב, שרבים צריכים לו.

סעיף ב - אין לומר פיוטים ולא קרובץ (פי' קרובץ ליוצר, וי"א שהוא ר"ת: קול רנה וישועה באהלי צדיקים) בתפלה. הגה: ויש

ש הלכות תפלה
סימן קיב – שלא להפסיק לא בשלש ראשונות ולא בשלש אחרונות

מתירין הואיל וצרכי רבים הם, וכן נוהגים בכל מקום לאמרם.

ובתשו' רדב"ז האריך ג"כ להתיר, וכתב שיש בידו קצת שאלות ששאל אחד מן הראשונים משמים ע"י התבודדות ותפילות והזכרת שמות, והיו משיבין לו על שאלותיו, ושאל ע"ז ג"כ, והשיבו לו שמותר, **וע"ש** שהזהיר מאוד לבלי לשנות המנהג, ועיין בב"ח שהאריך בזה, וכן בשו"ת חות יאיר, שיש לומר הפיוטים ואין לשנות.

עיין פר"ח שהזהיר מאוד, שלא לעבור על ידם זמן ק"ש ותפילה, ואין להתענות על ידם עד אחר חצות, ע"ש, **ואם** הוא רואה שהצבור יעברו זמן ק"ש ע"י אריכתם, לא ימתין עליהם, אלא כיון שמתחיל ש"ץ ב"יוצר אור", הוא יתחיל לעצמו בלחש להתפלל כסדר עד אחר "ד' אלהיכם אמת", ושם ימתין בשתיקה, ולא ידבר אפילו בדברי תורה, עד שיגיע ש"ץ לאותו מקום, ויתפלל עמו כסדר.

§ סימן קיג – דיני הכריעות בשמונה עשרה ברכות §

סעיף א- אלו ברכות ששוחין בהם: ב"אבות" תחלה וסוף, ובהודאה תחלה וסוף - היינו בתחלת מודים, ולבסוף כשמסיים: בא"י הטוב שמך.

ואם בא לשחות בסוף כל ברכה, או בתחלתה, מלמדין אותו שלא ישחה - שלא יבא לעקור תקנת חכמים, שלא יאמרו כל אחד מחמיר כמו שהוא רוצה, **וגם** דחיישינן ליוהרא, שמחזיק עצמו יותר כשר משאר הצבור.

(הנה מדברי הא"ר מוכח, דהאיסור הוא דוקא ב"ברוך אתה", אבל בסוף ברכה ממש יכול לשחות, **והפמ"ג** מפקפק בזה).

אבל באמצעיתן, יכול לשחות - שאין לחוש שיבואו לעקור תקנת חכמים ע"ז, כיון שחכמים לא תקנו כלל לשחות באמצע שום ברכה. **וכן** סתמו הרבה אחרונים, דלא כיפה מראה שגמגם לאסור.

סעיף ב - הנוהגים לשחות בר"ה ויו"כ כשאומרים "זכרנו" ו"מי כמוך", צריכים לזקוף כשמגיעים לסוף הברכה - אין הטעם שוה בהם, דב"מי כמוך" צריכין לזקוף קודם הגמר, דבברכת "מחיה המתים" אין שם שחיה מצד תקנת חכמים, ואם יכרע יהיה כמוסיף, **וב"זכרנו"** יש שם שחיה מצד תקנת חכמים, כשאומר: בא"י מגן אברהם, וכיון שזה שוחה בכל התפלה, לא יהיה ניכר תקנת חכמים, **ולפי"ז** יש חילוק בין זקיפה ד"זכרנו" לזקיפה ד"מי כמוך", דב"זכרנו" צריך לזקוף קודם שיאמר איזה תיבות הסמוכות ל"ברוך אתה", כדי שיוכל אח"כ לשחות כשיאמר "ברוך אתה", **אבל** בזקיפה ד"מי כמוך", אין צריך לזקוף עד שיאמר "ברוך אתה", וכן בשאר ברכות שאין בה שחיה בסופן - ט"ז.

וכן הנוהגים להתפלל כל התפלה בר"ה ויוה"כ בכריעה, צריכים לזקוף בסוף כל ברכה ובתחלת כל ברכה, שלא להוסיף על תקנת חכמים, שלא תקנו אלא בתחלת אבות והודאה ובסופן.

הגה: ואע"ג דב"אבות" כורע בסוף הברכה, מ"מ צריך לזקוף מעט בסוף "זכרנו", כדי שיהא נראה שחוזר וכורע משום חיוב - כי השחיה ראשונה היתה רשות, ועוד טעם שצריך לזקוף, כדי לכרוע אח"כ ב"ברוך" ולזקוף בשם וכדלקמן.

סעיף ג- הכורע ב"וכל קומה לפניך תשתחוה", או ב"ולך לבדך אנחנו מודים", או בהודאה דהלל - היינו ב"הודו לד' כי טוב", **ובהמ"ז** - ב"נודה לך", או ב"ועל הכל אנו מודים", **הרי זה מגונה, (פי' שאין לכרוע אלא במקום שתקנו חכמים)** - [ואף דהוא באמצע הברכה, מ"מ הוא מגונה], ומה"ט אין לשחות ב"ולירושלים", או ב"בונה ירושלים", דלא כמהרי"ל, **וכתב** המ"א: ואפשר שישחה מעט.

וכ"ז בי"ח, אבל שלא בי"ח יכול לכרוע ולהשתחות כרצונו, ומשו"ה מצינו בר"ע, שאדם מניחו בקרן זוית זו ומוצאו בזוית אחרת, מרוב כריעות והשתחויות, וכתבו הפוסקים, דהיה זה לאחר שסיים הי"ח ברכות, **ומה** שאסר השו"ע בכל זה, משום דכל הודאות האלו הוא דרך שבח והלול, ואין שייך בהן כריעה והשתחויה, **"וכל** קומה לפניך תשתחוה", כיון דאינו אומר על עצמו, אלא

הלכות תפלה שא
סימן קיג – דיני הכריעות בשמונה עשרה ברכות

שעל כל העולם אומר שישתחוו לפניו ית', ג"כ דרך שבח והלול הוא, **אבל** ב"ואנחנו כורעים ומשתחוים", שעל עצמו אומר, יכול הוא לכרוע - ט"ז.

(**כתב** הל"ח, שאין לו לכרוע בשום ברכה משאר ברכות בתחלה או בסוף, ואפילו שאינו מהי"ח, ולכך אני אומר שטועים כל השוחים בברכת התורה בתחלה וסוף, ועיין במה שכתבתי במ"ב בשם הט"ז, דלכאורה סותר לזה, ואולי דבברכה גם להט"ז אסור, דנראה כמוסיף בחיוב הכריעות, שלא תקנו רק בברכת אבות ומודים).

(עיין במגן גבורים, שדוחק למצוא טעם למנהג שנהגו העולם לכרוע ב"ברכו", **אולם** באמת יש למנהג זה סמך מן המקרא, בדברי הימים א' קפיטל כ"ט פסוק כ', עי"ש, ומנהג ישראל תורה).

סעיף ד - המתפלל, צריך שיכרע עד שיתפקקו כל חוליות שבשדרה - פקק הוא לשון קשר, ור"ל שמחמת הכריעה בולטים הקשרים של החוליות.

ולא יכרע באמצע מתניו וראשו ישאר זקוף, אלא גם ראשו יכוף כאגמון – (וה"ה בכריעה שעושה אחר שסיים תפלתו, נמי דינא הכי).

סעיף ה - ולא ישחה כל כך עד שיהיה פיו כנגד חגור של מכנסים - דמיחזי כיוהרא, ששוחה יותר משיעור שחיה.

ואם הוא זקן או חולה ואינו יכול לשחות עד שיתפקקו, כיון שהרכין (פי' שהשפיל) ראשו, דיו, מאחר שניכר שהוא חפץ לכרוע אלא שמצער עצמו.

סעיף ו - כשהוא כורע, יכרע במהירות בפעם אחת, וכשהוא זוקף, זוקף בנחת, ראשו תחלה ואח"כ גופו, שלא תהא עליו כמשאוי.

סעיף ז - כשכורע, כורע ב"ברוך" - כשאומר "ברוך" יכרע בברכיו, וכשאומר "אתה" ישחה עד שיתפקקו החוליות.

וכשזוקף, זוקף בשם - דכתיב: ד' זוקף כפופים.

וכשאומר "מודים", יכרע ראשו וגופו כאגמון בבת אחת, ויעמוד כך בשחיה עד "ד'", ואז יזקוף.

(עיין במגן אברהם שמבאר את דעת מהרא"י, דס"ל דבכריעה שבתחלת ברכה, אם רצה שלא לזקוף עד סמוך לחתימה הרשות בידו, אלא שאם רוצה לזקוף מיד, צריך לזקוף בשם, וכן בכריעה שבסוף ברכה, שהוא חייב לזקוף מיד, כדי שלא להיות שחוח בתחלת ברכה שלאחריה, אזי צריך הוא לזקוף בשם, שמשום "ד' זוקף כפופים" לבד לא הצריכו לזקוף מכריעתו כלל, אלא שאם בלא"ה הוא זוקף, אז משום "ד' זוקף כפופים" יזקוף בשם, וע"כ הנוהגין להתפלל בראש השנה ויום הכיפור בכריעה, אין צריך לזקוף אלא בסוף ברכה ותחלתה).

סעיף ח - המתפלל ובא כנגדו נכרי, ויש לו שתי וערב בידו, והגיע למקום ששוחין בו, לא ישחה, אע"פ שלבו לשמים - מפני שנראה כמשתחוה לעבודת כוכבים.

עיין במ"א במה שכתב, דאם הוא ‹שר שרי, וצ"ע›, **אבל** במגן גבורים כתב, שחלילה להקל בזה, ובפרט בעת התפלה.

סעיף ט - אין להוסיף על תאריו של הקב"ה, יותר מ"האל הגדול הגבור והנורא"; ודוקא בתפלה, מפני שאין לשנות ממטבע שטבעו חכמים, אבל בתחנונים או בקשות ושבחים שאדם אומר מעצמו, לית לן בה; ומכל מקום נכון למי שירצה להאריך בשבחי המקום, שיאמר אותו בפסוקים.

§ סימן קיד – דין הזכרת הרוח וגשם וטל §

סעיף א - מתחילין לומר בברכה שניה: משיב הרוח ומוריד הגשם - מפני שיש בה תחיית המתים, והגשמים הם חיים לעולם כתחיית המתים, **בתפלת מוסף של יו"ט האחרון של חג** - והיה ראוי להזכיר לרצות לפני הש"י מיו"ט הראשון של חג, שנידונין בו על המים, **אלא** לפי שהגשמים הם סימן

הלכות תפלה
סימן קיד – דין הזכרת הרוח וגשם וטל

קללה בחג הסוכות, שא"א לישב בסוכה בשעת הגשם, אין מזכירין הגשם עד עבור ז' ימי ישיבה בסוכה.

וראוי היה מן הדין להתחיל להזכיר מיד בליל יו"ט האחרון, **אלא** לפי שבתפלת ערבית אין כל העם בבהכ"נ, נמצא זה מזכיר וזה אין מזכיר, ויעשו אגודות אגודות.

ולמה אין מזכירין בשחרית, יש שכתבו מפני שאסור להזכיר הגשם עד שיכריז הש"ץ או השמש בקול רם "מוריד הגשם" קודם התפלה וכדלקמיה, **וזה** א"א להכריז בשחרית, מפני שצריך לסמוך גאולה לתפלה, **ועוד** טעם אחר עיין בט"ז.

ואם טעה, והזכיר "משיב הרוח ומוריד הגשם" במעריב של שמ"ע, או בשחרית, אינו חוזר.

ואין פוסקין עד תפלת מוסף של יו"ט הראשון של פסח - הטעם דאין פוסקין מבערב, הוא ג"כ כנ"ל, שלא יהיה דבר מעורב ביניהם, שזה מזכיר וזה אינו מזכיר, **אבל** עתה שפוסקין במוסף, ידעו הכל ע"י הש"ץ או השמש שמכריז קודם תפלת מוסף "מוריד הטל", שהכרזת הזכרת הטל סימן הוא להם להפסקת הזכרת הגשם עוד.

וזה הוא למנהג ספרד, שנוהגין לומר "מוריד הטל" במקום "מוריד הגשם" בימות החמה, **אבל** במדינותינו שאין נוהגין לומר "מוריד הטל" בימות החמה, וא"א להכריז בלשון זה, **ולהכריז** להדיא שיפסקו מלומר "מוריד הגשם", ג"כ אין נכון, מפני שנראה כממאנים בגשמים, על דרך שאמרו: אין מתפללין על רוב טובה, **ע"כ** פסק הרמ"א בס"ג, שנוהגין שלא להפסיק מלהזכיר גשם עד תפלת המנחה, ששמעו כבר מש"ץ שפסק בתפלת מוסף, **אבל** בתפלת מוסף כל הקהל וגם הש"ץ מזכירין הגשם בתפילת לחש, כדי שלא יהיה דבר מעורב בין הצבור.

ואם טעה במעריב של פסח או בשחרית ומוסף, ולא הזכיר "משיב הרוח ומוריד הגשם", לכו"ע אין חוזר.

סעיף ב - אסור להזכיר הגשם עד שיכריז הש"צ. (וי"א - ט"ס הוא, וצ"ל: "פי'", ואין כאן מחלוקת כלל, **שקודם שמתחילין מוסף מכריז השמש: משיב הרוח וכו', כדי שהצבור יזכירו בתפלתן, וכן נוהגין).**

ר"ל אפי' הצבור שמתפללין תפלת מוסף, אסורין להזכיר גשם אם לא הכריז הש"ץ או השמש קודם התפלה, וכמו שמפרש הרמ"א, **וכן** הש"ץ ג"כ לא יזכיר רק כשמתפלל בקול רם, אבל לא בתפלת הלחש, כיון שלא הוכרז מקודם התפלה.

ומ"מ בדיעבד אם אמר אחד בקול רם בתוך תפלתו "מוריד הגשם", אף שאסור לעשות כן, שהרי לא שמע מן הש"ץ, (**וגם שהש"ץ** יזכיר בתוך התפלה בקול "משיב הרוח ומוה"ג" אין נכון לעשות כן), **מ"מ** מותרים השומעים להזכיר בתפלתם, דזו גופא כהכרזה דמי, כ"כ הח"א, **ונ"ל** דאם לא זכרו גשם בתפלה זו א"צ לחזור, דיש פוסקים שסוברים דהכרזה לא מיקרי אא"כ שהוכרז קודם התפלה, או ששמעו מש"ץ חזרת התפלה, שהזכיר גשם, **והח"א** ג"כ לא קאמר רק שמותרין להזכיר, אבל לא שחייבים.

עיין בח"א שהזהיר, שלא לעשות כמו שנוהגין, שמכריזין רק "משיב הרוח", שזה לא נקרא הכרזה, שהרי ביש מקומות אומרין גם בקיץ "משיב הרוח", אלא יסיים "ומוריד הגשם".

הלכך אף אם הוא חולה או אנוס, לא יקדים תפלתו לתפלת הצבור, לפי שאסור להזכיר עד שיאמר ש"צ - פי' דאם אינו חולה, בכל השנה אסור להקדים תפלתו לצבור, כמ"ש סי' צ'.

ואפילו אם הוא מתפלל בביתו, אסור להזכיר קודם שמתפללין הצבור, **ולכן** בני הישובים כשמתפללין בלא מנין, ימתינו בשמיני עצרת מלהתפלל מוסף, עד סמוך לסוף שש שעות, דבודאי לא יאחרו הצבור יותר מלהתפלל המוסף, ואז יתפללו מוסף ויאמרו "משיב הרוח".

אבל אם יודע שהכריז ש"צ, אע"פ שהוא לא שמע, מזכיר; ומטעם זה, הבא לבהכ"נ והצבור התחילו להתפלל, יתפלל ויזכיר, אע"פ שהוא לא שמע מש"צ - דמסתמא הכריזו כבר.

(מסתפקנא, אם התפללו מנין ותיקין בבהכ"נ זה גופא, והכריזו "משיב הרוח" כנהוג, אם מועלת זה למנין שני, שיהא מותר ליחיד להקדים, **ואפשר** דכיון דמנין אחר הוא, וגם דהלא בשחרית יצטרך לומר "מוריד הטל", ע"כ לא מהני זה לתפלת מוסף שאח"כ, וזה הספק יפול ג"כ במה שפסק הרמ"א בס"ג, דנוהגין הקהל להזכיר "משיב הרוח" ביו"ט א' של פסח במוסף, משום דעדיין לא שמעו מש"ץ דפסק לומר "משיב הרוח", **אם** באותו בהכ"נ התפללו מנין ראשון, וכבר פסק הש"ץ לומר "משיב הרוח" בחזרת הש"ץ, אם מועיל זה שלא יצטרכו שוב לומר "משיב הרוח" בתפילת המוסף, **וצ"ע**, ע"כ נראה שטוב לזהר שלא לעשות מנין ראשון בבהכ"נ ביו"ט א' של פסח).

סעיף ג - אם אמר "משיב הרוח" (בימות החמה) - ר"ל "משיב הרוח" לבד ולא הזכיר גשם, **או לא אמרו בימות הגשמים, אין מחזירין אותו** - דרוחות וכן טל אין נעצרין בלא"ה, ואמירתו לא מעלה ולא מוריד, **ואפילו** עדיין לא סיים הברכה, מאחר שאין חיוב כלל להזכיר רוח וטל לעולם.

ומ"מ לכתחילה נוהגין בכל המקומות לומר "משיב הרוח" בהזכרה בימות הגשמים, שמועיל אז לנגב לחות הארץ שהיא מרובה.

וכן בטל, אם הזכירו בימות הגשמים, או לא הזכירו בימות החמה, אין מחזירין אותו - המחבר קאזיל למנהג ספרד, שנוהגין לכתחילה לומר "מוריד הטל" בימות החמה, אפ"ה אין מחזירין, מאחר שלא חייבום חכמים בזה.

הגה: ואנו בני אשכנז לא מזכירין טל, לא בימות החמה ולא בימות הגשמים, רק אומרים בימות החמה: רב להושיע מכלכל חיים וכו' - ורק בשאלה אנו נוהגין לבקש גם על טל, והוא מפני שאנו מבקשין שיהיה לברכה, כי יש טל שאינו לברכה, ובימות החמה אף בשאלה אין אנו אומרין טל, **ובדיעבד** אם אמר בימות החמה בין בהזכרה ובין בשאלה, כגון שאמר "ותן טל" ולא הזכיר מטר, לכו"ע אין מחזירין אותו.

י"א שש"ץ פוסק להזכיר בתפלת מוסף יו"ט הראשון של פסח, אבל הקהל מזכירין ואינן פוסקין עד מנחה, ששמעו כבר מש"ץ שפסק בתפלת המוסף, וכן נוהגין - דבמוסף עדיין אין היכר להצבור, **ואם** יחיד איחר תפלתו עד שהתחיל הש"ץ להתפלל מוסף ופסק מלהזכיר גשם, שוב לא יאמר "משיב הרוח", **ויחיד** הדר בישוב, ימהר אז להתפלל מוסף קודם שמתפללין הקהילות, **ונ"ל** דאם יש לו ספק פן כבר התפללו, מוטב שלא לאמר, דבזה יצא בדיעבד לכולי עלמא.

סעיף ד - אם אמר "מוריד הגשם" בימות החמה, מחזירין אותו - דגשמים קשים לעולם בימות החמה.

והיינו אפילו ביום ראשון שפסק בו, דהיינו במוסף של יו"ט א' של פסח להמחבר, ולהרמ"א דוקא במנחה, **ולהש"ץ** לכו"ע אפי' במוסף בעת שחוזר התפלה בקול רם.

וחוזר לראש הברכה - (והגר"א פסק כהרמב"ם, דגם בזה חוזר לראש).

ובדיעבד אם לא חזר לראש הברכה, אלא ל"רב להושיע" וסיים ברכתו, לא מהדרינן ליה.

ואם סיים הברכה, חוזר לראש התפלה - והטעם, דג' ברכות ראשונות חשובות כחדא, **וא"צ** לחזור ולומר פסוק "ד' שפתי תפתח".

עיין בפמ"ג שכתב, דהיינו לאחר שאמר "בא"י", **אבל** השע"ת והח"א כתבו, דוקא אם סיים לגמרי, אבל אם נזכר לאחר השם, יסיים "למדני חוקיך", כדי שלא תהיה לבטלה, וא"כ הוא כאילו עומד עדיין באמצע הברכה, וחוזר ל"אתה גבור", (**ולא** דמי להא דס"ו דדוקא אם התחיל הברכה שאחריה, דהכא כיון שהזכיר מה שאין ראוי להזכיר, גרע).

ואפי' במקום שצריכים גשם בימות החמה, אם הזכיר גשם במקום טל, מחזירין אותו - ר"ל לפי מנהג ספרד, שאומר בימות החמה "ומוריד הטל", אמר זה "גשם" במקום "טל".

(**ואפי'** ארץ כולה כאשכנז ודידן, פמ"ג), **ואפי'** אם היה (עצירת גשמים) וכל אותה המדינה מתפללין ומתענים על הגשמים. **ואף** דלענין שאלה פסק לקמן בסי' קי"ז ס"ב, דאם שאל באופן זה מטר ב"ברכת השנים" בימות החמה,

אין מחזירין אותו, **שאני** הזכרה דשבח הוא, ואין דרך להזכיר שבח בדבר שהוא קללה בשאר מקומות, [ח"א].

(**ובאמת** לא הבנתי דבריהם, דהרי טעם השו"ע שם לענין שאלה הוא, דלמא הלכתא כהרא"ש דמסתבר טעמיה, ובתשו' הרא"ש מבואר שם בהדיא דה"ה לענין הזכרה, **אבל** כיון דבלא"ה המ"א מסתפק בסי' קי"ז, דדלמא השו"ע לא מסתפק לפסוק כוותיה דהרא"ש רק כשיש עצירת גשמים, נראה לכאורה דאין לזוז מפסק הפמ"ג בזה, **אך** כשיש עצירת גשמים והתפלל והזכיר גשם, צ"ע אם חייב לחזור ולהתפלל, ויותר נראה דיתפלל בתורת נדבה בכל זה במדינותינו, וכל זה ששאל גם מטר, דאל"ה ממ"נ אינו יוצא בדיעבד).

(וכן אם הזכיר גשם וטל, נמי מחזירין אותו).

סעיף ה - בימות הגשמים, אם לא אמר "מוריד הגשם", מחזירין אותו - אפילו אם אמר "משיב הרוח", **ואפילו** בתפילה ראשונה, והוא במוסף של יו"ט אחרון של חג, לדידן דנוהגין להכריז "משיב הרוח ומוריד הגשם" קודם מוסף.

(עיין בחידושי רע"א דמצדד לומר, דבליל שבת אם שכח לומר "משיב הרוח", דאין מחזירין, דלא גרע מאם היה מתפלל רק מעין שבע דיצא בדיעבד, אף דשם לא הוזכר גשם, וסיים דצ"ע).

והני מילי שלא הזכיר טל, אבל אם הזכיר טל, אין מחזירין אותו - אפי' אם אמר רק "מוריד הטל" לבד, (**ודוקא** לאחר שאמר כבר השם של סיום הברכה, **אבל** אם נזכר קודם סיום הברכה, יחזור ויזכיר גשם).

וטעמו, דאע"ג דלא נעצר, מ"מ שבח הוא להקב"ה בהזכרתו, **משא"כ** בשאלה, דצריך לשאול על דבר הנעצר, לא מהני אם לא שאל מטר, אף ששאל טל.

סעיף ו - במה דברים אמורים שמחזירין אותו, כשלא אמר בימות הגשמים "מוריד הגשם", היינו כשסיים כל הברכה והתחיל ברכה שאחריה - אפי' תיבת "אתה" לבד, וה"ה אם התחיל לומר "נקדש", **ואז חוזר לראש התפלה.**

אבל אם נזכר קודם שסיים הברכה, יאמר במקום שנזכר - כי לא קבעו חכמים מקום בתוך הברכה, אלא אמרו סתם: מזכירין גבורות גשמים בתחיית המתים, רק שנהגו לומר לפני "מכלכל", שהוא פרנסה, וגשמים ג"כ פרנסה, **הלכך** באיזה מקום שיזכור סגי, **ופשוט** דאם נזכר לאחר שאמר: ונאמן אתה להחיות מתים, דצריך לחזור ולומר: ונאמן אתה להחיות מתים, דבעינן מעין חתימה סמוך לחתימה.

(**כתבו האחרונים**, דאם נזכר במקום דלא סליק ענינא, כגון תיכף לאחר שאמר "ומקיים אמונתו", יסיים מקודם "לישיני עפר", וכל כה"ג).

(**כתב הפמ"ג**, דלענין שאלת מטר, אם שכח ונזכר קודם שסיים הברכה, יחזור ויאמר "ותן טו"מ" וגומר שם כסדר, **ומדברי** שולחן שלמה משמע, דגם "טל ומטר" יוכל לאמר אחר "ושבענו מטובה" אם רוצה, **אכן** לענין "על הניסים" בחנוכה ופורים, אם שכח ונזכר קודם שסיים ברכת "הטוב שמך", משמע מדברי שניהם, דיחזור ויאמר אח"כ "ועל כולם יתברך" וכו' כסדר).

ואפילו אם סיים הברכה, ונזכר קודם שהתחיל "אתה קדוש", א"צ לחזור, אלא אומר: משיב הרוח ומוריד הגשם, בלא חתימה - ונכון לכתחלה שיאמר מיד לבל ימתין לאחר כדי דיבור, ושוב אומר "אתה קדוש".

וכן אם נזכר לאחר שאמר השם, יסיים "מחיה המתים", ויאמר תיכף: משיב הרוח ומוריד הגשם.

וה"ה אם שכח "יעלה ויבא" בר"ח שחרית ומנחה, ונזכר לאחר שסיים ברכת "המחזיר", שאומר שם במקומו, ומתחיל "מודים", שכל שלא התחיל בברכה שלאחריה, לא נקרא סיום ברכה זו לגמרי, לענין כל הדברים שמחזירין אותו, **אע"פ** שנקרא סיום לענין דברים שאין מחזירין אותו, כגון הבדלה ב"חונן הדעת", ו"יעלה ויבא" בערבית ר"ח, "ועל הנסים" בחנוכה ופורים, וכל כה"ג, שאין לאמרם כשסיים הברכה, אע"פ שלא התחיל בברכה שלאחריה, וסיום ברכה נקרא תיכף כשאמר השם של הברכה.

ויש פוסקים שחולקין ואומרים, דאף בדברים שמחזירין אותו, תיכף משסיים הברכה כמו שהתחיל ברכה אחרת דמיא - (רש"ל).

(ודין זה דשו"ע בשם ראבי"ה, למעשה לענ"ד יש לעיין טובא, דאף שהב"ח והמ"א ושארי אחרונים ס"ל,

דלהלכה נקטינן כדעת השו"ע, מ"מ צ"ע, **חדא**, כי הא"ר נשאר בצ"ע, דדברי המרדכי שכתב בשמו דאומר בלי חתימה, סותר את עצמו למה שכתב בשמו בפ' תפלת השחר, **שנית**, כי בביאור הגר"א נשאר ג"כ בקושיא על פסק השו"ע, ומשמע דס"ל ג"כ כדעת הרש"ל, **ולבד** כ"ז מצאתי עוד כמה גדולי הראשונים דס"ל דלא כראבי"ה, וכן בס' קיצור שו"ע פסק ג"כ דחוזר לראש, **וצ"ע** לדינא).

(והנה אף דלהכריע נגד השו"ע קשה מאוד, אחרי דהרבה והרבה מגדולי האחרונים קיימי בשיטת השו"ע, ויישבו בדוחק את כל הקושיות שעל השיטה הזו), **עכ"פ** נ"ל למעשה, אם נזכר אחר שאמר השם, לא יגמור "מחיה המתים", אלא יסיים "למדני חוקיך", ויהיה כקורא פסוק לבד, ודינו כאילו עומד עדיין באמצע ברכה, וחוזר "למשיב הרוח", וכן כה"ג בכל דברים שמחזירין אותו.

(וה"ה ב"יעלה ויבא" וכה"ג, אם שכח ונזכר אחר שאמר "בא"י", יסיים "למדני חוקיך", ויחזור אח"כ ויאמר "יעלה ויבא" "ותחזינה" כסדר, **ולענין** טל ומטר ג"כ לפי"ז, נראה דאם שכח להזכירו באמצע וסיים "ברכת השנים", אף שלא התחיל "תקע", מ"מ שוב לא יאמר כאן "טל ומטר", דהלא יכול לאמרו ב"שומע תפלה", ויצא לכו"ע).

הגה: שלשה ברכות הראשונות חשובות כאחת - נקט הראשונות משום דאיירי בהו, וה"ה ג' האחרונות, **והטעם**, דג' ראשונות ענינם אחד, לסדר שבחו של מקום קודם שאלת צרכיו, כעבד שמסדר שבח לפני רבו קודם שמבקש פרס ממנו, **וג'** אחרונות הן כעבד שקבל פרס מרבו שמשבחו והולך לו.

וכל מקום שטעה בהם, חוזר לראש, בין שהוא יחיד בין שהוא ציבור - ודווקא אם טעה בחתימתן, שחתם בברכה זו בענין ברכה אחרת, או שחתם בעשי"ת "האל הקדוש", ולא נזכר עד לאחר כדי דיבור, שא"א לו שוב לתקן טעותו, שאין חזרה מועלת אלא תוך כ"ד, **וכל** כה"ג איזה דבר שאם היה אירע כזה בברכה אחרת, היה צריך לחזור לראש אותה ברכה, לכך בג' ראשונות ואחרונות חוזר לראש, דחשובות כחדא, **אבל** אם טעה באמצע, אין מעכב.

(ומה שפסק בס"ד, דאם הזכיר גשם חוזר רק לראש הברכה, כתבו האחרונים, דס"ל, דכיון שלא סיים עדיין הברכה, אין זה טעות גמור לעת עתה, שיצטרך עי"ז לחזור לראש, ורק חזרה בעלמא בענין שיחזור הברכה ולא יאמר, **ועיין** לעיל בסימן ק"ד במ"ב, במש"כ שם בשם הח"א, דה"ה לענין שח, או שהזכיר מאורע שאר ימים בתפילה, כל זמן שלא סיים אותה ברכה, א"צ רק לחזור לתחלתה).

סעיף ז - בכל מקום שאנו אומרים חוזר לברכה שטעה בה, הני מילי שטעה בשוגג, אבל במזיד ומתכוין, חוזר לראש - (וכתבו הב"ח וא"ר, דאפילו אם היה הקלקול באיזה מן הברכות האמצעיות, ג"כ חוזר לראש התפלה, דכל י"ח ברכות נאמרו כסדר, וכולן חשובין כברכה א' לענין זה).

(עיין לעיל סימן ק"ד ס"ו לענין שיחה, דלכאורה סותר להך דהכא, ועיין באחרונים שחתרו ליישב זה, **ובביאור** הגר"א שם משמע, דלהרשב"א אין לחלק בין שוגג למזיד, **אבל** מדברי שארי כל האחרונים מוכח, דתופסים להלכה כמו שסתם הטוש"ע פה).

סעיף ח - בימות החמה, אם נסתפק אם הזכיר "מוריד הגשם" אם לא - משום דרגיל מימי החורף לומר "משיב הרוח ומוריד הגשם", ע"כ נסתפק לו אולי אמר עכשיו ג"כ הכי, ולא אמר "מוריד הטל" כשאר בני אדם, **אבל** להיפך לא מצי המחבר למנקט, דהיינו שנסתפק לו בימות הגשמים אם הזכיר גשם, **דהמחבר** איירי למנהג ספרד, שנוהגין לומר בימות החמה "מוריד הטל", ויצא בזה אפילו בימות הגשמים, וכנ"ל בסעיף ה', **וע"ז** כתב רמ"א ולדידן וכו'.

עד ל' יום בחזקת שהזכיר הגשם, וצריך לחזור - דעד זמן זה חזקה שאמר כמו שרגיל עד עתה, אבל מכאן ואילך כבר הורגל לשונו לומר כהלכה.

ואע"ג דבסעיף ט' כתב דדי בצ' פעמים, ובל' יום יש יותר מזה מפני תפילת המוספין, כבר תרצו הרבה מאחרונים, דל' יום ג"כ ר"ל כמנין תפילות התמידות שיש בל' יום, דהיינו ג"פ ביום, **וא"כ** לדבריהם לא בענין ל' יום שלימים, אלא כיון שהושלם צ' תפילות, ממילא הורגל לשונו לומר כהלכה, **ולענין** שאלה דאין בל' יום צ' תפילות, מפני תפילת שבת ויו"ט שאין בהן רק שבע ברכות, יצמח מזה חומרא, דיהא צריך לחזור מספיקא

אפי' אחר ל' יום, עד שיושלם צ' תפילות, שהורגל לשונו לומר בהן כהוגן, **ומדברי** הגר"א ועוד כמה אחרונים משמע, דהעיקר תלוי רק בל' יום, בין להקל בין להחמיר, **ונראה** דלמעשה יש להקל כשניהם, דספק ברכות להקל.

כתב הט"ז, אם שגג או פשע באיזה יום או יומים מאלו הל' יום, ולא התפלל כלל, מ"מ לא הורע חזקתו עי"ז, ואין צריך להשלים כנגד זה יום אחר, עי"ש, **וכתב** בספר מגן גבורים, דכ"ש אם שאל ב"שומע תפילה" וכדומה דעולה לו, **ועיין** במחצית השקל ובספר מאמר מרדכי ובדה"ח, שכולם מפקפקים בדינו של הט"ז.

(והנה להפוסקים שסוברין דתלוי בל' יום ממש, בין להקל ובין להחמיר, לכאורה היום הראשון מצטרף ג"כ ליום שלם, אף שלא התחילו בו רק במוסף או במנחה, **אך** יש לעיין לענין שאלה, דבזה ג"כ השיעור ל' יום כמו לענין הזכרה, כמו שכתב הא"ר, אם מצטרף ב' ימים ראשונים של פסח ג"כ לזה, **והנה** לפי דעת האחרונים החולקין על הט"ז, במש"כ דאם שגג או פשע יום אחד ולא התפלל כלל דמצטרף לענין חזקת ל' יום, ודאי דכ"ש בזה דלא מצטרף, **אך** מסתפקנא לדברי הט"ז, דאולי הט"ז לא מיירי רק באם דילג באמצע ולא בתחלתו, **או** אולי דגם בזה מכיון שבצירוף השני ימים האלו נשלם ל' יום שלא אמר בהן "טל ומטר", כבר העתיק עצמו מחזקתו שקודם לכן).

ואם ברור לו שהיה בדעתו לזכור מעין המאורע בתוך התפלה, ולאחר זמן מופלג נפל ספק בלבו אם זכר בתפלה או לא, אין צריך לחזור, **ואם** נתעורר הספק מיד אחר התפלה, יש לחזור.

הגה: וה"ה לדידן דאין מזכירין טל בימות החמה, אם נסתפק לו אם אמר "מוריד הגשם" בימות הגשמים, כל ל' יום חוזר, דודאי אמר כמו שרגיל, והרי לא הזכיר לא טל ולא גשם; לאחר ל' יום אינו חוזר.

סעיף ט - אם ביום ראשון של פסח אומר ברכת "אתה גבור" עד "מוריד הטל" - ועד בכלל, והיינו לבני ספרד, שנוהגין להזכיר טל בימות החמה, **ולדידן** עד "מכלכל חיים" ועד בכלל, וכדלקמן בהגה.

ובספר שולחן שלמה כתב, דיתחיל מן "מחיה מתים אתה", ולא מן "אתה גבור", שלא יאמר השם לבטלה, **ואם** יבוא לשנות הזכרת השם, ניחוש שיבוא לשנות אח"כ מפני ההרגל גם בתפלה.

צ' פעמים, כנגד ל' יום שאומר אותו ג' פעמים בכל יום, משם ואילך אם אינו זוכר אם הזכיר גשם, הרי הוא בחזקת שלא הזכיר גשם, ואינו צריך לחזור - וטעם כ"ז, דבזה כבר הורגל לשונו לומר כהלכה, דאם הורגל בלשונו כשאומר במפוזרין, ק"ו ברצופין.

ע"כ ה"ה לענין שאלה, אם אמר צ' פעמים ברכת השנים, עד אחר תיבת "ותן ברכה" בימות החמה, או עד אחר תיבת "ותן טל ומטר" בימות הגשמים, די, **ולא** יתחיל מתחלת "ברך עלינו", רק מ"ואת כל מיני תבואתה" וכו'.

ובתשובת חתם סופר מורה ובא לכתחלה, לאומרו מאה פעמים ואחד, **אמנם** בדיעבד מי שאמר רק תשעים פעמים, אין בידינו לפסוק שיחזור ויתפלל נגד פסק השו"ע.

וכ' בשע"ת, שאם הרגיל עצמו מ"ה פעמים, שהם כנגד ט"ו יום, משעברו אח"כ ט"ו ימים, חזקה שאמר כהוגן.

(עיין בביאור הגר"א שחולק, ומסכים לשיטת רבינו פרץ המובא בטור, דלא ס"ל כן, וגם בט"ז מפקפק בפסק זה, **ושארי** כל האחרונים, רובם וכמעט כולם, העתיקו את דברי השו"ע להלכה).

הגה: וכן לדידן, אם אמר עד "מכלכל חיים" - ועד בכלל, **בלא "משיב הרוח ומוריד הגשם" שמזכירין בימות הגשמים** - וא"כ נתרגל לשונו לומר: רב להושיע מכלכל חיים. **ויש** חולקין על הרמ"א בזה, ‹דדוקא בעשייה, דהיינו עקימת שפתיו שאומר צ' פעמים משיב הרוח בשמ"ע, מסתבר כן, אמנם בשב ואל תעשה, דהיינו לומר אתה גבור צ' פעמים בפסח ולדלג משיב הרוח, זה אינו כלום – של"ה א"ר›, **ונכון** לחוש לכתחלה שלא לעשות כן לסמוך ע"ז, כן כתב בדה"ח, **ובח"א** לא משמע כן.

וכן אם אמר בשמיני עצרת צ' פעמים "אתה גבור" עד "מוריד הגשם" - ועד בכלל, **אם נסתפק אחר כך אם הזכיר או לא, חזקה שהזכירו.**

§ סימן קטו – טעם ברכת אתה חונן §

סעיף א - מפני שמותר האדם מן הבהמה היא הבינה והשכל, קבעו ברכת "אתה חונן" ראש לאמצעיות, שאם אין בינה אין תפלה - עוד טעם על סדר הברכות כתוב בספר סדר היום, "אתה חונן": ראשונה שאלת החכמה והדעת באדם, דבלא"ה טוב ממנו הנפל, **ולכן** צריך לכוין בה כראוי, שזה עיקר השאלה שצריך האדם לשאול מאת הבורא ית', שיתן לו שכל ודעת ישר למאוס ברע ולבחור בטוב, **"השיבנו"** לאחר הדעת, כי מתוך הדעת נותן לבו על חטאו, וכונת הברכה הזאת, לבקש מאת ד' יתברך שיכניע וישפיל גיאות יצרו, **"סלח** לנו": אחר תשובה צריך שיעלה על לבו החטאים או הפשעים בעצמם, **"רפאנו"**: רפואה אחר הגאולה, שכל זמן שאדם בצער אינו עומד מעל חליו, ועיקר הכונה לבקש מאת אלקינו שירפא אותנו כדי שנהיה בריאים וחזקים, לעסוק בתורה כראוי ולשמור כל המצות, **ברכת** פרנסה אחר רפואה, שכשהאדם חולה אז אינו מבקש על המזון, אבל אחר שנתרפא מבקש אחר פרנסתו, לחזור ולהבריא גופו ונפשו, וצריך לכווין שיזמין לנו ד' יתברך פרנסתינו בנחת ולא בצער, בהיתר ולא באיסור.

עיין בא"ר שמביא דיעות, דיש אומרים שצריך לומר "חננו מאתך" וכו', ולא "וחננו", מפני שהוא התחלה בבקשה, **וי"א** שצריך לומר "וחננו".

והא דמבדילין בברכה זו, לפי שהוא חכמה, שהאדם מבדיל בין דבר לדבר, לכן קבעוהו בברכת החכמה, **ורמז** לדבר, "בינה", ר"ת: בשמים יין נר הבדלה.

כתוב בטור, מה שתקנו לומר "אבינו" בברכת "השיבנו" וב"סלח לנו", משא"כ בשאר ברכות, **היינו** טעמא, שאנו מזכירין לפניו שהאב חייב ללמד עם בנו, וב"סלח לנו" משום דכתיב: וישוב אל ד' וירחמהו, ע"כ אנו מזכירין רחמי האב על הבן.

§ סימן קטז – פרוש ברכת רפאנו §

סעיף א - רפאנו ה' ונרפא - ולא יאמר: רפאנו ד' אלהינו ונרפא, כי לישנא דקרא הוא כך: רפאני ד' וארפא.

אע"ג דהכתוב ליחיד אין מכנין אותו לרבים - והוא הדין שאר שינוי, כגון מן מדבר בעדו, למדבר בנוכח.

הני מילי בזמן שמתכוין לקרות, אבל כשאומר אותו דרך תפלה ובקשה, מותר. ומ"מ אם אומר מזמור שלם, אסור לשנות מלשון יחיד לרבים, או להיפך - ר"ל אפילו אם אמרו דרך תפילה, וכשאינו אומרו דרך תפילה, גם להג"ה אסור אפילו פסוק אחד. **צריך** לומר "חולֵי" בציר"י הלמ"ד.

ויכול להתפלל על חולים ב"רפאנו", ויאמר: רפא נא פב"פ רפואה שלמה בתוך שאר חולי ישראל, **וה"מ** שלא בפניו, אבל בפניו א"צ להזכיר שמו.

י"א שלא יאמר "ראה נא בענינו", רק "ראה בענינו", **אבל** המ"א וא"ר ושארי גדולים כתבו, שאין לזוז מן המנהג שאומרים "ראה נא בענינו".

§ סימן קיז – דיני ברכת השנים §

סעיף א - ברכת השנים, צריך לומר בה בימות הגשמים: ותן טל ומטר, ומתחילין לשאול מטר בחוצה לארץ בתפלת ערבית של יום ס' אחר תקופת תשרי - כלומר בתפילת ערבית שמתחיל יום ס', **ואז** יכריז השמש לאחר הקדיש קודם התפלה "טל ומטר", בכדי שידעו לומר: ותן טל ומטר, **ואם** לא הכריז אעפ"כ יאמרו.

ובדיעבד אם לא שאל, מחזירין אותו, (ואפי' אם עדיין לא נשלם ס' יום מעל"ע)**, ואינו** דומה לערבית של ר"ח, דשם הטעם משום דאין מקדשין החודש בלילה, כ"כ בספר ברכ"י, **ובספר** זכור לאברהם מצדד שלא

הלכות תפלה
סימן קיז – דיני ברכת השנים

לחזור בדיעבד, וכמו בהזכרה, עי"ש, **אבל** מדברי כמה אחרונים שראיתי לא משמע כן.

(ויום התקופה הוא בכלל הס') - כלומר יום שנפלה בו התקופה מחשבים מכלל הס', אפי' אם התקופה נופלת בחצי יום או אח"כ, רק שיהא קצת קודם הלילה, **ולעולם** ב' ימים בין התקופה להשאלה, דאם התקופה ביום א', השאלה בתפילת ערבית השייכה ליום ד'.

ובארץ ישראל מתחילין לשאול מליל ז' במרחשון - לפי ששם צריך לגשמים, לפי שגבוה הוא מכל הארצות, משא"כ בגולה, **ואנו** בכל חו"ל בתר בני גולה דבבל אזלינן.

בן א"י בחו"ל או להיפך, אם דעתו בתוך שנה לחזור, שואל כמקומו, **ואם** דעתו אחר שנה, שואל כמקום שהוא שם, אע"פ שיש לו אשה ובנים בביתו, כ"כ הפר"ח והביאו הפמ"ג, ‹**אין** כוונתו לשנה דוקא, אלא לאחר ס' יום לתקופה, שאין דין שאלת גשמים תלוי בשם "בן א"י", אלא בהיותו בא"י בתקופה זו שהיא תקופת השאלה – הליכות שלמה›, **ובספר** ברכי יוסף הסכים בשם כמה גדולים לדעת מהר"ז גוטה ומהר"י מולכו, דכל אחד ישאל כבני העיר הנמצא בה, ודלא כהפר"ח, עי"ש, **ולכאורה** מדברי הבה"ט משמע, דהם מיירי דוקא באין דעתו לחזור, וצריך לעיין בתשובת דבר שמואל ובס' יד אהרון, כי שם מקורם.

ושואלין עד תפלת המנחה של ערב יום טוב הראשון של פסח - כלומר ועד בכלל, **ומשם ואילך פוסקין מלשאול** - ואין חילוק בפסיקה בין א"י לחו"ל.

(**ואם** טעה במעריב ליל ראשון של פסח, והתפלל תפלת שמו"ע של חול, ונזכר לאחר שהתחיל "ברך עלינו", שהדין הוא שצריך לסיים כל אותה ברכה, אינו אומר "טל ומטר", כיון שגם הצבור אינם אומרים, **ואם** חלה השאלה ביום שבת וטעה והתפלל של חול, והתחיל "ברך עלינו", ג"כ אינו אומר "טל ומטר", כיון שהציבור עדיין לא התחילו, והיחיד נגרר תמיד אחר הצבור).

הנוסח: "ושבענו מטובך", **ובסידור** האר"י כתוב "מטובה".

סעיף ב - יחידים הצריכים למטר בימות החמה, אין שואלין אותו ב"ברכת השנים", אלא ב"שומע תפלה" - ואף דאיתא לקמן בסימן קי"ט, דאם היה צריך לפרנסה אומרה בברכת השנים, **שאני** פרנסה שהוא דבר הצריך לכל, ואין בו היזק לשום אדם, אבל מטר יש בו היזק לשאר ארצות.

ואפי' עיר גדולה כנינוה, או ארץ אחת כולה כמו ספרד בכללה, או אשכנז בכללה, כיחידים דמו ב"שומע תפלה".

ונראה דלפי"ז, דכ"ש שיש לנו לשאול מטר ב"שומע תפלה" אחר ז' מרחשון, או בין פסח לעצרת, במקומות הצריכין לכך, דהא אפילו בתקופת תמוז דסימן קללה הם, שואלין ב"שומע תפלה".

כתב ט"ז, הא דצבור מותר להתפלל בש"ת, היינו כשמתפללין בלחש, אבל לא יאמר אותו הש"ץ בקול רם אפילו בש"ת, **ומנהגנו** כהיום שאומר הש"ץ בש"ת, אבל אינו אומר "ותן טל ומטר" לחוד, כי אם בפסוקים ושאר לשונות, וכבר נדפס בסידורים.

ובשבת ור"ח ויו"ט מזכירין י"ג מדות, ואומרים מזמורי תהלים של מטר, כדאיתא בסידורים.

ומיהו אם בארץ אחת כולה הצריכים מטר בימות החמה, טעה בה יחיד ושאל מטר ב"ברכת השנים", (אם רוצה) חוזר ומתפלל בתורת נדבה בלא שאלה ב"ברכת השנים", (אבל אינו מחויב לחזור כלל) – ‹טעם דין זה הוא ע"פ תשו' הרא"ש, שתמה למה אין אנו שואלים בז' חשון כבני ארץ ישראל, **נהי** דאנן בתר בני בבל גרירינן, היינו בדין מן הדינים שחולקין בני מערבא עם תלמוד בבלי, או בני חו"ל עם בני א"י, **משא"כ** זה תלוי בטבע הארצות, שבא"י היו צריכין למטר מיד בז' חשון, ולכן שואלין בז' חשון, ובני בבל לא היו צריכים לגשמים עד ס' יום אחר התקופה, לכן לא היו שואלים עד זמן זה, **וא"כ** בארצות שצריכין לגשמים בחשון, היה ראוי שינהגו בזה כבני א"י, לשאול בז' חשון, **וכן** אם מנהג הארצות שצריכין למטר גם בימות החמה, וכמו ארץ אשכנז שזכר שם הרא"ש, שצריכה למטר גם מימי הפסח עד עצרת, כל דינם בתפלה כמו בימי החורף בא"י, **וכתב** הרא"ש שלא נתקבלו דבריו לפני חכמי דורו, ועפ"ז כתב הרב ב"י, נהי דלכתחלה לא קי"ל כוותיה, כיון שנתפשט בתפוצות ישראל דלא כוותיה, מ"מ

בדיעבד אם יחיד טעה והזכיר בזמן וכו׳, אין חייב לחזור להתפלל אלא בתורת נדבה, ובזה יבואר דברי השו״ע).

(**נראה** פשוט, דה״ה אם כל הצבור או הש״ץ טעו ושאלו "טל ומטר", ג״כ אין חייב לחזור, דהא הטעם הוא כמו שכתב מהרי״א, דבאמת נראין דברי הרא״ש, ויש לסמוך עליו עכ״פ לענין דיעבד, וא״כ מה לי יחיד או ש״ץ וצבור, **והאי** דנקט יחיד לרבותא, אפילו אם רק יחיד שאל "טל ומטר" שלא כמנהג כל הצבור שם, אפ״ה שפיר דמי, כיון שצורך רבים הוא, **ועוד** נראה בפשיטות, דהא דנקט יחיד, משום דבצבור אפילו בתורת נדבה אינו יכול לחזור ולהתפלל, וכדלעיל בסימן ק״ז ס״ג, אבל חיובא ליכא אפילו בצבור, ונראה דה״ה בש״ץ).

(**גם** במש״כ הפמ״ג דדוקא אם טעה, אבל אם הזיד חוזר לראש, **לענ״ד** לא נוכל לאמר זה בענינינו כלל, דהא הטעם הוא משום דיש לסמוך בדיעבד על הרא״ש, והרי לדידיה בודאי אפי׳ הזיד אינו חוזר, דנוסח הברכה כך היא).

(**ומ״ש**: אם בארץ וכו׳, פירוש לאפוקי אם איזו עיירות צריכין למטר, כל שאין עליהם שם ארץ, כיחידים דמי, אפילו לדברי הרא״ש, **ואפילו** בדיעבד אם שאל מטר בברכת השנים, חוזר).

ומיירי שסיים כל תפלתו, ואז יחזור ויתפלל בנדבה מתחלת התפלה, **ואם** נזכר קודם שסיים, לא שייך לומר שיחזור לברכת השנים ויתפלל בנדבה, אלא יסיים מתחלה כל תפלתו, ואח״כ יחזור ויתפלל בתורת נדבה.

(**ומשמע** שבהזכרת גשם לא טעה, אלא התנהג כשאר בני אדם ולא הזכיר, ואפ״ה אינו מחוייב מצד הדין לחזור ולהתפלל, **ולכאורה** קשה, דהא הטעם הוא דלמא הלכתא כהרא״ש, דנמשך זמן השאלה שם יותר, וא״כ גם זמן הזכרה נמשך שם לדידיה, **וא״כ** יש לו לחזור בשביל שלא אמר גשם, דכי היכי דבא״י אם לא הזכיר עד פסח מחזירין אותו, ה״נ בזה עד עצרת, **וא״כ** ממ״נ אינו יוצא בתפלה הזו, **ולכאורה** יהיה מזה ראיה להפמ״ג שכתב בסימן קי״ד, דלדעת השו״ע בהזכרה אפילו ארץ אחת כולה הצריכה מטר אפ״ה מחזירין אותו, ולא ס״ל בזה כלל כהרא״ש, ועי״ש בבה״ל מה שכתבתי אודות זה).

עיין בבה״ל, דאם לא היה עצירת גשמים, ושאל מטר במדינותינו מפסח ועד עצרת, צריך מדינא לחזור ולהתפלל בתורת נדבה, (**דמשמע** קצת מלשון השו״ע, דדוקא כשנעצר המטר, אבל בלא״ה מחזירין אותו, אע״פ שהגשם במקום ההוא אינו סימן קללה, **ולפי** מה דמשמע מתשובת הרא״ש שממנו מקור דין זה, המדינות שצריכות מטר בין פסח לעצרת כאשכנז וכדומה, אפילו בסתמא דינייהו כמו בימי החורף בא״י, **ונהי** דלכתחלה לא קי״ל כותיה, עכ״פ לענין דיעבד אין לחזור, וצ״ע, **ועיין** בס׳ זכור לאברהם שכתב, דלא יכנס בספק ברכות, (ולא יחזור ויתפלל אלא בתורת נדבה - מ״ב המבואר), **ומדברי** הדה״ח וח״א משמע, דס״ל דדוקא כשהיה עצירת גשמים, אבל בלא״ה חייב לחזור ולהתפלל, **ונ״ל** דהוא ספיקא דדינא, ע״כ יחזור ויתפלל, ויתנה: **אם לא יצאתי ידי תפלה עד עתה, תהא לחובה, ואם יצאתי תהא לנדבה**, דספיקא דדינא הוי כספק לו אם התפלל שבסימן ק״ז ס״א, **וה״ה** בכל זה אם טעה ושאל מטר מז׳ מרחשון ולהלן, במדינות שבחו״ל הצריכין מטר בתחלת החורף, יחזור ויתפלל ויתנה כנ״ל, והכל מהך טעמא).

סעיף ג - אם שאל מטר בימות החמה, מחזירין אותו - בין ששאל טל או לא.

היינו אם עקר רגליו חוזר לראש התפלה, **ואם** לא עקר רגליו, חוזר לתחלת ברכת השנים, **ואפילו** אם נזכר קודם שסיים הברכה, יחזור ג״כ לתחלת ברכת השנים, (**ואם** לא התחיל רק מ"ותן ברכה" וכו׳, לא מיבעי אם נזכר בתוך כדי דיבור, ודאי יצא בדיעבד, **אלא** אפילו אם לאחר כדי דיבור התחיל "ותן ברכה, וברך שנתנו" וכו׳ וסיים הברכה, יצא בדיעבד).

ועיין לעיל בבה״ל, דאם שאל מטר אחר החג אף קודם ס׳ יום דתקופה, במדינות הצריכות למטר בתחלת החורף, (ואין שם עצירת גשמים), צריך (מדינא) לחזור ולהתפלל רק בתורת נדבה, (ועיין שם דצריך להתנות).

סעיף ד - אם לא שאל מטר בימות הגשמים, מחזירין אותו, אע״פ ששאל טל - עיין

במ״א ובשע״ת שכתבו, דאם נזכר קודם שהתחיל "תקע בשופר", אומרו שם, **ובסימן** קי״ד בבה״ל הארכנו בזה, ובירנו דיותר טוב שיאמר בש״ת, דבזה יצא לכו״ע, עתה מצאתי בספר קיצור ש״ע, שפסק ג״כ הכי, **ואם** נזכר קודם שסיים ברכת השנים, יאמר במקום שנזכר, **אך** אם נזכר אחר "כשנים הטובות", יחזור ויאמר "וברך שנתנו כשנים הטובות", כדי שיהיה מעין חתימה סמוך לחתימה, **וטוב** יותר שיתחיל "ותן טל ומטר" ויגמור כסדר.

אבל אם שאל מטר ולא טל, אין מחזירין אותו.

סעיף ה - אם לא שאל מטר, ונזכר קודם "שומע תפלה", אין מחזירין אותו, ושואל ב"שומע תפלה" - ר"ל בברכת "שמע קולנו", קודם "כי אתה שומע", שמתוקנת לשאול בה כל הבקשות, **אבל** הזכרת "משיב הרוח", קי"ל דאם שכח חוזר, משום דהזכרה שבח הוא, ואין מקומה בזו הברכה שמתוקנת לבקשה.

(ואם היה לו תענית וצריך לומר "עננו", יאמר השאלה קודם "עננו") - דשאלה חמורה מ"עננו", דאם לא אמרה מחזירין אותו, משא"כ ב"עננו".

ואם לא נזכר עד אחר "שומע תפלה", אם לא עקר רגליו, חוזר לברכת השנים; ואם עקר רגליו, חוזר לראש התפלה; ואם השלים תפלתו ואינו רגיל לומר תחנונים אחר תפלתו, אע"פ שעדיין לא עקר רגליו, כעקורים דמי - וה"ה אם רגיל לומר תחנונים, וסיים תחנוניו ואמר אחריהם הפסוק "יהיו לרצון" וגו', שבאמירת פסוק זה עשה היסח הדעת מלומר עוד תחנונים, ונשלמה תפלתו, אע"פ שלא התחיל עדיין "עושה שלום".

ואם נזכר אחר שחתם "שומע תפלה", קודם שהתחיל "רצה", נראה שאומר "ותן טל ומטר", ואחר כך אומר "רצה" - ואם נזכר אחר שאמר "בא"י", יסיים "למדני חוקיך", ויאמר "ותן טל ומטר", ואח"כ "כי אתה שומע" וכו'.

(לכאורה נראה דה"ה אם חיסר בשאר ברכה דבר שהוא מעיקר הברכה, כגון שחיסר ענין קיבוץ גליות בברכת "תקע בשופר", שנקראת במגילה על שם זה, ג"כ יכול להשלים בברכת "שומע תפלה", דלא מיעטו רק דבר שהוא מענין שבח, כגון הזכרה והבדלה, ושאר שבחים שאינם ענין תפלה ובקשה, משא"כ בזה, וגם אפילו בהבדלה גופא פסק המ"א, דאם יודע שלא יהיה לו כוס להבדיל, ושכח לומר הבדלה ב"חונן הדעת", יאמרנה בש"ת, כדי שלא יצטרך לחזור, א"כ ה"ה בזה, **אח"כ** מצאתי בפמ"ג, דאם דילג איזה תיבות שהוא מענין הברכה, אין יכול להשלימו בש"ת, וטעמו, דלא דמי לשאלה והבדלה, דזה איננו נוסח קבוע תמיד, לכך תקנו לזה תקנה. **ודע**, דלדעת הגר"א דס"ל דהעיקר תלוי בחתימה, יצא, ואפילו השלמה א"צ, כי מיבעי לי לפי דעת השו"ע).

(ובדילג הברכה לגמרי, אין שום נ"מ בין נזכר קודם "שומע תפלה" או אח"כ, דאין רשאי לכלול ב"שומע תפלה", **ואם** הוסיף איזה דבר שהוא מקלקל את הברכה, כגון שאמר "טל ומטר" בימות החמה וכה"ג, בזה בודאי אין לו שום תיקון ב"שומע תפלה").

§ סימן קיח – חתימת ברכת השיבה §

סעיף א - השיבה שופטינו, חותם בה: מלך אוהב צדקה ומשפט - ואם אמר בכל השנה "המלך המשפט" או "האל המשפט", יצא.

ומר"ה ועד יום הכפורים חותם: המלך המשפט - בשני ההי"ן, ויזהר בזה, כי י"א דלא יצא, **ומ"מ** בדיעבד אם אמר "מלך המשפט", לא יחזור.

הגה: מיהו אם אמר: מלך אוהב צדקה ומשפט, א"צ לחזור - עיין באחרונים דמסקי, דאם נזכר תוך כדי דיבור מעת אמרו "ומשפט", אומר "המלך המשפט" ג"כ, **ואם** לאחר כ"ד, שוב לא יאמר, ואין מחזירין אותו.

ולא אמרו שיחזור אלא במקום שכל השנה אומרים: האל אוהב צדקה ומשפט, וע"ל סימן תקפ"ב.

§ סימן קיט – דין הרוצה להוסיף בברכות §

סעיף א - אם רצה להוסיף בכל ברכה מהאמצעיות, מעין הברכה, מוסיף. כיצד, היה לו חולה, מבקש עליו רחמים בברכת רפאנו; היה צריך פרנסה, מבקש עליה בברכת השנים - עיין פר"ח דמייתי מזוהר פ' וישלח, "הצילני נא" וכו', דבתפלה בעי לפרושי מילי כדקא יאות.

הלכות תפלה שיא
סימן קיט – דין הרוצה להוסיף בברכות

המבקש רחמים על חבירו, א"צ להזכיר שמו, שנאמר: אל נא רפא נא לה, ולא הזכיר שם מרים, **והני** מילי בפניו, אבל שלא בפניו צריך להזכיר שמו.

עיין בפמ"ג שכתב, דדוקא אם היה לו חולה, וכן בפרנסה דוקא אם צריך לפרנסה, **אבל** אינו רשאי לבקש רחמים בברכה מאמצעיות על העתיד, שלא יחלה ושלא יחסר לחמו וכה"ג, **משא"כ** ב"שומע תפלה", אפי' על העתיד רשאי לבקש.

הגה: וכשהוא מוסיף, יתחיל בברכה ואח"כ מוסיף, אבל לא יוסיף ואח"כ יתחיל הברכה - דצריך לעשות עיקר ממטבע שטבעו חכמים, ובקשה שלו תהיה טפילה, ולא להיפך.

וכתב הפמ"ג, דצריך להקדים ולומר מאמר שלם מענין הברכה, כגון אם רוצה לבקש שיתן לו ד' דעה, יקדים ויאמר: אתה חונן לאדם דעת, **אבל** לא תיבת "אתה" לבד, וכה"ג בכל הברכות.

וב"שומע תפלה" יכול לשאול כל צרכיו, שהיא כוללת כל הבקשות.

טוב להתודות ב"שומע תפלה", ויאמר: חטאתי עויתי פשעתי, ולשאול על מזונותיו אפילו אם הוא עשיר, **ואם** יש לו עון מחודש, מזכירו בפירוש בתפלה הקודמת אצלו, ויאמר התפילה בהכנעה, ועכ"פ בקול בוכים, ויקבל עליו שלא לעשות עוד כזה מדעתו, ואם לאו אז מקטרגים עליו ח"ו מלמעלה.

ולהר"ר יונה, כשמוסיף בברכה מעין אותה ברכה, אם מוסיף אותו בשביל כל ישראל - והוא הדין בשביל רבים, **אומר אותו בלשון רבים ולא בלשון יחיד** - כיון שהוא אומרה בשביל רבים.

ולא יוסיף אלא בסוף הברכה ולא באמצע - שכששואל צרכי רבים באמצע הברכה, נראה כמוסיף על המטבע שתקנו חכמים, **בד"א** ביחיד, אבל בצבור מותרים, ולכן אומרים סליחות באמצע ברכת "סלח לנו", וכן באמצע ברכה אמצעית של יוה"כ.

עיין בפמ"ג שמצדד לומר, דדוקא קודם שאמר בא"י, אבל לאח"כ (אחר שסיים כבר הברכה), נראה דאסור, ועי"ש דאינו ברור לו דבר זה. (ע"פ מ"ב המבואר).

ואם שואל צרכיו ממש, כגון שיש לו חולה בתוך ביתו או שהוא צריך לפרנסה, יכול לשאול אפי' באמצע הברכה, והוא שישאל בלשון יחיד ולא בלשון רבים - דאף שהתירוהו לשאול אפילו באמצע הברכה, כיון שצריך לו לפי שעה, אם יאמרנה ג"כ בלשון רבים, יהיה נראה כמוסיף על המטבע שטבעו חכמים.

וטוב ליזהר לכתחילה בכ"ז כדברי הר"ר יונה.

ובברכת "שומע תפלה" וכן בסוף התפלה, בין קודם "יהיו לרצון" בין אחריו, יכול לשאול בין בלשון יחיד בין בלשון רבים, בין צרכיו ממש בין צרכי רבים - וב"ח כתב, דלהרהר"י "שומע תפלה" דומה לשאר ברכות לענין זה, דבאמצע אסור לשאול בלשון רבים.

סעיף ב - יש מי שאומר שכשמוסיף בברכה לצורך יחיד, לא יאריך - אפילו בברכת "שומע תפלה", וכ"ש בשאר ברכות, **אבל** לאחר תפלה אפילו קודם "יהיו לרצון", מותר להאריך בכל גווני.

ובליקוטי מהרי"ל איתא: כשחלה מהרי"ל, גזרו הצבור תענית ואמרו סליחות, ומנהגם היה אז לומר סליחות באמצע ברכת "סלח לנו", **משמע** דצבור לצורך יחיד שרי (להאריך - ערוה"ש) אפילו באמצע ברכה, **י"ל** שאני מהרי"ל, דרבים צריכים לתורתו וכרבים דמי.

סעיף ג - אם דילג או טעה בברכה אחת מהאמצעיות - פי' שדילג הברכה לגמרי, **וטעה** פי', ששינה בה בענין שצריך לחזור מחמת זה, **ותרווייהו** איירי בשוגג, דבמזיד צריך לחזור לתחלת י"ח, כמש"כ סימן קי"ד ס"ז.

(ענין טעות נ"ל דנכלל בשני אופנים, א' שלא השלים את הברכה כדין, כגון שלא חיתמה כדין, או שחיסר איזה דבר שהוא עיקר הברכה, כגון שלא אמר "טל ומטר" בימות הגשמים, או שחיסר להזכיר ענין קיבוץ גליות בברכת "תקע בשופר", שעיקרה בנויה ע"ז, אף אם חיתמה כראוי, וכה"ג, וכמו שאם חיסר "יוצר אור" בברכת "יוצר אור", דפסק המחבר דלא יצא, ב', אם אמר איזה דבר

מחבר רמ"א משנה ברורה

שהוא מקלקל את הברכה, כגון שאמר "טל ומטר" בימות החמה, וכה"ג, והנה כ"ז הוא לפי דעת המחבר לעיל בסימן נ"ט, אבל לפי דעת הגר"א שם, דאפילו אם לא הזכיר בתחלה כלל "יוצר אור", כיון שחתם כדין יצא בדיעבד, נראה דה"ה הכא באופן הראשון, אזלינן בתר חתימה ויצא, כיון שבה מזכיר ענין קיבוץ גלויות).

אינו צריך לחזור אלא לראש הברכה שטעה או שדילג - ואם נזכר בטעותו בעוד שהוא עומד עדיין בהברכה, יחזור למקום שטעה לבד, [אך אם הוא מבוהל (והוא ש"ץ) ואינו יכול לחזור למקומו, ואחר עומד תחתיו, בכל גווני צריך להתחיל מתחילת הברכה].

ומשם ואילך יחזור על הסדר - ואפילו אם לא נזכר עד אחר כמה ברכות, צריך לחזור ולומר כולן אחריה, שאם יאמר אותה ברכה לבדה במקום שנזכר, נמצא ששינה סדרן של ברכות, ולא יצא י"ח, שסדר ברכות הוא מאנשי כנה"ג, וסמכו סדרן על המקראות.

סעיף ד - ש"צ שגמר "גואל ישראל" ושכח ולא אמר "עננו", לא יחזור אפי' אם עדיין לא גמר רק "רפאנו" - ר"ל שסיים ברכת "רפאנו", ואמר: בא"י, **אבל** אם נזכר קודם שחתם, אפי' אם אמר: ברוך אתה, הואיל ולא אמר עדיין השם, חוזר ואומר "עננו" עם חתימה, ואחר זה חוזר ואומר ברכת "רפאנו".

ואם חזר ברכה לבטלה היא - היינו דע"י שיחזור לומר "עננו", יצטרך בהכרח לומר אח"כ ברכת "רפאנו" עוד הפעם, כדי שיהיה על הסדר, ברכת השנים אחר "רפאנו", והיא ברכה לבטלה, שאין מחזירין בשביל "עננו".

(ומשמע מזה, דמשום "עננו" גופא לא הוי ברכה לבטלה, ולא זכיתי להבין, כיון דס"ל להפוסקים ד"עננו" זה הוא כשאר "עננו" דעלמא, דקי"ל שאין מחזירין אותו, א"כ אם יחזור לומר עתה, הוא ברכה לבטלה, כיון דקביעותו הוא בין "גואל" ל"רופא" ולא בין "רפאנו" לברכת השנים, אם נצריכו לומר עתה, בודאי בשם חזרה מיקרי, **ואפשר** דס"ל, דכיון דקבעוה חז"ל לכתחילה לומר ברכה בפני עצמה, יש בה עדיפותא משאר "עננו" דלא הצריכו רק לכוללה, **ואם** לאו דהיה היזק עי"ז לברכת "רפאנו", לא היינו מסתפקים במה שאנו נותנים עצה לכללה בש"ת, **כי** לא מצינו תיקון ע"י "שומע תפלה" רק אם חיסר שאלה בברכת השנים, או להירושלמי "משיב הרוח" בברכת "אתה גבור", אבל לא אם חיסר ברכה שלמה, וכמו שפסקו כל האחרונים, **ואכתי** צ"ע).

(אלא יאמר "עננו" ב"שומע תפלה" כיחיד) - עיין בדה"ח שפוסק, דלא יחתמנה בברכה, רק ב"שומע תפלה" כשאר יחיד בעלמא, וכן נכון, דבזה יצא לכו"ע. **וה"ה** אם לא היו יו"ד המתענים בבהכ"נ, ובאו אחר ברכת "רפאנו", יאמר בש"ת כיחיד.

ואם שכח גם ב"שומע תפלה", אפילו נזכר קודם שהתחיל "רצה", שוב לא יאמר, אלא יאמרנה אחר שיסיים "בשלום", קודם "אלהי נצור", ובלא חתימה.

ואם התחיל הש"ץ להתפלל בקול רם, והיו אז בבה"כ יו"ד שמתענים, ואח"כ הלכו מקצתן קודם שהתחיל הש"ץ "עננו", לא יאמר "עננו", וטוב שיאמר אז ב"שומע תפלה", **ואם** כבר התחיל "עננו" ויצאו, גומר.

וכל זה בש"ץ, שמקום קביעתו לומר "עננו" הוא בין "גואל" ל"רופא", אבל ביחיד שכולל "עננו" בברכת "שומע תפלה", אם שכח לאמר "עננו", כל שסיים "שומע תפלה", אף שלא פתח ב"רצה", אין צריך לחזור, כדין כל דבר שאין מחזירין אותו, **וטעם** החילוק הוא, דשם שאני שהוא כלול תוך הברכה, וכל שסיים הברכה איכא בחזרתו ברכה לבטלה, **משא"כ** כאן דקבעוהו ברכה בפני עצמה, אין לבטלה אם לא שיצטרך לברך ברכת "רפאנו" עוד הפעם בשביל זה, וכל זמן שלא אמר השם של "ברוך אתה", לית ברכה לבטלה.

ואם שכח ואמר "עננו" קודם "ראה נא", דעת המ"א דצ"ל "עננו" פעם אחר, אחר "ראה נא", וכן כתב בדה"ח, **ובפמ"ג** נשאר בדין זה בצ"ע, **ובספר** מגן גבורים האריך בזה, ומסיק לדינא ג"כ, דאין לחזור ולומר "עננו" פעם אחרת, ואם ירצה יאמרנה בש"ת כיחיד.

§ סימן קכ – שראוי לומר רצה בכל תפלה §

סעיף א - אומרים "רצה" בכל התפלות, ודלא כאותם שנוהגים שלא לאומרו במנחה - דהיינו שהם מתחילין מ"ואשי ישראל", **ועיין** בפמ"ג שכתב, דלפי מה שנהגו עכשיו בכל מקום לאמר

(ביאור הלכה) [שער הציון] (הוספה)

הלכות תפלה
סימן קכ – שראוי לומר רצה בכל תפלה

"רצה", מקרי המדלג משנה ממטבע שטבעו חז"ל, ודינו כמש"כ המחבר סימן קי"ט ס"ג בטעה בברכה, **ולענ"ד** צ"ע אם זה מקרי בדיעבד בשם טעה, ואפילו בשחרית.

כתב הטור, על מה שאנו אומרים: ואשי ישראל ותפלתם וכו', ואף על פי שאין עתה עבודה, מתפללים על התפילה שהיא במקום הקרבן, שתתקבל ברצון לפני הש"י. **ובמדרש** יש: מיכאל שר הגדול מקריב נשמתן של צדיקים על המזבח של מעלה, ר"ל שמגיש אותם לרצון לפני ד' לריח ניחוח, ועל זה תקנו "ואשי ישראל", ר"ל אנשי ישראל. **ויש** מפרשים על מה שלמעלה ממנו, והכי פירושו "והשב העבודה ואשי ישראל", ואחר כך "ותפילתם באהבה תקבל ברצון". **ועיין** בט"ז שכתב, דהפירוש האמצעי הוא המובחר מכולם, **אבל** הגר"א כתב שהעיקר כפי' האחרון.

§ סימן קכא – דיני מודים §

סעיף א - שוחין ב"מודים" תחלה וסוף - תחלה, היינו בתחלת "מודים", וכשאומר ד' יזקוף, **וסוף**, בברכת "הטוב שמך", דהיינו בעת אמירת: ברוך אתה, וכשאומר ד' יזקוף, וכנ"ל בסי' קי"ג לענין ברכת אבות.

איתא בגמרא: אם לא כרע במודים, נעשה שדרו נחש לאחר שבע שנים.

אם נזדמן לו רוק, לא ישחה עד שיצא הרוק מפיו. ‹דאם ירוק בשעה ששוחה, נראה כאילו ח"ו ירוק ע"ז – ערוה"ש›.

סעיף ב - האומר: מודים מודים, משתקים אותו - אף אם לא השתחוה ב"פ, ובין לכפול המלות, ובין לכפול ענין וענין, הכל אסור, דמיחזי כשתי רשויות.

(מסתפקנא, אם אמר רק תיבת "מודים מודים" לבד, והשאר אמר כהלכתו, אם גם בזה משתקין אותו, דאולי הגמרא מיירי דכפל גם התיבות שאחר זה, אבל בזה לבד לא מיחזי כשתי רשויות, אחרי שאח"כ אמר: שאתה הוא ד' אלקינו, **ואפשר** אפילו את"ל דלענין "שמע" מקילינן בתיבת "שמע שמע" בלחוד, דעי"ז לא מיחזי כשתי רשויות, אפשר בתיבת "מודים מודים" חמור טפי, וצ"ע).

סעיף ג - יחיד אין לו לומר ברכת כהנים. הגה: וכן עיקר, וכן נראה לי לנהוג, אבל המנהג הפשוט אינו כן, רק אפילו יחיד אומר אותו כל זמן שראוי לנשיאות כפים, ואינו נראה - ומ"מ אם אמר אין מחזירין אותו, וגם אין למחות ביד האומרים אותו.

אין לומר "אלהינו ואלהי אבותינו" בבית האבל, כ"כ הבה"ט, והוא בשכנה"ג בשם ספר תניא, **וע"כ** אף שבדגול מרבבה חלק ע"ז, יש לחוש לדברי ראשונים.

§ סימן קכב – דינים השייכים בין שמונה עשרה ליהיו לרצון §

סעיף א - אם בא להפסיק ולענות קדיש וקדושה בין י"ח ל"יהיו לרצון", אינו פוסק, ש"יהיו לרצון" מכלל התפלה הוא.

הגה: ודוקא במקום שנוהגין לומר "יהיו לרצון" מיד אחר התפלה, אבל במקום שנוהגין לומר תחנונים קודם "יהיו לרצון", מפסיק גם כן לקדיש וקדושה - ר"ל אפילו אם לא התחיל עדיין לאומרם, **ואפילו** אם דרך האיש ההוא להחמיר לעצמו לומר "יהיו לרצון" תיכף אחר הח"י ברכות, ואירע לו לומר איש"ר וקדושה קודם שאמר "יהיו לרצון", ואין לו שהות לומר ה"יהיו לרצון", מותר לו לענות, **ומ"מ** לכתחלה יראה ליזהר שלא יבוא לידי כן, כי יש מחמירין בזה.

ובמקומות אלו נוהגים להפסיק ב"אלהי נצור" קודם "יהיו לרצון", לכן מפסיקין גם כן לקדושה ולקדיש ולברכו - ועיין בסימן ס"ו, הדברים שמפסיקין באמצע ברכת ק"ש, וה"ה הכא.

וטוב לומר "יהיו לרצון" קודם התחנונים ואחריהם.

אבל בין "יהיו לרצון" לשאר תחנונים, שפיר דמי - היינו דמותר אפי' לענות סתם אמן, וכ"ש אמן ד"האל הקדוש" ו"שומע תפלה", ואיש"ר וקדושה וברכו.

והא דמסיים בסוף הסעיף, כדרך שמפסיק בברכת ק"ש, ושם אינו מותר לסתם אמן, **שם** הלא איירי ברגיל לומר תחנונים, ע"כ עשאום עליו קבע, ודמיין קצת לשמ"ע, **וברישא** איירי במי שרגיל לומר לפרקים, ע"כ

שיד הלכות תפלה
סימן קכב - דינים השיכים בין שמונה עשרה ליהיו לרצון

אין להם דמיון לשמ"ע כלל, **ולפי"ז** במדינותינו ש"אלהי נצור" רגילין הכל לאומרו, אין להפסיק בו לסתם אמן, בין קודם שהתחילו בין באמצע.

(**ואם** התחיל לומר איזה תחנונים שאינו רגיל בהן, ונזדמן לו לענות סתם אמן, נ"ל דאסור, כיון שלא אמר עדיין "יהיו לרצון", דלא גריעא לכו"ע הפסוק "יהיו לרצון", שהתקינו חז"ל לאומרו אחר י"ח ברכות, משאר תחנונים שהרגיל בעצמו לאמרן אחר תפלתו, דאמרינן דבמקצת דמיין לתפילה, ואין להפסיק לאמן בין באמצען ובין קודם שהתחיל לאמרן).

ומיהו הרגיל לומר תחנונים אחר תפלתו, אם התחיל הש"צ לסדר תפלתו והגיע לקדיש או לקדושה, מקצר ועולה - גם זה מיירי המחבר בשכבר אמר "יהיו לרצון", דאל"ה לא היה המחבר מיקל, דהוא ס"ל דבכל גווני אין להפסיק קודם "יהיו לרצון", **והאי** "ומיהו" אסוף דבריו ד"מקצר ועולה" קאי, ור"ל דאע"פ שאמר מתחלה, דבין "יהיו לרצון" לשאר תחנונים שפיר דמי להפסיק, **מ"מ** אם יכול לקצר כדי לעקור רגליו, עדיף טפי, דאע"פ שאמר "יהיו לרצון", מ"מ כל זמן שלא פסע הוי כעומד לפני המלך.

ומקצר ועולה, היינו שמפסיק באמצע התחנונים ופוסע לאחריו, דאין חובה לומר תחנונים בכל פעם, **ואם** אין לו שהות לפסוע, ולא אמר "יהיו לרצון" קודם "אלהי נצור", טוב שיאמר עתה "יהיו לרצון" קודם שיענה עמהם.

ואם לא קצר, יכול להפסיק כדרך שמפסיק בברכה של ק"ש, אפי' באמצע - ואם כבר סיים הכל, אלא שאינו יכול לפסוע מחמת אדם שמתפלל לאחוריו, לכולי עלמא יכול להפסיק ולענות אמן, **ובמאמר** מרדכי כתב בפשיטות, דאפילו "ברוך הוא וברוך שמו" מותר אז לומר.

סעיף ב - אין נכון לומר תחנונים קודם "יהיו לרצון" - עיין בב"י וד"מ שכתבו, דמדינא אין איסור, דלא חמור קודם "יהיו לרצון" מברכת "שומע תפלה", דקי"ל דיכול לשאול בה כל צרכיו, **רק** דלכתחלה נכון יותר לומר "יהיו לרצון" קודם "אלהי נצור".

אלא אחר סיום י"ח מיד, יאמר "יהיו לרצון" - כתב בסדר היום: "יהיו לרצון" וכו', הוא מסוגל לכמה ענינים, תחלתו יו"ד וסופו יו"ד, תיבותיו יו"ד, ויו"ד יודי"ן, ויש בו מ"ב אותיות, וסודו סוד גדול, **לכן** צריך לאומרו בנחת ולכוין, ומועיל הרבה לקבל תפלתו ולא ישוב ריקם. **ואם בא לחזור ולאומרו פעם אחרת אחר התחנונים, הרשות בידו.**

כתב הח"א, נכון וראוי לכל אדם להתפלל בכל יום ביחוד על צרכיו ופרנסתו, ושלא ימוש התורה מפיו וזרעו וזרע זרעו, ושיהיו כל יוצאי חלציו עובדי ה' באמת, ושלא ימצא ח"ו פסול בזרעו, וכל מה שיודע בלבו שצריך לו, **ואם** אינו יודע לדבר צחות בלשה"ק, יאמרנה אף בלשון אשכנז, רק שיהיה מקירות לבו.

וטוב יותר לקבוע תפלות על כל הענינים הצריכים לו אחר שסיים כל הי"ח, מלקבעם בברכת "שומע תפלה", כדי שכשיצטרך לענות קדיש או קדושה, יהיה יוכל לענות אחר אמירתו "יהיו לרצון" לכו"ע.

סעיף ג - הרגיל לומר ד' דברים אלו, זוכה ומקבל פני שכינה: עשה למען שמך, עשה למען ימינך, עשה למען תורתך, עשה למען קדושתך - ‹עשה למען קדושתך, עשה למען תורתך, [וכן הוא בסידורים], ואנו נוהגים להוסיף פסוק: למען יחלצון ידידיך הושיעה ימינך ועניי, ועוד נוהגים לומר פסוק המתחיל באות של שמו ומסיים באות של שמו - ערוה"ש›.

§ סימן קכג - דיני הכריעות בסיום י"ח ברכות §

סעיף א - כורע ופוסע ג' פסיעות לאחריו, בכריעה אחת - כעבד הנפטר מרבו, **ושיעור** הכריעה כבר כתבתי לעיל בסימן קי"ג בבה"ל, שהוא כדי שיתפקקו כל חוליותיו שבשדרה.

עיין בבית יוסף כמה טעמים לג' פסיעות, **ועוד** כתבו טעם, משום דאחז"ל, דבזכות ג' פסיעות שרץ נבוכדנצר לכבוד הש"י, זכה להחריב בית המקדש, ולכן אנו פוסעים ג' פסיעות, ומתפללין שיבנה בית המקדש.

ואחר שפסע ג' פסיעות בעודו כורע, קודם שיזקוף, כשיאמר: עושה שלום במרומיו, הופך פניו לצד שמאלו - שהמתפלל רואה עצמו כאילו שכינה מול פניו, ושמאל האדם הוא צד ימינו של

שטו הלכות תפלה
סימן קכג – דיני הכריעות בסיום י"ח ברכות

הקב"ה, **ולא** כאותן שאומרין "עושה שלום" בעוד שפוסעין, דאין נכון לעשות כן, וכן הדין ב"עושה שלום" דקדיש.

וכשיאמר: הוא יעשה שלום עלינו, הופך פניו לצד ימינו - דלא כהאומרים "עלינו ועל כל ישראל", אלא "ועל כל ישראל" יאמר כשמשתחוה לפניו.

ואח"כ ישתחוה לפניו, כעבד הנפטר מרבו.

הגה: ונהגו לומר אח"כ: יה"ר שיבנה בית המקדש כו', כי התפלה במקום העבודה, ולכן מבקשים על המקדש שנוכל לעשות עבודה ממש.

סעיף ב - במקום שכלו ג' פסיעות יעמוד - ויכוין רגליו כמו בתפלה כשאומר "עושה שלום", מפני שמטה עצמו לצד שכינה, [**ופמ"ג** כתב עד שיתחיל ש"ץ להתפלל, ולא נהירא].

ולא יחזור למקומו עד שיגיע ש"צ לקדושה - שאם חוזר מיד, דומה לתלמיד שנפטר מרבו, ופסע לאחוריו, וחוזר מיד, שסופו מוכיח על תחלתו, שלא פסע לאחוריו כדי להפטר ממנו, והוא מגונה, **אבל** כשממתין על קדושה, או עכ"פ להתחלת תפילת הש"ץ, נראה לכל שחוזר בשביל הקדושה, ולכוין למה שיאמר הש"ץ.

ופי', אם רוצה לחזור למקומו, אינו רשאי עד וכו', אבל אם רוצה, עומד שם ואינו חוזר למקומו כלל - כ"מ, **וכתב** המ"א, דלפי מה שהביא בב"י, די"א דבעינן ששה פסיעות, דהיינו ג' לאחוריו וג' בשובו למקומו, א"כ ע"כ צריך לחזור למקומו בג' פסיעות לפניו, **ומטעם** זה קצת מקפידין שלא יעבור אדם לפניהם בעוד שעומדין במקום שפסע, שלא יפסיק זה בין ששה פסיעותיהם, **אבל** מ"מ ע"י קפידתם טועים, כשרואים מי שרוצה לעבור לפניהם, הם ממהרים לחזור למקומם קודם שיתחיל הש"ץ התפילה, דהוא מעיקר הדין.

ואם האריך בתפילתו, ובעת שפסע הגיע הש"ץ לקדושה, יכול לחזור תיכף למקומו לומר קדושה, **ואף** דמהרי"ל היה נוהג, דכשהיה מסיים י"ח והש"ץ נפל על אפיו, אז היה נשאר במקומו שפסע שם, ונפל ג"כ על אפיו עם הצבור בשוה, ולא היה חוזר תיכף למקומו, **קדושה** שאני, שטוב יותר לאומרה במקומו כמו שאר הקהל.

ולפחות עד שיתחיל ש"צ להתפלל בקול רם - עיין בב"ח שהסכים, דלכתחלה נכון להחמיר עד קדושה, **אם** לא שהמקום צר ודחוק, וכדי דלא ליתי לאנצויי, וכ"כ בדרך החיים, **אך** בזמן כשאומרים פיוטים, בודאי יש להקל ולחזור תיכף כשמתחיל הש"ץ י"ח.

הגה: והש"ץ יעמוד כדי הילוך ד' אמות, קודם שיחזור למקומו להתפלל בקול רם – (עיין במ"א שכתב בשם הרשב"א, דמדינא יכול לחזור מיד, דהדבר ידוע שחזרתו הוא להוציא רבים ידי חובתן, אלא שנהגו כן, **אולם** מדברי הגר"א משמע, דמדינא צריך להמתין כדי ד"א, דהוא נכלל במה שפסק בסימן ק"ה, דבין תפלה לתפלה צריך להמתין כדי ד"א).

וכן יחיד המתפלל, יעמוד במקום שכלו פסיעותיו כשיעור זה, קודם שיחזור למקומו - ובב"ח חולק ופוסק, דאין חילוק במתפלל ביחידי בביתו למתפלל עם הצבור, אלא בכל גווני צריך לשהות כפי השיעור שיגיע ש"ץ לקדושה, או עכ"פ עד שיתחיל ש"ץ בקול רם, וכן פסק המג"א, **אם** לא שצריך לחזור ולהתפלל שנית לתשלומין, דאז לכו"ע די כדי הילוך ד"א, דהכל יודעין שחזרתו הוא להתפלל שנית, **ומ"מ** במקום הדחק יש להקל, דאף בזה די בד"א.

יחיד שמתפלל בצבור וסיים תפלתו קודם לש"צ, אסור להחזיר פניו לצבור, עד שיסיים ש"צ תפלתו - היינו אע"פ שעדיין עומד במקום שכלו פסיעותיו, לא יחזיר פניו לצבור, דהיינו לצד מערב, כל זמן שלא סיים הש"ץ, כי יגרום בזה ביטול כונה להמתפללים, וגם שיחשדוהו שדילג, **ולענין** אם רוצה לחזור למקומו, כבר מבואר דצריך לכתחילה להמתין עד שיגיע ש"ץ לקדושה, או עכ"פ עד שיתחיל הש"ץ.

(**משמע** מזה, דכיון שסיים הש"ץ די, ואפי' אם רוב הציבור עומדין עדיין, והנה לפי טעם הראשון שהעתקתי במ"ב, והוא מהט"ז, נראה דיש להחמיר בזה, **ולטעם** השני מותר, וכן משמע מפמ"ג, **ולמעשה** יש לעיין בזה).

סעיף ג - כשפוסע, עוקר רגל שמאל תחלה - דמסתמא עוקר איניש כרעא דימינא ברישא, לכן עוקר כאן בשמאל, דמראה בעצמו כאילו כבד עליו ליפטר מן המקום.

(וכתב המ"א, דלפי"ז איטר רגל יעקור תחלה את שמאלו, שהוא ימין דעלמא, **ויש עוד טעם** ‹דצריך לפסוע לימין השכינה תחילה, וא"כ צריך לפסוע בשמאל תחלה›, **והובא** ג"כ בהט"ז, דלפי"ז אין חילוק בין איטר לאינו איטר, וכן סתם הבה"ט, **אכן** הח"א והגר"ז העתיקו את טעם הראשון של המ"א, ובאיטר נשתנה הדין וכמו שכתבנו).

ושיעור פסיעות אלו, לכל הפחות הוא כדי שיתן גודל בצד עקב - וכמו פסיעות הכהנים בשעת עבודה, שהיו מהלכין עקב בצד גודל, **וכתב** המ"א, דבפחות משיעור זה אין עליה שם פסיעה כלל, ואין להקל אפילו המקום צר ודחוק, **ויש** מקילין במקום הדחק, **ודוקא** אם האדם העומד אחריו אינו מתפלל, אבל כשהוא מתפלל, בכל גווני אין לו לפסוע בתוך ד' אמותיו.

(ולכתחילה לא יפסיע פסיעות גסות יותר מזה) - לישנא דהרמ"א אינו מדוקדק, דהו"ל לכתוב בלשון וי"א, דהא חולק על המחבר דס"ל "לכל הפחות", ומשמע דפסיעות גסות יותר עדיף. **(ב"י בשם א"ח, וד"ע לפי הטעם שכתב ב"י לג' פסיעות בשם ר' האי)** - דתפילות כנגד תמידים תקנום, ובעינן דומיא דכהנים בעבודתן, ולכן לא יפסע פסיעות גסות יותר, **ועוד** דמיחזי כרץ מלפני המלך.

והנה סדר הג' פסיעות אלו הוא, תחלה יפסיע ברגל שמאל פסיעה קטנה, ואח"כ יפסיע בשל ימין פסיעה גדולה, ואח"כ יפסיע בשמאל באופן שיהיו רגליו שוים.

סעיף ד - מי שמוסיף על ג' פסיעות, הוי יוהרא - שנראה שהוא חולק כבוד לשכינה יותר משאר בני אדם.

סעיף ה - גם ש"צ צריך לפסוע ג' פסיעות כשמתפלל בלחש, וכשיחזור התפלה בקול רם א"צ לחזור לפסוע ג' פסיעות - דסומך על הפסיעות של הקדיש שאחר "ובא לציון", אע"פ שמפסיקין בקריאת התורה ו"הלל" ו"אבינו מלכנו", כולהו לסדר התפלה באים, וקדיש של אחריהם חוזר עיקר על תפלת י"ח - תרומת הדשן, **ומכאן** דקדקו האחרונים, דאין לש"ץ לדבר ביני וביני בשיחה שלא מענייני תפלה, כי הקדיש חוזר על התפלה.

ואם בא לפסוע גם אחר תפלת י"ח, אין למחות בידו.

(אם לא התפלל בלחש רק בקול רם, פוסע ג' פסיעות אחר תפלתו שבקול רם) - דמתחלה צריך לפסוע ולהפטר על התחנונים של עצמו, כגון "אלקי נצור", ‹ר"ל, כיון שלא התפלל בלחש, ודאי אומר עכשיו בסיום התפלה בקול רם, התחנונים שדרכו לומר סוף התפלה בלחש – מחה"ש›, ‹ולא נוהגין כן – אשי ישראל›, **ואח"כ** צריך אחר הקדיש על התפלה שהתפלל בעד הצבור.

סעיף ו - כשיחזור ש"צ התפלה, יאמר ג"כ: ה' שפתי תפתח; (אבל אינו אומר בסוף התפלה: יהיו לרצון) - דסומך על "תתקבל צלותהון" שאומר לבסוף, **ובשל"ה** כתב לומר "יהיו לרצון", וכתב הגר"א: ודברי השל"ה עיקר.

§ סימן קכד – דין הנהגת ש"ץ בי"ח ברכות, ודין עניית אמן §

סעיף א - לאחר שסיימו הצבור תפלתן, יחזור ש"צ התפלה, שאם יש מי שאינו יודע להתפלל, יכוין למה שהוא אומר ויוצא בו - אבל הבקי אינו יוצא אפילו בדיעבד בתפלת הש"ץ, **ואפילו** בשאינו בקי, אינו יוצא כי אם ביש עשרה בבהכ"נ. **וצריך** שיבין בלשה"ק, דאל"כ לא מהני אף ששומע מש"ץ כל תיבה, **והנה** בסי' קצ"ג מבואר דיש פוסקים דס"ל דנשים יוצאות בשמיעה אף בקידוש שהוא דאורייתא אף שאינן מבינות, **ואפשר** לומר דבזה חמירה תפלה יותר, שהרי בתפלה אין א' יוצא בברכת חבירו, כמו שהדין בכל הברכות, דדוקא בתפלת ש"ץ יוצאים, **מ"מ** נראה דהש"ץ מוציא את כולם בשמיעה – ערוה"ש, **אבל** המתפלל בעצמו בלשה"ק, אפי' אם אינו מבין הלשון, יצא, **ועיין** לעיל סימן ק"א במ"ב, דעכ"פ ברכת "אבות" יראה להבין מה שהוא אומר.

וצריך אותו שיוצא בתפלת ש"צ לכוין לכל מה שאומר ש"צ מראש ועד סוף; ואינו מפסיק ואינו משיח - היינו אפילו אם שמע מאחרים בתוך כך איזה קדושה או ברכו, וכ"ש דאסור לענות "ברוך הוא וב"ש", **אבל** אמן על כל ברכה צריך לענות, וכדלקמן בס"ו, דהוא שייך להתפלה.

(ביאור הלכה) [שער הציון] ‹הוספה›

הלכות תפלה שיז
סימן קכד – דין הנהגת ש"ץ בי"ח ברכות, ודין עניית אמן

(כתב המ"א, אם אומרים פיוטים, אין מוציא מי שאינו בקי, והטעם, דא"א לשמוע כל הפיוטים, והוא כעין הפסק, ומ"מ צריך לחזור ש"ץ התפילה אף בעת אמירת הפיוטים, כי לא ימנע לפעמים שיתכוין מי שאינו בקי ויוצא בזה, אלא שרחוק הוא – פמ"ג).

ופוסע ג' פסיעות לאחריו, כאדם שמתפלל לעצמו.

(ומי שספק לו אם התפלל שחרית בשבת, או מוסף בחוה"מ, שכתבנו בסי' ק"ז דאינו יכול לחזור ולהתפלל, מטעם דאין יכול לכוין זה בנדבה, מ"מ יש לו תקנה להיות ש"ץ, וחוזר התפלה בשביל התקנה, ויוצא נמי מספק – פמ"ג).

סעיף ב - ש"צ שנכנס לבהכ"נ ומצא צבור שהתפללו בלחש, והוא צריך לעמוד לפני התיבה לאלתר - דאין בהם א' שיוכל להתפלל לפני העמוד, **דאל"ה** אין נכון שהוא יתפלל להם בקול רם, כיון שלא התפלל מתחלה בלחש בשביל עצמו.

יורד לפני התיבה ומתפלל בקול רם לצבור, וא"צ לחזור ולהתפלל בלחש - דיצא בה גם בשביל עצמו, דכיון דלאחרים הוא מוציא, לעצמו לא כ"ש, **ואין** בזה משום קטני אמנה, או משמיע קולו בתפילתו, כיון דע"י הדחק הוא עושה כן.

(**מסתימת הפוסקים** משמע, דזה הדין איירי גם בשחרית, אע"ג דעי"ז לא יוכל לסמוך אח"כ גאולה לתפילה, אין לו לחוש לזה, דכל ישראל ערבים זה בזה, ומוטל עליו להוציאן ידי חובתן בקדושה, ולקיים תקנת חז"ל בחזרת הש"ץ, **ואף** דיש לדחוק ולומר, דלענין שחרית איירי זה הדין שהש"ץ התפלל כבר עם הצבור עד שמ"ע, ויצא בינתים, ועד שבא כילו הם את תפילתן, **אבל** א"כ היה להם לפרש).

כתבו האחרונים, אם הש"ץ התפלל כבר בלחש, ונזדמן לו להתפלל חזרת הש"ץ בשביל צבור אחר, לא יתפלל בלחש פעם שנית.

הגה: וכן אם הוא שעת הדחק, כגון שירא שיעבור זמן התפלה - פי' שלא יוכל לגמור הש"ץ כל י"ח ברכות תוך זמן התפילה, בין בשחרית שיכלה הזמן דד' שעות, דשוב אין לו שכר תפלה בזמנה, ובין במנחה, דיעבור זמנה לגמרי, כן משמע מפמ"ג, (**ולענ"ד** יש לעיין בזה, דבשלמא במנחה שיעבור הזמן לגמרי, מוטב לדלג חזרת הש"ץ, ולהוציא את הצבור רק בקדושה, **אבל** בשחרית, אפילו אם יעבור זמן דד' שעות, אפשר שלא עקרו חז"ל תקנתם, כדי להוציא את מי שאינו בקי בעצם חיוב התפלה שהוא עד חצות).

יוכל להתפלל מיד בקול רם, והצבור מתפללין עמו מלה במלה בלחש עד לאחר "האל הקדוש" - דהיינו גם נוסח הברכה "לדור ודור" עד "האל הקדוש", יאמר עם הש"ץ מלה במלה.

ואם אין השעה דחוקה כ"כ, לא יתחילו הצבור רק לאחר שאמר הש"ץ "האל הקדוש".

(עיין בפמ"ג שהסכים, דלכתחלה ראוי לצבור להתפלל עם הש"ץ מלה במלה עד אחר "שומע תפלה" ו"מודים", והם בלחש, והש"ץ יאמר הכל בקול, וכן בלבוש וביאור הגר"א משמע ג"כ לכאורה דסבר הכי, **והעולם** אין נוהגין כן, אלא תיכף לאחר "האל הקדוש" גם הש"ץ מתפלל בלחש, **ואולי** טעם המנהג, משום דברוב נוהגין הצבור להמתין עד שיסיים הש"ץ "האל הקדוש", וקשה להם להשיגו אח"כ לומר "שומע תפלה" ו"מודים" בשוה, וא"כ מה תועלת יהיה אם יתפלל בקול).

ובלא שעת הדחק, הסכימו הרבה מהאחרונים שלא לעשות כן, כי עיקר התקנה היתה מדינא להתפלל מתחלה בלחש, ואח"כ בקול רם.

וטוב שיהיה אחד לכל הפחות שיענה אמן אחר ברכת הש"ץ - היינו בשאין השעה דחוקה כ"כ, רק שיראים שמא יעבור הזמן, **אבל** אם השעה דחוקה ביותר, די במה שהתינוקות יענו אמן, או יזמינו לאחד שכבר התפלל שיענה אמן, אם אפשר להם בקלות, **ואם** לאו אין להקפיד ע"ז כלל, **ולא** דמי למה שכתב בס"ד, דאם אין ט' מכוונים לברכת הש"ץ, הוא קרוב לברכות לבטלה, **שאני** התם שכבר התפלל פעם אחת בלחש, והוא מכוין עתה רק בשביל תקנת חז"ל, משא"כ בזה שהוא מתפלל רק פעם אחת.

סעיף ג - קהל שהתפללו וכולם בקיאים בתפלה, אעפ"כ יורד ש"צ וחוזר להתפלל, כדי לקיים תקנת חכמים - שכשתקנו

שיח הלכות תפלה
סימן קכד – דין הנהגת ש"ץ בי"ח ברכות, ודין עניית אמן

חכמים שיחזור ש"ץ התפלה, לא הצריכו לחפש בכל תפלה אחר כל איש ואיש שבבהכ"נ, אם יש שם מי שאינו בקי אם לאו, אלא תקנו שיהיה ש"ץ חוזר התפלה לעולם, שמא יהיה פעם אחת בבהכ"נ מי שאינו בקי, ויוציאנו הש"ץ י"ח.

הגה: ואם יש יחידים בקהל שמאריכין בתפלתן, אין לש"צ להמתין עליהם אפי' היו חשובי העיר - מפני טורח הציבור, **ועכשיו** נהגו שהש"ץ ממתין עד שיסיים האב"ד את תפלתו, לפי שרוב האנשים מתפללין במרוצה, והמתפלל מלה במלה לא יוכל לומר קדושה עם הצבור, לכן ממתינים, כי הם עושים שלא כדין, **לפיכך** אם אין אב"ד בעיר, ה"ה דימתינו על המתפלל מלה במלה, **אבל** כשמאריך אין להמתין עליו, וכמ"ש על רבי עקיבא, כשהיה מתפלל עם הצבור היה מקצר ועולה.

ומי שצריך להאריך וירא שיתלוצצו עליו, יכול לילך לאחוריו בשעה שמתחיל הש"ץ, אע"פ שעדיין לא גמר תפלתו, ויחזור למקומו ויגמור, **ובכל** זה אם כונתו לשם שמים בזה שפיר דמי.

וכן אם היה מנין בבהכ"נ, אין להמתין על אדם חשוב או גדול שעדיין לא בא - שכיון שיש עשרה ישנה שם השכינה, ועל מי ימתינו עוד, **ור"ל** אפילו אם עי"ז לא יעבור זמן ק"ש ותפלה, דאל"ה אפילו ביחידי צריך להתפלל, כדי שלא יעבור הזמן.

(ובמקומות שיש קלקול עי"ז כשלא ימתינו, כגון לענין תפלת ערבית, שיתפללו תיכף כשיתקבץ מנין, אף שלא הגיע עדיין הזמן של צה"כ, ובפרט במוש"ק, מנהג נכון הוא להמתין).

וכהיום נתפשט המנהג להמתין על אב"ד, ונראה הטעם, משום דהמנהג כהיום בערי ישראל, לקבוע עם האב"ד ביחד עת ללמוד אחר התפילה, ואם כשיתקבץ מנין תיכף יתפללו, ילך אח"כ כל אחד לדרכו, ויוגרם עי"ז ביטול תורה, **וקביעות** לימוד שלאחר התפילה הוא ענין גדול, ומ"מ לא יאחרו זמן ק"ש ותפלה בשביל זה. **כתב** הא"ר, יש לו להרב להקדים עצמו לבוא לבהכ"נ קודם, כדי שלא ימתינו עליו.

סעיף ד - כשש"צ חוזר התפלה, הקהל יש להם לשתוק ולכוין לברכות שמברך החזן ולענות אמן - היינו לא מיבעי שאסור לומר עם הש"ץ כל הברכה, דהוי ברכה לבטלה, **אפילו** למנקט עמו איזה תיבות מאמצעו ג"כ אין נכון, דיש לחוש משום שיגרא דלישנא יוציא ברכה מפיו, **וכ"ש** אותם המגביהים קולם ומזמרים עם הש"ץ, דהוי כיוהרא, ויש לגעור בהם, דהוי כקלות ראש.

ע"כ יש ליזהר מלומר תחנונים או ללמוד בעת חזרת הש"ץ, ואפילו אם מכוונים לסוף הברכה לענות אמן כראוי, שלא תהיה אמן יתומה, ג"כ לא יפה הם עושים, שאם הלומדים יפנו ללימודם, עמי הארץ ילמדו מהן שלא להאזין לש"ץ, ויעסקו בשיחה בטילה ח"ו, נמצאו מחטיאין את הרבים.

ואם אין ט' מכוונים לברכותיו, קרוב להיות ברכותיו לבטלה - ע"כ יראה לכתחילה לכוין לשמוע כל הברכה, ולא סוף הברכה בלבד.

לכן כל אדם יעשה עצמו כאילו אין ט' זולתו, ויכוין לברכת החזן - והעולם נוהגין לצרף למנין ולהתפלל חזרת הש"ץ, אפילו מי שיודעין בו שמשיח ואינו שומע חזרת הש"ץ כראוי, **ונ"ל** דבכגון זה טוב להתנהג כמו שכתב בספר שולחן שלמה, שיתנה הש"ץ בינו לבין עצמו בחזרת התפילה, שאם לא יענו תשעה אמן אחריו ויכונו לברכותיו, שיהא התפילה ההיא בתורת נדבה.

(י"א שכל העם יעמדו כשחוזר הש"ץ התפלה) - טעמם, כיון שמכוונים ושומעים מש"ץ, ושומע כעונה, וכאילו מתפללין בעצמם דמיא, וכן היה מנהג הקדמונים, **ועכשיו** בעו"ה כל אחד עושה כפי דעתו, ומהם יושבים ומשיחים, **ובתוך** ד"א לש"ץ, לכו"ע אסור מדינא לישב בעת חזרת הש"ץ.

סעיף ה - על כל ברכה שאדם שומע בכל מקום, אומר: ברוך הוא וברוך שמו - ורמז לזה ממה שאמר הכתוב: כי שם ד' אקרא הבו גודל לאלהינו, **ועוד** אם כשמזכירין צדיק בשר ודם צריך לברכו, שנאמר: זכר צדיק לברכה, צדיקו של עולם עאכ"ו.

הלכות תפלה שיט
סימן קכד – דין הנהגת ש"ץ בי"ח ברכות, ודין ענית אמן

וברכות שחתימתן קצר רק כב' תיבות, כ"פוקח עורים" בברכת השחר, וכה"ג בשמנה עשרה וכל הברכות, מהנכון לש"ץ ליזהר אז שלא למהר כ"כ לחתום תיכף את הברכה, אלא לשהות מעט, כדי שכל העונים ישמעו איזה ברכה מסיים אח"כ, וגם יהיו יכולים לענות האמן תיכף, **דאל"ה** לפעמים ע"י הקול של עניית "ב"ה וב"ש", הרבה מהעונים אינם יודעים איזה ברכה מסיים, וגם עונייתם הוא איננו תיכף אחר שכלה הברכה, וכ"ז יש בו חשש של אמן יתומה, וכדלקמן בסעיף ח' בהג"ה.

ואם הוא עומד במקום שאינו רשאי להפסיק, כגון בפסד"ז, וכ"ש בברכת ק"ש אפילו בין הפרקים, אסור לאמרו, **וכן** אם שמע ברכה שחייב בו, והוא מתכוין לצאת ע"י המברך, כברכת שופר ומגילה וקידוש וכה"ג, אין לענות ב"ה וב"ש, דשומע כעונה, וכמאן דאמר בעצמו הברכה דמיא, והוי הפסק בברכה, **ועיין** בח"א דנשאר בצ"ע לענין דיעבד, ונ"ל דבדיעבד אין להחמיר בזה.

סעיף ו - ויענו אמן אחר כל ברכה, בין אותם שיצאו ידי תפלה, בין אותם שלא יצאו - ר"ל אע"פ שהם יוצאין עכשיו בתפילת הש"ץ, אינם כעונים אמן אחר ברכות עצמן, שהרי מ"מ הם אינם אומרים כלום אלא שומעים.

ובכוונה, שיכוין בלבו: אמת היא הברכה שבירך המברך, ואני מאמין בזה - וזהו בברכת הודאה, כגון "ברוך שאמר" ו"ישתבח" ו"גאל ישראל" וכה"ג, **אבל** בתפילה, צריך שיכוין אמת היא, וגם אני מתפלל שיהי רצון שיקויים דבר זה, **כגון** בברכת "אתה חונן", שביקש המתפלל "חננו מאתך" וכו', "בא"י חונן הדעת", יכוין אמת שהוא חונן דעה, ויהי רצון שיחונן לנו ג"כ דעה, וכה"ג בכל הברכות.

(**זהו מדברי המג"א בשם הב"ח, ולפלא ששינה לשון הב"ח, ששם כתב דזה יכוין דוקא באמצעיות, משמע דראשונות שהן מיוחדות לשבח, אין לכוין רק שאמת הוא דברי המברך, כמו שכתב בשו"ע, ומלשונו שכתב דזהו בברכת הודאה וכו', לא משמע כן, ואולי דהוא פליג בזה על הב"ח, וס"ל דברכת "מחיה מתים" ג"כ יש בו ב' הכונות, דהיינו אמת שהוא מחיה מתים, ויה"ר שיתקיים במהרה, ואולי דגם בברכה ראשונה שייך זה, דהיינו שעניית אמן הוא קאי על כל הברכה שבירך המברך, שהוא גומל חסדים וקונה הכל וזוכר חסדי אבות ומביא גואל וכו', וא"כ שייך בזה ג"כ ב' הכונות, לבד בברכת "אתה קדוש" לחוד לא שייך רק כונה אחת, וצ"ע למעשה**).

ובקדיש צריך לכוין על העתיד לבד, שיאמנו דבריו מה שהוא מבקש: שיתגלה מלכותו בעגלא ובזמן קריב, דעיקר הענין בודאי יקויים לבסוף, כמו שכתוב: ביום ההוא יהיה ד' אחד וגו'.

עיין בח"א שכתב, דיכוין בענייתו אמן גם על מה שאמר המברך "ברוך אתה ד'", דהיינו שאמר הש"ץ "ברוך אתה ד' מגן אברהם", יכוין העונה את האמן: אמן שיהיה מבורך שם ד' שהיה מגן אברהם, וכה"ג בכל הברכות.

כתב הפמ"ג, דהעונה אמן אחר ברכת "המחזיר", לא יאמר ביחד "אמן מודים אנחנו לך", כי "אמן" קאי על הברכה כנ"ל, ו"מודים" הוא ענין בפני עצמו, רק ישהא מעט אחר תיבת "אמן".

מי שנזדמן לו לענות אמן על ב' דברים, עונה ב' אמנים זה אחר זה, ויכוין בכל אמן את הענין על מה הוא עונה, וטפי עדיף לומר "אמן ואמן".

סעיף ז - לא ישיח שיחת חולין בשעה שש"צ חוזר התפלה - ר"ל אפילו אם ירצה ליזהר בסוף כל ברכה לכוין ולענות אמן.

ואם שח, הוא חוטא וגדול עונו מנשוא, וגוערים בו - כתב בא"ר בשם הכל בו, אוי להאנשים שמשיחים בעת התפלה, כי ראינו כמה בתי הכנסת נחרבו בשביל עון זה, ויש למנות אנשים ידועים להשגיח ע"ז.

כתב בשל"ה: ראיתי מהחרדים אל דבר ד', שמשימין הסידור בפניהם בשעת חזרת התפילה, ועיניהם וליבם שם שלא יראו חוצה, ואז מכוונים ע"כ מלה ומלה.

הגה: וילמד בניו הקטנים שיענו אמן, כי מיד שהתינוק עונה אמן, יש לו חלק לעולם הבא - וצריך שיחנכם שיעמדו באימה ויראה, והקטנים ביותר הרצים ושבים בבהכ"נ בשחוק, מוטב שלא להביאם, דהרגל נעשה טבע, וגם שמטרידים להצבור בתפילתם, **ומלבד** כ"ז, נכון להאב המביא קטנים כאלו לבהכ"נ, להשגיח על בגדיהם וסנדליהם אם הם נקיים, כדי שלא להכשיל בזה להמתפללים בתוך ד' אמותיהם.

שכ הלכות תפלה
סימן קכד – דין הנהגת ש"ץ בי"ח ברכות, ודין ענית אמן

סעיף ח - לא יענה אמן חטופה, דהיינו כאילו האל"ף נקודה בחטף - פי' בשו"א, וה"ה שלא יאמר אמן בשאר נקודות, בשור"ק או בחול"ם וכה"ג, כי בכל זה אין משמעות פירושו לשון האמנת דברים, אלא יקרא האל"ף בקמ"ץ גדול.

וכן שלא יחטוף וימהר לענות אותו קודם שיסיים המברך - ר"ל שימתין עד שיסיים הש"ץ כל התיבה אחרונה לגמרי, **ויש** אנשים שמתחילין לענות בעוד שהש"ץ עומד עדיין בחצי תיבה אחרונה, וזה אסור.

וכן לא יענה אמן קטופה, דהיינו שמחסר קריאת הנו"ן ואינו מוציאה בפה שתהא ניכרת – (נקט מילתא דשכיח, וה"ה אם מחסר קריאת האל"ף או המ"ם).

(גם לא יפסיק באמצע המלה).

ולא יענה אמן יתומה, דהיינו שהוא חייב בברכה אחת וש"צ מברך אותה, וזה אינו שומעה, אע"פ שיודע איזו ברכה מברך הש"צ - וכגון שהוא מכיר לפי סדר הברכות, או שחיסר משמוע רק סוף הברכה, **מאחר שלא שמעה, לא יענה אחריו אמן, דהוי אמן יתומה** - דעת המחבר, דדוקא אם רוצה לצאת באיזה ברכה שהוא חייב, כגון שרוצה לצאת ידי תפלה וקידוש וכה"ג, (**ואפילו שמעה** מתחלתה, כל שלא שמע בסופה, והנה היכא שהוא רוצה לצאת באיזה ברכה, צריך לשמוע אותה מתחלתה ועד סופה, וא"כ לכאורה אם חיסר משמוע אפילו רק תחלת הברכה לבד, שוב אין רשאי לענות אמן עליה, וצ"ע).

אבל אם אינו חייב, כגון שכבר התפלל לעצמו, אף דמצוה לכל אדם לשמוע חזרת הש"ץ, מ"מ אין עליו חיוב בעצמיות הברכה, **וכ"ש** אם האמן הוא מסתם ברכות דעלמא, מותר לדעת המחבר לענות אף שהוא אינו יודע על איזה ברכה הוא עונה, רק ששמע לאחרים שעונים.

(**ואין** לומר דמאי גריעותא בברכה זו, מסתם ברכה דעלמא שאינו רוצה לצאת בה כלל, דצריך לענות אמן עליה, א"כ אפילו לא שמעה כלל נמי יהא מותר, דכיון שהוא רוצה לצאת בה, והוא עשאה באופן שאינו יוצא בה, אסרו רבנן לענות אמן עליה).

הגה: ויש מחמירין דאפילו אינו מחויב באותה ברכה, לא יענה אמן אם אינו יודע באיזה ברכה קאי ש"ל, דזה נמי מקרי אמן יתומה - הרמ"א פליג, ואוסר אפילו בכל הברכות, אם אינו יודע על איזה ברכה הוא עונה.

ואם יודע על איזה ברכה הוא עונה, מותר לענות בכל הברכות אפילו בחזרת הש"ץ, כיון שכבר התפלל ואינו מחויב בעצם הברכה, **ויש** מאחרונים שמחמירין בחזרת הש"ץ, וס"ל דמכיון דתיקון רבנן שיחזור ש"ץ התפלה אפילו כולם התפללו, כאילו מחוייבים באותה ברכה קרינן להו, ואין להם לענות אפילו יודע באיזה ברכה קאי הש"ץ, אם לא שמע סיום הברכה מהש"ץ גופא, **ויש** לחוש לזה לכתחילה, ליזהר לשמוע כל ברכות י"ח מפי הש"ץ גופא, וגם בלא"ה מצוה לכוין לשמוע ברכת הש"ץ, וכדלעיל בס"ד, **אבל** בדיעבד אפי' אם לא שמע, רק שידע איזה ברכה מי"ח מסיים הש"ץ, יענה אמן, כיון שכבר התפלל בעצמו.

ולא ימתין עם עניית האמן, אלא מיד שכלה הברכה יענה אמן - ותוך כדי דבור כדיבור דמי, **ושיעור** תוך כ"ד הוא מחלוקת הפוסקים, י"א ג' תיבות, וי"א ד' תיבות, **וביותר** מזה לא יענה כלל, דהוי בכלל אמן יתומה, **ובצבור** קי"ל, דעד שכלו רוב הצבור לענות אמן, הוא עדיין בכלל הברכה, ומותר לכל אחד לענות עמהם.

(**ולכאורה קשה, דאפי' אם הצבור יתחילו כולם תיכף לענות בתוך כ"ד של ברכת המברך, זה העונה הוא בודאי יותר מכ"ד אחר ברכת המברך, דהלא הם מותרים להתחיל בתוך כ"ד, דהוא עכ"פ שתי תיבות אחר המברך, ושיעור האמן הלא הוא כדי לומר "אל מלך נאמן", א"כ ממילא כשיתחיל הוא קודם שהם יכלו, הוא יותר מכ"ד, וי"ל דכיון שעונים הרבה אנשים אמן אחר הברכה, ובודאי יש מהן כמה אנשים שהתחילו לענות אמן תכ"ד אחר הברכה, לכן אפילו מי שהתחיל לענות אמן אח"כ, כל אחד ואחד הוא בתוך כדי דיבור של חבירו, ולפי"ז אם אחד המתין ולא ענה עד שסיימו רוב העונים לענות, וענייתו היה אח"כ בתוך כדי דיבור של ענייתם, יצטרף עמהם ולא יהיה אמן יתומה, ויש לעיין לפי"ז לקמן בסעיף י"א בהמחבר שכתב, דאם קודם שכלתה עניית אמן מפי רוב הצבור וכו', ולפי דברינו אפי' לאחר שכלתה ובתוך**

הלכות תפלה שכא
סימן קכד – דין הנהגת ש"ץ בי"ח ברכות, ודין עניית אמן

כדי דבור נמי, אך לפי מה שכתב הטעם על דברי השו"ע בחי' רע"א ובספר מג"ג והעתקנום לקמן, ניחא הכל).

ואם הש"ץ מאריך בניגון של "ואמרו אמן", יאמרו הקהל "אמן" מיד, כי הניגון הוי הפסק, ודוקא אם מאריך הרבה בניגון, **ודוקא** לענין קדיש, שכבר כלה עצם הבקשה אחר תיבת "בזמן קריב", או אחר תיבת "דאמירן בעלמא", **אבל** אם הש"ץ מאריך בשאר ברכה בסופה באיזה ניגון, לא יענה אמן כל זמן שלא סיים את עצם התיבה של הברכה.

ולא יענה אמן קצרה - מפני שנראה שדומה עליו כמשא, **אלא ארוכה קצת, כדי שיוכל לומר: אל מלך נאמן** - כי זהו פירושו של אמן וכנ"ל בס"ו, והוא ר"ת שלה.

ולא יאריך בה יותר מדאי, לפי שאין קריאת התיבה נשמעת כשמאריך יותר מדאי.

סעיף ט - אם יש קצת מהעונים שמאריכין יותר מדאי, א"צ המברך להמתין להם - אבל על רוב הצבור מחויב להמתין בכל התפלה, שלא להתחיל בברכה שלאחריה עד שיענו אמן, וכן בקדיש, שלא להתחיל "יתברך" עד שיענו הרוב איש"ר, וכן כל כה"ג, **ובעו"ה** הרבה אנשים נכשלין בזה כשמתפללין לפני העמוד, שחוטפין להתחיל ברכה שלאחריה תיכף אחר סיום ברכה שלפניה, ואין ממתינין בינתיים כלל, **ועיין** בשע"ת שהביא, שזה מעכב אף דיעבד, שאסור שוב לענות אמן עליה, מכיון שהתחיל ברכה אחרת.

והוא שהברכה אין חובה על הכל לשמוע, אבל אם מוציא הרבים בזה ידי חובתן, בין שהוא ש"ץ או שאר מברך, צריך להמתין אף על הטועים ומאריכים באמן, כדי שישמעו ויצאו י"ח גם הם בהברכות.

(**ולענין חזרת ש"ץ שלנו, יש דיעות בין האחרונים, דאף דכולנו בקיאים, מ"מ כבר תקנו חז"ל אף לנו,** אפשר דהוא בכלל ברכה חיובית).

(**ואם** המיעוט שלא סיימו אינם מאריכין יותר מדאי, אלא שהרוב הוא שאמרוהו במרוצה, חייב להמתין על המיעוט, **אך** מסתמא א"צ לתלות בהכי).

סעיף י - מי ששכח ולא אמר "יעלה ויבא" בר"ח או בחולו של מועד, או בכל דבר שצריך לחזור בשבילו - משמע מלשון זה, דאפילו אם דילג "משיב הרוח", שהיא מג' ראשונות, **יכוין דעתו וישמע מש"צ כל י"ח ברכות מראש ועד סוף כאדם שמתפלל לעצמו; ולא יפסיק ולא ישיח, ופוסע ג' פסיעות לאחוריו; דכיון שכבר התפלל אלא ששכח ולא הזכיר, אע"פ שהוא בקי ש"צ מוציאו** - דאע"ג דקי"ל דש"ץ אינו מוציא אלא דוקא מי שאינו בקי, שאני הכא שהתפלל אלא ששכח ולא הזכיר, לכן אע"פ שהוא בקי הש"ץ מוציאו.

עיין בספר ברכי יוסף דמסיק, שלא יאמר אז "מודים דרבנן", אלא יכוין לשמוע מש"ץ ה"מודים" שהוא אומר, **והאידנא** שנוהגין איזה חזנים לומר ה"מודים" בתחלתו בלחש, לא יוכל לצאת תפלתו ע"י הש"ץ, **ולא** ידעתי מאיזה מקום יצא להם המנהג הזה, דאף דנוהגין הצבור לאמר אז "מודים דרבנן", מ"מ תפילתו ניתקן להוציא מי שאינו בקי, וצריך לאמר עכ"פ קצת בקול, שיוכלו לשמוע עשרה בני אדם העומדים סביבו.

ועיין באחרונים שכתבו, דמוטב שיחזור ויתפלל בעצמו, דהאידנא לאו כל אדם יכול לכוין דעתו לשמוע מש"ץ מראש ועד סוף, ושמא לבבו יפנה ולא ישמע מש"ץ איזה מלות המעכבים בתפילה, **וכתב** הב"ח וא"ר, דאם הש"ץ דרכו להבליע המלות, מדינא אסור לסמוך אש"ץ, אלא חייב להתפלל בעצמו.

(**עיין בחידושי רע"א שכתב וז"ל: עיין בלשון תוס' והרא"ש דמשמע להדיא, אף היכא דלא גמר תפלתו וא"צ לחזור לראש התפלה, אלא דחוזר ל"רצה", מ"מ אינו חוזר, וישמע מהש"ץ כל התפלה, ע"ש, ובכה"ג לכאורה מפסיק מיד ואינו גומר תפלתו, כיון דרצונו לצאת בשמיעה מהש"ץ, ממילא מה שגומר תפלתו הוי ברכה לבטלה, ולענ"ד בכה"ג דא"צ לחזור לראש רק ל"רצה", אפשר דימתין עד שיגיע הש"ץ ל"רצה", ומשם ואילך יכוין לתפלת הש"ץ, וא"צ לשמוע כל התפלה מראשו ועד סופו, עכ"ל**).

סעיף יא - אם בעוד האדם מתפלל סיים ש"צ ברכה, וקודם שכלתה עניית אמן מפי רוב הצבור סיים זה תפלתו - ר"ל אחר "יהיו לרצון", וכבר אמר תחנונים הרגיל בהן, **עונה עמהם: אמן** -

הלכות תפלה
סימן קכד – דין הנהגת ש"ץ בי"ח ברכות, ודין ענית אמן

ר"ל אף דנתבאר בס"ח בהג"ה, דצריך לענות אמן מיד כשכלה הברכה, שאל"ה הוי כעונה אמן בלי ברכה כלל, **מ"מ** הכא אם לא כלתה עדיין אמן מפי רוב הצבור, שפיר דמי, משום דעניית אמן ג"כ מכלל הברכה הוא, וכשעונין אמן הוי כמו שהיו גומרין עתה עצם הברכה, **והט"ז** חולק ופסק, דאפילו כלו כל הצבור לענות, מותר ג"כ לענות אם היה תיכף אחריהם, **ובחידושי** רע"א ובספר מג"ג הסכימו להשו"ע.

(וסברת הט"ז הוא, דהא בכל מברך צריך העונה להמתין עד שיסיים המברך, וכאן הוי עניית האמן של אותם ששמעו הברכה כברכה אריכתא, ושפיר הוא יכול לענות אמן תיכף אחר סיומם ג"כ אמן, ובחידושי רע"א כתב ע"ז וז"ל: ונלענ"ד דלא קשה מידי, דגם המחבר ס"ל דאם שמע הברכה ולא ענה אמן עד שכלו כל הצבור לענות, דיכול לענות אמן, רק בדין המחבר דמיירי שהוא עוסק עוד בתפלתו כשסיים החזן ברכה, ומסברא אין יכול לענות אמן, דהא הפסיק בדבור בין סיום הברכה לעניית אמן, ומשו"ה אם סיים תפלתו קודם שכלתה עניית אמן מרוב צבור, כיון דעניית אמן דצבור מכלל סיום ברכה, הוי כאילו עכשיו סיים הש"ץ הברכה, ולא הפסיק בדיבור, ויכול לענות, משא"כ בשביל מיעוט המאריכין, לא מקרי סיום הברכה, וממילא הוי הפסק מה שהפסיק בתפלתו, עכ"ל, וקשה לי לדידיה, עכ"פ אם כלה תפלתו בשוה עם רוב הצבור, ג"כ יהיה שפיר דמי לענות אמן תיכף, דשוב לא היה שום הפסק בין עניית הצבור אמן, דהוא סיום הברכה, ובין האמן שלו, ואמאי בעינן שיסיים תפלתו קודם שיסיים רוב הצבור לענות אמן, **ואולי** משום דא"א לצמצם, ודוחק).

(ובספר מג"ג כתב תירוץ אחר, משום דהש"ץ מסתמא אין ממתין רק עד שרוב הצבור עונים אמן, ולא על המאריכין יותר מדאי וכנ"ל, ואח"כ מתחיל ברכה שאחר זה, וממילא שוב אינו יכול לענות אמן על ברכה הקודמת, דכבר עברה לה, ובהכי ניחא ג"כ קושיתי הנ"ל, ‹על מהלך של רעק"א›, **והנה** לפי דברי הגרע"א והמגן גיבורים, גם קדיש וקדושה וברכו, אם נכנס לבהכ"נ ומצא להצבור שאומרים קדיש וקדושה וברכו, **אף** שרוב הצבור כבר אמרו, רק המיעוט גומרים לאמר, **אפ"ה** יוכל לאמר עמהם, **ולמעשה** צ"ע).

הגה: ואפי' אם לא שמע הברכה כלל, רק שומע לצבור עונין אמן, ויודע על איזה ברכה קאי, יענה עמהם - הוא ג"כ לדברי המחבר, ולא חידש רק במה שכתב ויודע על איזה ברכה, דקאזיל בזה לשיטתיה לעיל בס"ח בהג"ה, דאם אינו יודע על איזה ברכה קאי, הוא בכלל אמן יתומה.

וה"ה אם שמע שיחיד עונה אמן, ויודע על איזה ברכה קאי, דעונה עמו, ונקט צבור משום דאיירי המחבר לענין צבור, **ואע"ג** דהמחבר אינו מתיר אלא קודם שכלתה אמן מפי רוב, אבל המיעוט לא מהני, היינו משום דמיעוט לגבי רוב הוי כמאן דליתא, או מפני טעמים אחרים, **אבל** אם אין שם צבור כלל אלא יחיד, עונה עמו.

וכן בקדיש וקדושה וברכו - היינו דכל שלא סיימו רוב הצבור לענות, עונה עמהם אע"פ שלא שמע כלום מפי הש"ץ.

סעיף יב - העונה אמן, לא יגביה קולו יותר מהמברך - משום דכתיב: גדלו לד' אתי ונרוממה שמו יחדיו, **ונראה** דה"ה לענין ברכו או ברכת הזימון, ג"כ לא יגביה העונה יותר מהמברך.

עוד נראה, דאם כונתו בהרימו קולו, כדי לזרז להעם שיענו גם הם, מותר.

ואחר קטנים בני חינוך צריך לענות אמן אחר ברכתן.

ואחר שוטה אין לענות אמן, דלאו בר מצוה כלל, **ואחר** חרש המדבר ואינו שומע, צריך לענות אמן, דבודאי חייב הוא במצות, **ואחר** נשים שבירכו על מ"ע שהזמן גרמא, יוכל לענות אמן.

§ סימן קכה – דיני קדושה §

סעיף א - אין הצבור אומרים עם ש"ץ: נקדישך, אלא שותקין ומכוונין למה שש"צ אומר עד שמגיע לקדושה, ואז עונים הציבור:

קדוש - הטעם, דניתקן שש"ץ יאמרנו בשביל הקהל ויהיה שלוחם, וכשגם הצבור אומרים אותו, איך יקרא הש"ץ שלוחם, וכן בקדיש יש ליזהר, שלא לומר עם החזן

הלכות תפלה
סימן קכה – דיני קדושה

"יתגדל" וכו' עד איש"ר, **ואפילו** יש מנין מלבדו ששומעין ומאזינין לש"ץ, ג"כ אסור, כי על כל אחד שבבהכ"נ החיוב לשתוק ולהאזין לש"ץ ואח"כ לענות אחריו, **ומטעם** זה אפילו אם ירצה ללמוד ע"י הרהור, ג"כ אסור משעה שמתחיל החזן "נקדש", וכן בקדיש, **אם** לא בשעה שהחזן מאריך בניגון, ולא בשעה שמחתך האותיות.

(**ובשו"ע** של הגר"ז כתב, דהני מילי ליחיד שרוצה לומר "נקדש", אבל אם כל הקהל ירצו לומר, מותר מדינא אפי' שלא עם הש"ץ ביחד, **אך** שמ"מ אין לכתחילה להתנהג כן, וכמו בקדיש שעונין הצבור איש"ר אחר "יתגדל" שאומר הש"ץ, כן בקדושה יש לכתחילה לענות "קדוש" ו"ברוך" אחר "נקדישך" או "נקדש" שאמר הש"ץ).

ויש מקילין שיוכל לאמר עם הש"ץ, [ט"ז ובשם כתבים]. **והמנהג** הנכון כמ"ש השו"ע, כי עמו נמשכו האחרונים, וכן נהג הגר"א, **ומ"מ** המנהג בימינו שאומרים הקהל ג"כ "נקדש", (**והוא** ע"פ כתבי האר"י שהביא המ"א, או שסוברין כהט"ז).

ואינו נקרא קדושה אלא "נעריצך" וכו' {למנהג הספרד שאומרים כן בכל תפילת שחרית, וכן לאשכנזים שאומרים "נקדש"}, "לעומתם" וכו', "ובדברי" וכו', **אבל** שאר הנוסח שמוסיפין בשבת אינו בכלל קדושה, ואינו צריך להאזין אחר החזן בזה, **וכן** המנהג כהיום, שאומרים זה קודם החזן, וכן מותר ללמוד אז ע"י הרהור, כן כתב המ"א בשם הגהת יש נוחלין, **אבל** כמה אחרונים סוברין, דאפילו "ימלוך" ג"כ אינו מעיקר הקדושה, וכ"ש "לעומתם" וכו' "ובדברי" וכו'.

ויראה הש"ץ לסיים "לעומתם" וכו' "ובדברי" וכו', קודם שיתחילו הקהל "ברוך" ו"ימלוך", כ"כ המ"א בשם הס"ח, **ור"ל** שלא ימשוך הש"ץ כ"כ באמירתו "לעומתם" וכו' "ובדברי" וכו', כדי שלא יתחילו הקהל "ברוך כבוד" וכו' וכן "ימלוך" קודם שיסיים, **וה"ה** לקדיש ולברכו ולכל דבר שעונים אחר הש"ץ או אחר המברך, לא ימשוך הש"ץ או המברך בסופו, כדי שלא יענו הקהל אחריו קודם שיסיים, ויהיה זה כעין אמן חטופה.

ויחיד שאמר "קק"ק" ועדיין הש"ץ היה ב"וקרא זה אל זה", י"א דלא יצא, וצריך לענות פעם אחרת, **והטעם** פשוט, דצריך לענות בי עשרה כאחד, (כי אין אומרים דבר שבקדושה פחות מעשרה), **וכן** יש ליזהר ג"כ שלא יאחר לומר את הקדושה אחר הקהל, **ויש** ליזהר בכל זה בעת אמירת הפייט, שכשרואה הצבור מתחילין לומר "קק"ק", תיכף יפסוק באמצע.

(**ומסתפקנא** לענין ש"ץ, אם הוא מחויב ג"כ לומר "קדוש" ו"ברוך" בשוה עם הצבור, כי הלא הוא אינו מוציא את עצמו מן הכלל, דהא אומר "נקדש" וכו', ואיך יאמר אח"כ שלא בעשרה, **ואין** לומר כיון דהש"ץ עומד להוציא רבים ידי חובה, חשוב כצבור, זה אינו, דהלא קדושה הצריכו חז"ל לכל אחד מהשומעים לאמר בעצמו "קדוש" ו"ברוך", **ואפשר** כיון דהעומד בתפלה קי"ל דישתוק ויכוין למה שאומר ש"ץ, כדי לצאת בזה, חשוב כעומד להוציא רבים ידי חובה, ויכול לומר אפי' אח"כ, **ואם** מתחיל הש"ץ או שאר יחיד לומר "קדוש" קודם שגמרו צבור אמירתם, בודאי חשוב כצבור).

מהרי"ל כשאמר 'ברוך' ו'ימלוך' היה כורע וזוקף בשם, אבל לא מצינו ראיה לזה - ד"מ, **ע"כ** לא נהגו כן כהיום.

סעיף ב - טוב לכוין רגליו בשעה שאומר קדושה עם שליח ציבור

- כמ"ש בסי' צ"ה. **וצריך** לכוין ביותר בקדושה לקדש את השם ית', ובזכות זה ישרה עליו הש"י קדושה מלמעלה, **ויכוין** לקיים הפסוק: ונקדשתי בתוך בני ישראל, **והאריז"ל** היה מזהיר מאוד ע"ז.

הנוסח "שמקדישים" ולא "שמקדישין", **גם** יפריש קצת בין תיבת "שמקדישים" לתיבת "אותו" שכתוב אח"כ, וכדלעיל בסי' ס"א לגבי ק"ש. **כתב** ב"ח, שצ"ל: וכן כתוב ע"י נביאך, **ונוסח** שלנו: ככתוב ע"י נביאך, וכ' המ"א שיש לו ג"כ סמך. **בשבת** אומרים: כדבר האמור בקמ"ץ.

הגה: ויש לישא העינים למרום בשעה שאומרים קדושה

- כי כתבו בשם ספר היכלות, ז"ל: ברוכים אתם לד' שמים ויורדי מרכבה, אם תאמרו ותגידו לבני מה שאני עושה בשעה שמקדישים ואומרים קק"ק, ולמדו אותם שיהיו עיניהם נשואות למרום לבית תפלתם, ונושאים עצמם למעלה, כי אין לי הנאה בעולם כאותה שעה שעיניהם נשואות בעיני, ועיני בעיניהם, באותה שעה אני אוחז בכסא כבודי בדמות יעקב, ומחבקה ומנשקה, ומזכיר זכותם וממהר גאולתם.

דהיינו שיהיו סגורות, אבל לא בעינים פתוחות, כ"כ הט"ז, ‹דבסי' צ"ה קי"ל, דהמתפלל צריך שיתן עיניו למטה ולבו למעלה כו', ואמאי לא נימא גבי קדוש הכי›, **אבל** הרבה

אחרונים חולקין ע"ז, ‹ולא דמי קדושה לתפילה, דהיא בקול רם והיא באה לאחר התפילה - ב"ח›, ופסק המג"ג כמותם.

וכן מנענעים גופן ונושאין אותו מן הארץ - כי איתא בתנחומא פ' צו: ובשתים יעופף, מכאן תקנו לעוף על רגליו בשעה שאומר "קדוש", **וכתב** המ"א, ודלא כאותם שדולגים וקופצים, ‹כוונתו בקפיצה לגמרי מעל הארץ - ערוה"ש›, **אבל** הא"ר ושארי אחרונים יישבו את המנהג, ומנהג ישראל תורה היא, ‹דהכי משמע לשון לעוף כו' - שע"ת›, **ומ"מ** במקום שאין המנהג כן פשיטא שאין לעשות כן, כי יבואו להתלוצץ, ויצא שכרו בהפסדו. **השל"ה** כתב שקבלה בידו, שירים גופו ועקבו למעלה ב"ברוך" ו"ימלוך", כמו ב"קדוש".

ואין לדבר באמצע הקדושה - כתב בד"מ, שמהרי"ל לא היה מדבר מתחלת הקדושה עד אחר אמן ד"האל הקדוש". **כתב** הפמ"ג, אם התחיל קדושה, ובאמצע שמע קדיש, מסתברא דלא יפסיק לענות איש"ר, **אלא** גומר "קדוש" ג"פ עד "כבודו", ואם שומע אז, יאמר איש"ר.

כתבו האחרונים, דאף שעניית איש"ר הוא עדיפא מקדושה, **מ"מ** אם קדיש כבר שמע, וקדושה לא שמע עדיין, ונזדמן לו לענות קדיש וקדושה, מוטב שיענה קדושה כדי לצאת ידי חובה.

ומי שאמר סדר קדושה, ובא לבהכ"נ ומצא צבור עונין קדושה, חוזר ועונה עמהם.

§ סימן קכו – דין שליח צבור שטעה §

סעיף א - ש"צ שטעה ודילג אחת מכל הברכות, וכשמזכירין אותו יודע לחזור למקומו, אין מסלקין אותו - אלא שוהין עד שיזכירו אותו, וכשנזכר חוזר למקום שטעה, כמו יחיד הטועה, ‹**ועיין ברמב"ם דמשמע מיניה, דעד שעה צריך להמתין עליו, אולם בשארי פוסקים לא ראיתי שיעור זה, וכן בב"י שהעתיק דברי הרמב"ם, השמיט מיניה תיבת "שעה", וצ"ע**›.

‹**וה"ה אפילו אם טעה ודילג שתים ושלש ברכות, ג"כ דינא הכי, אלא נקט דבר ההוה**›.

ולאפוקי אם הזיד ודילג, אפי' בשאר ברכות מסלקין מיד.

מכל הברכות וכו' - ר"ל אפי' אם טעה ודילג ברכת תחיית המתים או בונה ירושלים, אין מסלקין אותו לומר שמא כופר הוא בתחיית המתים, או אינו מאמין בביאת המשיח, אלא תלינן שבשגגה השמיט, והטעם עיין בב"י בשם הרר"י, ‹דדוקא בברכת המינין איכא למיחש שמא מין הוא ואינו רוצה לקלל את עצמו, אבל בתחיית המתים אע"פ שלא יאמין בה אפשר שיאמר אותה, הואיל ואינו מקלל את עצמו, הילכך כיון שאפשר שיאמר אותה ויהיה מין ולא נוכל להכיר אותו, אפי' כשלא אמר אותה אין מעלין אותו›, **ועיין** בט"ז דס"ל, דאם השמיט שתיהם, בודאי אנו צריכין לחוש לזה, ואפי' אם התחיל מסלקין אותו, **ויש** שחולקין עליו.

ודע דמוכח לכו"ע, דאם אנו יודעין שהוא כופר בתחיית המתים, או אינו מאמין בגאולה העתידה, וכ"ש אם אינו מאמין בתורה מן השמים, או בגמול ועונש, לכו"ע אפיקורוס גמור הוא, ואסור להניחו להיות ש"ץ, **ואם** עמד בחזקה, אין עונין אמן אחריו.

אבל אם דילג ברכת המלשינים, מסלקין אותו מיד, שמא אפיקורוס הוא - פי' ואין ממתינין לו שיזכירו אותו, אלא מסלקין אותו מהתיבה מיד, כי שמא נזרקה בו עתה אפיקורסות, ואינו רוצה לקלל עצמו, לכן דילג ברכה זו, **ואפי'** אם היה מוחזק עד עתה לכשר וצדיק, ג"כ חיישינן לזה, **ומ"מ** אין מסלקין אותו מש"ץ משום פעם אחת, כיון שי"ל שטעה.

ודוקא בשדילג כולה, אבל אם דילג ראש הברכה וסיים חתימתה, לא מצינו שמסלקים אותו, **וכן** אם לא רצה לומר "לכופרים", אלא "ולמלשינים", אין מסלקין אותו, מפני שיש מקומות שאומרים לכתחילה "ולמלשינים".

‹**אפשר דדוקא אם דילג רק אותה לבד, אבל אם דילג אותה ואת חברתה הסמוכה לה, מוכח דבשגגה בא זה לידו**›.

‹**ונראה דאם נזכר מעצמו וחזר לברכת "ולמלשינים", אין צריך להורידו, דהרי מוכח דמעיקרא בשגגה היה**›.

ואם התחיל בה וטעה, אין מסלקין אותו - אפילו שהא בינתים הרבה ולא היה יכול להזכר, אפ"ה תלינן שבשגגה הוא מדהתחיל בה.

סעיף ב - ש"צ שטעה ואינו יודע לחזור למקומו - ר"ל שהוא נבהל, ואינו יודע לחזור אף לאחר שמזכירין אותו וכנ"ל ‹ששהא בינתים הרבה›,

הלכות תפלה
סימן קכו – דין שליח צבור שטעה

יעמוד אחר תחתיו, (כדרך שנתבאר לעיל סי' נ"ג) - ר"ל דמבואר שם בסי"ז דלא יהיה סרבן באותה שעה.

ומתחיל מתחלת הברכה שטעה זה, אם היה הטעות באמצעיות - ואפילו אם לא טעה אלא בסוף, שקריאת אותה ברכה כמאן דליתא דמי, **ואין** חילוק בין שטעה, או שנחלש ואינו יכול לגומרה, והוצרך אחר לעמוד תחתיו.

ולכתחילה טוב שיהיה אותו האחר מי שכיון לכל התפלה עם הש"ץ, ולא שח בשעה שהיה ש"ץ מתפלל, **ואם** לא נמצא כזה, יקחו אף מי שלא כיון בזה, **ואפ"ה** גם בזה לא יתחיל אלא מתחלת הברכה, מפני טורח הצבור.

ולכן בימים נוראים, שלפעמים נחלש הש"ץ באמצע הפיוטים, ועומד אחר תחתיו, צריך ליזהר שיתחיל העומד מתחלת הברכה מ"אתה בחרתנו", ולא יחזור הפיוטים, **ומ"מ** בדיעבד אם התחיל במקום שנשתתק, ולא מראש "אתה בחרתנו", כיון שעדיין לפני השני לומר בסוף סליחות "מחל לעונותינו", אין להקפיד במה שקיצר באמצעיות.

ואם היה בג' ראשונות, מתחיל בראש; ואם בג' אחרונות, מתחיל "רצה" - דג' ראשונות וג' אחרונות חשובות כחדא ברכה, ואין לחלק חדא ברכה לשני אנשים, **ומשו"ה** אין חילוק בין שטעה ודילג ברכה אחת מהג' ברכות, או שטעה ונשתתק בהם באמצע ברכה, או בין ברכה לברכה, בכל גווני בג' ראשונות חוזר לראש, ובאחרונות חוזר ל"רצה", כ"כ בנשמת אדם.

וכ"כ הגרע"א, שהורה לחזן שנחלש ביוה"כ בתפילת שחרית בפייט של סדר קדושה, והוצרך אחר לירד לפני התיבה, שיחזור מראש התפילה ובלא אמירת הפייט.

(ומוכח מרע"א והנ"א, דדבריהם איירי דוקא אם זה העומד תחתיו לא כיון מתחלה לתפילת הש"ץ, אבל אם כיון לתפילת הש"ץ ולא שח בינתים, א"צ לחזור בטעה בפייט של סדר קדושה כי אם למקום שפסק הראשון, וכן הדין בג' אחרונות, אם טעה או נשתתק בברכה שלישית, א"צ לחזור כי אם לאותה ברכה, אם העומד תחתיו כיון לתפילת הש"ץ, ואפילו אם לא כיון רק מתחלת "רצה", מצדד שם דדי).

(אך זה לא מצאתי בירור מדבריהם, אם טעה באמצע ברכה אחת מהג' או נשתתק, וזה העומד תחתיו כיון לתפילת הש"ץ מתחלתו, אם צריך לחזור לתחלת ברכה זו, או די למקום שפסק בלבד, כיון דהג' ברכות חשובות כחדא, ואפ"ה מקילינן משום דהתכוין מתחלה, א"כ חדא היא אצלו, וא"כ ה"ה דסגי מחמת זה אפילו אם יתחיל באמצע ברכה, **ואולי** יש לחלק, **ומדברי** ב"י משמע, דאפילו בכי האי גווני צריך לחזור לתחלת ברכה, ולא השיגו עליו הנ"א והגרע"א בזה, משמע לכאורה, דאפילו לדבריהם נמי הכי הוא, וצ"ע).

ש"ץ שהוא כהן, ובאמצע התפילה נודע שמת אחד בבתים הסמוכים, **אם** אפשר לסתום הפתחים והחלונות של בהכ"נ, או של בית שהמת שם, ואע"פ שיש עוד טומאה דרבנן, (הואיל וסוף טומאה לצאת - חכ"א), א"צ להודיע להש"ץ עד שיגמור תפילתו, **ומיהו** ודאי אם סיים תפילתו בלחש, ולא התחיל עדיין בקול רם, יאמרו לו ויצא, ויחזור אחר בקול רם, **אבל** אם א"א ליזהר בזה, צריך לצאת ואפילו באמצע התפלה, והשני העומד תחתיו יתחיל מתחלת ברכה, אם הוא באמצעיות, (**ובדיעבד** אם הגידו לו, אפי' הוא רק טומאה דרבנן, פסק בפמ"ג דצריך לפסוק באמצע, ומדברי השע"ת משמע, דאין צריך לפסוק בזה שהוא מדרבנן באמצע התפילה).

סעיף ג - כל מקום שהיחיד חוזר ומתפלל, ש"צ חוזר ומתפלל, אם טעה כמותו כשמתפלל בקול רם; חוץ משחרית של ר"ח – (וה"ה חוה"מ – פמ"ג), **שאם שכח ש"צ ולא הזכיר "יעלה ויבא" עד שהשלים תפלתו, אין מחזירין אותו, מפני טורח הצבור, שהרי תפלת המוספין לפניו שהוא מזכיר בה ר"ח** - ואם שכח "משיב הרוח" ו"טל ומטר" וכה"ג, מחזירין אותו, דדוקא ב"יעלה ויבא", מפני שזכרון אחד עולה לכאן ולכאן, **אבל אם נזכר קודם שהשלים תפלתו, חוזר ל"רצה" ואין בזה טורח צבור.**

הגה: י"א דאם טעה בשחרית של שבת ויו"ט, דינו כמו בר"ח, והכי נהוג - ר"ל ששכח והתפלל של חול, ולא הזכיר מענינו של שבת ויו"ט, והשלים תפלתו.

הלבוש הביא דיעות בזה ולא הכריע, **אבל** האחרונים כתבו כהרב.

אבל אם נזכר קודם שהשלים תפלתו, חוזר ל"ישמח משה", או ביו"ט ל"אתה בחרתנו", כ"כ הפמ"ג, **ומדברי** הרב בהג"ה לקמן בסימן רס"ח ס"ה, קצת לא משמע כן.

(והנה באמת דין זה אינו מצוי כלל, שלא יזכירוהו השומעים עד שישלים תפלתו, **ואפילו** אם נאמר דלא כפמ"ג, ג"כ אינו מצוי שיתפלל כל הברכות האמצעיות ולא יזכירוהו, דאם הוא עומד עדיין בתוך הברכה, בודאי לכו"ע צריך לחזור לברכת שבת ויו"ט, **ואולי** דכונת הרמ"א במ"ש "והכי נהוג", לענין אם חל שבת ויו"ט ביחד, ושכח השליח צבור להזכיר של שבת, דמהני במה שיזכיר של שבת במוסף גם לשל שחרית).

סעיף ד - אם טעה ש"ץ כשהתפלל בלחש, לעולם אינו חוזר ומתפלל שנית מפני טורח הצבור, אלא סומך על התפלה שיתפלל בקול רם - ואם בלחש במעריב, חוזר, שאין לו על מה לסמוך, **ומיהו** בשבת יסמוך על ברכה מעין שבע, דלא גרע מיחיד שסומך עליו.

והוא שלא טעה בג' ראשונות, שאם טעה בהם, לעולם חוזר כמו שהיחיד חוזר - ודוקא כשנזכר קודם שהשלים תפלתו, דלית בזה טורח צבור כ"כ, **אבל** אחר שהשלים תפילתו אינו חוזר, כ"כ הלבוש, וכן הסכימו עמו הרבה אחרונים.

ובטור פליג, ומקיל אפילו בג' ראשונות בכל גווני, והסומך עליו לא הפסיד - ח"א בשם א"ר, **וכן** משמע בביאור הגר"א, שהלכה כטור.

§ סימן קכז – דין מודים דרבנן §

סעיף א - כשיגיע שליח צבור ל"מודים", שוחין עמו הציבור, ולא ישחו יותר מדאי - הצבור, **ולענין** ש"ץ גופא, בודאי לא עדיף משאר מתפלל, דפסק המחבר לעיל בסימן קי"ג ס"ה, דלא ישחה הרבה.

ולא ישחו יותר מדאי - פירוש שישחה כדין שאר שחיות, **והב"ח** מפרש, ד"במודים" שאומר עם הש"ץ לא ישחה, רק ינענע ראשו מעט, **והעולם** לא נהגו כן. «**ורבים** וטובים נוהגים כדברי הב"ח, ורק כופפים ראשם מעט, ויש להם יסודות איתנים על מי לסמוך, והנח להם לישראל וכו', וכן הוא גם על פי קבלת האר"י ז"ל – פסקי תשובות».

ואומרים: מודים אנחנו לך שאתה הוא ה' אלהינו אלהי כל בשר כו', וחותם: ברוך אל ההודאות, בלא הזכרת השם - ודעת הגר"א לומר: בא"י אל ההודאות, **והעולם** לא נהגו כן.

ואין הש"ץ צריך להמתין עד שיסיימו הצבור "מודים דרבנן", אלא מתפלל כדרכו.

ויש מי שאומר שצריך לשחות גם בסוף, וטוב לחוש לדבריו. ויש אומרים שאומר הכל בשחייה אחת, וכן המנהג - והב"ח כתב בשם רש"ל, שיזקוף מעט כשאומר השם עד סופו, ואז יכרע, עכ"ל, «שהוא הכריע לעשות כהרמ"א שיהיה כולו בשחיה, ולהראות זקיפה כשמזכיר ה' משום ה' זוקף כפופים, לכן זקף מעט, ולבסוף בשחיה, וכמש"כ הרב ב"י בשו"ע – מחה"ש», (**וכן** משמע מח"א). **והעולם** נוהגין כמש"כ רמ"א - מ"א. «ואצלינו לא הכל נוהגין כן – ערוה"ש».

(**ובביאור** הגר"א כתב, שא"צ לשחות רק עד "שאתה הוא ד' אלהינו", ואח"כ יזקוף).

«**החזו"א** והגריי"ק זצ"ל נהגו לכרוע בתחילה ובסוף, כהשו"ע. **אמנם** המנהג הנפוץ לכרוע רק בתחילת מודים ותו לא, כדעת הגר"א, ודעת המקובלים נמי כן הוא – פסקי תשובות».

סעיף ב - אם אין שם כהנים, אומר ש"ץ: אלהינו ואלהי אבותינו ברכנו בברכה המשולשת וכו', ואני אברכם - ומנהגנו כהיום, שלא לומר רק עד "שלום", מ"א, וכן משמע מביאור הגר"א.

ובדיעבד אם לא אמר, אין מחזירין אותו, (דבלא"ה דעת אנשי מערב, דאפילו לכתחילה אין לומר, וגם בתוספות כתבו דבזמן הגמרא לא היה המנהג לומר, **ולכאורה** אם נזכר קודם שאמר "ברוך אתה ה'", יחזור ויאמר, דלא גריעא דבר זה מ"זכרנו" ו"מי כמוך", דג"כ אין לו מקור מן הגמרא, ואפ"ה קי"ל, דאם נזכר קודם

הלכות תפלה
סימן קכז – דין מודים דרבנן

שסיים בא"י, יחזור, ועיין במ"א, דבדיעבד אין לחזור אפי' קודם שסיים הברכה, וצ"ע).

עיין לקמן סימן קכ"ח ס"י בהג"ה, שכתב דמנהגנו שאפילו יש שם כהנים, אומר הש"ץ "אלהינו ואלהי אבותינו" וכו', עד "עם קדושיך".

בברכה - בפת"ח. **כהנים** עם קדושיך - אין מלת "כהנים" דבוק למלת "עם קדושיך", לומר שהם כהני עם קדושיך, **דהא** קי"ל דכהנים שלוחי דרחמנא נינהו ולא שלוחי דידן, **אלא** כלומר שהכהנים נקראים "עם קדושיך".

כשאומר "יברכך ד'", יראה לצד ההיכל, "וישמרך", יראה לצד ימין שלו, "יאר ד'", כלפי ההיכל, "פניו אליך ויחנך", יראה לצד שמאל שלו, ליחדו בימין - זוהר פרשת נשא.

ואין הצבור עונין אחריו אמן, אלא "כן יהי רצון"

- ר"ל אחר סוף ברכה ג', דהכל ענין אחד הוא, שמסדר הש"ץ בתפלתו מה שהכהנים אומרים, **ויש** עונים "כן יהי רצון" אחר כל ברכה.

דאמן לא שייך כי אם כשעונה אחר כהן המברך, משא"כ הש"ץ שאינו אומר אלא דרך בקשה, שיברכנו הש"י בברכה שהכהנים מברכים.

הגה: ואין אומרים "אלהינו ואלהי אבותינו" וכו', רק בזמן שראוי לברכת כהנים ולישא כפים -

ר"ל בשחרית ובמוסף ולא במנחה, **ובתענית** צבור גם במנחה, והטעם, משום דאומרים ברכת כהנים.

ונהגו לומר בשחרית "שים שלום", וכן כל זמן שאומר "אלהינו" כו' - ויחיד המתענה אומר (במנחה) "שלום רב".

אבל באלו הכי מתחילין "שלום רב" - ואם אמר "שים שלום", או בשחרית "שלום רב", יוצא, **ובסידור** האר"י ז"ל כתוב לעולם "שים שלום".

(**ואם** נזכר בבוקר כשהתחיל "שלום רב" קודם שאמר "בא"י", אפשר דיחזור ויאמר "שים שלום", ומטעם שכתבנו קודם לענין ברכת הש"ץ, **אבל** להיפך, אם אירע לו כן בערב שאמר "שים שלום", אפילו אם נזכר קודם שאמר "בא"י", נראה דא"צ לחזור, דכי משום שהוסיף בבקשה מגרע גרע).

ויש מתחילין "שים שלום" במנחה של שבת, הואיל וכתיב ביה: באור פניך נתת לנו, שהיא התורה שקורין במנחה בשבת.

תם ונשלם חלק א' מספר משנה ברורה

הלכות נשיאת כפים שכט
סימן קכח – דיני נ"כ ואיזה דברים הפוסלים בכהן

§ סימן קכח – דיני נשיאת כפים ואיזה דברים הפוסלים בכהן §

סעיף א – (כתב בספר חרדים, מ"ע לברך כהן את ישראל, שנאמר: כה תברכו את בני ישראל, וישראל העומדים פנים כנגד פני הכהנים בשתיקה, ומכוונים לבם לקבל ברכתם כדבר ה', הם נמי בכלל המצוה, עכ"ל, והביאוהו האחרונים).

אין נשיאת כפים בפחות מי' - ודינו בכל דבר כמו שמבואר לעיל בסי' נ"ה לענין קדיש, **ועיין** שם במ"ב מש"כ בשם הפמ"ג, דמסתפק לענין ישן אם מצטרף.

(**הטעם** משום דהוא דבר שבקדושה, **והר"ן** כתב דלא מיקרי דבר שבקדושה, כי אם קדיש וקדושה וברכו, ומה דצריך עשרה בנ"כ, הוא משום דילפינן גז"ש, דכתיב: כה תברכו את בני ישראל, ולהלן כתיב: ונקדשתי בתוך בני ישראל, **ואפי'** לדידיה רק אסמכתא הוי ומדרבנן).

(**ואפי'** אם בעת שהתחיל הש"ץ לחזור התפלה היו עשרה בביהכ"נ, ואח"כ יצאו, דקי"ל לעיל בסימן נ"ה ס"ב, דגומרין כל התפלה, אפ"ה אסור לישא כפים, שהוא ענין בפני עצמו, אלא שקבעוהו חכמים בתפלה, **ואם** התחילו הנשיאת כפים בעשרה ויצאו מקצתן, גומרין).

י"א דאין נ"כ אלא במקום שיש ס"ת, **אבל** רוב האחרונים וכמעט כולם חולקים ע"ז.

יש אומרים דמי שבא ואמר: כהן אני, נאמן לישא כפיו, וכן המנהג.

והכהנים מהמנין - לפי שהכהנים ג"כ בכלל ברכה, מדכתיב: ואני אברכם, כלומר לכהנים, **ואפי'** אם רובם כהנים, ג"כ שפיר דמי, כיון דיש עכ"פ ישראל אחד שיענה אמן אחר הברכת כהנים, **וביהכ"נ** שכולה כהנים, עיין לקמן בסכ"ה.

(ואין לזר לישא כפיו, אפי' עם כהנים אחרים (בפ' ג' דכתובות, דזר עובר בעשה) - דכתיב: כה תברכו וגו', אתם ולא זרים, ולאו הבא מכלל עשה עשה, **ואפילו** אם נימא דעשה אינו עובר הזר כשמברך עם כהנים, דהמיעוט "אתם ולא זרים" הוא רק כשמברך לבדו, **אפ"ה** עכ"פ אסור משום הברכה שמברך בתחלה, "אשר קדשנו" וכו', דהוי לבטלה, דרק לכהנים צותה התורה לברך את ישראל.

ועיין בב"ח שכתב, דדוקא עם נשיאת כפים, ואפילו אם לא בירך מתחלה "אקב"ו" וכו', **אבל** אם יברך ברכת כהנים בלא נשיאת כפים, אינו עובר בעשה, **ומפמ"ג** משמע דאיסור יש בכל גווני.

כתב בספר מגן גבורים, דהא דאמרה תורה: אתם ולא זרים, אינו רק במתכוין לכוונת המצוה, **אבל** אי לא מכוין כלל לכוונת המצוה, רק שלא לעבור על דברי חבריו שחשבו שהוא כהן, ואמרו לו: עלה לדוכן, פשיטא דאין כאן איסור עשה כלל, עי"ש, **ונ"ל** דכ"ז דוקא למאי דקי"ל בסי' ס' ס"ד, דמצות צריכות כונה, **דאל"ה** אינו מותר רק דוקא אם מכוין בפירוש שלא לשם מצוה, או שאינו מכוין כלל לברכה.

(**ולכאורה** לפי"ז יש לתמוה על מנהג העולם, שנוהגין לברך אחד לחבירו בעת שמלוה אותו, בין שהוא כהן או זר, בלשון "יברכך" וגו', **ואף** דברכה כזו הוא שלא בשעת התפלה, וידוע הוא מה שאיתא בירושלמי: לא מצינו נשיאת כפים בלא תפלה, **הלא** זהו בודאי רק תקנתא דרבנן דקבעוהו בתפלה, ומדאורייתא אינו תלוי בזה כלל, תדע, דהלא תפלה גופא לרוב הפוסקים הוא דרבנן, **וא"כ** כיון דמדאורייתא יוצא בברכה בעלמא כשמברך אותם אפילו שלא בשעת תפלה, **וע"ז** אמרה התורה: אתם ולא זרים, האיך מותר לזר לברך אחד לחבירו בלשון זה, **וא"כ** יש ראיה ממנהג העולם, להא דקי"ל מצות צריכות כונה, **ואולי** יש לומר דטעם המנהג, משום דס"ל כהב"ח, דדוקא בפריסת ידים עובר הזר בעשה, **א"נ** דכיון דתקנו רבנן שלא לישא כפים בלא תפלה, שוב מי שאומר פסוקים אלו של ברכת כהנים בלא תפלה, בין כהן בין ישראל, הוי כמכוין בפירוש שלא לקיים בזה המצוה דברכת כהנים, ולכן שרי).

(עיין בפמ"ג שהסכים לפר"ח, דחלל שעולה לדוכן עובר בעשה כמו זר, ואפילו אם עלה, ירד, ומי שהוא טומטום או אנדרוגינוס, לא יעלה לדוכן, ונ"ל דיצא מביהכ"נ קודם "רצה").

(ותוספת פ' כל כתבי, לא ידע ר"י מה איסור יש בזר העולה) - אם לא משום ברכה לבטלה, שלכהנים צותה התורה לברך את ישראל.

הלכות נשיאת כפים
סימן קכח – דיני נ"כ ואיזה דברים הפוסלים בכהן

(ואפשר דעם כהנים אחרים שרי, וצ"ע) - ר"ל בזה קאמר הר"י דאינו עובר בעשה, רק משום איסור ברכה לבטלה, **ולדינא** הסכימו האחרונים דאין לחלק בזה, ובכל גווני עובר בעשה.

סעיף ב - כל כהן שאין בו אחד מהדברים המעכבים - כי לקמן מבואר הרבה דברים המעכבים לכהן לעלות לדוכן, יש מהן שהן מדאורייתא לכמה פוסקים, ויש מהן שהן לכו"ע מדרבנן.

אם אינו עולה לדוכן, אע"פ שביטל מצות עשה אחת, הרי זה כעובר בג' עשה - והוא "כה תברכו", "אמור להם", "ושמו את שמי" וגו', **ומ"מ** עיקר עשה אינו אלא אחת, והוא "כה תברכו", שנאמרה בלשון צווי לברכה.

אם היה בבהכ"נ כשקורא: כהנים - דבלא"ה אינו עולה, דכתיב: אמור להם, ומתרגמינן: כד יימרון להון, והוא קריאת "כהנים" שאנו אומרין.

בבהכ"נ - **(לאפוקי אם היה אז חוץ לבהכ"נ, כתב הר"ן דאינו עובר אפילו אם קראו לו לעלות).**

או אם אמרו לו לעלות או ליטול ידיו - זה קאי ג"כ בשהיה בבהכ"נ, ולא כשאמרו לו בחוץ, **רק** דבא המחבר להורות לנו, דאין נ"מ בדין בין תיבת "כהנים" שקורא החזן בכלל לכל הכהנים, או שאמרו לו בפרט לעלות, או במה שאמר לו השופך מים ליטול ידיו, דהוא מרמז ג"כ על ברכת כהנים, (ובסידור יעב"ץ מפקפק בזה קצת, וצ"ע), כולם בכלל "אמור להם" הוא, ועובר בעשה אם אינו עולה.

וכתב המ"א, ודוקא שעקר רגליו בעבודה, אבל אם לא עקר רגליו, אינו רשאי לעלות, וכדלקמן בס"ח, ואף דהחזן קרא "כהנים", או שאמר לו בפירוש לעלות, אינו עובר בעשה, **והא"ר** הביא בשם תשובת מהר"ם מינץ שמסתפק בזה, דאולי באופן זה מחוייב לעלות, ע"כ יש ליזהר שלא להיות אז בבהכ"נ, כדי שלא יבוא לזה, **ובלא"ה** יש לעשות כן, משום שלא יאמרו עליו שהוא פגום, דמי ידע שלא עקר רגליו קצת בעבודה.

ועיין עוד בבה"ל שבירנו שם עוד, דברי המחבר כולל ג"כ, דאם שאמרו לו בביהכ"נ קודם שגמר ברכת "רצה", דהיה אז ביכלתו לעקור רגליו, ולא רצה, דעובר בעשה לכו"ע, **(אף דמוכרח מצד הדין שלא לעלות ע"י שלא עקר רגליו).**

(אך מסתפקנא, אם אמרו לעלות קודם שגמר ברכת "רצה", ולא רצה, ואח"כ קודם שהתחילו לקרוא "כהנים" ממש יצא לחוץ, ולא היה בבהכ"נ בעת נשיאת כפים, אם עובר או לא, מי נימא כיון דכבר קראו אותו בעת עבודה דהוא התחלת חיובו לנשיאת כפים, דהיינו שצריך אז מדינא לעקור רגליו לעלות לדוכן ולא רצה, ממילא עקר העשה בזה גופא, דהא קי"ל דשוב אינו רשאי לעלות, וקרא ד"אמור להם" כבר נתקיים, דהא כבר קראו אותו לעלות, ואו"כ מה הועיל במה שיצא לחוץ בשעת נ"כ גופא, **או** דילמא כיון דזה גופא דשוב אינו רשאי לעלות, משמע דהוא אסמכתא בעלמא אקרא, ומדאורייתא היה אח"כ ג"כ רשאי לעלות לדוכן, אפשר דזמן חיובא הוא העיקר בשעה שהגיע לעצם נ"כ, וכיון שהתחכם ויצא לחוץ מתחלה, **אף** שקראו אותו בעת ברכת "רצה", מיקרי יציאתו זה מקמי דלימטי זמן חיובא, ואינו עובר רק משום "ויראת מאלהיך" דאיתא בקידושין, **ויותר** מסתברא לומר דזמן חיובא מקרי מעת ששאר הכהנים מכינים עצמם לנ"כ, דהוא מעת התחלת עבודה, וע"כ כיון שכבר קראו אותו, והוא הפך פניו ויצא לחוץ, עקר בזה העשה, וצ"ע).

כתבו הפוסקים, דנשיאת כפים אין דוחה לאיסור טומאה, והטעם, כי יש בה עשה ולא תעשה, "לנפש לא יטמא", "קדושים יהיו", **ולכן** אפילו מת פתאום אחר שכבר אמר הש"ץ "כהנים", דחל עליהם המצות עשה דנשיאת כפים, אפ"ה צריכין לצאת תיכף החוצה, **ואם** הכהן אינו יודע מזה, צריך להגיד לו, **מיהו** אם הטומאה בבית הסמוך לביהכ"נ, ואפשר לסתום הפתחים והחלונות של ביהכ"נ, או של בית שהמת שם, (דאז אין בבתים הסמוכים אלא טומאה דרבנן, הואיל וסוף טומאה לצאת – חכ"א), אפי' נודע לו א"צ לצאת עד שיגמור הנ"כ, דנ"כ דבר תורה, וטומאה כזו אינה אלא מדרבנן, **אמנם** אם נודע לכהן קודם שנטל ידיו לעלות לדוכן, טוב יותר שיצא תיכף החוצה.

סעיף ג - אם עלה פעם אחת ביום זה, שוב אינו עובר, אפי' אמרו לו: עלה - היינו אי אתרמי ליה צבורא אחרינא, והטעם, כיון שכבר קיים מצוה זו ביום זה, לא חייבתו התורה יותר, **ומ"מ** אם עלה פעם שנית צריך לברך מתחלה הברכה "אשר קדשנו", דעכ"פ עושה מצוה, ואפי' באותו ביהכ"נ שכבר נשא כפיו, [תשו' מהר"ם מינץ ומ"א].

הלכות נשיאת כפים שלא
סימן קכח – דיני נ"כ ואיזה דברים הפוסלים בכהן

סעיף ד - כשהכהנים אינם רוצים לעלות לדוכן - כגון שהוא חלש וכדומה, (דאל"ה בודאי לא שפיר למעבד הכי, שיבטל מ"ע בחנם, והרי זה דומה לשאר מ"ע התלוי במעשה, כמו ציצית דלאו חובת גברא הוא אלא חובת מנא, ואפ"ה צריך לעשות בגד של ד' כנפות ולתלות בה ציצית, וענשי נמי עלה בעידן ריתחא, **ובאמת** גמרא מפורש הוא בקידושין ל"ג, דאפילו הוא פוטר עצמו ממ"ע קודם דלימטי זמן חיובא, אפ"ה נאמר ע"ז: ויראת מאלהיך).

אינם צריכים לשהות חוץ מבהכ"נ אלא בשעה שקורא החזן: כהנים - ר"ל וממילא אין חל עליהם שום חיוב אפילו כשיכנסו אח"כ, וכנ"ל בס"ב.

אבל כדי שלא יאמרו שהם פגומים - ר"ל בני גרושה ובני חלוצה, **נהגו שלא ליכנס לבהכ"נ עד שיגמרו ברכת כהנים.**

ועיין במ"א שכתב בשם המרדכי, שהיוצא צריך לצאת קודם שמתחילין "רצה", **והטעם**, כדי שלא יאמרו שהם פגומים כשלא יעקרו ב"רצה", **וגם** שהלוים היוצקים מים לא יבואו ויאמרו להם לעלות.

וכתבו הפוסקים, דהפסולים לעלות לדוכן, אפילו פסולים דרבנן, א"צ לצאת לחוץ, דכשהחזן קורא "כהנים", אין כונתו על הפסולים, **והסכימו** עוד, דאפילו אם אמרו לו בפירוש: עלה, או כשאין בביהכ"נ רק פסולים, דבודאי כונת הש"ץ שקורא "כהנים" הוא עליהן, אפ"ה אין צריכין לעלות, ואינם עוברין בעשה, דהא אינם נמנעין מצד עצמן, אלא החכמים מנעו אותם, ויש כח בידם לעשות זה, [לעקור דבר מן התורה בשב ואל תעשה], **ומ"מ** באין בביהכ"נ כהנים אחרים רק אלו הפסולים דרבנן, מצדד הא"ר שיצאו לחוץ קודם "רצה", וכן משמע מהג' רע"א, [**דלמה** יעמדו שם לכתחילה, ויהיו מוכרחים מצד תקנת חז"ל לעבור על העשה כשיקראו "כהנים"].

סעיף ה - לא יעלו הכהנים לדוכן במנעלים - שמא יפסק לו רצועה, וגנאי הוא לו ומתלוצצים עליו כשסנדלו מותרת, ויקשרנה בעוד שחבריו מברכים, ויאמרו שבן גרושה ובן חלוצה הוא, ולפיכך הלך וישב לו, **ואפילו** במנעלים שאין להם רצועות אסור, דלא פלוג רבנן.

ויש להצניע המנעלים שלא יעמדו בגלוי בביהכ"נ מפני הכבוד, **ויחלצם** קודם נטילה, **אך** כשאפשר לו לחלצם אחר נטילה ושלא יגע בהם, יכול לחלצם אחר נטילה.

אבל בבתי שוקים שרי - הוא מנעלים ארוכים המגיעים עד ארכובות הרגל, היינו סמוך לשוק, ושרי, דליכא הכא טעמא הנ"ל, **ואף** דגם הכא רגילין לפעמים לעשות רצועות סמוך לארכובה, מ"מ לא חיישינן שמא ישב לקשרם, דאפילו אם הם מותרים לית בה גנאי כולי האי.

ויש מחמירין אם הם של עור - טעמם, דבכלל סנדל ומנעל הם, ולא פלוג רבנן בין יש רצועות ובין אין רצועות, **ומ"מ** בבתי שוקים עם מכנסיים ביחד שמגיעים עד אציליהם, מותר לכו"ע, דזה לא הוי בכלל הגזירה כלל, **וכן** בתי שוקים של בגד, אף שמחופה עור, שרי אף לדעה זו.

(ונהגו להקל בקצת מקומות) - ומ"מ בבתי שוקיים שלנו, שקורין שטיווי"ל, שרגילין לילך בהם בשוק בטיט, אין להקל משום כבוד הציבור, **ולפי** טעם זה, גם במנעלים של גמי שלנו, שקורין קאלאסי"ן, ג"כ אינו נכון מטעם זה.

כתבו האחרונים, דאין נכון לעלות לדוכן יחף ממש, שהוא דרך גנאי, שאין רגילין בזמן הזה לילך יחף לפני גדולים, אלא יש לילך בפוזמקאות של בגד, וכן המנהג.

סעיף ו - אע"פ שנטלו הכהנים ידיהם שחרית, חוזרים ונוטלים ידיהם - עיקר הנטילה אסמכו רבנן אקראי, שנאמר: שאו ידיכם קדש וברכו את ה', כלומר כשתשאו ידיכם, קדשו אותם בתחלה, והיינו נטילה, ואח"כ ברכו את ברכת ה', והיא ברכת כהנים, **והנטילה** צריכה להיות במים דוקא, ולא מועיל כאן מידי דמנקי כמו בתפלה בסי' צ"ב, **ופסק** המחבר, דאע"פ שנטל ידיו שחרית, יחזור ויקדש אותם קודם הנשיאות כפים, דקרא תיכף לקדושה ברכה משמע.

(**כתב המ"א**, אסור לשהות כדי הילוך כ"ב אמה בין נטילה לברכה, ולכך צריך ליטול סמוך ל"רצה", והחזן לא יאריך ב"רצה", **ובא"ר** כתב, דסמכינן בזה על הפוסקים דא"צ כלל נט"י כשנטל ידיו שחרית, **ומ"מ** לכתחלה טוב ליזהר בזה במה דאפשר – פמ"ג, **ולכן** טוב ליזהר לכתחלה שלא לשוח בין נטילה להברכה).

הלכות נשיאת כפים
סימן קכח – דיני נ"כ ואיזה דברים הפוסלים בכהן

ואם אין לו מים, כתבו האחרונים דנוכל לסמוך על שיטת הרמב"ם, דס"ל דיוצא בנט"י שנטל בשחרית, כל שלא הסיח דעתו, ויודע שלא נגע במקום מטונף, [**והוא** שבשחרית נטל ידיו עד הפרק, דאל"ה לא מהני].

עד הפרק, שהוא חבור היד והזרוע - ככהן המקדש ידיו לעבודה, וע"כ כתבו האחרונים, דאפשר דבעינן דוקא נטילה מכלי, וכח גברא, ושלא יהיו משתנים המים מברייתן, ויהיה עכ"פ רביעית מים.

והלוי יוצק מים על ידיהם - וכשאין לוי, יוצק בכור פטר רחם דהוא ג"כ קדוש קצת, **ואם** אין גם בכור, טוב שיטיל הכהן בעצמו משיציק ישראל על ידו.

ואף שהלוי ת"ח והכהן ע"ה, יש להחמיר, וכ"ש אם יש כהן אחד ת"ח דמציל את כולם, ומחוייב ליצוק אף על ע"ה, כ"כ א"ר, וכתב המגן גבורים דכן עיקר, עי"ש טעמו.

וקודם לכן יטול הלוי ידיו. ולא נהגו הלוים ליטול ידיהם תחלה, רק סמכו על נטילתן שחרית - ואם הסיחו הלוים דעתם, טוב שיטלו ידיהם מקודם, ומכ"ש היכא דנגעו בגופן.

יש מקומות שהמנהג ששופכין שמן של ריח במים, והמ"א והט"ז כתבו דאסור, דמוליד ריחא, **והא"ר** וכן הח"צ דעתם להקל, דלא שייך מוליד ריחא בזה, כיון שהשמן עצמו מעורב במים, **ובנתונים** מע"ש ועיו"ט, בודאי יש לסמוך עלייהו להקל, אף דמוליד ריחא בידי הכהנים.

סעיף ז - אם נטל הכהן ידיו שחרית וברך ענט"י, לא יחזור לברך כשנוטל ידיו לנשיאת כפים - דלענין ברכה סמכינן על הרמב"ם, דס"ל דיצא בנטילה שנטל שחרית, **וכ"ז** דוקא אם לא נגע במקום מטונף, ולא הסיח דעתו בינתים, אבל אם הסיח דעתו ביותים, וכ"ש כשנגע במקום מטונף, צריך לכו"ע לברך עתה על הנטילה, כ"כ מ"א, **והא"ר** כתב, דבכל גווני א"צ לברך על נטילה זו, דשמא לא נתקן כלל ברכה על נטילה זו, וכן נהגו שלא לברך בשום גווני, **ולכן** כל כהן ירא וחרד, ישמור ידיו משעת נטילתו שחרית שלא ליגע במקום המלוכלך, שלא יפול בספק ברכה.

סעיף ח - כשמתחיל ש"צ "רצה", כל כהן שבבהכ"נ נעקר ממקומו לעלות לדוכן - שנאמר: וישא אהרן את ידיו אל העם ויברכם, ואח"כ: וירד מעשות החטאת וגו', משמע שבירך קודם שנסתלק מהעבודה, לכן תקנו גם בתפלה, שיעלו הכהנים לדוכן קודם סיום ברכת עבודה.

והיינו לכתחלה יזהר לעקור בהתחלת הש"ץ "רצה", אבל אם לא עקר עד שכבר התחיל הש"ץ "רצה", כל שלא סיים ברכת "רצה" שפיר דמי.

ואף אם לא יגיע שם עד שיסיים ש"צ "רצה", שפיר דמי - לאו דוקא, דאפילו אם לא יגיע שם עד שיסיים הש"ץ ברכת "מודים", ג"כ לית לן בה, כל שעקר רגליו ב"רצה", ואיידי דרישא נקט "רצה", אחרונים.

עוד כתבו, דעיקר העקירה מקרי אחר נטילה, שאז ראוי לעלות לדוכן, ולכן יעקרו רגליהם ליטול ידיהם קודם "רצה", וב"רצה" יעקרו רגליהם לילך למקום המוכן לדוכנם, **ובדיעבד** אם לא נטל ידיו קודם "רצה", ואם ילך ליטול ידיו יסיים הש"ץ ברכת "רצה", אעפ"כ יעקור ב"רצה" לילך למקום הדוכן, ואח"כ יטול ידיו שם, והיינו שיביאו לו שם מים סמוך למקום הדוכן, [**אבל** לא יעשה בהיפוך, דהיינו שילך בחוץ ליטול ידיו מתחילה, ואח"כ ילך לדוכן, דעקירה כדי ליטול ידים לא חשיב עקירה, כדלקמיה בשם העטרת זקנים].

אבל אם לא עקר רגליו ב"רצה", שוב לא יעלה - ואפילו היה מחמת אונס, (**במ"א** הביא בשם הרדב"ז, דבאונס לא יעלה, **ואם עלה לא ירד, ומסתפק** בע"ת בשלא היה מחמת אונס ועלה אם ירד, **ובמגן** גבורים פסק, **דכשלא היה מחמת אונס, אפי' אם עלה ירד**). (**עיין** בא"ר שהביא בשם תשובת מהר"מ מינץ, **שמסתפק באם אמרו לו: עלה, אם צריך לעלות**).

ואפילו אם עקר רגליו לילך לצד חוץ ליטול ידיו, מצדד בעטרת זקנים דזה לא חשיב עדיין עקירה, אף שהנטילה היא הכשר לנשיאת כפים, דבעינן עקירה למקום הדוכן, וזה היה עקירתו לצד חוץ, **וע"כ** המנהג כשהש"ץ מגיע ל"רצה" ולא באו עדיין הכהנים להיכל, הוא ממתין בתפלתו עד שיבואו, דחיישינן שמא עדיין לא עקרו רגליהן ממקום הרחיצה לילך לצד הדוכן.

כתבו הפוסקים, שאם עקר רגליו מביתו לבוא לביהכ"נ, ומצא ‹את הש"ץ› אחר "רצה", אע"פ שבודאי בעת שעקר רגליו מביתו היה קודם "רצה", לא חשיב עקירה ואינו עולה, כיון שלא עקר מביתו אדעתא דדוכן, [מיהו

הלכות נשיאת כפים — שלג
סימן קכח – דיני נ"כ ואיזה דברים הפוסלים בכהן

אם עלה לא ירד], **אבל** אם עקר רגליו מביתו לבוא לבהכ"נ לעלות לדוכן, עקירה זו מועלת ועולה, **ויש** שכתבו דאפי' באופן זה אינו עולה, כי אם כשהיה ביתו סמוך לביהכ"נ, ושמע שהש"ץ התחיל "רצה".

סעיף ט - כשעוקרים כהנים רגליהם לעלות לדוכן, אומרים: יה"ר מלפניך ה' אלהינו שתהא ברכה זו שצויתנו לברך את עמך ישראל ברכה שלמה, ולא יהא בה מכשול ועון מעתה ועד עולם; ומאריכים בתפלה זו עד שיכלה אמן של הודאה מפי הצבור - לאו דוקא, אלא עד שיסיים הש"ץ "ולך נאה להודות", כדי שיענו הקהל אמן על שתיהן, **ולפי"ז** פשוט, דגם הכהנים יענו אמן על ברכת הש"ץ, וכן מצאתי בשלחן שלמה.

(רש"י ותוספות ור"ן כתבו, דלא יאמר אותו עד עמדו לפני התיבה, וכ"כ הב"י) - וכן המנהג עכשיו, שאין אומרים אותו בדרך הליכתן, כי אם אחר שעומדים כבר לפני ההיכל ואמרו "מודים", אחר זה אומרים "יהי רצון" זה.

סעיף י - עומדים בדוכן פניהם כלפי ההיכל ואחוריהם כלפי העם, ואצבעותיהם כפופים לתוך כפיהם - ר"ל שא"צ לפרוס כפיהם.

עד ששליח צבור מסיים "מודים", ואז אם הם שנים קורא להם (הש"צ) "כהנים" - דכתיב: אמור להם, דהיינו לומר לכהנים שיברכו את ישראל, ו"להם" משמע לשנים. **ולא** חשיב הפסק בתפלה, כמו דלא חשיב הפסק מה שהש"ץ מקרא להם מלה במלה, והטעם, דנ"כ צורך תפלה הוא, [**זהו** ליישב המנהג שנהגו כהרמב"ם בזה, אף דהרבה ראשונים חולקין עליו במקום שאין אומרים: או"א ברכנו כו'].

הגה: ולא יאמר: אלהינו ואלהי וכו' - הטעם, שלא נתקן אלא בזמן שאין הכהנים מברכין בעצמם, אבל כיון שהכהנים מברכין בעצמן, למה יאמר הש"ץ.

וי"א שאומרים אותו בלחש עד מלת "כהנים", ואז יאמרו בקול רם, וחוזר ואומר: עם קדושך כאמור, בלחש - היינו הש"ץ, **וכן נוהגין במדינות אלו** - ומה שנוהגין באיזה מקומות שהכהנים אומרין: עם קדושך, טעות הוא.

ומחזירים פניהם כלפי העם - דילפינן בגמ', שברכת כהנים צריך להיות פנים כנגד פנים, **וא"צ** להיות פני הכהנים כלפי הש"ץ דוקא, אלא אפי' אם ההיכל קבוע בצפון, והתיבה שהש"ץ לפניה היא במזרח, הכהנים עומדים לפני ההיכל בצפון, ופניהם לדרום כלפי העם, **וי"א** שטוב יותר שהכהנים יעמדו במזרח, אע"פ שההיכל הוא לצד אחר, והעם יעמדו נגדם פנים נגד פנים.

שני כהנים השונאים זה את זה, ואפילו נדרו הנאה זה מזה, מותרין לעלות ביחד, [פי' אפי' אם נימא דעל אחד אין חיוב נ"כ, והיה אפשר לכאורה לומר דהוא מהנהו במה שהוא ג"כ עולה לנ"כ, דעי"ז גם הוא מקיים מצות עשה, קמ"ל דזה לא מקרי הנאה]. **ואין** אחד יכול לומר לחבירו: עלה אתה בשחרית ואני אעלה במוסף, או להיפוך, כי יכול לומר: אני רוצה לברך בשתיהן.

אבל כהן שהצבור שונאים אותו, או הוא שונא את הצבור, סכנה הוא לכהן אם ישא כפיו, ולכן יצא מביהכ"נ קודם "רצה", אם אינו יכול לכוף את יצרו ולהסיר השנאה מלבו, **וע"ז** תקנו בברכה, "לברך את עמו ישראל באהבה".

ואם הוא א', אינו קורא לו, אלא הוא מעצמו מחזיר פניו - ונושא כפים, ומברך ג"כ מתחלה, אע"ג דאינו מחוייב לעלות, לפי מש"כ לעיל בס"ב, מ"א בשם רמ"מ, [לכאורה צ"ל ס"ג, שהביא שם בשמו, דכהן שכבר עלה פ"א, אע"פ שאינו מחוייב לעלות עוד פעם, אם עלה פעם שנית צריך לברך], **ומכ"ש** לדעת המהרל"ח וט"ז, דמחוייב לעלות מה"ת אם הוא אחד אע"פ שלא קראו, דמברך, [**וגם** לפי דעת התוס', עכ"פ מדרבנן חייב ושפיר מברך].

ואפילו אם יש עמו עוד אחד קטן פחות מבן י"ג שנה, ג"כ אינו קורא "כהנים", **והפר"ח** מפקפק בזה, **ומיהו** לפי מנהגנו שהש"ץ אומר "אלהינו", ורק שיאמר "כהנים" בקול רם, לא איכפת לן כלל, דליכא הפסק והוא מעין התפלה, **ומהאי** טעמא כתב הא"ר, שאפילו ליכא כהן קטן, רק כהן אחד גדול, נמי אם אמר הש"ץ בקול רם "כהנים" אין לגעור בו, דאין שום הפסק בזה.

סעיף יא - כשמחזירין פניהם כלפי העם, מברכין: אשר קדשנו בקדושתו של

הלכות נשיאת כפים
סימן קכח – דיני נ"כ ואיזה דברים הפוסלים בכהן

אהרן וצונו לברך את עמו ישראל באהבה - היינו שכולם מברכין, ולא שא' יברך והאחרים יענו אמן.

ויש מהראשונים שס"ל, דברכה זו מברכין קודם שמחזירין פניהם, **והמדקדקין** יוצאין ידי שניהם, דהיינו שמתחילין הברכה בעוד שפניהם כלפי ההיכל, ובתוך הברכה מחזירין פניהם כלפי העם וגומרין.

סעיף יב - מגביהים ידיהם כנגד כתפותיהם, ומגביהים יד ימנית קצת למעלה מהשמאלית - דגמרינן ברכה זו ממה דכתיב: וישא אהרן את ידיו אל העם ויברכם, הרי דצריך נשיאת ידים, **ובהאי** קרא הכתיב "ידו", רמז דצריך להגביה יותר ידו אחד, ומסתמא היא הימנית.

מ"מ צריך ליזהר שיניח גודל הימין על גודל השמאל שלא יתפרדו, כדי שלא ישבר החלון, דבעינן ה' כוים, ואם יתפרדו אין הריוח שבין הימין לשמאל נחשב כלל לאויר.

ויש שכתבו, שבין מלה למלה, וכ"ש בין ברכה לברכה, רשאי לקרב אז הגודלים עם האצבעות משום עייפות.

ופושטים ידיהם וחולקים אצבעותיהם ומכוונים לעשות ה' אוירים: בין ב' אצבעות לב' אצבעות אויר אחד; ובין אצבע לגודל; ובין גודל לגודל - דאיתא בתנחומא פרשת נשא: "משגיח מן החלונות", מבין אצבעותיהם של כהנים, "מציץ מן החרכים", בשעה שפושטים כפיהם ועושין ה' אוירים, **רמז** לזה ממה דכתיב "החרכים": ה' חרכים.

ופורשים כפיהם, כדי שיהא תוך כפיהם כנגד הארץ, ואחורי ידיהם כנגד השמים - ר"ל לא כמו שנושא אחד ידיו בתפלה, שהוא נושא ידיו כלפי שמים.

סעיף יג - מתחילין הכהנים לומר: יברכך - ס"ל דמה דקי"ל שצריך להקרות אותם מלה במלה, הוא לבד מתיבה ראשונה, דביה ליכא למיטעי.

הגה: וי"א שגם מלת "יברכך" יקרא אותם ש"צ תחלה, וכן נוהגים בכל מדינות אלו - ובכהן אחד שאין קוראין לו, כו"ע מודים דמקרינן ליה "יברכך", ר"מ מינץ, ‹וז"ל: כיון דקרא לשנים כהנים, הווה כאילו אמר להם: כהנים אמרו יברכך, לכן א"צ להקרא להם "יברכך", רק מ"יברכך" ואילך, אבל גבי חד דלא קרא מתחילה "כהנים", למה הוא לא יקרא לו מלה ראשונה כמו שאר מלות›.

ואח"כ מקרא אותם ש"צ מלה במלה - מדכתיב "אמור להם", ודרשינן: מלמד שהחזן אומר להם: אמרו, [**וכתב** הט"ז, שאם לא בא הכתוב אלא לתרגומו, "כד תימרון להון", לא היה ראוי לכתוב "אמור להם" לפני הברכה, אלא לפני "כה תברכו", שהרי אינן מצוין לברך אלא א"כ קראו להם, **אלא** כונת הכתוב, שאף אם חל עליהם הצווי לברך, כגון שקראו להם, מצוה לומר להם כל הברכה מלה במלה], ‹**ובזה** אין שייך לדרוש "להם" דוקא לשנים, דהא קריאת התיבה אינו מעכב כלל, אלא למצוה בעלמא, שטוב לעשות כן כדי שלא יטעה הכהן בברכותיו, אבל החיוב של הכהן כבר חל עליו אחר קריאת "כהנים", וא"כ מה לי שנים בחיוב שלהם, דהיינו אחר הקריאה "כהנים", מה לי אחד, דודאי כמו שקורא התיבה לשנים קודם ברכה שלהם, ה"ה כשקורא א', ולמה ימעט אותו הכתוב, דמה ריעותא יש בדבר שקורא התיבה תחלה – שם›.

ומ"מ הוא רק למצוה לכתחלה ואינו מעכב, וראיה מבהכ"נ שכולה כהנים - פר"ח, ‹**ואף שבאמת** אין ראיה משם, דהתם איירי שהש"ץ הוא המקרא, והא דקאמר כולם עולים לדוכן, היינו לבד מהש"ץ, מ"מ בעיקר הדין אפשר שדינו דין אמת›.

והש"ץ צריך להקרות מתוך הסידור, לא בעל פה.

והם עונים אחריו על כל מלה עד שיסיימו פסוק א', ואז עונים הצבור אמן; וכן אחר פסוק ב'; וכן אחר פסוק ג'.

סעיף יד - אין מברכין אלא בלשון הקודש; ובעמידה; ובנשיאת כפים; ובקול רם - עוד ילפינן בגמרא, דצריך להיות פנים כנגד פנים, **וכ"ז** הוא מן התורה, דילפינן כל זה מקראי, **וכתבו** רוב הפוסקים וכמעט כולם, דהני כולהו לעיכובא הוא, ואפילו בדיעבד לא יצאו באופן אחר, **ובכל** אלו טוב שיצא לחוץ קודם "רצה" כשאין יכול לברך כדינו.

בלשה"ק - דכתיב: כה תברכו, בלשון הזה.

ובעמידה - דכתיב: לשרתו ולברך בשמו, מה שירות בעמידה, דכתיב: לעמוד לשרת, ה"נ ברכה,

הלכות נשיאת כפים
סימן קכח – דיני נ"כ ואיזה דברים הפוסלים בכהן

והיינו שיהא הכהנים בעמידה, אבל הצבור רשאין לישב, רק שיהיו פנים כנגד פנים - מ"א, **והמנהג** שהכל עומדין, וכן משמע באשכול, דכתב, שהכל צריכין לעמוד לפניהם באימה ובכובד ראש.

וכהן שהוא חלוש ואינו יכול לעמוד אלא ע"י סמיכה, לא ישא כפיו, דהוא כישיבה.

ובנשיאת כפים - דכתיב: וישא אהרן את ידיו אל העם ויברכם.

ומי שידיו מרתתין, ואינו יכול להגביה ידיו, אינו נושא כפיו, ואפי' בדיעבד מעכב, **ואפילו** אם יעשה סמוכין שיהיו קשורין בכובע שבראשו, ויכניס בהם ידיו שיהיו נשואות למעלה, לא מהני, דהוי ע"י סמיכה, ואנן בעינן שישאו ידיהם ממש, **אך** אם אפשר לו להגביהם לשעה מועטת, יגביה בשעת אמירתו "יברכך", ויניח בשעת הניגון בין תיבה לתיבה, ויחזור ויגביה בשעת אמירת התיבה.

ובקול רם - דכתיב: אמור להם, כאדם האומר לחבירו, היינו בקול בינוני, לאפוקי בלחש, **ומ"מ** לפעמים צריך בקול רם ממש, כגון שהמתפללים הם רבים, ובעינן שיהא כל הקהל שומע, כדאמרינן בספרי.

והנה מי שקולו צרוד, שאינו יכול לדבר בקול בינוני כי אם בלחש, לכאורה פשוט שאינו יכול לישא כפיו, **וטוב** שיצא קודם "רצה".

סעיף טו - ואח"כ מתחיל ש"צ: שים שלום, ואז כהנים מחזירים פניהם להיכל, ואומרים: רבון העולמים, עשינו מה שגזרת עלינו, עשה אתה מה שהבטחתנו - שתסכים על ברכתנו, וכדכתיב: ואני אברכם, **השקיפה ממעון קדשך מן השמים וברך את עמך את ישראל.**

הגה: ויאריכו בתפלה זו עד שיסיים ש"צ "שים שלום", ויענו הציבור "אמן" על שניהם - ובר"ה ויו"כ שמאריכין בניגוני "היום תאמצנו" וכו', לא יתחילו לומר "רבון" עד לבסוף, כדי שיסיימו עם הקהל כאחד.

ומסתברא דגם הכהנים צריכין לענות אמן על ברכת הש"ץ, [**ואף** דאפשר דמחזי כעונה אחר ברכת עצמו, שבקשתו ג"כ על ענין זה, מ"מ בלא"ה אמירתו לאו ברכה גמורה היא, שאין בה שם ומלכות].

ואם אינם יכולים להאריך כ"כ, יאמרו: אדיר במרום וכו', כדלקמן סי' ק"ל - ויכונו לסיים כאחד עם הש"ץ.

סעיף טז - אין הכהנים רשאים להחזיר פניהם עד שיתחיל ש"צ "שים שלום"; ואינם רשאים לכוף אצבעותיהם עד שיחזרו פניהם - פי' שידיהם יהיו פרושות עד שיחזירו פניהם.

ועומדים שם ואינם רשאים לעקור משם עד שיסיים ש"צ "שים שלום" - ויזהרו שלא ידברו עד שירדו מדוכנן, אף שכבר הורידו כפיהם.

ויש מי שאומר שצריכין להמתין עד שיסיימו הצבור - היינו רוב הצבור, **לענות אמן אחר ברכת "שים שלום", (וכן המנהג)** - דקודם "אמן" עדיין לא נסתיים הברכה.

ועכשיו שהמנהג לומר לכהנים בירידתם מן הדוכן "יישר", מהנכון שלא ירדו הכהנים מהדוכן עד לאחר שיסיים הש"ץ קדיש, כדי שלא יתבטלו הכהנים והעם מעניית איש"ר ושאר אמנים עי"ז כמו שמצוי.

סעיף יז - כשמחזירין פניהם, בין בתחלה בין בסוף, לא יחזירו אלא דרך ימין - פי' בתחלה כשעולין לדוכן ופניהם כלפי ההיכל שהוא במזרח, וקורין להם "כהנים", מתחילין להחזיר פניהם כלפי העם לצד ימין שלהם, שהוא בדרום, ואח"כ למערב נגד הצבור, **ובסוף** כשמתחיל הש"ץ "שים שלום", ומחזירין פניהם כלפי הקודש, מתחילין להחזיר פניהם דרך ימין שלהם שהוא בצפון, ואח"כ לצד המזרח נגד ההיכל, [**וגם** באטר אזלינן בתר ימין דעלמא].

כשיורדים מן הדוכן, לא יחזירו אחוריהם להיכל, אלא יצדדו ויחזירו פניהם קצת להיכל, כתלמיד הנפטר מרבו, שמחזיר פניו אליו בצאתו מלפניו.

הגה: כשיורדין מן הדוכן לא יגעו במנעליהם המטונפים - נראה דהכי קאמר: סתם מנעלים כמטונפים הם, **ואם נוגעים יטלו ידיהם לתפלה שיתפללו אחר כך.**

שלו
הלכות נשיאת כפים
סימן קכח – דיני נ"כ ואיזה דברים הפוסלים בכהן

סעיף יח - אין המקרא שקורא "כהנים" רשאי לקרות "כהנים" עד שיכלה מפי הצבור "אמן" שעונים אחר ברכת "מודים" - היינו רוב הצבור, **זהו** לפי דעה המבוארת לעיל בסעיף יו"ד, דבמקומות שנושאין כפיהם אין אומרים "או"א ברכנו" וכו', אלא תיכף אחר סיום ברכת "מודים" קורא הש"ץ "כהנים", **אבל** לפי מנהגנו שתמיד הש"ץ אומר "או"א", כמו שכתב הרמ"א שם, לא שייך כלל דין זה, דהא שוהה בלא"ה הרבה יותר ע"י אמירתו "או"א".

ואין הכהנים רשאים להתחיל ברכת "אשר קדשנו בקדושתו של אהרן" עד שיכלה דיבור קריאת "כהנים" מפי הקורא.

ואחר שברכו הכהנים "אשר קדשנו בקדושתו של אהרן", אינם רשאים להתחיל "יברכך", עד שיכלה מפי כל הצבור "אמן" שעונים אחר ברכת "אשר קדשנו בקדושתו של אהרן" - לפי שהוא חיוב על העם לשמוע כל הברכה מפי הכהנים, **ולהכי** דקדק המחבר בכאן וכתב "כל הצבור", להורות דאף אם יש קצת אנשים שטועין ומאריכין ב"אמן" יותר מדאי, צריך להמתין גם עליהם, לפי שהחיוב הוא על כולם לשמוע.

וכ"ז הוא לשיטת המחבר לעיל בסי"ג, שפסק דאין החזן מקרא תיבת "יברכך", וע"כ צריך להזהיר הכהנים בהתחלתם "יברכך", **אבל** לדידן שהחזן מקרא גם תיבת "יברכך", יש אזהרה על החזן, שלא יתחיל להקרות התיבה של "יברכך" קודם שסיימו עכ"פ רוב הצבור "אמן", **ואחר** שסיים החזן את התיבה, אז מותרין הכהנים להתחיל "יברכך".

וה"ה שאינו רשאי הקורא להתחיל "יאר" "ישא", עד שיכלה ה"אמן" מפי הצבור.

וכן אינם רשאים להתחיל בתיבה, עד שתכלה התיבה מפי המקרא - כדי שישמעו הצבור התיבה יפה מפי הכהנים, ולא תתערב בה שמיעתם מהמקרא.

ונראה דה"ה שהמקרא לא יתחיל להקרות תיבה אחרת, עד שיסיימו הכהנים התיבה שלפניה.

ואין הצבור עונין אמן, עד שתכלה ברכה מפי הכהנים - היינו בכל ברכה וברכה.

הגה: ולא יתחילו הכהנים "רבון העולמים" כו', עד שיכלה "אמן" מפי הצבור - האחרונים פקפקו בהג"ה זו, דלא משכחת לה, דהרי אין מתחילין לומר "רבון העולמים" עד שיחזירו פניהם, ואין מחזירין פניהם עד אחר שמתחיל הש"ץ "שים שלום", כמבואר לעיל בסט"ו, וזהו אחר שכבר ענו הצבור "אמן".

סעיף יט - אין ש"צ רשאי לענות אמן אחר ברכה של כהנים - שמא תתבלבל דעתו, ולא ידע להקרות אח"כ פסוק ב' או ג', **ואם** מתפלל מתוך הסידור, ומובטח לו שלא תתבלבל דעתו, רשאי לענות "אמן", [כ"כ א"ר ודה"ח, **ומשמע** מן ח"א, דבסתם מתפלל מתוך הסידור סגי, ואפשר דגם כונת הדה"ח כן], ד"אמן" זה אינו חשיב הפסק, דהוא צורך תפלה, **ועל** "אמן" של הברכה "אשר קדשנו בקדושתו" וכו', יש מחמירין שבכל גווני לא יענה, משום הפסק בתפלה, **ושאני** "אמן" של הברכת כהנים גופא דלא הוי הפסק, שהוא מורה על קבלת הברכה.

סעיף כ - אם ש"צ כהן, אם יש שם כהנים אחרים, לא ישא את כפיו - אלא הוא עומד, ואחר שאינו כהן מקרא, כמ"ש סכ"ב.

שמא לא יוכל לכוין לחזור ל"שים שלום", שדעתו מטורפת מאימת הצבור, **ואפילו** אם בטוח הוא בעצמו שלא תטרף דעתו, ג"כ לא רצו חכמים להקל בזה, לעקור ממקומו ולעלות לדוכן, היכי שיש כהנים אחרים בביהכ"נ, ולא תתבטל הנשיאת כפים.

(ולא יאמרו לו לעלות או ליטול ידיו; אבל אם אמרו לו, צריך לעלות, דהוא עובר בעשה אם אינו עולה) - ומפני זה צדדו האחרונים, דאפילו אם אינו מובטח לחזור לתפלתו, ג"כ יעלה לדוכן, **דמפני** חשש טירוף ובלבול התפלה, שכל עיקרה אינה אלא מד"ס, אין לו לעבור על עשה דאורייתא, **ובפרט** השתא שמתפללין מתוך הסידור, בודאי יעלה.

ומיירי כשאמרו לו בברכת "רצה" או קודם לכן, אבל אם אמרו לו אחר סיום ברכת "רצה", אינו רשאי לעלות כמ"ש ס"ח - מ"א וש"א, **ועיין** לעיל דעת א"ר בשם מהר"מ מינץ בזה.

הלכות נשיאת כפים שלז
סימן קכח – דיני נ"כ ואיזה דברים הפוסלים בכהן

והא כשש"ץ כהן, קי"ל דאחר קורא "כהנים", א"כ לעולם הש"ץ כהן יעבר בעשה, **וי"ל** דהקורא "כהנים" אינו מזהיר אלא לפנויים, וזה שטרוד בתפלתו לא הוי בכלל, **א"נ** דאם קורא "כהנים" סתם, אמרינן דאין בכלל מי שלא עקר רגליו, **ומשא"כ** כשאמר לו לעלות, אפשר דעובר – א"ר.

ואפי' אין שם כהן אלא הוא, לא ישא את כפיו אא"כ מובטח לו שיחזור לתפלתו בלא טירוף דעת, שאם הוא מובטח בכך, כיון שאין שם כהן אלא הוא, ישא את כפיו כדי שלא תתבטל נשיאות כפים - ולדידן שמתפללין מתוך הסידור, הוי כמובטח לו שיחזור לתפלתו, **ומ"מ** כשיש כהנים אחרים, לא יעקור רגליו, דהא אף במובטח לא שרינן אלא בדליכא כהן אחר, [**ודעת** הפר"ח להקל בזה כשמובטח, אף ביש כהנים אחרים, ודלא כהשו"ע, **ובמקום** שנהגו כוותיה אפשר דאין למחות בידם].

וכיצד יעשה, יעקור רגליו מעט בעבודה - לילך לצד הדוכן, והטעם, משום הא דאיתא לעיל בס"ח, **ויאמר עד "ולך נאה להודות"; ויעלה לדוכן** - היינו שיעקור רגליו לגמרי, ויעמוד על הדוכן פנים נגד פנים כדין, **ויברך ברכת כהנים; ויקרא לו אחר** - היינו שיברך ברכת "אשר קדשנו" וכו', ואח"כ מקריא לו אחר תיבה בתיבה, **אבל** אין לומר שמקריא לו תיבת "כהנים" בתחלה, דהא כיון שאין שם אלא הוא, הרי פסקינן לעיל בס"י, דלאחד אינו קורא "כהנים".

ומסיים החזן "שים שלום"; ואם המקרא כוון לתפלת ש"צ מתחלה ועד סוף, עדיף טפי שיסיים המקרא "שים שלום" - קאי על מובטח הנזכר מתחלה, וקאמר דאע"ג דבמובטח החזן עצמו יורד אח"כ מן הדוכן ומסיים "שים שלום", **כ"ז** הוא אם המקרא לא כוון לשמוע תפלת הש"ץ מתחלה ועד סוף, וכ"ש כששח באמצע, ולכך לא יכול לסיים "שים שלום", דהא חסרו לו הברכות שלפניה, **אבל** אם המקרא כוון מתחלה ועד סוף, הרי שומע כעונה, ולכן עדיף טפי שהוא בעצמו יסיים גם "שים שלום", כדי שלא תהיה התפלה מופסקת בהליכת הש"ץ מהדוכן למקומו לפני התיבה, [**אבל** באינו מובטח לא מהני עצה זו], ‹דמ"מ בעינן שהש"ץ יהיה מובטח שיהיה יוכל להתכוין לברכת שים שלום שיאמר המקרא – מחה"ש, **וה"ה** דצריך שיכוין הש"ץ לשמוע מה שאומר המקרא "שים שלום", דאל"כ תהיה תפלת הש"ץ מתחלתה עד "שים שלום" בלבד.

ודעת הגר"א בביאורו, דטוב יותר שיסיים הש"ץ בעצמו תמיד, וכן בדה"ח וח"א וש"א, כולם הזכירו בסתמא שיסיים החזן בעצמו, ולא הזכירו עצה זו המבוארת בשו"ע.

סעיף כא - אין הכהנים רשאים לנגן בברכת כהנים שנים או שלשה נגונים, משום דאיכא למיחש לטירוף הדעת, ואין לנגן אלא נגון אחד מתחלה ועד סוף - דע"י טרדתם בהשתנות הניגונים, לא ידעו איזה פסוק או תיבה יתחילו, **ואף** שמקרין לפניהם כל תיבה ותיבה, מ"מ ע"י טירוף דעתם ישכחו ג"כ קריאת המקרא.

ונראה דה"ה שלא ינגנו הכהנים כל אחד ניגון אחר, דגם בזה יש בלבול.

וכן החזנים בכל מקום שמנגנים, לא נכון שינגנו בענין אחד הרבה נגונים - ט"ז, **ועיין** בא"ר שהמליץ בעדם.

סעיף כב - משתדלין שיהא המקרא ישראל - כ"כ הרמב"ם, ואסמכה אקרא, שנאמר: אמור להם, מכלל שאין המקרא מהם.

ולפי"ז לפי מנהגנו שהש"ץ הוא המקרא כמו שכתוב בסי"ג, ממילא צריך להשתדל לכתחלה שהש"ץ העובר לפני התיבה לא יהיה כהן, (**והוא מדברי המ"א, ומ"מ אינו מוכח כן בדברי המחבר, דאפשר דכונתו רק על המקרא שמשתדלין שיהיה ישראל, אבל לא קפדינן אפילו לכתחלה להשתדל שיהיה הש"ץ דוקא ישראל, כדי שיהיה הוא בעצמו המקרא, ומה איכפת לנו אם יהיה אחר המקרא, וכן מוכח לענ"ד בביאור הגר"א שהוא מפרש הכי**), [**אבל** לוי לכו"ע מותר לכתחילה].

וכשהחזן כהן, יעמוד ישראל אצלו ויקרא: כהנים, ויקרא אותם - היינו כל ברכת כהנים מלה במלה, (**עיין בא"ר בשם כנה"ג, שיאמר ג"כ "או"א ברכנו" וכו', וכ"כ מג"א משמו, ובספר חמד משה כתב, דלא מצרכינן לעיל בסעיף י' לאמר "או"א" אלא בש"ץ, כדי שיוכל לאמר מלת "כהנים" ולא יהיה הפסק, וכיון שאינו ש"ץ, יוכל לקרות "כהנים" בסתם, וגם הש"ץ לא יאמר, כיון שלא יקרא הוא הפסוקים**).

הלכות נשיאת כפים
סימן קכח – דיני נ"כ ואיזה דברים הפוסלים בכהן

והחזן עומד ושותק - פי' עד גמר ברכת כהנים, אבל מ"שים שלום" ואילך יאמר החזן בעצמו.

והנה כל דין זה של המחבר, הסכימו האחרונים שאין זה רק לכתחלה, אבל כשאין שם מי שיודע להקרות, יקריא הכהן הש"ץ בעצמו.

סעיף כג - בשעה שהכהנים מברכים העם, לא יביטו ולא יסיחו דעתם, אלא יהיו עיניהם כלפי מטה כמו שעומד בתפלה - שהרי מתפללין שיברך הש"י את ישראל.

והעם יכוונו לברכה, ויהיו פניהם כנגד פני הכהנים, ולא יסתכלו בהם - ר"ל לא בפני הכהנים ולא בידיהם, והטעם הוא ג"כ כדי שלא יסיחו דעתם מהברכה, וא"כ כ"ש שלא יסתכלו במקום אחר, **ומדינא** אינו אסור אלא בהסתכלות מרובה שיכול לבוא לידי היסח הדעת, אבל ראיה קצת שרי, **דדוקא** בזמן המקדש שהיו מברכין בשם המפורש, והשכינה היתה שורה על ידיהם, היה אסור אפילו ראיה קצת, משא"כ בזה"ז, **ומ"מ** נוהגין גם עכשיו זכר למקדש שלא להביט בהם כלל.

הגה: וגם הכהנים לא יסתכלו בידיהם - גם זה משום היסח הדעת וכנ"ל.

על כן נהגו לשלשל הטלית על פניהם, וידיהם חוץ לטלית - ומנהג זה יותר נכון «מן המנהג דלקמן».

בד"מ מוסיף, שגם העם נוהגין לכסות פניהם בטלית, כדי שלא יוכלו להסתכל בידי הכהנים.

ויש מקומות שנהגו שידיהם בפנים מן הטלית, שלא יסתכלו העם בהם.

סעיף כד - עם שאחורי הכהנים אינם בכלל ברכה - דבעינן דוקא פנים כנגד פנים כמ"ש לעיל, **והיינו** אפילו אינו אחוריהם ממש, אלא משוכים לצדדים, כיון שעכ"פ הוא מאחוריהם, אינו בכלל ברכה, **ואפילו** אינו מפסיק מידי בינם לבין הכהנים.

ולפי"ז אותן העומדים בכותל מזרחי, והאה"ק בולט קצת לביהכ"נ, והכהנים עומדים לפניו, אינן בכלל ברכה, **והב"ח** הליץ בעדם, דעכשיו שכל אחד קונה מקום בביהכ"נ, חשובים כאנוסים, דאינו יכול לילך לדחות את חבירו ממקומו, **אבל** אין זה מספיק, דבקל יוכל למצוא מקום פנוי לעמוד בצדי הכהנים, או באמצע ביהכ"נ על הבימה, או ברוח מערבית של ביהכ"נ.

אבל מלפניהם ובצדיהם אפילו מחיצה של ברזל אינה מפסקת - פי' לא מיבעיא אלו שהם מלפני הכהנים משוכים לצדדים, פשיטא דבכלל ברכה הם, אלא אפילו כנגד צדדי הכהנים ממש, אפ"ה בכלל ברכה הם, (ומ"מ יש חילוק ביניהם, והוא, דבצדדין שלפניו צריך שיהיה פניו לצד מזרח דוקא, ובצדדין ממש, מסתברא דאינו מועיל לצד מזרח, דפנים נגד פנים ילפינן בגמרא "מאמור להם", כאדם שאומר לחבירו, וזה לא שכיח כלל, ששני אנשים ישבו בשוה ממש ומדברים, וזה יהיה פניו פונה לצד מזרח, וזה יהיה פניו פונה לצד מערב, **אלא** יצדד פניו לצד דרום, כדי שיהיו פניו נוטים נגד פני הכהנים, **ואפשר** דאפילו עומד בשוה עם פני הכהנים, דהיינו פניו לצד מערב, ג"כ בכלל ברכה הוא, דזה הוא ג"כ בכלל מאמרם, "כדרך שאומר אדם לחבירו", דמצוי כמה פעמים שבני אדם יושבים בשוה ומדברים).

(עיין בא"ר שכתב, דלפי מה דאיתא לעיל בסי' נ"ה ס"כ, לענין עניית קדיש וקדושה ואמן, דבעינן שלא יהא טינוף מפסיק, ה"ה בזה, והנה עתה שיצא לאור ספר האשכול, מצאתי שכתב בהדיא, אחר שהביא דעת רב אחאי גאון דטינוף מפסיק, כתב וז"ל: וחזי לן דוקא לענות אמן הוי הפסק, אבל לענין ברכת כהנים לעם שבשדות שאינם צריכין לענות, לא הוי הפסק, עכ"ל, **ואולי** כונת הא"ר, היכא שצריך לענות אמן, כגון שעומד בחצר ביהכ"נ, או מבחוץ אך שהיה בסמוך לביהכ"נ, ועיין).

ולאחריהם נמי, אם הם אנוסים, כגון עם שבשדות, שהם טרודים במלאכתן ואינם יכולים לבא, הם בכלל הברכה.

אבל בלא אנוסים, אפילו עומדים בביהכ"נ, אלא שהם אחורי הכהנים, אינם בכלל ברכה, דמראים בעצמם שאין הברכה חביבה להם, מדלא הלכו לקבל הברכה פנים אל פנים, (ודע דלפי"ז נראה, דהא דאמרינן בש"ס "עם שאחורי הכהנים", לאו דוקא, אלא דה"ה אם הוא בעיר ויושב בביתו ואינו הולך לביהמ"ד, ג"כ אינו בכלל ברכה, ואפילו ביתו היה עומד נגד פני הכהנים, מדאין

הלכות נשיאת כפים שלט
סימן קכח – דיני נ"כ ואיזה דברים הפוסלים בכהן

הברכה חשובה לפניו לבוא ולשמוע, ומה דאיתא בטוש"ע דלפניהם ובצדיהם הם בכלל ברכה אפילו לא אניסי, היינו כשהוא עומד בסמוך לביהכ"נ מבחוץ, ששומע הברכה וחפץ להתברך, אף שלא היה אנוס בדבר, שהיה יכול לבוא מבפנים, אעפ"כ הוא בכלל ברכה כיון שהוא עומד עכ"פ נגד פני הכהנים או בצדיהם, משא"כ בענינגו שאינו רוצה לילך לשמוע, הוא בכלל עם שאחורי הכהנים, **ולא** נקט הגמרא "אחורי הכהנים" אלא לרבותא, דאפילו הוא בביהכ"נ ועונה אמן, אינו בכלל הברכה, כיון שהוא אינו רוצה לבוא נגד פניהם כדת).

סעיף כה - בהכ"נ שכולה כהנים, אם אין שם אלא י', כולם עולים לדוכן - היינו לבד מש"ץ, שאף שהוא כהן, הרי קיי"ל לעיל בס"כ, דש"ץ כהן ויש שם כהנים אחרים, לא ישא את כפיו, אף שהוא מובטח לחזור לתפלתו, **אלא** יהיה הוא המקרא, וכמ"ש לעיל, דאם אין ישראל להקרות, יכול כהן להקרות.

למי מברכין, לאחיהם שבשדות - ולא קאמר לנשים וטף, דלא חשיבי לברכם לחודייהו, אבל גם הם בכלל הברכה.

ומי עונה אחריהם אמן, הנשים והטף - ר"ל אם ישנם שם, ואם אינם שם, ג"כ נושאין כפיהם, דעניית אמן אין מעכב את הברכה.

ואם יש שם יותר מעשרה, היתרים מעשרה יעלו ויברכו; והעשרה עונים אחריהם אמן - הטעם, דכיון שיש עשרה גדולים שיוכלו לענות אמן על הברכה, מוטב שיתקיימו שניהם, ויהיו מקצתן עולין, והעשרה יענו אמן.

דאע"ג דקי"ל לעיל בס"א, דנ"כ בעשרה והכהנים מן המנין, ונמצא שאין כאן עשרה עונים, ואפ"ה שפיר דמי, **שאני** התם, דכיון דעיקר ברכת כהנים על ישראל נאמרה, חשיבי אפילו בפחות מעשרה, ואפילו יש שם רק ישראל אחד, כולם עולים לדוכן ומברכין לישראל זה, **משא"כ** בנידון דידן שכולם כהנים, לא חשיבי לברכם לחודייהו, אא"כ יש עשרה שיקבלו הברכה ויענו אמן.

(מלשון זה משמע, אפילו יש רק אחד עשר, היינו עם הש"ץ, האחד מברך והעשרה יענו אמן, היינו דש"ץ מצטרף ג"כ עם התשעה העונין אמן, אם הוא בטוח שיחזור לתפלתו, דרשאי לענות אמן כמ"ש במ"ב בס"כ, **ולכאורה** הלא באופן זה מוטב היה שיעלו כולם, ויענו אמן הנשים והטף, דיקיימו הכהנים מ"ע דאורייתא של נ"כ, משא"כ אם יעלה רק אחד, לדעת איזה פוסקים הוא רק מ"ע מדרבנן, **אבל באמת** זה אינו, דבנידון דידן לפי מה שכתב הפמ"ג, כל עיקרו של הנ"כ הוא רק מדרבנן בעלמא, דהרי אין כאן שום ישראל האומר לו לברכו, ומה דכתיב "אמור להם", ותרגום אונקלוס: כד יימרון להון, הוא רק כד יימרון ישראל, או אפילו המקרא כהן בשליחות ישראל שהיה שם, משא"כ כאן שכולם כהנים, והכהן הוא המקרא, ומ"מ אכתי צ"ע).

סעיף כו - בשעה שמברכין, אין לומר שום פסוק, אלא ישתקו ויכוונו לברכה - דכלום יש עבד שמברכין אותו ואינו מאזין.

הגה: ומכל מקום, עכשיו שהכהנים מאריכין הרבה בנגונים, נהגו גם כן לומר פסוקים, וכמו שנתבאר לעיל סי' נ"ז לענין ברכו, אך יותר טוב שלא לאמרם - וכ"כ האחרונים דכן עיקר, **וכתבו** המ"א והט"ז, דהאומרן יאמר בשעה שש"ץ מקרא לפני הכהנים, **וא"ר** מגמגם גם בזה, וכן הנהיג הגר"א שלא לאמרן, **ומכ"ש** שיש ליזהר שלא לומר הפסוקים בקול כמו שעושין ההמון, **ובפרט** מה שחוזרין המלות מתיבת "יברכך" ולהלן, וזהו טעות, שלא נזכר בשום מקום מנהג זה.

סעיף כז - כהן אינו רשאי להוסיף מדעתו יותר על השלשה פסוקים של ברכת כהנים; ואם הוסיף, עובר על בל תוסיף - וה"ה אם גרע מהברכות, עובר משום בל תגרע.

לשון הגמרא: שלא יאמר הואיל ונתנה תורה רשות לברך, אוסיף ברכה אחת משלי, כגון: ה' אלהי אבותיכם יוסף עליכם ככם אלף פעמים וגו', ת"ל: לא תוסיפו, **ומסיק** שם הגמרא, דאפילו כבר סיים כל ברכותיו, ג"כ עובר בלאו, וכ"ש אם הוסיפה באמצע הברכות.

ודוקא להוסיף פסוק אחר אסור, אבל לומר ברכת כהנים כמה פעמים, אינו משום בל תוסיף, דלא שייך בל תוסיף בעשיית המצוה שתי פעמים.

מחבר רמ"א משנה ברורה

שמ הלכות נשיאת כפים
סימן קכח – דיני נ"כ ואיזה דברים הפוסלים בכהן

(לכאורה נראה, דדוקא אם גם זה היה בפריסת כפים, וכה"ג כל הדברים המעכבין בנ"כ, זה מקרי הוספה על המצוה, משא"כ בשבירך שלא בנ"כ, או שלא בהחזרת פנים וכה"ג, זה אין מקרי הוספה כי אם ברכה בעלמא, וכ"כ בשו"ע הגר"ז, וכן מוכח בחידושי רשב"א, אמנם מדברי הרמב"ם משמע שלא כדבריהם, שהרי כתב, אין הכהנים רשאין בכל מקום להוסיף ברכה על שלשת הפסוקים, כגון: ה' אלהי אבותיכם יוסף עליכם וגו', וכיוצא בה, לא בקול רם ולא בלחש, שנאמר: לא תוסיפו על הדבר וגו', עכ"ל, הרי דלדידיה עוברים על בל תוסיף כשמברך בלחש, אע"ג דקול רם הוא לעיכובא, ומסתמא דלדידיה ה"ה בלא פריסת כפים וכה"ג ג"כ עובר, וצ"ע).

סעיף כח - כהן שנשא כפיו, ואח"כ הלך לבהכ"נ אחר ומצא צבור שלא הגיעו לברכת כהנים, יכול לישא את כפיו פעם אחרת - דליכא בל תוסיף בעשיית המצוה שתי פעמים, **ומ"מ** חיובא ליכא עליו, כיון שכבר נשא כפיו ביום זה, וכנ"ל בס"ג, [**ואפי'** באותו ציבור גופא, שנושאין כפים בשחרית ומוסף בשבת ויו"ט, מ"מ לית עליו חיובא מן התורה לעלות בכל פעם], **ועיין** לעיל במ"ב, דאע"ג דאינו מחויב לישא כפיו כמה פעמים ביום אחד, מ"מ כל פעם שנושא כפיו הוא מברך: אשר קדשנו בקדושתו וכו'.

כהן המתפלל שמונה עשרה, אם אין שם כהן אחר בביהכ"נ, צריך להפסיק ולעלות לדוכן כדי שלא תתבטל הנשיאת כפים, [**ודוקא** אם מובטח לו שיחזור לתפלתו, ואם אין מובטח לא יפסיק, כמו בש"ץ], ואחר שיגמור הנ"כ ירד מהדוכן ויגמור תפלתו, **ואם** יש שם כהן אחר, אינו פוסק מתפלתו, אם לא שאמרו לו: עלה לדוכן או טול ידיך, דאז אפילו יש שם כהנים אחרים צריך להפסיק ולעלות, [**ואפי'** אינו מובטח, משום דעובר בעשה אם אינו עולה].

וכל מקום דמפסיק בתוך התפלה כדי לעלות לדוכן, צריך לעקור רגליו קצת בתוך התפלה כשאומר הש"ץ "רצה", **אבל** אם לא עקר רגליו כשאומר הש"ץ "רצה", אינו רשאי לעלות.

אמנם הא"ר מפקפק בעיקר היתר זה של הפסק באמצע התפלה, אפילו באמרו לו: עלה, דאע"ג דתפלה דרבנן היא, מ"מ אפשר דהעמידו חכמים דבריהם אפילו במקום עשה, **וכן** דעת הגאון יעב"ץ בסידורו, שלא להפסיק באמצע התפלה לנ"כ כשעומד בברכה אחרת, **אם** לא שהגיע בתפלתו למקום ברכת כהנים, שאז דעתו שמותר לו לעקור רגליו ולעלות לדוכן, שבמקום זה לא מקרי הפסק, שהוא מעין "שים שלום", **והנה** כשמשער בתוך התפלה שיגיע אז לאותו מקום בשוה עם הש"ץ, צריך ליזהר לעקור רגליו קצת לצד הדוכן בעת שמתחיל הש"ץ "רצה", וכמו שכתבנו למעלה, **וגם** זה דוקא אם הוא מובטח שלא תטרף דעתו ויחזור לתפלתו, ובלא"ה אסור בכל גווני להפסיק בתפלה, זהו תוכן דבריו שם ע"ש.

סעיף כט - כהן שלא התפלל עדיין ומצא צבור מתפללין, נושא כפיו ואין התפלה מעכבתו - ואם רואה שכשיעלה לדוכן יעבור זמן התפלה, ילך לחצר ביהכ"נ ויתפלל שם, **אבל** אם אמרו לו קודם "רצה": עלה, צריך לעלות, דאם לא יעלה עובר בעשה דאורייתא, ודחי תפלה דרבנן, **ואם** לא קרא ק"ש, ורואה שכשיעלה לדוכן יעבור זמן ק"ש, ילך ג"כ לחצר ביהכ"נ ויקרא ק"ש, **ואם** אמרו לו קודם "רצה": עלה, יקרא פסוק ראשון, ויעלה וישא כפיו.

סעיף ל' - מי שיש לו מום בפניו או בידיו, כגון שהם בוהקניות, (בוהקניות פי' מין נגע לבן, ורש"י פירש לינטלי"ש בלעז) - קאי גם אפניו, והוא המנומר בנקודות דקות לבנות, [והוא מה שכתוב בשו"ע "מין נגע לבן", ומה שציינו בשם רש"י לינטלי"ש, הוא ג"כ דבר זה], **ואותן** המנומרין בנקודות דקות שקורין זומר שפרענקלען, אם שכיח שם, אף דלא הוי רוב אנשי המקום כך, ישא את כפיו.

או עקומות או עקושות, (עקומות: כפופות; עקושות: לצדיהן. והר"ן פי' עקומות: שנתעקמה ידו לאחורית; עקושות: שאינו יכול לחלק אצבעותיו), לא ישא את כפיו, מפני שהעם מסתכלין בו - שהוא דבר המתמיה, ובשביל זה יסיחו דעתם מלכוון לשמוע הברכה.

וה"ה למי שיש מומין ברגליו, במקום שעולים לדוכן בלא בתי שוקים - היינו כעין פוזמקאות שלנו.

הלכות נשיאת כפים
סימן קכח – דיני נ"כ ואיזה דברים הפוסלים בכהן

וכן מי שרירו יורד על זקנו; או שעיניו זולפות דמעה; וכן סומא באחד מעיניו, לא ישא את כפיו – (פשוט דדוקא אם סמיותו ניכר, ויבאו להסתכל בו, אבל אם אין סמיותו ניכר לאנשים, כמו שמצוי מיני סומים שעיניהם כעיני שאר בני אדם, רק שניטל המאור מהם, מותר).

ואם היה דש בעירו, דהיינו שהם רגילים בו, ומכירים הכל שיש בו אותו מום, ישא כפיו, ואפי' הוא סומא בשתי עיניו - דהטעם דמום פוסל בפניו ידיו ורגליו, וכן בכל הני, הוא משום דחיישינן שיסתכלו בו, ובדש לא יסתכלו בו, כי אינו חידוש בעיניהם.

וכל ששהה בעיר ל' יום, מקרי דש בעירו; ודוקא בעירו, אבל אם הולך באקראי לעיר אחרת, ושהה שם ל' יום, לא - דלא רגילי אינשי לישא וליתן עמו, ואינם מורגלים במומו, (ועיין במ"א שהביא דעת הב"ח שחולק בזה, והנה הלבוש והע"ת והפר"ח וש"א כולם הסכימו לדעת השו"ע, ובח"א כתב כעין הכרעה בזה, דאם היה בביהכ"נ בשעה שקוראים "כהנים", וגם עקר ב"רצה", יעלה).

ואפי' לא בא לדור שם להיות מבני העיר, אלא בא להיות שם מלמד או סופר או משרת שנה או חצי שנה, חשוב דש בעירו בל' יום - דכיון שעכ"פ בא להשתקע שם לאיזה זמן, רגילים לישא וליתן עמו, והורגלו במומו בשלשים יום.

איתא בש"ס, דפוחח לא ישא את כפיו, דגנאי הוא לצבור, ומהו פוחח מבואר לעיל בסי' נ"ג סי"ג.

כתב הפר"ח, דחולי מעים לא ישא את כפיו, ומ"מ נראה דטוב שיצא קודם "רצה", [דדבר זה לא נזכר בגמ' לאיסור, רק דהוא אונס].

(**עיין** ט"ז שכתב, דכל הנהו שאינם נ"כ, צריכין לילך מביהכ"נ בשעת הדוכן, דלא לימרו עליו בן גרושה הוא, **וא"ר** מגמגם בזה וכן בפמ"ג, ודחו ראיותיו, **וכן** בספר נהר שלום חולק עליו, דכל אלו ניכרים הם במומן, ולא אתו למיטעי, ולכך סתמו הפוסקים ולא הצריכו אותו לצאת, וכן משמע במ"א, **אך** מפני שלאו כו"ע דינא גמירי, אפשר שטוב יותר שיצאו לחוץ כדעת הט"ז).

(כתב הפר"ח, כל הני דאמרינן לא יעלה, אם עלה לא ירד).

סעיף לא- אם מנהג המקום לשלשל הכהנים טלית על פניהם, אפילו יש בפניו ובידיו כמה מומין, ישא את כפיו - דהא אין יכולין להסתכל בהן, **הגה: ודוקא אם היו ידיו בפנים מן הטלית, אבל אם הם מבחוץ, לא מהני הטלית לידיו.**

ואם אין המנהג כן, רק שהוא רוצה לעשות כן מפני המומין שבו, אסור, **ואפילו** רוצים כל הכהנים לעשות כמוהו, כדי שלא יהא בו שינוי משאר כהנים, **אפ"ה** אסור, דמ"מ יסתכלו בהם מפני ששינו מנהגם, ויסיחו דעתם.

אבל לא מהני מה שבאיזה מקומות הקהל מכסין פניהם, דמ"מ כשידעו שיש מום, אתו לאיסתכולי, וגם יש בחורים שאין להם טליתים.

סעיף לב- היו ידיו צבועות אסטיס ופואה, (אסטים ופואה פי' מיני צבעים), לא ישא את כפיו, מפני שהעם מסתכלין בהם - ובמקום שנהגו הכהנים לשלשל הטלית על פניהם, וידיהם בפנים מן הטלית, נושא כפיו וכנ"ל.

ואם רוב העיר מלאכתן בכך, ישא את כפיו - ומיירי כשאינו דש בעירו, **וכן אם הוא דש בעירו, ישא את כפיו** - אפילו אין אנשי העיר מלאכתן בכך.

סעיף לג- מי שאינו יודע לחתוך האותיות, כגון שאומר לאלפין עייני"ן, ולעייני"ן אלפי"ן, וכיוצא בזה, לא ישא את כפיו - וה"ה מי שהוא כבד פה וכבד לשון.

וה"ה מי שקורא לחיתי"ן ההי"ן, או שקורא ל"שבולת" "סבולת", **ואם** כל בני עירו קוראין כך, מותר לישא כפים שם באותו מקום, **ומטעם** זה כתבו האחרונים, דבזמנינו שרוב בני עמנו אין יודעים להבחין בין הברת העי"ן לאל"ף, ממילא מותר לישא כפיו, **וי"א** עוד, דבמדינת רוסיא שרגילין הרבה לקרוא "שבולת"

הלכות נשיאת כפים
סימן קכח – דיני נ"כ ואיזה דברים הפוסלים בכהן

"סבולת", אף דכלל אנשי המדינה יודעים ההפרש שבין שי"ן ימנית לשמאלית, מ"מ מותר לישא כפיו.

סעיף לד - קטן שלא הביא שתי שערות, אינו נושא את כפיו בפני עצמו כלל - אפי' באקראי, שאין כבוד צבור להיות כפופין לברכת קטן.

ואם נעשה בן י"ג שנה ויום אחד, תלינן לענין זה שמסתמא הביא ב' שערות, וכעין שפסק הרמ"א לעיל בסי' נ"ה בס"ה בהג"ה.

(ננס לא ישא כפיו לבדו, אפילו דש בעירו, ומטעם שלא יאמרו קטן נושא כפיו, דחיישינן שמא יש כאן אנשים שאין מכירין אותו, ויאמרו קטן נושא כפיו, **אבל** אם יש לו זקן, זקנו מוכחת עליו).

אבל עם כהנים שהם גדולים, נושא, ללמוד ולהתחנך – (עיין בע"ת שכתב, דר"ל שאז מותר אפילו בקבע).

ומטעם זה רשאי לברך ג"כ - מ"א, וכ"כ הרדב"ז, **וחינוך** זה אינו כשאר זמני החנוך שהוא כבר חמש כבר שית, כי אם בשיודע לישא כפיו כמנהגי הכהנים.

ומי שהביא שתי שערות, נושא את כפיו אפילו בפני עצמו, ומיהו דוקא באקראי בעלמא ולא בקביעות - גם זה הוא מטעם כבוד הצבור, שאין כבודם שיברכם תמיד בקבע וביחידי, איש שלא נתמלא עדיין זקנו, (**אבל עם אחרים מותר אפילו בקבע**).

ובמדינתנו שאין נושאין כפים אלא ביו"ט, מותר לישא כפיו בכל רגל אפילו בפני עצמו, כדי לאחזוקי נפשיה בכהני, דלא מקרי זה אלא אקראי.

(עיין בתוס' סוכה, דמשמע דיו"כ ובשאר תעניות שמרבים ברחמים, אפילו אקראי חשיב כמו קבע, **ולפלא שלא הביאו האחרונים, וצ"ע למעשה**).

(כתב הע"ת, נראה דאם אין כהן אחר אלא זה שעדיין לא נתמלא זקנו, אם הוא מבן י"ג שנה ויום אחד, נושא את כפיו אפילו בקביעות, דומיא מה שמבואר לענין ש"ץ בסימן נ"ג ס"ז, **והא"ר חולק עליו, דשם שאני שהקילו כדי שלא יבטלו מלשמוע קדושה וקדיש וברכו, ומספר האשכול משמע כהע"ת**).

עד שיתמלא זקנו, שאז יכול לישא כפיו אפילו יחידי בקבע. וכל שהגיע לשנים שראוי להתמלאות זקנו, אף על פי שלא נתמלא, קרינן ביה נתמלא זקנו. (וע"ל סי' נ"ג סעיף ח') - כלומר דשם מבואר, דאפילו היה לו זקן מועט, קרינן ביה נתמלא זקנו, אם הוא מבן י"ח שנה ומעלה, וקודם לכן בעינן מילוי זקן ממש.

סעיף לה - כהן שהרג את הנפש, אפילו בשוגג, לא ישא את כפיו, אפילו עשה תשובה - דכתיב: ובפרשכם כפיכם אעלים עיני מכם וגו', ידיכם דמים מלאו.

טעם דעה זו, דס"ל דאע"פ שאין לך דבר שעומד בפני התשובה, מ"מ אין קטיגור נעשה סניגור, דבידים אלו שהרג את הנפש, אין ראוי לישא את כפיו, אע"פ שעשה תשובה, (**משמע דס"ל להמחבר בפשיטות** ‹דאפי' כשעשה תשובה› **להחמיר, משום דאין קטיגור נעשה סניגור, כ"כ א"ר ומטה יהודה, אכן בע"ת וביאור הגר"א מוכח דס"ל, דהמחבר סמך עצמו איש חולקין שהביא בסל"ז**).

(**עיין במ"א שמצדד, דדוקא במת מיד, הא לא מת מיד, אין להחמיר בשוגג, שמא הרוח בלבלתו ומת**).

דחף אשה הרה והפילה, נושא את כפיו, דאין חייבין מיתה על עוברין, [היינו אפי' בדידעינן שכלו חדשיו].

ואם אנסוהו להרוג, נושא את כפיו, ואע"ג דברציחה קי"ל דיהרג ואל יעבור, מ"מ אם עבר ולא נהרג לא מיפסל לנ"כ בשביל זה, [**וצ"ע**, דמנלן דמדמינן להמיר בסל"ז, דלמא מדמינן לעבד ע"ז ממש, דהטעם משום דעשה מעשה, וה"נ בענייננו].

הגה: וי"א דאם עשה תשובה, נושא כפיו - היינו אפילו כשעבר במזיד.

ויש להקל על בעלי תשובה, שלא לנעול דלת בפניהם, והכי נהוג. (ד"ע, דלא גרע ממומר) - ויש איזה אחרונים שמחמירין עכ"פ במזיד, (וצ"ע לדינא, ועכ"פ אם עלה אין להורידו).

סעיף לו - מל תינוק ומת, נושא את כפיו - חדא דאיכוון לשם מצוה, ועוד מי יימר דכלו ליה חדשיו, ועוד שמא הרוח בלבלתו אח"כ ומת.

הלכות נשיאת כפים שמג
סימן קכח – דיני נ"כ ואיזה דברים הפוסלים בכהן

ואם העם מרננים אחריו שהוא שופך דמים, כיון שלא נתברר הדבר, ישא את כפיו - לא קאי אמל תינוק, דבזה אפילו יש עדים נושא כפיו, **אלא** מרננים אחריו שהרג ממש, אפ"ה כיון שאין עדים, אין לפוסלו מנ"כ, **ומיהו** הוא בעצמו אם יודע שאמת הוא, לא ישא את כפיו, בין לעצמו בין עם כהנים אחרים.

סעיף לז - מומר לעבודת אלילים - בין בשוגג ובין במזיד, **לא ישא את כפיו** - ואפילו עשה תשובה, דילפינן מעבודה שהוא פסול לה, וכדכתיב: אך לא יעלו כהני הבמות אל מזבח ה' בירושלים.

כתבו האחרונים, דאפי' אם המיר לדת ישמעאלים, שאינן עובדים ע"ג, אפ"ה נקרא מומר ולא ישא כפיו.

אם הבטיח להמיר וחזר, לא נפסל לכו"ע.

וכן אם הוא מומר לחלל שבת בפרהסיא, הרי הוא כעו"ג ולא ישא כפיו.

וי"א שאם עשה תשובה, נושא כפיו, (וכן עיקר) - היינו אפילו עבד עבודת גלולים במזיד.

ואם נאנס, לדברי הכל נושא כפיו - ואף דברמב"ם שהוא בעל דעה ראשונה כתב בהדיא, דאף אם עבד באונס לא ישא כפיו, **הכא** מיירי בלא עבדה עדיין, רק שהמיר דתו, דהיינו שהודה לע"ג וקבלה באלוה, **ואף** דגם זה הוא כעובד ע"ג ממש לענין חיוב מיתה במזיד, מ"מ לענין אנוס מקילינן לנשיאת כפים, כיון דעכ"פ לא עשה מעשה.

(**ערל שמתו אחיו מחמת מילה, כתב המ"א דנושא את כפיו, ואפילו לדעה ראשונה שבסעיף זה, והוא בכלל מה שכתב רמ"א בהג"ה בסל"ט, דאין שאר עבירות וכו', והב"ח מסתפק בזה, דכיון דמקשינן ברכה לעבודה לדעת הרמב"ם, אפשר דה"ה לענין ערל דהוא נמי פסול לנ"כ, ומפר"ח וא"ר משמע עוד, דערל פסול אפילו לדעה השניה דלא מקשינן ברכה לעבודה, ומטעם דאפשר דדמי ליושב שפסול, או לנושא נשים בעבירה דפסול לכו"ע, עי"ש, ולענ"ד נראה, דבערל שלא נמול מחמת אונס, שמתו אחיו מחמת מילה, יש להקל עכ"פ לדידן, דקי"ל מומר לע"ג ששב כשר לנשיאת כפים, ומטעם דלא מקשינן ברכה לעבודה, עיין באור זרוע ובשב"ל מבואר דעה זו באריכות, והיוצא שם מדבריהם, דכיון דלא נפקע קדושתם, ואסורים בגרושה ובזונה וכה"ג, א"כ הרי קדושתייהו עלייהו לענין נשיאת כפים, וכמו כן נימא בנידון דידן, דהא לא יעלה על דעת לומר דערל כהן מותר בגרושה, הרי דקדושת כהן עליו, ונושא כפים לשיטה זו, ומה שהביא פר"ח ראיה מהנושא נשים בעבירה, אין הנידון דומה, דהתם פושע הוא, לפיכך קנסינן ליה, ואין אנו נותנין לו מעלות הכהונה כל זמן שהוא בעצמו מחלל, {ותדע, דהא מכיון שגירשה והדיר הנאה על דעת רבים חוזר למעלתו}, ולא כן הכא שהוא אונס גמור, ולא גרע עכ"פ מהמיר ושב, דלדידן נושא כפיו, ומה שרצה בא"ר להחמיר עליו מצד שהוא אינו ראוי מחמת ערלתו לאכול בקדשים, ולפיכך גרע אפילו מבעל מום, וזה אינו, דטמא יוכיח וכמו שכתב הפמ"ג, גם ידוע דעת ר"ת דערל דפסול לעבודה, היינו שלא מל את עצמו במזיד, אבל מי שמתו אחיו מחמת מילה כשר אף לעבודה, ואף שרבים חולקים עליו, מ"מ יש לצרף דעתו עכ"פ לנשיאת כפים, כיון דלדעת רוב הפוסקים "הוקש ברכה לעבודה" רק דרבנן היא, אמנם בערל שלא מל את עצמו במזיד, נכון להחמיר כדברי הפר"ח, שלא ישא כפיו עד שימול, וכנושא נשים בעבירה**).

סעיף לח - שתה רביעית יין בבת אחת, לא ישא את כפיו - דברכת כהנים מדמינן לעבודה, ובעבודה במקדש בכה"ג חייב.

שתאו בשני פעמים, או שנתן לתוכו מעט מים - ר"ל שלא היה יין חי רק מזוג מעט, **מותר** - דבכה"ג במקדש אינו חייב, ורק איסורא בעלמא, ולהכי בנ"כ דקילא מעבודה מותר לכתחלה.

ואם שתה יותר מרביעית, אע"פ שהוא מזוג, ואפילו שתאו בכמה פעמים, לא ישא את כפיו עד שיסיר יינו מעליו - דבכה"ג במקדש חייב, ועיין סימן צ"ט ס"ב, ושייך גם לכאן.

וכ"ז לענין יין, אבל בשאר משקין המשכרים, כתב המ"א דמותר לישא כפיו, אפילו נשתכר עד שאינו יכול לדבר בפני המלך, דבתפלה כה"ג תפלתו תועבה כדלעיל בסימן צ"ט, בנשיאת כפים מותר, **אם** לא שהגיע לשכרותו של לוט, דאז כשוטה יחשב, וכ"כ בספר מטה יהודה, **אבל** הרבה אחרונים חולקין ע"ז, וסוברין דגם

מחבר רמ"א משנה ברורה

הלכות נשיאת כפים
סימן קכח – דיני נ"כ ואיזה דברים הפוסלים בכהן

בשאר משקין, כל שנשתכר בהן עד שאינו יכול לדבר לפני המלך, אינו נושא כפיו.

ובעיין מגתו, דעת מ"א לאסור בנ"כ, **וכמה** אחרונים חולקין עליו כיון שאינו משכר.

סעיף לט - לא היו בו אחד מהדברים המונעים נשיאת כפים, אף על פי שאינו מדקדק במצות - היינו אפילו מצות חמורות כעריות וכדומה, **וכל העם מרננים אחריו** - אפי' רינון של אמת, שהוא מפורסם לכל ברשעתו, [**ואין** רינון זה כרינון הנזכר בסל"ו, ששם אינו כי אם לעז בעלמא], **נושא את כפיו, (שאין שאר עבירות מונעין נשיאת כפים)** - פי' חוץ מע"ג ושפיכות דמים וכנ"ל.

והיינו אפילו לא עשה תשובה על חטאיו, והטעם כתב הרמב"ם, לפי שזו מ"ע על כל כהן וכהן שראוי לנשיאת כפים, ואין אומרים לאדם רשע, הוסף רשע והמנע מן המצות, **ואל** תתמה ותאמר ומה תועיל ברכת הדיוט זה, שאין קבול הברכה תלוי בכהנים אלא בהקב"ה, שנאמר: ושמו את שמי על בני ישראל ואני אברכם, הכהנים עושין מצותן שנצטוו בה, והקב"ה ברחמיו מברך את ישראל כחפצו, עכ"ל.

סעיף מ - כהן שנשא גרושה - וה"ה חללה וזונה או חלוצה, **לא ישא כפיו, ואין נוהגין בו קדושה, אפילו לקרות בתורה ראשון** - ומה שנתבאר בסמוך שאין שאר עבירות מונעים נ"כ, **היינו** דוקא בעבירות שאין שאר הכהנים מוזהרים יותר מישראל, **אבל** במה שהכהנים מוזהרים יותר מישראל, שקדושת כהנים גרם לו, והוא חיללו, לפיכך פסול מדרבנן לכל דבר כהונה, עד שידור על דעת רבים וכו'.

ואפי' גירשה או מתה, פסול, עד שידור הנאה על דעת רבים מהנשים שהוא אסור בהם - שנדר שהודר על דעת רבים אין לו התרה, אבל כשלא ידור על דעת רבים, חיישינן שמא ילך אצל חכם וישאל על נדרו, לפי שיצה"ר תוקפו לעריות.

וגם צריך לגרש אותה, כ"כ האחרונים, [**והיינו** דאפי' מגרש אותה אחר הנ"כ, ג"כ שרי, אלא דצריך עכ"פ לקבל על עצמו תכף באותו יום לגרשה], **ומה** שלא הזכיר המחבר דבר זה, משום דקאי אף על גירשה ומתה שהוזכר בתחלה. **ואם** ירצה לשהותה עוד על איזה זמן שלא לגרשה, אף שהדיר ממנה הנאה, אסור לישא כפיו, וגם אינו עולה לתורה ראשון.

[**ואם** הוא מעוכב מחמת נפשות לגרשה, צ"ע].

סעיף מא - נטמא למת שאינו משבעה מתי מצוה, פסול מן הדוכן ומכל מעלות הכהונה - והיינו דוקא במזיד.

(והנה מלשון השו"ע משמע, דאפילו אם עבר פעם אחת באקראי ג"כ נפסל, **ולענ"ד** מלשון המשנה דקתני "והמטמא למתים", משמע כשהוא מועד לכך, אז קנסוהו חכמים, אבל לא בנטמא פעם אחת, **והא** דמיפסל בנושא נשים בעבירה, ואפילו בנשא גרושה אחת, התם כיון דהוא מחזיקה לאשה ועומד במרדו, הלא הוא מועד לאיסור זה, משא"כ בזה, **והא** דקתני "והנושא נשים", משום דכלל בזה גם חללה וזונה, **והרי** אפילו ברוצח שמפורש בש"ס לאיסור לישא כפיו, ג"כ דעת אבי העזרי והאור זרוע, דדוקא במועד לכך תדיר ולא באקראי, **ואף** דלא קי"ל כן, מ"מ בעניננו שבלא"ה לא הזכירוהו כל הפוסקים, ומשמע לכאורה דלא ס"ל כלל דין זה, וא"כ אף דאנן נקטינן להחמיר בנושא נשים ומטמא למתים לנ"כ כמר שמואל והרשב"א, די לנו אם להחמיר במועד לכך ולא באקראי, כיון שבאמת עיקר דין זה לכו"ע אף בעבודה אינו כי אם קנסא דרבנן בעלמא, **וצ"ע** לדינא).

עד שישוב ויקבל - בב"ד, **שלא יטמא עוד למתים** - ובזה א"צ לידור ולישבע כנ"ל בסעיף מ"ם, דשאני עריות דיצרו תקפו.

ועיין בתשובת כתב סופר, ברופא שמבקר מתים, שיש לו תועלת הרווחת ממון, לא סגי בקבלה לבד, עד שידור ברבים, כמו בנשים בעבירה.

(ויש אומרים דמי שיש לו בת שהמירה לעבודת כוכבים, או שזנתה, אין מחייבין עוד לקדשו, כי אביה היא מחללת) - ומבואר במרדכי, דמ"מ יש רשות לקדשו, אלא שאין מחייבין, **והיינו** לענין לפתוח ראשון ולברך ראשון, אבל לא לענין נשיאת כפים, שהרי

הלכות נשיאת כפים שמה
סימן קכח – דיני נ"כ ואיזה דברים הפוסלים בכהן

אפילו אם בעצמו עבר על איסור זנות ג"כ נושא כפיו, כדלעיל בסל"ט, וכ"ש שאין נפסל ע"י זנות בתו.

ועיין במ"א שהוכיח, דלא מחללת אביה רק בזנות, דהו"ל לשמרה, אבל לא בהמרה, **והא** דנקט שהמירה, משום דכיון שהמירה מסתמא זנתה ג"כ, ומש"כ "או זנתה", היינו או זנתה לחוד.

ודוקא כשזינתה ארוסה או נשואה, דבהכי איירי קרא, אבל פנויה לא.

וכתבו אחרונים, דבזמן הזה אין מנהג לפסול כהן בשביל זנות או המרת דת של בנו ובתו.

סעיף מב - החלל - דהיינו הנולד מאיסורי כהונה, שהן גרושה זונה וחללה, **אינו נושא את כפיו** - לפי שאינו בכיהונו, והרי הוא כזר לכל דבר, כמ"ש באבן העזר סימן ז', **ואפילו** חלל של דבריהם, כגון הנולד מחלוצה, ג"כ אינו נושא כפיו.

סעיף מג - אחר שבעת ימי אבלות, נושא כפיו; ובתוך שבעת ימי אבילות, יצא מבהכ"נ בשעה שקורא "כהנים" - דמדינא חייב האבל לברך, שהרי חייב בכל מצות האמורות בתורה, **אלא** שנהגו שלא לישא כפים, משום שצריך הכהן להיות בשמחה וטוב לב בשעת הברכה, כדכתיב: וטוב לב הוא יברך, ולכך צריך לצאת, כדי שלא יקראוהו לעלות לדוכן, (וצריך לצאת קודם שמתחילין "רצה"), **ואפי'** בשבת ואין שם כהן אלא הוא, לא יעלה.

ובדיעבד אם לא יצא וקראוהו לעלות לדוכן, בין בשבת ובין בחול, בין שאין שם כהן אלא הוא, ובין עם כהנים אחרים, צריך לעלות, דאל"כ עובר בעשה.

הגה: וי"א דכל זמן האבילות, אפי' עד י"ב חדש על אביו ועל אמו, אינו נושא את כפיו, וכן נוהגין במדינות אלו - וה"ה כל שלשים על שאר קרובים שמחוייב להתאבל עליהם, [**לאפוקי** קרובים שהם רק פסולי עדות לו, אף שצריך להראות קצת אבילות בשבת ראשונה, חייב לישא כפיו].

היינו אפילו בשבת ויו"ט, שאינו נקרא שרוי בשמחה, שהרי אסור לילך לשמחת נישואין וכיו"ב, **וה"ה** הקובר מתו ברגל, אע"פ שעדיין לא חל עליו האבלות, מ"מ הרי עכ"פ אסור בשמחה כל ימות הרגל, **וה"ה** אונן אפילו ביו"ט שהוא חייב בכל המצות, מ"מ הרי אינו שרוי בשמחה, **וכבר** כתבנו דמ"מ אם קראוהו לעלות, יעלה, **וי"א** דבאונן אפי' קראוהו לעלות, לא יעלה.

ואם אין שם בביהכ"נ ב' כהנים אחרים חוץ מהאבל, מותר להאבל לישא כפיו תוך י"ב חודש על אביו ואמו, או תוך ל' על שאר קרובים.

סעיף מד - כהן, אע"פ שהוא פנוי, נושא את כפיו. הגה: וי"א דאינו נושא כפיו, דהשרוי בלא אשה שרוי בלא שמחה, והמברך יש לו להיות בשמחה - ומיהו נשוי שאין אשתו עמו, מותר לכו"ע.

ונהגו שנושא כפיו - היינו אפילו אין שם כהן אלא הוא, **אע"פ שאינו נשוי** - דדוקא באבלות מחמרינן ששרוי בצער, משא"כ בזה שאע"פ שאינו בשמחה, מ"מ אינו שרוי בצער.

ומכל מקום הרוצה שלא לישא כפיו, אין מוחין בידו, רק שלא יהא בבית הכנסת בשעה שקורין "כהנים", או אומרים להם ליטול ידיהם - באמת צריך לצאת בברכת "רצה", וכמ"ש כמה פעמים, אלא דגם בעת ברכת כהנים צריך שלא יהיה בביהכ"נ משום פגמא, וכנ"ל בס"ד.

נהגו בכל מדינות אלו שאין נושאים כפים אלא ביו"ט - בין שחל בחול או בשבת, **משום שאז שרויים בשמחת יו"ט, וטוב לב הוא יברך.**

מה שאין כן בשאר ימים, אפי' בשבתות השנה, שטרודים בהרהורים על מחייתם ועל ביטול מלאכתם - הלשון מגומגם, וח"ו ישראל קדושים יצטערו בשבת על בטול מלאכתם ביום הקדוש, **והנכון** שצ"ל "ובשביל בטול מלאכתם", וקאי טעם זה על הא דלעיל, שאין נושאין כפים בשאר ימים, **וכן** פלגינהו בד"מ, שכתב טעם לפי שטרודין בהרהורין וכו', להא דאין נושאין כפים בשבת, ואימות החול כתב הטעם משום בטול מלאכה.

מחבר רמ"א משנה ברורה

שמו הלכות נשיאת כפים
סימן קכח - דיני נ"כ ואיזה דברים הפוסלים בכהן

ואפי' ביו"ט, אין נושאין כפים אלא בתפלת מוסף, שיוצאים אז מבהכ"נ וישמחו בשמחת יו"ט.

ויש מקומות שנוהגין שאין נושאין כפים אפילו ביו"ט כשחל בשבת, אבל אין מנהג זה עיקר כלל, כמו שכתבו הרבה אחרונים, [**ואף** שנוהגין כן משום שחוששין שאין נ"כ אא"ב שטובלין לקריין, ואין רוצין לבטל עונתן, **אין** כדאי בזה לדחות מ"ע, ומוטב שיהיו נ"כ אף ששמשו ולא יכולין לחזור ולטבול, **וגם** עיין בסי' שכ"ו, דרוב אחרונים סותמים להקל לטבול לקריו בשבת, ורק יזהר שלא יסחוט השער, **וכ"ש** מה שחושבין שהוא איסור גדול לשמש, ובאין עי"ז לחטא, והוא טעות, שאין בו איסור כלל, רק שהחמירו על עצמן].

נהגו הכהנים סלסול בעצמן, לטבול בעיו"ט משום נשיאת כפים שלמחר, וגם בלא"ה צריך אדם לטהר את עצמו ברגל, **ומ"מ** אין זה מעכב בדיעבד.

ובא"י ובכל מלכות מצרים המנהג לישא כפים בכל יום, והפוסקים קלסו למנהגם בזה. [**ודע** דנ"כ בחו"ל הוא ג"כ מדאורייתא, ודלא כמו"ק שמצדד דמדאורייתא הוא דוקא במקדש].

וכל שחרית ומוסף שאין נושאין בו כפים, אומר הש"ץ: אלהינו ואלהי אבותינו וכו', כדלעיל סוף סי' קכ"ז.

ויוה"כ נושאים בו כפים כמו ביו"ט - שיש בו שמחת מחילה וסליחה, **ויש מקומות שנושאים בו כפים בנעילה, ויש מקומות אפי' בשחרית.**

סעיף מה - אלו תיבות שהכהנים הופכים בהם לדרום ולצפון - והטעם שנהגו כן, כדי שתתפשט הברכה לכל האנשים שעומדים מצדיהם, **יברכך; וישמרך; אליך; ויחונך; אליך; לך שלום** - המ"א כתב הטעם שהופכין פניהם באלו התיבות, משום דכל אלו התיבות הם לנוכח.

הגה: ונוהגין שמאריכין בניגון אלו תיבות, כי כל אחת מהן היא סוף ברכה בפני עצמה - הוא טעם גם על דברי המחבר, והכונה, דאע"ג דשלש ברכות הויין בברכת כהנים, מ"מ בכל ברכה בפני עצמה יש בה שתי ברכות, דהיינו "יברכך ה'" ברכה אחת, "וישמרך" ברכה שניה; "יאר וכו' אליך", היא ברכה אחת, "ויחנך" ברכה שניה; "ישא ה' וכו' אליך", ברכה אחת, "וישם לך שלום" ג"כ הוי ברכה אחת - לבוש.

כתב בא"ר בשם תשובת בית יעקב, מה שנוהגין לנגן אמירת "וישמר" בלא כ"ף, ואח"כ הכ"ף, וכן עושים ב"ויחנך", **הוא** טעות, דדוקא בסוף מאריך, דקודם שמסיים לא משמע כונת התיבה כלל, וכן החזנים יזהרו שלא יחלקו התיבות לשתים.

ואומרים: רבון, כמו שמפורש בסי' ק"ל, ובשעה - צ"ל: "**בשעה**", וכן הוא בספרי שו"ע ישנים, **שמאריכין בניגון התיבות שבסוף הפסוקים, דהיינו "וישמרך"; "ויחנך"; "שלום"** - והיינו בשעה שמאריכין בניגון הברת אות אחרונה של התיבה, אבל לא בעת שאומרים התיבה, דאז צריך לשתוק ולכוין, כמ"ש בסכ"ו.

(**ובמדינותינו** נוהגין הקהל לומר ה"רבון" אחר קריאת המקרא תיבה אחרונה של כל פסוק, והכהנים שותקין אז, או מנגנין, ואחר שמסיימין הצבור ה"רבון", מסיימין הכהנים התיבה האחרונה, ומנהג זה יש בו לכאורה טעם קצת, כדי שיוכלו אח"כ הקהל להאזין היטב הברכה מפי הכהנים, **אלא** דיש לפקפק בזה קצת, דיש הפסק בין קריאת המקרא לאמירת הכהנים, ובשלמא כשמנגנין, אפשר דגם זה הוא בכלל התחלת אמירת התיבה, אבל כששותקין מאי איכא למימר, **ועיין** לעיל בסי"ח, ואין הכהנים וכו' עד שתכלה התיבה מפי המקרא, והוא מש"ס דסוטה, ומשמע מלשון זה, דאחר שכלה המקרא תיכף צריכין לענות, וכן בשו"ע סי"ג: והם עונים אחריו על כל מלה, משמע דתיכף צריכין לענות, **ובאמת** הלא מבואר בכמה ראשונים, דטעם קריאת המקרא הוא שלא יטעו, וכשנמשך הדבר אפשר שיבוא לידי טעות, ועי"כ עכ"פ מהנכון להציבור שלא ימשכו הרבה באמירתם).

והמקרא לא יאמר "רבון" וכו' - פי' ש"ץ המתפלל פשיטא שלא יאמר ה"רבון", דהוי הפסק בתפלה, **אלא** אפי' כשהש"ץ הוא כהן, ואחר הוא המקרא, ג"כ לא יאמר המקרא ה"רבון", שמא תטרף דעתו ולא יוכל לחזור ולהקרות, **מיהו** לאחר שהקריא לפניהם תיבת

הלכות נשיאת כפים
סימן קכח – דיני נ"כ ואיזה דברים הפוסלים בכהן

"שלום", יוכל אז לומר ה"רבון", דתו ליכא חשש דטירוף, דהא הוא אינו מסיים ברכת "שים שלום", רק הש"ץ.

כתב בתשובת מהר"מ לובלין, כשאין כהנים במוסף לעלות לדוכן, נוהגים שאין אומרים "ותערב".

אסור להשתמש בכהן אפי' בזה"ז, דהוי כמועל בהקדש - שהרי נאמר: וקדשתו כי את לחם אלהיך הוא מקריב, ואף עכשיו שאין לנו קרבנות, בקדושתו הוא עומד, ומשום זה אסור בגרושה ולטמא למתים.

אם לא מחל על כך - אבל אם מחל מותר, שכבוד הכהונה, כמו לפתוח ראשון, או ליטול מנה יפה ראשון, וכדומה, מדברים שאנו מחויבין לכבדם, ניתן להם רק להנאתם, לפיכך בידו למחול וליתן רשות לישראל להשתמש בו, **ויש** מי שאומר, שאינו יכול ליתן רשות להשתמש בו, אא"כ יש לו איזה הנאה, כגון בשכר, או אפילו בחנם, לאדם חשוב שהוא חפץ לשמשו ונהנה מזה, **אבל** אם אין לו שום הנאה מזה, אין יכול למחול, דאע"ג דכבוד יוכל למחול, שימוש ענין של בזיון הוא, **וטוב** להחמיר לכתחלה, **ולהשתמש** בהם שירות בזויות, בודאי יש ליזהר.

(וכהן בכהן אפשר שמותר, וגם יש שמצדדים להקל בכהן ע"ה, ומ"מ בשירות בזויות בודאי נכון ליזהר).

§ סימן קכט – באיזה תפלות נושאים כפים §

סעיף א- אין נשיאת כפים אלא בשחרית ומוסף, ובנעילה, ביום שיש בו נעילה כמו ביוה"כ - היינו בתעניתים המבוארים לקמן סימן תקע"ט, שתקנו רבנן בהן תפלת נעילה כמו ביוהכ"פ.

היינו דבחול בכל יום בשחרית, ובשבת ויו"ט גם במוסף, וביוה"כ גם בתפלת נעילה, והוא כשהוא עדיין יום.

אבל לא במנחה, משום דשכיחא שכרות באותה שעה, שמא יהא הכהן שכור - שנשתכר בסעודתו, ושיכור אסור בנ"כ, וכנ"ל בסימן קכ"ח סל"ח, **משא"כ** במוסף לא גזרו, דכיון שאסור לסעוד סעודת קבע קודם מוסף, כי אם טעימה בעלמא, כמבואר בסימן רפ"ו ס"ג, ליכא למיחש לשכרות.

וגזרו במנחה של תענית - היינו של ת"צ שיש בהם נעילה הנ"ל, או של יוה"כ, **אטו מנחת שאר ימים** - לפי שביום שיש בו נעילה מתפללים מנחה בעוד היום גדול, כדי להתחיל נעילה קודם שקיעת החמה, **לכן** מתחלפת היא במנחה של שאר הימים, שהיו נוהגים ג"כ להתפלל בעוד היום גדול, מפני שהיו רוצים לאכול אח"כ, שאסור לאכול קודם תפלת המנחה, כמ"ש בסימן רל"ב, **ובנעילה** לא גזרו אטו שאר ימים, לפי דליכא תפלת נעילה כי אם בתענית.

אבל בתענית שאין בו נעילה - היינו כל הארבעה תעניות וצום אסתר, **הואיל ותפלת המנחה סמוך לשקיעת החמה** - שהיה מנהגם לאחרה סמוך לשקיעה, **היא דומה לתפלת נעילה, ואינה מתחלפת במנחה של שאר ימים, הלכך יש בה נשיאת כפים.**

(והמנהג שלנו כבר נתבאר לעיל סי' קכ"ח) - ר"ל שאין נושאין כפים כלל במדינותינו בכל ימות השנה רק בימים טובים, וגם זה רק בתפלת מוסף, **ומ"מ** כל הדינים הנזכרים בסעיף זה נ"מ גם לדידן, לענין אמירת "או"א ברכנו" וכו', ולפי המבואר לעיל בסי' קכ"ז, דבזמן שראוי מדינא לישא כפים, אומרים "או"א".

סעיף ב- כהן שעבר ועלה לדוכן ביוה"כ במנחה, כיון שהדבר ידוע שאין שם שכרות - ר"ל ולא אסרו בזה כי אם משום דמיחלף בשאר יומי וכנ"ל בס"א, **הרי זה נושא את כפיו, ואין מורידין אותו מפני החשד, שלא יאמרו: פסול הוא ולכך הורידוהו** - אבל במנחה של שאר יומי, אף אם עלה ירד.

הגה: ולכן אומרים במנחה ביום כפורים "אלהינו ואלהי אבותינו", אע"ג דאין ראוי לנשיאת כפים, מ"מ הואיל ואם עלה לא ירד, מיקרי קצת ראוי, וכן נוהגין במדינות אלו אע"פ שיש חולקים.

הלכות נשיאת כפים
סימן קכט – באיזה תפלות נושאים כפים

ומ"מ המתענים עד חצות ומתפללין מנחה, כגון בער"ה וכדומה, לא יאמר הש"ץ "אלהינו וא"א" אפי' לשיטה זו, [**והטעם**, דבתעניתים כאלו אין נ"כ במנחה מדינא ואפי' בדיעבד, כבשאר ימות השנה, דלא שייך בזה לומר שידוע שאין שם שכרות, כיון שאינו תענית גמור לכל היום, **ואפי'** במתענין כל היום אלא שאין ת"צ, כגון בז' אדר או בט"ו כסלו וכדו', או בה"ב, שמתאספים חבורות ומתענים, ג"כ דעת הרבה אחרונים דבכגון זה אסור בנ"כ במנחה מדינא, ואפי' בדיעבד, משום חשש שכרות כבשאר ימות השנה, ולא התירו אלא בת"צ גמור, וממילא אין אומרים אוא"א].

§ סימן קל – רבש"ע שאומרים בשעת נשיאת כפים §

סעיף א- מאן דחזא חלמא, ולא ידע מאי חזא

- אי טבא הוא או בישא הוא, (לאפוקי מי שלא חלם לו בלילה שלפניו, לא יאמר), **ניקום קמי כהני בשעה שעולים לדוכן ונימא הכי: רבונו של עולם, אני שלך וחלומותי שלך וכו'** - וכבר נתבאר לעיל סוף סימן קכ"ח בהג"ה, דהנכון לאמר זה בשעה שמאריכין בניגון התיבות שבסוף הפסוקים.

ובמדינותינו נוהגין כל הקהל לאמר תפלה זו בשעת הדוכן, אפילו אותם שלא חלמו, **והטעם**, דכיון דאין אנו נושאין כפים כי אם ברגלים, א"א שלא חלם לו פעם אחת בין רגל לרגל.

(ועיין במחה"ש שכתב, דביו"ט שני אין לומר ה"רבון" מי שלא חלם לו בלילה שלפניו, ועל חלומות של כל השנה הרי כבר אמר מאתמול, **והעולם** אין נוהגין כן, ואפשר דחוששין שמא חלמו אחרים עליהם בלילה זו, **ואף** לפי"ז לא יתחיל מ"רבון", דהאיך יאמר: חלום חלמתי ואיני יודע מה הוא, והוא לא חלם כלל, אלא יתחיל מ"יהי רצון וכו', שיהיו כל חלומותי" וכו'). **ומאחר** שהוא מיעוטא דמיעוטא שלא יראה אדם שום חלום, נהגו לאומרו בכל יום שלא לחלק, שהוא מיעוטא דלא שכיח, **ואף** באותם הימים שלא חלם, איכא למימר שחשש שמא חלם ואינו זוכר ממנו, כי כמה פעמים כשאדם קם מהמטה אינו זוכר אם חלם אם לא, ואח"כ נזכר ממנו, וכן אירע לי כמה פעמים – מאמ"ר.

המג"א כתב, דצ"ל: בין חלומות שחלמתי על אחרים, ובין חלומות שחלמתי על עצמי, **אבל** בסידורים שלנו הנוסחא להיפך, דהיינו: בין שחלמתי על עצמי, ובין שחלמתי וכו', וכן הסכים בא"ר.

כתבו האחרונים, שיסיים בתפלה זו בפעם ראשון "ותשמרני", כנגד מה שהכהנים מסיימים "וישמרך"; ובפעם ב' "ותחנני", כנגד "ויחנך"; ובפעם ג' "ותרצני", כנגד "שלום", **ורש"ל** מוסיף, שטוב לאמר בפעם ג' "ותבא עלי ברכת כהניך ותרצני".

כשנושאין כפים ביו"ט שחל בשבת, אין לומר ה"רבון", דאין אומרים תחנה בשבת, **אם** לא כשחלם לו חלום רע באותו הלילה.

ויכוין דליסיים גם בהדי כהני - "דליסיים בהדי כהני" כצ"ל, ותיבת "גם" ט"ס, **דעני צבורא אמן.**

בהדי כהני - והיינו בסוף כל פסוק שמסיימין, והם שלש פעמים, **וכן** כתוב בשם הגר"א, שהיה נוהג לומר גם בסוף פסוק ג' "הרבש"ע" הנ"ל שהוזכר בגמרא, ולא ה"יהי רצון" הנדפס בסידורים.

ואי לא - פי' שלא סיימו עדיין הכהנים, יאמר גם "אדיר במרום" וכו', **לימא הכי: אדיר במרום שוכן בגבורה, אתה שלום ושמך שלום, יהי רצון שתשים עלינו שלום** - כי היכי דליסיים בהדי כהני תיבת "שלום", ויענו הצבור אמן על שניהם.

ויש נוהגים שבכל פעם אומרים "אדיר במרום" בשעת אמירת ש"ץ "שים שלום", בשעה שאומר "וטוב בעיניך" וכו'.

הגה: ובמקום שאין עולין לדוכן - כמו במדינותינו, שאין נ"כ כל השנה רק ביו"ט, **יאמר כל זה** - פי' תפלת "רבון", **בשעה שהש"ץ אומר "שים שלום", ויסיים בהדי שליח צבור, שיענו הקהל אמן.**

ואם גמר ה"רבון" קודם שסיים הש"ץ תפלת "שים שלום", יאמר ג"כ "אדיר במרום" וכנ"ל.

ואם ראה שלא יוכל לסיים עם הש"ץ, יתחיל בשעה שש"ץ אומר "יברכך".

כתבו אחרונים, דאין לומר תפלת "רבון" בכל יום ויום, כי אם בשחלם לו בלילה שלפניו, דאיך יאמר "חלום חלמתי" בשלא חלם כלל.

"דוכן" פירושו, המקום שעולין שם הכהנים בשעת נ"כ.

הלכות נפילת אפים
סימן קלא – דיני נפילת אפים

§ סימן קלא – דיני נפילת אפים §

סעיף א - הנה נפילת אפים שנהגו בה בימים הראשונים היה בדרך קידה, דהיינו ליפול על פניו ארצה, ושלא בפישוט ידים ורגלים, **ועכשיו** לא נהגו ליפול על פניהם ממש, אלא בהטיית הראש וכיסוי הפנים בלבד, **ונוהגים** לכסות הפנים בבגד, ולא די כיסוי היד שנופל פניו עליה, לפי שהיד והפנים גוף אחד הם, ואין הגוף יכול לכסות את עצמו.

(ענין ההטיה הוא, משום דבימיהם היו נוהגים ליפול על פניהם ארצה על הרצפה, משום הכי היו צריכים מדינא להטות על אחד מהצדדין, שלא יהא נראה שמשתחוה לאבן משכית, שהוא אסור מן התורה, וכמו שכתוב כל זה לקמן בסעיף ח' בהג"ה, ומשום הכי גם אנו נוהגים להטות בנפילת אפים, והמ"א מצדד דמדינא צריך הטיה בנפילת אפים, אבל מלשון הריב"ש לא משמע כן להמעיין, וכן העתיקו בשו"ע הגר"ז, ואפשר עוד דגם כונת המ"א שמחמיר, הוא רק דוקא בנפילת אפים ממש על הארץ נגד הרצפה, אף שאין פניו דבוקות בקרקע, אבל לא בנפילת אפים שלנו, שהוא רק כיסוי הפנים לבד, ובזה ניחא שלא יסתור לדברי הריב"ש המפורש להיתר).

אין לדבר בין תפלה לנפילת אפים - דעי"ז אין תחנתו שמתחנן בנפילת אפים מתקבלת כ"כ, **ודוקא** כשמפסיק ועוסק בדברים אחרים לגמרי, אבל שיחה בעלמא לית לן בה, **ודוקא** שלא בעת שש"ץ חוזר התפלה, דאז צריך לשתוק ולהאזין היטב כל ברכה וברכה, **וכ"ש** דלדבר קדושה, כגון מה שמפסיקין בתחנות כגון "והוא רחום", בודאי מותר להפסיק, **ואפילו** בתוך נפילת אפים ג"כ מותר לענות איש"ר וכל דבר קדושה.

מיהו עם עבר ודבר, פשיטא דצריך ליפול על פניו.

מותר להתפלל במקום אחד וליפול במקום אחר, ואך שלא יפסיק באמצע.

כשנופל על פניו, נהגו להטות על צד שמאל - לפי שמצינו כשאדם מתפלל שכינה מימינו, שנאמר: ה' צלך על יד ימינך, ונמצא כשהוא מוטה על שמאלו פניו כלפי שכינה, ואם היה מוטה על יד ימינו היה להיפך, ולא יתכן לעבד להיות אחורי פניו כלפי אדוניו.

הגה: וי"א דיש להטות על צד ימין - כי השכינה נגד האדם, ונמצא שמאל השכינה כנגד ימינו, וכשהוא מטה על ימינו והשכינה כנגדו, יכוין "שמאלו תחת לראשי וימינו תחבקני".

והעיקר להטות בשחרית כשיש לו תפילין בשמאלו, על צד ימין משום כבוד תפילין - וכן דעת הט"ז ומ"א שאין לשנות ממנהג זה, וכן נהגו העולם, **ואפילו** להגר"א דסובר דהעיקר כהמחבר, דתמיד על שמאל, מ"מ אם מתפלל בביהמ"ד והעולם נוהגין כהרמ"א, מ"מ אסור לשנות משום לא תתגודדו.

וש"ץ העומד מימין הארון, י"א דמיירי במנחה או בשחרית ואין לו תפילין, שאז מטה על שמאלו, ונמצא הופך פניו מן ארון הקודש, טוב שיטה ראשו מעט כלפי הארון.

ובערבית - ר"ל לצד ערבית, דהיינו במנחה שאין אנו נוהגין להניח תפילין, **או כשאין לו תפילין בשמאלו, יטה על צד שמאל** - ומי שמניח תפילין גם במנחה, יפול על ימינו, **ועיין** בח"א שמצדד, דאז יוכל לסמוך על דעת הגר"א וליפול על שמאלו.

ולאחר שנפל על פניו, יגביה ראשו ויתחנן מעט מיושב, וכל מקום ומקום לפי מנהגו - ובמדינות אלו נוהגין לומר (בנפילת אפים) "רחום וחנון" וכו'.

ומנהג פשוט לומר: ואנחנו לא נדע כו' - לפי שהתפללנו בכל ענין שיוכל אדם להתפלל, בישיבה ובעמידה ובנפילת אפים, כמו שעשה משה רבינו ע"ה, שנאמר: ואשב בהר וגו', ואנכי עמדתי בהר וגו', ואתנפל לפני ה' וגו', ומאחר שאין בנו כח להתפלל בענין אחר, אנו אומרים: ואנחנו לא נדע מה נעשה וכו', **וראוי** לומר "ואנחנו לא נדע" בישיבה, "מה נעשה" בעמידה.

וחצי קדיש "אשרי" "למנצח"; ואפי' בימים שאין אומרים תחנון, אומרים "למנצח"; מלבד בר"ח וחנוכה ופורים וע"פ ועיו"כ וט' באב.

סעיף ב - נפילת אפים מיושב, ולא מעומד - כתב ב"י שהטעם הוא על דרך הקבלה, **ובריב"ש** כתב שאין קפידא, **כתבו** אחרונים, בשעת

הדחק נוכל לסמוך על הריב"ש, וע"כ אם סיים תפלתו וצריך לעמוד עכ"פ כדי הילוך ד' אמות, וקודם שיעור זה התחיל הציבור לומר תחנון, יעמוד שם במקומו ויפול על פניו מעומד עם הצבור, **וכן** אם אחר עומד נגדו ומתפלל שמ"ע, ואסור לי"א לישב נגדו אפילו כמלא עיניו, ואי אפשר לו לילך לצדדין, יפול על פניו מעומד, וכן כל כה"ג.

הגה: וי"א דאין נפילת אפים אלא במקום שיש ארון וס"ת בתוכו - ארון לאו דוקא, אלא ה"ה ס"ת לחוד די, **וטעם** הי"א, משום דמצינו בקרא רמז שנפילה היא לפני ארון ה', וכדכתיב במלחמת העי: ויפול על פניו לפני ארון ה'.

אבל בלא זה אומרים תחינה בלא כיסוי פנים - הוא נפילת אפים שלנו, **וכן נוהגים.**

ואם אין שם ס"ת רק שאר ספרים, דעת הא"ר והדה"ח, דלא יפול על פניו, רק יאמר המזמור בלא נפילת אפים, **ויש** חולקין בזה, **ובמקום** שיש ס"ת, לכו"ע אפילו יחיד בביתו נופל על אפיו.

וחצר בהכ"נ הפתוח לבהכ"נ, ‹אומר תחינה בנפילת אפים› - היינו דבעת שהתפלל בחצר [וה"ה בעזרה], הוי פתח בהכ"נ פתוח, ונוכל לראות מאותו צד מקום הארון, הוי כמתפלל לפני הארון, **משא"כ** אם מתפלל בחצר בצדדים אחרים, כגון שפתח ביהכ"נ במערב, והעזרה נמשכת גם לצד דרום, והוא מתפלל שם, ואין שם ס"ת, א"צ נפילת אפים, **וה"ה** אם היה פתח ביהכ"נ נעול, אפי' הוא מתפלל בחצר נגדו, א"צ נפילת אפים, [**ונ"ל** פשוט, דאם יש בעזרת ביהכ"נ בצדו חדר בפני עצמו, אפי' הוא פתוח להעזרה בשעה שפתח ביהכ"נ פתוח להעזרה, ג"כ אין נופלין שם אפים, כיון דהוא חדר בפני עצמו].

כתבו האחרונים, דאם הוא מתפלל בעזרת נשים, ג"כ צריך נפילת אפים, כיון שיוכל לראות מהחלונות מקום הארון.

או בשעה שהצבור מתפללין, אז אפי' יחיד בביתו אומר תחינה בנפילת אפים - והוא שהציבור ג"כ אומרים תחנון בשעה זו.

משמע דאפילו הוא רחוק מביהכ"נ ג"כ נופל על אפיו, **והנה** לפי המבואר בסימן נ"ה ס"כ, איירי הכא דאין שם טינוף מפסיק בין ביתו לביהכ"נ.

סעיף ג - אין נפילת אפים בלילה - והטעם ע"פ קבלה עיין בב"י, ולכן אם נמשכה תפלת המנחה עד הלילה אין נופלין על פניהם, **ובין** השמשות של לילה נוהגין ליפול, **ובימים** שאומרים "אבינו מלכנו" במנחה, יוכל לדלג "אבינו מלכנו" כדי ליפול מבעוד יום.

ולומר המזמור של נפילת אפים, אין חשש אפילו בלילה.

ובלילי אשמורת נוהגים ליפול על פניהם, שהוא קרוב ליום - ובא"ר הביא להקל מחצות ולהלן, וכן משמע במ"א.

ויש נוהגין להאריך בסליחות עד נכון היום, ואז יפלו על פניהם, **אך** בער"ה לא יתכן מנהג זה, שהרי אין נופלין על פניהם בער"ה.

סעיף ד - נהגו שלא ליפול על פניהם לא בבית האבל - היינו כל שבעה, והטעם, דאז מדת הדין מתוחה עליו, וע"כ יש ליזהר מלהגביר מדת הדין, וכמו הטעם דאין נפילת אפים בלילה, **ואפילו** אחר שיצא מביתו א"צ לומר, דתחנון מקומו מיד אחר תפלת י"ח, וכנ"ל בריש הסימן, [**ואף** דבדה"ח חולק, בנפילת אפים שומעין להקל], **אבל** "והוא רחום" יאמר אח"כ בביתו, **ויש** מקילין בזה.

והנה כ"ז דוקא בבית האבל א"א תחנון שלא להגביר מדת הדין, אבל כשהאבל מתפלל בביהכ"נ או בבית אחר, אין הצבור נגררין אחריו ואומרים תחנון, **ומ"מ** האבל עצמו לא יאמר.

ועיין בא"ר שמסתפק, דאפילו כשמתפלל במקום המת, כשאין האבל בביתו, שלא לומר תחנון.

אין אומרים הלל בבית האבל, **ובר"ח** כשמתפלל בבית האבל, אפילו כשהולך אח"כ לביתו א"צ לאמרו, **ובחנוכה** שגומרים את ההלל, צריך לאמרו אח"כ בביתו.

אבל בשבת שחל בו ר"ח, או אם קבר את מתו ברגל, אפילו אם מתפללין בבית האבל אומרים הלל, כיון שאין בו אבלות.

ולא בבית החתן - היינו משעה שנכנס לחופה, אבל מקודם אומרים, **ויש** מקילין אף בשחרית.

(ביאור הלכה) [שער הציון] ‹הוספה›

וכתבו האחרונים, דאפי' יצא אח"כ לביתו, ג"כ א"צ לומר תחנונים, דכיון שהיה בבית החתן או בביהכ"נ בשעת התפלה, חלה עליו השמחה, **וכן** במילה דינא הכי.

ולא בבהכ"נ ביום מילה - ר"ל בביהכ"נ שימולו אח"כ בה את התינוק, אף שאין מתפללין שם הבעלי ברית, **וכתבו** האחרונים, דאם הבעלי ברית מתפללין שם, אף שהמילה בבית אחר אין נופלין על פניהם, **ונקראין** בעלי ברית, אבי הבן והסנדק והמוהל, ולא המוציא והמביא התינוק.

ולא כשיש שם חתן - ומשום דמצוה לשמוח עמו, השמחה נמשכת לכל הנלוים אליו.

הגה: ודוקא שהמילה או החתן באותו בהכ"נ - והמתפללין בעזרה, כיון שנגררין אחרי ביהכ"נ כשאין שם ארון ותיבה, א"כ כשם שבביהכ"נ אין אומרים, גם הם אין אומרים, **אבל אם אין המילה בבהכ"נ, אע"פ שהיא בבהכ"נ האחרת, אומרים תחנון.**

וביום המילה שאין אומרים תחנון, דוקא שחרית שמלין אז התינוק, אבל במנחה אע"פ שמתפללין אצל התינוק הנימול, אומרים תחנון - ודעת רש"ל וב"ח וט"ז, דאין אומרים כשמתפללים אצל התינוק, **ובא"ר** הכריע, דאם מתפללין מנחה בבית התינוק קודם הסעודה, או באמצע סעודה, א"א תחנון, **אבל** לאחר בהמ"ז אומרים תחנון, וכ"כ בדה"ח.

וכתב הח"א דכל זה כשמתפללין אצל התינוק, אבל כשמתפללין בבית אחר, אע"פ שהבעל ברית שם, אומרים תחנון, אפי' קודם הסעודה.

וכתב עוד, דבעל ברית וסנדק ומוהל א"א לעולם במנחה, אפילו לאחר בהמ"ז, דיו"ט שלהם הוא.

מה שאין כן בחתן, שאין אומרים תחנון כל היום כשמתפללין אצל החתן, ולא מקרי חתן אלא ביום שנכנס לחופה - ובזמנינו נוהגין שאין נופלין כל ז' ימי המשתה, **ואפילו** אם יום ז' הוא יום ח' של החופה, אם מתפללין קודם שהיה החופה, כגון אם היה החופה מעט קודם לערב ביום א', אין אומרים תחנון עד יום א' הבא מעט קודם לערב. **וכן** הדין ב"והוא רחום".

ולכן טוב ליזהר שלא יכנס החתן לביהכ"נ כל ז' ימי המשתה, שנמנעין לומר תחנון בעבורו.

ודוקא אם היה החתן בחור או הכלה בתולה, אבל אלמן שנשא אלמנה אין זה נוהג רק ג' ימים.

סעיף ה - אם חלה מילה בתענית צבור - וה"ה חתן, **מתפללים סליחות ואומרים וידוי** - שמניחין מקצת וא"צ להניח לגמריה, **ואין נופלים על פניהם ואין אומרים "והוא רחום", בשחרית, אפי' במקום שנהגו לאומרו בלא זה** - ר"ל דנהגו באיזה מקומות לומר "והוא רחום" בכל תענית צבור, אף שאינו בב' וה', אפ"ה אם חל מילה בו אין אומרים "והוא רחום".

סעיף ו - נהגו שלא ליפול על פניהם בט"ו באב - דבגמרא איתא שהיה יו"ט גדול בזמן המקדש, **ולא בט"ו בשבט** - שהוא ר"ה לאילנות, ונוהגין האשכנזים להרבות אז במיני פירות של אילנות, **ולא בר"ח, ולא במנחה שלפניו** - משמע מזה, דבט"ו באב וט"ו בשבט נופלין במנחה שלפניו, **ואין** נוהגין כן.

ולא בחנוכה, וי"א גם במנחה שלפניו, (וכן נוהגין). בפורים אין נופלים על פניהם - היינו בשני ימים, וכן בפורים קטן בשנה מעוברת, **ובכל** אלו אין אומרים גם במנחה שלפניו.

(בל"ג בעומר אין נופלין - גם במנחה שלפניו, **בעיו"כ אין נופלין, וכן בערב ר"ה, אפי' שחרית)** - בער"ה ובעיו"כ אומרים במנחה שלפניהם.

ובשאר עיו"ט א"צ לבאר, שהוא מבואר בסעיף הסמוך.

סעיף ז - ומנהג פשוט שלא ליפול על פניהם בכל חדש ניסן, ולא בט' באב, ולא בין יו"כ לסוכות - ובכל אלו אין אומרים תחנון גם במנחה שלפניהם.

(ולא מתחלת ר"ח סיון עד אחר שבועות) - ויש מקומות נוהגין שלא ליפול כל הששה ימים שאחר

שבועות, מפני שהקרבנות של חג השבועות היה להם תשלומין כל ז'.

והנה כל אלו הסעיפים הוא לענין תחנון, אבל "למנצח" אומרים בכולם, מלבד בר"ח וחנוכה ופורים וערב פסח וערב יוה"כ וט"ב, **וה"ה** שאין אומרים בשנה מעוברת ביום י"ד וט"ו באדר ראשון, **גם** אין אומרים אותו בבית האבל, אחרונים.

עוד כתבו, ד"אל ארך אפים" ו"למנצח" דינם שוה.

סעיף ח - אין אדם חשוב רשאי ליפול על פניו כשמתפלל על הצבור - פי' ובפני הצבור, דכסיפא ליה מילתא, שמהרהרין שאין הגון ואין ראוי ליענות, **אא"כ הוא בטוח שיענה כיהושע בן נון** - שאמר לו הקב"ה: קום לך למה אתה נופל על פניך.

אבל בביתו אפילו מתפלל על הציבור מותר, **ואפילו** בפני הציבור, דוקא כשהוא לבדו נופל על פניו, ואין הקהל נופלין עמו, דאם כל הקהל נופלין, אזי אם אין ח"ו נענים, אין גנאי כ"כ להאדם חשוב, דלא עדיף הוא מכלל הציבור.

והיינו כשהוא דרך קידה, ואפילו בלא פישוט ידים ורגלים, ואפילו לא היה שם רצפת אבנים, דבשאר כל אדם שרי, באדם חשוב אסור, **ואם** הוא מטה קצת על צדו, אפי' על רצפת אבנים שרי, דאין זה נפילה על פניו, **וכ"ש** נפילת אפים שלנו, שהוא רק הטיית הראש וכיסוי פנים בעלמא, בודאי שרי.

‹**הקדמה להרמ"א**› - אקדים הקדמה קצרה כדי שיתברר היטב, והוא, דהנה כתיב בתורה: ואבן משכית לא תתנו בארצכם להשתחות עליה, דהיינו אפי' כשמשתחוה לשמים על אבן משכית, או על רצפת אבנים דחדא מילתא היא, **וכתבו** הפוסקים, דאין אסור מן התורה כי אם כשיש תרתי לגריעותא, דהיינו כשמשתחוה בפישוט ידים ורגלים, וגם על רצפת אבנים דוקא, **אבל** דרך קידה, דהיינו שנופל על אפיו על הרצפה בלא פישוט ידים ורגלים, או אם הוא בפישוט ידים ורגלים שלא על רצפת אבנים, אסור רק מדברי סופרים, דגזרו קידה אטו השתחויה, ושלא על הרצפה אטו רצפה, **אבל** אם היה תרתי למעליותא, דהיינו דרך קידה בלא רצפת אבנים, לא גזרו רבנן, **וכן** אם היה נופל דרך קידה על רצפת אבנים, אך שלא היה קידה גמורה, דהיינו שנטה קצת על צדו, **או** אם היה בפישוט ידים ורגלים ושלא על הרצפה, ונטה קצת על צדו, דלא הוי פישוט ממש, ג"כ מותר.

הגה: וכן אסור לכל אדם ליפול על פניו בפשוט ידים ורגלים, אפי' אין שם אבן משכית - ר"ל כמו באדם חשוב הנ"ל אסור אפי' בלא אבן משכית או רצפת אבנים, כן הכא, **אלא** דשם אסור אפי' דרך קידה, והכא אין אסור רק דוקא דרך פישוט ידים ורגלים.

ואם יש שם רצפת אבנים, אפי' דרך קידה אסור, **ודוקא** כשפניו דבוקים בקרקע, אבל אם שוחה בתפלה, אפי' יש שם רצפה שרי, **ודוקא** נגד רצפת אבנים, אבל רצפת לבנים אין אסורה, ד"אבן" כתיב, ולבנה לאו אבן הוא, כדכתיב: ותהי להם הלבנה לאבן.

אבל אם נוטה קצת על צדו, מותר אם אין שם אבן משכית - אבל כשיש אבן משכית, לא מהני הטיה על צדו, כיון שהוא בפישוט ידים ורגלים.

וכן יעשו ביו"כ, כשנופלין על פניהם - ר"ל כשהם נופלים דרך פישוט ידים ורגלים שלא על הרצפה, צריכים להטות על צדיהם, [**דבלא** פישוט דהוי תרתי למעליותא, אין צריך הטיה], **וכן** כשיש רצפה, אפי' נופלים דרך קידה בעלמא, צריכין להטות על צדיהם.

אם יציעו - צ"ל: "**או יציעו**" **שם עשבים, כדי להפסיק בין הקרקע, וכן נוהגין** - ור"ל דאז אפי' בלא הטיה על צדיהם שרי בשני האופנים אלו שציירנו. ‹**וההפסק** צריך להיות בעיקרה בין הפנים לבין הקרקע, כמבואר ברמב"ם - פסקי תשובות›.

[**לכן** יש לזהר בר"ה וביוה"כ להפסיק עב"פ בטלית או בדבר אחר, או יזהר שלא יפול בפישוט ידים ורגלים, אלא דרך קידה בעלמא, או יטה על צדו קצת].

[**ואם** היה בפישוט ידים ורגלים על הרצפה, צ"ע אי מהני עשבים בלי הטיה על הצד].

‹**ונוהגים** לשטוח עשבים בכל בתי כנסיות ובתי מדרשות, אף שאין שם רצפת אבנים, רק של לבנים או נסרים, ואף שכורעים בלא פישוט ידים ורגלים, מ"מ מחמירים גם בשאר רצפות אטו רצפת אבנים - מטה אפרים›.

הלכות תפילה
סימן קלב – דיני קדושת ובא לציון

§ סימן קלב – דיני קדושת ובא לציון §

סעיף א - מתרגמינן קדושת "ובא לציון" - כדי שיבינו הכל. **וצריך ליזהר בו מאד לאומרו בכוונה** - דאמרינן בגמרא: מיום שחרב המקדש, עלמא קאי אקדושא דסידרא.

כשמכריזין דבר, יש להכריז קודם שמתחיל הש"ץ לומר "אשרי", ולא בין "אשרי" ל"למנצח", וכש"כ בשעה שאומרים הקהל "אשרי" או סדר קדושה, שתתבטל על ידי זה כונתן.

הגה: ולענין אם היחיד אומרה, דינה כדין קדושה שב"יוצר", ועיין לעיל סי' נ"ט - דשם מסיק הרמ"א, דנתפשט המנהג לומר אף ביחיד, ומ"מ לכתחלה טוב יותר לומר בציבור, **וע"כ** אם הציבור התחילו לומר "ואתה קדוש", והוא לא אמר עדיין "אשרי" "ובא לציון", יש לו לאמרו עמהם, ואח"כ יאמר "אשרי" ו"למנצח", וגם השני פסוקים שקודם "ואתה קדוש", דהיינו "ובא לציון", "ואני זאת בריתי" וגו'.

[**ומ"א** כתב עוד, דיאמרנו אפי' קודם התפלה, כשבא לביהכ"נ ומצא שהציבור אומרים קדושה דסדרא, **וכמדומה** שהעולם לא נהגו כן]. **אין** מנהגינו כך, כיון דאנו תופסים להלכה שיחיד אומרה כמו בקדושה דיוצר – ערוה"ש.

ובקדושה שבתרגום, יחיד אומרה ולא שניה, ואין לאומרה בקול רם - ר"ל דפסוקי הקדושה שבלשון הקודש נאמרים דוקא ברבים, ופסוקי הקדושה שבתרגום נאמרים דוקא ביחיד, לפי שכל שהוא בלשון תרגום אין לומר אותם ברבים, **וע"כ** כשאומרים קדושה דסדרא בציבור, אומר כל יחיד בפני עצמו בלחש התרגום של הקדושה, דאז לא מיקרי בציבור, וזהו מה שסיים הרמ"א שלא לאמרם בקול רם, **ואם** מתפלל שלא בציבור, יכול לומר גם התרגום בקול רם.

סעיף ב - אסור לאדם לצאת מבהכ"נ קודם קדושה דסידרא - הוא קדושת "ובא לציון", דכיון דהעולם מתקיים ע"ז, צריך ליזהר מלזלזל בזה, **ולפי** מה שביארנו לעיל, דנכון להדר לאמרם בציבור, ממילא צריך ליזהר שלא לצאת מקודם אפי' אם ירצה לאמרם בפני עצמו, **אם** לא בשעת הדחק.

הגה: ואומרים אחר סיום התפלה "עלינו לשבח", מעומד; ויזהר לאומרו בכוונה - ויש לומר "עלינו" באימה וביראה, כי כל צבא השמים שומעים, והקב"ה עומד עם פמליא של מעלה, וכולם עונים ואומרים: אשרי העם שככה לו אשרי העם וכו'.

מ"א כתב בשם האר"י, שיאמרוהו אחר כל הג' תפלות, וכן נוהגין במדינתנו, **מלבד** בבתי כנסיות גדולות שמתפללין תפלת מעריב סמוך למנחה, אין אומרים "עלינו" אחר גמר תפלת מנחה, ד"עלינו" שיאמרו אחר תפלת מעריב קאי גם אמנחה.

ויש כמה נוסחאות ב"עלינו", והובא בא"ר, ואין לשנות שום נוסחא, כי כל נוסחא יש לה יסוד.

וכשמגיע אל "אל לא יושיע", יפסיק מעט קודם שיאמר "ואנחנו כורעים" וכו' - וצריך לכרוע שלא יהיה נראה ככופר ח"ו.

ואומרים קדיש יתום אחר "עלינו", ואפי' אין יתום בבית הכנסת, יאמר אותו מי שאין לו אב ואם - שהרי לעולם צריכין לומר קדיש אחר שאמרו פסוקים, וב"עלינו" יש ג"כ פסוקים וצריכים קדיש אחריו, **אלא** שנהגו בקדיש זה להניחו ליתום שמת אביו ואמו, מפני שיש יתומים קטנים, או אפילו גדולים שאינם יכולים להיות שלוחי ציבור ולומר קדיש וברכו אחר אביו ואמו, שאם היו יכולים להתפלל לפני העמוד, זהו טוב יותר מאמירת קדיש, **וכבר** ידוע ממעשה דר' עקיבא, תועלת הגדול שיש למת כשיש לו בן האומר קדיש וברכו, וביותר בתוך שנה ראשונה, **לכך** תקנו והניחו קדיש זה, שאין צריך שום דבר יותר ליתומים, הן קטנים הן גדולים.

ואפילו מי שיש לו אב ואם יכול לאומרו, אם אין אביו ואמו מקפידין - ר"ל דוקא כשהוא משער שלא יקפידו ע"ז, **ומסתברא** דכ"ז הוא לענין קדיש יתום, מפני שקדיש זה מיוחד ליתומים, אבל להתפלל לפני העמוד או לפרוס על שמע, אין לו לחוש כלל שמא יקפידו ע"ז.

ויש לומר "פטום הקטורת" ערב - היינו אחר תפלת מנחה או קודם לה, דהקטורת לא היו מקטירין בלילה, **ובוקר אחר התפלה** - מפני שהקטורת היו מקטירין פעמים בכל יום כמ"ש בתורה.

וצ"ע למה אנו אומרין אותה בשבת ויו"ט אחר מוסף, והלא הקטורת קודמת למוספין לכו"ע, והיא שייכא לקרבן תמיד, **ואפשר** דכונתנו ליפטר מתוך ד"ת, **ובכתבים** איתא, שהטעם להבריח הקליפות, **ובשל"ה** כתב לאמרו קודם תפלה ואחריה.

ואומרים תהלה "אין כאלהינו" וכו', ואומרים השיר שהלוים היו אומרים במקדש שחרית לבד - אף דבמקדש היו אומרים שירה על נסכי היין גם על תמיד של בין הערבים, **אכן** מפני שכמה פעמים היו הכהנים טרודין, והיו מביאין הנסכים של בין הערבים בלילה, ובלילה אין אומרים שירה, לפיכך נוהגין לומר השיר בשחרית לבד.

עיין במ"א שמסיק, דכונת הרמ"א, לומר בכל יום השיר השייך לאותו יום, דהיינו שביום א' היו הלוים משוררים "לדוד מזמור לה' הארץ ומלואה" וגו', עד סוף המזמור, וכן בכל יום המזמור השייך לו, **אבל** אין כונתו שיאמרו משנת "השיר שהיו הלוים אומרים" וכו', **אכן** נוהגין העולם לומר משנה זו אחר "פטום הקטורת" כמו שנדפס בסידורים.

ואיזה מזמור נוהגין לומר ביו"ט לשיר של יום, יבואר אי"ה לקמן בהלכות יו"ט. (ע"ש דאינו שם).

ויש שכתבו ליזהר לומר "פיטום הקטורת" מתוך הכתב, ולא בעל פה, משום שהאמירה במקום הקטרה, וחיישינן שמא ידלג אחד מסממניה, ואמרינן שהוא חייב מיתה אם חסר א' מסממניה; ולכן נהגו שלא לאומרו בחול, שממהרין למלאכתן וחיישינן שמא ידלג - ובב"י מפקפק בזה, דהלא אין מיתה אלא בהקטרה לא באמירה, ועוד דאין מיתה אלא במזיד, **לכן** המדקדקין נוהגין לאמרו בכל יום, **ויש** שכתבו, דאותן שאין אומרין רק בשבת, אין מרגלא בפומייהו כ"כ, יאמרו מתוך הסידור.

וכשיוצא מבהכ"נ אומר: ה' נחני וגו', ומשתחוה ויוצא - דבמקדש נמי כשגמרו העבודה היו משתחוין ויוצאין.

§ קונטרס מאמר קדישין §

(**חמשה חילוקים הם באמירת קדיש ואלו הם: בן שבעה; ובן שלשים; ובן י"ב חודש; ויום הפסקה, דהיינו שפוסק בו מלומר קדיש; ויאצ"ט, ויש לכל אחד מדרגה בפני עצמו, וטעם חלוקות אלו ומדרגתם נראה, שיסדו חז"ל לפי מדת הדין המתוח, והקדיש הוא להגין, ולכך שבעה ימים הראשונים צריך יותר רחמים וזכות, ושלשים צריך יותר רחמים מי"ב חודש, ויא"צ הוא משני טעמים, או דבאותו יום איתרע מזלו של אבל, או כדי שיהיה נחת רוח לאביו ולאמו, להגין עליהם ולכפר לנפשם, ויום הפסקה נהגו האבלים לתת לו כל הקדישים, משום דכיון דנהגו להפסיק חדש קודם, ובשביל שמוותר להם חדש ימים נתנו לו קדימה זו, ומהאי טעמא אינו קודם לדחות ליא"צ ולבן שלשים, כי אינם משתכרים כלום על ידו, דבלא"ה יש להם דין קדימה עליו**).

(**אין מונין השבעה והשלשים כי אם מיום קבורתו, אף שעבר זמן רב בין מיתה לקבורה, ואין מונין מיום המיתה ולא מיום שנודע לו, משום דעיקרי דינים של גיהנם מתחיל מסתימת הגולל**).

(**ויא"צ מונין מיום המיתה, ואין חלוק בין שהיה אצל מיתה, או שהיה רק אצל הקבורה, ואפילו בשנה ראשונה**).

(**ויום הפסקה נראה דמונין מיום הקבורה, ואף אם יש ימים רבים בין מיתה לקבורה, אין מונין אלא מיום הקבורה**). (הגירסא של השונה הלכות).

(**ואין אומרים מקצת היום ככולו לענין שבעה ושלשים, דאפילו בתפלת המנחה יש לו עדיין זכות של שבעה ושלשים**).

(**פוסקין לומר קדיש חדש קודם היא"צ, ויום אחד קודם יום היא"צ בחדש שאחריו, דהיינו אם היא"צ שלו**

הלכות תפילה
קונטרס מאמר קדישין

חל בז׳ שבט, צריך לומר קדיש רק עד ששה ימים בטבת, ועד בכלל, **ואם** השנה מעוברת, מפסיקין שני חדשים קודם, דחדשים גרמו לפטור הדין מעליו, ומפסיקין ג״כ יום אחד קודם כנ״ל).

(**בן שבעה גדול** שהולך בשבת בביהכ״נ, אפילו אם עשה מנין בביתו בחול, מ״מ יש לו כל הקדישים, ומדחה לבן שלשים ויא״צ, וכש״כ לבן י״ב חדש, מכל הקדישים, והיינו קדישים של תפלה, אבל שיר של יום, או תהלים קדיש, יקח היא״צ קדיש אחד בלי גורל, **והשאר** קדישים של תהלים יפיל היא״צ גורל עם שאר האבלים).

(**בן שבעה קטן** שהולך כל שבעה לביהכ״נ, {וה״ה בגדול אם הוא יושב ימי אבלותו בביהכ״נ}, יש לו כל הקדישים תמידין, אפילו נגד בן ל׳, **רק** ליא״צ יש לו קדיש אחד, **ואם** יש הרבה יא״צ נגד כל הקדישים, נדחה הבן ז׳ קטן לגמרי).

(**אם** נתבטל ממנו אבילות של שבעה מחמת הרגל, מ״מ כל שבעה ימים מיום הקבורה יש לו דין שבעה לענין קדיש, וכן אין הרגל מבטל ממנו דין בן שלשים, **ומ״מ** אין לו רק דין בן ז׳ קטן, כיון שהולך כל שבעה לביהכ״נ).

(**וכן** אם מת אביו ברגל, יש לו דין בן ז׳ קטן לענין קדיש ברגל, **ואחר** הרגל אף שנוהג אבילות, מ״מ אין לו דין שבעה לענין קדיש, רק שמונין שבעה ימים מיום הקבורה, ואח״כ אין לו רק דין בן שלשים).

(**מי** שיש לו זכות יותר לענין קדיש, כגון בן שבעה ובן ל׳ ויא״צ, יש לו זכות לענין התפלה להתפלל ג״כ לפני העמוד).

(**לענין** קדיש בתוך ז׳, אורח ותושב שוין בכל הקדישים, ואורח בן זיי״ן מדחה לבן למ״ד ויאצ״ט תושבים).

(**בן** זיי״ן גדול ובן זיי״ן קטן שוים, **ואפ״ה** אם יש עוד יא״צ, ויש ג׳ קדישים, אז נדחה היא״צ לגמרי, ובן זיי״ן גדול אומר ב׳ קדישים, ובן זיי״ן קטן קדיש א׳, **דיכול** הגדול לומר להקטן אנא לא ממך קא שקילנא הקדיש, אלא מהיא״צ, שאני קודם לו לקדיש וכנ״ל).

(**בן** ל׳ יש לו כל הקדישים של חיוב נגד אבל י״ב חודש, **אבל** קדיש של תהלים, או שיר של יום, או של מזמור שיר חנוכת, הוא לאבלי י״ב חודש, **וכן** קדיש של פריסת שמע שעושין לפני הפתח).

(**ובן** שלשים עם יא״צ, יאמר היא״צ קדיש אחד ערבית, ובן ל׳ שחרית ומנחה ב׳ קדישים, **ואם** היא״צ לא בא לביהכ״נ ערבית, יאמר קדיש ראשון שחרית, **ואם** יש הרבה יא״צ, נדחה הבן ל׳ מכל וכל).

(**ובן** למ״ד דוחה ליום הפסקה שלא לומר רק קדיש אחד).

(**ואם** הוא בן למ״ד לאביו, ובן יב״ח לאמו, אין לו רק הקדישים של בן למ״ד, דזכרון אחד עולה לכאן ולכאן, **אבל** אם יש כמה יא״צ, באופן שנדחה בן למ״ד לגמרי, יש לו עכ״פ קדיש בקדישים של תהלים כשאר אבלי י״ב חודש).

(**יא״צ** דוחה לאבל יב״ח מכל התפלות והקדישים של חיוב מיום זה, **והקדישים** של תהלים ושיר של יום ושל מזמור שיר חנוכת, אין יכול לדחות להאבלים, **וקדיש** של מזמור שיר ליום השבת, אם חל היא״צ שלו ביום ו׳, בודאי אין לו חלק בהם, **ואם** חל היא״צ בשבת, משמע מא״ר דשייך להיא״צ, **אך** עתה נשתרבב המנהג שאין ליא״צ רק הקדיש של עלינו – פמ״ג, **ובכנסת** יחזקאל משמע, שיטילו גורל האבלים והיא״צ, **וכן** בקדיש שאומרים אחר חמש מגילות, או בקדיש דרבנן שאומרים אחר ״במה מדליקין״).

(**אם** יש שני אבלים שוים, כגון של שבעה או של שלשים או י״ב חודש או של יא״צ, יטילו גורל ביניהם, ומי שעלה הגורל עליו לומר ערבית, יש לשני קדיש אחד שחרית בלי גורל, ועל הקדיש הג׳ יטילו גורל, **וכן** אם יש הרבה ג״כ יטילו גורל, ומי שיאמר ערבית מחמת הגורל, לא יונח בגורל עד שיאמרו השאר אבלים כל אחד קדיש אחד, וכשיחזור חלילה יטילו כולם גורל יחדו מחדש).

(**וכל** זה מיירי באין יכולין להתפלל לפני העמוד, אבל אם יכולין שניהם להתפלל לפני העמוד, ושניהם מרוצים להקהל, יטילו ביניהם גורל באופן זה, שאחד יתפלל עד ״אשרי ובא לציון״, והשני יתפלל ״אשרי ובא לציון״, **ואם** האחד אינו יכול להתפלל והשני יכול להתפלל, מ״מ לא הפסיד זכותו בקדישים זה שהתפלל, כיון שהשני אינו יכול להתפלל, **וכן** אם אחד מרוצה להקהל והשני אינו מרוצה, הוי כמו שאינו יכול להתפלל).

(**ב׳** שיש להם יא״צ, ואחד רוצה להשכים לדרך למחר, ואמר לו תן לי עתה הקדיש של ערבית, וטול אתה

למחר, והב׳ אומר לא כי אלא נפיל גורל, הדין עם הב׳, דיכול לומר אני רוצה להקדים עצמי למצוה).

(**אם** יש כמה יא״צ והטילו גורל, והיה לשנים אותיות שוים גדולים במנין, הגורל בטל לגמרי, ויטילו גורל מחדש כל היא״צ, **אמנם** אם אחד היה לו אות גדול שעולה לו מנין הגורל, ואחריו שנים שוים, **אזי** הראשון זכה, והאחרים יטילו גורל כולם, אף זה שהיה לו אות פחות משנים אלו, ולא זכה רק הראשון).

(**מי** שהיה יא״צ ולא היה יכול לומר קדיש, כגון שהיה בדרך, או שלא הגיע לו קדיש, יכול לומר קדיש בתפלת ערבית של אחר יום היא״צ).

(**מי** ששכח יום מיתת אביו ואמו, יבחר לו יום א׳ בשנה שיאמר בו קדיש, ובלבד שלא ישיג זכות אחרים בקדישים, וה״ה אם ספק לו אם מת אביו ואמו, יכול לומר קדיש מספק אם אינו גוזל לאחרים).

(**מי** שהוא מתפלל בביהכ״נ או בביהמ״ד תמיד, אם בא לומר קדיש בביהכ״נ אחרת, האבלים שבשם יכולים לדחותו, ואפילו אם הוא בתוך ז׳, **דגרע** מאורח כי אין לו מקום להתפלל, וזה יש לו מקום להתפלל).

(**כשיש** בביהכ״נ אחים שאומרים קדיש אחר אביהם או אמם, ויש עוד אבל אחד שהוא יחיד לאביו, אז יחלקו כולם בגורל יחד, **ולא** חשבינן אותן האחים בני איש אחד כאיש אחד, כי כולם חייבים לומר קדיש בשביל כבוד אב ואם).

(**כתב** המ״א בשם תשובת רמ״א, דאם אין לו בן, ראוי ליתן לבן בנו קדיש, **אך** שאר האבלים יאמרו ב׳ קדישים והוא יאמר קדיש אחד, והולכים בזה אחר המנהג).

(**האבל** מתפלל לפני העמוד אפילו בימים שאין אומרים בהם תחנון, **אבל** בימים שאין אומרים בהם ״למנצח״ ו״אא״א״, אין להאבל להתפלל לפני העמוד, ומיהו בערב יוה״כ נוהגין שאבל מתפלל לפני העמוד).

(**כתב** המ״א, מוטב לבנו שישכור אחד לומר קדיש במקומו, משיאמר אחד בחנם, ועיין בתשו׳ חת״ס, דאין להשכיר זכיה במקום האבלים).

(**ועתה** נבאר קצת מדיני תושב ואורח: אם שניהם בני שלשים או בני י״ב חודש או שניהם יא״צ, דוחה התושב את האורח לגמרי מלהתפלל ולומר קדיש על העמוד, **אך** בפריסת שמע וקדיש שעל הפתח שניהם שוין, ויחלקו בגורל, ומ״מ פעם ראשונה יש רשות לאורח בן י״ב חודש להתפלל ולומר קדיש יתום במקום תושב בן י״ב חודש, וכן בכל ל׳ יום יש רשות לאורח להתפלל ולומר קדיש יתום פעם אחד).

(**יא״צ** תושב ובן ל׳ אורח, האורח יאמר קדיש ג׳, והתושב יאמר קדיש ראשון ושני).

(**יא״צ** אורח ובן ל׳ תושב, או בן י״ב חודש תושב, יש ליא״צ אורח רק קדיש אחד, דהיינו קדיש ראשון).

(**בן** ל׳ אורח ובן י״ב חודש תושב, שניהם שוין ויחלקו בכל התפלה בקדישים).

(**אם** יש בן ל׳ תושב, ויא״צ תושב, ויא״צ אורח, יש ליא״צ אורח ג״כ קדיש אחד, **ואינו** יכול היא״צ תושב לומר ליא״צ אורח: אני קודם נגדך, שיאמר לו היא״צ אורח: **לאו** ממך קא שקילנא אלא מבן שלשים, **ויאמר** היא״צ תושב קדיש ראשון, ויא״צ אורח קדיש ב׳, והבן ל׳ קדיש ג׳).

(**ועתה** נבאר מה יקרא אורח ותושב: **אם** אותו שמת יש לו בנים בעיר אחרת, ובאו לשם, אינם נקראים תושבים בשביל אביהם שדר בפה, וגם נקבר שם, רק אותם הדרים תוך הקהלה, וכל דרי הקהלה נקראים תושבים, הן אותם שנותנים מס, או משרתי הקהלה, ואפילו עניי העיר שיש להם דירת קבע, כולם חשבינן כתושבים).

(**אם** אדם קובע דירתו תוך הקהלה, אז משעה שהוא חייב לישא בעול עם דרי הקהלה, חשיב תושב).

(**אם** יש לבעה״ב מלמד, או בחורים הלומדים בישיבה, או שמש המושכר לזמן, והוא פנוי שאין לו אשה ובנים, אז גם הוא נקרא תושב, **אבל** אם יש לו אשה ובנים במקום אחר, אז דינו כאורח).

(**ואם** בעה״ב מגדל בביתו יתום אפילו בשכר, ואין לו אב ואם במקום אחר, אז נקרא תושב, **אבל** אם יש לו אב ואם במקום אחר, אינו נקרא תושב, אפילו אם מגדלו בתורת צדקה, מכש״כ אם הוא אצלו בשכר).

סימן קלג - דין ברכו בשבת

§ סימן קלג - דין ברכו בשבת §

סעיף א - בשבת ויו"ט אין אומרים "ברכו" אחר קדיש בתרא. הגה: אפי' במקום שנהגו לאומרו בימות החול, שמא לא היו יחידים בבהכ"נ כשאמרו "ברכו" - ר"ל דיש מקומות שנוהגין לומר קדיש ו"ברכו" אחר גמר התפלה שהתפללו כל הצבור, מפני שלפעמים יש איזה יחידים שבאו אחר "ברכו" ולא שמעו "ברכו", **מכל מקום בשבת ויו"ט אין לאומרו, דהכל באין לבהכ"נ קודם "ברכו"** - דאפילו אם אירע לאחד שנתאחר לבוא אחר "ברכו", מ"מ מסתמא כבר שמע "ברכו" מהעולים לתורה.

ועיין לעיל במ"ב ריש סימן ס"ט, שבארנו שם הכל לדינא.

§ סימן קלד - סדר והוא רחום והגבהת התורה §

סעיף א - (הגה: נוהגין להרבות בתחנונים בשני ובחמישי, ואומרים) "והוא רחום" - ותיקון אמירתה היה ע"י מעשה נס גדול, כמובא בכל בו ונדפס בסידורים, **וצריך** לאמרו בכונה ובמתון ולא במרוצה.

יש מקומות שנוהגין לומר קודם "והוא רחום", י"ג מדות של רחמים ווידוי.

ואומרים אותו בקול רם - כדי לעורר הכונה.

ואם לא אמרו מעומד, עובר על התקנה ונקרא פורץ גדר - י"א דלא מקרי פורץ גדר אלא אם לא אמרו כלל, אבל אם אמרו שלא בעמידה לא הוי בכלל פורץ גדר.

וכן "אל ארך אפים" שאומרים אחר חצי קדיש, צריך לומר גם כן מעומד, מפני שיש בו "חטאנו", ווידוי צריך לומר מעומד.

הגה: וכן נוהגין לאומרו מעומד, אבל אומרים אותו בלחש - כמו בתפלת י"ח שאומרים אותו בלחש, ונהרא נהרא ופשטיה בענין זה.

י"א דכשמסיים "והוא רחום" קודם הש"ץ, ימתין עם "רחום וחנון" על הש"ץ ונופל עמו, **וכתב** בשע"ת, דהאידנא אין רוב צבור ממתינין על הש"ץ, וכל אחד נופל על אפיו בשעה שגומר.

ומה שנוהגים להרבות בתחנונים בשני וחמישי, משום שהם ימי רלון - שמ' יום של קבלת לוחות האחרונות, שהיו ימי רצון, עלה משה רבינו ע"ה ביום ה' וירד ביום ב', **ולכן נוהגין גם כן להתענות בהם.**

סעיף ב - מראה פני כתיבת ס"ת לעם העומדים לימינו ולשמאלו, ומחזירו לפניו ולאחריו - כתבו האחרונים, כשמראה הס"ת לעם והוא עומד במזרח התיבה, יקיף ממזרח לדרום, כמ"ש בסימן קכ"ח לענין כהנים.

המגביה הס"ת מעל התיבה להראות לעם, גוללה עד ג' דפין ומגביה - מ"א, **ואפשר** דדוקא נקט ג', **ונ"ל** דתלוי לפי כח המגביה, שיהיה ביכלתו להגביה כשהיא נגללת הרבה.

שמצוה על כל אנשים ונשים לראות הכתב ולכרוע, ולומר: וזאת התורה וגו', תורת ה' תמימה וגו' - ואין לומר "וזאת התורה" רק נגד הכתב של הס"ת.

וטוב שיראה האותיות עד שיהיה יכול לקרותם, כי כתבו המקובלים, שעי"ז נמשך אור גדול על האדם.

ואפי' אם מתחלה היה עומד מבחוץ, מצוה ליכנס לביהכ"נ לראות כשמוציאין ומכניסין הס"ת, משום "ברב עם הדרת מלך".

המחבר כתב דין זה קודם הלכות קה"ת, שכן מנהג הספרדים להגביה קודם הקריאה, **ועיין** לקמיה בהג"ה, שמנהגנו לעשות ההגבה אחר הקריאה.

אומרים קדיש עד "לעילא" קודם הוצאת הס"ת, אבל ביום שיש בו מוסף, אומרים "תתקבל" קודם הוצאת הס"ת.

הגה: ונהגו לעשות כן אחר שקראו בתורה, אבל כשמוליאין אותו אומר הש"ל "גדלו", והקהל אומרים: רוממו כו', אב הרחמים הוא ירחם עם

הלכות תפילה
סימן קלד – סדר והוא רחום והגבהת התורה

עמוסים וכו' - וצריך להגביה התורה ג' פעמים ‹בשבת ויום טוב – ערוה"ש›, דהיינו בשעה שאומר "שמע" וגו', "אחד" וגו', "גדלו" וגו'.

ומנהג העולם לומר "בריך שמיה" בשעת הוצאת הס"ת בין בחול בין בשבת, **ואם** לא אמרו בשעת הוצאה, יוכל לאמרו עד שעה שפותחין לקרותו.

ויש אומרים לומר: על הכל יתגדל, וכן נוהגים ביו"ט ובשבת; ויש להחזיק התורה בימין - על שם הכתוב "וימינו תחבקני", ועוד דגם התורה נתנה בימין.

נוהגין בשבת בשחרית כשמחזירין הס"ת להיכל לומר המזמור: הבו לה' בני אלים וגו', ובמנחה בשבת וכן ביו"ט ובחול, לומר מזמור כ"ד.

וכשעולה הראשון לקרות אומרים: ברוך שנתן תורה כו' - ואח"כ אומרים: האל תמים וכו', שיש בו מ' אותיות, נגד מ' יום שהיה משה בהר.

§ סימן קלה – סדר קריאת התורה ביום ב' וה' §

סעיף א- כתב הרמב"ם: משה רבינו תיקן להם לישראל, שיהו קורין בתורה ברבים בשבת ובשני ובחמישי בשחרית, כדי שלא ישהו שלשה ימים בלא שמיעת תורה, **ועזרא** תיקן שיהו קורין גם במנחה בכל שבת, משום יושבי קרנות, [**הם** בעלי מלאכה שאין להם פנאי לשמוע קריאת התורה בשני וחמישי - רא"ש, **והערוך** פי', אינשי דלא עיילי לבי מדרשא, אלא רגילין שיושבין בקרנות העיר ועוסקין בדברי שיחה] **וגם** הוא תיקן שיהו קורין בשני ובחמישי שלשה בני אדם, ולא יקראו פחות מעשרה פסוקים, כי בזמן משה רבינו ע"ה לא היתה התקנה דוקא שיהו קורין ג', ושיקראו עשרה פסוקים דוקא, ואתא הוא ותיקן דבר זה, **ובירושלמי** איתא: משה תיקן להם לישראל שיהיו קורין בתורה בשבתות ויו"ט ובראש חודש ובחוש"מ.

בשני ובחמישי - בשחרית, ואף דבדיעבד כל היום זמנה, מ"מ לכתחלה מצוה להקדים, **ובשבת במנחה, קורין שלשה, אין פוחתים מהם, ואין מוסיפין עליהם** - ‹בשני ובחמישי› משום בטול מלאכה לעם, **ואין מפטירין בנביא** - גם מטעם זה. ‹ושבת במנחה דליכא ביטול מלאכה, מ"מ כיון דדרשו עד סמוך לחשיכה, לא רצו חכמים להטריח הציבור בהוספה – מחה"ש›.

הגה: ואם היו ב' חתנים בבהכ"נ והם ישראלים, מותר להוסיף לקרות ד' - כדי שיוכלו שניהם לעלות לתורה, **דלדידהו הוי כיו"ט שמותר להוסיף. ונראה דה"ה לשני בעלי ברית, דיו"ט שלהם הוא, כדלקמן סי' תקנ"ט** - ולדינא כתבו האחרונים דאין נוהגין כן, וכ"ש דלענין בעלי ברית בודאי אין לנהוג כן. **(ודין שבת ויו"ט ע"ל ריש סי' רפ"ב לענין הוספה).**

סעיף ב- מקום שמפסיקין בשבת בשחרית, שם קורין במנחה, ובשני ובחמישי, ובשבת הבאה - ואם טעו וקראו להשלשה קרואים בפרשה ראשונה של סדר שבוע העבר, או של שבוע הבא לאחר שבוע זה, אם הוא מעכב בדיעבד או לא, עיין בפתחי תשובה שהביא דעות האחרונים בזה.

הגה: אם בטלו שבת אחת קריאת הפרשה בצבור - מחמת קטטה וכדומה, **לשבת הבאה קורין אותה פרשה עם הפרשה השייכה לאותה שבת, (וע"ל סי' רפ"ב)** - והיינו שיקראו כסדר הכתובות בתורה, מתחלה של שבת העבר ואח"כ של שבת זו, **והטעם**, כי מימות משה רבינו ע"ה נתקן לקרות התורה בפרשיותיה ולהשלימה וכו', כדי להשלימה לעם מצות וחקים.

(**כתב המ"א, דה"ה אם התחילו ולא סיימו מחמת קטט, ועיין בשערי אפרים שמצדד עצמו, שלא להתחיל בשבת הבא ממקום שפסקו, אלא יתחיל עם הכהן מראש הסדר של שבת העבר, ולקרות עמו כל מה שקרא בשבת העבר, ולהוסיף עוד ג' פסוקים או יותר מה שלא קרא בשבת העבר, ושם יפסיק הכהן ויברך לאחריה, ושוב יקראו כדרכן, ואף אם לא ישאר בסדר הא' אחר שסיים הכהן קריאתו, שיעור שיהיה בו כדי לקרות לוי וישראל, ולחבר הסדרות ע"י רביעי, אלא יצטרך לחבר הסדרות ע"י הב' או הג', אין זה מעכב, עכ"ל**).

הלכות קריאת ספר תורה
סימן קלה – סדר קריאת התורה ביום ב' וה'

(ועיין בעט"ז דמסתפק, אם דוקא בשוגג, או אפילו במזיד נמי צריך להשלים, ובפמ"ג ובשלחן עצי שטים כתבו, דמסתימת הפוסקים משמע דאפילו במזיד נמי משלימין, **אכן** מביאור הגר"א דנסיב טעמא דהאי דינא מדין תפלה, דקיי"ל טעה ולא התפלל איזה תפלה משלים אותה בתפלה הסמוכה, משמע לכאורה דדוקא בשוגג כמו התם, שאין לה תשלומין במזיד).

ואם היו שתי פרשיות מחוברין באותו שבת שבטלו, דעת הר"מ מינץ דאין משלימין אותם כלל, דלא מצינו לעולם שקורין ג' סדרות בשבת אחת, ולקרות פרשה אחת מהן נמי לא אמרינן, דאין תקנה לחצאין, **וה"ה** אם בשבת זו היו שתי פרשיות מחוברות, נמי אין משלימין הפרשה משבת שעבר מטעם הנ"ל, **ובהגהת** מנהגים חולק על כל זה, וכן הסכים בא"ר, דלעולם צריך להשלים מה שביטלו משבת העבר, וכן נוטה דעת ספר מגן גבורים.

ואם בטלו כמה שבתות, י"א דאין לקרות בשבת הבאה כי אם הסדרה האחרונה הסמוכה לזו, [זו היא לדעת הר"מ מינץ] **וי"א** דצריך להשלים בצבור כל הסדרות שביטלו, **ומביאור** הגר"א משמע דס"ל כהדעה הראשונה, [מדמדמה לה להשלמת התפלה, ושם הלא קימ"ל דאין משלימין אלא תפלה הסמוכה לה].

י"א דאם בטלו פרשת "ויחי", אין לקרותו עם פ' "שמות", כי כשקורין ב' סדרות צריך לקרותו חד גברא מסוף סדרא ראשונה לתחלת סדרא שניה, כדי שיהיו מחוברין, וזה אין נכון לעשותו בשני ספרים, וה"ה ב"פקודי" "ויקרא" וכדומה, **ויש** חולקין וס"ל דלעולם משלימין, **וכתב** בשלחן עצי שטים, דהנוהג כן אין מוחין בידו.

כתב בספר שערי אפרים, אם בטלו הקריאה בביהכ"נ אחת, ורוב הצבור מביהכ"נ זה שמעו קרה"ת בביהכ"נ אחרת, א"צ להשלים, **אבל** אם רוב הצבור לא שמעו כלל, אע"פ שיש שם בתי כנסיות אחרות שקראו שמה כדין, מ"מ אותן שלא שמעו הקריאה והם רוב הצבור של ביהכ"נ זה, צריכין להשלים הקריאה.

וכל זה מיירי שלא קראו כל יום השבת, **אבל** אם בטלו רק בשחרית הקריאה, ובמנחה כבר מצאו מנוחה, אם יש פנאי לקרות כל הסדרה יקראו במנחה כל הסדרה, ויקראו שבעה גברי, כי כל יום השבת הוא זמן הקריאה, [**ויקראו** הסדר של שחרית קודם התחלת המנחה, ואח"כ יאמרו: "אשרי ובא לציון", ואח"כ יקראו קריאה של מנחה כנהוג], **אבל** אם גם במנחה לא היה מנוחה, לא יקראו בשני או בחמישי כל הסדרה משבת העבר, כי בחול יש בטול מלאכה לעם, **אלא** יקראו רק הפרשה מן הסדר של שבת הבא, ולא מן שבת העבר.

(וכ"ז דוקא אם בטלו קריאת שבת, אבל אם בטלו הקריאה בשני וחמישי, אין לו תשלומין ליום שאחריו).

סעיף ג - כהן קורא בתורה ראשון - דכתיב: וקדשתו, וקבלו חז"ל שר"ל לכל דבר שבקדושה, לפתוח ראשון, ולברך ראשון, וליטול מנה יפה ראשון, **ומ"מ** אם רצה הכהן לחלוק כבוד לרבו או למי שגדול ממנו הרשות בידו, **אבל** לענין לקרות בתורה בביהכ"נ תקנו חז"ל מפני דרכי שלום, שאין הכהן והלוי יכולין למחול, אלא דוקא כהן קורא ראשון ואחריו לוי ואחריו ישראל, כדי שלא יבוא הדבר לידי מחלוקת, שכל אחד יאמר: אני גדול ואקרא ראשון.

[**הנה** בגמ' נזכר "בבית הכנסת", ומשמע לכאורה דדוקא שם, משום דשכיחי רבים ואתי לאנצויי, אבל כשמתפלל בעשרה בביתו, דלא שכיחי רבים כלל, לא תקנו רבנן ויכול למחול, **אמנם** מדסתם בשו"ע ולא חלק בזה, משמע דכהיום המנהג בכל מקום בשוה, וצ"ע].

ואין חילוק בין שבת ויו"ט לשני וחמישי ושאר זמנים שקוראין בהן, [**ואפי'** לא היה שם רק מנין מצומצם ג"כ אין להקל, דלא פלוג רבנן].

אם אין כהן בביהכ"נ, הולכין אחר הגדול בחכמה ומנין, אע"פ שהאחר גדול בשנים.

ואחריו לוי, ואחריו ישראל - ואסמכינהו אקרא, דכתיב: ויתנה אל הכהנים בני לוי וגו', אטו אנן לא ידעינן דכהנים בני לוי נינהו, אלא לאשמועינן דמתחלה כהנים והדר בני לוי.

סעיף ד - המנהג הפשוט שאפי' כהן עם הארץ קודם לקרות לפני חכם גדול ישראל - ר"ל אף דהרבה ראשונים סוברין, דלא נעשה תקנה זו להקדים עם הארץ לפני החכם, **מ"מ** המנהג כהפוסקים שסוברין, דלענין קריאת התורה בביהכ"נ מפני דרכי שלום לא חילקו בזה, **ואין** כאן בזיון לכבוד התורה, דכיון שכן המנהג אין כאן בזוי.

הלכות קריאת ספר תורה
סימן קלה – סדר קריאת התורה ביום ב' וה'

(ועיין בח"א בשם היש"ש, דטוב ליזהר לכתחלה שלא לקרות לכהן ע"ה לפני ת"ח, אם יש כהן חבר בביהמ"ד שאפשר לקרות אותו).

והוא שהכהן יודע לקרות - מתוך הכתב, כדלקמן סימן קל"ט ס"ב, **(ומיהו אם יוכל לקרות עם הש"ץ מלה במלה** - (מתוך הכתב, כדמבואר שם), **סגי בכך, כדלקמן סי' קל"ט)** - והיינו דוקא בשאין שם כהן אחר זולתו שיוכל לקרות בעצמו, כמבואר שם.

שאם אינו יודע לקרות היאך יברך על התורה - וכהיום נוהגין לקרותו, אע"פ שאינו יודע לקרות עם הש"ץ מתוך הכתב כי אם בע"פ, **וגם** בזה לא נהגו לדקדק היטב, ותלינן דמסתמא יכול לקרוא עם הש"ץ עכ"פ בע"פ, **ועיין** לקמן בסי' קל"ט ס"ג מה שנכתוב שם.

סעיף ה - אם ס"ת פתוח והכהן קורא את "שמע", אינו רשאי להפסיק, וקוראים ישראל במקומו - ה"ה אפילו עדיין לא הוציאו הס"ת, ג"כ אין ממתינין מלהוציא הס"ת עד שיגמור הכהן תפלתו, משום טרחא דצבורא.

ואפילו לדעה הראשונה בסימן ס"ו ס"ד שמפסיק, היינו כשקראוהו ומפני כבוד התורה, אבל לכתחלה אין לקרותו, **ומשום** פגמא דכהן, שיאמרו עליו שאינו כהן, ליכא למיחש, שהרי הכל רואין שהוא עסוק בק"ש ותפלה, **והסכימו** האחרונים דלאו דוקא "שמע", דה"ה כשעוסק בברכות של ק"ש, **וע"ל** בסימן ס"ו שהכרענו, דיש להקל לקרותו לכתחלה כשהוא עומד בין הפרקים, ואין שם כהן אחר, וכ"ש כשהוא עוסק בפסוקי דזמרה.

הגה: וכן בתענית שאחר פסח וסוכות שקורין "ויחל", אם אין הכהן מתענה, קורין לישראל; וטוב שילך הכהן מבהכ"נ - היינו דמדינא אפי' לא יצא ג"כ יוכל לקרוא לישראל במקומו, כיון שהוא אינו יכול לעלות, **רק** דלכתחלה טוב יותר שילך מביהכ"נ, דשמא איכא פגמא, משום שאין הכל יודעין שהוא אינו מתענה, **ואם** יש כהן אחר בביהכ"נ שמתענה, א"צ לכו"ע לילך מביהכ"נ, רק להודיע לש"ץ שלא יקראוהו.

קהל שהיו נוהגים מקדם, שבשבת בראשית היה אחד מהקהל מתנדב מעות לצורך ביהכ"נ, כדי שיקרא ראשון בהתחלת התורה, והכהן אינו רוצה למחול, אין חוששין לדבריו, ויעשו הקהל כמנהגם, מאחר שמנהג קדום הוא שנתקן לכבוד התורה, ומהרי"ק מאריך בשבח המנהג הזה, **ועיין** בכנה"ג ופר"ח שהסכימו, שאפילו אינו רוצה לצאת מביהכ"נ, אעפ"כ אין חוששין לזה, וקורין לישראל המתנדב.

והיינו דוקא בנידון כזה, שהיה מנהג קדום ומוסכם לכל שנעשה גם ברשות הכהנים, שהיה מנהגם מעולם לצאת בעת שקוראין להישראל, משום עילוי וכבוד התורה, שמתנדבין דמים יקרים בעד קריאת פתיחתה, **משא"כ** בעיר שרצו לעשות מנהג קבוע למכור המצות שלא ברשות הכהנים, ועל הכהנים שיצאו בשעה שקורין בתורה, שאין הרשות בידם.

סעיף ו - אם נכנס הכהן לבהכ"נ אחר שהתחיל הישראל לברך ברכת התורה - היינו שאמר: ברוך אתה ה', **אינו פוסק** - כדי שלא תהיה ברכה לבטלה, ועוד דלא נחשב פגם להכהן, דיתלו שלא היו שם בשעה שקראו להישראל, או שמא שגגה היא שסברו שאינו שם, **ומסתברא** דעולה הישראל למנין ז', וא"צ לקרות הכהן אחריו, **ואפילו** אם היה הכהן בביהכ"נ בשעה שקראו הישראל, והם טעו וסברו שאינו שם וקראו לישראל, ג"כ עולה למנין ז', **ואחר** הישראל לא יעלה הכהן, דיש לחוש לפגמו, שיאמרו שאינו כהן מדקרא אחר ישראל.

אבל ברכו לא הוי התחלה - דאין זה לבטלה, דהרי ענו הקהל ביהל"ו, ואפ"ה חוזר הכהן ואומר: ברכו.

ועומד הישראל בתיבה עד שישלימו כהן ולוי - כדי שלא יתבייש, **ואז יקרא.**

אם אין כהן בבהכ"נ, קורא ישראל במקום כהן, ולא יעלה אחריו לוי - דכיון דישראל קראו לפניו, אם יעלה אחריו לוי, יאמרו שהראשון כהן היה, **ואף** שאמר "במקום כהן" כשקראוהו וכדלקמיה, אפ"ה חיישינן מפני הנכנסים אח"כ שלא שמעו כשקראוהו.

הגה: אבל ראשון יוכל לעלות - דלא גרע מישראל, **ודוקא** כשאין הישראל גדול מהלוי, דאל"ה יקראוהו ראשון, ושוב לא יקראו ללוי כלל.

הלכות קריאת ספר תורה
סימן קלה – סדר קריאת התורה ביום ב' וה'

ולענין לקרות ללוי שלישי או רביעי, במקום שקראו לישראל במקום כהן, י"א דמותר, [הגר"א], ‹דרק במקום לוי לא יעלה כיון שהוא מקומו – ט"ז, וכמ"ש בס"י, נהגו לקרות כו' – גר"א›, **ויש** אוסרין, [א"ר], ‹דהוא הורדת כבוד, שעד עתה היה קורא שני ועכשיו קורא שלישי, הילכך לא יקרא לוי כלל – א"ר בשם הב"ח›, **ולפי** המבואר לקמן בסוף ס"י במ"א בשם הלבוש, דבמדינות אלו אין נוהגין לקרות לכהן או ללוי רק לאחרון או למפטיר, אין נ"מ בזה.

וכשקורין אותו, אומרים: במקום כהן, שלא יטעו לומר שזהו כהן - היינו בין כשקוראין ישראל במקום כהן, או לוי.

סעיף ז - אם היו כהן ולוי בבהכ"נ, וקרא הכהן, וסבור שאין שם לוי והתחיל לברך ברכת התורה שנית - היינו ג"כ שאמר: ברוך אתה ה', **אין מפסיקין אותו** - והטעם כנ"ל, **אבל** ברכו לבד לא הוי התחלה, ועולה הלוי לברך ולקרות, **וכאן** א"צ הכהן להמתין לקרות אח"כ, דהלא כבר קרא מתחלה.

סעיף ח - אם אין לוי בבהכ"נ, כהן שקרא ראשון מברך שנית וקורא במקום לוי, אבל לא כהן אחר, כדי שלא יאמרו שהראשון פגום - והא דלא קאמר "שאחד מהם פגום", וכדלקמן בס"ט, משום דמיירי כאן אפילו היכא דמוחזק לן באביהם של שניהם שהם כהנים, **ומ"מ** בראשון איכא לתלות שנתודע אחר שקראוהו דאבוה נסיב גרושה, או שמא זנתה בסתר, ונתחלל אח"כ זרעו מדין קדושת כהונה, ולכך קראו שוב לכהן אחר, **אבל** בשני ליכא למיטעי בזה, דאי חלל הוא, אף במקום לוי לא היה לן לקרותו, [**והיכא** דאין מוחזק לן באביהם שהם כהנים, אה"נ דאיכא למיחש לפגם שניהם].

וה"ה שלא יקרא ישראל במקום לוי, כדי שלא יאמרו על הראשון שאינו כהן, או שהוא פגום, מדלא קרא אחריו לוי, **וגם** שיטעו על הישראל הזה שהוא לוי.

כתבו האחרונים דאף בתענית כשאין הלוי מתענה, יברך הכהן במקום לוי, ולא יקראו לישראל.

סעיף ט - וכן לא יעלו שני לוים זה אחר זה, כדי שלא יאמרו שאחד מהם פגום - אע"פ שיודעים שאביהם לוי, איכא למיחש שאביהם נסיב ממזרת או נתינה, ופסליה לזרעיה מקדושת לויה, ואף שהוא ממזר מ"מ קורא בתורה כשאר ישראל.

סעיף י - נהגו לקרות כהן אחר כהן, בהפסק ישראל ביניהם, ואומר החזן כשקורא לשני: אע"פ שהוא כהן - פי' שקרא מתחלה כל הסדר כתקנת חכמים, כהן לוי וישראל, אז מותר לחזור ולקרוא כהן, [לאפוקי שלא יקרא כהן אחר כהן ולוי, **ומ"מ** במקום שתקנו דחכם העיר יקרא הי"ג מדות, דלא ליתי לאנצויי שאר העם, אז אפי' הוא כהן יכול לקרות שלישי], **וה"ה** דאם אין שם לוי, וקרא הכהן פעמים, ואח"כ ישראל, נמי מותר לחזור ולקרוא כהן, **וכן** מותר לקרוא שם לוי בכל עליות שירצו, וכ"ש לאחרון או למפטיר, [וא"צ לעשות עוד סדר חדש, דהיינו כהן לוי וישראל].

והטעם, דליכא למיחש כאן לפגמו של ראשון בזה, דאי הוי פגום, מיד היו מרננין אחריו והיו מודיעין אותו לחזן, והיו קוראין אחר במקומו, ולא היו ממתינין עד אחר קריאת ישראל, **ולפגמו** של שני נמי ליכא למיחש, שיאמרו על הכהן או הלוי שהם חללים, דהא אומרים: אע"פ שהוא כהן, וכן בלוי שהוא לוי.

וכיוצא בזה נוהגים בלוי אחר לוי - ר"ל אע"ג דאמרינן בס"ט, דלוי אחר לוי לא יקרא, הכא כיון שהפסיק ישראל בינתים, וגם אומר: אע"פ שהוא לוי, ליכא שום חששא וכנ"ל.

הגה: ולכן מותר לעלות ג"כ למפטיר בכה"ג - ר"ל שיזכור ג"כ שהוא כהן או לוי, **ואם קורא מפטיר סתם, אין לחוש לפגמו, דהרי לא מזכיר שמו.**

וי"א דאין לקרות כהן או לוי למנין שבעה - וה"ה ביו"ט לחמישי. **וה"ה** אפילו אם ירצה לעשות סדר חדש, דהיינו כהן לוי וישראל, ג"כ אסור לשיטה זו, כיון שהוא בתוך ז' קרואים.

אבל לאחר שנשלם המנין יכולים לקרות כהן או לוי - כתבו הפוסקים, דבתענית לא יעלה כהן או לוי למפטיר, שהוא ממנין הקרואים, שהמפטיר הוא השלישי, **ואם** אין שם ישראל היודע להפטיר, מקרין אחרים אותו.

שסב הלכות קריאת ספר תורה
סימן קלה – סדר קריאת התורה ביום ב' וה'

ובדיעבד אם טעו וקראו לכהן או ללוי באמצע מנין הקרואים, אם אפשר להחליף במפטיר או באחרון, ימתין בתיבה ויקראו אחר במקומו, והוא יעלה לאחרון או למפטיר, **ואם** א"א, כיון שעלה לא ירד ויברך, וכמו שמסיים הרמ"א דבמקום צורך ודחק יש לסמוך אסברא ראשונה.

וכן נוהגין במדינות אלו - ובלבוש כתב, דכהיום אפילו לאחר שבעה קרואים אין אנו נוהגין לקרותן, אלא לאחרון שבהם וכן למפטיר, וכן העתיקו שארי אחרונים, **והטעם** איתא בלבוש, דלא חיישינן באחרון לפגם, כי אדרבה בדורות הללו מחשבין אחרון חשיב מכולם, לפי שהוא מסיים הפרשה, ולגדול שבצבור קורין לאחרון, **ואע"פ** שקוראין לאחריו המפטיר, הרי מפסיקין בינו ובין המפטיר בקדיש, **וגם** במפטיר אין מקפידין אם הוא כהן, דהוי כתחלת קריאה וכדלקמיה, **ואפילו** אם האחרון היה ג"כ כהן, אין חוששין משום כהן אחר כהן, כיון שהקדיש מפסיק ביניהן, עכ"ל הלבוש.

ומ"מ במקום צורך, כגון שיש ב' חתנים ושושבינים, ולכל אחד מהן יש כהנים ולוים, חולקין את הפרשה לשנים, מתחלה קורין ז' גברי לאחד, ואח"כ קורין לחתן השני ושושביניו.

כתבו האחרונים, דבשמחת תורה שמוציאין שלשה ס"ת, יכולין להיות שלשה כהנים, אחד חתן תורה, ואחד חתן בראשית, ואחד מפטיר, כיון שכל אחד קורא בספר אחר, **אבל** בר"ח טבת שחל בשבת, שיש ג"כ ג' ספרים, אז בספר הראשון שקורין בו פרשת השבוע אין לקרות לכהן לבסוף, אף אם הוסיפו וקראו בו יותר משבעה, לפי שעדיין אין משלימין הקריאה בספר הזה, והמשלים הוא בספר השני שקורין בו פרשת ר"ח, **רק** בספר השני שבו משלים האחרון ובספר שלאחריו שקורין בשל חנוכה למפטיר, רשאים לקרות לכהן להיות אחרון וגם כהן למפטיר, **וכן** בשבת של פ' שקלים, או של פרשת החודש שחל בר"ח, שיש ג"כ ג' ספרים, אין לקרות כהן להשלים הקריאה בספר הראשון, רק בשני ספרים האחרונים רשאים לקרות כהנים לאחרון ולמפטיר כמו שכתבתי.

ומיהו במקום צורך ודחק יש לסמוך אסברא ראשונה - כגון בשמחת תורה וכה"ג, יש לסמוך דמיד שקרא ג' קרואים הראשונים כהן לוי וישראל, מותר לקרות אח"כ כהן או לוי, וכמ"ש לעיל בדעת המחבר.

ודע דאפילו אם נסמוך אסברא ראשונה, מ"מ יש הרבה ראשונים ואחרונים שסוברין, שאין להקל לקרות כהן ולוי בעלמא, אלא א"כ יעשו סדר חדש, דהיינו כהן ולוי וישראל, דבזה אין לחוש לפגמא כלל, שיאמרו עליו שאינו כהן, שהרי קורין אחריו לוי, אבל בלא סדר אין לקרוא כהן או לוי משום פגמא, **וע"כ** מן הנכון ליזהר בזה לקרותם דוקא על הסדר, ואפילו כשקורין אותם לאחר ז' קרואים, **ולפי** סברא זו, אפילו לאחרון או למפטיר אין לקרוא כהן ולוי, אלא שבזה כבר נהגו העולם להקל, וכן סתמו האחרונים.

סעיף יא - יש מי שאומר שאם קרא החזן כהן או לוי ואינו שם, לא יקרא לאחר בשם, משום פגמו של ראשון - דיסברו שנודע בתוך כך שהוא פגום, **אלא אחר יעלה מעצמו, (וכן נהגו)** - וכתבו האחרונים, דמ"מ בנו מותר לקרות בשם, דאם איתא שהוא פגום אף בנו פגום, **אבל** אביו אסור, דיאמרו אביו נשא גרושה מכבר, שהאב כשר והבן חלל.

ואם אותו כהן מתפלל, מותר לקרות האחר בשם, דהכל רואין שבשביל שאינו יכול להפסיק בתפלה אינו עולה.

אבל בישראל אם קראוהו ואינו שם, יכול לקרות לאחר בשמו, דבישראל לא שייך פגמא, דאפילו ממזר מותר לעלות לתורה.

כתב בספר שערי אפרים, דאם קראו לכהן או ללוי לאחרון או למפטיר ואינו שם, וקורא לאחר, אע"פ שהאחר הוא ג"כ כהן או לוי, מותר לקרותו בשם, דלא שייך כאן לומר דנודע שהראשון פגום, דהא ישראל ג"כ מותר לעלות לאחרון או למפטיר.

(ש"ץ שהוא כהן יכול לקרוא כהן אחר לתורה) - ואין חוששין בזה לפגמו של עצמו, שהכל יודעים שכיון שהוא ש"ץ אין סברא לומר שידחה כל הכהנים מלעלות, ולא מפני שהוא פגום, **ואפילו** אם הסגן הוא כהן, שבידו לקרות לכל מי שירצה, או במקום שקונין מצות עליות לתורה, והקונה המצות הוא כהן או לוי, יכול לצוות לקרות לכהן או לוי אחר, ואין בזה משום פגם, שהכל יודעין שהדרך הוא לכבד אחרים.

סעיף יב - עיר שכולה כהנים, אם יש ישראל אחד ביניהם, אותו ישראל קורא

הלכות קריאת ספר תורה
סימן קלה – סדר קריאת התורה ביום ב' וה'

ראשון, מפני דרכי שלום - שלא יאמר כל אחד: למה אתה קורא ראשון יותר ממני.

והיינו דוקא כשאין שם ג"כ לוי כלל, שאין יכולין להתקיים כסדר שתקנו חז"ל, וע"כ טוב לשנות מפני השלום, **אבל** אם יש שם עוד לוי אחד, יקראו כסדר המשנה: כהן לוי ישראל, ואח"כ את השאר יקראו כהנים.

ואם יש שני לוים ושני ישראלים, קורא כהן לוי וישראל, ואח"כ עוד כהן ולוי וישראל, וכהן קורא שביעי, וכ"ש יתר עליות הנוספות.

וכ"ז כשיש ישראל אחד, אבל אם יש שני ישראלים, וכ"ש יותר, הוא בכלל מה שכתב השו"ע אח"כ, "שאין בהם ישראל כדי סיפוקם", **וע"כ** יקרא הכהן בתחלה, וגם יקרא הכהן במקום לוי, ואח"כ יקראו הישראלים, ויתר העליות ישלימו בכהנים.

וה"ה כשיש רק לוי אחד בעיר שכולה כהנים, אותו לוי קורא ראשון מהאי טעמא.

וכל שאין בהם ישראל כדי סיפוקם, או שאין שם ישראל כלל, קורא כהן אחר כהן, שאין שם משום פגם, שהכל יודעים שאין שם אלא כהנים; והוא הדין לעיר שכולה לוים.

ואם אין שם אלא כהנים ולוים, יקרא כהן אחר כהן בהפסק לוי בינתים, [**ואפי'** אין שם רק שני לוים, ג"כ יקרא הכהן מתחילה ואח"כ לוי, ואח"כ עוד הפעם כהן ואח"כ לוי, ויתר העליות ישלימו בכהנים].

כהן שהוא אבל, ואין כהן אחר בביהכ"נ, בשבת מותר לקראו לכהן, שלא יהיה נראה כאבלות בפרהסיא, **ובחול** לא יעלה, דאבל אסור בד"ת, **ומ"מ** בין בחול ובין בשבת יותר טוב שיצא מתחלה מביהכ"נ, ויקראו לישראל או ללוי במקום כהן.

סעיף יג - אם קטן קורא בתורה בצבור, בסי' רפ"ב. אם אין כהן אלא סומא או שאינו בקי, בסי' קל"ט.

סעיף יד - בני אדם החבושין בבית האסורין - וה"ה לחולה, **אין מביאים אצלם ס"ת אפי' בר"ה ויוה"כ** - כדי לקרות בה בעשרה, והטעם, שזלזול הוא לס"ת להוליכה אל אנשים שצריכין לה, כי כבודה שילכו אנשים אליה.

ועיין בבה"ל שכתבנו, דדוקא כשאין שם עשרה, אבל כשיש שם עשרה חבושים, מותר, (**ומטעם** דמן הדין י"ל דאין חל על יחיד מצות קה"ת בזמן שאין יכול לילך לביהמ"ד, אבל כשיש שם עשרה, כיון דחל עליהם חובת קריאה, והם אינם יכולים לצאת משם ולילך אחריה, צריך להביא להם ס"ת לקרות בה).

ויש חולקין בכל זה, כיון דאנוסים הם, (דמאי זילותא הוא לס"ת כשבני אדם מהדרין אחריה לקרות בה אם נביאה אליהם, כיון שהם אינם יכולים לילך אחריה), **ובפרשת** זכור שהוא דאורייתא בודאי יש להקל, ואפשר דה"ה גם בפרשת פרה.

ומה שהולכין מביהכ"נ מנין אנשים לאיזה בית, ונושאין ס"ת עמהם כדי לקרות שם, ודאי אינו נכון, דהא אפשר להם לשמוע הקריאה בביהכ"נ - א"ר, **ויש** שמצדדין עליהם זכות, משום שכל אחד רוצה בעצמו לעלות בתורה בימים האלה, **אבל** אין זה מספיק לזלזל בס"ת משום זה, לטלטלה מביהכ"נ, ובפרט בימים הנוראים שמנהג למכור מצות, על פי רוב גורמים בזה הפסד להכנסות של צדקה, **אכן** אם גם הם מוכרין המצות, ומתרבה עי"ז הכנסה של צדקה, מסתברא שאין להחמיר בזה, [שזה נקרא כבוד התורה], **ומ"מ** מה טוב אם יוכלו לקבוע שם מקום לס"ת על איזה זמן קצר וכדלקמיה.

הגה: והיינו דוקא בשעת הקריאה לבד, אבל אם מכינים לו ס"ת יום או יומים קודם, מותר - והאחרונים הסכימו, דה"ה אם הכין מקום לס"ת באותו יום, שיהא מונח שם יום או יומים, דשפיר דמי, **ובלבד** שיניחה שם במקום שהכין קודם זמן הקריאה, ובשעת הקריאה יוציאנה ויקרא בה ואח"כ יחזירנה לשם, דאז אין מינכר שהבאתה היתה לצורך קריאה בלבד, אלא שקבע דירתה בכאן לאותו זמן. **והמנהג** לדקדק שיקראו בה ג"פ, דזה מקרי כקביעות, ואין בזיון במה שטלטלוה מביהכ"נ, אבל בפחות מג"פ, יש בזיון אף אם הביאוה מקודם – ערוה"ש.

ואם הוא אדם חשוב - ור"ל גדול בתורה, [לאפוקי תקיף וממונה לשררה], (וצ"ע), **בכל ענין שרי** - היינו אפילו בלי הכנת מקום, דאדרבה התורה מתעלית ע"י אנשים גדולים ולאו זלזול אצלה, **ועיין** בספר שמן המאור, דבחשוב אפילו אינו אנוס שרי, **ויש** מחמירין בחשוב לחוד, וטוב שיכין מקום.

סימן קלו – מי הם הנקראים לס"ת בשבת

§ סימן קלו – מי הם הנקראים לס"ת בשבת §

סעיף א - בשבת ויו"ט ויום הכפורים - שקורין הרבה, **קורים אחר הלוי ת"ח הממונין על הציבור, ואחריהם ת"ח הראוים למנותם פרנסים על הציבור, (שמואלים אותו דבר הלכה בכל מקום ומומר), ואח"כ בני ת"ח שאבותיהם ממונים על הציבור** - שמחוייבין לכבדם בשביל כבוד אבותם, שיש בזה כבוד לאבות.

ואח"כ ראשי כנסיות וכל העם - ועכשיו נהגו שגדול הצבור הוא המסיים הסדרה.

כתב פמ"ג, מה שנוהגין באיזה קהלות קטנות, לקרוא לפי השנים ע"ה קודם לת"ח, לאו שפיר עבדי, ואיסורא הוא.

כתב מהרי"ל, מצוה לקרות ביו"ט אנשים המעמידים הקהלה, לפיכך הם קודמין לכל אם אין שם תלמיד חכם מופלג.

כתב בתשובת רמ"מ, במקום שנהגו שהפרנס הוא עולה, אינו רשאי למחול לאחר שיקרא במקומו, ופרטי דין זה מבואר לקמן סימן קנ"ג.

וכ"ז מיירי במקומות שאין מוכרין המצות, אלא שעומד הממונה וקורא לפי הכבוד, אבל במקומות שמוכרין המצות ונופל המעות לצדקה, כל הקונה אותם יש לו רשות לכבד למי שירצה, **ומלבד** שיקרא לכל אחד לפי כבודו, שלא יבוא לידי מחלוקת, לבוש, ‹הכוונה, דבאותם שדעתו לכבדם, יש לו לשמור סדר המעלות השנויות כאן, דאם יש ת"ח בכללם, יש לו לקרותו תחלה – מאמ"ר›, **גם** יקרא החיובים, שזה לא מכרו לו.

ועתה נסדר החיובים שהסגן מחוייב לצוות לקרותם קודם לאחרים, וכפי התקנות והנהגות שהנהיגו רבותינו הגדולים, וכפי המבואר בלבוש ומ"א וש"א.

א - (**חתן ביום חופתו** – היינו בחול כשיעשה החופה ביום זה, הוא קודם לכל החיובים, אפילו לנער שנעשה בר מצוה ביום זה, וכ"ש שקודם ליא"צ).

ב - (**חתן בשבת קודם החתונה שמזמרים אותו** – הוא ג"כ קודם לכל החיובים, ואפילו אם לא תהיה החתונה באותו שבוע, כגון שהולך לעשות חופתו בעיר אחרת רחוק מכאן, דוחה ג"כ לכל החיובים).

(**ודוקא** למי שמזמרין אותו, אבל אלמן שאין מזמרין אותו, אינו חיוב בשבת שלפני החתונה, אפילו אם היא בתולה, **ובשערי אפרים** כתב, שאם אין חיובים יש לקרותו קודם לאחרים).

(**ואם** היה החתן סבור שתהיה החתונה בשבוע זה, ואח"כ נדחה החתונה והיה בשבוע אחר, **אם** רוצה שיזמרו אותו שנית, הוא חיוב לקרותו אז, **ואם** לאו אינו חיוב).

ג - (**נער שנעשה בר מצוה באותה שבוע** – ‹י"א אף שנעשה בר מצוה באמצע שבוע העבר, **וי"א** דוקא אם נעשה בר מצוה בו ביום – פסקי תשובות, **וי"א** דאיירי שיהיה הבר מצוה באמצע שבוע הבא – ציץ אליעזר›. **אם** יש לו עירנית, דהיינו שהוא מתושבי העיר, הוא קודם לכל החיובים, כיון שהוא זמן חינוכו, מלבד חתן שמזמרין לו, שהוא שוה לו, ויטילו גורל, **ואם** אין הנער שנעשה ב"מ מתושבי העיר, אף שמחוייבין לקרותו, מ"מ אין דוחה שום חיוב של תושבי העיר).

(**וכשקוראין** נער בר מצוה, אביו מברך: ברוך שפטרני מעונשו של זה, כדלקמן בסימן רכ"ה).

ד - (**בעל אשה יולדת בשבת שהולכת לביהכ"נ** – כשאשתו בריאה והולכת לביהכ"נ, מחויב לקרותו, והיינו בין לבן ובין לבת, הוא קודם לכל החיובים, חוץ החתן בשבת שמזמרין אותו, ונער שנעשה בר מצוה, שהם קודמין וכנ"ל, **אבל** אם היא חולה ואינה יכולה לילך, אינו חיוב עד שתלך, **ואם** הוא מ"ם יום לזכר או שמונים לנקבה, הוא חיוב אף שאינה הולכת, דהוא זמן הבאת הקרבן, **והמפלת**, בעלה חיוב, אא"כ הפילה צורה שאין אנו בקיאין בה).

ה - (**חתן בשבת שאחר החתונה** – מי שהיה חתונתו מיום ד' ואילך, הוא חיוב בשבת שאחריו, ודוחה חיוב יא"צ, ואבי הבן לפני המילה, **ודוקא** שהוא בחור או שנשא בתולה, ואם לאו אינו חיוב, ומי שאשתו הולכת לביהכ"נ, הוא קודם לחתן זה, אפילו לבחור שנשא בתולה, **ובשער אפרים** כתב, דאפילו אם היה החתונה בשבוע זה קודם יום ד', אע"פ שאין דוחה חיוב אחר, מ"מ יש לקרותו קודם לאחרים, **ובחור** שנשא בתולה קודם למי שנשא אלמנה, ואלמנה לחלוצה וגרושה).

הלכות קריאת ספר תורה
סימן קלו – מי הם הנקראים לס"ת בשבת

ו - (**יאר צייט בשבת שהוא יום שמת בו אביו או אמו** – הוא חיוב, ונדחה מפני שאר חיובים חוץ מחיוב אבי הילד קודם המילה, **ואפילו** אם המילה באותו שבת, נדחה מפני היא"צ, לפי שסופו לעלות בשבת שתלך לביהכ"נ, **ואם** היא"צ אינו ביום השבת רק בשבוע שאחריו, אינו חיוב לדחות אבי הילד, ומ"מ נוהגין לקרותו כשאין חיוב אחר).

ז - (**אבי ילד זכר בשבת שלפני המילה** – ויש מקומות שנוהגין שגם המוהל והסנדק הם חיובים, ויש שאין נוהגין כן, רק מכבדין אותן בהגבהת הס"ת).

(נוהגין לקרות התוקע לעלות לתורה בר"ה, ויש מקומות שש"ץ המתפלל מוסף בר"ה הוא ג"כ חיוב לעלות לתורה באותו יום שהוא מתפלל, **ודוקא** אם הוא תוקע ומתפלל בחנם, אבל אם בא בשכרו אינו חיוב כלל).

(ויש מקומות שבר"ה ויוה"כ אין משגיחין בחיוב, כי אם על המתנדבים בעין יפה על צדקה).

(**אם** אחד קנה עליה אחת, ונזכר הסגן שיש חיוב שצריך לקרותו, יכול לחזור בו, שמכירה בטעות הוא).

(**אם** יש שני חיובים שוים, יטילו גורל, מלבד אם אחד ת"ח, הוא קודם).

(מי שהיה חולה ונתרפא וכיו"ב, שצריך לברך ברכת הגומל, יש לקרותו קודם לאחרים, כיון שנהגו לברך בשעת קה"ת, ומ"מ אינו דוחה שום חיוב, כיון שמן הדין יכול לברך בעשרה אף בלאו עליה לס"ת, יש לו לעשות כן ולא ידחה החיוב מפניו).

(נוהגין לקרות למי שעתיד לצאת לדרך ולהשתהות אחר השבת, או בא מן הדרך, וכן נוהגין לחלוק כבוד לאורח נכבד ולקרותו, והוא טוב ויפה, **אך** אין דוחין שום חיוב מהחיובים הנזכרים).

(**ופשוט** דבמקום שהמנהג למכור המצות ונופל המעות לצדקה, באלה שאינם מהחיובין רק משום מנהגא, אין להפסיד צדקה בשבילם, ומ"מ תלוי לפי ראות עיני הסגן).

(**ומשמע** מאחרונים, דאף במקום שנהגו למכור כל העליות ולא להשגיח אף על החיובים, מ"מ חתן בשבת שקודם החתונה, וכן נער שנעשה בר מצוה, אין דוחין אותם, ונ"ל שאף יתר החיובים הנ"ל ג"כ אין לדחותם מכל וכל, שהוא מנהג קדמונים, רק עכ"פ יתנו להם בעליות הנוספות).

§ סימן קלז – כמה פסוקים צריכים לקרא לכל אחד §

סעיף א- ביום שקורין ג', אין קורין פחות מי' פסוקים - איתא בגמרא, שנתקן כנגד עשרת הדברות, או כנגד עשרה מאמרות שבהן נברא העולם, ועי"ש עוד. **"וידבר" עולה מן המנין** - היינו אע"פ שאין למדין ממנה שום חדוש.

ואי סליק עניינא בבציר מי' פסוקים, כגון פרשת עמלק - שקורין בפורים, **שאין בה אלא ט' פסוקים, שפיר דמי** - ולא רצו חז"ל להוסיף עליהם איזה פסוקים מלמטה או מלמעלה, לרמז דמפני שעמלק גרם להיות השם והכסא חסר, כדכתיב: כי יד על כס יה, כך יהיו פרשיותיו חסרים.

סעיף ב- אין קורין עם כל אחד פחות מג' פסוקים, שנים קורין ג' ג', ואחד קורא ד'; ואיזה מהם שקורא ד' הרי זה משובח - כלומר דמי שקרא יותר, משובח יותר, ואם הראשון קרא ד' משובח, דמצינו לעולם החשוב חשוב קודם, **ובמנורה** מצינו שאמצעי משובח, **ואם** אחרון קרא ד', י"ל דמעלין בקודש ואין מורידין, **וע"כ** לא קפדינן על מי מהם שזירז עצמו וקרא ד', דכל אחד מהם יש לו טעם לשבח שהוא הראוי לזה.

והנה בזמן הגמרא היו הקרואים לתורה קוראין בעצמן בתורה, ועכשיו שהש"ץ קורא להן יש דעות בין האחרונים, שי"א שלראשון ולשני יקרא ג' פסוקים, ולאחרון יקרא ד', **ויש** שחולקין ע"ז.

ועכשיו נתפשט המנהג, שקורין במנחה בשבת וב' וה', כל הפרשה הראשונה של הסדר שיקראו בשבת הבאה, ככתוב בסידורים, ומצויין הפסקת הפרשה לג' אנשים, **ואם** שינה מסדר הזה אינו מעכב, רק שעכ"פ לא יפחות לאחד פחות מג' פסוקים.

סעיף ג- אם דלג פסוק אחד ולא קראו, אם הוא במנחה בשבת, או בב' וה', וקרא יו"ד פסוקים בלא פסוק המדולג, אינו חוזר - דהא קרא י' פסוקים כתקנת חכמים, ואין הפסוק המדולג חובת היום, והרי יקראנה בשבת הבא אחריו.

הלכות קריאת ספר תורה
סימן קלז – כמה פסוקים צריכים לקרא לכל אחד

ומיירי שכל אחד קרא ג' פסוקים, ובין כולם היו עשרה, דאם ע"י הדילוג קרא אחד פחות מג' פסוקים, אפילו בדיעבד צריך לחזור ולקרות, כדלקמיה בס"ד.

ואם לאו, חוזר - היינו שקרא רק ט' פסוקים בין הכל, **ואף** דמבואר לקמיה בס"ד דבדיעבד בקרא ט' בין הכל יצא, **הכא** דיש שתי ריעותות, שפיחת מי' פסוקים וגם דילג באמצע, גרע טפי וחוזר.

והאי "חוזר", היינו אם נזכר לאחר שכבר בירך ברכה אחרונה, חוזר הוא ומברך לפניה, וקורא פסוק זה עם עוד שני פסוקים, שאין קורין בתורה פחות מג' פסוקים, ומברך לאחריה.

אבל בשבת, אפילו דילג פסוק אחד, חוזר וקורא - ואפילו מקצת מפסוק אחד, ואפילו רק תיבה אחת, צריך לחזור ולקרותו, ויש להתחיל מתחלת אותו פסוק ולקרותו ושנים עמו, כדין פסוק שלם.

ואפילו קראו ז' גברי בלא פסוק המדולג. **והאי** "חוזר" היינו שחוזר ומברך לפניה ולאחריה.

ונראה שדוקא אם הדלוג היה בעליות הראשונות, **אבל** אם הדלוג היה בעליה שביעית, וכ"ש בעליות הנוספות על מנין שבעה, אין צריך לחזור ולברך בכוון משום פסוק המדולג, דהלא בלא"ה יעלה המפטיר לתורה, א"כ יתחיל הוא מפסוק המדולג עד סוף הפרשה, [**ואפי'** אם ע"י הדילוג לא נשאר בעליה שביעית ג' פסוקים, דהלא קימ"ל דמפטיר עולה למנין שבעה].

ואפילו אחר שהחזיר את התורה ואמר קדיש, חוזר וקורא הוא ושנים עמו, ואפילו הפטיר והתפלל מוסף, חוזר וקורא.

פרשת המועדים (דינס) כמו מנחה בשבת ושני וחמישי, לפי שכבר קראו הפרשיות בשבתות שלהן - ומיירי שעכ"פ קראו להחמשה גברי ג' פסוקים לכל אחד כדין, דאל"ה בודאי חוזר וקורא.

ועיין במ"א שכתב, דה"ה אם דילג איזה פסוק מהפסוקים שקורין בס"ת שניה למפטיר עבור חובות היום, דהיינו פסוקי קרבן מוסף, שאינו חוזר, **אם** לא שחיסר עיקרן של הפסוקים לגמרי, דהיינו בשבת שאירע בו יום א' דחוה"מ סוכות, שקורין למפטיר "ביום השני וביום השלישי", והוא דילג "וביום השלישי", אע"פ שקרא "וביום השני", הוי כאילו לא קרא כלל מחובת היום, לדידן דבקיאין בקביעא דירחי, **מיהו** אם קרא "וביום השלישי", ודילג ולא קרא "וביום השני", אינו חוזר לקרות בברכה, אלא פותח הס"ת וקורא אלו הפסוקים לפני הצבור בלא ברכה.

ועיין בא"ר שהוסיף עוד, דלפעמים אפילו אם דילג רק פסוק אחד ג"כ חוזר לקרות בברכה, וכגון שבפסוק זה היה עיקרו של חובת היום, כגון שדילג במה שקורין למפטיר ביום א' של פסח, מפסוק "והקרבתם" ולהלאה, עד "לכפר עליכם", דמשם והלאה אינו שייך כ"כ לחובת היום, **וביום** א' של סוכות, אם דילג איזה פסוק מ"והקרבתם" עד סוף הפרשה, או שחיסר ביום א' של חוה"מ כשחל בשבת, איזה פסוק שהוא מפרשת "וביום השלישי", וכן הסכים בספר שערי אפרים.

(**ולפי"ז** נראה לכאורה, דה"ה בפרשיות המועדים אם דילג מעיקר מה ששייך ליו"ט זה, כגון בחג הסוכות שלא קרא פרשת חג הסוכות כלל, רק קרא החמשה קרואים עד "תשבתו שבתכם", ונזכר זה לאחר שקרא המפטיר, דצריך לחזור ולפתוח הספר ולקרוא זו הפרשה בברכה לפניה ולאחריה, **וכן** מצאתי שמצדד בעל שערי אפרים, אלא שכתב שם שדעת ספר שלמי חגיגה אינו כן, ודעתו שבדיעבד אם נזכר לאחר שכבר התחיל המפטיר אין מחזירין אותו, ויקרא הפרשה בס"ת בצבור בלא ברכה).

סעיף ד - אם קרא אחד ב' פסוקים, צריך לחזור ולקרות - אף שבין הכל קראו עשרה פסוקים, כגון ששנים שלפניו קראו ד' ד', אפ"ה צריך לחזור ולקרות, דאין קריאה חשובה בפחות מג' פסוקים, **וכתב** הט"ז דה"ה בשחרית בשבת, אף אחר שקראו שבעה קרואים כדין, אם אירע שקרא אחד אחר זה שני פסוקים, נמי חוזר מהאי טעמא שכתבנו, (**וח"ח** במפטיר אם אירע כן נמי דינא הכי).

ולענין ברכה לפניה כך דינו, אם עדיין לא בירך ברכה אחרונה, אע"פ שכבר גלל הס"ת והיה בדעתו לברך, ונזכרו שלא קרא רק ב' פסוקים, חוזר וקורא בלא ברכה לפניה, **אבל** אם כבר בירך ברכה אחרונה, נסתלקה קריאה הראשונה לגמרי, ולכן צריך לחזור ולברך לפניה, ולהתחיל ממקום שהתחיל בקריאה הקודמת, כי קריאת שני פסוקים אלו לא עלו כלל, ועוד

הלכות קריאת ספר תורה
סימן קלז – כמה פסוקים צריכים לקרא לכל אחד

פסוק אחד עמו כדי להשלים ג' פסוקים, **ואם** השנים שלפניו לא קראו רק ג', צריך הוא להשלים עד ארבעה פסוקים, כדי שיהיה בצירוף עשרה פסוקים, **ואפילו** אם כבר קראו לאחד העולה אחריו, ועלה לתיבה, יעמוד שם אותו האחר עד שיברך זה שנית, ויקרא הג' פסוקים וכנ"ל, ויברך לאחריו, ואח"כ יקרא זה שעלה אחריו.

ואם כבר התחיל השני לברך, או שסיים כל הברכה, ונזכרו, יש לו להתחיל ממקום שהתחיל זה שלפניו, דהיינו אף שני הפסוקים הקודמים, ויסיים עוד פסוק ויברך לאחריה, **וי"א** שמלבד שני פסוקים הקודמין, יקרא עוד שלשה פסוקים, [מטעם, שהרי הוא לא כוון בברכתו על השני פסוקים הראשונים, ולכך לא עולים לו בחשבון] **והראשון** יעמוד שם עד שיגמור זה, ואח"כ יברך הראשון שקרא שני פסוקים, ויקרא להלן ממקום שסיים זה, **ואם** הראשון ירד כבר מהתיבה ואח"כ נזכרו, יכולין לקרות אף לאחר להשלים הקרואים השלשה.

בד"א בשלא היה כהן בביהמ"ד וקראו ישראלים, אבל אם קרה זה בכהן שקרא רק שני פסוקים, ואח"כ בירך הלוי, ואז נזכר שטעה הכהן ולא קרא רק שני פסוקים, **לא** יתחיל הלוי אלא ממקום שפסק הכהן, ויקרא מכאן ולהלן ג' פסוקים, ולא יקרא השני פסוקים הראשונים שקרא הכהן, דבחול כשר אם חיסר מהתחלת הפרשה, דיהיה פגם לכהנים הנמצאים שם כשיקרא הלוי מראש הספר, **ואחר** הלוי יקרא שני ישראלים להשלים מנין הקרואים, כי הקריאה שקראו שני פסוקים כמאן דליתא דמיא, דא"א לקרוא כהן הראשון שטעה אחר לוי, דאין כהן קורא אחר לוי.

ואם אירע בשבת וביו"ט שחרית שקראו לאחד מן העולים שני פסוקים ובירך לאחריה ונזכר שטעה, י"א דבזה טוב יותר ששוב לא יקרא הוא בעצמו, אלא יקראו אחר, **דבחול** שאסור להוסיף על מנין הקרואים, א"כ אם יקראו אחר להשלים במקומו, מחזי כמו שקרא ארבעה קרואים, **משא"כ** בשבת דמותר להוסיף, יותר טוב שיקרא אחר, משיקרא עולה זה שני פעמים בס"ת אחת, דאין נכון לכתחלה כמבואר בסימן רפ"ב, ויתחיל ממקום שהתחיל הראשון וכנ"ל, וישלימו ז' קרואים מלבד זה שקרא השני פסוקים, **וי"א** דאף בשבת אין צריך לקרוא לאחר, [**ונראה** דאם אירע טעות זה בכהן, בודאי יש לנהוג כן, לפי מה שהחלטנו דצריך העולה להתחיל מראש, א"כ אם יקרא הלוי מראש יהיה פגמא לכהנים הנמצאים שם וכנ"ל, וע"כ בודאי יותר טוב שיתקן הכהן בעצמו טעותו].

ואם לא קראו בין שלשתן אלא ט' פסוקים, ג' לכל אחד, אינם צריכים לחזור ולקרות;

וראיה לדבר: פרשת עמלק - דכולה אינה אלא ט' פסוקים, וכיון דהתם קורין לכתחלה ט', בשאר ימים יוצאין עכ"פ בדיעבד בט', ולא בעינן עשרה רק למצוה לכתחלה, **ובביאור** הגר"א וכן בתשובת פנים מאירות חולקים ע"ז, ודעתם דעשרה הוא לעיכובא, ובפחות מזה חוזר ומברך וקורא, [**היינו** ג' פסוקים, דאין קורין בתורה פחות מג' פסוקים, ואין למדין מפרשת עמלק, משום דשם לא אפשר בענין אחר] **ונראה** דאף לדעה ראשונה, טוב שיקראו בצבור עכ"פ בלא ברכה עוד ג' פסוקים.

אבל אם קראו פחות מט' - היינו שקראו כל אחד ג' פסוקים, אלא שבסך הכל לא היה כי אם שמונה פסוקים, כגון שהשלישי קרא פסוק אחד מהשני שלפניו, **דאם** השלישי לא קרא כי אם ב' פסוקים, כבר אשמועינן בריש הסעיף דלא יצא, **צריכים לחזור ולקרות** - ר"ל אותו שקרא שלא כהוגן, ותיבת "צריכים" לשון רבים לאו בדוקא הוא.

וי"א דיצא בדיעבד, כיון שעכ"פ קראו כל אחד ג' פסוקים, [**ולמעשה** נראה לענ"ד דאין להורות כן, דבלא"ה דעת הגר"א ופמ"א הנ"ל, דאפי' אם קראו ט' לא יצא].

[**ואפי'** אם בין כולם קראו י' פסוקים, אלא שהשלישי שקרא ד' קרא שני פסוקים למפרע, ג"כ לא יצא, **דהא** לשיטת הגר"א דאין למדין מפרשת עמלק, משום דשם א"א בענין אחר, ה"ה בהאי ענינא דלמפרע, ג"כ לא יוכל ללמוד מאנשי מעמד, משום דשם לא אפשר בענין אחר].

סעיף ה - אם קרא פרשת פרה, ופסק ב"ולגר הגר בתוכם", וגלל ס"ת, חוזר ופותח ומתחיל מראש הפרשה עד "תטמא עד הערב", ומברך לפניה ולאחריה - והרבה אחרונים הסכימו, ד"גלל" לאו דוקא, אלא העיקר תלוי באם בירך ברכה אחרונה, ואם לא בירך אע"פ שגלל הס"ת, חוזר וקורא את המותר בלא ברכה לפניה.

ומתחיל מראש הפרשה - והא דלא סגי שיתחיל ממקום שפסק מתחלה, דכיון שלא קראו מתחלה כסדר

ששח הלכות קריאת ספר תורה
סימן קלז – כמה פסוקים צריכים לקרא לכל אחד

שתקנו חכמים, אין כאן קריאה, **ואעפ"כ** הסכימו האחרונים, דאם דילג איזה פסוק אינו חוזר, דהרי קורא הפרשיות בשבתות שלהן, וכמו לעיל בס"ג לענין פרשיות המועדים, **אכן** כ"ז דוקא אם דילג מהפסוקים שאינם מעיקר חובת היום, דהיינו עד "לגר הגר בתוכם", **אבל** אם דילג מעיקר חובת היום, הסכים בא"ר דחוזר, וכמו שנתבאר לעיל במ"ב לענין פסוקי קרבן מוסף.

סעיף ו - הקורא בתורה ראשון, וקרא השני מה שקרא הראשון, אם הוסיף על מה שקרא הראשון ג' פסוקים - במקום שאפשר, **או אפי' שנים במקום דלא אפשר** - היינו דלא אפשר לקרות שלשה כי אם שנים, משום דסליק ענינא, והיינו שהוסיף שני פסוקים על פסוק אחד שקרא ממה שלפניו, וכמו שאנו נוהגין בר"ח, שהלוי מתחיל פסוק שקרא הכהן, ואינו מוסיף רק שני פסוקים, מפני שא"א בענין אחר, כמו שיתבאר בהלכות ר"ח, **אותו שני עולה מן המנין.**

(וה"ה אפילו אם מוסיף רק אחד, היכא דסליק ענינא ולא אפשר לקרות יותר, מכ"ש דפרי החג שהקילו יותר משום דלא אפשר).

ודוקא דיעבד, אבל לכתחלה אין כדאי שיקרא למפרע מהפסוקים הקודמים, אפילו אם ירצה להוסיף עליהן כמה, [**והיינו** דוקא לענין לעלות ממנין הקרואים, אבל אם אינו עולה ממנין הקרואים, כגון לאחר ז', מותר לכתחילה לדעת המחבר לקמן בסימן רפ"ב ס"ב, דאפי' באינו מוסיף מותר, **ולדעת** הרמ"א שם אפשר דיש להחמיר גם בזה]. **אך** יש נוהגין בפ' בחקותי, קורין לעולה תוכחה ג' פסוקים קודם, כדי להתחיל בדבר טוב, אף שכבר קרא השלישי אותן הפסוקים.

ואם לאו - שלא קרא שלשה במקום דאפשר לו לקרות שלשה, או שלא קרא שנים במקום דהיה אפשר לו עכ"פ לקרות לשנים, דאי לא אפשר כלל, הוי דומיא דפרי החג, **אינו עולה מהמנין.**

מלשון זה משמע, דאין איסור בדבר לחזור ולקרות מה שקרא העולה שלפניו, אלא שאין עולה למנין הקרואים, ואזיל לשיטתיה בסימן רפ"ב ס"ב, **וע"ש** ברמ"א דחולק ע"ז.

חוץ מפרי החג, משום דלא אפשר - בחוה"מ סוכות, דהרביעי חוזר וקורא מה שקראו הכהן והלוי, משום דלא אפשר לקרות לפניו מה שאינו מענינו של יום.

§ סימן קלח – שלא לשייר בפרשה פחות מג' פסוקים §

סעיף א - הקורא בתורה לא ישייר בפרשה פחות מג' פסוקים - היינו שלא יסיים לשום אחד מהעולים סמוך להתחלת הפרשה שאחריה פחות משלשה פסוקים, **מפני היוצאים אז מבהכ"נ** - בין גברא לגברא, **שיאמרו העולה אחריו לא יקרא אלא שני פסוקים הנשארים** - עד הפרשה, ויסברו לומר שמותר הקריאה אפי' בפחות מג' פסוקים.

ואם טעה וסיים שני פסוקים סמוך לפרשה, ובירך לאחריה, **אי** סליק ענינא, כגון בפרשת המועדות, שטעה ברביעי ולא שייר רק ב' פסוקים, מתחיל עם החמישי פסוק אחד למפרע, **ואי** לא סליק ענינא, אין העולה אחריו מתחיל למפרע פסוק אחד, אלא יתחיל לקרות ממקום שסיים העולה שלפניו, ויקרא אותן שני פסוקים ועוד ג' פסוקים או יותר מפרשה של אחריה.

וכן לא יתחיל בה פחות מג' פסוקים - דהיינו שלא יסיים עם הראשון שני פסוקים אחר הפרשה, דא"כ יתחיל השני שני פסוקים אחר הפרשה, **מפני הנכנסים אז בבהכ"נ** - בין גברא לגברא, **שיאמרו שלא קרא הראשון אלא ב' פסוקים** - שמראש הפרשה עד כאן, **ואין** חילוק בכל זה בין קריאת השבעה, או אותן שקורין להוספה.

וכ"ז לכתחלה, אבל בדיעבד אם קרא להראשון וסיים שני פסוקים אחר הפרשה, ובירך לאחריה, לא יתחיל השני העולה אחריו מראש הפרשה, אלא יקרא ממקום שסיים הראשון ואילך, דאין להחמיר בדיעבד משום חשש נכנסין ויוצאין וכנ"ל.

ואפילו המפטיר לא יתחיל שני פסוקים לאחר הפרשה, כגון שיש פרשה בסוף של ה' פסוקים, אלא יקרא כולה, **ואף** אם העולה שביעי או אחרון לא קראו לפניו

הלכות קריאת ספר תורה שסט
סימן קלח – שלא לשייר בפרשה פחות מג' פסוקים

רק ה' פסוקים אלו, יכול לחזור ולקרות אותם לקורא המפטיר, **ומ"מ** אם התחיל המפטיר מג' פסוקים האחרונים וקרא משם, אע"פ שעדיין לא בירך ברכה אחרונה, א"צ לחזור ולהתחיל מתחלת הפרשה, ודי בקריאה זו, [**משמע** דאם ירצה רשאי, משום דהלא למפטיר יכול לקרות מה שקרא האחרון, **משא"כ** בשארי עליות, אין כדאי לכתחילה אפי' אם לא בירך ברכה אחרונה, דשם אין נכון לקרות למפרע מה שכבר קרא הראשון].

הגה: ואין חילוק בין פרשה פתוחה לסתומה - אבל לא מה שהעולם קוראין פרשה, דהיינו "שני" "שלישי", והוא טעות גמור, [**ומ"מ** נ"ל דלכתחילה טוב ליזהר אף בזה, אחרי דהעולם חושבין זה ג"כ לפרשיות, יבאו לטעות לומר, דמותר לסיים תמיד ב' פסוקים סמוך לפרשה, אף היכא דהיה שם פתוחה].

ופרשה שאינה רק ב' פסוקים, מותר לשייר בתחלה ולהפסיק שם - ר"ל לשייר אצל הפרשה, ואין לחוש משום היוצאין שיאמרו, שהקורא אחריו לא יקרא אלא שני פסוקים, דכל שאין רואין שינוי לא חיישינן, **דדוקא** אם יניח שני פסוקים בפרשה שמסיים בה, זה הוי שינוי ומביא לידי חשד, משא"כ כשגומר הפרשה שעומד בה אין כאן שינוי.

וה"ה שמותר לקרוא הפרשה הזאת, בצירוף מה שקרא לפניה, ולהפסיק אחריה, ולא חיישינן שמא יאמרו הנכנסין אח"כ, שלא קרא אלא הפרשה הזאת בלבד, שהיא שני פסוקים, **דדוקא** בעלמא דמפסיק באמצע הפרשה, חיישינן דיאמרו הנכנסין שמסתמא לא קרא אלא ב' פסוקים, דאל"ה למה קרא להלן ולא סיים בגמר הפרשה, משא"כ הכא דבאמת סיים בגמר הפרשה, ליכא למיחש למידי, **ויש** מחמירין בזה שאין לעשות כן לכתחלה, כי אם בקריאת ר"ח שקורין "וביום השבת" לשלישי, שיש בה רק שני פסוקים, בצירוף מה שקראו לפניו ג' פסוקים מפרשה הקודמת, **אבל** כשקורין פרשת השבוע בסדר פינחס, אין להפסיק אחר "וביום השבת" לכתחלה, וכה"ג בשארי מקומות כשאירע פרשה קטנה, [**אבל** קודם "וביום השבת" מותר להפסיק].

כתב המ"א, אם הפרשה היא באמצע פסוק, כגון בתחלת פרשת פינחס בפסוק "ויהי אחרי המגפה", שיש פיסקא באמצע פסוק, מותר לסיים בפסוק הסמוך לו, שאין חשש שהיוצאין יאמרו שהעולה אחריו לא יקרא רק עד הפיסקא ההוא, שהכל יודעין שאין מסיימין באמצע פסוק אע"פ שיש שם פרשה.

ויכוין שיתחיל תמיד לקרוא בדבר טוב - היינו של ישראל, דטובת עובד גלולים אינה קרויה טובה, **ויסיים בדבר טוב** - ולא בדבר רע, היינו של ישראל, **ואין** לסיים במי שעשה מעשה רע. **וע"ל סימן תכ"ח.**

כתב בס"ח, יזהר החזן שלא יקרא למי שהוא עור או פסח, בפרשת "עורת או שבור", או למי שבראשו נתק, בפרשת נתקים, או למי שחשוד על עריות, בפרשת עריות, וכן בכל דבר ודבר.

ואין לחזן לחשוב לברך אחד בשעת ברכות, או לקלל בשעה שקורא הקללות, והטעם, שצריך שיהיה כונתו לקרות בתורה לשמה, ולא לשם מחשבה זרה.

§ סימן קלט – סדר קריאת התורה וברכותיה §

סעיף א - במקום שנהגו שהעולה עצמו קורא בקול רם, אם לא סידר תחלה הפרשה פעמים שלש בינו לבין עצמו, לא יעלה - היינו אע"פ שקראוהו לעלות, ואחז"ל: ג' דברים מקצרים ימיו של אדם, ואחד מהן מי שנותנין לו ס"ת לקרות ואינו קורא, הכא לא יעלה, שצריך מתחלה לסדר בינו לבין עצמו, **ואסמכוהו** חכמים אקרא, דכתיב: אז ראה ויספרה הכינה וגם חקרה.

ובמקום שהחזן קורא, הוא צריך לסדר תחלה - ובדיעבד אם אין שם בביהכ"נ מי שסידר לעצמו מתחלה, כדי שלא לבטל קריאה בצבור נוהגין להקל, שיקרא אחד שיודע לנגן הטעמים אע"פ שלא סידר, וקוראין לפניו בלחש מתוך החומש או הסידור.

ומצוה מן המובחר שגם העולה יסדר תחלה בינו לבין עצמו, **ובשנים** מקרא שקרא בע"ש יוצא, כי נחשב בחשבון הסידור, [**וע"כ** טוב שבע"ש יקרא השנים מקרא ואחד תרגום, פן יקראוהו למחר לעלות בתורה].

הלכות קריאת ספר תורה
סימן קלט – סדר קריאת התורה וברכותיה

סעיף ב - מי שאינו יודע לקרות, צריך למחות בידו שלא יעלה לספר תורה - מתוך דברי המחבר מוכח, דאפילו אם יכול לקרות עם הש"ץ מלה במלה מתוך הכתב, ג"כ אין לקרותו כיון שיכול לקרוא לאחר, **אבל** מדברי הטור, וכן מתשובת הרא"ש שהובא שם בב"י, משמע דיש להקל בזה, **ובפרט** לפי מה שכתב בס"ג בשם מהרי"ל, בודאי אין להחמיר בזה.

ואם צריכים לזה שאינו יודע לקרות, לפי שהוא כהן או לוי ואין שם אחר זולתו, אם כשיקרא לו ש"צ מלה במלה יודע לאומרה ולקרותה מן הכתב, יכול לעלות; ואם לאו, לא יעלה - לפי שאסור לקרות אפילו אות אחת שלא מן הכתב, וע"ל בס"ג בהג"ה, דמנהגנו להקל בכל גוונא.

סעיף ג - אפי' ראש הכנסת או חזן, לא יקרא עד שיאמרו לו: קרא - וכ"ש אדם דעלמא, **והטעם**, שאין ראוי שיחלוק אדם כבוד לעצמו, **ועוד** דלא ליתי לאנצויי, שכל אחד יקדים עצמו.

ונהגו שש"צ כשרוצה, מברך וקורא בלי נטילת רשות, משום דהוי כאילו משעה שמינוהו לש"ץ הרשוהו על כך - שיעור הלשון כן הוא: משום דהוי כאילו הרשוהו על כך משעה שמינוהו לש"ץ, **ובב"י** מבואר יותר, דכיון דעכשיו נוהגים שהש"ץ הוא הקורא במקום העולים, א"כ כיון שהרשוהו להיות ש"ץ, הרי הרשוהו לקרות בתורה, ומסתמא לא קפדי אם יברך ג"כ, אחרי שבלא"ה הוא הקורא.

הגה: ובמדינות אלו אין נוהגין כן, ואין החזן עולה רק כשהסגן אומר לו לעלות; אבל אין קורין לו בשמו, כמו שאר העולים שקוראים אותם בשמם פלוני בר פלוני - כיון שהוא עומד שם. ‹וכהיום המנהג שקוראים אותו בשמו – פסקי תשובות›.

ומי שאביו מומר לעכו"ם, קורין אותו בשם אבי אביו, אבל לא בשמו לבד, שלא לביישו ברבים.

ודוקא שלא עלה מימיו בשם אביו, אבל אם הוא גדול והורגל באותו העיר לעלות בשם אביו, והמיר אביו לעבודת כוכבים, קוראים אותו בשם אביו כמו שהורגל, שלא לביישו ברבים; וכן אם איכא למיחש לאיבת המומר - ומ"מ לא יאמר תארים על אביו, כמו "חבר" או "מורנו", כי אין לומר שקר, רק יאמר בחפזון לבלי ירגישו העם, **ודוקא** באותה העיר כמו שכתב הרמ"א, אבל אם בא לעיר אחרת ושואל אותו הסגן איך נקרא לתורה, יאמר שם אבי אביו.

ואסופי ושתוקי קורין אותו בשם אבי אמו - ומיירי שבאת אחת קודם שנאסף מן השוק ואמרה שהיא אמו, **ועיין** בט"ז שדעתו, דיש לקרותו בשם בן אברהם, ובח"א ג"כ כתב שזהו יותר נכון.

ואם אינו ידוע - שם אבי אמו, **קורין אותו בשם אברהם, כמו לגר** - דקורין אותו בשם בן אברהם, על שם הכתוב: כי אב המון גוים נתתיך.

סומא אינו קורא, לפי שאסור לקרות אפי' אות אחת שלא מן הכתב. (ומהרי"ל כתב דעכשיו קורא סומא, כמו שאנו מקרין בתורה לע"ה) - ר"ל שאנו נוהגין להקל אפילו אם אינו יכול לקרות עם הש"ץ מלה במלה מתוך הכתב, ה"ה בסומא, **וטעמו**, דכיון שאנו נוהגין שהש"ץ קורא, והוא קורא מתוך הכתב, שוב לא קפדינן על העולה, דשומע כעונה.

ולדינא כבר כתבו האחרונים, דנהגו להקל כמהרי"ל, ומ"מ לפרשת "פרה" ופרשת "זכור" נכון שלא לקרותן לכתחלה, [**דדין** זה דמהרי"ל, כבר כתב הד"מ שלא נראה לו, בין בסומא, בין בע"ה אם אינו יכול לקרות עם הש"ץ, אלא מפני שנהגו העולם להקל בזה העתיקו הרמ"א, **ולכן** בפרשת "פרה" שי"א שהיא דאורייתא, ובפרט ב"זכור" דלכו"ע היא דאורייתא, נכון להזהר בזה].

סעיף ד - כל הקורין מברכים לפניה ולאחריה - אף דמדינא לא היה צריך לברך כי אם הראשון ברכה ראשונה, והאחרון ברכה אחרונה, והאמצעיים יוצאין בברכתן, **ואעפ"כ** תקינו רבנן משום הנכנסין והיוצאין באמצע הקריאה, שלא ישמעו ברכת הפותח והחותם, ויאמרו שקוראין בתורה בלי ברכה, שכל א' וא' מהעולין יברך בתחלה וסוף כמו שנהוג היום.

הנה לאחריה, שהיא ברכת "אשר נתן", לכו"ע דרבנן, **ולפניה** שהיא ברכת "אשר בחר", יש דעות בין

הפוסקים אם היא ד"ת או דרבנן, **וה"מ** כשלא בירך עדיין ברכת התורה, אבל אם בירך כבר ברכת התורה, לכו"ע היא דרבנן, שנתקנה משום כבוד הצבור, כמ"ש ס"ח.

אם טעה בברכת התורה, ופתח "אשר נתן לנו" במקום "אשר בחר", **אם** נזכר קודם שאמר השם מהחתימה, יתחיל מ"אשר בחר בנו", **ואם** כבר אמר "בא"י", אף שעדיין לא אמר "נותן התורה", יסיים אותה הברכה, ולאחר הקריאה יאמר "אשר בחר בנו" - דה"ח.

עוד כתב שם, אם אמר ברכה הראשונה כראוי, ובברכה השניה טעה והתחיל "אשר בחר בנו", **אם** נזכר טרם אמרו "בא"י נותן התורה", יתחיל מ"אשר נתן לנו", **אבל** אם לא נזכר עד לאחר שאמר "בא"י נותן התורה", יתחיל עוד הפעם מתחלת הברכה, **ואם** נזכר לאחר "בא"י", קודם "נותן התורה", יאמר מיד "אמ"ה אשר נתן לנו" וכו'.

ופותח הספר קודם שיברך ורואה הפסוק שצריך להתחיל בו - כדי שידע על מה הוא מברך, **ואחר כך יברך** - ר"ל שאין צריך לגלול הס"ת בשעת ברכתו, וליכא למיחש שמא יאמרו ברכות כתובות בתורה, והוא מברך מן הספר, דהכל יודעין שאין ברכות כתובות בס"ת.

ולאחר שקרא, גולל ומברך - דדוקא בברכה ראשונה לא חששו לזה, משום טרחא דצבורא, שיצטרכו להמתין עד שיחזור ויפתח, **אבל** בברכה אחרונה דליכא טעם זה, וגם דבלא"ה צריך לגלול הס"ת בין גברא לגברא, בודאי עדיף יותר שיגלול קודם הברכה.

(הגה: ובשעה שמברך ברכה ראשונה יהפוך פניו על הצד, שלא יהא נראה כמברך מן התורה) - סבירא ליה, דכיון דבזה ליכא טרחא דצבורא, טוב לחוש גם בברכה ראשונה, לחשש שלא יאמרו ברכות כתובות בתורה.

(ונראה לי דיהפוך פניו לצד שמאלו) - דהוא ימין הקב"ה העומד לנגדו, וכנ"ל סימן קכ"ג.

מיהו יש אחרונים שכתבו דהפיכת פניו אינו נכון, דמראה עצמו כאילו אינו מברך על מה שיקרא, רק על מידי אחרינא, דהא מסלק פניו ממנו, **ויותר** טוב להעצים עיניו שלא להסתכל בס"ת בשעת ברכה.

(**ודע שיש פוסקים שסוברים, דאם רוצה לגלול ואח"כ לברך, עדיף טפי, אלא שאינו מחוייב לעשות כן, ועל פי זה נוהגין איזה מקומות, שרואין וגוללין ואח"כ מברכין, ונהרא נהרא ופשטיה**).

יש נוהגין לשחות ולהשתחות בעת אמירת הברכה, משום כבוד התורה, **וכתב** הא"ר, דעכ"פ לא ישחה גם בסוף הברכה, דאז יהיה נראה כאילו מוסיף על השחיות שתקנו חכמים, דאסור, וכמו שכתוב לעיל בסימן קי"ג.

סעיף ה - נהגו לכסות הכתב בסודר, בין גברא לגברא - אע"פ שמן הדין צריכה להיות מגוללת, כמ"ש ס"ד, מ"מ נהגו להיות פתוחה, ובמקום גלילה מכסין בסודר קודם ברכה אחרונה.

והטעם שאין להניחה פתוחה, שאין כבוד לתורה שתהא פתוחה ותמתין עד שיבוא אחר.

(ובמדינות אלו נהגו שהיא מגוללת בין גברא לגברא, וכן עיקר) - ולא סגי בכיסוי בעלמא, **וכתב** הט"ז, דלפי מנהג זה שוב א"צ כיסוי, והכיסוי הוי טרחא יתירא, **ורק** בעת שאומרים קדיש אחר הקריאה שפיר יש לכסות, דאז מסתלק מן הקריאה, **וה"ה** כל מקום שיש זמן ארוך, כגון שמזמרין לחתן, או שמאריכין ב"מי שברך", אז מכסין בסודר.

סעיף ו - אומר "ברכו" והברכות בקול רם - הטעם כמו שמסיים הרמ"א, ואף הברכות כדי שיוכלו כל הצבור לענות אמן, **והאומרים בלחש טועה** - דלמי אומר "ברכו" כשאומר בלחש, **ובלחש** נקרא כל דלית עשרה דצייתי, כדין דבר שבקדושה דאינו בפחות מעשרה, **ועיין** במ"א, דה"ה בקדיש יש ליזהר שלא לאומרו בלחש מהאי טעמא.

ויש אומרים שצריך לחזור ולברך בקול רם. הגה: כדי שישמעו העם ויענו: ברוך ה' המבורך לעולם ועד - מדברי הרמ"א משמע, דס"ל דהאי י"א לא קאי רק על "ברכו", אבל בברכות אינו מעכב בדיעבד אם בירך בלחש, (**ומעיקר הדין יש להסתפק בזה אף לענין דיעבד, דכיון דהברכות אלו לא נתקנו כל עיקר אלא מפני כבוד התורה כשקורא בצבור, כמ"ש ס"ח, והיינו דכשקורא בה בצבור יש לכבדה קבל עם ולקבוע עליה הודאה בפני עצמה, וא"כ מאי כבוד הוא זה**

כשאומרם בינו לבין עצמו ואין הציבור שומעים, ובדיעבד מסתברא דאין לחזור ולברך, דספק ברכות להקל), **אבל** לכתחלה בודאי מצוה לאומרן בקול רם וכנ"ל.

ואם לא שמעו הצבור את המברך - היינו כשאמר "ברכו", **אע"פ ששמעו החזן עונה, לא יענו עמו, אלא עונין אמן על דברי החזן** - ע"ל בסימן נ"ז במ"ב ובה"ל, מה שכתבנו שם. (**דאם** על ידו נשמע הקול לאחרים וענו גם הם ברכו, בודאי יחיד השומע להקהל שמברכים, אסור לו לענות עמהם ברכו, שגם הם ענו שלא כדין, כיון שלא שמעו עכ"פ ט' מהמברך עצמו – שם).

סעיף ז - אחר שענו העם: ברוך ה' המבורך לעולם ועד, חוזר המברך ואומר: ברוך ה' המבורך לעולם ועד, כדי לכלול המברך עצמו בכלל המברכים.

סעיף ח - אפילו ברך ברכת התורה לעצמו ותיכף קראוהו לקרות בתורה - היינו שלא אמר שום פסוק אח"כ, **צריך לחזור ולברך: אשר בחר בנו, כשקורא בתורה, דמשום כבוד התורה נתקנה כשקורא בצבור** - ר"ל ולא הוי ברכה זו ברכה יתירתא, **ומ"מ** כדי שלא יהיה ברכה הראשונה בכדי, כתב הפר"ח וכן שארי אחרונים, דיראה לקרוא עכ"פ פסוק אחד, כגון "יברכך", דרך הילוכו לס"ת.

סעיף ט - אם קראוהו לקרות בתורה קודם שיברך ברכת התורה לעצמו, כבר נפטר מלברך ברכת "אשר בחר בנו" - דיצא במה שבירך על התורה ברכה זו, **דלא גרע ממי שנפטר ב"אהבה רבה"** - וכתבו האחרונים, דמ"מ לא דמי לגמרי לנפטר ב"אהבה רבה", דהתם יצא בזה גם ברכת "אקב"ו לעסוק", וגם "והערב נא", **משא"כ** הכא לא נפטר רק מברכת "אשר בחר בנו" לבד, אבל אידך צריך להשלים, ויאמר אח"כ ברכת כהנים שרגילין לומר תמיד.

סעיף י - ברכה אחרונה: "אשר נתן לנו תורת אמת", זו תורה שבכתב; "וחיי העולם נטע בתוכנו", הוא תורה שבע"פ - ע"ש הכתוב: דברי חכמים כדרבונות וכמשמרות נטועים, **ומנהגנו** לומר "וחיי עולם".

סעיף יא - הקורא בתורה צריך לאחוז בספר תורה בשעת ברכה - היינו דיאחוז בעמודי ס"ת, **ועיין** בב"ח וט"ז שהסכימו, דבעת הקריאה צריך ג"כ לאחוז בס"ת, **יש** נוהגין לאחוז אז ביריעות עצמן ע"י מפה, ועיין במ"א.

הגה: וסמכו מנהג זה על מה שנאמר ביהושע: לא ימוש ספר התורה הזה מפיך חזק ואמץ - "ספר תורה הזה" משמע שתופסה בידו, **ומזה נהגו לומר למסיים לקרות בתורה בכל פעם "חזק".**

אחר הקריאה מנהג לנשק הס"ת, **וכשנזדמן** לו רוק, ירוק, אך מן הצד, ולא כנגד הס"ת דאסור, ואח"כ ינשק, **ולא** ינשק ואח"כ ירוק.

§ סימן קמ – דיני הפסק בברכת התורה §

סעיף א - הקורא בתורה ונשתתק, העומד יתחיל ממקום שהתחיל הראשון, ויברך בתחלה ובסוף - אבל לא יתחיל ממקום שפסק הראשון ויברך לפניהם ולאחריהם, שא"כ יהיו אותם הפסוקים שקרא הראשון, נתברכו לפניהם ולא לאחריהם, **וכ"ש** אם יתחיל במקום שפסק הראשון ויברך אחריהם לבד, דהו"ל הראשונים ברכה לפניהם ולא לאחריהם, והאחרונים לאחריהם ולא לפניהם, **לכך** מתחיל ממקום שהתחיל הראשון, ומברך לפניהם ולאחריהם.

ולא יוכל לסמוך על ברכה ראשונה שבירך הנשתתק, שהמברך בתורה אינו מברך להוציא אחרים בברכתו, אלא כל אחד ואחד מן הקרואים מברך לעצמו, **וכ"ש** אם נשתתק תיכף לאחר הברכה קודם שהתחיל לקרות, דאינו יוצא השני בברכתו, **ועיין** באחרונים שכתבו, דכשחוזר ומברך, אינו חוזר לאמירת "ברכו", כי אם הברכה בלבד, שהוא עיקר ברכת התורה, **והמג"א** מפקפק בזה].

(**ואפילו נשתהא זמן כדי לגמור כל הקריאה, אף על פי כן אינו חוזר לראש הסדר, אלא למקום שהתחיל הנשתתק**).

הלכות קריאת ספר תורה
סימן קמ – דיני הפסק בברכת התורה

ולהרמב"ם לא יברך בתחלה - ס"ל דסומך על ברכת הראשון, **וכתבו** האחרונים דהעיקר כדעה הראשונה.

הגה: ואפילו בזמן הזה שש"ץ קורא, דינא הכי - «שאם העולה לתורה נתעלף או נחלש מאד וכדו' באמצע עליתו, וצריך לעמוד אחר תחתיו, יתחיל הבעל קורא שוב הקריאה מהיכן שהתחיל עם הראשון – פסקי תשובות», **הטעם**, דמה שהש"ץ קורא, כאילו קורא הוא דיינינן ליה.

סעיף ב - העומד לקרות בתורה וברך ברכה שלפניה, וקרא מקצת פסוקים, ופסק ודבר דברי תורה או דברי חול, לא הוי הפסק ואינו צריך לחזור ולברך - כשקורא להלן, דלא נתבטל עדיין ברכה ראשונה, **ואפילו** הסיח דעתו מלקרות עוד, ושוב נמלך וקורא להלן, א"צ לחזור ולברך, **ויש** מי שכתב בענין אחר, וספק ברכות להקל, **ומ"מ** נכון שהמברך יכוין תחלה בברכתו, שאף שיסיח דעתו יחזור ויקרא על סמך ברכה זו, **ואעפ"כ** לכתחלה אסור להפסיק באמצע הקריאה, אף בלא היסח הדעת כלל.

ואין חילוק בין שקרא פסוק אחד או כמה פסוקים, **אבל** בלא קרא עדיין כלל, אם הפסיק אפילו בד"ת, כיון שהוא שלא מענין הקריאה, צריך לחזור ולברך, ואפילו שח מלה אחת, **וכמו** בכל ברכת המצות או הנהנין, דצריך לחזור ולברך אם הפסיק תיכף אחר הברכה, אף אם יודע בבירור שלא הסיח דעתו, דכיון שלא התחיל עדיין בהמצוה, אין לה אח"כ על מה לחול, **ואם** שח לצורך הקריאה, אין צריך לחזור ולברך, ולכתחלה גם זה אסור, **ואין** חילוק בין לשה"ק ללשון חול.

סעיף ג - העולה לקרות בתורה והראו לו מקום שצריך לקרות, וברך על התורה והתחיל לקרות או לא התחיל, והזכירוהו שפרשה אחרת צריך לקרות, וגלל הספר תורה למקום שצריך לקרות בו, י"א שאינו צריך לחזור ולברך - טעמו, דמסתמא דעתו על כל פרשיות התורה המונחת לפניו.

וי"א שצריך - לברך כשקורא את הפרשה הראויה לקרות, **וטעמו**, דבודאי לא נתכוין בברכתו רק על הפרשה שהראו לו מקודם, וע"כ צריך לברך מחדש על פרשה זו, **וכתבו** האחרונים, דנוהגין למעשה כהי"א הזה.

והתחיל לקרות - (**במ"א מפקפק, דאפשר דכיון שהתחיל** לקרות וחל ברכתו, לכו"ע א"צ לחזור ולברך, **והגר"א וא"ר וש"א הסכימו דהדין עם המחבר**).

ואין נ"מ בין אם המקום שהראו לו מתחלה היה פרשה אחרת לגמרי, או אפי' באותו סדר, אלא שצריך לגלול ממקום ראשון למקום זה, בכל זה צריך לחזור ולברך, דבודאי לא היה דעתו בברכתו על מה שאינו מגולה לפניו - ח"א ושארי אחרונים, **והמקיל** שלא לחזור ולברך, באם היה המקום שהראו לו באותו סדר, יש לו על מי לסמוך.

ואם פרשה זו הראויה לו לקרות היה ג"כ מגולה לפניו בעת שהראו לו המקום הראשון, בזה הסכים הט"ז וש"א, דא"צ לחזור ולברך, דדעתו היה על כל מה שמגולה לפניו, **ואפילו** אם המקום שהראו לו מתחלה היה מסדר שבוע העבר, כיון שגם מסדר של שבוע זו מגולה לפניו, דעתו על כל מה שמגולה.

ואין לחלק בין אם הפרשה הראויה היה בעמוד זה או בעמוד השני, דמסתמא דעתו ע"כ מה שפתוח לפניו, **גם** אין חילוק בין אם המקום שהראו לו היה למעלה, והמקום הראוי לקרות הוא למטה, או שהראו לו למטה, והמקום הראוי לקרות היה למעלה, בכל ענין א"צ לחזור ולברך, כיון שא"צ לגלול, **אלא** שאם הראו לו למטה, והמקום הראוי הוא למעלה, והוא חוזר למקום הראוי, טוב שיקרא עד המקום שהראו לו בתחלה, ועוד איזה פסוקים להלן, [**אבל** אינו מעכב, וע"כ אם ארע זה בסוף הסדר, שהראו לו מסדר שבוע אחר, ונזכרו, בודאי א"צ לקרות כי אם במקום הראוי לבד, ולא מסדר שבוע הבא].

«**ואם התחיל לומר "בא"י", ונזכר אז, אם הוא מקום קרוב שא"צ הפסק גדול עד שיגלול למקום הראוי, כגון שהוא העמוד הסמוך לו לפניו או לאחריו, אזי יראו לו מיד מקום הראוי ויסיים ברכתו, אבל אם צריך לגלול, וע"י שהות הגלילה יהיה הפסק ניכר בין הזכרת השם ובין הברכה, יש לו לסיים מיד "למדני חוקיך", כדי שלא יהא הזכרת השם לבטלה, ויגלול למקום הראוי, ויתחיל שנית הברכה, ואם כבר אמר ג"כ "אמ"ה", שאז א"א לו לסיים שוב "למדני חוקיך", אז יש לסמוך שיסיים הברכה אחר שגלל למקום הראוי, אף אם יש שהות קצת, לפי שהפסק שתיקה אינו חשוב הפסק כ"כ**».

מחבר רמ"א משנה ברורה

(עיין בפמ"ג שדעתו, דדוקא אם בעת הברכה היה יודע את הפרשה שמברך עליה, ועליה נתכוין, רק שאחר הברכה נודע לו שצריך לקרות פרשה אחרת, ולהכי יש אומרים דחוזר ומברך, כיון דבעת הברכה לא כוון עליה, משא"כ אם היה עצם הדבר בטעות, כגון שפתחו ספר תורה ולא דקדקו לראות, וסברו ששם כתובה פרשת חובת היום, ובירך עליה, ואח"כ נודע להם שפרשה אחרת היא, והוצרכו לגלול למקום הראוי, אינו הפסק, כיון דכונתו היה מתחלה לפרשה זו, ודה"ח הביא ראיה דאין לחלק בזה).

§ סימן קמא – דיני הקורא והמקרא §

סעיף א - צריך לקרות מעומד - הקריאה שקורין בצבור, וילפינן זה מדכתיב: ואתה פה עמוד עמדי, משמע אפילו הש"י המקרא למשה היה עומד כביכול, וא"כ כ"ש שכל ישראל היו עומדין מפני אימת הקב"ה הנותן אותה, **ואמרינן** עוד: כשם שניתנה באימה, כך אנו צריכין לנהוג בה באימה, **ומ"מ** בדיעבד שקראה מיושב, יצא וא"צ לחזור ולקרות.

ואפילו לסמוך עצמו לכותל - היינו אפי' סמיכה קצת שאם ינטל אותו דבר לא יפול, ג"כ אסור, דצריך לעמוד באימה, **או לעמוד** - הוא שלחן הקריאה וכה"ג, **אסור, אלא אם כן הוא בעל בשר** - וה"ה חולה או זקן הרבה, שקשה לו עמידה בלי סמיכה, **אך** יזהר שיסמוך קצת, ולא יסמוך כ"כ עד שאם ינטל אותו דבר יפול, **ואם** א"א לו לסמוך כי אם בענין זה, והוא צריך סעד לתומכו, מותר גם בזה, **אך** לא ישען על המפה שעל השלחן, שתשמיש קדושה הוא, אלא על השלחן עצמו.

הגה: וכן החזן הקורא צריך לעמוד עם הקורא - וה"ה הסגן שעומד אצל הס"ת - שערי אפרים.

עוד כתב שם, פעמים שהס"ת ארוכה וגדולה הרבה, והקורא שצריך לקרות מתוך הכתב, וכן העולה שצריך לראות בס"ת מה שמקרא לפניו, ולקרות אחריו בלחש, וא"א להם לראות בראש הדף אם לא כששוחין עצמם סמוך לס"ת, ועי"ז בא לידי סמיכה על השלחן, **יש** להתיר, שהרי נראה לכל שאין סמיכה זו דרך גאוה, שזהו כשעומד זקוף וסמוך, אבל זה שעומד מוטה וכפוף, עמידה באימה הוא, ויכול לעמוד סמוך, **וכן** בסגן, שע"פ רוב עבודתו הוא שהוא אוחז ביד העשוי מכסף, להורות לפני הקורא באיזה שורה ותיבה שהוא עומד עתה, ולפעמים א"א לו כי אם כששוחה עצמו וסומך על השלחן, מותר, **אך** יזהר שאחר שיקרא השורות העליונות מראש העמוד, ויגיע בחצי העמוד או קרוב לו, שאפשר לו לראות היטב בלי סמיכה, יזקוף משחייתו, כדי שלא יצטרך להיות סמוך כלל, עכ"ד.

סעיף ב - לא יקראו שנים - דתרי קלי לא משתמעי, **אלא העולה קורא וש"צ שותק** - מיהו אם העולה טועה בנקודות או בטעמים, מסייעו בלחש.

או ש"צ קורא, והעולה לא יקרא בקול רם - וכמנהגנו עכשיו, שלעולם הש"ץ קורא אפילו כשהעולה הוא בקי, כדי שלא לבייש את מי שאינו יודע לקרות, **וגם** ימצאו הרבה שאין יודעין בטוב לקרות הנקודות והטעמים, וירצו לקרות, והצבור אין יוצאין בקריאתן, וכשימנעום מקריאה אתו לאינצויי.

ומ"מ צריך הוא לקרות עם הש"צ - היינו מתוך הכתב, **כדי שלא תהא ברכתו לבטלה** - דלא מסתבר שיברך העולה על קריאת הש"ץ.

(והנה לפי מה דפסק הרמ"א לעיל בסימן קל"ט ס"ג, דנוהגין לקרות לסומא וע"ה אף שאינו יכול לקרות עם הש"ץ, וא"כ היה לו להגיה גם כאן, דלדידן אפילו אם אינו קורא עם הש"ץ שפיר דמי, ואפשר דסמך אדלעיל, **ויותר** נראה לומר, דלא סמך הרמ"א אדברי מהרי"ל אלא לענין סומא וע"ה, דאם לא יקראום לעולם איכא כיסופא טובא, וגם אתו לאנצויי. **אבל** בנידון דידן שהוא בקי בקריאה, בודאי מחוייב לומר עם הש"ץ, דהא כבר כתב בעצמו בדרכי משה, שלא נראה לו דברי מהרי"ל, אלא דברי הב"י שהביא בשם כמה ראשונים, דאם אינו יכול לקרות עם הש"ץ אין יכולין לקרותו לתורה).

אלא שצריך לקרות בנחת - דתרי קלי לא משתמעי לא שייכי כי אם בקורא בקול רם, **שלא ישמיע לאזניו** - עיין בב"י שהביא סעד לזה מספר הזוהר.

הלכות קריאת ספר תורה שעה
סימן קמא – דיני הקורא והמקרא

(ואפילו משמיע לאזניו ליכא למיחש, דלא עדיף מתפלה, כדלעיל סימן ק"א) - ר"ל אף דיותר טוב שלא להשמיע לאזניו, מ"מ אם משמיע ג"כ ליכא למיחש, דלא עדיף מתפלה שתקנו ג"כ בלחש, ואפ"ה משמיע לאזניו, כדלעיל סימן ק"א ס"ב, ה"נ כן.

[**ולפי** מה שפסק הגר"א שם בתפלה גופא, משמע דס"ל דלכתחילה טוב יותר שישמיע לאזניו, וגם מדברי הזוהר ליכא סתירה לזה, כמש"כ המ"א וכן פסקו ש"א שם, **א"כ** כיון דהזוהר מדמה קה"ת לתפלה, א"כ גם בקה"ת אין קפידא כלל אם משמיע לאזניו, ויכול אף לכתחלה להשמיע לאזניו – מ"ב המבואר, **וצ"ע** למעשה].

סעיף ג - יש נוהגים להעמיד מי שמקרא לעולה מלה במלה, ואחר שגומר המקרא המלה אומרה העולה - ר"ל דכיון שאין אומרים שניהם בבת אחת, ליכא חשש דתרי קלי לא משתמעי.

[**עיין** בב"י, דאפילו אם המקרא אומר בקול רם שפיר דמי, **ולכאורה** מיירי שגם המקרא קורא מתוך הכתב שבס"ת, דאם היה מקרא מתוך חומש יש לפקפק בזה, לפי מאי דהביא בב"י לקמן סימן תר"ץ בשם האו"ח, דנהגו לגעור במי שמסייע לחזן בע"פ, מטעם דשמא יתן השומע לבו לזה שקורא ע"פ ולא לקריאת חזן, וה"נ יש לחוש כעין זה, **אך** יש לדחות, דכיון שאין קורין בבת אחת אין לחוש לזה].

סעיף ד - אם ש"צ רוצה לברך לעצמו ולקרות, צריך שיעמוד אחר אצלו, שכשם שנתנה תורה על ידי סרסור - והוא משה רבינו ע"ה, דכתיב: אנכי עומד בין ה' וביניכם, **כך אנו צריכים לנהוג בה על ידי סרסור.**

נוהגין שהגבאי או הקונה המצות עומד אצל ס"ת, וזה נקרא סגן, כדי שיהיה ג', היינו שהסגן הוא כביכול במקום הש"י, שהוא מצוה לקרות לכל מי שירצה, והקורא הוא הסרסור במקום משה, והעולה הוא המקבל במקום כל ישראל ובשליחותם - לבוש, **ובאמת** זהו מנהג הקדמונים, שיהו שלשה עומדים אצל ס"ת, כמו שכתוב במסכת סופרים, אלא ששם איתא טעם אחר לזה, וז"ל: אינו מן המובחר שיעמוד החזן יחידי לפני התיבה, אלא שיעמדו עמו אחד לימינו ואחד לשמאלו, כנגד האבות.

כתב בספר שערי אפרים, מזה יש ללמוד שיש לבחור לסגן איש נכבד ובעל מעשים טובים ודעת הבריות נוחה הימנו, שלא יחשדוהו שבשביל הנאת עצמו או איזה סיבה יתמוך כבוד למי שאינו ראוי או בהיפוך, **וכן** ראוי לצבור שלא יהרהרו אחר הסגן, וידונו אותו בכל ענין לכף זכות, והדבר אשר יקשה בעיניהם עליו יתלו כי משגה היה, וטעה בשקול הדעת, **ואף** אם אירע שקרא לאחד שלא לפי כבודו, וחושד להסגן שעשה במתכוין להכעיסו, אם נגע יראת ה' בלבבו יש לו להתאפק ולא יאמר לו דבר, וישא ק"ו בנפשו, אם קרוץ מחומר תפעם רוחו בנגוע בקצה כבודו כחוט השערה, על אחת כמה וכמה שיש לו לחוש לכבוד המקום ב"ה ולכבוד תורתו הקדושה, שלא לעשות שערוריה עי"ז, והמעביר על מדותיו מעבירין לו על כל פשעיו, **ואם** אחד בגובה אפו עשה מריבה עם הסגן, אעפ"כ חוב על הסגן להיות מן הנעלבים, ולא יניח מקומו, **ואם** הסגן הניח הס"ת והלך לו לפי שזה הקניטו בדברים, ראוי לענשו, כי אם אדם חטא ס"ת למה בייש, וכל ערום יעשה בדעת, ויחוס לכבוד המקום ולכבוד התורה וכו', עכ"ל בקיצור.

סעיף ה - אין הצבור רשאים לענות אמן עד שתכלה ברכה מפי הקורא, ואין הקורא רשאי לקרות בתורה עד שיכלה אמן מפי הצבור - ואפילו יש אנשים שמאריכין באמן, צריך להמתין עליהם, דהא כולם צריכין לשמוע הקריאה, לכן צריך הקורא להמתין אפילו על המיעוט שיגמרו האמן ואח"כ יתחיל לקרוא.

וכתבו האחרונים, שהמנהג שהקורא עונה אמן עם הצבור בקול רם, וממשיך בו קצת יותר מן הצבור, בכדי שיבינו שמתחיל לקרות, ויטו אוזן לשמוע, ומתחיל לקרות מיד, **וטוב** שיפסיק קצת בין אמן להתחלת הקריאה, שלא יהא נראה מחמת נגינת אמן, שהוא דבוק אל מה שקורא.

סעיף ו - יכולים לקרות ב' אחים זה אחר זה, והבן אחר האב - פירוש מן הדין אין שום חשש איסור, וע"כ אם קראוהו וכבר עלה, לא ירד, **אך** לכתחלה אין מניחים כו'.

ואין מניחים אלא בשביל עין הרע - ואין נ"מ בין אחים מן האב או מן האם, ואפילו אומרים שאין מקפידים על עין הרע, **ויש** שמחמירין אפילו אב עם בן בנו משום עינא בישא, ובמקום הצורך יש להתיר עם בן בנו, [**ובש"א** מתיר במקום הצורך גם באחים מן האם].

ואפי' אם אחד הוא השביעי וא' הוא המפטיר, לא יקראו השני בשמו משום עין הרע - ר"ל אף שמפסיקין בקדיש בינתים, מ"מ מקרי זה אחר זה, כיון דאין מפסיק אחר בינתים, **ודוקא** בשבת שאין מוציאין ס"ת אחרת למפטיר, אבל אם מוציאין ס"ת אחרת, מותר, **וכן** אם המפטיר אינו בר מצוה עדיין, מותר.

לא יקראו השני בשמו - והיינו לאפוקי מקום שנוהגים שלא לקרות המפטיר בשמו, רק סתם: יעמוד מפטיר, כיון שאין פורטין את שמו, מותר, אפי' שני אחים זה אחר זה, או אב ובנו, **ודוקא** במקום שנוהגין כן, אבל לעשות כן במקום שנוהגין לקרות בשם, לא, דעי"ז גופא הוי היכר טפי, [**ובשערי** אפרים מקיל בזה במקום צורך גדול, או יעלה מעצמו בלי קריאה כלל], **וכן** אם המנהג שלא לקרות בשם הוא בשביעי, מותר לקרותן בששי ושביעי.

סעיף ז - העולה למגדל, עולה בפתח שהוא לו בדרך קצרה ממקומו - משום כבוד הצבור, שלא ימתינו עליו הרבה, **וגם** משום כבוד התורה, להראות שהיא חביבה עליו וממהר לקרות בה.

וירד מהמגדל בדרך אחר, שהוא לו בדרך ארוכה עד מקומו - שלא תהא נראה עליו כמשא.

ואם ב' הדרכים שוים, עולה בפתח שהוא לו בדרך ימין - כדאמרינן בעלמא: כל פינות שאתה פונה לא יהא אלא דרך ימין, **ויורד בפתח שכנגדו** - ואסמכוה לזה מקרא דיחזקאל מ"ו, דכתיב: לא ישוב דרך השער אשר בא בו, כי נכחו יצא.

וגם החזן כשמוליך הס"ת להתיבה נמי הדין כן, שעולה בדרך ימין וירד מהתיבה בפתח שכנגדו, **ואפשר** דבס"ת לעולם עולה בדרך ימין אפי' אם היא דרך ארוכה, [דלא שייך בזה הטעם משום כבוד הציבור וכבוד התורה כמו ביחיד], **ובמקומותינו** שהבימה עומד תמיד באמצע נגד ארון הקודש, כמו שכתב הרמ"א בסימן ק"נ ס"ה בהג"ה, א"כ שני הדרכים שוים, ובודאי עולה בדרך ימין.

כתבו האחרונים, מי שקורין אותו לעלות לתורה, יש לו לילך בזריזות מיד, ולא ירוץ, משום כבוד ביהכ"נ וכבוד הצבור.

(ולא ירד עד שעלה כבר הראוי לקרות אחריו) - משום כבוד ס"ת, שלא יניחנה לבדה, **והמנהג** להמתין עד שמתחיל השני הברכה, והמדקדקים חוששין שבדרך לא יוכלו לשמוע הקריאה כהוגן, לכן ממתינין עד שיסיים השני, ויורדים בין גברא לגברא, **וכשיורד** מן הבימה ילך בנחת ולא ירוץ, שלא יהא נראה עליו כמשא.

סעיף ח - כל תיבה שהיא קרי וכתיב, הלכה למשה מסיני שתהא נכתבה כמו שהיא בתורה, ונקרית בענין אחר; ומעשה באחד שקרא כמו שהיא כתובה בפני גדולי הדור הרבנים: ה"ר יצחק אבוהב, והר"ר אברהם ואלאנסי, והר"ר שמואל ואלאנסי בנו ז"ל, והתרו בו שיקרא כפי המסורה - ר"ל הקבלה שקבלנו לקרותה, ולא אזלינן בתר הכתיבה דנקרא מסורת בעלמא, "אם למסורת", **ולא רצה, ונדוהו והורידוהו מהתיבה.**

וליכא משום איסור לקרות בתורה אפילו אות אחת שלא מן הכתב, דשאני הכא שכך היא הלכה למשה מסיני.

§ סימן קמב – דין מי שקרא וטעה, ובמקום שאין שם מי שיודע לקרות בדיוק §

סעיף א - קרא וטעה, אפילו בדקדוק אות אחת - כגון שחיסר או הוסיף איזה אות וכדומה, כמו שיבואר לקמיה, **מחזירין אותו** - שיקראנה בדקדוק, והיינו בין כשהוא עומד עדיין בפסוק זה, ובין שכבר גמר הפרשה, ואפילו בירך לאחריה נמי, העולה אחריו חוזר לאותו פסוק וקורא ממנו ולהלן עד סוף הפרשה, ועוד שלשה פסוקים מפרשה שאחריה, [**כנ"ל** לרווחא דמלתא, שלא יהא מנכר כ"כ לעיני הציבור

שעז הלכות קריאת ספר תורה
סימן קמב – דין מי שקרא וטעה, ובמקום שאין שם מי שיודע לקרות בדיוק

השינוים שעושין, **אבל** מדינא סגי אם יקרא הפסוק זה ושנים עמו, וידלג עד סוף הפרשה, ויתחיל אח"כ להעולה מתחילת הפרשה שהקורא עומד עתה בה, **ואפשר** עוד, דאפי' פסוק אחד סגי, כיון שקורא להעולה זה עוד פרשה].

(**ולפי"ז** אם כבר גמרו הקריאה, ונזכרו שטעו בתיבה שהענין משתנה עי"ז, לדעת השו"ע יצטרך לחזור ולקרות פסוק זה ועוד שני פסוקים עמו, ובברכה לפניה ולאחריה, כמו בדילג פסוק או תיבה בסימן רפ"ב, **ובח"א** כתב, דלענין ברכה סמכינן על הסוברין, דאפילו בנשתנה הענין א"צ לחזור בדיעבד, **ולמעשה** יש לנהוג כוותיה).

הגה: וכן דין החזן הקורא - כלומר עכשיו שהחזן הוא הקורא נמי דינא הכי, אע"פ שהוא אינו מברך על הקריאה, דלאו בברכה תליא מילתא.

ודוקא שינוי שמשתנה ע"י זה הענין, אבל אם טעה בנגינת הטעם או בניקוד, אין מחזירין אותו - היינו בין בחזן הקורא, ובין העולה, **אבל גוערין בו.**

וה"ה אם חיסר או הוסיף איזה אות, במקום שאין הענין משתנה עי"ז, כגון שקרא ל"אהרן" "הרן" בפתח בלא אל"ף, או ל"מצרים" "מצריים" וכדומה, ונקט נגינה וניקוד, משום דע"פ רוב אין הענין משתנה על ידם, (**ובביאור** הגר"א מפקפק אפילו במקום שאין הענין משתנה, כגון "מצרים" "מצריים" וכדומה, וכן אם טעה בין "אם" ל"ואם", נמי דעתו דמחזירין, **וכן פסק** הפר"ח, ומסיים: מיהו אם לא טעה באותיות אלא בניקודם או בטעמם, ואין הענין משתנה בשום דבר עי"ז, אין מחזירין אותו, רק גוערין בו עיי"ש, ומסתברא דגם הגר"א מודה לזה).

ובניקוד נמי אם אירע שהענין נשתנה עי"ז, כגון "יַעֲשֶׂה" בפת"ח, קרא "יֵעָשֶׂה" בציר"י, או להיפוך, או "בחָלָב" בחט"ף, קרא "בחֵלֶב" בציר"י, או "יוֹשֵׁב" "יָשַׁב", וכל כיוצא בזה שהענין משתנה, בודאי מחזירין אותו גם בניקוד, **ובספר** שלחן עצי שטים הוסיף עוד, דה"ה בנגינת הטעמים כשהענין משתנה עי"ז, כגון שקרא משרת במקום מפסיק, מחזירין אותו, **ודלא** כמו שאומרים ההמון, שאם קרא את השם אין מחזירין בטעה בנגינה.

(**ופשוט** דדוקא בטעות באיזה אות, אבל אם חיסר איזה תיבה, אפילו לא נשתנה הענין עי"ז, כגון "כי אני הכבדתי", וקרא "כי הכבדתי", לא יצא וצריך לחזור, דלא נזכר בשום מקום בחיסר תיבה שיהא חילוק בין נשתנה הענין או לא).

(**ודע**, דלכאורה נראה דדין זה דהשו"ע הוא דוקא בשבת, אבל בימות החול או במנחה בשבת, דקי"ל בסימן קל"ז דאפילו פסוק אחד שלם כשדילג אינו חוזר, ה"ה בזה, **ואולם** אפשר דזה גרע טפי אם אמר תיבות באותיות אחרות, שהענין משתנה עי"ז, וצ"ע).

וכתב בתשובת מהר"מ מינץ, החזן צריך לחזור מתחלה הסדרא שתהא שגורה בפיו כל הדקדוקים במתגין, לעיל ומלרע, ימין ושמאל, ויקרא במתון ולא במהירות, שאולי יבליע שום אות או תיבה, והביאו הא"ר.

סעיף ב - וישוב שיש שם מנין, ואין מי שיודע לקרות בתורה כהלכתה בדקדוק ובטעמים, אפ"ה יקראו בתורה בברכה כהלכתה, (ומפטירין בנביא) - בלי נגון הטעמים, **ומשמע** מכמה אחרונים, דאפילו אם אין שם מי שיודע כלל, ובודאי יטעו גם בכמה טעיות שהענין משתנה עי"ז, אפ"ה התירו להם לקרות ובברכה, כדי שלא תתבטל הקריאה לגמרי, **והפר"ח** חולק בזה, וכתב דכיון שיטעו בטעיות שמשתנה הענין, כמו שבמקום "חֵלֶב" קורא "חָלָב", או מ"זֵכֶר" ל"זָכָר", ואין שם יודע שיוכל להחזיר הקורא מטעותו, פשיטא שאין מברכין בתורה, ואין מפטירין בנביא, **ועיין** בפמ"ג שגם הוא מצדד כן, ודעתו דיש לקרות בלא ברכה.

ואם יש שם מי שיודע עכ"פ לקרות הטעמים מתוך החומש, יקרא זה מתוך החומש לפני האיש הקורא בס"ת, להורות הדרך בנקודות וטעמים כראוי, **והקורא** מתוך החומש לא יקרא בקול רם, רק כדי שיהא נשמע להקורא מתוך הס"ת.

(ועיין בסמוך ריש סי' קמ"ג).

סימן קמג – דין אם נמצאת ס"ת מוטעה ויתר דיני הספר

§ סימן קמג – דין אם נמצאת ס"ת מוטעה ויתר דיני הספר §

סעיף א - אין קורין בתורה בפחות מעשרה - דהוא דבר שבקדושה ואינו בפחות מי', דכתיב: ונקדשתי בתוך בני ישראל, ואתיא בגז"ש ד"תוך" "תוך", כתיב הכא: בתוך בני ישראל, וכתיב התם: הבדלו מתוך העדה הזאת, ואין עדה פחותה מעשרה.

גדולים - לאפוקי קטנים שהם פחותים מי"ג ויום אחד, אע"ג דקטן משלים למנין שבעה, כדלקמן בסימן רפ"ב ס"ג, מ"מ אינו משלים לעשרה.

בני חורין - לאפוקי עבדים.

ואם התחילו בעשרה ויצאו מקצתן, גומרין - היינו בחול כל השלשה, וביו"ט חמשה, ובשבת כל השבעה קרואים, אבל לא יוסיפו על זה, ואומרים קדיש שאחר הקריאה, (**והוא** מהמ"א בשם הכסף משנה, ואחריו נמשכו כל האחרונים, **אכן** באשכול מצאתי שכתב להיפוך, דאותו שהתחיל לברך קורא וגומר ומברך, אע"פ שבינתים יצאו מקצתן, כיון שהתחיל בי', אבל אחרים שוב אין מברכין בתורה, כיון דאין כאן י', עכ"ל, **וצ"ע**).

אבל למפטיר לא יקרא, דהוא ענין אחר ולא נגרר בתר קריאת התורה, וכ"ש שלא יפטיר אח"כ בנביא, **ויש** שכתבו שמ"מ טוב לומר הפטרה בנביא בלא ברכותיה.

ואם התחיל רק "ברכו" לבד, לא הוי התחלה בזה.

ובהפטרה נמי דינא הכי, דאם התחילו ברכות של הפטרה בעשרה ויצאו מקצתן, גומרין לומר ההפטרה עם ברכותיה שאחר כך, [**ולאפוקי** אם עדיין לא התחילו הברכות, אף שקרא בתורה למפטיר, וברך לאחריה בי', ויצאו אח"כ מקצתן, לא יאמר הברכות כלל, רק יקרא להפטרה בלא הברכות].

ויצאו מקצתן - ובנשתיירו רובן, דהיינו ששה, סגי, ולא בעינן רובא דמנכר, **ועל** היוצאין נאמר: ועוזבי ה' יכלו, ואף בין גברא לגברא אסור, **וכי** מותר לצאת בין גברא לגברא, היינו דוקא בנשארו עשרה.

(**עיין בח"א שנסתפק, אם יש איזה בני אדם שלא שמעו הקריאה, אם מותר לקרות עוד הפעם בשבילם, דאפשר דלא תקנו אלא כשכל העשרה הם חייבין בקריאה, והראני גדול אחד שמפורש בר"ן במגילה, דברובן שלא קראו סגי**).

סעיף ב - אם כתבו כל חומש לבדו, אפילו בגלילה כספר תורה, אין קורין בו - מפני כבוד הצבור, [שלא יאמרו שאין להם ס"ת שלמה, וזה גנאי להם], (**ואם** רוצין הצבור למחול על כבודם, יש דעות בין הפוסקים).

עד שיהיו כל חמשה חומשים תפורים ביחד.

הגה: והם כתובים בגלילה כספר תורה, אבל בחומשים שלנו, אפילו כל ה' ספרים ביחד אין לברך עליהם - דהא אינן בגלילה, וכן אינן תפורין בגידין, ולא בקלף, וכל דין ס"ת.

ובישוב שאין להם ס"ת, נכון לקרות בחומשין בלא ברכה, שלא תשתכח תורת קריאה, **ולא** יקרא להעולים בשם כמו שהמנהג לס"ת, אלא הש"ץ יקרא הכל בקול רם לפניהם.

ובמקום שיש ס"ת ואין ש"ץ בקי בנגינה בעל פה, ראיתי נוהגים שהש"ץ קורא מן החומש בנקוד, והעולה קורא אחריו מן הס"ת הכשר - והאידנא נוהגים שאחד קורא מהחומש בלחש, והש"ץ קורא אחריו מס"ת הכשר, משום דיש אנשים שאין יודעין לקרות בניגון וטעמים, ואפילו מקרין אותם, לכן מקרין להש"ץ.

סעיף ג - אפילו בכפרים שאין נמצא להם ס"ת כשר - היינו בין (שנמצא להם) חומשים העשוים בגלילה הנזכר בס"ב, ובין ס"ת שלמה אלא שיש בה פסול, **אין מברכין עליו** - זהו דעת המחבר, דאפילו בשעת הדחק אין לברך, **ועיין** לקמיה בס"ד בהג"ה בסופו, דהביא בזה שתי דעות, ועי"ש במ"ב.

סעיף ד - כדי להבין את דברי זה הסעיף, אקדים לזה הקדמה קצרה, והוא, דהנה דעת רוב הפוסקים, דספר תורה שחסר תיבה אחת או אות אחת, או שנמצא בה טעות, פסולה לקרות בה, ולדידהו אם נמצא בה טעות, אפי' לאחר שכבר קראו ז' קרואים, צריך לחזור לראש בס"ת הכשר ולברך עליה, דאותה קריאה ראשונה כמאן דליתא דמיא, **ודעת** מקצת פוסקים,

שעט הלכות קריאת ספר תורה
סימן קמג – דין אם נמצאת ס"ת מוטעה ויתר דיני הספר

דאפילו חסר כמה פסוקים, וכ"ש כשנמצא בה טעות בעלמא, אף דלא נקראת ס"ת לענין שיקיים בה מ"ע של כתיבת ס"ת, מ"מ מותר לקרות בה אם אין לו אחרת.

והנה המחבר בסעיף ג' סתם, דלכתחלה אין להוציא ס"ת פסולה לברך עליה, אפילו במקום שאין לו אחרת, אחרי דרוב הפוסקים סוברין דאסור, **אך** אם נמצא הטעות אחר שכבר קראו הסדרא, פסק הר"ר יעקב בי רב, דלענין דיעבד סומכין על דעת קצת פוסקים הנ"ל, שמכשירין לקרות בה ועלתה להם הקריאה, ואין צריך להוציא ס"ת אחרת, והסכימו עמו האחרונים בזה, **וה"ה** אם נמצא הטעות בין גברי לגברי, ועדיין לא השלימו הז' קרואים, לענין מה שכבר קראו סומכין על דעת המקילין הנ"ל, שיצאו בדיעבד, **אך** לקרות בה עוד אסור, ומוציאין אחרת ומתחילין ממקום שפסקו הקריאה, ומשלימין הקרואים עם אותם הראשונים שקראו במוטעת, והיינו דגם הם מצטרפין להז' קרואים, כיון שהוא בדיעבד וכנ"ל, **וכתבו** האחרונים, דמ"מ אם אפשר טוב יותר שיקראו ז' קרואים בס"ת שהוציאו.

וכ"ז אם כבר בירך ברכה אחרונה בפסולה, אבל אם באמצע קריאתו מצאו טעות, אפי' כבר קראו הרבה פסוקים, וכ"ש כשלא קראו עדיין ג' פסוקים, וגם אפי' גמר קריאתו לגמרי, כל שלא בירך עדיין ברכה אחרונה, אין לברך ברכה אחרונה על הפסולה, דזה הוא לכתחלה, אלא יוציאו אחרת ויקראו שם ג' פסוקים, ויברך שם ברכה אחרונה לבד, זהו שיטת מהר"י בי רב שהעתיקו המחבר בסעיף זה, **ודעת** המרדכי, שאם כבר קראו ג' פסוקים, ואפשר להפסיק שם, שאינו ב' פסוקים סמוך לפרשה, פוסקים שם ומברך ברכה אחרונה, ומוציאין אחרת לעלות שמה יותר הקרואים, **ואם** עדיין לא קרא ג"פ, או שקרא ג"פ אלא שנשאר רק ב"פ סמוך לפרשה, שא"א להפסיק שם, יקרא הטעות בע"פ, ויגמור קריאתו בפסולה, ויברך ברכה אחרונה, ואח"כ יוציא אחרת, **וכן** אם הוא בר"ח וכיוצא, שצריך להשלים הפרשה לחובת היום, ואין להוסיף על הקרואים, וא"כ כשהטעות בקריאת הרביעי, א"א להפסיק שמה לברך ברכה אחרונה, שא"כ יצטרך להוסיף על מנין הקרואים, וכיון שא"א להפסיק שמה, יגמור הקריאה בספר הפסול ויברך ברכה אחרונה.

והרמ"א בהג"ה עשה כעין הכרעה ביניהם, והוא, דאם לא קרא עדיין רק שני פסוקים, או אפילו קרא ג"פ אך שא"א להפסיק שם, כגון שהוא ב"פ סמוך לפרשה וכיו"ב, לא יברך ברכה אחרונה, אלא יוציא אחרת ויגמור קריאתו שמה, ויברך ברכה אחרונה, וכדעת המחבר, **אבל** אם כבר קרא ג"פ, והוא במקום שאפשר להפסיק שם, דעתו כהמרדכי, דיברך ברכה אחרונה על הפסולה, ואח"כ יוציא אחרת, ועתה נבוא לבאר דברי השו"ע בפרט.

אם נמצא טעות בס"ת בשעת קריאה - פי' שלא קראו עדיין רק מקצת העולין, דבנשלם סדר הפרשה ואח"כ נמצא הטעות, אין מוציאין אחרת, דבדיעבד סמכינן אפוסקים דמכשירין קריאה בס"ת פסולה, **ומיירי** המחבר דנמצא הטעות בין גברי לגברי, ולכך כל האנשים שכבר קראו עולין למנין ז', ואף האחרון, דהוי דיעבד גמור.

מוציאין ספר תורה אחרת, ומתחילין ממקום שנמצא הטעות - מיירי שבמקום שפסק העולה שם נמצא הטעות, ולהכי כתב דמתחילין ממקום זה, **וה"ה** אפי' לא נודע להם הטעות עד אחר שקראו אחר הטעות ג' או ד' פסוקים, ג"כ אין מתחילין אלא ממקום שפסקו, דבדיעבד עלתה להם מה שקראו בספר הפסול.

ומשלימין הקורים על אותם שקראו במוטעה - היינו דגם אותם שקראו כבר מצטרפין למנין שבעה, וה"ה בשני וחמישי למנין שלשה, **ומ"מ** אם אפשר לקרות ז' קרואים ממקום שפסקו עד סוף הסדרא, ודאי ראוי ונכון לעשות כן לכתחלה.

ואם נמצא טעות באמצע קריאת הקורא - היינו אפי' כבר קראו כמה פסוקים, כל שלא בירך עדיין ברכה אחרונה, אינו יכול לפטור עצמו במה שכבר קרא בס"ת הפסולה, דזה הוי כלכתחלה, שהרי יכול לקרות ג' פסוקים בספר כשר, וע"כ **גומר קריאתו בספר הכשר** - היינו שיקרא שם ג' פסוקים, **ומברך לאחריה, ואינו חוזר לברך לפניה** - דס"ל דברכה ראשונה שבירך העולה בתחלת קריאתו בספר הראשון עולה גם לזו, דהא דעתו היה מתחלה על פרשה זו, מה לי ס"ת זו או אחרת.

וה"ה כשנמצא הטעות בין ברכה לקריאה, גוללין ס"ת זו ומוציאין ס"ת אחרת לקרות בה, והעולה שכבר בירך א"צ לברך שנית, אם לא הפסיק בשיחה בינתים, **ובמקום** שנהגו בזה שהעולה חוזר ומברך, ג"כ אין למחות בם, שיש להם על מה שיסמוכו, [**טעמם** של המצריכין לברך, הוא משום דעדיין לא חלה הברכה כלל, כיון שנודע עד שלא התחילו לקרות כלל].

הלכות קריאת ספר תורה
סימן קמג – דין אם נמצאת ס"ת מוטעה ויתר דיני הספר

הגה - דעה זו חולקת על המחבר, כמו שכתבנו לעיל בהקדמה, והו"ל לכתוב בלשון וי"א, אלא שכן דרכו בכמה מקומות: **ואם כבר קראו עמו ג' פסוקים ואפשר להפסיק** - שהוא ג' פסוקים סמוך לפרשה, **פוסקים שם, ומברך אחריה** - דס"ל דכיון שקראו ג"פ קודם שנודע הטעות, יצא בזה ידי קריאה, וממילא צריך לברך אחריה, וא"צ שוב לגמור קריאתו בספר הכשר, **אבל** בשנמצא הטעות אחר שקראו רק ב"פ, דא"א לו לפסוק שם, מודה להמחבר דגומר קריאתו בספר הכשר עד הפרשה ומברך אחריה.

ומשלימים המנין בספר תורה האחר שמוציאין - וה"ה שיכול להוסיף שמה, **ואם** אפשר לקרות ז' קרואים ממקום שפסקו עד סוף הסדרא, ודאי ראוי ונכון לעשות כן לכתחלה.

ועיין בבה"ל שבררנו בשם כמה אחרונים, דכן יש לנהוג למעשה כפסק השו"ע, וכפי מה שהכריע הרמ"א, **אם** לא במקום שיש מנהג קבוע בעיר כדעת המ"א, שתפס בשיטת המרדכי שהבאתי בהקדמה, אין להם לשנות מנהגם. (משום דנראה לו עיקר לדינא, דכשיוציאו ס"ת אחרת יצטרך לברך עליה, וכשיטת המרדכי, וממילא יש חשש ברכה שא"צ, דשמא הלכה דיוצאין ידי קריאה גם בס"ת פסולה, וממילא היה אז הברכה ראשונה כתיקונה, והוא עתה ברכה שא"צ כשיברך שנית על אותן הפסוקים עצמן).

(ועיין בספר שערי אפרים שהאריך בזה, ודעתו ג"כ שלא כהמ"א, **וכתב** עוד, שאם נהגו שאם נמצא טעות גמור באמצע הקריאה, שלא לקרות להלן ושלא לברך לאחריה בספר הפסול, **אף** שכבר קראו ג"פ, **אלא** לגלול את זו בלא ברכה שלאחריה, ולהוציא אחרת ולברך ברכה שלפניה, יש להם על מה שיסמוכו, {**ובאמת** זו היא דעת רוב הראשונים, ודעת הגר"א, אלא דלדידהו צריך לחזור מראש הסדר}, ומ"מ נראה שא"צ להתחיל מראש הסדר, רק יש לו להתחיל מראש הקריאה שקראו עם עולה זה שנמצא הטעות בקריאתו, שמאחר שבלא זה הוא חוזר ומברך, טוב שיקרא גם פסוקים אלו בספר הכשר בברכה וכו', ומ"מ אין די שיקרא בחזרה אותן פסוקים שקרא בפסול לבד, רק צריך להוסיף עליהם ולקרות להלן מהם עכ"פ ג' פסוקים, עכ"ל).

נוהגין שלא להוציא ס"ת אחרת בשביל מפטיר, דהיינו אם נמצא טעות אחר שכבר קראו כל הסדרא, קודם שאמרו קדיש, לא יוציא ס"ת אחרת בשביל המפטיר, וסמכינן בדיעבד על אותו שקרא אחרון, שעולה גם בשביל מפטיר, ולא יקרא עוד הפעם בתורה, כדקיי"ל בסימן רפ"ב: מפטיר עולה למנין שבעה, והקדיש יאמר לאחר ברכות ההפטרה האחרונות, **ואם** לא נודע הטעות עד לאחר שאמרו קדיש, יקרא למפטיר בס"ת זו ג"פ בלא ברכה, ולא יאמר קדיש עוד הפעם לאחר ההפטרה.

ואם נמצא הטעות באמצע קריאת השביעי, דעת מ"א ‹דאפי' במקום שהמנהג כהשו"ע, שמחליפים ס"ת כשנמצא טעות באמצע הקריאה – מ"ב המבואר›, שגומר הקורא עד סוף הסדרא בס"ת זו, ועולה לו קריאה זו גם בשביל המפטיר, כדקיי"ל בסימן רפ"ב וכנ"ל, ויברך לאחריה, ואח"כ יפטיר בנביא, ואח"כ יאמר קדיש, ‹**דבשלמא** אם נמצא טעות בשאר העולים קודם השביעי, דבלא"ה צריכים להוציא אחרת משום שאר העולים, א"כ המנהג כהר"י בי רב להוציא באמצע קריאת העולה, ולא חיישינן למחלוקת הפוסקים בענין הברכה, וסמכו על מהר"י בי רב שכתב שא"צ לברך, **אבל** כשנמצא בשביעי, דאינו עולה אחריו כי אם המפטיר, טוב שהוא יפטיר ולא יוציאו אחרת, שלא להכניס את עצמו במחלוקת לענין ברכה – מחה"ש›, **והרבה** אחרונים חולקין על זה, וסוברין דאין חילוק בין טעות שנמצא בשביעי, לטעות שנמצא בשאר הקרואים, ולכן אם לא קרא עדיין ג"פ, גומר קריאתו בספר הכשר, **ואם** כבר קרא ג"פ בשביעי וה"ה באחרון, פוסק ומברך, ויקרא לאחר בס"ת כשר ממקום שפסק והלאה, **ומשמע** ממג"ג דכן יש לנהוג, אם לא במקום שנהגו בזה כהמ"א.

ואם נמצא הטעות לאחר שקראו ז', וכבר בירך באחרונה, ועדיין לא קראו כל הסדרא, לכו"ע צריך להוציא אחרת, שהרי על כרחך צריכין להשלים כל הסדרא, ויקראו בשניה בברכה, ויכולין להוסיף כשאר שבתות.

אם נמצא טעות בס"ת בשעת קריאת המפטיר בשבת, יגמור קריאתו ולא יברך אחריה, **וכל** זה לענין מפטיר של שבת, אבל בהפטרת יו"ט או של ארבע פרשיות וכיוצא, שקריאת המפטיר בספר השני הוא לחובת היום, ונמצא בו טעות, יש להוציא אחרת, כמו אם היה טעות בקריאת סדרא של שבת.

והא דמוציאין אחרת, דוקא שנמצא טעות גמור - כגון שהיה חסר או יתר תיבה, או אות אחת, או שהיה קרי במקום כתיב, או פתוחה במקום סתומה, או להיפוך, וכן אם כתב פתוחה או סתומה במקום שא"צ,

הלכות קריאת ספר תורה שפא
סימן קמג – דין אם נמצאת ס"ת מוטעה ויתר דיני הספר

או שחיסרה, בכל אלו צריך להוציא אחרת, **וה"ה** אם נמצא שתי תיבות שלא הרחיק כראוי, עד שתינוק דלא חכים ולא טיפש קורא כתיבה אחת, או להיפוך, שהרחיק באמצע התיבה עד שנראה לתינוק הנ"ל כשתי תיבות, **או** "כדרלעמר" "פדהצור" "אליצור" "עמינדב" וכהנה, שמקובל בידנו שתיבה אחת היא, אם נמצא בשתי שיטות, צריך להוציא אחרת.

אותיות ותיבות שנמחקו קצת, אם רישומן ניכר, שתינוק דלא חכים ולא טיפש יכול לקרותן, א"צ להוציא אחרת, ואפי' לכתחלה מותר, **אבל** אם הוסר הדיו השחור ונשאר מראה אדמדם, הוי שינוי מראה ופסול, כ"כ בדה"ח בשם א"ר, **ועיין** במש"כ לעיל בסי' ל"ב במ"ב בשם החת"ס, ובפרט לענין להוציא אחרת בודאי אין להחמיר בזה.

נקרעו התפירות שבין יריעה ליריעה, אפילו נקרע הרוב, ועדיין מחוברת בה' או בו' תפירות של קיימא, כשר, אבל בפחות מזה יש להוציא אחרת, **מיהו** מה שנמצא נקרע בחומש אחד מן החומשים בס"ת זו, אין לפסול שאר החומשים לקרות בהם, כמו שיתבאר בסוף ההג"ה.

אם בשעת הקריאה נמצא אות אחד דבוק לחבירו, אם הדביקות הוא בכל אורך האות, ‹ועי"ז נשתנה צורת האות›, **או** שנשתנה צורת האות ע"י הדביקות, ‹וההכשר הוא ע"י חק תוכות›, [**ואפי'** אם אחר שיגרור הדבק יחזור תמונת האות לקדמותו, וגם יש שיעור תמונת האות שנכתב בהכשר עד הדבק, מ"מ קודם הגרר אין כאן צורת האות כראוי], **או** שטעה וכתב דל"ת במקום רי"ש, או בי"ת במקום כ"ף, בכל אלו דינם כטעות גמור שצריך להוציא אחרת, **ואפילו** אם ע"י דבוק זה לא נתקלקל אות השורש, רק אות השימוש, כגון וי"ו או יו"ד המשמשת, [וגרע זה מאם היה חסר זה האות כלל].

ואם אין שם דבק באורך האות, רק מעט, ולא נשתנה צורת האותיות וניכרים היטב, לכתחלה אין להוציא ס"ת זו לקרות בה, כל זמן שלא גררו הדבק, **ואם** לא נודע והוציאו ס"ת ונמצא בשעת קריאה, אם הדביקות בסוף האות, שאם יגררו הדבק לבד יהיה חוזר להכשרו, אזי בחול שאפשר לגרר, ונקל לעשותו אף בשעת קריאה, יש לגרר ויקרא להלן, **ואם** אין שם מי שיכול לגרר בקל ובלי הפסד וקלקול, ויש טורח צבור לחזור אחר מי שיגרור במתון, או אם אירע בשבת שא"א לגרור, מותר לקרות בו כך, ‹דכל החסרון בזה הוא מה דאינו מוקף גויל, ובתיקון זה ליכא חשש חק תוכות, ולכן אמרינן כל הראוי לבילה כו'›.

ואם הדביקות הוא בתחלת כתיבת האות או באמצעה, שממקום הדיבוק ולהלן נכתב בפסול, יש להוציא אחרת אף דלא נשתנה צורת האות עי"ז, ‹**דלית** לן למינקט קולת הרשב"א בענין ראוי לבילה, וקולת השו"ע החולק על הרשב"א בענין דבוק בתחילה או באמצע, דהרשב"א מחמיר בזה ומחשיבו כחק תוכות, [כיון דכבר באמצע כתיבתו היה בו הפסול של מוקף גויל], ואע"ג דאינן סתרי אהדדי, מ"מ אין ראוי לגבב קולות – שערי אפרים›, **ויש** מקילין שא"צ להוציא אחרת אף באופן זה, כיון שלא נשתנה צורת האות עי"ז, {**ואף** דמ"מ צריך גרירה, קי"ל כל הראוי לבילה אין בילה מעכבת בו, ודינו כאלו כבר נגרר, **ואפי'** בשבת שא"א לגרור מכח איסור שבת, מ"מ כיון שאינו מחמת הספר, אלא איסור שבת רביע עליה, א"צ להוציא אחרת}, **ובשעת** הדחק שאין שם אחרת, וצריך שהות להביא ממקום אחר ס"ת כשרה, יש לסמוך ע"ז לגמור הקריאה בס"ת זו.

אם נטף שעוה על איזה אות, ע"ל בסי' ל"ב בבה"ל מש"כ בשם דה"ח, ובסי' ש"מ במ"ב, ועיין דעת ש"א בזה.

ויש עוד הרבה אופנים שצריך להוציא ס"ת אחרת על ידם, אך קצרה היריעה מהכילם, ימצאם המעיין בפמ"ג ובספר שערי אפרים ובדרך החיים, **אך** נקוט האי כללא בידך, כל מקום שהוזכר בהלכות ס"ת שהוא פסול ודאי, יש להוציא אחרת, **ודבר** שהוא מחלוקת הפוסקים, יש להקל לענין קה"ת שלא להוציא אחרת, מאחר דיש קצת פוסקים המקילין לקרות בס"ת פסולה.

אבל משום חסירות ויתרות אין להוציא אחרת, שאין ספרי התורה שלנו מדוייקים כל כך שנאמר שבאחרת יהיה יותר כשר - כגון ווי"ן או יודי"ן מלאים או חסרים, שלא נשתנה בהם הענין והמבטא, כגון במקום שהיה צריך לכתוב "אבותינו" מלא וי"ו, ונמצא חסר, או להיפוך, וכן במקום שהיה צריך לכתוב מלא ביו"ד שימושית, ונמצא חסר, או להיפוך.

וה"ה אותיות גדולות וקטנות שנמסרו במסורה, או עייני"ן הפוכות, או פאי"ן כפופות, וכה"ג שנמסרו במסורה, לא שינוי מקרי להוציא אחרת, דלא עדיף מחסרות ויתרות הנ"ל, **וכן** אם נמצא חסר הנקודות שיש בס"ת לפעמים, כמו "איה שרה אשתך", ד"וירא", וכיוצא בו, שראוי להיות שם נקודות ע"פ המסורה, אם נחסרו הנקודות א"צ להוציא אחרת.

הלכות קריאת ספר תורה
סימן קמג – דין אם נמצאת ס"ת מוטעה ויתר דיני הספר

(אגור ופסקי מהרי"א וריא"ז ומהרי"ל פסקו דאין להביא ס"ת אחרת, וב"י פסק דצריך להוציא ס"ת אחרת, לכן צריך לחלק כך) - היינו דרך הכרעה, דדעת האגור דאפילו בטעות גמור אין מוציאין, דלא ירויח דגם ס"ת אחרת אפשר דפסול בחסרות ויתרות, **ודעת** הב"י דאפילו בחסרות ויתרות מוציאין, **וע"כ** הכריע הרמ"א לנפשיה זה החילוק להלכה.

אבל טעות שנשתנה במבטא, אף שלא נשתנה הענין, כגון "כבש" שהיה כתוב במקום "כשב", או "שלמה" "שמלה", צריך להוציא אחרת, **וכן** ה"ה אם כתב "מגרשיהן" במקום "מגרשיהם", דהא איכא שינוי לשון, [**ומ"מ** כתב בשערי אפרים, דבשעת הדחק שאין שם ס"ת אחרת, יש לסמוך להשלים מנין הקרואים בספר זה, והשביעי יהיה המפטיר], **וכן** אם כתב "רחבה" במקום "רחבו", צריך להוציא אחרת, אע"ג דנוכל לקרות בחולם, כמו "אהלה", **וכן** בפסוק "והנה תומים בבטנה", אם כתב "תומים" מלא באלף "תאומים", אע"ג שהענין אחד צריך להוציא אחרת, שהרי נרגש במבטא, **וכן** בתיבת "ונחנו מה", אם כתב "ואנחנו מה".

וה"ה אם נשתנה הענין עי"ז אע"ג שלא נשתנה במבטא, כגון בתיבת "ונמצה דמו", כתב "ונמצא דמו", או בתיבת "מאן יבמי", שהוא שרש "מיאון", כתב "מאין" ביו"ד, וכן כל כיוצא בזה, צריך להוציא אחרת, ועיין בדה"ח ובשערי אפרים שהאריכו בפרטים אלו.

ובשעת הדחק, שאין לצבור רק ס"ת פסול, ואין שם מי שיכול לתקנו, י"א דיש לקרות בו בצבור ולברך עליו; ויש פוסלין - הוא כדעת המחבר לעיל בס"ג, וכן סתמו האחרונים דלכתחלה לא יוציאו אפילו לחובת היום.

אמנם אם התחילו לקרות ואח"כ נמצא בה טעות, ואין שם ס"ת אחרת זולתה, י"א דגומרין ז' קרואים ומברכין לפניה ולאחריה, רק המפטיר יחיה השביעי, והקדיש יאמרו אחר ההפטרה, **והדגול** מרבבה כתב דאין להרבות בברכות באופן זה, וכ"כ בשערי אפרים, אלא ישלים עם העולה הזה שנמצא אצלו הטעות, הפרשה שלו, ולא יברך ברכה אחרונה, רק יעמוד שם, והש"ץ יקרא לעולים אחרים עד תשלום ז' עולים, ולא יברכו כלל, רק הש"ץ יקרא לכל אחד פרשה שלו עד גמר הסדרה, וזה העולה שנמצא הטעות בקריאה שלו העומד שם לא יסיח דעתו, ויקרא בלחש עמהם, ובגמר הסדרה יברך הוא ברכה האחרונה, **והוא** יאמר גם כן ההפטרה בנביא בברכותיה, **ויש** מי שכתב שיאמר ההפטרה בלי ברכות.

ואם נמצא הטעות בשלישי או בשאר העולין אחר סיום קריאתן שבירכו ברכה אחרונה, ואין שם ס"ת אחרת זולתה, יקרא הקורא שאר הפרשיות עד גמר הסדרא בלא ברכה, [**וכיון** דכבר הוא סילק עצמו בהברכה אחרונה, הוא ואחרים שוין, ויוכל הקורא לקרא לפניו או לפני שאר אנשים, **ובפת"ש** משמע דטוב יותר שיקרא לפני זה העולה שאר פרשיות הסדרא עד תומה, **אבל** אינו מוכרח].

ואם חומש אחד שלם בלא טעות - היינו שכל הס"ת הוא בגליון אחד, אלא שאין שלם בלי טעות אלא חומש אחד, **יש להקל לקרות באותו חומש** - ר"ל בברכה, **אע"פ שיש טעות באחרים** - והיינו אפילו לדעת היש פוסלין הנ"ל, דאסרי אפילו בשעת הדחק, כל זה הוא אם הפסול נמצא באותו חומש שרוצה לקרות בו, אבל בחומשין השלמים אין להחמיר בשעת הדחק, כיון שעכ"פ בחלק זה שהוא קורא בו הוא שלם, **ולא** דמי לחומש אחד, שפסול לכו"ע לקרות בו וכדלעיל בס"ב, שאני התם שאינו כבוד לצבור לקרות בחומש אחד, משא"כ הכא שיש כל החמשה חומשין ביחד.

(**ועיין בביאור הגר"א שכתב, דלפירוש רש"י משמע דאין** להקל בזה, ובאמת הר"ן שהביא דין זה בשם רבינו, לא החליט כן למעשה רק להלכה, גם לא כתב כן רק לחד תירוצא, ועיין בבית מאיר שגם הוא מפקפק בדין זה, ועיין בשערי אפרים שכתב ג"כ שאין המנהג להקל בזה, ומ"מ נראה שהנוהג להקל בזה אין למחות בידו).

סעיף ה - בית הכנסת שאין בהם מי שיודע לקרות אלא אחד - ר"ל שאינם יודעים לקרות אחרי הש"ץ מלה במלה מתוך הכתב, **והמחבר** אזיל לטעמיה בסי' קל"ט ס"ב, דכתב דבאופן זה לא יעלה, **יברך ויקרא קצת פסוקים ויברך לאחריהם, וחוזר לברך תחילה וקורא קצת פסוקים ומברך לאחריהם, וכן יעשה כמה פעמים, כמספר העולים של אותו היום** - אכן לפי מה שכתב הרמ"א בסי' קל"ט בס"ג, דאנו קוראים אפילו לע"ה, ואפילו אינו יכול לקרות אחרי המקרא, וכמו שכתבנו שם במ"ב, **וא"כ** ישתנה האי דינא, דלדידן לעולם צריך לקרות שבעה קרואים, ויברכו, והש"ץ יוציאם בקריאתו, וכן משמע בביאור הגר"א כדברינו.

§ סימן קמד – שלא לדלג בתורה מענין לענין ודיני ההפטורה §

סעיף א- מדלגין בנביא - היינו לפי מה שידוע, דמדינא אין על הפטרה בנביא פסוקים מיוחדים, רק שצריך להיות מעין הסדרא, **ואשמועינן** דמותר להמפטיר בנביא לדלג מפרשה זו לפרשה אחרת, **וכן** המנהג בכמה הפטרות, שמוסיפין להם פסוקים מפרשיות אחרות.

ואין מדלגין בתורה מפרשה זו לפרשה אחרת - היינו בשני וחמישי, דצריך מדינא לקרוא רק עשרה פסוקים לתלתא גברי, או ביו"ט דצריך לקרות ה' גברי, אין לקרותם לכתחלה בדלוג רק כסדר, [**דבשחרית** בשבת לא שייך האי דינא, דהא צריך לקרות כל הסדר, **ואולי** שייך גם על שחרית, שלא ידלג איזה פסוקים אפי' ע"מ לחזור ולהשלימם אח"כ].

וה"מ בשתי ענינים, דחיישינן שמא תתבלבל דעת השומעים - לפי שד"ת דברי אזהרות ועונשין ומצות, וצריך שיכנסו בלב השומעים, וכשאדם יוצא משיטה לשיטה אינו נוח להתבונן, משא"כ בנביאים.

אבל בחד ענינא, כגון: "אחרי מות" ו"אך בעשור" שכהן גדול קורא ביום הכפורים, מדלגין - ר"ל אע"פ שיש הפסק רב ביניהן, שזה בפרשת "אחרי", וזה בפרשת "אמור", אפ"ה כיון דתרוייהו מענין יוה"כ, מותר לדלג ולקרותם יחד, **וה"ה** מה שנוהגין בת"צ, כשקורין "ויחל" בפרשת תשא, שמדלגין ל"פסל לך", והיינו ג"כ מטעם שהם ענין אחד, [**והפמ"ג** כתב עוד טעם, משום דהוא תרי גברי, ולא ידעתי מנ"ל דבתרי גברי מותר לדלג בשני ענינים].

והוא שלא יקרא על פה, שאסור לקרות שלא מן הכתב אפי' תיבה אחת - ר"ל דלכך התירו לדלג ולגלול הספר להפרשה השניה, אף דהוא מנכר מילתא, כדי שלא יבוא לקרוא השניה בע"פ, וזה אסור, [**דאל"ה** מה שיאטה דוקא הכא].

ובנביא מדלגין אפי' בשני ענינים, והוא שלא ישהה בדילוג בענין שיעמדו הציבור בשתיקה - בזמניהם היו רגילין לתרגם בין פסוק לפסוק, ואשמועינן שיהיו קרובים הענינים זה לזה כ"כ, עד שלא ישהא הדלוג יותר מכדי שיפסוק התורגמן, שאין כבוד לצבור שיעמדו בשתיקה וימתינו.

והני מילי בנביא אחד, אבל מנביא לנביא אין מדלגין - דאיכא טירוף הדעת ביותר מדאי, (כיון שיש בזה שהיה מרובה – פמ"ג), ודוקא בשני ענינים, אבל בענין אחד מדלגין.

ובתרי עשר מדלגין מנביא לנביא - שהם חשובים כנביא אחד לענין זה, מפני שהם קצרים, (ולית שהיה כ"כ – פמ"ג).

ובלבד שלא ידלג מסוף הספר לתחלתו - ר"ל לצד תחלתו שהוא למפרע, ואפילו הם סמוכים זה לזה, [דאילו לתחילתו ממש, אפי' מתחילתו לסופו נמי לא, דהא איכא בכדי שיפסיק התורגמן].

והנה יש דעות בין הפוסקים, י"א דדוקא מנביא לנביא אין מדלגין בזה, [ואפי' בענין אחד], ואפילו בנביא של תרי עשר, **אבל** בנביא אחד מדלגין אפילו למפרע, אם הם סמוכין ולא יצטרכו הצבור לעמוד בשתיקה, **והמ"א** מצדד וכן פסק בא"ר, דאפילו בנביא אחד אין לדלג למפרע, **ועיין** בפמ"ג שמצדד, דבענין אחד בנביא אחד מותר לקרות למפרע.

וכתבו הפוסקים, דבזמנינו שאין רגילין לתרגם, נמי שרי (לדלג), כיון שכל ההפטרות כתובים בזמנינו בקונטרס בפני עצמן, או בחומשין, הלא יכול לסמן ולחפש מהר כל הפסוקים השייכים להפטרה זו, ולא יהיו הצבור צריכין לעמוד בשתיקה עי"ז, ולכן שרי, **ומטעם** זה מותר בזמנינו אפי' כשהפסוקים הם מב' נביאים, ואפי' רחוקים זה מזה הרבה.

סעיף ב- נוהגין בשבת שיש בו חתן, לומר אחר הפטרת השבוע, שנים או שלשה פסוקים מהפטרת "שוש אשיש"; וכשחל ר"ח בשבת וביום א', אחר שמפטירין ההפטרה בשבת, אומרים פסוק ראשון ופסוק אחרון מהפטרת "ויאמר לו יהונתן מחר חודש" - לזכר שלמחר הוא ר"ח, **ואין למחות בידם** - וטעם המנהג, אף דכמה פעמים מתרמי שהוא מנביא לנביא, משום

מחבר רמ"א משנה ברורה

הלכות קריאת ספר תורה
סימן קמד – שלא לדלג בתורה מענין לענין ודיני ההפטורה

דבימי התלמוד היו כל הספרים נכתבין בגליון, והיו צריכין לשהות בגלילה, אבל לדידן שההפטרות נכתבין בקונטרסים או בחומשין, הלא יכול לעשות סימן שימצא מהר.

(וע"ל סי' תכ"ה סעיף ג', ובסוף סי' תכ"ח, היאך נוהגין) - היינו דשם נתבאר, דכהיום אין נוהגין לדלג מנביא לנביא כלל.

(הפטרה, יש אומרים שהוא מלשון: אין מפטירין אחר הפסח, שענינו סילוק, כלומר סילוק תפלת שחרית).

סעיף ג - אין גוללין ס"ת בצבור, מפני כבוד הצבור - שיהו מצפין ודוממין לכך, **ובשבת** שקורין בשני ס"ת, יכולין לגלול אחת בעוד שקוראין הראשונה, **ויותר** טוב כמו שנוהגין עתה, שגוללין ומחפשין בעת שאומרים הקהל פסוקי דזמרה, וכמו שכתב בד"מ, [משום בלבול הדעת].

ואם אין להם אלא ס"ת אחד, והם צריכים לקרות בשני ענינים - כגון בשבת של ר"ח, או ביו"ט מפני המפטיר, **גוללין, וידחה כבוד הצבור** - ר"ל ולא אמרינן דמשום זה יקרא פרשה של המפטיר בע"פ, או בחומש, דמסתמא הצבור מוחלין על כבודם כדי לקיים קריאת המפטיר כדין.

סעיף ד - אין קורין לאדם א' בשני ספרי תורה, משום פגמו של ראשון, (פי' שנראה כפוגם ומטיל דופי בראשון) - בין בענין א' ובין בשני ענינים, כגון בשבת ר"ח או ביו"ט, דדינא הוא שקורין למפטיר בספר אחר הנגלל מכבר ומוכן לאותו מקום, כדי שלא יצטרכו לגלול בצבור את הספר ראשון, וכנ"ל בס"ג, **אין** לקרות למי שעלה באחרונה, שיעלה הוא ג"כ למפטיר בספר השני, אפילו אין שם אחר שיודע להפטיר, דנראה כמטיל דופי בס"ת ראשונה, מפני שהיא חסרה או שאר פסול, **אלא** יגללו הס"ת ראשונה עד שיגיעו לשם.

(ופשוט דדוקא כשהקריאה היתה תכופה, אבל מי שעלה לס"ת בבהכ"נ במנין ראשון, מותר לעלות עוד בבה"כ במנין שני, אפי' בס"ת אחרת, דהו"ל קריאה חדשה).

ואם ירצו לקרות למפטיר מהקרואים שקודם האחרון, המ"א מתיר, דאין שייך פגם אלא כשקורא בשניהם זה אחר זה, דיאמרו למה לא קרא בראשון, אלא שחסר הפרשה בו, אבל כשהפסיק בינתים באיש אחר, הו"ל עתה כקורא מחדש, **והב"ח** אוסר, וכן מצדד הא"ר לדינא, מטעם דאכתי יאמרו דנודע עתה פסולו של הספר ראשון, ולכך קרא באחרת, **ואך** בשמחת תורה מצדד הא"ר דיש להקל בזה כהמ"א, דמותר לקרות לחתן בראשית מי שעלה כבר בס"ת ראשונה, מחמת דיש לו עוד סניפים להתיר שם.

אבל שלשה גברי בשלשה ספרים, כגון: ר"ח טבת שחל להיות בשבת - שאחד קורא בענינו של יום, והשני בשל ראש חודש, והשלישי בשל חנוכה למפטיר, **ליכא משום פגם** - אפי' בענין אחד. **וה"ה** תרי גברי בתרי ספרים. **ואם** ירצה הראשון מהשלשה לקרות בס"ת שלישית למפטיר, תליא בפלוגתת הב"ח ומ"א שכתבתי מתחלה.

§ סימן קמה – דיני המתרגמין §

סעיף א - בימי חכמי הגמרא היו נוהגים לתרגם - בלשון תרגום, כי לשונם היה ארמית, **כדי שיבינו העם.**

אין הקורא רשאי לקרות לתורגמן יותר מפסוק אחד; ואין המתרגם רשאי לתרגם עד שיכלה הפסוק מפי הקורא; ואין הקורא רשאי לקרות פסוק אחר, עד שיכלה התרגום מפי המתרגם - והכל כדי שלא יתבלבלו הצבור, ויוכלו לשמוע כל הפרשה ככתבה מפי הקורא, ואח"כ יבינו כל פירושה מפי המתרגם.

ואין הקורא רשאי להגביה קולו יותר מהמתרגם, ולא המתרגם יותר מהקורא - דכתיב: משה ידבר והאלהים יעננו בקול, והאי "בקול" היינו בקולו של משה. **ואין הקורא רשאי לסייע למתרגם, שלא יאמרו: תרגום כתוב בתורה.**

סעיף ב - קטן מתרגם על ידי גדול, אבל אינו כבוד לגדול שיתרגם על ידי קטן.

סעיף ג - האידנא לא נהגו לתרגם, משום דמה תועלת בתרגום כיון שאין מבינים אותו

- ואין לומר נלמוד מהם לפרש גם אנחנו לעם בלשון שיבינו, דשאני תרגום שנתקן ברוח הקודש, **ועיין** במגן גבורים שהביא בשם תשב"ץ, שגם עתה רשות לתרגם בלשון תרגום, אף שאין מבינים אותו, משום שנתקן ברוח הקודש, אלא שאין התרגום מעכב.

§ סימן קמו – שלא לדבר בשעת הקריאה §

סעיף א - אסור לצאת ולהניח ס"ת כשהוא פתוח - וע"ז נאמר: ועוזבי ה' יכלו, ומתרגמינן: ודשבק אורייתא דיי' ישתצון, **ואפילו** איכא עשרה דצייתי לס"ת זולתו, וגם הוא כבר שמע קה"ת בעשרה, אפ"ה אסור.

(מלשון זה משמע, דאפילו לא התחילו עדיין לקרות, אסור, מכיון שכבר נפתח הספר, **ואף** דבס"ב סתם המחבר כהרמב"ם, דדוקא כשהתחיל לקרות אסור, הכא לענין לצאת חמיר טפי, **ואף** דלענין בין גברי לגברי חמיר שם מהכא, דהכא שרי והתם אסור, לענין לצאת כשהיא פתוחה חמיר הכא מהתם, **אכן** מלשון הרמב"ם משמע, דהכא ג"כ אינו אסור רק כשהתחיל לקרות, **אמנם** לפי מה שמצדד המ"א, וכן משמע מהגר"א, דשם ג"כ אסור תיכף משנפתח, א"כ בענינינו בודאי אין להקל).

אבל בין גברא לגברא, שפיר דמי – (עיין בפר"ח שמצדד לומר, דמשעה שגמר הקריאה, אפילו לא בירך עדיין ברכת "אשר נתן", יכול לצאת, **ובספר** מטה יהודה חולק על זה, דהברכה שייכא להקריאה, וחשיבא כוותיה).

והוא כשנשארו עשרה בביהכ"נ, וכשכבר שמע קה"ת, או שדעתו לבוא מיד, **וגם** זה אינו מותר כי אם כשהוא לצורך גדול.

(וזהו דוקא כשאירע הדבר באקראי בעלמא, אבל כשעושין זה תדיר, נראה פירוק עול תורה, וכמעט שאני אומר, שעליהם נאמר: ועוזבי ה' יכלו ח"ו – תשב"ץ).

סעיף ב - כיון שהתחיל הקורא לקרות בס"ת, אסור לספר אפילו בד"ת - וכן לפרש דבר תורה, או להורות הוראה לאדם ששואל, אסור, [דהא יכול להורות אח"כ], **ולאפרושי** מאיסורא, מותר לומר בדרך קצרה, אם אי אפשר להפריש ע"י רמיזה.

והמ"א מצדד לומר, דמשעה שנפתח הס"ת, אפילו לא התחיל עדיין הקורא לקרות, ג"כ אסור, וכן משמע דעת הגר"א בביאורו, דמשעה שפתחו הס"ת כדי לברך אסור לספר.

אפי' בין גברא לגברא - שמא ימשך הלמוד בעת הקריאה, **והב"ח** מיקל בלמוד בין גברא לגברא, **ובא"ר** מצדד, דעם אחרים אין להקל שמא ימשך, ובבינו לבין עצמו, המיקל ללמוד אז אין למחות בידו, **אך** להורות אז הוראה לפי שעה אין להחמיר, דלא שכיח כ"כ בזה שמא ימשך.

ואפילו אם השלים הוא הפרשה - שנים מקרא ואחד תרגום, **ועיין** בפמ"ג שמצדד לומר, דאפי' אם כבר שמע קריאת התורה בעשרה, ג"כ אסור, וכן משמע בביאור הגר"א.

ויש מתירים לגרוס (פי' ללמוד) בלחש - איירי דאיכא עשרה דצייתי לס"ת מבלעדו, ואפ"ה אינו מותר בקול רם לדעה זו, כדי שלא יטריד שאר השומעים.

(**באמת** שיטה זו תמוה לכאורה מאד, דמאי מהני שיגרוס בלחש, שלא יבטל שארי השומעים קה"ת, מ"מ גם הוא מצווה לשמוע קה"ת, ואם ילמוד את למודו לא יתן לבו לשמוע מה שקורא הקורא, ואפילו אם יש עשרה דצייתי, מאי מהני לגבי דידיה, הא על כל איש ואיש מוטל החיוב דתקנת עזרא, **ובאמת** מפני זה דחאה בעל שבולי הלקט שיטה זו מהלכה, **ולולא** דמסתפינא הו"א, דשיטה זו מיירי שכבר יצא בעצמו ידי קה"ת, ואפ"ה בקול רם אסור, שלא יטריד שאר השומעים, וכן דעת בה"ג שנזכר אחר זה, יהיה ג"כ מיירי רק בכה"ג, **ולפי"ז** אפשר דקאי המחבר רק אמאי דסמיך ליה, שכבר השלים הפרשה, ולפי מה שכתבנו במ"ב, דאפילו כבר יצא ידי קריאה, **אלא** דבאמת מדברי המחבר בסוף סעיף זה, שכתב וכ"ז אינו ענין וכו', לא משמע כן, וצ"ע).

הלכות קריאת ספר תורה
סימן קמו – שלא לדבר בשעת הקריאה

וי"א שאם יש י' דצייתי (פי' המשימין לבם לס"ת, מותר לספר (בד"ת) - ‹בה"ג›.

ויש מתירים למי שתורתו אומנתו - היינו דאפילו היכא דאיכא י' דצייתי, אינו מותר ללמוד בעת הקריאה, כי אם בשתורתו אומנתו, שאינו מבטל שום שעה מלמודו, [**ובדליכא** י' דצייתי, אינו מועיל תורתו אומנתו אפי' לשיטה זו]. **ועיין** בא"ר שהביא בשם כמה ראשונים, דהשתא אין לנו תורתו אומנתו לענין זה.

ויש מתירים למי שקודם שנפתח ס"ת מחזיר פניו ומראה עצמו שאינו רוצה לשמוע ס"ת אלא לקרות, ומתחיל לקרות - טעם שיטה זו, דס"ל שכיון שכבר התחיל במצוה מתחלה, וראו אותו אנשי ביהכ"נ שכבר קבע עצמו ללמוד, אינו מחוייב לפסוק, **אבל** אם לא התחיל מתחלה, אין לשום אדם, ואפילו מי שתורתו אומנתו, ללמוד בשום אופן כלל.

ולקרות שנים מקרא ואחד תרגום בשעת קריאת התורה, שרי - לכל הדעות שנזכרו לעיל, כיון שהוא מעין מה שקורא הש"ץ, אע"פ שאין קורא ממש בפסוק שהש"ץ קורא, **ומ"מ** גם זה אינו מותר רק בלחש, שלא יבלבל דעת השומעים.

(**עיין** במ"א שהביא בשם תה"ד, דמותר אפילו ליכא עשרה דצייתי לס"ת, כיון דגם הוא עסוק באותו ענין, **ובאמת** אין דברי תה"ד מוכרחין כלל, ואפשר דוקא בדאיכא עשרה דצייתי, אבל בדליכא עשרה **לא** מהני, דהא הוא קורא בפני עצמו בחומש, ולפעמים בפרשיות ובפסוקים אחרים, ואינו שומע הפרשה שקורין בספר, **ולא** מיבעיא לדעת הט"ז וסייעתו בסימן נ"ה, דישן וכן מדבר ואינו שומע אינו מצטרף לענין תפלה, משום דבעינן עשרה דצייתי, בודאי גם הכא בעינן עשרה דצייתי למה שקורא בספר, **ואין** להתיר במה שעוסק באותו ענין, דהא הט"ז שם כתב, דגם בההיא דסעיף ו' דעסוק ג"כ בענין תפלה, אינו מותר רק משום דיכול להפסיק ולשתוק, ושומע כעונה, **אלא** אפילו להשו"ע שם דמקיל, אפשר הוא דוקא בתפלה ולא בקריאת התורה, דשם בעינן דוקא צבור, ותדע דהא בעניני התפלה, אחד מקבץ עשרה בני אדם אף שכבר התפללו, ויצאו ידי ברכו וקדושה, ועובר לפני התיבה ואומר ברכו וקדושה, והכל עונין אחריו, ולא מצינו כן בקריאת התורה, שאחד שלא שמע קה"ת יוכל לקבץ עשרה שכבר קראו, ולקרות עוד הפעם בשבילו, וע"כ דלא נתקנה אלא בצבור דוקא, **ובאמת** ע"כ מוכרחין אנו לומר כן לדעת השו"ע, דקה"ת חמיר טפי, דהא בעניננו מבואר להדיא בבה"ג ורי"ף, דבעינן עשרה דצייתי, ולא מצטרף במה שאחד יושב ועוסק אפילו בד"ת, ולדעת השו"ע שם הלא מצטרף במה שיושב שם בביהכ"נ לחוד, וע"כ דקריאה חמירא טפי, ומזה באמת נפשט ספיקא דפמ"ג שהבאתי לעיל במ"ב סימן נ"ה, שמסתפק לענין קה"ת אם ישן מהני, ומדברי בה"ג ורי"ף משמע דלא מהני).

וכל זה - ר"ל כל הקולות הנזכרים בסימן זה לענין שמיעת הקריאה, **אינו ענין לפרשת זכור ופרשת פרה, שהם בעשרה מדאורייתא, שצריך לכוין ולשומעם מפי הקורא.**

פרשת פרה - עיין בבאור הגר"א ופר"ח וש"א שכתבו, דאינו עיקר, ופרשת פרה הוא מדרבנן, **מ"מ** לענין זה מסתברא דגם לדידהו לא מקילינן כל הקולות הנ"ל.

והנכון שבכל הפרשיות ראוי למדקדק בדבריו לכוין דעתו ולשומעם מפי הקורא - ר"ל אפי' להעביר הסדרא שמו"ת בשעת הקריאה אינו מן המובחר, אלא ראוי לדקדק ולשמוע מפי הקורא מלה במלה.

ופר"ח כתב, דמעיקר הדין הוא, שאסור לעסוק בשום דבר ואפילו בשמו"ת בשעת הקריאה, ואפי' איכא עשרה דצייתי זולתו, [**אם** לא מי שתורתו אומנתו, ובזמנינו ליכא תורתו אומנתו וכנ"ל], **וכן** הביא מ"א בשם של"ה שמחמיר בזה, אלא צריך לשתוק ולשמוע הקריאה מפי הש"ץ, וכן דעת הגר"א במעשה רב, **ומ"מ** לקרות שמו"ת או עם פירש"י בין גברא לגברא, מותר אפילו לדעה זו, **והמ"א** הביא בשם מטה משה, דנכון לקרות בלחש מלה במלה עם הש"ץ, דבלא זה א"א לכוין ולשמוע, וכ"כ כמה אחרונים.

(**והנה** כל זה הסעיף הוא תוכחת מגולה, לאותן האנשים המפקירין את נפשותם ומספרין בשיחה בטלה בעת הקריאה, אם בין גברא לגברא שהספר סתום, אסור לספר עם חבירו, ולכמה פוסקים אסור אפילו בד"ת, כמה יגדל האיסור בעת שהספר פתוח, שבזיון הוא כשמסיר אזנו

הלכות קריאת ספר תורה
סימן קמו – שלא לדבר בשעת הקריאה

מלשמוע דבר ה', וגדול עונו מנשוא, **שאפילו** מי שיוצא באמצע הקריאה נאמר עליו: ועוזבי ה' יכלו, כ"ש בזה שעומד בביהכ"נ ואינו רוצה להטות אזנו לתורה, **ולבד** זה מצוי כמה פעמים חילול השם עי"ז ברבים, כגון שהוא עומד במזרח ביהכ"נ, ועונו נראה לעין כל, ויש בזה חשש ד"לא תחללו את שם קדשי", גם כמה פעמים המעשיות שלו מעורבין בלה"ר ורכילות מראשן ועד סופן, ולבד זה האיסור של שיחה בטלה בבהכ"נ וביהמ"ד, שהוא ג"כ איסור גדול, **ראה** וחשוב כמה איסורין עובר עי"ז, וגם תפלתו מתועבת עבור זה לפני ה', כדכתיב: מסיר אזנו משמוע תורה גם תפלתו תועבה, ואשרי מי שנותן כבוד לתורה, וכמו שנאמר: כי מכבדי אכבד וגו').

סעיף ג - אסור לספר כשהמפטיר קורא בנביא עד שישלים, כמו בס"ת - עיין לקמן סי' רפ"ד ס"ג, דצריך לכוין גם לברכות המפטיר, ולענות אחריהם אמן.

סעיף ד - א"צ לעמוד מעומד בעת שקורין בתורה - ואפילו העומדים על הבימה, דא"צ לעמוד מפני ס"ת אלא כשאדם נושאה, אבל כשמונחת במקומה א"צ, **ודוקא** הקורא והעולה לתורה צריכין לעמוד, **וכן** אפילו כשאחד תופסה בידו, כגון בעת שקורין ההפטרה, כיון שהוא יושב במקומו א"צ לעמוד לפניה, אפילו הם בתוך ד"א שלה על הבימה, [**ובפמ"ג** כתב דאפי' הוא עומד עמה, כגון בעת שמזכיר החזן נשמות, ג"כ אינו מחוייב אז לעמוד מפניה, כיון שהחזן עומד עמה במקום אחד, **ולפי"ז** ה"ה בעת שפותחין הארון, כי הלא בכל זה במקומה מונחת, והעולם נוהגין בכל זה לעשות הידור לתורה ולעמוד, **ועיין** בא"ר שדעתו, דבעת הגבהה מחוייבין הכל לעמוד, אף שהיא ברשות אחרת, וטעמו, דהרי הוא מגביה להראותו לעם, ומחויבין לכבדה].

ודע, דבעת שנושאין אותה, חייב לעמוד לפניה עד שתתכסה מעיניו, או עד שיגיענו המוליכה למקומה, **ואפי'** סמיכה על איזה דבר אסור, דסמיכה כישיבה.

ובשעת אמירת "ברכו" ועניית "ברוך ה' המבורך לעולם ועד", לכו"ע צריכין לעמוד, דהוא דבר שבקדושה.

(ויש מחמירין ועומדין, וכן עשה מהר"ם) - כתב הפר"ח והגר"א דהעיקר כסברא הראשונה, וכן נהגו, **והב"ח** כתב, דגם המהר"ם מודה דמדינא שרי, אלא דס"ל דראוי להדר ולעמוד, מפני שצריך האדם להעלות בדעתו כששומע הקריאה מפי הקורא, כאילו קבלה אותה שעה מהר סיני, ובהר סיני היו כל ישראל עומדין, כדכתיב: אנכי עומד בין ה' וביניכם וגו', **ומי** שהוא איש חלש וקשה לו לעמוד, ועי"ז אין דעתו מיושבת לכוין היטב לקול הקורא, יש לו לישב.

ובין גברא לגברא לכו"ע שרי לישב.

§ סימן קמז – דיני גלילת ספר תורה §

סעיף א - אסור לאחוז ס"ת ערום בלא מטפחת - אם לא ע"י בגד המפסיק, ואפילו נגיעה בעלמא בידו לס"ת ערומה, אסור.

וע"כ בעת שגוללים הס"ת קודם קריאה, או בשעת הגבהה, שלפעמים נמשכים יריעות הס"ת, ובכדי להשוות היריעה אוחזים בראשי היריעות למשוך אותם למעלה או למטה, כדי שיהיה שוה מבחוץ, אזי צריך ליזהר שלא יאחוז ביריעות ביד ערומה, [אף שנטל ידיו מקודם], **אלא** צריך הפסקת טלית או מטפחת, להפסיק בין ידיו ליריעות הס"ת.

ובעמודי הס"ת יכול לאחוז בלא מטפחת, [וכן פשט המנהג], **ויש** מחמירין, וכורכין עמודי הס"ת בקצוות הטלית בשעת הגבהה, **ובמקום** שלא נהגו הכל לעשות כן, אף מי שרוצה לדקדק בזה, יעשה בדעת שלא ירגישו בזה בני אדם, משום יוהרא.

וכ"ז דוקא כשאין צורך, אבל כשיש צורך לתיקון הס"ת, לתפור קצת, ולדבק בדבק מטלית וכדומה, היכא דלא אפשר ראשי, **ומ"מ** טוב שיטול ידיו תחלה, **אבל** כשאין צורך, אפילו בנטילת ידים יש להחמיר, כמו שמסיים הרמ"א.

בגמרא אמרינן, דעבור זה נקבר ערום ממצוה זו, דהיינו שאין לו שכר של אותה מצוה, שאם אחז וקרא בו, אין לו שכר מקריאה, וכן אם אחזו לגוללו או להגיהו.

הגה: וי"א דה"ה שאר כתבי קודש - ודוקא כשכתובים אשורית על הקלף ובדיו כס"ת, **אבל** ספרים שלנו שאין נכתבים באופן זה, לכו"ע מותר,

מחבר רמ"א משנה ברורה

ואפילו קודם נטילה, **ומיהו** דוקא בסתם ידים, אבל כשידע שנגע במקום הטינופת, יש להחמיר.

ולא נהגו כן - היינו אף באותן שכתובין אשורית ועל הקלף כדין, כגון מגילה, ג"כ נהגו העולם להקל, ומסיים הרמ"א: **וטוב להחמיר אם לא נטל ידיו** - ר"ל שהם סתם ידים, וחוששין שמא נגע במקום המטונף, **אבל** כשנטל ידיו אין להחמיר בזה. **ובס"ת, אפי' בכה"ג** - שנטל ידיו, ג"כ **אסור** - ליגע בה בלי מטפחת.

גדול שבאותם שקראו בתורה, גוללו - ואיתא בגמ', דהגולל {והוא מה שאנו קורין היום הגבהה, שהוא עיקר הגולל} נוטל שכר כנגד כולן, ולכך כדאי שהגדול יהיה מכובד במצוה זו, כדי שהוא יקבל השכר.

ויש פוסקים דהגדול שבביהכ"נ גולל, אע"פ שלא קרא בתורה, וכן פסק הגר"א, וכן פשט המנהג כהיום, שאין מחפשין אחר מי שקרא בתורה.

זהו מעיקר הדין, ועכשיו נהגו שלא לדקדק בזה, ומכבדים אף לאנשים בינונים, משום דרכי שלום.

ואם יש שני יא"צ ביום אחד, ואחד עלה לתורה, יש לכבד השני בהגבהה.

אין הסגן רשאי לכבד במצות הגבהה, למי שידיו רותתין הרבה, או לזקן ותש כח, שידוע שהוא מגביהו לשבת מיד, כי אין לו כח להחזיקה זמן מה כלפי העם שיוכלו להסתכל היטב, **וגם** האיש ההוא צריך למנוע נפשו מזה.

ומצות גלילה אף כי רבה היא, נהגו לכבד אף לקטנים שיש בהם דעת להבחין ענין דבר שבקדושה, בכדי לחנכם במצות.

ורגילים לקנותו בדמים יקרים, לחבב המצוה - היינו אף דמצד הדין הגדול קודם למצוה זו, כהיום משום חבוב המצוה, רגילין לקנותו בדמים יקרים, ואין להקפיד בזה, והוא קודם להגדול, **ואם** לא נמצא בביהכ"נ מי שקנה, והגבאים מכבדים להישר בעיניהם, בודאי ראוי להגבאים לכבד לגדול. **ונוהגין** למכור הוצאות והכנסות, משום: ברב עם הדרת מלך.

הגה: י"א אם המעיל בצד אחד פשתן ובצד אחד משי, צריך להפך המשי לצד הספר ולגלול - היינו המעיל התחתון שהוא המפה, דאילו המעיל העליון, לכו"ע אין להפכו, **וטעם** בכ"ז, דבעינן לכתחלה לעשות דומיא דארון, שהיה מבפנים מצופה זהב, [**והמעיל** העליון מבחוץ הוא משי, הוא ג"כ דומיא דארון, שהיה מבחוץ מצופה זהב].

ולא נהגו כן - הנה המ"א כתב, דמ"מ לכתחלה טוב לנהוג כן, **ובביאור** הגר"א הסכים להשו"ע ‹דלא נהגו כן›, דאותה דעה אין לה עיקר, **וע"כ** יש שכתבו דבעל נפש יעשה מפה משני צדדים בשוה, ואף שפשתן באמצע, נמי שרי, דומיא דארון שהיה מצופה זהב מבית ומבחוץ ועץ באמצע.

מפות ומטפחות, וכן הפרוסות על השלחן, אסור מכלאים, **אבל** פרוכות ומה שמניחין בארון, ואין יוצא עם הס"ת, מותר של כלאים.

ואין לגלול במפה הקרועה, אם יש לו אחרת - וה"ה המעיל שעליה, ואפילו הן חדשים, דלאו כבוד ותפארת הוא לס"ת.

ואין לעשות מפות לס"ת מבגדים ישנים שנעשו בהם דבר אחר לצורך הדיוט - שאין זה דרך כבוד, **אך** בדיעבד אם עשאן, מצדד הא"ר שאין לאסור, **ומיהו** עכ"פ זה ודאי, שאם עשאו ונשתמש בהן לקדושה, אסור להוריד ולעשות מהן תשמיש דתשמיש. **וע"ל סי' קנ"ג.**

וה"ה לכל תשמישי קדושה, שאין נעשין מדברים שנשתמש בהן מתחלה לצורך הדיוט, **אבל** לתשמישי מצוה, כגון כיס לטלית, מותר, **ובס'** בית הלל וא"ר הסכימו, דאפילו טלית עצמו מותר, **מיהו** מתשמיש מגונה כגון מכנסים וכדומה, נראה דאין לעשות.

כתב הט"ז, דוקא תשמיש קדושה אסור, אבל תשמיש דתשמיש שרי, **והמ"א** מפקפק בזה, ובצירוף עוד סניף בודאי אין להחמיר בזה.

ומשמע דאם עדיין לא נשתמש בהן ‹לצורך הדיוט›, שרי, **ואף** דבמ"א מצדד דאפילו בחדשים, כל שנעשו לצורך הדיוט אסור, הנוהג להקל אין למחות בידו, דכן משמע מכמה אחרונים, [מטה יהודה, **ע"ש** שדעתו, שאפי' בבגד שנשתמש בו מעט, כל שלא נשתמש בו רקרע, שרי. **ואף** בברכי יוסף משמע שאין להקל בזה].

כתב המ"א, דוקא כמות שהן אסור להשתמש בהן לקדושה, אבל אם שינה צורתן ועשה מהן דבר

הלכות קריאת ספר תורה
סימן קמז – דיני גלילת ספר תורה

אחר, שרי, וכ"כ העולת תמיד והחות יאיר, **ואף** דיש מחמירין גם בזה, העולם נוהגין להקל.

[**וליטול** מפות של קיטל שלובשין ביוה"כ, לס"ת, אפשר דאפי' בלא שנוי מותר, דקצת תשמיש גבוה הוא, שנעשה להתפלל בהם ביוהכ"נ].

סעיף ב - יכול מי שירצה לקנות להושיט המעילין לגולל, ואין הגולל יכול למחות בו, כי אע"פ שקנה הגלילה לא קנה ליקח המעילים. (וכן במקומות שנוהגין לקנות הולכה והכנסה, אין הש"ץ יכול למחות, כי אין זה שייך לחזנים) - אבל החזן מוליכו לבימה.

סעיף ג - הגולל ס"ת, יעמידנו כנגד התפר, כדי שאם יקרע, יקרע התפר.

סעיף ד - הגולל ס"ת, גולל מבחוץ; וכשהוא מהדקו, מהדקו מבפנים. הגה: פירוש כשהספר עומד לפניו, יהיה הכתב נגד פניו - היינו דלא נטעה לפרש, מה שאמרו "גוללו מבחוץ", דכשהוא אוחז בעמודי הס"ת להראות הכתב לעם, יצמצם לאחזה באופן שיהיה אחוריה נגדו, וממילא בעת שירצה לעשות גלילה ג"כ תהיה הגלילה רק מאחורי הספר, כי אין הכתב נגד פניו, **ועל** כן קמ"ל דלא כן הוא, דאף שמצוה להראות הכתב לעם, כדאיתא במסכת סופרים, אפ"ה צריך להיות הכתב נגד פניו של האוחז הס"ת, כן בעת הגבהה, וכן בעת הגלילה, דכיון שהוא עוסק בס"ת, כבוד התורה הוא להיות הכתב נגד פניו.

ויתחיל לגלול מבחוץ - היינו דהתחלת הגלילה יהיה מבחוץ, פי' תחלת הנחת המטפחת על הס"ת לגללה יהיה מבחוץ, **ועיין** במחצית השקל שמצדד לומר, דזהו דוקא לפי מה שמסיק הרמ"א, דמיירי כשבעל ההגבהה עושה ג"כ הגלילה, וע"כ חיישינן שאם יתחיל הגלילה מצד פנים, יש לחוש ח"ו שתפול הס"ת לצד חוץ, משא"כ כשמתחיל מבחוץ, דא"א שתפול לחוץ, דהא מחזיקו במפה שמתחיל לגלול סביבו, **אבל** לפי מנהגנו, שאחד מגביה והשני גולל, דליכא למיחש כ"כ שתפול, דכיון שבעל הגלילה עומד לפני הס"ת, א"א שתפול מהרה ולא ירגיש, אפשר דאם ירצה יוכל להתחיל לגללה מצד פנים, **וכן** מנהגנו שאין מקפידין בזה.

ואחר שגמר הגלילה יהדק סוף המטפחת בפנים, שכשיבוא לקרות בו ימצא ההדוק בפנים, ולא יצטרך להפך הס"ת.

ונראה דכל זה מיירי כשאחד עושה כל הגלילה, אבל עכשיו שנוהגים שאחד מגביה ואחד גולל, הכתב יהיה נגד המגביה - אשמועינן דלא נימא, דזה שכתבו שהכתב יהיה נגד פניו, והיינו נגד פני הגולל, [דומיא דמה שכתב "ויתחיל לגלול" דקאי על הגולל], כונתם היכא דאחד מגביה ואחד גולל, שצריך להיות הכתב נגד פני הגולל דוקא, מחמת שהוא עסוק בה אז, ואחורי הכתב לצד האוחז הס"ת, **לזה** כתב דלא כן הוא, דבזמנם היה המנהג שאחד עשה ההגבהה וגם הגלילה, וע"כ איתרמי אז ממילא שהכתב היה נגד פני הגולל, **אבל** באמת היכא דאחד מגביה ואחד גולל, יהיה הכתב נגד המגביה לבד, כי הוא עיקרו של הגלילה, שהוא אוחז הס"ת בידו.

וכן נוהגים, כי הוא עיקר הגולל והאוחז הס"ת - משמע שהגבהה היא יותר מצוה מגלילה, **וע"כ** מי שנותנין לו ס"ת להגביה ולגלול, וא"א לו לעשות שתיהן, יגביה ויתן לאחר לגלול, **אבל** אם כיבדו אותו להושטת המעיל ולגלול, הגלילה עדיפא דהיא עיקר המצוה, ויתן לאחר להושיט.

סעיף ה - מוטב תגלל המטפחת סביב הס"ת, ולא יגלל הס"ת כשכורכו במטפחת - פי' שלא יאחוז המפה בידו, ויגלול הס"ת סביבו, דאינו כבוד לתורה.

סעיף ו - הגולל ס"ת בתוך התיק - פי' שאין מוציאו מהתיק, וגוללו מבפנים, **טועה** - שעי"ז נוח להקרע.

סעיף ז - אין המפטיר מתחיל - אפילו לומר ברכת הפטרה, **עד שיגמרו לגלול הס"ת, כדי שלא יהא הגולל טרוד, ויוכל לשמוע ההפטרה.**

עיין בפמ"ג שכתב, דהמנהג להמתין עד עצם גמר גלילת הספר לבד, אף שלא כרכו עדיין המפה עליה, **אך** מרש"י לא משמע כן.

אבל בב' וה' שאומרים "יה"ר" אחר הקריאה, א"צ להמתין על הגולל, דאינו אלא מנהג.

סעיף ח - ביום שיש בו שני ספרי תורה, לא יפתחו השניה ולא יסירו המפה, עד שיגללו הראשון - במפה שלה, שאין עושין מצות חבילות חבילות.

הגה: ואין מסלקין הראשונה - מן השלחן, **עד שכבר הניחו השניה על השלחן, שלא יסיחו דעתן מן המצות** - ומניחין השניה על השלחן קודם הקדיש, כדי שיאמרו הקדיש על שתיהן, ואח"כ מגביהין הראשונה וגוללין אותה, ואחר גלילתה במפה פותחין השניה, כמו שכתב המחבר.

וביום שיש ג' ס"ת, כגון ר"ח טבת שחל בשבת וכה"ג, אזי אחר שגמרו בראשונה, מניחין השניה, ואין אומרים קדיש, רק מגביה הראשונה וגוללין וכו' וכנ"ל, **ואחר** גמר קריאת השניה, מניחין השלישית אצלה שהיא לצורך מפטיר, וא"צ להניח הראשונה, רק אומר חצי קדיש על שני ס"ת אלו, ומגביה השניה, ופושטין השלישית וקורין לעולה למפטיר.

ומוליכין ב' הספרים כאחת - ס"ל דאין בזה משום מצות חבילות ע"י ההוצאה בלחוד, **ותופסין השניה עד אחר שקראו בראשונה** - דהיינו שמוסרין הספר למי שהוא שם על הבימה, להחזיקו עד שיגיע זמן קריאת המפטיר, **ולא** טוב הדבר שנוהגין באיזה מקומות, למסרו לנער קטן, אלא עכ"פ יש למסרה לבן דעת, **גם** יזהר האוחז הספר, להתרחק קצת מן הצד, כדי שלא יחזיק הספר אחורי הקוראים בתורה.

§ סימן קמח – שלא יפשיט ש"ץ התיבה §

סעיף א - אין ש"צ רשאי להפשיט התיבה בצבור כל זמן שהם בבהכ"נ. (פי' רש"י שהיו רגילים להביא ס"ת מבית אחר שהיא משתמרת בו וכו', עד שטורח לצור הוא להתעכב שם, ועיין בפנים בטור או"ח) - בכל מקום "תיבה" פירושו ארון הקודש, ו"תיבה" האמורה כאן, שלחן שס"ת מונח עליו כשקורין בו, ופורשין בגדים נאים סביב התיבה לכבוד הס"ת, **וכשיוצאין** משם ונוטלין ס"ת ליתנו בבית שמשתמר בו, לא יפשיט הש"ץ התיבה בפני הצבור, שטורח צבור הוא להתעכב שם עם הס"ת עד שיפשיט את התיבה, אלא מוליך הס"ת והם יוצאים אחריו, וחוזר לבית הכנסת ומפשיט התיבה.

§ סימן קמט – שהציבור לא יצאו מבהכ"נ עד שיצניעו ס"ת §

סעיף א - אין הצבור רשאים לצאת מבהכ"נ, עד שיצניעו ס"ת - שאין זה דרך כבוד לתורה, שיניחוה וילכו להם, **ומיירי** במקום שמנהג להצניע הספר אחר "ובא לציון", דאל"כ בלא"ה הלא אסור לאדם לצאת מביהכ"נ קודם קדושה דסדרא, כמבואר בסימן קל"ב.

הגה: מיהו אם אינם יוצאים, רק יחיד, לית לן בה - ואפי' שנים או שלשה, **והטעם**, דיש כבוד לס"ת כיון שעדיין רוב הצבור שם, ועיין בפר"ח, **ועיין** בפמ"ג שמצדד לומר, דדוקא בביהכ"נ גופא הקיל הרמ"א, **אבל** כשמוציאין אותה לבית אחר ‹וכדלקמן›, בכל גווני אפילו יחיד לא יצא קודם הס"ת, אלא ימתין עד שיוציאוה.

ואם מצניעים הס"ת בבית אחר, אם אין לבהכ"נ אלא פתח אחד, צריכין להתעכב עד שיצא הס"ת - דאין נכון שיצא אדם בפתח קודם הספר תורה, **וילכו אחריו למקום שמצניעים אותו שם** - לעשות לה הידור ללותה, ואסמכוה אקרא, דכתיב: אחרי ה' אלהיכם תלכו.

ואם יש לבהכ"נ שני פתחים, יכולים לצאת בפתח אחד קודם שיצא הס"ת בפתח האחר - דבזה לא מנכר שיוצא קודם הס"ת. **ובלבד שילכו אחר הס"ת וילווהו למקום שמצניעין**

(ביאור הלכה) [שער הציון] ‹הוספה›

הלכות קריאת ספר תורה שצא
סימן קמט – שהציבור לא יצאו מבהכ"נ עד שיצניעו ס"ת

אותו שם - פי' אף שהתרנו לצאת בפתח אחר, מ"מ צריך להמתין בחוץ עד שיוציאו הספר תורה, וילוה אותה למקומה.

הגה: ובמקומות שמצניעין אותו בהיכל, שהוא הארון בבהכ"נ, מצוה לכל מי שעוברת לפניו ללוותה עד לפני הארון שמכניסין אותה שם - וכן כשמוציאין מההיכל, מצוה לכל מי שעוברת לפניו ללותה עד הבימה.

וכן הגולל ילך אחר הס"ת עד לפני הארון, ועומד שם עד שיחזירו הס"ת למקומה, וכן נוהגין במגביה הס"ת, כי הוא עיקר הגולל, וכמו שנתבאר (סימן קמ"ז ס"ד) - משמע דמנהגנו הוא במגביה בלחוד, **אבל** בלבוש ושלחן עצי שטים ושערי אפרים מבואר, דבין המגביה ובין הגולל צריכין ללותה עד לפני ארון הקודש.

מנהג פשוט, שבדרך הלוכו מן התיבה, אומר הש"ץ והצבור "מזמור לדוד הבו לה'" וגו', **ונוהגין** שלא לומר "מזמור לדוד" כי אם בשבת, או ביו"ט שחל בשבת, **אבל** ביו"ט, ומכ"ש בחול, כשמסלקין הס"ת אין אומרים "מזמור לדוד", רק "לדוד מזמור לה' הארץ" וגו'.

ויש שכתבו שמביאים התינוקות לנשק התורה, כדי לחנכם ולזרזם במצות, וכן נוהגין.

§ סימן קנ – בנין בהכ"נ ושיהיה גבוה §

סעיף א - כופין בני העיר זה את זה לבנות בית הכנסת - ז"ל הרמב"ם: כל מקום שיש בו י' מישראל, צריך להכין לו בית שיכנסו בו לתפלה בכל עת תפלה, ומקום זה נקרא ביהכ"נ, ואפילו המיעוט יכולין לכוף את המרובים.

ואם אין בכחם לבנות, מחויבין עכ"פ לשכור מקום מיוחד לתפלה, **וכתבו** הפוסקים, דבבנין ביהכ"נ גובין לפי ממון לחודא, ובשכירות ביהכ"נ גובין חציו לפי ממון וחציו לפי נפשות.

כתב מ"א בשם הריב"ש, המעכב לבנות ביהכ"נ, אפילו יש ביהכ"נ אחרת בעיר, מונע הוא רבים מלעשות מצוה, **ומסיק** שם, דאם הביהכ"נ מכילה אותם, אז אדרבה אסורים להפרד, [משום דברב עם הדרת מלך, **ועוד** שע"י התחלקות באים כמה מכשולים והזיקות לצדקות, וללימוד תורה בצבור וכה"ג].

ועיין בתשו' רדב"ז דכתב: וכל זה בזמן שכולם לב אחד, הוא שקילוסן עולה יפה, אבל אם חלק לבם, יותר טוב הוא שיתפללו כל כת בפני עצמה וכו', **ולא** תטעה בדברי לומר שאני סובר שהחלוקה טובה ח"ו, דהא קרא כתיב: חבור עצבים אפרים הנח לו, חלק לבם עתה יאשמו וגו', אלא צריך להשתדל שיהיו לב אחד לאביהם שבשמים, ואם א"א, אלא שתמיד הם מתקוטטים והם במחלוקת, דחה הרע במיעוטו, עכ"ל.

(עיין בברכי יוסף שכתב, דיש מי שכתב, דאין לבנות ביהכ"נ ע"י עו"ג, ובפרט לעשות כמין כיפה לפני ההיכל לנוי, בודאי ראוי ליזהר שיהיה ע"י ישראל, ומ"מ לתקן הגג של ביהכ"נ ע"י עו"ג, אין לחוש).

ולקנות להם תורה נביאים וכתובים - כדי שיקרא בהם כל מי שירצה מן הצבור, **ודוקא** בימיהם שלא ניתן לכתוב רק תורה נביאים וכתובים, אבל עכשיו מחויבים גם לקנות ספרי תלמוד ופירושיהם, ללמד בהם לקטנים ולגדולים, **ובמקומות** שהספרים מצויים, אין כופין לקנות ספרים, רק ס"ת, דהרי יכולים לשאול אצל אנשי העיר.

(**ופשוט** דה"ה אם אין מקום לצבור ללמוד, כגון שביהכ"נ הוא דחוק לזה, או מסיבה אחרת, שכופין זה את זה לבנות ביהמ"ד, דמה תועלת יש בקנית ספרים אם אין להם מקום ללמוד, **ועוד** שהרי כופין לבנות ביהכ"נ לתפלה, כ"ש ביהמ"ד המיוחד לתורה, שחיובו יותר גדול).

(ועיין לעיל סי' נ"ה אם כופין זה את זה לשכור להם מנין).

סעיף ב - אין בונים בהכ"נ אלא בגבהה של עיר - שנאמר: בראש הומיות תקרא.

ומגביהין אותו עד שיהיה גבוה מכל בתי העיר שמשתמשים בהם - שנאמר: לרומם את

הלכות בית הכנסת
סימן קנ – בנין בהכ"נ ושיהיה גבוה

בית אלהינו, **ויש** מקומות שאין נזהרין בזה, וכתבו האחרונים שהטעם, דכיון דיש שם הרבה בתי עו"ג שגבוהים מביהכ"נ, א"כ בלא"ה ליכא הכירא לביהכ"נ, **ומ"מ** ראוי לכתחלה ליזהר בזה בכל מה דאפשר, כי בגמרא החמירו מאד על זה.

לאפוקי בירניות, (פירוש בניינים העשוים לנוי, תרגום שכיות החמדה, בירניות שפירן), ומגדלים שאין משתמשים בהם - שעשויין לנוי בעלמא, ואין משתמשין בתוכן כלל, לכן אפילו הבתים עצמן גבוהין, לית לן בה.

וגג שהוא משופע ואינו ראוי לתשמיש, משערין עד המקום שהוא ראוי לתשמיש, דהיינו שאם יש עלייה תחת הגג, לא תהא גבוה יותר מבהכ"נ – (אין ר"ל לאסור דוקא היכא שעצם הבית לבד הגג גבוה מביהכ"נ, אלא אפילו היכא שעצם הבית אינו גבוה, ורק בצירוף תחתית הגג מקום שמשתמשין שם כשעומדים על העליה, גבוה יותר מביהכ"נ, נמי אסור, דשיפועו אינו מגרע בזה, כיון שעכ"פ יכול להשתמש שם, דאותו מקום שבגג נחשב ככותלי עליה, כן מוכח ברא"ש).

(בר"ן איתא: בירניות ומגדלים שעשויים לחוזק, ולפי"ז אין מקור להקל בגג שהוא משופע ואין ראוי לתשמיש מלמעלה, דהגמרא לא הקיל אלא במבצר שאין שם דירה עליה כלל, והוא עשוי רק לחיזוק העיר).

הגה: ובשעת הדחק, או שיש מלות מלכות שאינן רשאים לבנות בהכ"נ כדינו, מותר להתפלל בבית אע"פ שדרין בעליה על גביו - ר"ל וא"כ הביהכ"נ נמוך ממקום דירתו, אפ"ה שרי.

ולבד שינהגו בעליה שעליו בנקיות, כמו שיתבאר ס"ס קנ"א.

סעיף ג - מי שהגביה ביתו יותר מבהכ"נ, י"א שכופין אותו להשפילו.

(ואם עשה בנין גבוה יותר בקרן אחד מבהכ"נ, סגי בכך) - ר"ל שהגביה רק זוית אחד מכותלי ביהכ"נ, ודוקא שהגביהו ע"י בנין, כגון בגג או עליה, אבל לא כמו שעושין קצת, שתוחבין עמוד ברזל בקרן אחת, ולא הועילו כלום בתקנתן.

סעיף ד - הבונה כנגד חלון בית הכנסת, אין מספיק לו בהרחקת ד"א, לפי שהוא צריך אור גדול - ר"ל דאילו בנה כותל ברשותו נגד חלונו של חבירו, דינא הוא דצריך להרחיק ד"א, כדי שלא יאפיל את חלונו, ודי, **אבל** בביהכ"נ דצריך אור גדול, מהני החזקת חלונות שיש להם מכבר, שיהיה צריך להרחיק יותר, **ולא** נתבאר כמה יותר, ועכ"פ בשמונה אמות ודאי סגי.

ועיין בפמ"ג שמסתפק לענין עזרה ועזרת נשים, אם גם שם לא סגי בד"א, **ולדעתי** נראה דהבו דלא לוסיף עלה, דבלא"ה גם עיקר דינא דהמחבר אינו ברור, עיין בחידושי רע"א.

כתב רמ"א בתשובה: חצר ביהכ"נ שאין בו תשמיש צנוע לרבים, אין יכולין למחות ליחיד שפותח שם חלונותיו, דכפותח חלונו נגד רה"ר דמיא. **ודין** זה מיירי שהיחיד פותח חלונותיו למקום שהוא מהלך לרבים, וא"א להם לבנות במקום הזה בשום פעם, דאל"ה יכולין למחות, דשמא ירצו הקהל לבנות במקום הזה, והוא יטעון שיש לו חזקה בחלונותיו, וימחה מלבנות, **ואע"ג** דפסק רמ"א בחו"מ, דאין מועיל חזקה בשל קהל, מ"מ יכולין לומר דלא ניחא להו למיקם בהדיה בדינא ודיינא.

‹**עוד** מתשו' רמ"א דלעיל›: אבל אם הקהל פותחין חלונות ביהכ"נ לחצירו, יכול הוא למחות בידם, עכ"ד. [**ואם** אין היזק הרבה לראובן, יכנס עמהם לפנים משורת הדין, והכל לפי ההיזק ולפי ראות עיני הדיין].

כתב בספר חסידים: חלון שהולך כנגד ר"ה, ובני אדם עוברים דרך שם לביהכ"נ, לא ישפכו מי רגלים מן החלון, לפי שיש שהולכין בהשכמה לביהכ"נ, וכשהולכין בחושך לא יוכלו להזהר שלא יתטנפו במי רגלים, וכתיב: שמור רגלך כאשר תלך אל בית האלהים, עכ"ל, **ובלא"ה** יש ליזהר שלא לשפוך שופכין במקום מהלך בני אדם, שלא יחליקו בם, דהוא כמו בור בר"ה.

כתב בספר שארית יוסף: שכני ביהכ"נ שיש להם בית הכסא שמגיע ממנו ריח רע לביהכ"נ, צריכין להרחיקו, **ואפילו** אם קדם בית הכסא לבנין ביהכ"נ,

אפ"ה צריכין לסלקו, דשאני הזיקא דרבים מהזיקא דיחיד, אלא שצריכין לתת לו דמיה.

סעיף ה - אין פותחין פתח בהכ"נ אלא כנגד הצד שמתפללין בו באותה העיר, שאם מתפללין למערב יפתחוהו למזרח - ולפיכך במדינות אלו שאנו מתפללים ומשתחוים נגד מזרח, דהיינו מפני שאנו יושבין בצד מערבו של א"י, צריך לעשות פתח הביהכ"נ במערב, (ובמקום הדחק פשוט הוא דאינו מעכב כלל).

כדי שישתחוו מן הפתח נגד הארון שהוא ברוח שמתפללין נגדו - והטעם שצריך לקבוע הארון שם, מבואר ברמב"ם וטור וז"ל: ובונין היכל זה ברוח שמתפללין כנגדו באותה העיר, כדי שיהיו פניהם אל מול ההיכל כשיעמדו לתפלה.

(וצ"ע במקומות שמפני הדוחק א"א להם בשום פנים להעמידו בכותל המזרח, ומוכרחים להעמידו בצפון או בדרום, לאיזה צד יתפללו הקהל, אם למזרח מפני שהוא נגד ירושלים, או מוטב שיתפללו כלפי הקודש דהוא הארון). (ועיין לעיל סי' צד ס"ב במ"ב).

כתב המ"א, דאם היה הפתח בצד אחר, וחרב הביהכ"נ, ורצו קצת מנהיגים לעשות הפתח כדינו, אין האחרים יכולים למחות, אפילו הם הרוב, ואע"פ שמשנים סדר הישיבה, יקוב הדין ביניהם.

(**כתב** במאירי, דאין קפידא אלא בפתח שרוב הצבור נכנסין בו, אבל שאר פתחים מותר לעשות בכל הצדדים. **ודע עוד**, דדין השו"ע הוא רק על פתח ביהכ"נ עצמו, משא"כ פתח הפרוזדור אין קפידא כלל בזה, כ"כ בתשו' חת"ס ופשוט).

הגה: ועושין בימה באמצע בהכ"נ, שיעמוד עליה הקורא בתורה וישמעו כולם - (כן מבואר ברמב"ם וטור, ומנהג קדום הוא, ומקורו במסכת סוכה נ"א ע"ב כמו שכתב הגר"א, ובעו"ה באיזה מקומות פרצו מנהג קדומים זה, והתחילו לעשות הבימות סמוך לארון הקודש, מפני שרצו לילך בדרכי העו"ג כמו שעושין בהיכלות שלהן שקורין טעמפיל, ויש לקרוא עליהן: וישכח ישראל עושהו ויבן היכלות, וכבר האריכו הפוסקים האחרונים בגנות האנשים האלה).

ואין עושין יותר משש מדרגות לבימה.

וכשמתפלל הש"ץ, פניו כלפי הקדש - הרמ"א קיצר כאן, וז"ל הטור: ובעת שש"ץ עומד בתפלה, יורד לארץ לפני התיבה, ופניו כלפי הקודש כשאר העם.

וסדר הישיבה כך היא: הזקנים יושבים פניהם כלפי העם, ושאר העם כולם יושבים שורות שורות, פניהם כלפי הקודש ופני הזקנים.

ועכשיו אין ענין לסדר זה, כי קונין המקומות, מ"מ יזהרו שלא יעשו שום מקום לישב עליו בין הבימה ובין ההיכל, באופן שיהיה פני היושב נגד הבימה ואחוריו להיכל, דגנאי הוא, [**ואין** זה סותר למה דכתב הט"ז ביו"ד, להתיר לרבנים לדרש אצל ארון הקודש, אף שאחוריהם להיכל, משום דס"ת ברשות אחרת, דלפי שעה שאני]. **ואיסורא** נמי איכא, דהעומד על הבימה לברך ומשתחוה, נראה כמשתחוה לו, **אם** לא שיעשו המקום מן הצדדין, [וכן המנהג להתיר כיון שאין אחוריו נגד ההיכל ממש]. **וכתב** הפמ"ג, דעכשיו שעושין מקומות אצל הבימה שקורין אלמימר"א, ופני היושב להיכל ואחוריו לבימה, אף שאחוריו לס"ת, מ"מ רשות אחרת היא הבימה.

§ סימן קנא - דיני קדושת בהכ"נ §

סעיף א - בתי כנסיות ובתי מדרשות, אין נוהגין בהם קלות ראש - כי הם נקראים מקדש מעט, כמו דכתיב: ואהי להם למקדש מעט, ובמקדש כתיב: ואת מקדשי תיראו, שיהא מוראו של השוכן בה עליו, **וכתב** בסמ"ק, שבעון קלות ראש בביהכ"נ, נהפכין לבית ע"ג ח"ו. (ומ"מ אף שנעבדו עבירות גדולות בביהכ"נ, מ"מ מותר להתפלל ולתת שם ס"ת).

כגון: שחוק והתול ושיחה בטילה - היינו אפילו שיחת חולין שהיא לצורך פרנסה, דבחוץ שרי, בביהכ"נ אסור, **ובפרט** שיחה בטלה לגמרי, דבודאי שראוי למנוע תמיד מזה, **ובזוה"ק** פ' ויקהל הפליג מאד בגודל העון הזה.

וכ"ש שיש ליזהר בבהכ"נ ובהמ"ד מעון דבורים אסורים, כגון לשה"ר ורכילות ומחלוקות וקטטות, כי מלבד

הלכות בית הכנסת
סימן קנא – דיני קדושת בהכ"נ

שהם עונות חמורים מאד, עוד יגדל העון יותר במקום קדוש, כי הוא מזלזל בכבוד השכינה, ואינו דומה החוטא בינו לבין עצמו, לחוטא בפלטין של מלך לפני המלך, **ועוד** תגדל הרעה בזה, שהוא מכשיל גם את הרבים בעונות החמורות הנ"ל, כי האי תגרא דמיא לבדקא דמיא, ומתחלה הותחל העון באיזה אנשים, ולבסוף יתלקטו ויתחברו חבורות חבורות לריב איש ברעהו, עד שנעשה כל הביהכ"נ כמדורה גדולה, **ובעו"ה** באין מזה כמה פעמים לידי חרפות וגידופין והלבנת פנים ברבים, {**וגם** פעמים רבות בפני הס"ת, שזה ג"כ עון חמור בפני עצמו, כי אפי' המבזה חבירו בפני ת"ח, אחז"ל שהוא אפיקורוס ואין לו חלק לעוה"ב, וכ"ש למבזה חבירו בפני הס"ת וכבוד השכינה}, **ולידי** הכאות ומלשינות, וגודל חילול שם שמים בין האומות, ומי גרם לכל זה, אם לא הראשון שהתחיל בעבירה תחלה, ובודאי לעתיד לבא יטול שכר כנגד כולם, **ע"כ** הירא וחרד לדבר ה', ישים תמיד עיניו ולבו לזה, שלא לדבר שום דברים בטלים בביהכ"נ וביהמ"ד, והמקום הזה יהיה מיוחד אצלו רק לתורה ולתפלה.

האר"י היה נזהר מאד שלא לדבר בביהכ"נ רק תפלתו, אפי' דברי מוסר לא דבר, פן ימשך ממנו דברי חול.

ואין אוכלים ושותים בהם, ולא מתקשטין בהם ולא מטיילין בהם - וה"ה דאין עושין בהן שום מלאכה.

(**אסור** לשתות מים בביהכ"נ ובביהמ"ד, למי שאינו ת"ח – תשובת רשב"ש, **והמנהג עתה ששותין העם מים בביהכ"נ, ואפשר שסומכין העולם על הסוברין, דבתי כנסיות שבחו"ל על תנאי הן עשויין, ומועיל אף בישובן, ולפי"ז בא"י אין טעם להתיר,** ‹עיין לקמן בבה"ל סי"א, דיש לו צד גדול להתיר אף בא"י›, **ונראה דמי שלומד בביהמ"ד אפילו שלא בקביעות, יש להקל בזה כשצמא לשתות, די"ל דהוי בזה צורך מצוה, כדי שלא יתבטל מלמודו**).

(**ועצם הדין דאכילה, לא נזכר בשו"ע אם דוקא קבע או אפי' עראי אסור, ועיין בס"ג, דלענין שינה בביהכ"נ נזכר דאפילו עראי אסור, ופה לא נזכר, ש"מ לכאורה דוקא קבע, או דילמא דאפילו עראי לא עדיף עכ"פ משתיה, ומ"מ צ"ע**).

ולא נכנסים בהם בחמה מפני החמה, ובגשמים מפני הגשמים – (וה"ה בצינה מפני הצינה), **ולא** מהני שיקרא או ישנה מעט בכניסתו כדלקמן, מאחר שיכול ליכנס לבית של חול להנצל מהחמה והגשמים, [**משא"כ** לקמן דאין לו עצה אחרת], **אם** לא שעסק מקודם באיזה דבר הלכה בחוץ, והתחילו גשמים לירד, שאז מותר לו ליכנס לביהמ"ד, כדי שלא יטרידוהו הגשמים.

ות"ח ותלמידיהם מותרים לאכול ולשתות בהם מדוחק - היינו שהיה מקום דחוק לתלמידים, והוצרכו לאכול שם, (**ואין חילוק בין בתי כנסיות ובתי מדרשות שבא"י לשל חוצה לארץ**), **והמ"א** כתב, דלאנשים הלומדים שם בקביעות, לעולם שעת הדחק הוא, דאם יצטרך לילך לאכול ולשתות בביתו, בודאי יתבטל מלימודו, **אבל** אם אין לומדים בבית הכנסת ובבית המדרש, אסורים לאכול ולשתות שם, וכן הסכימו כמה אחרונים.

וה"ה לישן דשרי, [ולטייל ולהתקשט, ולכל תשמישיהם], אבל לעשות קפנדריא, או ליכנס בהם בחמה מפני החמה, ובגשמים מפני הגשמים, וכל הני דלקמן, וכ"ש שחוק והיתול ושיחה בטלה, אסורים, דאטו ת"ח אינו מוזהר על מורא המקדש.

וה"ה דאם הוצרכו אנשי העיר לפי שעה להאכיל בהם אורחים עניים או להשכיבן שם, דמותר, אבל זהו רק דוקא בבתי כנסיות שבחוצה לארץ, [ט"ז, **הטעם**, משום דבתי כנסיות שבחו"ל על תנאי הם עשויות, **ולפי"ז** דעת הט"ז לפסוק, דעל תנאי הן עשויות גם בישובן, ודלא כדעת המחבר לקמן, וגם דלאו דוקא בבל], **ויש** אוסרין גם בזה, [דעת המ"א, דבבל דוקא על תנאי ‹מסתמא, דדרכן היה להתנות, אבל שאר ארצות דוקא שהתנו בפירוש, עיין לקמן סי"א, וגם דבישובן לא מהני תנאי›], **ונראה** דבמקום הדחק אין להחמיר בזה, [כיון דהוא צורך מצוה].

וי"א דבבהמ"ד אפי' שלא מדוחק שרי, (ר"ן פ' בני העיר) - אף דקדושת ביהמ"ד חמורה יותר מביהכ"נ, כדלקמן בסימן קנ"ג ס"א, ס"ל דלענין חכמים ותלמידיהם שלומדים שם בקביעות, התירו להם אפילו שלא מדוחק, משום דביהמ"ד הוא ביתו, **ולאו** דוקא אכילה ושתיה, דה"ה לכל תשמישיהם שרי.

עיין בלבוש וב"ח שמצדדים כן לדינא, וכן נראה שאין להחמיר לאנשים שלומדים שם כל היום.

(הנה המעיין בר"ן יראה, דלשיטתו מותר בביהמ"ד לת"ח אפילו ליכנס בחמה מפני החמה, ובגשמים מפני הגשמים, דכביתו עשויה לגמרי, לבד מקלות ראש, **אך** מדלא הזכיר הרמ"א קולתו בזה, משמע דלא תפס שיטתו רק לענין אכילה ושתיה, דאפילו שלא מדוחק שרי, **ומסתברא** דיש להקל גם לענין שאר תשמישין, הואיל שלומדים שם כל היום).

(**ודע עוד**, דאף דלדעת הר"ן אין לנו מקור להקל בביהכ"נ אפילו מדוחק, ורק בבבל, או ה"ה בחו"ל, משום דעל תנאי הן עשויות, מ"מ מדלא הזכיר הרמ"א את דעתו בזה, משמע דלענין זה תפס להקל כדעת המחבר, שהיא ע"פ שיטת הרמב"ם ושארי פוסקים).

ואין מחשבים בהם חשבונות – (והיינו אע"פ שבני העיר צריכין לאותן חשבונות, ואין להם מקום להתאסף שם, מפני שהוא קלות ראש בכבוד ביהכ"נ, ואע"פ שהוא צורך רבים, וכ"ש חשבונות של יחיד), **אא"כ הם של מצות, כגון: קופה של צדקה ופדיון שבויים.**

ואין מספידים בהם, אא"כ יהיה ההספד לאחד מגדולי העיר, שכל בני העיר מתקבצים ובאים להספידו - שמת קרובו של הגדול, ומחמת זה באים רבים להספד, וכ"ש כשההספד הוא על ת"ח.

ואם צריך ליכנס בהם לצרכו, כגון לקרוא לאדם, יכנס ויקרא מעט, או יאמר דבר שמועה - פירוש הלכה או משנה, **ואח"כ יקראנו, כדי שלא יהא נראה כאילו נכנס לצרכו** - ר"ל אבל לא יקדים הקריאה מקודם שיאמר איזה ד"ת, דיהיה נראה דאמירת הד"ת הוא רק טפל.

ואם אינו יודע לא לקרות ולא לשנות, יאמר לאחד מהתינוקות: קרא לי פסוק שאתה קורא בו; או ישהה מעט ואח"כ יצא, שהישיבה בהם מצוה, שנאמר: אשרי יושבי ביתך. (שיעור הישיבה, כדי הלוך ב' פתחים), (לדעת היש מפרשים בסי' ל' סוף ס"כ) - היינו שישהא שיעור הילוך שני פתחים, דהיינו ח' טפחים.

סעיף ב - י"א שמה ששנינו בקדושת בתי מדרשות, ר"ל של רבים דומיא דבהכ"נ, אבל יחיד הקובע מדרש בביתו לצרכו, אין לו קדושה כ"כ - אבל אם הקדיש בית לצורך רבים ללמוד בו, אפילו אם אין מתפללין שם כלל, יש עליו קדושת ביהמ"ד, ועיין לקמן בסימן קנ"ג ס"ח לענין ביהכ"נ, וה"ה לענין זה.

סעיף ג - אין ישנים בבהכ"נ, אפי' שינת עראי - ומיירי באנשים דעלמא, אבל לת"ח כשלומד שם, כבר ביארנו לעיל דשרי.

אבל בבית המדרש, מותר - ר"ל שינת עראי, **ועיין** בחידושי רע"א שמפקפק בהיתר זה, **ואפשר** דכיון שביהמ"ד עשוי לשהות שם זמן הרבה, ללמוד ולשמוע דברי תורה, וקשה ליזהר משינת עראי, ע"כ לא אסרו זה לשום אדם, **ולת"ח** הלומד שם בקביעות, מותר אפילו שינת קבע.

(**ובבתי** מדרשות שלנו שמתפללין בהם ג"כ, לכאורה לאו גריעא מביהכ"נ לבד, ואסור אפילו עראי, **ולפי** הטעם שהסברנו במ"ב אפשר דשרי, וצ"ע).

סעיף ד - לצורך בהכ"נ, מותר לאכול ולישן בתוכו - כגון מי ששומר אותו וכה"ג, **ולא** יכניס מטתו לשם - מ"א, **ובא"ר** חולק עליו, וכ"כ רע"א.

ומטעם זה ישינים בליל יום הכפורים בבהכ"נ - ר"ל כדי לשמור הנרות.

ואפילו לצורך מצוה אחרת, כגון כשנקבצים לעבר השנה בבהכ"נ, מותר לאכול שם - עיין במ"א שהביא בשם הגהת סמ"ק, דלא הותר בסעודת מצוה אלא כגון סעודת עיבור שנה, שאין בה קלות ראש, שהיתה עשויה בפת וקטניות בלבד, ור"ל לאפוקי סעודת מצוה שיש בה שכרות, אסור אף בבית המדרש, **ומ"מ** הנוהגין להקל לעשות סעודת סיום הש"ס בביהמ"ד, מפני שאין להם מקום אחר מרווח לזה, אין למחות בידם, דיש להם על מי לסמוך, [**כי** ידוע שיטת הרמב"ן ורשב"א, דביהכ"נ שבבבל על תנאי הוא אפי' בישובן, ומותר לצורך עניים, או לצורך רבים לפי שעה].

סעיף ה - היו לבהכ"נ שני פתחים, לא יכנס בפתח זה לעשותו דרך לצאת בפתח השני לקצר דרכו – (אם לא שיקרא או שישהא שם מעט, שאסור ליכנס בהם אלא לדבר מצוה – רמב"ם, **ואם** הוא הולך לדבר מצוה אפשר דשרי – פמ"ג, **ולא** נהירא, שמדברי הרמב"ם אין ראיה להקל, דהרמב"ם מיירי דהכניסה לביהכ"נ היה בשביל דבר מצוה, דאז ממילא מותר אח"כ ג"כ לקצר דרכו, **משא"כ** בזה שנכנס בכוון דרך ביהכ"נ רק כדי לקצר דרכו, והמצוה שמקוה לעשותה הלא יוכל לעשותה אפילו אם לא יעשה הביהכ"נ קפנדריא, מסתברא דאסור).

ואם היה הדרך עובר קודם שנבנה בהכ"נ, מותר; וכן אם לא נכנס בו תחלה כדי לקצר דרכו, מותר לעשותו דרך.

וכשנכנס בו להתפלל, מותר למי שנכנס בפתח זה לצאת בפתח אחר - צ"ל "מצוה למי שנכנס", ובגמרא מייתי לזה מקרא, שנאמר: ובבוא עם הארץ לפני ד' במועדים, הבא דרך שער צפון להשתחות יצא דרך שער נגב וגו', **והטעם**, כדי שיהיה נראה כמחבב.

סעיף ו - מותר ליכנס בבהכ"נ במקלו ובתרמילו ובאפונדתו, (פי' מיני כיסים, תרגוס ובילקוט: ובתרמיליה); ויש אוסרים ליכנס בו בסכין ארוך - לפי שביהכ"נ שהוא מיוחד לתפלה מארכת ימיו של אדם, והסכין מקצר ימי אדם, **ועיין** בא"ר שדעתו, שאין להחמיר כי אם בסכין מגולה.

(**ומסתברא** שאין להחמיר בזה אלא באנשים דעלמא שאסורים לאכול בביהמ"ד, והסכין שנושא לשם הוא שלא לצורך תשמיש, **אבל** ת"ח שמותר לאכול ולשתות שם, והסכין שנושא שם הוא לצורך תשמישו, מסתברא דמותר כמו בכל אכילה, **שלא** הוצרך לכסותו רק בעת שגמר להשתמש בו ומתחיל לברך בהמ"ז).

או בראש מגולה – (אפילו במקום שנוהגין ללכת כן לפני השרים, שזהו דרך קלות ראש לפני המקום, כאילו אין עליו מורא שכינה, וכשיש לו כובע בראשו יש לו אימה וכובד ראש לפניו יתברך).

סעיף ז - יכול לרוק בו - ובלבד שלא בשעת תפלת שמונה עשרה, **ויהיה** זהיר שלא ירוק בפני חבירו שימאס בה.

האר"י היה נזהר מרקיקה, [**ומסתברא** דמדת חסידות הוא דעביד, אבל מדינא שרי כדאיתא בגמרא, ועי"ש דהטעם, כי ביתו, דלא קפיד איניש ע"ז, **ויש** לעיין לאותן האנשים העשירים דמקפידים בביתם על הרקיקה, א"כ בביהכ"נ ובביהמ"ד יהיה אסור להם לרוק].

ובלבד שישפשפנו ברגליו - ובשבת שאסור לשפשף, יעמיד המנעל עליו עד שיתמעך.

או שיהיה שם גמי - או תבן וחול, **שאם ירוק לתוכו לא יהא נראה.**

סעיף ח - טיט שעל רגליו, ראוי לקנחו קודם שיכנס להתפלל; וראוי שלא יהא עליו ולא על בגדיו שום לכלוך.

סעיף ט - נוהגים בהם כבוד, לכבדן ולרבצן, (פי' כבוד, נקוי הבית; ריבוץ, זריקת המים על פני הקרקע).

ונוהגין להדליק בהם נרות לכבדן - ונהגו להדליק קודם שיכנס אדם להתפלל, משום דאמרינן בגמרא, מקום שמתפללין בו בעשרה קדמה שכינה ואתיא, **ועוד** שכן היו עושין במקדש.

סעיף י - אפי' לאחר שחרבו, עדיין הן בקדושתן; וכשם שנוהגים בהם כבוד בישובן, כך נוהגים בחרבנם - והטעם, דכתיב: והשמותי את מקדשיכם, ולא כתיב: ואת מקדשיכם אשימם, להורות לנו דקדושים הם אף כשהן שוממין, **ואין** חילוק בזה בין אם הם בתי כנסיות שבא"י ובין שבחו"ל, אם לא בהתנו וכדלקמן בסי"א.

חוץ מכבוד ורבוץ; ואם עלו בהם עשבים, תולשים אותם ומניחים אותם במקומן - ר"ל מותר לתלוש אותם, ובלבד שיניחם במקומם ולא יטלם משם, **משום עגמת נפש, כדי שיראו העם ותעיר רוחם וישתדלו לבנותם** - לפי"ז באם סתרו

ביהכ"נ ממקום זה ובנאוהו במקום אחר, ואין בדעתם לבנות עוד במקום הראשון, אין שייך דין זה, אלא יעשו גדר סביבו שלא יבואו לזלזל שם, **ואם** הוא במקום שיוכלו למכור כנזכר בסימן קנ"ג, ימכרוהו.

סעיף יא- אם בשעת בנין בהכ"נ התנו עליו להשתמש בו - אבל לאח"כ לא מהני תנאי כלל, **ומשמע** דוקא שהתנו בפירוש, אבל מסתמא לא אמרינן על תנאי הן עשויות, (דדוקא בבבל היה כן, דדרכן היה להתנות, אבל לא בשאר ארצות) - מ"א, **דלא** כמשאת בנימין, **ובא"ר** מצדד לדינא כהמ"ב שמקיל בזה, [**ואין** כדאי להקל בזה].

מותר להשתמש בו בחרבנו; אבל ביישובו, לא מהני תנאי - ודוקא לאכילה ושתיה, או ליכנס בחמה מפני החמה ובגשמים מפני הגשמים, דיש בזה משום קלות ראש, [**וכ"ש** שחוק והתול ושיחה בטילה, דלזה בודאי לא מהני תנאי, דזה אפי' בחרבנו אסור, דלא עדיף מחשבונות של רבים], **אבל** לשאר תשמישים מהני תנאי - מ"א, (**וקשה דהא מוכח ברא"ש, דאפי' לקרוא לאדם משם ג"כ לא מהני תנאי בישובו, ומאי גריעא זה משאר תשמיש דעלמא, אלא ודאי דבכל תשמיש אסור בישובן**).

(הנה בפירושא דסוגיא ד"על תנאי הן עשויות" יש כמה שיטות, היינו שיטת התוספות והרא"ש, דבישובו לא מהני תנאי, ובחורבנו מהני, **ושיטת** רש"י והאו"ז, דאפילו בישובו מהני תנאי, **ושיטת** הרמב"ן והר"ן וכן דעת הרשב"א, דאפילו בחורבנן לא מהני תנאי שישתמשו בו להדיא בשלא מדוחק, אבל כשהוא מדוחק אפי' בישובן מהני תנאי, מדוחק קרי כשהוא להאכיל העניים לצורך שעה, או להשכיבן שם, והנה אף שהמחבר העתיק לדינא, דבישובו לא מהני תנאי, מ"מ נראה מדברי הט"ז, דכשהוא מדוחק וכנ"ל, יש לסמוך על הרמב"ן, דאפילו בישובו מהני, והדין עמו, שכן הוא ג"כ דעת הר"ן והרשב"א, **וגם** יש לצרף לזה דעת רש"י ואו"ז, דס"ל דאפילו בישובן מהני תנאי, ודע עוד, דאפילו לדעת רש"י ואו"ז, דמהני תנאי אפילו בישובן, מ"מ לקלות ראש ממש, כגון שחוק והיתול וכיו"ב, פשיטא דלא מהני).

ואפילו בחרבנו, לתשמיש מגונה, כגון: זריעה, וחשבונות של רבים, לא מהני תנאה - דחשבונות של רבים אוושא מילתא, ויש בזה משום קלות ראש ביותר, **ומשמע** בפמ"ג, דחשבונות של יחיד בחורבנו מותר, דלזה מועיל תנאי, **וברי"ו** משמע, דנקט של רבים לרבותא, דאף שהוא צורך רבים, וכ"ש של יחיד.

ופשוט דה"ה לכל הדברים הנזכרים לקמן בסי' קנ"ג ס"ט, דהם תשמיש מגונה ביותר.

בד"א, בבתי כנסיות שבחוצה לארץ - שאין קדושתן עולמית, שהרי כשיבוא הגואל במהרה בימינו תפקע קדושתן, משא"כ בבתי כנסיות שבא"י.

אבל בבתי כנסיות שבא"י, לא מהני שום תנאי - לפי דעת המ"א, גם בא"י מהני תנאי, לשאר תשמישין שאין בהם קלות ראש.

(והנה על עצם הדין שסתם השו"ע, דבא"י לא מהני תנאי, יש לעיין, דלכאורה אין דין זה ברור לכו"ע, וחידוש דין זה נזכר רק בתוספות, ונראה דכתבו זאת רק לשיטתם, דבישובו לא מהני התנאי ורק בחורבנו, **ולכן** כתבו הטעם דמועיל התנאי בחורבנו, משום דכשיבא הגואל, ר"ל דכיון דלבסוף כשיבא הגואל ויתקבצו ישראל מכל המקומות אשר נפוצו בין הגוים אל א"י, ולא יצטרכו לזה המקדש מעט ועתידין ליחרב, ועל כרחך ממילא יהיה נפקע אז קדושתן, ולכן מהני התנאי ג"כ לכל זמן שיחרב, משא"כ בא"י דלא יתבטל קדושתו בשום פעם, לכן גם לחורבנו לא מהני תנאי כמו בישובו, **ולפי"ז** להפוסקים דסברי דגם בישובו מהני התנאי למקום הדחק, כגון להאכיל אורחים עניים, אפשר לומר דאין חילוק בין בבל לא"י, ואף בא"י מהני התנאי אם התנו אף לישובו לענין זה, **ואף** דהשו"ע סתם כשיטת התוס', דרק לחורבנו מועיל תנאי, הלא מוכח מט"ז שנוכל לסמוך על שיטת הרמב"ן וסייעתו, דאף בישובו מהני תנאי לצורך עניים במקום הדחק, וכנ"ל, וא"כ יהיה זה הדין אף בא"י כן, **ויותר** נוכל לומר, דאף לדעת הרא"ש והטור דסברי כשיטת התוס', דבישובו לא מהני תנאי ורק בחורבנו, מ"מ בזה לא ס"ל כהתוס', אלא דאם התנו בהדיא מהני אף בא"י בחורבנו, **דמעצם** הדין הלא מועיל תנאי לביהכ"נ כמו בתשמישי קדושה, ורק דחז"ל גדרו בישובו, דכיון דמצוה שישראל יהיה להם מקדש מעט בכל מקום שהם, לכן גזרו חז"ל דביהכ"נ הקבוע לא יועיל תנאי בישובן שישתמשו בה תשמישי חול, דא"כ

אין שם ביהכ"נ עליו כלל, אלא כבית בעלמא, אבל למה דמהני התנאי בבבל, ה"ה בא"י דמאי שנא).

(היוצא מזה הסעיף ומכל דברינו, הוא דיש ג' חילוקים, היינו קלות ראש גדול, כמו חשבונות ושחוק והיתול וכיו"ב, אף בבבל ובהתנו אסור, ובין בישובו ובין בחורבנו, ותשמישי חול שאין בהם קלות ראש כלל, מוכח מהמ"א דמהני תנאי בכל מקום, וגם זה בין בישובו ובין בחורבנו, ונידון זה הוא לענין אכילה ושתיה וכיו"ב, דיש בו קצת קלות ראש, דבבבל מהני תנאי עכ"פ לחורבנה לפי דעת השו"ע, ולכמה פוסקים אף בישיבה להאכיל שם עניים כשהמקום דחוק, ולפי דברינו אף בא"י אפשר דיש להקל בכל זה).

(כתב א"ר בשם הב"ח, דאם התנה להתפלל עד זמן פלוני, ואח"כ לא יתפלל בו כלל, משתמש בו אחר כלות הזמן כל מה שירצה, וצ"ע, דבאופן זה הלא לא נחשב הזמנה כלל, כיון שהתנה בהדיא שהוא רק לפי שעה, וא"כ אפילו בזה הזמן גופא אין קדושת בית הכנסת עליו, אך לענין קלות ראש נראה שראוי להחמיר בתוך הזמן).

סעיף יב - יש ליזהר מלהשתמש בעליה שעל גבי בהכ"נ תשמיש קבוע של גנאי, כגון לשכב שם - מלשון זה משמע, דלשכב שם בדרך מקרה מותר, דבדרך מקרה לא מקרי שכיבה תשמיש של גנאי, [אבל בשאר תשמישי גנאי, פשוט דאפי' בדרך מקרה אסור].

ושאר תשמישים יש להסתפק אם מותר להשתמש שם - אם לדמותו לעליות העזרה דלא נתקדשו, או כיון דבהכ"נ וביהמ"ד נקרא מקדש מעט, יש לדמותו לעליות היכל, דקי"ל דנתקדשו בקדושת היכל, **ולפי** מה שכתב בשע"ת בשם תשובת פאר הדור, יש להקל חוץ ממקום שע"ג ההיכל, ר"ל הארון ששם מונח הס"ת, שם יש ליזהר שלא להשתמש שם.

(ודע דכ"ז לענין להשתמש בתוך העליה, שהוא חדר בפני עצמו, וגם לא מינכר לכל, **אבל** להשתמש על גג ביהכ"נ, במקום שהגגות שוות, כגון לשטוח עליו בגדים לייבש או פירות, שהוא מקום גלוי לכל, פשיטא דאסור).

הגה: וכל זה דוקא בבהכ"נ קבוע, שנבנה מתחלה לכך, אבל בית שיחדו לאחר שנבנה, לבהכ"נ, מותר לשכב עליו – (ואין חילוק בין בתי כנסיות שבא"י לשל חו"ל), **ונראה** דכ"ש אם בשעה שנבנה ביהכ"נ נבנה בית דירה למעלה ממנו, דשרי לדור שם, דזה בודאי לא הוקדש כלל למעלה, **ומ"מ** שומר נפשו ירחק מהם, ובפרט במקום שהוא נגד ההיכל.

ומ"מ להשתמש שם תשמיש שהוא מגונה מאד, כטינוף וכיו"ב, נראה דבכל גווני אסור, **וע"כ** אין לעשות כלל ביהכ"נ, אם יש בהדירה שלמעלה ממנו דבר מגונה כזה - ט"ז, וע"ש שכתב שנענש בזה הרבה, **ומה** שמנהג העולם בעיירות, ששוכרין בתי כנסיות לזמן בבתים תחתיים, ולמעלה מהן בית דירה שמצוי שם תינוקות ודבר מאוס, אפשר משום שהוא לזמן לא חיישינן לזה, [**וכן** עמא דבר להקל בזה].

§ סימן קנב – שלא לסתור שום בהכ"נ §

סעיף א - אין סותרים בית הכנסת - וה"ה ביהמ"ד, ובין של יחיד או של רבים, **כדי לבנות בית הכנסת אחר** - ר"ל לא מיבעיא אם אין דעתו לבנותו אח"כ כלל, דאסור, אלא אפילו אם סותרו כדי לבנות אחר במקומו, או במקום אחר, דאסור, **ואפילו** אם דעתו לבנותו עתה בגודל פאר ויופי.

וה"ה לעשות ממנו ביהמ"ד נמי אסור, אע"פ שקדושתו גדולה יותר, ומהאי טעמא דמסיים.

(וה"ה אם רוצה למכרה וליקח אחרת בדמיה, דאסור קודם שקנה האחרת, כ"כ האחרונים).

כתבו האחרונים, דה"ה כשהבהכ"נ מושכרת להם רק לזמן, ודעתם לשכור אח"כ במקום אחר, אסור לסלק את עצמם ממקום הראשון, עד שישכרו תחלה במקום אחר.

שמא יארע להם אונס שלא יבנו האחר - ונמצאו עומדין בלא ביהכ"נ, **ואפילו** אם היו כבר המעות גבויים לצורך כל הבנין ומונחים ביד הגבאי, ואפילו

הלכות בית הכנסת שצט
סימן קנב – שלא לסתור שום בהכ"נ

האבנים והקורות וכל צרכי הבנין מוכנים, אפ"ה אסור, דלמא מתרמי להו פדיון שבויים ויהבי להו.

ואפילו איכא להו דוכתא לצלויי באיזה מקום, נמי אסור,

והיכא דאיכא עוד ביהכ"נ קבוע בעיר שיכולים להתפלל שם כולם, הט"ז מתיר, והמ"א אוסר בכל גוונא, (**ולענ"ד אחרי דבסותר ע"מ לבנות לכו"ע ליכא איסורא דאורייתא, כי אם שחששו חכמים שמא יפשעו אח"כ ולא יבנו, ואחרי דלאיסורא לא מצינו למי מהראשונים שיחמירו בהדיא בזה, ואדרבה מצינו להרבה ראשונים שמקילין בהדיא בענין זה, שוב אין להחמיר בזה, אך כ"ז דוקא אם בביהכ"נ הקבוע יש מקום לכולם בריוח להתפלל, דאל"ה נראה דלכו"ע אסור**).

אלא בונים אחר תחלה, ואח"כ סותרים הישן - היינו שגומרים אותה כולה, ואף שלא התפללו עדיין בה, מותר לסתור הישנה, דתו ליכא למיחש דילמא איתרמי להו שום דבר מצוה ויזבנו הביהכ"נ, (**כן מוכח בב"ב שם בסוגיא, דקאמר: אי הכי כי בנו נמי, ומשני: דירתא דאינשי לא מזבני, ומשמע דדוקא כשגמרו, דשם דירה עליה, אבל קודם חיישינן לפשיעותא**).

כתב המ"א בשם המשאת בנימין, דאפילו היה הביהכ"נ של כרכים, דמבואר לקמן בסימן קנ"ג ס"ז, דאנשי העיר אין יכולין למכרו בשום גוונא, דמסתמא בנאוהו אדעתא דכו"ע, ושמא יש אחד בעולם דלא ניחא ליה במכירה זו, **הכא** שרי, דמסתמא כל העולם מרוצים לזה, כיון שבנו להם ביהכ"נ אחרת תחת זה.

(ואפי' לא רלו לסתור רק מחילה א' להרחיבו, נמי דינא הכי) - שאין סותרין המחיצה, אלא בונין החדש בצד הישן, ואח"כ סותרין הישן, (**ואפשר דלדינא היינו רק בדאפשר בלא"ה, אבל כשהביהכ"נ קטן מהכיל את כל המתפללין שם, ואי אפשר לתקנו אא"כ יסתור מתחלה כל הבנין, דשרי, דהוא כעין תיוהא דשרו רבנן, אמנם התשב"ץ משמע קצת, דבכל גווני אסור**).

והני מילי, שהיה הראשון חזק; אבל אם חרבו יסודותיו, או נטו כותליו ליפול - וה"ה כשגזר מלכות שלא יתפללו עוד באותו ביהכ"נ, ומן הנמנע להשתדל, **סותרים אותו מיד** – (**והיינו אפי' בדליכא דוכתא לצלויי קודם שיבנו החדש**), **ומתחילין**

לבנות במהרה ביום ובלילה, שמא תדחק השעה וישאר חרוב.

(**ועיין בריטב"א שכתב, דאפילו חזי ביה תיוהא, אינו שרי לסתרו אלא מדעת הפרנסים**).

כתב הט"ז: מעשה בעיר אחת שהיו היהודים דרים חוץ לחומה, ואירע הענין שנתישבו בתוך החומה, והיתה הביהכ"נ לבדו חוץ לחומה, **ואמרתי** אין לך תיוהא גדולה מזו, והתרתי לסתור אותה כדי לבנותה תוך החומה, ויתחילו לבנות ביהכ"נ החדשה, ויטלו אח"כ האבנים מן הישנה ויבנו תוך החומה מהם.

הגה: ואסור ליקח אבנים מבהכ"נ הישנה כדי לבנות חדשה - ענין בפני עצמו הוא, ולא קאי אחרבו יסודותיו, דאז בודאי מותר לסתרו ולבנות ממנו את הבנין החדש, **אלא** אריש הסעיף קאי, דהבהכ"נ הישן הוא שלם, וקמיירי שכבר התחיל בנין החדש וחסרו לו אבנים להשלים הבנין, ורוצה לסתור הישן כדי להשלים החדש, **וקמ"ל** דאפילו בכה"ג, שאין סתירתו של זה אלא לבנינו של זה, אפ"ה חיישינן שמא יארע לו אונס ולא ישלים, **וע"כ** אסור אפילו באיכא דוכתא לצלויי, וכמ"ש לעיל בריש הסימן.

ואסור לסתור דבר מבהכ"נ - דהוי כנותץ אבן מן ההיכל, דאסור משום שנאמר: את מזבחותם תתצון וגו', לא תעשון כן לה' אלהיכם, ובהכ"נ וביהמ"ד ג"כ נקרא מקדש מעט, **ודוקא** לנתוץ ולשבר כלי קודש, (וה"ה כל כלי ביהכ"נ), או לעקור דבר מחובר כמו אבן ממזבח, **לאפוקי** לפנות הכלי קודש והספסלין וכדומה מביהכ"נ, אף שאין זה כבוד לביהכ"נ, י"ל שאין בכלל זה.

אלא אם כן עושה ע"מ לבנות - דאין זה נתיצה אלא בנין, **ואותן** שמדבקין דף בכותל ביהמ"ד, ועושים גומא בכותל שיוכל להחזיק שם ע"י עץ אותו דף, רבים מהאחרונים מקילין בזה, דלא כט"ז, [דהא הוא לצורך].

(**והא דמבואר לעיל, דמותר לסתור הישן אחר שנבנה החדש, התם שאני, שהיה רצונם מתחלה לסתרו לתועלת הבנין החדש, אלא שרבנן אסרו אז זה משום פשיעותא, והבנין החדש בנוהו באופן זה, שיסתרוהו אח"כ לתועלת בנין החדש, ולפיכך לא גרע גם עתה מסותר ע"מ לבנות ושרי**).

סימן קנג - דין בנין בהכ"נ

§ סימן קנג - דין בנין בהכ"נ §

סעיף א - מותר לעשות מבהכ"נ בית המדרש - הוא מקום המיוחד לתורה, וקדושתו גדולה יותר, ואפילו אין דרך להתפלל שם כלל, [**ומ"מ** לכתחילה נכון שידחקו את עצמם להשיג מעות אחרים לצורך ביהמ"ד, וכדלקמן סוף סי"ג, דאפי' לפדיון שבוים יראו לכתחילה לגבות מעות אחרות מן הציבור, אף דמן הדין שרי].

(וה"ה שמותר למכור ביהכ"נ כדי לעשות ביהמ"ד, ודוקא במקום דליכא למיחש לפשיעותא, כגון שביהמ"ד מזומן לפניו, ואינו חסר אלא נתינת מעות).

כתב המ"א, צ"ע אי מותר לעשות מביהכ"נ ביהמ"ד ליחיד בביתו, **ובא"ר** מצדד להחמיר בזה, וכן משמע במאירי שם במגילה.

אבל לא מבהמ"ד בהכ"נ - שמעלין בקודש ואין מורידין.

סעיף ב - בני העיר שמכרו בהכ"נ, יכולים ליקח בדמיו תיבה, דהיינו היכל שמניחין בו ס"ת, או לוח שמעמידין עליו ס"ת.

ואפילו לכתחלה נמי מותר למכור כדי לקנות עילוי קדושה, והא דנקט "שמכרו", היינו משום סיפא, דלהוריד מקדושה, אפילו כבר מכרו אסור, **ועיין** לקמן בסי"ג בבה"ל מה שכתבנו שם, אם לעילוי קדושה מותר למכור ביהכ"נ, כשאין לו ביהכ"נ אחרת.

מכרו תיבה, יכולים ליקח בדמיו מטפחת של ס"ת; מכרו מטפחת, לוקחין בדמיה ספרים, דהיינו שכתוב כל חומש לבדו - בימיהם היו כותבין החומשין כעין ס"ת, בגלילה ובתפירת גידין.

וכן נביאים וכתובים - נביאים וכתובים שוים לחומשים לענין שיש עילוי בקדושתן ממטפחת, ויכול לקנותן בדמי מטפחת, **ומ"מ** לא שוים לכל צד, דקדושת חומשים העשוים בגלילה גדולה מהן, ואסור ליקח בדמי חומשין נביאים וכתובים, ובדמי נביאים וכתובים לוקחין חומשים, **ונביאים** וכתובים גופא כי הדדי נינהו, **וחומשין** שלנו, אפילו אם כל החמשה היו כרוכין יחד, גרע מחומש אחד העשוי כתיקון ס"ת.

מכרו ספרים, לוקחין בדמיהן ס"ת.

אבל איפכא להורידן מקדושתן, אסור - דהיינו מספר תורה ליקח חומשים, וכן מחומשים מטפחת, וכן בכולהו.

(ומיירי כ"ז שלא בשבעה טובי העיר במעמד אנשי העיר, ובזט"ה במא"ה יבואר לקמן בס"ז וס"ט).

ואפילו אם קנו בקצת המעות דבר שקדושתו חמורה, אין יכולין לשנות המותר לקדושה קלה.

סעיף ג - ספר תורה שנמצא בו טעות, דינו כחומשים - כיון שאין קורין בו, אע"פ שאפשר לתקנו, **(וע"ל סימן קמ"ג).**

סעיף ד - אם מותר לקנות בדמי קדושה אחת קדושה אחר כיוצא בה - דהיינו שמכרו ביהכ"נ ישנה ורוצה בדמיה ליקח חדשה, וכן בכל הדברים.

יש אוסרים - כיון דאין מעלן בקדושה, אע"ג דאין מורידן ג"כ, **ודוקא** בכל הדברים שיכול להעלות בקדושה, וכנ"ל, אבל בס"ת שאין יכול להעלות הדמים בקדושה יותר, לכו"ע כשמכרה יקח בדמיה אחרת.

(**ופשוט** דמיירי שיש להם עוד ביהכ"נ להתפלל, דאל"כ נכון יותר שיקנו ביהכ"נ, כדי שיהיה להם מקום קבוע להתפלל).

ויש מתירים - כיון דעכ"פ אין מורידן מקדושתן, (**עיין** בפמ"ג שמצדד דהכי הלכתא, מדכתב המחבר להאי יש מתירין בסופו, והוא מילתא דרבנן, **אבל** במאירי ראיתי שכתב, **דרוב הגאונים סוברין דצריך עלוי דוקא).**

וכ"ז לענין דיעבד, אבל לענין לכתחלה בודאי אסור למכור שום דבר קדושה כדי ליקח כיוצא בה, [בין בס"ת או דבר אחר], **ואפילו** היכא דליכא למיחש לפשיעותא, כגון שהדבר קדושה אחרת מזומן לפנינו, ואינו חסר אלא נתינת מעות, אפ"ה אסור, דצריך להעלות בקדושה דוקא, **ואם** חזי ביה תיוהא {דבו' ו'עוע}, או שחיה קטן מהכיל, לכו"ע מותר אפי' לכתחלה למכרו כדי ליקח אחר.

כתב הט"ז: בזמנינו אנו רואין הרבה מוכרים ספרים, ולוקחין אחרים בדמיהם, נראה דעכשיו מתחלה

כשקונה הספר היה דעתו לכך, שיהיה לו כל זמן שיצטרך לו, ובאם יזדמן לו יותר יפה, ימכור זה ויקח היפה, ואף שלא התנה בפירוש, **והא"ר** כתב דטעם המנהג הוא, משום דסומכין על מה שכתוב בס"י, דיחיד על ס"ת שלו מותר למכור וכו', אבל הספר של צבור, ה"נ דאסור, ועי"ש במ"ב.

סעיף ה - אם גבו מעות לבנות בהכ"נ או בית המדרש, או לקנות תיבה או מטפחת או ס"ת, ורצו לשנותו מלצורך מה שגבו אותם, אין משנין אלא מקדושה קלה לחמורה.

וס"ת דנקט, אמה דמסיים "אין משנין" קאי, או דנקטיה לאשמועינן, דמשנין אותו להספקת תלמידים, וכדלקמיה בס"ז.

ואם רוצים הגבאים ללותן, וליתן אח"כ אחרים תחתם, להמ"א אסור, דהבעלים ניחא להו למעבד המצוה בממון זה דוקא, **ולט"ז** שרי, **אך** ע"י ז' טובי העיר במעמד אנשי העיר, לכו"ע שרו לשנות המעות, כמ"ש בסעיף ז'.

אבל אם עשו בהם הדבר שגבו אותם בשבילו, משנין המותר לכל מה שירצו - היינו אפי' דבר שאין בו קדושה כלל, אלא שהוא צרכי צבור, **והטעם**, כיון שנעשה דעת אנשי העיר בהמעות, מש"ה שרי בהמותר.

ואם כשגבו המעות התנו לעשות חפצם ממותר הדמים, אפי' קנו ומכרו, וחזרו וקנו קדושה במקצת הדמים, מותר להוריד המותר - הא"ר והגר"א מפקפקין בזה, דאפשר שכיון שאח"כ קנו סתם מכל הדמים, חיילא הקדושה בכל הקניה, ואסור אח"כ כשמכרו והותירו.

אבל אם לא התנו כשגבו, אלא כשמכרו התנו, אסור להורידם - הטעם, דאז כשקנו חל הקדושה על כל מה שקנו, ואינו מועיל אח"כ התנאי בעת המכירה.

הגה: ואם קנו בדמים אלו שגבו עצים ואבנים, חלה קדושת הדמים על העצים והאבנים, ואסור לשנותן רק לקדושה חמורה - להמ"א שכתבנו לעיל, אסור ללותן וליתן אחרים תחתם.

ואע"ג דמוכח לקמיה בס"ח, דאפילו אם בנאוהו לשם ביהכ"נ, בעינן דוקא שהתפללו בו, אבל כל זמן שלא התפללו בו יכולין לשנותו, דהזמנה לאו מילתא היא, **התם** מיירי שלא נעשה הביהכ"נ ע"י גביית מעות שגבו לצרכה מבני העיר, אלא שקנאוהו הקהל ממעות חולין שגבו סתם, או שכל אחד הביא עצו ואבנו ובנו ביהכ"נ, **אבל** כשנגבה מעות ע"ז מבני העיר, ודאי דאסור לשנותו אפילו עדיין לא התפללו שם כלום, וכן אם יש עדיין מעות הגביה, או עצים ואבנים שקנו מהם, וכמו שפסק המחבר והרב, **והטעם**, י"א משום דכבר בא ליד הגבאי - [ב"י], **והמ"א** כתב הטעם, דכיון שנגבו המעות מבני העיר לצורך ביהכ"נ, יש בזיון אח"כ אם ישנוהו להורדת קדושה.

(ודעת המאירי והתשב"ץ, דאפילו בלא הותירו נמי, בגבו מעות לא חלה עדיין הקדושה עליהם, דאפילו בבנו ביהכ"נ קודם שהתפללו נמי אינו קדוש, וכן דעת הט"ז כתשב"ץ ומאירי, אלא דלדידיה גם הרמב"ם והטור מודים, ולא אסרו אלא להוציא המעות על דבר אחר לחלוטין, משום דצריך לצאת עכ"פ ידי נדרו, משא"כ ליקח המעות לשעה לאיזה דבר ולהחזיר אח"כ, בודאי מותר, דאין במעות שום קדושה, דהזמנה לאו מילתא היא, ואפילו בבאו ליד גבאי, וצ"ע לדינא).

ואם הביאו עצים ואבנים לצורך בנין בהכ"נ, אם באו ליד גבאי, אסור לשנותן רק לקדושה חמורה - אבל ע"י שבעה טובי העיר במעמד אנשי העיר שרי, וכמ"ש ס"ז.

וקודם שבאו לידי גבאי, מותר לשנותן - פי' ללותן ולתת אחרים תחתיהם, וה"ה כשהתנדבו מעות לביהכ"נ, נמי דינא הכי, מ"א. **לפי** פירוש המ"א, מיירי כאן שלא הלכו לקבץ אותם מבני העיר, דזה לא גריעי מגבו מעות, אלא שנמצאו רבים שהתנדבו מעצמן והביאו, דאז מותר לשנותן קודם שבאו ליד גבאי.

אבל מכל מקום לא יוכל לחזור בו - דהוי נדר.

(וז"ל הט"ז: לא ירדתי לסוף דעת רמ"א בהגה זו... מש"כ דיש חילוק אם בא ליד גבאי או לא, מה ענין גבאי לכאן, {דלענין ללוותן, להט"ז יכול לעשות אפי' אחר שבא ליד הגבאי}, **ולענין** עיקר הענין כבר ביארנו, דאין שום הקדש בגוף המעות כל שהוא בכלל הזמנה לאו מילתא, אלא שהחיוב עליו מצד נדרו לעשות דוקא דבר זה ולא קל ממנו, ואם כן אפי' לא בא ליד גבאי, כן נראה לענ"ד, ודעת רמ"א צ"ע, עכ"ל).

סעיף ו - מוכרים בהכ"נ, וכן שאר דברים שבקדושה ואפי' ס"ת, להספקת תלמידים - הטעם, דהא אמרינן אין מוכרין ספר תורה אלא ללמוד תורה, משמע דללמוד תורה מותר אפילו למכור ס"ת, (**והיינו אפילו בלא זט"ה במעמד אנשי העיר, דדינו כמו לשאר קדושה חמורה, דדי באנשי העיר לבד,** דהספקת תלמידים גדול יותר), **ודבר** זה תוכחת מגולה לאותן האנשים המתרשלין להחזיק תורה בעריהן.

או להשיא יתומים בדמיו - ואפילו יתומות, דאע"ג דאין האשה מצווה על פריה ורביה, מ"מ "לשבת יצרה" שייך גם באשה.

וה"ה דמוכרין ס"ת לפדיון שבויים, **ועיין** במ"א, דמוכח דאין ראוי למכור אפי' ביהכ"נ ואפי' לפדיון שבויים, [וכ"ש לשאר קדושה חמורה ולהספקת תלמידים, **ואפי'** ע"פ ז' טובי העיר במעמד אנשי העיר אין לעשות דבר זה, ואפי' כשיש ביהכ"נ אחרת], כי אם בשא"א להשיג מעות אחרות ע"ז מן הצבור, **ובאופן** זה בודאי מותר, אפילו בשאין להם רק ביהכ"נ אחת, [והיינו לקדושה שהיא חמורה מביהכ"נ, וכ"ש להספקת התלמידים ולפדיון שבוים, ואפי' בני העיר לבד בלא הטובים].

סעיף ז - הנה מפני שהסעיף יש בו כמה פרטים, לכן אקדים לזה הקדמה קצרה, והוא, דמה שנזכר לעיל מענין מכירת ביהכ"נ, ה"מ אם הוא של כפר, דסתמא בנאוהו רק אדעתא דידהו, ולכן יש יכולת ביד רוב בני העיר למכרו, אך שלא יורידו אח"כ הדמים מקדושתן, **וכשהוא** נמכר גם בהסכמת הז' טובים שלהם, אז יכולין לעשות בהדמים מה שירצו, דהיינו להוציאם לחולין, כדאיתא לקמיה, **אבל** אם הוא ביהכ"נ של כרכים, תלינן דבעת הבנין בנוהו גם אדעתא דכולי עלמא, ואפילו אם נתנו כל מעות הבנין משלהם, אפ"ה תלינן דבשביל כולם בנוהו, **ולכן** אפילו הסכימו אח"כ במכירתו ז' טו"ה במעמד אנשי העיר, אין מכירתן מכירה, ועתה נבאר דברי השו"ע.

והא דבהכ"נ נמכר, הני מילי של כפרים, שאין באים אנשים ממקומות אחרים, שלא נעשית אלא לבני הכפרים לבדם - והסכימו האחרונים, דבאתרא דלא שכיחי רבים דאתי מעלמא, נקרא כפר, אע"ג דשכיחי רבים עוברים ושבים לפרקים, כיון דלא קביעי בעיר אלא עוברים ושבים דרך עראי, מקרי כפר, **אמנם** כל מקום דשכיחי רבים מעלמא שבאין להתפלל שם, כגון מקום שהסוחרים מתקבצין שם תדיר לסחורה, אפי' אם העיר היא קטנה, או מקום שיש שם חכם גדול, שמתקבצים שם רבים הצריכים לו ולתורתו, הוי ככרך, דמסתמא אדעתא דכל העולם בנאוהו.

(ואפי' בנו אותה משל אחרים) - דמסתמא אחרים נתנו להם המעות שיעשו הם בהם מה שירצו, כיון שאין רגילות לבוא שם, **ולכן** אפילו אותם אחרים אינם מסכימים אח"כ במכירה, מותר למכרה.

עוד כתבו הפוסקים, דאפילו ביהכ"נ שבכרך, אם ידוע שלא עשו אותה אלא למעט עם, כגון הביהכ"נ שעושין אותה בעלי אומניות לעצמן, **וה"ה** כשנתקבצו הבע"ב של איזה רחוב הרחוק מן ביהכ"נ שבעיר, ועשו ביהכ"נ לעצמן, ג"כ דינו כבהכ"נ של כפרים, אפילו הוא בכרך, דמסתמא רק על דעת עצמן בנוהו, **אם** לא שסייעו אנשי העיר ג"כ על הבנין, ואפילו מעט, אז אין להם רשות על המכירה בלא דעתן, [**דבדעתן** מסתברא דשרי, דלא נכון לומר שנתנו לרחוב זה על דעת כל העולם, **אבל** בלא דעתן לכאורה נראה ברור דאין יכולים למכור, **דלא** דמי להא דמתיר הרמ"א בשל כפרים אף כשבנו אותה משל אחרים, דהתם בודאי לא היה דעתם שלפעמים יבואו לכפר להתפלל שם, ובודאי החליטו הדבר רק על דעת בני הכפר, משא"כ באנשי העיר].

ולכן יכולים למכרו; ומ"מ המעות נשארים בקדושתן, ואינם רשאים להורידן מקדושתן - עיין לעיל בס"ד, דיש דעות אם מותר לשנותן לכיוצא בה.

והיינו כשמכרו בני העיר שלא מדעת פרנסיהם - ז' טובי העיר, (**ונראה דדוקא אם יש טובים בעיר,** אז אמרינן דאין רשות לבני העיר על מכירה זו בשלמות, **אבל** אם לא נתמנו טובים בעיר, אז מועילה המכירה שלהם לגמרי, כמו זט"ה במעמד אנשי העיר).

וה"ה אם מכרו ז' טובי העיר שלא במעמד אנשי העיר; אבל אם הסכימו ז' טובי העיר באותו מכר, והיו במעמד אנשי העיר,

רשאים להוציא המעות לכל מה שירצו - ר"ל אפילו לאיזה דבר של חול, (מסתימת המחבר משמע, דפקע הקדושה ממילא ע"י מכירה זו מהדמים, ואפילו לא התנו בהדיא בשעת מכירה על הדמים שיצאו לחולין, ג"כ רשאי לשנותן לחולין).

כתב הרשב"א והביאו הרשד"ם, ז' טובי העיר אינם שבעה אנשים המובחרים בחכמה או בעושר וכבוד, אלא שבעה אנשים שהעמידום הצבור פרנסים על עניני העיר, והרי הם כאפוטרופסין עליהם, **וכתב** עוד שם, וא"ת אי כשקבלו עליהם, למה לי ז', **ומשני** שם דאם מקבלים עליהם אנשים לעסוק בדבר ידוע ומפורט, כגון בענינינו שבירו אותן למכירה, אפילו אחד נמי יכולין למנות, וכל מה שעשה עשוי, **אלא** דמיירי שהעמידו עליהם פרנסים בסתם לפקח על עסקי הצבור, לפיכך כשהן שבעה יש להן רשות לכל דבר, כאילו עשו כן כל בני העיר, אע"פ שלא העמידו אותם על דבר זה בפירוש, **אבל** בפחות מז', אין כחן שוה להיותן ככל בני העיר, עד שיטלו רשות בפירוש מבני העיר, וכן כתבו כמה פוסקים.

(**ופשוט** דכל הז' צריכים להיות בעת המכירה, **והיכא** שנחלקו הז', אזלינן בתר רובא, ומדינא גם זה דוקא היכא דהתנו אנשי העיר בשעה שמינום שיתנהגו באופן זה, **דאל"ה** הלא מבואר בחו"מ, דלא אזלינן בתר רובא כי אם בב"ד, אבל לא בברורי הקהל, **אלא** דמשמע בתשובת חת"ס, דבכמה גלילות נהגו למיזל בתר רובא בזה, דאם נמתין עד שיסכימו כולם, לא יגמר שום ענין).

(**איתא** בירושלמי, דביהכ"נ של יחידים, כמו של בעלי אומניות וכדומה, **אם** בירו שלשה מאנשיהם לפקח על עסקי צבור שלהם, הרי הם שקולים ככל אנשי ביהכ"נ לענין מכירה, ולא בעינן בהו ז' טובים כמו בממונים על צרכי עיר כולה דבעינן דוקא ז', וכח אלו הג' על ביהכ"נ שלהן, כמו ז' על ביהכ"נ של בני העיר).

(**כתב** המ"ב בתשובה, וזהו תוכן דבריו, **דאפילו** זט"ה במעמד אנשי העיר לא אלימא כחייהו לאפקועי לחולין, אלא דוקא בכה"ג שמכרו אותו, דחלה קדושתו עכ"פ בשעת מעשה אדמים, והדר פקע קדושה גם מדמים דקלישא קדושתן, **אבל** לא אלימא כחייהו לאפקועי קדושה בכדי, לפיכך אם סתרו ביהכ"נ, או ביהכ"נ שנפל, עדיין אבנים בקדושתייהו קיימי, ואפילו הסכימו זט"ה במעמד אנשי העיר כולם להוציאם לחולין, לא מהני, **אם** לא שבנו ביהכ"נ אחרת תחלה, ואח"כ סתרו הישן, דאז חלה הקדושה אביהכ"נ חדשה, והישן יוצא לחולין, והביאו המ"א, **מיהו** אין דין זה ברור, דזהו מוכח רק לשיטת הר"ן, אבל לדעת הרמב"ן וסייעתו, משמע דזט"ה במא"ה אלימא כחייהו אף בלי מכירה, וכל שהסכימו שאינן צריכין לו עוד, יוצא לחולין ממילא, ומותר להשתמש בעציו ואבניו אף בתשמיש של חול, **ועיין** במ"א, שגם לו לא ברירא דין זה דמ"ב, וצ"ע בזה).

ואם קבלו עליהם בני העיר בפירוש במכר זה כל מה שיעשה, אפי' יחיד מה שעשה עשוי - ר"ל באופן זה דינו כשבעה טובי העיר במעמד אנשי העיר, שרשאים אח"כ להוציא המעות לכל מה שירצו, כיון שהרשוהו לזה, **אבל** אם נתנו לו סתם רשות למכור, אז המעות בקדושתן.

(**ולכאורה** קשה, מאי עדיפא כח יחיד שמינוהו לזה, יותר מאילו הם עצמם מכרוהו, דאסור להוריד המעות מקדושתן, **ואפשר** דהכא מיירי דבני העיר עם הטובים שלהם מינוהו).

הגה: וכל שז' טובי העיר מוכרים בפרסום, מקרי במעמד אנשי העיר, ואין צריכין לומר כן או לאו – (הג"ה זו שייך אחר תיבת "לכל מה שירצו" הנ"ל), **ור"ל** דכל שמוכרין ז' טובי העיר בפרהסיא ולא בצינעא, ולא מיחו בהם בני העיר, מקרי במעמד אנשי העיר, **ותיבת** "או לאו" שכתב הרמ"א, שיגרא דלישנא הוא ואינו מדוקדק, גם במרדכי ובד"מ הארוך ליתא.

אבל של כרכים, שבאים שם ממקומות אחרים, אפילו בנו אותו משלהם, אינו נמכר - דכיון דמעלמא אתו לשם, מסתמא בני העיר הקדישוהו גם לדעת הנכנסים, ולפיכך אין להם רשות למכור, שמא יש אחד בסוף העולם שהיה סמוך לעיר הזאת ורגיל ליכנס בה, ולדעתו הוקדשה, והוא אינו מסכים במכירה, **ולכן** אפילו הסכימו במכירה זט"ה במעמד אנשי העיר, אין מכירתן מכירה, דאינהו לא כייפי לבני העיר ולפרנסיה, **ואפילו** אם ירצו להעלות אח"כ הדמים בקדושה, כגון לקנות מזה ס"ת וכה"ג, ג"כ אין להם רשות לזה, דשמא אותן אחרים לא יסכימו לזה.

וכ"ז בסתמא, אבל אם ברור לן דלא בנאו אלא אדעתא דבני עירם לבד, כגון שהתנו בעת בנינם, או שבשעת בנין היתה כפר, ואח"כ נתרבו בה תושבים הרבה, *וגם לא סייעו להם אחרים, דינו ככפר.

*[**זה** לא יצוייר רק בהתנו, אבל בכפר ונעשה כרך, אפי' אם סייעו להם אחרים בשעת בנינם, נמי אינו כלום].

כתב המ"א בשם המבי"ט, דאפילו ביהכ"נ של כרכים, אם אינם מתפללין בו, יכולין למכרו. (**עוד כתב**, **דבית החיים יכולים למכור**).

ודוקא כשמכרו בענין שלא יהיה אח"כ ביהכ"נ, אבל אם אח"כ ג"כ ישאר ביהכ"נ שרבים יתפללו בו, מותר, דמאי נ"מ להני דאתו מעלמא, אם הביהכ"נ שייך לאלו או לאלו, [**אבל** ליחיד מסתברא דאין לו רשות למכרו, דזה היזק להני דאתו מעלמא, ולא יתרצו לזה].

כתבו האחרונים, דאפי' בכרכים, היכא דבנאו אחרת טובה, מותר לסתור הראשונה, דודאי כו"ע ניחא להו בזה, **וכן** עצים ואבנים מראשונה מותר להשתמש בהן ולהוציאן לחולין ע"פ זט"ה במעמד אנשי העיר, דמאי איכפת להו לבני עלמא בזה, כיון שיש להם מקום טוב להתפלל.

(**כתב בתשובת משאת בנימין, דבארצות שמנהג הקהלות להעמיד עליהם מנהיגים ופרנסים, ולהם מקל ורצועה בכל עסקי הקהלה, אין חילוק בין כפרים לכרכים, ובכל ענין יש להם כח ביד מנהיגים למכור ביהכ"נ, אפילו למישתי ביה שיכרא, וגם הדמים יוכלו להוציאם לחולין, אפילו אנשי העיר מוחים בידם, עכ"ל, וזהו דוקא כשבנאוהו משלהם, ולא נתערב בזה מעות מעלמא, ולא העתקתיו בפנים, כי בארצותינו אין להפרנסים כח זה כמובן, וגם איזה אחרונים מפקפקין בזה**).

אלא א"כ תלו אותו בדעת היחיד - היינו שתלו בעת הבנין את הביהכ"נ על דעתו, ‹שרשאי לעשות כל מה שירצה - שונה הלכות›, ועי"כ דעתו חשובה אח"כ כז' טובי העיר, **וכ"ז** דוקא כשבנאוהו משלהם, אבל אם נדבו אחרים, לזה אין מועיל מה שתלו הם בדעת היחיד, דשמא יש אחד בסוף העולם שאין דעתו נוחה בזה.

(**לא** ‹בעינן דוקא› **שהתנו בפירוש שרשאי לעשות כל מה שירצה, אלא** ‹גם היכא› **שתלו ביחיד לבנות כרצונו, אמרינן דמסתמא נתנו לו רשות גם למכור על פיו - הט"ז. ולאו** כל יחיד שוה לענין זה בסתם, אם לא שהוא חשיב כרב אשי בדורו, דודאי גבאי בעלמא, אף שהוא מתעסק ומצוה בבנינם, משו"ה לאו כו"ע אדעתא דידיה ורצונו נותנים, **וע"כ לא העתקתי דין זה דהט"ז במ"ב**).

שאז יעשה בו היחיד מה שירצה בהסכמת הצבור - דודאי לא היה דעתם שימכור היחיד ביהכ"נ שלהם בלא דעתם, אלא להכי אהני דעת היחיד, דלא בעי טובי העיר, רק במעמד אנשי העיר לבד, וגם לא מצי איניש דעלמא לעכבו, מ"א, (**ולפי זה משמע, דאם לא היה המכירה במא"ה, דאין המכירה חלה כלל, דהצבור שהרשוהו לא היה דעתם באופן זה, אבל מביאור הגר"א משמע, דדינו כמו זט"ה בלא מעא"ה בכפרים, דמהני מכירתם, אך דצריך אח"כ להעלות הדמים בקדושה**), **ואם** בפירוש תלו בדעת היחיד, שיכול למכור ויעשה מה שירצה בלא הסכמתם, א"צ לעשות בהסכמתם.

וה"ה לכל דברי קדושה שנזכרו כאן, דכלהו גרירי בתר בית הכנסת - פירוש כגון תיבה ומטפחת וכדומה הנזכרים בס"ב, דינם כמו בהכ"נ עצמו לענין זה, דכל היכי דאיהו נעשה אדעתא דכו"ע, כגון דכרכים, הנך נמי נעשו מסתמא אדעתא דכו"ע, וזהו מה שכתב המחבר: דכולהו גרירי בתר ביהכ"נ, **וכן** כל דבר השייך לביהכ"נ, כגון חצרות או מקוה, אמרינן ג"כ כי האי גוונא, ולא מצי למוכרן או לסוגרן למנוע מהן אורחין, ומ"מ לא חמיר מביהכ"נ.

וכן מה שנזכר בסעיף זה דזט"ה במעמד אנשי העיר בכפרים יכולים להוציא הדמים לחולין, לאו דוקא בביהכ"נ, אלא אפילו בתשמישי קדושה הדין כן, **אך** מ"מ יש חילוק בינייהו, דבתשמישי קדושה אף דמותר להשתמש בדמיהם כשנמכר בזט"ה במא"ה בכפרים, מ"מ הם גופא בקדושתייהו קיימי ביד הלוקח, דקדושת הגוף נינהו ואין יוצא לחולין, **אבל** ביהכ"נ ותשמישי מצוה מותר להשתמש בהן.

כל כלי ביהכ"נ וספסלים ויריעות שבבהכ"נ, דינם כביהכ"נ, ועל כן כשמכרו זט"ה במעמד אנשי העיר בכפרים, יכולים להשתמש במעות לכל מה שירצו, ואי לא"ה לא, כן הוא לפי פשטות דברי המ"א, שהעתיק דברי הר"ן בשם הירושלמי על דברי השו"ע, **ובספר** קובץ על הרמב"ם כתב, דנ"ל דאפילו בכרכים יכולים למכרם

לדברי הר"ן, דדוקא לענין מכירת בהכ"נ גופא אמרינן דלא מחלי רבים חלקם לזט"ה, משא"כ בזה, ולכן יכול הגבאי למכרם בצירוף אנשי העיר, ולהוציא המעות לחולין, [**אבל** שלא להוריד הדמים מקדושה, מותר בכפרים, וכן בכרכים לדעת הקובץ, ע"י הגבאי לבד].

הגה: יחיד שבנה בהכ"נ ונתנה לקהל, דינה כבהכ"נ של קהל - ונמכרת על פיהם לבד, ולא בעינן דעת הנותן בזה כלל.

(**הרב סתם ולא פירש במאי איירי בכאן, אם בכפר או אפילו בכרך, דאפשר** דכיון דבכרך אפילו בנו בעצמם בלא סיוע מעלמא, נמי יש לכו"ע חלק בה, דמסתמא הקדישוה גם אדעתא דכו"ע, א"כ אפשר ה"ה בנידון זה דהיחיד הקדיש ביהכ"נ לבני העיר, אם הם בני כרך אפשר דהקדישה גם אדעתא דכו"ע, ותו לא מהני בה מידי דעת הנותן ודעת הקהל, כדין ביהכ"נ של כרכים, **אלא** דלפי"ז קיצר הרמ"א בזה יותר מדאי, ויותר מסתברא לומר דבכונה סתם הרב רמ"א, ובכל ענין יש לה מכר בזה, **דאם** אמרו בביהכ"נ שרבים בונים, דמקדישים אותו לכו"ע, לא אמרו ביחיד שנותן מתנה לצבור ידוע בלא שום שיור, שלא כוון להחליט להם לגמרי, רק שייר בו כח גם לכו"ע, דזה לא מסתברא כלל, **וגם** א"א לומר דמשבא ליד בני הכרך ממילא נתקדש גם לכו"ע, דמסתמא מתרצים הם בזה, דהא כבר כתב בתשובת משאת בנימין, דדוקא בשעת בנין אמרינן כן, משום דמסתמא בנו אדעת כן, אבל אי ברור לנו דלא כוונו בשעת בנין כלל, לא אמרינן דיתקדש ממילא לאחר הבנין, אע"ג שרבים מבני עלמא באים לתוכה להתפלל, וה"ה בנידון דידן, ומ"מ צ"ע בזה).

אבל אם שייר לעצמו בה שום כח, אין לה מכר כי אם על פי הקהל ועל פיו או יורשיו.

וכל זה - פי' הא דכפרים, או של כרכים שתלו אותו בדעת יחיד, **לא מיירי אלא כשיש להם בהכ"נ אחרת** - המ"א פירש דר"ל, כשבנאו עכשיו אחרת, אבל כשיש להם שני בתי כנסיות מקודם, אסור למכור אחד, **אבל** להט"ז מותר אפילו באופן זה, וכן דעת הא"ר כוותיה, וכן משמע מביאור הגר"א, **אבל** כ"ז דוקא כשאותו ביהכ"נ מרווח והוא מחזיק לכולם, דאל"ה פשוט דלכו"ע אסור.

אבל אם אין להם רק בהכ"נ אחת, אסור למכרו, דהא אפי' לסתרו אסור עד שיבנו אחרת - אפילו בזט"ה במעמד אנשי העיר, ואפילו כשמוכרים זה כדי לקנות אחרת, דומיא דסתירה דאסור אפילו באופן זה, וכנ"ל בסימן קנ"ב.

אם לא שירצו לקנות בדמים אחרת בגוונא דליכא למיחש לפשיעותא, כגון שמזומן ביהכ"נ ליקח, ואינו חסר אלא נתינת המעות, אז מותר ע"י זט"ה במעמד אנשי העיר, [**דאל"ה** אסור למכור לכתחילה לכו"ע, ‹שום דבר קדושה כדי ליקח כיוצא בה›, וכמ"ש לעיל במ"ב בס"ד].

(**עיין במ"א, דלקנות מזה קדושה חמורה מותר**, ‹ע"ל סי"ג בבה"ל›, **והיינו בכפרים דוקא וכמ"ש הא"ר,ונראה דהיינו דוקא בגוונא היכא דליכא למיחש לפשיעותא, דאל"ה מסתברא דאסור, שמא לא יקנה אח"כ הדבר קדושה).**

כל דבר שבקדושה שנמכר ומותר לשנותו, נמכר בלא הכרזה - פי' דבר זה הוא ע"פ המבואר ברשב"א, באחד שצוה שבית זה יהיה לעניים שיאכלו הפירות, ולא יעשו בני הקהל שום הברחה, ואח"כ רצו הקהל למכור הבית ולקנות בדמים דבר אחר שתהא נושאת הפירות לעניים, **וכתב** הרשב"א דצריכים הכרזה בשעת המכירה, דכיון שצוה שבני הקהל לא יעשו הברחה, א"כ בודאי אין הצבור יכולים ליתן בית זה במתנה למי שירצו, **וא"כ** ה"ה דאין רשאים למכור בלא הכרזה, דכל שלא הכריזו אנו רואים כאילו מוזלי בקרקע זו, דדילמא אם הכריזו היה נמצא מי שיתן ביוקר, ומה לי נותנים כולה במתנה ומה לי מוזלי במקצתה, עכ"ד.

ועתה נפרש דברי רמ"א: כל דבר וכו' ומותר לשנותו, היינו שהמוכרים יש להם רשות בלא"ה לעשות בדבר הנמכר מה שירצו, לא בעו הכרזה, דלו יהא דבשביל מניעת הכרזה נמכר בזול, נמי לא איכפת לן, דמי גרע מאם נתנו במתנה לאחד.

ואין בו אונאה - ומיירי במכירת קרקע ובתים, ומשום שאין אונאה לקרקעות, ואשמועינן דלא תימא דהוו כשליח, דאפילו בכל שהוא מכרו בטל, משום דיכול לומר: לתקוני שדרתיך ולא לעוותי, אלא הוו כשלהן, **אבל** במכירת מטלטלין בודאי יש אונאה.

מחבר רמ"א משנה ברורה

אבל דבר שאסור לשנותו לקדושה קלה, צריך הכרזה - והיינו כדלעיל בשם הרשב"א, שצריך הכרזה כדי שלא ימכר בזול, וממילא יש אונאה ג"כ ואפילו בקרקעות.

(**ולכאורה לפי דעת המ"א, דלא גרסינן "לקדושה קלה"**, ביאורו, דוקא כשאסור לשנותו כלל אפי' לקדושה חמורה, כגון שצוה המקדיש על כך, אז צריך הכרזה, **אבל אם** יש להם רשות לשנות לקדושה חמורה, כגון ע"י זט"ה שלא במעמד אנשי העיר, וכנ"ל, אז נחשב כשלהן ואין צריך הכרזה, **ולענ"ד** עיקר כמג"א).

ודוקא בקרקע, אבל במכירת מטלטלין אין צריך הכרזה, כדאיתא בחו"מ סימן ק"ט.

סעיף ח - בנו בית סתם, והקדישוהו אחר כך לבית הכנסת, דינו כבהכ"נ - ר"ל אע"ג דמתחלה נשתמשו בה להדיוט, מ"מ נעשית כביהכ"נ לכל מילי, **ונראה** דאפילו לכתחלה שרי, ועיין לקמן סי' קנ"ג סכ"א, ולעיל סימן קמ"ז ס"א בהג"ה, והתם ענין קדושה היא, והכא ביהכ"נ תשמישי מצוה היא, כמ"ש הפוסקים.

אבל אינו קדוש עד שיתפללו בו - דקי"ל הזמנה לאו מילתא היא, ומותר לשנות הבית לחול, **אפילו אם בנאוהו לשם בהכ"נ** - דאף שהיה מעשה ג"כ, לא מקרי רק הזמנה בעלמא.

ועיין לעיל במ"ב בס"ה, דמיירי הכא שבנאוהו הקהל ממעות חולין שיש להם, **אבל** כשגבו המעות לצורך ביהכ"נ, אסור לשנות הבית להורידו מקדושתו לחול, **ומ"מ** עדיין אין לו קדושת ביהכ"נ לכל מילי, רק שאסור לשנותו, **ועיין** שם בבה"ל, שהבאנו שם דעת הט"ז, דאפילו בגבו המעות לצורך ביהכ"נ, ג"כ אין האיסור לשנותו, רק שמ"מ לבסוף הוא מחוייב לקיים נדרו.

ויחיד שבנה ביהכ"נ, אף שעדיין לא התפללו בו ואין לו קדושת ביהכ"נ, מ"מ אינו יכול לחזור בו, דהוי כאילו נדר צדקה לרבים - מ"א, [**משמע** מלשון זה, דאפי' לא אמר בהדיא: הרי עלי מקום לבנות בהכ"נ, רק שבנה סתמא הבנין לשם ביהכ"נ, הרי הוא ג"כ בכלל נדר. **ומשמע** דבצבור שבנאוהו ממעות חולין שהיה להם, מותר לחזור בהם מזה לגמרי, דלא שייך בזה שם נדר]. **אבל** אם עשה מטפחת לס"ת שלו שיש לו בביתו, ואין קורין בו ברבים, כל שלא נשתמש בו לס"ת יכול לחזור בו, דהזמנה לאו מילתא היא - מ"א, ומשמע דלא הוי נדר כלל לדעתו, **ועיין** בפמ"ג שהביא בשם הא"ר, דדין זה לא נהירא. [**ונ"ל** טעם המ"א בפשיטות, דבבנין ביהכ"נ כיון דסתמא הוא לצורך רבים, ממילא הוא כנדר אף שלא אמר בפירוש בפה, **משא"כ** בס"ת אין מהעשיה ראיה דלרבים הוא, דיהא עי"ז כנדר, **אבל** אם אמר בפיו: מטפחת זו אני מנדב לקדושת ס"ת, לא גרע מדבר מצוה בעלמא שאמר שיעשה, שמחוייב לקיים דבריו].

וכיון שהתפללו בו, אפי' אורחים לפי שעה, כיון שהיה מיוחד לתפלה - ר"ל ההזמנה היתה הזמנה מעולה, שהזמין אותה לעולם להתפלל בו, **קדוש** - וכמה דאיתא לעיל בסי' מ"ב, דהיכא דאזמניה לסודר לעולם למיצר ביה תפלין, וצר ביה אפילו פעם אחד, שוב אסור למיצר ביה זוזי, **ולאפוקי** אם הזמין אותה לבית התפלה רק לפי שעה, דהיינו עד שיעבור הרגל או היריד, מפני שאז הדרך שמתקבץ אנשים, **לא** חשיבא הזמנה כלל, ומותר אפי' בעת הרגל לאכול ולשתות בו.

ואם לפי שעה הקדישו, הכל כפי מה שאמרו - היינו שאמר סתם: אני מזמין אותה לרגלים, דמשמע הלשון בכל עת שיהיה רגל, ע"כ חשובה הזמנה עולמית עכ"פ על אותו הזמן, ואסור בזה הזמן, **וסתם** הזמנה לפי שעה, כבר כתב בב"י בשם המרדכי, דלא חשיבא הזמנה כלל, וכמ"ש מתחלה.

סעיף ט - כשמוכרים אנשי הכפר בית הכנסת, יכולים למכרו ממכר עולם - כיון שאנשי העיר או טובי העיר מסכימים להמכירה, וכדלעיל בס"ז, **וה"ה** בשל כרכים, כשתלו בשעת הבנין בדעת יחיד, המבואר לעיל בסוף ס"ז.

והלוקח יעשה בו מה שירצה, חוץ ממרחץ ובורסקי ובית טבילה ובית הכסא - שכל אלו הם תשמישים מגונים מאד, ואסור לעשותן במקום שהיה ביהכ"נ, [היינו אף שמהדמים קנה ביהכ"נ אחר או ס"ת]. **ואפילו** אם נפל הבנין במקום ההוא, ונשאר רק תל בעלמא, אסור להשתמש שם באלו הארבעה דברים, **וכן** אסור לזרוע במקום ההוא, שכל זה הוא גנאי למקום שהיה מתחלה ביהכ"נ. [**ועיין** מג"א, דגן

ירק וכדומה שאין צריך חרישה, רק שחופרים אותן במרא וחצינא, אינו מגונה כל כך].

ואם מכרוהו ז' טובי העיר במעמד אנשי העיר, יעשה הלוקח אפילו אלו ארבעה דברים - הטעם, דאז פקעה הקדושה מהמקום ההוא לגמרי, **ועיין** בפמ"ג דמסתפק, דאפשר דבעינן דוקא כשהתנו בהדיא בעת המכירה, והרשו ללוקח על זה.

(**כן הוא דעת הרמב"ם והרא"ש, ונמשכו אחריהם הטור ורי"ו, והראב"ד פליג ע"ז, ולדידיה לא שרו בש"ס להשתמש תשמיש של גנאי אלא בתל חרב בלא"ה, אלא שעמד עליו ביהכ"נ מקודם, אבל לא שיהיו רשאים לחלל בית תפלה לעשותו בית הבורסקי וכדומה, ובאמת דקולא יתרתא היא, לפי מה שהחליטו הרמב"ן ורשב"א וריטב"א, דביהכ"נ הוי כשאר תשמישי מצוה כסוכה ולולב ושופר וכדומה, אלא דאם הסכימו זט"ה במעא"ה למוכרו, א"כ גילו דעתם שאין להם עוד צורך בו, והוי כמו תשמישי מצוה לאחר זמן מצותן, שנזרקין, וא"כ לפי מה דפסק המחבר בסי' כ"א ס"ב, בטליתות של מצוה שבלו, שאין לו ליחדם לתשמיש מגונה, אלא זורקן והם כלין, וא"כ ה"ה בענינינו אינו נכון, וכ"ש לשיטת הר"ן שהטילו בו קדושה מדבריהם, א"כ עדיפא עוד משאר תשמיש מצוה, ובודאי דאין להשתמש בו תשמיש של גנאי, ואפשר היה לומר, דלפי מש"כ לקמן בבה"ל סברא אחרת בטעמא דטובי העיר במעא"ה, משום דמסתמא כולם מקדישים אדעתם, והוי כמו הקדישו על תנאי, אפשר דלפי סברא זו מש"ה שרי אפי' בתשמיש של גנאי, כיון דתלו בדעתם, והרי הם הסכימו לזה, אלא דעדיין קשה, דלא מסתברא כלל דיהבי אדעתא דידהו כ"כ, אפילו למעבד בה בית הכסא. היוצא מדברינו, דמסתברא דכמו דפסקינן בסי' כ"א לענין ציצית, ובסי' תרס"ד לענין הושענא, שאין להשתמש בהם דבר של גנאי, ה"ה הכא, וכ"ש הוא מפני שהוא דבר קבוע וניכר, ובזיון גדול להשתמש בה בקלות ראש), ולכתחלה** בודאי צריך ליזהר בזה.

וה"ה שע"י זט"ה במא"ה, מותר להוציא הדמים לכל מה שירצו, אפילו לדבר חול, [ואף הראב"ד מודה בזה].

סעיף י - י"א דיחיד בשלו, אפילו ס"ת מותר למכרו ולעשות בדמיו כל מה שירצה - הטעם, דעל שלו יש לו כח כז' טובי העיר במא"ה בשל צבור, דמותר להוציא ע"י מכירה זו הדמים לכל מה שירצו, וכנ"ל.

כתב הע"ת, דאף לפי דעה זו דמותר, ואין הדמים נתפסין בקדושה, מ"מ לכו"ע אין רואה סימן ברכה בדמים אלו, וכ"כ הא"ר.

כל שלא הקדישו לקרות ברבים - המ"א מצדד, דאם נתנו לרבים לקרות בו, אסור לכו"ע, אפילו לא הקדישו ממש, **וכתב** עוד: וצ"ע על מה סומכין העולם, שמוכרין ס"ת ומשתמשין בדמיהן אפילו נתנו לביהכ"נ, **וצ"ל** כיון דהמנהג כן, הו"ל כאילו התנה בתחלה שלא תחול קדושת רבים עליהן, [ר"ל כיון שלא הקדישו לרבים, רק נתנו בסתמא לרבים לקרות בו].

ויש מי שאוסר אא"כ ללמוד תורה - היינו להתפרנס בדמיו בריוח - פמ"ג, **או לישא אשה.**

וכתב עוד הפמ"ג: צ"ע אם מוכרין ס"ת לקנות גמרא ופוסקים ופירושיהן, דהא הטעם דמוכרין ס"ת בשביל ת"ת, משום דלמוד גדול שמביא לידי מעשה, א"כ ה"ה אפשר דכה"ג נמי, דא"א ללמוד בלא ספרים.

ולדעה זו, אפי' זט"ה במעמד אנ"ה, ג"כ אסורין למכור ס"ת ולהשתמש בדמיה, אא"כ הוא תועלת בשביל לימוד התורה, **ואם** מכר, צריך לקנות בדמיה ס"ת אחרת - מ"א, **ומלבוש** יו"ד משמע, דבזט"ה במעמד אנ"ה לכו"ע מותר להשתמש בדמיה - א"ר.

כתב מ"א, דדוקא בספר תורה, אבל בתשמישי קדושה, לכו"ע מותר ביחיד למוכרו, ולהשתמש בדמיה כל מה שירצה, **מיהו** מהמחבר ביו"ד מוכח, דיש מי שאוסר ס"ל, דאפילו בתשמישין נמי אסור להשתמש בדמיה, דיחיד אין לו כח כזט"ה במא"ה.

כתבו האחרונים, דאפילו בס"ת, אם קנה מתחלה הס"ת כדי למכרה, וכ"ש אם קבלה בחוב, פשוט דמותר למכרה לכו"ע, ולהשתמש בדמיה למה שירצה.

איתא ביו"ד, דשארי ספרים דינן כס"ת, ואסור למכרן אלא ללמוד תורה או לישא אשה, **והנה** פה כתב המחבר דיש שתי דעות אפילו בס"ת, אפשר דשם מיירי כשהקדישו לרבים לקרות בו.

סעיף יא - בהכ"נ - ישן, **או לבנים ועצים מבהכ"נ ישן** - פי' שכבר התפללו בו, כדלעיל סעיף ח', **שסתרו, יכולים ליתן במתנה** -

והיינו שבעה טובי העיר במעמד אנשי העיר, **ויש** אומרים דאפי' בלא מעמד אנשי העיר נמי יכולים, **ובכרכים** אסור בכל גווני, [**וכתב** מ"א בשם המבי"ט, דאם אינם מתפללים בביהכ"נ של כרכים, יכולים למכרה, מטעם דמאי איכפית להו לכרכים, אחר שבלא"ה אין מתפללים עוד שם, **והכא** מיירי בלבנים ועצים שיכולים לבנותם עוד בביהכ"נ].

והלוקח יכול להשתמש בם תשמיש חול, [**ולענין** ד' דברים הנ"ל בס"ט, להני פוסקים דמיירי הכא בז' טובי העיר במאש"ה, שרי אפי' בד' דברים, **ולהני** דשרו בכאן בזט"ה בלחוד, אסור בד' דברים, דמי עדיפא ממכר].

דאי לאו דהוה להו הנאה מיניה - או שמקוים שיהיה להם הנאה ממנו באיזה פעם - ריטב"א, **לא הוו יהבי ליה, הדר הוי ליה כמכר.**

ולפי"ז ליתנו לאנשי עיר רחוקה, שבודאי לא נהנו ולא יהנו מהם לעולם, אסור, דהא אין כאן דבר אחר שתחול ע"ז קדושת בית הכנסת, וע"כ לא נפקע קדושתה, ואסור להשתמש בה, **וכ"ז** מיירי כשנותנין להשתמש בה בחול, אבל ליתנה להן במתנה שיתפללו בתוכה, מותר, דהא אין כאן הורדה מקדושה, וכמ"ש בהג"ה, **ועיין** במ"א שמצדד, דה"ה דמותר להם ליתן ס"ת, וה"ה כל תשמישי קדושה, במתנה, [היינו אפי' לאנשי עיר אחרת], דהא אינן מורידין אותן מקדושתן בזה.

וכן יכולים להחליפן באחרים והם יוצאים לחולין – (והנה לפי מה שפסק המחבר לעיל ס"ד, דלהחליף הקדושה לכיוצא בה יש אוסרים, קשה, **ואפשר** דמיירי דהלבנים מביהכ"נ ישן לא היו טובים, והוא בכלל חזי ביה תיוהא, דשרי לכו"ע).

אבל אסור למשכנן או להשכירן - דכיון שגוף החפץ לא נמכר, עדיין ברשות בעלים הראשונים הוא, ובקדושתיה קאי.

(**ולענין** מכירה על תנאי, משמע בתוס', דשוה למשכון ושכירות ואסור, **ובחידושי** ריטב"א מיקל בזה).

(**ובת'** בית דוד מתיר, למשכן חפצי כסף של קודש לבטחון למלוה בלבד, ושלא ישתמש בהן כלל, ופשוט).

או להשאילן - פי' על זמן, ואח"כ יחזירם בעין, דאילו בהלואה לחלוטין, והלוה יחזיר לבנים אחרים תמורתם, בודאי שרי, דהיינו חליפין דשרינן.

אפילו ע"י ז' טובי העיר - ואפי' אם היה ג"כ במעמד אנשי העיר, **שעדיין נשארים בקדושתן, שאין כאן דבר אחר שתחול קדושתן עליו** - ואע"פ שקבל מעות כשמשכנן או השכירן, [ואפי' אם ירצה לקנות בדמים עילוי קדושה], אין שייך לומר דחלה הקדושה על המעות, שהרי אין גוף החפץ קנוי לו, ועדיין נשאר בקדושתו, וקא משתמש בקודש.

[**ואפי'** להרמב"ן וסייעתו דס"ל דבזט"ה במאש"ה יכולים להפקיע הקדושה בכדי, (ע"ל ס"ז בבה"ל), היינו דוקא כשרוצים להפקיע, **אבל** גבי אוגורי ומשכוני הרי חזינן שאינם רוצים להפקיעו כלל, ועדיין צריכים לו, מדאינם ממשכנים אותו אלא לפי שעה ובקדושתה קאי. **אבל** אם ידעינן שרוצים לבטלו ולהפקיעו לגמרי מקדושתו, אלא שאינם מוצאים עתה למכרו, או שדמי השכירות שישכירוהו תמיד יעלה להם ריוח יותר, בודאי לשיטתם יש היכולת בידם להשכיר על ידי זט"ה במאש"ה].

הגה: ודוקא בדרך שמורידן מקדושתן - דהיינו שהשואל והשוכר משתמש בהן בחול.

אבל מותר להשאיל - (והיינו רוב בני העיר, או הממונים שעל פיהם נעשה כל דבר), **אפי' ס"ת לקרות בה** - וכ"ש להשאיל ביהכ"נ להתפלל בה, **אפי' מצבור ליחיד** - ועיין בע"ת, דזה דוקא כשהשואל והשוכר קורא בס"ת וכן מתפלל בביהכ"נ בעשרה, הא לא"ה יש בזה משום זלזול קדושה, **והמ"א** כתב, דמסתימת הפוסקים משמע דבכל גווני שרי.

סעיף יב - מי שיש לו תנאי עם הקהל, שלא יוכל לבנות בהכ"נ כי אם הוא וזרעו, אינו יכול למכור זכותו לאחר - דמסתברא דלא השליטו הקהל על אותה מצוה, וה"ה בשאר דבר מצוה, אלא לאותו איש ולזרעו, ולא למכור לאחרים, **אא"כ** התנו בפירוש שיכול למכור זכותו - לבוש.

כתב הט"ז, דהשו"ע מיירי שכיבדו אותו בחנם, אבל אם קנה מהם בדמים, הוא ככל קנין דעלמא, ויכול למכור זכותו לאחר, **ומ"מ** ברור הוא כי דוקא להגון כמוהו הקנו לו זכות זה, וכ"כ הא"ר, **וכן** בדינא דלבוש, כשהרשוהו בפירוש שיכול למכור זכותו, הוא ג"כ דוקא להגון כמוהו.

סעיף יג - גבו מעות לבנין בהכ"נ, ובא להם דבר מצוה, מוציאין בה המעות - מדסתם משמע כל דבר מצוה כצדקה וכיו"ב, אף שאינה חמורה מקדושת בהכ"נ, **ואע"ג** דלעיל בס"ה פסק בגבו מעות, דאין משנין אלא לקדושה חמורה, הכא מיירי ע"י זט"ה במעמד אנשי העיר, דשרי להוציא המעות אף לקדושה קלה, ואף לחולין, וכנ"ל בס"ז - מ"א, **והט"ז** מוקי לה אף שלא ע"י זט"ה במעמד אנ"ה, אלא דמיירי דשקילי המעות דרך הלואה, ואח"כ יחזירו מעות אחרים לבנין ביהכ"נ, ואזיל לטעמיה דס"ל, בגבו מעות דמותר ליקח דרך הלואה.

קנו אבנים וקורות, לא ימכרום לדבר מצוה - אע"פ שעל פי הדין מותר על פי זט"ה במא"ה, אפילו להוציא לחולין, כ"ש לדבר מצוה, מ"מ לא יעשו כן, ויגבו מן הצבור.

אלא לפדיון שבוים; אע"פ שהביאו האבנים וגדרום ואת הקורות ופסלום, והתקינו הכל לבנין בהכ"נ, מוכרים הכל לפדיון שבוים בלבד; אבל אם בנו וגמרו, לא ימכרו בהכ"נ, אלא יגבו לפדיון מן הצבור - פי' אין ראוי לאנשי העיר לעשות כן, אבל מן הדין שרי בפדיון שבוים ולקדושה חמורה בכל גווני, ואפילו בלא זט"ה במעמד אנשי העיר, [דלעילוי סגי בזט"ה או במא"ה לחוד], (**והוא** מהמ"א, דלקדושה חמורה שרי למכור ביהכ"נ ואפילו כשאין להם אלא ביהכ"נ אחת, והנה בא"ר כתב שם דדין זה צ"ע, **ונראה** דאף לדברי המ"א, אף דקדושה חמורה נקרא אפילו תיבה וכדומה, מ"מ מסתברא דאין למכור ביהכ"נ בשביל זה, דהא קיי"ל דכופין בני העיר זה את זה לבנות ביהכ"נ, והטעם, כדי שיהיה לישראל מקדש מעט להכנס ולהתפלל שם לפני ה', ואיך יבטלו זה בשביל תיבה וכדומה, וכולהו דוכתי דנזכר בפוסקים לשון לכתחלה, מיירי שיש להם עוד בתי כנסיות, או שהקדושה אחרת היה דבר נחוץ מאד, כגון שחסר להם ס"ת לקרות בצבור, או שחסר להם נביאים וכתובים ללמוד בהם, כנלענ"ד).

ודוקא גמרו, אבל לא גמרו את הבנין, דינו כאבנים וקורות שנזכרו מקודם.

סעיף יד - ראובן שאמר: קרקע זו אני נותן לבנות עליה בהכ"נ, ולא רצו עכו"ם להניחן לבנות בהכ"נ, והקהל אומרים לבנות עליו בית לת"ת, וראובן אומר: אדעתא דהכי לא נדרי, לא מצי ראובן הדר ביה - דנעשה נדר מכי אמר: קרקע זו לביהכ"נ, וכדאמרינן: בפיך זו צדקה.

ואם ראובן לא היה דר שם, היו יכולים לשנותה - ואפילו לדבר הרשות, ואף שהוזמן הקרקע לביהכ"נ, הזמנה לאו מילתא היא, **ואף** שהוא עומד וצווח: איני חפץ אלא שיהיה לביהכ"נ, לא משגחינן ביה, כיון דמעיקרא סתמא אמר ולא כפליה לתנאיה, דלא אמר: אם לא יבנו ביהכ"נ יחזירו לי הקרקע, אמרינן אדעתא דידהו יהבה מעיקרא, והשתא קהדר ביה, ולא מצי.

ואם הוא מבני אותה העיר, אינם רשאים לשנותה אם הוא עומד וצווח, (פי' וצועק) - ר"ל שיכול לעכבם שלא לבנות עליה בהמ"ד, אף שהיא קדושה חמורה מזה, **והטעם**, כיון דאיתיהב אדעתא דכולהו, לא גרע כחו מאחד משאר אנשי העיר, שיכולים למחות כשרוצים לשנות, **ואע"ג** דמבואר לעיל בסעיף ו', דלקדושה חמורה יכולים בני העיר לשנות, ואפילו שלא בשבעה טובי העיר, **התם** מיירי שאין אחד מאנשי העיר מוחה ע"ז בפירוש.

ועיין במ"א שהקשה, דביו"ד איתא בהדיא, דאין הבעלים יכולים למחות מלבנות בהמ"ד, כיון שהיא קדושה חמורה, **ודחק** את עצמו לתרץ, ועיין בפמ"ג שמפקפק בתירוצו, וגם בבאור הגר"א הקשה קושיא זה דמ"א, ונשאר בדין זה בצ"ע.

ומסיים המרדכי, דמ"מ ראובן נמי לא מצי לשנות ולמהדר, ואפילו לא מצי עתה לבנותה מפני השלטון, שמא לאחר זמן ימצאו חנינה לבנותה.

אא"כ יש שם חבר עיר, דכל מאן דאתי אדעתא דידיה אתי. (וז' טובי העיר - ר"ל במעמד הקהל, **דינם כחבר עיר).**

סעיף טו - אין אדם יכול לאסור חלקו מבהכ"נ ולא מהספרים - היינו בין ליחיד בין לכל הקהל, **ואם אסר, אינו כלום** - כן תקנו

הגאונים, דאל"כ כל אחד שיהיה לו דבר מה עם חבירו, יאסור חלקו עליו, וממילא יהא כל ביהכ"נ אסורה עליו, דאין ברירה, (וכ"ז לדעה קמייתא שנזכרת ביו"ד, אבל להי"א שם, דכל דבר שאין בו דין חלוקה כביהכ"נ וכדומה, מדינא אינו יכול לאסור על חבירו, גם הכא מדינא הוא, ועיין בש"ך שם, שדעתו לעיקר כהי"א).

(**ולכאורה** זה דוקא בלא היה לו מקום קבוע, אלא מצד שהביהכ"נ משותף לכולם, **אבל** לפי המנהג שכל אחד קונה מקום קבוע בביהכ"נ, ויש לו בו זכות להוריש ולמכור, אפשר דלא שייך זה, ועיין, **אח"כ** מצאתי במאירי, שלהרבה פוסקים בכל גווני אינו יכול לאסור, **אך** דעתו נוטה כמו שכתבנו).

סעיף טז - מי שהשאיל ביתו לבהכ"נ - (ר"ל שהשאילם שיהיה עליו שם ביהכ"נ גמור, משא"כ אם השאיל להם ביתו שיבואו להתפלל בו בעלמא, אין בכלל זה).

ויש לו מריבה עם א' מהקהל, אינו יכול לאסרה אא"כ יאסרנה לכל הקהל כאחד - (לאו דוקא דאינו יכול, דאי עבר ואסר, אסור, אלא דאינו רשאי לעשות כן, ומ"מ צ"ע), **והיינו** מצד חרם רבנו גרשם מאור הגולה שיש ע"ז, והטעם נראה, דחששו לבזיון דההוא גברא, עיין גיטין נ"ז, משא"כ כשיאסור לכולם ליכא כיסופא.

והא דיכול לאסור לכל הקהל, היינו משום דלא השאיל להם אלא בסתם, הא אם השאיל להם לזמן, עיין ביו"ד, דיש פלוגתא אם חל איסור בתוך הזמן.

(כתב מהר"ש דוראן בתשובה, דאם יש ביהכ"נ אחרת באותה העיר, יכול לאסרה, דבשלמא כשאין ביהכ"נ אחר, מה יש לו לאותו יחיד למעבד, וישאר בלי תפלה בצבור, והרי זה האוסרו מכשילו ומונעו מתפלת צבור, משא"כ כשיש ביהכ"נ אחרת, והעתיקו הגרע"א בקיצור, ולפי מש"כ טעם התקנה במ"ב, אין דינו מוכרח).

הגה: ודוקא שהשאיל תחלה סתם, אבל אם התנה מתחלה שכל זמן שירצה למחות יהא בידו למחות, או שלא השאיל להם בפירוש אלא הניחם ליכנס לביתו, הרשות בידו למחות במי שירצה - (הטעם, מפני שכיון שהתנה תנאו קיים, עכ"ל ד"מ, משמע מזה, דתנאו היה שיוכל למחות אפילו ליחיד).

סעיף יז - מי שהיה בביתו בהכ"נ ימים רבים, אין הצבור רשאים לשנותו בבית אחר - (ר"ל בבית של יחיד), מפני דרכי שלום, שלא יאמרו על בני בית זה, אנשים שאינם מהוגנים הם, ולפיכך נמנעו הצבור מלהתפלל שם, ולכן אפי' יש להצבור קצת טעם בדבר, נמי אינם רשאים, (**אבל** אם רוצים לבנות ביהכ"נ קבוע, רשאים, ואין בזה משום דרכי שלום).

(**ונראה** דלאו דוקא ביהכ"נ גמורה, ה"ה אם היה אצלו מנין קבוע ימים רבים, כמו שמצוי בכפרים, נמי דינא הכי).

ואם רק מקצת מהצבור רוצים להתפרד ולהתפלל במקום אחר, רשאים, כיון שגם בביתו מתפללים קצת, ולא נתבטל ממנו המצוה בשום פעם, **אבל** חברה שהיו לומדים בבית אחד כמה שנים, ואח"כ רוצים ללמוד ב' חדשים בכל בית ובית, אינם יכולים לשנות.

וה"ה במי שזכה באיזה ענין של כבוד או של מצוה, אין מעבירים ממנו, אם לא שיש טענה גמורה למערערים, **ולאו** דוקא בדברים הנוהגים תדיר, אלא אפילו בדברים דמזמן לזמן קאתי, נמי דינא הכי.

כתבו האחרונים, אנשים שהחזיקו לקבור מתים, אינם יכולים למחות באחרים שבאים לקבור, שבעשיית מצוה כל אחד רוצה לזכות, **ובמדינות** שיש חבורות מנויות על כך, שמניחים עסקיהם בכל השנה כשמזדמן להם מצוה זו, צריך ליתן להחברה כמנהגם.

סעיף יח - יש מי שאומר שכלי הקודש של כסף שנהגו להביאם תמיד לבית הכנסת בחגים - כגון מנורות להדליק בהם, או תכשיטים לתלות על ס"ת, **אין יכולים להוציא לחולין ולמכרם, והקהל יכולים לתפשם שישארו בחזקת הקדש אחר מיתת המקדיש** - כיון שלא פירשו בהדיא, דנותנים זאת רק בתורת שאלה בעלמא, משנשתמשו בהם חל עלייהו קדושה, **וכתב** המ"א, דעכשיו המנהג פשוט, שנשארים ברשות בעליהם, ואם כן המביאים את הכלים מביאים אדעתא דמנהגא, והוי כמו שהתנה בפירוש דלא תחול עלייהו קדושה, **ומ"מ** יותר טוב להתנות בהדיא בשעת הבאה, דהוא רק בתורת שאלה בעלמא.

(ביאור הלכה) [שער הציון] ‹הוספה›

סעיף יט - יש מי שאומר שאם נמצא אחר מיתת אדם כתב כתוב - ר"ל שנמצא בביתו בין שטרותיו, **שהקדיש כלים, ואין עליו עדים ולא מסרו לקהל, אפ"ה הוי הקדש** - דודאי הקדישו כיון שכתב לו על המגילה, **ועיין** במ"א מה שהעיר בזה מחו"מ, ובדברי הש"ך שם יתורץ קושיתו, **אבל** א"כ אין זה דין ברור להוציא ממון, דהרבה אחרונים סוברין שם דלא כהש"ך, עיין בחו"מ בפת"ש.

סעיף כ - יש מי שאומר שספר תורה שהוחזק שהיה של אבותיו של ראובן - ומונחת בביהכ"נ, **אין הצבור יכולים להחזיק בו** - ולא אמרינן דבודאי החליטה להקדש, **ולא** דמי לכלי הקודש של כסף שנהגו להביאם בביהכ"נ, המובא בסעיף י"ח, דאין הבעלים יכולים להוציאם לחולין, **דשאני** הכא בס"ת, שכן הדרך לעשות ס"ת ע"מ כן, להניחה בביהכ"נ שיקראו בה רבים, ושתהיה מונחת שם עד יום פקוד הבעלים אותה ליקח לביתו, **ואפילו** היתה לבושה מעילין של צבור ולא הקפיד, לא אמרינן בשביל זה מסתמא כבר סילק ידו ממנה, משום דכן המנהג תדיר, להחליף המעילין מס"ת אל ס"ת, הן של יחידים הן של הקהל, **מיהו** כמה אחרונים כתבו, דגם הכא בס"ת מיירי שאנו יודעין בבירור שבתחלה לא הניחה לחלוטין, רק שהשאילה לבהכ"נ שיקראו בה רבים, **ואשמועינן** דלא אמרינן, כיון שהניחה זמן רב מסתמא כבר החליטה להקדש, **אבל** בהניחה סתם, אמרינן דמסתמא אקדשה לעולם, וכההיא דכלי הקודש בסעיף י"ח הנ"ל.

ועיין במ"א שכתב, דמנהג העולם כהיום למכור ס"ת, אפילו נתנו מתחלה לביהכ"נ לקרות בו, וכתב דכיון שנהגו כן, הו"ל כאילו התנו מתחלה בהדיא שלא תחול קדושת רבים עליהן, **ולפי"ז** נראה, דלכו"ע אין להחמיר בזה בדיעבד, ומ"מ לכתחלה בודאי טוב להתנות בהדיא, שאין נותנה לחלוטין.

ואפילו יש עדים מבני אותה העיר דנתנה לצבור, לא מהני, דנוגעין בעדות הם, **ואפילו** אם ירצו לסלק עצמם ממנה לא מהני, אא"כ יש להם ס"ת אחרת מדוייקת וכשרה כמותה.

ישוב שלא היה לצבור ס"ת, וקראו בס"ת של יחיד, ואח"כ קנו הצבור ס"ת, וטוען היחיד שיש לו חזקה שיקראו דוקא בס"ת שלו, אין זו חזקה, דאין עמה טענה, [**דאם** היה להם ס"ת אחרת, ואעפ"כ קראו בשל יחיד, חזקה שיש עמה טענה היא], **ומ"מ** אין למעט כבוד ס"ת של היחיד, אלא יקראו בכל שבת בס"ת אחרת.

סעיף כא - אין לקנות מעילים שנשתמש בהם הדיוט, לתשמיש קדושה - וכ"ש מדברים שנשתמש בהן לע"ג, ובזה אפילו בדיעבד אסור, וצריך למכרן ולחזור ולקנות אחרת.

אבל למצוה שרי לקנות מעילים שנשתמש בהם הדיוט, וכמ"ש למעלה בסימן קמ"ז ס"א במ"ב, **וספרי** פסולים של הער"ג שמכורכים בשיראים לנוי, אין ליקח השיראים לעשות מהן טלית, דמאיסי כמו בגדי אליל, **וק"ו** דאסור לעשות מהן תשמישי קדושה, וע"כ אסור ליקח הכריכות ולכרכן על ספרי קודש שלנו.

הגה: אסור לעשות מאתנן זונה או מחיר כלב - כגון שהחליף כלב באיזה דבר, **דבר של מצוה** - כמו שאסרה תורה להביאם למקדש ולמזבח, שנאמר: לא תביא אתנן זונה ומחיר כלב וגו', כי תועבת ה' אלהיך וגו', **ומ"מ** אינו אלא מדרבנן. (**ומספקא לי, דנהי כשהקדישה אין אנו מקבלין ממנה, מ"מ אפשר שעכ"פ אסור להשתמש בה בחול, כיון שאיסור זה אינו אלא מדרבנן, לא אלים לאפקועי נדרה מכל וכל, וצריך גניזה, וצ"ע**).

ואיסור דאתנן חל על כל מה שיתן לה, ואפי' פסק עמה טלה א' בשכרה ונותן לה הרבה, כולם אסורים, דכולם בתורת אתנן קאתו לה. **ודין** אתנן הוא דוקא כשנתן לה אתנן ואח"כ בא עליה, אבל בא עליה ואח"כ נתן לה אתננה שהתנה עמה, מותר, כיון שבשעת ביאה לא היה קנוי לה זה האתנן. **גם** דאיסור אתנן הוא דוקא כשנתנן הנואף להנואפת, אבל אם האשה נתנה לו, מותר האתנן. **ואם** נתן האתנן לזכר לשכב עמו, אסור האתנן.

כגון בהכ"נ - כגון שנתן להזונה או שהחליף בהכלב אבנים וקורות, וה"ה דלעשות מהאתנן כלי ביהכ"נ, גם כן אסור.

או ס"ת - כגון שנתן לה קלף, וה"ה מפות לס"ת אסור, [**דאי** נתן לה ס"ת באתננה, אפשר דאין חל ע"ז שם אתנן, ומותר לקרות בו בציבור, עיין בפמ"ג, **ועיין** ברי"ו דמשמע להיפך, וצ"ע].

וה"ה דשום דבר מצוה אסור לעשות מהאתנן ומחיר, כגון נר ושמן לביהכ"נ, **ובפמ"ג** משמע, דה"ה ציצית וטלית מצוה, ג"כ אין לעשות מזה.

ודוקא מהאתנן עצמה - כמו שכתבנו מקודם, ואם נשתנו האתנן והמחיר, כגון זיתים ועשאן שמן, ענבים ועשאן יין, מותר.

אבל אם נתנו לה מעות באתנן, מותר לקנות בהן דבר מצוה - וה"ה כשלקח בעד הכלב מעות, מותר לקנות בהם דבר מצוה.

ולא מקרי זונה, אלא איסור ערוה - דהיינו חייבי כריתות, [**ודע**, דנדה אף דגם היא מחייבי כריתות, מ"מ אתננה מותר], **וי"א** דה"ה חייבי לאוין, (**אבל אם** בביאה הזאת לא היה לאו וכרת, אע"ג שכבר נבעלה לחייבי כריתות או לחייבי לאוין ונעשית זונה, אעפ"כ אין אתננה אסור), **וזונה** נכרית לכו"ע אתננה אסור.

אבל אלו הפנויות הקדשות שמקדישות דבר, מותר לקבל מהן – (לכאורה אין להקל בזה אלא בקדשה מופקרת לישראל לבד, **אבל** אותן הזונות היושבות בבתי הקדשות שמפקירות עצמן לכל, אין להקל עכ"פ בעיר שרובה עו"ג, שלא ליטול מהם שום דבר, דתלינן דכל חפציהם הוא מאתנן זונה, כל זמן שלא ידעינן בבירור שקבלתו מישראל).

סעיף כב - אדם שהוא רגיל בשום מצוה, כגון גלילה - ר"ל שהחזיק בה ברשות הקהל, **ובתשובת** רדב"ז כתב, דאפילו לא הרשוהו בפירוש, אלא כל שהחזיק זמן רב ושתקו ולא מיחו, הוי חזקה, **ואירעו אונס או עוני, ונתנו הקהל המצוה לאחר, ואח"כ העשיר ורצה שיחזירו לו המצוה, אם בשעה שנתנו הקהל המצוה לשני היה ספוק ביד הראשון לתת מה שהיה נותן בכל שנה** - היינו שגם באונסו או בעניו היה סיפוק בידו לתת כפי מה שרגיל, **ולא חפץ בה, ונתרצה הוא עם שאר הקהל לתת לאחר, איבד זכותו** - לאו דוקא נתרצה בפירוש, אלא כל שסיפוק בידו ולא חפץ ליתן, איבד זכותו, [ואף בפניו ושתק, ג"כ מהניא], ונקט "נתרצה" משום סיפא.

אבל אם כשנתנו לשני לא היה ביד הראשון סיפוק לתת מה שהיה נותן, ועתה שיש בידו רוצה לזכות במצותו ולחזור וליתן מה שהיה נותן תחלה, חוזר למצותו - ואין לשנותו אפילו מע"ה לת"ח, אם לא שיש טענה גמורה למערער, **אך** אם יש ראיה ברורה שכבר נתייאש מזה, אבד חזקתו.

(לכאורה אפילו העשיר הראשון בתוך זמן שכירות השני, נמי חוזר למצותו תיכף, דומיא דכהן גדול שאירע לו אונס ביוהכ"פ, ומינו אחר תחתיו, דחוזר לעבודתו תיכף כשנסתלק אונסו, ואודות התשלומין, מסתברא שישלם כפי ערך הזמן שיש עדיין בהשנה).

(ועיין בחו"מ בפתחי תשובה, מה שכתב בשם שער המשפט שהביא מס"ח, דאם אחר רוצה להוסיף במעות, הרשות בידו, אם לא שזיכו לו הקהל בפירוש גם בענין זה, ולפי"ז מיירי הכא שהאחר לא הוסיף במעות על הראשון, או דמיירי שזיכו להראשון בפירוש, שלא יהא אחר יכול להוסיף עליו, **אכן** בתשובת רדב"ז מבואר דלא כדבריו, וצ"ע למעשה).

(**לאו** דוקא לענין גלילה, דה"ה באחד שיש לו חזקה שיתפללו הצבור בביתו, ומתוך אונס שנאנס בעה"ב הוכרחו להתקבץ במקום אחר, לא אבד חזקתו, וכשיעבור האונס יתפללו שם, וכן כל כיו"ב).

כתבו הפוסקים, דה"ה פרנס שעבר מחמת אונס, ומינו אחר תחתיו, דכשיעבור אונסו חוזר לפרנסותו, **ואין** ליתן לשני שום חלק בפרנסות, משום איבה דראשון, **ומ"מ** אין לנהוג בזיון בשני, ויתנו לו שום מינוי של כבוד בצרכי צבור.

אם עבר משררותו מחמת עבירה שעשה, אפילו בשוגג, אינו חוזר לשררותו, כדקי"ל לענין רוצח שגלה לעיר מקלטו ושב, דאינו חוזר לשררותו שהיה לו מקודם - מ"א, **והא"ר** מסתפק בזה, דאפשר דדוקא ברוצח.

(**איתא** בב"י בשם המרדכי, דאין שייך ירושה במצות, אלא כל מי שיתן יותר לצדקה הוא הזוכה, עכ"ל, **ועיין** בכנה"ג שכ', דאם היה המנהג בעיר, שכל מי שהחזיקוהו קהל באיזה מצוה הו"י הוא לו ולזרעו, יעשו כמנהגם, **עוד** כתב, דאם קנה מצוה לזמן קצוב, ומת תוך הזמן, יורשיו נכנסים במקומו לזמן הקצוב, **ועיין** בברכי יוסף מה שהביא בשם תשובת כנה"ג, דהבן קם תחת אביו במצות).

סימן קנד – דיני תשמיש קדושה וערות בהכ"נ

§ סימן קנד – דיני תשמיש קדושה וערות בהכ"נ §

סעיף א- רחבה של עיר - הוא מקום שמתכנסין בו בתעניות להתפלל בו, (וזה המקום היה להם מזומן לזה), מפני שאז הקיבוץ רב, ואין בתי כנסיות מכילין אותן, **אף על פי שמתפללין בה בתעניות, אין בה משום קדושה, מפני שהיא עראי** – (ועיין בריטב"א שדעתו, דמ"מ אין לנהוג בזיון במקום ההוא, כיון שהוא מזומן לזה).

וכן בתים וחצרות שמתקבצים בהם להתפלל באקראי (פי' דרך מקרה וכזדמן לא דרך קביעות), אין בהם שום קדושה - היינו אפילו הוא בית פנוי שאין דר בה אדם, **ואצ"ל** אם מתקבצין להתפלל בבית שדרין בו ומשתמשין בו צרכיהם, בודאי אין ע"ז שם ביהכ"נ, אפילו מתפללין שם תדיר, כיון שאין מיוחד לתפלה בלבד.

ועזרות שלנו לא עדיפי מבתים וחצירות, שאינן מתפללין בהם אלא כשהם נדחקים, **ומ"מ** אפשר לומר הואיל ומתפללין שם תדיר כל זמן שהם נדחקים, אע"פ שהוא אקראי לגבי זה המתפלל, המקום נעשה קבע לעצלנים, **ובעיירות** גדולות שהדרך להתפלל שם בעזרה בקביעות, פשוט דכל קדושת ביהכ"נ עליו, **אבל** גן ופרדס ואיצטבא שסביבה, אע"פ שפתוח לביהכ"נ, אין בה קדושה, **ואם** היה פתוח נגד ההיכל, יש להחמיר שלא לנהוג שם קלות ראש, ואע"פ שהמקום חול, הואיל והוא מכוון כנגד הקודש איכא זילותא.

סעיף ב- השוכרים בית - לזמן קבוע לחודש או לשנה, **ומתפללין בו, אין לו דין בהכ"נ** - והטעם, דכיון דבכלות זמן השכירות יש ביד הבעה"ב שלא להשכיר להם עוד, א"כ אינו אלא עראי, ואין בו קדושה, (וזה כתבתי לפי מה דאסברה לנו הלבוש, **אמנם** מעולת תמיד מוכח, דאין דין זה אלא בכגון ההיא דר"י בן חביב, שלא היה שם רשות להם בתוגרמה להזמין מקום קבוע לתפלה מפני המלכות, והיו מטמינים את עצמם בתחתיים להתפלל, ובכה"ג בודאי אינו חשוב אלא עראי, כי היום או מחר יתודע ויתבטל באמצע הזמן, **משא"כ** בשוכרים בגלוי כדרך כל העולם, שעל אותו הזמן כמכורה היא להם, בודאי יש בה קדושה, כיון שקבעו אותו מקום לתפלה בכל משך הזמן, ולא באקראי בלבד, **ואע"פ** שלאחר כלות הזמן אפשר שלא ירצה בעה"ב להשכיר, מ"מ אין זה מקרי אקראי בעלמא, כיון שבכל אותו הזמן אין להם קביעות אחרת כי אם שם, וכעין זה משמע ג"כ מהכנה"ג, **ולענ"ד** שכן נכון לדינא, מאחר שגם בגוונא דמהר"י בן חביב, כתב מהרי"ט שלא ברירא ליה דבר זה, והוא חוכך בזה להחמיר כל משך הזמן של השכירות, וא"כ עכ"פ בשוכר בגלוי כדרך כל הארץ, בודאי אין להקל בזה).

[**עיין** בפמ"ג שכתב, דאם שוכרים לזמן רב, נוטה הדבר דלכו"ע יש לו דין ביהכ"נ, דבודאי לא מקרי אקראי].

אין לו דין בהכ"נ - ודוקא אם הוא להתפלל לבד, אבל אם הוא ביהמ"ד, יש בו קדושה - שע"ת בשם תשובת כנה"ג, **ואיני** יודע טעמו, ואולי דכיון שהוא נעשה קבע גמור להתפלל וללמוד בו כדרך ביהמ"ד, לא מקרי עראי.

סעיף ג- תשמישי קדושה, כגון: תיק של ספרים - היינו תורה נביאים וכתובים, וה"ה לשאר ספרי קודש, **ומזוזות** - שהם קדושה, והתיק הוי תשמיש לקדושה.

ורצועות תפילין - ה"ה לתיק שלהן, וכל זה בין בשל יד ובין בשל ראש.

וארגז שנותנין בו ס"ת או חומש - מיירי שהוכן לכך, ואפילו אם עדיין לא נתן בו רק פעם אחד, **או** שלא הוכן מתחלה לכך, אך שרגיל ליתן שם בקביעות, ג"כ נתקדש ע"ז.

וקמ"ל דלא נימא דלשמירה בעלמא עביד ולא לכבוד, ואין על הארגז שם תשמישי קדושה - גמרא.

ואותן תיבות המיוחדות לשום שם ספרים שלנו, שהספרים מכוסים בנייר ובעור או בקרשים, מקרי התיבה תשמיש דתשמיש, **ואף** דבארגז שנותנין בו ס"ת, קי"ל דאפילו הס"ת מונחת בתיק, אפ"ה הוי הארגז תשמישי קדושה, **אפשר** דארגז שאני, שעשוי לכבוד הס"ת כדאיתא בגמרא, משא"כ באלו התיבות שעשוי רק לשמירה בעלמא.

הלכות בית הכנסת
סימן קנד – דיני תשמיש קדושה ונרות בהכ"נ

וכסא שנותנין עליו ס"ת - הוא השלחן שעומד על הבימה, ואף דעליו מונח מטפחת, ועל המטפחת מונח הס"ת, א"כ השלחן אינו אלא תשמיש לתשמיש, **אפ"ה** דין תשמיש קדושה יש לו, משום דלפעמים נותנין עליו הס"ת בלא מטפחת, [**ואף** דבזמנינו אין מצוי זה, אפ"ה פעמים שנשמט קצת המטפחת מתחתיה, והשלחן משמש להס"ת].

ווילון שתולין לפני ההיכל - הוא הפרוכת, והיינו למנהג התלמוד, שהיו לפעמים מניחין ס"ת עליה, או שהיו מכסין בה הס"ת, **ונראה** שהיה זה דבר מצוי בזמנם, דאל"כ הו"ל תשמיש אקראי בעלמא, ואין ע"ז שם תשמיש קדושה, **אבל** האידנא דלא נהגינן הכי, הו"ל רק תשמיש דתשמיש, וזהו שהגיה הרמ"א לקמן בס"ו.

יש בהן קדושה וצריך לגנזן - והיינו דאף דבתשמישי מצוה קי"ל, דלאחר שעבר מצותן מותר לזורקן, **בתשמישי** קדושה אינו כן, אלא אף לאחר שנתבלו ואין ראויין עוד לתשמישן, מ"מ יש בהן קדושה, וצריך לגנזן במקום המשומר, **וגם** אסור להשתמש בהן שום תשמיש או לזורקן.

(**ולא** מהני בזה ז' טובי העיר לאפקועי המטפחת וכדומה לחולין כמו בביהכ"נ, ואפי' רוצים לקנות בדמיה קדושה חמורה).

וה"ה מקק ספרים ומקק מטפחותיהן, והיינו רקב של הספרים והמטפחת שנעשה על ידי התולעת האוכלתן.

ודוקא תשמיש קדושה עצמה, אבל דבר המשמש להתשמיש קדושה, והוא הנקרא תשמיש דתשמיש, אין בו קדושה, ומותר להשתמש בהן אף בעודן קיימין.

הגה: ודוקא הדבר שמניחין בהן דבר הקדושה בעצמו לפעמים, או שנעשית לכבוד, כגון המכסה שעל הקרשים של הספרים - שדרכן היה לעשות לספרים תיק של קרשים, ועליהן היו מכסין במכסה לנוי ולכבוד, והואיל שהיא עשויה לכבוד הקדושה, לכן נחשבת לתשמישי קדושה, אף שאינה נוגעת בקדושה עצמה.

אבל אותו מכסה שהוא לשמור אותו מכסה שעל הקרשים, לא מיקרי תשמיש, דהוי תשמיש דתשמיש, וכל כיוצא בזה.

הגה: יש אומרים דלא מקרי ארון הקודש אלא אם הוא כמין ארגז, שאינו עשוי רק לכבוד התורה, אבל ארון הבנוי בחומה שנעשה לשמירה, לא מיקרי תשמישי קדושה - היינו שיש חלל בחומה כמין ארון, וה"ה אם נעשה כן בכותל של עץ, דבכל זה הוי כחדר בעלמא, כיון שלא נעשה לכבוד רק לשמירה, **ואם** עושין ארון עץ תוך חלל החומה, אותו הארון תשמיש קדושה הוה, **וכן** כששוטחים חתיכת בגד בתוך החומה שלא יתקלקלו הספרים, יש על אותו הבגד שם תשמישי קדושה.

זה הכלל: כל שנוגע ממש בקדושה בלי הפסק, אע"פ שאין כ"כ לכבוד, רק קצת שמירה, כמו ארגז וכו', לאפוקי ארון בחומה, שהוא רק לשמירה בעלמא, **ולכבוד**, אע"פ שאין נוגע כך, כמו טסי כסף, ומכסה על הקרשים, הואיל ומונח על הקדושה, אע"פ שיש הפסק, תשמישי קדושה הוה, **משא"כ** פרוכת שלנו בסעיף ו', אע"ג דדבר יקר וכבוד הוא, מ"מ הוי כמחיצה, ואין מונח כלל על הקדושה.

(**ומביאור** הגר"א משמע, דכל שהוא נוגע בקדושה עצמה, אע"פ שהוא רק לשמירה לבד, מ"מ מיקרי תשמישי קדושה, **ובארון** הבנוי בחומה, צ"ל לדבריו, משום דאינו מצוי שיונח ס"ת בתוכו בלא מטפחת, ואין הארון נוגע בקדושה עצמה. **ומצאתי** במאירי וכן ברבינו ירוחם, שמוכח מהם שסוברים, דאפילו כשנעשה לשמירה, הוא בכלל תשמישי קדושה, **ולפי"ז** אפשר דלדידהו אפילו כשבנוי בחומה, אותו המקום הוא בכלל תשמיש קדושה, **ואולי** דכיון שהוא רק זוית בעלמא חקוק בתוך חומת הכותל, נתבטל אותו המקום לגבי שאר הכתלים, והוי כאנדרונא בעלמא, ואין על זה המקום כי אם קדושת בית הכנסת, וצ"ע).

וכל שכן אם הספרים מתקלקלים בו, דמותר ליטלן משם - ר"ל דיטול הס"ת, ומותר לסתור אותו המקום, ולא הוי כשאר תשמישי קדושה דאין לקלקלן, דלא היה ראוי מעיקרא, ולא חלה עליו שם קדושה, דלא מקרי

הלכות בית הכנסת
סימן קנד – דיני תשמיש קדושה ונרות בהכ"נ

תשמיש דידיה אלא מזיק דידיה, **ובאופן** זה, אפילו עשוי לנוי, כיון שהוא מתקלקל, אין עליו שם תשמיש קדושה.

אסור לכנס מטפחת של ס"ת במי רגלים, מפני הכבוד - וה"ה בכל דבר המסריח, כמו מי משרה של פשתן וכיו"ב, וה"ה לכל תשמישי קדושה.

סעיף ד - מטפחות ס"ת שבלו, יכולים לעשות מהן תכריכין למת מצוה - שצריכין מוטלין על צרכי צבור, **וזו היא גניזתן.**

סעיף ה - ס"ת שבלה - וה"ה נביאים וכתובים, כשהם כתובים בעור ובגלילה ובדיו, **מניחין אותו בכלי חרס** - שיהיה לו קיום.

וגונזין אותו בקבר ת"ח, אפי' אינו אלא שונה הלכות - פי' משניות ובריתות, **ולא שימש ת"ח** - בגמרא, שהיא הסברת טעמי המשנה.

וה"ה שאר ספרים שבלו, שצריך לגונזן ואסור לשורפן, אע"ג דכונתו שלא יבואו לידי בזיון, מ"מ דרך השחתה עביד, **וכתב** הרמב"ם, שהמאבד כתבי הקודש עובר בלאו ד"לא תעשון כן לה' אלהיכם", **וה"ה** בכל תשמישי קדושה יש ליזהר בזה.

(מדכתב השו"ע בס"ד "יכולים לעשות", ובסעיף זה "וגונזין אותו", משמע דהוא חובה, ולא בקרקע, אבל לא ראיתי נוהגין כן – פמ"ג).

סעיף ו - אין עושין מתיבה - הוא ארון הקודש, **כסא לס"ת** - ואף דכסא שהוא השלחן, הוא ג"כ תשמישי קדושה, כדלעיל ס"ג, אפ"ה אסור, דתיבה הס"ת מונח בה תמיד, וכסא אין נותנין עליו הס"ת אלא לפעמים, והוי הורדת הקדושה.

אבל מותר לעשות מתיבה גדולה קטנה, וכן מותר לעשות מכסא גדול כסא קטן; אבל אסור לעשות ממנו שרפרף (פי' כסא קטן) לכסא. וכן מותר לעשות מוילון גדול וילון קטן, או לעשות ממנו כיס לס"ת; אבל לעשות ממנו כיס לחומש, אסור - דהוילון משמש לפעמים לס"ת גופא כנ"ל, וחומש אפילו אם הוא עשוי בגלילה, קדושתו קלה מס"ת.

וכ"ש שאסור לכרוך מפה של ס"ת על הנביאים, **ומפה** שפורסין על השלחן, אסור לפרוס על העמוד שלפני החזן.

ומפות שפורסין על הס"ת, יכולין לתלותן בכותל ביהכ"נ, וכן כלי כסף שמשימין על הס"ת, יכולין להניחן על העמודים שבביהכ"נ, **והטעם** בזה, דאינו תולה אותן לשם תשמיש, ומה לי אם מונחים כאן או כאן.

הגה: ופרוכת שאנחנו תולין לפני הארון אין לו קדושת ארון - דבזמנינו לעולם אין נותנין עליו ס"ת בלא מטפחת, **רק קדושת בהכ"נ** - ואף שהוא רק תשמיש דתשמיש, מ"מ לא גרע משאר כלי ביהכ"נ שדינם כביהכ"נ, **אבל** שאר תשמיש דתשמיש שאינם בביהכ"נ, כגון של תפילין וכדומה, אין בו קדושה כלל.

ומותר לעשות מפרוכת מפה שעל השלחן, **וצ"ע** למה נהגו לפרסו לחופה לחתנים, ואפשר דלב ב"ד מתנה עליהם, וכמ"ש ס"ח.

וכן הכלונסות שבו תולין הפרוכת; ומ"מ אסור לעשות מהם העלים שמסמנים בו הקריאה לחובת היום, שאינן קדושים כמו הם - שאינן לא לנוי ולא למלבוש, רק לסימן בעלמא שלא יטעו, וע"כ הוי הורדה מקדושת ביהכ"נ, **ועכשיו** שנהגו לתלות היד בס"ת לנוי, א"כ תשמיש קדושה הוה, בודאי מותר לעשותו מכלונסים.

איתא בספר חסידים, דאסור להניח בתוך ארון הקודש יריעות פסולים, דהוי הורדה לקדושה, **ובמ"א** כתב, דאפשר דשרי משום דלב ב"ד מתנה עליהם, וכ"כ בא"ר בשם שכנה"ג, דנוהגין להניח בתוכו יריעות פסולים, **אבל** חומשים ושאר ספרים יש ליזהר שלא להניח בתוכו אפילו לפי שעה, בין כשהס"ת מונח בתוכה או לא, **ובארון** הבנוי בחומה, לפי המבואר לעיל בס"ג בהג"ה, דיש לו רק קדושת בהכ"נ, שרי, [**ולפי** מש"כ בבה"ל, דדין של ארון הבנוי החומה אינו מוסכם לכו"ע, ממילא גם בענין זה אפשר שיש להחמיר].

ועיין ט"ז שמפקפק קצת על מה שנוהגין בהושענא רבה, שלאחר שמוציאין כל הס"ת, שמים שם נר דולק, דהוי דופן ארון הקודש תשמיש לאותו הנר.

מחבר　**רמ"א**　משנה ברורה

הלכות בית הכנסת
סימן קנד - דיני תשמיש קדושה וערות בהכ"נ

וקדושת הארון הוא דוקא כשעושין אותו שיהיה קבוע לעולם, ואז אפילו נתיישן הארון ועשו אחר, אפ"ה אין להשתמש בראשון להורידו מקדושתו, [**ואע"פ** שא"א להשתמש בו קדושה ראשונה, לא אמרינן דטוב יותר להורידו לקדושה קלה משיגנז לגמרי]. **אבל** אם עושין אותו לזמן עד שירחיב ה' לעשות אה"ק כראוי, לאחר שעושה ארון השני, נתבטל קדושת ארון הראשון, וע"כ מותר לשום בתוכו ספרים.

אסור להשתמש בספר להנאתו, כגון להגן בפני החמה, או כדי שלא יראה חבירו מה שעושה, **ולהניח** ספר אחר תחת ספר שלומד בו כדי להגביהו, יש להתיר, **ואם** מונח ספר אחד, לכו"ע מותר להניח ספר אחר עליו, **וכשהשמש** זורחת על הספר שלומד בו, יש להקל במקום הדחק, להגן בספר אחר להיות לצל, כיון שאינו עושה להנאתו.

לא ישרטט קונטרס על הספר, שהקונטרס עדיין אין בו קדושה, אבל כשכבר כתוב עליו ד"ת, יש להקל אם הוא לצורך, **אל** יניח קונטרסים שלא נכתבו בם ד"ת בספר, ולא שום דבר, **ופשיטא** לכתוב בספר חשבונותיו דאסור, ולא ינסה בו בקולמוס.

וצריך למחות בקושרי הספרים, שמדבקין בלוחות הספרים כתבי קודש, וידוע שהמאבד כתבי קודש עובר בלאו ד"לא תעשון כן לה' אלהיכם", **ואפילו** אם נאמר דיזהר שלא ימחוק שם התיבות, ובפרט השמות, עכ"פ הוא מורידן מקדושתן, והוא איסור גמור.

סעיף ז - הבימה (פי' מקום גבוה), כגון בימה שהיו עושים למלך - שהיה קורא בתורה עליו בזמן הקהל, וה"ה בימה שלנו שעומד עליו האוחז הס"ת, **אין בה קדושת ארון, אלא קדושת בהכ"נ.**

סעיף ח - הארון וכל מה שעושים לס"ת, מועיל בו תנאי להשתמש בו שאר תשמיש, אפילו דחול - היינו כשהתנו בתחלת עשייתו שיהא מותר להשתמש בו, ואין חילוק בין לזמן שהס"ת מונחת בו או אח"כ.

(**וכ"ש** שאר תשמישי קדושה, כמו תיק של תפילין וכדומה, דמהני בהו תנאה).

ומ"מ לתשמיש מגונה לא מהני תנאה.

הגה: ונהגו ליהנות בכמה הנאות מדברי קדושה, כגון: מטפחת של ספרים ושלחן שבבהכ"נ ומעילים של ס"ת; וכתבו הטעם, משום דכיון שנהגו כן, ואי אפשר ליזהר, לב ב"ד מתנה עליהם מעיקרא, כדי שלא יבאו בני אדם לידי תקלה, ואע"ג דלא התנו כאילו התנו דמי (תה"ד) - ודוקא במה שמבורר מנהגא להקל, אבל במה שאינו מנהגא, אין לנו להקל מעצמנו, דאפשר דלא התנו ע"ז.

(**ומשמע** מזה, דבדבר שאפשר ליזהר מהם, אין אומרים בסתמא לב בית דין מתנה עליהם).

עיין בתה"ד דמוכח שם, דזהו דוקא בביהכ"נ, אבל לא בס"ת של יחיד שיש לו בביתו.

ומסיים בתה"ד: נדחקתי כדי ליישב קצת מה שאין העולם נזהרין, עכ"ל, **ומשמע** שם דראוי לכל אדם כשמנדב דבר לביהכ"נ, או הגזברים כשקונין איזה דבר, להתנות שיהיו רשאים להשתמש בהם.

סעיף ט - המתנדבים ס"ת ומניחים מטפחות בבהכ"נ, מותר להשתמש בהן כל ספר וספר, שלדעת כולן הוקדשו - וכ"ש מטפחות שהגזברים קונים אותם לצרכי הספרים שבביהכ"נ, בודאי לדעת כן נתקדשו לכתחלה, שיהא מותר ליתנם מספר לספר.

אבל המניחים בביתם ואח"כ מקדישין, כיון שעל דעת אותו ספר נעשה, ונשתמש בו אותו ספר, אסור להניחו בס"ת אחר - משום דכל שינוי מקדושה לקדושה אסור, אם לא לחמורה ממנו.

ויש מתירים - כיון שעכ"פ אינו מורידה מקדושתה.

(וכן נוהגין עכשיו, משום לב ב"ד מתנה עליהם לנהוג כך) - ר"ל אע"ג דמצד הדין ראוי לפסוק כהדעה ראשונה, שהיא דעת רוב הפוסקים, דשינוי מקדושה לקדושה ששוה לה אסור, מ"מ הכא מותר משום לב ב"ד וכו'.

(**לכאורה** לפי מה שכתבנו במ"ב בשם תה"ד, דבס"ת של יחיד שיש לו בביתו, אין שייך לב ב"ד מתנה, א"כ הכא כיון שבביתו נתקדש מכבר המטפחת לס"ת זו,

תיז הלכות בית הכנסת
סימן קנד – דיני תשמיש קדושה ונרות בהכ"נ

קודם שהקדיש הס"ת לביהכ"נ, מה שייך לב ב"ד ע"ז, ואולי דנאמר דמיירי בשהיה דעתו מתחלה בשעה שקנה אותה להקדישה לבסוף לבהכ"נ, וממילא לא יחדה לזו דוקא, **אבל** א"כ היה לו לרמ"א לפרש זה, ומדסתם משמע דבכל גווני שרי, וצ"ע).

סעיף י - הנוהגים להניח עטרות ס"ת בראש הקורא בסיום התורה, אין מוחין בידם - שאני אומר לב ב"ד מתנה ע"ז במקום שנהגו כן, כיון שמשתמשין לכבוד התורה.

אבל המניחים אותם בראשי חתנים דעלמא, מוחין בידם - שאין אדם מתנה בעטרות שהן תשמישי קדושה לכבוד הס"ת, שיהא משתמש בהן הדיוט לכבוד עצמו, **אבל** אם התנו בהדיא בשעת עשיית העטרה, שיניחוהו בראשי חתנים דעלמא, שרי, כמ"ש ס"ח.

סעיף יא - נרות של שעוה שנתנם כותי לעבודת אלילים - פי' לבית עכו"ם להדלקה, **וכיבן שמשן** - כלומר דאז מותרין להדיוט, וכמו שכתב בהג"ה, דנתבטל מהם שם נוי עכו"ם ע"י כיבוין, **ונתנם או מכרן לישראל, אסור להדליקם בבהכ"נ** - דאסורין לגבוה משום דמאיס, וה"ה שעוה הנוטף מנרותיהם דאסור.

וה"ה לכל הדלקה של מצוה, כגון הדלקת הנר דשבת ודחנוכה, או ללמוד לפניהן, דאסור, וה"ה לכל מילי דמצוה, אין עושין מדבר שנעשה לעכו"ם.

הגה: אע"פ שמותרים להדיוט - ר"ל מטעם ביטול וכנ"ל, אפ"ה לגבוה אסור משום דמאיס.

ואם לא הודלקו עדיין מעולם, ומכרן שמשן לישראל, מותר אף לגבוה, דלא חל עלייהו שם נוי עבודת כוכבים מעולם.

וה"ה מנורות שקורין לייכטע"ר, שהיו בבית אלילים, שלקחן ישראל אחר שביטלן העו"ג, שמותרין להדיוט, אפ"ה לבהכ"נ אסור משום דמאיס, **וה"ה** להדליק בהן בביתו לצורך מצוה, כמו לנר שבת וכדומה - פמ"ג בפירוש דברי הט"ז, **ואף** דא"ר צידד להקל, הפמ"ג והגרע"א מצדדים להורות כדברי הט"ז.

ולענין לעשות מבית תפלה של עכו"ם ביהכ"נ, כתב המ"א בשם הרא"ם להקל, והטעם, כי לא נעבד הבית עצמו מעולם, **ודעת** הא"ר נוטה להחמיר לעשות ביהכ"נ קבוע, ע"ש, **וכמדומה** שהעולם נוהגין להקל, **ועיין** בה"ל שבירנו, דדוקא כשאין דרכן להעמיד שם אליליהם, אבל אלו שמעמידין שם אליליהם, אף שהוציאום משם ומכרו הבית לישראל, דאז מותר הבית להדיוט, מטעם שכבר נתבטל ע"ז משם משמשי אליל, עכ"פ לביהכ"נ אסור.

(**ואם** הבית תפלה שלהם לא היתה רק שכורה להם, **אפשר** שיש לצדד להקל אף באופן זה, דאין בכחן לאסור הבית לעולם).

ולענין ספסלים מבתי אלילים, שהם עשויין רק לישיבה בעלמא, ולא לנוי לעכו"ם, פסק הפמ"ג דמותרים לביהכ"נ אף בלי בטול.

מומר לעובד כוכבים שנתן שעוה או נר לבהכ"נ - וה"ה שאר דברים, **אסור להדליקו** - דדמי לקרבן שאין מקבלין ממנו, וה"ה ממומר לחלל שבת בפרהסיא, או מומר להכעיס אפילו באחד משאר עבירות, שאין מקבלין מהן קרבן, אין מקבלין מהן דבר לבהכ"נ, **מיהו** אם נתנו מעות לכתוב ס"ת בשמן, שרי, **ועיין ביו"ד סי' קל"ט ורנ"ד בדינים אלו.**

סעיף יב - עכבר שנמצא בשמן של בית הכנסת, אם הוא מאוס, אסור להדליקו בבהכ"נ - ואפילו יש ששים נגדו, דמותר באכילה, כיון שמאוס אסור, משום: הקריבהו נא לפחתך, **ויש** מקילין ביש ששים.

בפמ"ג מצדד דה"ה לשאר הדלקה של מצוה, כגון נר שבת וחנוכה, אסור אם הוא מאוס לו.

סעיף יג - נר של בהכ"נ מותר לקרות לאורו - היינו בד"ת, ולא בקריאה של חול, **ולא** דמי לנר חנוכה, דלרוב הפוסקים אפילו ללמוד אסור לאורן, שאני התם, דבעינן שיהא ניכר שהודלק לשם מצות נר חנוכה, ולא לשום דבר אחר, **משא"כ** הכא, דכונת הנודר היה רק כדי להרבות מאור ביהכ"נ, לפיכך כל כמה דקרו אינשי לאורו בד"ת, טפי איכא מצוה ומקבל שכר.

הלכות בית הכנסת
סימן קנד – דיני תשמיש קדושה ונרות בהכ"נ

ומיהו זה דוקא במי שנדר שמן להדלקה לביהכ"נ, אבל במקומות שעושין הגזברים נרות, והדרך ליקח במו"ש כל אחד נר לביתו, אפילו משתמש בהן תשמיש חול שרי, דהו"ל לב ב"ד מתנה עליהן, **אבל** באותם שעומדים על המנורה, אסור לקרות בהן דבר של חול.

סעיף יד - אין מדליקין נר של הדיוט מנר בית הכנסת - דיש קדושת ביהכ"נ עליהם.

ולאפוקי להדליק ממנו נר שבת וחנוכה, או לצורך ת"ת, דשרי.

ויש מי שאומר דהני מילי בעוד שדולקין למצותן, אבל כשצריך לכבותן, מותר - הטעם, דלא חמירי מנר חנוכה, דלאחר שדלקו זמן שיעורן, מותר ליהנות מהן.

(ונר של הבדלה לאחר שהבדיל עליה, כבר נעשה המצוה ומותר להדליק ממנה, אבל לא קודם).

הגה: מיהו לא נהגו ליזהר בכך, ומדליקין בהן נר שהוא לצורך גדול, ואפשר ג"כ שדעת בית דין מתנה בכך; וכן בכל הדברים שנהגו להקל בדברים כאלו, והוא מהאי טעמא.

ולענין להדליק הפיפ"א של טאבא"ק מנר של ביהכ"נ, עיין בשע"ת שפוסק לאיסור מנר של תפלה, **ואף** מנר של יא"צ שדולק כל המעת לעת, יש להתיר.

כתב ספר חסידים: לא יקח נר לבקש מעותיו, אבל אם ירא פן נחבאו גנבים בביהכ"נ, יקח נר ויחפש, **ולענ"ד** אחר שכתב רמ"א דלצורך גדול אמרינן לב ב"ד מתנה, מסתברא דשרי נמי ליקח נר לחפש מעותיו שנפלו ממנו.

סעיף טו - בני כרך שקנו ספר תורה, והתנו שאם יצא אחד מהכרך, שהנשארים יתנו לו חלקו - ובלא התנו א"צ ליתן לזה שהולך כלום, דהא קנו אותה אדעתא שתשאר פה.

והוקרו הספרים, אם יצא אחד מהם, אין נותנין לו אלא מה שנתן בלבד - דמסתמא לא התנו אלא לחלק מבורר באותה שעה, ולא לעשות שומא אחרת, **ואף** אם היה ראוי להסתפק בלשונם למה נתכונו, נמי דינא הכי, כיון דממ"נ הס"ת נשאר להנשארים, אלא שצריכין להחזיר הדמים, ויש ספק כמה יחזירו, מצו למימר: הס"ת ממ"נ דידן היא, ואי משום דמי, אייתי ראיה ושקול, **ולפי** טעם זה האחרון, אפילו הוזלו הספרים, א"צ ליתן לו אלא כשער הזול, **ואם** היה התנאי ביניהם, שאם ירצה הוא יתן להם דמיהם ויקח הס"ת, אע"פ שנתרצה אח"כ ליתן להם הס"ת, מ"מ הם אינם נקראים מוחזקים, כיון שיש בידו לסלקן.

וכ"ז בנידון כזה, דבלא תנאי לא היה לו שום זכות למישקל דמי עבור חלקו וכנ"ל, וממילא הוי ס"ת בחזקת הנשארים, אלא שהתנאי גורם שיתנו לו דמים, הם אומרים: אייתי ראיה כמה מגיע לך בשביל תנאי שלך ושקול, **אבל** שותפים שקנו ביחד בית אחד, והיה תנאי ביניהם שיתנו לו חלקו כל זמן שירצה, ואח"כ הוקר, ואחד רוצה להסתלק וליטול חלקו מן הנשארים, ודאי צריכים ליתן לו כפי מה ששוה עתה, **דמכח** התנאי לא יגרע כחו, דלא בא תנאי זה אלא ליפות כחו, דלא יצטרך להמתין עד זמן שירצו הם, משא"כ כאן בס"ת, דמצד הדין אין לו שום זכות בס"ת בלתי התנאי וכנ"ל.

בני העיר שהיה להם ביהכ"נ אחד, ומחמת איזה סיבה הוצרכו לחלוק עצמן לשנים, הדין הוא שכל כלי הקודש וס"ת יחלוקו באופן זה: אם יש חפצים ידועים שהקדישם יחיד, ועדיין לא נשתקע שם הבעלים, יכול הוא או יורשיו להוליכם לביהכ"נ שמתפלל בתוכה, **אבל** אם נשתקע שם בעליו ממנו, אע"פ שידוע מי הקדישם, אין לו שום יפוי כח ויתרון בהם מאחרים. **וההקדשות** הבאים מקופת הקהל, יש אומרים שאלו ההקדשות יחולקו לפי ערך אנשים שהם מבן י"ג ומעלה, שיש לכולם זכות בס"ת לקרות בהם ולהשתמש בחפצים של הקדש, **אבל** המג"א כתב, דגם לנשים וטף יש חלק בכל הדברים, כי יורשים הזכות מאבותיהם, **ואם** אי אפשר לחלקם, ישתמשו בהם כל אחד ערך זמן לפי הזכות שיש להם בהם.

קהל שברחו מעיר מאיזה סיבה, ואחד מהם לקח כלי הקודש עמו, ואח"כ חזרו רוב הקהל ונתישבו, מחויב להחזיר להם כלי הקודש, אע"ג שהוא היה המנדב את הכלים, והוא אינו רוצה לחזור ולהתישב באותו קהל, כיון שחזרו ונתישבו שם רוב הקהל.

כתב רמ"ע, אחד שקנה מצוה לשנה, כגון גלילה, ובתוך השנה גירש המלך היהודים, **אם** בשעת הקנין

הלכות בית הכנסת
סימן קנד – דיני תשמיש קדושה וערות בהכ"נ

נשמע דבר המלך, אע"ג שהיו משתדלים לבטל הגזירה, מ"מ הוי ליה להתנות, ואם לא התנה צריך לשלם, וגם בהתנה בעינן שיתנה כמשפטי התנאי, דהיינו תנאי קודם למעשה וכדו', **ובחי'** רעק"א משיג ע"ז, ודעתו, דכל שגילה דעתו דאינו קונה אלא בדוקא שיתנו לו הגלילה, סגי.

מצא דבר בחצר ביהכ"נ או בביהכ"נ, זכה בו, ולא אמרינן דיקנה החצר להקדש, דחצר קונה מטעם יד, ואין יד להקדש - מג"א בשם אגודה, **ועיין** בחי' רעק"א, ובספר מגן גבורים כתב, שיש בזה דעות בין הראשונים.

המתנדב איזה דבר לביהכ"נ, כגון פרוכת וטסי כסף וכיוצא בזה, ורוצה לכתוב שמו עליו, אין הצבור יכולים לעכב עליו, שגם התורה כותבת ומפרסמת העושה מצוה, **ומיהו** דוקא אם נתרצו לקבל נדבתו, אבל אין יכול להתנדב ולכתוב שמו עליו בע"כ של הצבור.

כתב בספר חסידים: מעשה באחד שבנה ביהכ"נ, ורצו הקהל להשתתף עמו במעות, ולא רצה, כדי שיהיה לו ולזרעו לשם, וכלה זרעו.

כתב אמונת שמואל: גבאי צדקה ששכר פועלים לסייד או לכייד במעות צדקה, אין לכתוב בבית המדרש: זאת נעשה בפקודת פלוני גבאי וכו', דדוקא מי שעושה בעצמו, או מקדיש ממונו, כותבין, עד כאן לשונו, והובא באליהו רבה.

§ סימן קנה – לילך מבהכ"נ לבית המדרש §

סעיף א - אחר שיצא מבהכ"נ, ילך לבהמ"ד - דאיתא בגמרא: היוצא מביהכ"נ ונכנס לבהמ"ד ועוסק בתורה, זוכה ומקבל פני השכינה, שנאמר: ילכו מחיל אל חיל יראה אל אלהים בציון.

והנה בזמנם היה הביהכ"נ מיוחד לתפלה, וביהמ"ד מיוחד לתורה לחוד, והיה דרכם להתפלל בביהכ"נ, **ואף** בזמנינו שמתפללים בבתי מדרשות, מ"מ שייך ג"כ דבר זה, דאחר התפלה ילך להתחבר עם האנשים העוסקים בתורה, במשניות וכדומה, ונאמר עליו הכתוב: ילכו מחיל אל חיל וגו'.

ויקבע עת ללמוד - דאיתא בגמרא: כשמכניסין אדם לדין, שואלין אותו: קבעת עתים לתורה, **וטוב** שיקבע העת מיד אחר התפלה, משום "ילכו מחיל אל חיל" וכנ"ל, **וגם** דאם ילך מקודם לעסקיו, חיישינן שמא ימשך ויתבטל קביעותו.

חייב אדם ללמוד בכל יום תורה שבכתב, שהוא תנ"ך, ומשנה וגמרא ופוסקים, **ובעלי** בתים שאינם לומדים רק ג' או ד' שעות ביום, לא ילמדו בגמרא לחוד, דבזה אינו יוצא, אלא צריך שילמוד דוקא גם ספרי פוסקים, כל אחד כפי השגתו.

וצריך שאותו עת יהיה קבוע שלא יעבירנו - דעיקר מצות ת"ת אין לה שיעור, וחיובה הוא כל היום כל זמן שיש לו פנאי, וכדכתיב: לא ימוש ספר התורה הזה מפיך וגו', **וכשיש** לו פנאי והוא מבטל מלמוד תורה מרצונו, הוא קרוב למה שאחז"ל על הפסוק: כי דבר ה' בזה, זה שאפשר לו לעסוק בתורה ואינו עוסק, **ואחז"ל**: ר' חלקיה בשם ר' סימון, העושה תורתו עתים, ר"ל שאינו לומד אלא בעתות מיוחדות, אף שיש לו פנאי ללמוד יותר, הרי זה מפר ברית, ויליף זה מן הכתוב: עת לעשות לה' הפרו תורתך, **אלא** הכונה בקביעת עתים לתורה הוא, שצריך האדם ליחד עת קבוע בכל יום שלא יעבירנו בשום פעם, **ואם** אירע לו אונס שלא היה יכול להשלים הקביעות שלו ביום, יהיה עליו כמו חוב וישלימנו בלילה, וכדאמרינן: רב אחא בר יעקב יזיף ביממא ופרע בלילא, **וכתבו** האחרונים, שלעולם קודם שיצא מביהמ"ד שחרית, אפילו אם אירע לו אונס שלא יוכל ללמוד בקביעות, ילמוד עכ"פ פסוק אחד או הלכה אחת.

אף אם הוא סבור להרויח הרבה - ואיש כזה הוא מבעלי אמנה, שמאמין ובוטח בה' שלא יחסר לו מזונותיו עי"ז, **וכדאיתא** בירושלמי: מאי אנשי אמנה, כהדא דהוו צווחין ליה בפרגמטיא, פי' שהיו צועקים הקונים שיבא עם סחורתו למכור, והוי אמר לית אנא מבטל ענתי, מה דחמי למיתי מיתי, וז"ל הקרבן עדה שם: הוי אמר אין אני מבטל השעה שקבעתי ללמוד התורה בשביל הרווחת ממון, אם ראוי שיבוא לי ריוח יבוא הוא מעצמו מהקב"ה, אף לאחר שאגמור קביעות למודי.

הגה: ואף מי שאינו יודע ללמוד ילך לבהמ"ד - שלומדים שם, **ושכר הליכה בידו** - ואפי' אם אינו מבין מה שלומדים, מ"מ העכבה בביהמ"ד מצוה היא, **וכ"ש** אם יוכל להבין מה שלומדים בהלכה או

הלכות בית הכנסת
סימן קנה – לילך מבהכ"נ לבית המדרש

באגדה, יקבע עצמו לשמוע, ויעלה לו במקום למוד, **וכמו** שאחז"ל: אמר ר' יהושע אמר רב נחמן, כל מי שבא לביהכ"נ ושומע דברי תורה, זוכה לישב בין החכמים לעתיד לבא, שנאמר: אזן שומע תוכחת חיים, בקרב חכמים תלין.

או יקבע לו מקום וילמוד מעט במה שיודע - הוא ענין בפני עצמו, ואריש הסעיף קאי, דצריך אדם לקבוע תורתו בביהמ"ד, ושם יהיה לו מקום קבוע לתורה, **וצ"ל** "ויקבע לו מקום", וקמ"ל דאפילו מי שיודע ללמוד רק מעט, אפ"ה יקבע לו מקום בבהמ"ד ללמוד במה שיודע, **וכן** מבואר בתר"י שממנו נובע הג"ה זו, שכתב וז"ל: ואפילו מי שאינו יודע ללמוד אלא מעט, יש לו לקבוע באותו מקום ללמוד במה שיודע וכו', ואם אינו יודע כלל ללמוד, יש לו ללכת לבתי מדרשות שלומדין, ושכר הליכה בידו.

וכשלומד רק מעט, נכון שעיקר למודו יהיה בהלכות, שידע איך להתנהג למעשה וכנ"ל, **ואמרו** חז"ל על הפסוק: אוהב ה' שערי ציון מכל משכנות יעקב, אוהב ה' שערים המצוינים בהלכה יותר מכל בתי כנסיות וכו', **וגם** אמרו: כל השונה הלכות בכל יום מובטח לו שהוא בן עוה"ב, **ואם** אינו מבין בהלכות, ילמוד כל מה שיודע, וכעת בזמנינו יש כמה ספרים ממאמרי חז"ל מועתקים על לשון אשכנז, ויוכל כל אדם לקרות וללמוד בהם.

ויחשוב בעניניו ויכנס בלבו יר"ש - פי' שיראה ויבדוק בשבתו קצת פנוי בביהמ"ד, אם יש צד עבירה במשא ומתן שלו, גזל ואונאה ורבית וכדומה, ויפרוש ממנה.

(ביו"ד מבואר, דצריך אדם לקבוע עת לת"ת ביום ובלילה, וע"כ מן הנכון שמלבד קביעות שאחר תפלת שחרית, יקבע גם בין מנחה למעריב, שבזה יצא גם ידי חובת למוד תורה בלילה, וענין לימוד בין מנחה למעריב משמע גם בגמרא: אדם בא מן השדה בערב, הולך לביהכ"נ, אם יודע לקרות קורא, לשנות שונה, וקורא ק"ש ומתפלל וכו', ועיין בסימן א' מש"כ בשם השל"ה).

(ובעו"ה כמה אנשים מרפים ידיהם מן התורה לגמרי, ואינם חוששים לקבוע אפילו זמן מועט ביום לתורה, והסיבה הוא מפני שאינם יודעים גודל החיוב שיש בזה, וכבר אמרו חז"ל: ויתר הקב"ה על עון ע"ז וגלוי עריות ושפיכת דמים, ולא ויתר על עון ביטול תורה, **ואיתא** במדרש משלי: אר"י בא וראה כמה קשה יום הדין שעתיד הקב"ה לדון את כל העולם וכו', בא מי שיש בידו מקרא ואין בידו משנה, הקב"ה הופך את פניו ממנו ומצירי גיהנם מתגברין בו כו', והם נוטלים אותו ומשליכין אותו לגיהנם, בא מי שיש בידו שני סדרים או ג', הקב"ה אומר לו: בני כל ההלכות למה לא שנית אותם כו', בא מי שיש בידו הלכות, א"ל: בני תורת כהנים למה לא שנית שיש בו וכו', בא מי שיש בידו ת"כ, הקב"ה א"ל: בני חמשה חומשי תורה למה לא שנית, שיש בהם ק"ש תפילין ומזוזה, בא מי שיש בידו ה' חומשי תורה, א"ל הקב"ה: למה לא למדת הגדה וכו', בא מי שיש בידו הגדה, הקב"ה א"ל: בני תלמוד למה לא למדת וכו', עי"ש, **והאיש** אשר אינו מזרז את עצמו לקבוע לו עתים לתורה בכל יום, בודאי ישאר ריקם מכל ח"ו, ומה יענה ליום הדין, והחכם עיניו בראשו).

(והנה עצם הלמוד אף שכשהוא לומד ביחידי הוא ג"כ מקיים מ"ע של ת"ת, מ"מ לכתחלה מצוה להדר כל מה שיכול ללמוד בחבורה, שעי"ז יש כבוד שמים יותר, וכן אמרו חז"ל בכמה מקומות: ברב עם הדרת מלך, **וכבר** אמרו חז"ל שיש נפקא מינה בין מי שלומד ביחידי, דאף שהקב"ה קובע לו שכר על זה, מ"מ לא מכתבן מליה בספר הזכרונות, משא"כ כשלומד שלא ביחידי, נאמר עליהם בכתוב: אז נדברו יראי ה' איש אל רעהו וגו', ויכתב ספר זכרון לפניו ליראי ה' ולחושבי שמו, **וכ"ש** כשלומדים בעשרה יחד, דאז קדמה שכינה ואתיא, כדכתיב: אלהים נצב בעדת אל, **וגם** אמרו חז"ל: אין התורה נקנית אלא בחבורה, עוד אמרו חז"ל על הפסוק: הסכת ושמע ישראל וגו', עשו כתות כתות ועסקו בתורה, **גם** עי"ז נושא הקב"ה פנים לישראל, כדאיתא בתנא דבי אליהו תשובת הקב"ה למדת הדין, ששואלת לפניו למה הוא נושא פנים לישראל, והלא כתיב: האל הגדול הגבור והנורא אשר לא ישא פנים, והשיב הקב"ה: איך לא אשא פניו לישראל וכו', ולא עוד אלא שהן מלמדים את התורה ויושבים אגודות אגודות ועוסקים בתורה, **וכן** המנהג כהיום בכל קהלות ישראל, שקובעים ללמוד בחבורה אחר התפלה בביהכ"נ, ואומרים קדיש דרבנן, ואין אומרים קדיש דרבנן אלא על תורה שבע"פ, ולא על פסוקים, וכן על דברי אגדה אומרים קדיש דרבנן, **עוד** כתבו, דלענין אמירת הקדיש אין מעכב שילמדו

הלכות בית הכנסת
סימן קנה – לילך מבהכ"נ לבית המדרש

דוקא בעשרה, דאפילו אחד או שנים שלמדו יוכלו לומר קדיש, רק שיהיו עשרה בביהכ"נ, וגם דאפילו איש אחר שלא למד יוכל לומר הקדיש).

סעיף ב - קודם שילך לבהמ"ד, יוכל לאכול פת שחרית אם הוא רגיל בו, וטוב

שירגיל בו - כדאמרינן בגמרא: שמונים ושלשה מיני חלאים תלויים במרה, וכולם פת במלח וקיתון של מים שחרית מבטלתן, [אם אין לו שאר משקין]. **ומצוה** להנהיג עצמו במדה טובה והנהגה טובה לשמור בריאותו, כדי שיהיה בריא וחזק לעבודת הבורא יתעלה, (ומשמע בטור דיאכל אז רק מעט).

§ סימן קנו – סדר משא ומתן §

סעיף א - אח"כ ילך לעסקיו, דכל תורה שאין עמה מלאכה, סופה בטלה וגוררת עון, כי העוני יעבירנו על דעת קונו – (כתבו הספרים, שזהו נאמר לכלל העולם, שאין כולם יכולים לזכות לעלות למדרגה רמה זו, להיות עסקם רק בתורה לבדה, אבל אנשים יחידים יוכל להמצא בכל עת באופן זה, והקב"ה בודאי ימציא להם פרנסתם, וזהו שאמרו בברכות: הרבה עשו כרשב"י ולא עלתה בידן, ר"ל דוקא הרבה, וכעין זה כתב הרמב"ם: ולא שבט לוי בלבד וכו', עי"ש, ובפרט אם כבר נמצאו אנשים שרוצים להספיק לו צרכיו כדי שיעסוק בתורה, בודאי לא שייך זה, ויששכר וזבלון יוכיח).

ומ"מ לא יעשה מלאכתו עיקר, אלא עראי, ותורתו קבע, וזה וזה יתקיים בידו - כי אין מעצור לה' להושיע ברב או במעט, וישלח לו ברכה במעשה ידיו, אלא יעשה רק כדי פרנסתו, [כל אחד לפי ערכו], **אך** בזה גופא צריך להזהר מפיתוי היצר, שמפתהו שכל היום צריך השתדלות על הרווחה זו, **והעיקר** שיתבונן בעצמו מה הוא הכרח האמיתי שאי אפשר בלעדו, ואז יכול להתקיים בידו שיהא מלאכתו עראי ותורתו עיקר, [**וכדי** שלא ירמה אותו היצר, יתבונן אילו הוא היה מתחייב לזון את חבירו ולהלבישו לפי ערכו, מה היה אומר אז, איזה דבר הוא הכרח].

והנהגת האדם צריך להיות הכל בדרך המיצוע, לא יקמץ יותר מדאי, ולא יפזר יותר מדאי, וכן בכל המדות, **רק** הגאוה והכעס יתרחק מהם עד קצה האחרון, וכמו שאמר התנא: מאד הוי שפל רוח, וכן בכעס הזהירו חז"ל הרבה עליה.

וישא ויתן באמונה - היינו שלא ימצא בעסקו שום גזל ותרמית, וגם ע"ז שואלין לו לאדם בשעת הדין, כמו שאחז"ל.

ויזהר מלהזכיר שם שמים לבטלה, שבכל מקום שהזכרת השם מצויה, מיתה מצויה; ויזהר מלישבע, אפי' באמת, שאלף עיירות היו לינאי המלך, וכולם נחרבו בשביל שהיו נשבעים שבועות, אע"פ שהיו מקיימים אותם.

ויזהר מלהשתתף עם עכו"ם, שמא יתחייב לו שבועה, ועובר משום: לא ישמע על פיך.

הגה: ויש מקילין בעשיית שותפות עם העכו"ס בזה"ז, משום שאין העכו"ס בזמן הזה נשבעים בע"א, ואע"ג דמזכירין הע"ז, מ"מ כוונתם לעושה שמים וארץ, אלא שמשתפים שם שמים וד"א, ולא מצינו שיש בזה משום: ולפני עור לא תתן מכשול, דהרי אינם מוזהרין על השתוף.

ולשאת ולתת עמהם בלא שותפות, לכו"ע שרי בלא יום חגיהם. ועיין ביו"ד מהל' ע"א סי' קמ"ז.

והנה יש כמה מצות תדיריות, עשין ולאוין, שמוטלות על האדם לעשות ולהזהר בהן בכל עת, ואינן מובאות בהשו"ע, וכמה מהן העתיקן המ"א מדברי הרמב"ם ושארי הראשונים, **וכן** כמה הנהגות טובות המוזכרים בדברי חז"ל, לכן לא אחדול ג"כ מלהעתיק מקצת מהדברים פה:

כתב הרמב"ם: מצות עשה להדבק בחכמים ותלמידיהם כדי ללמוד ממעשיהם, כענין שנאמר: ובו תדבק, וכי אפשר לו לאדם להתדבק בשכינה, אלא כך אמרו חכמים בפירוש מצוה זו, הדבק בחכמים ותלמידיהם,

הלכות בית הכנסת
סימן קנו – סדר משא ומתן

לפיכך צריך אדם להשתדל שישא בת ת"ח, וישיא בתו לת"ח, ולאכול ולשתות עם ת"ח, ולעשות פרקמטיא לת"ח, ולהתחבר להן בכל מיני חיבור, שנאמר: ולדבקה בו, עכ"ל, **ואמרו** חז"ל: כל הנהנה מסעודה שת"ח שרוי בתוכה, כאלו נהנה מזיו השכינה.

עוד כתב: מצוה על כל אדם לאהוב את כל אחד מישראל כגופו, שנא': ואהבת לרעך כמוך, לפיכך צריך לספר בשבחו, {ובפני שונאיו אסור, שלא יבואו לספר בגנותו}, ולחוס על ממונו כאשר הוא חס על ממון עצמו, ורוצה בכבוד עצמו, לפיכך המתכבד בקלון חבירו אין לו חלק לעוה"ב, עכ"ל, **ודוקא** רעך בתורה ומצות, אבל אדם רשע שראה אותו שעבר עבירה המפורסמת בישראל, ולא קבל תוכחה, מצוה לשנאתו.

אהבת הגר שנתגייר, שני מ"ע הן, שנאמר בו גם מצוה בפני עצמו: ואהבתם את הגר.

השונא אחד מישראל בלבו עובר בל"ת, שנא': לא תשנא את אחיך בלבבך, **והמכה** את חבירו והמחרפו, אינו עובר בלאו זה, אלא הוא עובר משום: לא יוסיף להכותו, **ובחירוף** עובר משום: לא תונו איש את עמיתו, **ואם** הכלימו בזה, עובר ג"כ משום: לא תשא עליו חטא.

כתב הרמב"ם בסה"מ, דבכלל מצות הוכחה, הוא שנוכיח קצתנו לקצתנו כשיחטא איש ממנו לאיש, ולא נטור בלבבנו, ולא נחשוב לו עון, אבל נצטוינו להוכיחו במאמר עד שלא ישאר דבר בנפש, **ומ"מ** לא ידבר לו קשות עד שיכלימנו, שנאמר: ולא תשא עליו חטא, אלא יוכיחנו בסתר בנחת ובלשון רכה.

חייב אדם להזהר ביתומים ואלמנות, אפילו הם עשירים גדולים, וכל המקניטן או מכעיסן או הכאיב לבן או רדה בהן או אבד ממונן, עובר בל"ת, וכ"ש המכה אותן או המקללן, שנא': כל אלמנה ויתום לא תענון, **בד"א** שעינח אותן לצרכו, אבל כשעינה אותן הרב ללמוד תורה או אומניות, או להוליכן דרך ישרה, מותר, **ואעפ"י** כן לא ינהג בהן מנהג כל אדם, אלא יעשה להן הפרש, וינהלם בנחת וברחמים גדולים, אחד יתום האב ואחד יתום האם, **ועד** אימתי נקראין יתומים לענין זה, עד שלא יהיו צריכים לאדם להסמך עליו ולאמן ולהטפל בהן, אלא יהיה עושה כל צרכיו לעצמו כשאר כל הגדולים.

המרגל בחבירו עובר בל"ת, שנאמר: לא תלך רכיל בעמיך, איזהו רכיל, זה שטוען דברים והולך מזה לזה, ואומר: כך אמר פלוני, כך וכך שמעתי על פלוני, אעפ"י שהוא אמת הרי זה מחריב את העולם, **יש** עון גדול מזה עד מאד, והוא בכלל לאו זה, והוא לשון הרע, והוא המספר בגנות חבירו, אף שהוא אמר אמת, **אבל** האומר שקר, נקרא מוציא שם רע על חבירו, **המספר** דברים שגורמין אם נשמעו איש מפי איש להזיק חבירו בגופו או בממונו, ואפילו להצר לו או להפחידו, הרי זה לשון הרע.

שלא להחזיק במחלוקת, שנאמר: ולא יהיה כקרח וכעדתו.

הנוקם מחבירו עובר בל"ת, שנאמר: לא תקום ולא תטור, כיצד, אמר לו: השאילני קרדומך, ולא רצה, למחר אמר לו: השאילני מגלך, אמר לו: איני משאילך כדרך שלא שאלתני, זו היא נקימה, **וכתב** רבינו אליעזר ממיץ, לאו דוקא שאלת כלים, דהא לאו כלים כתיב בקרא, אלא אפי' שאר ממון דלאו כלים נינהו, למדנו שמוזהרים ישראל שלא למנוע לעשות צדקה וגמ"ח בממון, בשביל שלא עשה הוא עמו, שזו היא נקימה, ע"ש, **ואם** אמר לו: הא לך, הריני משאילך ואיני כמותך, זו היא נטירה, אלא ימחק הדבר מלבו ולא יזכרנו כלל, עכ"ל הרמב"ם.

עוד במצוה ע"ג: להתודות לפני ה' מכל חטא שיעשה האדם, שנאמר: והתודו את חטאתם וגו'.

שלא לאכול ולשתות דרך זולל וסובא בימי הנערות, שנאמר: לא תאכלו על הדם, ר"ל לא תאכל אכילה שהיא מביאה לשפוך דם, והוא אכילת סורר ומורה, שחייב עליה מיתה, מדכתיב: ואמרו אל זקני עירו בננו זה וגו' זולל וסובא, ונאמר בקבלה: אל תהי בסובאי יין בזוללי בשר למו, ולהרמב"ן נכלל כל זה במ"ע "קדושים תהיו", **ואף** שלאחר שעבר ימי הנערות לא נתחייב בתורה מיתה על אכילה כזאת, מ"מ נוכל לראות כמה מגונה ומכוער הדבר ביותר.

אל יוציא אדם דבר מגונה מפיו.

מצוה רצ"ט: שלא להכשיל תם בדרך, והיינו שלא ליתן לו עצה שאינה הוגנת לו, שנאמר: ולפני עור לא תתן מכשול.

יזהר מליצנות וחניפות, וכן ירחק משקר בתכלית הריחוק, **אך** מפני השלום מותר לשנות, בג' דברים מותר לשנות, במסכתא ובפוריא ובאושפיזא.

איתא בסוטה: בשעה שקרא אגריפס המלך: לא תוכל לתת עליך איש נכרי וגו', זלגו עיניו דמעות, מפני שלא היה מזרע ישראל, אמרו לו: אחינו אתה, ובאותה שעה נתחייבו ישראל כליה על שחנפו לאגריפס, דאעפ"י שלא היה בידם למחות, מ"מ היה להם לשתוק ולא להחזיקו בכך, וזה עונש המחניף בדבר עבירה מחמת יראתו מפניו, ואינו חושש על יראת הקב"ה, **ומיהו** אם מתיירא שלא יהרגנו, מותר לו לומר: יפה עשית, אפילו עבר עבירה.

אמרו חז"ל על הפסוק: בצדק תשפוט עמיתך, הוי דן את חברך לכף זכות, והחושד בכשרים לוקה בגופו.

השח שיחת חולין עובר בעשה, פי' דבר גנאי וקלות ראש, שנאמר: ודברת בם ולא בדברים בטלים, ולאו הבא מכלל עשה עשה.

כתב הרמב"ם בסה"מ: צונו להדמות לו יתעלה כפי היכולת, והוא: והלכת בדרכיו, וכבר נכפל זה הצווי ואמר: ללכת בכל דרכיו, ובא בפירושו: מה הקב"ה נקרא חנון, אף אתה היה חנון, מה הקב"ה נקרא רחום, אף אתה היה רחום וכו', **וכבר** נכפל זה הענין בלשון אחר, ואמר: אחרי ה' תלכו, ובא בפירושו: שר"ל ההדמות בפעולותיו הטובות והמדות הנכבדות שיתואר בהם, עכ"ל.

ועוד יש הרבה מצות תדיריות עשין ולאוין, הנזכרות בכל ד' ספרי השו"ע, וימצא אותם המעיין כל אחד במקומו, **ועוד** יש הרבה והרבה שלא הובאו בהשו"ע, ונמצאים בספרי מוני המצות, הרמב"ם והסמ"ג והחינוך, וביותר בספר חרדים, כי הוא קיבץ מכל הראשונים הקודמים לו בהמצות הנוהגות למעשה בזמן הזה, **ונכון** מאד שילמוד אותם כל אדם ויהיה בקי בהן, ועי"ז יהיה ביכולתו לקיימן, וכמו שאחז"ל על הפסוק: וראיתם אותו וזכרתם את כל מצות ה' ועשיתם אותם, זכירה מביאה לידי עשייה, דאם לא ידע אם היא מצוה כלל, מה יזכור לקיימן.

§ סימן קנז – דיני זמן קביעת סעודה §

סעיף א - כשיגיע שעה רביעית, יקבע סעודתו - כשקם בעמוד השחר, חשבינן השעות מתחלת היום, **וכשקם** ממטתו אח"כ, חשבינן הזמן מעת שקם ממטתו.

והיינו לכל אדם, אבל פועלים אמרינן בגמרא, דזמן סעודתן הוא בשעה חמישית.

ואם הוא ת"ח ועוסק בלימודו, ימתין עד שעה ו' - היינו תחלת שעה ו', ולא יאחר יותר עכ"פ מסוף שעה ו', **והאי** שעה רביעית ושעה ששית, ר"ל זמניות הן.

ולא יאחר יותר, דהוי כזורק אבן לחמת - כגון חמת יין שחסר ועי"ז נפגם, וזורק לתוכו אבן שיתמלא, וזה לא מעלה ולא מוריד, דהיין גופא לא נתרבה עי"ז, וטוב היה שימלאהו יין, כך בזו, האכילה לא יתוסף לו כח על ידי זה.

אם לא טעם מידי בצפרא - אבל אם טעם מידי, לא הוי כזורק אבן לחמת, **ומ"מ** לכתחלה נראה דנכון לקבוע סעודה בששית אף אם טעם מידי בצפרא, דהא דרכן היה לאכול פת שחרית קצת, וכדאמרינן בגמרא: כד טעם בר בי רב ועייל לכלה, ואפ"ה משמע בגמ' שבת, דזמן סעודה הוא עד שעה ששית, ובע"כ כמש"כ.

טוב שישים אכילתו ביום קלה מבלילה, ויאכל ב' פעמים ביום אם חלש לבו, ואל ימלא כריסו בפעם אחת, **ויתנהג** על פי מה שכתוב בענין המן: בערב בשר לאכול ולחם בבקר לשבוע, **וטוב** שיפנה קודם סעודתו.

איתא בזוהר פרשת בשלח: לא ליבעי אינש לבשלא מזונא מן יומא ליומא אוחרי, ולא לעכב מזונא מן יומא ליומא אוחרי, {והטעם, כדי שיבקש בכל יום על מזונותיו}, וישתכחו על ידו ברכאן בכל יומא ויומא לעילא.

§ סימן קנח – דיני נטילת ידים לסעודה §

סעיף א - טעם תקנת נטילה הוא משני דברים: אחד, מפני סרך תרומה, והיינו כיון דידים עסקניות הן, ונוגעים בכל דבר, ובזמן שהיה נוהג טומאה וטהרה והכהנים אכלו תרומה, היו צריכין ליטול ידיהם מדברי סופרים קודם אכילת תרומה, כדי שלא יטמאוה בנגיעתן, וכדי שיהיו רגילין הכהנים בזה, גזרו ג"כ על כל איש ישראל האוכל פת, שאסור לאכול עד שיטול ידיו, **וגם** עכשיו שאין הכהנים אוכלין תרומה מפני הטומאה,

הלכות נטילת ידים
סימן קנח – דיני נטילת ידים לסעודה

לא בטלה תקנה זו, כדי שיהיו רגילים בני ישראל כשיבנה בהמ"ק במהרה בימינו לאכול בטהרה, **ועוד** טעם לתקנת נטילה, משום נקיות וקדושה, וסמכו בגמרא אקרא: והתקדשתם והייתם קדושים.

[**והנה** רש"י פי' דהוא משום נגיעת זיעא, ולדינא אם נגע בזיעא באמצע אכילה, ג"כ צריך נטילה שנית].

כשיבא לאכול פת - ולאפוקי על פירות, וכדלקמן בס"ה, והטעם, לפי שאין רוב התרומה אלא ממיני פת, דכתיב: ראשית דגנך, ואין דרך לאכול מיני דגן אלא אחר שעושין ממנו פת, לא גזרו ג"כ נטילה אלא באופן זה, [**ולטעם** השני הנ"ל משום נקיות, צ"ל נמי דלא תקנו אלא בפת, משום דהוא דרך קביעות סעודה לבני אדם, ולא חששו לנקיות וקדושה באכילת ארעי].

שמברכין עליו "המוציא" - דלא תקנו אלא בדבר שקובעין סעודה עליו.

יטול ידיו - ויטול שני ידיו ובכלי, ואף אם אוכל רק באחת, חיישינן שיגע גם בשניה, **וכשיטול** ידיו, טוב שיטול ימין תחלה, כדי שהשמאל תשמש לימין. **אפילו אינו יודע להם שום טומאה** - וגם אינם מלוכלכות.

ויברך: על נטילת ידים - היינו: אשר קדשנו במצותיו וצונו ענט"י, **ושייך** לומר "וצונו" אף דהוא מדברי סופרים, דנצטוינו לשמוע מהם, כדכתיב: על פי התורה אשר יורוך לא תסור וגו'.

אבל לפת שאין מברכין עליו "המוציא", כגון לחמניות (פי' סטורט"י בלע"ז) דקות - יתבאר לקמן בסימן קס"ח ס"ו עי"ש, **או פת הבאה בכסנין, (פי' פת עשויה עם צוקארו ושקדים ואגוזים), ואינו קובע סעודתו עליהם, אין צריך נטילת ידים** - וקמ"ל דאף דאלו מחמשת המינים הם, כיון שלא קבע סעודה עליהם, א"צ נטילה.

אבל אם קבע סעודה עליהם, צריך נטילה וברכה כמו על הפת, דגם "המוציא" ובהמ"ז צריך על אלו אם קבע סעודה עליהם, וכדלקמן בסימן קס"ח ס"ח, ושיעור קביעת סעודה ג"כ יתבאר שם בעזה"י, **ואם** כשהתחיל לאכול לא היה בדעתו לאכול רק מעט, ואח"כ נמלך לאכול עוד כשיעור קביעות, צריך נט"י וברכת "המוציא", וכמו שיבואר שם לקמן בסעיף ו' ע"ש, [**היינו** דבזה שישלים לבד יש שיעור קביעות, אבל אם הוא רק בצירוף מה שאכל מקודם, דאז א"צ לברך, ממילא א"צ ג"כ נט"י].

וכ"ש על פת העשוי משאר דברים שאינם מחמשת המינים, שאינם צריכים נטילה לעולם, [**היינו** אף אם קבע סעודה עליהם, דאיננו בכלל פת כלל].

סעיף ב - יש מי שאומר שאם אינו אוכל אלא פחות מכביצה, יטול ידיו ולא יברך -

הטעם, משום דלענין טומאה, פחות מכביצה אינו מקבל טומאה מדאורייתא, ולא יטמא ע"י הידים, לכן יש לומר דגם על הנטילה לא גזרו, **או** אפשר כיון דלענין בהמ"ז חשיבא אכילה, דהא קי"ל דמברכין בהמ"ז על כזית, חשיבא גם לענין נט"י, ולא פלוג חכמים בתקנתן, **ולכן** יטול ידיו ולא יברך, דברכה אינה מעכבת הנטילה.

[**אך** הגר"א משמע דס"ל, דעל שיעור כזית צריך נטילה מדינא ובברכה].

ודע, דאם היה באוכל שיעור כביצה אפילו בלא קליפתה, לכו"ע צריך נטילה בברכה.

סעיף ג - אם אוכל פחות מכזית, יש מי שאומר שאין צריך נטילה -

דזה לא חשיבי אכילה אף לענין בהמ"ז, **והנה** הט"ז פסק כן לדינא דא"צ נטילה, וכן הוא דעת הב"ח, וכן הסכים הגר"א והברכי יוסף, והביא כן בשם הרשב"ץ, **ודעת** הלחם חמודות והמ"א וא"ר ועוד אחרונים, דאף בפחות מכזית דינו כפחות מכביצה, ויטול ידיו ולא יברך, **וע"כ** לכתחלה נכון להחמיר בזה.

ודע, דשיעור כזית דצריך נטילה לכו"ע, הוא אף אם היה מפירורין דקין מצטרפין, **ואם** היה כביצה שלימה מהפירורין, צריך לברך על הנטילה ג"כ.

אם אכל מעט פת למתק חריפות השתיה, באופן המבואר לקמן סימן רי"ב דא"צ לברך "המוציא", משום דהוא טפל להשתיה, י"א דגם נט"י א"צ, אף אם יש בו כביצה, **וי"א** דצריך, **ובפחות** מכזית נראה שבודאי יש לסמוך שלא להצריך נטילה בזה אף לכתחלה, דבלא"ה יש מקילין וכנ"ל, **אך** בכזית או כביצה יטול ידיו, ולא יברך על הנטילה מחמת ספק.

סעיף ד - אם אוכל דבר - היינו אפילו ירק ופירות ובשר, **שטיבולו באחד משבעה משקין, שסימנם: י"ד שח"ט ד"ם, (דהיינו: יין, דבש, שמן, חלב, טל, דם, מים)** - אבל שאר מיני משקין הנסחטין מן הפירות, אינם חשובין משקין, **ולא נתנגב, ואפילו אין ידיו נוגעות במקום המשקה, צריך נטילה** - גזרה שמא יגע בו, **ואע"ג** דעל פירות לא תקנו נט"י, התם הפירות עצמן לא נטמאו מהידים, שהידים שניות הן, ואין שני עושה שלישי בחולין, **משא"כ** כשטבולין במשקה, ובמשקה קי"ל דנגיעה בידים מטמא אותן להיות תחלה, תקנו ליטול את הידים, שלא יתטמאו המשקין על ידם, ויפסלו אח"כ גם האוכל.

בלא ברכה - כי יש מקצת הראשונים דסברי, שלא הצריכו חכמים נט"י לדבר שטיבולו במשקה, אלא בימיהם שהיו אוכלים בטהרה, משא"כ עכשיו שכולנו טמאי מתים, **ולכך** לא יברך ענט"י, שספק ברכות להקל.

ואותן ששוקעין פירות או ירק במים לנקותן, חשיב טיבולו במשקה. **ודבר** שאין דרכו לטובלו או להיות עליו משקה, א"צ נט"י, דמלתא דלא שכיחא היא ולא גזרו בה רבנן. **הטובל** אצבעו במשקה ומוצץ, א"צ נטילה, דלא תקנו נט"י לשתיית משקין, וכדלקמיה בס"ו.

כתבו הפוסקים, כל המשקין שנקרשו בין ע"י בישול בין ע"י צינה, עד שאין בהם טופח ע"מ להטפיח, לא חשיבי משקה, **ודעת** התוספות, שאפילו חזרו ונימוחו אח"כ, **זולת** יין או מים, וה"ה חלב שנקפא, כשחזרו ונימוחו חשיבי משקה, [דבלא חזרו ונימוחו, גם ביין ומים לא חשיבי משקה]. **ולפי"ז** מרקחת המטוגן בדבש, אם הדבש שעליהן קרוש עד שאין בהם טופח ע"מ להטפיח, לכו"ע מותר לאוכלן בלא נטילה.

ואם הדבש אינו קרוש, דעת הט"ז דחשיב משקה, **ודעת** המ"א דלא חשיב משקה, כיון שעומד הדבש הזה לאכילה ולא למשקה, שם אוכל עליו, **והח"א** הכריע דיש חילוק בזה, דאם קנה הדבש ועדיין הוא מעורב בשעוה, והתיכו ע"מ כן כדי לטגן בו, אם כן מעולם לא היה עליו שם משקה, כיון שהתיכו בשביל אכילה, ואין צריך נט"י, **אבל** הקונה דבש שכבר מהותך מן העושים משקה מעד, וידוע שהם מהתכים כדי לעשות משקה, צריך נט"י, אע"ג שמטגן בו אוכל, **ועיין** בדה"ח שכתב, דאם אוכל המרקחת ע"י מזלג, יש להקל דא"צ נטילה, **וכל** זה במרקחת המטוגן בדבש, אבל המטוגן בצוקער אין צריך נטילה לכו"ע, דלא הוי משקה.

דבש - דבורים, ולא של תמרים או של מין אחר.

שמן - היינו שמן זית, ומשמע דשאר שמנים אינם בכלל משקה.

חלב - וה"ה מי חלב או חמאה כשנימוחה, ולכן הטובל בהם דבר מאכל צריך ליטול ידיו, **ואם** היה החמאה קרושה א"צ ליטול ידיו, דחמאה קרושה הוי כאוכל.

והאוכל דבר המטוגן בחמאה כשהיא לחה ע"ג, צריך ליטול ידיו, **ובח"א** כתב, דדוקא כשנימוח החמאה במחבת בשעת הטיגון קודם שהניח האוכל לתוכו, ונעשה עליה שם משקה מקודם, אבל כשנימוח אח"כ, קי"ל דמשקה הבאה לתקן אוכל, אוכל הוא. **והאוכל** דבר המטוגן בשומן או במי ביצים, לכו"ע לא הוי משקה.

[**ואם** טבל בו מאכל חם ונימוח עי"ז, משמע מח"א דא"צ נטילה, **מיהו** כ"ז שייך אם לא טבל רק פעם אחת, אבל כשטבל המאכל אח"כ עוד פעמים, כשכבר היה החמאה נימוח, מסתברא דצריך נטילה].

דם - כדי נסבה, דהא אסור לאכול דם, **ודם** דגים וחגבים לא מקרי משקה, **ואולי** דמיירי שאוכל המאכל בטבול בדם מפני רפואה ופקוח נפש.

מים - ומלח העשוי ממים הוי משקה, ולכן אם אוכל צנון במלח, הוי דבר שטיבולו במשקה וצריך ליטול ידיו - דה"ח, **ונראה** דמיירי כשהמלח היה לח בשעת טיבול, דבסתם מלח שהוא קרוש, הלא אין שם משקה עליו, וכנ"ל. [**ומלח** שחופרין מן הקרקע, מצדד הפמ"ג להקל].

הגה: ואפילו אינו מטבל רק ראש הירק או הפרי, אפילו הכי יטול בלא ברכה - דחיישינן שמא יטבלנו כולו.

והנה במ"א הביא בשם הל"ח, דהעולם נוהגים שלא ליטול, ויש להם על מה שיסמוכו, היינו על מקצת הראשונים הנ"ל, **אבל** הרבה אחרונים החמירו מאד בדבר, וכתבו דהעיקר כרוב הפוסקים דצריך נטילה מדינא אף בזה"ז, **ועיין** בביאור הגר"א, שגם דעתו כן, והחמיר מאד בזה, שאף צריך לברך ע"ז, **ולכן** אף דהעולם אין נוהגין לברך, עכ"פ אין להקל לאכול בלי נטילה.

מחבר רמ"א משנה ברורה

וצריך לזה כל דיני נטילה כמו לפת, ומ"מ בפחות מכזית, נ"ל פשוט שאין להחמיר בזה כלל, דאפי' בפת הרבה אחרונים מקילין, וכנ"ל, [**הג"ה** - אמנם מהטור לא משמע כן, ובטלה דעתי מפני דעתו הרחבה, **ואפשר** שיש להקל בכורך ידיו במפה, או שלובש בתי ידים].

סעיף ה - הנוטל ידיו לפירות, הרי זה מגסי הרוח - שמראה בעצמו שהוא מדקדק במצות במה שא"צ, דמדינא לא תקנו כלל נט"י לפירות.

הגה: ודוקא שנוטלן בתורת חיוב - ואפי' אם לא יברך על נטילה זו, כיון שנוטלן משום מצות נטילה, **אבל אם נוטלן משום נקיות, שלא היו ידיו נקיות, מותר** - עיין באחרונים שהסכימו, דאפילו אם אינו יודע להם שום לכלוך וטומאה, רק שרוצה להחמיר על עצמו ליטול ידים משום כבוד הברכה, ג"כ מותר, **והא** דנקט הרמ"א ולא היו ידיו נקיות, לאשמועינן דאפילו באופן זה, דבודאי צריך מדינא לרחוץ ידיו משום הברכה, מ"מ אין ליטלן דרך חיוב נטילה כדין, רק דרך רחיצה בעלמא.

ובשר צלי, יש מי שנראה מדבריו, אע"פ שמוהל טופח עליו, דינו כפירות - כתבו האחרונים, דכו"ע מודים בזה דמוהל היוצא מן הבשר לא חשיב משקה, **אך** אם משקה טופח ממים שעליו שהודח קודם הצליה, פשיטא דנקרא משקה, אלא שאין דרך צלי להיות טופח מהמים, שמתייבש בעת הצליה, **ודעת** הגר"א, דאם הודח במים קודם הצליה, אז גם על המוהל היוצא מהבשר יש שם משקה.

ותבשיל מחטים, והם נגובים, דינו כפירות - ר"ל שנתנגבו מרוטב שעליהם, דאילו הם טופחים מהרוטב, הם בכלל דבר שטיבולו במשקה, וצריך נט"י.

והאחרונים הסכימו, דמיני תבשיל, כיון שאין דרך ליגע בו ביד, אלא לאכול בכף, א"צ נט"י, **ואפי'** אם נוגע בו בדרך מקרה בתוך הכף, ג"כ א"צ נטילה, וכן נוהגין, **אבל** מה שדרך ליגע בו בידיו, אע"פ שאוכל בכלי, לא מהני.

פירות המבושלים במים, יש דעות בין האחרונים אם צריכים נט"י, ‹דכיון שמברכים על הרוטב בורא פרי העץ, אין עליו דין משקה - ח"א, **וע"כ** נכון להחמיר לאוכלן ע"י כף, אם יש משקה טופח עליהן.

ובכבושים, כגון אוגערקעס וכה"ג, בודאי נכון להחמיר ליטול ידים, [עיין בא"ר], ‹שמשם משמע דיש יותר סברא בזה שצריך נט"י›, **אם** לא שנתנגבו ממים שעליהן.

כתב בדה"ח, האוכל לעקי"ך למתק השתיה, וטובל הלעקי"ך ביי"ש, לא הוי דבר שטיבולו במשקה, משום דזיעה הוא מהתבואה, והוי מי פירות, ואף אם היי"ש מזוג הוא במים, מ"מ מועט הוא וא"צ נטילה, עכ"ל, **משמע** מזה, דאם המים הוא רוב, לפי הגראדי"ן, הוי בכלל משקה, **ואפי'** הלעקי"ך הוא פחות מכזית, ג"כ אין להקל, וכמש"כ לעיל. ‹ע"פ הוצאה שניה ושונה הלכות›.

סעיף ו - השותה א"צ ליטול אפי' ידו אחת - דלא עביד דנגע בידו במשקין שבתוך הכלי, לכן לא תקנו נטילה לזה, **ולכן** אף אם אירע שנטל המשקין בידו, כגון ששאב בידיו מן הנהר ושתה, ג"כ א"צ נטילה, דלא תקנו נטילה לשתיה, מ"א. **(וע"ל סי' ק"ע)**.

[**מהגר"ז** משמע, דהאוכל דבש שהוא עב קצת באצבעו, יש להחמיר להצריך נטילה, **אבל** מהפמ"ג משמע, דלהמ"א יש להקל בזה].

סעיף ז - נטל ידיו לדבר שטיבולו במשקה, ואח"כ רוצה לאכול לחם, יש מי שנראה מדבריו שאין אותה נטילה עולה לו - היינו לדעת מקצת הפוסקים שזכרתי לעיל, שס"ל דאין חיוב נטילה לטיבולו במשקה בזמן הזה, ולכן אינו יוצא בנטילה זו לאכילת פת, דלא נטל לשם נטילה המחוייבת.

וא"צ לומר אם נטל ידיו שלא לאכול, ואח"כ נמלך ואכל - כגון שהיו ידיו מלוכלכות ונטלן, ולא היה בדעתו לאכול אז, ונמלך לאכול, ולא הסיח דעתו בינתיים, בזה כ"ש דאין נטילה ראשונה עולה לו, דלא היתה לשם קדושה כלל.

הגה: ואם לא הסיח דעתו, יטול בלא ברכה - קאי על כל הסעיף, דכמה פוסקים ס"ל, דבנט"י לחולין, אף אם לא כוון לשם נטילה יצא, אם לא הסיח דעתו מעת שנטל ידיו, וא"כ יטול בלא ברכה, שמא יצא בנטילה הראשונה, [**ומצדד** הט"ז דגם דעת המחבר כן הוא, והוכיח דגם בלא כוון כלל לנטילה, פסק בסימן קנ"ט סעיף י"ג דרק לכתחלה צריך לחוש לדעת המחמירים], ‹והערוה"ש דוחה, דכשיכוון לדבר אחר, גרע טפי מסתמא›, **ועל** נטילה

הלכות נטילת ידים תכז
סימן קנח – דיני נטילת ידים לסעודה

ראשונה לא שייך לברך, אף דנמלך לאכול סמוך ממש להנטילה, [היינו אף דקי"ל לקמן סי"א דיכול לברך אף אחר הניגוב], כיון שלא היתה לשם נטילה.

(וכשאין לו מים, יש לסמוך על נטילה הראשונה).

ואם הסיח דעתו משמירתן, לכו"ע צריך ליטול שנית ובברכה, דאז אין נטילה ראשונה עולה לו כלל, (**ואם** שהה כמה שעות עד שאכל פת, מוכח לקמן בסימן קס"ד, דצריך מדינא ליטול ידיו שנית, וממילא צריך לברך ג"כ, אף שיודע שלא הסיח דעתו מעת הנטילה, כיון שלא התנה בעת הנטילה שיהיה הנטילה זו עולה לו אף לאחר מכן).

אם נגע באכילתו - היינו אף בדבר שטיבולו במשקה, **במקומות המטונפות בגופו, יחזור ויטול ידיו. תשובת רשב"א סימן קנ"ב וקנ"ג, ועיין לקמן סימן קס"ד. (כפול לקמן, ושם נתבאר דצריך ג"כ לחזור ולברך)** - (ע"ש במ"ב שהכריע דא"צ לברך). [**אף** בדבר שטיבולו במשקה בודאי א"צ לברך, דאפי' בפעם הראשון פסק המחבר דא"צ לברך].

סעיף ח - מי שהיה במדבר או במקום סכנה ואין לו מים - ואף כשיודע שאם יחזור אחריהם מיל ישיג שם מים, **פטור מנטילת ידים** - ומ"מ במפה צריך לכרוך ידיו, כדלקמן סימן קס"ג.

מדבר - הוא ג"כ הטעם מפני הסכנה, אם ילך ויחפש אחר מים, ונקט מדבר בפני עצמו לאשמועינן, דסתם מדבר לעולם מקום סכנה הוא.

סעיף ט - צריך ליזהר בנט"י, שכל המזלזל בנטילת ידים חייב נידוי, ובא לידי עניות, ונעקר מן העולם.

סעיף י - אעפ"י ששיעורם ברביעית, (פירוש רביעית הלוג, דהיינו שיעור ביצה וחצי) - היינו רביעית אחת לשתי ידיו, **ולקמן** בסימן קס"ב ס"ד העתקתי דברי האחרונים, שכתבו דלא יפחות מרביעית לכל יד ויד, דבנוטל בפחות צריך ליזהר בהרבה דברים, ואין הכל בקיאין בהם.

יוסיף ליטול בשפע, דאמר רב חסדא: אנא משאי מלא חפני מיא, ויהבו לי מלא חפני טיבותא - מ"מ לכתחלה טוב יותר שלא יעשה בשביל זה, דהוא ע"מ לקבל פרס, אלא יעשה הכל לכבוד הש"י, והשכר ממילא יבוא, **ומי** שזהיר בזה ואינו מתעשר, הוא מפני שמעשיו מעכבין.

סעיף יא - מברך קודם נטילה, שכל המצות מברך עליהם עובר לעשייתן - קודם וסמוך להעשייה.

ונהגו שלא לברך עד אחר נטילה, משום דפעמים שאין ידיו נקיות - כגון שיצא מבהכ"ס, או שנגע במקומות המכוסות בגופו, שאינו ראוי לברך קודם שנטל ידיו, ומפני זה נהגו בכל הנטילות, [כגון לתפלה], לברך אחר הנטילה. (עיין סי' ז' ס"א, דלתפלה א"צ לברך, וצ"ע).

(**ומסתברא** דאין למחות ביד מי שירצה לברך קודם הנטילה, **אם** יודע שידיו נקיות, **ואף** שיזהר שיהא המקום נקי שראוי לברך שם).

ומפני כך מברכין עליהם אחר ששפשף ידיו, שכבר ידיו נקיות, קודם שיטיל עליהם מים שניים - הב"י הביא זאת בשם רבינו ירוחם, שכתב שכן נהגו רבותיו, **ובשבלי** לקט הביא בשם רבינו מאיר ז"ל, שנהג לברך אחר הנטילה וקודם הניגוב, וכדלקמיה, וכן נהגו העולם.

הגה: גם יכול לברך עליהם קודם נגוב, שגם הנגוב מן המצוה, ומקרי עובר לעשייתן - הוא טעם אחר לאיחור הברכה, דגם אחר הנטילה חשיב עוד עובר לעשייתן, דגמר הנטילה הוא הניגוב, **ואף** בשופך רביעית בבת אחת, דלדעת המחבר א"צ ניגוב כלל כדלקמיה, מ"מ לא פלוג.

ואם שכח לברך עד אחר נגוב, מברך אח"כ - והיינו לפי טעם הראשון שכתב המחבר, דלא דמי לשאר ברכות שעל מצוה, דקי"ל שאם לא בירך מתחלה שוב אינו מברך אח"כ, דהואיל ואדחי אדחי, **דשאני** הכא שלא היה ראוי לברך מקודם, משום שפעמים שאין ידיו נקיות, ולכן אף אם כבר נגב ידיו יוכל לברך עוד.

והנה הט"ז מחמיר לאחר הניגוב, ששוב לא יברך, ואף דלמעשה אין לנהוג כן, דרבו האחרונים שמסכימים עם הרמ"א, מ"מ לכתחלה יש ליזהר בזה

מחבר רמ"א משנה ברורה

מאד, **וע"כ** יש ליזהר במה שנוהגין איזה אנשים, שאומרים: שאו ידיכם, וממשיכין הדבר מלומר "על נט"י" עד לאחר הניגוב, שלא כדין עושין כן.

אבל אם כבר בירך "המוציא", כתבו הפוסקים דשוב אינו מברך "על נט"י", (**וכתבו הטעם**, דעיקר הנטילה משום אכילה, וכיון דכבר התחיל לאכול, כבר אין שייך ברכת ענט"י, **ובש"ע הגר"ז** משמע שדעתו, דאפילו לא אכל עדיין, **ונראה** שאם שכח ובירך "המוציא" קודם הניגוב, שיוכל לברך גם אח"כ, כיון שלא נגמר הנטילה לגמרי, דהאוכל בלא ניגוב כאילו אוכל לחם טמא).

סעיף יב - וינגבם היטב קודם שיבצע, שהאוכל בלי נגוב ידים כאילו אוכל לחם טמא - כתב הב"י, דהיינו משום דמים הראשונים ששופך על ידיו טמאים הם, שנטמאו מחמת ידיו, כדלקמן בסימן קס"ב, ואף דשופך מים שניים לטהר המים כדאיתא שם, מ"מ לכתחלה צריך להעביר את הראשונים לגמרי ע"י ניגוב, **ורש"ל** כתב, דעיקר הניגוב הוא משום נקיות, דכשידיו לחים ממי הנטילה יש בו משום מיאוס, וכן משמע ברש"י סוטה דף ד', (**ודע** דבפיר"ח פירש כפשוטו, דהוא משום טומאה ממש, משום דמכשירן לטומאה, וז"ל: שהמים מכשירים האוכלים והפירות לטומאה, ואם לא ינגב ידיו בטוב, תצא הלחלוחית שבידיו להפת ויוכשר לקבל טומאה).

כתב המ"א בשם התשב"ץ, לא ינגב ידיו בחלוקו, שקשה לשכחה, **ועיין** בפמ"ג שמסתפק, אם דוקא חלוקו, או כל בגדיו במשמע.

סעיף יג - המטביל ידיו, יכול לאכול בלא נגוב - כן איתא בתוספתא, וכתב הב"י דהטעם הוא, משום דבמטביל אין כאן מים טמאים כלל, ולכן א"צ ניגוב, ולמד מזה: **וה"ה לנוטל ידיו בבת אחת ושופך עליהם רביעית מים בבת אחת, או שנטל ידו א' ושפך עליה רביעית וכן שפך על חברתה** - דקי"ל נמי דהמים טהורים הם, א"צ ניגוב.

ורש"ל חולק על זה, דס"ל דעיקר הניגוב שתקנו הוא משום מיאוס, וכנ"ל, וא"כ מה לי רביעית בבת אחת או לא, **ורק** במטביל אין צריכין ניגוב, דטבילת הידים הוא כעין טהרה דאורייתא של טבילת הגוף, ושם בודאי אין צריך ניגוב, ולכן גם בטבילת ידים לא תקנו בו ניגוב, וכדבריו כתב גם הב"ח, וכן הסכימו שאר אחרונים, **ואף** במטביל דא"צ ניגוב מן הדין, כתב המ"א, דמי שדעתו קצה עליו, יש בו משום מיאוס וצריך ניגוב.

§ סימן קנט – באיזה כלי נוטלין הידים וכיצד יבואו המים לידיו §

סעיף א - אין נוטלים לידים אלא בכלי - דאסמכינהו רבנן על מי חטאת, [היינו קידוש מי חטאת באפר פרה, דבעינן כלי, דכתיב: מים חיים אל כלי], **או** על קידוש ידים ורגלים במקדש, דבעי כלי.

וכל הכלים כשרים - היינו בין של עץ או עצם או זכוכית, וכן כלי עור שמיוחדין לקבל משקה, וכדלקמן בס"ד ע"ש, **אפילו כלי גללים (פי' כלים עשויים מרפש בקר ועפר), וכלי אבנים, וכלי אדמה** - היינו טיט שאין נצרף בכבשן, רק בחמה וכדומה, **אבל** כשנצרף בכבשן, הוא כלי חרס המוזכר בתורה לענין קבלת טומאה.

והיינו אף דכל אלו אינם חשובים כלי כלל לענין קבלת טומאה, אפילו מדברי סופרים, עכ"פ כלים הם וכשרים לענין נט"י.

וצריך שיהא מחזיק רביעית - היא רביעית הלוג ששיעורה ביצה ומחצה, דאל"ה אין שם כלי עליה לענין נטילה, (**וא"ת פשיטא**, הלא צריך ליטול ידיו מרביעית, וי"ל כגון דאתו משירי טהרה, שאז אין צריך רביעית, אפ"ה צריך שיהא הכלי מחזיק רביעית).

ואם ניקב בכונס משקה, דהיינו שאם ישימו אותו על משקים יכנסו בתוכו דרך הנקב - ואם נותן לתוכו מים ויוצא טיף אחר טיף, בידוע שהוא כונס משקה, **והוא גדול מנקב שהמשקים שבתוך הכלי יוצאים בו, אז בטל מתורת כלי ואין נוטלים ממנו לידים, ואפילו אם הוא מחזיק רביעית מן הנקב ולמטה.**

בין אם הכלי היה מיוחד למשקין או לאוכלין, (**והטעם**, דבשיעור זה כיון שאינו מחזיק מימיו כלל, דיוצא

הלכות נטילת ידים תקט
סימן קנט – באיזה כלי נוטלין הידים וכיצד יבואו המים לידיו

טיף אחר טיף, לא חשיב כלי לענין זה, **או** כיון דעתה משתמשין בה במים לנטילה, דיינינן לזה לעולם כשיעור כלי חרס המיוחד למשקה, דלתשמיש מים אינה ראויה).

ואם לא היה רק נקב קטן שהמשקין יוצאין בו, אבל לא נכנסין מבחוץ לתוכו, חשיב ככלי שלם ונוטלין דרך פיו, (ולא דרך הנקב), **ואפילו** ניקב בשולי הכלי, שאין מחזקת רביעית תחת הנקב, כתב בב"י להתיר, דלא בטל מתורת כלי מחמת נקב זה, **ונראה** שיש להחמיר בזה, אם לא בשעת הדחק שאין לו כלי אחר.

סעיף ב - וה"מ שנוטל דרך פיו למעלה, שמה שממנו מן הנקב ולמעלה אינו חשוב ככלי, ונמצא שאין המים באים ע"י מהכלי; אבל אם נוטל דרך הנקב, שרי, כיון שמחזיק רביעית ממנו ולמטה - והטעם, דלמטה מן הנקב חשיב עדיין כלי, כיון שמחזיק רביעית, דמה שנוטל מן הנקב הוי כמו נוטל מברזא לקמן בס"ה.

וכל זה הוא דעת השו"ע, שהעתיק לדינא את דברי הטור, אבל הרבה פוסקים חולקין בזה, וס"ל דבכלי חרס המיוחד למשקין, אם היה נקב ככונס משקה, חשיב כולו שבר כלי, ואין נוטלין ממנו כלל אפילו דרך הנקב, ואינו דומה לברזא, דהתם עשוי מתחלה לכך, **ומ"מ** אם אין לו כלי אחר, יש לסמוך על דעת המחבר להכשיר דרך הנקב.

ובכלי חרס המיוחד לאוכלין, דשיעורו לענין טומאה כמוציא זיתים, וכן בשאר הכלים דאינם של חרס, דלא נטהרו מטומאתן לכו"ע ע"י נקב ככונס משקה, נראה ממ"א דלכו"ע מותר ליטול דרך הנקב, **וכ"ז** במקום הדחק, אבל לכתחלה בודאי נכון להדר שיהיה הכלי שלם. (כיון שקשה לכל אדם להבחין בשיעור הנקב - קצוה"ש).

ודע, דלפי המתבאר לקמן בסימן קס"ב ס"ג, במסקנת הרבה אחרונים שם, לא יהיה מותר דרך הנקב ליטול, רק כשהנקב יהיה עכ"פ גדול קצת, שקילוח המים יהיה נשפך ממנו בלי הפסק, **דאל"ה** יהיה אסור לכתחלה, משום דהוי כעין נטילה לחצאין, [**אבל** אינו כמוציא זית, דאז הו"ל שבר כלי ופסול לגמרי].

יש מאחרונים שכתבו, דכ"ז בניקב, אבל בנסדק, אף אם מחזיק רביעית למטה מהסדק, ואפילו אינו רק כמוציא משקה, פסול, דחשיב כשבר כלי עי"ז גם לענין טומאה, **והטעם**, משום דבנסדק עתידה להסדק כולה, ב"ח, **והט"ז** חולק עליו, וסובר דנסדק דינו כניקב, ואין לפסול אא"כ יוצא דרך הסדק טיף אחר טיף, דאז הוי ככונס משקה, **ועיין** בח"א שכתב, דאם אין לו כלי אחר, יוכל לסמוך על דעת הט"ז להקל בזה.

ואפילו לדעת הב"ח, נראה דבכלי נחשת או שאר כלי מתכות, כמו בלע"ד וכיו"ב, דחזקים הם, וע"י שנסדק קצת לא יסדק כולה, לא גרע נסדק מניקב, (ואפשר דה"ה בכלי חרס, והדין הנ"ל יהיה מיירי בכלי זכוכית), **ועיין** בבה"ל שצדדנו, דבכלי זכוכית אפילו אם הסדק דק מאד, שאינו אפילו כמוציא משקה, אם אין הכלי יכול לקבל עתה החמין כצונן, אין ליטול בו, (**ואם** יכול לקבל חמין, דינו כשאר כלים).

כתב הט"ז, אם מועיל לסתום הנקב, יש ללמוד ממ"ש הראב"ד, דבטיט אינו מועיל בשום כלי, (ומה דלא מהני טיט בכלי חרס, הוא משום דלא נצרף בכבשן), וכן בסמרטוטין, **ובזפת** מועיל לכלי חרס דוקא, (ובשאר כלים צ"ע), **ובכל** דבר שהוא ממין אותו כלי, כגון של מתכות במתכות, או של עץ בעץ, בודאי מהני.

סעיף ג - כלי שמחזיק רביעית כשסומכים אותו, ואם לא יסמכוהו, ישפכו המים ולא ישאר בו רביעית, אינו כלי - לאו דוקא שמחזיק רביעית, דה"ה אם מחזיק הרבה יותר מרביעית ע"י סמיכה, אינו אסור אא"כ ישפכו המים ולא ישאר בו רביעית כשלא יסמכוהו, **אבל** אם ישאר בו רביעית אחר שפיכה, לא נתבטל משם כלי.

והיינו כשלא היתה תחלת תיקונו כך, דאם היתה תחלת תיקונו כך, הלא חשיב כלי, וכדלקמן בס"ה, **אלא** מיירי כשנפחת אח"כ קצת ממקום מושבו, שאינו יכול לישב עי"ז שלא ע"י סמיכה, **או** שהיה הכלי כעין מגופה, דאף אם נעשה מתחלה כך אינו חשיב כלי וכדלקמיה.

(**אבל** כשמחזיק רביעית כשרה), בטור וב"י איתא, דה"ה בשבר כלי שהוא מחזיק רביעית שלא במסומך, כגון חבית שנחלקה לארכה, שהיא מקבלת על דופנה רביעית שלא במסומך, **אך** י"א דאפילו לדידהו אין להקל בזה אא"כ יחדה לתשמיש, **ועיין** במ"א שהאריך בזה והעלה, דאין להקל בזה בכל גווני, דהואיל והיא שבר כלי, לא חשיבא כלל, וכן הוא דעת הגר"א בבאורו.

תל הלכות נטילת ידים
סימן קנט – באיזה כלי נוטלין הידים וכיצד יבואו המים לידיו

וכ"ז דוקא בדפנות הכלי וכנ"ל, אבל כלי שנפחתה מלמעלה ויכולה לעמוד על שוליה שלא במסומך ולקבל רביעית, נראה דיש להקל ליטול בה אם אין לו כלי אחר, **אך** שיזהר ליטול בה במקום שנפחת ששם הכלי נמוכה, דבשפה אחרת שהכלי גבוה, כמה אחרונים מחמירין, וס"ל דלא חשיבא כלי, כיון שאין הכלי מחזיק המים במקום ההוא, שנשפכין דרך הצד שנפחת, **ואם** בכלי זה ניקב אח"כ נקב קטן, אפילו רק כמוציא משקה בלבד, יש להחמיר שלא ליטול בו שוב כלל.

הלכך מגופה של חבית שהיא חדה - היינו שהיא חדה למטה במקום שיושבת בפי החבית, ולמעלה על גבה יש בה חלל לקבל, **ואינה מקבלת רביעית שלא מסומכת, אין נוטלים ממנה** - וה"ה בכיסוי כלים שהם חדין, ואין מקבלין רביעית שלא ע"י סמיכה, אסור אא"כ תקנן.

ואף דהיא נעשית מתחלה חדה, מ"מ לא נחשבה ככלי שתחלת תיקונו כך, המבואר בס"ה דמותר, משום שלא נעשית מתחלה בשביל לקבל בה משקין, רק עיקרה לכיסוי הוא.

ואם הרחיבה מלמטה עד שמקבלת רביעית כשהיא יושבת שלא מסומכת, נוטלים ממנה - ולא דמי לשק וקופה המבואר בס"ד, דמחמירין שם דלא מהני אף אם תקנן לשבת בלא סמיכה, משום דבזה עכ"פ משתמשין בה לפעמים לקבלת משקין.

ואם היו רחבים מתחלה ומקבלין רביעית, כשרים, משום דמשתמשין לפעמים בהן ג"כ לקבל, **ויש** מחמירין בזה, אא"כ יחדן בהדיא לקבלה.

סעיף ד - חמת וכפישה, שהם מיני נאדות של עור, שתקנן ועשה להם בית מושב - ר"ל שתקנן במה שעשה וכו', **נוטלים מהם.**

והקשה הט"ז, הלא נודות עור עשויין לקבל משקין, ותחלת עשייתן כך הוא, ודמי לכלי שתחלת תיקונו כך שבס"ה, ולמה צריך תיקון, **ותירץ** דאינו חשיב בית קבול שלהן בלא תיקון מושב, שכשאין בהם מים אין בהם חלל, אלא מונח זה על זה.

אבל שק וקופה שהתקינן לשבת בלא סמיכה, וזפתן בזפת עד שהם מקבלים משקים, אין נוטלין מהם לידים, לפי שאינם עשויין לקבל משקים - היינו דאינם עשויים כלל מתחלה לקבל בהן משקין.

וה"ה לכובעים של לבדים (פי' בגד קשה, פילטר"ו בלע"ז) - היינו מה שאנו קורין קאפעלושין, וכן יארמעלקעס, ואפילו הם של עור, **אפי' כשהם קשים כ"כ שמקבלים מים ואינם זבים מהם, מ"מ אינם עשוים לקבל מים.**

ומ"מ ע"י הדחק מותרים - היינו כשהם קשים ואין המים זב מהם, **שעוברי דרכים רגילים לשתות בהם** - ודע דהרש"ל חולק, וס"ל דכובע לא נעשה לקבלה כלל, ולא עדיף משק וקופה, **וכתב** הח"א, דבשעת דחק גדול, כגון בדרך ואין לו כלי אחר מזה, יטול ובלי ברכה, וכתב, דאז יכרוך ידו במפה, **אבל** שלא בשעת דחק גדול יש להחמיר, דגם עוברי דרכים בזמנינו אין שותין מאלה, וכ"כ הפמ"ג, דלא יברך על נטילה זו.

סעיף ה - כלי שתחלת תיקונו כך, שאינו יכול לעמוד בלא סמיכה - ר"ל שנעשה מתחלה להשתמש בה ע"י סמיכה, **ואין משתמשין בו אלא ע"י סמיכה, חשוב שפיר כלי.**

לפיכך כלי שהוא מלא נקבים מתחתיו, ופיו צר למעלה, וכשמניח אדם אצבעו עליו אין המים יוצאים, וכשמסירו המים יוצאים, מותר ליטול ממנו - דהיינו שמסיר האצבע והמים יוצאים מלמטה, **אע"פ שאינו מחזיק כלום, כיון שעשוי לקבלה בענין זה וזה עיקר תשמישו, נקרא כלי.**

הנה מסתימת המחבר משמע, דאין חילוק בין נקבים קטנים לגדולים, דהואיל בעת שמניח האצבע עליו אין המים יוצאים, מקרי שפיר כלי וכשר לנטילה, **ולפי"ז** ה"ה בליווע"ר שלנו, שיש רק נקב אחד רחב למטה במקום יציאת המים, וכשמסיר האצבע יוצאין המים בשפע, ג"כ מותר, **אבל** מלשון הרמב"ם משמע, דדוקא כשהנקבים שמהן יוצאין המים הם דקין מאד, שאף

הלכות נטילת ידים תלא
סימן קנט – באיזה כלי נוטלין הידים וכיצד יבואו המים לידיו

כשמסיר האצבע אין יוצאין המים מחמת זה רק מעט באיחור גדול, **אבל** כשהנקבים הם גדולים, אסור, וכ"ש בליווע"ר שלנו דאסור, (ונראה דיש להחמיר לכתחלה).

כתבו האחרונים, דאין ליטול ידיו מהכלי שקורין גיסקאן, דרך הדד, והיינו מה שעושין הדד כחצי עגולה, **ודוקא** כשהדד גבוה משפה של הכלי, ומשום דאין הכלי מחזיק המשקה רק עד השפה, לכן מהשפה ולמעלה אין שם כלי עליה, **אבל** אם הדד שוה לשפת הכלי, מותר ליטול גם מן הדד, **ואם** הדד נמוך משפת הכלי, יטול רק דרך הדד ולא מהשפה של הכלי, ומשום דאין הכלי מקבל מים רק עד הדד, נמצא דלמעלה מזה אין שם כלי עליה, **ויש** מקילין בזה, (וכן כשהדד גבוה מהשפה, מותר ליטול דרך הדד, כיון שנעשה מתחילה שישתמשו בו כך – מטה יהודה).

וכל זה דוקא כשהדד הוא כחצי עגולה, אבל אם הדד הוא כשפופרת, שקורין שנוי"ץ, אף שהוא בולט למעלה משפת הכלי, משמע ממ"א דמותר ליטול אף דרך הדד, (דראוי להחזיק מים – כה"ח), **ויש** אוסרין דרך הדד, [**ועיין** בסידור של היעב"ץ, שמיקל אף כשהדד חצי עגולה], (וכנ"ל).

הגה: וכ"ש כלי שיש בו ברזא - היינו מה שקורין צאפי"ן, או מה שקורין האנדפא"ס, שיש לו יתד מלמטה, ובשעה שרוצה ליטול ממנו, דוחה היתד למעלה ונשפך המים, **למטה** - ר"ל אף בשוליה, אפ"ה לא נתבטל ממנה שם כלי ע"י נקב זה, ומותר ליטול בין דרך הברזא, ובין למעלה דרך פי החבית.

רק שצריך ליזהר להחזיר בכל שפיכה ושפיכה, וכדלקמן בסוף ס"ט, **ועיין** במ"א, דכשנוטל מהאנדפאס צריך ליטול רביעית בבת אחת על היד, (דיש לחוש לאחר שנטל הראשונה וחוזר ודוחק הברזא בידו הלחה, נדבקו מים טמאים בברזא, וכשחוזר ודוחק בידו שניה נטמאה מהמים הלחים, לכן יטול רביעית כאחת – מ"א סי' קסב ס"ק י').

הואיל ומתחילה נעשה לקבל על ידי כך - ר"ל ע"י הברזא שתחוב שם, מחזיק המים שלא ישפכו דרך הנקב, **ומוכח** מאחרונים, דבכלי של חרס צריך שיהיה הברזא מהודקת, שלא יהא מנטפת דרך שם, דאם מנטף טיף, לא עדיף מאילו לא היה שם ברזא כלל, ואפילו ליטול דרך הנקב אסור, אף שמחזיק רביעית מן הנקב ולמטה, [היינו לדעת הפוסקים החולקים על השו"ע, והבאנו לעיל במ"ב בס"ב], **ובשאר** כלים מותר ליטול דרך הנקב, אם מחזיק רביעית ממנה ולמטה, **ולפי"ז** בהאנדפא"ס שלנו, שהברזא בשולי הכלי מלמטה, אם אינה מהודקת ומטפטף המים דרך שם, נתבטלה מלהיות כלי עד שיתקנה, ואסור ליטול ממנה.

וה"ה אם נעשה נקב בכלי המבטלו משם כלי, ותיקן שם ברזא להשתמש דרך שם, חשיב ג"כ כאילו נעשה מתחלה לכך, כיון שעתה ייחד הברזא, נעשה כלי עי"ז.

סעיף ו - לא יתן מים לחבירו בחפניו - ואפי' היו ידיו טהורות, **שאין נוטלים אלא מן הכלי.**

והוא הדין אם נטל ידו אחת מהכלי, ושפך ממנה לידו אחרת, דאינו כלום - היינו אחר שכבר נגמר הנטילה מיד האחת, שפך מהמים הנשאר תוך פיסת ידו על היד השניה, **להכי** אינה כלום, דלא באה הנטילה מהכלי, [**ואפי'** אם נתכוין בעת נטילת הראשונה שישפוך המים גם על יד השניה], **ואם** החזיק הידים זו תחת זו, ושפך אחד על היד העליונה, וממנה ממילא נשפך גם על היד השניה שתחתיה, נטהרה עי"ז, וכדלקמן בסימן קס"ב ס"ה, דנטילה אחת הם.

ור"ת מתיר בזו, כיון שתחלת נטילה לידו אחת היה מן הכלי, והוא שהיתה ידו הראשונה טהורה - דמבואר לקמן בסי' קס"ב, דמים הראשונים ששופכן על ידו לשם נטילה, הם עצמן נטמאו בנגיעתן בידיו, וא"כ אם ישפוך מיד אחת על ידו השניה, לא יטהרו אותה, כיון דהמים עצמן טמאים הם, **ולכן** כתב שהיתה ידו הראשונה טהורה, שאז לא נטמאו המים ששפך עליה.

כגון ששפך עליה רביעית בבת אחת - ובכגון זה אף שהיתה טמאה, נטהרה ידו בשפיכה אחת, וגם המים עצמן לא נטמאו, דרביעית בבת אחת עשוה כמקוה המטהרת, שגם המים טהורים הם, כדלקמן בסימן קס"ב, ולכן יכול לשפוך ממים אלו גופם שנתקבץ לתוך פיסת ידו, על יד השניה, **מיהו** זה דוקא אם שפך הרביעית על ידו כראוי, דהיינו כדין נטילה על כל היד מבפנים ומבחוץ, דאילו שפך כולה רק לתוך פיסת ידו, אין זה נטילה כראוי, וידו הראשונה עצמה טמאה, וגם המים נטמאו בה.

(**עיין** בביאור הגר"א שמשיג ע"ז, ודעתו, דלר"ת מותר בכל גווני, **אך** לדינא אין נ"מ כ"כ, דבלא"ה העיקר כדעת האוסרים).

תלב הלכות נטילת ידים
סימן קנט – באיזה כלי נוטלין הידים וכיצד יבואו המים לידיו

‹״ור״ת מתיר בזו״, ר״ל בדין השני ולא בדין הראשון,

אכן מצאתי פלוגתא בענין זה, דדעת הלבוש וע״ת, דבדין הראשון אסור גם לר״ת, אף אם ידיו של חבירו היו טהורות מקודם, דהיינו שנטלן ע״י כלי, כיון דלגבי האיש הזה לא היה נטילה כלל מעולם בכלי, ‹וז״ל המגן גיבורים: דר״ת לא התיר אלא כשהוא עצמו נוטל בידו אחת מן הכלי, ונותן על השניה, אבל לקבל מחפני חברו, אף בכה״ג אסור, שכבר נתבטל כח הכלי מיד שבא בחפני חברו›, **ודעת הגר״א, דלר״ת אם היו ידיו של חבירו טהורות מקודם,** ‹וזהי דעת הגר״א רק בביאור דעת השו״ע אליבא דר״ת, אבל הגר״א גופיה פליג על השו״ע, וס״ל דלר״ת א״צ שיהיו ידי חבירו טהורות מקודם, כמובא בבה״ל לעיל – קונטרוס דין ודברים›, **מהני דבר זה גם לדידיה, שיוכל ליתן על ידו בחפניו, וכן משמע בשב״ל,** ‹דאפי׳ בשני בני אדם, אם הראשון נטל ידיו מן הכלי, יוכל ליתן לחבירו בחפניו – דמשק אליעזר›.

כתבו האחרונים, דעכ״פ לא התיר ר״ת אלא רק לשפוך מיד זו לחברתה, אבל לא לשפשף וליגע, דאם ישפשף ויגע בה, אף שהיא טהורה, הלא תהיה נטמאת בנגיעתה בחברתה.

הגה: ונהגו להקל כדברי ר״ת, אבל הסברא הראשונה היא עיקר - וכן הוא דעת שאר פוסקים דלא כר״ת, **ולכן יש להחמיר לכתחלה** - ורש״ל החמיר אף בדיעבד, **וגם** לדעת רמ״א הוא דוקא בשעת הדחק, אבל בנזדמנו לו מים, יטול שנית ובלי ברכה.

סעיף ז - צריך שיבואו המים מכח נותן, לפיכך צנור, שדולה מים מן היאור - ר״ל שדולה אדם מים מן היאור בדלי, **ושופך בו, ונמשכים ממנו המים להשקות השדה, אינו יכול ליתן ידיו לתוכו** - רחוק ממקום ששופכין בו, **כדי שיקלחו המים עליהם** - וסובר שיחשב לו לנטילה, [דלכתחילה בעינן כוונת נוטל לנטילה, היכא דלא הוי כוונת נותן], **מפני שאינם באים מכח אדם, שכבר פסק כח השופך.**

ואם משים ידיו קרוב למקום השפיכה, אע״פ שאינו משים אותה תחת השפיכה ממש, עלתה לו נטילה, דכל זמן שהם קרובים למקום השפיכה, עדיין מכחו הם באים - ואף דנט״י מכלי הוא דוקא, כיון שהוא קרוב למקום השפיכה ששופך בדלי, חשוב מכח הכלי ג״כ, **ופשוט** דאם שפך לתוך הצנור בכלי פסולה, כגון במנוקב, אף בנתן קרוב למקום השפיכה, פסול, דאינם באים מכלי, אם לא באופן המבואר לקמיה.

ואם הטביל ידיו לתוך הצנור הזה - היינו שתחבן במים שנתכנסו בתוך הצנור, [דבזוחלין בלא״ה יש סברא לפסול], ובא להכשירן מכח טבילה, כמבואר לקמיה בסי״ד, דטבילה נמי מהני לידים כשטובלן במעין או במקוה, **אינם טהורות מכח טבילה, מפני שהם שאובים** - ואין מכשירין מכח טבילה אלא במים הכשרין לטבילת הגוף, **ועיין** לקמן בסט״ז, דהראב״ד מכשיר בשאובין ארבעים סאה בקרקע, **אך** דבאמת רבים פליגי עליה, כמ״ש שם בבה״ל.

וה״מ בדולה, ששופך ונותן לתוך הצנור עצמו, אבל אם נותן אותם חוץ לצנור וממשיך אותם לצנור, והטביל בו ידיו, טהורות, דשאובים שהמשיכוה כשרה - ואף דלענין טבילת הגוף מחמירין בזה אם היו כל המים שאובין, אף שהמשיכוה, בנטילה דרבנן סמכו להקל ע״ד המתירין.

ודוקא שיש בו מ׳ סאה, דאף למאן דמיקל לקמן בסי״ד בפחות מזה, הלא עיקר הדין דע״י המשכה ג״כ קולא היא, ולא מקילינן כולי האי, **וגם** צריך שיהיו המים מכונסין ולא זוחלין, והיינו שיסתום בסוף הצנור שיתכנסו המים.

ושיעור ההמשכה שיתבטל שם שאובין עי״ז, הוא ג׳ טפחים, **ומחמת** הצנור עצמו לא הוי שאובין, דמיירי שלא היה עליו שם כלי, כגון שלא נעשו בו ד׳ שפות לקבל בתוכו, **דאילו** היה הצנור עצמו כלי, לא מהני ההמשכה, דהא שאובין הן מחמת זה הצנור גופא, ואין שייך שם טבילה כלל.

ואפילו דולה ונותן לתוך החריץ עצמו - ר״ל לתוך החריץ של הצנור, **אם הדלי נקוב מאחוריו בכונס משקה, ובעוד ששופך דרך פיו לצנור מקלח מאחוריו ליאור, מטביל בו את הידים וטהורות, דחשיבי כאילו הטביל ביאור, דנצוק**

הלכות נטילת ידים תלג
סימן קנט – באיזה כלי נוטלין הידים וכיצד יבואו המים לידיו

זה מחבר הכלי ליאור, וחשיבי מים שבצנור מחוברים למימי היאור.

ומבואר לעיל בס"א, דכשמוציא טיף אחר טיף, כונס משקה הוא, **ויש** רוצים לומר, דבכאן צריך שיהיה גדול קצת, שיהא נראה הקילוח, דאז חשיב מחובר למימי היאור, **ועיין** בב"י לעיל בראש הסי', במה שהביא בשם מהרי"ק, דלפי"ז הוי השיעור בנקב כעדשה.

אע"ג דנצוק כזה לא חשיב חבור לענין טבילה - דניצוק אינו חיבור שם כלל, וגם באופן דמהני שם עירוב לחבר המים, הוא בשיעור גדול, ולא על ידי ניצוק דק כזה.

וה"ה אם בא בספינה, ואינו מגיע להטביל ידיו במי הים, ואין לו כלי שלם, רק כלי מנוקב ככונס משקה, דולה בו מן הים ומטביל ידיו בו, שמימי הכלי מחוברים למי הים, ע"י שהמים נוטפים דרך הנקב.

ויש חולקין בזה ואומרים דגם לנט"י לא חשיב חיבור - ורש"ל הסכים כדעה זו, **מ"מ** בשעת הדחק יש לסמוך על דעת המקילין, דהוא דעת רוב הפוסקים, **ואם** טבל ידיו ע"י הכשר חיבור הניצוק, ואח"כ נזדמן לו ליטול כראוי, לא יברך על נטילה שניה, דהא לרוב הפוסקים יצא ידי נטילה.

וקנים החלולים המקלחים מים מן היאור, אם הניח ידיו תחת הקילוח, לא הוי נטילה, **דאף** להסוברין בס"ח דלא בעי כח גברא, פסול משום דאין כאן כלי, דהקנים אינם כלים, שאין בהם בית קבול, **וגם** אין יכול להטביל ידיו ברע"ר קאסטי"ן העומד סביבם, והוא שנפסק הקילוח מן הקנים, **אבל** בעת שהולך הקילוח מן הקנים, אם רוצה להטביל ידיו בהקאסטין, י"ל דשרי לכו"ע, אף להיש חולקין, דניצוק רחב כזה לכו"ע הוי חבור, והוי כאילו מטביל בהיאור.

כתבו האחרונים, שאין ליטול ידיו מן הפלומ"פ, לפי שאינו כלי, **וכ"ז** דוקא כשמניח ידיו סמוך למקום יציאת המים מן הצנור הבולט, אבל מותר להניח ידו אחת סמוך לארץ, ובידו השניה ימשוך הפלומ"פ להביא עליו המים, ואח"כ יחליף ידיו, או שחבירו ימשוך לו, **ומהני** כ"ז משום דניצוק חבור, והוי כאילו טובל במעין עצמו, [ומ"מ אם יש לו כלי ליטול ידיו, אין כדאי להקל נטילה ע"י נצוק, כהחולקים הנ"ל], **אבל** אם יחזיק ידיו גבוהות מן הארץ, לא מהני הנטילה, משום דהוי כטובל בכיפין.

הגה: אין ליטול ידיו מאותן אגנים הקבועים לכותל, ועשה להם בית קבול וברזא - דלנט"י כלי בעינן, וכיון שהם קבועים בכותל, הרי הן ככותל, ואין שם כלי עליהן, אע"פ שעשה להן בית קבול, **ועיין** בפמ"ג שמצדד לומר, דדוקא ליטול מן הברזא דרך נטילה, אבל לטבול בתוכן, אם יש בהן ארבעים סאה, יש להכשיר מטעם טבילה, דמותר במ' סאה כדלקמן בסי"ד, ולא הוי כטובל בכלי, דכמחובר חשבינן ליה, **ומ"מ** נראה פשוט, דאין להקל בזה אלא בשהמים לא נשאבו ע"י כלי.

אבל אם היו כלי תחלה וחברם לכותל, נוטלין ממנו - ר"ל דרך ברזא, שמסירה בכל שפיכה ושפיכה, דחשיב ע"ז כח גברא, וכמו שיתבאר בסוף ס"ט, **והטעם**, כיון שהיה עליהם שם כלי תחלה בתלוש, חשיב נטילה בכלי.

סעיף ח - אקדים קצת כדי שיובן דברי הסעיף, והוא, דהנה רוב הפוסקים אוסרין לטבול ידיו בכלי במקום נטילה, משום דס"ל דבעינן בנטילה כח גברא, והיינו שיבואו המים על ידיו מכח אדם ששופך עליהם, וכנ"ל, **וסברת** המקילין בזה, משום דסבירא להו דלא בעי כח שופך על ידיו בנט"י, ורק שיטול מכלי, ולכן טבילה בתוכו חשיב להו כמו נטילה ממנה, [**ומ"מ** לעיל בצינור גם הם מודים דלא חשיבי נטילה, משום דבלא"ה לא בא שם מכח כלי ג"כ, כשנפסק כח השופך, וכנ"ל].

אם הכניס ידיו לתוך כלי של מים ושכשך ידיו בהם, אם הכלי מחובר לקרקע, לא עלתה לו נטילה - היינו אף לאותן דס"ל דטבילה בכלי כנטילה הוא, היכא שחיבר הכלי להקרקע גרע, דנראה דבא להכשיר מטעם טבילה כמו במקוה, וטבילה בשאובין ליכא.

(**ועיין** בע"ת שכתב, דמלבוש משמע, דדוקא כשהיה מחובר מעיקרא קודם שחקק, ומשום דאין עליה שם כלי כלל, לכן לא מועיל בה הטבילה במקום נטילה, **ומשום** טבילה עצמה דלא מהני, אפשר משום דבא מתחלה המים למקום זה ע"י כלי, והוי שאובין, א"נ משום דלית בה מ' סאה, לכך ס"ל להחמיר בזה, **אבל** בחקקו ולבסוף קבעו, כמו דמותר ליטול ממנה דרך הברזא כנ"ל בסעיף ז', דכלי הוא, כן מותר ג"כ לטבול בתוכה, **ומצאתי** בדברי הגר"א שכתב כן בהדיא, **ובאמת** אף דקצת לא משמע כן מלשון המחבר, יותר נראה כפירושם).

הלכות נטילת ידים
סימן קנט – באיזה כלי נוטלין הידים וכיצד יבואו המים לידיו

ואם אינו מחובר לקרקע, י"א שעלתה לו נטילה - ולא בעינן מים אלא כשיעור רביעית, דכנטילה ממש חשיב לדידהו, וכח שופך ס"ל דלא בעינן בנט"י, [**וי"א** עוד, דטעמו, דחשוב כח גברא במה שמשכשך ידיו בכלי].

וי"א שלא עלתה לו - ואפילו יש בהם ארבעים סאה, והטעם, משום דבעינן כח שופך שיתן על הידים דוקא וכנ"ל, **וגם** דמדמינן לקידוש ידים דמקדש, דקי"ל דפסול לטבול הידים בתוך הכיור, כדאיתא בזבחים, [**ומטעם** זה אסור אף דחשיב ליה לכח גברא].

ובשעת הדחק - כגון שאין לו כלי אחרת, וכלי זו אינו יכול לטלטלה, **יכול לסמוך על דברי המתירים** - וט"ז הביא בשם רש"ל דחולק ע"ז, ודעתו דגם בשעת הדחק אין לסמוך ע"ז, דכל הפוסקים חולקים על זה, וכן משמע מהגר"א, **ונראה** דאפילו מי שירצה לסמוך בשעת הדחק להקל כדברי השו"ע, מ"מ לא יברך על נטילה זו, ומצאתי שגם הגר"ז וח"א הסכימו כן, **עוד** כתבו, דיאכל אז ע"י שיכרוך ידיו במפה, [**דהיינו** דבשעת הדחק נצרף לזה גם דעת הרמב"ם, המיקל ע"י כריכת מפה, ואף דנדחה דעת הרמב"ם מהלכה, בצירוף טבילה זו מסתברא שיש לסמוך ע"ז].

ואם אח"כ נזדמן לו ליטול בדרך נטילה, נוטל בלא ברכה - דשמא הלכה כהמקילין, וכבר יצא ע"י מה ששכשך ידיו בהם לשם נטילה.

סעיף ט - חבית שיש בה מים - ורוצה ליטול שני ידיו כאחד, ואין לו אחר שיטול עליהם.

מניחה על ברכיו ונוטל ממנה לידים - ומנענע בברכיו כל פעם שיצאו המים, והיינו לכתחלה, דבאופן זה כשר לכו"ע, דמכחו ממש באים בכל שפיכה ושפיכה, **מיהו** אף אם לא הטה אלא פעם אחת בתחלה, בדיעבד כשר, לפי מה שכתב המחבר לקמיה בסעיף י'.

ואם היתה מוטה בארץ והמים מקלחים ממנה - היינו שלא ע"י אדם, אלא מעצמה נתגלגלה, דאילו בא הקילוח מתחלת ע"י הטיית אדם, מכשיר המחבר לקמיה בס"י, דחשיב כח גברא.

או שעומדת והמים יוצאים דרך הנקב שבה - שנעשה בשביל ברזא, ונפל הברזא, והמים יוצאין מעצמן, [דכן צ"ל לדעת הסמ"ג, דאוסר בנקב כל שהוא משום שבר כלי, אפי' ליטול דרך נקב].

ונתן ידיו שם, לא עלתה לו נטילה - דצריך שיבואו על ידיו מכח איזה נותן, ולא שיבואו מאליהן.

(**בחידושי** רע"א הניח בצ"ע על המחבר, דסתם בזה לאיסור, ולי"א בס"ח דלא קפדינן אכח גברא, גם בזה כשר, והמחבר כתב לעיל דבשעת הדחק יש לסמוך עליהם להקל, וברשב"א דהוא בעל הי"א ההוא, כתב בהדיא להתיר גם כאן, ולהלכה נראה דעיקר כפסק המחבר כאן, דהמרדכי פי' דעת הבה"ג, דמכשיר לטבול בתוך הכלי, הוא משום דחשיב זאת כח גברא מה שמשכשך ידיו בכלי, וכדבריו כתב גם הריטב"א, וכן מצאתי באשכול וברוקח, ולפי דבריהם הבה"ג אינו חולק כלל על שאר הפוסקים דמצרכי כח גברא, וכפשטיה דמימרא דרבא בחולין ק"ז, וא"כ לדבריהם בזה דהמים מקלחין מאליהן, לכו"ע אסור, והרשב"א יחידאה הוא דמתיר בזה, וע"כ אין להקל בזה וכפסק המחבר, ובפרט דגם בטובל בכלי, רש"ל והגר"א מחמירין אף בשעת הדחק, וכ"ש בזה, וכן סתמו האחרונים).

ואם היתה ברזא (פי' דבר סותם הנקב, ספינ"ה בלע"ז) בנקב, והסירה וקבל המים על ידיו, חשיב שפיר כח גברא - כיון דע"י הסרתו מקלחין המים.

וצריך להחזירה ולהסירה בכל שפיכה ושפיכה - פי' בכל קלוח וקלוח, דלא חשבינן בזה בא מכחו אלא קלוח ראשון, וע"כ צריך לחזור ולהסיר בכל שפיכה ושפיכה.

(**ומ"מ** נראה, דבדיעבד אם לא עשה כן, והוא חוזר ונוטל ידיו, לא יברך ענט"י, כי בביאור הגר"א מצדד, דלדעת הרמב"ם די אם השפיכה ראשונה בא מכח גברא).

וכתבו האחרונים, דהנוטל ע"י כלי שמתוקן ע"י ברזל, שקורין תרנגול, או מה שקורין קראן, [**בין** שמסיר הברזל בעת הנטילה, או שמסבבו ומכוין הנקב - פמ"ג, **והמחה"ש** כתב, דאינו מותר רק כשמסיר הברזל ונוטל דרך שם], ‹דא"כ באים מים מכלי, משא"כ כשמסבבו, אותו חתיכת ברזל אין לה בית קיבול, ואין המים היוצאים על ידו בא מכלי – שם›, **צריך** לסגור ולפתוח כמה פעמים לכל

הלכות נטילת ידים תלה

סימן קנט - באיזה כלי נוטלין הידים וכיצד יבואו המים לידיו

יד ויד, דהוא דק, ואינו מספיק בקילוח ראשון ליטול יד כראוי.

סעיף י - אם הטה חבית מלאה מים והלך וישב לו, והחבית שופכת מים כל היום מחמת הטייתו, ונטל ידיו ממנו, עלתה לו נטילה - ואפילו היכא שהמטה החבית היה אדם אחר, ולא כוון כלל בזה לנטילה המכשרת לאכילה, אפ"ה שפיר דמי, כיון דאדם הנוטל ידיו אח"כ כוון לשם נטילה, וכמבואר לקמן בסי"ג, דבכונת נותן או נוטל סגי.

ולא דמי למה שמבואר בס"ט, דכח גברא נחשב רק הקילוח ראשון לבד, ומטעם זה צריך להחזירה בכל שפיכה ושפיכה, **דהתם** לא עשה מעשה בגוף המים, ורק שהסיר הברזא המונע המים לצאת, ולכן לא חשיב בא מכחו רק קילוח ראשון היוצא מיד כשפותחו, **אבל** הכא שעשה מעשה בגוף המים, שהניע אותם ומחמת הטיתו נשפכין, כל זמן ששופכין מהחביות בקילוח לעולם חשיב בא מכחו.

וטוב להחמיר לכתחלה, (דהגר"א הוכיח דבמחלוקת שנויה, דהאוסרין בסי"ב בקוף, ה"נ בזה דלדידהו לא חשבינן זאת לכח גברא).

סעיף יא - הכל כשרים ליתן מים לידים, אפי' חרש שוטה וקטן - דאינם בני דעת, **עו"ג ונדה** - אף דבנוטל ידים לתרומה אסור על ידיהם, דמטמאין המים במשא, נדה מדאורייתא, ואידך חכמים גזרו עליהם טומאה, בנטילה לחולין לא גזרו, **וי"א** משום דבזמנינו תמיד כל המים טמאין, שכולנו טמאי מתים, לכן לא חשו לזה, **וכתבו** האחרונים, דמ"מ לכתחלה טוב ליזהר שלא ליטול ידים מהם.

(ואיכא מאן דאמר דקטן פחות מבן ו' דינו כקוף) - המבואר לקמיה דיש פוסלין בו, והוא משום דקטן כזה אין בו דעת כלל, **ובביאור** הגר"א משמע דאין להחמיר בזה, ולא דמי לקוף דאין נוטלין ממנו, דלאו אדם הוא ולית כאן כח גברא, משא"כ בזה, ואף דאין בו דעת לא גרע משוטה.

סעיף יב - אם הקוף, (פי' מין חיה, סימיא"ה בלע"ז) - ויש בה קצת דעת לתשמיש, [**ובכסף** משנה נסתפק, אם דוקא קוף משום דבר תשמיש הוא קצת, או אורחא דמלתא נקט, וה"ה שאר בעלי חיים], **נותן מים לידים, יש פוסלים** - דאין כאן כח גברא, **ויש מכשירים** - ס"ל דלא בעינן שיבוא על ידיו רק מכח נותן, **ונראים דבריהם. (ומ"מ יש להחמיר)** - ובדיעבד כשר - מ"א, **ובא"ר** כתב, דגם בדיעבד יחזור ויטול בלי ברכה, אלא דאם אין לו מים, יש לסמוך על נטילה זו.

סעיף יג - ולכתחלה יכוין הנוטל לנטילה המכשרת לאכילה, (וכוונת נותן נמי מועיל אפילו לכתחלה, אפילו שלא כוון הנוטל כלל) - ואם היה הנותן פחות מבן שש, משמע מהפוסקים דאין מועיל כונתו, [**ולענין** חש"ו אם מועיל כוונתם לחוד, יש לעיין].

והמ"א כתב לפסול אף בדיעבד אם לא כוונו כלל, **אבל** הגר"א הסכים כהסוברין דבלא כונה כשר, וכן הוא דעת רוב הראשונים, **ובדיעבד** בודאי יש להקל כשאין לו מים ליטול שנית כדעת המחבר, אח"כ מצאתי שכן כתב במאמר מרדכי, (**ואם יש לו מים**, משמע מרמ"א לעיל בסימן קנ"ח (ס"ז), דצריך ליטול ידיו שנית, **אלא** דלא יברך, **ונראה** דטוב שיטמא ידיו, כדי שיתחייב ודאי בנטילה שניה, ויוכל לברך).

סעיף יד - הטביל ידיו במי מעין - היינו בכל מימות הנובעין, אף שהם נזחלין למרחוק, **אפי' אין בו מ' סאה, עלתה לו טבילה** - דבמ' סאה פשיטא דמהני, אפילו בשאר מימות שאינם נובעין, **כל שמתכסים ידיו בהם בבת אחת** - וכמו לענין טבילת כלים, דקי"ל דמעין מטהר בכל שהוא, כל שמתכסין בו, וכ"ש בנטילה דרבנן, **וגם** דבטבילת הגוף נמי לכמה פוסקים א"צ במעין מ' סאה דוקא, אלא כשיעור שיתכסה גופו של כל אדם לפי מה שהוא, **ואף** דלא קי"ל כן, עכ"פ בנט"י יש להקל.

ואף דכשר לטובלן אחת אחת, וכמו בסי"ח, שיעור המים צריך שיהיו ראויין לטובלן בבת אחת, [דשניהם מצוה אחד הן, **וכמו** בטבילת הגוף דצריך שיעור שיתכסה כל הגוף דוקא אפי' במעין לכו"ע].

תלו הלכות נטילת ידים
סימן קנט – באיזה כלי נוטלין הידים וכיצד יבואו המים לידיו

ואם הטבילם במי מקוה - שאינם נובעין, אלא שנתכנסו במקום אחד ממי גשמים, או הפשרת שלגים, **י"א שדינו כמעין** - דמדאורייתא אף במים מכונסין סגי לטבילת כלים ברביעית, אם הם כלים קטנים שמתכסין בהמים, ורק חכמים הצריכו בהם מ' סאה כמו בטבילת הגוף, ולענין נטילה דרבנן לא החמירו. **וי"א שצריך מ' סאה** - דס"ל דכיון דבטלו רבנן טבילה בפחות מן מ' סאה במים מכונסין, שוב אין בו טבילה כלל לכל דבר.

ונקטינן כדברי המיקל - דדברי סופרים הוא, **(ויש להחמיר לכתחלה)** - אבל בדיעבד או בשעת הדחק יש להקל, (**ונראה** דאף דהמיקל בשעת הדחק יש לו על מי לסמוך, מ"מ אם יזדמן לו שנית, יטול בלי ברכה, כיון דרוב הראשונים פוסלין בזה).

סעיף טו - מי גשמים שהם זוחלים, (פי' נמשכים והולכים שאינם מכונסים) - דמי גשמים אינם מטהרין בזוחלין, אלא במכונסין, **ויש בהם מ' סאה** - ר"ל *אפילו ביש בהם מ' סאה, **יש להסתפק אם טובל בהם ידיו** - והיינו אפי' להמקילין לעיל לענין מקוה בשאין מ' סאה, אפשר דהכא גרע טפי, **דהתם** עכ"פ מן התורה לא בעינן לטבילת כלים ארבעים סאה, והכא מן התורה פסול אף לטבילת כלים במי גשמים זוחלין, **דאילו** להמחמירין לעיל, וסברי דבעינן דוקא מ' סאה כמו בטבילת כל הגוף, פשיטא דזוחלין לא מהני.

*[**כונתנו** דיש להסתפק להיפך ג"כ, אולי אף בפחות ממ' סאה מהני בזוחלין, **ולשון** השו"ע שכתב "ויש בהם מ' סאה", הוא לענין להחמיר].

וע"כ יחזור ויטול בלא ברכה, [ודוקא ביש לו מים], **והגר"א** פסק, דלכו"ע זוחלין לא מהני כלל.

סעיף טז - מ' סאה מים שאובים שבקרקע, להרמב"ם אין מטבילין בהם את הידים - דבעינן מים הכשרים לטבילת הגוף.

ולהראב"ד מטבילין - משום דמצינו לענין טבילת בעלי קריין לד"ת, שטבילתן מדרבנן, דמותר בשאובין שבקרקע. (והעיקר כסברא הראשונה). **אבל** בכלי המחוברת לקרקע, אין בה טבילה לכו"ע, דאין טובלין בכלים, ועיין לעיל סעיף ח'.

ושאובה שהמשיכוה כולה - ר"ל דאף אם היתה כולה שאובין, רק שהמשיך את המים דרך הקרקע למקום אחר, **גם להרמב"ם מטבילין בהם הידים** - וכנ"ל בסעיף ז'.

סעיף יז - לא יטול מהנהר מים בידו אחת ויתן על ידו השנית, לפי שאין כאן לא נטילה ולא טבילה - דנטילה מכלי בעינן, והכא לא נטל כלל מהכלי, [**ור"ל** אפי' לדעת ר"ת לעיל בס"ו דמקיל שם, הכא גרע יותר].

סעיף יח - ידו אחת בנטילה וידו אחת בטבילה - פי' שנטל ידו אחת מכלי כדין, והשניה טבל בנהר או במקוה, **ידיו טהורות** - ולענין הברכה, מברך בזה "על נט"י", אף לדעת הרמ"א לקמן, כיון שידו אחת היתה בנטילה.

סעיף יט - המטביל ידיו, א"צ שתי פעמים, ולא ניגוב, ולא להגביה ידיו - דכל אלו הצריכו משום דנטמאו המים כשבאו על ידיו, כמבואר בסימן קנ"ח וקס"ב, אבל בטבילה לא שייך זה, **ובניגוב**, עיין לעיל בסוף סימן קנ"ח במ"ב.

סעיף כ - המטביל ידיו, אינו מברך על טבילת ידים, אלא על נט"י - שהיכן צונו על הטבילה, אבל על נטילה נצטוינו, ויש בכלל מאתים מנה, שמחמת חיוב הנטילה שנצטוינו, אנו מטבילין עכשיו. **וי"א דמברכין על טבילת ידים או על שטיפת ידים, וכן עיקר** - והאחרונים הסכימו כדעת המחבר, לברך "ענט"י", **ורק** אם המים פסולים לנטילה, ורק לטבילה, וכדלקמן בסי' ק"ס ס"ט, מברך "על טבילת ידים".

סימן קס – איזו מים כשרים ואיזו פסולים לנטילה

§ סימן קס – איזו מים כשרים ואיזו פסולים לנטילה §

סעיף א - מים שנשתנו מראיהן, בין מחמת עצמן - כגון שעמד בכלי זמן רב, עד שנעשה ירוק ע"י האויר החם.

והנה המחבר העתיק זה מלשון הטור, אבל ברמב"ם לא נזכר לפסול אלא בנשתנה מחמת דבר אחר, וכן הוכיחו האחרונים, **והסכימו** לדינא דמותר בנשתנו מחמת עצמן.

בין מחמת דבר שנפל לתוכן - כגון דיו ושארי מיני סממנים וצבעים, ואף שלא נימוח גוף הצבע בתוכן, אלא שעל ידי שרייתן נשתנה המראה, **וה"ה** אם נשתנה ע"י עשן ושום דבר, דרק מחמת עצמן כשרים, **אכן** מה שנשתנה ע"י עפר וטיט שנתערב בתוכו, לא חשיב שינוי מראה, וכדלקמיה בסעיף ט', משום דדרך גידול המים הוא כן, להיות מעורב בעפר וטיט, **וגם** דלבסוף כשישהו אותן, דרכן לצול, ועיין לקמיה בס"ט.

בין מחמת מקומם - בין שנשתנו כשהיו עומדין בקרקע, ובין אח"כ כששאבן בכלי ונשתנו ע"י הכלי. [**ואם** עמד במקום מעופש, עד שעי"ז נתקלקלו המים ונשתנה מראיתן, אפשר דהוי בכלל נשתנו מחמת מקומן].

פסולים - וילפינן זה ממים של כיור שהיה לקידוש ידים במקדש, דפסולין בשינוי מראה, **ואם** חזרו לברייתן, כשרים.

ודע, דמה שנפסלין המים בשינוי מראה כל דהו, הוא דוקא כשנוטל בכלי על ידיו, אבל בטובל ידיו במ' סאה, אינו פוסל מחמת שינוי מראה כל דהו, **וכמו** בטבילת הגוף, דאינו נפסל המקוה מחמת שינוי מראה, **אלא** א"כ נפל בתוכו גוף הצבע ונימוח בתוכו, או משקה כגון יין אדום, וכיו"ב שאר מי פירות, וכמבואר ביו"ד, **ובמעין** אינו פסול שינוי מראה כלל, כמבואר שם.

סעיף ב - עשה במים מלאכה, ‹פסולים› - דכשאדם עושה במים דבר שיש לו צורך, נעשו כשופכין העומדים לשפיכה, ופסולים לנטילה.

או ששרה בהם פתו - דחשיב זה מלאכה, ונעשו המים שופכין, **ואפילו** אם שרה בהן אחר, שאינו בעל המים, וכן בשארי מלאכות, אין חילוק בין הוא עצמו לאחרים, **אכן** בחידושי רע"א מסתפק בכל זה.

אפילו נתכוין לשרות בכלי זה ונפל לשני, פסולים - כיון דעכ"פ נתכוין לשרות פתו במים, **אבל** אם לא נתכוין כלל לשרותו, ונפל מעצמו במים, כשרים, דלא שוינהו כשופכין, **וה"ה** אם נפל כלי במים והודח שלא במתכוין.

אם נפל בגד לתוך המים והוציאו משם, לא נפסלו המים, כיון שלא נתכוין, וכמו בפת, **אבל** המים שמיצה מהבגד פסולים, [**ואם** היה הבגד מלוכלך הרבה, ושהה בתוך המים, ועי"ז נמאס המים, אפשר דהוא בכלל שופכין, וכמו בשתה כלב לקמיה בס"ד במ"ב].

ואם צינן יין במים, פסולים - דחשיב מלאכה, שע"י המים נצטננו, **ואם** היה היין צונן, ונתן לתוך המים רק שלא יתחממו מחום היום, כשרין, **וה"ה** אם נתן בתוכן דגים חיים שלא ימותו, דכל זה לא מקרי מלאכה, דאין המים פועלים בהם, רק ששומרים אותן, **ואפילו** אם מת הדג אח"כ, לא נפסלו המים.

וה"ה שאר מלאכות ‹נמי פסולים›, כגון שנתן בהם כלים שנתבקעו בימות החמה, כדי שיתכווצו, או שמדד בהן מדות, **וכן** אם היו עומדין המים בכלים שיש בהם שנתות בשביל משקל, דהיינו שיש בהן חריצין לסמן לליטרא ולשני ליטראות, דכשנותנין בתוכן הדבר שרוצין לשקל, עולה המים עד החריצין, ושקלו בתוכן איזה דבר, חשיב נמי מלאכה ופסולין.

ואם נתן בתוך המים דבר שמריח, כתב בשל"ה לאסור, **אבל** האחרונים הסכימו דאין בו איסור כלל, דאינו עושה מלאכה בהמים, אלא בא להשביחן.

ואם הדיח בהם כלים - מדבר הדבוק בהן, או כדי שיסתלק מהן הריח, **פסולים** - וה"ה אם הדיח בהן ירקות - רי"ו.

ואם היו כלים מודחים או חדשים, כשרים - ואם היה בהן עפרורית, א"כ יש צורך בהדחתן, פסולים.

ומשמע מרי"ו לכאורה, דאם הדיח ירקות שהיו מודחים ונקיים, כשרים המים, דלא מקרי מלאכה כלל,

סימן קס – איזו מים כשרים ואיזו פסולים לנטילה

דומיא דכלים - מ"א, **ומ"מ** אם שרה בהן הירקות שלא יכמשו, דעת המ"א ועוד איזה אחרונים, דמיקרי מלאכה ופסולין, [**והטעם**, דהמים מוסיפין לחלוחית בהירקות, ומשום זה אינם נכמשים, ולכן פסול אף בדיעבד], **ויש** מקילין בדיעבד אם הם לחים ונקיים מעפרורית, ונתנם רק שיעמדו לחלוחית שבהן, **ואם** יזדמן לו אח"כ מים, נכון ליטול שנית ובלי ברכה.

אם ניסה במים הכלי אם ניקב, שיזובו המים או לא, יש לדון דלא מקרי נעשה בהם מלאכה, דאין המים עושין שום פעולה, וגילוי מילתא בעלמא היא, כ"כ בחידושי רע"א, **ומ"מ** מסיק שם דצ"ע לדינא, **ובברכ"י** בשם בית דוד מחמיר בזה.

[**ואם** נותן מים בכלים חדשים כדי שישבעו מבליעת המים, ולא יבלעו שוב משקה שיתנו בה אח"כ, צ"ע אם זה מקרי מלאכה לענין שיהא שוב אסור ליטול בהם כששופך המים מהכלי, דהא המים שנשארו לא נעשה מלאכה, **או** אולי היה על ידן צורך להכלי, דע"י מלוי המים שבע הכלי מהבליעה, **אח"כ** מצאתי בברכ"י בשם בית דוד שמחמיר בזה].

ואם הטביל בהם הנחתום הגלוסקין (פי' ככרות לחם) - מיני עוגות, שלאחר עריכתן דרך לטוח פניהם במים, ופעמים טובלין אותן בהמים, ופעמים שטובל ידיו וטח על פניהם, ‹ואם הטביל אותן בהמים›, **פסולים.**

אבל אם טבל ידיו במים וטח פני הגלוסקין, או שחפן מהם בחפניו - זו ואין צריך לומר זו, **המים הנשארים** - בכלי, **לא נעשה בהם מלאכה** - אבל אלו שבחפניו אם טח בהן פני הגלוסקא, הרי נעשה בהן מלאכה.

ולפיכך כשרים אם לא נשתנו מראיהן - דטבילת ידים לחוד לא הוי מלאכה, וגם אין נמאסין המים בטבילת ידים, [דבנמאסין יש לפסול], ולכן לא הוי כשופכין, **ואף** אם לא היו הידים נטולות, לא נטמאו המים בנגיעתן, כדלקמיה בסעיף י"א.

(וה"ה מים שהנחתום מדיח ידיו בהם מן הבצק הדבק בידיו) - דסתם ידים העוסקים בעיסה נקיים, ואין בהם לכלוך, והוי כהדחת כלים מודחים דלעיל, **ומחמת** הבצק צ"ל דלא חשיב להם מלאכה, ואפשר משום דיכול להסירם גם בלא הדחה, **וט"ז** חולק על דין זה, והוכיח דהרמב"ם ס"ל דחשיב זאת מלאכה גמורה, דמדיח ידיו מן הבצק, וכן פסק רש"ל, וכן הסכימו שארי אחרונים.

סעיף ג - מים שלפני הנפח, אע"פ שלא נשתנו מראיהם, פסולים, מפני שבידוע שנעשה בהם מלאכה, דהיינו שכיבה בהם הברזל; ושלפני הספר - שמדיח שם לפעמים כלי מלאכתו וכדומה, אבל אינו בחזקה שהדיח שם, **אם נשתנו מראיהם, פסולים; ואם לאו, כשרים** - מספק, וכדלקמיה בסי"א.

סעיף ד - מים ששתו מהם התרנגולים, או שלקק מהם הכלב, (פי' שתיית הכלב נקרא לקיקה) - לפי המבואר בב"י, לאו דוקא אלו, אלא ה"ה בכל בהמה חיה ועוף, חוץ מיונה, **יש מי שפוסל** - דמדמינן למים של פרת חטאת, דנפסלין בשתית בהמה חיה ועוף, חוץ מיונה, **ויש** מפרשים שם הטעם משום מלאכה, דכשמגביהין ראשיהם רר מפיהם המים ששותין, ומים אלו חשיב כמו שנעשה בהם מלאכה, דנשתמשו בהן לשתיה, ופוסלים כל המים בתערובתן, **וה"ה** לנט"י דפוסלת בהן מלאכה.

ואין דבריו נראין - דדוקא בפרת חטאת נפסלת במלאכה כל דהו, **וגם** דכל הראשונים ס"ל דלא חשיב מלאכה גם בפרת חטאת, ופירשו שם טעמים אחרים דאינם שייכים כאן, **ומלבד** זה לענין נטילת ידים לא נפסלו על ידי זה כל המים, דנתבטלו בתערובתן ברובה כדלקמיה.

אלא בין באלו בין בכל שאר בהמה חיה ועוף, יש להכשיר - ואחרונים חילקו בענין זה, דאי בתרנגולים וכן בשאר חיות ועופות, כשרים כדעת המחבר וכנ"ל, **אבל** בשתית כלב וחזיר, פסול משום מיאוס, דנמאסין המים משתיה ונעשו כשופכין, **ובחיי** אדם כתב, דבשעת הדחק יש לסמוך על דעת המחבר להתיר אף באלו.

הלכות נטילת ידים תלט
סימן קס – איזו מים כשרים ואיזו פסולים לנטילה

אם שתה מהם נחש, אין נוטלין מהם לידים, **ומים** שנתגלו בעלמא, אין חוששין האידנא לשמא שתה מהן נחש, דאינם מצוים, **ואף** מי שנזהר מזה לשתיה, לענין נטילה אין להחמיר.

מים פסולין שנתערבו במים כשרים, בטילין במיעוטן, ומשלימין אפילו לרביעית, אם לא נשתנו מראיהן.

סעיף ה - אין מלאכה פוסלת אלא במים שאובים, בין שהם בכלי בין שהם בקרקע - פי' אפילו היו בשעת מלאכה מונחים בקרקע, כיון שהיו שאובין מתחלה, מלאכה פוסלת בהם, **אבל לא במי מקוה או מעין בעודם מחוברים** - כשעשה מלאכה בהם במחובר, כשרים לנט"י בתלוש.

וכ"ז לענין עשית מלאכה, **אבל** לענין אם נפסלו משתיית בהמה, אין חילוק בין שאובין למי מקוה, ופסולין, **וכ"ז** לענין לשאוב בכלי מים ממי המקוה לנט"י, **אבל** להטביל ידיו בהמקוה גופא, מותר אף בזה, **ולענין** שינוי מראה, עיין לעיל במ"ב בס"א.

סעיף ו - חמי האור, נוטלים מהם לידים, אפילו הן חמין שהיד סולדת בהם - שנמשכת מאחוריה שלא תכוה, **(פי' כל שכריסו של תינוק נכוה הימנו).**

ויש מחמירין ביד סולדת בהם, **וכתבו** האחרונים, דבאין לו מים אחרים אין להחמיר בזה, דהעיקר כדעת השו"ע, **ובפושרין** אין איסור כלל לכו"ע, ואפילו אם היו חמין מתחלה ונצטננו ונעשו פושרין, ג"כ מותר, **ולפי"ז** אפילו אין לו מים אחרים כי אם חמין שהיד סולדת בהן, יראה להמתין מעט עד שיצטננו במקצת, שלא יהיה היד סולדת בהן, ויהיה מותר לכו"ע.

סעיף ז - חמי טבריא יכול להטביל בהם את הידים - ככל מעינות, דחמי טבריא מעין הוא, ואפי' אין בהם מ' סאה, וכנ"ל בסי' קנ"ט סי"ד, [**ואפי'** ביד סולדת בו, ואפי' להמחמירין לעיל בחמין לענין נטילה].

אבל ליטול מהם בכלי, לא - ואפי' ממעין גדול שיש בו מ' סאה, ואפי' בנצטננו אסור, משום דאינם ראוין לשתיית כלב וכדלקמיה.

ואם המשיך אותן בארץ דרך חריץ - שבקרקע, וה"ה אם הלך דרך צינור, אם אין עליו שם כלי, [דהיינו שאין חקוק לקבל צרורות, דאל"ה נעשה שאובין ע"י זה], **חוץ למקומם, והפסיקן מהמעין הנובע** - דאז בטל ממנו תורת מעין, ואינו רק מקוה, **אם יש בהם שיעור מקוה, מטבילין בהם הידים** - דהשתא כל גופו טובל בהם, ידיו לא כ"ש.

ואם אין בהם שיעור מקוה, לא - ואף להמכשירין לעיל בסי' קנ"ט סי"ד, בפחות ממ' סאה אף במקוה, **הכא** בחמי טבריה מודו, דגזרינן אם נבוא להטביל ידים היכא דאפסקינהו מהמעין, יאמרו דהמים של חמי טבריה הם כשאר מים, ויבואו ליטול מהם אף בכלי.

ואם חריץ זה מימיו מחוברים למי המעין הנובע חם, לרש"י והרשב"א אין מטבילין בו הידים - דגם בזה גזרו שמא יבוא ליטול גם בכלי, כיון דאפסקינהו ממקומן, ואין בהם עצמם מ' סאה.

ולהר"ר יונה מטבילין בו את הידים - כיון דמחוברת למי המעין, וכשר אף לטבילת גופו, שוב לא שייך למגזר שמא יבוא ליטול אף בכלי.

[**והנה** רוב הפוסקים ס"ל כרש"י, כמו שכתב הא"ר, **מ"מ** בשעת הדחק יש להקל כהכרעת הרמ"א לעיל סי' קנ"ט סי"ד, ‹דרק לכתחילה יש להחמיר›, דזה בזה תלוי].

סעיף ח - טעם פיסול חמי טבריא לנטילה, מפני שהן מרים ואינם ראויין לשתיית הכלב - וכדלקמיה בס"ט, דאילו מחמת חמימותן אין לפסול, וכמ"ש המחבר בס"ו.

אבל אם ימצאו מים חמין נובעין שהן ראויין לשתיית הכלב, נוטלים מהם לידים - אף שמשונים בטעמם משאר מים, שאינם ראוים כ"כ לשתיית אדם, כיון שעכ"פ ראוים לשתיית הכלב, כשרים לנטילה.

ודע, דלדעת היש מחמירין שכתבנו לעיל במ"ב לענין חמי האור, כ"ש דיש להחמיר כאן לענין חמין של מעינות, שלא היה להן מעולם שעת הכושר, [**ובפרט** דלדעת רש"י ורי"ף, דהטעם שאסרו בחמי טבריה הוא מפני החמימות,

תמ הלכות נטילת ידים
סימן קס – איזו מים כשרים ואיזו פסולים לנטילה

וגרע משאר חמי האור מפני שלא היה להם שעת הכושר, שייך טעם זה אפי' בשאר מעינות הנובעין כשהן חמין].

סעיף ט - מים מלוחים או סרוחים או מרים שאין הכלב יכול לשתות מהם, פסולים לנטילת ידים - דכיון שהם סרוחים כ"כ, שאפילו הכלב אין יכול לשתות מהם, הוי כאילו נתבטל מתורת מים, ופסלוה רבנן לנט"י.

(הנה בגמרא איתא, אם הפרה שוחה ושותה מהם, ומשמע לכאורה דאפילו הכלב יכול לשתות, כל זמן שאין הפרה יכול לשתות, פסולים לנט"י, וצ"ע).

אע"פ שכשרים למי מקוה לטבילה - וה"ה לטבילת ידים, דלא עדיף מטבילה.

(הנה הרבה פוסקים כתבו, דגם בזה הוי כמו בחמי טבריה, דאם אפסקינהו לגומא שאין מחזקת ארבעים סאה, גם לטבול בתוכן פסולין לכו"ע, דהא גם שם הטעם משום דאינם ראויים לשתיית כלב, וכנ"ל, מיהו אם מחוברין להמים שבמעין, או למקוה שיש בה מ' סאה, יש לסמוך להקל בזה כדעת רבינו יונה הנ"ל, דלרי"ף ורמב"ם משמע דמותר בזה בכל גווני, וכן היקל בא"ר), ‹דכיון שפסולן ניכר, לא גזרינן אטו כלי – שם›.

מי הים, אם הרתיחו אותן, חזרו להיות ראויין לשתיית כלב, וכשרין לנטילה, ולטבול בתוכו לעולם מותר, וכמו בכל מים מלוחין.

ואם הם עכורים מחמת טיט שנתערב בהם, אם הכלב יכול לשתות מהם - דהיינו שאין עב כ"כ, **כשרים בין לנטילת ידים בין למקוה** - ומחמת שינוי מראה אין לפסול, דדרך המים כן הוא, **ואם אינו יכול לשתות מהם, פסולים לשניהם.**

סעיף י - נוטלים לידים בכל דבר שתחלתו מן המים - ר"ל שתחלת בריתו מן המים.

כגון יבחושים (פי' תולעים) אדומים - שנתהוו מן המים, ואין בזה משום שינוי מראה, שעיקר תחלת גידולו כך היה, [**ומטעם** זה אין אנו חוששין ג"כ, במה שאינו ראוי זה לשתיית בהמה, דזהו דוקא אם נתקלקלו המים מטבען עד שאינו ראוי לבהמה, משא"כ בזה].

או שומן דג. ונראה דוקא אם ריסקן, דלא עדיף משלג וכו' - והמ"א כתב, דבזה חמיר משלג, דאף לטבול הידים בתוכן יש להחמיר אם לא ריסקן, אף דבשלג מותר בטבילה בתוכן בשעת הדחק.

סעיף יא - מים שיש לו ספק אם נעשה בהם מלאכה או לאו - היינו בין שנסתפק אחר הנטילה, או אפי' קודם נטילה, מותר לו ליטול ידיו בהם, אם אין לו מים אחרים, (**ומשמע בפמ"ג**, דיוכל לברך עליהם ג"כ, אחרי שהרשוהו חז"ל ליטול באותם מים), [**דביש** מים אחרים, בודאי יש להחמיר לכתחילה, ולא גרע ממאי דקימ"ל בעלמא, דיש להחמיר בדבר שיש לו מתירין כשהוא ספק, אפי' במילתא דרבנן, משום שהוא יכול לעשות בהיתר, וה"נ כן הוא].

או שיש לו ספק אם יש בהם כשיעור אם לאו - ובזה דוקא אם נסתפק לאחר שנטל ידיו, **אבל** מקודם לא, דמה שאינו יודע לברר אם יש בו כשיעור, אינו חשוב ספק. **וספק** במחלוקת הפוסקים הרי הוא כשאר ספק, דכיון שלא הכריעו בה, הרי הוא ספק במלתא דרבנן, ונקטינן להקל.

או אם הם טמאים או טהורים - פי' מים פסולים או כשרים, דלנטילה לחולין אין המים נפסלין מחמת טומאתן, כדלעיל בסימן קנ"ט סי"א, [**וברישא** הזכיר המחבר מלאכה, והכא משאר פסולים].

או ספק אם נטל ידיו או לאו, טהור - והטעם, דנטילה דרבנן הוא, ולא החמירו בספיקא, **ואפילו** היו כל הספיקות יחד, כשרין.

(וכל ספק טהרה בידים, טהור) - כגון אם היה הכלי שלם או לא, וכה"ג איזה ספק.

ויש מי שאומר, שעם כל זאת, אם יש לו מים אחרים, יטול ידיו ויוציא עצמו מן הספק - על כל הסעיף קאי, והטעם, כיון שאפשר לצאת בקל מידי ספיקא, (וא"צ לברך), **ובב"י** משמע, דנכון להדר אחר מים אחרים, דאם אינו מקיים נט"י כראוי, קשה לעניות, [**ובא"ר** חולק ע"ז].

ואם יודע שנטל כהלכה, ואח"כ נולד בהן ספק, כגון שנסתפק בהן אם הסיח דעתו אם לאו, או שיודע

(ביאור הלכה) [שער הציון] ‹הוספה›

הלכות נטילת ידים
סימן קס – איזו מים כשרים ואיזו פסולים לנטילה

שלא הסיח דעתו, רק שהושיט ידיו סמוך למקום הטינופת, וספק אם נגע בהם ספק לא נגע, **א"צ** לחזור וליטלן אפילו לצאת ידי ספק, מפני שמעמידין אותן בחזקתן, [**וגם** לעניות אין קשה בזה].

הגה: מי שלא נטל ידיו, ונגע במים, לא נפסלו אותן מים לנטילה, ולא מיקרי מים טמאים - וכמו בס"ב בנחתום, ואע"ג דבנטל ידו אחת ושפשפה בחברתה נטמאו המים שעל ידו, כדלקמן בסימן קס"ב ס"ד, מים שבכלי לא נטמאו בנגיעתו בהם, **ולכן** היוצא מבהכ"ס ובא ליטול ידיו, יכול לשאוב בחפניו מן הדלי ולשפוך המים לחוץ, והמים הנותרים בדלי לא נטמאו בנגיעתו בהם, וכשרים לנט"י לסעודה, **ואם** שכשך ידיו בדלי גופא לטהרן עי"ז, הרי נעשה מלאכה בכל המים שבדלי, ופסולים לנטילה, **ואפילו** לא היו ידיו מלוכלכות ממש, מ"מ כיון שיש לו צורך לנקותן במים, משום שנגעו במקום הטינופת, נעשו המים כשופכין.

אבל אסור לרחוץ ידיו ממים שנטל בהם חבירו כבר - משום שכבר נטמאו המים, **ועוד** שנעשה בהם מלאכה, ולכן אפילו אם נטל מרביעית בבת אחת, גם כן אסור.

סעיף יב - השלג, והברד, והכפור - גשמים שנקפו בירידתן, והוא כעין ברד, **והגליד (פי' המים הנקפים מרוב הקור), והמלח** - לאו בכל גווני מותר במלח, דלנטילה בכלי על ידיו, הלא פסל המחבר לעיל בסעיף ט' אף במים מלוחים, **ורק** בטבילה בתוכן מותר כשיש בהן כשיעור מקוה, ומשום דגם לטבילת הגוף כשרין, **ומפני** דכל אלו שנוים יחד לענין מקוה, כללן גם כאן, אף דאינם שוים בדינם לגמרי.

אם ריסקן עד שנעשו מים, נוטלין מהם וטובלין בהם, אם יש בהם כשיעור - אבל בלא רסקן אין נוטלין בהן בכלי, **אבל** לטבול הידים בתוכן, אם יש בהן כשיעור מקוה, מותר בשעת הדחק כשאין לו מים, אף בלא רסקן, **ואפילו** אם אין השלג מכונס הרבה בבת אחת, אלא מונח על פני הארץ ונמוח הרבה, כל שיש מ' סאה מחובר יחד, טובלין בו, **ומ"מ** נראה דצריך שיהיה עכ"פ כדי לכסות ידיו במקום שתוחבן. **(עיין ביו"ד סי' ר"א ס"ל).**

יש מי שאומר שאין נטילת מים ראשונים, אלא במים בלבד - לא קאי אריש הסעיף, דהני הוי בכלל מים, **אלא** לאפוקי מי פירות בלבד קאתי, דאינם חשובים מים, וכ"ש יין דלא, **והטעם**, דנט"י סמכו על קרא: דוידיו לא שטף במים, ולכן צריך מים דוקא.

וי"א שהיין כשר לנטילת ידים, בין נתן לתוכו מים, בין לא נתן לתוכו מים - וכ"ש שאר מי פירות ושארי משקין, דס"ל דלא הצריכו דוקא מים לנטילה, **ומשום** ביזוי אוכלין אין בזה, כיון שצריך לזה, ואינו בדרך איבוד.

אלא שאסור לעשות כן לכתחלה, כדי שלא יהא כמזלזל בדבר חשוב שנשתנה לעילוי (פי' לשבח) עד שקובע ברכה לעצמו - "בורא פה"ג", היינו בין נתן לתוכו מים בין לא נתן, דבכולם מקרי יין חשוב, וקובע ברכה לעצמו, **אבל** בשארי משקין ומי פירות, דלא נתעלו בברכה בפני עצמן, נוטלין אף לכתחלה לדעה זו.

(ודע, דלשיטת הפוסקים המבוארים בסימן קע"א, אסור אף בשאר משקים משום הפסד אוכלין, וצ"ע).

(וי"א דוקא יין לבן, אבל אדום לא) - דנשתנו ממראה מים, **ויש** אומרים הראשון ס"ל, דאינו חשוב שינוי מראה, כיון דעומדים במראיתן שהיו מתחלה, **ואם** היה לבן ועשה אותן אדום ע"י צבע, כמו שעושין כמה פעמים ביינות שלנו, משמע דלכו"ע פסולין.

ויש מי שאומר שכל מי פירות ראוים לנט"י בשעת הדחק - היא דעה שלישית, דמחלקת בין יין למי פירות, דביין פסול מדינא אף בדיעבד, כדעה ראשונה, אבל במי פירות נוטלין בשעת הדחק, [דאל"ה לא מקרי צורך אדם כ"כ להפסיד אוכלין], **דס"ל** דכל מי פירות קרוי מים חוץ מיין, **ולדינא** יש להורות כדעה זו, להחמיר ביין, ולהקל במי פירות בשעת הדחק, [דהיא מכרעת בין שתי השיטות הקודמין, **ומ"מ** לענין ברכה נראה דלא יברך על נטילה זו, ולכשיזדמן לו מים אח"כ, נכון ליטול שנית, וכמו בכל ספק נטילה].

הלכות נטילת ידים
סימן קס – איזו מים כשרים ואיזו פסולים לנטילה

(וכ"ש דמותר ליטול ידים בשעת הדחק בשכר או במי דבש המבושלין, דעיקרן מים) - ומשום שינוי מראה לא נפסלו, דס"ל דהיכא דאשתני לעילוי, לא חשיב שינוי, **ועיין** בביאור הגר"א, דמשמע דלא ס"ל סברא זו.

סעיף יג- צריך שיהא במים רביעית - שכן תקנו חכמים לנט"י, ושופכה בשני פעמים על ידיו, דבפעם ראשון מטהר הידים, ובשניה מטהר המים שעליהם כדלקמיה, **ואם** שפך הרביעית כולה בבת אחת על שתי ידיו, ג"כ נטהרו ידיו, אף שלא שפך אלא פעם א', וכמבואר בסי' קס"ב, [**אבל** לכתחילה טוב יותר לשפוך בשני פעמים, משום די"א דלעולם צריך מים שניים דוקא], **וכ"ז** במקום שאין מים מצוים, אבל במקום שמים מצוים, טוב שיטול בשפע, וכדלעיל בסימן קנ"ח ס"י.

והני מילי לאחד - בין שנוטל על שתי ידיו בבת אחת, כגון ע"י אחר שיטול עליהן, ובין שנוטל ידיו אחת אחת, לעולם סגי ברביעית אחת בשתי ידיו, **מיהו** אפילו אינו רוצה ליטול רק יד אחת, כגון דהיה ידו אחת טהורה מכבר, ג"כ אין לפחות משיעור רביעית, **ונראה** משום שבכלי צריך רביעית לעולם, דבפחות אין שיעור טהרה, אבל על יד אחת אין צריך לשפוך אותה כולה, **ולקמן** בסי' קס"ב העתקתי דברי האחרונים, שכתבו דיש לנהוג שלא לפחות משיעור רביעית מים לכל יד ויד, דבזה לא יצטרך ליזהר בהרבה דברים הצריכים ליזהר.

אבל לב' שבאו ליטול כאחד, האחרון א"צ - ודוקא כשיגיעו המים על ידיו סביב כל שיעור הנטילה שבידיו.

כתבו האחרונים, דהיינו שמתחלה כוונו ליטול ביחד, ולכן אף אם פשט השני ידו אחר שכבר התחיל הראשון ליצוק על עצמו, עולה הנטילה גם לו, דהוי כנוטל שניהם יחד, דאין מתטמאין זה מזה, **אבל** אם לא כוונו מתחלה, ויצק הראשון רק לעצמו, ואח"כ פשט השני ידיו, אפילו קודם שנפסק הקילוח, הוי כמו נוטל במי רחיצת חבירו, ולא עלתה לו נטילה, וצריך לנגב ידיו, ולחזור וליטול.

ואפילו בזה אחר זה - ר"ל לא מבעיא כשפשטו ידיהם בבת אחת זה תחת זה דמהני הנטילה לשניהם, **אלא** אפילו אם פשט השני ידיו אח"כ כשכבר התחיל ליצוק על הראשון, עלתה לו נטילה, כיון שמתחלה כוונו לזה ליטול יחד וכנ"ל.

ובלבד שלא יפסיק הקילוח - דעי"ז חשבינן כאילו נטל גם השני מרביעית שלמה, ומפני שבאים המים משיורי טהרה, הקילו זה לחשוב כנוטל מרביעית ע"י חיבור הניצוק.

כיצד, היה רביעית מים בכלי, ופשט אחד ידיו ואחר יוצק על ידיו, ובא שני ופשט ידיו למטה ממנו סמוך ליד הראשון - דאז חשבינן כיד אחת, אבל במרוחקים הוי כמו נוטל במי רחיצת חבירו, **וקילוח יורד על ידו של ראשון ולידו של שני שלמטה ממנו, ידי שניהם טהורות, אף על פי שפיחת שיעור הרביעית כשהם מגיעים לידיו של שני, ידיו טהורות מפני שהם באים משיורי טהרה.**

ויש מתירים אפי' כשנוטלים זה אחר זה - ר"ל שנוטלין לגמרי בפני עצמן כל אחד ואחד, ולדעה זו ג"כ דוקא כשבאו ליטול בבת אחת, אלא דהשני המתין עד שיטול הראשון, **אבל** כשבא השני אחר זמן, לא מהני לפחות משיעור רביעית עי"ז.

הואיל ובשעה שהתחיל האחד ליטול מהם היה בהם רביעית, גם לשני זה עולים, מפני שבאו משיורי טהרה - אך לדעה זו צריך הראשון לשפוך על ידיו שתי פעמים, ולצמצם בנטילתו, כדי שישאר גם לשני שיעור כדי שיוכל ליטול את ידיו, משא"כ לדעה ראשונה, צריך שישפוך הראשון כל הרביעית מים על ידיו.

ובשעת הדחק יש לסמוך להקל כדעה זו, דהוא דעת הרבה פוסקים.

(**ודע** דיש מחמירין לגמרי, וס"ל דלעולם צריך רביעית מים לכל אחד, ולא מהני המעלה דשיורי טהרה, **אלא** לענין שאין צריך שיהיה בכלי רביעית שלמה כשבא השני ליטול ידיו, **דאף** דבעלמא אינו מטהר במכונס פחות משיעור רביעית, אבל כאן שמתחלה היה רביעית בכלי, ובאו ליטול בבת אחת, חשיב כאילו נטלו שניהם

תמג הלכות נטילת ידים
סימן קס – איזו מים כשרים ואיזו פסולים לנטילה

משיעור רביעית, **אבל** צריך ליטול עוד מים שניים בשביל שניהם, להשלים עד שיעור רביעית לכל אחד, **ורש"ל** פסק כן להלכה, וכן משמע בא"ר דיש להחמיר בזה כמותם, וכן משמע בביאור הגר"א, **ומ"מ** בשעת הדחק בודאי יש לסמוך להקל כדעת היש מתירין).

ועל דרך זה נוטלים מחצי לוג, לג' ולד', ומלוג לכמה בני אדם - ר"ל שמותר ליטול זה אחר זה אפילו בכמה אנשים, ומטעם הנ"ל, [**ונראה** שדברי השו"ע מתפרש גם לדעה קמייתא, ובאופן שלא נפסק הקילוח, **ומש"כ** "וה"ה שיכולים וכו' או זה על גב זה", ר"ל שמניחים לכתחילה כולם ידיהם בעת תחילת הנטילה, משא"כ מעיקרא מיירי, שבעת היציקה פשט השני ידיו למטה מן הראשון, וכן כולם].

וא"ת כיון דברביעית סגי לשנים, א"כ רביעית ומחצה סגי לשלשה, **י"ל** שחשו חכמים כיון דנפישי גברי, לא ידקדקו יפה ליטול עד הפרק, שכל אחד יצמצם המים שישאר לחבירו, לכן אסורים ברביעית ומחצה, [**והא** דלארבעה די חצי לוג, וכן לוג לכמה בני אדם, ולא חיישינן לזה, י"ל דבשיעור גדול תו לא חיישי הראשונים כלל בעד האחרונים], **ובדיעבד** אם נטל האחד מחצי רביעית, יוכלו ליטול שני האחרונים מרביעית הנשאר.

כל זמן שמספיקים המים לשפוך כל אחד על ידיו ג' פעמים - בטור כתב שני פעמים, דעיקר הנטילה משום טהרה הוא שני פעמים, **ורק** אם יש עליהם לכלוך החוצץ, צריך ליטול פעם אחת מקודם להעביר הלכלוך, כדלקמן בסימן קס"ב.

(וכ"כ) שיכולים להניח ד' וה' ידיהם זה בצד זה - ואין מטמאין זה מזה בנגיעתן, דכולם כיד אחת חשיבי, ודי בזה ג"כ ברביעית לשנים, ובחצי לוג לג' וד', ובאופן השפיכה, דהולך השמש ויוצק מים על כולם, **ומסתברא** דדעה הראשונה מקלת ג"כ בזה.

או זה על גב זה, וליטול כאחד - ולא אמרינן דנטמאו המים מידו של ראשון, דכולם כיד אחת חשיבי וכנ"ל.

ובלבד שירפו ידיהם בענין שיגיעו המים לכל אחד - היינו שלא ידחקו זה על זה.

סעיף יד - צריך שיהא רביעית מכונס במקום א', שאם נטל משמינית וחזר ונטל משמינית, ידיו טמאות כשהיו - ואפילו נטל שני השמינית על ידיו בקילוח אחד, לא מהני, דבעינן שיהיה הרביעית מכונס במקום אחד דוקא.

סעיף טו - רביעית שאמרו, בין לידיו של גדול בין לידיו של קטן - פי' של אדם קטן.

נטלו ב' בני אדם, זה ידו א' וזה ידו א', ואח"כ חזר השני ונטל ידו השניה - דראשון קאי, (ושני קרי, על שם האיש שנטל לפניו, שהוא עתה שני לו, **אבל** אם השני נטל גם ידו השניה תיכף אחר שנטל ידו הראשונה, בודאי מהני ליה הנטילה, דהא קי"ל מי רביעית נוטלין אפילו לשנים, משום דאתו משיורי טהרה, ומה מפסידו במה שהראשון נטל רק ידו אחת, כנ"ל פשוט), **הרי אלו כג' בני אדם, ולפיכך אם היה בכלי חצי לוג, ידיו טהורות, ואם לאו, אין ידו השניה טהורה** - עד שיטיל עליה מרביעית מים.

שאין נוטלין בפחות מחצי לוג יותר משני בני אדם - דהא דמקילינן מרביעית אחת לשני בני אדם, היינו דוקא כשנטל הראשון ב' ידיו זו אחר זו, וכן השני אחריו, [היינו ע"י חיבור הניצוק, או להיש מתירין בכל גווני וכנ"ל], **אבל** כאן שלא נטל מתחלה רק יד אחת, ונטל השני גם כן אחריו, חשוב בזה כאילו כבר נטלו שני אנשים, ולכן כשחוזר הראשון ליטול ידו השניה, חשוב כאדם שלישי דעלמא, וממילא אין די ברביעית.

§ סימן קסא – דיני חציצה בנטילה §

סעיף א - אקדים לזה הקדמה קצרה, והוא, דלענין טבילת הגוף קי"ל, דצריך ליזהר שלא יהיה חציצה, והיינו שלא יהיה שום דבר מודבק על הגוף בעת הטבילה, דעי"ז לא יהיה אותו המקום ראוי לביאת מים, ואם היה חציצה, לא עלתה לה טבילה, **ואף** דמן התורה לא הוי חציצה אלא א"כ היה החציצה על רוב בשר הגוף,

הלכות נטילת ידים
סימן קסא – דיני חציצה בנטילה

מדרבנן אסור אפילו אם היה החציצה על מיעוט הגוף, גזירה אטו רובו, **אך** לא אסרו חכמים אא"כ כשדרך בני אדם להקפיד עליו שישאר כך, אף שעתה בעת הטבילה אין מקפיד ע"ז, אבל דבר שאין דרך להקפיד אינו חוצץ, **אא"כ** היה מכוסה רוב הגוף, דאז אסור מדרבנן, אפילו כשמודבק עליו דבר שאין דרך להקפיד עליו.

ולענין נט"י ג"כ אף שהוא מדרבנן, כל דתקון רבנן כעין דאורייתא תקון, וע"כ אם יש חציצה על רוב היד, דהיינו על רוב מקום הנטילה, אסור, אפילו אם אין דרך בני אדם להקפיד עליו, [**ולפי"ז** לרוב הפוסקים שסוברין דדי עד מקום שכלה האצבעות, ברוב מן האצבעות סגי], **ואם** היה רק על מיעוט היד, אינו אסור אא"כ הדרך להקפיד ע"ז.

צריך ליזהר מחציצה, שכל דבר שחוצץ בטבילה חוצץ בנטילה - היינו שיסיר מהידים קודם הנטילה כל דבר שדרך בני אדם להקפיד עליו להסירו, **ואם** נטל ידיו ואח"כ נמצא עליו דבר חוצץ, בין על מיעוט היד בין על רוב היד, תלינן להקל שנתהוה אח"כ, **אך** לכתחלה ראוי שיעיין קודם נטילה אם אין עליו דבר חוצץ.

כגון: צואה שתחת הצפורן שלא כנגד הבשר - כגון אם הצפורן גדול ועודף על בשר האצבע, והצואה שיש שם תחת עודף זה, דרך רוב בני אדם להקפיד לנקותם משום מאוס, משום הכי חוצץ, וצריך להסיר אותה הזוהמא קודם הנטילה, **וכתב** הא"ר בשם ס"ח, דנכון מטעם זה שלא יגדל אדם את צפרניו.

והיינו בזוהמת הצפרנים שדרך להקבץ שם, אבל צואה ממש, אפילו כנגד הבשר מסתברא שלא חשיב נטילה, אם מצאו שנשאר שם, [דבודאי דרך בני אדם להקפיד ע"ז יותר מבצק, **ועוד** דכל עיקר נטילה תקנו משום דידים עסקניות הן ונוגעות במקום הטנופת, ומאי מהני שנטל ידיו, הא נוגע בהם בכל שעה].

ובצק שתחת הצפורן אפילו כנגד הבשר - דדרך בני אדם להקפיד אפילו נגד הבשר.

ועיין ביו"ד, דקחשיב שם עוד כמה דברים שחוצצים, אלא דפה חשב דברים המצויים.

(**וה"ה אם נמצא גילדי צואה, היינו מלמולי זיעה שנתיבש, בשאר מקומות שעל היד, וכן בצק, אם לא שנמצא מעט מן המעט, שאין דרך בני אדם להקפיד ע"ז, דאז גם תחת הצפורן אינו חוצץ, בין בצואה ובין בבצק**).

ורטיה שעל בשרו - הוא מה שנותנין חלב או דונג או שאר דבר משיחה על סמרטוט להניח על הכאב.

ואף דמבואר לקמן בסי' קס"ב ס"י, דאין צריך ליטול כלל על מקום הרטיה, ומטעם דכיון שאינו יכול ליטול באותו מקום, הוי כמו שנקטעה אצבעו, דא"צ ליטול רק שאר מקום היד, **התם** הלא מיירי ביש לו מכה, ולכך לא חיישינן שיסיר מקום הרטיה ויגע בבשרו להאוכלין, דכאיב ליה, **אבל** הכא מיירי שאין לו מכה, רק מיחוש בעלמא במקום הנטילה, ואין לו צער בנטילתו, ויוכל להסיר הרטיה מתי שירצה, א"כ יש לחוש שיסיר הרטיה בתוך הסעודה ויגע בבשרו להאוכלין, ולכך צריך להסיר הרטיה וליטול ידיו, דאם יטול כשהרטיה על ידו, יהיה חציצה.

וטיט היון - פי' טיט הבורות, דהוי כמו טיט היוצרים,

וטיט היוצרים - שהם נדבקים מאד, ומונעים המים מלבוא תחתיהם, אפילו כשהם לחים, **וה"ה** שאר מיני טיט כשהוא יבש ונדבק בבשר, חוצצין בכ"ז, בין ע"ג היד, בין תחת הצפורן אפילו כנגד הבשר, **אם** לא שהיה דבר מועט כ"כ שאין דרך בני אדם להקפיד ע"ז, דאז אין חוצצין בכל מקום שימצאו, וה"ה בצואה ובצק כה"ג.

אך היכא שמלאכתו בטיט, כגון העושה לבנים, או קדרן וכדומה, בודאי אינו חוצץ בכל מקום שימצאו, כיון שאומנתו בכך ואינו מקפיד בזה, וכדלקמיה בס"ב, **אם** לא שהיה רוב מקום הנטילה מכוסה בזה.

אבל במיעוטו שאינו מקפיד, אין לחוש - דין זה קאי על ריש הסעיף, בעצם דין חציצה, דאם נמצא שום דבר חוצץ על מיעוט היד ואין מקפיד, אין לחוש, **ודעת** הטור, דאף באלו שזכר המחבר מקודם, דהוא מדברים שדרכן של רוב בני אדם להקפיד, מ"מ אם הוא אינו מקפיד, אינו חוצץ, **אבל** דעת המ"א ושארי אחרונים, דבכל אלו שזכר המחבר, לא אזלינן בתריה, כי אם בתר רוב בני אדם.

ואם רוב היד מכוסה, דהיינו רוב מקום הנטילה, אע"פ שאין מקפיד חוצץ.

הלכות נטילת ידים
סימן קסא – דיני חציצה בנטילה

הגה: ומשו"ה לא נהגו לנקר הטיט שתחת הצפרנים לנטילה, משום דהוי כמיעוט שאין מקפיד, כי אין מקפידים על זה לנטילה - המ"א פירש, דקאי רק על שכנגד הבשר, ואפילו טיט היון והיוצרים, משום דבאלו מדינות אין מקפידין ע"ז, והוי כמיעוטו שאין מקפיד, **אבל** שלא כנגד הבשר, בודאי רוב בני אדם מקפידים, אפילו בצואה, וחוצץ אף שהוא אינו מקפיד, וכדבריו העתיקו הח"א והדה"ח, **ויש** שמקילין בצואה וסתם טיט.

אבל אם היה מקפיד הוא, צריך לנקרן, וכן עיקר - משמע אע"פ שהרוב אינן מקפידין, כיון דהוא מקפיד, אזלינן בתריה וחוצץ, **ומ"מ** נראה, דהיינו דוקא בטיט היוצרים או בטיט יבש, אבל בטיט לח או בעפר שתחת הצפורן כנגד הבשר, שאינו נדבק כ"כ, אין להחמיר, **ובפרט** אם כל היום אין דרכו להקפיד, רק כשמגיע לנטילה.

(**ובשבת** ג"כ מותר לגרר הטיט שתחת הצפורן בצפרנו, רק שלא יגרור את הצפורן).

ואפשר שנהגו להקל בחציצה לענין נטילה, כי יש אומרים שאין שייך חציצה לנטילה; אבל העיקר כסברא הראשונה.

סעיף ב - כל דבר שאינו מקפיד עליו, אינו חוצץ - היינו אם הוא במיעוטו דוקא, אע"ג דכבר זכר זה המחבר בסוף סעיף הקודם, כפלו כאן, משום דכל הסעיף זה הוא דברי הרשב"א ממש, כמובא בב"י, ורצה להעתיקו בלשונו.

היה דרכו של זה להקפיד וזה אין דרכו להקפיד, למי שדרכו להקפיד, חוצץ; למי שאין דרכו להקפיד, אינו חוצץ.

כיצד, היה אחד צבע והיו ידיו צבועות - ר"ל מקצת ממקום הנטילה, דאילו היה רובו, הא קי"ל דאפילו אינו מקפיד חוצץ, **אין הצבע חוצץ על ידיו, אע"פ שיש על ידיו ממשות של צבעונים** - וכן אם הוא טבח, ויש דם על ידיו, אינו חוצץ, וכן אם היה מוכר שומן, ויש שומן על ידיו, אינו חוצץ, **ואם** היה טבח ומוכר שומן, ויש דם ושומן על ידיו, ג"כ מצדד המ"א להקל דאינו חוצץ.

ומי שכותב תדיר, אפילו יש ממשות של דיו יבש על אצבעותיו, אינו חוצץ, דהרי אין דרכו להקפיד ע"ז.

לא היה צבע, אם היו ידיו צבועות, ויש ממש הצבע על ידיו, הרי זה חוצץ, שהדיו היבש חוצץ, והלח אינו חוצץ - ור"ל כמו התם גבי דיו, שהלח אינו חוצץ, מטעם שנמחה במים, ומי הנטילה מגיעין לגופו, ה"ה לצבעים שהם כמו דיו, דוקא שממשו עליו, **הא** אם אין בו ממש, רק חזותא של צבע בעלמא, אין שייך חציצה, וה"ה שחרורית שאין בה ממש, אינה חוצצת.

וכן הנשים שדרכן לצבוע ידיהם לנוי וכיוצא בזה, אין אותו צבע חוצץ - אפילו כל ידיהן צבועות נמי, כיון שמתכוונות לעשות כן, ורוצות בזה, הרי הוא כגופן ממש, ולא חייצי, (**ולפי"ז** אינו מדוקדק קצת לשון השו"ע, במה שכתב "וכן הנשים" וכו', הא לענין נשים עדיפא, דאפילו צבוע כל היד אין שייך חציצה).

גלדי מכה שעל ידיו - היינו ריר היוצא מן המכה, ומתיבש ונעשה גליד, **ויש** מפרשים דהוא שחין שנתרפא, ועלה עור למעלה, ויש עליו גלד, **אם אינו מקפיד עליו** - להסירו מעל ידיו, מפני שהוא מצטער בנטילתו, **אינן חוצצין.**

סעיף ג - צריך להסיר הטבעת מעל ידו בשעת נט"י - משום חציצה, **ואפילו הוא רפוי** - ר"ל אף שהמים באים להאצבע, מ"מ יש להסיר, משום שאין אנו בקיאין איזה מקרי רפוי, וכדלקמיה, **ובדיעבד** עלתה לו נטילה ברפוי, והוא ששפך עליה רביעית בבת אחת, כמ"ש לקמן בסימן קס"ב ס"ט.

ואפילו אינו מקפיד עליו בשעת נטילה, הואיל ומקפיד עליו בשעה שעושה מלאכה, שלא יטנפו - ומסקי האחרונים, דדוקא אשה שדרכה להקפיד להסיר הטבעת בשעת מלאכה, היינו בשעת לישה, **אבל** איש שאין דרכו להקפיד להסירו בשעת מלאכה, כי אין דרכו ללוש, אין צריך להסיר אותו בשעת נטילה, אפילו

אם אינו רפוי, **רק** אם יש בו אבן טוב, שגם איש דרכו להקפיד להסיר בשעת נטילה, שלא יתלכלך מהמים, אז יש לחוש להסירו משום חציצה.

ונהגו קצת להקל אם הוא רפוי, אבל יש להחמיר, כי אין אנו בקיאים איזה מיקרי רפוי.

סעיף ד - שיעור נט"י, כל היד עד הקנה של זרוע - ר"ל עד סוף פיסת היד, שהוא מקום חיבור היד והקנה, **וי"א עד מקום חיבור האצבעות לכף היד; וראוי לנהוג כדעת הראשון** - ר"ל אף דמדינא מי שירצה להקל כדעה שניה אין מוחין בידו, דכל ספק בנט"י לקולא, וכדלעיל בסימן ק"ס סעיף י"א, **מ"מ** לכתחלה ראוי להחמיר כדעה הראשונה, (משום דלאו מלתא דטריחא הוא, ונפק נפשיה מפלוגתא), וכן נוהגין העולם, **ובספר** עצי אלמוגים הוכיח, שהרבה גדולי ראשונים סוברים כן, ויש ליזהר מלהקל בזה, (ונ"ל **דחייב כל אדם לנהוג כן מדינא, ולא מטעם חומרא**).

ומשמע דבשעת הדחק שיש לו מים בצמצום, יוכל לסמוך על דעת המקילין, (**ואין מוחין בידו, דכמה ראשונים קיימי בשיטה זו**).

וכתבו האחרונים, דאם פיסת ידו מלוכלך מזיעה וכה"ג, לכו"ע צריך ליטול עד סוף פיסת היד.

(**ודע עוד, דכהיום שנוהגין העולם כדעה הראשונה ליטול כל היד, מה מאד טוב ליזהר שלא לצמצם בשיעור מים, אלא יטלנה בשפע, דאם יצמצם רק כשיעור רביעית, עלול מאד שישאר חלק מהיד בלי נטילה, וצריך להשגיח הרבה על זה**).

§ סימן קסב – הגבהה ושפשוף הידים בנטילה §

סעיף א - אקדים הקדמה קצרה, כדי שיתבארו אלו הסעיפים, והוא, הנה נתבאר בסי' קנ"ח, דטעם נט"י הוא משום דידים עסקניות הם, ולכן גזרו עליהן טומאה, אם לא שיטהרם ברביעית מים, וצריך ליטול שני פעמים על ידיו, דבשפיכה ראשונה מטהר ידיו, אבל המים עצמם טמאים הם, שנטמאו מידיו, ושפיכה שניה מטהרת אותם, ונגמר טהרת הידים, **אכן** אם נשפך הרביעית בבת אחת על שתי ידיו, או ששפך רביעית שלמה על כל יד ויד, דעת רוב הפוסקים דא"צ למים שניים, וכן סתם המחבר לקמיה בס"ד.

ואמרו בגמרא, דהנוטל צריך שיגביה ידיו, שלא יצאו מים חוץ לפרק ויחזרו ויטמאו הידים, ופירשו המפרשים, דהיינו דחיישינן שמא יצאו מעט ממים הראשונים הטמאים חוץ לפרק, דהוא למעלה ממקום הנטילה שהתקינו חכמים, ושם אף שבאו עליהם מים שניים אינן מטהרים אותם, דמים שניים אינן מטהרין אלא במקום הנטילה, אבל לא בחוץ למקומה, דטומאת ידים וטהרתם הוא עד הפרק דוקא, ולכן אם אין מגביה ידיו, יחזרו המים הטמאים ההם לתוך הפרק, ויטמאו הידים, **כך** פירשו רוב המפרשים, ולפירושם אף אם נטל כל היד עד מקום חיבורה עם קנה הזרוע, ג"כ צריך להגביה מחשש זה, שיצאו חוץ לשם ויחזרו אח"כ.

ויש חולקין [הרשב"א], וס"ל, דכשנוטל כל פיסת היד עד הקנה כמנהגנו, לא חיישינן שמא יצאו המים חוץ למקום הזה ויחזרו, [דמסתמא לא חיישינן שמא יזובו המים מעצמן, **ולשמא** ישפך מן הכלי חוץ לפיסת היד ג"כ לא חיישינן, דשם לא יטמאו המים מן הזרוע, דלא גזרו טומאה כי אם על הידים, ולא על הזרוע], **ועיקר** החשש הוא רק בשלא נטל כי אם עד קשרי אצבעותיו, דכן הוא השיעור להרבה פוסקים לעיל בסימן קס"א, דאז חיישינן שמא בעת הנטילה נשפך מעט מן הכלי לחוץ מקשרי אצבעותיו, דקשה לצמצם שם, וממילא נטמאו שם המים, ומים שניים לא הגיעו שם לטהרם, וכשלא יגביהם, ירדו המים הטמאים למטה על אצבעותיו ויטמאו אותם, [**דטומאת** הידים לטמא המים הוא כל היד עד הזרוע, דעד שם הוא השיעור לתרומה או לקידוש לכו"ע, אבל לדעה ראשונה, חוץ למקום קשרי האצבעות אין הידים יכולים לטמא להמים], **והמחבר** סמך עצמו על זה להקל כדלקמיה באותו הסעיף.

הנוטל צריך להגביה ידיו - תיכף אחר מים שניים עד הניגוב, דשמא יצאו מים ראשונים, קודם שניתן עליהם מים שניים, חוץ לפרק, והם טמאים מכבר, שקבלו טומאה ע"י הידים, ואחר מים שניים ירדו למטה ויטמאו את הידים, [**אבל** בעת נתינת מים שניים גופא, נראה שאין מחוייב להיות ידיו בהגבהה, דהלא אפי' אם

תמז הלכות נטילת ידים
סימן קסב – הגבהה ושפשוף הידים בנטילה

ירדו מים ראשונים מתחילה חוץ לפרק, ועתה יחזרו אל תוך הפרק, הלא יטהרום השניים, **וכ"ש** דלית לן למיחש שמא ירדו מים שניים למעלה מהראשונים, וא"כ כשהוא אוחז אותן בהשפלה, ירדו על האצבעות, דהלא למעלה ממקום האצבעות לרוב המפרשים אין המקום הזה מטמא].

וטוב ליזהר אפי' בעת הנתינה גופא, להיות ידיו בהגבהה, [דאפי' אם מגביה תיכף אחר נתינה, דלמא בעת הנתינה גופא, ירדו מים שמחוץ לפרק על המים שניים שמטילין תוך הפרק, כיון שהוא אוחז ידו בהשפלה], **ולדעת** הרשב"א המובא בב"י, צריך מדינא ליזהר בזה, [דאל"ה שמא יפלו מים שניים מהכלי למעלה מקשרי אצבעותיו יותר מהמים ראשונים, ויטמאו ע"י הכף, וירדו על האצבעות ויטמאום, **אבל** בעת נתינת מים ראשונים מותר להיות ידים בהשפלה, דלמאי ניחוש, הלא אפי' אם יפלו המים חוץ לקשרי האצבעות, וירדו תיכף למטה, הלא יטהרום השניים].

והנה א"א לקיים מצות הגבהת ידיו, אלא בששופך אחר על ידיו, דכששופך בעצמו, בע"כ ישפיל ידיו כשבא ליטול הכלי על ידו השני, וכמש"כ לקמיה בס"ד עי"ש, **ואם** אין לו אחר, יטול מרביעית על כל יד, דבנטל מרביעית בבת אחת א"צ להגביה ידיו וכדלקמיה, **ובשעת** הדחק שאין לו מים כ"כ, יעשה העצה המבוארת בהג"ה, דהיינו שישפיל ידיו לגמרי מתחלת הנטילה עד סופה.

ובדיעבד אם לא הגביה, משמע דאין מחויב ליטול שנית, אם לא שנראה שיצאו מים חוץ לפרק וחזרו.

(דהיינו ראשי אצבעותיו) למעלה - היינו לדעת הפוסקים לעיל בסימן קס"א, דסגי בנטילה עד קשרי האצבעות, **אבל** לדעת הפוסקים לעיל שם, דצריך נטילה כל היד, ממילא צריך להגביה ג"כ כל פיסת היד, **ויש** שפירשו גם כונת "ראשי אצבעותיו" כן הוא, שמגביה כולה, אלא דמפרש אופן ההגבהה, דהיינו שיהיו ראשי אצבעותיו למעלה, והכף והזרוע למטה.

שלא יצאו מים חוץ לפרק ויחזרו ויטמאו את הידים - ר"ל דשמא יצאו המים הראשונים הטמאים חוץ לפרק, וכשלא יגביהם, יחזרו המים למטה ויטמאו הידים וכנ"ל.

הגה: וכ"כ אם משפילן מתחילת הנטילה עד סופה דשפיר דמי - דכיון דהשפילן מתחלת הנטילה של מים ראשונים, הלא מעיקרא לא יצאו המים כלל חוץ לפרק, **ועד** סופה, היינו עד אחר נתינת מים שניים, **אבל** אח"כ שפיר דמי, אף להגביה קודם הניגוב, [דאף אם יצאו אח"כ חוץ לפרק, ואח"כ יחזרו עוד על האצבעות, הרי כבר נטהרו ע"י המים שניים].

רק שיזהר שלא יגביה תחילה ראשי אצבעותיו ואח"כ ישפילם, דאז יצאו המים חוץ לפרק ויחזרו ויטמאו הידים - ר"ל דמה דאיתא בגמרא דצריך להגביה ידיו, היינו אם היה מחזיקם בהגבהה בעת נתינת מים הראשונים, וה"ה אם היה מחזיקם בשוה, דחיישינן שיצאו חוץ לפרק, וע"כ מוכרח להחזיקם דוקא בגובה עד שעת הניגוב, כדי שלא יחזרו וירדו על האצבעות, **אבל** אם היה מחזיקם מתחלה בהשפלה, הרי לא יצאו כלל לחוץ.

וכמה אחרונים מפקפקין על עצה זו דהשפלה, מטעם דכשהם מושפלין למטה, אפשר שלא יגיעו המים כלל על ראשי האצבעות, וע"כ טוב להגביהם אפילו בעת נתינת מים ראשונים, **וכן** הביא המ"א שכן הוא ג"כ ע"פ קבלה, הגבהה דוקא, **וכן** בגמרא סמכו ע"ז מקרא: וינטלם וינשאם, משמע דכן ראוי לנהוג, (**ואפילו** הרוצה לסמוך על עצה זו דהשפלה, אין כדאי לסמוך רק בשנוטל כל היד עד הקנה, דאז לדעת הרשב"א בלא"ה אין צריך להגביה ידיו, אבל בלא"ה טוב לחוש לדעת הרשב"א, דלדידה לא מהני השפלה).

והנה כהיום נהגו העולם שאין מדקדקין בזה, והטעם, מפני שנוטלין רביעית על כל יד ויד, וגם שנוטלין עד סוף פיסת היד, [**דממ"נ** הלא לשיטת כמה ראשונים מהני רביעית לזה, ואפי' לדעת הרשב"א דלא מהני רביעית לזה, הלא לדידיה א"צ ליזהר כלל כשנוטל כל פיסת היד], **ומ"מ** נכון להשגיח שיבואו המים בראשי אצבעותיו ובכל הצדדין, ולא כהמון עם ששופכין רק על צדי ידיהם, ואינם משגיחין שיבואו המים גם על ראשי האצבעות וכל היד סביב.

והיינו כשאינו נוטל כל היד עד מקום חבור היד עם הזרוע, אבל אם נוטל עד שם, א"צ להגביה ידיו, (ויש חולקים בזה) - וס"ל דלעולם צריך להגביה ידיו, **ועיין** בא"ר שכתב, דהעיקר כהיש חולקים הזה, דהוא דעת רוב המפרשים, **ומ"מ**

בשעת הדחק כשא"א לו להגביה, יש לסמוך על דעה הראשונה שסתם המחבר כוותיה לקולא, **ובפרט** שאנו נוטלין ברביעית מים וכנ"ל.

וכן אם שפך על שתי ידיו רביעית בפעם אחת - ואיך יצוייר זה עיין לקמיה בס"ד, וכ"ש אם שפך רביעית על כל יד.

כיון דאין שם מים טמאים כלל, א"צ להגביה ידיו - דמה דאמרינן מים הראשונים טמאים, ומשו"ה צריך להגביה ידיו, היינו דוקא בפחות מרביעית בבת אחת, וכדלקמיה.

וכן המטביל ידיו, א"צ להגביה ידיו - ג"כ מטעם הנ"ל, דאין כאן מים טמאים.

(וי"א דאם שופך על ידיו ג"פ, א"צ ליזהר בכל זה, וכן נהגו להקל) – (הטעם, דס"ל כדעת הדעה שניה שהבאתי במ"ב לעיל, דעיקר טעם ההגבהה הוא, משום שמא לא הגיעו השניים עד מקום הראשונים לטהרם, ויחזרו אח"כ המים טמאים על אצבעותיו, ובשופך ג"פ לא חיישינן כולי האי, דאם לא הגיעו השניים הגיעו השלישים, **וכתב** הא"ר, דלפי"ז יש להחמיר להגביה אף בנוטל ג' פעמים, כיון דאנן לא קי"ל כדעה זו, וכנ"ל).

ויותר נכון לנהוג אם יש לו מים, שיטיל רביעית על כל יד ויד או יותר, שיבואו המים עליהם בשופי, וכנ"ל בסימן קנ"ח, וממילא לא יצטרך לדקדק בהגבהתם מדינא וכנ"ל, **וכן** מוכח מח"א, דעל עצה זו דג' פעמים מפקפקים כמה אחרונים, (ומ"מ נראה דהמיקל לא הפסיד, דיש לו על מי לסמוך).

סעיף ב - הנוטל ידיו, שופך עליהם קצת מהרביעית להסיר מהם הלכלוך וכל דבר שחוצץ - כמו טיט וכיו"ב דבר החוצץ בנטילה, דלכלוך שאינו חוצץ, אין צריך להסירו כלל קודם הנטילה, (וקמ"ל, דלא נימא דכשר אם יעביר החציצה במים ששופך לשם נטילה גופא, אלא צריך פעם שלישי להעביר החציצה מקודם דוקא).

דשיעור נט"י הוא לא פחות מרביעית מים לשתי ידיו, דשופך אותה על שתי ידיו כאחת, או בפני עצמו, מקצת על אחת ומקצת על השניה, וכמבואר לעיל בסימן ק"ס סעיף י"ג, **ואם** היו ידיו מלוכלכות קצת, ואין לו רק רביעית מצומצם, יש לו ליטול קצת ממנה מקודם להסיר הלכלוך החוצץ, **ומ"מ** לא חשבינן ע"ז לנפחת משיעור רביעית קודם נטילה, דגם זה לצורך טהרת ידים הוא בא.

(**אבל** מ"מ אינו מיושב בזה עדיין, דלכאורה נראה בפשיטות, דהעברת החציצה אינו אלא הכנה לנטילה, ולדינא הוא מלתא חדתא שלא נזכר זה בשארי ראשונים, ומהראב"ד משמע להדיא דאין לפחות משיעור רביעית מים בשתי פעמים בשום אופן, **וע"כ** מהנכון לכתחלה להחמיר בזה, וכשצריך לנקות ידיו ואין לו רק רביעית מים, יוכל לנקותם במים פסולים או בשאר מידי דמנקי).

(מדסתמו הפוסקים משמע, דאין צריך ניגוב בינתים, ולא מיבעיא לדעת השו"ע והלבוש, דזהו מכלל הנטילה גופא, בודאי אין מחוייב לנגב בינתים, **ואפילו** למה שכתבנו לעיל, דזהו רק הכנה לנטילה, ג"כ נראה דלא נטמאו המים ע"י זו הנטילה, דיצטרך בשביל זה לנגבם, **דהוא** דומה למה שכתוב בסימן ק"ס סוף סעיף י"א, דהנוגע במים קודם נטילה לא נפסלו המים).

ואח"כ שופך עליהם פעם שנית, וגם אלו המים הם טמאים - דכן איתא במס' ידים, דהנוטל ידיו צריך לשפוך שתי פעמים על ידיו, היינו אף כשהם נקיים בלא לכלוך, דמים הראשונים מטהרים הידים, אבל הם עצמם טמאים הם, שנטמאו בנגיעתם בידיו, והשניים מטהרים אותן, ונגמר טהרת הידים.

ומיהו כתב הב"י בשם כמה פוסקים, דהוא דוקא אם לא שפך הרביעית בבת אחת על שתי ידיו, אלא שפך ממנה על ידיו אחת אחת, מקצת ע"ז ומקצת ע"ז, או שנחסר מהרביעית להעברת הלכלוך וכנ"ל, אז צריך לשפוך שני פעמים, **אבל** כששפך הרביעית בבת אחת על שתי ידיו, וכ"ש על כל אחת רביעית, אין צריך למים שניים לטהרם, דאין כאן מים טמאים וכדלקמיה.

ואח"כ שופך עליהם פעם שלישית לטהר המים שעל גבי הידים - והם נקראים שניים בעצם הנטילה, דפעם ראשון שחשב כאן אינם עצם הנטילה, אלא להעברת הלכלוך וכנ"ל, **ודע**, דהא דמתיר המחבר לכל הג' פעמים מרביעית אחת, הוא דוקא אם באו המים סביב כל היד בשיעור הנטילה עכ"פ בשתי

הפעמים, [**הא"ר** כתב, דפעם ראשון שרי אף לחצאין, **והפמ"ג** הניח בצ"ע, ומשמע דחש ליתן לפעם הראשון דין נטילה, **מ"מ** מסתבר דאין להחמיר בזה, דבאמת אין זה בכלל נטילה, רק הכנה לנטילה].

ואם אין בידים לכלוך ודבר החוצץ, שופך על שתי ידיו רביעית בבת אחת, וא"צ מים שניים - הטעם, דרביעית בבת אחת עשוהו כמקוה דמטהרת, וגם המים טהורים הם, ולכך א"צ למים שניים, **וכשהיה** על ידו לכלוך ודבר חוצץ, דאז צריך לשפוך קצת מהרביעית להסיר הלכלוך, ולא נשאר הרביעית שלמה, בע"כ צריך לשניים דוקא.

ודע, די"א [הראב"ד והרשב"א] דמן הדין צריך לעולם מים שניים, ואם אין לו רק רביעית, ישפוך ממנה בשתי פעמים, ואפילו אם נוטל רביעית בבת אחת, או על כל יד ויד רביעית בפני עצמו, צריך אח"כ ג"כ מים שניים, **וכתב** הח"א דיש לנהוג כן, ליטול רביעית על כל יד וגם שניים, **וכ"ז** הוא רק לכתחלה אם יש לו מים מזומנים, [**והנוהג** כן נראה דיש לו להתנות שיהיה בלא נדר], **אבל** לטרוח אחר זה נראה דא"צ, דרוב הפוסקים הקילו בזה, וכסתימת המחבר, דברביעית בבת אחת א"צ לשניים, וכן נראה דעת האחרונים.

הגה: וה"ה אם היו לו מים רבים - היינו אפילו אם היו לו רק מעט יותר מרביעית, בכדי שיהיה לו להסיר הלכלוך, וישאר הרביעית שלמה, **רוחץ תחילה מעט כדי להסיר הלכלוך, ואח"כ שופך רביעית כאחד, וא"ל מים שלישים.**

הנוטל ידיו, צריך לשפשפם זו בזו - היינו אפילו נטל רביעית על כל יד ויד, וכן במטביל ידיו, **ונראה** שהוא כדי להעביר הלכלוך היטב, והוא רק לכתחלה ולא לעיכובא.

סעיף ג - נטל מקצת ידו - שבפעם אחת לא הגיעו המים עד הפרק, שהוא שיעור הנטילה, ובא להשלים הנשאר מידו אח"כ, כשכבר ניגב קצת משפיכה הראשונה, ולא נשאר עליה מים טופח ע"מ להטפיח, **וחזר והוסיף ונטל הנשאר מידו** - אבל אם בהוספה הטיל מים על כל היד, שפיר דמי, **הרי ידו טמאה כמו שהיתה, דאין נטילה לחצאין** - ר"ל דאין דרך נטילה בכך, וצריך ליטול מחדש על כל היד כדין נטילה, [היינו או שישפך רביעית על כל יד, או שישפך מים ראשונים ושניים], **ואין** צריך לנגב מתחלה.

ואם עדיין יש על מקצת היד שנטל בתחילה טופח על מנת להטפיח, הרי זו טהורה - היינו שנשאר עליה מים כ"כ, שהנוגע בה ירטב ידו, עד שיוכל להטפיח למקום אחר, ע"כ אמרינן דלא כלתה עוד נטילה הראשונה, ומצטרפין יחד, דהוי כנטילה אחת.

יש מאחרונים שכתבו, דדוקא בדיעבד אין צריך לחזור וליטול, אבל לכתחלה צריך ליטול בבת אחת כל היד, **ולאו** דוקא בשפיכה אחת, אלא אפילו בשתי שפיכות, כל שלא שהה בינתים כלל, כשפיכה אחת דמי, [**ובאמת** כמעט א"א שבקילוח אחד יגיע המים לכל האצבעות והיד, במקום שצריך נטילה], **וע"כ** אם נוטל ממי האנדפא"ס, ע"י הצנור שקורין קרא"ן, או הענדי"ל שפיו צר, וצריך לפתחו ולסגרו בכל שפיכה ושפיכה, כדי שיבואו המים מכח גברא, מ"מ ע"י זמן קצר כזה לא מקרי הפסק, **ומ"מ** אם יש לו כלי אחר, טוב שלא יטול מכלי כזה.

בד"א במים ראשונים; אבל בשניים, נוטל מקצת ידיו וחוזר ומוסיף על מקצתן - ר"ל אף שנגב מקצת היד לגמרי, יוכל להוסיף על מקצת השני, דאלו המים אינם באים לעצם הנטילה של הידים, רק לטהר את המים הראשונים.

סעיף ד - שפך מים על ידו אחת ושפשפה בחברתה - מיירי כששפך רק מים ראשונים, מקצת מהרביעית על יד אחת, ושפשפה בשניה שאינה נטולה, משום שחישב שיעלה נטילה גם להשניה בשפשוף זה, **וה"ה** אם השפשוף היה להסיר הזעה והלכלוך ממנה, או סתם נגיעה בעלמא, **לא עלתה לו נטילה** - ליד שניה, **אפי' שפך באחרונה על שתי ידיו, לפי שהמים ששפך על ידו אחת נטמאו** - דמים הראשונים חשובים טמאים, דנטמאו בעת הנטילה בנגיעתם בידו, כנ"ל בס"ב, **וכששפשפה נטמאת חברתה** - וממילא גם היא עצמה נטמאת, וצריך לנגבה ג"כ, כיון שקבלו מימיה טומאה ע"י נגיעתם ביד השניה הטמאה, **ואין מים שניים מטהרים אלא המים**

שנטמאו מחמת היד עצמה, ולא הבאים מחמת היד האחרת - וגרע ע"י טומאה זו שקבלה עתה, יותר מאם לא היו ידיו נטולות כלל, דמים הטמאים שבאו על ידו, אף אם ישפוך עליהם כמה קבים לא יטהרו, עד שינגבם מקודם כדמפרש.

[**ובאמת** דין זה שייך גם בשנטל מים שניים, ג"כ נטמאה יד זה ע"י חברתה, ולענין אם צריך לנגבה, ע"ל במ"ב].

וממילא ה"ה כששפך מים ראשונים לשתי ידיו, כל אחד בפני עצמו, ושפשפם זה בזה, נטמאו זה מזה, ולא מהני מים שניים לטהרם, כדלקמיה בס"ו.

הלכך השופך מהכלי על ידו אחת ושפשף בחברתה, צריך לנגב ידיו ולחזור וליטלם כראוי - ר"ל הואיל דנטמאת חברתה, וממילא גם היא נטמאת וכנ"ל, ע"כ צריך לנגב את שתי ידיו מתחלה, ולחזור וליטלם כדין, ובלא ניגוב לא מהני, אף אם ישפוך עליהם כמה פעמים וכנ"ל.

לפיכך הנוטל ידיו, צריך שישפוך לו אחר עליהם - היינו על שתי ידיו כאחד, דאז חשובין שניהם כיד אחת, ואינם נטמאים ע"י מה שנוגעין זה בזה בעת הנטילה, וכדלקמיה בס"ה.

ור"ל הואיל שבארנו שצריך ליזהר שלא ליגע יד אחת בחברתה קודם גמר הנטילה, ומצוי להכשל בזה, **וע"כ** טוב יותר שיעשה אחד מהג' דברים, דהיינו או שישפוך אחר רביעית בבת אחת על ידיו, **או** שיעשה דבר זה ע"י עצמו כדלקמיה, **או** שישפוך על כל אחת רביעית בבת אחת, דאז נטהרו עי"ז ידיו לגמרי, ושוב אין נגיעתן זו בזו מקלקלין, ואדרבה מצוה לכתחלה לשפשפם זו בזו אח"כ.

ואם אין לו אחר, יאחוז הכלי בראשי אצבעותיו, וישפוך על שתי ידיו כאחד - ר"ל ועי"ז די ברביעית אחת, ושוב א"צ מים שניים לטהרם, **וכשיש** אחר, טוב יותר ממה שיטול בעצמו ע"י אחיזה בראשי אצבעותיו, דקשה ליזהר בזה שיבואו המים על ידיו ועל ראשי אצבעותיו גופא באופן זה.

או ישפוך על כל אחת רביעית - ר"ל שיאחוז הכלי כדרכו, וישפוך על כל יד ויד בפני עצמו רביעית בבת אחת, דאם ישפוך רביעית רק על יד אחת, תקבל טומאה ע"י נגיעתה בחברתה.

ואח"כ ישפשפם - על כל הנ"ל קאי, ור"ל דבאופנים אלו תו אין חשש קלקול ע"י השפשוף.

שהשופך רביעית כא' א"צ מים שניים לטהרם, שעשו רביעית בבת אחת כמו טבילה, שא"צ שטיפה ב' פעמים - ר"ל ועי"ז נגמרה כל טהרת הידים, ושוב אין חשש כלל ע"י נגיעתם אלו באלו.

אם נגע בהם אחר שלא נטל ידיו, בעודם לחות מן המים, צריך לנגבם ולחזור וליטול - ואף שכבר נטל ידיו גם במים שניים, או ברביעית בבת אחת, שכבר נטהרו ידיו לגמרי, כיון שנגע בהם אחר שלא נטל ידיו, צריך לנגב ולחזור וליטול כראוי, [פמ"ג, אף להמג"א דלקמיה, והמחה"ש סובר דלהמג"א אין צריך ניגוב], **שהרי זה טימאם ע"י המים שעליהם** - ר"ל שהמים נטמאו מנגיעתו, ומטמאין הידים.

לכך צריך ליזהר כששופך מים שלישית, שהם שניים לבד מהראשונים - שהראשונים באים רק להסיר הלכלוך, כנ"ל בס"ב, **שלא יגע יד בחברתה עד שישפוך גם זה על השניה** - שחברתה כשאין עליה רק מים ראשונים, הלא טמאים הם, ומטמאין את ידו הראשונה, **ובדיעבד** אם נגע, י"א שא"צ לנגבה, רק נותן אח"כ מים עליה פעם אחת, דכיון שכבר היו טהורים לגמרי, אע"פ שנטמאו מיד האחרת, מהני מים השניים לטהרם, [מג"א בשם הישי"ש], **וי"א** דגם בזה צריך לנגבה, כמו בנגע בהם אחר.

וכתב הח"א, דמ"מ אם כבר בירך ענט"י, ונזכר, יחזור ויטול ידיו ולא יברך, [דדין זה דרביעית לא מהני לאם נגע בהם אחר או ידו השניה, לא ברירא ליה].

או שישפוך מתחילה על שתיהן כאחד; ואם נטל כל יד מרביעית א"צ לכל זה - ר"ל כמו שכתב מקודם, דא"צ מים שניים, ומותר תיכף לשפשפם זה בזה, **אבל** מ"מ יש ליזהר שלא ליגע בהם אחר שלא נטל ידיו וכנ"ל.

כתבו האחרונים, אם נטל הכלי בידו הלחה, היינו ביד הימין ששפך עליה מתחלה פעם אחת בידו השמאלית, נטמא אזן הכלי מהמים שיש על ידו, דמים הראשונים טמאים הם, ואם חזר ואחזו בידו השמאלית

ליטול פעם שניה על הימין, נטמא ידו עי"ז, וצריך לנגבה, **והעצה** לזה, שיטיל רביעית בבת אחת על כל יד ויד, או שישפוך מים ראשונים ושניים על כל יד ויד בפני עצמו.

[**וראיתי** בפת"ש שכתב, שלכתחילה יזהר שיהא אוזן הכלי נגוב לגמרי, שאם הוא לח, א"כ כשנוטל ידו אחת, נטמא המים שעל הכלי, וכשיחזיר ויטול ויגע בה בהיד שכבר נטל, תטמא אותו היד, עכ"ל, **ומשמע** שבפעם ראשונה כשנטל הכלי בידו יזהר שיהא אוזן הכלי נגוב, **ובאמת** משמע מהאחרונים, דעי"ז לא נטמא המים, דהוי כמו שנגע במים שבכלי שלא בשעת נטילה, דלא נפסלו המים עי"ז, וה"נ הרי אותו היד לא נטל עדיין, **וזהו** שכתבנו בדיוק במ"ב, ששפך עליה מתחילה וכו', דזו כבר שעת נטילה היא, ויש עליה מים משפיכה ראשונה שהיתה פחות מרביעית].

סעיף ה - מתוך מה שכתבנו יתבאר לך, דהא דיד נטמאה בשפשוף חבירתה, דוקא בנוטל ידו אחת ואח"כ שפשפה בחברתה; אבל אם רצה ליטול בתחלה שתי ידיו כאחת, נוטל, דשתיהן נחשבות כיד אחת, ואינן מטמאות זו את זו - אבל בנטל רק אחת, ושפך ממנה על השניה, אף שלא נגע בה, ונתכוין מתחלה ליטול גם השניה, אפ"ה טמאה, וכנ"ל בסימן קנ"ט ס"ו.

ואפילו ד' או ה' שהניחו ידיהם זה בצד זה, או זה על גב זה, כיד אחת חשיבי, ואינן מטמאות זו את זו - ולעיל בסימן ק"ס סי"ג מבואר, דבשעת הדחק א"צ בזה רביעית לכל אחד, אלא נוטל מרביעית לשנים, מחצי לוג לג' ולד', רק אם הספיק לבוא על ידיהם כל שיעור הנטילה כראוי.

סעיף ו - נטל שתי ידיו זו לעצמה וזו לעצמה, ונמלך (פי' נתיעץ) כשנוטל המים השניים, והגיע ידיו זו לזו ושפך על שתיהן כאחת, ידיו טמאות; מפני שכשצירף ידיו זו לזו לקבל המים השניים, נטמאו ידיו בנגיעתם זו לזו, דמים שעל גבי יד זו מטמאים מים שעל גבי חבירתה וגם את היד - דמים הראשונים כשהם פחותים מרביעית, טמאים הם ומטמאין זה את זה, וכנ"ל בס"ד, **וכשנטל את השניים לא טיהרו את הראשונים, כיון שנטמאת מחמת חברתה, אלא אדרבה גם השניים נטמאו בהן, וצריך לנגב ידיו וליטול שתיהן כאחת** - היינו אף ברביעית אחת סגי בזה, וכנ"ל בסעיף ד' וה'.

הגה: וכ"ש ליזהר שלא יגע בידו ששפך עליה פעם אחד, לידו השנית ששפך עליה שתי פעמים - ומשמע מלשון זה, דאף בזה הוי הדין דאם נגע צריך לנגב ולחזור וליטול, וכ"כ הלבוש, **ועיין** לעיל בס"ד שיש דעות בפוסקים בזה.

סעיף ז - אם שפשף ידיו זו בזו - היינו אף ששפך עליהם רביעית בבת אחת, או שכבר שפך מים שניים על שתי ידיו, דאין מטמאין זה מזה, **יזהר שלא יגע חוץ ממקום שנפלו בו מים, מפני שהן מטמאות זו את זו** - מיירי שנטל המים רק עד קשרי אצבעותיו, דיצא ידי נטילה להרבה פוסקים, כמבואר בסימן קס"א, **ולמעלה** משם אף דאינו חייב ליטול שם לנטילת חולין, מ"מ מקום טומאה הוא, דלתרומה צריך ליטול גם שם, ולכן מטמא ידו הלחה בנגיעתה שם, **אבל** אם נטל המים עד חיבור קנה היד עם הזרוע, אין לחוש בהנגיעה למעלה, דשם אין מקום טומאה לכל הפוסקים.

(**דע**, דלהרא"ש וסייעתו דס"ל, דלמעלה מקשרי אצבעות אין מקום טומאה כלל, ממילא לא שייך דין זה, רק דהמחבר חשש לדעת הרשב"א, דס"ל דאף למעלה מקשרי אצבעות שייך טומאה).

ודע, דכל מה שצריך ליזהר שלא ליגע למעלה ממקום שהגיעו המים, הוא רק בעוד ידיו לחות, דאח"כ כשכבר נגב ידו, א"צ ליזהר בזה כלל, **ואף** אם נתלחלחו אח"כ לית לן בה, כיון שכבר טיהר ידיו ונגבן.

סעיף ח - אפרש כלל ענין של סעיף זה, הנה מבואר לעיל בסעיף ב', דהנוטל ידיו צריך לשפוך מים ראשונים ושניים, והראשונים מטהרים הידים, והם עצמן טמאים, והשניים מטהרים אותן, ורק בשפך רביעית בבת אחת על ידיו, א"צ לשניים לרוב הפוסקים, **וכתב** כאן המחבר, דאם נטל רק מים ראשונים לבד, ובפחות מרביעית, [וכגון שהיה בכלי רביעית כשיעור נטילה, אבל לא שפכו כולה על יד אחת, דשיעור זה סגי לשתי ידיו],

מחבר רמ"א משנה ברורה

דהמים טמאים הם, **אם** קנח אותם, נטהרו ידיו אף בלא מים שניים, כיון שידו עצמו נטהרה במים ראשונים לבד, **ורק** אם חזר ונגע במי הקינות, נטמאו ידיו מהם.

נטל ידו אחת - רק מים ראשונים, ופחות מרביעית, דאז המים טמאים הם וכנ"ל, **ושפשפה בראשו** - בשערות שבראשו, **(פי' כדי לנגבה, ולפיכך לא נטמא ידו, משא"כ בסי' קס"ד סעיף ב', שמיכך בראשו)** - בין השערות, מקום הזיעה, וכשנגע בזיעה צריך נטילה שנית, **משא"כ** הכא שאינו מחכך, אלא מקנח ידיו מלמעלה בשערות שבראשו.

או בכותל, ואח"כ חזר ונגע באותן מים שבאו מידו על הראש ועל הכותל, טמאה, שאותם מים טמאים חזרו וטמאו את היד שנגע בהם, אע"ג דכל כמה דלא שפשף מטהרים בשפשוף - ר"ל דאילו לא חזר ונגע באלה המים, היה נטהר ידו לגמרי בהקינוח לבד, בלא מים שניים, דהלא קינח המים טמאים שעליו, **השתא דחזר ונגע, גרע** - וצריך לנגב ולחזור וליטול כראוי, וכמבואר בסעיפים הקודמים.

וכבר נתבאר שהשופך רביעית כאחת אינו בכלל כל אלו, דאין שם מים טמאים כלל.

ועיין בבה"ל שבארנו, דמה דמהני ניגוב, היינו בדיעבד, אבל לכתחלה צריך לשניים דוקא, (**והטעם**, דשמא לא יזהר, ויגע ידיו במים הטמאים, דהיינו באותם שקינח בהם ידיו מתחלה, **ולפי"ז** פשוט הוא דאף דעיקר הנהגה של מים שניים הוא משום חשש זה, ואם כבר נגב ידו א"צ מים שניים מדינא, אבל כיון שהנהיגו חכמים מים שניים, אין יכול לפטור עצמו לכתחלה ע"י ניגוב, **דאל"ה** לא שייך כלל מים שניים, דהא ניגוב בלא"ה צריך אף אחר מים שניים, כדאיתא בגמרא, **וכן** משמע מהטור והשו"ע לעיל בסימן קנ"ח, וא"כ לעולם די בניגוב זה ולא יצטרך לשניים, [**ולדעת הראב"ד** אף אחר הניגוב צריך שניים], ולדינא אם כבר נגב, יש לסמוך להקל כהשו"ע).

סעיף ט - כששופך מים ראשונים על ידיו, צריך ליזהר שלא ישאר על ידו צרור או קיסם או שום ד"א - ואף כשהם רפויים וראוי לביאת מים תחתיהם, דהפסול בזה לאו משום חציצה, אלא כדמפרש, **שאין מים מטהרין אלא מים שע"ג היד, ולא המים שעל הצרור** - ר"ל דטעם הפסול בזה הוא, משום שמים שעל הצרור נטמאו מחמת ידיו, וחוזרין ומטמאין הידים, **והמים** השניים ששופך לא מהני, דאינם מטהרין אלא המים שעל היד, ולא שעל הצרור.

ואם אינו נזהר, ונמצא אחר הנטילה של השניים צרור או קיסם, ידיו טמאות, וצריך לנגבן ולחזור וליטול ראשונים ושניים כדין, **אך** אם הסיר הצרור אחר מים הראשונים, ושפך אח"כ השניים, או שבהדחת השניים הודחו הצרור והקיסם, יש לעיין בדבר, דאולי מהני, [**דכן** משמע קצת מלשון השו"ע, שכתב שלא ישאר וכו', «דאין המים שעל הצרור מטמאין להיד, רק הם ככל מים ראשונים, אלא דאינם נטהרים ע"י המים שניים», **או** אולי דתיכף שנשארו אחר הנטילה הראשונה, מטמאין מים שעל הצרור להיד, ותו לא יועיל להם השניים לטהרן, ומה שכתב השו"ע שלא ישאר וכו', ר"ל לאפוקי אם בעת השפיכה ראשונה גופא, שטפו המים את הצרור ונפל מידו, לית לן בה], **ומצאתי** בפמ"ג, ובביאורי הגאון מהר"מ בנעט על המרדכי, שמסתפקים בזה.

עיין במ"א וש"א, דאפילו דבר שברייתו מן המים, כגון יבחושין אדומים, או שלג וברד כשלא ריסקן, דינם כצרור וקיסם, **אמנם** הפמ"ג מסתפק לענין שלג וברד, שלא לפסול אם נמצא על ידו אחר הנטילה, «שדינם כמים», **(ע"פ דעת הט"ז, דמתיר לטבול בהם לכתחלה אף בלא ריסקן, «לפי שדינם כמים», והנה הלא קי"ל לעיל דכל ספק בנט"י טהור, ובפרט דבשעת הדחק נקטינן כן להלכה, ומהגר"א משמע דאף לכתחלה מותר לטבול בהם ידיו כהט"ז, ובפרט דלהרמב"ם דמפרש הטעם משום חציצה, לית ליה כלל האי דין, «שהמים שע"ג הצרור אינן נטהרין במים שניים», וע"כ נראה, דבזה שנמצא אח"כ על ידו, אין לפסול הנטילה לחשוב אותם לד"א, ומ"מ לכתחלה טוב יותר, אם יש לו מים שמעורב בברד, שיטול רביעית על כל יד ויד, ובזה שוב אין שום חשש כלל כמו שכתב המחבר).**

ואם שופך רביעית מים כאחת על ידו, א"צ ליזהר בכך - ולדידן דרגילין ליטול ברביעית על כל יד ויד, לית לן נפקותא בכל הנ"ל.

סעיף י - מי שיש לו מכה בידו ורטיה עליה (פי' אינגו"נטו בלע"ז), די לו שיטול

שאר היד שלא במקום הרטיה - מיירי שאינו יכול להסירה מחמת כאב המכה, וכמו שכתבנו שם לעיל סי' קס"א ס"א במ"ב, ולכך די לו, **ואין** זו נטילה לחצאין, כיון שאינו יכול ליטול חציה השני, דומה למי שנקטע אצבעו שנוטל שאר היד, **ואם** אינו יכול ליטול ידיו כלל מחמת חולי, יכרוך ידיו במפה.

וצריך ליזהר שלא יגע ברטיה - צ"ל שלא יגעו המים ברטיה, **שלא יחזרו המים שעל הרטיה ויטמאו היד** - והיינו דכל שנשפך מים ראשונים קצת על הרטיה, אין מים שניים יכולים לטהרם, וחוזרים אח"כ המים שעל הרטיה על היד ומטמאים אותם, וכמו בס"ט לעיל לענין צרור וקיסם.

או ישפוך רביעית על היד כאחת, שאז לא נטמאו המים - ר"ל ואפילו אם יחזרו המים אח"כ, אין חשש בדבר, **וכתבו** האחרונים, דעצה זו יפה יותר מאופן הראשון, דא"א להזהר ולשפוך ממש סמוך למקום הרטיה, ועל הרטיה לא יגיעו המים, [**דאם** ירחיק קצת ממקום הרטיה, הלא לא יצא ידי נטילה, דעד מקום הרטיה שידו מגולה, הלא מחוייב מן הדין ליטול].

עוד כתבו, דטוב לכרוך על הרטיה אחר הנטילה כשבא לאכול, בסמרטוט לבן ונקי, לכסות זוהמת הרטיה, [**דאי** יכרוך קודם הנטילה, יהיה צריך לצמצם, שיהיה שיעור הסמרטוט רק כרוחב שיעור הרטיה ולא יותר, דאל"ה לא יצא ידי נטילה, **דמקום** מהיד שאין עליו רטיה לא התירו לאכול ע"י מפה, משום דלמא אתי למינגע, **ורק** במקום הרטיה גופא הקילו משום דכאיב ליה, ובודאי לא יסיר הרטיה].

כתבו האחרונים, אם נפלה הרטיה בתוך הסעודה, צריך ליטול שנית, כדין מפה, באופן המבואר לקמן סימן קס"ג דמותר בזה, שאם הסיר המפה, אסור לאכול, כן בזה, [שע"ת בשם הברכ"י, **ושם** מבואר שצריך ליטול עתה כל היד, ולא סגי במה שיטול עתה רק במקום הרטיה, דהוי בכלל נטילה לחצאין, ע"ש, **ולדידי** לא ברירא לי כולי האי זה הדין, אחרי דבעת נטילה הראשונה לא היה עליו חיוב יותר, וצ"ע, **ואולי** אם חזר וכיסה בסמרטוט דיצא בזה, ולא אמרינן דכיון שנפל ויש עליו חיוב נטילה עתה, שוב לא יפקע אף אם יכסהו].

נוטלים מים ראשונים - דהיינו מים שלפני המזון, **בין על גבי כלי בין על גבי קרקע** - ולאפוקי מים אחרונים, וכדלקמן סימן קפ"א ס"ב.

§ סימן קסג – דין מי שאין לו מים והמאכיל לאחרים §

סעיף א- אם אין מים מצויים לפניו ברחוק יותר מארבעה מילין, ולאחריו מיל - ר"ל כשהולך בדרך, ומשער שלא ימצא מים אף ברחוק יותר מארבעה מילין, והוא רוצה לאכול, אז התירו לו לאכול ע"י כריכת מפה על ידיו, **אבל** אם הוא משער שישיג מים תיכף אחר ד' מילין, מחוייב להמתין עד שיבוא לשם, **ולאחריו** דיש לו טרחא לחזור מדרכו, סגי בשיעור מיל, כשמשער שלא ימצא בו מים, מותר ע"י מפה.

יטול ידיו במפה - צ"ל "ילוט", ור"ל שכורך ידיו במפה או בשום דבר, **אבל** כשמים מצויים, אסור אף במפה, דילמא אתי למינגע.

ואוכל פת או דבר שטיבולו במשקה - דגם בזה הצריכו נטילה, כדלעיל בסימן קנ"ח, ועיין מה שכתבנו שם במ"ב.

וכתבו האחרונים, דה"ה אם מסופק שמא לא ימצא מים, לפניו בשיעור ד' מילין, ולאחריו מיל, והוא תאב לאכול, מותר ג"כ ע"י מפה, (**ועיין בח"א שכתב, דוקא אם הוא רעב הרבה, ובחידושי הריטב"א משמע, דאפי' בודאי שלא ימצא מים, ג"כ אין להקל בסתמא, רק כשהוא צריך לזה הרבה, כגון שהוא חלוש מפני טורח הדרך וכיו"ב**).

(**ומסתברא דכשהוא נוסע בגמלא פרחא, כגון על פאס"ט וכיו"ב, אין חושבין לפי אורך הדרך, אלא לפי חשבון הזמן של הילוך ד' מילין לאדם בינוני, שהוא שיעור ע"ב מינוטי"ן, וכ"ז דוקא כשהוא רעב הרבה וכנ"ל**).

ושומרי גנות ופרדסין, כשצריכין לילך אחר מים, אינם מחוייבין אלא פחות ממיל כמו מלאחריו, משום שאינם יכולים לעזוב שמירתן, **והח"א** ושארי אחרונים הסכימו, דכל היושב בביתו ג"כ אינו מחוייב לטרוח אחר

הלכות נטילת ידים
סימן קסג – דין מי שאין לו מים והמאכיל לאחרים

מים אלא פחות ממיל כמו מלאחריו, **דרק** לפניו בדרך שהולך בלא"ה לשם, הצריכוהו להמתין עד ד' מילין.

כתב הא"ר, דבמקום שאין לו מפה, מותר אף בלא מפה, כיון דאין יכול להשיג מים בשיעור זה, **אך** באמת הוא דבר שאינו מצוי, דאטו בגברי ערטילאי עסקינן, דלית ליה שום סודר שיהיה יכול לכרוך ידיו בו, **ובודאי** מחויב לעשות כן, דהערוך דמצריך מפה לאו יחידאה הוא, דגם הר"ח כתב בהדיא כן.

(או אוכל ע"י כף) - האחרונים נתקשו בזה, דמנ"ל לרמ"א דין זה, ושאני מפה שידו מכוסה, משא"כ בזה שידו מגולה חיישינן טפי דילמא אתי למינגע, ובא"ר יישבו בדוחק, ע"ש, **וע"כ** נראה דאם יש לו מפה, יכרוך במפה דוקא.

[**ולענין** כף, אם רק מסופק שמא לא ימצא מים וכנ"ל, עיין בפמ"ג שמצדד להחמיר, שלא להקל בספק זה, **ובדה"ח** העתיק, דאף ע"י כף מותר בספק, **ולמעשה** נראה להחמיר כהפמ"ג, דאפי' בודאי שלא ימצא מים, ג"כ כמה אחרונים והגר"א מכללם, מפקפקין על הרמ"א שמתיר, דאין לו מקור לזה, והבו דלא לוסיף עלה].

ולדעת המחבר מסתברא, דצריך לכרוך שתי ידיו דוקא, דאף שאוכל באחת, שמא יגע בחברתה, [**וכמו** נטילה שצריך ליטול שתי ידיו דוקא, וגם שיעור הכריכה מסתבר דהוא ג"כ בשיעור שצריך ליטול ידיו במים, המבואר בסי' קס"א ס"ד], **אמנם** לדעת רמ"א יש להקל בזה, (**דמדהתיר אפילו לאכול בכף, משמע דלדידיה ה"ה במפה ג"כ די ביד שהוא אוכל בו, ולא חיישינן דילמא אתי למינגע ביד השני, דבמה שהוא רואה בעצמו שמפה כרוך על ידו, מינכר ליה ולא אתי למנגע, ומ"מ צ"ע,** דעיקר דינו של הרמ"א דמתיר ע"י כף כבר פקפקו עליו כמה אחרונים), וצ"ע.

כתב בים של שלמה, דאותן שנוטלין ידיהם בלחות העשבים, כשאין להם מים, עבירה היא בידם, שמזלזלין בנט"י, **וגם** ברכתן לבטלה היא, שאין זה נטילה כל עיקר.

סעיף ב - המאכיל לאחרים אין צריך נט"י - אע"פ שנוגע בהמאכל, דלא תקנו רבנן נטילה אלא להאוכל בלבד.

והאוכל צריך נטילת ידים, אע"פ שאחר נותן לתוך פיו ואינו נוגע במאכל - דלא פלוג רבנן באוכל, בין נוגע לאינו נוגע.

וה"ה לאוכל במגריפה (פי' כלי שיש לו שינים, פירו"ק בלע"ז), שצריך נט"י - דלא עדיף מאוכל מחמת מאכיל, דצריך נטילה.

(ואסור להאכיל למי שלא נטל ידיו, משום לפני עור לא תתן מכשול) - דהיינו בלחם של המאכיל, דבלחם של האוכל, ויוכל לקחת בעצמו, אין כאן לפני עור, **מ"מ** כתבו האחרונים, דאסור גם בזה, משום דאסור לסייע ידי עוברי עבירה.

למי שלא נטל ידיו - ודוקא בידוע שלא נטל, אבל בספק מותר, **ובפרט** דלעני בתורת צדקה, בודאי אין להחמיר בספק, **ומ"מ** טוב דכשנותן לעני לאכול שלא קים ליה בגויה, שיאמר: קום נטול ידך.

ואסור להאכיל - (מלשון זה משמע, דדוקא בנותן לו כדי לאכול מיד, **אבל** בלוקח לביתו, מותר ליתן לו, דמי יודע שיאכל שם בלי נט"י).

§ סימן קסד – דין שיכול להתנות על הנטילה §

סעיף א - נוטל אדם ידיו שחרית ומתנה עליהם כל היום - בפיו, או עכ"פ שיכוין בלבו, שיעלה לו נטילה זו לכל האכילות שיאכל בכל היום, **וצריך** ליזהר שתהיה הנטילה בהכשר כל הדברים הנצרכים לנט"י לאכילה, כגון בכלי שלם, ובכח גברא, ובמים שלא נשתנו מראיהן, ושלא נעשה בהן מלאכה, וכמבואר בסימנים הקודמים, **אף** דבנט"י שחרית אין קפידא כ"כ בכל אלו הדברים, כמבואר בסימן ד', זה כיון שהוא לאכילה שאני. (**ואף דבעינן סמוך לנטילה סעודה, ועכ"פ שיהיה השלחן ערוך בשעה שנוטל, היינו דוקא שנוטל בשעת אכילה, דמאחר שנטל ידיו לאכילה עכשיו, הצריכו חכמים לאכול מיד, שלא יסיח דעתו בינתים, משא"כ** בזה שנטל מקודם שלא בשעת אכילה, דאין שייך לחייבו לאכול מיד, וכשבא אח"כ לאכול אין עליו חיוב נטילה עוד, כיון ששמר ידיו ולא הסיח דעתו והתנה עליהם מקודם).

הלכות נטילת ידים תעה
סימן קסד – דין שיכול להתנות על הנטילה

אפילו שלא בשעת הדחק - ויש מן הפוסקים שכתבו, דאין להקל בזה כי אם בשעת הדחק, כגון שהולך בדרך וירא שלא ימצא שם מים, [**ואף** שמשער שבתוך ד' מילין ימצא שם מים, ג"כ מהני תנאי], **וכן** כשיושב בעגלה עם עו"ג, ואין ממתינין עליו כשירד ויחפש אחר מים, חשיב שעת הדחק, אף שהוא יודע שיש מים בדרך ההיא, ומהני כשנוטל שחרית ומתנה.

ובלבד שלא יסיח דעתו מהם - משמירת ידיו, שלא יגעו במקום הטינופת, **(ולא יטנפם)** - הוא פירוש דברי המחבר, והאי "ולא" ר"ל "שלא".

ואפ"ה אף שידיו נקיות, הצריכו ג"כ להתנות מקודם, שיהיה עולה לו הנטילה לאכילה, משום דנט"י בעי כונה לאכילה, **ולהפוסקים** דלנטילה לא בעי כונה, י"ל דלהכי צריך תנאי, דכיון דלכל היום הוא, אין סומכין על שמירתו, שמא ישכח ולאו אדעתיה, אא"כ התנה, דאז נותן לב להזהר יותר.

טינוף הפוסל בנטילה, הוא רק מצואה או זיעה כל שהוא, ואפילו רק נגע במקומות המכוסים בגופו, **אבל** טינוף עפר וטיט בעלמא, אינו פוסל הנטילה.

כתבו הפוסקים, דאם הכניס ידיו בבתי ידים מיד אחר הנטילה, ולא הוציאן, מועיל דתו ליכא חשש היסח הדעת, דבודאי נשמרו ידיו.

כתבו השכנה"ג וא"ר, שהאידנא נהוג עלמא שלא להתנות, משום שאינן יכולין ליזהר שלא יסיחו דעתם משמירת הידים, לכך מנעו התנאי מכל וכל, **ומ"מ** נראה דהכל לפי ערך הדחק, דבדחק גדול יש לסמוך על התנאי אף עכשיו, ורק שצריך זהירות וזריזות יתירה לשמירת ידים, ולכן יניח ידיו בבתי ידים, **וגם** מ"מ אם יזדמן לו מים, יטלם פעם שנית וכדלקמיה, וכ"כ בח"א.

ואם מים מצויים לו, טוב שיחזור ויטול ידיו, אבל לא יברך - טעם הדבר, דיש דעות בפוסקים שסוברין, דאפילו אם נקל ליטול בשחרית שלא בשעת הדחק, **היינו** שלא היה שעת הדחק לגמרי, אבל מ"מ אין מים מצוים סמוך לו, שהוא צריך לטרוח אחריהם ולהשיגם, **אבל** אם מצוים בסמוך לו, בזה לא מקילינן כלל, והמחבר חש לכתחלה לדעה זו, ולכך כתב שטוב לחזור וליטול.

הגה: והא דמהני תנאי, דוקא בנטילה שאינה לורך אכילה, דומיא דנטילת שחרית - דלאו דוקא בנט"י שחרית כשקם יכול להתנות, דה"ה בכל נטילה שאינה לצורך אכילה אף באמצע היום, כגון שנטל ידיו כשיצא מבהכ"ס, או שנטל לדבר שטיבולו במשקה, והתנה עליהם שיעלה לו הנטילה לאכילה שיאכל אחר זמן, דכיון שנטל לדבר אחר ושלא בשעת אכילה, לא חשו בה מה שאין הסעודה סמוך להנטילה.

[**ואף** דישאר בלא ברכה, דבשעת נטילה לביה"כ וכה"ג אין מברך, וגם אח"כ בשעת אכילה אינו מברך, דאינו נוטל אז, **אין** בכך כלום, דאח"כ פטור מנטילה ומברכה, ולא ביטל מעולם חיוב הברכה].

אבל אם נוטל לצורך אכילה, לא מהני תנאי באותה נטילה - ר"ל שאם נוטל ידיו לאכול, ומתנה שיעשה דבר אחר קודם שיאכל סעודה זו עצמו, זה לא מהני, דהא בעינן תיכף לנטילה סעודה, עכ"פ לכתחלה, **מיהו** אם נטל לצורך אכילה, והתנה שיעלה לו גם לאכילה שניה שיאכל באותו יום, ושמר ידיו, ג"כ מהני, דלא גרע מנטל לדבר אחר, כיון דאכילה שניה אין עכשיו זמנה, [**ולהאחרונים** דטעם התנאי הוא משום כוונה וכדלעיל, הכא לא בעינן תנאי, ורק לפי הצד דהוא משום שמירה, בעי תנאי].

(**והנה מסתימת דברי הרמ"א משמע, דאפילו מתנה קודם הנטילה שתעלה לו נטילה זו לאחר איזה שעה, ג"כ לא מהני, כיון דנטילתו הוא כדי לאכול, בעינן שיסמיך סעודתו לנטילתו, ואינו מובן כ"כ, דכיון שמתנה קודם נטילתו, הרי הוא כנוטל שלא לצורך אכילה, דהא אין דעתו לאכול עכשיו, ומה שתירץ המ"א, דהתם נוטל ידיו לצורך ד"א, והתנה שתעלה לו נטילה זו למה שיאכל אח"כ, זה עדיף ממה שמתנה קודם נטילה, שיהיה מהני הנטילה אמה שיאכל אחר כך, זהו דוחק, ואפשר עוד לומר, דאפי' לרמ"א דאינו מועיל תנאי בנטילה לצורך אכילה, זהו דוקא בנוטל לאכילה על דעת לאכול תיכף, אלא שרצונו לעשות באמצע איזה פעולה, כגון מזיגת הכוס וכדומה, בזה אמרו שאינו רשאי, ואינו מועיל תנאי, דכיון שרוצה לאכול הרי מחוייב בנטילת ידיו, וממילא צריך להסמיך הסעודה לנטילה, ולהכי מוטב שימזוג הכוס קודם ואח"כ יטול, ויסמיך סעודה לנטילה, משא"כ**

בשאינו רוצה כלל לאכול עכשיו, אלא שנוטל ידיו ומכין עצמו שיוכל לאכול אחר זמן, בזה אפשר מודה הרמ"א, דהא אינו מחויב ליטול ידיו עכשיו, כיון שאינו רוצה לאכול, ובשעה שרוצה לאכול נמצאו ידיו נקיות, ואין עליו חיוב נטילה, ושפיר מועיל תנאי באופן כזה).

סעיף ב - מי שעומד בסעודה ונזכר שנגע בשוק וירך ומקומות המכוסים באדם - ר"ל בשארי מקומות המכוסים שבגופו יש בהם זיעה, **ולאפוקי** במקומות המגולים, כגון פניו, ומקום המגולה שבזרועותיו, אין קפידא, וכמבואר בסימן ד' סכ"א, וע"ש במ"ב דינים השייכים לענינינו.

או שחיכך בראשו וכל כיוצא בזה - אבל אם לא חיכך אלא שנגע בשערותיו, א"צ נטילה, ואפילו אם קינח בהם, וכנ"ל בסימן קס"ב ס"ח.

(ובמקומות המטונפים, שיש בהם מלמולי זיעה) - צ"ל "במקומות" בלא וי"ו, ומה שכתב "שיש בהם", הוא טעם לכל הנ"ל.

(**נראה שנכון ליזהר מליגע אפי' באיזה בגד שידוע שיש שם הרבה זיעה, כגון בצד התחתון של הכובע המונח על הראש, שיש שם הרבה זיעה מן השער**).

צריך לחזור וליטול ידיו, ויברך: על נטילת ידים - וכ"ש אם נגע במקום הטינופת ממש, או עשה צרכיו, או אפילו הטיל מי רגלים ושפשף בידיו, כדלקמן בסימן ק"ע.

ואם נגע בעוד הפרוסה בפיו, אסור לבלוע עד שיטול ידיו.

וה"ה אם הסיח דעתו משמירתו, צריך ליטול, כמ"ש סימן ק"ע ס"א, ועי"ש במ"ב מה שכתבנו בזה.

ורש"ל חולק, וס"ל דא"צ לברך מחמת נגיעתו באמצע סעודה בזיעה, ואפילו בעשה צרכיו באמצע סעודתו, ג"כ ס"ל דא"צ לברך, אא"כ הלך והפליג באמצע סעודתו, **והנה** יש הרבה דעות באחרונים אם יש לנהוג למעשה כמותו, **ועיין** בבה"ל שהכרענו, (דמי שרוצה לנהוג כפסק השו"ע לברך, בודאי אין למחות בידו, **אכן** לכתחלה למעשה נראה שיש לנהוג), דבעשה צרכיו או שנגע במקום מטונף ממש, או שהלך והפליג, צריך נט"י בברכה, **אבל** אם נגע במקום המכוסה סתם, או שהשתין אף ששפשף, צריך נט"י כדין, אבל לא יברך.

(**ואם נגע בטומאה באמצע אכילה, מצדד הפמ"ג דאין צריך לחזור וליטול ידיו, דבלא"ה בזה"ז כולנו טמאי מתים**).

(**הנוגע באמצע סעודתו בס"ת או בתפלין, או ברצועות כשהם עם התפילין, או במגילה מן המגילות הנכתבים על הקלף כדין, א"צ ליטול ידיו, ומ"מ אפשר דלכתחלה נכון ליזהר בזה, שלא ליגע באמצע סעודה**).

§ סימן קסה – דין העושה צרכיו ורוצה לאכול §

סעיף א - כתב בשל"ה, דכל אדם יבדוק עצמו לפנות קודם הנטילה, וכ"כ בספר סדר היום.

העושה צרכיו ורוצה לאכול, יטול ב' פעמים; על הראשונה מברך: אשר יצר, ועל השניה מברך: על נט"י - דאם יטול פעם אחת, ויברך מתחלה "אשר יצר", ואח"כ "על נט"י", הוי הפסק בין הנטילה לברכתה, **ואם** יברך מתחלה "ענט"י", ואח"כ "אשר יצר", הוי הפסק בין ברכת נטילה ל"המוציא", [ולכתחילה מצוה ליזהר להסמיך הנטילה להסעודה], **ולהניח** מלברך ברכת "אשר יצר" עד אחר ברכת "המוציא", ג"כ אין נכון, שחיובה חל עליו מיד כשעשה צרכיו, ואין לאחרה כ"כ.

וכתבו האחרונים, דצריך ליזהר שלא ליטול בפעם הראשון נטילה גמורה, ורק מעט משום נקיות, דאל"ה הרי נטהרו ידיו בפעם הראשון, ואין שייך לברך עוד על נטילה שניה, וכנ"ל בסימן קנ"ח ס"ז.

ודע דיש כמה פוסקים שס"ל, ד"אשר יצר" לא הוי הפסק בין ברכת נטילה ל"המוציא", משום דהכל לצורך טהרת ידים, והוי כמו "גביל לתורא" בסימן קס"ז, **וע"כ** אם בדיעבד נטל נטילה אחת כדין לשם נטילה לאכילה, יברך מתחלה "ענט"י", ואח"כ "אשר יצר", דיש לסמוך על הפוסקים אלו, [**דאי** נטל שלא לאכילה, רק מפני שצריך לומר "אשר יצר", אין ראוי לברך ע"ז "ענט"י"], **וה"ה** לכתחלה אם היה קשה לו ליטול שתי נטילות, מדוחק מים וכיו"ב, יטול אחת ויברך "ענט"י", ואח"כ "אשר יצר",

הלכות נטילת ידים
סימן קסה – דין העושה צרכיו ורוצה לאכול

[דמלבד אלו פוסקים המקילים, הלא דין דתיכף לנט"י סעודה אינו מוכרח, וגם דעת הגר"א דלכתחילה יעשה כן].

כתב מ"א, דהעושה צרכיו באמצע הסעודה, לכו"ע נוטל רק פ"א, ומברך "ענט"י", ואח"כ "אשר יצר", כיון דא"צ לברך "המוציא", כדלקמן בסי' קע"ח, א"כ אין כאן הפסק.

ואם אינו רוצה ליטול אלא פעם אחת, לאחר ששפך פעם אחת על ידיו ומשפשף, יברך: אשר יצר, ואח"כ בשעת ניגוב יברך: ענט"י - ר"ל דאומר ברכת "אשר יצר" קודם שהגיע זמן ברכת "ענט"י", היינו לאחר ששפך רק פעם אחת על ידיו בפחות מרביעית, ושפשף ידיו זו בזו, דעדיין לא נגמר הנטילה, **ואח"כ** שופך פעם שניה על ידיו לטהר המים הראשונים, ואז מברך "ענט"י" ומנגבן.

ואף דמבואר לעיל בסימן קס"ב, דהמשפשף ידיו אחר מים ראשונים, נטמאו ידיו זה מזה, ואין מועיל אח"כ המים שניים, **י"ל** דהכא מיירי שנשפך על שתי ידיו כאחת, דאז חשיבי כיד אחת, ומותר לשפשפם, וכדלעיל בסימן קס"ב ס"ה.

[**והא** דצייר המחבר באופן זה, ולא צייר דשפך על כל יד בפני עצמו, ולא שפשף עתה כלל, ובירך "אשר יצר", ואח"כ שפך שניים ושפשף ובירך "ענט"י", דכיון שעשה צרכיו, טוב שלא לברך קודם השפשוף, משום נקיות].

וכתבו האחרונים, דלדידן דנהיגן ליטול רביעית בבת אחת על כל יד ויד, א"כ נגמר תיכף טהרת ידים, וראוי לברך "ענט"י", וא"כ ברכת "אשר יצר" הוי הפסק בין נטילה לברכה, **ויותר** טוב לעשות כאופן הראשון המוזכר בשו"ע, ועיין לעיל מש"כ במ"ב.

סעיף ב - אם רבים מסובין בסעודה, הגדול נוטל ידיו תחילה - דכן הוא כבודו.

והרא"ש היה רגיל ליטול באחרונה, שלא להפסיק - היינו בשהיה מרובה, **ושלא לדבר** - היינו אפילו שיחה מועטת. **ס"ל** דשאני בזמן התלמוד, שהיה לכל אחד מהמסובין שלחן בפני עצמו, והיה אוכל מיד שנטל ידיו, **אבל** עכשיו ששלחן אחד לכל, ומתחילין לאכול ביחד, דהיינו שלאחר שנטלו כולם ידיהם, הגדול מברך ומוציא כולם בברכתו, טוב יותר ליטול באחרונה, כדי שלא יבוא לידי הפסק ודיבור בינתים. (**וכהיום** שעל פי רוב המנהג שכל אחד מברך על פתו לעצמו, לא שייך טעם הרא"ש, וחזר המנהג שהיה בזמן התלמוד, שהגדול נוטל תחלה ואוכל).

והנה המחבר בסימן קס"ו הסכים, דטוב ליזהר מלהפסיק ומלדבר, וכן נהגו כל העולם להחמיר בזה, ואפילו בשהיה הרבה מחמירין, וכדברי הרמ"א שם, **וא"כ** בסעודות גדולות שיש הרבה מסובין, אם ימתינו כל המסובין עד שיטול הגדול, ישהו הרבה מאד, וגם יבואו לידי דיבור בינתים, **וע"כ** מן הנכון שהגדול יטול תחלה כבזמן הש"ס, ולא יוציאם בברכת "המוציא", אלא יברך לעצמו, וכן כל אחד ואחד מן המסובין יטלו ידיהם ויברך כל אחד ואחד לעצמו, ולא יצטרכו לשהות כלל.

§ סימן קסו – דין הפסקה בין בציעה לנטילה §

סעיף א - יש אומרים שא"צ ליזהר מלהפסיק בין נטילה ל"המוציא" - דמה דאמרינן בש"ס: תיכף לנט"י סעודה, ס"ל דהיינו שלא יתעסק בינתים באיזה עסק או מעשה עד שיסיח דעתו, [כגון למזוג איזה כוס בחמין, דצריך דקדוק שלא יחסר ושלא יותיר, וכל כיוצא בזה], או בשיחה הרבה דמביא לידי היסח הדעת, אפילו אם היה בד"ת, **אבל** אם יושב בטל ואינו עושה בינתים שום מעשה, אף ששוהה הרבה, או אפילו משיח מעט, אין לחוש, כיון שהשלחן ערוך לפניו ודעתו לאכול מיד, לא מסיח דעתו.

ויש אומרים שצריך ליזהר - אפילו בשהיה לחוד כדלקמיה, וכ"ש שלא לדבר בינתים אפילו שיחה מועטת, ואפי' בד"ת חשיב הפסק לדידהו וצריך ליזהר, **לבד** מהדברים שהם לצורך סעודה, דמותר להפסיק לכו"ע, **וטוב ליזהר.**

כתבו הספרים בשם הזוה"ק, שמצוה לאדם שיתפלל בכל יום על מזונו קודם האכילה, **ואם** שכח להתפלל עד אחר שנטל ידיו לאכילה, יש מצדדים שיכול לומר תפלה זו אחר הנטילה, דלא חשיב הפסק, דהוי קצת כצורך סעודה, **ויש** שנהגו לכתחלה לומר "מזמור ה'

תנח הלכות בציעת הפת
סימן קסו – דין הפסקה בין בציעה לנטילה

רועי" בין נטילה ל"המוציא", **ויותר** נכון שיאמרנו אחר אכילת ברכת "המוציא", וכ"כ א"ר בשם של"ה.

ואם שהה כדי הלוך כ"ב אמה - היינו משעה שנגב ידיו עד ברכת "המוציא", **מקרי הפסק** - ולא מקרי "תיכף", שבשיעור זה נקרא הפסק אפילו ביושב במקומו, וא"כ לפי מה שפסק המחבר, דטוב ליזהר לתכוף נטילה לסעודה, יש ליזהר גם מלשהות בינתים שיעור כזה.

ואם הולך מביתו לבית אחר, יש שמחמירין אפי' בהליכה מועטת. **ומשמע** מאחרונים, דבשלא לצורך אין לשהות כלל בינתים, אלא יברך "המוציא" מיד אחר הניגוב.

ודע, דעיקר דין תכיפה המוזכר בסימן זה, הוא רק מצוה לכתחלה, אבל בדיעבד אפילו שהה הרבה או הפסיק בינתים, אין צריך לחזור וליטול ידיו, כל שלא הסיח דעתו בינתים משמירת ידיו.

§ סימן קסז – מקום וזמן הבציעה ומי הוא הבוצע §

סעיף א - בוצע בפת במקום שנאפה היטב - היינו לאחר שנטל ידיו לאכילה, ורוצה לברך על הלחם ולאכול, הוא בוצע לכבוד הברכה במקום שנאפה היטב, דהיינו במקום הקשה, ולא במקום הרך באמצעיתו.

(ובפת דידן יש לבצוע בצד הפת, ויחתוך מעט מצד העליון והתחתון) - דבגמרא איתא לחד גירסא, שבוצע ממקום שמתחיל הפת לקרום ולהתבשל, ויש מפוסקים שס"ל דהוא צד העליון מהפת, שהוא נגד אויר התנור, **וי"א** שצד התחתון מתבשל תחלה, שמונח על קרקעית התנור, **לכן** צריך לחתוך מן הצד מהעליון והתחתון ויצא ידי שניהם, **ועיין** בביאור הגר"א שמפקפק על לשון "דידן", דה"ה בתנורים שלהן שמדבקין הפת בצדי התנור, ג"כ דינא הכי.

י"א שטוב שיחתוך בצד שהוא כנגד צד המתבקע, כי בזה הצד התחיל לאפות, ונדחקה העיסה עד שנתבקע הצד שכנגדו.

(**ודע עוד**, דהרמ"א אף שזכר דבריו בסתם, מ"מ הוא כמו שהיה כתוב "ויש מי שאומר", דלדעת המחבר שפוסק "במקום שנאפה היטב", קפדינן העיקר רק שיבצע ממקום הקשה, מעליונו של הככר או מתחתונו, ולא מאמצעיתו, דהוא פוסק כלשון אחרון שברש"י, שגורס בגמרא: מהיכא דקרים בשוליה, **ודעת הרמ"א**, שסובר כהפוסקים דגרסי בגמרא: מהיכא דקדים בשוליה, והאחרונים העתיקו להלכה דברי הרמ"א, דבזה אנו יוצאין ידי כו"ע).

בפרוסה יכול לבצוע במקום שנפרס, וא"צ לבצוע במקום השלם, רק שצריך לחתוך מצד העליון והתחתון.

היכא שנשרף הככר במקום אחד, או שנדבק בעפר, אין לחתוך במקום ההוא לברכת "המוציא".

ויחתוך פרוסת הבציעה; וצריך לחתוך מעט - האי "וצריך" הוא פירוש למה שכתב בתחלה "ויחתוך", וביאור הענין הוא, דמדינא מברך ואח"כ פורס הככר, כדי שתהיה כל הברכה אפת שלמה, שהוא דרך כבוד לברכה, **אך** כדי שלא יהיה שיהוי רב בין הברכה לאכילה ויראה כהפסקה, כתבו הפוסקים, דטוב לכתחלה שיחתוך מעט בככר קודם שמתחיל הברכה, ושיעור החיתוך יהיה מעט, ויברך, ואח"כ גומר להפריד הפרוסה מן הפת.

(**ולפי"ז פשוט**, דהיכא שלא יהיה שְׁהִיָּה בשבירתה אחר הברכה, כגון בככר קטן ודק, א"צ לחתוך כלל קודם אכילה, וכ"כ הגר"ז).

שאם יאחוז בפרוסה יעלה שאר הככר עמו, שאל"כ חשוב כפרוסה - ר"ל שאם יחתוך כ"כ בהככר, עד כדי שיעור שאם יאחז בפרוסה לא יעלה הככר עמו וישבר לחצאין, נחשב כפרוס ומובדל מהככר, **ואע"ג** שאם יאחז בהככר יעלה ממילא הפרוסה עמו, לא מקרי שלם עי"ז.

ואפילו בפרוסה לא יחתוך לגמרי קודם הברכה, כדי שיהיה נראה יותר גדולה.

(עכשיו) הוא חוזר למה שכתב מתחלה, "ויחתוך פרוסת הבציעה", **ויניחנה מחוברת לפת, ויתחיל לברך, ואחר שסיים הברכה יפרידנה, כדי שתכלה הברכה בעוד שהפת שלם.**

ולא יבצע פרוסה קטנה - היינו קטנה מכזית, **מפני שנראה כצר עין.**

הלכות בציעת הפת תעט
סימן קסז – מקום וזמן הבציעה ומי הוא הבוצע

ולא פרוסה יותר מכביצה, מפני שנראה כרעבתן - היינו אם פורסה כדי לאכול תיכף ממנה גופא, **אבל** אין בכלל זה מה שפורסין חתיכה גדולה מהככר, ואח"כ חותך מן אותה פרוסה גופא חתיכה להמוציא, דבזה לא מיחזי כרעבתנותא.

הגה: ובשבת - וה"ה ביו"ט, **לא יחתוך בככר עד אחר הברכה, כדי שיהיו הככרות שלימות** - מפני שצריך לברך על לחם משנה, חיישינן שמא תשבר כולה קודם הברכה, או עכ"פ שמא יחתוך כ"כ בעומק, שכשיאחז בפרוסה לא יעלה הככר עמו, והוי כפרוס לגמרי, ואנן לחם משנה בעינן, וע"כ טוב יותר שלא יחתוך כלל, **ואף** דעי"ז יצטרך ע"י החתיכה לשהות קצת בין הברכה לאכילה, לא חשיבא הפסק, כיון דהוא צורך אכילה, אלא דבחול מחמרינן לעשות על צד היותר טוב.

ומ"מ אם שכח וחתך כמו בחול, אינו מזיק - ר"ל שלא הפסיד עי"ז הלחם משנה, שכל שאוחז בפרוסה ושאר הככר עולה עמו, הוי כשלם.

ונראה כא דלא יבלע יותר מכבילה, היינו דוקא בחול ואוכל לבדו, אבל בשבת - דמשום חבוב סעודת שבת הוא עושה, להרבות בסעודה, לא מחזי כרעבתנותא, **או שאוכל עם הרבה בני אדם** - ר"ל אפילו בחול, **וצריך ליתן מן הפרוסה לכל אחד כזית, מותר לבלוע כפי מה שצריך לו. וע"ל סימן רע"ד.**

מן הפרוסה - פי' שעיקר המצוה לכתחלה כשמוציא אחרים ידי חובתן, לתת לחם מהפרוסה שחתך לכל אחד ואחד מהם, ולא מן הלחם הנשאר, **וצריך** ליזהר בזה בסעודה גדולה, אם אחד מוציא את כולם בברכתו, שיחתוך בציעת המוציא כ"כ גדולה, שיספיק לחלק ממנה המוציא לכל המסובין.

לכל אחד כזית - כדי שלא יהיה נראה כצר עין, וכנ"ל, **ובד"מ** איתא: כזית או פחות מעט, **וי"א** עוד, דבלאו האי טעמא ג"כ, טוב הוא לכתחלה שיאכל אדם כזית בעת ברכת "המוציא", [אף דעצם חיוב ברכת "המוציא" הוא אפי' על פחות מכזית].

סעיף ב - יברך: המוציא לחם מן הארץ - בה"א קודם המ"ם, ואם בירך "מוציא", יצא.

(ואם רבים מסובים - ורוצים לצאת בברכתו, **יכוונו לבם לשמוע ברכה)** - משום דכיון דרוצה לצאת בברכת חבירו, צריך ליתן דעתו לשמוע, ואז הו"ל כל תיבה ששומע מפי המברך כאילו אמר בעצמו.

(ויענו אמן) - דע"י העניה שמאמת הדבר, אז נחשב כאילו הוא מברך בעצמו, **ומ"מ** בדיעבד אינו מעכב.

(**ואע"ג דבכל הברכות כששומע מישראל, צריך לענות אמן, נקטיה הכא, משום דבכאן שרוצים לצאת בהברכה, צריך לכוין לבם לשמוע הברכה ולענות אמן לבסוף, משא"כ בעלמא, שאין מחויב לשמוע כדי שיענו אמן אח"כ**).

(והמברך יכוין לאמן שאומרים) - דענית אמן ג"כ מכלל הברכה היא, ואע"ג דהוא בירך כבר בעצמו, מ"מ ע"י שעונים אמן עליה, הברכה חשובה יותר, ולכך נכון לכתחלה לכוין לצאת בענית אמן שעונה העונה, (**והוא מד"מ**, וכן מבואר באו"ז להדיא, והנה אף דהביאו זה מירושלמי, בשום פוסק לא נמצא דבר זה, **ובאמת** כל המברך בעצמו איזה ברכה, א"צ להאמן כלל וכלל, **ואדרבה** העונה אחריה אמן הרי זה בור, ואע"ג דהכא אינו מפסיק כלל, עכ"פ למה לו להאמן, **ואף** שישבתי זה קצת במ"ב, מ"מ הוא דוחק, **ובאמת** הל"ח וכן בשכנה"ג, כפי הנראה שהוקשה להם דין זה, והשיאו דין זה לטעם אחר, והוא כדי שידע אימתי לבצוע, משום שאסור לבצוע עד שיכלה האמן מפי העונים, אבל מד"מ מוכח כטעמא שכתבתי במ"ב, **ולולא** דמסתפינא הו"א דט"ס הוא בירושלמי, ולפי"ז לא נזכר כלל דינא דאו"ז בירושלמי, וצ"ע).

יתן ריוח בין "לחם" ובין "מן" - היינו שיפסיק מעט, כדי שלא יבלע תחת לשונו אחת מהממין, וכן בין שאר שתי אותיות ששוות בהברכות.

סעיף ג - אין לברך קודם שיתפוס הלחם - שאין מברכין על המצות אלא סמוך לעשייתן, כשהמצוה בידו לעשותה ולא קודם לכן, **ובדיעבד** אם בירך ואח"כ נטלו בידו, ג"כ א"צ לחזור ולברך.

סעיף ד - יתן שתי ידיו על הפת בשעת ברכה - היינו דטוב לעשות כן, **ואם** הוא לבוש בבתי ידים, נכון שיסירם בשעת הברכה.

תס
הלכות בציעת הפת
סימן קסז – מקום וזמן הבציעה ומי הוא הבוצע

שיש בהן י' אצבעות כנגד י' מצות התלויות בפת - כי עשר מצות אדם עושה עד שלא יאכל פרוסת פת, **בשעת** החרישה: לא תחרוש בשור ובחמור יחדו, **בשעת** הזריעה: שדך לא תזרע כלאים, **בשעת** דישה: לא תחסום שור בדישו, **לקט**, שכחה, ופיאה, תרומה, ומעשר ראשון, ושני, וחלה.

ולכך יש י' תיבות בברכת "המוציא", וי' תיבות בפסוק: מצמיח חציר לבהמה, וי' תיבות בפסוק: עיני כל אליך ישברו, וי' תיבות בפסוק: ארץ חטה ושעורה, וי' תיבות בפסוק: ויתן לך.

כתבו האחרונים, כשיאמר השם יגביה הככר, ובשבת שמברכין על שתים, יגביה שתיהם.

סעיף ה - לא יבצע עד שיביאו לפניו מלח או ליפתן (פי' רש"י כל דבר הנאכל עם הפת), ללפת בו פרוסת הבציעה - כדי שתהא נאכלת בטעם, משום כבוד הברכה, **ועוד** כדי שלא יצטרך אח"כ להפסיק בין ברכה לאכילה, לבקש מלח ותבלין, דאסור לכתחלה.

וממילא צריך ליזהר מלהתחיל לברך הברכה עד שיביאו, ואפילו אם יתאחר קצת עד שיביאו, ג"כ נכון להמתין מלברך, **ואם** בירך, צריך להמתין קצת מלאכול עד שיביאו המלח.

ואם רבים המסובים, צריך להמתין מלברך עד שיביאו לפני כל אחד ואחד, לפי שהוא מוציא אותם בברכתו, **וצריכין** לטעום מיד אחר הברכה.

ואם היא נקיה - כגון פת חטים וכה"ג, [**ואפי'** אם הוא אינו יכול לאכלו בלא לפתן, בטלה דעתו], **או שהיא מתובלת בתבלין או במלח כעין שלנו, או שנתכוין לאכול פת חריבה, אינו צריך להמתין** - דאין בזה משום כבוד ברכה, הואיל דאין דעתו לאכול כלל בסעודה זו מלח ותבלין, **וגם** לטעם השני משום הפסק, ג"כ לא שייך בזה, דהא אין דעתו כלל לבקש אח"כ מלח ותבלין.

ומ"מ אם רוצה להמתין קודם הברכה עד שיביאו לפניו מלח ותבלין, הרשות בידו, ואין לחוש להפסק בין נטילה ל"המוציא", כיון שהוא צורך סעודה.

הגה: ומ"מ מצוה להביא על כל שלחן מלח קודם שיבצע, כי השלחן דומה למזבח - כמו שאחז"ל: בזמן שבהמ"ק קיים, המזבח מכפר על האדם, עכשיו שלחנו של אדם מכפר עליו, שנותן מלחמו לדל, [**וגם** ע"י אמירת דברי תורה עליו, ולפחות יאמר איזה מזמור אחר ברכת "המוציא", דכתיב: וידבר אלי זה השלחן אשר לפני ה', [**ולכן** אסור להרוג כינה על השלחן], **והאכילה כקרבן** - שאדם אוכל לחזק כחותיו, ועי"ז יהיה בריא וחזק לעבודת ה', **ונאמר: על כל קרבנך תקריב מלח.**

והוא מגין מן הפורעניות - דאיתא במדרש: כשישראל יושבין וממתינין זה את זה עד שיטלו ידיהם, והם בלא מצות, השטן מקטרג עליהם, וברית מלח מגין עליהם.

(ועי"ל סוף סי' ק"ע) - פי' אע"ג דמבואר שם, דלדידן דפת שלנו הוא במלח, אין אנו נוהגין באכילת מלח אחר הסעודה, **מ"מ** מצוה להניחו על השלחן, **וכתבו** המקובלים, לטבול פרוסת המוציא במלח ג' פעמים.

סעיף ו - יאכל מיד - דלכתחלה אסור להפסיק בשתיקה יותר מכדי דיבור.

ולא ישיח בין ברכה לאכילה - עד שיכלה ללעוס קצת מהפרוסה ויבלענו, כיון דפסק השו"ע לקמן בסוף סימן ר"י, דבטועם לבד אם לא בלע א"צ ברכה, א"כ עיקר הברכה על הבליעה, **וכן** אם רבים המסובין, וכל א' יש לו ככר ומברך לעצמו, לא יענה אמן על ברכתו של חבירו קודם שיטעום הוא על ברכתו, (**ויש** ליזהר בזה הרבה, דדעת המ"א וא"ר, דמה שלועס לא מקרי עדיין אכילה, וא"כ כששח הוי הפסק בין הברכה לאכילה).

ומ"מ אם עבר ושח בעודו לועס קודם שבלע הפרוסה, בדברים שאינו מצרכי סעודה, צ"ע אם צריך לחזור ולברך, (**דהרבה אחרונים כתבו**, דאף שלכתחלה בודאי צריך ליזהר בזה, מ"מ בדיעבד כשעבר ושח בשעה שהוא לועס בפיו, א"צ לחזור ולברך, דהלעיסה ג"כ אתחלתא

הלכות בציעת הפת
סימן קסז – מקום וזמן הבציעה ומי הוא הבוצע

דאכילה היא), **ובח"א** מצדד, דאפילו לא בלע רק הטעם שמצץ בפיו מן הלעיסה, א"צ לחזור ולברך, (**וכפי הנראה** לדינא, לכאורה יש לנהוג למעשה כהכרעת הח"א, **ואפשר** עוד, דאפילו המ"א מודה היכא דבלע הטעם שיש בפיו מן הלעיסה, שא"צ לחזור ולברך, דעי"ז חלה הברכה).

אמנם א"צ שיאכל דוקא שיעור כזית קודם שידבר, דאפילו אם אכל רק פחות מכזית אחר הברכה, חשיבא אכילה לענין זה, דמותר לדבר אח"כ אם הוא צריך לכך, **ושלא** במקום הדחק, טוב שיאכל מתחלה שיעור כזית.

[**וגם** צריך ליזהר שלא ילך ממקום למקום עד שיבלע הפרוסה, כי ההליכה חשיבא הפסק, **אא"כ** הוא לצורך אכילה שא"א בענין אחר, כגון שאין יכול לברך במקום אכילתו מחמת נקיות, דאז הוי כדיעבד].

ואם שח, צריך לחזור ולברך - אפילו שח תיבה אחת, **אא"כ היתה השיחה בדברים מענין דברים שמברכין עליו, כגון שבירך על הפת, וקודם שאכל אמר: הביאו מלח או ליפתן** - ואפי' פת שלנו דנקיה ומתובל בתבלין, דפסק השו"ע לעיל דא"צ להמתין עד שיביאו מלח ולפתן, **מ"מ** כיון שהוא חפץ לאכול הפת ע"י טיבול במלח ולפתן, הרי זה מעניני סעודה, [**וכתב** ב"י, דאפי' כשבירך לא היה דעתו ללפתן ומלח, ואחר שברך אמר להביאם, צרכי סעודה מקרי].

תנו לפלוני לאכול - בין עני ובין עשיר, ואפי' לא אמר שיתנו לו מפרוסת המוציא, אלא אמר לבני ביתו שיתנו לו ככר שיברך בעצמו, מ"מ מעניני סעודה הוא.

תנו מאכל לבהמה - ג"כ מעניני סעודה הוא, דאסור לטעום קודם שיתן לבהמתו, **כתב** המ"א בשם ס"ח, דלשתות, אדם קודם לבהמה, כדכתיב ברבקה שאמרה להעבד: שתה וגם גמליך אשקה, **וכיוצא באלו, א"צ לברך** - ואפי' הפסיק בדברים שאינו לצורך פרוסת המוציא, רק מעניני צרכי סעודה, ואפי' דיבר להביא הכלים שהן לצורך הסעודה, לא הוי הפסק.

הגה: ומ"מ לכתחלה לא יפסיק כלל - בכל אלו הדברים, **ואפילו** אם היה פת שאינו נקי דצריך להמלח, ג"כ אסור להפסיק קודם שיבלע מעט.

(והיינו אפילו ב"תנו לבהמה", כן משמע מסתימת הכל בו, וכן הביא בשיורי ברכה משם ספר האורה, וכן מוכח בה"ג ובספר האשכול, והנה המ"א הביא בשם תשובת מהר"מ, דלאכול קודם הבהמה הוא איסור דאורייתא, ומשמע דס"ל דהוא דרשה גמורה ולא אסמכתא, ולפי"ז פשוט דאפילו בירך "המוציא", צריך להפסיק, **אבל** מהפוסקים הנ"ל מוכח דלא ס"ל הכי).

והא דאם שח דברים בטלים צריך לחזור ולברך, היינו דוקא ששח קודם שאכל הבוצע - "ששח הבוצע קודם שאכל" - כצ"ל.

אבל אח"כ לא הוי שיחה הפסק, אעפ"י שעדיין לא אכלו אחרים המסובים, כבר יצאו כולם באכילת הבוצע, כי אין צריכים כולם לאכול מן פרוסת הבוצע, רק שעושין כן לחבוב מצוה - פי' אפילו השיחו אח"כ השומעים ויוצאים בברכתו, קודם שטעמו, ג"כ אין קפידא בדיעבד, הואיל וכבר חלה ברכת המברך, **מיהו** לכתחלה בודאי אסור לכל אחד מהשומעים להפסיק קודם שיטעום.

והנה זהו רק דעת הרמ"א, אבל כמעט כל האחרונים חולקים עליו, וסבירא להו דלא עדיף השומע מהמברך עצמו, כששח קודם טעימתו שחוזר ומברך, וה"נ השומעים, אם הפסיקו בדברים קודם טעימתן, שחוזרין ומברכין.

ואם המברך שח קודם שטעם, אף שהשומעים לא שחו כלל, משמע מהפוסקים לכאורה, דשוב אינם יוצאים בהברכה, **וצ"ע** לדינא.

סעיף ז - ראובן שהיה נוטל ידיו לאכילה, ויעקב היה מברך "המוציא", ונתכוין להוציא השומעים - וגם השומעים כוונו לצאת בברכתו, **ואח"כ ניגב ראובן ידיו ובירך ענט"י, לא הוי הפסק ויוצא בברכת יעקב, וא"צ לחזור ולברך ברכת "המוציא"** - דהוי צורך סעודה וכנ"ל, **ואע"ג** דקי"ל שומע כעונה, וכבר פסק המ"א לעיל בסימן קנ"ח סי"א, דאם קודם שבירך ענט"י בירך "המוציא", לא יוכל לברך עוד ענט"י, **שאני** הכא דלא ניגב ידיו קודם ברכת "המוציא", ולא נגמר המצוה עדיין, **אבל**

הלכות בציעת הפת
סימן קסז – מקום וזמן הבציעה ומי הוא הבוצע

אם כבר נגב ג"כ, לא יכול לברך עוד ענט"י, כיון דכבר יצא בברכת "המוציא".

[**ואם** הנגיבה שלו היה אחר ברכת "המוציא" קודם שבירך ענט"י, יש לעיין בדבר, דאפשר שהכא עדיף טפי, כיון דבעת "המוציא" עדיין לא היה נגוב, לא יוכל הברכה לגרע אותו מברכת ענט"י, וצ"ע].

וה"ה כשכל הנטילה וברכת ענט"י היה אח"כ, ג"כ יוצא בדיעבד, דכל זה לא הוי הפסק, דהוי צורך סעודה וכנ"ל, **ולא** נקט לשון זה אלא להורות לנו, דאם ברכת ענט"י היה בשעה שיעקב בירך "המוציא", דלא יצא, דהרי צריך להבין ולשמוע מה שאומר המברך, ולא להפסיק בדברים אחרים, ואז שומע כעונה, **ובעו"ה** הרבה נכשלין בזה, בליל ש"ק כשהבעה"ב מוציא בני ביתו בקידוש.

[**ומסתברא** דאפי' יאמר: שכוונתי אז בלבי לברכת המברך, ג"כ לא יצא, כיון דמה שיוצא בשמיעה הוא רק מפני דשומע כעונה, וזה שייך דוקא כששותק, אבל אם אז דיבר, לא עדיף מהמברך בעצמו ברכת "המוציא", כשהפסיק באמצע בדברים אחרים, דלא יצא].

סעיף ח - שכח ואכל ולא בירך "המוציא", אם נזכר בתוך הסעודה, מברך

- על מה שיאכל אח"כ, דכי בשביל שאכל עד עתה בלי ברכה, יחזור ויאכל בלי ברכה, [**והל"ח** ועוד אחרונים כתבו, דבזה יתקן עוָתתו על העבר, דכל זמן שלא גמר סעודתו, מקרי עובר לעשייתן].

ואם לא נזכר עד שגמר סעודתו, אינו מברך -

שברכת הנהנין הוא כשאר ברכת המצות, שאין מברכין עליהם אלא עובר לעשייתן ולא אח"כ, **אא"כ** היא מצוה שא"א לברך עליה עובר לעשייתן, כמ"ש בסימן קנ"ח סי"א, **ומיהו** אם אפשר לו לאכול עוד מעט, טוב שיברך "המוציא" ויאכל, [ואפי' אם הוא שבע רק שאינו קץ במזונו, **כדי** לצאת גם דעת הראב"ד, דס"ל דאפי' גמר סעודתו ואינו אוכל עוד כלל, ג"כ צריך לברך ברכת "המוציא" על העבר].

סעיף ט - אם הוא מסופק אם בירך "המוציא" אם לאו, אינו חוזר ומברך

- כשיאכל עוד, דברכת "המוציא" אינו אלא מדרבנן, וספיקא לקולא, **ומטעם** זה, אפילו אם ירצה להחמיר ולברך, ג"כ אינו רשאי, משום ברכה שאינה צריכה, [**ואף** דרשאי להחמיר על עצמו שלא לאכול, בזה אינו נכנס לחשש איסור], **מיהו** אם נזדמן לפניו במסיבתו אחד שרוצה לאכול פת, נכון שיוציאנו בברכת "המוציא".

סעיף י - אם במקום ברכת "המוציא" בירך: שהכל נהיה בדברו

- היינו שאמר: ברוך אתה ה' אלקינו מלך העולם שהכל נהיה בדברו, (יצא), היינו אף דפת הוא דבר חשוב, אפ"ה מהני בדיעבד אם בירך "שהכל", וכ"ש על כל דבר, כדאיתא לקמן בסימן ר"ו ס"א.

(**ואם** בירך "בורא מיני מזונות", דעת הרבה אחרונים דיצא בדיעבד, **וא"ר** בשם הדרישה כתב, דברכת "בורא מיני מזונות" היא ברכה כוללת כמו "שהכל", ויוצא על כל דבר, דכל מילי מיזן זיין חוץ ממים ומלח, וכ"כ הח"א).

או שאמר: בריך רחמנא מלכא מריה דהאי פיתא, יצא

- בדיעבד, אבל לכתחלה אסור בשתיהן, דאף דברכות נאמרין בכל לשון, היינו היכא דלא שינה כלל מנוסח הברכה, אבל הכא הא שינה מנוסח שקבעו חז"ל בלשה"ק, **ואפ"ה** יצא בדיעבד, כיון שעכ"פ הזכיר שם ומלכות וענין הברכה, דמלת "רחמנא" קאי במקום השם, שכן היו קורין אותו בבבל, [**אבל** אם אמר "הרחמן", מסתברא דלא יצא, שזה אינו שמו של הקב"ה], ומלת "מלכא" הוא מלכות, **ולפי** מה שפסק המחבר לקמן בסימן רי"ד, מיירי כאן דאמר: מלכא דעלמא מריה וכו'.

(**בט"ז** הביא בשם תר"י, דצריך לומר ג"כ "אלהנא", ושארי פוסקים לא הביאו דבר זה להלכה, ומשמע דס"ל דכיון "דרחמנא" הוא במקום שם, די בשם אחד, **דהא** פשיטא בין לרב ובין לרב יוחנן, אם יאמר: ברוך ה' מלך העולם וכו', בודאי יצא, דהא הזכיר שם ומלכות).

ומשמע בש"ס, דה"ה אם אמר: ברוך המקום מלך העולם שברא פת זה, דיצא, [**ומ"מ** מסתפקנא, דאפשר דוקא בזמנם היו קורין להשם יתברך בלשון הזה].

ואם אמר: מלכא מאריה דהאי, ולא הזכיר שם הפת כלל, אפשר דיצא, כיון שהפת מונחת לפניו.

סעיף יא - אם היו שנים או רבים, אחד מברך לכולם

- נקט לשון זה, משום דבבהמ"ז דינא הוא, דדוקא בשלשה מזמנין יחד, ומוציאין כל אחד

תסג הלכות בציעת הפת
סימן קסז – מקום וזמן הבציעה ומי הוא הבוצע

את חבירו, ובשנים אין מוציאין אחד את חבירו לכתחלה, **אבל** בברכת "המוציא", אפילו לכתחלה יכול להוציא בשנים אחד את חבירו, והטעם מבואר לקמן ריש סימן קצ"ג במ"ב.

(**ואפילו אם המסובין יודעין בעצמן לברך**, מ"מ הידור מצוה הוא שאחד יברך ויוציא כולם, דברוב עם הדרת מלך, וכ"ז לענין פת, ולענין יין ושאר פירות נתבאר בסימן רי"ג).

ודוקא הסיבו, שהוא דרך קבע - כן היה דרכן באכילתן דרך קבע, להיות מטין על צדיהן השמאלית על המטה.

(או בעל הבית עם בני ביתו, דהוי כהסיבו) - משום דנגררין אחריו שהוא מיסב, לכך מצטרפים עמו אפי' בישיבה גרידא.

אבל אם היו יושבים בלא הסיבה, כיון שאינם נקבעים יחד, כל אחד מברך לעצמו – (עיין מ"א שהעתיק בשם ש"ג, דאם מקצתן מסובין, אחד מברך לכולם אף שאינן מסובין, **ועיין** בפמ"ג שכתב, דלדידן דישיבה הוי כהסיבה, ה"ה בישבו מקצתן מהני, **ולענ"ד** צע"ג על עיקר דברי המ"א בשם הש"ג).

ואם אמרו: נאכל כאן או במקום פלוני, כיון שהכינו מקום לאכילתן, הוי קבע ואפילו בלא הסיבה - וע"כ אפי' כל א' אוכל מככרו, מצטרפין.

והאידנא שאין אנו רגילים בהסיבה, ישיבה דידן בשלחן אחד, או בלא שלחן במפה אחת, הוי קביעות; ואפילו לבני חבורה כהסיבה דידהו דמי - ר"ל שאינו בעה"ב עם בני ביתו, דלדידהו אפילו בזמן הגמרא הוי כהסיבה וכנ"ל.

(**אבל** עמידה לא מהני, ושאני ההיא דסי"ב דסגי בעמידה, דשם הם יושבים על החמור).

ולדידן - צ"ל "ואפילו לדידן", **אפילו קבעו מקום לאכילתן, או בעל הבית עם בני ביתו, לא מהני אא"כ ישבו** - ור"ל דלא תימא כיון שהישיבה דידן הוי כהסיבה דידהו, א"כ במקום דלא בעי הסיבה לדידהו, כגון שקבעו מקום לאכילתן, דהיינו שאמרו: נאכל כאן או במקום פלוני, וכן בעה"ב עם בני ביתו, דלדידהו לא צריך הסיבה, הו"א דלדידן לא צריך אפילו ישיבה, קמ"ל דבלא ישיבה לא מקרי קבע.

בשלחן א' או במפה אחת – (עיין במ"א שהסביר טעם הדבר דצריך שלחן א', דבבית דאיכא שלחן ואין כולם אוכלים על שלחן אחד, מוכח דאין דעתם לקבוע יחד, ובטל מה שקבעו מקום מתחלה, **והגר"א** בביאורו כתב, דאגב שיטפיה מקודם העתיק המחבר "בשלחן אחד" וכו', ובאמת לא בעינן כלל שלחן אחד או מפה אחת, היכא שקבעו מתחלה לאכול יחד, או בעה"ב עם בני ביתו, **אלא** כל שיושבין ואוכלין ביחד, דהיינו שאינם מפוזרים אחד הנה ואחד הנה, מצטרפים וכמו בסי"ב, ודלא כמ"א).

סעיף יב - אם היו רוכבים ואמרו: נאכל, אע"פ שכל אחד אוכל מככרו, שלא ירדו מהבהמות – (צ"ל: ולא ירדו מהבהמות), **מצטרפין, כיון שעמדו במקום אחד** - ר"ל דזה נחשב כמו ישיבה ומהני, כיון שאמרו: נאכל, והכינו בזה מקום לאכילתן, וכנ"ל בסי"א, [**אבל** בלא אמרו: נאכל, לא מהני, אפי' לדידן דישיבה אצלנו הוי כהסיבה, דהא בעינן דוקא על שלחן אחד].

אבל אם היו אוכלים והולכים, לא - פירוש לא מהני אמירה שאמרו מתחלה: נאכל, דהליכה מבטל הקביעות.

ואם יושבים בעגלה אחת, ואמרו: נאכל כאן, ואוכלין יחד, מסתפק המ"א דאפשר דמצטרפי, דאע"ג דבעלמא נוסע בעגלה כמהלך דמי, מ"מ כיון שעכ"פ כולם יושבים באגודה אחת, י"ל דמצטרפין, וכן נוטה דעת הא"ר להקל, **ובספינה** פשוט אף להמ"א להקל דמצטרפי, דקביעות גמור הוא.

כתבו האחרונים, דשמש המשמש בסעודה, יוצא בברכת "המוציא", אם שומע ומתכוין לצאת, **אע"פ** שהולך ובא תדיר ואינו קבוע אצל השלחן, מפני שדרך אכילתו בכך.

ואם היו אוכלים בשדה מפוזרים ומפורדים - צ"ל: וכן אם וכו', ואדלעיל קאי, שאמרו: נאכל כאן וישבו לאכול, אפ"ה לא מהני, כיון שהיו מפוזרים, דבעינן שיהיו במקום אחד.

מחבר רמ"א משנה ברורה

הלכות בציעת הפת
סימן קסז – מקום וזמן הבציעה ומי הוא הבוצע

אע"פ שאוכלים כולם בשעה אחת ומככר אחד, כיון שלא קבעו מקום ואוכלים מפוזרים, אינם מצטרפין - כיון שלא קבעו וכו' ואוכלים מפוזרים, חד ענינא הוא, ור"ל שלא קבעו מקום בשעת אכילתן, אלא שאכלו מפוזרים זה לכאן וזה לכאן, לכך לא מהני, אף שאמרו מתחלה: נאכל כאן.

סעיף יג - היכא דלא קבעו מקום, דאמרינן שכל אחד מברך לעצמו, אם כוון המברך להוציאם והם נתכוונו לצאת, יצאו - פי' בדיעבד יצאו, שלא הצריכו לברך כל אחד אלא לכתחלה, **ועיין** במ"א שהניח דין השו"ע בצ"ע, כי יש מהראשונים דסברי, דבלא קבעי אין אחד יכול להוציא חבירו אף בדיעבד, [**ופשוט** דאפי' לדידהו אין דבר זה כי אם מדרבנן], **אמנם** בביאור הגר"א הכריע לדינא, דדברי השו"ע עיקר.

ודע, דדין זה שייך גם בבהמ"ז, היכא דלא קבעו יחד בין בשנים ובין בשלשה, אם כוון אחד להוציא את חבירו בבהמ"ז, יצא בדיעבד.

אם כוון כו' – (הקשה הט"ז, דמאי אשמעינן דוקא הכא, הא אפי' בדקבעו נמי צריך המברך להוציא והשומעים לצאת, ועיין בא"ר שתירץ, דאפשר דבקבעו אף שצריכין כונה לצאת, מ"מ א"צ לכוין להדיא להוציאם, דמסתמא כונתו כך כיון שקבעו, דומיא דש"ץ התוקע בשופר).

סעיף יד - אם המסובים רבים - וה"ה שנים, ומיירי כשאין עמהם הבעל סעודה, או שכולם בעלי סעודה ואוכלין יחד, **גדול שבכולם** - בחכמה, **בוצע** - מפני כבודו, ומוציא האחרים בברכתו, **ואפילו** במקום דהמנהג דכל אחד מברך לעצמו על ככרו, מ"מ המנהג דגדול בוצע תחלה.

והחתן ביום חתונתו בוצע, אע"פ שיש בהמסובין גדול ממנו.

הגה: ואם הם שוים ואחד מהן כהן, מצוה להקדימו - דכתיב: וקדשתו, ואחז"ל: לכל דבר שבקדושה, לפתוח ראשון ולברך ראשון.

ואם הכהן עם הארץ, ת"ח קודם לו - ואסור להת"ח להקדימו לפניו, ומבזה בזה את התורה, **ואיתא** לקמן בסימן ר"א, דדוקא אם מקדימו לפניו דרך חוק ומשפט כהונה, דהיינו מפני שהוא כהן, **אבל** אם נותן לו רשות לברך שלא מחמת כהונה, רשאי.

ואם הכהן ג"כ ת"ח, אלא שהוא פחות מן השני, טוב להקדימו; אבל אין חיוב בדבר. וע"ל סי' ר"א - ואיתא בגמרא, שמי שנזהר בזה מאריך ימים בכך.

ואם יש עמהם בעה"ב - ר"ל בעל הסעודה שאוכל עמהם, [דאם אינו בעל הסעודה, אף שעושין בביתו, וגם הוא אוכל עמהן, אינו נחשב לענין זה בעה"ב], **הוא בוצע** - והוא קודם אפילו לכהן ות"ח, כדי שיבצע בעין יפה.

ואפילו אם האורח גדול - הנה הלחם חמודות כתב, שכהיום נהגו לחלוק כבוד לגדול, והמ"א הסכים עמו, «דלא שייך עין יפה, כיון שאינו נותן לו פרוסה גדולה שתספיק לכל הסעודה», **אך** כמה אחרונים מפקפקין בזה, **אך** בסעודה שכל המסובין אוכל כל אחד ואחד מככרו, ומברכין לעצמן, בודאי הנכון שבעה"ב יכבד להגדול שיבצע תחלה, כיון שאין כאן טעם משום עין יפה.

(והמברך יאמר תחלה: ברשות מורי ורבותי) - היינו אפי' הגדול הוא הבוצע או בעה"ב, משום מדת ענוה צריך ליטול רשות, כאילו הם גדולים ממנו ולהם נאה לברך.

כשיש שם כהן שמצוה להקדימו וכנ"ל, אם רוצה אחר לבצוע, והוא הדין לבהמ"ז, צריך ליטול ממנו רשות, [לבד כשבעה"ב או הגדול בוצע, א"צ ליטול רשות מכהן], **ולא** מהני מה שיאמר: ברשות הכהן, אם לא נתן לו הכהן רשות.

[**ולענין** בהמ"ז, כשגדול מברך, ג"כ א"צ ליטול רשות מכהן, דגדול עדיף מכהן וכנ"ל, **אך** כשבעה"ב רוצה בעצמו לברך, יש לעיין אם צריך לרשות מהכהן אם לא, **ועיין** בסי' ר"א בבה"ל, אם בעה"ב עדיף מאורח, כשאורח הוא גדול, ולכאורה תלוי זה בזה].

סעיף טו - אין המסובין רשאים לטעום - דהיינו שירצו לחתוך מן הככר של הבוצע ולטעום קודם לו, כשיצאו בברכת הבוצע, **עד שיטעום הבוצע** - ועיין בפמ"ג שמצדד, דאפילו אם לא נתכוון לצאת בברכתו, וכל אחד מברך לעצמו, כיון שכולם זקוקים

תסה הלכות בציעת הפת
סימן קסז – מקום וזמן הבציעה ומי הוא הבוצע

לככרו של הבוצע, אין מדרך הכבוד לטעום קודם שיטעום הוא.

(אבל מותר לתת לכל אחד חלקו קודם שאוכל הוא - ואין בזה הפסקה, דכ"ז צורך סעודה הוא, **והם ימתינו** - מלאכול, **עד שיאכל הוא)** - תחלה, ואפילו נתן להם בפירוש רשות לזה, י"א ג"כ דלא מהני, (שיהיה בזיון לפרוסה זו – פרישה).

ודעת הט"ז בענין זה, דאין כדאי להבוצע שיחלק לכל אחד חלקו, אחרי שאינם רשאים לטעום מהם עד שיטעום הוא תחלה, א"כ נחשב לו הדבר להפסק בין הברכה לאכילה, וזה אסור לכתחלה, **אלא** יראה לטעום קודם, ואח"כ יחלק לכל אחד מהם, וכ"כ ש"א, [**דאם** היו רשאים לטעום מקודם, אחרי שהוא מוציאם בברכתו, זה לא נחשב להפסק, דהברכה חל על כולם, וע"י שיקבלו תיכף חלקם ויטעמו יהיה נסמך הברכה לאכילתם, **אבל** אחרי שהם אינם רשאים לטעום, מה לו להפסיק].

ואם כל אחד אוכל מככרו - ויש לכל אחד מהם ככר שלם בפני עצמו, **ואין כולם זקוקים לככר שביד הבוצע, רשאים לטעום קודם** - אע"פ שהם יוצאים כולם בברכת המברך, [**ואם** אין לכולם רק פרוסת לחם, הרי הם זקוקים לככרו, דהלא מצוה לכתחילה לברך על השלמה].

ואם הוא שבת - וה"ה יו"ט, **צריך שיהא לפני המסובים לחם משנה חוץ ממה שלפני הבוצע, ואז יהיו רשאים לטעום קודם הבוצע** - דאם אין לפני כל אחד מהמסובין לחם משנה, הרי הם צריכים לסמוך על הבוצע שיש לפניו לחם משנה, ולטעום מאותו לחם, ואינם רשאים לטעום קודם לו.

סעיף טז - אין הבוצע רשאי לבצוע עד שיכלה אמן מפי רוב העונים - היינו אם הוא מוציאם ידי חובתם בברכה, שגם עניית אמן מכלל ברכה היא, **אבל** המיעוט המאריכין יותר מדאי, א"צ להמתין עליהם, שכל המאריך באמן יותר מדאי אינו אלא טועה.

סעיף יז - הבוצע - שהוא הבעה"ב, או מי שנתנו לו רשות לבצוע תחלה, **פושט ידו תחלה לקערה לאכול** - דכיון שחלקו לו כבוד לברך תחלה ולבצוע להוציא המסובין, ראוי לכבדו שיפשוט ידו לקערה תחלה, **ואם בא לחלוק כבוד למי שגדול ממנו, רשאי.**

סעיף יח - הבוצע נותן פרוסה לפני כל אחד ואחד - אבל לא יזרוק חתיכת המוציא על השלחן לפני האורחים, אפילו אם לא נמאס המאכל ע"י הזריקה, כמו שיתבאר בסימן קע"א, **ועוד** כיון שהיא פרוסת המוציא, הוי בזיון מצוה.

והאחר נוטל פרוסה בידו, ואין הבוצע נותן ביד האוכל, אא"כ היה אבל - ובשבת פורס האבל כדרכו, דלא יהיה כאבילות דפרהסיא אם יתן לו בידו.

("פרסה ליון בידיה", רמז לפרוסת המוציא שנותנין בידו בשעת אבילות) - משמע דאין ראוי לעשות כן כשאינו אבל, דלא ליתרע מזליה.

סעיף יט - מי שאינו אוכל, אינו יכול לברך ברכת "המוציא" להוציא האוכלים - אפילו אין השומע יכול לברך בעצמו.

וה"ה בכל ברכת הנהנין, דדוקא ברכת המצוה שכל ישראל ערבים זה בזה, וכאשר חבירו לא יצא ידי המצוה, הוי כאילו הוא לא יצא, משו"ה יכול להוציא אפילו הוא כבר יצא ידי המצוה, **משא"כ** בברכות הנהנין, שאע"פ שהן חובה על הנהנה לברך, דאסור ליהנות מהעוה"ז בלא ברכה, מ"מ בידו שלא ליהנות ולא לברך, לפיכך אותו שאינו נהנה אין נקרא מחויב בברכה זו.

אבל לקטנים יכול לברך אע"פ שאינו אוכל עמהם, כדי לחנכם במצות - ואפילו קטנים דעלמא שאין חנוכם מוטל עליו מדינא, ג"כ מותר לברך עמהם, כשרוצים ליהנות ואין יודעים לברך בעצמן, וכ"ש כשהם מבני ביתו, **ולגדולים**, אפילו לבני ביתו נמי לא.

סעיף כ - אפילו בשבת, שהוא חייב לאכול פת - היינו של כל השלש סעודות, **לא יברך לו חבירו ברכת "המוציא", אם אינו אוכל** - דאף שהם חוב, אין החוב עליו משום מצוה, אלא כדי שיהנה מסעודת שבת, ואין להמצוה עצמה חוב, **דהא** אם נהנה

הלכות בציעת הפת
סימן קסז – מקום וזמן הבציעה ומי הוא הבוצע

ממה שמתענה א"צ לאכול, כדאיתא בסימן רפ"ח, ע"כ הם בכלל שאר ברכות הנהנין.

ולא שרי לברך לאחרים אע"פ שאינו טועם, אלא ברכת "המוציא" דמצה בליל ראשון של פסח, וברכת היין דקידוש בין של לילה בין של יום - אע"פ שאינו טועם, וה"ה כשכבר קיים מצות אכילת מצה, וכבר קידש על היין, **והטעם** בכל זה, דברכת קידוש ואכילת כזית מצה היא מחובת המצות, שהיא חוב על האדם, דעיקרו נתקן רק למצוה ולא בשביל הנאה, וממילא הכל נכנסים בזה בכלל ערבות וכנ"ל, וע"כ ברכה זו היא בכלל שאר ברכת המצות, דקי"ל אע"פ שיצא מוציא, **וה"ה** בליל א' וב' דסוכות, שהוא חייב לאכול כזית פת בסוכה, יכול ג"כ להוציא אע"פ שאינו טועם בעצמו.

הגה: ויש לאכול הפרוסה שבצע עליה קודס שיאכל פת אחר, שהיא נאכלת לתאבון, והוא משום חבוב מלוה - כתב של"ה, שגם ישייר מן פרוסת המוציא מעט שיאכל אחר אכילתו, כדי שישאר טעם המוציא בפיו.

אין להאכיל לבהמה ועוף או לכותי מפרוסת המוציא, או מהחתיכה שנוגעת בה חתיכת המוציא, היינו דמאותה פרוסה שחתך מקודם מהלחם השלם, חותך אח"כ מן אותה פרוסה חתיכה קטנה להמוציא, וגם אותה הפרוסה לא יאכילם, שאין כבוד בזה להמצוה.

§ סימן קסח – על איזה מין פת מברכין §

סעיף א - היו לפניו חתיכות של פת, ופת שלם, הכל ממין אחד, מברך על השלם - משום הידור מצוה, **ואם** לא היה לפניו רק פרוסה, ונטל אותה כדי לברך עליה, ובתוך כך הביאו לפניו שלמה, מניח הפרוסה בתוך השלמה ומברך, **ואם** כבר בירך על הפרוסה, יבצע אותה. **אפילו הוא פת קיבר (פי' לחס שאינו נקי) וקטן, והחתיכות פת נקיה וגדולה** - דמעלת שלם עדיף טפי אפילו באופן זה.

אבל אם השלם משעורים והחתיכות מחטים, אפי' היא – ‹חתיכה של חטים – ב"י› **קטנה, מניח הפרוסה תחת השלימה, ובוצע משתיהן יחד** - כדי לקיים מעלת השלמה דשעורין, ומעלת החיטין דחשיבא טפי משעורין, משום דאקדמיה בפסוק, כדכתיב: ארץ חטה ושעורה וגו'.

ומבואר בש"ס, דמעיקר הדין פרוסה של חטין עדיפא, אלא לצאת ידי שמים כל המעלות, צריך להניח הפרוסה תחת השלמה וכו', **ואפילו** הפרוסה גדולה מהשלמה, נמי טוב שיניח שתיהם ביחד.

וכתב המ"א, דמ"מ אם היה השלמה מפת של שיפון, הוא שאנו קורין דגן, ורוב הלחמים שלנו ממנו הוא, והפרוסה של חיטין, וכן אם היה של שעורין, **אין** להחמיר לבצוע על השלמה עם הפרוסה, אלא יבצע על הפרוסה לבד, דשיפון קיל אף משעורים, משום דאין נזכרת בקרא בהדיא, [**וכ"ש** אם הפרוסה של חטים הוא של ישראל, והשלמה משיפון הוא משל עכו"ם, והיינו אף למי שאינו נזהר מפת של עכו"ם].

(**עיין במ"א שהביא בשם רש"ל, דאם אחר מיסב אצלו, יברך אחד על השלמה, ואחד על הפרוסה, ונתקשה המ"א על פשרה זו מאד, ויש מאחרונים שיישבו בדוחק קושית המ"א, ובבגדי ישע ראיתי, שאף רש"ל לא קאמר דיברך כל אחד לעצמו, אלא הבעה"ב יברך על הפרוסת חיטין, ויוציא להמיסב אצלו בברכתו, ובאופן זה טוב יותר שהאורח יאחז השלמה בעת הברכה, דמינכר טפי עי"ז שיש לה ג"כ מעלה, משיניחו שתיהן ביחד, דלא מינכר חשיבותא דכל חד כ"כ, עי"ש ונכון).**

הגה: וכל זה כשרולה לאכול משניהס, אבל אס אינו רולה לאכול אלא מאחד, יבלע עליו ואין לחוש לשני, אע"פ שחשוב או חביב עליו - אע"פ שהוא לפניו והוא מוקדם בפסוק, או חביב או חשוב, אינו חייב לאכול ממנו בשביל הקדמה זו, **ומסתברא** דדוקא אם אינו רוצה לאכול אלא מאחד, אבל אם ברצונו שוה הוא לאכול מזה או מזה, ושניהם מונחים לפניו, אף שאינו רוצה לאכול משניהם יחד, מצוה מן המובחר לבצוע על המוקדם בפסוק ושארי המעלות.

הלכות בציעת הפת
סימן קסח – על איזה מין פת מברכין

סעיף ב - אם ב' שלמות ממין אחד, אחת גדולה ואחת קטנה, מברך על הגדולה - ודוקא כשהיו שניהם שוים ביופי, אבל אם הקטנה נקיה, והגדולה קיבר, מברך על הקטנה.

אם יש לאדם שני חצאי לחם ואין לו לחם שלם, יחברם יחד בעץ או בשום דבר שלא יהא נראה, ודינו כדין שלם - אבל אם נראה להדיא שנתחבר יחד, לא מקרי שלם, [**ודוקא** אם נראה להדיא, דמקרוב כשמסתכלין בו, הלא לעולם נראה שהוא נתחבר משני חצאין].

ואפי' בשבת יכול לחברם - ומ"מ אם יש לו אחר שלם, לא יבצע ע"ז. ‹משמע דרק בשבת לא חשיב לגמרי כשלם, משום לחם משנה, ומלשון השו"ע משמע דגם בחול, הא דמהני חיבור היינו רק אם אין לו לחם שלם – אור החמה›

יחברם יחד כו' - והמ"א מפקפק בזה, ודעתו דבחול א"צ להדר אחר זה, ורק דבשבת דבעינן לחם משנה שלם, יעשה זה, **ורק** שיזהר שלא יקח עץ שהוא מוקצה לזה, **ובא"ר** נוטה לדעת השו"ע.

סעיף ג - שני גלוסקאות הדבוקים יחד שנאפו, ונחתך מן האחת והשניה נשארה שלמה, טוב להפריד החתיכה מהשלמה כדי שתהא נראית שלימה, ממה שיניחנה דבוק בה אע"פ שנראית יותר גדולה - דמעלת שלם עדיף ממעלת גדול, וכנ"ל בס"א.

הגה: ולא יבצע ממנו במקום שהיתה דבוקה בחברתה, שאז נראית כפרוסה, אלא יבצע ממקום השלם שבה - ודוקא בזה דבאמת שלמה היא, ורק במקום שהיתה דבוקה נראית כפרוסה, לכן יבצע מצד השלם, **אבל** בפרוסה ממש, אין קפידא שיבצע מצד השלם, ודי שיחתוך מן הצד.

סעיף ד - פת שעורין ופת כוסמין, מברך על של שעורים כיון שהוא ממין ז' - אף דכוסמין חשבינן נמי בכלל שבעת המינים, דמין חטים הוא, **מ"מ** אינו מפורש בהדיא בקרא דז' המינין, ולכן שעורים חשיב טפי ממנה.

אע"פ שהכוסמין יפים - וחביב עליו, דמעלת מין ז' עדיף, כדלקמן בסימן רי"א, **ושם** מבואר די"א דחביב קודם - מ"א, ולפי"ז לא משכחת דין זה, כי אם בששניהם שוים בעיניו.

ולענין כוסמין ושיפון, דשניהם אינם מפורשים בקרא, כוסמין עדיף, דהוא מין חטים, **ושיפון** ושבולת שועל, דשניהם מין שעורים, שיפון עדיף, שהוא חביב טפי.

פת נקיה ופת קיבר - ושניהם מין אחד, ‹מברך על הנקיה›, **דאם** הפת קיבר חשיב במינו מן הנקיה, כגון חטים לגבי שעורים, או שעורים לגבי כוסמין, הוא קודם.

מברך על הנקיה - ואף דהקיבר גדול ממנה, דמעלת הנקיות עדיף, **ומיירי** שהיו שניהם שוים שלמים או פרוסים, דאם הקיבר לבד שלם, הוא קודם להנקיה הפרוסה, וכנ"ל בס"א.

וזה הכלל מסעיפים אלו: מעלת שבעת המינים קודם לכל, [ובז' מינים גופא, אותם דאקדמיה קרא הוא קודם], ואחריו מעלת השלם, ואחריו מעלת הנקי, ואחריו מעלת הגדול, **ולענין** מעלת חביב, עיין סימן רי"א.

ואם שתיהן נקיות וזו לבנה יותר מזו, מברך על הלבנה יותר - ואף אם השניה גדולה ממנה, אם לא שהוא חביב עליו יותר, [**ונ"ל** דאפי' שניהם שוים בגדלות, הוא קודם משום דחביב].

סעיף ה - פת עובד כוכבים נקיה ופת קיבר של ישראל, אם אינו נזהר מפת עובד כוכבים, מברך על איזה מהם שירצה - דכל אחד יש לו מעלה, זה שהוא פת ישראל, דפת עכו"ם לא התירו אלא מדוחק, וזה שהוא נקי, **אבל** בשוין, פשיטא דפת ישראל קודם לברך עליו.

ואם הוא נזהר מפת עובד כוכבים, מסלק פת נקי של עובד כוכבים מעל השלחן עד לאחר ברכת "המוציא" - דין זה נובע מדברי השר מקוצי, שחשש שאם יהיה מונח על השלחן, יהיה בעת הברכה חביבה עליו, מפני שהיא נקיה, ואפשר שיצטרך לברך עליו מפני זה, **והרבה** מאחרונים מפקפקין מאד בזה, דכיון שהוא נזהר ומחזיק זה לאיסור, מאי אהני ליה חביבותיה, **ומ"מ** לכתחלה טוב לחוש לדבריו ולסלק.

מחבר רמ"א משנה ברורה

ואם בעה"ב אינו נזהר מפת עכו"ם, ואין דעתו לאכול כל הסעודה רק פת עובד כוכבים כי היא נקיה, אבל בני ביתו אוכלים מפת שאינו נקי של ישראל, ושתי הלחם מונחים על השלחן, צריך לבצוע על פת נקיה של עובד כוכבים, הואיל והוא הבוצע ואין דעתו לאכול אלא מאותו פת - פי' דאף דבריש הסעיף כתב, דמברך על איזו שירצה, היינו היכא שבדעתו לאכול הסעודה משתיהם, אבל זה שאין דעתו לאכול כלל רק פת עו"ג זה, א"צ לברך על פת אחר, אף שהוא חשיב טפי, וכנ"ל בס"א בהג"ה, **ואף** דמוציא את בני ביתו בברכת "המוציא", והם אינם אוכלים מזה אלא מפת כשר, מ"מ כיון דהוא אינו חפץ לאכול אלא זה, והוא הבעה"ב, הוא העיקר ואזלינן בתריה, ויברך על פת שהוא אוכל, (והם יצאו בברכתו ויאכלו מהפת הכשר – מ"ב המבואר).

ואם בעה"ב נזהר מפת עובד כוכבים, וישראל שאינו נזהר בכך מיסב עמו על השלחן, כיון דמצוה מוטלת על בעה"ב - פי' לבצוע ולהוציא את אחרים בברכתו, כמו שאמרו: בעה"ב בוצע כדי שיבצע בעין יפה, **יבצע מן היפה של עכו"ם** - כיון שהאורח יאכל מפת עו"ג, שהוא יפה ונקי, התירו לו גם כן לבעה"ב לבצוע על הפת של עו"ג, מפני כבוד האורח, **וכיון שהותר לבצוע הותר לכל הסעודה** - אבל בלא אורח אינו מותר כלל למי שנזהר מפת עו"ג לברך על הפת זה, אלא יסלקם מעל השלחן וכדלעיל, (**והרבה** אחרונים מפקפקין על היתר זה, דהוי כנדר וצריך התרה).

ודע, דכהיום שהמנהג שכל אחד מברך לעצמו ברכת "המוציא", לכאורה לא שייך כלל דין זה, אלא כל אחד יברך על פתו שאוכל.

הגה: ודוקא שחביב עליו אותו פת, אבל אם אינו חביב עליו בלא איסור פת של עובד כוכבים, אינו צריך להקדימו - ר"ל דכ"ז אם הפת זה בעצם חביבה עליו, ורק שהוא מונע עצמו מפני שהוא פת עו"ג, התירו לו בכאן מפני האורחים, **אבל** אם אינו חביב עליו בעצם פת זה, ואינו חפץ בו, יברך על פתו הכשרה.

סעיף ו - פת הבאה בכיסנין - בסעיף שאחר זה מתבאר מה הוא, **מברך עליו: בורא מיני מזונות, ולאחריו: ברכה אחת מעין שלש** - ואף דבסתם פת מברכין עליו "המוציא" בכל שהוא, ועל כזית מברכין בהמ"ז, **שאני** אלו דאין דרך בני אדם לקבוע סעודתן עליהם, ורק אוכלין אותן מעט דרך עראי, לפיכך ברכתן רק במ"מ, ולאחריו ברכה מעין שלש, **אא"כ** אכל כשיעור קביעת סעודה, דאז מברך "המוציא" ובהמ"ז, דעכ"פ פת הוא.

ואם אכל ממנו שיעור שאחרים רגילים לקבוע עליו, אף על פי שהוא לא שבע ממנו, מברך עליו "המוציא" ובהמ"ז - וגם נט"י וכמו בפת גמור, **כתבו** האחרונים, דאם אכלו לבדו, צריך שיאכל שיעור שאחרים רגילים לשבוע ממנו לבדו, [**האי** לשבוע לאו דוקא שביעה גמורה לכו"ע, אלא ר"ל דרך קביעת סעודה], **ואם** אכלו עם בשר או דברים אחרים שמלפתים בו הפת, סגי כשאוכל שיעור שאחרים רגילין לשבוע ממנו כשאוכלין ג"כ עם דברים אחרים.

והנה לענין עירובי תחומין איתא, דשיעור סעודה הוא ג' או ד' ביצים, וכתבו כמה אחרונים, דה"ה כאן חשיב בזה שיעור קביעת סעודה, **אבל** כמה אחרונים והגר"א מכללם חולקים, וס"ל דאין לברך "המוציא" ובהמ"ז אלא כשיעור סעודה קבוע שהוא של ערב ובקר, וכמש"כ בב"י בשם שיבולי לקט, וכן מצאתי באשכול דמוכח שהוא סובר כן, וכן נוטה יותר לשון השו"ע, **ומ"מ** לכתחלה טוב לחוש לדעת המחמירים, שלא לאכול ד' ביצים, **וכ"ש** אם הוא דבר שיש להסתפק בו מדינא אם הוא פת הבאה בכיסנין, אף דמבואר בס"ז דהולכין בזה להקל, עכ"פ בודאי יש לחוש לדעת המחמירים הנ"ל.

ואם מתחלה היה בדעתו לאכול ממנו מעט, וברך "בורא מיני מזונות", ואח"כ אכל שיעור שאחרים קובעים עליו, יברך עליו בהמ"ז, אע"פ שלא ברך "המוציא" תחלה - כיון שהשלים לשיעור קביעת סעודה, אבל "המוציא" אין צריך לברך על מה שנמלך לאכול, כיון דאין במה שמונח לפניו אחר שנמלך שיעור קביעת סעודה, אלא ביחד עם מה שאכל כבר.

[**אבל** לענין ברכת במ"מ על מה שנמלך לאכול, תלוי בזה, אם היה נמלך גמור, דהיינו שהיה בדעתו מתחילה שלא לאכול יותר, ואח"כ נמלך לאכול עוד, צריך לברך במ"מ - מחה"ש וש"א, **ולכאורה** בענינינו, הלא בודאי אף דלא חישב בהדיא מתחילה שלא לאכול יותר, כחישב דמי, דהלא ידוע דאם אוכל כשיעור קביעת סעודה, מברך "המוציא" וגם נוטל ידיו, והוא כיון שבירך רק במ"מ, ע"כ דדעתו היה שלא לאכול כשיעור זה].

ואם באמת יש שיעור קביעת סעודה במה שלא אכל עדיין, צריך ליטול ידיו ולברך: המוציא וענט"י ובהמ"ז.

ואם אכל שיעור שאחרים אין קובעים עליו, אע"פ שהוא קובע עליו, אינו מברך אלא "בורא מיני מזונות" וברכה אחת מעין שלש, דבטלה דעתו אצל כל אדם - אך אם אכלו לבדו ושבע ממנו, אף שאחרים לא היו שבעין ממנו לבדו, אבל כיון שאם אכלו אותו עם דברים אחרים היו שבעין ממנו, ג"כ לא אמרינן בטלה דעתו, וצריך לברך עליו "המוציא" וברכת המזון.

(**ומ"מ נראה ברור**, דאם הוא זקן או נער שאכילתן מועט בטבע, חייבין ב"המוציא" ובהמ"ז, אם אכלו שיעור שדרכן תמיד לקבוע ע"ז, כיון דכל בני מינם מסתפקין בשיעור אכילה כזו).

סעיף ז - פת הבאה בכיסנין, יש מפרשים: פת שעשוי כמין כיסים שממלאים אותם דבש או סוקר ואגוזים ושקדים ותבלין - "או או" קאמר, **והם הנקראים רישקולא"ש ריאלחש"ו.**

ור"ל אף אם נילושה מתחלה במים כשאר פת, כיון שכל העיסה ממולא ממינים אלו, **ומסתברא** דמיירי ג"כ שטעם המילוי ניכר בעיסה, וכמו שמסיים לבסוף.

ואף דהמילוי עיקר אצלו, מ"מ מין דגן חשוב ואינו בטל, ולכך מברך במ"מ ופוטר הכל, **ואך** אם אינו אוכל העיסה ורק הפירות שבפנים לבד, מברך הברכה השייכה להפירות.

וכתב הט"ז, דאם נלקח הפירות ואוכל רק העיסה, אפ"ה מברך במ"מ ולא "המוציא", דיש עליה דין כיסנין, כיון שנאפה עם מילוי הפירות, שאין דרך לקבוע סעודה על פת כזו.

וי"א שהיא עיסה שעירב בה דבש או שמן או חלב או מיני תבלין - בעת הלישה, **ואפאה** - והיינו אפילו היה הרוב ממים, כיון שעירב בה ג"כ ממינים אלו, ועי"ז נשתנה הטעם, מקרי פת כיסנין.

והוא שיהיה טעם תערובת המי פירות או התבלין ניכר בעיסה - דאל"ה הוי לחם גמור, **ולחם** שנותנין בו זאפר"ן להטעימו ולנאותו, או שנותנין בו מעט צימוקין, לכו"ע לחם גמור הוא.

(וי"א שזה נקרא פת גמור) - ומברך "המוציא" לכל שהוא, וכן בהמ"ז לכזית כדין פת, **והיינו** היכא דעירב בה בהלישה רק מעט דבש וחלב, אינו בטל שם פת מחמת שנרגש הטעם.

(אלא אם כן יש בהם הרבה תבלין או דבש, כמיני מתיקה שקורין לעקי"ך, שכמעט הדבש והתבלין הם עיקר) - ר"ל שכ"כ תבלין מעורב בהן, עד שעל ידי זה יהיה מנכר התבלין בטעם יותר מהקמח, **וכן** בדבש ושמן וחלב, בעינן שיהיה הרוב מהן, ומיעוט מים, שעי"ז נרגש מהן הטעם הרבה מאד, עד שעי"ז הם העיקר וטעם העיסה טפל, (**וכה"ג** בנילוש בביצים, צריך שיהא הרוב מביצים ומיעוט מים, כדי שיהא טעם הביצים נרגש הרבה).

וכן בציור הראשון שכתב השו"ע, שממלאין מהם, בעינן ג"כ שיהיה המילוי הרבה כ"כ, עד שעי"ז יהיה נרגש הטעם הרבה מאד.

(**ולפי"ז** העיסה שעושין בפורים וממלאין אותה בשומשמין, לא נבטל ממנה שם פת עד שיהיו השומשמין הרבה, עד שיהיה מנכר טעם השומשמין יותר מטעם העיסה, וע"פ רוב העיסה של פורים שעושין בזמננו אין בה שומשמין כ"כ, **ובפרט** שלחם ההוא אין עשוי בזמננו לקינוח ולתענוג, כמו שזכרו הראשונים בפת הבאה בכיסנין, רק לשבוע, ולחם גמור הוא, וכ"כ הגר"ז).

(וכן נוהגים) - שאופין ללחם משנה, פת עם מעט שמן ותבלין, **וכן** הסכימו האחרונים להלכה כפסק הרמ"א.

(**ויש** הרבה שאין נזהרין בזה, שקונים מיני עוגות קטנות שנילוש במעט דבש או ביצים, והרוב ממים, ומברכין עליהם במ"מ, ואוכלין בלי נט"י, **וביותר** מזה,

שכמה פעמים אוכלין מהם כדי קביעות סעודה, שאף בכיסנין גמור צריך נטילה ו"המוציא" ובהמ"ז).

וי"מ שהוא פת, בין מתובלת בין שאינה מתובלת, שעושים אותם כעבים יבשים, וכוססין אותם, והם הנקראים בישקוני"ש - כך שמה בערבי, ובלשון ספרד נקרא בושקיגו"ש, ונעשית מה' מיני דגן ובמים לבד, אך באפייתן נעשים יבשים כ"כ עד שנפרכים, ואין זה נקרא אוכל אלא כוסס, ואין דרכם לאכול מזה הרבה, לכן אין לו דין פת.

והלכה כדברי כולם, שלכל אלו הדברים נותנים להם דינים שאמרנו בפת הבאה בכסנין – (עיין בחידושי רע"א שהקשה, אמאי לא כתב המחבר די"ש יצא ידי כולם, כמ"ש בסי"ג, **ובמאמר** מרדכי מיישבו, דכיון דלא נזכר בהדיא שחולקים הפוסקים בזה, ואפשר דמודו להדדי).

(ויש עוד מיני עוגות דקות שלשין אותם בלא דבש וביצים כלל, רק שמבשלין מקודם מים עם מעט שיבולת שועל, ולשין אותם במים אלו, **ואיני** יודע היתר לזה, ואטו משום דנילוש במים אלו אבד טעם העיסה ממנו, **וגם** אף אם היה נרגש טעם השיבולת שועל הרבה, ג"כ מסתבר דלאו כלום הוא להוציאו מתורת לחם, דאטו אם מתערב לכתחלה כמה מיני דגן ביחד לאו לחם הוא, ושמן ודבש שאני דמינים אחרים הם, וגם דבשמן ודבש וביצים נחשב מיני מתיקה, שאוכלין רק לקינוח, שטעמם חשיב, משא"כ בזה, **אך** אם עושין העוגות דקין ויבשין מאד עד שנפרכין, יש להתיר, משום דזה הוי בכלל כעבין יבשין הנזכר בשו"ע, דגם אלו מן הסתם אין דרך לאוכלן להשביע, רק לקינוח כמו כעבין הנ"ל).

סעיף ח - לחמניות, אותן שבלילתן עבה שקורין אובליא"ש, לחם גמור הוא ומברך עליו "המוציא" ובהמ"ז - דנעשים רק מקמח ומים כשאר פת, [**דאם** היה ממולא בתבלין או שנילוש בדבש וכה"ג, היינו פת כיסנין הנזכר בס"ז, דאינו מברך עליו אלא במ"מ בדלא קבע], **ואף** שהם דקים, מ"מ לא הוי כמו כעבים יבשים דס"ז, דהם יבשים מאד, ואינם עשוים לאכילה, ורק כוססין אותם לקינוח, **אבל** אלו עשוים לאכילה.

ואותן שבלילתן רכה ודקין מאוד שקורין ניבלא"ש, מברך עליהם "בורא מיני מזונות" וברכה אחת מעין שלש - וכתבו האחרונים, דהיינו מה שקורין בלשון רוסיא נאלסילק"ע, שמערבין קמח עם הרבה מים בקדירה כמו דייסא, ושופכין על עלי ירקות, ונאפים בתנור עם העלים, וה"ה כשנאפים על מחבת בלי שמן, **ודוקא** באלו שהם דקים ורכים ביותר, אבל אם אינם רכים ודקים כ"כ, מבואר בסי"ד דדין לחם עליו ומברך "המוציא".

ואם קבע סעודתו עליהם, מברך "המוציא" וברכת המזון - ומה נקרא קבע, מבואר לעיל בס"ו לענין פת כיסנין, וה"ה הכא.

וכ' הפוסקים, דאותן שקורין בפראג וואלאפלאטקע"ס, שנעשין ג"כ בלילתן רכה, אך מפני שמתפשטין באפייתן נעשים דקין וקלושים הרבה יותר מאותן נאלסילקע"ס שנזכר לעיל, אין לברך עליהם "המוציא" אפילו בדקבע, דאין ע"ז תורת לחם כלל, ודמיא לטריתא בסט"ו, [**ואופן** עשייתן: שלוקחין סולת ובלילתה ג"כ רכה מאד, ונוטל בכף מאותה כלי שהעיסה בתוכו, ושופך אותה בדפוס של ברזל שקורין פורבי"ן, ויש למעלה עוד ברזל אחר כמוהו, והעיסה נשפך בין שני הברזלין, וכשמהדק ברזל בברזל יחד כעין צבת, ואותו הרקיק הוא בתוך, אז נאפה מיד על הברזל שהוא חם מאד, **ואלו** אין להם תורת לחם כלל, הואיל ונתפשטו כ"כ דק דק].

ואי אכיל להו בתוך הסעודה - פי' להני רכין ודקין, **שלא מחמת הסעודה** - פי' שלא אכלם להשביע רעבונו, רק לקינוח ומתיקה, **דאילו** אכלם למלא רעבונו, אפילו לא אכלם רק מעט, הם בכלל סעודה וא"צ ברכה, **טעונים ברכה לפניהם ולא לאחריהם** - דכיון דאינו אוכל זה לשם סעודה, לא נפטר בברכת "המוציא".

וה"ה לכל פת הבא בכיסנין המבוארים בסעיף ז' - מ"א, (והנה באמת כדבריו מבואר בכמה ראשונים, **והנה** כ"ז לעיקר הדין, **אבל** לדידן דמספקינן בפת הבא בכיסנין מאי הוא, **אף** דהמחבר פסק להקל בכולם, היינו משום דספק דרבנן להקל, **ואין** מצריכין לו לברך "המוציא" ובהמ"ז כשאר פת, **משא"כ** בענינינו, להצריכו ברכה תוך הסעודה, משום דנחזיקו לפת כיסנין, **אין** סברא, **דאדרבה**

ספק דרבנן להקל, ושמא מין זה פת גמור הוא, ונפטר בברכת "המוציא", **ע"כ** אין לברך על פת כיסנין בתוך הסעודה, **אא"כ** הוא פת כיסנין לכו"ע, דהיינו **שממולא**, וגם נילוש בדבש וכה"ג, והוא דק ויבש, כ"כ דגמ"ר והגר"ז, וכעין זה כתב ג"כ בחידושי רע"א וח"א, **ולפי** מה שכתבנו לעיל בשם המאמר מרדכי, **דאפשר** דמודו זה לזה, אין קושיא כ"כ, **ולדינא** נראה, דבאוכל דבר הנילוש בדבש ומי ביצים וכה"ג בתוך הסעודה, כגון לעק"ך וקיכלי"ך, או שאוכל כעבי"ן יבשים, לא יברך בתוך הסעודה, אפילו אם אוכלן לקינוח, **ואם** אוכל מדברים הממולאים בפירות, וכמה שצייר המחבר באופן הראשון, המברך עלייהו בתוך הסעודה לא הפסיד, דמשמע דרוב הפוסקים סוברין כן, דזהו פת כיסנין, **ובח"א** משמע, דאף על לעק"ך וקיכלי"ך, לכתחלה ראוי שיכוין בשעת ברכת "המוציא" לפטור אותן).

ואם אוכל הרבה כשיעור קביעת סעודה המבואר בס"ז, אפי' אכלם למתיקה בעלמא, נפטר בברכת "המוציא", דכיון דאי אכלם שלא בתוך הסעודה צריך לברך "המוציא", ממילא בתוך הסעודה נפטר בברכת "המוציא".

[**ואם** אכל אובליא"ש שהוא לחם גמור, וכן פת הנילוש במעט דבש ורובו מים, לפי דעת הרמ"א לעיל בס"ז, אפי' בדלא קבע ג"כ, בודאי א"צ ברכה, דנפטר בברכת "המוציא" כשאר פת].

וכ"ז בעניני פת, אבל בעניני מעשה קדרה שבאין למזון ולתבשיל, תמיד מחמת הסעודה הם באים, כמבואר בסימן קע"ז, **ואפילו** הם ממולאים בפירות, כאותן שקורין עפי"ל פלאדי"ן וכדומה, הפירי נעשה תבשיל תוך המולייתא, וקימחא עיקר והפירי בטל לגבייהו, **ואין** להחמיר וליקח קצת תפוחים מתוכם ולברך בפה"ע, דהוי ברכה לבטלה.

אבל אותם רקיקים דקים שנותנים מרקחת עליהם, הם טפילים לגבי המרקחת, וברכת המרקחת פוטרתן - קאי על עיקר דין פת הבאה בכיסנין, וקמ"ל דזה לא הוי בכללו, דאין מברכין בזה על העיסה כלל, משום דהוי טפילה למרקחת, **דאין** מתכונין לאכול הרקיקין, ורק שעושין אותם כדי שלא יטנפו הידים מהמרקחת, ולכן הוי העיסה בכלל טפל, כדלקמן בסימן רי"ב.

ואם אכל המרקחת מלמעלה, והשאיר הרקיקין, ואכלן בפני עצמן, צריך לברך במ"מ עליהם, **אך** אם אכלן ביחד, ונשאר עוד קצת רקיק בלא מרקחת, אין צריך לברך עליו, כיון דעיקר אכילתו היה ביחד, ונחשב לטפל להמרקחת, אין חוששין על גמר האכילה.

וכתבו האחרונים שם, דבמדינותינו שנותנין מרקחת על הדובשנין, שקורין לעק"ך פלאדי"ן, שטובים הדובשנין למאכל בעצמן, אם כן כונתם גם בשביל אכילת הדובשנין, וממילא הם העיקר, ומברך עליהם במ"מ ופוטר המרקחת.

ופשוט דדוקא שבעת אפייה נאפין ביחד, אבל אם אפה הדובשנין לבד, ואח"כ מניח עליהם מלמעלה המרקחת, אין נעשין המרקחת טפילה להם, שכונתו לאכול שניהם, ואין המרקחת באין ללפת הדובשנין, וצריך לברך גם על המרקחת.

סעיף ט - פת גמור, אפילו פחות מכזית מברך עליו "המוציא" - וה"ה אפילו על כל דהו, דאסור ליהנות מן העולם הזה בלי ברכה, **אבל לאחריו אינו מברך כלום, כל שלא אכל כזית** - היינו לא בהמ"ז ולא שום ברכה אחרונה.

סעיף י - אקדים לזה הסעיף הקדמה קצרה, והוא, דיש בזה שלשה אופנים, **א)** פת שפירר לפירורין ובשלו, תלוי בזה: אם הפירורין גדולים שיש בהם כזית, לא נתבטל מהם שם פת, אפילו אם ע"י הבישול אזל מהם תואר לחם, **ואם** אין בהם כזית, אפילו אם נראה שיש עליהם תואר לחם, מברך במ"מ, דשם תבשיל עליהם, **ב)** אם לא בשלו רק שפירר בקערה, ונתחברו הפירורין יחד ע"י דבש או מרק, אם יש עדיין עליהם תואר לחם, מברך עליהם "המוציא", אפילו אם אין בהפירורין כזית, **ואם** אין בהם תואר לחם, מברך עליהם במ"מ, אא"כ היה בהפירורין כזית, וכנ"ל לענין בישול, **ג)** כשלא בישל, וגם לא נתחברו הפירורין יחד ע"י משקה, אפילו אם הפירורין דקין כסולת, מברך עליהם "המוציא", דשם פת עליהם.

חביצ"א, דהיינו פירורי לחם שנדבקים יחד על ידי מרק - בנתבשל אין נ"מ בין נדבקין או לא, ונקט זה משום אופן השני, דמיירי בלי בישול, **וה"ה** אם היו רק שרוים בתוכו הרבה, עד שנתלבן המים עי"ז,

דינו כמו נדבקין יחד, וכדלקמיה בסי"א – [מאמר מרדכי: ר"ל דכשנדבקין יחד, אמרינן דמאחר שנראה שאין עליו תואר לחם, ודאי דכך הוא האמת שאין צורתו עליו, **משא"כ** כשאינן נדבקין, והוי רק פירורין, אין לנו שום גילוי והוכחה לומר דאזיל ליה צורתו, **אבל** כל שנתלבנו המים, הרי יש הוכחה לדבר דאזיל צורתיה, והוי כאילו נדבק – מאמר מרדכי].

אם נתבשל - היינו שנתן הלחם בכלי ראשון כשעמד על האש, או עכ"פ שהיה היד סולדת בו.

אם יש בהם כזית - ר"ל בהפרוסה עצמה שמברך עליה היה בה כזית מקודם, ולא נפחתה משיעור זה ע"י הבישול, **ולא** מצרפינן לה מה שנתדבקה עם חברותיה, או שנתפחה ע"י המשקה.

אע"פ שאין בו תואר לחם, מברך "המוציא" ובהמ"ז - דכיון שיש בהם כזית, לא נתבטל ממנה שם לחם.

ולאו דוקא שיש כזית בכולם, אלא אפי' אם יש כזית בחדא פרוסה, ג"כ מברך עליה "המוציא" ובהמ"ז, וממילא יכול לאכול השאר הקטנות ג"כ, (**וכשאוכל הפירורין הדקין שאין בהם כזית לבדם, מברך עליהם במ"מ**).

ואם אין בהם כזית, אע"פ שנראה שיש בו תואר לחם, אינו מברך אלא "בורא מיני מזונות" וברכה אחת מעין שלש - דכיון שנתבשל אינו חשוב תואר לחם.

(**ועיין בפמ"ג שמסתפק, אם אחר בישול היה כזית, ואח"כ פיררו לפירורין קטנים, אם נימא כיון שהיה בעת בישול כזית, תו לא נפקע מיניה שם לחם ע"י מה שהמעיטו לפחות מכזית**).

ודע, דבכל הני שנזכר בסעיף זה ובסעיפים שאחריו, אפילו קבע סעודתו עליהם ואכל כדי שביעה, מברך במ"מ ואחריו מעין שלש, משום דלא הוי בכלל לחם כלל, רק כמיני קדירה בעלמא.

אבל בכלי שני לא חשיב בישול, ודינו כמו באופן השני, דאם יש בו תואר לחם מברך "המוציא" אף בפחות מכזית, **ודוקא** אם לא נתלבן המים ע"י הלחם, אבל אם נתלבן המים כדרך שמצוי כשנשרה פת במים חמין, מבואר בסי"א דעי"ז נחשב הפת כאין בו תואר לחם.

ואם הניח הפירורין בקערה ועירה עליהם רותחין מכלי ראשון, כתבו האחרונים דספק הוא אם יש לו דין בישול או לא, **וע"כ** אם אין בפירורין כזית, ויש בו תואר לחם, יברך על פת אחר תחלה.

ואם לא בשלם בקדרה, אלא טיגנם במשקה במחבת, משמע ממ"א דלא הוי כבישול, ומהני ביה תואר לחם, כמו לקמיה באופן השני, **ולפי** דעת שארי האחרונים, אין הכרח לדבריו, **והנכון** שבטיגון לא יאכל בשיש בו תואר לחם, כי אם בתוך הסעודה, **וכ"ז** בשאין בהם כזית, אבל אם טיגן פרוסות שיש בהם כזית, אפילו אזל ליה התואר לחם, פשוט דמברך "המוציא" וכנ"ל בבישול, וכ"ש בזה.

ואם אינו מבושל, אלא שהוא מחובר ע"י דבש או מרק, אם יש בפרוסות כזית - היינו אפילו כזית באחת מהן וכנ"ל, **מברך עליו "המוציא", אפילו אין לו תואר לחם.**

ואם אין בהם כזית, אם יש בהם תואר לחם, דהיינו שהוא ניכר וידוע שהוא לחם, מברך עליו "המוציא" וברכת המזון - הטעם דעדיף בזה מאופן הא', דכיון שלא נתבשל, תואר לחם שלו חשיבא, שהוא ניכר וידוע יותר. **ומש"כ** וברכת המזון, היינו כשאכל כמה פירורין עד שיעור כזית.

ואם אין בהם תואר לחם, מברך "בורא מיני מזונות" וברכה אחת מעין שלש.

ואם אינו לא מבושל ולא מחובר, אלא מפורר דק דק, אע"פ שאין בו כזית ולא תואר לחם - היינו שע"י שהוא מפורר דק דק כסולת, לא מינכר עליו תואר לחם, **מברך עליו "המוציא" ובהמ"ז** - והטעם, דכיון שהוא פת בפני עצמו, ואינו מחובר, אינו יוצא לעולם מתורת לחם.

ועיין באחרונים שהסכימו, דאפילו שרה הפירורין במים, כיון שלא נתחברו יחד, אינו יוצא מתורת פת, **ודוקא** אם שרה זמן מועט, אבל אם שהו הפירורין בתוכם עד שנתלבנו המים עי"ז, מבואר בסעיף שאחריו, דמברך עליו במ"מ וברכה מעין שלש.

אם פירר הלחם עד שהחזירן לסולת, ואח"כ חזר וגבלן בשומן וכיו"ב, שאנו קורין בלשוננו קניידלי"ך, או חרעמזלי"ך, עיין במ"א מה שכתב בזה, **והסכמת** הרבה

הלכות בציעת הפת
סימן קסח – על איזה מין פת מברכין

אחרונים, דאם בישלן בקדירה, או טגנם במחבת במשקה, דחשיב כבישול, אף שיש בכל אחת כזית ויותר, מברך עליהם במ"מ, ואפילו אם אכל הרבה, וכן הוא מנהג העולם, **ואם** אפאן, נכון שלא יאכלם כי אם בתוך הסעודה, ‹**אף** שקמח שגיבלו במעט שומן לא נחשב פת כיסנין וכנ"ל, אפשר דהכא שאני, דבפירורי לחם כאשר מגבלם בשומן, אף אם הוא רק מעט, אין זה נעשה כדרך עיסה, ואף אם אפאו אח"כ, אין ע"ז תואר לחם›, **אא"כ** נילוש ברוב שומן או דבש, דאז מברך עליהם במ"מ, וכדלעיל בס"ז בהג"ה, **ואם** גיבלן במים לבד ואפאן, יש עליהם דין פת גמור.

(וע"ל סי' קפ"ד כמה שיעור אכילה לברך עליה ברכת המזון).

סעיף יא - יש מי שאומר דפירורין שנותנין במים, והמים מתלבנים מחמת הפירורין, אזיל ליה תוריתא דנהמא, (פירוש כאילו אמר תוארית', כלומר תואר הלחם), ואין מברך עליה אלא "בורא מיני מזונות" וברכה אחת מעין שלש - היינו כשאין בהם כזית, דאילו יש בהם כזית, א"צ תואר לחם, כמש"כ בסעיף הקודם.

ואף דמבואר בסוף סעיף הקודם, דפירורין שאינם מבושל ולא מחובר, אפילו אם אין בהם תואר לחם, מברך "המוציא", ואפילו היו שרוים במים כמש"כ שם, **דוקא** התם שלא נשתנה צורת הפת בעצם כלל, שנשרה במים רק זמן מועט, ומה שלא מינכר בו תואר לחם, הוא רק מפני קטנותו, **משא"כ** הכא שנשרה הרבה במים עד שנתלבנו המים עי"ז, הוא סימן שנפסדה צורתה ע"י השריה, ואבד ממנה שם לחם.

והנותנים חתיכת פת שמיבשין על הגחלים בשכר, שקורין פעניץ, ואין בהם כזית, והשכר מתלבן ע"י השריה, נמי דינא הכי, דמברכין עליהם במ"מ, **ואם** נתן רק מעט לחם דק דק לתוך השכר חם, כדי שיתן בו טעם, ולא בשביל אכילה, אינו מברך רק "שהכל" על השכר, דהוא העיקר, והלחם אין בו ממשות ודבר חשוב.

סעיף יב - יש מי שאומר שפת השרוי ביין (אדום), אינו מברך אלא "בורא מיני מזונות" וברכה אחת מעין שלש - ר"ל לאפוקי שלא יברך עליה "המוציא", **ודוקא** אדום, ומשום דכיון שנתאדם הפת ע"י היין, אבד ממנה תואר לחם, **אבל** אם שרה פתו ביין לבן, בעינן דוקא שישתנה היין מצורתו ע"י הפת השרוי בתוכו, וכדלעיל בסי"א.

(**והנה** זה הלשון "אדום" הוסיף הרמ"א מדעתיה, ע"פ לשון המרדכי שהובא בב"י, שכתוב בו: הואיל וסימוק, **ובאמת** סברא זו קלושה מאד, דכיון שהפת עדיין בעין, וכי בשביל צבע בעלמא שקלט הפת ע"י היין יאבד ממנה שם לחם עי"ז, **והנה** בהגהת של"ה הביא, שברוב ספרי המרדכי כתוב: הואיל ונימוק, וע"פ גירסא זו הדבר כפשטיה, דמיירי שנשתהה הרבה, ונימוק הפת עד שאבדה עי"ז צורתה, וכנ"ל בסי"א, ואין נ"מ כלל בין יין לבן לאדום, **ואף** דבעל הג"ה שם {הוא בנו של השל"ה ז"ל} מצדד להלכה כגירסת הרמ"א, מ"מ קשה מאד להקל בזה למעשה, וצ"ע לדינא).

ונראה שאין דבריו אמורים אלא בפירורין, או בפרוסות שאין בכל אחת כזית - דאם היה בו כזית, הלא מבואר לעיל בס"י, דמברך "המוציא" אפילו בשאבד תואר לחם.

(**ומ"מ** אותם לחמים שעושים ליו"ט, וצובעין עם מי זאפרי"ן, אפי' אין בפרוסות כזית מברך "המוציא", ושאני כאן דהיה שרוי קצת).

ולענין ברכת היין, אם כונתו העיקר בשביל אכילת הפת, והיין בא רק למתק האכילה, נעשה היין טפל, ואינו מברך כי אם במ"מ על הפת, וכן השורה פת כיסנין ביין או ביין שרף, ג"כ דינא הכי, **וכ"ש** השורה פרוסות שיש בהם כזית, או השורה פת ביין לבן, דמברך "המוציא" אפילו על פרוסות שאין בהם כזית, וכנ"ל, בודאי נעשה היין טפל להפת.

אבל אם כונתו גם בשביל שתיית היין, שרוצה לאכול ולשתות ביחד, נכון שיברך מתחלה על קצת יין בפני עצמו בפה"ג, ואח"כ יברך ברכה על הפת השרוי, **ואם** כונתו רק בשביל היין שבו, והפת בא רק למתק השתיה, נעשה הפת טפל ליין, ואינו מברך רק בפה"ג.

והנה לפי"ז לענין שתיית קאוו"י הנהוג בינינו, שטובלין בו פת כיסנין, ושם הלא כונתו ג"כ בשביל שניהם, נראה ג"כ דנכון הוא שקודם שיברך על הפת כיסנין, יברך על הקאוו"י "שהכל" וישתה מעט, **ויותר** טוב שיברך מתחלה על הפת כיסנין לבד בלא שרייה, ואח"כ

מחבר רמ"א משנה ברורה

יברך מתחלה על מעט צוקער ברכת "שהכל" להוציא הקאוו"י, [דהלא בודאי ברכת במ"מ קודמת ל"שהכל"].

סעיף יג- אפילו דבר שבלילתו (פירוש ליפת הקמח במים) עבה - היינו לאחר שיצק המים לתוך הקמח, לש אותה עב כמו פת, **אם בשלה** - במים, **או טגנה** - בשמן, **אין מברך עליה "המוציא"** - אפילו על פרוסות שיש בהם כזית, ולא דמי למש"כ בסעיף י', דהבישול אין מבטל אותם מתורת לחם, **דהתם** הוי לחם גמור מעיקרא, שהיה אפוי, משא"כ הכא דלא נאפה מעולם, להכי הבישול והטיגון מבטל מתורת לחם, **ועיין** לקמן בסי"ד בהג"ה, דאם נותן במחבת מעט שמן שלא ישרף העיסה, לא מקרי טיגון במשקה, והוי אפיה גמורה.

אפילו שיש עליה תוריתא דנהמא - ואפילו אכל הרבה וקבע סעודתיה עליהן, הוי כמו דייסא, ומברך במ"מ לפניה, ומעין שלש לאחריה.

ואפילו נתחייבה בחלה - ר"ל אפילו הוא בענין שקרוי לחם לענין חלה, כגון שבשעת לישה לא היה בדעתו לבשלו או לטגנו, ואח"כ נמלך, שהוא חייב בחלה לד"ה, כמבואר ביו"ד סימן שכ"ט, אפ"ה אינו מברך "המוציא".

דברכת "המוציא" אינו הולך אלא אחר שעת אפייה - דלא מקרי לחם אלא אפוי, וכיון שלא נאפה בתנור או במחבת בלא משקה, אין שם לחם עליה, **משא"כ** לענין חלה, הכל הולך אחר גלגול הקמח במים, שאז חל חיוב הפרשת חלה שנעשית עיסה, ושוב לא נפקע ממנה ע"י בישול וטיגון.

ויש חולקין ואומרים דכל שתחילת העיסה עבה, אפילו ריככה אח"כ במים ועשאה סופגין, (פירוש עיסה שלשה ועשאוה כמין ספוג), ובשלה במים או טגנה בשמן, מברך עליה "המוציא" - דס"ל דכיון דמעיקרא היה בלילתו עבה, ועתה אית ביה תואר לחם, מברך "המוציא", ואפילו באוכל אכילת עראי, שלא קבע סעודה ע"ז, דלחם גמור הוא לדידהו, וכדלקמן בהג"ה.

(כפל הלשונות אינו מדוקדק כ"כ, ובפוסקים לא נזכר רק שבשלה במים אחר שעשה מתחלה העיסה עבה, אבל שתי הלשונות ביחד לכאורה מיותר, **ואולי הדרך** לעשות כן, לרכך מתחלה במים, ואח"כ לבשל ולטגן, **והיותר נכון**, שמה שכתב "ובשלה", הוא כמו "שבשלה", והוא פירוש למה שכתב בתחלה "אפי' ריככה ועשה סופגנין", דהיינו שעשה אותה בלילה רכה וסופגנין ע"י שבשלה במים).

(ונהגו להקל) - פי' כסברא הראשונה, דאין צריך לברך "המוציא" וג' ברכות.

כתב המ"א, דזה דוקא בלא אכל כדי שביעה, דחיוב בהמ"ז שלו הוא רק מדרבנן, לכך נקטינן כדעה הראשונה להקל, **אבל** באכל כדי שביעה, דחיוב בהמ"ז הוא מדאורייתא, צריך לברך בהמ"ז מספק, וכן משמע מהגר"א, [**ואף** דמדאורייתא מסתברא דיוצאים במעין שלש במקום בהמ"ז, וא"כ שוב אינו אלא מדרבנן, **י"ל** כיון דעכ"פ מחויב לברך מן התורה היכא דיש ספק, ממילא מחויב לברך כל הברכות כתיקונם, ואע"פ שאינם מדאורייתא ממש, כמו אם היה מחויב בודאי, דאין לו לפטור עצמו במעין שלש במקום שלש].

אך כ"ז ‹דבאכל כדי שביעה מברך בהמ"ז מספק›, בשעה שלש ועשה בלילתו עבה היה דעתו לאפות פת, אלא שאח"כ נמלך ועשה אותה סופגנין, **אבל** כשהיה דעתו מתחלה לבשל ולטגן אותה, אפילו אכל כדי שביעה, אין מברך עליה בהמ"ז, רק ברכה א' מעין ג', ‹ועיין עוד בבה"ל›.

וירא שמים יצא ידי שניהם, ולא יאכל - היינו אפי' אכילה מועטת בלא קביעת סעודה, **אלא ע"י שיברך על לחם אחר תחלה** - והיינו אפילו בשהיה דעתו בשעת בלילה לבשל ולטגן, [לחוש לשיטת ר"ת, ‹דחייב אפי' היה דעתו מיד בשעת גלגול לטגנה או לבשלה›.

(**עיין** במ"א שהביא בשם השל"ה, שכתב דכיון שבלילתה עבה, ואין ממלאין בשום דבר, וגם לא נילושין עמו, להכי פת פוטרתן, **פי'** דהוקשה לו, האיך יצא ידי דעה ראשונה, הא לדידהו לכאורה אין נפטר בברכת "המוציא", ודומיא דמה שפסק השו"ע בס"ח לענין פת כיסנין, דצריך לברך תוך הסעודה במ"מ, **והמ"א** מיאן בזה, והקשה עליו מכעבין יבשים, דג"כ בלילתה עבה, ואפ"ה מברך בתוך הסעודה, **והא"ר** מיישב קושיתו, דהתם הדרך לאכלו רק לקינוח ולא למזון, משא"כ בזה, וסברת המ"א, דהכא

הלכות בציעת הפת
סימן קסח – על איזה מין פת מברכין

ג"כ לקינוח הוא ולא למזון, ותירץ המ"א, דהכא מיירי שממולא בשר, שהוא ג"כ בא לתבשיל ולמזון ולא לקינוח, **והיכא** שאין ממולא, נראה שיש לעשות עצה אחרת שכתבו האחרונים, שיכוין לאכלו למזון ולא לקינוח, **ובספר** הלכה ברורה תירץ, דהיכא שמכוין בהדיא לפטור בברכת "המוציא" המינים אלו, בכל גווני יכול לפטור אותן).

הגה: וכל זה לא מיירי אלא בדאית ביה לאחר אפיה תואר לחם - הלשון אינו מדוקדק כ"כ, ופירושו: אחר הבישול בקדירה והטיגון במחבת.

והסכימו הרבה אחרונים, דדוקא אם יש בהפרוסות כזית, דאל"ה ע"י הבישול או טיגון נתבטל שם לחם לגמרי לענין "המוציא", וכההיא דלעיל ס"י, **ולא** דמי לס"י דלא בעינן תואר לחם ביש כזית, דהתם היה תחלה פת גמור.

אבל אי לית ביה תואר לחם, כגון לאקשי"ן שקורין ורומזלי"ך, לכו"ע אין מברכין עליהם "המוציא" ולא ג' ברכות, דלא מיקרי לחם; אבל פשטיד"א וקרעפלי"ך מקרי תואר לחם, ואין לאכלם אלא אם כן בירך על שאר הפת תחלה - ר"ל בירא שמים הרוצה לצאת דעת היש חולקים הנ"ל, והיינו בנתבשל במים או נטגן בשמן.

פשטיד"א וקרעפלי"ך - פי' שממולאין בבשר, וכמ"ש סוף סימן זה בהג"ה, **דאילו** ממולאים במיני פירות, הוי פת הבאה בכיסנין, וכמ"ש בסעיף ז', ומברכין לכתחלה "בורא מיני מזונות", בדלא קבע סעודה עלייהו, ואפילו בדנאפה בתנור.

וכ"ז הוא לדעת הרמ"א, אכן הט"ז חולק וס"ל, דגם פת הממולא בבשר ודגים וכה"ג, הוי ג"כ בכלל פת הבאה בכיסנין, ואה"נ בדלא קבע לכו"ע מברך עלייהו במ"מ, ולאחריו מעין ג', ובסוף הסי' יתבאר להלכה בזה.

וכל זה לא מיירי אלא בעיסה שאין בה שמן ודבש וכיוצא בו, אלא שמטוגן בהן; אבל אם נילוש בהן, כבר נתבאר דינו אצל פת הבאה בכיסנין - פי' היש חולקים הנ"ל, דס"ל דהוי לחם גמור, ומברך עליה "המוציא", ואפי' בדלא קבע סעודה, מיירי דוקא בעיסה שלא נילושה מתחלתה בשמן ודבש, ולכך ס"ל דכיון דהוי מתחלתה עיסה גמורה כשאר לחם, לא נפקע שמה לענין חיוב "המוציא", אף דנטגנה אח"כ בשמן, ונעשה כפת כיסנין, **אבל** כשנלושה מתחלה בדבש וכה"ג קודם הטיגון, א"כ לא היה עליה שם עיסה גמורה מעולם, ולכן אף להיש חולקים אינו כלחם גמור לברך עליה "המוציא" בדלא קבע סעודה עליהו, דהרי היא פת כיסנין, **ואם** קבע סעודה עלייהו, לדעה קמייתא אינו מברך אלא במ"מ, דהטיגון הפקיע מתורת לחם לגמרי, וליש חולקים מברך "המוציא" וברכת המזון, כדין פת כיסנין.

(והנה זהו רק לדעת היש חולקין גופייהו, אבל לדינא הסכימו כמה אחרונים להט"ז, דע"י טיגון שמטגנה לבסוף בשמן, נעשה פת הבאה בכיסנין כמו אם היה נילוש בשמן, **ובענייננו** בדלא קבע עלייהו מברך לכו"ע במ"מ ו"על המחיה", ובדקבע תליא בשתי אלו הדעות, דלדעה ראשונה במ"מ ו"על המחיה", דהטיגון ביטלו מתורת פת כיסנין, ולדעת היש חולקים "המוציא" ובהמ"ז, ונ"מ מדברי הט"ז זה גם בעלמא, **ואף** לדעה ראשונה, כגון שלש בלילה עבה ואח"כ טגנו בשמן, ואפאו אח"כ בתנור, דיש עליה שם פת הבאה בכיסנין, ואינו מברך "המוציא" ובהמ"ז, רק בדקבע עלייהו, **ולענ"ד** נראה ברור, דלדעה ראשונה אף הרמ"א סובר דהטיגון שמטגנה בדבש חשיב כמו נילוש בדבש, ונ"מ למה שכתבנו, היכא דאפאה לבסוף, דשם פת כיסנין עלה, **אלא** דלדעת היש חולקים דס"ל דאזלינן בתר מעיקרא, לא נוכל לחשוב לפת כיסנין לברך עליה במ"מ בדלא קבע, אחרי דמתחלה היה בלילה עבה ונילוש בלי שמן, לא נפקע ממנה שם לחם ע"י הטיגון שלבסוף).

סעיף יד - חלוט, (פירוש כמין פת חולטין אותו ברותחין), שאח"כ אפאו בתנור - וה"ה אם אפאו באילפס בלי משקה, **פת גמור הוא ומברך עליו "המוציא"** - דלא תימא כיון דחלטיה מעיקרא לאו בכלל לחם הוא, קמ"ל.

ואפילו היתה בלילתו רכה, שחלטה ברותחין ואח"כ אפאה בתנור, מברך "המוציא".

עוד הביא המ"א, דאפילו טגנו בשמן ואפאו אח"כ, מברך "המוציא", ומוכח שם מדבריו דס"ל, דאפילו בדלא קבע עלייהו מברך "המוציא", **אכן** הט"ז ועוד הרבה אחרונים הסכימו עמו, דטיגון בדבש או בשמן וכה"ג משוה אותו לפת הבאה בכיסנין, כמו אם נילוש באלו

המינים, ובדלא קבע סעודה מברך במ"מ ו"על המחיה", **אכן** דע דאינו נקרא פת כיסנין, אלא בשטגנו בכ"כ שמן, עד שהיו הם העיקר בהטעם לגבי הקמח, וכמו דכתב הרמ"א בכלל דפת כיסנין בס"ז, ע"ש במ"ב.

הגה: וכן דבר שבלילתו רכה שאפאו בתנור בלא משקה, דינו כפת, ומברך עליו "המוציא" ושלש ברכות - אפילו בדלא קבע עלייהו, ועיין במ"א לעיל בס"ח, דדוקא אם לא היו דקין ביותר, דאל"ה הוי בכלל פת כיסנין, ועיין במה שכתבנו שם.

וכן אם אפאו באלפס בלא משקה; ומעט משקה שמושחין בו האלפס שלא ישרף העיסה, לא מיקרי משקה.

אבל דבר שבלילתו רכה וטגנו במשקה, לכולי עלמא לאו לחם הוא - ר"ל שלא אפאו ע"ג תנור, אלא באילפס עם משקה, ולהכי לכו"ע, היינו אפילו לדעת יש חולקים הנ"ל, לאו לחם הוא, כיון שלא חל עליו שם עיסה מעולם.

סעיף טו - טרוקנין, דהיינו שעושין גומא בכירה, ונותנים בה קמח ומים מעורבין בה ונאפה שם, מברך עליו "בורא מיני מזונות" וברכה אחת מעין שלש - עיין במ"א שכתב, שעושין בלילתה רכה מאד, ולהכי מברך עליה במ"מ בדלא קבע, **דאי** לא היה בלילתה רכה כ"כ, הלא מבואר בסי"ד, דאפילו בלילתה רכה, כל שלבסוף היתה אפויה בתנור, מברך "המוציא", ועיין בה"ל.

(ודע דלפי המבואר טעם דין זה ברמב"ם, לכאורה אין אנו מוכרחין לחילוקו של המ"א, ואפילו אינה רכה ביותר, אעפ"כ כל שלא קבע אין מברך עליה "המוציא", דז"ל הרמב"ם: עיסה שנאפה בקרקע, כמו שהערביים שוכני המדבריות עושין, הואיל ואין עליה צורת פת, מברך עליה במ"מ, ואם קבע וכו', הרי דעיקר הטעם משום דאין עליה צורת פת, והנה בלבוש כתב הטעם, משום שאין זה דרך לישה ולא דרך אפיית לחם, פי' משום שאין דרך ללוש ולאפות בכובא דארעא, ולפי"ז ג"כ אין אנו צריכין לחילוקו של המ"א, וצ"ע לדינא).

ואם קבע סעודתו עליו, מברך "המוציא" ובהמ"ז - דאע"ג שבתחלתה היתה רכה, מ"מ כיון שאופין אותו בגומא, ומתקבץ העיסה יחדו, נעשה כמו פת.

אבל טריתא, דהיינו שלוקחין קמח ומים ומערבים אותה, ושופכים על הכירה והוא מתפשט ונאפה, אין עליו תורת לחם כלל, ואין מברכים עליו אלא "בורא מיני מזונות" וברכה אחת מעין שלש, ואפי' קבע סעודתו עליו - המ"א מצדד, דבקבע מברך עליו "המוציא", וכן הוא דעת הב"ח לדעת הטור, **וכתב** בא"ר, דמחמת זה אין לאכלו אלא תוך הסעודה, **ובמגן** גבורים מכריע לדינא כהשו"ע.

סעיף טז - נהמא דהנדקא, והוא לחם שאופין בשפוד - כלומר בצק שאופין בשפוד, דלחם שאפאו בשפוד לחם גמור הוא, [ואפי' בדלא קבע עלייהו]. **ומושחין אותו בשמן או במי ביצים; וכן לחם העשוי לכותח, שאין אופין אותו בתנור אלא בחמה, מברך עליו "בורא מיני מזונות"** - היינו אפילו בדקבע עלייהו. **ועיין** בטור, דאם עשאה ‹הלחם העשוי לכותח› ערוכה ונאה כעין גלוסקא, מברך עליה "המוציא", **והשו"ע** השמיט, ועיין במ"א וא"ר וביאור הגר"א מש"כ בזה, **ועכ"פ** לאכול מזה כדי שביעה, בודאי יש ליזהר שלא לאכול כי אם בתוך הסעודה.

סעיף יז - פשטיד"א הנאפת בתנור - וה"ה הנאפה באילפס בלא משקה, **בבשר או בדגים או בגבינה, מברך עליה "המוציא" ובהמ"ז** - היינו אפילו בדלא קבע עלייהו, **ולא** דמי לפת הבאה בכיסנין, דפירושו פת הממולא בפירות ובתבלין המבואר בס"ז, דלא מברך עלייהו "המוציא" בדלא קבע סעודה עלייהו, **דשאני** התם דאין עשויין אלא לקינוח סעודה ולמתיקה, משא"כ פשטיד"א שממולא בבשר, דרך לאכלם לרעבון וכדי לשבוע, והוי כמו שאר פת ובשר כשאוכל כאחד.

ונראה פשוט דאם עשויין רקיקין קטנים, ומעורב בהם פתיתין של בשר, וניכר שאין עשוים כי אם לקינוח אחר הסעודה, דינו ממש כפת שמעורב בפירות ובשאר מיני מתיקה, דאינו מברך עלייהו בהמ"ז בדלא קבע עלייהו.

הלכות בציעת הפת
סימן קסח – על איזה מין פת מברכין

הגה: ודוקא שאפאו בתנור בלא משקה, אבל אם אפאו במחבת במשקה, אין לברך עליו, ואין לאכול רק תוך הסעודה, כמו שנתבאר - היינו אפי' קבע סעודה עלייהו, דדבר זה תליא בפלוגתא הנ"ל בסי"ג, **דלדעה** ראשונה כיון שנתבשל במשקה, יצא מתורת לחם לגמרי, ובכל ענין מברך עליו רק במ"מ, **ולדעה** שניה כיון דנילוש בלילה עבה, והיה עליו שם עיסה גמורה, תו לא נפקע ממנה ע"י הבישול והטיגון, ומברך עליו "המוציא" בכל ענין, [אפי' בדלא קבע]. **וע"כ** אין כדאי לירא שמים לברך עליו ולאכול כי אם תוך הסעודה, וכדלעיל בסי"ג.

ודע דפת שנאפה במי ביצים, דהיינו מה שקורין קיכלי"ך, מסתפק במ"א אם הוא בכלל פת כיסנין, (דביצים נמי מזון נינהו, ולא מבטלי להו מתורת פת), **ודה"ח** והגר"ז החליטו דהוא בכלל פת כיסנין, וכן במגן גבורים, וכן המנהג, אח"כ מצאתי שכך כתב גם כן בהנהגת הגר"א, [**ולפי"ז** אפי' היה רק הרוב מי ביצים, ג"כ מהני, כמו פת הנילוש על רוב דבש ומיעוט מים, וכנ"ל בס"ז במ"ב], **ומ"מ** כתב במגן גבורים, דירא שמים לא יאכל כי אם כשכל הלישה הוא על מי ביצים, ולא נתערב בו מים כלל, **ונראה** דאם הוא דק ויבש, אין להחמיר אפילו נתערב בו מים.

§ סימן קסט – דין שמש הסעודה §

סעיף א- כל דבר שמביאין לפני האדם שיש לו ריח - או קיוהא, דהיינו טעם חמוץ, **והאדם תאב לו, צריך ליתן ממנו לשמש מיד** - ובדבר מועט סגי, דבזה נמי מתיישבא דעתו, **דדבר** שיש לו ריח, מזיק לאדם כשאוכלין בפניו והוא תאב לו, ואין נותנין לו מיד, **אבל** דבר שאין לו ריח, יכול לאכול תחלה ואח"כ יתן לשמש, כדלקמן בסימן ק"ע ס"ג.

(**והיינו אפילו הביאו לו כמה מינים שיש בו ריחא וקיוהא, צריך ליתן לו מכל דבר**).

(**ומסתברא דכשיש לו משרת שהשכירו לשנה, ואמר לו בתחלה: שאימת שתביא לי דבר שיש בו קיוהא וריחא, אני מרשה לך שתטעום מתחלה, דסגי בזה**).

וכתבו האחרונים, דאפילו אם התנה עם משרתו בשעת שכירותו לפטור עצמו מזה, לא מהני התנאי, [**ולפי"ז** גם בימינו, אפי' אם נימא דהוי כהתנה, כיון דכל מזונותיה עליו כשאר בני ביתו, ג"כ לא מהני, [אם לא שהמנהג הוא שיושבת עמו על השולחן, וכדלקמיה], וצריך ליזהר בזה].

(**ואפילו אינו משמש בסעודה, רק מבשל המאכל, ואפילו אין מזונותן עליו, ובש"ס משמע עוד ביותר, דאפילו באדם דעלמא שאינו משמשו, אם אירע שעומד שם בשעה שמביאין לו דבר ריחא וקיוהא, צריך ליתן לו מעט לטעום, כדי שלא יבוא לידי סכנה, והש"ס וכן השו"ע דנקטו דינם בשמש, אפשר משום דאורחא דמלתא נקטי, שהשמש בודאי עומד שם בשעה שמביאו, משא"כ באדם אחר אינו דרך שיושב בשעה שאוכלין, ואפשר דמטעם זה המנהג בכל ישראל, כשאדם נכנס לבית חבירו בשעה שאוכלין, קורין לו לאכול**).

ודוקא בשמש שעומד ומשמש ואינו אוכל עמהם ביחד, אבל אם גם הוא מסב על השלחן עמהם, (**ואוכל מאותן האכילות שמביא לבעה"ב**), לא צריך לאקדומי, (**ואפשר דמטעם זה אין נוהגין העולם ליזהר בזה**).

איתא בגמרא, דמי שהריח ריח מאכל והוא מתאוה לו, אם אינו יכול להשיגו, כל רוק שיבוא לתוך פיו מחמת תאות האוכל, לא יבלע, דיוכל לבוא לידי סכנה עי"ז, אלא ישליך הרוק מפיו.

ומדת חסידות הוא ליתן לו מיד מכל מין ומין - היינו אפילו בדבר דלית ביה ריחא וקיוהא, דעכ"פ גם בזה מצטער הוא, כשרואה שארי אנשים אוכלין והוא אינו אוכל.

ולא יתן לו - קאי אאחד מן המסובין, **כל זמן שהכוס בידו** - ביד השמש, דשמא מתוך שהוא טרוד בלקיחת הפרוסה, ישפך הכוס שמביא לשלחן.

יש אומרים דאף בעה"ב בעצמו לא יתן לשמש, כשהכוס ביד השמש, ג"כ מטעם הנ"ל, דמתוך שהוא טרוד בלקיחת הפרוסה, ישפך הכוס מידו, ויהיה קלקלה וגנאי להמסובין בסעודה.

וי"מ דאף כשהכוס ביד אורח לא יתן באותה שעה לשמש, דשמא ירגיש האורח בבעה"ב שמביט עליו בעין רעה, משום דשמא יחסר לאורחים, ומרתת, וישפך הכוס מידו.

תעה הלכות דברים הנוהגים בסעודה
סימן קסט – דין שמש הסעודה

או ביד בעה"ב - כנ"ל דשמא יקפיד בעה"ב, ומתוך כעסו ישפך הכוס מידו, ויהיה קלקלה בסעודה.

(ודוקא לשמש, אבל לאחר שבסעודה, מותר ליתן בכי האי גונא) - פי' דשאר בני הסעודה יכולין לתת זה לזה כשהכוס ביד בעה"ב, שמאחר שהוא זימן אותם, אינו מקפיד במה שהם נותנים זה לזה, ולא חיישינן לקלקלה, [**וגם** כשהכוס ביד האורח, אפשר דלא שייך באורח טעמא דטריד בפרוסה, כמו בשמש].

ומוכח מזה, דלאחר שלא זימן, אסור ליתן, [היינו אפי' כשאין הכוס בידו, דאין אורח מכניס אורח].

ואסור ליתן לו - פי' להשמש, **פרוסת פת, אא"כ יודע בו שנטל ידיו** - דחיישינן שמא מתוך טרדתו ישכח מליטול ידיו, **אבל** באחר לא חיישינן לזה, אא"כ רואהו שרוצה לאכול בלי נטילה, **ויש** מחמירין בזה, **אך** כשהוא נותן בתורת צדקה, בודאי יש להקל, כדלקמיה בס"ב בהג"ה.

סעיף ב - לא יתן לאכול אלא למי שיודע בו שיברך - נלמד מסעיף הקודם, (ומסתברא דבמוחזק לכשר סגי), **אך** לפי סברא קמייתא, דדוקא להשמש משום טרדא, א"כ אין מקור לדין זה, **אם** לא שיודע בו שלא יברך, שבזה כו"ע מודו דאין נותנין לו.

ויש מקילין אם נותן לעני בתורת צדקה - דלא מפקעינן מצות צדקה בשביל חשש שמא לא יברך, **ואע"ג** דגבי שמש בסעיף הקודם חיישינן, התם הנתינה לאו בתורת צדקה הוא, שנותן לו בעבור ששמשו, **אך** אם יודע בודאי שלא יברך, אסור ליתן לו אף בתורת צדקה, **ודוקא** אם מתוך רשעתו, אבל אם מתוך אונסו שאינו יכול לברך, לא נפקע מצות צדקה בשביל זה.

סעיף ג - השמש מברך "בורא פרי הגפן" על (כל) כוס וכוס שיתנו לו, לפי שהוא כנמלך - שאינו יודע אם יתנו לו עוד, **אך** אם היה דעתו בשעת ברכה ראשונה על כל מה שיביאו לו, א"צ לברך, **וברכה אחרונה אינו מברך אלא לבסוף.**

ואינו צריך לברך על כל פרוסה ופרוסה, אם יש אדם חשוב בסעודה, שיודע שיתנו לו כל צרכו מפת - דמסתמא האדם חשוב יזהיר שיתנו לו כל צרכו מפת, ואינו נמלך מזה, **ומדנקט** המחבר פת, משמע דדוקא בפת יזהיר הת"ח את המסובין שיתנו לו, וה"ה כל דבר דאית ביה ריח וקיוהא, דמבואר לעיל דצריך ליתן לו, **אבל** בשאר דבר שהוא רק מדת חסידות, צריך לברך על כל מה שיתנו לו בכל פעם ופעם, דשמא הת"ח לא יזהיר על דבר שהוא מדת חסידות - ט"ז, **ועיין** במג"ג שמפקפק בדבריו.

ואם אין אדם חשוב בסעודה, צריך לברך על כל פרוסה ופרוסה, כמו על היין.

הגה: שנים שהיו אוכלין ביחד - ר"ל שהיו אוכלין מידי דמחייב בזימון, **השמש אוכל עמהם בלא נטילת רשות, כדי שיצטרפו לזמון** - ומסתברא דאין לו רשות רק לאכול מעט, כדי שיתחייב בזימון ויצטרף עמהם, **וע"ל סי' ק"ע סכ"א.**

§ סימן קע – דברי מוסר שינהג אדם בסעודה §

סעיף א - אין משיחין בסעודה, שמא יקדים קנה לושט - שכשיוצא הקול, נפתח אותו כובע שע"פ הקנה, ונכנס בו המאכל ומסתכן.

ואפילו בד"ת, ודוקא בשעת אכילה גופא, ומשום סכנה, אבל בין תבשיל לתבשיל מותר, **ומצוה** על כל אדם ללמוד תורה על שלחנו, שכל שלחן שלא אמרו עליו ד"ת, כאילו אכלו מזבחי מתים, **וכתב** בשל"ה, דילמוד משנה או הלכה או אגדה או ספרי מוסר, ואינו יוצא במה שמברך בהמ"ז, **ועכ"פ** יאמר איזה מזמור, וטוב לומר אחר ברכת "המוציא": מזמור ה' רועי לא אחסר, דהוא ד"ת ותפלה על מזונותיו.

ואפי' מי שנתעטש (פי' שטארנודאר"י בלע"ז) בסעודה, אסור לומר לו: אסותא.

היו מסובין בסעודה ויצא אחד להטיל מים, נוטל ידו אחת ששפשף בה - ואם שפשף בשתי ידיו, צריך ליטול שניהם, וצריך לברך ענט"י אם רוצה

הלכות דברים הנוהגים בסעודה
סימן קע – דברי מוסר שינהג אדם בסעודה

לאכול - מ"א, [דאם רוצה רק לשתות, (והיינו הציור של הסעיף וכדלקמן), א"צ ברכה, כיון דעיקר הנטילה הוא רק משום חשש בעלמא שמא יאכל, **ובמאמ"ר** חולק עליו בזה], **ועיין** מש"כ לעיל בסוף סי' קס"ד במ"ב בזה. (דהכריע, דבעשה צרכיו או שנגע במקום מטונף ממש, או שהלך והפליג, צריך נט"י בברכה, אבל אם נגע במקום המכוסה סתם, או שהשתין אף ששפשף, צריך נט"י כדין, אבל לא יברך).

ואיתא בגמרא, דמצוה לשפשף הניצוצות של מי רגלים אם נתזו על רגליו, שלא יראה ככרות שפכה, וכנ"ל בסימן ג', [**ובלא"ה** הלא צריך לברך "אשר יצר" וגם ברהמ"ז, וכשמי רגלים על רגליו הלא אסור לברך].

ואינו נוטל אלא בפני כולם, שלא יחשדוהו שלא נטל. הגה: ואם לא שפשף, אינו נוטל כלל - בין לאכילה בין לשתיה, **אם לא נגע במקום טנופת** - (בלבוש איתא: אם יודע שלא נגע וכו', וכן איתא בהגהת אשר"י).

[**ולא** חיישינן שיחשדוהו ששפשף בידיו, דא"כ אף ביוצא לחוץ ולא הטיל מים כלל, יוצרך ג"כ נטילה, שיחשדוהו שהטיל מים].

אבל אם עשה צרכיו, ודאי צריך נטילה - ולענין ברכת ענט"י, יש מהאחרונים שכתבו שלא לברך גם בזה, **ולעיל** בסימן קס"ד הכרענו כדעת הח"א, דבזה צריך לברך, (והיינו לכאורה אם רוצה לאכול וכדלעיל), עי"ש.

וה"מ לשתות - פי' שחוזר לביתו רק לשתות, דאף לזה צריך נטילה, שמא יבוא לאכול, וכדלקמיה בהג"ה, **אבל לאכול, נוטל אפילו בחוץ, דמידע ידעי דאנינא דעתיה, (פירוש שמתטרפת ומתבלבלת דעתו), ולא אכל בלא נטילה.**

ואם דבר עם חבירו והפליג - איצא לחוץ קאי, **נוטל שתי ידיו כיון שהסיח דעתו** - דכיון דהפליג שעה אחת או שתים, הסיח דעתו מסעודתו, ולא נזהר לשמור ידיו והן עסקניות, **ובין** אאכילה ובין אשתיה קאי כיון שהפליג, **ומ"מ** "המוציא" א"צ לברך שנית, אף אם בודאי נגע במקום הטנופת.

[**ועיין** במ"א, אם לענין זה ג"כ אמרינן דלאכילה אנינא דעתא, ומותר ליטול מבחוץ וליכנס, יש דעות בין הפוסקים, **ויש** להקל בזה].

וכתב הברכי יוסף בשם ספר צרור החיים, דכשנוטל פת בידו בשעה שמדבר, א"צ נטילה, שדעתו עליו ולא יסיח דעתו.

הגה: והא דבעינן נטילה לשתיה, היינו בתוך הסעודה, דחיישינן שמא יאכל, אבל בלאו הכי אין צריך נטילה לשתיה - וכמו שפסק המחבר לעיל בסימן קנ"ח ס"ו.

סעיף ב - שנים ממתינים זה את זה בקערה, שכשהאחד מסלק ידו מן הקערה לשתות - וה"ה לדבר אחר, **חבירו מפסיק מלאכול עד שיגמור השתיה** - והוא שלא יהא שהייתן הרבה, ושלא יפסיק בדברי שיחה.

אבל אם הם שלשה, אין השנים פוסקין בשביל האחד.

אין דרך ארץ לת"ח לשתות מים בפני רבים, אלא יהפוך פניו לצד אחר, **וי"א** דדוקא שלא בשעת סעודה, אבל בשעת סעודה שרי, **ושאר** משקין מותר בכל גווני.

בש"ס כתובות ס"ה: אשה שאין בעלה עמה אין לה לשתות יין, **ואם** היא רגילה לשתות בפני בעלה, מותרת לשתות מעט שלא בפני בעלה, **וכשהיא** בדרך באכסניא, אפילו בעלה עמה אסור, וה"ה בשאר משקין המשכרין.

סעיף ג - משיירין פאה בקערה, כל אחד מהאוכלים, והוא מאכל השמש - ומ"מ מדת חסידות ליתן לו גם מיד דבר מועט, כמ"ש בסימן קס"ט וע"ש במ"ב.

אבל כששמש מערה מן האלפס לתוך הקערה, אין דרך להניח באלפס כלום לצרכו - פי' אינו מדרך המוסר שישייר לעצמו באילפס, אלא יערה הכל, והם יניחו כל א' בקערה מעט בשבילו.

סעיף ד - אין מסתכלין בפני האוכל ולא במנתו, שלא לביישו.

סעיף ה - הנכנס לבית, כל מה שיאמר לו בעל הבית יעשה - היינו אפילו דבר שיש בו

הלכות דברים הנוהגים בסעודה
סימן קע – דברי מוסר שינהג אדם בסעודה

קצת גסות ושררה, שלא היה עושה כן האורח משום ענוה, אעפ"כ יעשה, **ואם** האורח נוהג איזה פרישות בדבר שעושה משום סרך איסור, אינו מחוייב לשמוע לבעה"ב לעבור, **אבל** דבר שהוא פרישות בעלמא, טוב לגבר להסתיר מעשיו.

עיין בבגדי ישע שמצדד, דהיינו דוקא זולת אכילה ושתיה, אבל באכילה ושתיה אם אינו תאב לאכול ולשתות יותר, והבעה"ב מפצירו, לזה אינו מחוייב, כדי שלא יזיק לו האכילה, ואין בזה מניעת כבוד לבעה"ב אם אינו עושה כדבריו.

(**בקצת** נוסחאות בש"ס פסחים איתא "חוץ מצא", ועיין בב"ח שפירש, כל שירות שיאמר לו בעה"ב שיעשה בתוך ביתו יעשה, חוץ מצא, כלומר אם יאמר לו שישרת אותו ביציאה חוץ לבית, כגון לשלחו לשוק, אין צריך לשרתו בכך, כי אין זה כבודו לילך לשווקים).

סעיף ו - לא יהא אדם קפדן (פי' כעסן או רגזן) בסעודתו - מפני שמונע בני ביתו לתת כלום לעניים, מפני יראת קפדנותו, **ועוד** כי האורחים ובני ביתו מתביישים אז לאכול, כי יחושו פן יתרגש ויקפיד על אכילתן.

סעיף ז - לא יאכל אדם פרוסה כביצה, ואם אכל (הרי) זה גרגרן - והב"י מצדד, דאפילו לאחוז בידו כביצה אינו כדאי, אע"פ שאינו אוכל בבת אחת, [**ולעיל** בסי' קס"ז ס"א מוכח, דדוקא יותר מכביצה אסור, אבל כביצה שרי לאחוז].

סעיף ח - לא ישתה כוסו בבת אחת, ואם שתה הרי זה גרגרן - ואם משייר אפילו מעט, תו לא הוי גרגרן, **שנים דרך ארץ** - פי' כששותהו בשני פעמים, **שלשה, הרי זה מגסי הרוח.**

הגה: מיהו כוס קטן מאד - היינו פחות מרביעית, **מותר לשתותו בבת אחת; וכן גדול מאד, בשלשה או ארבעה פעמים** - וכ"ז כשהאדם בינוני ובסתם יין, אבל מי שכריסו רחבה, או יין מתוק, נשתנה השיעור, והוא מותר בבת אחת, אפילו ביותר מזה, **ולפי"ז** בשכר שלנו שאינו חזק, בודאי שיעורו יותר מרביעית, [**אבל** ביי"ש שלנו שהוא חריף מאד, מסתברא דאפי' כוס שהוא פחות מרביעית לא ישתה בבת אחת].

סעיף ט - לא יאכל שום או בצל מראשו, אלא מעליו - מצד העלין, **ואם אכל, הרי זה רעבתן** - פי' כי השום, הלבן שבו מבפנים הוא המשובח שבו, והעלין הירוקין שמלמעלה גרועין מהן, ומחזי כרעבתן כשיתחיל לאכול מראשו, **ובשבת** מותר משום חיבוב סעודת שבת.

הגה: ולא יאכל דרך רעבתנות, ולא יאחוז המאכל בידו אחת ויתלוש ממנו בידו השניה - ר"ל כמו הרוצה לקרוע בכח דבר מדבר, שמחזיק בשתי ידיו לקרוע, **ובמסכת** דרך ארץ שלפנינו הגירסא: הטיפש שבהן אחז הקלח בידו אחת ונשכו בשיניו, ע"ש, משמע דדוקא באופן זה הוי גנאי, ועיין בביאור הגר"א.

סעיף י - לא ישוך פרוסה ויניחנה על גבי השלחן - מפני שנמאסה לבריות, (ע"ל סט"ו).

סעיף יא - לא ישתה אדם שני כוסות בבת אחת בתוך סעודתו ויברך ברכת המזון, מפני שנראה כגרגרן - דנראה כששותה אותם בבת אחת, שעושה לשרות המאכל, כדי שיוכל לחזור ולאכול אחר בהמ"ז עוד הרבה, [**וכתב** המחה"ש, דמשמע שבתוך הסעודה מותר לשתות שתי כוסות בב"א].

ובטור הגירסא: לא יביא שתי כוסות, ופירשו הרבה אחרונים, דהכונה שרוצה לשתות עתה רק כוס אחד, והשני יניחנו לברך עליו בהמ"ז, אפ"ה לא יביאם בפעם אחד, מפני הרואים שסבורים שבשביל להרבות בשתיה מכוין.

סעיף יב - שנים שיושבין על השלחן, הגדול פושט ידו תחלה; והשולח ידו בפני מי שגדול ממנו, הרי זה גרגרן - אפילו בדאיכא קערות טובא, לא יפשוט ידו לקערה שלפניו, עד שהגדול יפשוט תחלה לקערה שלפניו, וה"ה במניחין פירות לפני כל אחד ואחד, שיפשוט הגדול ידיו תחלה, [**ומה** דאיתא בסי' קס"ז סט"ו, דאם לכל אחד ככרו לפניו א"צ להמתין על הבוצע, **התם** עושה כן משום שיש קצת הפסק בין הברכה להטעימה, משא"כ הכא].

הלכות דברים הנוהגים בסעודה תפא
סימן קע - דברי מוסר שינהג אדם בסעודה

סעיף יג - הנכנס לבית - בעה"ב, **לא יאמר: תנו לי לאכול, עד שיאמרו הם** - ופשוט דמיירי כשאינו מתארח שם בשכר, **ואם** נתנו לפניו, א"צ להמתין תו עד שיאמרו לו שיאכל.

הגה: לא יאמר אדם לחבירו: בא ואכול עמי מה שאכלתני, דהוי כפורע לו חובו ונראה כאילו הלוה לו, ויש לחוש שיאכילוהו יותר ואית ביה משום רבית - כלומר דמחזי כריבית, אבל מדינא לאו ריבית הוא, דלא היה מתכוין בשעה שהאכילו בראשונה לכך.

אבל מותר לומר לו: בא ואכול עמי ואאכול עמך בפעם אחרת - דאינו מתכוון כלל בזה לחוב, רק אומר כן דרך המוסר, שלא יסרב נגד דבריו ויאכל עמו, ולא יקשה בעיניו לאכול עמו בחנם, **והט"ז** חוכך גם בזה להחמיר.

ומותר לאכול עמו אח"כ אפי' בסעודה יותר גדולה - דהלא אינו אומר לו אז בשעת אכילה שהוא לפרעון על מה שעבר, רק בדרך מתנה בעלמא.

סעיף יד - לא יפרוס אדם פרוסה - היינו פרוסת פת, **על גבי הקערה** - והטעם, שמא תפול הפרוסה לתוך הקערה, וימאס האוכל.

אבל מקנח הקערה בפרוסה - ובלבד שיאכל אח"כ הפרוסה, דאל"ה איכא בזיון אוכלין, כדלקמן בסימן קע"א.

איתא בגמרא, כשיחתוך בשר, יחתכנו על גבי השלחן וכדומה, ולא על גבי היד, שמא יפגע בידו, **וגם** שמא יצא דם וימאס האוכל.

סעיף טו - לא ילקט פירורין ויניח על גבי השלחן, מפני שהוא ממחה (פי' מטריד) דעתו של חבירו.

ולא ישוך פרוסה ויתננה לפני חבירו או לתוך הקערה, לפי שאין דעת כל הבריות שוה - לכאורה הא נלמוד זה במכ"ש דסעיף י', דאפילו ע"ג השלחן אסור, כ"ש ליתן לפני חבירו או בקערה, **אלא** באמת גרסינן הכא "מפרוסה", והיינו דאין הכונה על החתיכה גופא שאחזה בשיניו, דזה אין להניחו אפילו על השלחן וכדלעיל בס"י, **אלא** הכוונה על החתיכה שנשאר שנשך ממנה בשיניו איזה פרוסה, דגם זו החתיכה לא יתן לפני חבירו לאכול או בקערה.

סעיף טז - לא ישתה מהכוס ויתן לחבירו, מפני סכנת נפשות - שמא מחמת הבושה יקבל חבירו ממנו, וישתה בע"כ, ואולי חבירו מאיס ליה לשתות ממה ששייר זה, דאפשר דנתערב רוקו שם, ויחלה ע"ז, **ולפי"ז** דוקא אם נותנו לידו, אבל אם מניחו לפניו והוא לוקח מעצמו, לית לן בה, [**ועיין** בל"ח שדעתו, דזה הסעיף מיירי בלא תקנתא דסכ"ב, אבל בתקנתא שרי, **ועיין** בספר מאמ"ר שמצדד, דאפי' אם חבירו לוקח מעצמו, ג"כ צריך לעשות התקנתא דסכ"ב].

וט"ז כתב, אני ראיתי בצואת ר"א הגדול, שמזהיר מאד שלא לשתות ממה ששייר חבירו, כי שמא יש לו חולי בתוך גופו, ויצא רוח מפיו לאותו שיור, ע"ש, **ועיין** לקמן בסכ"ב, דמהני קינוח מקום נשיקת הפה, או במים כששופך מהם מעט דרך אותו מקום ששתה בפיו, ולכאורה סותר לדברי ר"א הגדול, **ואולי** דר"א הגדול מיירי, דהראשון ששתה היה אדם שאין אנו מכירין אותו אם הוא בריא, דאז יש לחוש יותר.

סעיף יז - ולא ישתה כוס ויניחנו על השלחן, אלא יאחזנו בידו עד שיבא השמש ויתננו לו - שאין זה דרך כבוד להניח על השלחן כוס ריקם - לבוש.

סעיף יח - הנכנס לסעודה, לא יקח חלקו ויתננו לשמש, שמא יארע דבר קלקול בסעודה, אלא יקחנו ויניחנו, ואח"כ יתננו לו - הב"ח פי' הטעם, שנראה שחלקו בזויה בעיניו, ולא חפץ בה ומסרה לשמש, ולכן יניחנה לפניו, דמראה שמקובל בעיניו, אלא דלפי שא"צ לאכול מסרה לבסוף לשמש, **ומש"כ** המחבר דבר קלקול, ר"ל שע"ז יוכל לבוא לידי קטטה הבעה"ב עם האורח, **ולבוש** פי' כפשוטו, דלפיכך לא יתננו תיכף להשמש, שמא יהיה קלקול בסעודה, ויצטרך לחלק הזה לחלק לשאר המסובין, אלא יניחנו עד אחר הסעודה, ואח"כ יתן לו,

הלכות דברים הנוהגים בסעודה
סימן קע - דברי מוסר שינהג אדם בסעודה

וכתב הט"ז, דלפי"ז א"צ להמתין רק עד אחר שיניח לכל אחד חלקו כראוי.

כתב מ"א, כשעושה סעודה, דרך ארץ להשקות בעצמו למסובין, כדאיתא בקידושין ל"ב.

סעיף יט - אורחים הנכנסין אצל בעל הבית, אינם רשאים ליטול מלפניהם וליתן לבנו או לעבדו של בעל הבית, אא"כ נטלו רשות מבעל הבית - י"א דדוקא לעבדו אסור, אבל לשמש המשמש בסעודה שרי, [וכדמשמע לעיל בסי"ח, דעכ"פ לאחר שיניחנו מותר ליתן לשמש], **וי"א** דאף לשמש אסור, [**וההיא** דסי"ח מיירי כשכבר שבע האורח, או שהיה הרבה על השולחן, **או** דמיירי שאינו רוצה האורח לאכול כלל, ובכגון זה אפשר דלא תקנו כלל, ומתישב הענין גם אליבא דמעשה רוקח לקמן].

הוא תקנת חכמים מפני מעשה שהיה, כדאיתא בחולין צ"ד, מעשה באדם אחד שזימן ג' אורחים בשני בצורת, ולא היה לו להניח לפניהם אלא כשלש ביצים, בא בנו של בעה"ב, נטל אחד מהן חלקו ונתן לו, וכן שני וכן שלישי, בא אביו של תינוק מצאו שמחזיק אחד בפיו ושתים בידו, חבטו בקרקע ומת, כיון שראתה אמו עלתה לגג ונפלה ומתה, אף הוא עלה לגג ונפל ומת, ע"ש, **וכתבו** המ"א וא"ר, דדוקא בכה"ג דש"ס, שהיתה סעודה מצומצמת, ומתבייש בעה"ב כשיחסר להם, **אבל** אם יש הרבה על השלחן שלא יחסר עי"ז, רשאים ליתן להם, **ולפי"ז** כ"ש אם כבר כלו לאכול ונשתייר, מותר ליתן להם מהשיריים, **ובספר** שמן רוקח חוכך בכל זה להחמיר.

[**ואם** האורח אינו רוצה לאכול כלל, אפשר דלא תקנו כלל].

(**ולא** יפה הם עושים הבאים לסעודת מילה ונשואין וכדומה בסוף הסעודה, דפעמים אין לבעה"ב מה ליתן לפניהם, ונמצא מתבייש).

סעיף כ - נקיי הדעת שבירושלים לא היו מסובין בסעודה אא"כ יודעים מי מיסב עמהם, מפני שגנאי הוא לתלמיד חכם לישב אצל עם הארץ בסעודה - אפילו בסעודת מצוה, (**והוא** נובע מספר מטה משה, ולא ידעתי מקורו, וגם אין העולם נזהרין בזה כלל, ומהש"ס שילהי פרק כיצד מברכין דאיתא שם: דילמא אתי לאימשוכי בתרייהו, ג"כ אין ראיה כלל להחמיר, דאפשר דלא שייכא אלא בסעודת רשות, **משא"כ** בסעודה שהיא של מצוה, אפשר דע"ז שייך מה שאחז"ל: מצוה בעידנא דעסיק בה מגני מן היסורין, ומצלי מן החטא, **ונ"ל** שאפילו לדידיה, אם יכול להיות תועלת ממה שהת"ח מיסב שמה, כגון מה שנוהגין בזמנינו, חבורה של מכניסי אורחים או של גמ"ח וכדומה, שעושין סעודה בזמן המיוחד להם, וממה שהת"ח יהיה אז ביניהם, יתחזק עי"ז הדבר יותר ויותר, אין שום חשש בדבר, **ואדרבה** כבוד התורה הוא כשמצותיה מתחזקין, **ועוד** אפשר דאפילו לדידיה אינו אסור, אא"כ יושב עמהם בחבורתם, דגנאי הוא לו, **אבל** כשהת"ח יושב בחבורה של איזה לומדים היושבים סביביו, או אפשר דה"ה כשיושב במקום מיוחד בפני עצמו, אף שבסעודה ההיא יש הרבה ע"ה, ג"כ לית לן בה).

סעיף כא - השמש שהיה משמש על שנים, הרי זה אוכל עמהם אע"פ שלא נתנו לו רשות - דמסתמא נתרצו לזה שיאכל עמהם מעט משלהם, כדי שיהיה להם זימון עי"ז, **וממילא** אם אוכלין מידי דאין מזמנין עליו, אין לו לאכול בלא רשות, **וכתב** הא"ר, דאפשר דה"ה אם היו האוכלין ט' דבר שמזמנין ע"ז, יכול העשירי ג"כ לאכול בלא רשות, דמסתמא ניחא להו כדי שיהא להם זימון בשם. **היה משמש על שלשה, אינו אוכל עמהם אא"כ נתנו לו רשות.**

סעיף כב - אחר ששתית ונשאר יין בכוס לשתיית חבירך, קנח מקום נשיקת הפה משום מיאוס - עיין לעיל בסט"ז במה שכתבנו שם במ"ב. **ולא תשפוך משום בל תשחית; אבל אחר שתיית מים שפוך מהם דרך שם** - כדי לשטוף הרוק שנגע דרך שם.

הגה: אחר כל אכילתך אכול מלח, ולאחר כל שתייתך שתה מים, וכמו שיתבאר לקמן סי' קע"ט. ונ"ל דוקא שלא היה מלח בפת או במאכלים שאכל, וכן שלא שתה משקה שיש בו מים, אבל בלאו הכי ליכא למיחש. וכן נוהגין שלא ליזהר באכילת מלח ושתיית מים אחר הסעודה, מטעם שנתבאר.

הלכות דברים הנוהגים בסעודה
סימן קע – דברי מוסר שינהג אדם בסעודה

יזהר מאד שלא לאכול לב בהמה חיה ועוף.

כתב א"ר בשם של"ה, ייטיב לבו בסעודתו, אם מעט ואם הרבה יאכל פתו בשמחה.

יאכל הטוב והמועיל לו לרפואה, ולא מה שערב לו לפי שעה.

ולא יישן סמוך לאכילה, אלא ימתין אחר אכילה, **ועיין** ברמב"ם הל' דעות, שהאריך בדברים אלו והנהגתן.

גם האריך בשל"ה, ליזהר מרבוי אכילה ושתיה, אלא יאכל וישתה רק להעמיד ולהברות את גופו מזומן לעבודת הנפש, ובזה כל סעודותיו הוין סעודת מצוה.

§ סימן קעא – שלא לנהוג בזיון באוכלין §

סעיף א - עושה אדם צרכיו - ור"ל צורך תשמישיו, וכמו שיתבאר לקמיה, **בפת** - וכ"ש בשאר אוכלין, **והני מילי דלא ממאיס ביה, אבל מידי דממאיס ביה, לא** - ואפילו בשאר אוכלין ג"כ אסור, **ואסור** לפצוע זיתים ליטול ידיו במים היוצאים מהם, שחזקים הם ומעבירים את הזוהמא, מפני שהזיתים נמאסים על ידי זה, ואיכא הפסד אוכלין, [**אבל** לפצוע על הסלע כדי למתק מרירתו, מותר, דנעשה להכשיר האוכל עצמו].

ואם עושה לרפואה, שרי אפילו מימאס ביה, **ואפילו** בלא רפואה, אם הוא דבר שהוא צורך האדם, ודרך העולם לעשות בהאוכל צורך זה, ג"כ שרי, **ומטעם** זה מזלפין הקרקע ביין, וסכין הגוף ביין ושמן, כמבואר בגמרא בכמה דוכתי.

הילכך אין מניחין עליו בשר חי, ואין מעבירין עליו כוס מלא - שקרוב הדבר שישפך עליו וימאס, **ואין סומכין בו הקערה, אם היא מלאה דבר שאם יפול על הפת ימאס** - וג"כ מטעם הנ"ל, (וה"ה על האוכלין דמימאסי עי"ז), **וכ"ש** אם הקערה בתחתיתו אינו נקי, וימאס הפת עי"ז.

אבל כשאינה מלאה, שרי לסמוך, אף דמשתמש בפת, דעושה אדם כל צרכיו בפת וכנ"ל, וה"ה דמותר לכסות בו כלי, (**וראיתי** בפמ"ג שכתב, דנ"ל דוקא לסמוך הקערה שרי, דצורך אכילה היא, ר"ל כשאינה מלאה, **אבל** לעשות בו מלאכה שאינה צורך אכילה, כגון לסמוך איזה דבר, אסור, דהוי כמו זריקה, ע"ש, **ולא** נהירא, דאיתא ברשב"א בהדיא, דלשמואל שרי לסמוך קערה ריקנית).

(**ועיין** ביו"ד סוף סימן ש"נ, דאסור לגרום לאוכלין שיאסרו בהנאה, כגון לתלות על המתים דבר שיש בהן אוכל נפש, דמפסידן עי"ז).

ואין נוטלין הידים ביין בין חי ובין מזוג, אפילו נטילה שאינה צורך אכילה - דאילו בנטילה לאכילה, בלא"ה אסור לכמה פוסקים, עיין בסימן ק"ס סי"ב, דאין נטילה אלא במים, **אלא** אף בזה שאינה צורך אכילה, אסור משום בזיון היין, **וה"ה** בשאר משקין אסור, (ע"ל שם ובבה"ל), **ובשעת** הדחק ע"ל בסי' ק"ס סוף סי"ב ובבה"ל שם.

ואין זורקין הפת, משום בזיון אוכלים - ומבואר בב"י ושאר פוסקים, דפת חשיבא טפי משאר אוכלין, ובדידיה אסור אפילו אם לא נמאס ע"י זריקה, כגון שזורקו ע"ג מקום נקי, דזלזול הוא לפת.

וכשם שאין זורקין את הפת, כך אין זורקין אוכלין הנמאסים ע"י זריקה - כגון תאנים וכדומה שנתבשלו כל צרכן, שהם רכים ומתמעכים ע"י זריקה ונמאסים, [ור"ל אפי' זורקו במקום נקי אסור].

אבל מידי דלא ממאיס, כגון אגוזים ורימונים וחבושים, שרי - שהם קשים ואינם מתמעכים, **ומיירי** שזרקו במקום נקי, דאל"ה אסור אפילו באגוזים, וכדלקמיה בסעיף ד'.

כשרואין אוכלין מונחים על הארץ, אסור לילך ולהניחם, אלא צריך להגביהם, **אם** לא במקום דאיכא למיחש לכשפים, כגון ככר שלם.

איתא בגמרא, דרב הונא סובר מאכל אדם אין מאכילין אותו לבהמה, וה"ה לעופות, **אמנם** בא"ר מסתפק אם הלכה כר"ה בזה, **ועיין** במחה"ש שמצדד, דאם אין לו דבר אחר להאכיל כי אם מאכל אדם, לכו"ע מותר, **ואפשר** דמשום זה נוהגין העולם היתר להאכיל לעופות פת.

הלכות דברים הנוהגים בסעודה
סימן קעא - שלא לנהוג בזיון באוכלין

סעיף ב - לא ישב אדם על קופה מלאה תאנים וגרוגרות - דוקא בקופה של נצרים שהיא נכפפת, והאוכלין מתמעכין ונמאסין, אבל של עץ שרי.

אבל יושב הוא על עיגול של דבילה - שהם קשים ואינם מתמעכים, **או על קופה מלאה קטניות** - שאף שהקופה היא מנצרים, הקטניות בעצמן קשים הם.

סעיף ג - מותר לאכול דייסא (פי' החטה הנקלפת ומבושלת) בפת במקום כף - משום דעושה אדם צרכיו בפת היכא דלא מימאס וכנ"ל, והכא לא מימאס להאדם הזה בעצמו שאכל בו הדייסא, **והוא שיאכל הפת אח"כ** - דלאדם אחר מימאס, ואיכא הפסד אוכלין.

והמדקדקים אוכלים בכל פעם שמכניסים לתוך פיהם מעט מן הפת עם הדייסא - שחוששים להשתמש מעשה עץ באוכלין, דביזוי הוא, לכן אוכלין בכל פעם מעט מן הפת, דנראה כאילו בא ללפת את הפת, **הגה: והנשאר מן הפת אח"כ, אוכלים אותו** - דלאחרים הוא נמאס וכנ"ל.

סעיף ד - ממשיכין יין בצנורות לפני חתן וכלה - שעושין משום סימן טוב, שימשך שלותן וטובתן, ומיירי בצינור של עץ שאינו נמאס, **והוא שיקבלנו בכלי בפי הצנור** - דאל"ה איכא משום הפסד אוכלין.

וזורקין לפניהם קליות ואגוזים בימות החמה, שאינם נמאסים; אבל לא בימות הגשמים, מפני שנמאסים - ואע"פ שאגוזין יש להם קליפה, ואין האוכל שבתוכן נמאס, **מ"מ** בימות הגשמים שיש רפש וטיט ומתלכלכין שם, נמאסין להגביהן, ואיכא הפסד אוכלין, [**ויש** מקילין באגוזים בקליפתן, ואוסרים רק באגוזים קלופים].

יש מקומות שהנהיגו כהיום, לזרוק צמוקין לפני החתן בשבת שלפני חתונתו, בשעה שקורין אותו למפטיר, **ולא** יפה הם עושין, שרכין הם ונמאסין ע"ז, כנ"ל.

אבל לא גלוסקאות לעולם.

סעיף ה - הזורקים חטים לפני חתנים, צריך ליזהר שלא יזרקו אלא במקום נקי - כדי שלא ילך לאיבוד, **וגם יכבדו אותם משם, כדי שלא ידרסו עליהם** - דאל"ה אין תועלת מה שזרק במקום נקי, [**עיין** בב"י שכתב שלא נהגו כן, **וי"א** דחיטים לא חשיבי אוכל לגבי הא מילתא, ואפשר שזהו טעם המנהג].

§ סימן קעב - מי שהכניס אוכלין ומשקין לפיו בלא ברכה §

סעיף א - שכח והכניס משקין לתוך פיו בלא ברכה, בולען - שא"א לפולטן, דמימאסי ומיפסדי, **וגם** לסלקם לצד אחד מלוגמיו ולברך, כמו בס"ב באוכלין, אינו יכול לעשות זה במשקין, שא"א לדבר בעוד משקין בפיו, **הלכך** התירו לו לבולען, **וכתב** בלבוש, דאם הכניס מעט בפיו, ויכול לברך ע"י הדחק, יברך.

י"א דכ"ז דוקא כשאין לו יותר משקין לשתות, והוא דחוק למשקין הללו, **אבל** אם יש לו יותר, יפלוט ולא יהנה בלי ברכה, וכן ראוי לנהוג, (כדעת הראב"ד שהובא ברשב"א, **ושארי** הראשונים לא הזכירו דבריו, **וע"כ** המיקל בזה אין למחות בידו).

ואינו מברך עליהם ברכה ראשונה - הטעם, דמאחר שכבר בלע המשקין, כבר נדחה ממנו מצות ברכה ראשונה, (והיינו על המשקין שבלע, **אבל** אם יש לו עוד לשתות, בודאי חייב לברך, **וכדלעיל** סי' קס"ז ס"ח), **אבל** ברכה אחרונה צריך לברך אם היה כשיעור.

הגה: וי"א דמברך עליהם - היינו אחר שבלע מברך עליהם הברכה ראשונה, **ולא** דמי להא דקי"ל בסי' קס"ז ס"ח, דאם נזכר אחר שגמר סעודתו שלא בירך, אינו מברך, **דשאני** הכא, דמאחר שנזכר בעודו בפיו, היה עליו אז חיוב ברכה, ודומה זה קצת לעובר לעשייתן, אלא שלא היה יכול לברך, לכן לא נפטר מן הברכה.

(ביאור הלכה) [שער הציון] ‹הוספה›

הלכות דברים הנוהגים בסעודה תפה
סימן קעב – מי שהכניס אוכלין ומשקין לפיו בלא ברכה

וכן נראה עיקר - ודעת רוב הפוסקים כדעה ראשונה, שאינו מברך רק ברכה אחרונה אם שתה כשיעור, וכן הסכים הא"ר.

סעיף ב - שכח והכניס אוכלין לתוך פיו בלא ברכה, אם הוא דבר שאינו נמאס אם יפלטנו - כגון פולין וכיו"ב שהם קשים, **יפלטנו**

ויברך עליו - כדי שיהא פיו ריקן בשעת הברכה, דכתיב: ימלא פי תהלתך.

וכתב האשכול, מהא שמעינן, מאן דמברך ברכה, צריך לברך מלא פומיה ולא לגמגם.

ואם הוא דבר שנמאס - כגון תותים וענבים, **מסלקו לצד אחד ומברך.**

§ סימן קעג – דין מים אמצעיים §

סעיף א - מים אמצעים, רשות - רצה נוטל רצה אינו נוטל.

וה"מ בין תבשיל לתבשיל, אבל בין תבשיל לגבינה, חובה, (עיין ביו"ד סי' פ"ט) - ס"ג, ושם נתבאר בהג"ה, דלפי מנהגנו יש ליטול ידיו אפילו בין תבשיל של גבינה לתבשיל של בשר שאחריו, אם נוגע בהם בידיו, **ואין** לנו רשות אלא בששני התבשילין שוין.

סעיף ב - בין בשר לדגים, חובה ליטול, משום דקשה לדבר אחר - צרעת, **וחמירא סכנתא מאיסורא** - ועיין במ"א שכתב, דאפשר דבזמנינו אין סכנה כ"כ, דבכמה דברים נשתנו הטבעים.

(ועיין יו"ד סי' קט"ז) - ושם נתבאר בהג"ה, דמנהגנו שאין חוששין לזה, וסיים דמ"מ יש לאכול דבר ביניהם ולשתות, דהוי קינוח והדחה, [**ובחכ"א** כתב וז"ל, יש נוהגין לרחוץ ידיהם בין בשר ודגים, אבל אין מן הצורך, **ומ"מ** ישתה דבר ביניהם שלא לאכלם יחד, עכ"ל].

סעיף ג - כל הדברים הנוהגים באחרונים נוהגים באמצעיים - היינו שבין תבשיל לגבינה, **בין להקל** - היינו שא"צ נטילה בכלי, וגם רק עד פרק השני, וגם אין חציצה מעכב בהם בדיעבד, **בין להחמיר** – (כתבו הרבה אחרונים, שאין נוטלין ע"ג קרקע כמים אחרונים, **אכן** בפמ"ג פסק להקל).

[**אבל** אמצעיים מותרין אפי' לשפשפם בתוך הכלי, ודלא כאחרונים - סימן קפ"א ס"ב ע"ש].

חוץ מהיסח הדעת שפוסל באמצעיים, מפני שעדיין רוצה לאכול וידיו צריכים שימור - אין הכוונה שאם הסיח דעתו לאחר שהטיל לאמצעיים, נבטל נטילת האמצעיים, דמאי איכפת לן בהיסח דעתו, הרי עכ"פ ידיו נקיות מגבינה, **אלא** ר"ל שאם הסיח דעתו משמירת ידיו, נבטל נטילה ראשונה דמים ראשונים, כמו שמבואר בכמה מקומות, דהיסח הדעת משמירת ידיו פוסל הנטילה, **ומילתא** דפשיטא הוא, ולא נקט לה אלא משום דהשוה לה בכל דבר למים אחרונים, ובמים אחרונים לאחר שנטל לא איכפת לן בהיסח הדעת, שהרי לא יאכל יותר, **להכי** קאמר דבנטילה לאמצעיים אינו כן, דאף שהטיל לאמצעיים, אעפ"כ אינו רשאי להסיח דעתו מנטילה ראשונה, שהרי יאכל עוד.

וחוץ מניגוב הידים, שאמצעיים צריכים ניגוב כראשונים - דיש בו משום מיאוס אם יאכל בלי ניגוב.

הגה: וים שאמרו שאמצעיים צריכים דוקא מים, משא"כ באחרונים, כדלקמן סי' קפ"א - ששאר משקין מתוך שהם עצמן שמנים, אינם מנקים את השומן והמאכל, **משא"כ** באחרונים שאינם באים רק להעביר הזוהמא מידים, אפילו משקין מעבירין הזוהמא, **ורש"ל** מיקל דמותר בשאר משקין, **אבל** כמה אחרונים הסכימו להרמ"א.

§ סימן קעד – דין ברכת היין בסעודה §

סעיף א - יין שבתוך הסעודה מברך עליו "בורא פרי הגפן", ואין הפת פוטרו - היינו אע"פ ששותה לשרות האכילה שבמעיו, והרי זה כדברים הבאים מחמת הסעודה תוך הסעודה, שנפטרים בברכת הפת, כמו שיתבאר לקמן, מ"מ הואיל והיין הוא חשוב, אינו נחשב טפל לפת להפטר בברכתו, [מפני

הלכות דברים הנוהגים בסעודה
סימן קעד – דין ברכת היין בסעודה

שגורם ברכה לעצמו, גמ', **והיינו** שבכמה מקומות מברכין עליו אע"פ שא"צ לשתיה, כגון בקדוש והבדלה - רש"י, **ותוס'** פי', דהיינו מה שמברך על היין ברכה מיוחדת, "בורא פה"ג", **ואפילו** כוון בפירוש בברכת הפת לפטור כל מה שישתה בתוך הסעודה, לא מהני ליין.

סעיף ב - יין פוטר כל מיני משקין. הגה: אפילו מברכה ראשונה - שהוא ראש וראשון לכל המשקים, וכולם נטפלים לו, **ועיין** לקמן סימן ר"ח סט"ז ובמ"ב שם, לענין ברכה אחרונה.

ובלבד שיהיו לפניו על השלחן בשעה שבירך על היין, דאילו לא היו לפניו בשעת ברכה, אף שהביאו המשקין לפניו בשעה שעמד עדיין היין לפניו, לא מהני, וצריך לברך עליהם, **ויש** מקילין אפילו לא היו לפניו, ורק שהיה דעתו עליהם, **וכ"ז** בשלא קבע עצמו לשתות יין, ורק כוס זה בלבד, **אבל** אם קבע לשתות יין, הסכימו כמה אחרונים, דפוטר אפילו המשקין שלא היו לפניו בשעת ברכה, כיון שבאו לפניו עכ"פ בעוד שהיין לפניו, **ואם** באו לפניו אחר גמר שתיית היין, צריך לברך על המשקין, כ"כ מהר"מ בנעט בביאורו, **אם** לא שהיה דעתו על המשקין קודם גמר השתיה, **ולכתחלה** טוב יותר לעולם שיהיו שאר המשקין לפניו בעת ברכתו על היין, [לחוש לדעת הפוסקים דבזמן הזה אין קביעות ליין].

(**ולפי"ז השותה קאווי"ע אחר שתיית יין, א"צ לברך עליו, ואף על הצוקע"ר שנוטל בפיו למתק השתיה, ג"כ א"צ לברך, דהוא נטפל להקאווי"ע, והקאווי"ע להיין, ועיין בח"א שכתב, דאינו פוטר אא"כ שתה תחלה ואח"כ לקח הצוקע"ר בפיו, דאם יהנה תחלה מן הצוקע"ר, לא יהיה טפל להמשקין, ודעתו שם דיותר טוב שיקח תחלה מעט צוקע"ר ויברך עליו, ויכוין לפטור המשקין, ע"ש טעמו)**, ‹דצריך דוקא שיקבע על היין, והבה"ל משמע דדברי הח"א הוא בכל אופן, אפי' כשיקבע, וצ"ע – דברי סופרים›.

(**ודע דהא דיין פוטר כל מיני משקין, היינו אפילו לא כוון בעת ברכתו לפטור אותם, אלא בסתמא, אפ"ה אמרינן דממילא נטפלים לו).**

ודע שאם קידש על היין, והוציא אחרים בברכתו, אם לא טעמו מכוס של קידוש, ורוצים לשתות שארי משקין, אף שהיו לפניהם בשעה שבירך על היין, צריכים לברך על המשקין, **כי** הטעם שיין פוטר, הוא משום שכל המשקים טפלים לו, וכשאינו שותה, לא שייך טעם זה, [דה"ח, ועיין בבה"ל].

(**ועיין בח"א שכתב, דדוקא בשותה יין בקביעות, אבל לא בשותה כוס אחד או ב', ואין בדעתו למשוך עצמו ביין, וכ"ש כשמקדש ושותה רק כמלא לוגמיו, דלא מהני לפטור המשקין, אפילו היו המשקין לפניו בשעת ברכה, והנה אף שבמ"ב סתמנו שלא כדבריו, מפני שהרבה אחרונים חולקין ע"ז, וסוברין דאפי' בלא קבע לשתות יין, ג"כ מהני לפטור שאר משקין כשעומדין לפניו בשעת ברכה, מ"מ נראה דאין להקל רק כששתה עכ"פ כמלא לוגמיו, שהוא שיעור חשוב דמייתבא דעתיה, דגם לענין קידוש כמה גדולי ראשונים סוברין, דאינו יוצא בפחות ממלא לוגמיו, ואף שאנו מקילין בדיעבד, וסוברין דשתיית כולם מצטרף למלא לוגמיו, היינו רק לענין לצאת ידי מצות קידוש, אבל לא דלהוי זה הטעימת משהו שיעור חשוב, שיהיו כל המשקין ששותה אחריו טפלין לו, והנה מדברי הדה"ח שהעתקתי דבריו במ"ב, לענין המסובין שלא טעמו מן הכוס, שצריכין לברך על המשקה ששותין, מוכח דעתו דס"ל, דאפילו בטעימת כל שהוא מן היין סגי לפטור עי"ז שאר המשקין, ומ"מ לדינא צ"ע וכנ"ל, ונכון לכתחלה שמי שירצה לפטור שאר המשקין, ישתה עכ"פ מלא לוגמיו, ובלא"ה יש ליזהר בזה, כמ"ש בסי' רע"א סי"ד, ואם לא שתה מלא לוגמיו, יבקש לאחד שלא טעם כלל מן הכוס, שיפטרנו בברכה על המשקין, או שיברך על מעט צוקע"ר לפטור המשקין).**

סעיף ג - אם אין לו אלא כוס אחד, מניחו עד לאחר המזון ומברך עליו - דאפילו למ"ד בהמ"ז אינה טעונה כוס, מ"מ מצוה מן המובחר יש בזה אם יוכל לעשות בכוס, כדלקמן סימן קפ"ב ס"א, **ומ"מ** אם הוא צמא לשתות, ואין לו שאר משקין, מוטב שישתה קודם, כדי לצאת גם דעת המרדכי, שסובר דכשתאב לשתות אינו חייב מה"ת לברך בהמ"ז עד שישתה, [**וכתב** הפמ"ג, דכשהוא בשלשה, אפשר דאפי' צמא, יותר טוב להניחו לאחר המזון].

סעיף ד - אם קבע לשתות לפני המזון – (ר"ל סמוך להמזון, דבמופלג אין שייך לפוטרו לכו"ע), **א"צ לברך על יין שבתוך המזון, דיין שלפני המזון פוטרו** - כתבו האחרונים, דלאו דוקא

קבע, דה"ה אפילו אם שתה רק כוס אחד של יין קודם הסעודה, דפוטר היין שבתוך הסעודה, **וכל** זה אם דעתו לשתות גם בתוך הסעודה, [**בשו"ע** הגר"ז פוסק, דבמקום שרגילין לשתות יין בתוך הסעודה, אפי' מסתמא אמרינן כאילו היה דעתו לזה].

וה"ה דפוטר נמי יין שלאחר המזון קודם בהמ"ז, במקום שרגילין לשתות יין אחר גמר אכילתו, או שהיה דעתו לזה בפירוש, **אבל** אם לא היה לו יין לפני המזון, ובירך על היין שבתוך המזון, צריך לברך שנית על יין שלאחר הסעודה, כי יין שבתוך המזון אינו בא רק לשרות המאכל שבמעיו, ואינו חשוב לפטור היין שלאחר המזון, שבא לשתיה ולתענוג, **ועיין** בב"י שכתב, דאם הוא צמא מחמת אכילתו, אפילו נשתהא זמן הרבה אחר הסעודה, אעפ"כ כל זמן שלא בירך בהמ"ז, כיין שבתוך המזון דמי, דבא לשרות המאכל, **וגם** משמע קצת מדברי הרשב"א, דאם הוא שותה מיד אחר האכילה, ג"כ מסתמא כדי לשרות המאכל הוא בא, **אך** באמת אין דין זה מצוי בינינו, שאין אנו מושכין ידינו מן הפת עד בהמ"ז, וחשיב הכל תוך הסעודה, ולפיכך ממילא יין שבתוך המזון פוטר גם יין שלאחר המזון, דזה וזה לשרות.

וכן יין של קידוש פוטר יין שבתוך המזון - וה"ה שלאחר המזון, וקמ"ל דלא תימא דוקא יין קודם המזון דחשיב, דבא לפתוח המעיים ולשתות, פוטר בתוך הסעודה, אבל יין קידוש דבא עיקרו למצוה, אימא לא, קמ"ל דפוטר. **ונ"ל** פשוט, דבמדינתנו שאין אנו רגילין לשתות יין בתוך הסעודה אפילו בשבת, אינו פוטר אלא א"כ היה דעתו לזה מתחלה.

וכן המבדיל על השלחן, פוטר היין שבתוך המזון - ר"ל אע"ג דהבדלה אינה שייכא כלל לסעודה כמו קידוש, אפ"ה כיון דהבדיל על השלחן, ר"ל שהכין עצמו לסעודה, שייכא לסעודה, **ומיירי** כנ"ל שהיה בדעתו לשתות גם בתוך הסעודה.

וי"א שאין ברכת יין הבדלה פוטר, אלא א"כ נטל ידיו קודם הבדלה - הטעם כנ"ל, דאינה שייכא לסעודה כמו קידוש שאינה אלא במקום סעודה, וע"כ ס"ל להי"א, דבעינן עכ"פ שיטול ידיו לסעודה מתחלה, דבזה בודאי אתחלתא דסעודה היא.

וא"ת היכי שרי להפסיק בהבדלה בין נט"י ל"המוציא", י"ל דלא הוי היסח הדעת, כיון שדעתו לאכול ואינו רשאי לאכול בלי הבדלה, **אבל** להפסיק בשתיית רשות בין נטילה ל"המוציא", אסור.

ולאו דוקא נטל ידיו, דה"ה אם קבע עצמו לסעודה על השלחן - מ"א, **ובא"ר** חולק עליו, וכן משמע מביאור הגר"א.

כתב מ"א, דדוקא יין הבדלה שאינו בא לצורך סעודה, אבל ביין שלפני המזון דעלמא, שבא לצורך סעודה לפתוח המעיים, פוטר אפילו קודם נטילה יין שבתוך הסעודה, **ולהכי** סתם המחבר בריש הסעיף, ולא התנה דדוקא אחר נטילה.

הילכך המבדיל קודם נטילה, יכוין שלא להוציא יין (וע"ל סי' רצ"ט סעיף ז') שבתוך הסעודה - ואז יברך ברכה אחרונה על כוס זה קודם הסעודה. **ובדיעבד שלא כוון כך, פוטר יין שבתוך הסעודה, דספק ברכות דרבנן להקל.**

סעיף ה - כל מה ששותה בתוך הסעודה - ר"ל אפי' שלא בבת אחת, **די לו בברכה אחת** - דמסתמא כשבירך בפה"ג על כוס האחד, דעתו היה ג"כ על כל מה שישתה בתוך הסעודה.

אא"כ כשבירך לא היה דעתו לשתות אלא אותו הכוס, ונמלך לשתות אחר - ר"ל שהיה דעתו שלא לשתות אלא אותו הכוס ולא יותר, אלא שאח"כ נמלך לשתות עוד, [**דאם** היה בסתמא, בודאי א"צ לחזור].

וכתב הט"ז, דה"ה לענין אכילה, כגון שקנה לעצמו לחם אחד לאכלו כולו, ועל דעת זה בירך, ואח"כ נתאוה לאכול עוד, ושולח לקנות עוד, צריך לברך שנית "המוציא", **והטעם**, דמעשיו מוכיחין דלא היה בדעתו לאכול כי אם הלחם שקנה, דאל"כ היה קונה יותר, אלא שאח"כ נתאוה לאכול עוד, **אבל** אם יש לו בבית לחם, וחותך לו חתיכה לאכול אותה, ‹ודעתו רק על חתיכה זו, כי חושב שדי לו בזה ולא יצטרך יותר›, ואח"כ רוצה לחתוך עוד, אין זה נמלך, ‹ולא הוי כמו שחושב שיותר לא יאכל – דברי סופרים›, דדרך אדם כן הוא, דלפעמים בשעת ברכה חושב שיהיה די לו בחתיכה אחת, ואח"כ כשרואה שאינו שבע בזה, לוקח עוד, [**ומסתברא** דבשתיית יין הוי נמלך בכל גווני, אפי' אם לא היה צריך להביא כוס שני מן השוק].

הלכות דברים הנוהגים בסעודה
סימן קעד – דין ברכת היין בסעודה

הגה: וכן מי שבא לסעודה - היינו שאינו מן הקרואים, אלא שבא דרך עראי לשם, **ומושיטין לו הרבה כוסות** - ר"ל שלא בבת אחת, אלא בזה אחר זה, **מברך על כל אחד ואחד, דהוי נמלך** - דבשעה שבירך לא היה יודע אם יתנו לו עוד, **וע"ל סי' קע"ט**.

וכן מי שבירך על כוס ברכת נישואין - שיש שם הרבה מסובין, וכל כיוצא בזה, **ואינו יודע להיכן יגיע הכוס, כל אחד צריך לברך, דמקרי נמלך** - דמסתמא אינו מכוון לצאת בברכת המברך, מאחר שאינו יודע אם יגיע לו.

סעיף ו - אין לברך אחר היין שבסעודה, דברכת המזון פוטרתו - כדין דברים הבאים מחמת הסעודה, שנפטרין בבהמ"ז, דהיין מחמת הסעודה הוא חשיב, דבא לשרות המאכל, ואף דברכה ראשונה מברך על היין, כנ"ל בס"א, ברכה אחרונה לא.

וכן פוטרת יין שלפני המזון - דכיון שבאים לפתוח המעיים, להמשיך האדם לתאות המאכל, הוי ג"כ כדברים הבאים מחמת הסעודה, **ופשוט** דזה דוקא אם שותה סמוך למזון עכ"פ, דהוי כאתחלתא דסעודה, אבל בלא"ה לא. **ואפילו [לא] היה לו יין בתוך המזון** - כצ"ל, **ור"ל** דאף דאז לא שייך לומר דהוא שתיה אחת עם אלה שבתוך הסעודה, אפ"ה פוטר, דהן עצמן בכלל סעודה הן וכנ"ל. **(וע"ל סוף סימן רע"ב)** - ס"י, לענין קידוש, דשם מבואר, דגם בו ברכת המזון פוטרתו.

(ועיין ברמב"ן ובר"ן דסוברים, דבין ביין של קידוש, ובין שאר יין שלפני המזון, צריך ברכה אחרונה, וכן דעת התוס', **ולפי"ז** נראה שנכון לענין קידוש, **שלא לשתות רק כמלא לוגמיו. אח"כ מצאתי שכ"כ בח"א, ואם** שתה כל הכוס, יכוין בעת בהמ"ז לפטור היין ששתה מקודם, ויוצא בזה בדיעבד, **אכן** לפי מה שמבואר בפוסקים, **דבמשקה** יש דעות דמחייבי אפילו בכזית, וכ"ש ברוב רביעית, לכן הנכון שתמיד יכוין בבהמ"ז לפטור היין של קידוש).

ולענין מים ושארי משקין ששותה קודם המזון, ואינו שותה בתוך המזון, דעת הרבה אחרונים, דצריך לברך עליהם ברכה אחרונה, שאין בהמ"ז פוטרתן, דמכיון ששתה אותם קודם "המוציא", אינם שייכים לסעודה כלל, **לבד** יי"ש שוה ליין, דהוא מעורר תאות המאכל, (לפיכך אם שותה יי"ש קודם נט"י לעורר תאות האכילה, א"צ ברכה אחרונה, **אף כששתה שיעור רביעית, דבהמ"ז פוטרתו**).

(וכתב הח"א, דאפילו במים, אם הוא צמא הרבה ואינו תאב לאכול מחמת הצמאון, ושותה מים לפני נטילה כדי שיתאב לאכול אח"כ, ג"כ א"צ לברך ברכה אחרונה, דהוא שייך לסעודה).

(ודע דכ"ז שכתבנו למעלה דצריך לברך ברכה אחרונה על המשקין ששתה לפני המזון, הוא דוקא כשאינו שותה משקין בתוך המזון, **אבל אם שותה גם בתוך המזון, נשאר המ"א בצ"ע אם צריך לברך ברכה אחרונה**, ‹ואע"פ דפסק המ"ב בסי' קע"ו, דדבר שנפטר בלא"ה בברכת המוציא תוך הסעודה, מה דאוכל מהם קודם הסעודה אין שייך כלל להסעודה, וצריך לברכה אחרונה, **הכא** חשש לשיטת המ"א, כיון דיש שיטות להלן דשאר משקין אינן נפטרין בהמוציא, ולדידהו מה דשתה מהם גם קודם הסעודה חשיבא כסעודה אחת, ונפטר בבהמ"ז – דברי סופרים›, **וע"כ כתב שם, דבאופן זה טוב שלא ישתה קודם הנטילה רק פחות מרביעית**).

ולענין יין של הבדלה שלפני המזון - ר"ל דהם אינם באים לצורך סעודה, **(ע"ל סימן רצ"ט סעיף ח')** - ועיין שם שכתבנו, דאם לא בירך קודם הסעודה, לא יברך עוד, ויפטרנו בברכת המזון, [**ונכון** שיכוין לפוטרו בבהמ"ז, דאז בודאי פוטרו].

ולענין אם פוטר בהמ"ז היין ששתה אחר גמר הסעודה, יש דעות בפוסקים, י"א דאין בהמ"ז פוטרו בסתמא, וצריך לברך על היין מעין שלש, אם לא שכוון בהדיא בבהמ"ז לפטור גם היין, דאז פטור בדיעבד, **וי"א** דאין צריך לברך ברכה אחרונה, ובהמ"ז פוטרו בסתמא אף לכתחלה, [**הטעם**, דאע"ג דלאחר הסעודה הוא, ואין היין שייך לסעודה, מ"מ כיון דבדין היה ראוי לברך על היין בהמ"ז לכתחילה, אלא דלא קבעי אינשי סעודתא עלה, והכא כיון דבסעודה הוא, מגו דהוי קביעות לפת, הוי נמי קביעות ליין, **וכתב** המ"א, דבשארי משקין דלא שייך טעם זה, ממילא לכו"ע אין בהמ"ז פוטרו, וצריך לברך גם ברכה אחרונה אחריו].

מיהו אין דין זה מצוי בינינו, דאין אנו מושכין ידינו מן הפת עד בהמ"ז, א"כ הוי הכל כבתוך הסעודה, ובהמ"ז פוטרו, **ומיהו** באמת לכתחלה טוב יותר שיכוון

הלכות דברים הנוהגים בסעודה
סימן קעד – דין ברכת היין בסעודה

בעת בהמ"ז לפטור, [מיהו באמר: הב לן ונברך, ושותה שאר משקין, צריך לברך ברכה ראשונה ואחרונה לכו"ע].

סעיף ז - אם אין לו יין, ושותה מים או שאר משקה, אין לברך עליהם, דחשיבי כבאים מחמת הסעודה - בתוך הסעודה, דמבואר בסימן קע"ז דאין מברכין עליהם, דנפטרין בברכת "המוציא", **ואסעיף** א' קאי, דאיין שבתוך הסעודה מברך ברכה ראשונה אף בתוך הסעודה משום חשיבותו, אבל אשאר משקין לא, דנטפלים להסעודה.

לפי שאין דרך לאכול בלא שתיה; ואף יין לא היה צריך ברכה לפניו, אלא מפני שהוא חשוב, קובע ברכה לעצמו; אבל מים או שאר משקים לא חשיבי, ואינם טעונים ברכה - לא לפניהם ולא לאחריהם, **ואפילו** אם הם באים אחר גמר סעודה, לדידן דאין אנו מושכין ידינו מן הפת, וחשוב הכל כבתוך הסעודה.

ואפי' אם היה צמא קודם סעודה, כיון שלא רצה לשתות אז, כדי שלא יזיקו לו המים - אליבא ריקנא, וה"ה בשארי משקין, **נמצא כי שתיית המים בסבת הפת היא, ופת פוטרתם.**

(**דע** דבזה יש חילוק, דאם הוא קובע סעודה עכ"פ על הפת, מברך עליו "המוציא", והמשקה הוא טפל להפת, **ואם** הוא אוכל רק מעט פת כדי שלא יזיק לו המשקין אליבא ריקנא בלבד, אזי אדרבא המשקין עיקר והפת טפל, והיה ראוי להפטר לגמרי בברכת המשקין, אלא משום שאוכל לפת תחלה קודם להעיקר, וע"כ מברך על הפת הטפל "שהכל", וקאי הברכה על הפת ועל המשקין).

וי"א לברך על המים שבסעודה - וה"ה לשאר כל המשקין, והיינו ברכה ראשונה, דס"ל דדינו כמו פירות שאוכל בתוך הסעודה, דצריך ברכה לפניהם, **אבל** מברכה אחרונה לכו"ע נפטרין בבהמ"ז.

ואע"ג דיין חשבינן ליה בא מחמת הסעודה, דרק משום חשיבותו צריך ברכה וכנ"ל, **יין** שאני דסעיד ליבא טפי, וגם דבא להמשיך תאות האכילה, משא"כ שארי משקין.

ויש מחמירין עוד לברך עליהם בכל פעם, דסתמא נמלך הוא בכל פעם - ואף לדעה זו, דוקא במים אמרינן דמסתמא נמלך הוא, שאין אדם שותה מים אלא לצמאו, **אבל** בשכר ומי דבש וכיו"ב, לא חשיב בסתמא נמלך, ובברכה אחת סגי לכו"ע, **אך** לאקרי"ץ ודומיהן, שאין שותין כי אם לצמאו, דינם כמו מים לדעה זו.

והרוצה להסתלק מן הספק, ישב קודם נטילה - דלאחר נטילה אין לו להפסיק בשתיית משקין של רשות, **והבדלה** דס"ד שאני, משום דאסור לאכול קודם הבדלה, **במקום סעודתו** - ולא ישנה מקומו, דבשינוי מקום צריך לברך שנית כששותה אח"כ, וכמבואר בסימן קע"ח, וא"כ לא תיקן כלום, **ויברך על דעת לשתות בתוך סעודתו** – (ודוקא אם הוא מתהנה עכ"פ מהמים ששותה, אבל אם אינו מתהנה כלל, אין כדאי לברך עליהן, עיין בסי' ר"ד ס"ז ובמ"ש שם).

וכ' האחרונים, דיזהר לשתות פחות מרביעית, דאם ישתה רביעית לא יועיל כלום בתיקונו, דיכנס בספק ברכה אחרונה על המשקין האלו, דאפשר דאין בהמ"ז פוטרתו, דאין שייכים לסעודה מכיון ששתה קודם נטילה, [**עיין** במ"א, דתליא בשתי הדעות האלו, דלדעה ראשונה דא"צ לברך על המשקין שבתוך הסעודה, א"כ ברכה ראשונה שמברך על המשקין ששותה לפני הסעודה, אינו בא לפטור המשקין שבתוך הסעודה, דבלא"ה פטור מלברך עליהן, א"כ ממילא אין שייכים כלל להסעודה, וצריך ברכה אחרונה עליהן], **אכן** אם יש לו כוס שכר לברך עליו בהמ"ז, א"צ ליזהר בזה, דברכת בנ"ר שיברך על הכוס, יפטור גם את המשקין ששתה קודם נטילת ידים.

(**עוד** עצות להסתלק מן הספק: [**או** שיטול מעט צוק"ר ויפטור בברכתו], **או שיבקש** לאחר שאינו אוכל, שיברך על המשקה ויתכוון לפוטרו).

הגה: והמנהג כסברא הראשונה - והטעם כדלעיל, לפי שאין אכילה בלא שתיה, והוי כדברים הבאים מחמת הסעודה. (**ואם יש לו יין, טוב שיפטור אותם ע"י שיברך על היין בתוך הסעודה, שפוטר כל המשקין**).

ולענין יי"ש, יש אחרונים שכתבו דצריך ברכה בתוך הסעודה, משום שאין שותין אותו מחמת צמאון האכילה כשאר משקין, **אבל** המ"א כתב, דבתוך הסעודה א"צ ברכה, משום דאז בא לעורר תאות המאכל, וחשיב גם זה מחמת הסעודה, וכן העתיקו איזה אחרונים כדעתו, {**וה"ה** בפירות הבאים להמשיך תאות האכילה,

כגון לימני"ש מלוחים, או זית מליח, או אוגערקע"ס מלוחים וכיו"ב, **ולא** דמי לשאר פירות שבתוך הסעודה שצריך ברכה], **ובאמת** היה ראוי לנהוג בזה כעצת המחבר לענין שאר משקין, דיברך על מעט מהיי"ש קודם נטילה, על דעת לפטור מה שישתה בתוך הסעודה, מפני שיש דעות בזה, **אלא** שהעולם נהגו להקל, ויש להם על מה לסמוך. [**ואם** שותה יי"ש בתחילת הסעודה, ואין כוונתו לעורר תאות המאכל רק לחזק הלב, צריך לברך עליו].

וכ"ז בתוך הסעודה, אבל אם שותה את היי"ש אחר סעודתו, דאז בודאי דעתו רק לעכל המזון, לכו"ע צריך ברכה, **מ"מ** נ"ל דאם אכל מאכל שמן, ולקח מעט יי"ש להפיג השמנונית שבפיו, אם רגיל בענין זה, הוא בכלל טפל להאוכל, וע"כ אף אם הוא אחר גמר סעודתו, א"צ לברך, [**ואפשר** דמה שרגילין ליקח מעט יי"ש אחר שאוכלין דגים, או דג מלוח, הוא ג"כ בכלל טפל אם הוא רגיל בכך, ופטור לכו"ע].

כתב הח"א, דאם שותה אחר גמר סעודתו קאפ"ע, הוא רק כדי לעכל המזון, ולא דמי לשאר משקין, וע"כ צריך לברך ברכה ראשונה, **ואינו** מוכרח, ונכון שיברך מתחלה על מעט צוקע"ר לפטור את הקאוו"ע, **וכ"ז** שייך רק לענין חול, אבל בשבת ויו"ט בשחרית אין שייך כ"ז, דהרי בודאי כבר קידש על הכוס, [אבל בלילה הלא יכול לקדש על הפת], וממ"נ אם קידש על היין הלא פוטר כל המשקין, ובאופן המבואר לעיל בס"ב, **ואם** קידש על השכר וכיו"ב, הלא מברך "שהכל", וממילא נפטר גם זה.

סעיף ח - על יין שבתוך המזון כל אחד ואחד מברך לעצמו, אפילו הסיבו יחד - ר"ל ולא כמו דאמרינן בעלמא, דאם הסיבו יחד אחד מוציא כולם, ועדיף טפי משום ברוב עם הדרת מלך, **אבל** בברכה שבתוך הסעודה לא יעשו כן.

הגה: דלא יכולין לענות אמן - ואף דקי"ל בכל מקום דשומע כעונה, ועניית אמן אינו מעכב כלל לענין לצאת בהברכה, חיישינן שמא יענו אמן ויסתכן, **משום דחיישינן שמא יקדים קנה לושט** - היינו משום דעוסקין אז באכילה, ואין בית הבליעה פנוי.

ומבואר בפוסקים, דלדעה זו אף אם יניחו מלאכול, ויכינו עצמם לשמוע הברכה ולענות אמן, ג"כ לא מהני, דמ"מ חיישינן שמא לא יזהרו להפסיק מלאכול, ויבואו לידי סכנה, [**ולענין** דיעבד, מסתימת השו"ע משמע דאינו מעכב, **אכן** בתוס' משמע דלעיכובא הוא].

הגה: וי"א דאם אמר להם: סברי רבותי, וישמעו ויכוונו לברכה ולא יאכלו אז ויענו אמן, אחד מברך לכולם, וכן נוהגין - דהם ס"ל הטעם דאין אחד יכול להוציא חבירו בברכת היין שבתוך הסעודה, משום דטרודים הם לאכול, ולא יתנו לב לכוון לשמוע ולצאת, **ולכן** אם אמר מקודם שיברך: סברי מורי, ומניחים כולן לאכול ויכונו לבם להברכה, שפיר דמי, **וגם** משום סכנה ס"ל דאין כאן, כיון שפסקו מלאכול.

וצריכין שיטעמו כולם תיכף מהכוס, ולא יפסיקו בין ברכה להשתיה.

(**ומשמע** מפמ"ג דהידור מצוה לית בזה, היינו אף דבעלמא היכא שאחד מוציא את חבירו יש בזה משום הדרת מלך, **משום** דלדעה א' אסור לעשות כן, והוא דעת רוב הפוסקים, **אלא** שנהגו כן, **וע"כ** אף דיש מקום להמנהג ואין למחות בם, מ"מ הידור לא שייך בזה).

ויאמר: סברי רבותי, ר"ל סוברים אתם לצאת בברכה זו, ולא יאמר: ברשות רבותי - ר"ל בברכה שבתוך הסעודה, כשאחד מברך ומוציא כולם, לא יאמר "ברשות רבותי", דלשון זה אינו אלא נטילת רשות לברך, אלא "סברי רבותי", דהיינו שיפסקו מלאכול ויתנו לב לשמוע הברכה ולצאת כנ"ל.

וכן כל מקום שמברכין על היין, משום ברכת היין שבתוך הסעודה, אין אומרים "ברשות", אלא "סברי", מטעם שנתבאר - ר"ל כשאחד מוציא חבירו, כמו קידוש והבדלה וכה"ג, אף דהיה ראוי לומר יותר "ברשות", שהוא נטילת רשות מהמסובין שחפצים בו שיוציא אותם בברכתו, **אלא** משום ברכת היין שבתוך הסעודה, דמוכרח לומר "סברי" כדי שיפסיקו מלאכול, נהגו לומר לשון זה בכל מקום שמברכין להוציא אחרים.

ובחופה וברית מילה שאין נוהגין לומר "סברי" כלל, הוא משום דרק במקום שצריך נטילת רשות, אומרים על היין "סברי" במקום רשות, **אבל** בחופה ומילה שאין נוטלין רשות, אין לומר "סברי" כלל, [היינו משום דהתם הבעל ברית ובעל החתונה מכבדין אותו, **ואפשר** דמה"ט אין אומרים "סברי" על כוס בהמ"ז, דרשות א"צ ליטול, כיון שנטל רשות מקודם שהתחיל לברך, ולכן אין לומר עתה גם "סברי", **ומ"מ** טוב שהמברך על הכוס ימתין מלברך עד שיגמרו הכל "יראו את ד' וגו'" שנוהגין לומר].

סימן קעה – דיני ברכת הטוב והמטיב על היין

§ סימן קעה – דיני ברכת הטוב והמטיב על היין §

סעיף א- הביאו להם יין אחר, אינו מברך בפה"ג - ר"ל שמתחלה בירך על יין שבתוך המזון, ואח"כ הביאו לו עוד יין, אפילו הוא ממין אחר, אפ"ה נפטר בברכה ראשונה.

אבל מברך עליו: הטוב והמטיב - ומברך אותה בשם ומלכות, והוא הודאה על ריבוי היין שנזדמן לו, **ועוד** כתבו הספרים טעם לנוסח זה, כי ידוע שהאדם צריך למעט בתענוגי העולם, ויין הלא מביא לידי שמחה, ויכול לבוא לידי קלות ראש, **לכך** סידרו נוסח זה של "הטוב והמטיב", שידוע שברכת "הטוב והמטיב" שבבהמ"ז, תקנו על הרוגי ביתר שנתנו לקבורה, ועי"ז יזכור יום המיתה, ולא ימשך אחר היין הרבה.

ודוקא על יין שבתוך המזון, או שהיו מסובין לשתות בלא אכילה, ואח"כ הביאו להם יין אחר, **אבל** על כוס של בהמ"ז א"צ לברך עליו ברכת "הטוב והמטיב", אף שהוא מין יין אחר, דהא כבר אמר "הטוב והמטיב" בבהמ"ז, [**ובחידושי** רעק"א הביא, דלפי מש"כ בספר בית יהודה, דבנמלך או שהיה שנוי מקום דצריך לברך עליו בפה"ג, ממילא אין שייך ברכת "הטוב והמטיב", דהוא ענין חדש ואין שייך ליין ששתו מקודם, **א"כ** ה"ה בנידון זה בלא"ה א"צ לברך "הטוב והמטיב", דהא צריך לברך בפה"ג עליו, ואין שייך ליין שבתוך הסעודה].

בלילי פסח, טוב לכתחלה שלא לשתות עוד מין אחר של יין בתוך הסעודה, כדי שלא יצטרך לברך עליו "הטוב והמטיב", ויהיה נראה קצת כמוסיף על הכוסות, **אך** אם הוא צמא וחושק לשתות ממנו, יכול לברך עליו "הטוב והמטיב", [**אבל** ליקח יין אחר טוב למנין הכוסות גופא, כגון שטעם כוס הראשון ולא ערב לו היין, לכו"ע יכול ליקח מין אחר של יין לכוס שני, ויברך עליו בפה"ג וגם "הטוב המטיב"], ‹ודלא כרעק"א הנ"ל - הגרש"ז אוירבאך›.

הגה: מע"ג שאין לו עוד מן הראשון - עיין במ"א בשם פוסקים שיש דעות בזה, וע"כ הכריעו לדינא, דאם יש להם מן הראשון, והביאו השני כדי שיטעמו יין אחר משונה מן הראשון, מברכין עליו "הטוב והמטיב", **אבל** אם אין להם כלל מראשון, א"כ לא מחמת שינוי הביאו, אלא מפני שכלה הראשון, אין מברכין עליו, שאין בזה ריבוי טובה כ"כ.

ולאו דוקא הביאו להם מחדש - ר"ל שהביאו להם עתה בבית, **אלא ה"ה אם היה להם מתחלה שתי יינות** - בבית, ודעתו לשתותם, אלא שהיין השני לא היה מוכן לפניו על השלחן בשעת ברכת בפה"ג וכדלקמיה ‹ברמ"א› - לבוש, ‹דא"צ להביאו ולברך עליו בפה"ג, אלא מברכין על הגרוע בפה"ג, ואח"כ› **מברכין על השני "הטוב והמטיב"**.

ודעת הל"ח, דכשהם בביתו בשעת ברכת בפה"ג, ודעתו לשתותם, כמונח לפניו על השלחן דמי, ‹וצריך להביא המשובח ולברך עליו›, **וא"צ** ‹פי' ואין יכול› **לברך** ברכת "הטוב", **וספק** ברכות להקל, ‹**אפשר** דר"ל דהוי ברכה שאינה צריכה אם היה בבית ולא הביאו, שהיה יכול לפטור עצמו בברכה אחת, **דאין** שייך שלא יברך "הטוב" אם הביאו אח"כ, דהא אף אם היה לפניו על השלחן, ובירך בפה"ג על הגרוע, צריך אח"כ לברך "הטוב" על המשובח›, [**וכי** קאמר הטשו"ע, "אלא ה"ה אם היו להם שתי יינות", היינו אע"פ שהיו להם במרתפם, ודעתו היה בשעת ברכה להביאם ולשתותם, מ"מ כיון שהביאם אחר הברכה לבית, הוא בכלל שנוי יין], ‹וא"צ להביאו ולברך עליו בפה"ג›.

הגה - ‹כתב זה לתרץ דברי שו"ע אהדדי, דכאן כתב דמברך תחילה בפה"ג על הגרוע, ואח"כ מברך על המשובח "הטוב", ובס"ג מפורש שצריך לברך בפה"ג על המשובח, ופוטר את הגרוע›, **ודוקא שלא היו לפניו יחד כשבירך בפה"ג** - ‹היינו שהמשובח לא היה שם על השלחן לדעת הלבוש, ולדעת הל"ח לא היה שם בהבית אלא בהמרתף, דא"צ להביאו, אלא מברך בפה"ג על הגרוע, ואח"כ כשמביאו מברך עליו "הטוב"›, **או** שעבר ובירך על הגרוע תחלה, צריך לברך ברכת "הטוב" על היין השני, [כן מוכח בס"ג], **אבל היו ביחד** - ‹על השלחן לדעת הלבוש, ולדעת הל"ח שהיה השני בהבית, דצריך להביאו›, **א"צ לברך אלא בפה"ג** - ר"ל על היין המשובח, וממילא נפטר היין הגרוע מכל וכל, וכן פסקו האחרונים, **כמו שיתבאר סעיף ג'.**

סעיף ב- מברכין "הטוב והמטיב" על כל שינוי יין מן הסתם, אפילו אינו יודע שהשני משובח מהראשון, כל שאינו יודע

הלכות דברים הנוהגים בסעודה
סימן קעה – דיני ברכת הטוב והמטיב על היין

שהוא גרוע ממנו - אבל אם יודע שהוא גרוע אפי' מעט, לא יברך עליו, אף שהוא מין אחר.

כתב הט"ז, דוקא אם הוא מסתפק שמא הוא גרוע רק ממנו, אבל אם הוא מסתפק שמא הוא גרוע מאד, עד שאינו ראוי לשתות אלא מדוחק, לא יברך עליו ברכת "הטוב".

הגה: ואין חילוק בין שניהם חדשים, או א' חדש וא' ישן - היינו בין לענין ברכת בפה"ג, שאין צריך לברך אפילו מחדש לישן, ובין לענין ברכת "הטוב", שצריך לברך אפילו כששניהם חדשים, **והטעם**, דכיון שהובאו משני כלים, חשיבי כשני מינים.

ודוקא מחדש לישן, אבל מישן לחדש, בסתמא לא, אא"כ ידוע לו שהחדש ההוא טוב כמו הישן.

ואפי' שתה ממנו תוך שלשים יום - לאפוקי ממאן דס"ל, דאם שתה תוך ל' מיין זה, אין חביב עליו כ"כ, ולא יברך עליו ברכת "הטוב", קמ"ל.

י"א דאם שתה תחלה יין אדום, והביאו לו יין לבן, אע"פ שהוא יותר גרוע - ר"ל גרוע קצת, **מברך "הטוב והמטיב", לפי שהוא בריא לגוף יותר מן האדום** - אבל אם הוא גרוע הרבה, לא יברך.

ומ"מ אם שתה לבן תחלה, ואח"כ הביאו לו אדום, מברך עליו ברכת "הטוב", אם יודע שהאדום משובח יותר, **אבל** בסתמא לא, מפני שהלבן בריא יותר לגוף, ונחשב אדום לגביה כגרוע ממנו.

סעיף ג - הביאו לו יין רע ויין טוב כאחד, יברך מיד בפה"ג על הטוב ופוטר את הרע; ולא יברך על הרע תחלה בפה"ג, כדי לברך אחריו "הטוב והמטיב", כי לעולם יש לברך על העיקר ועל החביב תחילה.

ואם מסופק לו איזהו טוב ואיזהו רע, מותר לו לכתחלה לברך בפה"ג על האחת, וברכת "הטוב" על השני, אף שהובאו לפניו לכתחלה שניהן כאחת, **וזהו** מדינא, ומ"מ טוב להדר כשיש לו ספק איזהו טוב, שמתחלה יסלק אחת מן השלחן, ואח"כ יברך בפה"ג על האחת, ואח"כ יברך ברכת "הטוב" על השני, ויוצא בזה ידי כל החששות, [ט"ז], ‹**שחשש** לדעת הרמ"א, דס"ל דכששתיהם לפניו, אפי' הוא מסופק איזה טוב ואיזה רע, אינו מברך "הטוב", **מדלא** תירץ הסתירה בין ס"א לס"ג כמ"ש הט"ז, דבס"א מיירי כשהוא מסופק איזה מהן טוב ואיזה רע›, **כתב** בא"ר, דכן אם רוצה לברך על כמה יינות, יסירם עכ"פ מהשלחן בשעת ברכה ראשונה, ואח"כ כששותה אפילו כמה יינות, מברך על כל אחד ברכת "הטוב". ‹**פירשנו** הענין ע"פ פי' הדברי סופרים המיוסד על דברי השונה הלכות›.

סעיף ד - אין לברך "הטוב והמטיב" אא"כ יש אחר עמו - ושותה מאותו יין, אבל אם אינו שותה אלא הוא לבדו, או ששותה רק חבירו לבדו, אין מברכין ע"ז ברכת "הטוב", **דהכי משמע: הטוב לו, והמטיב לחבירו; וה"ה אם אשתו ובניו עמו, אבל אם הוא יחידי, לא.**

גם בעינן דוקא שיהיה לחבירו שותפות באותו היין, אבל אם הוא רק אורח בעלמא שבעה"ב נתן לו לשתות, לא יכול לומר ברכת "הטוב", **וכתב** המ"א דגם הבעה"ב לא יכול לומר ברכה זו באופן זה, [**ואפי'** אם נתן לו הכוס במתנה גמורה, מ"מ לא מקרי שותפין בהטובה, כיון שלכל אחד שייך לו כוסו, **אם** לא שנתן לו רק מחציתו במתנה, אז נעשו עי"ז שותפין גמורין, וגם שביין הראשון ששתו היה בעין שותפות], **אם** לא שהבעה"ב העמיד הקנקן על השלחן לשתות מי שירצה, הוי כשותפות, ויכול אף האורח לברך, **ואשתו** ובניו כיון שצריך לפרנסן, הוי כאילו יש להם חלק בו.

גם בעינן שישתו בחבורה ביחד, ולא זה בחדר זה וזה בחדר זה.

גם הסכימו כמה אחרונים, שאין לברך ברכת "הטוב" אלא כששתו שניהם משתי היינות, אבל אם שתו שניהם רק מיין הראשון, ומיין השני שתה רק אחד, או להיפך, אין לברך.

כתבו האחרונים, בברכת "הטוב" יכול לברך בדיעבד אף שכבר שתה, ונזכר כשהיין בפיו, שבולעו ומברך אח"כ, **אבל** אם נזכר אחר שכבר שתה, אין כדאי לברך, **ומיהו** כשיש עוד יין בקנקן, לכו"ע יכול לברך, דדמי למי ששכח לברך "המוציא", ונזכר קודם גמר סעודה.

סעיף ה - אם רבים מסובים בסעודה, כל אחד מברך לעצמו "הטוב והמטיב"; ולא יברך אחד לכולם, דחיישינן שמא יקדימו קנה לושט

הלכות דברים הנהגים בסעודה
סימן קעה – דיני ברכת הטוב והמטיב על היין

כשיענו אמן. הגה: אבל אם היו מסובים לשתות בלא אכילה, אחד מברך לכולם. (וע"ל ס"ס קע"ד).

סעיף ו - יין של שתי חביות והכל ממין אחד, אם בתוך מ' יום לבצירתה שמוהו בשני כלים, חשיבי כשני מינים - דכיון שכל אחד היה תוסס בחבית בפני עצמו, בשיעור זמן זה עדיין חדש הוא, ויכול להשתנות כל אחד בטעמו, **ומברכין עליו "הטוב והמטיב"; ואם לאחר ארבעים יום חלקוהו, אין מברכין עליו, הואיל והכל ממין אחד** - דלאחר ארבעים יום הוא בכלל יין ישן, ואין משתנה טעמו, וממין אחד הוא, ואין זה בכלל שינוי יין.

‹לא נהגו העולם בברכה זו, והטעם, משום שיש בו ריבוי דינים, וכדי לברך ברכה זו אליבא דכל הדיעות צריך הרבה תנאים, ואינו מצוי שיהיו כל התנאים קיימים, ולאו כו"ע בקיאי בכל פרטי הדינים, **וע"כ** נכון לימנע מלבוא לידי חיוב ברכה זו, ע"י שיביאו מיד בתחילת הסעודה כל היינות שרוצה לשתות על השלחן, ומברך בפה"ג על המשובח, ושוב אין חייב בהטוב והמטיב – פסקי תשובות ע"פ המנח"י והכה"ח›.

§ סימן קעו – שהפת פוטר את הפרפרת §

סעיף א - ברך על הפת, פוטר את הפרפרת, דהיינו פירורי פת דק דק שדיבקם עם מרק או דבש - שאין בהם כזית, וגם אבד מהם תואר לחם, שברכתן במ"מ כמבואר בסימן קס"ח ס"י, **ומ"מ** פטר להו פת, מפני שהם טפלים לגביה, והרי הם נחשבין כמעשה קדרה דפת פוטרתן.

ברך על הפרפרת, לא פטר את הפת - דדרך הוא להביא פרפרת קודם הסעודה לתענוג, או להמשיך הלב לאכילה, ולא פטר את הפת, כיון דברכתן במ"מ, **וכתב** בשיטה מקובצת, שאף אם כוון בפירוש לפטור לא מהני, [**וכתב**, דאף שבעלמא פוטר בדיעבד ברכת במ"מ לפת, היינו היכא שבירך רק על אותו פת, דאין לברכה על מה לחול, **אבל** כאן שבירך על הפרפרת, אלא דבמחשבתו חשב לפטור הפת, אינו פוטר, עכ"ד]. ‹**ובסי'** ר"ו ס"ב סתם השו"ע, דאם נתכוין לפטור יצא, וכ' שם השעה"צ, דאין למחות ביד הסומך על השו"ע, וכאן סתם דלא יצא, וצ"ע – חזו"א›.

ולענין ברכה אחרונה, אם אכלן רק לתענוג או להשביע קצת, צריך לברך עליהם ברכה אחרונה קודם הסעודה, [**ואף** דמיני מזון נינהו, דהכריעו האחרונים דבהמ"ז פוטר אותם, היינו בדיעבד כשבירך עליהם, אבל לכתחילה בודאי אין לו לשנות הברכה שתקנו חז"ל]. **ואם** לא בירך עד שבירך בהמ"ז, בדיעבד בהמ"ז פוטר כל מיני מזונות.

וי"א דאם דעתו לאכול מיני מזונות גם בתוך הסעודה, נחשבת לאכילה אחת, ויכול אף לכתחלה לסמוך על בהמ"ז שיברך לבסוף, [ח"א, וצ"ע לדינא], ‹**ואע"פ** דפסק המ"ב לקמן בפשיטות, דדבר שנפטר בלא"ה בברכת המוציא תוך הסעודה, מה דאוכל מהם קודם הסעודה אין שייך כלל להסעודה, וצריך לברך עליהם ברכה אחרונה, מזונות שאני, דכיון דזייני, נקשר גם האכילה ראשונה להסעודה – דברי סופרים›, **ומ"מ** נראה, דאף לדעה זו יראה לכוין להדיא בבהמ"ז לפטור מה שאכל מקודם.

‹והנה כ"ז שייך גם לענין פת כיסנין, דברכתן במ"מ, צריך לברך עליהם ברכה אחרונה קודם הסעודה, ולהי"א אם היה לו מיני מזונות בתוך הסעודה, יוכל לסמוך לכתחלה על סמך בהמ"ז שיברך אחר הסעודה, וגם בזה בשעת בהמ"ז יכוין להדיא לפטור אותם וכנ"ל, ואם בדעתו לאכול המיני כיסנין גם בתוך הסעודה, דמן הדין היה צריך לברך על פת כיסנין במ"מ אף בתוך הסעודה, אלא שבמה שמברך מקודם הסעודה פוטר מברכה ראשונה גם מה שאוכל מהם בתוך הסעודה, אז בודאי ממילא גם בהמ"ז פוטר את כולם, אף לדעה קמייתא›.

ועיין בבה"ל שבארנו, לענין מה שאנו אוכלין אחר קידוש בשחרית לעק"ד וקיכלי"ך וכדומה, נכון יותר שאף לדעה ראשונה לא יברך עליהם ברכה אחרונה קודם הסעודה, אלא יפטרנו בבהמ"ז, ‹**דאף דלכאורה כל זה הם פת כיסנין, אבל באמת הלא רק מספק נותנין עליהם דין פת כיסנין, והיינו משום דספק ברכות להקל, ולכן אין מברכין עליהם רק מעין שלש, משא"כ בענינו אם הם לחם גמור, בודאי נפטרין בבהמ"ז לבד, וא"צ לברך עליהם מעין ג', א"כ בודאי הלא נכון יותר, שאף אם אין לו מזה בתוך הסעודה, ואפי' לדעה קמייתא, לא יברך עליהם מעין שלש, דבדיעבד יוצא לכו"ע אפילו על פת כיסנין גמורה, ואף דבתחלה בירך עליהם במ"מ, אין חשש בדבר, וטוב שיכוין בעת בהמ"ז לפטור אותם›**, [דבזה בודאי יוצא בדיעבד], **וכ"ש** אם אוכל המין כיסנין גם בתוך הסעודה,

הלכות דברים הנוהגים בסעודה
סימן קעו – שהפת פוטר את הפרפרת

ובברכת במ"מ שמברך קודם הסעודה פוטר גם אותם, לכו"ע נפטרין הכל בבהמ"ז, מפני דכל זה שייך לסעודה.

ואגב אעתיק מפוסקים אחרונים עוד איזה דינים מה ששייך לענין זה. עד הנה כתבנו באוכל מיני מזונות קודם הסעודה, ועכשיו נבאר באוכל שאר דברים: **א)** הרוצה לאכול קודם נט"י לסעודה, מדברים שצריך לברך עליהם בתוך הסעודה, כגון פירות, ובדעתו לאכול פירות גם בתוך הסעודה, ומכוין עכשיו בברכה זו לפטור גם מה שיאכל בתוך הסעודה, א"כ הוי הכל לצורך סעודה, וא"צ לברך אחריהם, דבהמ"ז יפטור הכל, כמו מה שפוטרת מה שאוכל בתוך הסעודה, **ואם** לא יאכל פירות בתוך הסעודה, צריך לברך ברכה אחרונה עליהם, דכיון שאכלן קודם הסעודה אין שייכין לסעודה כלל, ואפילו אם לא בירך ברכה אחרונה קודם נט"י, צריך לברך בתוך הסעודה.

ב) כ"ז בשאוכל פירות וכנ"ל, אבל אם אכל קודם הסעודה דברים שא"צ ברכה עליהם כשאוכלן בתוך הסעודה, כגון מיני לפתן ופרי אדמה שקורין ערד עפי"ל, או בולבע"ס וכדומה, א"כ אפילו אם דעתו לאכול מהם גם בתוך הסעודה, אינו מועיל להם כלל הברכה ראשונה, דבלא"ה הם נפטרין ע"י ברכת "המוציא", **וע"כ** מה שאוכל קודם הסעודה אין שייך כלל להסעודה, וצריך לברך עליהם ברכה אחרונה "בורא נ"ר". **ולענין** יין ושאר משקין מבואר בסימן קע"ד סעיף ו' ז'.

ג) אכן אם אכל קודם הנטילה פרפראות, להמשיך הלב לאכילה ולפתוח הבני מעיים, כגון מיני מתיקה שקורין איי"ן גימאכ"ץ, או דבר מלוח וכדומה, אין לברך עליהם ברכה אחרונה, דהם שייכים לסעודה ונפטרין בבהמ"ז, [**ולכתחילה** טוב ליזהר לאכול פחות מכזית].

ד) ודע, דהא דמותר לאכול קודם "המוציא" דברים שא"צ ברכה תוך הסעודה, כגון המבוארים באות ב', דוקא שאין בדעתו לאכול תיכף, אבל אם השלחן ערוך והלחם לפניו, אסור לגרום ברכה שא"צ, אלא יברך "המוציא" על הלחם ויפטר שארי דברים - ח"א, **וי"א** דאם אוהב יותר לאוכלן קודם הסעודה מלאכלן בתוך הסעודה, אין בזה משום גרם ברכה שאינה צריכה, **ואם** הם דברים המושכין הלב לתאות המאכל, בודאי יש לסמוך להקל לאכלן קודם הסעודה, [אחרי דהם הגורמין שיאכל אח"כ].

הגה: בירך על הפרפרת, פוטר מעשה קדרה, שהוא דייסא וכיוצא בו - שברכתו נמי "בורא מיני מזונות", **וכן אם בירך על מעשה קדרה, פוטר את הפרפרת.**

§ סימן קעז – דברים הבאים בתוך הסעודה ואחר הסעודה מה דינם §

סעיף א - דברים הבאים בתוך הסעודה, אם הם דברים הבאים מחמת הסעודה, דהיינו דברים שדרך לקבוע סעודה עליהם ללפת בהם את הפת, כגון: בשר, ודגים, וביצים, וירקות, וגבינה, ודייסא, ומיני מלוחים, אפי' אוכלם בלא פת, אין טעונין ברכה לפניהם, דברכת "המוציא" פוטרתן - דכיון שתמיד באים ללפת את הפת, מעיקר הסעודה הם, ונטפלים להפת, **ולא לאחריהם, דברכת המזון פוטרתן.**

(וה"ה דברים שאין דרך ללפת בהן הפת, רק שבאין למזון ולשובע, ג"כ בכלל דברים הבאים מחמת סעודה, והמחבר קיצר בזה), **ודייסא** אף שהיא עבה ואינו מלפת בהם הפת, ונאכל בפני עצמו, מ"מ כיון שבאת להשביע, עיקר סעודה היא, ונטפלת להפת, **וה"ה** כל מיני תבשילין הרגילין לבוא לתוך סעודת הפת.

ואם אינו חפץ לאכול פת, אלא אוכל מעט פת כדי לפוטרם, כתבו האחרונים דיש להסתפק אם יכול לפוטרם, דלא שייך לומר שהם נטפלים להפת, כיון שלא היה חפץ באכילתו, וכ"ש כשאכל רק פחות מכזית, **או** אולי כיון דדרך העולם לקבוע סעודה על הפת, ברכת הפת פוטרתן בכל גווני, **וע"כ** כתבו, דבאופן זה טוב יותר שיברך על השארי דברים הברכה הראויה לכל אחת, ולא יאכל פת כלל, **אם** לא בשבת ויו"ט, דאז מצוה לאכול כזית פת, חשוב הוא, ונעשו הכל טפלים לו.

ואם הם דברים הבאים שלא מחמת הסעודה, דהיינו שאין דרך לקבוע סעודה עליהם ללפת בהם את הפת, כגון: תאנים וענבים וכל מיני פירות - וכן כל דבר שבא רק לקינוח ולא להשביע, **אם אוכל אותם בלא פת, טעונין ברכה לפניהם, דברכת "המוציא" אינה פוטרתן, דלאו מעיקר סעודה הם** - וה"ה חזרת וקשואין

תצה הלכות דברים הנוהגים בסעודה
סימן קעז – דברים הבאים בתוך הסעודה ואחר הסעודה מה דינם

ומלפפונות חיין, או צנון ובצל, ג"כ צריך לברך עליהן, **אכן** אם אוכל חזרת או צנון ובצל וכדומה עם בשר, הן נעשין טפל לבשר, והבשר ללחם.

ואפילו היו הפירות לפניו בשעה שבירך "המוציא", ואפי' הם מבושלים, ג"כ אין הפת פוטרתן, כיון שאין שייכים לפת, (**והטעם**, דהואיל שאין רגילין לבוא לעיקר הסעודה, מקרי ג"כ שלא מחמת הסעודה, **והנה** לפי"ז במדינות שיש שם ריבוי פירות מאד, ומבשלין שם תמיד פירות למזון, כמו במדינותינו בשאר תבשילין, מסתברא לכאורה דיש לו דין שאר תבשיל).

[**ואף** במקומות שנהגו לאכול פירות מבושלים בכל סעודה לבסוף, ג"כ מסתברא לכאורה דלא חשיבי כדברים הבאים מחמת הסעודה, כיון שעכ"פ שרק לקינוח הם באים ולא ללפת הפת, וגם לא למזון ולשובע, **דאף** דברים הבאים בתוך הסעודה, אבל רק לקינוח ולא ללפת הפת, צריך ברכה בתחילה, **ואינו** דומה למאכל הנעשה מירקות שקורין מערי"ן וכדומה, המובא בש"ק בסוף הסעודה, דגם שם אין הדרך ללפת בהם, ואפ"ה מנהג העולם שלא לברך עליהן, **דהתם** הוא מעיקר סעודה, שבא למזון ולא לקינוח בעלמא, ודומה לדייסא, שהסכימו הפוסקים שלא לברך עליו, אף שאינו בא ללפת, משום דבא למזון ולשובע ולא לקינוח].

ואפילו אם בישלו הפירות עם בשר, משמע מכמה אחרונים דצריך לברך עליהם, דאין הפירות נעשין טפילין להבשר, **והוא** דלא כדעת הח"א, שכתב דהפירות טפלין לגבי הבשר, **אכן** בספר יד הקטנה מצאתי, שמצדד ג"כ לומר דלא יברך, אלא דכתב טעם אחר בזה, דהיכא דמבשל הפירות עם בשר או עם שומן ודבש, ועושה מהן תבשיל שקורין עפי"ל צימע"ס, או מהאגסים שקורין בארי"ן, נראה שכל עיקרן הן באין למזון ולסעודה, ולא לקינוח בעלמא, אלא בתורת תבשיל, כשאר תבשילין שנעשין מלפת וירק שא"צ לברך עליהם מטעם זה, **ומסיים**, דלצאת ידי ספק, כשרוצה לאכול צימע"ס מפירות מבושלים, יקח תחלה איזה פרי חי ויברך עליה להוציא את זה, ואם אין לו פרי חי, יאכל תחלה וסוף עם פת, עי"ש, (**ונראה דאם בישל הפירות ביחד עם תפוחי אדמה, מסתברא דזה ודאי בכלל שאר תבשילין שהן באין למזון ולהשביע, ואין צריך להחמיר בזה לברך על פרי חי), ואין** בכלל זה מה שמביאין מעט פירות מבושלין לקינוח סעודה, שקורין קאמפאט, דזה אין בא למזון כלל, רק לקינוח סעודה, וצריך ברכה.

(ועי"ל סימן קס"ח סעיף ח') - דשם נתבאר לענין פת כיסנין כשאוכלין באמצע סעודתו.

ואינם טעונים ברכה לאחריהם, דכיון שבאו בתוך הסעודה, בהמ"ז פוטרתם - דלענין בהמ"ז נטפלים הם להסעודה, דכיון שעתיד לברך על כל מה שאכל, גם זה נכלל עמו.

ואם בתחלת אכילתו אכל הפירות (עם פת), ובסוף אכל עמהם פת, אפילו אם בינתיים אכל מהם בלא פת, אינם טעונים ברכה אף לפניהם - ר"ל שתחלת אכילת אותן פירות היה עם פת, וגם כונתו הוא לאכול עמהם פת גם אח"כ, אף שאכל עמהם באמצע בלא פת, א"צ לברך עליהם, **דכיון** שאכל אותם תחלה וסוף עם פת, נחשבין כדברים הבאים מחמת הסעודה בתוך הסעודה, דא"צ ברכה כנ"ל, **ואם** אין בדעתו לאכול עוד עם פת, צריך לברך על הפירות לפניהם, (והוא מהלבוש וש"א, **והנה באמת זהו רק לדעת הרבינו יונה וסמ"ג והגהת מיימוני, אבל להרא"ש והטור א"צ לברך על הפירות, כיון שמתחלה הובאו לאכול אותם עם הפת,** והתחיל לאכלן עם פת, **ומדברי המחבר אין ראיה להיפך, דאפשר דכונתו דבאופן זה הוא יוצא ידי רוב הפוסקים, אבל אי לא"ה יש ספק בדבר, וכ"כ בנהר שלום, ובודאי** לכתחלה יש ליזהר בזה, **שהיכא שרוצה לאכול בינתים מעט פירות בלא פת, יהא בדעתו לגמור אכילתו עם הפת דוקא, דבזה יצא לכל הפוסקים הנ"ל).**

והאחרונים כתבו, דראוי ליזהר לכתחלה כשהובאו לפניו פירות בתוך הסעודה ללפת בהם את הפת, שיברך מתחלה עליהם קודם שיאכלם עם הפת, ויאכלם קצת בפני עצמם, ואח"כ יוכל לאכול בין עם פת בין בלא פת, **כי** יש מהראשונים דסברי, דאפילו אם אוכל תחלה וסוף עם פת, אם אוכל באמצע בלא פת, צריך לברך, **ובדיעבד** אם לא בירך מתחלה, מותר לאכול, אך שיראה לאכול גם לבסוף עם פת.

אך כ"ז דוקא כשהובאו ללפת בהם את הפת ולא לקינוח, דאם הובאו רק לקינוח, לא מהני, אף שאכל עמהם מקצת פת תחלה וסוף, לא מהני, ומה שאוכל בלא פת צריך ברכה, [דמה שאוכל עם הפת לעולם א"צ ברכה, דנטפלים הם להפת], **וגם** לא מיירי כשעיקר קביעות סעודתו היתה על אלו הפירות, דאז א"צ שיאכל גם לבסוף עם פת דוקא,

מחבר רמ"א משנה ברורה

תצו
הלכות דברים הנוהגים בסעודה
סימן קעז – דברים הבאים בתוך הסעודה ואחר הסעודה מה דינם

ורק כיון שהתחיל לאכול עם פת, שוב אין מברך עליהם לכו"ע, אף כשאכלן אח"כ לבדן, כמבואר בס"ג.

אם אכל פשטיד"א שממולא עם פירות, א"צ לברך על הפירות, דנטפלים הם להקמח.

סעיף ב - ודברים הבאים לאחר סעודה קודם ברכת המזון, שהיה מנהג בימי חכמי הגמרא שבסוף הסעודה היו מושכים ידיהם מן הפת ומסירים אותו, וקובעים עצמם לאכול פירות ולשתות כל מה שמביאים אז לפניהם, בין דברים הבאים מחמת הסעודה - כגון בשר ודגים וכיו"ב וכנ"ל, **בין דברים הבאים שלא מחמת הסעודה** - כמו פירות ומיני מתיקה הבאים רק לקינוח וכנ"ל, **טעונים ברכה בין לפניהם בין לאחריהם** - ואף אם אכל דברים שברכתן מעין שלש, לא נפטרו בבהמ"ז, דבהמ"ז אינו פוטר מעין שלש, כמ"ש לקמן בסימן ר"ח סי"ז ע"ש, **ד"המוציא" ובהמ"ז אין פוטרין אלא מה שנאכל תוך עיקר הסעודה** - דאחר שמשכו ידיהם מן הפת שוב אין נטפלים אליו, ולכן צריכין ברכה בפני עצמם בין לפניהם בין לאחריהם.

(ואף שהמחבר הזכיר בקצרה וסתם לדינא, דדברים הבאים לאחר סעודה טעון ברכה, אף בדברים הבאים מחמת הסעודה, ומשמע דאכל מילי דס"א קאי, ואפילו אדייסא, לענ"ד יש לעיין בזה, דמצינו הרבה פוסקים שחולקים בזה, די"א דבין דייסא ובין בשר ודגים, אם באו אף לאחר הסעודה, א"צ ברכה לא לפניהם ולא לאחריהם, משום דהם עצמם עיקר סעודה הם, שבאים להשביע, וי"א דעכ"פ ברכה לבסוף א"צ על דברים הבאים מחמת הסעודה, אף אם הביאן לאחר הסעודה, דברכה בתחלה צריך משום דאין מלפת בהם את הפת, אבל ברכה לבסוף א"צ רק בפירות, וי"א דלענין בשר ודגים צריך ברכה, דפטורן הוא רק משום דבאין ללפת בהן את הפת, משא"כ לאחר שמשכו ידיהם מן הפת, **אבל** בדייסא שהוא תבשיל, הוא בכלל דברים הבאים מחמת הסעודה, וא"כ אף לאחר הסעודה נמי א"צ ברכה, היוצא מדברינו, דבדייסא הוא פלוגתא דרבוותא, וספק ברכות להקל, והנה לפי מה שמבואר לקמן בסימן ר"ח סי"ז באחרונים, דעל דייסא אם בירך בהמ"ז יצא, נראה דבענינינו אם אכל דייסא אחר שמשכו ידיו מן הפת, טוב שיכוין לפטרו בבהמ"ז). ‹ומש"כ לחלק בין בשר ודגים לדייסא צ"ע, דהלא מבואר בלשון הפוסקים דבשר ודגים הם דברים הבאים מחמת הסעודה - חזו"א›.

ודין זה האחרון אינו מצוי בינינו, לפי שאין אנו רגילין למשוך ידינו מן הפת עד בהמ"ז.

(ובסעודות גדולות שרגילין למשוך ידיהם מן הפת, ולערוך השלחן במיני פירות, וגם לשתות, יש אומרים דאף בזמננו שייך דין זה, וצריך לברך עליהם, וי"א דוקא בימיהם שהיו מסלקין השלחנות קודם בהמ"ז, וע"כ נראה כסעודה אחרת, אבל אנו שאין אנו מסלקין השלחן, אע"פ שסיימו מלאכול ואין דעתן לאכול פת, כל זמן שלא ברכו כבתוך הסעודה דמיא, וכן המנהג, כ"כ הח"א). ‹י"א דבזמננו בסעודות נישואין וכדו', דבגמר האכילה לפני בהמ"ז מסלקין השלחנות, ה"ז כעקירת השלחן שבימיהם, **ויש** שחוככים גם בזה אם זה בגדר סילוק השלחן דחכמי הגמ', ובפרט כשנשאר שלחן מרכזי א' ועליו מונח מאכלים ופת - פסקי תשובות›.

(**ואם** נטל הכוס לברך, דהוא היסח הדעת גמור, לכאורה אף בזמנינו אין לך סילוק סעודה יותר מזה, ואם אכל אח"כ איזה דבר, יש לו לברך תחלה וסוף, ולא נפטר בבהמ"ז, **ומתחלה** בודאי יש לו לברך, אף על דברים שנפטרים בתוך הסעודה מן הברכה לגמרי, דגם לפת עצמו צריך ברכה לרוב הפוסקים אחר שנטל הכוס לברך, אלא דגם לבסוף יהיה צריך ברכה אז, וכ"כ הגר"ז בפשיטות, וכן משמע מהמ"א, **אכן המאמ"ר** חולק ע"ז, ‹דהב לן ונברך אינו מצריך אלא ברכה ראשונה דוקא, משא"כ כשסלקו ידיהן מן הפת, דכסעודה אחרת חשיבא - שם›, **ובדברים** הבאים מחמת הסעודה, נראה ודאי דיש לסמוך על דעתו שלא לברך, דבלא"ה יש ראשונים דסברי, דהגמרא לא קאי על דברים הבאים מחמת סעודה וכנ"ל).

סעיף ג - ואם קובע ליפתן סעודתו על הפירות - ר"ל שקביעת סעודתו ללפת הפת היה רק אלו הפירות, **הוו ליה הפירות כדברים הבאים מחמת הסעודה** - הנזכרים לעיל בס"א, **ואפילו אם אוכל מהפירות** - (ר"ל מעט, טור), **בתחלת סעודתו בלא פת, אינו מברך לא לפניהם ולא לאחריהם. ויש חולקין** - ס"ל, דמ"מ אם אכל מהם בתחלה בלא פת, אינם נעשים טפל להסעודה, וצריך לברך עליהם בתחלה, **ולכן טוב שיאכל בתחלה מהפירות עם פת, ואז אפי' אם אח"כ יאכל מהם בלא פת,**

הלכות דברים הנוהגים בסעודה תצז
סימן קעז – דברים הבאים בתוך הסעודה ואחר הסעודה מה דינם

אינם טעונים ברכה כלל – (אין ר"ל שיטעום מעט עם פת, דהלא עיקר הטעם שיוכל לאכול הפירות בלי ברכה, אף כשלא אכל עוד עם פת, כמ"ש הרמ"א, הוא משום דקבע סעודתו עליהן, ובטעימה בעלמא לא מקרי קביעת סעודה, **ואפשר** לומר עוד, דהמחבר שכתב: דטוב שיאכל בתחלה מהפירות, דמשמע לכאורה אפילו מעט, היינו דיאכל מתחלה מעט עכ"פ, אבל יאכל גם אח"כ, דהא עיקר סעודתו היה אלו הפירות, **אבל** למה שסיים הרמ"א כלשון רבינו יונה, דאף אם לא יאכל לבסוף שפיר דמי, היינו בע"כ לא בטעימה קצת).

הגה: ואע"פ שאינו חוזר לבסוף לאכול עמהם פת, מאחר שעיקר קביעות היה עלייהו - ר"ל דאף דבס"א אמרינן, שיאכל פת דוקא גם לבסוף, **בזה** שעיקר קביעת סעודתו מתחלה היה רק על אלו הפירות, יוכל לאכול אח"כ לכו"ע בלא ברכה, אף שאין דעתו לאכול עמהם עוד פת.

סעיף ד - אע"פ שלא היו הפירות לפניו בשעה שבירך על הפת - ואפילו לא היה ג"כ דעתו עליהם בפירוש, **כיון דללפת את הפת הם באים, אינם טעונים ברכה כלל** - דכיון שקובע עצמו לאכילה, הרי מן הסתם דעתו על כל מה שיביאו לו. **ודוקא** למה שאוכל עם הפת, ומה שאוכל בלא פת, נתבאר בסעיפים הקודמים.

סעיף ה - אם אחר שבירך על הפת, שלחו לו מבית אחרים שאינו סמוך עליהם, ולא היה דעתו על הדורון, אפי' מדברים שדרכן לבא ללפת את הפת - וגם אוכלן עם הפת, **צריך לברך עליהן כדין נמלך** - כיון שהוא מבית אחרים שבודאי לא היה דעתו עליהם כלל, אין נפטרין בברכת הפת.

(הגה: ולא ראיתי נזהרים בזה, ואפשר דטעמא, דסתם דעת האדם על כל מה שמביאין לו בסעודה, וע"ל סי' ר"ו) - והיינו כשהביאו לו דברים הבאים מחמת הסעודה, וכנ"ל בס"א, **דאילו** אם הביאו לו מיני פירות, לא מהני, אפי' היה דעתו לזה בשעת ברכת "המוציא" שיוכל לאכלן אח"כ בלי ברכה, ואפילו בפירות שלו, אא"כ מלפת בהם הפת.

קיצור דיני פירות הבאים בתוך הסעודה: אם אוכל עם הפת, פשיטא שא"צ כלל ברכה, דנעשה טפל לפת, ואפי' לא היה דעתו לזה בפירוש בשעת ברכת "המוציא".

ואם אוכל בלא פת, פשיטא שצריך ברכה לפניהם, ואפילו הם מבושלים, דהוי שלא מחמת הסעודה, רק לקינוח בעלמא, **אבל** אם רוצה לאכול פירות קצת עם הפת, וקצת בלא פת, בזה יש דעות חלוקות, **ע"כ** יש לנהוג שיאכל תחלה מעט בלא פת, ויברך עליהן, ואח"כ יוכל לאכול שאר הפירות בין בפת ובין בלא פת, **וזהו** בקובע סעודתו ללפת הפת בשאר דברים, אבל בקובע סעודתו ללפת הפת בפירות, כיון שאכל מתחלה פירות עם פת, יוכל לאכול בסוף פירות בלא פת בלא ברכה.

§ סימן קעח – איזה דברים קרוים הפסק בסעודה §

סעיף א - הנה מפני שהסימן הזה יש בו פרטים רבים, ע"כ אקדים לזה הקדמה קצרה כדי להקל על המעיין. **הנה** בענין שינוי מקום, היינו שהתחיל לאכול והלך למקום אחר ורוצה לאכול שם, או שרוצה לחזור למקומו הראשון ולאכול שם, קי"ל דצריך לחזור ולברך, **ויש** בזה ג' דברים שצריך לבאר: א) מהו שינוי מקום, אם מבית לבית, או מחדר לחדר; ב) באיזה דברים שייך דין שינוי מקום; ג) אם שינה מקומו מה דינו בזה, ונחזור לבאר אחד אחד.

ענין שינוי מקום הוא, לא מיבעיא אם הלך באמצע אכילתו מבית זה לבית אחר, בודאי הוי שינוי מקום, ואפילו אם יצא רק חוץ לפתח ביתו בתוך אכילתו, ג"כ בכלל שינוי מקום הוא, ואינו מועיל אפילו היה דעתו לזה בשעת ברכה שישנה מקומו, **ואפילו** אם שינה רק מחדר לחדר, ג"כ סוברים הרבה פוסקים דהוא שינוי מקום, **אך** בזה יש חילוק, דאם היה דעתו בשעת ברכה לשנות המקום מחדר לחדר, מותר, כיון שהוא תחת גג אחד, **ומזוית** לזוית, אפילו טרקלין גדול לא הוי שינוי מקום כלל, כיון שהוא חדר אחד, ואין צריך כלל דעתו לזה.

ובאיזה דברים שייך שינוי מקום, איתא בזה פלוגתא בגמרא, דרב ששת סבר, בין אם אכל פת ובין שאכל פירות ושארי משקין, דינם שוה בזה, דצריך לחזור

הלכות דברים הנוהגים בסעודה
סימן קעה – איזה דברים קרוים הפסק בסעודה

ולברך, **ורב** חסדא סבר, דוקא אם אכל דבר שאין טעון ברכה במקומו, ר"ל כגון פירות ומשקין שאין מחויב דוקא לברך ברכה אחרונה שלהן במקומו הראשון, וע"כ אמרינן דתיכף שעקר ממקומו נתבטל קביעתו, וצריך לחזור ולברך כשירצה לאכול עוד, **אבל** אם אכל פת, וי"א דה"ה כל דבר שהוא משבעת המינים, שהוא דבר שצריך לברך במקומו דוקא, וע"כ אמרינן בהו דאפילו אם עקר ממקומו, עדיין לא נתבטל קביעותו הראשונה, וכל היכא שאוכל, על דעת קביעות הראשונה הוא, וכאילו יושב במקומו דמי, וא"צ לברך עליו "המוציא", **ונחלקו** הפוסקים בזה, הרמב"ם וסייעתו פסקו כרב ששת, דבכל גווני צריך לברך, וזהו טעם שני סעיפים הראשונים, **והרא"ש** וסייעתו פסקו כרב חסדא, וזהו דעת הגהת הרמ"א שהובא בסוף ס"ב, **וכ"ז** הוא לענין לחזור ולברך, אבל לכתחלה אין לעקור ממקומו לכו"ע בכל גווני.

ומה דינו של שינוי מקום, נחלקו הפוסקים ג"כ בזה, הרמב"ם וסייעתו סוברים, דמשחזר למקומו בתחלה צריך לברך בהמ"ז {או הברכה אחרונה כשאכל דבר שחייבין עליו לברך ברכה אחרונה} על האוכל שאכל מקודם, ואח"כ יחזור לברך ברכה ראשונה על מה שהוא רוצה לאכול עתה, וזהו המוזכר בסעיף א', **ושארי** פוסקים סוברים, דאין צריך לברך רק הברכה ראשונה על מה שהוא רוצה לאכול, אבל הברכה אחרונה יוצא במה שמברך אחר אכילה השניה, ויהיה קאי על שניהן, וזהו המוזכר בריש הג"ה שבסוף ס"ב, **ולמעשה** נקטינן הכל כדעת הפוסקים המובא בהג"ה.

היה אוכל בבית זה, ופסק סעודתו והלך לבית אחר - וה"ה לחדר אחר, ג"כ בכלל שינוי מקום הוא, אם לא שהיה דעתו מתחלה לשנות לחדר אחר, וכדלקמיה בהג"ה ע"ש.

ואפי' לא נשתהא שם כלל, שתיכף חזר למקומו הראשון, אפ"ה שינוי מקום מקרי, וכדלקמיה, **וכ"ש** אם רוצה לגמור סעודתו במקום השני.

ומיירי באוכל יחידי, דאם אכל ביחד עם עוד אנשים, ונשארו בני חבורתו במקומן, א"צ לחזור ולברך לכו"ע ע"י יציאתו, וכדלקמן בס"ב, [**ומסתברא** דה"ה אם נשארו בני ביתו מסובין על השלחן, ג"כ דינא הכי].

או שהיה אוכל, וקראו חבירו לדבר עמו, ויצא לו לפתח ביתו וחזר - ר"ל שיצא חוץ לפתחו, דאם מדבר עמו על הפתח, אין זה שינוי מקום, (**ולהמג"א** דכשרואה מקומו מהני, **א"כ אמאי הוא שינוי מקום, דלמא** מיירי כשהפתח נעול, **ובפרט אם נימא דמבית לבית** לא מהני רואה מקומו, (וכדלקמן במ"ב), **בודאי לק"מ**, דלהרמב"ם ביצא חוץ לפתח ביתו הוי כמבית לבית).

ואשמועינן בזה, אע"פ שלא פסק מסעודתו כלל, אלא שקראו חבירו לדבר עמו דיבור בעלמא, ויצא לקראתו מפתח ביתו וחזר, הוי כמו שינוי מבית לבית.

הואיל ושינה מקומו, צריך לברך למפרע על מה שאכל - ובמקומו הראשון, **וחוזר ומברך בתחלה "המוציא", ואח"כ יגמור סעודתו** - דע"י היציאה ממקומו חשיב כנפסקה סעודתו לגמרי, ומה שאוכל אח"כ כסעודה אחרת דמיא, ולכן מברך בהמ"ז למפרע, ו"המוציא" על להבא, [**וגרע** מהיסח הדעת, דאינו מצריך רק ברכה לכתחילה, דהתם מ"מ סעודה אחת היא, אבל ע"י שנוי מקום, כסעודה אחרת לגמרי].

והיינו כשעומד באמצע סעודת פת, וכ"ש אם לא אכל מתחלה רק פירות או משקין, בודאי שייך בהו שינוי מקום, וכדלקמיה בס"ב.

ולכתחלה כשרוצה לצאת ממקומו, צריך לברך בהמ"ז קודם שיעקור, כמ"ש ס"ב, **ורק** בדיעבד כשלא בירך מתחלה, צריך אח"כ לחזור ולברך ברכת המזון במקומו, שכך הוא מצותו, ואח"כ יברך "המוציא" ויאכל במקום שירצה.

(**ואם הפליג והסיח דעתו, נוטל ידיו ומברך גם נטילת ידים, ואם לא הסיח דעתו משמירת ידיו, יש לעיין** בדבר לענין נטילה).

אבל אם דבר עמו בתוך הבית, אע"פ ששינה מקומו מפנה לפנה - היינו באותו חדר, **א"צ לברך** - ואף שאין נראה לפניו מקומו הראשון מחמת הפסק דבר מתשמישי הבית, כמו תנור או פאראוואן וכיו"ב, אין זה שינוי מקום, כיון שהוא בחדר אחד.

(**ולפי"ז אם אכל פירות ומשקין שאין טעונין ברכה** במקומן, ונכנס באמצע לחדר אחר שאין רואה מקומו הראשון, אסור לו לאכול שם בלא ברכה לכו"ע, ואף בחזר למקומו יהא טעון ברכה לכתחלה, **והנה** דבר זה אף שהוא כתוב בכמה אחרונים, קשה מאד להזהר בזה, וכמדומה שאין העולם נוהגין כן, וחפשתי במקורי

הלכות דברים הנוהגים בסעודה תצט
סימן קעח – איזה דברים קרויים הפסק בסעודה

הדין, ומצאתי שאין דין זה מבואר, דהמעיין בפסחים בתוס' ובראש שם, יראה דזהו רק לפי גירסתם, **אבל** להרה"מ, דעת הרמב"ם דמחדר לחדר לא הוי שינוי מקום, וגם מדעת בה"ג ור"ח ורי"ף ע"פ גירסתם נראה כן, וגם מצינו לרש"י שסובר בהדיא לענין שינוי מקום דמבית לעליה לא הוי שינוי מקום, וה"ה מחדר לחדר, וכן באור זרוע העתיק דבריו לדינא, **וע"כ** אף דראוי ונכון לחוש לכתחלה לדעת האחרונים, שלא ליכנס אפילו מחדר לחדר באמצע אכילתו, בדברים שאין טעונין ברכה אחריהן במקומן, אם לא שהיה דעתו לזה מתחלה בשעת ברכה, מ"מ הנוהג להקל בזה אין למחות בידו, דיש לו על מי לסמוך וכנ"ל, **ועכ"פ** בדיעבד בודאי אין להצריך ברכה בהן, דמידי ספיקא לא נפקא, וספק ברכות להקל, **וביכול** לראות מקומו הראשון, בודאי יש להקל אף לכתחלה).

הגה: ועיין לקמן סימן רע"ג - ר"ל דשם מיירי לענין שינוי מקום גבי קידוש, וה"ה לעניננו.

אם היה דעתו לאכול במקום אחר - ר"ל שבשעת ברכה חשב לאכול גם במקום ההוא, **לא מיקרי שנוי מקום, והוא שיהיו שני המקומות בבית א'** - היינו תחת גג אחד, ואפילו מחדר לחדר או מבית לעליה, ואף שאין רואה מקומו, **וע"ל סימן קפ"ד.**

וה"ה אם רואה מקומו הראשון שאכל שם, אפילו דרך חלון, ואפילו מקצת מקומו, נמי מועיל, אף שלא היה דעתו מתחלה, [מ"א]. **ודוקא** מחדר לחדר באותו בית, אבל מבית לבית אף שסמוכין זה לזה, מסתפקים האחרונים, דאפשר דאין להקל ע"י ראית מקום. [**וי"א** דמבית לבית מהני ראית מקום אם היתה דעתו לזה מתחלה]. ועיין בסוף ס"ג, דסותם המ"ב דלא מהני.

ודע שלפי המבואר לקמן בהג"ה, דאנו נוהגין כהפוסקים שלא לברך ע"י שינוי מקום כשעומד באמצע סעודת פת, **תו** אין נ"מ לדינא כל החילוקים האלו שהזכרנו לענין שינוי מקום, רק לענין מסובין לאכול פירות ושארי משקין, דבהם לכו"ע שייך דין שינוי מקום.

סעיף ב - חברים שהיו יושבים לאכול, ויצאו לקראת חתן או לקראת כלה - וה"ה כשיצא לדבר הרשות, והא דנקט לקראת חתן, לרבותא, דבלא הניחו שם אדם, צריך לברך בהמ"ז מקודם שיצאו, אף שיוצאין לדבר מצוה.

אם הניחו שם מקצתן, חוזרים למקומם וגומרין סעודתן ואינם צריכין לברך שניה - היינו ברכת "המוציא", אף ששינו מקומן בינתים, דכיון שנשארו מקצתן במקומן, ואפילו רק אחד, לא פסקה סעודתן בהיציאה.

ואם לא הניחו שם אדם, כשהם יוצאים צריכים ברכה למפרע - דכיון שלא הניחו שם אדם, נפסקה סעודתן ע"י היציאה, וכשאוכל אח"כ הוי כסעודה חדשה.

וכשהם חוזרים צריכים ברכה לכתחלה - באמת כבר כתב זה בס"א, וכפל הדברים בשביל החידוש דהניח מקצת חברים, או למה שכתבנו בתחילת הסעיף.

וכן אם היו מסובין לשתות או לאכול פירות - אשמועינן דגם בזה מהני הניח מקצת חברים, כמו בסעודת פת.

שכל המשנה מקומו הרי פסק אכילתו, ולפיכך מברך למפרע על מה שאכל - היינו כשלא בירך ברכה אחרונה קודם יציאתו, מברך עתה כשחזר, וכמו לענין פת לעיל בס"א, **וגרע** מהיסח הדעת שאין מברכין רק ברכה לכתחלה כשחוזר לאכול, דזה נחשב כסעודה אחרת לגמרי.

ובזה א"צ לחזור למקומו דוקא, אלא יכול לברך אפילו במקום השני, **דרק** בפת מצותו לכו"ע לחזור ולברך במקומו, כדלקמן בס"ה.

וחוזר ומברך שנית על מה שהוא צריך לאכול.

והמשנה מקומו מפנה לפנה בבית א' - פי' בחדר אחד, **אינו צריך לחזור ולברך** - ואף ששינה מקומו לגמרי לאכול בזוית האחרת, א"צ לחזור ולברך, דזה אינו נחשב שינוי מקום, **ואף** שאין רואה מקומו הראשון, כגון שמפסיק תנור וכיו"ב, כיון שהוא בחדר א'.

אכל במזרחה של תאנה זו, ובא לאכול במערבה, צריך לברך - ואין חילוק בין שאכל שם פת ושארי דברים, או שאכל פירות התאנה עצמה, [**ואם** נסבור כדעת הי"א בסעיף ה', דכל ז' מינים טעונים ברכה במקומן, יהיה דין זה לדעת המחבר, דפסק דאפילו בדברים הטעונין ברכה במקומן נמי יש שנוי מקום,

הלכות דברים הנוהגים בסעודה
סימן קעה – איזה דברים קרוים הפסק בסעודה

משא"כ לרמ"א, ע"כ יפרש דין זה דאבל במזרחה, בשאר פירות שאינם מז' מינים].

כיון שהתאנה מפסקת, ואינו רואה מקומו הראשון, **ומיירי** שלא עמדה התאנה בתוך היקף מחיצות, דאם עמדה בתוך היקף מחיצות, אף שאין רואה מקומו, א"צ לברך, דחשיב הכל מקום אחד, וכמש"כ לעיל בשינה מקומו בחדר אחד, **וע"ל** בס"ג לענין מאילן לאילן.

ואם היה דעתו בשעת ברכה לאכול גם במערבו של אילן, י"א דמהני בכל גווני, [דעת הראב"ד].

הגה: ויש חולקים בכל מה שכתוב בסי' זה - בתרתי פליגי על דעה ראשונה, אחד, דהם לא מצרכי ברכה למפרע לעולם מחמת שינוי מקום, ורק ברכה לכתחלה קודם שיאכל שנית, דחשיב רק כהיסח הדעת, ולא כמה שסילק סעודה הראשונה לגמרי, וע"כ הברכה אחרונה עולה לשניהם, **וגם** ס"ל דגם זה שצריך ברכה ראשונה, הוא רק בעומד בסעודת פירות או משקין, דתיכף ביציאתו חוץ לפתח ביתו נפסקה סעודתו, אם לא הניח שם מקצת חברים, ואפילו הלך רק לעשות צרכיו לקטנים, **אבל** בפת ומיני דגן שצריכין לחזור ולברך במקומן, לא נפסקה הסעודה בהיציאה, וא"צ אף ברכה ראשונה, וכאילו לא שינה מקומו כלל, **אם** לא שהסיח דעתו מלאכול עוד וכדלקמיה.

רק סוברים ששנוי מקום אינו אלא כהיסח הדעת, ולכן אם שינה מקומו למקום אחר, א"ל לברך אלא לפני מה שרוצה לאכול, אבל לא על מה שכבר אכל; ודוקא שלא הניח מקצת חברים בסעודה, ואכל מדברים שאין צריכין ברכה במקומם; אבל אם הניח מקצת חברים - דכיון שנשארו מקצתן, ואפילו אחד במקומו, לא נפסקה הסעודה, וחוזרין לאכול או לשתות בלי שום ברכה, אף שהיתה מסיבתן לאכול פירות או משקין.

או אפילו לא הניח, ואכל דברים שצריכין ברכה במקומם, אפי' מה שרוצה לאכול אחר כך א"ל לברך – (היינו שמתחלה אכל דברים הצריכים ברכה במקומן, אבל במקום שהלך עתה בתוך הסעודה, אפי' שתה יין {ומיירי שבירך מתחלה על היין בסעודת הפת}

או מים, א"צ לברך, דהא ע"כ צריך לחזור לקביעותו הראשון, והוי כעומד באמצע הסעודה).

כתב במ"א, דוקא כשאכל כזית, דאם אכל רק פחות מכזית פת קודם שיצא, דינו כמו פירות, דהא א"צ לברך אחריו, וממילא מיד שיצא לחוץ צריך ברכה ראשונה אף שחזר למקומו, **וע"כ** צריך ליזהר לכתחלה שלא לצאת ממקומו אף מחדר לחדר, היכי שאין רואה מקומו, קודם שיאכל כזית, [**והוי** רק "לכתחילה", דמחדר לחדר כמה פוסקים סוברין דלא הוי שנוי מקום].

ולכן מי שפסק סעודתו והלך לבית אחר, או שהיה אוכל וקראו חברו לדבר עמו אפי' לפתח ביתו או למקום אחר, כשחוזר לסעודה א"ל לברך כלל, דהא פת צריך ברכה במקומו לכולי עלמא - אף שלא אשמועינן בבבא זו שום רבותא, נקט לישנא דהמחבר בס"א, ופסק להיפך.

מיהו אם הסיח דעתו, כשחוזר ודאי צריך לברך על מה שרוצה לאכול אח"כ - ברכה ראשונה כדין היסח הדעת, (וצריך ג"כ ליטול ידיו ולא יברך), ואח"כ יברך בהמ"ז על הכל.

ואין חילוק בין חזר למקום שאכל כבר, ובין סיים סעודתו במקום אחר - אלעיל קאי, והיינו באוכל דברים הטעונין ברכה במקומו, ולא הניח מקצת חברים, **ואשמעינן** דאף כשמסיים סעודתו במקום אחר, ג"כ א"צ לברך, דעל סמך סעודה ראשונה אוכל, **ואם** אכל גם שם פת, מבואר בס"ד דמברך שם בהמ"ז, כיון דשם הוא סיום סעודתו.

אבל כשאוכל דברים שאין טעונין ברכה במקומן, כגון פירות וכיו"ב, או ששותה משקין, **אף** שחניח מקצת חברים, לא מהני אלא כשחוזרין לחבורתן לסעודתן הראשונה, **אבל** לאכול או לשתות במקום אחר, צריכין ברכה לכתחלה.

וכן נוהגין במדינות אלו; מ"מ לכתחלה לא יעקר ממקומו בלא ברכה, דחיישינן שמא ישכח מלחזור ולאכול - ר"ל אף שעומד באמצע סעודת פת, ורוצה לצאת ע"מ לחזור ולאכול ולברך, דלדעה זו אינו מצריך שום ברכה ביציאתו, **מ"מ** לכתחלה לא יצא,

הלכות דברים הנוהגים בסעודה
סימן קעח – איזה דברים קרוים הפסק בסעודה

דחיישינן שמא ישכח לחזור ולאכול ולברך במקומו, או שישהא עד שירעב, ויפסיד בהמ"ז לגמרי.

בתוספות ורא"ש משמע, דאין להחמיר בזה רק כשיוצא ע"מ להפליג, דאז חיישינן להנ"ל, אבל כשיוצא ע"מ לחזור לאלתר, מותר.

ואפילו אם לא אכל פת אלא פירות ושארי דברים, משמע מכמה אחרונים, דנכון ליזהר לכתחלה שלא לצאת ממקומו עד שיברך ברכה אחרונה, [**אכן** ביוצא ע"מ לחזור לאלתר, בודאי אין להחמיר, **וכשכבר** יצא קילא מפת, דבפת קימ"ל דצריך לחזור למקומו ולברך, ובזה מותר לברך במקום שהוא].

ועיין בבה"ל שהכרענו לדינא, דאף דלכתחלה בודאי נכון לנהוג כהרמ"א, שלא לצאת לדבר הרשות, **מ"מ** כשיוצא אין לו לברך אם יציאתו הוא ע"מ לחזור ולגמור סעודתו, דחשיב כעומד באמצע סעודה, ויש בזה חששא דברכה שא"צ, (**ואפשר דגם כונת הרמ"א הוא כן, דיגמור סעודתו ויברך, וצ"ע**), **רק** אם הוא משער שאפשר שיפליג הרבה, נכון יותר שיברך בהמ"ז כשיוצא, (**ובפרט אם לא הניח מקצת חברים, בודאי נכון לברך, ואין לחוש לברכה שא"צ, כי נוכל לצרף לזה דעת המחבר, דסתם כהרמב"ם והגאונים, דפסקו דבכל גווני משיצא מפתח ביתו צריך לחזור ולברך**).

ואם מזמינים לו לאכול פת במקום אחר, דאז לא שייך האי חששא, כיון שהולך לאכול שם, ויברך שם אחר אכילתו כמ"ש בס"ד, **אפ"ה** לכתחלה לא יעקור ממקומו עד שיברך, דרק בדיעבד כשכבר יצא אמרינן דמותר לו לאכול ולברך במקום השני, דגם שם מקומו הוא, אבל לכתחלה מצותו לברך במקומו שאכל קודם שיצא, **אם** לא שהיה דעתו בשעת "המוציא" לאכול גם שם, דאז חשיבי שניהם מקומו, ומותר אף לכתחלה, **ואפילו** מבית לבית מהני מחשבתו לדעה זו, וכן נהגו כשהולכין לסעודת נשואין, שמכוון מתחלה לאכול שם.

מיהו לצורך מצוה עוברת, כגון שהגיע זמן תפלה, מותר, ועיין סי' קפ"ד – (כ"כ בכלבו, אבל במאור לא משמע כן, דהוא לא כתב רק דלדבר הרשות אסור, והיכא דהוא לדבר מצוה, אפי' אינה עוברת, מותר).

סעיף ג - יש מי שאומר שאם היה בגן, ורוצה לאכול מפירות כל אילן ואילן, כיון שברך על אילן אחד, א"צ לברך על האחרים - ואפילו אין רואה מקומו, שהאילנות מפסיקין, **ולא** דמי לאוכל במזרחה של תאנה ובא לאכול במערבה, דצריך לברך, דכאן מיירי שמוקף מחיצות, דחשיב כמו מקום אחד כנ"ל, [מ"א].

ויש מאחרונים שפירשו, דמיירי באין מוקף מחיצות, וטעם ההיתר בזה הוא, משום שהיה דעתו לזה מתחלה, וכמש"כ לעיל בהג"ה, דדעתו מהני אף מחדר לחדר, ואף שאין רואה מקומו מחמת הפסק האילנות, לא חשיב אלא כמו מחדר לחדר, ולפי"ז גם לענין מזרחה של תאנה מהני דעתו, **ולהכי** כתב המחבר בשם יש מי שאומר, משום דאין דין זה ברור דליהני דעתו באין מוקף מחיצות, דהוא רק שיטת הראב"ד - הגר"א.

[**והנה** אפשר היה לומר, דגם המ"א יסבור דלהראב"ד מהני דעתו ואפי' מאילן לאילן באין מוקף מחיצות, כמו לענין מזרחה של תאנה, **אך** לא רצה לפרש כן בהשו"ע, משום דהא חזינן דאין דעת השו"ע לסבור לדינא כהראב"ד, דהא לענין מזרחה של תאנה לא הזכיר כלל דעתו, ומשמע דלא ס"ל כוותיה, **וע"כ** מפרש דמיירי במוקף ואתיא כבו"ע, **והגר"א** יסבור דלהכי הזכיר דעת הראב"ד בסעיף זה, להשמיענו דאפי' במאילן לאילן מהני ג"כ דעתו, וכ"ש באילן אחד ממזרחו למערבו דמהני דעתו לדידיה].

והוא שבשעה שברך היה דעתו לאכול מאותם האחרים - כמו בחדר לחדר בעלמא, דבעינן דוקא דעתו, וכנ"ל בס"א בהג"ה.

ובח"א ראיתי שמחלק בענין זה בין מוקף מחיצות לאינו מוקף מחיצות, דבמוקף מחיצות לא בעינן דעתו בפירוש, אלא אפילו מסתמא אמרינן דדעתו על כל האילנות, **אם** לא שהיה דעתו מתחלה לאכול רק מהאחד, ואח"כ נמלך לאכול גם מהשני, דאז צריך לברך, (**שהמ"א** ס"ל, דמש"כ בשו"ע: והוא שהיה בדעתו לאכול מאותם אחרים, אין הכונה שיהיה דעתו לאכלם, דא"כ באמת אף בלא מחיצות א"צ לברך, אלא כוונת השו"ע לאפוקי אם היה דעתו בבירור שלא לאכול מן האחרים, דאז הוי נמלך ממש – נשמת אדם), **ובאינו** מוקף מחיצות, בעינן שיהיה דעתו בשעת ברכה גם על השני.

ואם לא היה דעתו, אפילו רואה את מקומו הראשון, ג"כ אינו מועיל, כיון שאינו מוקף מחיצות, ט"ז ודה"ח, (אף דדעתו מועיל), [**ובלבושי** שרד כתב דמשמע ממ"א,

הלכות דברים הנוהגים בסעודה
סימן קעח – איזה דברים קרוים הפסק בסעודה

דרואה מועיל אפי' אין מוקף מחיצות, ‹אף דדעתו אינו מועיל לשיטת המ"א וכנ"ל›, **ולענ"ד** נראה דתלוי זה בזה, דאם נסבור דדעתו לא מהני באינו מוקף, ‹וכשיטת המ"א הנ"ל, גם רואה אין מועיל›, ‹**אבל** עכ"פ המ"ב הכריע כהט"ז והדה"ח, דדעתו מועיל, ורואה אינו מועיל›.

אבל מגן לגן, צריך לברך אפי' אם הם סמוכים, ואפי' אם כשבירך תחלה היה דעתו על הכל - משום שינוי מקום, דהוי כמבית לבית דלא מהני דעתו לכו"ע, כמש"כ לעיל בס"א בהג"ה, **ואפילו** אין הגן מוקף מחיצות, כיון שכל אחד הוא בפני עצמו, חשיב הוא כמו שני בתים, **ואפילו** רואה מקומו הראשון ג"כ אינו מועיל.

מי שבירך על הפרי לאכול כאן, ולא אכל ממנו, ושינה מקומו, כתב הא"ר בשם ברכת אברהם, דאינו יוצא בברכתו, **ולפי** מש"כ לעיל בס"ב בבה"ל, הוא דוקא מבית לבית, אבל מחדר לחדר לא, **וכתב** הח"א, דאפילו אם אוחז הפרי בידו והולך ואוכל, יש בו משום שינוי מקום, אם יצא ממקומו הראשון שקבע עצמו לאכול, לחדר אחר, ולא היה דעתו מתחלה לזה, דכל פתיתה ופתיתה הוא דבר אחר, עי"ש, **ולפי** מה שכתבתי לעיל יש ליזהר בזה רק לכתחלה, אבל בדיעבד אין לחזור ולברך מחמת שינוי מקום שמחדר לחדר.

סעיף ד - אם אכל פת במקום אחד, וחזר ואכל במקום אחר, אינו מברך בהמ"ז אלא במקום השני - דכאן הוא סיום סעודתו, [**ואם** רצונו לחזור למקומו ולאכול שם עוד, בודאי יש לו לחזור ולברך שם, וזה עדיף יותר, דיצא בזה גם דעת הסמ"ק].

ואף דלדעת המחבר לעיל בסעיף א' וב', אסור לאכול במקום השני על סמך סעודה הראשונה, אלא צריך לברך מקודם בהמ"ז על אכילה ראשונה, ו"המוציא" על להבא, וגם דעתו לא מהני מבית לבית, **צ"ל** דכאן מיירי שכבר אכל, דאז מברך במקום השני, דגם זה מקומו הוא.

ולפי מה שאנו נקטינן כדעת ההג"ה לעיל בסעיף ב', רק לכתחלה אין לעקור ממקומו עד שיברך במקומו, אבל אם כבר עקר, מותר לאכול כאן על סמך סעודה הראשונה, **ואם** היה דעתו לזה, מהני בסעודת פת אף לעקור לכתחלה מבית לבית וכנ"ל.

כמו שנהגו הולכי דרכים, שאוכלים דרך הילוכם, ויושבים ומברכין במקום סיום אכילתם - דהם לכו"ע מותר להם להלוך ולאכול, ואף אם אין רואין מקומן הראשון מחמת מרחק הדרך, או שמפסיקין אילנות, **משום** דהם לא קבעו עצמן לכתחלה לאכול במקום שברכו, ורק לילך ולאכול, ולכן אין נחשבין כלל עי"ז עוקרין ממקומן.

ואם היה דעתן לאכול סעודתן במקום שברכו "המוציא", ונמלכו לגמור סעודתן דרך הליכתן, כל זמן שרואין מקומו הראשון, מותר להם לאכול, דחשיב מקום אחד, **אבל** באין רואין מחמת מרחק הדרך, או מחמת הפסק אילנות, חשיב שינוי מקום, ובפירות צריך לברך שנית, **ובפת** ג"כ אף לדעת הג"ה לעיל, עכ"פ לכתחלה אין להם לעקור ממקומן בלא ברכה, כמבואר שם.

אך אם מתחלה חשב לאכול מעט במקומו, והשאר לאכול בדרך, מהני, ואף בהפסק אילנות, דרק מבית לבית לא מהני דעתו באכילת פירות, **אמנם** אם התחיל לאכול בבית, והלך לדרך, הרי הוא כמו מבית לבית דלא מהני דעתו בפירות, וצריך לחזור ולברך, [**ובח"א** מסתפק אולי אף מארץ לעגלה חשיב כמו מבית לבית, דלא מהני דעתו בפירות, ואין נראה כ"כ להחמיר בזה], **ובפת** מהני דעתו, ואף לענין לכתחלה.

סעיף ה - י"א ששבעת המינים טעונים ברכה לאחריהם במקומם - ואם הלך משם, צריך לחזור למקומו ולברך, כמו לגבי פת.

וי"א דדוקא מיני דגן - מפני חשיבותן שנקרא מזון.

הגה: וי"א דוקא פת לבד - כתבו האחרונים, דלכתחלה יחמיר לברך במקומן אפילו בז' מינים, **וכן** לענין שינוי מקום, אין צריך לברך על כל השבעה מינים כמו על הפת, אם שינה מקומו, לפי מה שפסק בס"ב בהג"ה, [**בין** שהניח מקצת אנשים כשיצא מהן, ובין שלא הניח, ובין שחזר ואכל שם, ובין שאכל במקום שהלך, בכל גווני א"צ לחזור ולברך], **ודעת** הגר"א, דדעה האמצעית היא העיקר לדינא, ולפי"ז פירות של שבעת המינים דומים לסתם פירות, דשייך בהו שינוי מקום לכולי עלמא.

סעיף ו - מי שנזכר בתוך הסעודה שלא התפלל ועמד והתפלל, אפי' אם אין שהות לגמור סעודתו ולהתפלל, שחייב להפסיק ואי אפשר לו לאכול עד שיתפלל, עם כל זה לא

הלכות דברים הנוהגים בסעודה תקג
סימן קעח – איזה דברים קרוים הפסק בסעודה

הוי הפסק - ר"ל דלכאורה יש לדמותו ל"הב לן ונברך", דלמ"ד דאין רשאי לאכול, צריך לברך כשחוזר לאכול, **אבל** באמת לא דמי, דהתם הטעם משום דהוי היסח הדעת וסילוק, משא"כ הכא דלא הסיחו דעתם מלאכול.

ולדעת המחבר בס"א, הוא דוקא כשמתפלל בביתו, אבל אם הולך לבהכ"נ, הוי הפסק, **אכן** לפי מה שאנו נקטינן כדעת ההג"ה בס"ב, לא הוי הפסק אף כשהלכו לבהכ"נ, ורק אם לא הסיחו דעתם מלאכול.

כתב המ"א, דאף ד"המוציא" אין צריך לברך מחמת הפסק התפלה, אבל נטילת ידים צריך, דשמא לא שמר ידיו, **אבל** הרבה אחרונים חולקין עליו, וסבירא להו דאף נטילת ידים אינו צריך, דבעת התפלה בודאי שמר ידיו מלטנפם, **אבל** בזה דוקא אם מתפלל בביתו, אבל אם הלך לבית הכנסת והתפלל שם, כשחזר צריך ליטול ידיו ובלי ברכה.

סעיף ז - אדם שישן בתוך סעודתו שינת עראי, לא הוי הפסק - ואפילו אם שהה משך זמן לערך שעה, כיון שנאנס בשינה לא מקרי הפסק, וא"צ לברך "המוציא", **אבל** נט"י בעי ובלי ברכה - פמ"ג, **ואם** ישן על מטתו שינת קבע, הוי הפסק, דזהו סילוק והיסח הדעת לדברי הכל.

הגה: וכן אם הפסיק בשאר דברי רשות, כגון שהולך לנקביו וכיוצא בזה - ונטילת ידים צריך כמבואר בסימן קס"ד, (**מבואר** לעיל, דזה דוקא בסעודת פת, אבל בפירות או משקין, הוי הפסק מחמת היציאה ממקומו, וכשחוזר למקומו צריך ברכה).

§ סימן קעט – איזה דברים קרויים היסח הדעת בסעודה שצריך לחזור ולברך §

סעיף א - גמר סעודתו ונטל ידיו מים אחרונים, אינו יכול לאכול ולא לשתות עד שיברך בהמ"ז - וה"ה שיש ליזהר לכתחלה שלא יפסיק בדבור אפילו מעט, דתיכף לנטילה ברכה, **ומהאי** טעמא יש ליזהר שלא לשהות שהיה מרובה אחר הנטילה, [היינו כדי הילוך כ"ב אמה, דזה לא מקרי תיכף], וכ"ש שלא לעסוק באיזה עסק, **אך** אם צריך להפסיק בדבר נחוץ, או בדיעבד אם הפסיק, יטול ידיו שנית, כדי להיות תיכף לנטילת מים אחרונים ברכה.

ולא דמי ל"הב לן ונברך", דמותר לאכול ורק שיברך "המוציא" מתחלה, וכדלקמיה, דכיון שנטל ידיו אסור להפסיק, (בב"י כתב, דכיון שנטל ידיו כדי להיות מזומן לברכה, הוה כהתחיל כבר בברכה, ואסור להפסיק באכילה ושתיה כלל כו'), **והנה** יש כמה פוסקים דס"ל, דאין איסור לאכול אף בנטל ידיו, ורק שיברך "המוציא" מתחלה, וכ"כ האחרונים להקל, ורק דאחר אכילתו יטול ידיו שנית, שתהא סמוכה נטילה לברכה, **אלא** דלכתחלה דעת הב"ח והמ"א, דצריך ליזהר בזה, (והנה כאשר נתבונן בודאי אין להקל בזה לכתחלה, דמצינו לכמה גדולי הראשונים שמחמירין בזה).

וכ"ז לענין אכילה, אבל להפסיק בדבור כשאינו רוצה לאכול ולשתות, או להתעסק באיזה עסק, אסור לכו"ע, [**נראה** הטעם, משום דלא שייך בזה שיטול ידיו שנית, כיון שלא אכל עוד, וידיו נקיות מזוהמת אכילה, א"כ הנטילה אינו מעלה ולא מוריד].

ואם אמר: הב לן ונברך - פי' תן לנו כוס לברך, **הוי היסח הדעת, ואסור לו לשתות אלא א"כ יברך עליו תחלה** - וכשמברכין בלא כוס, אם אומרים: בואו ונברך, ג"כ דינא הכי, דהוי היסח הדעת, **וכן** אם הסיח דעתו בהדיא בלבו מלשתות עוד, ואח"כ רוצה לשתות, ג"כ צריך לברך מתחלה על המשקה.

ואם מסובין רק לשתיה, ואמרו: בואו ונברך ברכה אחרונה, ג"כ דינא הכי דהוי היסח הדעת, ואסור לשתות עוד בלא ברכה.

ואכילה דינה כשתיה להרא"ש - דבגמרא לא נזכר בהדיא רק לענין שתיה, וס"ל דה"ה לאכילה.

(והנה בשו"ע לא מבואר בהדיא לדעת הרא"ש רק ב"הב לן ונברך", אבל בסתם אם הסיח דעתו מלאכול ולשתות עוד, ולא אמר "הב לן ונברך", לא הוזכר בשו"ע כלל לדעת הרא"ש, אם זה מצריכו לחזור ולברך או לא, **ומצאתי** בספר בית מאיר דמצדד, דהיסח הדעת מהני אף באכילה, להצריכו לחזור ולברך, וכ"כ הגר"ז).

אבל להר"ר יונה והר"ן אכילה שאני, שאע"פ שסילק ידו מלאכול - ר"ל אפילו גמר בדעתו

תקד הלכות דברים הנוהגים בסעודה
סימן קעט – איזה דברים קרויים היסח הדעת בסעודה שצריך לחזור ולברך

שלא לאכול, **ואפילו סלקו השלחן** – (היינו שסילק הלחם ושארי מזון מעל השלחן), **אם רצה לחזור לאכילתו, א"צ לברך פעם אחרת, שכל שלא נטל ידיו לא נסתלק לגמרי מאכילה** - משום דדרך להגרר מאכילה קטנה לגדולה, לא חשיב היסח הדעת גמור אלא כשנטל ידיו, **מה** שאין כן בשתיה, בהיסח הדעת כל דהו כבר נסתלק משתייתו, וצריך לברך שנית כשנמלך.

ואפילו סלקו השלחן - זהו מלשון רבינו יונה, והיינו אף דס"ל דזה חשיב היסח הדעת טפי מ"הב ונברך", אפ"ה לא מהני לענין אכילה, (**אבל להרא"ש אדרבה, "הב ונברך" חשיב היסח הדעת טפי, ובסילוק השלחן ס"ל דלא חשיב היסח הדעת**).

(**עיין בפמ"ג שכתב, דלאו דוקא בפת, הוא הדין בשאר מידי דמזון, ג"כ לא נסתלק להרר"י ור"ן באומר "נברך ברכה אחרונה", ואם רוצה לאכול עוד רשאי בלא ברכה ראשונה**).

כתב הט"ז, דאם מחמת אכילה זו שחזר לאכול נגרר לבו גם לשתיה, א"צ ברכה לדעה זו גם על השתיה, דבתר אכילה גרירא, אף שאמר מתחלה "הב לן ונברך", **ולא** מיירי השו"ע בתחלה לענין שתיה דמצריך לברך לכו"ע, רק כשלא חזר גם לאכילה.

ועיין בבה"ל שהבאנו הרבה פוסקים שסוברים כדעת הרא"ש, דב"הב לן ונברך" חשיב גמר סעודה, ואף באכילה אסור בלא ברכה, וכן סתם המחבר לקמן בסימן קצ"ז ס"א עי"ש, (**אמנם בביאור הגר"א כתב, דנ"ל לעיקר לדינא כהרר"י והר"ן, וע"כ לא נוכל להכריע לדינא בזה**), **וע"כ** לכתחלה בודאי יש ליזהר שלא לאכול אחר שאמר "הב לן ונברך", וכן פסק בדה"ח.

(**וכן אם הסיח דעתו בהדיא שלא לאכול, אף שלא אמר "הב לן ונברך", ג"כ נכון מאד ליזהר לכתחלה שלא לאכול, דגם בזה יש הרבה ראשונים שסוברין להחמיר בזה וכנ"ל**).

ודע, דמי שצריך ברכה באמצע סעודה, צריך נטילה ג"כ, דכיון דהסיח דעתו, לא שמר ידיו, **ורק** ברכת נט"י אין לו לברך.

סעיף ב - מי שסומך על שלחן אחרים, אפילו אמר: הב לן ונברך, לא הוי היסח הדעת

- דודאי דעתו אם ירצה בעה"ב לאכול ולשתות עמו, יאכל וישתה עמו, [**ונ"ל** דאפי' אין בעה"ב אוכל עם האורח, רק שבעה"ב קראו להאורח שיאכל אצלו, אפ"ה אמרינן, דאף שאמר "הב לן ונברך", מ"מ מסתמא דעתו, אם יבקשנו בעה"ב שיאכל עוד, שלא יסרב על דבריו].

(**ולכאורה משמע מזה, דכשאין בעה"ב אוכל ושותה עוד, והאורח נמלך ממחשבתו הראשונה ורוצה לאכול ולשתות, דאסור, דהרי אמר "הב לן ונברך" והסיח דעתו, אבל באמת יש לומר, דכל זמן שלא אמר בעה"ב "הב ונברך", לא חשיב היסח הדעת של האורח כלל, דבודאי לא הסיח דעתו עדיין בבירור כל זמן שלא אמר בעה"ב "הב לן ונברך", וכן מורה לשון השו"ע והלבוש**).

ואם בשעת אמירתו הסיח דעתו בבירור, שאף שיאכל וישתה בעה"ב לא יאכל וישתה עמו, ונמלך אח"כ, צריך לברך, היינו לדעת הרר"י בשתיה לבד, ולהרא"ש אף באכילה, **וכ"ש** כשנטל ידיו דמהני, [מ"א], ‹**ומשמע מפמ"ג דאם נטל ידיו**, ‹אפי' בלא היסח הדעת›, **אמרינן דמסתמא בודאי הסיח דעתו בכל גווני**, ‹דמפרש מש"כ המ"א "וכ"ש", דהוא ענין בפני עצמו›, **וכ"כ בחי' רע"א בשם תשו' פרח שושן. ובספר** מטה **יהודה חולק ע"ז**, ‹דמפרש המ"א, שכ"ש אם מלבד מה שהסיח דעתו בבירור, גם נטל ידיו, כן פי' הכף החיים – דברי סופרים›.

עד שיאמר בעל הבית – (**וה"ה גדול השלחן, א"ר בשם צדה לדרך, ולשון המחבר שכתב: על שלחן אחרים, לכאורה משמע דוקא מפני דעת בעה"ב אדם מבטל דעתו, אבל לא באופן אחר, וכן משמע קצת בפמ"ג, ע"ש, וצ"ע למעשה**).

ואז כל המסובין אסורין, ודוקא כששתקו והסכימו לדבריו, **אבל** אם האורח דעתו לאכול ולשתות עוד, רשאי, אף שאמר בעה"ב "הב ונברך", **וטוב** שיגלה לפני המסובין שלא היה לו היסח הדעת, שלא יחשבוהו כנמלך.

סעיף ג - אם לא אמר "הב לן ונברך", וגם לא נטל ידיו, משנטל הכוס לברך הוי היסח הדעת

- ועדיף מ"הב לן ונברך", דכיון שנטל הכוס בידו, אפילו בשיחה אסור להפסיק, ודינו כנטילת ידים, **ולפי"ז** לדעת המחבר לעיל בס"א, אסור שוב בין באכילה ובין בשתיה לכו"ע, **ועיין** לעיל בס"א במ"ב, מש"כ לענין נטילת ידים.

הלכות דברים הנהגים בסעודה תקה
סימן קעט – איזה דברים קרויים היסח הדעת בסעודה שצריך לחזור ולברך

(ולענין שאר המסובין תלוי בזה, אם המברך הוא בעה"ב בעצמו, או גדול השלחן לפי דעת הא"ר הנ"ל, פשוט דכל המסובין בתריה גרירן, **אבל** אם המברך הוא אחד מהמסובין, המברך בעצמו בודאי חשוב היסח הדעת אצלו, ושאר מסובין תלוי דבר זה בדעות הפוסקים לקמן בסימן קפ"ג, אם המסובין רשאין להשיח אחר שנטל הכוס בידו, דלדידהו בודאי אין נגררין בתריה, כל זמן שלא הסיחו דעתם, ולא אמרו: נברך בהמ"ז).

סעיף ד - כשאדם נכנס לבית חבירו - היינו שלא קראוהו להיות נקבע עמהם לשתות ככל המסובין, **ויש שם חבורות הרבה שאוכלים, וכל אחד מושיט לו כוס** - וה"ה בחבורה אחת כשכל אחד מושיט לו כוס, **יש מי שאומר שמברך על כל אחד בפה"ג, כי בכל פעם הוא נמלך** - דאינו יודע אם יושיטו לו כוס אחר, **ואפי'** אם הושיטו לו כוס אחר בשעה דעדיין לא גמר לשתות כוס הראשון, נמי דינא הכי, דצריך לחזור ולברך עליו בפני עצמו, כיון שבשעה שבירך לא היה דעתו על זה, שלא היה יודע שיושיטו לו עוד.

וכ"ז דוקא בסתמא, אבל אם בשעת ברכתו היה דעתו שתעלה הברכה על כל מה שיתנו לו, א"צ לברך על כל כוס, אף שלא היה יודע אז אם יתנו לו, מ"מ מהני דעתו לזה, **ובמקום** שהמנהג שמושיטין כוסות הרבה למי שנכנס במסיבת הקבועים לשתיה, אז אפילו בירך בסתמא על כוס אחד, אמרינן דדעתו היה על כל מה שיתנו לו, וא"צ שוב לברך על כל כוס וכוס, **ומ"מ** טוב יותר שיכוין בשעת ברכה על כל מה שיתנו לו.

סעיף ה - הקרואים בבית בעל הבית לאכול מיני פירות, ומביאין להם בזה אחר זה, אינם צריכים לברך אלא על הראשון - דכיון שהם קרואים, אף כשמברכין תחלה בסתמא, ג"כ דעתם על כל מה שיביאו לפניהם, שיודעים דדרך בעה"ב להביא הרבה מינים זה אחר זה, **ואף** אם הסיחו דעתם אח"כ, שסברו שלא יביא להם עוד, ג"כ אין זה היסח הדעת גמור, כיון דתלוים בדעת בעה"ב, וכנ"ל בס"ב, ולכן אם הביא להם בעה"ב אח"כ, א"צ לחזור ולברך.

ולא דמי לס"ד הנ"ל, וכן לשמש בסימן קס"ט, ששם אינם יודעים שיתנו לו עוד, ובודאי מסתמא לא ברכו אלא על מה שלפניהם לבד.

סעיף ו - אכל כל מאכל ולא אכל מלח, שתה כל משקה ולא שתה מים, ביום ידאג מפני ריח הפה, ובלילה מפני ריח הפה ומפני אסכרה (פי' חולי חונק).

והאוכל מלח אחר אכילתו, לא יאכל בגודל, (גודל הוא אצבע הגס; אצבע הוא קרוב לגס; אמה הארוך; קמילה הוא הסמוך לקטן; זרת הוא הקטן), דקשה לקבור בנים; ולא בזרת, דקשה לעניות; ולא באצבע, דקשה לש"ד - (היינו לשפיכת דמים – כף החיים. **ויש** גורסים: לש"ר, והיינו לשחין רע – שו"ע הרב וערוה"ש וא"ר, **או** לשם רע – שבלי הלקט והלבוש), **אלא באמה ובקמיצה.**

(וע"ל סי' ק"ע למה אין אנו נוהגין באכילת מלח ושתיית מים) - היינו משום דכל האכילות שלנו מעורב מתחלה במלח, וכן כל המשקה שלנו כשכר ומי דבש וכדומה, מעורב במים, ע"כ אין להקפיד ע"ז, **מיהו** בלא"ה אין להקפיד בזמנינו, דהאידנא נשתנו הטבעים.

§ סימן קפ – דיני פירורי הפת §

סעיף א - אין להסיר המפה והלחם עד אחר ברכת המזון - כדי שיהא ניכר לכל שמברכין להשי"ת על חסדו וטובו הגדול שהכין מזון לכל בריותיו, **וגם** דהברכה אינה שורה על דבר ריק, אלא כשיש שם דבר, כענין פך שמן של אלישע.

סעיף ב - צריך לשייר פת על שלחנו, כדי שיהא מזומן לעני שיבוא, וכענין שאמרו חז"ל: המאריך בשלחנו מאריכין לו ימיו, דלמא אתא עניא ויהיב לו, [**ולפי"ז** טוב לכתחילה שהפתיתין לא יהיו קטנים מאד, כדי שיהא בהם כדי נתינה], **וגם** כדי שיודה להשי"ת על חסדו,

תקו הלכות דברים הנהגים בסעודה
סימן קפ – דיני פירורי הפת

שהשפיע לנו מטובו ששבענו והותרנו, כדכתיב: אכול והותר, **כל מי שאינו משייר פת על שלחנו, אינו רואה סימן ברכה לעולם** - כדכתיב: אין שריד לאכלו, על כן לא יחיל טובו.

וכתב של"ה, דראוי ונכון שיתן להעני הטוב שבשלחן, ובפרט אם הוא עני חשוב, שמזה יראה לו שמקבלו בסבר פנים יפות, **ומשבח** אני את הקהלות שמחזיקין לומדים בחורים על שלחנם כל השנה כאחד מבניהם, ובזה יוצא הבעה"ב בשני דברים, מצות חלק עניים, וגם מצות דברי תורה על השלחן, דסתם בחור כזה עני הוא, וגם ידבר בדברי תורה על השלחן, ובודאי מה שנאכל על השלחן שחרית וערבית נחשב כשני תמידין וכו', עכ"ל והובא בא"ר.

אבל לא יביא פת שלימה ויתננה על השלחן, ואם עשה כן מחזי דלשם עבודת כוכבים עביד, שנאמר: העורכים לגד שולחן - ר"ל אם יש פתיתין על השלחן, **אבל** אם אין פתיתין על השלחן, מותר להביא אפילו שלמה, **ובשם** הזוהר כתבו, שטוב לעשות כן לכתחלה.

עיין במ"א שכתב, דה"ה אם יש שלמה על השלחן, לא יביא פתיתין, **ופמ"ג** כתב, דה"ה לא ישייר פתיתין על שלחנו כשיש שלמה, **ויש** מקילין בדבר, שא"צ להסירן מעל השלחן, **ובפרט** בשבת, בודאי לא יסירן עד לאחר בהמ"ז, בין הפתיתין ובין השלמה, שהכל יודעין שבשביל כבוד שבת הוא מונח.

סעיף ג - קודם שיטול ידיו - למים אחרונים, **יכבד הבית** - מקום שאכלו שם, אם הסיבו ע"ג קרקע מכבדין את הקרקע, או אם הסיבו על השלחן מכבדין את השלחן, משיורי אוכלין שנתפזרו שם - רש"י, **שלא ישארו שם פירורין וימאסו במים של נטילה.**

ותלמידי רבינו יונה פירשו, דהכיבוד הוא במקום שדרך לסלק השלחן קודם נטילה לבהמ"ז, צריך לכבד הקרקע של מקום השלחן, דחיישינן שנתפזרו שם פירורי פת, **ובאופן** זה מיירי המחבר כאן, שכתב דעכשיו שאין מסלקין א"צ לכבד, והיינו הקרקע שתחת השלחן, **אבל** כשנוטלין הידים בכלי על השלחן כמנהגנו, לכו"ע צריך לנקות הפירורין סביב, וכדלקמיה.

אע"פ שמותר לאבד פרורין שאין בהם כזית, שמא יהא השמש עם הארץ, שמותר להשתמש בשמש ע"ה, ויניח גם פרורין שיש בהם כזית שאסור לאבדן ביד, לכך יכבד תחלה. ועכשיו אין אנו נוהגים כך, מפני שאין אנו מסלקין השלחן - משמע דמלפנים היו נוהגין לסלק, וצ"ל דהיינו מלפני כל המסובין, אבל מלפני המברך לא, וכמו שכתב בס"א שאין להסיר וכו', **ואנו נוטלין הידים חוץ לשלחן במקום שאין שם פרורים, וליכא למיחש למידי.**

ואם יושבין במקומן, ונוטלין הידים בכלי על השלחן, אף עכשיו הדין הוא שצריך לנקות השלחן עצמו מפירורי הפת, שלא ימאסו מנצוצי מי הנטילה, וכנ"ל מרש"י, **ונראה** דמ"מ ישאיר לחם על השלחן במקצוע אחד, שיהיה מונח עד אחר בהמ"ז, וכנ"ל בס"א, ויהיה קצת רחוק ממקום הזה. ‹**אבל** כגון אצלינו שאנו נוטלים הידים על השלחן בכלי, שומרים שלא יפלו המים על המפה של השלחן, וא"צ אצלינו כיבוד הבית תחלה – ערוה"ש›.

סעיף ד - אע"פ שמותר לאבד פרורין שאין בהם כזית, מכל מקום קשה לעניות - ודוקא לדרוס עליהם, דהוא בזוי גדול, **אבל** כשמשליכן למים, אפילו כשנאבדין עי"ז, אין חשש, כיון שהוא פחות מכזית, **ויש** מחמירין כשיש הרבה פירורין ויצטרפו לכזית.

סעיף ה - נוהגים לכסות הסכין בשעת בהמ"ז - בב"י ב' טעמים: האחד, דברזל מקצר ימי האדם, ואינו דין שיהיה מונח על השלחן, שדומה למזבח שמאריך ימי האדם, דע"כ כתיב: לא תניף עליהם ברזל, וע"כ אחר שגמר אכילתו ורוצה לברך בהמ"ז, מכסה הסכין, **וטעם** שני בשם רבינו שמחה, לפי שפעם אחד הגיע אחד לברכת "בונה ירושלים", ונזכר חורבן הבית, ותקע סכין בבטנו, וע"כ נהגו לסלקו בשעת ברכה.

ונהגו שלא לכסותו בשבת ויום טוב - הטעם שאין מקפידין ע"ז בשבת ויו"ט, עיין באחרונים. ‹**דמעשה** כי הוה בחול הוה, ולא גזרו רק כעין מעשה שהיה, ועוד דבשבת ויו"ט אסור להצטער וא"א לבא קלקול כזה, **ודע** דעכשיו אין רגילין ליזהר בזה, ואין מכסין הסכינים בשעת ברהמ"ז – ערוה"ש›.

§ סימן קפא - דין מים אחרונים §

סעיף א - מים אחרונים חובה - הטעם, משום שהידים מזוהמות הן מן האכילה, ופסולות לברכה, וסמכו חז"ל אקרא: והתקדשתם והייתם קדושים, "והתקדשתם" אלו מים ראשונים, שיקדשו ידיהם קודם האכילה לטהרם מטומאה, כמו שנתבאר לעיל בסימן קנ"ח, "והייתם קדושים" אלו מים אחרונים, **ואפילו** למי שאינו מברך בעצמו, אלא שומע לצאת מפי המברך, **ויותר** מזה, אפילו כשאין ידיו מזוהמות כלל מן האכילה, ג"כ חייבו חז"ל בנטילת מים אחרונים, **והוא** מפני חשש מלח סדומית, דבכל סעודה הלא נמצא מלח, ויש לחוש שמא מעורב בהן מעט ממלח סדומית, שמסמא העינים למי שנוגע בם ואח"כ יגע בעיניו, **ואף** עכשיו שאין מצוי מלח סדומית בינינו, יש לחוש למלח אחר שטבעה כמותה.

ואם יש לו מים מצומצמים, צריך למעט במים ראשונים כפי שיעור המבואר בסימן קס"ב סעיף ב', בכדי שישאר לו מעט למים אחרונים, **ואם** אין לו רק כפי שיעור מים ראשונים, הם קודמים, אפילו למי שנזהר תמיד במים אחרונים, דהאידנא דאין מצוי מלח סדומית בינינו, אינם חובה כ"כ כמו מים ראשונים, **יש** אומרים דמתחלה אין לו לאכול אא"כ יודע שיהיה לו ג"כ מים אחרונים, **ומ"מ** אין החיוב עליו יותר ממים ראשונים, דהיינו בלפניו ד' מילין, ולאחריו מיל, ואם בתוך שיעור זה לא נמצא מים, אעפ"כ מותר לו לאכול, וגם לברך אח"כ בהמ"ז, **וכל** אימת שימצא מים אח"כ יטול ידיו, משום חשש מלח סדומית, [**ומ"מ** נראה, דטוב שיכרוך ידיו במפה קודם שיאכל, כדי שלא יהיו ידיו מזוהמות מן האכילה, וגם יהיו ממילא שמורות מנגיעה במלח סדומית].

סעיף ב - מים אחרונים אין נוטלים על גבי קרקע אלא בכלי, מפני רוח רעה ששורה עליהם - ויש חשש סכנה לעובר עליהם, **ובמקום** שאין עוברים שם, יכולים ליטול ע"ג קרקע, ולכן מותר ליטלם תחת השלחן, ואע"ג שלפעמים מסלקין השלחן, מ"מ יתנגבו ביני וביני.

ולא יתחוב ידיו בתוך הכלי לרוחצם, ‹דבאים להעביר הזוהמא, וא"כ שוב נדבקו המים עם הזוהמא בידיו›, אלא ישפוך המים על ידיו שירד לתוך הכלי, [**ועל** נטילת ידים שבין גבינה לבשר, מותר אפי' לשפשפם בתוך הכלי, ‹דאין באים כי אם להעביר מאכל הדבוק בידיו, ועכ"פ עובר המאכל מעל ידיו, ושוב אין המאכל נדבק בידיו - מחזה"ש›.

(**ואם צריך ליזהר שלא ישפכם אח"כ** ‹אחר שנטלם בכלי› **למקום מדרס בני אדם**, לכאורה תלוי בפלוגתא, דלפי טעם הלבוש, דהיתר הכלי הוא משום שלא ידרסו ע"ז בני אדם, לפי"ז אסור לשפכם אח"כ במקום שעוברים בני אדם, וכדלעיל בסימן ד' ס"ט לענין מי הנטילה של שחרית, **אבל** לפי טעם שארי פוסקים, שאין רוח רעה שורה על המים כשרוחצם בכלי, מותר, **ואין** דומה להנ"ל בסימן ד', דהתם הרוח רעה שורה על הידים, וכשרוחץ ידיו אפי' בתוך כלי, שורה על המים הרוח רעה מן הידים, **אבל** באמת יש לדחות, דאפשר אפי' אח"כ כשמערה המים אחרונים מן הכלי על הקרקע, שורה עליהם רוח רעה).

ואם אין לו כלי, נוטל ע"ג עצים דקים וכיוצא בהן - כמו אבנים דקים וקוצים, וכל כה"ג שנבלעים בהם המים, ואינם מתקבצים למקום אחד, **אבל** כשיש לו כלי, ישפכם דוקא בתוך הכלי.

ויש מקילין ליטול אף ע"ג רצפה אם אין לו כלי ליטול בתוכו, דס"ל דדוקא ע"ג קרקע ממש שורה עליהם רוח רעה, **אבל** לפי מה שכתב הלבוש, יש להחמיר בזה, [**וגם** דצ"ע דאפשר דרצפה חשוב כקרקע].

סעיף ג - אין נוטלין בחמין שהיד נכוית בהם - לאו דוקא, דבודאי אין אדם נוטל ידיו במים כאלו שיכוה בהן, **אלא** ר"ל שהיד סולדת בהן, ושיעורו כל שכריסו של תינוק נכוית בו.

מפני שמפעפעין (פי' מבעבעין מלשון אבעבועות) את הידים - מרככין את הידים, ומבליעין בהן את זוהמת התבשיל, **ואין מעבירין את הזוהמא** - ונ"ל דחמין שנצטננו, מותר ליטול בהן.

אבל פושרין, דהיינו שאין היד סולדת בהן, מותר, **ורש"ל** פסק, דוקא בצוננין, **ומיהו** אם אין לו כי אם אלו הפושרין, בודאי אין להחמיר.

סעיף ד - א"צ ליטול אלא עד פרק שני של אצבעות - שלמעלה משני פרקי אצבעות

מחבר רמ"א משנה ברורה

אין מגיע לכלוך המאכל, **ומן** אצבע האגודל, צריך ליטול פרק ראשון, **ואם** היה המאכל מגיע מכאן ואילך, צריך רחיצה גם למעלה.

(עיין בביאור הגר"א דמוכח מניה, דדין זה תלוי בפלוגתא הנ"ל בסימן קס"א ס"ד, דלדעת הדעה הראשונה שם, יהיה הדין בנטילת מים אחרונים עד סוף קשרי האצבעות עם פיסת היד, **וטוב** לנהוג כן לכתחלה לצאת ידי הכל כשיש לו מים).

ורע עלי המעשה שראיתי, שיש אנשים אשר המה זהירים בנטילת מים האחרונים, אבל אינם יוצאים חובת הדין כלל וכלל, דאינם נותנים כי אם איזה טיפים מים על ראשי האצבעות, עד אשר אפילו עד סוף פרק הראשון אינה מגעת, ולפעמים יוצאים בנגיעה בעלמא במים, וידיהם נשארים מטונפות מזוהמת המאכל כבראשונה, ובאמת מן הדין צריך לרחוץ לפחות עד סוף שני פרקי אצבעות וכנ"ל.

סעיף ה - צריך שישפיל ראשי אצבעותיו למטה, כדי שתרד הזוהמא - מן הלכלוך שבידיו ע"י הנטילה.

סעיף ו - אם המסובין רבים, עד חמשה, מתחילין מן המברך - כדי שיעיין בארבע ברכות של בהמ"ז בתוך הזמן שיטלו אלו הד' אנשים הנשארים, **ואע"ג** דהיום המנהג שכל אחד מהמסובין מברך לעצמו, ואין יוצאין בברכתו, **מ"מ** לא נשתנה הדין, דגם היום מהנכון שיאמרו המסובין כל ברכה וברכה בלחש עם המברך שמברך בקול רם, כדאיתא לקמן בסימן קפ"ג ס"ז, **וגם** ברכת הזימון צריך המברך לומר לפניהם, משו"ה צריך לעיין קצת מתחלה.

ואף דקי"ל דתיכף לנטילה ברכה, בשיעור זה לא חשיב הפסק, **ומיהו** אפשר דבְכְדִי אין להפסיק כלל.

ואם הם יותר, מתחילין מן הקטן - היושב בסוף המסבה, והטעם הוא, כדי שלא יהא צריך המברך להמתין הרבה אחר נטילתו עד שיטלו כולם, וגנאי הוא לו וגם דהוי הפסק.

(**וכהיום** שכולן מברכין בעצמן, א"כ אף אם יתחילו מן הקטן, יהיה הפסק גדול מן הנטילה לברכה להנוטלין ידיהם בראשונה, [**ואולי** דאנו צריכין לחוש יותר להמברך, דהוא העיקר יותר, וכל מה דאפשר לתקן מתקנין], **ומהנכון** שיושיטו מים על השלחן לנטילה באיזה מקומות, ולא כוס אחד לכל המסובין, שעי"ז ימשך הרבה, כנלענ"ד).

ונוטלין דרך ישיבתן, ואין מכבדין זה את זה ליטול - דאין זה כיבוד, במה שירמוז לו שהוא ירחץ תחלה ידיו המזוהמות, **עד שמגיעין לחמשה האחרונים, וכיון שלא נשארו אלא חמשה שלא נטלו, מתחילין מן המברך** - וכיון שנטל הוא ידיו, אותן הד' שאצלו אין מכבדין זה את זה, אלא דרך ישיבתן נוטלין.

סעיף ז - אין מברכין שום ברכה על מים האחרונים - דלפי הטעם שבארנו לעיל, משום חשש מלח סדומית דהוא סכנה לעינים, בודאי אין שייך לברך על נטילה זו, כמו שאין מברכין על שמירה משאר סכנות, כגון המסנן מים בלילה מפני סכנת עלוקה וכיוצא בזה, **ואפילו** לפי הטעם הראשון שכתבנו לעיל, דהנטילה היא כדי להסיר הזוהמא מעל ידיו קודם בהמ"ז, שלפי טעם זה היה ראוי לברך על נטילה זו, **מ"מ** לא נהגו כן, לפי שעכשיו אין עושין המצוה כתקנת חכמים ומנהגם, שהיו נוהגים למשוח הידים גם בשמן ערב אחר הנטילה להעביר את הזוהמא מהידים, וכיון שאין אנו עושים המצוה כתיקונה, נהגו שלא לברך בכל גוונא.

סעיף ח - י"א שמים אחרונים אינם צריכים נגוב - כיון שאינם באים רק לנקות את הידים, גם בלא ניגוב הן נקיות.

ולהרמב"ם מנגב ואח"כ מברך - ס"ל דלא נקרא נטילה בלי נגוב, **וע"ל** סוף סימן קע"ג, משמע דעת המחבר להקל בזה, **מ"מ** לכתחלה טוב לנגב ידיו לצאת דעת כולם.

כתב הב"י בשם ספר שלחן של ארבע, וכן הביא בא"ר בשם הכלבו, דמים אחרונים אין צריכין שיעור, אלא שיהא בהן כדי להדיח בהן את ידיו, **ובספר** מעשה רב הביא, דהנהגת הגר"א היתה ברביעית.

סעיף ט - מים אחרונים נוטלים בכל מיני משקים - שגם הם מנקין הידים מזוהמא כמו מים, ואפילו בשמן ודבש וחלב, **חוץ** מיין מפני

חשיבותו, **ומיירי** באין לו מים כי אם משקין, הא יש לו מים אין ליטול במשקין.

כתבו האחרונים, שכל מיני מים הפסולים לראשונים, דהיינו שנעשה בהן מלאכה, או שנשתנו מראיהן, ואפילו מים שנפסלו משתית בהמה וכה"ג, מ"מ כשרים לאחרונים, **וגם** אין צריך להם כלי וכח גברא כראשונים, ואין חציצת הידים פוסלת בהן, גם אין צריך לשפוך על ידיו אלא פעם אחת.

סעיף י - יש שאין נוהגים ליטול מים אחרונים - מפני שאין מלח סדומית מצוי בינינו, **ומשום** ידים מזוהמות אין חוששין, הואיל ועכשיו אין מקפידין לרחצן מלכלוך המאכל, אין זה קרוי זוהמא לנו.

ודעת הגר"א בביאורו, דצריך ליטול גם האידנא, דטעם מלח סדומית וידים מזוהמות גם עתה שייך, וכמ"ש בס"א, **וכ"כ** המ"א בשם המקובלים, דכל אדם יזהר במים אחרונים, וכן החמיר המהרש"ל בים של שלמה, וכ"כ הברכי יוסף, ע"ש שהחמיר הרבה בזה.

ואפי' לנוהגים כן, אדם שהוא אסטניס ורגיל ליטול ידיו אחר הסעודה, לדידיה הוו ידים מזוהמות, וצריך ליטול ידיו קודם ברכת המזון - ר"ל דזה מדינא צריך ליטול ידיו במים אחרונים לכו"ע קודם בהמ"ז. **וצריך** ליזהר שלא להפסיק בין הנטילה לבהמ"ז אפילו בד"ת.

וכתבו האחרונים, שאפילו רוצה לברך על היין או פירות באמצע הסעודה, צריך לקנחם מקודם, כיון שידיו מלוכלכות והוא איסטניס, [**והוא** הדין כשרוצה לברך איזה ברכה שהיא, וידיו מלוכלכות מזוהמת המאכל, **ומה** דקיימא לן דסתם ידים כשרות לברכה, היינו כשאינן מלוכלכות].

§ סימן קפב - דין כוס ברכת המזון ושלא יהא פגום §

סעיף א - יש שאומרים שברכת המזון טעונה כוס אפילו ביחיד - שברוב הברכות שתקנו חז"ל, תקנום לסדר על הכוס, מפני שכן הוא דרך כבוד ושבח נאה להקב"ה, לסדר שבחו וברכתו ית' על הכוס, וכמו שכתוב: כוס ישועות אשא ובשם ה' אקרא.

וצריך לחזור עליו, ולא יאכל אם אין לו כוס לברך עליו, אם הוא מצפה ואפשר שיהיה לו, אפילו אם צריך לעבור זמן אכילה אחת - וכמו לענין הבדלה ברצ"ו, דאם מצפה שיהיה לו כוס למחר, מבטל סעודת לילה וימתין על הכוס, **ועיין** במ"א שחולק על זה, דמשום כוס בבהמ"ז אין למנוע מלאכול, ולא דמי להבדלה, ובביאור הגר"א משמע ג"כ דמסכים עם המ"א.

ולפי זה אם שנים אוכלים יחד, צריך לקחת כל אחד כוס לברכת המזון - דבשלשה ויותר שמזמנין יחד, אחד מברך על הכוס ומוציא את כולם, כמו שמוציאם בברכת הזימון, **אבל** בשנים דמצוה ליחלק, ואין אחד מוציא את חבירו, א"כ צריך כל אחד גם כוס בפני עצמו.

וי"א שאינה טעונה כוס אלא בשלשה; וי"א שאינה טעונה כוס כלל, אפילו בשלשה.

הגה: ומ"מ מצוה מן המובחר לברך על הכוס - ר"ל דאף לדעה זו שאין טעון כוס כלל, היינו שאין בה חיוב, אבל כו"ע מודים דמצוה מן המובחר לברך על הכוס אם יש לו יין בביתו.

והנה המחבר לא הכריע בין הדעות, ודעת רש"ל וב"ח להחמיר, דבהמ"ז צריך כוס מדינא, **ומנהג** העולם להקל בזה כדעה השלישית, שלא לחזר אחר כוס, אם לא כשיש לו יין או שאר משקין דהוא חמר מדינה בביתו, דאז בודאי מצוה מן המובחר לכו"ע לברך על הכוס וכנ"ל, **ודוקא** כשהוא בזימון שלשה, אבל לענין יחיד מקילים כמה אחרונים לגמרי.

סעיף ב - כוס ברכת המזון אינו אלא של יין, ולא משאר משקים - כמו לענין קידוש והבדלה, דאינו על שאר משקין לכו"ע, במקום דלא הוין חמר מדינה.

אפי' קבע סעודתו עליהם - ר"ל שתוך הסעודה סמך על משקה והיה עיקר שתייתו מהם, אפי' הכי אין זה מחשב אותם לברך עליהם בהמ"ז, כיון דאין אנשי העיר רגילין לשתותו תמיד במקום הזה.

הלכות ברכת המזון
סימן קפב – דין כוס ברכת המזון ושלא יהא פגום

ואם אין יין מצוי באותו מקום - היינו בכל העיר, אף שבשאר עיירות במדינה זו נמצא יין הרבה, **והשכר או שאר משקין הוו חמר מדינה, מברכין עליהם.**

ואפי' נמצא יין בעיר אלא שאינו מצוי הרבה, ומפני זה עיקר שתיית בני העיר הוא שכר ושאר משקין, יש להקל לברך בהמ"ז על שכר, **ועיין** בב"ח שכתב, דאף דאינו מחויב להדר שם אחר יין לקנותו מן החנוני, מ"מ אם יש לו יין בביתו יברך על היין.

ואם יש לו שני מיני משקין, כגון שכר ומי דבש וכיו"ב, ואחד מהן חביב עליו, יברך על אותו המין שהוא חביב עליו, **וכ"ש** אם מתחלה קודם בהמ"ז שתה ממנו מפני חביבותו, בודאי מהנכון לברך ג"כ עליו ולא על משקה האחר, שלא יהא שלחנך מלא ושלחן רבך ריקם.

אבל כ"ז דוקא אם אותו המין הוא חמר מדינה, דהיינו שרגילין לשתותו במקום ההוא, **אבל** אם אין שותין אותו אלא לפרקים, אף דבעצם הוא חשיב יותר מחבירו, לא הוי חמר מדינה, מידי דהוי אשאר משקין כגון יין תפוחים ויין רמונים, [**ואולי** דוקא אם מה דאין שותין אותו רק לפרקים, הוא מפני שאין חשוב להם למשקה, אבל אם מניעתו הוא רק מפני היוקר, חשיב חמר מדינה].

חוץ מן המים - אע"פ שרוב שתייתן מים, אין מברכין עליו, וה"ה קווא"ס ומי בארש"ט, אף על פי שרוב שתית ההמונים מהם, אפ"ה לא חשיבי יותר ממים, **וטישביר** אפשר דיש להקל בשעת הדחק, כשרוב ההמונים שותין מהם.

הגה: ומה שנוהגין במדינות אלו לברך על השכר - ר"ל שנוהגין לברך על השכר אע"ג דיין מצוי בעיר, **אין למחות, דהא י"א דאינו טעון כוס כלל, ועוד דהא עיקר חמר מדינה הוא שכר, וקובעין הסעודה עליו** - ר"ל אף אם לא נחשיב אותו לחמר מדינה כ"כ מפני שמצוי גם יין שם, מ"מ בלא"ה י"א דאם קבע סעודתו מתחלה על שאר משקין, מחשיב אותם בזה, ומברך עליהם בהמ"ז אף דאיכא יין, **אלא** דהמחבר סתם מעיקרא כהפוסקים דלא מהני קביעותא, מ"מ יש לצרף דעה זו להקל בזה שהיין ביוקר וקשה להשיגו.

ואע"ג דיין נמצא בעיר, מ"מ לא מיקרי מצוי לדבר זה, שהוא ביוקר ואי אפשר לקנות יין בכל סעודה לברך עליו - אבל אם יש לו יין בביתו, צריך לברך עליו, **ואם** יש לו יין בביתו רק מעט לצורך קידוש והבדלה, א"צ לברך עליו, דקידוש והבדלה לכו"ע טעון כוס וחמיר מבהמ"ז.

ולענין קידוש והבדלה, משמע דגם רמ"א מודה דצריך לחזר דוקא אחר יין, כיון דיין נמצא בעיר אלא שהוא ביוקר.

אמנם המלוה מן המובחר לברך על יין.

ויש מדקדקין כשמברכין ביחיד על היין, שלא לאחוז הכוס בידם, רק מניחין אותו על השלחן לפניהם, ונכון מנהג זה על דרך הקבלה - ר"ל מה שאין אוחזין אותו בידים, **דהמדקדקים** שמברכין על הכוס, הוא לצאת ידי דעה הראשונה שבסעיף א', דגם ביחיד טעון כוס, **ורק** דמהזוהר משמע דיחיד לא יברך על הכוס, **וע"כ** מברכין ואין אוחזין בידם, ובזה יוצאים ידי הכל, דאפילו האומרים טעונה כוס, הרי הכוס לפניו על השלחן, ואחיזתו אינה אלא למצוה מן המובחר לד"ה, [**ועיקר** הקפידה שכתב שם בזוהר, הוא דוקא לאחוז אותו ביד כדרך המברכין].

וכהיום מנהג העולם שאין מברכין על הכוס כלל ביחיד.

סעיף ג- צריך שלא יהא פגום, שאם שתה ממנו פגמו - ואינו ראוי עוד לברך עליו בהמ"ז, וה"ה לקידוש ולהבדלה, ואפילו טעם ממנו רק משהו בעלמא, [**אבל** שלא לכוס של ברכה, בודאי ראוי הוא, וצריך לברך עליו].

אבל אם שפך ממנו לתוך ידו או כלי, אין בכך כלום - וה"ה אם טעמו באצבעו, דדוקא אם שתה ממנו בפיו פגמו.

והוא שלא שפך אלא מעט, בענין שעדיין שם מלא עליו, **או** שאח"כ שפכו לתוך כוס קטן ממנו, והוא מלא, **או** שזרק לתוכו פירור פת להגביה היין שיהא הכוס מלא, שאצ"ל מלא כולו מיין, כי די ברביעית, רק שלא יהא הכוס חסר וכדלקמיה.

הלכות ברכת המזון תקיא
סימן קפב – דין כוס ברכת המזון ושלא יהא פגום

ואפי' שתה מהכד או מחבית קטנה, הוי פגום - ר"ל כל מה שיש בזו החבית, אף ששפכו אח"כ לכלים אחרים.

אבל אם שתה מחבית של עץ גדולה, אין להקפיד - ויש מחמירין אף בזה, **ויש** לחוש לדבריהם לכתחלה, שלא להניח לשתות אפילו מפי ברזא מחבית גדולה.

ויש מי שאומר שאפילו מים פגומים, פסולים למזוג בהם כוס של ברכה - לכאורה אמאי לא אמרינן קמא קמא בטיל כמו בס"ה, **ואפשר** דמיירי שהיין חי דא"א לשתות בלי מזיגה, ולכך לא בטיל.

סעיף ד - אם היו כוסות המסובין פגומים, צריך לתת מכוס הברכה לתוכם - פי' דפעמים שנותנין כוס לכל אחד ואחד מן המסובין, וכשבירך המברך בפה"ג שותים כל אחד כוסו, **ואם** היו שלהם פגומים, צריך שיתן המברך מכוסו מעט לכל אחד ואחד קודם שישתה, ויתקן פגימתם, וישתו כולם מכוס שאינו פגום.

ואם רק המברך לבדו אוחז כוס בידו, אף שאז המסובין בעל כרחם טועמין מכוס פגום אחר ששתה הוא, לא איכפת לן, כיון דמתחלה היה כוס שלם, וכולהו כחד חשיבי.

ויש מי שאומר שא"צ - דס"ל דלא קפדינן על כוס פגום אלא על המברך, ולא על המסובין, **(וע"ל סי' ק"ץ וסי' רע"א)** - ר"ל דשם סתם המחבר כסברא הראשונה.

סעיף ה - אם החזיר יין של כוס פגום לקנקן, היין שבקנקן כשר, משום דקמא קמא בטיל - ובלבד שיהיה היין שבקנקן יותר מהיין שבכוס, [וא"צ דוקא שישפוך מעט מעט].

ודוקא בדיעבד, אבל לכתחלה אסור לעשות כן, ולכן נוהגין להוסיף עליו מתחלה מעט מהקנקן, ובזה מתוקן כמו בס"ו, ואח"כ שופכין אותו להקנקן, ואז כשר היין להוציא לברכה, [**ואף** דמדינא קי"ל בס"ו, דבשפיכה מעט יין או מים לתוכם סגי, **באופן** זה עדיף טפי, דיוצאין בזה לכו"ע, היינו אף לדעת מהר"מ מרוטנבורג, דלא ס"ל העצה דתיקון מעט מים או יין שנותנין בתוכו].

סעיף ו - יכולין לתקן כוס פגום ע"י שיוסיפו מעט יין - דענין פגום אינו פסול ממש, אלא פגם בעלמא משום ששתה ממנו מעט, ולכך כשחוזר ומוסיף עליו, נעשה מתוקן בכך.

ואפילו על ידי שיוסיפו עליו מים מיתקן - והוא שלא יהיו המים עצמם פגומים, שלא שתו מהם, דאל"ה א"א לתקן בהם, לי"א בס"ג דגם מים נפגמים בשתיה.

ודוקא שהיין חזק, שאינו מתקלקל על ידי המזיגה, [או שיתן משהו בעלמא], **ולאו** דוקא במים, דה"ה בשאר משקין.

סעיף ז - בשעת הדחק - שאין לו כוס אחר, ואין לו במה לתקן הכוס זה, **מברכין על כוס פגום** - וקמ"ל, דהו"א דמוטב לברך בלא כוס כלל, קמ"ל דענין פגום הוא רק לכתחלה, אם יכול ליזהר בזה, ולא לעיכובא.

כתבו האחרונים, דכשצריך לברך על כוס פגום, אם יש לו כוס קטן המחזיק רביעית, ישפוך מהגדול לתוכו, דעי"ז נמי מתקן הפגימה קצת.

יש שמתקנים הפגימה ע"י נתינת פירור פת, והטור דחה מנהג זה, דלא מהני זה לפגימה, **ואם** אינו פגום, רק שאינו מלא, ובמה שיש בהכוס יש בו שיעור רביעית, לכו"ע מהני המלוי אפי' ע"י פת, **ודוקא** בחתיכה אחת, דבהרבה יש בו משום מיאוס, ד"הקריבהו נא" וגו', **וגם** אדרבה צריך להדיח הכוס מפירורי פת, וכדלקמן בסי' קפ"ג ס"א.

§ סימן קפג – המברך איך יתנהג בכוס של בהמ"ז §

סעיף א - כוס של ברכה טעון הדחה מבפנים ושטיפה מבחוץ - וה"ה אם קנחו במפה עד שהוא נקי, דשרי, [והוא שקנחו משני צדדין, דומיא דהדחה ושטיפה שבש"ס].

מחבר רמ"א משנה ברורה

הלכות ברכת המזון
סימן קפג – המברך איך יתנהג בכוס של בהמ"ז

ואם הוא נקי ואין בו שיורי כוסות - שיורי יין ששרה בו פת, **א"צ** - וטוב להדיח אפילו כשאין בו שיורי פת, אם לא שהוא נקי וצח.

סעיף ב - יתן היין לתוכו חי - פי' כמו שהוא בלי מזיגה, אף שאין ראוי לשתותו כך כמות שהוא, [כיון שמוזגו אח"כ בברכת הארץ]. **עד שמגיע לברכת הארץ** - פי' לתחלת ברכת הארץ, **ואז מוזגו, להודיע שבח הארץ** - שיינה חזק שצריך למוזגה במים, **ועיין** בב"י שכתב, דבמדינתנו נהגו העולם למזוג במעט מים אף כשאין היינות חזקים, ע"ש הטעם. ‹**ויש** בזה ענין ע"פ הקבלה, ע"ש דמים הוא חסד ובא להמתיק היין שהוא אדום – ערוה"ש›.

הגה: וי"א דאם היין אינו חזק, א"צ למוזגו, וכן נוהגין באלו הארצות - משום דראוי לשתותו כמות שהוא.

ויוציאנו מן החבית לשם ברכה - היינו שיוציאנו סמוך לברכה מן החבית לשם ברכה, ולא יוציאנו מקודם וישתהא בכלי, **וזהו** רק למצוה מן המובחר, [**כדי** לצאת כל הפירושים בלשון "חי", שיש שפירשו "חי" מה שאנו קורין בלשון לעז פרי"ש, דהיינו סמוך לברכה].

ונראה דלדידן שאין לנו הרבה יין, א"צ רק לשפכו מן הקנקן ששומרים בו היין לשם ברכה, וחבית לאו דוקא, וכן נוהגין במדינות אלו.

וכוס של ברכה ימלאנו שיהא מלא על כל גדותיו - ואף שרגיל לישפך קצת עי"ז לארץ, **ויש** שאין ממלאין אותו כ"כ מטעם זה, ואפ"ה שם מלא עליו, **ודע**, דמלא הוא רק למצוה לכתחלה, ואינו מעכב, אם אך יש בהיין שיעור רביעית.

סעיף ג - צריך לחזור אחר כוס שלם - מלשון זה משמע דהוא רק לכתחלה ואין עיכוב בדבר.

שלם - שלא יהיה גוף הכוס שבור, ולא פגום בשפתו, אפי' חסרון מועט, [בא"ר כתב אפי' רק חסרון כדי חגירת צפורן, ופמ"ג כתב ע"ז דחומרא היא. **ואם** אין לו אחר, יש להקל אם נשאר רביעית ממנו ולמטה. **ופשוט** דאם יש נקב בשולו ועי"ז אינו יכול להחזיק רביעית, אין ע"ז שם כוס כלל, והוא לעיכובא אפי' בשעת הדחק, דכוס של בהמ"ז וקידוש צריך להחזיק רביעית].

ובנסדק יש להקפיד לכתחלה אפי' בלא חסרון כלל, [היינו אפי' אם אין היין נוטף דרך הסדק], **וכן** אם גוף הכוס שלם, רק בסיסו נשבר, ג"כ יש להקפיד, ואפילו יכול לעמוד על בסיסו, **אם** לא שאין לו אחר, יש להקל בכל זה, [א"ר וש"א, **ולא** ביארו כוונתם, אם אפי' כשאינו יכול לעמוד על בסיסו כלל, או אפשר דבאופן זה אינו חשיב כוס כלל, ועיין בע"ת דמשמע מיניה דמיקל בזה כשאי אפשר, **ואעפ"כ** למעשה צ"ע].

ובכיסוי כלים, אף שלא נעשו לקבלה, ג"כ אין להקפיד אם אין לו אחר, [אם מחזיק רביעית].

כתב המ"א בשם הב"ח, ירא שמים לא יברך במצנפת, רק ישים הכובע על ראשו, **ויש** שנוהגין ג"כ להתעטף בבגד העליון, דכל זה הוא בכלל "עיטוף" הנאמר בגמרא אצל כוס ברכה, **וכן** נהגו כהיום בישראל בעת בהמ"ז, שמשימין הכובע על ראשיהן, אפילו כשהוא מברך ביחיד בלי כוס.

סעיף ד - מקבלו בשתי ידיו - כתב הט"ז דהטעם הוא, כדי להראות חביבות קבלת הכוס עליו, **ואח"כ** אוחזו ביד אחד, שלא יהא נראה עליו כמשוי.

וכשמתחיל לברך נוטלו בימינו - שהוא העיקר והחשוב, **ולא יסייע בשמאל. הגה: והיינו דוקא שלא תגע השמאל בכוס** - היינו אפי' אם ירצה לאחוז הכוס ביד ימינו באמצע הכוס, וביד שמאלו יאחזנו מתחתיו, **אבל אם נותן השמאל תחת הימין לסייעה, מותר** - פי' שהכוס מונח על כף ימין, ונותן השמאל מתחת לסמוך יד הימין, מותר, כיון שאין נוגע בהכוס, **והאחרונים** כ', דיש להחמיר בזה אם לא לצורך.

כתב השל"ה, ע"פ הקבלה נכון שיעמיד הכוס על כף ימינו, והאצבעות יהיו זקופים סביב. **לא** יטול הכוס בבתי ידים, רק יסירם מקודם.

ומגביהו מהקרקע טפח, אם הוא יושב על גבי קרקע; ואם הוא מיסב בשלחן, מגביהו מעל השלחן טפח - כדי שיהא נראה הכוס לכל המסובין, ויסתכלו בו - טור, **ובגמרא** מסמיך לה אקרא, דכתיב: כוס ישועות אשא וגו'.

הלכות ברכת המזון תקיג
סימן קפג – המברך איך יתנהג בכוס של בהמ"ז

ונותן בו עיניו שלא יסיח דעתו - מן הברכה.

הגה: ועל כן אין לוקחין כוס שפיו צר, שקורין גלוק קלא"ז, לברך עליו - שלא יוכלו להסתכל במה שבתוכו, **והאחרונים** הקשו ע"ז, דכוונת הגמרא מה שאמרו: ונותן עיניו בו, היינו בהכוס, ולא במה שבתוכו, **וע"כ** אין להקפיד בזה אם אינו יכול להשיג בקל כלי אחר.

ומשגרו לאשתו שתשתה ממנו - שע"י כוס של ברכה מתברכת האשה, ואפילו לא אכלה האשה עמהם, **ואם** יש עוד אורחים אצלו, יתן גם להם לטעום מהכוס של ברכה, **ואם** אורח מיסב אצל בעה"ב, ובירך על הכוס, יתן גם לבעה"ב לשתות מכוס של ברכה, כדי שיתברך הבעה"ב, [וממילא מתברכת האשה, **וצ"ע**, דאולי גם בעה"ב צריך לשגרו אח"כ לאשתו].

סעיף ה - יש מי שאומר שאם המברך אטר (בלע"ז מנצ"ינו), אוחז הכוס בימינו שהוא שמאל כל אדם - ואם הוא שולט בשתי ידיו, אוחז בימין שהוא ימין לכל אדם.

ודע, דמה דהוזכר מסעיף ד' עד סעיף זה, הסכים בביאור הגר"א דהוא רק להידור מצוה לכתחלה.

סעיף ו - משנתנו לו כוס לברך - ועד אחר שתייתו, שהוא לאחר גמר בהמ"ז, **לא ישיח המברך.**

והמסובין אין להם להשיח משהתחיל המברך - אבל מקודם רשאין להשיח, אף שכבר נטל המברך הכוס בידו, **ויש** מן הפוסקים דס"ל להחמיר בזה, ונכון לחוש לדבריהם.

לא מבעיא בשעת שהוא מברך, שצריכין לשמוע ולהבין מה שאומר המברך - דהמברך מוציא אותם בבהמ"ז, ואם לא ישמעו לא יצאו, **אלא אפילו בין ברכה לברכה אין להם להשיח** - דכיון דשומע כעונה, הרי הם כמברך עצמו.

ואם עברו ושחו בין ברכה לברכה בשעה שהמברך שותק מעט, יצאו. (הגה: אפילו אם שח המברך עצמו) - דהשיחה שבינתים אינה מפסדת הברכות בדיעבד, **ודע** דמ"א מצדד, דכ"ז הוא דוקא בשיחה בשוגג, אבל במזיד, אפילו בשיחה מועטת, ואפילו בין ברכה לברכה, חוזר לראש בהמ"ז, וכמו גבי תפלה לעיל בסימן קי"ד ס"ז, **אמנם** בא"ר נשאר בדין זה בצ"ע, וכן הכרענו לעיל בסימן ס"ה במ"ב, דבדיעבד אין לחזור אפילו כששח במזיד, [אפי' כששח באמצע ברכה], **אך** לכתחלה יש ליזהר בזה הרבה.

ואם היה בין ברכה לברכה שיהוי מרובה, שהיה יכול באותו הזמן לגמור כל בהמ"ז מראש ועד סוף, [**ולכאורה** אין לשער רק כדי לגמור הג' ברכות דאורייתא], אפילו אם לא שח כלל בינתים, י"א דצריך לחזור לראש בהמ"ז, **ודוקא** אם השיהוי היה מחמת אונס, שהיה צריך לנקביו, או שהיה המקום אינו נקי, וכמבואר לעיל בסימן ס"ה לענין ק"ש, וה"ה כאן.

ועיין בבה"ל שכתבנו, דאין דין זה ברור למעשה, דיחזור בשביל שְׁהִיָּה בין ברכה לברכה, (דמה דכולהו ג' ברכות דבהמ"ז חשיבי כאחת, **לאו מלתא דפסיקתא היא**), (ולעיל סי' ס"ה ס"א כתב דחשיבי כאחת כמלתא דפסיקתא), **אך** אם שיהוי כזה היה באמצע ברכה, צריך לחזור, ורק לראש הברכה.

אבל אם שחו בשעה שהוא מברך, לא יצאו - ותלוי בזה, דאם לא גמר המברך עדיין את הברכה, חוזרין המסובין ומברכין בעצמן ממקום שפסקו לשמוע לדברי המברך, [או שהמברך בעצמו יחזור בשבילן לומר ממקום שפסקו לשמוע], **ואם** גמר המברך את הברכה וכוונו לשמוע, צריכין המסובין לחזור לתחלת הברכה ולברך בעצמן, דכיון שדלגו באמצע, הוי כלא אמרוה כלל, [**משא"כ** כשלא גמר המברך עדיין הברכה, לא מקרי דלוג באמצע שיפסיד עי"ז ראש הברכה].

וכ"ז דוקא אם ע"י השיחה שבאמצע, לא שמעו ודלגו דברים שהם מעיקר הברכה, כמו ברית ותורה וכיו"ב, שהם לעיכובא, כמ"ש בסימן קפ"ז, **אבל** אם דלגו רק דברים שהם שלא מעיקר הברכה, יצאו בדיעבד ואינם צריכים לחזור בשביל זה, **וכ"ש** אם לא דלגו כלל, כגון שהמברך עצמו שח אז באמצע, ושחו גם הם, אף דבודאי שלא כדין עשו, מכל מקום בדיעבד יצאו, ואינם צריכים לחזור.

[**ולפי** מה שכתוב בס"ז, דיש לנהוג לומר בעצמו עם המברך בלחש, וכמו שאנו נוהגין, **אף** אם לא שמעו

הלכות ברכת המזון
סימן קפג – המברך איך יתנהג בכוס של בהמ"ז

דברים שהם מעיקרי הברכה מהמברך, אין להקפיד ע"ז, כיון שאמר בעצמו בלחש, ולא דילג מהברכות].

סעיף ז - נכון הדבר שכל אחד מהמסובין יאמר בלחש עם המברך כל ברכה וברכה, ואפילו החתימות - היינו אף דמדינא היה יותר נכון שישמעו המסובין כל הבהמ"ז מפי המזמן, והוא יוציאם בברכתו, ובעצמן לא יברכו כלל, **מ"מ** בעבור שמצוי בעו"ה שהמסובין מסיחין דעתם, ואינם מכוונין לדברי המברך כלל, ונמצא שחסר להם בהמ"ז לגמרי, ומבטלין עשה דאורייתא בידים, **לכך** נכון כהיום יותר שהמסובין יאמרו בעצמן בלחש כל מלה ומלה עם המברך, כדי שיברכו יחדו, ונקרא עי"ז ברכת זימון, ומתקיים מה שאמר הכתוב: גדלו לה' אתי ונרוממה שמו יחדו, דמזה ילפינן ברכת זימון.

ועכ"פ יזהרו לומר עמו בלחש ברכה ראשונה, דאל"ה להרבה פוסקים לא מקרי זימון כלל, **ולפי"ז** מה שנוהגין הרבה אנשים, שאחר שאמרו: ברוך שאכלנו וכו', כל אחד ואחד מברך בקול רם בפני עצמו, שלא כדין הם עושין, **אלא** המברך צריך לברך ברכה ראשונה עכ"פ בקול רם, כדי שישמעו המסובין, והם יאמרו בלחש עמו מלה במלה, ורק בסיום הברכה יקדימו לסיים, כדי שיענו אמן, כמו שכתב רמ"א, **ועיין** במ"א שהוא מצדד להורות כהתשב"ץ, שס"ל דעד "הזן את הכל" צריכין לשתוק ולשמוע ולכוין לצאת מן המברך, ומשם ואילך יברכו בעצמן בלחש עם המברך, דעד שם היא ברכת הזימון, **אבל** אין אנו נוהגין כן, ומ"מ הטוב והישר כשיודע במסובין שיכוונו לדבריו, לעשות כהתשב"ץ, רק שיודיע להם מתחלה שיכוונו לצאת, וגם הוא יכוון להוציאם, **ודוקא** כששומעים כולם מבינים לשון הקדש, דאל"ה בודאי טוב יותר שיברכו בעצמן כל הבהמ"ז, ולא לצאת מן המברך.

הגה: ויקדים לסיים קלת קודם המברך, כדי שיענה אמן, כדלעיל סי' נ"ט.

אין נותנין כוס של ברכה אלא לטוב עין - שהוא שונא בצע, וגומל חסד בממונו, שנאמר: טוב עין הוא יבורך, אל תקרי "יבורך" אלא "יברך".

סעיף ח - לענין לשאול בבהמ"ז מפני היראה או מפני הכבוד, יש מי שאומר שדינה כתפלה - שאין שואלין ומשיבין כלל, **והטעם**, מדמצינו שהחמירו חכמים בבהמ"ז, שאין מברכין אלא במקום אחד כתפלה, **לאפוקי** ק"ש שיכול לאומרה במהלך מן פסוק ראשון ואילך, וי"א מ"על לבבך" ואילך, וכדלעיל סימן ס"ג, ע"ש במ"ב.

סעיף ט - צריך לישב בשעה שמברך - ומסתימות הפוסקים משמע, דגם ברכה רביעית אף שהיא מדרבנן צריך לישב, כי היכי דלא לזלזולי בה, [רצ"ע].

בין אם היה הולך בביתו כשאכל - דבמהלך בדרך עיין לקמן בסי"א, **או עומד או מיסב, כשמגיע לברך צריך לישב, כדי שיוכל לכוין יותר.**

וגם לא יהא מיסב, שהוא דרך גאוה; אלא ישב באימה. הגה: נראה לי דלאו דוקא המברך, אלא ה"ה כל המסובין לא ישבו בקלות ראש אלא באימה - דכיון דכולן יוצאין בברכתו, צריכין לישב ובאימה כמברך עצמו.

מיהו אם לא עשה כן, אפילו בירך מהלך, בדיעבד יצא - היינו כשהוא מהלך בביתו במקום אכילתו, אבל כשהלך למקום אחר ובירך, יש דעות בזה, עיין לקמן בסימן קפ"ד ס"א בהג"ה.

סעיף י - י"א שגם ברכת מעין שלש צריך לאמרה מיושב - עיין בביאור הגר"א, שתלה דין זה במה שמבואר לקמן בסימן קפ"ד ס"ג, והרמב"ם שהוא בעל דעה זו אזיל לשיטתו שם, **ולפי"ז** בחמשת מיני דגן עכ"פ, לכו"ע צריך להיות דוקא ברכה אחרונה שלהם בישיבה.

סעיף יא - אם היה מהלך בדרך ואוכל, א"צ לישב ולברך, לפי שאין דעתו מיושבת עליו - אם ישב, מפני שיקשה בעיניו איחור דרכו, ולא יוכל לכוין יפה, אלא מהלך ומברך, **כתב** הח"א דכל זה דוקא כשאכילתו היה דרך הליכה, כמו שכתב המחבר, שמהלך בדרך ואוכל, **אבל** אם אכילתו היה בישיבה, צריך לברך ג"כ בישיבה.

סעיף יב - אסור לברך והוא עוסק במלאכתו - היינו כל הברכות, ועיין לקמן בסימן קצ"א במ"ב, ששם מבואר היטב.

סימן קפד – לקבוע ברכה במקום סעודה, ועד כמה יכול לברך, ומי ששכח ולא בירך

§ סימן קפד – לקבוע ברכה במקום סעודה, ועד כמה יכול לברך, ומי ששכח ולא בירך §

סעיף א - מי שאכל במקום אחד, צריך לברך קודם שיעקור ממקומו. (הגה: ועיין לעיל סי' קע"ח) - ומפינה לפינה אפילו הבית גדול מותר, ואפילו כשאין רואה מקומו הראשון, כגון אחורי הפארא"ון וכיו"ב, **ואם** היה לו מניעה שלא יוכל לברך בהחדר שאכל, מותר לברך בחדר שסמוך לו, אם יכול לראות מקומו שאכל, **ואם** דעתו היה בשעת ברכת "המוציא" לברך בחדר אחר בבית זה, אפשר דיש להקל בשעת הדחק, כגון שמקום שאכל אינו נקי לברך שם, אפילו אינו רואה מקומו הראשון.

וכל ד' אמות ממקום אכילתו חשיב מקום אחד, ויוכל להעתיק ממקומו ע"י מניעה קטנה, [**והיינו** במקום שאינו מוקף מחיצות, דאילו במקום המוקף מחיצות, אף ביותר מזה מותר וכנ"ל, ואפי' בלא שום מניעה היה מותר].

ואם יצא ממקומו ולא בירך, אם היה במזיד, יחזור למקומו ויברך - אפילו כבר הלך בדרך למרחוק כמה מילין, [אפי' יותר מד' מילין אם אכל אכילה מרובה], **אם** לא שהוא רחוק כ"כ, שעד שיחזור למקומו יתעכל המזון ויפסיד ברכתו לגמרי, יברך כאן.

ואם בירך במקום שנזכר, יצא - היינו אפי' היה מזיד בעקירתו, וגם הזיד עתה בברכה, דהיינו שידע הדין שצריך לחזור למקומו ונתעצל בזה, אפ"ה יצא בדיעבד.

הגה: ודוקא לדעת הרמב"ם - ר"ל דס"ל בסמוך, דבשוגג אף לכתחלה יוכל לברך במקום שנזכר, די לנו אם נחמיר במזיד בלכתחלה שצריך לחזור למקומו.

אבל לדעת הרא"ש דס"ל דאף בשוגג יחזור למקומו לכתחלה, במזיד אף בדיעבד לא יצא - דמסתברא דבמזיד מחמרינן טפי.

ולענין הלכה הסכימו האחרונים, דא"צ לחזור ולברך, אפילו היה מזיד בהליכה ובברכה כנ"ל.

ואם היה בשוגג, להרמב"ם יברך במקום שנזכר - ומ"מ גם לדעה זו, אם חזר הרי זה משובח, אלא דאינו מחויב בדבר. **ולהר"ר יונה והרא"ש, גם הוא יחזור למקומו ויברך** - וכתבו האחרונים דכן נכון לנהוג למעשה, **אם** לא שהוא שעת הדחק, דאז יוכל לסמוך אסברא ראשונה.

סעיף ב - בד"א, כשאין לו פת עוד, אבל אם יש לו פת עוד, יאכל במקום השני מעט ויברך - היינו אפילו פחות מכזית, דמ"מ מצטרף זה לאכילה שאכל במקום הראשון, **ודוקא** אם במקום השני אכל ג"כ פת, אבל פרפרת וכיסנין, מצדד בפמ"ג דאפילו כזית לא מהני.

ואפילו במזיד מהני האי תקנה שיאכל כאן פת דבר מועט, וא"צ לברך תחלה ברכת "המוציא", ולא ברכת המזון על מה שכבר אכל, ואחר אכילת פת שבכאן יברך בהמ"ז, ויעלה להאכילה שאכל במקום אחר.

‹וצ"ע, מאחר שפסק המחבר בסי' קע"ח, דשינוי מקום בפת נמי חוזר ומברך ברהמ"ז, היאך כ' כאן בד"א וכו' - מג"א›.

רק שלא יהא רעב מאכילה ראשונה - דאם הוא רעב לא מהני מה שיאכל עתה, דכבר הפסיד הבהמ"ז של אכילה ראשונה, כמ"ש בס"ה, ועתה הוא חיוב חדש, **וצריך** לברך גם ברכת "המוציא". ‹עי"ל ס"ה, ושאני הכא דלא היה דעתו מתחילה על אכילה זו – מנחת יצחק›.

סעיף ג - י"א שכל שבעת המינים טעונים ברכה לאחריהם במקומם - ואם יצא ממקומו, הוי דינו כמ"ש סעיף א' ב'.

וי"א דחמשת מיני דגן דוקא. (וע"ל סי' קע"ח ס"ה) - ששם הביא הרב עוד שיטה ג', דדוקא פת, **ולענין** דינא כתב שם הגר"א, דהעיקר כדעה השניה, דה' מיני דגן חשיבי כפת לענין זה, ועיין במש"כ שם במ"ב.

סעיף ד - אכל ואינו יודע אם בירך ברכת המזון אם לאו, צריך לברך מספק, מפני שהיא מן התורה - היינו כל בהמ"ז אף ברכה רביעית שאינה אלא מדרבנן, כי היכי דלא לזלזולי בה.

וגם יכול להוציא לאחר שאכל ולא בירך, [אם אותו האחר אינו יודע לברך, **ואם** יודע בעצמו, בודאי מצוה שיברך בעצמו].

מחבר רמ"א משנה ברורה

תקטז הלכות ברכת המזון
סימן קפד – לקבוע ברכה במקום סעודה, ועד כמה יכול לברך, ומי ששכח ולא בירך

ודוקא כששבע, דאי לא שבע לרוב הפוסקים הוא מדרבנן, **ומ"מ** ראוי לירא שמים בנסתפק אם בירך או לא, אפילו שלא אכל אלא כזית, שיטול ידיו ויברך "המוציא" ויאכל כזית ויברך בהמ"ז.

סעיף ה - עד אימתי יכול לברך - אמי ששכח ולא בירך דלעיל קאי, **עד שיתעכל המזון שבמעיו; וכמה שיעורו, כל זמן שאינו רעב מחמת אותה אכילה** - דלאח"כ כבר בטל אותה האכילה והפסיד בהמ"ז, **ואם** רוצה לאכול עתה מחדש, דעת המ"א שיחזור ויברך "המוציא", אפי' לא הסיח דעתו עדיין, דכיון שנתעכל המזון הפסיד גם ברכה הראשונה, **אבל** הרבה אחרונים פליגי עליה, וסברי דברכה הראשונה לא הפסיד, כל שלא הסיח דעתו בינתים.

מחמת אותה אכילה - נראה שבא לאפוקי, אם הוא משער שבאותה האכילה לבדה היה כבר שיעור להתעכל, והיה חוזר להיות רעב, ובעוד איזה משך אכל עוד משארי מיני מזונות, ומחמת אלו הדברים אינו רעב, ואח"כ נזכר שלא בירך בהמ"ז אחר אכילה הראשונה, לא יכול לברך עוד בהמ"ז, שכבר בטל אותה האכילה, **בד"א** שאחר שגמר אכילתו הראשונה הסיח דעתו מלאכול עוד, אבל אם היה הכל במשך סעודה אחת, כגון מה שרגילין בסעודות גדולות, שיושבין כמה וכמה שעות, ולפעמים יש שיעור עיכול מאכילת פת שאכלו בתחלה, **אעפ"כ** יוכלו לברך לבסוף ברכת המזון, כיון דבתוך משך הזה אוכלין פרפראות וכיסנין ושותין, הכל סעודה אחת היא, וכלא נתעכל מזון הראשון דמי.

ומשעה שהתחיל להיות רעב, אע"פ שלא נתעכל עדיין לגמרי, כנתעכל לגמרי דיינינן ליה; וכן נמי לענין אכילת פירות ושתיית יין, אם אינו רעב ולא צמא ותאב לאותם פירות, יברך - לאו דוקא, אלא שאינו תאב לשום פירות, הוא סימן שלא נתעכל עדיין במעיו, **אם אינו יודע לשער אם נתעכלו.**

וכ"ז כשאכל כל צרכו מהלחם או מהפירות, אבל אם אכל מעט וחפץ לאכול עוד, אלא שלא היה לו יותר מזה, בזה קשה מאד לשער השיעור דכל זמן שאינו רעב, כיון שתיכף היה לו ג"כ תאוה, אלא שלא היה לו, **כתבו** הרבה אחרונים, דמשערינן בזה עד כדי הילוך ד' מילין, שהוא ע"ב מינוט, ועד כדי שיעור זה מחויב לברך, שבודאי לא נתעכל אפילו אכילה מועטת בשיעור מועט כזה, **ויש** מן האחרונים שמצדדים, דאם אכל אכילה מועטת ושהה קודם שבירך בהמ"ז, ואינו יודע לשער אם נתעכל המזון, אף שהוא בתוך שיעור ד' מילין, יאכל עכ"פ עוד כזית פת, ואח"כ יברך בהמ"ז, **ועל** אותו פת שאוכל א"צ לברך "המוציא" מחדש, אם לא הסיח דעתו מלאכול עוד, **ומ"מ** אם אין לו פת, יש לסמוך אסברא ראשונה, ולברך בהמ"ז עד שיעור ד' מילין וכנ"ל, (משום דיש הרבה פוסקים המחזיקים בשיעור זה).

סעיף ו - שיעור אכילה לברך עליה ברכת המזון, בכזית - היינו מדרבנן, אבל מדאורייתא אינו חייב לברך בהמ"ז כי אם כשאכל דוקא שיעור שביעה, שנאמר: ואכלת ושבעת וברכת, (**ולא** ברירא כולי האי, דיש מן הראשונים שסוברים דמן התורה סגי בכזית).

ואע"ג דברכה ראשונה צריך לברך אפילו על כל שהוא, התם משום דאסור ליהנות מעוה"ז בלי ברכה.

ושיעור שביעה משמע מספר החינוך, דאינו שוה בכל אדם, אלא כל אחד יודע שביעתו, **ואם** דרכו תמיד לאכול כדי מחייתו לבד, גם זה נחשב שביעה, [**לכאורה** משמע מלשונו, דאם הוא איש רעבתן ואינו שבע כי אם באכילה מרובה מאד, אינו מתחייב כי אם לפי שביעתו, **ומרבותיו** של רש"י משמע, דתלוי לפי אנשים אחרים, כל שדרכו לקבוע סעודה בשיעור הזה מקרי שביעה]. (ומ"מ בחולה או זקן, או שכבר אכל מקודם, והוא שבע ע"י כזית או בכביצה, לכו"ע מחויב מן התורה לברך, כיון דמ"מ הוא שבע – רדב"ז).

(והנה ראיתי בפמ"ג שכתב, דמסתברא לו דבעינן שביעה מפת לבד, ואז הוא חייב מן התורה, ונ"ל פשוט דאין כונתו במי שאוכל איזה דבר ללפת את הפת, דזה פשיטא דמצטרף, שכן הוא דרך אכילה, אלא בשאכל שארי דברים בפני עצמן, והנה מלשון רדב"ז משמע לכאורה, דאם כבר אכל איזה דבר, וסיים שביעתו ע"י אכילת כזית פת, מהני לחיוב מן התורה, דאי מיירי שאכל מקודם ג"כ פת, פשיטא דחייב, **אך** יש לדחות, דמיירי שאכל פת מקודם לזה, ובירך בהמ"ז, ומ"מ הוא חייב

סימן קפד – לקבוע ברכה במקום סעודה, ועד כמה יכול לברך, ומי ששכח ולא בירך

עתה מן התורה לברך, כיון שעכ"פ הוא שבע ממידי דזיין, ודומיא דזקן או חולה, וגם בלא"ה אפשר לומר, דלא נוכל לפוטרו מן התורה ע"י ברכת המזון שבירך מתחלה, דאז הלא פטור היה מן התורה).

§ סימן קפה – לברך בהמ"ז בקול רם, ויתר פרטים בברכת המזון §

סעיף א - ברכת המזון נאמרה בכל לשון - דכתיב: וברכת, בכל לשון שאתה מברך, **ודוקא** שמבין באותו הלשון, **וכתב** הב"ח דכ"ז מצד הדין, ולמצוה מן המובחר בעינן דוקא לשה"ק.

כתב בספר החינוך, כל הזהיר בבהמ"ז, מזונותיו מצויות לו כל ימיו בכבוד. **והמדקדק** יזהר לברך לכתחלה תוך הספר, ולא בע"פ. **כתב** בספר חסידים, מעשה באחד שמת ונתגלה בחלום לאחר מקרוביו, ואמר לו: בכל יום דנין אותי על שלא הייתי מדקדק לברך כל הברכות בכונת הלב וכו'.

סעיף ב - צריך שישמיע לאזניו מה שמוציא בשפתיו; ואם לא השמיע לאזניו יצא, ובלבד שיוציא בשפתיו - אבל אם הרהר בלבו לא יצא, ואם מחמת חולי או אונס אחר בירך בהמ"ז בלבו, יצא - מ"א, **ועיין** לעיל בסימן ס"ב במ"ב שבירורנו, דהאי "יצא" לא לגמרי קאמר, דהא קי"ל הרהור לאו כדיבור דמי, אלא ר"ל דעכ"פ בשעה שאינו יכול לברך יהרהר בלבו, והקב"ה יקבע לו שכר עבור זה, אבל בעצם אינו יוצא, **וע"כ** כשנסתלק האונס, אם עדיין לא נתעכל המזון, יברך ברכת המזון, **ועיין** במה שכתבנו שם במ"ב ובבה"ל בכל הסעיף, כי הכל שייך לכאן.

סעיף ג - יש מי שאומר דבעל הבית עם בניו ואשתו, צריך לברך בקול רם, כדי שיצאו בברכתו - היינו כשאינם בקיאים בעצמם לברך, והם יוצאים בשמיעתם ממנו, **ויש** שכתבו דטוב לעולם לברך בקול רם, כי הקול מעורר הכונה, **ובפרט** אם הוא שבת או ר"ח, לא ישכח עי"ז להזכיר מעין המאורע.

(**עיין** במ"א שהקשה, הרי מלתא דפשיטא היא, ולמה כתב זה בשם יש מי שאומר, **והנכון** כמו שתירץ בברכי יוסף ונהר שלום, דהאי יש מי שאומר ס"ל כשיטת רש"י, דיכול להוציאם אפילו אם אינם מבינים כלל הלשון, **ולהכי** כתב המחבר בשם יש מי שאומר, משום דלעיקר הדין ס"ל להמחבר כשיטת שארי פוסקים המחמירין בזה, ואעפ"כ העתיקו, משום דעכ"פ זה עדיף ממה שלא יברכו לגמרי, דיוצא עכ"פ לדעה זו).

סעיף ד - אפילו נשתכר כל כך עד שאינו יכול לדבר כראוי, יכול לברך ברכת המזון - דכתיב: ואכלת ושבעת וברכת, ואפילו מדומדם, ירושלמי, פי' שאינו יכול לדבר כראוי, **ומ"ושבעת"** קדייק ליה, שמצוי כמה פעמים שאחר שביעה האדם עומד שיכור, ואפ"ה חייבתו התורה לברך.

סעיף ה - ואם בירך והיתה צואה כנגדו, ‹נסתפקו התוספות והרא"ש אם צריך לחזור ולברך› - ר"ל דבתפלה קי"ל לעיל בסימן ע"ו, במי שהתפלל ומצא צואה כנגדו, או בצדו תוך ד' אמותיו, במקום שהיה ראוי להסתפק, ופשע ולא בדק, שצריך לחזור ולהתפלל, משום שנאמר: זבח רשעים תועבה, וכן ה"ה לענין ק"ש, **ונסתפקו** התוספות והרא"ש אם גם בבהמ"ז אמרינן הכי, **או** דלמא שאני בהמ"ז דקילא מהתם, דהרי בשתוי אף שיכול לדבר לפני המלך, קי"ל דאל יתפלל, ולענין בהמ"ז ודאי מותר בשתוי.

אבל לכתחלה גם הם מודים, דאסור לברך שום ברכה וכן ד"ת נגד צואה, ומן התורה, דהא כתיב: והיה מחניך קדוש, ואטו תפלה כתיב בקרא, אלא כל דבר קדושה אסור לקרות במקום שאינו נקי, ולא מסתפקי אלא כשכבר בירך ומצא אח"כ.

(**ולכאורה** משמע מזה, דאם היה נודע לו מתחלה ועבר ע"ז, לא היו מסתפקים בזה, כיון דעבר לכתחלה בשאט נפש על איסור דאורייתא, בודאי חוזר ומברך, **ואך** בזה שבאמת שוגג היה, שלא ידע שיש כאן צואה, ואך שחטא בזה שפשע ולא בדק, בזה מסתפקים אולי לא קאמר הגמרא רק לענין תפלה דחמיר טפי ולא בביהמ"ז, **אך** מפמ"ג משמע שהוא מפרש לסעיף זה כפשטיה, דאפילו בנודע לו מתחלה מסתפקים, וצ"ע).

ולדינא דעת הע"ת והא"ר בשם הב"ח, כשמצא צואה כנגדו בתוך ד' אמותיו, דצריך לחזור ולברך בהמ"ז, אם עדיין לא נתעכל המזון, [**דחוץ** לד' אמות אפי'

סימן קפה – לברך בהמ"ז בקול רם, ויתר פרטים בברכת המזון

נגדו, כבר הכרענו בסי' פ"א, דאפי' לגבי תפלה אינו חוזר ומתפלל, **וכן** מצאתי בלקוטי הרמב"ן, שהביא מתחלה ספיקא שנסתפקו בעלי התוספות בזה, ואח"כ מסיק דאין חילוק בזה בין תפלה ובין שארי דברי קדושה.

או שהיה שכור (פי' לגמרי) - היינו שנשתכר כ"כ, עד שאינו יכול לדבר לפני המלך, **נסתפקו התוספות והרא"ש אם צריך לחזור ולברך** - כשיפוג יינו, ועדיין לא נתעכל המזון, **ומ"מ** מיירי שלא הגיע לשכרותו של לוט, דאל"ה כשוטה יחשב ופטור מכל המצות, וחייב לכו"ע לחזור ולברך. **ובסעיף** הקודם שמתיר לברך, מיירי שיכול לדבר לפני המלך, **והקשו** כמה אחרונים, דכיון שאינו יכול לדבר כראוי, מסתמא אינו יכול לדבר לפני המלך, ואפ"ה מתיר הירושלמי, **ולדינא** מסקי האחרונים, דאם אירע שנשתכר כ"כ ‹שאינו יכול לדבר בפני המלך – שונה הלכות›, אעפ"כ יברך, **ולכתחלה** יזהר לברך קודם שיבוא לידי כך.

ומשום מי רגלים פשיטא שאינו חוזר לברך - היינו ג"כ באופן זה, דבירך בהמ"ז ואח"כ מצא מי רגלים בתוך ד' אמות, **ולהכי** קאמר פשיטא וכו', דאפי' לכתחלה היה מותר לו לברך כל זמן שלא נודע לו שיש כאן מי רגלים, דנגד מי רגלים הוא רק איסורא דרבנן, ועל ספיקן לא גזרו, **דאי** היה נודע לו מתחלה שיש כאן מי רגלים, ועבר ע"ז ובירך נגדם, לא הוה אמר המחבר "פשיטא", דדין אחד הוא עם מצא צואה כנגדו.

§ סימן קפו – אם נשים וקטנים חייבים בבהמ"ז §

סעיף א - נשים חייבות בברכת המזון, וספק הוא אם הן חייבות מדאורייתא - לפי שהיא מ"ע שלא הזמן גרמא, **ומוציאות את האנשים** – (והיינו כגון שאמרו ברית ותורה, ואע"ג שא"צ לומר).

או אם אינן חייבות - (וה"ה עבד), **אלא מדרבנן** - מדכתיב: על הארץ הטובה, ונשים אין להם חלק בארץ מצד עצמן, אם לא בבת יורשת, **משא"כ** כהנים ולוים אע"פ שאין להם חלק, מ"מ יש להם ערי מגרש, **וי"א** משום שלא ניתן להם ברית ותורה.

ואינן מוציאות אלא למי שאין חיובו אלא מדרבנן - כגון שלא אכל כדי שביעה, שאין חיובו אלא מדרבנן, [**דבאכלו** פחות מכדי שביעה, בודאי יכולה האשה להוציא, ואפי' להשיטות שסוברים דכזית וכביצה הוא מן התורה, **דהמעיין** ברוב הראשונים יראה דזה תלוי בזה, דמאן דסובר דכזית דאורייתא, הוא סובר דנשים חייבות מן התורה בבהמ"ז].

ומסיים הטור, דמפני שהוא ספק, נקטינן דאין מוציאות את האחרים שאכלו כדי שביעה, וכ"כ הרמב"ם.

(**ודע, דאף דמשו"ע משמע, שהחזיק בדעת הרמב"ם והרא"ש וסייעתם, דנשים בבהמ"ז ספק הוא אם חייבות מדאורייתא, ומשום דהוי בעיא ולא אפשיטא בש"ס, מ"מ לא ברירא כולי האי, ויש הרבה מגדולי הראשונים דס"ל, דהם חייבות ודאי מדאורייתא**).

כתב בשערי אפרים, אשה שאכלה כדי שביעה, ונסתפקה אם בירכה, חייבת לברך, עי"ש טעמו, וכן הסכים בח"א ובמג"ג, **אכן** בחידושי רע"א וכן בברכי יוסף פסקו, שאינה צריכה לחזור ולברך, וכן מצדד בפמ"ג, **ומ"מ** נראה דהרוצה לסמוך על דעת שערי אפרים וסייעתו, אין למחות בידו, (דבלא"ה דעת הראשונים הנ"ל, דחייבת בודאי מדאורייתא).

(וע"ל סי' קצ"ט בענין זימון נשים).

סעיף ב - קטן חייב מדרבנן, כדי לחנכו - היינו אפי' לא אכל רק כזית, ג"כ חייב מדרבנן לחנכו, **וההיא דבן מברך לאביו** - ר"ל ההיא דאיתא בגמרא, דבן קטן מברך ומוציא את אביו בבהמ"ז, כשאין יודע לברך, **כשלא אכל האב כדי שביעה, שאינו חייב אלא מדרבנן** - אבל אם אכל האב כדי שביעה, שחייב לברך מן התורה, אין בנו קטן שמחויב רק מדרבנן יכול להוציאו.

וכתבו האחרונים, דקטן אינו מוציא את האשה, דשמא מדאורייתא חייבת.

ואם גם הבן לא אכל כדי שביעה, דהוי אצלו תרי דרבנן, אם מוציא לאביו, יש דעות בין הפוסקים, ויש להחמיר, [**ובפרט** להרמב"ן דס"ל דקטן גרע משאר חיובי דרבנן, דאין עליו חיוב כלל, רק האב מחויב לחנכו].

(ביאור הלכה) [שער הציון] ‹הוספה›

הלכות ברכת המזון
סימן קפז – דיוקים בנוסח ברכת המזון

§ סימן קפז – דיוקים בנוסח ברכת המזון §

סעיף א - יש אומרים: ברוך משביע לרעבים - היינו שהיו נוהגין לומר קודם התחלת בהמ"ז, **ואין לאומרו, והמוסיף גורע** - דאין להוסיף על מטבע שטבעו חכמים.

לא יאמר "כי לעולם חסדו עמנו", כי חסדיו הם עם כל חי. "**שָׁאתה** זן", קמ"ץ תחת השי"ן. "**אנחנו** מודים", ולא "אנו", ד"אנו" הוא לשון אנינות. "**בפי** כל חי", ולא "בפה". "**רְעֵנוּ**" בשו"א תחת הרי"ש, ולא בחול"ם, כי הוא לשון בקשה, **ומטעם** זה צ"ל "זוננו" במלאפו"ם. "**לא** חסר לנו ואל יחסר לנו".

ואם אמר במקום ברכת הזן: בריך רחמנא מלכא - ולפי מש"כ המחבר לקמן בסי' רי"ד, מיירי דאמר "מלכא דעלמא", **מאריה דהאי פיתא, יצא** - ידי ברכה ראשונה שהיא ברכת "הזן", [**אבל** שאר ברכות צריך לומר, ואי לא אמר שאר ברכות, אי מעכב לזה שאינו יוצא כלל עי"ז, עיין לקמן בסי' קצ"ד].

ואף שקיצר מאד הברכה, ולא אמרה כנוסח שתיקנו חכמים בלה"ק, אפ"ה יצא בדיעבד, הואיל והזכיר שם {דהש"י היו קורין אותו בלשון "רחמנא"} ומלכות, וענין הברכה, **ומשמע** עוד דלדעה ראשונה, אף שלא חיתם, ג"כ מהני, דאף דקי"ל, דמקום שאמרו לחתום אינו רשאי שלא לחתום, מ"מ בדיעבד יצא.

וי"א שצריך שיחתום: בריך רחמנא דזן כולא - ס"ל דהוא לעיכובא אף בדיעבד, **ועיין** בב"ח שכתב, דנ"ל לעיקר הדעה הזו, והביאו בא"ר.

והנה כ"ז הוא דוקא בדיעבד, אבל לכתחלה לכו"ע אין לשנות כלל מנוסח הברכה שתקנו לנו חכמים ז"ל, וכמו שמבואר ברמב"ם.

ומשמע באחרונים, דילדים קטנים, [והיינו פחותים מח' שנה], נוכל לחנכם לכתחלה בנוסח זה מברכת "הזן", וכן מעט מכל ברכה, עד שידעו לברך כל ברכה כתיקונה, [**דבודאי** דצריך לחנכם גם ביתר הברכות, ובפרט דכל ג' ראשונות הם דאורייתא].

סעיף ב - בברכת הארץ, להרא"ש לא יאמר: שהנחלת לאבותינו ארץ חמדה וכו' ברית ותורה - כי בנוסחתם היה כתוב: שהנחלת לאבותינו ארץ חמדה טובה ורחבה, ברית ותורה, **שהרי אומר: על בריתך שחתמת בבשרנו ועל תורתך שלמדתנו, ודי בפעם אחד** - ומה דאמר בגמ': צריך שיזכיר בה ברית ותורה, היינו הענין של ברית ותורה, כמו שאנו אומרים: על בריתך וכו', לא תיבות ממש.

והרמב"ם חולק. (הגה: ודברי הרמב"ם הם עיקר).

סעיף ג - אם לא הזכיר בברכת הארץ "ברית ותורה", אפי' אם לא חיסר אלא אחד מהם, מחזירין אותו - שע"י ברית נתנה הארץ לאברהם בפרשת מילה, שנאמר: ונתתי לך לזרעך אחריך את ארץ מגוריך וגו', **ובזכות** התורה והמצות ירשו את הארץ, שנאמר: למען תחיון ורביתם ובאתם וירשתם את הארץ וגו', ואומר: ויתן להם ארצות גוים וגו' בעבור ישמרו חקיו ותורותיו וגו'.

ומחזירין אותו, היינו לראש בהמ"ז, דכולהו ג' ברכות ראשונות חשובות כאחת, כ"כ מ"א לקמן בסי' קפ"ח, **ועיין** במה שכתבנו שם בזה בשם שאר אחרונים, [**ונ"ל** דהיינו דוקא כשנזכר אחר שהתחיל "רחם נא", דלא עדיף מהזכרת "יעלה ויבא" בברכת "רצה", כששכח דיכול לומר קודם שהתחיל תיבת "מודים", וה"נ יזכיר ברית ותורה קודם "רחם נא", **אכן** באמת זה הדין ד"יעלה ויבא" גופא ג"כ לא ברירא, כמ"ש לעיל בסי' קי"ד, וצ"ע].

והא דלא הזכיר המחבר, אם לא אמר: ארץ חמדה טובה ורחבה, דמחזירין אותו, כדאיתא בש"ס, **דהא** מלתא דפשיטא היא, דהיא עיקר ברכת הארץ, אלא אפילו לענין "ברית ותורה" נמי מחזירין אותו.

הגה: ונשים ועבדים לא יאמרו "ברית ותורה", דנשים לאו בני ברית נינהו, ועבדים לאו בני תורה נינהו - באמת נשים לאו בני תורה נינהו ג"כ, והא דחלקינהו לשתים, משום דעבדים איתנהו בברית.

ומ"מ בימינו נהגו הנשים לומר ג"כ: על בריתך שחתמת בבשרנו ועל תורתך שלמדתנו וכו', **והכוונה** על ברית הזכרים שחתמת בבשרנו, וכן תורתך שלמדתנו על למוד הזכרים, **שבזכות** התורה והברית נחלו ישראל את

הארץ, **ועוד** שגם הנשים צריכות ללמוד מצות שלהן, לידע היאך לעשותן, כמ"ש בסי' מ"ז.

(עיין בח"א שכתב, דאם מסתפק לו אם אמר ברית ותורה, צריך לחזור, וטעמו, דזכירת ברית ותורה בבהמ"ז הוא דאורייתא, מתוספות ברכות כ' ע"ב, ולא ברירא דבר זה, דיש עוד ראשונים שסוברים, דברית ותורה בברכת הארץ, ומלכות בית דוד בבונה ירושלים, הם דרבנן, גם מלשון הב"י מוכח דהוא ס"ל דהזכרה הוא מדרבנן, וא"כ כשנסתפק לו א"צ לחזור. ודע עוד, דלדידן שנוסח בהמ"ז שגורה בפי הכל, אין שכיח דבר זה כלל, דאם ספק לו אם אמר, תלינן בודאי דאמר, דסרכיה נקיט ואתי).

(איתא בש"ס: צריך שיאמר בה הודאה תחלה וסוף, והפוחת לא יפחות מאחת, וכל הפוחת מאחת {פירוש שלא אמר כלום} הרי זה מגונה וכו', וכל שאינו אומר ברית ותורה בברכת הארץ, ומלכות בית דוד בבונה ירושלים, לא יצא ידי חובתו, **ומשמע** מלשון זה בפשיטות, דברישא שלא אמר הודאה, נהי דעבד שלא כהוגן והויא מגונה, מ"מ יצא בדיעבד ידי חובתו).

סעיף ד - אם לא הזכיר ב"בונה ירושלים" מלכות בית דוד, מחזירין אותו - מפני שע"י דוד נתקדשה ירושלים, וגם שאין נחמה גמורה אלא בחזרת מלכות בית דוד למקומה.

הגה: ואומרים: "על הנסים" בחנוכה ובפורים קודם "ועל הכל" וכו'; ואם לא אמרו, אין מחזירין אותו, וע"ל סימן תרפ"ב; ומ"מ יוכל לאומרו בתוך שאר "הרחמן", ויאמר: הרחמן הוא יעשה לנו נסים כמו שעשה בימים ההם וכו', והכי נהוג.

§ סימן קפח – נוסח ברכה ג', ודיני בהמ"ז בשבת, והטועה בבהמ"ז §

סעיף א - אחר שחתם "בונה ירושלים", יענה "אמן" אחר ברכת עצמו, מפני שהיא סיום הברכות דאורייתא, ד"הטוב והמטיב" אינה דאורייתא.

סעיף ב - "אמן" זה יאמרנו בלחש, כדי שלא ירגישו שברכת "הטוב והמטיב" אינה דאורייתא ויזלזלו בה.

הגה: ונראה דדוקא כשמברך לבדו ואין עונין אמן אחר שאר ברכות; אבל כשמזמנין, עונין עליו כשאר אמן שעונין על ברכות הראשונות, ואע"ג דהמברך עונה ג"כ, מ"מ אינו ניכר כל כך הואיל ואחרים עונין ג"כ עמו; וכן המנהג במדינות אלו לאומרו בקול רם אפי' המברך עצמו, כשמזמנים, ואולי הוא מהאי טעמא.

ויש מיישבין המנהג מטעם אחר, שלא חששו לזלזול ברכה רביעית אלא בימיהם, שהיו הפועלים הולכים למלאכתם כששומעים "אמן" שאחר "בונה ירושלים", שלא חייבום חכמים בברכה רביעית מפני בטול מלאכתו של בעה"ב, **לכך** היה צריך לענות אמן בלחש, כדי שלא ישמעו הפועלים ויכירו שברכה רביעית אינה מן התורה, ויבואו לזלזל בה אף שלא במקום בטול מלאכת בעה"ב, **אבל** עכשיו שגם הפועלים מברכים ד' ברכות, כמ"ש בסימן קצ"א, אין לחוש לזה, **ולפי** טעם זה, בין כשמברך בזימון ובין כשמברך ביחידי, יכול לענות אמן בקול רם, **וכמדומה** שכן המנהג.

לא יאמר "בונה ירושלים אמן" בנשימה אחת, רק ימתין קצת אחר תיבת "ירושלים", ואח"כ יאמר "אמן", כדי שלא יהא משמע שגם ה"אמן" מסיום הברכה הוא.

סעיף ג - צריך להזכיר בברכה שלישית מלכות בית דוד, ואין להזכיר בה שום מלכות אחר - חיינו כגון הא דמסיים המחבר לקמיה, **והאומר** - צ"ל "לכן האומר", וכן הוא בטור, **"ומלכותך ומלכות בית דוד משיחך", טועה, שאין להשוות מלכותא דארעא עם מלכותא דשמיא.**

וכן אין לומר בה "אבינו מלכנו" - אלא יאמר: אבינו רענו, **ואע"ג** דאינו אומר ביחד ממש עם מלכות בית דוד, מ"מ כיון דבחד ברכה הוא, לאו אורח ארעא לאדכורי מלכותא דשמיא אצל מלכותא דבשר ודם.

(ביאור הלכה) [שער הציון] ‹הוספה›

תקכא הלכות ברכת המזון
סימן קפה – נוסח ברכה ג, ודיני בהמ"ז בשבת, והטועה בבהמ"ז

הגה: וי"א דאף כשאומר "יעלה ויבא", לא יסיים "מלך חנון ורחום", אלא ידלג מלת "מלך", וסברא נכונה היא, אבל לא ראיתי נוהגין כן - והאחרונים כתבו טעם לזה, כיון דענין בפני עצמו לגמרי הוא, לא קפדינן בזה, ואומרים אותה כמו שהיא מסודרת בתפלת י"ח, **לכן** אין למחות ביד הנוהגין כן.

סעיף ד - נוסח ברכה זו פותח בה "רחם ה' אלהינו", או "נחמנו ה' אלהינו" - היינו "נחמנו ה' אלהינו בירושלים עירך, ובציון משכן כבודך, ובמלכות בית דוד משיחך, ובבית הגדול והקדוש" וכו'.

וחותם בה "בונה ירושלים", או "מנחם ציון בבנין ירושלים" - מלשון זה משמע, שאף אם פתח ב"רחם", מותר לחתום ב"מנחם", **ואף** שאין החתימה מעין הפתיחה ממש, לית לן בה, דעכ"פ הענין אחד, **אבל** יש מאחרונים שמחמירין בזה, וסוברין דצריך להיות מעין הפתיחה ממש.

ואין לשנות הנוסח משבת לחול, דבין בשבת בין בחול אומר נוסחא אחת - ר"ל דאם אומר בחול "רחם", יאמר בשבת ג"כ "רחם", **ואע"ג** דאסור לתבוע צרכיו בשבת, הכא שאני, דטופס ברכה כך היא תמיד, **וגם** כל "הרחמן" יכול לומר בשבת, אע"פ שאינן מטופס הברכה שתקנו חכמים, שכיון שנהגו הכל לאומרם בכל פעם שמברכין בהמ"ז, נעשה להם כטופס ברכה, ואין בזה משום שאלת צרכיו בשבת.

והגר"א כתב, שעיקר כהרי"ף, שבחול יאמר "רחם נא" כמנהגנו, ובשבת יאמר "נחמנו" וכו', ומסיים "מנחם" וכו', וכן יש עוד כמה ראשונים שסוברים כן.

הגה: וי"א דאומרים: בונה ברחמיו ירושלים, וכן נוהגין - משום דכתיב: שבתי לירושלים ברחמים וגו', **וגם** מאחר שהתחיל בתחלת הברכה ב"רחם", מסיים נמי ברחמים, כדי שיהיה החתימה מעין הפתיחה ממש, **ומ"מ** לכו"ע אין מעכב כלל, ועיין במעשה רב, ‹שכתב שיש לחתום "בונה ירושלים"›.

סעיף ה - בשבת אומר בה: רצה והחליצנו, ובר"ח ויו"ט וחולו של מועד אומר: יעלה ויבא - לפי שהזכרת "רצה" וכן "יעלה ויבוא" הם בקשת רחמים, קבעום בברכת "בונה ירושלים", שהיא ג"כ בקשת רחמים, ולא בברכת הארץ שהיא הודאה, **ואם** הזכירם בברכת הארץ לא יצא, וצריך לחזור ולהזכיר ב"בונה ירושלים".

ואם חל אחד מהם בשבת, אומר: רצה והחליצנו, ואח"כ: יעלה ויבא - מפני ששבת הוא תדיר, וקי"ל בכל מקום תדיר קודם, **ובדיעבד** אם החליף, בודאי יצא.

ואינו מזכיר של שבת ב"יעלה ויבא" - דהא כבר הזכיר שבת ב"רצה", ולמה יחזור ויזכירנו, **ולא של יו"ט וחוש"מ ור"ח ב"רצה והחליצנו"** - דהא תקנו ע"ז נוסח בפני עצמו "יעלה ויבוא", ולמה יכפילנה פעמים.

סעיף ו - טעה ולא הזכיר של שבת - ואפילו אם ספק לו אם הזכיר או לא, תלינן דמסתמא בודאי לא הזכיר, **אומר: ברוך אתה ה' אלהינו מלך העולם שנתן שבתות למנוחה לעמו ישראל באהבה לאות ולברית, ברוך אתה ה' מקדש השבת** – (אע"פ שאם היה מזכירן במקומן לא היה בנוסח ברכה בשם ומלכות, היינו משום שכשהוא מזכירה בברכה הסמוכה, הרי היא נכללת בברכה שיש בה שם ומלכות בפתיחתה וחתימתה, דפתיחת וחתימת הראשונה כוללת כולן, **אבל** כיון שסיים "בונה ירושלים" ואומרה ברכה בפני עצמה, לא הוי סמוכה לחברתה, כיון שאינה אלא אקראי בעלמא).

ואם אינו יודע נוסח ברכה זו, חוזר לראש, (ט"ז, **ולענ"ד** יש לעיין בזה טובא, לפי מה שפסק השו"ע, דאם שכח לומר "משיב הרוח", ונזכר עד שלא התחיל "אתה קדוש", דאומר "משיב הרוח", וה"ה לענין "יעלה ויבוא", כשנזכר קודם שהתחיל "מודים", והטעם בכל זה, משום דכיון שלא התחיל עדיין ברכה אחרת, לא נקרא עדיין סיום ברכה, **א"כ** הכא נמי בעניננו, נהי דתקנו רבנן לכתחלה לומר נוסח ברכה "שנתן שבתות" וכו', דהכי עדיף טפי כדכתבינן מעיקרא, אבל היכא דאינו יודע הנוסח, למה לא יאמר כאן "רצה" כשהוא שבת, או "יעלה ויבוא" כשהוא יו"ט, כיון שלא התחיל עדיין ברכה שאחריה, וכעוסק עדיין בברכת "רחם" דמי, **איברא** דדין

הלכות ברכת המזון
סימן קפח – נוסח ברכה ג', ודיני בהמ"ז בשבת, והטועה בבהמ"ז

זה דשו"ע הנ"ל לאו מלתא ברירא היא, דכמה ראשונים פליגי ע"ז, ומ"מ לפי דעת השו"ע הנ"ל צ"ע למעשה), **ואם** יודע ההתחלה והסיום, אף שאינו יודע שאר הנוסח שבאמצע כראוי, אומרה, וא"צ לחזור לראש.

ואם טעה ולא הזכיר של יו"ט, אומר: ברוך אתה ה' אלהינו מלך העולם אשר נתן ימים טובים לישראל - צ"ל "לעמו ישראל", **לששון ולשמחה, את יום חג פלוני הזה, ברוך אתה ה' מקדש ישראל והזמנים.**

ובר"ה אין אומרים "לששון ולשמחה", גם אין אומרים "ודברך מלכנו" וכו', **וזה** נוסחו: בא"י אמ"ה שנתן ימים טובים לעמו ישראל את יום הזכרון הזה, ואינו חותם בה כמו בר"ח, **וזהו** דעת המ"א, שחולק על כנה"ג שמשוה ר"ה לשאר י"ט, **אבל** הרבה אחרונים הסכימו לדעת כנה"ג, וע"כ צריך לחתום: בא"י מקדש ישראל ויום הזכרון, **ואם** שכח והתחיל "הטוב והמטיב", ג"כ דעת המ"א דשוב אינו חוזר כמו בר"ח, [**דיש** מקצת פוסקים שסוברין דמותר להתענות בר"ה, וא"כ אי בעי לא אכל כלל, וזהו טעם דר"ח]. **וא"ר** חולק עליו, וס"ל דחוזר.

וביוה"כ לענין חולה שצריך לאכול בו, וצריך לומר בו "יעלה ויבוא", אם פתח ב"הטוב והמטיב" ונזכר שלא אמר "יעלה ויבוא", אינו צריך לחזור וכמו בר"ח, **ואם** נזכר קודם שהתחיל ברכת "הטוב והמטיב", י"א דצריך לומר: ברוך שנתן ימים קדושים לישראל את יוהכ"פ הזה, בלי חתימה, **וי"א** דבזה לא תקנו חכמים כלל נוסח ברכה להשלים הזכרת "יעלה ויבוא", וכל שלא אמר במקומו שוב אינו חוזר, וכן מסתברא.

ואם חל יו"ט בשבת, אומר: שנתן שבתות למנוחה לעמו ישראל באהבה לאות ולברית, וימים טובים לששון ולשמחה, את יום חג פלוני הזה, ברוך אתה ה' מקדש השבת וישראל והזמנים - ומיירי ששכח ולא אמר שניהם, לא "רצה" ולא "יעלה ויבוא", ולהכי צריך לכלול שניהם, **אבל** אם שכח של שבת לבד, אומר רק "אשר נתן שבתות למנוחה", **וכן** בשכח של יו"ט לבד, אומר "אשר נתן ימים טובים לעמו ישראל" וכו'.

וכל - פתיחות **ברכות הללו בשם ומלכות.**

והא דסגי בהך ברכה, דוקא כשנזכר קודם שהתחיל "הטוב והמטיב" - היינו שעומד אחר ברכת "בונה ירושלים", **ואם** נזכר אחר שאמר תיבת "ברוך אתה", פשוט דחוזר לומר "רצה והחליצנו" או "יעלה ויבוא", ואומר אח"כ "ובנה ירושלים" וכו', **ואם** נזכר אחר שאמר כבר "ברוך אתה ה'", מהנכון שיסיים תיכף "למדני חקיך", כדי שלא יהיה השם לבטלה, והוי עדיין כלא סיים הברכה, וחוזר ל"רצה", [כדי שלא יהא צריך להוסיף ברכה].

אבל אם לא נזכר עד שהתחיל "הטוב והמטיב", צריך לחזור לראש בהמ"ז - כתב הח"א, ר"ל שאמר "ברוך אתה ה' אמ"ה האל", זה מקרי התחלה לברכה זו, **אבל** אם אמר רק "בא"י אמ"ה", יסיים "אשר נתן שבתות למנוחה" וכו', ואח"כ יחזור ויאמר ברכת "הטוב והמטיב". (**והנה משארי אחרונים משמע, דמשהתחיל ברכה זו שוב אין תקנה וחוזר לראש, דלא כח"א, ונ"ל דס"ל, דהא דאמרינן בש"ס דכשפתח ב"הטוב והמטיב" חוזר לראש, הוא משום שעי"ז ניכר שכבר הסיח דעתו מברכה שלישית, ולפי"ז מאי מהני שיגמור "אשר נתן מנוחה", הרי עכ"פ כשאמר "ברוך אתה ה'" חשב אדעת ברכה רביעית, וממילא כבר הסיח דעתו מברכה שלישית, וע"כ דינא דח"א צע"ג**).

וחוזר לראש בהמ"ז, דכיון דכבר סיים סדר ברכות דאורייתא, והסיח דעתו מהם ופתח ב"הטוב והמטיב", דמי לעקירת רגלים בתפלת י"ח, דחוזר לראש אם טעה באיזה דבר, (**רש"י והרא"ה**).

(**וטעם שיטה זו העתיק המ"א סברת הרא"ש, דכולהו ג' ברכות חשיבי כברכה אחת, ועי"ז הוליד לנו דין חדש, דלאו דוקא בענין זה, דה"ה בכל מקום שטעה, כגון שלא הזכיר "ברית ותורה" בברכת הארץ, או מלכות בית דוד ב"בונה ירושלים", דחוזר לראש בהמ"ז, ועיין בפמ"ג שמפקפק מאד בזה, דנהי דלטעם הרא"ש מוכח דין זה, מ"מ לרש"י שכתב טעם אחר בענין זה, בודאי בטעה ב"ברית ותורה" וכה"ג, אינו חוזר רק לאותה ברכה שטעה בה, וכן בנהר שלום השיג על המ"א בזה, היוצא מדברינו, דלרש"י והרא"ה מוכח דלא ס"ל כסברת הרא"ש, וגם הלא בלא"ה הראב"ד והרשב"א והרבינו יונה והרוקח, פליגי**

הלכות ברכת המזון תקכג
סימן קפח – נוסח ברכה ג', ודיני בהמ"ז בשבת, והטועה בבהמ"ז

אעיקר דינא דמחבר, וס"ל דגם בטעה ב"בונה ירושלים" ופתח ב"הטוב והמטיב", אינו חוזר לראש, כי אם לברכת "רחם", **ואף** שבזה קשה לסמוך עליהם, מאחר שרוב הראשונים פסקו דחוזר לראש בהמ"ז כדעת המחבר, מ"מ היינו דוקא בשכבר סיים ברכות של תורה ופתח ב"הטוב והמטיב", ומטעם דחשיב כעקירת רגלים בתפלה דחוזר לראש התפלה, וכמו שכתב רש"י והרא"ה, **אבל** לא בעומד באמצע בהמ"ז ונזכר שטעה, דיחזור לראש, ומטעם דג' ברכות חשובות כאחת, דזה לא נזכר כלל אף לבעלי שיטה זו, **וע"כ** דין זה דמ"א צע"ג למעשה).

ואם טעה בברכה רביעית, כגון שלא אמר בה שם ומלכות, אע"פ שכבר גמר אותה, אינו חוזר אלא ל"הטוב והמטיב", שהיא ברכה בפני עצמה.

(**אם** נרדם בבהמ"ז, ואינו יודע באיזה ברכה עומד, חוזר לראש בהמ"ז, אם לא שיודע בודאי שאמר איזה מהברכות, שאז אינו חוזר אלא למקום שמסתפק).

סעיף ז - אם טעה ולא הזכיר בה של ר"ח, בין ביום בין בלילה, אומר: ברוך שנתן ראשי חדשים לעמו ישראל לזכרון - עיין בבה"ל שבירנו בשם רוב הפוסקים, דגם אותה צ"ל בשם ומלכות. **ואינו חותם בה.**

(**ואע"ג** דלגבי תפלה קי"ל, דאין מחזירין אותו אם שכח "יעלה ויבוא" בליל ר"ח, הני מילי להחזיר, אבל להוסיף ברכה אפילו בלילה נמי).

והוא שנזכר קודם שהתחיל "הטוב והמטיב"; אבל אם לא נזכר עד שהתחיל "הטוב והמטיב", אינו חוזר, מפני שאינו חייב לאכול פת כדי שיתחייב לברך בהמ"ז - דדוקא בשבת וביו"ט שמחויב לאכול דוקא פת, וא"כ חיוב ברהמ"ז קבוע הוא בימים האלה, לכן תקינו רבנן לעיכובא ג"כ להזכיר שם מעין המאורע, וכמו בתפלה, **אבל** בר"ח אע"ג שאסור להתענות בו, מ"מ אינו מחויב לאכול דוקא פת, וא"כ אין חיוב ברהמ"ז קבוע בו, ולהכי לא תקנו חכמים הזכרת מעין המאורע שלו לעיכובא בבהמ"ז, וע"כ אם שכח אין צריך לחזור.

וכתב המ"א דה"ה ביו"ט, יותר מסעודה אחת ביום וסעודה אחת בלילה שמחויב לאכול, אם אכל ושכח להזכיר מעין המאורע בבהמ"ז, אינו צריך לחזור כמו בר"ח, **אם** לא כשלא אכל הסעודה בלילה, שמחויב לאכול ביום שתים, דאז אפילו בסעודה שניה חוזר. ועיין לקמן סי' רצ"א ס"א, שמצדד שלא לחזור, וצ"ע.

וחוה"מ דינו כר"ח - לענין שאין צריך לחזור, **וה"ה** לענין שאם נזכר קודם שהתחיל "הטוב והמטיב", אומר: בא"י אמ"ה שנתן מועדים לעמו ישראל לששון ולשמחה, [**וכמו** שאומרים "מועדים" בתפלת מוסף, או שיאמר "ימים קדושים", אבל לא יאמר "ימים טובים"], **ואינו** חותם כמו בר"ח.

הגה: ואפשר דמ"מ יש לאמרו בתוך שאר "הרחמן", כמו שנתבאר לעיל סוף סי' קפ"ז גבי "על הנסים"; ואולי יש לחלק, כי ב"יעלה ויבא" יש בו הזכרת שמות ואין לאומרו לבטלה, כן נראה לי וכן נוהגין - (עיין במ"א שתמה ע"ז, דכי אסור לומר תחנונים שיש בהן הזכרת שמות, ודוקא ברכה לבטלה אסור, **וראיתי** בספר בגדי ישע שמיישבו, דבכאן גבי "יעלה ויבוא" שכונתו בזה לצאת ידי חיוב ברכה, גרע, ויש בזה חשש ברכה לבטלה).

אם חל ר"ח בשבת, והזכיר של שבת ולא הזכיר של ר"ח, ולא נזכר עד שהתחיל "הטוב והמטיב", אינו חוזר - כמו בכל ר"ח כששכח, ואע"ג דבההוא יומא לא סגי דלא אכיל פת, ההיא משום שבת היא ולאו משום ר"ח, דאכילת פת בר"ח ליכא חיובא, ושל שבת הרי הזכיר.

ואם שכח [גם] של שבת - כצ"ל, וכן הגירסא בשו"ע של עולת תמיד, **ונזכר קודם שהתחיל "הטוב והמטיב", כולל ר"ח עם שבת ואומר: שנתן שבתות למנוחה וראשי חדשים לזכרון.**

ואם פתח ב"הטוב והמטיב", חוזר לראש בהמ"ז ומזכיר של שבת ושל ר"ח.

ויש מי שאומר שאם שכח של שבת ור"ח, ונזכר קודם שהתחיל "הטוב והמטיב", אומר: שנתן שבתות למנוחה וראשי חדשים לזכרון, וחותם בשל שבת ואינו חותם בשל ר"ח -

הלכות ברכת המזון
סימן קפח – נוסח ברכה ג, ודיני בהמ"ז בשבת, והטועה בבהמ"ז

כדלעיל, דליכא חתימה בר"ח, ואע"ג דהכא מזכיר השם בחתימה בלא"ה משום שבת, מ"מ אינו כדאי להזכיר, דהזכרת השם הוא על שניהם, **ומ"מ** לדינא מסקי האחרונים, דיזכיר בחתימה גם ר"ח, מטעם דבלא"ה הרבה פוסקים ס"ל, דגם בכל ר"ח צריך לחתום בברכה כמו ביו"ט, **ואע"פ** שאין אנו נוהגין כוותייהו, משום חשש ברכה שא"צ, הכא דבלא"ה חותם בברכה בשביל שבת, שפיר דמי לומר: מקדש השבת וישראל וראשי חדשים.

ובשכח של שבת לבד, ונזכר קודם "הטוב והמטיב", בודאי אין צריך לכלול גם של ר"ח בברכה זו, כיון שכבר הזכיר ר"ח ב"יעלה ויבוא", **ומ"מ** אם לא נזכר עד לאחר שפתח ב"הטוב והמטיב", וחוזר לראש בהמ"ז בשביל הזכרה של שבת, אז צריך לומר עוד הפעם גם "יעלה ויבוא", דבהמ"ז הראשון נתבטל לגמרי.

סעיף ח - סעודה שלישית בשבת, דינה כר"ח - שאינו חוזר אם התחיל ברכת "הטוב והמטיב", לפי שי"א שסעודה שלישית אין צריך פת, **ואף** שאין דבריהם עיקר כמש"כ המחבר בסימן רצ"א ס"ה, מ"מ יש לחוש לדבריהם שלא לכנוס לספק ברכה לבטלה, (**אבל שתי סעודות הראשונות בודאי חייב בפת לכו"ע, דהא כתיב: וקראת לשבת ענג, ואין ענג בלא פת, וה"ה ביו"ט, דכתיב ביה שמחה, ואין זה בלא לחם).**

ומ"מ אם נזכר קודם שהתחיל ברכת "הטוב והמטיב", אפילו בסעודה רביעית או חמישית בשבת ויו"ט, אומר "בא"י אמ"ה שנתן שבתות למנוחה" וכו', או "שנתן ימים טובים" וכו', כמו שאומר בר"ח אע"פ שא"צ אז פת כלל באותו יום.

(ומשמע ממ"א דלענין חתימה ג"כ שוה לר"ח דאינו חותם, ואזיל לטעמיה, דכל היכא דבדיעבד אין מחזירין אותו, ה"ה דאינו חותם אם נזכר קודם שפתח ב"הטוב והמטיב", אכן לפי מה שכתבנו שם בשם הנהר שלום, דאינו תלוי כלל זה בזה, דדוקא גבי ר"ח מספקא ליה לתלמודא אי חתים, משום דלא חשיבא יומא כולי האי לקבוע עליו ברכה בבהמ"ז בפתיחה וחתימה, א"כ ה"ה בענינו, נהי דמחמרינן שלא להחזירו אם נזכר לאחר שפתח ב"הטוב והמטיב", מ"מ יום שבת בודאי חשיבא, וכשנזכר קודם שפתח ב"הטוב והמטיב", צ"ל "אשר נתן" וכו' בפתיחה וחתימה, ובפרט בסעודה ג', דמעיקר הדין כבר פסק המחבר דחיובה דוקא בפת).

ובסעודה ג' ביו"ט, לד"ה אינו חוזר, שהרי לד"ה אינו אלא רשות, וכמש"ל.

סעיף ט - ג' שאכלו בשבתות ויו"ט, ושכחו להזכיר מעין המאורע, והם צריכים לחזור לראש בהמ"ז, יברך כל אחד בפני עצמו, כי מידי זימון כבר יצאו.

סעיף י - היה אוכל ויצא שבת, מזכיר של שבת בבהמ"ז, דאזלינן בתר התחלת הסעודה - וכיון שהתחלת הסעודה היה מבעוד יום, כבר נתחייב להזכיר מעין המאורע, וע"כ אפילו נמשך זמן רב בלילה לא נפקע חיובו, **וכתבו** האחרונים, דאם התפלל מעריב קודם בהמ"ז, שוב אינו מזכיר של שבת בבהמ"ז, דמחזי כסתרי אהדדי.

(ומ"מ אם שכח להזכיר, ונזכר קודם שפתח ב"הטוב והמטיב", נ"ל שאין מברך "אשר נתן" וכו', לפי מה שכתב המ"א, דגם המחבר בסימן זה שפוסק דאזלינן בתר התחלת הסעודה, ג"כ ספוקי מספקא ליה, בודאי אין לברך מספק שום ברכה בשם ומלכות, וזה כתבנו לפי הכרעתנו למעלה, דגם בר"ח צריך לברך בשם ומלכות, אכן לפי מש"כ שארי אחרונים, שגם בר"ח וה"ה בסעודה שלישית של שבת, אפילו כשמברך מבע"י אינו מזכיר שם ומלכות, אין נ"מ בכל זה, דודאי גם עתה מותר לברך בלי שם ומלכות).

ולפיכך אף אם חל ר"ח במו"ש, יזכיר בבהמ"ז של שבת לבד ולא של ר"ח, **ודוקא** כשגמר סעודתו מבעוד יום, אבל אם אכל פת גם בלילה, ויש עליו חיוב להזכיר גם של ר"ח, ושניהן אי אפשר להזכיר דהוי תרתי דסתרי, דהיאך יאמר: ביום השבת הזה, ואח"כ יאמר: ביום ר"ח הזה, דהא ר"ח הוא ביום א', **א"כ** מוטב להזכיר של ר"ח, דזה יש חיוב לכו"ע, משא"כ בהזכרת שבת דיש פלוגתא בין הראשונים אם חייב להזכיר כלל כשמברך במו"ש, **ואף** דאנן פסקינן כאן בשו"ע דאזלינן בתר מעיקרא, וחייב להזכיר של שבת במו"ש, מ"מ כאן שחוא מקום הדחק, מוטב שידחה הזכרת שבת מפני הזכרת ר"ח דהוא חיוב לכו"ע.

אכן במו"ש לחנוכה ופורים, אפילו אם גמר סעודתו בלילה, אינו מזכיר של חנוכה ופורים רק של שבת

הלכות ברכת המזון תקכה
סימן קפח – נוסח ברכה ג, ודיני בהמ"ז בשבת, והטועה בבהמ"ז

לבד, **כיון** דבלא"ה הזכרה מעין המאורע דחנוכה ופורים אינו אלא רשות, כ"כ המ"א ועוד הרבה אחרונים.

וי"א דאם חל יו"ט או ר"ח במו"ש, יזכיר "רצה" וגם "יעלה ויבוא", דאזלינן בתר התחלת הסעודה וגם בתר שעה שהוא מברך בו, **ולא** קפדינן במה דנראה כסותרים אהדדי, דב"רצה" נתחייב משעה שהתחיל הסעודה ביום, ואח"כ כשנמשך הזמן ולא בירך, והגיע לילה של יו"ט או של ר"ח, ניתוסף עליו חיוב לזכור מעין המאורע של שעה שהוא מברך בו.

והוא הדין לראש חודש ופורים וחנוכה - ר"ל דאם אכל בהם ונתאחר הבהמ"ז עד הערב, צריך להזכיר, דאזלינן בתר זמן התחלת הסעודה, **והוא** שלא התפלל ערבית וכנ"ל.

§ סימן קפט – נוסח ברכה רביעית ודיניה §

סעיף א - ברכה רביעית לא יאמר "תתברך" - שכבר אמר: ברוך אתה ה', **ולא יאמר בה "החי"** - כי בקצת סדורים היה כתוב "המלך החי הטוב" וכו', **כי אם בבית האבל** - וכדלקמיה בס"ב.

ואומר בה שלשה מלכויות: ברוך אתה ה' אלהינו מלך העולם, האל אבינו מלכנו כו', המלך הטוב. וג' הטבות: הוא הטיב לנו, הוא מטיב לנו, הוא ייטיב לנו. וג' גמולות: הוא גמלנו, הוא גומלנו, הוא יגמלנו.

וטעם כ"ז הוא, דברכת "הטוב והמטיב" אינו מן התורה, אלא שחכמים תקנוה על הרוגי ביתר שניתנו לקבורה, ואמרו: "הטוב" שלא הסריחו, "והמטיב" שנתנו לקבורה, **וקבעוה** לבהמ"ז, מפני שכולה הודאה ושבח על הטובה שהטיב עמנו, וגם זו מן הטובות, **וסמכוה** לברכת "בונה ירושלים", מפני שכשנחרבה ביתר נגדעה קרן ישראל, ואינה עתידה לחזור עד שיבוא בן דוד.

ומפני שכבר סיימו ברכות שהם מן התורה וזו היא מדרבנן, לא מקרי זו ברכה שהיא סמוכה לחברתה, ולהכי פותחת ב"ברוך", **ומה** שאין אנו חותמים בה ב"ברוך", אע"פ שהיא ברכה ארוכה, מפני שמתחלה תקנוה במטבע קצר, שלא הוזכר בה אלא "הטוב והמטיב לכל", ואח"כ הוסיפו בה יתר הדברים.

ותקנו בה ג' מלכיות, מפני שכבר תקנו להזכיר מלכות בית דוד ב"בונה ירושלים", וכיון שמזכירין מלכות בית דוד, היה ראוי להזכיר גם מלכות שמים, אלא מפני שאין זה דרך כבוד להזכיר בסמוך ממש מלכותא דשמיא למלכות בשר ודם, רצו להשלימה ולהזכיר בברכת "הטוב והמטיב" מלכות כנגדה, **ואגב** שתקנו להזכיר מלכות כנגד ברכת "רחם", תקנו להזכיר עוד פעם מלכות כנגד ברכת הארץ, שלא הוזכר גם בה מלכות, ואע"פ שמעיקר הדין אין צריך בה מלכות, שהיא סמוכה לברכת "הזן" ובה נזכר מלכות.

וכיון שאומרים בה ג' מלכיות, אומרים בה ג"כ ג' הטבות, מפני שעיקר הברכה היא על שם ההטבה, דהיינו "הטוב והמטיב", **וכיון** שאומרים בה ג' הטבות והיא ברכת הודאה כמ"ש, אומרים ג"כ ג' תגמולות, עכ"ל הלבוש.

אין לומר "אל שבכל יום" וכו', דמשמע ח"ו שיש שתי רשויות, ואותו אל שבכל יום אנו מברכין, **אלא** יאמר "אל בכל יום" וכו', ויותר נכון שלא לומר כלל מלת "אל", שהרי כבר אמר "האל אבינו". **בבהמ"ז** בעה"ב מסיים "ונאמר אמן", שאין יכול לגזור אומר "ואמרו אמן", **משא"כ** בברכת "עושה שלום במרומיו" שהוא שבח של הקב"ה, וכל ישראל מצווין, אומר "ואמרו אמן".

אחר "הרחמן" יש לענות אמן, וכן אחר כל תחנה ובקשה, אע"פ שאין בה שם. **יאמר** "ונשא ברכה מאת ה'", כלשון הפסוק: ישא ברכה מאת ה'. **נוהגים** לומר בשבת ויו"ט ור"ח "מגדול", ובחול "מגדיל", **ויתר** דקדוקים שבנוסח בהמ"ז עיין בא"ר שהאריך בזה.

סעיף ב - בבית האבל אומר - בין כשהאחרים האוכלין עמו מברכין, ובין כשהוא עצמו מברך, **ברוך אתה ה' אלהינו מלך העולם האל אבינו מלכנו בוראנו גואלנו קדושנו קדוש יעקב, המלך החי הטוב והמטיב, אל אמת דיין אמת וכו'** - לפי"ז אין אומר בבית האבל ג' הטבות וג' גמולות, וכן הוא בב"י, **ועיין** בב"ח פה ובש"ך שם סימן שע"ט, שאין סוברים כן. **ואם** בעינן לזה עשרה או לא, עיין ביו"ד סי' שע"ט ובאחרונים שם. **(ועיין ביו"ד סי' שע"ט).**

סימן קצ – שתיית היין אחר הברכה ודיניה

§ סימן קצ – שתיית היין אחר הברכה ודיניה §

סעיף א - אחר שסיים בהמ"ז, מברך בפה"ג ויטעום המברך - ר"ל כשמברך בהמ"ז על כוס, יברך בפה"ג אחר שסיים בהמ"ז, **והיינו** אפילו אם כבר בירך על היין שבתוך הסעודה, שכל מה שאוכל ושותה אחר בהמ"ז סעודה אחרת היא, לפי שבהמ"ז היא סילוק והיסח הדעת למה שלפניה.

(ואם הפסיק בין הברכה לטעימה, ע"ל סימן רע"א סעיף ט"ו) - דחוזר ומברך, **ובמילתא** דשייך לסעודה אינו חוזר ומברך בדיעבד.

ואח"כ יטעמו האחרים - שכיון שהוא בירך על כוס זה, נכון הוא שישתה הוא תחלה.

אם כולם זקוקים לכוס אחד, ונותן המברך מכוסו לכוס ריקן שבידם, לא יטעמו עד שיטעום הוא - הלשון מגומגם קצת, וכונתו כאילו כתב: "וכן אם כולם זקוקים", **ור"ל** דלא מיבעיא אם יש רק כוס אחד וכולם שותים מכוס זה, בודאי נכון לכתחלה שהוא יטעום מקודם, **ואפילו** אם כל אחד כוס ריקן לפניו, והוא מערה לאחר ברכה קודם טעימתו מכוסו לכוסם, ג"כ אין ראוי שיטעמו הם קודם, מאחר שעכ"פ הם זקוקים כולם לכוסו.

אבל אם אינם זקוקים לכוסו, יכולים לטעום קודם שיטעום הוא - ר"ל אם יש לפני כל אחד כוס יין, והוא מוציאם בברכתו, והוי כאילו הם מברכין בעצמם, אינם צריכין להמתין עליו.

א"צ המברך לשפוך מכוסו לכוס המסובין - קאי אדלעיל, שלא היו זקוקין לכוסו של המברך, **והטעם** דא"צ לשפוך, משום דכיון דיצאו בברכתו, א"כ כוסות כל אחד מקרי כוס של ברכה.

אלא א"כ כוס המסובין פגום - שאז צריך לשפוך מכוסו לכוסם מעט קודם שטעם ממנו, כדי לתקן פגימתם, **ובזה** צריכין ליזהר שלא יטעמו קודם שיטעום הוא תחלה, כיון שהם זקוקים לכוסו.

(וע"ל סי' קפ"ב וסוף סימן רע"א).

סעיף ב - אחר ששתה כוס של בהמ"ז, יברך ברכה אחת מעין שלש - ואם דעתו לשתות עוד, לא יברך אחריו, אלא לבסוף אחר גמר שתייתו, (**וכתב המ"א, דאם טעה ובירך אחריו, א"צ לברך** בתחלה, כיון שהיה דעתו לשתות עוד, והגר"ז וח"א העתיקו דבריו, **ועיין בחידושי רע"א בשם תשובת קרית** מלך רב, דדוקא כשטעה בדין, דחשב דצריך לברך ברכה אחרונה אע"פ שרצונו לשתות עוד, **אבל בשכח שיש לו** לאכול עוד ובירך ברכה אחרונה, צריך לברך על מה שיאכל אח"כ, עכ"ל, **ועיין בא"ר שמסתפק בדינו של** המ"א, ובגדי ישע ומאמר מרדכי חולקים על המ"א, ודעתם דברכה אחרונה הוא סילוק גמור בכל גווני, וכן מצדד בנהר שלום, **וע"כ למעשה צ"ע**).

ודוקא כשדעתו לשתות מיד, (הוא דאמרינן לא יברך אחריו, אלא לבסוף אחר גמר שתייתו), דאל"ה יש לחוש שמא יתעכל, דעיכול של שתיה איננו שיעור גדול כ"כ, (המ"א, **ונראה** שכונת המ"א הוא, דיצטרך עי"ז לברך עוד ברכה ראשונה על השתיה שישתה אח"כ מחדש, **אך** באמת הרבה אחרונים הסכימו לדעת אבן העוזר בזה, שכל שלא סילק דעתו מהאכילה או מהשתיה לא נתבטלה ברכה ראשונה, אפילו שהה כל היום, **אכן** לבי מגמגם בזה, דנהי דאם שהה הרבה לא נתבטלה ברכה ראשונה, כיון שלא הסיח עכ"פ דעתו, מ"מ מאן יאמר לן דרשאי לעשות כן, דהרי עכ"פ מפסיד ברכה אחרונה של אכילה ושתיה זו, ומה שיברך לבסוף לאחר אכילה ושתיה שניה לא מהני כלל לזה, כיון שכבר נתעכל, והוי כמי שאינו, ומה גם שמצוי כמה פעמים שבהמשך איזה זמן נשתנה רצונו או מטריד מאיזה דבר, ואינו אוכל ושותה עוד, וא"כ בודאי מפסיד ברכתו לגמרי).

סעיף ג - שיעור שתיית יין - וה"ה בשאר משקין, **להתחייב בברכה אחרונה, יש ספק אם די בכזית** - כמו באכילה, דקי"ל בכל מקום שיעור אכילה בכזית, והוא כחצי ביצה, **ולפי"ז** במשקין יחויב בברכה אחרונה בשליש רביעית, דרביעית הוא ביצה וחצי כידוע.

או ברביעית - כמו שמצינו בכמה דיני התורה לענין משקין, דשיעורן ברביעית.

לכך יזהר לשתות או פחות מכזית או רביעית, כדי להסתלק מן הספק; והכא א"א לשתות פחות מכזית, דכל דבר שצריך כוס צריך לשתות ממנו כמלא לוגמיו, שהוא רוב רביעית - היינו באדם בינוני מחזיק שיעורו כך, **אבל** באדם גדול ביותר, משערינן במלא לוגמיו דידיה, **ומ"מ** לא בעי לשתות טפי מרביעית.

הלכך ישתה רביעית שלם - עיין ט"ז שכתב, דלעיקר הדין קי"ל במלא לוגמיו, **ולפיכך** אם לא שתה רק כמלא לוגמיו, חייב לברך ברכה אחרונה, אלא דלכתחלה יראה לשתות רביעית כדי לצאת לכו"ע, **אכן** כל האחרונים דחו דבריו, והעלו דכל שלא שתה רביעית שלם בין ביין בין בשאר משקין, אין רשאי לברך ברכה אחרונה, וכדעת השו"ע.

עוד הסכימו, דאין חילוק בין שאר משקין ובין יין שרף, אע"פ דביי"ש מייתבא דעתיה דאינשי בפחות מרביעית, דלא חילקו חכמים בשיעורן, **ודלא** כט"ז.

סעיף ד - אם המברך אינו רוצה לטעום, יטעום אחד מהמסובין כשיעור - דכיון שהמסובין שמעו מתחלה את הברכה, והוא כוון עליהם להוציאם, מהני טעימתם לכולם, (**ואפי'** אם המסובין יודעים בעצמם לברך).

(עיין בחידושי רע"א שכתב, דהמברך בהמ"ז לא יברך בפה"ג, והטועם הוא יברך, דדילמא בהמ"ז אינה טעונה כוס, ובפרט דקי"ל כן לעיקר, א"כ לא הוי ברכת המצות, ואינו יכול לברך בשביל אחר אם אינו מברך גם לעצמו, עכ"ל, והנה המעיין בתשובת ח"צ המובא בשע"ת, לא משמע כן, דלפי דבריו שם, אם יברך אחר על הכוס, א"כ לא קיים הראשון מצות כוס כלל, ע"ש, ובאמת לשון המחבר משמע ג"כ, דמי שאחז הכוס בשעת בהמ"ז, הוא המברך ג"כ על הכוס, אלא דהטעימה סגי באחר, ומה שהקשה, לפי מה דקי"ל לעיקר הדין דבהמ"ז אינה טעונה כוס, האיך יכול להוציא אם אינו טועם בעצמו, י"ל דכיון דלכו"ע הוא עכ"פ למצוה מן המובחר, וכמו שכתב הרמ"א לעיל בסימן קפ"ב, הוא בכלל ברכת המצות, דקי"ל דאע"פ שיצא מוציא).

ואין שתיית שנים מצטרפת - דבעינן שיטעום בעצמו או אחד מהמסובין, שיעור הנאה שתתיישב דעתו עליו, והיינו כמלא לוגמיו.

ומ"מ מצוה מן המובחר שיטעמו כולם - היינו טעימה בעלמא, וא"צ מלא לוגמיו רק לאחד.

והנה הכא איירי המחבר רק לענין מצות שתיית הכוס, ולפי מה שביאר המחבר לעיל בס"ג, דלצאת ידי ספק יראה לשתות רביעית שלם, לא יצוייר מה שכתב דמצוה מן המובחר שיטעמו כולם בכוס המחזיק רביעית, אם לא שהוא מחזיק יותר מרביעית.

(וע"ל סימן רע"א סעיף י"ד) - דיש מי שאומר דשתיית כולם מצטרפין למלא לוגמיו, ועיין לקמן בסימן רע"א במ"ב.

סעיף ה - כשמסובין בסעודה גדולה ואין יודעים עד היכן יגיע כוס של בהמ"ז, כל אחד מהמסופקים אם יגיע לו, צריך לברך "בורא פרי הגפן" - דמסתמא אינו מכוין לצאת בברכת המברך, מאחר שאינו יודע אם יגיע לו, **וכתב** המ"א, דאם המסובין נתכונו בהדיא אם יגיע להם הכוס שיצאו בברכתו, יוצאין בזה, אם גם המברך נתכוין להוציא בברכתו כל אחד מהמסובין, וכן הסכימו הרבה אחרונים, **ואך** יזהרו כולם, מי שרוצה לטעום מן הכוס על סמך ברכת המברך, שלא ישיחו עד שיטעמו מן הכוס, כדי שלא יהיה הפסק בין הברכה להטעימה.

(וע"ל סימן קע"ד סעיף ה' בהג"ה).

§ סימן קצא – אם הפועלים מחויבים לברך §

סעיף א - פועלים העושים מלאכה אצל בעל הבית, מקצרין בבהמ"ז, כדי שלא לבטל מלאכת בעל הבית; כיצד, ברכה ראשונה כתקנה, ושניה פותח בברכת הארץ וכולל בה

הלכות ברכת המזון
סימן קצא – אם הפועלים מחויבים לברך

"בונה ירושלים", וחותם בברכת הארץ - דאף דדרשינן בגמרא מקרא, שיברך לה' בבהמ"ז על המזון ועל הארץ ועל ירושלים, **אין** ר"ל שמן התורה צריך לחתום על כל אחד ואחד בברכה בפני עצמו, אלא מדאורייתא די כשיברך על שלשתן בברכה אחת, **אך** דרבנן תקנו לחתום בברכה על כל אחד, ובפועלים משום בטול מלאכה תקנו שרק "הזן" יברך בפני עצמו, אבל ברכת הארץ ובנין ירושלים כיון שדומות זו לזו, יכללם בברכה אחת.

[**ואפי'** אם נאמר דמנין הג' ברכות הם מדאורייתא, מ"מ יש כח ביד חכמים לעקור דבר מן התורה בשב ואל תעשה, כן הוא לדעת התוס', **אבל** הרבה ראשונים אין סוברין כן, דיהא הנוסח גופא בפתיחה וחתימה דאורייתא].

ואין אומרים ברכת "הטוב והמטיב" כלל - שזו אינה כי אם מדרבנן בעלמא, ועקרוה אצל פועלים, בין שמברכין בעצמן, בין ששומעין מפי אחר המזמן ומברך בהמ"ז כתיקונה, הרי הן עומדין למלאכתן כשחותם ברכת ירושלים.

ולענין ברכת הזימון אם מחויבין פועלים בכך או לא, יש דעות בין האחרונים, **ולפי** מה שכתב בס"ב, לא נפקא מינא מידי לדידן, דבודאי חייבין, **אך** כשאוכל פועל עם אנשים אחרים והוא גמר סעודתו מקודם, נראה דלא ימתין עליהם אם אינם רוצים לענות אותו, דבכגון זה בודאי בעה"ב מקפיד.

בד"א, כשנוטלים שכר על מלאכתן מלבד הסעודה - וע"כ צריכין למהר המלאכה, **אבל אם אין נוטלים שכר אלא הסעודה שאוכלים לבד, מברכין כל ד' ברכות כתקנן; וכן אם בעה"ב מיסב עמהם, אע"פ שנוטלים שכר מלבד הסעודה, מברכין כל ד' ברכות** - דמסתמא מוחל להם.

סעיף ב - והאידנא לעולם מברכים כל ארבע ברכות, שאין דרך בני אדם עכשיו להקפיד בכך, ומסתמא אדעתא דהכי שוכרים פועלים, שיברכו כל ארבע ברכות כתקנם.

סעיף ג - אסור לעשות מלאכה בעודו מברך - מפני שנראה כמברך בדרך עראי ומקרה, ואפילו תשמיש קל אסור לעשות, ואצ"ל שלא יעסוק בדבר שצריך לשום לבו אליו, **וכתב** הט"ז, שיש ליזהר שלא לעיין אפילו בד"ת בשעה שמברך בהמ"ז, כי זה מורה על היות הבהמ"ז אצלו רק על צד המקרה וההזדמן, **ולאו** דוקא בבהמ"ז, ה"ה כשעוסק בתפלה או באיזו ברכה אחרת, (וה"ה **כשעוסק באיזה מצוה, לא** יעסוק אז בדבר אחר), **וזה** נכלל במאמר תורתנו: ואם תלכו עמי קרי, דהיינו שלא יהיו המצות אצלנו על צד המקרה וההזדמנות בעלמא, (ומ"מ **בדיעבד כשבירך** כשהיה עסוק, **יצא, דלא גרע משיכור**).

(וכן הוא לעיל סוף סימן קפ"ג) - אלא דשם מיירי שמקודם התחיל במלאכה, וכאן מיירי שמקודם התחיל לברך, והיא היא.

§ סימן קצב – ברכת זימון בג' או בעשרה §

סעיף א - היו המסובין ג', חייבים בזימון - דהיינו שחייבין להזדמן ולצרף ברכתם בלשון רבים.

בזוהר הזהירו לומר בפיו קודם בהמ"ז "תן לנו הכוס ונברך", או "באו ונברך", לפי שכל דבר שבקדושה צריך הזמנה בפה עובר לעשייתו, כדי להמשיך הקדושה, **ומזה** נוהגים לומר בלשון אשכנז: רבותי מיר וועלין בענטשין, והם עונים: יהי שם ה' מבורך מעתה ועד עולם.

שאומר אחד מהם: נברך שאכלנו משלו - ואסמכו רבנן אקרא, דכתיב: גדלו לה' אתי ונרוממה שמו, דמשמע שאחד יאמר לשנים: גדלו, **א"נ** ממאי דכתיב: כי שם ה' אקרא הבו גודל לאלהינו. **וכ"ש** אם הם יותר עד עשרה, כמו שיתבאר לפנינו.

(**משמע** מזה דלא יאמר "ובטובו חיינו", וכן כתב הב"ח ועוד כמה אחרונים, **ואף** שהמ"א מצדד קצת דהאומר אין מחזירין אותו, מ"מ לכתחלה לכו"ע אין כדאי לומר כן, **דאין לו שום מקור מן הש"ס**).

והם עונים ואומרים: ברוך שאכלנו משלו ובטובו חיינו, והוא חוזר ואומר: ברוך

הלכות ברכת המזון תקכט
סימן קצב - ברכת זימון בג' או בעשרה

שאכלנו משלו ובטובו חיינו - ואם המסובין צריכין לענות אמן אחריו, יש דעות בין האחרונים, **והמנהג** שלא לענות, [**והמזמן** לכו"ע לא יענה אמן אחר אמירת המסובים "ברוך שאכלנו" וכו', כיון שהוא בעצמו חוזר ואומר ג"כ "ברוך" וכו'].

בא"י אמ"ה הזן את העולם וכו' - משמע מזה דלא יאמר "ברוך הוא וברוך שמו", **ויש** פוסקים כתבו לומר "ב"ה וב"ש", וכן המנהג, **אבל** יותר נכון שלא לאמרו, וכן הוא המנהג הפשוט במדינתינו, וכן נראה מרוב הפוסקים - ערוה"ש, **ועיין** במ"א ובשארי אחרונים, דעכ"פ לא שייך זה ביחיד, **וגם** בשלשה אין לומר אותו רק המברך, ולא שנים המזמנים עמו.

ואם הם ד' יכול לומר: ברכו שאכלנו משלו - כיון שהם ג' וראוים לברך בלשון רבים בלעדו, **אבל** בשנים לא יכול לומר "ברכו", רק "נברך", **ובדיעבד** אם אמר בשנים "ברכו", אפשר דיצא, **אבל יותר טוב לומר "נברך", שלא להוציא עצמו מן הכלל.**

ואם הם עשרה, צריך להזכיר את השם, שאומר: נברך אלהינו וכו', והם עונים ואומרים: ברוך אלהינו וכו'.

ואין לומר: נברך לאלהינו בלמ"ד - דגבי ברכה לא כתיב למ"ד, דכתיב: ברכו עמים אלהינו.

ובין שיהיו עשרה או מאה או אלף או רבוא, כך הם מברכים.

וכל המשנה מזה הנוסח, כגון שאומר: נברך על המזון שאכלנו - דמשמע דמברך לבעה"ב המאכילו, דאי לרחמנא למה הוא מזכיר מזון, בלא מזון יש הרבה לברכו, **או שאומר: למי שאכלנו משלו** - דמשמע דרבים הם, זה זן את זה וזה זן את זה, ולפי דבריו הוא מברך לבעל הבית.

או שאומר במקום "ובטובו", "מטובו" - משום דממעט בתגמוליו של מקום, דמשמע דבר מועט כדי חיים, **או במקום "חיינו", אומר "חיים"** - דמשמע דהוא מוציא עצמו מן הכלל, **הרי זה בור.**

וכשהם עשרה, כיון שמזכירים את השם יכול לומר: נברך אלהינו על המזון שאכלנו משלו - דתו ליכא למטעי דקאי על בעה"ב המאכילו.

סעיף ב - אם טעה המזמן בעשרה והעונים, ולא הזכירו "אלהינו", אינם יכולים לחזור - דבדיעבד יצאו בזימון בלא שם, **ואם** יכול המזמן לחזור אח"כ ולומר: ברוך אלהינו וכו', או שצריך לומר ג"כ בלא שם, מאחר שהעונים אמרו מתחלה בלא שם, יש דעות בין האחרונים, עיין בשע"ת, **ולכו"ע** אם הם אמרו בשם, יכול גם הוא לחזור ולומר: ברוך אלהינו וכו', אף ד"נברך" אמר בלא שם.

אבל אם עדיין לא ענו אחריו, יחזור ויזמן בשם - דכיון שלא ענו עדיין, לא נתקיים מצות זימון, והוי כלכתחלה.

§ סימן קצג - אם מצטרפין לזימון אם לאו §

סעיף א - שנים שאכלו, אע"פ שבברכת "המוציא" פוטר אחד את חבירו - ר"ל דב"המוציא" אף לכתחלה יכול כל א' לצאת בברכת חבירו, **מצוה ליחלק שיברך כל אחד בהמ"ז לעצמו** - כלומר דאע"ג דבדיעבד אף בבהמ"ז בודאי יוצא ע"י חבירו המוציאו, מ"מ לכתחלה מצוה ליחלק, **והטעם** שחלקו בין בהמ"ז ל"המוציא", דבתחלת הסעודה שקובעים לאכול יחדו, דעתן להצטרף, משא"כ בסוף הסעודה דעתן להפרד זה מזה, הלכך צריך לברך כל אחד לעצמו, **ויש** עוד טעם, משום דבהמ"ז דאורייתא החמירו בה, **ועיין** בפמ"ג שכתב, דנכון לחוש לטעם הראשון, וע"כ אף אם לא אכל כדי שביעה, דחיובו הוא רק מדרבנן, ג"כ מצוה ליחלק ולברך כל אחד לעצמו.

בד"א כשהיו שניהם יודעין לברך בהמ"ז, אבל אם אחד יודע והשני אינו יודע, מברך היודע ויוצא השני, אם מבין לשון הקודש אלא שאינו יודע לברך; וצריך לכוין מלה במלה לכל מה שיאמר - (והוא לעיכובא, אם לא שיודע ששמע עכ"פ עקרי הברכות ופתיחתן וחתימתן, אז יצא בדיעבד, ודע עוד, דאם שמע הבהמ"ז והוא מתנמנם, לא יצא).

הלכות ברכת המזון
סימן קצג – אם מצטרפין לזימון אם לאו

הגה: וצריך המברך שיכוין להוציאו - וגם השומע צריך שיכוין לצאת.

אבל אם אינו מבין, אינו יוצא בשמיעה - ולפי זה הנשים יברכו לעצמן, וה"ה ע"ה כשאינו מבין ברכת המוציאו.

ויש פוסקים שסוברין, שבלה"ק יוצא אדם ידי חובתו בשמיעה אע"פ שאינו מבין הלשון, משא"כ בשאר לשונות, דלכו"ע אינו יוצא אם אינו מבין הלשון, **וכן** המנהג שנשים יוצאות י"ח בשמיעה מהמברך, אע"פ שאינן מבינות כלל, **ואפילו** בקידוש שהוא דאורייתא לכו"ע להנשים, אפ"ה יוצאות בשמיעה, וכן ע"ה אע"פ שאינן מבינים דברי המקדש, **ומ"מ** יותר טוב שיאמרו אחרי המברך והמקדש מלה במלה בלחש אם אפשר להם, דבזה יצאו לכל הפוסקים, **ובלא"ה** נכון לעשות כן לכו"ע, דא"א לכוין ולשמוע היטב. ‹צ"ע דלקמן בסי' רע"א בביה"ל הביא שו"ת רעק"א, שלא יאמרו, דא"כ צריך להם כוס לבדם – מגדנות אליהו›.

(הנה דינא דהמחבר איירי בשנים וכנ"ל, ולענין שלשה אם אחד יוכל להוציא לשנים, יש דעות בין הפוסקים, דדעת ברכת אברהם, דאפילו לדעת המחבר היינו דוקא ביחיד המוציא ליחיד, אבל בזימון שלשה שאחד מוציא לשנים, או בעשרה שאחד מוציא לתשעה, אפילו אינם מבינים, יחיד מוציא את הרבים, והעתיקוהו הרבה אחרונים, ומב"ח ולבוש משמע שלא כדבריו).

אבל ג' שאכלו אינם רשאים ליחלק - דכבר נתחייבו בזימון משאכלו ביחד.

ודע, דחיוב זימון הוא דוקא כשאכלו פת שחייבין עליו בהמ"ז, אבל אם אכלו פירות ואפילו הן משבעה מינים, לא, כדקי"ל בסימן רי"ג דאין זימון לפירות, **ויש** מחמירין בז' מינים להצריכו זימון, ולכן טוב שלא יקבעו ג' ביחד על ז' מינים, כדי לאפוקי נפשין מפלוגתא - ב"ח, **וברכי** יוסף כתב, שהמנהג פשוט לקבוע כמה אנשים על פירות מז' מינים, וכן לאכול פת הבאה בכיסנין.

ושנים שאכלו, מצוה שיחזרו אחר שלישי שיצטרף עמהם לזימון - היינו אם הוא עמהם בביתם, מצוה ליתן לו דבר מה לאכול כדי שיצטרף עמהם, **ומשמע** בגמרא, דאף אם הוא שמש המשמש בסעודה, שאין דרכן לאכול אתו ביחד, מצוה שיקראו לו לאכול אתם, כדי שיוכלו לזמן, **ופשוט** דאם הוא אחד, א"צ לחזור אחר שנים.

וכן ארבעה או חמשה אסור להם ליחלק, שכולם נתחייבו בזימון - כלומר אע"פ שאם ילך אחד ישארו שלשה ויזמנו, מ"מ הוא לא יצא ידי חובתו, שגם הוא נתחייב בזימון.

ששה נחלקים, כיון שישאר זימון לכל חבורה, עד י', ואז אין נחלקים עד שיהיו עשרים, כיון שנתחייבו בהזכרת השם - ואז יכולים ליחלק עשרה לכאן ועשרה לכאן, ונמצא שכולם זמנו בשם.

(הגה: דאז יכולים ליחלק אם ירצו, ונ"ל דה"ה בששה אינן מחויבים ליחלק, רק אם ירצו נחלקים) - היינו דלא אמרינן טוב יותר להתחלק כדי להרבות בברכות, **ועיין** בד"מ שדעתו, דאדרבה שמצוה מן המובחר שלא להתחלק, בין בעשרים ובין בששה, משום "ברוב עם הדרת מלך", רק דמדינא אין איסור בדבר אם יתחלקו, **ויש** שחולקים ע"ז וס"ל, כיון שיש בכל כת ג"כ מקצת רוב עם, וגם נתקיים מצות ברכת זימון בכל חד וחד, ולהכי שקולים הם, ויכול לעשות כמו שירצה אפילו לכתחלה.

ומצוה לחזר אחר עשרה - כדי שיהיו יכולים לברך בשם, **ועיין** באחרונים, דאפילו אם הם שבעה, מצוה לחזר אחר עוד שלשה.

ומיהו אם היו רבים מסובים יחד, ואינם יכולים לשמוע ברכת הזימון מפי המברך, ואינם רשאים ליחלק לחבורות של עשרה עשרה, מפני שיצטרכו לברך בקול רם - כדי להשמיע ברכת הזימון לכל העשרה, **וישמע בעל הבית ויקפיד עליהם** - במה שעושין חבורות לעצמן, **יכולים ליחלק לחבורות של ג' ג', ולברך בנחת כדי שלא ישמע בעל הבית.**

דאם היו יכולין ליחלק לעשרה עשרה, לא היו רשאין ליחלק לחבורה של ג', כדי שלא יפסידו מלהזכיר הזימון בשם.

וה"ה אם צריכין ללכת לדבר מצוה, ואין להם שהות להמתין שתתבטל המצוה, שרשאין לחלק לג' ג' - מ"א, **ובח"א** מגמגם בזה, ופוסק דעכ"פ כשלא נשארו י' בלעדם, בודאי אסור לצאת אפי' לדבר מצוה, **ומ"מ** אם הוא מצוה דאורייתא, אפשר דיש להקל בכל גווני.

וזה טוב להם ממה שלא יצאו ידי חובת ברכת זימון, שהרי אינם יכולים לשמוע מפי המברך - דאם היו יכולין לשמוע ברכת זימון מפי המזמן, אף דכל ברכת המזון אינם יכולין לשמוע מרחוק, לא היו רשאין ליחלק על ג', אלא ישמעו ברכת זימון לבד מפי המזמן, וברהמ"ז יברכו כל אחד בפני עצמו בלחש, וכמבואר לעיל סימן קפ"ג ס"ז.

והאחרונים חולקים ע"ז, משום דנהי דקי"ל, דהאידנא מברכין כל א' מהמסובין כל הבהמ"ז בלחש, **מ"מ** צריכין לשמוע היטב גם לדברי המברך, ולומר עמו בלחש כל מלה ומלה, ולענות אמן על כל ברכה וברכה, **ועכ"פ** עד "הזן את הכל" בודאי צריכין להאזין גם לדברי המברך, דעד שם הוא ברכת הזימון, כדלקמן בסימן רי"ש בהג"ה, **וא"כ** אף אם יכולין לשמוע ברכת זימון מפי המברך, כל שאין יכולין לשמוע מלה במלה מפי המברך עד "הזן את הכל", מוטב להם ליחלק ג' ג' ולברך בלא שם, ממה שלא יצאו כלל ידי חובת זימון מדינא.

כתבו האחרונים, היכא שיש מסיבה גדולה, יש ליתן לברך ברכת הזימון למי שקולו חזק, כדי שישמעו כל המסובין וכנ"ל.

סעיף ב - אפי' לא הוקבעו מתחלה כולם לאכול יחד, אלא שהשנים קבעו ואח"כ בא השלישי וקבע עמהם - קביעות נקרא כשיושבים ואוכלים על שלחן א' או במפה א', אפילו כל אחד אוכל מככרו, **ועיין** בביאור הגר"א דדעתו, דבעה"ב עם בני ביתו שישבו לאכול, הוי קביעות ומצטרפי אפי' בלא שלחן א'.

או שאחד קבע תחלה ואח"כ קבעו השנים עמו, אינם רשאים ליחלק, כיון שהם קבועים יחד בגמר האכילה - חל עלייהו חובת זימון ע"ז שאכלו לבסוף ביחד, **ומשמע** מזה, הא אם לא גמרו גם סוף אכילה ביחד, כגון שבא אחד לאכול אצל שנים אחר שכבר התחילו לאכול, וגם גמרו סעודתן שלא בזמן אחד, אותן שגמרו מקודם רשאין לברך בפני עצמן, דעכ"פ התחלה או גמר בעינן ביחד, [**ומ"מ** לכתחילה מצוה להמתין ולהצטרף ביחד לזימון]. **ומ"מ** אם המתינו לאחר אכילתם ולא ברכו עד שגמר גם השלישי לאכול, חייבין לזמן ואין רשאין ליחלק, ואע"ג שלא גמרו ביחד, כל היכי דאי מייתי להו מידי מצי למיכל מינייהו, כמו גמרו ביחד דיינינן להו, וכעין ההיא דריש סי' קצ"ז ע"ש.

ומ"מ - הוא כמו "אבל", **אם יאכל עמהם בלא קבע** - היינו שלא אכלו בדרך קבע בישיבה ועל שלחן אחד, **רשאים ליחלק** - ואפילו התחילו לאכול בשלשה מתחילת הסעודה ועד סופה.

אא"כ הוא שמש - שדרך אכילתו בלא ישיבת קבע, לכך הוא מצטרף בכל גווני.

הגה: ומ"מ אפי' כל מקום שרשאין ליחלק, עדיף טפי לזמן, משום דברוב עם הדרת מלך - היינו שאכלו השלשה בלא קביעות, [ואפי' כל אחד אכל בזוית אחר], **וכן** בעשרים או בששה, אף שע"פ דין רשאים ליחלק, מ"מ עדיף טפי שלא ליחלק, [ד"מ] וכנ"ל.

עיין במ"א שהקשה, דמהרבה פוסקים משמע, לענין שלשה שאכלו בלא קבע, דאין אחד יכול להוציא חבירו בבהמ"ז, וממילא גם לענין זימון אין רשאין, וע"ש שהאריך בזה, **ואף** דיש איזה אחרונים שדחו ראייתו לענין זימון, מ"מ יותר מסתבר כדבריו, [דאיך יאמרו "נברך", והכונה שנברכנו יחדיו, אחרי שלבסוף מוכרחין הם להתחלק, שאין אחד יכול להוציא את חבירו], **וכן** בפמ"ג כתב ג"כ, דבמקום שאין אחד יכול להוציא חבירו בבהמ"ז, אם יכולים להצטרף לענין זימון צ"ע למעשה, **ומסיים**, דבעשרה שיש הזכרת השם, אפשר דאסור לכו"ע לזמן באין חייבין, וכן משמע בחיי אדם.

[**ולא** אמרינן שיאכלו עוד מעט כדי לקבוע יחד, ואינו דומה למה שאמרו בשנים שמצוה לחזור אחר שלישי, **דהתם** מיירי שלא גמרו עדיין לאכול, אבל הכא מיירי בגמרו כולם את אכילתם, וע"כ אף דלא הסיחו דעתם, מ"מ לא מצינו שיאכלו עוד מחדש משום זימון].

סעיף ג - אם היו רוכבים, ואמרו: נאכל, אע"פ שכל אחד אוכל מככרו ולא ירדו מהבהמות, מצטרפין, כיון שעמדו במקום א' -

הלכות ברכת המזון
סימן קצג - אם מצטרפין לזימון אם לאו

סעיף זה כלשונו ממש מובא לעיל בסימן קס"ז סעיף י"ב, אלא דשם מיירי לענין להוציא בברכת "המוציא", והכא מיירי לענין צירוף זימון, ודין אחד לשניהן, וכבר ביארתי שם במ"ב באר היטב.

אבל אם היו הולכים ואוכלים, לא - וביושבין בעגלה ואוכלין ביחד כשהם נוסעין, עיין בסימן קס"ז מה שכתבתי בשם המ"א שמסתפק בזה, **ובח"א** הכריע, דבזה וכן בכל מקום שיש ספק, בשלשה יזמנו, אבל בעשרה יש לחוש להזכרת השם לבטלה, **ומ"מ** נ"ל דיזמן בלא שם, דהא בדיעבד יצא בעשרה אף אם לא הזכיר השם, וכדלעיל בסוף סימן קצ"ב.

ואם היו אוכלים בשדה מפוזרים ומפורדים, אע"פ שאוכלים כולם בשעה אחת ומככר א', כיון שלא קבעו מקום לאכול, אינם מצטרפין.

הגה: המנהג שלא לזמן בבית עובד כוכבים; ונראה לי הטעם, משום דלא יוכלו לקבוע עצמן בבית עובד כוכבים משום יראת העובד כוכבים, והוי כאילו אכלו בלא קבע; ועוד דיש לחוש לסכנה אם ישנו בנוסח הברכה ולא יאמרו: הרחמן יברך בעה"ב הזה, ולכן מתחלה לא קבעו עצמן רק לברך כל א' לבדו; ולכן אין לשנות המנהג, אף אם לא היו טעמים אלו מספיקים, מ"מ מאחר דכבר נהגו כך הוי כאילו לא קבעו עצמן ביחד.

האחרונים חולקים ע"ז, וכהיום המנהג שמזמנין, וב"הרחמן" אומרים: הרחמן הוא ישלח לנו ברכה מרובה בהליכתנו ובישיבתנו עד עולם, **ונוכל** לומר: הרחמן הוא יברך את בעה"ב הזה, וקאי על בעל הסעודה, **ומכ"ש** אם כל אחד אוכל משלו, שאז אפילו בבית ישראל אומרים: הרחמן הוא יברך אותנו וכו'.

ואם אוכלין במלון ביום דרך עראי בבית עו"ג, אפשר דאין זה קביעות ואין מזמנין, **וטוב** שלא יקבעו אז שלשתן יחד ויצאו מידי ספק.

סעיף ד - שלשה שישבו לאכול וברכו ברכת "המוציא", אפילו כל אחד אוכל מככרו, ואפילו לא אכל עדיין כזית פת, אינם רשאים ליחלק - היינו אפילו רוצה לגמור סעודתו קודם שיגמרו האחרים, כיון שהחיוב של זימון חל כבר עליו בהתחלת אכילה שלו.

סעיף ה - ג' שבאו מג' חבורות של שלשה שלשה בני אדם, ונתחברו אלו השלשה, אם זימנו עליהם במקומם, כגון שהפסיקו כל אחד לשנים עד שאמרו "הזן", שוב אינם יכולים לזמן, אפי' אכלו אח"כ יחד וגמרו סעודתן - דכבר פרח זימון מינייהו ע"י שזימנו עליהם מקודם, **ומ"מ** בהמ"ז חייבים לברך מתחלת ברכת הזן, וכדלקמן בסי' ר' בהג"ה.

(לכאורה נראה דה"ה אם אחד מהן הפסיק לשנים, ג"כ אמרינן דכבר פרח זימון מניה, ולא נשארו כאן אלא שנים, וכן מצאתי בפסקי ריא"ז ובחי' הרא"ה על הרי"ף, אכן לפי מה דמבואר לקמן בסי' ר' בטור, והובא שם במ"א, משמע דבאחד יכול להצטרף עוד הפעם עם שנים אחרים כשאכלו עתה ביחד, אחרי שהם לא זימנו עדיין, וצ"ל דלהראשונים הנ"ל מיירי שהם לא אכלו עתה, אבל כשאכלו ה"נ דמצטרפי, וצ"ע לדינא).

ואם לא זימנו עליהם במקומם, חייבים לזמן ואינם רשאים ליחלק - כיון שנועדו עתה יחדו, וכל אחד בא מחבורה שכבר נתחייב שם בזימון, [**לאפוקי** אם כל אחד בא מחבורה של שני אנשים, לא מהני מה שנועדו עתה יחדיו, כיון שעתה לא אכלו ביחד, ומקודם ג"כ לא נתחייבו].

ואף דנתבאר בס"ו בהג"ה, דאסור ליפרד מחבורה של ג', שעי"ז מפסיד הזימון שלהם, וא"כ היה לכל אחד ואחד לחזור לחבורה שלו, **י"ל** דמיירי הכא שנתפרדה חבורתם הראשונה, **א"נ** לפי מה דמבואר לקמן בסי' רי"ש בא"ר וש"א, דבמקום שיש אונס או הפסד ממון, מותר לאחד לגמור סעודתו מקודם שגמרו השנים ולברך בפני עצמו, **מיירי** הכא ג"כ בכה"ג, שהיו אלו השלשה מוכרחין למהר ולגמור סעודתן מקודם, ולכן אם נזדמנו אלו השלשה ביחד, יזמנו בפני עצמן.

ואפילו לא אכלו אלו הג' ביחד משנתחברו - וקשה, הא קי"ל לעיל סימן קפ"ד, דבהמ"ז צריך לברך דוקא במקום שאכל, וא"כ כל אחד ואחד צריך לחזור למקום שאכל מתחלה, **יש** מתרצים, דהכא מיירי

הלכות ברכת המזון
סימן קצג - אם מצטרפין לזימון אם לאו

בעקרו בשוגג ממקומם, דבזה לא מטרחינן אותו לחזור למקומו לדעת הרמב"ם, וכנ"ל שם בסעיף א', וכן פסקו שם האחרונים במקום הדחק, **ובענייננו** נמי כיון דכאן יכול לזמן, וכשיחזור לשם יברך ביחידי, כשעת הדחק דמי, **ועוד** י"ל דה"ק, ואפילו לא אכלו יחד, כלומר אלא כל אחד אכל בפני עצמו, שלא קבעו, דאינם חייבים בזימון כמ"ש ס"ב, הכא חייבין כיון שכבר נתחייבו.

סעיף ו - שלש חבורות שהיו בכל אחת ארבעה, ופירש אחד מכל חבורה ונצטרפו לחבורה אחרת, וזימנו הג' הנשארים, פרח זימון מינייהו כיון שחבריהם זימנו - ובזה דוקא אם לא אכלו אח"כ יחדו, אבל אם אכלו אח"כ יחד, מצטרפין, **ואינו** דומה להא דס"ה, דהא לא זימנו עליהם מקודם.

(כתב רע"א, נ"ל דזהו דוקא אם זימנו הם קודם שנתחברו אלו הג' יחד, דאז אין להאחד שיצא מחבורתם מקום לצאת בפני עצמו ידי זימון, וע"כ חל הזימון שזימנו הג' הנשארים בביתם גם עליו, ופרח זימון ממנו, **אבל** אם נתחברו אלו ג' למקום אחד מתחלה, ואח"כ זימנו האחרים הנשארים בביתם, יכולין אלו ג' לזמן, ולא פרח זימון מינייהו, כיון דיש כאן מקום להם לזמן בפני עצמם יחד, נפרדו לגמרי מחבורתם, ולא קאי הזימון עלייהו, **ואף** דלשון השו"ע לא משמע כן כ"כ, דכתב ונצטרפו לחבורה אחרת וזימנו, משמע שמתחלה נצטרפו, וכן אח"כ כתב, ונתחברו אלו הג' ובא אחד וכו', משמע שמתחלה נתחברו ואעפ"כ פרח זימון, מ"מ האמת אתו, דכ"כ הרמב"ן).

וה"ה אם לא היו בכל חבורה אלא ג', והלך א' מכל חבורה קודם זימון, ונתחברו אלו הג', ובא א' לכל חבורה - היינו א' מן השוק אכל מעט בסוף סעודתן, **ונצטרף עם ב' הראשונים וזימנו יחד, פרח זימון מאלו הג' כיון שכבר זימנו חבורתם, אע"פ שלא זימנו עמהם** - ולישנא "לכל חבורה" שכתב המחבר, לאו דוקא, דאפילו רק לחבורה אחת, א"כ פרח זימון מן אחד, ולא נשאר כאן אלא שנים.

הגה: שלש חבורות שאכלו, ובכל חבורה ג' בני אדם, אסור לכל א' ליפרד מכל חבורה ולזמן ביחד, דהרי הב' הנשארים בכל חבורה אינן יכולים לזמן אח"כ; אבל אם היה בכל חבורה ד', מותר ליפרד אחד מכל חבורה ולזמן ביחד, והנשארים יזמנו כל חבורה במקומם - ומיירי שכל החבורות היו מתחלה ג"כ בבית זה, אלא שלא נצטרפו ביחד, דאל"ה הלא צריך לברך בהמ"ז במקומו.

§ סימן קצד – שלשה שאכלו כאחד ונפרדו לענין הזימון מה דינם §

סעיף א- שלשה שאכלו כאחד, ושכחו וברך כל אחד לעצמו, בטל מהם הזימון ואין יכולים לחזור ולזמן למפרע - לומר: נברך וכו', דלמאי יזמנו זה את זה, והרי כבר ברכו בהמ"ז, ואין לשון זימון אלא שאחד יזמן השנים שיהיו מוכנין ומזומנין להצטרף יחד לברכת המזון. (**ואפילו** לא גמרו רק ברכת "הזן", ג"כ איבדו הזימון, **אבל** אם התחילו רק "בא"י אמ"ה הזן את העולם כולו", יש להסתפק).

וכן אם ברכו שנים מהם – (ר"ל דאין יכולין לחזור ולהצטרף עם השלישי, לפטרו על ידם מהזימון, דאין שנים נגררין אחר אחד, **ועם** חבורה אחרת של ג' יש לעיין, ומסתברא דיוכל להצטרף, דהרי נפרש מחבורה של חיוב, שגם הם חייבים עדיין, אלא שאין להם תקנה מפני שאין זימון למפרע, ומ"מ צ"ע, **אך** אם יאכל עמהם מעט, בודאי מצטרף, ואפילו עם שנים).

אבל אם שכח אחד מהם וברך – (וה"ה הזיד, ונקט "שכח" איידי דרישא), **השנים יכולים לזמן עם השלישי, אע"פ שכבר ברך יכול לומר: ברוך שאכלנו משלו, והם יוצאים ידי חובת זימון, והוא אינו יוצא ידי זימון, שאין זימון למפרע** - דהא באמת מחוייב בזימון הוא, שאכל עמהם ביחד, אלא שאין לו תקנה משום שכבר בירך, ואין זימון למפרע, לכן מהני הצטרפותו עכ"פ שיהיו הם יוצאין ע"י.

(וה"ה בעשרה, ושכחו ג' מהם וברכו, יכולים להצטרף עם הנשארים ולזמן בשם).

(עוד כתב במאמר מרדכי, דה"ה אם היו מתחלה ד', וברכו מהם שנים, יכולים השנים הנשארים לצרף אחד מן אלו השנים שברכו ולזמן עליו, ומצדד עוד יותר, דאפילו רוב מהחבורה ברכו בפני עצמם, אם נשארו שנים שלא ברכו, עוד יכולים לצרף אחד מהם לזימון).

הלכות ברכת המזון
סימן קצד – שלשה שאכלו כאחד ונפרדו לענין הזימון מה דינם

(כתב א"ר, יש להסתפק בשנים שאכלו פת, והג' שתה רביעית משקה, ואח"כ שכח אחד מן האוכלים פת ובירך, אם בכה"ג רשאי השלישי שאכל לזמן עם אותם שנים, **או** דילמא כיון דאין כאן רק אחד, אותו שחייב מדינא בזימון, לא, **וכן** מסתבר, עכ"ל).

הגה: ואם האחד זימן עם אחרים - היינו שבא לחבורה של שלשה, [היינו אפי' לא אכל עמהם, מפני שבא לכת המחויבת, והוא ג"כ נתחייב מכבר], **או** אפילו שבא לשנים בסוף סעודתם ואכל עמהם מעט, [דהכא אף דהוא מחויב מכבר, הלא הם פטורים כל זמן שלא אכל עמהם, **ואינו** דומה להא דס"ה הנ"ל, דהתם הלא כל אחד מאלו השלשה נתחייב מכבר], **אף שנים הנשארים אינן יכולים לזמן** - על האחד, מפני שכבר יצא ידי חובת זימון, **מיהו** אם נזדמן להם אחד מן השוק, יכולין לזמן עליו כשיטעום עמהם, דחיוב זימון שלהם לא נפקע בשביל אותו שזימן.

[**ואם** יזדמן להם אחד שפירש ג"כ מכת המחויבת בזימון, מצטרפי, אע"פ שלא יאכלו עתה ביחד משנתחברו, **ואף** דבכגון זה קימ"ל בקצ"ג ס"ו, דפרח זימון מינייהו, ואינם יכולים לזמן אם לא שיאכלו מחדש, **שאני** התם דרוב החבורה זימנו, משא"כ הכא דאחד זימן, לא פרח זימון של שנים בשביל האחד].

סעיף ב - שלשה שאכלו ויצא אחד מהם לשוק, קוראים אותו ומודיעים לו שרוצים לזמן, כדי שיכוין - לשמוע ברכת הזימון, **ויצטרף עמהם ויענה עמהם ברכת זימון.**

אבל אם אינו עונה, אין מזמנין עליו, משום דאינו עומד עמהם, **אבל** אם היה עומד עמהם, אף אם אינו עונה עמהם, מזמנין עליו בע"כ, כמבואר לקמן סי' ר"ש.

ויוצאים ידי חובתן - וגם הוא יוצא ידי חובת זימון בזה, **אף ע"פ שאינו בא ויושב עמהם** - אלא שעומד נגד הפתח בסמוך להם, **ועיין** סי' נ"ה ס"כ דמבואר שם, דאם יש טינוף בינתים מפסיק.

וכשיגמור ענינו יבוא הביתה שאכל שם ויברך בהמ"ז, **מיהו** אם נשתהה שם עד גמר בהמ"ז, וכוון לבו לצאת, יצא ידי בהמ"ז וא"צ לברך.

וה"מ בג', אבל בעשרה כיון שצריכים להזכיר את השם, אינם מצטרפין עד שיבא וישב עמהם. (וע"ל סי' ר' - ס"ב, **עד היכן ברכת הזימון)** - ולפי מה דפסק שם רמ"א, צריך העונה להמתין עד שיגמרו ברכת "הזן".

סעיף ג - ג' שאכלו כאחד, ואין אחד מהם יודע כל בהמ"ז - דאי אחד מהם יודע כל ברכת המזון, בודאי נכון שהוא יברך כל הברכות, ויוציאם ידי חובתם, ולא לחלק בהמ"ז לפרקים פרקים.

אלא אחד יודע ברכה ראשונה - היינו לבד מברכת "נברך" שצריך המזמן לומר בתחלת ברכת הזימון, **וא' השניה וא' השלישית, חייבים בזימון, וכל א' יברך הברכה שיודע** - ר"ל ויכוין להוציא את חבירו.

ואע"פ שאין בהם מי שיודע ברכה רביעית, אין בכך כלום - דברכת "הטוב והמטיב" לאו דאורייתא היא, ולפיכך אינה מעכבת להשלש ברכות, **ומשמע** מזה, דבאחת משלש ברכות הקודמים אם אין אחד מהם שיודע אותה, מעכב שלא יברכו כלל, דברכות מעכבות זו את זו, **ויש** פוסקים שסוברים, דאף דמן התורה חייב לברך אותם, מ"מ אין מעכבות זו את זו, **ולפיכך** מי שאינו יודע לברך כל הברכות, וא"א לו לקרא לבקי שיוציאו בבהמ"ז, צריך לברך עכ"פ הברכה שיודע אותה, **ולענין** דינא, אם אכל כדי שביעה, דחיוב בהמ"ז שלו הוא מן התורה, יש להחמיר כשיטה זו ולברך אותה.

אבל לחצאין אין לברך, אם האחד אינו יודע כי אם חצי הברכה, שאין ברכה א' מתחלקת לשתים - (ולפי המבואר לקמן בסימן ר"ש בהג"ה, דברכת הזימון הוא עד "הזן" דוקא, א"כ אם אין אדם אחד יודע לברך עד גמר "הזן", כי אם "נברך" לבד, והשני יודע ברכת "הזן", אין מחלקין אותה לשתים, אלא יברכו בלי זימון כלל, ויתחילו רק מתחלת בהמ"ז, **דנהי** דברכת "הזן" מעכב לברכת הזימון, שבלתה אינו יוצא בזימון, מ"מ זימון אינו מעכב לברכת "הזן" שהוא התחלת בהמ"ז, כנ"ל).

סימן קצה – חבורות שאוכלים בהרבה מקומות מה דינם

§ סימן קצה – חבורות שאוכלים בהרבה מקומות מה דינם §

סעיף א- שתי חבורות שאוכלות בבית אחד או בשני בתים, אם מקצתן רואים אלו את אלו - אפילו כשאוכלים כל אחת על שלחן בפני עצמו, **מצטרפות לזימון** - ר"ל אם ירצו יכולין להצטרף, ולהוציא אחד את כולם בבהמ"ז.

ואם לאו, אינם מצטרפות - אפי' כשהם בבית אחד, ואפילו אם נכנסו מתחלה על דעת להצטרף יחד.

ואם יש שמש אחד לשתיהן - היינו אפילו אינו אוכל כלל, **הוא מצרפן** - היינו אפילו הם בשני בתים, ואין רואין אלו את אלו.

וכגון שנכנסו מתחלה על דעת להצטרף יחד - מסתימות המחבר משמע, דאפילו בית אחד ורואין זה את זה, ג"כ לא מצטרפי שתי החבורות יחד, אא"כ כשנכנסו מתחלה על דעת זה, **אבל** הרבה אחרונים כתבו, דבבית אחד לא בעינן כלל שיכנסו מתחלה על דעת זה, ובכל שרואין זה את זה בלחוד, או אפילו באין רואין זה את זה ויש שמש בין שתי החבורות, סגי לענין צירוף, וכן דעת הגר"א בבאורו ובאדרת אליהו ע"ש.

(**ודע**, דמחידושי הרשב"א שכתב הטעם, דלהכי מהני ברואין אלו את אלו כשנכנסו מתחלה לכך, משום דהוי כהסבו יחד, מוכח מזה דס"ל, דלאו דוקא שתי חבורות שהיה בכל חבורה כדי זימון, מצטרפות להוציא אחת את חברתה במקצתן רואין זה את זה, ה"ה בחבורה אחת של ג', ששתים מהם הסבו על שלחן אחד, והשלישי הסב על שלחן אחר, כל שרואין אלו את אלו מצטרפין, ואע"ג דבבהמ"ז בעינן הסבו יחד, או לדידן עכ"פ ישיבה בשלחן אחד, **שאני** הכא דהא מיירי שמתחלת סעודתם נכנסו על דעת כן, שאע"פ שיתחלקו במקומות אעפ"כ דעתם להיות מחוברים, ומהני זה).

(**אכן** הרשב"ש בתשובה כתב, דדוקא בשתי חבורות שבכל חבורה יש כדי לזמן, ולא בעינן כי אם לצרף שיוציא האחת את השניה, להכי מהני רואין אלו את אלו, **משא"כ** בשלא היה בכל חבורה כדי לזמן אלא ע"י צירוף, לזה לא מהני שום תקנה, וכן הוא ג"כ דעת הגר"א, **ובאמת** יותר מסתברא כדבריו. **ודע**, דהרשב"ש מפליג עוד יותר, דאפילו יש בכל חבורה כדי זימון, אלא שע"י צירופן יתחדש שיברכו בעשרה, כגון שיש ה' בכל חבורה, נמי לא מהני בשרואין זה את זה ונכנסו מתחלה, כיון שעי"ז יצטרפו לברך בשם).

(**ודע עוד**, דאפילו לרשב"א שמקיל, מ"מ היינו דוקא בנכנסו מתחלה לכך, אבל בלא זה לא מהני, ואפילו ברואין זה את זה ובבית אחד, **ואפילו** להני דמקילי בבית אחד, ולא בעו שיכנסו מתחלה, כמו שכתבנו במ"ב, היינו דוקא בשתי חבורות שיש בכל אחד כדי זימון, ולא בשאין בהם כדי זימון).

ויש מי שאומר שאם רשות הרבים מפסקת בין שני הבתים, אינם מצטרפין בשום ענין - היינו אפילו כשהן רואין זה את זה, ויש שמש המשמש לשתיהן, **כתב** הט"ז, לאו דוקא ר"ה ממש שהוא רחב ט"ז אמות, דה"ה כשיש שביל היחיד מפסיק בינתים, **ואפשר** דדוקא כשהוא קבוע גם בימות הגשמים.

סעיף ב- אכלו מקצתן בבית ומקצתן חוץ לבית, אם המברך יושב על מפתן הבית, הוא מצרפן - דהוא רואה אלו ואלו, והו"ל כמקצתן רואין זה את זה, (וה"ה כשהם שני בתים, והמברך באמצע על המפתן, הוא מצרפן).

[**ומ"מ** משמע, דאדם אחר מהחבורות כשישב לא מהני, ‹דעכ"פ החבורות אינן רואות זו את זו›, והטעם דהקילו במברך, אפשר משום דכיון דשתי חבורות צריכין לו שיוציאם, נחשב כשמש המשמש לשתיהם דהוא מצרפן].

סעיף ג- כל היכא שמצטרפות שתי חבורות, צריך שישמעו שתיהן דברי המברך ברכת זימון - עיין לקמן בסימן ר"ש ס"ב, דדעת המחבר, דברכת זימון הוא "נברך" ו"ברוך שאכלנו", **ודעת** הרמ"א, דדוקא עד גמר ברכת "הזן", **בביאור** - ובדיעבד אם לא שמע דברי המזמן שאמר "נברך", רק שמע להעונים שעונים "ברוך שאכלנו משלו" וכו', מותר גם כן לענות עמהם ביחד.

הלכות ברכת המזון
סימן קצה – חבורות שאוכלים בהרבה מקומות מה דינם

הגה: ושאר ברכת המזון יברך כל אחד לעצמו - וכל זה הוא ג"כ רק במקום הצורך, אבל לכתחלה יותר נכון שישמעו כל הבהמ"ז מפי המברך, והוא יוציאם בכל הברכת המזון, ועיין לעיל סי' קפ"ג ס"ו במ"ב שם. **אבל אם ירצו שהמזמן יוציא כולם, צריכים שישמעו כל בהמ"ז** - ויכונו לצאת, **דבלא זה לא יצאו כלל.**

§ סימן קצו – מי שאכל דבר איסור אם מצטרף לזימון §

סעיף א - אכל דבר איסור, אע"פ שאינו אסור אלא מדרבנן - ואפילו אין איסורו בעצם, אלא משום שהוא אסר על עצמו דבר זה, **אין מזמנין עליו ואין מברכין עליו** - וה"ה שאין עונין אמן על ברכתו, **לא בתחלה ולא בסוף** - ואפילו אם אכל כדי שביעה, הואיל ודבר איסור הוא, ויש עבירה באכילתו, מנאץ את ה' בברכתו ע"ז, וכענין שנאמר: בוצע ברך נאץ ה'.

ואם אכל בשוגג, [אפי' דבר שהוא אסור מן התורה], ונזכר אחר אכילתו, דעת הט"ז ועוד כמה אחרונים, דבזה יוכל לברך בסוף, והיינו אפילו לא אכל כדי שביעה, דבזה לא שייך נאוץ, **אלא** דלענין זימון, אפילו בשוגג אין לזמן ע"ז, דאכילת איסור לא חשיבא קביעות, [בין שאכל לבדו, או שכולם אכלו בשוגג דבר זה כאחת].

אם גנב או גזל חטים וטחנן ואפאן, י"א שאע"פ שקנאן בשינוי והרי הם שלו, אלא שחייב לשלם לו דמים עבורם, מ"מ אסור לברך ע"ז בין ברכה ראשונה ובין בהמ"ז, דלענין ברכה דאית בה הזכרת השם, חמיר טפי ותמיד הוא בכלל נאוץ, **וי"א** דהואיל וקנה יכול לברך, **ודעת** המ"א, דלענין בהמ"ז אם אכל כדי שביעה, יש להורות בזה שיברך בהמ"ז, דהוא דאורייתא, ויש להחמיר ולברך, [וצ"ע].

סעיף ב - אם אכל דבר איסור - ואפי' איסור דאורייתא, **במקום סכנה** - כגון מפני חולי, **מברכים עליו** - והטעם, דכיון דסכנה הוא, התירא קאכיל, ואדרבה מצוה קעביד להציל נפשו, וכדכתיב: וחי בהם, ואחז"ל: וחי בהם ולא שימות בהם.

(ועיין לקמן סי' ר"ד) - דשם נשנה דין זה, ונתבאר שם בס"ח בהג"ה, דאם אנסוהו לאכול, [בין דבר היתר ובין דבר איסור], אינו מברך, אע"ג דהיה מוכרח לאכול מפני הסכנה, וע"ש במ"ב.

סעיף ג - שלשה שאכלו כאחד, אחד נזהר מפת עובד כוכבים ואחד אינו נזהר, או אחד מהן כהן ואוכל חלות, אע"פ שאותו שנזהר אינו יכול לאכול עם אותו שאינו נזהר, ולא ישראל עם הכהן, כיון שאותו שאינו נזהר יכול לאכול עם הנזהר, וכהן עם הישראל, מצטרפין - אע"פ שכל אחד אוכל מככרו.

אבל אם היו כהנים וזר אוכלים כאחד, והכהנים אוכלים חלה ונזהרים מפת של עובד כוכבים, והזר אוכל פת של עובד כוכבים, אינם מצטרפין - שכל צירוף לזימון אינו אלא כשהם יכולים להתחבר יחד באכילתן לאכול לחם אחד, וכאן כל אחד נזהר מלחם חבירו.

וה"ה לג' שמודרים זה מזה, שאינם מצטרפין לזימון - בין שכל אחד מהם מודר מחבירו, בין שאחד מודר מהשנים, והשנים ממנו, דעכ"פ אותו האחד אינו יכול לאכול משלהם, והם משלו, לכך אינם מצטרפין, **אבל** כששנים מודרים מאחד, והוא אינו מודר מהם, ודאי מצטרפין, כיון שהאחד יכול לאכול עמהם.

הגה: ודוקא כשכל אחד אוכל מככרו, אבל אם אוכלים מככר בעל הבית, מצטרפין, דהא אוכלים מככר אחד.

כתבו הפוסקים, דה"ה כשאחד אוכל חלב או גבינה, והשנים בשר, מצטרפין, שהאוכל גבינה הרי יכול לאכול מלחמם, אע"פ שהוא מלוכלך בבשר, אם יקנח פיו וידיחנו, **והמנהג** שהאוכל גבינה הוא המברך, ולא להיפוך, שהוא הגורם לחזימון, [**ועכ"פ** היכא שהאוכל בשר הוא כהן, דיש עליו מצוה ד"וקדשתו", לכבדו שהוא יהיה המברך, מסתברא בודאי דא"א לדחות משום מנהג זה], **אבל** אם אוכל גבינה קשה, אינן מצטרפין, שהמנהג עכשיו שלא לאכול בשר אחר גבינה קשה ע"י קינוח והדחה.

הלכות ברכת המזון
סימן קצו – מי שאכל דבר איסור אם מצטרף לזימון

וכן מר"ח עד ט"ב שאין אוכלים בשר רק בסעודת מצוה,

ויש שנזהרין גם בזה, ואוכלין רק מאכלי חלב, כמו שכתב בסימן תקנ"א, אותן שנזהרין מבשר ואוכלין חלב, אין מצטרפין עם אוכלי בשר, דהרי אין יכולין לאכול זה עם זה, **אלא** אם כן אכלו כזית פת קודם שאוכלי בשר התחילו לאכול בשר בלחמם, שאז עדיין היו יכולין לאכול ביחד, **או** שאחד מבני הסעודה אכל כזית לחם אחר שאינו מלוכלך לא בבשר ולא בחלב, שזה מצרף את כולם, שהרי כולם יכולים לאכול מלחמו.

סעיף ד - אין מזמנין על מי שאכל פחות מכזית.

סימן קצז – דין צירוף לזימון ג' או עשרה

סעיף א - שנים שאכלו כאחד וגמרו, ובא שלישי - ורוצה לאכול ולהצטרף עמהם לזימון, **כל היכא דאי מייתי להו מידי מצו למיכל מיניה** - היינו שאינם שבעים כ"כ, ואם היו מביאים להם דברים הממשיכים את הלב לקינוח סעודה, כגון פירות וכמהין ופטריות וגוזלות וכה"ג, היו יכולין לאכול ואפילו מעט מהם, **מצטרף בהדייהו** - דחשבינן להו כאילו לא גמרו סעודתן עדיין, והוא שקבע עמהם, דהיינו שאכל אצלם בשלחן שיושבים, וכמ"ש בסי' קצ"ג ס"ב ע"ש במ"ב.

(והכונה, דדוקא אם שניהם מצו למיכל מיניה, ולפי"ז פשוט דאם אחד נטל ידיו, או שהסיח דעתו בבירור שלא היה אוכל שום דבר, שוב ממילא אין השלישי יכול להצטרף, ומצאתי בא"ר שגם הוא מצדד כן לדינא, אלא שאח"כ מסתפק בזה קצת, ומגירסת החות יאיר ברי"ף משמע ג"כ כמו שכתבנו, **אח"כ** מצאתי במאמר מרדכי, שכתב לדבר ברור כדברינו, והרבה לתמוה על הא"ר שמסתפק בזה).

מצטרף בהדייהו - (והיינו שחייבין בזימון ולא שהוא רשות, דתלוי בגמר סעודה, וזה ג"כ גמר סעודה מקרי, **ודע** עוד, דמשמע מהראשונים דזה השלישי יכול לזמן ולהוציאם ידי זימון ג"כ).

כתב במאמר מרדכי, דה"ה אם אחד גמר סעודתו מתחלה, ואח"כ באו שנים אצלו ואוכלין, ג"כ מצטרף בהדייהו לזימון, אם היו מביאים לו מידי ומצי למיכל מניה, **עוד** כתב, דה"ה בכל זה לענין צירוף עשרה לזמן בשם.

וחייבים ליתן לו לאכול כדי שיצטרף עמהם - לאו דוקא, אלא שר"ל שמצוה ליתן לו, וכמו שכתב לעיל בריש סימן קצ"ג.

והוא שבא עד שלא אמרו: הב לן ונברך, אבל אם אמרו: הב לן ונברך, ואחר כך בא השלישי, אינו מצטרף עמהם - דכיון שאמרו כן, הרי כבר הסיחו דעתם מאכילה ושתיה, ואסור להם שוב לאכול, כמבואר לעיל בסימן קע"ט ס"א בדעה הראשונה, ולהכי אינו יכול להצטרף עמהם, דכבר נסתלקו מאכילתם הראשונה.

(עיין במ"א, דלדעה השניה המבוארת לעיל בסימן קע"ט ס"א, ד"הב לן ונברך" ג"כ לא הוי היסח הדעת לגמרי לענין אכילה, ממילא בכאן מצטרפי, כל שלא נטלו ידיהם במים אחרונים, וכן משמע בכמה אחרונים, דתלוי זה בזה, **אמנם** בשו"ע הגר"ז נוטה לומר, דדינא דידן לכו"ע הוא, ע"ש טעמו, (דמ"מ כל זמן שאינו נמלך וחוזר ואוכל, נגמרה אכילה הראשונה בהיסח דעתו, כיון שעומד בדעתו ואינו חוזר ממנה – שם), ועיין בפמ"ג שגם הוא רוצה לצדד כן, והניח בצ"ע).

הגה: ונטילת מים אחרונים כ"הב לן ונברך" דמי, וע"ל סי' קע"ט - דשם נתבארו פרטי דינים של "הב לן ונברך" ונט"י.

(עיין באור זרוע שרוצה לחדש, דזהו דוקא כשהיו שנים ובא שלישי, אבל היכא שאכלו ג' שנתחייבו כבר בזימון, ושוב בא אחד ואכל כזית, אפילו נטלו ידיהם או שאמרו "הב לן ונברך", ג"כ מצטרף עמהם, ומזמן להם ומוציאם ידי חובת זימון, **אכן** משארי ראשונים משמע דלא ס"ל הכי).

(עיין בפמ"ג שמצדד לומר, דבברכת זימון של שלשה, כל היכא שיש ספק לדינא, מצטרפין, היינו דרשות להם לזמן, **אבל** בברכת זימון של עשרה שיש הזכרת השם, מסתפק שם אי מותר בזה, משום חומר "לא תשא", וכן נוטה בח"א).

הלכות ברכת המזון
סימן קצז – דין צירוף לזימון ג' או עשרה

סעיף ב - תשעה שאכלו דגן וא' אכל כזית ירק, מצטרפין להזכיר השם - דאף דעל ירק אין מברכין בהמ"ז, מ"מ יכול להצטרף ולענות: ברוך שאכלנו משלו.

ודוקא כזית, וטעמו, דכיון שאומר "שאכלנו", ואין אכילה פחותה מכזית, **או** משום דבעינן שיתחייב עכ"פ בשום ברכה, ובפחות מכזית אין חיוב בשום ברכה אחר אכילתו, כמבואר לקמן סי' ר"י, (**ובביאור הגר"א** משמע שדעתו, דלא בעינן כזית לצירוף עשרה, ומ"מ צ"ע להקל נגד דעת השו"ע, דלאו דעת יחידאה היא).

ואם כבר בירך ברכה אחרונה, שוב אין יכולין לזמן עליו, דכבר נסתלק מהם.

ואפי' לא טיבל עמהם אלא בציר - היינו שטבל ירק בהציר, ובין כולם היה רק כזית, אפ"ה מצטרף, [**ועיין** בהרמב"ם, דאם אכל ציר לבד גם כן מצטרף לי'].

או לא שתה עמהם אלא כוס אחד שיש בו רביעית - דשתיה בכלל אכילה, ויכול לומר "שאכלנו", **מכל משקה חוץ מן המים, מצטרף עמהם** - דמים לא זייני ואינו חשוב להצטרף, אפי' הוא צמא ורוצה לשתות, **ומ"א** חולק ופסק דמצטרף, דכל שתיה בכלל אכילה היא, והעתיקוהו איזה אחרונים להלכה, **אכן** בספר בגדי ישע ובמגן גבורים הסכימו להמחבר, וכן מצדד בספר חמד משה.

(עיין בביאור הגר"א, ומשמע דדעתו דלא בעינן רביעית, וכמו דמיקל הגר"א לענין כזית ירק, אך כבר כתבתי דקשה להקל, דכמה ראשונים ס"ל כן. **ובא"ר** הביא בשם הספר צדה לדרך, דגם ברוב רביעית סגי, וכתב דלא מצא כן בפוסקים אחרים, **ולענ"ד** אין לדחות כ"כ דבריו, מאחר דהגר"א ודעמיה ס"ל דלא בעינן כזית, וממילא דבזה ג"כ סגי אפילו בשיעור קטן מאד, **ובפרט** רוב רביעית דהוא שיעור חשוב לענין קידוש, ויש הרבה פוסקים דמסתפקי לענין ברכה אחרונה, דאית להו דשיעור כזית סגי לענין שתיה, שהוא שליש רביעית, וכ"ש ברוב רביעית, **ואף** דלכתחלה מחמרינן שלא לברך ברכה אחרונה בפחות מרביעית, מ"מ לענין צירוף אפשר דיש להקל בפחות מזה, **ולכתחלה** בודאי יותר טוב להדר שישתה רביעית, אך בדיעבד אפשר שיש להקל).

והוא שיהיה המברך אחד מאוכלי הפת - דכיון שהוא מוציא את חבריו בברכת הזימון, חמיר טפי, [**הוצרכנו** לטעם זה אפי' לדעת המחבר, דפסק דסגי עד "נברך", **וכ"ש** לדעת הרמ"א דפסק, דהמזמן צריך לומר גם ברכת "הזן"].

ואפי' שבעה אכלו דגן וג' ירק - וה"ה איזה משקה וכנ"ל, **מצטרפין; אבל ששה לא, דרובא דמינכר בעינן.**

סעיף ג - המצטרף צריך לברך ברכה אחרונה על מה שאכל - לאחר שגמר לשמוע ברכת הזימון, **ואינו נפטר בבהמ"ז של אלו** - ר"ל אפילו אם ירצה לכוין לצאת בבהמ"ז, ג"כ לא מהני, כדקי"ל דאין ברכת שלשה פוטרת מעין שלשה, ולא ברכת בנ"ר, **אך** אם אכל תמרים או שתה יין, בודאי מהני בדיעבד, דהא קי"ל בסימן ר"ח, דאם בדיעבד בירך עליהן בהמ"ז יצא, **ולפי** מה דפסקו שם כמה אחרונים, דאף על דייסא אם בירך בהמ"ז יצא, גם בדייסא דינא הכי, **וכתב** המ"א, דמ"מ לכתחלה יכוין בהם שלא לצאת בבהמ"ז, דצריך לברך על כל מין ברכתו הראויה לו.

בד"א דסגי בכל מאכל, להצטרף לעשרה - דבלאו דידיה יש חיוב זימון מן האוכלים פת, ולא בעינן ליה אלא להזכרת השם, **אבל לג', אינו מצטרף עד שיאכל כזית פת** - דמחוייב בבהמ"ז.

וי"א דבכזית דגן מהני אפי' אינו פת - היינו כגון דייסא וכיוצא בו, ממיני מזון שחייב לברך עליו ברכה אחת מעין שלש.

וי"א דבירק ובכל מאכל מהני - וה"ה שתיה וכנ"ל בס"ב לענין עשרה, **וטעם** דעה זו, דס"ל דלענין צירוף לזימון אקילו גם לענין שלשה, כיון ששנים מהן אכלו פת ומחויבין בבהמ"ז, **והוא** שהשלישי אכל כזית שמחויב עכ"פ לברך ברכה אחרונה, [**היינו** אפי' להני פוסקים שהזכרתי בבה"ל בס"ב לענין עשרה, דלא בעינן שיעורא, הכא לענין שלשה מודו כו"ע דדוקא כזית].

הלכך שנים שאכלו ובא שלישי, אם יכולים להזקיקו שיאכל כזית פת, מוטב; ואם

הלכות ברכת המזון
סימן קצז – דין צירוף לזימון ג' או עשרה

אינו רוצה, לא יתנו לו לשתות ולא מאכל אחר; ואם אירע שנתנו לו לשתות או מאכל אחר, יזמנו עמו אע"פ שאינו רוצה לאכול פת - הוא מדברי המחבר להכריע בין השיטות, דלכתחלה יש לזרזו שיאכל פת דוקא, כדי לצאת ידי דעה ראשונה, **ואם** אינו רוצה, לא יתנו לו כלל, כדי שלא להכניס עצמן לספק חיוב, **אך** בדיעבד אם אירע שנתנו לו איזה דבר שאינו פת, צריך לחוש לדעה שניה ולזמן עמו.

ועכשיו נוהגים, שאם לא רצה לאכול פת, נותנים לו לכתחלה לשתות או לאכול איזה דבר, וכדעה האחרונה.

סעיף ד - חברים שאכלו כאחד, קצתם אכלו כדי שביעה, וקצתם לא אכלו אלא כזית, אם כולם יודעים לברך, מצוה שיברך אותו שאכל כדי שביעה ויוציא את האחרים - דכיון דהרבה מהם אכלו כדי שביעה, ומחוייבים בבהמ"ז מן התורה, מוטב שיוציאם ג"כ אותו שאכל כדי שביעה ומחוייב מן התורה כמותו, [**ומ"מ** משמע דהוא אינו לעיכובא רק מצוה לכתחילה, מדכתב המחבר לשון מצוה].

וכתבו האחרונים, דכ"ז אם מוציאם בבהמ"ז, אבל אם מברכים כל אחד בפני עצמו, אלא שאחד מזמן עליהם, לא קפדינן כולי האי, ולכתחלה יכול לזמן עליהם אף מי שלא אכל כי אם כזית, [דברכת הזימון לרוב הפוסקים הוא מדרבנן].

ואם אין יודעים כולם לברך, מי שאכל כזית יכול להוציא אף אותם שאכלו כדי שביעה - דמן התורה יכול להוציא חבירו בבהמ"ז אע"פ שלא אכל כלל, כיון שחבירו כבר אכל וחייב לברך, וכל ישראל ערבים זה בזה, **אלא** מפני שאומר שקר, במה שאומר "שאכלנו" והוא לא אכל, הצריכוהו חכמים שיאכל כזית מתחלה, **ועיין** במ"א שמסתפק, דלפי"ז אם הם רק שנים, דבלא"ה אינם מזומנים, אפשר דיכול להוציא חבירו שאינו יודע לברך, אפילו אם לא אכל כלל, ומצדד להחמיר, **וכ"כ** בא"ר, דמדרבנן בכל גווני אין אחד מוציא חבירו בבהמ"ז אא"כ הוא ג"כ מחוייב בדבר, וכן מוכח בהדיא בחידושי הרא"ה ובריטב"א ובשיטה מקובצת.

הגה: וי"א שאינו חייב לברך מדאורייתא אם לא שתה, והוא תאב לשתות - דס"ל דמה דדריש ר"מ בגמ' "ואכלת" זו אכילה, "ושבעת" זו שתיה, הכוונה דאם שתה לאחר אכילה, אז חייב לברך, ואם לאו, אינו חייב אלא מדרבנן, **ודוקא** שהוא תאב לשתות, דאם אינו תאב לשתות, לכו"ע חייב מדאורייתא אף בלי שתיה.

[**ורוב** הפוסקים ס"ל, דהאי דרשה אסמכתא בעלמא הוא, וכונת התורה "ושבעת" הוא שביעה ממש, **ואף** אם נאמר דכזית הוי דאורייתא, "ושבעת" זו שתיה, הכונה דאם יאכל או ישתה יין חייב לברך, והוא ברכה א' מעין שלש].

וטוב ליזהר לכתחלה אם מקצתן שתו ומקצתם לא שתו, שיברך מי ששתה - ר"ל דלפי פסק המחבר מקודם, דאם יש מי שמחוייב בדבר מדאורייתא שיודע לברך, מצוה שיברך הוא להוציא אחרים, **טוב** לחוש גם לשיטה זו, שיברך מי ששתה אחר אכילתו להוציא אחרים, דהוא מחוייב בודאי מדאורייתא, **אם** לא שאותן ששתו אין יודעין לברך, דאז יוכל להוציא אותן אפילו מי שלא שתה, וכמו שכתב גם המחבר לענין כדי שביעה.

ואעפ"כ אם מקצתן אכלו לשובע ולא שתו, ומקצתן לא אכלו לשובע ושתו, **מוטב** שיברכו אותן שאכלו לשובע, דחייבין מדאורייתא לדעת הפוסקים אף שלא שתו, ודעת המרדכי בשם הרא"מ דעת יחידאה היא.

מי שהיה שבע קודם שאכל, ואכל אכילה גסה שלא היה צריך לאותה אכילה, אעפ"כ אם נהנה גרונו מאותה אכילה, מברך עליו לפניו ולאחריו, ומוציא אחרים, **ואם** נפשו קצה עליו ואינו נהנה גרונו, אינו ראוי לברך לא לפניה ולא לאחריה, לפי שזו אינה חשובה אכילה כלל לכל מצות שבתורה, כמו שנתבאר בסי' תע"ו ובסי' תרי"ב.

§ סימן קצח – אחד נכנס אצל שלשה שאכלו §

סעיף א - שלשה שאכלו והם מברכין, ונכנס אחד שלא אכל, אם נכנס כשאומר המברך: נברך שאכלנו משלו, עונה אחריו: ברוך ומבורך שמו תמיד לעולם ועד - דאין מן הראוי שיהיה אדם אצל חבורה שמזמנין עצמן ליתן שבח והודיה לו ית', והוא ימנע מזה.

מחבר רמ"א משנה ברורה

הלכות ברכת המזון
סימן קצח – אחד נכנס אצל שלשה שאכלו

ואם נכנס כשאחרים עונים: ברוך שאכלנו משלו - דאז לא יוכל לענות: ברוך וכו', כיון שלא שמע מפי המזמן שבקשו לברך, [**ואף** שפסקנו לעיל בסי' נ"ז במ"ב, דאף מי שלא שמע "ברכו" מפי הש"ץ, מ"מ עונה עם הציבור בשוה, **דהתם** עניתו הוא ממש כשל ציבור, משא"כ הכא, הם אומרים: ברוך שאכלנו, והוא עונה: ברוך ומבורך], **עונה אחריהם אמן** - ככל הברכות שאדם שומע מפי ישראל, שצריך לענות אמן אחריו, **ואם** שמע אח"כ מפי המזמן כשחזר ואמר: ברוך שאכלנו משלו וכו', צריך לענות עוד הפעם אמן, ככל הברכות שאדם שומע מפי אחד, וחזר ושמע אותה הברכה מפי השני.

כתב הט"ז, אם נכנס אחר שכבר התחיל המברך לומר: ברוך שאכלנו, אין צריך לענות אמן, (דיסוד החיוב לענות או "ברוך הוא" או "אמן"ז, משום דאין מן הראוי שיהיה אצל חבורה שנותנין שבח והודיה לו ית' והוא שותק, אבל בזה, כיון שאחרים שאכלו הם שותקים, אין עליו שום חיוב כלל - שם), **אבל** כמה אחרונים חולקין ע"ז, (דיסוד החיוב אינו משום זה, רק חיוב לענות אמן על כל ברכה ששומע - מ"ב המבואר).

הגה: וכן בכל הברכות שאדם שומע, חייב לענות אמן - בין ברכת המצות בין ברכת הנהנין.

ואם הם י', אומר: ברוך אלהינו ומבורך שמו תמיד לעולם ועד - היינו כששמע להמברך שאמר: נברך אלהינו, **ואם** שמע רק להעונים, אומר רק אמן בלבד, כנ"ל. **וברכת** נשואין עונה: ברוך אלהינו ומבורך שמו תמיד לעולם ועד שהשמחה במעונו, (צ"ל: ברוך אלהינו שהשמחה במעונו ומבורך שמו תמיד לעולם ועד - מאמ"ר).

וה"ה אם היה שם כשגמרו מלאכול ולא אכל עמהם, כך הוא עונה אחר המברך ואחר העונים - ר"ל אף שאמר מתחלה עם המסובין: ברוך ומבורך וכו', צריך לענות לבסוף אמן ג"כ אחר העונים.

ואם שתה, אפי' לא נצטרף עמהם כלל, יכול לומר: ברוך שאכלנו וכו', דשתיה בכלל אכילה, **ומיהו** בעשרה לענין הזכרת השם, (בשתיה, אפי' נצטרף עמהם), שיאמר: ברוך אלהינו שאכלנו משלו וכו', נשאר הפמ"ג בספק, (**ומיהו** ממש"כ המחבר: ואם הם י', אומר: ברוך אלהינו ומבורך כו', אין ראיה, די"ל שמשבח לה', אבל שיאמר: ברוך אלהינו שאכלנו, דמשמע דרך חיוב, אפשר דלא יאמר כן, וצ"ע - שם).

§ סימן קצט – על מי מזמנים ועל מי אין מזמנים §

סעיף א - השמש שאכל כזית, מזמנין עליו - שאף שלא קבע עצמו בשלחן עמהם, שאוכל מעומד, וגם הולך ובא באמצע אכילתו, ואין לו קביעות כלל עמהם, אפ"ה מצטרף, שכיון שדרך אכילתו בכך, זו היא קביעתו, משא"כ באיש אחר, וכמ"ש בסי' קצ"ג ס"ב במ"ב.

סעיף ב - כותי בזמן הזה, הרי הוא כעובד עבודת אלילים, ואין מזמנין עליו.

סעיף ג - עם הארץ גמור מזמנין עליו בזה"ז - דבגמרא אמרינן, דאפילו קרא ושנה ולא שימש ת"ח, דהיינו להבין טעמי המשניות להקשות ולפרק, אין מזמנין עליו, **ולכן** קאמר דאפילו ע"ה גמור שאין בו מקרא ומשנה, מזמנין עליו בזמן הזה, **שאם** היו פורשין מהם, היו גם הם פורשין מן הצבור לגמרי.

ואם אינו מקיים מצות התורה בדבר המפורסם בכל ישראל, כגון שאינו קורא ק"ש שחרית וערבית, י"א שאעפ"כ מזמנין עליו, **ודעת** המ"א שבזה אין מזמנין עליו, דבזה כיון דבכלל ישראל קוראין ק"ש, לא חיישינן לקלקולא במה שנפרוש עצמנו מיחידים שאין קורין, וכן סתמו כמה אחרונים, **וכ"ש** מי שהוא רשע ועובר עבירות בפרהסיא, דאין מזמנין עליו.

(**ועיין בפמ"ג שכתב, דאין סתירה לזה מסי"א, דמבואר** שם דדוקא כשנידוהו על עבירה, הא לא"ה מזמנין עליו, דהתם בעבירה אחת, וכאן בעבר על כמה עבירות, ולענ"ד נראה דאין חילוק בדבר, אלא דלענין שארי דברים שבקדושה. כגון לענין קריאת התורה ונשיאת כפים ושארי דברים שבקדושה דצריך עשרה, בודאי אפילו עבר על כמה עבירות לתאבון, כ"ז שלא נידוהו נמנה למנין עשרה, דהכי משמע מסתימת המחבר לעיל סימן נ"ה סי"א, **והכא** לענין זימון, מסתברא שאפי' עבר עבירה אחת בפרהסיא במזיד, כגון שאכל חזיר או נבלה וטרפה, שהוא דבר המפורסם בישראל לאיסור, אין מזמנין עליו, **והטעם**, דענין זימון הוא שחיובו בא ע"י שמתחלה התחברו יחד לאכילה, ובשביל זה צריך ג"כ אח"כ להתחבר ולברך להש"י על

הלכות ברכת המזון תקמא
סימן קצט – על מי מזמנים ועל מי אין מזמנים

אכילה שאכלו, וע"ז איתא במשנה דאם הוא ע"ה אין מזמנין עליו, והיינו עבור שפשע שלא למד, לכך אין להתחבר אתו כדי לזמן, וע"כ קאמר המ"א, דאם הוא רשע ועובר על התורה בפרהסיא, בודאי אין נכון להתחבר אתו לזמן, ובסי"א לא מיירי בכה"ג, (שעבר בפרהסיא), וממילא מסתברא דאפילו אם ראוהו פעם אחת בפרהסיא שפקר בעבירה, ג"כ אין לזמן אתו, **ותדע** דלענין זימון החמירו הרבה יותר, דהרי בודאי אפילו ע"ה גמור מצרפין אותו לעשרה לענין קדיש וברכו וכה"ג, ולענין זימון איתא במשנה דאין מזמנין עליו, אלא ודאי דלענין זימון חמיר הרבה יותר, וכמו שכתבנו הטעם, **ולפי** כ"ז מה דאיתא לעיל בסימן נ"ה, דאם לא נידוהו מצטרף למנין עשרה, היינו רק לשאר דברים שצריך עשרה, אבל לענין זימון בשם בודאי לא, דלא עדיף מע"ה בזמן התלמוד, **ואולם** היה אפשר עוד לומר, דמה דאיתא במשנה דע"ה אין מזמנין עליו, היינו דוקא לשלשה, אבל לענין סניף לעשרה עושין, **ולפי"ז** דינא דמ"א לענין רשע שעובר בפרהסיא, ג"כ דוקא לענין שלשה, ולא לענין עשרה, ולפי"ז מה דאיתא בשו"ע לעיל בסימן נ"ה, דנמנה לעשרה, היינו אפילו לענין זימון בשם, וצ"ע).

(וכ"ז הוא לענין אם אנו מצרפין אותו לזמן עליו, והטעם דמשום שפשע שלא למד, לכך מדינא דגמרא אין מתחברין אתו לצרפו לזימון, וכ"ש אם אינו מקיים מצות התורה דשייך טעם זה, **אבל** הוא בעצמו בודאי חייב בזימון כשאר ישראל, ונ"מ לענין אם היו שלשה כה"ג, בודאי מחוייבים לזמן, או אם ישב בחבורה של אנשים כשרים שהיו שלשה בלתו, בודאי אין רשאי להפרד מהם ויזמן אתם, דכי מי שאכל שום וריחו נודף וכו', וכמ"ש הרמב"ם בתשובה, דאפי' ירבעם בן נבט שבלא"ה עבד ע"ז, אעפ"כ יענש גם על קלות כגון עירובי תבשילין וכדומה).

סעיף ד - עובד כוכבים אין מזמנין עליו - היינו אפילו נתכוין לברך לאלהי ישראל.

ואפילו גר שמל ולא טבל אין מזמנין עליו - דאינו גר עד שימול ויטבול, וכל זמן שלא טבל כדין בפני בית דין של שלשה, כמבואר ביו"ד סימן רס"ח ס"א, מקרי לא טבל.

אבל גר גמור מזמנין עליו, ויכול לברך בהמ"ז - והיינו אפי' להוציא אחרים ידי חובתן בברכת המזון,

ולומר: על שהנחלת לאבותינו - לפי שלאברהם נתנה הארץ למורשה, ואברהם נקרא: אב המון גוים.

סעיף ה - אונן בחול, שהוא פטור מלברך - פי' כל זמן שמתו מוטל לפניו, כבסימן ע"א, **אין מזמנין עליו** - ואפי' להאומרים שאם רצה להחמיר ולענות ולברך הרשות בידו, [ומיירי בשיש לו מי שישתדל עבורו בצרכי הקבורה, אבל לא מסרו עדיין לכתפים], **מ"מ** כיון שהוא פטור אינו מצטרף, **ועיין** בסי' ע"א, לענין אם יש חבורה בעיר המיוחדים להוצאת המת ומסרהו להם.

ואפילו בדיעבד אם בירך להוציא לאחרים, לא מהני, דכל שהוא בעצמו פטור מן הדבר, אין יכול להוציא לאחרים.

סעיף ו - נשים ועבדים וקטנים אין מזמנין עליהם - ר"ל אם לא היו רק שני אנשים, אין אלו מצטרפין לשלשה שיתחייבו על ידם בזימון, משום דאלו אינן בני חיובא בזימון, וכדלקמיה בס"ז, **ואפילו** אם רצו לזמן עמהם, ג"כ אין רשאין, וגרע מנשים בעצמן או עבדים, שיש להם עכ"פ רשות לזמן וכדלקמיה, **משום** שאין חברתן נאה שיהיה הצירוף של שלשה ע"י הנשים, וכן ע"י העבדים שהם פרוצים בזמה, **ואפילו** אשה עם בעלה ובניה, ג"כ אין נכון להצטרף מטעם זה.

אבל מזמנין לעצמן - רשות, וקאי אנשים ועבדים ולא אקטנים, דקטנים לאו בני מצוה נינהו לומר שיזמנו לעצמן.

ולא תהא חבורה של נשים ועבדים וקטנים מזמנין יחד, משום פריצותא דעבדים - שחשודים על הזנות ועל משכב זכור, **ולכן** אפילו יש ג' עבדים אין מזמנין עם הנשים בחבורה אחת, דאכתי איכא פריצותא.

אלא נשים לעצמם ועבדים לעצמם; ובלבד שלא יזמנו בשם - דהזכרת השם הוא דבר שבקדושה, וכל דבר שבקדושה איננו בפחות מי' זכרים ובני חורין, וכדלעיל בסי' נ"ה. **ותימה** דהא כתב בס"י, דקטן היודע למי מברכין מצטרף למנין י', וצ"ע - אבן האזל.

סעיף ז - נשים מזמנות לעצמן רשות - י"ל הטעם, דלא רצו חכמים להטיל עליהם חיוב ברכת הזימון כשהם בפני עצמן, משום שאינו מצוי כ"כ שיהיו

תקמב הלכות ברכת המזון
סימן קצט – על מי מזמנים ועל מי אין מזמנים

בקיאות בברכת הזימון, [**ואפשר** עוד, משום דלכתחילה מצוה מן המובחר בשלשה לברך על הכוס, ובאשה גנאי הדבר, ולפי"ז ניחא מה שחייבים בזימון כשהם עם האנשים, **ובלבוש** כתב הטעם דלהכי חייבת עם האנשים, משום מגו דחל החיוב על האנשים חל ג"כ עלייהו].

(**ודעת הגר"א בביאורו, שהעיקר כהרא"ש ותר"י, שנשים מזמנות לעצמן חוב, אך העולם לא נהגו כן**).

אבל כשאוכלות עם האנשים חייבות, ויוצאות בזמון שלנו - שכמו שהאנשים מוציאים לאנשים, כן הם מוציאים לנשים, (**ופשוט דהיינו אפילו אשה אחת**).

ואע"ג דנתבאר לעיל, דאין מזמנין אנשים ונשים ביחד ואפילו רצו, משום שאין חבורתן נאה, **היינו** דוקא התם שהאנשים הם רק שנים, וחיוב זימון בא ע"י צירוף נשים, להכי מנכר צירופן והתחברותן יחד וגנאי הדבר, **משא"כ** הכא מיירי כשיש שלשה אנשים זולתן, ואין צריך כלל לצירופן לענין חיוב זימון, ולכן אף שהנשים ועבדים מצטרפין לצאת ידי חובתן בשמיעה מהמברך ולענות אחריו ברכת הזימון, אין בזה משום גנאי.

(**ומשמע** מדברי היד הקטנה, **דהיא אסורה לברך ברכת הזימון ולהוציא את האנשים, אלא שצריכה לשמוע ולצאת מהזימון שמברכין האנשים**).

ועיין בשו"ע הגר"ז, שדעתו שאם רצו הנשים להתחלק מחבורת האנשים ולזמן בפני עצמן, הרשות בידן, [**דכיון** דאיחייבו להו בזימון מחמת שאכלו בחבורה של ג' אנשים, וחל ממילא עלייהו ג"כ חיובא, אפי' לאחר שנתפרדו מהם לא פקע חיובייהו, ועדיין הן מחוייבת בזימון ולא רשות, **ואף** דאין מוכרח, מ"מ מסתברא כוותיה, דאין לנו לכופן שישבו דוקא בחבורה אחת עם גברים, **ובפרט** להגר"א שפסק לעיקר, דנשים מזמנות לעצמן חוב, בודאי לא יפסידו כלום ע"י פרידתן].

הגה: אע"פ שאינן מבינות - ועיין בסימן קצ"ג במ"ב מש"כ שם בשם האחרונים, דיוצאות גם ידי בהמ"ז בשמיעה מפי המברך אע"פ שאינן מבינות לשה"ק, **וכתבנו** שם דמ"מ יותר נכון שיאמרו אחר המברך מלה במלה בלחש אם אפשר להם.

סעיף ח - אנדרוגינוס מזמן למינו - דכל אנדרוגינוס אחד הם, משא"כ בטומטום לקמיה, (**ואם הוא רשות או חוב, עיין בע"ת ולבוש וא"ר**).

ואינו מזמן לא לאנשים - דשמא נקבה היא, ונתבאר בס"ו שאין מזמנין עליהן, **ולא לנשים** - דשמא זכר הוא, ואין חברתן נאה וכנ"ל.

[**ואם** היה שם חבורה של ג' אנשים, לפי"ז יכול להתחבר עמהם, דלא גרע מאשה, **ומ"מ** אם הם אכלו כדי שביעה, בודאי אין כדאי שיוציאם בבהמ"ז, ‹שהרי אשה אינה מוציאה האיש בבהמ"ז›, **ומ"מ** בדיעבד אפשר דיצאו, ‹שיש ס"ס לקולא, שמא הוא זכר, ושמא האשה חייבת בבהמ"ז מה"ת›.

[**ועוד** טעם בבית יוסף, דבריה בפני עצמו הוא, ואינו מצטרף עמהם].

סעיף ט - טומטום אינו מזמן כלל - היינו אפילו עם שני טומטומים אחרים, דשמא זה כשיקרע ימצא זכר, וזה נקבה, ואין נשים מצטרפות עם האנשים, וכ"ש דאינו מצטרף עם אנשים ונשים, **ומ"מ** פשוט דעם ג' אנשים יכול להצטרף, דלא גריעא מאשה, וכנ"ל בס"ז.

סעיף י - קטן שהגיע לעונת הפעוטות, ויודע למי מברכין - היינו כבן ט' או כבן י', **וי"א** דה"ה בפחות משיעור זה, אם הוא רק מבן שש ומעלה, אם הוא חריף ויודע למי מברכין, **ופחות** מזה אין דעתו חשיב לכלום, אפי' יודע למי מברכין.

מזמנין עליו ומצטרף בין לשלשה בין לעשרה - היינו אחד ולא שנים, בין לשלשה בין לעשרה.

והא דאיתא בס"ו, דאין מזמנין על הקטנים, מיירי בקטנים ביותר, או שאינו יודע למי מברכין.

הגה: וי"א דאין מצרפין אותו כלל עד שיהא בן שלש עשרה שנה – (ור"ל אפילו אם הביא שערות קודם י"ג לא מהני), **דאז מחזקינן ליה כגדול שהביא ב' שערות** - דאמרינן כיון שהגיע לכלל שנים, מסתמא כבר הביא שתי שערות, וא"צ בדיקה אחר זה, **אבל** אם בדקוהו ונמצא שאין בו שתי שערות, לא מצרפינן ליה לזימון, **וכן נוהגין ואין לשנות**.

וכל אלו הדעות הוא רק לענין צירוף, שיהיה מצטרף לשלשה ולעשרה, **אבל** שיהיה הוא המזמן ויוציא אחרים בבהמ"ז, לכו"ע אינו מוציא עד שיהיה בן י"ג שנה ויום אחד וידוע שהביא שתי שערות, **שבהמ"ז** הוא מן

הלכות ברכת המזון
סימן קצט – על מי מזמנים ועל מי אין מזמנים

התורה, [כשאכלו כדי שביעה], ובשל תורה אין סומכין על חזקה זו דמסתמא הביא, **מיהו** אם המזמן אינו אומר כי אם "נברך", וכל בהמ"ז מברך כל אחד ואחד לעצמו כמנהגנו, לית לן בה, דכיון שהוא בן י"ג שנה סמכינן בזה על חזקה, [דזימון לרוב פסוקים הוא מדרבנן].

וחרש ושוטה - לא מיירי בשוטה גמור, דזה אין מצטרף, אלא שאינו חכם כ"כ כשאר אינשי, והעם מחזיקין אותו לשוטה, **אם מכוונים ומבינים, מצטרפין לזמון, אע"פ שאין החרש שומע הברכה** - ומיירי בחרש המדבר ואינו שומע, דאילו בחרש גמור, קי"ל דפטור מכל המצות כקטן, דלאו בר דעה הוא, ואינו מצטרף, **וחרש** השומע ואינו מדבר, עיין בפמ"ג.

(לכאורה פשוט דדוקא לענין צירוף הוא, אבל חרש אין נכון לכתחלה שיהיה הוא המזמן להוציא אחרים בבהמ"ז, דהא קי"ל דלכתחלה צריך להשמיע לאזנו, וא"כ אף דשומע כעונה, מ"מ הם לא עדיפא מדידיה בעצמו, ונשאר אצלם הברכות בדבור לבד בלא שמיעה לאזנים, אח"כ מצאתי בחידושי רע"א שכתב ג"כ כעין זה, לענין שאין כדאי שיהיה ש"ץ לכתחלה ג"כ מטעם זה, ע"ש, והנה בזמן שהיו המזמנין מוציאין בבהמ"ז, בודאי דהכי הוא, אך כהיום שאין מוציאין בבהמ"ז כלל, וכל אחד מברך לעצמו, והמזמן אומר רק "נברך" לבד, אפשר דיש להקל בזה שיהיה הוא אף מזמן לכתחלה, ולא דמי לתפלה, אף דבזמנינו נמי כל אחד מברך לעצמו, מ"מ הלא מה שחוזר ומתפלל הש"ץ אף שכבר התפלל בעצמו מקודם, הוא מפני שתקנת חז"ל לא זזה ממקומה, משא"כ הכא שהעונים שאומרים: ברוך שאכלנו וכו', הלא משמיעים לאזניהם, ומה איכפת לן אם מי שאומר "נברך" אינו יכול להשמיע לאזנו, וצ"ע).

סעיף יא - מי שנדוהו על עבירה, [בזמן שהותר מצד השררה], אין מזמנין עליו - בין לג' בין לעשרה, שזהו לשון נידוי, שמרחיקין ומבדילין אותו מאגודתם.

§ סימן ר – דין המפסיק כדי לברך §

סעיף א - שלשה שאכלו כאחד - ר"ל שהתחילו לאכול כא', וגמרו שנים מהם תחלה, ורוצים לברך בהמ"ז, **אחד מפסיק על כרחו לשנים, ועונה עמהם ברכת זימון** - שאין הדבר תלוי ברצונו, אם רוצה להפסיק מסעודתו ולענות, אלא מן הדין מחויב לזה, כיון שהם רבים נגדו אין צריכים להמתין עליו.

(היכא דהשנים אינם נחוצים לצאת, צ"ע אם יכולים להכריח להאחד שיפסיק מסעודתו לענות, אך ממדת דרך ארץ אפשר דלכו"ע צריך להפסיק בכל גווני).

ואפילו לא רצה להפסיק, מזמנין עליו בין עונה בין אינו עונה, כל שהוא עומד שם - ר"ל שאע"פ שאינו עונה, הם יוצאים ידי זימון, כיון שהוא עומד שם ושומע ויכול לענות, **ולאפוקי** כשיצא לחוץ, וכדלעיל בסימן קצ"ד ס"ב, **ומיהו** הוא בודאי אינו יוצא, אא"כ הפסיק וענה עמהם.

אבל שנים אין חייבים להפסיק לאחד – (את סעודתן, אבל משגמרו את סעודתן שוב אין להם רשות לשהות יותר לעכב את השלישי הרוצה לזמן ולברך), **והלכך אין חיוב זימון חל עד שיתרצו להפסיק לאחד ולברך** - הלשון מגומגם קצת, [דהא חיוב זימון חל מעת התחלת הסעודה], והכוונה דאין חייבים עתה לזמן עם האחד.

ואם לא רצו להפסיק וזימן הוא עליהם, לא עשה כלום. ואם לא רצו להפסיק, אף הוא אינו רשאי לברך ולצאת לשוק, עד שיגמרו השנים ויזמן עליהם, שהרי כבר נתחייב הוא בזימון והיאך יברך בלא זימון.

הב"ח חולק ע"ז, ודעתו דאין חיוב זימון חל עד שיגמרו כל השלשה את סעודתם, ועל כן קודם שגמרו השנים, רשאי האחד לברך בפני עצמו ולצאת, והעתיקו המ"א להלכה, **אבל** כל האחרונים חולקין עליו, ודעתם כהשו"ע, דמכיון שהתחילו לאכול ביחד, חל מיד חובת זימון עליהם, ואין שום אחד מהם שגמר סעודתו קודם רשאי לברך בפני עצמו ולצאת.

הלכות ברכת המזון
סימן ר – דין המפסיק כדי לברך

מיהו אם היה דבר נחוץ מאד, שנוגע להפסד ממון וכדומה, אפשר שיש להקל להאחד לברך בפני עצמו קודם שגמרו השנים סעודתם ולצאת, **אך** באופן זה טוב יותר שהשנים יתנהגו בזה לפנים משורת הדין, ויפסיקו מסעודתם ויזמן עליהם, [**דהא** בבה"ג משמע, דלפנים משורת הדין צריך תמיד להפסיק אף שנים לאחד, **וגם** בלא"ה הלא יצטרכו לחפש אח"כ אחר עוד אחד מן השוק שיצטרף עמהם לזימון].

סעיף ב - אינו צריך להפסיק אלא עד שיאמר: ברוך שאכלנו משלו וכו' - דבזה לבד יוצאים ידי ברכת הזימון, **וחוזר וגומר סעודתו בלא ברכה בתחלה** - דהיינו שאין צריך עוד הפעם נט"י ו"המוציא", שהרי כשפסק בשביל ברכת הזימון לא הסיח דעתו מלאכול עוד, **ואם** לא היה דעתו לחזור ולאכול, וחוזר ואוכל, צריך ברכת "המוציא" בתחלה, [**ולא** דמי ל"הב לן ונברך" דסי' קע"ט, דלהר' רבינו יונה א"צ לברך על אבילה, דהכא גרע כיון שגם בירך ברכת הזימון], **וגם** נט"י ממילא, [ולענין הברכה יש לעיין בסי' קס"ד].

הגה: וי"א שצריך להפסיק עד שיאמר: הזן את הכל, וכן נוהגין - ס"ל דאף דברכת "הזן" לאו לגמרי מברכת זימון היא, דהרי היחיד אומר אותה ג"כ, **אפ"ה** שייכא לברכת זימון, ד"נברך" לבד אינה ברכה, שאין בה שם ומלכות, וקאי על מה שמברך המזמן אח"כ ברכת "הזן".

וחוזר וגומר סעודתו, כמו שכתב המחבר, ואח"כ מברך מתחילת בהמ"ז, כמו שסיים הרמ"א לבסוף, **והטעם**, דאף דשמע ברכת "הזן" מפי המזמן, מ"מ הרי צריך לברך כל הבהמ"ז בשביל מה שאכל אח"כ.

ואם היה דעתו לחזור ולאכול פת, אע"פ שלא אכל אח"כ, כשרוצה לברך, מברך מתחלה ברכת "הזן" - דכיון דדעתו היה לאכול עוד, מסתמא לא כוון לצאת בברכת "הזן" מפי המזמן, **וכ"ש אם חזר ואכל.**

אך אם לא היה בדעתו לאכול עוד, ולא אכל, כשמברך בהמ"ז מתחיל מן "נודה לך", כמו בכל מקום כששומע ברכת הזימון, ועיין לעיל סימן קפ"ג ס"ז ובמ"ב שם.

(**אבל אם לא היה בדעתו לאכול רק פרפרת או בשר ודגים** וכיו"ב, יצא ידי חובת ברכת "הזן", וא"צ להתחיל מתחילת ברכת המזון, רק מברכת "נודה לך" ואילך, ויזהר לכתחלה שלא ישיח בינתים, ואחר בהמ"ז יברך מעין ג', שהיא ברכה אחרונה על הפרפרת שהיא מחמשת המינין, כי לא נפטרה בברכת המזון, הואיל ולא בירך בה ברכת "הזן" – מ"א וא"ר, **ועיין** בפמ"ג שמסתפק בדברים שברכתן בנ"ר, **אם** צריך שוב לברך, **או** אפשר שיצא בברכת "נודה לך", וגם ברכה ראשונה צ"ע אם יש לברך. **העתקתי** דברי האחרונים בזה, **אך** לבי מגמגם, דממ"א משמע קצת, דגם לכתחלה מותר לאכול דבר שאינו פת, אחר שהצטרף לזימון ויצא בברכת "הזן", ולענ"ד לא נהירא, וצ"ע).

כתבו הפוסקים, דאחד המפסיק לשנים, יכול להפסיק כמה פעמים, כגון שמתחלה אכלו ג' והפסיק להם א', ואח"כ באו שנים אחרים ואכלו עם האחד, יכול זה עוד הפעם להפסיק לשנים אלו, **דלא** שייך לומר פרח זימון מיניה, כיון שנצטרפו עמו שנים שלא זימנו, יכולין לזמן עליו, וכן פעם ג' ויותר, [דכיון דיש שנים שלא זימנו מעולם, בשביל האחד שזימן לית לן בה, דלא גרע מאכל עלה של ירק], **אבל** אם היו חמשה בחבורה אחת, והפסיק א' לשנים, שוב אינו יכול לזמן עם שנים מהנשארים, דפרח זימון מינייהו, מ"א, ומשמע אפילו אכלו אח"כ ביחד, **ובספר** אבן העוזר חולק ע"ז, אך כמה אחרונים מיישבין את דבריו, **אבל** אם היו ז' או ח', והפסיק לשנים מהם, יכול אח"כ להפסיק עוד הפעם להשאר, דלא שייך בזה פרח זימון מינייהו, כיון שהיה בהן כדי זימון.

עוד כתבו הפוסקים, כשם שאחד מפסיק לשנים להצטרף לזימון, ה"ה שלשה או ארבעה צריכין להפסיק מסעודתם להשלים לעשרה ולברך בשם, **אך** דבזה לכו"ע אין צריכין להפסיק רק עד "ברוך אלהינו שאכלנו" וכו' ולא יותר.

ואם אכלו ביחד אחר כך לאחר שהפסיקו, יכולין לברך בזימון ולא פרח זימון מינייהו, כי לא נצטרפו מעיקרא רק להזכרת השם, **וכן** יכולין אח"כ להצטרף לששה אחרים שאכלו אצלם לזמן בשם, דלא שייך לומר פרח זימון דאמירת "אלהינו", דְּאַכָּל בי עשרה שכינתא שריא, **וכן** אם יש אפי' חמשה שהפסיקו לחמשה אחרים, מצטרפין אח"כ לחמשה אחרים לברכת "אלהינו", כשאוכלים עכ"פ כזית פת ביחד.

סימן רא – מי הוא המברך

§ סימן רא – מי הוא המברך §

סעיף א- גדול מברך - היינו הגדול בחכמה שבכל המסובין, הוא יהיה המברך בהמ"ז לכולם, **ואף** דהשתא המנהג שכל א' מברך לעצמו בלחש, מ"מ מנהג דרך ארץ לכבדו שיהיה הוא המזמן, **ומיירי** שכל המסובין הם בעלי בתים שאכלו משלהן, דאם היה א' בעה"ב, הדבר תלוי בו ליתן לאורח לברך וכדלקמיה, או למי שירצה מבני ביתו, ויברך ג"כ לבעה"ב, (דפשיטא דגם בני ביתו הם אורחים לענין זה שמברכין לבעה"ב – מ"א).

אפילו בא בסוף - הסעודה, כל היכא דאי מייתי להו מידי מצו למיכל.

(**בגמ' איתא, דאיכא מ"ד דאם בא גדול לבסוף אינו מברך**, דעיקר שבסעודה מברך, {אחד מאותן שהיו בתחלת הסעודה, רש"י}, והגמרא מסיק דהלכתא: גדול מברך אפילו בא לבסוף, **ולכאורה** משמע דהיינו עכ"פ רק בגדול משום חשיבותו, אבל בסתם אנשים כו"ע מודים דעיקר שבסעודה מברך, **ולא מי שבא בסוף הסעודה, וצ"ע**).

ומסתברא דאם משהה בסעודתיה, אין מחוייבין להמתין עליו עד שיגמור סעודתו, כדי שיהיה הוא המברך, אלא מברך אחר והוא יענה.

אם הגדול מוציא ליחה שקורין הוש"ט, יברך אחר, כי אין זה נכון שיפסיק הרבה פעמים ויהיה רוקק, והאחרים ימתינו.

יש מקומות שנוהגין, שנותנין לאבל {שעל אביו ואמו כל י"ב חודש} לברך, **ודוקא** כשכולם שוים, דהיינו שכולם אוכלים משלהם, אבל כשאוכל מפתו של בעה"ב, תלוי ברצון בעל הבית, למי שירצה יתן, וכל שכן אם רוצה בעצמו לברך.

ואם רצה ליתן רשות לקטן לברך, רשאי; והני מילי כשאין שם אורח, אבל אם יש שם אורח - היינו כשהוא אוכל מפתו של בעה"ב, **הוא מברך, אפילו אם בעל הבית גדול ממנו, כדי שיברך לבעל הבית** - ואם יש שם כמה אורחים, תלוי לפי דעתו של בעה"ב, ואפילו ליתן לקטן שבהם.

ומה ברכה מברכו: יה"ר שלא יבוש ולא יכלם בעל הבית הזה לא בעולם הזה ולא בעולם הבא, ויצליח בכל נכסיו, ויהיו נכסיו מוצלחים וקרובים לעיר, ולא ישלוט שטן במעשי ידיו, ואל יזדקק לפניו שום דבר חטא והרהור עון מעתה ועד עולם - בס' לחם חמודות תמה, למה אנו משנים נוסח הברכה דבעה"ב ממה שנא' בש"ס, (ר"ל למה אנו משנין מנוסח הגמ' והשו"ע – שונה הלכות), (דמנהגינו לומר: הרחמן הוא יברך את בעה"ב וכו', כמ"ש בשעה"צ ס"ג).

ואם בעה"ב רוצה לוותר (פירוש שאינו רוצה להקפיד) על ברכתו, ולברך ברכת המזון בעצמו, רשאי - שלא תקנו ליתן לאורח אלא לטובתו כדי שיברכנו, **וכ"ש** אם האורח אינו הגון בעיניו, דיש לו לעשות כן.

הגה: וכ"ה שיכול ליתן לברך למי שירצה - היינו דאפי' אם א' סמוך על שלחנו ומשלם לו דמי מזונו, שאותו א"צ לברך לבעה"ב, ג"כ רשאי ליתן לו לברך. [מ"א, **ומשמע** דס"ל דאעפ"כ אינו נחשב כבעה"ב גמור, דאל"ה למה תלוי הענין בידו של בעה"ב יותר ממנו].

(**ויש לעיין, אם יש שם גדול, אם רשאי הבעה"ב להעביר ממנו הזימון וליתן לאחר, או אפי' לעצמו, דהא בעלמא קי"ל דגדול מברך, ורק אם יש אורח שמיסב אצל בעה"ב, אמרו דיברך הוא כדי שיברך את בעה"ב, אבל אם האורח אינו מברך, שפיר נראה דקיימא זכות הברכה להגדול, ולמה יהיה זאת ברשות בעה"ב להעביר מהגדול**, (והיכא דהגדול והקטן שניהם אורחים, שאני, וכדלעיל במ"ב, וצ"ע), **וכ"ש אם האורח הוא הגדול שבכולם, ג"כ בודאי לכאורה אין לו רשות להעביר ממנו, והשו"ע שהרשה לבעה"ב ליתן למי שירצה, אפשר דמיירי כשאין שם גדול, שכולם היו שוין, ובפרט דיש מן הפוסקים דס"ל, דלעולם הזכות הוא להגדול, ואורח דמברך הוא רק בשוין, והנה לענין בעה"ב בעצמו, יש לצדד ולומר, דאפילו יש גדול, הרשות בידו לברך בעצמו, דהא משמע בשו"ע דמעלת האורח חשובה יותר ממעלת גדול, כדי שיברך את בעה"ב, ולפי המבואר לקמן דצריך לחזור אחר כוס של ברכה, יכול הבעה"ב לומר, כלום תקנו אלא משום תקנתא דידי, אנא בזה ניחא לי טפי, ורק לענין ליתן לאחר לכאורה מסתבר כדברינו, דבמקום שיש שם גדול, אין לו רשות לזה**).

מחבר רמ"א משנה ברורה

סעיף ב - לא יקדים חכם ישראל לכהן עם הארץ לברך לפניו דרך חק ומשפט כהונה

כהונה - ר"ל שמקדימו מפני משפט הכהונה, **ואמרינן** בגמרא דהוא בכלל "משנאי אהבו מות", שמשניא את התורה בפני ההמון, שיאמרו שאינה חשובה כ"כ בראותם שהחכם שפל לפני ע"ה, דאף שהוא כהן, מעלת התורה גדולה ממעלת הכהונה.

אבל לתת לו החכם רשות שיברך, אין בכך כלום - ר"ל אין בזה פחיתות ערך לת"ח, מדאינו מברך בלתי רשותו, **ואפילו** אם הוא אינו כהן, יכול ליתן לו רשות לברך.

אבל כהן ת"ח מצוה להקדימו - (היינו כשהוא שוה לת"ח ישראל - עטרת זקנים), וה"ה כששניהם אינם חכמים, (שנאמר: "וקדשתו"). **ואפי'** אם הת"ח הוא גדול ממנו, דאין עליו חיוב לכבדו מחמת מצות "וקדשתו", מ"מ טוב שיקדים הכהן לפניו, כיון שהוא ג"כ חכם, והעושה כן הוא מאריך ימים.

שנאמר: וקדשתו, לפתוח ראשון - בקה"ת, **ולברך ראשון** - בסעודה בברכת "המוציא" ובבהמ"ז, וכן להוציא בקידוש, ד"וקדשתו" הוא לכל דבר שבקדושה, **וכתבו** הפוסקים, דבכלל "לפתוח ראשון" הוא להיות ראש המדברים בכל קבוץ עם ולדרוש תחלה, וה"ה בישיבה ידבר בראש, **ועיין** במ"א שמצדד, דהלימוד מ"וקדשתו" הוא דאורייתא, ולא אסמכתא בעלמא, **ומ"מ** אם הכהן רוצה לחלוק כבוד לאחר בכל זה, רשאי, ורק בקריאת התורה אינו יכול למחול. **(וע"ל סי' קס"ז סי"ד).**

אמרינן בגמרא, דהכהן יטול מנה יפה ראשון, ור"ל שישראל צריך ליתן לכהן מנה יפה ראשון לכל המסובין, **והיינו** דוקא בחברים המסובין בסעודה או בצדקה, **אבל** כשהכהן חולק איזה שותפות עם חבירו ישראל, לא, דאדרבה אמרינן בגמרא: כל הנותן עינו בחלק יפה, אינו רואה סימן ברכה לעולם.

וצ"ע למה אין נזהרין עכשיו להקדים לכהן לכל הנך מילי - מ"א, וע"ש שמצדד למצוא קצת טעם למנהג, **ומ"מ** לכתחלה בודאי יש ליזהר בזה.

טוב להקדים הלוי ג"כ לישראל, אם הם שוין בחכמה, בבהמ"ז וב"המוציא", וכן בנתינת הצדקה, דהא מקדימין אותו בקריאה ג"כ לפני ישראל.

סעיף ג - מי שנותנים לו לברך ואינו מברך, מקצרים ימיו

מקצרים ימיו - ר"ל אורח שנותנים לו לברך בהמ"ז ואינו מברך, מקצר ימיו, משום דבדין כשהאורח מברך, מברך לבעה"ב וכנ"ל, ובזה שנמנע לברך את בעה"ב שהוא מזרע אברהם, שנאמר בו: ואברכה מברכיך, ומכלל הן אתה שומע לאו, נמצא גורם קללה לעצמו, [**וכהיום** שבלא"ה המנהג אצל כל אורח לומר: הרחמן הוא יברך את בעל הבית וכו', איני יודע אם שייך כלל ענין זה, ועיין בא"ר שפקפק ג"כ].

וכתב המ"א, ודוקא כשמברכין על הכוס, דאז החיוב על האורח לברך את בעה"ב, **ונ"ל** שר"ל שבלא זה אין גורם קללה, אבל בודאי אין נכון לאדם לדחות מצוה הבאה לידו, [**איני** יודע מנין למ"א שבלא כוס כשמברכין אין החיוב לברך את הבעה"ב, **ואולי** המ"א דייק מלשון הגמ', דקאמר: מי שנותנים לו כוס וכו'].

[**ואף** דדין זה לחיובא הוא דוקא באורח, מ"מ לכתחילה מצוה לכל אדם לחזור אחר כוס של ברכה], (וכדלקמן).

סעיף ד - צריך לחזור שיתנו לו כוס של ברכה לברך

לברך - שיהיה הוא המזמן ומוציא אחרים ידי חובתן, ולא לשמוע ולענות אמן, **שאף** שהשומע כעונה, ועונה אמן כמוציא ברכה מפיו, מ"מ ממהרין ליתן שכר תחלה להמברך, [**ובזמנינו** שכל אחד ואחד מברך לעצמו, איני יודע אם שייך דין זה, **ואולי** מה שעונים: ברוך שאכלנו וכו', לא נחשב זה רק כעניית אמן, והמזמן הוא חשוב עיקר המברך, וצ"ע].

§ סימן רב - דיני ברכת פירות האילן §

סעיף א - על כל פירות האילן

סעיף א - על כל פירות האילן - בין משבעת המינים ובין שאינם משבעת המינים, **מברך בתחלה "בורא פרי העץ"** - (ולא "הבורא"). **(ואע"ג** דגידולם מן הארץ, לא רצו לפוטרם בברכת פרי הארץ כשארי פירות הארץ, מתוך שהם חשובים ביותר, וקבעו ברכה מיוחדת להזכיר שבחו של מקום שברא פירות חשובים כאלה).

הלכות ברכת הפירות תקמז
סימן רב – דיני ברכת פירות האילן

חוץ מהיין שמברך עליו: בפה"ג - מפני שהוא סועד הלב ומשמחו, קבעו לו ברכה בפני עצמה.

ואפילו זב מעצמו מהענבים בלי דריכה. **ואם** טעה ובירך על היין בפה"ע, עיין לקמן בסי' ר"ח סט"ו במ"ב.

בין חי בין מבושל - דע"י הבישול אין משתנה היין לגריעותא, **ואין** חילוק בין אם בישל יין גופא, או שבישל הענבים והצמוקים כדי לעשות מהן יין.

בין שהוא עשוי קונדיטון, דהיינו שנותנין בו דבש ופלפלין - ואפילו שליש דבש ושליש פלפלין ויותר מזה, אפ"ה היין עיקר, שהם לא באו רק להשביחו ולהטעימו, **ואע"פ** שנשתנה טעמיה וריחיה ע"ז ממה שהיה מקודם, אפ"ה לא נשתנה היין לגריעותא, והיין עיקר לגבי אידך, לפיכך מברכין עליו בפה"ג, [**והיינו** שטעם יין גם עתה יש בו, אלא שאיננו כבראשונה, דאי אבד טעם יין ע"י תערובות, אין מקדשין עליו ואין מברכין עליו בפה"ג].

(**כתב הח"א**, דה"ה מה שקורין ווערמיט וויין, שהוא מר, ג"כ יש לברך עליו בפה"ג, **אכן** בפמ"ג מסתפק בזה, וכתב משום שאין החיך נהנה ממנו כי אם לרפואה, אפשר שאף "שהכל נהיה בדברו" אין ראוי לברך עליו).

הגה: ואם נתערב יין בשכר, אזלינן אחר הרוב, אם הרוב יין, מברך: בפה"ג - כדקי"ל כל שהוא עיקר ועמו טפילה, מברך על העיקר ופוטר את הטפילה, וכל מין שהוא הרוב הוא העיקר, והמיעוט טפל הוא לו, **והוא** שלא נתבטל טעם היין ע"י התערובות. **ושכר** של כל המינים שוים בזה, [דטבעם לחזק כח היין ולא להפסיד טעמו], **לבד** ממיני משקין שפוגמים ומפסידין טעם היין, מיד שנתערב בהם כ"כ עד שנפסד טעם היין, מברך "שהכל".

(**לכאורה** אי מיירי ביין מזוג, וכיין צמוקים שלנו דסתמא מזוגין הן בהרבה מים, אפי' אם השכר היה המיעוט, נתבטל כח היין ע"י התערובות, **ואולי** מיירי שבהצטרף המיעוט שכר ג"כ לא יעלה לששה חלקים נגד היין, ובאופן זה עדיין שם יין עליו, **או** דמיירי ביין חי, וכן משמע בביאור הגר"א).

ואם הרוב שכר, מברך "שהכל" - ולא דמי להא דקי"ל לקמן בסימן ר"ד ס"ה בהג"ה, דדי שיש ביין מעט יותר מאחד בששה נגד המים, ע"ש, **דהתם** דרך מזיגת יין הוא במים, וע"כ לא שייך לומר דיתבטל היין נגד המים שנמזגו בם, דנעשה הכל כמין אחד, **משא"כ** בשכר דאין דרך למזוג בם, וכשני מינים בעלמא דמי, דכל מין שהוא הרוב הוא העיקר.

(**אמנם** לענ"ד נראה שיש חילוק בזה, דלא כל המשקין שוין לענין ברכה, דאם דרך העולם לערב אותן משקין ביין להשביח טעמו, אז אפי' הם רובא נגד היין, כל זמן שאינם ששה נגדו, נמי אינם מבטלין היין, ואפילו נשתנה טעם היין ע"ז מכמות שהיה מקודם, **וכמו** ההיא דקונדיטון, שמבואר בירושלמי שהוא שליש דבש ושליש פלפלין, הרי דהיין הוא מיעוט לגבי הבשמים והדבש, ואפ"ה מברכין בפה"ג, **והטעם** כמש"כ הרשב"א, שהרי עלויו בו, ולא שייך בזה לומר דהיין הוא טפל, דאדרבה הם טפלים לגבי היין להשביח טעמו, **ודברי** הרמ"א מיירי בשכר וכיו"ב, שאין דרך העולם לערב אותן ביין כדי להשביח טעמו, דהגם דמשמע דשכר מחזק כח היין, מ"מ אין דרך העולם לערב בזה כדי להשביחו, ולכן לא הוי טפל לגבי היין, וע"כ תלוי הדבר ברובא).

ועיין בביאור הגר"א שדעתו לדינא, דגם בענינינו שוה למזיגת יין במים, (**אכן** כמה אחרונים העתיקו דברי הרמ"א לפסק הלכה, וע"כ לענין ברכה ראשונה, **בודאי** מהנכון לכתחלה לברך "שהכל", **ואם** בירך בפה"ג יצא, **ולענין** ברכה אחרונה, יראה ליקח רביעית יין אחר, ויפטור בברכה אחרונה גם את זה).

(**אכן** לפי המבואר בסימן ר"ד באחרונים שם לענין מזיגת יין במים, דעכ"פ תלוי בחוזק היין, **ואף** אם המים פחות משיעור המבואר שם לבטל היין, מ"מ אין מברך בפה"ג אלא ביש בו טעם יין, ודרך העולם לשתות יין זה במזיגה כזו, **נראה** דה"נ בעירב בשכר, אם הוא יין חלוש ואין דרך העולם למזוג אף ברוב מים, גם בעירב עם שכר מברך "שהכל" ואחריו "בורא נפשות", אף לדעת הגר"א, דמהגר"א משמע דשכר ומים דין אחד להם, וכ"ש אם אבד טעם יין, דמברך "שהכל" לכו"ע וכמ"ש במ"ב).

סעיף ב - הבוסר, כל זמן שלא הגיע לכפול הלבן - בגדלו, **מברך עליו: בפה"א** - דכל דבר שגדל על האילן ואינו עיקר הפרי, בפה"א.

ומשהוא כפול הלבן ואילך מברך עליו "בורא פרי העץ"; ומתוך שלא נודע לנו שיעור פול הלבן - שיש כמה מינים גדולים וקטנים, **לעולם מברך: בפה"א, עד שיהיה גדול ביותר** - משום דבדיעבד אם בירך בפה"א על פה"ע יצא, כדלקמן בסימן ר"ו, **ומ"מ** בכגון זה אין לאכול מהם כשיעור שחייב ברכה אחרונה, אלא בתוך הסעודה, כיון שהוא ספק אם יברך אחריהם מעין ג' או "בנ"ר".

ואם לפי מראית עין כבר נגמר בישולו, אין נ"מ כלל בגדלו, ובכל אופן מברך עליו בפה"ע, **וכן** אם החרצנים שלהם נראה מבחוץ, בודאי הוא קרוב להתבשל, ומברך עליהם בפה"ע לכו"ע, [**ואפי'** להגר"א דבעינן עד שיגיעו לעונת המעשרות, הלא בשיעור זה הגיע לעונת המעשרות].

ושאר כל האילן, משיוציאו פרי מברכין עליו: בפה"ע - אע"ג שהם עדיין קטנים ביותר.

ובלבד שלא יהא מר או עפוץ - חמוץ **ביותר, עד שאינו ראוי לאכילה אפילו ע"י הדחק, דאז אין מברכין עליו כלל** - דכעץ בעלמא חשיב.

ואפי' מתקן ע"י אור, ג"כ אין מברך עליו רק "שהכל", וכדין גרעינין שמתקן לקמן בס"ג, [מ"א בשם אחרונים], **כתב** בח"א, דלפי"ז מיני פירות שמרקחין ומטגנין בדבש וכיו"ב בעודם קטנים מאד, אם לא היו ראוין לאכול קודם ריקוחן כלל, אין מברכין עליהם כי אם "שהכל" לאחר ריקוחן. [**ובספר** עוללות אפרים חולק על המ"א, ודעתו דכל שאוכל גוף הפרי, לא איכפית לן במה שהיו מתחילה מרים, אלא כל שהן ראויין לאכילה עכשיו ע"י שיתקן באיזה דבר, מברך עליו בפה"ע, ולא דמי לגרעינין].

מבואר מזה, דאם עכ"פ נאכלים ע"י הדחק, אע"ג שחמוצים ומרים הם כדרך פירות בקטנותם, אפ"ה מברך עליהם ברכתם הראויה, **ובח"א** וכן בס' עוללות אפרים פקפקו בדין זה, ודעתם דבכגון זה אינו מברך אלא "שהכל", אם לא שבישלן או שמתקן באור, דאז מברך עליו בפה"ע, כיון שהוא פרי בעצם אלא שצריך תקון, [**ולדעת** הגר"א דלא הוי פירא לענין ברכה עד שיגיע לעונת המעשרות, מסתברא דאפי' מיתקן אינו מועיל].

הגה: וי"א דעל חרובין אינו מברך "בורא פרי העץ", עד שיראה בהן כמין שרשראות של חרובין - דאז חשיב פרי, אבל כל זה ג"כ דוקא אם לא היו מרים ביותר וכנ"ל.

וכן בזיתים עד שיגדל הנץ סביבם, וקודם לכן מברך "בורא פרי האדמה", וכן עיקר - היינו אפי' הם מתוקים, דעדיין אינם עיקר פרי, וכן הסכים המ"א והגר"א.

(**עיין** בביאור הגר"א שחולק על פסק השו"ע, והוכיח דכל אלו הסימנים לא נזכרו בש"ס רק לענין איסור קציצת אילנות בשביעית, **אבל** לענין ברכה מסתברא דבעינן דוקא משיגיעו לעונת המעשרות, וקודם לכן לא חשיב פרי הראויה לאכילה, וכן הוא ג"כ דעת הפמ"א, **ולפי** דבריהם ישתנו כל הדינים שבסעיף זה, דהיינו בענבים בעינן דוקא שיראו החרצנים מתוכן, ובזיתים משיביאו שליש, ובחרובין משיראו בהן נקודות שחורות, והוא אות שמתחיל להשחיר, וכן בכל מין ומין יש שיעור מיוחד לזה, כמבואר הכל ברמב"ם פ"ב מהלכות מעשר, וקודם שהגיעו לשיעור זה אינו מברך רק בפה"א, והנה לפי דברי הגר"א והפמ"א, מסתברא דאפילו מיתוק באור לא מהני, כיון שאינו חשוב פרי קודם שהגיע לעונת המעשרות, ולעולם מברך בפה"א, **ויש לנהוג כן למעשה** לכאורה, דבזה יוצא ממ"נ, ומ"מ הנוהג כפסק האחרונים שנמשכו אחר השו"ע אין למחות בידו, דיש לו על מי לסמוך, **אמנם** אם לא היו ראויין לאכול רק ע"י הדחק, אין לברך בפה"ע רק כשבשלן או מתקן באור, וכמו שכתבתי במ"ב בשם הח"א והעוללות אפרים).

(**ודע** דלענין תפוחים, שיעורן לעונת המעשרות, אפילו כשהן קטנים, ורק משנעשו עגולים, כמבואר ברמב"ם שם, **וא"כ** בזה גם הגר"א והפמ"א מודים לדעת השו"ע, דמברכין אז עליהם בפה"ע, **ואם** היו ראוין אלו הקטנים לאכול רק ע"י הדחק, ומתקן ע"י בישול, ג"כ מברך עליהם בפה"ע לכו"ע).

סעיף ג - גרעיני הפירות, אם הם מתוקים - לאו דוקא, אלא כל שהחיך נהנה ממנו במקצת, **מברך עליהם "בורא פרי העץ"** - והטעם שמברך בפה"ע, משום דהם נמי חלק מחלקי הפרי. **והרבה** אחרונים חולקים ע"ז, וס"ל דאינו מברך בפה"ע, דלא הוי כפרי גופא, ואינו מברך עליהם אלא בפה"א, וכן הסכמת הגר"א, **ואם** בירך בפה"ע יצא בדיעבד, **ואם** אוכל הגרעין אחר שאוכל הפרי, מסתברא דלכו"ע נפטר בברכת בפה"ע שבירך על הפרי, משום דהוי טפל לפרי.

(**ויש לעיין בהני פרי שקורין סאפטאלין**, שבתוכן נמצא גרעינין כמין שקדים ממש, דהיינו קליפה קשה מלמעלה ובתוכה פרי קטנה מתוקה כמין שקדים ממש, אי דינו נמי כמין גרעין בעלמא, **או** דבזה כו"ע מודים דמברך בפה"ע, דאין זה בכלל גרעין, אלא פרי בתוך פרי, וגם בודאי כו"ע נטעי להו אדעתא דהכי, ועיין בדה"ח וצ"ע).

ואם הם מרים - היינו שאינם ראויים לאכול אפילו ע"י הדחק, וכנ"ל בס"ב, **אינו מברך עליהם כלל.**

ואם מתקן ע"י האור, מברך עליהם "שהכל" - הרבה אחרונים הקשו ע"ז, ודעתייהו דלדעת המחבר דגרעינין הוי כפרי גופא, א"כ גם במרים ומתקן ע"י איזה דבר נמי מברך עליהם בפה"ע, וכמו גבי שקדים המרים המבואר בס"ה, **ויש** מתרצים דאפילו לדעה זו לא עדיפא גרעינין כשקדים גופא, שהם עיקר הפרי, משא"כ בגרעינין, ולהכי אם הם מרים לא מקרי פרי כלל, ולא מהני במה שממתקן אח"כ.

מיהו לדינא אין לזוז מפסק השו"ע, דבלא"ה כתבנו מקודם דעת הרבה אחרונים והגר"א מכללם, לחלוק על עיקר דינא דמחבר, **ולדידהו** גם גרעינין מתוקין אינו מברך עליהם לכל היותר רק בפה"א, דלאו פרי נינהו, וממילא במרים ומתקן ע"י האור אינו מברך עליהם אלא "שהכל", [**ובדיעבד** אם בירך בפה"ע או בפה"א, יצא].

סעיף ד - שמן זית, אם שתאו כמות שהוא - בלא תערובות דבר אחר להחליש כח השמן, **אינו מברך עליו כלל, משום דאזוקי מזיק ליה** - ואפילו חושש בגרונו נמי אינו מברך, דשמן כמות שהוא אין נהנה ממנו.

ואם אכלו עם פת, אינו מברך עליה, דפת עיקר, ומברך על העיקר ופוטר את הטפילה - פי' אע"ג דעם פת אינו מזיק ליה השמן, ואדרבה נהנה מזה, אבל עכ"פ אינו מברך עליו, משום דהו"ל פת עיקר ומיפטר בברכת הפת, **ואפילו** היה שמן הרבה, נמי אינו אלא טפל לפת.

וכ"ז באוכל השמן ללפת בו הפת, אבל אם אוכל השמן מפני שחושש בגרונו, רק אוכל לזה מעט פת כדי שיוכל לאכול השמן עמו ולא יזיקנו, **בזה** מקרי השמן עיקר ופוטר הפת הטפלה לו, וא"צ ליטול ידיו ולברך המוציא, **ויש** חולקים וס"ל, דאף בכה"ג הפת עיקר, [**ומיהו** במתכוין באכילת הפת גם להשביע רעבונו, מסתבר דבזה לכו"ע הפת עיקר ופוטר השמן].

ואם שתאו מעורב עם מי סלק"א (הנקרא אניגרון), שאז אינו מזיק, אדרבא הוא מועיל לגרון אם הוא חושש בגרונו, הוה ליה שמן עיקר ומברך עליו: בפה"ע - ולאחריו מעין ג' אם שתה כשיעור, דהשמן עיקר דמרכך ומרפא את הגרון, **ואע"ג** דהאניגרון מרובה על השמן, דלא אזלינן כאן בתר רוב המשקה, אלא כל דבר שעיקר כוונתו עליו, הוא עיקר לענין הברכה, והשני נפטר בברכתו.

[**בב"ח** מוכח, דאפי' נותן מעט שמן כפי הרגילות שנותנים תמיד באניגרון, ג"כ הוא העיקר, **ובא"ר** כ', דדוקא אם נותן שמן הרבה, (אין כוונתו הרבה יותר מאניגרון, אלא ר"ל שיעור מרובה), **ולענ"ד** דתלוי הדבר אם נותן שיעור כפי מה שמועיל לרפואה, אז הוא נחשב לעיקר].

(**עיין בפמ"ג שמסתפק אם בעינן שיתכוין לרפואה, או דלמא אפי' בסתמא הוי כמכוין**). (**ויש לעיין**, דבשלמא לדעת הב"ח שהביא השעה"צ הנ"ל, בזה שפיר יש להסתפק, **אבל** לדעת הא"ר הנ"ל, דנותן שמן הרבה יותר מהרגילות, א"כ הרי מוכחא דלרפואה שותהו, וצ"ע - דברי סופרים).

וה"ה אם עירבו עם איזה שאר משקה, בענין שנהנה מהשמן ע"ז ואינו מזיקו.

ואם אינו מתכוין לרפואה אלא לאכילה, הוי ליה אניגרון עיקר, ואינו מברך אלא על האניגרון ("שהכל") - ומשמע מדברי הט"ז, דמיירי שמי הסילקא הם הרוב לגבי שמן, ולפיכך השמן נטפל לו, **אבל** המ"א כתב, דאפילו באניגרון מועט נמי, אניגרון

עיקר, כל שאינו לרפואה אלא לאכול, ומברך על האניגרון ופוטר השמן, [וצ"ע].

{ואם הוא תאב לשתות מי אניגרון, אע"פ שנותן לתוכו השמן לרפואה, מברך על מי אניגרון לבד אם הם הרוב - הובא מסעיף י"ז}

"**שהכל**" - כ"כ הרמב"ם וכן מוכח בתר"י, והמג"א תמה, דהא מבואר לקמן בסי' ר"ה, דברכת מי השלקות הוא בפה"א, **והגר"א** מיישבו, דהכא שמתקנו לשתיה, הרי הוא כמשקה וברכתו "שהכל", [**אכן** בכמה ראשונים מבואר להדיא, דגם בכאן ברכתו בפה"א, וכסברת הרב מ"א, **והא"ר** הכריע, דהיכא דרובא סלקא, מברך בפה"א, והיכא דהשמן מרובה, אינו מברך אלא "שהכל", וכפסק השו"ע].

סעיף ה - שקדים המרים, כשהם קטנים מברך "בורא פרי העץ"; גדולים, ולא כלום, דאזוקי מזקי; וטעמא דמלתא, כשהם קטנים עיקר אכילתם היא הקליפה ואינה מרה, וכשהם גדולים עיקר אכילתם מה שבפנים והוא מר - ואע"ג דבמתוקים קטנים אינו מברך אלא "שהכל", וכדלקמן סי' ר"ד, שאני התם דאינו גמר פירא, ובודאי לא נטעי להו אדעתא לאכלם קודם שיתבשלו, **משא"כ** הכא דבגדלם לא יהיו ראוין כלל לאכילה, נטעי להו שפיר אדעתא למיכל בקטנותם, וזהו גמר פירא שלהם.

(טעם זה שכתב המחבר, בהרבה ראשונים לא נזכר דבר זה של קליפה, אלא בפשוטו דהשקדים המרים גופם בקטנותם אינם מרים, ובגדלם נעשו מרים, וכל טעם זה דקליפה לא נזכר רק בתר"י, אכן גם לדידיה משמע דכשנתגדל נעשה הקליפה בעצמה ג"כ מרה, ולשון המחבר לא משמע כן, וצ"ע לדברי המחבר אמאי לא יברך על קליפת הגדולים עכ"פ "שהכל" בגדלו, אם לא שנאמר דלהמחבר ג"כ בגדלו הקליפה לאו בר אכילה היא כלל מפני שהיא קשה, אבל לשונו אינו מדוקדק כ"כ לפי"ז).

ואם מתקן ע"י האור או דבר אחר, מברך: בפה"ע - דכיון דנשתנו למעליותא ע"י המיתוק באור, הו"ל כשאר פירות שאין ראוין לאכול חיין ונתבשלו, דמברך כשהן מבושלין בפה"ע, וכדלקמן בסי"ב.

וה"ה שאר מיני פירות שהם חמוצים או מרים ואינם ראוים לאכילה כלל, ומיתקן או בישלן, שמברך בפה"ע, דהלא באמת פרי הוא, אלא שאינו ראוי לאכילה כך, לכך מהני מיתוק.

סעיף ו - צלף (פי' נלף מין אילן שעלין שלו ראויים לאכילה, ויש בעליו כמין תמרים. אביונות הוא הפרי מהצלף, וקפריסין הן קליפה שסביב הפרי, כקליפות האגוזים), על העלין ועל התמרות ועל הקפריסין: בפה"א.

על העלין ועל התמרות - משום שאינן חשובין להקרא פרי העץ, [**ומ"מ** יש לברך עליהן בפה"א, משום דנטעי להו אינשי גם אדעתא דעלין ותמרות - גמ', **ועיין** בברכי יוסף שכתב, דבהיום לא נטעי להו אינשי כלל אדעתא דעלין ותמרות, ויש לברך עליהן "שהכל"].

ועל הקפריסין - משום דאינו עיקר הפרי, **ומ"מ** בדיעבד אם בירך על הקפריסין בפה"ע, יצא, [**ועל** העלין ותמרות יש לעיין בדבר].

ועל האביונות שהם עיקר הפרי, בפה"ע.

ולענין קליפת פאמערנצי"ן שטוגנין בדבש, יש דעות בין האחרונים אם לברך עליהן "שהכל" או "פה"ע" ו"פרי האדמה", **וע"כ** יש לברך עליהן "שהכל", **ובדיעבד** אם בירך "פה"ע" או "פה"א" יצא.

סעיף ז - תמרים שמיעכן ביד ועשה מהם עיסה והוציא מהם גרעיניהם, אפילו הכי לא נשתנית ברכתן, ומברך עליהם "בורא פרי העץ", ולבסוף ברכה מעין שלש - פי' אף שנתרסק ע"ז לגמרי, אפ"ה מברכין פה"ע, משום דכיון דעדיין ממשן קיים, שייך לברך עליהם "פרי העץ", **וה"ה** לענין פה"א, כגון ער"ד עפי"ל שמיעכן ועשאן כעיסה.

הגה: ולפי זה ה"ה בלטווערן הנקרא פאווידל"א - שעושין מגודגדניות ושאר מינים, שמוציאין גרעיניהן ומבשלין אותם עד שהם נימוחו לגמרי, **מברכין עליהם: בפה"ע.**

ויש אומרים לברך עליהם "שהכל" - בזה נחלקו האחרונים, יש מהם שסוברים דהי"א לא פליג כי אם אפאווידלא, משום שנימוחו לגמרי ולא ניכר צורתן

כלל, **אבל** בדין המחבר דמיירי בתמרים שנתרסקו, שניכר תוארן וצורתן אף כשמתרסקין לגמרי, מודו דמברך פה"ע, **ויש** מהם שסוברין דהי"א פליג גם אדין המחבר, וס"ל דכיון דנתרסקו לגמרי מברך "שהכל".

ולדינא אין נ"מ בזה, דאף אם נימא דהי"א פליג גם אתמרים שנתרסקו, מ"מ להלכה קי"ל כדעת המחבר, דהיכא שממשן קיים לא נשתנית ברכתן, **ורק** בפאווידלא שאבד כל צורתו ולא ניכר כלל מה הוא, אז לכתחלה מברך "שהכל", וכהכרעת הרמ"א, דבברכה זו יוצא על הכל בדיעבד.

וטוב לחוש לכתחלה לברך "שהכל", אבל אם בירך בפה"ע יצא, כי כן נראה עיקר - וע"כ מיני אגרע"ס וייגדע"ס ומאלינע"ס וכיו"ב, שסוחטין אותן ומרקחין אותם בדבש וצוקע"ר, מברכין עליהם "שהכל", כיון שהם מרוסקים ונימוחים לגמרי ואבד מהם צורתן, **ובדיעבד** אם בירך עליהם ברכתו הראויה יצא.

אכן לענין ברכה אחרונה אין עצה אי אתרמי לענין דברים שהוא משבעה מינים, וכדאיתא בסימן ר"ח סי"ג, דברכת "בנ"ר" אינה פוטרת מעין ג', ולא מעין ג' פוטרת "בנ"ר", **אם** לא שיאכל גם פרי משבעת המינים, וגם דבר שברכתו "בנ"ר", לפטור גם את זה ממ"נ, **ואם** אין לו, נראה לי שיוכל לברך מעין שלש, כי כן משמע מלשון הרמ"א, דתופס לעיקר הדין שברכתו פה"ע.

ואם רוב דרך אכילת אותן פירות הוא ע"י ריסוק, אף לכתחלה מברך ברכתו הראויה, בין לענין פה"ע או פרי האדמה, **כגון** מאכל שמבשלין מדלועין שקורין קירבעס, וכן אינגבע"ר ושארי בשמים שחוקים שאוכלין עם צוקער, מברכין בפה"א, **ועיין** לקמן סי' ר"ח ס"ח בהג"ה מדינים אלו.

סעיף ח - דבש הזב מהתמרים, מברך עליו "שהכל" - וה"ה היוצא ע"י כתישה וסחיטה, דמה דכתיב בתורה: זית שמן ודבש, היינו תמרים היוצא מהן דבש, אבל דבש גופא זיעה בעלמא הוא, ואינו בכלל פרי.

וכן על משקין היוצאין מכל מיני פירות, חוץ מזיתים וענבים, מברך "שהכל" - כגון יין תפוחים וכה"ג, בין אי איתרמי שיצא מאליהן, ובין שיצא ע"י כתישה וסחיטה, ברכתן "שהכל", דזיעה בעלמא הוא, דאין נקרא משקה, אלא היוצא מן הזיתים והענבים בלבד.

[**ואותן** פירות שרוב אכילתן הוא ע"י סחיטה, דעת הרשב"א דמברכין על מימי סחיטתן כמותן, **אבל** לדעת הרא"ש בכל גווני מברך "שהכל", וכן סתם המחבר לקמן סי' ר"ה ס"ג, **ואפשר** דרק מטעם ספיקא, דבברכת "שהכל" בודאי יוצא, ונ"מ לענין דיעבד, וצ"ע].

סעיף ט - סופי ענבים שאין מתבשלין לעולם - היינו ענבים הנמצאים בגפנים בימות החורף, שאין מתבשלין לעולם, ועושין מהם חומץ, **וכן על הנובלות, שהם תמרים שבישלם ושרפם החום ויבשו** - היינו שע"י שריפת החום נתבשלו ונתייבשו ונשתנו לקלקולא - רש"י, **מברך "שהכל"** - ואחריהם "בורא נפשות רבות".

ושארי מפרשים פירשו, דנובלות היינו מין תמרים שאין מתבשלין על האילן, ואין נכשרין לאכילה, אלא תולשין אותן ומחממין אותן בעפר ומתבשלין, או נותנין אותן במחצלאות או בתבן להתחמם עד שיתבשלו, [**ובא"ר** כתב דשני הפירושים אמת].

ולא דמי לס"ב גבי בוסר, דאפילו לא הגיע לכפול הלבן דמברכין עליו בפה"א, ומ"ש סופי ענבים דמברכין עליהם "שהכל", **י"ל** דשאני התם דענבים מעליא נינהו, אלא שלא נגמרו עדיין, **משא"כ** הכא דמקולקלים הם, דאין עומדין אלא לחומץ, ולא עדיפי ממשקין היוצאין מהן דברכתן רק "שהכל", **וזהו** ג"כ טעם היש מפרשים בנובלות תמרים, דמברכין עליהן "שהכל", דגריעי משאר תמרים, שאין מתבשלין על האילן לעולם.

(**ודע**, דמדברי הלחם חמודות מבואר, דמיירי בזה שלא טמן בעפר, **דאם** טמן בעפר ונתבשל, הו"ל כשאר פירות האילן ומברך בפה"ע, **אכן** יש להביא ראיה מפירוש ר"ח, דמה שאמר הגמ' דמברכין "שהכל", היינו אחר שתקנם ע"י חימום בעפר וכה"ג, **ולמעשה** צ"ע).

(**והרמב"ם** בפי' המשנה פירש על נובלות, הפירות שנפלו מן האילן פגים קודם שיתבשלו, וכ"כ תר"י, **והטור** משמע, דדוקא מין תמרים רעים שאין יכולין להתבשל על האילן, אבל סתם תמרים שהשירן או נפלו קודם בישולם, לא נשתנית ברכתן משום זה, **ואזיל**

לטעמיה בסימן ר"ב ס"ב, דשאר כל האילנות חשיב פרי שלהן משיוציאו אף שלא נגמר עדיין בישולן כלל, **ואמנם** לפי מה שהערנו שם, דדין זה אינו ברור, ממילא אם נפלו מעצמן קודם בישולן, ג"כ אפשר דמברך "שהכל", **ולכתחלה** יותר טוב לברך "שהכל" אם ראוין לאכילה קצת, ובדיעבד אם בירך בפה"ע יצא).

(**ודע** דמבואר בש"ס למסקנא, דתמרים שנופלין מן האילן מחמת רוח אחר שנתבשלו, פירי מעליא נינהו ומברך עלייהו בפה"ע).

סעיף י - פירות ששראן - מעל"ע, דבזה רגילין ליתן טעם במים, [**ומ"מ** נ"ל דתלוי לפי טבע דבר הנכבש, דאנו רואים כמה דברים נכבשין שאינם נותנים טעם גמור במים במעל"ע, ובהם בודאי צריך יותר ממעל"ע].

או בשלן במים, אע"פ שנכנס טעם הפרי במים, אינו מברך על אותם המים אלא "שהכל" - דלא הוי אלא זיעה בעלמא כדלעיל ס"ח, **ולא** דמי למיא דסילקא ודכולהו שלקי דמברכין עלייהו בפה"א, וכדלקמן בסימן ר"ה ס"ב, **משום** דהתם רוב אכילת אותן ירקות הוא ע"י שליקה, משא"כ הכא בפירות דלאו דרכייהו למישלק או לכבשן אלא לאוכלם בעין, לכן לא אמרינן שיהיו שליקתן וכבישתן כמותן, [רשב"א].

(**משמע** דעל הפירות גופא מברך עליהן ברכה הראויה להן, וע"כ דמיירי שטובים לאכול בין חיין בין מבושלין, **דאל"ה** מברכין גם עליהן רק "שהכל", וכמבואר לקמן בסי"ב, **ואפ"ה** לענין הרוטב לא אמרינן שיהא מימיהן כמותן).

מיהו בפירות שרוב אכילתן הוא ע"י בישול או כבישה, מי שליקתן וכבישתן כמותן, ומברך עלייהו בפה"ע לכו"ע, **וכ"ז** בפירות שמתחלת נטיעתם נטעי להו אדעתא לאוכלם מבושלים או כבושים, **אבל** בפירות שדרכן לאוכלן חיים, רק שיש שמיבשין אותן ואח"כ מבשלין אותן, אין מברך על רוטבן לעולם רק "שהכל", **אע"ג** דדרך כולן לבשלן כשהן יבשין, מ"מ תחלת נטיעתן לא נטעי להו אדעת ליבשן אלא לאוכלן חיין.

ולענין פלומי"ן יבשים או קרשי"ן, כתב הח"א דבמדינות שגדילים שם הרבה, מסתמא נטעי להו ברובא אדעתא ליבשן, וא"כ ברכתן של רוטבן בפה"ע.

והרא"ש כתב, דאפשר שאם נכנס טעם הפרי במים מברך: בפה"ע - ר"ל בשטועמין ומרגישין שיש טעם הפרי במים המבושלין או השרויין, מברכין בפה"ע, **ולא** אמרינן שאינו אלא טעם קלוש וזיעה בעלמא, כדאמרינן בס"ח לענין סחיטת פירות, **דיותר** נכנס טעם הפרי במים ע"י בישול, מאילו סחט הפרי בעצמו כשהוא חי.

(**ודע** עוד דגם להרא"ש, היינו דא"צ שיהיה רוב אכילתן ע"י בישול, אבל עכ"פ בעינן שיהיו טובים לאכול בין חיין ובין מבושלין, דאי טובים לאכול רק חיין, גם על הפירות גופא אין מברכין רק "שהכל" כשאוכלן כשהן מבושלין, וכדלקמיה בסי"ב במ"ב, **ולפי"ז** פשוט דעל מי שריית תפוחים שקורין עפי"ל קווא"ס, אין לברך עלייהו לכו"ע רק "שהכל", דהתפוחים גופא אין דרך אכילתן כשהן שרויין, דמתקלקלים עי"ז, ומברכין עליהן "שהכל", ומימיהן לא עדיף מהן).

ולענין הלכה פסקו האחרונים, דלכתחלה יברך "שהכל", ובדיעבד אם בירך בפה"ע יצא, ועיין בר"ה ס"ב מה ששייך לענייננו.

סעיף יא - מי שריית צמוקים ותאנים, או מי בישולם, מברך עליהם "שהכל", ויוצא גם להרא"ש - קאי על סעיף הקודם דהביא פלוגתא בזה, **וקאמר** דלמעשה פשוט דנקטינן כדעה ראשונה לברך "שהכל", דיוצא בזה גם לדעת הרא"ש, דהא בלא"ה על כל הדברים אם אמר "שהכל" יצא.

מיירי ששותה המים בפני עצמן, **אבל** אם אוכל הפירות עצמן ושותה המים ג"כ, מסתברא דלכו"ע אין צריך לברך עליהם לא ברכה ראשונה ולא אחרונה, דנעשה טפל להפרי, **ואם** עיקר כונתו בשביל המים, ואכל איזה מהפירות מתחלה ובירך בפה"ע, צ"ע אם יברך שנית על המרק "שהכל", דלהרא"ש כבר יצא בברכת פה"ע, **וע"כ** יברך על דבר אחר תחלה "שהכל".

אבל בברכה שלאחריהם יש להסתפק אם מברך "בורא נפשות", או אם מברך ברכה אחת מעין שלש כהרא"ש - דבכל הפירות אין נ"מ בברכה אחרונה, דהא ברכה אחרונה שלהן אינה אלא

"בורא נ"ר", **אבל** בפירות של ז' מינים, כגון צמוקים ותאנים שמברכין עליהם באחרונה מעין ג', בזה יש להסתפק היכי נעביד, **דאם** יש להמים דין הפרי, יש לברך עליו מעין ג' באחרונה, ואם אין להם דין הפרי בעצמם, אין לברך עליו אלא ב"נ, **ובאלו** אין האחת פוטרת חברתה אפי' דיעבד, **ולכן ירא שמים לא ישתה אלא בתוך הסעודה** - דבהמ"ז פוטרת ברכה שלאחריהם, בין שתהיה מעין ג' בין שתהיה בנ"ר.

(**אבל** ברכה ראשונה שהיא "שהכל", יצטרך לכו"ע ואפילו להרשב"א, דאל"ה מאי תקנתיה, הלא עי"ז יהיה ספק בברכה ראשונה, **ואע"ג** דבסימן קע"ד דעת הרבה פוסקים דא"צ לברך על המים ועל המשקין בתוך הסעודה, וא"כ להרשב"א לכאורה לא יצטרך לברך עליו ברכה ראשונה, **אבל** באמת נראה דאף להרשב"א אין עליהם שם משקה, אלא כרוטב הפירות, והוו כפירות בתוך הסעודה לענין ברכה, ורק משום דדרכן לאכול רק חיין, ס"ל דכשמבשלן מברך על רוטבן "שהכל").

או יאכל פרי מז' מינים – (ונראה דה"ה אם יטעום קצת מהצמוקים ומהתאנים גופא, והמחבר מיירי מעיקרא ששותה מי הצמוקים לחודא), **וגם ישתה מים, כדי שיצטרך לברך ברכה אחת מעין שלש ו"בורא נפשות"** – (ומיירי שהוא צמא קצת למים, דאי אינו רוצה לשתות כלל, אין לברך על המים, כמו שכתבתי לקמן בסימן ר"ד ס"ז).

(**בפמ"ג מצדד, דיברך ה"מעין שלש" קודם, דהיא חשובה**).

(**ואם** אין לו אלו דברים לפטור את המי פירות, דעת הכנה"ג שמברך בנ"ר ודיו, **והמג"א** מפקפק בדינו דכנה"ג, ומשמע דעתו שלא לברך כלל בזה, וכן משמע קצת בב"י וב"ח, דאין לו תקנה כלל, **אכן** אם יש לו יין, טוב שישתה ויברך "על הגפן" ויכלול גם "על העץ", **ואע"ג** דהב"י ולבוש כתבו כאן, דאין זה תקנה, דאין לו להוסיף בנוסח הברכה על הספק, כ"ז ביש לו תקנה אחרת דפרי ומים הנזכר בשו"ע, **אבל** באין לו תקנה זו, יכול לסמוך על הט"ז שכתב, דבשעת הדחק יכול להוסיף בברכה, וכן הסכים שם במאמר מרדכי, וכ"כ הח"א).

ואם משך המים והבדילם מהצמוקים, הוה ליה יין - פי' הא דהשוינו צמוקים לתאנים, אינו אלא בשהיו מעורבים הצמוקים עם הרוטב, דעדיין שם רוטב ומרק עליהם, אבל בשמשך המים מן הצמוקים, הו"ל המים יין גמור, **ומברך עליו בפה"ג וברכה אחת מעין שלש** - היינו "על הגפן ועל פה"ג", **ועיין** באחרונים, דאפילו לא רמיא ג' ואתא ד', והטעם, דכיון שהצמוקים יפים, כח הפרי העומד בתוכן נותן טעם חזק.

ודעת המג"א, דלאו דוקא במשיכה נעשה יין, אלא אפילו כשמעורבים, כל שלא שראן אדעתא לאכול הצמוקים, רק למשוך ולשתות המים, אפי' שתה מהכלי כשמעורבים ביחד, דין יין יש לו, **והמגן** גבורים מפרשו כפשוטיה, דדוקא בשמשך, אלא דמיירי בשלא נשרה עדיין ג' ימים, ולכך אין לו דין יין לענין ברכת בפה"ג אא"כ משכן והפרידן מהצמוקים, [**ובנהר** שלום כ' לחלק באופן אחר, דבכתשן וסחטן באמת לא בעינן שיפרישן, אבל הכא ששראן בעלמא, לא הוי יין עד שיפרישן].

והוא שיהיו צמוקים שיהיה בהם לחלוחית, שאם ידרוך אותם יצא מהן דבשן - ר"ל בלא שריה יצא מהן לחלוחית, אז אם שראן הו"ל יין גמור, **אבל אם כשיעצרו אותם לא יצא מהם שום לחלוחית דבש, לא** - ר"ל ומברכין עליהם "שהכל" לכו"ע, ואע"פ שנמתקו קצת המים, אינו אלא זיעה בעלמא.

סעיף יב - כל הפירות שטובים חיים ומבושלים - ואפילו הם טובים יותר כשהם מבושלים, כיון שכשהם חיים טובים ג"כ, והרבה בני אדם אוכלים אותם כן, **כגון תפוחים ואגסים** - שקורין בערנע"ס, שאותן פירות טובים ג"כ לאכול כשהם חיין, **בין חיים בין מבושלים מברך בפה"ע.**

ואם אין דרך לאוכלם חיים אלא מבושלים - ר"ל שרוב בני אדם אוכלים אותו כשהם מבושלים, **אכלם כשהם חיים, מברך "שהכל"** - הטעם, כיון שדרך אכילת אותן פירות לרוב בני אדם הוא ע"י בישול דוקא, לא מקרי עיקר פרי כל זמן שלא בא לכלל זה, **ועיין** בא"ר ובח"א שדעתם, דאפילו טובים ג"כ לאכול חיין, כיון שדרך רוב בני אדם לאכול אותן ע"י בישול דוקא, מברך "שהכל".

ויש מיני תפוחים שהם חמוצים, ואין ראוין לאכול לרוב בני אדם כשהם חיין רק ע"י בישול, מברך "שהכל" כשהם חיין, **ועיין** לקמן בסי' ר"ג במ"ב לענין תפוחי יער.

(ומיירי שהוא ראוי לאכול עכ"פ ע"י הדחק, דאל"ה אפילו "שהכל" אין לברך עליו, וכדלעיל בסוף ס"ב).

(**ולא** דמי לדלעיל בס"ב, דמוכח שם מהשו"ע, דאם ראוין לאכול אפילו רק ע"י הדחק, דמברך ברכה הראויה לאותו המין, **נ"ל** משום דהתם הלא מיירי בפרי שבגדלותה יהיה ראוי לאכול חי לכל אדם, לכך אמרינן דאף עתה בקטנותה, משצמחה עד שהיא ראויה לאכול אפילו רק ע"י הדחק, שם פרי עלה, **משא"כ** בזה שאף בגדלותה אינה ראויה לאכול לרוב בני אדם כשהיא חי, אין עלה שם עיקר פרי כלל).

(**וצ"ע** מלקמן סי' ר"ח ס"ד, אכל דגן חי וכו', **ואולי** יש לתרץ, דמיני דגן כיון שהוא מוכן למזון חשיב יותר).

כשהם מבושלים, בפה"ע - וה"ה אם היה להיפך, שדרך אכילת בני אדם אותן הפירות הוא רק כשהם חיין, כגון אגוזים וכה"ג, **אינו** מברך ברכת פה"ע כי אם כשהם חיים, וכשהם מבושלים "שהכל", וברכה אחרונה בנ"ר, אפילו אי אתרמי בשבעת המינים בכה"ג.

סעיף יג - אגוז גמור המטוגן בדבש, ונקרא נואינד"ו (ר"ל נויאי"ט) - פי' שכבר נגמר גידולו, ופוצעים אותו וזורקים ממנו הקליפה שהיא כעץ, ולוקחין הגרעין ומטגנין בדבש, ונקרא בל"א נויאי"ט, **מברך עליו בפה"ע** - ואע"ג דאגוזים דרכן לאכול חיים, ואם היה מבשלם במים משתנים לגריעותא, **אפ"ה** כשמתקנין אותו ע"י טיגון בדבש, הרי הם משתנים למעליותא ע"י הדבש, והו"ל כדבר שטובים חיין ומבושלין.

וגם קמ"ל דלא אמרינן בזה דהדבש עיקר, וליברך עליה ברכת "שהכל" כברכת הדבש, **דבזה** דאין הדבש בא בשביל עצמו, כי אם בשביל ליתן טעם בהאגוז, הו"ל האגוז עיקר והדבש טפל, ומברכין בפה"ע, **וה"ה** כל מיני פירות כה"ג, פה"ע או פה"א שדרכן להאכל רק חיים, ואם היה מבשלו במים היה משתנה ברכתו ל"שהכל", אם טיגנן בשמן או בדבש, מברך ברכתו הראויה להן.

כתבו האחרונים, דאפילו אין האגוז שלם אלא כתות ושבור, כמו שדרך לעשות כשמטגנין אותן, אפ"ה לא נשתנית ברכתו, **ומיהו** עכ"פ בעינן שלא יהיה כתות ושחוק ביותר, שיהא ניכר עכ"פ קצת, דבמעוך שאין ניכר צורתו לגמרי, אין מברכין עליו אלא "שהכל".

סעיף יד - אגוז רך שמבשלים בדבש - שלא נגמר גידולו, וקליפתו עדיין אינו קשה, ולוקחין אותו למרקחת ביחד עם הקליפה העליונה, ומטגנים אותם כן בדבש, **וקוראין לו נוס מושקאד"ה** - אין זה אגוז מושקא"ט שבסי"ז, דשם פרי גמור הוא.

מברך עליו "שהכל" - ואע"ג דע"י הדבש נתקן הפרי וטוב לאוכלו, **מ"מ** כיון שהוא רך עדיין ונאכל ביחד עם קליפתו, אינו מברך עליו אלא "שהכל", דלא נטעי להו אדעתא למיכל כשהם רכים בקליפתן, אלא לאכול הפרי עצמה כשיתבשלו, **וכמו** דקי"ל לקמן בסימן ר"ד ס"א, לענין שקדים הרכין דברכתן נמי "שהכל" מטעם זה, **וכ"ש** הכא שבלא טיגון אינו ראוי כלל בעודו רך לאכילה, שמר הוא, וכל תיקונו הוא ע"י דבש.

והנה כ"ז הוא דוקא משום שלא נגמר הפרי, ולא נטעי אדעתא דהכי וכמ"ש, **מה** שאין כן בפרי גמורה כשאינו ראוי לאכול חי כי אם ע"י טיגון, בודאי מברך עליו ברכתו הראויה לו.

הגה: וכן אותם אגוזים שמבשלים בדבש בעודם ירוקים, מברכים שהכל - צ"ל "והן אותם" וכו', דהא זהו ג"כ כוונת המחבר.

סעיף טו - על הסוקא"ר - פי' שבארצותם גדלים קנים מתוקין, וסוחטין אותם ומבשלין מימיהם עד שיקפה וידמה למלח, **מברך "שהכל"** - דלא עדיפי מדבש תמרים, דחשבינן ליה רק כזיעה בעלמא וברכתו "שהכל", וכ"ש בזה שנשתנו ע"י הבישול.

וכן המוצץ קנים מתוקות - פי' שמוצץ קני הסוקר בעצמם, **"שהכל"** - ג"כ מטעם הנ"ל, דהא הקנה בעצמו הוא עץ בעלמא וא"א לאוכלו, אלא שיש בו מתיקות, וא"כ לא עדיף המוצץ את המתיקות מהעץ, מאילו סחט את הזיעה הזאת ושתאו.

וכתב בח"א, דה"ה הלועס שורש שקורין לאקעריץ, ג"כ אין מברך אלא "שהכל", דגם הוא עץ בעלמא, אלא שיש בו טעם מתוק.

ודע, דאף שהשו"ע סתם לדינא, דעל הסוקר ועל הקנים ברכתו "שהכל", (הוא לשון הרמב"ם), באמת יש בזה דעות בין הראשונים כמו שמובא בטור וב"י, (דהטור השיג עליו, דלא דמי לדבש תמרים, דאין התמרים עומדים בעיקרם לכך, משא"כ בזה שהקנים עומדים בעיקרם לסחיטת הסוקאר, א"כ הוי להו כזיתים וענבים שהפרי היוצא מהם הוא כמותם, **והב"י** כתב עליו דדברים של טעם הם, אלא דלחומרא טוב לחוש לדעת הרמב"ם, שמברך על הכל "שהכל", דבזה יוצא לכו"ע, **אכן** בכ"מ חזר בו וכתב, דהטור לא ראה מעולם אותם קני הצוקער, ובאמת בארץ מצרים ששם גדלים אותם הקנים, נמכרים לאלפים למצוץ אותם בפה, וא"כ אין עיקרם דוקא לסוחטם ולעשות מזה צוקער, ולהכי אף שסחטם, לא עדיפי משאר מי פירות שאינם אלא זיעה. **אבל** לפי"ז הי"ל להרמב"ם להחליט לברך בפה"ע או בפה"א על הקנים בעצמם כשמוצצים אותם, ופשטות לשון הרמב"ם משמע דהקנים לא עדיפי מהצוקער בעצמם, ותו דבעיקר הדבר בודאי צדקו דברי הטור, דעיקר פרי קנים האלו הוא הצוקער שעושים ממנו, שהוא דבר חשוב, ולא משגחינן במה שכמה אלפים מוצצים בפה את העץ בעצמו, דאינו אלא הנאה כל שהוא ודבר טפל, ובודאי עיקר נטיעתו הוא על דעת הצוקר, **אלא** דטעם הרמב"ם הוא באמת פשוט מאד לענ"ד, דס"ל דלאו פרי הוא כלל, דא"א לאוכלו אלא למצוץ את הטעם המתוק, ובכה"ג לא מצינו בש"ס דליבריך ע"ז ברכת הפרי, וזהו כונת הרמב"ם שכתב שאין זה נקרא פרי, ולפיכך אין לברך על הסוקאר וכ"ש על העץ בעצמו אלא "שהכל", **אלא** דלפי"ז בצוקער שלנו שנעשה מן ירקות שקורין בוריקע"ס, ליבריך על הצוקער בפה"א, כמו על הבוריקעס בעצמם, ואין לנו טעם בזה לברך "שהכל", **אלא** לפי סברא השני' שזכר הרמב"ם, והוא מפני שמשתנים ע"י האור, וס"ל להרמב"ם דלא תקנו ע"ז ברכת הפרי שממנה יצא, כיון שאין ניכר כלל לעין אדם שמפרי או מירק פלוני יצא דבר זה, שהרי הוא עכשיו כחתיכת מלח, ואין לברך בכגון זה אלא "שהכל").

(והנה לענין דינא, אף שהרבה מהראשונים דעתם דיש לברך בפה"ע על הצוקער הנעשה מהקנים, וכן ג"כ דעת כמה אחרונים, **מ"מ** למעשה בודאי יש לנהוג לכתחלה כדעת השו"ע, שפסק כהרמב"ם דמברך "שהכל"), ומספיקא פסק לברך "שהכל", דבזה יוצא בדיעבד לכו"ע, **ואולם** בדיעבד אם בירך בפה"ע או בפה"א, יצא, **וכן** בצוקער שלנו שנעשה מבוריקע"ס, ג"כ יש לברך לכתחלה "שהכל", ובדיעבד אם בירך בפה"א יצא. (**ולענין** מוצץ קני צוקער, יש ג"כ דעות בפוסקים אם "שהכל" או פה"ע או פה"א, **וע"כ** לכתחלה יש לברך "שהכל" כדעת השו"ע, ובדיעבד אם בירך פה"ע או פה"א יצא).

סעיף טז - על פלפל, וזנגביל - הוא מה שקורין אינגבער, **יבשים, ועל הקלאוו של גירופלי (ר"ל נעגלי"ך), וכל כיוצא בזה** - כגון גלגל"ן וציטווא"א, **שאין דרך לאכלם אלא על ידי תערובות** - פי' והוא אכלן לבדן, **אין מברך עליהם כלום** - שאין הנאה באכילתן כשהם יבשים, **ואם** אכלן עם צוקער וכדומה, מברך "בורא פה"א".

סעיף יז - על אגוז מושקא"ט, בפה"ע - דפרי הוא, ורגילין ג"כ לאכלו ביובש.

ומי שיש לו שלשול, ונותן לתוך השכר מושקא"ט כדי שיעצור, אם אינו צמא ואינו שותה אלא לרפואה, המושקא"ט עיקר והשכר טפל, ומברך בפה"ע, כמו גבי שמן לעיל בס"ד, **ואם** הוא תאב לשתות השכר גם בלא רפואה, אע"פ שנותן לתוכו המושקא"ט לרפואה, השכר עיקר ומברך "שהכל" ופוטר את המושקא"ט, **וה"ה** גבי שמן לעיל, כשהוא תאב לשתות מי אניגרון והשכר, אע"פ שנותן לתוכו השמן לרפואה, מברך על השכר לבד אם הם הרוב.

על קניל"ה (ר"ל צימרינ"ד), "בורא פרי האדמה" - כי הוא גדל על הארץ כמו קנים, ורגילין ג"כ לאוכלו ביובש.

סעיף יח - על פלפל וזנגביל כשהם רטובים, בפה"א - דזנגביל לאו פירא הוא, אלא שרשים מן העץ תחת הקרקע, **ופלפלין** אע"ג דגדילין על אילן, כיון דאין נוטעין אלא על דעת שיתייבשו ויאכלו רובן שחוקין בתערובת כתבלין, ואין נאכלין לבדן אלא לפעמים, קרוב הדבר שיברכו ע"ז "שהכל", כמו קורא בריש סימן ר"ד, **אלא** לפי שמעט מהן נאכלין ברטיבותן, אדעתא דהכי נמי נטעי קצת, לכן מברכין עליהן בפה"א.

[דע, דפסק השו"ע הוא כדעת הרי"ף והרמב"ם ורב האי גאון, **והגר"א** פסק דפלפלין רטיבתא בפה"ע, כדעת הראב"ד והרשב"א והרא"ש].

הגה: כל הפירות שיודע בהם שהם עיקר הפרי, מברך עליהם "בורא פרי העץ"; ושאינן עיקר הפרי, "בורא פרי האדמה" - כנ"ל בס"ו, ועיין לקמן בריש סימן ר"ו במ"ב.

ואם הוא מסופק בו אם הוא עיקר הפרי או לא, בפה"א - שאף אם הוא פה"ע יצא בדיעבד בברכת פה"א, כדלקמן בסי' ר"ו.

ואם אינו יודע מה הוא - היינו שמא הוא מין שברכתו "שהכל", **מברך "שהכל"**. (עיין לקמן סימן רד סי"ג).

והיינו אחר שלמד ואינו יכול לברר, **אבל** מי שלא למד, לא יאכל עד שילך אצל חכם ללמדו ברכות.

§ סימן רג - דיני ברכת פירות הארץ §

סעיף א - על פירות הארץ מברך: "בורא פרי האדמה".

סעיף ב - על התותים הגדלים בסנה - שקורין מוי"ל בע"ר ומאלינע"ס, **בפה"א. הגה: דלא מקרי עץ אלא שמוציא עליו מעלו** - ואז יש על פריו שם פרי עץ, אף אם העץ הוא גבעול דק.

אבל מה שמוציא עליו משרשיו, לא מקרי עץ; והכי כיון דכלה עליו לגמרי בחורף והדר פרח משרשיו, מברכין עליו בפה"א.

ויש מיני מוי"ל בע"ר שגדילים באילן, ומברכין עליו בפה"ע, **וכן** מאלינע"ס שלנו ג"כ ידוע שגדילין באילן שמתקיים משנה לשנה, ומברכין עליו בפה"ע.

ושטענ"ל נוס"ל שגדילין על עצי יער, צ"ע, כי אין טוב כ"כ למאכל כי אם אחר הבישול, ודמי לבני אסא המבואר בס"ה, **ולא** דמי לתותים הגדלים באילן שכתבנו דמברך בפה"ע, דטובים הם למאכל כשנשתהו על האילן.

ופרי שקורין ברומבערי"ן וערפער"ט, דעת המ"א וא"ר, דיברך עליהם בפה"ע, שכן הענף מתקיים ימים הרבה, וכי שקל פירא הדר אתי מאותו ענף עצמו.

ופירות אדומים שקורין פאזימקע"ס הגדילים בתוך היערות, מברך עליהם בפה"א, **ואפילו** אותן הגדילים בגנות, מסיק הח"א דנכון לכתחלה שיברך עליהן פה"א, **ובדיעבד** כשבירך בפה"ע, יאכל רק מעט כדי שלא תתבטל הברכה ולא יותר.

ופירות שגדילין על אילנות קטנות, אף שגבהן פחות מג' טפחים, כמו יאגד"ש שחורים, דעת המ"א ועוד כמה אחרונים לברך עליהן בפה"ע, **אך** העולם נוהגין לברך בפה"א, ואפשר דטעמם דלא חשיבי כ"כ פרי. **ומיני** יאגדע"ש וזורעוויני"ס שמוצצין מהן המשקה וזורקין הקליפה, יש דעות בין האחרונים אי מברכין עליהן בפה"א או "שהכל".

אבל על קאלינע"ס, אף שגדילין באילן, בודאי יש לברך עליהן "שהכל", שאין האוכל ראוי כלל, **ואפילו** אם בולע עם הקליפה והגרעין, מ"מ הלא באמת הקליפה והגרעין אין ראוין לאכילה כלל.

סעיף ג - על המאוזי"ש, "בורא פרי האדמה" - ג"כ הטעם כמו בתותים.

סעיף ד - על פירות שמוציאין אילני סרק, "שהכל" - דלא חשיבי לברך עליהן בפה"ע, דכמו עץ בעלמא נינהו, **ולא** דמי לתותים שבס"ב דחשובין עכ"פ פרי, אף שגדילים נמי בסנה דהוא כאילן סרק, **דהם** טובים לאכילה חיים כשהם שוהים הרבה על הסנה ומתבשלין, אלא שאין הענף מתקיים משנה לחברתה, **אבל** כאן מיירי בפירות גרועים, כגון תפוחים קטנים ואגסים קטנים הגדילים בעצי היער, שאינם ראוים לאכילה כשהם חיים, וע"כ אינם חשובין בכלל פרי, ואפילו בשלם, ולכן מברך עליהם "שהכל".

(והיינו שגדילין מאליהן בלא זריעה ונטיעה, ואינן ראויין לאכול חיין רק ע"י בישול וטיגון, לכן ברכתן "שהכל", **אבל הגדילים ע"י זריעה ונטיעה, אפילו כשאינן**

טובים לאכול חיין, מברך אחר שנתבשל, על של עץ בפה"ע, ועל של אדמה בפה"א).

ואגוזים קטנים הנלקטים בעצי היער שהם טובים לאכילה, פרי גמור הוא ומברך ע"ז בפה"ע, וכן על אגרע"ס, ובל"א קאסטעה"ר בערי"ן, אף שגדילים על קוצים נהגו העולם לברך בפה"ע, **אבל** על פרי אדום שגדל על קוצים שקורין בל"א האנפוטין, וכ"ש על המינים שגדל על אטדין, וקורין בל"א שלוים קערשין, ובלשון פולין פיאניצעס, מברכין "שהכל", שאינן חשובין וגם שגדילין על אטדין.

סעיף ה - בני אסא - היינו ענבים קטנים שרגילין להמצא בהדסים, **אף ע"ג דבישלן והויין כפירות, אינו מברך אלא "שהכל"** - דלא חשיבי והו"ל כפירות שמוציאין אילני סרק.

סעיף ו - על זנגביל שמרקחים אותו כשהוא רטוב, "בורא פרי האדמה" - אשמעינן דע"י ריקוח שמרקחין אותו בדבש לא נשתנה ברכתו מאילו אכלו חי, דברכתו בפה"א, וכדלעיל בסי' ר"ב בסי"ח.

ונראה דה"ה אם מרקחים אותו יבש, כיון שעל ידי כך הוא ראוי לאכילה, הזנגביל עיקר ומברך עליו בפה"א - ר"ל אף דזנגביל יבש אין מברכין עליו כלל, וכבסימן ר"ב סט"ז, הכא דע"י ריקוח נעשה ראוי לאכילה, חוזר לברכתו הראויה, **ואין** להקשות מאגוז רך, דאיתא שם בסי"ד דאף שנתקן ע"י בישול בדבש מ"מ ברכתו "שהכל", **דהתם** הפרי לא הגיע עדיין זמן בישולו, משא"כ הכא דהפרי כבר נתבשל, אלא שמחמת יבשותו לא היה ראוי לאכילה, ולכן מהני כשמרקחו ועושהו ראוי, **וה"ה** כשמרקחין פלפלין יבשין, ג"כ ברכתו בפה"א.

וכן כשצולין זנגביל ואוכלין אותו לרפואה, כיון דחזי לאכילה ע"י כך, **אבל** ציטוו"ר מברך "שהכל", כיון דעביד לטעמא ולא לאכילה.

ואפי' זנגביל שרקחו ער"ג, אין בו משום בשול ער"ג, שהרי נאכלין חיין ע"י תערובות צוקע"ר, **אבל** שאר כל מיני פירות או ירקות וכן עלי ורדים, כל שאינו ראוי לאכול אותו חי, אם בשלן או רקחן נכרי, אסורים משום בשול ער"ג.

(עיין בשע"ת בשם עמק ברכה, דדוקא כשמרקחין חתיכות ממנו, אבל אם הוא מעוך וכתות עד שאינו ניכר מה הוא, אע"פ שיודע שהוא זנגביל, מברך "שהכל", **ולא** הבנתי, דהלא מבואר לקמיה בס"ז, דבשמים שחוקים וכו', והיינו אף כששחוקים לגמרי, ואפילו למאן דמחמיר בתמרים שעשאן כעין עיסה, שאבד ברכתו הקודמת, אפ"ה לענין בשמים מודו, דאף כשנימוח לגמרי אפ"ה מברך ברכתו הקודמת, הואיל דאורחייהו בהכי לכתוש לגמרי, **ואולי יש לומר**, דלענין כתישה אפשר דיש לחלק בין זנגביל לשאר בשמים, דזנגביל כשמרקחו בדבש אין דרך לכתשו כ"כ, וע"כ אבד ברכתו הקודמת, **אבל** מדברי עטרת זקנים וכן מהט"ז משמע לכאורה כמש"כ, וצ"ע).

מרקחת של חזרת שקורין קריין, ברכתו "שהכל", (שאין נזרעין אלא גדילים מאליו, והוי כעשבי דדברא בסי' ר"ד - פמ"ג, [**ומשמע** בפמ"ג, דאפי' כשאוכלו חי אפשר דברכתו "שהכל"], **אבל** מרקחת של רעטיך, ברכתו בפה"א, **ואפי'** אם עושה מקליפתן, ג"כ לא נשתנית הברכה.

סעיף ז - בשמים שחוקים ומעורבים עם סוקר, הבשמים עיקר ומברך עליהם כדין ברכת אותם בשמים - היינו אף כשהם שחוקין ונימוחים לגמרי, עד שאין ניכר בהם תארן הראשון כלל, אפ"ה לא נשתנית ברכתן ע"ז לכו"ע, דדרך הבשמים לכתוש באופן זה, [**ואינו** דומה להמבואר בסי' ר"ד סי"א, דצריך שיהא ניכר מהותו ותארו, דהכא שדרכן בכך מודו כו"ע].

והיינו אפילו כשהיה צוקע"ר הרוב ומעט בשמים, וכעין שנוהגין בינינו לעשיית מאגע"ן פולווע"ר, שמערבין צוקע"ר הרבה עם אינגבע"ר כתוש, אפ"ה האינגבע"ר עיקר והצוקע"ר טפל להן, דאינו בא רק למתקו, ואין לברך עליהן.

סעיף ח - צנון, מברך עליו "בורא פרי האדמה" - דאע"ג שסופו להקשות כעץ אם אין תולשו בעתו, אפ"ה מברכין עליו בפה"א, דנטעי אינשי אדעתא לאוכלו כשהוא רך, **ועיין** בח"א ובנ"א שמצדד, דבצנון שלנו שהוא מר, ואין דרך לאכול בלא פת, לא חשיבא כ"כ ומברך עליו "שהכל", **אמנם** הגר"ז מוכיח מהח"י, דמ"מ מברך עליו בפה"א. (**עיין** לקמן סי' רה ס"א).

סימן רד – דיני הברכות ליתר מאכלים

§ סימן רד – דיני הברכות ליתר מאכלים §

סעיף א- על דבר שאין גדולו מן הארץ, כגון: בשר בהמה חיה ועוף, דגים, ביצים, חלב, גבינה, ‹מברך "שהכל"›.

ופת שעפשה - ונתקלקל קצת עי"ז, ‹מברך "שהכל"›, דאילו נתקלקל לגמרי ולא חזי לאכילת אדם, אין מברכין עליו כלל, וכדלקמיה לענין תבשיל. [**ופשוט** דהיינו כשאוכל במקום שנתעפש, דאילו כשמוצא בהככר מקום שלא נתעפש עדיין, בודאי מברך "המוציא" ובהמ"ז].

(**ודע** דמבואר ברמב"ם, דכל אלו שברכתן "שהכל", ברכה אחרונה שלהם בנ"ר, ומוכח שם דגם על הפת שעיפשה קאי, **ולכאורה כיון דעדיין חזי לאכילה קצת, איך יפטר מברכת המזון, דבשלמא לענין ברכת "המוציא" שהיא דרבנן, כיון דלא חשיבי אמרו שיברך רק "שהכל", אבל לענין בהמ"ז שהיא דאורייתא, איך נפקע חיובו, והלא עכ"פ ע"י הדחק חזי למיכליה, ואולי י"ל דדוקא כשלא אכל כדי שביעה, דחיוב בהמ"ז שלו הוא מדרבנן בעלמא, אבל כשאכל כדי שביעה, דבהמ"ז שלו הוא מדאורייתא, חייב לברך בהמ"ז, כיון דע"י הדחק חזי לאכילה, ואף** דמתחלה בירך "שהכל", לית לן בה, וכעין מה שפסק השו"ע לענין פת כיסנין, בסי' קס"ח ס"ו, **וצ"ע למעשה**).

ותבשיל שנשתנה צורתו ונתקלקל - מיירי ג"כ שנתקלקל קצת ולא לגמרי, דאל"ה אפילו "שהכל" לא שייך לברוכי. **ונובלות, שהם תמרים שבשלם ושרפם החום ויבשו** - היינו ע"י שריפת החום נתבשלו ונתייבשו ונשתנו לגריעותא, **ועיין** מה שכתבנו לעיל בסי' ר"ב ס"ט במ"ב ובה"ל.

ועל הגובאי - הוא מין חגב טהור, ולאפוקי מר' יהודה דאמר שם במשנה: כל שהוא מין קללה {שעל הקללה הם באין} אין מברכין עליו. **ועל המלח** - הואיל ויש לו מזה עכ"פ הנאה קצת כשנותן לתוך פיו, **ועל מי מלח.**

ועל המרק - של בשר, דאילו של פירות וירקות תליא בפלוגתא, עיין בסימן ר"ב סעיף י' וי"א.

ועל כמהין - אותן שמצויים תחת הקרקע, ונבראין משומן הארץ, **ופטריות** - גדילים על העצים.

ועל קורא, הגה: פסולת הכרך - של דקל, **הנתוסף באילן בכל שנה** - כשענפיו גדלים בכל שנה ושנה, **שקורין פלמיטו** - והנוסף בשנה זו רך וחזי לאכילה, ובשנה שניה מתקשה ונעשה כעץ, ‹**מברך** "שהכל"› – דאע"ג דגידולו מן הארץ, אפ"ה לא מברכינן עליה אפי' בפה"א אלא "שהכל", דלא נטעי אינשי האילן אדעתא למיכל את הקורא כשהוא רך, דממעט ענפי האילן, אלא שיתקשה ויעשה עץ ויגדל פרי.

כתב הט"ז דקטניות רטובין בשל גנות, שנזרעין על דעת לאכול חיין, מברך בפה"א אפילו על השרביטין לבד, דעל מנת כן נזרעו, **אבל** של שדות שדרכן להניחן עד שיתייבשו ולאוכלן מבושלין, מברך על הקטניות כשהן חיין אפילו כשהן רטובין "שהכל", ואם בשלן בפה"א, **ובפמ"ג** מפקפק מאד על דבריו, וכן דעת הרבה אחרונים דאין לחלק בין קטניות לקטניות, ולעולם מברך עליהן כשהן רטובים בפה"א, וכן מנהג העולם, [דלא שייך הסברא דלא נטעי אדעתא דהכי על עיקר הפרי], **אמנם** לענין השרביטין יש דעות בין האחרונים, כשאוכלן לבדן בלא הקטניות, אם יברך עליהן בפה"א או "שהכל", **וע"כ** טוב לכתחלה ליזהר שיאכלן עם הקטניות, ויברך על הקטניות לבד בפה"א, ולא יברך עוד על השרביטין, [דמיפטרי מטעם טפל], **ואם** אירע שאוכל השרביטין לבד, יברך "שהכל".

ועל לולבי גפנים - גם בזה הטעם כמו בקורא.

ועל שקדים מתוקים שאוכלים אותם כשהם רכים בקליפיהם - ואף דקיי"ל לעיל בסימן ר"ב ס"ב, בשארי כל האילנות דמשיוציאו שום פרי חשיב תיכף פרי, **שאני** התם דהוא נהנה מגוף הפרי שנוטעין אותו מחמתו, **אבל** הכא בשקדים מתוקים בקטנותם אינו נהנה מן הפרי, רק מהקליפה החיצונה, ולא נטעי להו אינשי אדעתא דקליפה, אלא אדעתא דגרעיניהן כשיתבשלו, ודמי לקורא הנ"ל. **ושקדים** מרים ע"ל בסי' ר"ב ס"ה.

ועל חזיז, והוא שחת - תבואה שלא הביאה שליש וחזי לאכילה, ומשום דלא גמר פירא נחית חד דרגא, מפה"א ל"שהכל", **וה"ה** לכל פרי האדמה דלא גמר פירא וחזי לאכילה, "שהכל".

ועל קרא חיה - שהוא טוב מבושל יותר מחי, וע"כ כשאוכלה חי נשתנית ברכתו ל"שהכל", וכדלקמן בסימן ר"ה ס"א.

ועל קימחא דשערי - אפילו הנעשה משבלים שמיבשין, דטובים לאכילה קצת, **ולאו** דוקא דשערי, דה"ה קמח של כל ה' מיני דגן, כמבואר לקמן בסי' ר"ח ס"ה, **והאי** דנקט דשערי, דסד"א הואיל וקשה לתולעים שבמעים, לא יברך עליה כלל, קמ"ל כיון דאית ליה הנאה מיניה בעי ברוכי.

ועל שכר תמרים ושכר שעורים - הואיל והוא צלול ועומד לשתיה, אינו נחשב בכלל תבשיל של ה' מיני דגן, שיברך "בורא מיני מזונות", שאין מברכין במ"מ אלא על מאכל, **ומשמע** בתוס', דאפי' יש בהן כזית בכדי אכילת פרס, ג"כ לא מברכינן עליה אלא "שהכל נ"ב".

ועל מי שעורים שמבשלים לחולה - ג"כ מטעם הנ"ל שלא נעשה כי אם לשתיה.

ועל עשבי דדברא שאינם נזרעים - ואפילו הם טובים לאכול, כמו עשב שקורין שצאוו"ע, שהן עלים חמוצים, ואפי' לאחר שבשלם שהוא מאכל שרים, מברכין "שהכל", דאינו חשוב כ"כ לפרי, **אבל** על שאלאטען וכיו"ב שנזרעו, מברכין בפה"א.

ודוקא בעשבים דאינם חשובין מצד עצמם, ולא מצד זריעה, דגדלים בלא זריעה, **אבל** פירות שהן טובים למאכל, אפילו גדלים ביערים מאליהן, כמו פזימקע"ס וכדומה, יש לברך עליהן בפה"א.

ועל שבת שקורין אניט"ו (ר"ל אני"ס), ועל כמון - קימ"ל, **וכסבור** - אליינדר"י בלעז, **(דלטעמא עבידי ולא לאכילה)** - ומיירי בין ברטובין ובין ביבשין, [**ולא** דמי לפלפלין וזנגביל דביבישין אין מברך כלל, דהתם אינם ראויים לאכילה כלל, **אבל** הני ראוים קצת דמתוקין לחיך, אלא שאין דרך אכילתם בכך ולא נטעי אדעתא דהכי, ולכן נחתינן דרגא ומברך "שהכל"], **וכן** אם רקחן בדבש, נמי "שהכל".

אכן אם שלק את האני"ס, מברך על מימיו בפה"א, דלהכי קיימא להטעים דבר המתבשל בו, [**ומסתברא** דה"ה בכמון וכסבור. **והגר"א** הקשה על עצם הדין, דאף בגופן נמי יברך "בורא פרי האדמה"].

ועל החומץ שעירבו במים עד שראוי לשתות, מברך "שהכל" - דאף דמתחלתו היה יין, כיון שנשתנה ונעשה חומץ, אבד מעלתו.

סעיף ב - על החומץ לבדו אינו מברך כלום, מפני שהוא מזיקו - ודוקא בחומץ חזק שנתחמץ כ"כ שמבעבע כשמשליכין אותו על הארץ, **אבל** בחומץ שאינו חזק כל כך, ודאי אית ליה הנאה מיניה ובעי ברוכי.

סעיף ג - ריחיה חלא (פי' חומץ), וטעמיה חמרא, חמרא הוא, ומברך עליו "בורא פה"ג" - סעיף זה וס"ד באו לבאר אודות יין שהתחיל להתקלקל, ומטבעו שמתחלה מתקלקל ריחו ואח"כ טעמו.

סעיף ד - כל שבני אדם נמנעים לשתותו מפני חמיצותו - היינו בשלא נעשה עדיין טעמיה חלא גמורה, רק שהתחיל טעמיה להתחמץ קצת, עד שבני אדם נמנעין לשתותו מפני זה, **אין מברכין עליו "בורא פרי הגפן" (אלא "שהכל").**

(והמ"א כתב, דלפי שאין אנו בקיאין בשיעור זה היטב, דיש בני אדם שותין ויש שאין שותין, לכך מספק ישתה יין ויפטרנו בברכה ראשונה ואחרונה).

סעיף ה - שמרי יין, מברך עליהם "בורא פרי הגפן" - היינו בשלא נתן עליהם מים, אלא שתה אותם גופא, ומפני שיש בהם לחלוחית יין מברך בפה"ג, **ואף** דשמרים אזוקי מזיק, אפשר דמיירי שמצץ רק הלחלוחית מהם.

נתן בהם מים, אם נתן שלשה מדות מים ומצא ארבעה, הוה ליה כיין מזוג ומברך "בורא פרי הגפן" - מיירי בשמרים של ענבים שדרכו אותן, שנעשה בלי תערובות מים, **אבל** ביין צמוקים שלנו שנשרה מתחלה הצמוקים עם מים, א"כ גם בלחלוחית יין שיש בהשמרים מעורב מתחלתו הרבה מים, וכשנותן עוד מים בודאי נתבטל כח היין שהיה בו תחלה.

ואם מצא פחות, אע"פ שיש בו טעם יין, קיוהא בעלמא הוא ואינו מברך אלא "שהכל" - ואחריו ברכת בנ"ר, ודוקא בשמרים ומשום דלחלוחית

יין שיש בהן אינו חשוב כ"כ, **אבל** יין גופא שיצא מדריכת ענבים, אם שפך עליהם מים אפי' יותר משלשה חלקים עד קרוב לששה, ג"כ יין גמור הוא וכדלקמיה בהג"ה, **ובעינן** רק שיהיה בו טעם יין שראוי לשתיה ע"י מזיגה זו, ודרך בני אדם לשתותו במקום יין ע"י מזיגה זו, **דאל"ה** אמרינן דבטלה דעתו אצל כל אדם.

והיינו ביינות שלהם שהיו חזקים, אבל יינות שלנו שאינן חזקים כל כך, אפילו רמא תלתא ואתא ארבעה, אינו מברך עליו בפה"ג; ונראה שמשערים בשיעור שמוזגים יין שבאותו מקום. הגה: ובלבד שלא יהא היין אחד מששה במים, כי אז ודאי בטל (אגור) - ואפילו יש בו טעם יין, ואף דבעלמא קי"ל טעם כעיקר דאורייתא, הכא לא חשיב טעם, דכקיוהא בעלמא דמי.

דברי הג"ה אין לו ביאור, דהמחבר הלא בא להחמיר, דביינות שלנו לא סגי שיהיה רק רביעית יין, **ואפילו** אם הדרך באותו מקום לעשות מזיגה גדולה, הלא פחות מרביעית יין בודאי לא מהני אפילו ביינות שלהם שהיו חזקים, **ומהרמ"א** משמע דמהני עד קרוב לששה חלקים מים, **ובאמת** דדברי האגור לא קאי על שמרים, דבשמרים השיעור כמו שכתב המחבר, **והוא** מיירי ביין ענבים גופא כשמוזגו עם מים, דעד קרוב לששה שם יין עליו וכנ"ל, ובלבד שיהיה בו טעם וריח של יין, ודרך בני אדם לשתות יין במזיגה כזו, וכנ"ל.

ודע, דדברי הג"ה זו מיירי ג"כ ביין חי שנעשה מתחלה בלי תערובת מים, ולכך ראוי שיתוסף עליו אח"כ הרבה מים, ויהיה שם יין עליו, **אבל** ביין צמוקים שלנו שנתערב מתחלה הצמוקים בהרבה מים, אין שייך כלל אח"כ מזיגה כזו, ואפילו פחות מזה מתבטל שם יין עי"ז.

סעיף ו - תמד שעושים מחרצנים שנותנים עליהם מים - היינו לאחר שנסחט היין מהענבים, נותנים מים על החרצנים לקלוט טעם היין שנשאר בהם, וזהו הנקרא תמד, **דינם כשמרים.**

וה"מ כשנעצרו בקורה - ועי"ז יצא מהענבים כמעט כל הלחלוחית שבהם, **אבל אם לא נדרכו אלא ברגל, אפילו נתן ג' מדות מים ולא מצא אלא ג' או פחות, מברכין עליו בפה"ג** - שדינם כצמוקים, **שיין הוא, והמים נבלעים בזגים, ובמה שיוצא יש בו יין מרובה** - ומ"מ דוקא כשיש בו טעמו של יין וריחו, וכנ"ל לענין יין שנתערב במים, [**ומ"מ** לכו"ע אם היה במים ששה פעמים כנגד החרצנים, בודאי אין שם יין עליו].

(עיין בתשב"ץ שמצדד לומר, דדין זה דוקא בחרצנים של ענבים, אבל בחרצנים של צמוקים אפשר דליתא להאי דינא כלל, **שאפילו** בצמוקים עצמם כתבו הפוסקים, דבעינן שיהא בהם דוקא לחלוחית קצת שאפשר לצאת מהם היין ע"י דריכה בלא שרייה, וכ"ש שהפסולת של צמוקים לא עדיפא מצמוקים שלמים גרועים, **עי"ש** שמצדד שדינם כדין שמרים, דבעינן דוקא רמא תלתא ואתי ארבעה).

הגה: זגים שנתנו עליהם תאנים לחזק כח היין - ר"ל שאחר שהוציאו היין מן הענבים, ונשארו הזגים, נתן עליהם תאנים או שאר פירות לחזק כח היין הנשאר בהם ולהוסיף באדמימותו, **אע"פ שהזגין הרוב, מ"מ כל כח התאנים במשקה** - דהתאנים היה בהם כל כחם, שלא נתמצו מקודם, והזגים אע"פ שהם הרוב, הרי יצא מהם כבר עיקר הלחלוחית, **ואין לברך בפה"ג** - אלא "שהכל", דהוי כשכר תאנים דברכתו "שהכל", **ומסתברא** דאפילו רמי תלתא ואתי ד' ויותר, גם כן לא מהני, דלעולם אמרינן דעיקר המשקין הוא מהתאנים. **(ב"י בשם התשב"ץ).**

(**וכ"ש שאין מקדשין עליו, ומיהו לענין הבדלה אם הוא** חמר מדינה מבדילין עליו, דשכרא הוא, **ואפילו אם** נעשה בלי תאנים, מבדילין עליו כל שיש טעם וריח, דלאו קיוהא ממש הוא, ואפילו הוא מחרצנים של צמוקים, שמספקק שלא לברך עליו בפה"ג כנ"ל, ודבר זה תלוי באומד הדעת בחוזק טעמו וטוב ריחו).

ועיין מ"א, דלענין ברכה אחרונה יש להסתפק בזה, דהתשב"ץ לא בריא ליה סברא זו כ"כ, ומספיקא פסק דמברך "שהכל", דיוצא בזה על כל דבר, **וע"כ** לענין ברכה אחרונה יראה לשתות רביעית יין גמור, ויברך "על הגפן" לפטור גם משקה זו.

סעיף ז - השותה מים לצמאו, מברך "שהכל" ולאחריו "בנ"ר" - נראה דלאו דוקא לצמאו ממש, אלא בסתמא כל שהחיך נהנה מהמים, מסתמא הוא צמא קצת וצריך לברכה, דאם אינו צמא כלל לא היה החיך נהנה ממנו.

(ומשמע מדברי הפוסקים, דאם שותה מים לשרות האכילה שבמעיו, מקרי זה שותה לצמאו, ואף דאנן פסקינן בסימן קע"ד, דבתוך הסעודה אין לברך על מים ששותה, נ"מ מזה להיכא דשותה אחר בהמ"ז כדי לשרות).

אבל אם חנקתיה אומצא - שעמד לו דבר אכילה בגרונו, **ושתה מים להעביר האומצא, אינו מברך לא לפניו ולא לאחריו** – (ונראה דה"ה אם שותה מים כדי להוריד המזון למקומו, דפעמים אירע שהמאכל עומד באמצע, ונראה לו כמי שדוחק לו כנגד לבו, הוא ג"כ בכלל זה, כיון שאינו שותה להנאה).

(לשון הרמב"ם: השותה מים שלא לרוות צמאו, אינו טעון ברכה לא לפניו ולא לאחריו. והשמיט מה שאמר הגמרא "דחנקתיה אומצא", משום דסבר דלאו דוקא הוא, אלא אורחא דמלתא נקיט, דאל"ה למאי שותה, וה"ה כל כיוצא בזה, ולפי"ז אם שתה מים רק כדי להצטרף לבהמ"ז, או שיש לו ספק בברכה אם מחוייב ברכה אחרונה, ורוצה לשתות רביעית מים כדי להתחייב בב"א, אם יודע בעצמו שאין לו אז שום הנאה מהמים, אין חייב עליהם לברך, וממילא גם לענין צירוף לא נחשב צירוף כלל).

ודוקא מים שאין החיך נהנה מהם כי אם כששותה לצמאו, אבל כששותה שאר משקים, או אוכל חתיכת פת, שהחיך נהנה מהם, אף שאין שותהו ואוכלו עכשיו כי אם להעביר האומצא, חייב לברך עליו בתחלה וסוף כדלקמיה בס"ח. **כששותה** מים בבוקר לרפואה, לא יברך, **ואם** גם לצמאו, יברך.

סעיף ח - כל האוכלין והמשקין שאדם אוכל ושותה לרפואה, אם טעמם טוב והחיך נהנה מהם, מברך עליהם תחלה וסוף - ר"ל אע"פ שאינו תאב להם כלל, ואינו אוכלם אלא מחמת אונס חליו, כיון שעכ"פ החיך נהנה מהם, [ואף אם טעמם אינו טוב כ"כ, כיון שעכ"פ אינם רעים והחיך נהנה מהם, משמע ממ"א דמברך]. **ולאפוקי** אם הם רעים שאין לו הנאה מזה, אע"פ שמתרפא מהם, אינו מברך כלל.

הגה: אם אנסוהו לאכול או לשתות, אע"ג דהחיך נהנה ממנו, אינו מברך עליו, הואיל ובאונס על כך - ולא דמי למש"כ לקמיה בסעיף ט', באוכל איסור מפני הסכנה דמברך עליו, כיון דעכ"פ נהנה, אף דגם שם אכילתו ע"י אונס, **שאני** התם דהאונס אינו על האכילה גופא, משא"כ הכא שהאכילה גופא הוא ע"י אונס, שאונסים אותו לאוכלו, לא שייך בזה לחייבו לברך על הנאתו, כיון שהוא בע"כ, כן היא סברת הרמ"א, והסכימו עמו הרבה אחרונים, **ויש** חולקים ע"ז, וס"ל דכיון שסוף סוף נהנה גרונו מזה, חשיבא אכילה וצריך לברך ע"ז, וכההיא דס"ט, **ועיין** בח"א שהכריע, דבפת אם אכל כדי שביעה, דבהמ"ז שלו הוא מה"ת, יברך.

סעיף ט - אכל מאכל או משקה של איסור מפני הסכנה - כגון חולה שצריך לאכול מאכלות אסורות לרפואתו, [ואפי' באיסור שהוא מן התורה], **וכ"ש** אם אוכל מאכל של היתר בזמן האיסור, כגון חולה ביוה"כ.

מברך עליו תחלה וסוף - דכיון דסכנתא הוא, התירא קאכיל, ואדרבה מצוה קעביד להציל נפשו, ואין זה בכלל שאר דבר איסור, דקי"ל לעיל בסימן קצ"ו שאין מברכין עליו, **ואע"ג** שברצונו לא היה אוכל דבר זה כי אם מחמת אונס חליו, מ"מ כיון שכבר הוא חולה, וחפץ להתרפאות במאכל ומשקה זה, חשיבא אכילה שיש בה הנאה, **ואם** הוא דבר שנפשו קצה בזה, א"כ אין החיך נהנה ממנו, ואין צריך לברך ע"ז.

סעיף י - דבש דבורים הרי הוא כשאר דבש, ואינו מברך אלא "שהכל" - דהוא בכלל דבר שאין גידולו מן הארץ.

כשאר דבש - דנתבאר בסי' ר"ב ס"ח דמברך עליו "שהכל", **ולסימנא** בעלמא נקטיה, ובאמת אפילו החולקין בדבש תמרים, מודו בדבש דבורים, **דאע"ג** דהדבורים מכניסין מי פירות לתוך גופן ומוצציו מהן ועי"ז נעשה הדבש, מ"מ אין טעם הפירות נרגש כלל בהדבש.

סעיף יא - חבושים או גינדא"ש, או ורדים - היינו רוזי"ן בל"א, **ושאר מיני פירות**

ועשבים שמרקחים בדבש, הפירות והעשבים הם עיקר והדבש טפל - דהדבש אינו אלא הכשר לדבר המרוקח, שמכשירו ומתקנו לאכילה, **וכן** שקדים המחופין בצוקע"ר, אף שהם מחופין לגמרי, מברך בפה"ע, דאף שצוקע"ר הרבה מהפרי, הפרי עיקר.

אפילו הם כתושים ביותר - דוקא שניכר מהותו ותארו, אבל אם נימוח לגמרי עד שנפסד צורתו העצמי, מברך לכתחלה "שהכל", כמבואר לעיל סי' ר"ב ס"ז בהג"ה, ועיין לעיל סי' ר"ג ס"ז ובמ"ב שם.

הילכך מברך על חבושים וגינדא"ש בפה"ע; ועל עשבים בפה"א; ועל של ורדים, בפה"א - ואע"ג דפרי עץ הם שגדילים על האילן, מ"מ כיון שאינן עיקר הפרי, דזרע שלהם הם עיקר הפרי, והעלים שמרקחין אותם הם הפרחים, ע"כ מברך בפה"א, **וכן** על הלוינדר"א בל"א מברך בפה"א, דאע"פ שהלוינדר"א גדילים באילן, דעיקר הפרי הם גודגדניות השחורות שגדלים באותו אילן, ודומה ממש לדין ורדים.

וא"ת כיון דורדים לא חזיא לאכילה לא חיין ולא מבושלין, אלא א"כ הם מבושלים עם דבש, א"כ הו"ל דבש עיקר, **וי"ל** דאדרבה כיון שעיקר תיקון הורדים לאכילה אינו אלא עם דבש, הו"ל דבש טפל, שהרי אינו בא אלא להכשיר הורד לאכילה, **והו"ל** כפירות שאין נאכלין חיין, שמברך עליהם אחר בישולם ברכה ראויה להם, ואין אנו אומרין שיברך עליהם "שהכל", מפני שהמים המובלעים בהם הכשירום לאכילה.

(ומ"מ אם בא לתקן דבש, ונותן בו בשמים כתושים, ועיקר אכילתו הוא הדבש, אינו מברך כי אם על הדבש, והבשמים טפלים לו, ושאני ורדים וחבושים שהם העיקר, אך אם עיקר האכילה היא הבשמים, כגון שיש מהם הרבה ומרקחם בדבש, פשיטא שמברך כברכת הבשמים, והיינו ההיא דר"ג סעיף ז').

הגה: וכל מרקחת שאין בריאים רגילין בו אלא לרפואה, מברכין עליו "שהכל" - הטעם, דאף דנהנה, אין זה עיקר הנאתו, כיון שאין הבריאים רגילין לאכול אותו בכך, שעומד רק לרפואה, [**ואפי'** בדבר שהוא מה' מיני דגן].

ועיין בבדק הבית שכתב, שרוב הפוסקים חולקים ע"ז, וכן הסכימו האחרונים, דצריך לברך עליו ברכה הראויה לו כיון שעכ"פ נהנה.

סעיף יב - כל שהוא עיקר ועמו טפילה, מברך על העיקר ופוטר את הטפילה - עיין לקמן סימן רי"ב, שם מבואר כל פרטי דין עיקר וטפל.

וכל דבר שמערבין אותו לדבק, או כדי ליתן ריח, או כדי לצבוע התבשיל, ה"ז טפילה; אבל אם עירב כדי ליתן טעם בתערובות, הרי הוא עיקר - המ"א ושארי האחרונים הסכימו, דהוא דוקא בחמשת מיני דגן, אמרינן דהיכא דבא ליתן טעם, אף שהוא מיעוט הוא העיקר, וכדלקמן בסימן ר"ח ס"ב, **אבל** בשארי מינים אזלינן בתר רובא.

לפיכך מיני דבש שמבשלים אותם, ונותנים בהם חלב חטה כדי לדבק, ועושים מהם מיני מתיקה, אינו מברך "בורא מיני מזונות", מפני שהדבש הוא העיקר.

הגה: ונראה דהא דאם עירב כדי לתת טעם בתערובות שהוא עיקר, היינו דוקא שיש שם ממשות מן הדבר הנותן טעם, ודבר חשוב; אבל בשמים שנותנין לתוך המרקחת, אע"פ שהם לנתינת טעם, אין מברכין עליהם, דבטלין במיעוטן אע"פ שנותנין טעם; לכן נוהגין שלא לברך רק על המרקחת ולא על הבשמים שבהן - ולפי הסכמת אחרונים כנ"ל, אף ביש ממשות לא אזלינן בתרייהו, רק בתר רובא.

סעיף יג - כל דבר שהוא מסופק בברכתו, יברך "שהכל" - דבדיעבד יוצא ב"שהכל" על כל דבר, וכאן כיון שמסופק כדיעבד דמי, [**ואם** הוא מסופק אם הוא פה"ע או אדמה, יברך בפה"א, וכדלעיל בסוף סי' ר"ב], **ומ"מ** אם הוא דבר שיכול לפטרו תוך הסעודה, עדיף טפי.

עיין לעיל סוף סי' ר"ב במ"ב, דהיינו אחר שלמד ואינו יכול לברר, **אבל** מי שלא למד, לא יאכל עד שילך אצל חכם ללמדו ברכות.

סימן רה - דיני ברכת ירקות

§ סימן רה - דיני ברכת ירקות §

סעיף א- על הירקות מברך "בורא פרי האדמה", ואפילו בִּשְׁלָם - ומיירי שטובים לאכול בין חיים בין מבושלים, וכדמסיים אח"כ גבי פירות וקטניות. **וכן כל פירות וקטניות שטובים חיים ומבושלים, מברך עליהם לאחר בישולם כברכתם הראויה להם קודם שבישל** - (כתב הח"א, הא דמברכין ברכה הראויה קודם בישול, דוקא אם דרך בני אותו מקום לאכלן כך חיין, אבל אם אין דרך בני אותו מקום לאכול כך חיין, אע"פ שהן טובים לאכול אף שלא ע"י הדחק, יברך "שהכל", דאינו חשוב לקרותו פרי).

וקטניות - ודוקא שאוכלן בעודם לחים, אבל קטניות ופולין יבשים אין דרכן של בני אדם לאכלן חיין, אלא מבושלים, לפיכך האוכלם חיין מברך "שהכל".

(**כתב** בעמק ברכה, קטניות ופולין שאכלן כשהם לחים, דהיינו מה שקורין ארבע"ס שוטי"ן, בין חי בין מעושן {ר"ל שרופין קצת בעשן} וקורין אותו גיברענטי ארבע"ס, **או** אותן קטניות שמבשלין במים, בין שאוכלין אותן תוך המרק שקורין אותן ארבע"ס זופ"א, ואפילו הם נימוחים קצת, **או** שאוכלן לאחר בישולן בלא מרק, ודרך לשפוך מהם כל המים הרותחין, ואח"כ מנהג ליתן לתוכן מלח ופלפלין, ואוכל אותן כמות שהן שלימות לקינוח, **או** אותן שאינם מבושלים במים כלל, רק כשהן יבשין שורין אותן במים קרים עד שנשרו הזגין שלהם, ואח"כ לוקחין אותן מהמים, ובעוד שהלחלוחית של מים עליהם נותנין אותן על המחתות שעל הגחלים, והמחתה נקובה נקבים דקים ומטגנין אותן בהם כמות שהן בלי שום משקה, **על** כולן מברך בפה"א, דנשתנו לעילויא, עכ"ל).

אבל קרא וסילקא וכרוב וכיוצא בהם, שטובים מבושלים יותר מחיים, כשהם חיים מברך "שהכל" - מלשון זה משמע, דאף כשהם טובים חיין ג"כ, כיון שהם יותר טובים כשהם מבושלים, מברך "שהכל", (**ומוכח ממ"א**, דוקא כשהם טובים יותר בעצמותם כשהם מבושלים, דהיינו אפילו כשמבשלן בלא בשר, לאפוקי אם הם טובים יותר רק כשמבשלם עם בשר, זה לא נחשב שהם טובים יותר, וע"כ מברך בפה"א כשהם חיין), **ומ"מ** אם דרך רוב בני אדם לאכלם ג"כ כשהם חיין, מברך בפה"א, [באותו מקום].

ולאחר בישולם "בורא פרי האדמה" - וה"ה אם הם כבושים או מלוחים, ודרך בני אדם לאכלם ע"ז כשהם חיין, מברך בפה"א, **ולפי"ז** מה שקורין קרוי"ט, כשכבשן ונעשו חמוצים, מברך עליהן בפה"א אף כשהם חיין, **אבל** אם לא כבשן ואכלן חיין, "שהכל", [**ולענ"ד** צ"ע בזה, דהא לפי הנראה אין ראוים לאכול חיין אפי' ע"י הדחק, ואין מברך עליה כלום]. **מבושלין** בפה"א.

(**ולכאורה** **אם** אוכל הקלח של קרוי"ט, מברך בפה"א אפילו באינם מחומצים, שהרי טוב למאכל ואוכלין כן בחיותן, **ומ"מ** אפשר שאעפ"כ אינו מברך אלא "שהכל", דלא חשיב כעיקר קרוי"ט, וע"פ רוב חותכים את הקלחים וזורקים, או מתקנים אותן לבהמה).

שלאטי"ן מעורב עם שמן וחומץ, בפה"א אף בחיין, **וכ"ז** כשלא אכלם תוך הסעודה, **ואם** אוכל השלאטין עם בשר, נעשה טפל להבשר.

ותומי (פי' שומים), וכרתי (פי' פורט בלע"ז), כשהם חיים "בפה"א" - כתבו האחרונים דדוקא בשומים רכים, דאז דרך בני אדם לאוכלן חיים, **אבל** שומים שהזקינו שהם חריפים מאד, ואינו ראוי לאוכלן חי בלא פת, אם אכלו מברך "שהכל", **וכן** בבצלים דינא הכי, דאם אוכלן רכים בפה"א, הזקינו "שהכל".

ועיין בשע"ת שמצדד לומר, דאפילו רכים אינו מברך בפה"א, רק במדינות שדרך לאוכלן רכים בלא פת, **אבל** במדינותינו שלעולם אין דרך בני אדם לאכול שומים ובצלים חיים אף כשהם רכים בלא פת, אין מברך עליהם אלא "שהכל", וכן מצדד בנ"א לברך "שהכל", [**ובאמת** אין סברא זו ברורה, דמח"י לענין מרור משמע, דאף דאינו ראוי לאכול כי אם ע"י טיבול בחומץ, מקרי ראוי לאכול חי, וא"כ ה"נ בכה"ג, וכן משמע ג"כ בהגר"ז, **ומ"מ** טוב יותר לברך "שהכל", דהא מהמ"א משמע דלא ס"ל כוותיה, ובברכת "שהכל" בודאי יוצא בדיעבד]. (**ע"ל** סי' רג ס"ח).

לאחר שבישלם, "שהכל". הגה: דמחסבי נפסדו לגריעותא - ומשמע מהאחרונים דה"ה בבצלים מבושלים, וכן בירק שקורין זערזי"ך, או מה שקורין טראה"ן, [וה"ה כל כה"ג מינים שאנו יודעים שטובין יותר חיין ממבושלין]. **וע"ש** עוד בשע"ת שכתב, דבמבושלים,

בין שומים ובצלים רכים, ובין כשהזקינו, «אע"פ שהבישול מחליש את חריפותם, מ"מ טעמם נגרע עי"ז – מ"ב המבואר», לעולם אינו מברך אלא "שהכל", ואפילו בישלן עם בשר.

ונראה דדוקא כשבישל הבצלים בתבשיל עם מים כנהוג, אבל מה שדרך לעשות מאכל מבצלים לבד, שמבשלין אותן בישול רב עד שמצטמקין, וטובין ויפין לאכילה, יוכל לברך עליהן בפה"א, דהרי הם משתנים לעלויא ע"י בישול הרב.

ואפילו בשלם עם בשר ונשתבחו, אין השבח מצד עצמן אלא מחמת הבשר שבהם - עיין באחרונים שכתבו, דאם היה מבשל ירקות עם בשר, או שטגנן בשומן, שכוונתו ודאי לאכול גם הירקות עצמן, בודאי צריך לברך עליהן בפה"א, אפילו אם טבע אותן הירקות להשתנות לגריעותא כשמבשלן בלא בשר, **ושאני** הכא דלא ניתנו שומים בתוך הקדרה בשביל עצמן, רק כדי ליתן טעם בהבשר, אלא דממילא מקבלין הם ג"כ הטעם מהבשר ונשבחו, ע"כ מברך עליהן רק כברכת הבשר, [אף אם אוכל השומין לבד], **ולפי"ז** אם טיגן בצלים בשמן או בחמאה כדי להשביחן, מברך עליהן בפה"א, דהרי הבצלים נשתנו לעילויא ע"י הטיגון, והם העיקר אצלו, וה"ה כל כה"ג, [ואין חילוק בזה בין בצל זקן לרך].

[**וה"ה** אם טיגן בצלים בשומן אווז מעט כה"ג, **אבל** מה שחותכין בצלים לחתיכות דקות, ונותנין אותן לתוך שומן אווז כשמטגנין אותן, נראה לכאורה דמברך עליה "שהכל", דאותן הבצלים אינם באין כי אם להשביח השומן, אלא דממילא קולטין הם השמנונית מהשומן, ודומין למה שמבואר ברמ"א].

סעיף ב - על המים שבישלו בהם ירקות - ר"ל שרוצה לגמוע המים לבד, **דאילו** אם אוכלן עם הירק, אין שייך שום ברכה על המים, דנעשין טפלה לירק, **מברך הברכה עצמה שמברך על הירקות עצמן, אע"פ שאין בהם אלא טעם הירק** - ודוקא כשׁשלקן כדי לאכול גם את הירקות, **דאילו** בישל הירקות או שראן לצורך מימיהן לבד לשתות אותן, אין מברך עליהן אלא "שהכל", «דאין שם מרק עליהם, אלא שם משקה – הגר"ז», **ולכן** המשקה שעושין בפסח מתפוחים וכל כה"ג, אין מברך עליהן אלא "שהכל".

ודוקא כשבישל הירק במים בעלמא שאין בהם טעם בעצמן, ונרגש בו רק טעם הירק, **אבל** אם בישל הירק בחומץ, או במשקה העשויה ממי סובין וקמח שקורין קוואס, שיש בהן טעם בפני עצמן, אין נגרר המשקה אחר הירק, ומברך עליו "שהכל" כששותה אותם בפני עצמו, [ט"ז, «כברכת המשקה שהוא העיקר דאזלינן בתר רוב», **ואף** דא"ר מסתפק בדינו, «די"ל שהירקות עיקר נגד החומץ», מ"מ יותר טוב לברך "שהכל", דבזה בודאי יוצא בדיעבד].

וה"ה במשקה בארש"ט, שהוא מי שריית בוריקעס חמוצין, שבישל בהם ירקות עם בשר, ורוצה לשתות אותם לבדו, **אין** מברך על הבארש"ט "שהכל" משום טעם בשר שנקלט בו וכדלקמיה, אלא בפה"א, כיון שיש להמשקה טעם עצמו מבלתי הבשר, [**ואפשר** עוד לומר, דגם הא"ר יודה לזה מטעם אחר, דבזה דהיה על הרוטב שם מי שלקות מקודם, אין סברא דבשביל שנשתבח הרוטב ע"י שקלט גם טעם הבשר, יגרע ברכתו, **ומ"מ** למעשה נראה שיותר טוב שיברך בפה"א על מעט ירק תחילה], **ומ"מ** כשאוכל גם הבשר, נראה שיותר טוב שיברך על הבשר "שהכל", ויכוין לפטור גם את הרוטב, דמסתברא דכשאוכל ביחד, הרוטב טפל לגבי הבשר.

ואם שרה ירקות במים, כתב הב"י דדינו כמבושל, וכדקי"ל בעלמא דכבוש כמבושל, **ומ"מ** ברוטב של אוגערקעס, שהכבישה הוא רק בשביל האוגערקעס לבד שיחמיצו, ואין כונתו בשביל מי הכבישה כלל, מברך על הרוטב "שהכל", [ט"ז], **ובמקום** שמנהג רוב אנשי העיר לטבול בו פת במי האוגערקעס, יצטרך לברך פה"א אף כששותה המשקין לבד.

עוד כ' שם א"ר, דה"ה ברוטב של קומפוש"ט, ובמדינותינו קורין אותן קרוי"ט, שמברך "שהכל", {**ואין** זה נראה לפי מנהג מדינותינו, שאוכלין הרוטב כמו הקומפוש"ט עצמן}, **וכ"ז** בשאוכל רוטב של קרוי"ט לבד, אבל כשבשלן עם הקרוי"ט ורוצה לשתות הרוטב לבד, מודה הט"ז דמברך פה"א כעל שאר מי שלקות, «דדרך להשתמש במימיו», [**ופשוט** דאפי' אם בישל רק במים שלא נכבשו עמהן, ג"כ ברכתו בפה"א].

ורוטב של בוריקע"ס חמוצין שקורין ראסי"ל, אף אם בשלן לבדן, «בלא הבוריקע"ס», משמע מהט"ז שמברך בפה"א, כיון דנכבשו בהן הבוריקעס, וכונת הכבישה הוא גם בשבילן, ודרך ללפת בו הפת, וכן מצדד הח"א, [**ובמ"ז**

משמע דדבר זה רפיא בידיה, ‹כיון שאם לא יבשלו את המים לבד, אינם ראויים לטבל בהם את הפת, לא חשיבא אוכל ע"י הכבישה›, וע"כ טוב לכתחילה למנוע מלשתותן שלא בתוך הסעודה], **ומ"מ** בשותה אותן חיין, מסתברא דמברך עליהן "שהכל", משום דרוב אכילתן הוא ע"י בישול.

ומשקה בארש"ט העשויה ממי סובין וקמח, מברך עליהן "שהכל", בין כששותה אותן חיין או מבושלין.

וה"מ כשבשלם בלא בשר, אבל בישלם עם בשר, מברך עליו "שהכל" - דהירקות נותנין טעם בהמרק, והבשר נותן טעם בהמרק, וטעם הבשר הוא חשוב יותר, הלכך הוא עיקר, וע"כ אפילו הוא אוכל המרק לבד, מברך "שהכל", **ומ"מ** אם אוכל הירק עם המרק ביחד, אין צריך לברך כי אם על הירק, דהמרק נעשה טפל גם להירק, **ודע** עוד, דהירק גופא בודאי לא נעשה טפל להבשר, כיון שבא למזון ולשובע.

וכ"ז במיני ירקות, אבל לביבות שבשלן במים {פארפיל לאקשין קניידליך} ואינו רוצה לאכול הלביבות רק לשתות המים לבד, הוא ספק אם יברך עליהן במ"מ כהלביבות, ‹כיון דעיקר הבישול בשביל הלביבות, **וקשה** דבסי' ר"ח ס"ו כתב, דאם היה רך שראויה לשתיה, מברך שהכל, **וי"ל** דשאני הכא כיון שבישל הלביבות בתוכן, הרוטב בטל ע"ג הלביבות, ומברך גם עליו במ"מ, מידי דהוי אמי קטניות› **או** "שהכל", ‹שאין דרך העולם לשתות מי הלביבות כמי השלקות – מ"א›, **וע"כ** יקח מעט מהלביבות ויברך "במ"מ", וגם יברך על ד"א שברכתו "שהכל", ויאכל משני המינים כשיעור, כדי שיוכל לברך "על המחיה" וגם "בנ"ר", [**ואם** אין לו דבר אחר, יברך על הרוטב עצמו "שהכל"], **ואם** בישל רק מעט לביבות בהרבה מים, ועיקר כונת תבשילו הוא רק בשביל המים, שהרוטב כמעט צלול, בזה בודאי אין המים בטלים ללביבות, ומברך על המים "שהכל", ועל הלביבות "במ"מ", **ובח"א** כתב, שגם בזה יותר טוב שיברך "שהכל" על ד"א וכנ"ל.

וזה דוקא בענין זה שעיקר רצונו הוא רק לאכול את הרוטב של הלביבות, אבל אם רוצה לאכול גם הלביבות עצמן כדרך העולם, מברך על הלביבות "במ"מ", ופוטר בזה את הרוטב ג"כ לכו"ע מטעם טפל.

סעיף ג - אם סחטן, אינו מברך על אותם משקין אלא "שהכל" - דיותר יוצא טעם הירק ע"י בישול מע"י סחיטה, ואפילו אם כתשן נמי דינא הכי, **ולכן** אפי' בפירות שדרכו למיסחטינהו גם כן ברכתן "שהכל", [**זהו** להרא"ש שהביאו המחבר בר"ב ס"י, ומפני זה כתבתי דאפי' בשדרכו למיסחטה נמי דינא הכי, וכשיטת הרא"ש שם, **ואף** דהמחבר תלה הדבר בר"ב ס"י בפלוגתא, וכאן סתם כהרא"ש, משום דב"שהכל" יוצא בדיעבד לכו"ע, **ולפי"ז** לכאורה בדיעבד אם בירך בפה"א, יצא].

סעיף ד - חתכן לחתיכות קטנות, לא נשתנית ברכתן מפני כך - בין דבר שברכתו בפה"א או בפה"ע, כיון שניכר עדיין תארן וצורתן במקצת.

ושומשמין שטחנן, נשתנית ברכתן מפה"א ל"שהכל", מפני שאין צורתן עליהן כלל - מ"א, **ודעת** האבן העוזר, דאפי' טחנן מברך בפה"א, **אם** לא שעשה מהן משקין, דאז ברכתן "שהכל", והובא בשע"ת.

סעיף ה - הלפת - הוא מה שאנו קורין מייארי"ן וריבי"ן, **כשהוא חי מברך עליו "שהכל"; אבל אם הוא מבושל או כבוש בחומץ או בחרדל, בפה"א** - שהלפת טוב יותר מבושל מחי, (ואפי' כשבישל הלפת בלא בשר ובלא חמאה ושומן). **ועיין** במ"א שמפקפק בדין זה, ועיין בטור שמביא ג"כ שיש גאונים שסוברין לברך על חי בפה"א, **ועיין** בח"א שכתב, דתלוי אם דרך בני אדם באותו מקום לאוכלן חיין.

§ סימן רו – דיני הפסק וטעות בברכת הפירות §

סעיף א - בירך על פירות האילן "בורא פרי האדמה", יצא - הואיל ועיקר האילן הוא מן הארץ, ולא שיקר בברכתו, ואפי' הזיד בזה. **אבל אם בירך על פרי האדמה "בורא פרי העץ", לא יצא** - ואפילו כשהפירות גדילין על העץ, אך שאין העץ מתקיים בחורף, לא יצא, דהוי בכלל פרי האדמה, וכדלעיל בסי' ר"ג בהג"ה.

כתב מ"א, ואותן פירות הגדלים על האילן, ומברך "בורא פרי האדמה" משום דלא נגמר הפרי או שאינן עיקר הפרי, וכדלעיל בסימן ר"ב ס"ב וס"ו, אם בירך בפה"ע יצא, כיון דעכ"פ מין פרי עץ הוא, **וכן** על פירות האדמה

הלכות ברכת הפירות
סימן רו – דיני הפסק וטעות בברכת הפירות

שטובין מבושלין יותר מחיין, שדינן לברך "שהכל" כשאוכלן כשהם חיין, אם בירך בפה"א יצא.

הילכך אם הוא מסופק בפרי אם הוא פרי עץ או פרי האדמה, מברך: "בורא פרי האדמה" - וכן כשהוא ספק לו מצד הדין, **אבל** אם הוא ספק לו מחמת שלא למד, לא יאכל עד שילמוד.

ועל הכל, אם אמר "שהכל" יצא, ואפילו על פת ויין - ר"ל אף שהם דברים חשובים, **וכ"ז** דיעבד, אבל לכתחלה צריך לברך ע"כ דבר ברכתו המיוחדת לו.

סעיף ב - היו לפניו פרי האדמה ופרי העץ, ובירך על פרי האדמה ונתכוון לפטור את פרי העץ, יצא - דוקא דיעבד, אבל לכתחלה לכו"ע אין לכוין להוציא את פה"ע, דטוב יותר לברך ברכה המיוחדת לו, **ובלא"ה** יש דעות בסימן רי"א ס"ג, די"א דטוב יותר להקדים פרי העץ.

וכן אם היה לפניו דבר שברכתו "שהכל", ודבר שברכתו "פרי האדמה", ונתכוין ב"שהכל" לפטור גם המין השני, יצא בדיעבד.

ונקט "לפניו" לרבותא, דאפילו היה לפניו פה"ע, כשבירך לא נפטר ממילא, אא"כ נתכוין בהדיא לפטור, **אבל** באמת היכי דנתכוין בהדיא לפטרו, מהני אפילו לא היו לפניו פרי העץ כשבירך.

ועיין בשע"ת דיש חולקין ע"ז, וס"ל שאפילו נתכוין לפטור את פה"ע המונח לפניו, לא יצא, וצריך לחזור ולברך "בורא פרי העץ", וברכת "בורא פה"א" לא היתה לבטלה, דנתקיימה על פרי האדמה לבד, [וה"ה לענין ברכת "שהכל" ו"פה"א" הנ"ל], **ומ"מ** מסיק, דבדיעבד אין לחזור ולברך וכדעת השו"ע, דספק ברכות להקל, **ויותר** טוב להיות נמלך שלא לאכול מיד הפרי העץ אלא לאחר זמן, ויחזור ויברך עליהן, [**ומ"מ** הסומך עצמו על השו"ע אין למחות בידו, כי הרבה אחרונים העתיקו דברי השו"ע לדינא]. «וע"ל סימן קע"ו ס"א לקושיית החזו"א».

סעיף ג - כל אלו הברכות צריך שלא יפסיק בין ברכה לאכילה - וה"ה ברכת המצות, בין ברכה להמצוה, **הגה: יותר מכדי דבור** - היינו כדי שאילת תלמיד לרב, שהוא "שלום עליך רבי", ויותר מהכי חשיב הפסק, [**רוב** אחרונים, דלא כט"ז שכתב: שלום עליך רבי ומורי], **ומיירי** בשתיקה, אבל דיבור, אפילו מלה אחת הוי הפסק, כל שהוא שלא לצורך הברכה, **עוד** יש חילוק בין שתיקה לדיבור, דבדיבור הוא לעיכובא וצריך לחזור ולברך, **אבל** בשתיקה הוא רק לכתחלה, אבל בדיעבד אפילו שהה הרבה יותר מכדי דיבור א"צ לחזור ולברך, כל שלא הסיח דעתו בינתים, [**מפני** שיש בזה דעות בין הראשונים, וספק ברכות להקל].

כתבו האחרונים, דאפי' מפני הכבוד והיראה אסור להפסיק אחר הברכה, ואם הפסיק חוזר ומברך, **ואפי'** לעניית אמן או לקדיש וקדושה וברכו, ג"כ לא יפסיק.

לא יברך על מאכל או משקה שהוא חם או קר ביותר, משום חשש הפסק.

ומי שבירך על מאכל ולאחר שבירך נמאס בעיניו, יש לו לאכול קצת שלא יהיה הברכה לבטלה.

הרוצה לשתות מים ששופך קצת ממנו, ישפוך תחלה ואח"כ יברך, **דתרוויהו** איתנהו, משום הפסק ומשום ביזוי ברכה, כ"כ בשערי תשובה בשם אחרונים.

כשאוכל אגוז, ישברנה ואח"כ יברך, דאין כדאי להפסיק הרבה בין הברכה לאכילה, **ועוד** שמא לא ימצאנה יפה ואינה ראויה לברכה.

וצריך להשמיע לאזניו, ואם לא השמיע לאזניו יצא, ובלבד שיוציא בשפתיו - אבל אם הרהר בלבו את הברכה, לא יצא.

ונאמרים בכל לשון; ולא יברך ערום, עד שיכסה ערותו; בד"א באיש - שהגיד והביצים בולטין ונראין, ולא מהני בלא כיסוי, **אבל אשה יושבת ופניה של מטה טוחות בקרקע** - פי' דבוקות ומכוסות בקרקע, **כי בזה מתכסה ערותה** - וצריך להיות מכוסה כ"כ שלא תהא נראה עגבותיה, כי העגבות יש בהן משום ערוה - ב"י, **ובמ"א** מאריך בזה, ומסיק דעגבות אין בהן משום ערוה, וכן נוטה קצת דעת הגר"א, **ובא"ר** וכן במג"ג מצדדים לדינא כחב"י, ולכן יש להחמיר לכתחלה. **(וע"ל סי' ע"ד ס"ד).**

ואפילו אם אינו ערום, אם לבו רואה את הערוה, או שראשו מגולה, אסור לברך.

(ביאור הלכה) [שער הציון] «הוספה»

סעיף ד - כל דבר שמברך עליו לאכלו או להריח בו, צריך לאוחזו בימינו כשהוא מברך - טעם האחיזה, כדי שיכוין לבו על מה שמברך, **והוא** רק לכתחלה, דבדיעבד אם בירך עליו כשהיה מונח בפניו, אף אם לא אחזו כלל, יצא וכדלקמיה.

הטעם דימינו, משום חשיבות, **ובאיטר** יד אזלינן בתר ימין ושמאל דידיה ולא בתר דעלמא. **וכן** בכל ברכה שמברך על איזה מצוה, יש לו לאחוז הדבר ביד ימינו בשעת ברכה. **ועל** דרך הקבלה אין לתחוב הפרי שמברך עליו בסכין, אף שיאחוז הסכין בימינו. **כשאומר** לחבירו להושיט לו ספר, יקבלנו ביד ימינו.

סעיף ה - אין מברכין לא על אוכל ולא על משקה, עד שיביאוהו לפניו; ברך ואחר כך הביאוהו לפניו, צריך לברך פעם אחרת - ואפי' כוון דעתו עליהם בשעת ברכה, ג"כ לא מהני, כיון שאז לא היו לפניו, ולא היה להברכה על מה לחול, **ולא** דמי לאמת המים דס"ו, דהתם כיון שבודאי יבואו המים נגדו, כאילו היו לפניו דמיא, משא"כ הכא דתלוי בדעת אחרים.

ואם היה הדבר שבירך עליו מונח בתיבה בעת הברכה, ואחר הברכה לקחה משם, א"צ לחזור ולברך, כיון שהוא מוכן לפניו ואינו תלוי בדעת אחרים, **ובפמ"ג** מצדד דה"ה כל כה"ג שהוא ודאי שיובא אצלו, כגון שהוא בחדר הסמוך לו, ג"כ א"צ לחזור ולברך, **אך** לכתחלה בודאי יש ליזהר בזה: **א'**, מטעם הפסק, **ועוד** דלכתחלה המצוה לאחוז בידו בשעת הברכה, וכנ"ל בס"ד.

אבל מי שברך על פירות שלפניו, ואח"כ הביאו לו יותר מאותו המין - היינו אפילו אחר שכבר אכל הראשונים, **או ממין אחר שברכתו כברכת הראשון** - ובלבד שיהיה ממין פירות, **א"צ לברך.**

ואם בירך על דגים והביאו לו שכר שהוא מין אחר לגמרי, אף שברכותיהם שוות, מ"מ אינם נפטרין בברכתו בסתמא, **אא"כ** היה דעתו בהדיא לפטור אותם בהברכה, או שהיו לפניו עכ"פ על השלחן בשעה שבירך.

והנה מדברי הרמ"א דבסמוך משמע, דהמחבר מיירי אפילו בשלא היה דעתו בהדיא על כל מה שיביאו, רק שבירך על פירות אלו שהיו לפניו בסתמא, ואמרינן דזה הוי כאילו אתני בפירוש שאם יביאו לו עוד שיאכל גם מהן, משום שכן דרך האדם לכנוס מאכילה קטנה לגדולה, **אא"כ** היה דעתו בהדיא שלא לאכול רק אלו הפירות שהם לפניו, **או** שבעת שגמר אכילתו הוסכם בדעתו שלא לאכול עוד, ואח"כ נמלך לאכול, דבזה לכו"ע צריך לחזור ולברך.

וכמה אחרונים חולקים בדין זה, וס"ל דדוקא באותו המין ממש, הוא דפוטר בברכתו בסתמא אף לאותן פירות שהביאו לו אח"כ, **אבל** למין אחר לא מהני ברכתו בסתמא, וצריך לברך, [**ויש** לסמוך ע"ז], **ומ"מ** אם הביאו לו המין האחר בעוד שלא כלה מין הראשון, נראה שאין לברך, כיון שהביאו לו בשעה שהיה עסוק עדיין באכילה, וכן נראה להלכה, **ויש** מן האחרונים שכתבו עוד, דאם קבע עצמו לאכילת הפירות, אף שבירך בסתמא על הפירות שהיו לפניו, והביאו לו מין אַחֵר אַחַר שכלה המין הראשון, א"צ לחזור ולברך, דכיון דקבע עצמו לאכילה, אינו מסיח דעתו מזה.

הגה: וטוב ליזהר לכתחלה להיות דעתו על כל מה שיביאו לו - דיש מן הפוסקים שסוברים, דבסתמא לא מהני בכל גווני, [היינו אפי' במין אחד, ואפי' קבע עצמו לאכילת פירות], אא"כ היו לפניו בשעת ברכה, אבל בלא"ה בעינן שיהיה דעתו על כל מה שיביאו לו אח"כ.

סעיף ו - נטל בידו פרי לאוכלו ובירך עליו, ונפל מידו ונאבד או נמאס, צריך לחזור ולברך, אע"פ שהיה מאותו מין לפניו יותר כשברך על הראשון - ר"ל אפ"ה לא אמרינן דיהיה חל ברכתו על הכל, (**דדעתו** כשיטת התוס' והרא"ש וגם רבינו יונה, דאפילו בדעתו בהדיא על הכל לאכלו, ג"כ צריך לחזור ולברך, **דעיקר** ברכתו היה ע"ז שאוחז בידו, והשאר נגרר אחר זה ממילא, וע"כ כיון שנפל ונאבד צריך לחזור ולברך).

וה"ה במצאו שנרקב ואינו ראוי לאכילה כלל ונוטל אחר, **דאם** עדיין קצת ראוי לאכילה, צריך לאכול ממנו כדי שלא יהא ברכתו לבטלה.

הגה: רק שלא היה דעתו עליו לאכלו - ר"ל שלא היה דעתו בפירוש בשעת ברכה על כולם, רק בסתמא,

דאם היה בדעתו בשעת ברכה לאכול גם השאר, א"צ לחזור ולברך, **ואפי'** כשלא היה מונח לפניו אז על השלחן.

(**ואף** שמלשון הרמ"א משמע לכאורה דהוא מפרש את דברי המחבר, אבל באמת אינו כן, דדעת המחבר כנ"ל, ורמ"א הסכים לדינא לנהוג כיתר הפוסקים שחולקין, וס"ל דבדעתו לאכול כולם א"צ לחזור ולברך, ומסתברא דבזה אף שלא היו לפניו בעת הברכה, וזהו שסיים הרמ"א: רק שלא היה דעתו עליו, והיינו דלמעשה אין לנהוג לחזור ולברך, אלא היכא דבשעת ברכה לא היה דעתו בהדיא על כולם אלא בסתם, **אף** דבעלמא מותר לאכול הכל בברכה זו אף שבירך בסתמא, הוא רק בשלא נפל הראשון, דאז נמשך הכל אליו בברכתו, **אבל** כשנפל הראשון ונמצא קאי הברכה רק על אלו, לא מהני אלא היכא שהיה דעתו בהדיא עליהם, דאז שוין הם בברכה זו, אבל לא בסתמא, אף שהיו לפניו כשבירך על הראשון, **אבל** היכא דהיה דעתו בהדיא לאכול גם השאר, אף כשנפל הראשון א"צ לחזור ולברך).

ועיין בבה"ל דיש כמה ראשונים שסוברין, דאפי' בסתמא ג"כ א"צ לחזור ולברך, דכיון שהיה מונח לפניו על השלחן, הוי כדעתו בהדיא על הכל, **וספק** ברכות להקל.

בירך על פירות, ובעודו מברך הביאו לו פירות יותר יפים, יאכל מהראשונים תחלה כיון שבירך עליהם, אף שהיה דעתו לפטור היפים, **ואם** לא היה דעתו לפטור היפים, צריך לחזור ולברך עליהם - מ"א, וכמש"כ רמ"א בסי' רי"א ס"ה, שאם בירך על מין שאינו חשוב, אינו פוטר את החשוב, אלא בכיון בפירוש, וס"ל המ"א דאפי' בשניהם מין א', **והא"ר** מצדד דא"צ לחזור ולברך כיון שהוא מין אחד.

בירך על המים ושמע שיש מת בעיר, ישתה מעט מן המים וישפוך השאר, **ואם** אמרו לו שהתקופה נופלת, ויש אז חשש סכנה לשתות המים, ימתין מעט עד שתעבור התקופה ואח"כ ישתה, **ואפילו** למ"ד שיש חשש סכנה אף בכה"ג, כיון שהיו אז המים תלושים מן הקרקע, אפ"ה שפיר דמי, כי "שומר מצוה לא ידע דבר רע".

וצריך לומר: ברוך שם כבוד מלכותו לעולם ועד, על שהוציא ש"ש לבטלה. ואם אמר כשנפל: "ברוך אתה ה'", ולא אמר "אלהינו", יסיים ויאמר "למדני חוקיך", שיהא נראה כקורא פסוק, ואין כאן מוציא ש"ש לבטלה.

אבל העומד על אמת המים, מברך ושותה, אע"פ שהמים ששותה לא היו לפניו כשבירך, מפני שלכך נתכוון תחילה. הגה: ועיין לעיל סי' ר"ט ס"א, אם בירך בטעות מה דינו.

§ סימן רז – דין ברכה אחרונה על הפירות §

סעיף א- פירות האילן חוץ מחמשת המינים, וכל פירות אדמה וירקות, וכל דבר שאין גידולו מן הארץ - כלל בזה אפילו מים, **ברכה אחרונה שלהם "בורא נפשות רבות"** - נוסח הברכה: בא"י אמ"ה בורא נפשות רבות וחסרונם [**ולא** "וחסרונן"], על כל מה שברא לְהחיות בהם [ולא "בהן"] נפש כל חי ברוך חֵי העולמים. **והחי"ת** נקוד בצירי, שהוא דבוק. **וי"א:** "שבראת", ונהרא נהרא ופשטיה.

ובדיעבד אם בירך על פירות האילן: "על העץ ועל פרי העץ", יצא.

ואם אכל מכל מינים אלו, מברך לאחר כולם ברכה אחת - ר"ל דא"צ לברך "בורא נפשות" על כל אחת ואחת, דהיא שייכא על כולם, ואפילו אכל ושתה, יצא בברכה אחת, **ואם** מצטרפין שניהם יחד לכשיעור, עיין לקמן בסימן ר"י במ"ב.

אם מסתפק אם אכל כזית בכדי אכילת פרס, א"צ לברך בנ"ר, [דספק ברכות להקל].

וברכה זו חותם בה בלא שם, שיחתום כך: "ברוך חי העולמים" - שיש אומרים שהיא מטבע ארוכה, ויש אומרים שתקנו בה מטבע קצר בלא חתימה, **ולכך** טוב שיחתום, אבל בלא שם, **ודעת** הגר"א לחתום בה בשם, כמו שמוזכר בירושלמי, ומ"מ העולם לא נהגו כן.

ופי' בנ"ר מבואר בטור, דנותן לו ית' שבח על שברא דברים הכרחיים, כגון לחם, ודברים מועילים אף שאינם הכרח, כגון פירות, על ההכרחים אומר "וחסרונם", ועל כל השאר יאמר: "על כל מה שברא להחיות" וכו'.

סימן רח – דין ברכה מעין שלש אחר חמשת מיני פירות וחמשת מיני דגן

§ סימן רח – דין ברכה מעין שלש אחר חמשת מיני פירות וחמשת מיני דגן §

סעיף א - על חמשת המינים שהם: גפן ותאנה ורימון וזית ותמרה, מברך לאחריהם ברכה אחת מעין שלש - שמתוך חשיבותן שנשתבחה בהן א"י, כדכתיב בקרא: ארץ חטה ושעורה וגפן ותאנה ורמון ארץ זית שמן ודבש, {והוא תמרים שזב מהן דבש}, קבעו להן ברכה חשובה בפני עצמן לאחריה, [**ואפי'** למ"ד דברכה אחת מעין שלש הוא דבר תורה, אפשר דמן התורה די בברכה אחת לשבעת המינים חוץ מפת, ומתוך חשיבותן קבעו להם מעין שלש].

סעיף ב - חמשת מיני דגן - הם חטה ושעורה וכוסמין ושבולת שועל ושיפון, **אבל** מה שאנו קורין טאטארק"י, או מה שאנו קורין טערקשי וויי"ץ, לאו בכלל דגן הוא, דהם פרי האדמה, **ששלקן** - צ"ל "שחלקן", והיינו א' לשנים או ליותר, והוא מה שקורין גרויפי"ן, **דאילו** אם הם שלמים, אף שבישלן, מבואר בס"ד דמברך בפה"א, **אכן** אם נתמעכו ע"י הבישול, אף שמתחלה נתנן בקדרה שלמים לגמרי, דהיינו כשהם בקליפתן, מ"מ מברך במ"מ כיון שנתמעכו יפה.

או כתשן - ר"ל אפילו לא חילקן, רק שהסיר קליפתן ע"י הכתישה, **ועשה מהם תבשיל** - והאחרונים מצדדים דבעינן (כשרק הסיר קליפתן) דוקא שיתדבק ע"י הבישול, אז נחשב זה למעשה קדרה, דאל"ה נחשב כשלמין בס"ד, [כן הוכיחו מתלמידי רבנו יונה], ועיין מש"כ שם, [**והפמ"ג** מסתפק אם לברך במ"מ או בפה"א, אבל אם נדבק קצת יש לברך במ"מ].

כגון מעשה קדירה: הריפות - הוא פי' על כתשן, **וגרש כרמל** - הוא פי' על חלקן, **ודייסא** - מקרי כשנתמעך ונתדבק יפה, וכל אלו בכלל מעשה קדרה הן.

ומש"כ האחרונים שלא לאכול הני שעורים או חטים, גנצ"י גערשטי"ן או גרי"ץ שלמים, אלא בתוך הסעודה, כמ"ש ס"ד, **היינו** כשלא נדבקו ע"י הבישול, אבל אם נדבקו ע"י הבישול, מברך במ"מ.

אפילו עירב עמהם דבש הרבה יותר מהם, או מינים אחרים הרבה יותר מהם, מברך עליו: "בורא מיני מזונות", ולבסוף: "על המחיה" - הטעם, כיון דהוא בא להטעים ולהכשיר את התבשיל, והוא מחמשת המינין דחשיבי, הוא העיקר, **וע"ל** בס"ט ובמ"ב שם לענין השיעור שיתחייב לברך "על המחיה".

אבל אם לא נתן הדגן בתבשיל אלא לדבקו ולהקפותו, בטל בתבשיל - שלא בא להטעים התבשיל ולא לסעוד הלב, רק שיהא התבשיל מדובק, לא חשיב, ובטיל לגבי התבשיל, אפילו נתן לתוכו קמח הרבה.

[**ומה** שכתב הט"ז, דאפי' אם החמשת מינין הוא הרוב, כיון שבא לדבק הוא בטל, השמטתיו, דאינו ברור, דיש אחרונים מפקפקים בזה, גם אינו מצוי שיתן בו כ"כ קמח, ולא יהיה רק לדבק ולא למאכל].

סעיף ג - כשנותנים קמח לתוך שקדים שעושים לחולה, אם עושים כן כדי שיסעוד הלב, מברך "בורא מיני מזונות" - ואפילו אם הם המועט, כיון שהקמח הוא מחמשת המינין, השקדים בטלי לגבייהו.

ואם לדבק בעלמא, אינו מברך "בורא מיני מזונות" - דהקמח בטל לגבי הפרי וכנ"ל בס"ב.

וטוב להחמיר ולגמעו בתוך הסעודה לאחר ברכת "המוציא", ופטור ממנה - צ"ל "ממ"נ", **משום** דבמעשה השקדים הדרך לעשותו נמי לסעוד, ולכן קשה לשער אם היה כונתו רק לדבק, וע"כ טוב להחמיר.

[**ועדיף** טפי לעשות כן לצאת אפי' לכתחילה, ולא לסמוך על "שהכל", **דנהי** דקימ"ל דאם אמר "שהכל" יצא על כל דבר, מכל מקום יותר טוב לומר ברכתו הראויה, **וכשפוטר** אותו תוך הסעודה אין כאן ספק כלל, והוי כמברך ברכה הראויה].

ולגמעו - פי' לאכלו, שהיה עב וראוי לאכילה, דאילו אם היה רך וראוי רק לשתיה, אפילו שלא בתוך הסעודה ועשאו כדי לסעוד הלב, ג"כ מברך רק "שהכל", וכדלקמן בס"ו.

והקשו האחרונים, דאם הוא רק לדבק, א"כ בטל לגבי השקדים והרי צריך לברך על פרי בתוך הסעודה, **ונראה** ליישב, דכיון שהוא חולה וצריך להשקדים, עיקר

הלכות ברכת הפירות
סימן רח – דין ברכה מעין שלש אחר חמשת מיני פירות וחמשת מיני דגן

קביעת סעודתו לכתחלה הוא עליהם, והו"ל כקובע סעודתו על הפירות, דאינו מברך עליהם.

סעיף ד - אכל דגן חי - כל ה' מינים בכלל, והרמ"א חולק בשעורים, **או עשוי קליות או שלוק, והגרעינין שלמים** - ר"ל שלא חילקן מתחלה, וגם לא נתמעכו כלל ע"י הבישול, **אינו מברך אלא "בורא פרי האדמה", ולאחריו "בורא נפשות"** - דאינן חשובין למזון, אלא כשאר פרי אדמה נינהו, [**דאם** נתמעכו במקצת ולא נשארו הגרעינין שלמים, יש ספק בדבר ואפשר דמברך עליו במ"מ, **ולכאורה** אפי' בלא הסיר קליפתן מתחילה].

ואם הוסר הקליפה ע"י כתישה, יש אומרים דברכתן במ"מ כשנתבשלו, דחשיב מעשה קדרה, [המ"א], **ויש** אומרים דברכתן פה"א, כיון שגרעינין עצמן שלמים, [לפי דברי תלמידי רבנו יונה], **והנכון** שלא יאכלם כי אם בתוך הסעודה, {לבד סברת התוס' דלקמיה}, [דהפמ"ג נשאר בדין זה בספק, וכנ"ל], **ועיין** לעיל בסוף ס"ב, דכשנתדבקו ע"י הבישול יש לסמוך לכתחלה לברך במ"מ ואחריו מעין שלש.

אכן שעורים שהוסר קליפתן וגם מקצת מהן גופא ע"י טחינת הריחיים, שנעשים קטנים ממה שהיו מקודם, ומצוי זה במין שקורין פערי"ל גרויפי"ן, הנוהגין לברך עליהן במ"מ ולאחריו מעין שלש לכתחלה, אף אם לא נתמעכו ע"י הבישול, אין למחות בידן, [**די"ל** דהוא בכלל שעורים שחלקן המבואר בס"ב].

הגה: והא דמברך לפניו בפה"א, היינו באוכל חטין וכיוצא בהן, דראויין לאכול כך; אבל האוכל שעורים שלמים אפי' קלוין באש, אינן ראוין לאכול רק ע"י הדחק, ואין מברך לפניהם רק "שהכל" - ואם היו מבושלים, גם בשעורים מברך עליהן בפה"א.

והתוספות נסתפקו אם יברך לאחריו ברכה מעין שלש - ס"ל דמ"מ כיון שמין דגן הוא, אפשר דלענין ברכה אחרונה צריך לברך מעין שלש, [**ועיין** במ"א שכתב, דקאי אפי' אשעורין חיין, **ואפי'** לדעת רמ"א דברכתן "שהכל", אפ"ה יש ספק לענין ברכה אחרונה], **ואף** ד"על המחיה" אין יכול לומר, דאינו מין מזון, יאמר: "על האדמה ועל פה"א", כמו שאומרים: "על העץ ועל פרי העץ", **אלא** דלא מצינו שתקנו נוסח זה, ולכך נשאר הדבר אצלם בספק.

ולכך כתבו שנכון שלא לאכלו אלא בתוך הסעודה, ויפטרנו ברכת המזון - ואם אירע שאכלו שלא בתוך הסעודה, יברך אחריהם בנ"ר, כי כן הוא מעיקר הדין.

סעיף ה - קמח, אפילו של חטים - דחשיבי, וכ"ש קמח של שעורים, **מברך עליו "שהכל", ואחריו "בורא נפשות"** - דאף דאכל את החטה כשהוא בעין ברכתו בפה"א, כנ"ל בס"ד, **הכא** כיון שנשתנה החטה שנטחן, עומד להתעלות ולעשות ממנו פת, וקודם לזה יצא מכלל פרי, ולדרך אכילתו לא בא.

לא שנא נטחן דק דק - ר"ל דבזה אינו טוב הקמח לאכילה כלל כשהוא חי, ובודאי אינו מברך רק "שהכל", משום קצת הנאה דאית ליה בזה, **לא שנא נטחן קצת, ועדיין יש בו טעם של חטים, לא שנא קמח של קליות** - אפ"ה ברכתו רק "שהכל".

סעיף ו - קמח של אחד מחמשת מיני דגן ששלקו (פי' בשלו הרבה), ועירבו במים או בשאר משקין, אם היה עבה כדי שיהיה ראוי לאכילה וללועסו, (פי' לטחון אותו בפה), מברך "בורא מיני מזונות", ואחריו "על המחיה" - לאו דוקא, דאפילו אם אינו עב כ"כ, כיון שאינו רך שיהיה ראוי רק לשתיה, מברך עליו במ"מ.

ואם היה רך כדי שיהא ראוי לשתיה, מברך עליו "שהכל", ואחריו "בורא נפשות" - דכיון שהמים רבים עליו כל כך, עד שאינו ראוי לאכילה ורק לשתיה, אינו בכלל מאכל כלל, ומברכין "שהכל" כברכת המים.

וכ"ז הוא דוקא בקמח שממשו אינו בעין, ומתבטל בריבוי המים, **אבל** העושה תבשיל ממיני גרויפי"ן שנעשה מה' מיני דגן, כגון הנעשים במדינתנו משעורים ושבולת שועל שנחלק כל גרעין לשנים, ונתן בהם מים הרבה עד שאינו ראוי רק לשרפו שקורין זופ"א, **אין**

הלכות ברכת הפירות תקעא
סימן רח – דין ברכה מעין שלש אחר חמשת מיני פירות וחמשת מיני דגן

הגרויפ"ן בטילין לגבי המים כיון שהם בעין, ומיני דגן לא בטלי, וצריך לברך על הגרויפי"ן במ"מ, [**ואם** הגרויפי"ן היה משעורים שלמים שהוסרו קליפתן בלבד, תלוי בהדעות אם מברכין עליהם במ"מ או בפה"א, דאם ברכתן בפה"א אז בטלים לגבי המים].

ומ"מ אפשר שגם המים לא בטלי לגבייהו, כיון שעיקרן נעשה רק לשתיה ולא לאכילה, וצריך לברך גם על המים "שהכל", **וע"כ** יברך תחלה על המים ואח"כ על הגרויפי"ן, מ"א, **ובח"א** כתב, שיותר טוב בזה לברך "שהכל" על דבר אחר, ויוציא את הרוטב.

וכ"ז דוקא בה' מיני דגן דלא בטלי, אבל בשאר מינים כגון רעצק"ע גרויפי"ן, שנעשים בריבוי מים שאינם ראוין לאכילה ורק לזופ"א, **מברך** ברכה אחת "שהכל", דהגרויפי"ן נתבטלו לגבי המים.

סעיף ז - הכוסס (פי' האוכל) - פי' שאכלו כשהוא חי, **את האורז, מברך עליו בפה"א ואחריו "בורא נפשות".**

ואם בשלו, הגה: עד שנתמעך - היינו אפילו נתמעך קצת ע"י הבישול, (מברך עליו "בורא מיני מזונות", **אף** דלגבי דגן לעיל בס"ד בשעה"צ, נתמעך במקצת הוי ספק, אפשר משום דמצרף סברת הי"א הובא בבה"ל, ע"ש, דבאורז מבושל, אף כשהם שלמים מברך במ"מ, ודלא כדגן), **אבל** כשהם עדיין שלמים מברך בפה"א, **ואפשר** דאפי' אם רק הוסר קליפת האורז כמו בשלנו, ג"כ לא מקרי שלמים, ומברך עליהם במ"מ, פמ"ג, **ומ"מ** אם בירך בפה"א משמע שם דיוצא בזה, (**ונראה** דהמברך עליהם במ"מ לא הפסיד, ובפרט דבדיעבד יוצא בברכת במ"מ על כל מילי דזיין).

או שטחנו ועשה ממנו פת - וה"ה תבשיל, **מברך עליו "בורא מיני מזונות"** - דפת שלו או תבשילו משביע וסועד הלב כמו מה' מיני דגן, ועדיף משאר מיני קטניות, **ומ"מ** לא חשיב פת שלו כלחם גמור של ה' מיני דגן לברך "המוציא".

ואחריו "בורא נפשות" - דבהמ"ז או ברכה מעין שלש אינם אלא בחמשה מינין מפני חשיבותן.

אורז: ריי"ז, דוחן: היר"ז בל"א, ויש מפרשים איפכא, **וע"כ** יש מחמירין דלא יאכלם כשנתמעכו אלא תוך הסעודה, או שיברך עליהם "שהכל" מחמת ספק, [דבלא נתמעכו אף אם הוא דוחן או אורז ברכתו בפה"א], **ובלחם חמודות** כתב, דסוגיין דעלמא אורז: ריי"ז, דוחן: היר"ז, וכן מוכח בברכי יוסף ומטה יהודה, וכן מצאתי במעשה רב מהנהגות הגר"א, דאורז הוא ריי"ז, ומברך עליהם במ"מ, [**ולפי** מה דהבאתי לקמן בסי' זה, דעל הכל חוץ ממים ומלח, אם בירך במ"מ יצא, בודאי יש לסמוך ולברך במ"מ על ריי"ז, **ובפרט** לפי המבואר בבה"ל בס"ח בשם כמה פוסקים, שסוברין דכל דבר שאנו רואין דזיין מברך במ"מ, בודאי ריי"ז בכלל זה].

והוא שלא יהא מעורב עם דבר אחר, אלא אורז לבדו - ה"ה אם הוא הרוב, ונקט לבדו לאשמועינן רבותא, דאפ"ה אין מברכין ברכה אחרונה כי אם בנ"ר.

ואם עירב ממנו בתבשיל אחר, והתבשיל האחר הוא הרוב, מברך עליו כברכת אותו תבשיל - היינו דאף שבחמשה מיני דגן קי"ל לעיל בס"ב, דאם עירבן בשארי מינין, אפילו הם המיעוט אזלינן בתרייהו, אורז אינו חשוב כ"כ.

וכן פסקו הרבה אחרונים.

סעיף ח - על פת דוחן ופליז"ו, או של שאר מיני קטניות, מברך "שהכל", ואחריו "בורא נפשות" - וה"ה על תבשיל הנעשה מקמח שלהן וכדלקמיה.

ופליז"ו - בתר"י כתוב פניצ"ו, והכל אחד, והוא מין שהוא זיין יותר משאר מיני קטניות, וקמ"ל דאפ"ה מברכין על פתו "שהכל" כשאר קטניות.

דאף דהם פרי אדמה, וע"י שנעשה פת אישתני למעליותא, מ"מ כיון דעי"ז יצא מתורת פרי, אין יכול לומר "פרי האדמה", ו"המוציא" אין מברכין אלא בה' מינים, ולכן מברכין "שהכל", **ואפשר** לומר עוד טעם, מפני שאין דרך אכילתו בכך, שאין דרך לעשות פת מזה, ע"כ יברך "שהכל", **והנה** לפי טעם זה, במדינות שדרכן לעשות פת מטערקע"שי ווייץ, לכאורה ברכתן בפה"א כיון שדרכן בכך - פמ"ג, **אבל** בתשובת חת"ס מסיק, דבכל מקום אין מברכין בפה"א, מטעם דלא נטעי אדעתא דהכי, אלא לעופות ופטום אווזות, ועל דרך הדוחק בני אדם עושין מהן פת, ואין זה עיקר פריין, ואין לברך עליהן בפה"א, **אך** מסתפק שם, דאולי הוא בכלל

מחבר רמ"א משנה ברורה

הלכות ברכת הפירות
סימן רח – דין ברכה מעין שלש אחר חמשת מיני פירות וחמשת מיני דגן

אורז, שברכתו על הפת ועל התבשיל הוא במ"מ, וע"כ הנכון לכתחלה שלא יאכלם אלא תוך הסעודה, [**ואם** א"א לו לעשות כן, יברך "שהכל"].

(הנה באמת בדוחן יש הרבה ראשונים שסוברין דברכתו במ"מ כמו אורז, וסתימת המחבר הוא רק דעת הרי"ף והרמב"ם ורבינו יהודה, **וצ"ע** על המחבר שסתם כן לדינא נגד הרא"ש וכל הני ראשונים העומדים בשיטתו, ואולי שלא היו לנגד עיניו מאחר שלא הביאם בב"י, **ולפי"ז** אף דלא נפיק מזה חורבא, דבברכת "שהכל" יוצא על כל דבר בדיעבד, עכ"פ מי שרוצה לברך במ"מ אין מוחין בידו, כנלענ"ד).

(**ודע עוד**, דיש כמה ראשונים שסוברין, דלאו דוקא אורז ודוחן, דה"ה שאר מינים שאנו יודעין דזיין וסועד הלב, דינם כמו אורז ודוחן, ומברך במ"מ, ובכלל זה הוא פליז"ו המבואר בשו"ע, **והשו"ע** שסתם בפליז"ו "שהכל", משום דלא עדיף מדוחן לשיטתו, **ומ"מ** מי שמברך "שהכל" על דוחן וכל אלו, בודאי יש לו על מה לסמוך).

הגה: העושה תבשיל משאר מיני קטניות - וה"ה מדוחן, לפי מה שפסק המחבר מקודם דדוחן שוה לקטניות, **אם נשארו שלמים, וטובים מבושלים כמו חיין, מברך "בורא פרי האדמה"** - לאו דוקא שלמים, אלא כל שלא נתמעכו לגמרי, שעדיין ניכר קצת תוארן וצורתן, ברכתן בפה"א, **וע"כ** מה שאנו קורין רעצינ"ע קאש"ע, מברכין בפה"א.

ואם נתמעכו לגמרי, או שאינן טובים מבושלין כחיין, מברך "שהכל".

נתמעכו לגמרי - היינו דוקא שעשה תבשיל מקמח של קטניות, שאין דרך אכילתן בכך, או שמיעך אותן דרך כלי מנוקב שהן דקין מאד כקמח, או מה שנעשה מן רעצקע שאנו קורין מל"ך גרופי"ן, **אבל** כשבישל הקטניות שלמין, ומיעך אותן בכף, עיקר דרך אכילתן בכך, **ועוד** שממשן קיים, ומברך בפה"א, [דכשממשן קיים, היינו שניכר תוארן וצורתן במקצת, אפי' אם אין רוב דרך אכילה באופן זה, ג"כ לא נשתנית ברכתן].

ובדיעבד שבירך בפה"א, כתב בח"א דיצא, [**ושע"ת** כתב בשם פנים מאירות, בין טובים מבושלים יותר מחיין, ובירך בפה"א על החיין, או להיפך, יצא].

[**והנה** על מל"ך גרופי"ן, וכן על רעצישניקע"ס שעושין מקמח רעצק"י, או על לביבות שעושין מקמח רעצק"י, מסתברא דיצא בדיעבד, דהרי לפעמים דרך לעשות זה מרעצק"י, ולכן אף דאינו ניכר כלל תוארן וצורתן הראשונה, בדיעבד יצא, **אבל** בקמח קטניות שאין דרך בני אדם כלל לעשות מזה תבשיל כזה, יש לעיין אי מהני בדיעבד].

סעיף ט - עירב קמח דוחן ושאר מיני קטניות עם קמח של חמשת מיני דגן, ובשלו בקדירה, מברך "בורא מ"מ" ו"על המחיה" - כנ"ל בס"ב עי"ש.

ואם עשה ממנו פת, מברך "המוציא" וברכת המזון - דפת גמור הוא, (**עיין** בפמ"ג שמסתפק לענין חיובא דאורייתא דבעינן כדי שביעה, אם מצטרף יתר המינים להדגן לענין זה).

(**ומסתברא** כל שיש לפניו פת מה' מיני דגן אפי' אינו נקיה, ופת מעורב ויש בו כזית כדי אכילת פרס מחטה, אפ"ה עדיף טפי לברך על שאינה נקיה).

ודוקא שיש באותו קמח מחמשת מינים כדי שיאכל ממנו כזית דגן בכדי אכילת פרס - פרס הוא חצי ככר של עירוב, י"א ג' ביצים וי"א ד', וכזית הוא חצי ביצה, ומשערינן בו כל האיסורים, שאם אוכל כזית איסור, ושהא באכילתו יותר משיעור אכילת פרס, אינו מצטרף למלקות ולחיוב חטאת, **וה"נ** לענין בהמ"ז דבעינן דוקא שיאכל כזית דגן, אין מצטרף השיעור כזית שלו אלא בכדי שיוכל לאכלו בתוך שיעור אכילת פרס, **וא"כ** אינו מברך בהמ"ז אא"כ היה מעורב בו קמח דגן אחד משמינית עכ"פ, דאז אם יאכל מהפת ד' ביצים, יהיה מזה כזית דגן ויתחייב בבהמ"ז.

אבל אם אין בו זה השיעור מחמשת המינים, אינו מברך לבסוף ברכת המזון – (עיין בשע"ת שכתב, דאם אכל כדי שביעה צריך לברך בהמ"ז, ולא ביאר טעמו, **ואולי** משום דחשש לשיטת הפוסקים דטעם כעיקר דאורייתא, וסובר דגם לענין בהמ"ז שייך זה, **וע"כ** החמיר בכדי שביעה דחיובו בעלמא מדאורייתא, **אמנם** מדברי הגר"א לכאורה לא משמע כן,

הלכות ברכת הפירות תקעג
סימן רח – דין ברכה מעין שלש אחר חמשת מיני פירות וחמשת מיני דגן

וכן מדברי המחבר שסתם בזה, משמע דבכל גווני אינו מברך ברכת המזון).

אלא בתחלה מברך "המוציא", כיון שיש בו טעם דגן - הלא"ה לא חשיבי ובטיל, ומברך "שהכל" ובנ"ר, [**ובשע"ת** משמע, דאפי' יש בהפת בכדי אכילת פרס, ג"כ בעינן שיהיה בו טעם דגן, הלא"ה בטל לגבי השאר], **אע"פ שאין בו כזית בכדי אכילת פרס** - כדקי"ל לקמן בסימן ר"י, דברכה ראשונה א"צ שיעור, דאפילו על משהו יש לברך ברכה הראויה לאותו המין, ומיני דגן חשיבי ולא נתבטלו בתערובתן בשום גווני, כיון שנרגש טעמן.

ולבסוף "על המחיה" - אפילו לא אכל רק כזית מהפת, [אף דבכזית זה אין בו רק מעט דגן], **ורבים** מהאחרונים נתקשו בזה, דלא מצינו כיוצא בזה בברכות, דמתחלה "המוציא" ולבסוף "על המחיה", **ועוד** דמאי שנא מהא דכתב לענין בישול בקדרה, דאין מברך לבסוף רק בנ"ר, מחמת דאין בו כדי אכילת פרס, וה"נ לענין פת, **ומחמת** זה באמת הגיה הגר"א, דצ"ל גם כאן "ולבסוף בנ"ר", **והרבה** אחרונים טרחו ליישב דברי השו"ע, ומחמת זה ראוי לירא שמים שלא יאכל פת כזה אלא בתוך הסעודה, **ומ"מ** הנוהג כדברי השו"ע אין למחות בידו, דכן סתמו הרבה אחרונים לדינא.

ודע עוד, דה"ה אם בהפת היה מעורב קמח דגן כזית בכדי אכילת פרס, אלא שהוא לא אכל רק מקצת מהפת, שלא היה שיעור כזית דגן מכל הזיתים שאכל, ג"כ אינו מברך בהמ"ז, אלא "על המחיה" לדעת השו"ע, או "בנ"ר" לדעת הגר"א.

(**ולענין** קמח אורז כשמעורב עם קמח חטים יש לעיין, ונראה שתלוי זה בשיטת הפוסקים המבוארים בסימן תנ"ג ס"ב, **ועיין** בפמ"ג ובדה"ח שמצדדים, דלדינא יש לתפוס דאורז שוה לדוחן לעניננו, **אמנם** במגן גבורים חולק ע"ז).

ואם בשלו בקדירה - ר"ל ולא היה בהקמח של מיני דגן כזית בכדי אכילת פרס, או שהיה בהקמח כשיעור, והוא לא אכל עד שיעור כזית, וכנ"ל באות הקודם, **מברך תחלה "בורא מיני מזונות"** - וכנ"ל בס"ב, **וגם** בזה בעינן דוקא שיהיה מנכר קצת טעם דגן, דאם היה רק משהו בעלמא מקמח דגן ולא מנכר טעמו כלל, בטל לגבי יתר המינים ומברך "שהכל", **ואחריו "בורא נפשות"** - דאף דבתחלה מברך במ"מ, אבל "על המחיה" אינו יכול לברך אלא על שעור כזית דגן, וע"כ מברך רק ברכת בנ"ר בשביל יתר המינים המעורבים בתבשיל זה.

ועיין בביאור הלכה שביארנו, דלאו דוקא תערובות קמח בקמח, דאינו מנכר כ"כ המיני דגן, דה"ה אם עירב ה' מיני דגן עם דבש ותבלין או שאר מינים, וכההיא דס"ב הנ"ל, ג"כ בעינן שיהא מהחמשה מיני דגן כזית בכדי אכילת פרס, ואי לא"ה אינו מברך ברכה אחרונה אלא בנ"ר, **וע"כ** מיני גרויפין מה' מיני דגן שמבשל עם בולבע"ס וקטניות וכיו"ב, אין לברך לבסוף "על המחיה", אלא דוקא כשאכל מהמיני דגן כזית בכדי אכילת פרס.

ומ"מ לענין פת כיסנין שמעורב בתבלין הרבה, כגון צוקע"ר לעק"ך, נוהגין העולם לברך עליו לבסוף "על המחיה" כשיש בו כזית, אף שבמין דגן לבדו שנמצא בו אין בו שיעור כזית, **ואולי** שטעמם, מפני שהתבלין בא להכשיר את האוכל מצטרף עם האוכל גופא לשיעור, **ולכתחלה** טוב ליזהר לשער שיהיה בהקמח שיעור כזית.

סעיף י - בברכה אחת מעין שלש - נוסח הברכה: בא"י אמ"ה על המחיה ועל הכלכלה ועל תנובת השדה, ועל ארץ חמדה טובה ורחבה שרצית והנחלת לאבותינו לאכול מפריה ולשבוע מטובה, רחם ה' אלהינו על ישראל עמך ועל ירושלים עירך ועל ציון משכן כבודך ועל מזבחך ועל היכלך, ובנה ירושלים עיר הקודש במהרה בימינו, והעלנו לתוכה ושמחנו בבנינה ונאכל מפריה ונשבע מטובה - **ויש** שאין אומרים: ונאכל מפריה ונשבע מטובה, [וכ"כ ג"כ במעשה רב בהנהגת הגר"א, **ומ"מ** הרוצה לאומרו אין מוחין בידו] - **ונברכך** עליה בקדושה ובטהרה, כי אתה ה' טוב ומטיב לכל ונודה לך על הארץ ועל המחיה, בא"י על הארץ ועל המחיה, [**ולא** יאמר: ועל הכלכלה].

ועל פירות אומר: על העץ ועל פרי העץ ועל תנובת השדה ועל ארץ וכו', **ועל** יין אומר: על הגפן ועל פרי הגפן ועל תנובת השדה ועל ארץ וכו', **ולענין** חתימה דיין, מבואר בסעיף הסמוך.

ונקראת ברכה זו מעין שלש, לפי שיש בה מעין ג' ברכות שבברכת המזון, דהיינו נגד ברכת "הזן", אומרים כאן "על המחיה" או "על הגפן" או "על העץ", **ונגד** ברכה

מחבר רמ"א משנה ברורה

תקעד הלכות ברכת הפירות
סימן רח – דין ברכה מעין שלש אחר חמשת מיני פירות וחמשת מיני דגן

שניה שעל הארץ ועל המזון, אומרים כאן: ועל ארץ חמדה טובה וכו', **ונגד** ברכה ג' שהיא "בונה ירושלים", אומרים כאן: ובנה ירושלים, **ונגד** "הטוב והמטיב" שהיא ברכה ד' בברכת המזון, אומרים ג"כ: כי אתה ה' טוב ומטיב, **ואף** ע"פ שיש בברכה זו מעין ד' ברכות, נקראת מעין ג', לפי שעיקר בהמ"ז מן התורה הם רק ג' ברכות, ו"הטוב והמטיב" הוא מדרבנן.

של פירות דחוצה לארץ - ר"ל כשהן משבעת המינים, **חותם "על הארץ ועל הפירות"** - שאין יכול לומר "פירותיה", כיון שאינם מפירות של א"י, ואפילו הובאו לא"י ואכלן שם, כיון שגדלו בחו"ל.

ובארץ ישראל חותם "על הארץ ועל פירותיה" - שמשבח להשי"ת על נתינתו לנו את הארץ שמוציאה אותן פירות.

ואם בחו"ל אוכל מפירות הארץ, חותם ג"כ "על פירותיה" - ר"ל כשיודע שהם מפירות הארץ, **אבל** בספק, כגון בחו"ל הסמוכה לא"י, יאמר "על הפירות", **וה"ה** כשאוכל בא"י ואינו יודע אם הם מפירות הארץ או שהובאו מחו"ל, יברך ג"כ "על הארץ ועל הפירות".

סעיף יא - בברכה מעין ג' דיין אינו חותם "על הגפן ועל פרה"ג" - דכמו בה' מיני דגן אומר בחתימתו "על הארץ ועל המחיה", וכן בפרי העץ אומר בחתימתו "על הארץ ועל הפירות", כן בפרי הגפן צריך ג"כ להזכיר "ארץ" בחתימה, **ומ"מ** בדיעבד אם לא הזכיר "ארץ", כתב המ"א דיצא.

אלא "על הארץ ועל פרה"ג", או: "על הארץ ועל הפירות" - טעם המחבר, משום דיש דעות בין הפוסקים, יש מראשונים דס"ל דכמו בפתיחת הברכה מתחילין ביין "על הגפן ועל פה"ג", משום שבחו ועילויו, כן צריך להזכיר שבחו גם בחתימת הברכה, **ויש** מראשונים דס"ל, דבחתימת הברכה די אם יזכיר סתם "ועל הפירות", ואין לשנות נוסחתו משארי ברכות, **ולכך** סתם המחבר להורות דיכול לעשות כמו שירצה, **ועיין** באחרונים דמשמע מהם, דהמנהג לחתום "על הארץ ועל פרי הגפן", **ומ"מ** בדיעבד אם סיים "על הארץ ועל הפירות", בודאי יצא, [**ובפרט** דדעת הגר"א דהעיקר כסברא אחרונה].

סעיף יב - מזכירין בה מעין המאורע בשבת ויו"ט ור"ח - בין על מיני מזונות, ובין על היין, ועל פירות הארץ, **והיינו** קודם שאומר "כי אתה ה' טוב ומטיב", יאמר בשבת: "ורצה והחליצנו ביום השבת הזה", **וביום** טוב אומר: "וזכרנו לטובה ביום חג פלוני הזה", **וכן** בר"ח יאמר: "וזכרנו לטובה ביום ר"ח הזה".

ובדיעבד אפילו לא הזכיר מעין המאורע יצא, [**וכמה** טעמים בזה, אחד, דהא אינו מחוייב, וסגי דלא אכל זה, וכדלעיל בסי' קפ"ח טעם זה על ר"ח שאין מחזירין אותו בכל גווני, **ועוד**, דהא כמה פוסקים חולקין וס"ל דא"צ להזכיר כלל, **וגם** דבירושלמי גופא משמע דהוא רק לכתחילה].

אבל לא בחנוכה ופורים - דהא אפילו בבהמ"ז אינו מחוייב להזכיר מצד הדין רק מצד מנהגא, וכאן ליכא מנהג כלל ע"ז.

אם אכל פירות מז' מינים, ואכל מיני מזונות ושתה יין, יכלול הכל בברכה אחת, ויקדים המחיה - לפי שברכתו במ"מ שהיא חשובה ומבוררת, וגם קודמין בפסוק, **ואח"כ הגפן** - שג"כ חשוב ויש לו ברכה בפרטיות, **ואח"כ העץ, ויאמר: על המחיה ועל הכלכלה ועל הגפן ועל פרי הגפן ועל העץ ועל פרי העץ.**

וחותם: על הארץ ועל המחיה ועל פרי הגפן ועל הפירות - במ"א מצדד שלא לומר רק "על המחיה ועל הפירות", וכן משמע בביאור הגר"א, **ומנהג** העולם כהשו"ע, וברכה שא"צ לא שייך כאן, דאין מוסיף שם, א"כ אין קפידא שיאמר "פה"ג" ו"פירות", **ועכ"פ** בדיעבד אם לא אמר "פה"ג" בודאי אין חוזר.

סעיף יג - אם אכל פירות מז' המינים ואכל תפוחים, א"צ לברך על התפוחים "בורא נפשות", שגם הם בכלל ברכת "על העץ", שגם הם פה"ע הם - פי' אלא שמפני שאין חשובין כ"כ לא קבעו עליהן ברכה זו, ועכשיו שמברך בלא"ה ברכה זו, פוטרת, **הא** לא"ה (סברא זו "שגם הם פה"ע הם"), אין ברכה מעין ג' פוטרת בנ"ר, וכן להיפך.

(ביאור הלכה) [שער הציון] «הוספה»

הלכות ברכת הפירות תקעה
סימן רח – דין ברכה מעין שלש אחר חמשת מיני פירות וחמשת מיני דגן

ודוקא אם אכל תפוחים עצמן, אבל סחטן ושתה מימיהן, אינו נפטר בברכת "על העץ", דלאו פרי הוא כלל.

אבל אם אכל תפוחים ושתה יין, צריך לברך "בורא נפשות" על התפוחים - ואפי' להפוסקים שסוברין דבחתימה שבברכת היין מסיים "על הארץ ועל הפירות", כנ"ל בסי"א, מ"מ כיון דבפתיחה הוא מזכיר רק גפן, אין תפוחים בכלל ואינו יוצא - מ"א, **ויש** מאחרונים שכתבו, דאם סיים בברכת היין "על הארץ ועל הפירות", אפשר דיוצא גם על התפוחים, **וע"כ** יש ליזהר היכא שאוכל תפוחים ושותה יין, שיברך תחלה בנ"ר על התפוחים, **או** שיסיים בברכת היין "על הארץ ועל פה"ג".

וכ"ש אם אכל בשר או פרי האדמה, ושתה יין או אכל מז' המינים, שצריך לברך על כל אחת ואחת - טעם הכ"ש, דיין ותפוחים הם עכ"פ תרווייהו מין עץ, כ"ש מה שאינו מין עץ.

וה"ה אם אכל בשר ודגים, ואכל מחמשת מינים, אין ברכת "על המחיה" פוטרת את הבשר ואת הדגים.

סעיף יד - שתה יין וברך בפה"ג, ואכל ענבים, צריך לברך עליהם "בורא פרי העץ" - דלא תימא דענבים נמי פה"ג נינהו, ויפטרו בדיעבד בברכת היין, קמ"ל דלא.

וכן בברכה אחרונה, צריך להזכיר "על העץ ועל פרי העץ" - דלא תימא דיוצא בברכת "על הגפן" שמברך על היין, אלא צריך להזכיר ג"כ "על העץ", ויכלול עם ברכת הגפן בברכה אחת, וכנ"ל בסי"ב.

סעיף טו - אם בדיעבד בירך על הענבים בפה"ג או אחריהם "על הגפן", יצא - וה"ה אם שתה יין ונתכוין לפטור הענבים דיצא, כמ"ש סימן ר"ו ס"ב, **וע"ש** במ"ב מה שכתבנו בזה, וה"ה לענייננו, **ואינו** דומה לסי"ד, דהתם לא כוון בפירוש בברכת פה"ג לפטור הענבים, לכן אמרינן דממילא לא מיפטרי, דלכתחלה יש לו לברך על כל אחד ברכה מיוחדת.

ואם בירך על היין "בורא פה"ע", יש דעות בין הפוסקים, י"א דיצא בדיעבד, וי"א דלא יצא, **וספק** ברכות להקל.

סעיף טז - שתה יין ומים - וה"ה כל מיני משקין אף החשובים ביותר, **אין לו לברך על המים "בורא נפשות", שברכת היין פוטרתן, כשם שבברכה ראשונה יין פוטר כל מיני משקים** - ומיירי כשקבע על היין, ואז פוטר אפילו לא היו המשקין לפניו בשעת ברכה, **ואפילו** אם אירע שהביאו המשקין אחר שנמלך והסיח דעתו משתיית היין, דאז בודאי צריך לברך ברכה ראשונה על המשקין, דלא עדיף מיין גופא, **אפ"ה** א"צ לברך בנ"ר, כיון שקבע מתחלה על היין, נטפל הכל ליין ונפטר בברכתו.

או דמיירי שהיו המשקין לפניו בשעת ברכה, ‹אפי' לא קבע›, ואז פוטר אפילו לא שתה רק כוס אחד, [**ואף** דלענין ברכה ראשונה, אפשר דסגי לפטור המשקין אף אם לא שתה מהיין רק כמלא לוגמיו, **אבל** לענין ברכה אחרונה לפטור המשקין מברכתם, לא יצוייר רק אם שתה רביעית יין, שמחוייב לכו"ע בברכה, **ואם** שתה פחות מכשיעור זה, יש לעיין בדבר איך יעשה לענין ברכה אחרונה דמשקין, דהלא יש דעות שסוברין דאפי' על רוב רביעית, ואפשר דאפי' על כזית, צריך לברך מעין שלש, **וממילא** לא יוכל לברך בנ"ר על המשקין, דכי משום שאין אנו יודעין לברר ההלכה יחוייב עי"ז לברך בנ"ר, וצ"ע].

אבל אם לא קבע, וגם לא היו המשקין לפניו בשעת ברכה, אז צריך לברך על המשקין לאחריהם, כשם שצריך לברך עליהם לפניהם, וכמבואר לעיל בסי' קע"ד במ"ב, [**אך** אם היה דעתו עליהם בשעת ברכה, יש מקילין שא"צ ברכה לפניו, כמבואר לעיל בסי' קע"ד במ"ב, וממילא ה"ה לענין ברכה אחרונה].

סעיף יז - ברכת שלשה אינה פוטרת מעין שלש, שאם אכל דייסא - וה"ה שאר מיני תבשילין שהם מה' מיני דגן, **אין ברכת המזון פוטרתו** - ואף דכל זה הוא זיין יותר מתמרים, אפ"ה כיון דאית להו עילויא אחרינא בפת, שפת נעשית עיקר ממיני דגן, לא שייך ברכת שלשה כי אם בפת.

ור"ל שאכל הדייסא שלא בתוך הסעודה, **דאילו** בתוך הסעודה אפילו קודם בהמ"ז, ודאי ג' ברכות פוטרן,

תקעו הלכות ברכת הפירות
סימן רח – דין ברכה מעין שלש אחר חמשת מיני פירות וחמשת מיני דגן

[לדידן דנחשב הכל כתוך הסעודה, **אבל** לפי עצם הדין, אחר גמר הסעודה טעון ברכה לפניו ולאחריו].

ודע, דלדינא הסכימו כמה אחרונים שלא כדעת המחבר, אלא דדייסא וכן כל שהוא ממיני דגן, בדיעבד בהמ"ז פוטרתן, [אפי' אכלן שלא בתוך הסעודה כלל], דכיון דהוא זיין לא גריעא מתמרים, **וכ"ש** בפת כיסנין דודאי בהמ"ז פוטרתן, [דזה הלא לפעמים שם לחם עליה, אי קבע סעודתיה עליה].

אבל ביין, ברכת ג' פוטרתו, שאם בירך על היין ברכת המזון במקום "על הגפן", יצא - ר"ל אפילו כששתה שלא בתוך הסעודה, גם כן בדיעבד פוטרו כשבירך עליו ברכת המזון, **והטעם**, משום דיין זיין וסועד הלב כמו לחם.

(**ולכאורה** זה קאי רק על פורתא דסעיד, ולא על טובא דגריר ולא סעיד, והיינו לערך ג' כוסות של רביעית, וכן נפסק בשו"ע לקמן בסימן תע"א ס"א, דטובא גריר, **וא"כ** הו"ל לכאורה להשו"ע לחלק, דבטובא אין יוצא אפילו בדיעבד כשבירך בהמ"ז, **ואפשר** לומר דכיון שנתחייב משעה ששתה פורתא, ושייך אז אצלו בהמ"ז, דאז נסעד הלב כמו ע"י לחם, תו לא פקע אף ששתה טובא, וצ"ע).

(**דע**, דביין יש כמה דעות בין הראשונים, ויש בענין זה כמה חלוקים, ונעתיק כולם לדינא: **א.** אם שתה יין שלא בתוך הסעודה ובירך עליו בהמ"ז, נפטר בדיעבד, דכן הוא דעת רבינו יונה והרא"ש, וכן משמע דעת הרשב"ם והמאור, **אף** שדעת הרמב"ן והר"ן, דיין אין נפטר בבהמ"ז, לא קי"ל כוותייהו, וכמו שפסק השו"ע בסעיף זה, **ב.** אם שתה בתוך הסעודה, **אף** דברכה ראשנה צריך לברך משום דחשוב וגורם ברכה לעצמו, אבל ברכה אחרונה לכו"ע נפטר ע"י ברכת המזון, וכמו שפסק השו"ע בסימן קע"ד ס"ו).

(**ג.** אם שתה אחר גמר סעודה, דעת רבינו יונה והרשב"ם והמאור, דנפטר ממילא ע"י בהמ"ז שבירך על הלחם, אף שלא כוון בפירוש על היין, **אבל** דעת הרא"ש והרמב"ן והר"ן, דטעון ברכה לפניו ולאחריו, ואין לסמוך על בהמ"ז, **אך** אם כוון בהדיא לפטור גם היין, להרא"ש וסייעתו הנזכר באות א', בודאי מהני, והרמב"ן והר"ן אף בדיעבד לא מהני, **אך** לדידן אין נ"מ בזה, דלדידן נחשב הכל כתוך הסעודה, כדלעיל בסימן קע"ז, אם לא כשאמר: הב לן ונברך, דאז יהיה תלוי באלו הדעות, **וע"כ** טוב שיכון בהדיא לפטור בברכת המזון את היין, ואז יוצא לרוב פוסקים).

(**ד.** אם שתה קודם הסעודה לבד, לדעת המאור והרמב"ן והר"ן אין נפטר בבהמ"ז, **אבל** לדעת הרא"ש נפטר לכתחילה, משום דיין גורר תאות המאכל ושייך לסעודה, והשו"ע פסק כוותיה בסימן קע"ד ס"ו, **ואף** דבודאי אין לזוז מפסק השו"ע, מ"מ לכתחלה בודאי נכון שיכוין בבהמ"ז לפטור היין ששתה).

וה"ה אם בירך על התמרים ברכת המזון במקום "על העץ", יצא - דתמרים נמי זיין כעין מיני דגן, ושייך בהו בדיעבד בהמ"ז, **משא"כ** שאר פירות אפי' מז' המינים, אפי' בדיעבד אין יוצא בבהמ"ז.

(היינו בדיעבד, דלכתחלה בודאי יש לו לברך ברכה המיוחדת, **ואפילו** אם אכלן בתוך המזון לאחר גמר סעודה, אין לו לפוטרן בברכת המזון, אלא טעון ברכה לפניו ולאחריו, **ולדידן** אין שייך זה, דהכל נחשב אצלנו בתוך הסעודה, ואינו טעון ברכה רק לפניו, וכבסי' קע"ז).

ואפילו לא אמר אלא ברכת "הזן", בין על היין בין על התמרים, יצא - אע"ג שאין בו מעין שלש, מ"מ כיון שכבר גמר "הזן את הכל", שוב אין יכול לומר הברכות הנותרות, שלא נתקנו לכתחלה על היין והתמרים, (ומ"מ צריך טעם, דהלא חסר בברכתו ברכת הארץ וברכת ירושלים, **וע"כ** צ"ל דלא תקנו לכלול בהברכה כל ג' דברים, מזון וארץ וירושלים, רק לכתחלה, ובדיעבד אם לא הזכיר רק מזון לחוד יצא, **אח"כ** מצאתי שכ"כ הרבינו יונה, והוכיח מזה דברכה מעין ג' היא דרבנן, ולמ"ד דאורייתא באמת צ"ע).

ואם נזכר עד שלא חתם ברכת "הזן", יתחיל: "ועל שהנחלת לאבותינו ארץ חמדה טובה ורחבה", ויסיים ברכה דמעין שלש - דלכתחלה הלא בודאי יש לו לברך ברכה שיכלול מעין שלש כדין.

סעיף יח - לא יכלול על הספק שום תוספת בברכת מעין ג', אע"פ שאינו מוסיף שם ומלכות, (פי' כגון ששתה משקה שספק אם

הלכות ברכת הפירות
סימן רח – דין ברכה מעין שלש אחר חמשת מיני פירות וחמשת מיני דגן

ברכתו "על הגפן" וכו' או "בורא נפשות רבות" וכו', לא יאכל דבר שברכתו "בורא נפשות רבות" ודבר שברכתו "על העץ", ויכלול עמו ג"כ "על הגפן ועפה"ג" כו' מספק, וע"ל סט"ז) - והטעם דאסור, דשמא ברכתו בנ"ר, ואין שייך פה שם גפן כלל, ומוטב שלא להזכיר כלל.

ומיירי שיין אין לו, דאי יש לו, הלא יכול להוציא עצמו מספק, דיברך על היין "על הגפן", ועל מין אחר בנ"ר, ויצא ממ"נ, **ומ"מ** אם יש לו על איזה דבר לברך בנ"ר, יברך, דשמא ברכתו בנ"ר ומה שיוכל לתקן יתקן.

ודעת הט"ז, והסכימו אתו כמה אחרונים לדינא, דלא אמרינן סברא זו רק לענין לכתחלה, דהיינו שישתה משקה זו ויסמוך לענין ברכה אחרונה על סמך שיכלול אח"כ בתוכה שום תוספת, **אבל** לענין דיעבד, דהיינו שכבר שתה משקה שיש לו ספק, מוטב שיכלול בתוכה ממה שישאר בלי ברכה אחרונה כלל.

(ודע עוד, דלהפוסקים שהבאתי לעיל סט"ו במ"ב, דאם בירך על היין בפה"ע יצא בדיעבד, שהיא ברכה כוללת, כמו פה"א שכוללת ג"כ העץ, וא"כ בודאי ה"ה בברכה אחרונה, אם בירך על היין "על העץ ועל פה"ע", דיצא בדיעבד, **וא"כ** אף אם ננקוט שלא כדעת הט"ז, ג"כ יש לו תקנה, דהיינו שיברך רק "על העץ ועל פרי העץ", ויכוין בהדיא להוציא גם הספק יין ששתה מקודם).

לא יאכל... ויכלול - ואם אכל פרי עץ, ואינו יודע אם הוא מז' המינים, ואין לו פרי אחר שהוא משבעת המינים להוציאו בברכת מעין ג', **כתב** המ"א, דיוכל ליקח יין, וה"ה אחד מה' מיני דגן שברכתו ג"כ מעין ג', ויוסיף לכלול בהברכה "על העץ ועל פרי העץ", ויצא ממ"נ, דאף אם הפרי זו אינה מז' המינים, שייך לומר עליה "פרי העץ", וכנ"ל בסי"ג.

§ סימן רט – דין טעות וספק בברכת היין §

סעיף א - לקח כוס של שכר או של מים, ופתח ואמר: "בא"י אמ"ה" על דעת לומר "שהכל", וטעה ואמר "בפה"ג", אין מחזירין אותו, מפני שבשעה שהזכיר שם ומלכות שהם עיקר הברכה, לא נתכוין אלא לברכה הראויה לאותו המין - זהו דעת הרמב"ם, **אבל** רוב הפוסקים וכמעט כולם חולקים עליו, והסכימו דלא אזלינן בתר דעתו, כיון שבפיו הוציא ברכה שאינה ראויה לאותו המין, לא יצא ומחזירין אותו, **וכתבו** האחרונים דכן יש להורות.

ויש אומרים שאם לקח כוס שכר או מים וסבור שהוא של יין, ופתח: "ברוך אתה ה' אלהינו מלך העולם" על דעת לומר "בורא פרי הגפן", ונזכר שהוא שכר או מים וסיים "שהכל", יצא - היינו אע"ג דבשעה שהזכיר שם ומלכות שהוא עיקר הברכה, היה דעתו על ברכה שאינה ראויה לאותו המין כלל, אפ"ה כיון שחתימת הברכה הזכיר בפיו כהוגן, יצא בדיעבד, **וכן** הלכה.

(ודע דאף לדעת הי"א, היכא דבשעת אמירת שם ומלכות היתה על דעת שלא לסיים כהוגן ואח"כ נזכר וסיים כהוגן, הוא בעיא בגמרא, ומשום דלא איפשטא אזלינן לקולא, וא"כ לפי"ז אי איתרמי כה"ג במלתא דאורייתא, כגון בבהמ"ז, שבשעה שאמר "בא"י אמ"ה" היתה דעתו לומר "על העץ ועל פה"ע", ונזכר וסיים בפיו "הזן את העולם" כהוגן, הכי נמי דלא יצא וצריך לחזור לראש, דהא ספיקא דאורייתא הוא, ומ"מ לדינא צ"ע, דמכמה ראשונים משמע דסברי דפשיטא דלא אזלינן כלל בתר מחשבה לבד, כיון שבפיו אמר כהוגן, וא"כ לדידהו בודאי אף בדאורייתא יצא, וצ"ע לדינא).

הגה: וכ"ש אם היה בידו יין וסבור שהוא מים, ופתח אדעתא לומר "שהכל", ונזכר ובירך "בורא פרי הגפן", שיצא, שהרי אף אם סיים "שהכל" יצא - ונמצא שאף לפי מחשבתו היתה ברכה הראויה לאותו המין.

סעיף ב - לקח כוס של שכר או מים, ובירך "ברוך אתה ה' אלהינו מלך העולם בפה"ג", ותוך כדי דיבור נזכר שטעה, ואמר: "שהכל נהיה בדברו", וכך היתה אמירתו: "ברוך אתה ה' אלהינו מלך העולם בורא פרי הגפן

הלכות ברכת הפירות
סימן רט – דין טעות וספק בברכת היין

שהנ"ב", יצא - היינו אפילו בעת תחלת הברכה היה סבור שהוא יין, ונמצא שהיה תחלת הברכה וסופה שלא כהוגן, אפ"ה כיון שעקר תוך כדי דיבור וסיים כהוגן, יצא.

אבל לאחר כדי דיבור לא מהני עקירתו, וחוזר ומברך, [**ואפי'** אם בתחילת הברכה בשעה שאמר: בא"י אמ"ה, ידע שהוא מים, ודעתו היה לברך "שהכל", אלא שאח"כ טעה בדיבורו ואמר "בפה"ג", וחזר לאחר כ"ד וסיים "שהכל", ג"כ לא יצא, דהא עקירה שעקר לאחר כ"ד כמאן דליתא דמיא, ונמצא שסיים שלא כהוגן].

ודע, דהא דמקילינן בדיעבד בתוך כדי דיבור, דוקא בברכות דרבנן, **אבל** בבהמ"ז שהוא דאורייתא, אם אירע כה"ג, כגון שאכל לחם, [ואכל כדי שביעה, דאל"ה הלא חיובו רק מדרבנן], וטעה וסבר שאכל פירות, והתחיל לברך: "בא"י אמ"ה על העץ ועל פרי העץ", ונזכר שהוא לחם וסיים: "הזן את העולם" וכו' כהוגן, צריך לחזור ולברך, (**והטעם, דהא בגמ' הוא בעיא דלא איפשיטא, וכתב ברי"ף דנקטינן לקולא משום דהוא ספיקא דרבנן, ומינה דבדאורייתא אזלינן להחמיר, ואי בשעה שאמר שם ומלכות היתה כונתו לומר כהוגן, אלא שאח"כ נכשל בלשונו ואמר:** על העץ ועל פרי העץ, **נראה שמהני מה שחזר תכ"ד לומר כהוגן, אפי' בדאורייתא, וספיקא דהש"ס הוא רק אם הכוונה היתה ג"כ שלא כהוגן**).

ודוקא באופן זה שציירנו, אבל אם טעה וסבר על הלחם שאכל שהוא אחד מחמשת המינים, והתחיל לברך: "בא"י אמ"ה על המחיה", ונזכר, **יכול** לסיים: "הזן את העולם כולו" וכו', ויצא, דמחיה נמי מזון הוא.

כתבו האחרונים, מי שאומר אחר ברכת היין "בורא מאורי האש", ונזכר שצריך להקדים בשמים, וסיים "בורא מיני בשמים", יצא ידי בשמים, וחוזר ומברך: בא"י אמ"ה בורא מאורי האש, **ודוקא** כשנתכוין בשעת הזכרת שם ומלכות על הבשמים שנקט בידו, ונכשל בלשונו ואמר: בורא מאורי האש", **אבל** כשנתכוין על האש, יצא ידי ברכת "מאורי האש", ואח"כ מברך ברכה אחרת על הבשמים, **דהא** על האש ג"כ צריך לברך, והסדר אינו מעכב.

הגה: ואם היו אחרים שותים ג"כ ויין לפניהם, ודעתו ג"כ על יין שהיה סבור שבכוסו יין, ובירך בפה"ג - וכונתו היתה להוציא גם האחרים בברכתו, **ונמצא אח"כ שבכוסו מים או שכר, כשחוזר ושותה אח"כ יין א"צ לחזור ולברך, ויוצא בברכה שבירך על כוסו אע"פ שהיתה בטעות, דהא דעתו היה לשתות ג"כ שאר יין, גם הוליא האחרים שותין שם, ולכן ברכתו ברכה (תשובת מהרי"ל)**

- אמר שני טעמים לפטור: אחד, כיון שדעתו לשתות שאר יין, ואפילו לא היה אז אותו היין לפניו והביאו לו אח"כ, חל הברכה עליהם, **ואף** דכוס זה היה מים והתחיל לשתותו, אפ"ה לא מקרי הפסק, כיון שלא הפסיק בדיבור בינתים, [**ואם** אמר בינתיים: בשכמל"ו, נראה דצריך לחזור ולברך, ולא מהני בזה מה שמוציא אחרים בברכתו לגבי דידיה], **ואפי'** לא היה דעתו בהדיא לשתות יותר, ורק בסתמא, כיון שהוציא אחרים בברכתו שיהיו יכולים לשתות היין שלפניהם, [שאם לא היה יין לפניהם, רק שהיה סבור להשקותם מכוס זה, פשוט דלא מהני], נמצא שלא היתה ברכתו לבטלה, ולכן מותר גם לו לשתות שאר יין, [ד"מ ומג"א. **ולענ"ד** נראה בפשיטות דלהכי תפס מהרי"ל השני טעמים, משום דכל טעם בפני עצמו לא פסיקא ליה כ"כ, דטעם הראשון תלוי בפלוגתא, וגם טעם שני לא ברירא, כמו שמפקפק המ"א ע"ז מאד].

והנה הרמ"א אזיל לשיטתו בסימן ר"ו ס"ו בהגהה, שס"ל שם דהיכא שלא היה דעתו בהדיא ורק בסתמא, צריך לחזור ולברך, ולכן בעניננו נמי כתב דהא דעתו וכו', **אבל** לפמש"כ שם במ"ב ובה"ל, דיש כמה פוסקים שסוברין דאפי' בסתמא, כל שהיו לפניו על השלחן בשעת ברכה, ממילא חל הברכה על כולם, וא"צ לחזור ולברך כשנשפך הכוס שבירך עליו, **א"כ** ה"ה בעניננו כשנמצא מים, ושותה כוס אחר יין שהיה לפניו, בכל גווני א"צ לחזור ולברך.

סעיף ג'- כל הברכות אם נסתפק אם בירך אם לאו, אינו מברך לא בתחלה ולא בסוף

- משום שהן מדברי סופרים, וספיקא דרבנן לקולא, **חוץ מבהמ"ז מפני שהיא של תורה** - והוא שאכל כדי שביעה, דאז הוא מחוייב מן התורה.

והנה מהמחבר משמע שסתם כהרמב"ם וסמ"ג, שסוברין דברכה מעין שלש שמברכין על שבעת המינים הוא מדרבנן, **אבל** באמת יש הרבה ראשונים שסוברין שהוא מדאורייתא, **וע"כ** כתבו האחרונים, דמי שאכל כדי שביעה מפירות, או תבשיל של שבעת המינים, ונסתפק

לו אם בירך אחריו, **יאכל** עוד מאותו המין שיעור כזית ויברך אחריו, ויוציא על ידי זה גם הספק שלו, **ועיין** בפמ"ג שמצדד, דאם אין לו מאותו המין, יקח ממין אחר שהוא משבעת המינין, כגון שאכל פרי עץ, יקח מיני מזונות ויכלול בהברכה, ‹**דאף** למ"ד שאין לכלול שום תוספת כבסי' ר"ח סי"ח, דאיך יאמר שקר, שמא אין זה מין ז' וכדו',

משא"כ כאן שאכל פרי העץ מין ז', ומחויב מעין שלש, רק אינו יודע אם בירך, דשקר אין אומר, והוי ספק תורה – פמ"ג›. [**ובפת** הבאה בכיסנין לא יצוייר זה, דאם אכל מהם כדי שביעה, הוא כמו לחם גמור וחייב לברך עליו ברכת המזון, **ולכאורה** משמע דהוא מן התורה אם אכל כדי שביעה, כמו בשאר לחם].

§ סימן רי – האוכל פחות מכזית מה דינו §

סעיף א- האוכל פחות מכזית בין מפת בין משאר אוכלים, והשותה פחות מרביעית בין מיין בין משאר משקים, מברך תחלה ברכה הראויה לאותו המין - ואפי' על כל שהוא, בין מדבר אוכל בין ממשקה, דאסור ליהנות מן העוה"ז בלא ברכה.

ולאחריו אינו מברך כלל - דבפת הלא כתיב: ואכלת ושבעת וגו', ואין אכילה בכל התורה פחותה מכזית, **ובשאר** דברים כשתקנו חז"ל ברכה אחרונה כעין זה תקנו, **ובמשקין** נמי, מדאשכחן בעלמא לענין שתיית משקין אסורין דחיובו ברביעית, ה"נ כשתקנו ברכה אחרונה במשקה, בשיעור זה תקנו.

כל האוכלין מצטרפין לכזית, לברך עליהן ברכה אחרונה הראויה להן, אם מזיי"ן המינין ברכה מעין ג', אם שלא מזיי"ן מינים לענין בנ"ר.

אכל חצי זית משבעת המינין, וחצי זית אחר, מברך אחריהן "בורא נ"ר", [**ספק** שמא קי"ל כר"י, דאפי' בפחות מכזית בז' מינים לבד נמי מברך בנ"ר, **ואפי'** להחולקים עליו, מ"מ כאן שאכל כזית בין הכל, שפיר מברך בנ"ר], **וה"ה** כשאכל חצי זית פת, וחצי זית מדבר שמברכין בנ"ר, מברך בנ"ר.

וכל המשקין מצטרפין לרביעית, [**היינו** חוץ מיין, אבל חצי רביעית יין וחצי רביעית שכר יש לעיין אם מצטרפי לבנ"ר, דהא יש ספק שמא צריך ביין לברך על כזית ברכה הראויה לה].

האוכל והשותה, דהיינו שאכל פחות מכזית ושתה פחות מרביעית, אין מצטרף אפי' לענין בנ"ר, [**ועיין** בא"א ובח"מ שמפקפקין בזה, דדלמא דוקא לענין יוה"כ, משום דקים להו לרבנן דלא מיתבא דעתיה, משא"כ בעלמא].

ציר שע"ג ירק מצטרף לכזית, דכל אכשורי אוכלא {משקה הבא למתק אוכל} אוכלא הוא, וה"ה בפת השרוי במשקה או ביין או ברוטב, **אבל** אם אכל הפת עם הרוטב בלא טבול, אין מצטרף, **אך** אם היה הרוטב של המאכל מדברים שמברכין עליהן כמו על המאכל,אפשר דמצטרף הרוטב להמאכל, וצ"ע. ‹**והאג"מ** תמה על ספק זה›.

אכל הכזית מעט מעט, ונשתהה הרבה באכילתו, אם יש מתחלת האכילה עד סוף האכילה יותר מכדי אכילת פרס, אינו מצטרף, **ושיעור** פרס ע"ל סי' תרי"ב שיש דעות, אי ג' ביצים או ד' ביצים, **והכא** מסתברא דאין מצטרף אפי' רק בכדי ג' ביצים, דשיעור כזית אפילו בפת לענין בהמ"ז הוא רק דרבנן, וכן משמע מח"א.

וכתב הפמ"ג, דכ"ז הוא רק לענין שיעור כזית, אבל לענין פת כדי שביעה דחיובו הוא מן התורה, חייב אף שאכל מעט מעט, דהא עכ"פ "ושבעת" קרינן ביה, [**וזה** לא ברירא כולי האי, דאפשר דאף שיש כדי שביעה, "ואכלת" גם כן בעינן, וזה לא מקרי אכילה, **אך** אם אכל כזית אחד בבת אחת, בודאי חייב מן התורה ממ"נ].

היה פת סופגנין שנתפח עד שאין האוירים שבו נרגשים, האוכל כזית ממנו כמות שהוא, אינו מברך, דלפי האמת לא אכל כזית, ‹**ועיין** בסי' תפ"ו וצ"ע – שונה הלכות›. **וכן** אם היה כזית ונצטמק ונתמעט בשיעורו, אין מברכין אחריו, אלא א"כ דחזר ונתפח.

ולענין שתיית רביעית אם שתה והפסיק מעט, [**היינו** ששהה מעט יותר משאר בני אדם ששוהין באמצע השתיה, דסתם שתיית רביעית משערין כדרך שתיית בני אדם, שאינו שותהו בבת אחת כי אם בשתי פעמים, שהוא מדת דרך ארץ], **וחזר** ושתה עד שהשלים לרביעית, יש אומרים דאינו מצטרף, **וי"א** דמצטרף אם לא ששהה מתחלת השתיה עד סוף השתיה יותר מכדי אכילת פרס, **והגר"א** הסכים בביאורו, דהלכה כדעה זו השניה.

הלכות ברכת הפירות
סימן רי – האוכל פחות מכזית מה דינו

והנה לענין שתיית טה"ע וקאפ"ע, שהדרך לשתותו כשהוא חם, וקשה לשתותו בלא הפסק כדרך שאר משקין, כי אם מעט מעט, יש מחלוקת רבה בין הפוסקים אם צריך לברך ברכה אחרונה לדעה ראשונה הנ"ל, **ובמחה"ש** ובח"א מצדדים שלא לברך, וכ"כ בדה"ח, וכן הוא מנהג העולם, **ואנשי** מעשה נוהגין, שלבסוף שתייתן מניחין כדי שיעור רביעית שיצטנן מעט, כדי שיוכל לשתות רביעית בלא הפסק, ולברך ברכה אחרונה, **וטוב** לעשות כן כדי לצאת אליבא דכו"ע, ובפרט לדעת הגר"א הנ"ל דפסק כדעה שניה, דהשיעור הוא כדי אכילת פרס לענין צירוף גם בשתיה, בודאי נכון לעשות כן.

אם אכל פחות מכשיעור והלך לחוץ וחזר מיד, דבודאי צריך לברך שנית בתחלה אפילו בפת, **יש** לעיין אם חזר ואכל פחות מכשיעור בכדי אכילת פרס אם מצטרף, **דאולי** כיון שהלך לחוץ הוי כמו היסח הדעת, **ועיין** במ"א דמצדד דמצטרף.

ויש מסתפקים לומר שעל דבר שהוא כברייתו, כגון גרגיר של ענב או של רימון - וה"ה יגד"ע אחת או קטנית אחת, [וה"ה דג קטן הוי בריה], **שמברכין לאחריו אע"פ שאין בו כזית** - מפני חשיבותיה, **לכך נכון ליזהר שלא לאכול בריה פחות מכזית** - ואם נתרסקה קודם אכילה, לא מקרי בריה, [וה"ה אם חלקו מקודם לשתים ואכלו].

הגה: ולא מקרי בריה אלא אם אכלו כמות שהוא - דהיינו עם הגרעין, **ואפילו** אם הגרעין אינו ראוי לאכול כלל, כיון שעכ"פ בלע כולו.

אבל אם לקח הגרעין ממנו, לא מקרי בריה - ולא מבעיא אם הגרעינין ראוי ג"כ לאכלן, בודאי ע"י חסרונן נתבטל שם בריה מהפרי, **ואפילו** אם היו מהמינין שאין ראוי לאכול אותן כלל, ג"כ נתבטל הפרי מתורת בריה עי"ז, **ואם** נמצא בתוך הגרעין גופא דבר שראוי לאכול, ואכל מה שבתוך הגרעין וזרק קליפתו הקשה, כעין פלומי"ן שלנו, דעת המ"א וא"ר, דזה ג"כ הוי בכלל בריה, אחרי שעכ"פ אכל מה שראוי לאכול ממנו.

וכ"ש אם נחתך מעט מהפרי גופא, **ואם** נפל ממנו קצת ע"י בישול, כמו שרגילות הוא להתפרפר, ג"כ נראה שעי"ז נתבטל ממנו שם בריה.

ויש מסתפקים עוד בברכה אחרונה של יין - וה"ה שאר משקין, **אם מברכין אותה על כזית** - דהוא שליש רביעית, דאפשר דלענין משקה ג"כ משערינן כמו באכילה בכזית.

לכן טוב ליזהר שלא לשתות (אלא) פחות מכזית, או רביעית - ובדיעבד אם שתה כזית ואין לו רביעית, טוב ליזהר שלא ישתה עד רוב רביעית, **וכ"ש** שלא ישתה כשיעור ביצה שהוא שני חלקי רביעית, די"א דעל שעורים אלו יש לברך ברכה אחרונה.

סעיף ב - הטועם את התבשיל אינו צריך לברך עד רביעית - ועד בכלל, **דאע"ג** דאסור ליהנות מן העוה"ז בלא ברכה, אפי' כל שהוא, בין באכילה בין בשתיה, **היינו** כשמכוין לאכול ולשתות, אבל הכא שאין כונתו אלא לטעום לידע אם צריך מלח או תבלין, א"צ ברכה לא לפניה ולא לאחריה, **אבל** יתר מרביעית, כיון שהוא הנאה יתירה, חשיב כמו שמתכוין לאכילה.

ואפי' אם הוא אוכל קצת מהמאכל אחר הבישול, שאין ביכלתו לתקן אז המאכל, ורק לידע אם הוא טוב, **ג"כ** מצדדים הא"ר והפמ"ג דגם זהו בכלל טעימה, אחרי שאין כונתו לשם אכילה.

[**ואם** כוונתו לטעימה וגם ליהנות מזה, יש לעיין, **ומח"א** משמע דצריך לברך].

ועיין במ"א שכתב, דעד רביעית דשרי היינו אפילו לטעום מהרבה קדירות, (והנה א"א לומר דכוונתו **מכולם כדי רביעית, דא"כ מאי רבותא, וע"כ נראה דכוונת המ"א הוא, דמותר כדי רביעית מכל קדרה וקדרה, דעל כל אחת בשם טעימה מקרי, לידע אם צריכה מלח ותבלין).**

(**ולכאורה דבריו אלו שייכים לשתי הדעות המבוארים בסימן תקס"ז ס"ב, דהיינו להפוסקים שם דאפילו בבת אחת מותר כדי רביעית, יהיה מותר מכל קדרה וקדרה רביעית בב"א, ולהפוסקים שם דדוקא מעט מעט, יהיה מותר מכל קדרה מעט מעט עד כדי רביעית, אמנם ראיתי לקמן שם בביאור הגר"א, דס"ל דשתי הדעות שם הוא רק לענין התענית, אבל לענין ברכה, ע"כ מה דקאמרה הגמרא כדי רביעית, היינו בבת אחת, וא"כ ע"כ דס"ל דאפילו בבת אחת שרי).**

ומיהו אם כונתו לאכול מעט, אסור לעשות הרבה פעמים דהו"ל אכילה מעלייתא, (מ"א, **ולכאורה** כיון שכוונתו לאכול, אפי' פעם אחת אסור, דהעיקר תלוי בכוונת הלב, **ונראה** שלזה כוון הפמ"ג שכתב: וצ"ע קצת בזה, **וצ"ל** שכוונת המ"א הוא, אפי' לפי"מ שהביא מתחלה ראיה מרוקח להקל אפילו במתכוין, כיון שהוא טועם רק מעט, הכא שהוא הרבה פעמים, אסור אף לדידיה).

ולענין טעימה איזה דבר אוכל לידע אם הוא טוב, מצדדים האחרונים דשיעורו הוא רק עד כזית.

ודע, דאף שבשו"ע כתב "אין צריך לברך", ממילא אסור לברך, דהו"ל ברכה לבטלה.

ואפילו אם הוא בולעו - ואם הוא פולט, מותר אפילו ביותר מרביעית בלי ברכה, גם לדעה זו.

וי"א שאם הוא בולעו טעון ברכה - אפילו בכל שהוא, כיון שיש לו הנאת מעיו, **ולא פטרו את הטועם אלא כשחוזר ופולט** - דבזה התירו כשכונתו רק לטעימה בעלמא, כיון שאין לו רק הנאת החיך מהתבשיל שטעם, או מהאוכל שלעס.

ואז אפי' על הרבה אינו צריך ברכה - וע"כ הלועס לתינוק, כיון שאינו בולע, אפילו להרבה א"צ ברכה.

הגה: וספק ברכות להקל - היינו באפילו אם הוא בולע לא יברך, כיון שאין כונתו לאכילה וכסברא הראשונה. **והנה** המ"א חולק על השו"ע והרמ"א, וס"ל דבבולע לכו"ע חייב לברך, **אבל** כמה אחרונים החליטו עם פסק הרמ"א, דהוא ספק ברכה ולא יברך, **ולכתחלה** טוב ליזהר הרוצה לבלוע, שיתכוין ליהנות ממנו בתורת אכילה, ויברך עליו.

ואותן שנותנין עשב שקורין טאב"ק לתוך שפופרת, ומדליקין אותו ושואבין העשן בפיהם, נסתפק המ"א בזה אי הוי כטועם ופולט, **והאחרונים** החליטו בפשיטות שאין לברך על עישון הטאב"ק הזה.

§ סימן ריא – דיני קדימה בברכת הפירות §

סעיף א - הנה מפני שהסימן הזה רבו פרטיו, ע"כ אכתוב לו הקדמה קצרה, והוא: **תנן** היו לפניו הרבה מינין, ר' יהודה אומר: אם יש ביניהן מין שבעה, עליו הוא מברך, וחכמים אומרים: מברך על איזה מהן שירצה, **ואיתא** בגמרא: אמר עולא מחלוקת כשברכותיהן שוות, כגון זית ותפוח, דר' יהודה סבר מין שבעה עדיף, וחכמים אומרים חביב עדיף, **אבל** כשאין ברכותיהן שוות, כגון צנון וזית, ד"ה מברך ע"ז וחוזר ומברך ע"ז.

והנה יש דעות בפוסקים, דרוב מהן פסקו כר"י דמין ז' עדיף, וזהו מה שכתוב בס"א, **ויש** שפסקו כחכמים, וזהו דעת הרמב"ם המובא בס"ב.

וגם באין ברכותיהן שוות יש דעות בפוסקים, י"א דכונת עולא מה שאמר: ד"ה מברך ע"ז וחוזר ומברך ע"ז, היינו דכיון שאין ברכותיהן שוות ואין אחד פוטר חבירו, לא שייכי זה לזה כלל, ויוכל לברך תחלה על צנון בפה"א, אף שהזית הוא מין שבעה וגם חביב עליו, **וי"א** דכונת עולא, דלד"ה יכול לברך על איזה שירצה תחלה, ומסתמא יברך ממילא על החביב אצלו, ואלו שתי הדעות נזכרים ג"כ בס"א.

גם מבואר שם בס"א וב' מה נקרא חביב, אם הרגיל להיות תמיד חביב אצלו, או מה שהוא אצלו עתה חביב ומתאוה לו.

כל הקודם בפסוק: ארץ חטה ושעורה וגו', המדבר שם משבחה של ארץ ישראל, הוא מוקדם לברכה, אפילו השני חביב עליו יותר, **ומ"מ** זית הוא קודם לגפן, משום דחזינן שחלק הכתוב וכתב "ארץ" פעם שני: "ארץ זית שמן ודבש", ונמצא דזית הוא ראשון סמוך ל"ארץ" בתרא, וגפן הוא רק שלישי ל"ארץ" קמא.

בפה"ע ובפה"א קודמין ל"שהכל", ויתר הפרטים יבואר הכל בפנים.

היו לפניו מיני פירות הרבה - ודוקא שגם דעתו היה לאכול מכולם, **הא** אם אין כולם לפניו, **או** שאין דעתו לאכול מכולם, אין שייך בזה דין קדימה.

אם ברכותיהם שוות - כגון ענבים ותפוחים, **ויש ביניהם ממין שבעה** - ר"ל שנשתבחה ארץ ישראל בהן, דכתיב: ארץ חטה ושעורה וגפן ותאנה ורמון ארץ זית שמן ודבש. "**זית** שמן" הוא דבר אחד, זית שעושה שמן, ו"**דבש**" היינו תמרים שעושין מהן דבש.

הלכות ברכת הפירות
סימן ריא – דיני קדימה בברכת הפירות

מקדים מין ז', אעפ"י שאינו חביב כמו המין האחר - דמעלת מין שבעה עדיף, ואפילו הוא חצי פרי, והשאר הם שלמים, [**וכן** ה"ה אם שניהם ממין ז' ואינם ממין אחד, כגון חצי תאנה ורמון שלם, תאנה עדיף משום דמוקדם בקרא]. **ואם** שניהם ממין אחד מז' המינים, או ששניהם אינם מין ז', מקדים השלם, **ואפילו** אם החצי חביב יותר, שלם עדיף.

ואם אין ביניהם ממין שבעה, מקדים החביב - היינו שרגיל להיות תמיד חביב עליו וכדלקמיה.

ואם אין ברכותיהם שוות, אפילו יש בהן ממין שבעה, כגון צנון וזית, איזה מהם שירצה יקדים, ואפי' אינו חביב - דכיון דאין אחד פוטר חבירו בברכתו, אין שייך כאן שום מעלה בהקדמתו, ואיזה שירצה יברך עליו ואוכל קודם.

ודוקא בזה דברכת הצנון בפה"א, **אבל** אם היה דבר שברכתו "שהכל", בודאי מברך על הזית תחלה, וכדלקמיה בס"ג.

(**וזהו דלא כדעת הי"א שבס"ג, דהוא דעת הבה"ג, דפה"ע קודם לפה"א, ואף שהשני חביב, הוא קודם, והא"ר הביא דהרבה ראשונים ס"ל כהבה"ג, דפה"ע קודם, וכן דעתו להלכה, אבל המ"א וט"ז הסכימו, דאזלינן בתר חביב, ועיין מש"כ לקמיה**).

ויש אומרים שגם בזה צריך להקדים החביב - ס"ל דגם בזה שייך מעלת הקדימה לברך על מין אחד תחלה, אלא דס"ל דלא מקדמינן בזה מין שבעה, אלא החביב לו יותר יקדימנו לברך עליו ולאכול תחלה, **אכן** אם שני המינים חביבים אצלו בשוה, אז מברך על מין ז' תחלה, [מ"א]. **ועיין** מש"כ במ"ב ס"ה בשם הגר"א, ‹דהיכא שאין ברכותיהן שוות, לא אזלינן כלל בתר מין ז'›.

ועיין בה"ל מש"כ בשם האחרונים, דעיקר כי"א הזה שהוא דעת רוב הפוסקים, וגם דאפילו לדעה הראשונה שס"ל דמברך על איזה שירצה, מ"מ הלא הברירה היא בידו, (**ומה שכתב המחבר דעה זו בשם י"א, אינו מדוקדק, דאדרבה דעה ראשונה היא דעת איזה יחידאי, ודעה שניה היא דעת הרבה ראשונים, ועיין בב"ח, שגם הוא כתב דהעיקר למעשה כדעה זו, שהיא דעת רוב הפוסקים, וכן משמע מהגר"א**).

[**בדבר** שאין ברכותיהן שוין צ"ע, דלכאורה אפשר לומר כיון דמעיקר הדין קי"ל כדעה ב' שבס"א, דחביב עדיף אפי' ממין ז', ממילא כ"ש דשלם עדיף מיניה, דהא שלם עדיף אפי' מחביב, **או** אולי י"ל בהיפך, דהא דקי"ל ששלם עדיף מחביב, היינו בשברכותיהן שוין ובא לפוטרו בברכתו, **אבל** בשאין ברכותיהן שוין, כיון דקי"ל בזה דאפי' ממין ז' חביב עדיף, א"כ כ"ש דעדיף משלם דגרוע ממעלת מין ז', וצ"ע, **וראיתי** בדה"ח שפסק, דשלם עדיף אפי' מחביב ומין ז', בשאין ברכותיהן שוין, ולא אדע ראייתו לזה, ועדיין צ"ע].

ונקרא חביב המין שרגיל להיות חביב עליו, אפילו אם עתה חפץ במין השני - ומשמע מדברי הפוסקים דיתנהג כך, יברך על המין שרגיל להיות תמיד חביב עליו, ויטעום קצת ממנו, ואח"כ יאכל המין שחפץ עכשיו לאכלו, ואחר גמר אכילתו יחזור לאכול המין הראשון.

ומ"מ המברך על מה שחביב עתה בעיניו, ג"כ יש לו על מי לסמוך, דיש פוסקים שסוברים, דחביב נקרא מה שהוא חביב עליו עכשיו.

(**ודע דבא"ר הביא שיטה אחרת, דגם באין ברכותן שוות מין שבעה קודם, ומצדד כן למעשה, משום דהרבה פוסקים קיימי בשיטה זו, וגם משום דפה"ע חשיב מפה"א כדעת בה"ג, ולענ"ד למעשה טוב יותר לנהוג כדעת האחרונים בזה, דחביב עדיף, דאף שהא"ר הביא הרבה ראשונים דס"ל כר"י, דמין ז' עדיף אף באין ברכותיהן שוות, לעומת זה יש עוד הרבה ראשונים דס"ל, דאף בברכותיהן שוות ג"כ הלכה כרבנן דאזלינן בתר חביב**).

(**אכן אם הזית ג"כ היה חביב עליו תמיד, בודאי יותר טוב לברך עליו, אף שעתה חביב עליו יותר הצנון, כפסק השו"ע דזהו נקרא חביב, ואפילו אם תמיד היה חביב עליו הצנון, אך עתה חביב עליו הזית, נראה דיותר טוב לברך על הזית, אחד, מצד הרבה פוסקים שהובא בא"ר, דס"ל דתמיד מין ז' עדיף ממעלת החביב, ועוד הא דעת הרמב"ם דחביב נקרא מה שהוא עתה חביב עליו, וכן משמע דעת הא"ז, ואף דבשו"ע פסק כדעת תר"י ורא"ש, מ"מ נוכל לצרף דעתן לזה, וגם נוכל לצרף דעת הרא"ש וראבי"ה שהבאתי למעלה, דס"ל דבאין ברכותיהן שוות יוכל לברך על איזה שירצה, ולא אזלינן כלל בתר חביב, והיא דעה הא' שבשו"ע, מכל הלין טעמי**

נראה דיותר טוב שיברך על הזית אם עתה חביב עליו, **ואפשר** עוד לומר, דאפילו בסתם פ"ע ופ"א ג"כ, אם הפ"ע חביב עליו עתה יברך עליו, אף שתמיד חביב עליו הפ"א, מטעם דנצטרף דעת בה"ג שהובא בס"ג, וגם הרמב"ם דס"ל שזהו ג"כ חביב, וגם הרא"ש הנ"ל, וכ"כ הח"א, **אכן** אם הפ"א תמיד חביב עליו יותר, וגם עתה, נראה שטוב יותר לנהוג למעשה כדעת האחרונים, שיברך עליו תחלה, כדעה הראשונה שבס"ג, ולא כבה"ג שהוא דעת הי"א שם, ודלא כא"ר הנ"ל שסותר פסק השו"ע).

סעיף ב - ולהרמב"ם אם היה מין אחד חביב לו יותר, בין שברכותיהם שוות בין שאינם שוות, בין שיש בהם ממין ז' בין שאין בהם ממין ז', מקדים החביב לו אז באותה שעה - פליג על דעה ראשונה, וס"ל דחביב עדיף לעולם, ואף דברכותן שוות, ויש בהם מין ז', חביב קודם לברך עליו, **וגם** פליג על דעה ראשונה וס"ל, דאינו נקרא חביב מה שחביב עליו תמיד, אלא מה שחביב עליו באותה שעה.

ומשמע מסתימות המחבר, דהעיקר כדעה הראשונה שהיא דעת רוב הפוסקים.

ואם אינו רוצה בזה יותר מבזה, אם יש ביניהם משבעת המינים, עליו מברך תחלה – (דין זה בברכותיהן שוות, הוא אליבא דכו"ע, **ובאין** ברכותיהן שוות, כגון צנון וזית, תלוי בשתי הדעות שהובאו בס"א, **ולפי** מש"כ שם במ"ב, דהלכה כהי"א שם, דגם באין ברכותיהן שוות שייך ג"כ דין קדימה, ממילא אם אין מעלת החביב, בודאי אזלינן בתר מין שבעה). (**ואפי'** לשיטת הגר"א, וז"ל: דבהא לא פליגי חכמים, [דפליגי אף בשאין ברכותיהן שוות, להרמב"ם דפסק כוותייהו], מדקאמרי חביב עדיף – גר"א, **משא"כ** להמחבר דסבר דדוקא בשברכותיהן שוות פליגי, כשאין ברכותיהן שוות לא אזלינן כלל בתר מין ז', לשיטת הגר"א, עיין בדמשק אליעזר).

סעיף ג - הביאו לפניו דבר שברכתו בפה"ע ודבר שברכתו "שהכל", בפה"ע קודמת - ואפי' מין השני חביב עליו, [**וכתב** הפמ"ג דאפי' אם הדבר שברכתו "שהכל" הוא גם ממין ז', כגון דובשא דתמרי].

שהיא חשובה שאינה פוטרת אלא דבר אחד - פי' דברכת בפה"ע מבוררת טפי על איזה מברך, וחשובה היא מברכת "שהכל", שאינה רק ברכה כוללת לכל המינים. **וכן בפה"א ו"שהכל", בפה"א קודמת** - בפה"א חשובה נמי מ"שהכל", דמברר בהברכה רק מיני פה"א, משא"כ "שהכל" דכוללת הכל, [ואפי' חביב עליו].

וע"כ כשמביאים לפניו יי"ש עם מרקחת (שברכתן בפה"א או בפה"ע), יברך על המרקחת תחלה, אף שהיי"ש חביב עליו יותר, (**וכתב** הא"ר בשם השל"ה, דאין יפה מה שעושין ההמונים, שהם מברכין על היי"ש תחלה "שהכל", **והוא** כתב להצדיק מנהגם, דטעמם, משום דמתחלה אינם מתאוים לאכול כלל המיני מרקחת, והוי כמי שאינו רוצה לאכול עכשיו דס"ה, דרק אחר שתיית היי"ש חפצים לאכלן, ומ"מ נכון לנהוג לברך מקודם על המרקחת לעולם, דאח"כ לפעמים אין לחשוב רק לטפל, כשבא להפיג רק חריפות השתיה, ואינו רוצה בעצם באכילתו).

ואם הביאו לפניו פה"ע ופה"א, איזה מהם שירצה יקדים - ואין תלוי כלל בחביב לדעה הראשונה שבס"א, דהא אין ברכותיהן שוות, **ולי"א** שם מיירי הכא ששניהם חביבים עליו בשוה.

וי"א ש"בורא פרי העץ" קודם - והסכימו האחרונים, דנכון לנהוג כי"א הזה אם שניהם שוים בחביבות, **אכן** אם פה"א חביב עליו יותר, מברך על החביב כנ"ל בס"א, **וכן** אם פה"א הוא מין שבעה, כגון קליות של חטים ותפוח או אחד משבעת המינים, יש לו לברך תחלה על החטה, שהוא מין שבעה, וקודמת בפסוק, [מ"א, **והיינו** אם שניהם חביבים עליו בשוה, (**ועיין** מש"כ במ"ב ס"ה בשם הגר"א). **ודע**, דכ"ז הוא לפי מה שהסכימו דהלכה כהי"א, הא לדעה ראשונה אין שום מעלה בחביב ומין ז' נגד חבירו בשאין ברכותיהן שוות, וא"כ יוכל לברך תחילה על התפוח אף שאינו מין שבעה].

סעיף ד - כל הקודם בפסוק: "ארץ חטה ושעורה", קודם לברכה - דמקרא זה חושב המינים שנשתבחה בהן א"י, וכל המוקדם בפסוק הוא יותר חשוב מהמאוחר, לפיכך הוא קודם לברכה, **וחטה** ושעורה דקרא דקודמין לשארי המינים, הוא דוקא שעשה מהן תבשיל להרבה פוסקים, וכדלקמן בס"ה.

אף כשהמין השני הוא חביב יותר, [**ולדעת** הרמב"ם הנזכר בס"ב, יהיה דוקא בשניהם חביבים בשוה, הא אם אחד חביב יותר, חביב עדיף].

מחבר רמ"א משנה ברורה

וכתבו האחרונים, דחשיבות מין שבעה להקדים ראשון לשני, הוא רק כשנגמר הפרי, **אבל** אם לא נגמר, כגון זית קודם שגדל הנץ, אף שהוא ראשון ל"ארץ" בתרא, חשוב יותר המאוחר ממנו, **דמה** שנשתבחה בהן א"י הוא רק בגמר פרי, וכן כל כה"ג.

(**האחרונים** נתקשו, דהא לעיל בס"א כתב המחבר דעה ראשונה שכתב אותה בסתמא, דכשאין ברכותיהן שוות על איזה שירצה יברך, ואין כאן מצות קדימה אפילו היה האחד משבעת המינין, **וכאן** סתם דכל הקודם בפסוק קודם לברכה, הרי דחטים קודמין לשארי המינים של פה"ע, אף דאין ברכותן שוות, **והגר"א** הביא דברי תר"י, דמוקים הא דחטים קודמין, דוקא בעשה מהן תבשיל דחשוב ביותר, ולכן שייך להקדימן נגד כל המינים, וכ"מ מא"ר, וכ"כ בספר בית מאיר).

ו"ארץ" בתרא הפסיק הענין, וכל הסמוך לו חשוב מהמאוחר ממנו ל"ארץ" קמא - דכן הוא סדר המקרא: ארץ חטה ושעורה וגפן ותאנה ורמון, ארץ זית שמן ודבש, ומ"ארץ" שבאמצע הוי התחלת סדר.

הילכך תמרים קודמים לענבים, שזה שני ל"ארץ" בתרא, וזה ג' ל"ארץ" קמא - דדבש שבקרא הוא תמרים שיוצא מהן דבש.

הגה: ודוקא שאוכל ענבים כמות שהן, אבל אם עשה מהם יין שקובע ברכה לעצמו, דפה"ג חשובה והיא קודמת לברך עליו תחלה - היינו אפילו לזיתים שהיא ראשונה ל"ארץ" בתרא.

אבל מעשה קדירה מחמשת מיני דגן, היא חשובה יותר מברכת היין - שגם ברכת "בורא מיני מזונות" היא ברכה מבוררת כמו ברכת היין, והרי היא קודמת ליין בקרא, **ונקט** הרמ"א מחמשת מיני דגן להשמיענו, דאף כוסמין ושבולת שועל ושיפון, מזון הנעשה מהן ג"כ קודמין ליין, דהם ג"כ בכלל חטים ושעורים.

כל הנאמר סמוך ל"ארץ" קמא, קודם למה שנאמר סמוך ל"ארץ" בתרא, לאחר שהוא לו בסמיכה ל"ארץ" - מלשון זה משמע, דחטים ושעורים דקודמין הוא רק מהשוה להן בסמיכה ל"ארץ", כמו חטים לזיתים, ושעורים לדבש {שהוא תמרים}, **אבל** שעורים, היינו מזון הנעשה מהן כמו שמפרש בסעיף ה', לזיתים, לא, [מ"א, ‹**שיש** ג' מעלות זו למעלה מזו, א', ברכת במ"מ. שניה, קדימה בפסוק, והיא חשובה יותר מברכת במ"מ. ג', ברכת היין דהיינו פה"ג, שהיא חשובה יותר ממעלת קדימה בפסוק, כ"ש למעלת במ"מ, **ואעפ"כ** במ"מ קודמת לפה"ג, דבמ"מ יש לו שתי מעלות קטנות, דהיינו חשיבותה מצד עצמה שברכתו במ"מ, מעלה שניה שמוקדמת בפסוק לגפן, ובצירוף שני מעלות קטנות יחד הם חשובים יותר מבפה"ג, אף דפה"ג חשובה יותר מכל א' מב' המעלות קטנות, **ולכן** זית שמוקדם בקרא, קודם לשעורים, אע"ג שברכתו במ"מ – מחה"ש›, **אבל** הלבוש כתב, דברכת במ"מ היא קודמת לכל, וכן הסכימו הרבה אחרונים.

[**ובודאי** זיתים קודמין לקליות של שעורים, לפי מה שפסק הרמ"א לעיל סי' ר"ח ס"ד, דברכתו היא "שהכל"].

סעיף ה - הא דחטה ושעורה קודמים, דוקא כשעשה מהם תבשיל או פת - והם קודמים לשארי מינים אף אם הם חביבים אצלו יותר.

אבל כוסס חטה שברכתו בפה"א, אינה קודמת לברכת בפה"ע - אלא בפה"ע תקדים, **ומשמע** במ"א דדוקא אם הפה"ע חביב יותר אצלו, אז הוא קודם אף שהוא מאוחר בקרא, **אבל** אם שניהם חביבים בשוה, חטה קודמת, [שהוא מוקדם בפסוק, **אכן** לפי מש"כ הרשב"א, דע"כ לא מיירי הקרא בכוסס, לא שייך כלל סברתו], **אכן** בביאור הגר"א משמע, דלפי מה שמבואר לעיל בס"א, דהיכא שאין ברכותיהן שוות לא אזלינן כלל בתר מין ז', ה"ה הכא לא אזלינן כלל בתר מוקדם, ועל איזה שירצה יברך תחלה, **ומ"מ** אם החטה חביבה יותר אצלו, מסתברא דיברך עליה תחלה, דגם שם הלכה כהי"א דחביב קודם כמש"כ שם.

הגה: ברכת "המוציא" קודמת לברכת "בורא מיני מזונות" - פי' כגון שיש שלחן ערוך לפניו לאכול פת, וגם רוצה לאכול לחמניות דברכתן במ"מ, ואפילו כשאוכלן בתוך הסעודה, כגון שבלילתן רכה ואוכלן לתענוג ולא לשובע, וכדלעיל בסימן קס"ח ס"ח, **מצוה** שיטול ידיו ויברך "המוציא" תחלה על הפת, דברכת "המוציא" חשובה, ואח"כ יברך במ"מ על הלחמניות, **דאי** מיירי בשאר תבשילין, בלאו טעמא דברכת "המוציא" חשובה, צריך לברך תחלה על הפת ולפטור ממילא את התבשיל, **דאי** יברך תחלה על התבשיל, נמצא גורם ברכה שא"צ ואסור.

וכ"ש לשאר ברכות, ואע"פ שהדבר השני חשוב - כגון שהלחם משעורים והמזונות מחטים, והוא הדין כל כה"ג שהדבר השני הוא חשוב בעצם יותר מהדבר הראשון, **או חביב עליו** - ר"ל שבאמת אינו חשוב יותר מהראשון, אך בעיניו הוא חביב יותר, **ופשוט** דה"ה אם הוא חביב וחשוב ביחד.

וכל הא דאמרינן דאחד קודם לחבירו, היינו שרוצה לאכול משניהם, לכן יש להקדים החביב או החשוב; אבל אם אינו רוצה לאכול משניהם, אינו מברך רק על זה שרוצה לאכול, אעפ"י שגם השני מונח לפניו - ואפילו רוצה לאכול משניהם, אך שלא הביאו עדיין החביב לפניו, א"צ להמתין, [**וה"ה** לענין קדימת מין ז'].

וכל זה דצריך להקדים, היינו דוקא לכתחלה, אבל אם עבר ובירך על השני, אם הברכות שוות, יוצא, ואין צריך לחזור ולברך על זה שהיה לו להקדים, ובלבד שיהא דעתו ג"כ עליו בברכתו - ואפילו היו שניהם לפניו בשעת ברכה, בעינן שיתכוין לו בפירוש לפוטרו, [**וזה** מהני אפי' לא היה לפניו המין השני החשוב בשעת ברכה], **דאינו** בדין שיפטור מי שאינו חשוב את החשוב דרך גררא, אלא בכונה, (והיינו בין שאינו מין ז' את המין ז', או שאינו חביב את החביב), **אבל** אם בירך על החשוב, פוטר את שאינו חשוב אפילו לא נתכוין בפירוש לפוטרו, כיון שהיה מונח לפניו על השלחן בשעת ברכה, **ואם** הביאו לו אחר שכבר כלה המין הראשון, צריך לחזור ולברך, **ואם** הביאו לו אחר שבירך אבל עדיין לא כלה אכילתו, יש דעות בפוסקים, וספק ברכות להקל, כל זה מבואר בסי' ר"ו ע"ש באחרונים ובמ"ב, **ולכתחלה** מבואר שם ברמ"א, דיש ליזהר לכוין לפטור את אשר יביאו לו אח"כ.

ואם היה מונח לפניו אתרוג וזית, אף דאתרוג היה חביב עליו יותר, קיי"ל לעיל בס"א, דמברך על הזית שהוא ממין שבעה, ונפטר ממילא אף בסתמא האתרוג, **ואם** הוא בירך על האתרוג בסתמא, לא נפטר הזית, **ומ"מ** לפי מה שהבאנו שם בבה"ל, הרבה ראשונים דס"ל ג"כ כדעת הרמב"ם המובא שם בס"ב, דחביב עדיף אף לגבי מין שבעה, **נהי** דלכתחלה בודאי טוב לנהוג כדעה הראשונה שהיא סתמית, ולברך על הזית, **מ"מ** בדיעבד שבירך על החביב כדעת הרמב"ם וסייעתו, לכאורה בודאי לא יחזור ויברך על הזית, דלשיטתם היא ברכה לבטלה, וכבר כתב שם הט"ז, דמאן דעביד כרמב"ם ג"כ שפיר עביד, **ויותר** נ"ל, דאפילו אם הוא מברך על הזית, טוב שיכוין בהדיא לפטור גם האתרוג, אחרי דהאתרוג חביב לו יותר, ולדעת הרמב"ם וסייעתו אינו יוצא בזה ממילא על האתרוג, **וכן** כל כה"ג היכא שיש דעות בפוסקים על איזה דבר יברך בתחלה, יהיה זהיר בשעת ברכה לכוין לפטור שניהם, דבלא"ה יש חשש דאוכל המין השני בלא ברכה.

(**ואם** אוכל אצל בעה"ב, כיון דאתכא דבעה"ב סמיך, הוי כאילו דעתו בפירוש לפטור כל מה שירצה בעה"ב ויביאו לו).

סעיף ו - היה לפניו תבשיל מקמח כוסמין ושבולת שועל ושיפון, וגפן ותאנה ורימון, כיון דמברך על התבשיל במ"מ, ברכתו קודמת; אע"ג דהנך ממין ז' ואיהו לאו ממין ז' - אע"ג דכוסמין מין חטין, ושבולת שועל ושיפון מין שעורים, מ"מ כיון דאין נזכרין בהדיא בקרא, אין בהם חשיבות מין שבעה כ"כ כמו המפורשים בהדיא בקרא, **מ"מ כיון דחשיבי דעבדי מינייהו פת ומברך עלייהו "המוציא" ובהמ"ז, קודמת אע"ג דלא עבדינהו פת** - וגם הם בכלל חטה ושעורה דקרא עכ"פ, דחטה ושעורה קודמין לגפן ותאנה ורמון, **וכתב** המ"א דדוקא הני דחשיב כאן, אבל זיתים עם תבשיל של שבולת שועל, זיתים קודמין משום דמוקדמין בקרא, **אבל** כמה אחרונים חלקו ע"ז, וכנ"ל במ"ב בס"ד.

(**לפמש"כ** המחבר לעיל בס"א בדעה הראשונה דהיא סתמית, דהיכא דאין ברכותיהן שוות לא אזלינן בתר מין ז', אין מקום לומר "ואיהו לאו ממין ז'", **אכן** האמת דדבר זה הלא הוא מהג' מיימוני בשם הר"מ, וידוע דשיטתו הוא דאף באין ברכותיהן שוות מין ז' עדיף).

ועתה נבוא לבאר סדר המעלות בקצרה, וכל המאוחר מחבירו הוא גרוע מחבירו: **המוציא**, אפילו מפת של שבולת שועל ושיפון, **במ"מ** על מעשה קדרה דחטים, **במ"מ** על מעשה קדירה דשעורים, **במ"מ** על מעשה קדרה דשיבולת שועל ושיפון, שהוא ג"כ מין שעורים, {**ובמ"מ** דשעורים, כיון דשעורה מפורש בקרא קודם להן,

ואפי' לכוסמין שהוא מין חטים הוא ג"כ קודם}. **בפה"ג**, זיתים, תמרים, וענבים, תאנה, ורמון, בפה"ע ופה"א, שהכל, **ובכל** אלו אין משגיחין על החביב כלל, דמי שהוא מאוחר מחבירו אפילו הוא חביב יותר, כגון שהיה חביב לו ה"שהכל", אפ"ה הפה"א קודם לו, וכן בכל הנ"ל.

בפה"ע ובפה"א אזלינן בתר החביב, אפילו השני מין זיי"ן, **היו** שניהם חביבין, אזלינן בתר מין זיי"ן, **ואם** אחד מהן מוקדם בפסוק, כגון שכוסס קליות חטה דברכתו בפה"א, ואוכל זית, יקדים חטה דהוא קודם בקרא, כ"כ המ"א, **והגר"א** פליג ע"ז, וכמו שכתבנו לעיל בס"ה, **שניהם** אינן מין זיי"ן, יש להקדים פה"ע אם שוים בחביבות, **הא** לא"ה חביב קודם, **וכן** שניהם פה"א או שניהם "שהכל", אזלינן בתר חביב.

והנה מה נקרא חביב, אנן בני אשכנז נמשכין אחר הרא"ש וסייעתו, שהוא המין הרגיל להיות חביב אצלו, כמ"ש בס"א, **ואם** שניהם חביבים אצלו, אזלינן אחר איזה שחפץ עתה, כמ"ש בס"ב לרמב"ם. **ברכת** אכילה ושתיה, אפי' ברכת "שהכל", קודמת לברכת הריח.

§ סימן ריב – שהעיקר פוטר הטפל §

סעיף א - כל שהוא עיקר ועמו טפילה, (פי' דבר בלתי נחשב), מברך על העיקר ופוטר את הטפילה, בין מברכה שלפניה בין מברכה שלאחריה; לא מיבעיא אם העיקר מעורב עם הטפל - כגון כל תערובות שני מינים, שהאחד הוא העיקר והשני אינו בא אלא לתקנו ולהכשירו, **או** אפילו שניהם עיקרים, אלא שהאחד מרובה מחבירו, הרוב הוא העיקר, כמ"ש סימן ר"ח ס"ז, **ואפילו** כל מין ומין עומד בפני עצמו וניכר, נמי בתר רוב אזלינן, **וע"כ** בפורים שמרקחין שומשמין בדבש, ומערבין בהם פתיתי אגוז, כל שרוב שומשמין, בתר העיקר אזלינן ומברך "פרי האדמה", **ומיהו** כ"ז דוקא בששניהם הוא דבר חשוב, הא אם אחד מהן אינו דבר חשוב, אף שהוא הרוב, בטל הוא לגבי מיעוט החשוב דהוא העיקר.

ודע, דבה' מיני דגן קי"ל לעיל בסי' ר"ח, דאם מעורבין עם שאר מינים, אפילו הם המיעוט, כל שניתן בהתבשיל לטעם, [לאפוקי אם רק לדבק בעלמא, דבטילי לשאר מינים], אזלינן בתרייהו ומברך עליהם במ"מ לבד, ונפטר תערובות הרוב, מפני שמיני דגן נחשבין לעיקר תמיד, [**ודוקא** כשמרגיש טעם דגן בפיו], **אך** בלבד אם יש בהם ממש, אבל אם עירב קמח במים הרבה, כ"כ עד שהוא רך כדי שיהא ראוי לשתיה, מברך "שהכל".

(**אכן בח"א מצדד**, דהיכא דמינכר ומובדל כל מין בפני עצמו, מברך על כל מין ומין, ולא אזלינן בתר רובא, ולא בתר ה' מיני דגן, **ולמעשה** נראה דספק ברכות להקל, ולא יברך אלא כברכת הרוב, וכן בתבשיל שמעורב בו מה' מיני דגן, יברך רק במ"מ, וגם "על המחיה" בסוף, אם יש בו כזית דגן בכדי אכילת פרס, וכן משמע בפמ"ג, וכן שמעתי מורים בשם גאון אחד, ‹**למעשה** הורתי בענייי כמה פעמים כדעת הח"א לברך ב' ברכות – שבה"ל›, **והרוצה** לחוש לדעת הח"א, ימעך הפרי אדמה, ויהיה מעורב עם פתיתי העיסה או הגרויפין של ה' מיני דגן, ויאכלם ביחד ויברך "בורא מיני מזונות" על שני המינים ביחד, **וכן** לענין שארי מינים שאינם מחמשה מיני דגן, **אם הרוב ממין אחד, והמין השני שהוא המועט מובדל בפני עצמו, כגון** שבישל ביחד תפוחים עם מעט תפוחי אדמה וכה"ג, **ימעך המיעוט ויברך כברכת הרוב**). ‹י"א דבציור שא"א למעך את הב' מינים ביחד, יש עצה, להוציא מהתערובת חתיכה א' מהמין המיעוט ולברך עליו תחילה, ואח"כ יברך על המין הרוב, **ואין** זה בגדר שמברך על הטפל תחילה, וכבסוף הסעיף, דטפלות של תערובת ב' מינים, לא נגרע מחשיבותו, ורק לענין הברכה, וכיון שאוכלו תחילה לכו"ע יברך עליו ברכתו הראויה, **וי"א** עוד עצה, שיכוין בברכתו על העיקר שלא לפטור את המועט, אלא דאינו מוסכם לכו"ע – דברי סופרים›.

אלא אפי' כל אחד לבדו - בין שאוכל העיקר והטפל בבת אחת, בין שאוכל העיקר תחלה והטפל אח"כ, וכדלקמיה.

ואפילו פת שהוא חשוב מכל, אם הוא טפל, כגון שאכל דג מליח, ואוכל פת עמו כדי שלא יזיקנו בגרונו - כגון שאכל דבר מתוק מקודם, ואוכל דג מליח להפיג המתיקות, ומפני שלא יזיקנו המליח בגרונו אוכל פת עמו, אבל אינו תאב כלל לאכול פת, לכן הוי הפת טפל, **מברך על הדג ופוטר הפת, כיון שהוא טפל** - [וציירתי באופן זה, ולא ציירתי

הלכות ברכת הפירות
סימן ריב – שהעיקר פוטר הטפל

בפשיטות כגון שחפץ לאכול דג מליח, וכפשטיות לישנא דהמחבר, **משום** דהרבה אחרונים מצדדים, דדוקא באופן זה שהיה מוכרח לאכול המליח מפני חולשת לבו מהמתיקות, לכן חשיב המליח לעיקר אף נגד הפת, **הא** בעלמא לא אמרינן דהמליח יהיה עיקר נגד הפת].

משא"כ אם הוא תאב לאכול פת ג"כ, אע"פ שאוכלו עם המליח, כהנהוג לאכול דג מלוח שקורין הערינ"ג עם פת, אינה טפלה אליו, אפי' אם תאב להמליח יותר, וצריך לברך עליה "המוציא" ופוטר את המליח.

[**ועיין** בחי' הרא"ה שהסביר לנו טעם, למה לענין תערובות שהוא ג"ב מטעם עיקר וטפל, קי"ל דבה' מינים אפי' מיעוט הם העיקר לעולם, ובשאינן מעורבין, אפי' פת טפל לפעמים, **וכתב** דכשהם בתערובות, איירינן לענין חשיבות בהתבשיל, ואמרינן דכשֶׁשָם בתוכו מיני דגן, שָׂם אותם לעיקר בהתבשיל, כי הם חשובין יותר, **משא"כ** כשהם מפורדים, כבענין דפת ומליח שהוא בעין ובא עם המליח, אינו עיקר כלל, ולא בא אלא להכשיר את פיו].

ואפי' כשלא היה הטפל לפניו בשעת אכילת העיקר, אם היה דעתו בשעת ברכה לאכול גם הטפל, או שדרכו בכך לאכול הטפל אחריו, פוטר הטפל, **גם** בעינן דוקא שיאכל הטפל באותו מקום, לאפוקי כששינה מקומו בינתים, **אבל** אם אינו רגיל בכך, וגם לא היה דעתו בפירוש בשעת הברכה לאכול הטפל, צריך לברך גם על הטפל, **אך** אז מברך על הטפל רק "שהכל", דעכ"פ טפל הוא ומפסיד ברכתו העיקרית, **ודומיא** דפסק הרמ"א לקמן בהג"ה, דאם אוכל הטפל קודם העיקר, אף דצריך לברך עליו בפני עצמו, ואינו נפטר בברכת העיקר שיברך אח"כ, מ"מ כיון שהוא טפל מפסיד ברכתו העיקרית.

האנוס"י שאוכלין אחר הסעודה למתק שתית היין ששתה מקודם, א"צ לברך עליהן, דהן טפלין להיין, וברכת היין פוטרתן, [**ודוקא** כשהיה דעתו בשעת ברכת היין לאכול אח"כ האנוס"י או שרגיל בכך], **וה"ה** כששתה שאר משקין תוך הסעודה, ואוכל אח"כ אנוס"י למתק השתיה, א"צ ברכה, משום דברכת הלחם פוטרתן, דהמשקה טפל ללחם, והאנוס"י למשקה.

הגה: וי"א אם הטפל חביב עליו, מברך עליו ואח"כ מברך על העיקר - עיין במ"א ובביאור הגר"א שהקשו כמה קושיות ע"ז, **ומסיק** המ"א לדינא, דאין חילוק בזה, וגם בא"ר הביא בשם בה"ג וכלבו, שכתבו בהדיא שאפילו אם הטפל חביב עליו, מברך על העיקר לבד, **והטעם**, דאף שהטפל חביב עליו בעצם יותר, מ"מ עתה אינו אוכלו רק בשביל העיקר, שבשבילו הותחל האכילה, ובלתו לא היה אוכל הטפל כלל, **וע"ש** עוד, דכל זה אפילו בשאין ברכותיהן שוות, וגם אין אוכלן ביחד, **ובפרט** כשברכותיהן שוות או שאוכלן ביחד, בודאי מברך על העיקר לבד.

מי ששתה יין שרף, ואוכל איזה דבר או מעט פת אחריו להפיג חריפות השתיה, נעשה הפת טפל וא"צ לברך עליו, **אכן** דוקא כשהיה דעתו עליו בשעת ברכה, או שרגיל בכך ברוב הפעמים וכנ"ל, **ולענין** נטילת ידים עיין לעיל בסי' קנ"ח במ"ב, **וכ"ז** כשאין כוונתו לאכול הטפל שאינו רעב כלל, ואינו אוכל אותו רק להפיג המרירות, **אבל** אם כוונתו בשביל הטפל ג"כ, כגון ששותה יי"ש ואוכל ג"כ לעקא"ך או מרקחת, אע"ג שנראה שאחד עיקר והשני טפל, כיון שכוונתו לאכילת שניהם, א"כ אין זה טפל לזה, וצריך לברך על הלעקא"ך או על המרקחת תחלה שהם חשובין, ואח"כ מברך על היי"ש, אף שהיי"ש חביב עליו, **וה"ה** כשרוצה לאכול שאר דברים, אינו מותר רק כשרוצה לאכול רק מעט כדי להפיג המרירות, אז הוי טפל, **אבל** כשרוצה לאכול יותר מזה, אין שייך שם טפל כלל, כיון שאוכל אותם מחמת עצמותם כדי לסעוד הלב, [**ונ"ל** דאפי' אותו המעט שמועיל להפיג המרירות, ג"ב אינו רשאי לטעום בלי ברכה, אחרי שכונתו בזה גם לסעוד הלב], **וכתבו** האחרונים בשם השל"ה, דטוב למנוע מלאכול פת למיתוק שתיית הי"ש, כי מי יוכל להבחין היטב אם הוא רק להפיג מרירותו, או גם לסעוד הלב, דאז צריך לברך "המוציא" ונט"י.

ומי ששורה אחר גמר אכילתו מעט פת ביי"ש לעכל המאכל, יש לברך על היי"ש, דעיקר כוונתו אז על היי"ש כדי לעכל, ואין שייך להסעודה, ורק מפני שחזק לו לשתותו שורה בו פת להפיג קצת מרירותו, והו"ל היי"ש עיקר, מ"א, **ומא"ר** משמע, דטוב באופן זה שישתה תחלה מעט יי"ש קודם ששורה בו הפת, ויברך עליו.

וע"ל בסי' קע"ד במ"ב, דאם אחר שאכל מאכל שמן, לקח מעט יי"ש להפיג השמנונית שבפיו, אם רגיל בכך א"צ ברכה, דהוא טפל לפת.

הא דמברכין על העיקר ופוטר את הטפילה, היינו שאוכלן ביחד - ואם אוכל פת כיסנין עם גבינה או שאר דבר ללפת בו, אף שהם ג"כ חביבים עליו והוא

תאב לאכול אותם, מ"מ מברך רק על הכיסנין לבד, דמסתברא שהוא העיקר אצלו, **וה"ה** בכל דבר כשאוכל עם מין אחר ללפת בו, דמה שאוכל ללפת נחשב רק כטפל, [**ואינו** דומה ללעק"ך דלעיל, דצריך לברך עליו אם כונתו גם בשבילו, **דהתם** אין אוכלן ביחד ללפת, אבל הכא כשאוכל ביחד, מסתברא דמה שאוכל ללפת בודאי הוא טפל אצלו אף דהוא תאב לו]. ‹**האוכל** מציות וכדו' עם ממרחים שונים, כגבינות לסוגיהן, אבוקדו, טחינה, ממרח שוקולד, ריבה וכדו', אין מברך אלא בורא מיני מזונות. **אבל** האוכל מציות ושאר מיני מזונות ושאר מיני מאכלים, יחד עם בשר, פרוסות בשר, נקניק, דגים ודגים מלוחים לסוגיהן, סלטי דגים למיניהם, ירקות, פרוסות ירקות וסלט ירקות, ביצים וכל כיוצא בהן, בכל אלו הדרך להחשיב גם התוספות לעיקר לאכילה ולשביעה, יברך עליהם ויטעם מכל מין בנפרד – פסקי תשובות›.

או שאוכל העיקר תחלה - ואח"כ הטפל כדי למתק את העיקר, כגון אכל תחלה צנון ואח"כ זית להפיג חרפו של צנון, וכה"ג שאר טפל, וכנ"ל בס"א.

אבל אם אוכל הטפל תחלה, כגון שרוצה לשתות, ורוצה לאכול תחלה כדי שלא ישתה אליבא ריקנא; או שאוכל גרעיני גודגדניות למתק השתיה - ר"ל ג"כ שאוכלן קודם שמתחיל לשתות, כדי למתק השתיה ששותה אח"כ, **מברך על האוכל תחלה אע"פ שהוא טפל לשתיה** - דבשלמא כשמברך על העיקר תחלה, ממילא הטפל בכלל, משא"כ כשאוכל הטפל מקודם, לא יתכן שיפטרנו אח"כ העיקר מברכתו למפרע, וכבר היה נהנה בלא ברכה.

ואינו מברך עליו רק "שהכל", הואיל והוא טפל לדבר אחר - ר"ל דכיון דעכ"פ אכילתו הוא לטפל לדבר אחר, הפסיד ברכתו הראויה לו, ומברך "שהכל" כדי שלא יהנה בלי ברכה, **ואם** הטפל חביב עליו, מברך עליו ברכה הראויה לו.

והנה הרמ"א סתם בזה ולא הזכיר שום חילוק, דמיירי בכל גווני, **אבל** המ"א חילק בזה, ודעתו דדוקא אם שותה משקין שברכתו "שהכל", והיה ראוי לברך על המשקה "שהכל" ולפטור זה, אך מפני שאוכל הטפל תחלה צריך לברך עליו, לכן מברך עליו כברכת העיקר, וממילא נפטר גם העיקר בברכתו, **אבל** כשברכת העיקר הוא דבר אחר, כגון ששתה יין, אין מברך על המאכל שמקודם "שהכל", רק ברכתו הראויה לו, [**וה"ה** כל כה"ג, כגון שרוצה לאכול צנון ותמכא שברכתו בפה"א, ואך להפיג חריפותו אוכל מעט פת, ואם היה אוכל אותו אח"כ או ביחד, לא היה צריך לברך כלל על הפת, דנפטר בברכת הצנון, **אך** עתה שאכל הפת מקודם כדי למתק חריפות של הצנון שלא יזיקנו כ"כ, להרמ"א מברך עליו "שהכל", **ולהמ"א** מברך עליו "המוציא", ברכתו הראויה לו].

ולכתחלה טוב למנוע לגמרי מלאכול הטפל קודם לעיקר, [כי יש מן האחרונים שמפקפקים על כל עיקר דין הרמ"א, ומסכימים עם הב"י, דאם אוכל הטפל קודם לעיקר, אין עליו שם טפל כלל, ואין לשנות מברכתו הראויה לו].

סעיף ב - מרקחת שמניחין על רקיקין דקים, אותם רקיקין הוו טפילה למרקחת - וצריך לברך על המרקחת לבד, **שהדבר ידוע שאין מתכוונים לאכול לחם** - רק שבאים לדבק המרקחת עליהם שלא יטנפו הידים בדבש.

ועיין באחרונים שכתבו, דבמדינותינו שעושין הדובשנין שטובים למאכל, ומניחין המרקחת עליהם, א"כ כונתו ג"כ לאכילת הדובשנין, ומברך עליהם, **וע"ל** סי' קס"ח ‹סעיף ח'› במ"ב, שמבואר שם כל פרטי דין זה.

§ סימן ריג – מי שיצא אם מוציא אחרים §

סעיף א - על כל פירות ושאר דברים - היינו שארי מיני אוכלין ומשקין, **חוץ מפת ויין, אם היו האוכלים שנים או יותר, אחד פוטר את חבירו אפילו בלא הסיבה** - ר"ל אפילו יודע כל אחד בעצמו לברך, אפ"ה אחד מברך ומוציא חבירו לכתחלה, **והוא** שחבירו ישמע הברכה מתחלה ועד סוף ויכוין לצאת, כדלקמן ס"ג, **והכי** עדיף טפי, דברוב עם הדרת מלך.

מיהו ישיבה מיהא בעי - דאין אחד יכול להוציא חבירו בהברכה, אא"כ ישבו לאכול ולשתות ביחד, ולא במעומד, דקביעות קצת עכ"פ מיהו בעי, [**ועכ"פ** בשלחן אחד לא בעי, אבל בעינן שישבו יחדו, ולא מפוזרים אחד הנה ואחד הנה], **וכ"ז** רק לענין לכתחלה, אבל בדיעבד כל שכוון המברך להוציא והשומע לצאת, יצא.

דדוקא פת ויין בעי הסיבה - דדוקא בפת ויין דחשיבי, היה דרכם לאכול בהסיבה על

הלכות ברכת הפירות
סימן ריג – מי שיצא אם מוציא אחרים

המטות, וזה היה דרך קביעותם והתחברותם יחד, **לפיכך** אין אחד מברך לכולם להוציאם עד שיסובו, דאז מינכר דדעתם להתחבר ולהצטרף ביחד, משא"כ בפירות.

ולדידן הוי ישיבה כמו הסיבה לדידהו - ר"ל לפי שאין דרכנו בהסיבה, לפיכך מה שאנו מתועדין לישב יחד בשלחן אחד ולאכול, נחשב לקביעות כמו הסיבה לדידהו, **ולפי זה לדידן דלית לן הסיבה, אין חילוק בין פת ויין לשאר דברים, דבישיבה אפי' פת ויין אחד מברך לכולם; ושלא בישיבה, בשאר דברים נמי כל אחד מברך לעצמו** - [וכונתו דליכא נ"מ רבה בינייהו, דאפי' בשאר דברים בעינן שישבו יחדו ולא מפוזרים אחד הנה ואחד הנה, **אבל** איכא הא, דבשאר דברים א"צ ישיבה בשלחן אחד, משא"כ בפת ויין].

והא דאמרינן דאחד מברך לכולם בשאר דברים חוץ מן הפת, ה"מ בברכה ראשונה; אבל בברכה אחרונה צריכין ליחלק וכל אחד מברך לעצמו - והטעם, משום דברכה ראשונה כל אחד מרויח באותה ברכה, שעי"כ מותרין לאכול וליהנות, לפיכך מצטרפין לה, **אבל** בברכה שלאחר אכילה, שכבר אכלו ודעתם להפרד, אין מצטרפין, ואפילו ביין.

ואפילו קבעו יחד לא מהני לזה, **ובדיעבד** אם כוון לצאת, והמברך ג"כ כוון להוציאו, יצא, ואפילו בלא קביעות כלל, כמו שפסק המחבר לעיל בסימן קס"ז סי"ג עי"ש במ"ב, **ואם** אחד אינו יודע לברך בעצמו, יוצא אפי' לכתחלה בברכת חבירו, [**אך** ישיבה ביחד מיהו בעי לכתחילה].

הא דהזכיר המחבר פת הכא, "חוץ מן הפת", משום דבפת קי"ל, דאם הם שלשה, מזמנין ומוציא אחד את חבירו בברהמ"ז, **משא"כ** בשארי דברים בברכה אחרונה, אפי' בשלשה אינו מוציא.

דאין זימון לפירות - היינו דכיון דאין מצות זימון בפירות, להזדמן יחד ולומר: נברך שאכלנו, ממילא צריך כל אחד לברך לעצמו, ולא לצאת בברכת חבירו.

וכתבו הט"ז וש"א, דהאידנא שמזלזלים ההמון מאד בברכה אחרונה, יש לסמוך לעשות כן לכתחלה, שמברך אחד בקול רם הברכה אחרונה, ויהיו אחרים יוצאים על ידו אפילו כשיודעים בעצמם לברך, **ובפרט** ברכה אחרונה מעין שלש שאין הכל בקיאים בה בע"פ, בודאי טוב לעשות כן לכתחלה, **ומ"מ** טוב יותר שיאמרו עם המברך מלה במלה.

הגה: וי"א דבכל הדברים חוץ מפת ויין, לא מהני הסיבה, והוא הדין ישיבה לדידן - קאי אריש הסעיף אברכה ראשונה, **וטעמם**, דדוקא פת ויין דחשיבי מהני הסיבה או ישיבה לדידן, משא"כ בשארי דברים דלא חשיבי, צריך כל אחד לברך לעצמו, **ואם** באו פירות תוך הסעודה, אחד מברך לכולם, דמיגו דמהני הסיבה לפת מהני נמי לשארי דברים.

ולכן נהגו עכשיו בפירות, שכל אחד מברך לעצמו - וה"ה בשארי דברים, **ודוקא** לכתחלה, אבל בדיעבד אם בירך וכוון להוציא חבירו, והשומע נתכוין לצאת, אף בלא הסיבה וישיבה כלל נמי יצא.

ולענין שכר ומי דבש שקורין מע"ד, עיין בע"ת וט"ז ומ"א, והאידנא נוהגין שגם בזה כל א' מברך לעצמו, **ולענין** יין משמע מרמ"א, וכן מבואר מד"מ, דגם לדידן מהני הסיבה או ישיבה, **אבל** כמה אחרונים העלו דאף ביין טוב שיברך כל אחד לעצמו, משום דהאידנא אין העולם רגילין לקבוע עצמן על היין, **ובאמת** לדינא תלוי זה במנהג המקומות, דבמקום שמצוי הרבה יין ורגילין לקבוע עליו, בודאי מהני הסיבה או ישיבה להוציא אחד את חבירו.

וכמדומה שכעת המנהג פשוט ברוב המקומות, שאין מוציאין אחד את חבירו כמעט בשום דבר מאכל, אף שהוא נגד הדין, [**דמן** הדין יש הידור מצוה בזה], **ואפשר** משום שאין הכל בקיאין להתכוין לצאת ולהוציא, וכעין זה מבואר בח"א.

(**עיין** במג"א שמצדד לומר, דבברכת מוגמר, אף דהוא ברכת הנהנין, לא בעי אף ישיבה להוציא אחד את חבירו, והביא ראיה לזה מברכת המאור, דאחד מברך לכולם, והתם אף ישיבה לא הוי, ע"ש בדבריו, **ועיין** בפמ"ג שמפקפק בדבריו, דשאני מאור דברכת שבח הוא, והויא כעין ברכת המצות, משא"כ הכא, ובאמת כעין זה כתב ג"כ הרשב"א שם בסוגיא דמאור ע"ש, **אמנם** באמת גם במאור גופא לא ברירא, ובשיטה מקובצת שם איתא בהדיא, דעכ"פ ישיבה מיהא בעי ביחד, ומה שנוהגין

הלכות ברכת הפירות
סימן ריג - מי שיצא אם מוציא אחרים

כהיום להוציא בבהמ"ד בברכת המאור, אף על גב שכל העם עומדין, היינו משום דמברכין גם ברכת הבדלה עם המאור, ומיגו דמהני קביעותא להבדלה, מהני נמי לזה, משא"כ כשמברכין על המאור לחודיה, אפשר דשפיר בעינן ישיבה, **ובפרט** לענין מוגמר דברכת הנהנין גמורה היא, בודאי יש לומר דגם הרשב"א מודה לשיטה מקובצת, דעכ"פ ישיבה מיהא בעי, וצ"ע לדינא).

סעיף ב - אין המברך מוציא אחרים אלא אם כן יאכל וישתה עמהם - דדוקא בברכת המצות שכל ישראל ערבין זה בזה, וכשחבירו אינו יוצא ידי המצוה, כאילו הוא לא יצא, לכן יכול לברך אפילו מי שאינו חייב בברכה זו, **משא"כ** בברכת הנהנין, שאינו חוב המוטל עליו כשאר מצות, דלא ליתהני ולא לבריך, **ואפילו** אם אינם יודעים בעצמן לברך, **וזה** הסעיף שייך בין לברכה ראשונה ובין לברכה אחרונה.

ואז יוצאים בשמיעתן שמכוונין אליו - והוא ג"כ יכוין להוציאם, וכדלקמיה בס"ג, **אפי' לא יענו אמן** - דקי"ל דשומע כעונה, והרי הוא כמברך בעצמו, **וכ"ז** לענין דיעבד, אבל לכתחלה, לבד מה שמצוה לענות אמן על כל ברכה ששומע מישראל, **עוד** יותר יש חיוב לכתחלה לענות אמן בברכה שמתכוין לצאת בה, כדי להורות בפועל שמסכים לברכת המברך.

ואם אינו אוכל ושותה עמהם, אף בדיעבד לא יצאו, דהא ברכתו הוי לבטלה כיון שאינו אוכל בעצמו, ואיך יצאו על ידו, ואפילו ענו אמן על הברכה, **אם** לא שמה שלא אכל ושתה המברך היה בשוגג או באונס, כגון שנשפך הכוס אחר הברכה וכה"ג, דבעת הברכה לא היה לבטלה, אז יוצאין אחרים על ידו.

כתבו הפוסקים, אם כמה אנשים עושים מצוה אחת, מצוה לכתחלה שאחד יברך לכולם, דברוב עם הדרת מלך.

סעיף ג - אין יוצא ידי חובתו בשמיעת הברכה, אפי' יענה אמן, אא"כ ששמעה מתחלתה ועד סופה - והיינו גם תיבת "ברוך" שבתחלתה, דלא עדיף ממברך בעצמו, כשמדלג איזה תיבה מעיקר הברכה דלא יצא ידי חובתו, דהוי משנה ממטבע שטבעו חכמים, [**לאפוקי** אם לא שמע איזה תיבה שאינה מעיקר הברכה ושרשה, מסתברא דיצא, כמברך בעצמו אם מדלג].

[**וע"ל** בסי' קפ"ז ס"א, דסתם המחבר בדעה הראשונה, דגם החתימה אינו מעכב בדיעבד, ומענינינו משמע דגם סופה הוא לעיכובא, וצע"ק].

ונתכוין לצאת בה ידי חובתו, והמברך נתכוין ג"כ להוציאו ידי חובתו - מדסתם משמע דאכל ברכות קאי, ואפי' ברכות שהם דרבנן, בעינן דוקא שיכוין לצאת ידי המצוה, וכן משמע בסימן ר"ט ס"ה, **ועיין** לעיל סימן ס' במ"ב ובה"ל שם, ובסימן רע"ג בס"ו בבה"ל.

§ סימן ריד - בכל ברכה צריך להיות שם ומלכות §

סעיף א - כל ברכה שאין בה הזכרת שם ומלכות, אינה ברכה - היינו בין ברכת הנהנין ובין ברכת המצות, בין ברכה ארוכה שיש בה פתיחה וחתימה, בין שאין בה אלא פתיחה בלבד, **חוץ** מברכה הסמוכה לחברתה, דנמשכת לברכה הקודמת לה, שיש בתחלתה שם ומלכות.

(**ואף** דלענין ברכה אינו יוצא בשתיהם, בלא שם או מלכות, מ"מ יש חילוק ביניהם לענין "לא תשא", דברכה בשם בלא מלכות נמי יש בה משום "לא תשא", **אבל** במלכות בלבד בלא שם אינו עובר, ד"לא תשא את שם ה'" וגו' כתיב, משא"כ מלכות).

והא דבתפלת י"ח לא תקנו מלכות, **תירץ** ב"י בשם הרא"ש, דברכה ראשונה כיון דאית בה "האל הגדול", חשוב כמו מלכות, וכולהו בתרה דראשונה גרירא, **ועי"ש** עוד תירוצים.

ואם דילג שם או מלכות, יחזור ויברך - היינו שלא אמר כלל אזכרה, אבל אם אמר אזכרה אחת, כגון "אדני" או "אלהינו", יצא, [**נראה** פשוט דה"ה אם הזכיר איזה שם מז' שמות שאינם נמחקין, דיצא בדיעבד, דלא גרע כל זה מתיבת "רחמנא"], **ואם** דילג תיבת "אתה", אינו מעכב בדיעבד.

הלכות ברכת הפירות תקצא
סימן ריד – בכל ברכה צריך להיות שם ומלכות

המחבר מיירי לענין פתיחת הברכה דאית בה שם ומלכות, והוא הדין לענין ברכה שיש בה חתימה, אם דילג השם בחתימה, הוי כלא חתם כלל, [**וצריך** לחזור ולברך].

ואפי' לא דילג אלא תיבת "העולם" לבד, צריך לחזור ולברך, ד"מלך" לבד אינה מלכות - ובספר אבן העוזר חולק ע"ז, (דהעלה דדבר זה ספק הוא, וע"כ מספק לא יחזור ויברך, ומירושלמי משמע לכאורה כוותיה, דאיתא התם: כל ברכה שאין בה מלכות אינה ברכה, והטעם, משום דכתיב: ארוממך אלהי המלך, הרי דב"מלך" לבד יצא, **אך** יש לדחות דיש לחלק בין "מלך" לחוד ובין תיבת "המלך", ואח"כ מצאתי בשו"ע הגר"ז שכתב ג"כ הכי, דיש חילוק בין "מלך" ל"המלך", **ולפי"ז** אף שאין דברי האבן העוזר בזה מוכרחין לדחות דברי השו"ע וכמה אחרונים שנמשכו אחריו, מ"מ אם אמר "המלך" בה"א הידיעה, מסתברא דאינו חוזר).

§ סימן רטו – עניית אמן אחר הברכות §

סעיף א - אין עונה אמן אחר ברכותיו - ר"ל אחר כל ברכה מיוחדת שהוא מברך, או אפילו אחר שתי ברכות, כל שאינם סיום ברכות, אין עונה בעצמו אחריהם אמן, **דאיתא** בגמרא: כל העונה אמן אחר ברכותיו הרי זה מגונה.

והנה מלשון הגמרא משמע דלא עשה בזה איסור, רק דהוא מגונה, **והני** מילי דלא עשה בזה הפסק, אבל אם בירך על איזה דבר מצוה שרוצה לעשות, או ברכת הנהנין, דהפסיק בזה בין הברכה לאותו דבר, עשה איסור בזה, וחוזר ומברך, [**ואם** ענה אז אמן אחר ברכה שעושה איש אחר, תלוי בפלוגתא אם צריך לחזור ולברך, **לט"ז** בדיעבד א"צ לחזור ולברך, ולמ"א צריך].

אלא אחר שתי ברכות או יותר שהם סוף ברכות - היינו אחר ברכת "שומר עמו ישראל לעד", או אחר "הפורס סוכת" וכו' שאומרים בשבת, שהוא גמר ברכות ק"ש, **או** אחר ברכת "בונה ירושלים", שהוא גמר ג' ברכות ראשונות שהם מן התורה, **ולא** אחר ברכות ראשונות דערבית ודשחרית, שאף שהם שתי ברכות, הלא אינם בסוף הענין, ו"אמן" לא שייך אלא בגמר וסילוק הענין.

ונהגו לענות אמן אחר "יהללוך" ואחר "ישתבח" - ואע"ג דאין עונין אמן אחר עצמו אלא דוקא אחר שתי ברכות סמוכות, **מ"מ** הני מקרי סמוכות, ד"יהללוך" סמוכה להברכה שלפני הלל, ו"ישתבח" סמוכה ל"ברוך שאמר", דהא אסור להפסיק ולהשיח בין "ברוך שאמר" ל"ישתבח", ובין ברכה שלפני הלל ל"יהללוך", ופסוקי דזמרה שאומרים ביניהם לא מקרי הפסק, **משא"כ** בברכה אחרונה שאחר ברכת הנהנין, אע"ג דאיכא ג"כ שתי ברכות אחת לפניה ואחת לאחריה, כיון שאין לה אחיזה עם ברכה ראשונה, שהרי רשאי להפסיק ולדבר בין הטעימה שאחר ברכה ראשונה לבין ברכה אחרונה, הויא ברכה אחרונה כברכה מיוחדת.

[**וברכת** התורה נמי לא הוי סמוכות, דתקנת קדמונים היה, שהראשון העולה מברך ברכה ראשונה, והאחרון ברכה אחרונה, א"כ לא מקרי סמוכות].

הגה: וי"א שאין עונין אמן רק אחר ברכת "בונה ירושלים" בברכת המזון, כן המנהג פשוט במדינות אלו ואין לשנות - מפני שהוא סוף ברכות שהם מדאורייתא, דברכת "הטוב והמטיב" הויא מדרבנן, וכדי להראות שחילוק יש ביניהם, לכך עונים אחריה אמן.

ובמקומות שנהגו לענות אמן אחר "יהללוך" ו"ישתבח", יענה ג"כ אחר ברכת "שומר עמו ישראל לעד" - אבל אין עונין אחר "יראו עינינו" שמברך בעצמו, כי היא אינה שייך לברכת ק"ש, והויא כברכה מיוחדת.

סעיף ב - השומע אחד מישראל מברך אחת מכל הברכות, אע"פ שלא שמע כולה מתחלתה ועד סופה - אלא שמע רק שמזכיר השם וסוף הברכה, חייב לענות אמן אחריו, (הוא דעת הרא"ש ותר"י), **ויש** שפוסקים דאפי' לא שמע רק חתימת הברכה, צריך לענות אמן, (הוא דעת רש"י ואור זרוע, **וסתימת** המחבר משמע כרא"ש ותר"י), **ועיין** בח"א שהכריח, דאפי' דעה הראשונה מודה, היכא שיודע על

הלכות ברכת הפירות
סימן רטו – עניית אמן אחר הברכות

איזה ברכה הוא עונה, דצריך לענות, וכדלעיל בסי' קכ"ד ס"ח בהג"ה.

(**ולכאורה** הלא זה ע"כ איירי בסתם אמן על ברכה שאין מחויב עתה בעצמו, וא"כ אפילו לא שמע סוף הברכה ג"כ צריך לענות אמן, אם יודע איזה ברכה היא, **ואפשר** דכונת רש"י הוא ג"כ, דע"י ששומע סוף הברכה יודע הוא באיזה ברכה עומד המברך, **אבל** על הרא"ש ותר"י שכתבו, דצריך לשמוע ג"כ הזכרת השם מפי המברך, בודאי קשה, **ולולא** דמסתפינא הו"א, דגם להרא"ש ותר"י הכי הוא, דבעינן רק שידע על מה הוא עונה, ואפילו לא שמע קול המברך בעצמו, רק ע"י אחרים, או ששמע רק סוף הברכה, **והא** דנקטו הזכרת השם, משום דרצה לסיים: אבל גבי כותי אפילו שמע הזכרת השם לא מהני, דשמא כונתו לשם הפסל שהעמידו להם בהר גרזים, **עוד** י"ל, דלענין שיהא מותר לענות אמן, דהיינו שלא יהיה אמן יתומה, די אם יודע על מה הוא עונה, ובזה אתיא ההיא דאלכסנדריא של מצרים שהניפו בסודרין, **אבל** לענין שיהיה חייב לענות אמן, אינו חייב עד שישמע הזכרת השם מפי המברך, **דהא** חיובא דאמן נובע מדכתיב: כי שם ה' אקרא, וע"כ בעינן דוקא שישמע העונה הזכרת השם, ואז יש עליו חיובא, **וצ"ע** בדעת הרא"ש ותר"י).

אע"פ שאינו חייב באותה ברכה, חייב לענות אחריו אמן - דכתיב: כי שם ה' אקרא הבו וגו', ואחז"ל: אמר להן משה לישראל, כשאני מברך ומזכיר שם השי"ת, אתם הבו גודל לאלהינו בעניית אמן.

אע"פ שאינו חייב - ר"ל וכ"ש היכא שהוא עצמו חייב באותה ברכה, ורוצה לצאת בברכת המברך, בודאי חייב לענות אמן, להורות שגם הוא מחזק ומקיים דברי המברך, **אכן** אז בעינן דוקא שישמע כל הברכה מתחלה ועד סוף, כדלעיל בסי' רי"ג ס"ג.

איתא במדרש, כששומע שאחד מתפלל דבר, או מברך לישראל, אפי' בלא הזכרת השם, חייב לענות אמן, **ולכן** נתפשט המנהג שעונין אמן אחר "הרחמן" בבהמ"ז.

אבל אם היה המברך אפיקורוס או כותי או תינוק, או היה גדול ושינה ממטבע הברכות, אין עונין אחריו אמן - ודוקא כששינה באופן דלא יצא בהברכה מחמת זה, והרי הוא כמברך ברכה לבטלה, דאסור לענות אמן אחריו, [**דבאופן** דיצא, כגון שלא חיסר הדברים שהם מעיקר הברכה, בודאי צריך לענות אמן].

מדכייל אפיקורוס וכותי בהדי תינוק וגדול ששינה, משמע דחדא דינא אית להו, וכי היכי דבתינוק וגדול ששינה אפילו שמע כל הברכה מפיהם לא יענה אמן, דהברכה היא לבטלה, כן ה"ה באלו, **ואע"ג** דבגמרא אמרינן, שאף בכותי עונין אם שמע כל הברכה מפיו, היינו קודם שמצאו להן דמות יונה בהר גרזים שהיו עובדין לה, אבל אח"כ לא, דכונתן להר גרזים, ואפיקורוס נמי אין כונתו לשמים, אלא לע"ג, **והגר"א** בביאורו פסק, דבאלו השנים, אם שמע כל הברכה מפיו עונה אחריו אמן.

(**ופשוט** דפושעי ישראל שאינם מאמינים בדברי חז"ל, הם ככותים קודם שגזרו עליהם, דצריך לענות אחריהם אמן כששמעו כל הברכה מפיהם, וזהו דוקא לענין עניית אמן לבד, ולענין צירוף לשארי דבר שבקדושה, לא עדיף מכת הקראים, וע"ל בסי' נ"ה במ"ב).

הגה: ועונין אמן אחר עכו"ם, אם שמע כל הברכה מפיו - שאין דרך העו"ג לכוין לע"ג כשמזכיר השם, **ונראה** דה"ה במי ששמע מאחד שהמיר דתו לע"ג, [כיון שאינו אדוק לעו"ג], **ומ"מ** דעת הט"ז, דאין עליו חיוב לענות בעכו"ם, רק רשות.

סעיף ג' - והא דאין עונין אמן אחר תינוק, דוקא בשעה שלומד הברכות לפני רבו - ר"ל דאין שייך לומר "אמן" לאמת ולקיים את דברי המברך, אחרי דאין שם ברכה עלה.

שמותר ללמד לתנוקות הברכות כתקנן, ואע"פ שהם מברכין לבטלה בשעת הלימוד - ר"ל שלומד הרב עמהם הברכות שלא בזמנן, אפ"ה מותר להזכיר שם השם, ואפילו הרב יכול להזכיר השם כדי ללמד להתינוק הברכות, **שהרי** ע"כ אנו צריכים ללמוד עמהם כדי לחנכם בלימוד התורה ובקיום המצות, וכמו דכתיב: ולמדתם אותם את בניכם וגו', **ודוקא** עם התינוק מותר להזכיר את השם, אבל גדול בשעה שלומד הברכות בגמרא, אומר בלא הזכרת השם, **ורק** כשלומד הפסוקים הנזכרים בתלמוד, רשאי לאומרן כמו שהם כתובים עם הזכרת השם.

אבל בשעה שהם מברכין לפטור את עצמן - כגון שמברך הברכות בזמנן דרך חינוך, **כיון דבני חינוך הם עונים אחריהם אמן** - משמע דעל ברכה שמברך על אכילה וכה"ג קודם שהגיע לחינוך, אין לענות אמן עליו, **וכן בשעה שאומרים ההפטרה בבהכ"נ** - ר"ל שאז קורין בתורה ובנביאים, ומברכין לפניהם ולאחריהם, וצריך לענות אמן עליהם.

סעיף ד - כל המברך ברכה שאינה צריכה - כגון שמברך בתוך הסעודה על דברים שנפטרו כבר ע"י ברכת "המוציא", דזו הברכה שלא לצורך היא כלל, **ועוד** כתבו הפוסקים, דאפי' אם עכשיו לא היה הברכה לבטלה, ג"כ היא לפעמים בכלל ברכה שאינה צריכה, כגון אם שלחנו ערוך לפניו, ודעתו לילך וליטול ידיו ולאכול, ולוקח קודם הנטילה ומברך על דברים שדעתו לאכלם בתוך הסעודה, גם זה אסור, דגורם ברכה שא"צ, [**וה"ה** אם יש לפניו ב' דברים שיכול לפוטרם בברכה אחת, והוא מברך על כל אחת], **וכ"ש** המפסיק בין הברכה לעשיה, דגורם שתתבטל הברכה הראשונה לגמרי, בודאי אסור.

הרי זה נושא שם שמים לשוא, והרי הוא כנשבע לשוא - אף שהוא מברך כסדר נוסח הברכה בדרך הודאה ושבח, כיון שאינה צריכה, **וכ"ש** אם הזכיר שם השם לבטלה ח"ו, **ולאו** דוקא שם של ד' אותיות, ה"ה שארי השמות ג"כ בכלל איסור הזה, **וה"ה** אם הוציא השם בלשון לעז לבטלה, דהיינו שלא בדרך שבח והודאה, ג"כ יש איסור.

הוא לשון הרמב"ם, ומקורו ממה דאיתא בגמרא: כל המברך ברכה שא"צ, עובר משום: לא תשא את שם וגו', **ומ"מ** דעת כמה ראשונים, דעיקר האיסור הוא מדרבנן, כיון שהוא מזכירו בברכה דרך שבח והודאה, וקרא אסמכתא בעלמא, **אבל** אם הוא מזכירו להשם ח"ו לבטלה בלא ברכה, לכו"ע יש בו איסור תורה, שהוא עובר על מ"ע ד"את ה' אלהיך תירא", שהיא אזהרה למוציא שם שמים לבטלה, (**דאף** להרמב"ם, שם לבטלה אינו אלא איסור עשה, וברכה שאינה צריכה חמירא ממנו, איפכא משאר ראשונים - דברי סופרים), **כי** זהו מכלל היראה, שלא להזכיר שמו הגדול כי אם בדרך שבח והודאה מה שמחויב, אבל לא לבטלה.

ומ"מ בין לדעת הרמב"ם ובין לשארי פוסקים, אם נסתפק לו על איזה ברכה אם בירך או לא, אם הוא דבר שהוא דאורייתא, חוזר ומברך, **ואם** הוא דרבנן, לא יחזור ויברך, ומשמע מכמה אחרונים, דאיסור יש בדבר לחזור ולברך, [**ונ"ל** הטעם, דמשום דאסמכו הדבר א"לא תשא", שהלאו הזה חמיר משאר לאוין, דחשיב ליה בגודל חומרה כחייבי כריתות ומיתות ב"ד, וגם גודל עונשה, לכך אפי' ספיקה חמור משאר ספיקי דרבנן, ואסור להחמיר מספק].

כתבו האחרונים, דאפילו יש ספק ספיקא להצריך ברכה, כגון ספק אכל כזית או לא, ואת"ל לא אכל, שמא הלכה דעל בריה אפילו פחות מכזית מברכין, אפ"ה ספיקו להקל ולא יברך.

ואסור לענות אחריו אמן - דלא עדיף מתינוק שמזכיר השם דרך לימודו, דלא עשה איסור בהזכרתו, ואפ"ה אין לענות אמן אחריו, דאין שם ברכה עלה, כ"ש זה דעשה איסור דהוציא ש"ש לבטלה. (**ומ"מ** נראה, **דאם אחד נוהג כאיזה דעה, ואותה דעה לא הודחה לגמרי מן הפוסקים, כגון מי שמברך: בא"י חי העולמים כדעת הירושלמי, אף שמן הדין אין מחוייב לענות עליה אמן**, דספק אמן לקולא, **מ"מ אין איסור אם עונה עליה, דאין בו חשש ד"לא תשא"**).

כתב הא"ר בשם ס"ח, אם תשמע שחברך מזכיר השם, אל תכנס תוך דבריו לומר: עשה לי כך וכך, שהרי ע"ז ישתוק לשמוע דבריך, ואתה גורם שיוציא שם שמים לבטלה, **אבל** אם תשמע שחברך הזכיר שם השם לקלל את חבירו, אז תפסיק דבריו, כי יחטא כשיקלל.

§ סימן רטז – דיני ברכת הריח §

סעיף א - אסור ליהנות מריח טוב עד שיברך - וכמו שאסור ליהנות באכילה ושתיה עד שיברך, **ואסמכוהו** בש"ס אקרא, דכתיב: כל הנשמה תהלל יה, דמשמע שאף הנשמה תהלל על הנאתה, ואיזהו דבר שהוא הנאת הנשמה בלבד, הוי אומר זה הריח. (ואין חילוק בין מבשמים תלושין, ובין כשהוא עדיין מחובר בארץ, כגון שהולך בשדה שגדלין בו אותן הפירות והבשמים המריחין).

קודם שיריח - דבעינן עובר לעשייתן, וכמו באכילה ושאר מצות, **כתבו** האחרונים, דאם שכח והריח

הלכות ברכות הריח
סימן רטז – דיני ברכת הריח

בלא ברכה, ונזכר לאחר שגמר מלהריח, הפסיד ברכתו, וכמו באכילה, לאחר שגמר מלאכול שהפסיד ברכתו הראשונה, וכמו שנתבאר בסימן קס"ז ס"ח.

אבל לאחריו א"צ לברך כלום - דלא תקנו ברכה אחרונה רק באכילה ושתיה, ולא בריח שהנאה מועטת היא, [**ויש** עוד טעם, שכבר נפסק ההנאה לגמרי, ודמי למאן דמתעכל המזון במעיו, דאבד ברכתו].

כתבו הפוסקים, היו לפניו שתי ברכות, אחת של טעם ואחת של ריח, נוטל תחלה המין של טעם בימינו ומברך עליו, לפי שהיא חשובה שנכנסת בגוף, ואח"כ נוטל של ריח ומברך עליו.

עוד נתבאר בפוסקים, דדוקא אריח תקנו חכמים ברכה, ולא אקול, ר"ל בשומע קול נעים, שאין בו ממש, **וכן** לא תקנו ברכה ארחיצה וכדומה, משום דאין נכנסין לגוף.

סעיף ב - רצה לבאר כיצד מברכין עליו, וע"ז קאמר: **אם זה שיוצא ממנו הריח עץ או מין עץ, מברך: בורא עצי בשמים.**

מין עץ - ר"ל אע"ג דלאו עץ גמור הוא, דרכיך, [כחלפי או נרגיס שמובא בס"ט שהם רכיכי], מ"מ כיון דמוציא עלין מעצו, מברך: בורא עצי בשמים.

[**וממ"א** משמע דהיה גורס "מן עץ" בלא יו"ד, וע"כ ביאר דרצה השו"ע לרבות בזה וורד ומי וורד, שאין שם פרי עליהן, שאין עומד לאכילה אלא להריח, ומקרי רק דבר הבא מן העץ, דעב"פ אינו מין עשב].

ואם הוא עשב, מברך: בורא עשבי בשמים; ואם אינו לא מין עץ ולא מין עשב, כמו המוס"ק - ובלשון לעז פיז"ם, ובשמים זה בא מן החיה, **מברך: בורא מיני בשמים.**

ודע, שמוס"ק זה י"א שבא מזיעת חיה, ויש אומרים שבא מדם של חיה אחת, שמתקבץ בצוארה ואח"כ מתייבש ונעשה בושם, **ולפי** סברא זו האחרונה, יש שרצו לאסרו עכ"פ לתת בקדירה להטעים בריחו את התבשיל, דדם אסור באכילה, **והרבה** פוסקים מתירים אפילו לתת בקדירה, דאזלינן בתר השתא, והשתא לאו דם הוא אלא עפרא בעלמא שנותן ריח טוב, ועיין בא"ר שמצדד להורות כדבריהם, **ובפמ"ג** מצדד ג"כ דיש לסמוך על דבריהם להקל אף לכתחלה, ביש ששים כנגדו בתבשיל.

(**ומוכח** מזה דדבר האסור באכילה מותר להריח בו, דעד **כאן לא פליגי אלא לאכילה, אבל להריח הלא מבואר בש"ס דמברכין ג"כ עליה, ושמעת מינה דמותר להריח אף אם נימא דהוא דם חיה, איברא** דמסתברא דלא כל דבר שוה בזה, דדבר כמו מוס"ק וכדומה שעיקרו עומד להריח ולא לאכילה, ואפילו אם נותנין אותו בקדירה ג"כ עיקרו להריח, בודאי לא חיישינן כשמריח שמא יבוא לאוכלו, **משא"כ** בדבר שעיקרו עומד לאכילה, ומחמת טוב טעמו מֵרִיחַ, בזה מסתברא דלכתחלה אין להריח, כיון דגם ריחו הוא רק טעם התבשיל שמריח מחמת טובו ושמנו וכדומה, בודאי יש לחוש שמא יבוא לאוכלו, **ודוגמא** לזה איתא בש"ס: אמרינן לנזירא סחור סחור לכרמא לא תקרב, משום שמא יבוא לאוכלו, וכ"ש להריח בו להדיא לעורר בו תאוה לאותו דבר, **ומכ"ש** אם הוא מלתא דאית ביה קיוהא וכדומה, בודאי אסור להריח בו לכתחלה, שמא יחלש מחמת ריחו, ואז יהיה מוכרח גם לאכול, כההיא עובדא בש"ס סוגיא דכתובות ס"א ע"א, והסביר לנו שם באסיפת זקנים בשם הרא"ה, משום דדיינינן ליה כעוברה שהריחה).

ואם היה פרי ראוי לאכילה - כאתרוג ותפוח או פרי אדמה שמריח ריח טוב, ואפילו אינו ראוי לאכול בפני עצמו אלא ע"י תערובות, וכמו שיתבאר בסוף הסעיף, **מברך: הנותן ריח טוב בפירות** - עיין בא"ר שכתב, דמש"ס ופוסקים משמע, שצריך לומר "אשר נתן" בלשון עבר.

והני מילי כשנטלו להריח בו – (דבזה נעשה כאילו הפרי עומד להריח, **אבל** אם היה מונח לפניו על השלחן, והוא נהנה מהריח ומתכוין להריח, אינו צריך לברך, דהרי הפרי עיקרה אינו עומד לריח אלא לאכילה, ודבר דלאו לריח עבידא, **אפילו** מתכוין להריח **אינו** מברך כל זמן שלא נטלו בידו, כדלקמן ברי"ז).

או לאכלו ולהריח בו - ואיזה מהם יברך תחלה, עיין בא"ר שמסיק, דבכגון זה שהריח והאכילה הוא בחד פירא, מוטב לברך על הריח תחלה, דמקרבא הנייתא, שתיכף כשאוחזו בידו מריח, ואח"כ יברך על האכילה, וכ"כ ג"כ המאמר מרדכי, [**ובמקום** שלקחו ע"מ להריח בו מתחילה ואח"כ לאוכלו, בודאי יש לעשות כן]. **ובפמ"ג** נתן עצה אחרת בזה, והוא שיטעום קצת מן הפירי, ויברך

עליה ברכת האכילה, ולא יכוין אז ליהנות מן הריח, [דבזה לכו"ע א"צ לברך על הריח], (והיינו אפי' להני דחולקים על הט"ז תחילת סי' רי"ז, ולכאורה משום דפירות לאו לריחא עבידא), ואח"כ יברך ברכת "אשר נתן" וכו' ויריח.

אבל אם נטלו לאכלו ולא נתכוון להריח בו, אע"פ שהוא מעלה ריח טוב, אינו מברך - דהויא לזה כדבר שלא נעשה להריח, שאין מברכין עליו אע"ג שנותן ריח ונהנה, וכמו שמבואר לקמן סי' רי"ז ס"א.

(וה"ה כשהביאו לפניו בתוך הסעודה שמן לאכילה, והשמן מבושם במיני בשמים שמריחין ומעלה ריח טוב, כיון שעיקר כונתו בהבאתו לאכילה, א"צ לברך).

ולא נתכוון להריח – (לשון זה הוא מהרא"ש, והגר"א מפקפק בזה על דבריו, ובאמת הדין אתו, דהלא קי"ל לקמן ברי"ז, דכל היכא דלאו לריחא עבידא, אפי' מתכוין להריח ג"כ אין מברך, אא"כ נטלו בידו בשביל להריח, וכנ"ל, וא"כ בעניננו כיון דבעת נטילתו היה בשביל אכילה, אפילו אם לבסוף כוון גם להריח, ג"כ אין יכול לברך, ונ"ל שלזה כוון גם המ"א, ולולא דמסתפינא הו"א דגם הרא"ש מודה בזה, וכונתו במש"כ: שלא נתכוין להריח, היינו שבעת הנטילה לא נתכוין בשביל להריח, וע"כ אפילו לבסוף נתכוין גם להריח, לא מהני, אך לשון השו"ע דמסיים: אע"פ שהוא מעלה ריח טוב, אינו מדוקדק כ"כ לפי"ז, דהו"ל לסיים יותר רבותא: אע"פ שנתכוין אח"כ להריח).

(ודע עוד, דאף לדעת הגר"א, דוקא כשלקחה מתחלה לאוכלה ואח"כ רוצה להריח בה, ס"ל דנפטר אז מברכה, אבל בשרוצה מתחלה להריח ואח"כ לאכול, נ"ל דבודאי צריך לברך לכו"ע, דהא נטילתו היה עתה בשביל להריח, ומאי איכפת לן שרוצה לאוכלה אח"כ, וק"ו ממה דפסק השו"ע בלקחו לאכלו ולהריח בו דצריך לברך).

ועל כולם, אם אמר: בורא מיני בשמים, יצא - בין שהריח בעץ או בעשב, או בפרי שמריח, שלשון ברכה זו כוללת הכל, כמו ברכת "שהכל" שכוללת כל מיני אכילה ושתיה.

הילכך על כל דבר שהוא מסופק בו, מברך: בורא מיני בשמים.

ודעת איזה אחרונים, שבדיעבד אם בירך אריח "שהכל" יצא, דלא עדיף ריח שהנאה מועטת היא, מאכילה ושתיה שהנאתם מרובה, ואעפ"כ יוצאים ב"שהכל", **ודעת** מגן גבורים, שאפילו בדיעבד לא יצא, דאין זו מטבע שטבעו חכמים בברכות, ולא נתקן ברכת "שהכל" כי אם אכילה ושתיה.

על אגוז מוסקאט"ה ועל קניל"ה - שקורין צימערינג, **וקלא"וו** - שקורין נעגעל"ך, **וכל בשמים שהם לאכילה, מברך: הנותן ריח טוב בפירות** - פי' אם רוצה להריח בו, ואע"ג דכל הני הם מיני בשמים, מ"מ עיקרייהו לאכילה קיימי.

ועיין באחרונים שמפקפקין לענין קלאו"ו, והרבה מהן מסכימין שטוב יותר לברך "בורא מ"ב" על ריחה, [**מטעם**, דהלא בסוף סי' ר"ב קי"ל, דאין מברכין עליהן כלל, א"כ לאו שם פרי עלה, **אבל** בקניל"ה בודאי ראוי לאוכלו ע"י תערובות ומברכין עלה, ושם פרי עלה].

[**ומשמע** מח"א, דעל ענגילש"ע פלפלין יוכל לברך במ"ב, **ולענ"ד** נראה דיכול לברך עלה ברכת "אשר נתן" וכו', דמאי גריעותא מקניל"ה, **ומ"מ** כיון דבדיעבד יצא בברכת במ"ב על הכל, אפשר דטוב יותר לכתחילה לברך במ"ב כדעת הח"א].

כתבו האחרונים, המריח בקאווי כתושה, והיא חמה שריחה נודף ואדם נהנה מאותו ריח, צריך לברך ברכת "אשר נתן" וכו'.

סעיף ג - על הורד - הוא מה שאנו קורין רוזא"ש, (מברכין עליו "בורא עצי בשמים"), וקמ"ל בזה אע"פ שראוי לאכילה ע"י מרקחת, ומברכין עליה כמבואר בסימן ר"ד סי"א, **אפ"ה** לא נוכל לברך על ריחה "אשר נתן ריח טוב בפירות", כיון שאין עקרה עומד לאכילה אלא להריח, אלא מברכין "בורא עצי בשמים".

והיינו על הורדים הגדלים באילנות, אבל אלו הגדלים בקרקע, מברכין "בורא עשבי בשמים" - ב"י, **ובביאור** הגר"א משמע שמצדד, דאם מוציא עליו מעצו, והוא מתקיים משנה לשנה, דהיינו שאין העץ מתייבש וכלה בחורף, יברך "בורא עצי בשמים", **ואפשר** שגם הב"י מודה לזה, וצ"ע.

(**כל** עץ המתקיים משנה לשנה ומוציא עליו מעצו, אפי' הוא רך, מברך "עצי בשמים", **ואם** אין מתקיים והוא רך, מברך "עשבי בשמים", **ואם** אין מתקיים והקלח שלו קשה

קצת, יש ספק אם דינו כעץ או כעשב, לכן יברך עליו "בורא מיני בשמים", וכדלקמן בבה"ל – שונה הלכות.

ועל הקנמון שהוא עור הנדי - ט"ס, וצ"ל "עוד הנדי", וביאורו: עץ בושם הבא מארץ הודו, כי "עוד" הוא עץ בלשון ערבי, ו"הנדי" היינו מארץ הודו ששם גידולם.

ועל מי הורד - היינו בין מי הלחלוחית שיצא מן הורד ע"י סחיטתו, ובין מה שיצא ע"י שנשרה ונתבשל במים, [והטעם, דהוא כמו משחא כבישא]. **ואפילו** למאן דס"ל בסימן ר"ב ס"י, דמי שריית פירות אינו כפירות עצמן, היינו לענין ברכת אכילה לבד, ולא לענין ברכת הריח, [**והטעם**, דטבע הריח להיות נקלט, וכשנותנו במים נקלט כל הריח, משא"כ במאכל, אינו נקלט כל הטעם במים, אלא נותן טעם קלוש].

ועל הלבונה - הוא קטף יוצא משרשי עץ, [כן מבואר בטור ובב"י, **אבל** בריא"ז משמע, דקאי על המריח בשרשים עצמן, **ולדידן** דא ודא אחת היא, שהרי גם על מי ורד מברך "בורא עצי בשמים"].

והמצטיכי - הוא מין עץ ששרף שלו נותן ריח טוב, **וכיוצא בהם, "בורא עצי בשמים".**

(יש פלוגתת הראשונים, דהרא"ה כתב, כל דבר שהוא קשה, נקרא בלשון העולם עץ, וכיון דכן ואית להו ריח טוב בגופן, מברכינן עלייהו "בורא עצי בשמים", אע"ג דאי הוה להו פירי בודאי בפה"א הוה מברכינן עלייהו ולא בפה"ע, **אכן** לפי המבואר בערוך בשם הגאונים, תלוי דינא דברכת בשמים בעיקר דינו של אילן אם עץ הוא או ירק, וא"כ לא מברכינן "עצי בשמים", אא"כ נתקיים בו כללי דהג"ה לעיל בסימן ר"ג, **ולדינא** קשה להכריע, אף דפשטיה דש"ס מסתבר כהרא"ה, מ"מ רבים הם החולקים, וע"כ יברך "בורא מיני בשמים" כל שאין בו סימני אילן, וכן משמע מפמ"ג ומאמר מרדכי שמצדדים כן לדינא).

סעיף ד - על שמן אפרסמון - הוא צרי בלשון המקרא, וחותכין העץ ומקלפין אותו, ונוטף שמן ממנו, ומוזכר בש"ס: הצרי אינו אלא שרף הנוטף מעצי הקטף, **מברך: בורא שמן ערב** - מפני שנמצא בא"י והוא חשוב, קבעו לו ברכה בפני עצמה, להורות על חשיבותו, **ואם** בירך "בורא עצי בשמים", אם יצא בדיעבד, עיין בב"ח ופמ"ג.

סעיף ה - שמן זית שכתשו או טחנו, עד שחזר ריחו נודף - פי' שלא נתן בתוכו שום בשמים, אלא שמחמת כתישת או טחינת הזית התחיל השמן להיות ריחו נודף, **מברך עליו: בורא עצי בשמים** - שהזית גדל על העץ, **וה"ה** משאר פירות שגדלין על העץ אם עשה כה"ג, **ואם** היה זה מפירות שאין גדלין על העץ, שטחנם וכתשם ומריח שמנם, אינו מברך עליהם רק "בורא מיני בשמים".

והא דאין מברכין על כל אלו "הנותן ריח טוב בפירות", כמו באתרוג וכיוצא בו, **דהתם** שאני שגדל עם הריח, **אבל** הכא אין הריח גדל עמם, אלא בא ע"י כתישה וטחינה שנעשית בידי אדם, אין שייך לברך "הנותן" וכו', שלא ניתן בו הריח מתחלתו, **ושייך** טפי לברך עליו "בורא עצי בשמים", על שהוטבע בו כח הבושם בפנימיותו.

סעיף ו - שמן שבִשְׂמוֹ - ר"ל שנתן בו בשמים כדי שיריח השמן, **וה"ה** מים ושאר משקין שנתן בהם הבשמים, **כמו שמן המשחה** - אין הכונה שעשאו בשיעור ובמדה כמו שמן המשחה, דזה אסור, **אלא** הוא מראה לנו שדרך לבשם שמן בבשמים, וכמו שמצינו בשמן המשחה שהיו מבשמים אותו, **אם בעצי בשמים, מברך: בורא עצי בשמים; ואם בעשבי בשמים, מברך: בורא עשבי בשמים.**

ואם היו בו עצים, ובשמים - ר"ל בין עשבי בשמים ובין מיני בשמים, **מברך: בורא מיני בשמים.**

ואם סיננו והוציא ממנו הבשמים - פי' דכ"ז מיירי בשנשאר עכ"פ מעט מן עיקר הבושם לתוכו, לפיכך מברכין ברכת אותו מין, אבל אם סיננו וכו', **יש אומרים שמברך: בורא שמן ערב** - וכמו באפרסמון, **וי"א שאינו מברך עליו כלל, דהוי ריח שאין לו עיקר** - ואינו אלא ריח קלוש בעלמא, ואין מברכין עליו, **וכעין** דמבואר לקמן בסימן רי"ז, לענין מריח בכלים שהם מוגמרים.

וכיון שספק הוא, נכון ליזהר מלהריח בו - כדי שלא יכניס עצמו בספק ברכה, והיינו כשאין לו

אלא בושם זה, **אבל** כשיש לו בשמים אחרים, מברך עליהם "עצי" או "מיני" ויוצא גם ע"ז, (ויוצא ב"עצי" היינו דוקא אם בְּשָׁמוֹ בעצי בשמים), [**והטעם**, דיש לצרף לזה דעת האחרונים דסברי, דאף על שמן אפרסמון אם בירך בורא מיני (וי"ג "עצי") בשמים יצא], **ועיין** באחרונים דמסקי, דמי שאין רוצה להחמיר על עצמו, מותר לו לכתחלה להריח ולברך "בורא מיני בשמים".

וצריך להזהיר שביוה"כ לוקחים מיני שפיריטו"ס המריחים להריח בו, ואינם מברכין כלל, **ויותר** מזה ששופכין על בגד פשתן שיריח בו, וזה אסור, דמולידין ריח בבגד, **ואותן** שפיריטו"ס שקורין שלאקוואסער, אין לברך ע"ז כלל, שאינו מריח כלל.

סעיף ז - סימלק וחילפי דימא, מברך: בורא עצי בשמים - אע"ג דקלח שלהם אינו קשה כשל עץ, אפ"ה כיון דמוציא עליו מעצו כשאר אילנות, בכלל עץ הוא, ומברך "בורא עצי בשמים".

סימלק: יש מפרשים רוסמארי"ן - ובביאור הגר"א חולק, והוכיח דלדעת היש מפרשים, חלפי דימא הוא רוסמארי"ן, **ויש מפרשים יאסמי"ן; ויש מפרשים שהוא עשב שיש לו שלש שורות של עלין זו למעלה מזו ולכל שורה שלש עלין.**

וחילפי דימא: הוא שבולת נרד שקורין אישפי"ק - והוא מה שקורין בימינו ספיגינאר, ומעלה ריח טוב, **ובעלי** בתים נוהגים באיזה מקומות, ליתן זה למים שהכהנים נוטלים ידיהם לדוכן, כדי שיהיה ע"ז ריח טוב, **ואין** נכון לעשות כן, דהא מוליד ריחא במים ביו"ט, דאסור. (**עיין** סימן קכ"ח סוף ס"ו).

סעיף ח - סיגלי, והם ויאול"ש - הם מין דודאים הנזכר במקרא, **"בורא עשבי בשמים".**

סעיף ט - נרגיס: והוא חבצלת, ויש אומרים שהוא לירי"ו, אם גדל בגנה, מברך: בורא עצי בשמים; ואם הוא גדל בשדה, מברך: בורא עשבי בשמים - הטעם דמחלקינן בין גינה לשדה, הוא משום דהגדל בגינה נעבד ומשקים אותם, ואע"פ שעצו מתייבש, מתקיים הוא לשנה הבאה, **אבל** דדברא מתייבש כעשב והולך לו.

סעיף י - היו לפניו עצי בשמים ועשבי בשמים ומיני בשמים - פי' אם רוצה להריח בהם, **מברך על כל אחד ברכה הראויה לו** - ר"ל אין לו לפטור עצמו בברכה כוללת אחת, דהיינו בברכת "בורא מ"ב", אלא לכתחלה צריך לברך על כל אחד בפני עצמו, **ויברך** בתחלה על עצי בשמים ועשבי בשמים, ואח"כ יברך על שאר מינים "בורא מ"ב", וכמו דקי"ל לעיל סימן ר"א ס"ג לענין ברכת הפירות.

נתערבו כמה מינים יחד, או שהם באגודה אחת, וא"א להריח מכל מין בפני עצמו, מברך עליהם "בורא מ"ב", **מיהו** משמע בא"ר, דטוב לקטום מהאגודה איזה מין, כדי שיוכל לברך עליו ברכתו הראוי לכתחלה.

הגה: ואם בירך על כולם "מיני בשמים", יצא - וכנ"ל בס"ב, אלא דשם מיירי שנקט עצי בשמים או עשבי בשמים בידו, ובירך עליהם "בורא מ"ב", **והכא** מיירי שנקט רק מיני בשמים, ובברכתו כוון להוציא גם את העצי בשמים ועשבי בשמים, אפ"ה יצא, שברכה זו שייך בדיעבד גם עליהם. (**ועיין** בסי' ר"ו ס"ב, דיש חולקים ע"ז, דכשאין ברכתו לבטלה, לא יצא, ע"ש).

והיינו כשכיון בהדיא להוציא כל המינים, ואי לא"ה לא, **וכמו** לענין ברכת הפירות, כשיש לפניו דבר שברכתו פה"ע ופה"א, ויש לפניו דבר שברכתו "שהכל", אינו יוצא בסתמא בברכת "שהכל" על הכל, וכנ"ל בסי' ר"ו.

ואם צריך להקדים של עץ לשל עשבי בשמים, ע"ל סי' רי"א - ר"ל דשם איתא פלוגתא כעין זה בס"ג, לענין פה"ע ופה"א, אם צריך להקדים פה"ע, וה"נ בענינינו, **ודע** דשם הסכימו האחרונים, דמה שהוא חביב לו תמיד יותר צריך להקדימו, **אך** אם שניהם חביבין אצלו בשוה, נכון יותר להקדים הפה"ע, **וה"ה** הכא, אם חביבין אצלו שניהם בשוה, נכון יותר להקדים ה"עצי בשמים", שהיא ברכה מבוררת ופרטית ביותר, ואח"כ יברך "עשבי בשמים", (**וצ"ע**, הא שניהם שוים זה לזה, דאין זה כולל יותר מזה, ומיהו י"ל דעכ"פ שם עשב כולל לכל הגדל באדמה, ועצי אינו כולל אלא הגדל באילן – מ"א).

כתבו האחרונים, דכשם שברכת "עצי בשמים" אינו פוטר לברכת "עשבי בשמים", כן ברכת "עשבי בשמים" אינו פוטר לברכת "עצי בשמים", דבעשבים איננו נכלל עץ.

מחבר **רמ"א** משנה ברורה

סעיף יא - הביאו לפניו הדס ושמן להריח בהם - דאילו שמן שהביא לסוף ידיו להעביר מהם זוהמת האוכלים, אין מברך, וכמ"ש בסימן רי"ז ס"ב.

אם ברכותיהן שוות - כגון שהשמן היה מבושם בעצי בשמים, שמברכין על השמן "בורא עצי בשמים", כמבואר בס"ו, [**וה"ה** אם היה שמן זית שכתשו, וזה נמי מקרי אין הבושם בעין, כמו הדס שגוף העץ קיים],

מברך על ההדס ופוטר את השמן - הטעם, דהדס הוא גוף העץ הנקרא בשמים, והשמן אין הריח מעצמו, אלא קולטו מאחר, הלכך הדס חשיבא טפי, ולהכי מברך עליו ופוטר השמן בברכתו, **וכשמברך** עליו נוטל ההדס בימין והשמן בשמאל, דעל דבר שמברך נוטלו בימינו.

ואם אינם שוות - כגון שהיה שמן שמבושם בעשבי בשמים, שברכתו "בורא עשבי בשמים", או שהיה שמן אפרסמון, דמבואר בס"ד דברכתו הוא "בורא שמן ערב", וא"כ אין יכול לברך על ההדס "עצי" ולפטור את השמן, [**ואפי'** לפי מש"כ לעיל, דבדיעבד יוצא בשמן אפרסמון בברכת "עצי בשמים", עכ"פ לכתחילה צריך לברך כל אחד ברכתו הראויה, כדלעיל בס"י], **מברך על ההדס תחילה** - ואע"ג דשמן אפרסמון ריחו מחמת עצמו, ולא קלט מאחרים, וגם ברכתו חשובה, שמזכיר ומיחד שמן בברכתו, **אפ"ה** הדס שהוא כברייתו וקיים בגופו, חשיב טפי - [הרא"ה].

(**לפי מאי** דאסיקנא לעיל בסימן רי"א בבה"ל, דרוב פוסקים סוברין, דבאין ברכותיהן שוות ג"כ אזלינן בתר חביב, **לפי"ז** ע"כ לכאורה יהיה קאי דברי השו"ע לדינא רק בששניהם חביבין ליה בשוה, **ואפשר** לומר, דכיון דמעלת ההדס דהוא קיים בגופו, דוחה אפילו מעלת ברכת "שמן ערב" דהוא ברכה המבוררת, כ"ש שדוחה מעלת חביב שהוא למטה מזה, כדלעיל ברי"א, וצ"ע).

[**ואם** הביאו לפניו שמן אפרסמון ושמן שמבושם בעצי בשמים, נראה דגם להרא"ה טוב יותר שיברך תחלה "בורא שמן ערב" על האפרסמון, משום דהוי ברכה מבוררת טפי].

סעיף יב - מברכין על המוגמר, (פי' בשמים שמשימים על הגחלים להריח בהם) - לאפוקי אם מעשן בשביל לבטל הסרחון, אין מברכין עליו כלל, ואף שנהנה מהבשמים מאד, וכדלקמן בסי' רי"ז,

משיעלה קיטור עשנו קודם שיגיע לו הריח - דבעינן לכתחלה עובר לעשייתן, (**ואף** שאין תופס המוגמר בידו, לא מקרי קודם דקודם, וכמו לעיל בסימן קס"ז ס"ג לענין לחם, **דהתם** מחסר הלקיחה בידו והאכילה, משא"כ הכא לא מחסר רק שיריח, ומקרי שפיר קודם לעשייתן), **ובדיעבד** יכול לברך אף בעת שמריח.

(**דע** דמוכח מרש"י ותוספות, דאפילו נשרפו הבשמים לגמרי, ג"כ צריך לברך עליו, אע"ג דהשתא אינם כלל, ולא קפדינן שיהיה קצת מהבשמים קיים בשעת ברכה, **ולא** מקרי ריח שאין לו עיקר, דאדרבה הריח בא מן גופן, וכן דרך הבשמים שכשנשרפים מריחים).

אבל לא יברך קודם שיעלה קיטור העשן - דסמוך לעשייתן עכ"פ בעינן, ולא שתהיה מרוחקת הברכה מההנאה, **ובדיעבד** יצא כל שלא הפסיק בינתים, וכדלעיל בסימן ר"ו ס"ה.

סעיף יג - המוגמר, אם הוא של עץ מברך: בורא עצי בשמים - ולא נשתנה ברכתו אע"פ שנשרף ע"י הגימור, אין שריפתו נקרא מכלה אותו, אדרבה הוא גורם שתעלה תמרתו וריחו נודף.

ואם של עשב "בורא עשבי בשמים"; ואם של שאר מינים "בורא מיני בשמים".

עִשְׂבֵי בשמים - העי"ן בחירק, והשי"ן בשו"א, והבי"ת רפויה - פמ"ג, **וע"ש** שמביא עוד דעת אחרת בזה.

סעיף יד - המריח באתרוג של מצוה, מברך עליו - אין הכונה שנטלו בידו לצאת, ואגב אורחיה העלה ריח, **דבזה** לכו"ע אין לברך, וכדלעיל בס"ב, כיון דאין מתכוין להריח, **אלא** איירי כגון שנטלו לצאת ולהריח, דבכה"ג פסקינן לעיל דמברך על אכילה ועל הריח, וסובר דעה ראשונה, דה"ה בזה דמברך על נטילת האתרוג ועל הריח.

ויש אומרים שאינו מברך - דלאו לריח עבידא כיון שהוא של מצוה.

לכך נכון שלא להריח בו - כדי לצאת מידי ספק ברכה, **ואם** מריח בו, דעת מג"א שלא לברך, וכן דעת הגר"א בביאורו.

וכתב מ"א בשם רש"ל, דדוקא בשעת נטילתו למצוה, אבל קודם לכן או אח"כ, מברך לכו"ע, **ויש** שחולקין בזה, (משום דהוקצה למצותו, ואינו עומד להריח, **אמנם** לענ"ד הדבר תמוה, אחרי כי בש"ס נאמר מפורש דאתרוג מותר להריח בו, שלא הקצהו אלא מאכילה שעומד בעיקרו לכך, אבל מריח לא אקצייה, ושפיר היה בדעתו ליהנות הימנו מריחו, א"כ אמאי לא יברך עליו עכ"פ בשעה שאינו לוקחו למצותו, **בשלמא** בשעה שלוקחו למצותו, אפשר לומר בטעם סברא שניה, דמאחר דבלא"ה חייב ליקחנו בשביל לצאת בו, הו"ל כדבר שלא נעשה להריח, ואע"ג דמתכוין ג"כ להריח, לית לן בה, **ועדיפא** מלקחו לאכלו ולהריח, דהתם רשות הוא עיקר לקיחתו, וכשלקחו לאכלו ולהריח, מאן מפיס שעיקר לקיחתו בשביל אכילה, והריח בא ממילא, ולא איפכא, דעיקר הוא בשביל הריח, או אפשר בשביל שתי הנאות בשוה, **משא"כ** הכא דבודאי עיקר נטילתו היה בשביל מצוה בשעתה דמחוייב בזה, א"כ ההנאה לכו"ע טפלית היא, **אבל** שלא בשעת מצוה מאי איכא למימר, **ולא** נוכל לתרץ ולומר, דכיון דעיקרו אינו עומד להריח אלא לעשות בו מצוה כל שבעה ימים, לכך לא נוכל לברך עליו ברכת "אשר נתן", זה אינו, דהא אתרוג בשאר ימות השנה כשלוקחו לאכלו, אע"ג דנהנה הוא מריח, סברי כולי עלמא ג"כ שלא לברך עליו, מטעם דעיקרו אינו עומד להריח אלא לאכילה, ואפ"ה כשנוטלו להריח לבד, לכו"ע יש לו לברך, **וה"נ** אע"ג דעיקרו עומד למצוה ולא להריח, עכשיו כשנטלו להריח לבד, יש לו לברך).

(**ויש** מן האחרונים שרוצים לומר באופן זה, דמאחר שאינו עומד להריח בעיקרו, א"כ אין לו לברך עליו "עצי" או "מיני בשמים", וא"כ אין לברך עליו רק "אשר נתן ריח טוב בפירות", ככל דבר שעומד בעיקרו לאכילה, והכא בחג דהוקצה מאכילה, א"כ גם ברכה זו אין לברך, **אבל** מ"מ לא מסתברא כלל, דכי בשביל שהקצה עצמו מאכילת פרי זה, אינה עומדת לאכילה בעיקרה, ולא שייך למקרי פרי).

(**וע"כ** נראה דהעיקר כהמג"א לדינא, דבשארי פעמים בכל ימי החג צריך לברך כשמריח לכו"ע, **ומ"מ** אחרי שהרבה אחרונים מחמירין בזה, והעתיקו הדה"ח והח"א את דבריהם, יש למנוע מלהריח באתרוג כל ימי החג).

(**ואם** ממשמש באתרוג ונשאר הריח בידו או בבגד, אינו מברך על אותו הריח כלל לכו"ע, אפי' בשאר ימות השנה, שריח זה אין לו עיקר).

הגה: י"א דהמריח בפת חם יש לו לברך: שנתן ריח טוב בפת - כמו בשאר פירות שעומדים לאכילה ויש להם ריח, שמברך עליהם כשנוטל אותם כדי להריח בהם, [**דקדקתי** בלשון זה, לאפוקי כשנכנס לבית והריח ריח תפוחים או ריח פת חם, דבודאי לכו"ע אין לברך, **דלא** עדיף מנכנס לאדם אחד, ושם בחדרו מונח שם בשמים, שא"צ לברך אף כשמתכוין להריח, משום דהנהו בשמים לאו לריח עבידא, וה"נ בזה, **אבל** כשנוטל הפירות בידו כדי להריח, דבר זה משוה להו כמו שעשוי להריח].

וי"א דאין לברך עליו - דאין זה ריח חשוב שיהא ראוי לברך עליו, **לכך אין להריח בו** - ואם מריח אין מברך עליו. [**ולפי"ז** פשוט, דאף כשנוטל הפת כדי להריח לבד, ואין מתכוין לאכול כלל, ג"כ אין לברך, **אמנם** לפי ביאור הגר"א משמע, דאף לדעה אחרונה ס"ל דפת דינו כפרי שיש לו ריח, אלא שטעמם, כיון שאין עיקרו עומד להריח, לכך אין לו לברך, **ולפי"ז** אם נטלו להריח לבד, צריך לברך, **וספק** ברכות להקל].

§ סימן ריז – ברכת הבשמים והמוגמר §

סעיף א - הנכנס לחנותו של בשם שיש בו מיני בשמים, מברך: בורא מיני בשמים - משום שבחנות של בשמים נמצאים בו עצי ועשבי בשמים, לפיכך מברך "מיני בשמים", **ולא** דמי להא דלעיל סימן רט"ז ס"י, דאם היו לפניו עצי ועשבי דמברך על כל אחד ברכה הראויה לו, **התם** מיירי שמביאין לפניו שנים או שלשה מינים, ונוטל בידו מכל מין בפני עצמו להריחו, לפיכך מברך אכל מין בפני עצמו, **משא"כ** הכא שאינו נוטל בידו שום בושם, אלא כשנכנס עולה לו ריח מן כמה מיני בשמים כאחת, לפיכך מברך ברכה כוללת.

י"א דדוקא במתכוין להריח, אבל באינו מתכוין, אלא שהריח בא מאליו ונהנה מזה, אינו מברך - [הט"ז]. **אבל** רבים חולקים ע"ז, וס"ל דאפי' אינו מריח במתכוין, כיון שהבשמים נעשים כדי להריח בהם, והוא נהנה, מברך.

הלכות ברכות הריח
סימן ריז – ברכת הבשמים והמוגמר

ואף דבס"ב מבואר, דבעינן שיהא נעשה הבושם להריח,

וזה הלא כינס סחורתו בחנותו רק למכור, **באמת** גם בזה נקרא עשוי להריח, דניחא ליה שיריחו אנשים ריח הבושם ויבואו לקנות ממנו, **ולפי"ז** אם מונחים בשמים בחדרו של חנוני הבושם ולא בחנותו, דהיינו שאין מונחים בפומבי במקום שמצוי יוצאים ונכנסים, דהתם לא עבידא לריחא, אז אפילו אם נתכוין הנכנס שם להריח בהם, א"צ לברך.

אם לא שנטלו בידו להריח בו, אותה נטילה משוה לו

עבידא לריחא, וצריך לברך, [**ופשוט** דה"ה בעל הבושם גופיה, כשהבשמים עדיין מונחים בחדרו, אם לוקחו בידו כדי להריח בהם, דצריך לברך, דהא ייחד אותם כעת לריח, **ולא** נפסלו במה שהביאם מתחילה לסחורה אלא לענין לברך עליהם כשהריח עולה מאליהם, ולא באופן זה].

[**ובבעה"ב** המחזיק בשמים בחדרו כדי להנות מריחם, אז

בודאי אע"ג דאינו חנות, ולא שייך בזה דניחא ליה דנירחי אינשי, אפ"ה אם נכנס אדם אחד בביתו ומריח, בודאי צריך לברך עליו, כיון שבשמים אלו נעשו לריח עכ"פ, **ולא** בענין האי סברא "דלריחא עבידא כי היכי דנירחי אינשי", אלא לגבי חנוני, דההוא גברא לא קנה הבשמים כדי שיריחו אלא לסחורה, ואי לאו האי סברא הו"ל כדבר שאינו עשוי לריח שאין מברכין עליו].

(**עיין בא"ר שדעתו דה"ה אפטייק, ובקיצור שו"ע במסגרת**

כתב לתמוה, דבית של רפואות שאדם בריא אינו קונה, וחולה בלא"ה קונה סמי הרפואות, אפשר דלא שייך האי סברא דניחא ליה דנירחו אינשי וניתי וניזבון מניה, עי"ש, ובאמת אינו מוכרח סברתו, דג"כ ניחא להו דנירחו מבחוץ וידעו ששם יש אפטייק, אך מצד אחר יש להסתפק, עיין לקמן בבה"ל בס"ג, וגם יש לצרף לזה דעת הט"ז היכא שאין מכוין להריח).

ישב שם כל היום, אינו מברך אלא אחת - ולא

נ"מ בזה אם הסיח דעתו או לא, כיון שהריח עולה לו תדיר כל זמן שהוא יושב בחנות. **נכנס ויוצא נכנס ויוצא, מברך על כל פעם** - וכ"ש כשהלך לחנות של בושם אחר, בודאי צריך לברך שם פעם אחרת.

ודוקא שלא היה דעתו לחזור, אבל היה דעתו

לחזור - ודוקא כשהיה דעתו לחזור מיד, **לא יברך** - ואפי' כשחוזר ומריח בבשמים אחרים, ג"כ א"צ לברך, [כתירוץ השני שבמ"א. «והשעה"צ מביא עכשיו תוכן דבריו»: **ולא** דמי להא דסי' קע"ח, דבדברים שאין טעונים ברכה אחרונה אם רק שינה מקומו צריך לברך, ואפי' היה בדעתו לחזור, «**דשאני** הכא, דלבסוף הוא מריח אותן בשמים שהריח מקודם, ולכן א"צ לברך, דדמי ליצא מסוכתו על דעת לחזור, כמ"ש סס' תרל"ט, משא"כ באכילה דאוכל דבר אחר, ולכן צריך לברך», **עוד** יש לתרץ, שאני התם דמחוסר מעשה, שצריך מחדש לעשות מעשה, דהיינו לאכול ולשתות, **משא"כ** הכא דאינו מחוסר מעשה, שתיכף כשנכנס הריח בא מעצמו, ולהכי אם דעתו לחזור סגי - מ"א, **ומ"מ** אפשר דאם נוטלן בידו «מין בושם אחר – שונה הלכות», כדי להריח בהם, ומתחילה לא היה מינכר לו הריח, גם לתירוץ השני צריך לברך, דהנטילה נחשב כמעשה], «וי"ל שצריך לברך, כיון דלשני התירוצים צריך בזה לחזור ולברך - מ"ב המבואר».

ובעל החנות גופיה נמי, פעם ראשון שבכל יום שנכנס

לחנותו צריך לברך עליו לפי שנהנה מריח, [**לפי** החולקים על הט"ז, דלט"ז אין בעל החנות צריך לברך כלל, כיון שאין מתכוין להריח], **ותו** לא, ואפי' נכנס ויוצא, דהא דעתו לחזור שוב לחנותו וכדלקמיה, **ויש** אחרונים שסוברין, שאפי' בפעם ראשון כשנכנס לחנותו א"צ לברך, [**דנהי** דאמרינן גבי חנוני "ניחא ליה דנירחי אינשי וליתי ולזבניה מינה", מ"מ לדידיה גופא בודאי לאו לריחא עבידא אלא לסחורה, **ולהכי** כל זמן שאינו מריח במתכוין א"צ לברך], «דכיון שעומדים להריח בהם שאר בני אדם, ורק לחנוני אינם עומדים להריח, לכן סגי במחשבה שמתכוין ליהנות מריחו להחשיבו לברך עליו - מ"ב המבואר», **וע"כ** טוב שיכוין להריח, ואז לכו"ע יהיה צריך לברך בפעם ראשון.

אגודות בשמים שמונחים על השלחן להריח בהם, אם

נוטלו פעם א' להריח בו, ומברך עליו, וחוזר ומניחו על השלחן, אם היה דעתו לחזור ולהריח בו, א"צ לברך עליהם כשחוזר ומריח בהם, [**וממשמע** דאם הסיח דעתו ואח"כ רוצה להריח, צריך לברך פעם אחרת, **ואינו** דומה למש"כ לעיל, דהתם כיון שהריח עולה תדיר הוי כלא הסיח דעתו], **ואפי'** יצא מביתו ודעתו לחזור מיד, א"צ לברך עליהם, «באותם בשמים עצמם שעליהם בירך, וכתירוץ קמא של המ"א הנ"ל, כיון שהיה דעתו מתחלה להריח בהם בכל שעה, [אף דבפמ"ג מסתפק בזה, הדה"ח ס"ל להקל, ומשמע דס"ל דהיסח הדעת גרע מסתם יציאה לחוץ]», **ואם** הלך לעסקיו או להתפלל בבה"כ, הוי הפסק וצריך לברך שנית.

סעיף ב - אין מברכין על הריח, אלא אם כן נעשה להריח; הילכך אין מברכין על בשמים של מתים הנתונים למעלה מהמטה,

שאינם אלא להעביר סרחונו של מת - [וכל שהבשמים במטה, בודאי נעשה להעביר הסרחון]. **אבל נתונים למַטָּה** - היינו לפני מטתו, **מברכין, שאני אומר: לכבוד החיים הם עשויים** - כדי שיריחו ויהנו.

וכן אין מברכין על בשמים של בהכ"ס - שמוליך איסטניס לביה"כ להעביר הריח רע, אם הולך אדם ומריח מרחוק ריח בשמים אלו, א"צ לברך, כיון דבעלים לא עשאום אלא להעביר הר"ר, [**והבעלים** גופייהו בודאי אינם יכולים לברך שם, דהמקום מטונף, **ואפי'** הבעלים בעת שמכינים הבשמים בבית כדי להוליכם לביה"כ, ג"כ א"צ לברך, דהא אינם עשויים לריח].

ואפילו במתכוין להריח נמי אין מברך, [**ואפי'** נוטל אדם אחד כדי להריח, נמי אינו מברך, **וגרע** מאתרוג דג"כ סתמא לא לריח קאי, ואפ"ה אם נוטלו כדי להריח מברך, **משום** דבזה נעשה לכתחילה בפירוש להעביר הסרחון ולא להריח, גרע טפי, **ומ"מ** לא ברירא דבר זה כ"כ], (**ונמתיק הסברא בענין זה, והוא, דבאתרוג כיון דנוטלו להריח הרי קאי שפיר לריח, אלא דכל זמן שאינו נוטלו לריח מסתמא רוב תשמישו לאכילה, משא"כ הכא דאע"פ שנוטלו להריח ומריח, אעפ"כ אינו עומד גם כעת לריח, אלא להעביר הסרחון**).

ולא על שמן העשוי להעביר את הזוהמא - כגון אדם שגופו מזיע הרבה, וצריך לסוך גופו בשמני בשמים להעביר זוהמת הזיעה שריחה רע, **וכן** כשאוכל וידיו מזוהמות מחמת שנגע בידיו באוכלין, וסך ידיו בשמן, נמי אינו מברך, דגם בזה עיקרו להעביר הזוהמא ולא להריח, [**ואם** מתכוין בסיבתו להעביר הזוהמא וגם להריח, מסתפק הפמ"ג]. **ואין** נ"מ בין שמן סתם לשמן אפרסמון דחשיבא, ובכל ענין אין מברך עליהם שום ברכה, כיון שלא באו אלא לסלק הזוהמא, [**היינו** אפי' מתכוין להריח].

סעיף ג - מוגמר שמגמרין בו את הכלים - ששורפין בשמים ומעבירין כלים או בגדים ע"ג עשן הבשמים, ונקלט הריח בכלים או בבגדים.

אין מברכין עליו - בין המגמר בעצמו, בין אדם אחר שהולך ומריח, **לפי שלא נעשה להריח בעצמו של מוגמר, אלא כדי ליתן ריח בכלים** - מיהו אם מתכוין לגמור כליו וגם להריח, צריך לברך עליו, דהא עומד גם לריח. **וכן המריח בכלים שהם מוגמרים אינו מברך, לפי שאין עיקר, אלא ריח בלא עיקר.**

ובעלי בתים שאין להם בשמים להריח במוצאי ש"ק, ונוטלין מדוכה שדכו בה בשמים ונקלט בה ריח, ומריחין ומברכין, ברכתן לבטלה הוא, וכמש"כ כאן שהיא ריח שאין לו עיקר, [**ואם** אין בשמים אחרים, יקחם במו"ש להשיב הנפש, ולא יברך עליהן].

(נ"ל דלפי"ז גם בבית הבושם אין מברכין אא"כ הבשמים גלויין ומריחין, **אבל אם הבשמים מונחים בצלוחיות והם סתומות, שאין הריח בוקעת מהן, אלא שמריח בבית מחמת שפותחין אותם בכל שעה והריח בוקע ועולה, ונמצא בהמשך היום הבית נתמלא ריח, בכגון זה אין לברך, דהא הוא ריח שאין לו עיקר, וכמו הכא גבי ריח שנקלט בכלים**).

סעיף ד - בשמים של ערוה - פי' של אשה שהיא ערוה עליו, אבל בפנויה אפשר דמותר - מ"א, **אבל** כמה אחרונים מחמירין, דאפי' בפנויה אסור, דעי"ז יבוא לידי הרהור, **וכ"ז** אפילו כשאינה נדה, ובתולות שלנו שסתמן בחזקת נדות הם, שאינן טובלות לנדותן, אסור לכו"ע, דבכלל עריות הן, **וכתב** בשע"ת בשם הברכ"י, דאפי' בבשמים של אשתו נדה אסור להריח.

כגון: קופה של בשמים תלוי בצוארה, או אוחזת בידה, או בפיה, אין מברכין עליהם, לפי שאסור להריח בהם, שמא יבא לידי הרגל נשיקה או קירוב בשר.

יש מאחרונים שכתבו, דלאו דוקא בשהוא תלוי בצוארה, אלא רגילות נקט, **דבשמים** שהיא רגילה לשאת בצוארה, אפילו הם מונחים כעת על השלחן, ג"כ אין לברך עליהם, דעי"ז יבוא לידי הרהור אם מכירה ויודעה, [**ומיירי** בקופה של בשמים המיוחדת לנשים].

סעיף ה - בשמים של עבודת כוכבים - היינו שהוקטרו לעו"ג, **אין מברכין עליהם, לפי שאסור להריח בהם** - ואאיסור אין מברכין.

סעיף ו - מסיבה של עובדי כוכבים - כשמסובין לאכול ולשתות, **אין מברכין על בשמים**

שלהם, דסתם מסיבתן לעבודת כוכבים - ודוקא במסיבה, אבל שלא במסיבה מותר לברך אבשמים של עובדי גלולים.

סעיף ז - היה הולך חוץ לכרך והריח ריח טוב, אם רוב העיר עובדי כוכבים, אינו מברך - דתלינן הריח בתר רוב, ובודאי של עובדי גלולים הם שעשאום במסיבה, ולפיכך מריח מרחוק.

ואם רוב ישראל, מברך - וה"ה מחצה על מחצה ישראל, וכמו שמבואר לקמן בסימן רצ"ח לענין אור של הבדלה, (**ולענ"ד קשה, כיון דהוא מחצה על מחצה הו"ל ספיקא דאורייתא, דריח של ע"ג הוא מ"לא ידבק בידך מאומה מן החרם", ולחומרא דיינינן ליה, וא"כ כיון שאסור להריח מספיקא, איך אפשר לברך עליו, אם** לא דנימא דכל עיקרו של ריח אינו אלא מדרבנן, ועיין בפמ"ג וצ"ע).

כבר כתבנו בראש הסימן, די"א דוקא היכי שמתכוין להריח, ובלא"ה אין צריך לברך, **אבל** רוב הפוסקים חולקין ע"ז, וס"ל דמברך בכל ענין, כיון שעכ"פ נהנה מהריח שעולה.

סעיף ח - נתערב ריח שמברכין עליו בריח שאין מברכין עליו, הולכים אחר הרוב – (**הוא לשון הרמב"ם, וכתב בעל שמן רוקח, דלא קאי אלא על שמן ובשמים של מתים ושל ביה"כ וכדומה, שאינם לריח, וע"ז כתב אם נתערב ריח של אלו בריח טוב, אזלינן בתר רובא, אבל לא קאי אמאי דסליק, בדינא דרוב עו"ג ורוב ישראל, דבזה בודאי אפילו נתערב מיעוט ריח של ע"ג ג"כ אין לברך, דעו"ג לא בטיל ברובא, ולא תקשה עליו מהא דרוב ישראל מברכין, אע"ג דאיכא מיעוט עו"ג, דשאני התם דכיון דרוב ישראל, אזלינן בתר רובא, ותלינן שמהם בא הריח לגמרי, ומעו"ג כלל לא, שלא עשאו כלל מוגמר, משא"כ כשעשאו כולם ונתערבו, ס"ל דלא שייך בזה בתר רובא, דע"ג לא בטל, כן נראה דעתו, ומדברי הגר"א נראה דלא ס"ל כן, שהרי כתב דדין זה ילפינן מהא דס"ז, הרי דלא שני ליה להגר"א, ואיננו מחלק בין ס"ז לס"ח**).

§ סימן ריח – ברכות הנעשים על הנסים §

סעיף א - הרואה מקום שנעשו בו נסים לישראל, כגון: מעברות הים - מקום שעברו ישראל בים ביבשה, **ומעברות הירדן** - מקום שעברו ישראל בירדן בחרבה בימי יהושע.

ומעברות נחלי ארנון - מפורש בש"ס, שהיו שני הרים ועמק ביניהם, שהיו ישראל צריכין לעבור דרך אותו עמק, ונחבאו האמוריים במערות שעשו בהרים בצדי העמק, כדי שיפלו עליהם פתאום בעברם בעמק, ונעשה נס שנדבקו ההרים זה בזה בעבור ארון ברית ה' עליהם, ונהרגו כולם שם.

(**וכתב בספר כפתור ופרח: מעברות וכו', נראה בפירושו, שאין המברך מברך עד שיראה בפרט מקום הנס, כמו שהרואה ים סוף, לא יברך אם לא ראה מקום שעברו בו, וכן הרואה הירדן עד שיראה מקום שעברו, והכתוב אומר: והעם עברו נגד יריחו, וכן נחל ארנון, ומיהו בכל מקום שיראה חלק מן הים או מן הירדן, ראוי לו להזכיר חסדי ה' והשגחתו עלינו, ויודה וישבח כפי כחו, עכ"ל,** ר"ל שבח בעלמא בלי שם ומלכות, ועי"ש נוסח ההודאה שרגילים לומר בראותם הירדן).

ואבני אלגביש של בית חורון - שהושלכו מן השמים על האומות שנלחמו עם יהושע כדכתיב בקרא, **ואבן שבקש עוג לזרוק על ישראל** - כדמפורש באגדה, שעקר הר בת תלתא פרסא כדי להפילו על ישראל, ונעשה נס שלא היה יכול להפילו, ע"ש בברכות נ"ד ע"ב.

(**עיין בחידושי אגדות מש"כ בזה, ולפי פשוטו אין תימה כ"כ על איש כזה, שהוא היה מבני ענקים, ואביו הוא מאותן שאמר עליהם הכתוב: ויבואו בני האלהים אל בנות האדם וילדו להם, וכדאמרינן בנדה ס"א: סיחון ועוג מבני אחיה בן שמחזאי, ועי"ש ברש"י, שהוא ועזאל הם המלאכים שירדו מן השמים בימי דור אנוש, וממילא כח גבורתן היה מעין גבורת מלאכים**).

ואבן שישב עליה משה בעת מלחמת עמלק, וחומת יריחו - שנבלעה במקומה.

הלכות ברכת נסים והודאות
סימן ריח – ברכות הנעשים על הנסים

מברך: שעשה נסים לאבותינו במקום הזה –

(ומבואר בפוסקים, שאין צריך לפרט ולהזכיר מה היה הנס, ודי שאומר: שעשה נס במקום הזה).

כתב המ"א, לכאורה משמע דדוקא הנך וכדומה, שניכר הנס מתוך המקום, פי' שבראותנו מעברות הים, נזכרים אנחנו שהמים אלו נחצו לגזרים, **וכן** בירדן היה נס במים גופא, כדכתיב בקרא, וכן אבני אלגביש, יודעים אנו שאלו הם האבנים שבהם נעשה הנס, **אבל** בלא"ה, כגון בבואנו סמוך לירושלים, שקרה שם נס בעת מלחמת סנחרב, שיצא מלאך ה' והמית כל המחנה, אין מברכין על כגון זה "שעשה נסים", שאין הנס ניכר מתוך המקום, **פי'** אע"ג שאפשר לכוין מקום שנעשה הנס, אעפ"כ אין הנס ניכר, שהרי לא בגוף האדמה נעשה הנס, [וצ"ע למעשה]. **מיהו** על נס שלו, אפי' אין ניכר מתוך המקום, כל שמגיע למקום ששם קרה הנס, מברך.

ובין ברכה זו ובין שאר ברכות הראיה, הרי הם כשאר ברכות, וכולם בהזכרת שם ומלכות

- וכן צריך לומר נמי "אתה" ו"אלהינו" כמו בשאר ברכות גמורות, [**והוא** רק לכתחילה, דבדיעבד אפי' לא אמר "אתה", רק הזכיר שם ומלכות, ואפי' בלשון חול, שאמר "בריך רחמנא מלכא דעלמא", יצא].

(**ונראה** דאין יכול לברך רק כל זמן שרואהו להמקום, אבל אם עבר כבר ואינו רואה אותו, הפסיד ברכתו, כמו בשמע רעמים לקמן בסימן רכ"ז ס"ג עי"ש, **וכן** יהיה הדין ברואה אדם שנעשה לו נס המבואר בס"ו בהג"ה, אם כבר עבר האיש ולא בירך, והרחיק ממנו עד שאינו רואהו, שוב אינו מברך, **ואפשר** עוד, דאפי' ראה את האדם או את המקום בעוד איזה ימים, כל שלא עבר שלשים יום מראיה ראשונה, אינו מברך, אף שלא בירך בפעם ראשון, **דהברכה** נתקנה על הראיה לחוד, שראה מקום הנס, וכיון שכבר ראה המקום ואין דבר זה חדש אצלו, א"צ לברך עד שיעבור למ"ד יום, ואז הוי כראיה חדשה).

(**וכתב** עוד בכפתור ופרח: וכן הענין בראותו מקום שהאל יתברך עשה פלא או נס לקצת נביאים, כמו בראותו בהר הכרמל מקום שעשה אליהו המזבח, וראותו בשונם מקום עלית אלישע וכיו"ב, ואין ספק כי ענין אליהו היה פלא ונס לו, שהרי המלך היה רודפו, אבל של אלישע היה פלא לבן השונמית לתפלת הנביא, עכ"ל, **ונראה** דכונתו הוא לשבח שבח בעלמא, ואדלעיל קאי שכתב גם ברואה שאר הירדן ג"כ צריך לשבח, וע"ז מסיים: וכן ברואה הר הכרמל, דהברכה לא נתקנה על פלאי הבורא, דא"כ היה לנו לברך בראתנו הר סיני, מקום שניתנה בו התורה, וע"כ דנתקן רק אהצלת אדם מן המיתה בדרך נס, **ואבן** שישב עליו משה היה אז ג"כ ההצלה בדרך נס ע"י תפלתו של משה, וכמו שכתוב: ה' נסי, **וא"כ** גבי אליהו אף שהיה נס ופלא, אעפ"כ מעשה הר הכרמל לא נעשה כדי שינצל אליהו מן המיתה, שהרי אליהו היה נחבא ואח"כ הלך אליו בשליחות הש"י, שאמר לו: לך הראה אל אחאב ואתנה מטר ע"פ האדמה, וענין עשיית הפלא בהר הכרמל היה כדי לחזק אמונת ישראל בה', **אלא** ע"כ כונת כו"פ הוא רק לענין שבח בעלמא, וכמו מה שסיים: וראותו בשונם וכו', שהוא ודאי לשבח בעלמא, **ולפי"ז** מה שסיים: שהרי המלך היה רודפו, הוא רק לענין להגדיל השבח על הטובה שעשה הש"י עם הנביא, שלא המיתו אחאב).

(**ואולי** אפשר עוד לומר, דדעת כפתור ופרח הוא, דהנס שהיה בהר הכרמל היה ג"כ תועלת להציל אליהו מן המיתה, דאף שצוה הש"י ואמר לו: לך הראה אל אחאב, מ"מ אחאב היה בעל בחירה בענין חיי אליהו, ומכיון שהיה חמת המלך עליו על שעצר המטר בדברו, עד שאמר לו בשביל זה: האתה זה עוכר ישראל, והנביא השיבו: לא עכרתי את ישראל כי אם אתה ובית אביך בעזבכם את מצות ה' ותלכו אחרי הבעלים, **בודאי** היה חייו בסכנה גדולה, עד שיוכיח כי האמת אתו, **וע"ז** אמר לו: ועתה לך קבוץ אלי וגו', וע"י מעשה הר הכרמל נתגלה שהאמת אתו, שעצירת המטר היה בעבור הליכתם אחרי הבעלים, ותיכף כשעשו תשובה שאמרו: ה' הוא האלהים, היה מטר על הארץ, ועי"ז ראו הכל שאליהו הוא עבד נאמן לה', וכמו שאמר הכתוב: היום יודע כי אתה אלהים בישראל ואני עבדך ובדברך עשיתי את כל הדברים האלה, ונוכל לומר שרמז בזה שעצירת המטר בתחלה שהיה ע"פ אליהו היה ג"כ ע"פ רוח ה' שהיה עליו אז, ועי"ז נסתלק ממנו חרון אף המלך, ונתרצה אליו אף להמית את כל נביאי הבעל, **והנה** אף שתרצנו את דברי הכו"פ, מ"מ למעשה צ"ע אם יש לברך על ראיית הר הכרמל, **וגם** בענין בן השונמית ג"כ אין טעם לברך ע"ז, שהרי מטעם אלישע שהיה אדם מסויים אין לברך, שהרי בו לא קרה שום סכנה וניצל, אלא שעשה לאחרים,

והאי אחר לא היה מסויים, **גם** מטעם שנתקדש ש"ש ע"י נס, זה ג"כ לא בריא, חדא, דלא היה ברבים כנס דניאל, ועוד דלא ידענא אם תחית המתים בכלל הני שתקנו ברכה, דהברכה נתקנה רק על מי שהיה בסכנה וניצל, ולא על מי שכבר מת ונביא החיה אותו, **ויותר** טוב לברך בכגון זה ברכת "מחיה המתים").

סעיף ב - על נס שנעשה לקצת ישראל, כל זמן שלא נעשה לכל ישראל או רובן, ואפי' נעשה לקצת שבטים, אין מברכין עליו - אלא אותם שנעשה להם הנס בעצמם.

סעיף ג - כל אלו הדברים אינם אלא כשרואה אותם משלשים לשלשים יום - חוץ מיום שראה וחוץ מיום שעומד בו עתה, [וכמו שמסתפק המ"א, וספק ברכות להקל].

ואז הם חובה כמו בפעם ראשונה - וקודם לכן אסור וברכתו לבטלה, [**ודלא** כהראב"ד דס"ל שיש לו רשות אפי' קודם ל' יום].

ואין להקשות מאי שנא מברכת רעמים וזועות וברכת בשמים, שמברך בכל פעם ואפילו בו ביום, **דשאני** התם שמברך ארעמים וזיקים חדשים, וכמו כן ברכת הבושם, מברך אריח חדש שנודף תמיד, **משא"כ** הכא שלא נתחדש שום דבר מזמן שבירך, ע"כ לא חשיב לברוכי, אא"כ עבר זמן מרובה כל' יום.

סעיף ד - הרואה מקום שנעשה נס ליחיד, אינו מברך - וכבר מבואר בס"ב, דכל זמן שלא נעשה נס לרוב ישראל כיחיד דיינינן ליה.

אבל הוא עצמו מברך: שעשה לי נס במקום הזה - היינו כשחוזר ומגיע שם אחר שקרא לו הנס, [**דבשעת** נס גופה אין צריך לברך ברכת "שעשה נסים", דלא נתקנה בזה אלא ברכת "הגומל"], **ומפעם** הראשונה ואילך אינו מברך כשמגיע שם, אא"כ עברו ל' יום מברכה ראשונה, וכבסעיף ג'.

וכל יוצאי ירכו גם כן מברכין: שעשה נס לאבי במקום הזה - זה קאי על בן, [**ואם** באו שני בניו וראו מקום הנס, יאמרו "שנעשה נס לאבינו"], **ומבן** הבן ואילך, יברך: "שעשה נס לאבותי", או "לאבי אבא", [**ובכלבו** איתא "לזקני", **ואם** הם שני בני בנים מזקן אחד, יאמרו "לאבותינו"].

עיין בא"ר שהכריע, דבנו ובן בנו צריכין לברך, בין שנולדו קודם שקרה הנס ובין שנולדו לאחר מכן, משום כבוד אביהם, **ומנכד** ואילך, אין מברכין אא"כ נולדו אבותיהם אחר שקרה הנס לאביהם הראשון, דבזה הם שותפים כולם באותו הנס, [**דיש** פוסקים שסוברים דוקא בנו ובן בנו ולא יותר, א"כ די לנו עכ"פ שיכריע שלא לברך עליהם רק כשהנס היה טובה גם להם].

(**ופשוט דאם נעשה נס לאמו או לאם אמו**, ג"כ מברך "שעשה נס לאמי" או "לאם אמי", **גם זה פשוט**, דזולת יוצאי ירכו, אין שום אחד רשאי לברך אנס דאידך, **ואפילו** בעל על אשתו או אשה אבעלה, וכן אין אב רשאי לברך אנס בנו).

סעיף ה - מי שנעשה לו נסים הרבה, בהגיעו לאחד מכל המקומות שנעשה לו נס, צריך להזכיר כל שאר המקומות ויכלול כולם בברכה אחת - וצריך להזכיר מתחלה מקום שעומד בו, ואח"כ יזכיר שארי מקומות. **ודע**, שאף שכלל שארי נסים, מ"מ אם פגע אח"כ המקום שנעשו לו שארי נסים, מברך עוד הפעם אפילו בו ביום. [**אכן** מספקא לי, אם בפעם השני צריך ג"כ לכלול נס הראשון שכבר בירך עליו היום בשם ומלכות, **ונראה** דאין קפידא, דהא עכ"פ אין מברך לבטלה, אלא כולל באחרונה].

זהו דוקא ביחיד, אבל בנסי רבים שמחוייב כל אחד להזכיר לברך כשמגיע למקום הנס, א"צ להזכיר כל המקומות שנעשו בהם נסים לישראל, **וגם** ביחיד גופא כתב המ"א, דדוקא הוא בעצמו, אבל בנו אינו מחויב להזכיר כל הנסים שנעשו לאביו.

סעיף ו - על נס של רבו צריך לברך כשם שהוא מברך על נס של אביו - ונוסחתו: ברוך וכו' שעשה נס לרבי במקום הזה, **ומיירי** ברבו מובהק, **ופשוט** דדוקא הוא, אבל בניו אינם מחוייבים בכבוד רבו, ואין מברכים אניסו.

הגה: י"א דה"ה אם רואה האדם שנעשה לו הנס, מברך עליו כמו שמברך על המקום

שנעשה בו הנס - וכגון אדם שמחוייב לברך אניסו, כאביו ורבו או אדם מסויים.

ולפי"ז כל שלשים שלא ראה לאותו האיש, כשפוגע בו אח"כ חייב לברך, **ונוסח** הברכה: "ברוך אתה וכו' שעשה נס לאבי" או "לרבי", **ובאדם** מסויים יברך: "שעשה נס לאדם הזה", או "ברוך שעשה לך נס".

(עיין בשלחן שלמה שכתב, דאם רואה אדם שנעשה לו נס, בתוך ל' יום שכבר בירך אמקום שנעשה לפלוני הנס, א"צ לברך, דהא כבר בירך אמקום, **ואז** אח"כ כשרואה עוד את האדם בתוך ל' לראיית האדם, אינו מברך, אע"פ שלא בירך בפעם ראשון, ובראיית מקומו שבירך כבר עברו ל', אפ"ה אינו מברך, וה"ה איפכא).

סעיף ז - על נס של אדם מסויים, כיואב בן צרויה - שהיה מפורסם בכל ישראל לראש ולשלטון, **וחביריו** - מברך: ברוך שעשה נס לפלוני במקום הזה, ופורט שמו.

וכן על נס של אדם שנתקדש בו שם שמים, כגון דניאל וחביריו, מברך - ר"ל שנתקדש בו ש"ש ע"י הנס, לפיכך חשוב נס זה יותר, וצריך כל אחד לברך עליו, וכדמסיים: **לפיכך הרואה גוב אריות של דניאל, וכבשן האש של חנניה מישאל ועזריה, מברך: שעשה נס לצדיקים במקום הזה.**

(**הוא** מלשון הטור, ומשמע דאם אירע לאדם שנתקדש ש"ש ע"י, אח"כ איזה סיבה וניצל בדרך נס, אין לאחר לברך עליו, אחרי שלא היה בזה קידוש ש"ש, ולולי דברי הטור היה נ"ל לכאורה לומר, דכונת הירושלמי, אחרי שמתחלה נתקדש ש"ש ע"י, כמעשה דדניאל שסיכן עצמו עבור מצות תפלה, והצילו הקב"ה בדרך נס, חשיב לכל אדם כרבו, וצריך לנהוג בו כבוד ולהודות להש"י על הנס שהזמין לו).

(עיין במ"א שגמגם בדין של אדם מסויים, וצדקו דבריו, דאפשר דבעינן דוקא דומיא דיואב, שיצא טבעו בכל העולם, **ובאמת** משמע ג"כ הכי, מדנקט: אדם מסויים כגון יואב, ואדם שנתקדש בו ש"ש כגון דניאל וחבריו, משמע דדניאל וחבריו גופייהו אין מברכין עליהם אלא מטעם שנתקדש ש"ש ע"י הנס שאירע להם, **אבל** אי לא היה נתקדש ש"ש על ידם, דהיינו שאירע להם איזה סכנה וניצלו בדרך נס, לא היו מברכין כל ישראל עליהם, **אלמא** דגם אנשים כמו אלה לא מיקרי מסויים, אע"ג דהיו מפורסמים לאנשים חשובים בישראל, וגם סריסים בהיכל מלך בבל, **אע"כ** דכל שלא יצא טבעו בכל ישראל כמו יואב, שנאמר בו: ויהי דוד עושה משפט וצדקה ויואב על הצבא, אין מברכין עליו, **וא"כ** צדקו דברי המ"א, שכתב אין לנו עתה כיוצא בזה, **ובאמת** הקשה הע"ת אעיקר דין זה דמסויים, מהא דעל שבט שאין מברכין, וגם כל שאין רוב ישראל אין מברכין, אע"ג דבהרבה שבטים נמצאים מסתמא הרבה גדולים ומכובדים, **וכתב** לתרץ דאפשר דשאני יואב, שהלך בשליחות של כל ישראל, והרי הוא כמו שאירע לכל ישראל, עכ"ל, הרי דגם דעתו כהמ"א ועוד עדיפא מניה, דדוקא אם הוא משולח מכל ישראל, ואז אם קרה לו נס, אע"ג דהנס לא נגע בצרכי כלל ישראל אלא בצרכי גופו, אעפ"כ הוא כאילו נגע לכלל ישראל, שהרי הוא המוציא והמביא, **ואדם** כזה אין מצוי בדורות אלו, שאנו מפוזרין בכל העולם, וע"כ הנכון בודאי למעשה כדעת המ"א, דהיום אין נוהג ברכה זו, ובפרט דדעת הרא"ה ג"כ, שכל הני בעיות בירושלמי, הן בעיא דלא איפשטא).

סעיף ח - הרואה אשתו של לוט - כשהיא נציב מלח, **מברך שתים: עליה אומר: בא"י אמ"ה דיין האמת, ועל לוט אומר: בא"י אמ"ה זוכר הצדיקים** - שזכר הקב"ה את אברהם, כדכתיב: ויזכור אלהים את אברהם וישלח את לוט מתוך ההפכה וגו', **ואע"פ** שאין רואה קברו של לוט, דכשרואה אותה נזכר גם מנס בעלה, ומש"כ "ועל לוט", ר"ל בשביל לוט, **ומשמע** לכאורה דעל קברו של לוט אינו מברך כלל, דשם אינו מנכר זכירת הצדיקים, רק כשרואה אשתו שנעשה נציב מלח, ושם באותו מקום ובאותה שעה בודאי היה כח תוקף הדין, ואעפ"כ זכר הש"י את אברהם והציל בעבורו ללוט, ושייך לברך ע"ז.

סעיף ט - יש אומרים שאינו מברך על נס אלא בנס שהוא יוצא ממנהג העולם - כגון עובדא דנזכר בש"ס, באחד שהלך במדבר והיה בסכנת מיתה מחמת צמא, ואיתרחיש ליה ניסא ונפק ליה מעין מים, וכיוצא בזה.

אבל נס שהוא מנהג העולם ותולדתו, כגון שבאו גנבים בלילה ובא לידי סכנה וניצול - ג"כ כדרך מנהג העולם, דהיינו שצעק לעזרה, או שנזדמנו בני אדם שם וברחו, **וכיוצא בזה, אינו חייב לברך** - כשיגיע שם בפעם אחר, ברכת "שעשה לי נסים", **ומ"מ** בשעה אירע לו ההצלה צריך לברך ברכת הגומל, דבברכת הגומל לא קפדינן כולי האי שיהיה נס גמור, וכדלקמן בסוף סי' רי"ט בדעה הראשונה, ‹דמברך הגומל על כל נס, ולאו דוקא בהני ד'›, דהסכימו עליה הרבה אחרונים.

ויש חולק - דאפילו היה ההצלה שלא למעלה מדרך הטבע, אעפ"כ כיון שהיה בסכנה אם לא נזדמן לו ההצלה, נס מקרי, וחייב להודות ולשבח לבורא על שהכין והזמין לו ההצלה ברגע זו. **וטוב לברך בלא הזכרת שם ומלכות.**

(עיין מג"א שתמה אַיש חולק זה, דבודאי אמנהג העולם וטבעו אין לברך "שעשה לי נסים", וכן הגר"א תמה, דא"כ כל יולדת תהא צריכה לברך "שעשה לי נסים", וכמו כן בניה לעולם, **ולפי** מה שכתב בתשובת רדב"ז והובאה בנ"א, ניחא קושיתו, דבודאי כגון יולדת או חולה ליכא למ"ד, שאין זה נס כלל, שרוב חולים ויולדות לחיים, ואנן לכו"ע נס בעינן, רק דלשיטה א' בעינן דוקא שהנס של הצלה יהיה דוקא למעלה מדרך הטבע כנסי אבותינו, ולשיטה ב' כל דבר שמזמין ה' ברגע זו בדרך התולדה ג"כ מקרי נס, כגון שבאו גנבים או גזלנים עליו וקרוב שיהרגוהו, ונזדמנו בני אדם או סיבה אחרת שנתפחדו וברחו מחמת זה, אע"פ שלא היה כאן שינוי בטבע, מ"מ נס הוא שהזמין הקב"ה לשעה זו).

אם נפל עליו אבן וכיו"ב, או שעבר עליו עגלה טעונה, שבדרך הטבע היה שימות עי"ז, והוא ניצול ממיתה, כשיגיע לאותו מקום משלשים לשלשים, צריך לברך, [ואפילו לדעה ראשונה דנס גמור בעינן, גם זה הוא נס גמור, דומיא לנפל לגוב אריות], **ואם** נפל אבן סמוך לראשו, או נתקע ברזל סמוך לעינו, ונעשה לו נס ולא נפל האבן על ראשו, ולא נתקע הברזל בעין ממש, לדעה ראשונה אין מברכין, **ולדעה** שניה אפשר שמברכים, כי כל אדם שקרוב לדבר שיש בו סכנה וניצול, מברך, [ואפשר דאפילו לדעה שניה אין מברכין, ולא דמיא לבאו עליו לסטים, כמובן], **וע"כ** יברך בלא שם ומלכות.

כתבו האחרונים, מי שנעשה לו נס, יש לו להפריש לצדקה כפי השגת ידו, ויחלק ללומדי תורה, ויאמר: הריני נותן זה לצדקה, ויה"ר שיהא נחשב במקום תודה שהייתי חייב בזמן המקדש, וראוי לומר פ' תודה, **וטוב** וראוי לו לתקן איזה צרכי רבים בעיר, **ובכל** שנה ביום הזה יתבודד להודות לה' יתברך ולשמוח ולספר חסדו.

§ סימן ריט – ברכת הודאת היחיד §

סעיף א - ארבעה צריכים להודות: יורדי הים כשעלו ממנה - ודוקא כשעלו ממנה לגמרי, **ואין** בכלל זה מה שעומדים עם הספינה כשבאה לנמל, והאנשים שבה יורדים ליבשה ליום או ליומים, או עד שתגיע זמן הספינה לילך הלאה, **דבזה** אין מברכין, דארחי לא ניצול מן הסכנה לגמרי, [ואפילו אם שוהה כמה ימים].

(**אי דוקא ים**, או ה"ה נהר שמהלכין בו באניות או בדוברות עצים, כמו שדרך בנהרות הגדולים, **נראה** לכאורה דתליא במנהג ספרד ואשכנז המבואר לקמן במחבר ס"ז, דלמ"ד התם אפילו בסתם דרכים נמי מברכין, כמו כן ה"ה הכא לא גרע נהר גדול מסתם דרכים, **אכן** לפי מנהג אשכנז דבדרך אין מברכין, אפשר ה"ה גם גבי נהר אין מברכין, דלא שכיחא סכנתא כמו גבי ים גמור, כנ"ל).

והולכי מדבריות כשיגיעו לישוב - וה"ה הכא, אם בדרך הליכתם עוברים דרך איזה עיר, ג"כ אין מברכין.

(**ודע עוד דפשוט**, דלכו"ע בין בים ובין במדבר מברכין אפילו לא קרה לו שום סכנה, כגון שעבר הים ולא היה שום רוח סערה וכה"ג, **או** הלך במדבר ולא תעה בדרך **ולא חסר לו מים וכה"ג**, אפ"ה תקינו רבנן לברך, **ואע"ג** דבקרא כתיב: תעו במדבר בישימון וכו', וכמו כן גבי יורדי הים: ויאמר ויעמד רוח סערה וגו', **לאו** דוקא שקרה לו, אלא כיון שעלול לו לקרות מקרים כאלה, צריך לאודויי שניצל מזה).

ומי שהיה חולה ונתרפא - והולך כבר על בוריו.

ומי שהיה חבוש בבית האסורים ויצא - דעת מ"א, דמיירי בחבוש על עסקי נפשות דוקא, (**ונראה**

הלכות ברכת נסים והודאות
סימן ריט – ברכת הודאת היחיד

מדבריו בזה, דגם חבוש אינו מחויב להודות אלא מחמת שהוא בסכנה מחמת חיבושו, ולהכי בחבוש מחמת ממון שתובעים ממנו, שבודאי עכ"פ לא יבא הדבר לידי סכנת נפשות, שאפי' אם לא ישיג ידו לשלם ג"כ לא יהרגו אותו, לפיכך אין מברכין, **משא"כ** בחבוש מחמת שיש עליו עלילת נפשות, א"כ הרי הוא עומד בסכנה, שמא יגמר דינו ליהרג וכיוצא, ולהכי מברך).

(**ולפי** טעם זה, גם בחבוש מחמת נפשות דמברכין, לכאורה הוא דוקא בחבוש שנחבש עד שיגמר דינו, דאז עומד בסכנה, דהא אינו יודע אם יצא דינו לשבט או לחסד, ואז אם יצא חייב לברך, **משא"כ** בנגמר דינו שישב בבית האסורים, כמו במדינות אלה שישיבת בית האסורים בעצמה הוא עונש, אפילו היה עלילה של נפשות, אפ"ה כשיצא מבית האסורים אינו מברך, דהא לא הוי שום סכנה, מאחר שידוע שזה הוא כל עונשו, **אם** לא שהישיבה גופא הוא סכנה, כמו שידוע שיש בתי אסורים על פשעים גדולים שהישיבה בהם זמן מרובה הוא סכנת נפשות, ובודאי צריך לברך כשיצא משם, **ואולם** יש לדחות, דחייב להודות ולברך להש"י על שלא נגמר דינו מתחלה רק לישיבת בית האסורים בלבד, ולא לעונש נפשות).

והרבה חולקים עליו, (הא"ר וברכ"י, כיון דעכ"פ היה כלוא ולא היה מושל בנפשו, **ויש** אחרונים שכתבו, שגם מג"א לא כתב דבריו אלא לפי מנהג אשכנז המובא בס"ז ובס"ח, דדוקא בדרך שיש בה סכנה, או בחולי שבחלל הגוף, **משא"כ** למנהג ספרד, דאפילו בחולי כל דהו או בדרך סתם נמי מברכין, ה"ה הכא גבי חבוש אפי' על עסקי ממון, **אלא** דבאמת מסתימת מג"א נראה, דאפילו למנהג ספרד בעינן דוקא חבוש מחמת נפשות).

(**ונראה** דדעת מג"א הוא, דהני קדמונים שמביא הברכ"י, הולכים בשיטת הערוך, דאפי' במיחוש כל דהו נמי מברכין, ולפי"ז ה"ה בחבוש מחמת ממון, כיון שהוא עכ"פ כלוא ואינו יכול לצאת כחפצו, די להתחייב בברכה, **משא"כ** להמחבר בס"ח שלא אחז לגמרי בשיטת הערוך, אלא הצריך עכ"פ שעלה למטה, ומטעם כיון שעלה למטה, אע"פ שאינו מסוכן לעת עתה, מ"מ יקרה פעמים רבות מכיון שנפל למשכב מתגבר עליו החולי ובא לידי סכנה, ובזה חייב להודות, וכמו שכתב באמת המחבר סברא זו, במה שמסיים: ודמי להעלוהו לגרדום לידון, שאינו יודע איך יצא דינו, וא"כ לפי שיטה זו, בחבוש מחמת נפשות שעכ"פ יעלוהו לגרדום, חייב לברך, **משא"כ** בחבוש מחמת ממון, שלעולם לא יעלוהו לגרדום לדונו מחמת שאין לו מה לפרוע, אינו חייב לברך, ומ"מ אפי' יהיבנא לדבריהם לדחות דברי מג"א, אינו אלא למנהג ספרד, ולפי סתימת המחבר בס"ח, **משא"כ** לדעת רמ"א ולמנהג אשכנז ולמי שנוהג כן, בודאי צדקו דברי המג"א, דבמקום שאין סכנה אין מברכין, ומה איכפת לן במה שאינו שולט בנפשו, אם לא במקום דגם בחבוש על עסקי ממון אינו בטוח לגמרי מסכנה, **ותמיה** על א"ר שלא נחית לזה).

(**ודע עוד**, דאף לדברי החולקים אמג"א, ולשיטתם אם דנוהו לישב בבית האסורים בודאי חייב לברך כשיצא אח"כ, אף שלא היה לו סכנה כלל, מ"מ נראה דכ"ז כשיושב עכ"פ בבית האסורים גמור, ומשך איזה זמן, אבל לא בשדנוהו לישב יום או יומים בבית השוטרים, כמו שנהוג בזמנינו על חטאים קלים נגד חוקי הממשלה יר"ה, **דבזה** לכו"ע אין מברכין, דליכא הכא שום סכנה, וגם לא שייך כ"כ טעמא דר"י מיגאש שהביא הברכ"י, משום דאינו שולט בנפשו, **ואין** זה כלל מענינא דקרא, דכתיב ביה: יושבי חשך וצלמות וגו', ויכנע בעמל לבם וגו', וכשלו ואין עוזר וגו', **וגדולה** מזו מצאתי לאחד שכתב, שחבוש מברך דוקא בשהיה כבול בכבלי ברזל, ואף שלדינא לא נראה כן, דכפי הנראה נמשך אחר לשון המקרא דכתיב: אסירי עני וברזל, **וכבר** כתבנו לעיל בבה"ל דלא בעינן דומיא דקרא, ואפי' בלא תעו במדבר או לא עמד רוח סערה ג"כ מברך, וה"ה בזה, וכן משמע משאר פוסקים שלא הזכירו תנאי זה, **אבל** עכ"פ ביושב יום או יומים בודאי אינו כלל מענינא דקרא, ואין לברך).

וסימנך: וכל החיי"ם יודוך סלה, "חבוש" "יסורים" "ים" "מדבר".

כתבו האחרונים, דמי שנתחייב ארבעתן אינו מברך כי אם ברכה אחת לכולן. **עוד** כתבו, דקטן אינו מחוייב להודות, ואפילו מצד מצות חינוך, **וגם** נשים מנהג העולם שאין מברכין ברכה זו, **וכתבו** האחרונים הטעם, משום דסדר ברכה זו הוא בפני עשרה וכדלקמיה, ולא אורח ארעא לאשה, **ויש** שכתבו דמ"מ נכון הוא שתברך בפני עשרה, עכ"פ בפני נשים ואיש אחד.

סעיף ב - ומה מברך: בא"י אמ"ה הגומל לחייבים טובות שגמלני כל טוב - פי' אפי' לאותם שהם חייבים, עם כל זה גומל להם טובות, וגם אני אע"פ שאיני הגון, עכ"ז גמלני בכל טוב, **ונוסח** זה אינו מעכב כל שאמר ענין הברכה, וכס"ד, [**ואפי'** לענין לכתחילה צע"ק]. **כתב** הרמב"ם, המברך צריך שיהיה עומד בשעת ברכה, **ובדיעבד** יצא אף בישיבה.

והשומעים אומרים: מי שגמלך כל טוב הוא יגמלך כל טוב סלה - ואם לא אמרו אינו מעכב.

סעיף ג - צריך לברך ברכה זו בפני יו"ד - עם בעל הנס, **ותרי מינייהו רבנן, דכתיב: וירוממוהו בקהל עם ובמושב זקנים יהללוהו** - ואין זקן אלא מי שקנה חכמה, **וכתב** מ"א, דבעינן הני דתנו הלכתא, **ואם לא שכיחי רבנן, לא יניח מלברך. ונהגו לברך אחר קריאת התורה, לפי שיש שם עשרה.**

ואם בירך בפחות מעשרה, יש אומרים שיצא - דכל עיקר עשרה אינו אלא למצוה, **ולפי"ז** אם יודע שלא יזדמנו לו עשרה, יברך בלא עשרה אפי' לכתחלה, **ועיין** בהל' הרא"ה שכתב, דימתין עד ל' יום, פן יזדמן לו עשרה שיוכל לקיים המצוה כהלכתה, **ויותר** לא ימתין.

ויש אומרים שלא יצא; וטוב לחזור ולברך בפני עשרה בלא הזכרת שם ומלכות - משום דספק ברכות להקל.

(**ודע** דמדברי המחצית השקל משמע, דלדעה אחרונה אם מברך בלא עשרה הוי ברכה לבטלה, דלא נתקנה כלל בלא עשרה, **וא"כ** לדבריו, כיון שהמחבר לא הכריע בפלוגתא זו, א"כ ממילא אינו רשאי לברך בלא עשרה, **אבל** דעת רע"א, דאפילו לדעה אחרונה אינו אסור לברך בלא עשרה דרך שבח והודאה, דלא גרע מאדם דעלמא שמברך על חבירו ברכה זו אע"ג דלא נתחייב כלל, וכמ"ש בהג"ה בס"ד, וכ"ש איהו גופיה, **אלא** דאם יזדמנו לו אח"כ עשרה צריך לברך עוד הפעם דרך חובה לדעה אחרונה, **ואמנם** לכתחלה (היינו אף לשיטת רעק"א, דהא הבה"ל הכריע לקמן דלא כשיטת הרמ"א, ואין לברך על חבירו) יש ליזהר שלא לברך בלא עשרה אפי' דרך שבח והודאה, דאם יזדמן לו אח"כ עשרה לא יוכל לברך פעם שני דרך חובה, דשמא קי"ל כדעה ראשונה וכבר יצא, ע"ש, **אכן** אם כוון בהדיא שלא לצאת בהברכה, אפשר דלכו"ע יכול לחזור ולברך, דאפילו למ"ד מצות א"צ כוונה, היינו בסתמא, אבל לא בכוון בהדיא שלא לצאת, ועיין).

סעיף ד - אם בירך אחר ואמר: בא"י אמ"ה אשר גמלך כל טוב, וענה אמן, יצא - ואי לא ענה אמן לא יצא, **ומיירי** ששמע הברכה מתחלתה ועד סופה, וכוון נמי לצאת בה ידי חובת ברכת "הגומל" שנתחייב, [**אבל** לא בעינן שהמברך יכוין להוציאו, דהא רב חנא לא כוון להוציא את רב יהודה, שהרי לא ידע כלל מתחילה שיכול לפוטרו, עד שחידש לו רב יהודה, **ועוד** דלא שייך כלל בזה להוציא, דלשון ברכה זו אינה ראויה רק למברך בעצמו, שהיא לנוכח אדם הניצול, ואין שייך להוציאו].

(**ואע"ג** דבכל מקום קי"ל דשומע כעונה, ואפילו בלא ענה אמן, שאני הכא דהמברך ג"כ לא נתחייב בברכה זו, אלא שמברך דרך שבח ותהלה על הצלת חבירו, משו"ה כל שלא ענה אמן לא יצא – טור בשם הרא"ש, (וכמש"כ הרמ"א בס"ה), **אבל** כ"ז הוא רק לשיטתו דמותר לברך דרך שבח ותהלה אהצלת חבירו, אף שלא נתחייב בזה, **ובשיטה** מקובצת כתב סברא אחרת, דכיון דהמברך אינו מכוין אותו להוציאו, להכי בעינן עכ"פ שיענה אמן תוך כדי דיבור של המברך, ע"ש, **והנה** לפי סברא זו לכאורה בכל מקום נמי אם ענה אמן לא בעינן שיכוין להוציאו, ובאמת זה אינו, עיין בסוף סימן ר"ג, **ואפשר** דהכא עדיף טפי, משום דלא אפשר לכוין להוציאו בנוסח זה, וכמו שכתבנו בשעה"צ עי"ש, **ובחידושי** רבי עקיבא איגר כתב טעם אחר, דהכא לא שייך שומע כעונה, דהא אפילו יאמר בהדיא בעצמו ברכה בלשון זה, לא יועיל, דהא הברכה נאמרה לנוכח הניצול, ואינה שייכה רק לאדם נכרי המודה על טובת חבירו, ולזה בעינן שיענה אמן על ברכת חבירו, אם כן עכ"פ מודה הוא גם כן לה' על שגמלו טוב, אבל בלא זה לא מהני כלל, והוא נכון מאד).

וה"ה דלכתחלה יכול לפטור עצמו בכך, **ודוקא** שיש שם עשרה, הא אי ליכא עשרה בודאי אין לו לכוין

לפטור עצמו, **ובדיעבד** שכוון, אם צריך לחזור ולברך, תליא בפלוגתא דס"ג, ויברך בלא שם ומלכות.

מדסתם המחבר, משמע דאפילו אחר שאינו קרובו יכול לברך אטובת חבירו, כל שהוא משמח בזה, **ועיין** בבה"ל לקמן בסמוך.

וכן אם אמר: בריך רחמנא מלכא דעלמא דיהבך לן, וענה אמן, יצא - בש"ס הגירסא: דיהבך לן ולא יהבך לעפרא.

הגה: ואין זה ברכה לבטלה מן המברך - היינו אפילו לא היו שם עשרה אנשים, ולי"א הנ"ל בס"ג דס"ל דלא יצא בפחות מיו"ד, וא"כ החולה אינו יוצא בברכה זו, **אפ"ה** לא מקרי זה ברכה לבטלה לגבי המברך, שהוא רשאי לומר ברכה זו לכו"ע אפילו בפחות מעשרה.

אע"פ שלא נתחייב בברכה זו - דלא נזכר חיוב ברכה זו בש"ס בד' שצריכין להודות, כי אם בהן עצמן, ולא שיברך אחר עליהן.

הואיל ואינו מברך רק דרך שבח והודאה על טובת חבירו ששמח בה - ר"ל שלא בתורת חיוב, **ודוקא** בקרובו או אוהבו, שעכ"פ שמח הוא ברפואתו או בהצלתו של זה, **אבל** אם אינו שמח בלבו כ"כ, אלא שאומר כן מפני השלום, אין לו לברך בשם ומלכות, דבזה ברכתו לבטלה, אלא יאמר: ברוך הש"י דיהבך לן, [ט"ז, **עיין** בפמ"ג דמפקפק שלא לומר "בריך רחמנא", דהוא שם, וע"ב שניתי מלשון הט"ז, **ולענ"ד** הדין עם הט"ז, דאפי' מפני השלום בעלמא אף שאין לו שמחה עי"ז, ג"כ מותר להזכיר עליו לשון זה, דהא איתא במשנה דהתקינו לשאול בשלום חבירו בשם].

וכ"ש על אשתו שהיא כגופו, דרשאי לברך, ומזה נוהגים קצת אנשים, שכשיולדות נשותיהם וחוזרות לבורין, עומדים ומברכים ברכת "הגומל", וכשהיא תענה אמן על ברכתו יוצאת בזה, **ונוסח** הברכה, יאמר: הגומל לחייבים טובות שגמלך כל טוב, ואם בירך שלא בפניה, יאמר: שגמל לאשתי כל טוב, **ואם** הוא מברך על אביו או רבו, יאמר: שגמל לאבי או לרבי כל טוב, ואם בפניו, יאמר: שגמלך כל טוב, [**ולא** יאמר: לחייבים טובות].

(וכן הסכים מ"א, וכתב שכן נראה גם דעת המחבר שסתם בזה, ודלא כמ"ש בב"י שיש לגעור במי שמברך ברכת "הגומל" על חבירו, **אבל** בא"ר כתב שהעיקר הוא כדברי הב"י, שזולת בן או תלמיד אינם רשאים לברך, וכן כתב בע"ת שכן דעת רוב הפוסקים עיי"ש, וכן נראה, דבאמת דברי הג"ה שהם דברי הטור בשם הרא"ש מוקשים, דהיכן מצינו ברכות שאינו מחויב כלל ואפ"ה רשאי לברך, **ואף** דאמרו על ברכת "שהחיינו" שהיא רשות, ג"כ אין הכוונה רשות גמור, אלא דלאו חיובא כ"כ, אבל מצוה לברך יש בזה, **ועוד** דמה בין ברכה זו לברכת הנס דבסימן רי"ח, ובכל הסימן שם חקרו על איזה דבר רשאי לברך ועל איזה דבר אינו רשאי לברך, עד שנפסק דגם בנס הנעשה לשבטים אינו רשאי לברך אא"כ רוב ישראל, ולא נחת שם שום פוסק לאמר דעכ"פ גם בלא חיוב רשאי לברך, דשמח בהצלת אלפים מישראל, **וע"כ** דלא ס"ל כסברת הטור, ולא ברכו רב חנן ורבנן ארב יהודה אלא מפני שהיה רבם, ומשום שברבו ג"כ מחוייב לברך ברכת הנס, **וע"כ** נראה דבלא אביו ורבו אינו נכון לברך, אפילו באב על בנו וכדומה).

(ועיין בא"ר, שדעתו לסמוך אדברי הג"ה בבעל על אשתו, משום דאשתו כגופו, עי"ש, **וגם** זה צ"ע, דכי היכי דבברכת "על הנסים" אינו מברך בעל על אשתו, וכמו שכתבנו בסי' רי"ח, כמו כן ה"ה הכא, **אבל** על אביו ורבו מסתברא דצריך לברך "הגומל", כמו דצריך לברך אניסו, וכמעשה דרב חנא בגדתאה המובא בגמ', שבירך ארב יהודה רבו).

וע"כ מהנכון ליזהר לכתחלה שלא לברך ברכת "הגומל" אפילו על קרובו ואוהבו, כי אם על אביו ורבו לבד.

סעיף ה - אם בירך אחד "הגומל" לעצמו, ונתכוין להוציא את חבירו, ושמע חבירו וכוון לצאת, יצא אפי' בלא עניית אמן, (כיון שהמברך ג"כ חייב, יצא האחר בלא עניית אמן).

סעיף ו - אם איחר - ר"ל שלא בירך בשעה שעלה מן הים, או בשעה שחזר לבוריו ממחלתו, **יש לו תשלומין לברך כל זמן שירצה; ונכון שלא לאחר שלשה ימים** - דעד זמן זה קרוי בא מן הדרך, **וכתבו** האחרונים, דאפילו יצטרך בשביל זה לברך שלא בס"ת כפי המנהג, אעפ"כ אל יאחר יותר משלשה ימים,

כגון אם יצא ביום ב' לאחר שכבר קראו, יברך בעשרה בלא ס"ת, ואל ימתין עד יום ה', ועיין במש"כ לעיל בס"ג.

סעיף ז - באשכנז וצרפת אין מברכין כשהולכין מעיר לעיר, שלא חייבו אלא בהולכי מדברות דשכיחי ביה חיות רעות ולסטים; ובספרד נוהגים לברך, מפני שכל הדרכים בחזקת סכנה - דס"ל דברכה זו שוה לענין ברכת תפלת הדרך, לעיל בסימן ק"י עי"ש.

ומיהו בפחות מפרסה אינו מברך - דבמקום קרוב כזה בודאי לאו בחזקת סכנה הוא, **ואם הוא מקום מוחזק בסכנה ביותר, אפילו בפחות מפרסה.**

סעיף ח - בכל חולי צריך לברך, אפילו אינו חולי של סכנה ולא מכה של חלל, אלא כל שעלה למטה וירד, מפני שדומה כמי שהעלוהו לגרדום (פי' מעלות שעושין דייניס לשבת כשדנין) לידון - שאין אנו יודעים איך יצא דינו, כמו כן בחולה כיון שנפל למשכב אין אנו יודעים סופו, שכמה פעמים אע"פ שתחלתו לא היה סכנה, לבסוף מתגברת המחלה ובא לידי סכנה.

אבל אם לא עלה למטה כלל, רק שיש לו איזה מיחוש בעלמא בראשו או בגרונו וכה"ג, אינו מברך אפי' לדעה זו.

ואין הפרש בין שיש לו מיחוש קבוע ובא מזמן לזמן, ובין שאינו קבוע - אלא בכל גוונא, כל שעלה למטה מחמתו בזמן שחשש בו, חייב לברך אח"כ, **ור"ל** שלא תאמר דמיחוש שבא מזמן לזמן כבר ידוע הוא שאין בו סכנה, **אינו** כן, ואדרבה כל שהוא קבוע הוא יותר מתחזק, ואע"פ שנעשה לו נס פעמים רבות וניצול ממנו, מן השמים רחמוהו, ולאו כל שעתא מתרחיש ניסא, עכ"ל הרשב"א בתשובה.

הגה: וי"א דאינו מברך רק על חולי שיש בו סכנה, כגון מכה של חלל - או שאר חולי שיש בו סכנה, כגון קדחת של כל הגוף שקורין שוידערין, כמבואר בסימן שכ"ח, (והנה עיקר דינא הובא בא"ר בשם מהרי"ל, דעל חולי של קדחת צריך לברך, אך סתם בזה איזה קדחת, ונ"ל דתלוי בזה, אם סובר כהמחבר, אפילו בקדחת החולפת שקורין פיבער, נמי מברך, ואם כדעת הרמ"א, אינו מברך אלא באישתא צמירתא שקורין שוידערין).

(טור בשם הראב"ד והר"ר יוסף, וכן נוהגין באשכנז) - וכתב המ"א, דקצת נוהגין כסברת המחבר, וכן דעת הא"ר לדינא, וכן כתב במגן גבורים, שכל שחלה בכל גופו שכיוצא בזה מחללין עליו את השבת ע"י עו"ג, מברך "הגומל", וכעין זה כתב ג"כ הח"א, **אך** שכתב שמ"מ לא יברך אא"כ נפל למטה לא פחות מג' ימים, **ועיין** בה"ל, דאם מחלתו הוא דבר שיש בו סכנה, אפילו בפחות מג' ימים נמי צריך לברוכי. ‹והמנהג כדברי רבינו הרמ"א – ערוה"ש›.

סעיף ט - הני ארבעה לאו דוקא, דה"ה למי שנעשה לו נס, כגון שנפל עליו כותל, או ניצול מדריסת שור ונגיחותיו, או שעמד עליו בעיר אריה לטורפו, או אם גנבים באו לו אם שודדי לילה - ר"ל והיה קרוב לסכנה על ידם, וכדלעיל בסוף סי' רי"ח, **וניצול מהם, וכל כיוצא בזה, כולם צריכים לברך "הגומל".**

ואעפ"כ כשיגיע למקום שנעשה בו הנס, יברך גם "שעשה לי נס במקום הזה", **ועיין** בסימן רי"ח ס"ט, שם יש פלוגתא אי יברך "שעשה לי נס" כשניצול בדרך הטבע.

וי"א שאין מברכין "הגומל" אלא הני ארבעה דוקא - משום שמצויים ביותר תקנו עליהם ברכת "הגומל", משא"כ אינך שאינם שכיחים כלל אין לברך עליהם "הגומל", **אלא** בהני דנעשה להם נס, יברך "שעשה לי נס" כשיגיע לאותו מקום, **ומי** שהלך בדרך אפילו שלא במקום סכנה, ובאו עליו לסטים להרגו וניצול, לכו"ע מברך ברכת "הגומל".

וטוב לברך בלא הזכרת שם ומלכות - והאחרונים כתבו, דהמנהג כסברא ראשונה, וכן מסתבר.

סימן רכ - הטבת חלום ותעניתו

§ סימן רכ - הטבת חלום ותעניתו §

סעיף א- הרואה חלום ונפשו עגומה עליו - היינו אפילו אין בו משמעות לרע. [**איתא** בגמ': כל חלום ולא טוות, ובתוס' רבינו יהודה ובתוס' הרא"ש פי', וז"ל: כל חלום רע שאדם רואה יש לו לדאוג עליו, חוץ מחלום שראה אחר התענית, לפי שישב בתענית ונצטער מחמת העינוי, יראה חלום רע, **ומזה** יש ללמוד לכל היכא שיש לאדם צער גדול, ואח"כ רואה בחלומו חלום רע, שאין לדאוג עליו].

אפילו היכא שהוא מתענה, **ייטיבנו באפי תלתא דרחימו ליה (פי' שאוהבים אותו), ולימא באפייהו: חלמא טבא חזאי, ולימרו אינהו: טבא הוא וטבא ליהוי וכו'** - שבע זמנין לגזרו וכו', לשון זה צריך שיאמרוהו העונים ג' פעמים, וי"א דיאמרוהו ז' פעמים, **ובסוף** ההטבה יאמרו לו: לך אכול לחמך בשמחה ושתה בלב טוב וגו', [**והיינו** כשמטיבין לו ערבית, או אף בשחרית וכשאינו מתענה].

וטוב שייטיב בשחרית, כי זריזין מקדימין למצוה, **אך** אז לא יאמרו לו: לך אכול בשמחה וגו', אם לא כשאין מתענה. **ויזכור** החלום במחשבתו בשעת הטבה.

מצוה להמצא עם הג' להיטיב, מפני שמשיב את נפשו בזה, **ואף** בשבת יכול להיטיב חלום.

מי שחלם לו חלום קשה על חבירו, יתענה - ס"ח, ע"ש טעמו, **ועוד** נראה, דלפעמים מורה הדבר על החולם גופא, אלא דבחלום אין מראין הדבר רק בדמיון מה.

סעיף ב- יפה תענית לבטל חלום רע, כאש לנעורת. הגה: ודוקא בו ביום, ואפי' בשבת, ועיין לקמן סימן רפ"ח.

אבל דוקא כשעושה תשובה עמו, כי התענית מועיל כמו קרבן לחטא, מה קרבן אינו מועיל בלי תשובה, שנאמר: זבח רשעים תועבה, אף תענית חלום וכו'.

ומ"מ אין מחויב להתענות אלא רשות. **עוברות** ומניקות אין להורות להם להתענות, רק יפדו בממון.

§ סימן רכא - ברכת הודאת הגשמים §

סעיף א- אם היו בצער מחמת עצירת גשמים וירדו גשמים, מברכים עליהם - אפשר דבא"י שמצוי שם יובש גדול, וכשבא עת הגשמים והגשם יורד בזמנו כל אחד שמח בו, אפילו בסתמא צריך לברך בפעם ראשון כשיורד, **ונקט** לשון זה לאפוקי אם יורד עוד הפעם למחר וליומא אוחרא, **ומפמ"ג** משמע, דאפילו בפעם ראשון א"צ לברך כשהשנים מסודרות כתיקונן (אפי' בא"י, ולענ"ד דבר זה צע"ג לדינא, שלא נמצא זה בשום פוסק, אח"כ מצאתי בא"ר שהוא כתב דבא"י צ"ע לדינא, וע"כ נראה דיברך בלא שם ומלכות).

אע"פ שלא ירדו עדיין כדי רביעה, משירדו כ"כ שרבו על הארץ, שיעלו (עליהם) אבעבועות מן המטר וילכו זה לקראת זה.

הגה: ומה שאין אנו נוהגים בזמן הזה בברכת הגשמים, משום דמדינות אלו תדירים בגשמים ואינן נעצרין כל כך - ר"ל ואין להם שמחה בירידת הגשמים, **ואה"נ** אפילו באותן ארצות שרגילין במטר, אם נעצרו הגשמים והיה העולם בצער, ואח"כ ירדו גשמים, שצריך לברך.

סעיף ב- ומה מברך, אם אין לו שדה אומר: מודים אנחנו לך ה' אלהינו על כל טפה וטפה שהורדת לנו, ואילו פינו מלא שירה כים וכו', עד "הן הם יודו ויברכו את שמך מלכנו", וחותם "בא"י אל רוב ההודאות" - ר"ל בריבוי ההודאות.

ואם יש לו שדה בשותפות עם אחר, מברך: "הטוב והמטיב" - שהטיב לו וגם לאחרים עמו, דהיינו להשותף, **ומשמע** בהרבה אחרונים, דאפילו אם יש לו רק אשה ובנים, הם ג"כ בכלל שותפין.

ואם אין לו שותף בשדה, מברך: "שהחיינו" - לבד, ולא "הטוב ומטיב", (**דאע"ג** דגשם זה הוא טובה ג"כ לכל העולם, **שהרבה אנשים יש להם שדות, מ"מ לא שייך לברוכי "הטוב והמטיב", דבעינן שיהיו** שותפין עמו גופא בטובה זו שהוא מברך עליה), **ואפילו** יש לו שותף כותי, לא מקרי שותף לזה.

הרואה נילוס כשהוא קטן, וחוזר ורואהו בזמן שהוא גדול, ושמח בראיתו, מברך "שהחיינו" אף דאין לו קרקע, **כיון** דהוא בא מזמן לזמן והוא נהנה ושמח בראיתו, לא גרע מאדם הרואה את חבירו ושמח בראיתו דמברך "שהחיינו", [**ואם** יש לו שדה בשותפות, והנילוס הלא ידוע שעולה ומשקה השדות, נראה לכאורה פשוט דצריך לברך "הטוב והמטיב"], **אבל** הרואה בכל יום, אף דביום זה ניתוסף על שלפניו, מ"מ לא יברך, דקמא קמא בטיל בהנהר, [**ואפילו** לא בירך בימים הקודמים, דכבר עבר זמנם].

ואם רואה מים שבכלי"ג, [הוא חלק מהנילוס שמתפשט בו ג"כ מגודל הנהר], **אם** כבר ראה המים במקומו בנילוס, אין לו לברך על ראית הכלי"ג, **אבל** אם לא ראה אלא עתה בכלי"ג, מברך "שהחיינו", שרגילין העולם לשמוח גם בו.

הגה: י"א דהשומע שירדו גשמים מברך: "הטוב והמטיב" - ר"ל אף שלא ראה בעצמו, רק שמע מאחרים שירדו גשמים בשדה שלו אחר העצירה וכנ"ל, ג"כ שייך ברכת "הטוב והמטיב", **והיינו** כשהשדה שלו הוא בשותפות, וכנ"ל ברואה בעצמו, **ואם** השדה שייך לו לבדו, מברך "שהחיינו" וכנ"ל.

ואם אין לו שדה אינו מברך כלל, ואפי' ברכת "מודים" הנ"ל, דברכה זו לא נתקנה אלא ברואה בעצמו ולא בשומע - מ"א וח"א, **ובשיטה** מקובצת מסיק, דאין חילוק כלל בין רואה לשומע, ויכול לברך ברכת "מודים" אפילו בשומע, **ומ"מ** נראה דספק ברכות להקל.

§ סימן רכב - ברכת הודאת הטוב והרע §

סעיף א - על שמועות שהם טובות לו לבדו, מברך: "שהחיינו"; ואם הן טובות לו ולאחרים, מברך "הטוב והמטיב" - נקט "שמועות" בלשון רבים להורות, שאם שמע כמה שמועות בבת אחת, די לו בברכה אחת, [**נראה** דבבת אחת לאו דוקא, אלא כל שלא בירך על שמועה ראשונה, כבת אחת דמי].

והיינו כשיש לו שמחה מהשמועה, וכן להיפוך ב"דיין האמת", כשיש לו צער מהשמועה.

ודוקא כששמע מפי אדם נאמן, [ואפשר דבעינן דוקא שיהא מוחזק בכשרות, לא מסתם בני אדם], וזה האדם ראה בעצמו, **אבל** אם שמע שמועה, בין שמועה טובה שצריך לברך עליה "הטוב והמטיב" או "שהחיינו", בין שמועה רעה שצריך לברך עליה "דיין האמת", ואין המגיד נאמן, או שהמגיד לא ראה בעצמו, לא יברך, **וכן** אם שמע שנתפס הגזלן שגזל ממנו, לא יברך עד שישיב לו הגזלה.

מי שהוכרח מחמת עניותו לקחת אשה עשירה שלא בחפצו, מברך "הטוב והמטיב" ו"דיין האמת" - מ"א בשם ס"ח, **וכמדומה** שכהיום ממעטין בברכות אלו - פמ"ג, **גם** בספר מור וקציעה מפקפק בזה.

סעיף ב - על שמועות רעות מברך: "בא"י אמ"ה דיין האמת" - (בין שהן רעות לו לבדו או גם לאחרים).

(**אמרו לו שנמצא הרבה והרבה עשבים בקמה שלו, או שאשתו הולידה נקבה, ותשוקתו היה רק לבן זכר, אין שייך לברך ע"ז "דיין האמת", אף שיש לו צער מזה, כי לא נתקן ברכה זו אלא על דבר שמתחלה ניתן לו ואח"כ נתקלקל או נאבד, משא"כ הכא החטים לא נהפכו לעשבים, והבן לא נהפך לנקבה, אלא שמתחלה לא ניתן לו בן, וכה"ג בחטים, לא ניתן לו מתחלה הכל חטים, ואין שייך לברך "דיין האמת" על מה שלא ניתן לו.**)

(**אם נודע לו שהחמיץ יינו, מברך "דיין האמת", ופשוט דה"ה אם נשרפו לו נכסיו, או שמת לו בהמתו, וכל כה"ג דבר שדרך האדם להצטער בו.**)

סעיף ג - חייב אדם לברך על הרעה בדעת שלמה ובנפש חפצה, כדרך שמברך בשמחה על הטובה; כי הרעה לעובדי השם היא שמחתם וטובתם, כיון שמקבל מאהבה מה שגזר עליו השם, נמצא שבקבלת רעה זו

הוא עובד את השם, שהיא שמחה לו - כי באמת כל היסורין בין בגוף ובין בממון הוא הכל כפרה על העונות, כדי שלא יצטרך להתיסר לעתיד לבא, ששם העונש הוא הרבה יותר גדול, **וכדאיתא** במדרש: יצחק תבע יסורין, (היינו שהוא הכיר גודל מדת הדין שלעתיד, וכעין זה אמר ג"כ דוד המלך ע"ה: סמר מפחדך בשרי וממשפטיך יראתי, ותבע בעצמו יסורין, כדי שינקה מכל וכל ולא יצטרך לפחוד עוד), אמר לו הקב"ה: חייך דבר טוב אתה מבקש, וממך אני מתחיל, שנאמר: ויהי כי זקן יצחק ותכהין עיניו מראות.

סעיף ד - מברך על הטובה "הטוב והמטיב", אע"פ שירא שמא יבא לו רעה ממנו - כי אין לנו להסתכל בעתיד, שאפשר שלא יהיה כן, **כגון שמצא מציאה, וירא שמא ישמע למלך** - וירא שיעלילו עליו, **ויקח כל אשר לו.**

ומיירי שיש לו אנשי בית שיש בזה טובה גם להם, ושייך ברכת "הטוב והמטיב", דאל"ה יש לו לברך רק "שהחיינו", [**ונראה** דלפי דעת המ"א, מובא בבה"ל לקמן סי' רכ"ג ס"ב, שמא לא יתן להם מהמעות שמצא, וע"כ מיירי שמצא כלים חשובים שראוי להשתמש בהם].

וכן מברך על הרעה "ברוך דיין האמת", אע"פ שיבא לו טובה ממנו, כגון שבא לו שטף על שדהו, אע"פ שכשיעבור השטף היא טובה לו, שהשקה שדהו.

§ סימן רכג – מי שילדה אשתו, ומת מורישו, ובנה בית חדש וקנה כלים חדשים, מה מברך §

סעיף א - ילדה אשתו זכר, מברך: "הטוב והמטיב" - ואפילו לא ראה בעצמו, רק שמע כשהיה בעיר אחרת, וכן במה שמבואר בס"ב.

"**הטוב**" לו, דניחא ליה בזכר, וגם טוב לה, שגם לה ניחא בבן זכר, **ואפילו** היה להם כבר כמה בנים, **ועיין** בפמ"ג, דאפילו אם לא בירך תיכף כששמע, ג"כ יברך לכו"ע, דעדיין הטובה נמשכת.

מדסתמו הפוסקים, משמע דאפילו היו לו כמה זכרים, ותאב שיולד לו בת כדי שיקיים מצות פו"ר, אפ"ה אם נולד בת אין מברך ע"ז, [**ואפשר** דהטעם, דהאשה שאינה מצווית על פו"ר לעולם ניחא לה בזכר], **ומ"מ** נ"ל פשוט, דבפעם ראשון כשרואה אותה, מברך ברכת "שהחיינו", דמי גרע ממי שרואה את חברו לאחר ל' יום ושמח בראייתו, דמברך "שהחיינו", כדלקמן בסימן רכ"ה ס"א.

(**ולדינא** יש לעיין, אם יש לו כמה בנים ואין לו בת, ותאב שתולד לו בת, ונולד לו בן, אם יש לו לברך ברכת "הטוב", אחרי דסוף הדבר הוא דלא ניחא ליה בזכר, וצ"ע).

(**עיין** בא"ר שהביא בשם ס"ח, דה"ה כשנולד לבנו ולבתו בן, או שנולד בן לאוהבו שהוא צדיק וחסיד, **אמנם** לפי מה שראיתי בתשובת הרשב"א, מוכח דפליג ע"ז, שמסיק שם דלאו בכל דבר שנהנה הוא ואחרים עמו שיברך "הטוב והמטיב", **אלא** דברכה זו הוא דוקא בדבר שיש לו תועלת והנאה בו, כירידת גשמים וירושת הקרובים, ולענין ריבוי יין שאחרים נהנים ושותים ממנו עמו, **וכן** בלידת אשתו זכר יש לאב ולאם הנאת תועלת, חדא, דהוה להו חוטרא לידא ומרה לקבורה, ועוד, שהוא כירך האב והאם, ומדת כל אדם תאבין לו ליורשן, עכ"ל, ובהני שזכר הס"ח לא שייך טעם זה, וגם ביתר הפוסקים לא נזכר דבר זה, וטוב למעט בברכות אלו בדבר שלא נזכר בהדיא).

וגם היא צריכה לברך כן. הגה: ואם מתה אשתו בלידתה, מברך: "שהחיינו", דהא ליכא הטבה לאחריני - אלא שמתחלה צריך להקדים לברך "דיין האמת" על מיתתה, דברכת "דיין האמת" היא חובה, כדלעיל בסימן רכ"ב ס"ג, וברכה זו ד"שהחיינו" י"א שאינה אלא רשות, וכדלקמיה.

יש אומרים דהמחבר פליג ע"ז, וס"ל דאפילו מתה אשתו בלדתה מברך "הטוב והמטיב", וכזה ס"ל ג"כ הט"ז לדינא, וטעמו של הט"ז, דמ"מ יש לה טובה שהשאירה זכר בעולם ע"ש, **אבל** במור וקציעה פליג ע"ז, דברכת "הטוב והמטיב" נתקן רק על הנאה גשמיית, ולא על

סימן רכג - מי שילדה אשתו, ומת מורישו, ובנה בית חדש וקנה כלים חדשים, מה מברך

הנאה רוחניית לבד, וכן בלחם חמודות ולבוש וח"א כולם העתיקו לדינא כהרמ"א.

מלשון "בלדתה" משמע לכאורה, דאם מתה איזה שעות אחר לידתה, מברך "הטוב והמטיב", דמכל מקום ניחא היה לה מקודם שמתה, **(ויש לדחות, דכיון שקודם שבירך מתה, ואין לה עתה הנאה גשמיית בבנה, שוב לא יכול לומר ברכה זו, ודומיא דמי שגמר אכילתו ונזכר שלא בירך ברכת "המוציא", ששוב לא יכול לברך על הנאה הקודמת, ומאי דנקט הרמ"א "בלדתה", משום דאל"ה היה מברך תיכף אחר לידתה, ולא רצה הרמ"א לצייר באם לא בירך מקודם, וצ"ע).**

וכן אם מת האב קודם שילדתו, היא מברכת "שהחיינו".

ויש שכתבו שנהגו להקל בברכה זו - פי' בברכת "שהחיינו", **שאינה חובה אלא רשות** - **(ודמיא לקרא חדתא, דסבר הגמ' דהוא רשות)**, ‹עיין לקמן סי' רכ"ה ס"ג, שעיקר ברכת "שהחיינו" נתקן על דבר הבא מזמן לזמן כמועדים וכדומה.

(אבל הרבה פוסקים ס"ל דהוא חובה, וטעמם, דדבר שתקנו חז"ל לברך משום שמחת הלב לא שייכא בזמן, אלא כל אימת שנזדמן ע"י הקניה שמחה בלבו, מברך לד' על שזיכהו לבוא לשעה שיש בו שמחת הלב).

ומזה נתפשט שרבים מקילים באלו הברכות - בכל הברכות כיוצא באלו, **אבל** אינו נכון, דמאי דאיתמר בגמרא שהיא רשות איתמר.

סעיף ב - מת אביו, מברך: "דיין האמת" - וה"ה שאר אדם כשר שאדם מצטער עליו, דהוא בכלל שמועות רעות, [ונקט השו"ע אביו, משום שאר הברכות שהזכירם אח"כ], **מיהו** העולם נוהגין לברך בלא שם ומלכות, ואינו נכון, **ועכ"פ** על ת"ח שמת שצריך בודאי להתאונן ולהתמרמר ע"ז, וכן על קרוביו שחייב להתאבל עליהם, ודאי יזכיר הברכה בשם ומלכות.

היה לו ממון שירשו, אם אין לו אחים, מברך גם כן: "שהחיינו" - היינו מתחלה "דיין האמת" כנ"ל בס"א, ואח"כ "שהחיינו" על הנכסים שנשארו לו מאתו, **ואף** דיותר היה מתרצה שלא ימות אביו ולא יירשנו, **מ"מ** יכול לברך "שהחיינו", דאין ברכה זו תלויה בשמחה ‹גרידא, אלא ‹אף› בדבר שמגיע לו תועלת ממנו ‹הראוי להביא לשמחה›, ואע"פ שמתערב עמה ‹כעת› צער ואנחה. ‹מאמ"ר ועוד, עיין פסקי תשובות, שלא תקשה מההיא דס"ד›.

(עיין במו"ק שכתב, דמיירי שאין לו אשה ובנים, הא לא"ה מברך "הטוב והמטיב" כדלקמיה בס"ה, והנה לפי דעת המ"א, אפילו יש לו אשה ובנים נמי אינו מברך כי אם "שהחיינו" ולא "הטוב ומטיב", דהרי אין להם חלק בזה, ושמא לא יתן להם ממון זה, אם לא שנשארו כלים בירושה, ויש לכולם הנאה שמשתמשין בהם מיד).

אמרו לו שמתה אשתו והניחה ממון, מברך "דיין האמת" על מיתתה, ו"שהחיינו" על ירושתה.

ואם יש לו אחים, במקום "שהחיינו" מברך: "הטוב והמטיב" - ר"ל ששוב לא יברך "שהחיינו", כיון שיש בזה טובה גם לאחיו, ויוכל לברך ברכת "הטוב והמטיב".

(והיינו אפילו כבר חילק אביו נכסיו על פיו, ויש לכל אח שדה בפני עצמו, אפ"ה הלא ע"י הירושה הוטב לכולם, ושייך ברכת "הטוב ומטיב").

הגה: שאין מברכין "הטוב והמטיב" אא"כ יש לו שותפות באותה טובה.

[**ועיין** בבה"ט בשם הלק"ט, דאם היה יודע מתחילה שהיו לו נכסים, אינו מברך "הטוב והמטיב", **והוא** מילתא חדתי וצ"ע למעשה, **גם** צל"ע איך דעתו לענין ברכת "שהחיינו"].

סעיף ג - בנה בית חדש - וה"ה אם קנה בית, וה"ה אם נשרף וחזר ובנאו, **אבל** אם סתרו וחזר ובנאו, יש דעות באחרונים בזה, [ואפשר דהטעם משום דאין הלב שמח], וספיקו להקל, **ואם** הוסיף בו איזה שורה בגובה, לכו"ע יש לברך.

או קנה כלים חדשים - בין מלבושים, ובין כלי תשמיש ושתיה ואכילה וכיו"ב, אם הם דברים שלב האדם שמח בהם, עני בראוי לו, ועשיר בראוי לו, **אכן** אם הוא עשיר גדול שאפילו כלים יקרים וחשובים אין נחשבים לו ואין שמח בהן, לא יברך.

ובקניית ספרים יש דעות בין האחרונים אם יברך עליהם, משום דמצות לאו ליהנות ניתנו, **ובח"א** מצדד, דאם

הלכות ברכות תרטו
סימן רכג – מי שילדה אשתו, ומת מורישו, ובנה בית חדש וקנה כלים חדשים, מה מברך

היה מהדר אחר זה הספר ושמח בקנייתו, דמברך, שהרי ברכה זו נתקנה על השמחה ולא על התשמיש, (והיינו לכאורה דא"צ התשמיש למעשה, ע"ל במ"ב ס"ב), וכדלקמיה בס"ד, וכ"כ במו"ק, **וע"כ** אין למחות ביד המברך.

אפילו היה לו כיוצא באלו תחלה - מירושת אבותיו, דמ"מ כלי זה חדש הוא לענין קניה, **או קנה וחזר וקנה** - דבזה אף לענין קניה לאו חדש הוא, שהרי יש לו כלים כאלו קנויות מכבר, אפ"ה כלי זו חדשה היא אצלו, **מברך על כל פעם "שהחיינו"** - ויזהר לברך תיכף קודם שיתרגל ויסתלק השמחה ממנו.

ודוקא כשבנה או קנה לעצמו, אבל אם יש לו שותפות בגוה, כל אחד מהשותפים מברך "הטוב והמטיב", **וע"כ** קהל שבנו או קנו בהכ"נ, יעמוד ש"ץ ויברך בקול רם "הטוב והמטיב" להוציא את כולם.

(**עיין בל"ח וא"ר, דאם יש לו אשה ובנים הוי כמי שיש לו** שותפין בה, ומברך "הטוב ומטיב", וכדלקמיה בס"ד לענין כלים, **והנה בח"א מחלק, דבקנה כלים חשובים שישתמשו בהם הוא ובני ביתו, אין זה מצד החיוב, ונקרא** בזה טובה, משא"כ הכא הוא מחויב ליתן בית לאשתו ובניו, **ולא** נהירא, דעבור בניו הזכרים משהגיעו לכלל שש, מזונות שנותן להם הוא רק בכלל צדקה, ובודאי הבית שקנה עבורם הוא טובה גמורה, **ואפי'** עבור אשתו, הלא היה יכול לשכור דירה עבורה, ואינו מחוייב לקנות בית בשביל זה, וכשקונה בית בודאי יש להם שמחת הלב עי"ז, והוא הטבה גמורה, ושייך בזה ברכת "הטוב ומטיב").

ולאו דוקא חדשים, דהוא הדין לישנים אם הם חדשים לו, שלא היו אלו שלו מעולם; ולא אמרו חדשים אלא לאפוקי אם מכרן וחזר וקנאן - ואפילו אם הם חדשים שלא נשתמש בהם עדיין, מ"מ כיון שכבר דש בהן, לית בהן שמחה, [**ונ"ל** דאפי' אם לא בירך קודם שמכרן, שוב לא יברך, דהשמחה ראשונה כבר נסתלק משמכרן, ונתבטל חיוב הברכה, ועתה בקניה שנית שוב ליכא שמחה].

סעיף ד - בשעת הקנין יש לו לברך אע"פ שעדיין לא נשתמש בהם, שאין הברכה אלא ע"י שמחת הלב שהוא שמח בקנייתן - ודוקא אם קנה בגד שראוי ללובשו תיכף, **אבל** אם קנה שום דבר שאינו ראוי ללובשו או להשתמש בו כמו שהוא, רק שצריך ליתן לאומן לתקן, לא יברך "שהחיינו" עד שעה שילבש הבגד או ישתמש בהכלי.

[**ועיין** בחי' רעק"א שמסתפק לענין בית, שלא לברך עד שיקבע בו מזוזה, וכן לענין כלים שצריכין טבילה עד שיטבלם, שיהיו ראוין להשתמש בהם, **ואין** להשיג ע"ז ממה דמבואר לקמן בסי' רכ"ה, דבפרי אפי' ראהו ביד חבירו וכו', **דשאני** התם דהפרי בעצם כבר נגמר וראוי ליהנות ממנה, אלא שהיא על האילן או ביד חבירו, **משא"כ** הכא שבעצם אינו ראוי להשתמש ממנה].

וכשילבשם מברך: "מלביש ערומים" - היינו קודם "שהחיינו", **אכן** אם לובש הבגד שחרית, יכול לצאת בברכת "מלביש ערומים" שמברך בברכת השחר.

סעיף ה - קנה כלים שמשתמשין בהם הוא ובני ביתו, מברך: "הטוב והמטיב" - אבל אם קנה כלים לו וכלים לבני ביתו, מברך על שלו "שהחיינו", ועל של בני ביתו מברך "הטוב והמטיב", **ד"טוב"** הוא לדידיה שזוכה שיהיו בני ביתו מלובשים במלבושי כבוד, "והמטיב" לאחריני הם בני ביתו שנהנין בטובה זו, **ודוקא** אם קנה בשביל אשתו וזרעו, אבל אם קנה בשביל עבדו ושפחתו, לא מקרי "טוב" לדידיה, דהוי כאילו מכר להם בשכרן שמגיע להם, **אם** לא שגם הוא משתמש בהכלים האלו.

(**פשוט דגם בזה דינא הוא, דאפי' יש לו מכבר כלים כיוצא באלו, אפ"ה מברך "הטוב והמטיב", וכמו לעיל בס"ג**).

אם נתנו לו במתנה, מברך: "הטוב והמטיב" – (המקבל מתנה, אבל הנותן לכו"ע לא יברך), **שהיא טובה לו ולנותן** - שאם המקבל עני, הוא טובה לנותן שזיכהו הש"י לעשות צדקה, **ואם** המקבל עשיר, שמח הנותן שמקבל ממנו, והוי טובה גם לנותן - הרא"ש בביאור הירושלמי, **והיינו** דוקא כלים או בגדים שהמקבל משמח בזה, אבל לא מעות שעי"ז מתבייש יותר, ולא יוכל ע"ז לברך.

והנה יש מאחרונים שחולקים על פסק זה, וס"ל דלפי מסקנת גמ' דידן, לא נתקנה ברכה זו כי אם בדאית להו לאחריני ג"כ טובה גשמיית, **ולפי"ז** כשניתן לו כלים

תרטז הלכות ברכות
סימן רכג – מי שילדה אשתו, ומת מורישו, ובנה בית חדש וקנה כלים חדשים, מה מברך

במתנה, צריך המקבל לברך ברכת "שהחיינו" ולא ברכת "הטוב", **ויש** דנקטי לדינא כפסק השו"ע, ויברך ברכת "הטוב" ולא "שהחיינו", **ולמעשה** נראה דטוב יותר לנהוג בזה לברך ברכת "שהחיינו" ולא ברכת "הטוב", (מחמת אלו הפוסקים דס"ל דהירושלמי חולק בזה עם הבבלי, ובודאי אנן נקטינן כהבבלי, **ועוד** נ"ל יותר, דאפי' לדעת הפוסקים דיוכל לברך "הטוב והמטיב", **אפ"ה** אי בירך "שהחיינו" לא הוי לבטלה, דברכת "שהחיינו" הונחה על שמחה של עצמו שיש לו מאיזה דבר שמועה טובה שנוגע לו, ואפי' אקרא חדתא נמי הרשוהו לברך, וברכת "הטוב" דוקא אם השמחה הוא ביותר, שיש בזה גם טובה לאחרים, והנה בכלל מאתים מנה, **ובלא"ה** הלא יש איזה פוסקים דס"ל, דהיכא שצריך לברך ברכת "הטוב" צריך גם לברך "שהחיינו", ונהי דאנן לא ס"ל לכתחלה להורות כן, מ"מ לבטלה לא מיקרי, משא"כ אם יברך ברכת "הטוב", אם ננקוט כדעת הבבלי היא לבטלה).

ומ"מ במקום שנוהגין שעושין הלבשה לנערים יתומים, כל א' מהיתומים יברך "מלביש ערומים" וברכת "הטוב והמטיב", דהא איכא בזה טובה עוד לכמה נערים, [**ודומיא** כשירש מאביו ויש לו אחים, דיש עוד אנשים מקבלי הטובה], **וברכת** "שהחיינו" לא יברכו, דבמקום שמברכין ברכת "הטוב" ס"ל לרוב הפוסקים דאין מברכין "שהחיינו".

סעיף ו - על דבר שאינו חשוב כ"כ, כגון חלוק, או מנעלים ואנפלאות, (פי' מנעלים קטנים שחופין רוב הרגל), אין לברך עליהם - וה"ה שאר כלים שאין חשובים ואין דרך לשמוח בהם.

ואם הוא עני ושמח בהם, יברך. הגה: וי"א דאפילו עני אינו מברך על חלוק ומנעלים וכדומה, וכן נוהגין - ס"ל דדוקא בגד צמר וכדומה, דבר שיש בהם חשיבות קצת, דמי לדבר הבא מזמן לזמן, דסתם בני אדם מתחדשים להם לפרקים מועטים, ושייך ע"ז "שהחיינו", **משא"כ** אלו שרגילים תמיד להתחדש לסתם בני אדם, ואין שייך ע"ז לברך "שהחיינו לזמן הזה".

עיין במ"א וביאור הגר"א, שהרדב"ז מכריע לעני לברך, **ועיין** בפמ"ג ובדה"ח שפסקו, דלמעשה יש לנהוג דאפילו עני לא יברך על כלים שאינם חשובים כאלו.

המנהג לומר למי שלובש בגד חדש "תבלה ותתחדש". ויש מי שכתב שאין לומר כן על מנעלים או בגדים הנעשים מעורות של בהמה - ואפי' טמאה, ואפי' הוא ממין אחר, רק שתפור תחתיו מעורות בהמה, **דאם כן היו צריכים להמית בהמה אחרת תחלה שיחדש ממנה בגד אחר, וכתיב: ורחמיו על כל מעשיו; והנה הטעם חלוש מאד ואינו נראה, מכל מקום רבים מקפידים על זה שלא לאמרו.**

§ סימן רכד – דיני ברכות פרטיות §

סעיף א - הרואה מרקוליס - היא ע"ג שעובדין אותה ע"י שזורקין לה אבנים, **ושמה** העצמה "קילוס", ומפני שאסור להזכיר ע"ג בשמה, לכך כינו אותה בשם "קוליס", **ו"מר"** הוא חילוף בלשון ארמי, ופירושו הוא: חילוף קילוס, ר"ל שהחליפו שמה לקוליס,

או שאר עכו"ם - אפילו בית ע"ג - ב"י, וב"ח פי' דוקא כשרואה אותה בגלוי, **אומר: ברוך אתה ה' אלהינו מלך העולם שנתן ארך אפים לעוברי רצונו.**

ואם רואה אותה בתוך ל' יום, אינו חוזר ומברך. הגה: והאידנא אין מברכים זאת הברכה, שהרי אנו מגודלים ביניהם ורואים אותו תמיד - וכתבו האחרונים, דאפילו הולך לעיר אחרת וראה שם ע"ג, אינו מברך, כיון דראה את מין זה תוך למ"ד בעירו, **ואפשר** עוד דאפילו קטן שהגדיל א"צ לברך, כיון שראה אותה בקטנותו, **ובא"ר** כתב עוד מילתא חדתי, דאפילו הוא לא ראה אותה תוך למ"ד, כיון שיש רוב העולם שהוא שוכן ביניהם שרואין אותה.

כתב הב"ח בשם ספר האשכול: השמר לך לראות קנגיאות של כותים, וה"ה מחולתם או שום דבר שמחתם, **ואם** תשמע קול כותים שמחים, האנח ותצער על חורבן ירושלים, ותתפלל להקב"ה עליה, **ואיתא**

הלכות ברכות
סימן רכד - דיני ברכות פרטיות

בגמרא דאפילו ההולך לקניגיאות ולטיטראות של ישראל, הרי זה מושב לצים.

סעיף ב - הרואה מקום שנעקרה עבודת כוכבים, אם הוא בא"י - אפי' לא נעקרה רק ממקום אחד, **אומר: בא"י אלהינו מלך העולם שעקר עכו"ם מארצנו; ואם הוא בחו"ל, אומר: שעקר עכו"ם מהמקום הזה; ואומר בשתיהן: כשם שעקרת אותה מהמקום הזה, כן תעקור אותה מכל המקומות, והשב לב עובדיהם לעבדך.**

הגה: ואם נעקרה עכו"ם ממקום אחד ונתנוה במקום אחר, מברך על מקום שנעקרה "שעקר עכו"ם", ועל מקום שנתנוה לשם "שנתן ארך אפים" - היינו אם יש ל' יום שלא ראה אותה וכנ"ל.

סעיף ג - הרואה בבל הרשעה, אומר: בא"י אלהינו מלך העולם שהחריב בבל הרשעה. ראה ביתו של נבוכדנצר, אומר: ברוך שהחריב ביתו של נבוכדנצר הרשע. ראה גוב אריות או כבשן האש - היינו החפירה שהוסק בה אז האש לחנניה מישאל ועזריה, **אומר: ברוך שעשה נסים לצדיקים במקום הזה. (ועיין לעיל סי' רי"ח סעיף ז').**

סעיף ד - ראה מקום שיש בבבל שכל בהמה שתעבור עליו אינה יכולה לזוז משם אם לא יתנו עליה מעפר המקום ההוא, והוא סימן קללה לה, דכתיב: וטאטאתיה במטאטא (פי' מכבדות הבית, שקוב"י בלע"ז) השמד, אומר: ברוך אומר ועושה, ברוך גוזר ומקיים - היינו בשם ומלכות, **בגמרא** הגירסא: ברוך אומר ועושה גוזר ומקיים.

סעיף ה - הרואה ששים רבוא מישראל ביחד, אומר: בא"י אלהינו מלך העולם חכם הרזים - שאין דעתן דומין זה לזה, ואין פרצופיהן דומין זה לזה, והוא יודע מה בלב כל אלו האוכלוסין. **ואם הם עובדי כוכבים ומזלות, אומר: בושה אמכם מאד חפרה יולדתכם הנה אחרית גוים מדבר ציה וערבה.**

סעיף ו - הרואה חכמי ישראל, אומר: בא"י אלהינו מלך העולם שחלק מחכמתו ליראיו - שעם ד' הם חלק אלוה ודבקים בו, לכן אמר "שחלק", משא"כ לקמיה בס"ז.

סעיף ז - הרואה חכמי אומות העולם עובדי כוכבים, שחכמים בחכמות העולם - היינו בהשבע חכמות, לאפוקי אם הם חכמים בדתם, ע"ז אינו מברך כלל, **אומר: בא"י אמ"ה שנתן מחכמתו לבשר ודם.**

סעיף ח - על מלכי ישראל אומר: בא"י אמ"ה שחלק מכבודו ליראיו; ועל מלכי אומות העולם עובדי כוכבים אומר: ברוך שנתן מכבודו לבשר ודם - ומשמע בגמ', אפי' סומא כשיודע שהמלך עובר, מברך, **ועיין** בפמ"ג שמצדד, דאם הוא סומא שלא ראה מאורות מימיו, יברך בלא שם ומלכות. **השלטונים** שאין עול מלך עליהם לשנות דבריהם, ודן והורג במשפט, מברך עליהם, **ועל** השרים שממנה המלך בכל עיר ועיר, טוב וישר לברך בלא שם ומלכות.

סעיף ט - מצוה להשתדל לראות מלכים, אפילו מלכי אומות העולם - ומותר לטמא בטומאה של דבריהן מפני כבודן, בין למלכי ישראל ובין למלכי אומות העולם, **וכן** מפני כבוד הבריות, כגון לילך לנחם אבלים. **אם** רואה פעם אחת המלך, לא יבטל יותר מלימודו לראותו, אם לא שבא בחיל יותר ובכבוד גדול יותר.

סעיף י - הרואה בתי ישראל בישובן - פי' בתי עשירי ישראל שמיושבים בתוקף ובגבורה, **כגון בישוב בית שני** - רש"י, **אומר: בא"י אלהינו מלך העולם מציב גבול אלמנה** - ואפשר דוקא בא"י ובזמן בית שני קאמר, אבל בזה"ז אפילו בא"י לא - ב"י, **ויש** שמפרשים כונת רש"י, דאפילו אם הם מיושבים עתה כמו בבית שני, ג"כ מברכין, [ומסתברא אפי' בחו"ל,

וכתב בפמ"ג, דמפני שיש לחוש לדברי הב"י, טוב לברך בלא שם ומלכות].

והרי"ף פי' בתי ישראל בישובן, היינו בתי כנסיות שמתפללין בתוכן, **וכן** נהגו העולם שאין מברכין על שארי בתים, כי אם על בהכ"נ כשרואה אותה ביפיה ובתיקונה, **וכתב** בא"ר דאין חילוק בין א"י לחו"ל ואפילו בזה"ז, **ובפמ"ג** מצדד דבזה"ז טוב לברך "ברוך מציב גבול אלמנה" בלא שם ומלכות, [מפני שחשש לדעת רש"י].

הרואה בחורבנן, אומר: ברוך דיין האמת.

סעיף יא - הרואה בתי עובדי כוכבים בישובן, אומר: בית גאים יסח ה' - לפירש"י הנ"ל, היינו בתי כותים, [שהיו עובדים לדמות יונה בהר גריזים], שיושבים בשלוה והשקט ועושר, **ולהרי"ף** היינו בתי תפלה שלהם, **בחורבנן אומר: אל נקמות ה'.**

סעיף יב - הרואה קברי ישראל, אומר: בא"י אמ"ה אשר יצר אתכם בדין וכו' - ואם היה שם רק קבר אחד, י"א שאין לומר ברכה זו, כי נתקנה בלשון רבים.

על קברי עכו"ם אמר: בושה אמכם וגו'.

סעיף יג - כל ברכות הראייה, אם חזר וראה אותו דבר בתוך ל' יום, אינו חוזר ומברך - ודוקא כשראה אותו מלך, אבל אם ראה מלך אחר צריך לברך - מ"א בשם רדב"ז, **וה"ה** לענין ההיא דסי"ב ברואה קבר אחר וכל כיו"ב, **אמנם** בא"ר כתב, דהמ"א בעצמו משמע דלא ס"ל הכי, **ועיין** בפתחי תשובה מש"כ בשם ספר עמודי אור בזה, ‹דראוי שלא לברך מספק, אם לא נקבר שם מת מחדש›.

§ סימן רכה – דיני ברכת שהחיינו §

סעיף א - הרואה את חבירו לאחר שלשים יום - מראיה ראשונה, **אומר: "שהחיינו"** - ואם קיבל ממנו כתב, [והיינו דהשלום אתו], או שאנשים הודיעוהו משלומו, יש דעות באחרונים, וספק ברכות להקל, [**דאי** שמע שהוא חולה, ואח"כ כשראהו מצאהו שהוא בריא, מסתברא דודאי דיש לו לברך "שהחיינו", דבזה שמחה עוד יותר משלא היה ממנו כתב כלל].

ואין חילוק בין איש לאשה, והיינו אם רואה אשתו ואמו בתו ואחותו, כיון שהוא שמח ונהנה בראייתם, [**דבאחרת** הלא אסור לאסתכולי, וגם אם במקרה נסתכל, לא שייך נהנה ושמח בראייתה].

כתבו הפוסקים, דאם ראה חכם מחכמי ישראל, מברך עליו "אשר חלק" וגם "שהחיינו", אם הוא שלשים יום שלא ראה אותו.

ואחר י"ב חדש מברך: "מחיה המתים" - ואז אין מברך "שהחיינו". **וטעם** ברכה זו כתב בחי' אגדות, לפי שבכל שנה האדם נידון בר"ה ויוה"כ אם למות אם לחיים, ואם רואהו אחר ר"ח ויוה"כ זה, ואח"כ אין רואה אותו עד אחר ר"ה ויוה"כ הבא, הרי עבר עליו דין אם למות אם לאו, וע"כ אומר "ברוך מחיה המתים", שניצול מדין מיתה בר"ה ויוה"כ.

והוא שחביב עליו הרבה ושמח בראייתו.

וכל אלו הברכות הוא בשם ומלכות, ואפילו ברכת "מחיה המתים".

סעיף ב - מי שלא ראה את חבירו מעולם, ושלח לו כתבים - ר"ל שהריצו כתבים מזה לזה, ועי"ז נעשו אוהבים, **אע"פ שהוא נהנה בראייתו, אינו מברך על ראייתו** - כיון שלא נתחבר עמו פנים אל פנים, אין מעולה האהבה כ"כ עד שיהיה נהנה ושמח בראייתו.

כתב הפמ"ג, דאם נתבשר לו שילדה אשתו, [והיינו אפי' נקבה], ‹דאינו מברך בשעת בשורה›, והוא היה במדינת הים, וראהו עתה, מברך "שהחיינו", או "מחיה המתים" אם הוא לאחר י"ב חודש, דודאי יש לו שמחה בולדו אף שלא ראהו מעולם, [**ולא** ביאר הפמ"ג, אם הראיה הוא דוקא לאחר ל' יום, או אפי' בתוך ל' להמכתב שקבל, דאפשר דהמכתב כמאן דליתא דמיא לשמחת ראיית ולדו].

[**דאי** ילדה זכר ובירך ע"ז ברכת "הטוב והמיטב", ‹בשעת בשורה›, ובא לביתו בתוך ל' יום, איני יודע אם חייב לברך "שהחיינו", דברכת "הטוב" היא כוללת יותר].

הלכות ברכות
סימן רכה – דיני ברכת שהחייני

הגה: י"א מי שנעשה בנו בר מצוה, יברך: בא"י אמ"ה שפטרני מענשו של זה - דעד עכשיו נענש האב כשחטא הבן, בשביל שלא חנכו למצות התורה, ועכשיו שנעשה איש מחוייב הוא להתחזק בעצמו למצות הש"י.

והיינו כשנעשה בן י"ג ויום אחד, **ועכשיו** נהגו שלא לברך עד שעה שהנער מתפלל בצבור בתורת ש"צ, או שהוא קורא בתורה בשבת ראשונה, שאז נודע לרבים שהוא בר מצוה, [**ואף** דמבואר לקמן ברפ"ב דקטן עולה למנין ז', מ"מ להיות מקרא אינו יכול, **והנה** לפי המבואר שם באחרונים, דמנהגינו כהיום שקטן אינו עולה לתורה כלל, ממילא כשעולה נודע לכל שנעשה בר מצוה].

ודע, דאע"פ ששוב אין עליו ענין חינוך, מ"מ יש על האב מצות הוכחה כשרואה שאינו מתנהג כשורה, וכשאינו מוחה בידו נענש עליו, דלא גרע משאר ישראל, **וכידוע** מה שאחז"ל: כל מי שיש לו למחות באנשי ביתו ואינו מוחה, נתפס בעון אנשי ביתו, וכל מי שיש לו למחות באנשי עירו ואינו מוחה וכו'.

וטוב לברך בלא שם ומלכות (דעת עצמו) - משום שלא הוזכרה ברכה זו בגמרא, וכן העתיק בדה"ח, **אמנם** דעת הגר"א בביאורו, דמאחר שהוזכרה ברכה זו במדרש, ומהרי"ל עשה כן הלכה למעשה, יש לברך בשם ומלכות, **ועיין** בח"א שכתב ג"כ, דהמברך לא הפסיד.

מצוה על האדם לעשות סעודה ביום שנעשה בנו בר מצוה, כיום שנכנס לחופה, והיינו ביום שנכנס לשנת י"ד, **וטעם** הסעודה, משום דעכשיו נעשה איש ישראל שנצטוה במצות התורה, [**ובא"ר** בשם יש"ש כתב הטעם, משום דגדול המצווה ועושה, וכמו שאמרו לגבי רב יוסף דהוי עביד יומא טבא בשביל זה], **ואם** הנער דורש, הוי סעודת מצוה אפילו אינו באותו יום.

סעיף ג - הרואה פרי חדש מתחדש משנה לשנה – (בין פרי העץ, או פרי האדמה כגון דלעת וכיו"ב, ולענין פרי אדמה שקורין ער"ד עפי"ל עיין במ"ב בס"ו), **מברך: "שהחיינו"** - ואינה אלא רשות, דאי לא מברך לא מיענש, ומ"מ ראוי ליזהר שלא לבטלה.

(**כתבו האחרונים, דלברכה זו אין צריך שיעור, דהיא על שמחת הלב שרואה שנגמר פרי).**

(כתב הבה"ט בשם הלק"ט, דעל פירות המורכבים מין בשאינו מינו, אין מברכין עליו, לפי שבתחלתו נעשה נגד מצות הבורא, **ובתשובת** שאילת יעב"ץ חולק ע"ז, דלענין בריות נאות אף על הממזר יברך, ואין לך הרכבה פסולה יותר ממנו).

ואפילו רואהו ביד חבירו או על האילן - דעיקרה נתקן על שמחת הלב שמשמח על צמיחת פרי חדש.

(**נראה דאף אם רואה בשבת, שאין יכול לתלשו ולאכלו, אפ"ה יברך, דבאמת כבר נגמר הפרי, אלא דאריה הוא דרביע עלה, ועיין בסימן רכ"ג בחי' רע"א, במש"כ לענין בנה בית חדש כשעדיין לא קבע מזוזה, ובמה שכתבנו שם).**

ונהגו שלא לברך עד שעת אכילה - דמי שאין לבו שמח בראייתו רק באכילתו, לכו"ע מברך רק אאכילתו, ולכך נהגו תמיד בזה משום לא פלוג, **הגה: ומי שבירך בשעת ראיה, לא הפסיד.**

ועיין בפמ"ג שכתב, דלכתחלה נכון לברך "שהחיינו" קודם, ואח"כ יברך ברכה הראויה לה, **וה"ה** אם טועם מעט ואח"כ מברך "שהחיינו", אפשר דגם זה טוב הוא, **ובדיעבד** אם בירך "שהחיינו" אחר הברכה שבירך על האכילה, קודם שהתחיל לטעום, ג"כ אין זה הפסק.

ואין לברך עד שנגמר תשלום גידול הפרי - ר"ל דאף דלענין ברכה על הפרי, קי"ל בסימן ר"ב ס"ב, דמברכין על הבוסר בגפנים בפה"ע משהגיעו לשיעור פול הלבן, ובשאר כל האילנות משיוציאו פרי שהוא ראוי לאכול ע"י הדחק, **הכא** לענין "שהחיינו" אין לברך עד שיהיה נגמר תשלום גידולו, שיהיה טוב למאכל, **ואפילו** בדיעבד אם בירך מקודם שנגמר, ברכתו היא לבטלה, **ועיין** במ"א שהביא דדעת הרדב"ז הוא, דכשהגיע לפול הלבן, ומסתמא ה"ה בשאר כל האילנות משיוציאו פרין, כיון שמברך עליו ברכתו הראוי לו כשאוכלו, יוכל ג"כ לברך עליו "שהחיינו", **ולענין** דיעבד יש לסמוך עליו שלא לחזור ולברך, [דבלא"ה ברכת "שהחיינו" הוא רשות].

ואם לא בירך בראיה ראשונה, יכול לברך בראיה שניה - דהרי אנן נהגינן דאין מברכין עד שעת אכילה, אף שראה כמה פעמים מקודם, **ואם** לא בירך

בשעת אכילה ראשונה, שוב לא יברך על אכילה שניה, **וכ"ש** שלא יברך על אותה אכילה עצמה, אף שעדיין לא נתעכל הפרי.

סעיף ד - אם בירך "שהחיינו" על שירזא"ש, כשיאכל גינדא"ש חוזר ומברך "שהחיינו". הגה: וכן בשני מיני גודגדניות, כגון וויינקסי"ל וקירש"ן וכל כיוצא בזה - ר"ל אע"פ שכולם נכנסים תחת סוג מין אחד, מ"מ כשני מינים הם לענין ברכת זמן, כי שתי שמחות הן, **ועיין** במ"א ובשארי אחרונים שכתבו, דאפילו אם אין חלוקין בשמן, אם חלוקין בטעמן, כגון תאנים לבנים ותאנים שחורים, ב' מינים הן לזה, וצריך לברך על כל אחד ברכת "שהחיינו", כשאין באין לפניו בבת אחת, **וכן** ב' מיני אגסים או תפוחים או אגוזים, ג"כ צריך לברך על כל אחד "שהחיינו", [**דכשבאין** בבת אחת, אפי' שני מינים חלוקין לגמרי בודאי די בברכה אחת].

ובביאור הגר"א מפקפק בכל זה ‹אף על דינא דמחבר› ודחה ראיותיהן, ומשמע שדעתו דכיון שבעצם הוא מין אחד, די במה שבירך בפעם ראשונה, וכן בספר מור וקציעה הביא בשם אביו החכם צבי, ג"כ כעין זה ממש, **אמנם** לבסוף מצדד שם, דאף דבאמת לשארי ענינים נקראין מין אחד, מ"מ לענין ברכת "שהחיינו" דנתקן על השמחה שבלב, מסתברא דנתחדש לו על כל דבר שמחה בפני עצמו, וניחא פסק השו"ע, [**וכנראה** שהיא מחלוקת ישנה בין הגדולים בזה, ודעביד כמר עביד ודעביד כמר עביד, **וטוב** יותר שיקח פרי של מין חדש שעדיין לא ברך עליה, ויכוין להוציא גם את זה].

[**והנה** במ"א הביא עוד, דאפי' מין אחד לגמרי גם בטעם, ורק שחלוקים במראה כגון קירש"ן שחורות ואדומות, ג"כ מברך על כל אחד בפני עצמו, **ולא** העתקתיו, דפקפקו בה כמה אחרונים, **וגם** הפמ"ג כתב ע"ז, דיש למעט בספק ברכות].

סעיף ה - אם בירך "שהחיינו" על ענבים, כשישתה יין חדש אינו חוזר ומברך - ואפילו אם שתי ליה אחר מ"ם יום, שנתחזק היין ויש לו טעם אחר מן מוהל הענבים, **מ"מ** הכל שמחה אחת היא, דבעת שראה או שאכל הענבים, ידע שהיין יצא מהם.

ועיין באחרונים שהביאו, די"א דמ"מ צריך לברך "שהחיינו" גם על היין החדש, משום דיש בו שמחה יתירה מבענבים, **וע"כ** טוב שאם בירך "שהחיינו" על הענבים, אזי כשישתה יין חדש יברך תחלה "שהחיינו" על איזה מין חדש או על מלבוש, כדי לפטור גם את היין.

אבל אם בירך תחלה "שהחיינו" על היין, דעת הע"ת, דלכו"ע אינו חוזר לברך "שהחיינו" על הענבים.

וכ"ז דוקא כששותה את היין כשהוא תירוש, שהוא ניכר שהוא יין חדש, **אבל** אם אינו שותהו עד שהוא יין, אפילו לא בירך "שהחיינו" על הענבים, אינו מברך עליו "שהחיינו", אף שהוא יודע שהוא יין חדש, משום דאינו ניכר בין חדש לישן.

סעיף ו - פרי שאינו מתחדש משנה לשנה - ר"ל שאפילו בימות החורף אינו משתנה ממראיתו, כגון אתרוג וכה"ג שדר באילנו משנה לשנה, **אפילו אם יש ימים רבים שלא אכל ממנו, אינו מברך "שהחיינו"** - שכיון שעומד בירקותו כל השנה, אין הנאה נרגשת בחידושו, **וכן** בא למעט דבר שאין לו זמן קבוע לגידולו, וכדלקמיה בהג"ה.

וכן דבר שאינו גידולי קרקע, כגון עופות ודגים שנזדמנו לו, אפילו אותן שלא טעם ממינן מעולם, **אפ"ה** אין מברך עליהם "שהחיינו", דזה המין אינו חדש בעצם, דאע"פ שהוא לא אכל מהם, אחרים אכלו מהם.

על כמהין ופטריות אין לברך "שהחיינו", דגם להם אין זמן קבוע, **וגם** מאויר הן גדלין ולא מקרקע.

על ריח המתחדש משנה לשנה כמו ורד, וכיו"ב שאר דברים שנעשו להריח, יש דעות בפוסקים אי מברך עליהם זמן, **ונהגו** שלא לברך.

י"א שעל גדיים וטלאים שרגילים להתחדש פעמים בשנה, שמברכין עליהם "שהחיינו", וצ"ע - מ"א, **והעולם** נהגו שלא לברך ע"ז.

הגה: פרי שמתחדש ב' פעמים בשנה, מברכין עליו "שהחיינו" - בכל פעם ופעם, כיון דעכ"פ בא מזמן לזמן. **אבל שאין לו זמן קבוע לגידולו, אין מברכין עליו; לכן אין מברכין "שהחיינו" על ירק חדש, דעומד כל השנה בקרקע** - ר"ל שיש ירק

שדרכו לעמוד כל השנה בקרקע, וברכת "שהחיינו" לא נתקן אלא בדבר הבא מזמן לזמן, **אכן** באמת אינו מצוי זה כי אם באיזה ירקות ולא בכולן, **ואפשר** משום דאין לחלק בין ירק לירק - פרישה, **ויש** לפרש עוד דכונת רמ"א במה שכתב: דעומד כל השנה בקרקע, היינו שמטמינין אותו בקרקע בבורות, ועומד כל ימות השנה, ואינו ניכר בין ירק חדש שגדל בשנה זו, לישן שגדל אישתקד, **משא"כ** פירות, אע"ג דיש מטמינין אותן, הו"ל מיעוטא דמיעוטא ולא חיישינן להו - מג"א, **ולפי"ז** פשוט דאין לברך "שהחיינו" על פרי אדמה שקורין ער"ד עפי"ל, דהרי דרך העולם להטמין אותם בבורות בחורף, ומתקיים זמן רב, [**וכן** בצנון דדרכו ג"כ להטמינו].

[**ובחי'** רעק"א הביא בשם מהרי"ל, שהיה דרכו לברך "שהחיינו" בליל ר"ה על ער"ד עפי"ל, משמע דלא ס"ל האי סברא דמג"א, **ואפשר** דבזמן המהרי"ל לא נתפשט עדיין כ"כ זריעת זה המין בארץ, ולא היו זורעין אותו אלא מעט מן המעט, ולא היו צריכין להטמינו בחורף בקרקע כמו בימינו שהוא מעקרי מיני מזון, וחפשו עצה להעמידו שלא יכלה].

ובשם של"ה כתבו האחרונים, דאין לברך "שהחיינו" על שום ירק חדש, וכן על לחם חדש, דאין ניכר בין חדש לישן, והעולם יטעו ויבואו לידי ברכה לבטלה, **וכתב** המ"א, דמ"מ מברכין על הריפות שעושין מדגן חדש, שניכרין היטב שהם חדשים, **אכן** במור וקציעה חולק ע"ז, דאחרי שאין מינכר בטעמו, אין יתרון להם, ע"ש, ויש למעט בברכות.

ובקטניות כשהן חדשים וניכרין שהן חדשים, כגון שהם ירוקים עדיין במקצת, נראה שיוכל לברך "שהחיינו", וכן משמע בא"ר. **על** מיני לפתן שקורין מייר"ן וריבי"ן ואוגערקע"ס, מברכין עליהם "שהחיינו".

סעיף ז - אינו מברך "שהחיינו" על הבוסר, אלא כשהבשילו האשכולות ענבים; וכן בכל פרי אחר גמרו - ר"ל שיהיה נגמר לגמרי וטוב למאכל, ועיין לעיל בס"ג.

כתבו האחרונים בשם הירושלמי, דמצוה לאכול מעט מכל מין חדש בשנה, **והטעם**, כדי להראות שחביב עליו בריאתו של הקב"ה.

סעיף ח - הרואה כושי; וגיחור, דהיינו שהוא אדום הרבה; והלווקן, דהיינו שהוא לבן הרבה; והקפח, דהיינו שבטנו גדול, ומתוך עוביו נראית קומתו מקופחת - ובבכורות משמע, דהוא אריך וקטין, ולפי שדק הוא אינו יכול לסבול קומתו, ונכפף, ודומה כמי שחוליותיו שמוטות.

והננס; והדרקונה, דהיינו מי שהוא מלא יבלת; ופתויי הראש, שכל שערותיו דבוקות זה בזה - ונולד כך ממעי אמו, דאי נעשה לו זה אח"כ, אומר "דיין האמת".

ואת הפיל ואת הקוף, מברך: בא"י אמ"ה משנה הבריות.

סעיף ט - הרואה את החיגר; ואת הקטע - שנקטעו לו ידיו, **ואת הסומא** - משתי עיניו, [**דאל"ה** לא שייך לומר "משנה הבריות", דאין זה שנוי גדול כ"כ, **אבל** לענין "דיין האמת", אם נעשה בנו או קרובו שמצטער עליו סומא אפי' באחת מעיניו, מסתברא דיוכל לברך "דיין האמת"].

ומוכה שחין; והבהקנין, והוא מי שמנומר בנקודות דקות - היינו שיש לו נקודות כעדשים אדומים קצת, אלא שבין עדשה לעדשה יש לובן צח ומבהיק, ועל שם אותו הלובן נקרא בהקנין, **אכן** אם שכיח שם הרבה אנשים כזה, מסתברא דאין זה גנאי ולא שינוי שיברך ע"ז "דיין האמת" ו"משנה הבריות", **וכ"ש** אם נעשה זה ע"י חום השמש ועתידין להסתלק, נראה דלכו"ע אין לברך ע"ז.

אם הם ממעי אמם - קאי אכולהו לבד אקיטע, **מברך: משנה הבריות; ואם נשתנה אחר כך, מברך: דיין האמת** - שבא לו זה ע"י עונש.

(**ואם** הרואה אותו אינו יודע אם נולד כן או לא, צ"ע אם יברך "דיין האמת").

ויש מי שאומר דדוקא על מי שמצטער עליו, אבל על עכו"ם אינו מברך - מילתא דפסיקא נקט, וה"ה לכל מי שאינו מצטער עליו, **וקאי** על ברכת

"דיין האמת", דאינו שייך אלא למי שמצטער ומצדיק הדין, **אבל** ברכת "משנה הבריות" לא שייך במצטער דוקא, מידי דהוי אפיל וקוף.

ואינו מברך אלא פעם ראשונה, שהשינוי עליו גדול מאד - זה קאי גם אברכת "משנה הבריות" - ט"ז, **ור"ל** דאפילו ראה כושי אחר וכה"ג שארי דברים הנ"ל, אחר שלשים יום, ג"כ אינו מברך, **והטעם**, דעל שינוי אין שייך לברך רק פעם ראשון שרואה הדבר והשינוי גדול בעיניו, **ומשמע** מהט"ז דכ"ש דקאי המחבר אברכת "דיין האמת", **אמנם** בספר נהר שלום כתב, דלענין "דיין האמת" שהוא דוקא על קרובו ואוהבו שמצטער עליו, מסתברא דאם רואה זה עוד על קרובו אחר, בודאי נתגדל עליו עוד הצער יותר, ושייך לברך ע"ז "דיין האמת".

הגה: ויש אומרים משלשים יום לשלשים יום - פי' שלא ראה אחר כיוצא בו תוך ל' יום, [**דאילו** ע"ז שבירך מתחילה, פשיטא דלכו"ע לא יברך עליו לעולם].

ולמעשה יש להורות, דיברך אחר ל' בלא שם ומלכות.

סעיף י - הרואה אילנות טובות, ובריות נאות - בין זכרים בין נקבות, **אפי' עכו"ם או בהמה** - היינו ראיה בעלמא דמותר, אבל להסתכל בעכו"ם ביותר ולהתבונן בדמותו אסור, (ולענין אשה אפילו סתם הסתכלות אסור), **אומר: בא"י אמ"ה שככה לו בעולמו.**

ואינו מברך עליהם אלא פעם ראשונה ולא יותר, לא עליהם ולא על אחרים - אפילו לאחר שלשים יום, [**זהו** לדעת המחבר הנ"ל, אבל להי"א שם, גם בזה צריך לברך לאחר שלשים על אחרים], **אא"כ היו נאים מהם.**

ועכשיו לא נהגו כלל לברך ברכה זו - ח"א, ע"ש טעמו, [**ולי** נראה משום דכונת הגמ' דוקא כשהם נאות ביותר, ומי יוכל לדקדק בזה], **ומ"מ** נכון לברך בלא שם ומלכות.

ואסור לומר: כמה נאה כותי זה, משום "לא תחנם".

§ סימן רכו – הרואה פרחי אילן מה מברך §

סעיף א - היוצא בימי ניסן וראה אילנות שמוציאין פרח - אורחא דמלתא נקט, שאז דרך ארצות החמים ללבלב האילנות, וה"ה בחודש אחר, כל שרואה הלבלוב פעם ראשון, **אומר: בא"י אמ"ה שלא חיסר בעולמו כלום, וברא בו בריות טובות ואילנות טובות ליהנות בהם בני אדם** - ודוקא פרח, הא עלים לחודיה לא, **ואף** בפרח דוקא באילני מאכל, שמזה הפרח עתיד להתגדל פרי, אבל אילני סרק לא.

ואינו מברך אלא פעם אחת בכל שנה ושנה - מדסתם משמע, דאפי' על אילנות אחרים לא יברך, וכנ"ל בסי' רכ"ה ס"י, [**ומסתברא** דאפי' החולקים שם מודים בזה, דברכה זו נתקנה על פריחות הפירות, ודי בפעם אחת].

ואם איחר לברך עד אחר שגדלו הפירות, לא יברך עוד - אבל קודם שגדלו הפירות יוכל לברך, ואפילו לא בירך בשעת ראיה ראשונה.

עד אחר שגדלו - היינו אפילו לא ראה כלל מקודם, אפ"ה אבד הברכה כיון שגדלו הפירות, כן משמע בב"י, **אבל** בא"ר הכריע לדינא, דאם לא ראה מקודם, לא אבד הברכה, וכן משמע ג"כ בביאור הגר"א, דאפילו כבר גדל הפרי לא אבד הברכה, [**דבלא"ה** הרבה ראשונים חולקין על דברי הטור שהעתיקו המחבר לדינא, ונוכל לסמוך עליהן עכ"פ בלא ראה מקודם שלא יאבד הברכה], **ומ"מ** אם כבר גדל הפרי ונגמר כל צרכו, שראוי לברך עליה "שהחיינו", משמע מפמ"ג וח"א ששוב אין כדאי לברך ברכה זו.

סימן רכז - ברכת הזיקים

§ סימן רכז - ברכת הזיקים §

סעיף א- על הזיקים, והוא כמין כוכב היורה כחץ באורך השמים ממקום למקום ונמשך אורו כשבט, (אומר: ברוך אתה וכו') - ולא יברך בלילה אחד רק פעם אחת, אפי' אם ראה כוכב אחר רץ באותו לילה, [היינו אפי' בצד אחר של הרקיע, שע"ת, **ומשמע** דאם בלילה אחרת ראהו, צריך לחזור ולברך].

וי"א שהוא כוכב שיש לו זנב ושבט של אורה, **ושניהם** העתיקו אחרונים לדינא, **ואם** אותו כוכב עצמו שיש לו שבט רואהו עוד הפעם בלילה אחרת, א"צ לחזור ולברך, כל שהוא עדיין בתוך ל' יום לראיה ראשונה, [**ולכאורה** מאי שנא מכוכב היורה כחץ, ואפשר משום דהתם אינו מצוי להכיר שהוא אותו כוכב שרץ מאתמול, ומסתמא כוכב אחר הוא].

ועל רעדת הארץ, ועל הברקים - בליצי"ן בל"א, **ואותן** שהן באים בלא רעם כלל, רק מחמת חום, מצדד החיי אדם שאין זה ברקים הנזכר בגמרא, ואין מברכין עליהם.

ועל הרעמים, ועל רוחות שנשבו בזעף; על כל אחד מאלו, אומר: בא"י אמ"ה עושה מעשה בראשית; ואם ירצה יאמר: בא"י אמ"ה שכחו וגבורתו מלא עולם - ר"ל ברוך הנותן כח להטבע להראות כח יוצר בראשית, כדי שייראו מלפניו, **אבל** לא יברך שתי ברכות כאחת, אלא או זו או זו.

ועל רוחות שנשבו בזעף - ואם שלא בזעף, אם הוא רוח גדול, מברך "עושה מעשה בראשית", ולא יוכל לברך "שכחו וגבורתו" וכו', אחרי שהוא שלא בזעף גדול, **וטוב** לברך תמיד על רוח סערה שאין מצויה רק ברכת "עושה מעשה בראשית", שבזה בודאי יוצא ממ"נ, כי אין אנו בקיאין כ"כ מהו בזעף, [**כי** המג"א העתיק שזועף הוא הנשמע בכל העולם, **ועיין** בתוס' יו"ט שהביא בשם רש"י: שאלו נראין או נשמע למרחוק, ומשמע שבזה לבד די].

והעולם נוהגים לברך על הברקים "עושה מ"ב", ועל הרעמים "שכחו וגבורתו" וכו', וכן מסתבר, שע"י הרעם נראה גבורתו של הקב"ה יותר מבברק, **אמנם** באמת שייך כל אחת מהברכות על שניהם, וע"כ אם שמע ברק ורעם כאחד, מברך ברכה אחת, דהיינו "עושה מע"ב" על שניהם, [**היינו** לפי מנהג העולם שלא לברך על ברקים "שכחו וגבורתו" וכו', אבל באמת מדינא דגמ' אין לזה מקום כלל], **ואם** בירך "שכחו וגבורתו מ"ע", ג"כ יוצא.

ואם לא היו תכופים זה אחר זה, מברך תחלה על הברק, שהוא מתראה תחלה לעין האדם, "עושה מע"ב", ואח"כ על הרעם "שכחו וגבורתו מ"ע", **וה"ה** אם לא ראה את הברק ושמע קול הרעם, ובירך עליו "שכחו וגבורתו מ"ע", או שבירך "עושה מע"ב", ואח"כ ראה ברק, מברך עליו ג"כ "עושה מע"ב".

ועיין בשע"ת שכתב בשם הברכ"י, דאם בירך על הברק ונתכוין לפטור הרעם הבא אחריו, יצא בדיעבד, **ור"ל** דאחרי שטבע הבריאה שאחר הברק יוצא רעם, א"כ חל ברכתו על הרעם שיצא אח"כ.

סעיף ב- כל זמן שלא נתפזרו העבים, נפטר בברכה אחת; נתפזרו בין ברק לברק ובין רעם לרעם, צריך לחזור ולברך - ודוקא היכא דהשמים נטהרו וזכו לגמרי בין ברק לברק, ואח"כ נתקדרו השמים בעבים ושמע עוד קול רעם וברק, צריך לברך מחדש עליהם, דהוי מלתא חדתא, **אבל** היכא שנתפזרו העבים ע"י הרוח אחד הנה ואחד הנה, ועדיין מעונן הרקיע, אז נפטר הכל ע"י ברכה הראשונה, ואין צריך לחזור ולברך מחדש, **ומשמע** בירושלמי, דדוקא באותו יום, אבל ביום אחר בכל גוונא צריך לחזור ולברך.

סעיף ג- היה יושב בבית הכסא - וה"ה אם היה בבית שמקצבין בו בשר, דשם ריח מעופש מאד, [**והגם** דבית שיש בו מוריס יש לו ג"כ ריח רע, ואפ"ה מדינא מותר, **אפשר** דבית שמקצבין בו בשר יש ריח רע יותר גדול, ע"כ נחשב כמבואות המטונפות], **או שהיה הולך במבואות המטונפות, ושמע קול רעם או ראה ברק, אם יכול לצאת ולברך תוך כדי דבור, יצא** - פי' ימהר לצאת משם כדי שלא יפסיד הברכה, **והיינו** היכא שיכול ליטול ידיו במים או בשאר מידי דמנקי סמוך לשמיעתו, דאל"ה ודאי יתארך הזמן יותר מכדי דבור, **או** שלא עשה צרכיו, ולא נגע בידיו

מחבר רמ"א משנה ברורה

במקום הטינופת, **ואע"ג** דלעיל בסי' ד' מבואר, דהיוצא מביה"כ צריך ליטול ידיו אפילו לא עשה צרכיו, **מ"מ** הכא כדי שלא יפסיד הברכה אין צריך ליטול ידיו מקודם, אם לא שהיו ידיו מטונפות.

ודע עוד, דסתם ידים, דהיינו שאינו יודע אם הם מלוכלכות, כשרות לברכה.

י"א דאפילו אם נתעורר לעשות צרכיו, מ"מ כל זמן שאין מתאוה כ"כ שיהא בו משום "בל תשקצו", יכול לצאת משם קודם שעשה צרכיו ולברך, **ויש** מחמירין בזה, **ובפרט** היכי דמשער שישמע עוד קול רעם, ויוכל לברך אח"כ, בודאי נכון להחמיר.

ואם לאו, לא יצא - דאם יתארך יותר מכדי דבור דבלא"ה כבר עבר הזמן, א"צ שוב למהר, **ומכל** זה נשמע, דשיעור הברכה שעל רעמים וברקים הוא דוקא בכדי דיבור, **ואם** עבר יותר מכדי דבור מעת שראה הברק או שמע הרעם, שוב לא יברך על רעם וברק זה, [חמד משה ונה"ש וח"א, **דלא** כט"ז, וגם הפמ"ג מפקפק על הט"ז, ואף שהמג"א מצדד כהט"ז, ספק ברכות להקל], **ומטעם** זה, היכא דעשה צרכיו ונטל ידיו, ושמע קול רעם או ראה ברק, יברך מתחלה על הרעם והברק, ואח"כ יאמר "אשר יצר".

§ סימן רכח – ברכת ימים ונהרות הרים וגבעות §

סעיף א - על ימים ונהרות, הרים וגבעות ומדברות, אומר: בא"י אמ"ה עושה מעשה בראשית - פי' כיון שיסדן מאז, **ושבחו** של מקום הוא כשאנו מכירין היום דבר שאנו יודעין שהמקום בראו מששת ימי בראשית ועדיין הוא קיים, **ואין** שייך לברך עליהם "שכחו וגבורתו מלא עולם" כמו על רוחות ורעמים, דהתם הם נראים ונשמעים למרחוק, אבל ימים ונהרות כל אחד במקומו.

ועל הים הגדול, והוא הים שעוברים בו לארץ ישראל ולמצרים - ונקרא ים הגדול מפני חשיבותו של א"י, **אבל** הרבה אחרונים פליגי על המחבר, וס"ל דדוקא על ים אוקינוס, שהוא הים הגדול שבכל הימים, שמקיף את כל העולם, עליו קבעו ברכה בפני עצמו מפני גדלו, **אבל** על ים שעוברין בו לא"י, לא נקרא לענין זה ים הגדול, ומברכין עליו כמו על שאר ימים.

אומרים: ברוך אתה ה' אלהינו מ"ה עושה הים הגדול - כן הוא לשון הטור, **אבל** כמה פוסקים העתיקו נוסח ברכה זו בלשון עבר: "שעשה את הים הגדול".

(**והטעם**, שמפני חשיבותו קבעו לו ברכה לעצמו – רש"י, נ"ל דאם בירך עליו "עושה מעשה בראשית", יצא בדיעבד, דהוא דומיא דברכת "שהכל", ועוד שאפילו ביין אם בירך עליו בפה"ע, ג"כ יש הרבה מראשונים ואחרונים דס"ל דיצא בדיעבד, דאף שלכתחלה מפני חשיבותו קבעו לו ברכה לעצמו, מ"מ לענין דיעבד אינו יוצא מכלל שאר פ"ע, וכ"ש הכא דבכלל שאר מעשה בראשית הם).

ודע, דכל הברכות האלו אינן אלא כשרואה אותן משלשים יום לשלשים יום.

סעיף ב - לא על כל הנהרות מברך, אלא על ארבע נהרות דכתיבי בקרא, כמו חדקל ופרת - לאו דוקא אלו, אלא ה"ה כל הנהרות שהן גדולות כמו אלו הד', ושיהיו ידועים שהם מימי בראשית כמו אלו ולא נתהוו אח"כ, מברך.

והוא שראה אותם במקום שלא נשתנה מהלכם על ידי אדם - פי' דבמקום שחפרו ושינו מהלכו של הנהר לדרך אחרת, אין מברכין מאותו המקום והלאה, דשם לאו מעשה בראשית הוא, [**אבל** בשאר משך הנהר שלמעלה מזה מברכין].

וה"ה לענין ימים, אם המשיכו בני אדם מאחד לחבירו ועשוהו לאחד, [כמו שידוע מן הים זועץ], אין מברכין על אותו מקום, **אלא** דבימים מן הסתם אין אנו צריכין לחוש לזה.

ועיין בא"ר שמצדד לומר, דאם ספק לו אם נשתנו, ג"כ לא יברך, [**ובפמ"ג** מצדד לומר דמסתמא לא נשתנה, וצ"ע למעשה].

סעיף ג - ולא על כל הרים וגבעות מברך, אלא דווקא על הרים וגבעות המשונים וניכרת גבורת הבורא בהם.

סימן רכט – ברכת הקשת וחמה בתקופתה

§ סימן רכט – ברכת הקשת וחמה בתקופתה

סעיף א- הרואה הקשת, אומר: בא"י אלהינו מ"ה זוכר הברית, נאמן בבריתו - ור"ל שלא יעבירנו אע"פ שרבו הרשעים, **ברמב"ם** וטור הנוסח "ונאמן בבריתו", **וקיים במאמרו** - אפילו לא היה הברית, כיון שאמר בדבור בעלמא: ולא יהיה עוד מבול לשחת הארץ, ברור הוא שיקיים מאמרו.

ובכאן אם ראה אותו עוד הפעם אפילו בתוך למ"ד יום, חוזר ומברך, **ולא** דמי לכל הנך דקי"ל בהו דפעם אחת בחודש די לברוכי, **דכאן** הקשת שבירך עליו חלף והלך לו, ודמי לברכת רעמים.

ואסור להסתכל בו ביותר - והמסתכל בו ביותר עיניו כהות, אלא רואהו ומברך, **ואין** כדאי להגיד לחבירו שיש קשת, מטעם מוציא דבה.

(**לא נתבאר אם בעינן דוקא שיראהו בתמונת קשת, דהוא כחצי גורן עגולה, או אפילו מקצת ממנו די**).

סעיף ב- הרואה חמה בתקופתה - מקום שהיא חוזרת שם לתחלת הקיפה, היא שעת תליית המאורות בעת הבריאה, ומאז התחילה להקיף ולשמש, **והוא מכ"ח לכ"ח שנה** - שנמשך כ"ח שנה עד שבא לאותו המקום בצמצום, **והתקופה** - היינו תקופת ניסן, **בתחלת ליל ד'** - כבעת הבריאה, **כשרואה אותה ביום ד' בבוקר, אומר: ברוך עושה מעשה בראשית** - היינו לכתחלה מצותה מיד להקדים מה דאפשר, **וטוב** לברך אותה ברוב עם, [**ועיין** בתשו' חת"ס, דכשהוא יום מעונן, כל הקודם לברך כשרואה החמה אפי' ביחידות, מוקדם לברכה], **ובדיעבד** עד ג' שעות על היום - לבוש ומ"א, **אבל** הרבה אחרונים הסכימו דיוכל לברך בשעת הדחק עד חצות, והיינו אפילו בשם ומלכות.

ואם נתכסה השמש בעבים ואין רואין אותה, עיין בשע"ת, **ובתשו'** חת"ס כתב, דאם היתה מכוסה בעבים אך נראית רושמה מבין העבים, מברכין, **אבל** כשלא נתראה כלל, לא נראה לברך.

וע"ש שכתב מנהגו בענין ברכה זו, קודם הברכה אמרו: "הללו את ה' מן השמים", **ואחר** ברכת "עושה מעשה בראשית" אמרו פיוט "אל אדון על כל המעשים" עד "וחיות הקודש", **ואח"כ** "מזמור השמים מספרים כבוד אל", **ואח"כ** "עלינו לשבח" וקדיש.

וכן מברך ג"כ כשרואה לבנה בטהרתה, וכוכבים במשמרותם, ומזלות בעתם - וכהיום אין נוהגין העולם בזה, **דהיינו כשתחזור הלבנה בתחלת מזל טלה בתחלת החדש, ולא תהיה נוטה לא לצפון ולא לדרום; וכן כשיחזרו כל כוכב מחמשה הנשארים** - הם: שבתי צדק מאדים נוגה כוכב, **לתחלת מזל טלה, ולא יהא נוטה לא לצפון ולא לדרום; וכן בכל עת שיראה מזל טלה עולה מקצות המזרח.**

§ סימן רל – דין קצת ברכות פרטיות

סעיף א- המתפלל על מה שעבר, כגון שנכנס לעיר ושמע קול צוחה בעיר, ואמר: יה"ר שלא יהא קול זה בתוך ביתי; או שהיתה אשתו מעוברת אחר מ' יום לעיבורה, ואמר: יה"ר שתלד אשתי זכר, הרי זה תפלת שוא - שכבר נצטייר צורת הולד, **אבל** תוך מ"ם יום מועיל תפלה, **ואפילו** אחר מ"ם יום יוכל להתפלל שיהיה הולד זרע קיימא, ויהיה עוסק במצות ומע"ט.

אלא יתפלל אדם על העתיד לבא, ויתן הודאה על שעבר; כגון הנכנס לכרך, אומר: יהי רצון מלפניך ה' אלהינו שתכניסני לכרך הזה לשלום - דוקא לכרך, דשם מצויים ממונים רעים ומחפשים עלילות, **אבל** לעיר קטנה א"צ לומר כשנכנס לה, ולא אח"כ כשיצא ממנה, **אלא** אח"כ כשמחזיק בדרך אומר תפלת הדרך משום סכנת דרכים, וכמבואר לעיל בסימן ק"י.

הלכות ברכות
סימן רל – דין קצת ברכות פרטיות

נכנס בשלום, אומר: מודה אני לפניך ה' אלהינו שהכנסתני לכרך הזה לשלום; בקש לצאת, אומר: יר"מ ה' אלהינו שתוציאני מכרך זה לשלום; יצא בשלום, אומר: מודה אני לפניך ה' אלהי שהוצאתני מכרך זה לשלום, וכשם שהוצאתני לשלום כן תוליכני לשלום וכו', עד בא"י שומע תפלה; וזו היא תפלת הדרך שנכתבה היא וכל דיניה בסימן ק"י - [ואם הוא דר באותו כרך ורוצה לנסוע ממנה, כיון שיש לו מכירין שם, י"א דא"צ לומר ההודאה על יציאתו ממנה בשלום].

לכאורה הלא בסימן ק"י מבואר, דכשיוצא לדרך אומר תפלת הדרך לבד בלא הודאה על שעבר, **וגם** אינו אומר אותה רק כשהחזיק בדרך, **ומהו** זה שכולל הכא תה"ד בהודאה שנותן על העבר, **וגם** משמע שאומר אותה תיכף ביציאתו מן העיר, **י"ל** דהתם מיירי ביוצא מעיר קטנה שאין שם מורא כלל לצאת מן העיר, וצ"ל תה"ד רק משום מורא הדרך, ולכך אין לומר אותה רק כשהחזיק בדרך, וכמ"ש, **ואפילו** אם נזדמן אח"כ בדרך נסיעתו שנוסע דרך כרך, אין לומר כשיוצא ממנה רק ההודאה "מודים" וכו' עד לבסוף בלא חתימה, כיון שאמר תה"ד בתחלת נסיעתו, **והכא** מיירי בנכנס לכרך ולן שם, בענין שצ"ל תה"ד שנית בבוקר בשביל הדרך שרוצה לנסוע, **ומלבד** זה הלא צריך ליתן הודאה ג"כ על יציאת הכרך, בזה אמר שיעשה משניהם אחד, ויחתום בה, ומיגו דצ"ל ההודאה תיכף כשיוצא מן העיר, אומר אז ג"כ תה"ד שכולל בה. [**וגם** הלא מבואר לעיל בסי' ק"י במ"ב, דכשהוא לן בדרך, לכו"ע יכול לברך בבקר כשרוצה לצאת, אפי' כשהוא עדיין בעיר].

סעיף ב - הנכנס למוד את גרנו, אומר: יהי רצון מלפניך ה' אלהי שתשלח ברכה בכרי הזה; התחיל למוד, אומר: ברוך השולח ברכה בכרי הזה - וכתב הא"ר דיאמר בלא הזכרת השם, דדוקא במודד כדי לעשר מצינו שהבטיח הקב"ה ברכה עד בלי די, כמה דכתיב: הביאו את כל המעשר וגו', ובחנוני נא בזאת וגו', והריקותי לכם ברכה עד בלי די.

מדד ואח"כ בירך - ‹פי' מבקש רחמים – פרישה›, **הרי זה תפלת שוא, שאין הברכה מצויה אלא בדבר הסמוי (פי' דנעלם ואינו נראה) מן העין.**

סעיף ג - הנכנס למרחץ, אומר: יהי ר"מ ה' אלהי שתכניסני לשלום ותוציאני לשלום, ותצילני מהאור הזה וכיוצא בו לעתיד לבא; יצא בשלום, אומר: מודה אני לפניך ה' אלהי שהצלתני מהאור הזה - ועכשיו לא נהגו בתפלה זו, והטעם, דלא ניתקן אלא בימיהם שהיו מסיקין האש מלמטה בחפירה, ורוחצים באמבטי מלמעלה ע"ג תקרה שע"ג, ויש חשש פן תפחת ויפלו לתוכה, אבל בזה"ז עומד התנור בזוית וליכא סכנה, [**ואף** דבירושלמי אמר, דבמרחץ שאינה נסוקת אומר בה: "מהיזק חמין", כתב הב"ח, דעכשיו א"צ לחוש להיזק חמין, כי העין רואה והלב מבין ליזהר מהיזק חמין שעומדין בגלוי, **ולענ"ד** בזמנינו, שמצוי כמה סיבות ע"י החמין, צ"ע].

סעיף ד - הנכנס להקיז דם, אומר: יהי רצון מלפניך ה' אלהי שיהא עסק זה לי לרפואה, כי רופא חנם אתה - וה"ה בכל מידי דרפואה יאמר זה, ולא יחשוב שתהיה איזה דבר לו רפואה אלא ע"י הבורא ית"ש, ולכן ע"י תפלה זו ישים בטחונו בו, ויבקש ממנו שתהיה לו לרפואה, [דבכל דבר שהאדם עושה צריך לבקש מאת ד' שיהיה לתועלת, **ועיין** בא"ר מש"כ בשם הרד"א, דדוקא הקזה שהיא סכנה, שמא יחתוך ורידי הדם וימות ח"ו, ע"כ, **ואם** נחוש לדבריו, הוא רק בברכה אחרונה שאומר בלשון "ברוך", אבל לא ב"ויהי רצון" שאומר בתחילה, שהוא רק בקשה בעלמא].

ולאחר שהקיז, יאמר: ברוך רופא חולים - וצריך לומר בשם ומלכות - ב"י וט"ז, **אבל** לא ראיתי נוהגין כן ‹שיאמר בשם ומלכות› - פמ"ג, [**הנה** בהרמב"ם וסמ"ג נזכר "ברוך אתה ד' רופא חולים", וכתב הב"י דה"ה דיאמר מלכות, **ולענ"ד** אין זה כי אם בקשה בעלמא, והאי "ברוך" נמשך ל"יהי רצון" שבקש קודם הקזה, ודומיא דתפילת הדרך, שלא נמצא לאחד מן הפוסקים שיסברו שצריך שיתחום במלכות, אלא "ברוך אתה ד' שומע תפילה", **והתינח** לר"מ מרוטנבורג שהיה מסמיכה לאיזה

ברכה, אבל לשארי פוסקים מאי איכא למימר, אלא ע"כ משום דהיא כתפילה בעלמא, והכא נמי דכוותיה].

מי שמתעטש וחבירו אומר לו: "אסותא", יאמר לו: "ברוך תהיה", ואח"כ יאמר: "לישועתך קויתי ה'", **דארז"ל** דמתחלה לא היה אדם חולה כלל, אלא היה הולך בשוק ומתעטש ומת, עד שבא יעקב אבינו וביקש רחמים על הדבר. **והשתא** לא נהגו לומר לישועתך קויתי ה' בהזכרת שם שמים, כי חיישינן שמא יזכיר שם שמים והוא עסוק בעיטושו, **ועוד** שמא יתרגל לומר כן ויאמרנו גם בביהכ"ס ובמבואות המטונפות – פסקי תשובות.

סעיף ה - לעולם יהא אדם רגיל לומר: כל מה דעביד רחמנא, לטב עביד.

§ סימן רלא – שכל כוונותיו יהיו לשם שמים §

סעיף א - אם אי אפשר לו ללמוד בלא שינת צהרים, יישן. הגה: וכשניעור משנתו א"צ לברך: "אלהי נשמה" - אפשר הטעם, דנתקנה ברכה זו על מנהגו של עולם, שהקב"ה מחזיר הנשמות לבני האדם בבוקר, **וי"א שיקרא קודם שיישן "ויהי נועם"** - משום סכנת מזיקין, **וכתב** הלבוש שאין נוהגין כן.

ובלבד שלא יאריך בה, שאסור לישן ביום יותר משינת הסוס, שהוא שתין נשמי - עיין לעיל בסימן ד' סט"ז, מש"כ במ"ב בשם המחה"ש.

ואף בזה המעט לא תהא כוונתו להנאת גופו, אלא להחזיק גופו לעבודת השי"ת; וכן בכל מה שיהנה בעולם הזה, לא יכוין להנאתו, אלא לעבודת הבורא יתברך, כדכתיב: בכל דרכיך דעהו, ואמרו חכמים: כל מעשיך יהיו לשם שמים, שאפילו דברים של רשות, כגון האכילה והשתיה וההליכה והישיבה והקימה והתשמיש והשיחה וכל צרכי גופך, יהיו כולם לעבודת בוראך, או לדבר הגורם עבודתו, שאפילו היה צמא ורעב, אם אכל ושתה להנאתו, אינו משובח, אלא יתכוין שיאכל וישתה כפי חיותו לעבוד את בוראו.

וראיתי לאנשי מעשה, שקודם אכילה היו אומרים: הנני רוצה לאכול ולשתות כדי שאהיה בריא וחזק לעבודת הש"י - ח"א.

וכן אפילו לישב בסוד ישרים, ולעמוד במקום צדיקים, ולילך בעצת תמימים, אם עשה להנאת עצמו להשלים חפצו ותאותו, אינו משובח - ומ"מ טוב הוא, דמתוך כך בא לשמה, **אלא א"כ עשה לשם שמים.**

וכן בשכיבה, א"צ לומר שבזמן שיכול לעסוק בתורה ובמצות לא יתגרה בשינה לענג עצמו, אלא אפילו בזמן שהוא יגע וצריך לישן כדי לנוח מיגיעתו, אם עשה להנאת גופו, אינו משובח; אלא יתכוין לתת שינה לעיניו ולגופו מנוחה לצורך הבריאות, שלא תטרף דעתו בתורה מחמת מניעת השינה.

וכן בתשמיש, אפילו בעונה האמורה בתורה, אם עשה להשלים תאותו או להנאת גופו, הרי זה מגונה, ואפי' אם נתכוין כדי שיהיו לו בנים שישמשו אותו וימלאו מקומו, אינו משובח; אלא יתכוין שיהיו לו בנים לעבודת בוראו, או שיתכוין לקיים מצות עונה כאדם הפורע חובו - ועיין עוד כונות אחרות בסימן ר"מ ס"א, ואחר כונת הלב הן הדברים, ורחמנא לבא בעי.

וכן בשיחה, אפי' לספר בדברי חכמה, צריך שתהיה כונתו לעבודת הבורא או לדבר המביא לעבודתו - וכ"ש אם סיפורו הוא בעניני משא ומתן, צריך שתהיה כונתו לשם מצוה, דהיינו שיהיה לו במה להתפרנס כדי שלא יבוא ליד גזל, **ואפילו** אם הוא עשיר גדול שדי לו בממונו לפרנס עצמו ובני ביתו כל ימי חייו, ג"כ יצוייר לפעמים במה שמשתדל להרבות עסקיו דבר מצוה, כגון שכונתו להרבות בצדקה וגמ"ח עי"ז, **או** שכונתו ליקח עסקים תחת רשותו כדי

הלכות ברכות
סימן רלא - שכל כוונותיו יהיו לשם שמים

להמציא מלאכה לעניי ישראל שישתכרו להחיות נפשם, שכל זה הוא בכלל צדקה, ומעולה ממנה כמו שכתב הרמב"ם, ומובא ביו"ד סימן רמ"ט, וע"ש, שהמחזיק ביד ישראל שֶׁמָּךְ, ונותן לו מלאכה כדי שישתכר ולא יצטרך לבריות לשאול, הוא מקיים בזה המ"ע ד"ומטה ידו עמך והחזקת בו".

כללו של דבר: חייב אדם לשום עיניו ולבו על דרכיו ולשקול כל מעשיו במאזני שכלו, וכשרואה דבר שיביא לידי עבודת הבורא יתברך, יעשהו, ואם לאו לא יעשהו; ומי שנוהג כן, עובד את בוראו תמיד.

(כתב בתשובת דבר שמואל, שאלה: איזו היא דרך ישרה שיבור לו האדם, אם לעסוק בתורה ולהרבות גבולו בתלמידים כל ימי השבוע וליהנות מאחרים, או ליהנות מיגיע כפיו ומלאכה נקיה כל ימי השבוע, ולעסוק בתורה לבד כל יום השבת, **ואין** כונתו שלא ילמוד כלל כל ימי השבוע, דהא פשיטא דמחוייב האדם עכ"פ לקבוע עתים לתורה בכל יום, אלא כונתו על יתר העת שביום איך יתנהג, וגם שאלתו הוא דוקא אם העסק שלו הוא נקי מתערובות גזל ורבית ואונאה, דאל"ה אין זה ספק כלל, אחד, דעסקים כאלו שוב אין נקרא נהנה מיגיע כפו אלא מיגיעת אחרים, ועוד דמוטב להתבייש בעוה"ז ולקבל מאה מתנות ולא לעבור פעם אחד על לאו דאורייתא של "לא תגזול", **ואעתיק** בקצרה עיקר תשובתו לשואלו: הלא ראתה עינו הבדולח מה שכתוב בטיו"ד סימן רמ"ו בב"י ובב"ח, ובט"ז ובש"ך בשם ספר ים של שלמה, ומכולם האריך למענתו מהר"י קאר"ו בספרו כ"מ הלכות ת"ת פ"ה וכו', **אך** הנראה לענ"ד, שאפילו הרמב"ם ז"ל יסכים בנידון דידן להתיר, דאין דנין אפשר משאי אפשר, וכיון שכפי צורך השעה והמקום א"א לזה האיש החפץ בחיים להתקיים תלמודו בידו לזכות בו את הרבים כי אם בסיפוק צרכיו ע"י אחרים, הרי הוא ככל המון הדיינים והחכמים שהיו מקבלים שכר מתרומת הלשכה, כדגרסינן בכתובות פרק שני דייני גזירות, **והרמב"ם** ז"ל פסק כן בהלכות שקלים פ"ד, וז"ל: מגיהי ספרים שבירושלים ודיינים שדנים את הגזלנים, נוטלין שכרן וכו', ואם לא הספיקו להם, אע"פ שלא רצו מוסיפין להם כדי צרכן להם ונשיהם ובניהם ובני ביתם, **ואיך** יעלה על הדעת שיורה בכגון זה הרב ז"ל, שיותר טוב לאדם לאחוז בסכלות וחסרון החכמה כל ימיו, אשר הוא גרמא לכמה נזקין ומכשלות, תלמוד המביא לידי מעשה, ולמנוע טוב מבעליו מפני היותו נהנה מאת אחיו, וע"ש עוד מה שהאריך בענין זה).

§ סימן רלב - דברים האסורים לעשות בשעת המנחה §

סעיף א - אם השעה דחוקה - דהיינו שאין שהות ביום שיתפללו מתחלה הצבור בלחש, ואח"כ גם חזרת הש"ץ כראוי, **יתפללו בלחש** - היינו שלא יסמכו הצבור מפני הדחק לצאת רק בתפלת הש"ץ שיתפלל בקול רם, דעיקר תפלה בלחש הוא, **ואחר כך יאמר שליח ציבור: מגן, ומחיה, ויענה קדושה, ומסיים: האל הקדוש** - שיקצר בתפלתו שבקול, ולא יאמר כי אם ג' ראשונות להוציאן ידי חובתן בקדושה, **אם אין שהות ביום לגמור י"ח ברכות** - עיין לקמן בסימן רל"ג ס"א בהג"ה, מתי נגמר היום לענין תפלת המנחה, ועיין במ"ב שם.

הגה: וי"א שיתפלל השליח צבור עם הקהל בקול רם - היינו שהש"ץ אומר מיד בקול רם, והקהל יאמר עמו בלחש מלה במלה עד לאחר "האל הקדוש", **וטוב** שיהיה עכ"פ אחד שיענה אמן על ברכת הש"ץ, **וכן נוהגין. ועיין לעיל סי' קכ"ד סעיף ג'.**

(ופשוט לפי מה שאנו נוהגין כהיום, שהש"ץ אינו אומר בקול רק עד אחר ברכה ג' כדי להוציאן י"ח בקדושה, בודאי בת"צ א"צ הש"ץ לומר ברכת "עננו" רק בשומע תפלה כשאר יחידים, דזה לא נקרא חזרת הש"ץ).

סעיף ב - הנה מפני שבסעיף זה יש בו פרטים רבים, לכן מוכרח אנכי להאריך קצת, **הנה** כל זה הסעיף, לענין אכילה וכן לענין להסתפר וליכנס למרחץ ושאר דברים הנזכרים פה, הוא משנה בפ"ק דשבת, דאסור סמוך למנחה, **ולא** ביארה המשנה איזה מנחה, אי מנחה גדולה דהיא משש שעות ומחצה ולמעלה, וסמוך לה הוא חצי שעה קודם, דהיינו תיכף אחר חצות היום, **או** מנחה קטנה, דהוא מתשע שעות ומחצה ולמעלה, וסמוך לזה היינו מתחלת שעה עשירית.

הלכות תפלת המנחה תרכט
סימן רלב – דברים האסורים לעשות בשעת המנחה

גם לא ביארה המשנה מה דאסרה לענין אכילה, אי דוקא לסעודה גדולה דהיינו סעודת נישואין וכה"ג, אז אסור שמא יעבור זמן המנחה, **או** אפילו סעודה קטנה כסעודת כל אדם אסור, דלמא אתי לאמשוכי.

וכן כה"ג יש להסתפק בשאר דברים המוזכרים במשנה, דהיינו שאסור ליכנס למרחץ, אי דוקא לכולא מלתא דמרחץ, דהיינו לחוף ראשו ולהשתטף בחמין וצונן ולהזיע, **או** אפילו להזיע בעלמא אסור, שמא יתעלף מחמת חום המרחץ, **וכן** לענין בורסקי, אי דוקא לבורסקי גדולה, או אפי' לעיוני בעלמא, וכה"ג בשארי דברים כאשר מוזכרים בזה הסעיף.

ויש שם בגמרא שני תירוצים, ולתרוייהו איירי המשנה במנחה גדולה: תירוץ קמא, דכונת המשנה שאסרה סמוך למנחה גדולה איירי דוקא בסעודה גדולה, הא סעודה קטנה מותר להתחיל עד זמן סמוך למנחה קטנה, **ויש** שמקילין עוד לתירוץ זה, דאפילו סמוך למנחה קטנה ג"כ מותר להתחיל סעודה קטנה, (והיינו הי"א בתרא ברמ"א), **ותירוץ** בתרא, דכונת המשנה לאסור אפילו סעודה קטנה סמוך למנחה גדולה.

ונחלקו הפוסקים בזה, הרי"ף והרמב"ם פסקו כתירוצא בתרא, וזהו שסתם המחבר כמותם, **והרמ"א** בריש דבריו פסק כתירוצא קמא, זהו תורף הענין שבסעיף זה, ועתה נתחיל לבאר את דברי הסעיף.

לא ישב אדם להסתפר סמוך למנחה, עד שיתפלל - האי סמוך למנחה היינו סמוך למנחה גדולה, כאשר כתב המחבר בסוף דבריו, ואכולהו קאי, **והיינו** חצי שעה קודם, דהוא תחלת שעה שביעית שהוא מחצי היום ומעלה, **ואין** חילוק בין היום ארוך או קצר, לעולם חשבינן לדעה זו סמוך למנחה אחר חצי היום.

ואף שעד סוף זמן המנחה יש שהות הרבה, אפ"ה חיישינן שמא ישבר הזוג ויחזר אחר אחרת ויעבור המנחה, **ואפשר** שאם יש לו ב' או ג' זוגים מוכנים לפניו שרי, [מ"א, **וא"ר** מפקפק בזה].

כשמגיע זמן המנחה, נכון שלא יקח ילד בחיקו, דשמא יטנף בגדיו, ובעוד שיחזר אחר מים יעבור מנחה, או יתאחר לבוא לבהכ"נ.

ולא יכנס למרחץ - אפילו להזיע בעלמא, וכ"ש לכולא מלתא דמרחץ.

ולא לבורסקי (מקום שמעבדין שם העורות) - אפילו לעיוני בעלמא, שמא יראה שנתקלקלו העורות ויצטער, ויהיה טרוד בצערו ולא יתפלל - רש"י, [**וגם** שמא יתקן, ובתוך כך יעבור הזמן]. **ומשמע** דהוא הדין לכל מלאכה או חשבון כיוצא בו שאפשר להמשך או לגרום טרדא, [מ"א]. **ולכן** אותם היוצאים לירידים, שטרודים בקניית ומכירת סחורה, לא יתחילו לכתחלה סמוך לזמן מנחה גדולה עד שיתפללו מקודם, [ח"א].

(**ומצאתי** במאירי שכתב מענין זה וז"ל: קצת מפרשים כתבו, שלא נאסרה מלאכה בחול מזמן הסמוך למנחה גדולה, אלא במלאכות שאין רגילות עשייתן לחצאין, כגון תספורת או הבורסקי, שמאחר שאתה חושש על הפסד עורות, איך יפסיד וילך להתפלל, **ועוד** שדרכו ללבוש בגדים צואים באותה שעה, עד שישלים וירחץ רגליו וילביש בגדים הרגילים לו, ואיך יפסיק ע"מ לחזור לאלתר לסורו, **וכן** לדין קשה לו לזוז בעוד שטענתו בידו ועדיו מזומנים לו, וכן כל כיוצא בו, **אבל** תפירה וכתיבה ושאר דברים שאדם רגיל להסתלק מהן לחצי שיעור, מתחיל, וכשיגיע זמן תפלה מפסיק, עכ"ל, **ואפשר** שכן הוא ג"כ דעת המ"א, ולהכי כתב "כיוצא בזה", וכ"כ הפמ"ג, **אמנם** מסתימת לשון מהרי"ו שהביא המ"א, משמע דס"ל שבכל מלאכה אסור, **ובמקום** הצורך יש לסמוך להקל).

ולא לדין - אפילו שמעו טענותיהם מכבר, ועתה ראו לישב בשביל גמר דין, אסור, שמא יראו טעם ויסתרו הדין וימשך הענין, [**דאילו** כבר ישב מקודם שהגיע הזמן בשביל התחלת הדין, אף שגמר הדין הגיע סמוך למנחה, הלא קימ"ל אם התחילו אין מפסיקין, ופשוט].

ולא לאכול אפי' סעודה קטנה - היינו סעודת כל אדם, וסעודה גדולה הוא של נישואין ומילה, והטעם, דחיישינן שמא ימשך, **סמוך למנחה גדולה.**

ולענין להתחיל ללמוד קודם תפלת המנחה, עיין לעיל בסי' פ"ט ס"ו לענין לימוד קודם תפלת שחרית, וה"ה הכא כשמגיע זמן מנחה קטנה, (ודלא כשאר מלאכות שאסרו מזמן מנחה גדולה), [**ולכאורה** אין להחמיר לענין למוד אחצי שעה, **ופשוט** דאם התחיל בלמוד קודם שהגיע הזמן דחיוב תפילה, אינו חייב להפסיק אם ישאר לו שהות אח"כ להתפלל בזמן תפילה].

ואם התחיל באחת מכל אלו, אינו מפסיק אע"פ שהתחיל באיסור - היינו אפילו התחיל סעודה גדולה, או שנכנס לבורסקי גדולה, וכה"ג בשארי דברים כאשר הזכרנו בפתיחה, דבודאי יש לחוש בהו שמא ימשך הרבה, אפ"ה אינו מפסיק, כיון שיש שהות להתפלל אחר שיגמור סעודתו או מלאכתו.

ואפילו התחיל אחר שהגיע כבר זמן מנחה גדולה, ואפילו אחר כך, כל שלא הגיע עדיין החצי שעה שקודם מנחה קטנה, **דאילו** כשהתחיל בזו החצי שעה, מפסיק כשיגיע זמן מנחה קטנה, ואף שיש שהות הרבה עדיין עד הערב, דעיקר זמן מנחה הוא ממנחה קטנה ולמעלה, [ולכך מחמרינן יותר כשמתחיל סמוך לה]. **ועיין** לקמן בהג"ה מה שעכשיו נוהגין להקל.

(**וכל שא"צ להפסיק ומפסיק, נקרא הדיוט – מ"א בשם ירושלמי, ובאדרת אליהו חולק ע"ז, ונראה פשוט דאף למ"א, במקום דמן הדין יש להפסיק, כגון שהתחיל בזמן מנחה קטנה, ורק שאנו סומכין על קריאת השמש, המחמיר בזה בודאי לא נקרא הדיוט**).

(**ודע, דכל היכא שאמרו שאינו מפסיק, הוא אפילו אם עי"ז יפסיד התפלה בצבור, אינו מחוייב מדינא, דלא אטרחוהו רבנן בדיעבד, כיון שיש לו שהות להתפלל אח"כ**).

והוא שיהא שהות ביום להתפלל אחר שיגמור סעודתו או מלאכתו, אבל אם אין שהות להתפלל אח"כ - אפילו התחיל בהיתר, **צריך להפסיק מיד** - היינו אפי' עוד היום גדול, כל שיודע שתמשך סעודתו או מלאכתו עד שתחשך, [**ולאו** דוקא עד שתחשך ממש, אלא כל שלא ישאר זמן אחר סעודתו להתפלל כל התפילה בעוד יום], **צריך** להפסיק מיד, שמא ישכח ויעבור הזמן לגמרי, [**היינו** דלא אמרינן שיאכל ויפסיק בתוך הסעודה]. ‹**ולא** יכול להמתין עד זמן מ"ק, ודלא כמ"ש הרמ"א לקמן בסמוך, וכן הוא במ"א, ועיין באשי ישראל›.

ומאימתי התחלת תספורת - קאי אמה שכתב לעיל: ואם התחיל וכו', **משיניח סודר של ספרים על ברכיו; והתחלת מרחץ, משיפשוט לבושו העליון; והתחלת בורסקי, משיקשור בגד בין כתיפיו כדרך הבורסקים.**

והתחלת דין, אם היו עסוקים בו - פי' שכבר ישבו בדינין אחרים, **משיתחילו בעלי דינים לטעון; ואם לא היו עסוקים בו, משיתעטפו הדיינים** - שכך היו נוהגים מלפנים כשיושבין בדין, משום ששכינה שורה עמהם, **ולדידן משישבו אדעתא לדון.**

והתחלת אכילה, משיטול ידיו - ומי שרגיל להתיר איזורו בשעת אכילה, מקרי התחלה משיתיר איזורו אף קודם נטילה, [**ומשמע** מרשב"א, ‹דבסעודה גדולה› אם עדיין לא התחיל לאכול, אף כשהתיר חגורתו כדי לאכול, מפסיק, **והאחרונים** לא הזכירו בזה].

הגה: וי"א חולקים וסבירא להו דסעודה קטנה מותר - היינו סמוך למנחה גדולה, ואחר מכן עד סמוך למ"ק, **אבל** סמוך למ"ק שהוא מתחלת שעה עשירית ולמעלה, גם לדידהו אסור בכל אלה, [היינו אפי' תספורת דידן, וכן בכל הדברים כמו לדעה קמייתא], (ואפילו סעודה קטנה), **ואפי'** בדיעבד אם התחילו אז, מפסיקין כשיגיע הזמן דמ"ק.

ואינו אסור רק בסעודת נשואין או מילה - היינו דלדידהו אינו אסור להתחיל סמוך למנחה גדולה אלא סעודה גדולה, דבדידהו דוקא שצריך שיהוי רב, ע"כ חיישינן שמא ימשך הרבה עד שיעבור הזמן.

וה"ה פדיון הבן, שיש שם הרבה בני אדם מסובין יחד, ועי"ז רגיל הדבר להמשך, **וסעודת** שבת ויו"ט לא מקרי סעודה גדולה.

ולדידהו תספורת דידן נמי שרי סמוך למנחה גדולה, ואינו אסור אלא תספורת של בן אלעשה, שהיא מלאכה גדולה כמבואר בגמרא, **ומרחץ**, דוקא כולא מילתא דמרחץ אסור אז, אבל להזיע בעלמא שרי, **ובורסקי**, דוקא בורסקי גדולה, **ודין**, דוקא התחלת דין שצריך לזה שיהוי הרבה, וחיישינן שמא יעבור עי"ז הזמן, אבל גמר דין שרי.

(**ועיין בביאור הגר"א שכתב, דהעיקר כדעה זו, וע"כ** נראה דאף מי שאינו רוצה לסמוך על המנהג שנהגו

להקל המבואר בהג"ה לקמיה, אין לו להחמיר רק כדעה זו האמצעית, אבל לא כ"כ כדעה ראשונה).

וי"א דאפילו סעודה גדולה סמוך למנחה גדולה שרי; וי"א דסעודה קטנה אפי' סמוך למנחה קטנה שרי - שתי אלו הדעות מקילין יותר מדעות הקודמות, דלדידהו רק באופן אחד אסור, ונחלקין זה מזה, **דלי"א** הראשון רק סמוך למנחה קטנה אסור, ואפילו סעודה קטנה, [**היינו** לכתחילה, אבל אם התחילו אפי' סעודה גדולה, אין מפסיקין אף שהגיע זמן מנחה קטנה, כיון שיש שהות עדיין לגמור גם התפלה מבעו"י], **אבל** סמוך למנחה גדולה שרי הכל.

וי"א השני ס"ל בהיפך, דסעודה גדולה אסור אפילו סמוך למנחה גדולה, וסעודה קטנה מותר אפילו סמוך למנחה קטנה **ומשמע** דכשהגיע זמן מנחה קטנה מודה דאסור להתחיל, **ובהגהת** מרדכי מיקל גם בזה, ודעתו דאין איסור אלא בסעודה גדולה סמוך למ"ק, ‹וזה לכאורה כמו ה"נהגו להקל" בסמוך, דלהי"א השני אסור כבר מסמוך למנחה גדולה›, וכן משמע במהרי"ו, דנהגו העולם להקל אף לאחר שהגיע זמן מנחה קטנה, [מג"א].

ונהגו להקל כשתי הסברות, דהיינו בסעודה גדולה סמוך למנחה גדולה, ובסעודה קטנה סמוך למנחה קטנה - ‹ויש מקילין אף לאחר שהגיע זמן מנחה קטנה, כדלעיל, עיין במ"א›. **וכן** העתיקו האחרונים.

ואפשר הטעם, משום דעכשיו קורין לבהכ"נ, לא חיישינן דלמא יפשע ולא יתפלל,(ועי"ל סי' פ"ט) - ומיירי שדרכו ג"כ לילך להתפלל בצבור בבהכ"נ, אבל אם דרכו להתפלל ביחידות בביתו, לא מהני.

אמנם מיד שקורין לבהכ"נ צריך להפסיק ולהתפלל, דאל"ה מאי תקנתיה.

ודע, דדוקא סעודה קטנה סומכין על קריאת השמש לבהכ"נ, **אבל** סעודה גדולה אין סומכין על קריאה לבהכ"נ, להתיר להתחיל סמוך למ"ק, דהיינו מט' שעות ולמעלה, משום דשכיחא שכרות.

ומשמע מהאחרונים, דלענין לילך למרחץ אפילו לכולא מלתא דמרחץ, וכן לענין כל הדברים שמוזכר לעיל בסעיף זה, סמכינן על קריאת השמש לבהכ"נ כמו לענין סעודה קטנה, **והנה** לפי"ז מותר לילך בע"ש למרחץ אפילו כשהגיע זמן מנחה קטנה, במקום שהשמש קורא לבהכ"נ, **אמנם** אנשי מעשה נוהגין להתפלל מקודם שהולכין לבית המרחץ, [שאין רוצים לסמוך על קריאת שמש, דלאו היתר ברור הוא], **ויש** שמדקדקין ליזהר להתפלל מקודם אפילו כשהולכין לבית המרחץ סמוך למנחה גדולה, דהיינו אחר חצות, כמו שמוזכר במעשה רב, [שחוששין לדעת המחבר, שחשש שמא יתעלף, ומפני זה אסור אפי' להזיע בעלמא, וממילא לא מהני קריאת שמש], **אמנם** הנוהגין להקל בזה אין למחות בידן, דיש להם על מה שיסמכו וכנ"ל.

אבל כ"ז דוקא אם יכריז גם לאנשי בית המרחץ לצאת מבע"י איזה זמן קודם השקיעה, בכדי שיספיק להם העת אחר צאתם להתפלל בזמנה, דאל"ה לא נוכל לסמוך ע"ז כלל, [**ובאמת** בחורף בימים הקצרים כשבא מבית המרחץ, הלא ידוע דמצוה ע"כ אדם לזרז על הדלקת נרות שלא יעברו הזמן, ולא יהיה לו שהות עי"ז להתפלל מנחה בזמנה, בודאי מהנכון להקדים להתפלל מנחה מקודם, ואפי' ביחידי].

מיהו בסעודה גדולה יש להחמיר אפילו סמוך למנחה גדולה - היינו שלא לסמוך על קריאת השמש להתחיל אז הסעודה, דשכיח שכרות, ובשכרות לא מהני הקריאה, [**ר"ל** דלא כמנהג העולם שנהגו להקל גם בזה, וכמ"ש מתחילה], **ולפי"ז** כשיש חתונה בשבת, ולא יצאו מבהכ"נ עד אחר חצות, יתפללו מנחה מקודם ואח"כ יאכלו, דסעודת נישואין הוי סעודה גדולה.

ואפילו אם התחיל קודם לכן - דהיינו שהתחיל הסעודה גדולה קודם חצות, דאז עדיין זמן היתר לכו"ע, **כשמגיע מנחה קטנה והשעה עוברת** - ר"ל כיון שמשער שימשך סעודתו עד הלילה, **צריך לקום ולהתפלל** - תיכף כשיגיע זמן מ"ק, [**ולפי** רהיטת לשון רמ"א משמע, דהיינו אפי' במקום שקורין לביהכ"נ].

נראה דדוקא בסעודה גדולה ומשום דשכיחא שכרות, דלא סמכינן על קריאת השמש לביהכ"נ וכנ"ל, לכך פוסק מיד, **אבל** בסעודה קטנה א"צ לפסוק מיד, דיוכל לסמוך דיפסוק מסעודתו כשיקרא השמש לביהכ"נ, אפילו אם התחיל סעודתו אחר שהגיע זמן מנחה קטנה.

(ובדה"ח ראיתי שפוסק, דאם התחיל קודם שהגיע זמן דסמוך למ"ק, דהיינו קודם ג' שעות זמניות קודם הלילה, אפילו סעודה גדולה אין מפסיקין, ומשמע שם מיניה דהיינו אפילו יודע שתמשך סעודתו עד הלילה, אלא פוסק איזה זמן מועט קודם שיגמר זמן התפלה, ואפילו במקום שאין קורין לביהכ"נ, עי"ש, ולכאורה הוא דלא כדעת הרמ"א, ונראה שטעם הדה"ח, דמה שפוסק הטור דאם אין שהות להתפלל ביום אחר גמר סעודתו דפוסק מיד, ומובא כן לעיל בשו"ע, היינו כשהתחיל באיסור, אבל כשהתחיל בהיתר אין צריך לפסוק מיד, אלא פוסק איזה זמן מועט קודם שיגמר היום כדי שיוכל להתפלל, **ואנו** סומכין על דעת המאור, דעד שיגיע זמן סמוך למנחה קטנה, אפילו סעודה גדולה מותר להתחיל, וא"כ נקרא אז התחיל בהיתר, **אבל** מהרמ"א משמע דאפילו התחיל בזמן ההיתר, לכו"ע צריך לקום מיד כשיגיע זמן מ"ק, אם יודע שתמשך סעודתו עד הלילה, וצ"ע למעשה).

סעיף ג - והא דאסור לאכול סעודה קטנה, היינו כשקובע לסעודה; אבל לטעום, דהיינו אכילת פירות, מותר - אפי' כבר הגיע זמן מ"ק, ואפי' אם אוכל הרבה פירות, דזה לא מקרי סעודה, **ותבשיל** העשוי מחמשת המינים, גם כן מותר אם אינו קובע עלייהו.

וה"ה לאכול פת כביצה, כדרך שאדם אוכל בלא קבע, מותר - כביצה ולא יותר, **וכתב** המ"א, דבשתיה יותר מכביצה נמי אסור, **אף** דלענין אכילה חוץ לסוכה חשיב עראי אף ביותר מכביצה, בזה דהחשש הוא שמא ימשך, וזה שייך בשתיה יותר אם הוא משקה המשכר, **וסתם** משקה מותר לשתות אפילו הרבה.

§ סימן רלג – זמן תפלת המנחה §

סעיף א - מי שהתפלל תפלת המנחה לאחר ו' שעות ומחצה ולמעלה, יצא; ועיקר זמנה מט' שעות ומחצה ולמעלה עד הלילה, לרבנן - דתפלת המנחה כנגד תמיד של בין הערבים תקנוה, וזמן שחיטתו מדאורייתא התחלתו אחר שש שעות ומחצה, דהיינו חצי שעה אחר חצות היום, [**דבין** הערבים כתיב ביה, מכי ינטו צללי ערב, דהיינו משהחמה נוטה למערב, דהוא משש ומחצה ולמעלה], **ורק** משום כדי שיהיו יכולין להקריב קרבנות יחיד מקודם, שאחר התמיד של בין הערבים אסור להקריב שום קרבן, לכן היו מאחרין הקרבתו בכל יום עד ט' שעות ומחצה, **לבד** מערב פסח שחל להיות בע"ש, שהיו שוחטין התמיד בשש שעות ומחצה, [כדי שיהיו יכולים להתעסק אח"כ ג"כ בקרבן פסח קודם שיכנוס השבת, דצליתו אינו דוחה שבת], **וע"כ** עיקר זמן תפלת המנחה לכתחלה הוא מט' ומחצה ולמעלה, כנגד התמיד שהיו מקריבין בכל יום, **ומ"מ** אם התפלל מו' ומחצה ולמעלה יצא, אחרי דעיקר זמנו של תמיד מדאורייתא מתחיל מאותו זמן.

ויש מהראשונים שמקילין לכתחלה משש שעות ומחצה ולמעלה, **ועכ"פ** אם רוצה לאכול או לצאת לדרך, או שעתה יוכל להתפלל עם הצבור, ואם ימתין על מ"ק לא יהיה לו מנין, לכו"ע מותר להתפלל לכתחלה משש שעות ומחצה ולמעלה. ‹**ועיין** בשעה"צ לקמן תחילת סי' רל"ד›.

משמע דמקודם שנשלם החצי שעה שאחר חצות, לא יצא אפילו דיעבד, **ויש** מאחרונים דס"ל, דאף דלכתחלה אסור להתפלל קודם שנשלם החצי שעה שאחר חצות, מ"מ בדיעבד שהתפלל בזו החצי שעה לא יתפלל שנית, [**ובאמת** אף דאין אנו בקיאים, ומשום זה אסור מקודם, מי גרע מספק התפלל או לא התפלל, דאינו חוזר ומתפלל, ‹ע"ש בסי' ק"ז בביה"ל דאינו חיוב›, **ויש** לדחות, דכיון שקבעו חז"ל זמני התפלות, והם אמרו שש ומחצה, הוי מתחלה כלא התפלל בזמנה, וצ"ע למעשה].

ודע, דמש"כ: עד הלילה לרבנן, לאו דוקא, דהא לערך רבע שעה קודם צה"כ לכו"ע בכלל בין השמשות הוא, כדלקמן בסי' רס"א, ואין להתפלל מנחה אז, **ועיין** לקמיה בהג"ה שניה מה שכתבנו בענין זה למעשה.

ולרבי יהודה עד פלג המנחה, שהוא עד סוף י"א שעות חסר רביע - שזמן מ"ק הוא שתי שעות ומחצה, דהלא הוא מט' שעות ומחצה עד סוף י"ב שעות, ונמצא דפלג המנחה הוא שעה שלמה ועוד רביע.

הגה: ומשערינן שעות אלו - היינו כל חשבון השעות הנ"ל, בין למנחה גדולה בין למנחה קטנה ופלג

המנחה, **לפי ענין היום, ואף אם היום ארוך משערינן לי"ב שעות** - מחלקינן היום בין ארוך בין קצר לי"ב חלקים, וכל חלק נקרא שעה, וע"פ שעות אלו קבעינן זמן מנחה לכל הנ"ל, **והם נקראים שעות זמניות, וכן כל מקום ששיערו חכמים בשעות, משערינן בשעות אלו.**

[**ונ"ל** דאף החצי שעה שאחר חצות למנחה גדולה, הוא ג"כ שעות זמניות, דהא בגמ' איתא לתרווייהו כי הדדי, ט' ומחצה למנחה קטנה וו' ומחצה למנחה גדולה, וכי היכי דשם הוא זמניות ה"נ במ"ג הוא זמניות, **אף** דלכאורה כיון דהוסיפו חצי שעה הוא כדי שלא יטעו דאין אנו בקיאים, צריך להיות תמיד חצי שעה, **וצ"ע**].

ושיעור י"ב שעות היום דמשערינן בו יש מחלוקת בין הפוסקים, די"א דחשבינן מעמוד השחר עד צה"כ, **וממילא** לר' יהודה מותר להתפלל מנחה עד שעה ורביע קודם צה"כ, ולרבנן עד הלילה וכנ"ל, וכך סתם המחבר בסימן זה ולקמן בסי' תמ"ג, **וי"א** דחשבינן הי"ב שעות מנץ החמה עד שקיעתה, וממילא לר' יהודה אינו מותר להתפלל מנחה רק עד שעה ורביע קודם השקיעה, ולרבנן עד השקיעה.

ואסיקנא, דעבד כמר עבד, ודעבד כמר עבד - ויש לכל אחד משניהם קולא וחומרא, היינו דלענין מנחה דעת ר' יהודה אינה אלא לחומרא, דאין להתפלל מנחה רק עד פלג המנחה, **אבל** ממילא יש קולא לענין מעריב, דמשם ואילך נחשב כלילה לענין שיוכל להתפלל תפלת מעריב, **היינו** רק התפלה עצמה, דאילו זמן ק"ש של ערבית לכו"ע בצאת הכוכבים הוא, וכדלקמן בסימן רל"ה, **ולרבנן** הוי קולא לענין תפלת המנחה, דמתפללין עד הערב, וממילא חומרא לענין תפלת הערב, דאין להתפלל קודם חשיכה.

והוא שיעשה לעולם כחד מינייהו - פ' שלא ינהוג פעם כך ופעם כך, משום דהוה תרתי דסתרי, **שאם עושה כרבנן ומתפלל מנחה עד הלילה, שוב אינו יכול להתפלל ערבית מפלג המנחה ולמעלה; ואם עושה כר' יהודה ומתפלל ערבית מפלג המנחה ולמעלה, צריך ליזהר שלא** **יתפלל מנחה באותה שעה** - ואפילו למחר, אלא קודם פלג דוקא, **ומכ"ש** שלא יתפלל ביום אחד מנחה אחר פלג כרבנן, וערבית קודם צה"כ.

ועכשיו שנהגו להתפלל תפלת מנחה עד הלילה - ר"ל עד ביה"ש שהוא ספק לילה, **אין להתפלל תפלת ערבית קודם שקיעת החמה** - ר"ל סוף שקיעה, שהוא לדעת המחבר בסי' רס"א זמן מועט קודם צאת הכוכבים, **ואע"ג** דגם אז אין להתפלל עד צאת הכוכבים ממש, דמקודם לכן הוי רק ספק לילה, וכדלקמן בסימן רל"ה, בהאי פורתא לא דק.

ואם בדיעבד התפלל תפלת ערבית מפלג המנחה ולמעלה, יצא.

אבל קודם פלג אפילו בדיעבד לא יצא, **ולעיל** מתבאר דיש דעות בפוסקים אימת הוא פלג המנחה, וע"כ יש לסמוך להקל שלא לחזור ולהתפלל אף אם התפלל שעה ורביע קודם שקיעת החמה, [א"ר, ודלא כמ"א, **ונ"ל** דאפי' המ"א מודה בזמנינו, דנוהגין שלא לעשות מלאכה אחר שקיעת החמה, דחוששין לדעת הגר"א והרבה מהראשונים, דס"ל דתיכף אחר שקיעה הוא ביהש"מ, ולדבריהם בודאי פלג המנחה הוא קודם השקיעה שעה ורביע, **א"כ** בודאי אין לחזור ולהתפלל בדיעבד].

ובשעת הדחק, יכול להתפלל תפלת ערבית מפלג המנחה ולמעלה - ר"ל דאף אם דרכו תמיד להתפלל מנחה אחר פלג, מ"מ יכול להתפלל תפלת ערבית ג"כ בזמן הזה, **ומ"מ** אין להקל בזה רק אם עכ"פ באותו היום התפלל מנחה קודם פלג, **אבל** אם באותו היום גופא התפלל מנחה אחר פלג, שוב אסור לו להתפלל ערבית קודם הלילה, דהוי תרתי דסתרי באותו יום גופא, **וכ"ז** אם מתפלל ביחידי, אבל צבור שהתפללו מנחה, וכשילכו לביתם יהיה טורח לקבצם שנית לתפלת ערב, ויתבטל תפלת הצבור לגמרי, הקילו האחרונים שמותר להתפלל ערבית סמוך למנחה, ועיין לקמן בסימן רל"ה ס"א. [ועיין לקמן סימן רס"ז ס"ב].

הגה: ולדידן במדינות אלו שנוהגין להתפלל ערבית מפלג המנחה, אין לו להתפלל מנחה אחר כך - ר"ל אפילו ביום אחר לא יתפלל מנחה אחר פלג, כיון

דתמיד מחזיק אותו זמן לזמן תפלת הערב, **אפילו** אם בדעתו באותו היום להתפלל מעריב אחר צה"כ.

ובדיעבד או בשעת הדחק, יצא אם מתפלל מנחה עד הלילה - ר"ל דכיון שהוא שעת הדחק, מותר לו לכתחלה להתפלל מנחה בשעה שנהג עד היום להתפלל מעריב, **וכבר** כתבתי דיש לו ליזהר שלא להתפלל אז מעריב רק אחר צה"כ, **אם** לא שהוא בצבור ויהיה טורח לקבצם שנית כשילכו כל אחד לביתו.

דהיינו עד צאת הכוכבים - לאו דוקא, דערך רבע שעה קודם צאת הכוכבים בודאי בין השמשות הוא לכו"ע, ואין להתפלל באותו זמן, **אלא** ר"ל סמוך לזה, וכן איתא בד"מ ברל"ב.

ודע דאף שמהמחבר והרמ"א משמע, דלדידן דנוהגים להתפלל מעריב אחר צה"כ, מותר להתפלל מנחה אפי' אחר שקיעה עד סמוך לצה"כ, **יש** פוסקים רבים שחולקים בזה, ודעתם שתפלת המנחה הוא רק קודם שקיעת החמה, **ולכן** לכתחלה צריך כל אדם ליזהר להתפלל קודם שקיעת החמה דוקא, דהיינו שיגמור תפלתו בעוד שלא נתכסה השמש מעינינו, **ומוטב** להתפלל בזמנה ביחידות מלהתפלל אח"כ בצבור, **ובדיעבד** יוכל לסמוך על דעת המקילים להתפלל אחר שקיעה עד רבע שעה קודם צה"כ, אך כל מה שיכול להקדים מחוייב להקדים, כדי שלא יכנס בספק בין השמשות, [**ונ"ל** עוד, דאפי' לדעת הגר"א והגאונים, דסברי דתיכף אחר השקיעה הוא ביהש"מ, **מ"מ** נוכל לומר דבשעת הדחק סומכין על דעת ר' יוסי, דס"ל דאז עדיין יום ודאי עד שנראה שהכסיף העליון והשוה לתחתון, **ולא** גרע ממאי דאמרו בברכות, כדאי הוא רשב"י לסמוך עליו בשעת הדחק, וכ"ש בענינינו].

אכן אם כבר נראו כוכבים, כבר עבר זמן מנחה בודאי, דזהו סימן ללילה, כמבואר כ"ז בסי' רצ"ג, [**אפי'** שני כוכבים, שהוא ביהש"מ, **ובעו"ה** ראיתי אנשים שהורגלו להתפלל מנחה זמן הרבה אחר השקיעה, עד ממש שהכסיף העליון והשוה לתחתון, דזהו ודאי שלא כדין].

אך כ"ז בדיעבד ושעת הדחק גדול, אבל לכתחלה בודאי אין לאחר זמן המנחה עד אחר שקיעה, וכ"ש שיש ליזהר מאד שלא לאחר עד סמוך לצה"כ, **וכבר** אחז"ל: במערבא לייטי אמאן דמצלי עם דמדומי חמה, דלמא מטרפא ליה שעתא.

(**ובספר** סדר זמנים כתב, לענין דיעבד כשמתפלל אחר שקיעה, שיתפלל על תנאי, **אם** הוא עדיין יום, יהיה נחשב לתפלת המנחה, והתפלה שיתפלל אחר צה"כ יהיה לשם ערבית, **ואם** עכשיו הוא לילה, יהיה תפלה זאת עולה לו לשם תפלת ערבית, והשניה שיתפלל אח"כ יהיה לתשלומין בשביל מנחה, דחובה קודמת לתשלומין, וכדלעיל בסימן ק"ח).

סעיף ב - אם יש לו מים, צריך ליטול ידיו כדי להתפלל - בין לתפילת המנחה בין לתפלת ערבית, דמצוה ליטול ידיו לתפלה, **אע"פ שאינו יודע להם שום לכלוך; ולא יברך. (וע"ל סימן צ"ב סעיף ה')** - היינו מה דמבואר שם, דאפילו היו ידיו מלוכלכות ונוטל ידיו לתפלה, אינו מברך, **ועיין** לעיל בסימן ז' ס"א במ"ב.

ואם נטל ידיו לתפלת המנחה, ולא הסיח דעתו משמירתן, אין צריך ליטול ידיו לתפלת ערבית.

הגה: ואפי' עומד מלמודו - ר"ל דמסתמא לא נגע באמצע הלימוד במקום מטונף, אפ"ה **יטול ידיו לתפלה** - [ומיירי שעשה צרכיו ונטל ידיו קודם שהתחיל ללמוד, דאל"ה מאי רבותא, דלמא נגע במקום מטונף באמצע היום זמן הרבה קודם שהתחיל ללמוד ולא מדכר, וכדקימ"ל דסתם ידים עסקניות הם, וידוע דסתם ידים כשרות לתורה].

וכתב המ"א, דמ"מ אם נטל לתפלה והפסיק בלימוד, א"צ ליטול שנית, **ובשבת** שמפסיקין במכירת המצות, צריכין ליטול שנית לתפלת המוסף, אא"כ לא הסיח דעתו משמירת ידיו, **והא"ר** כ', דכל זמן שהם בבית המדרש מן הסתם אין כאן היסח הדעת, וכן המנהג.

ואפילו נטל ידיו לאכילה ואכל ולא הסיח דעתו, צריך נטילה לתפלה, שאין נטילתו לאכילה עולה לתפלה, «כיון שלא נטל לתפלה», **אבל** נטילת שחרית שנטל כשקם ממטתו ולא הסיח דעתו, עולה לו לתפלה. «דהוי נטילה לתפלה – לשון המ"א».

ואם אין לו מים מזומנים, אינו צריך ליטול - אלא ינקה ידיו בכל מידי דמנקי, **וכ"ז** בסתם ידים,

אבל אם נגע ידיו במקום מטונף, או עשה צרכיו, צריך לחזור אחר מים אף בתפלת מנחה ומעריב, וכמו בתפלת שחרית, וכמבואר שיעורו לעיל בסימן צ"ב ס"ד, וע"ש במ"ב ובה"ל ששייך לכאן.

§ סימן רלד – הרוצה להתפלל מנחה גדולה ומנחה קטנה §

סעיף א - הרוצה להתפלל מנחה גדולה ומנחה קטנה - מנחה גדולה הוא משש שעות ומחצה, ומנחה קטנה הוא מתשע ומחצה ולמעלה, ורוצה להתפלל שניהם, אחת לחיוב ואחת לנדבה, **וכמו** דקי"ל בסימן ק"ז, דיכול אדם להתפלל כמה שירצה בתורת נדבה, ובלבד שיחדש דבר בתפלתו שהוא לנדבה, ע"ש,

אין ראוי לו להתפלל רשות, אלא הגדולה - דאף דלעולם מתפללין החוב מקודם ואח"כ הרשות, **הכא** קודם תשע ומחצה לא הגיע עוד עיקר זמן מנחה, שעיקר זמנה לכתחלה הוא מט' ומחצה ולמעלה, שהיה זמן הקרבת התמיד בכל יום, כנ"ל בסימן רל"ג.

[**ודע**, דדין זה של המחבר הוא רק דעת הרמב"ם, דס"ל דמנחה גדולה הוא רק דיעבד, **אבל** הרא"ש חולק ע"ז, וס"ל דמנחה גדולה מותר לכתחילה להתפלל, **וממילא** בענינינו יתפלל מנחה גדולה לשם חובה, ומנחה קטנה לשם רשות, כדאיתא בטור, **והמחבר** שלא הביא דעתם, משום דאזיל לטעמיה דפסק בריש סי' רל"ג כהרמב"ם, **אבל** לפי מה דמשמע מהט"ז והגר"א, שמצדדים לדינא כדעת הרא"ש והטור, ממילא נשתנה דין זה, **ולפלא** על האחרונים שלא העירו בזה].

ואם יתפלל הגדולה חובה, לא יתפלל הקטנה כי אם רשות - דבדיעבד יצא י"ח במנחה גדולה כנ"ל בסי' רל"ג, **ובסתמא**, שלא כוון בהדיא לשם נדבה, נמי נראה דעולה לשם חובה, ויתפלל השניה לשם נדבה אם ירצה.

אבל אין ראוי להתפלל תפלת רשות, אא"כ מכיר בעצמו שהוא זהיר וזריז ואמיד בדעתו לכוין בתפלתו מראש ועד סוף בלא היסח הדעת; אבל אם אינו מכוין בה יפה, קרינן ביה: למה לי רוב זבחיכם - ובריש סימן ק"ז משמע דבעינן ג"כ שיחדש בה דבר, **ואפשר** דהיכא שהוא מכיר בעצמו שיכוין היטב ותפלה טובה היא, לא בעינן חידוש, **אבל** מלישנא דטור לא משמע הכי.

הגה: אין לומר "אשרי" שקודם מנחה אלא כשיש מנין בבהכ"נ, כדי שיאמרו עליו הקדיש שלפני תפלת המנחה - ואם אמרו בלא מנין ואח"כ בא מנין, יאמרו מזמור א' ואח"כ יאמרו קדיש, **וה"ה** כשלומדים בבהמ"ד בלא מנין, ואח"כ קורין בבהמ"ד אנשים להשלים המנין, לא יפה עושים, **דהא** עיקר טעם קדיש על הלימוד הוא משום שנתקדש השם ברבים, וא"כ בעינן שיהיו י' בבהמ"ד בעת הלימוד, **מיהו** אפשר ללמוד משנה א' וכיו"ב אחר שהתאספו י' אנשים ולומר קדיש. [מ"א, **דלא** כהט"ז, וע"ל בסי' נ"ה במ"ב ס"א].

יש שכתבו שנוהגין לומר פרשת התמיד קודם "אשרי" של תפלת המנחה, נגד תמיד של בין הערבים, ומנהג יפה הוא - ט"ז ומ"א כתבו לומר אחר "אשרי", אבל אין המנהג כן, **וטוב** ג"כ לומר "פטום הקטורת", **אך** כ"ז אם לא יעבור זמן תפלה, אבל אם יש חשש שיעבור זמן תפלה, אפילו "אשרי" ידלג, ובעו"ה יש אנשים שנכשלין בזה.

כתב הטור, סדר תפלת המנחה: אומר "אשרי" וקדיש ומתפללין י"ח, וש"ץ חוזר התפלה כמו בשחרית, ונופלין על פניהם ואומרים: "ואנחנו לא נדע" וגו', ואומרים קדיש שלם וכו'.

וכתבו הפוסקים, דאם התפללו מנחה סמוך לחשיכה, ונמשכו באמירת "אבינו מלכנו" או שארי תחנונים אחר התפלה עד שחשיכה, אין לומר קדיש תתקבל, שהתפלה היתה ביום אחר, **אבל** אם אירע שהתפלה עצמה נמשכה בלילה, וכמו תפלת נעילה, אומרים קדיש תתקבל, [**ואפי'** אם התפלה נמשכה רק עד צה"כ, נמי מותר, כל שלא כלתה ביום והיה הפסק בינה ללילה, א"ר, וז"ל: דדוקא כיון שהפסיקו מלהתפלל קודם שנתחדש יום, אבל אם נמשכה עד הלילה, אומרים קדיש].

סעיף ב - אם שכח ולא התפלל מנחה, מתפלל ערבית שתים - ואם הזיד, ע"ל בסימן ק"ח ס"ז, **ואומר "אשרי" קודם תפלה שהיא תשלומין לתפלת המנחה. (וע"ל סימן ק"ח)** - ס"ב, ובמ"ב.

הלכות ק"ש ותפלה של ערבית
סימן רלה – זמן ק"ש של ערבית

§ סימן רלה – זמן ק"ש של ערבית §

סעיף א - זמן ק"ש בלילה משעת יציאת שלשה כוכבים קטנים - ואפי' מפוזרים, **דכתיב:** ובשכבך, וקודם לילה לאו זמן שכיבה הוא, ולילה מקרי משנראו ברקיע ג' כוכבים בינונים, **אך** מפני שאין הכל בקיאין ויבואו לטעות בגדולים, וגדולים בודאי אינן סימן ללילה, שכמה פעמים נראין אפילו ביום, החמירו גבי ק"ש דאינו קורא עד שיראו ג' קטנים, [**משא"כ** לגבי תענית לא הטריחו ואוקמי אדינא דסגי בבינונים].

ואם הוא יום מעונן, ימתין עד שיצא הספק מלבו - דספק דאורייתא הוא, **ואם** הוא יודע מתי שקעה החמה, ימתין כשיעור ד' מילין שהוא ע"ב מינוט, **ועיין** לקמן סימן רצ"ג ס"ב במ"ב ובה"ל, דכל הענין דשם שייך גם לכאן.

ואם קראה קודם לכן - ר"ל קודם צה"כ, או ביום המעונן קודם שיצא הספק מלבו, **חוזר וקורא אותה** - עיין במאמר מרדכי ובנהר שלום שכתבו, דמעיקר הדין הוא ולא משום חומרא, וכן דעת הגר"א.

בלא ברכות - דהא כבר בירך אותם, ואע"ג דלא יצא בק"ש שקרא קודם הזמן, אעפ"כ לא הוי הברכות לבטלה, **דאע"ג** דמסמכינן להן לק"ש, מ"מ עיקרן לא נתקנו דוקא לק"ש, ולפיכך בדיעבד שקראן קודם לזמן של ק"ש יצא.

ואם הצבור מקדימים לקרות ק"ש מבעוד יום - והיו עושין כן מפני הדחק, שכמה פעמים אילו היו ממתינין בתפלת ערבית עד צה"כ, היה כל אחד הולך לביתו ולא היו מתפללין בצבור, שטורח להם להתאסף עוד, **וגם** איכא עמי הארץ טובא, דאי לא יתפללו בצבור לא היו מתפללין כלל, **וע"כ** סומכין עצמן על דעת ר' יהודה שס"ל דמפלג המנחה ולמעלה נחשב ערבית להתפלל תפלת ערבית, וכדאיתא לעיל סימן רל"ג דשרי לעשות כן בשעת הדחק, **וכיון** שנחשב לענין תפלה ללילה, היה מנהגם שהיו קורין אז ג"כ ק"ש, אף שהוא דלא כהלכתא לרוב הפוסקים.

יקרא עמהם ק"ש וברכותיה ויתפלל עמהם - כדי לסמוך גאולה לתפלה, וגם להתפלל עם הצבור.

ולא יכוין אז לצאת ידי חובת ק"ש, כי אם בקריאה שניה שקורא אח"כ בזמנה. ‹כדי שלא יעבור על בל תוסיף, דכיון דקודם צה"כ אינו זמן ק"ש לא דיום ולא דלילה, הוי כישן בשמיני בסוכה, שבכוונה למצוה עובר על בל תוסיף – אג"מ›.

וכשיגיע זמן, קורא קריאת שמע בלא ברכות - ודי שיקרא שתי פרשיות הראשונות, כיון שהזכיר יציאת מצרים בבהכ"נ, **דנהי** דלענין ק"ש לא יצא בזה הזמן, משום דאכתי לאו זמן שכיבה הוא, לענין יציאת מצרים שאנו מחוייבין להזכיר בלילה, יוצא בזה הזמן - מ"א בשם תר"י, **אבל** בשאגת אריה האריך ומסיק, דירא שמים יש לו ליזהר לקרות כל השלש פרשיות של ק"ש אחר צאת הכוכבים.

ואין כדאי לסמוך על הקריאה שקורא על מטתו, אפילו אם מנהגו לקרות כל הג' פרשיות, דהא צריך לכוין לצאת ידי מ"ע של ק"ש, כדלעיל בסימן ס', וק"ש שעל מטתו אין אנו מכונים לשם מצוה כי אם להבריח המזיקין, **ועוד** שאפילו אם נימא דאין צריך כונה לצאת המ"ע, צריך עכ"פ כונת הלב לקבל עליו עול מלכות שמים במורא, ובאותה שעל מטתו אין מכוין לזה.

והנה בזמנינו נהגו רוב העולם לקרות ק"ש ולהתפלל אחר צה"כ כדין, **מיהו** באיזה מקומות בבתי כנסיות יש עדיין מנהג הישן שמתפללין תיכף אחר מנחה אף שהוא מבע"י קצת, **והמתפלל** במקומות האלו יראה לחזור ולקרות ק"ש כשיגיע הזמן, **ולפחות** יראה לקרות כל הפרשיות על מטתו כדין, ויכוין לצאת בזה המ"ע של ק"ש, **ובאיזה** מקומות יש מנהג שהותיקין אינן קוראין ק"ש עם הצבור, אלא שותקין עד שמ"ע ומתפללין עמהם, וממתינין אחר התפלה עד צה"כ וקורין ק"ש וברכותיה, ואין חוששין לסמיכת גאולה לתפלה, **וגם** מנהג זה נזכר בדברי הקדמונים, ואשרי המתפלל מעריב בזמנו בצבור.

(**ובמעשה רב כתב, דמוטב להתפלל ערבית בזמנה ביחיד, אם א"א לו לאסוף עשרה בזמן ק"ש, ואף בשבת דעתו שם שיתפלל בזמנה דוקא**). ‹**אפשר** דהוא מיירי שאינו עומד עם הצבור, דאז לא ווייך מחזי כיוהרא {דלקמן בבה"ל} – משנה הלכה›.

הגה: ומיהו לא יחזור ויתפלל בלילה, אע"פ שהצבור מקדימים הרבה לפני הלילה, אלא א"כ הוא

(ביאור הלכה) [שער הציון] ‹הוספה›

הלכות ק"ש ותפלה של ערבית
סימן רלה – זמן ק"ש של ערבית

רגיל בשאר פרישות וחסידות, דאז לא מתחזי כיוהרא מה שיחזור ויתפלל – (הלשון מגומגם, דכיון שהוא מתפלל עמהם לכתחלה, משום דאין תפלתו של אדם נשמעת אלא עם הצבור, פשיטא שלא יחזור ויתפלל משום ברכה לבטלה, **ועוד** דמאן דרגיל בפרישות היכי שרי ליה לחזור ולהתפלל, **ואפשר** כונתו כמש"כ רב האי ומובא בב"י, שיש נוהגים להתפלל עם הצבור תפלת נדבה, ואח"כ בזמנה מתפלל עוד תפלת חובה, **וכתב** ב"י דבזה צריך שיהא מכיר עצמו שיהא זהיר וזריז בכונה, ולזה אפשר כוון הכא בהג"ה, ומצאתי אח"כ שכן היה מפרש הלבוש).

אבל מה שחוזר וקורא ק"ש לא מחזי כיוהרא, דלענין ק"ש כמעט כל הפוסקים מסכימים דזמנה הוא מצה"כ.

(**אבל** באמת כ"ז דוחק, והמעיין במקור הדברים במרדכי ובהג' מיימוני ובתה"ד יראה, שלא נזכר כלל לחזור ולהתפלל, **אלא** כתבו כולם דצריך לנהוג כדעת ר"ת לקרוא ולהתפלל לאחר פלג המנחה, **והנוהגים** לאחר בק"ש ובתפלה עד צה"כ מחזי כיוהרא, **וכונתם** משום דפורש מן הצבור שקוראים ומתפללים אחר פלג המנחה, **וכתב** הב"י, דלענין תפלה יש לסמוך עליהם שלא לפרוש מן הצבור, ולהתפלל עמהם בשוה, **אבל** בק"ש שלרוב הפוסקים לא יצאו קודם צה"כ, בודאי מותר לו לאחר בקריאתו עד צה"כ, וכן העתיק בד"מ, **וכפי** הנראה ט"ס הוא בכאן, וצ"ל "ומיהו לא יאחר להתפלל בלילה וכו'", וכן הוא באמת הלשון בתה"ד עיי"ש, ואדברי המחבר קאי, **וכונתו** דאע"ג דלענין ק"ש אם ירצה להמתין בק"ש וברכותיה עד צה"כ בודאי שפיר עביד, וכמו שהמנהג באמת בזמנינו, **אבל** עכ"פ שמ"ע יתפלל עם הצבור, **ואם** גם ימתין בתפלה מחזי כיוהרא, **ואפשר** עוד דהלשון "יחזור" שטפא דלישנא הוא, ומשום דגבי ק"ש לפי המנהג שקורין עם הצבור כתב "חוזר", נקט גם הכא "חוזר", והכונה כשהוא רגיל בפרישות יאחר להתפלל, ודוחק).

הסכמת הפוסקים הוא, דעכ"פ אין לו להקדימה יותר מפלג המנחה, ואם הקדים לא יצא, לא בק"ש וברכותיה ולא בתפלה לכו"ע, וצריך לחזור ולקרוא ק"ש וברכותיה ולהתפלל שמ"ע, [**דברכת** ק"ש יש לה דין תפלה, והיכא דאינו יוצא בתפלה, גם בברכות אינו יוצא, **ועיין** לעיל ברל"ג, דיש דעות דסברי דפלג הוא שעה ורביע קודם שמתכסה השמש מעינינו, **וע"כ** בדיעבד אין לחזור אא"כ אם הקדים להתפלל קודם הזמן הזה], **ואפי'** מפלג המנחה ולמעלה אינו אלא למי שהתפלל מנחה קודם פלג, אבל להתפלל מנחה ומעריב אחר פלג הוי תרתי דסתרי אהדדי.

כתבו האחרונים, מי שנוהג לקרות ק"ש ולהתפלל בצבור בזמנה, וכשהיה בצבור שקורים ומתפללים מבעוד יום, טעה והתחיל בברכת ק"ש, יגמור הברכות עם הק"ש עד שמ"ע כדי שלא יהיה ברכה לבטלה, **אבל** שמ"ע לא יתפלל עמהם, וכשיגיע זמן ק"ש יקרא ק"ש בלא ברכות ויתפלל עם הצבור, (**משמע** דדוקא כשהוא עושה כן בקביעות מחזי כיוהרא [לעיל בבה"ל], אבל ברגיל בכל פעם להתפלל בצבור בזמנה, לא מחזי כיוהרא כשאירע פעם להיות עם צבור המתפלל לפני זמנה, כשלא יתפלל אז - משנה הלכה), **ואע"ג** דעכשיו אינו סומך גאולה לתפלה, דתפלה בזמנה עדיף מסמיכת גאולה לתפלה, [**היינו** דכיון שדרכו תמיד לנהוג כרבנן דאין מתפללין מבעו"י, ומנחה מתפללין אחר פלג. **ואם** אין לו עשרה בלילה להתפלל עמהם, נכון להתפלל עם הצבור גם לכתחילה מבעו"י, **ונראה** דוקא אם בזה היום לא התפלל מנחה אחר פלג המנחה].

סעיף ב - אסור להתחיל לאכול חצי שעה סמוך לזמן ק"ש של ערבית - היינו סמוך לצה"כ, [**והיינו** אפי' במקום שהצבור מקדימין להתפלל מפלג המנחה ולמעלה, אין לחוש בזה להחמיר], **ומשמע** ממ"א דאפילו במוצאי שבת יש ליזהר שלא להתחיל אז הסעודה, ועיין במ"ב רצ"ט מש"כ בזה.

והטעם, שמא ימשך בסעודתו, ופעמים ישתקע עי"ז גם בשינה, וישכח לקרות שמע, **ואפי'** לאכול קמעא אסור, ומ"מ טעימה בעלמא מיני פירות או אפי' פת בכביצה, שרי.

חצי שעה - דעת הט"ז להקל בזה, ולא בעי אלא שיעור מועט, (דכאן שזמנה ארוך, אין איסור בסמוך כמו בתפלת מנחה, אלא שיעור קטן), **והאחרונים** מסכימים לפסק השו"ע, דכל דליכא אלא חצי שעה אסור להתחיל לאכול, **ואם** ביקש מאחד שיזכירנו להתפלל, ליכא אסורא להתחיל לאכול אפילו כשכבר הגיע זמן ק"ש.

וכן לישן, אפילו דעתו רק לישן קמעא. **וה"ה** דאסור אז לעשות כל המלאכות המבוארות לעיל בסי' רל"ב ס"ב, שהם דברים המביאים לידי פשיעה, [**אבל** שאר מלאכות שאין דרכן להמשך שרי, **אבל** במהרי"ו משמע דמחמיר בכל מלאכות], **וכ"ש** כשהגיע זמן ק"ש, בודאי אסור להתחיל בהן, **ואו"ר** מצדד להתיר בהם קודם שהגיע זמן ק"ש.

הלכות ק"ש ותפלה של ערבית
סימן רלה – זמן ק"ש של ערבית

מיהו ללמוד לכו"ע שרי בסמוך לה, ואדרבה מצוה הוא, וכמו שאמרו בש"ס: אדם בא מן השדה בערב נכנס לביהכ"נ, אם רגיל לקרות קורא, לשנות שונה, וקורא ק"ש ומתפלל, **אבל** משהגיע זמן ק"ש אסור אף ללמוד, כשהוא מתפלל בביתו ביחיד, [דכשהוא מתפלל בצבור לית לן למיחש שמא יפשע]. **ואם** אמר לחבירו שאינו לומד שיזכרנו שיתפלל, מותר.

כתבו האחרונים, הקורין ומתפללין מבעוד יום, אע"ג שיש להם לחזור ולקרות ביציאת הכוכבים וכנ"ל בס"א, **אפ"ה** מותר להם לאכול קודם שיקרא שנית, שהרי עכ"פ כבר קרא, **ומ"מ** בהגיע זמן צה"כ ממש נכון ליזהר גם בזה. (עיין בסימן רס"ז ס"ב, וצ"ע).

ואם התחיל לאכול אחר שהגיע זמנה - ובתוך חצי שעה סמוך לצאת הכוכבים נמי כאחר שהגיע זמן הוא, (וה"ה כשהתחיל במלאכות שכתבנו מקודם, ג"כ דינא הכי), **מפסיק** - מיד [כשיגיע צה"כ], **וקורא ק"ש** - כיון דק"ש דאורייתא הוא, והוא התחיל באיסור, **ואם** התחיל בהיתר, דהיינו לפני חצי שעה שסמוכה לצה"כ, אפילו לק"ש אינו מפסיק, כל שיש לו שהות לקרוא אחר גמר סעודתו, וכנ"ל בסימן עיי"ן במ"ב.

בלא ברכותיה - משום דברכות אינם אלא מדרבנן, לא הטריחוהו להפסיק בשבילם, **וגומר סעודתו, ואח"כ קורא אותה בברכותיה ומתפלל.**

הגה: אבל אין צריך להפסיק לתפלה, הואיל והתחיל לאכול - כמ"ש המחבר, שאינו מפסיק אלא לקרות ק"ש בלחוד בלא ברכות ובלא שמ"ע, ומשום שהם רק מדרבנן, **והאי** דהדר ושנאו הרמ"א, משום דרצה לסיים: אבל וכו'.

אבל אם לא התחיל לאכול, אע"פ שנטל ידיו, צריך להפסיק - היינו אף שיש עוד שהות הרבה להתפלל, מחמרינן ליה שיפסיק, **ולא** דמי להתחיל סמוך למנחה דאינו מפסיק בדיעבד אם כבר נטל ידיו, כדמבואר לעיל בסי' רל"ב, דבמנחה כיון דזמנה מועט, מירתת ולא אתי למפשע, **משא"כ** בערבית דזמנה בדיעבד כל הלילה, גזרינן דלמא אתי למפשע, ויסמוך על אריכותה של לילה, להכי כל זמן שלא התחיל באכילה עצמה מטרחינן ליה להפסיק אף שנטל ידיו, **ודוקא** כשלא בירך עדיין ענט"י, אבל אם כבר בירך ענט"י, נכון שלא יפסיק, אלא יברך "המוציא" ויאכל כזית, ויפסיק סעודתו, **ואף** דבהתחיל לאכול א"צ להפסיק, הכא שאני, שלא התחיל לאכול רק בשביל שלא יהא הפסק בין נט"י ל"המוציא", שאינו נכון לכתחלה, כמבואר לעיל בסי' קס"ו.

ואם אין שהות להתפלל, מפסיק אף לתפלה - ר"ל בין שהוא עומד סמוך לעלות השחר, **או** אפילו עומד בתחלת הלילה, רק שסעודה זו תמשך עד עלות השחר, כגון סעודות גדולות בימות הקיץ שהלילות קצרים, **צריך** להפסיק מיד ביציאת הכוכבים, **ואפילו** התחיל בהיתר מבעוד יום, נמי הדין כן.

סעיף ג - לכתחלה צריך לקרות ק"ש מיד בצאת הכוכבים - דזריזין מקדימין למצות, **וזמנה עד חצי הלילה** - פי' דרבנן גדרו שאסור להתאחר בקריאת שמע ביותר מחצות, שלא לבוא לידי מכשול, **ואם** מתאחר מקרי עובר על דברי חכמים, **אבל** עד חצות ליכא איסורא אם מתאחר, אלא שלא נקרא זריז וכנ"ל, **והיינו** ביושב ואינו עוסק באכילה או במלאכה המטרדת, דאילו אוכל או עוסק במלאכה המטרדת כההיא דסימן רל"ב ס"ב, מדינא אסור משהגיע זמן ק"ש, וכנ"ל בס"ב.

(המחבר סתם כדעת הרמב"ם והסמ"ג, ודלא כדעת הרשב"א והרא"ש, דס"ל דלא קי"ל כחכמים דעשו סייג עד חצות, **ועיין** בשאגת אריה שדעתו לדינא כדעת הרשב"א והרא"ש, **מ"מ** רובא דרבוותא קיימי בשיטת השו"ע, וכן בדה"ח וח"א העתיקו דברי השו"ע להלכה, **ובמקום** הדחק, כגון שהוא מלמד תורה לאחרים וכה"ג, אפשר דיכול לסמוך על שיטת הרא"ש, לאחר עד אחרי חצות, וכן משמע במג"ג).

ואם עבר ואיחר וקרא עד שלא עלה עמוד השחר, יצא ידי חובתו - דמן התורה לכו"ע זמנה כל הלילה, ד"ובשכבך" כל זמן שבני אדם שוכבין משמע.

ומשום דמיירי בעבר דהיינו בפשיעה, נקט "עד שלא עלה", **אבל** באנס, אפילו אחר שעלה עמוד השחר, רק שהוא קודם הנץ, נמי קורא ויוצא, וכדלקמיה בסעיף ד'.

(ביאור הלכה) [שער הציון] (הוספה)

הלכות ק"ש ותפלה של ערבית
סימן רלה - זמן ק"ש של ערבית

סעיף ד - הקורא ק"ש של ערבית אחר שעלה עמוד השחר, קודם הנץ החמה (פי' יציאת החמה, מענין "הנצו הרמונים"), לא יצא ידי חובתו - דאף דמן התורה קרינן "בשכבך" עד הנץ, משום דאיכא עדיין מקצת אנשים דגנו בההיא שעתא, **מ"מ** היכא דלא איתנס בטלו חכמים ממנו מצות ק"ש על שאיחר כ"כ, ואינו יוצא ידי חובתה שוב בקריאתה, [**ופשוט** דאם ירצה, שרי לקרות ק"ש בלא ברכות כקורא בתורה].

(**נקט** הני תרי לישני, "אחר שעלה עה"ש קודם הנץ", לאשמועינן דבלא אונס, אפילו קראה תיכף משעלה עה"ש ג"כ אינו יוצא, **ובאונס** אפילו קראה אח"כ, כל שלא הנץ החמה יוצא, כ"כ הפוסקים).

אלא אם כן היה אנוס, כגון שכור או חולה וכיוצא בהן - ואפילו נשתכר לאחר שהגיע זמן ק"ש, דהיינו מצה"כ ואילך, נמי אינו בכלל מזיד, דקסבר עדיין יש שהות שבתוך כך יפוג יינו, **אבל** בנשתכר זמן מועט קודם עלות השחר, שאי אפשר בשעה קטנה כזו להפיג שכרותו, לא הוי אונס, ולא יצא ידי חובתו.

ואנוס שקרא אז, לא יאמר "השכיבנו" - מתבאר בפוסקים, דאפי' אם ירצה לדלג תיבת "השכיבנו", ולהתחיל מן "ותקננו בעצה" וכו', נמי אינו נכון.

דכיון שעלה עמוד השחר אינו זמן שכיבה - ר"ל אינו זמן שבני אדם הולכים לשכב, שיהיה שייך לומר על זה "השכיבנו", **אבל** מ"מ מיקרי זמן שכיבה לענין מצות עשה דק"ש דכתיב בה "בשכבך", דהכוונה כל זמן שבני אדם שוכבין, ועדיין יש מקצת בני אדם שוכבין וכנ"ל.

הגה: אבל שאר הברכות, דהיינו שתים שלפני ק"ש, וברכת "אמת ואמונה" עד "השכיבנו", אומר - ולא יאמר "ברוך ה' לעולם" וגו', וגם שמ"ע לא יתפלל, דתפלת ערבית נתקנה רק בשביל לילה, ומכיון שעלה עה"ש יום הוא לכל דבר.

§ סימן רלו - ברכות קריאת שמע של ערבית §

סעיף א - בערב מברך שתים לפני ק"ש - "אשר בדברו" וכו', ו"אהבת עולם", **ואינה** פותחת ב"ברוך" דהויא סמוכה לראשונה, **ויש** להפסיק בין "ברקיע כרצונו", לבין "בורא יום ולילה", ד"כרצונו" קאי אדלעיל.

ומנהג ספרד שלא לומר "ה' צבאות" וכו' "אל חי" וכו', אלא מסיימין תיכף אחרי "מבדיל בין יום" וכו', "ברוך אתה" וכו', כי היכי דלהוי מעין חתימה סמוך לחתימה, וכן נכון, **ועיין** בטור שיישב גם מנהגנו, דהוי ג"כ מעין חתימה, שאנו מתפללין שימלוך ה' ויתקיים "והיה לעת ערב יהיה אור" לנו וחשך לשונאי ה', (**עיין** לקמן בסוף הסימן, שכתב דאינו בקשה אלא לשון שבח), **ומה** שאנו אומרים "ה' צבאות", כתבו ג"כ האחרונים, משום דכתיב: "עושה שחר עיפה ה' צבאות שמו".

ושתים לאחריה - ראשונה "אמת ואמונה", ואינה פותחת ב"ברוך" דהויא סמוכה לחברתה, דק"ש לא הוי הפסק, **וחותם**: "בא"י גאל ישראל", ולא "גואל ישראל" כמו בתפלה, משום שנתקנה על הגאולה שעברה, **ובמערבית** של יו"ט נוהגין לסיים: "מלך צור ישראל וגואלו", ומפקפקין הרבה בזה, והרבה מהאחרונים מישבין המנהג, **ואעפ"כ** יותר טוב לסיים "גאל ישראל" כמו בשאר ימות השנה.

וברכה שניה "השכיבנו", וחותם: "שומר עמו ישראל לעד", מפני שלילה צריכין שימור מן המזיקין, **ואע"ג** דקי"ל דצריך לסמוך גאולה לתפלה אף בערבית, וכדלקמיה בס"ב, מ"מ "השכיבנו" לא הוי הפסק, דכגאולה אריכתא דמיא, **וכתבו** בתר"י הטעם, דכשעבר ה' לנגוף את מצרים, היו ישראל מפחדים ומתפללים להש"י שיקיים דברו, שלא יתן המשחית לבא אל בתיהם לנגוף, וכנגד אותה תפלה תקנו לומר "השכיבנו", הלכך מעין גאולה היא.

והמנהג לומר "והוא רחום" קודם תפלת ערבית. **ודע** דמה שמבואר לעיל בסי' נ"ד במ"ב בשם האחרונים, דאחר "ברכו" דינו כאמצע הפרק, דעיקר "ברכו" שאומר הש"ץ הכונה אברכות שמברכין העולם אח"כ, וכיון שענו העולם "ברכו", הוי כאילו התחילו הברכה, **פשוט** דאין לחלק בין שחרית לערבית, ולפי"ז צריך ליזהר מאד שלא לספר אחר "ברכו" דערבית, אפי' קודם שהתחיל לברך הברכה ראשונה, אם דעתו להתפלל אז מעריב עם הצבור, ובעו"ה הרבה אנשים נכשלין בזה.

תרמ
הלכות ק"ש ותפלה של ערבית
סימן רלו – ברכות קריאת שמע של ערבית

סעיף ב- אין לספר בין גאולה דערבית לתפלה - שגם בערבית מצוה לסמוך גאולה לתפלה, [**ואמרו** חז"ל: איזהו בן עוה"ב, זה הסומך גאולה לתפלה של ערבית].

ואף הנוהגין לומר י"ח פסוקים ו"יראו עינינו", אין להפסיק בין "יראו עינינו" לתפלה - דאותן פסוקים לא מקרי הפסק, כיון דתקינו לאומרם הו"ל כגאולה אריכתא.

ובטור מסיים בזה: ומה שנוהגין להפסיק בפסוקים ו"יראו עינינו" וקדיש, לפי שבימים הראשונים היו בתי כנסיות שלהם בשדות, והיו יראים להתאחר שם עד זמן תפלת ערבית, ותקנו לומר פסוקים אלו שיש בהם י"ח אזכרות, כנגד י"ח ברכות שיש בתפלת ערבית, ונפטרין בקדיש, **ועתה** שחזרו להתפלל ערבית בבתי כנסיות לא נתבטל מנהג הראשון, ומ"מ אין להפסיק בדברים אחרים, **ויש** מן הגדולים שנהגו שלא לאמרם, עכ"ל, **ובזה** נבין דברי המחבר.

ומיהו מה שמכריז ש"צ "ראש חדש" בין קדיש לתפלת ערבית, לא הוי הפסק, כיון שהוא צורך התפלה - ולאו דוקא לקרוא ולהכריז שהוא ר"ח שהוא דאורייתא, או להכריז "טל ומטר" שאם יטעו צריך לחזור, **אלא** אפילו להכריז "על הנסים" שפיר דמי, ואע"ג שאם יטעו ג"כ אין צריך לחזור, דמ"מ הוא צורך תפלה, **ודוקא** במקום זה יכול להפסיק, אבל כשהוא עומד בברכת ק"ש בין הפרקים, אסור לו להכריז שום דבר.

[**ודוקא** בערבית, דסמיכת גאולה לתפלה שלו לא חמיר כולי האי, משום דתפלת ערבית רשות, **אבל** בין גאולה לתפלה דשחרית, חמירא טפי ואסור].

וכן יכול לומר "ברכו" להוציא מי שלא שמע, ולא הוי הפסק - דגם זה הוא צורך תפלה.

הגה: ועיין לעיל סי' ס"ט - ר"ל דשם בהג"ה מבואר, דדוקא בערבית מקילינן לזה, אבל לא בשחרית.

ראיתי מדקדקים נהגו לעמוד כשאומרים הי"ח פסוקים של "ברוך ה' לעולם" וכו', ומנהג יפה הוא, כי נתקנו במקום תפלת י"ח, ועל כן ראוי לעמוד בהן כמו בתפלה - והרבה אחרונים כתבו דיותר טוב שלא לעמוד, כדי להראות שאין רוצה לצאת בזה ידי חובת תפלת י"ח, [**ועכ"פ** לא יעמוד ופניו אל הקיר, דאז נראה כמכוין לצאת בזה תפלת י"ח], **אך** כשמתפלל עם הצבור, וקורא אח"כ ק"ש וברכותיה, אז יוכל לומר "ברוך ה'" וכו' מעומד, ועיין מה שנכתוב לקמיה.

כתב מ"א בשם רש"ל, שיש לומר: "הושיענו אלהי ישענו", והוא פסוק בדברי הימים, **ולא** יאמר: "הושיענו ה' אלהי ישענו", דא"כ הוא מוסיף על י"ח אזכרות. ‹**אמנם** כן הוא נוסח שלנו, וי"ל דשם א' הוא נגד ברכת המינים – מחה"ש›.

סעיף ג- מצא צבור שקראו ק"ש ורוצים לעמוד בתפלה, יתפלל עמהם, ואחר כך יקרא ק"ש עם ברכותיה - דתפלת הצבור עדיפא ממסמך גאולה לתפלה דערבית, **ואפילו** אם הצבור מתפללין מבע"י, אפ"ה יתפלל עמהם ויקרא ק"ש וברכותיה כשיגיע זמנה, [**ואם** דרכו להתפלל מנחה אחר פלג המנחה, שוב אין לו להתפלל ערבית קודם הלילה], **אבל** כ"ז דוקא כשהוא משער שלא יוכל להשיג אח"כ מנין להתפלל עמהם, דאל"ה אין לו לבטל מצות סמיכת גאולה לתפלה.

[**אבל** בשחרית עדיף מצות גאולה לתפלה מתפלה בציבור, וע"כ אם בא ל"עזרת אבותינו" וכו', אסור לו להתפלל עם הצבור, ולקרוא ק"ש וברכותיה אח"כ].

ואם הם עוסקים עדיין בברכות ק"ש, והוא משער שעד שיגיעו הצבור לשמ"ע יוכל לומר ק"ש וברכותיה עד "שומר עמו ישראל לעד", יעשה כן וידלג "ברוך ה' לעולם" וכו', ויתפלל שמ"ע עם הצבור, **דאותן** הפסוקים אינן אלא מנהג, ויש גדולים שסוברים שאין לאומרו, ולכן מוטב לדלג כדי לקיים תפלה בצבור עם סמיכת גאולה לתפלה, כן כתבו כמה אחרונים.

והנה בדברי הט"ז וא"ר מבואר בהדיא, ד"ברוך ה' לעולם" וכו' וגם "יראו עינינו" יאמר אחר התפלה, וכן העתיק הח"א, וכן משמע קצת במ"א, **אכן** במעשה רב כתב, דאחר התפלה לא יאמר הפסוקים ד"ברוך ה' לעולם" וכו', ומשמע דטעמיה דלא נתקן אלא לאומרו במקומו ולא אחר שכבר התפלל ערבית, **וע"כ** נראה דטוב שלא יחתום ברכת "יראו עינינו", אלא יאמר עד "כי

הלכות ק"ש ותפלה של ערבית
סימן רלו – ברכות קריאת שמע של ערבית

"אין לנו מלך אלא אתה", **ואע"ג** דברכה בלא חתימה בעלמא אינה חשובה ברכה כלל, מ"מ כיון דאפילו קודם י"ח הוא רק מנהגא בעלמא, הבו דלא להוסיף עלה.

עוד כתבו, במקומות שמקדימין להתפלל ערבית מבע"י, ובא לבהכ"נ בשעה שמתחילין "ברכו", והוא לא התפלל מנחה, יתפלל מנחה בעוד שהם קורין ק"ש וברכותיה, ואח"כ יתפלל ערבית עם הצבור, ואח"כ יקרא ק"ש וברכותיה בלילה, (והא הוי שניהם אחר פלג, ותרתי דסתרי, וצ"ע), **אכן** אם יהיה לו לתפלת ערבית מנין בלילה, ימתין בתפלת מנחה להתפלל בשעה שהצבור מתפללין ערבית, ותפלת ערבית יתפלל אח"כ כדינה עם צבור בלילה.

סעיף ד - אחר "שומר עמו ישראל", אומר אמן אחר ברכת עצמו - שהוא סיום ברכת ק"ש, ואזיל המחבר לטעמיה במה שפסק בסימן רט"ו ס"א, ע"ש.

ולא יענה אמן אחר ברכת "המלך בכבודו" - כי היא אינה שייך לברכת ק"ש, והויא ככל ברכה מיוחדת שאין עונה אמן אחר ברכת עצמו. **(ועיין לעיל סימן רט"ו)** - ר"ל ששם כתב הרמ"א, שבמדינותינו אין נוהגין לענות אחר ברכת עצמו, אפילו אחר ברכת "שומר עמו ישראל לעד".

באומרו "תמיד ימלוך עלינו", לא יהיה כונתו בלשון בקשה, שמתפלל שימלוך עלינו, דהיינו לקרב הגאולה, שאין תפלה בחתימת הברכה, אלא יהיה כונתו בלשון שבח, שהקב"ה ימלוך לעולם, [**ותיבת** "תמיד", כתב המ"א בשם עמק המלך, ששייך למטה, **וא"ר** בשם הפרישה כתב להיפך, ע"כ איך דעביד שפיר עביד].

§ סימן רלז – סדר תפלת ערבית §

סעיף א - אין שליח צבור חוזר התפלה בתפלת ערבית - שאין תפלת ערבית חובה רק מצוה, ולא נתחייב בה אדם שיצטרך הש"ץ להוציאו ידי חובתו, **ואפילו** האידנא דקבעוה חובה, מ"מ לא אלים מנהגא לשויה חובה כדי לאטרוחי צבורא להחזיר הש"ץ התפלה.

(ואין נופלין על פניהם לאחר ערבית) - וכ"כ הב"ח ומ"א, **ואפילו** התפללו ערבית מבע"י, אין נופלין, דכבר שויא לילה, **ואפילו** תפלה שהוא מתפלל לשם תשלומין של תפלת מנחה, ג"כ אין ליפול.

כתב שלטי גבורים ריש ברכות, נהגו בקצת מקומות לומר: "שיר המעלות הנה ברכו" וכו' קודם מעריב, משום דאמרינן "רגיל לקרות קורא", דצריך לקרות שמע מתוך ד"ת, **והא** דאמרינן מזמור זה יותר מאחרים, משום דכתיב ביה "העומדים בבית ה' בלילות", א"נ משום דכתיב: "שאו ידיכם קודש וברכו את ה'".

§ סימן רלח – לקבע עתים לתורה בלילה §

סעיף א - צריך ליזהר בלמוד הלילה יותר מבשל יום - כדאמרינן: לא איברי לילא אלא לגירסא, וכיון דלכך נברא הלילה, ע"כ צריך ליזהר בה יותר, **ואיתא** בגמרא: כל העוסק בתורה בלילה, הקב"ה מושך עליו חוט של חסד ביום, שנאמר: יומם יצוה ד' חסדו ובלילה שירה עמי, **עוד** אמרו: ת"ח העוסקים בתורה בלילה, מעלה עליהן הכתוב כאילו עסוקין בעבודה, ומייתי שם מקרא.

עוד אמרו: כל העוסק בתורה בלילה שכינה כנגדו, שנאמר: קומי רוני בלילה, היינו לעסוק בתורה, וכתיב בתריה: שפכי כמים לבך נוכח פני ה', **וכתב** הרמב"ם והובא ביו"ד סי' רמ"ו: הרוצה לזכות בכתרה של תורה יזהר בכל לילותיו, ולא יאבד אפילו אחת מהן בשינה ואכילה ושתיה ושיחה וכיו"ב וכו', **ומה** דכתב "בכל לילותיו", היינו דאפילו בקיץ בלילות הקצרים, כגון בתמוז, שאז נקבע הלילה העיקר לשינה כמו שכתבו התוספות, אפ"ה צריך עכ"פ ללמוד מעט קודם השינה.

והמבטלו עונשו מרובה - וכדאמרינן: כל בית שאין ד"ת נשמעין בו בלילה, אש אוכלתו, שנאמר וגו', **ואיתא** בפ"ק דאבות: ודלא מוסיף יסיף, היינו דלא מוסיף ללמוד בלילה מט"ו באב ואילך, יסוף מן העולם.

ועיין במ"א, דלשינת האדם בלילה אין לזה שיעור קבוע, אלא תלוי בכל אדם לפי כח בריאותו, ועכ"פ לא

תרמב הלכות ק"ש ותפלה של ערבית
סימן רלח – לקבע עתים לתורה בלילה

ישתקע בשינה יותר מדאי, וכדאי' במשנה: שינה לצדיקים רע להן ורע לעולם, ופירש"י מפני שאינם עוסקין בתורה.

[**כתב** בבה"ט שאין לקרוא מקרא בלילה, ובפמ"ג משמע דיכול לקרוא מקרא, **ונראה** דאפי' להמחמירין לית בזה איסורא, אלא שלכתחילה יותר טוב ללמוד מקרא ביום, **ונובע** דבר זה ממה דאיתא במדרש, שהיה הקב"ה לומד עם משה מקרא ביום ומשנה בלילה].

סעיף ב - אם יש לו חק קבוע ללמוד כך וכך ליום, והיה טרוד ביום ולא השלימו,

ישלימנו בלילה מיד - כלומר אפילו בלילות הקצרים מחוייב להיות ניעור בלילה כדי להשלים חוקו, **ולא** יאחר זה עד יום מחר, כי יום של אחריו מחוייב בפני עצמו, ונמצא דיום זה לא השלים חוקו, והוי מעוות לא יוכל לתקון. **והוי** נדר, כדאמרינן: האומר אשנה פרק זה, נדר גדול נדר לאלהי ישראל, **ואיתא** ביו"ד בסימן רי"ד ס"א, דאם נהג לעשות דבר טוב, אם היה דעתו לנהוג כן לעולם, הוי נדר, **וטוב** שיתנה בתחלה שלא יהיה עליו דבר זה בנדר, פן יזדמן איזה פעם שלא יוכל להשלים.

§ סימן רלט – דין קריאת שמע על מטתו §

סעיף א - קורא על מטתו פרשה ראשונה של שמע - [וכהיום גם נשים נהגו לאמרם].

ואם התפלל ערבית מבעוד יום, צריך לקרות כל הפרשיות, ויכוין לצאת בהן המ"ע של ק"ש, וגם המצוה של זכירת יציאת מצרים, **וטוב** לומר תמיד כל ק"ש, שהיא רמ"ח תיבות בצירוף "אל מלך נאמן", לשמור רמ"ח אבריו.

ומברך "המפיל חבלי שינה על עיני" וכו' - מלשון השו"ע משמע, דברכת "המפיל" אומר אחר ק"ש, כדי שתהא הברכה סמוכה לשינה, ומה שקורא אח"כ "יושב בסתר" ואינך, כיון דהוי משום שמירה לא הוי הפסק, **ויש** מדקדקין לברך "המפיל" בסוף אחר כל הפסוקים, **ויש** מאחרונים שהסכימו, שיברך ברכת "המפיל" קודם, ואח"כ ק"ש ויתר פסוקי דרחמי, כמו שנדפס בסידורים, [**ולא** הוי הק"ש הפסק, דק"ש נמי משום שמירה הוא, וכ"ש יתר הפסוקים, וגם דיתר פסוקים כק"ש אריכתא דמיא]. **ונראה** דלמעשה יתנהג האדם כפי טבעו, דהיינו אם טבעו להרדם באמצע ק"ש, טוב יותר שיקדים ברכת "המפיל" מה דאפשר, **ואם** אין טבעו לזה, טוב יותר לאחר ברכת "המפיל" עד לבסוף.

הגה: ויקרא קריאת שמע סמוך למטתו - ולא יקרא ק"ש כשיכנס לישן, אלא כשרואה שהשינה באה עליו - סדה"י, **אבל** בכנה"ג כתב שיש לקרות מיד, שמא יחטפנו שינה אח"כ ולא יקרא, **ואין** לחוש משום הפסק אלא כשעושה דבר אחר בינתים, אבל מה שיושב ודומם לא מקרי הפסק, אף ששהה איזה זמן קודם שיישן.

(ועיין בח"א שמצדד לומר, דאפילו לא היה יכול אח"כ כלל לישן, ג"כ אין הברכה לבטלה, דעל מנהגו של עולם הוא מברך, וכן משמע בחד תירוצא באליה רבא, **ולענ"ד** צ"ע בזה, **אחרי** דברכה זו מברך על עצמו "המפיל חבלי שינה על עיני" וכו', **ועכ"פ** נ"ל דאם מסתפק שמא לא יוכל אח"כ לישן, בודאי אין כדאי לכתחלה לברך).

ואין אוכלים ושותים ולא מדברים אחר קריאת שמע שעל מטתו, אלא יישן מיד, שנאמר: אמרו בלבבכם על משכבכם ודומו סלה.

ואם תאב לשתות או לדבר איזה ענין נחוץ, נראה שמותר, אך יחזור ויקרא פרשת "שמע", **אכן** אם כבר אמר ברכת "המפיל", יזהר בזה, כי יפסיק בין הברכה להשינה.

ואם צריך לשמש מטתו, ירחץ עצמו מהש"ז שעליו, ויטול ידיו ואח"כ יקרא, **ולפחות** יאמר ברכת "המפיל" ו"שמע" אחר התשמיש.

ועיין לעיל סי' ס"ג, אי מותר לקרות כשהוא שוכב - ר"ל דשם מוכח בס"א בהג"ה, דלכתחלה אין כדאי לילך ולשכב ולקרותה בשכיבה, אפילו כשהוא שוכב על צדו ממש.

כתב המ"א, דוקא כשקורא זו הק"ש לשם חובה, כגון שהתפלל ערבית מבע"י, וצריך עתה לכוון לקיים המ"ע דק"ש, לכך צריך ליזהר בכל פרטיה, **אבל** אם כבר קרא בזמנה, וקורא עתה רק משום ק"ש שעל המטה, מותר לכתחלה לקרותה בשכיבה, **ויש** שמחמירין לכתחלה לקרותה בעמידה או בישיבה, [**היינו** מה שקורא בפעם ראשונה, אבל מה שקורא וחוזר וקורא עד

הלכות ק"ש ותפלה של ערבית
סימן רלט – דין קריאת שמע על מטתו

שמשתקע בשינה, לכו"ע אין להחמיר בדבר, **ומ"מ** נ"ל דהמיקל בפעם ראשונה בודאי אין למחות בידו, דהא אפי' בק"ש של חובה דעת רוב הפוסקים להקל כשהוא רוצה לשכב על צדו ממש, **ומ"מ** המרגיל עצמו לקרות בישיבה או בעמידה טוב יותר, דהקורא בשכיבה מצוי שנרדם באמצע הקריאה, ומפסיד ברכת "המפיל", **אכן** אם כבר שכב, לכו"ע מותר להטות על צדו ולקרוא.

ויש לו לאדם להרגיל עצמו לשכב על צדו דוקא, ואיסור גדול לשכב פרקדן, דהיינו שמושלך על גבו ופניו למעלה, או שפניו טוחות למטה, [**היינו** אפי' שינה בלבד בלא קריאה].

ואם קרא ק"ש ולא יוכל לישן מיד, אז חוזר וקורא כמה פעמים זה אחר זה - פרשה ראשונה, וראוי שלא לכפול פסוק ראשון, (ולכן יתחיל בפעם השני מן "ואהבת" – ע"ל סי' ס"א ס"י), **עד שישתקע בשינה, ושיהיה קריאתו סמוך לשינתו** - או שיאמר שאר פסוקים דרחמי, וה"ה אם מהרהר בד"ת שפיר דמי.

ואין מברכין על ק"ש שעל מטתו - פי' "אשר קדשנו במצותיו וצונו על ק"ש", אין לברך, **ולאפוקי** מדעת איזה פוסק שמצריך לברך, (**דאף** שאמרו מצוה לקרותה על מטתו, מ"מ אין זה בכלל מצוה דרבנן, שיהא שייך לברך עליה, **אבל** בק"ש בשחר וערב, אותן הברכות עולים כאילו נברך "אקב"ו לקרות שמע").

כתבו הפוסקים, הישן ביום א"צ לברך ברכת "המפיל", **וטוב** שיאמר "ויהי נועם" וגו', "יושב בסתר" וגו'. (**עיין** לעיל ריש סי' רל"א, דהביא מהלבוש שאין נוהגין כן).

(**נסתפקתי, אם הוא עדיין קודם עמוד השחר בעת ברכת "המפיל", אך הוא משער שעד שיישן יעלה עה"ש, אי אזלינן בתר עת הברכה שהוא עדיין לילה, או בתר שינה שיהיה ביום, ועל שינת היום לא נתקנה הברכה כמו שכתבו הפוסקים, אבל אחר שעלה עה"ש לא** מסתפק לי כלל, דאף דאיכא אינשי דגנו בההיא שעתא עד הנץ החמה, ועדיין זמן שכיבה הוא על פי הדחק, כדאיתא בברכות ט', מ"מ לענין ברכת "המפיל" נראה דעבר זמן, שהרי אינו יכול לומר "השכיבנו" אחר עה"ש, כדאיתא שם בגמרא, וממילא בענינינו ג"כ אינו יכול לומר "שתשכיבני לשלום", שאין עוד הזמן של תחלת שכיבה אלא סוף שכיבה, כפירש"י שם).

ואומר: "יושב בסתר עליון", ואומר: "ה' מה רבו צרי" עד "לה' הישועה", ואומר: "ברוך ה' ביום ברוך ה' בלילה ברוך ה' בשכבנו ברוך ה' בקומנו", "ויאמר ה' אל השטן יגער ה' בך השטן" וכו', "ה' שומרך" וכו' "מעתה ועד עולם", "בידך אפקיד רוחי" וכו', "יברכך ה'" וכו' עד "וישם לך שלום", ואומר: "השכיבנו" עד סמוך לחתימה - כל אלו הפסוקים שנהגו לאומרם, הוא להגן שלא יבוא עליו ח"ו דבר רע, **ואם** הוא חולה או אנוס, די במה שיאמר פרשה ראשונה של ק"ש וברכת "המפיל" לבד.

כתבו הספרים, שבלילה קודם השינה נכון לאדם שיפשפש במעשיו שעשה כל היום, ואם ימצא שעשה עבירה, יתודה עליה ויקבל על עצמו שלא לעשותה עוד, **ובפרט** בעונות המצויים, כגון חניפות שקרים ליצנות לשה"ר, וכן עון בטול תורה צריכים בדיקה ביותר, **גם** ראוי למחול לכל מי שחטא כנגדו וציערו, ובזכות זה האדם מאריך ימים.

אחז"ל: הישן בבית יחידי, והיינו בלילה, אוחזתו לילית, ובית היינו חדר, [**ולפי"ז** הישן בחדרו ביחידי, אף שבבית יש אנשים, צריך ליזהר שלא יהיה נעול רק פתוח לבית, **והעולם** נוהגין להקל בזה, **ונ"ל** דאף להמחמירין, אם בבית יש שם אשה לבד, ועי"ז שיהיה פתוח יהיה איסור ייחוד, לא יפתחנו ולא יגיע לו שום ריעותא, כי "שומר מצוה לא ידע דבר רע"].

אלו צריכין שימור מהמזיקין: חולה, חיה, חתן, כלה, אבל, ות"ח בלילה, היינו כשהוא עומד יחידי באישון לילה ואפלה.

סעיף ב - כשיפשוט חלוקו, לא יהפכנו ממטה למעלה, שא"כ נמצא גופו ערום, אלא יפשטנו דרך ראשו ויכסה עצמו בסדינו מתחת, ויכנס במטתו.

מחבר　רמ"א　משנה ברורה

הלכות צניעות
סימן רמ – איך יתנהג האדם בתשמיש מטתו

§ סימן רמ – איך יתנהג האדם בתשמיש מטתו §

סעיף א - אם היה נשוי, לא יהא רגיל ביותר עם אשתו - עיין רמב"ן בחומש פרשת קדושים בראשו, **אלא בעונה האמורה בתורה** - וצריך לקיים העונה גם כשהיא מעוברת או מניקה, ולא יבטל עונתה אלא מדעתה כשהיא מוחלת לו, וכבר קיים מצות פו"ר, (**ועיין בא"ר**, **דאף** כשהיא עקרה וזקנה שאינה יכולה שוב להתעבר, מ"מ שייך מצות עונה, **וצריך** גם אז לנהוג בקדושה, כי כתבו המקובלים, שגם אז נבראו נשמות קדושות עי"ז).

וכ"ז במי שגופו בריא, אבל מי שאינו בריא, אינו חייב אלא לפי מה שאומדין אותו שיכול לקיים.

הטיילים - בני אדם הבריאים והמעונגים, **שפרנסתן מצויה להם, ואין פורעין מס, עונתן בכל יום** - ואפילו הם בני תורה, כל זמן שאיננו ת"ח, דבת"ח שהתורה מתשת כחו, בכל גווני הוא מע"ש לע"ש.

הפועלים שעושים מלאכה בעיר אחרת, ולנין בכל לילה בבתיהם, פעם א' בשבוע; ואם עושים מלאכה בעירם, פעמים בשבוע; החמרים, אחת בשבוע; הגמלים - שהם המביאים חבילות על הגמלים ממקום רחוק, **אחת לל' יום; הספנים, אחת לששה חדשים.**

ועונת ת"ח מליל שבת לליל שבת - שבחול צריכים לעסוק בתורה בלילה, שתורתן אומנותן. **יש** שכתבו שה"ה בר"ח ויו"ט, [המקובלים בשם האר"י, דלענין זווג, ראש חדש ויום טוב כשבת], **ולכאורה** לפי הטעם שצריך לעסוק בתורה בלילה, אין שייך לחייב אותו בר"ח, [**ונלענ"ד** דאין כוונת האר"י לחייב בר"ח ויו"ט לת"ח שהתורה מתשת כחן, **אלא** כוונתו דאף שע"פ הקבלה נכון ליראי אלקים לזהר מלשמש בחול, אם לא שיצרו מתגבר עליו, כי אם בשבת, שאז ממשיך נפש קדושה על זרעו, **בר"ח** ויו"ט א"צ לזהר בכך, שגם אז ממשיך נפש קדוש, אבל לא שיהיה מחוייב בדבר].

ואל יאמר אדם אעשה עצמי כת"ח, כי כתיב: ועונתה לא יגרע - מ"א בשם הקנה, **ור"ל** להפקיע העונה שלא ברשותה, אבל ברשותה תבוא עליו ברכה - פמ"ג, **וע"ש** שמסתפק בזמנינו אם נקרא ת"ח לזה, ומ"מ מצדד דכיון דלפי הדור הוא ת"ח, והוא נשאה על דעת כן, לית חיוב עונה כי אם בליל שבת, (וכ"כ בתשו' מעיל צדקה, שכל מי שהוא לומד בתמידות, הן אם הוא מהמורים בעם או מן התלמידים, רשאי שלא לקיים עונתו כי אם אחת בשבת, **ואף** שאין לנו דין ת"ח בזה"ז לכמה דברים, מ"מ בזה רשאי לעשות עצמו ת"ח, ומה שכתב מ"א שאין רשאי, היינו כשהוא באמת פועל או טייל ואינו עוסק בתורה, אבל לעוסקי תורה שמתשת כחם, אין חילוק בין ת"ח שבזמניהם לזמנינו, ומ"מ כתב לבסוף שהיה מיעץ לסביביו, שיקיימו עונת פועלים שתים בשבת, והעיקר הכל לפי כח האדם).

אין לשמש בליל א' של פסח, וליל שבועות, ושני ימים של ר"ה, וליל שמיני עצרת, אם לא בליל טבילה, **וכ"ז** אינו אלא לאדם שהוא מלא ביראה ולא יחטא ח"ו, **אבל** אלו שיצרם מתגבר עליהם, והם חושבים שהוא כעין איסור תורה, ועי"ז באים ח"ו לידי כמה מכשולים, מצוה לשמש אפילו בר"ה, ויטבול למחר, דמצד הדין אין איסור אלא ביוה"כ ובט"ב, ובימי אבלות שלו או שלה, (**ועיין בספר ישועות יעקב שמצדד, דאם לא קיים עדיין פריה ורביה, אין להחמיר בכל זה**).

וכל אדם צריך לפקוד את אשתו בליל טבילתה - ר"ל אפי' שלא בשעת עונתה, **ובשעה שיוצא לדרך, אם אינו הולך לדבר מצוה** - ר"ל אפי' שלא בשעת עונתה, **אך** ביוצא לדרך מהני מחילה דידה.

וכן אם אשתו מניקה, והוא מכיר בה שהיא משדלתו ומרצה אותו ומקשטת עצמה לפניו כדי שיתן דעתו עליה, חייב לפקדה - ר"ל אף שהיא מניקה או מעוברת מ"מ חייב לפקדה, **היינו** אפילו שלא בשעת עונתה.

ואף כשהוא מצוי אצלה לא יכוין להנאתו, אלא כאדם שפורע חובו שהוא חייב בעונתה - וזה יכוין אפילו בעת עיבור ויניקה, **ולקיים מצות בוראו שיהיו לו בנים עוסקים בתורה ומקיימי**

(ביאור הלכה) [שער הציון] ‹הוספה›

מצות בישראל; וכן אם מכוין לתיקון הולד, שבששה חדשים אחרונים יפה לו שמתוך כך יצא מלובן ומזורז, שפיר דמי.

ואם הוא מכוין לגדור עצמה בה כדי שלא יתאוה לעבירה, כי רואה יצרו גובר ומתאוה אל הדבר ההוא, הגה: גם בזה יש קיבול שכר; אך (טור) יותר טוב היה לו לדחות את יצרו ולכבוש אותו, כי הענין הזה, מרעיבו שבע, משביעו רעב.

אבל מי שאינו צריך לדבר, אלא שמעורר תאותו כדי למלאות תאותו, זו היא עצת יצר הרע, ומן ההיתר יסיתנו אל האיסור, ועל זה אמרו רבותינו ז"ל: המקשה עצמו לדעת יהא בנדוי.

סעיף ב - לא ישתה אדם בכוס זה ויתן עיניו בכוס אחר - פי' שיתן מחשבתו בשעת תשמיש על האחרת, **ואפילו שתיהן נשיו.**

סעיף ג - "וברותי מכם המורדים והפושעים בי", אלו בני תשעה מדות: בני אנוסה - אפילו אינה אנוסה, רק שאינה מרוצה מפני כעס שיש לה עליו, **לכן** יפייס ואח"כ יבעול.

בני שנואה - בשעת תשמיש, אבל אם היא אז רצויה, אע"פ שהיא שנואה, שרי.

בני נידוי – (היינו כשהוא או היא היו אז בנידוים, וה"ה כשהוא או היא היו באבלם, ומה דאיתא ביו"ד דמותר לבוא על אשתו כשהיא אבלה ואינה יודעת, כל שאינה יודעת לאו איסורא הוי, ויש גורסין: בני נדה, דאף דאין הולד ממזר מזה, פגום מיהא הוי, ועליהם אמר הכתוב: וברותי וגו').

בני תמורה - אפילו שתיהן נשיו, וכגון שנתכוין לזו ונזדמנה לו אחרת, [**הקשה** המ"א, דהלא יעקב נתכוון לרחל ובא על לאה, **ותירץ** דדוקא כשנתכוון לגוף זה ונזדמנה לו גוף אחר תחתיו, **אבל** יעקב משעת כניסתו לחופה ראה לאה ונתכוון לגופה, רק שסבר ששמה רחל, ע"כ לית לן בה].

בני מורדת - דאמרה: לא בעינא לך לבעל, ואעפ"כ הוא משמש עמה, אע"פ שהיא מרוצה לו בשעת תשמיש.

בני שכרות - הוא או היא שכורה, **ומסתברא** דדוקא נתבלבל דעתו מחמת שכרות, ולא בששתה רביעית.

בני גרושת הלב - שבדעתו לגרשה אע"פ שהוא אוהבה, כגון מאותן שכופין להוציא.

בני ערבוביא - כגון שנותן אז דעתו על אחרת כמ"ש ס"ב, **בני חצופה** - שתובעתו בפה, **אבל** אי מקשטת עצמה ומרצה אותו שיתן דעתו עליה, אדרבה אז חייב בעונה כדלעיל בס"א, והו"ל בנים מהוגנים.

וכל אלו הדברים הנזכרים כאן צריך ליזהר אפילו כשהיא מעוברת או זקנה שאינה ראויה לילד.

כתבו האחרונים, דיש ליזהר מלבוא על אשתו כשהיא ישנה.

סעיף ד - אסור להסתכל באותו מקום, שכל המסתכל שם אין לו בושת פנים, ועובר על "והצנע לכת", ומעביר הבושה מעל פניו; שכל המתבייש אינו חוטא, דכתיב: "ובעבור תהיה יראתו על פניכם", זו הבושה, "לבלתי תחטאו"; ועוד דקא מגרה יצר הרע בנפשיה – (והעובר ע"ז הויין ליה בנים סומין).

וכל שכן הנושק שם, שעובר על כל אלה, ועוד שעובר על "בל תשקצו את נפשותיכם" – (והעובר ע"ז הוויו ליה בנים אלמים).

סעיף ה - הוא למטה והיא למעלה, זו דרך עזות; שמשו שניהם כאחד, זו דרך עקש.

סעיף ו - אסור לשמש מטתו בפני כל אדם אם הוא נעור, ואפילו ע"י הפסק מחיצה עשרה - הטעם, דמרגיש הוא בעת שהלה משמש מטתו ואין כאן צניעות, **ואם** הוא בענין שאין מרגישים כלל, מותר ע"י הפסק מחיצה.

תרמו
הלכות צניעות
סימן רמ – איך יתנהג האדם בתשמיש מטתו

(ובפני ישן מותר אפילו בלא הפסק מחיצה, ומ"מ לכתחלה טוב במקום שבני אדם ישנים בבית, שיעמיד מחיצה סביב המטה, שקורין פאראוואן).

ובפני תינוק שאין יודע לדבר, מותר.

בית שיש בו ספר תורה או חומשים העשוים בגלילה - ר"ל שהן כתובין בקלף כמו ספר תורה, אלא שיש בהן רק חומש התורה, **וה"ה** שאר כתבי קודש כשהן עשויין בגלילה, **אסור לשמש בו עד שיהיה בפניו מחיצה** - ר"ל אפילו היא מונחת בארגז וע"ג הארגז יש עוד כיסוי, דלגבי תפלין ושאר ספרים מהני וכדלקמיה, **בס"ת** אסור עד שיהיה מחיצה מפסקת, **וכשיש** מחיצה, אפילו אינה מונחת בארגז כלל ג"כ שרי.

(משמע בגמרא, דבס"ת יש חשש סכנה אם יעבור ע"ז).

ומה שפרוש וילון סביב המטה, אינה בכלל מחיצה, **ואפילו** הוילון הוא גבוה הרבה שאין הספר נראה עי"ז, והס"ת מונחת בארגז ובכמה כיסויין על הארגז, ג"כ אסור, שהוילון נע ונד ע"י רוח, (אא"כ קושרה מלמטה שלא תניד המחיצה).

כתב המ"א, אם יש נקבים וחלונות במחיצה כעין סריגה, אסור עד שיהיו הספרים מכוסים מן העין שאין נראין, **ובספר** נהר שלום מפקפק על דבריו, וכן בספר תוספת ירושלים, **ובמקום** הדחק יש לסמוך ע"ז, אכן לכתחלה טוב לכסות שלא יהיו הספרים נראין, ובפרט ס"ת בודאי יש להחמיר, [**ואם** יש שום כסוי על הספרים מותר, ואפי' בס"ת, דהא באמת כיון שהמחיצה מפסקת הוי ליה שם כרשות אחרת, אלא דעכ"פ איכא קצת בזיון משום שנראית, וכיון דמכוסה שרי].

(מסתימת הטוש"ע משמע, דכיון שיש מחיצה המפסקת, אפילו אם הס"ת עומד למעלה בגובה ונראית מרחוק שרי, **ועיין** בא"ר שמפקפק בזה, **ובס"ת** בודאי יש להחמיר ולכסותה בכיסוי, **ובשאר** ספרים אפשר שיש להקל, כיון שיש מחיצה גמורה המפסקת).

(ולענין לעשותה בשבת, ע"ל ריש סי' שט"ו).

ואם יש לו בית אחר - פי' חדר אחר, **אסור עד שיוציאנו** – (ואם הפתח פתוח ונראה מרחוק, יש לעיין בדבר, דאפילו לפי מה שפסק המ"א להחמיר היכא דהמחיצה עשויה כעין סריגה, משום דהספרים נראין, אפשר דהכא עדיף טפי, דהא עיקר הטעם משום דכשנראה דרך נקבי המחיצה איכא קצת בזיון, והכא כיון דהוא חדר אחר לגמרי אין בזה בזיון, **ותדע** דחדר עדיף ממחיצה, דהא אפילו במחיצה טובה שאין נראה על ידה הס"ת, ג"כ מחמרינן היכא דיש לו חדר אחר להוציאה שם, אלמא דחדר עדיף טפי, **ומצאתי** בנהר שלום שגם הוא מצדד להקל בזה, אלא שמדבריו משמע דהמ"א מחמיר בזה, ולענ"ד נראה דגם המ"א מודה דיש להקל בזה וכדכתיבנא, **ולמעשה** נראה דבשאר ספרים בודאי יש לסמוך להקל, דאין מחוייב לכסותן שם, ולענין ס"ת יש להחמיר לכסותה שם, **אח"כ** מצאתי בפתחי תשובה בשם הפמ"א, שמחמיר בזה גם לענין שאר ספרים, והפת"ש מסיים ע"ז: וצ"ע בזה, ולי נראה דהסומך להקל כנהר שלום אין למחות בידו).

ואם יש בו תפילין - וה"ה מזוזה, **או ספרים** - ר"ל כ"ד ספרי קודש, ומיירי שאינם עשויין בגלילה, דאי עשויין בגלילה דינם כס"ת וכנ"ל.

אפילו של גמרא - ר"ל אע"ג דגמרא לא ניתן לכתוב בדורות הראשונים, משום דדברים שבע"פ אסור לאומרם בכתב, **אפ"ה** כיון דלבסוף התירו האמוראים לכתוב משום "עת לעשות לה'", הו"ל כשאר ספרי קודש, **וממילא** היום ה"ה כל הספרים הן בכתיבה או בדפוס יש בהן קדושה.

אסור עד שיתנם בכלי בתוך כלי - ר"ל אע"ג דלא בעינן בהו הפסק מחיצה כמו בס"ת, מ"מ כלי בתוך כלי בעינן, (**ואין** נ"מ בין אם הספרים מונחים למטה, או שעומדים בגובה על הדף שקורין פאליצ"ע, כיון שהם באותו חדר ואין מחיצה מפסיק ביניהם, אסור).

וה"ה שני כיסויין, ומה שנוהגין איזה אנשים שתולין נגד הספרים וילון לכסותם, וסוברים שבזה לבד די, לאו שפיר עבדי, דזה הוי רק כיסוי אחד, ובעינן עוד כיסוי אחר שיכסה אותן לבד זה.

וכתבו האחרונים, דוילון התלוי לפני המטה, אף דאין שם מחיצה עליה, כיון דאינה קשורה לצד מטה והיא נע ונד ע"י רוח, ואין זה נחשב הפסק לענין ס"ת

וכנ"ל, **מ"מ** שם כיסוי יש עליה אם אין הספרים נראין עי"ז, **וע"כ** אם יכסה על הספרים אפילו רק בכיסוי אחד, מותר, דתו הוי שני כיסויין וככלי בתוך כלי דמיא.

והוא שלא יהא השני מיוחד להם, (וע"ל סי' מ' סעיף ב') - ועיין שם במ"ב, שביארנו כל פרטי הדינים, **אבל אם הוא מיוחד להם, אפילו מאה כחד חשיבי.**

ואם פירש טלית ע"ג ארגז, חשוב ככלי בתוך כלי - ר"ל אע"ג דהטלית אינו פרוש רק מלמעלה ולא מלמטה, אפ"ה נחשב כאילו היה מונח בכלי תוך כלי.

ואם הארגז גדול שמחזיק ארבעים סאה, והוא אמה על אמה ברום שלש אמות, חולקת רשות לעצמה, וא"צ לפרוס עוד כסוי על הארגז, **ויש** מחמירין בזה, [**ונראה** דבשאר ספרים לבד הס"ת תפילין ומזוזות, הסומך להקל אין למחות בידו], **אכן** אם מחובר לכותל במסמרין, לכו"ע יש להקל.

סעיף ז - לא ישמש בתחלת הלילה ולא בסופה, כדי שלא ישמע קול בני אדם ויבא לחשוב באשה אחרת; אלא באמצע הלילה - ואם רואה שיצרו מתגבר עליו ובא לידי הרהורים, ויכול לבוא לידי טומאה עי"ז, לא יחמיר בזה.

סעיף ח - וישמש באימה וביראה, כמו שאמרו על רבי אליעזר שהיה מגלה טפח ומכסה טפח ודומה כמו שכפאו שד, פי' באימה וביראה כאילו כפאו שד.

וי"מ מגלה טפח ומכסה טפח, שלא היה ממרק האבר בשעת תשמיש כדי למעט הנאתו; ודומה כמו שכפאו שד, שעושה הדבר באונס.

וי"מ: מגלה טפח שבאשה, כלומר עכשיו מגלה אותה לצורך תשמיש, ועכשיו מכסה אותה, כלומר שלא היה מאריך באותה מעשה, ודומה לו כמו שבעתו השד ונבעת והניח המעשה, כל כך היה מקצר בתשמיש - עיין במ"א מש"כ בזה, וז"ל: וקשה, הלא אמרו בשכר שמשהין עצמן על הבטן, הו"ל בנים זכרים, **ותירץ** הראב"ד, כל המעשים שהם לשם שמים טובים הן, מי שיודע בעצמו שיאריך ולא תכנס בו מחשבה אחרת, ומשהה עצמו כדי שתהנה האשה ממנו ותזריע תחלה, הקב"ה משלם לו בנים זכרים, **ומי** שאינו בוטח בעצמו וממהר כדי להנצל מן החטא, גם הוא עושה מצוה, והקב"ה נותן לו זכרים.

ויש מפרשים: מגלה טפח, על הסינר שהיתה חוגרת בו, שאף בשעת תשמיש היה מצריכה לחגרה, ומגלה רק טפח ממנה, ומכסה מיד כדי למעט הנאתו; וכולהו פירושי איתנהו, וצריך בעל נפש ליזהר בהם.

כתבו התוס' בשם המדרש, דהקב"ה שונא המשמש ערום, ודוקא ערום ממש, ומשום דיש לו לאדם להיות צנוע, **אבל** אם מכסה עצמו מלמעלה, ליכא שום חשש בדבר, [**ובשם** המקובלים, אדרבה באופן זה עדיף טפי].

סעיף ט - לא יספר עמה בדברים שאינם מעניני התשמיש, לא בשעת תשמיש ולא קודם לכן, שלא יתן דעתו באשה אחרת - ואם היה לו כעס עמה, מותר לספר עמה מתחלה כל דברי ריצוי, כדי לפייסה וכדלקמיה.

ולפעמים אפילו מעניני תשמיש ג"כ יש ליזהר שלא לספר מתחלה, כגון שהוא איש מחומם, ויכול לבוא עי"ז לידי חטא.

ואם סיפר עמה ושימש, אמרו עליו: "מגיד לאדם מה שיחו", אפי' שיחה קלה שבין אדם לאשתו מגידין לו בשעת הדין.

סעיף י - אם היה לו כעס עמה, אסור לשמש עד שיפייסנה; ויכול לספר עמה קודם תשמיש כדי לרצותה.

סעיף יא - אסור לשמש לאור הנר, אע"פ שמאפיל בטליתו - ואפילו אין שם אלא קצת אור, כגון שדולק הנר בתוך השפופרת שהנר מונח בתוכו, או שמאיר קצת דרך לאנטערנ"ע, אחר שאין שם

מחיצה המפסקת, [**ואפי'** ע"י האפלת טלית אסור]. (ועבור זה הוויין ליה בנים נכפין).

וה"ה לאור הלבנה ג"כ אסור, ודוקא אם אור הלבנה מאיר עליהם להדיא, אבל אם אינה מאירה עליהם, אע"פ שמאירה לבית, מותר, **ומ"מ** נכון שיאפיל בטליתו, **ואם** הם תחת אויר השמים, אפי' אין אור הלבנה עליהם ממש, אלא הם בצלה, אפ"ה אסור, **והיינו** אפילו יש שם מחיצות סביבם, דבמקום מגולה שאין שם מחיצות, בלא"ה אסור לשמש, כמבואר באה"ע סימן כ"ה ס"ד.

הגה: אבל אם עושה מחילה גבוה עשרה לפני הנר - ומיירי שקשר אותה מלמטה שלא ינוד ברוח מצויה, דאל"ה אין דין מחיצה עליה, **אע"פ שהאור נראה דרך המחילה, כגון שהפסיק בסדין, שרי, (כן נראה לי מדברי רש"י בפ"ב דמסכת ביצה).**

וה"ה אם האור נראה למעלה מהמחיצה שרי, כיון שהיא מחיצה גמורה, **וכ"ז** דוקא כשמאפיל בטליתו, אבל בלא"ה אסור, דמאחר שהחדר מלא אור לא עדיף מביום, **ויש** שמחמירין אפילו ע"י האפלת טלית, כיון שמ"מ האור נראה באותו חדר, [**ואם** היריעות שסביב המטה עבות ומחשיכות, אפי' אין מחשיכות לגמרי, לכו"ע שרי, כיון דיש תרתי מעלות, אחד, שהוא הפסק מחיצה, ועוד, שאור הנר אינו משמש אורו, שהרי החשיך].

וכ"ש אם הנר בחדר אחר ומאיר לחדר זה דשרי, וכתב בחכ"א דמ"מ צריך האפלת טלית, [**ושרי** אפי' לדעת המקובלים דמחמירין בשהאור נראה דרך המחיצה, כאן דהוא חדר אחר עדיף טפי, **אכן** לא ביאר אם מותר אפי' כשמאיר עליהם להדיא, או דוקא כשאין מאיר עליהם להדיא, **ובפמ"ג** משמע דמותר ע"י האפלת טלית בכל גווני, ועכ"פ כשאין מאיר עליהם להדיא, בודאי יש להקל ע"י טלית].

גם אמרינן התם, דשרי בשכופה כלי על הנר; ואם מותר לעשות מחילה זו בשבת, עיין לקמן ריש סימן שט"ו.

וכן אסור לשמש ביום - דאין זה דרך צניעות, **אלא אם כן הוא בית אפל.**

הגה: ותלמיד חכם מאפיל בטליתו ושרי - שהוא צנוע בדרכיו ולא יבוא להסתכל, ע"כ מותר ע"י האפלת טלית, **אבל** מ"מ אין להקל בדבר זה אלא לצורך גדול, דהיינו כשיצרו מתגבר עליו, [**ומחכמ"א** משמע, דכשיצרו מתגבר עליו ויכול לבא ח"ו לידי חטא, מותר ע"י האפלת טלית לכל אדם].

[**והנה** בכל הדינים הנזכרים למעלה דמותר ע"י האפלת טלית, לא ביארו הפוסקים דדוקא בת"ח, ומשמע דלכו"ע שרי, **והטעם**, משום דכאן שהוא ביום חמיר טפי, משום דהוא נגד גדר הקדושה, ופשוט].

סעיף יב- אסור לשמש מטתו בשני רעבון, אלא לחשוכי בנים (פי' מי שאין לו בנים) - ר"ל שלא קיים עדיין פריה ורביה, ולכן אפילו יש לו בנים, אם אין לו עדיין בת, מותר.

ואם יצרו מתגבר עליו, ויש חשש שיבוא לידי השחתת זרע, כתב א"ר בשם ספר דברי דוד «מבעל הט"ז» להקל, וכ"כ בספר בית מאיר לאה"ע.

הגה: וע"ל סי' תקע"ד ס"ד - ר"ל דמתיר שם המחבר גם בליל טבילה, וע"ש באחרונים; **והוא הדין בשאר צרות, שהם כרעבון.**

סעיף יג- אכסנאי אסור לשמש - היינו אפילו כשהבני בית כולם ישנים.

ואם יחדו לו ולאשתו בית - וה"ה חדר, **מותר** - והיינו שאין לבעה"ב עסק באותו מקום, אלא מיוחד לשניהם לבדם, דאז הו"ל הוא כבעה"ב, **ובלבד שלא יישן בטליתו של בעה"ב** - שמא יראה קרי עליו.

איתא בעירובין ס"ג: הישן בקילעא {בחדר} שאיש ואשתו ישנים שם, עליו הכתוב אומר: ואת נשי עמי תגרשון מבית תענוגיה, [מפני שבושין ממנו לעסוק בדרך ארץ, שמא הוא ניעור], **ואפילו** כשהיא נדה, [מפני שבושין ממנו לדבר דברים שבצנעא בינו לבינה], והובא בחידושי רע"א, [**ולפי"ז** נראה, דאם שניהם בעצמן מבקשין אותו שיישן שם, ליכא איסורא].

סעיף יד - שכבת הזרע הוא כח הגוף ומאור העינים, וכל זמן שתצא ביותר, הגוף כלה וחייו אובדים; וכל השטוף בבעילה, זקנה קופצת עליו, וכחו תשש, ועיניו כהות, וריח רע נודף מפיו, ושער ראשו וגבות עיניו וריסי עיניו נושרים, ושער זקנו ושחיו ושער רגליו רבה, ושיניו נושרות, והרבה כאבים חוץ מאלו באים עליו; אמרו חכמי הרופאים: אחד מאלף מת משאר חלאים, והאלף מרוב תשמיש; לפיכך צריך אדם ליזהר.

סעיף טו - לא יבעול והוא שבע או רעב, אלא כשיתעכל המזון שבמעיו; ולא יבעול מעומד, ולא מיושב, ולא בבית המרחץ; ולא ביום שנכנס למרחץ, ולא ביום הקזה, ולא ביום יציאה לדרך או ביאה מן הדרך; ולא לפניהם, ולא לאחריהם. (וכל דברים הסימן שחייב לפוקדה, איירי כשהוא רוכב או יושב בקרון, וכאן איירי במהלך) - ומ"א כתב דכאן איירי מצד הרפואה, ובס"א איירי מהדין, **ותדע**, דהא קאמר נמי ולא ביום שנכנס למרחץ ולא לפניהם ולא לאחריהם, וידוע דמצוה לרחוץ בכל ע"ש, ועונת ת"ח משבת לשבת, אע"כ דכל זה רק מצד רפואה הוא.

מי שחלה ונתרפא, יזהר מלשמש עד שיתחזק גופו, כי יכאיבהו ויחליאהו, ולא ידע כי בנפשו הוא.

היוצא מבהכ"ס קבוע, דהיינו שיש שם מקום מושב, לאפוקי בהכ"ס עראי, אל ישמש מטתו עד שישהה שיעור חצי מיל לפחות, מפני ששד של בהכ"ס מתדבק בו - גיטין דף ע', [**ואם** שימש הוין לו בנים נכפין], **וכ"כ** גם בסדה"י בשם הזוהר, אלא דהוא כתב שלא ישמש מטתו כל אותה שעה, **ועיין** ביד אפרים, דגם כונת הזוהר לאו דוקא שעה ממש, אלא ר"ל זמן מה, ע"ש.

כתב בבדק הבית בשם הזוהר והביאוהו האחרונים, דאשה מינקת לא תשמש אלא בשעה שהתינוק ישן, **ואחר** התשמיש לא תניק את הילד עד אחר שיעור הילוך שני מילין, **ואם** התינוק בוכה תמתין לפחות שיעור מיל.

ואשה שמאחרת טבילתה לצער בעלה, עבירה גדולה בידה, וגורמת כמה רעות.

כתב בס"ח, אסור להזכיר השם וכל דבר שבקדושה כשעדיין שכבת זרע עליו, רק ישטוף מים על מקומות שטינף עצמו.

וכתבו הספרים, שתמיד יהא אצל מטתו כלי מים, ויטלו ידיהם קודם התשמיש ואחריו.

וכשמתעורר בקישוי אבר בחלום, יזהר שלא לבעול אז, כי הבנים יהיו פגומין ח"ו, **ואף** אם היא מעוברת, תלד רוחין בישין - האר"י ז"ל.

יש ליזהר מלשום ספר על מטה שישן עליה, ובפרט עם אשתו, כי שכבת זרע מצוי עליו.

סעיף טז - המשמש מטתו על מטה שתינוק ישן עליה, אותו תינוק נכפה; ולא אמרן אלא דלא הוי בר שתא, אבל הוי בר שתא לית לן בה; ולא אמרן, אלא דגני להדי כרעיה (פי' שישן לרגליו), אבל גני להדי רישיה לית לן בה; ולא אמרן אלא דלא מנח ידיה עליה, אבל מנח ידיה עליה, לית לן בה.

סעיף יז - מטה שישן בה עם אשתו, צריך שתהא ראשה ומרגלותיה זה לצפון וזה לדרום - עיין לעיל בסימן ג' ס"ו ובמ"ב שם.

סימן רמא – שלא להשתין ערום לפני מטתו

§ סימן רמא – שלא להשתין ערום לפני מטתו §

סעיף א - אחד מהדברים ששונא הקב"ה, המשתין בפני מטתו ערום - לאו דוקא ערום, אלא ה"ה אם היה לבוש, אלא אורחא דמלתא נקט, מתוך שהוא ערום אינו יוצא לחוץ להשתין.

מפני שרצון הקב"ה שיהיה האדם מתנהג בדרך נקיות וקדושה, וזה מתנהג עצמו בדרך מיאוס וטינופת, ולא יוכל להשרות שכינתו אצלו.

ומכ"ש אם משתין מים לפני מקומות אחרים שצריכים להתנהג יותר בנקיות, כגון לפני שלחנו וכיוצא בזה.

המשתין לפני מטתו ערום, מביא לידי עניות - קיצור לשון הוא, וכונתו, עוד אחז"ל: המשתין וכו', **דאמרינן** בערבי פסחים קי"א, דשרא דעניותא נבל שמיה, ואוהב לשרות במקום מיאוס, ומשר"ה קרי ליה נבל, שחפץ לנבל את עצמו, ומשתין לפני מטתו היינו מיאוס.

ולא אמרן, אלא דמהדר אפיה לפוריא (פי' למטה), אבל לבראי לית לן בה - שהקלוח הולך וניתז למרחוק, **וממילא** באשה אסור אפילו בכה"ג.

ודמהדר אפיה לפוריא נמי לא אמרן, אלא בארעא, אבל במנא לית לן בה.

וכשרוצה לברך אח"כ ברכת "אשר יצר", יטול ידיו, וגם יחגור עצמו כדי שלא יהא לבו רואה את הערוה, **וירחיק** את עצמו כדין ממקום המי רגלים, אם אין הכלי מכוסה כדין.

ומ"מ ת"ח צריך שיכפה עליו כלי מלמעלה, [ומן הצדדים אם היה עביט של מי רגלים, **ואם** אינו מיוחד לכך, די בהטלת רביעית מים לתוכה, או בכסוי מלמעלה לבד], **דא"א** לו לת"ח בלא הרהור תורה, [**דאי** משום "אשר יצר", יש עצה שירחיק ד"א ממקום המי רגלים, ואח"כ יכול לקרב עצמו לצד המטה, **אבל** בת"ח זה אי אפשר].

תם ונשלם חלק ב' מספר משנה ברורה

לוח הלכתא דיומא – לסיים משך שנה תמימה

מדריך עזר ללוח

1) באור נכון היום של חג שמחת התורה, נגיל ונשמח להתחיל מחדש מחזור לימוד שנתי של המשנה ברורה בעז"ה.

2) לא כללנו בהשיעורים הלכות הנוגעות לכתיבת סת"ם ממשנת סופרים, כי הדברים ארוכים ויגיעים ואינו נוגע לכל יחיד, ומי שרוצה ללמדו 'ישמע חכם ויוסף לקח'.

3) השיעור של היום ושלמחרת הוקטנו, כדי שבשנה שחודש חשון הוא חסר, יהי' אפשר לכלול שיעור נוסף מיום ל' חשון.

4) חלק השיעור ליום זה הוא עד סוף סימן קי"ז.

5) כאן עוברים ללימודי הלכות חנוכה (הנחלקות למשך חמשה ימים), מענייני דיומא דימי החנוכה המתקרב ובא.

6) חלק השיעור ליום זה הוא עד סוף סימן תרפ"ה.

7) השיעור של היום ושלמחרת הוקטנו, כדי שבשנה שחודש כסלו הוא חסר, יהי' אפשר לכלול שיעור נוסף מיום ל' כסלו.

8) כאן מתחילים השיעורים בהל' שבת (מיועץ מקודם לעבור על ההקדמה שבמשנה ברורה על הל' שבת).

9) חלק השיעור ליום זה הוא עד סוף סימן רמ"ט.

10) לשנה מעוברת צירפנו בכאן לימודים מיוחדים בקיצור שו"ע בדיני יו"ד, חו"מ ואה"ע, הנוגעים ביותר למעשה, (תמצא אותם בעמוד מיוחד) וחילקנו אותם לשיעורי יומיים למשך ימי אדר א'.

11) כאן עוברים ללימודי הלכות פורים (הנחלקות למשך חמשה ימים), מענייני דיומא דימי הפורים המתקרב ובא.

12) חלק השיעור ליום זה הוא עד סוף סימן תרצ"ז

13) השיעורים מיום זה מתחילים בהלכות פסח, מענייני דיומא דימי הפסח המתקרב ובא.

14) חלק השיעור ליום זה הוא עד סוף סימן תצ"ד.

15) מכאן שוב חוזרים ללימודי הלכות שבת על הסדר מסימן ר"ג.

16) חלק השיעור ליום זה הוא עד סוף סימן שצ"ה.

17) כאן עוברים ללימודי הלכות תשעה באב והלכות תענית

18) חלק השיעור ליום זה הוא עד סוף סימן תק"פ.

19) מכאן שוב חוזרים ללימודים הרגילים על הסדר.

20) חלק השיעור ליום זה הוא עד סוף סימן תכ"ח.

21) מכאן שוב חוזרים ללימודים הרגילים על הסדר מן סימן תצ"ה.

22) חלק השיעור ליום זה הוא עד סוף סימן תקכ"ט.

23) מכאן עוברים השיעורים ללימודי ענייני דיומא, החל מדיני ימי תחנונים של חודש אלול, מדיני ראש השנה, ויום הכיפורים, והלכות סוכות וארבעה מינים, וכלה בהלכות חול המועד.

24) חלק השיעור ליום זה הוא עד סוף סימן תרס"ו.

25) חוזרים להשלים הסדר ללימודי הלכות חוה"מ, מסימן תק"ל.

26) חלק השיעור ליום זה הוא עד סוף סימן תקמ"ח.

27) בכדי לסיים בדבר טוב ובענייני דיומא שוב חוזרים לסימן תרס"ז עד סוף סימן תרס"ט – ובזה תם סדר השיעורים של כל חלקי שו"ע או"ח.

סידור חלוקת השיעורים "הילכתא דיומא"

■ השיעור בכל יום מתחיל בהסימן והסעיף המצויין לאותו יום בהלוח ונמשך עד לסימן המצויין לשיעור היומי הבא אחריו.

■ בהלוח מצויין על כל יום מהשנה מאיזה סימן מתחיל השיעור היומי, וגם באיזה הלכה, (אבל זה לא מוכרח שהסימן שצויין על אותו יום מתחיל כבר מאותה ההלכה, כי יכול להיות שבאותו סימן עדיין נכלל מההלכה הקודמת).

■ השיעורים [של הימים הרגילים] נחלקו בהשתדלות במידת האפשר, באופן שיפול על כל יום ערך-כמות-לימודי שווה בקירוב, שיהיו חלק כחלק - אך מפאת שלפעמים יוצא ששיעור של יום מסויים מסתיים בסעיף ארוך, ובכדי לא לקטוע אותו באמצע הסימן, קבענו שיעור קטן ליום שלאחריו (אם שבמקרה שלא אופשר לו לגמור את השיעור של אתמול יוכל להשלימו ביום שלאחריו).

■ סדר השיעורים לימי החג הטרודים (למשל: פורים, ערב פסח, ערב ר"ה, ור"ה, ערב יוה"כ, ויוה"כ, וכדו') הוא במתכונת אחרת והשיעורים קטנים בהרבה, בכדי שיספיקו ללמדם.

■ לשנה מעוברת, כפי שעיניכם תחזינה מישרים, צירפנו סדר לימודים מיוחד מקיצור שו"ע בדיני יו"ד, חו"מ ואה"ע - הנלמד מד' אדר א' עד לד' אדר ב' - ואח"כ חוזרים לסדר השנתי הרגיל.

■ בהתקרב זמני החגים והמועדים עוברים לסדר לימודים השייכים להם, לקיים: "משה תיקן להם לישראל שיהיו שואלין ודורשין הלכות חג בחג", ומסומן בהלוח בצבע אחר, איפה שהשיעורים הם מענייני דיומא וחגים, כך שיהיה היכר.

כדי שלא יבוטל התמיד ולא יופסק השיעור
ביום שאין ביכלתו ללמוד המשנה ברורה
ילמוד במקומו הבאר היטב, ואם גם זה לא עלתה בידו
ילמוד לכל הפחות המחבר ורמ"א בלבד

להשיג הלוח – דפי חזרה – דפי ציורים וטבלאות
דפי הבוחן – גליון הליכות עולם

Toll Free: 1800 466-7593
Local \ International (973) 854-1213
www.HilchusaDyoma.org

הרוצה לפרסם הלוח 'הילכתא דיומא' הלז, הרשות בידו
ואדרבה יזכה את הרבים וזכות הרבים יהי' תלוי בו

לוח הלכתא דיומא – לסיים משך שנה תמימה

יום החודש	תשרי סימן	תשרי סעיף	תשרי הלכות	חשון סימן	חשון סעיף	חשון הלכות	כסלו סימן	כסלו סעיף	כסלו הלכות	טבת סימן	טבת סעיף	טבת הלכות	שבט סימן	שבט סעיף	שבט הלכות	אדר סימן	אדר סעיף	אדר הלכה	ניסן סימן	ניסן סעיף	ניסן הלכות
א			ראש השנה	יג	ג	ציצית	סט	א	קריאת שמע	קכח	ל	נשיאות כפים	קעו	א	סעודה	רמו	א	שבת	תנו	ב	פסח
ב				טו	ג	ציצית	עא	א	קריאת שמע	קכט	א	נשיאות כפים	קעח	ב	סעודה	רמז	א	שבת	תנט	א	פסח
ג				יח	ב	תפילין	עד	א	קריאת שמע	קלא	ז	סוף התפילה	קעט	ג	ברכת המזון	רמח	ג	שבת (9) (10)	תס	א	פסח
ד				כה	ב	תפילין	עה	ג	קריאת שמע	קלה	ג	קריאת ס"ת	קפב	ב	ברכת המזון	תרפו	א	פורים (11)	תסא	ה	פסח
ה				כה	יג	תפילין	עז	ב	קריאת שמע	קלו	א	קריאת ס"ת	קפד	א	ברכת המזון	תרפח	ז	פורים	תסב	ז	פסח
ו				כז	ט	תפילין	פ	א	קריאת שמע	קלט	א	קריאת ס"ת	קפח	א	ברכת המזון	תרצ	ט	פורים	תסו	ד	פסח
ז				לב	א	תפילין	פד	א	קריאת שמע	קמא	א	קריאת ס"ת	קצ	ג	ברכת המזון	תרצב	א	פורים	תסז	ד	פסח
ח				לב	טו	תפילין	פז	ב	תפילה	קמג	ד	קריאת ס"ת	קצג	ג	ברכת המזון	תרצה	ג	פורים (12)	תסז	יב	פסח
ט				לב	יח	תפילין	פט	ד	תפילה	קמד	א	קריאת ס"ת	קצז	ג	ברכת המזון	תכט	א	פסח (13)	תסז	טו	פסח
י			יום כיפור	לב	כה	תפילין	צ	ט	תפילה	קמז	ב	בית הכנסת	ר	ב	ברכת הפירות	תלג	א	פסח	תע	א	פסח
יא				לב	לו	תפילין	צ	כה	תפילה	קנא	א	בית הכנסת	רב	ו	ברכת הפירות	תלד	א	פסח	תעב	ח	פסח
יב				לב	מב	תפילין	צד	א	תפילה	קנג	א	בית הכנסת	רג	ג	ברכת הפירות	תלו	ג	פסח	תעג	ה	פסח
יג				לג	ג	תפילין	צז	ד	תפילה	קנג	ח	בית הכנסת	רד	י	ברכת הפירות	תלט	ב	פסח	תעה	ב	פסח
יד				לו	א	תפילין (2)	קב	א	תפילה	קנג	כ	בית הכנסת	רו	ה	ברכת הפירות	תמא	א	פסח	תעח	א	פסח
טו			סוכות	לח	ח	תפילין	קה	א	תפילה	קנד	ו	בית הכנסת	רח	ח	ברכת הפירות	תמב	ג	פסח	תפב	א	פסח
טז			ביום שמחת תורה המחזור מתחיל	מ	ב	תפילין	קח	ג	תפילה	קנה	א	נטילת ידים	רט	א	ברכת הפירות	תמג	א	פסח	תפז	א	פסח
יז				מג	א	ברכות השחר	קט	א	תפילה	קנח	א	נטילת ידים	ריא	ג	ברכת הפירות	תמד	ה	פסח	תפט	ג	פסח
יח				מו	ד	ברכות השחר	קי	ז	תפילה	קנט	א	נטילת ידים	ריג	א	ברכת הפירות	תמו	ב	פסח	תצא	א	פסח (14)
יט				מז	י	ברכות השחר	קיד	ד	תפילה (4)	קנט	ח	נטילת ידים	רטז	א	ברכות שונות	תמז	ה	פסח	רנ	א	שבת (15)
כ				נא	ז	ברכות השחר	תרע	א	חנוכה (5)	קס	ד	נטילת ידים	ריז	ב	ברכות שונות	תמז	ח	פסח	רנב	ג	שבת
כא				נג	ה	ברכות השחר	תרעא	ח	חנוכה	קסא	א	נטילת ידים	ריט	ח	ברכות שונות	תמח	ג	פסח	רנג	א	שבת
כב				נג	כא	ברכות השחר	תרעד	א	חנוכה	קסב	ב	נטילת ידים	רכד	א	ברכות שונות	תמח	ז	פסח	רנג	ב	שבת
כג	א	א	הנה"א בבוקר (1)	נה	א	ברכות השחר	תרעז	א	חנוכה	קסג	א	בציעת הפת	רכו	א	תפילת המנחה	תנ	ז	פסח	רנג	ה	שבת
כד	ב	א	הנהגת אדם בבוקר	נה	יג	ברכות השחר	תרפב	א	חנוכה (6)	קסז	א	בציעת הפת	רלב	ב	תפילת המנחה	תנא	ה	פסח	רנד	ד	שבת
כה	ד	א	הנהגת אדם בבוקר	נז	א	קריאת שמע	קיח	א	תפילה	קסז	יד	בציעת הפת	רלג	ב	קר"ש של ערבית	תנא	יז	פסח	רנז	א	שבת
כו	ד	כג	ציצית	נט	ד	קריאת שמע	קכג	ג	תפילה	קסח	ח	בציעת הפת	רלו	א	קר"ש של ערבית	תנא	כג	פסח	רנח	א	שבת
כז	ח	ה	ציצית	סא	יב	קריאת שמע	קכד	י	תפילה	קסח	יד	סעודה	רמ	א	קר"ש של ערבית	תנב	ב	פסח	רסא	א	שבת
כח	ט	א	ציצית	סד	ג	קריאת שמע	קכח	א	נשיאות כפים	קע	יח	סעודה	רמב	א	שבת (8)	תנג	ה	פסח	רסג	א	שבת
כט	י	יב	ציצית	סו	ה	קר"ש (3)	קכח	יב	נשיאות כפ' (7)	קעד	ה	סעודה	רמג	ב	שבת	תנה	א	פסח	רסג	טו	שבת
ל	יא	י	ציצית	סז	א	קריאת שמע	קכח	כא	נשיאות כפים				רמד	ו	שבת				רסו	א	שבת

לוח הלכתא דיומא – לסיים משך שנה תמימה

יום החודש	אייר			סיון			תמוז			אב			אלול			תשרי		
	סימן	סעיף	הלכות	סימן	סעיף	הלכות	סימן	סעיף	הלכות	סימן	סעיף	הלכות	סימן	סעיף	הלכות	סימן	סעיף	הלכות
א	רסז	א	שבת	שיא	ז	שבת	שדמ	א	רשויות שבת	תקנב	ג	תשעה באב	תקי	ב	יום טוב	תרלו	ב	סוכה
ב	רעא	ב	שבת	שיג	ב	שבת	שמה	י	רשויות שבת	תקנד	ח	תשעה באב	תקיב	א	יום טוב	תרלח	ב	סוכה
ג	רעא	יב	שבת	שיד	ב	שבת	שמו	ב	רשויות שבת	תקנט	ב	תשעה באב	תקיג	ז	יום טוב	תרלט	ג	סוכה
ד	רעב	ט	שבת	שטו	ב	שבת	שמט	ב	רשויות שבת	תקסא	א	תשעה באב	תקטו	א	יום טוב	תרמ	א	סוכה
ה	רעה	א	שבת	שטו	יא	שבת	שנג	ב	רשויות שבת	תקסב	י	תענית	תקטו	ד	יום טוב	תרמג	א	לולב
ו	רעו	ד	שבת	שטז	ח	שבת	שנה	ד	רשויות שבת	תקסו	ז	תענית	תקטז	ג	יום טוב	תרמה	ט	לולב
ז	רעט	ד	שבת	שיז	א	שבת	שנח	א	רשויות שבת	תקסח	ו	תענית	תקיח	ז	יום טוב	תרמח	א	לולב
ח	רפג	א	שבת	שיח	ב	שבת	שנח	י	רשויות שבת	תקעג	א	תענית	תקכו	א	יום טוב	תרמח	יח	לולב
ט	רפו	ב	שבת	שיח	ו	שבת	שסא	א	רשויות שבת	תקעו	ד	תענית (18)	תקכז	א	יום טוב	תרמט	ה	לולב
י	רצא	א	שבת	שיח	טז	שבת	שסב	ח	רשויות שבת	שצו	א	תחומין (19)	תקכז	יח	יום טוב (22)	תרנ	א	לולב
יא	רצה	א	שבת	שיט	ה	שבת	שסג	ז	רשויות שבת	שצז	יז	תחומין	תקפא	א	ראש השנה (23)	תרנא	ד	לולב
יב	רצז	ה	שבת	שכ	א	שבת	שסג	כו	רשויות שבת	שצט	ג	תחומין	תקפב	ז	ראש השנה	תרנג	א	לולב
יג	רצט	ב	שבת	שכ	יח	שבת	שסג	לא	רשויות שבת	תג	א	תחומין	תקפו	ב	ראש השנה	תרנח	ד	לולב
יד	שא	ז	שבת	שכא	יב	שבת	שסד	ד	עירובין	תה	ז	עירובי תחומין	תקפו	יב	ראש השנה	תרסג	א	לולב (24)
טו	שא	יח	שבת	שכב	א	שבת	שסו	א	עירובין	תח	ב	עירובי תחומין	תקפח	ב	ראש השנה	תקל	א	חול המועד (25)
טז	שא	לב	שבת	שכג	ה	שבת	שסו	י	עירובין	תט	יא	עירובי תחומין	תקצ	ד	ראש השנה	תקלג	ה	חול המועד
יז	שא	מו	שבת	שכה	א	שבת	שסח	ה	עירובין	תטו	א	ראש חודש	תקצג	א	ראש השנה	תקלז	ה	חול המועד
יח	שב	ט	שבת	שכה	י	שבת	שע	ח	עירובין	תיח	א	ראש חודש	תרג	א	יום הכפורים	תקלט	ו	חול המועד
יט	שג	יא	שבת	שכו	ט	שבת	שעב	ג	עירובין	תכב	ו	ראש חודש	תרז	א	יום הכפורים	תקמב	א	חול המועד
כ	דש	א	שבת	שכח	יב	שבת	שעב	יב	עירובין	תכו	ג	ראש חודש (20)	תריא	א	יום הכפורים	תקמה	ו	חול המועד
כא	שה	י	שבת	שכח	לב	שבת	שעד	ב	עירובין	תצה	א	יום טוב (21)	תריד	א	יום הכפורים	תקמח	ב	חול המועד (26)
כב	שו	ד	שבת	שכט	ד	שבת	שעז	א	עירובין	תצז	א	יום טוב	תריח	א	יום הכפורים	תרסז	א	שמ"ע ש"ת (27)
כג	שז	א	שבת	שלא	ד	שבת	שפא	א	עירובין	תצז	טו	יום טוב	תרכא	א	יום הכפורים	חזק חזק ונתחזק		
כד	שז	יב	שבת	שלד	ג	שבת	שפב	ח	עירובין	תצח	ח	יום טוב	תרכד	ה	סוכה			
כה	שח	ג	שבת	שלד	כה	שבת	שפד	א	עירובין	תצח	יח	יום טוב	תרכז	ג	סוכה			
כו	שח	טו	שבת	שלו	ב	שבת	שפו	ז	עירובין	תק	ה	יום טוב	תרכט	ח	סוכה			
כז	שח	ל	שבת	שלז	ב	שבת	שצא	ב	עירובין (16)	תקב	א	יום טוב	תרל	ה	סוכה			
כח	שט	א	שבת	שלט	א	שבת	תקמט	א	תשעה באב (17)	תקד	ג	יום טוב	תרלא	ה	סוכה			
כט	שי	ז	שבת	שמ	ג	שבת	תקנא	ה	תשעה באב	תקו	ד	יום טוב	תרלג	ב	סוכה			
ל				שמ	ט	שבת				תקז	ו	יום טוב						

חודש אדר א' (לשנה מעוברת)

נלקט מספר קיצור שו"ע – בחלקי יו"ד חו"מ ואה"ע

יום החודש	סימן	סעיף	סימן	סעיף	סימן	סעיף	השיעורים הם רק הסימנים הנקובים
ד אדר א'	יא	א					הלכות מזוזה
ה	יא	כג	כז	א	כח	א	הל' ת"ת / הל' ס"ת ושאר ספרי קודש
ו	כח	יא	כט	א			מידות שירגיל בהם האדם את עצמו
ז	כט	יב	ל	א			איסור רכילות לשה"ר נקימה ונטירה
ח	ל	ה	לא	א	לב	א	שכל כוונתו יהי' לש"ש/ שמירת הגוף
ט	לב	ג					שמירת הגוף ע"פ הטבע
י	לב	יז					שמירת הגוף ע"פ הטבע
יא	לג	א	לד	א			דברים האסורים משום סכנה/ הל' צדקה
יב	לד	ו	לה	א			הלכות חלה
יג	לז	א	לח	א			טבילת כלים/ הל' פת ובישולי וחלב נכרי
יד	לח	יב	מו	א			הל' מאכלות אסורות
טו	מו	כה	סב	א			הל' משא ומתן
טז	סב	ג					הל' משא ומתן
יז	סג	א	סד	א	סה	א	איסור להונות בדברים/ שלא לעשות סחורה בדבר האסור
יח	סה	י					הלכות רבית
יט	סה	כד	סו	א			הל' עסקא
כ	סו	ט	סז	א			הל' נדרים ושבועות
כא	קמג	א					הל' כיבוד אב ואם
כב	קמד	א	קנא	א			הל' כיבוד רבו וזקן ות"ח/ איסור הוז"ל
כג	קנב	א	קסג	א			איסור יחוד/ הל' מילה
כד	קסג	ח	קסה	א	קסו	א	דין חינוך קטנים/ שלא לנחש ולעונן
כה	קסו	ג	קסז	א	קסח	א	הל' עבודה זרה/ צורות האסורות
כו	קסט	א	קע	א	קעא	א	קעב א קעו א
כז	קעו	ו	קעט	א	קפ	א	איסור כתובת קעקע/ הל' חדש/ לא ילבש הל' שעטנז/ הל' הלואה/ שמיטת כספים
כח	קפ	ח	קפא	א			הל' טוען ונטען
כט	קפא	יג	קפב	א			הל' גניבה וגזילה
ל	קפב	ט	קפג	א	קפד	א	הל' נזקי ממון/ הל' נזקי הגוף
א אדר ב'	קפד	ה	קפה	א	קפז		הל' שאלה/ הל' אבידה ומציאה
ב	קפח	א	קצ	א	קצא	א	קצב א מעקה/ש' הגוף/ צער בע"ח
ג	קצב	ז	קצג	א			דין החולה והרופא / הל' ביקור חולים

השיעור מתחיל בהסימן וסעיף המצויין וממשיכין עד סוף הסימן – או בסעיף המצויין ביום הבא

לוח הלכתא דיומא – מחזור שנתיים

מדריך עזר ללוח שנה א'

1) באור נכון היום של חג שמחת התורה, נגיל ונשמח להתחיל מחדש מחזור שנתיים ללימוד המשנה ברורה בעז"ה.

2) השיעור של היום ושלמחרת הוקטנו, כדי שבשנה שחודש זה הוא חסר, יהי' אפשר לכלול שיעור נוסף מיום ל' לחודש.

3) לא כללנו בהשיעורים הלכות הנוגעות לכתיבת סת"ם ממשנת סופרים, כי הדברים ארוכים ויגיעים ואינו נוגע לכל יחיד, ומי שרוצה ללמדו 'ישמע חכם ויוסיף לקח'.

4) חלק השיעור ליום זה הוא עד סוף הסימן.

5) כאן עוברים השיעורים ללימוד ענייני דיומא, בהלכות חנוכה המתקרב ובא.

6) חלק השיעור ליום זה הוא עד סוף סימן תרפ"ד.

7) כאן שוב חוזרים ללימודים הרגילים על הסדר.

8) חלק השיעור ליום זה הוא עד סוף סימן קכ"ז.

9) לשנה מעוברת מצורף כאן לימודים מיוחדים בקיצור שו"ע בדיני יו"ד, אה"ע וחו"מ, הנוגעים ביותר למעשה, (תמצא אותם בעמוד מיוחד) מחולק למשך ימי חודש העיבור, מתחילים ביום כ"ו שבט עד כ"ו אדר א'.

10) כאן עוברים השיעורים ללימוד ענייני דיומא, בהלכות פורים המתקרב ובא.

11) חלק השיעור ליום זה הוא עד סוף סימן תרצ"ז.

12) מכאן עוברים השיעורים ללימוד ענייני דיומא, בהלכות פסח המתקרב ובא - בשנה זו לומדים רק חציו הראשון.

13) חלק השיעור ליום זה הוא עד סוף סימן ר"ט.

14) כאן עוברים ללימוד הלכות תשעה באב והלכות תענית.

15) חלק השיעור ליום זה הוא עד סוף סימן תק"פ.

16) חלק השיעור ליום זה הוא עד סוף סימן רמ"א, ובזה מסיימים חלק הב' של המשנה ברורה.

17) כאן עוברים השיעורים ללימוד ענייני דיומא, בהלכות ראש השנה המתקרב ובא.

18) חלק השיעור ליום זה הוא עד סוף סימן תר"א.

19) כאן עוברים השיעורים ללימוד ענייני דיומא בהלכות סוכה.

20) חלק השיעור ליום זה הוא עד סוף סימן תרמ"ד.

21) כאן עוברים ללימוד הל' חול המועד הלכות המועד במועדו.

22) חלק השיעור ליום זה הוא עד סוף סימן תקמ"ח - בזה סיימנו בעז"ה לימודי מחזור שנה א', ומכאן ואילך מתחילים לימודי מחזור שנה ב'.

מדריך עזר ללוח שנה ב'

23) באור נכון היום של חג שמחת התורה, נגיל ונשמח להתחיל בעז"ה מחזור שנה ב' ללימוד המשנה ברורה, ומתחילים בהלכות שבת (מיועץ מקודם לעבור על ההקדמה שבמ"ב על הל' שבת).

24) השיעור של היום ושלמחרת הוקטנו, כדי שבשנה שחודש זה הוא חסר, יהי' אפשר לכלול שיעור נוסף מיום ל' לחודש.

25) חלק השיעור ליום זה הוא עד סוף הסימן.

26) כאן עוברים השיעורים ללימוד ענייני דיומא, בהלכות חנוכה המתקרב ובא.

27) חלק השיעור ליום זה הוא עד סוף סימן תרפ"ה.

28) כאן שוב חוזרים ללימודים הרגילים על הסדר.

29) לשנה מעוברת מצורף כאן לימודים מיוחדים בקיצור שו"ע בדיני יו"ד, אה"ע וחו"מ, הנוגעים ביותר למעשה, (תמצא אותם בעמוד מיוחד) מחולק למשך ימי חודש העיבור, מתחילים ביום ד' אדר א', עד ד' אדר ב'.

30) כאן עוברים השיעורים ללימוד ענייני דיומא, בהלכות פורים המתקרב ובא.

31) חלק השיעור ליום זה הוא עד סוף סימן תרצ"ז.

32) כאן עוברים השיעורים ללימוד ענייני דיומא, בהלכות פסח המתקרב ובא - בשנה זו לומדים חציו השני.

33) חלק השיעור ליום זה הוא עד סוף סימן תצ"ד.

34) חלק השיעור יום זה הוא עד סוף הסימן, ובזה מסיימים חלק ד' מהמשנה ברורה.

35) כאן עוברים ללימוד הלכות יום טוב.

36) כאן עוברים השיעורים ללימוד ענייני דיומא, בהלכות יום הכיפורים המתקרב ובא.

37) כאן עוברים השיעורים ללימוד ענייני דיומא בהלכות לולב.

38) תם ונשלם סדר השיעורים של כל חלקי שולחן ערוך או"ח, לפי מחזור שנתיים, ולמחרתו ביום שמחת התורה מתחילין הסדר מחדש.

מדריך עזר ללוח קיצור שו"ע -בשנה מעוברת

סדר זה מיוחד לשנה מעוברת, לרכוש ידיעות בהלכות הנוגעות בכל יום מחלקי יורה דעה אבן העזר וחושן משפט.

אם השנה מעוברת חל בשנה א', עוברים לסדר זה מיום כ"ו שבט עד כ"ו אדר א', - ואם חל בשנה ב' עוברים לסדר זה מיום ד' אדר א' עד ד' אדר ב'.

השיעורים הנלמדים בסדר זה הם רק הסימנים הנקובים בפירוש בהלוח. - השיעור בכל יום מתחיל בהסימן וסעיף המצוין וממשיכין ולומדים על הסדר עד סוף הסימן - או עד הסעיף המצויין ביום הבא.

לוח הלכתא דיומא – מחזור שנתיים (שנה א')

שנה א'

יום החודש	תשרי – סימן	תשרי – סעיף	תשרי – הלכות	חשון – סימן	חשון – סעיף	חשון – הלכות	כסלו – סימן	כסלו – סעיף	כסלו – הלכות	טבת – סימן	טבת – סעיף	טבת – הלכות
א	ראש השנה			ח	יד	ציצית	לג	ד		נה	יד	
ב				ט	ג		לד	ג		נו	א	
ג				י	ו		לו	ג	(3)	נז	א	
ד				יא	ב		לח	א		נח	ו	קריאת שמע
ה				יא	ח		לט	א		נט	ה	
ו				יא	יד		מ	א		סא	ב	
ז				יג	א		מב	א		סא	כא	
ח				יד	ב		מג	א		סג	ג	
ט				טו	ב		מה	א		סה	א	
י	יום כיפור			טז	א		מו	ה	ברכות השחר	סו	ג	
יא				יח	ב		מז	ד		סו	ח	
יב				כב	א		מז	יג		סח	א	
יג				כה	ד	תפילין	נא	א		סט	א	
יד				כה	יב		נב	א		ע	א	
טו	סוכות			כו	א		נג	ד		עא	א	
טז				כז	ו		נג	יב		עב	א	
יז				כח	א		נג	כ	(4)	עד	א	
יח				לא	א		תרע	א	(5)	עה	א	
יט				לב	ה		תרעא	ג	חנוכה	עה	ג	
כ				לב	טו		תרעא	ח		עו	ה	
כא				לב	סקנ"ג		תרעג	א		עח	א	
כב				לב	יח		תרעג	ג		עט	ג	
כג	א	א	(1)	לב	כ		תרעה	ב		פא	ב	
כד	א	ג	הנהגת אדם בבוקר	לב	כה		תרעז	א		פג	ד	
כה	ב	ג		לב	כח		תרעח	א		פה	א	
כו	ג	יא		לב	לו		תרפב	א	(6)	פז	ב	
כז	ד	ה		לב	לח		נד	א	(7)	פט	א	תפילה
כח	ד	כא		לב	מב		נה	א		פט	ד	
כט	ו	ג		לב	ג	(2)	נה	ד	(2)	צ	ד	
ל	ח	ו		לג	א		נה	ט				

יום החודש	שבט – סימן	שבט – סעיף	שבט – הלכות	אדר – סימן	אדר – סעיף	אדר – הלכות	ניסן – סימן	ניסן – סעיף	ניסן – הלכות	אייר – סימן	אייר – סעיף	אייר – הלכות
א	צ	י	תפילה	תרצ	י	פורים	תמח	ג	פסח	קמ	ב	
ב	צ	כ		תרצ	יח		תמח	סקי"ז		קמא	ו	
ג	צא	ג		תרצב	א		תמח	ו		קמג	ד	
ד	צב	ו		תרצג	ג		תנ	ג		קמג	סקכ"ה	
ה	צד	ד		תרצה	ג		תנ	ז		קמד	א	
ו	צז	א		תרצו	ה	(11)	תנא	ב		קמו	ג	
ז	צט	א		תכט	א	(12) פסח	תנא	ה		קמז	ב	בית הכנסת
ח	קא	ג		תלא	ב		תנא	יב		קנ	ב	
ט	קג	א		תלג	ב		תנא	טז		קנא	ב	
י	קד	ו		תלג	ט		תנא	יט		קנג	א	
יא	קז	א		תלה	א		תנא	כב		קנג	ז	
יב	קח	ב		תלו	ב		תנא	כו		קנג	ח	
יג	קח	י		תלז	ג		תנב	סקי"א		קנג	יג	
יד	קט	א		תלט	א		תנב	ג	(4)	קנג	כא	
טו	קי	א		תלט	ד		קכח	א	(7)	קנד	ד	
טז	קי	ז		תמ	ב		קכח	ג	נשיאת כפים	קנד	יא	
יז	קיג	א		תמא	ב		קכח	ח		קנה	א	
יח	קיד	ד		תמב	ב		קכח	טו		קנז	א	נפילת ידים
יט	קטו	א		תמב	ז		קכח	כג		קנח	ה	
כ	קיח	א		תמג	א		קכח	לא		קנט	א	
כא	קכא	א		תמג	ג		קכח	לח		קנט	ד	
כב	קכג	ג		תמד	ה		קכח	מה		קנט	ז	
כג	קכד	ה		תמה	ב		קלא	א		קנט	י	
כד	קכד	י		תמו	ג		קלא	ז		קס	ב	
כה	קכו	א	(8)	תמז	ג		קלג	א		קס	י	
כו	תרפה	א	(9) (10) פורים	תמז	ה		קלה	ג	קריאת ס"ת	קס	יד	
כז	תרפו	א		תמז	סקס"ו		קלה	י		קסא	ג	
כח	תרפח	א		תמז	ח		קלו	א		קסב	ב	
כט	תרפח	ז		תמז	יא		קלז	ה		קסב	ה	
ל	תרצ	א					קלט	ג				

לוח הלכתא דיומא – מחזור שנתיים (שנה א')

יום החודש	סיון סימן	סיון סעיף	סיון הלכות	תמוז סימן	תמוז סעיף	תמוז הלכות	אב סימן	אב סעיף	אב הלכות	אלול סימן	אלול סעיף	אלול הלכות	תשרי סימן	תשרי סעיף	תשרי הלכות	יום החודש
א	קסד	א		קצד	ג		תקסו	ב		רלו	ב	ערב ר"ה	תרלט	ב	סוכה	א
ב	קסו	א	ברכת הפת	קצז	א		תקסז	ג		רלט	א		תרלט	ג		ב
ג	קסז	ד		קצח	א		תקסח	ג		רמ	ו	16	תרלט	סקל"ה		ג
ד	קסז	יא		קצט	י		תקסח	יא		תקפא	א	17	תרמ	א		ד
ה	קסז	יט		רא	ב		תקעא	ב		תקפא	ג	ראש השנה	תרמ	ה		ה
ו	קסח	ד		רב	ג	ברכת הפירות	תקעד	ד		תקפג	א		תרמג	א	20	ו
ז	קסח	ו		רב	ח		תקעו	א		תקפה	ב		תקל	א	21	ז
ח	קסח	ח		רב	יג		תקעו	ז		תקפו	ד		תקלב	א	חול המועד	ח
ט	קסח	יא		רג	ד		תקעט	א	15	תקפו	ט		תקלד	א		ט
י	קסח	יד		רד	ב		רי	א	7	תקפו	כב		תקלה	א		י
יא	קע	א	דברים הנוהגים בסעודה	רד	י		ריא	א		תקפח	ב		תקלז	א		יא
יב	קע	טז		רה	ב		ריא	ד		תקצ	ב		תקלז	ח		יב
יג	קעב	א		רו	ג		ריב	א		תקצ	ז		תקלח	ב		יג
יד	קעד	ה		רז	א		ריג	א		תקצב	א		תקלט	ו		יד
טו	קעד	ח		רח	ו		רטו	א		תקצו	א	18	תקמ	א		טו
טז	קעו	א		רח	י		רטז	א		תרכה	א	19	תקמא	א		טז
יז	קעז	ב		רח	יז	13	רטז	ו		תרכו	ג	סוכה	תקמג	א		יז
יח	קעח	ב		תקמט	א	14	ריז	א		תרכז	ד		תקמה	ג		יח
יט	קעח	ד		תקנא	ב	תשעה באב	ריח	ב	ברכות שונות	תרכט	ג		תקמה	ז		יט
כ	קעט	ד		תקנא	ז		ריט	ד		תרכט	י		תקמז	א		כ
כא	קפא	ב		תקנא	טו		רכא	א		תרל	א		תקמח	ג		כא
כב	קפב	ב	ברכת המזון	תקנב	י		רכג	ג		תרל	ה		תקמח	ז	22	כב
כג	קפג	ג		תקנד	ו		רכד	י		תרל	ט					כג
כד	קפג	ט		תקנד	כב		רכה	ה		תרלא	ה					כד
כה	קפה	א		תקנט	א		רכז	א		תרלב	א					כה
כו	קפז	ג		תקנט	י		רכט	א		תרלג	ד					כו
כז	קפח	ז		תקסא	ב		רלב	ב	מנחה	תרלה	א					כז
כח	קצ	א		תקסב	ה		רלג	א		תרלז	ג					כח
כט	קצב	א		תקסב	יג		רלד	א		תרלח	ב					כט
ל	קצג	ב					רלה	ב								ל

חודש אדר א' (לשנה מעוברת)

גלקט מספר 'קיצור שלחן ערוך' - מחלקי יו"ד אה"ע וחו"מ

שנה א'	סימן	סעיף	סימן	סעיף	סימן	סעיף	השיעורים הם רק הסימנים הנקובים	שנה ב'
כו (שבט)	יא	א					הלכות מזוזה	ד (אדר א')
כז	יא	כג	כז	א	כח	א	הל' ת"ת / הל' ס"ת ושאר ספרי קודש	ה
כח	כח	יא	כט	א			מידות שירגיל בהם האדם את עצמו	ו
כט	כט	יב	ל	א			איסור רכילות לשה"ר נקימה ונטירה	ז
ל	ל	ה	לא	א	לב	א	שכל כוונתו יהי' לש"ש/ שמירת הגוף	ח
א (אדר א')	לב	ג					שמירת הגוף ע"פ הטבע	ט
ב	לב	יז					שמירת הגוף ע"פ הטבע	י
ג	לג	א	לד	א			דברים האסורים משום סכנה/ הל' צדקה	יא
ד	לד	ו	לה	א			הלכות חלה	יב
ה	לז	א	לח	א			טבילת כלים/ הל' פת ובישולי וחלב נכרי	יג
ו	לח	יב	מו	א			הל' מאכלות אסורות	יד
ז	מו	כה	סב	א			הל' משא ומתן	טו
ח	סב	ג					הל' משא ומתן	טז
ט	סג	א	סד	א	סה	א	איסור להונות בדברים/ שלא לעשות סחורה בדבר האסור	יז
י	סה	י					הלכות ריבית	יח
יא	סה	כד	סו	א			הל' עסקא	יט
יב	סו	ט	סז	א			הל' נדרים ושבועות	כ
יג	קמג	א					הל' כיבוד אב ואם	כא
יד	קמד	א	קנא	א			הל' כיבוד רבו חקן ות"ח/ איסור הוצ' ז"ל	כב
טו	קנב	א	קסג	א			איסור יחוד/ הל' מילה	כג
טז	קסג	ח	קסה	א	קסו	א	דין חינוך קטנים/ שלא לנחש ולעונן	כד
יז	קסו	ג	קסז	א	קסח	א	הל' עבודה זרה/ צורות האסורות	כה
יח	קסט	א	קע	א	קעא	א	קעב א קעו א	כו
יט	קעו	ו	קעט	א	קפ	א	איסור כתובת קעקע/ הל' חדש/ לא ילבש הל' שעטנז/ הל' הלואה/ שמיטת כספים	כז
כ	קפ	ח	קפא	א			הל' טוען ונטען	כח
כא	קפא	יג	קפב	א			הל' גניבה וגזילה	כט
כב	קפב	ט	קפג	א	קפד	א	הל' נזקי ממון/ הל' נזקי הגוף	ל
כג	קפד	ה	קפה	א	קפז	א	הל' שאלה/ הל' אבידה ומציאה	א (אדר ב')
כד	קפח	א	קצ	א	קצא	א	קצב א פיקוח/נש הגוף/ צער בע"ח	ב
כה	קצב	ז	קצג	א			דין החולה והרופא / הל' ביקור חולים	ג

לוח הלכתא דיומא – מחזור שנתיים (שנה ב׳)

שנה ב׳

יום החודש	תשרי סימן	תשרי סעיף	תשרי הלכות	חשון סימן	חשון סעיף	חשון הלכות	כסלו סימן	כסלו סעיף	כסלו הלכות	טבת סימן	טבת סעיף	טבת הלכות
א	ראש השנה			רמו	ה	שבת	רעא	י	שבת	שא	כה	שבת
ב				רמז	א		רעא	יד		שא	ל	
ג				רמח	א		ערב	ז		שא	לח	
ד				רמח	ג		רעג	ג		שא	מג	
ה				רמט	ב		רעד	ב		שב	ב	
ו				רנ	א		רעו	א		שב	ט	
ז				רנב	א		רעו	ד		שג	א	
ח				רנב	ד		רעז	ד		שג	טו	
ט				רנג	א		רעט	ז		שג	כג	
י	יום כיפור			רנג	סקל"ז		רפב	ד		דש	סקט"ז	
יא				רנג	סקס"ג		רפד	ב		שה	ו	
יב				רנג	ה		רפה	ד		שה	יז	
יג				רנד	א		רפח	ג		שו	א	
יד				רנד	ד		רצ	א		שו	ו	
טו	סוכות			רנד	ז		רצא	ה		שו	יב	
טז	ממשיכין על הסדר שנה ב׳			רנז	א		רצד	א		שז	ב	
יז				רנז	ח		רצו	ב		שז	ז	
יח				רנט	א		רצז	א		שז	יד	
יט				רס	א		רצח	ג	25	שח	א	
כ				רסא	ב		תרע	א	26 חנוכה	שח	ה	
כא				רסב	ג		תרעא	ח		שח	יב	
כב				רסג	ה		תרעד	א		שח	כ	
כג	רמב	א	23	רסג	יד		תרעז	א		שח	כח	
כד	רמג	א	שכירות וקבלנות	רסד	ה		תרפב	א	27	שח	לט	
כה	רמג	ב		רסו	א		רצט	א	28	שט	א	
כו	רמד	ב		רסו	ח		רצט	ז		שי	א	
כז	רמד	ו		רסח	א		שא	א		שי	ז	
כח	רמה	א		רסט	א		שא	י		שיא	א	
כט	רמה	ד		רעא	ג	24	שא	טז	24	שיא	ז	
ל	רמו	ג		רעא	ו		שא	כב				

יום החודש	שבט סימן	שבט סעיף	שבט הלכות	אדר סימן	אדר סעיף	אדר הלכות	ניסן סימן	ניסן סעיף	ניסן הלכות	אייר סימן	אייר סעיף	אייר הלכות
א	שיב	ב	שבת	שכה	ב	שבת	תסח	א		שלד	ד	שבת
ב	שיג	ב		שכה	ח		תסח	ו		שלד	יג	
ג	שיג	ט		שכה	יא	25	תעא	א		שלד	כה	
ד	שיד	ה		תרפו	א	29 30 פורים	תעב	ז		שלה	א	
ה	שטו	א		תרפח	ז		תעג	א		שלו	ב	
ו	שטו	ג		תרצ	ט		תעג	ה		שלו	י	
ז	שטו	ח		תרצב	א		תעג	ז		שלז	ב	
ח	שטז	א		תרצה	ג	31	תעה	ב		שלח	ב	
ט	שטז	ז		תנג	א	32	תעו	ב		שלט	ד	
י	שטז	י		תנג	ד	פסח	תעט	א		שלט	ו	
יא	שיז	א		תנג	ט		תפא	א		שמ	ד	
יב	שיח	א		תנה	א		תפד	א		שמ	ו	
יג	שיח	ד		תנה	ג		תפז	ב		שמב	א	
יד	שיח	ה		תנז	א		תפט	א		שמד	א	
טו	שיח	ט		תנז	ב		תפט	ג		שמה	א	רשויות שבת
טז	שיח	יד		תנט	א		תפט	ח		שמה	ז	
יז	שיח	יט		תנט	ד		תצ	ז		שמה	יד	
יח	שיט	ג		תס	א		תצג	ג	33	שמה	יז	
יט	שיט	י		תסא	א		שכו	א	23	שמו	ג	
כ	שיט	יז		תסא	ה		שכו	יא		שמז	א	
כא	שכ	ג		תסב	ג		שכח	א	שבת	שמח	א	
כב	שכ	יג		תסב	ז		שכח	י		שמט	ג	
כג	שכא	א		תסה	ג		שכח	יז		שנא	א	
כד	שכא	ח		תסו	ד		שכח	כה		שנג	ב	
כה	שכא	יד		תסו	ו		שכח	לז		שנה	א	
כו	שכא	יז		תסז	ה		שכח	מח		שנה	ב	
כז	שכב	ה		תסז	ט		של	א		שנה	ה	
כח	שכג	ד		תסז	יב		של	ז		שנו	ב	
כט	שכג	ח		תסז	יד		שלא	ו		שנז	ג	
ל	שכד	ז					שלג	א				

לוח הלכתא דיומא – מחזור שנתיים (שנה ב')

יום החודש	סיון סימן	סיון סעיף	סיון הלכות	תמוז סימן	תמוז סעיף	תמוז הלכות	אב סימן	אב סעיף	אב הלכות	אלול סימן	אלול סעיף	אלול הלכות	תשרי סימן	תשרי סעיף	תשרי הלכות	יום החודש
א	שנח	ב	שבת	שעב	יז	שבת	תט	יא		תקי	ט		תרכג	א		א
ב	שנח	ז		שעד	א		תיא	א		תקיב	א		תרכד	ג	25	ב
ג	שנח	יא		שעה	א		תטו	א		תקיג	א		תרמה	א	37	ג
ד	שס	א		שעו	ב		תטז	ב	ראש חודש	תקיג	ז		תרמה	ט	לולב	ד
ה	שסא	א		שעח	א		תיח	ג		תקיד	ג		תרמו	ט		ה
ו	שסב	א		שפ	ג		תכב	ב		תקטו	א		תרמח	ג		ו
ז	שסב	ה		שפא	ד		תכג	ג		תקטו	ב		תרמח	יג		ז
ח	שסב	ט		שפב	ג		תכו	ב		תקטו	ה		תרמט	א		ח
ט	שסב	יא		שפב	יג		תכז	א		תקטו	ח		תרמט	ד		ט
י	שסג	ד		שפב	כ		תכח	ו	34	תקיז	ב		תרמט	סקל"ט		י
יא	שסג	יב		שפה	ג		תצה	א	35 יום טוב	תקיח	ג		תרמט	ו		יא
יב	שסג	יח		שפו	ה		תצו	א		תקיח	ח		תרנא	סקי"א		יב
יג	שסג	כו		שפז	א		תצז	ג		תקכא	א		תרנא	ח		יג
יד	שסג	סקקי"ב		שצא	א		תצז	י		תקכו	א		תרנא	יד		יד
טו	שסג	ל		שצב	א		תצח	א		תקכו	ה		תרנג	ב		טו
טז	שסג	לד		שצב	ו		תצח	ו		תקכז	א		תרנו	סק"ז		טז
יז	שסד	ג		שצו	א	תחומין	תצח	יא		תקכז	ח		תרנח	ג		יז
יח	שסה	ב		שצז	ו		תצח	יז		תקכז	כ		תרנח	ח		יח
יט	שסה	ד	עירובי חצרות	שצז	יז		תצט	ג		תקכט	א	29	תרסג	א		יט
כ	שסו	ב		שצח	ו		תק	ב		תרב	א	36 יום כיפור	תרסד	ט		כ
כא	שסו	ד		שצח	י		תק	ו		תרה	א		תרסז	א		כא
כב	שסו	י		שצט	ו		תקא	ו		תרו	ד		תרסט	א	38	כב
כג	שסז	א		תא	א		תקב	ב		תרח	ב		חזק חזק ונתחזק			כג
כד	שסח	ה		תד	א		תקד	א		תריא	א					כד
כה	שע	ג		תה	ד		תקה	א		תריג	א					כה
כו	שע	ו		תה	ח		תקו	ג		תריד	ג					כו
כז	שעא	ד		תח	א		תקז	א		תריז	ג					כז
כח	שעב	ב		תח	ב	ע' תחומין	תקז	ה		תריח	ט					כח
כט	שעב	ז		תט	ז		תקט	א		תרכא	ב					כט
ל	שעב	יב					תקי	א								ל

חודש אדר א' (לשנה מעוברת)

נלקט מספר 'קיצור שלחן ערוך' - מחלקי יו"ד אה"ע וחו"מ

שנה א'	סימן	סעיף	סימן	סעיף	סימן	סעיף	השיעורים הם רק הסימנים הנקובים	שנה ב'
שבט כו	יא	א					הלכות מזוזה	ד אדר א'
כז	יא	כג	כז	א	כח	א	הל' ת"ת / הל' ס"ת ושאר ספרי קודש	ה
כח	כח	יא	כט	א			מידות שירגיל בהם האדם את עצמו	ו
כט	כט	יב	ל	א			איסור רכילות לשה"ר נקימה ונטירה	ז
ל	ל	ה	לא	א	לב	א	שכל כונתו יהי' לש"ש/ שמירת הגוף	ח
אדר א' א	לב	ג					שמירת הגוף ע"פ הטבע	ט
ב	לב	יז					שמירת הגוף ע"פ הטבע	י
ג	לג	א	לד	א			דברים האסורים משום סכנה/ הל' צדקה	יא
ד	לד	ו	לה	א			הלכות חלה	יב
ה	לז	א	לח	א			טבילת כלים/ הל' פת ובישולי וחלב נכרי	יג
ו	לח	יב	מו	א			הל' מאכלות אסורות	יד
ז	מו	כה	סב	א			הל' משא ומתן	טו
ח	סב	ג					הל' משא ומתן	טז
ט	סג	א	סד	א	סה	א	איסור להונות בדברים/ שלא לעשות סחורה בדבר האסור	יז
י	סה	י					הלכות ריבית	יח
יא	סה	כד	סו	א			הל' עסקא	יט
יב	סו	ט	סז	א			הל' נדרים ושבועות	כ
יג	קמג	א					הל' כיבוד אב ואם	כא
יד	קמד	א	קנא	א			הל' כיבוד רבו וזקן ות"ח/ איסור הוצ' ז"ל	כב
טו	קנב	א	קסג	א			איסור יחוד/ הל' מילה	כג
טז	קסג	ח	קסה	א	קסו	א	דין חינוך קטנים/ שלא לנחש ולעונן	כד
יז	קסו	ג	קסז	א	קסח	א	הל' עבודה זרה/ צורות האסורות	כה
יח	קסט	א	קע	א	קעא	א	קעב א קעו א	כו
יט	קעו	ו	קעט	א	קפ	א	איסור כתובת קעקע/ הל' חדש/ לא ילבש הל' שעטנז/ הל' הלואה/ שמיטת כספים	כז
כ	קפ	ח	קפא	א			הל' טוען ונטען	כח
כא	קפא	יג	קפב	א			הל' גניבה וגזילה	כט
כב	קפב	ט	קפג	א	קפד	א	הל' נזקי ממון/ הל' נזקי הגוף	ל
כג	קפד	ה	קפה	א	קפז	א	הל' שאלה/ הל' אבידה ומציאה	אדר ב' א
כד	קפח	א	קצ	א	קצא	א	קצב א פיקדון/ש' הגוף/ צער בע"ח	ב
כה	קצב	ז	קצג	א			דין החולה והרופא / הל' ביקור חולים	ג

This publication was made possible by Chazarah MP3.

Chazara MP3 is a series of recorded shiurim covering all of Shas, Mishna Berurah, sections of Yoreh Deah, and all the Mishnayos in Shisha Sidrei Mishna. The purpose is to enable someone to review material that they're familiar with, (ie; daf yomi) quickly and smoothly. Some have even been using it to learn new Gemara. Additionally, it helps people use their time productively when traveling etc.

The Gemara is read and translated in a clear and simple fashion, geared toward someone with a yeshiva backround. Almost all the Rashi's are spoken out as the Gemara is being explained. The approximate timing is 15 - 18 minutes a blatt.

For more information please call 718-646-1243. or email info@chazarahmp3.com or visit www.chazarahmp3.com